Do *Trust* no Direito Civil

Do *Trust* no Direito Civil

2019 · Reimpressão

A. Barreto Menezes Cordeiro
Doutor em Direito

DO *TRUST* NO DIREITO CIVIL
AUTOR
António Barreto Menezes Cordeiro
EDITOR
EDIÇÕES ALMEDINA, S.A.
Rua Fernandes Tomás, nºˢ 76-80
3000-167 Coimbra
Tel.: 239 851 904 · Fax: 239 851 901
www.almedina.net · editora@almedina.net
DESIGN DE CAPA
FBA.
PRÉ-IMPRESSÃO
EDIÇÕES ALMEDINA, S.A.
IMPRESSÃO | ACABAMENTO
PAPELMUNDE

Julho, 2019
DEPÓSITO LEGAL
378195/14

Apesar do cuidado e rigor colocados na elaboração da presente obra, devem os diplomas legais dela constantes ser sempre objecto de confirmação com as publicações oficiais.
Toda a reprodução desta obra, por fotocópia ou outro qualquer processo, sem prévia autorização escrita do Editor, é ilícita e passível de procedimento judicial contra o infractor.

 | GRUPOALMEDINA

BIBLIOTECA NACIONAL DE PORTUGAL – CATALOGAÇÃO NA PUBLICAÇÃO

Aos meus Pais

ÍNDICE

Modo de citar e abreviaturas... 25
Resumo/Abstract... 43

§ 1.º **Introdução**

1. A receção do *trust* pelos sistemas civilísticos: aspetos gerais.............. 47
2. Plano de trabalho... 58

PARTE I
FUNDAMENTOS HISTÓRICO-DOGMÁTICOS DO DIREITO INGLÊS

CAPÍTULO I – A FORMAÇÃO DA *COMMON LAW*

§ 2.º **Anglo-saxões: do desenvolvimento dos tribunais locais
à institucionalização do *King's Court***

3. A cristianização e a positivação legal.................................. 65
4. Organização territorial, administrativa e judicial....................... 69
5. *Hundred* e *shire courts* 75
6. A *Witenagemot* e o tribunal do Rei 83

§ 3.º Centralização normanda

7. A conquista normanda e a introdução do feudalismo 91
8. *Henry I*: positivação do poder real. 96
9. *Henry II*: as fundações da *Common Law* 104

§ 4.º Tribunais centrais da *Common Law*

10. Introdução 115
11. *Exchequer of Pleas* 118
12. *Common Pleas* 121
13. *King's Bench* 124

§ 5.º Sistema formalístico de ações: *writ system*

14. Enquadramento 129
15. *Royal writ*: período anglo-saxónico 135
16. *Old executive writ*: generalização da ingerência jurisdicional 140
17. *Henry II*: *Common Law writs* 144
18. *Henry III*: *writs of entry* 151
19. A influência romana em *Bracton* 156
20. A estagnação do sistema formalístico 165

CAPÍTULO II – A *EQUITY LAW*

§ 6.º *Equity Law*: do conceito de consciência à sua sistematização e posterior unificação com a *Common Law*

21. A *Equity Law* e a equidade 169
22. *Common Law* e *Equity Law* no período formativo do Direito inglês 172
23. O nascimento da *Equity Law* e o conceito de consciência 177
24. O conceito de equidade e a obra *Doctor and Student* 187
25. A sistematização da *Equity Law* 193
26. A unificação das duas jurisdições 195

§ 7.º Princípios e institutos da *Equity Law*

27. Enquadramento e propósito do capítulo 197
28. Enquadramento histórico das máximas da *Equity Law* 201
29. *Equity will not suffer a wrong to be without a remedy*................ 205
30. *Equity follows the law*... 206
31. *Equality is equity*.. 210
32. *He who seeks equity must do equity* 210
33. *He who comes into Equity must come with clean hands* 212
34. *Where the equities are equal, the first in time shall prevail* e *where there is equal equity, the law shall prevail*................................. 214
35. *Equity aids the vigilant and not the indolent* ou *delay defeats equities*........... 216
36. *Equity looks to the intent rather than to the form* 216
37. *Equity imputes an intention to fulfil an obligation* 217
38. *Equity acts in personam* 218
39. Miscelânea de remédios 219
40. Os institutos da *Equity Law* 220

§ 8.º O *Chancellor* e o *Court of Chancery*

41. O *Chancellor*... 225
42. O todo poderoso *Chancellor* e o desenvolvimento da *Chancery* 230
43. A função jurisdicional da *Chancery*: o *Court of Chancery*................. 233

PARTE II
DESENVOLVIMENTOS HISTÓRICOS DO *TRUST*

CAPÍTULO I - OS *USES* MEDIEVAIS

§ 9.º *Uses* medievais: conceito e dificuldades de preenchimento

44. O conceito de *use* 237
45. A natureza jurídica do *use*: as fragilidades da Ciência Jurídica da *Common Law* 245
46. Origens etimológicas.. 249
47. Os primeiros *uses*: miscelânea funcional e estrutural.................. 250

§ 10.º Crescimento e generalização dos *uses*: as singularidades do sistema feudal inglês

48. Enquadramento geral 253
49. O conceito de *tenure* e as suas características gerais 256
50. Alienação e consentimento na relação feudal inglesa 259
51. Alienação e consentimento na relação feudal continental............... 266
52. A alienação de terras e as limitações familiares e testamentárias em Inglaterra... 271
53. A alienação de terras e as limitações familiares e testamentárias na Europa continental.. 276
54. *Wardship* em Inglaterra 278
55. *Wardship* na Europa continental 283

§ 11.º O *Statute of Uses*, 1536

56. Enquadramento 285
57. A *ratio* do *Statute of Uses*... 289
58. Exceções ao *Statute of Uses* 293
59. As singularidades do sistema feudal inglês 298

CAPÍTULO II – INFLUÊNCIAS EXTERNAS NOS USES

§ 12.º As origens dos *uses*: influência eclesiástica e canónica

60. Introdução: um intermediário comum às três teorias 305
61. Enquadramento 307
62. A riqueza da Igreja e a mensagem de Cristo 310
63. O conceito de pessoa coletiva no Direito medieval canónico 312
64. Os conceitos de propriedade e de pobreza no pensamento franciscano... 315
65. A adaptação do pensamento franciscano à realidade jurídica da Inglaterra medieval... 321
66. Jurisdição eclesiástica sobre os *uses* medievais........................ 323

§ 13.º A influência romana

67. Influência transversal: breve recapitulação 331
68. Influência romana na origem do *trust* 333
69. O *fideicommissum* nos sistemas mistos 336

§ 14.º A influência germânica

70. A teoria germanista dos *uses*..................................... 341
71. Origens e raízes etimológicas: *Hand, Treue* e *Treuhand* 342
72. As especificidades fiduciárias do *Salmann* 348
73. O executor testamentário no Direito romano e a influência romana e canónica na construção germânica.. 351
74. A adaptação do *Salmann* aos desenvolvimentos sucessórios germânicos ... 354
75. As diferentes manifestações da *Treuhand* 358
76. As insuficiências da teoria germanista................................ 361

§ 15.º O *waqf*: a influência islâmica na *Common Law* e nos *uses*

77. Introdução 363
78. As fontes da Ciência Jurídica islâmica.............................. 365
79. A influência islâmica no Direito medieval inglês 369
80. A influência islâmica de origem siciliana 378

§ 16.º O *waqf*: a influência islâmica na *Common Law* e nos *uses* (continuação)

81. As origens do *waqf* 383
82. Conceito e tipos de *waqfs* 386
83. O *waqf* na origem do *trust*...................................... 391
84. *Colleges*: um conceito medieval europeu............................ 395
85. O *waqf* e o *charitable trust*.................................... 399
86. *Charitable trust*.. 401

PARTE III
DO *TRUST* NO DIREITO INGLÊS

CAPÍTULO I – DA CONSTITUIÇÃO DO *TRUST*

§ 17.º **Tipos de *trusts***

87. Enquadramento	415
88. Modalidades quanto à constituição	416
89. Classificações principais	421
90. Miscelânea	424

§ 18.º **Constituição de *express trusts***

91. Aspetos gerais e formalidades para a constituição de um *trust*	429
92. *Settlor*, *trustee* e beneficiário	430

§ 19.º **As três certezas: constituição, bens e beneficiários**

93. Enquadramento	435
94. Constituição *per se*	436
95. Determinabilidade dos bens constituídos em *trust*	443
96. Os beneficiários	451

§ 20.º **Do *trust* no Direito estado-unidense**

97. Introdução ao Direito estado-unidense	457
98. Constituição do *trust* no Direito estado-unidense	460

CAPÍTULO II – DO CONCEITO DE FIDUCIÁRIO

§ 21.º **O conceito de fiduciário**

99. Enquadramento	463
100. Do arquétipo da relação fiduciária ao desenvolvimento de uma classe de fiduciários	470

§ 22.º **A expansão do conceito de fiduciário**

101. A caixa de Pandora: § 874 cmt. a) do *Restatement (Second) of Torts* 477
102. Responsabilidade civil aquiliana: breve introdução conceptual e histórica 480
103. Responsabilidade civil aquiliana: *intentional torts*, em especial *tort of battery* 483
104. Responsabilidade civil aquiliana: *negligence* 484
105. Relação médico-doente 491
106. Relação sacerdote-fiéis 497
107. A desadequação da teoria expansionista............................. 503

§ 23.º **Doutrinas unitárias**

108. Nota prévia.. 509
109. Teoria da propriedade... 509
110. Teoria da atuação no interesse de terceiros 511
111. Teoria do poder ou da discricionariedade 513
112. Teoria do enriquecimento sem causa................................ 514
113. Teoria do escopo.. 516
114. Teoria da expectativa razoável...................................... 517

§ 24.º **Dever de lealdade**

115. Introdução 519
116. *No conflict rule*.. 520
117. Concretização da *no conflict rule*: *self-dealing rule* e *fair-dealing rule* 526
118. Conflito de deveres 531
119. *No profit rule* 533
120. Concretização da *no conflict rule*: subornos e doutrina das oportunidades de negócio 535
121. Autonomização da *no profit rule*................................... 539
122. Dever de boa-fé... 543
123. Natureza jurídica dos deveres fiduciários 558

CAPÍTULO III – DEVERES E PODERES DOS *TRUSTEES*

§ 25.º **Deveres dos *trustees***

124. Dever de se informar 563

125. Dever de seguir as direções impostas no ato constitutivo.............. 565
126. Dever de proteção dos bens constituídos em *trust*..................... 568
127. Dever de imparcialidade.. 570
128. Dever de conversão... 572
129. Deveres de cuidado... 573
130. Dever de distribuição de rendimentos................................. 578
131. Dever de investir.. 581
132. O seu a cada qual.. 582
133. Dever de não delegar... 584
134. Dever de cooperação.. 587
135. Dever de prestar informações... 588

§ 26.º Poderes dos *trustees*

136. Enquadramento... 591
137. Poderes relacionados com a venda de bens constituídos em *trust*..... 593
138. Poder de exonerar a responsabilidade de terceiros pela entrega de quitações. 595
139. Poder de transigir... 595
140. Poder de segurar... 597
141. Poderes para sustentar e proteger beneficiários menores 599
142. Poder de antecipar a transmissão de bens para os beneficiários 601

§ 27.º Deveres a considerar no exercício de poderes

143. Enquadramento... 603
144. Dever de ponderar ativamente... 604
145. Dever de não exercer os poderes a mando de outrem.................... 605
146. Dever de voltar atrás na decisão tomada.............................. 605
147. Dever de apenas considerar os factos relevantes...................... 606
148. Dever de não atuar caprichosamente................................... 608
149. Dever de ponderação própria.. 609

§ 28.º Deveres e poderes dos *trustees* no Direito estado-unidense

150. Dever de lealdade.. 611
151. Poderes e deveres em geral... 615

CAPÍTULO IV – NATUREZA JURÍDICA DO *TRUST*

§ 29.º *Breach of trust*

152. Introdução	621
153. Regime tradicional: prestação de contas	626
154. Regime moderno: *equitable compensation*	632
155. *Target Holdings v Redferns*	634
156. Regime geral	638
157. Má aplicação de bens e de fundos constituídos em *trust*	643
158. Prossecução de investimentos não autorizados	644
159. Violação de deveres de administração	645
160. *Interim injunctions*: providências cautelares	645
161. Responsabilidade por violações cometidas por outros *trustees*	650

§ 30.º Remédios reais: dimensão adjetiva

162. Introdução e enquadramento conceptual: *following, tracing* e *claiming*	653
163. *Following* e *tracing*	655

§ 31.º Natureza jurídica do *trust*

164. Evolução jurisprudencial: exposição analítica	659
165. O conceito de *equitable right*: fusão das duas jurisdições e MAITLAND v SCOTT	666
166. Aspetos substantivos dos remédios reais: *constructive trust*	671
167. Extinção dos *equitable rights*: terceiros adquirentes de boa-fé	676
168. Doutrina do terceiro adquirente no Direito estado-unidense	681
169. *Personal rights*	682
170. Venda de bens alheios	685
171. Terceiro e quarto argumentos de SCOTT: a dimensão interna e a dimensão externa	687
172. Particularidades quanto ao *trustee*	689
173. Particularidades quanto ao objeto	690
174. Particularidades quanto à posição jurídica dos beneficiários	691

175. Particularidades tributárias 693
176. Solução preconizada 694

PARTE IV
DO *TRUST* NO DIREITO CIVIL PORTUGUÊS

CAPÍTULO I – EVOLUÇÃO HISTÓRICA

§ 32.º A *fiducia* no Direito romano

177. Introdução à IV Parte.. 703
178. A transversalidade da *fiducia* no Direito romano e o seu interesse para o Direito vigente 704
179. A *fiducia* no Direito da família e no Direito sucessório 708
180. A *fiducia cum amico* e a *fiducia cum creditore* 710
181. Os mecanismos de defesa e as posições jurídicas do fiduciante e do fiduciário 712
182. Elementos a reter 720

§ 33.º A fidúcia no Direito intermédio

183. Propósito do parágrafo 723
184. *Heres fiduciarius* 724

§ 34.º O ressurgimento da fidúcia no século XIX

185. A metodologia da Ciência Jurídica oitocentista 727
186. Romanistas: *fiduziarische Geschäfte*................................... 730
187. Germanistas: *Treuhand* 735
188. Continuidade e descontinuidade da fidúcia moderna................. 739

§ 35.º **A construção fiduciária de Regelsberger e a difusão do negócio fiduciário moderno no comércio jurídico**

189. A vontade das partes como elemento central 741
190. Os cinco pilares da construção de Regelsberger 743
191. A expansão do negócio fiduciário no comércio jurídico 744

CAPÍTULO II – A ADMISSIBILIDADE DOS NEGÓCIOS FIDUCIÁRIOS NO DIREITO PORTUGUÊS

§ 36.º **A simulação e o negócio fiduciário**

192. Enquadramento histórico e dogmático 751
193. A simulação na génese do negócio fiduciário 754
194. Aspetos gerais da simulação 757
195. A simulação e o negócio fiduciário: aspetos distintivos 759
196. Doutrina discordante: a tese de Fuchs e a construção de Castro y Bravo (remissão) 764

§ 37.º **A fraude à lei**

197. Desenvolvimentos históricos e comparatísticos 767
198. O conceito de fraude à lei no Direito português: desenvolvimentos históricos 771
199. O conceito de fraude à lei no Direito português: conceção moderna 773
200. A fraude à lei e os negócios fiduciários 777

§ 38.º **A admissibilidade dos negócios fiduciários no Direito português: desenvolvimentos doutrinários e jurisprudenciais**

201. Enquadramento introdutório 783
202. Desenvolvimentos doutrinários nacionais: linhas gerais e momentos-chave 785
203. Obstáculos pontuais à admissibilidade dos negócios fiduciários 790
204. A tipicidade dos negócios reais *quoad effectum*: a construção de Manuel de Andrade e a sua superação 793
205. Admissibilidade dos negócios fiduciários 800
206. Evolução jurisprudencial 803

§ 39.º O conceito de causa napoleónica e as suas origens históricas

207. Enquadramento 809
208. A causa nos Códigos Napoleónicos: disposições legais e origem 811
209. A causa no Direito romano. 814
210. A causa no Direito intermédio: canonistas e glosadores 818

§ 40.º A causa enquanto obstáculo ao reconhecimento dos negócios fiduciários no Direito português

211. Enquadramento da problemática e a função económica e social dos contratos 821
212. O conceito de causa no Código de Seabra e a doutrina subjetivista...... 824
213. O Código de 66 e a doutrina anticausalista 831
214. Estado atual da questão e conclusões 834

CAPÍTULO III - A ESTRUTURA DOS NEGÓCIOS FIDUCIÁRIOS

§ 41.º Elemento primário do negócio fiduciário: assunção da posição de fiduciário

215. Enquadramento e doutrina clássica da transmissão.................... 839
216. Superação da doutrina clássica da transmissão 844
217. A assunção da posição fiduciária como elemento primário do negócio fiduciário e a natureza autónoma do *pactum fiduciae*................... 852

§ 42.º Teoria negativista espanhola

218. Enquadramento doutrinário 855
219. A construção de CASTRO Y BRAVO 856
220. Generalização e consolidação da teoria simulatória.................... 858
221. Críticas jurisprudenciais e doutrinárias 861
222. Análise da teoria à luz do Direito português 863

§ 43.º Patrimónios autónomos

223. O *trust* como património autónomo: a construção de LEPAULLE 865
224. Críticas à construção de LEPAULLE 868
225. O acolhimento da construção de LEPAULLE pelo legislador mexicano... 871
226. O acolhimento da construção de LEPAULLE pelo legislador do Quebeque 873
227. Análise da teoria à luz do Direito português 883

§ 44.º Desproporcionalidade de meios jurídicos em face dos fins económicos prosseguidos

228. A doutrina da desproporcionalidade 885
229. Algumas fragilidades da doutrina da desproporcionalidade 891
230. Críticas subjetivas e críticas objetivas 893
231. Superação da doutrina da desproporcionalidade: a autonomização funcional dos negócios fiduciários 895

§ 45.º A estrutura dos negócios fiduciários dinâmicos

232. Enquadramento 901
233. A conceptualização da teoria dualista 902
234. Os fundamentos da teoria dualista no Direito alemão e a sua desadequação aos sistemas latinos.. 903
235. Teoria dualista 908
236. Teorias unitárias 912
237. A estrutura da fidúcia dinâmica no Direito português 916

§ 46.º Direitos constituíveis em fidúcia

238. Direito anglo-saxónico: limitações britânicas e expansão do conceito de *property right* 921
239. Princípio geral e a tese patrimonial de GRUNDMANN 929
240. Direitos sobre bens imateriais...................................... 931

CAPÍTULO IV – NEGÓCIO FIDUCIÁRIO *STRICTO SENSU*

§ 47.º O negócio fiduciário *stricto sensu*

241. Enquadramento 939
242. União histórica: superação 942
243. União formal: superação 946
244. A suposta união substantiva e o conceito de fidúcia 947
245. Propósitos distintos 950
246. As obrigações caracterizadoras da posição do fiduciário nos negócios fiduciários para administração e nos negócios fiduciários para garantia 955

§ 48.º Dimensão interna do negócio fiduciário *stricto sensu*: núcleo caracterizador da relação fiduciária

247. Enquadramento 961
248. A difusão da conceptualização do negócio fiduciário por recurso à ideia da prossecução do interesse do beneficiário 964
249. A sistematização da teoria do interesse 969
250. As teorias expansionistas de BEYERLE, de GRUNDMANN e de LÖHNIG ... 971
251. O desvirtuamento operado pelas teses expansionistas e os conceitos de negócio fiduciário e de negócio de confiança 976
252. O conceito da "prossecução dos interesses do beneficiário" 978

§ 49.º Tipos de negócios fiduciários *stricto sensu*

253. Versatilidade do negócio fiduciário e modalidades quanto à constituição 983
254. Modalidades e classificações de negócios fiduciários 986
255. O *trust* enquanto negócio fiduciário 990

§ 50.º O mandato sem representação, o negócio fiduciário e o *trust*

256. Aproximação interna e estrutural 995
257. A recondução do *trust* ao mandato 999
258. O *agent* como *trustee* e a recondução do mandato sem representação ao *constructive trust* 1001

259. O mandato sem representação como negócio fiduciário: aspetos gerais e introdutórios 1003
260. O mandato sem representação e o negócio fiduciário: diferentes modalidades, diferentes conclusões 1007
261. O mandato sem representação para administração e o negócio fiduciário para administração 1012
262. O *trust* como mandato sem representação 1018

§ 51.º A constituição e o regime dos *trusts* internos

263. A heterogeneidade estrutural do *trust* e a construção de um regime interno. 1021
264. O *trust* interno de base contratual 1024
265. A circunscrição do papel do *settlor* no *trust* dinâmico. 1031
266. O papel do beneficiário na constituição dos *trusts* dinâmicos e na constituição dos *trusts* estáticos 1033
267. A posição jurídica do fiduciário. 1036

CAPÍTULO V – DIMENSÃO EXTERNA DO NEGÓCIO FIDUCIÁRIO *STRICTO SENSU*

§ 52.º Introdução à dimensão externa dos negócios fiduciários

268. Doutrina fiduciária unitária e estádios evolutivos. 1039
269. A unidade da temática fiduciária: a segregação patrimonial e a natureza jurídica da posição do beneficiário 1044

§ 53.º Segundo estádio: proteção obrigacional

270. A Ciência Jurídica alemã na viragem para o século XX: um tubo de ensaio 1047
271. Doutrina latina clássica 1052

§ 54.º Terceiro estádio: proteção profilática – aplicação analógica

272. *Kommissionsgeschäft*: § 392 do HGB 1057

273. *Mandato senza rappresentanza*: 1707.º do CC It. 1062
274. Mandato sem representação: 1184.º. 1064

§ 55.º Terceiro estádio: proteção profilática – construção autónoma

275. A teoria da dupla propriedade: propriedade formal e propriedade material 1067
276. Princípio da imediação (*Unmittelbarkeitsprinzip*): construção, críticas e alternativas. 1069
277. A proteção concedida ao beneficiário tem natureza obrigacional 1077
278. Reificação da posição jurídica do beneficiário. 1080
279. Relativização da posição jurídica do fiduciário: um novo direito real ... 1083

§ 56.º Quarto estádio: proteção em caso de alienação ilegal a terceiros

280. Teoria da dupla propriedade na Ciência Jurídica espanhola 1085
281. Teoria da condição resolutiva de SCHULTZE. 1087
282. Aplicação analógica do regime da representação. 1090

§ 57.º Segregação patrimonial: patrimónios de afetação

283. Enquadramento e conceitos de património. 1095
284. Os patrimónios de afetação enquanto princípio milenar dos sistemas civis: o *peculium* romano. 1097
285. Patrimónios de afetação no Direito vigente. 1101

§ 58.º Solução preconizada

286. Soluções abstratas e obstáculos. 1105
287. A funcionalização do direito de propriedade: o novo paradigma social e jurídico 1110
288. Proteção do beneficiário: abuso do direito por parte de terceiros adquirentes. 1114
289. Limitação do direito de dispor 1117
290. Natureza jurídica da posição do beneficiário. 1123

59.º Síntese conclusiva

291. Fundamentos histórico-dogmáticos do Direito inglês 1125
292. Desenvolvimentos históricos do *trust* 1128
293. Do *trust* no Direito inglês 1133
294. Do *trust* no Direito civil português................................ 1138

Índice bibliográfico... 1145
Índice de jurisprudência 1265
Índice ideográfico 1299

MODO DE CITAR E ABREVIATURAS

As obras citam-se pelo autor, título, editora, local de publicação, data e página; nas referências subsequentes, o título é abreviado e omite-se a editora, o local de publicação e a data, salvo quando se pretenda chamar a atenção para esses elementos.

As decisões judiciais citam-se pelo tribunal, data e coletânea jurisprudencial consultada. As decisões portuguesas sem referência à respetiva fonte foram consultadas no sítio www.dgsi.pt; as decisões alemãs no sítio www.bundesgerichtshof.de; e as decisões espanholas no sítio www.poderjudicial.es.

As disposições legais, não acompanhadas de fonte, correspondem a artigos do Código Civil português em vigor, aprovado pelo Decreto-Lei n.º 47 334, de 25 de novembro de 1966, com alterações subsequentes.

ABGB – Allgemeines bürgerliches Gesetzbuch (Áustria)
ADPIC/TRIPS – Acordo Sobre os Aspetos dos Direitos de Propriedade Intelectual Relacionados com o Comércio/Agreement on Trade Related Aspects of Intellectual Property Rights

BGB – Bürgerliches Gesetzbuch
CDADC – Código do Direito de Autor e Direitos Conexos
CCBC – Code Civil du Bas-Canada
CCom – Código Comercial
CCom Es – Código de Comercio Espanhol
CCom It – Codice di Commercio Italiano (1882)
CC Esp – Código Civil Espanhol
CC It – Codice Civile Italiano
CC Nap – Code Civil Napoleónico
CCQ – Code Civil du Québec

CIRE – Código de Insolvência e da Recuperação de Empresas
CPC – Código de Processo Civil
CPI – Código de Propriedade Industrial
CRCom – Código de Registo Comercial
CRPre – Código de Registo Predial
CSC – Código das Sociedades Comerciais
CVM – Código dos Valores Mobiliários

HGB – Handelsgesetzbuch

KO – Konkursordnung

LULL – Lei Uniforme Relativa às Letras e Livranças

InsO – Insolvenzordnung

PGR – Personen- und Gesellschaftsrecht (Listenstaine)

RNPC – Regime Jurídico do Registo Nacional de Pessoas Coletivas
TA 1925 – Trustee Act, 1925
TA 2000 – Trustee Act, 2000

UTC – Uniform Trust Code

ZPO – Zivilprozessordnung

Revistas, Enciclopédias e Obras Coletivas

AAMN – Anales de la Academia Matritense del Notariado
ABAJ – American Bar Association Journal
ABürgR – Archiv für Bürgerliches Recht
AC – Actualidad Civil
AcP – Archive für die civilistische Praxis
Acta Jur – Acta Juridica
ADC – Anuario de Derecho Civil
Akron L Rev – Akron Law Review
Ala L Rev – Alabama Law Review
Albion – Albion: a Quarterly Journal Concerned with British Studies
Alb L Rev – Albany Law Review
All ER Rev – All England Law Reports Annual Review
Alta L Rev – Alberta Law Review
Am Hist Rev – American Historical Review

Am J Comp L – American Journal of Comparative Law
Am J L & Med – American Journal of Law and Medicine
Am J Leg Hist – American Journal of Legal History
Am L Rev – American Law Review
Am U L Rev – American University Law Review
Ann Amer Acad Polit Soc Sci – The Annals of the American Academy of Political and Social Science
Ariz L Rev – Arizona Law Review
Ariz J Int'l & Comp L – Arizona Journal of International and Comparative Law
ASE – Anglo-Saxon England

BCE – Boletim de Ciências Económicas da Faculdade de Direito da Universidade de Coimbra
BC Int'l & Comp L Rev – Boston College International and Comparative Law Review
BCL Rev – Boston College Law Review
BFDUC – Boletim da Faculdade de Direito da Universidade de Coimbra
BIDR – Bullettino dell'Istituto di Diritto Romano
Brook L Rev – Brooklyn Law Review
Buff L Rev – Buffalo Law Review
BU L Rev – Boston University Law Review
Bus Law – Business Lawyer
BYU L Rev – Brigham Young University Law Review

Cad MVM – Caderno dos Mercados de Valores Mobiliários
Cal L Rev – California Law Review
Cal W L Rev – California Western Law Review
Cambrian L Rev – Cambrian Law Review
Can Bar Rev – Canadian Bar Review
Can Bus LJ – Canadian Business Law Journal
Cap U L Rev – Capital University Law Review
Cardozo L Rev – Cardozo Law Review
Cato J – Cato Journal
C de D – Les Cahiers de Droit
Cir Giu – Circolo Giuridico: Rivista di Legislazione e Giurisprudenza
Clev St L Rev – Cleveland State Law Journal
CJQ – Civil Justice Quarterly
CLJ – Cambridge Law Journal
CLP – Current Legal Problems
Colum Bus L Rev – Columbia Business Law Review

Colum J Transnat'l L – Columbia Journal of Transnational Law
Colum L Rev – Columbia Law Review
Comp Law – Company Lawyer
Conn J Int'l L – Connecticut Journal of International Law
Conv – Conveyancer and Property Lawyer
Cornell L Rev – Cornell Law Review
Corr Giu – Il Corriere Giuridico
CW – Copyright World

Del J Corp J – Delaware Journal of Corporate Law
Denning LJ – Denning Law Journal
Denv U L Rev – Denver University Law Review
DePaul L Rev – DePaul Law Review
Dicta – Dicta of the Denver Bar Association
Dir – O Direito
DJT – Deutscher Juristentag
DJZ – Deutsche Juristen-Zeitung
Drake L Rev – Drake Law Review
Duke J Comp & Int'l L – Duke Journal of Comparative and International Law
Duke LJ – Duke Law Journal
DVM – Direito dos Valores Mobiliários

Ecc LJ – Ecclesiastical Law Journal
Edin LR – Edinburgh Law Review
EHR – English Historical Review
Eph Iuris Can – Ephemerides Iuris Canonici
ERPL – European Review of Private Law
Est Tr & Pensions J – Estates, Trusts & Pensions Journal

Fla St U L Rev – Florida State University Law Review
Fordham L Rev – Fordham Law Review
Foreign Aff – Foreign Affairs
French Hist Stud – French Historical Studies

Ga L Rev – Georgia Law Review
Geo LJ – Georgia Law Journal
Gruchot – Beiträge zur Erläuterung des deutschen Recht
GrünhutZ – Zeitschrift für das Privat- und öffentliche Recht der Gegenwart

Harv J on Legis – Harvard Journal on Legislation
Harv L Rev – Harvard Law Review

Hastings JL – Hastings Law Journal
Health Matrix – Health Matrix: Journal of Law-Medicine
Hist Studs Aust & NZ – Historical Studies, Australia and New Zealand

ICCLR – International Company and Commercial Law Review
Ind LJ – Indiana Law Journal
Int'l & Comp LQ – International & Comparative Law Quarterly
Int'l J Legal Info – International Journal of Legal Information
Int'l L – International Lawyer
Int L Mid E Stud – International Journal of Middle East Studies
Iowa L Rev – Iowa Law Review
Isr L Rev – Israel Law Review

JBL – Journal of Business Law
J Comp Legis & Int'l L – Journal of Comparative Legislation and International Law
J Contemp Health L & Pol'y – Journal of Contemporary Health Law & Policy
J Corp L – Journal of Corporation Law
J Ecc Hist – Journal of Ecclesiastical History
J Econ Persp – Journal of Economics Perspectives
J Econ Soc Hist Orient – Journal of the Economics and Social History of the Orient
J Hist Ideas – Journal of the History of Ideas
JhJb – Jherings Jahrbücher der Dogmatik des bürgerlichen Rechts
JIBL – Journal of International Banking Law
J L & Relig – Journal of Law and Religion
J Law & Econ – Journal of Law & Economics
J Legal Advoc & Prac – Journal of Legal Advocacy & Practice
J Leg Hist – Journal of Legal History
J Legal Stud – Journal of Legal Studies
J Med Hist – Journal of Medieval History
JNES – Journal of Near Eastern Studies
J Pat Off Soc'y – Journal of the Patent Office Society
JPE – Journal of Political Economy
J Rel & Health – Journal of Religion and Health
J S Afr L – Journal of South African Law
J Soc Com Leg (NS) – Journal of the Society of Comparative Legislation, New Series
JTCP – Journal of International Tax, Trust and Corporate Planning
Jura – Juristische Ausbildung
JuS – Juristische Schulung
JW – Juristische Wochenschrift

JZ – JuristenZeitung

Ky LJ – Kentucky Law Journal

La L Rev – Louisiana Law Review
Law & Hist Rev – Law and History Review
LMCLQ – Lloyd's Maritime and Commercial Law Quarterly
Loy LJ – Loyola Law Journal (New Orleans)
LS – Legal Studies
L & Soc Rev – Law & Society Review
LQR – Law Quarterly Review

Mal J Real Est – Malaysian Journal of Real Estate
Marq L Rev – Marquette Law Review
Mcgill LJ – McGill Law Journal
Md L Rev – Maryland Law Review
Mercer L Rev – Mercer Law Review
Melb U L Rev – Melbourne University Law Review
Miami LQ – Miami Law Quarterly
Mich J Gender & L – Michigan Journal of Gender and Law
Mich L Rev – Michigan Law Review
Minn L Rev – Minnesota Law Review
Miss C L Rev – Mississippi College Law Review
MLR – Modern Law Review
Mo L Rev – Missouri Law Review
MULR – Melbourne University Law Review

NC L Rev – North Carolina Law Review
NDI – Nouvo Digesto Italiano
New Eng L Rev – New England Law Review
N Ir Legal Q – Northern Ireland Legal Quarterly
NJW – Neue Juristische Wochenschrift
N Ky L Rev – Northern Kentucky Law Review
Notre Dame L Rev – Notre Dame Law Review
NRHDFE – Nouvelle Revue Historique de Droit Français et Étranger
Numen – International Review for the History of Religions
NYL Sch L Rev – New York Law School Law Review
NYU L Rev – New York University Law Review
Nw U L Rev – Northwestern University Law Review
NZULR – New Zealand Universities Law Review

OJLS – Oxford Journal of Legal Studies
Or L Rev – Oregon Law Review
Ottawa L Rev – Ottawa Law Review

PAAJR – Proceedings of the American Academy for Jewish Research
PBSR – Papers of the British School at Rome
PCB – Private Client Business
Pepp L Rev – Pepperdine Law Review
Phil LJ – Philippine Law Journal
Phil & Pub Aff – Philosophy and Public Affairs
PMLA – Journal of the Modern Language Association of America
P & P – Past & Present
Pol Sci Q – Political Science Quarterly

Quadr – Quadrimeste: Rivista di Diritto Privato

RabelsZ – Rabels Zeitschrift für ausländisches und internationales Privatrecht
RdC – Recueil des Cours de l'Académie de Droit International de la Haye
RDCI – Revista Crítica de Derecho Inmobiliario
RDCiv – Rivista del Diritto Civile
RDComm – Rivista del Diritto Commerciale e del Diritto delle Obbligazioni
RDJ – Revista Direito e Justiça
RDN – Revista de Derecho Notarial
RDP – Revista de Derecho Privado
RDS – Revista de Direito das Sociedades
R du D – La Revue du Droit
R du N – La Revue du Notariat
Real Prop Prob & Tr J – Real Property, Probate and Trust Journal
REB – Revue des Études Byzantines
REHJ – Revista de Estudios Histórico-Jurídicos
RES – The Review of English Studies
Rev Der Uni – Revue de Droit Uniforme/Uniform Law Review
Rev Jur UPR – Revista Juridica de la Universidad de Puerto Rico
RFDUP – Revista da Faculdade de Direito da Universidade do Porto
RFPDF – Revista de Finanças Públicas e Direito Fiscal
RGD – Revue General de Droit
RGLJ – Revista General de Legislación y Jurisprudencia
RGS – Rivista Giuridica Sarda
RIDA – Revue Internationale des Droits de l'Antiquité

RIDC – Revue Internationale de Droit Comparé
RISG – Rivista Italiana per le Scienze Giuridiche
RJC – Revista Juridica Cajamarca
RJT – Revue Juridique Themis
RJNot – Revista Jurídica del Notariado
RLJ – Revista de Legislação e Jurisprudência
RMP – Rheinisches Museum für Philologie
RSDI – Rivista di Storia del Diritto Italiano
Rutgers L Rev – Rutgers Law Review

SAE – Sammlung arbeitsrechtlicher Entscheidungen
S African LJ – South African Law Journal
SC L Rev – South Carolina Law Review
SeuffB – Seufferts Blätter für Rechtsanwendung
SHDI – Studia et Documenta Historiae et Iuris
SI – Studia Iuridica
Stand L Rev – Standford Law Review
Stellenbosch L Rev – Stellenbosch Law Review
Stetson L Rev – Stetson Law Review
St Louis L Rev – St. Louis Law Review
Suffolk U L Rev – Suffolk University Law Review
SW LJ – Southwestern Law Journal
Sydney L Rev – Sydney Law Review

Tax Law – Tax Lawyer
Tex L Rev – Texas Law Review
Temp L Rev – Temple Law Review
Tijds Rgeschied – Tijdschrift voor rechtsgeschiedenis
Transnat'l L & Contemp Probs – Transnational Law and Contemporary Problems
Tru LI – Trust Law International
TRHS (5ª) – Transnational Royal Historical Studies (5ª série)
Tul L Rev – Tulane Law Review
Tulsa L Rev – Tulsa La Review

UC Davis L Rev – University of California, Davis, Law Review
U Chi L Rev – University of Chicago Law Review
U Cin L Rev – University of Cincinnati Law Review
UCLA L Rev – University of California at Los Angeles Law Review
U Colo L Rev – University of Colorado Law Review

U Fla J L & Pub Pol'y – University of Florida Journal of Law and Public Policy
U Ill L Rev – University of Illinois Law Review
U Miami Int'l & Comp L Rev – University of Miami International & Comparative Law Review
U Pa L Rev – University of Pennsylvania Law Review
U Pitt L Rev – University of Pittsburgh Law Review
UTLJ – University of Toronto Law Journal
U Tol L Rev – University of Toledo Law Review
U Toronto Fac L Rev – University of Toronto Faculty Law Review
U W Austl L Rev – University of Western Australia Law Review

VA – Verwaltungsarchiv
Va L Rev – Virginia Law Review
Val U L Rev – Valparaiso University Law Review
Vand L Rev – Vanderbilt Law Review
Vand J Transnat'l L – Vanderbilt Journal of Transnational Law
Vill L Rev – Villanova Law Review
Vt L Rev – Vermont Law Review

Wake Forest L Rev – Wake Forest Law Review
Washburn LJ – Washburn Law Journal
Wash & Lee L Rev – Washington and Lee Law Review
Wash L Rev – Washington Law Review
Wash ULQ – Washington University Law Quarterly
Whittier L Rev – Whittier Law Review
W Res LJ – West Reserve Law Journal
WM – Zeitschrift für Wirtschafts- und Bankrecht, Wertpapiermitteilungen
W Va LQ – West Virginia Law Quarterly and the Bar

Yale LJ – Yale Law Journal

Zb Radova – Zbornik Radova Pravnog Fakulteta u Splitu
ZCC – Zeitschrift für Civil- und Criminalrecht
ZIP – Zeitschrift für Wirtschaftsrecht
ZEuP – Zeitschrift für Europäisches Privatrecht
ZGR – Zeitschrift für das gesamte Genossenschaftswesen
ZgR – Zeitschrift für geschichtliche Rechtswissenschaft
ZHR – Zeitschrift für das gesamte Handels- und Wirtschaftsrecht
ZRG – Zeitschrift für Rechtsgeschichte

ZRG (GA) – Zeitschrift der Savigny-Stiftung für Rechtsgeschichte: Germanistische Abteilung
ZRG (RA) – Zeitschrift der Savigny-Stiftung für Rechtsgeschichte: Romanistische Abteilung

Coletâneas de Acórdãos

A – Atlantic Reporter
A 2d – Atlantic Reporter, Second Series
AC – Law Reports, Appeal Cases (3rd Series)
AD – New York Supreme Court, Appellate Division Reports
AD 2d – New York Supreme Court, Appellate Division Reports, Second Series
AD 3d – New York Supreme Court, Appellate Division Reports, Third Series
A & E – Adolphus & Ellis' Queen's Bench Reports
All ER – All England Law Reports
All ER (D) – All England Direct Law Reports (Digest)
All ER (Comm) – All England Law Reports (Commercial Cases)
All ER Rep – All England Law Reports Reprint
Amb – Ambler's Chancery Reports
Ann Cri Giu Pra – Annuario Critico de Giurisprudenza Pratica
App Cas – Law Reports, Appeal Cases (2nd Series)
Ariz – Arizona Reports
Atk – Atkyns' Chancery Reports

B & Ald – Barnewall & Alderson's King's Bench Reports
BCLC – Butterworths Company Law Cases
BCLR (2nd) – British Columbia Law Reports (Segunda Série)
Beav – Beavan's Rolls Court Reports
BGHZ – Entscheidungen des Bundesgerichtshofs in Zivilsachen
BMJ – Boletim do Ministério da Justiça
BR – Bankruptcy Reporter
Bro CC – Brown's Chancery Cases
Bro Parl Cas – J. Brown's Cases in Parliament

Cal 2d – California Reports, Second Series
Cal 4th – California Reports, Fourth Series
Cal App 2d – California Appellate Reports, Second Series
Cal App 3d – California Appellate Reports, Third Series
Cal Rptr 2d – California Reporter, Second Series

Cal Rptr 3d – California Reporter, Third Series
Cary – Cary's Chancery Reports
CB (NS) – Common Bench Reports, New Series
CCJC – Cuadernos Civitas de Jurisprudencia Civil
CCPB – Canadian Cases on Pension and Benefits
Ch – Law Reports, Chancery Division (3rd Series)
Chan Cas – Cases in Chancery
Ch D – Law Reports, Chancery Division (2nd Series)
CJ – Colectânea de Jurisprudência
CJ(STJ) – Colectânea de Jurisprudência/Acórdãos do Supremo Tribunal de Justiça
Cl & Fin – Clark & Finnelly's House of Lords Cases
CLR – Commonwealth Law Reports
C & M – Crompton & Meeson's Exchequer Reports
Colo App – Colorado Court of Appeals Reports
Conn Supp – Connecticut Supplement
Co Rep – Coke's King's Bench Reports
Cox Eq Cas – Cox's Equity Cases
Cr & PH – Craig & Phillips' Chancery Reports

De GF & J – De Gex, Fisher & Jones' Chancery Reports
De GJ & S – De Gex, Jones & Smith's Chancery Reports
De GM & G – De Gex, Macnaghten & Gordon's Chancery Reports
DLR (2d) – Dominion Law Reports, Second Series
DLR (4th) – Dominion Law Reports, Fourth Series
Drew – Drewry's Vice Chancellor's Reports tempore Kindersley

East – East's Term Reports, King's Bench
E & B – Ellis & Blackburn's Queen's Bench Reports
Eden – Eden's Chancery Reports tempore Northington
EGLR – Estates Gazette Law Reports
Eq Cas – Equity Cases
ER – English Reports
Exch – Exchequer Reports

F 2d – Federal Reporter, Second Series
F 3d – Federal Reporter, Third Series
FCR – Federal Court Reports
Fed Appx – Federal Appendix
Fin – Finch's Reports, Chancery
Foro It – Il Foro Italiano

F Supp 2d – Federal Supplement, Second Series
GComm – Giurisprudenza Commerciale
Giff – Giffard's Chancery Reports

Hard – Hardres' Exchequer Reports
Hare – Hare's Chancery Reports
HL – Clark & Finnelly's House of Lords Reports, New Series

Ill App – Illinois Appellate Court Reports
Ill App 3d – Illinois Appellate Court Reports, Third Series
Ind App – Indiana Court of Appeals Reports
ITELR – International Trust & Estate Law Reports

Jac – Jacob's Chancery Reports
Jac & W – Jacob & Walker's Chancery Reports
JC/MC – Jurisprudencia Civil/Ministerio Publico
Jur Civ – Jurisprudencia Civil
Jur Civ (EO) – Jurisprudencia Civil (Edición Oficial)
Kan – Kansas Reports
KB – Law Reports, King's Bench

La – Louisiana Reports
La Ann – Louisiana Law Reports
L Ed 2d – United States Supreme Court Reports, Lawyers' Edition, Second Series
Lev – Levinz's King's Bench and Common Pleas Reports
Lloyd's Rep – Lloyd's Law Reports
Lloyd's Rep Med – Lloyd's Law Reports Medical
LR Ch App – Law Reports, Chancery Appeal Cases
LR CP – Law Reports, Common Pleas
LR Eq – Law Reports, Equity Cases
LR Ex – Law Reports, Exchequer Cases
LR HL – Law Reports, English & Irish Appeals
LT – Law Times Reports

Mac & G – Macnaghten & Gordon's Chancery Reports
Mass – Massachusetts Reports
Mass L Rep – Massachusetts Law Reporter
MDR – Monatsschrift für Deutsches Recht
Mer – Merivale's Chancery Reports
Mich – Michigan Reports
Misc 3d – New York Miscellaneous Reports, Third Series

Moo PC – Moore's Privy Council Cases
Mo – Missouri Reports
Mod – Leach's Modern Reports
My & Cr – Mylne & Craig's Chancery Reports

NE – North Eastern Reporter
NE 2d – North Eastern Reporter, Second Series
NJ – New Jersey Reports
NSR 2d – Nova Scotia Reports, Second Series
NSWCA – New South Wales Court of Appeal
NW – North Western Reporter
NW 2d – North Western Reporter, Second Series
NY – New York Reports
NY 3d – New York Reports, Third Series
NYS 2d – New York Supplement, Second Series
NZLR – New Zealand Law Reports

Ohio App – Ohio Appellate Reports
OPLR – Occupational Pensions Law Reports

P – Pacific Reporter
P 2d – Pacific Reporter, Second Series
P 3d – Pacific Reporter, Third Series
Pa – Pennsylvania State Reports
PCC – Palmer's Company Cases
PD – Law Reports, Probate & Divorce Cases
Ph – Phillips' Chancery Reports
Prech Ch – Precedents in Chancery
PNLR – Professional Negligence and Liability Reports
P Wms – Peere-Williams' Chancery & King's Bench Cases

QB – Law Reports, Queen's Bench (3rd Series)
QBD – Law Reports, Queen's Bench Division

R – Rettie, Crawford & Melville, Session Cases (4th Series)
RDFQ – Recueil de Droit Fiscal Quebecois
Rep Ch – Reports in Chancery
RGZ – Entscheidungen des Reichsgerichts in Zivilsachen
RJQ – Recueil de Jurisprudence du Quebec
Russ – Russell's Chancery Reports tempore Eldon

Russ & M – Russell & Mylne's Chancery Reports

Salk – Salkeld's King's Bench Reports
SC – Session Cases
SCR – Canada Law Reports, Supreme Court
Se – South Eastern Reports
Sel Cas Ch – Select Cases in Chancery tempore King
SeuffA –Seufferts Archiv für Entscheidungen der obersten Gerichte in den deutschen Staaten
Sim – Simons' Vice Chancellor's Reports
So – Southern Reporter
So 2d – Southern Reporter, Second Series
So 3d – Southern Reporter, Third Series
STC – Simon's Tax Cases
SW – South Western Reporter
SW 2d – South Western Reporter, Second Series
SW 3d – South Western Reporter, Third Series
Swan – Swanston's Chancery Reports

Taunt – Taunton's Common Pleas Reports
Term Rep – Dunford & East's Term Reports, King's Bench
TR – Turner & Russell's Chancery Reports

US – United States Supreme Court Reports

VA – Virginia Reports
Vent – Ventris' King's Bench Reports
Vern – Vernon's Chancery Reports
Ves Jun – Vesey Junior's Chancery Reports
Ves Sen – Vesey Senior's Chancery Reports
VR – Victorian Reports

WAR – Western Australian Reports
Wash – Washington Reports
Wash 2d – Washington Reports, Second Series
West Temp Hard – West's Chancery Reports tempore Hardwicke
WIR – West Indian Reports
WLR – Weekly Law Reports

Y & C Ch – Younge & Collyer's Chancery Reports
Y & C Ex – Younge & Collyer's Exchequer in Equity Reports

Tribunais

Ala – Alabama Supreme Court
Ariz – Arizona Supreme Court
Ariz App – Arizona Court of Appeals

Bankr – Bankruptcy Court
BGH – Bundesgerichtshof

Cal – California Supreme Court
Cal App – California Court of Appeals
Cass Civ – Cassazione Civile (Court Suprema di Cassazione)
CD Cal – Central District California
Colo – Colorado Supreme Court
Conn App – Connecticut Appellate Court

Del – Delaware Supreme Court
Del Ch – Delaware Court of Chancery

EWCA Civ – England & Wale Court of Appeal (Civil Division)
EWHC – England & Wales High Court
EWHC (comm) – England & Wales High Court (Commercial Court)
EWHC (ch) – England & Wales High Court (Chancery Division)
EWHC (fam) – England & Wales High Court (Family Division)
EWHC (QB) – England & Wales High Court (Queens Bench)

Fla – Florida Supreme Court
Fla App – Florida Court of Appeals

Ill App – Illinois Appellate Court
Ind App – Indiana Court of Appeals
Iowa – Iowa Supreme Court

Kan – Kansas Supreme Court
Ky App – Kentucky Court of Appeals

La – Supreme Court of Louisiana

Mass – Massachusetts Supreme Judicial Court
Me – Maine Supreme Judicial Court
Mich – Michigan Supreme Court
Mo – Missouri Supreme Court
Mo App – Missouri Court of Appeals

ND – North Dakota Supreme Court
NJ – New Jersey Supreme Court
NY – New York Court of Appeals
NY App Div – New York Supreme Court, Appellate Division
NY Sup – New York Supreme Court

Ohio – Ohio Supreme Court
Ohio App – Ohio Court of Appeals
Okla – Oklahoma Supreme Court
OLG – Oberlandesgericht
Ore – Oregon Supreme Court

Pa – Pennsylvania Supreme Court

RCb – Relação de Coimbra
REv – Relação de Évora
RG – Reichsgericht
RGm – Relação de Guimarães
RLx – Relação de Lisboa
RPt – Relação do Porto

SC – South Carolina Supreme Court
STJ – Supremo Tribunal de Justiça

TBr – Tribunale di Bari
TCg – Tribunale di Cagliari
Tex – Texas Supreme Court
Tex App – Texas Court of Appeals
Tex Civ App – Texas Court of Civil Appeals
Tve – Tribunale di Verona

UKPC – United Kingdom Privy Council
US – United States Supreme Court
US App – United States Court of Appeals
US Dist – United States District Court

Va – Virginia Supreme Court

Wash – Washington Supreme Court
Wash App – Washington Court of Appeals
Wyo – Wyoming Supreme Court
W Va – West Virginia Supreme Court

Outras

AAFDL – Associação Académica da Faculdade de Direito de Lisboa
AJ – Administrative Judge
APDI – Associação Portuguesa de Direito Intelectual
At. – Atos dos Apóstolos
Atk. – Aktenzeichen

C. – Codex
CJ – Chief Judge ou Circle Judge
CJKB – Chief Justice of the King's Court
Cor. – Coríntios
C. Th. – Codex Theodosianus
CUP – Cambrigde University Press

D. – Digesto
DJ – District Judge

Epis. – Epístola
Ex. – Êxodo

FDL – Faculdade de Direito de Lisboa

G. – Instituições de Gaius

I. – Instituições

J – Judge
JCA – Judge of the Court of Appeal
Jo. – João

LC – Lord Chancellor
Lc. – Lucas
LJ – Lord Judge
JP – Justice of the Peace
Lv. – Levítico

Mc. – Marcus
Mt. – Mateus
MR – Master of Rolls

OUP – Oxford University Press

PJ – Peace Justice

QC – Queen's Counsel

Rm. – Romanos
Rt. – Rute

S – Surrogate Court Judge
s. – section
STS – Sentencia Tribunal Supremo

UCP – Universidade Católica Portuguesa
USBJ – United States Bankruptcy Judge
USCJ – United States Circle Judge
USDJ – United States District Judge

VC – Vice-Chancellor
Vopis. Carin. – Vopiscus Carinus

WL – West Law

YB – Year Book

RESUMO

O presente estudo aborda o tema do *trust* no âmbito do Direito civil português. O *trust* tem vindo a assumir uma importância decisiva no comércio jurídico internacional e no mundo da alta finança. A sua difusão, para a qual muito contribui a preponderância cultural anglófona, tem despertado o interesse das ordens económicas e jurídicas dos sistemas de base romanística.

O *trust* é o produto da *Common Law*. Desenvolvido e consolidado ao longo de vários séculos, o instituto fiduciário britânico é um reflexo da sociedade inglesa, da sua cultura e do seu Direito. O sucesso do *trust* reside na sua maleabilidade. O *trust* tem sempre demonstrado uma espantosa capacidade de adaptação às necessidades sociais e económicas, em constante mutação.

Esta dimensão transversal é, de resto, a característica mais evidente da fidúcia, enquanto instituto atemporal que atravessa todos os sistemas jurídicos. Os negócios fiduciários têm assumido um papel central nos Direitos civis continentais, desde os primórdios do Direito romano.

Explorada a dimensão histórica e dogmática do *trust* e as especificidades do sistema jurídico que o imaginou, passamos a averiguar a possibilidade de receber o instituto na nossa ordem jurídica interna.

A demonstração da continuidade da fidúcia no Direito português permite-nos afastar a suposta impossibilidade de constituir, internamente, um negócio atípico que congregue todos os elementos identificativos do instituto fiduciário anglo-saxónico.

Podemos, assim, conceber o *trust*, à luz do Direito português, como um negócio fiduciário *stricto sensu* para administração e aberto, que pode ser constituído por simples manifestação de vontade, por transmissão da posição jurídica para um terceiro, que assume a posição de fiduciário, ou por disposição testamentária.

Palavras-chave: Direito civil, *Common Law*, negócios fiduciários, *trust*, boa-fé.

ABSTRACT

This study deals with the issue of trusts in the context of Portuguese civil law. Trusts have taken on crucial importance in international legal commerce and in the world of high finance. The dissemination of trusts, which has been greatly advanced by the preponderance of English-speaking culture, has aroused the interest of economic and legal systems rooted in the Roman tradition.

The trust is the greatest achievement of Common Law. Developed and consolidated over several centuries, the British concept of the trust reflects English society, its culture and law. The success of the trust lies in its malleability. Trusts have consistently demonstrated an astonishing ability to adapt to constantly changing social and economic needs.

This versatility is in fact the most striking feature of the fiduciary relationships, as an atemporal concept that cuts across all legal systems. Fiduciary contracts have taken on a central role in continental civil law systems, since the origins of Roman law.

Having explored the history and the legal development of the trust and specific features of the system which conceived it, we will go on to determine whether this concept can be received into Portuguese domestic law.

By demonstrating the continuity of fiduciary contracts in Portuguese laws, we are able to discount the supposed impossibility of constituting, internally, an atypical transaction which brings together all the defining features of the Anglo-Saxon trust.

In the light of Portuguese law, we can therefore conceive of the trust as an open-ended fiduciary contract in the strict sense for administration, which can be constituted by a simple declaration, by transferring the legal position in question to a third party, who takes on the position of trustee, or by the provision of a will.

Key words: Civil Law, Common Law, fiduciary agreements, good faith.

§ 1.º INTRODUÇÃO

1. A receção do *trust* pelos sistemas civilísticos: aspetos gerais

I. A receção do instituto fiduciário anglo-saxónico pelos Direitos de base romanística tem fascinado os juristas de ambos os sistemas – *Common Law* e Direito civil – desde, pelo menos, os inícios do século passado[1-2].

---

[1] Primeiros grandes estudos: Alemanha: HERMANN M. ROTH: *Der Trust in seinem Entwicklungsgang vom Feoffee to Uses zur amerikanischen Trust Company: ein Beitrag zur Entwicklungsgeschichte des Treuhand-Instituts im englisch-amerikanischen Recht mit vergleichenden Hinweisen auf deutsches und römisches Recht*, Elwert, Marbugo, 1928; França: PIERRE LEPAULLE, *Traité théorique et pratique des trusts en Droit interne, en Droit fiscal et en Droit international*, Rousseau, Paris, 1932; Itália: REMO FRANCESCHELLI, *Il "trust" nel diritto inglese*, CEDAM, Pádua, 1935; Portugal: MARIA JOÃO VAZ TOMÉ e DIOGO LEITE DE CAMPOS, *A propriedade fiduciária (trust): estudo para a sua consagração do Direito português*, Almedina, Coimbra, 1999. No seio da Ciência Jurídica anglo-saxónica, o interesse pela temática parece ter sido desencadeado pela doutrina civilística. O primeiro artigo escrito em língua inglesa é de autoria de PIERRE LEPAULLE, *Civil Law Substitutes for Trusts*, 36 Yale LJ, 1927, 1126-1147. Na década seguinte, 30, foram publicados os primeiros estudos de autores anglófonos: LINDELL T. BATTES, *Common Law Express Trusts in French Law*, 40 Yale LJ, 1930, 34-52 e ARTHUR NUSSBAUM, *Sociological and Comparative Aspects of the Trust*, 38 Colum L Rev, 1938, 408-430. Paralelamente, a temática foi abordada numa perspetiva interna, no âmbito do Direito do Estado da Luisiana, de base romanística, cfr., EUGENE A. NABORS, *Proposals for Amendment of the Louisiana Trust Act and the Louisiana Life Insurance Exemption Statute*, 8 Tul L Rev, 1934, 522-541 e *The Shortcomings of the Louisiana Trust Estates Act and Some Problems of Drafting Trust Instruments Thereunder*, 13 Tul L Rev, 1939, 178-213; JOHN MINOR WISDOM, *A Trust Code in the Civil Law, Based on the Restatement and Uniform Acts: the Louisiana Trust Estates Act*, 13 Tul L Rev, 1938, 70-98. Os poucos autores que anteriormente se debruçaram sobre a temática fizeram-no sempre de

A apreciação comparatística do *trust*, centrada na sua possível receção, tem sido objeto de diferentes abordagens: umas mais focadas nos aspetos dogmáticos da questão ou nos interesses práticos do seu reconhecimento; outras desconstruindo o instituto anglo-saxónico, quer para demonstrar as suas raízes romanas, o que facilitaria o desenvolvimento de doutrinas análogas, quer o seu oposto: as especificidades do *trust* seriam irreconciliáveis com o Direito civil, o que tornaria a sua disseminação apenas possível através de uma receção legislativa; ora sublinhando o papel histórico ocupado pelas relações fiduciárias no Direito romano, ora desvalorizando, em absoluto, esta hipotética continuidade. Em última análise, a abordagem irá sempre depender das pretensões do seu autor, da sua formação e da natureza do estudo.

Todas estas variáveis abstratas e expositivas resultaram na propagação de incontáveis posições e teorias. Sem ignorar esta realidade, parece-nos possível identificar três questões que, grosso modo, consubstanciam, conjuntamente ou não, o centro nevrálgico de qualquer estudo dedicado à receção ou ao reconhecimento interno do *trust* pelos sistemas jurídicos civilísticos: (1) é o *trust* compatível com o Direito civil e com os seus princípios formativos?; (2) será a receção desse instituto do interesse dos sistemas jurídicos de inspiração romana, dos seus Estados e dos sujeitos que regulam?; e (3) dispõe o Direito civil de mecanismos jurídicos sucedâneos, no caso de a receção não ser necessária ou desejável?

II. A expansão do *trust* para lá das fronteiras da *Common Law* é, na realidade, uma questão há muito ultrapassada. O instituto fiduciário britânico está hoje espalhado pelos quatro cantos do Globo. O processo de receção pode ser agrupado em quatro grandes movimentos: (1) receção do *trust* pelos sistemas de influência anglófona: enquadram-se neste grupo o Direito

---

forma passageira, cfr., F. FOSTER MICHON, *Substitutions and Fidei Commissa*, 2 Loy LJ, 1920, 31-40 e LEON S. HASS JR., *Does Equity as It Prevails in Common Law Jurisdictions Obtain in the Civil Law State of Louisiana?*, 62 Am L Rev, 1928, 430-435.

[2] MAURIZIO LUPOI, *The Civil Law Trust*, 32 Vand J Transnat'l L, 1999, 967-988, 969: o autor critica as análises abstratas, alheias às diferenças entre os diversos sistemas de Direito civil. Ora, embora se reconheça que os estudos de Direito comparado devem sempre ser feitos de forma concreta, centrados num específico ordenamento jurídico, não pode deixar de reconhecer-se que a maioria dos obstáculos à receção do *trust*, se não mesmo a sua totalidade, são comuns a todos os Direitos civis.

§ 1.º INTRODUÇÃO

escocês[3-4], o Direito sul-africano[5-6], o Direito israelita[7-8], o Direito do Estado da Luisiana[9-10], o Direito do Quebeque[11-12] e todos os restantes sistemas

[3] JOHN W. CARINS, *Historical Introduction* in *A History of Private Law in Scotland*, Vol. I: *Introduction and Property*, coordenação de KENNETH REID e REINHARD ZIMMERMANN, OUP, Oxford, 2000, 14-184: excelente artigo introdutório à história do Direito escocês. A influência da *Common Law* e a distanciação dos dois sistemas assumem um destaque natural. Vide, ainda, o sucinto artigo do Professor THOMAS B. SMITH, *English Influence on the Law of Scotland*, 3 Am J Comp L, 1954, 522-542, composto por três partes distintas: (1) influência direta: focada, essencialmente, na legislação publicada aquando da união das duas coroas; (2) influência indireta: resultante da proximidade geográfica e linguística; e (3) influência específica: breve análise a diferentes ramos do Direito escocês que sofreram influências da *Common Law*. HECTOR L. MACQUEEN, *Mixed Jurisdictions and Convergence: Scotland*, 29 Int'l J Legal Info, 2001, 309-322: o Direito escocês é visto como um exemplo perfeito do que poderá ser o Direito privado dos países da União Europeia num futuro próximo.

[4] GEORGE L. GRETTON, *Scotland: the Evolution of the Trust in a Semi-Civilian System* in *Itinera Fiduciae: Trust and Treuhand in Historical Perspective*, coordenação de RICHARD H. HELMHOLZ e REINHARD ZIMMERMANN, Duncker & Humblot, Berlim, 1998, 507-542: o autor passa em revista toda a evolução histórica do *trust* em terras escocesas. A *Scottish Law Commission* tem levado a cabo, desde os inícios do presente século, uma série de estudos com vista ao esclarecimento de alguns dos aspetos teóricos e práticos que levantam maiores dificuldades. Todos os estudos podem ser consultados no sítio oficial da instituição: http://www.scotlawcom.gov.uk/law-reform-projects/trusts. Quanto à natureza jurídica do *trust*, no Direito atual, vide: KENNETH G. C. REID, *Patrimony not Equity: the Trust in Scotland*, ERPL, 2000, 427-437 e DAVID HAYTON, *The Nature and the Constitution of Trusts: the Scottish Law Commission's Proposals*, 11 Edin L R, 2007, 270-273. O instituto fiduciário escocês será explorado com maior cuidado no número 69/II.

[5] Sobre a evolução histórica do Direito sul-africano e, em especial, sobre as diferentes influências sofridas ao longo dos séculos, vide PROCULUS REDIVIVUS, *South African Law at the Crossroads or What Is Our Common Law?*, 82 S African LJ, 1965, 17-25; BEN BEINART, *The English Legal Contribution in South Africa: the Interaction of Civil and Common Law*, 7 Acta Jur, 1981, 7-63 e FRANÇOIS DU BOIS e DANIEL VISSER, *The Influence of Foreign Law in South Africa*, 13 Transnat'l L & Contemp Probs, 2003, 593-658. Para uma exposição mais pormenorizada, veja-se o número 69/III.

[6] De base civilística, a Ciência Jurídica sul-africana viu-se obrigada a recorrer aos conceitos romanos que conhecia para explicar o instituto fiduciário anglo-saxónico, cfr., H. R. HAHLO, *The Trusts in South African Law*, 78 S African LJ, 1961, 195-208. O reconhecimento interno inequívoco data, apenas, do ano de 1988, com a promulgação do *Trust Property Control Act*, cfr., JENNIFER BOOTH, *South Africa* in *The World Trust Survey*, coordenação de CHARLES FOTHARD e SANJVEE SHAH, OUP, Oxford, 2010, 517-532.

[7] O Direito israelita tem recebido, ao longo dos tempos, as mais variadas influências. A sua catalogação exige, assim, alguma cautela. O sistema jurídico israelita consubstancia um misto muito particular. Uma exposição sucinta pode ser encontrada em três artigos da autoria de DANIEL FRIEDMANN, elaborados numa perspetiva conjunta: (1) *The Effect of Foreign Law on the*

Law of Israel: Remnants of the Ottoman Period; (2) *Infusion of the Common Law into the Legal System of Israel*; e (3) *Independent Development of Israeli Law*, 10 Isr L Rev, 1975, 192-206; 324-377 e 515-568.
[8] Inicialmente, tanto o legislador, como os tribunais mostraram-se pouco seguros quanto à incorporação da figura no Direito interno (FRIEDMANN, *Infusion of the Common Law into the Legal System of Israel*, cit., 375-376). As dúvidas foram dissipadas na década de 70 do século passado, com a entrada em vigor do diploma 5739-1979, intitulado, precisamente, *Trust Law*.
[9] O Direito da Luisiana sofreu influências espanholas, francesas e anglófonas. Os Códigos Civis de 1808 e de 1870 refletem essas diferentes ascendências, cfr., RODOLFO BATIZA, *The Louisiana Civil Code of 1898: Its Actual Sources and Present Relevance*, 46 Tul L Rev, 1971, 4-165 e JOHN T. HOOD, *The History and Development of the Louisiana Civil Code*, 19 La L Rev, 1958, 18-33. A hipotética aproximação do Direito do Estado da Luisiana à *Common Law* e o seu afastamento do Direito civil tem dividido a doutrina local e especializada, cfr., KENNETH M. MURCHISON, *The Judicial Revival of Louisiana's Civilian Tradition: a Surprising Triumph for the American Influence*, 49 La L Rev, 1988, 1-37 e KATHRYN VENTURATOS LORIO, *The Louisiana Civil Law Tradition: Archaic or Prophetic in the Twenty-First-Century*, 63 La L Rev, 2002, 1-23. Vide, ainda, o número 69/IV.
[10] Desconhecido da Ciência Jurídica da época, o *trust* foi reconduzido ao fideicomisso, mecanismo proibido por lei (1579.º Código Civil de 1870: o preceito encontra-se transcrito no número 69/IV). Para uma análise histórica, vide KATHRYN VENTURATOS LORIO, *Louisiana Trusts: the Experience of a Civil Law Jurisdiction with the Trust*, 42 La L Rev, 1982, 1721-1739. A partir da década de 20 do século passado, o Direito da Luisiana começou, paulatinamente, a mostrar uma maior abertura. Atualmente, a matéria encontra-se positivada no *Louisiana Trust Code*, datado de 1964, cfr., LEONARD OPPENHEIM, *A New Trust Code for Louisiana – Act 338 of 1964*, 39 Tul L Rev, 1965, 187-226 e EDWARD F. MARTIN, *Louisiana's Law of Trust 25 Years After Adoption of the Trust Code*, 50 La L Rev, 1990, 501-530.
[11] FREDERICK P. WALTON, *The Legal System of Quebec*, 13 Colum L Rev, 1913, 213-231: com uma forte componente histórica e histórico-jurídica; VERNON VALENTINE PALMER, *Quebec and Her Sisters in the Third Family*, 54 McGill LJ, 2009, 321-351: estudo mais focado numa análise comparativa. O Direito do Quebeque é enquadrado no grupo dos sistemas mistos.
[12] A figura do *trust* foi positivada no Direito do Quebeque em 1879. Nove anos volvidos, o regime foi incorporado no CC B-C, de 1866, correspondendo aos artigos 981.ºa a 981.ºn. O *trust* quebequiano reveste-se de especial interesse. Por um lado, o Código Civil de 1866 é de inspiração napoleónica, o que nos pode fornecer importantes elementos, e, por outro lado, parte da doutrina especializada tende a diminuir a importância da ascendência da *Common Law* na construção do instituto fiduciário interno. Vide, em geral, YVES CARON, *The Trust in Quebec*, 25 Mcgill LJ, 1980, 421-444. No que respeita à discussão doutrinária que opôs as duas escolas – defensores de uma influência civil e defensores de uma ascendência da *Common Law* –, vide DANIEL N. METTARLIN, *The Quebec Trust and the Civil Law*, 21 Mcgill LJ, 1975, 175--241. Atualmente, o regime do *trust* vem previsto nos artigos 1260.º a 1298.º do CCQ de 1994. O regime vigente será objeto de especial atenção no § 43.º.

§ 1.º INTRODUÇÃO

mistos[13]; (2) reconhecimento generalizado do *trust* na América latina, originado pelos estudos de RICARDO ALFARO, datados de 1920[14-15]: apesar das influências comuns, a receção não foi homogénea. Se em alguns Estados – pense-se nas soluções adotadas pelos legisladores do Panamá (1925)[16] e do Puerto Rico (1928)[17] – o *trust* – devidamente adaptado à realidade jurídica interna – foi concebido como uma figura geral, transversal a todo o sistema, já em outros ordenamentos, como o caso paradigmático do México (1926)[18], a receção circunscreveu-se às áreas financeiras e bancárias, tendo

---

[13] Sem propósitos exaustivos: Chipre: sistema jurídico – SYMEON C. SYMEONIDES, *The Mixed Legal System of the Republic of Cyprus*, 78 Tul L Rev, 2003, 441-445; *trust* – ELIAS NEOCLEOUS e PHILIPPOS ARISTOTELOUS, *Cyprus* in *The World Trust Survey*, cit., 189-202; Filipinas: sistema jurídico – MELQUIADES J. GAMBOA, *The Meeting of the Roman Law and the Common Law in the Philippines*, 4 Seminar (Jurist), 1946, 84-98; *trust* – VICENTE ABAD SANTOS, *Trusts: a Fertile Field for Philippine Jurisprudence*, 25 Phil LJ, 1950, 519-526; ou Seicheles: A. G. CHLOROS, *The Projected Reform of the Civil Law of the Seychelles: an Experiment in Franco/British Codification*, 46 Tul L Rev, 1974, 815-845; *trust* – SIMON MITCHELL, *Seychelles* in *The World Trust Survey*, cit., 482-496.

[14] Figura incontornável da expansão do *trust* na América Latina, não apenas pela vasta obra que deixou, mas sobretudo pelos esforços desencadeados com vista à disseminação da figura, em especial através da realização de sucessivas conferências internacionais. Foi Presidente do Panamá entre 1931 e 1932 e representou um papel decisivo na constituição da *Facultad Nacional de Derecho* no Panamá. Sobre a vida e obra de RICARDO ALFARO, vide o sítio http://www.archivorjalfaro.org/, suportado por uma fundação com o seu nome.

[15] O seu estudo, intitulado *El fideicomiso: estudio sobre la necesidad y conveniencia de introducir en la legislación de los pueblos latinos una institución civil nueva, semejante al trust del Derecho inglés*, Imprenta Nacional, Panamá, 1920, teve um impacto tremendo. A sua proposta legislativa foi adotada, com poucas alterações, pelo legislador do Panamá, em 1925. O diploma serviu de inspiração para a maioria dos regimes fiduciários da América Latina, cfr., RUFORD G. PATTON, *Trust Systems in the Western Hemisphere*, 19 Tul L Rev, 1945, 398-435, 498 ss.. O autor dedicou parte da sua vida académica a escrever e a divulgar o mecanismo: *The Trust and the Civil Law with Special Reference to Panama*, 33 J Comp Legis & Int'l L, 3ª, 1951, 11-31 e, conjuntamente com RUFORD G. PATTON, *El Fideicomiso Moderno*, 28 Rev Jur UPR, 1958, 149-184, 263-299 e 341-365: neste último artigo são cobertas todas as áreas do *trust*. Consubstancia, na prática, um manual sobre a matéria.

[16] ALFARO, *The Trust and the Civil Law*, cit..

[17] LUIS F. SÁNCHEZ VILELLA, *The Problems of Trust Legislation in Civil Law Jurisdictions: the Law of Trusts in Puerto Rico*, 19 Tul L Rev, 1945, 374-397 e ROBERT A. HENDRICKSON, *The Puerto Rico Trust Code*, 13 Int'l L, 1979, 344-356.

[18] A possível receção do *trust* começou a ser discutida na primeira década do século XX. Contudo, apenas depois da publicação dos escritos de ALFARO, que serviram de inspiração, decidiu o legislador mexicano prosseguir com a sua positivação, cfr., RODOLFO BATIZA, *The Evolution of the Fideicomiso (Trust) Concept under Mexican Law*, 11 Miami LQ, 1957, 478-486 e ROBERTO MOLINA

como propósito principal atrair o investimento estrangeiro, em especial, evidentemente, o proveniente dos Estados Unidos da América; (3) receção do *trust* pelos Estados assinantes da Convenção de Haia de 1985 – *Convention on the law applicable to trust and on their recognition*[19]: os sistemas civilísticos continentais têm vindo, paulatinamente, a incorporar o *trust* nos seus ordenamentos jurídicos internos, com especial destaque para o Direito italiano[20] – o denominado *trust* interno ocupa hoje um papel central na discussão doutrinária – e para o Direito francês[21] – o instituto fiduciário, intitulado de *fiducie*, foi incorporado no CC Nap em 2007, artigos 2011.º a 2030.º – em

---

PASQUEL, *The Mexican Fideicomiso; The Reception, Evolution and Present Status of the Common Law Trust in a Civil Law Country*, 8 Colum J Transnat'l L, 1969, 54-78.

[19] O texto da Convenção pode ser consultado no sítio http://www.hcch.net/index_en.php?act=conventions.text&cid=59. A bibliografia dedicada à temática é vastíssima (http://www.hcch.net/index_en.php?act=conventions.publications&dtid=1&cid=59); vide, entre muitos outros: DAVID HAYTON, *The Hague Convention on the Law Applicable to Trusts and on Their Recognition*, 36 Int'l & Comp LQ, 1987, 260-282: uma análise substantiva da Convenção; assume um conteúdo e sistematização análogos à de uma verdadeira anotação; ADAIR DYER, *International Recognition and Adaption of Trusts: the Influence of the Hague Convention*, 32 Vand J Transnat'l L, 1999, 989-1022: fornece preciosos elementos sobre os representantes enviados pelos diversos países: *curriculums* e experiência na área. O conteúdo final da Convenção exigiu, como seria expectável, um equilíbrio entre os Direitos civis e os Direitos de *Common Law*. Procurou adaptar-se a figura aos sistemas romanísticos sem, contudo, ignorar as particularidades dos diferentes regimes anglo-saxónicos, cfr., EMMANUEL GAILLARD e DONALD T. TRAUTMAN, *Trusts in Non-Trust Countries: Conflict of Laws and the Hague Convention on Trusts*, 35 Am J Comp L, 1987, 307-340, 314.

[20] A bibliografia dedicada à temática é muito vasta; vide, como ponto de partida: MAURIZIO LUPOI, *Introduzione al trusts: diritto inglese, Convenzione dell'Aja, diritto italiano*, Giuffrè, Milão, 1994; *Trusts*, Giuffrè, Milão, 1997 e *Atti intitutivi di trust e contratti di affidamento fiduciario con formulario*, Giuffrè, Milão, 2010. O autor tem dedicado dezenas de monografias e de artigos ao estudo da temática, em todas as vertentes – histórica, dogmática, comparativa e jurisprudencial. LAURA SANTORO, *Il trust in Italia*, 2ª edição, Giuffrè, Milão, 2009: monografia muito completa. O interesse do tema foi recentemente impulsionado com a incorporação, no CC It, de mecanismos de destinação de bens, 2645.º-ter, cfr., SAVERIO BARTOLI, *Trust e atto di destinazione nel Diritto di famiglia e delle persone*, Giuffrè, Milão, 2011.

[21] Sobre a influência anglo-saxónica, vide: FRANÇOIS BARRIÈRE, *La réception du trust au travers de la fiducie*, Litec, Montpellier, 2004. Para uma análise comparativa, vide YAËLL EMERICH, *Les fondements conceptuels de la fiducie française face au trust de la common law: entre Droit des contrats et Droit des biens*, RIDC, 2009, 49-71.

§ 1.º INTRODUÇÃO

face do peso que ambos representam no seio do Direito civil[22]; e (4) receção motivada pela crescente relevância do *trust* no comércio internacional e no mundo financeiro globalizado: este último movimento abrange todas as receções não enquadráveis nas três primeiras categorias. Repare-se, todavia, que, salvo no que respeita aos sistemas mistos, a receção do *trust* terá sempre sido estimulada pelo papel atualmente representado pelo instituto fiduciário anglo-saxónico. O processo, que deu os seus primeiros passos no Japão (1922)[23], estende-se hoje aos quatro cantos do globo: Listenstaine (1926)[24]; Mónaco (1936)[25]; ou China (2001)[26].

A tendência natural de um Mundo cada vez mais globalizado passa pela receção interna dos mecanismos mais característicos dos sistemas jurídicos económica e culturalmente dominantes[27]. Pense-se no Direito privado

---

[22] Da lista de países assinantes destacam-se, ainda, o Luxemburgo: *Loi relative au trust et aux contrats fiduciaires*, de 27 de julho de 2003. ANDRÉ PRÜM e CLAUDE WITZ, *La nouvelle fiducie luxembourgeoise* in *Trust & fiducie: la Convention de la Haye et la nouvelle législation luxembourgeoise, Actes du Colloque tenu au Luxembourg de 11 décembre 2003*, coordenação de ANDRÉ PRÜM e CLAUDE WITZ, Montchrestien, Paris, 2005, 65-96; e a Suíça: a Ciência Jurídica suíça moderna, por influência alemã, tem-se dedicado ao estudo dos negócios fiduciários desde, pelo menos, os inícios do século XX (LEO GERSTLE, *Das reine Treuhandgeschäft im schweizerischen Privatrecht. (Mit Ausschluss des Wertpapierrechts.)*, Stämpfli, Berna, 1917). Apesar de o Direito suíço não reconhecer a constituição de *trusts* internos, a ratificação da Convenção de Haia, em 1 de julho de 2007, representou um passo muito importante nesse sentido, cfr., EDGAR H. PALTZER e PATRICK SMUTZ, *Switzerland* in *The World Trust Survey*, cit., 549-568.

[23] As origens do mecanismo remontam a um diploma sobre a emissão de obrigações internacionais, datado de 1905, que visava o financiamento do Estado japonês na Guerra Russo-Japonesa, cfr., HIROTO DOGAUCHI, *Trusts in the Law of Japan* in *La fiducie face au trust dans le rapports d'affaires*, coordenação de MADELEINE CANTIN CUMYN, Bruylant, Bruxelas, 1999, 105-113.

[24] A figura foi incorporada nos artigos 897.º-927 do PGR. Para uma análise comparativa (*Treuhand* e *trust*), bastante minuciosa, vide a recente monografia de KURT JÜRG MOOSMANN, *Der angelsächsische Trust und die liechtensteinische Treuhänderschaft unter besonderer Berücksichtigt des wirtschaftlich Begünstigten: eine rechtsvergleichende Studie mit Erkenntnissen für das Schweizer Treuhandrecht*, Schulthess, Zurique, 1999. Em língua inglesa, vide BERNHARD LORENZ e MARTIN ATTLMAYR, *Liechtenstein* in *The World Trust Survey*, cit., 386-400.

[25] O diploma sofreu importantes alterações em 1999, cfr., DONALD MANASSE, *Monaco* in *The World Trust Survey*, cit., 438-448.

[26] Diploma bastante completo, composto por 74 artigos, cfr., CHARLES ZHEN QU, *The Doctrinal Basis of the Trust Principles in China's Trust Law*, 38 Real Prop Prob & Tr J, 2003, 345-376 e RAIMUND BEHNES, *Der Trust im chinesichen Recht*, De Gruyter Recht, Berlim, 2009.

[27] DÁRIO MOURA VICENTE, *Um Código Civil para a Europa? Algumas reflexões* in *Estudos em Homenagem ao Professor Doutor Inocêncio Galvão Telles*, Vol. I: *Direito privado e vária*, Almedina, Coimbra,

da União: é inconcebível que um hipotético Código Civil Europeu, independentemente do modelo que venha a ser adotado, não inclua um capítulo dedicado ao *trust*. Este facto tem vindo a ser comprovado pela inclusão do instituto nos grandes trabalhados uniformizadores de Direito privado: *Principles, Definitions and Model Rules of European Private Law – Draft Common Frame of Reference*, Livro X – *Trusts*[28] e *Principles of European Law: Trusts*[29].

III. Perante os avanços do *trust*, a segunda questão não parece poder ser respondida de outra forma que não afirmativamente: se a receção do *trust* não tivesse um interesse real, estes movimentos de acolhimento nunca se teriam verificado. No entanto, a difusão do *trust* não se confunde com as causas que estão na base do seu reconhecimento.

As motivações dos sistemas mistos extravasam o simples interesse financeiro e económico. A receção do *trust* pelo Direito escocês, quebequense ou sul-africano reflete o contacto do homem comum com o instituto fiduciário. A ascendência social e cultural anglófona resultou num acolhimento natural da figura. O mesmo não se pode dizer quanto à receção civilística. A sua promoção é, essencialmente, de ordem comercial e financeira[30]. A difusão do instituto deve ser encarada como mais uma consequência da época em que vivemos[31].

Com o efeito, o *trust* ocupa um papel sem paralelo no Mundo comercial e financeiro moderno[32]. Sem preocupações exaustivas, o mecanismo é

2002, 47-73, 68: expressa dúvidas quanto à unificação do Direito civil europeu em relação a tipos contratuais desconhecidos de alguns ordenamentos ou com regimes muito distintos.
[28] *Prepared by the Study Group on European Civil Code* e *Research Group on EC Private Law (Acquis Group), based in part on a revised version of the Principles of European Contract Law*, coordenação de CHRISTIAN VON BAR e ERIC CLIVE, Sellier, Munique, 2009. Alexandra Braun, *Trusts in the Draft Common Frame of Reference: the "Best Solution" for Europe?*, 70 CLJ, 2011, 327-352: interessante análise de uma jurista da *Common Law*.
[29] Coordenação de STEPHEN SWANN, Sellier, Munique, 2013. No prelo.
[30] K. W. RYAN, *The Reception of the Trust*, 10 Int'l & Comp LQ, 1961, 265-283; ARTHUR NUSSBARUM, *Sociological and Comparative Aspects of the Trust*, 38 Colum L Rev, 1938, 408-430, 410: o autor, que escreve este artigo em plena Grande Depressão, defendeu que a economia europeia poderia beneficiar muito com a receção da figura. De resto, como veremos no § 34.º, foi precisamente no âmbito do Direito comercial e financeiro que a *fiducia* ressurgiu na Europa no século XIX.
[31] CARLY HOWARD, *Trust Funds in Common Law and Civil Law Systems: a Comparative Analysis*, 13 U Miami Int'l & Comp L Rev, 2006, 343-365, 356.
[32] JOHN H. LANGBEIN, *The Secret Life of the Trust: the Trust as an Instrument of Commerce*, 107 Yale LJ, 1997, 165-189: o autor propõe-se analisar, de forma sistemática, o crescente papel assumido

utilizado no âmbito da titularização de créditos, como *Special Purpose Vehicle*[33]; nas emissões de obrigações[34]; nos empréstimos sindicados[35]; e nos mais variados esquemas de investimento coletivo, desde o simples fundo de pensões[36] aos mais sofisticados modelos[37]. De forma mais ou menos evidente, o *trust* é empregue em todas as estruturas financeiras contemporâneas. Raro será hoje o grande negócio que não contenha uma qualquer forma de *trust*[38]. O *trust* é sinónimo de alta finança.

pelo *trust* no âmbito comercial e financeiro; STEVEN L. SCHWARCZ, *Commercial Trusts as Business Organizations: an Invitation to Comparatists*, 13 Duke J Comp & Int'l L, 2003, 321-336; JOANNA BENJAMIN, *Financial Law*, OUP, Oxford, 2007, 550-551: sublinha as vantagens funcionais do *trust* quando comparado com outros mecanismos jurídicos; ou GEORGE G. TRIANTIS, *Organizations as Internal Capital Markets: the Legal Boundaries of Firms, Collateral, and Trusts in Commercial and Charitable Enterprises*, 117 Harv L Rev, 2004, 1102-1162, 1144-1145: seguindo idêntico raciocínio, o autor professa a superioridade do *trust* perante todos os seus possíveis sucedâneos.

[33] O SPV não tem, necessariamente, de assumir a forma de *trust*. Outros instrumentos podem ser utilizados, cfr., ROBERT DEAN ELLIS, *Securitization Vehicles, Fiduciary Duties, and Bondholders' Rights*, 24 J Corp L, 1999, 295-331, 299. Regra geral, é comum, nos países de Direito civil, recorrer-se a sociedades comerciais e, nos países de *Common Law*, a *trusts*, cfr., JAN JOB DE VRIES ROBBÉ, *Securitization Law and Practice: in the Face of the Credit Crunch*, Wolters Kluwer, Alphen aan den Rijn, 2008, 16. No Direito nacional existe uma tendência, por influência da prática do mercado, de construir as titularizações por recurso a um SPV; todavia, o regime não o exige, cfr., PEDRO CASSIANO DOS SANTOS e ANDRÉ FIGUEIREDO, *O mercado português da titularização de créditos: diversificação e maturidade*, 6 DVM, 2006, 367-397, 364.

[34] FLORBELA DE ALMEIDA PIRES, *Direitos e obrigações dos obrigacionistas em obrigações internacionais (obrigações caravela e eurobonds)*, Lex, Lisboa, 2001, 103-104; ANDREW MCKNIGHT, *The Law of International Finance*, OUP, Oxford, 2008, 536 ss.: a opção por um *trustee* ou por um *fiscal agent* irá depender das pretensões da entidade emitente; cada uma das soluções acarreta consigo um conjunto de vantagens e desvantagens.

[35] Em regra, na maioria dos empréstimos sindicados é afastada qualquer relação de tipo fiduciário. Contudo, em algumas situações específicas, a sua constituição pode ser benéfica, cfr., AGASHA MUGASHA, *The Law of Multi-Bank Financing: Syndicated Loans and the Secondary Loan Market*, OUP, Oxford, 2007, 289-290.

[36] A utilização generalizada do *trust* terá dado os seus primeiros passos neste ramo, cfr., JOHN H. LANGBEIN e RICHARD A. POSNER, *The Revolution in Trust Investment Law*, 62 ABAJ, 1976, 887-891.

[37] SCHWARCZ, *Commercial Trusts*, cit., 321.

[38] STEVEN L. SCHWARCZ, *Commercial Trusts as Business Organizations: Unravelling the Mystery*, 58 Bus Law, 2003, 559-585.

Os *offshore trusts* merecem uma menção destacada[39]. Esta modalidade, cuja única particularidade reside em ser constituído num paraíso fiscal, contribuiu de forma decisiva para a expansão do instituto fiduciário anglo-saxónico. A sua suposta utilidade impeliu as jurisdições *offshore* a reconhecer a figura, independentemente da sua receção pelas jurisdições pátrias. Pense-se no caso paradigmático da Zona Franca da Madeira[40], onde o *trust* é reconhecido desde 1988 – Decreto-Lei n.º 352-A/88, de 3 de outubro (alterado pelo Decreto-Lei n.º 265/90, de 32 de agosto), complementado, anos volvidos, pelo Decreto-Lei n.º 149/94, de 25 de maio, focado, essencialmente, no registo dos *trusts*[41].

A expansão real do *trust* indicia que a sua receção é do interesse dos ordenamentos que desconheçam a figura. Resta saber, porém, se essa propagação é fruto da supremacia funcional do mecanismo ou um reflexo da preponderância financeira da anglofonia. Em suma, um simples estudo analítico ou quantitativo não nos fornece qualquer conclusão substantiva.

Do ponto de vista da análise económica do Direito[42], há uma certa tendência para considerar que os sistemas continentais têm sucedâneos à altura do *trust*[43]. No seu célebre artigo – *The Functions of Trust Law: a Comparative Legal and Economic Analysis*[44] –, HANSMANN e MATTEI abordam a problemática de forma bastante pragmática: quais as vantagens do *trust* quando com-

---

[39] *Offshore Trusts*, coordenação de SUSAN COTTER, Kluwer Law International, Londres, 1996: compilação de comentários aos mais relevantes regimes jurídicos *offshore*. Inclui a Zona Franca da Madeira. Vide, ainda, ROSE-MARIE ANTOINE, *Trusts and Related Tax Issues in Offshore Financial Law*, OUP, Oxford, 2005.

[40] Sobre o regime jurídico da Zona Franca da Madeira vide, em geral, FRANCISCO COSTA, *O percurso do Centro Internacional de Negócios da Madeira* in *Estudos em homenagem ao Professor Doutor Paulo de Pitta e Cunha*, coordenação de JORGE MIRANDA, ANTÓNIO MENEZES CORDEIRO, EDUARDO PAZ FERREIRA e JOSÉ DUARTE NOGUEIRA, Vol. III: *Direito privado, Direito público e vária*, Almedina, Coimbra, 2010, 801-810: visita guiada à história da instituição pelo Presidente de então; e CLOTILDE CELORICO PALMA, *Algumas reflexões sobre o novo regime do Centro Internacional de Negócios da Madeira*, 1 RFPDF, 2008, 129-154.

[41] ANABELA GOMES LOPES, *O trust off-shore (análise do Decreto-Lei n.º 352-A/88)*, relatório de mestrado, FDL, Lisboa, 1996.

[42] Vide o interessantíssimo artigo de ROBERT H. SITKOFF, *An Agency Cost Theory of Trust Law*, 89 Cornell L Rev, 2004, 621-684.

[43] JARO MAYDA, *"Trusts" and "Living Law" in Europe*, 103 U Pa L Rev, 1955, 1041-1055, 1043 ss.; LANGBEIN, *The Contractarian Basis*, cit., 671.

[44] HENRY HANSMANN e UGO MATTEI, 73 NYU L Rev, 1998, 434-479.

parado com outras formas de organização empresarial. Os autores concluem que o mecanismo não cobre uma área própria e exclusiva, pelo que outras figuras podem ser empregues com resultados análogos. No entanto, o peso histórico-cultural e económico do *trust*, a que acresce uma imagem de êxito e de segurança, remetem-nos para uma dimensão que extravasa os simples parâmetros jurídicos.

IV. A última grande questão fiduciária – saber se existem ou não sucedâneos nos sistemas jurídicos civis – é, por natureza, intrinsecamente dogmática. Tendo como ponto de partida o instituto anglo-saxónico, procura apurar-se que mecanismos, se é que algum, podem ser utilizados como seu sucedâneo. Esta análise, bastante comum, colide com as múltiplas manifestações do *trust*. Na prática, seria necessário confrontar cada modalidade ou categoria com um instituto distinto: aos *charitable trusts* contrapõem-se as fundações; aos *trusts* com propósitos culturais ou sociais, não enquadráveis no regime jurídico dos *charitable trusts*, as associações; aos *trusts* comerciais todos os tipos de sociedades comerciais vigentes; aos *trusts*, enquanto mecanismos de intermediação financeira, as soluções internas. A lista não tem fim.

V. Cada uma das três questões, embora em parte coincidentes, corresponde a uma forma distinta de encarar a temática. A primeira questão – será o *trust* compatível com os sistemas civis –, de cariz marcadamente legislativo, tem como propósito primário a identificação dos obstáculos internos à receção do mecanismo. Reconhecidas as condicionantes endógenas, nada parece impedir a positivação da figura.

Quanto à segunda questão – se há ou não um interesse efetivo em receber o *trust* –, uma resposta cabal está dependente da análise de três elementos: (1) elemento autónomo: papel do *trust* nos Direitos anglo-saxónicos; (2) elemento comparatístico: confronto entre as diversas formas de *trust* e os seus sucedâneos civis; e (3) elemento formal: vantagens decorrentes da simples receção do instituto, i.e., o *trust* assume um papel puramente formal, de atração de sujeitos familiarizados com o instituto.

Finalmente, a terceira e última questão – existência ou não de mecanismos sucedâneos –, porventura a mais científica e precisa, congrega tantas análises comparatísticas quantas as funções atribuídas ao instituto. Esta abordagem, embora meritória, peca por duas razões, ambas relacionadas com a dimensão ocupada pelo *trust* na *Common Law*: (1) a transversalidade do instituto obriga a analisar todo o Direito anglo-saxónico; e (2) um estudo deste tipo, compreensivo e não meramente analítico, assumiria proporções mais próximas de um grande tratado ou mesmo de uma enciclopédia.

Nos três caminhos elencados, a investigação é sempre feita de forma indireta: identificação dos supostos obstáculos; identificação de um interesse; e identificação de mecanismos sucedâneos. Em todos os três caminhos parte-se do pressuposto de que o instituto fiduciário anglo-saxónico é uma realidade estranha aos sistemas de base romanista. No limite, seria mesmo contrário aos seus princípios estruturantes, sendo a declaração da sua nulidade pelos tribunais apresentada como uma realidade indiscutível. Mas será o conteúdo do *trust* uma realidade completamente estranha ao Direito civil? As mais recentes vagas de receção da figura indiciam precisamente o seu oposto. A receção do *trust* em França ou em Itália não pressupôs qualquer alteração prévia dos princípios basilares dos respetivos sistemas. Ora, assim sendo, não será possível conceber uma relação legalmente atípica com todos os condimentos característicos do instituto fiduciário anglo-saxónico?

2. Plano de trabalho

I. O *trust* é o instituto jurídico mais característico da *Common Law*. Nas palavras de MAITLAND: "*is the greatest and most distinctive achievement performed by Englishmen in the field of jurisprudence*"[45]. O *trust* cobre todas as áreas do Direito e está presente em todos os aspetos sociais e culturais da sociedade anglófona[46]. Mas o *trust* é muito mais do que um simples mecanismo jurídico, surge como uma expressão da sociedade e da história inglesa, "*as much as part of that history as kings and queens, Magna Carta and the Gunpowder Plot*"[47]. No período Vitoriano, a função de *trustee* (fiduciário) era concebida como um dever social de qualquer *gentleman*[48].

---

[45] FREDERIC WILLIAM MAITLAND, *The Unincorporated Body* in *The Collected Papers of Frederic William Maitland*, Vol. III, editado por HERBERT A. L. FISCHER, CUP, Cambridge, 1911, 271-284, 272.
[46] LEPAULLE, *Traité théorique*, cit., 12: "*Si l'on demande à quoi sert le trust, un peut presque répondre:* "à tout"". A expansão do *trust* é, ainda hoje, uma realidade, cfr., EDWARD C. HALBACH, JR., *Uniform Acts, Restatements, and Trends in American Trust Law at Century's End*, 88 Cal L Rev, 2000, 1877--1921, 1883: o *trust* é hoje aplicado em ramos jurídicos até há bem pouco tempo inexistentes e com propósitos nunca antes explorados.
[47] ALASTAIR HUDSON, *Equity and Trusts*, 6ª edição, Routledge-Cavendish, Abingdon, 2010, 41.
[48] CHANTAL STEBBINGS, *The Private Trustee in Victorian England*, CUP, Cambridge, 2002, 13.

Não é possível compreender o *trust* sem conhecer a evolução histórica e social da *Common Law*, sem perceber as razões que levaram ao surgimento da *Equity Law* ou o pensamento dos juízes que a conceberam. Recorrendo uma vez mais a MAITLAND, a Ciência Jurídica anglo-saxónica desenvolveu "*from century to century... the trust idea*"[49]. O instituto fiduciário anglo-saxónico está em constante mutação, reflete os avanços sociais e adapta-se às necessidades e exigências de todas as épocas[50].

II. A primeira parte do presente trabalho será, assim, dedicada a analisar a *Common Law* e a *Equity Law*. Como ponto de partida, cumpre sublinhar que o termo *Common Law* assume um duplo significado: em sentido lato, a expressão é sinónimo de ordenamento jurídico; em sentido estrito, a *Common Law* opõe-se à *Equity Law*. Até à sua unificação, nos finais do século XIX, o Direito inglês era composto por duas jurisdições distintas, com tribunais autónomos e leis, substantivas e processuais, próprias[51].

No primeiro capítulo, interessa-nos, especialmente, o período formativo da *Common Law*, em sentido lato, os seus elementos distintivos, mas também as causas que levaram à sua estagnação e ao consequente desenvolvimento de uma jurisdição paralela: a *Equity Law*. É com o surgimento da *Equity Law* que a expressão *Common Law* assume um duplo significado. Na prática, quando falamos em estagnação, estamos a pensar na *Common Law* em sentido estrito, representando, por seu lado, a *Equity Law* um reflexo expansionista da *Common Law* em sentido lato.

Historicamente, o *Court of Chancery*, no qual se aplicava a *Equity Law*, tinha competência exclusiva para dirimir todos os litígios que envolvessem relações fiduciárias[52]. Os tribunais da *Common Law* eram alheios à matéria:

---

[49] *The Unincorporate Body*, cit., 272.
[50] JOEL C. DOBRIS, *Changes in the Role and the Form of the Trust at the New Millennium, or, We Don't Have to Think of England Anymore*, 62 Alb L Rev, 1998, 543, 578, 543-544: o próprio conceito de *trust* tem sofrido modificações ao longo dos tempos.
[51] Número 26.
[52] A exclusiva jurisdição do *Court of Chancery* sobre os *trusts* era especialmente posta em evidência nas obras clássicas anteriores à unificação do Direito inglês: WILLIAM BLACKSTONE, *Commentaries on the Laws of England*, Vol. III, 12ª edição, editado por WAYNE MORRISON, Cavendish Publishing, Londres, 2001, 343 [439]: "*The form of trust... gives the courts of equity an exclusive jurisdiction as to the subject-matter of all settlements and devises in that form*"; GEORGE COOPER, *A Treatise of Pleading on the Equity Side of the High Court of Chancery*, A. Strahan, Londres, 1809, xxvii: "*It exercise an exclusive jurisdiction in most matters of trust and confidence*".

a relação emergente não tinha relevância jurídica, sendo, enquanto ato jurídico, inexistente[53]. Conquanto a afirmação "o *trust* é o produto mais característico da *Common Law*" não esteja errada – a expressão *Common Law* é utilizada numa aceção lata –, o mecanismo foi desenvolvido no seio da *Equity Law*. Impõe-se, assim, averiguar a natureza desta jurisdição tão peculiar, os seus princípios basilares e as possíveis fontes que influíram no pensamento dos seus juízes: os *Chancellors*.

III. Apenas com a contextualização histórica e dogmática da *Common Law* nos será possível abordar, convenientemente, a problemática do surgimento do *trust* e dos seus antecessores: os *uses*. A segunda parte do trabalho, que congrega dois capítulos distintos, tem como propósito último responder à primeira grande questão que nos propomos estudar: quais as causas que levaram ao desenvolvimento circunscrito do *trust*.

No primeiro capítulo, a nossa atenção irá focar-se na evolução interna da figura, tanto numa perspetiva legislativa, como numa perspetiva dogmática. No segundo capítulo, denominado "influências externas nos *uses*", interessa-nos averiguar a originalidade do instituto, bem como as possíveis influências exógenas de que possa ter sido alvo. Em termos gerais, coexistem quatro teorias distintas: (1) o *trust* é o produto das especificidades sociais e jurídicas do Reino de Inglaterra[54]; (2) o *trust* teve como grande fonte inspiradora o *fideicommissum* romano[55]; (3) as origens do *trust* remontam à *Treuhand* e ao *Salmann* germânicos[56]; e (4) o povo anglo-saxónico foi buscar inspiração à

---

[53] JOHN FONBLANQUE in HENRY BALLOW, *A Treatise of Equity. With the Addition of Marginal References and Notes by* JOHN FONBLANQUE, 3ª edição estado-unidense, *with References to American Chancery Decisions, and Additional Notes, by* ANTONY LAUSSAT, Vol. I, John Grigg, Filadélfia, 1831, 263: "*trusts, which are not at all cognizable at law, but fall within the proper, peculiar and exclusive jurisdiction of chancery*"; FREDERIC WILLIAM MAITLAND, *Equity, also the Forms of Action at Common Law: Two Course of Lectures*, editado por ALFRED H. CHAYTOR e WILLIAM J. WHITTAKER, CUP, Cambridge, 1910, 192: "*its exclusive jurisdiction in matters of trust. For of the trust a Court of Common Law would take no notice at all*".

[54] JAMES BARR AMES, *The Origin of Uses and Trusts*, 21 Harv L Rev, 1907, 261-274, 265: grande defensor da autonomia dogmática do instituto fiduciário anglo-saxónico, considera que a influência germânica, a mais plausível, é muito remota: está longe de explicar a natureza do instituto.

[55] Posição tradicional, encontrada em todas as obras clássicas até aos finais do século XIX.

[56] OLIVER WENDELL HOLMES JR., *Early English Equity*, 1 LQR, 1885, 162-174: o grande impulsionador da tese germanista; 163: "*The feoffe to uses of the early English law corresponds point by point to the Salman of the early German law*".

§ 1.º INTRODUÇÃO

figura islâmica *waqf*, o que explicaria, supostamente, o porquê de a figura ser desconhecida dos restantes Direitos europeus[57].

IV. A terceira parte da dissertação, que compõe o segundo grande grupo de capítulos, terá como tema central o *trust* moderno.

Numa visão ortodoxa e, presumivelmente, mais correta, as primeiras linhas deveriam ser dedicadas à natureza jurídica do *trust*, culminando numa apresentação simples e direta do conceito. Esta solução não nos parece, todavia, a mais adequada. A conceptualização de um mecanismo jurídico deve refletir o seu regime e não o contrário. Uma tomada de posição quanto à natureza jurídica do *trust* e à natureza da posição jurídica dos beneficiários da relação fiduciária apenas é possível depois de conhecidas as bases dogmáticas do instituto e depois de dominado o seu funcionamento em concreto.

Analisados os aspetos mais relevantes do regime fiduciário, com especial enfoque na pessoa do fiduciário e nos deveres que caracterizam a posição, teremos, então, reunido todos os elementos indispensáveis para defrontar a segunda questão que nos propomos responder: qual a natureza jurídica do *trust* no âmbito da *Common Law*.

V. Percebidas as causas que levaram ao seu surgimento localizado e preenchido o conceito, à luz do sistema que o concebeu, podemos passar para a análise da figura no âmbito do Direito português.

A conceptualização interna do *trust* deve ser feita à luz do Direito nacional, centrada, é certo, nos elementos caracterizadores da relação, mas alheada da realidade jurídica anglo-saxónica[58]. Depois de identificados os elementos nucleares da relação devemos cortar as amarras com a *Common Law*[59]. A origem do *trust*, as especificidades do Direito anglo-saxónico, assentes no dualismo *Common Law/Equity Law*, são elementos cujo interesse se esgota

---

[57] ANN VAN WYNEN THOMAS, *Note on the Origin of Uses and Trusts – Waqfs*, 3 Sw LJ, 1949, 162--166, 163: a autora faz referência a uma conferência realizada em Setembro de 1948, em Lenox, Massachusetts, na qual, pela primeira vez, esta posição terá sido ensaiada.
[58] JAMES SHEEDY, *Civil Law Jurisdictions and the English Trust Idea: Lost in Translation*, 20 Denning LJ, 2008, 173-183, 175.
[59] GEORGE L. GRETTON, *Trusts without Equity*, 49 Int'l & Comp LQ, 2000, 599-620, 600: as dificuldades em compreender a figura residem na aura quase mística que os juristas anglo--saxónicos atribuem à *Equity Law*.

na compreensão do instituto[60], sob pena de essas mesmas especificidades impossibilitarem a preconização de qualquer solução sustentável[61].

O primeiro passo no nosso longo percurso corresponde, necessariamente, à identificação dos elementos distintivos do *trust*. Em termos gerais, e desvendando um pouco o véu, podemos apontar três requisitos que terão sempre de estar preenchidos: (1) relação de confiança constituída entre as partes intervenientes, em especial entre o *trustee* e os beneficiários da relação; (2) segregação ou autonomização dos bens constituídos em *trust* na esfera jurídica do *trustee*; e (3) proteção da posição jurídica dos beneficiários, tanto contra terceiros adquirentes de má-fé, como no caso de o fiduciário entrar em insolvência[62].

VI. Em jeito de recapitulação, no presente trabalho propomo-nos responder a três questões específicas:

1. De ordem histórica: quais as causas que motivaram um desenvolvimento localizado do *trust*, circunscrito a terras inglesas.
2. De ordem dogmática externa: qual a natureza jurídica do *trust* na Common Law.
3. De ordem dogmática interna: será possível conceber, no Direito português, uma relação jurídica legalmente atípica, que congregue os elementos característicos do *trust*.

---

[60] BERNARD RUDDEN, *Things as Thing and Things as Wealth*, 14 OJLS, 1994, 81-97, 89: a distinção tradicional entre *Equity Law* e *Common Law* apenas nos fornece elementos históricos.

[61] Este problema é especialmente visível na análise do *trust*, cfr., AUSTIN W. SCOTT, *The Importance of the Trusts*, 39 U Colo L Rev, 1966, 177-179, 177: "The truth is that the chancellors in England who invented the trust were practical men rather than jurists. They did not bother with problems of juristic classification".

[62] LUPOI, *The Civil Law Trust*, cit., 970: o autor apresenta uma lista de cinco elementos, em parte coincidentes.

PARTE I

Fundamentos Histórico-Dogmáticos do Direito Inglês

PARTE I

Fundamentos Históricos-Dogmáticos do Direito Inglês

Capítulo I
A Formação da Common Law

§ 2.º ANGLO-SAXÕES: DO DESENVOLVIMENTO DOS TRIBUNAIS LOCAIS À INSTITUCIONALIZAÇÃO DO KING'S COURT

3. A cristianização e a positivação legal

I. Rodeados por reinos cristãos e com fortes ligações à Europa Continental doutrinada, em especial no âmbito mercantil e comercial[63], a cristianização dos povos saxónicos foi, desde a sua chegada à Inglaterra, uma realidade iminente[64]. Porém, e apesar da forte presença de comunidades cristãs nas Ilhas Britânicas[65], a sua evangelização data, apenas, dos inícios do século VII[66].

---

[63] Os muitos artefactos gauleses encontrados na região de *Kent* – localizada no sudoeste das Ilhas Britânicas – comprovam a existência de estreitos laços entre os reinos das duas margens do Canal da Mancha, cfr., MARTIN WERNER, *The Liudhard Medalet*, 20 ASE, 1991, 27-41, 32.
[64] GRANT ALLEN, *Early Britain: Anglo-Saxon Britain*, Society for Promoting Christian Knowledge, Londres, 1901, 85.
[65] A mensagem de Cristo espalhou-se rapidamente pelos quatro cantos do Império Romano. A extraordinária rede de estradas e o comércio livre possibilitavam uma rápida divulgação de ordens, mas, também, de novas ideias. Não será, assim, de estranhar que, pouco tempo volvido sobre a ressurreição de Cristo já a boa nova tivesse dado às costas da Brittannia. Primeiro pela mão de comerciantes e viajantes e, depois de conquistada por Cláudio, pelos decretos imperiais que proibiam o seu culto. Todavia, a notoriedade das comunidades cristãs não chegou de ime-

Santo Agostinho[67], posteriormente o primeiro Arcebispo de Cantuária, foi enviado pelo Papa Gregório, o Grande[68], às terras dos *Angles*[69] com a missão de converter o Rei *Æthelbert*[70] e os seus súbditos[71]. Esta intenção

diato. Esta apenas parece datar dos inícios do século IV, durante o mandato de Constantino. No primeiro Concílio de Arles, em 314, estiveram presentes três bispos, um presbítero e um diácono oriundos da Grã-Bretanha. Com as invasões saxónicas, os bretões foram empurrados para Oeste. Num curto espaço de tempo, viram-se confinados aos territórios que hoje constituem o País de Gales (cfr., LESLIE HARDINGE, *The Celtic Church in Britain*, Teach Services, Nova Iorque, 1995, reimpressão da edição de 1973, 1-2). Foi neste clima bélico que a evangelização definitiva das Ilhas Britânicas se desenrolou. A conversão da Irlanda ao cristianismo foi impulsionada por São Patrício. O padroeiro do povo irlandês, de origem bretã, iniciou a sua missão apostólica no segundo quartel do século V (cfr., THOMAS M. CHARLES-EDWARDS, *Early Christian Ireland*, CUP, Cambridge, 2000, 182 ss.). Já no que respeita aos Pictos, povo bárbaro que habitava o território a norte da Muralha de Adriano, a sua doutrinação está envolta de maiores incertezas. Apesar de as tradições populares, com raízes que remontam ao século VIII, apresentarem São Ninian como o primeiro apóstolo das terras escocesas, que aí terá pregado entre os séculos IV e V, os dados de que hoje dispomos são esclarecedores: o primeiro grande evangelizador dos Pictos foi São Columba, falecido no final do século VI (cfr., CHARLES THOMAS, *Christianity in Roman Britain to AD 500*, University of California Press, Berkeley e Los Angeles, 1981, 275).

[66] ROB MEENS, *A Background to Augustine's Mission to Anglo-Saxon England*, 23 ASE, 1994, 5-17: sublinha o papel representado pela Igreja Franca e pelas comunidades cristãs britânicas na conversão dos povos invasores.

[67] Monge beneditino, nasceu em Roma em meados do século VI e faleceu no dia 25 de maio do ano 604, em Cantuária.

[68] Nasceu em Roma por volta do ano 540 e subiu ao trono pontifício no dia 3 de setembro de 590. Monge beneditino e um dos quatro Doutores Latinos – Santo Ambrósio de Milão, São Jerónimo e Santo Agostinho –, faleceu no dia 12 de março do ano 604.

[69] JANE FRANCIS LEIBELL, *Anglo-Saxon Education of Women: from Hilda to Hildegarde*, Lenox Hill, Nova Iorque, 1922, 43: conta-se que os evangelizadores, ao passarem pelo Reino dos Francos, terão ouvido histórias tão terríveis e macabras sobre os ingleses que desejaram voltar para Roma de imediato. A interrupção inesperada obrigou São Gregório a intervir. Coube ao Sumo Pontífice incentivar e motivar os apóstolos a prosseguirem a missão que o próprio lhes tinha confiado.

[70] Rei de Kent, nascido por volta do ano 560, terá subido ao trono na década de 80 ou 90 do século VI e reinado até à data da sua morte, no dia 24 de fevereiro de 616. *Æthelbert* foi casado com Santa Berta, filha de *Charibert* I, Rei de Paris. À princesa cristã, apoiada pelo capelão que sempre a acompanhou, *Liudhard*, é atribuído um papel central na cristianização do monarca pagão, cfr., AGNES BAILLIE CUNNINGHAME DUNBAR, *A Dictionary of Saintly Women*, Vol. I, George Bell & Sons, Londres, 1904, 117-118.

[71] De acordo com *The Anglo-Saxon Chronicle*, a tarefa teria sido atribuída a Agostinho, no ano de 596. A missão pisou terras inglesas no ano seguinte. O documento não menciona quando a reunião teve lugar. Apenas refere que, no ano de 601, São Gregório enviou novos missionários

evangélica, que acompanhou toda a vida do vigário de Cristo, terá sido espoletada pelo contacto direto com o povo saxão. Uma versão romanceada deste encontro é-nos relatada por São Beda, o Venerável, na sua monumental obra *Historia Ecclesiastica Gentis Anglorum*[72].

Fascinado com a beleza de um grupo de jovens que estava em exposição para venda num mercado em Roma, Gregório terá inquirido sobre a sua origem, ao que lhe responderam que eram da ilha da Bretanha. O interesse despertado levou-o a perguntar se o povo dessa terra longínqua era cristão. Perante uma resposta negativa clamou: *"Alas, for grief! That the author of darkness possesses men of so bright countenance, and that so great grace of aspect bears a mind void of inward grace"*. As perguntas sucederam-se, tendo cada resposta merecido efusivas observações. O nome do povo – *Angles* – pareceu-lhe perfeitamente indicado: *"for they have an angelic face besides, and such it benefits to be the co-heirs of angels in heaven"* e o nome do seu rei, *Ælla*, profético: *"Alleluia! It behoves that the praise of God the Creator should be sung in those parts"*[73].

Apesar de fantasiada, esta tradição cristã milenar reflete os objetivos juvenis de Gregório[74] e os esforços por si desenvolvidos, enquanto Sumo Pontífice[75].

---

ao então já Arcebispo da Cantuária. Vide a versão editada por JOHN ALLEN GILES, George Bell & Sons, Londres, 1914, 12-13.

[72] São Beda, nascido por volta do ano 673, terá completado a sua grande obra já muito perto da sua morte, no ano de 735. A História Eclesiástica do Povo Inglês extravasou grandemente o papel inicialmente pretendido. A sua pormenorização e singularidade tornam esse trabalho na fonte primária dos primeiros séculos do domínio saxónico, cfr., *Introdução* de JUDITH MCCLURE e ROGER COLLINS in *The Ecclesiastical History of the English People*, OUP, Oxford, 1994 e JOHN MICHAEL WALLACE-HADRILL, *Bede's Ecclesiastical History of the English People: a Historical Commentary*, OUP, Oxford, 2002.

[73] *Bede's Ecclesiastical History of the English Nation*, Livro 2, Cap. 2, tradução de LEWIS GIDLEY, James Parker, Londres, 1870, 106-108.

[74] JOSEPH HOOPER MAUDE, *The Foundations of the English Church*, Methuen, Londres, 1909, 42: São Gregório chegou a pedir a um dos seus antecessores que o autorizasse a liderar uma missão evangélica. A sua partida apenas foi evitada pelos habitantes de Roma, que nutriam especial afeição e admiração por Gregório.

[75] A sua eleição, com os enormes poderes que a acompanham, permitiu-lhe acelerar o processo. HENRY SOAMES, *The Anglo-Saxon Church: Its History, Revenues, and General Character*, John W. Parker, Londres, 1835, 33: uma medida prática e produtiva consistiu na compra de jovens ingleses com dezassete e dezoito anos por *Candidus*, clérigo gestor do património papal gaulês, a mando do Papa, com vista à sua educação missionária. JOHN LINGARD, *The Antiquities of the Anglo-Saxon Church*, 2ª edição estado-unidense da edição londrina, J. Murphy, Baltimore, 1851,

II. O sucesso da missão apostólica britânica[76] teve um enorme impacto na civilização saxónica. Para além das evidentes consequências religiosas[77], o cristianismo introduziu a escrita na governação e na Justiça, não sendo deste modo de estranhar que as primeiras leis documentadas, que datam de um período posterior à evangelização[78], estejam pejadas de referências cristãs e bíblicas[79].

22: a lentidão de aprendizagem dos rapazes terá impelido Gregório a recorrer aos mais sábios e virtuosos monges das comunidades por si fundadas.

[76] *The Anglo-Saxon Chronicle*, cit., 13: o documento não menciona quando o encontro ou a conversão do monarca ocorreram. Todavia, a partir de 601, Agostinho começa a ser tratado por Arcebispo. A maioria dos autores aponta para os anos 602 e 603 como a data provável da reunião, cfr., ARTHUR WEST HADDAN e WILLIAM STUBBS, *Councils and Ecclesiastical Documents Relating to Great Britain and Ireland*, Vol. I, Clarendon Press, Oxford, 1869, 122 e MATTHEW OF WESTMINSTER, *The Flowers of History, Especially such as Relate to the Affairs of Britain. From the Beginning of the World to the Year 1307*, Vol. I, tradução de CHARLES DUKE YONGE, Henry G. Bohn, Londres, 1853, 277.

[77] ETHEL MARY WILMOT-BUXTON, *A Social History of England from Anglo-Saxon Times, for Upper and Middle Forms*, Methuen, Londres, 1920, 10: o funcionamento e organização interna da Igreja foram, ainda, uma importante fonte de inspiração para o processo centralizador; THEODORE F. T. PLUCKNETT, *A Concise History of the Common Law*, 5ª edição, Butterworth, Londres, 1956, 8-9: as próprias características da religião cristã tiveram um impacto direto no conteúdo das Leis saxónicas. A dimensão pessoal da moralidade cristã, de resto já presente no judaísmo, veio alterar profundamente uma sociedade mais centrada na coletividade do que nos indivíduos.

[78] GILES FRASER, *King Alfred's Charters, Translated from the Latin and Anglo-Saxon Originals in Kemble's Codex Anglo-Saxonicus* in *The Whole Works of King Alfred the Great: with Preliminary Essays Illustrative of the History, Arts, and Manners, of the Ninth Century*, Alfred Committee, J. F. Smith, Londres, 1852, 379: a influência romana e eclesiástica nas primeiras leis escritas é concludente; HENRY ADAMS, *The Anglo-Saxon Courts of Law* in *Essays in Anglo-Saxon Law*, The Lawbook Exchange, Nova Jérsia, 2004, reimpressão da edição de 1905, 8: fala de um processo de positivação de costumes.

[79] Apenas as Leis dos Reis *Hlothhære* e *Eadric* não fazem qualquer alusão a Deus ou à Igreja. Esta influência é particularmente patente nas Leis de *Alfred*. A compilação abre com a transcrição dos dez mandamentos, cfr., *Ancient Laws and Institutes of England; Comprising Laws Enacted under the Anglo-Saxon Kings from Æthelbirht to Cnut, with an English Translation of the Saxon; The Laws Called Edward the Confessor's; The Laws of William the Conqueror, and Those Ascribed to Henry the First: also, Monumenta Ecclesiastica Anglicana, from the Seventh to the Tenth Century; and the Ancient Latin Version of the Anglo-Saxon Laws. With a Compendious Glossary, &c.*, editado e traduzido por BENJAMIN THORPE, Vol I, The Commissioners on the Public Records of the Kingdom, Londres, 1840, 45.

§ 2.º ANGLO-SAXÕES

Apesar da influência romanística, por via eclesiástica, os monarcas saxões fizeram questão de manter a língua local nos seus textos legislativos[80]. Esta opção, para além de facilitar a difusão das leis, foi decisiva para a conservação do Direito anglo-saxónico na órbita do Direito germânico clássico[81].

4. Organização territorial, administrativa e judicial

I. De modo semelhante ao verificado com outros povos de origem germânica, a sociedade saxã estava, na sua base, organizada em pequenas coletividades, primordialmente denominadas *Marc, Mark* ou *Mearc*[82] e, menos frequentemente, *Vicus*[83]. Estas comunidades agrícolas e pastorícias[84], mais do que simples aglomerados de pessoas ou famílias, consubstanciavam organi-

---

[80] *Bede's Ecclesiastical History*, cit., Livro II, Cap. V, 120-121: "*Among other good things which, by taking counsel, he [Ædilberct] conferred upon his nation, he also constituted for it, with the advice of wise men, judicial decrees according to the examples of the Romans, which, being written in the languages of the Angles, are still kept and observed by the nation*".
[81] MARY P. RICHARDS, Anglo-Saxonism in the Old English Laws in Anglo-Saxonism & the Construction of Social Identity, coordenação de ALLEN J. FRANTZEN e JOHN D. NILES, University Press of Florida, Gainesville, Florida, 1997, 40-59, 40.
[82] Os termos seriam ainda empregues como sinónimos de dinheiro, cfr., JOSEPH BOSWORTH, *A Dictionary of the Anglo-Saxon Language, Containing the Accentuation – the Grammatical Inflections – the Irregular Words Referred to Their Themes – the Parallel Terms from the Other Gothic Language – the Meaning of the Anglo-Saxon in English and Latin – and Copious English and Latin Indexes, Serving as a Dictionary of English and Anglo-Saxon, as Well as of Latin and Anglo-Saxon*, Longman, Rees, Horme, Brown, Green, and Longman, Londres, 1838, 230-231.
[83] NOWELL LINTON MYRES, *The English Settlements*, OUP, Oxford, 1986, 35-36: diz-nos que a expressão *Vicus* tem uma origem mais tardia. Etimologicamente, a palavra deriva do termo latino *villa* e está associada a um período em que as pequenas comunidades começaram a ser substituídas por territórios dominados por poderosas famílias e grandes senhores.
[84] JOHN MITCHELL KEMBLE, *The Saxons in England. A History of the English Commonwealth till the Period of the Norman Conquest*, Vol. I, edição revista por WALTER DE GRAY BIRCH, Bernard Quaritch, Londres, 1875, 34; EDWARD A. FREEMAN, *The History of the Norman Conquest of England, Its Causes and Its Results*, Vol. I: *The Preliminary History to the Election of Edward the Confessor*, Clarendon Press, Oxford, 1867, 89: o território de cada *Marc* era composto por dois tipos de terras: (1) terras comuns, pertencentes à comunidade; e (2) porções individuais atribuídas pela comunidade. Neste último caso, apesar de os "donos" serem titulares de um embrionário direito de propriedade, a terra deveria ser sempre utilizada em função e em benefício da própria comunidade.

zações comunitárias primitivas, onde os problemas comuns eram resolvidos por assembleias locais[85].

Estes órgãos legislativos, governativos e judiciais, de natureza quase democrática, alicerçavam-se no princípio basilar de que cabia à própria comunidade, de forma consensual, resolver, deliberar e julgar os problemas locais, cujo impacto se circunscrevesse às pequenas fronteiras da povoação. Competindo, por sua vez, às assembleias regionais e nacionais, encabeçadas por chefes, reis e grandes senhores – coadjuvados por representantes das diversas *Marc* – as questões que afetassem um conjunto de povoados, unidos pelas suas semelhanças culturais, religiosas ou, simplesmente, em resultado da sua proximidade territorial[86].

II. É neste forte contexto local que o Rei *Æthelbert*, uma vez convertido, compila, por volta do ano 600, as primeiras leis anglo-saxónicas[87], num

---

[85] MONTAGUE FORDHAM, *A Short History of English Rural Life from the Anglo-Saxon Invasion to the Present Time*, George Allen & Unwin, Londres, 1916,12.

[86] SIDNEY CALHOUN TAPP, *The Story of Anglo-Saxon Institutions; or, The Development of Constitutional Government*, G. P. Putnam's Sons, Nova Iorque, 1904, 41-45.

[87] FREDERICK LEVI ATTENBOROUGH, *The Laws of the Earliest English Kings*, CUP, Cambridge, 1922, 3: para além de representarem o primeiro conjunto de leis anglo-saxónicas, as Leis de *Æthelbert* têm ainda a particularidade de consubstanciarem o mais antigo documento preservado – excluindo-se, evidentemente, pequenas e curtas inscrições – não apenas de língua inglesa, como de todas as línguas germânicas; LISI OLIVER, *The Beginnings of English Law*, Toronto University Press, Toronto, 2002, 20: sublinhando que durante séculos o Direito germânico foi transmitido oralmente, a autora avança a hipótese de a compilação das Leis ter como principal propósito aproximar o Reino de Kent dos povos mais civilizados da Europa continental; FRANK MERRY STENTON, *Anglo-Saxon England*, 3ª edição, OUP, Oxford, 1971, 60: a *Lex Salica* teve uma enorme influência na compilação. Não tanto no que respeita à sua sistematização ou extensão, mas, seguramente, na escolha das matérias tratadas; PATRICK WORMALD, *The Making of English Law: King Alfred to the Twelfth Century*, Vol. I: *Legislation and Its Limits*, Blackwell, Oxford, 2001, reimpressão da edição de 1999, 93-94: ao contrário do que se veio a verificar em posteriores compilações, as Leis de *Æthelbert* não são acompanhadas por qualquer prólogo ou introdução que indique o seu autor moral. A atribuição destas Leis ao Rei *Æthelbert* deve-se, em grande medida, às referências feitas por SÃO BEDA: *Bede's Ecclesiastical History*, Livro 2, Cap. 15, 120-121: *"he also constituted... judicial decrees according to the examples of the Romans"*. O autor considera que a inexistência de qualquer menção ao nome de *Æthelbert* reflete a divisão governativa da época: a legitimidade legislativa não estava concentrada na mão dos monarcas. Ela era uma prerrogativa dos grandes conselhos nacionais; HENRY G. RICHARDSON e GEORGE O. SAYLES, *Law and Legislation from Aethelberht to Magna*

§ 2.º ANGLO-SAXÕES

total de noventa normas, focando-se essencialmente no valor pecuniário dos ilícitos[88].

Apesar da existência de uma sanção implicar o funcionamento de tribunais[89], por muito rudimentares que sejam, é apenas nas Leis[90] de *Hlothhære*[91] e do seu sobrinho *Eadric*[92], datadas de 675, que, pela primeira vez, são mencionados órgãos jurisdicionais locais[93], o que, só por si, é demonstrativo da crescente ascendência do poder central na administração da Justiça[94]:

Carta, Edinburgh University Press, Edimburgo, 1966, 1-2: os autores defendem que as Leis de *Æthelbert* não sofreram qualquer influência cristã.

[88] *The Laws of King Æthelbert* in *Ancient Laws*, cit., 3-25.

[89] ADAMS, *The Anglo-Saxon Courts*, cit., 3: o facto de não ser feita qualquer referência não significa que não existissem órgãos com capacidade jurisdicional. As competências governativas estavam concentradas na mesma instituição – assembleia popular –, que, por sua vez, era indistinta da própria ideia de comunidade. LAURENCE MARCELLUS LARSON, *The King's Household in England before the Norman Conquest*, Bulletin of the University of Wisconsin, Wisconsin, 1902, 104: com uma posição isolada, o autor considera que a não alusão a qualquer órgão jurisdicional está relacionada com a indistinção de tribunais locais e centrais. As reduzidas dimensões territoriais e demográficas do Reino de Kent permitiam que o monarca, diretamente ou por intermédio dos seus mais próximos conselheiros, se debruçasse sobre todos os litígios que envolvessem os seus súbditos, por muito baixa que fosse a sua condição social.

[90] *The Laws of Kings Hlothhære and Eadric* in *Ancient Laws*, cit., 26-35. A origem conjunta da compilação tem sido olhada com alguma desconfiança pelos historiadores anglo-saxónicos. Em termos gerais, são defendidas duas teorias: (1) a união de duas compilações distintas; ou (2) a confirmação das Leis de *Hlothhære* por *Eadric*, cfr., DAVID P. KIRBY, *The Earliest English Kings*, edição revista, Routledge, Londres, 2000, 99 e LISI OLIVER, *The Beginnings of English Law*, cit., 120. Regra geral, a publicação de novas leis não implicava a revogação das anteriores, pelo contrário. As diversas compilações eram, muitas vezes, complementadoras. Esta relação é especialmente visível nas Leis de *Hlothhære* e de *Eadric*. O seu conteúdo suplementa tanto as Leis de *Æthelbert*, como o próprio Direito costumeiro não escrito. Esta intenção é, de resto, expressa no preâmbulo das Leis: "*Hlothhære* and *Eadric*, kings of the Kentish-men, augmented the laws, which their elders had before made"; STENTON, *Anglo-Saxon England*, cit., 62: as Leis refletem as particularidades da sociedade germânica, marcada por uma notável igualdade entre os diversos membros das comunidades e pelo pouco peso dos estratos sociais.

[91] Rei de Kent, subiu ao poder no ano de 673, tendo falecido em 6 de fevereiro de 685. Foi morto pelo seu sobrinho, com quem terá reinado em conjunto.

[92] Rei de Kent a partir de 673. Reinou apenas um ano sozinho. Faleceu em agosto de 686.

[93] *The Laws of Kings Hlothhære and Eadric* in *Ancient Laws*, cit., 31, c. 8.

[94] THOMAS M. CHARLES-EDWARDS, *Law in the Western Kingdoms Between the Fifth and the Seventh Century* in *The Cambridge Ancient History*, Vol. XIV, coordenação de AVERIL CAMERON, BRYAN WARD-PERKINS e MICHAEL WHITBY, CUP, Cambridge, 2000, 260-287, 265.

If one man make plaint against another in a suit, and he cite the man to a methel or to a thing[95]*, let the man always give borh to the other, and do him such right as the Kentish judges prescribe to them*[96]*.*

As Leis de *Hlothhære* e de *Eadric* foram mesmo as únicas Ordenações anglo-saxónicas, até aos finais do século IX, a mencionar órgãos jurisdicionais locais. Nas Leis[97] de *Ine*[98], 694, e nas Leis[99] de *Wihtræd*[100], 695, não só as

---

[95] O significado de ambos os conceitos – *methel* e *thing* – tem levantado bastantes dificuldades. A sua não utilização em posteriores compilações dificulta o seu preenchimento. As inegáveis semelhanças entre a expressão *thing* e *tithing* impeliu parte da doutrina a apontar uma correspondência direta entre o *methel* e o *hundred court* e o *thing* e o *tithing court*, cfr., JOHN M. STEARNS, *The Germs and Developments of the Laws of England Embracing the Anglo-Saxon Laws Extant from the Sixth Century to A.D., 1066, as Translated into the English Under the Royal Record Commission of William IV, with the Introduction of the Common Law by Norman Judges after the Conquest, and Its Earliest Proferts in Magna Charta*, Banks & Brothers, Nova Iorque, 1889, 270-271; *Ancient Laws*, cit., 31, nota e: o autor defende que as expressões *methel* e *mote* são sinónimos, pelo que o *methel* corresponderia à posterior instituição *hundred-gemot*; JOHN REILLY, *The People's History of Manchester*, Simpkin, Londres, 1859, 89, nota 1: segue a posição de THORPE. Esta teoria não pode, porém, ser sufragada sem mais. A expressão *mote*, como veremos de seguida, é utilizada como sufixo num infindável número de órgãos, não sendo por isso evidente qualquer correlação com o *hundred court*. No seu exaustivo estudo, JACOB GRIMM, *Deutsche Rechtsaltertümer*, 2ª edição, Dieterichschen Buchhandlung, Göttingen, 1854, 746-749, conclui que as expressões *methel*, anglo-saxónica, *mahal*, franca e *thing*, escandinava, são sinónimos da mesma instituição. O uso de ambas as expressões nas Leis de *Hlothhære* e *Eadric* pode, assim, ser apenas o reflexo da presença dos diferentes povos que invadiram e imigraram para terras inglesas nos séculos que se seguiram à desocupação romana. LOUIS F. KLIPSTEIN, *Analecta Anglo-Saxonica. Selections, in Prose and Verse, from the Anglo-Saxon Literature with an Introduction Ethnological Essay, and Notes, Critical and Explanatory*, Vol. I, George P. Putnam, Nova Iorque, 1849, 423; ADAMS, *The Anglo-Saxon Courts*, cit., 9: ambos os autores apresentam as duas soluções sem, contudo, sufragarem nenhuma delas.

[96] ADAMS, *The Anglo-Saxon Courts*, cit., 8: a utilização destas expressões é uma forte evidência da conservação do sistema germânico após a invasão. O mesmo autor refere, na página seguinte, 9, que o recurso a ambas as locuções tanto pode indicar a existência de uma organização estratificada, como a prevalência de diferentes denominações, embora com o mesmo significado.

[97] *The Laws of King Ine* in *Ancient Laws*, cit., 103-151. A primeira compilação de leis anglo-saxónicas elaborada fora do Reino de *Kent*. A sua natureza pouco sistemática e o tratamento por vezes sobreposto de certas temáticas têm levado alguns autores a considerar que as ordenações se aproximam mais de uma compilação de vários documentos legislativos do que um novo conjunto de normas, cfr., PHILLIP PULSIANO e ELAINE TREHARNE, *A Companion to Anglo-Saxon Literature*, Blackwell, Oxford, 2001, 174. STENTON, *Anglo-Saxon England*, cit., 72: mais detalhadas que as ordenações dos seus antecessores, as Leis de *Ine* são marcadas pela expansão do Cristianismo e por uma maior regulação do sistema agrário.

§ 2.º ANGLO-SAXÕES

expressões *methel* e *thing* caíram em desuso, como não foram substituídas por nenhuma outra nomenclatura.

Apenas nas Leis[101] de *Alfred*, o Grande[102], 893, voltam a ser feitas referências a juízos locais por recurso ao termo geral *folk-mote*, à letra, assembleia popular:

> [A]nd let them take such men with them as they may be afterwards to present for justice at the folk-mote[103-104].

---

[98] Rei de *Wessex* entre 688 e 726, altura em que terá abdicado do trono.

[99] *The Laws of King Wihtræd* in *Ancient Laws*, cit., 36-43. A influência da moral cristã e do poder da Igreja, já visível nas compilações anteriores, assume um papel central nas Leis de *Wihtræd*. As duas primeiras normas respeitam diretamente ao poder eclesiástico: a primeira isenta o clero de todas as formas tributárias e a segunda compara a violação de proteção concedida pela Igreja à violação da proteção concedida pelo próprio Rei; WILLIAM A. CHANEY, *The Cult of Kingship in Anglo-Saxon England: the Transition from Paganism to Christianity*, University of California Press, Berkeley e Los Angeles, 1970, 225: com base nesta disposição, o autor parece afirmar que a figura do bispo é comparável à do Rei. O enorme poder da Igreja reflete-se nas matérias abrangidas pelas Leis, cfr., STENTON, *Anglo-Saxon England*, cit., 62 e LISI OLIVER, *The Beginnings of English Law*, cit., 164.

[100] Rei de Kent, nascido por volta do ano 670, faleceu em 23 de abril de 725 e terá reinado a partir do ano 690 ou 691.

[101] *The Laws of King Alfred* in *Ancient Laws*, cit., 44-101. O mais vasto e complexo código anglo-saxónico é o produto final da sistematização de três fontes primárias: (1) leis dos seus antecessores; (2) disposições decretadas em variados sínodos; e (3) decretos do reinado de Alfredo, cfr., MILTON HAIGHT TURK, *The Legal Code of Ælfred the Great*, Max Niemeyer, Halle, 1893, 38-41. *Alfred* era um fervoroso religioso e um Rei extraordinariamente erudito para a época. É-lhe atribuída uma série de traduções. Não é assim de estranhar que diversos autores considerem que as Leis de *Alfred* são, de facto, as leis do monarca, por si pensadas e elaboradas, cfr., DAVID PRATT, *The Political Thought of King Alfred the Great*, CUP, Cambridge, 2007, 218; WORMALD, *The Making of English Law*, cit., 417: a própria divisão das suas Leis, em 120 capítulos, é indicativa do peso e influência do pensamento religioso.

[102] Rei de Wessex, nasceu em 849 e reinou desde 871 até à sua morte, em 26 de outubro de 899.

[103] *The Laws of King Alfred of Oaths and of "Weds"* in *Ancient Laws*, cit., 83, c. 34. A mesma expressão surge nas Leis de Alfredo em três outros preceitos: 77, c. 22: "*If any one at the folk-mote make a declaration of a debt*"; 83, c. 34: "*It is also directed to chapmen, that they bring the men whom they take up with them before the king's reeve at the folk-mote... to present for justice at the folk-mote*"; 87, c. 38: "*If he disturb the folk-mote by drawing his weapon*".

[104] A expressão *folk-mote, folc-mote* ou *folcmote*, formada pela conjugação de *folk*, povo, e *mote* ou *gemot*, reunião ou assembleia, não parece respeitar a um específico órgão jurisdicional, inserido numa organização estratificada, mas a qualquer tipo de tribunal local ou popular, cfr., Bos-

Semelhantes expressões surgem, posteriormente, nas Leis[105] de *Edward, o Velho*,[106] e nas Leis[107] de *Æthelstan*[108]. Neste período, a influência do monarca na aplicação da Justiça nos tribunais locais adensa-se. Nas primeiras linhas das suas Ordenações, *Edward* intima os juízes locais a aplicarem a devida e necessária Justiça, a levarem a bom termo todas as ações iniciadas e, de maior relevância teórica, a não recearem a aplicação da *Common Law* (*folk-right*)[109]. Com a abolição de alguns costumes locais enraizados e com o desenvolvimento de normas espacialmente gerais, a *Common Law* dava um passo gigante com vista à sua implementação em todos os cantos do Reino.

III. O período de três séculos que medeia entre a cristianização de *Æthelbert* e as Leis de *Æthelstan* ficou, assim, marcado por uma indefinição con-

---

WORTH, *A Dictionary of the Anglo-Saxon Language*, cit., 113 e 243 e GILES JACOB e T. E. TOMLINS, *The Law-Dictionary Explaining the Rise, Progress, and Present State, of the English Law; Defining and Interpreting the Terms or Words of Art; and Comprising Copious Information on the Subjects of Law, Trade, and Government*, Vol. III, primeira edição estado-unidense da primeira edição inglesa, I. Riley, Nova Iorque, 1811, 85.

[105] *The Laws of King Edward* in *Ancient Laws*, cit., 158-166, 165, c. 11: "*I will that each reeve have a "gemot" always once in four weeks*". Compostas por apenas onze normas, as Leis de *Edward* tinham, na sua base, preocupações de índole processual, cfr., STEARNS, *The Germs and Developments of the Laws*, cit., 99 e RICHARDSON e SAYLES, *Law and Legislation*, cit., 17. WORMALD, *The Making of English Law*, cit., 286: tiveram como propósito originário a aplicação efetiva das Leis de seu pai.

[106] Filho de Alfredo, nasceu entre os anos 874 e 877 e sucedeu a seu pai, tendo reinado até à sua morte, em 17 de julho de 924.

[107] *The Laws of King Æthelstan, I* in *Ancient Laws*, cit., 194-215, 201, c. 2: "*And we have ordained: respecting those lordless men of whom no law can be got, that the kindred be commanded that they domicile him to folk-right, and find him a lord in the folk-mote*"; IV, 221, c. 1: "*then let him clear himself, if he can, at the folk-mote*". WORMALD, *The Making of English Law*, cit., 290: o monarca saxão com maior produção legislativa até aos finais do século X. STENTON, *Anglo-Saxon England*, cit., 354: as Leis refletem as alterações sociais, em especial o desenvolvimento de uma classe nobiliárquica dominante. Não é assim de estranhar que, pela primeira vez, o auxílio a súbditos menos favorecidos tenha sido objeto de legislação, cfr., RICHARDSON e SAYLES, *Law and Legislation*, cit., 18.

[108] Filho de *Edward* e neto de Alfredo, nasceu no ano de 893 e faleceu em 27 de outubro de 939. Terá reinado a partir de 924 ou 925 até à sua morte.

[109] *The Laws of King Edward* in *Ancient Laws*, cit., 159: "*King Edward commands all the reeves: that ye judge such just dooms as ye know to be most righteous, and it in the doom-book stands. Fear not on any account to pronounce folk-right; and that every suit have a term it shall be brought forward, that ye then may pronounce*".

ceptual e vocabular que extravasa o campo judicial e se estende a todo o espectro da organização política e territorial.

As dificuldades de qualificação e a ausência de uma uniformização terminológica espelham a natureza popular destes modelos organizativos, a sua essência voluntarística inicial e o infindável leque de competências concentradas apenas num único órgão popular[110]. As semelhanças dos modelos adotados pelos diversos povos e as constantes invasões das Ilhas Britânicas por diferentes nações contribuíram para a coexistência de nomenclaturas distintas, embora maioritariamente análogas[111].

Seria necessário esperar até aos meados do século X para se vislumbrar uma embrionária estandardização judicial, quer numa perspetiva funcional, quer numa perspetiva terminológica.

5. *Hundred* e *shire courts*

I. Embora tradicionalmente a organização judicial estratificada e alicerçada em *hundred* e *shire courts* seja atribuída a *Alfred*[112], ambos os órgãos, para

---

[110] JOHN EDWARDS AUSTIN JOLLIFFE, *The Constitutional History of Medieval England from the English Settlement to 1485*, 3ª edição, Adam and Charles Black, Londres, 1954, 116: fala em primitivas associações privadas.

[111] STENTON, *Anglo-Saxon England*, cit., 294.

[112] WILLIAM BLACKSTONE, *Commentaries on the Laws of England*, Vol. IV, 12ª edição, editado por WAYNE MORRISON, Cavendish Publishing, Londres, 2001, 326, [411]: o ilustre jurista defende que uma divisão formal de *tithings, hundreds* e, possivelmente, *counties*, sujeita a uma forte administração central, foi instituída por *Alfred, the Great*. A posição foi seguida por muitos autores, inclusive por alguns dos maiores estudiosos clássicos da vida e obra de *Alfred*: JOSEPH COTTLE, *Alfred*, Vol. I, 3ª edição, Button and Son, Bristol, 1816, 10; JOHN ALLEN GILES, *The Life and Times of Alfred the Great*, George Bell, Londres, 1848, 343; JOHN REEVES, *Reeve's History of the English Law, from the Time of the Romans to the End of the Reign of Elizabeth*, comentado e anotado por WILLIAM F. FINLASON, Vol. I: *From the Time of the Romans to the End of the Reign of Henry III*, Reeves & Turner, Londres, 1869, 8. Este erro, bastante frequente, deve-se a uma passagem da *Gesta Regum Anglorum*, da autoria de WILLIAM OF MALMESBURY, historiador inglês do século XII, *Chronicle of the Kings of England from the Earliest Period to the Reign of King Stephen*, com notas e comentários de JOHN ALLEN GILES, Henry G. Bohn, Londres, 1847, Livro II, c. 4, 117: "*he [Alfred] appointed centuries, which they called "hundred", and decennaries, that is to say, "tythings", so that every Englishman, living according to law, must be a member of both*". Atualmente, a maioria da doutrina considera que *Alfred* apenas adotou um sistema preexistente aos seus intentos, cfr., FINLASON in *Reeve's History*, Vol. I, cit., 41; STENTON, *Anglo-Saxon* England, cit., 290: atribui esta perceção à uniformização introduzida por *Alfred* na administração local.

além das suas imemoráveis raízes, apenas são objeto de consagração legal nas Ordenações[113] de *Edgar*[114], elaboradas nos meados do século X. Empenhado em garantir uma contínua aplicação da Justiça em todo o seu Reino, *Edgar* impõe a reunião dos *hundred courts* todas as quatro semanas[115] e dos *shire courts* duas vezes por ano[116].

Com as Leis de *Edgar*, as denominações *hundred* e *shire courts* são reconhecidas como as designações oficiais dos juízos locais. Outras expressões, antes comummente utilizadas, são praticamente esquecidas[117]. O triunfo destes dois vocábulos decorre da divisão territorial e administrativa da Ilha Britânica. O Reino da Inglaterra estava, à época, dividido em *hundreds* e *shires*[118]. Cada

---

[113] *The Laws of King Edgar, I* in *Ancient Laws*, cit., 258-279. Esta afirmação não é totalmente correta. A expressão *shire* é empregue nas Leis de *Ine*, c. 8: *"If any one demand justice before a "scir--man" or other judge, and cannot obtain it"*, cfr., *The Laws of King Ine* in *Ancient Laws*, cit., 107-109. Esta referência, isolada e usualmente ignorada, não parece indicar o início de um processo de uniformização, sendo apenas mais um exemplo dos variados termos utilizados na época. Semelhante posição é defendida por Thomas Edward Scrutton, *The Influence of the Roman Law on the Law of England*, CUP, Cambridge, 1885, 51.

[114] Filho de *Edmund*, nasceu em 7 de agosto de 943. Reinou entre 959 e 8 de julho de 975, ano em que faleceu.

[115] *The Laws of King Edgar, This is the Ordinance How the Hundred Shall Be Held* in *Ancient Laws*, cit., 259-261, 260. Wormald, *The Making of English Law*, cit., 378-379: o autor expressa algumas dúvidas sobre a sua elaboração no reinado de *Edgar*. A obrigatoriedade de reunião todas as quatro semanas parece ter sido inspirada nas Leis de *Edward, the Elder*, que reinou quase cinquenta anos antes de *Edgar*, cfr., *The Laws of King Edward* in *Ancient Laws*, cit., 165, c. 11: *"I will that each reeve have a "gemot" always once in four weeks"*.

[116] *The Laws of King Edgar, I* in *Ancient Laws*, cit., 267-271, 269, c. 5. A obrigatoriedade de reunião dos *shire courts*, com igual periodicidade, volta a ser mencionada nas Leis de *Cnut* in *The Laws of King Cnut, Secular* in *Ancient Laws*, cit., 387, c. 18. A inexistência de qualquer referência à periodicidade de constituição dos *hundred courts* pode indicar que a sua realização deveria ocorrer quando necessária e sempre que fosse do interesse da comunidade. Jolliffe, *The Constitutional History*, cit., 124: o autor considera que a positivação de ambas as expressões e a preocupação com a sua regular constituição refletem um reconhecimento generalizado dos termos tanto por parte do monarca, como pelos seus súbditos.

[117] *The Laws of King Edgar, This Is the Ordinance How the Hundred Shall Be Held* in *Ancient Laws*, cit., 261, c. 7: *"In the hundred, as in any other "gemot"..."* Este preceito indica-nos que outros tipos de tribunais, com conteúdo e funções análogas, continuavam a existir, apesar da predominância dos *hundred* e *shire courts*.

[118] A expressão *shire*, cujas raízes etimológicas não têm merecido a atenção dispensada ao termo *hundred*, parece representar uma simples variação da locução parte – *share* em inglês moderno, cfr., Bosworth, *A Dictionary of the Anglo-Saxon Language*, cit., 195.

shire era composto por um número variável de *hundreds*. De modo idêntico ao verificado com as nomenclaturas jurisdicionais, também a consagração destas expressões resultou de um lento e longo processo. A convivência de diferentes terminologias é patente na *Historia Ecclesiastica Gentis Anglorum*. São BEDA recorre a diferentes termos – províncias[119], distritos[120], regiões[121] –, não sendo percetível o seu exato significado ou, sequer, a existência de uma hierarquia administrativa.

Conquanto não seja excessivo reconhecer a superioridade orgânica dos *shire courts*, em face da periodicidade de reunião dos dois órgãos e da assunção da presidência dos tribunais bianuais por altas figuras da Igreja e da Nobreza[122], esta supremacia apenas é instituída nas Leis[123] de *Cnut*[124]. O poderoso monarca decretou que os recursos para os *shire courts* apenas seriam admissíveis se, por três vezes consecutivas, a Justiça tivesse sido negada nos *hundred courts*[125]. A função subsidiária dos *shire courts*[126] colocou

---

[119] Livro V, Cap. XII, 412: "*province of the Northumbrians*; Livro IV, Cap. XIX, 332: "*Elge is in the province of the East Angles*".

[120] Livro I, Cap. XV, 38: "*from that district which is now known by the name of the "Land of Ancient Saxons"*".

[121] Livro II, Cap. XIV, 155: "*in the region which is called Loidis*"; Livro IV, Cap. XIX, 328: "*in the region which is called Elge*".

[122] *The Laws of King Edgar, I* in *Ancient Laws*, cit., 269, c. 5: "*and let there be present the bishop of the shire and the "ealdorman"*".

[123] *The Laws of King Cnut, Secular*, in *Ancient Laws*, cit., 358-430. As Leis de *Cnut* consubstanciam, na prática, uma compilação e sistematização das anteriores legislações anglo-saxónicas, cfr., WORMALD, *The Making of English Law*, cit., 349. O respeito pelas leis locais é demonstrado pela sua divulgação, a mando dos próprios governantes, cfr., BRUCE R. O'BRIEN, *The Instituta Cnuti and the Translation of English Law* in *Anglo-Norman Studies 21: Proceedings of the Battle Conference 2002*, coordenação de JOHN GILLINGHAM, The Boydell Press, Woodbridge, 2003, 177-197, 188 e PAULINE STAFFORD, *The Law of Cnut and the History of Anglo-Saxon Royal Promises*, 10 ASE, 1982, 173-90. A autoria moral das Leis de *Cnut* é atribuída a *Wulfstan*, arcebispo de York e uma das mais marcantes figuras do período anglo-saxónico. O clérigo terá ainda tido a seu cargo a feitura das Leis do sucessor de *Cnut*, cfr., DOROTHY WHITELOCK, *Wulfstan and the Laws of Cnut*, 63 EHR, 1948, 433-452.

[124] Nascido em 985 ou 995, construiu um Império que compreendia a Dinamarca, a Noruega e parte da Suécia. Foi também Rei de Inglaterra, entre 1016 e 1035, ano em que faleceu.

[125] *The Laws of King Cnut, Secular* in *Ancient Laws*, cit., 387, c. 19: "*And let no man take any distress, either in the shire or out of the shire, before he has thrice demanded his right in the hundred. If at the third time he have no justice, them let him go to the shire-"gemot"; and let the shire appoint him a fourth term*".

[126] FRANK ZINKEISEN, *The Anglo-Saxon Courts of Law*, 10 Pol Sci Q, 1895, 132-144, 135.

os *hundreds courts* no centro da administração da Justiça durante as últimas décadas do domínio saxónico[127]. Aos *hundred courts* caberia a resolução de pequenos crimes e litígios civis e aos *shire courts* os conflitos de maior complexidade, como o caso paradigmático da disputa de terras ou as ações que envolvessem súbditos de maior importância[128].

Ambos os tribunais tinham competências administrativas e judiciais[129], sendo os *shire courts* presididos por *ealdormen* e bispos[130], apoiados por um *reeve* ou *gerafa*, e os *hundred courts* por um *hundredman* ou *hundredary*, devidamente coadjuvado por uma entidade eclesiástica[131]. Estes juízes tinham como função explicar a lei e executar ou mandar executar as decisões, estando o conteúdo da sentença a cargo dos homens mais importantes da divisão[132].

---

[127] JOHN HAMILTON BAKER, *An Introduction to English Legal History*, 4ª edição, Butterworth, Londres, 2002, 7: o ilustre historiador, discordando da opinião maioritária, fala de uma sobreposição de competências, parecendo, deste modo, negar a existência de qualquer sistema estratificado.

[128] ZINKEISEN, *The Anglo-Saxon Courts*, cit., 136. Na obra de BENJAMIN THORPE, *Diplomatarium Anglicum Ævi Saxonici. A Collection of English Charters, from the Reign of King Ætelberth of Kent, A.D. DC.V. to that of William the Conqueror. Containing I. Miscellaneous Charters. II. Wills. III. Guilds. IV. Manumissions and Acquittances with a Translation of the Anglo-Saxon*, Macmillan, Londres, 1865, encontramos diversos documentos comprovativos desta separação: 288-290: documento datado de 995, previamente à apresentação de uma queixa ao Rei, relacionada com disputa de terras, deveria o queixoso dirigir-se ao respetivo *shire-moot*; 346-347: documento datado de 1011, acordo formal celebrado perante todo o *shire*; 375-378: documento sem data, mas identificado com o reinado de *Æthelred*, um bispo de nome *Æthelstan* apresenta o seu caso perante o *shire-moot*; 312-313: documento datado entre 1016 e 1020, acordo de casamento celebrado no *shire-moot*, com especificação do dote; 271-273: documento com data anterior a 988, relata uma disputa de terras deixadas em testamento no *shire-moot* de East and West Kent.

[129] BAKER, *An introduction*, cit., 7.

[130] ALAN HARDING, *The Law Courts of Medieval England*, George Allen & Unwin, Londres, 1973, 20: no caso de terem a seu cargo mais de um *shire*, era comum delegarem a sua missão em funcionários subalternos.

[131] JAMES WAYLAND JOYCE, *England's Sacred Synods: a Constitutional History of the Convocations of Clergy, from the Earliest Records of Christianity in Britain to the Date of the Promulgation of the Present Book of Common Prayer: Including a List of all Councils as well as Civil, Held in England, in which the Clergy Have Been Concerned*, Gilbert and Revington, Londres, 1855, XX.

[132] *The Laws of King Edgar, This is the Ordinance How the Hundred Shall Be held* in *Ancient Laws*, cit. 259, c. 2: "*If there be present need, let it be made known to the hundred-man, and let him [make it known] to the tithing-men; and let all go forth to where God may direct them to go: let them do justice on the thief*"; GEORGE SPENCE, *An Inquiry into the Origin of the Law and Political Institutions of Modern Europe, Particularly of those of England*, John Murray, Londres, 1826, 444. STENTON, *Anglo-Saxon*

§ 2.º ANGLO-SAXÕES

II. A origem e as raízes etimológicas da expressão inglesa *hundred* estão envoltas por uma espessa nuvem de incertezas e contradições[133]. Claramente conotado com o número cem, o conceito é comum aos restantes povos germânicos. Os francos e os helvéticos recorriam ao vocábulo *canton*, enquanto que, para lá do Reno, tanto se utilizava a denominação *cent*, como *centen* ou *zent*[134]. A expressão *hundred* aparece ainda em diversas legislações nórdicas do mesmo período[135].

Os *Dialogus de Scaccario*, do final do século XII e tradicionalmente atribuídos a RICHARD FITZ NEAL[136], identificam o *hundred* com uma área específica, consistindo um *hundred* em cem *hides* e cada *hide* em cem *acres*[137]. Esta relação não tem, contudo, uma correspondência com a realidade fáctica de então, sendo a área dos *hundreds*

England, cit., 296: apesar dos juízes poderem ser guiados, a decisão era sempre uma prerrogativa que lhes assistia.

[133] Grande parte dos autores limita-se a expor algumas das hipóteses sem tomar partido ou a afirmar não ser possível declarar com certeza qual a sua origem, cfr., *Munimenta Gildhallæ Londoniensis: Liber Albus, Liber Custumarum, et Liber Horn*, Vol. II, Parte II: *Containing Liber Custumarum with Extracts from the Cottoniam MS. Claudius, D. II.*, editado por HENRY THOMAS RILEY, Longman, Green, Longman, and Roberts, Londres, 1860, 809: *"seems to be unknown"*; JOHN JANE SMITH WHARTON, *The Law Lexicon, or Dictionary of Jurisprudence: Explaining all the Technical Words and Phrases Employed in the Several Departments of English Law; Including also the Various Legal Terms Used in Commercial Transactions; Together with an Explanatory as well as Literal Translation of the Latin Maxims Contained in the Writings of the Ancient and Modern Commentators*, Spettigue and Farrance, Londres, 1848, 300: *"the nature of which is not known with certainty"*.

[134] HUBERT LEWIS, *The Ancient Laws of Wales Viewed Especially in Regard to the Light They Throw upon the Origin of Some English Institutions*, E. Stock, Londres, 1889, 237.

[135] HECTOR MUNRO CHADWICK, *Studies on Anglo-Saxon Institutions*, CUP, Cambridge, 1905 248: atribui-lhe uma origem dinamarquesa.

[136] Sobre a obra e o seu suposto autor, vide HENRY G. RICHARDSON, *Richard fitz Neal and the Dialogus de Scaccario*, 43 EHR, 1928, 161-171 e 321-340.

[137] *De Necessariis Observantiis Scaccarii, Commonly Called Dialogus de Scaccario by Richard, Son of Nigel Treasurer of England and Bishop of London*, editado por ARTHUR HUGHES e CHARLES GEORGE CRUMP, Clarendon Press, Oxford, 1902, Livro I, Cap. XVII, 108-109: interrogado sobre o significado de *hundred*, o mestre respondeu: *"The country people know this better; but, as we have heard from them, a hide, from its primitive institution, consists of a hundred acres: but a hundred, of several hundred hides the number not being a fixed ones however; for one consists of many, another of fewer hides"*; HENRY ELLIS, *A General Introduction to Domesday Book, Accompanied by Indexes of the Tenants in Chief, and Under Tenants, at the Time of the Survey: as well as of the Holders of Lands Mentioned in Domesday Anterior to the Formation of that Record: with an Abstract of the Population of England at the Close of the Reign of William the Conqueror, so Far as the Same Is Actually Entered. Illustrated by Numerous Notes and Comments*, Vol. I, The Commissioners of the Public Records of the Kingdom, Londres, 1833, 184.

bastante variável[138]. Alguns autores defendem, assim, que o *hide* não era uma medida uniforme, traduzindo sim, a terra necessária para uma família subsistir, o que permite explicar as diferentes composições[139].

SPELMAN, no *Glossarium Archaiologicum*, reconduz o conceito não a uma área geográfica, mas a um conjunto de cem homens com as suas famílias[140], enquanto que outros autores identificam-no com um conjunto de cem aldeias[141].

O preenchimento da expressão por recurso a um grupo de cem homens tem como grande vantagem a concordância com o conceito de *tithing*[142]. Inicialmente,

---

[138] *The Victoria History of Wiltshire*, Vol. VII, coordenação de RALPH BERNARD PUGH, assistido por ELIZABETH CRITTALL, OUP, Oxford, 1953: o sétimo volume, dedicado ao *shire* de *Wilt*, é composto pela história de três *hundreds*, cada um deles constituídos por um diferente número de *hides*: (1) *Bradford*: 99 *hides*; (2) *Melksham*: 84 *hides*; e (3) *Potterne and Cannings*: 70 *hides*; HENRY HALLAM, *View of the State of Europe During the Middle Ages*, Vol. II, William Brown, Filadélfia, 1824, 10: o autor defende que a enorme discrepância entre o tamanho dos *hundreds* inviabiliza esta conclusão.

[139] HARDING, *The Law Courts*, cit., 17.

[140] HENRY SPELMAN, *Glossarium Archaiologicum: Continens Latino-Barbara, Peregrina, Obsoleta, & Novatæ Significations Vocabula; Quæ post labefactatas a Gothis, Vandalisque res Europæas, in Ecclesiasticis, profanisque Scriptoribus; variarum item Gentium Legibus antiquis Municipalibus, Chartis, & Formulis occurrunt, Schollis & Commentariis Illustrata: In quibus prisci Ritus quam-plurimi, Magistratus, Dignitates, Munera, Officia, Mores, Leges ipsæ, & Consuetudines errantur*, Georg, Pawlett, & Gul. Freeman, Londres, 1687, 302-304; CHARLES DU CANGE, *Glossarium Mediæ et Infimæ Latinitatis Conditum a Carolo du Fresne Domino du Cange, auctum a monachis ordinis S. Benedicti cum Supplementis integris* D. P. CARPERNTERII *Adelungii, Aliorum, Suisque Digesstt* G. A. L. HENSCHEL *Sequuntur Glossarium Gallicum, Tabulæ, Indices Auctorum et Rerum, Dissertationes, Tomus IV*, Niort, L. Favre, 1886, col. 264a: com idêntica definição.

[141] THOMAS SMITH, *De Republica Anglorum: the Maner of Government or Policie of the Realme of Englande*, Henrie Midleton e Gregorie Seton, Londres, 1583, Livro II, Cap. 16, 100: embora reconheça que esta coincidência se veio a esbater ao longo dos tempos.

[142] *Court Leet Records of the Manor of Manchester in the Sixteenth Century*, Vol. I, compilado e editado por JOHN HARLAND, 1864, 21, nota 19; WHITE KENNETT, *Parochial Antiquities Attempted in the History of Ambrosden, Burcester, and other Adjacent Parts in the Counties of Oxford and Bucks*, Vol. II, Clarendon Press, Oxford, 1818, 690: a jurisdição destes tribunais estava circunscrita a pequenas causas entre os membros desta comunidade, devendo os casos de maior complexidade ser remetidos para o tribunal superior, o *hundred court*; WILLIAM BLACKSTONE, *Commentaries on the Laws of England*, Vol. I, 12ª edição, editado por WAYNE MORRISON, Cavendish Publishing, Londres, 2001, 85, [116]: no primeiro volume da sua monumental obra, BLACKSTONE avança a hipótese de esta organização ter sido copiada dos Dinamarqueses, embora reconheça que semelhante divisão era já, há muito, conhecida pelos povos germânicos e francos; FRANCIS PALGRAVE, *The Rise and Progress of the English Commonwealth. Anglo-Saxon Period. Containing*

§ 2.º ANGLO-SAXÕES

a expressão, traduzida para o latim por *decurium*, seria utilizada para denominar um conjunto de dez famílias, sendo o seu líder denominado *teothung-man*. O conceito caiu em desuso após as primeiras codificações, voltando, todavia, a ser utilizado em legislações mais tardias[143].

A primeira referência aos *hundreds* data da memorável obra de TACITUS sobre a Germânia. Por duas vezes o ilustre historiador menciona o conceito. Primeiro numa perspetiva bélica: a poderosa infantaria germânica era formada por cem homens de cada *pagus*, pequeno aglomerado populacional, que, com o passar do tempo, adotou a denominação demográfica, passando a ser identificado, simplesmente, pelo termo *pagus*[144]; e numa perspetiva jurisdicional: as assembleias populares nomeavam um juiz para presidir aos tribunais de cada *pagus*. Na sua missão, este magistrado era coadjuvado por cem homens[145].

Aquando da invasão, o conceito assumiu um papel central na organização das forças saxónicas. Os guerreiros eram agrupados de acordo com o seu *pagus* de origem, que representava, paralelamente, a unidade primária do exército saxão. Após a conquista, o mesmo conceito terá sido utilizado no âmbito do movimento de

---

the Anglo-Saxon Policy, and the Institutions Arising out of Laws and Usages which Prevailed Before the Conquest, Vol. I, John Murray, Londres, 1832, 193: os membros estavam unidos por fortes laços; partilhavam, usualmente, o mesmo sangue; WILLIAM STUBBS, *The Constitutional History of England in Its Origin and Development*, Vol. I, 5ª edição, Claredon Press, Oxford, 1891, 93: o surgimento dos *tithings* representa a transformação das pequenas comunidades autónomas em frações territoriais delimitadas.

[143] *Judicia Civitatis Lundoniæ* in *Ancient Laws*, cit., 237, c. 1: *"That we gather to us once in every month, if we can and have leisure, the "hynde-men" and those who direct the tithings"*. Este preceito transmite a ideia de que as funções dos *teothung-man* não se resumiam à *tithing*, exerciam, também, um papel de juiz no *hundred court*; *The Laws of King Edgar, This Is the Ordinance How the Hundred Shall Be Held*, cit., 259, c. 2: *"If there be present need, let it be made known to the hundred-man, and let him let [make it known] to the tithing-men"*; e 259-261, c. 4: *"I and we have ordained concerning unknow cattle, that no one should possess it without the testimonies of the men of the hundred, or of the tithingman"*; *The Laws of King Cnut*, cit., 387, c. 20: *"And we will, that every freeman be brought into a hundred, and into a tithing"*; STUBBS, *The Constitutional History*, Vol. I, cit., 86: defende que o ressurgimento da expressão esteve ligado a questões tributárias, muito provavelmente para facilitar o processo de cobrança.

[144] PUBLIUS CORNELIUS TACITUS, *De Situ, Moribus et Populis Germaniae Libellus*, editado por JOHANN B. DURACH, Sumtibus Et typis Friderici Pustet, Ratisbonae, 1829, VI , 6: *"Definitur et numerus: centeni ex singulis pagis sunt: idque ipsum inter suos vocantur: et quod primo numerus fuit, jam nomen et honor est"*.

[145] TACITUS, cit., XII, 10-11 : *"Eliguntur in iisdem conciliis et principes, qui jura per pagos vicosque reddunt. Centeni singulis ex plebe comites, consilium simul et auctoritas, adsunt"*.

povoação das terras inglesas. Os guerreiros do mesmo *pagus*, acompanhados pelas suas respetivas famílias, constituíam pequenas comunidades, em tudo idênticas aos povoados habitados nas suas terras de origem, introduzindo, deste modo, o conceito de *hundred* na administração inglesa[146].

O preenchimento do conceito de *centini* (versão latina de *hundred*), bem como a sua identificação com o número cem, foram postos em causa por HUBERT LEWIS. O autor recorda que a expressão *centum* nem sempre esteve conotada com o número cem. Basta pensar-se na centúria do exército romano, que não era, forçosamente, formada por cem legionários[147]. Após uma minuciosa análise, LEWIS conclui que, inicialmente, a expressão fora utilizada com o simples intuito de designar um grupo ou conjunto, tendo, paulatinamente, através de um processo de simplificação, sido preenchida por um número redondo[148].

O pródigo autor avança, ainda, uma última hipótese, embora a rebata de imediato: a origem da expressão estaria na divisão formal desenvolvida pelos sénones, tribo sueva[149].

Finalmente, FRANCIS LEE defende que o conceito de *hundred*, bem como a sua denominação, são inspirados numa passagem bíblica em que Moisés é aconselhado pelo seu sogro[150]:

---

[146] THOMAS PITT TASWELL-LANGMEAD, *English Constitutional History from the Teutonic Conquest to the Present Day*, 6.ª edição, revista por PHILIP A. ASWORTH, Stevens and Haynes, Londres, 1905, 13.

[147] LEWIS, *The Ancient Laws of Wales*, cit., 239 e 245.

[148] LEWIS, *The Ancient Laws of Wales*, cit., 239.

[149] TACITUS, cit., XXXIX, 32: *Adjicit auctoritatem fortuna Semnonum: centum pagis habitantur, magnoque corpore efficitur, ut se Suevorum caput credant*; CAIUS JULIUS CAESAR, *Commentariorum de Bello Gallico*, John W. Parker and So, Londres, 1856, Livro IV, Cap. I, 65: "*Suevorum gens est longe maxima et bellicosissima Germanorum omnium. Hi centum pagos habere dicuntur, ex quibus quotannis singula millia armatorum bellandi causa ex finibus educunt*".

[150] FRANCIS NIGEL LEE, *King Alfred the Great and our Common Law*, 2000, 3. O artigo pode ser consultado na página pessoal do autor: http://www.dr-fnlee.org/. Apesar da forte influência cristã nas leis saxónicas, não se encontra em nenhuma das compilações da época qualquer referência, mesmo que subtil, a um sistema inspirado nesta passagem bíblica. LEE apoia-se nas palavras de EDWARD GIBBON: "*and even the wise Alfred adopted, as an indispensable duty, the extreme rigour of the Mosaic institutions*" in *The History of the Decline and Fall of the Roman Empire*, Vol. IV, William Y. Birch & Abraham Small, Filadélfia, 1804, 414. Não nos parece, porém, tendo em conta o contexto em que a afirmação surge, que o historiador se refira à organização judicial, mas à severidade das normas.

§ 2.º ANGLO-SAXÕES

Escolhe tu mesmo entre todo o povo homens capazes, tementes a Deus, homens íntegros, que odeiem o lucro ilícito, e estabelecê-los-ás como chefes de mil, chefes de cem, chefes de cinquenta e chefes de dez... Moisés escutou a voz do seu sogro e fez tudo o que ele disse. Moisés escolheu de todo o povo de Israel homens capazes e colocou-os à cabeça do povo, como chefes de mil, chefes de cem, chefes de cinquenta e chefes de dez[151].

Podemos afirmar, com um elevado grau de certeza, que as origens etimológicas da expressão *hundred* continuarão a gerar controvérsia no seio da comunidade de historiadores e linguistas saxónicos. Independentemente da solução defendida, é evidente que o seu significado na Alta Idade Média não corresponde à conceção original. O conceito teve de se adaptar às especificidades concretas e às necessidades administrativas. Nem todas as aldeias eram formadas por cem famílias, nem todas as terras produziam as mesmas quantidades de cereais e nem todos os *pagus* teriam capacidade para fornecer cem guerreiros.

6. A *Witenagemot* e o tribunal do Rei

I. A discussão dos problemas comunitários em assembleias e concílios, enquanto traço característico do povo germânico[152], não estava delimitado às reduzidas fronteiras das comunidades rurais. Semelhante sistema era seguido nas grandes reuniões de cariz regional e nacional[153].

TACITUS faz uma descrição minuciosa da sua organização e funcionamento:

Sobre assuntos de menor importância, os chefes consultam; nos de maior importância, toda a comunidade; mas com a particularidade, de a decisão dita do povo, ser primeiro discutida pelos chefes. Eles reúnem, salvo se surgir uma emergência inesperada, em dias determinados, ou na lua nova ou na lua cheia... O silêncio é proclamado pelos sacerdotes... E então o rei, o chefe, e todos os outros notáveis pela sua idade, nasci-

---

[151] Ex. 18, 21 e 24-25.
[152] JOHN MITCHELL KEMBLE, *The Saxons in England. A History of the English Commonwealth till the Period of the Norman Conquest*, Vol. II, edição revista por WALTER DE GRAY BIRCH, Bernard Quaritch, Londres, 1876, 185.
[153] Inicialmente, os conselhos regionais ou nacionais germânicos parecem apenas ter sido convocados em períodos de guerras. Posteriormente, assumiram também uma dimensão governativa, cfr., F.M. COBB, *Early English Courts*, 5 W Res LJ, 1899, 12-25, 12.

mento, renome militar, ou eloquência, são ouvidos; obtendo a atenção mais pela capacidade de persuasão do que pela sua autoridade. Se uma proposta não agrada, a assembleia rejeita-a com um inarticulado murmúrio; se lhe agrada, batem as suas lanças, pois a mais honorável manifestação de consentimento entre eles é o som das armas[154].

Durante todo o período de domínio saxónico, em especial nas primeiras décadas após as invasões, estes conselhos ocuparam uma posição central em todos os aspetos da governação dos diversos Reinos[155]. A sua influência ao nível legislativo é notória[156]. A *Witenagemot* é mencionada nas diversas compilações, ora como órgão legislativo *per se*[157], ora como órgão consultivo[158].

---

[154] TACITUS, *De Situ*, cit., XI, 9-10. Tradução nossa.

[155] JOHN ROBERT MADDICOTT, *The Origins of the English Parliament, 924-1327*, OUP, Oxford, 2010, 2: até à reunião de toda a Inglaterra, as únicas assembleias que tinham natureza nacional, por ultrapassarem as fronteiras dos diversos reinos, eram os concílios e os sínodos da Igreja.

[156] PETER HUNTER, *An Introduction to Anglo-Saxon England*, CUP, Cambridge, 1996, 217: a manutenção da função legislativa numa assembleia nacional visava, em última análise, garantir a aplicação das leis do monarca. O recurso aos conselhos e ao consentimento dos homens mais importantes do reino era fundamental para a aplicação da lei.

[157] Apesar de a instituição não ser mencionada nas Leis de *Æthelbert*, BEDA refere que estas foram elaboradas com a ajuda do seu conselho de homens sábios, cfr., *Bede's Ecclesiastical History of the English Nation*, cit., Livro 2, Cap. 5, 120: "*Among other good things which, by taking counsel, he conferred upon his nation, he also constituted for it, with the advice of wise men, judicial decrees*"; *The Laws of King Wihtræd* in *Ancient Laws*, cit., 37: o preâmbulo faz referência à reunião de uma "*deliberative convention of great men*", acrescentando, de seguida, que as presentes leis foram decretadas por "*great men*"; *Alfred and Guthrum's Peace* in *Ancient Laws*, cit., 153: "*This is the peace that king Alfred, and king Guthrum, and all the people that are in East-Anglia, have all ordained*". Apesar de o preâmbulo das Leis Eclesiásticas de *Edmund* não esclarecer qual o papel ocupado pela *Witenagemot*, ao longo do texto a expressão utilizada é "*We have ordained*". Já nas Leis Seculares, o seu papel parece ter sido meramente consultivo: "*Edmund king makes known to all people, both old and young, that are in his dominion, that which I have deliberated with the council of my "witan", both ecclesiastic and secular*"; *The Laws of King Ethelred, I* in *Ancient Laws*, cit., 281: "*This his the ordinance which King Ethelred and his "witan" ordained*"; *The Laws of King Ethelred, II* cit., 285: "*These are the articles of peace and the agreement, which king Ethelred and all his "witan" have made*"; *The Laws of King Ethelred, III* cit., 293: "*These are the laws which king Ethelred and his "witan" have decreed*".

[158] *The Laws of King Ine* in *Ancient Laws*, cit., 103: o prólogo diz-nos que as Leis foram elaboradas com o conselho e o ensinamento dos "*most distinguished "witan" of my people*"; As I Leis de *Æthelstan* foram elaboradas apenas com o conselho da classe eclesiástica, cfr., *The Laws of King Æthelstan, I* in *Ancient Laws*, cit., 195 "*I, Ætehlstan king, with the counsel of Wulfhelm, archbishop, and my other bishops*"; *The Laws of King Edgar, I* in *Ancient Laws and Institutes of England*, cit., 263:

§ 2.º ANGLO-SAXÕES

TACITUS refere, ainda, que os conselhos germânicos tinham uma importante função jurisdicional, sendo costume expor-se, na assembleia, as mais variadas acusações, em especial de índole criminal. As punições dependiam da natureza do crime: os traidores e os desertores eram enforcados, enquanto os cobardes e os culpados de práticas não naturais eram sufocados em lama[159].

II. A expressão institucional *Witenagemot* é relativamente tardia, datando apenas do século XI[160]. Inicialmente, o órgão não tinha natureza coletiva, sendo conhecido como o conselho dos *witan, aqueles que sabem*[161].

Na sua extensa análise, KEMBLE[162] enumera um conjunto de doze poderes e funções exercidos por este conselho de notáveis: (1) aconselhamento do monarca em relação a todos os atos de natureza pública; (2) função legislativa, que extravasava a mera elaboração de normas e que se estendia à própria promulgação; (3) celebração de alianças e tratados de paz; (4) eleição dos monarcas; (5) destituição do Rei, no caso de este não atuar no interesse do povo; (6) nomeação de dignitários, em conjunto com o monarca; (7) regulação de diversas matérias eclesiásticas, como períodos de jejum, data de festividades, cobrança da dízima e rendimentos da Igreja; (8) criação de taxas e impostos; (9) levantamento de exércitos; (10) recomendação da distribuição de terras; (11) adjudicação de terras à coroa; e (12) função jurisdicional, atuando como tribunal supremo tanto em causas civis, como nas criminais.

Apesar de ser uma assembleia reconhecida e institucionalizada, a *Witenagemot* era, essencialmente, um órgão consultivo do Rei, que reunia com esse

---

"*This is the ordinance that king Edgar, with the counsel of his "witan", ordained*"; *The Laws of King Cnut, Ecclesiastical* in *Ancient Laws*, cit., 359: "*This is the ordinance that king Cnut, king of all England, and king of the Danes and Norwegians, decree, with counsel of his "witan*"; *The Laws of King Cnut, Secular* in *Ancient Laws*, cit., 377: "*This then is the secular ordinance which, by the counsel of my "witan", I will that it be observed over all England*".
[159] TACITUS, *De Situ*, cit., XII, 10-11.
[160] HUNTER, *An Introduction*, cit., 216.
[161] BOSWORTH, *A Dictionary of the Anglo-Saxon Language*, cit., 467: a expressão *wita*, singular de *witan*, tem vários significados: sábio, conselheiro, senador, nobre, etc., FELIX LIEBERMANN, *The National Assembly in the Anglo-Saxon Period*, Max Niemeyer, Halle, 1913, 7: provável raiz etimológica de *witness*.
[162] KEMBLE, *The Saxons*, Vol. II, cit. 204-240.

propósito[163]. Não se conclua, destas palavras, que a convocação do conselho consubstanciava uma mera formalidade. O monarca recorria, com frequência, aos conselhos dos seus apoiantes mais próximos e às grandes figuras do Reino[164].

Já no que respeita à sua reunião, parece não ter existido uma obrigatoriedade de convocação em datas preestabelecidas. A ocorrência de conselhos realizados nas três festividades cristãs mais importantes: Páscoa, Natal e Pentecostes[165], é falaciosa. Não parece razoável, para a época, que num curto espaço de tempo – cerca de seis meses – os homens mais importantes do Reino fossem convocados em três ocasiões[166].

Também no que respeita à sua composição, não é claro se existia um direito a ser convocado ou a comparecer, embora se reconheça que a presença de alguns oficiais civis e eclesiásticos e de membros da casa real estivesse assegurada, quer em função do cargo ocupado, quer pelo poder efetivamente detido[167].

A *Witenagemot* nem sempre funcionava de forma unitária, tendo uma classe secular e uma classe eclesiástica que podiam operar em conjunto ou em separado, consoante as questões a debater e a decidir[168].

---

[163] THORPE, *Diplomatarium Anglicum*, cit., 139: documento datado de 896, *"Æthelred aldorman summoned all the "witan" of the Mercians together at Gloucester"*. Preâmbulo das *The Laws of King Edmund, Ecclesiastical* in *Ancient Laws*, cit., 245: *"King Edmund assembled a great synod at London, during the holy Easter tide, as well of ecclesiastical as of secular degree"*.
[164] STENTON, *Anglo-Saxon England*, cit., 544.
[165] Apesar de não se encontrar qualquer documento que comprove uma obrigatoriedade de reunião em datas específicas, o elevado número de reuniões na Páscoa, Natal e Pentecostes indicam uma tradição de reunião nas mais importantes festividades cristãs, embora não necessariamente no mesmo ano. LIEBERMANN, *The National Assembly*, cit., 49: o autor contabiliza 24 *Witenagemot* realizados na Páscoa, 20 no Natal e 7 no dia de Pentecostes.
[166] JOHN LINGARD, *A History of England from the First Invasion by the Romans*, Vol. I, 2ª edição, J. Mawman, Londres, 1823, 485.
[167] GEORGE BURTON ADAMS, *Constitutional History of England*, Henry Holt, Nova Iorque, 1921, 14; ROBERT VAUGHAN, *Revolutions in English History*, Vol. I, 2ª edição, Longmans, Green, Londres, 1867, 255: ao contrário do verificado para as assembleias locais, cujos membros muitas vezes eram escolhidos pela própria população, na *Witenagemot*, os pequenos súbditos eram, por regra, excluídos.
[168] HARDING, *The Law Courts*, cit., 20; *The Laws of King Edmund, Secular* in *Ancient Laws*, cit., 247: *"Edmund king makes known to all people, both old and young, that are in his dominion, that which I have deliberated with the council of my "witan", both ecclesiastic and secular"*.

As incertezas relacionadas com esta instituição estendem-se à própria relação com o monarca. O soberano atuava, por vezes, como simples membro[169] e, outras, como estando acima do conselho[170].

III. Apesar de a *Witenagemot* ser, não raramente, apresentada como o tribunal superior dos saxões[171], as suas funções jurisdicionais centravam-se na resolução de conflitos entre os grandes homens do Reino[172]. O número reduzido de ocasiões em que se reunia tornava impossível dar resposta aos problemas diários das populações.

Os escassos recursos dos *hundred* e *shire courts* e a complexidade de alguns casos exigiam um órgão melhor apetrechado e com juízes mais sábios e letrados[173]. É neste contexto que, paralelamente à *Witenagemot*, se foi desenvolvendo um tribunal central, presidido pelo monarca. Os dois órgãos partilhavam, entre si, o título de tribunal de apelação ou de recurso[174]. Todavia, o tribunal do Rei podia ser convocado em qualquer lugar em que o monarca se encontrasse[175].

---

[169] *The Laws of King Wihtræd* in *Ancient Laws*, cit., 36: no preâmbulo das Leis o nome do Rei é antecedido do nome do Bispo *Birhtwald*.

[170] A *Wita* é, na maioria das ordenações, apresentada como "pertencendo" ao monarca: "*the king's wita*", "*his wita*" ou "*my wita*".

[171] Apenas se encontra uma referência, nas compilações saxónicas, à *Witenagemot* enquanto órgão jurisdicional: *The Laws of King Alfred, II* in *Ancient Laws*, cit., 101, c. 77: "*If a man rupture the tendons on another's neck, and wound them so severely that he has no power of them, and nevertheless live so maltreated; let c. shillings be given him as "b<u>o</u>t", unless the "witan" shall decree to him one juster, and greater*".

[172] KEMBLE, *The Saxons*, Vol. II, cit., 239-241; LINGARD, *A History of England*, cit., 488: acrescenta a esta lista o julgamento de criminosos poderosos ou com importantes conexões; THOMAS CHISHOLME ANSTEY, *Guide to the History of the Laws and Constitutions of England, Consisting of Six Lectures, Delivered at the College of SS. Peter and Paul, Prior Park, Bath, in the Presence of the Bishop and His Clergy*, V. and R. Steves and G. S. Norton, Dublin, 1845, 130: fala de uma jurisdição originária em questões de maior importância e complexidade e de uma jurisdição concorrencial em disputas mais corriqueiras.

[173] CYRIL RANSOME, *Rise of Constitutional Government in England*, Longmans, Green, Nova Iorque, 1904, 8.

[174] MARSHALL MASON KNAPPEN, *Constitutional and Legal History of England*, Harcourt, Brace, Nova Iorque, 1942, 56. SPENCE, *An Inquiry*, cit., 283: provavelmente, em tempos remotos, a distinção entre as instituições restringir-se-ia ao número de membros que as compunham.

[175] LINGARD, *A History of England*, Vol. I, cit., 485.

O recurso ao Rei e ao seu tribunal passou a merecer consagração legal a partir do reinado de *Edgar*, estabelecendo o monarca as situações em que os seus súbditos lhe podiam dirigir-se, diretamente, em busca de Justiça[176]:

> *And let no man apply to the king, in any suit, unless he at home may not be worthy of law, or cannot obtain law. If the law be too heavy, let him seek a mitigation of it from the king.*

Esta passagem é esclarecedora do papel representado pelo *King's Court*. Era ao tribunal do Rei que os súbditos marginalizados e todos aqueles a quem o recurso aos tribunais tivesse sido negado deveriam dirigir-se. Atente-se ainda às Leis de *Cnut*[177]:

> *And let no one apply to the king, unless he may not be entitled to any justice within his hundred.*

A Justiça do Rei podia também ser procurada para reduzir penas pesadas ou para a concessão de indultos[178]:

> *And the moneyers who work within a wood, or elsewhere; that they be liable in their lives, unless the king will be merciful to them.*

Finalmente, nos casos em que a lei fosse omissa ou insuficiente, a única forma de obter Justiça seria a de recorrer ao próprio Rei e ao seu tribunal[179].

Apesar de a sobreposição de poderes e funções dificultar uma delimitação precisa das duas instituições[180], as características funcionais da *Witenagemot* e a simplicidade de constituição do *King's Court*, uma vez que se bastava

---

[176] *The Laws of King Edgar, II* in *Ancient Laws*, cit., 267, c. 2; FREDERICK POLLOCK e FREDERIC WILLIAM MAITLAND, *The History of English Law Before the Time of Edward I*, Vol. I, 2ª edição, com introdução de STROUD FRANCIS CHARLES MILSOM, CUP, Cambridge, 1968, 41: embora o monarca tivesse poderes jurisdicionais, estamos ainda muito longe da conceção feudal do monarca como fonte de Justiça.
[177] *The Laws of King Cnut, Secular* in *Ancient Laws*, cit., 385, c. 17.
[178] *The Laws of King Etherlred III* in *Ancient Laws*, cit., 299, c. 16.
[179] SPENCE, *An Inquiry*, cit., 283.
[180] LIEBERMANN, *The National Assembly*, cit.. 69.

com a presença do monarca, foram decisivas para o desenvolvimento de uma organização jurisdicional, centrada na figura do Rei.

Já então, o tribunal do Rei se caracterizava pela sua enorme, se não mesmo total, autonomia. As decisões do monarca não estavam sujeitas, ao contrário das deliberações dos tribunais locais, às normas e princípios vigentes. Em última análise, o Rei decidia de acordo com a sua consciência.

§ 3.º CENTRALIZAÇÃO NORMANDA

7. A conquista normanda e a introdução do feudalismo

I. Depois de derrotar *Harold Godwinson*[181] na batalha de *Hastings*[182], *William, the Conqueror*[183], marchou sobre Londres[184], tendo sido coroado Reis dos ingleses no dia de Natal de 1066[185].

---

[181] Nascido no ano 1022, *Harold* reinou apenas entre 6 de janeiro de 1066 e 14 de outubro do mesmo ano. Cunhado de *Edward* e o seu mais poderoso aliado, subiu ao trono com a morte do Confessor, que não tinha deixado descendentes. Morreu a defender o seu enfraquecido reino, na batalha de *Hastings*, contra as tropas normandas comandadas por *William*. As lendas inglesas contam que terá sido atingido por uma flecha num dos olhos, cfr., IAN W. WALKER, *Harold: the Last Anglo-Saxon King*, Sutton Publishing, Gloucestershire, 1997.

[182] Considerando a coroação de *Harold* uma declaração de guerra, *William* levantou um exército, em parte formado por mercenários. Desembarcou em Inglaterra em 28 de setembro de 1066 e enfrentou, em 14 de outubro do mesmo ano, um exército diminuído, que, dias antes, tinha rechaçado uma invasão escandinava.

[183] Inicialmente cognominado de "o Bastardo", nasceu por volta do ano 1028, sendo o titular do Ducado da Normandia desde o dia 3 de julho de 1035, quando tinha apenas 7 anos de idade. Faleceu em 9 de setembro de 1087, então já com o epíteto de "o Conquistador".

[184] *William* não atacou Londres. Esperou às suas portas, pacientemente, até que a tentativa de proclamar *Edgar Atheling* se revelou um fracasso, cfr., JAMES F. MORGAN, *England Under the Norman Occupation*, Williams and Norgate, Londres, 1858, 1.

[185] Poucas semanas passadas sobre a sua vitória em *Hastings*, já todos os grandes senhores ingleses haviam jurado lealdade a *William*. Os poucos focos de resistência tinham uma dimensão localizada, cfr., EDWARD A. FREEMAN, *The History of the Norman Conquest of England, Its Causes and Its Results*, Vol. IV: *The Reign of William the Conqueror*, Clarendon Press, Oxford, 1876, 3-5.

William não se via como líder de um povo invasor, mas como o lídimo herdeiro de *Edward, the Confessor*[186], de quem, alegadamente, teria recebido essa legitimidade[187]. Esta postura, simbolizada pelo uso dos ritos e juramentos anglo-saxões na sua cerimónia de coroação[188], acompanhada por preocupações de estabilidade governativa, traduziu-se, pelo menos formalmente, na não imposição das leis normandas[189] e na declaração da validade das Leis de *Edward* e dos monarcas saxões que o antecederam[190]:

> Iste sunt leges et consuetudines, quas Willielmus rex, post adquisicionem Anglie, omni populo Anglorum concessit tenendas; eedem videlicet, quas predecessor suus et cognatus, Edwardus rex, servavit in Anglorum regno[191].

[186] Terá nascido por volta de 1003 e falecido em 5 de janeiro de 1066. Filho de *Ætherlred*, reinou desde 1042 até à data da sua morte.

[187] DAVID CARPENTER, *The Struggle for Mastery: Britain, 1066-1284*, Penguin Books, Londres, 2003, 68: o autor vê esta invocação como provável. *Edward* tinha uma forte ligação à Normandia. No período de domínio dinamarquês, *Edward* exilou-se no Ducado franco. *William* representou, ainda, um papel preponderante na sua ascensão ao trono inglês. Acresce que a sua mãe, *Emma*, era filha do Duque *Richard*, avô de *William*.

[188] CARPENTER, *The Struggle for Mastery*, cit., 75. LEOPOLD G. W. LEGG, *English Coronation Records*, Archibald Constable, Londres, 1901, 14: *William* terá, provavelmente, seguido o juramento empregue na coroação de *Æthelbert*.

[189] HARDING, *The Law Courts* cit., 32: o autor considera surpreendente a estabilidade legislativa vivida logo após a conquista normanda; RUDOLPH GNEIST, *The History of the English Constitution*, Vol. I, traduzido por PHILIP A. ASHWORTH, G. P. Putnam's Sons, Nova Iorque, 1886, 165: a ordem de compilação das leis e costumes anglo-saxónicos é demonstrativa das verdadeiras intenções de *William*; POLLOCK e MAITLAND, *The History*, Vol. I, cit., 79: os autores chamam a atenção para o facto de não existir, à época, qualquer código normando, o que terá contribuído para esta decisão.

[190] BRUCE R. O'BRIEN, *God's Peace and Kings Peace: the Laws of Edward the Confessor*, University of Pennsylvania Press, Filadélfia, 1999, 105: a *Witenagemot* assumiu um importante papel na promulgação das leis, o que contribuiu para a sua rápida disseminação. O sucesso granjeado pelas Leis do Confessor resultou do prestígio do monarca e não, propriamente, da qualidade do seu conteúdo legislativo. A figura de *Edward* assumiu, nas décadas após a conquista, uma dimensão mística, que culminou com a sua canonização em 1161. As histórias fantasiosas que se espalharam foram, em grande parte, espoletadas pelos próprios monarcas normandos, que, declarando-se seus herdeiros, pretendiam associar-se à sua popularidade junto das populações anglo-saxónicas, cfr., JANELLE GREENBERG, *The Confessor's Laws and the Radical Face of the Ancient Constitution*, 104 EHR, 1989, 611-637, 615 ss.. Esta ideia é corroborada pelos autores que se dedicaram ao estudo da vida e obra do Confessor, cfr., FRANK BARLOW, *Edward the Confessor*, University of California Press, Berkeley e Los Angels, 1970, 178.

[191] *The Laws of King William the Conqueror, I* in *Ancient Laws*, cit., 467.

§ 3.º CENTRALIZAÇÃO NORMANDA

A conservação do sistema jurídico e judicial anglo-saxónico, em especial no que respeitava à sua dimensão organizativa e funcional, por muito pretendida e desejada que fosse por *William*, não era exequível. Os normandos, agora senhores de um vasto território e de um povo com quem tinham poucas afinidades culturais e sociais, representavam uma clara minoria. A preservação do seu poder e autoridade passava, necessariamente, por um estrito controlo da população local e da Justiça aí aplicada[192], só possível através de um processo de centralização administrativa e judicial, por natureza demorado e dificilmente conciliável com os interesses dos barões saxónicos[193].

A chegada dos novos senhores produziu, no entanto, algumas alterações imediatas. A conquista marca o regresso das Ilhas Britânicas à esfera de influência latina[194], tem um forte impacto da vida cultural e social[195] e introduz o sistema feudal[196] de origem franca[197], alterando por completo o Direito

---

[192] HENRY G. RICHARDSON e GEORGE O. SAYLES, *The Governance of Mediaeval England from the Conquest to the Magna Carta*, Edinburgh University Press, Edimburgo, 1963, 188.

[193] GEORGE WILLIAMS KEETON, *The Norman Conquest and the Common Law*, Ernest Benn, Londres, 1966, 82: estava em causa a preservação da sua conquista e a subsistência da sua autoridade.

[194] HENRY W. C. DAVIS, *England Under the Normans and Angevins*, 4ª edição, Methuen, Londres, 1915: o desfecho de *Hastings* resultou no fim da influência jurídica teutónica e no início do domínio clerical romano.

[195] Salienta-se a introdução do código de cavalaria medieval, cfr., JOHN GILLINGHAM, *1066 and the Introduction of Chivalry into England in Law and Government* in *Law and Government in Medieval England and Normandy*, coordenação de GEORGE GARNETT e JOHN HUDSON, CUP, Cambridge, 1994, 31-55, 32: define cavalaria como um código de valores cujo principal objeto reside na redução da violência e da tortura exercidas sobre prisioneiros de sangue nobre.

[196] FRANK BARLOW, *The Feudal Kingdom of England, 1042-1216*, 4ª edição, Longman, Nova Iorque, 1994, reimpressão da edição de 1988, 45: o autor defende que as bases do feudalismo foram introduzidas pelos monarcas ingleses de origem dinamarquesa. As alterações focaram-se, sobretudo, na organização administrativa e territorial; PETER A. CLARKE, *The English Nobility Under Edward the Confessor*, Clarendon Press, Oxford, 1994, 28: considera que, à data da conquista, o sistema feudal não estava ainda estabelecido na Normandia. A introdução do feudalismo terá ocorrido, em simultâneo, nas duas margens do canal, como resultado da crescente e progressiva autoridade de *William*; WILLIAM SEARLE HOLDSWORTH, *A History of English Law*, Vol. I, 7ª edição revista por ARTHUR LEHMAN GOODHART e HARROLD GREVILLE HANBURY, Methuen, Londres, 1956, 32: refere a existência de um feudalismo incipiente no final do período saxónico; WARREN B. KITTLE, *Courts of Law and Equity – Why They Exist and Why They Differ*, 26 W Va L Q, 1911, 21-34, 23: invoca as origens teutónicas do feudalismo, via instituto do *comitatus*, mas também as suas bases romanísticas, similares à figura do *beneficium*, para comprovar a presença de um

da terra local[198] e o sistema constitucional, se assim se pode chamar. O Rei, enquanto senhor de todas as terras do Reino, passa a ser visto, pelos seus súbditos, como fonte de toda a Justiça[199].

II. O vínculo entre o vassalo e o senhor, estabelecido numa cerimónia de homenagem, envolvia profundas obrigações mútuas. Em termos gerais, o senhor concedia proteção ao vassalo, colocando-se o feudatário numa posição de subordinação total[200]:

---

sistema feudal embrionário, num momento anterior à conquista. JOLLIFFE, *The Constitutional History*, cit., 139: é possível identificar, no período final de governação saxónica, alguns elementos típicos do sistema feudal. Esta estrutura teria, porém, um cunho meramente pessoal; THOMAS CRAIG, *The Jus Feudale*, Vol. I, tradução de JAMES AVON CLYDE, William Hodge, Edimburgo, 1934: realça o facto de o léxico conotado com o sistema feudal ser de origem francesa e normanda e não saxã; RICHARD HUDSON, *The Judicial Reforms of the Reign of Henry II*, 9 Mich L Rev, 1911, 385-395, 385: antes da conquista normanda, o sistema feudal inglês estava circunscrito a uma dimensão económica. Muitos dos elementos mais característicos do modelo, como o caso da jurisdição feudal do senhor sobre os seus vassalos, apenas foram introduzidos e implementados após a conquista normanda.

[197] A palavra *feudum* tem origem na expressão germânica rebanho, *faihu* em gótico, *fihu* em alemão antigo, *fehu* em saxão e *feoh* na língua anglo-saxónica. Significaria também bens, dinheiro ou propriedade, cfr., *Du Cange*, cit., tomo 3, col. 463c e STUBBS, *The Constitutional History*, Vol. I, cit., 251; WILLIAM CRUISE, HENRY HOPLEY WHITE e SIMON GREENLEAF, *A Digest of the Law of Real Property*, Vol. I, 2ª edição, Little, Brown, Boston, 1856, 22: os autores reconduzem a origem da jurisdição feudal à cobrança do *fredum*, sanção pecuniária decretada pelos juízes locais. Com o desenvolvimento do sistema feudal, esse direito, então já enraizado, transmitiu-se para o senhor.

[198] Não se utiliza a expressão direito de propriedade deliberadamente. O direito a dispor do bem, enquanto elemento característico da propriedade, não é compatível com o sistema feudal, cfr. ROBERT C. PALMER, *The Origins of Property in England*, 3 Law & Hist Rev, 1985, 1-50, 7; FREDERIC WILLIAM MAITLAND, *Domesday Book and Beyond: Three Essays in the Early History of England*, CUP, Cambridge, 1987, 152: considera que dificilmente os normandos conseguiriam construir uma noção de direito de propriedade, com toda a carga que usualmente se lhe associa. Tanto em termos teóricos, como em termos práticos, o Rei era o proprietário de todas as terras, pelo que o desenvolvimento de um conceito de direito de propriedade não se adequava à realidade.

[199] KITTLE, *Courts of Law and Equity*, cit., 23: desde a conquista normanda que a política, seguida pelos diferentes monarcas, assentou num progressivo controlo de toda a Justiça do reino.

[200] PALMER, *The Origins of Property*, cit., 5: esta subordinação extravasa a simples dimensão bélica e governativa. Os interesses do senhor sobrepunham-se aos dos vassalos, mesmo num contexto pessoal e familiar; AUSTIN LANE POOLE, *From Domesday Book to Magna Carta*, Clarendon Press, Oxford, 1951, 20: o próprio casamento estava dependente do pagamento de uma taxa, *merchet*, ao Rei. Esta realidade foi alterada por *Henry I*, logo no início do seu reinado. O monarca man-

§ 3.º CENTRALIZAÇÃO NORMANDA

He who is to do homage shall become the man of his lord, swearing to bear him faith of the tenement for which he does his homage, and to preserve his earthly honour in all things, saving the faith owed to the lord king and his heirs[201].

The bound of trust arising from lordship and homage should be mutual, so that the lord owes as much to the man on account of lordship as the man owes the lord on account of homage, save only reverence[202].

A relação, usualmente descrita como territorial, é, por natureza, intrinsecamente pessoal. Com efeito, a terra concedida, para além de ser propriedade do Rei[203], apenas era transmitida para os herdeiros do vassalo por decisão do monarca e não por vontade do próprio[204].

tém a obrigatoriedade da autorização, mas já não exige o pagamento de qualquer quantia, *The Coronation Charter of King Henry I* in *English Historical Documents*, Vol. II, *1042-1189*, editado por DAVID C. DOUGLAS e GEORGE W. GREENWAY, Eyre & Spottiswoode, Londres 1953, 400, c. 3: "*If any of my barons or of my tenants shall wish to give in marriage his daughter or his sister or his niece or his cousin, he shall consult me about the matter; but I will neither seek payment for my consent, nor will I refuse my permission, unless he wishes to give her marriage to one of my enemies*".
[201] GLANVILL, *The Treatise on the Laws and Customs of the Realm of England Commonly Called Glanvill*, tradução de GEORGE DEREK GORDON HALL e introdução de MICHAEL THOMAS CLANCHY, Clarendon Press, Oxford, 1993, Livro IX, 1, 104.
[202] GLANVILL, cit., Livro IX, 4, 107.
[203] SAMUEL E. THORNE, *English Feudalism and Estates in Land*, CLJ, 1959, 193-209: decompõe a evolução do direito de propriedade em três períodos. Inicialmente, logo após a conquista, toda a terra era pertença do Rei. Num período intermédio, a partir do início do século XII, quer o vassalo, quer o senhor eram titulares de direitos de propriedade embrionários, com uma delimitação pouco clara. No último período, no final do século XII, o vassalo era titular de um direito de propriedade pleno, ou quase pleno, já não necessitando do consentimento do Rei para usufruir e dispor da terra ou para a transmitir ao seu herdeiro.
[204] RICHARD M. SMITH, *Some Thoughts on "Hereditary" and "Proprietary" Rights in Land Under Customary Law in the Thirteenth and Early Fourteenth Century England*, 1 Law & Hist Rev, 1983, 95-128, 97: o vassalo assumia essa posição sabendo que nada obrigava o monarca a atribuir as mesmas terras ao seu morgado; PAUL R. HYAMS, *Warranty and Good Lordship in Twelfth Century England*, 5 Law & Hist Rev, 1987, 437-503, 457: embora existisse uma expectativa de ver a posição do seu varão protegida, esta não era garantida. O alinhamento com inimigos do Rei ou os comportamentos que contrariassem as pretensões do monarca poderiam pôr em causa a continuação das propriedades na linha familiar; CHRISTINE CARPENTER, *Law, Justice and Landowners in Late Medieval England*, 1 Law & Hist Rev, 1983, 205-237, 211: esta realidade permitia que o Rei usasse a terra como uma arma política e financeira. POOLE, *From Domesday Book*, cit., 20: o monarca podia exigir o pagamento de uma quantia pecuniária para garantir a sucessão.

As transformações operadas pela introdução deste sistema não se limitaram à relação entre o Rei e os grandes senhores ou à natureza jurídica da terra. O feudalismo pressupunha, também, uma jurisdição feudal:

> [A]nyone may lawfully bring his man to trial and distrain him to come to his court by judgment of his court... even without a command from the lord king or his justice[205].

Aos tribunais locais das pequenas comunidades e ao tribunal superior presidido pelo monarca acrescia uma nova autoridade jurisdicional, com um Direito autónomo e juízes próprios.

8. *Henry I*: positivação do poder real

I. Embora não se possa negar que, durante os reinados de *William I* e *William II*[206], foram feitos alguns avanços importantes no que respeita à centralização da Justiça[207], coube a *Henry I*[208], cognominado de "o Leão da Justiça", pôr em prática a teorização jurisdicional do feudalismo[209].

---

[205] GLANVILL, cit., Livro IX, 1, 105. Semelhante disposição encontrava-se já positivada nas *Leges Henrici Primi*, tradução e comentário de L. J. DOWNER, Clarendon Press, Oxford, 1972, 173, c. 55: "*Every lord is allowed to summon his men, so that he may justice upon them in his court*".

[206] Nascido no ano de 1056, faleceu, com quarenta e quatro anos, no dia 2 de agosto de 1100. Terceiro filho de *William I*, subiu ao trono de Inglaterra em 9 de setembro de 1087. Reinou até à data da sua morte, a 2 de agosto de 1100.

[207] A partir do reinado de *William I*, os tribunais locais passaram a ser controlados pelos *sheriffs*, integrados na casa casa real após a conquista normanda; os tribunais itinerantes deram os seus primeiros passos; e tribunais especiais, presididos por representantes do monarca, foram constituídos para dirimir litígios de maior importância, cfr., DAVID C. DOUGLAS, *William the Conqueror: the Norman Impact upon England*, Eyre & Spottiswoode, Londres, 1964, 305-310. *William II* prosseguiu os avanços de seu pai. A sua atenção centrou-se, em especial, no envio de emissários reais para dirimir litígios complexos ou que envolvessem grandes senhores, eclesiásticos ou laicos, cfr., FRANK BARLOW, *William Rufus*, Methuen, Londres, 1983, 206-211.

[208] Quarto filho de *William I*, nasceu por volta do ano 1068 e faleceu no dia 1 de dezembro de 1135. Foi coroado Rei de Inglaterra em 5 de agosto de 1100, sucedendo ao seu irmão, *William II*. Reinou até ao dia da sua morte.

[209] CHARLES W. HOLLISTER, *Henry I*, Yale University Press, New Haven, 2001, 360: a centralização judicial é demonstrativa do desenvolvimento do feudalismo normando; RICHARDSON

§ 3.º CENTRALIZAÇÃO NORMANDA

A crescente influência central, espoletada por *Henry I*, alicerçou-se, por um lado, numa ampliação da competência do tribunal do Rei e, por outro, numa forte e ativa presença nos vários órgãos jurisdicionais locais[210]. A importância dos progressos, em ambas as frentes, é evidenciada pelo conteúdo das suas Leis – *Leges Henrici Primi*[211] –, onde merecem especial destaque. No capítulo denominado *De iura regis*, é enumerada uma extensa lista de ilícitos que apenas o Rei poderia julgar[212]. Com um carácter vasto e bastante

---

e SAYLES, *Law and Legislation*, cit., 31: descrevem o monarca como um homem com grandes conhecimentos e incomparavelmente mais inteligente que os seus antecessores.

[210] HOLLISTER, *Henry I*, cit., 351: é evidente o cuidado normando no sentido de preservar os tribunais locais, os *shire* – agora denominados *county* – e os *hundred courts*. Nas primeiras décadas de domínio normando, os tribunais locais mantiveram o seu papel primário na administração da Justiça (STROUD FRANCIS CHARLES MILSOM, *Historical Foundations of the Common Law*, 2ª edição, OUP, Oxford, 2009, reimpressão da edição de 1981, 13 e SUSAN REYNOLDS, *Kingdoms and Communities in Western Europe 900-1300*, 2ª edição, OUP, Oxford, 2002, reimpressão da edição de 1997, xix) sendo pouco afetados pela introdução do feudalismo quer no que respeita à sua organização, quer em relação ao conteúdo do Direito aplicado (GEORGE BURTON ADAMS, *The History of England from the Norman Conquest to the Death of John (1066-1216)*, Longmans, Green, and Co., Londres, 1905, 20 e 151). Os *county courts* representaram um papel fulcral na disputa de terras que se seguiu à conquista. Mesmo as poderosas congregações e conventos religiosos recorriam, usualmente, aos *county courts* e não diretamente ao Rei (KEVIN L. SHIRLEY, *The Secular Jurisdiction of Monasteries in Anglo-Norman and Angevin England*, 21 Studies in the History of Medieval Religion, The Boydell Press, Woodbridge, 2004, 34-35).

[211] Apesar da sua denominação, as Leis são, em grande medida, fruto de um minucioso trabalho compilatório de leis anteriores, cfr., *Leges Henrici Primi*, cit., 3. Pese embora a sua natureza não sistemática, a maioria da doutrina considera que a elaboração das Leis teve como propósito primário esclarecer o papel desempenhado pelas diversas jurisdições e tribunais, cfr., *Leges Henrici Primi*, cit., 4 e MAITLAND, *Domesday Book*, cit., 80: considera que a perceção que atualmente temos da organização jurisdicional normanda advém das leis de *Henry I*. As Leis de *Henry I* terão tido como grande fonte inspiradora uma coleção de leis anglo-saxónicas datada do mesmo reinado e denominada, pelo menos a partir do século XVI, por *Quadripartitus*, cfr., FELIX LIEBERMANN, *Quadripartitus, ein englisches Rechtsbuch von 1144*, Max Niemeyer, Halle, 1892, 5. O mesmo autor veio, posteriormente, a aderir e a aprofundar a posição de POLLOCK e MAITLAND (*The History*, Vol. I, cit., 100), de que as obras têm um autor comum, cfr., *Über das Englische Rechtsbuch Leges Henrici*, Max Niemeyer, Halle, 1901, 53. A influência civilística parece ser praticamente nula. A chegada de conhecimentos romanísticos a terras inglesas ainda demoraria quase um século a dar os seus primeiros passos, LIEBERMANN *Über das Englische*, cit., 22 e *Leges Henrici Primi*, cit., 31.

[212] *Leges Henrici Primi*, cit., 109, c. 10.1: *"These are the jurisdictional rights which the king of England has in his land solely and over all men, reserved through a proper ordering of peace and security: breach of*

elástico, a jurisdição de *Henry I* pode ser sistematizada em três grandes grupos[213]: (1) ilícitos graves, como o homicídio ou a violação; (2) ofensas contra o Rei ou contra a casa real, que abrangia todas as ofensas cometidas contra os seus membros e funcionários; e (3) desrespeito pela autoridade real, o que, em última análise, passaria pela violação das suas leis.

Em relação aos tribunais locais, *Henry I* assumiu uma postura muito pragmática: os *hundred* e *shire courts* deixam de ser considerados órgãos populares, organizados em função da comunidade, para passarem a ser tribunais do Rei, senhor de toda a Justiça,

> *Know that I grant and order that henceforth my shire courts and hundred courts shall meet in the same places and as the same terms as they were wont do in the same time of King Edward, and not otherwise*[214].

onde os litígios ditos reais tinham preeminência sobre todos os outros, sendo tão-só superados, e apenas numa perspetiva processual, pelas questões morais ou religiosas[215]:

> *There shall be dealt with first the due rights of the Christian faith, secondly pleas of the crown*[216].

the king's peace given by his hand or writ; Danegeld; the plea of contempt of his writs or commands; the death or injury of his servants wherever occurring; breach of fealty and treason; any contempt or slander of him; fortifications consisting of three walls; outlawry; theft punishable by death; murdrum; counterfeiting his coinage; arson; hamsocn; forestel; fyrding; flymenfyrm; premeditated assault; robbery; stretbreche; unlawful appropriation of the king's land or money; treasure-trove; wreck of the sea; things cast up by the sea; rape; abduction; forests; the reliefs of his barons; fighting in the king's dwelling or household; breach of the peace in the king's troop; failure to perform burgbot or brigbot or firdfare; receiving and maintaining an excommunicated person or an outlaw; violation of the king's protection; flight in a military or naval battle; false judgment; failure of justice; violation of the king's law".

[213] JUDITH A. GREEN, *The Government of England Under Henry I*, CUP, Cambridge, 1986, 102.
[214] *Charter of Henry I concerning the holding of the courts of shire and hundred (26 July 1108-August 1111)* in *English Historical Documents*, Vol. II, cit., 433.
[215] *Leges Henrici Primi*, cit., 101, c. 7.3.
[216] Esta disposição vem contrariar o decreto de *William I* que visava, separando as questões religiosas dos litígios seculares, diminuir o papel eclesiástico na resolução de causa civis: "*I command, that no bishop or archdeacon shall henceforth hold pleas relating to the Episcopal laws in the hundred court; nor shall they bring to the judgment of secular men any matter which concerns the rule of the souls*" in *Writ of William I concerning spiritual and temporal courts (1072-1076, and probably April 1072)* in *English Historical Documents*, Vol. II, cit., 604.

§ 3.º CENTRALIZAÇÃO NORMANDA

Em suma, a lei do Rei começa a marcar presença nos quatro cantos do Reino, sobrepondo-se a todas as outras jurisdições e costumes locais:

Over and above everything stand the pleas of the royal court, which preserves the use and custom of its law at all times and in all places and with constant uniformity[217].

The formidable authority of the royal majesty which we stress as worthy of attention for this continual and beneficial pre-eminence over the laws[218].

II. A indistinção formal da *Witanegamot* e do *King's Court*, característica do período saxónico, manteve-se nos primeiros reinados normandos[219].

Quer o órgão supremo do Reino, onde estavam presentes todos os grandes senhores, seculares e eclesiásticos, quer o tribunal do Rei, presidido pelo próprio monarca, passaram a ser denominados de *Curia Regis*[220]. Numa perspetiva jurisdicional, a *Curia Regis* feudal – correspondente à *Witenagemot* – atuava como tribunal dos grandes pares[221], cabendo à *Lesser Curia Regis* – designação normanda do *King's Court* – o papel efetivo de Supremo Tribunal.

---

[217] *Leges Henrici Primi*, cit., 109, c. 9.10a.
[218] *Leges Henrici Primi*, cit., 97, c. 6.2a.
[219] DOUGLAS, *William the Conqueror*, cit., 285: o autor considera que, durante todo o reinado de William I, o conselho real era, em tudo, idêntico à *Witenagemot* de *Edward, the Confessor*. Progressivamente, vai adquirindo um cunho pessoal, fruto da implementação do sistema feudal. SPENCE, *An Inquiry*, cit., 499: o autor professa uma semelhante posição. Desde as práticas processuais à periodicidade de reunião, as características do conselho mantiveram-se inalteradas ao longo das primeiras décadas de domínio normando; TRYGGVI JULIUS OLESON, *The Witenagemot in the Reign of Edward the Confessor: a Study in the Constitutional History of Eleventh-Century England*, OUP, Oxford, 1955, 113: a conservação do órgão terá, ainda, servido para garantir que as tradições e costumes saxões eram respeitados.
[220] HOLDSWORTH, *A History of English Law*, Vol. I, cit., 35; GNEIST, *The History of the English Constitution*, Vol. I, cit., 246-263: a expressão *Curia Regis* assumia três significados distintos: (1) conselho dos grandes senhores do Reino, que se reunia três vezes por ano; (2) tribunal superior ou de recurso; e (3) órgão executivo.
[221] A *Curia Regis* feudal continuava a atuar como tribunal dos grandes pares do Reino; GEORGE BURTON ADAMS, *Procedure in the Feudal Curia Regis*, 13 Colum L Rev, 1913, 277-293: o autor analisa os procedimentos do tribunal recorrendo ao julgamento de *William of Saint-Calais*, bispo de *Durham*, datado de 1088; HARDING, *The Law Courts*, cit., 33: a distribuição de terras pelos nobres que acompanharam *William* gerou uma classe poderosa de barões. A resolução de diferendos entre os membros da nova ordem determinou a conservação desta vertente jurisdicional.

Composto pelos mais próximos conselheiros do monarca, era à *Lesser Curia Regis* que os súbditos comuns se dirigiam em busca de Justiça[222]:

> *The king must act as kinsman and protector to all persons in holy orders, strangers, poor people, and those who have been cast out, if they have no one else at all to take care of them*[223].

A progressiva centralização impulsionada por *Henry I* permitiu, a curto prazo, uma sistemática especialização de competências, com o consequente desenvolvimento de distintos órgãos judiciais e administrativos, dotados de atribuições próprias[224].

É neste clima progressista que são dados os primeiros passos para a institucionalização de um órgão jurisdicional central, se não de carácter permanente, pelo menos com um funcionamento regular e com um aparelho próprio[225]. As especificidades da época impuseram a natureza itinerante do renovado tribunal[226]. A *Lesser Curia Regis* percorria todo o Reino, em ambas as margens do Canal da Mancha[227]. A população era previamente informada

---

[222] PHILIP B. KURLAND, *Curia Regis: some Comments on the Devine Right of Kings and Courts to Say What the Law Is*, 23 Ariz L Rev, 1981, 581-597, 582: o tribunal do Rei atuava sem constrangimentos organizativos e legislativos, não estando, inclusive, sujeito a qualquer sistema de precedentes. As decisões eram tomadas tendo como único pano de fundo os interesses do Rei e a manutenção da paz; RALPH V. TURNER, *The Origins of Common Pleas and King's Bench*, 21 Am J Leg Hist, 1977, 238-254, 239-240: a administração da Justiça estava, até então, limitada a ocasiões festivas e, consequentemente, esporádicas.

[223] *Leges Henrici Primi*, cit., 109, c. 10.3; RAOUL C. VAN CAENEGEM, *The Birth of the English Common Law*, 2ª edição, CUP, Cambridge, 1988, 17: um número crescente de peticionários, cujas queixas não eram atendidas pelos respetivos tribunais locais ou que simplesmente não estavam dispostos a seguir a via normal, procuravam Justiça junto do Rei.

[224] JAMES T. BARRY, *The Council of Revision and the Limits of Judicial Power*, 56 U Chi L Rev, 1989, 235-261; KITTLE, *Courts of Law and Equity*, cit., 24: o desenvolvimento de novas instituições teve um enorme impacto na centralização do poder real e na diminuição dos poderes dos senhores feudais.

[225] POLLOCK e MAITLAND, *The History*, Vol. I, cit., 109.

[226] O Rei fazia-se acompanhar de toda a sua casa real, abrangendo, assim, os diversos aspetos relacionados com o governo do reino.

[227] HOLLISTER, *Henry I*, cit., 350-359: nos finais de 1120, o tribunal itinerante de *Henry I* chegava já a quase todas as *shires* do reino.

§ 3.º CENTRALIZAÇÃO NORMANDA

do seu percurso, o que possibilitava aos peticionários prepararem, atempadamente, as suas queixas e pedidos[228]:

He arranged with great precision, and publicly gave notice of, the days of his travelling and of his stay, with the number of days and the names of the vills, so that everyone might know without the chance of mistake the course of his living month by month... Hence there was eager sailing from the parts beyond sea to his court... He would have no man to feel the want of justice or of peace. To further the ease of everyone he arranged that on vacation days he would allow access to his presence, either in a great house or in the open, up to the sixth hour. At that time he would have with him the earls, barons, and nobles vavassors... And when this orderly method became known all over the world, his court was desired as much as other are shunned, and it was famous and frequented. Oppressors, whether lords or subordinates, were bridled[229].

III. A intervenção de *Lesser Curia Regis* era complementada pela presença de funcionários judiciais nos tribunais locais. Conquanto não fosse intenção do monarca desestabilizar o funcionamento de cada *shire* e *hundred court*, tão necessários para o funcionamento da desejada máquina judicial[230], esta nova

---

[228] DAVID CROUCH, *The Normans: the History of a Dynasty*, Hambledon and London, Londres, 2002, 181: o tribunal tinha um percurso variável.

[229] WALTER MAP, *De Nugis Curialium: Courtiers' Trifles*, editado e traduzido por MONTAGUE RHODES JAMES, revisto por CHRISTOPHER N. L. BROOKE e ROGER AUBREY BASKERVILLE MYNORS, OUP, Oxford, 1983, 472-473, Dist. v, c. 6.

[230] O funcionamento regular dos *shire courts*, agora denominados *county courts*, é reforçado: "*According as it was established by ancient ordinance, it has lately, through the king's beneficent command, been confirmed by faithful restatement that the general courts of the counties should meet at fixed places and terms and at an appointed time throughout the several counties of England*", cfr., *Leges Henrici Primi*, cit., c. 7, 1, 99; a aparente decadência dos *hundred courts* foi também combatida pelo monarca: "*If any proceedings in the individual hundred courts have, through shortage of judges or for any other reason, to be transferred to a court of two or three or more hundreds, they shall be so adjourned for settlement by a just determination*", cfr., *Leges Henrici Primi*, cit., 101, c. 7.3. FRANCIS WEST, *The Justiciarship in England 1066-1232*, UCP, Cambridge, 1966, 521: o autor chega à mesma conclusão; DAVIS, *England Under the Normans*, cit., 38: o declínio de ambos os tribunais locais começou a sentir-se a partir da conquista normanda; o mesmo autor, nas páginas 138 e 139, considera que o grande erro de *Henry I* foi, exatamente, o ter permitido uma degradação progressiva dos *hundred* e dos *shire courts*; CLARKE, *The English Nobility*, cit., 83: a sua decadência ficou a dever-se à substituição dos *ealdormen* saxões pelos barões normandos, que tinham a seu cargo, para além dos *hundred* e dos *shire courts*, os seus tribunais feudais, dando, com naturalidade, prevalência a estes últimos.

classe, que tinha uma função mista – os seus membros atuavam como juízes e supervisores –, acabava por operar em concorrência com os magistrados e *sheriffs* locais[231], cujo empenho em proteger os interesses centrais nem sempre estaria no topo das suas preocupações[232].

Paralelamente, *Henry I* introduziu um sistema de pequenos tribunais itinerantes, presididos pelos *justitiarii totius Anglie* e sob a tutela do *Justiciarius Regis* ou *High Justiciar*[233]. Estes juízes eram enviados para os diversos cantos do Reino a fim de ouvir queixas e petições em nome do Rei[234].

O interesse do Rei nos tribunais locais estava longe de ter, na sua origem, simples preocupações jurisdicionais. A aplicação da Justiça era, à época, uma das grandes fontes de rendimento quer do Rei, quer dos grandes senhores[235]. A importância destas receitas resultou na institucionalização de um sistema acusatório economicista[236]. Repare-se, a título exemplificativo, que mesmo

---

[231] VAN CAENEGEM, *The Birth*, cit., 14 e 20.
[232] RICHARDSON e SAYLES, *The Governance*, cit., 188.
[233] GEORGE A. BONNER, *The History of the Court of King's Bench*, 11 J L Soc'y Sch L, 1933, 3-8, 3: nos períodos em que o Rei percorria as suas propriedades na Normandia, a presidência do tribunal era assumida pelo *Justiciarius Regis*. As largas competências judiciais e administrativas detidas na ausência do monarca eram comparáveis às de um vice-rei; RICHARDSON e SAYLES, *The Governance*, cit., 173: a criação desta posição está associada às ausências prolongadas do Rei; GEORGE CRABB, *A History of English Law; or an Attempt to Trace the Rise, Progress, and Successive Changes of the Common Law; from the Earliest Period to the Present Time*, Baldwin and Cradock, Londres, 1829, 96: o autor defende que o cargo já existia no período saxónico, estando subordinado ao *aldermannus totius Angliae*.
[234] POLLOCK e MAITLAND, *The History*, Vol. I, cit., 109.
[235] WEST, *The Justiciarship in England*, cit., 520; WILFRED LEWIS WARREN, *The Governance of Norman and Angevin England, 1086-1272*, Edward Arnold, Londres, 1987, 84: os peticionários tinham a certeza de que as suas queixas iriam, pelo menos, ser ouvidas: a Justiça era uma importante fonte de receitas; GREEN, *The Government of England*, cit., 78: depois dos rendimentos provenientes das suas propriedades, a Justiça era a maior fonte de receitas da coroa, abrangia: sanções pecuniárias, recursos, aquisição de privilégios, regalias e impostos sucessórios, entre outros.
[236] GREEN, *The Government of England*, cit., 101: a autora alicerça esta posição no conteúdo da c. 92, 16 das *Leges Henrici Primi*: "*If the hundred accuses anyone of committing murdrum*"; já RAOUL C. VAN CAENEGEM, *Public Prosecution of Crime in Twelfth-Century England* in *Church and Government in the Middle Ages*, coordenação de CHRISTOPHER BROOKE, DAVID LUSCOMBE, GEOFFREY MARTIN e DOROTHY OWEN, CUP, Cambridge, 1976, 41-76, 53: recorre à constante utilização da palavra *implacitus*, traduzido para o inglês por *impleded*, que consubstancia a entrada de uma queixa ou acusação.

§ 3.º CENTRALIZAÇÃO NORMANDA

no caso em que um homicida obtivesse a misericórdia do Rei, a sanção pecuniária correspondente não lhe era perdoada:

> Even though the offender asks of the king that he granted his life and limbs, the fine for murdrum shall nevertheless be paid, in the way we have stated[237].

IV. Apesar dos esforços desenvolvidos por *Henry I*, o sistema estava ainda longe de ser uniforme. As leis aplicáveis aos bens móveis tinham, essencialmente, origem anglo-saxónica, as questões relacionadas com a terra eram resolvidas pelos senhores feudais, de acordo com os costumes normandos[238], e as relações familiares estavam sujeitas às leis eclesiásticas[239]. À complexidade inerente à coexistência de diferentes jurisdições acresciam as diferenças consuetudinárias e legais dos diferentes reinos unificados:

> English law is also divided into three parts... one is the law of Wessex, another the law Mercia, and the third the Danelaw[240].

> The laws of the counties themselves differ very often from shire to shire[241].

O estado do Direito adjetivo, por si algo sombrio, foi agravado no reinado de *Henry I*. À já imprecisa rede de tribunais comunitários, eclesiásticos e feudais, o Leão da Justiça acrescentou os juízos itinerantes e os tribunais locais de cariz central, levando a muitas situações de sobreposição e de incerteza[242].

Apesar de todas estas imperfeições, no fim do governo de *Henry I*, começam a vislumbrar-se os primeiros contornos de um sistema judicial estratificado, encabeçado pela *Curia Regis*, o Supremo Tribunal do reino[243].

---

[237] *Leges Henrici Primi*, cit., 289, c. 92. 7.
[238] ALICE STOPFORD GREEN, *The Centralization of Norman Justice Under Henry II* in *Selected Essays in Anglo-Norman Legal History*, Vol. I, coordenação da Association of American Law Schools, CUP, Cambridge, 1907, 111-138, 112: as leis e os costumes normandos seriam também aplicados nos *shire courts* que foram assumidos pelos barões normandos.
[239] GNEIST, *The History of the English Constitution*, Vol. I, cit., 168.
[240] *Leges Henrici Primi*, cit., 97, c. 6.2.
[241] *Leges Henrici Primi*, cit., 99, c. 6.3a.
[242] VAN CAENEGEM, *The Birth of the English Common Law*, cit., 15.
[243] STUBBS, *The Constitutional History*, Vol. I, cit., 407.

9. *Henry II*: as fundações da *Common Law*

I. O Reinado de *Stephen*[244] foi um período negro na história inglesa. Para além das sangrentas guerras que o opuseram à imperatriz *Matilda*[245-246] e à perda dos territórios da Normandia, invadidos por *Geoffroy V d'Anjou*[247-248], as inovações administrativas e judiciais introduzidas por *Henry I* foram, quase na sua totalidade, perdidas[249].

Quando *Henry II*[250] sobe ao poder, a sua preocupação primária passa por colocar a Inglaterra no patamar alcançado pelo seu avô, *Henry I*[251]. O monarca apresenta-se como o restaurador da obra do "Leão da Justiça", assumindo-o por diversas vezes, publicamente[252].

---

[244] Neto de *William*, por parte da sua mãe, *Adela*, e filho de *Stephen*, Conde de *Blois*, nasceu por volta do ano 1096, tendo reinado até à data da sua morte, no dia 25 de outubro de 1154. O seu reinado ficou marcado pela lutas sangrentas que o opuseram à Imperatriz Matilde, filha de *Henry I*.

[245] Filha de *Henry I*, nasceu no dia 7 de fevereiro de 1102 e faleceu em 10 de setembro de 1167. Casou, em 1144, com *Heinrich V*, imperador do Sacro Império Romano-Germânico. Casou, em segundas núpcias, com *Geoffroy d'Anjou*.

[246] JIM BRADBURY, *Stephen and Matilda: the Civil War of 1139-53*, Allan Sutton Publishing, Gloucestershire, 1996.

[247] Nascido em 24 de agosto de 1113, faleceu em 7 de setembro de 1151. Fundador da Casa Plantageneta.

[248] DONALD MATHEW, *King Stephen*, Hambledon and London, Londres, 2002, 59.

[249] DAVID CROUCH, *The Reign of King Stephen, 1135-1154*, Longman, Edimburgo, 2000, 336-339: até à eclosão da Guerra Civil, a atividade administrativa e judicial manteve-se relativamente inalterada.

[250] Primeiro monarca inglês da casa Plantageneta, nasceu em 5 de março de 1133 e reinou até à data da sua morte, em 6 de julho de 1189.

[251] WILFRED LEWIS WARREN, *Henry II*, Methuen, Londres, 1991, 263: descreve um processo lento e com inúmeras frentes; STUBBS, *The Constitutional History*, Vol. I, cit., 458: *Henry I* beneficiou do esgotamento das forças opositoras.

[252] *Charter of Henry II addressed generally (19 December 1154)*, logo após a sua cerimónia de coroação, in *English Historical Documents*, Vol. II, cit., 407: "*Henry (by the grace of God), king of the English ... I have granted and restores, and by this present charter confirmed, to God and to holy Church, and to all my earls, barons and vassals all concessions, gifts, liberties and free customs, which King Henry, my grandfather, granted and concede to them. Likewise all evil customs, which he abolished and relaxed, I also grant to be relaxed and abolished in my name and in that of my heirs*"; Preâmbulo das *The Constitution of Clarendon (January 1164)* in *English Historical Documents*, Vol. II, cit., 718: "*In the year 1164, from our Lord's Incarnation, being the fourth of the pontificate of Alexander, and the tenth of Henry II, most illustrious king of the English, in the presence of the said king was made this record and declaration of a*

§ 3.º CENTRALIZAÇÃO NORMANDA

Os primeiros anos do seu domínio são marcados pelo florescimento da administração central[253], pelo combate ao poder crescente da Igreja e pela diminuição da jurisdição feudal, ao mesmo tempo que os membros da sua casa real voltam a percorrer o reino e a aplicar a sua Justiça[254].

O legado de *Henry II* superou, largamente, a obra deixada pelo seu avô. No seu reinado, foi introduzida uma série de reformas que são, tradicionalmente, apontadas como estando na origem da *Common Law*[255].

II. O tribunal do Rei teve, desde os primórdios da centralização judicial, uma natureza itinerante, acompanhando o monarca nas suas constantes viagens. Este órgão, composto, à época de *Henry II*, por dois eclesiásticos e três leigos, todos membros da sua casa real[256], era insuficiente e deficitário. As

certain part of the customs, liberties and privileges of his ancestors, that is, of King Henry, his grandfather, and of other things which ought to be observed and maintained in the realm"; Charter of Henry II in favour of Gloucester (1155-1166), cit., 968: *"Henry ... Know that I have granted and confirmed to my burgesses of Gloucester the same customs and liberties throughout all my land in respect of toll and all other things, as well as ever the citizens of London and Winchester had them in the time of King Henry, my grandfather".*

[253] POLLOCK e MAITLAND, *The History,* Vol. I, cit., 136: *"The reign of Henry II is of supreme importance in the history of our law, and its importance is due to the action of the central power, to reforms ordained by the king".*

[254] WILLIAM STUBBS, *The Early Plantagenets,* Longman, Green, Londres, 1876, 43; DORIS MARY STENTON, *English Justice Between the Norman Conquest and the Great Charter 1066-1215,* The American Philosophical Society, Filadélfia, 1964, 68: *"Henry II did his best to maintain the practice of his grandfather's later years and to send justices out on the eyre".*

[255] CRABB, *A History of English Law,* cit., 64: o seu contributo para o desenvolvimento da *Common Law* não se compara ao de nenhum outro monarca; MATTHEW HALE, *The History of the Common Law of England and an Analysis of the Civil Part of the Law,* 6ª edição, *with Additional Notes & References; and Some Account of the Life of the Author by* CHARLES RUNNINGTON, Henry Butterworth, Londres, 1820, 168: no seu reinado, a lei, a ordem e a administração da Justiça foram aperfeiçoadas; PAUL BRAND, *"Multi Vigiliss Excogitatam et Inventam": Henry II and the Creation of the English Common Law* in *The Making of the Common Law,* The Hambledon Press, Londres, 1992, 77-102, 78: a importância de *Henry II* no desenvolvimento da *Common Law* foi, durante muitos anos, ignorada. O autor menciona que no tratado de BRACTON, elaborado cerca de 150 anos depois da morte do monarca, não é feita qualquer referência ao papel por si desempenhado.

[256] ROGER HOVEDEN, *Gesta Regis Henrici Secundi Benedicti Abbatis. The Chronicle of the Reigns of Henry II. and Richard I. A.D. 1169-1192; Known Commonly under the Name of Benedict of Peterborough,* editada por WILLIAM STUBBS, Vol. I, Longmans, Green, Reader, and Dyer, Londres, 1867, 207-208; TURNER, *The Origins of Common Pleas,* cit., 240: os juízes apenas podiam dirigir-se ao monarca em casos de maior importância ou cuja dificuldade exigisse a atenção do Rei. *Henry II* assumia, por vezes, a função de juiz, demonstrando sempre um enorme conhecimento

constantes idas do Rei à Normandia e a outras possessões em França, impossibilitavam que representasse o papel almejado[257]. O monarca viu-se, assim, obrigado a recorrer a outros métodos, para que a aplicação da Justiça não fosse descurada.

A política economicista de *Henry I* estava dependente da *Exchequer*, um órgão de tesouraria como uma preparação notável[258]. Dividido em duas câmaras, a instituição tinha como função arrecadar e gerir os impostos cobrados pelos *sheriffs* nas diversas regiões do Reino[259]. Apesar da sua natureza eminentemente tributária e administrativa, a *Exchequer* terá também atuado como tribunal a partir da segunda metade do século XII. Embora alguns autores considerem que já no reinado de *Henry I* a *Exchequer* assumira uma dimensão jurisdicional[260], não existem provas suficientes que comprovem a assunção da tarefa, pelo menos numa base regular[261]. A documentação disponível apenas nos permite concluir, com algum grau de certeza, que alguns membros da *Exchequer*, que na grande maioria dos casos se sentariam também na *Lesser Curia Regis* e nos tribunais itinerantes[262] – a classe letrada da época era bas-

---

técnico-jurídico, cfr., MARK ANTONY LOWER, *The Chronicle of Battle Abbey From 1066 to 1176*, John Russell Smith, Londres, 1851, 113: "*I* [Henry II] *will order you to determine them in my presence and after due deliberation, I shall decide*".

[257] BRIAN KEMP, *Exchequer and Bench in the Late Twelfth Century – Separate or Identical Tribunals?*, 88 EHR, 1973, 559-573, 559.

[258] As origens da instituição não são claras. Parte da doutrina considera que o órgão foi introduzido logo após a conquista de *William*. O monarca inspirou-se numa instituição normanda com funções análogas, cfr., GEOFFREY GILBERT, *Treatise on the Court of Exchequer: in which the Revenues of the Crown; the Manner of Receiving and Accounting for the Several Branches of them; the Duty of the Several Officers Employed in the Collection and Receipt; the Nature of the Processes for the Recovery of Debts due to the Crown; are Clearly Explained, as also Occasionally, the Nature of the Feudal and Other Antient Tenures; the Origin of Parliaments, Convocations, the Several Courts of Justice; and Many Other Curious and Useful Particulars are Shewn*, Henry Lintot, Londres, 1758, 2; FRANCIS SHEPPARD THOMAS, *The Ancient Exchequer of England; The Treasury; And Origin of the Present Management of the Exchequer and Treasury of Ireland*, John Petheram, Londres, 1848, 1.

[259] FITZ NEAL, *Dialogus de Scaccario*, cit., Livro I, Cap. II-III, 7-8: "*The Treasurer takes the account from the Sheriff, because it is from him that an account is required when the King so pleases. For there is a Lower Exchequer, also called the Receipt, where the money received is counted and entered on rolls and tallies, in order that the account may be made up from them in the Upper Exchequer*".

[260] MARY STENTON, *English Justice*, cit., 59; RICHARDSON e SAYLES, *The Governance*, cit., 188.

[261] BRAND, *The Making of the Common Law*, cit., 86: atribui à *Exchequer* uma atuação jurisdicional circunscrita a matérias tributárias.

[262] THOMAS, *The Ancient Exchequer*, cit., 3.

§ 3.º CENTRALIZAÇÃO NORMANDA

tante reduzida, o que obrigava os mesmos dignitários a ocuparem distintas e variadas funções –, terão, em casos de urgência ou de extrema necessidade, sido requisitados para aplicar a Justiça em nome do Rei.

No reinado de *Henry II*, por razões de imperiosa necessidade, a sua função jurisdicional é aberta e assumida formalmente[263].

III. Os rudimentares tribunais itinerantes promovidos por *Henry I*[264], também conhecidos por *eyres courts*, são igualmente alvo de profundas reformas[265]. A estrutura pouco estável e nada metódica, que até então caracterizara os *eyres*, foi substituída por um forte dispositivo organizacional, assente em percursos atempadamente delineados[266], cuja elaboração tinha em conta as necessidades concretas de cada região[267].

---

[263] BRAND, *The Making of the Common law*, cit., 87: na base desta asserção estão alguns registos da época (*Pipe Rolls*), que comprovam o pagamento de taxas no âmbito jurisdicional.

[264] Embora rudimentares, e com uma organização deficitária, parece não haver dúvidas de que coube a *Henry I*, e não ao seu neto, introduzir os *eyres courts*. MARY STENTON, *English*, cit., 65: a ingerência da *Exchequer* é apresentada como uma necessidade. Os tribunais locais não estavam preparados para resolver litígios mais complexos; WILLIAM CRADDOCK BOLLAND, *The General Eyre. Lectures Delivered in the University of London at the Request of the Faculty of Law, with an Introduction by* HAROLD DEXTER HAZELTINE, CUP, Cambridge, 1922, 18: da análise dos *Pipe Rolls* conclui que estes tribunais itinerantes datam do reinado de *Henry II*; DORIS MARY STENTON, *Pleas Before the King or His Justices, 1198-1212*, 83 Selden Society, Bernad Quaritch, Londres, 1966, xlviii: o documento mais antigo que faz referências aos tribunais itinerantes data do ano de 1130; WILLIAM T. REEDY, JR., *The Origins f the General Eyre in the Reign of Henry I*, 41 Speculum, 1966, 688-724, 716: aponta idêntica data. Apresenta os tribunais itinerantes de *Henry I* como um passo preparatório para a institucionalização de outros órgãos; CHARLES W. HOLLISTER e JOHN W. BALDWIN, *The Rise of Administrative Kingship: Henry I and Philip Augustus*, 83 Am Hist Rev, 1978, 867-905, 882: a inexistência de uma nomenclatura própria e individualizadora dos tribunais itinerantes dificulta a tomada de posição. FREDERIC WILLIAM MAITLAND, *The Constitutional History of England*, CUP, Cambridge, 1919, 137: apenas no reinado de *Henry II* começaram a constituir-se regularmente.

[265] *The Assize of Clarendon (1166)* in *English Historical Documents*, Vol. II, cit., 407-410.

[266] REEDY, JR., *The Origins f the General Eyre*, cit. 690; GREEN, *The Government of England*, cit. 109.

[267] THOMAS MADDOX, *The History and Antiquities of the Exchequer of the Kings of England in Two Periods: to wit, from the Norman Conquest, to the End of Reign of K. John; and from the End of the Reign of K. John, to the End of the Reign of K. Edward II. Taken from Records*, Vol. I, 2ª edição, Londres, 1769, 123.

A FORMAÇÃO DA COMMON LAW

Num concílio em *Northampton*, datado de 1176, o reino foi dividido em seis regiões, tendo, para cada uma delas, sido designados três juízes[268]. Atente-se que esta divisão era mutável. A repartição dos *justices*, bem como o número de regiões judiciais, sofriam modificações regulares. Na prática, o planeamento estava dependente das exigências concretas[269].

Ao contrário dos tribunais itinerantes de *Henry I*, instituídos com propósitos de fiscalização[270], os *eyres* de *Henry II* exerciam plenos poderes de decisão:

> *[L]et the justices determine all suit and rights pertaining to the lord king and to his crown through the writ of the lord king, or those who shall be acting for him, of half a knight's fee or under, unless the dispute is so great that it cannot be determined without the lord king, or is such as his justices shall refer to him, or to those who are acting for him, by reason of their uncertainty in the case*[271].

IV. No *Assize of Northampton*, *Henry II* desferiu um golpe certeiro nas pretensões feudais[272] ao sonegar o poder decisório dos grandes senhores sobre as disputas de terras dentro dos seus territórios:

---

[268] *Account given by Ralph "de Diceto" and in the "Deeds of King Henry II" in the Changes Made by the King II in judicial organization between 1176 and 1179* in English Historical Documents, Vol. II, cit., 479-480.

[269] *Account given by Ralph "de Diceto"*, cit., 480-481: em 1179, o monarca repartiu o reino em quatro partes. A principal divisão jurisdicional, também responsável pelos litígios enviados para o *King's Court*, era composta por seis *justices*, entre os quais se contava RANNULF DE GLANVILL. As restantes três eram corridas por 5 *justices*.

[270] BRAND, *The Making of the Common Law*, cit., 80.

[271] *The Assize of Northampton (1176)* in English Historical Documents, Vol. II, cit., 412, c. 7.

[272] MILSOM, *Historical Foundations*, cit., 185: o número crescente de litígios que chegaram aos tribunais do Rei reflete o desenvolvimento da jurisdição central e não uma hipotética restrição da jurisdição feudal. De resto, o ilustre jurista defende que esses casos não estariam, por aplicação dos costumes feudais, sujeitos aos tribunais dos grandes senhores; JOSEPH BIANCALANA, *For Want of Justice: Legal Reforms of Henry II*, 88 Colum L Rev, 1988, 433-536, 435: embora defenda a diminuição da jurisdição feudal, considera que as guerras entre o seu antecessor e os barões do reino e o receio de que estas se pudessem repetir produziram um efeito dissuasor tanto do lado do monarca, como do lado dos senhores feudais, abstendo-se ambas as partes de provocar a outra; LOUIS FRANCIS SALZMAN, *Henry II*, Constable, Londres, 1917, 175-176: o aumento do poder jurisdicional real implicava, naturalmente, uma diminuição da jurisdição feudal.

§ 3.º CENTRALIZAÇÃO NORMANDA

> *[I]f any freeholder has died, let his heirs remain possessed of such "seisin" as their father had of his fief on the day of his death; and let them have his chattels from which they may execute the dead man's will. And should the lord of the fief deny the heirs of the deceased "seisin" of the said deceased which they claim, let the justices of the lord king thereupon cause an inquisition to be made by twelve lawful men as to what "seisin" the deceased held there on the day of his death. And according to the result of the inquest let restitution be made to his heirs. And if anyone shall do anything contrary to this and shall be convicted of it, let him remain at the king's mercy*[273].

Já no que respeita ao poder eclesiástico, *Henry II* decretou a supremacia da sua jurisdição sobre os próprios clérigos, em questões temporais:

> *Clerks cited and accused of any matter shall when summoned by the king's justice, come before the king's court to answer there concerning matters which shall seem to the king's court to be answerable there, and before the ecclesiastical court for what shall seem to be answerable there*[274].

Ao mesmo tempo que, com uma audácia demonstrativa da sua sagacidade política, coloca a Igreja sobre sua proteção:

> *If any of the magnates of the realm should forcibly prevent an archbishop or bishop or archdeacon from doing justice to himself or to his people, the lord king ought to bring him to justice*[275].

No final do seu reinado, toda a Justiça do reino estava, direta ou indiretamente, nas mãos de *Henry II*. Os tribunais centrais floresciam, os órgãos locais serviam os seus interesses, a jurisdição eclesiástica tinha sido subjugada e os poderes jurisprudenciais dos senhores feudais limitados.

V. Foi também um período de profundas alterações do Direito substantivo e do Direito adjetivo[276]. O Direito saxão iniciou um processo de assi-

---

[273] *The Assize of Northampton (1176)* in *English Historical Documents*, Vol. II, cit., 412, c. 4.
[274] *The Constitution of Clarendon (January 1164)* in *English Historical Documents*, Vol. II, cit., 719, c. 3.
[275] *The Constitution of Clarendon (January 1164)* in *English Historical Documents*, Vol. II, cit., 721--722, c. 13.
[276] HALE, *The History of the Common Law*, cit., 174: viveu-se um período de influência mútua entre os ordenamentos jurídicos de ambas as margens do Canal da Mancha. O autor afirma que este movimento proporcionou uma notável uniformização legislativa.

milação do Direito romano, por via canónica[277]. Paralelamente, o Direito romano[278] começa a ser ensinado em terras inglesas[279]. *Theobald*, arcebispo de *Canterbury*[280] e fundador da jurisprudência canónica medieval inglesa[281], convidou *Vacarius*[282], civilista lombardo, para ensinar Direito romano na Universidade de Oxford[283], na década de 40 do século XII[284]. Já em Inglaterra,

---

[277] SALZMAN, *Henry II*, cit., 175; FERNIDAND MACKELDEY, *Compendium of Modern Civil Law*, Vol. I, 12ª edição, editado por PHILIP IGNATIUS KAUFMANN, Nova Iorque, 1845, 72.

[278] O ensino do Direito canónico teve início no mesmo período, cfr., CHARLES DOUGAN, *The Reception of Canon Law in England in the Later Twelfth Century* in *Proceedings of the Second International Congress of Medieval Canon Law, Boston College, 12-16 August 1963*, coordenação de STEPHAN KUTTNER e J. JOSEPH RYAN, S. Congregation de Seminariis et Studiorum Universitatibus, Vaticano, 1965, 359-390.

[279] CHARLES HOMER HASKINS, *Norman Institutions*, Harvard University Press, Cambridge, 1918, 303: o contacto com o Direito romano foi impulsionado pelos prelados e clérigos que contactaram com os grandes mestres das Universidades de Paris e Bolonha.

[280] WILLIAM FITZ STEPHEN, *Materials for the History of Thomas Becket, Archbishop of Canterbury (Canonized by Pope Alexandre II, A.D. 1173)*, Vol III, editado por JAMES CRAIGIE ROBERTSON, Longman, Londres, 1887, 17: o autor, assistente de *Theobald*, conta que o arcebispo estudou em Bolonha e depois em Auxere.

[281] WILLIAM STUBBS, *Seventeen Lectures on the Study of Medieval and Modern History*, Clarendon Press, Oxford, 1887, 345.

[282] Para o estudo da vida e obra de *Vacarius*, vide KARL F. CHRISTIAN WENCK, *Magister Vacarius, primus iuris Romani in Anglia professor*, Leipzig, 1820; FRANCIS LIEBERMANN, *Magister Vacarius*, 11 EHR, 1896, 305-314; HAROLD D. HAZELTINE, *Vacarius as Glossator and Teacher*, 44 LQR, 1928, 344-352; FRANCIS DE ZULUETA, *The Liber Pauperum of Vacarius*, 44 Selden Society, Quaritch, Londres, 1927 e FRANCIS DE ZULUETA e PETER STEIN, *The Teaching of Roman Law in England Around 1200*, Selden Society, Londres, 1990, xxi-xxvii.

[283] POLLOCK e MAITLAND, *The History*, Vol. I, cit., 118: os autores expressam algumas dúvidas sobre a passagem de *Vacarius* por Oxford. Aceitam, quase resignadamente, o conteúdo dos escritos de GERVASE DE CANTERBURY, irmão mais novo do arcebispo: "*Tunc leges et causidici in Angliam primo vocati sunt, quorum primus erat magister Vacarius. Hic in oxonefordia legem docuit, et apud Roman magister Gracianus et Alexander, qui et Rodlandus, in proximo papa futurus, canones compilavit*" in *The Historical Works of Gervase of Canterbury*, Vol. II, cit., 1880, 384-385; HALLAM, *View of the State*, Vol. II, cit., 306: o autor também expressa algumas reticências sobre a passagem de *Vacarius* por Oxford. Considera pouco plausível que um jurista famoso como *Vacarius* se tivesse estabelecido num pequeno centro universitário, que estava ainda a dar os seus primeiros passos; SCRUTTON, *The Influence of the Roman Law*, cit., 68: o autor não hesita em colocar *Vacarius* a ensinar em Oxford. Foca-se nas enormes ligações que sempre existiram entre Oxford e o ensino do Direito romano e do Direito canónico. O mestrado é ainda hoje denominado de *Bachelor of Civil Law*, o Doutoramento *Doctor of Civil Law* e as críticas aos doutores eram muitas vezes iniciadas pela seguinte cantilena anónima:

§ 3.º CENTRALIZAÇÃO NORMANDA

Vacarius compilou uma série de comentários ao Código Justiniano, em nove volumes, que terá servido de base às suas cadeiras de Direito civil[285].

Embora SCRUTTON afirme que os ensinamentos teriam sempre por base o Direito inglês, limitando-se a autoridade romanística a questões concordantes[286], o ensino não era, nem podia ser, meramente empírico e centrado no estudo das leis ou costumes do reino. Na realidade, apenas os textos jurídicos romanos poderiam incutir conhecimentos sistemáticos e dogmáticos, indispensáveis para o desenvolvimento de um pensamento jurídico[287].

Apesar de ter despertado o interesse de algumas das mentes mais brilhantes e influentes de Inglaterra, o Direito romano era, por muitos, visto como um sistema estrangeiro, inadequado à realidade britânica[288]. O momento de maior tensão foi vivido durante o reinado de *Stephen*. O monarca proibiu o seu ensino, contudo, sem sucesso[289].

"*In Institutis Compare vos brutis;*
In Digestis nihil potestis;
In Codice satis modice;
In Novellis, Similes Asellis;
Et vos creamini Doctores! O tempora! O mores!"

[284] EDWARD GIBBON, *The History of the Decline and Fall of the Roman Empire*, Vol. V, William Y Birch & Abraham Small, Filadélfia, 1805, 332, nota 86: 1140; WILLIAM ROBERTSON, *The History of the Reign of the Emperor Charles V. With a View of the Progress of Society in Europe, from the Subversion of the Roman Empire, to the Beginning of the Sixteenth Century*, Vol. I, Dublin, 1777, 325: 1147; JOHN REEVES, History of the English Law, Vol. I, cit., 116 e SCRUTTON, *The Influence of the Roman Law on the Law of England*, cit., 68: 1149.

[285] A obra de *Vacarius* pode ser consultada em FRANCIS DE ZULUETA, *The Liber Pauperum of Vacarius*, cit..

[286] SCRUTTON, *The Influence of the Roman Law*, cit., 69.

[287] STUBBS, *Seventeen Lectures*, cit., 350.

[288] GERVASE OF CANTERBURY, *Gervasi Gesta Regum* in *The Historical Works of Gervase of Canterbury*, Vol. II, editado por WILLIAM STUBBS, Longman, Londres, 1880, 384-385; JAMES MACKINTOSH, *The History of England*, Vol. I, Carey & Lea, Filadélfia, 1830, 149: diz-nos que o seu ensino foi recebido com aplausos; e HENRY HALLAM, *View of the State of Europe During the Middle Ages*, Vol. II, cit., 303: ambos os autores mencionam uma inexplicável oposição dos estudantes e dos professores de teologia. Esta postura está, de resto, em consonância com a posição das altas instâncias católicas. Em 1164, o Papa Alexandre II decretou que nenhum clérigo podia ensinar Direito Civil fora das portas do seu mosteiro. A medida foi confirmada pelo Papa Honório III.

[289] JOHN OF SALISBURY, *Policraticus of the Frivolities of Courtiers and the Footprints of Philosophers*, Livro VIII, tradução de CARY J. NEDERMAN, CUP, Cambridge, 1990, 215: "*During the time of King Stephen the Roman laws were ordered from the kingdom, although they had been admitted into*

O impacto da introdução do Direito romano na resolução diária de litígios foi, certamente, reduzido. Os juízes dos tribunais locais não tinham conhecimentos romanísticos. Já os estadistas, os conselheiros e os juízes dos tribunais do Rei, no fundo, a elite governativa e intelectual da época, eram, na sua maioria, clérigos que tiveram ou um contacto direto, através do Código Justiniano, ou indireto, através do Direito canónico[290].

VI. Não se pense, todavia, que a influência do Direito romano ficou circunscrita aos bancos dos novos espaços de ensino. O tratado de GLANVILL – *Tractatus de legibus et consuetudinibus regni Angliae*[291] –, datado dos últimos anos da década de oitenta do século XII e cujo conteúdo tinha uma *auctoritas* comparável ao Direito positivado, faz não só claras alusões ao Direito romano, como, em alguns preceitos, revela um evidente conhecimento do Código Justiniano pelo seu autor[292].

O próprio prólogo do tratado é inspirado no preâmbulo das Instituições:

Prooemium de confirmatione institutionum:

Britain through the household of the venerable father Theobald, primate of the Britons. It was prohibited by royal edict for anyone to retain the books and silence was imposed upon our Vacarius"; POLLOCK e MAITLAND, *The History*, Vol. I, cit., 119; RICHARD HURD, *Dialogue V. On the Constitution of the English Government* in *The Works of Richard Hurd, D.D. Lord Bishop of Worcester in Eight Volumes*, Vol. III, T. Cadell and W. Davies, Londres, 1811, 283-393, 354: os primeiros exemplares de partes do Digesto terão chegado a Inglaterra durante o reinado de *Stephen*.

[290] STUBBS, *Seventeen Lectures*, cit., 349.

[291] Considerada a primeira obra da *Common Law* (RICHARDSON e SAYLES, *Law and Legislation*, cit., 117), a sua autoria, apesar de tradicionalmente atribuída a RANULF DE GLANVILL, é um mistério (cfr., RALPH V. TURNER, *Who Was the Author of Glanvill? Reflections on the Education of Henry II's Common Lawyers*, 8 Law & Hist Rev, 1990, 97-127 e JOSIAH COX RUSSELL, *Ranulf de Glanville*, 45 Speculum, 1970, 69-70).

[292] A doutrina clássica vê pouca influência romana em *Glanvill*, cfr., THEODORE F. T. PLUCKNETT, *The Relations Between Roman Law and English Common Law Down to the Sixteenth Century: a General Survey*, 3 UTLJ, 1939, 24-50, 33: o simples uso de expressões jurídicas romanísticas não é, só por si, suficiente para se concluir pela ascendência do Direito romano. É impossível não utilizar essa nomenclatura quando se escreve em latim; TURNER, *Who Was the Author of Glanvill?*, cit., 106 e *Roman Law in England before the Time of Bracton*, 15 J British Stud, 1974, 1-25, 16: para além das semelhanças entre os prólogos, o autor destaca a origem romana da divisão entre ações civis e ações criminais, a distinção entre direitos reais e pessoais e a distinção entre posse e propriedade.

§ 3.º CENTRALIZAÇÃO NORMANDA

Imperatoriam maiestatem non solum armis decoratam, sed etiam legibus oportet esse armatam, ut utrumque tempus et bellorum et pacis recte possit gubernari et princeps Romanus victor existat non solum in hostilibus proeliis, sed etiam per legitimos tramites calumniantium iniquitates expellens, et fiat tam iuris religiosissimus quam victis hostibus triumphator.

Prologus de GLANVILL:

Regiam potestatem non solum armis contra rebelles et gentes sibi regnoque insurgentes oportet esse decoratam, sed et legibus ad subditos et populas pacificos regendos decet esse ornatam, ut utraque tempora, pacis scilicet et belli, gloriosus rex noster ita feliciter transigat, ut effrenatorum et indomitorum dextra fortitudinis elidendo superbiam et humilium et mansuetorum equitatis uirga moderando iusticiam, tam in hostibus debellandis semper uictoriosus existat quam in subditis tractandis equalis iugiter appareat[293].

Em algumas passagens do tratado, GLANVILL faz questão de mencionar as diferenças entre o Direito inglês e o Direito romano:

In Roman law the Word "dos" has a different meaning: there "dos" is properly used for that which is given with a woman to her husband, which is commonly called "maritagium", a marriage-portion[294].

A question has arisen on this subject: does a son who has born before his father married his mother become lawful heir if is father afterwards marries his mother? Now, although such son is a lawful heir according to canon and Roman law, yet, according to the law and custom of the realm, he can in no way be maintained in the inheritance as heir, nor may he lawfully claim inheritance[295].

Finalmente, a influência romanística no Livro X do tratado, dedicado aos contratos, é notória e concludente. Se o simples facto de, pela primeira vez, surgirem referências legislativas a situações jurídicas de natureza patrimonial ser, só por si, indicativo de uma certa ascendência, o uso de conceitos jurídicos civis torna a problemática pouco controvertida:

[293] GLANVILL, cit., 1.
[294] GLANVILL, cit., Livro VII, 1, 69.
[295] GLANVILL, cit., Livro VII, 15, 88.

> *Aut enim debetur quid ex causa mutui, aut ex uenditionis causa, aut ex commodato, aut ex locato, aut ex deposito, aut ex alia iusta debendi causa*[296].

Esta breve exposição sobre a política de *Henry II* agrega, apenas, uma parte das inovações introduzidas no seu reinado. À diminuição dos poderes jurisdicionais dos senhores feudais e da Igreja acresce a institucionalização, nos tribunais reais, de um sistema mais justo e menos bárbaro, que será, em parte, aprofundado nos parágrafos seguintes.

A possibilidade de optar por um júri composto pelos seus pares, em alternativa ao duelo[297]; os crescentes conhecimentos canónicos e romanísticos dos presidentes e juízes dos tribunais centrais; e o início de um modelo decisório assente no precedente[298], tornaram a Justiça do Rei procurada por todos os súbditos.

---

[296] GLANVILL, cit., Livro X, 2, 117.
[297] GLANVILL, cit., Livro II, 3, 23: "*When the plaint and claim of the demandant have been heard, it is for the tenant to choose whether he will defend himself upon the assize of the lord king and seek a recognition to determine which of the parties has the greater right in the land*".
[298] GLANVILL, cit., Livro VIII, 9, 100: "*It should, however, be known that, generally speaking, no court except that of the lord king has record*".

§ 4.º TRIBUNAIS CENTRAIS DA *COMMON LAW*

10. Introdução

I. O processo de centralização impulsionado pelos primeiros monarcas normandos, em especial por *Henry II*, teve como principal alicerce o notável desenvolvimento da jurisdição Real. Os tribunais itinerantes colocaram os soberanos ingleses no centro de toda a atividade jurisdicional. Mais relevante do que o Direito substantivo invocado, importava que a Justiça fosse aplicada pelo Rei, pelos seus conselheiros e, de preferência, nos tribunais sobre os quais o monarca exerce um domínio indiscutível.

É este o espírito inicial da *Common Law*. A originalidade do sistema jurídico medieval inglês não reside no conteúdo do Direito aplicado pelos seus tribunais, na hipotética reduzida influência do Direito romano ou no carácter inovador dos seus institutos substantivos. A *Common Law* consubstanciava, sim, um sistema centralizador de Justiça. Inicialmente formado por uma extensa rede de tribunais itinerantes, a volátil estrutura foi reforçada com a constituição de um conjunto de tribunais centrais, colocados debaixo da alçada do soberano e dos seus mais próximos aliados.

Embora cara, a Justiça do Rei era bastante apelativa: (1) era simples: o sistema formalístico de ações, que exploraremos no próximo parágrafo, simplificou as regras processuais aplicáveis; (2) aproximava a população do processo decisório: ao permitir que o homem comum tivesse um papel determinante na resolução dos litígios locais; e (3) era imparcial: tanto pela introdução do júri, como por evitar um confronto direto com os grandes senhores, nem sempre inclinados para colocar a Justiça à frente dos seus interesses pessoais.

II. Em face das pretensões hegemónicas dos monarcas ingleses, era evidente que um sistema alicerçado em tribunais itinerantes seria, só por si, insuficiente. Os problemas logísticos subjacentes e as dificuldades de mobilidade da época consubstanciavam obstáculos dificilmente ultrapassáveis. A tarefa dos tribunais itinerantes teria de ser complementada por tribunais fixos, munidos de uma organização suficientemente estável, que lhes possibilitasse responder às crescentes necessidades sociais e jurídicas de uma nação em forte crescimento.

As insuficiências dos *eyres* foram definitivamente postas em evidência em meados do século XIII, aquando da introdução de uma série de reformas. A aquisição dos *writs* – documento necessário para recorrer à Justiça do Rei, não acessível a todas as carteiras – deixou de ser obrigatória[299] – a medida não se estendia aos recentemente desenvolvidos tribunais centrais –, o que possibilitou que súbditos de estratos sociais mais baixos pudessem apresentar as suas queixas e petições. A esta inovação juntou-se a ampliação das competências dos tribunais, a partir de então com jurisdição para julgar todo o tipo de litígios civis, contratuais e extracontratuais. Ambas as reformas contribuíram para entupir o já frágil sistema[300].

Como solução de recurso, o poder central virou-se, num primeiro momento, para os tribunais locais e feudais. Estes órgãos não estavam, porém, preparados para substituir os tribunais do Rei, com todas as vantagens acima descritas[301]. A constituição de tribunais centrais, que aliviassem a carga dos tribunais itinerantes e que, ao mesmo tempo, atuassem como órgãos de apelação, impôs-se com grande naturalidade. O risco de paralisação do sistema impunha novas reformas.

III. Nos últimos anos do reinado do Pai da *Common Law* e nas décadas que se seguiram, foram instituídos ou formalizados diversos órgãos jurisdicionais. Em pleno século XIII coexistiam, em terras inglesas, três gran-

---

[299] GEORGE J. TURNER e THEODORE F. T. PLUCKNETT, *Brevia Placitata*, 66 Selden Society, Quaritch, Londres, 1951, xlvi: esta liberalização estendeu-se a alguns das ações possessórias.
[300] WILLIAM CRADDOCK BOLLAND, *Select Bills in Eyre, A.D. 1292-1333*, 30 Selden Society, Bernard Quaritch, Londres, 1914, xxvii.
[301] RAOUL C. VAN CAENEGEM, *Royal Writs in England from the Conquest to Glanvill: Studies in the Early History of the Common Law*, 77 Selden Society, Bernard Quaritch, Londres, 1959, 30.

§ 4.º TRIBUNAIS CENTRAIS DA *COMMON LAW*

des tribunais centrais: *Exchequer, King's Bench* e *Common Pleas*[302], aos quais acrescia o *King's Council* – correspondendo, grosso modo, à *Witenagemot* saxónica e à *Curia Regis* normanda –, do qual todos três têm origem[303].

Nos anos que se seguiram à constituição dos tribunais centrais, com especial destaque para a autonomização do *King's Bench*, a função jurisdicional do *King's Council* foi fortemente abalada. Não se depreenda, contudo, que o poder jurisdicional do Rei ficou, de algum modo, enfraquecido. Durante os séculos que se seguiram, o conselho do Rei, independentemente da sua denominação, manteve-se sempre como o último reduto de Justiça[304].

Aos três tribunais acresciam outros órgãos jurisprudenciais de menor importância como o *Marshal's Court, Marshalsea Court* ou, num período posterior, *Court of the Verge*, com jurisdição sobre os membros menores da Casa Real e sobre os crimes cometidos contra a paz que ocorressem num raio de doze milhas da pessoa do Rei[305], ou o *High Court of Chilvalry*, com competências para dirimir litígios heráldicos e de cariz militar[306].

---

[302] HENRY DE BRACTON, *Bracton on the Laws and Customs of England*, Vol. II, tradução de SAMUEL E. THORNE, editado por GEORGE E. WOODBINE, Belknap Press of Harvard University Press, Cambridge, 1968, 301, f. 105b: "*Civil pleas in rem and in personam to be determined in the court of the lord king are determined before various kinds of justices. For the king has many courts, his own court, [as the aula regia,] and the chief justices who determine the king's own suits and those all others by plaint or by reason of a privilege or liberty, as where a person ought not to be impleaded save before the lord king himself. He also has a court and justices resident in the bench, who take cognisance of all pleas they are authorized to entertain, who, in the absence of a warrant, have neither jurisdiction nor the power to coerce ... In all these cases the court will be the court of the lord king*".

[303] RALPH V. TURNER, *The King and His Court: the Role of John and Henry III in the Administration of Justice, 1199-1240*, Cornell University Press, Ithaca, Nova Iorque, 1968, 10-28.

[304] O processo de constituição e de autonomização dos diversos órgãos jurisdicionais é bastante obscuro. Não existe documentação em quantidade e qualidade suficientes que nos permita, de forma inequívoca, expor todas as transformações operadas, cfr., JAMES FOSDICK BALDWIN, *The King's Council in England during the Middle Ages*, Clarendon Press, Oxford, 1913, 39.

[305] O tribunal era presidido pelo *Lord Steward*, o equivalente ao nosso Mordomo-mor, e pelo *Lord Marhsall*. Ver entre outros: GEORGE O. SAYLES, *Select Cases in the Court of King's Bench under Richard II, Henry IV e Henry V*, Vol. VII, 88 Selden Society, Bernard Quaritch, Londres, 1971, xliii-lii; WILLIAM R. JONES, *The Court of the Verge: the Jurisdiction of the Steward and Marshall of the Household in Later Medieval England*, 10 JBS, 1970, 1-29 e MARJORIE K. MCINTOSH, *Immediate Royal Justice: the Marshalsea Court in Havering, 1358*, 54 Speculum, 1979, 727-733.

[306] GEORGE D. SQUIBB, *The High Court of Chivalry: a Study of the Civil Law in England*, Clarendon Press, Oxford, 1959.

IV. O crescimento da organização judicial central inglesa teve um enorme impacto na administração da Justiça. Promoveu o recurso aos tribunais por parte de todos os súbditos ao mesmo tempo que afetou, de forma negativa, as restantes jurisdições. O desenvolvimento operado produziu, ainda, profundas alterações endógenas. O sistema profissionalizou-se. Apenas a partir desta data podemos começar a falar, verdadeiramente, de uma máquina judicial, com uma estrutura estável e bem organizada. Estas reformas contribuíram, como já foi referido, para a diminuição da ingerência do Rei na administração da Justiça. A complexidade alcançada deixou de ser compatível com uma regular intervenção do monarca, quer pelos conhecimentos necessários, quer pela disponibilidade de tempo que exigia[307].

O processo foi, evidentemente, lento e demorado, com constantes recuos e avanços, por vezes dentro do mesmo reinado[308].

11. *Exchequer of Pleas*

I. Depois de analisada, no parágrafo anterior, a atribuição de competências jurisdicionais excecionais e provisórias à *Exchequer*, cumpre apresentar, de forma mais sistemática, o papel representado pela *Exchequer of Pleas* – terminologia designativa da dimensão jurisdicional da *Exchequer* – na máquina judicial inglesa.

As já por si diminutas competências da *Exchequer*, cujo *core business* consistia na arrecadação dos impostos e na organização de todo o sistema tributário anglo-saxónico, foram abaladas pelas reformas estruturais introduzidas[309]. A instituição dos novos órgãos jurisdicionais, em especial o *Court of Common*

---

[307] TURNER, *The King and His Courts*, cit., 268.
[308] Atente-se o paradigmático reinado de João, Sem Terra. Nos primeiros anos do seu governo, o monarca incentivou e apoiou o desenvolvimento do tribunal central de *Westminster*. Porém, nos últimos anos, João retirou muitas das competências por si atribuídas, cfr., RICHARDSON e SAYLES, *The Governance*, cit., 384-385 e TURNER, *The King and His Courts*, cit., 23: os autores tecem duríssimas críticas à atuação do monarca e aos efeitos prejudiciais das medidas que tomou.
[309] REGINALD LANE POOLE, *The Ford Lectures Delivered in the University of Oxford in Michaelmas Term, 1911*, Clarendon Press, Oxford, 1912, 182: o autor defende que a primeira ofensiva contra a função jurisdicional da *Exchequer* data da parte inicial do reinado de João, período em que a posição do *King's Bench* foi, por sua vez, fortalecida; WILLIAM STEWART, *Digest of the Practice of the Exchequer of Pleas in Ireland. To which is Added, a Comparative View of the Acts of Parliament, Rules of Court, and Judicial Decisions Relating to Personal Actions in the Superior Courts at Westminster,*

§ 4.º TRIBUNAIS CENTRAIS DA *COMMON LAW*

Pleas, com competências para julgar litígios que não envolvessem a coroa, resultou numa diminuição da função jurisdicional da *Exchequer*. Pretendia-se evitar uma sobreposição de competências.

Durante os séculos XII e XIII, as duas dimensões da *Exchequer* – tribunal central e órgão máximo da organização tributária real – mantiveram um elevado grau de indistinção[310]. Essa imprecisão era especialmente visível no âmbito da sua organização interna. Os altos funcionários que controlavam a máquina fiscal do reino presidiam, também, às secções da *Exchequer of Pleas*.

Paulatinamente, fruto das crescentes exigências governativas, as duas vertentes tenderam a autonomizar-se. O processo apenas ficou concluído no século XIV[311].

Formalmente autónoma da *Curia Regis* desde o reinado de *Henry II*[312], mesmo no âmbito da produção e emissão de *writs*[313], a *Exchequer of Pleas* representou um papel central no desenvolvimento de todos os órgãos jurisdicionais que se lhe seguiram. O seu funcionamento, organização e métodos processuais foram seguidos tanto pelo *King's Bench*, como pelo *Common Pleas*[314].

II. Com a institucionalização dos tribunais centrais, a *Exchequer* deixou de ter competências para dirimir disputas comuns[315]. Em termos gerais, a *Exche-*

According to the Latest Authorities, Vol. I, Part I, Henry Butterworth, Londres, 1823, 4: considera que a função jurisdicional da *Exchequer* apenas sofreu alterações durante o reinado de *Edward I*.

[310] KEMP, *Exchequer and Bench*, cit., 560 e WEST, *The Justiciarship*, cit., 83-87.

[311] HOLDSWORTH, *A History of English Law*, Vol. I, cit., 231-233, MAITLAND, *Equity*, cit., 2-3.

[312] PLUCKNETT, *A Concise History*, cit., 147.

[313] BAKER, *An Introduction*, cit., 48. A partir do reinado de *Henry IV* foi instituído um órgão de apelação, denominado *Exchequer Chamber*, no qual o poder central exercia um controlo mais direto e efetivo, cfr., MARY HEMMANT, *Select Cases in the Exchequer Chamber Before all the Justices of England, 1377-1461*, 51 Selden Society, Bernard Quaritch, Londres, 1933.

[314] RICHARDSON e SAYLES, *The Governance*, cit., 210; BRAND, *The Making of the Common Law*, cit., 86. POOLE, *The Exchequer*, cit., 177: o recurso ao espaço físico e aos funcionários da *Exchequer* apresentou-se como a solução mais viável. Por um lado, os edifícios públicos eram escassos e, por outro, a *Exchequer* só operava no máximo da força duas vezes por ano, na altura da cobrança de impostos.

[315] *Statute of Rhuddlan* (12 Edw. I): "*We will and ordained, That no Plea shall be holden or pleaded in the Exchequer aforesaid, unless it do specially concern Us and our Ministers*" *Articuli super Cartas* (28 Edw. I) c. 4: "*no Common Pleas shall be from henceforth holden in the Exchequer*"; THOMAS FREDERICK TOUT, *Chapters in the Administrative History of Mediaeval England: the Wardrobe, the Chamber, and*

quer of Pleas tinha jurisdição sobre quatro tipos de litígios[316]: (1) ações intentadas contra *sheriffs* e contra outros funcionários pertencentes à máquina tributária local[317]; (2) ações intentadas contra os barões e oficiais da *Exchequer*; (3) ações intentadas contra sujeitos que, à data da entrada do processo, já se encontrassem, por variadas razões, a ser julgados na *Exchequer*; e (4) ações interpostas por devedores fiscais contra os seus devedores pessoais. Caso a ação – denominada *quo minus* – fosse bem sucedida, as dívidas cobradas revertiam diretamente para os cofres da coroa, mas apenas se o réu não tivesse a sua situação fiscal resolvida[318].

Estas quatro modalidades devem ser examinadas com alguma cautela. Como referido a título introdutório, o período formativo da *Common Law* caracteriza-se por uma enorme volatilidade; as competências atribuídas a cada um dos tribunais centrais não fogem a esta regra. Os documentos da época mostram que a *Exchequer of Pleas* dirimiu litígios ditos comuns, não abrangidos por nenhuma das quatro modalidades elencadas. Destacam-se, pelo número de decisões registadas, as ações intentadas pelos seus funcionários e as disputas que envolviam mercadores e sujeitos estrangeiros[319].

the Small Seals, University Press, Manchester, 1920, 194; ALBERT THOMAS CARTER, *A History of English Legal Institutions*, Butterworth, Londres, 1902, 37.

[316] JOHN HAMILTON BAKER, *The Oxford History of the Laws of England*, Vol. VI: *1483-1558*, OUP, Oxford, 2003, 166-167; MARY HEMMANT, *Select Cases in the Exchequer Chamber*, cit., xxv-xxxi: como todos os órgãos e instituições, a *Exchequer* sofreu constantes mutações. As suas competências jurisprudenciais não fogem, evidentemente, à regra. A autora analisa, de forma sucinta, as diversas transformações operadas ao longo dos séculos. Vide, ainda, HILARY JENKINSON e BEREYL E. R. FORMOY, *Select Cases in the Exchequer of Pleas*, 48 Selden Society, Bernard Quaritch, Londres, 1932, lxxxviii-cxv.

[317] R. M. BALL, *Exchequer of Pleas, Bills and Writs*, 9 J L Hist, 1988, 308-323, 310: o grosso das ações era intentado pelos funcionários da *Exchequer* contra os seus próprios colegas.

[318] HAROLD WURZEL, *The Origin and Development of Quo Minus*, 49 Yale LJ, 1939, 39-64: centra-se nas causas que estão na origem do seu desenvolvimento e nos conflitos que resultaram da sua institucionalização, em especial com o tribunal das *Common Pleas*, o qual detinha jurisdição originária sobre estes litígios; BALL, *Exchequer of Pleas*, cit., 316-317: o *writ*, concebido para uma específica classe de súbditos, rapidamente se expandiu a toda a população em geral.

[319] CHARLES GROSS, *The Jurisdiction of the Court of Exchequer Under Edward I*, 25 LQ Rev, 1909, 138-144, 139; BAKER, *An Introduction*, cit., 47: apesar da sua antiguidade, a *Exchequer* foi, de entre os três tribunais centrais, o último a adquirir competências para dirimir litígios comuns, i.e., que não envolvessem a Casa Real.

12. Common Pleas

I. Numa das muitas auditorias desencadeadas no reinado de *Henry II* aos *eyres*, o monarca recebeu inúmeras queixas dos seus súbditos. Curiosamente, não tanto pelas injustiças cometidas, mas pelo elevado número de tribunais itinerantes e de juízes que percorriam o reino[320]. O descontentamento da população, que se sentia sobrecarregada com tantos julgamentos, impeliu *Henry II* a constituir, em 1178, um tribunal permanente, fixado em *Westminster*, composto por cinco juízes, dois clérigos e três laicos, com poderes para ouvir queixas e petições provenientes dos quatro cantos do reino. As decisões do tribunal poderiam depois ser recorridas para a *Curia Regis* ou para o Rei:

> *Itaque dominus rex moram faciens in Anglia quasivit de Justitiis quos in Anglia constituerant, si bene et modeste tractaverunt homines regni; et cum didicisset quod terra et homines terra nimis gravati essent ex tanta Justitiriarum multitudine, quia octodecim erant numero; per consilium sapientium regni sui quinque tantum elegit, duos scilicet clericos et tres laicos, et erant omnes de privata familia sua. Et statuit quodilli quinque audirent omnes clamores regni, et rectum facerent, et quod a curia regis non recederent, sed ibi ad audiendum clamores hominum remanerent; ita ut si aliqua quaestio inter eos veniret, quae per eos ad finem duci non posset, auditui regio praesentaretur, et sicut ei et sapientioribus regni placeret terminaretur*[321].

O significado exato desta passagem, em especial que tribunal foi constituído por este meio, tem sido objeto de um aceso debate doutrinário.

STUBBS, o primeiro autor a debruçar-se sobre a questão, defendeu que o texto aludia à constituição do *King's Bench*[322]. Esta posição, unânime durante todo o século XIX, é, hoje, apenas corroborada por HARDING[323].

---

[320] O conteúdo das queixas apresentadas em nada altera a tese, inicialmente formulada, de que com a constituição dos tribunais centrais se pretendeu colmatar as insuficiências dos tribunais itinerantes. Repare-se que à data, 1178, os *eyre courts* ainda não tinham atingido o seu ponto de rutura.
[321] WILLIAM STUBBS, *Select Charters and Other Illustrations of English Constitutional History from the Earliest Times to the Reign of Edward the First*, 9ª edição revista por HENRY WILLIAM CARLESS DAVIS, Clarendon Press, Oxford, 1921, 155: A.D. 1178 Ib. i. 207.
[322] STUBBS *The Constitutional History*, cit., 525.
[323] HARDING, *The Law Courts*, cit., 54.

Na primeira publicação da Selden Society, MAITLAND apresenta uma nova interpretação: em causa, alega o ilustre jurista, estava a criação do *Court of Common Pleas* e não do *King's Bench*[324]. A tese mereceu o acolhimento da maioria da doutrina[325].

Um terceiro sentido, pela primeira vez avançado por SAYLES[326], tem vindo a ganhar apoiantes. O autor considera que o texto não respeita à constituição do *King's Bench*, nem à instituição do *Court of Common Pleas*. Deve, sim, pelo contrário, ser interpretado como consubstanciando uma medida provisória e sem continuidade formal, que visava responder a um descontentamento pontual dos súbditos[327].

II. Questão paralela à acima analisada remete-nos para as origens materiais do *Court of Common Pleas*. Também neste ponto coexistem três teorias. A generalidade dos autores defende que o *Court of Common Pleas* e a *Exchequer* têm origens comuns: a *Common Pleas* descenderia da dimensão jurisdicional da *Exchequer*, num momento anterior à constituição da *Exchequer*

---

[324] FREDERIC WILLIAM MAITLAND, *Select Pleas of the Crown*, Vol. I: A.D. 1200-1225, 1 Selden Society, Bernard Quaritch, Londres, 1888, xi-xvii.

[325] BALDWIN, *The King's Council*, cit., 49-50; POOLE, *The Exchequer*, cit., 182; SAYLES, *Select*, Vol. VII, cit., xiii; WILLIAM SHARP MCKECHNIE, *Magna Carta: a Commentary on the Great Charter of King John, with an Historical Introduction*, 2ª edição, James Maclehose and Sons, Glasgow, 1914, 263; JOLLIFFE, *The Constitutional History*, cit, 215. BRYCE DALE LYON, *A Constitutional and Legal History of Medieval England*, 2ª edição, W. W. Norton, Nova Iorque, 1980, 282; LUKE OWEN PIKE, *A Constitutional History of the House of Lords from Original Sources*, MacMillan, Londres, 1894, 31; BALDWIN, *The King's Council*, cit., 49; VAN CAENEGEM, *Royal Writs*, cit., 30; WARREN, *Henry II*, cit., 297: a posição do autor é algo ambígua: embora considere que a passagem nos remete para o *Court of Common Pleas*, discorda que a medida esteja na origem da sua constituição.

[326] GEORGE O. SAYLES, *Select Cases in the Court of King's Bench*, Vol. IV: *Edward II*, 74 Selden Society, Bernard Quaritch, Londres, 1955, xxvii.

[327] STANLEY BERTRAM, *An Introduction to the Administrative History of Mediaeval England*, 3ª edição, Basil Blackwell, Oxford, 1966, 49, nota 1: considera um erro interpretar-se esta disposição como estando na origem do *Court of Common Pleas*; LANE, *From Domesday Book*, cit., 413: afirma não existirem razões para se pensar que este tribunal perdurou por muito tempo ou, sequer, que tenha introduzido qualquer tipo de alteração no espectro jurisdicional da época; MARY STENTON, *English Justice*, cit., 75-76: considera que esta passagem não está relacionada com a constituição do *Common Pleas*. A medida deverá, antes, ser interpretada à luz das insuficiências do sistema judicial medieval, que impunham uma contínua tomada de medidas provisórias.

of Pleas[328]. Dos diversos argumentos apresentados, dois sobrepõem-se por razões distintas. RICHARDSON e SAYLES sustentam a sua posição num raciocínio lógico: (1) os cargos de chefia de ambos os órgãos eram ocupados pelos mesmos conselheiros reais; (2) a nomenclatura utilizada para designar esses mesmos cargos era indistinta; e (3) o *Common Pleas* e a *Exchequer* ocupavam o mesmo espaço físico, em *Westminster*[329]. O segundo fundamento, que merece especial atenção, é de ordem documental: num artigo datado de 1973, BRIAN KEMP apresenta um escrito, até então desconhecido, no qual o seu autor, um escrivão da *Exchequer*, trata os dois órgãos de forma indistinta[330].

Esta tese, durante longas décadas incontestada, foi posta em causa por VAN CAENEGEM. Apoiando-se num outro documento da época[331], datado do reinado de *Henry II*, o jurista belga defende a autonomia inicial de ambos os órgãos. Em termos gerais, o documento comprova que um súbdito foi taxado, no âmbito do mesmo processo judicial, pela *Exchequer* e, posteriormente, por outra instituição, que o autor reporta ao tribunal das *Common Pleas*. Ora, se foi duplamente taxado, só pode significar que as instituições são distintas, conclui[332]. O *Court of Common Pleas* teria, assim, origem direta na *Curia Regis*.

BURTON ADAMS explora uma terceira solução. O historiador constitucionalista considera que, tendo em conta o conteúdo da passagem acima transcrita, o *Court of Common Pleas* foi criado por decreto, ou seja, não resultou,

---

[328] ELSA DE HAAS e GEORGE D. G. HALL, *Early Registers of Writs*, 87 Selden Society, Bernard Quaritch, Londres, 1970, lxvi-lxx; WEST, *The Justiciarship*, cit., 83-87 e 75: embora defendida pela maioria dos autores aqui citados, é nesta obra que com maior clareza é atribuída a *Hubert Walter, Justiciar* de *Henry II* – o *Justiciar* consubstanciava o cargo governativo mais importante durante todo o período normando –, a constituição, no seio da *Exchequer*, de um departamento com exclusivas competências jurisdicionais. WEST já tinha expressado idêntica posição: *The Curia Regis in the Late Twelfth and Early Thirteenth Centuries*, 6 Hist Stud Aust & NZ, 1954, 173-185.
[329] RICHARDSON e SAYLES, *The Governance*, cit., 210-212.
[330] KEMP, *Exchequer and Bench*, cit., 559-573.
[331] *The Great Roll of the Pipe for the Thirty-Four Year of the Reign of King Henry the Second, A.D. 1187-1188*, 38 Pipe Roll Society, 1925, Hereford Times, Londres, 1925, 155.
[332] VAN CAENEGEM, *Royal Writs*, cit., 31. A posição mereceu a concordância de RALPH V. TURNER. O autor, in *The King and His Courts*, cit., 15, reconhece que, apesar de alguns altos funcionários do reino ocuparem posições cimeiras em ambas as instituições, os órgãos eram formalmente distintos.

como tradicionalmente se descreve, de um lento e progressivo processo de autonomização de parte da *Curia Regis*[333].

Independentemente das suas origens materiais, o *Court of Common Pleas* foi finalmente formalizado pelo c. 17 da Magna Carta: "*Communia placita non sequantur curiam mostram, set teneantur in aliquo loco*"[334].

13. King's Bench

I. Apesar de todos os tribunais centrais da *Common Law*, como de resto todos os órgãos e instituições governativas, poderem ser reconduzidos à *Curia Regis* normanda e, consequentemente, à *Witenagemot* saxónica, o *King's Bench* é o seu mais direto herdeiro. Ao contrário do *Court of Common Pleas* e da própria *Exchequer*, que foram constituídos por uma direta delegação de poderes, o processo formativo do *King's Bench* é o resultado de uma longa, e nem sempre linear, autonomização da função jurisdicional do *King's Council* e dos poderes jurisdicionais do Rei[335].

A emancipação do *King's Bench* – do Rei e do *King's Council* – ocorre, apenas, nos finais do século XIV, cerca de um século passado sobre a formalização do *Court of Common Pleas*[336]. Enquanto herdeiros da *Curia Regis*, os juízes do *King's Bench* mantiveram, pelo menos inicialmente, uma maior autonomia processual e substantiva, quando comparada com a dos juízes do *Court of Common Pleas*[337].

---

[333] GEORGE BURTON ADAMS, *The Origin of the English Constitution*, Yale University Press, Londres, 1912, 136-143 e *The Origin of the English Courts of Common Law*, 30 Yale LJ, 1921, 798-813, 800-802.

[334] A fixação de um tribunal central facilitou a entrada de ações. A partir de então, os interessados deixaram de ter de percorrer o reino à procura do Rei e do seu séquito, cfr., TURNER, *The King and His Courts*, cit., 35.

[335] BALDWIN, *The King's Council*, cit., 51

[336] HOLDSWORTH, *A History of English Law*, Vol. I, cit., 210-211; BALDWIN, *The King's Council*, cit., 39 e 51: a sua autonomização está relacionada com a adoção do sistema formalístico de ações pela *Curia Regis*. Parece-nos que o processo terá sido o inverso: foi a sua autonomização que levou à criação do *writ system* e não o contrário.

[337] BALDWIN, *The King's Council*, cit., 64-65; GEORGE O. SAYLES, *The Court of King's Bench in Law and History, Selden Society Lecture Delivered in the Hall of the Inner Temple March 1959*, Bernard Quaritch, Londres, 1959, 16: apenas na segunda metade do século XIV terá o *King's Bench* perdido parte dos poderes discricionários que caracterizavam o seu processo decisório inicial.

§ 4.º TRIBUNAIS CENTRAIS DA *COMMON LAW*

A história do *King's Bench* foi particularmente conturbada, mesmo para os parâmetros da época. Deu os primeiros passos no reinado de *Henry II*, que passou longos anos longe de Inglaterra, nas suas possessões normandas e francas; perdeu muito do seu fulgor inicial nos últimos anos de regência de João I (Sem Terra)[338-339] e voltou a ser impulsionado por *Henry III*[340].

II. Se as origens do *King's Bench* não levantam especiais dúvidas, já o mesmo não se pode dizer sobre as suas competências jurisdicionais e sobre a sua relação com o *Court of Common Pleas*. Como princípio geral, ao *Common Pleas* caberia dirimir todos os litígios comuns, ou seja, que não envolvessem a coroa, e ao *King's Bench* todas as questões que implicassem, direta ou indiretamente, o Rei. A realidade não é, porém, tão linear. A flutuação das funções de cada um dos órgãos tende a encobrir as pretensões do monarca que ocupava o trono e, avançam alguns autores, uma luta de poder interna. Os juízes do *Common Pleas* eram juristas profissionais, com conhecimentos práticos e teóricos bastante superiores, que tinham, não raramente, presidido, durante longos anos, aos *eyres*[341], enquanto que a presidência do *King's Bench* estava reservada para os mais próximos conselheiros do Rei ou para altos funcioná-

---

[338] Filho mais novo de *Henry II* e irmão de *Richard*, Coração de Leão, nasceu em 24 de dezembro de 1166 e faleceu em 18 de outubro de 1216. Apesar de só ter sido formalmente proclamado Rei dos ingleses com a morte de Coração de Leão, em 1199, a ausência do seu irmão, primeiro na Terra Santa, como um dos líderes da Terceira Cruzada, e depois cativo de Leopoldo V, no castelo de *Dürnstein*, fizeram de *John* a figura mais importante do reino desde os finais da década de 80 do século XII.
[339] TURNER, *The King and His Courts*, cit., 269-277.
[340] TURNER, *The Origins*, cit., 247; GEORGE O. SAYLES, *Select Cases in the Court of King's Bench*, Vol. I: *Edward I*, 55 Selden Society, Bernard Quaritch, Londres, 1936, xiv: a quebra no seu crescimento, que alguns autores descrevem como quase desaparecimento, ficou a dever-se às limitações decorrentes da Magna Carta, que atribuía a maior parte das competências jurisdicionais ao *Common Pleas*. Todas as questões que envolvessem o monarca, bem como os casos anteriormente remetidos para o embrionário *King's Bench*, passaram a estar debaixo da alçada do *King's Council*. Do mesmo autor, GEORGE O. SAYLES, *The Court of King's Bench*, cit., 9-10: o monarca considerava que perdia muito tempo com as questões jurisprudenciais, pelo que raramente comparecia às sessões.
[341] PIKE, *A Constitutional History*, cit., 33; SAYLES, *Select Cases*, Vol. I, cit., xlix-lxxi: o autor apresenta uma biografia resumida dos membros do *King's Bench* durante o reinado de *Edward I*. Grande parte dos juízes tinha experiência na administração da Justiça quer como membros dos tribunais itinerantes, quer como juízes do *Common Pleas*.

rios da Casa Real[342]. Acresce que, como sublinha MAITLAND, o termo *Bench* estava originalmente reservado para o *Court of Common Pleas* – *Common Bench* –, pelo que nem sempre é claro se a expressão *banco*, quando utilizada nos documentos da época, mesmo oficiais, se reporta ao *King's* (*Bench*) ou ao *Common* (*Bench*)[343].

III. Pese embora as incertezas que rodeiam esta divisão, podemos afirmar, com alguma segurança, que ao *Court of Common Pleas* caberia julgar todos os casos não abrangidos pela jurisdição do *King's Bench*. Todavia, não é possível declarar que qualquer um dos órgãos tivesse, numa primeira fase, competências exclusivas. Alguns autores consideram, ainda, que o *King's Bench* tinha jurisdição sobre todos os casos que lhe fossem apresentados[344].

Feito este aviso, elenque-se os oito grupos de ações usualmente apontados como estando sob a alçada do *King's Bench*[345]: (1) todas as ações que envolvessem o monarca e os seus interesses, em especial de natureza feudalística[346]; (2) ações intentadas contra súbditos ou entidades merecedoras de especial proteção, a quem tivesse sido concedido o privilégio de apenas

---

[342] TURNER, *The Origin of Common Pleas*, cit., 254.
[343] FREDERIC WILLIAM MAITLAND, *Bracton's Note Book. A Collection of Cases Decided in the King's Courts During the Reign of Henry the Third, Annotated by a Lawyer of that Time, Seemingly by Henry Bratton*, Vol. I., C. J. Clay & Sons, Londres, 1887 e *Records of the Parliament Holden at Westminster on the Twenty-Eight Day of February, in the Thirty-Third Year of the Reign of King Edward the First. (A.D. 1305)*, Printed for Her Majesty's Stationery Office, Eyre and Spottiswoode, Londres, 1893, lxxx.
[344] VAN CAENEGEM, *Royal Writs*, cit., 27.
[345] Public Record Office, *Lists and Indexes, Supplementary Series, No. 1, List of Various Common-Law Records*, Kraus Reprint, Nova Iorque, 1970, 47-48; CECIL A. F. MEEKINGS e DAVID CROOK, *King's Bench and Common Bench in the Reign of Henry III*, Selden Society, Londres, 2010, 30-33. Parte destas competências são elencadas nos tratados da época, veja-se o caso de *Britton*, cfr., *Britton: The French Text Carefully Revised with an English Translation, Introduction and Notes*, Vol. I, Clarendon Press, Oxford, 1865, Book I, c. 1, 2: *"[W]e will that they have cognizance of amending false judgments, and of determining appeals and other pleas of trespass committed against our peace, and that their jurisdiction and record shall extend so far as we shall authorise by our writs"*; Bracton, cit., Vol. II, 301, f. 105b: *"There are some pleas which do not reach them by transfer but must in the first instance be determined before the justices or coram rege, namely, pleas of baronies, where the demandant claims to hold immediately of the lord king in chief, [brought] by the writ of right called praecipe in capite; the reason is because the matter touches the king himself, in whole or in part"*.
[346] Quando ações que envolvessem o monarca eram apresentadas em outros tribunais, como por exemplo nos *eyres*, os juízes enviavam o processo para o *King's Bench*, cfr., TURNER, *The King and His Courts*, cit., 39.

serem julgadas pelo Rei, como o caso emblemático das instituições religiosas ou congregações de mercadores; (3) recursos de decisões de tribunais inferiores[347]; (4) ações complexas que envolvessem especiais conhecimentos jurídicos[348]; (5) ações cuja causa de pedir consubstanciava uma violação da Paz do Rei[349]; (6) ações intentadas pelos grandes senhores do reino e pelos altos funcionários da Casa Real; (7) ações que, independentemente da sua complexidade, se revestissem de maior importância; e (8) como princípio geral, todos os súbditos poderiam apresentar a sua ação no *King's Bench*, mediante, evidentemente, o pagamento de avultadas quantias.

Desta lista duas conclusões parecem poder ser retiradas: (1) o *Court of Common Pleas* tinha, de facto, como função primária, a resolução de litígios entre súbditos comuns[350]; e (2) o *King's Bench* era, hierarquicamente, superior ao *Common Pleas*[351].

---

[347] GEORGE O. SAYLES, *Select Cases in the Court of King's Bench under Edward I*, Vol. II, 57 Selden Society, Bernard Quaritch, Londres, 1938, xliv: o tribunal tinha competências para alterar o conteúdo das sentenças dos restantes tribunais. A sua função de órgão de recurso era partilhada com o Parlamento e com o *King's Council*, cfr., HENRY G. RICHARDSON e GEORGE O SAYLES, *Fleta*, Vol. II: *Prologue, Book I, Book II*, 72 Selden Society, Bernard Quaritch, Londres, 1955, 110: "*Habet eciam curiam suam et iusticiarios suos, tam milites quam clericos, locum suum tenentes in Anglia, coram quibus et non alibi, nisi coram semetipso et consilio suo vel auditoribus specialibus, falsa iudicia et errores iusticiariorum reuertuntur et corriguntur*"; Bracton, cit., Vol. II, 307, f. 108: "*Some justices are major, general, permanent and of greater importance, who remain at the side of the king and whose duty it is to correct the wrongs and errors of all others*".

[348] SAYLES, *Select Cases*, Vol. II, cit., xl: os próprios tribunais tinham por hábito remeter os casos mais complexos, que envolvessem grandes senhores ou os interesses do Rei, para o *King's Bench*.

[349] SAYLES, *Select Cases*, Vol. II, cit., xlii: no seu período formativo cerca de dois terços das ações iniciadas respeitavam a violação da Paz do Rei.

[350] Reeves' *History*, Vol. I, cit., 277: explora a relação entre o tipo de casos ouvidos no *Court of Common Pleas* e os que deixaram de ser julgados na *Curia Regis*.

[351] RALPH V. TURNER, *The King and His Court*, cit., 34.

§ 5.º SISTEMA FORMALÍSTICO DE AÇÕES: *WRIT SYSTEM*

14. Enquadramento

I. Qualificado por MAITLAND como o elemento mais característico do Direito medieval inglês[352], o sistema formalístico de ações foi, durante mais de sete séculos, o motor da *Common Law*. Abolido apenas em meados do século XIX, e de forma gradual[353], o *writ system* moldou todos os aspetos do sistema jurídico inglês, sendo extraordinário como um modelo que tinha como objetivos primordiais a expansão da jurisdição real[354] e a regulação da Justiça[355] tenha marcado, tão profundamente, o desenvolvimento e o preenchimento do Direito substantivo anglo-saxónico[356].

---

[352] MAITLAND, *Equity*, cit., 295. O enorme impacto do sistema formalístico na conteúdo substantivo da *Common Law* é reconhecido por todos os autores, cfr., PETER LANDAU, *The Development of the Law* in *The New Cambridge Medieval History*, Vol. IV: c. 1023 – c. 1198, Parte I, coordenação de DAVID LUSCOMBE e JONATHAN RILEY-SMITH, CUP, Cambridge, 2004, 113-147, 139: "*The uniqueness of the common law is rooted in the writ system*".
[353] Número 12.
[354] HAAS e HALL, *Early Registers of Writs*, cit., xiii.
[355] BAKER, *An Introduction*, cit., 55.
[356] HENRY SUMNER MAINE, *Dissertations on Early Law and Custom*, John Murray, Londres, 1883, 389: a correlação entre a substância de cada instituto e a sua dinâmica adjetiva exigia um conhecimento prévio do Direito processual subjacente, sob pena do campo de aplicação de cada *writ* não ser inteiramente alcançado; STEPHEN N. SUBRIN, *How Equity Conquered Common Law. The Federal Rules of Civil Procedure in Historical Perspective*, 135 U Pa L Rev, 1987, 909-1002, 915: gradualmente, cada *writ* começou a agregar um conjunto autónomo de Direito substantivo.

A FORMAÇÃO DA COMMON LAW

O paradigma do sistema formalístico de ações, apenas comparável ao procedimento romano clássico[357] – embora seja hoje pacificamente aceite que não existiu uma influência externa[358] – consistia na individualização processual de cada tipo de litígio, correspondendo a cada situação jurídica uma fórmula específica[359]. Na prática, o modelo implementado pelos monarcas ingleses cortou as amarras com o princípio, até então vigente, de que bastava

---

[357] O funcionamento do sistema formalístico clássico pode ser consultado nas Instituições de GAIUS, a partir do parágrafo 4.30: *"itaque per legem Aebutiam et duas Iulias sublatae sunt istae legis actiones, effectumque est, ut per concepta uerba, id est per formulas,* litigaremus". Sobre a temática, em língua inglesa: WILLIAM W. BUCKLAND, *A Text-Book of Roman Law From Augustus to Justinian*, 3ª edição, revista por PETER STEIN, CUP, Cambridge, 1963, 604-673 e HERBERTH F. JOLOWICZ e BARRY NICHOLAS, *Historical Introduction to the Study of Romman Law*, CUP, Cambridge, 1972, 199-232.

[358] Conquanto seja bastante comum encontrar-se nas obras clássicas que o Direito inglês se inspirou, diretamente, no Direito romano, esta conclusão não se adequa aos conhecimentos da época, nem à utilização dada aos textos romanos pelos juristas medievais: FINLASON in *Reeve's History of the English Law*, Vol. I, cit., 495, nota a. Repare-se que REEVES expressa uma opinião contrária: *"The very idea of such fixed, formal requisites of actions is evidently borrowed from the formulæ of the Roman law... They were, it may be added, issued under the Romans by the prætor, and ours were issued by the chancellor. So the whole system of pleadings was derived from the Roman law"*, cit., 495. De facto, como sublinham FREDERICK POLLOCK e FREDERIC WILLIAM MAITLAND (*The History of English Law Before the Time of Edward I*, Vol. II, 2ª edição, com introdução de STROUD FRANCIS CHARLES MILSOM, CUP, Cambridge, 1968, 559-560), os juristas medievais, quando recorriam ao Direito romano não o faziam munidos de qualquer preocupação histórica e nem procuravam a origem dos institutos ou o seu desenvolvimento; buscavam, apenas e somente, o conhecimento das figuras vertidas no *Corpus* e a Ciência Jurídica que lhes estava associada. Ora, à data da elaboração do *Corpus*, o modelo clássico tinha, há muito, sido abolido, as parcas referências ao sistema têm um conteúdo meramente histórico, cfr., C. 2.57.1: *"Iuris formulae aucupatione syllabarum insidiantes cunctorum actibus radicitus amputentur"*. A maioria dos autores modernos limita-se a identificar e a sublinhar as semelhanças dos dois sistemas, quase a título de mera curiosidade, cfr., THOMAS ATKINS STREET, *The Foundations of Legal Liability: a Presentation of the Theory and Development of the Common Law*, Vol. III: *Common Law Actions*, Edward Thompson, Long Island, Nova Iorque, 1906, 19 e 30; ALAN WATSON, *Roman Law and English Law: Two Patterns of Legal Development*, 36 Loy L Rev, 1990, 247-268, 253-258; OBRAD STANOJOVIC, *Roman Law and Common Law – A Different Point of View*, 36 Loy L Rev, 1990, 269-274, 269-270.

[359] *Bracton on the Laws and Customs of England*, Vol. IV, tradução de SAMUEL E. THORNE, editado por GEORGE E. WOODBINE, Belknap Press of Harvard University Press, Cambridge, 1977, f. 413b, 186: *"Actions are different and diverse, for some are personal, some real and some mixed [and] there will be as many formulas for writs as there are kinds of actions"*.

§ 5.º SISTEMA FORMALÍSTICO DE ACÇÕES: *WRIT SYSTEM*

ao lesado requerer, em juízo, a aplicação do remédio jurídico que mais se adequasse aos factos e aos danos demonstrados e provados[360].

Os sujeitos interessados em iniciar uma ação judicial deveriam, primariamente, subsumir a situação fáctica a uma das inúmeras fórmulas que tinham à sua disposição[361]. Os *writs* eram mais do que simples documentos ou comprovativos necessários para aceder aos tribunais centrais do Rei[362]: cada *writ* tinha associado um esquema processual próprio e um conjunto de normas e princípios substantivos, desenvolvidos, especificamente, para os litígios ou situações jurídicas que visava abarcar[363].

II. O sistema caracterizava-se pela sua absolutividade, visto a obrigação de comparecer em juízo estar dependente da aquisição e apresentação do respetivo *writ*, pela parte demandante:

[W]ithout a writ the other is not bound to answer, unless he wishes to do so[364].

---

[360] ALISON REPPY, *The Development of the Common-Law Forms of Action, Part 1*, 22 Brook L Rev, 1956, 179-206, 183.

[361] STREET, *The Foundations of Legal Liability*, cit., 29.

[362] Um dos avanços mais importantes, introduzido pelo sistema formalístico de ações, foi o de possibilitar que todos os súbditos, independentemente do seu estrato social, pudessem recorrer à Justiça do Rei, cfr., THOMAS GARDEN BARNES, *Glanvill* in *Shapping the Common Law: from Glanvill to Hale, 1188-1688*, editado e com introdução de ALLEN D. BOYER, Stanford University Press, Stanford, 2008, 11-23, 17.

[363] BRACTON, Vol. II, cit., f. 112, 318: "*It is called a writ (breve) because it formulates the matter in dispute and the demandant's claim briefly and in a few words, as does a rule of law, which expounds the matter briefly*"; ELSA DE HAAS, *An Early Thirteenth-Century Register of Writs*, 7 UTLJ, 1947, 196-226, 199: o próprio *writ* poderia, ainda, mencionar quais as situações concretas abrangidas, bem como os limites e as limitações substantivas e processuais.

[364] BRACTON, cit., IV, f. 413b, 186. Desta asserção retira-se, *a contrario sensu*, que, caso o Réu se apresentasse voluntariamente em juízo, o autor da ação escusava de obter o respetivo *writ*. Sobre a propositura de ações iniciadas sem *writs*, vide: HENRY G. RICHARDSON e GEORGE O. SAYLES, *Select Cases of Procedure without a Writ Under Henry III*, 60 Selden Society, Bernard Quaritch, Londres, 1941 e HENRY A. HOLLOND, *New Lights on Writs and Bills, and on the Influence of Roman Law in England in the Twelfth and Thirteenth Centuries*, 8 CLJ, 1942-1944, 252-264, 252-257: expressa sérias reservas em relação a algumas das interpretações ensaiadas por RICHARDSON e SAYLES. Em casos pontuais, o sistema bastava-se com a mera exposição oral das acusações, cfr., GEOFFREY J. HAND, *Procedure without a Writ in the Court of the Justiciar of Ireland*, 62 Proceedings of Royal Irish Academy, Section C: Archaeology, Celtic Studies, History, Linguistics, Literature, Hodges, Figgis, Dublin, 1962, 9-20, 10.

O desenvolvimento de uma fórmula específica para cada tipo de ação originou, naturalmente, uma sobreposição de *writs*, em resultado da natureza complexa e ambígua de diversas situações jurídicas e da complementariedade de diferentes figuras e institutos. Para além das dificuldades sistemáticas que esta justaposição acarretava, a impossibilidade legal de, após o início dos trâmites processuais, adquirir um diferente *writ* impunha um conhecimento efetivo das diversas fórmulas disponíveis e das suas características individuais[365]. Na prática, cada *writ* correspondia a um remédio, podendo ou não ser o mais indicado para a situação e para os danos invocados pelo autor da ação[366].

Embora as consequências da especificidade de cada fórmula fossem mais palpáveis no âmbito do Direito adjetivo, que iam do simples processo de notificação do réu ao modelo decisório e probatório, o seu impacto no Direito substantivo foi notável, moldando, em grande medida, as normas e os princípios aplicáveis[367].

III. A vitalidade do sistema formalístico de ações estava estritamente relacionado com a máquina burocrática que o envolvia e com uma compulsiva prática compilatória[368]. Um sistema assente na obrigatoriedade de aquisição de fórmulas predeterminadas, com consequências diretas na resolução de litígios, apenas poderia ser implementado se fosse acompanhado de um registo minucioso dos *writs* disponíveis.

A intrínseca e interlaçada relação existente entre o sistema formalístico e a *Common Law* impede que se estabeleça, com precisão, quando o processo de registo dos *writs* terá sido iniciado[369]. É certo que o tratado de GLANVILL

---

[365] MAITLAND, *Equity*, cit., 298.
[366] WILLIAM BLACKSTONE, *Commentaries on the Laws of England*, Vol. II, 12ª edição, editado por WAYNE MORRISON, Cavendish Publishing, Londres, 2001, [272], 214; WILLIAM SEARLE HOLDSWORTH, *A History of English Law*, Vol. II, 3ª edição, Methuen, Londres, 1923, 512: a escolha do *writ* errado implicava a perda da ação. CYRIL T. FLOWER, *Introduction to the Curia Regis Rolls, 1199-1230 A.D.*, 62 Selden Society, Bernard Quaritch, Londres, 1944, 349: o carácter rígido e formal do *writ* era equilibrado com um elevado número de exceções que podia ser invocado pelo réu e contrariado, por seu vez, pelo autor.
[367] MAITLAND, *Equity*, cit., 298.
[368] ANDREW H. HERSHEY, *Justice and Bureaucracy: the English Royal Writ and '1258*, 113 EHR, 1998, 829-851.
[369] FREDERIC WILLIAM MAITLAND, *The History of the Register of Original Writs* in *Collected Papers of Frederic William Maitland*, Vol. II, editado por HERBERT A. L. FISHER, CUP, Cambridge, 1911,

§ 5.º SISTEMA FORMALÍSTICO DE ACÇÕES: *WRIT SYSTEM*

contém uma série de fórmulas e que pode muito bem ser apontado como a primeira coleção[370]. Todavia, esta posição, para além de não fazer jus ao conteúdo da obra, tende a desvirtuar o objeto das coletâneas: simples coleções de fórmulas de ações.

O facto de a primeira compilação oficial datar, apenas, do reinado de *Henry VIII*, no ano de 1531[371], em nada diminui a indispensabilidade do registo. A uniformização, em larga escala, das coletâneas de *writs* só foi possível após a "descoberta" de Gutenberg. Nos séculos anteriores à governação do Pai da Igreja Anglicana, circulavam já pelos quatro cantos do reino, provavelmente desde o início do reinado de *Henry III*, diversas coleções não oficiais[372], que, apesar de terem origens comuns, continham pequenas alterações introduzidas pelos copistas[373]. Era também prática comum que cada *cursitor*, funcionário que emitia os *writs*, e cada mestre da *Chancery* tivessem o seu próprio registo, com precisões e pormenores individuais[374].

110-173, 112; *The Reports of Sir Edward Coke, Knt. In Thirteen Parts. A New Edition, with Additional Notes and References, and with Abstracts of the Principal Points: the First Three Parts and the Fourth to Fol. 38 a*, por JOHN HENRY THOMAS. *The Rest of the Fourth Part and the Remaining Nine Parts* por JOHN FARQUHAR FRASE, Vol. V, Joseph Butterworth and Son, Londres, 1826, xxiv: esta correlação leva o autor a afirmar que o Registo de *writs* é o mais antigo livro jurídico inglês.

[370] HOLDSWORTH, *A History of English Law*, Vol. II, cit., 513; CECIL A. F. MEEKINGS, *A Roll of Judicial Writs* in *Studies in 13th-Century: Justice and Administration*, Hambledon Press, Londres, 1981, 209-221, 210: a prática compilatória remonta aos primeiros anos do reinado de *Henry III*.

[371] MAITLAND, *The History of the Register*, cit., 110.

[372] HAAS e HALL, *Early Registers of Writs*, cit.: os autores compilam e analisam alguns dos mais antigos Registos conhecidos; HENRY A. HOLLOND, *Writs and Bills*, 8 CLJ, 1942-1944, 15-35, 18: a inexistência de qualquer registo oficial tornava a posição processual do autor algo insegura. Os funcionários judiciais ou os próprios juízes poderiam não reconhecer a autenticidade do documento apresentado e não dar, consequentemente, provimento ao pedido.

[373] TURNER e PLUCKNETT, *Brevia Placitata*, cit., xv-xxiv: da análise de um pequeno tratado, datado de meados do século XIII, os autores concluíram que sendo as fórmulas copiadas e recopiadas era bastante comum inserirem-se alterações e emendas, o que contribuiu para a existência de diferentes versões da mesma obra.

[374] MAITLAND, *The History of the Register*, cit., 119: estas compilações passavam de mão em mão e para as gerações seguintes.

O *Registrum Brevium*, composto, na sua primeira edição, por 2 500 *writs*[375], era "*a base da Common Law medieval, um guia para a aplicação dos seus princípios, e um comentário à sua aplicação*"[376].

IV. A conexão do Direito substantivo com o sistema formalístico de ações, bem como o processo gradual que o caracteriza, impede uma análise extensiva do *writ system*, sob pena de a presente pesquisa assumir proporções desmesuradas. O *writ* é a *Common Law*[377]. Por outro lado, o surgimento e desenvolvimento da *Equity Law* é o resultado direto das fragilidades do sistema formalístico e da progressiva diminuição da sua energia inicial. Uma exposição geral dessa matéria, conquanto possibilitasse uma perceção global das características e da evolução histórica do sistema, pecaria por não transmitir, de modo profundo, a complexidade do modelo.

Cientes das vantagens e desvantagens de cada uma das hipóteses expositivas, optámos por uma solução mista: restringeremos a nossa análise ao desenvolvimento inicial do sistema e às ações reais. O *writ system*, em face da importância central da terra no período medieval feudalístico, foi, originariamente, concebido para responder aos litígios que envolvessem direitos de propriedade ou que opusessem os senhores aos seus vassalos. Nos primórdios do sistema, os litígios que não implicassem disputas em torno de direitos sobre terras eram vistos como causas menores, não merecendo, enquanto tal, a atenção dos tribunais centrais do Rei[378].

---

[375] HAAS e HALL, *Early Registers of Writs*, cit., cviii: na sua esmagadora maioria, os *writs* que o compunham eram já conhecidos e utilizados no reinado de *Henry VI*.

[376] HOLDSWORTH, *A History of English Law*, Vol. II, cit. 520; EDWARD JENKS, *The Prerogative Writs in English Law*, 32 Yale LJ, 1923, 523-534, 524: obra fulcral para o estudo e análise da evolução histórica da *Common Law*. O autor sublinha que, pelo estilo e palavras utilizadas, é possível identificar em que período o *writ* foi introduzido no sistema, o que permite, ainda, ter uma noção mais precisa do momento histórico em que o respetivo instituto substantivo foi incorporado no Direito inglês.

[377] POLLOCK e MAITLAND, *The History*, Vol. I, cit., 151: "*But still in Glanvill's day the officina iustitia has already a considerable store of ready-made wares and English law is already taking the form of a commentary upon writs*". Mesmo após a sua abolição, as fórmulas de ação mantiveram parte da sua importância substantiva, cfr., MAITLAND, *Equity*, cit., 296: "*we have buried these forms of action, but they still rule as from their graves*".

[378] WILLIAM M. MCGOVERN JR., *Enforcement of Oral Covenants Prior to Assumpsit*, 65 Nw U L Rev, 1970, 576-614, 578: como o caso paradigmático da responsabilidade civil contratual.

§ 5.º SISTEMA FORMALÍSTICO DE ACÇÕES: *WRIT SYSTEM*

Acresce que a estagnação do sistema formalístico e, consequentemente, da própria *Common Law* resultou na absorção, pelo sistema, de grande parte, se não mesmo na sua totalidade, das situações que envolviam disputas sobre direitos reais. O sistema não tardou a esgotar a sua área de atuação, por natureza circunscrita.

A solução adotada, para além de facilitar a compreensão das características do sistema formalítisco, é a que mais se adequa aos propósitos da nossa pesquisa.

15. *Royal writ*: período anglo-saxónico

I. Originalmente, um *writ* – corresponde ao termo latino *breve*[379] – mais não era do que uma carta elaborada pelo Rei e enviada a um destinatário identificado, cuja autenticidade era comprovada pela presença do selo real[380]. Com um conteúdo variado, que podia ir da simples concessão de benesses a comandos de natureza militar, o *writ* consubstanciava uma ordem ou notificação de carácter administrativo ou governativo[381], distinguindo-se do *charter*[382] pela sua simplicidade e informalidade[383].

---

[379] HOLLOND, *Writs and Bills*, cit., 15: a expressão latina adequa-se mais às origens históricas do documento e às suas características. Repare-se, como mera curiosidade, na palavra utilizada, na língua alemã, para designar carta: *Brief*.
[380] CARPENTER, *The Struggle for Mastery*, cit., 64.
[381] JENKS, *The Prerogative Writs*, cit., 523: o monarca recorria a este método sempre que se justificasse transmitir ordens por escrito.
[382] Introduzidos pela Igreja no século VII, os *charters*, que seguiam um conjunto rígido de formalidades, foram muito utilizados no âmbito da concessão de terras e de privilégios aos grandes senhores, em especial a instituições religiosas, cfr., SIMON KEYNES, *Charters and Writs* in *The Blackwell Encyclopaedia on Anglo-Saxon England*, coordenação de MICHAEL LAPIDGE, JOHN BLAIR, SIMON KEYNES e DONALD SCRAGG, Blackwell, Oxford, 2001, 99-100: com extensa bibliografia sobre a temática.
[383] FRANK MERRY STENTON, *The Latin Charters of the Anglo-Saxon Period*, Clarendon Press, Oxford, 1955, 89: o *charter* tinha uma forte carga formal. Caracterizava-se, ainda, por ser escrito em latim. O *writ*, por seu lado, era inesperadamente sucinto e usava a língua inglesa; ERIC JOHN, *Reassessing Anglo-Saxon England*, Manchester University Press, Manchester, 1996, 101: ao contrário de outros documentos mais formais da época, era comum usar-se uma linguagem vernacular nos *writs*.

Os *writs* do período anglo-saxónico pouco diferiam dos documentos formais da época[384]. As suas semelhanças com os sucedâneos franco e papal, similares aos usados na Roma imperial, e com o *writ* germânico, embora sejam indicativas de uma certa influência, não parecem ter sido preponderantes para a sua evolução[385]. A utilização de ordens escritas é indissociável de modelos organizativos centralizados[386].

---

[384] Também denominados *gewrit*, cfr., THOMAS NORTHCOTE TOLLER, *An Anglo-Saxon Dictionary Based on the Manuscript Collections of the Late Joseph Bosworth. Supplement*, Clarendon Press, Oxford, 1921, 257.

[385] FLORENCE ELIZABETH HARMER, *Anglo-Saxon Writs*, Manchester University Press, Manchester, 1952, 2-6. A análise externa ou formal do *writ*, bem como a sua composição, têm sido objeto de extensas análises doutrinárias. GEOFFREY BARRACLOUGH, *The Anglo-Saxon Writ*, 39 History, 1954, 193-215, 193-195: o autor, para além de defender a origem local do *writs*, considera que o sistema terá sido, posteriormente, importado para muitos reinos da Europa continental. BARRACLOUGH defende a ascendência do *writ* sobre os sistemas franco e germânico. LARSON, *The King's Household*, cit., 198: identifica, por sua vez, uma influência na documentação formal escandinava. A teoria da originalidade do *writ* inglês teve como grande impulsionador WILLIAM H. STEVENSON, *Yorkshire Surveys and Other Eleventh-Century Documents in the York Gospels*, 27 EHR, 1912, 1-25, 8: "*The writ-charter is therefore... the greatest English contribution to diplomatics*". O Autor esclarece em *The Anglo-Saxon Chancery, The Sandars Lectures in Bibliography*, University of Cambridge, 1898, que as referências feitas ao carácter inovador do *writ* anglo-saxónico respeitavam ao seu aspeto exterior. Reconhece que documentos com semelhante propósito eram já conhecidos e utilizados pelos gregos e pelos romanos. De facto, nem sempre é claro, em especial da análise dos escritos de BARRACLOUGH, se os autores apenas se referem ao aspeto exterior do *writ* ou, também, à sua substância e funcionalidade. A originalidade do *writ* saxónico é criticada por VAN CAENEGEM, *Royal Writs*, cit., 107: o autor traça um longo percurso que dá os seus primeiros passos com os *rescripta* imperiais e culmina no *writ* anglo-saxónico. O sistema romano foi adotado pelos sumos pontífices e altos cargos da Igreja Católica, sob a denominação *brevia*. Os *brevium* serviram, por sua vez, de inspiração à administração franca, que concebeu um tipo de documentos denominados *indiculi*. Finalmente, os *indiculi* foram reproduzidos pelos governantes anglo-saxónicos. Semelhante posição tinha já sido avançada, nos inícios do século XX, por uma série de autores: CHARLES P. SHERMAN, *The Romanization of English Law*, 23 Yale LJ, 1914, 318-329, 324-325: o acesso, via Igreja, a documentos idênticos terá contribuído para a formação dos *writs* saxónicos. A produção dos *writs* estava, no período anterior à conquista, concentrado na mão dos clérigos, a classe letrada da época: HENRY R. LOYN, *The Governance of Anglo-Saxon England, 500-1087*, Stanford Univesity Press, Stanford, 1984, 117.

[386] WARREN, *The Governance of Norman*, cit., 53: há uma clara ligação entre o surgimento do *writ* e o desenvolvimento de uma embrionária organização administrativa central; CHARLES HOMER HASKINS, *The Normans in European History*, Frederick Ungar Publishing, Nova Iorque,

§ 5.º SISTEMA FORMALÍSTICO DE ACÇÕES: *WRIT SYSTEM*

II. O *writ* anglo-saxónico[387], definido por FLORENCE HARMER como um documento formal, com conteúdo governativo, no qual era colocado o selo real, contendo o nome do monarca e dos respetivos destinatários e acompanhado de saudações[388], é registado, pela primeira vez, no reinado de *Æthelred*[389]:

> *King Æthelred sends friendly greetings to Earl Ælfrid and Wulfmæ and Ætelweard and all the thegns in Hampshire. And I inform thee, and all of you, that Bishop Ælfheah sent to me the charter of the land at Chilcomb, and I had it read before me. Then I was greatly pleased with the ordinance and the pious benefaction which my ancestors, when Christianity first began, established for the benefit of the holy foundation; and the wise king Alfred afterwards renewed in the charter which was read before me. It is now my will that it shall be assessed for all purposed at one hide, just as my ancestors formerly established and freed it, whether there be more land there or whether there be less*[390].

1959, reedição da edição de 1915, 227: considera que o sistema anglo-saxónico, posteriormente desenvolvido pelos normandos, representava a estrutura mais evoluída da época.

[387] HUBERT HALL, *Studies in English Official Historical Documents*, CUP, Cambrigde, 1908, 275: o uso destes documentos formais, com pequenas alterações, acompanhou a governação inglesa até ao século XVI.

[388] HARMER, *Anglo-Saxon Writs*, cit., 1.

[389] Uma extensa análise dos documentos formais emitidos neste reinado pode ser encontrada em SIMON KEYNES, *The Diplomas of King Æthelred "The Unready" 978-1016: a Study in Their Use as Historical Evidence*, CUP, Cambridge, 1980.

[390] HARMER, *Anglo-Saxon Writs*, cit., no. 107, 395-396. A autora defende que o envio de *writs* era já uma prática generalizada no reinado de *Alfred*, cit., 10-13. Esta posição alicerça-se em três documentos da época: (1) comentário introduzido por *Alfred* na sua tradução das *St. Augustine's Soliloquies* (cfr., HENRY LEE HARGROVE, *King Alfred's Old English Version of St. Augustine's Soliloquies*, Henry Holt, Nova Iorque, 1902, 23): *"if your lord's letter and his seal comes to you, whether you can say that you cannot understand him thereby or recognize his will therein"*; (2) tradução da *Bede's Historia Ecclesiastica*, em que é introduzida, na saudação inicial ao Rei *Ceolwulf*, a expressão *sende gretan*, elemento identificador dos *writs*; e (3) prefácio elaborado por *Alfred* à obra *Cura Pastoralis* do Papa Gregório: *"King Alfred bids greet Bishop Werferth with his words in loving and friendly wise, and I would have you informed that it has very often come into my remembrance"*. Semelhante posição é apoiada por STENTON, *The Latin Charters*, cit., 89. VIVIAN HUNTER GALBRAITH, *The Literacy of the Medieval English Kings*, Humphrey Milford Amen House, Londres, 1935, 20: a autora defende que a feitura dos *writs* data dos inícios do século IX, correspondendo, na prática, à posição de HARMER. BARRACLOUGH, *Anglo-Saxon Writ*, cit., 199: critica esta posição por considerar que os documentos invocados não contêm as características identificadoras do *writ*. Refere, ainda,

Com uma forte ligação à dimensão administrativa ou governativa do reino, os *writs* foram também utilizados na área da Justiça. Os monarcas anglo-saxónicos, em especial *Edward*, o Confessor[391], recorreram amiúde à figura para atribuir poderes jurisdicionais a entidades eclesiásticas[392]:

> King Edward sends friendly greetings... And I inform you that I have granted to him for St. Mary' monastery sake and soke[393], toll, and team[394] and infangene-

que a expressão *gewrit* tinha mais do que um significado, podendo ser utilizada, inclusive, no sentido de saudações orais ou informais. PIERRE CHAPLAIS, *The Royal Anglo-Saxon "Chancery" of the Tenth Century Revisited* in *Studies in Medieval History Presented to R. H. C. Davis*, coordenação de HENRY MAYR-HARTING e R. I. MOORE, Hambledon Press, Londres, 1985, 41-51: o autor parte de outra perspetiva: a produção de *writs* está intrinsecamente ligada à constituição da *Chancery*. Ora, este órgão apenas começa a dar os seus primeiros passos no reinado do Confessor.

[391] Embora restem poucos *writs* deste reinado, o *Domesday Book* contém inúmeras referências à sua emissão, cfr., JAMES CAMPBELL, *The Anglo-Saxon State*, Hambledon and London, Londres, 2000, 224.

[392] Desta realidade não se pode, contudo, inferir a existência, à época, de uma jurisdição feudal. Os *writs* documentados apenas atribuíam jurisdição a entidades eclesiásticas e já não aos grandes Barões.

[393] A expressão *sake and soke* é pela primeira vez documentada num *writ* do reinado de *Eadwig*, datado do ano 958: "*Et ideo ego Eadwy rex Anglorum, pro amore domini nostri Jhesu Christi, cuidam meo desiderabili episcopo Oscytello... Hir sint dam tunes de birad in to Sudwellan mid sacce 7 mid sacne*" in WALTER DE GRAY BIRCH, *Cartularium Saxonicum: Collection of Charters Relating to Anglo-Saxon History*, Vol. III, Charles J. Clark, Londres, 1983, 1029, 229-231. O conceito *sake and soke*, conquanto algo vago, engloba um poder jurisdicional, numa aceção um pouco restrita, e um direito, de natureza tributária ou económica, a arrecadar parte dos valores que compunham as sanções pecuniárias aplicadas. MAITLAND defende que o *soke* consubstanciava um autêntico poder jurisdicional, num sentido de tribunal próprio, *Domesday Book and Beyond*, cit., 97. JOLLIFFE, *The Constitutional History*, cit., 70: o autor, apesar de reconhecer a imprecisão e o exato alcance desta jurisdição, segue a posição de MAITLAND. Já JULIUS GOEBEL, JR., *Felony and Misdemeanor: a Study in the History of Criminal Law*, University of Pennsylvania Press, Estados Unidos da América, 1976, reimpressão da edição de 1937, 371, defende que o instituto estava circunscrito a uma dimensão tributária, não conferindo ao seu titular qualquer tipo de poder jurisdicional.

[394] *Toll* era a denominação atribuída a taxas sobre a venda de gado; e *team* à arrecadação de parte da sanção pecuniária aplicada a ladrões de gado.

§ 5.º SISTEMA FORMALÍSTICO DE ACÇÕES: *WRIT SYSTEM*

theof[395], within boroughs and without, hamsocn[396] and grithbreach[397] and forestall[398] over his own land[399].

III. A posição tradicional de que a utilização judicial dos *writs*, pelos monarcas anglo-saxões, se circunscrevia a questões de natureza governativa, tendo o seu carácter substantivo apenas sido introduzido após a invasão normanda, deve ser rebatida. No reinado de *Æthelred*, encontramos documentos que comprovam o envio direto de cartas a ordenar a constituição de tribunais locais e a aplicação da devida e necessária Justiça, em tudo semelhantes aos embrionários *writs of rights*, típicos do período normando:

> *When Bishop Godwine succeeded to the episcopal see, by the command of his royal lord King Æthelred... When the claim was known to him, he sent a letter and his seal to Archbishop Ælfric, and gave orders that he and his thegns in East Kent and West Kent should settle the disputes between them justly, weighing both claim and counterclaim[400]*.

Em relação à ingerência direta em questões localizadas, por recurso ao envio de decisões jurisdicionais trasvestidas de ordens com objetivos governativos, a sua origem parece ser posterior à conquista de *William*. Esta prática reflete a introdução do feudalismo, bem como a chegada, a terras inglesas, da visão medieval do Rei como fonte última de Justiça. Todavia, alguns documentos da época anglo-saxónica indiciam já o crescimento de uma certa ingerência, é certo que sem o carácter rígido, autoritário e direto que irá caracterizar os *writs of praecipe*:

> *King Edward sends friendly greetings... And I inform you that my will is that the land at Mersham and everything lawfully pertaining thereto shall belong to Christ Church... for my will is that the judgment given by my thegns shall be upheld[401]*.

---

[395] Assaltantes apanhados em flagrante delito.
[396] Assaltos a casas.
[397] Violação de uma especial proteção pessoal concedida, diretamente, pelo monarca.
[398] Expressão ambígua, utilizada tanto para situações de emboscadas, como para obstruções à Justiça.
[399] HARMER, *Anglo-Saxon Writs*, cit., no. 4, 131-132.
[400] AGNES J. ROBERTSON, Anglo-Saxon Charters, CUP, Cambridge, 1965, 141-142, c. LXIX.
[401] HARMER, *Anglo-Saxon Writs*, cit., no. 35, 189-190.

King Edward sends friendly greetings... And I pray you all that you pronounce for me a judgment concerning Semer, who has illegally occupied it, such as you, in the sight of God, know to be lawful right[402].

16. *Old executive writ*: generalização da ingerência jurisdicional

I. As características formais do *writ*, em especial a sua fácil e rápida composição, adequavam-se, perfeitamente, às intenções centralizadoras dos senhores normandos. Este sistema, aparentemente desconhecido nas possessões francesas de *William*[403], foi rapidamente recebido e desenvolvido pelos monarcas normandos[404]. Nas primeiras décadas após a Conquista, o uso do *writ* foi alvo de um processo de generalização, passando a ser utilizado em todas as áreas administrativas e governativas do reino[405].

Formalmente, os *writs* dos reinados de *William I* e de *William II* mantêm as suas principais características, conservando-se, inclusive, o inglês como língua oficial[406]:

---

[402] HARMER, *Anglo-Saxon Writs*, cit., no. 17, 160.
[403] ARTHUR GIRY, *Manuel de diplomatique*, Librairie Hachette, Paris, 1894, 795: o autor defende que os *writs* do reinado de *William* em nada diferiam dos documentos formais utilizados pelos grandes senhores de França. A forma-base seria de origem capetiana; HASKINS, *Norman Institutions*, cit., 54: a expressão utilizada pelo autor *"writs fly in either directions of the Channel"*, transmite a ideia de que, após a conquista de Inglaterra, o conceito foi também implementado no Ducado normando com enorme sucesso; JOHN LE PATROUREL, *The Norman Empire*, Clarendon Press, Oxford, 1976: defende que a utilização generalizada dos *writs* na Normandia data, apenas, do reinado de *Henry I*. A receção de documentos formais pressupõe, sempre, um período de rejeição e de habituação; DAVID BATES, *The Earliest Norman Writs*, 100 EHR, 1985, 265-284: o autor, que leva a cabo um minucioso trabalho de recolha e análise de *writs* em ambas as margens do canal, chega a números esclarecedores: entre 1066 e 1106 contabiliza, apenas, quatro *writs*, de proveniência pouco clara, em terras normandas. Também no reinado de *Henry I*, a quantidade de *writs* normandos, apesar de o seu número ter subido para cerca de oitenta, não se compara ao volume de *writs* documentados, no mesmo período, em Inglaterra: superior a mil.
[404] CARPENTER, *The Struggle for Mastery*, cit., 91: *William* manteve o *Chanceller* do Confessor, membro da casa real que conservava e zelava pelo selo real; FRANK MERRY STENTON, *William the Conqueror and the Rule of the Normans*, G. P. Putnam's Sons, Nova Iorque, 1908, 227: nas semanas seguintes à sua coroação, *William I* elaborou e enviou um conjunto bastante elevado de *writs*.
[405] G. B. FLAHIFF, *The Writ of Prohibition to Court Christian in the Thirteenth* Century, 6 Medieval Studies, 1944, 261-313, 263.
[406] VAN CAENEGEM, *Royal Writs*, cit., 141: o processo de substituição do inglês pelo latim foi gradual. Num período de transição, ambos os idiomas eram utilizados. RICHARD SHARPE, *The*

§ 5.º SISTEMA FORMALÍSTICO DE ACÇÕES: *WRIT SYSTEM*

I, William, king, greet William, bishop, and Gosfrith, port-reeve, and all the burghers within London, French and English, friendly; and I do you wit that I will that ye both be worthy of all the laws that ye were worthy of in King Edward's day. And I will that every child be his father's heir, after his father's day. And I will not endure that any man offer any wrong to you. God keep you[407].

Algumas alterações são, porém, introduzidas. Destacamos a inscrição da sua data de elaboração e a referência a um conjunto de testemunhas que terá presenciado a sua feitura, com o objetivo de conferir maior credibilidade e, consequentemente, maior eficácia ao documento[408].

II. Desde a conquista que os soberanos normandos souberam aproveitar as instituições anglo-saxónicas para prosseguir os seus intentos centralizadores. Esta capacidade oportunista verificou-se, também, no uso dos *writs* para propósitos até então não explorados[409]. Seguindo a posição de VAN CAENEGEM[410], os *old writs* normandos podem ser agrupados em quatro grandes categorias, de acordo com a sua função ou objeto: *writs* governativos[411], *writs* feudais[412], *writs* políticos[413] e *writs* judiciais.

Use of Writs in the Eleventh Century, 32 ASE, 2003, 247-291, 249: o latim substituiu o inglês na década de 70 do século XI.

[407] *Charter of William I to the City of London*, datado entre 1066 e 1075, in STUBBS, *Select Charters*, cit., 97. A denominação *charter* não se adequa à forma do documento. Os elementos caracterizadores do *writ* são facilmente identificáveis. Um facsimile do *writ* pode ser consultado em REGINALD R. SHARPE, *London and the Kingdom*, Vol. I, Longmans, Green, Londres, 1894.

[408] VAN CAENEGEM, *Royal Writs*, cit., 148.

[409] DOUGLAS, *William the Conqueror*, cit., 293: o autor defende que, no reinado do Confessor, o *writ* era, essencialmente, utilizado para conceder terras e confirmar direitos. Esta prática fora já seguida pelos monarcas anglo-saxónicos anteriores. A partir do reinado de *William*, os *writs* passam a assumir o conteúdo de ordens e de comandos. STENTON, *William the Conqueror*, cit., 421: a distribuição de terras pós conquista foi conduzida por intermédio de *writs*.

[410] VAN CAENEGEM, *Royal Writs*, cit., 177-190.

[411] Modalidade generalista que abarca vários tipos de *writs*, desde simples ordens para comparecer perante o monarca: "*Mandate by Henry I to Ranulf Bp. Of Durham: To come under safe conduct to the King's presence and back, for love of the King's brother Robert*", No. 539. [1101, Aug.] London in *Regesta Regum Anglo-Normannorum*, Vol. II: *Regesta Henrici Primi 1100-1135*, editado por CHARLES JOHNSON e H. A. CRONNE, Clarendon Press, Oxford, 1956, 11; até a isenções tributárias: "*William notifies bishop Æthelmær of Elmham and earl Ralph and all barons and French and English sheriffs wherever the abbey of Bury St Edmunds has lands that he order that the abbey's demesnes are to be free of all scots and gelds as in the time of king Edward*", No. 35. Bury St Edmund, Abbey, 1066

Embora de carácter excecional e com um conteúdo longe de estar estandardizado[414], os *old writs* judiciais do período normando, também denominados *rectum facias*, estão na base do sistema formalístico, como de resto resulta da leitura de *Glanvill*. Os avanços uniformizadores do reinado de *Henry II*, em especial no que respeita ao *writ of right* e aos *writs of praecipe*, são o resultado das ingerências judiciais iniciadas pelos Reis normandos.

Exemplos de *writs of right* ou *breve de recto*, que, no fundo, mais não são do que documentos reais dirigidos a um sujeito identificado, em que lhe é ordenada a constituição do tribunal local que preside e a, consequente, realização da Justiça, estão documentados desde os primeiros reinados normandos:

> *William, king of the English, to W[illiam] de Cahagnes, greeting. I order you to convene the country [court] of Northampton and to find out by its judgment whether the land of Isham paid a farm to the monks of St. Benedict in the time of my father. And if it is found that it did, let it be in the abbot's demesne. But if it is found to have been teinland, let him who hold it from the abbot and recognize it [as such]; which if he refuses to do, let the abbot have it in his demesne. And see no further complaint come to me thereof*[415].

No governo de *Henry I*, o conteúdo do *writ of right* manteve-se relativamente inalterado. Como reflexo do poder crescente dos monarcas, é acres-

---

x 1070 in DAVID BATES, *Regesta Regum Anglo-Normannorum. The Acta of William I*, Clarendon Press, Oxford, 1998, 196.

[412] Intimamente relacionado com as obrigações emergentes da relação feudal, como o caso paradigmático da convocação das hostes feudais: "*W. Rex Anglrum Athew' abbati de Eusham salutem Praecipio tibi quod submoneas omnes illos qui sub ballia et justitia sunt quatinus omnes milites quos mihi debent paatos habeant ante me ad octavas Pentecostes apud Clarendunam. Tu etiam illo die ad me vénias et illos quinque milites quos de abbatia tua mihi debes tecum paratos adducas*", Writ of Summons to the Feudal Host, datado de 1072, in WILLIAMS STUBBS, *Select Charters*, cit., 96-97.

[413] De carácter governativo, esta categoria abarca os *writs* que tinham propósitos políticos de alcance geral, conquanto, em regra, privilegiando alguma entidade em concreto. Como exemplo acabado refira-se um *writ* de *Henry I* relacionado com a atividade piscatória no rio Tamisa: "*Precept by Henry to Hamo Dapifer and Hugh de Bocland: "That fishermen are not to fish in the Rochester fishery on Thames, before the fishery of "Niuuera" [i. e. New Wear] which belongs to the church of Rochester*", in *Regesta Henrici Primi*, cit., 58, c. 776 data [1103-1106].

[414] GEORGE BURTON ADAMS, *Council and Courts in Anglo-Norman England*, Russell & Russell, Nova Iorque, 1965, 139: não há evidências da utilização de formas estandardizadas. Os *writs* eram elaborados para cada situação concreta.

[415] *Writ* do reinado de *William II* in VAN CAENEGEM, *Royal Writs*, cit., 1 (a.º 1087-96), 413.

centado que, no caso de o seu destinatário não levar a cabo a ordenada Justiça, outrem a irá realizar:

> Henry, king of England, to Walter of Bolebech, greeting. Do at one full right to the abbot of Ramsey... And unless you do it, Ralph Basset shall cause it to be done[416].

> Henry, king of the English, to Richard, bishop of London, greeting. I command you to do full right... And unless you do it, my barons of the exchequer shall have it done[417].

Já no que respeita aos *writs of praecipe*, ou seja, ordens judiciais a serem executadas pelos seus destinatários, a sua origem remonta, igualmente, ao período normando:

> William, by the grace of God king of the English, to Hugh the larderer, greeting. I command and order you to give back to Gausbert, abbot of Battle, the portion of fish which was taken away from Kent to Southampton and which of right is due to the church of Battle[418].

Apresentado como último reduto de Justiça, o facto de ser elaborado mediante apresentação de queixa junto do próprio Rei, sem contraditório das outras partes envolvidas, veio a desvirtuar, por completo, o instituto, obrigando o monarca a modificar, muitas vezes, uma anterior decisão[419].

A solução passou, naturalmente, pela possibilidade do destinatário do *writ* apresentar a sua versão num momento prévio à execução da decisão:

> Stephen, king of the English, to the earl of Warenne, greeting. I order you to let the monks of Reading hold their land of Catshill... and if you have claimed anything there, you shall come to my court and I will do you full right in the matter[420].

---

[416] *Writ* do reinado de *Henry I* in van Caenegem, cit., 12 (a.º 1100-27), 418.//
[417] *Writ* do reinado de *Henry I* in van Caenegem, cit., 13 (a.º 1108-27), 418.//
[418] *Writ* do reinado de *William II* in van Caenegem, cit., 30 (a.º 1094-5), 427.//
[419] Van Caenegem, cit., 241. A situação caótica a que se chegou é evidenciada por um *writ* do reinado de *Henry I*: "*Henry, king of England, to the abbot of Ramsey, greeting. I forbid you to do Hug Oilard anything but right, no matter what writ might be produced*" in R. C. van Caenegem, cit., 36 (a.º 1000-30), 420.//
[420] Van Caenegem, *Royal Writs*, cit., 45 (a.º 1000-30), 434.

A generalização da parte final deste *writ* contribuiu muitíssimo para as transformações operadas no sistema. O *writ* passa a ser interpretado não como uma ordem administrativa ou governativa, que devia ser prontamente executada, mas como uma notificação judicial[421].

17. Henry II: Common Law writs

I. O reinado de *Henry II* pode ser apontado como o ano zero do sistema formalístico de ações. Para além de ter promovido a padronização dos *writs of right*[422] e dos *writs of praecipe*[423], o monarca estabeleceu a obrigatoriedade – embora em *Glanvill* seja apresentada como um costume do reino[424] – de se adquirir um *writ of right* em litígios respeitantes a relações de vassalagem, o que englobava a maioria dos casos mais complexos. A regra *nemo tenetur respondere*, para além de colocar o monarca ao corrente de todas as disputas de terras e de representar um duro golpe no sistema feudal recentemente

---

[421] HOLDSWORTH, *A History of English Law*, Vol. II, cit., 172.
[422] O Tratado de GLANVILL apresenta uma série de modelos de *writs of right*. A título exemplificativo: "*The king to N., greeting. I command you to do full right without delay to R. . . . If you do not do it the sheriff will, that I may hear no further complaint for default of right in this matter. Witness, etc.*" in GLANVILL, cit., Livro XII, 4, 138.
[423] GLANVILL, cit., Livro I, 6, 5: "*The king to the sheriff, greeting. Command N. to render to R., justly and without delay . . . If he does not do so, summon him by good summoners to be before me or my justices on the day after the octave of Easter, to show he has not done so. And have there the summoners and this writ*". A compra do *writ* era a única forma que os súbditos tinham de recorrer à Justiça do Rei: "*When anyone complains to the lord king or his justices concerning his fee or free tenement, and the case is such that it ought to be, or the lord king is willing that it should be, tried in the king's courts, then the complainant shall have the following writ of summons*" in GLANVILL, cit., Livro I, 5, 5.
[424] GLANVILL, cit., Livro XII, 25, 148: "*It should be known, moreover, that according to the custom of the realm, no-one is bound to answer concerning any free tenement of his in the court of his lord, unless there is a writ from the lord king or his chief justice*". WARREN, *Henry II*, cit., 332: o autor desvaloriza o uso da expressão costume: na Idade Média, a assimilação de uma prática como costume era relativamente célere; VAN CAENEGEM, *The Birth*, cit., 26: defende idêntica posição; PLUCKNETT, *Legislation of Edward I*, cit., 6: o autor, relembrando os escritos de Azo, defende que 20 anos de prática reiterada era considerado, para a época, um costume antigo; HASKINS, *Norman Institutions*, cit., 189: esta norma não parece ter tido igual reconhecimento nas possessões normandas dos Reis ingleses; PLUCKNETT, *A Concise History*, cit., 156 e 356: sugere que já no reinado de *Henry I* esta prática estava enraizada, era costume.

§ 5.º SISTEMA FORMALÍSTICO DE ACÇÕES: *WRIT SYSTEM*

introduzido[425], visava evitar qualquer violação de direitos adquiridos, que não fosse fundada numa decisão jurisprudencial[426]:

> *When anyone claims to hold of another by free service any free tenement or service, he may not implead the tenant about it without a writ from the lord king or his justices. Therefore he shall have a writ of right, directed to the lord of whom he claims to hold*[427].

Como refere van Caenegem, a instauração deste regime é o reflexo de uma especial preocupação sentida pelos primeiros monarcas ingleses em relação à espoliação de terras[428]. Repare-se que a grande maioria dos documentos conhecidos do reinado de *William I* visa ou a confirmação de direitos reais anteriores à conquista[429] ou uma proteção efetiva da fruição desses mesmos direitos[430].

---

[425] Adams, *The Origin of the English Constitution*, cit., 97: considera que os tribunais feudais deixaram de ter razão de existir; Jolliffe, *Constitutional History*, cit., 260: descreve esta medida como limitativa dos direitos civis dos ingleses, visto o recurso aos tribunais estar dependente da aquisição de uma autorização real, por natureza discricionária; van Caenegem, *The Birth*, cit., 25-26: os vassalos não poderiam pleitear nos tribunais dos seus senhores.

[426] Thomas Glyn Watkin, *Feudal Theory, Social Needs and the Rise of the Heritable Fee*, 10 Cambrian L Rev, 1979, 39-62, 45. Processo que decorreu no tribunal do prior de *Spalding*, contra *Hugh* e *Geoffrey*, filhos de *Thowi*: "*So, seeing that they had lost that land by a just judgment, they freely and completely gave it up to the prior and the king's writ, which they had brought, they handed over to the said prior before the whole court which was present*" in Raoul C. van Caenegem, *English Lawsuits From William I to Richard I*, Vol. II: *Henry II and Richard I (Nos 347-665)*, 107 Selden Society, Londres, 1991, no. 362, 325.

[427] Glanvill, cit., Livro XII, 2, 137.

[428] Van Caenegem, *Royal Writs*, cit., 214-225.

[429] "*William notifies bishop Herman (of Sherbone) and Hugh son of Grip and all his barons of Dorset that he has granted the abbey of Abbotsbury its land as freely and peacefully as in the time f king Edward, with sake and soke, toll and team, infangenetheof, and whatever is cast up by the sea*" in Bates, *Regesta Regum Anglo-Normannorum*, cit., No. 2. Abbotsbury, abbey of St Peter 1066 x 1078, 113. Está prática remonta ao período saxónico: "*Edward by the grace of God king of England send(s) friendly greetings ... And I inform you that I have granted them that they be entitled to all the land that they had in the time of all my predecessors and in my time*" in Harmer, *Anglo-Saxon Writs*, cit., no. 34, 188.

[430] "*William, king of the English ... greeting ... And I command that nobody shall raise a claim against him about these lands in spite of my prohibition*" in van Caenegem, *Royal Writs*, cit., no. 159 (a.º 1079-83), 496. Repare-se que encontramos semelhantes *writs* no reinado do Confessor: "*King Edward*

II. Paralelamente à estandardização dos *writs of right* e *writs of praecipe*, o reinado de *Henry II* é marcado pela introdução de um conjunto variado de fórmulas de ação. Fruto das necessidades do sistema, mas também das pretensões centralizadoras do "Leão da Justiça", que desejava estender a sua influência a todos os casos não abrangidos pelo *writ of right* ou cujo processo subjacente não era o mais adequado: (1) *writ of mort d'ancestor*[431], consequência direta do *Assize of Northampton*[432]: permitia aos herdeiros do vassalo contestar a demora ou a não atribuição do direito pertencente ao seu antecessor[433]; (2) *writ of utrum*, procedente das *Constitutions of Clarendon*[434] e da oposição de *Henry II* ao poder eclesiástico[435]: indispensável para

---

send friendly greetings... And I will not permit anyone to take away from him any of the things (shires in which Abbot Ordric has land) I have granted him" in HARMER, *Anglo-Saxon Writs*, cit., no. 4, 132.

[431] *Writ of mort d'ancestor* do reinado de Henry I: *"H[enry], king of the English... greeting. I order that Gervase, son of Roger, be seised and tenant of all the lands and property of his father"* in VAN CAENEGEM, *Royal Writs*, cit., 101 (a.º ca. 1030), 465; CATHERINE M. A. MCCAULIFF, *The Medieval English Marriage Portion from Cases of Mort d'Ancestor and Formedon*, 38 Vill L Rev, 1993, 933-1002, 951-968.

[432] C. 4: *"Item, if any freeholder has died, let his heirs remain possessed of such "seisin" as their father had of his fief on the day of his death... And should the lord of the fief deny the heirs of the deceased "seisin" of the said deceased which they claim, let the justices of the lord king thereupon cause an inquisition to be made by twelve lawful men as to what "seisin" the deceased held there on the day of his death"* in *English Historical Documents*, Vol. II, cit., 412.

[433] Repare-se que, como se disse no número 7/II, não existia propriamente um direito a ocupar a posição judicial dos seus progenitores, cfr., GLANVILL, cit., Livro XIII, 2-3, 149-150: *"When anyone dies seised of a free tenement, if he was seised in his demesne as of fee, then his heir can lawfully claim the seisin which his ancestor had, and if he is full age he shall have the following writ: The king to the sheriff, greeting. If G. son of O. gives security for prosecuting his claims, then summon by good summoners twelve free and lawful men from the neighbourhood of such-and-such a vill to be before me or my justices on a certain day, ready to declare on oath whether O. father of the aforesaid G. was seised in his demesne as of his fee of one virgate of land in that vill on the day he died, whether he died after my first coronation, and whether the said –g. is his heir"*.

[434] C. 9: *"If a dispute shall arise between a clerk and a laymen, or between a layman and a clerk, in respect of any holding which the clerk desires to treat as free alms, but the laymen as lay fee, it shall be determined by the recognition of twelve lawful men through the deliberation, and in the presence of the king's chief justice, whether the holding pertains to free alms or to lay free"* in *English Historical Documents*, Vol. II, cit., 720-721.

[435] SAMUEL E. THORNE, *The Assize "Utrum" and Canon Law in England*, 33 Colum L Rev, 1933, 428-436.

§ 5.º SISTEMA FORMALÍSTICO DE ACÇÕES: *WRIT SYSTEM*

determinar a natureza secular ou eclesiástica da terra[436]; (3) *writ of darrein presentement*, objeto primordial das *Constitutions of Clarendon*[437] e também com raízes na política eclesiástica desenvolvida por *Henry I*[438]: indispensável para dirimir litígios relacionados com a nomeação de clérigos[439]; e (4) *writ of novel disseisin*[440], intimamente ligado ao princípio *nemo tenetur respondere*, terá, de acordo com a posição defendida por POLLOCK e MAITLAND, as suas origens[441] num *Assize*, datado por volta do ano 1166, mas do qual, infelizmente, não resta nenhum exemplar que comprove a sua existência[442]. O *writ of novel*

---

[436] GLANVILL, cit., Livro XIII, 23-24, 163: *"Now there follows the recognition for determining whether any tenement is lay or ecclesiastical. If either party wishes to have a recognition to settle this, the recognition shall be summoned by the following writ: The king to the sheriff, greeting. Summon by good summoners twelve free and lawful men from the neighbourhood of such-and-such a vill to be before me or my justices on a certain day, ready to declare on oath whether one hide of land, which N. parson of the church in that vill claims as free alms of his church against R. in that vill, is lay fee of R. or ecclesiastical fee".*

[437] C. 1: *"If a dispute shall arise between laymen, or between clerks and laymen, or between clerks, concerning advowson and presentation to churches, let it be treated and concluded in the court of the lord king"* in *English Historical Documents*, Vol. II, cit., 719.

[438] JOHN W. GRAY, *The Ius Praesentandi in England from the Constitutions of Clarendon to Bracton*, 67 EHR, 1952, 481-509.

[439] GLANVILL, cit., Livro XIII, 18-19, 160-161: *"When a church is vacant and there is a dispute about the presentation, it can be decided by a recognition of darrein presentment, if either party asks for this in the court; and he shall request the following writ: The king to the sheriff greeting. Summon by good summoners twelve free and lawful men from the neighbourhood of such-and-such a vill to be before me or my justices on a certain day, ready to declare on oath which patron presented the last parson who is now death to the church in that vill, which is alleged to be vacant and of which N. claims the advowson".*

[440] As suas origens remontam ao reinado de *William I*: *"William (by the grace of God), king of the English... greeting. I command and order that you cause St. Augustine and Abbot Scotland to be repossessed of the borough of Fordwich, which Haimo the sheriff now holds, and also of all other lands which Æthelsige, whom I sent into exile, either by carelessness or fear or greed have gave away or allowed to be alienated"* in *English Historical Documents*, Vol. II, cit., 432.

[441] ROBERT WARDEN LEE, *The Interaction of Roman an Anglo-Saxon Law*, 61 S African LJ, 1944, 155-173, 161: coloca na origem do conceito a *action spolii* canónica e a *unde vi* romana.

[442] POLLOCK e MAITLAND, *The History*, Vol. I, cit., 145-146. Esta posição é igualmente seguida por DONALD W. SUTHERLAND na sua monografia dedicada ao tema: *The Assize of Novel Disseisin*, Clarendon Press, Oxford, 1973, 6-7. A tese da existência de legislação sobre a *novel disseisin* é suportada por uma série de documentos históricos. O primeiro fundamento é encontrado em GLANVILL: *"There remains for discussion those which are concerned with the seisin only. By virtue of a constitution of the realm called an assize these questions are for the most part settled by recognition, and therefore the various kinds of recognition must now be confirmed"* in GLANVILL, cit., Livro XIII, 1, 148-149. BRACTON, na sua monumental obra, refere que o *assize of novel disseisin* foi o resultado

disseisin, o que maior longevidade e impacto alcançou dos quatro *writs* mencionados[443], era obrigatório para a resolução de litígios relacionados com o desapossamento ilegal[444].

Embora haja uma tendência, entre os juristas e historiadores anglófonos, para comparar o *writ of right* a ações de reivindicação de propriedade e as

---

de longas noites de estudo e preparação: *"Cum igitur disseisitus ita negligens fuerit in hac parte quod nolit vel non possit disseisitorem suum reicere, de beneficio principis succurritur ei per recognitionem assisæ novaæ disseisinæ, multis vigiliis excogitatam et inventam"* in *Bracton on the Laws and Customs of England*, Vol. III, tradução de SAMUEL E. THORNE, editado por GEORGE E. WOODBINE, Belknap Press of Harvard University Press, Cambridge, 1977, f. 164b, 25. Num costume do *borough* de Londres é referido: *"But when the assize of recognition of disseisin was made in the realm by the king"* in MARY BATESON, *Borough Customs*, 18 Selden Society, Quaritch, Londres, 1904, 232. Também o *Assize the Northampton*, datado de 1176, alude ao desrespeito do, hipotético, *Assize of Novel Disseisin*: *"let the justices of the lord king cause an inquisition to be made concerning dispossessions carried out contrary do the assize"* in *English Historical Documents*, Vol. II, cit., 412. A partir desta data, encontram-se, nos *Pipe Rolls*, referências a sanções pecuniárias pela prática de *disseisin* em desrespeito do *Assize* do Rei, cfr., *The Great Roll of the Pipe for the Twelfth Year of the Reign of King Henry the Second, A. D. 1165-1166*, 9 Pipe Roll Society, 12 Henry II, Wyman & Sons, Londres, 1888, 64. MILSOM defende que o Assize faria parte do *Assize de Clarendon*. Inicialmente, teria uma natureza extraordinária e estava circunscrito ao Direito criminal. Gradualmente, foi assumindo uma dimensão civil, cfr., *Historical Foundations*, cit., 138-139 e POLLOCK e MAITLAND, *The History*, Vol. I, cit., xxxix. Esta teoria, também defendida por VAN CAENEGEM, *Royal Writs*, cit., 283 ss., foi avançada por DORIS MARRY STENTON na sua exposição sobre o reinado de *Henry II* in *The Cambridge Medieval History*, Vol. V: *Contest of Empire and Papacy*, CUP, Cambridge, 1957, reimpressão da edição 1926, 586-587: *"It appears as though Henry at first made his benefits for a time compulsory that he might make people realize their advantages before he put up definite writs and a definite procedure for sale"*. A ilustre professora veio, posteriormente, a rever sua posição, passando a afirmar que esta possibilidade não se enquadrava na política desenvolvida por *Henry II* ao longo de todo o seu reinado, cfr., *English Justice*, cit., 36-37.

[443] SUTHERLAND, *The Assize of Novel Disseisin*, cit..

[444] GLANVILL, cit., Livro XIII, 32-33, 167-168: *"When anyone has unjustly and without judgment disseised another of his free tenement within the assize of the lord king... then the disseisse can claim the benefit of this constitution, and shall have the following writ: The king to the sheriff, greeting. N. has complained to me that R. unjustly and without a judgment has dissesed him of his free tenement in such--and-such a vill since my last voyage to Normandy. Therefore I command you that, if N. gives you security for prosecuting his claim, you are to see that the chattels which were taken from the tenement are restored to it, and that the tenement and the chattels remain in peace until the Sunday after Easter... And summon R., or his bailiff if he himself cannot be found, on the security of gage and reliable sureties to be there then to hear the recognition"*.

restantes fórmulas a ações possessórias[445], esta posição não reflete a natureza jurídica das ações e dos direitos que lhe estão associados[446].

No fundo, os *writs* ditos possessórios visavam pôr termo a um esbulho concreto, enquanto que o *writ of right* tinha como propósito determinar, de entre as partes processuais, qual era o titular de uma relação mais antiga ou próxima com o direito em disputa[447].

A comparação entre o *writ of right* e o *writ of novel disseisin* permite-nos evidenciar as diferenças substantivas e processuais de *writs* com objetos semelhantes, a frequente sobreposição das fórmulas e a natureza progressiva do sistema.

III. Tradicionalmente, quando alguém visse a sua posição jurídica, em relação a uma determinada parcela de terra, afetada, não sendo aqui relevante a natureza exata desse direito, ou considerasse ser titular de um direito superior ao detido pelo corrente proprietário deveria adquirir um *writ of right*. O litígio iniciado por essa fórmula era, originariamente, resolvido em duelo[448]. Este costume normando, introduzido por *William I* no âmbito do Direito penal[449], rapidamente foi adotado para litígios de natureza civil[450].

---

[445] Esta confusão terminológica resulta do uso, em *Bracton*, de termos jurídicos romanos num contexto indevido. Esta errada utilização não tem sido combatida pelos juristas ingleses, que não demonstram qualquer cuidado em explicar as diferentes aceções dos conceitos empregues, o que tende a dificultar a própria análise dos seus textos.

[446] PLUCKNETT, *A Concise History*, cit., 356

[447] PLUCKNETT, *A Concise History*, cit., 358, GLANVILL, cit., Livro II, 2, 23: "… *and seek a recognition to determine which of the parties has the greater right in the land*".

[448] Apesar de centenária, a grande obra de referência continua a ser GEORGE NEILSON, *Trial by Combat*, The Lawbook Exchange, Nova Jérsia, 2000, reedição da edição de 1890. Vide, ainda, M. J. RUSSELL, *I Trial by Battle and the Writ of Right*, 1 J Leg Hist, 1980, 111-134.

[449] *The Laws of William the Conqueror*, c. 6: "*It was also decreed there that if a Frenchman shall charge an Englishman with perjury or murderer or theft or homicide or "ran", as the English call open rapine which cannot be denied, the Englishman may defend himself, as he shall prefer, either by the ordeal of hot iron or by wager of battle*" in *English Historical Documents*, Vol. II, 1042-1189, cit., 399. RUSSELL, *I Trial by Battle*, cit., 112: não existem provas da presença deste costume em terras inglesas. Repare-se que este sistema era bastante comum na Europa continental.

[450] Encontramos no *Domeday Book* diversas entradas que descrevem disputas de terras resolvidas por duelo: F. 146V, Norfolk: "*In Matlask, where Count Alan holds [an estate], 1 man of the king's claims 16 acres of land by offering judicial ordeal or battle against the Hundred which testifies that they belong to the count*" e F. 190, Norfolk: "*One f those 7 [freeman] of Tasburgh, Heme[r de Ferrers] claims; and a certain Englishman, his man, hereupon offers [to undergo] judicial ordeal [to the effect] that his predecessor*

Henry I limitou o recurso a este procedimento às disputas de terras de grandes dimensões[451].

No ano de 1179, no reinado de *Henry II*, foi introduzido um novo modelo processual, denominado *Grand Assize*. Em termos gerais, permitia que a decisão do litígio fosse determinada não em duelo, muitas vezes levado a cabo por campeões profissionais e não pelos próprios, mas por um júri composto por doze homens honrados[452]: uma solução muito mais civilizada e com consequências incomparavelmente menos dramáticas para o vencido[453]. Uma segunda diferença processual residia nos possíveis adiamentos do processo: o *Grand Assize* era bastante mais restritivo[454].

Mesmo assim, o *Grand Assize* caracterizava-se pela sua morosidade e por ser altamente dispendioso. Primeiro, era necessário adquirir um *writ of peace*, que visava impedir o prosseguimento da ação pela via do duelo[455]; de seguida, era necessário comprar um outro *writ*, que seria enviado a quatro cavaleiros, a título de notificação. Estes quatro cavaleiros deveriam, então, selecionar e nomear doze juízes[456]. Selecionados os doze jurados, era ainda

---

was seised of him on the day that King Edward was alive and dead; and this the whole Hundred disputes either by battle or by judicial ordeal" in ANN WILLIAMS e GEOFFREY H. MARTIN, *Domesday Book: a Complete Translation*, Penguin Books, Londres, 2003, 1078-1079 e 1112; NEILSON, *Trial by Combat*, cit., 32: não é claro qual o papel desempenhado pelo duelo em litígios cíveis, sendo, porém, certo que não estava circunscrito a ações de natureza criminal.

[451] *Leges Henrici Primi*, cit. c. 59, 16a, 189: "*Trial by battle shall not take place unless the property in dispute is at least ten shillings in value*".

[452] GLANVILL, cit., Livro II, 3, 23: "*When the plaint and claim of the demandant have been heard, it is for the tenant to choose whether he will put himself against the demandant by battle, or will put himself upon the assize of the lord king and seek a recognition to determine which of the parties has the greater right in land*"; GLANVILL, cit., Livro II, 7, 28: "*for whereas battle is fought on the testimony of one witness, this constitution requires the oaths of at least twelve men*".

[453] GLANVILL, cit., Livro II, 7, 28: "*This assize is a royal benefit granted to the people by goodness of the king acting on the advice of his magnates. It takes account so effectively of both human life and civil condition that all men may preserve the rights which they have in any free tenement, while avoiding the doubtful outcome of battle. In this way, too, they may avoid the greatest of all punishments, unexpected and untimely death, or at least the reproach of the perpetual disgrace which follows that honourably from the mouth of the vanquished*".

[454] GLANVILL, cit., Livro II, 7, 28: "*Fewer essoins are allowed in the assize than in battle.*"

[455] GLANVILL, cit., Livro II, 7-9, 28-29.

[456] GLANVILL, cit., Livro II, 8-9, 30.

exigido que se adquirisse um novo *writ*, de modo a que os escolhidos fossem notificados[457].

Já em relação ao processo decisório, este era elaborado com base nos conhecimentos concretos de cada um dos doze jurados, devendo, no caso de um dos escolhidos invocar o seu desconhecimento, ser substituído por outro homem honrado[458]. A lei exigia que a decisão fosse apoiada por doze cavaleiros, significando, na prática, que, no caso de não haver unanimidade, teriam de ser notificados novos jurados, até uma das partes ser apoiada pelo número legalmente estabelecido[459].

Por oposição, o *assize of novel disseisin* apenas requeria a aquisição de um *writ*[460]; não permitia adiamentos[461]; o júri era também composto por doze jurados, embora a lei fale de vizinhos e não de cavaleiros; e não era necessário que a posição vencedora fosse unanimemente corroborada[462].

Repare-se que, conquanto o *writ of right* tivesse um campo de aplicação mais vasto do que o de *novel disseisin*, no caso de alguém ter sido desapossado da sua terra poderia recorrer a ambos os institutos. Acresce que a decisão do tribunal, no âmbito de um *writ of novel disseisin*, não era definitiva, podendo, posteriormente, ser posta em causa por terceiros[463], que teriam de adquirir o respetivo *writ of right* e recomeçar todo o processo.

18. Henry III: *writs of entry*

I. Depois do turbulento reinado de João, Sem Terra, marcado pela elaboração da Magna Carta e pela revolta dos grandes Barões do reino, a ordem social foi restaurada por *Henry III*[464]. Os últimos anos do seu longo reinado representam o período áureo do sistema formalístico de ações[465]. Nos sécu-

---

[457] GLANVILL, cit., Livro II, 14-15, 33.
[458] GLANVILL, cit., Livro II, 17, 34.
[459] GLANVILL, cit., Livro II, 17, 34.
[460] GLANVILL, cit., Livro XIII, 33, 167.
[461] GLANVILL, cit., Livro XIII, 38, 169.
[462] GLANVILL, cit., Livro II, 33, 167.
[463] PLUCKNETT, *A Concise History*, cit., 386.
[464] Filho de *John* e neto de *Henry II*, nasceu em 1 de outubro de 1207 e faleceu em 16 de novembro de 1272. Reinou durante 56 anos, desde 1216 até à data da sua morte.
[465] POLLOCK e MAITLAND, *The History*, Vol. II, cit., 564.

los seguintes, os avanços do modelo tiveram um simples papel complementador, de preenchimento de espaços lacunares e de expansão de fórmulas já existentes[466].

Os notáveis progressos do reinado de *Henry III* foram positivados por BRACTON, na sua monumental obra *De Legibus et Consuetudinibus Angliae*, que, apesar de estar recheada de termos romanísticos, nem sempre corretamente recebidos, ocupou durante séculos o lugar de grande obra de referência da *Common Law*.

A base do sistema mantém-se relativamente inalterada, com os *writs of right, mort d'ancestor* e *novel disseisin* no centro da ação judicial. O *writ of novel disseisin* era utilizado em casos de desapossamento violento e direto[467], apenas podendo ser adquirido pelo próprio desapossado[468].

O *writ of mort d'ancestor* permitia, aos herdeiros, invocar o direito dos seus antecessores no caso de a sua sucessão ser negada ou adiada sem justificação[469]. Este instituto tinha, porém, um campo de aplicação circunscrito, visto apenas poder ser aproveitado por herdeiros muito próximos do falecido: mãe, tio, tia, irmão ou irmã[470]. O seu campo de ação circunscrito levou

---

[466] POLLOCK e MAITLAND, *The History*, Vol. II, cit., 174.

[467] Estes institutos não tinham o seu campo de aplicação limitado a disputas de direitos de propriedade. Podiam ser utilizados para qualquer outra situação associada ao uso ou fruição de uma parcela identificada de terra ou a servidões de passagem: *"The king to the sheriff, greeting. E order you to justice such a one that rightfully etc. he permit such a one to have a certain right of way in his land of such a vill which he ought to and is accustomed to have, as he says, according as he may reasonably show that he ought to have it there"*. Podiam, ainda, ser invocados no âmbito de disputas relacionadas com a pastagem de gado: *"The king to the sheriff, greeting. A. has complained to us that B. wrongfully and without judgment disseised him of his common of pasture in such a vill which is appurtemant to his free tenement in the same vill"*; ou com práticas piscatórias: *"We order you to justice such a one that rightfully etc. he permit such a one to have his common of fishery in his water as cuh a vill which he ought to and is accustomed to have, as he says, as he may reasonably"* in BRACTON, Vol. III, cit., f. 233b, 193, f. 224, 171 e f. 233b, 194.

[468] BRACTON, Vol. III, cit., f. 161b, 18: "... *it may be taken and lost, without his consent, by wrongful force"*.

[469] BRACTON tem o cuidado de, a título introdutório, explicar a *ratio* de cada *writ*, cfr., BRACTON, Vol. III, cit., f. 252b, 245: *"We have spoken above of one's own seisin and how one may be restored when he has been wrongfully and forcibly disseised, expelled completely or kept from the full enjoyment of his seisin. Now we must turn to another's seisin, that of a kinsman, a deceased ancestor, and explain how it may be acquired by nearer heirs. A nearer heir will have the same seisin his ancestor had of everything of which the ancestor died seised as of fee"*.

[470] Dois *writs of mort d'ancestor* in BRACTON, Vol. III, cit., f. 254, 249.

ao desenvolvimento de um *writ* similar, que podia ser adquirido por herdeiros mais distantes, denominado *writ of cosinage*[471].

E, finalmente, o *writ of right*, que era utilizado para as situações não abrangidas pelos *writs of novel disseisin* e *mort d'ancestor*. A relação entre o *writ of right* e o *novel disseisin* é mais clara em *Bracton* do que era em *Glanvill*, sendo evidente a existência de uma hierarquia entre os dois:

> *If one once sued by this writ of right... he will never afterwards have recourse to an action on the possession, especially since the plea by writ of right includes both rights, possession as well as property*[472].

Conquanto os *writs of novel disseisin* e *mort d'ancestor* abrangessem as situações mais típicas, tinham um campo de aplicação muito reduzido, pelo que a maioria dos litígios tinha de ser resolvida através dos *writs of right*.

II. O Direito inglês foi, desde os primórdios do século XII, objeto de uma revolução sistemática. Esta evidência, palpável no tratado de BRACTON, traduziu-se numa construção dogmática, algo rudimentar, dos Direitos reais, com bastante impacto na aplicação prática dos seus institutos. O apuramento conceptual permitiu a identificação de áreas cinzentas e lacunosas, que irão ser preenchidas pelo novo *writ*, denominado *of entry*[473].

Em termos gerais, podemos afirmar que o *writ of entry* era um complemento dos *writs of novel disseisin* e *mort d'ancestor*, ao mesmo tempo que permitia evitar as morosidades e custos característicos do *writ of right*[474]. Antes da sua institucionalização, encontram-se documentados diversos casos em que os autores pretenderam, em juízo, estender o campo de aplicação dos *writs of novel disseisin* e *mort d'ancestor*, embora sem sucesso[475].

---

[471] BRACTON, Vol. III, cit., f. 281, 318: "*Since the assize of mortdancestor is applicable only within certain degrees of kingship, and lies on the death of certain persons against certain persons, and is not extended beyond them*".

[472] BRACTON, Vol. IV, cit., f. 328, 47.

[473] STROUD FRANCIS CHARLES MILSOM, *What Was a Right of Entry?*, 61 CLJ, 2002, 561-574: o autor explora a dimensão substantiva do *writ of entry*, no fundo, o que permitia a um sujeito alegar, em juízo, que detinha direitos de propriedade sobre um determinado bem.

[474] MILSOM, *Historical Foundations*, cit., 143-149.

[475] JOSEPH BIANCALANA, *The Origin and Early History of the Writs of Entry*, 25 Law & Hist Rev, 2007, 513-556: o autor, que analisa a questão de forma muito minuciosa, remete, com enorme frequência, para fontes oficiais da época.

Em 1201, *Wunnar* interpôs uma ação, por recurso a um *writ of mort d'ancestor*, em que alegou o desapossamento ilegal de um terreno, de que o seu pai era proprietário. O réu defendeu-se alegando que a terra que ele administrava era da sua mulher, à data já falecida, e não dele, tendo passado para o seu legítimo herdeiro, o filho de ambos. Perante este novo dado, *Wunnar* argumenta que a mulher do réu não detinha qualquer direito sobre a terra. O tribunal declara-se incompetente para dirimir este litígio, por não ser abrangido pelo instituto da *novel disseisin*, concluindo que, caso *Wunnar* pretendesse ver o seu direito reconhecido, deveria adquirir o correspondente *writ of right*[476].

III. A rigidez do sistema foi sendo, gradualmente, ultrapassada, não por intermédio de uma extensão dos *writs* já existentes, mas pela criação de novos *writs*, com campos de aplicação cada vez mais limitados[477].

O *writ of entry sur disseisin*[478], datado de 1204, visava o prosseguimento da ação *novel disseisin* quer por parte dos herdeiros do desapossado, quer mantendo os herdeiros do prevaricador no banco dos réus[479]. Previamente à sua institucionalização, no caso de um dos intervenientes de uma ação de *novel disseisin* falecer, o desapossado ou o seu herdeiro teriam de adquirir um *writ of right*, de forma a prosseguirem a ação de reivindicação[480].

Inspirado no *writ of gage* de Glanvill[481], o *writ of entry of terminum qui praeteriit*[482], datado de 1199, possibilitava a propositura de ações de restituição de

---

[476] DORIS MARY STENTON, *Pleas Before the King or his Justices 1198-1202*, Vol. II: *Rolls or Fragments of Rolls From the Years 1198, 1201 and 1202*, 68 Selden Society, 1952, Bernard Quaritch, Londres, 1952, 455, 116-117.

[477] Centramo-nos, apenas, nos *writs of novel disseisin* e *mort d'ancestor*. Não se ignoram os avanços alcançados no âmbito do *writ of dower*, relacionado com a recuperação de bens constituídos em dote.

[478] BRACTON, Vol. III, cit., f. 219b, 159: *"The king to the sheriff, greeting... but the taking of the assise remained because the aforesaid C. died before the taking of that assise"*.

[479] GEORGE D. G. HALL, *The Early History of Entry sur Disseisin*, 42 Tul L Rev., 1968, 583-602.

[480] BIANCALANA, *The Origin*, cit., 521.

[481] GLANVILL, cit., Livro X, 9, 125: *"The king to the sheriff, greeting. Command N. to restore, justly and without delay, so much land (or, certain specified land) in such-and-such a vill to R. who gaged it to him for a hundred marks until the end of a term which is now past, as R. alleges"*.

[482] BRACTON, Vol. IV, cit., f. 318b, 22: *"The king to the sheriff, greeting. Order A rightfully and without delay to return to B so much land with the appurtenances in such a vill which the same B. demised to him for a term that has passed, as he says"*.

terras dadas em garantia. Esta situação não era abrangida pelo *writ of novel disseisin*, visto a terra não ter sido esbulhada, mas dada em garantia.

O *writ of entry in custodia and dum fruit infra aetatem*[483], datado de 1200, alicerçado no princípio de que os bens do infante não podiam ser alienados pelo seu curador[484], permitia a entrada de uma ação com vista à sua recuperação. O *writ of novel disseisin* não tinha, aqui, utilidade, visto o direito invocado não ter sido esbulhado de modo violento[485].

Semelhante ao *writ of entry in custodia*, o *writ of entry of unauthorized conveyances* visava a alienação de terras por sujeitos que, embora exercessem um certo grau de administração, não tinham legitimidade para alienar a posição jurídica, como o caso paradigmático do abade que alienava terras sem o consentimento prévio e necessário da comunidade que governava[486].

Por último, cumpre referir o *writ of entry of non compos mentis*[487]. Apesar da documentação existente nos fornecer dados que comprovam a invocação da exceção da incapacidade do sujeito ativo no momento da transmissão do direito, em ações de *novel disseisin*, a sua institucionalização data, apenas, dos inícios da década de 40 do século XIII.

IV. Composto por um grupo bastante heterogéneo, o *writ of entry* permitia que se pusessem em causa os direitos dos subadquirentes, alegando-se que a sua "entrada na terra" tinha origens num desapossamento ilegal. Este novo *writ* podia também ser utilizado para as situações clássicas abrangidas pelos *writs of novel disseisin* e *mort d'ancestor*[488]. O *writ of entry* estava, assim, na

---

[483] BRACTON, Vol. IV, cit., f. 324, 38: "*The king to the sheriff, greeting. Order A, that rightfully and without delay he render to B.... A. has no entry except through C. who had nothing except wardship therein while the same B. was within age an in his wardship, as he says*".
[484] GLANVILL, cit., Livro VII, 9, 82.
[485] SUTHERLAND, *The Assize of Novel Disseisin*, cit., 146.
[486] BRACTON, Vol. IV, cit., f. 323b, 35: "*The king to the sheriff, greeting... he has no entry except through such a one, formerly abbot of such a place, who demised it to him without the assent of his chapter, as he says.*"
[487] BRACTON, Vol. IV, cit., f. 323b, 36: "*The king to the sheriff, greeting... in which he has no entry except through such a one, the father (or other ancestor) of the aforesaid, whose heir he is, who demised it to him while he was not of sound of mine (or "while he was not campos nor of sound mind") as he says*".
[488] BRACTON, Vol. IV, cit., f. 318, 21: "*one claims seisin, his own or that of some ancestor, of a thing which he willingly demised to another for a term of years or a term of life, and which at the conclusion of the term ought to return to him, where the assize of novel disseisin does not lie because he is not disseised wrongfully and against his will. Nor does the assize of mortdancestor, because his ancestor did not died seised in his demesne as of fee, because the other, he who held it for life, had the free tenement, which would*

hierarquia das ações reais, num patamar superior em relação aos *writs* ditos possessórios.

O *writ of entry* tinha, porém, algumas regras que limitavam o seu campo de aplicação: apenas podia ser invocado quando fosse corroborado por alguém que tivesse conhecimento direto do direito alegado e apenas até à terceira transmissão[489]. Estas regras colocavam-no hierarquicamente abaixo do *writ of right*, em relação ao qual não existia limitação de qualquer tipo. O surgimento deste novo *writ* teve, evidentemente, um impacto direto na aquisição de *writs of right*[490].

A sobreposição das ações permitia, ainda, que, dependendo dos factos alegados, a parte vencida numa ação de *novel disseisin* pudesse adquirir um *writ of entry* e reiniciar todo o processo, com diferentes regras processuais e substantivas; caso perdesse uma segunda vez podia sempre socorrer-se do *writ of right*.

19. A influência romana em *Bracton*

I. Quando, em 1605, John Cowell defendeu que o Direito inglês mais não era do que uma mistura de Direito romano e de Direito feudal[491], foi fortemente criticado tanto por parte dos governantes do reino, como pelos seus pares[492]. Os maiores ataques foram levados a cabo por Edward

---

be otherwise if it were for a term of years, though for a term of a hundred years which would exceeed the life of man. This action lies not only against him who took the thing for a term, but also against all who have their entry through him".

[489] Bracton, Vol. IV, cit., f. 318, 21: *"which is determined by a jury on the testimony and proof of those who can prove of their sight and hearing... For it does not exceed the third degree nor does the time exceed the testimony of one who saw and heard".*

[490] Paul Brand, *Kings, Barons and Justices: the Making and Enforcement of Legislation in Thirteenth-Century England*, CUP, Cambridge, 2003, 336-339.

[491] John Cowell, *Institutiones Juris Anglican: ad methodum et seriem institutionum imperialium compositæ & digestæ. Opus non solum juris Anglicani Romanique in hoc Regno studiosis, sed omnibus qui politeian & consuetudines inclyti nostri Imperii penitius scire cupiunt, utile & accommodatum*, Excudebat H. H. Academiæ typographus impresis F. Oxlad, fen. & Ed. Forrest, Oxoniæ, 1676. O autor chega mesmo a referir, no prefácio da obra (*Epistola Dedicatoria*), que pretende a união do sistema jurídico inglês e do sistema jurídico civilístico escocês.

[492] Charles H. McIlwain, *Our Heritage from the Laws of Rome*, 19 Foreign Aff, 1941, 597-608, 598: a hostilidade política ficou a dever-se, essencialmente, ao conteúdo da sua outra obra

§ 5.º SISTEMA FORMALÍSTICO DE ACÇÕES: *WRIT SYSTEM*

COKE[493], acérrimo defensor da supremacia da *Common Law* e que escreveu nas suas Instituições:

> *Here our common lawes are aptly and properly called the lawes of England, because they are appropriated to this kingdome of England as most apt and fit for the government thereof, and have no dependency upon any forreine law whatsoever, no not upon the civil or cannon law other then in cases allowed by the laws of England... so as the law of England is propirum quarto modo to the kingdome of England; therefore forrein precedents are not to be objected against us, because we are not subject to forrein lawes*[494].

A influência romanística, já sentida em GLANVILL, atingiu o seu apogeu na obra de BRACTON, *De Legibus et Consuetudinibus Angliae*[495]. A ascendência é de tal modo evidente que MAINE chegou a caracterizá-la como um plá-

---

polémica: *A Law Dictionary: or the Interpreter of Words and Terms, Used either in the Common or Statute Laws of Great Britain and in Tenures and Jocular Customs. First Published by the Learned Dr. Cowel, and in this Edition Very Much Augmented and Improved, by the Addition of Many Thousand Words, Found in Our Histories, Antiquities, Cartularies, Rolls, Registers, and other Manuscript Records. With an Appendix, Containing Two Tables; One of the Ancient Names of Places in Great Britain, and the other of the Antient Surnames; Both of Them Very Necessary for the Use of all such, as Converse with Antient Deeds, Charters, Etc.*, printed by E. And R. Nurr, and R. Gosling, Londres, 1727, reimpessão da edição de 1607.

[493] THOMAS FULLER, *The History of the Worthies of England*, edição revista por AUSTIN NUTTALL, Vol. I, Thomas Tegg, Londres, 1840, 420: este período ficou marcado por um acérrimo confronto entre os civilistas e os defensores da supremacia da *Common Law*. A querela alcançou grandes proporções. Num curioso episódio, COKE terá chegado a referir-se a COWEL como o Dr. Cow-heel, à letra calcanhar de vaca. O contributo do Direito romano, no pensamento dos grandes juristas ingleses, pode ser encontrado em DANIEL R. COQUILLETTE, *The Civilian Writers of Doctor's Commons, London. Three Centuries of Juristic Innovation in Comparative, Commercial and International Law*, Duncker & Humblot, Berlim, 1988.

[494] EDWARD COKE, *The Second Part of the Institutes of the Laws of England*, printed for E. and R. Brooke, Londres, 1797, 98. Curiosamente, COKE baseou-se em diversas passagens de *Bracton* que tinham origem romanística, cfr., THOMAS EDWARD SCRUTTON, *Roman Law Influence in Chancery, Church Courts, Admiralty, and Law Merchant* in *Selected Essays in Anglo-American Legal History*, Vol. I, coordenação da Association of American Law Schools, CUP, Cambridge, 1907, 208-247, 209-212.

[495] HENRY G. RICHARDSON, *Bracton: the Problem of His Text*, Selden Society, Supplementary Series, Vol. II, Bernard Quaritch, Londres, 1965: a mais completa e relevante obra dedicada a BRACTON e ao seu tratado. Curiosamente, o estudo mais moderno foi escrito por um autor

gio do *Corpus Juris Civilis*[496]. Posição diametralmente oposta foi assumida por REEVES. O historiador setecentista defendeu que se condensássemos todo o Direito Romano contido em BRACTON, este não ocuparia mais de três páginas[497].

A discussão foi, posteriormente, deslocada para os conhecimentos do autor. De uma exata perceção do domínio do Direito romano poder-se-ia inferir da real importância que o *Corpus Juris Civilis* assumiu na elaboração da obra. MAITLAND, que faz uma profunda análise entre *Bracton* e a *Summa Codicis* de Azo[498], concluiu que os conhecimentos romanísticos do jurista britânico eram bastante limitados[499]. Esta posição, embora corroborada por parte da doutrina[500], é claramente minoritária[501].

alemão: HORST HEINRICH JAKOBS, *De similibus ad similia bei Bracton und Azo*, Vittorio Klostermann, Francoforte, 1996.

[496] HENRY SUMNER MAINE, *Ancient Law: Its Connection with the Early History of Society, and Its Relation to Modern Ideas*, 4ª edição, John Murray, Londres, 1870, 82.

[497] JOHN REEVES, *Reeve's History of the English Law, from the Time of the Romans to the End of the Reign of Elizabeth*, Vol. II: *From the Reign of Edward I to the Reign of Edward IV*, comentado e anotado por WILLIAM F. FINLASON, Reeves & Turner, Londres, 1869, 360: "*if put together, would perhaps not fill three whole pages of his book*".

[498] Glosador bolonhês, nasceu por volta do ano de 1150 e faleceu entre 1225 e 1230.

[499] FREDERIC WILLIAM MAITLAND, *Select Passages from the Works of Bracton and Azo*, 8 Selden Society, Bernard Quaritch, Londres, 1895, xviii.

[500] HENRY GOUDY, *Two Ancient Brocards* in *Essays in Legal History Read Before the International Congress of Historical Studies Held in London in 1913*, coordenação de PAUL VINOGRADOFF, OUP, Oxford, 1913, 215-232, 223; RICHARDSON assume uma posição extrema, *Bracton*, cit., 89: o autor afirma que BRACTON, para além de não dominar o Direito romano, nem o Direito canónico, também não dominava o Direito inglês; JOHN L. BARTON, *Bracton as a Civilian*, 42 Tul L Rev, 1968, 555-602: atribui alguns erros e partes menos conseguidas, elementos em que alguns autores se apoiam para alegar a falta de conhecimentos romanísticos de BRACTON, ao facto de a obra nunca ter sido terminada. O texto que chegou aos nossos dias pode representar uma primeira versão não revista.

[501] ERWIN GRUBER, *The Study of Roman Law on the Continent and England*, artigo introdutório da 4ª edição da obra de RUDOLPH SOHM, traduzida por JAMES CRAWFORD LEDLIE, *The Institutes of Roman Law*, Clarendon Press, Oxford, 1892, xiii-xxxv e xxx; SCRUTTON, *The Influence of the Roman Law*, cit., 78; PLUCKNETT, *A Concise History*, cit., 261; GEORGE E. WOODBINE, *The Roman Element in Bracton's. De Adquirendo Rerum Dominio*, 31 Yale LJ, 1922, 827-847, 847. MITCHELL FRANKLIN, *Bracton, Para-Bracton(s) and the Vicarage of the Roman Law*, 42 Tul L Rev, 1968, 455--518: defende que BRACTON era um civilista com posições muito avançadas para a sua época, apenas retomadas na Europa continental séculos mais tarde; HERMAN KANTOROWICZ, *Bractonian Problems: Being the Ninth Lecture on the David Murray Foundation in the University of Glasgow*.

§ 5.º SISTEMA FORMALÍSTICO DE ACÇÕES: *WRIT SYSTEM*

II. A primeira evidência do conhecimento e importância do *Corpus* é identificável na própria estrutura do tratado. A primeira parte da obra absorve a divisão tripartida das *Institutiones*: pessoas, coisas e ações. O Livro I de Bracton corresponde aos Títulos 1-4, 8, 9 e 12 do Livro I das *Institutiones*, o Livro II aos dois primeiros Títulos do Livro II e os quatro primeiros Capítulos do Livro II seguem os Títulos 13-15, 18, 19 e 29 do Livro III e o Título 6 do Livro IV[502]. A influência das Instituições parece ter sido apenas superada pela ascendência da Súmula de Azo. Esta relação, demonstrada por Güterbock, em 1862[503], e comprovada pela análise comparativa de Maitland, é de tal forma patente e a quantidade de passagens idênticas é tão avassaladora, que chega a ser incompreensível como se pode negar a relação.

A influência das Instituições e da Súmula do jurista bolonhês extravasa, largamente, o campo dos aspetos formais e estruturais. A ascendência material é notória na parte dedicada às pessoas. Bracton copia fragmentos inteiros de ambas as obras[504]. A inspiração mantém-se no Livro II, denominado *De Rebus*, sendo especialmente óbvia na parte dedicada à aquisição de propriedade[505] e na primeira parte do Livro III, na qual Bracton prossegue as

---

With a Short Memoir of the Author by Doris Marry Stenton, Jackson, Son, Glasgow, 1941, 79: expressa a mais dura resposta a esta tese: "*He who says that Bracton could not understand Azo must himself have misunderstood Bracton*".

[502] Carl Güterbock, *Henricus de Bracton und seine Verhältniss zum Römischen Recht. Ein Beitrag zur Geschichte des Römischen Rechts im Mittelalter*, Julius Springer, Berlin, 1862, 26.

[503] Güterbock, *Henricus de Bracton*, cit., 28.

[504] Azo [Inst. 1. 3] in Maitland, cit., 42: "*Dictum est supra de iure naturali, gentium et civili, sed quia omne ius quo utimur pertinet ad personas, vel ad res, vel ad actiones, digniores autem sunt personae, quarum causa statuta sunt omnia iura, de personis primo videamus*".
Bracton, Vol. II, cit., f. 4b, 29: "*Dictum est supra de iure naturali, gentium et civili, sed quia omne ius de quo tractare proponimus pertinet vel ad personas, vel ad res, vel ad actiones secundum leges et consuetudines Anglicanas, et cum digniores sint personæ, quarum causa statuta sunt omnia iura, ideo de personis primo videamus*".

[505] Azo [Inst. 2. 1. 11] in Maitland, cit., 98: "*Superest ut videamus de adquisitione dominii rerum. Adquiruntur autem dominia rerum, non iure naturali, sed gentium vel civili. civili, multis modis, ut usucapione, praescriptione, arrogatione, monachatione, deportatione, testamento, successione, bonorum possessione, aditione. de quibus modis, licet non omnibus, tractabitur infra. Commodius est autem a vetustiore incipere, id est, a naturali, quod dicitur gentium, quod cum ipso genere humano rerum natura prodidit. civilia enim iura tunc coeperunt cum et civitates condi et magistratus creari et leges scribi coeperunt*".
Bracton, Vol. II, cit., f. 8b, 42: "*Dictum est supre de rerum divisione. Nunc autem dicendum est qualiter dominia rerum adquiruntur de iure naturali sive gentium, ut a vetustiore iure incipiatur, quod cum ipso*

suas considerações obrigacionais[506]. Mas o recurso aos textos dos glosadores não se limita à obra de Azo. Facilmente se encontram passagens da *Summa de Matrimonio*[507] e da *Summa de Casibus*[508], de RAIMUNDO DE PEÑAFORT[509-510], partes da *Ordo Judiciarius*[511], de TRANCREDO[512-513], bem como transcrições

---

genere humano rerum natura prodidit, et post dicendum erit de iure civili, quod postea esse cœpit, cum et civitates condi et magistratus crari et leges scribi cœperunt".

[506] Azo [Inst. 1. 2. 12] in MAITLAND, cit., 137: "*Vindendum ergo quid sit actio et qualiter distinguatur. Est autem action nihil aliud quam ius persequendi in iudicio quod sibi debetur . . . Ius autem ponitur ad differentiam eorum quae non sunt ius*".
BRACTON, Vol. II, cit., f. 98b, 283: "*Et videndum quid sit acti . . . Et sciendum quod action nihil aliud est quam ius persequendi in iudicio quod alicui debetur. Ius autem ponitur ad differentiam eorum quæ non sunt iuris vel eorum*".

[507] *Summa de Matrimonio*, Tit. xxiv in RICHARDSON, *Bracton*, cit., 97: "*Legitimus filius est qui de legitimo matrimonio natus est vel de eo quod in facie ecclesie legitimum reputatur quamvis in veritate matrimonium non fuerit*".
BRACTON, Vol II, cit., f. 63, 185: "*Legitimus vero heres et filius est quem nuptie demonstrant esse legitimum, sicuti ille qui natus est ex ligitimo matrimonio vel ille qui in facie cclesie legitimus reputatur, quamvis in veritate matrimonium non fuerit*".

[508] *Summa de Casibus*, Lib. ii, Tit. i in RICHARDSON, *Bracton*, cit., 129: *Si vero licite rei dabat operam, ut quis magister causa discipline verberabat discipulum, vel deponebat aliquis fenum de curru, vel arborem propriam sibi necessariam incidebat et similia. Hic si adhibuit diligentiam quam potuit, videlicet respiciendo et proclamando non nimis tarde vel demisse sed tempore congruo et alte ita quod si aliquis erat ibi et veniebat poterat fugere et sibi cavere vel magister non excedendo modum in verberando discipulum non imputatur ei. Alias si dabat operam rei licite et non adhibuit diligentiam debitam, ut dictum est, imputatur ei*"
BRACTON, Vol. II, cit., f. 121, 341: "*Si vero licitæ rei operam dabat, ut si magister causa disciplinæ discipulum verberat, vel si cum quis deponebat fænum de curru, vel arborem incidebat, et huiusmodi, hic si adhibuit diligentiam quam potuit, scilicet respiciendo et proclamando, sed non nimis tarde vel dimisse, sed tempore congruo et alte, et ita quod si aliquis ibierat vel illuc veniebat posset aufugere et sibi præcavere, vel magister non excedendo modum in verberando discipulum, non imputatur ei*".

[509] Santo catalão, nasceu por volta do ano de 1175 e faleceu em 6 de janeiro de 1275. Iniciou os seus estudos de Direito canónico em Barcelona, tendo aí prosseguido a sua carreira académica. Foi incumbido, pelo Papa Gregório IX, da compilação das famosas Decretais.

[510] FRITZ SCHULZ, *Bracton and Raymond de Peñafort*, 61 LQR, 1945, 286-292.

[511] *Ordo Judiciarius*, Lib. i, Tit. i in RICHARDSON, *Bracton*, cit., 95: "*Privatorum instrumentorum tres sunt species, nam aliqaundo facis scripturam tibi tantum, aliquando alii tantum, aliquando tibi et alii. Illi scripture quam quis sibi facit nulla fides adhibetur*".
BRACTON, Vol. II, cit., f. 34, 109: "*Et sciendum quod privatorum instrumentorum tres sunt species nam facit aliquando quis scripturam sibi ipsi et tali scripture non erit fides adhibenda, aliquando facit contra se et tali scripture fides adhibetur*".

[512] Temos poucas informações sobre a sua vida, em parte por ter sido contemporâneo de outro

do Digesto[514]. BRACTON terá ainda recorrido aos textos de VACARIUS[515] e de DROGHEDA[516-517].

III. BRACTON começa por especificar que pretende, com o seu tratado, estudar, mas também instruir as leis e os costumes ingleses ("*Intentio autem actoris est tractare de huiusmodi et instruere et docere omnes qui edoceri desiderant, qualiter et quo ordine lites et placita decidantur secundum leges et consuetudines Anglicanas*"[518]), com vista à resolução dos litígios com que, diariamente, os tribunais ingleses são confrontados ("*Et sciendum quod materia est facta et casus qui quotidie emergunt et inveniunt in regno Angliæ*"[519]). O autor depara-se, todavia, com a inexistência de uma sistemática jurídica, com a fragilidade dogmática dos textos anglo-saxónicos e com um número insuficiente de precedentes, sem utilidade para o desenvolvimento de construções teóricas típicas de trabalhos deste género. O recurso ao Direito romano é, assim, apresentado como a única saída para colmatar o carácter lacunar do Direito local[520].

Tancredo, padre dominicano. Nasceu por volta do ano 1185 e faleceu entre 1230 e 1235. Terá ensinado em Bolonha na década de 1220.

[513] HENRY G. RICHARDSON, *Tancred, Raymond, and Bracton*, 59 EHR, 1944, 376-384.

[514] D. 39.6.2: "*tres esse species mortis causa donationum... unam, cum quis nullo presentis periculi metu conteritus, sed sola cogitatione mortalitatis donat; aliam esse speciem mortis causa donationum... cum quis, imminente periculo commotus, ita donat ut statim fiat accipientis; tertium genus esse donationis... si quis periculo motus non sic de tut statim fiat accipientis, sed tunc demum cum mors fuerit insecuta*". BRACTON, Vol. II, cit., f. 60, 177-178: "*Est inter alias donationes donatio mortis causa que morte confirmatur, cuius tres sunt species. Una, cum quis nullo præsentis periculi metu conteritur, sed sola cogitatione mortalitatis donat. Alia, cum quis imminente periculo mortis commotus ita donat ut statim fiat accipientis. Tertia, si quis commotus periculo non dat sic ut statim fiat accipientis, sed tunc demum cum mors fuerit insecuta*".

[515] CHARLES DONAHUE, JR., *Ius Commune, Canon Law, and Common Law in England*, 66 Tul L Rev, 1992, 1745-1780, 1752.

[516] Jurista inglês, nascido no século XIII, notabilizou-se na barra dos tribunais do condado de Oxford.

[517] HENRY G. RICHARDSON, *Azo, Drogheda, and Bracton*, 59 EHR, 1944, 22-48.

[518] HENRY DE BRACTON, *Bracton on the Laws and Customs of England*, Vol. II, tradução de SAMUEL E. THORNE, editado por GEORGE E. WOODBINE, Belknap Press of Harvard University Press, Cambridge, 1968f. 1b, 20.

[519] BRACTON, Vol. I, cit., f. 1b, 20.

[520] MAITLAND, *Selected Passages*, cit., xix-xx: o autor considera que a receção do Direito romano não teve qualquer impacto no Direito aplicado nos tribunais. A sua influência esgota-se na

Acresce que algumas áreas, como o caso paradigmático das relações obrigacionais, não tinham, até então, merecido qualquer tratamento legal[521].

Deve, porém, reconhecer-se que BRACTON teve, muitas vezes, o cuidado de moldar o Direito recebido à luz do sistema vigente, sem modificar as leis locais. Repare-se, a título meramente exemplificativo, no contrato de compra e venda. O título XXIII do Livro III das Instituições estabelece que o contrato de compra e venda emerge do simples acordo de vontades (*"Emptio et venditio contrahitur simulatque de pretio convenerit, quamvis nondum pretium numeratum sit ac arra quidem data fuerit. Nam quod arrae nomine datur argumentum est emptionis et venditionis"*). BRACTON, seguindo a posição de GLANVILL, apresenta a tradição da coisa como indispensável para a consumação do contrato (*"Et cum arræ non intervenerint vel scriptua, neque tradition fuerit subsecuta, locus erit pænitentia et impunde recedere possunt contrahentes a contractu"*).

IV. É este o quadro normalmente apresentado pelos juristas e estudiosos ingleses: BRACTON fez uso do Direito romano apenas com propósitos sistemáticos e em áreas jurídicas ainda embrionárias. Tudo visto, e reconhecendo que a ascendência é mais notória nos capítulos introdutórios, a influência romanística é palpável ao longo de toda a obra, em áreas como o Direito penal[522], alvo de positivação legal desde as Leis *Æthelbert*, e mesmo no núcleo do Direito inglês medieval: os *writs*; naturalmente, apenas na sua caracterização substantiva.

A parte dedicada ao regime penal é particularmente influenciada por RAIMUNDO DE PEÑAFORT, em especial no que respeita à caracterização do homicídio. Quer quando BRACTON descreve o homicídio como o assassinato de um homem por outro homem, sendo assim distinto da morte provocada por um boi ou por um cão, quer quando subdivide o homicídio em espiritual

---

dimensão teórica da Ciência Jurídica. Vide, ainda, LEE, *The Interaction of Roman and Anglo-Saxon Law*, cit., 161.

[521] FREDERICK POLLOCK, *Contracts in Early English Law*, 6 Harv L Rev, 1893, 389-404, 401: defende que o recurso aos textos romanos decorre da inexistência de uma dogmática contratual no Direito inglês da época; HOLDSWORTH, *A History of English Law*, Vol. II, cit., 286: BRACTON viu-se obrigado a recorrer à nomenclatura latina e ao Direito romano.

[522] A influência do Direito romano no Direito penal é desvalorizada pelos juristas ingleses. Não porque ignorem essa ascendência, pelo contrário, admitem-na, mas porque não tiram as devidas conclusões.

e corporal ou quando elenca os diversos tipos de homicídios corporais está a transcrever a *Summa de Casibus*[523].

A influência nos *writs*, embora mais subtil, é também evidente. Repare--se no emblemático *writ of novel disseisin*, instituído por *Henry II*, mas com raízes que remontam ao reinado de *William I*: ao tratar do desapossamento violento, BRACTON diz-nos que este pode ser *"vis simples et vis armata, quia dicitur de vi et vi armata*[524]*"*, sendo o título do D. 43.16, precisamente, *"De vi et de vi armata"*. O autor inglês refere que a *dissesin* pressupõe a utilização da terra contra a vontade do seu legítimo possuidor por recurso à força, elencando, de seguida, como se traduz o uso dessa força. Semelhante definição é encontrada no Digesto[525]. Uns capítulos mais à frente, BRACTON sublinha a importância de o autor provar, em juízo, a sua relação com a terra violentamente desapossada. A passagem é uma transcrição, quase *ipis verbis*, de TANCREDO:

---

[523] *Summa de Casibus*, Lib. ii, Tit. i in RICHARDSON, *Bracton*, cit., 127: "§ 1. *Homicidium est hominis occisio ab homine facta. Si enim a bove vel a cane vel huiusmodi non proprie dicitur homicidium. Et autem dictum homicidium ab homine et cedo, cedis, quasi hominis cedium*".
BRACTON, Vol. II, cit., f. 120b, 340: "*Et est homicidium hominis occisio ab homine facta. Si enim a bove, cane vel alia re non dicitur proprie homicidium. Est enim dicitum homicidium ab homine et cædo, cedis, quais hominis cædium*".
Summa de Casibus, Lib. ii, Tit. i in RICHARDSON, *Bracton*, cit., 127: "§ 2. *Species homicidii sunt plures, nam aliud spirituale, aliud corporale... § 3. Corporale quo homo occiditur corporaliter et hoc committitur dupliciter scilicet linqua et facto. Lingua tribus modis scilicet precepto, consilio et defensione. Quodlibet istorum similiter mortale. Facto quator modis scilicet iustitia, necessiatate, casu et voluntate*".
BRACTON, Vol. II, cit., f. 120b, 340: "*Species homicidii sunt plures, nam aliud spirituale, aliud corporale. Sed corporale est quo occiditur corporaliter et hoc dupliciter committitur, lingua vel facto. Lingua tribus modis, scilicet præcepto, consilio, defensione sive tentionee. Facto quatuor modis scilicet iustitia, necessitate, casu et voluntate*".

[524] BRACTON, Vol. III, cit., f. 162, 18.

[525] D. 43.16.11: "*Uim facit, qui non sinit possidentem eo, quod possidebit, utit arbitrio suo, siue inserendo siue fodiendo siue arando siue quida aedifucando siue quid omnino faciendo, per quod liberam possessionem aduersarii non relinquit*".
BRACTON, Vol. III, cit., f. 161b, 19: "*Item non solum fit disseisina secundum quod prædictum est, fit etiam si quis præpotens uti voluerit in alterius tenemento contra ipsius tenentis voluntatem arando, fodiendo, falcando et asportando, contendendo tenementum esse suum quod est alterius*".

>   *Et nota quod cum quis agit ut possessionm alicuius rei adipiscatur, docere debet de iure suo per quod probet rem illam ad se pertinere, alioquin succumbet, quamvis ad detentorem res illa non pertineat*[526].

>   *Quia cum quis agit ut possessionem alicuius rei adipiscatur docere, debet de iure suo per quod probet illam rema d se pertinere, alioquin succumbet, quamvis ad detentorem res illa non pertineat*[527].

Semelhante análise pode ser feita em relação a outros *assizes* desenvolvidos a partir do reinado de Henry II. No capítulo dedicado ao *assize of mort d' ancestor*, o recurso ao Digesto é, uma vez mais, notório, nomeadamente, na parte sucessória respeitante aos herdeiros[528]. No *assize of utrum*, a influência é visível na parte processual: vejam-se os poderes atribuídos ao juiz para descobrir a verdade e aplicar a Justiça[529]. A ascendência adjetiva, por vezes descurada, é observável no capítulo dedicado às exceções processuais:

>   *Exceptionum igitur alia est dilatoria, alia peremtoria*[530].

>   *Exceptionum vero quedam sunt dilatorie et quedam peremptorie*[531].

A influência romanística é sentida na parte introdutória, no Direito obrigacional, nos Direitos reais[532], no Direito da família e no Direito sucessó-

---

[526] *Ordo Judiciarius*, Lib. i, Tit. i in RICHARDSON, *Bracton*, cit., 139.
[527] BRACTON, Vol. III, cit., f. 183b, 68.
[528] D. 50.16.92: "*Proximus est, quem nemo antecedit: supremus est, quem nemo sequitur*".
BRACTON, Vol. III, cit., f. 265, 278: "*Primus sive propinquior heres dici poterit quem nemo antecedit, supremus quem nemo sequitur*".
D. 50.16.65: "*Heredis appellatio non solum ad proximum heredem, sed et ad ulteriores refertur; nam et heredis heres et deinceps heredis appellatione continetur*".
BRACTON, Vol. III, cit., f. 265, 278: "*Item heredis appellatio non solum ad proximum heredem sed ad ulteriores refertur, nam et heredis heres et deinceps heredis appellatione continetur*".
[529] D. 2.1.2: "*Cui iurisdictio data est, ea quoque concessa esse iudentur, sine quibus iurisdictio explicari non potuit*".
[530] *Summa de Casibus*, Lib. ii, tit. v in RICHARDSON, *Bracton*, cit., 141.
[531] BRACTON, Vol. IV, cit., f. 399b, 245.
[532] CHARLES P. SHERMAN, *The Romanization of English Law*, 23 Yale LJ, 1914, 318-329, 326: a vigência do sistema feudal era incompatível com o aprofundamento dos Direitos reais. BRACTON foi obrigado a recorrer aos textos romanos por total insuficiência do Direito interno.

rio, no Direito penal, no Direito processual e na parte substantiva dos *assizes* característicos do Direito medieval inglês. A ascendência, já por si espantosa, apenas parece ser superada na *Equity Law*, área tão cara aos juristas ingleses. A primeira menção à equidade, encontrada em textos ingleses, é retirada, por inteiro, da Súmula de Azo:

Azo:
 Aequitas autem est rerum convenientia quae in paribus causis paria iura desiderat et omnia bona coaequiparat.eEt dicitur aequitas quasi aequalitas et vertitur in rebus, id est, in dictis et in factis hominum. Iustitia in mentibus quiescit iustorum. inde est quod, si velimus loqui proprie, dicimus iudicium aequum non iustum, et hominem iustum non aequum. abutentes tamen his appellationibus dicimus iudicem aequum et iudicium iustum. Differt ergo multum iuris prudentia a iustitia. siquidem iuris prudentia dignoscit, iustitia tribuit cuique is suum. item iustitia virtus est, iuris prudentia scientia. Item iustitia est quoddam summum bonum, iuris prudentia medium[533].

Bracton:
 Æquitas autem est rerum convenientia quæ in paribus causis paria desiderat iura et omnia bene coæquiparat. Et dicitur æquitas quaisi æqualitas et vertitur in rebus, id est in dictis er factis hominum. Iustitia in mentibus iustorum quiescit. Inde est, quod si velimus loqui proprie, dicemus iudicium æquum non iustem, et hominem iustum non æquum et iudicium iustum. Differet ergo multum iuris prudentia a iustitia. Iuris prudentia agnoscit, et iustitia tribuit cuique quod suum est. Item isutitia virtus est, iuris prudentia scientia est. Item iustitia quoddam summum bonum est, iuris prudentia medium[534].

20. A estagnação do sistema formalístico

I. O desaceleramento do sistema formalístico de ações, a que se seguiu a sua estagnação, foi um processo gradual que, curiosamente, se iniciou no mesmo período em que o modelo atingiu o seu apogeu.

O primeiro ataque ao *writ system* e à sua colossal expansão partiu, como seria expectável, dos grandes senhores. O crescimento da *Common Law* era-

---

[533] Azo [D. 1. 1. 10 § 2] in Maitland, cit., 29.
[534] Bracton, Vol. II, cit., f. 3-3b, 25.

-lhes particularmente desfavorável. As suas competências jurisdicionais, em especial as que detinham sobre os seus diretos vassalos, ficavam em risco. Em causa não estavam simples questões de autoridade ou de conservação do sistema em que tinham sido criados. Era uma questão de sobrevivência. Grande parte das receitas dos senhores provinha da administração da Justiça nos seus tribunais privados[535]. Era também uma questão de orgulho e de não subserviência ao poder central. Com a institucionalização do princípio *nemo tenetur respondere*, os senhores eram obrigados a comparecer perante o tribunal do Rei sempre que lhes fosse ordenado[536].

A utilização abusiva dos *writs of praecipe*, por parte de João, Sem Terra, espoletou um descontentamento generalizado, estando na origem da revolta dos Barões nos inícios do século XIII[537]. A vitória dos senhores feudais, exteriorizada pela elaboração da Magna Carta, teve como resultado direto o restabelecimento da jurisdição feudal e uma interrupção do desenvolvimento do sistema formalístico:

> *The writ which is called praecipe shall not for the future be issued to anyone in respect of any holding whereby a free man may lose his court*[538].

---

[535] Kevin M. Teeven, *A History of the Anglo-American Common Law of Contract*, Greenwood Press, Estados Unidos da América, 1990, 4-5.

[536] A. E. Dick Howard, *Magna Carta: Text & Commentary*, edição revista, University Press of Virginia, Estados Unidos da América, 1998, 16. Naomi Day Hurnard. *Magna Carta, Clause 34* in *Studies in Medieval History Presented to Frederick Maurice* Powicke, coordenação de Richard W. Hunt, William A. Pantin e Richard W. Southern, Clarendon Press, Oxford, 1948, 157-179, 176-177: a autora considera que não havia, por parte dos senhores, uma intenção de restaurar a supremacia da jurisdição feudal sobre questões de terras, o que de resto considera nunca ter existido em solo inglês, mas, simplesmente, impedir o aceleramento desse processo.

[537] George L. Haskins, *The Matrix of the Common Law*, 39 Clev St L Rev, 1991, 141-160, 151.

[538] Capítulo 34 da *Magna Carta*, 1215 in *English Historical Documents*, Vol. III: 1189-1327, editado por Harry Rothwell Eyre & Spottiswoode, Londres, 1975, 316-324, 320. Como refere McKechnie, os senhores não estavam importados com a interferência do Rei nas questões possessórias abrangidas pelos denominados *petty assize*, pretendiam, apenas, ver restabelecidos os seus poderes jurisdicionais sobre as disputas de terras que envolvessem os seus vassalos in *Magna Carta*, cit., 349. Esta conclusão decorre do capítulo 18 da *Magna Carta*: *"Recognitions of novel disseisin, of mort d'ancestor, and of darrein presentmente, shall not be held elsewhere than in the counties to which they are relate, and in this manner – we, or, if we should be out of the realm, our chief justiciar"* in *Magna Carta*, 1215, in *English Historical Documents*, Vol. III, cit., 319.

§ 5.º SISTEMA FORMALÍSTICO DE ACÇÕES: *WRIT SYSTEM*

Embora a disposição figure na versão de 1216[539] e de 1217[540] do documento, na sua versão final, de 1225, não se encontra qualquer referência a este direito[541]. A exclusão do preceito denuncia o desenvolvimento do poder jurisdicional real e a expansão do sistema formalístico de ações no reinado de *Henry III*.

II. A rigidez e o formalismo do sistema pressupunham a sua constante evolução, num contínuo crescimento do número de fórmulas disponíveis, sob pena de novos litígios e de novas situações jurídicas ficarem sem resposta legal[542]. A vitalidade do modelo estava dependente da liberdade de criação de novos *writs*. O primeiro grande atentado a esta capacidade foi alcançado através das denominadas *Provisions of Oxford*[543]:

This the chancellor of England swore
That he will not seal any writ except a writ of course without the order of the king and of the councillors who are present.

Também este preceito foi abolido quando a Igreja libertou *Henry III* do seu juramento[544]. O sucessor de *Henry III*, *Edward I*, positivou o poder criador da *Chancery*, no *Statutes of Westminster II*, datado de 1285, quanto à emissão de *writs* com objeto análogo a fórmulas já existentes[545]. Estes dois factos não foram, contudo, suficientes para parar o processo de desaceleramento iniciado. O sentido adverso apoderara-se da máquina judicial inglesa, com

---

[539] *Magna Carta*, 1216, in *English Historical Documents*, Vol. III, cit., 327-332, 330, c. 27.
[540] *Magna Carta*, 1217, in *English Historical Documents*, Vol. III, cit., 332-337, 330, c. 30.
[541] *Magna Carta*, 1225, in *English Historical Documents*, Vol. III, cit., 341-346.
[542] CHRISTINE ROSSINI, *English as a Legal Language*, Kluwer Law International, Londres, 1998, 6; SHELDON L. GREENE, *Cause of Action and the Statutes of Limitation – "The Chains That Bind"*, 9 W Res L Rev, 1957, 86-97, 87: o período ficou marcado por uma forte rigidez e inflexibilidade, mas, ao mesmo tempo, por uma maior previsibilidade e segurança.
[543] *The so-called Provisions of Oxford, 1258* in *English Historical Documents*, Vol. III, cit., 361-367, 363.
[544] WILLIAM H. BRYSON, *Papal Releases From Royal Oaths*, 22 J Eccl Hist, 1971, 19-33, 28: este processo contou com a intervenção de três papas: Alexandre IV, Urbano IV e Clemente IV.
[545] *Statute of Westminster II (13 Edw. I), Easter 1285* in *English Historical Documents*, Vol. III, cit., 428-457, 442, c. 24; THEODORE F. T. PLUCKNETT, *Case and Statute of Westminster II*, 32 Colum L Rev, 1931, 778-799.

os próprios juízes a desenvolverem um crescente sentimento negativo em relação à criação de novas fórmulas[546].

Os esforços de *Edward I* foram contrariados pelos avanços governativos do seu reino, em especial pelo surgimento de um parlamento embrionário, que absorveu a função legislativa e, consequentemente, a criação de novos tipos de *writs*[547]. O novo órgão legislativo mostrou, desde o início, pouco interesse nas questões judiciais do reino[548]. Em meados do século XIV, no reinado de *Edward III*, cessou qualquer tipo de componente criativa[549].

A cristalização do número de fórmulas, conjugada com uma tendência sistemática interna, que resultou numa estreita ligação entre os diversos *writs*, veio dificultar, ainda mais, o surgimento de novos tipos de ações[550]. O impacto da estagnação, na resolução de novos litígios, foi tremendo. Em pouco tempo, os mecanismos que os tribunais tinham à sua disposição estavam totalmente desfasados das exigências e necessidades da época[551].

A inflexibilidade característica do sistema formalístico de ações, a que acrescia uma uniformização decisória imposta pelo peso crescente do precedente, foi determinante para o desenvolvimento da *Equity Law*, enquanto jurisdição paralela[552].

---

[546] GEORGE WILLIAMS KEETON, *An Introduction to* Equity, 5ª edição, Sir Isaac Pitman & Sons, Londres, 1961, 19; ADAMS, *Council and Courts*, cit., 191: o autor fala de um clima de suspeição em torno da criação de novos *writs*.
[547] POLLOCK e MAITLAND, *The History*, Vol. I, cit., 196; BERTIE WILKINSON, *Studies in the Constitutional History of the Thirteenth and Fourthteenth Centuries*, Manchester University Press, Manchester, 1937, 216: aponta os meados do reinado de *Edward I* como o início da estagnação do sistema.
[548] WILLIAM H. BRYSON, *Case Concerning Equity and the Court of Equity, 1550-1660*, Vol. I, 117 Selden Society, Bernard Quaritch, Londres 2000, xx.
[549] RONALD HAMOWY, *F. A. Hayek and the Common Law*, 23 Cato J, 2003, 241-264, 251. MELVILLE MADISON BIGELOW, *History of Procedure in England from the Norman Conquest: the Norman Period (1066-1204)*, Macmillan, Londres, 1880, 198: descreve um processo gradual que culmina com a impossibilidade de os tribunais resolveram novos tipos de litígios.
[550] HOMER HOYT, *The Cycle of* Law, 9 ABAJ, 1935, 729-731, 729.
[551] MAITLAND, *Equity*, cit., 42: as fórmulas disponíveis eram, em grande medida, o produto de uma época de confronto entre a jurisdição real e as jurisdições feudais e eclesiásticas.
[552] WILLIAM H. WOODS, *Historical Development of Suretyship from Prehistoric Custom to a Century's Experience with the Compensated Corporate Surety* in *The Law of* Suretyship, 2ª edição, coordenação de EDWARD G. GALLAGHER, American Bar Association, Estados Unidos da América, 2000, 3-39, 10.

Capítulo II
A *Equity Law*

§ 6.º *EQUITY LAW*: DO CONCEITO DE CONSCIÊNCIA À SUA SISTEMATIZAÇÃO E POSTERIOR UNIFICAÇÃO COM A *COMMON LAW*

21. A *Equity Law* e a equidade

I. No ordenamento jurídico anglo-saxónico, o conceito de equidade assume um lugar de destaque sem paralelo nos sistemas jurídicos continentais. Quando nos debruçamos sobre o tema da equidade no âmbito da *Common Law* – em sentido lato –, o nosso pensamento afasta-se das construções filosóficas e teológicas que rodeiam o conceito, centrando-se na ideia de *Equity Law*, enquanto sistema desenvolvido em paralelo à *Common Law* – em sentido estrito – pelo *Court of Chancery*, como forma de mitigar as insuficiências e imperfeições do sistema. Neste parágrafo iremos centrar a nossa atenção no conteúdo da *Equity Law*, na sua dimensão material; no fundo, os princípios que lhe estão subjacentes, as doutrinas e pensamentos que influenciaram os seus autores e os seus institutos mais característicos.

II. Como ponto de partida, podemos assumir que o conteúdo substantivo da *Equity Law* tem uma dimensão universal. A equidade não é uma ideia exclusivamente britânica. O conceito é comum à Civilização. Influenciou todos os sistemas jurídicos e as construções mais características dos diversos ordenamentos. Desde a filosofia clássica que o conceito de equidade e o seu papel no Direito são conhecidos e dominados.

Alguns autores anglófonos apresentam a equidade como uma realidade estranha ao pensamento jurídico civilístico[553]. A validade da asserção está dependente, evidentemente, do preenchimento atribuído, em concreto, ao conceito[554]. Em termos gerais, podemos conceber, pelo menos, oito sentidos úteis para o conceito de equidade[555]: (1) sinónimo de Justiça[556]; (2) sinónimo

---

[553] RALPH A. NEWMAN, *The Place and Function of Pure Equity in the Structure of Law*, 16 Hastings LJ, 1965, 401-429, 401: "*The very concept of equity is unfamiliar to the most civilian lawyers*"; G. M. RAZI, *Reflections on Equity in the Civil Law System*, 13 Am U L Rev, 1963, 24-44: o autor centra-se mais no desconhecimento das especificidades anglo-saxónicas e nas diferenças terminológicas não dominadas pelos juristas continentais do que, propriamente, na ideia de equidade; FREDE-RICK H. LAWSON, *The Approach to French Law*, 34 Ind LJ, 1959, 531-545, 541. Para uma análise metodológica do conceito, vide o recente artigo de MANUEL CARNEIRO DA FRADA, *A equidade (ou a "Justiça com coração"): a propósito da decisão arbitral segundo a equidade*, 72 ROA, 2012, 109-145.

[554] Os múltiplos significados do termo motivaram alguns autores a apresentá-lo como um conceito vazio. Veja-se o caso de BENTHAM: "*Taken by itself, or anywhere else where than in company with the word court, equity is abracadabra: a word without meaning*", cfr., JEREMY BENTHAM, *Rationale of Judicial Evidence, Specially Applied to English Practice. From the Manuscript of Jeremy Bentham*, editado por JOHN STUART MILL, Vol. IV, Hunt and Clarke, Londres, 1827, 328.

[555] STUART E. PRALL, *The Development of Equity in Tudor England*, 8 Am J Leg Hist, 1964, 1-19, 1: quando estudamos a *Equity Law* não nos podemos esquecer que o conceito de equidade assume variadíssimos preenchimentos.

[556] MARCUS TULLIUS CICERO, *Topica*, 90 in *Cicero's Topica*, editado, com introdução, tradução e comentário de TOBIAS REINHARDT, OUP, Oxford, 2003, 164-165: os distintos preenchimentos do conceito de equidade e os problemas que daí advêm são evidenciados por CICERO. O maior orador do Senado romano atribui-lhe duas dimensões: natural e institucional. A primeira é composta por duas subdivisões: (1) o seu a cada um; e (2) o direito à vingança. Já na sua dimensão institucional, a equidade distingue-se pelas suas origens: (1) na lei; (2) na convenção; e (3) no costume antigo. A equidade, prossegue CICERO, tem, ainda, uma natureza tripartida: (1) a pertencente aos deuses e denominada de piedade; (2) a pertencente ao espírito dos mortos e conhecida por santidade; e (3) a que acompanha os homens, denominada de justiça ou equidade: "*Atque etiam aequitas tripertitia dicitur esse: una ad súperos deos, altera ad manes, tertia ad homines pertinere. Prima pietas, secundas sanctitas, tertia iustitia aut aequitas nominatur*". Sobre o conceito de equidade no pensamento de CICERO, vide o aprofundado estudo de FERNANDO ARAÚJO, *Os sentidos de Aequitas em Marco Túlio Cícero* in *Estudos em homenagem ao Professor Doutor Inocêncio Galvão Telles*, Vol. I, cit., 875-990.

de Direito natural[557]; (3) um dos elementos constitutivos do Direito[558]; (4) elemento necessário para corrigir ou moldar a lei, em face da sua universalidade[559]; (5) elemento interpretativo[560]; (6) teoria jurídica que faz depender o conteúdo das decisões da análise dos factos concretos[561]; (7) sistema jurídico secundário que tem como propósito corrigir ou coadjuvar o sistema principal[562]; e (8) conjunto de normas criadas e desenvolvidas pelo *Court of Chancery*[563]. Optámos por nos centrar, apenas, nas construções com impacto mais direto na Ciência Jurídica. Reconhece-se, todavia, que algumas construções filosóficas e teológicas tiveram uma enorme ascendência na formação dos juristas continentais e no pensamento dos juízes da *Equity Law*. Recorde-se a conceção de SANTO AGOSTINHO, que apresenta a equidade como uma

---

[557] HEDLEY H. MARSHALL, *Natural Justice*, Sweet & Maxwell, Londres, 1959, 6-20. Este preenchimento é especialmente invocado pelos autores anglo-saxónicos, que comparam a *Equity Law* britânica ao Direito Natural continental, MAINE, *Ancient Law*, cit., 48-73; ROSCOE POUND, *Jurisprudence*, Vol. I, *Part 1. Jurisprudence; Part 2. The End of Law*, West Publishing, St. Paul, Minnesota, 1959, 406: o autor identifica a equidade e o Direito natural como um dos estádios evolutivos do Direito. Um período marcado por uma maior liberalização do processo decisório. Temporalmente, o autor localiza essa fase, tanto no Direito continental, como no Direito anglo-saxónico, nos séculos XVII e XVIII. A identidade dos dois conceitos é um elemento característico do pensamento reformista protestante. São diversos os autores deste movimento religioso, com destaque para JOHANNES ALTHUSIUS e para JOÃO CALVINO, que os utilizam como sinónimos ou em comunhão: *"naturalis aequitas"*, *"équité naturelle"* e *"équité de nature"*, cfr., GUENTHER H. HAAS, *The Concept of Equity in Calvin's Ethics*, Carlisle, Paternoster Press para a Canadian Corporations for Studies in Religion, Cumbria, 1997, 67 e DAVID VAN DRUNEN, *Natural Law and the Two Kingdoms: a Study in the Development of Reformed Social Thought*, Wm. B. Eerdmans Publishing, Grand Rapids, Michigan, 2010, 170.

[558] ULPIANUS, D. 1.1.1: *"ius est ars boni et aequi"*, citando CELSUS.

[559] ARISTÓTELES, Ética a Nicómaco, 5.10, 1137b 10-29 in *Ética a Nicómaco*, tradução do Grego e com notas de ANTÓNIO CAEIRO, 2ª edição, revista e melhorada, Quetzal Editores, Lisboa, 2006, 120-130.

[560] ANTÓNIO MENEZES CORDEIRO, *Da boa fé no Direito civil*, Almedina, Coimbra, 2007 reimpressão da edição de 1984, 120.

[561] ROSCOE POUND, *Discretion, Dispensation and Mitigation: the Problem of Individual Special Case*, 35 NYU L Rev, 1960, 925-937, 936-937: o autor parece considerar ser este o papel da *Equity Law* no atual sistema unificado da *Common Law*.

[562] Dimensão que corresponde à construção implementada no Direito anglo-saxónico com a constituição de duas jurisdições paralelas.

[563] MAITLAND, *Equity*, cit., 1. Semelhante posição tinha já sido defendida por BENTHAM, cfr., *Rationale of Judicial Evidence*, cit., 328: apenas deste modo será possível dar um sentido útil ao conceito de equidade.

virtude: *"Aequitas autem ab equalitate quadam videtur appellata. Sed quae in hac virtute aequitas nisi ut sua cuique tribuantur"*[564].

Ora, apenas no último sentido é o conceito de equidade exclusivamente conhecido do sistema jurídico anglo-saxónico e, mesmo aí, com a união das duas jurisdições a aproximar-se, a passos largos, do seu centésimo quinquagésimo aniversário, as suas características individualizadoras tendem a desvanecer-se.

22. *Common Law* e *Equity Law* no período formativo do Direito inglês

I. A equidade é parte integrante de todos os sistemas jurídicos, em especial no seu período formativo, quando ainda o não são[565]. Num Direito não sistematizado, caracterizado pela resolução tópica[566], os tribunais não têm outra saída senão a de recorrerem a conceitos gerais[567], de difícil delimitação e de enorme maleabilidade, ajustáveis ao conteúdo de todas as soluções preconizadas. Dentro deste restrito grupo, conta-se a equidade, mas também a moral, a ética, a consciência ou a Justiça. Estes conceitos representam válvulas de escape, evocados para contornar a rigidez da lei e colmatar as suas lacunas[568].

---

[564] *De Quantitate Animae*, 9, 15 in *La grandezza dell'anima: De quantiate animae*, introdução, tradução e notas de RICCARDO FERRI, Officina di Studi Medievali, Palermo, 2004, 64.

[565] Independentemente da expressão utilizada – equidade, Direito natural ou Lei divina – ou dos diferentes conteúdos atribuídos, o recurso a conceitos indeterminados, reconduzíveis, em última instância, à ideia de Justiça é comum a todos os ordenamentos jurídicos, cfr., MAINE, *Ancient Law*, 26; RALPH A. NEWMAN, *Equity and Law: a Comparative Study*, Oceana Publications, Nova Iorque, 1961, 11-14: o termo Justiça ou Direito natural impera no Direito continental e a expressão equidade no Direito anglo-saxónico. Este paralelismo é apresentado em incontáveis obras filosófico-jurídicas e comparatísticas: ROSCOE POUND, *The Spirit of the Common Law*, Marshal Jone, New Hampshire, 1921, 186 ou JULIUS STONE, *Human Law and Human Justice*, Stanford University Press, Stanford, 1965.

[566] Sobre o conceito e implicações da tópica, vide MENEZES CORDEIRO, *Da boa fé*, cit., 1132–1159. O autor volta abordar o tema, de forma mais simplificada, in *Tratado de Direito civil*, Vol. I, 4ª edição, Almedina, Coimbra, 2012, 121-126.

[567] TIMOTHY A. O. ENDICOTT, *The Conscience of the King: Christopher St. German and Thomas More and the Development of English Equity*, 47 U Toronto Fac L Rev, 1989, 549-570, 549.

[568] FREDERICK POLLOCK, *The Transformation of Equity* in *Essays in Legal History Read Before the International Congress of Historical Studies*, cit., 286-296, 286.

§ 6.º *EQUITY LAW*

A consolidação de um sistema jurídico, quer se alicerce no precedente jurisdicional, quer em Direito positivado, implica, necessariamente, uma limitação dos conceitos indeterminados que tanto o impulsionaram na sua formação. Basta pensar na evolução da boa-fé e na redução gradual do seu campo de aplicação. Repare-se que a diminuição da relevância da boa-fé, tanto de um ponto de vista substantivo, na resolução concreta de litígios, como de um ponto de vista formal, na sua invocação como forma de conferir eficácia e legalidade às decisões, não decorreu do desenvolvimento de mecanismos paralelos que a substituíram. O caminho percorrido não poderia ter sido mais distinto: o legislador continental positivou inúmeras concretizações do instituto. A *culpa in contrahendo* é disso um exemplo perfeito.

O papel da equidade, primeiro, e, séculos passados, da *Equity Law* é, em tudo, comparável a este processo.

II. Esta sequência evolutiva é, também ela, parte da história da *Common Law*, em sentido estrito, tradicionalmente tão adversa à equidade. Não podendo socorrer-se de decisões anteriores, porque não existiam, os juízes dos tribunais centrais viram-se obrigados a recorrer a conceitos gerais e indeterminados[569]. Este dado tende a aproximar a *Equity Law* da *Common Law*. Podemos, todavia, ir mais longe: as duas jurisdições, para além de terem raízes comuns, consubstanciavam, originariamente, um sistema unitário[570]. Como tivemos oportunidade de referir anteriormente[571], a separação dos dois sistemas, se assim os podemos caracterizar, resultou da estagnação que assolou a *Common Law* a partir dos finais do século XIII[572]. Até então, os juízes dos tribunais centrais não estavam impedidos de invocar e aplicar critérios equitativos, sempre que considerassem de utilidade para o mérito da causa, facto que acontecia com alguma recorrência[573]. A rigidez crescente da

---

[569] PAUL VINOGRADOFF, *Reason and Conscience in Sixteenth-Century Jurisprudence*, 24 LQR, 1908, 373-384, 379: ao longo de todo o século XIII e XIV os tribunais centrais recorriam, com frequência, às noções de equidade e de Justiça. Vide, ainda, GARVEY, *Some Aspects of the Merger*, cit., 62.
[570] NEWMAN, *The Place and Function*, cit., 408.
[571] Número 20.
[572] GEORGE BURTON ADAMS, *The Continuity of English Equity*, 26 Yale LJ, 1917, 550-563, 550.
[573] WILLIARD T. BARBOUR, *Some Aspects of Fifteenth-Century Chancery*, 31 Harv L Rev, 1918, 834--859, 834. A importância da equidade, nas decisões dos tribunais centrais da *Common Law*, é posta em evidência nos grandes tratados medievais. Em *Glanvill*, o conceito é apresentado como estando na base das reformas introduzidas por *Henry II* – no capítulo dedicado aos júris, GLANVILL diz-nos que o seu desenvolvimento é reconduzível ao conceito: "*This legal constitution*

Common Law, que tem na paralisação do processo criativo de novas fórmulas de ação a sua face mais visível, implicou, como efeito imediato, a remoção da equidade da equação da Justiça.

Impõe-se reforçar a ideia de que a paralisação da *Common Law* não ficou exclusivamente a dever-se à rigidez formal do sistema formalístico de ações. O ambiente de radical uniformização vivido na dimensão adjetiva da *Common Law* estendeu-se a todo o espectro jurisdicional. Os tribunais reais foram apoderados de uma estagnação substantiva[574]. O peso crescente do precedente culminou na cristalização do conteúdo das decisões, operando, na prática, como *lex scripta* e impedindo a valorização de quaisquer elementos subjetivos[575]. A equidade foi expulsa dos tribunais centrais do Rei[576].

Ora, o Direito inglês estava longe de assumir uma dimensão sistematizada. Era um ordenamento incompleto, que não dispunha de mecanismos suficientes para responder a todo o tipo de casos que lhe fossem apresentados. Ao fechar a porta à equidade, a *Common Law* pôs em causa a sua própria

---

is based above all on equity", cit., Livro II, 7, 28 – mas também como elemento ou fonte de Direito: "*In this last case, however, it is sometimes decided in the court of the lord king by equitable discretion of the court that*", cit., VII, 1, 74. Já no que respeita a *Bracton*, a sua definição de equidade pode ser consultada no número 19/IV. Elliot H. Goodwin, *The Equity of the King's Court Before the Reign of Edward the First*, Grübel und Sommerlatte, Leipzig, 1899, 37-54: o autor analisa, com alguma profundidade, o papel representado pela equidade em ambos os *books of authority*.

[574] Garvey, *Some Aspects of the Merger*, cit., 64: a estagnação da *Common Law*, a que acrescia a relutância do próprio sistema em sair desse estado, obrigou o monarca a intervir através do *Chancellor*.

[575] George Spence, *The Equitable Jurisdiction of the Court of Chancery; Comprising Its Rise, Progress, and Final Establishment; to which Is Prefixed, with a View to the Elucidation of the Main Subject, a Concise Account of the Leading Doctrines of the Common Law and of the Course of Procedure in the Courts of Common Law in Regard to Civil Rights; with an Attempt to Trace Them to Their Sources, and in which Various Alterations Made by the Legislature Down to the Present Day Are Noticed*, Vol. I, Lea and Blanchard, Filadélfia, 1846, 322. Joseph Parkes, *A History of the Court of Chancery with Practical Remarks on the Recent Commission, Report, and Evidence, and on the Means of Improving the Administration of Justice in the English Courts of Equity*, Logman, Rees, Orme, Brown, and Green, Londres, 1828, 236; John Millar, *An Historical View of the English Government, from the Settlement of the Saxons in Britain to the Revolution in 1688*, Vol. II, J. Mawman, Londres, 1812, 356-357: no fundo, as decisões alicerçadas em critérios de Justiça foram, também elas, objeto de uma cristalização.

[576] A concentração exclusiva da equidade no *Court of Chancery* terá ocorrido já em pleno século XV, cfr., William Paley Baildon, *Select Cases in Chancery, A.D. 1364 to 1471*, 10 Selden Society, Bernard Quaritch, Londres, 1896, xix.

progressão. Em poucas gerações, a *Common Law* estava totalmente ultrapassada. Não se conseguia adequar aos avanços sociais do reino[577].

Impossibilitados de recorrer aos tribunais centrais, os súbditos viram-se obrigados a apelar diretamente para o Rei e para os seus mais próximos conselheiros. Estes, não tendo elementos legislativos ou jurisprudenciais à sua disposição, tiveram de socorrer-se do tradicional modelo casuístico, encoberto, evidentemente, pela invocação de critérios abstratos e gerais[578].

Neste ponto da discussão, uma questão muito pertinente foi levantada, indiretamente, por HOLDSWORTH[579]: se os tribunais da *Common Law* se consideravam incompetentes, só podemos deduzir que nunca antes tinham sido confrontados com semelhante litígio, pelo que não dispunham de qualquer precedente a que pudessem recorrer. Ora, não podendo socorrer-se de decisões anteriores, os juízes da *Common Law* seriam obrigados a empregar os mesmos conceitos indeterminados evocados no *King's Court* e, posteriormente, no *Court of Chancery*. O que nos garante, assim, que o conteúdo destas sentenças, hipoteticamente proferidas pelos tribunais da *Common Law*, não seria coincidente com o conteúdo das sentenças decretadas pelos tribunais da *Equity Law*? A resposta a esta questão reside no reconhecimento de três premissas: (1) a equidade é um conceito abstrato, passível de ser invocado independentemente do conteúdo da decisão; (2) apesar de alheias a critérios sistemáticos jurídicos, as decisões tópicas não são, certamente, indiferentes ao pensamento do decisor, acabando, na prática, por ser fruto de um pensamento sistemático pessoal; e (3) o pensamento sistemático pessoal é um reflexo da formação individual e do contexto concreto em que a decisão seja professada.

Apesar de inacabada, a *Common Law* tinha uma lógica interna que não só era conhecida pelos juízes dos seus tribunais, como contribuiu para moldar o seu pensamento jurídico. Confrontados com um problema novo, seria natural que os juízes da *Common Law* recorressem aos conhecimentos jurídicos e aos princípios que dominavam. Não negando a carga subjetiva associada, as hipotéticas soluções estariam embebidas no rudimentar espírito do sistema, o que garantia uma harmonia interna. Ora, o *Chancellor* não dominava os

---

[577] COLLIN P. CAMPBELL, *The Court of Equity – A Theory of Its Jurisdiction*, 15 Green Bad, 1903, 108-112.
[578] GARVEY, *Some Aspects of the Merger*, cit., 62.
[579] WILLIAM SEARLE HOLDSWORTH, *The Relation of the Equity Administered by the Common Law Judges to the Equity Administered by the Chancellor*, 26 Yale LJ, 1916, 1-23.

meandros da *Common Law*, nem muito menos era versado nas suas construções. O conteúdo das suas decisões não podia, deste modo, refletir os princípios da *Common Law*, mas apenas a sua compreensão pessoal, reflexo da sua formação. Como veremos mais à frente, os *Chancellors* eram, nos primeiros séculos da *Equity Law*, poderosos eclesiásticos com profundos conhecimentos canónicos e romanísticos[580].

Conquanto alicerçadas em critérios teóricos idênticos, as soluções tópicas dos juízes da *Common Law* e do *Chancellor* não poderiam ser mais distintas.

III. Na conceção agora avançada, a *Equity Law* é a herdeira direta do Direito anglo-saxónico clássico, cujas soluções resultavam de um simples processo casuístico. Também numa perspetiva adjetiva, a *Equity Law* representa a continuidade e a *Common Law* a mudança[581]. O procedimento adotado para recorrer diretamente ao Rei era em tudo semelhante ao seguido

---

[580] Número 41.

[581] Entre os anos de 1910 e 1914, foram publicadas, pela Selden Society, coordenadas por WILLIAM CRADDOCK BOLLAND, uma série de compilações relacionadas com os *eyres* dos inícios do século XIV, que vieram elucidar-nos sobre a ligação entre o modelo processual adotado pelo *Court of Chancery* e o procedimento típico destes tribunais itinerantes, muitas vezes presididos pelos próprios monarcas (WILLIAM CRADDOCK BOLLAND, FREDERIC MAITLAND e LEVESON WILLIAM VERNON HARCOURT, *Year Books of Edward II*. Vol. V. *The Eyre of Kent, 6 & 7 Edward II. A. D. 1313-1314*, Vol. I, 24 Selden Society, Bernard Quaritch, Londres, 1910, dos mesmos três autores *Year Books of Edward II*. Vol. VIII. *The Eyre of Kent, 6 & 7 Edward II. A.D. 1313-1314*, Vol. II, 27 Selden Society, Bernard Quaritch, Londres, 1912 e BOLLAND, *Select Bills in Eyre*, cit.). As petições dirigidas aos tribunais itinerantes eram, em tudo, semelhantes às que, décadas volvidas, passaram a dar entrada no *Court of Chancery*. Algumas das formalidades, como o caso paradigmático da invocação de Deus e da caridade na conclusão da petição, deixam poucas dúvidas sobre a continuidade representada pelo tribunal do *Chancellor*. As conclusões preconizadas por BOLLAND foram bem acolhidas e apoiadas pela comunidade histórico-jurídica: FREDERICK MAURICE POWICKE, *Resenha a Select Bills in Eyre*, 30 EHR, 330-336; HAROLD D. HAZELTINE, *The Early History of English Equity* in *Essays in Legal History Read Before the International Congress of Historical Studies*, cit., 261-285, 261-262: os *Judicature Acts* vieram repor a originária natureza unitária dos dois sistemas; POLLOCK, *The Transformation of Equity*, cit., 291: mesmo quando os tribunais itinerantes não eram presididos pelo monarca, formalmente, era como se o fossem. Os poderes jurisdicionais absolutos eram delegados como, no futuro, vieram a sê-lo em relação ao *Chancellor*. GEORGE BURTON ADAMS, *The Origin of English Equity*, 16 Colum L Rev, 1916, 87-98: o autor, sem dúvida o porta estandarte desta teoria, apresenta uma série de documentos da época que reforçam a ligação do *Court of Chancery* ao poder judicial absoluto do Rei. HOLDSWORTH, *The Relation of the Equity*, cit., 1-23: discordando da posição generalizada, o autor considera não

nos tribunais ingleses antes da instituição do *writ system*: simples petições dirigidas ao monarca requerendo misericórdia e Justiça.

Com a progressiva estagnação da *Common Law*, o número de petições dirigidas ao Rei e ao seu conselho aumentou exponencialmente. No reinado de *Edward III*[582], o monarca viu-se obrigado a delegar essas funções no seu conselheiro mais próximo, o *Chancellor*, cujas decisões deveriam basear-se na tríade: *"Honesty, Equity, and Conscience"*[583]. Os soberanos ingleses transferiram o seu poder jurisdicional absoluto para o *Chancellor* e para o seu tribunal. Esta posição torna o *Court of Chancery* o mais direto herdeiro da *Witenagemot* saxónica, da *Lesser Curia Regis* normanda e do *King's Court* angevino[584], cujas decisões sempre se distinguiram pela resolução tópica e casuística, alicerçada em critérios morais de Justiça e equidade[585].

23. O nascimento da *Equity Law* e o conceito de consciência

I. Conquanto a jurisdição desenvolvida em paralelo à *Common Law* tenha ficado conhecida para a história como *Equity Law*, o termo que mais surge em evidência, nos primeiros séculos, é o de consciência e não o de equidade. Durante todo o século XV, seria mais provável os súbditos de sua majestade apelidarem o *Court of Chancery* de tribunal da Consciência do que de tribunal da Equidade[586].

Apesar do conceito de consciência assumir, atualmente, uma dimensão jurídica muito restrita, que não vai para lá do significado coloquial de

---

ser possível estabelecer uma ligação direta entre a equidade aplicada pelos tribunais do Rei, mesmo antes da instituição do sistema formalístico, e a *Equity Law*.

[582] Nasceu em 13 de novembro de 1312 e faleceu no dia 21 de junho de 1377. Reinou durante cinquenta anos, desde 1 de fevereiro de 1327 até ao ano da sua morte. Filho de *Edward II* e de *Isabelle*, por sua vez, filha de *Philippe IV, le Bel*. Para assumir o efetivo controlo do seu reino, *Edward III* teve, primeiro, de depor *Roger Mortimer*, que tinha assumido a regência de Inglaterra.

[583] SPENCE, *The Equitable Jurisdiction*, Vol. I, cit., 338.

[584] ADAMS, *The Continuity of English Equity*, cit., 557.

[585] POLLOCK e MAITLAND, *The History*, Vol. I, cit., 189: *"[O]ur king's court is according to very ancient tradition a court that can do whatever equity may require"*. Esta passagem demonstra que os autores estão em sintonia com a posição avançada, posteriormente, por BOLLAND.

[586] ALFRED W. B. SIMPSON, *A History of the Common Law of Contracts: the Rise of the Action of Assumpsit*, Clarendon Press, Oxford, 1975, 397-398.

"conhecer" ou ter "conhecimento"[587], não é correto, uma vez mais, como defende alguma doutrina[588], que o conceito seja exclusivo da *Common Law*. A definição apresentada por St. German:

> *[C]onscience ... is nothing else but an applying of any science of knowledge to some particular act of man*[589].

e seguida pelos juristas ingleses, é parte integrante do pensamento filosófico ocidental.

Curiosamente, o conceito de consciência foi pouco explorado pelos filósofos clássicos helénicos. O seu desenvolvimento e preenchimento é usualmente atribuído à filosofia estoica tardia[590]. Séneca, o Jovem, provavelmente o mais relevante estoico

---

[587] No Código Civil português, o termo consciência surge em apenas cinco artigos: 246.º: "A declaração não produz qualquer efeito, se o declarante não tiver a consciência de fazer uma declaração negocial"; 253.º/1: "com a intenção ou consciência de induzir ou manter em erro o autor da declaração"; 612.º/2: "Entende-se por má-fé a consciência do prejuízo que o ato causa ao credor"; 1635.º/1 a): "O casamento é anulável por falta de vontade quando o nubente, no momento da celebração, não tinha a consciência do ato que praticava". Apenas no disposto no artigo 1656.º a) a expressão assume uma dimensão distinta: "casamento de consciência". O conceito, atualmente denominado casamento em segredo, respeita, como a nova nomenclatura o indicia, a casamentos celebrados secretamente. A matéria é tratada nos cânones 1130 a 1133 do *Corpus Juris Canonici*, cfr., Fernando Pires de Lima e João de Matos Antunes Varela, *Código Civil anotado*, Vol. IV: *Artigos 1576.º a 1795.º*, 2ª edição revista e atualizada, Coimbra, Coimbra, 1992, 225.

[588] Helmut Coing, *English Equity and the Denunciatio Evangelica of the Cannon Law*, 71 LQR, 1955, 223-241, 224: "*This prominence of conscience is peculiar to English Equity; no parallel can be found in Aristotle's doctrine of equity or in the civil law*".

[589] *The Doctor and Student or Dialogues Between a Doctor of Divinity and a Student in the Laws of England Containing the Grounds of Those Laws Together with Questions and Cases Concerning the Equity Thereof, Revised and Corrected* por William Muchall, *to which are Added Two Pieces Concerning Suits in Chancery by Subpoena: I. A Replication of a Serjeant at the Laws of England, to Certain Points Alleged by a Student of the Said Laws of England, in a Dialogue in English Between a Doctor and the Said Student; II. A Little Treatise Concerning Writs of Subpoena*, Cincinnati, Robert Clarke 1874, 41, Dial. I, c. XV.

[590] Don E. Marietta Jr., *Conscience in Greek Stoicism*, 17 Numen, 1970, 176-187: neste pequeno, mas denso artigo, o seu autor apresenta as mais importantes teorias no que respeita ao desenvolvimento do conceito de consciência. Na sua opinião, contrariando a posição maioritária, os estoicos inspiraram-se no conceito de sindérese, este sim, dominado pela filosofia antiga

latino, utiliza, com alguma frequência, a expressão consciência. Na obra *Epistulae morales ad Lucilium*[591], o filósofo romano recorre ao termo *conscientia* em, pelo menos, oito das suas Epístolas[592]. Infelizmente, não avança nenhuma definição precisa. Do contexto em que aparece, podemos apenas concluir pela sua natureza intrinsecamente pessoal.

O tema é retomado por São Paulo na Carta a Timóteo, nas duas Cartas aos Coríntios e na Carta aos Romanos. Se na Carta a Timóteo e, em especial, nas duas Cartas aos Coríntios o conceito mantém a sua dimensão pessoal – "consciência de cada homem"[593]; "Falo da consciência dele, não da vossa[594]" –, já na Carta aos Romanos a expressão assume uma dimensão jurídica: "Os pagãos não têm a Lei. Mas, embora não a tenham, se fazem espontaneamente o que a Lei manda, eles próprios são Lei para si mesmos. Assim mostram que os preceitos da Lei estão escritos nos seus corações; a sua consciência também testemunha isso, assim como os julgamentos interiores, que ora os condenam, ora os aprovam"[595].

O conceito é explorado pelos escolásticos[596], em especial por São Tomás de Aquino, na *Summa Theologica*[597]. Para o *Doctor Angelicus*, a consciência é um ato, uma aplicação de conhecimento a uma situação específica[598]. Repare-se como é clara a inspiração de St. German. Paralelamente ao termo consciência, São Tomás apresenta o conceito de sindérese – com origem nos comentários de São Jerónimo aos Livros de Ezequiel e explorado por Petrus Lombardus na obra *Libri Quattuor Sen-*

helénica. Timothy C. Potts, *Conscience in Medieval Philosophy*, CUP, Cambridge, 1980, 1-3: foca-se, também, na ligação entre a sindérese grega e a consciência latina. Atribui relevância ao facto de a filosofia grega não ter explorado o conceito, o que está, certamente, na base da posição tradicional, que nega o seu conhecimento por Platão e Aristóteles.

[591] Versão bilingue, latim-inglês da autoria de Richard M. Gummere em três volumes, William Heinemann, Londres, 1917.

[592] Vol. I: 163, Epis. XXIII; 173, Epis. XXIV e 287, Epis. XLIII; Vol. II: 233, Epis. LXXXI; Vol. III: 115, Epis. XCVII; 217, Epis. CVI; 339, Epis. CXVII e 421, Epis. CXXII

[593] 1 Cor., 10, 29.

[594] 2 Cor., 4, 2.

[595] Rm., 2, 14-15.

[596] Destacam-se os comentários de São Boaventura à obra de Petrus Lombardus, cfr., Lib. II, Dist. XXXIX, Art. I: *De conscientia* e Art. II: *De synderesi* in *Doctoris Seraphici S. Bonaventurae S. R. E. Episc. Card. Commentaria in Quatuor Libros Setentiarium Magistri Petri Lombardi*, Tomo II: *In Secundum Librum Sententiarum*, Ad claras Aquas (Quaracchi), Ex typographia Member Libraries, 1882, 898-917.

[597] A obra completa pode ser consultada no sítio *Corpus Thomisticum*: http://www.corpusthomisticum.org/iopera.html.

[598] I-I, 19, 13.

tentiarum[599]. A sindérese consubstanciaria uma moral inata – recorrendo a linguagem tomástica, um hábito – que nos possibilita assimilar um conjunto de princípios formadores gerais, necessários para distinguir o bem do mal[600]. Entre estes princípios contar-se-iam as Leis de Direito Natural[601].

O conceito de consciência mantém alguma relevância no pensamento jusnaturalista. Por exemplo, para PUFENDORF, a consciência permitia, ao Homem, discernir o certo do errado, mas apenas como um veículo do Direito Natural. Atribuir à consciência uma função autónoma seria retirar-lhe qualquer critério objetivo, o que resultaria numa enorme incerteza[602].

II. O termo consciência, associado ao tribunal do *Chancellor*, é introduzido no vocabulário jurídico inglês nas últimas décadas do século XIV[603]. Sendo que, a partir da segunda metade do século XV, o conceito é empregue em muitas petições dirigidas ao *Chancellor*. Os autores das ações, depois de apresentarem a sua visão dos factos e o pedido subjacente, tinham por hábito concluir a petição requerendo que a decisão fosse determinada pela consciência. Curiosamente, a expressão nunca surge autonomamente, mas

---

[599] POTTS, *Conscience in Medieval Philosophy*, cit.: o autor analisa toda a evolução da temática, desde os comentários de São Jerónimo aos escritos de São Tomás; ROBERT A. GREENE, *Synderesis, the Spark of Conscience, in the English Renaissance*, 52 J Hist Ideas, 1991, 195-219: inicia o artigo pelos comentários de São Jerónimo, transitando, de seguida, para a receção do conceito pela doutrina inglesa e para as especificidades assumidas no Renascimento.

[600] I-I, 19, 12.

[601] I-II, 1.

[602] SAMUEL PUFENDORF, *De Jure Naturae et Gentium, Libri Octo. Cum integris Commentariis Virorum Clarissimorum* JOANNIS NICOLAI HERTII, *atque* JOANNIS BARBEYRACI. *Recensuit & Animadversionieus illustravit* GOTTFRIDUS MASCOVIUS, Tomo I, Ex Officina Knochiana, Francoforte e Leipzig, 1744, 41, Lib. I, Cap. III, § IV: "*Unde si quis iudicio practico aut conscientiae peculiarem vim dirigendi actiones tribuere velit, quae a lege non dependeat aut proveniat, quibuslibet hominum phantasiis vim legum tribuit, & summan confusionem negotiis humanis inducit*".

[603] DENNIS R. KLINCK, *Conscience, Equity and the Court of Chancery in Early Modern England*, Ashgate, Farnham, 2010, 13; ROBERT C. PALMER, *English Law in the Age of the Black Death, 1348--1381: a Transformation of Governance and Law*, University of North Carolina Press, Chapel Hill, 1993, 130-131: o autor aponta a década de 70 do século XIV como o momento em que o conceito de consciência foi introduzido no vocabulário jurídico anglo-saxónico. Considera existir uma relação direta entre a devastação e a mortandade que resultou da propagação da peste negra e a generalização do conceito; BARBOUR, *Some Aspects*, cit., 838: o autor, que analisa os desenvolvimentos iniciais do *Court of Chancery*, conclui que, pelo menos, desde os inícios do século XV que o processo decisório devia muito ao conceito de consciência.

§ 6.º EQUITY LAW

sempre acompanhada de um outro termo: como impõe a lei e a consciência[604]; a razão e a consciência[605]; a fé e a consciência[606]; a boa-fé e a consciência[607] – a conjugação mais utilizada –; ou o correto e a consciência[608]. Por vezes, a expressão consciência é precedida do vocábulo boa[609].

Apesar de ser empregue usualmente, em especial a partir da segunda metade do século XV, o termo não ocupava uma posição exclusiva ou, sequer, maioritária. Diversas outras construções eram evocadas pelos peticionários: tanto requeriam um remédio que se adequasse ao seu problema[610], como invocavam a discricionariedade inerente ao *Court of Chancery*[611] ou solicitavam uma solução concreta: a execução específica do contrato celebrado[612]; o cumprimento da vontade do *de cujus*[613]; ou a morte do réu[614]. Numa perspetiva mais abstrata ou filosófica, as pretensões dos queixosos eram bastante variáveis: uns confiavam na aplicação da lei[615] ou no respeito da razão[616], outros invocavam a lei e a razão[617]. Em suma, que fosse dado cumprimento à Justiça[618] e que a verdade fosse descoberta[619].

---

[604] BAILDON, *Select Cases in Chancery*, cit., c. 121 (1420-1422), 118-119: "*May it please your most gracious Lordship to consider this matter ... as law and conscience demand*"; cit., c. 138 (1441), 133.
[605] Cit., c. 123 (sem data), 121: "*[T]o answer thereto as reason and conscience demand*". "*[T]o come before you in the King's Chancery, which is the Court of Conscience*".
[606] Cit., c. 140 (1454), 137: "*[A]s faith and conscience requiren in this behalue*".
[607] Cit., c. 146 (1465-1467), 155: "*[T]o be ruled as gode fayth and consciens requyreth*"; cit., c. 139 (1443-1450), 135; cit., c. 141 (1456), 138; cit., c. 144 (1460-1465), 151.
[608] Cit., c. 147 (1471), 157: "*[M]ake theym astate as right and conscience requiren*"; cit., c. 145 (1464), 153.
[609] Cit., c. 137 (1441), 132: "*[A]s feith and good conscience requirith in this matter*"; cit., c. 147 (1471), 156.
[610] Cit., c. 14 (1395), 16; cit., c. 25 (1397), 30; cit., 60 (sem data), 62. A construção surge em mais de uma dezena de petições.
[611] BAILDON, *Select Cases in Chancery*, cit., c. 9 (1389), 10; cit., 85 (sem data), 80; c. 97 (reinado de *Henry IV*: 1399-1413), 93. Termo utilizado em inúmeras petições.
[612] Cit., c. 83 (sem data), 79.
[613] Cit., c. 118 (1417-1424), 116.
[614] Cit., c. 16 (depois de 1396), 19; cit., c. 20 (depois de 1396), 25.
[615] Cit., c. 59 (sem data), 61; cit., c. 70 (sem data), 69; cit., c. 131 (sem data), 126.
[616] Cit., c. 63 (sem data), 64; cit., 87 (sem data), 81; cit., c. 106 (1377), 104.
[617] Cit., c. 90 (sem data), 83.
[618] Cit., c. 95 (1408), 89; cit., 116 (1417-1424), 114.
[619] Cit., c. 77 (sem data), 74.

A EQUITY LAW

De todos os termos utilizados nas petições, apenas uma construção se sobrepõe às demais: "em nome de Deus e por caridade[620]". Ao contrário do que defende KLINCK[621], não nos parece que o termo consciência tenha substituído a expressão caridade ou que ambos os conceitos tivessem um papel sucedâneo. De facto, não raras vezes, as expressões surgem na mesma petição, embora não combinadas. A expressão caridade deverá, antes, ser interpretada no sentido de misericórdia. Relembre-se que os súbditos, conquanto se dirigissem ao *Chancellor*, estavam a apelar ao poder absoluto do Rei.

III. Se o elemento teórico seguido pelos *Chancellors* é de fácil identificação, já o mesmo não se verifica quanto ao seu preenchimento concreto[622]. Apesar de as petições dirigidas ao *Chancellor* serem, por regra, apresentadas por escrito, o vigário do Rei não tinha essa preocupação, pelo que não nos é possível saber se o seu conteúdo se alicerçava na razão, na Justiça, na Lei divina, na equidade ou na consciência. Muito provavelmente, o *Chancellor* decidia consoante o que lhe parecesse mais adequado à situação e aos factos, indo, assim, ao encontro da conceção avançada por ST. GERMAN no segundo quartel do século XVI.

No período formativo da *Equity Law*, o processo decisório estava longe de se sustentar num pensamento sistemático. O *Chancellor* não tinha ao seu dispor o vasto leque de decisões que, a pouco e pouco, os juízes e os funcionários dos tribunais centrais foram compilando e não se podia guiar por qualquer tipo de Direito positivo ou, sequer, por grandes tratados, à imagem do verificado para a *Common Law* – nos inícios do século XIV o sistema inglês contava já com quatro *books of authority*: *Glanvill*, *Bracton*, *Britton* e *Fleta*.

Da definição escolástica de consciência apenas se pode retirar que o processo decisório tinha uma natureza casuística, focada nas concretas especifi-

---

[620] Cit., c. 136 (1432-1443), 131: "*[A]nd that in the honour of God and in the wey of charite*"; cit., 137 (1441), 132: "*[F]or the love of God and in wey of charite*".
[621] KLINCK, *Conscience*, cit., 14, n. 6.
[622] TIMOTHY S. HASKETT, *The Medieval English Court of Chancery*, 14 Law & Hist Rev, 1996, 245-313, 263; NICHOLAS PRONAY, *The Chancellor, the Chancery, and the Council at the End of the Fifteenth Century* in *British Government and Administration*, coordenação de HENRY HEARDER e HENRY R. LOYN, University of Wales Press, Cardiff, 1974, 87-103, 102.

cidades de cada caso[623]; não nos fornecendo grandes pistas quanto ao pensamento ou às construções desenvolvidas.

IV. Na busca de um conteúdo útil para o conceito de consciência duas soluções têm sido avançadas. A primeira passa por recorrer à mais característica construção desenvolvida pelo *Court of Chancery*: o *use*, o antecedente do *trust*. A segunda centra-se nos conhecimentos e na formação dos *Chancellors*.

Como veremos de forma mais aprofundada na Parte seguinte, o *use* não era reconhecido pelos tribunais da *Common Law*. Para os tribunais centrais a constituição dessa relação fiduciária era juridicamente irrelevante. Contrariando a posição unânime dos tribunais do Rei, o *Chancellor* conferiu força jurídica a este acordo. Na base desta decisão parece ter estado o misticismo que envolve a palavra dada: se um sujeito se comprometeu a atuar de determinada forma, fica moralmente obrigado a cumprir a sua palavra. A consciência poderia, assim, ser interpretada como um modo de garantir o cumprimento das obrigações assumidas e de proteger a confiança suscitada[624]. Embora apelativa, a solução não pode merecer o nosso acolhimento. Para além de não ser suportada por documentação da época, não nos fornece quaisquer elementos no que respeita ao pensamento do *Chancellor*, mas apenas ao modo como o específico problema dos *uses* foi resolvido.

V. A segunda tese – conhecimentos e formação jurídica dos *Chancellors* – granjeia uma grande unanimidade no seio da doutrina especializada. Até ao ano de 1529, data em que THOMAS MORE foi nomeado para o lugar, a posição de *Chancellor* foi sempre ocupada por poderosos eclesiásticos, coadjuvados, evidentemente, por um vasto número de religiosos[625].

Em face da formação religiosa, os *Chancellors* eram versados em Direito canónico e, provavelmente, em Direito romano, pelo que seria perfeitamente natural que recorressem a ambos os sistemas[626]. Esta tese tem mere-

---

[623] PETER CHARLES HOFFER, *The Law's Conscience: Equitable Constitutionalism in America*, University of North Carolina Press, Chape Hill, Carolina do Norte, 1990, 26.
[624] COING, *English Equity*, cit., 235.
[625] A vida e obra dos *Chancellors* estão, salvo raras exceções, bem documentadas na obra de JOHN LORD CAMPBELL, *The Lives of the Lord Chancellors and Keepers of the Great Seal of England*.
[626] WILLIARD T. BARBOUR, *The History of Contract in Early English Equity* in *Oxford Studies in Social and Legal History*, Vol. IV, coordenação de PAUL VINOGRADOFF, Clarendon Press, Oxford, 1914, 4-237, 163 e 168.

cido o acolhimento maioritário da doutrina[627]. Apenas MAITLAND terá, alegadamente, evocado uma certa fragilidade da construção. O ilustre jurista chamou a atenção para o facto de que a formação religiosa do *Chancellor*, só por si, não bastar para se atribuir um conhecimento profundo de Direito canónico[628]. Apesar de lógica, a crítica não merece acolhimento. Em primeiro lugar, não era qualquer clérigo que ocupava a função de *Chancellor*. Na maioria dos casos, era nomeado um bispo ou arcebispo[629]. Em segundo lugar, a vida dos *Chancellors* está bem documentada: a maioria frequentou Oxford ou Cambridge[630], cujo ensino jurídico "se resumia" ao estudo do Direito canónico e do Direito romano. Finalmente, o *Chancellor* ocupava uma posição cimeira na organização governativa inglesa, não sendo credível que os monarcas ingleses nomeassem, para o cargo, clérigos com poucos conhecimentos.

Todos os dados apontam para a aplicação de Direito canónico e de Direito romano no *Court of Chancery* ou, pelo menos, para o recurso a princípios e a construções idênticas: (1) o *Court of Chancery* era o tribunal da consciência; (2) a consciência para os escolásticos, na posição seguida por ST. GERMAN, consistia na simples aplicação de conhecimentos a uma situação concreta; e (3) os *Chancellors* tinham fundados conhecimentos canónicos e romanísticos.

---

[627] BARBOUR, *Some Aspects*, cit., 835; WILLIAM SEARLE HOLDSWORTH, *The Early History of Equity*, 13 Mich L Rev, 293-301, 294; VINOGRADOFF, *Reason and Conscience*, cit., 378: os próprios advogados que pleiteavam no *Court of Chancery* viram-se obrigados a recorrer a construções típicas do Direito canónico; JEROME FRANK, *Civil Law Influence on Common Law – Some Reflections on "Comparative" and "Contrastive" Law*, 104 U Pal L Rev, 1956, 887-926, 894; NEWMAN, *Equity and Law*, cit., 27; JAVIER MARTÍNEZ-TORRÓN, *Anglo-American Law and Canon Law: Canonical Roots of the Common Law*, Duncker & Humblot, Berlim, 1998, 67.

[628] Citado por D. E. C. YALE in EDWARD HAKE, *Epieikeia: a Dialogue on Equity in Three Parts*, editado e com introdução de DAVID E. C. YALE e prefácio de SAMUEL E. THRONE, Yale University Press, New Haven, 1953, xiii.

[629] SPENCE, *The Equitable Jurisdiction*, Vol. I, cit., 334.

[630] SIMPSON, *A History of the Common Law of Contract*, cit., 400-402: a maioria dos *Chancellors* do século XV não se limitava a ter um bacharelato em Direito canónico, tinha também o diploma de Direito romano. Não raramente, eram Doutores em uma ou em ambas as áreas. Pertenciam, com toda a certeza, à classe mais erudita da época.

§ 6.º EQUITY LAW

A influência canónica parece ter extravasado, largamente, a simples formação dos *Chancellors*[631]. A própria organização, funcionamento e processo do *Court of Chancery* poderão ter tido como inspiração o modelo processual canónico *denunciatio evangelica*[632], desenvolvido durante o século XII e impulsionado pelo Papa Inocêncio III. As semelhanças entre as duas jurisdições são impressionantes: ambas tinham uma natureza subsidiária; as formalidades das petições eram idênticas; os trâmites processuais eram análogos; e era atribuído ao conceito de consciência uma enorme importância[633]. Apesar de a conexão com este específico procedimento ser uma descoberta com pouco mais de meio século[634], a origem civilística do modelo processual da *Equity Law* é reconhecida, pelo menos, desde o terceiro quartel do século XVI[635].

Uma outra hipótese foi apresentada por WOHLHAUPTER. O autor defende que o procedimento do *Court of Chancery* teve como inspiração direta o modelo clássico dos tribunais germânicos[636]. Esta solução, bastante apelativa, não tem merecido o apoio da doutrina especializada inglesa. Embora reconhecendo que alguns reinos continentais mantiveram, durante longos anos, órgãos similares ao *Court of Chan-*

---

[631] MARTÍNEZ-TORRÓN, *Anglo-American Law and Canon Law*, cit., 69: o autor faz um excelente paralelismo entre as máximas da *Equity* e as *regulae iuris* do Papa Bonifácio VIII, sendo as semelhanças concludentes. A título exemplificativo: *where equities are equal the first in time shall prevail* = *qui prior est tempore potior est iure*.

[632] A denominação advém das suas origens evangélicas, cfr., Mt. 18, 15-18: "Se o teu irmão pecar, vai ter com ele e repreende-o a sós. Se te der ouvidos, terás ganho o teu irmão. Se não te der ouvidos, toma contigo mais uma ou duas pessoas, para que toda a questão fique resolvida pela palavra de duas ou três testemunhas. Se ele se recusar a ouvi-las, comunica-o à Igreja; e, se ele se recusar a atender à própria Igreja, seja para ti como um pagão ou um cobrador de impostos".

[633] COING, *English Equity*, cit., 223-241.

[634] A descoberta é atribuída a LUIGI DE LUCA, *Aequitas Canonica ed Equity Inglese alla luce del pensiero di C. Saint-Germain*, 3 Eph Iuris Can, 1947, 46-66.

[635] SMITH, *De Republica Anglorum*, cit., Livro 2, Cap. 23; JULIUS CAESAR, *The Ancient State Authoritie, and Proceedings of the Court of Requests*, editado e com introdução de LAMAR M. HILL, CUP, Cambridge, 1975: 1590s. Uma vasta lista de autores que puseram esta ascendência em evidência pode ser consultada em MICHAEL R. T. MACNAIR, *The Law of Proof in Early Modern Equity*, Duncker & Humblot, Berlin, 1999, 29-30.

[636] EUGEN WOHLHAUPTER, *Der Einfluss naturrechtlicher und kantonesischer Gedanken auf die Entwicklung der englischen Equity* in *Acta Congressus Iuridici Internationalis: VII Saeculo a Decretalibus Gregorii IX et XIV a Codice Iustiniano Promulgatis, Romae 12-17 Novembris 1934*, Vol. II, Apud Custodiam Librariam Pont. Instituti Utriusque Iures, Roma, 1935, 437-467, 443.

cery, usualmente presididos pelo monarca[637], nenhum autor anglófono admite uma ascendência externa.

VI. Nas primeiras décadas do século XVI, o conceito de consciência impõe-se como elemento central da Justiça ministrada no *Court of Chancery*. Dois dos mais importantes *Chancellors* deste período reconhecem e sublinham o seu papel central:

THOMAS WOLSEY[638]:

[L]*aw without conscience is not good to be ministered by a King or his Council nor by any of his ministers, for every Council to a King ought to have respect to conscience before the rigour of the law*[639].

e THOMAS MORE[640]:

[H]*e would serve his majesty, but he must obey his God: he would keep the king's conscience and his own*[641].

---

[637] HAZELTINE, *The Early History*, cit., 261; NEWMAN, *The Place and Function*, cit., 407; HEINRICH BRUNNER, *Deutsches Rechtsgeschichte*, Vol. I, Duncker & Humblot, Leipzig, 1887, 528.

[638] Nascido em março de 1473, faleceu em 29 de novembro de 1530. Foi Arcebispo de York e *Chancellor* de *Henry VIII* durante catorze anos, de 1515 a 1529. WOLSEY foi um fervoroso defensor da *Equity Law* e da sua supremacia sobre a *Common Law*. Durante o seu longo mandato, não se coibiu de alterar sentenças decretadas pelos tribunais centrais do Rei. Ficou famosa a forma pouco cordata com que tratava os advogados da *Common Law* que apareciam no seu tribunal, cfr., STUART E. PRALL, *The Development of Equity*, cit., 7.

[639] GEORGE CAVENDISH, *The Life and Death of Thomas Wolsey: Cardinal, once Archbishop of York and Lord Chancellor of England. Containing: 1. The Origin of His Promotion, and the Way He Took to Obtain It; 2. The Continuance in His Magnificence; 3. His Negotiations Concerning the Peace with France and the Netherlands; 4. His Fall, Death, and Burial. Wherein Are Things Remarkable for these Times*, editado por GRACE H. M. SIMPSON, R. & T. Washbourne, Londres, 1901, 152.

[640] Nasceu em 7 de fevereiro de 1478 e faleceu em 6 de julho de 1535. Advogado, filósofo e homem de Estado, foi uma das figuras mais importantes do humanismo renascentista. Ainda hoje, a sua grande obra – *Utopia* – ocupa um lugar cimeiro na literatura ocidental. *Chancellor* de *Henry VIII* entre 1529 e 1532, recusou-se a jurar o *Succession Act* e foi mandado decapitar pelo Rei. O seu martírio, em nome da Igreja Católica, levou à sua beatificação em 29 de dezembro de 1886 e à sua posterior santificação em 9 de maio de 1935.

[641] DAVID LLOYD, *State Worthies: or, the Statesmen and Favourites of England from the Reformation to the Revolution. Their Prudence and Politics, Successes and Miscarriages, Advancements and Falls*, Vol I, editado por CHARLES WHITWORTH, J. Robson, Londres, 1766, 62.

§ 6.º EQUITY LAW

O peso da consciência é evidente. Sobrepõe-se à Lei e à própria vontade do Rei. Todavia, continuamos sem ter elementos que nos permitam concretizar o seu conteúdo. Durante a primeira metade do século XVI, os *Chancellors* seguiram a política dos seus antecessores: as decisões eram declaradas oralmente, não eram escritas, nem compiladas[642].

24. O conceito de equidade e a obra *Doctor and Student*

I. O segundo quartel do século XVI, marcado pelo rompimento com a Igreja Católica e pela constituição da Igreja Anglicana, foi um período de intensas mudanças. Desde a conquista normanda que as Ilhas Britânicas não eram palco de tão penetrantes reformas, com especial enfoque no dinamismo social e cultural. Foi também um período de importantes transformações jurídicas: o *Court of Chancery* consolidou-se e a *Equity Law*, enquanto sistema, começou a dar os seus primeiros passos[643].

O período é ainda marcado pelo predomínio do termo equidade – que se impõe em áreas tão diversas como a poesia, a Justiça e a política[644] – em desfavor da expressão consciência. Não se pense, porém, que o termo desapareceu do mundo jurídico anglo-saxónico. Naturalmente, e de forma paulatina, o conceito foi sendo cada vez menos utilizado[645].

---

[642] JOHN LORD CAMPBELL, *The Lives of the Lord Chancellors and Keepers of the Great Seal of England, from the Earliest Times till the Reign of Queen Victoria*, Vol. II, 7ª edição, Cockcroft, Nova Iorque, 1978, 138: "[T]here are no trace of any of the decisions of Chancellors Warham, Wolsey, More, Audely, or Wriothesley".

[643] O período anterior à reforma ficou marcado por uma enorme tensão entre as duas jurisdições. ENDICOTT, *The Conscience of the King*, cit., 549: considera que a relação tumultuosa entre a *Equity Law* e a *Common Law* foi ultrapassada com o fim da tradição de apenas nomear eclesiásticos para o cargo de *Chancellor*. FRANZ METZGER, *The Last Phase of the Medieval Chancery* in *Law-Making and Law-Makers in British History: Papers Presented to the Edinburgh Legal History Conference, 1977*, coordenação de ALAN HARDING, Royal Historical Society, Londres, 1980, 79-89, 79; JOHN A. GUY, *Christopher St. German on Chancery and Statute*, Selden Society, Londres, 1985, 65.

[644] MARK FORTIER, *The Culture of Equity in Early Modern England*, Aldershot, Ashgate, 2005: o autor expõe a influência do conceito de equidade nas mais variadas áreas sociais, culturais e políticas.

[645] ST. GERMAN dedica um capítulo da sua obra ao conceito de consciência (*Doctor and Student*, cit., 41-44, Dial. I, c. 15). Porém, muito provavelmente por o preenchimento do conceito estar

II. No ano de 1523, foi publicado o primeiro tratado sobre a *Equity Law* e a sua relação com a *Common Law*, conhecido para a posteridade por *Doctor and Student*. O seu autor, CHRISTOPHER ST. GERMAN, um dos maiores eruditos da sua época, admirado não apenas pela sua sapiência, mas também pela sua generosidade e piedade. Com vastos conhecimentos filosóficos, o jurista era versado em Direito Romano, Direito Canónico e na *Common Law*[646]. A obra ocupou um lugar cimeiro no estudo da *Equity Law* durante mais de dois séculos, tanto nas Universidade inglesas como na barra do *Court*

longe de alcançar o conteúdo do termo equidade, o autor limita a sua escrita a considerações de ordem geral, não sendo evidente que papel lhe reserva no Direito. Ao longo da segunda metade do século XVI, o termo continua a ser empregue em petições e em documentos oficiais (BRYSON, *Cases Concerning*, Vol. I, cit., c. 9: "*and on account of that, [there is] no conscience to aid him*"; 139, c. 70 (datado de 1594): "*[It is] contrary of the Court of Chancery, because it is an ancient court of conscience*"; 149, c. 80 (datado de 1596): "*the lord keep says that the justices were of the opinion that neither by [the common] law nor [in] conscience [did] Witham have a right*"). O termo mantém a sua importância em pleno século XVII, durante o mandato de LORD NOTTINGHAM (vide, em geral, DENNIS R. KLINCK, *The Lord Nottingham and the Conscience of Equity*, 67 J Hist Ideas, 2006, 123-147. NICHOLAS UNDERHILL, *The Lord Chancellor*, The Lavenham Press, Suffolk, 1978, 92: sublinha a força do conceito ao longo de todo o século). De facto, o século XVII pode muito bem ser denominado de "o século da consciência" (KEITH THOMAS, *Cases of Conscience in Seventeenth-Century England* in *Public Duty and Private Conscience*, coordenação de de J. MORRILL, P. SALCK e D. WOOLD, Clarendon Press, Oxford, 1993, 29-59, 29: o século XVII "*can justly be called the Age of Conscience*"). O número de obras publicadas neste período é avassalador (WILLIAM WORHSIP, *The Christians Iewell. Or, The Treasure of a Good Conscience*, printed by William Stansby for John Parker, Londres, 1617; RICHARD CARPENTER, *The Conscionable Christian: or, the Indevour of Saint Paul, to Have and Discharge a Good Conscience Always Towards God, and Men Laid Open and Apllyed in Three Sermons*, printed by F. K. for John Bartlet, Londres, 1623; IMMANUEL BOURNE, *The Anatomie of Conscience. Or a Threefold Revelation of Those Three Most Secret Bookes: 1. The Booke of Gods Prescience. 2. The Booke of Mans Conscience. 3. The Booke of Life. In a Sermon Preached at the General Assises Holden at Derby*, printed by G. E. and M. F. for Nathaniel Butter, Londres, 1623; JOHN JACKSON, *The Booke of Conscience Opened and Read in a Sermon Preached at the Spittle on Easter-Tuesday, Being April 12, 1642*, printed by F.K. for R.M. and are to be sold by Daniel Milbourne, Londres, 1642; JOHN SHARP, *A Discourse Concerning Conscience, The First Part. Wherein an Account Is Given of the Nature, and Rule, and Obligation, of it. And the Case of Those who Separate from the Communion of the Church of England*, printed for Thomas Basset by B. Tooke and Walter Kettilby, Londres, 1687. A lista é interminável).

[646] Sobre a vida e obra de ST. GERMAN, vide, entre outros: PEARL HOGREFE, *The Life of Christopher Saint German*, 13 RES, 1937, 398-404; THEODORE F. T. PLUCKNETT e JOHN L. BARTON, *St German's Doctor and Student*, 91 Selden Society, Bernard Quaritch, Londres, 1974, xi-xx e GUY, *Christopher St. German*, cit., 3-15.

§ 6.º EQUITY LAW

of Chancery, pelos advogados e pelos juízes. Apenas com a publicação dos comentários de BLACKSTONE, em meados do século XVIII, o tratado de ST. GERMAN perdeu a sua posição cimeira[647].

O estudo da obra, em especial do capítulo dedicado à equidade, poderá fornecer-nos novas pistas quanto ao pensamento que esteve na base das construções desenvolvidas pelo *Court of Chancery*:

> *Equity is a right wiseness that considereth all the particular circumstances of the deed, the which also is tempered with the sweetness of mercy. And such an equity must always be observed in every law of man, and in every general rule thereof. And for the plainer declaration what equity is, thou shalt understand, that sith the deeds and acts of men, for which laws have been ordained, happen in divers manners infinitely, it is not possible to make any general rule of law ... and not to every particular case, for they could not thought they would. [I]n some cases it is necessary to love the words of the law, and to follow that reason and justice requireth, and to that intent equity is ordained; that is to say, to temper and mitigate the rigour of the law. And it is called also by some men epieikeia; the which is no other thing but an exception of the law of God or the law of reason: the which exception is secretly understood in every general rule of every positive law ... [I]f any law were made by a man without any such exception expressed or implied, it were manifestly unreasonable, and were not to be suffered: for such causes might come, that he would observe the law should break both the law of God and the law of reason ... And so it appeareth that equity rather followeth the intent of the law, than the words of the law*[648].

Deste excerto, identificativo do pensamento de ST. GERMAN, é possível reconhecer quatro ideias distintas, todas reconduzíveis ao conceito de

---

[647] VINOGRADOFF, *Reason and Conscience*, cit., 379; WILLIAM SEARLE HOLDSWORTH, *Some Makers of English Law: the Tagore Lectures 1937-38*, CUP, Cambridge, 1966, 96; WILLIAM SEARLE HOLDSWORTH, *A History of English Law*, Vol. V, Little, Brown, Londres, 1924, 269: compara o impacto da obra de ST. GERMAN, no desenvolvimento da *Equity Law*, à importância do tratado de BRACTON, para a *Common Law*; JOHN L. BARTON, *Equity in the Medieval Common Law* in *Equity in the World's Legal Systems: a Comparative Study Dedicated to René Cassin*, coordenação de RALPH A. NEWMAN, Bruylant, Bruxelas, 1973, 139-155, 154; JOHN A. GUY, *The Development of Equitable Jurisdictions 1450-1550* in *Law, Litigants, and the Legal Profession: Papers Presented to the Fourth British Legal History Conference at the University of Birmingham*, 10-13 July 1979, coordenação de E. W. IVES e A. H. MANCHESTER, Royal Historical Society, Londres, 1983, 80-86, 85.
[648] *The Doctor and Student*, cit., Dial. I, c. XVI, 44-45.

equidade: (1) enquanto elemento interpretativo focado nas circunstâncias concretas que rodeiam as situações jurídicas ou os litígios; (2) enquanto elemento necessário para mitigar a rigidez típica de leis, por natureza gerais; (3) enquanto sinónimo de Direito natural, quer seja ele emanado de um Ser superior, quer como um corolário da razão; e (4) enquanto elemento interpretativo que sobrepõe o espírito da lei ou a intenção do legislador ao Direito positivado. Uma vez mais, a influência escolástica e a ascendência aristotélica são notórias.

Repare-se, ainda, que, para St. German, a equidade era parte integrante da *Common Law*:

> *[O]f this equity that we now speak of, mention is made many times: for it is ofttimes argued in the law of England... And it is not prohibited by the law... and the law will in many cases, that there shall be such remedy in the chancery upon divers things grounded upon such equities, and then the lord chancellor must order his conscience after the rules and grounds of the law of the realm*[649].

III. Analisada a influência do pensamento escolástico, cumpre averiguar a hipotética ascendência das obras de Aristóteles. A influência do filósofo grego está longe de se limitar ao uso da expressão grega *epiekeia*[650]. Aristóte-

---

[649] *The Doctor and Student*, cit., Dial. I, c. XVII, 49.

[650] A expressão *epiekeia* – englobando aqui todas as suas variantes ortográficas – não foi introduzida no léxico grego antigo por Aristóteles. Diversos outros autores a utilizaram em obras anteriores. Um vocábulo semelhante é utilizado por Heródoto, no Livro 3 parágrafo 53, da sua monumental obra *Histórias*. A tradução da passagem – πολλοὶ τῶν δικαίων τὰ ἐπιεικέστερα προτιθεῖσι – tem levantado alguma discussão: George Campbell Macaulay, *The History of Herodotus*, Vol. I, MacMillan, Londres, 1890, 201: "*Muitos preferem o que é razoável à justiça estrita*"; Francesco d'Agostino, *Epieikeia: il tema dell'equità nell'antichità greca*, Giuffrè, Milão, 1973, 7: "*Muitos preferem a equidade à justiça estrita*" ou "*Muitos preferem o razoável ao Direito*"; August Horneffer, *Herodot Historien/Deutsch Gesamtausgabe*, por Horneffer, Haussig e Otto, Alfred Kröner, Estugarda, 1955, 205, apud. Menezes Cordeiro, *Da boa fé*, cit., 123. A tradução de ἐπιεικέστερα por razoável merece o consentimento da maioria dos autores, cfr., Johannes Stroux, *Summum ius, Summa iniuria: ein Kapitel aus der Geschichte der interpretation iuris*, Teubner, Leipzig, 1926, 10 e Menezes Cordeiro, *Da boa fé*, cit., 123 e *A equidade como fonte de Direito*, 144 Dir, 2012, 9-28, 13-16. A expressão foi, também, utilizada pelo historiador Tucídides, como sinónimo de clemência; pelo sofista Górgias, como antónimo de justiça inflexível e por Aristófanes, como sinónimo de correto ou apropriado, cfr., Max Hamburger, *Morals and Law: the Growth of Aristotle's Legal Theory*, Yale University Press, New Haven, 1951, 90 ss..

§ 6.º *EQUITY LAW*

LES apresenta a equidade como um mecanismo de correção da Lei que tende a não se adequar à realidade concreta, em face da sua natureza universal:

> O fundamento para tal função retificadora resulta de, embora toda a lei seja universal, haver, contudo, casos a respeito dos quais não é possível enunciar de modo correto um princípio universal ... Quando a lei enuncia um princípio universal, e se verifica resultarem casos que vão contra essa universalidade, nessa altura está certo que se retifique o defeito, isto é, que se retifique o que o legislador deixou escapar e a respeito do que, por se pronunciar de um modo absoluto, terá errado. É isso o que o próprio legislador determinaria, se presenciasse o caso ou viesse a tomar conhecimento da situação, retificando, assim a lei, a partir das situações concretas que de cada vez se constituem[651].

A manifesta proximidade entre as duas construções não implica, necessariamente, um conhecimento da obra do filósofo grego, sendo bastante mais provável que ST. GERMAN tenha ido beber estes conhecimentos a outros textos. As principais suspeitas recaem na monumental *Summa Theologica*, de S. TOMÁS DE AQUINO[652], e na – menos afamada, mas não menos

---

MENEZES CORDEIRO chama ainda a atenção para o facto de a expressão *epiekeia* extravasar o conceito de equidade, cfr., *A decisão segundo a equidade*, 122 Dir, 1990, 261-280, 265, nota 21.

[651] ARISTÓTELES, Ética a Nicómaco, 5.10, 1137b 10-29, cit., 129-130.

[652] JOHN A. ALFORD, *Literature and Law in Medieval England*, 92 PMLA, 1977, 941-951, 942: demonstrativo da vitalidade do pensamento tomástico; STEPHEN A. SIEGEL, *The Aristotelian Basis of English Law*, 56 NYU L Rev, 1981, 18-59, 44: mais do que identificar uma relação direta, o autor reconhece que a construção aristotélica da equidade foi introduzida no pensamento medieval por São Tomás de Aquino; GUILLAUME HENRI M. P. MEYJES, *Jean Gerson – Apostle of Unity: His Church Politics and Ecclesiology*, tradução de J. C. GRAYSON, Brill, Leiden, 1999, 243: segue o mesmo raciocínio. Os conhecimentos aristotélicos dos canonistas e civilistas da época chegaram por intermédio de São Tomás. Parece-nos pouco defensável a tese de BARTON de que coube a ST. GERMAN introduzir o conceito de *epiekeia* na advocacia inglesa, cfr., *Equity in the Medieval Common Law*, cit., 152. Mesmo considerando que os advogados dos tribunais da *Common Law* tinham menos conhecimentos canónicos e civilísticos do que os juristas do *Court of Chancery*, eram, sem dúvida, pessoas eruditas e com estudos. Ora, não parece realista que a classe mais instruída da época não dominasse a mais relevante obra de São Tomás. KLINCK, *Conscience*, cit., 45: expressa idêntica posição. Repare-se que ST. GERMAN chega a usar os mesmos exemplos invocados pelo *Doctor Angelicus*, a título de exemplo: *Summa Theologiae*, Ia2ae. 96, 6: "[S]icut si in civitate obsessa statuatur lex quod portæ civitatis maneant clausæ, hoc est utile communi saluti ut in pluribus; si tamen contingat casus quod hostes insequantur aliquos cives, per

importante para a formação do pensamento de St. German – vasta obra de Jean de Gerson[653], em especial o tratado *De mystica theologia tractatus primus speculativus*[654].

O conceito de equidade de St. German vem reforçar as conclusões apresentadas no âmbito da concretização jurisdicional do conceito de consciência: o Direito aplicado era intrinsecamente canónico. Não necessariamente as suas normas, mas, sem dúvida, o seu pensamento e os seus princípios. As conceções aristotélicas de equidade, adotadas pela escolástica medieval, vieram conferir-lhe uma solidez filosófica até então não teorizada.

Apesar das inovações introduzidas pela obra *Doctor and Student*, a *Equity Law* estava longe de ter alcançado uma natureza sistemática. Durante toda a Idade Moderna, as decisões do *Court of Chancellor* mantiveram uma natureza tópica. Relembre-se que a institucionalização do tribunal do *Chancellor*

---

quos civitas conservatur, damnossissimum esset civitati, nisi eis portæ aperirentur; et ideo in teli casu essent portæ aperiendæ, contra verba legis, ut servaretur utilitas communis, quam legislator intendit" in Summa Theologica deligenter emendata por Nicolai, Sylvii, Billuart e C.-J. Drioux, *notis ornata*, Tomus Tertius, Prima Secundæ: XL-CXIV: *De Passionibus, Habitudinibus et Virtutibus – De Vitiis et Peccatis – De Legibus – De Gratia*, 12ª edição, Bloud et Barral, Paris, 1880, 396 e *Doctor and Student*, Dial. II, c. 16: *"Item si in aliqua cvitate esset lex statuta quod nullus sub pena mortis ante talem horam portas civitatis apperiret si tamen ante horam statutam ciues hostes fugientes ad portas civitatis occurrerent et quis pro saluatione civium portas apperiret/ legem non violaret. nam casus ille similiter a lege illa generali per equitatem excipitur ut predicitur/ unde patet quod equitas magis attendit legis intentionem quam verba legis"* in Plucknett e Barton, *St. German's Doctor and Student*, cit., 96-98.

[653] Nasceu em 13 de dezembro de 1363 e faleceu em 12 de julho de 1429. Ocupou a chancelaria da Universidade de Paris e representou um importante papel no Grande Cisma do Ocidente que opôs o papado de Avinhão ao papado de Roma, cfr., Brian Patrick McGuire, *Jean Gerson and the Last Medieval Reformation*, The Pennsylvania State University, Pensilvânia, 2005. São inúmeras as obras clássicas dedicadas à sua vida e obra: Charles Schmidt, *Essai sur Jean Gerson, Chancelier de l'Université et de l'Église de Paris*, Schmidt et Grucker, Estrasburgo, 1839; Raymond Thomassy, *Jean Gerson: Chancelier de Notre-Dame et de l'Université de Paris*, Librairie de Debécourt, Paris, 1843 e Albert Lafontaine, *Jean Gerson (1363-1429)*, Librairie Vve Ch. Poussielgue, Paris, 1906.

[654] Sharon K. Dobbins, *Equity: the Court of Conscience or the King's Command, the Dialogues of St. German and Hobbes Compared*, 9 J L & Relig, 1991, 113-149, 117: da análise dos dois textos, conclui pela inegável influência de Gerson no pensamento e nas construções de St. German; Prall, *The Development of Equity*, cit., 4 nota 5: a ascendência estende-se a algumas das ideias mais características de St. German, como o caso paradigmático da ligação entre o preenchimento ou a aplicação da equidade e o Direito positivo. St. German também reproduz algumas passagens de Gerson.

não teve na sua base qualquer intenção de constituir uma jurisdição paralela. O *Court of Chancery* apenas tinha competência para dirimir as situações que, em face das condicionantes já mencionadas, fugiam à alçada da *Common Law*. De certa forma, a natureza casuística da *Equity Law* permitia contrabalançar a sistematização precoce, embora circunscrita e imperfeita, da *Common Law*.

25. A Sistematização da *Equity Law*

I. A natureza tópica da *Equity Law* foi, desde os seus primórdios, alvo de fortes críticas. A conceção medieval que colocava o vago conceito de consciência e, posteriormente, o, não menos impreciso, conceito de equidade no centro do processo decisório estava longe de merecer o acolhimento da comunidade jurídica da época.

Ao contrário do que já então se verificava nos tribunais centrais, as decisões emanadas no *Court of Chancery* não eram compiladas. O *Chancellor* não tinha, sequer, por hábito escrever ou ditar as suas sentenças. Ora, esta conduta impossibilitava o desenvolvimento de construções e modelos internos que extravasassem cada mandato. Em última análise, o fundamento das decisões era, por inteiro, remetido para o pensamento e para as conceções pessoais de cada *Chancellor*. Recorrendo às palavras de EDWARD HAKE, jurista inglês do século XVI: a *Equity Law "is drawne owte and deryved allonly from the conscience of the Lord Chauncellor"*[655]. Atualmente indefensável[656], a primeira grande crítica ao modelo surgiu pela mão de um autor anónimo, como resposta à obra *Doctor and Student*:

> *[C]onscience is a thinge of great uncerteyntie... so divers men, divers conscience ... so me semeth, if that the kings subgiettes shulde be drevyn and constraynede to be ordrede by the discrecion and conscience of oon man, they shulde be put to a greate uncertayntie, the whiche is ayenste the commen well of any realme. And so*

---

[655] EDWARD HAKE, *Epiekeia*, cit., 122.
[656] PLUCKNETT e BARTON, *St. German's Doctor and Student*, cit., xxvi e DOBBINS, *The Court of Conscience*, cit., 127: um conceito pessoal e subjetivo do certo e errado; PETER BIRKS, *Annual Miegunyah Lecture: Equity, Conscience, and Unjust Enrichment*, 23 MULR, 1999, 1-29, 22: à luz do pensamento jurídico vigente, esta conceção representa uma rejeição do Direito.

me semethe, it is not oonly againste the commen lawe, but also ayenste the lawe of reason, and ayenste the lawe of God, and ayenste the commen well of this realm[657].

A mais célebre crítica proveio da imaginação de JOHN SELDEN, jurista inglês do século XVII, que afirmou ser o conceito de consciência tão variável como o tamanho do pé de cada *Chancellor*:

> *Equity is A Roguish thing, for Law wee have a measure know what to trust too. Equity is according to ye conscience of him y^t is Chancell^{or}, and as y^t is larger or narrower soe is equity Tis all one as if they should make ye Standard for ye measure wee call A foot, to be ye Chancellors foot; what an uncertain measure would this be; One Chancello^r ha's a long foot another A short foot a third an indifferent foot; tis ye same thing in ye Chancello^{r}s Conscience*[658].

A natureza arbitrária das decisões do *Court of Chancery* foi reconhecida pelos próprios *Chancellors*, que, a partir do início do século XVII, começaram a desenvolver esforços com vista à sua sistematização. A primeira tentativa de teorizar os conceitos de equidade e de consciência coube a LORD ELLESMERE e a LORD CONVENTRY, no primeiro quartel do século[659]. Seria, porém, necessário esperar mais cinquenta anos pela nomeação de LORD NOTTINGHAM.

II. Considerado, unanimemente, o pai da sistematização da *Equity Law*, LORD NOTTINGHAM defendeu, abertamente, a necessidade de o conteúdo da *Equity Law* ser objeto de uma racionalização e de uma sistematização. Recorrendo às palavras do ilustre *Chancellor*:

> *Equity itself would cease to be Justice if the rules and measures of it were not certain and known*[660].

---

[657] The Replication of a Serjeant at the Laws of England in GUY, Christopher St German, cit., 101.
[658] Table Talk of John Selden Newly Edited for the Selden Society por FREDERICK POLLOCK from a Ms. Hitherto Uncollated Belonging to the Hon. Society of Lincoln's Inn com introdução de EDWARD FRY, Quaritch, Londres, 1927, 43.
[659] KLINCK, Conscience, cit., 225.
[660] "Manual of Chancery Practice" and "Prolegomena of Chancery and Equity", editado por e com introdução de DAVID E. C. YALE, CUP, Cambridge, 1965, 194.

Lord Nottingham não nega a importância da consciência[661] e da equidade; todavia, passa a distinguir a sua consciência pessoal (*conscientia naturalis et interna*) da consciência social ou comunitária (*conscientia politica et civilis*), a única relevante no âmbito do processo decisório:

> With such conscience which is only naturalis et interna this Court hath nothing to do; the conscience by which I am to proceed is merely civilis et politica, and tied to certain measures[662].

O processo gradual de sistematização da *Equity Law* ganhou novo impulso, nos inícios do século XIX, pela mão de Lord Eldon, que presidiu ao *Court of Chancery* por mais de trinta anos. A *Equity Law* deixa então, definitivamente, de ser encarada como o reflexo de uma consciência, pessoal ou social[663], e assume uma dimensão análoga à de qualquer jurisdição:

> The doctrines of this court ought to be as well settled, and make as uniform, almost as those of common law, laying down fixed principles, but taking care that they are to be applied according to the circumstances of each case[664].

ou

> It is not the duty of a Judge in Equity to vary rules, or to say that rules are not to be considered as fully settled here as in a Court of Law[665].

26. A unificação das duas jurisdições

A unificação da *Equity Law* e da *Common Law* resultou de um longo e progressivo processo legislativo e reformista, no qual a supressão do sistema formalístico de ações representou um papel determinante. O primeiro passo foi dado pelo *Real Property Limitation Act*, 1833, que aboliu, na sua s. 36, a

---

[661] Klinck, *Lord Nottingham*, cit., 125.
[662] Klinck, *Lord Nottingham*, cit., 125.
[663] Harold G. Hanbury, *The Field of Modern Equity*, 45 LQR, 1929, 196-220, 205: a expressão consciência continua a fazer parte do léxico jurídico da *Equity Law*.
[664] *Gee v Pritchard* (1818) 2 Swan 414-427, 418.
[665] *Davis v The Duke of Marlborough* (1819) 2 Swan 108-172, 163.

grande maioria das fórmulas de ações reais e mistas. O *Common Law Procedure Act*, 1852, revogou o que restava do *writ system*: "*It shall not be necessary to mention any form or Cause of Action in any Writ of Summons, or in any Nature of Writ of Summons*"[666].

O processo de unificação foi prosseguido e concluído por dois diplomas promulgados na década de setenta do século XIX: *Supreme Court of Judicature Act*, 1873, e *Supreme Court of Judicature Act*, 1875. Através desses diplomas, o legislador inglês introduziu um sistema jurisdicional único, unificando a *Equity Law* e a *Common Law* com a institucionalização de um Supremo Tribunal, com competência para julgar todo o tipo de recursos[667]. Já no que respeita à harmonia entre as duas jurisdições, o poder legislativo não deixou margem para dúvidas: salvo se expressamente estipulado em contrário, as normas da *Equity Law* prevalecerão sobre os preceitos da *Common Law*:

> *Generally in all matters not hereinbefore particularly mentioned, in which there is any conflict or variance between the Rules of Equity and the Rules of the Common Law with reference to the same matter, the Rules of Equity shall prevail*[668].

---

[666] S. 2.

[667] S. 3: "*From and after the time appointed for the commencement of this Act, the several Courts herein-after mentioned, (that is to say,) The High Court of Chancery of England, the Court of Queen's Bench, the Court of Common Pleas at Westminster, the Court of Exchequer, the High Court of Admiralty, the Court of Probate, the Court for Divorce and Matrimonial Causes, and the London Court of Bankruptcy, shall all united and consolidated together, and shall constitute, under and subject to the provisions of this Act, one Supreme Court of Judicature in England*".

[668] *Supreme Court of Judicature Act*, 1873, s. 25 (11). A mesma regra encontra-se hoje positivada na s. 49 (1) do *Senior Courts Act 1981*.

§ 7.º PRINCÍPIOS E INSTITUTOS DA *EQUITY LAW*

27. Enquadramento e propósito do capítulo

No capítulo anterior apresentámos a *Equity Law* como "um conjunto de normas criadas e desenvolvidas pelo *Court of Chancery*". Esta conceção, popularizada por MAITLAND[669] e seguida pela maioria da doutrina, tem sido criticada pela sua natureza formal e não explicativa[670]. Todavia, as hesitações em apresentar uma definição material são compreensíveis. Em termos gerais, podemos apontar dois tipos de obstáculos: (1) específicos, relacionados com a própria natureza da *Equity Law*; e (2) gerais, comuns à conceptualização substantiva de qualquer jurisdição.

Historicamente, a jurisdição da *Equity Law* sempre se caracterizou pela enorme discricionariedade atribuída aos seus juízes, o que tendeu a refletir--se no conteúdo das decisões do *Court of Chancery*, usualmente alicerçadas em construções gerais, pouco favoráveis à formulação de definições substantivas balizadas, destinadas a abarcar o núcleo jurídico identificador dos diferentes modelos decisórios, formais e materiais, adotados.

O peso do precedente tornou a Ciência Jurídica inglesa muito dependente dos avanços dogmáticos do poder jurisdicional. Ora, fundamentando o *Court of Chancery* as suas decisões em conceitos vagos e imprecisos, como

---

[669] MAITLAND, *Equity*, cit., 1
[670] NEWMAN, *The Place and Function*, cit., 404. O próprio MAITLAND, que avança a definição, reconhece as suas fragilidades. Feita uma breve exposição sobre o tema, o ilustre jurista conclui que, infelizmente, o recurso a uma conceção substantiva não é, de todo, possível, cfr., *Equity*, cit., 1-2.

a equidade, a moral ou a consciência, dificilmente poderá o seu teorizador fugir aos mesmos termos. Em suma, a tardia sistematização da *Common Law*, em sentido lato, aliada às especificidades da *Equity Law* tornaram a Ciência Jurídica inglesa refém dos tribunais. Apenas com o abandono de um modelo decisório de cariz quase tópico conseguiu a *Common Law* cortar as amarras que a prendiam aos conceitos arcaicos até então utilizadas. A célebre definição de LORD ELLESMERE LC, dos inícios do século XVII:

> *The Office of the Chancellor is to correct Mens Consciences for Frauds, Breach of Trusts, Wrongs and Oppressions, of what Nature soever they be, and to soften and mollify the Extremity of the Law*[671],

ou a construção mais filosófica de LORD COWPER LC, datada do século seguinte:

> *[E]quity is no part of the law, but a moral virtue, which qualifies, moderates, and reforms the rigour, hardness, and edge of the law*[672],

são conceções datadas, que apenas nos fornecem pistas históricas sobre os propósitos que estiveram na base da sua institucionalização e consolidação – reconhecimento de que a lei não se basta com a aplicação imparcial de soluções precedentes a situações similares[673] –, mas de pouca utilidade à luz do patamar evolutivo atualmente ocupado pelo Direito inglês. A equidade assumiu um nível de concretização no Direito anglo-saxónico sem precedentes no Direito continental[674], que não se coaduna com um preenchimento abstrato e geral de matriz filosófica.

Com a sua sistematização, as decisões emanadas nos tribunais da *Equity Law* passaram a poder ser interpretadas não como procedendo de uma geral conceção de Justiça ou de equidade, mas como um resultado expectável, à luz do conteúdo jurídico do Direito aplicável no *Court of Chancery*.

---

[671] *The Earl of Oxford's Case* (1615) Rep Ch 1-16, 6-7.
[672] *Lord Dudley v Lady Dudley* (1705) Prec Ch 241-251, 244.
[673] GARVEY, *Some Aspects of the Merger*, cit., 61.
[674] MENEZES CORDEIRO, *Da boa fé*, cit., 119: contrapõe a *bona fides* à *aequitas*, que nunca foi "objecto de apropriação técnico-jurídica precisa".

§ 7.º PRINCÍPIOS E INSTITUTOS DA *EQUITY LAW*

II. Ultrapassadas as dificuldades específicas, cumpre, porém, perguntar se é possível apresentar uma formulação distinta da de MAITLAND. A questão põe-se com igual pertinência em qualquer ordenamento: pense-se no caso nacional. Na busca por uma definição do sistema jurídico português, muito dificilmente conseguiríamos avançar uma construção que fugisse à ideia geral: conjunto de normas e princípios jurídicos validamente estabelecidos pelo poder legislativo ou aplicadas pelo poder jurisdicional. No fundo, o que caracteriza o sistema nacional é o nosso Direito. Ora, de forma análoga, o que caracteriza a *Equity Law* é o seu Direito.

MAITLAND parece, assim, ter razão. Uma definição clara e concisa e ao mesmo tempo correta terá, inevitavelmente, de ter um conteúdo puramente formal. Contudo, MAITLAND cometeu um óbice, que necessita de ser superado: ao apresentar a *Equity Law* como um conjunto de normas, o jurista britânico desconsiderou a dimensão sistemática da jurisdição. A construção deverá abarcar não apenas as normas da *Equity Law*, mas também os seus fundamentos, englobando, deste modo, os seus princípios formadores e os específicos mecanismos substantivos e processuais desenvolvidos, quer sejam, ou não, concretizações inequívocas dessas máximas.

Conquanto verdadeira, a definição de *Equity Law* como "o conjunto de normas e princípios criados e desenvolvidos pelo *Court of Chancery*" é, à luz dos propósitos da nossa investigação, claramente insuficiente. Interessa-nos identificar o núcleo caracterizador da *Equity Law*, numa perspetiva substantiva.

III. A nossa análise terá de partir do estudo dos princípios basilares da *Equity Law* e das suas normas ou regimes mais característicos. Todavia, o reconhecimento destes elementos é, só por si, exíguo. Impõe-se, ainda, averiguar a sua relação, i.e., de que modo os princípios nucleares e os mecanismos jurídicos se conjugam entre si. Não nos interessa, evidentemente, uma soma abstrata das normas e princípios, mas a sua interligação real. É o produto da relação que se estabelece entre os princípios e as normas que nos permite identificar o núcleo de qualquer sistema jurídico.

De facto, o que caracteriza o sistema jurídico nacional – entenda-se sistema civil, englobando, grosso modo, os três primeiros livros do Código Civil e todos os ramos do Direito que os especializam –, os seus princípios formadores ou a soma de todos os seus mecanismos e figuras? Isoladamente, nenhuma das realidades é suficiente. Os princípios gerais são, só por si, incapazes de fornecer elementos de concretização, enquanto que cada mecanismo individualizado apenas nos proporciona uma visão circunscrita, cuja relevância externa está limitada à sua aplicação analógica a situações idênticas. Ora, é no âmbito dos institutos que a relação entre princípios e normas é mais facilmente observável[675].

IV. Segundo MENEZES CORDEIRO, podemos, identificar cinco institutos civis no Direito português: (1) a personalidade e a sua tutela; (2) a autonomia privada; (3) a boa-fé; (4) a imputação de danos; e (5) a propriedade e a sua transmissão[676]. O conceito não se limita à soma das suas parcelas, assumindo, pelo contrário, uma sistematização interna e uma dimensão compreensiva que extravasa, grandemente, o conteúdo abstrato dos princípios e o reduzido campo de aplicação das normas individuais que os compõem. Muito embora os institutos sejam realidades mutáveis, cujo conteúdo pode ser modificado, quer pela revogação de preceitos que o compõem, quer por alterações no âmbito da concretização dos seus princípios, a sua solidez dogmática torna-os imunes à maioria das mudanças. Foquemo-nos num exemplo bastante elucidativo.

Durante décadas, influenciados pela posição de ANTUNES VARELA[677], os tribunais portugueses excluíram, sistematicamente, o ressarcimento de danos não patrimoniais no âmbito da responsabilidade civil contratual. A partir da década de 90 do século passado, a orientação seguida pela jurisprudência nacional foi abalada por sucessivos acórdãos. Atualmente, o peso da tese de ANTUNES VARELA tem uma dimensão histórica, com pouco ou nenhum peso no Direito prático[678]. Vista isoladamente, a integração dos danos não patrimoniais pela responsabilidade contratual representa uma significativa mudança. Porém, analisada na perspetiva do instituto da imputação de danos, as alterações são pouco significativas. Recorrendo à lingua-

---

[675] Sobre a fascinante temática dos institutos civis, vide, em geral, ANTÓNIO MENEZES CORDEIRO, *Tratado de Direito civil*, Vol. I, 4ª edição, Almedina, Coimbra, 2012, 923 ss..
[676] *Tratado*, I, cit., 929.
[677] FERNANDO PIRES DE LIMA e JOÃO DE MATOS ANTUNES VARELA, *Código Civil anotado*, Vol. I: *Artigos 1.º a 761.º*, 4ª edição, com colaboração de MANUEL HENRIQUE MESQUITA, Coimbra, Coimbra, 1987, 501; ANTUNES VARELA, *Das obrigações em geral*, Vol. I, 10ª edição, Almedina, Coimbra, 2000, 605 e *Anotação a STJ 25-Mai.-1985*, 123 RLJ, 1990, 251-256, 253.
[678] Quanto a esta querela, vide ANTÓNIO MENEZES CORDEIRO, *Tratado de Direito civil*, Vol. II: *Direito das obrigações*, Tomo III, Almedina, Coimbra, 2010, 416-418.

gem utilizada para a decomposição dos sistemas jurídicos: a alteração teve um efeito meramente periférico, não reformando o núcleo do instituto.

V. Todos os cinco institutos encontram correspondência no campo dos princípios ou no quadro das normas ou das situações jurídicas.

Inicialmente, a boa-fé pouco diferiria de outros conceitos similares, como a moral, a equidade ou a Justiça. Seguindo um lento processo de concretização, a boa-fé materializou-se num conjunto de mecanismos, entre os quais pontuam a *culpa in contrahendo* ou o *venire contra factum proprium*. Repare-se que, e aqui reside o interesse da ideia de instituto, a boa-fé nunca perdeu a sua dimensão mais abstrata, sendo imediatamente identificada quando pensamos no espírito do sistema. Semelhante raciocínio pode ser seguido para os restantes institutos: a ideia de autonomia privada não passa de uma forma técnica de designar o princípio geral da liberdade, enquanto que o instituto da propriedade tem como ponto de partida o direito com o qual partilha a sua denominação.

Independentemente do processo seguido – do geral para o concreto ou do concreto para o geral – os cinco institutos são, em tudo, idênticos a um sistema jurídico integrado, caracterizado pela relevância e conjugação tanto dos componentes centrais – princípios –, como dos seus elementos periféricos – normas individuais. Os institutos constituem pequenos sistemas jurídicos.

Nas próximas páginas propomo-nos encontrar os institutos característicos da *Equity Law*, como forma de atribuir um conteúdo substantivo à definição de MAITLAND. Para esse efeito precisamos de elementos centrais – as doze máximas da *Equity Law* – e elementos periféricos – algumas das mais características construções da jurisdição do *Chancellor*.

28. Enquadramento histórico das máximas da *Equity Law*

I. As *maxims of Equity* consubstanciam um conjunto de princípios gerais pelos quais a atividade jurisdicional dos *Courts of Equity* se tende a reger ou, simplesmente, a apoiar[679]. Com uma natureza meramente indicativa – os tribunais não estão legal ou jurisprudencialmente obrigados a observá-las –,

---

[679] JILL E. MARTIN, *Hanbury & Martin: Modern Equity*, 18ª edição, Sweet & Maxwell, Londres, 2009, 29.

as máximas têm hoje uma função histórica e pedagógica[680]. Apresentam-se como simples linhas orientadoras, de natureza abstrata e com uma forte conotação moral[681] e ética[682], a que os tribunais recorrem para alicerçar as suas decisões, quer numa perspetiva sistemática, quer, apenas, com objetivos retóricos ou expositivos.

As origens, em terras inglesas, deste método explicativo, desenvolvido em tempos imemoráveis por romanistas e canonistas[683], remontam ao segundo quartel do século XVII. FRANCIS BACON, em 1630, e WILLIAM NOY, em 1641, publicaram, respetivamente, dois importantes tratados que contêm, no seu título, a expressão "*maximes*". A obra de BACON[684], composta por 25 máximas latinas, está longe de ter uma natureza metódica. O autor percorre diversos princípios respeitantes a diferentes ramos do Direito. Desde os elementos formativos do nexo de causalidade, no âmbito da responsabilidade extracontratual[685], à intencionalidade exigida para um sujeito ser punido cri-

---

[680] Alguns autores clássicos apresentam as máximas jurídicas como princípios universais, reconhecidos e seguidos por todos, cfr., EDWARD COKE, *The First Part of the Institutes of the Laws of England; or a Commentary upon Littleton: Not the Name of the Author only, but of the Law Itself*, 16ª edição, revista e corrigida, com notas adicionais, referências e tabelas adicionais por FRANCIS HARGRAVE e CHARLES BUTLER, inclui notas do LORD CHIEF JUSTICE HALE e do LORD CHANCELLOR NOTTINGHAM e uma análise ao *Littleton*, escrita por um anónimo em 1658-9, Luke Hansard & Sons, Londres, 1809, sect. 90, 67a: "*A maxime is a proposition, to be of all men confessed and granted without proof, argument, or discourse*".

[681] HUDSON, *Equity and Trusts*, cit., 25: compara as máximas aos 10 Mandamentos.

[682] I. C. F. SPRY, *The Principles of Equitable Remedies: Specific Performance, Injunctions, Rectification and Equitable Damages*, 6ª edição, Sweet and Maxwell, Londres, 2001, 6.

[683] ROSCOE POUND, *The Maxims of Equity. I of Maxims Generally*, 34 Harv L Rev, 1921, 809-836: neste artigo introdutório às máximas da *Equity Law*, o autor analisa a evolução histórica do modelo expositivo e analítico desde os seus primeiros passos no Direito romano, passando pelo Direito germânico e canónico. Na parte final do artigo, POUNDS debruça-se nas hipotéticas ascendências dos diversos sistemas estudados.

[684] *The Elements of the Common Lawes of England, Branched into a Double Tract: the One Containing a Collection of some Principall Rules and Maximes of the Common Law, with Their Latitude and Extent. Explicated for the More Facile Introduction of such as Are Studiously Addicted to that Noble Profession. The Other the Use of the Common Law, for Preservation of our Persons, Goods, and Good Names. According to the Lawes and Customs of this Land*, Printed by the Assignes of J. More Esq. and are to be sold by Anne More, and Henry Hood, in Saint Dunstans, Londres, 1641.

[685] Cit., 1: "*In jure non remota causa sed proxima spectatur*".

§ 7.º PRINCÍPIOS E INSTITUTOS DA *EQUITY LAW*

minalmente[686]. Noy segue uma solução substancialmente diferente[687]. Ao contrário de Bacon, que se debruça com bastante minúcia e profundidade nas 25 máximas elegidas, o ilustre *Attorney General* opta por listar, de forma sistemática, um muito mais vasto número de princípios e regras. William Noy segue uma exposição característica: nas primeiras páginas da sua obra, apresenta um conjunto de máximas de distintas Ciências: filosofia, retórica, gramática, lógica, entre outras. Embora sem dedicar um capítulo à *Equity*, no capítulo consagrado às leis morais, o autor apresenta um princípio que irá, de futuro, constar no topo de todas as listas de máximas da *Equity Law*: *Dolus et fraus una in parte sanari debent*[688].

II. O recurso a este método expositivo, tanto no âmbito da *Common Law*, como na jurisdição da *Equity Law*, atinge o seu apogeu em meados do século XVIII. O caminho seguido reflete os avanços e as preocupações sistemáticas e dogmáticas que, anos antes, concentraram a atenção dos juristas continentais.

Em 1749, é publicada a primeira grande coleção de máximas: *The Grounds and Rudiments of Law and Equity*. O autor, desconhecido, identifica 345 princípios gerais que regem o Direito inglês[689]. Na segunda edição da obra[690], datada de 1751, o número ascende já a 526, sendo parte das máximas exclusivamente aplicáveis à *Equity Law*.

---

[686] Cit., 59: "*In criminalibus sufficit generalis militia intentionis, cum paris gradus*".

[687] *A Treatise of the Principall Grounds and Maximes of the Lawes of this Kingdom. Very Usefull and Commodious for all Studients, and such others as Desire the Knowledge, and Understanding of the Lawes*, Printed by R. H. by permission of the Assignes of John Moore, Esquire: and are to be sold by William Cooke, Londres, 1641.

[688] At 14-15.

[689] *Snell's Equity*, 32ª edição, coordenação de John McHghee, Sweet & Maxwell, Londres, 2010, 105.

[690] A Gentleman of Middle Temple, *The Grounds and Rudiments of Law and Equity, Alphabetically Digested: Containing a Collection of Rules or Maxims, with the Doctrine upon Them, Illustrated by Various Cases Extracted from the Books and Records, to Evince that these Principles Have Been the Foundation upon which the Judges and Sages of the Law Have Built Their Solemn Resolutions and Determinations. The Whole Designed to Reduce the Knowledge of the Laws of England to a More Regular Science, and to form Them into a Proper Digest for the Service of the Nobility, Clergy, Gentlemen in the Commission of the Peace, and Private Gentlemen, as well as the Professors and Students of the Law. With Three Tables. First, of the Rudimentary Grounds. Second, of the New Cases. Third of Principal Matters*, 2ª edição, The Lawbook Exchange, Clark, Nova Jersey, 2009, reimpressão da edição de 1751, publicada em Londres pela T. Osborne.

Dez anos antes da primeira edição da obra *The Grounds and Rudiments of Law and Equity*, FRANCIS RICHARD publica a primeira coleção de máximas dedicada à *Equity Law: Maxims of Equity*[691]. Composta por apenas catorze princípios, esta obra, muitas vezes esquecida, contém as mais características máximas da *Equity Law*. Mesmo passados quase três séculos sobre a sua composição, a lista elencada mantém-se, grosso modo, inalterada.

Nos inícios do século XIX, o movimento expandiu-se para lá do Atlântico. Inspirados pelas obras inglesas do século XVIII, diversos são os autores estado-unidenses que recorrem a um modelo expositivo alicerçado em princípios gerais[692].

III. O interesse prático das *maxims of Equity* é bastante limitado[693]. A sua natureza geral e abstrata possibilita a preconização de soluções antagónicas. Acresce que o conteúdo das máximas é, por vezes, contraditório ou conflituante entre si[694].

O papel das máximas não deve, porém, ser minimizado. O seu propósito nunca passou pela resolução de litígios concretos[695]. Desenvolvidas pelo sistema, e não impostas externamente, as máximas, para além de refletirem o desenvolvimento histórico da *Equity Law*, são o produto do pensamento jurídico do *Court of Chancery*. Reconhecidas e consolidadas desde o seu período

---

[691] *Maxims of Equity, Collected from, and Proved by Cases, out of the Books of the Best Authority, in the High Court of Chancery. To which is Added the Case of the Earl of Coventry Concerning the Defective Execution of Powers Lately Adjudged in the High Court of Chancery*, E. and R. Nurr, and R. Gosling, Londres, 1728.

[692] M. E. DUNLAP, *Abridgment of Elementary Law: Embodying the General Principles, Rules and Definitions of Law, Together with the Common Maxims of Equity Jurisprudence, as Stated in the Standard Commentaries of the Leading English and American Authors; Embracing the Subjects Contained in a Regular Law Course. Collected and Arranged so as to Be More Easily Acquired by Students, Comprehended by Justices, and Readily Reviewed by Young Practitioners*, Soule, Thomas & Wentworth, St. Louis, 1876; SEYMOUR S. PELOUBET, *A Collection of Legal Maxims in Law and Equity, with English Translation*, George S. Diossy, Nova Iorque, 1880.

[693] HANBURY, *The Field of Modern Equity*, cit., 217: o autor aborda a questão das máximas de um ponto de vista pedagógico e conclui não ser benéfico sublinhar o seu peso, nem relacionar cada mecanismo ou construção jurídica com uma ou mais máximas.

[694] *Stone & Rolls Ltd (in liquidation) v Moore Stephens* [2009] 3 WLR 455-550, [LORD WALKER OF GESTINGTHORPE] 511: sublinha o carácter muito pouco preciso das máximas; *Snell's Equity*, cit., 106.

[695] RONALD DWORKIN, *Taking Rights Seriously, New Impression with a Reply to Critics*, Duckworth, Londres, 1977, 26.

§ 7.º PRINCÍPIOS E INSTITUTOS DA *EQUITY LAW*

formativo, as *maxims of Equity* representaram um papel ativo na construção dos seus institutos e mecanismos, na formação jurídica dos seus juízes e no processo de sistematização prosseguido a partir do século XVII e intensificado nos séculos XVIII e XIX[696].

O número de máximas da *Equity Law* é bastante variável, chegando, em algumas obras, a totalizar quase uma centena[697]. A mais relevante lista de máximas foi apresentada, em 1868, por EDMUND SNELL, na primeira edição da sua obra, à época com o título *The Principles of Equity*, mantendo-se inalterada nas dezenas edições que se seguiram. Por regra, os manuais universitários seguem os doze princípios elencados por SNELL[698].

29. *Equity will not suffer a wrong to be without a remedy*

Mais do que um princípio formal ou substantivo, esta primeira máxima reflete as origens históricas da *Equity Law* e os seus propósitos originários[699]. No fundo, a máxima *equity will not suffer a wrong to be without a remedy* vai ao encontro do conceito feudal e absolutístico de que todos os súbditos podem recorrer ao seu soberano em busca de Justiça.

---

[696] PATRICIA LOUGHLAN, *The Historical Role of the Equitable Jurisdiction* in *The Principles of Equity*, 2ª edição, coordenação de PATRICK PARKINSON, Lawbook, Sydney, 2003, 3-27, 25-27.

[697] HOWARD L. OLECK, *Maxims of Equity Reappraised*, 6 Rutgers L Rev, 1952, 528-549, 528.

[698] HUDSON, *Equity and Trusts*, cit., 25; *Hanbury & Martin*, cit., 30-34; ROBERT PEARCE e JOHN STEVENS, *The Law of Trusts and Equitable Obligations*, 4ª edição, OUP, Oxford, 2006, 17; PHILIP H. PETTIT, *Equity and the Law of Trusts*, 11ª edição, OUP, Oxford, 2009, 25: embora sem referir a sua inspiração, o autor elenca as doze máximas de SNELL; RODERICK P. MEAGHER, JOHN D. HEYDON e MARK J. LEEMING, *Meagher, Gummow and Lehane's: Equity Doctrines and Remedies*, 3ª edição, Butterworths LexisNexis, Chatswood, New South Wales, 2003, 85: também sem referir a obra de SNELL, o tratado australiano segue a lista apresentada pelo jurista britânico.

[699] JOSEPH ALEXANDER SHEARWOOD, *An Introduction to the Principles of Equity*, Stevens and Sons, Londres, 1885, 9; HUDSON, *Equity and Trusts*, cit., 26; ROGER YOUNG e STEPHEN SPITZ, *SUEM – Spitz's Ultimate Equitable Maxim: in Equity, Good Guys Should Win and Bad Guys Should Lose*, 55 SCL Rev 2003, 175-189, 179. Nos poucos acórdãos que citam a máxima, o seu objeto não parece ir para lá de um simples apontamento histórico e introdutório: *Westdeutsche Landesbank Girozentrale v Islington London Borough Council* [1996] 2 All ER 961-1021, [LORD GOFF OF CHIEVELEY] 977-978; *Armstrong v East-West Airlines (Operations) Ltd* [1995] OPLR 239-251, [BROWNIE J] 250; *Verrall v Great Yarmouth Borough Council* [1981] QB 202-223, [WATKINS J] 212.

A *EQUITY LAW*

O princípio permite, ainda, enquadrar os desenvolvimentos subsequentes da *Equity Law*. Como avançámos no parágrafo anterior, com a institucionalização do *Court of Chancery* e o seu subsequente crescimento pretendia-se fazer face às limitações da *Common Law*, em especial à sua total inaptidão para responder aos avanços sociais e às novas necessidades das populações. Na prática, vivia-se uma generalizada situação lacunar, com um número elevado de danos, juridicamente relevantes, a não merecerem qualquer tipo de atenção por parte do sistema.

Em linhas gerais, podemos afirmar que a *Equity Law*, com o objetivo de integrar as lacunas da *Common Law*, desenvolveu uma dimensão própria ou autónoma – englobando todos os mecanismos jurídicos e institutos criados de raiz, com especial enfoque no *trust* – e uma dimensão auxiliar ou complementadora – dedicada ao preenchimento das lacunas dispersas da *Common Law*[700]. Ambas as dimensões, quer de um ponto de vista teórico, quer numa perspetiva prática, tiveram sempre como grande alicerce o princípio de que todos os danos merecedores de proteção jurídica deveriam ser objeto de Justiça[701].

Repare-se que, como melhor veremos na máxima seguinte, a capacidade criadora da *Equity Law* não era absoluta. A sua dimensão complementadora supera, em muito, a sua vertente autonómica, pelo que o desenvolvimento de novas construções, usualmente apoiadas nos princípios basilares da *Common Law*, mais do que decorrências morais ou equitativas, consubstanciavam uma exigência do próprio sistema[702]. Apesar de apelativo, não é correto afirmar-se que a *Equity Law* tem um papel meramente complementador. Independentemente dos propósitos constitutivos do *Court of Chancery*, a jurisdição extravasou, largamente, a simples função auxiliar. A institucionalização dos *uses/trusts* é disso um exemplo perfeito.

30. *Equity follows the law*

I. A maioria das máximas, se não mesmo a sua totalidade, são usualmente criticáveis pelo seu carácter formal. A sua simplificação, associada aos pro-

---

[700] *Snell's Equity*, cit., 107-108.
[701] *Hanbury & Martin*, cit., 30.
[702] *Meagher, Gummow and Lehane's: Equity*, cit., 86; *Ryves v the Duke of Wellington* (1846) 9 Beav 579-602, [LORD LANGDALE MR] 600: "*I may observe, that the absence of a remedy for a suppose wrong in another place, is not, of itself, any reason for this Court assuming a jurisdiction in another place*".

§ 7.º PRINCÍPIOS E INSTITUTOS DA *EQUITY LAW*

pósitos generalistas prosseguidos, produziu um conjunto de princípios substantivamente vazios, com pouca utilidade para a construção de critérios objetivos e sem qualquer influência na aplicação prática do Direito.

A máxima *equity follows the law*, para além de traduzir, por inteiro, estas desaprovações, é, em si mesma, incorreta. As posteriores reformulações e aperfeiçoamentos – a mais famosa das quais desenvolvida pelo Juiz CARDOZO: *"Equity follows the law, but not slavishly nor always"*[703] – apenas são de louvar na medida em que puseram em evidência a infrutuosidade da máxima.

Como princípio geral, a *Equity Law* deveria seguir a lei, i.e., a *Common Law*, mas o *Chancellor* não estava obrigado a aplicar os precedentes desenvolvidos pelos tribunais centrais. Desde a emblemática obra *Doctor and Student*, de ST. GERMAN, que se reconhece que a lei deve ceder perante princípios e conceitos superiores, como a Lei de Deus ou a Lei da Razão[704].

Apesar das suas incorreções, a máxima *equity follows the law*, pela primeira vez citada em decisões do *Court of Chancery* dos finais do século XVI, inícios do século seguinte[705] – seguramente por influência de ST. GERMAN –, é elencada em todos os grandes tratados, monografias ou simples manuais da *Equity Law*, pelo que se impõe averiguar a existência de um sentido útil.

II. O ponto de partida de qualquer análise deste princípio tenderá, sempre, a passar pela negação da sua absolutividade, caso contrário a *Equity Law* não se teria estabelecido como jurisdição paralela. Seria, assim como o *trust*, uma mera pretensão histórica[706].

A partir do século XVIII, período em que as doutrinas da *Equity Law* começam, paulatinamente, a assentar, diversos preenchimentos do brocardo são aventados.

---

[703] *Graf v Hope Building Corp*, 254 NY 1-15 (NY 1930), [CARDOZO CJ] 9. Esta construção aperfeiçoada foi adotada em algumas decisões dos tribunais ingleses: *Grant v Dawkins* [1973] 3 All ER 897-902, [GOFF J] 900-901; *Wroth v Tyler* [1973] 1 All ER 897-925, [MEGARRY J] 921; *Billson v Residential Apartments Ltd* [1991] 3 All ER 265-293, [PARKER LJ] 291.
[704] *Doctor and Student*, cit., Livro I, Cap. 19, 53; Cap. 20, 57; Cap. 25, 67; e, de forma claríssima, no Livro II, Cap. 15, 146-147: *"for conscience never resisteth the law of man, nor addeth nothing to it, but where the law of man is in itlsef directly against the law of reason, or else the law of God, and then properly it cannot be called a law, but corruption"*.
[705] (1557-1602) Cary, 11: é pela primeira vez utilizada a expressão latina *aequitas sequitur legem*.
[706] *Meagher, Gummow and Lehane's: Equity*, cit., 91.

Lord Cowper, apoiando-se na dimensão complementadora da *Equity Law*, defende que as normas e os princípios da *Common Law* apenas poderiam ser alterados ou ignorados pelos tribunais da *Equity Law* no caso de, da sua aplicação, resultar uma clara injustiça[707].

Seguindo de perto esta teoria, Lord Hardwicke defende, por razões de uniformização e de certeza jurídica, uma generalizada aplicação analógica das soluções da *Common Law* pelo *Court of Chancery* sempre que se adequem aos factos concretos[708].

Também para Joseph Jekyll MR, a certeza e a compreensibilidade do sistema estariam na base da aplicação concreta da máxima. Para o ilustre jurista, sempre que as normas da *Common Law* fossem claras, relevantes e adaptáveis à situação em litígio, o *Court of Chancery* não deveria poder alterá-las, sob pena de a previsibilidade e a clareza necessárias para o funcionamento de qualquer ordenamento jurídico serem postas em causa[709]. Grosso modo, a maioria dos autores que se debruçaram sobre a questão apresentam soluções similares. Para Story, por exemplo, a pedra de toque deveria ser colocada na clarividência da norma. Independentemente da sua origem, jurisprudencial ou legislativa, sempre que uma norma jurídica, desenvolvida pela *Common Law*, esteja formulada de forma clara e tenha uma natureza absoluta, ou seja, governe todos os aspetos e dimensões da situação jurídica real, os tribunais da *Equity Law* estão obrigados a aplicá-la[710].

De uma análise concreta não é possível concluir pela existência de um critério claro. A subordinação e a autonomia da *Equity Law* não parecem poder ser explicadas por um simples processo lógico. Cada caso é o resultado das especificidades históricas e dos conhecimentos jurídicos dos *Chancellors* que desenvolveram cada um dos institutos. O processo reflete-se na linguagem dos tribunais. Regra geral, a máxima não é formulada em moldes absolutos, mas em termos concretos, à luz das especificidades da questão: "neste caso a *Equity* segue a Lei"[711].

---

[707] *Earl of Bath v Sherwin* (1710) 10 Mod 1-4.
[708] *Hopkins v Hopkins* (1738) West Temp Hard 605-631, 619.
[709] *Cowper v Cowper* (1734) 2 P Wms 720-755, 753.
[710] Joseph Story, *Commentaries on Equity Jurisprudence as Administered in England and America*, Vol. I, 2ª edição, A. Maxwell, Londres, 1839, 57.
[711] *James v Blunck* (1656) Hard 88: "*aequitas sequitur legem in this case*"; *Cooper v MacDonald* (1877) 7 Ch D 288-301, [Jessel MR] 295: "*in the incidents of estates equity follows the law*"; *Copestake v Hoper* [1908] 2 Ch 10-20, [Cozens-Hardy MR] 17: "*There are many cases in which equity follows*

III. A máxima *equity follow the law* apresenta-se, assim, de difícil concretização, tanto mais que facilmente se encontram construções do *Court of Chancery* opostas às consolidadas nos tribunais da *Common Law*[712].

Tendo por base os propósitos em que se alicerça, *maxime* a sistematização e a uniformização do ordenamento, podemos considerar que a máxima consubstancia um modelo decisório pelo qual os tribunais da *Equity Law*, enquanto órgãos jurisdicionais complementares, se devem guiar.

Confrontado com uma situação jurídica cujo regime foi previamente abordado pela *Common Law* ou legislativamente positivado, os tribunais da *Equity Law* deverão, num primeiro momento, analisá-la de forma minuciosa[713]. Se, da aplicação do regime, não resultar uma solução injusta ou contrária à razão, nada parece poder justificar a sua alteração[714]. Os fundamentos para a sua modificação não estão preenchidos. Apenas quando a *Common Law* não forneça Justiça formal e material podem os princípios da *Equity Law* intervir e, mesmo neste caso, não se justifica fazer tábua rasa sobre todo o regime. No caso paradigmático do *trust*, o *Chancellor* apenas desenvolveu um conjunto de regras que, à luz dos princípios e conceções então por si defendidos, se apresentava mais adequado do que as normas desenvolvidas pelos tribunais da *Common Law*. Contudo, não foram criados novos tipos de direitos[715].

Esta perspetiva vai ao encontro da dimensão complementadora da *Equity Law*[716]. Segundo esta conceção, a máxima *equity follows the law* deveria ser substituída pelo brocardo: *"equity supplements but does not contradict the common law"*[717].

---

the law, but this is not such a case"; *Barclays Banc DCO v A-G and Hamilton* (1970) 15 WIR 461-481, [PARNELL J] 474: *"In such a case equity follow the law"*; *Kernott v Jones* [2010] 13 ITELR 275-311, [RIMER LJ] 296: *"in such a case it should be assumed that equity follows the law"*.

[712] *Snell's Equity*, cit., 108.

[713] *Billson v Residential Apartments Ltd* [1992] 1 AC 494-544, [BROWNE-WILKINSON VC] 529: nenhuma decisão pode ser tomada sem o conteúdo da lei aplicável ser previamente analisado.

[714] *Paget v Gee* (1753) Amb 807-812, [LORD HARDWICK] 810: *"When the court finds the rules of law right, it will follow"*.

[715] *Burgess v Wheate* (1759) 1 Eden 177-260, [THOMAS CLARKE MR] 195: *"in other cases both uses and trusts fall within the rules of law: this is reasonable, because there is no necessity of departing from them"*.

[716] PETTIT, *Equity and the Law of Trusts*, cit., 25.

[717] SIMON GARDNER, *Two Maxims of Equity*, 54 CLJ, 1995, 60-68, 63-68: o autor apresenta uma série de decisões e de obras que vão ao encontro desta tese.

31. Equality is equity

De modo idêntico ao verificado para outras máximas, a simplicidade do brocardo torna-o desprovido de qualquer sentido útil[718]. Pela primeira vez formulada como máxima da *Equity Law* nos finais do século XVI, a intrínseca relação entre equidade e igualdade remonta ao pensamento platónico e aristotélico[719]. Evidentemente, que, e tendo em conta a reconhecida ascendência da escola filosófica clássica, a igualdade aqui propagada rege-se por estritos critérios de proporcionalidade[720], em tudo adequáveis à construção de ARISTÓTELES: "tratar o igual de forma igual na medida da sua diferença".

Apesar da sua pouca precisão, a máxima *equality is equity* tem um campo de aplicação real no seio da *Equity Law*. O princípio consubstancia um critério último. A inexistência de precedentes aplicáveis ou a desadequação de qualquer outra máxima obriga os tribunais a recorrerem a esta conceção milenar de igualdade[721].

32. He who seeks equity must do equity

A máxima *he who seeks equity must do equity* é ilustrativa dos princípios de equidade subjacentes à jurisdição, indo também ao encontro das preocupações do *Court of Chancery*, em relação ao equilíbrio das posições das diversas partes contraentes[722].

---

[718] *Snell's Equity*, cit., 119.

[719] *Jones v Maynard* [1951] Ch 572-576, [VAISEY J] 575: "*I think that the principle which applies here is Plato's definition of equality as a "sort of justice": if you cannot find any other, equality is the proper basis*".

[720] *Steel v Dixon* (1881) 17 Ch D 825-833, [FRY J] 830: "*When I say equality I do not mean necessarily equality in its simplest form, but what has been sometimes called proportionable equality*"; *Re, Unit 2 Windows Ltd* [1985] 3 All ER 647-653, [WALTON J] 653; *Re, Steel, Public Trustee v Christian Aid Society* [1979] Ch 218-227, [ROBERT MEGARRY VC] 226: "*When the maxim "equality is equity" comes to be applied, it often, and I think usually, will mean mathematical equality ... but given suitable circumstances a true equality of treatment may require the application of a mathematical inequality, and instead a proportionate equality*".

[721] *Waikato Regional Airport Ltd v A-G of New Zealand* [2003] UKPC 50, [LORD NICHOLLS e LORD WALKER] [54]: "*provides no more than a fall-back position where no other basis of division is appropriate*".

[722] *Meagher, Gummow and Lehane's Equity*, cit., 91: a máxima é apresentada como um corolário de uma jurisdição que, em tempos, foi conhecida como o tribunal da consciência.

§ 7.º PRINCÍPIOS E INSTITUTOS DA *EQUITY LAW*

A decisão jurisprudencial deverá acautelar a posição do réu, atribuindo-lhe sempre a mesma proteção e o mesmo conjunto de direitos que lhe seriam legalmente devidos caso a ação tivesse sido por si iniciada[723]. O campo de aplicação da máxima parece, assim, estar circunscrito a situações jurídicas sinalagmáticas, nas quais o autor ocupa, também, uma posição ativa, sendo-lhe, consequentemente, exigível uma atuação, em regra, contínua ou futura. O tribunal apenas dará provimento ao pedido caso o autor se demonstre disponível para atuar em moldes análogos aos exigidos pela *Equity Law*[724]. Na prática, os tribunais têm considerado que, não se demonstrando estar o autor disposto a ou não tendo condições para levar a bom termo as obrigações assumidas, a *Equity Law* não pode exigir o cumprimento das obrigações da contraparte ou impor qualquer tipo de sanção, pecuniária ou não[725]. Não é aceitável recorrer à *Equity* quando não se pretenda atuar em conformidade com os seus preceitos[726].

Esta máxima, em tempos uma das mais reconhecidas concretizações da discricionariedade do *Court of Chancery*, está hoje sujeita a estritas regras delimitadoras[727]. Com o avançar do processo de sistematização, as obrigações exigidas pelo *Court of Chancery* passaram a estar dependentes da subsunção dos factos concretos aos regimes e construções desenvolvidos[728]. As decisões emanadas dos tribunais de *Equity Law* estão, hoje, muito menos

---

[723] *Neesom v Clarkson* (1845) 4 Hare 97-106, [JAMES WIGRAM VC] 101.

[724] *Portsea Island Building Society v Barclay* [1895] 2 Ch 298-308, [KAY LJ] 308: "*We have a discretion whether we will grant or refuse that relief, and, therefore, we can grant it upon such terms as we think right to impose, because you are asking equity, and therefore we impose certain terms upon you*".

[725] *Australian Hardwoods Pty Ltd v Commissioner for Railways* [1961] 1 All ER 737-744, [LORD RADCLIFFE] 742; *Lodge v National Union Investment Co Ltd* [1907] 1 Ch 300-312, [PARKER J] 307: "*It seems reasonably clear that at any rate in equity... a person taking advantage... could not assert any right unless he was himself prepared to do what the Court considered fair to the defendant*".

[726] *Davis v The Duke of Marlborough* (1819) 2 Swan 108-172, [LORD ELDON LC] 157: "*the principle of this Court is not to give relief to those who will not do equity*"; *Chappell v The Times Newspapers Ltd* [1975] 2 All ER 233-244, [LORD DENNING MR] 240: "*They are seeking equity when they are not ready to do it themselves*."

[727] Meagher, Gummow and Lehane's *Equity*, cit., 91.

[728] *Gibson v Goldsmith* (1854) 5 De GM & G 757-769, [TURNER LJ] 765: "*But the rule, certainly, does not go so far as to entitle the Court arbitrarily to impose terms upon a Plaintiff*".

dependentes da discricionariedade que em tempos as caracterizaram, o que as torna mais previsíveis[729].

De modo semelhante ao verificado com as restantes máximas, o princípio *he who seeks equity must do equity* é usualmente criticado pela sua natureza formal. Só por si, a máxima não indica nem estabelece diretrizes que permitam o preenchimento dos direitos e obrigações de cada uma das partes[730].

O carácter complementador da *Equity Law* não é alheio ao conteúdo da máxima: o *Court of Chancery* não dará provimento às pretensões de sujeitos cuja atuação subjacente seja ilegal. Aquele que procura o *Chancellor* deve atuar de acordo com a *Equity Law* e de acordo com a *Common Law*[731].

33. He who comes into Equity must come with clean hands

I. Esta máxima, originalmente denominada *he who has committed iniquity shall not have equity*[732], consubstancia um princípio complementador do brocardo acima analisado. Na prática, estas duas máximas representam as faces opostas do mesmo princípio. Enquanto que a máxima *he who seeks equity must do equity* se centra nas obrigações contemporâneas e futuras, a máxima *he who comes into equity must come with clean hands* tem em vista os comportamentos anteriores à entrada da ação[733]. O campo de aplicação da máxima pode ser desdobrado em dois grandes grupos de casos: (1) os autores exigem o cumprimento das obrigações assumidas pela contraparte, apesar de não atuarem em concordância. Incluem-se, nesta modalidade, as ações interpostas pelos locatários com rendas em atraso contra os seus senhorios por não cumprimento dos deveres a que legalmente estejam adstritos[734]; e (2) todas as ações através das quais o seu autor pretenda retirar benefícios da

---

[729] *Hanson v Keating* (1844) 4 Hare 1-9, [JAMES WIGRAM VC] 6; *Colvin v Hartwell* (1837) 5 Cl & Fin 484-525, [EARL OF DEVON] 522: *"who comes to seek the aid of a Court of Equity to inforce a claim, must be prepared to submit in that suit to any directions which the known principles of a Court of Equity may make it proper to give"*.

[730] *Neesom v Clarkson* (1845) 4 Hare 97-106, [JAMES WIGRAM VC] 101.

[731] HUDSON, *Equity and Trusts*, cit., 28.

[732] *Jones v Lenthal* (1669) 1 Chan Cas 154, [SIR HARBOTTLE GRIMSTON MR].

[733] *Snell's Equity*, cit., 112.

[734] *Coastworth v Johnson* [1886-1900] All ER Rep 547-552, [LOPES LJ] 552: o não cumprimento das obrigações assumidas impede a aplicação dos mecanismos invocados.

sua própria atuação ilícita. Nesta dimensão, a *ratio* da máxima aproxima-a do instituto do *tu quoque*[735].

Overton v Banister[736]. Neste célebre caso, um beneficiário convence o *trustee* de que já tinha atingido a maioridade, pelo que dever-lhe-ia ser entregue a respetiva parcela de bens constituídos em *trust*. Anos volvidos, o mesmo beneficiário intenta uma ação contra o *trustee* em que invoca a violação das obrigações assumidas em virtude da distribuição antecipada dos fundos como consubstanciando uma violação dos deveres a que este estava adstrito. Após demonstrar o seu espanto – *"A case of more gross and deliberate fraud has never come under my observation"* – o relator, SIR JAMES WRIGAM MR, decide que a *Equity Law* não pode ser aplicada quando o comportamento do peticionário é contrário aos seus princípios e pensamento.

Repare-se que não está em causa a moralidade ou imoralidade do autor, mas a sua atuação no âmbito do caso em juízo[737]. Recorrendo aos ensinamentos de BRADEIS J: *"Equity does not demand that its suitors shall have led blameless lives"*[738].

II. O crescimento da jurisdição e o desenvolvimento de novos institutos e mecanismos jurídicos teve um impacto direto no escopo da máxima. Algumas das situações anteriormente abrangidas são hoje resolvidas por recurso a figuras mais consensuais e com critérios de aplicação precisos. A máxima tem uma função essencialmente estrutural e retórica[739].

Contudo, em alguns casos, os tribunais ingleses, muito embora não a invoquem expressamente, parecem tê-la aplicado.

---

[735] ANTÓNIO MENEZES CORDEIRO, *Tratado de Direito Civil*, I: *Parte Geral*, Tomo IV, Almedina, Coimbra, 2005, 327-339.
[736] (1884) 3 Hare 503-507.
[737] *Dering v Earl of Winchelsea* (1787) 1 Cox Eq 318-323, [BARON HOTHAM] 319-320: *"when this is said, it does not mean a general depravity; it must have an immediate and necessary relation to the equity sued for; it must be a depravity in a legal as well as in a moral sense"*; *Moody v Cox* [1917] 2 Ch 71-92, [SCRUTTON LJ] 87-88: o tribunal considerou ser totalmente irrelevante para a boa decisão da causa uma alegada prática de suborno por não ter qualquer ligação com o pedido e causa de pedir; *Duchess of Argyll v Duke of Argyll* [1967] Ch 302-348, [UNGOED-THOMAS J] 332.
[738] *Loughran v Loughran*, 292 US 216-229, (US 1934) 229. A construção é citada em diversas decisões inglesas: *Grobbelaar v News Group Newspapers Ltd* [2002] 4 All ER 732-763, [LORD MILLETT] 757; *Tensator Group Ltd v Falzon* [2004] EWHC 3440 (Ch), [MANN J] [21].
[739] SPRY, *The Principles of Equitable*, cit., 245.

Armstrong v Sheppard & Short Ltd[740]. *Armstrong* deu entrada a uma ação contra a *Sheppard & Short Ltd* invocando que a Ré tinha construído um sistema sanitário que atravessava um terreno sobre o qual detinha direitos de propriedade. *Armstrong* alega, ainda, que a *Sheppard* não lhe terá pedido autorização, pelo que exige a remoção da construção e o ressarcimento de todos os danos causados. Em juízo fica provado que não só a *Sheppard* entrou em contacto com *Armstrong*, mas também que o autor da ação lhe respondeu que não era proprietário da terra que a sociedade pretendia utilizar.

O tribunal decidiu a favor da *Sheppard*. Para além de considerar não terem os danos invocados sido provados, Lord Evershed MR considera que o autor da ação tentou enganar o tribunal, razão pela qual nenhum remédio da *Equity Law* lhe pode ser concedido. Conquanto a máxima *He who comes into Equity must come with clean hands* não tenha sido invocada, é inegável ser este o princípio subjacente à decisão[741].

34. Where the equities are equal, the first in time shall prevail e where there is equal equity, the law shall prevail

I. A primeira face desta dupla máxima – *where the equities are equal, the first in time shall prevail* – está em sintonia com os princípios formadores da *Common Law*. Em ambas as jurisdições prevalece, como princípio geral, a regra de que detendo dois sujeitos direitos sobre um mesmo bem o primeiro a adquiri-lo é, juridicamente, o seu legítimo titular[742]. Os critérios ou razões subjacentes à máxima são, porém, ligeiramente diferentes. Enquanto que a *ratio* da *Common Law* se aproxima da capacidade dispositiva inerente ao direito de propriedade e ao princípio do trato sucessivo, já na *Equity Law* a *ratio* assenta em simples critérios temporais, existindo uma correlação direta entre o momento em que o bem é adquirido e a proteção jurídica que lhe é dispensada[743].

---

[740] [1959] 2 QB 384-403.
[741] At 397: "*It is no less clear that he attempted to mislead the court. He asserted – contrary to the fact – that he had never had any conversation with the defendants about the matter at all; and in his evidence in chief he so swore, untruly. It is not, therefore, at all surprising that the judge came to the conclusion that he should grant no equitable relief*".
[742] *MacMillan Inc v Bishop Investment Trust Plc* (No. 3) [1995] 1 WLR 978-1016, [Millett J] 1000: "*Where both interests are equitable – or both legal, for that matter – the basic rule is that the two interests rank in order of their creation*".
[743] *Snell's Equity*, cit., 66.

A sua versão latina – *qui prior est in tempore potior est in jure* – é bastante mais elucidativa do que a tradução inglesa: aquele que adquire primeiro um direito sobre um bem deverá ver a sua posição jurídica protegida, em detrimento de posteriores adquirentes, pela simples razão de que é titular de um direito mais forte[744]. Recorrendo às palavras de LORD WESTBURY LC: "*He has a better and superior – because a prior – equity*"[745].

Ao contrário do verificado para os restantes princípios da *Equity Law*, esta máxima consubstancia uma regra de aplicação concreta: sempre que dois ou mais sujeitos sejam titulares de direitos sobre um bem específico, o direito mais antigo prevalece sobre os restantes. A invocação da máxima está sujeita a estritos critérios delimitadores. Previamente à sua aplicação, deverá ser demonstrado que a posição jurídica dos sujeitos intervenientes é idêntica. Em suma, todas as exceções e justificações passíveis de alterar o equilíbrio das posições devem ser afastadas. A máxima *where the equities are equal, the first in time shall prevail* tem uma natureza subsidiária[746].

II. A outra face do princípio – *where there is equal equity, the law shall prevail* – leva-nos para o delicado campo do equilíbrio e harmonia entre a *Common Law* e a *Equity Law*.

O princípio geral, acima analisado, de que o direito anteriormente constituído prevalece sobre os posteriores apenas se aplica quando todos os interesses em jogo sejam enquadráveis no campo de aplicação da *Equity Law*. Caso o direito posteriormente adquirido seja reconhecido pela *Common Law*, a posição jurídica do sujeito irá prevalecer sobre todas as restantes. Evidentemente, que, tal como verificado para a máxima anterior,

---

[744] A versão latina da máxima é referida em inúmeras decisões: *Brace v Duchess of Marlborough* (1728) 2 P Wms 491-496, [SIR JOHN TREVOR MR] 491; *Willoughby v Willoughby* (1756) 1 Term Rep 763-775, [LORD HARDWICK LC] 773; *Wilmot v Pike* (1845) 5 Hare 14-23, [SIR JAMES WIGRAM VC] 22: "*the general rule... is the rule, Qui prior est in tempore potior est in jure*".

[745] *Phillips v Phillips* (1861) 4 De GF & J 208-220, 215.

[746] *Rice v Rice* (1853) 2 Drew 73-85, [SIR R. T. KINDERSLEY VC] 78: "*in a contest between persons having only equitable interests, priority of time is the ground of preference last resort to; i.e. that a Court of Equity will not prefer the one to the other, on the mere ground of priority in time, until it finds upon an examination of their relative merits that there is no other sufficient ground of preference between them, or, in other words, that their equities are in all other respects equal; and that, if the one has on other grounds a better equity than the other, priority of time is immaterial*"; *Latec Investments Ltd v Hotel Terrigal Pty Ltd (in liquidation)* (1965) 113 CLR 265, [KITTO J] [8]: "*If the merits are equal, priority in time of creation is considered to give the better equity*".

a sua aplicação pressupõe a exclusão de todas as exceções e justificações. Esta máxima tem especial interesse no âmbito da alienação de bens constituídos em *trust* a favor de terceiros, pelo que será, nesse capítulo, devidamente aprofundada[747].

35. *Equity aids the vigilant and not the indolent* ou *delay defeats equities*

A máxima *delay defeats equities* tem como objeto primordial o estabelecimento de limites temporais à propositura de ações com base em direitos *equitable* – direitos reconhecidos e desenvolvidos pela *Equity Law*. No fundo, apenas os sujeitos diligentes podem beneficiar das vantagens e da proteção concedidas pelo *Court of Chancery*[748]. Originariamente, o *Court of Chancery* não parece ter desenvolvido qualquer tipo de limite temporal. A prática foi inspirada no regime desenvolvido pela *Common Law*[749].

Com bastante relevância prática, o campo de aplicação da máxima – denominada *doctrine of laches* – foi sendo, gradualmente, limitado pelo legislador; aplicando-se, à luz do regime vigente, apenas às poucas situações não abrangidas pelo *Limitation Act, 1980*[750].

36. *Equity looks to the intent rather than to the form*

A construção de ROMILLY MR, na decisão *Parkin v Thorold*[751], apesar de centenária, continua a ser apresentada como o ponto de partida para a análise desta máxima:

---

[747] §§ 29.º e 30.º.
[748] *Smith v Clay* (1767) 3 Bro CC 646, [LORD CAMDEN LC]: "*A court of equity... has always refused its aid to stale demands, where the party has slept upon his right and acquiesced for a great length of time.*"
[749] *The Earl of Deloraine v Browne* (1792) 3 Bro CC 633-646, [SIR JOHN SCOTT SG] 639: "*It is true, the time is the discretion of the Court; but the Court has governed that discretion by the practice of the courts of law, and has said, that after twenty years, it will not give relief; as that is the time, after which a court of law will not interfere*".
[750] GAIL L. HERIOT, *A Study in the Choice of Form: Statutes of Limitation and the Doctrine of Laches*, BYU L Rev, 1992, 917-968: o autor faz uma interessante análise sobre as vantagens e desvantagens de cada um dos sistemas.
[751] (1852) 16 Beav 59-76, 66-67.

Courts of Equity make a distinction in all cases between that which is matter of substance and that which is matter of form; and if it find that by insisting on the form, the substance will be defeated, it holds it to be inequitable to allow a person to insist on such form, and thereby defeat the substance[752].

Esta máxima não foge da polémica que envolve todos os doze princípios. Por um lado, a sua apresentação como máxima da *Equity* pode levar à errada conclusão de que a *Common Law* se rege por critérios exclusivamente objetivos, ignorando por completo as intenções subjetivas das partes contraentes[753] e, por outro lado, a sua formulação indicia, o que também não é correto, que para a *Equity Law* o conteúdo prevalece sempre sobre a forma. Tal como verificado para a *Common Law*, o tribunal deverá iniciar a sua análise pela apreciação das declarações de vontade manifestadas. Reconhecendo a ascendência da forma, SNELL propõe uma alteração da máxima: *"Equity and Common law both begin with the form but search for objective intention"*[754].

37. *Equity imputes an intention to fulfil an obligation*

A máxima *Equity imputes an intention to fulfil an obligation* assenta numa simples ficção: sempre que um sujeito esteja adstrito a uma obrigação específica, qualquer ato que se adeque ao seu cumprimento é ficcionado como lhe sendo dirigido, independentemente de ser essa a intenção do seu autor[755]. No fundo, a *Equity Law* adequa os atos dos sujeitos às suas obrigações[756].

---

[752] Recentemente, também bastante atenção tem sido dada à construção de SIR RICHARD SCOTT VC, cfr., *Foskett v McKeown* [1998] Ch 265-303, 283: *"The availability of equitable remedies ought, in my view, to depend upon the substance of the transaction in question and not upon the strict order in which associated events happen"*.
[753] Quanto ao papel atribuído às intenções subjetivas das partes, no âmbito do Direito contratual, vide o nosso *A interpretação contratual anglo-saxónica*, 141 Dir, 2009, 665-678.
[754] *Snell's Equity*, cit., 123.
[755] *Hanbury & Martin*, cit., 31-32; *Stack v Dowden* [2007] 2 AC 432-480, [LORD NEUBERGER OF ABBOTSBURY] 472: *"An imputed intention is one which is attributed to the parties, even though no such actual intention can be deduced from their actions and statements, and even though they had no such intention"*.
[756] *Sowden v Sowden* (1785) 1 Cox Eq Cas 165-166, [SIR LLOYD KENYON MR] 166: *"where a man covenants to do an act, and he does an act which can be converted to a completion of this covenant, it shall be supposed that he meant to complete it"*.

O princípio assenta na presunção de que a intenção primária do sujeito é a de cumprir a sua palavra[757].

Sowden v Sowden[758]. Como parte de um acordo matrimonial, um marido compromete-se a constituir em *trust*, a favor do casal, bens imóveis, a adquirir, no valor de £ 2 000, numa específica localidade. Após a celebração do casamento, o mesmo marido adquire um conjunto de propriedades com essas exatas características. Apesar de não ter constituído esses bens em *trust*, o tribunal ficciona ser essa a sua intenção, dando assim cumprimento às obrigações assumidas.

38. *Equity acts in personam*

Historicamente, esta máxima assume uma enorme importância. O princípio *equity acts in personam* simbolizava as diferentes dimensões e aplicações das duas jurisdições, garantindo a sua harmonia e não conflituosidade. Os direitos estabelecidos pelos tribunais de *Equity Law* tinham apenas natureza pessoal, não tendo qualquer impacto nos direitos reais confirmados pela *Common Law*[759]. Por regra, a *Equity Law* limitava-se a exigir ou a proibir uma atuação[760]. Apesar do seu atual reduzido peso, a máxima mantém alguma da sua vitalidade.

A jurisdição dos tribunais, no âmbito das providências cautelares, não está limitada aos bens detidos em terras inglesas sobre as quais a sua jurisdição, teoricamente, se deveria esgotar. Como decorrência direta da sua autoridade sobre pessoas, a *Equity Law* pode ordenar a sujeitos que detenham bens no estrangeiro o seu congelamento até à resolução da ação principal subjacente[761].

---

[757] *Tubbs v Broadwood* (1831) 2 Russ & M 487-494, [LORD BROUGHAM LC] 493: "*The whole doctrine proceeds upon the ground that a person is to be presumed to do that which he is bound to do*".
[758] (1785) 1 Cox Eq Cas 165-166, [SIR LLOYD KENYON MR].
[759] *Meagher, Gummow and Lehane's Equity*, cit., 116.
[760] *Swiss Bank Corp v Lloyds Bank Ltd* [1979] Ch 548-583, [BROWNE-WILKINSON J] 565: "*Historically the courts of equity acted in personam... the courts of equity intervened by directing the defendant personally to do, or refrain from doing, a specific act*"; *Three Rivers District Council v Governor and Company of the Bank of England* [1996] QB 292-316, [STAUGHTON LJ] 302. É por recurso a esta máxima que os tribunais destituem os *trustees* que atuam em violação das obrigações assumidas, cfr., *Chellaram v Chellaram* [1985] Ch 409-437, [SCOTT J] 428.
[761] LAWRENCE COLLINS, *The Territorial Reach of Mareva Injunctions*, 105 LQR, 1989, 262-299.

A conceção do *Court of Chancery* como um tribunal que julga a consciência dos sujeitos é apontada como estando na base do desenvolvimento do princípio[762].

39. Miscelânea de remédios

I. Da vasta lista de remédios desenvolvidos pela *Equity Law*, optámos por nos centrar apenas em três das figuras substantivas com maior relevância teórica e prática: *specific performance* (execução específica); *rescission* (anulação da declaração negocial por vício de vontade); e *rectification* (retificação).

A figura da execução específica era totalmente desconhecida dos tribunais da *Common Law*. Os lesados apenas poderiam exigir o ressarcimento dos danos causados. Em caso algum lhes era facultada a possibilidade de exigirem o cumprimento das obrigações assumidas pela outra parte[763]. O mecanismo é apontado como sendo uma decorrência lógica da máxima *Equity acts in personam*:

> [T]*he conscience of the party was bound by this agreement; and being within the jurisdiction of this court, which acts in personam, the court may properly order it as an agreement*[764].

II. O remédio da *rescission* corresponde, grosso modo, à anulação de declarações negociais por vícios de vontade[765]. Apesar de reconhecida e dominada pelos tribunais da *Common Law*, a *rescission* tinha um campo de atuação limitada a situações em que o declaratário tivesse sido dolosamente induzido em

---

[762] *Ewing v Orr Ewing* (1883) 9 App Cas 34-48, [EARL OF SELBORNE LC] 40: "*The Courts of Equity in England are, and always have been, Courts of conscience, operating in personam and not in rem; and in the exercise of this personal jurisdiction they have always been accustomed to compel the performance of contracts and trusts as to subjects which were not either locally or ratione domicilli within their jurisdiction*".

[763] *Co-operative Insurance v Argyll* [1997] 3 All 297-308, [LORD HOFFMANN] 301: a execução específica é alvo de extensa análise nos manuais universitários. Da vasta lista de artigos e livros publicados sobre a temática sublinhamos a importância da obra clássica de EDWARD FRY, *A Treatise on the Specific Performance of Contracts*, Stevens, Londres, 1921, e a mais recente monografia de GARETH JONES e WILLIAM GOODHART, *Specific Performance*, Butterworths, Londres, 1996.

[764] *Penn v Lord Baltimore* (1750) 1 Ves Sen 444-456, [LORD HARDWICKE] 447.

[765] Às obras gerais acrescentamos a monografia DOMINIC O'SULLIVAN, STEVEN ELLIOT e RAFAL ZAKRZEWSKI, *The Law of Rescission*, OUP, Oxford, 2008.

erro. Através do *Court of Chancery*, o mecanismo passou a ser aplicado a vícios de vontade não intencionalmente induzidos, como o simples erro[766].

A figura da *rectification* permite, como a sua denominação o indicia, a retificação do conteúdo de uma declaração negocial, substituindo-se a vontade declarada pela vontade real das partes[767]. Este mecanismo era desconhecido pela *Common Law*. Perante situações enquadráveis no conceito de erro, os tribunais centravam a sua atenção no sentido da declaração negocial e, em última instância, na subsistência do contrato[768].

40. Os institutos da *Equity Law*

I. Em abstrato, a dimensão civil de todos os sistemas jurídicos assenta em institutos similares aos identificados no Direito português: a personalidade e a sua tutela; a autonomia privada; a boa-fé ou um conceito similar; a imputação de danos; e a propriedade e a sua transmissão. As diferenças residem na concretização individual de cada alicerce, fruto das especificidades de cada Direito.

Este modelo não é, porém, aplicável à *Equity Law*. Em primeiro lugar, o Direito desenvolvido pelo *Court of Chancery* tem um campo de aplicação circunscrito, não abrangendo todos os aspetos enquadráveis nos três primeiros Livros do nosso Código Civil. Acresce que as designações usualmente propostas entre nós refletem as especificidades do sistema português, pelo que se impõe uma adaptação das nomenclaturas utilizadas, de modo a melhor retratar o conteúdo de cada instituto.

II. A nosso ver, a *Equity Law* assenta em quatro institutos: (1) o *trust*; (2) a autonomia privada; (3) a confiança; (4) e a reconstituição natural.

O primeiro ponto em evidência nesta lista é a inexistência de um instituto análogo ao da personalidade e à sua tutela. Esta ausência resulta não da irrelevância da pessoa humana para o Direito anglo-saxónico, evidentemente, mas da natureza circunscrita da *Equity Law*. Os direitos fundamen-

---

[766] WILLIAM SWADLING, *Rescission, Property, and the Common Law*, 121 LQR, 2005, 123-153.
[767] Da vasta obra disponível sublinhamos a clareza do capítulo dedicado ao tema em SPRY, *Equitable Remedies*, cit., 607-621.
[768] MICHAEL LOBBAN, *Contract* in *The Oxford History of the Laws of England*, Vol. XII, 1820-1914, Private Law, OUP, Oxford, 2010, 431-472.

§ 7.º PRINCÍPIOS E INSTITUTOS DA *EQUITY LAW*

tais e os direitos de personalidade estão, desde a Magna Carta, sob a alçada da *Common Law*, em sentido estrito. Embora seja excessivo afirmar que a *Equity Law* não teve qualquer impacto no âmbito dos direitos ditos pessoais, a sua atenção esteve sempre mais focada na dimensão patrimonial do Direito[769]. A *Equity Law* é, essencialmente, uma jurisdição de remédios e não de direitos[770].

O grande instituto da *Equity Law* é, sem dúvida nenhuma, o *trust*. A sua estrutura é ainda fortemente marcada pelos restantes três institutos, que, de certa forma, foram moldados à sua imagem e semelhança. Repare-se, porém, que o *trust* é, também, o produto desses mesmos institutos, com especial enfoque para a autonomia privada e para a confiança. Ao reconhecer a sua constituição e todos os efeitos pretendidos pelas partes, o *Chancellor* garantiu o cumprimento da vontade das partes e protegeu a confiança suscitada quer na esfera jurídica do *settlor*, quer na esfera jurídica dos beneficiários. Esta influência mútua é compreensível, sendo também verificada no Direito português no âmbito, por exemplo, da relação que se estabelece entre o instituto da autonomia privada e o instituto da propriedade e a sua transmissão.

O espaço ocupado pelo instituto da boa-fé, no Direito português, corresponde, grosso modo, ao papel representado pela própria *Equity Law*. Este paralelismo é evidenciado pelo conteúdo de algumas máximas da *Equity* que nos remetem de imediato para a boa-fé, como o caso paradigmático do princípio *he who comes into Equity must come with clean hands*. Neste ponto de vista, a *Equity Law* é, ela própria, um instituto da *Common Law*, em sentido lato.

Quanto ao espaço deixado vago pela exclusão da *Equity Law*, optámos por recorrer ao conceito de confiança. O instituto da confiança pretende englobar a dimensão mais criativa da *Equity Law*, que tem como importantes concretizações o *trust* e, mais recentemente, o desenvolvimento e a autonomização do conceito de fiduciário, com uma notável expansão no âmbito

---

[769] Joseph R. Long, *Equitable Jurisdiction to Protect Personal Rights*, 33 Yale LJ, 1923, 115-132: o autor analisa o impacto da *Equity Law* no âmbito dos mais significativos direitos de personalidade.

[770] Jack Moser, *The Secularization of Equity: Ancient Religious Origins, Feudal Christian Influences, and Medieval Authoritarian Impact on the Evolution of Legal Equitable Remedies*, 26 Cap UL Rev, 1997, 483-539, 484. Os dois aspetos estão, evidentemente, ligados. A *Equity Law* desenvolveu e aperfeiçoou alguns mecanismos característicos da *Tort Law*, cfr., Zechariah Chafee, Jr., *The Progress of the Law, 1919-1920: Equitable Relief Against Torts*, 34 Harv L Rev, 1921, 388-415 e Jack B. Weinstein e Eillen B. Hershenov, *The Effect of Equity on Mass Tort Law*, U Ill L Rev, 1991, 269-327.

das relações jurídicas marcadas por uma forte proximidade e dependência e pelo desequilíbrio das posições jurídicas dos diversos intervenientes[771].

III. Em relação aos dois restantes institutos – a autonomia privada e a reconstituição natural –, o seu papel, transversal a toda a jurisdição, é demonstrado pela análise das doze máximas e dos remédios sucintamente apresentados. Ambos os institutos permitem-nos ainda confrontar as diferenças entre a *Equity Law* e a *Common Law*: enquanto os tribunais centrais sempre se focaram na vontade exteriorizada pelas partes, o *Court of Chancery* procura a sua vontade real; já no que respeita aos remédios disponíveis, os desenvolvidos pela *Common Law* visam o ressarcimento dos danos causados na esfera jurídica do lesado, enquanto a *Equity Law* se bate pela reconstituição da situação existente anteriormente[772]. Reconhecendo esta distinção, a jurisprudência inglesa atribui a execução de obrigações primárias à *Equity Law* e a execução de obrigações secundárias à *Common Law*[773].

A opinião pouco favorável a meras soluções ressarcitórias está patente na maioria dos seus remédios. Mesmo nos casos em que apenas instrumentos indemnizatórios são adequáveis à situação concreta, a *Equity Law* tende a ocultar a realidade, muitas vezes ficcionando que as partes cumpriram escrupulosamente as suas obrigações. Este pensamento é visível na violação de *trust*. De acordo com o regime processual tradicional, o tribunal ficciona que os danos causados, em virtude da violação dos deveres a que os *trustees* estão adstritos, consubstanciam um simples erro contabilístico que o *trustee* deverá prontamente corrigir[774].

IV. Na análise das diferentes máximas e remédios, somos constantemente confrontados com os diversos institutos, excluindo, por ora, o *trust*. Ao insti-

---

[771] § 22.º, em especial os números 105 e 106.

[772] NEWMAN, *The Place and Function*, cit., 401

[773] *Leo Air Services Ltd v Rolloswin Investments Ltd* [1973] AC 331-359, [LORD DIPLOCK] 351: referindo-se ao remédio da *rescission*, "*upon rescission of the contract the primary obligation of the debtor to pay the instalments was converted by operation of law into a secondary obligation... to pay damages for failure to perform it*"; *Photo Production Ltd v Securicor Transport Ltd* [1980] AC 827-853, [LORD DIPLOCK] 848-849: "*[If] the court is [not] able to enforce a primary obligation by decreeing specific performance of it, breaches of primary obligations give rise to substituted or secondary obligations on the part of the party in default*".

[774] § 29.º.

tuir a execução específica, o *Court of Chancery* teve como propósito primordial respeitar a vontade das partes, a confiança depositada no cumprimento contratual e a reconstituição da situação que existiria, se uma das partes não tivesse atuado ilicitamente[775].

Ao estender o campo de aplicação da *rescission* a situações que extravasam, largamente, o conceito de atuação dolosa, a *Equity Law* propôs-se amparar o comércio jurídico[776], conceito conexo à preservação da vontade das partes e à proteção da confiança. Os desenvolvimentos operados pela *Equity Law* no âmbito da *rescission* permitem, ainda, pôr em evidência a supremacia da reconstituição da situação sobre a imputação de danos.

Também no que respeita à *rectification*, a presença dos três institutos é assinalável:

> *It is a question of common mistake or common intention and, once the common intention is established, that is sufficient for rectification*[777].

---

[775] *Wolverhampton and Walsay Ry Co v London and North-Western Rly Co* (1873) LR 16 Eq 433-441, [LORD SELBORNE, LC] 439: *"in order to put the parties in the position relative to each other in which by the preliminary agreement they were intended to be placed"*. A construção é citada em inúmeros acórdãos, cfr., *Cary-Elwes' Contract* [1906] 2 Ch 143-150, [SWINFEN EADY J] 149: *Australian Hardwoods Pty Ltd v Commissioner for Railways* [1961] 1 All ER 737-744, [LORD RADCLIFFE] 743.
[776] HUDSON, *Equity and Trusts*, cit., 1096.
[777] *Frederick E. Rose (London) Ltd v William H. Jr. & Co Ltd* [1953] 2 QB 450-464, [SINGLETON LJ] 456.

§ 8.º O *CHANCELLOR* E O *COURT OF CHANCERY*

41. O *Chancellor*

I. O estudo dedicado à *Equity Law* ficaria sempre incompleto se não dedicássemos umas curtas linhas à figura do *Chancellor* e ao seu tribunal.

O cargo ou função de *Chancellor*[778] é, a par da própria figura do monarca e do parlamento, um dos símbolos mais marcantes da história inglesa e, em particular, da história da *Common Law*. Para além do papel central que representou na formação e no desenvolvimento da *Equity Law*, aplicada exclusivamente no *Court of Chancery*, a quem, de resto, deve, evidentemente, a sua denominação, o *Chancellor*, coadjuvado pelo seu extenso gabinete de eclesiásticos e burocratas, ocupava uma posição central no sistema formalístico de ações. Não é excessivo afirmar-se que a subsistência e o funcionamento do modelo estavam diretamente dependentes das suas capacidades organizativas.

Ao longo de todo o período medieval, e mesmo em parte da história moderna, o *Chancellor* ocupou uma posição cimeira na hierarquia do reino,

---

[778] A figura do *Chancellor* não estava circunscrita ao séquito dos monarcas. Era bastante comum encontrar-se semelhante posição nas grandes casas senhoriais e nas mais poderosas comunidades religiosas. Como forma de distinguir o *Chancellor* real, o cargo era denominado de *Cancellarius Regis*, cfr., Thomas Madox, *The History and Antiquities of the Exchequer of the Kings of England, in Two Periods: to wit, from the Norman Conquest, to the End of the Reign of K. John; and from the End of the Reign of K. John, to the End of the Reign of K. Edward II*, 2ª edição, Vol. I, William Owen, Londres, 1769, 60.

sendo apenas superada pelos membros da família real e pelo Arcebispo da Cantuária[779].

II. As suas origens estão envoltas em enormes incertezas e especulações[780]. Alguns autores clássicos chegaram mesmo a defender a sua existência à época do mítico Rei Artur[781]. As várias e antagónicas posições, que facilmente se encontram nas monografias da especialidade, resultam do vastíssimo leque de funções atribuídas ao cargo, com uma clara tendência para aumentar ao longo de todo o período medieval, o que possibilita a recondução da figura a diferentes entidades, consoante a dimensão mais relevada pelo autor.

A primeira tese funda-se na ocupação mais geral do *Chancellor*: principal conselheiro do Rei. Desta relação de proximidade, defendem os apoiantes da teoria, dever-se-á concluir que o *Chancellor* seria, inicialmente, um simples secretário pessoal[782], cuja importância acompanhou a ascensão do poder central[783].

Uma segunda tese recorre à usual definição medieval do *Chancellor*: "*keeper of the King's conscience*". Generalizada após a institucionalização do *Court of Chancery*, a célebre construção tem as suas origens na classe que, tradicionalmente, ocupava o cargo: eclesiásticos. Às vastas funções dos *Chancellors* acrescia, ainda, a de confessor privado do monarca[784]. Feito este paralelismo,

---

[779] ROBERT F. V. HEUSTON, *Lives of the Lord Chancellors, 1885-1940*, Clarendon Press, Oxford, 1964, xvi; DIANA WOODHOUSE, *The Office of Lord Chancellor*, Hart Publishing, Portland, 2001, 1; HOLDSWORTH, *A History of English Law*, Vol. I, cit., 37.

[780] Toda a problemática reside, em última análise, na facto de não dispormos de documentação suficiente que comprove qualquer uma das três teorias, cfr., BERTIE WILKINSON, *The Chancery under Edward III*, Manchester University Press, Manchester, 1929, 2.

[781] JOHN LORD CAMPBELL, *The Lives of the Lord Chancellors and Keepers of the Great Seal of England, from the Earliest Times till the Reign of King George IV*, Vol. I, 2ª edição, John Murray, Londres, 1846, 3.

[782] ADAMS, *Constitutional History*, cit., 114.

[783] JOSEPH HARRISON e JOHN GRIFFITH, *The Practice of the Court of Chancery*, Vol. I, edição estado-unidense aumentada por WILLIAM PARKER, William P. Farrand, Filadélfia, 1807, 54: os autores defendem a existência do cargo desde o domínio bretão.

[784] LORD HANWORTH, *Some Notes on the Office of Master of the Rolls*, 5 CLJ, 1935, 313-331, 313: originariamente, o *Chancellor* não passaria de um simples capelão. Apenas posteriormente lhe terá sido confiado o selo real.

§ 8.º O CHANCELLOR E O COURT OF CHANCERY

as origens temporais do cargo poderão remontar à evangelização das terras inglesas[785].

Finalmente, a terceira e última teoria coloca a pedra de toque na mais marcante de todas as funções atribuídas ao cargo: *"keeper of the Great Seal"*. Como analisámos na introdução ao parágrafo dedicado ao *writ system*, a veracidade e a força dos documentos ordenados pelo rei estavam dependentes da inclusão do seu selo real, que, sempre esteve entregue à guarda do *Chancellor*[786]. Esta última teoria remete a sua origem para um período mais tardio: pressupõe a adoção de um sistema de ordens escritas, que, por sua vez, está dependente da institucionalização da *Chancery*, com capacidade para dar provimento às disposições reais[787].

III. Tradicionalmente, *Angmendus*, um dos companheiros de Santo Agostinho, é apontado como o primeiro *Chancellor*, tendo sido nomeado pelo recentemente convertido Rei *Æthelbert*[788]. O misticismo desta figura, característica que acompanha os seus mais próximos sucessores, conjugado com a inexistência de provas e documentação fidedigna que comprovem a sua existência tem levado parte dos historiadores a apontar *S. Swithin* (ou *Swithun*), cuja vida está fortemente documentada, [789] como o primeiro a ocupar o cargo. Terá sido nomeado por *Egbert*, já em pleno século IX[790].

A maioria dos autores prefere, porém, sublinhar a função notarial do *Chancellor* enquanto *"keeper of the Great Seal"*. Segundo esta teoria, a origem do cargo deve ser colocada no reinado de *Edward, the Confessor*[791].

---

[785] Número 3.
[786] STUBBS, *The Constitutional History*, Vol. I, cit., 380; HENRY A. HOLLOND, *Some Early Chancellors*, 9 CLJ, 1947, 17-30 19; HOLDSWORTH, *A History of English Law*, Vol. I, cit., 37.
[787] § 5.º.
[788] MILLAR, *An Historical View*, Vol. II, cit., 341; LORD MACKAY, *The Lord Chancellor in the 1990's*, 44 CLP, 1991, 241-259, 241. Esta posição foi defendida por SELDEN e por DUGDALE, ambos historiadores do século XVII, cfr., CAMPBELL, *The Lives of the Lord*, Vol. I, cit., 29; Esta era, de resto, a posição oficial do Governo inglês, que pôde, em tempos, ser confirmada no sítio oficial do gabinete do *Lord Chancellor*, cfr., WOODHOUSE, *The Office of Lord Chancellor*, cit., 2.
[789] A vida e culto de *St. Swithin*, com extensas notas bibliográficas, pode ser consultada em MICHAEL LAPIDGE, *The Cult of St. Swithun*, OUP, Oxford, 2003.
[790] CAMPBELL, *The Lives of the Lord Chancellors*, Vol. I, cit., 30.
[791] WILLIAM R. ANSON, *The Law and Custom of the Constitution*, Vol. II, Parte I, 3ª edição, Clarendon Press, Oxford, 1907, 144; TOUT, *Chapters in the Administrative History*, cit., 127; HEUSTON, *Lives of the Lord Chancellors*, cit., xv; MAITLAND, *The Constitutional History*, cit., 221; UNDERHILL,

IV. Etimologicamente, a expressão *Chancellor* tem as suas origens na palavra latina *Cancellarius*, por sua vez uma evolução linguística de *cancelli*[792]. Uma *cancelli* mais não era do que uma simples grade colocada em portas ou janelas, usualmente de edifícios públicos, com o intuito de impedir a entrada do público em geral[793]. Tendo por base este significado, a expressão *Cancellarius* era utilizada para identificar funcionários e escribas que estavam protegidos por essa grade, nomeadamente nos tribunais, bem como os guardas ou porteiros que protegiam essas entradas, já por si resguardadas por uma *cancelli*[794].

Apesar da natural evolução, o termo *Cancellarius* manteve sempre uma forte ligação às suas raízes etimológicas. No período de domínio ostrogodo da península itálica, as suas funções judiciais já suplantavam as de um simples escriba. Descrito por CASSIODORUS como um cargo de enorme confiança, que deveria ser ocupado por alguém incorruptível[795], o *Cancellarius* atuava como intermediário entre o Rei e o seu povo. Os súbditos que pretendiam recorrer à Justiça real deveriam apresentar as suas queixas ao *Cancellarius*, que, posteriormente, as conduzia ao Rei. Na prática, a aplicação da Justiça

---

The Lord Chancellor, cit., 1; STENTON, *Anglo-Saxon England*, cit., 349: o autor, de forma bastante lógica, defende que, datando a prática de autenticar todos os documentos reais das décadas que antecederam a conquista normanda, tudo indicia que apenas nos últimos reinados saxões terá surgido a necessidade de instituir semelhante posição.

[792] WILLIAM SMITH, *Dictionary of Greek and Roman Antiquities*, 2ª edição, Little, Brown, Boston, 1870, 236; EDWARD COKE, *The Fourth Part of the Institutes of the Laws of England*, printed for E. and R. Brooke, Londres, 1797, 88: o autor, que ocupa uma posição isolada, defende que as raízes etimológicas do termo *Chancellor* remontam à expressão cancelar (*cancel*). A base desta tese encontra-se na indispensabilidade da inclusão do selo real para cancelar as ordens anteriormente decretadas.

[793] Veja-se, por exemplo, a sua utilização no *Corpus Iuris Civillis*, em D. 30.41.10 e D. 33.7.10.

[794] Ficou célebre a elevação pelo Imperador Carino de um destes porteiros a *Praefectus urbi*, cfr., Vopis. Carin. 16.3: "*amicos optimos quosque relegavit, pessimum quemque elegit aut tenuit, praefectum urbi unum ex cancalariis suis fecit*" apud. WILLIAM SMITH, *Dictionary of Greek and Roman Antiquities*, cit., 236.

[795] O uso da posição para retirar proveitos próprios parece ter sido uma prática corrente. Durante o governo de Arcadius e Honorius, os imperadores estabeleceram que os *Cancellarius* deveriam permanecer na província que serviram, depois de findo o seu mandato, por um período de cinquenta dias, possibilitando, a todos os cidadãos que assim o entendessem, a apresentação de queixas quanto ao desempenho das suas funções, cfr., C. 1.51.3. Posteriormente, foi ainda decretado que cabia ao poder central nomear os *Cancellarius* e não aos juízes locais, cfr., C. Th. 1.34.3. Todos estes factos são indicativos das práticas corruptivas associadas ao cargo.

§ 8.º O *CHANCELLOR* E O *COURT OF CHANCERY*

real estava dependente do que lhe era transmitido pelo *Cancellarius*, pelo que a função deveria ser desempenhada de forma muito transparente. Para salvaguarda deste princípio, o *Cancellarius* era fisicamente colocado por detrás de uma *cancelli*, através da qual tudo poderia ser visto e ouvido[796].

Semelhante posição existia no reino franco, possivelmente por influência imperial[797] e eclesiástica[798]. O cargo era aí denominado de *Referendarius*[799]. O *Cancellarius* franco tinha a seu cargo, pelo menos desde o início do século VI, o anel real que deveria constar de todas as cartas enviadas em nome dos soberanos[800]. Em face da enorme iliteracia e do uso esporádico de ordens escritas, o cargo tinha uma importância bastante diminuta. O seu prestígio cresceu exponencialmente com o uso corrente de documentos formais e com a centralização do poder. No mesmo período, o termo clássico substituiu todas as terminologias locais, vulgarizando-se, no reino de Inglaterra, a expressão *Chancellor*[801].

A evolução histórica do cargo permite-nos dar resposta às origens do *Cancellarius* inglês. O cargo de *Chancellor* é, seguramente, muito anterior à conquista normanda. As suas origens humildes, tantas vezes sublinhadas[802], refletem a reduzida utilização do selo real, que estava à sua guarda. A crescente importância das ordens, em especial em Inglaterra, fruto do sistema judicial adotado, teve um impacto direto no papel da figura, que, com grande naturalidade, passou a ser ocupado pela classe mais erudita e letrada da época: o Clero.

---

[796] SMITH, *Dictionary of Greek and Roman Antiquities*, cit., 236.

[797] WALTER C. PERRY, *The Franks, from Their First Appearance in History to the Death of King Pepin*, Longman, Brown, Green, Longmans, and Roberts, Londres, 1857, 214.

[798] *Blackstone's Commentaries*, Vol. II, cit., 37, [47].

[799] Note-se que SELDEN, quando se refere pela primeira vez ao *Chancellor*, usa o termo franco *Referendarius*, cfr., JOHN COMYNS e STEWART KYD, *A Digest of the Laws of England*, 4ª edição, Vol. II, Luke White, Dublin, 1793, 207.

[800] WILLIAM BERNARD MACCABE, *A Catholic History of England*, Vol. II, T. C. Newby, Londres, 1849, 7, 4ª nota de rodapé; FRANCIS PALGRAVE, *The Rise and Progress of the English Commonwealth. Anglo-Saxon Period. Containing the Anglo-Saxon Policy, and the Institutions Arising out of Laws and Usages which Prevailed Before the Conquest. Part II: Proofs and Illustrations*, John Murray, Londres, 1832, ccxlv.

[801] JOHN M. HEADLEY, *The Emperor and his Chancellor: a Study of the Imperial Chancellery under Gattinara*, CUP, Cambridge, 1983, 17.

[802] TOUT, *Chapters in the Administrative History*, Vol. I, cit., 127; HOLLOND, *Some Early Chancellors*, cit., 19; *Blackstone's Commentaries*, Vol. III, cit., 37, [47].

42. O todo poderoso *Chancellor* e o desenvolvimento da *Chancery*

I. Ao longo de todo o período medieval, as funções do *Chancellor* foram paulatinamente aumentando. Num relativo curto espaço de tempo, o *Chancellor*, até então com funções essencialmente notariais, assumiu um inigualável papel no governo e na gestão do reino[803]. Repare-se que, após a conquista normanda, o *Chancellor* era apenas mais um entre os vários altos membros da Casa Real, superado em importância pelo *Chief Justiciar*, pelo *Constable*, pelo *Mareschal*, pelo *Steward* e pelo *Chamberlain*[804].

O leque de funções atribuídas ao *Chancellor* sofreu a primeira grande alteração nos finais do reinado de Henry III, tendo o movimento sido fortemente impulsionado pelo seu filho *Edward I*[805]. O impacto na influência e no prestígio da figura foi monumental. As profundas e notáveis transformações do cargo, também fruto das ambições de alguns *Chancellors*, começaram a ser notadas a partir dos finais do reinado de Henry III e, em especial, ao longo de todo o governo de *Edward I*[806], o que se refletiu no seu prestígio e natureza.

Alguns *Chancellors*, membros da mais alta hierarquia na Igreja Católica e com proteção papal, concentraram tanto poder e autonomia que chegaram a desafiar o poder real[807]. Paralelamente, o engrandecimento do cargo transfigurou a sua natureza: inicialmente caracterizado como uma posição de máxima confiança do Rei, a função é institucionalizada, sendo o seu ocupante, não raramente, imune à entronização de um novo Rei[808].

---

[803] FRANCIS CHARLES MONTAGUE, *The Elements of English Constitutional History from the Earliest Times to the Present Day (1901)*, Longmans, Green, and Co, Londres, 1903, 27: no período normando, as funções do *Chancellor* são reconhecida e inegavelmente muitíssimo reduzidas, quando comparadas com as que veio a assumir nos séculos posteriores. O desaparecimento da função de *Justiciar* contribuiu, grandemente, para o aumento do poder do *Chancellor*. O *Justiciar* ocupava uma posição cimeira tanto na organização governativa, como na aplicação de Justiça, atuando muitas vezes como regente por curtos períodos de tempo, quando o Rei se ausentava. A maior parte das funções do cargo foi absorvida pelo *Chancellor*, cfr., CAMPBELL, *The Lives of the Lord Chancellors*, Vol. I, cit., 70.

[804] CAMPBELL, *The Lives of the Lord Chancellors*, Vol. I, cit., 4.

[805] CAMPBELL, *The Lives of the Lord Chancellors*, Vol. I, cit., 5.

[806] CAMPBELL, *The Lives of the Lord Chancellors*, Vol. I, cit., 5.

[807] L. B. DIBBEN, *Chancellor and Keeper of the Seal under Henry III*, 27 EHR, 1912, 39-51.

[808] Deve, porém, ser referido que a relação de proximidade existente era, em face do contacto diário, extensível aos infantes. *Girard*, o último *Chancellor* de *William I*, manteve o cargo após

II. A evolução histórica do *Chancellor* reflete os desenvolvimentos da administração inglesa e das suas instituições mais características. A figura assume uma dimensão quase intemporal, representando um papel central nos ancestrais órgãos governativos de origem saxónica e um papel decisivo na evolução dos novos órgãos constituídos após a centralização normanda[809].

O *Chancellor*, que já ocupava um papel de destaque na *Curia Regis*, desempenha, no *King's Council*, funções governativas autónomas. A figura impõe-se com naturalidade na recente criada *Exchequer*, o que lhe permitia influenciar e controlar a máquina fiscal do Reino.

No auge de seu poder, o *Chancellor* estava presente em todas as funções do Estado: (1) função executiva: o mais próximo conselheiro do Rei em matérias governativas; (2) função legislativa: presidia a ambas as Câmaras; e (3) função judicial: controlava grande parte da atividade jurisdicional do reino[810].

III. A enorme concentração de poderes tornou o *Chancellor* numa função a tempo inteiro[811], que necessitava de ser coadjuvado por um gabinete próprio, que lhe permitisse cumprir todas as funções atribuídas[812]. Sendo o cargo

---

o falecimento do Conquistador e a subida de *William II* ao trono, cfr., Viviant Hunter Galbraith, *Girard the Chancellor*, 46 EHR, 1931, 77-79.

[809] John H. Fisher, *Chancery and the Emergence of the Standard Written English in the Fifteenth Century*, 52 Speculum, 1977, 870-899, 872.

[810] Parkes, *A History of the Court of Chancery*, cit., 437.

[811] Charles Johnson, *The Last Chancellor of Henry I*, 76 EHR, 1952, 392: a nomeação para o cargo não era, por exemplo, compatível com as funções eclesiásticas de Bispo.

[812] Thomas Frederick Tout, *The Place of the Reign of Edward II in English History: Based upon the Ford Lectures Delivered in the University of Oxford in 1913*, Manchester University Press, Manchester, 1914, 58: o autor apresenta a *Chancery* como o principal departamento do Estado, ocupando o *Chancellor* uma posição similar à do atual Primeiro Ministro. Henry W. C. Davis, *Regesta Regum Anglo-Normannorum 1066-1154, Vol. I: Regesta Willelmi Conquestoris et Willelmi Rufi 1066-1100*, Clarendon Press, Oxford, 1913, xi-xv: defende uma estreita ligação entre os avanços técnicos e a estandardização dos documentos reais no reinado de Æthelstan e a implementação de um gabinete próprio com a função de os redigir; Stenton, *Anglo-Saxon England*, cit., 349: embora reconheça a existência destes formalismos, considera excessivo falar-se de uma organização interna e funcional autónoma, característica da *Chancery* normanda; Harmer, *Anglo-Saxon Writs*, cit., 57-61: defende que os *writs* eram produzidos pelos *clerks* que se encontravam ao serviço do *Chancellor*. Sublinha a fragilidade da conclusão, perante a inexistência de documentação suficiente; Viviant Hunter Galbraith, *Studies in the Public Records*, Thomas Nelson and Sons, Londres, 1948, 39 e 57: embora reconhecendo o seu carácter rudimentar, em especial no que respeitava ao arquivamento de documentos, a autora considera que semelhante instituição

A EQUITY LAW

ocupado por altos membros da hierarquia eclesiástica, não é de estranhar que o seu gabinete fosse constituído, maioritariamente, por religiosos[813].

A crescente importância do *Chancellor* foi acompanhada pelo desenvolvimento do seu gabinete. Durante o reinado de *Henry I*, o cargo tinha já ao seu dispor um *scriptorium*, responsável pela elaboração de toda a documentação real e encabeçado pelo *Magister Scriptorii*[814].

Nas suas ocupações administrativas, o *Chancellor* era auxiliado por doze funcionários, denominados *Masters in Chancery*, sendo de entre eles nomeado um superior hierárquico conhecido pelo título *Master of the Rolls*. Provavelmente descendente do *Magister Scriptorii*, o número dois da *Chancery*[815], pela primeira vez mencionado num documento do reinado de *Edward I*, tinha a seu cargo a guarda e organização de todos os documentos associados à *Chancery*[816].

Com o desenvolvimento da dimensão jurisdicional da *Chancery*, estes mesmos funcionários passaram a exercer um papel ativo na aplicação da Justiça[817],

---

existia já no período saxónico; CHAPLAIS, *The Royal Anglo-Saxon "Chancery"*, cit., 41-51: após uma cuidada análise, o autor conclui que os monarcas saxónicos não instalaram nenhuma organização que centrasse a sua atividade na elaboração de documentos. Recorriam, quando necessário, a altos cargos eclesiásticos; KEYNES, *The Diplomas of King Aetherlred*, cit., 19: apesar de reconhecer a fragilidade das provas existentes, o autor inclina-se para a existência do órgão antes da conquista normanda.

[813] HENRY ST. CLAIR FIELDEN, *A Short History of England*, B.H. Blackwell, Oxford, 1882, 114. A figura do *Magister Scriptorii* é apresentado como fazendo parte da Casa Real desde os inícios do século XII, cfr., FITZ NIGEL, *Dialogus de Scaccario*, cit., 129.

[814] TOUT, *Chapters in the Administrative History*, cit., 134.

[815] HANWORTH, *Some Notes on the Office*, cit., 315: o *Master of the Rolls* substituía o *keeper of the Great Seal* no caso de este se ausentar por curtos períodos de tempo. Atuava, ainda, como *Chancellor* interino até à nomeação de um novo ocupante.

[816] *Calendar of the Close Rolls Preserved in the Public Record Office, Edward I*, Vol. III: *A.D. 1288-1296*, Mackie, Londres, 1904, 454: "*Memorandum, that on 1 October [1295], in the conventual church of St. Augustine, Canterbury, the custody of the rolls of chancery was committed to Sir Adam de Osgoteby by Sir J. de Langeton, the chancellor, on the king's behalf, so that he shall have the custody in the same manner as other keepers have been wont to have it in times past*".

[817] MURRAY HOFFMAN, *The Office and Duties of Master in Chancery and Practice in the Master's Office*, Gould and Banks, Nova Iorque, 1824, xvi; *Fleta*, Vol. II, cit., Livro II, c. 13, 123: "*With him [Chancellor] should be associated trustworthy and prudent clerks, who have sworn an oath to the king and have a wide experience in the laws and customs of England. It is their duty to hear and examine the petitions and plaints of petitioners and by means of royal writs to provide them with a remedy suitable to the nature of the wrongs they have revealed*".

§ 8.º O CHANCELLOR E O COURT OF CHANCERY

chegando o *Master of the Rolls* a presidir ao *Court of Chancery* na ausência ou impossibilidade do *Chancellor*[818].

43. A função jurisdicional da *Chancery*: o *Court of Chancery*

I. O desenvolvimento do *Court of Chancery*, enquanto dimensão jurisdicional da omnipresente *Chancery*, resulta na conjugação de duas das funções primárias do *Chancellor*, de resto já brevemente aludidas: (1) membro indiscutível do *King's Council*[819]; e (2) *keeper of the Great Seal*[820].

Desde os escritos de PALGRAVE sobre o *King's Council*, datados de 1834, é pacificamente aceite a teoria de que a capacidade jurisdicional da *Chancery* decorre de uma gradual transferência de poderes do *Council* e não do desenvolvimento autónomo e originário dessa capacidade[821]. BALDWIN levou esta teoria ainda mais longe, afirmando que a *Chancery* era, na realidade, uma simples ramificação do *King's Council*[822].

II. O carácter lacunar do sistema formalístico de ações e a estagnação do número de *writs* disponíveis contribuíram para a conservação do hábito de se recorrer ao monarca e ao *King's Court*, quer como tribunal de recurso, quer, simplesmente, por não conseguir ver a sua situação decidida pelos tribunais centrais[823]. Ora, pelas razões já várias vezes aludidas – o elevado número de

---

[818] SPENCE, *Equitable Jurisdiction*, Vol. I, cit. 358.
[819] HOLDSWORTH, *A History of English Law*, Vol. I, cit., 397-400.
[820] FLETA apresenta o *Chancellor* apenas como *keeper of the Great Seal*: "*This is the office of the chancellor. He is to keep the king's seal together with his counter-rolls of the revenue of the realm*", Fleta, Vol. II, cit., Livro II, c. 29, 133.
[821] FRANCIS PALGRAVE, *An Essay upon the Original Authority of the King's Council, Grounder upon a Reported Presented to the Honourable the Commissioners on the Public Records, November 1822, in Order to Explain the Nature and Importance of the Antient Parliamentary Petitions, as Materials for the Constitutional History of England*, 1834, 94-95: "*There can be no doubt but that the first outline of such a court was borrowed from the Council, and that the continued delegations from the Council to the chancellor, in particular cases strengthened whatever authority he may have assumed without such special warrant*". A posição foi, posteriormente, seguida por diversos autores: PLUCKNETT, *A Concise History*, cit., 180 ou BAKER, *An Introduction*, cit., 117.
[822] BALDWIN, *The King's Council*, cit., 236.
[823] MARTIN SHAPIRO, *Courts: a Comparative and Political Analysis*, University of Chicago Press, Chicago, 1986.

petições, a crescente complexidade das matérias e o vasto leque de questões governativas que exigiam uma intervenção mais ativa do Rei – operou-se uma transferência gradual de competências para o *Chancellor* e para o seu bem preparado gabinete[824]. Vendo *a posteriori*, os monarcas ingleses não tinham outra pessoa em quem pudessem delegar essas funções. Para além da máquina bem oleada que o apoiava, o *Chancellor* representava um papel ativo na Justiça do reino e na elaboração dos *writs*, a que acresciam os seus vastos conhecimentos jurídicos: canónicos e romanísticos.

III. Apesar de não ser, *ab initio*, um tribunal, não é correto afirmar-se que a *Chancery* não tinha também uma capacidade jurisdicional originária, embora em caso algum comparável à que veio posteriormente a ser assumida. Em virtude das suas funções administrativas, a *Chancery* era, não raras vezes, confrontada com a necessidade de aplicar Justiça. Os litígios emergentes das concessões feitas pelo Rei, as disputas de terras que envolvessem a coroa, em virtude das inquisições levadas a cabo pela própria *Chancery*, e o julgamento dos seus funcionários eram matérias que estiveram sempre debaixo da alçada do gabinete do *Chancellor*[825].

---

[824] HAROLD POTTER, *An Introduction to the History of Equity and Its Courts*, Sweet and Maxwell, Londres, 1931, 7.
[825] HASKETT, *The Medieval English Court*, cit. 248.

PARTE II

Desenvolvimentos Históricos do *Trust*

Capítulo I
Os *Uses* Medievais

§ 9.º *USES* MEDIEVAIS: CONCEITO E DIFICULDADES DE PREENCHIMENTO

44. O conceito de *use*

I. Os dados de que dispomos apenas permitem ter uma ideia geral sobre os *uses*. Sabemos que são os antecessores dos *trusts*, que se alicerçavam numa forte relação de confiança e que a sua estrutura interna era, em tudo, idêntica à do *trust*: *feoffer* (fiduciante/*settlor*), *cestui que use* (beneficiário) e *feoffee* (fiduciário). Mas pouco mais podemos avançar com total segurança. As suas origens não são claras; não é evidente que doutrinas externas, se é que alguma, terão influenciado a sua estrutura e o seu desenvolvimento; e, curiosamente, desconhecemos, em absoluto, a sua natureza jurídica, i.e., se é enquadrável no âmbito dos direitos reais ou no quadro dos direitos obrigacionais.

Desde o seu surgimento, nos inícios do século XIII, até ao desvirtuamento operado pelo *Statute of Uses* (1536) distam mais de trezentos anos, pelo que seria plausível encontrar-se uma minuciosa análise da temática nos inconfundíveis tratados medievais ingleses. Se esta lacuna é perfeitamente lógica no que respeita a *Glanvill* (1189) e expectável em relação a *Bracton* (1250), a

Fleta[826-827] e a *Britton*[828-829], ambos dos finais do século XIII, já a muito breve e indireta alusão no *Treatise on Tenures*, de LITTLETON[830-831] (1481-2), também

---

[826] Composto por seis livros, a obra foi editada em três publicações da *Selden Society*, por HENRY G. RICHARDSON e GEORGE O. SAYLES: *Fleta*, Vol. II: *Prologue, Books 1 and 2*, 73 Selden Society, 1953; *Fleta*, Vol. III: *Books 3 and 4*, 89 Selden Society, 1972 e, apenas editado por SAYLES, *Fleta* Vol. IV: *Books 5 and 6*, 99 Selden Society, 1983. O primeiro volume, que deveria conter uma análise geral e introdutória da obra, nunca chegou a ser publicado. A lacuna foi parcialmente remediada no último volume da série (Vol. IV).

[827] Provavelmente escrito depois de 1290. POLLOCK e MAITLAND, *The History*, Vol. I, cit., 210: a obra tem muito pouco de original. Teve como fonte primária *Bracton* e como fontes secundárias pequenos tratados de agricultura da época; SAYLES, *Fleta*, Vol. IV, cit., xiii: defende que o seu autor não se limitou a copiar *Bracton*. O principal argumento utilizado reside na atualização da obra, à luz das inovações legislativas introduzidas. JOHN SELDEN, jurista e historiador seiscentista e grande defensor da *Common Law*, lançou as bases para a discussão em torno da autoria da obra. No escrito *The Dissertation of John Selden, Annexed to Fleta. Translated, with Notes*, sold by J. Worrall, and B. Tovey, Londres, 1771, 261 ss., SELDEN defende que o título da obra advém do sítio onde foi escrito: a prisão de *Fleta*. O autor acrescenta que, à época, esta adaptação era bastante comum. A autoria e a originalidade do documento foram depois exploradas por outros autores, sempre tendo como ponto de partida as considerações introdutórias de SELDEN, cfr., NOËL DENHOLM-YOUNG, *Who Wrote "Fleta"?*, 58 EHR, 1943, 1-12 e ERNST H. KANTOROWICZ, *The Prologue to Fleta and the School of Petrus de Vinea*, 32 Speculum, 1957, 231-249.

[828] Também composto por seis livros, a obra, escrita em francês, foi editada e traduzida por FRANCIS M. NICHOLS, cfr., *Britton: the French Text Carefully Revised with an English Translation, Introduction and Notes*, Vol. I e Vol. II, Clarendon Press, Oxford, 1865.

[829] A data e a autoria de *Britton* permanecem, ainda hoje, um mistério. Cumpre, porém, referir que o tema não tem sido devidamente explorado pelos juristas e historiadores ingleses. Na sua introdução, FRANCIS NICHOLS defende que a obra é posterior a *Fleta* e que o nome pelo qual ficou conhecida terá origem numa deturpação do nome *Bracton*. Na prática, *Britton* consubstanciaria uma revisão do grande tratado medieval inglês, desenvolvida por um autor desconhecido, a mando de *Edward I*. Os artigos encontrados que se debruçam sobre a problemática da autoria da obra limitam-se a fazer uma breve alusão à edição da NICHOLS e a resumir o estado da arte, cfr., a título meramente exemplificativo, HAMPTON L. CARSON, *A Plea for the Study of Britton*, 23 Yale LJ, 1914, 664-671.

[830] Nascido em 1407, faleceu a 23 de agosto de 1481. A obra e a vida de THOMAS LITTLETON são temas relativamente pacíficos, pelo menos quando comparados com as dúvidas que rodeiam os restantes *books of authority* medievais. Vide, entre outros, o prefácio da edição THOMAS LITTLETON, *Littleton's Tenures in English. A New Edition, Corrected*, V. & R. Stevens and G. S. Norton, Londres, 1845 e JOHN HAMILTON BAKER, *The Newe Littleton*, 33 CLJ, 1974, 145-155.

[831] *Littleton's Tenures*, cit., §462, 205: "*Also, if a man enfeoff other men of his land upon confidence and to the intent to perform his last will*" (o §463, 205-206, tem semelhante conteúdo) e §499, 220: "*Also, if a man be disseised, and the disseisor maketh a feoffment to divers persons to his use, and the*

ele um *book of authority*[832], não deixa de causar alguma perplexidade. A obra centra-se, exclusivamente, no sistema feudal inglês. Ora, à época, como mais à frente veremos, os *uses* representavam um sério ataque ao modelo feudal vigente e, em especial, aos direitos dos senhores sobre os seus vassalos.

Antes da entrada em vigor do *Statute of Uses*, apenas uma obra parece ter-se debruçado sobre o instituto: *Doctor and Student*, de CHRISTOPHER ST. GERMAIN. Embora o texto não avance qualquer tipo de definição abstrata, o autor apresenta-nos, de forma pragmática, as linhas gerais da figura:

> [H]e that hath land, and intendeth to give only the possession and freehold thereof to another, and to keep the profits to himself, ought in reason and conscience to have the profits, seeing there is no law made to prohibit, but that in conscience such reservation may be made. And so when a man maketh a feoffment to another, and intendeth that he himself shall take the profits; than that feoffee is said seised to his use that so enfeoffed him, that is to say, to the use that he shall have the possession and freehold thereof, as in the law, to the intent that the feoffer shall take the profits[833].

Durante toda a Idade Média, os tribunais da *Common Law* não atribuíam, ao *use*, qualquer relevância jurídica. O mecanismo tinha uma conhecida importância social, mas, juridicamente, a dimensão interna da relação, ou seja, os propósitos subjacentes à transmissão do direito de propriedade, não eram tidos como vinculativos. Sendo os *books of authority*, acima citados, com exceção do *Doctor and Student*, tratados da *Common Law*, tem alguma lógica que o seu conteúdo estivesse circunscrito ao Direito aplicado nos tribunais centrais, ficando de fora todo o tipo de mecanismo cujos efeitos pretendidos pelas partes não fossem juridicamente reconhecidos. Na prática, tudo fun-

---

disseisor continually taketh the profit". Poder-se-ia ainda referir a total ausência da temática na *La Novelle Natura Brevium* (1534) de FITZHERBERT. Esta "lacuna" pode, contudo, ser explicada em face dos propósitos do tratado, dedicado ao sistema formalístico de ações.

[832] *Blackstone's Commentaries*, Vol. I, 72-73: "*Besides these reporters, there are also other authors, to whom great veneration and respect is paid by the student of the common law. Such as Glanvil and Bracton, Britton and Fleta, Littleton and Fitzherbert, with some others of ancient date, whose treatises are cited as authority; and are evidence that cases have formerly happened in which such and such points were determined, which are now become settled and first principles. One of the last of these methodical writers in point of time, whose works are of any intrinsic authority in the courts of justice, and do not entirely depend on the strength of their quotations from older authors, is the same learned judge we have just mentioned, sir Edward Coke*".

[833] ST. GERMAN, *Doctor and Student*, cit., Dial. II, c. XXII, 165-166.

cionaria como se de uma simples transmissão de um direito de propriedade se tratasse.

Um outro aspeto, por vezes descuidado, pode ainda ajudar a explicar o porquê da sua ausência dos tratados trecentistas – *Fleta* e *Britton*. A conceção unitária do *use*, se é que alguma vez foi alcançada, é uma realidade bastante mais tardia. Até então, coexistiam diferentes tipos de mecanismos fiduciários, sem uma nomenclatura própria ou propósitos únicos. O instituto não tinha ainda alcançado um patamar evolutivo que permitisse uma análise e exposição sistemática[834].

II. A partir dos inícios do século XVII, e já com o *Statute of Uses* implementado há quase um século, são avançadas, pela primeira vez, através das penas de BACON[835] e COKE[836], definições mais científicas do conceito de *use*. Ambas as conceções devem ser analisadas com alguma cautela e tendo sempre como pano de fundo o exato contexto social e jurídico em que se inserem. As construções de BACON e COKE não são puras nem inocentes: são o

---

[834] PLUCKNETT, *A Concise History*, cit., 579; BAKER, *The Oxford History*, Vol. VI, cit., 655.

[835] Nasceu em Londres a 22 de janeiro de 1561 e faleceu, na mesma cidade, no dia 9 de abril de 1626. Político, filósofo e cientista, foi ainda um importante jurista, faceta muitas vezes ignorada. Liderou os destinos da *Chancery* por quatro anos, durante o reinado de *James I*. A maior parte das biografias de BACON centram-se no seu papel enquanto político e filósofo. Para além dos inúmeros artigos publicados (PAUL H. KOCHER, *Francis Bacon on the Science of Jurisprudence*, 18 J Hist Ideas, 1957, 3-26: inicia o artigo por sublinhar, precisamente, o pouco interesse suscitado pela faceta jurídica de BACON; BERNARD MCCABE, *Francis Bacon and the Natural Law Tradition*, 9 Nat LF, 1964, 111-121: centrado no pensamento jusnaturalista do filósofo; BARBARA SHAPIRO, *Sir Francis Bacon and the Mid-Seventeenth Century Movement for Law Reform*, Am J Legal Hist, 1980, 331-362: analisa o impacto da Reforma Protestante no pensamento jurídico inglês e o papel desempenhado por BACON no movimento), destacamos a seguinte monografia, por se focar, primordialmente, no pensamento jurídico de BACON: DANIEL R. COQUILLETTE, *Francis Bacon*, Edimburg University Press, Edimburgo, 1992.

[836] A vida e a obra de COKE têm sido alvo de enorme atenção. Das vastas monografias e artigos disponíveis, sublinhamos a importância, pela extensão do seu conteúdo e por serem fruto de épocas diferentes: HUMPHRY W. WOOLRYCH, *The Life of the Right Honourable Sir Edward Coke, Knt. Lord Chief Justice of the King's Bench*, J. & W. T. Clarke, Londres, 1826; CATHERINE DRINKER BOWEN, *The Lion and the Throne: the Life and Times of Sir Edward Coke 1552-1634*, Hamish Hamilton, Londres, 1957 e ALLEN D. BOYER, *Sir Edward Coke and the Elizabeth Age*, Stanford University Press, Stanford, 2003. Veja-se, ainda, o interessante artigo de JOHN HAMILTON BAKER, *Coke's Note-Books and the Sources of his Reports*, 30 CLJ, 1972, 59-86.

§ 9.º *USES* MEDIEVAIS: CONCEITO E DIFICULDADES DE PREENCHIMENTO

reflexo da turbulência que envolveu os "dois" institutos fiduciários – *use* e *trust* – durante os séculos XV e XVI.

Tanto a obra de BACON, *The Reading upon the Statute of Uses* – publicada postumamente, em 1642[837]–, como os Comentários de COKE às decisões jurisprudenciais da sua época – difundidos a partir do ano de 1600 – são profundamente marcados pela discussão política que envolveu a emergência do *trust*. Esta conjuntura histórica não pode ser ignorada, aquando do estudo de ambas as definições: a entrada em vigor do *Statute of Uses*, que tinha como objetivo principal a supressão do *use* da sociedade inglesa; a institucionalização do *trust*, em tudo idêntico ao *use*, mas, teoricamente, não abrangido pelo *Statute of Use*; e o crescimento funcional do *Court of Chancery*, com competência exclusiva para dirimir todo o tipo de litígios que envolvessem relações fiduciárias, contribuíram muitíssimo para a formação do pensamento de BACON e de COKE.

COKE apresenta a sua posição no âmbito da análise ao célebre acórdão *Chudleigm's Case*[838]:

> *A use is a trust or confidence, which is not issuing out of land, but as a thing collateral annexed in privity to the estate, and to the person, touching the land, scil. that Cestuy que use shall take the profits, and that the ter-tenant shall make estates according to his direction. So that, he who hath a use hath not jus neque in re neque ad rem, but only a confidence and trust for which he hath no remedy by the common law, but his remedy was only by subpoena in Chancery*[839].

---

[837] Prefácio de *The Reading upon the Statute of Uses of Francis Bacon, Afterwards Baron of Verulam, and Viscount St. Alban; Lord High Chancellor of Great Britain. A New Edition with Very Full Notes and Explanations and a Copious Table of Contents*, por WILLIAM HENRY ROWE, Londres, 1806: "My Lord Bacon's Reading upon the Statute of Uses – of which a new edition is now presented to the profession – appears to have been first printed in the year 1642, a period about 16 years after the death of the learned author, and about 40 after its delivery to the Society of Gray's Inn"; *The Works of Francis Bacon, Baron of Verulam, Viscount St. Alban, and Lord Chancellor of England*, Vol. IV, C. and J. Rivington etc., Londres, 1826, 156: é mencionado que a referida leitura terá tido lugar no 42.º ano do reinado de *Elizabeth I*, ou seja, no ano de 1599.

[838] *The Reports of Sir Edward Coke, Knt. In Thirteen Parts. A New Edition, with Additional Notes and References, and with Abstracts of the Principal Points: the First Three Parts and the Fourth to Fol. 38 a*, por JOHN HENRY THOMAS. *The Rest of the Fourth Part and the Remaining Nine Parts* por JOHN FARQUHAR FRASE, Vol. I, Joseph Butterworth and Son, Londres, 1826, f. 113a-140b, 285-352.

[839] *The Reports of Sir Edward Coke*, Vol. I, cit., f. 121a-121b, 297-298.

Semelhante definição é apresentada por BACON[840]:

> *First, an use is nor right, title, or interest in law . . . An use is a trust reposed by any person in the terretenant, that he may suffer him to take the profits, and that he will perform his intent . . . The one is an estate, which is Jus in re; the other a demand, which is Jus ad rem: but an use is neither . . . Usus est dominium fiduciarium: Use is an ownership in trust.*

O primeiro elemento que salta imediatamente à vista, em ambas as composições, é o uso da expressão *trust* para definir o *use*. Este intrigante facto poderá indiciar que as duas nomenclaturas respeitam à mesma figura jurídica. Deixemos o aprofundamento desta pista para umas próximas linhas.

Nenhuma das duas passagens nos fornece especiais elementos. É-nos apenas dito que, juridicamente, o *use* não tinha consistência; não era um direito obrigacional, mas também não era um direito real. Em suma, era um conceito vazio, sendo, assim, perfeitamente compreensível que os efeitos pretendidos pelas partes fossem ignorados pelos tribunais da *Common Law*[841].

Mas alguns aspectos centrais do *use*, posteriormente encontrados no *trust*, são explicitados: apesar de não ser referido o modo como essa separação é feita, nem quais os seus resultados concretos, tanto BACON, como COKE identificam uma autonomização dos lucros inerentes à propriedade, em relação aos quais outrem, que não o legítimo proprietário, poderia dispor livremente. Este direito pressupunha, evidentemente, um poder de direção, sob pena de total esvaziamento. Os ilustres juristas avançam, ainda, que os *uses* eram constituídos e mantidos pela confiança existente entre as diversas partes, sendo os conflitos emergentes resolvidos pela consciência ou pelo bom senso dos próprios e, em caso de discordância, pelo *Court of Chancery*[842].

---

[840] BACON, *The Reading*, cit., 5-9.
[841] ST. GERMAN, *Doctor and Student*, cit., Dial. II, c. 22, 166: *"Truth it is, that such reservation is void in the law, as thou sayest: and that is by reason of a maximum in the law, that willeth that such reservation of part of the same thing shall be judged void in the law. But yet the law doth not prohibited that no such reservation shall be made, but if it be made it judgmenth of what effect it shall be; that is to say, that it shall be void".*
[842] BACON, *The Reading*, cit., 10: *"Uses . . . are created by confidence . . . Preserved by privity, which is nothing else but a continuance of the confidence, without interruption . . . and Ordered and guided by conscience: either by the private conscience of the feoffee; or the general conscience of the realm, which is chancery".*

§ 9.º *USES* MEDIEVAIS: CONCEITO E DIFICULDADES DE PREENCHIMENTO

Sublinhe-se que ambas as definições foram escritas mais de cinquenta anos volvidos sobre a entrada em vigor do *Statute of Uses*, documento legal que alterou todo o espectro desta área do Direito. A indefinição teórica do conceito é, deste modo, compreensível. Os próprios autores o reconhecem. Antes de iniciar a sua exposição, BACON diz-nos que a natureza do *use* é mais facilmente percetível se considerarmos o que ele não é e, só depois, o que ele é[843].

III. Apesar de a indefinição teórica ter sido uma constante nos séculos que se seguiram, as importantes monografias fiduciárias setecentistas fornecem-nos mais elementos do que à partida seriam expectáveis.

As primeiras linhas da obra *The Law of Uses and Trusts*, de JEFFREY GILBERT, datada de 1733, são dedicadas a explorar o conceito do instituto. O autor foca-se na separação entre o direito de propriedade e os lucros provenientes e na existência de um poder de direção. Já no que respeita à distinção entre o *use* e o *trust*, o escrito de GILBERT é concludente: o autor utiliza as duas terminologias indiscriminadamente, transmitindo a ideia de que correspondem à mesma realidade jurídica[844]. No tocante à sua natureza jurídica, o autor, ao aproximá-lo do usufruto, insere-o no quadro dos direitos reais[845]. De resto, a identificação do *use/trust* com o usufruto encaixa-se, na perfeição, no grupo principal de situações para o qual a figura foi originariamente concebida: A transmitia a propriedade para B, que deveria permitir que C, menor ou bastardo, gozasse exclusivamente do bem[846].

Em 1737, foi publicado um novo tratado sobre a matéria, composto por duas partes – *Equity Law* (Volume I) e os mecanismos fiduciários desenvolvidos pelo *Court of Chancery* (Volume II), intitulado *A Treatise of Equity* – e

---

[843] BACON, *The Reading*, cit., 5.
[844] *The Law of Uses and Trusts: Collected and Digested in a Proper Order, from the Reports of Adjudg'd Cases, in the Courts of Law and Equity, and Other Books of Authority. Together with a Treatise of Dower. To which Is Added, a Complete Table of all the Matters therein Contain'd*, printed by E. and R. Nutt, and R. Gosling for R. Gosling, Londres, 1734, 1: "*An use is where the legal Estate of Lands is in a certain Person, and a Trust is also reposed in him, and all Persons claiming in Privity under him, concerning those Lands that some other Person shall take the profits, and be so seized or possessed of that legal Estate according to the Direction of the Person or Persons for whose benefit the Trust was created*".
[845] *The Law of Uses and Trusts*, cit., 5.
[846] MICHAEL R. T. MACNAIR, *The Conceptual Basis of Trusts in the Later 17th and Early 18th Centuries* in *Itinera Fiduciae*, cit., 207-236, 215.

usualmente atribuído a HENRY BALLOW[847]. De modo idêntico ao verificado no tratado de GILBERT, também BALLOW recorre à expressão *trust* para preencher o conceito de *use*: "*an use is a trust, or confidence*"[848]. Os elementos identificados coincidem, em absoluto, com as construções avançadas em estudos anteriores: (1) separação entre a coisa e os lucros associados; e (2) existência de um poder de direção, de conteúdo indeterminado[849]. Já quanto à sua natureza jurídica, o autor do *A Treatise of Equity* atribui-lhe uma feição contratual, reconduzindo a figura ao conceito de *depositum*[850].

Apenas NOTTINGHAM distingue os dois mecanismos. O pai da *Equity* sistemática segue um raciocínio bastante lógico: se o *Statute of Uses* tinha como objetivo primordial a supressão dos *uses* da sociedade inglesa, a coincidência absoluta entre as duas figuras deveria ter levado à extinção de ambas. Ora, apenas os *uses* desapareceram da ordem jurídica. Os *trusts*, pelo contrário, viveram, a partir de então, um crescimento que ainda hoje prossegue. Assim, só podemos concluir que os institutos eram distintos[851]. Então o que distingue os *uses* dos *trusts*? Seguindo a posição de LORD NOTTINGHAM, nos *uses* o *feoffee* tinha poderes de alienação, enquanto que no *trust* não[852]. Em relação à natureza jurídica do instituto, NOTTINGHAM segue a tradicional posição de BACON – "*Usus est dominium fiduciarium . . . Fides est obligation conscientiæ unius ad intentionem alterius*"[853]. Recorre, igualmente, ao *fideicommissum* romano, como forma de atribuir maior conteúdo dogmático à figura[854].

IV. Gradualmente, e como efeito direto da entrada em vigor do *Statute of Uses*, o conceito de *use* passa a ser encarado como uma construção meramente histórica, fruto de uma rudimentar *Equity Law*, cujo interesse se resume, globalmente, ao seu papel enquanto antecedente do *trust*. A hipó-

---

[847] Sobre a autoria da obra, vide, em geral, MACNAIR, *The Conceptual Basis*, cit., 210, nota 9.
[848] *A Treatise of Equity*, Vol. II, *with the Addittion of Marginal References and Notes by* JOHN FONBLANQUE, 5ª edição, printed for J. & W. T., Londres, 1820, 7.
[849] *A Treatise of Equity*, cit., 7.
[850] Cit., 1: "*We will now proceed to some of the particular kinds of agreements, which occur most usually in Chancery. And 1ˢᵗ, of a Depositum or Trust*" e 7-8: "*the cestui que use had neither jus in re nor in rem, i.e. neither a right in possession, nor in action*".
[851] "*Manual of Chancery Practice*", cit., 236-237.
[852] "*Manual of Chancery Practice*", cit., 237.
[853] BACON, *The Reading*, cit., 9.
[854] "*Manual of Chancery Practice*", cit., 236.

tese de apresentar o *use* como um conceito jurídico abstrato esgotou-se, em grande medida, com o desvirtuamento operado pelo *Statute of Uses*.

Em moldes conclusivos, podemos então apontar as seguintes características: (1) o *use* tem uma natureza tripartida: *feoffer*, alienante do direito de propriedade; *feoffee*, adquirente e atual titular do direito de propriedade; e *cestui que use*, beneficiário último dos lucros e frutos associados ao direito de propriedade; (2) ele assenta numa separação entre o direito de propriedade e o direito aos lucros ou benefícios dele emergentes; (3) o *cestui que use* exerce um poder de direção sobre o *feoffer*; (4) as relações e os efeitos associados ao instituto jurídico não são reconhecidos pelos tribunais da *Common Law*; e (5) a resolução de litígios está sob a alçada jurisdicional do novo *Court of Chancery*.

45. A natureza jurídica do *use*: as fragilidades da Ciência Jurídica da *Common Law*

I. Os problemas com o preenchimento do conceito de *use*, também sentidos no âmbito do *trust*, refletem as fragilidades do sistema jurídico anglo-saxónico e, consequentemente, da sua Ciência Jurídica. MAITLAND refere que, em conversa com VON GIERKE, o ilustre jurista alemão lhe terá dito que "não conseguia compreender o *trust*"[855]. Esta incompreensão é apresentada, por MAITLAND, como resultando da dicotomia civilística direitos de crédito e direitos reais, não sendo o instituto do *trust* enquadrável em nenhuma das realidades jurídicas. É uma figura mista, alega[856].

Ora, sendo amplamente reconhecido pela própria doutrina inglesa que as dificuldades conceptuais do *trust* residem na hipotética desadequação do Direito romano, impõe-se perguntar o porquê de não ter sido desenvolvido, em terras inglesas, um sistema diferente, alicerçado em distintos elementos, que exprimissem a realidade jurídica, as exigências sociais e as necessidades dogmáticas do seu Direito.

Repare-se, ainda, que esta indefinição conceptual não é apenas sentida no âmbito do *use* e do *trust*. Semelhantes dificuldades são palpáveis em todas as específicas construções da *Common Law*. Pense-se na figura da *consideration* (formação contratual) e nas imperfeições características do seu preen-

---

[855] MAITLAND, *Equity*, cit., 23: ""I can't understand your trust", said Gierke to me".
[856] MAITLAND, *Equity*, cit., 23.

chimento[857]. Estas fragilidades sistemáticas são fruto do próprio sistema anglo-saxónico. A *Common Law* caracteriza-se pela sobreposição das necessidades práticas às conceções filosóficas e unitárias que distinguem o Direito continental[858]. Numa aplicação concreta do Direito, na barra dos tribunais, esta abordagem pode até ser meritória[859], mas do ponto de vista dogmático, aspeto que aqui nos interessa, é totalmente desadequada.

II. O caminho, muito próprio, seguido pela *Common Law*, só é explicável à luz das especificidades do modelo educativo adotado. Durante séculos, o ensino do Direito em terras inglesas dividiu-se entre as Universidades, onde eram ministrados cursos de Direito romano e de Direito canónico, e os *Inns of Courts*, que preparavam os seus alunos para pleitearem nos tribunais da *Common Law*[860]. Muito embora as duas dimensões acabassem por se tocar,

---

[857] Vide o nosso *Negative pledge: um estudo comparatístico*, 142 Dir, 2010, 497-538, 517-520.

[858] A *Common Law* fez progressos extraordinários nos últimos séculos. Apenas a partir dos finais do século XIX iniciou o Direito anglo-saxónico uma sistematização da responsabilidade extracontratual. O mesmo processo, no Direito continental, deu os primeiros passos com a *Lex Aquilia*, datada de 286 a. C. (!). Em relação à evolução sistemática da *Common Law*, vide PATRICK S. ATIYAH, *From Principles to Pragmatism: Changes in the Function of the Judicial Process and the Law*, 65 Iowa L Rev, 1980, 1249-1272.

[859] Apesar da forte dimensão abstrata e teórica do Direito continental, não é correto afirmar-se que o Direito civil não se pauta por critérios pragmáticos, aquando da sua aplicação prática. Os tribunais, embora reconheçam a importância da doutrina, não se guiam cegamente pelas posições académicas. O Direito, enquanto Ciência que apenas se completa com a sua aplicação a factos concretos, está longe de consubstanciar um conjunto de princípios que flutuam acima da realidade fáctica e social. Os autores ingleses não ignoram a dicotomia sistematização/pragmatismo do Direito continental, cfr., PATRICK S. ATIYAH, *Pragmatism and Theory in English Law*, Stevens and Sons, Londres, 1987: com vasta bibliografia comparatística.

[860] HOLDSWORTH, *A History of English Law*, Vol. II, cit., 494 ss.; FRANZ WIEACKER, *The Importance of Roman Law for Western Civilization and Western Legal Thought*, BC Int'l & Comp L Rev, 1981, 257-281, 259: a separação entre a dimensão teórica e prática do Direito foi impulsionada durante o período Tudor; JOHN HAMILTON BAKER, *English Law and the Renaissance*, 44 CLJ, 1985, 46-61, 52: não se pense que a exigência do ensino dos *Inns of Courts* ficava aquém da praticada nas Universidades. No período renascentista, os *Inns of Courts* eram comummente designados de "a terceira Universidade", a par de Oxford e de Cambridge. Apenas no segundo quartel do século XIX se iniciou o processo de aproximação entre o Direito das Universidades e a *Common Law* dos tribunais centrais. Para esta unificação, muito terá contribuído o facto de o Direito mercantil e de o Direito comercial serem matérias ensinadas nas Universidades, cfr., MUNROE SMITH, *Roman Law in the English Universities*, 9 CW, 1916, 218-220.

§ 9.º *USES* MEDIEVAIS: CONCEITO E DIFICULDADES DE PREENCHIMENTO

visto alguns dos mais proeminentes juízes dos tribunais centrais terem estudado em Oxford ou Cambridge, o pensamento sistemático nunca conseguiu penetrar no mundo prático da *Common Law*.

Com a unificação das duas jurisdições – *Common Law* e *Equity Law* –, o ensino do Direito romano e do Direito canónico perdeu a importância de outros tempos, tendo o pragmatismo da *Common Law*, chamemos-lhe assim, tomado conta de todo o espectro jurídico anglo-saxónico, o que contribuiu, inevitavelmente, para o afastamento dos dois sistemas jurídicos europeus[861].

A pouca relevância do pensamento teórico resultou numa inevitável supremacia das decisões jurisprudenciais, o que contrasta com o peso da doutrina no Direito continental[862]. No Direito anglo-saxónico, a importância dos textos doutrinários está circunscrita aos denominados *books of authority* e a ramos jurídicos, tais como a História do Direito e a Filosofia do Direito, nos quais a influência jurisdicional é menos acentuada[863].

---

[861] Este processo foi bastante lento. Em meados do século passado, ainda se discutia se a *Common Law* era matéria a ensinar nos bancos das universidades ou no seio de uma relação de tipo aprendiz-mestre, cfr., ADAM GEAREY, WAYNE MORRISON e ROBERT JAGO, *The Politics of the Common Law: Perspectives, Rights, Processes, Institutions*, Routledge-Cavendish, Abingdon, 2009, 39-40.

[862] O paradigma jurídico nacional foi alvo de profundas alterações nas últimas décadas. As decisões jurisprudenciais assumem atualmente, no seio da doutrina portuguesa, uma importância incomparavelmente superior à que lhes era dada pela geração fundadora do Código Vaz Serra. Este "movimento" tem o seu epicentro na escola de Lisboa (compare-se, a título de curiosidade, o peso da jurisprudência no Código das Sociedades Comerciais Anotado da Clássica e no Código das Sociedades Comerciais em Comentário, de Coimbra), tendo como seu maior impulsionador o Professor MENEZES CORDEIRO: a relevância atribuída pelo autor à jurisprudência, nas suas obras, não encontra paralelo no Direito português.

[863] Para além da dimensão compilatória e expositiva, a missão da doutrina anglo-saxónica resume-se, em grande medida, à identificação das situações abrangidas pelas decisões jurisprudenciais, cfr., WILLIAM TETLEY, *Mixed Jurisdictions: Common Law v. Civil Law (Codified and Uncodified)*, 60 La L Rev, 2000, 677-738, 701: o autor sublinha a dificuldade da tarefa quando duas decisões, conquanto contraditórias, sejam passíveis de aplicação na mesma situação. À doutrina, acrescenta, caberá retirar um sentido útil ao conteúdo da sentença. No fundo, identificar um conjunto de princípios ou de construções que possa, posteriormente, ser aplicado a situações análogas. MARK VAN HOECKE e MARK WARRINGTON, *Legal Cultures, Legal Paradigms and Legal Doctrine: towards a New Model for Comparative Law*, 47 Int'l & Comp LQ, 1998, 495-536, 529: embora reconhecendo que a *Common Law* está, numa perspetiva de sistematização, num patamar a baixo, quando comparada com o Direito continental, os autores sublinham que o carácter sistemático do Direito anglo-saxónico é visível no impacto que algumas decisões têm em áreas apenas indiretamente relacionadas com o litígio em questão.

III. A distinta abordagem jurídica teve um grande impacto no ensino universitário. É impossível não reparar na usual inexistência de bibliografia nos manuais, tratados ou mesmo teses de doutoramento, o que contrasta, externamente, com o costume continental e, internamente, com os densos índices jurisprudenciais que acompanham qualquer obra anglófona. O reduzido peso da Academia reflete-se no conteúdo das decisões dos tribunais, onde não é feita qualquer menção a posições doutrinárias, tanto nas alegações das partes, como na decisão *per se*. Todo este contexto traduz-se, ainda, no prestígio dos Professores além fronteiras, salvo raras exceções, circunscrito a ramos jurídicos intrinsecamente teóricos. MAITLAND – considerado o pai da investigação histórico-jurídica moderna – e HART e DWORKIN – os mais relevantes filósofos jurídicos anglo-americanos do século XX – ocupam uma visibilidade inalcançável, mesmo para os mais conceituados privatistas, publicistas ou criminalistas.

IV. As reduzidas preocupações sistemáticas da *Common Law*, por vezes identificada com o provérbio local *don't cross the bridge until you get to it*, impossibilitaram a autonomização da Ciência Jurídica anglo-saxónica.

As dificuldades reconhecidas por VON GIERKE são, também elas, imputáveis à doutrina inglesa. O instituto fiduciário anglo-saxónico é o produto de um sistema jurídico que apenas se emancipou parcialmente do Direito romano. Este obstáculo, dificilmente ultrapassável, só parece poder ser mitigado por recurso a uma sistematização jurisprudencial, que, no fundo, passa por uma conjugação fragmentária das decisões dos tribunais.

Apesar de o recurso ao modelo que ora se apresenta ser, pelo menos em termos teóricos, possível no que respeita ao *trust*, dado o vastíssimo número de acórdãos publicados, ele não é exequível no âmbito do *use*: quer o desenvolvimento da *Chancery*, enquanto órgão jurisprudencial, quer a recolha das suas decisões são posteriores à entrada em vigor do *Statutes of Uses*[864].

---

[864] A documentação da época fornece-nos pouquíssimos elementos. Na sua esmagadora maioria, as decisões a que tivemos acesso limitam-se a ordenar a presença de todos os envolvidos no processo, cfr., *Holt v Debebham* (1396-1403) in WILLIAM PALEY BAILDON, *Select Case in Chancery A. D. 1364-1471*, 10 Selden Society, Bernard Quaritch, Londres, 1896, 69: "*after whose death, the said William, as son and heir to the said Stephen, his father, required them to enfeoff him according to the intent of the said feoffment; and they refused, and will not do it, but keep the said lands, rents, and tenements in their hands, by great extortion, an to great damage of the said supplicant: May it please your most gracious Lordship to cause them to come before you by writ of our*

§ 9.º *USES* MEDIEVAIS: CONCEITO E DIFICULDADES DE PREENCHIMENTO

Esta incontornável realidade dificulta o estudo e análise da natureza jurídica do *use*.

46. Origens etimológicas

I. A importância das raízes etimológicas dos termos jurídicos extravasa, largamente, a simples curiosidade histórica. A escolha das expressões não é aleatória: reflete o conteúdo da situação, ato ou coisa a que está associada. O termo *use* não foge, evidentemente, a esta lógica.

O vocábulo *use* consubstancia um anglicanismo das expressões francas – necessariamente introduzido nas Ilhas Britânicas após a conquista normanda – *al oes, al os* ou *al oeps*, que representam, por sua vez, uma vulgarização da expressão latina *ad opus*[865]. Na Europa continental, fruto da normal progressão linguística, o termo evoluiu para *ues*, enquanto que em terras inglesas para *use*. No seu sentido mais lato, *use* significa "no interesse de" ou "em benefício de"[866]. A locução, nos diferentes idiomas, não tinha, originariamente, um sentido único ou fechado, sendo empregue nas mais variadas situações. Recorrendo à terminologia jurídica moderna, a expressão corresponde, grosso modo, a situações de prestação de serviço ou de mandato[867].

Lord the King, under a certain pain, and to examine them of the truth, and to do what right and good faith demand, so that no such extortion nor deceit be suffered; for God in way of charity". Vide, com idêntico conteúdo: *Godwyne v Profyt* (1393-1396), cit., 48-49; *Chelmewyke v Hay* (1396-1402), cit., 69-70; *Messynden v Pierson* (1417-1424), cit., 114-115; *Williamson v Cook* (1417-1424), cit., 115-116; *Prioress of Thetford v Wychyngham* (1422-1426), cit., 119-120; *Annors v Alford* (1422-1429), cit., 129; *Rous v FitzGeffrey* (1441), cit., 132-134; *Bale v Marchall* (1456), cit., 143-146; *Revelle v Gower* (1471), cit., 155-156.

[865] MAITLAND, *Equity*, cit., 24: o autor critica a ligação, por vezes avançada por alguma doutrina, entre o *use* anglo-saxónico e o uso, direito real romano.

[866] FRÉDÉRIC GODEFROY, *Dictionnaire de l'ancienne langue française et de tous ses dialectes du IX ou XV siècle*, Tomo VIII, Librairie Émile Bouillon, Paris, 1895, 112: "*ues, wes, hues, woes, oes, oez, os, oeus, eus, eulz, oues, ous, ops, oups, oeps, eofs, oeps. . . A ues, a l'ues*, loc., *au profit , à l'avantage de, dans l'intérêt de, et par extension pour*".

[867] O termo surge muitas vezes associado à coleta de impostos, cfr., MILSON, *Historical Foundations*, cit., 200.

II. Presente no vocabulário germânico desde, pelo menos, o século VII[868], o termo *use* é documentado, pela primeira vez, em terras inglesas, no ano de 809[869]. Após a invasão normanda, a expressão generaliza-se, sendo mesmo empregue nas primeiras Leis de *William I*[870].

Reconhecida e amplamente utilizada pelos tribunais centrais da *Common Law*, em especial no âmbito do regime dos bens móveis, a expressão assumiu, posteriormente, um significado autónomo no seio do *Court of Chancery*, mantendo, porém, toda a carga conceptual e linguística que a caracteriza[871].

47. Os primeiros *uses*: miscelânea funcional e estrutural

O *use*, como de resto o seu sucessor – o *trust* –, assenta numa relação de confiança, em que um sujeito se compromete a usar os direitos que lhe foram transmitidos para um fim determinado. Todas as restantes características do instituto estão intrinsecamente associadas a esta *ratio*. Conquanto a simplicidade da estrutura nos permita especular que semelhantes relações têm uma origem muito remota e primitiva, a documentação disponível coloca o nasci-

---

[868] POLLOCK e MAITLAND levam a cabo uma minuciosa análise cronológica do termo, desde o seu conteúdo germânico original ao patamar significativo e linguístico alcançado no início da Idade Moderna, cfr., *The History*, Vol. II, cit., 233-239. A ampla utilização da expressão na área de influência germânica é facilmente comprovada na grandiosa obra *Monumenta Germaniae*. A título meramente exemplificativo: *Formulae Merowingici et Karolini Aevi* in *Monumenta Germaniae Historica*, Legum Section V. Formulae, editado por KAROLUS ZEUMER, Impensis Bibliopolii Aulici Hahniane, Hannover, 1886, 234, 5: "*Per quem aecepit venerabilis vir ille abba ad opus monasterio suo in loco nuncupante illo, quod est in pago illo, hoc est in ipso loco illo masus ad commanendum*"; *Liber legis Langobardorum Papiensi* in *Monumenta Germaniae Historica*, Legum, Tomo IV, editado por GEORGIUS HEINRICUS PERTZ, Impensis Bibliopolii Aulici Hahniane, Hannover, 1868, 289-585, 538, c. 40: "*Ut de debito quod ad opus nostrum fuerit wadiatum talis consideration fiat*".

[869] JOHN MITCHELL KEMBLE, *Codex Diplomaticus Aevi Saxonici*, Tomo V, Sumptibus Societatis, Londres, 1847, 66-67: "*Item in alio loco Cantia dedi eidem venerabili viro ad opus preafatae Christi ecclesiae et monachorum ibidem deo servientium terram*". A expressão *ad opus* pode, aqui, ser traduzida por "ao cuidado de".

[870] *The Laws of King William the Conqueror*, I in *Ancient Laws*, cit., 468, c. 2: "*De cez xxxii., auead le uescunte al os le rei* ".

[871] NEIL G. JONES, *Uses, Trusts, and a Path to Privity*, 56 CLJ, 1997, 175-200, 176-177.

§ 9.º *USES* MEDIEVAIS: CONCEITO E DIFICULDADES DE PREENCHIMENTO

mento do *use*, ou dos seus antecessores[872], nos inícios do século XIII. Repare-se que nem todos os elementos que atualmente esperamos encontrar nos *trusts* clássicos são identificáveis. Vejamos alguns exemplos ilustrativos:

– A partiu em peregrinação para a Terra Santa, tendo deixado todos os seus bens e propriedades à guarda de seu irmão, B[873]. A e B acordaram, ainda, que, caso A não voltasse de Jerusalém, todos os seus bens deveriam ser transmitidos para os seus filhos. Após a chegada de notícias a Inglaterra que relatavam o falecimento de A, o seu primogénito exigiu a seu tio, B, a entrega de todas as propriedades do *de cujus*. Perante a relutância de B em dar seguimento ao acordado, os herdeiros resolveram intentar uma ação de reivindicação dos seus direitos. O tribunal decidiu dividir a propriedade em duas partes iguais (1224)[874];
– *Henry III* transmitiu os castelos de *Muntgumery*, *Shrewsbury* e *Bruges* a *John Lestrange*, sob a condição de, no caso de o monarca falecer, as propriedades serem transmitidas para a rainha *Eleanor*, sua mulher, e administradas em benefício de *Edward*, seu filho, e da restante descendência que, no futuro, pudesse vir a ter (1241)[875];
– A transmitiu um conjunto de propriedades para quatro dos seus filhos, com a particularidade de a administração das terras ter ficado a cargo do Abade de *Sawley*. O religioso comprometeu-se a atuar sempre no interesse e em benefício dos menores (1246)[876];

---

[872] JOSEPH BIANCALANA, *Medieval Uses* in *Itinera Fiduciae*, cit., 111-152, 113-117; JOHN M. W. BEAN, *The Decline of English Feudalism, 1215-1540*, Manchester University Press, Manchester, 1968, 105-126.

[873] Era relativamente usual constituir-se *uses* antes de se embarcar para a Terra Santa, cfr., *Year Books of the Reign of King Edward the First. Years XX and XXI*, editado e traduzido por ALFRED J. HORWOOD, Longmans Greens, Reader and Dyer, Londres, 1866, 218-219: "*One William had a goodly landed estate, and had a son named Hugh, and a daughter named Agnes who had a husband name Thomas. William took a fancy to go to the Holy land: wherefore he made his testament, and before he left, he devised one moiety of his land to his son Hugh who was beyond sea; with a provision that if his son should come home his daughter should deliver him his moiety*".

[874] FREDERIC WILLIAM MAITLAND, *Bracton's Note Book. A Collection of Cases Decided in the King's Courts During the Reign of Henry the Third, Annotated by a Lawyer of that Time, Seemingly by Henry Bratton*, Vol. III, C. J. Clay and Sons, Londres, 1887, 999, 42-43.

[875] *Calendar of Patent Rolls Preserved in the Public Record Office Henry III*, Vol. III: 1232-1247, *printed for His Majesty's Stationery Office*, Londres, 1906, 244.

[876] *Calendar of the Close Rolls of the Reign of Henry III. Preserved in the Public Record. A.D. 1242-1247*, *printed for His Majesty's Stationery Office*, Londres, 1916, 405.

- A doou um conjunto de bens a B, sob a condição de os mesmos direitos serem transmitidos para os seus filhos, assim que estes atingissem a maioridade. A cedeu a B todos os direitos e poderes que caracterizam a posição jurídica do progenitor relativamente aos filhos menores (1257)[877];
- Antes de partir para a Terra Santa, *Hugh Neville* transmitiu um conjunto de terras para a sua mãe e para o seu irmão, acordando, os novos proprietários, em atuar sempre em benefício e no interesse do peregrino (1266)[878];
- Transmissão do direito de propriedade sobre duas propriedades para *Sir Otto de Grandison*, comprometendo-se o donatário a atuar no interesse do doador e dos seus herdeiros, enquanto durasse a sua peregrinação à Terra Santa (1293)[879].

---

[877] *Calendar of Patent Rolls Preserved in the Public Record Office Henry III*, Vol. IV: *1247-1256*, printed for His Majesty's Stationery Office, Londres, 1908, 592-593; BEAN, *The Decline of English Feudalism*, cit., 108: embora a expressão *use* ou termo análogo não seja utilizada, o autor considera que a relação emergente desta doação apenas pode ser explicada à luz do instituto.
[878] *Calendar of the Close Rolls of the Reign of Henry III. Preserved in the Public Record. A.D. 1264-1268*, printed for His Majesty's Stationery Office, Londres, 1937, 254.
[879] *Calendar of Inquisitions Post Mortem and Other Analogous Documents, Preserved in the Public Record Office*, Vol. III: *Edward I*, printed for His Majesty's Stationery Office, Londres, 1912, 65, 47.

§ 10.º CRESCIMENTO E GENERALIZAÇÃO DOS *USES*: AS SINGULARIDADES DO SISTEMA FEUDAL INGLÊS

48. Enquadramento geral

I. Coke, de forma pragmática, diz-nos que os *uses* tiveram dois inventores: (1) o medo; e (2) a fraude[880]. Medo de, em tempos de dificuldades e de guerras civis, ver as suas terras confiscadas quer por não deixar descendência, quer por ser alvo de acusações de traição ou de deslealdade para com a fação reinante[881]; e fraude, visto a transmissão formal do direito de propriedade, conjugada com a conservação dos direitos e benefícios associados à coisa na esfera jurídica do alienante, permitir colocar o bem fora do alcance

---

[880] *Chudleigh's Case* in *The Reports of Sir Edward Coke*, Vol. I, cit., f.113a-140a, 285-352, f.121a-121b, 298-299: "*There were two inventors of uses: fear and fraud; fear, in times of troubles and civil wars, to save their inheritances from being forfeit; and fraud, to defeat due debts, lawful actions, wards, escheats, mortmains, &c.*"; William F. Fratcher, *Uses of Uses*, 34 Mo L Rev, 1969, 39-66, 40: o autor condena, em absoluto, esta visão. Considera que este pano de fundo – medo e fraude –, popularizado pelos próprios juristas ingleses, contribuiu para aumentar a desconfiança dos juristas continentais em relação ao *trust*; Wendell Carnahan, *An Introduction to the Statute of Uses*, 24 Ky LJ, 1936, 172-189, 177-178: vulgarizou-se, ainda, a prática de transmitir os direitos de propriedade para grandes senhores, devidamente acompanhados de uma contribuição pecuniária, como forma de evitar litígios demorados.

[881] Roland Greene Usher, *The Significance and Early Interpretation of the Statute of Uses*, 3 St Louis L Rev, 1918, 205-214, 205: a sua utilização cresceu exponencialmente durante a Guerra das Duas Rosas.

dos credores[882] – com a constituição de um *use* contornava-se a esmagadora maioria dos mecanismos de defesa desenvolvidos pelos tribunais centrais da *Common Law*[883] –, enquanto se possibilitava, ao *cestui que use*, gozar do bem como se fosse o seu legítimo titular. A estes dois elementos acrescente-se a gradual complexidade social e a estagnação da *Common Law*, incapaz de responder às necessidades sociais e jurídicas da época[884].

II. Não sendo o *use* um direito real, nem sequer um direito juridicamente reconhecido pelo tribunais centrais, as rígidas relações feudais vigentes à época não lhe podiam, evidentemente, ser aplicadas. A posição jurídica do sujeito passivo da relação feudal passava a ser ocupada pelo *feoffer*, o único a quem as obrigações vassálicas podiam ser exigidas[885]. No fundo, a constitui-

---

[882] A prática de defraudar os credores foi combatida pelo poder legislativo: 50 Edw. III, c. 6, (datado de 1376-1377): "*Because that divers People [inherit] of divers Tenements, borrowing divers Goods in Money or in Merchandise of divers People of this Realm, do give their Tenements and Chattels to their Friends, by Collusion... It is ordained That if it be found that such Gifts be so made by Collusion, that the said Creditors shall have Execution of the said Tenements and Chattels, as if no such Gift had been made*"; e 2 Ric. II, st. 2, c. 3 (datado de 1379): "*In case of Debt, where the Debtors make feigned Gifts and Feoffments of their Goods and Lands to their Friends and other... and take the Profit of their said Lands and Goods so given by Fraud and Collusion, whereby their Creditors have been long and yet be delayed of their Debtors and Recovery... And out of the same Judgment Execution shall be made of their Goods and lands, bring out of the Place privileged, as well, that is to say, of those Lands and Goods so given by Collusion, as of any other out the same Franchise, after that such Collusion or Fraud be duly found, in the same manner as that ought to have been, if no [Devise'] has been thereof made, notwithstanding the same [Devise']*".
[883] 1 Ric. II, c. 9 (datado de 1377): "*Because it is complained to the King, that many People of the said Realm, as well great as small, having Right and true Title as well to Lands, Tenements, and Rents, as in other personal Actions, be wrongfully delayed of their Right and Actions, by Means that the Occupiers or Defendants, to be maintained and sustained in their Wrong, do commonly make gifts and Feoffments of their Lands and Tenements... That the same Statute shall hold Place in every other Action [in'] Plea of Land where such Feoffments be made by Fraud or Collusion, to have their Recovery against the first such Feoffor*".
[884] ERIC W. IVES, *The Genesis of the Statute of Uses*, 82 EHR, 1967, 673-697, 674; AMES, *The Origin of Uses*, cit., 265: os tribunais da *Common Law* não podiam responder afirmativamente às pretensões dos diversos intervenientes, visto que, à luz do Direito aplicado, o *feoffee* era o único titular do direito de propriedade; FRATCHER, *Uses of Uses*, cit., 45: o regime jurídico da terra mantinha-se, desde a conquista normanda, praticamente inalterado. Passados vários séculos, o seu desfasamento social era evidente, sendo causador de enormes injustiças; DAVID T. SMITH, *The Statute of Uses: a Look at Its Historical Evolution and Demise*, 18 W Res LJ, 1966, 40-63, 46.
[885] TIFFANY, *The Law of Real Property*, Vol. I, cit., 342.

ção de *uses* permitia conjugar o melhor de dois mundos: o *cestui que use* evitava todos os deveres e inconvenientes associados ao título formal, ao mesmo tempo que conservava a posição material e os benefícios dela derivados[886].

A grande razão para o surgimento e desenvolvimento da constituição de *uses* parece, assim, ter residido na pretensão dos vassalos em contornar os direitos inerentes à posição dos senhores. Repare-se que, estando as relações feudais ligadas à terra, grande parte das tradicionais obrigações assumidas pelos vassalos deixavam de poder ser judicial ou extrajudicialmente exigidas. A terra era, agora, "propriedade" de outrem[887]. A sua utilização permitia, ainda, acautelar o futuro das filhas, que, em face da sua condição de mulheres, não dispunham, no âmbito do regime sucessório medieval, de especial proteção[888].

III. Regra geral, o crescimento e a generalização da constituição de *uses*, datados dos inícios do século XIV e especialmente impulsionados durante o longo reinado de *Edward III*[889], são apresentados como resultando da conjugação de dois fatores: (1) permitiam contornar as extensas obrigações feudais; e (2) possibilitavam circundar o rígido e limitativo regime da alienação de terras[890]. Estas conclusões não são, salvo raras exceções, acompanhadas

---

[886] Elliot Judd Northrup, *An Elementary Treatise on the Law of Real Property*, Little, Brown, and Company, Boston, 1919, 280; Fratcher, *Uses of Uses*, cit., 51.

[887] Usher, *The Significance and Early Interpretation*, cit., 205-206: a crescente importância social e económica do dinheiro em desfavor da terra terá também contribuído para este aparente desprendimento.

[888] Biancalana, *Medieval Uses*, cit., 129-131; Chris Given-Wilson, *The English Nobility in the Late Middle Ages: the Fourteenth-Century Political Community*, Routledge & Kegan Paul, Londres, 1987, 140-142: os *uses* constituídos a favor das filhas tinham dois propósitos especiais: (1) garantir o seu sustento até encontrarem marido; e (2) garantir que a sua mão fosse acompanhada de um dote convidativo.

[889] Bean, *The Decline of English Feudalism*, cit., 116; Francis Williams Sanders, *An Essay on Uses and Trusts and on the Nature and Operation of Conveyances at Common Law, and of those which Derive Their Effect from the Statute of Uses*, Vol. I, Robert H. Small, Filadélfia, 1855, 11: o autor diz-nos que, no reinado de *Edward III*, a constituição de *uses* ganha uma enorme importância.

[890] Gilbert, *The Law of Uses and Trusts*, cit., 72-73: o autor apresenta oito inconvenientes jurídicos associados à constituição de *uses*: (1) não haver, à época, qualquer sistema de registo de propriedade; (2) os *uses* transmitidos em morte prejudicavam os legítimos herdeiros; (3) a sua constituição era extremamente prejudicial para os senhores; (4) o poder Real de confiscar terras a criminosos e a estrangeiros era contornado; (5) a posição do *cestui que use* não era juridicamente reconhecida; (6) os bens constituídos em *use* não respondiam pelas dívidas do

de uma análise comparativa interna, que identifique as vantagens dos *uses* perante as regras da *Common Law*[891], e, muito menos, de uma análise comparativa externa, que confronte a realidade jurídica inglesa com os Direitos vigentes em outros reinos medievais europeus.

Sendo os institutos ou as construções jurídicas que estão na base do *use/ trust*, independentemente de se apoiar uma ascendência romana, germânica, islâmica ou canónica, conhecidos e dominados na Europa continental, o nosso estudo não pode limitar-se à decomposição das especificidades sociais e jurídicas da Inglaterra medieval. Impõe-se, ainda, demonstrar o porquê da sua circunscrição territorial. Uma omissão deste aspeto comparativo externo deixaria no ar sérias e fundadas dúvidas sobre qualquer solução preconizada.

Antes, porém, de iniciarmos a nossa investigação, temos de apresentar alguns conceitos introdutórios, de modo a facilitar a exposição e a compreensão do parágrafo.

49. O conceito de *tenure* e as suas características gerais

O Direito medieval inglês da terra assentava em dois fortes pressupostos: (1) toda a terra era, em última análise, pertença do Rei; e (2) a terra era sempre detida em nome de outrem. O feudalismo representava um sistema piramidal, alicerçado em diversos níveis de vassalagem, com o Rei no topo e os efetivos ocupantes da terra na sua base[892].

---

cestui que use; (7) os *uses* secretos eram causadores de uma enorme instabilidade e da perda de inúmeros direitos; e (8) possibilitavam evitar as disposições relativas aos bens de mão-morta; MAITLAND, *Equity*, cit., 27-28; PLUCKNETT, *A Concise History*, cit., 578; BEAN, *The Decline of English Feudalism*, cit., 142; RICHARD H. HELMHOLZ, *The Early Enforcement of Uses*, 79 Colum L Rev, 1979, 1503-1513, 1503; STEPHEN W. DEVINE, *Ecclesiastical Antecedents to Secular Jurisdiction Over the Feoffment to the Uses to be Declared in Testamentary Instruction*, 30 Am J Legal Hist, 1986, 295-320, 320: o autor enumera um conjunto de limitações, não exaustivo, que terá estado na base do forte crescimento dos *uses*: (1) as limitações à divisão de propriedades; (2) o facto de a alienação do direito real estar dependente da prévia aquisição de licença; (3) a proibição de doação de bens de mão-morta; e (4) o princípio hereditário da primogenitura; FRATCHER, *Uses of Uses*, cit., 40; ROBERT C. PALMER, *English Law in the Age of the Black Death, 1348-1381*, University of North Carolina Press, Estados Unidos da América, 1993, 117.

[891] BIANCALANA, *Medieval Uses*, cit., 123: *"But this sort of general statement requires one to specify the advantages of a use over common law rules and arrangements"*.

[892] POLLOCK e MAITLAND, *The History*, Vol. I, cit., 230.

§ 10.º CRESCIMENTO E GENERALIZAÇÃO DOS *USES*

A transmissão da terra não era efetuada sem a exigência de contrapartidas, ou seja, sem o surgimento, na esfera jurídica do vassalo, de um conjunto de obrigações. Gradualmente, através de um processo de padronização, institucionalizou-se, no que à posição do vassalo respeita, um conjunto de modelos específicos e tipificados de contraprestações que, juntamente com os direitos e obrigações do senhor, passaram a consubstanciar um regime próprio, assente numa relação jurídica autónoma, denominada de *tenure*[893].

Este sistema assumiu uma extensão sem paralelo. O conceito, bem como o seu regime, era aplicado não só às relações características da nobreza senhorial e cavaleiresca, mas também às terras da Igreja, a situações de arrendamento e mesmo a relações com natureza intrinsecamente pessoal[894].

No final do século XIII, o Direito inglês reconhecia quatro grandes tipos de *free tenures*[895-896]:

– *Frankalmoign*: tipo de *tenure* exclusivamente eclesiástico. A propriedade era transmitida para um clérigo que possuía a terra em nome do senhor; não se lhe aplicam as obrigações de natureza secular[897];
– *Knight service*: modalidade que está na base do sistema feudal, caracterizada pela ajuda militar dos vassalos ao senhor[898];

---

[893] CHARLES HARPUM, STUART BRIDGE e MARTIN DIXON, *Megarry and Wade: the Law of Real Property*, 7ª edição, Sweet and Maxwell, Londres, 2008, 23; TIFFANY, *The Law of Real Property*, Vol. I, cit., 17; JOSHUA WILLIAMS e CYPRIAN WILLIAMS, *Principles of the Law of Real Property*, cit., 46: as reformas introduzidas no reinado de *Henry II*, em especial no que respeita às ações reais, contribuíram para clarificar o conteúdo das diversas modalidades de *tenures*.
[894] WILLIAM SEARLE HOLDSWORTH, *An Historical Introduction to the Land Law*, OUP, Oxford, 1927, 22.
[895] À *free tenure* contrapunha-se a *villein tenure*, que tinha como sujeito passivo da relação os camponeses que cultivavam a terra do senhor, cfr., WILLIAM J. ASHLEY, *The Character of Villein Tenure*, 1 Ann Amer Acad Polit Soc Sci, 1891, 412-425.
[896] *Littleton's Tenures in English*, cit.: obra clássica e incontornável; *Blackstone's Commentaries*, Vol. II, cit., 49 ss.; POLLOCK e MAITLAND, *The History*, Vol. I, cit., 232-296; HOLDSWORTH, *An Historical Introduction*, cit., 23-29 e *A History of English Law*, Vol. III, cit., 34-72; HARRY A. BIGELOW, *Rights in Land*, West Publishing, St. Paul, 1919, 1-16; ALFRED W. B. SIMPSON, *A History of the Land Law*, Clarendon Press, Oxford, 1986, 6-15; TIFFANY, *The Law of Real Property*, Vol. I, cit., 17.
[897] FREDERIC WILLIAM MAITLAND, *Frankalmoign in the Twelfth and Thirteenth Centuries* in *Collected Papers*, Vol. II, cit., 205-222 e DAVID POSTLES, *Gifts in Frankalmoign, Warranty of Land, and Feudal Society*, 50 CLJ, 1991, 330-340.
[898] JOHN H. ROUND, *The Introduction of Knight Service into England*, 6 EHR, 1891, 417-443, 625--645 e 7 EHR, 1892, 11-24 e SALLY HARVEY, *The Knight and the Knight's Fee in England*, 49 P & P, 1970, 3-43.

– *Serjeanty*: à letra a expressão significa serviço; a terra era transmitida e, em contrapartida, o *tenant* ficava obrigado a cumprir um específico serviço; a figura surge, numa primeira fase, associada à Casa Real[899];
– *Socage*: engloba todas as outras relações; a contrapartida pela utilização da terra podia consistir no pagamento de uma renda ou em ocasionais serviços agrícolas[900].

A transmissão da posição jurídica, denominada *feoffment*, estava dependente do preenchimento de dois elementos: (1) real intenção de transmitir a terra[901]; e (2) cumprimento de um conjunto de formalidades que, por vezes, assumia proporções típicas de uma cerimónia formal[902].

Em termos temporais, a posse podia ser transmitida em vida: não se estendendo, deste modo, aos herdeiros do vassalo; *in tail*: os descendentes diretos do vassalo passavam a ocupar a posição jurídica do *de cujus*; ou *in fee simple*: no caso de o vassalo não ter descendência direta, a posição jurídica era transmitida ao familiar mais próximo, de acordo com as regras sucessórias então vigentes. Este interesse temporal era denominado de *estates*[903].

Finalmente, cumpre referir dois específicos direitos ou poderes que os senhores detinham sobre os seus vassalos: (1) *wardship*: o direito a adminis-

---

[899] ELISABETH G. KIMBALL, *Serjeanty Tenure in Medieval England*, OUP, Oxford, 1936 e NICHOLAS SELLERS, *Tenurial Serjeants*, 14 Am J Legal Hist, 1970, 319-332.

[900] SAMUEL STOLJAR, *Of Socage and Socmen*, 6 J Legal Hist, 1985, 33-48.

[901] BRACTON, Vol. II, cit., 34b, 111: "*A gift in writing is made in these words, "Know all men, present and future, that I, such a one, have given, granted, and by this my present charter confirmed to such one, for his homage and service, so much land with the appurtenances in such vill etc." as below. By saying "I, such one", he indicates the donor and names him specifically in the gift*". BRACTON explica, sucintamente, o sentido exato de todas as palavras usadas.

[902] BRACTON, Vol. II, cit., 39b, 124: "*A gift is not valid unless livery follows, for the thing given is transferred neither by homage nor the drawing of charters and instruments, even though they be read aloud in public... We must first see what livery is. It is the transfer of a corporeal thing, one's own or another's, from one person to a second... In one sense, livery is nothing other than an induction into possession*". As especificidades e formalidades da cerimónia, bem com as suas consequências substantivas, são alvo de uma extensa análise em JOHN HUDSON, *Land, Law, and Lordship in Anglo-Normand England*, Clarendon Press, Oxford, 1994, 157 ss..

[903] *Megarry and Wade*, cit., 23. Sobre o conceito de *estates*, o seu regime, características e diferentes modalidades, vide, em geral, CHARLES SWEET, *Challis's Law of Real Property: Chiefly in Relation to Conveyancing*, 3ª edição, Butterworth, Londres, 1911, 41 ss. e PERCY BORDWELL, *The Common Law Scheme of Estates*, 1933, 425-444 e *The Common-Law Scheme of Estates and the "English Justinian"*, 33 Iowa L Rev, 1948, 449-471.

trar a terra enquanto o herdeiro do vassalo não atingisse a maioridade, em contrapartida o senhor estava obrigado a sustentar e a educar o infante[904]; e (2) *escheated*: no caso do vassalo falecer ou ser condenado por *felony*, conceito que englobava os crimes de maior gravidade, contando-se, entre eles, a alta traição, a terra revertia para o senhor[905].

50. Alienação e consentimento na relação feudal inglesa

I. A conceção do feudalismo como sistema piramidal, alicerçado em diversos níveis de vassalagem, está intrinsecamente ligada à titularidade de direitos de alienação, por muito simples ou condicionais que sejam. No topo da pirâmide encontrava-se o Rei, que transmitia parte dos seus direitos aos grandes senhores do reino, denominados *tenants in chief* ou *tenants in capite*, que, por sua vez, transmitiam parte desses direitos para terceiros, que se tornavam seus vassalos, e assim sucessivamente, constituindo-se, deste modo, uma complexa rede de relações de vassalagem[906]. Este processo, denominado de subvassalagem, ocupava um papel de destaque no sistema feudal, sem o qual o modelo jamais poderia ter sido implementado. Paralelamente à subvassalagem, desenvolveu-se uma outra modalidade de alienação, em que a posição do vassalo era assumida por um terceiro sujeito. Na prática, operava como uma simples cessão da posição feudal, sendo transmitidos todos os direitos e obrigações da posição.

Ambos os tipos de alienação acarretavam consigo, pelo menos em teoria, desvantagens para o senhor. Na cessão feudal, o antigo vassalo, rico, novo e honesto, podia ser substituído por um outro, pobre, velho e desonesto. Já na subvassalagem, apesar de a posição do vassalo ser, por inteiro, assumida por outrem, não era evidente a quem as obrigações poderiam ser exigidas, se ao novo proprietário, se ao vassalo originário. Pense-se no caso clássico em

---

[904] SIMPSON, *A History of the Land* Law, cit., 18.
[905] SIMPSON, *A History of the Land* Law, cit., 18.
[906] JOSHUA WILLIAMS e CYPRIAN WILLIAMS, *Principles of the Law of Real Property*, cit., 44: este processo é confirmado durante os anos formativos do Reino de Inglaterra após a conquista normanda. *William* dividiu a ilha pelos seus mais próximos aliados, que, posteriormente, criaram os seus próprios laços de vassalagem.

que a posição do vassalo, anteriormente ocupada por um corajoso cavaleiro, passe a sê-lo por um piedoso eclesiástico[907].

II. Apesar de a necessidade de, previamente à alienação do direito de propriedade, se obter o consentimento do senhor ser apresentada como um elemento central do sistema feudal[908], não é clara que intensidade prática esta obrigação terá assumido em terras inglesas. BLACKSTONE defende que desde os inícios do século XIII, os vassalos não tinham de procurar a anuência do senhor[909]. Embora esta tese granjeie algum sucesso entre os clássicos ingleses[910], não é, seguramente, uma posição maioritária[911], nem tem, perante os

---

[907] POLLOCK e MAITLAND, *The History*, Vol. I, cit., 330.

[908] FRANÇOIS LOUIS GANSHOF, *Feudalism*, tradução de PHILIP GRIERSON, Medieval Academy of America, Canada, 1996, 145: o autor apresenta o consentimento prévio como uma característica primária do sistema feudal.

[909] *Blackstone's Commentaries*, Vol II, cit., 239 [290]: os *tenant in chief*, por deterem diretamente as terras do monarca, estavam sujeitos a obrigações mais severas.

[910] HENRY SPELMAN, *Reliquiae Spelmannianae: the Posthumous Works of Sir Henry Spelman Kt. Relating to the Laws and Antiquities of England. Published from the Original Manuscripts; with the Life of the Author*, printed at the Theatre for Awnsham and John Churchill, Londres, 1698, 21: a forma como aborda a questão parece indicar que a alienação estava, inicialmente, dependente de prévio consentimento; MARTIN WRIGHT, *An Introduction to the Law of Tenures*, 3ª edição, Mary Owen, Dublin, 1750, 154-167: considera que a liberdade de alienação, sem o consentimento do senhor, data apenas do *Statute of Quia Emptores*, 1290; KENELM EDWARD DIGBY, *An Introduction to the History of the Law of Real Property with Original Authorities*, Clarendon Press, Oxford, 1876, 136: apresenta uma posição algo intermédia; apoiando-se em *Bracton*, defende que apenas a partir deste período terá a obrigação desaparecido; PLUCKNETT, *A Concise History*, cit., 540: considera ser provável que os vassalos estivessem sujeitos a algumas limitações e restrições, embora reconheça que as provas documentais são insuficientes; BAKER, *An Introduction*, cit., 239: centrando-se na dimensão pessoal da relação feudal, não tem dúvidas em apresentar o consentimento do senhor como uma realidade inevitável.

[911] EDWARD COKE, *The Second Part of the Institutes of the Laws of England. Containing the Exposition of Many Ancient and Other Statutes*, E. and R. Brooke, Londres, 1797, 65: o autor considera que, salvo os casos em que a terra era vendida na sua totalidade, não seria necessário obter qualquer tipo de consentimento do senhor, visto a sua posição não ser afetada; POLLOCK e MAITLAND, *The History*, Vol. I, cit., 339: com exceção das restrições impostas pela *Magna Carta*, o regime inglês sempre se caracterizou, no âmbito da subfeudalização, por uma liberdade total. Já no que respeita à substituição parcial, os autores expressam sérias dúvidas; JEFFREY GILBERT, *A Treatise of Tenures, in Two Parts; Containing, I. The Original, Nature, Use and Effect of Feudal or Common Law Tenures. II. Of Customary and Copyhold Tenures, Explaining the Nature and Use of Copyholds, and Their Particular Customs, with Respect to the Duties of the Lords, Stewards, Tenants, Suitors, &c,*

§ 10.º CRESCIMENTO E GENERALIZAÇÃO DOS *USES*

elementos disponíveis, uma correspondência com a realidade fáctica e jurídica da época. Três dados sustentam a nossa orientação: (1) uma total ausência da temática em *Glanvill*; (2) o conteúdo da cláusula 39 da Magna Carta, versão de 1217; e (3) o tratamento dado à matéria em *Bracton*.

Ao longo de todo o tratado de GLANVILL não encontramos qualquer referência à necessidade de obter o consentimento do senhor. Repare-se que, como de seguida iremos verificar, o autor leva a cabo uma análise bastante extensa sobre a necessidade de obter a anuência do primogénito, pelo que dificilmente se pode defender uma falta de interesse do autor por esta área do Direito. Todavia, da conjugação dos dois elementos disponíveis – inexistência de qualquer disposição legal que verse sobre a matéria e extensa dissertação sobre limitações de índole familiar – tanto é possível concluir que o regime estava bem consolidado, pelo que não merecia tratamento, ou que, não existindo qualquer limitação, seria descabido esperar que GLANVILL dissertasse sobre o assunto. Os dados que temos são, até ao momento, claramente insuficientes. Vejamos os outros dois elementos acima referidos.

A cláusula 39 da Magna Carta, versão de 1217, estabelecia[912]:

> *No free man shall henceforth give or sell to anyone more of his land that will leave enough for the full service due form the fief to be rendered to the lord of the fief*[913].

O elemento gramatical fornece-nos importantes pistas. A palavra *henceforth* significa doravante, que mais não é do que a conjugação das palavras

---

3ª edição, printed by Henry Lintot for D. Browne, Londres, 1757, 51: defende que a necessidade de consentimento é uma característica intrínseca do sistema feudal. Acrescenta, todavia, que, em Inglaterra, por influência dos costumes saxónicos, a obrigação foi rapidamente abandonada; THOMAS EDWARD SCRUTTON, *Land in Fetters or The History and Policy of the Laws Restraining the Alienation and Settlement of Land in England*, CUP, Cambridge, 1886, 41: esta característica do sistema feudal nunca chegou a triunfar em terras inglesas; *Report from the Lords Committees Appointed to Search the Journal of the House, Rolls of Parliament and Other Records and Documents, for all Matters Touching the Dignity of a Peer of the Realm*, reimpressão de 1823, 398: o relatório vai mais longe e afirma que esta regra, salvo nas relações feudais estabelecidas entre o monarca e os seus *tenants in chief*, nunca teve aplicação em terras inglesas.

[912] POLLOCK e MAITLAND, *The History*, Vol. I, cit., 339; DIGBY, *An Introduction to the History*, cit., 137.

[913] *Magna Carta, 1217* in *English Historical Documents*, Vol. II, cit., 332-337, 336. O preceito foi objeto de consagração na versão definitiva na Magna Carta, de 1225.

de + ora + avante, estando inegavelmente associada a uma prática futura. O elemento sistemático, se assim o podemos denominar, vem reforçar esta posição. A natureza original da disposição apresenta-se como um aspeto decisivo. Pela primeira vez encontramos um preceito com semelhante dimensão limitativa.

Dois outros pontos devem ser mencionados. Desde logo, o preceito não é acompanhado por qualquer tipo de sanção[914], ao contrário do que se verifica para a violação da norma que proibia a doação de terras à Igreja[915]. Em segundo lugar, a disposição apenas parece ter tido real aplicação para as alienações que envolviam eclesiásticos, muito provavelmente por apenas nestes casos ser facilmente comprovável que a posição do senhor saía enfraquecida[916].

A conjugação deste preceito, a que acresce a omissão de GLANVILL, parece indicar que a sua *ratio* não era a de positivar uma regra há muito conhecida e aplicada, mas sim proteger a frágil posição dos grandes senhores, estancando o crescente clima de liberalização.

III. A prova definitiva de que o sistema feudal inglês se caracterizava, desde os seus primórdios, por um forte clima de liberalização é encontrada em BRACTON. O autor reconhece que, embora a alienação pudesse ser prejudicial para os senhores, em especial nos casos de subfeudalização, os danos causados não são ilícitos.

> We must see whether he to whom a thing has been given may give the thing over without prejudice to the chief lords. It seems clear that he may, for if he makes a gift over, though the chief lord suffers damage thereby no wrong is done him, for not every damage supposes injuria, but conversely, every injuria damage. It would be otherwise if one could say that when the done gives the thing over to others that the lord thereby loses his services, for when ones gives a tenement, he gives a certain tenement in this way, that he receive certain customs and certain service, as was said above, [but] that, with all due respect to chief lords, cannot be said . . . The tenant, though in truth he causes him damage, does no wrongful act to his lord

---

[914] COKE, *The Second Part*, cit., 66.
[915] *Magna Carta, 1217*, cit., *"if anyone for the future shall give his land in this way to any religious house and be convicted thereof, the gift shall be quashed and the land forfeit to the lord of the fee"*.
[916] BEAN, *The Decline of English Feudalism*, cit., 44.

§ 10.º CRESCIMENTO E GENERALIZAÇÃO DOS *USES*

by such gift, since the lord may have [his] relief from his feofee and his heirs, and though he causes him damage it will not be an injuria, for the reason aforesaid[917].

O prévio acordo das partes, no sentido de limitação à livre alienação, apresenta-se como o único e natural obstáculo:

It is eminently true that a done may give the thing and the land given to him to whomsoever he wishes, unless the gift specially provides that he may not[918].

IV. Ao longo do segundo quartel do século XIII, duas interdições foram introduzidas no regime jurídico inglês, o que apenas vem reforçar a posição até aqui defendida. A primeira visava impedir a alienação de bens à Igreja – *Statute of Mortmain* – e a segunda banir, por completo, a prática da subfeudalização – *Statute of Quia Emptore*.

A proibição da transmissão de terras para a Igreja foi positivada em 1279, no *Statute of Mortmain*:

Men of religion should not enter anyone's fees without the licence and will of the chief lords from whom those fees are immediately held . . . no religious or any other person whatever shall presume on pain of forfeiting them to buy, sell, receive from anyone under colour of gift or term of years or any other title whatsoever, or by any other means, art of artifice appropriate to himself lands or tenements, whereby such lands and any into mortmain[919].

O preceito[920], de resto comum a muitos países europeus continentais[921], mereceu um forte apoio da população, em face das desvantagens sociais

---

[917] BRACTON, Vol. II, cit., f. 45b-46, 140-141.

[918] BRACTON, Vol. II, cit., f. 46, 141. Os grandes senhores recorreram a este tipo de cláusula para tentar estancar o esvaziamento dos seus direitos, cfr., SCOTT L. WAUGH, *Non-Alienation Clauses in Thirteenth-Century English Charters*, 17 Albion, 1985, 1-14.

[919] *Statute of Mortmain, November 1279* in *English Historical Documents*, Vol. II, cit., 419-420.

[920] Antes da entrada em vigor do *Statute of Mortmain*, já outras tentativas tinham sido levadas a cabo para pôr termo ao problema: veja-se, a título exemplificativo o, já referido, c. 39 da Magna Carta (número 50/II) ou o c. 14 das *Provisions of Westminster*, 1259: "*It is likewise provided that no man of religion can buy any land without the agreement of the lord, namely that lord who is the nearest except for the mesne [lord]*", cfr., *The Provisions of Westminster, October 1259* in *English Historical Documents*, Vol. II, cit., 370-376, 372.

[921] SANDRA RABAN, *Mortmain in Medieval England*, 62 P & P, 1974, 3-26, 3; França: EDWARD MILLER, *The State and Landed Interests in Thirteenth Century France and England*, 2 TRHS (5ª),

associadas às terras detidas pela Igreja[922]. A venda de propriedades à Igreja era também prejudicial para os senhores, tornando facticamente impossível que viessem a beneficiar de alguns dos seus mais rentáveis direitos feudais: *wardship* e casamento. As obrigações seculares eram substituídas por obrigações espirituais, que podiam ir da simples reza pela salvação do senhor e

---

1952, 109-129, 124-126; Itália: em terras italianas, as primeiras limitações datam dos mandatos imperiais de Valente e Valentiniano, cfr., ANTONIO PERTILE, *Storia del diritto italiano dalla caduta dell'Imperio Romano alla codificazione*, 2ª edição, Vol. IV: *Storia del diritto privato*, Unione Tipografico, Turim, 1893, 386-395. Apesar de, à data da sua promulgação, o Império Romano já estar em fase de decadência, as disposições terão, muito provavelmente, vigorado na Península Ibérica; Império Bizantino: os governantes de Bizâncio foram confrontados com este problema em pleno século X, tendo sido promulgada uma série de documentos legislativos que visavam impedir quer a aquisição de novas propriedades, quer a revogação de alienações anteriores cfr., JOHN PHILIP THOMAS, *Private Religious Foundations in the Byzantine Empire*, Harvard University Press, Cambridge, 1987, 144-145 e ROSEMARY MORRIS, *The Powerful and the Poor in Tenth-century Byzantium: Law and Reality*, 73 P & P, 1976, 3-27, 13. Portugal: o disposto no título XIV no Livro II das Ordenações Afonsinas, datado do reinado de D. Dinis, proibia a aquisição de bens pelo Clero, salvo se devidamente autorizada pelo monarca (cfr., *Ordenações Afonsinas*, Livro II, Gulbenkian, Lisboa, 1984, 174-176), estabelecendo o título seguinte, por nova incorporação de uma Lei de D. Dinis, que as ordens religiosas não poderiam herdar os bens dos seus membros (cfr., cit., 176-183). A proibição manteve-se nas Ordenações Manuelinas (Liv. II, tit. VIII, cfr., *Ordenações Manuelinas*) e nas Ordenações Filipinas (Liv. II, tit. XVIII, cfr., *Ordenações Filipinas*, Livro II e III, Gulbenkian, Lisboa, 1985). Com a instauração da Monarquia Constitucional, o poder de autorização passou para as mãos do poder legislativo, cfr., MANUEL COELHO DA ROCHA, *Instituições de Direito civil portuguez*, 6ª edição, Tomo I, Imprensa da Universidade, Coimbra, 1886, 49. Quanto à evolução histórica da temática; vide MANUEL BORGES CARNEIRO, *Direito civil de Portugal: contendo tres livros: I Das pessoas: II Das cousas: III Das obrigações e acções*, Tomo II: *continuação do Livro I*, Impressão Regia, Lisboa, 1828, 278-300. Tudo indica, porém, que as limitações são anteriores ao reinado de D. Dinis; muito provavelmente anteriores à própria constituição do Reino de Portugal (cfr., PASCOAL JOSÉ DE MELO FREIRE, *História do Direito civil português*, 2ª Parte, tradução de MIGUEL PINTO DE MENESES, in 174 BMJ, 1968, 5-60, 8-9 e 20-25). A matéria manteve-se relativamente inalterada com a entrada em vigor do Código de Seabra, cfr., artigos 35.º-37.º.

[922] CHARLES GROSS, *Mortmain in Medieval Boroughs*, 12 Am Hist Rev, 1907, 733-742, 739-740: o autor apresenta um conjunto de documentos locais e regionais, grande parte deles anteriores ao *Statute of Mortmain*, que visavam proibir a venda de bens ao clero; HELENA M. CHEW, *Mortmain in Medieval London*, 60 EHR, 1945, 1-15, 3: estando a Igreja isenta de pagar as taxas de *murage* – imposto que tinha como propósito a conservação dos edifícios públicos das cidades –, o poder central não teve outra solução senão aumentar as quantias exigidas aos cidadãos laicos. No começo do século XIV, um terço das propriedades da cidade de Londres estava na mão da Igreja.

da sua família à constituição de capelas perpétuas. Acresce que, entrando no portfólio da Igreja, dificilmente as propriedades voltariam a regressar ao embrionário mercado imobiliário[923].

Apesar do misticismo e da fervorosa religiosidade que marca este período da história da Humanidade, as vantagens eram evidentemente inferiores às possibilitadas por uma relação de vassalagem de tipo militar.

Estes obstáculos foram ultrapassados pelo desenvolvimento de um sistema de concessão de licenças, em grande medida concentrada na mão da coroa[924], e pela posterior constituição de *uses*, o que permitia ultrapassar a proibição.

O conteúdo do *Statute of Quia Emptores* resulta de um extraordinário compromisso social. A subvassalagem passa a ser totalmente proibida[925] e, como compensação, a alienação por cessão da posição feudal não só é reconhecida, como lhe são retirados quaisquer obstáculos, desde que, evidentemente, a posição do senhor fosse devidamente acautelada. Ao concordarem com a positivação da livre alienação, os senhores foram recompensados com uma legislação que, pelo menos em teoria, protegia o efetivo gozo dos seus direitos[926]. Repare-se, porém, que esta liberalização não abrangia os *tenants in chief*:

> *Henceforth it is to be lawful for each free man to sell at will his land or tenement or part thereof, so, however, that the feoffee shall hold that land or tenement of the same chief lord and by the same services and customs his feoffor previously held them by. And if he sells some part of those land or tenements of his to anyone, the feoffee shall hold immediately of their chief lord and be charged at once with*

---

[923] SANDRA RABAN, *Mortmain Legislation and the English Church, 1279-1500*, CUP, Cambridge, 1982, 4-2.

[924] THEODORE F. T. PLUCKNETT, *Legislation of Edward I: the Ford Lectures Delivered in the University of Oxford in Hilary Term 1947*, Clarendon Press, Oxford, 1949, 99-100; POLLOCK e MAITLAND, *The History*, Vol. I, cit., 334: as licenças eram facilmente adquiridas e não envolviam especiais burocracias; TIFFANY, *The Law of Real Property*, Vol. I, cit., 26: os grandes senhores estavam dispostos a aceitar a livre alienação, desde que a subfeudalização fosse totalmente proibida.

[925] JOSHUA WILLIAM e CYPRIAN WILLIAMS, *Principles of the Law of Real Property*, cit., 40: a proibição de subfeudalização teve como efeito direto a simplificação das relações feudais que, à época, tinham alcançado uma complexidade considerável.

[926] WILLIAM SEARLE HOLDSWORTH, *A History of English Law*, Vol. III, 3ª edição, Methuen, Londres, 1923, 80.

as much service for that portion as pertains or ought to pertain to the same lord in accordance with the amount of land or tenement sold[927].

Conquanto esteja subentendido que os senhores não poderiam exigir o pagamento de qualquer taxa, a questão foi retomada em 1315, no reinado de *Edward II*, sendo então determinado:

> *It is agreed and asserted by the archbishops, bishops, abbots, prior, earls and barons, and others of the realm, in our lord the king's parliament... that they will henceforth not demand or take any fine from free men to enter land and tenements which are of their fees, provided always that such feoffments are not separated from their services, nor their services withheld*[928].

51. Alienação e consentimento na relação feudal continental

I. A realidade social e jurídica era bastante diferente na Europa continental. Nos finais do século XII, enquanto em Inglaterra não se encontra qualquer costume ou preceito que indique a necessidade de obter o prévio consentimento do senhor, os direitos de alienação eram rigidamente regulados pelos Imperadores do Sacro Império Romano-Germânico. Primeiro por Lotário[929] III e, de seguida, por Frederico, Barba Ruiva[930]:

> *Lotharius... Permultas enim interpellationes ad nos factas comperimus milites sua beneficia passim distrahere: ac ita omnibus exhaustis, suorum seniorum servitia subterfugere... Hortatu itaque et consilio... hac edictali lege in omne ævum Deo propitio valitura decernimus, nemini licere beneficia quæ a suis seniori-*

---

[927] Statute of "Quia emptores" (18 Edw. I) (Stat. Westm. III), 8 July 1290 in *English Historical Documents*, Vol. II, cit., 466.

[928] *The Parliament Rolls of Medieval England 1275-1504*, coordenação geral de CHRIS GIVEN-WILSON, Vol. III: *Edward II, 1307-1327*, coordenação de SEYMOUR PHILLIPS, Boydell Press, Woodbrige, 2005, 74.

[929] Duque da Saxónia, desde 1106, e Rei da Germânia, desde 1125, nasceu no dia 9 de julho do ano de 1074 e faleceu a 4 de dezembro de 1137. Foi coroado Imperador do Sacro Império Romano-Germânico no dia 4 de junho de 1133.

[930] Nascido em 1122, foi Imperador durante 35 anos, desde 18 de junho de 1155, data da sua coroação em Roma, até ao ano da sua morte, a 10 de junho de 1190.

§ 10.º CRESCIMENTO E GENERALIZAÇÃO DOS USES

> *bus habent, sine ipsorum permissione distrahere, vel aliquod commercium adversus tenorem nostræ constitutionis excogitare, per quod imperii vel dominorum minuatur utilitas*[931].

O desrespeito pelo preceito implicava a reversão do título a favor do senhor:

> *Si vasallus contra constitutionem Lotharii regis beneficium alienaverit: si totum, perdat totum: si partem, partem perdat, et ad dominum revertatur*[932].

Também Barba Ruiva, após ouvir semelhantes queixas, decretou a nulidade de toda e qualquer alienação que não merecesse o prévio consentimento do senhor:

> *[H]ac edictali Deo propitio perpetuo valitura lege sancimus, ut nulli liceat feudum totum vel partem aliquam vendere vel pignorare, vel quocunque modo distrahere seu alienare, vel pro anima judicare, sine permissione illios domini ad quem feudum spectare dignoscitur. Unde Imperator Lotharius tantum in futurum præcavens ne fieret, legem promulgavit. Nos autem ad pleniorem regni utilitatem providentes, non solum in posterum, sed etiam hujusmodi alienationes illicitas hactenus perpetratas, hac præsenti sanctione cassamus, et in irritum deducimus, nullius temporis præscriptione impediente*[933].

Embora não se negue a importância dos costumes locais na efetiva aplicação das normas imperiais, bem como a relevância da estabilidade governativa e social, os princípios positivados por Lotário e por Barba Ruiva não consubstanciavam simples tentativas de introdução de um novo preceito. O consentimento prévio do senhor representou, pelo contrário, um dos princípios basilares do sistema feudal durante os primeiros séculos do II milénio, sendo a sua vigência reconhecida nos territórios germânicos e lombardos[934],

---

[931] *Libri Feudorum*, 2.52.
[932] *Libri Feudorum*, 2.38.
[933] *Libri Feudorum*, 2.50.
[934] ÉDOUARD SECRETAN, *Essai sur la féodalité: introduction au Droit féodal du Pays de Vaud*, George Bridel, Lausana, 1858, 313.

na região de Vêneto (nordeste de Itália) e na atual Áustria[935], na generalidade das regiões francas[936] e na própria Flandres[937]. Ao consentimento senhorial acresciam, conforme os costumes locais, outras autorizações, como os casos paradigmáticos dos herdeiros do titular do feudo[938] ou das rudimentares organizações municipais[939].

II. No segundo quartel do século XIII, as diferenças são ainda mais evidentes. Enquanto que BRACTON negava qualquer necessidade de consentimento, em França repetiam-se as autorizações e as confiscações de alienações não autorizadas, mesmo no ducado inglês da Normandia[940]:

> Eu, *Thibaud* [I], por graça de Deus, Rei de Navarra e Conde palatino de Champagne e Brie, faço saber a todos aqueles que examinarem esta carta que, tendo o meu leal e fiel *Simon* [IV] de Clefmont vendido ao meu leal e fiel *Simon de* Châteauvillian todas as suas possessões em Coupray e nos arredores da povoação – o que não poderia ter feito sem o meu consentimento e aprovação –, decido confiscá-las e colocá-las sob o meu direto controlo (1234)[941].

---

[935] JOSEF P. VON HEINKE, *Grundlinien des in den österreichischen Staaten bestehenden Lehenverhältnisses* traduzido por CASIMIRO BOSIO, com o título *Manuale di Gius feudale comune ed austriaco di Heinke: un estratto del Codice Feudale Veneto, ed una raccolta dei decreti italici ed austriaci in materia di feudi*, Vedova Gattei, Veneza, 1843, 138.

[936] CLAUDE DE FERRIERE, *Traité des fiefs suivant les coutumes de France, et l'usage des provinces de Droit écrit*, Jean Cochart, Paris, 1653, 9 e 42: utiliza a expressão *"na generalidade"* propositadamente, as especificidades costumeiras locais tinham um enorme impacto no Direito aplicável, estendendo-se, evidentemente, ao conteúdo das posições jurídicas – direitos e obrigações – das diversas partes. HENRI DUBLED, *Noblesse et féodalité en Alsace du XIe au XIIIe siècle*, 28 Tijds Rgeschied, 1960, 129-180, 154: em algumas regiões francesas, chegou a exigir-se, em pleno século XIII, para além do consentimento do senhor, o consentimento dos seus herdeiros.

[937] LOUIS F. J. LAFERRIÈRE, *Histoire du Droit français précédée d'une introduction sur le Droit civil de Rome*, Tomo VI: *Coutumes de France dans les diverses provinces*, Cotillon, Paris, 1858, 11.

[938] DUBLED, *Noblesse et Féodalité en Alsace*, cit., 154.

[939] HEINKE, *Grundlinien des in den österreichischen Staaten*, cit., 138.

[940] PLUCKNETT, *A Concise History*, cit., 540.

[941] THEODORE EVERGATES, *Feudal Society in Medieval France: Documents from the County of Champagne*, University of Pennsylvania Press, Filadélfia, 1993, 9. Tradução nossa, do inglês. A versão original, a que não tivemos acesso, pode ser consultada no Cartório dos Condes de Champagne no. 7, vol. 3, fols. 238v-239r.

§ 10.º CRESCIMENTO E GENERALIZAÇÃO DOS *USES*

Eu, *Gautier* [IV], conde de Brienne, faço saber a todos, presentes e futuros, que autorizei *Clarembaud* [V] *Seigneur* de Chappes a vender três a quatro centenas de acres das suas possessões em Dosches, que possui em meu nome, aos monges de Larrivour ou, caso o consiga, a um secular (1229)[942].

III. Gradualmente, e de forma mais visível a partir do século XIV, o consentimento do senhor deixou de representar uma causa de validade da alienação do feudo[943]. A perda desta prerrogativa foi substituída por uma série de direitos, com um claro objetivo compensatório, entre os quais se destaca o *retrait féodal*.

O direito de *retrait*, amplamente divulgado durante a época medieval[944], consubstanciava um simples direito de preferência que podia assumir três modalidades: (1) *retrait lignager*: direito de preferência detido pelos familiares do alienante – que retomaremos mais à frente; (2) *retrait seigneurial* ou *féodal*: direito de preferência sobre todas as terras dos seus vassalos, direito inerente à posição jurídica dos senhores; e (3) *retrait conventionnel*: direito de preferência convencional[945].

Em termos gerais, a figura englobava um dever de informação: o vassalo deveria informar o seu senhor das propostas de aquisição apresentadas por

---

[942] EVERGATES, *Feudal Society*, cit., 78. Tradução nossa, do inglês. A versão original, a que não tivemos acesso, pode ser consultada no Cartório de Larrivour, fol. 15r, no. 20.

[943] SECRETAN, *Essai sur la féodalité*, cit., 337.

[944] As origens da figura parecem remontar ao Direito germânico antigo, cfr., CLOVIS DROUET, *Essai sur les retraits de Droits litigieux, successoral, lignager et féodal*, Imprimerie Lacour, Paris, 1854, 46; ANTÓNIO MENEZES CORDEIRO, *Tratado de Direito civil português*, II: *Direito das obrigações*. Tomo II, Almedina, Coimbra, 2010, 467. Embora reconhecendo as origens medievais do direito de preferência, diversos autores chamam a atenção para uma possível influência romanística: DROUET, *Essai sur les retraits*, cit., 46: identifica algumas semelhanças com a enfiteuse; MENEZES CORDEIRO, *Tratado*, II/II, cit., 463-464: para além da preferência na enfiteuse, o autor refere a preferência na venda executiva e um outro tipo de preferência para o caso de ser apresentada uma proposta mais favorável. Esta última modalidade congrega, por um lado, um direito semelhante à venda a retro e, por outro, um subsequente dever de informar o primeiro comprador, possibilitando-o superar o valor da nova oferta. A conjugação da venda a retro e do pacto de preferência está, de resto, em consonância com as fontes justinianeias, cfr., D. 18.2.7: "*Licet autem venditori meliore allata condicione addicere posteriori, nisi prior paratus sit plus adicere*" e D. 18.2.8: "*Necesse autem habebit venditor meliore condicione allata priorem emptorem certiorem facere, ut, si quid alius adicit, ipse quoque adicere possit*".

[945] ROBERT J. POTHIER, *Le traité de retraits* in *Traités sur différentes matières de Droit civil, appliquées a l'usage du barreau; et de jurisprudence françoise*, Tomo I, Jean Debure, Paris, 1773, 707-905, 707.

terceiros; e um direito de preferência: o senhor poderia, se assim o entendesse, cobrir a proposta apresentada. Esta solução representa um compromisso entre os diversos interesses: por um lado, possibilitava-se, ao vassalo, alienar a sua posição e, por outro, garantia-se, ao senhor, um controlo direto sobre os sujeitos que iriam ocupar as "suas" terras[946].

O direito de *retrait féodal*, não previsto, por razões óbvias, no *Libri Feudorum*, conheceu enorme expansão em terras francesas, como, de resto, a sua terminologia o indicia[947]. O conteúdo geral do direito, comum a todo o reino[948] – apenas foi abolido em 1790, depois da revolução francesa[949] –, assumia muitas vezes características próprias, por influência dos costumes locais[950].

---

[946] LOUIS F. J. LAFERRIÈRE, *Histoire du Droit Français*, Tomo I, Joubert, Paris, 1837, 147-148.
[947] CLAUDE POCQUET DE LIVONNIÈRE, *Traité des fiefs*, Jean-Baptiste Coignard, Paris, 1729, 407: avança a hipótese de o direito ser anterior à própria elaboração do *Libri Feudorum*; *Recueil général des anciennes lois françaises, depuis l'an 420 jusqu'à la révolution de 1789*, Vol. II : 1270-1308, editado por ATHANASE J. L. JOURDAN, FRANÇOIS A. I. DECRUSY e ALPHONSE H. T. ISAMBERT, Berlin-Le--Preieur, Paris, sem data, 556, n. 4 : remetem o surgimento do direito para as últimas décadas do I milénio, antes mesmo da subida ao poder de Hugo Capeto.
[948] JEAN-BAPTISTE LOUIS HARCHER, *Traité des fiefs sur la coutume de Poitou*, Tomo I, J. Felix Faulcon, Poitiers, 1762, 238: a proteção e a eficácia do direito estiveram sempre na mente dos monarcas franceses; o direito de *retrait féodale* foi protegido e mesmo estimulado em diversos reinados.
[949] *Table générale du corps du Droit français ou recueil complet des lois, décrets, arrêtés, ordonnances, sénatus-consultes, réglemens, avis du Conseil d'État, instructions ministérielles, de 1789 a 1824*, editado por C.-M. GALISSET, Bureau du Corps du Droit Français, Paris, 1833, 909.
[950] Ilha de França: de acordo com o artigo 20.º do *La Coutume de Paris* – pela primeira vez codificado no ano de 1510 – o senhor tinha 20 dias para exercer o seu direito após a comunicação; no caso de a alienação não ter sido comunicada, o direito extinguir-se-ia passados 30 anos sobre a conclusão do contrato, cfr., FRANÇOIS BOURJON, *Le Droit commun de la France, et la Coutume de Paris réduits en principes, tirés des loix, des ordonnances, des arrêtes, des jurisconsultes & des auteurs, & mis dans l'ordre d'un commentaire complet & méthodique sur cette Coutume: contenant, dans cet ordre, les usages du châtelet sur les liquidations, les comptes, les partages, les substitutions, les dîmes, & toutes autres matières*, nova edição, consideravelmente aumentada, Tomo I, Gangé, Paris, 1770, 227 ss. e *Code des terriers, ou principes sur les matières féodales, avec le recueil des règlements sur cette matière. Ouvrage utile à tous seigneurs de fiefs, notaires, commissaires à terriers, & commis de domaines*, Prault pere, & Vallat-Lachapelle, Paris, 1756, 52-53; Ducado de Orleães: ROBERT J. POTHIER, *Coutumes des duché, bailliage et prévôté d'Orléans, et ressort d'iceux. Avec une introduction générale auxdites coutumes, & des introductions particulières à la tête de chaque titre, corrigées & augmentées, dans lesquelles les principes des matières contenues dans le titre, sont exposés & développés*, Tomo I, Freres Debure, Paris, 1776, 221: o senhor tinha 40 dias para exercer o seu direito

O direito de *retrait féodale* disseminou-se por todas as terras europeias, com exceção do Reino de Inglaterra, onde a sua presença não é suportada por qualquer documento, diploma legislativo ou simples costume[951].

52. A alienação de terra e as limitações familiares e testamentárias em Inglaterra

I. Ao contrário do verificado no âmbito das limitações feudais, em que *Glanvill* é totalmente omisso, o tratado é bastante profícuo na parte dedicada à proteção dos interesses dos familiares, em especial no que respeita à posição do morgado. Fundado em conceções arcaicas do direito de propriedade, enquanto pertença de uma família ou de uma comunidade, o que poderá demonstrar alguma influência germânica no Direito da terra inglês nas primeiras décadas que se seguiram à invasão normanda, GLANVILL distingue a capacidade de alienação consoante a origem dos objetos transmitidos, sendo o direito de alienação dos bens herdados bastante mais limitado se comparado com o direito de alienação nos bens adquiridos pelo próprio, em vida. Perante a extensão do regime, optámos por apresentá-lo de forma esquematizada:

– a doação de terras é permitida livremente, desde que inserida em dotes ou como recompensa por serviços prestados[952];
– as doações no leito da morte são totalmente proibidas[953];

---

[951] BLOCH, *La société féodale*, cit., 208. Embora o Direito inglês medieval não reconhecesse um direito geral de *retrait féodale*, a figura era parte integrante do Direito costumeiro de alguns *boroughs*, i.e., divisões administrativas urbanas. Esta hipótese, já reconhecida por POLLOCK e MAITLAND, cfr., *The History*, Vol. I, cit., 648, foi alvo de enorme aprofundamento por MORLEY DE WOLF HEMMEON, *Burgage Tenure in Mediaeval England*, Harvard University Press, Cambridge, 1914, 52 ss.: o direito era reconhecido em Northampton, Whitby, Exeter e Walsall e, possivelmente, em Norwich.
[952] GLANVILL, cit., Livro VII, I, 69: "*Every free man who has land can give a certain part of his land with his daughter, or with any other woman, as a marriage-portion, whether he has an heir or not, and whether the heir if he as one is willing or not, and even if he is opposed to it and protests. For he can give a certain part of his free tenement to whom he pleases in recompense for his service, or to a religious place as alms*".
[953] GLANVILL, cit., Livro VII, 1, 70: "*Now, although the general rule is that any person is allowed to give freely in his lifetime a reasonable part of his land to whom he pleases, this liberty has not hitherto been extended to those about to die, because there might be an extravagant distribution of the inheritance*".

– os bens herdados apenas podem ser doados aos filhos com o consentimento do primogénito[954];
– a doação de bens herdados a filhos bastardos é totalmente proibida[955];
– apenas parte dos bens adquiridos em vida podem ser doados aos filhos não primogénitos[956].

II. Por razões pouco claras, e num relativamente curto espaço de tempo, a regra que impunha o consentimento prévio do morgado foi abolida, não restando qualquer vestígio da sua existência poucas décadas sobre a elaboração do primeiro tratado inglês. Note-se que *Bracton* é totalmente omisso quanto à questão, tanto numa perspetiva positiva – em nenhum momento descreve ou comenta a sua existência –, como numa perspetiva negativa – não menciona a sua revogação ou, sequer, o desaparecimento do costume[957]. Esta inegável realidade tem sido apresentada como um reflexo da institucionalização de um regime geral que acautelava a posição sucessória do primogénito, o que poderá ter tornado a solução de GLANVILL obsoleta e desnecessária[958].

Das diversas inovações jurídicas introduzidas pelos normandos conta-se o conceito de hereditariedade, não existindo qualquer prova ou documentação que ateste o conhecimento e domínio do conceito pelos povos anglo-saxões[959]. Paralelamente a este conceito, desenvolveu-se o princípio

---

[954] GLANVILL, cit., Livro VII, 1, 70: "*However, if he has several legitimate sons, he can hardly give any part of the inheritance to a younger son without the heir's consent; for, if this were allowed, the disinheritance of eldest sons would often occur, because of the greater affection which fathers tend to have for younger sons*".
[955] GLANVILL, cit., Livro VII, 1, 70-71: "*Can a man who has a son and heir give part of his inheritance to his bastard son? If he can, then the bastard son will be better off in this smatter than the legitimate younger son; notwithstanding this, he can do so*".
[956] GLANVILL, cit., Livro VII, 1, 71: "*If he has only acquired land, and wishes to give part of his land, then he can do so; but he cannot give all his acquired land, because he must not disinherit his son*".
[957] HOLDSWORTH, *A History of English Law*, Vol. III, cit., 75.
[958] POLLOCK e MAITLAND, *The History*, Vol. II, cit., 309; PLUCKNETT, *A Concise History*, cit., 540; MICHAEL M. SHEEHAN, *The Will in Medieval England: from the Conversion of the Anglo-Saxons to the End of the Thirteenth Century*, Pontifical Institute of Mediaeval Studies, Toronto, 1963, 269.
[959] A doutrina discute se o conceito foi introduzido imediatamente após a conquista ou se a sua implementação foi posterior. POLLOCK e MAITLAND, *The History*, Vol. II, cit., 314: embora defendendo a sua introdução logo após a conquista, os autores expressam algumas dúvidas. O conceito seria, à época, bastante embrionário. Esta posição vai, de resto, ao encontro dos estudos de JEAN-PIERRE POLY e ERIC BOURNAZEL, *The Feudal Transformation, 900-1200*, traduzido por CAROLINE HIGGITT, Holmer & Meier, Nova Iorque, 1991, 66, que concluem que, no mesmo período, o princípio ainda não estava consolidado em França; PLUCKNETT, *A Concise History*,

§ 10.º CRESCIMENTO E GENERALIZAÇÃO DOS *USES*

de que o primogénito era o herdeiro principal das possessões do seu falecido pai[960].

Cumpre referir que a especial proteção da posição do morgado encontrava-se já consagrada em *Glanvill*, embora sem carácter geral e sujeita, pelo menos em parte, aos costumes locais:

> *If he leaves several sons, then a distinction is made – whether he was a knight or tenant of a military fee, or a free sokeman. For if he was a knight, then, according to the law of the realm of England, the eldest son succeeds to his father in everything, so that none of his brothers can lawfully claim any part thereof. If, however, he was a free sokeman, then, if the socage land was anciently partible, the inheritance will be divided equally among the sons ... if it was not anciently partible, then, according to the custom of some places the eldest will take the whole inheritance, but according to the custom of other places the youngest son is heir*[961].

A regra é desenvolvida e fundamentada em *Bracton*:

> *What was said, that the chief messuages of a military fee admit of division and are divided among co-heirs, is true, unless the chief messuage is the head of an earldom, because of the jus gladii, which must not be partitioned, or the caput of a barony, a castle or other similar edifice. This is so because if the caput were divided into several portions, and several times, the rights of earldoms and baronies would be brought to naught, to the destruction of the realm, since it is of earldoms and baronies that it is said to be constituted*[962].

---

cit., 524: defende, com base num *charter* de *Henry I* datado de 1100, a sua aplicação generalizada já nos finais do século XII: "*If any of my earls, barons or other tenants in chief die, his heir shall not redeem his land as he did in the time of my brother (i.e. William II), but shall take it up with a just and lawful relief. The men of my barons shall likewise take up (relevabunt) their lands from their lords with just ad lawful relief*". Repare-se, porém, num *charter* de *William I* dirigido à cidade de Londres: "*And it is my will that every child shall be his father's heir after his father's death*" (STUBBS, 1066-75. *Charter of William I to the City of London in Selected Charter*, cit., 97); SAMUEL E. THORNE, *English Feudalism and Estates in Land*, CLJ, 1959, 193-209, 196: o autor apresenta esta transmissão como a solução mais viável para garantir que as obrigações assumidas pelos vassalos fossem cumpridas.

[960] PERCEVAL M. LAURENCE, *The Law and Custom of Primogeniture*, J. Hall and Son, Cambridge, 1878.
[961] GLANVILL, cit., Livro VII, 3, 75.
[962] BRACTON, Vol. II, cit., f.76b, 222.

Em causa estava a continuidade das casas senhoriais e, em última análise, a própria unidade da coroa inglesa[963]. O preceito foi transcrito na sua totalidade em FLETA[964].

Finalmente, em BRITTON, a problemática é de novo apresentada em moldes idênticos[965]:

- consubstanciando a *tenure* um condado ou baronato, as terras que lhe estavam associadas não poderiam, em caso algum, ser divididas;
- podendo as propriedades ser divididas, por não se enquadrarem na definição de condado ou baronato, cada um dos herdeiros deveria receber uma parcela idêntica; cabendo, naturalmente, ao primogénito a *capital mansion*;
- caso o *de cujus* deixasse mais do que um condado ou baronato, deveriam ser divididos pelos herdeiros, cabendo ao morgado o direito à primeira escolha.

Duas simples conclusões podem ser retidas: (1) não estando as propriedades sujeitas ao regime da indivisibilidade, os herdeiros não primogénitos seriam agraciados com uma parte dos bens do seu pai[966]; mesmo nas situações residuais abrangidas por esta solução, o grosso da herança seria sempre transmitido para o morgado, salvo se o *de cujus* fosse titular de vários condados ou baronatos; e (2) a única solução para acautelar a posição dos filhos não primogénitos passava, assim, pela transmissão das terras em vida.

III. Uma breve palavra deve ser dita sobre a capacidade testamentária, sob pena de dúvidas restarem quanto à possibilidade de o *de cujus* ultrapassar estas disposições legais.

O primeiro documento que comprova a capacidade de testar, em terras inglesas, data do ano de 1100, tendo sido publicado por ocasião da coroação de *Henry I*:

---

[963] COURTNEY STANHOPE KENNY, *The History of the Law of Primogeniture in England and its Effect upon Landed Property* in *Two Essays on the Law of Primogeniture*, J. Hall & Son, Cambridge, 1878, 24.
[964] *Fleta*, Vol. IV, cit., Livro V, c. 9, 42.
[965] *Britton*, Vol. II, cit., Livro III, 7, 75.
[966] *Britton*, Vol. II, cit., Livro III, 7.1, 75: "*All inheritances do not fall into partition or hotchpot, to be divided among parceners*".

§ 10.º CRESCIMENTO E GENERALIZAÇÃO DOS USES

Et si quis baronum vel hominum meorum infirmabitur, sicut ipse dabit vel dare disponet pecuniam suam, ita datam esse concedo. Quod si ipse, praeventus vel armir vel infirmitate, pecuniam suam non dederit vel dare disposuerit, uxor sua sive liberi aut parentes, aut legitimi homines ejus, eam pro anima ejus dividant, sicut ei melius visum fuerit[967].

A capacidade testamentária surge em *Glanvill* já como um direito estabelecido:

> *For every free man of full age who is not burdened with debts may, when seriously ill, make a reasonable division of his chattels... A woman of full capacity may make a testament; but if she is in the power of her husband she may not, without are husband authority, dispose of chattels*[968].

Esta disposição inclui toda a informação de que necessitamos e contém todos os direitos e limitações inerentes ao instituto do testamento. A primeira parte do primeiro parágrafo e o segundo parágrafo estabelecem o que podemos denominar de limitações da natureza pessoal: apenas os homens livres e maiores de idade e as mulheres não casadas podiam testar livremente. As limitações em razão do objeto testado são elencadas na segunda metade do primeiro parágrafo: *"reasonable division of his chattel."* Ora, a expressão *chattel* era utilizada para identificar todos os bens móveis. O legislador, deliberadamente, optou por limitar a capacidade testamentária aos bens móveis. Na prática, no caso de os bens imóveis serem indivisíveis, toda a herança era transmitida para o primogénito.

O respeito por este preceito era não só garantido pela sua positivação, como pelo princípio estruturante do Direito inglês, que está na base do *assize*

---

[967] STUBBS, *Charter of Liberties Issued by Henry I* in *Selected Charters*, cit., 116-119, 118.
[968] GLANVILL, cit., Livro VII, 5, 79-80: *"Yet it would be truly kind and creditable in a husband were he to allow his wife a reasonable division, namely up to that third part of his chattels... many husbands in fact do this, which is much to their credit".* A regra mantém-se relativamente inalterada em BRACTON, cfr., Vol. II, f. 60b, 178ss.. Todavia, o jurista de *Henry II* positivou uma capacidade testamentária limitada da mulher no âmbito dos seus bens pessoais: *"Nevertheless, because it is only proper, she is sometimes permitted to dispose by will of that reasonable part she would have had if she had survived her husband, especially things given and granted her for personal adornment, as robes and jewels, which may be said to be her own".*

of novel disseisin e do *assize of mort d'ancestor*, segundo o qual o herdeiro pode sempre recorrer aos tribunais[969].

Acresce que as limitações testamentárias em relação aos bens imóveis não se estendiam aos casos em que o *de cujus* não fosse, formalmente, o titular do direito de propriedade, mas apenas titular de um direito real menor ou de direitos obrigacionais, englobando esta última categoria a posição jurídica ativa do *cestui que use*[970]. A prática mais comum consistia na constituição de um *use* em vida, remetendo-se, todavia, a nomeação dos beneficiários abrangidos para o momento da abertura da sucessão, o que permitia ao proprietário original beneficiar da terra em vida e passá-la para quem entendesse em morte[971].

53. A alienação de terras e as limitações familiares e testamentárias na Europa continental

I. Mais importante do que analisar o regime da alienação de terras e os direitos sucessórios interessa-nos, neste curto ponto, dissecar o direito de preferência sanguíneo, denominado direito de *retrait lignager*[972], que se disseminou por todos os reinos europeus – recorrendo aos escritos de BLOCH: da Suécia a Itália[973] –, com exceção, evidentemente, do Reino de Inglaterra[974].

---

[969] SHEEHAN, *The Will in Medieval England*, cit., 273.

[970] CHAS. W. TURNER, *Uses Before the Statute of Uses*, 3 Va L Rev, 1916, 439-444, 441; PLUCKNETT, *A Concise History*, cit., 582; *The Paston Letters 1422-1509 A.D.*, Vol. II, editado por JAMES GAIRDNER, Archibald Constable, Londres, 1900, 555. A.D. 1466, 16 Sept. Will of Angnes Paston, 285-286: "*I, Agnes Paston... make and ordeyne my last will in all the maners, londes, tenements, rentes, services, mesuages, and places, that ony person or persones bene seased of to myn use and beholf... praying and desiring al the personez so feffed to myn use, after this my will, writtyn and inceled under my seale, be shewed unto them, that they wol make astate to the persones limited in my seid will according*"; MAITLAND, *Equity*, cit., 26: considera ser esta a razão principal para o seu desenvolvimento; NORTHRUP, *An Elementary Treatise*, cit., 280: segue a posição defendida por MAITLAND.

[971] TIFFANY, *The Law of Real Property*, Vol. I, cit., 342-343; NEIL G. JONES, *The Use Upon a Use in Equity Revisited*, 33 Cambrian L Rev, 2002, 67-80, 67.

[972] Conhecido globalmente pela sua terminologia francesa, o direito era denominado em terras germânicas por *Losungsrecht*, *Vorkaufsrecht* ou *Näherrecht*, nos Países Baixos por *recht van naasting* e em terras polacas por *prawo retaktu*, cfr., MICHAEL BUSH, *Noble Privilege*, Manchester University Press, Manchester, 1983, 167.

[973] *La société féodale*, cit., 133.

[974] De modo análogo ao verificado para o *retrait féodal*, a figura era reconhecida pelo Direito local de alguns *boroughs*. Salvo estas pequenas exceções, o Direito inglês desconhecia, em

§ 10.º CRESCIMENTO E GENERALIZAÇÃO DOS USES

Apesar das suas origens antiquíssimas[975] – o direito de preferência dos familiares é reconhecido no Antigo Testamento[976] em, pelo menos, duas passagens: no Levítico, sobre bens imóveis[977], e no Livro de Rute, sobre as mulheres[978] –, o direito de *retrait lignager*, cujas raízes nos remetem para o Direito germânico antigo e para uma putativa necessidade de obter o consentimento dos familiares mais próximos, previamente à alienação de bens imóveis[979], parece ser fruto das especificidades medievais[980], em especial das singularidades do sistema feudal francês, onde a figura criou raízes mais profundas. Os primeiros documentos que comprovam a existência e a invocação de semelhante direito remontam ao século XI, tendo sido encontrados, precisamente, em terras francesas.[981]

---

absoluto, qualquer direito de preferência de índole familiar, cfr., POLLOCK e MAITLAND, *The History*, Vol. II, cit., 330; PLUCKNETT, *A Concise History*, cit., 744; BAKER, *An Introduction*, cit., 262, nota 14; GANSHOF, *Feudalism*, cit., 149; SAM WORBY, *Law and Kinship in Thirteenth-Century England*, Boydell Press, Woodbridge, 2010, 44: um direito de retorno poderia ser invocado em algumas doações, desde que, evidentemente, preenchida uma série de rígidos requisitos. JACK GOODY, *The Development of the Family and Marriage in Europe*, CUP, Cambridge, 1983, 123: o autor defende a vigência do direito, por influência escandinava, durante um curto período; data o abandono da prática no século XIII.

[975] L. BRAUCHET, *De la propriété familiale dans l'ancien Droit suédois*, 25 NRHDFE, 1901, 5-44, 6: o surgimento deste direito de preferência é indissociável da liberalização do direito de alienação familiar.

[976] Semelhante direito era reconhecido pelo Direito judeu antigo, cfr., GOODY, *The Development of the Family*, cit., 123.

[977] Lv. 25, 25: "Se um dos teus irmãos cai na miséria e precisa de vender algo do património próprio, o parente mais próximo dele, que tem o direito de resgate, irá ter com ele e resgatará aquilo que o irmão tiver vendido".

[978] Rt. 3, 12-13: "Sei que tenho o direito de resgate, mas há outro parente mais próximo do que eu. Passa a noite aqui. Amanhã cedo vamos procurar o outro. Se ele te quiser resgatar, deixa que te resgate. Se ele não te quiser resgatar, então eu usarei o meu direito de resgate".

[979] GAVIN I. LANGMUIR, *Community and Legal Change in Capetian France*, 6 French Hist Stud, 1970, 275-286, 277: o autor, partindo de uma análise documental, defende uma evolução gradual que se iniciou com uma simples necessidade de obter o consentimento do senhor e evoluiu para um direito de preferência.

[980] POTHIER, *Le traité de retraits*, cit., 708: o ilustre jurista descreve o *retrait lignager* como um direito puramente francês, não descortinando qualquer influência romana.

[981] JAMES RUSSELL MAJOR, *From Renaissance Monarchy to Absolute Monarchy: French Kings, Nobles & Estates*, John Hopkins University Press, Estados Unidos da América, 1994, 89: coloca a sua origem territorial no sudoeste francês; ROBERT CAILLEMER, *Le retrait lignager dans le Droit pro-*

II. A afirmação de que o *retrait lignager* consubstanciava um simples direito de preferência familiar não é correta. A emergência do direito estava também dependente da origem do bem a alienar. O direito de *retrait lignager* apenas poderia ser invocado para as alienações de propriedades que tivessem uma forte ligação à família[982]. Como princípio geral, mesmo os familiares mais próximos não eram titulares de qualquer direito de preferência sobre a venda de bens imóveis adquiridos em vida. Por outro lado, a existência do direito era calculada com base na proximidade entre o seu hipotético titular e o alienante. A extensão do direito variava localmente, estando dependente dos costumes regionais[983]. Em termos conclusivos, podemos assumir que o *retrait lignager* assentava numa dupla proximidade, ambas de índole familiar: à terra e ao alienante.

Não obstante o prazo para iniciar uma ação de *retrait* ser relativamente curto – na maioria dos costumes locais não poderia exceder um ano e um dia – a sua existência representava um claro entrave ao comércio jurídico[984].

54. *Wardship* em Inglaterra

I. Como avançado a título introdutório, o *right of wardship* representava um poder-dever detido por todos os senhores e que consistia, por um lado, na administração da terra enquanto o herdeiro do vassalo não atingisse a maioridade e, por outro, no sustento e educação do infante.

---

vençal, L. Pierro e Fils, Nápoles, 1906, 4: facto comprovado pela existência, nos cartórios de Saint-Père de Chartres e Cluny, de documentos desse período.

[982] POTHIER, *Le traité de retraits*, cit., 707 ss.; CLAUDE-JOSEPH DE FERRIÈRE, *Dictionnaire de Droit et de pratique, contenant l'explication des termes de Droit, d'ordonnances, de coutume & de pratique. Avec les jurisdictions de France*, Tomo II, 13ª edição, Brunet, Paris, 1749, 797; PIERRE TAISAND, *Coutume générale des Pays et Duché de Bourgogne*, Jean Ressayre, Dijon, 1698, 607 ss..

[983] ROLAND E. MOUSNIER, *Les institutions de France sous la monarchie absolue, 1598-1789*, Vol. I: *Société et Etat*, 1974, traduzido por BRIAN PEARCE, sob o título *The Institutions of France under the Absolute Monarchy: Society and the State*, University of Chicago Press, Chicago, 1979, 68: em algumas regiões de França, este direito podia ser invocado por primos em vigésimo grau; 801: alega que a maioria dos costumes locais não estabelecia um limite, podendo o direito ser invocado desde que se demonstrasse a ligação sanguínea.

[984] FERRIÈRE, *Dictionnaire de Droit*, cit., 804.

§ 10.º CRESCIMENTO E GENERALIZAÇÃO DOS *USES*

De modo semelhante ao verificado para tantos outros elementos característicos do feudalismo, o conceito de *wardship* apenas parece ter sido introduzido, em Inglaterra, após a conquista normanda[985].

Os seus aspetos mais relevantes são objeto de algum cuidado em *Glanvill*:

– o poder-dever de *wardship* cessava com a maioridade do herdeiro, que no caso da *Knight Service tenure* era alcançada aos 21 anos[986];
– o poder, embora vastíssimo, não abrangia a alienação das terras[987];
– ao perfazer 21 anos, o senhor deveria entregar todos os bens ao infante, em boas condições e livres de quaisquer dívidas ou encargos[988].

e, posteriormente, aprofundados em *Bracton*:

– no século XIII, a idade para alcançar a maioridade, no caso dos *Knight tenants*, foi aumentada em 1 ano, para os 22[989];
– no caso de não cuidar das possessões do herdeiro com a devida e necessária diligência, o senhor poderia ser responsabilizado pelos danos causados e, em última instância, perder essa prerrogativa[990];

---

[985] POLLOCK e MAITLAND, *The History*, Vol. I, cit., 71: a figura está intimamente ligada ao conceito de hereditariedade; NOËL JAMES MENUGE, *Medieval English Wardship in Romance and Law*, D.S. Breqer, Cambridge, 2001, 1: a documentação existente comprova a sua utilização desde os inícios do século XII; HOLDSWORTH, *A History of English Law*, Vol. II, cit., 75: considera que o conceito era já dominado no período anglo-saxónico. Dá como exemplo o caso do sucessor do bispo *Oswald*, falecido a 29 de fevereiro de 992, que confiou um dos filhos de um dos seus vassalos a outro vassalo. Este caso é citado por MAITLAND in *England before the Conquest* in *Domesday Book and Beyond*, cit., 220-356, 310: "*Hanc terram tennit Sirof de episcopo T.R.E., quo mortuo dedit episcopus filiam eius cum hac terra cuidam suo militi, qui et matrem pasceret et episcopo inde serviret*".
[986] GLANVILL, cit., Livro VII, 9, 82: "*When, however, heirs are clearly minors, then, if they are heirs of military fee, they are kept in the wardship of their lords until they are of full age, that is, until twenty-one in the case of the son and heir of a knight or tenant of a military fee*".
[987] GLANVILL, cit., Livro VII, 9, 82: "*Lords, then, have full custody of the sons and heirs of their men, and of their fees, and may freely dispose of them – for example, by presenting to any churches or by marrying any women fallings into wardship, and by managing any other business as they do their own – but they may not lawfully alienate any of the inheritance permanently*".
[988] GLANVILL, cit., Livro VII, 9, 83: "*Guardians must restore inheritances to heirs in good conditions and free of debts, in proportion to the duration of the wardship and the size of the inheritance*".
[989] BRACTON, Vol. II, cit., f. 86b, 250: "*If the fee is a military fee, the heir will be full age when he has completed his twenty-first year and reached his twenty-second*".
[990] BRACTON, Vol. II, cit., f. 87, 252: "*He shall take nothing from the heir's land while he is under age except rightful issues, rightful customs and rightful services, and this without destruction and waste of*

– quando alcançada a maioridade, as terras não deveriam ser entregues ao herdeiro em pior situação do que se encontrava à data em que a tutela fora assumida[991].

O *wardship* era, assim, composto por dois elementos distintos: a administração das terras e a tutela dos herdeiros. A dimensão financeira ou pecuniária apresentava-se, em ambas as vertentes, como o aspeto mais relevante[992]. Na perspetiva da administração das terras, os senhores tinham o direito a arrecadar os lucros provenientes de rendas, taxas ou outros tipos de rendimentos, bem como o direito de ceder a sua posição a terceiros, a troco de vantagens monetárias ou políticas[993]. Já no que respeita aos poderes diretos sobre os herdeiros, aspeto que, no fundo, assumia contornos de um dever de educação, aos senhores era-lhes atribuído o direito a decidir sobre toda e qualquer questão de índole matrimonial[994]. Também neste ponto, a ascen-

---

men or things. If he commits such acts, whether a prohibition has issued or not he shall lose the wardship and make good the damage, and because of the wrongdoing let the land be handed over to two lawful and honest men, or the nearer kinsmen. . .". Esta disposição é retirada do c. 4 da Magna Carta, presente em todas as suas versões. Esta preocupação volta a ser mencionada nos *Statutes of Gloucester* (1278), c. 5 e nos *Statutes of Westminster II* (1285), c. 14.

[991] BRACTON, Vol. II, cit., f. 87, 252: "*So long as the guardian has the wardship of the land let him maintain the houses, parks, game preserves, ponds, mills and all the things belonging to that land out of the issues of the same, and restore to the heir, when he comes to full age, all his land stocked with plough teams and all other things, at least no less well stocked that he found it*". Esta disposição é retirada do c. 5 da Magna Carta, em todas as suas versões.

[992] CONOR MCCARTHY, *Marriage in Medieval England: Law, Literature and Practice*, Boydell Press, Woodbrige, 2004, 66: este poder-dever passa a assumir um carácter tributário, não tendo os senhores qualquer pudor em usá-lo proficuamente.

[993] O próprio Rei tinha por hábito vender a sua posição. Ao longo dos *Calendar Fine Rolls* encontramos centenas de cedências da sua posição. Só entre os dias 2 e 8 de fevereiro de 1350 contabilizámos 8 entradas. A título meramente exemplificativo: "*Grant to Bartholomew de Burgherssh, the elder, and Edward son of Edward le Despenser, of the wardship of all the lands in England and Wales late of Hugh le Despenser, who held in chief, to hold the same, together with all lordships, regalities, liberties and other appurtenances, from 8 february next (including that day) until the full age of the heir, rendering 1000l. yearly in the wardrobe, to wit, 250l. in a month from Easter next, 250l. at St. peters Chains following, 250l. at Martinmas following, and 250l. at the Purification following*", cfr., *Calendar of the Fine Rolls, Preserved in the Public Record Office*, Vol. VI, *Edward III. A.D. 1347-1356*, printed for His Majesty Stationery Office, Londres, 1921, 208.

[994] TIFFANY, *The Law of Real Property*, Vol. I, cit., 23: o autor apresenta os direitos matrimoniais como uma decorrência do *wardship*, o que nos parece bastante plausível.

dência era usada para estabelecer frutuosas alianças políticas ou, simplesmente, para obter vantagens patrimoniais, como o caso paradigmático da venda da mão dos infantes[995]. Gradualmente, a dimensão tutelar do *wardship* perdeu grande parte do seu peso, passando a prevalecer uma visão mais economicista. Na prática, o poder-dever assumiu características muito próprias de um direito tributário[996].

Desde que os titulares fossem minimamente cuidadosos na sua administração, a posição podia ser muito rentável[997]. Não é assim de estranhar que a maior parte dos litígios relacionados com o *wardship* envolvessem diversos senhores que se consideravam legítimos titulares do direito[998].

II. Numa época em que a esperança média de vida, no caso de se sobreviver ao parto e à infância, rondava os quarenta anos[999], a posição dos herdeiros

---

[995] SUE SHERIDAN WALKER, *Free Consent and the Marriage of Feudal Wards in Medieval England*, 8 J Med Hist, 1982, 123-134, 123-125: esta prática era, porém, contrária ao princípio canónico da liberdade matrimonial, podendo mesmo, em última instância, ser anulado pela Igreja; *Britton* proibia os casamentos à força: "*We forbid any lord to force an infant in his ward, male or female, to take wife or husband*" cfr., NICHOLS, *Britton*, cit., Vol. II, cit. Livro III, 3.5, 24; *Statutes of Merton* (20 Hen. III), c. 7: "*If [an] Heir, of what Age soever he be, will not marry at the Request of his Lord, he shall not be compelled thereunto; but when he cometh to full Age, he shall give to his Lord, and pay him as much as any would have given him for the Marriage, before [the Receipt of] his Land; and that whether he will marry himself, or not; for the Marriage of him that is within Age of meer Right pertaineth to the Lord of the Fee*"; *Statutes of Westminster I* (2 Edw. I), c. 22: "*Of Heirs married within Age, without the Consent of their Guardians, afore [that they be past] the Age of Fourteen Years, it shall be done according as it is contained in the Statute of Merton; And of them that shall be married without the consent of their Guardian, after they be past the Age of Fourteen Years, the Guardian shall have the double Value of their Marriage, after the Tenour of the same Act: Moreover, such as have withdrawn their Marriage, shall pay the full Value thereof unto their Guardian fir the Trespass, and nevertheless the King shall have [like Amends] according to the same Act, of him that hath so withdrawn*".
[996] FRATCHER, *Uses of Uses*, cit., 45.
[997] POLLOCK e MAITLAND, *The History*, Vol. I, cit., 339; MENUGE, *Medieval English Wardship*, cit., 3; WALKER, *Free Consent and Marriage*, cit., 124: o direito a decidir com quem os herdeiros deveriam casar era muitas vezes adquirido pelos próprios, em troca de avultadas quantias pecuniárias.
[998] SUE SHERIDAN WALKER, *The Feudal Family and the Common Law Courts: the Pleas Protecting Rights of Wardship and Marriage, c. 1225-1375*, 14 J Med Hist, 1988, 1-31, 15. Note-se que, apesar de em *Bracton* (Vol. II, cit., f. 87-87b, 253-254) serem estabelecidas regras precisas sobre a titularidade do direito de *wardship*, os litígios mantiveram-se numa base constante.
[999] JOEL T. ROSENTHAL, *Old Age in Late Medieval England*, University Pennsylvania Press, Filadélfia, 1996, 173. A esperança média de vida real era bastante inferior, rondando os 30 anos ainda

era de enorme fragilidade. Se acrescentarmos a estes dados as grandes pestes de então e as guerras, inerentes à condição de cavaleiro, a delicadeza da sua posição aumenta exponencialmente. Nos finais do século XIV e inícios do século XV, cerca de 55% dos *tenants* deixavam filhos menores, subindo esta percentagem para 64%, se apenas tivermos em conta a descendência masculina[1000].

A enorme probabilidade de deixar filhos menores, que ficavam à mercê dos senhores, mais preocupados em retirar benefícios próprios do que em educar e proteger os herdeiros ou em administrar as terras entregues aos seus cuidados, impeliu a procura por mecanismos de salvaguarda, tendo-se destacado, com grande naturalidade, os institutos fiduciários[1001]. A posição passiva da relação feudal, bem como as suas desvantagens, ou seja, os direitos e poderes do senhor, eram ultrapassadas quer pela regular substituição dos *feoffees*, quer pela alienação da propriedade a mais do que um sujeito, diminuindo, consequentemente, as possíveis represálias dos senhores[1002].

A constituição de *uses*, que possibilitava evitar as consequências normalmente nocivas da tutela senhorial, eram, evidentemente, muitíssimo prejudiciais para os senhores, resultando numa clara diminuição das suas fontes de rendimento. Não é assim de estranhar que os grandes barões do reino tenham, com a generalização dos *uses*, a partir do século XIV, começado a pressionar os monarcas ingleses com vista à sua proibição. A primeira petição foi dirigida a *Edward III*, no ano de 1339:

> *Also, that remedy shall be ordained in this parliament concerning people who alienate their lands at the moment of death, and cause themselves to be carried from their manors, in order to deprive the chief lords of the wardship of the same by deception*[1003].

---

em meados do século XV, cfr., SHULAMITH SHAHAR, *Growing Old in the Middle Ages*, Routledge, Londres, 2004, 32.
[1000] BIANCALANA, *Medieval Uses*, cit., 135.
[1001] BIANCALANA, *Medieval Uses*, cit., 135.
[1002] NORTHRUP, *An Elementary Treatise*, cit., 287: no caso de um dos *feoffee* falecer, a propriedade não era transmitida para os seus herdeiros, mantendo-se, pelo contrário, na esfera jurídica dos *feoffees* sobreviventes; TIFFANY, *The Law of Real Property*, Vol. I, cit., 342.
[1003] *The Parliament Rolls of Medieval England, 1275-1504*, coordenação geral de CHRIS GIVEN-WILSON, Vol. IV: *Edward III, 1327-1348*, coordenação de CHRIS GIVEN-WILSON, SEYMOUR PHILLIPS e MARK ORMOD, Boydell Press, Londres, 2005, 241.

§ 10.º CRESCIMENTO E GENERALIZAÇÃO DOS *USES*

A situação não melhorou nas décadas seguintes. Uma nova petição foi apresentada, em 1404, a *Henry IV*[1004]. De forma mais clara do que na petição de 1339, é pedido ao monarca a anulação de todas essas alienações, cujo único intento, na opinião dos seus relatores, passava por impedir o gozo efetivo de um conjunto de direitos legalmente consagrados[1005]. A este pedido, o monarca respondeu que, perante a gravidade da questão, iria nomear uma comissão, composta por *Lords* e juízes, com poderes de fiscalização e poderes judiciais, com capacidade de atuar sempre que se demonstrasse a natureza fraudulenta da alienação[1006].

55. *Wardship* na Europa continental

Embora o conceito de *wardship* não seja uma especificidade do sistema feudal inglês, a sua propagação parece ter estado circunscrita às Ilhas Britânicas, à Normandia e a algumas regiões germânicas[1007].

[1004] Filho de *John of Gaunt*, 1.º Duque de Lancaster e neto de *Edward III*, liderou uma revolta contra o seu primo *Richard II*, tendo subido ao trono a 13 de outubro de 1399. Nasceu a 3 de abril de 1366 e faleceu no dia 20 de março de 1413.

[1005] The Parliament Rolls of Medieval England, 1275-1504, coordenação geral de CHRIS GIVEN-WILSON, Vol. VIII: Henry IV, 1399-1413, coordenação de CHRIS GIVEN-WILSON, Boydell Press, Londres, 2005, 316: "*Wardships and marriage. Also, whereas it was ordained and established by a statute made in parliament eta the time of the most noble progenitors of our lord the present king that the lords of the kingdom would not be defrauded, deprived or foreclosed from their wardship or marriage by the alienations, leases, gifts, or grants made or to be made by their tenants who hold land and tenements from them by knight service, by deceit, fraud or collusion to drive them out. Similarly, your commons request that it be ordained and established by a statute to be made in this your present parliament that at the time when any such collusions or frauds are duly proved in the manner specified in the statute of Marlborough, that then the said gifts and enfeoffments shall be annulled, cancelled and held at nought for evermore*" O referido capítulo dos *Statutes of Marlborough* mencionava o direito dos senhores: "*But in such cases, where the Wardships belong to the Guardians of Wards being within Age, and [where the Guardian demand a Wardship which belongeth to the Heir, or as appertaining to their Inheritance,] such Heirs within Age [shall not leese their Inheritance] by the Negligence or Rebellion of their Guardians, as in the case afore rehearsed*".

[1006] The Parliament Rolls of Medieval England, 1275-1504, Vol. VIII, Henry IV, 1399-1413, cit., 316: "*To avoid the dangers and wrongs which may arise in such cases, the king, by authority of parliament, whisehes to assign certain lords, with the justices, to examine the matter dealt with in this petition: whereupon, let the dame lords and justices have the power, by the aforesaid authority, to provide a remedy for such cases, as shall seembest to them according to their wise discretion*".

[1007] FRANCIS PALGRAVE, *The Lord and the Vassal: a Familiar Exposition of the Feudal System in the Middle Ages with Its Causes and Consequences*, John W. Parker, Londres, 1844, 23-24; POLLOCK

Já em terras francesas, o direito não mereceu especial acolhimento. Não é feita qualquer referência à figura nos extensos tratados franceses dedicados ao sistema feudal. A custódia do herdeiro, bem como a gestão das suas terras, ficavam, normalmente, à guarda dos seus familiares mais próximos[1008]. Muitas vezes a função era desempenhada pela mãe e viúva, o que é demonstrativo do papel mais ativo que a mulher ocupava na sociedade feudal francesa, por comparação com a reduzida autoridade da mulher no Reino de Inglaterra[1009].

A delimitação territorial do poder-dever de *wardship* pode ser explicada pela maior importância dos laços familiares e sanguíneos no sistema feudal continental do que no sistema inglês, o que se reflete no desenvolvimento do direito de *retrait lignager*[1010]. Também em Portugal parece ter vigorado semelhante direito[1011].

e MAITLAND, *The History*, Vol. I, cit., 323, nota 1: sublinhando que também na Alemanha se documentaram casos de abusos cometidos pelos senhores.

[1008] ADHÉMAR ESMEIN, *Cours élémentaire d'histoire du Droit français a l'usage des étudiants de première année*, 11ª edição, Librairie de la Société du Recueil Sirey, Paris, 1912, 236.

[1009] O papel central muitas vezes representado pelas rainhas inglesas não deve, todavia, ser ignorado, cfr., JOHN CARMIN PARSONS, *Mothers, Daughters, Marriage, Power: Some Plantagenet Evidence, 1150-1500* in *Medieval Queenship*, coordenação de JOHN CARMIN PARSONS, St. Martin's Press, Nova Iorque, 1993, 63-78. Cumpre, ainda, referir a existência de documentação que comprova a aquisição, pelas viúvas, da posição jurídica do senhor/marido, cfr., SUE SHERIDAN WALKER, *Widow and Ward: the Feudal Law of Child Custody in Medieval England*, 3 Feminist Studies, 1976, 104-116; *Calendar of the Fine Rolls*, Vol. VI, cit., 208: "*Grant to Maud, late wife of Roger Bate, who held in chief, for 40s. which she will pay into the king's wardrobe, of the wardship of two parts of the lands late of Roger, to hold the same, with the issues thereof since his death, until the lawful age of their heir, together with the heir's marriage*".

[1010] SIDNEY PAINTER, *The Family and the Feudal System in Twelfth Century England*, 35 Speculum, 1960, 1-16, 3.

[1011] LUÍS CABRAL DE MONCADA, *A reserva hereditária no Direito peninsular e português*, Vol. II: *Dos séculos VIII a XV*, Coimbra, Coimbra, 1921, 22 ss..

§ 11.º O *STATUTE OF USES*, 1536

56. Enquadramento

I. A instabilidade vivida durante a ruinosa e prolongada Guerra das Rosas, marcada por uma rotatividade entre a Casa de York[1012] e a Casa de Lancaster[1013-1014], resultou numa constituição maciça de *uses*. Estima-se que poucos anos antes da entrada em vigor do diploma (*Statute of Uses*, 1536), cerca de metade das terras em Inglaterra era detida por fiduciários[1015].

[1012] Fundada por *Edmund of Langley*, quarto filho de *Edward III*, elevado a duque de York a 6 de agosto de 1385.
[1013] Fundada por *John of Gaunt*, terceiro filho de *Edward III*, elevado a duque de Lancaster a 13 de novembro de 1362.
[1014] A expressão "A Guerra das Duas Rosas" costuma ser utilizada para identificar o conjunto de guerras dinásticas que opuseram, ao longo do século XV, a Casa de York e a Casa de Lancaster, ambas de origem plantageneta. Durante 30 anos, o trono foi alternando entre os chefes das duas Casas: (1) Casa de Lancaster, *Henry VI* (1422-1461 e 1470-1471); e (2) Casa de York, *Edward IV* (1461-1470 e 1471-1483), *Edward V* (1483) e *Richard III* (1483-1485). Coube a *Henry VII*, o primeiro monarca da casa Tudor, pôr termo às hostilidades, derrotando *Richard III*, em batalha. O nome Guerra das Duas Rosas tem origem nos símbolos das duas Casas. A Casa de Lancaster utilizava uma rosa vermelha e a Casa de York uma rosa branca. Quando *Henry VII* sobe ao poder passa, simbolicamente, a usar as duas rosas sobrepostas, marca que ainda hoje é utilizada pelo soberano britânico.
[1015] COKE, *The First Part*, cit., sect. 464, 272.a; HENRY JOHN STEPHEN, *Stephen's Commentaries on the Laws of England*, 17ª edição, Vol. II: *Law of Property*, totalmente revista e modernizada por EDWARD JENKS, Butterworth, Londres, 1922, 153: também atribui algum impacto à Guerra dos Cem Anos; ARMOUR, *Treatise on the Law of Real Property*, cit., 385: imputa grande importância

Com vimos no parágrafo anterior, a constituição de *uses* tinha um efeito prejudicial direto nos direitos ancestrais dos senhores. Ora, sendo o Rei o maior de todos os senhores feudais, ninguém mais do que o monarca via os seus direitos afetados. Na prática, a constituição de *uses* operava como um boicote, por parte dos seus próprios súbditos, a uma das suas mais rentáveis fontes de rendimento[1016].

II. Instigado pelo grandes senhores e com o intuito de proteger a sua posição, entram em vigor, a partir dos finais do século XIV – ou seja, antes mesmo do início da Guerra das Rosas –, uma série de documentos legislativos que visavam pôr termo ao rápido crescimento do instituto[1017]. O primeiro diploma, datado de 1391, vem no seguimento do *Statute of Mortmain* e não só proibia a constituição de *uses* nos quais a posição de *cestui que use* era ocupada

---

às constantes guerras travadas com o Reino de França ao longo de toda a Alta Idade Média; SANDERS, *An Essay on Uses and Trusts*, cit., 15: o recurso generalizado ao instituto, como forma de fugir às nefastas consequências de tão prolongada disputa, não podiam, obviamente, escapar ao conhecimento do legislador; USHER, *The Significance and Early*, cit., 205. O recurso a mecanismos fiduciários estava de tal forma enraizado que os próprios tribunais presumiam que, não sendo a transmissão do direito acompanhada de uma qualquer contraprestação (*consideration*), as partes pretendiam constituir um *use*, cfr., NORTHRUP, *An Elementary Treatise*, cit., 284; SPENCE, *The Equitable Jurisdiction*, Vol. I, cit., 451 e 439: o autor avança a hipótese de esta norma ser de inspiração justinianeia, I. 2.23.12.

[1016] WILLIAM SEARLE HOLDSWORTH, *The Political Cause which Shaped the Statute of Uses*, 26 Harv L Rev, 1912, 108-127, 108: apresenta as necessidades de tesouraria de *Henry VIII* como o grande motor que impulsionou a elaboração do diploma; IVES, *The Genesis of the Statute of Uses*, cit., 674: nenhuma entidade foi mais prejudicada do que a coroa; YALE, *The Revival of Equitable Estates*, cit., 74; PERCY BORDWELL, *The Conversion of the Use into a Legal Interest*, 21 Iowa L Rev, 1935, 1-49, 9: o *Statute of Uses* visava restaurar os direitos feudais do monarca e, consequentemente, encher os cofres da coroa.

[1017] Os juízes dos tribunais da *Common Law* começaram, pouco tempo antes da entrada em vigor do *Statute of Uses*, a reconhecer parte dos efeitos pretendidos pelas partes, cfr., Year Book, 27 Hen. VIII, f. 8a: "*Et semble que un use suit a l'Common Ley : car un use n'est autre chose forsque un trust, que les feoffors mit in le feoffe sur le feoffment. Et si nous dirromus que nul' use suit a le Common Ley, ensuroit que nul trust sui a le Common Ley, ce qui ne peut estre, car un trust ou confidence est chose qui est fort necessaire entre homme et homme, et au moins nul'Ley prohibe ne restrain home, mes que il peut mettre la confidence a autrui*". A alteração do panorama jurisdicional contribuiu para o aceleramento do processo legislativo. A consolidação desta doutrina deixaria a posição dos grandes senhores e, consequentemente, a posição do Rei, muito mais fragilizada. Na prática, o monarca viu-se obrigado a intervir, cfr., USHER, *The Significance and Early Interpretation*, cit., 207-209.

§ 11.º O STATUTE OF USES, 1536

por um clérigo, como obrigava, no caso de o *use* ter sido constituído num momento anterior à entrada em vigor do diploma, à alienação do direito ou à obtenção da devida e necessária licença[1018]. O segundo diploma, também datado do reinado de *Richard II*[1019], veio decretar que, tendo um sujeito sido condenado pelo crime de alta traição, ser-lhe-iam confiscados, para além dos bens que, formalmente, lhe pertenciam, todos aqueles que, embora registados em nome de outrem, estivessem funcionalmente configurados para satisfazer os seus interesses pessoais[1020].

Este ímpeto reformista foi abandonado por altura das guerras que opuseram a Casa de York à Casa de Lancaster, tendo sido retomado nos finais do século XV, nos reinados de *Richard III*[1021] e de *Henry VII*[1022], mas nem sempre da forma mais eficaz[1023].

[1018] 15.º Richard II, c. 5: "*That [it] is manifestly within the Compass of the said Statute (Mortmain). And moreover it is agreed and assented, That all they that be possessed by Feoffment, or by other Manner, to the Use of Religious People, or other spiritual Persons, of Land and Tenements, Fees, Advowsons, or any Manner other Possessions whatsoever, to amortise them, and whereof the said religious and spiritual Persons take the Profits, that betwixt this and the Feast of St. Michael next coming, they shall cause them to be amortised by the Licence of the King and of the Lords, or else that they shall sell and aliene them to some other Use between this and the said Feast... And that from henceforth no such Purchase be made*".

[1019] Filho de *Edward*, o Príncipe Negro, e neto de *Edward III*, nasceu a 6 de janeiro de 1367 e subiu ao trono com apenas 10 anos. Deposto pelo futuro *Henry IV*, em 1399, faleceu no ano seguinte, no dia 14 de fevereiro de 1400.

[1020] 21.º Richard II, c. 3: "*It is ordained and stablished, That every man, which compasseth or purposeth the Death of the King, or to depose him, or to render up his [Homage or Liege] or he that raiseth People and rideth against the King to make War within his Realm, and of that be duly attainted and judged in the Parliament, shall be judged as a Traitor of high Treason against the Crown; and he for him and his Heirs shall forfeit all the Lands, Tenements and Possessions, Liberties and all other Hereditaments, which he hath or any other hath to his Use, or had the Day of the Treason done, as well in Fee Tail as in Fee Simple, to the King and his Heirs, as well such Lands holden of other as of himself for ever; and also such Possession as other have to his Use*".

[1021] Nascido a 2 de outubro de 1452, ocupou o trono inglês por um breve período de dois anos, de 26 de junho de 1482 a 22 de agosto de 1485. Foi o último monarca da Casa de York e o último Rei da dinastia plantageneta.

[1022] Primeiro monarca inglês da Casa Tudor, subiu ao trono a 22 de agosto de 1485, depois de derrotar *Richard III*, em batalha, tendo, assim, posto termo à Guerra das Rosas. Nasceu a 28 de janeiro de 1457 e reinou até à data da sua morte, a 21 de abril de 1509.

[1023] JOSHUA WILLIAM e CYPRIAN WILLIAMS, *Principles of the Law of Real Property*, cit., 184; 1. Ric. III, c. 1; 4 Henry VII, c. 17; 19 Henry VII, c. 15.

III. *Henry VIII*[1024], em busca de uma definitiva solução para a sua perene situação de tesouraria[1025], apresentou, em 1529, uma nova proposta de Lei no Parlamento[1026]. O diploma tinha dois objetivos muito precisos: (1) simplificar o regime aplicável aos bens imóveis; e (2) proteger a posição dos grandes senhores do reino, com, evidentemente, o Rei à cabeça[1027]:

- todos os direitos de propriedade sobre bens imóveis passavam a ser detidos em *fee simple*;
- a validade dos *uses* estava dependente do seu registo no *Court of Common Pleas*;
- os registos são tornados públicos;

[1024] Segundo filho de *Henry VII*, nasceu a 28 de junho de 1491 e faleceu a 28 de janeiro de 1547. Subiu ao trono com 17 anos, a 21 de abril de 1509, e reinou durante quase 40 anos, até ao dia 28 de janeiro de 1547, data em que faleceu. Foi um dos monarcas mais marcantes de toda a história inglesa, quer por ter fundado a Igreja Anglicana, quer pela atribulada vida matrimonial e social que levou.

[1025] SMITH, *The Statute of Uses*, cit., 47: a coroa estava falida. O recurso a empréstimos era, à época, uma solução que tinha uma impacto muito negativo na imagem do Rei.

[1026] *Letters and Papers, Foreign and Domestic, of the Reign of Henry VIII. Preserved in the Public Record Office, the British Museum, and Elsewhere in England*, Vol. IV, Parte 3, coordenação e catalogação de J. S. BREWER, His Majesty Stationery Office, Londres, 1875, no. 6043, 2693: "*Draft bill for remedying the inconvenience of defective titles to land proposing to enact that from 1 Jan. next all entails be annulled, and all possessions be held in fee simple; that no use be available or of any effect in the law unless recorder in the Court of Common Pleas, and that registers be kept in every shire. The fee for such records to be 2s, and for registering and writing them 1d. for eight line of ten inches long. That after the seller has sealed the deed of gift, and possession is taken, the said deed be openly read upon a holyday next following in the church or churches of the parishes in which the land lies, at such time as most people are present; and so read, the vicar, parish priest, or curate "to fyrme" the said deed, which is then to be registered in the shire town where the said land lies. The mayor or bailiff to affix the seal of the town, or such seal as is appointed, and to charge only 2s. This Act is not to affect the estates of noblemen within the degree of baron, but their lands to remain entailed, and no man is to buy any nobleman's estate, unless the nobleman have first obtained the King's license under his broad seal. Possessions purchased according to the above order shall not be devict, evict, or recovered out of possession of the purchaser in any court. That all land and other possessions, "of which, before this time, recovery hath been had or fine levied upon, and five years past after the fine of recovery, be taken for fee simple. That all persons whose ancestors have peaceably possessed lands, &c. for 40 years, without any claim having been made, shall enjoy the same without any action being admitted against them*".

[1027] WILLIAM SEARLE HOLDSWORTH, *A History of English Law*, Vol. IV, 3ª edição, Methuen, Londres, 1945, 450-453.

§ 11.º O *STATUTE OF USES*, 1536

– a posse da terra por si e pelos seus ascendentes por um período superior a 40 anos passaria a valer como título de propriedade, funcionando, na prática, como a usucapião;
– ninguém poderia comprar terras aos *tenants in chief*, a não ser que obtivesse, previamente, uma licença do Rei.

Apoiada pela *House of Lords*, a proposta não foi aprovada pela *House of Commons*. Depois de reformular o seu conteúdo, *Henry VIII* volta a fazer uma nova tentativa, em 1532. Três anos volvidos, em 1535, o monarca apresenta um extenso relatório no qual são elencados e analisados as desvantagens e os prejuízos inerentes à constituição de *uses*. A versão final do diploma foi aprovada em 1536. O seu conteúdo resulta, em grande medida, de um compromisso entre parte da Câmara dos Comuns e *Henry VIII*[1028].

57. A *ratio* do *Statute of Uses*

I. No extenso preâmbulo que acompanhava o *Statute of Uses*[1029], o legislador britânico apresentou as duas razões principais que estiveram na origem

---

[1028] HOLDSWORTH, *The Political Cause*, cit., 121: a versão final do diploma pode, ainda, ser interpretada como uma vitória dos tribunais da *Common Law*, que viram a extensão dos seus poderes aumentada; PLUCKNETT, *A Concise History*, cit., 586: defende semelhante teoria; IVES, *The Genesis of the Statute of Uses*, cit., 676-677: o autor não concorda com esta visão. Considera que a versão final é mais favorável a *Henry VIII* do que a versão de 1529; acolhe, ainda, com muitas dúvidas, a posição que atribui aos advogados da *Common Law* semelhantes pretensões e influência; JAMES ANTHONY FROUDE, *History of England from the Fall of Wolsey to the Death of Elizabeth*, Vol. II, 2ª edição, John W. Parker and Son, Londres, 1858, 502-504: o conteúdo do diploma pode também ser visto como mais uma vitória da rebelião popular – *Pilgrame of Grace* – que marcou esse período da história britânica, cit., 35: o documento passou graças à grande força do monarca, contra um parlamento extremamente relutante; NORTHRUP, *An Elementary Treatise*, cit., 289: o autor segue um raciocínio bastante lógico: (1) o *use* tinha como objetivo contornar os direitos dos senhores feudais; e (2) o monarca inglês era o único sujeito que não estava adstrito a qualquer dever feudal que pudesse ser evitado através da constituição de *uses*, pelo que parece bastante natural que tivesse cabido a *Henry VIII* o papel principal na elaboração do *Statute*.
[1029] O diploma, muitíssimo elogiado por BACON, que o descreve como uma obra prima (*The Reading*, cit., 31: "*most perfectly and exactly conceived and penned of any law in the book. 'Tis induced with the most declaring and persuading preamble, 'tis consisting and standing upon the wisest and fittest ordinances, and qualified with the most foreseeing and circumspect savings and provisoes; and lastly 'tis the best pondered in all the words and clauses of it of any statute that I find*"), é, ainda hoje, apresentado

da elaboração e promulgação do diploma: (1) na constituição de *uses*, as partes são movidas por uma intenção fraudulenta, que, inevitavelmente, contamina a natureza da própria relação; e (2) a generalização da sua constituição tem sido causadora de enormes prejuízos para o reino[1030].

O diploma tinha como propósito último estancar a disseminação do instituto fiduciário. Pretendia fazê-lo atribuindo ao *cestui que use* o direito de propriedade pleno, contrariando, assim, em absoluto, os efeitos almejados pelas partes[1031]:

> *That where any person or persons stand, or be seised... to the use, confidence or trust of any other person or persons, or of any body politick... by any manner of means whatsoever it be; that in every such case, all and every such person... that have, or hereafter shall have any such use, confidence, or trusts... shall henceforth stand and be seised, deemed and adjudged in lawful seisin... to all intents, constructions, and purposes in the law*[1032].

É usual encontrarmos a posição de que a intenção do legislador não passava pela abolição da figura fiduciária, mas apenas pela modificação da sua natureza jurídica, metamorfoseando o *equitable right* – direito apenas reconhecido pelo *Court of Chancery* – em *legal right* – direito reconhecido tanto pelo tribunais da *Common Law*, como pelo *Chancellor*[1033]. Parece-nos que o

---

como um exemplo a seguir no âmbito da atividade legislativa, cfr., PLUCKNETT, *A Concise History*, cit., 587. FRATCHER, *Uses of Uses*, cit., 40: o autor desaprova, por completo, este entusiasmo. Ao identificar o *use* com práticas e intenções fraudulentas, o legislador contribuiu para a propagação de uma visão simplista.

[1030] 27 Henry VIII, c. 10 in BACON, *The Reading*, cit., ix: "*nevertheless divers and sundry imaginations, subtle inventions, and practices have been used, whereby the hereditaments of this realm have been conveyed from one to another by fraudulent feoffments, fines, recoveries, and other assurances craftily made to secret uses, intents, and trusts... and many heirs have been unjustly, at sundry times, disherited, the lords have lost their wards, marriages, reliefs...*".

[1031] *Stephen's Commentaries*, Vol. II, cit., 156.

[1032] 27 Henry VIII, c. 10 in BACON, *The Reading*, cit., 1, x-xi.

[1033] STEPHEN MARTIN LEAKE e A. E. RANDALL, *An Elementary Digest of the Law of Property in Land*, Stevens and Sons, Londres, 1909, 82; TIFFANY, *The Law of Real Property*, Vol. I, cit., 346; NORTHRUP, *An Elementary Treatise*, cit., 290: este autor vai mais longe, afirma que o legislador não pretendia abolir o mecanismo, nem alterar a sua natureza, mas, apenas, deslocalizar o direito de propriedade para a esfera jurídica do beneficiário. Este raciocínio é incompreensível. A transferência do direito para o beneficiário implica a alteração da natureza jurídica

§ 11.º O STATUTE OF USES, 1536

resultado é exatamente o mesmo. Abolir a sua constituição ou alterar de tal modo a sua natureza, ao ponto de desvirtuar o instituto, produz idênticos efeitos. Apenas o caminho percorrido é diferente.

O facto de, já com o diploma em vigor, terem surgido mecanismos em tudo idênticos aos *uses* não consubstancia, em si, um argumento determinante, por duas razões: (1) se alguma conclusão podemos retirar deste desfecho será a do fracasso das pretensões do legislador, manifestadas no próprio preâmbulo do documento; e (2) as "novas figuras fiduciárias" tiveram como ponto de partida, se não mesmo único, a separação do direito de propriedade do direito aos lucros e benefícios. Ora, independentemente da solução perfilhada – abolição ou desvirtuamento –, a decisão dos tribunais só poderia ir no sentido da irrelevância jurídica dessa pretensão.

II. Tradicionalmente, um último objetivo é atribuído ao *Statute of Uses*[1034]: proibir a divisão das terras[1035]. A repartição de terras, prática contestável e duvidosa, tanto numa perspetiva feudal, como à luz dos direitos sucessórios dos primogénitos, era alcançada, na maioria dos casos, através da constituição de tantos *uses* quanto os sujeitos que se pretendesse beneficiar. Quando o *settlor* falecia, os beneficiários assumiam a posição. Este procedimento, extremamente prejudicial para os senhores, foi, também ele, alvo de severas críticas no preâmbulo do *Statute of Uses*[1036].

do instituto fiduciário; LEAKE, *An Elementary Digest*, cit., 125. WILLIAM FLOYER CORNISH, *An Essay on Uses*, J. S. Littell, Filadélfia, 1834, 17: defende que o objetivo era o de aniquilar toda e qualquer espécie de *use*.
[1034] SMITH, *The Statute of Uses*, cit., 53-54: atribui quatro grandes propósitos ao documento: (1) encher os cofres do Rei, com o restabelecimento de todos os direitos feudais; (2) abolir o direito de divisão das terras; (3) consagrar uma maior certeza jurídica, através da introdução de mecanismos de publicidade; e (4) eliminar a distinção entre os direitos reconhecidos pelos tribunais da *Common Law* e os direitos apenas reconhecidos pela *Equity Law*.
[1035] SWEET, *Challis's Law of Real Property*, cit., 168; IVES, *The Genesis of the Statute of Uses*, cit., 695; HOLDSWORTH, *A History of English Law*, Vol. IV, cit., 463; SCRUTTON, *Land in Fetters*, cit., 93.
[1036] 27 Henry VIII, c. 10 in BACON, *The Reading*, cit., ix-x: *"wills and testaments, sometime made by nude parolz and words, sometimes by signs and tokens, and sometime by writing, and for the most part made by such persons as be visited with sickness, in their extreme agonies and pains, or at such time as they have scantly had any good memory or remembrance, at which times they being provoked by greedy and covetous persons lying in wait about them, do many times dispose indiscreetly and unadvisedly their lands and inheritances".*

A proibição vigorou por um curtíssimo período de tempo. A medida terá sido fortemente contestada pelos súbditos de sua majestade, sendo, de resto, apresentada como uma das principais motivações do movimento *Pilgrimage of Grace*[1037]. A união popular obrigou os governantes britânicos a dar um passo atrás. Em 1540, apenas quatro anos volvidos sobre a vigência do *Statute of Uses*, entrou em vigor um novo diploma: *Statute of Wills*[1038], que, não

---

[1037] O movimento *Pilgrimage of Grace*, que espoletou no norte do Reino de Inglaterra – tradicionalmente uma região mais conservadora e menos intervencionada pelo poder central (R. W. HOYLE, *The Pilgrimage of Grace and the Politics of the 1530s*, OUP, Oxford, 2001, 28 ss.) –, teve como principais motores o nascimento da Igreja Anglicana e a dissolução dos mosteiros, vide, apesar de quase centenária, a obra de MADELEINE HOPE DODDS e RUTH DODDS, composta por dois volumes, *The Pilgrimage of Grace 1536-1537 and the Exeter Conspiracy 1538*, CUP, Cambridge 1915. MICHAEL L. BUSH, *The Pilgrimage of Grace: a Study of the Rebel Armies of October 1536*, Manchester University Press, Manchester, 1996, 7: era bastante comum a população tomar armas e revoltar-se contra o governo do reino. O autor elenca um conjunto de revoltas, iniciadas em 1381, que têm em comum o descontentamento das classes que o constituem. A revolta não ficou apenas a dever-se a causas políticas ou religiosas. A entrada em vigor do *Statute of Uses* é, também ela, apresentada como estando na sua base e, mais interessante, como tendo contribuído para ampliar os estratos sociais que a apoiavam, cfr., JOHN LINGARD, *A History of England from the First Invasion by the Romans*, Vol. VI, 3ª edição, J. Mawman, Londres, 1835, 330; JOHN HENRY BLUNT, *The Reformation of the Church of England: Its History, Principles, and Results [A.D. 1514-1547]*, Rivingtons, Londres, 1868, 321; ALAN WATSON, *Society and Legal Change*, 2ª edição, Temple University Press, Filadélfia, 2001, 91. BUSH, *The Pilgrimage of Grace*, cit., 208: o conteúdo do *Statute of Uses* representava uma ingerência do poder central e um ataque aos interesses dos barões; BORDWELL, *The Repeal of the Statute of Uses*, cit., 470: o descontentamento centrava-se muito mais na proibição de divisão de terras do que no desvirtuamento do instituto fiduciário. Esta opinião é, de resto, confirmada pelos posteriores acontecimentos legislativos.

[1038] 32 Hen. 8, c. 1: "*Wherefore our said Souveraine Lorde most virtuously considering the mortalitie that is to everie personne at Goddis will and pleasure moste common and uncertaine, of his most blessed disposicion and liberalitie, being willing to releve and helpe his daid subjectis in their said necessities and debilities is contented and pleased that it be ordeyned and enacted by auctoritie of the present parlament in maner and fourme as herafter folowith that is to say; that all and everie pson and psones, having or whiche herafter shalhave any Manours lands tenementies or hereditamentis, holden in socage or of the nature of socage tenure, and not having any Manours landis tenementis or hereditamentis holden of the King our Souvaine Lorde by Knyght service or by socage tenure in chief or of the nature of socage tenure in chief nor of any other persone or personnes by Knyghtis service, from the xx. Day of July in the yere of our Lorde God M v C and forty, shalhave full and free libertie power and auctoritie to geve dispose while and [divise], aswell by his laste wille and testament in writing, or otherwise by any Acte or Actes laufully executed in his life, all his said Manours landis tenementis or hereditamentis or any of them at his free wille and pleasure; any lawe statute or other thing heretofore had made or used to the contrarie notwithstanding*".

só revogou todas as disposições associadas à proibição de divisão de terras, como positivou, expressamente, o direito ao seu parcelamento[1039].

58. Exceções ao *Statute of Uses*

I. Após a entrada em vigor do *Statute of Uses*, viveu-se um período de renascimento do sistema feudal: as obrigações inerentes à posição de vassalo voltaram a ser cumpridas e o temível direito de *wardship* – já então com uma função puramente economicista – regressa ao controlo dos grandes senhores[1040]. Apesar do sucesso do diploma[1041] – os cofres da coroa estavam de novo cheios; a publicidade do registo contribuiu para a transparência e clareza do comércio jurídico; e o poder de alienação das terras tornou-se incontestável –, os seus principais objetivos ficaram por cumprir. Mesmo os defensores da teoria do simples desvirtuamento não podem negar que os *uses* ditos passivos, teoricamente abrangidos pelo *Statute*, vieram, posteriormente, a merecer reconhecimento legal e jurisprudencial, propagando os efeitos tão criticados no célebre preâmbulo[1042].

Apesar de ser doutrinariamente discutível se a intenção do legislador consistia na simples abolição do instituto ou se apenas se pretendia ilegalizar algumas das modalidades fiduciárias, é indesmentível que o diploma não impediu a propagação de mecanismos fiduciários idênticos aos *uses*. Curiosamente, alguns autores defendem que o *Statute of Uses* foi um dos grandes responsáveis pelo desenvolvimento do *trust*[1043].

[1039] ROBERT E. MEGARRY, *The Statute of Uses and the Power to Devise*, 7 CLJ, 1941, 354-360: uma breve palavra deve ser dita em relação à posição deste autor. MEGARRY nega, em absoluto, a visão tradicional. O autor considera que a perceção da população é, de todo, irrelevante. Alicerçando-se numa série de decisões contemporâneas, conclui que, após a entrada em vigor do diploma legal, não só encontramos sentenças a favor da divisão como, em termos teóricos, essa possibilidade terá mesmo sido fortalecida pelo *Statute of Uses*.
[1040] ALFRED F. TOPHAM, *Real Property: an Introductory Explanation of the Law Relating to Land*, Butterworth, Londres, 1908, 63; ARMOUR, *Treatise on the Law of Real Property*, cit., 389.
[1041] BORDWELL, *The Conversion of the Use*, cit., 10: a enorme contestação ao diploma, em especial à proibição de divisão de terras, é concludente no que respeita à sua aplicação e efeitos.
[1042] SMITH, *The Statute of Uses*, cit., 59-60.
[1043] JOHN E. ALEXANDER, *Commentaries on the Law of Wills*, Vol. I, Bender-Moss, São Francisco, 1917, 14; MINOR e WURTS, *The Law of Real Property*, cit., 358: a pretensão de diminuir a jurisdição e o poder do *Court of Chancery*, associada à entrada em vigor do *Statute*, esteve muito longe de

II. As necessidades e as exigências sociais, a impregnação da figura na cultura inglesa e a flexibilidade que já então caracterizava a *Equity Law*[1044] contribuíram para o surgimento e aperfeiçoamento, nas décadas que se seguiram à entrada em vigor do *Statute of Uses*, de cinco mecanismos fiduciários que, teoricamente, não estariam abrangidos pelo diploma: (1) *uses* ativos; (2) *uses upon uses*; (3) *uses* constituídos por um período de tempo determinado; (4) *uses* cujo objeto constitutivo não consistia num bem imóvel; e (5) *uses* em que as posições jurídicas de *cestui que use* e do *feoffee* são desempenhadas pelo mesmo sujeito.

III. A maior parte dos *uses* medievais tinha uma natureza passiva: apenas esporadicamente estavam os *feoffees* adstritos a obrigações *de facere*. Em termos sucintos, os *feoffees* estavam adstritos a três grandes obrigações: (1) transmissão da propriedade para os beneficiários, nas exatas condições determinadas pelo *feoffer*; (2) defesa do título da terra, em todos os litígios que pudessem pôr em causa a posição jurídica do *cestui que use*; e (3) possibilitar o gozo efetivo dos direitos do *cestui que use*[1045]. Cumpre, porém, sublinhar que não era assim tão incomum, no período anterior à entrada em vigor do *Statute of Uses*, encontrarmos *feoffees* adstritos a obrigações ativas[1046].

Pouco anos volvidos após a entrada em vigor do *Statute of Use*, os tribunais ingleses desenvolveram a teoria de que o diploma apenas abrangia os *uses* passivos[1047], chegando mesmo a afirmar-se, na senda de BACON, que os insti-

---

alcançar os efeitos supostamente pretendidos. O *Statute* contribuiu muitíssimo para o crescimento da jurisdição do *Chancellor*, que estava a dar os seus primeiros passos.

[1044] ARMOUR, *Treatise on the Law of Real Property*, cit., 389.

[1045] BACON, *The Reading*, cit., 10; FRATCHER, *Uses of Uses*, cit., 59.

[1046] MAITLAND, *Bracton's Note Book*, Vol. III, cit., 999, 42-43.

[1047] Conquanto de data incerta, o primeiro acórdão onde esta doutrina surge defendida é usualmente situado poucos anos volvidos após a entrada em vigor do *Statute of Use*: "*a man makes a Feoffment in Fee to is use for a term of Life; & that after his decease I.N. shall take the profits; this makes a use in I.N. contrary if he saies, that after his death his Feoffees shall take the profits and deliver them to I.N. this doth not make a use in I.N.*", cfr., NEIL G. JONES, *Tyrrel's Case (1557) and the Use upon a Use*, 14 J Leg Hist, 1993, 75-93; *Bush v Allen* (1656) 5 Mod 63-64 [HOLT CJ], 64: "*profits etc... I think the subsequent words make it a devise to the executors in trusts for the wife*"; *Nevil v Saunders* (1686) 1 Vern 415, [LORD GEORGE JEFFREYS LC]: "*But the devise being to trustees, in trust to pay and dispose of the rents and profits to the said Anne, would not be executed by the statute, because the legal estate must remain in the feoffees, in order to enable then to pay over the profits*; *Bagshaw v Spencer* (1748) 1 Ves Sen 142-154, [EARL OF HARDWICKE LC] 144: "*I am of the opinion, that this device... was merely a trust*

§ 11.º O *STATUTE OF USES*, 1536

tutos eram distintos¹⁰⁴⁸. Nos *uses* ativos, o *feoffor* não ocupava uma posição de mero depositário, era-lhe exigida uma qualquer atuação. Pense-se no caso paradigmático da obrigação de arrecadar rendas e taxas associadas ao imóvel: ao *feoffor* não era apenas exigido que celebrasse um contrato; cabia-lhe, ainda, a cobrança das rendas, justificando-se, assim, por inteiro, a permanência do direito na sua esfera jurídica¹⁰⁴⁹.

O raciocínio, que assentava numa certa lógica jurídica, foi gradualmente ampliado até ao seu total desvirtuamento: o simples facto de o *feoffor* assumir a obrigação de transmitir o direito para o *cestui que use* era suficiente para caracterizar o *use* como ativo¹⁰⁵⁰.

IV. A exceção a *use upon a use* é, de longe, a mais conhecida. Tradicionalmente, a modalidade é apontada como estando na origem do *trust* moderno.

A construção assentava numa simples duplicação de relações: no caso de um *use* ser constituído em benefício de A e dos seus herdeiros e, por sua vez, em benefício de B e dos seus herdeiros, apenas o primeiro *use* estaria abrangido pela letra e conteúdo do *Statute of Uses*, ocupando o A e a sua prole a posição de *feoffor* e B e a sua descendência a posição de beneficiários. Para além de ser dogmaticamente pouco convincente, não é percetível qual o preceito do *Statute* que promove essa solução¹⁰⁵¹.

---

in equity. Part of the trusts is to sell the whole or a sufficient part for the payment of debts and legacies"; Silvester v Wilson (1788) 2 TR 444-451, [Ashhurts J], 450: "*But there seems to be circumstances in the present case which make it still stronger; for it is not barely to receive and pay, but the testator directs that such rents, issues, and profits, shall be applied for the subsistence and maintenance of the said John*".

¹⁰⁴⁸ Bacon, *The Reading*, cit., 8-9; Ames, *The Origin of Uses*, cit., 271.

¹⁰⁴⁹ Northrup, *An Elementary Treatise*, cit., 293; Bordwell, *The Conversion of the Use*, cit., 13.

¹⁰⁵⁰ Fratcher, *Uses of Uses*, cit., 60, nota 109.

¹⁰⁵¹ Digby, *An Introduction to the History*, cit., 370: descreve-a como uma estranha teoria; Cornish, *An Essay on Uses*, cit., 17: o autor, que começa por discordar da racionalidade subjacente à teoria, diz-nos que a posição tem como simples propósito a conservação da natureza e dos efeitos do *use*, muito embora o *Statute of Uses* visasse, exatamente, a sua abolição; na edição estado-unidense do *Digest of the Law of Real Property*, Vol. I, cit., 339, nota 1: "*Perhaps, however, there is not another instance in the books in which the intention of an act of parliament has been so little attended to*"; a posição mais dura e irónica é seguida por Charles Watkins, na introdução à sua obra *Principles of Conveyancing Designed for the Use of Students: with an Introduction on the Study of that Branch of Law*, 8ª edição, revista e aumentada por Henry Hopley White, Saunders and Benning, Londres, 1838, xx: "*About the time of passing the statute of uses, some wise man, in the plenitude of legal learning, declared that there could not be an use upon a use. This very wise declaration, which must have surprised every one who was not sufficiently learned to have lost his common sense, was*

O primeiro caso conhecido em que juízes da *Common Law* declararam a nulidade do segundo *use*, não produzindo, consequentemente, qualquer tipo de efeito jurídico, quer os pretendidos pelas partes – surgimento de uma relação fiduciária –, quer os estabelecidos pelo legislador no *Statute of Uses* – transmissão do direito de propriedade para o *cestui que use* –, data do ano de 1557. O *Tyrrel's Case*[1052] reabriu uma enorme brecha na *Common Law*: com a disseminação da figura, as partes deixaram de poder recorrer aos tribunais centrais, vendo-se obrigados, uma vez mais, a colocar as suas esperanças no *Chancellor* e na sua consciência.

Os factos do *Tyrrel's Case* são facilmente elencáveis: *Jane Tyrrel* vendeu todas as suas terras a seu filho, *G. Tyrrel*, pela quantia total de £ 400, sob a condição de um *use* ser constituído sobre todas as terras, em seu benefício. As partes acordaram, ainda, que, após o falecimento de *Jane*, a posição de *cestui que use* passaria a ser ocupada por *G. Tyrrel* e pela sua descendência. O tribunal declarou a nulidade do segundo *use*, por não ser legalmente permitido constituir um *use* sobre um outro *use*[1053].

A construção *use upon a use* apresenta-se, assim, como uma solução muito pouco hábil, uma artimanha formal com pouca ou nenhuma base legal. Os efeitos jurídicos, supostamente proibidos desde a entrada em vigor do *Statute of Uses*, eram alcançados com a simples construção da relação em dois

---

adopted, and is still adopted; and upon it (at least chiefly) has been built the present system of uses and trusts"; YALE, *The Revival of Equitable*, cit., 73: a exposição desta exceção, não acompanhada da devida explicação, consubstancia não só uma flagrante evasão ao *Statute of Uses*, como uma inexplicável solução jurídica.

[1052] Uma análise minuciosa deste caso pode ser encontrada em JONES, *Tyrrel's Case*, cit..

[1053] Perante a importância e a pouca extensão do acórdão, optámos por transcrevê-lo na sua totalidade: "*Jane Tyrell, widow, for the sum of L400 paid by G. Tyrrel her son and heir apparent, by indenture enrolled in Chancery 4 Edw. VI, bargained, sold, gave, granted, covenanted and concluded to the said G. Tyrrel all her manors, lands, tenements, etc., to have and to hold the same G. Tyrrel and his heirs for ever, to the use of the said Jane during her life without impeachment of waste, and immediately after her decease to the use of the said G. Tyrrel and their heirs of his body lawfully begotten, and in default of such issue to the use of the heirs of the said jane for ever. Query well whether the limitation of those uses upon the habendum is not void and impertinent, because a use cannot be springing, drawn or reserved out of a use transferred to the vendee before any freehold or inheritance in the land can be vested in him by the enrolment. And this case has been doubted in the Common Pleas before now, so query what law is. But all the judges of the Common Pleas, and Saunders C.B., thought that the limitations of uses above was void: for, suppose the State of Enrolments had never been made, but only the Statute of Uses, then the above case could not be; because a use cannot be engendered on a use*".

níveis. O beneficiário do primeiro *use* era, à luz do *Statute*, o legítimo titular do direito de propriedade, enquanto que o beneficiário do segundo *use* era o beneficiário efetivo, no sentido mais técnico do termo. Na prática, os efeitos anteriormente atingidos através da constituição de um *use* passaram a sê-lo com a constituição de um *use upon a use*. Recorrendo a BLACKSTONE, os efeitos foram puramente terminológicos[1054] ou, nas célebres e mais diretas palavras de LORD HARDWICKE, o *Statute "had no other effect than to add, at most, three words to a conveyance"*[1055].

Consubstanciando a modalidade *use upon use* uma clara violação material do diploma, cumpre perguntar o porquê do seu acolhimento pelos tribunais. A resposta poderá estar na força social do instituto e no apoio granjeado junto dos mais importantes círculos jurídicos da época[1056].

V. A não aplicação do *Statute* a *uses* constituídos por períodos de tempo determinados foi, desde muito cedo, reconhecida tanto pela doutrina, como pela jurisprudência[1057]. O primeiro caso documentado, *Dacres v Musgrave*, é datado de 1580. A data, relativamente tardia quando comparável com o ano do acórdão *Tyrrel's Case*, é enganadora. A decisão foi produzida pelo *Court of Chancery*, o que significa que, já anteriormente, os tribunais centrais se tinham declarado incompetentes para dirimir semelhantes litígios, i.e., à luz da *Common Law* o contrato não produzia os efeitos pretendidos pelas partes.[1058].

A quarta exceção está intimamente relacionada com a anterior. As situações fiduciárias clássicas visadas pelo *Statute of Uses* eram, precisamente, as relações constituídas por um período de tempo indeterminado e as que tinham como objeto bens imóveis. Exclui-se, assim, da sua letra, para além

---

[1054] *Blackstone's Commentaries*, Vol. II, cit., 276 [336].
[1055] *Hopkins v Hopkins* (1738) 1 Atk 580-597, 591.
[1056] SPENCE, *The Equitable Jurisdiction*, Vol. I, cit., 491.
[1057] BACON, *The Reading*, cit., 42; SANDERS, *An Essay on Uses and Trusts*, cit., 210.
[1058] "*In a matter in suit in the chancery between Christopher Dacres and Musgrave, it was held by all the justices that, if one, being possessed of certain lands for a term of divers years, grants them to J.S. to the use of another, that cestui que use cannot grant this land over within the provisions of the statute of 1 Ric. III c. [1], inasmuch as the said statute says "any state, feoffment, gift, release, grant", etc., of lands, will be good against the vendor, feoffor, donor, or grantor and his heirs, claiming so much only has heir or heirs to him, upon which statute, as it seems to them, uses of inheritance were principally intended and to use[s] of a chattel. let him demur at common law to this inasmuch and his heirs*" cfr., BRYSON, *Cases Concerning Equity*, Vol. I, cit., 107.

de contratos a termo, todos os contratos fiduciários constituídos por bens móveis[1059]. Os primeiros casos documentados respeitam a *uses* constituídos por ouro[1060].

VI. A última exceção é, à primeira vista, incompreensível. A concentração, na mesma esfera jurídica, de dois ou mais direitos parcialmente coincidentes deveria implicar a extinção do direito menor, neste caso o direito aos frutos e benefícios da terra. Esta conclusão não é, à luz do regime jurídico inglês da época, tão evidente. A prática centenária de separar os dois direitos – direito de propriedade e direito aos frutos e benefícios – levou a uma autonomização jurídica das duas realidades. No fundo, era possível ao titular do direito de propriedade separar os dois direitos, conservando-se ambos, na sua esfera jurídica, até ao momento em que decidisse constituir a relação fiduciária.

Pese embora todas estas exceções, o *Statute of Uses*, nem que seja pelo impulso que indiretamente acabou por dar ao *trust* e, consequentemente, à própria *Equity Law*, representou um papel fundamental no Direito da terra inglês[1061], sendo definido, por HOLDSWORTH, como a mais importante intervenção legislativa no âmbito do Direito privado[1062].

59. As singularidades do sistema feudal inglês

I. Em resultado da proximidade destes três últimos parágrafos, optámos por apresentar as respetivas conclusões de forma agregada.

O *use* e o *trust* são a face mais visível da enorme influência do Direito feudal na formação da *Common Law* e, em especial, no ramo jurídico das coisas imóveis. O Direito feudal está longe de consubstanciar uma mera relíquia histórica – ainda hoje é possível afirmar que toda a terra é pertença da Rainha

---

[1059] MAITLAND, *Equity*, cit., 37.
[1060] NEIL G. JONES, *Trusts in England after the Statute of Uses: a View from the 16th Century* in *Itinera Fiduciae*, cit., 172-205, 179.
[1061] IVES, *The Genesis of the Statute of Uses*, cit., 637: o autor relembra que as revoltas vividas no reinado de *Henry VIII* foram desencadeadas tanto pela instituição da Igreja Anglicana, como pela elaboração desta legislação; SMITH, *The Statute of Uses*, cit., 40-63: parte do diploma mantém-se em vigor.
[1062] HOLDSWORTH, *History of English Law*, Vol. IV, cit., 409.

Isabel II[1063]. Com efeito, as conceções feudais representaram e representam um papel formativo nos conceitos jurídicos anglófonos. A sua importância, embora circunscrita, é análoga à ascendência do Direito romano no Direito civil continental. As introduções históricas, que não raramente encontramos nos manuais e tratados de Direito civil, focadas no Direito romano clássico e no *Corpus Juris Civilis*, consoante o instituto ou a situação jurídica em análise, são, nos manuais ingleses e estado-unidenses, substituídas por breves exposições do sistema feudal, sem as quais, como os seus autores o reconhecem, seria impossível compreender, por inteiro, as soluções e os princípios da *Common Law*[1064].

II. A ascendência jurídica do feudalismo é particularmente sentida nos institutos do *use* e do *trust*. No seu estado mais puro, as relações feudais representam verdadeiras relações fiduciárias: os donos das terras, i.e., os titulares do direito de propriedade, transmitem, para os seus vassalos, um direito, real ou obrigacional, consoante o período em análise, que lhes permite gozar dos benefícios associados à coisa. Todavia, em última análise, o legítimo beneficiário é o senhor. O *use* apresenta-se, assim, como um produto do feudalismo, um passo natural numa sociedade totalmente imbuída nos conceitos e princípios do sistema.

[1063] MEGARRY e WADE, *The Law of Real Property*, cit., 22.
[1064] WILLIAM CRUISE, *A Digest of the Laws of England Respecting Real Property*, Vol. I, J. Butterworth, Londres, 1804, 1 ss.: o autor tem mesmo a preocupação de explicar a receção do sistema feudal em terras inglesas e a sua evolução na Europa continental; MINOR e WURTS, *The Law of Real Property*, cit., 1: sem um prévio conhecimento e domínio do regime feudal e dos seus principais conceitos não é possível compreender os princípios basilares do uso e transmissão de bens imóveis; HARRY A. BIGELOW, *Rights in Land*, West Publishing, St. Paul, 1919, 1: apesar de os princípios e normas feudais se encontrarem obsoletos, o seu conhecimento é indispensável; NORTHRUP, *An Elementary*, cit., 1: as raízes do regime dos bens imóveis estão de tal forma ligadas ao sistema feudal que a sua compreensão apenas é possível com o seu prévio estudo; TIFFANY, *The Law of Real Property*, Vol. I, cit., 16: o autor considera que um conhecimento geral do sistema feudal é necessário para melhor compreender alguns princípios e mecanismos ainda hoje em vigor; EDWARD H. BURN e JOHN CARTWRIGHT, *Cheshire and Burn's Modern Law of Real Property*, OUP, Oxford, 2006, 11: a autonomização do Direito anglo-saxónico, em face do Direito continental, é atribuída ao peso detido pelo Direito feudal ao longo de todo o período formativo da *Common Law*; KEVIN GRAY e SUSAN FRANCIS GRAY, *Elements of Land Law*, 5ª edição, OUP, Oxford, 2009, 57: o Direito inglês não pode ser entendido sem um prévio conhecimento da sua história. É nos distintivos conceitos de *tenure* e *estates* que o moderno Direito inglês assenta.

Os primeiros *uses* analisados, nos quais o *feoffor* ocupava também a posição de beneficiário, reforçam a teoria. Na prática, decorriam de uma simples distorção da relação feudal: relação feudal – A (senhor) mantém o direito de propriedade, mas transmite o direito sobre os seus lucros a B (vassalo); relação fiduciária – A (*feoffor/cestui que use*) transmite o direito de propriedade para B (*feoffee*), mas mantém os benefícios associados à terra na sua esfera jurídica. Esta interpretação está em linha de conta com o pensamento doutrinário dos séculos XVII e XVIII. Relembre-se que os autores ingleses deste período apenas tinham facilidade em identificar a separação entre o direito de propriedade e o direito aos lucros e frutos do bem.

III. O feudalismo vigorou, durante longos séculos, em toda a Europa e não apenas em terras inglesas. Como se explica, então, a circunscrição territorial do *use*?

Tendo como ponto de partida a análise comparatística acima explanada, podemos apontar duas razões: (1) um clima de forte liberalização: a constituição dos *uses* pressupõe que o real ocupante da terra detenha uma capacidade de alienação, livre de quaisquer constrangimentos hierárquicos, realidade que apenas se verifica em terras inglesas. Por um lado, não se exigia qualquer tipo de consentimento prévio para a validade do negócio, sendo, inclusive, proibida a exigência de compensações monetárias e, por outro lado, tanto o senhor, como a família do alienante não tinham, ao contrário do que se verifica na Europa continental – *retrait féodal* e *retrait lignager* –, qualquer direito de preferência, o que representava um claro entrave ao comércio jurídico; e (2) as vantagens em impedir a tutela do senhor: ao contrário do que se verificava na maior parte da Europa continental, onde os herdeiros menores ficavam, conjuntamente com as suas heranças, à guarda de familiares, em regra geral da mãe, em terras inglesas essa função era atribuída ao senhor, mais preocupado em proteger os seus interesses do que os interesses dos infantes. Como por diversas vezes sublinhámos, este poder-dever de *wardship* foi rapidamente desvirtuado, assumindo características muito próximas de um simples direito patrimonial. Enquanto perdurasse, o senhor tudo iria fazer para retirar o máximo de rendimentos, tanto da terra, como do menor. Perante este cenário, era perfeitamente natural que os progenitores recorressem a todos os instrumentos que tinham à sua disposição para salvaguardar os interesses da sua descendência. Estes mecanismos teriam, evidentemente, de se basear em modelos e relações conhecidas e dominadas. Ora, que outro sistema poderia ser utilizado com tanta facilidade e sucesso senão aquele com o qual conviviam diariamente?

IV. Como foi sublinhado na análise à quinta e última modalidade de *use* não abrangida pelo *Statute of Uses* – pese embora a aparente confusão entre os dois direitos, o direito menor não era absorvido[1065] –, a prática centenária de separar os direitos de propriedade, titularidade formal, de um lado, e o gozo efetivo, do outro, resultou na autonomização de diferentes posições jurídicas[1066].

A consagração da figura e a sua posterior expansão estão intimamente associadas à emancipação dos dois direitos. Apenas assim se pode explicar a conservação do instituto e a sua posterior mutação, apesar dos enormes esforços desencadeados pelos monarcas ingleses para pôr fim à sua disseminação.

Pode a subsistência do instituto fiduciário ser apenas atribuída ao seu particular enraizamento na sociedade inglesa? Dois outros elementos, usualmente ignorados, poderão ainda ter contribuído para a conservação do instituto: a comunidade jurídica e o próprio governo do reino.

Os juristas ingleses representaram um papel preponderante na conservação dos *uses*. Relembre-se que os próprios juízes da *Common Law* reconheceram, em tempos, alguns dos efeitos pretendidos pelas partes.

Já quanto ao papel assumido pelo governo central e conquanto as razões de semelhante apoio não sejam claras, não é concebível que não tenha existido. Não sendo a relação fiduciária reconhecida pelos tribunais centrais, as partes viram-se obrigadas a recorrer, primeiro, ao Rei e, depois, ao *Chancellor*. Ora, se o monarca inglês era, de todos os senhores do reino, o mais prejudicado pela disseminação da figura, como se justifica que não tenha ordenado ao *Chancellor* e ao *Court of Chancery* que aplicassem as soluções praticadas pelos tribunais centrais? Acresce que o sucesso do mandato do *Chancellor* estava intimamente ligado à glória do monarca, que, por sua vez, decorria, quase diretamente, do estado da sua tesouraria. Perante os prejuízos económicos, porque não terá o próprio "primeiro-ministro" tomado, autonomamente, essa iniciativa? Uma vez mais, a resposta parece estar no enraizamento da figura na sociedade feudal inglesa. Os governantes do

---

[1065] BORDWELL, *The Conversion of the Use*, cit., 10: o autor considera que o *Statute of Use* tinha também como propósito pôr termo à separação entre os dois direitos.
[1066] E. N. DURFEE, *The Statute of Uses and Active Trusts*, 17 Mich L Rev, 1918, 87-90, 89.

reino, com o monarca à cabeça, contavam-se entre a classe que mais uso dava ao instituto fiduciário.

V. Finalmente, uma última palavra deve ser dita em relação à natureza jurídica do *use* e do *trust*, tanto mais que, facilmente, se encontram posições totalmente opostas.

LORD NOTTINGHAM não tem dúvidas em apresentá-los como conceitos distintos. Se não o fossem, diz-nos o ilustre jurista, a figura do *trust* nunca teria chegado a ver a luz do dia[1067]. BLACKSTONE, por seu lado, considera que o surgimento e o desenvolvimento do *trust* representam apenas um reavivar do *use*[1068]. Uma identidade conceptual é, de resto, defendida em inúmeras decisões jurisprudenciais[1069].

Embora nos pareça indesmentível que as figuras têm uma origem comum e partilham os mesmos elementos caracterizadores – separação entre direito de propriedade e os benefícios que lhe estão associados[1070]–, é possível delimitar dois períodos distintos.

Num momento anterior à entrada em vigor do *Statute os Uses*, as expressões eram utilizadas como sinónimos[1071]. A sua utilização indiferenciada em diplomas da época deixa pouca margem para discussão. Todavia, a partir da segunda metade do século XVI, o conceito de *trust* começa, lentamente, a autonomizar-se. Para o efeito contribuíram dois importantes fatores: (1) o *trust* beneficiou da identificação das situações diretamente abrangidas pelo *Statute of Uses* com o *use*; e (2) impossibilitada de recorrer ao *use*, a sociedade inglesa agarrou-se a um conceito análogo, moldando-o às novas exigências legais.

[1067] *"Manual of Chancery Practice"*, cit., 236-237. Semelhante posição pode ser encontrada em outras obras, cfr., SANDERS, *An Essay on Uses and Trusts*, cit., 233.

[1068] *Blackstone's Commentaries*, Vol. II, cit., 275, [336].

[1069] Broughton v Langley (1702) 2 Salk 679, [HOLT CJ]: *"which are word of trust, and afterwards making mention of a use, is immaterial, in regard trust at common law, and use are by the statute equally executed"*; Lord Altham v Lord Anglesea (1709) 88 ER 994-997, [HOLT CJ] 995: *"trusts and uses are synonymous in the law"*; [Pows J] 996: *"the common law will not distinguish between trusts and uses"*.

[1070] MATTHEW HALE, *The History of the Pleas of the Crown*, editado por SOMMON EMLYN, com notas de GEORGE WILSON e THOMAS DOGHERTY, Vol. I, Rider, Little-Britain, 1800, 248.

[1071] MINOR e WURTS, *The Law of Real Property*, cit., 357.

§ 11.º O *STATUTE OF USES*, 1536

Caso o legislador inglês tivesse optado por denominar o diploma de *Statute of Trusts*, a presente dissertação teria certamente como título *Do use no Direito civil*[1072].

[1072] BORDWELL, *The Conversion of the Use*, cit., 13: à luz da indefinição terminológica, o *Statute* podia perfeitamente ter sido denominado *Statute of Trusts* ou *Statute of Confidences*.

Capítulo II
Influências Externas nos *Uses*

§ 12.º AS ORIGENS DOS *USES*: INFLUÊNCIA ECLESIÁSTICA E CANÓNICA

60. Introdução: um intermediário comum às três teorias

I. Apesar de, no último parágrafo, termos apresentado o *use* como uma distorção das premissas da relação feudal, não se pode descartar, por completo, uma possível influência jurídica externa.

Embora fisicamente desligadas da Europa continental, as Ilhas Británicas não estavam isoladas do resto do mundo medieval. Desde a queda do Império Romano, decorreram sucessivas invasões germânicas. Na Alta Idade Média, desembarcaram, na sua costa oriental, em ininterruptas e intermináveis vagas, guerreiros anglos, saxões, jutos e danos. Nas primeiras décadas da Idade Média Clássica, a influência germânica renasce com a junção da Inglaterra ao Império de *Cnut*.

As terras inglesas apenas voltaram ao círculo de influência latina com a conquista normanda. Nas suas universidades estudava-se Direito romano, a sua elite intelectual era versada em Direito canónico e a Igreja representava, então, uma ascendência global.

Acresce que o período de florescimento dos *uses* coincide com o alargamento dos horizontes medievais. Os contactos com povos do Oriente adensam-se, em especial com a sociedade islâmica. Vivem-se tempos de autêntica globalização.

II. A busca pelas origens do *use*, antecessor do *trust*, é, seguramente, um dos temas mais debatidos da história da *Common Law*. Durante séculos, a doutrina foi unânime em colocar o Direito romano, com destaque para o *fideicommissum*, na base do *use*. Em 1885, no primeiro número da revista *Law Quarterly Review*, HOLMES JR. avançou uma nova hipótese[1073]: o instituto fiduciário não era de origem romana, mas de origem germânica. As semelhanças com o *Salmann* e com a *Treuhand* eram evidentes, representando as raízes germânicas do povo inglês um inegável elo de ligação. Já para MAITLAND, detentor de profundos conhecimentos germanísticos, as diferentes ascendências não se antagonizavam necessariamente, pelo contrário. O *use* resultava de uma influência mista: romana e germânica[1074].

Em 1949, é, pela primeira vez, estabelecida uma conexão entre o *trust* inglês e o *waqf* islâmico, com o qual partilha, alegadamente, correspondentes natureza, *ratio* e estrutura[1075]. A tese despertou o interesse do mundo jurídico comparatístico, tendo sido, nas décadas que se seguiram, apresentados diversos pontos de ligação entre o Direito islâmico e as grandes reformas medievais da *Common Law*, o que poderia indiciar, de acordo com os seus defensores, uma troca de conhecimentos ou mesmo uma ascendência inesperada.

Curiosamente, todas as três teorias – excluindo-se, desta contagem, as teses que defendem uma ascendência múltipla, como a perfilhada por MAITLAND – têm um elo comum: a Igreja Católica. Com maior peso no seu nascimento, para os defensores da influência romana, e decisivo para a sua expansão, tanto para a tese germânica, como para a teoria islâmica, o papel da Igreja Católica foi determinante na disseminação do instituto fiduciário, não só pelos conhecimentos jurídicos detidos pelos seus membros, como pela influência geral da instituição, fruto da sua organização, que não encontra paralelo na História da Humanidade.

A influência eclesiástica está longe de se esgotar na conceção da Igreja Romana como um veículo para a expansão do *use* e do *trust*. Esta análise histórico-comparatística ficaria sempre incompleta se não nos debruçássemos, mesmo que sucintamente, sobre algumas construções jurídicas canónicas da época, em especial sobre a perceção franciscana do direito de propriedade.

[1073] HOLMES JR., *Early English Equity*, cit..
[1074] MAITLAND, *Equity*, cit., 23 ss..
[1075] THOMAS, *Note on the Origin of Uses and Trusts*, cit..

§ 12.º AS ORIGENS DOS USES: INFLUÊNCIA ECLESIÁSTICA E CANÓNICA

III. O princípio subjacente ao *use* é, certamente, muito anterior a qualquer uma destas figuras, sendo provavelmente contemporâneo do desenvolvimento do conceito de propriedade privada. O *trust*, assim como os restantes institutos fiduciários, assenta em dois conceitos presentes em qualquer sociedade primitiva: (1) a prestação de serviços, evidentemente com contornos rudimentares; e (2) as relações de confiança, fruto de laços sanguíneos ou familiares[1076]. Atualmente associada a um infindável número de propósitos, a fidúcia foi desenvolvida com o claro objetivo de proteger os interesses de famílias, de clãs ou de pequenas comunidades[1077].

No fundo, o *use* terá tido a sua origem numa simples transmissão da propriedade de um sujeito para outrem que, em resultado da amizade que os unia, se comprometia a administrar o bem nos exatos termos indicados pelo primeiro[1078].

61. Enquadramento

I. Como acima mencionado, o papel das instituições eclesiásticas é transversal a todas as teorias da origem do *use*[1079]. Contudo, os múltiplos papéis atribuídos à Igreja dificultam o tratamento unitário da temática. A concentração dos conhecimentos jurídicos na mão da Igreja, exteriorizada pelo controlo exercido sobre as instituições universitárias, a que acresce uma ascendência singular sobre o primitivo Estado inglês, particularmente sentido junto do *Court of Chancery* – tanto na formação dos seus juízes, como no Direito aplicado –, devem ser tidos em consideração aquando da exposição da hipotética influência canónica.

Todavia, seria bastante redutor circunscrever o papel das instituições eclesiásticas a uma mera função formal, enquanto recetoras ou intermediárias de conceitos externos. A Igreja Católica, não apenas fruto da educação superior dos seus membros, como também da mensagem por ela difundida, foi um importante centro de inovação jurídica e filosófica. A conceção do

---

[1076] BRENDAN F. BROWN, *The Ecclesiastical Origin of the Use*, 10 Notre Dame L Rev (à época Notre Dame Lawyer), 1934, 353-366, 353-354.
[1077] ALBERT KOCOUREK, *An Introduction to the Science of Law*, Little, Brown, Boston, 1930, 279.
[1078] JOSHUA WILLIAMS e CYPRIAN WILLIAMS, *Principles of the Law of Real Property*, cit., 178; FRATCHER, *Uses of Uses*, cit., 48.
[1079] BROWN, *The Ecclesiastical Origin*, cit., 361-366.

Direito canónico, em sentido amplo, englobando todas as construções jurídicas associadas à Igreja, quer como jurisdição difusora do Direito romano, quer como sistema jurídico circunscrito aos ramos do Direito da família e do Direito sucessório, consubstancia uma visão incompleta, quando confrontada com a realidade histórica[1080].

As causas formativas das construções fiduciárias – separação da titularidade formal da sua substância ou conteúdo – sentiram-se com especial intensidade no seio da Igreja Católica. Os ideais de pobreza pregados por Jesus Cristo e adotados, com maior ou menor exatidão, pela Igreja de Pedro, assim como a própria ideia de que todos os bens da Igreja pertencem a uma entidade divina, contribuíram para o desenvolvimento de novas construções jurídicas, entre as quais cumpre salientar – num ponto de vista mais geral, mas interligada com as matérias aqui exploradas – as composições rudimentares de pessoa coletiva e – intrinsecamente associados ao tema dos nossos estudos – os modelos jurídicos desenvolvidos pelas comunidades franciscanas, necessários para dar cumprimento aos ideais pregados pelo seu fundador, São Francisco de Assis[1081].

II. Em termos sistemáticos, a influência canónica, no surgimento e desenvolvimento do *use*, pode ser agrupada em três grandes dimensões: (1) função formal: enquanto intermediária na receção de conceitos e construções externas ao Direito anglo-saxónico; (2) função mista: enquanto difusora dos princípios civis formativos da *Equity Law*; e (3) função criativa: enquanto introdutora de novos conceitos, alicerçados no pensamento e na doutrina cristãos.

A dimensão mista da influência canónica foi analisada no capítulo dedicado à *Equity Law*, pelo que nos absteremos de a aprofundar. Já quanto à sua dimensão formal, limitar-nos-emos a apresentar o quadro geral, sendo a problemática devidamente examinada e enquadrada em cada uma das possíveis influências exógenas. A terceira e última dimensão, que denominámos de função criativa, representará, assim, o núcleo do presente parágrafo.

[1080] JEAN GAUDEMET, *Il diritto canonico nella storia della cultura giuridica europea* in *La doctrine canonique médiévale*, Variorum, Aldershot, 1994, 3-29.

[1081] Nascido em Assis, no dia 5 de julho de 1182, como o nome *Giovanni di Pietro di Bernardone*, faleceu a 3 de outubro de 1226. Fundador da Ordem dos Frades Menores, que ficou para a história com o nome Ordem Franciscana, foi canonizado, a 16 de julho de 1228, pelo Papa Gregório IX.

§ 12.º AS ORIGENS DOS *USES*: INFLUÊNCIA ECLESIÁSTICA E CANÓNICA

III. À luz da teoria romanística, os *uses* consubstanciariam uma simples adaptação do fideicomisso – instituto conhecido e dominado pelos juristas romanos e canónicos há longos séculos – às especificidades jurídicas locais. Foram introduzidos em terras inglesas por monges estrangeiros – em regra esse papel é atribuído aos franciscanos – como forma de contornar os constrangimentos legais, em especial as proibições de alienação de terras impostas pelo *Statute of Mortmain*. A adequação do mecanismo aos problemas sociais levou, posteriormente, à sua difusão por toda a sociedade civil[1082].

A teoria islâmica adotou uma lógica sequencial bastante similar, com, evidentemente, as necessárias adaptações: no período das cruzadas, os muitos peregrinos e eclesiásticos cristãos que se deslocaram à Terra Santa assimilaram e trouxeram para a Europa ocidental parte da cultura local. Dos amplos conhecimentos adquiridos contar-se-ia o do *waqf*, uma figura fiduciária há muito dominada pelos povos islamizados. Neste ponto, a tese segue a ordem temporal desenvolvida pela doutrina romanística: (1) adequação às limitações a que o clero estava sujeito; e (2) posterior adaptação à realidade social britânica[1083].

Para os defensores da teoria germânica, os *uses*, embora divulgados por eclesiásticos, como forma de contornar as já sublinhadas condicionantes, não foram por si introduzidos. As suas origens remontam a mecanismos arcaicos, há muito utilizados e dominados pelos povos germânicos[1084].

[1082] A imputação desse papel aos Franciscanos teve como grande impulsionador WILLIAM BLACKSTONE in *Blackstone's Commentaries*, Vol. II, cit., 270, [328-329], sendo aceite, sem grande contestação, em ambas as margens do Atlântico. Vide, a título meramente exemplificativo, WILLIAM LIVESEY BURDICK, *Handbook of the Law of Real Property*, West Publishing, St. Paul, Minnesota, 1914, 295; JOHN G. HAWLEY e MALCOLM MCGREGOR, *The Law of Real Property*, 5ª edição, Callagham, Chicago, 1915, 362; MINOR e WURTS, *The Law of Real Property*, cit., 348; ARMOUR, *Treatise on the Laws of Real Property*, cit., 315; ALEXANDER, *Commentaries on the Laws of Wills*, Vol. I, cit., 10-12; ou HUDSON, *Equity and Trusts*, cit., 42.

[1083] HENRY CATTAN, *The Law of Waqf* in *Law in the Middle East*, Vol. I: *Origin and Development of Islamic Law*, coordenação de MAJID KHADDURI e HERBERT J. LIEBESNY, The Middle East Institute, Washington, D. C., 1955, 203-222, 213-215.

[1084] POLLOCK e MAITLAND, *The History*, Vol. II, cit., 229-230 e 233-235; PLUCKNETT, *A Concise History*, cit., 575-576; BEAN, *The Decline of English Feudalism*, cit., 129-130; TIFFANY, *The Law of Real Property*, Vol. I, cit., 340; HOLMES JR., *Early English Equity*, cit., 170: "*The foundation of the claims is the fides, the trust reposed and the obligation of good faith, and that circumstance remains as a mark at once of the Teutonic source of the right and the ecclesiastical origin of the jurisprudence*".

62. A riqueza da Igreja e a mensagem de Cristo

I. Desde o Édito de Milão[1085], datado de 313, que decretou a devolução de todos os bens, anteriormente confiscados e vendidos em hasta pública, à Igreja[1086], até ao final do primeiro milénio, a Igreja acumulou quantidades inimagináveis de terras e riquezas[1087]. O vasto património amealhado, a que se juntou uma crescente propensão para o fausto, ostentação e cobiça, colocou enormes problemas práticos[1088] – pense-se na simonia: prática que fazia depender a entrada na vida monástica do pagamento de avultadas quantias, o que tendia a desvirtuar, por completo, a ideia romântica do "chamamento de Deus"[1089-1090] – mas, de maior relevância, até do ponto de vista da continuidade do seu poder e respeito, complexas questões teológicas: como explicar

---

[1085] Sobre a origem do Édito, vide MILTON V. ANASTOS, *The Edict of Milan (313): a Defense of Its Traditional Authorship and Designation*, 25 REB, 1967, 13-41, com vastíssima bibliografia germânica, italiana e francesa.

[1086] GERALD HANDEL, *Social Welfare in Western Society*, Transaction Publishers, New Brunswick, Nova Jérsei, 2009, 50: apenas a partir do início do século IV, e com o termo das proibições de aquisição de bens, iniciou a Igreja a acumulação de riquezas.

[1087] MICHAEL WILKS, *Thesaurus Ecclesiae* in *The Church and Wealth: Papers Read at the 1986 Summer Meeting and the 1987 Winter Meeting of the Ecclesiastical History Society*, 24 Studies in Church History, Basil Blackwell, Oxford, 1987, xv: descreve a Igreja como a maior proprietária de toda a Europa; SHAEL HERMAN, *The Canonical Conception of Trust* in *Itinera Fiduciae*, cit., 85-109, 85. Relembre-se que, à época, a terra representava a maior fonte de riqueza, cfr., *Encyclopedia of the Middle Ages*, Vol. II, coordenação de ANDRÉ VAUCHEZ, BARRIE DOBSON e MICHAEL LAPIDGE, James Clarke, Cambridge, 2000, 1539.

[1088] A Igreja Católica atingiu o seu apogeu temporal na viragem do milénio. O episódio que ficou conhecido como a Penitência de Canossa, em que Henrique IV, vestido de penitente, foi ao encontro de Gregório VII, representa a exteriorização máxima da supremacia de Roma sobre qualquer reino ou império.

[1089] A expressão simonia tem as suas origens etimológicas numa passagem Bíblica em que um tal de Simão terá tentado comprar o "poder" dos Apóstolos, At. 8, 18-23: "Simão, ao ver que o Espírito Santo era comunicado através da imposição das mãos, ofereceu dinheiro a Pedro e a João, dizendo: "Dai-me também esse poder, a fim de que receba o Espírito todo aquele sobre o qual eu impuser as mãos". Mas Pedro respondeu: "Que tu pereças juntamente com o teu dinheiro, pois julgaste poder comprar com dinheiro aquilo que é dom de Deus. De nenhum modo podes participar nesta realidade espiritual, porque a tua consciência não é correta perante Deus"".

[1090] O que parece ter começado como uma simples doação para garantir a sobrevivência de novos membros assumiu, posteriormente, uma dimensão condenável, cfr. JOSEPH H. LYNCH, *Simoniacal Entry into Religious Life from 1000 to 1260: a Social, Economic and Legal Study*, Ohio State University Press, Ohio, 1976.

§ 12.º AS ORIGENS DOS USES: INFLUÊNCIA ECLESIÁSTICA E CANÓNICA

a acumulação de riquezas com a mensagem pregada por Jesus Cristo e pela própria Igreja?

II. Como nota introdutória, cumpre sublinhar que não é nosso propósito entrar nas profundas e metafísicas discussões teológicas que envolvem este tema, mas apenas indicar os fundamentos bíblicos que, à época, foram utilizados para desenvolver mecanismos jurídicos que fossem ao encontro da mensagem pregada.

Seguindo os ensinamentos de WILKS[1091], a detenção de riquezas e bens em geral, por parte da Igreja Católica e dos seus membros, a título individual, estava sujeita a três grandes cânones ou princípios basilares.

Primeiro, a pobreza ou ascetismo eram uma caraterística necessária, ou pelo menos facilitadora, para entrar no Reino dos Céus:

- Levantando os olhos para os discípulos, Jesus disse: "Felizes de vós os pobres, porque o Reino de Deus vos pertence" (Lc. 6, 20);
- Vendei os bens e dai o dinheiro em esmola (Lc. 12, 33);
- Antes, dai em esmola tudo o que possuís e tudo para vós ficará puro (Lc. 11, 41);
- Mas Deus disse-lhe: "Louco! Nesta mesma noite vais ter que devolver a tua vida... Assim acontece com quem junta tesouros para si mesmo mas não é rico diante de Deus" (Lc. 12, 20-21);
- Jesus olhou então em volta e disse aos discípulos: "Como é difícil para os ricos entrar no Reino de Deus!"... "É mais fácil passar um camelo pelo buraco de uma agulha, do que um rico entrar no Reino de Deus" (Mc. 10, 23-26)[1092].

Seguidamente, a detenção de bens materiais, em especial de bens monetários, é apresentada como algo estranho à dimensão espiritual do Homem ou incompatível com a sua religiosidade:

- Jesus entrou no Templo e expulsou todos os que vendiam e compravam no Templo. Derrubou as mesas dos cambistas e as cadeiras dos vendedores de pombas (Mt. 21, 12-13)[1093];

[1091] WILKS, *Thesaurus Ecclesiae*, cit., xv-xlv, xvi-xvii.
[1092] Mt. 19, 23-26; Lc. 18, 25-26.
[1093] Mc. 11, 15-19; Lc. 19, 45-48; Jo. 2, 13-18.

– É lícito ou não pagar o imposto a César?... Então Jesus disse: "Pois dai a César o que é de César, e a Deus o que é de Deus" (Mc. 12, 14-17)[1094].

Em terceiro lugar, o conceito de propriedade privada é claramente suplantado pelas ideias de benefício comunitário e de partilha dos bens coletivos consoante as necessidades individuais. Repare-se, ainda, que conquanto a titularidade do direito fosse atribuída à comunidade, aquele que ficava encarregado da sua administração tornava-se alvo de críticas e suspeições. Estas desconfianças são ilustradas, na perfeição, pelo facto de ser Judas, de entre todos os apóstolos, aquele que fica com a guarda das economias dos primeiros seguidores de Jesus Cristo:

– Como Judas era responsável pela bolsa comum (Jo. 13, 29);
– Judas disse isto, não porque se preocupasse com os pobres, mas porque era ladrão. Ele tomava conta da bolsa comum e roubava do que nela era depositada (Jo. 12, 6);
– Todos os que abraçaram a fé eram unidos e colocavam em comum todas as coisas; vendiam as suas propriedades e os seus bens e repartiam o dinheiro entre todos, conforme a necessidade de cada um (At. 2, 44-45);
– Entre eles ninguém passava necessidade, pois aqueles que possuíam terras ou casas vendiam-nas, traziam o dinheiro e colocavam aos pés dos Apóstolos; depois era distribuído a cada um conforme a sua necessidade (At. 4, 34-35).

63. O conceito de pessoa coletiva no Direito medieval canónico

I. A apresentação da Igreja como pessoa coletiva parece ter sido avançada, pela primeira vez, no Édito de Milão (*Edictum Mediolanense*). Os imperadores Constantino, o Grande[1095], e Licínio[1096] ordenaram a entrega de todos os bens confiscados à Igreja, enquanto instituição ou comunidade:

[1094] Mt., 22, 15-22; Lc. 20, 20-26.
[1095] Nasceu em Naissus no ano de 272 e faleceu a 22 de maio de 337. Filho do Imperador do Ocidente Constâncio Cloro, foi proclamado Augusto – no sistema Tetraquia, introduzido por Diocleciano, que vigorou entre 293 e 313, o governo do Império Romano estava dividido entre dois Augustos, título superior, e dois Césares – pelas suas tropas, no dia 25 de julho de 306. Depois de sangrentas guerras civis, alcançou o poder supremo, tendo reunificado o Império. Faleceu a 22 de maio de 337. Ficou para a História como o fundador de Constantinopla e como o primeiro Imperador Romano cristão.

§ 12.º AS ORIGENS DOS *USES*: INFLUÊNCIA ECLESIÁSTICA E CANÓNICA

Et quoniam idem Christiani non [in] ea loca tantum ad quae convenire consuerunt, sed alia etiam habuisse noscuntur ad ius corporis eorum id est ecclesiarum, non hominum singulorum, pertinentia, ea omnia lege quam superius comprehendimus, citra ullam prorsus ambiguitatem vel controversiam isdem Christianis id est corpori et conventiculis eorum reddi iubebis[1097].

Esta passagem vai ao encontro da teoria, atualmente pouco contestada, do domínio da figura no Direito romano pré-justinianeu. De resto, no *Corpus Juris Civilis*, as passagens mais avançadas são atribuídas a ULPIANUS, que terá vivido nos finais do século II e inícios do século III[1098].

II. O conceito canónico medieval de pessoa coletiva ficou a dever-se tanto à doutrina religiosa professada pela Igreja Católica, como à dogmática romanística, se não mesmo mais[1099]. O peso dos escritos bíblicos no desenvolvimento do conceito deve ser sublinhado. O Direito romano estava longe de satisfazer as necessidades da Igreja, a sua organização, o seu funcionamento interno e a mensagem pregada[1100].

Esta célebre passagem da Primeira Carta aos Coríntios representa o ponto de partida teológico e dogmático para o desenvolvimento da conceção de pessoa coletiva:

[1096] Nasceu na região de Mésia, no Sul dos Balcãs, por volta do ano 264 e foi executado a mando de Constantino, em 325: foi Augusto do Império do Ocidente, entre 308 e 313, e Augusto do Império do Oriente, entre 313 e 324.

[1097] EMIL REICH, *Select Documents Illustrating Mediaeval and Modern History*, P. S. King, Londres, 1915, 127-129.

[1098] Sobre o conceito de pessoa coletiva no Direito romano, vide ANTÓNIO MENEZES CORDEIRO, *Tratado de Direito civil*, IV, 3ª edição, Almedina, Coimbra, 2011, 550-555; P. W. Duff, *Personality in Roman Private Law*, CUP, Cambridge, 1938; BASILE ELIACHEVITCH, *La personnalité juridique en Droit privé romain*, Recueil Sirey, Paris, 1942; RICCARDO ORESTANO, *Il "problema delle persone giuridiche" in diritto romano*, em dois volumes, contabilizando, conjuntamente, mais de 600 páginas, G. Giappichelli, Turim, 1968.

[1099] O conceito de pessoa coletiva foi muito impulsionado pelo Direito canónico, cfr., RUY DE ALBUQUERQUE, *As represálias: estudo de história do Direito português (sécs. XV e XVI)*, Vol. I, Lisboa, 1972, 399 ss.: uma análise muito profunda que atravessa os conceitos de *Corpus Christi, universitas* e a doutrina da *persona ficta* de Inocêncio IV; MENEZES CORDEIRO, *Tratado*, IV, cit., 555-557; GEORGE WILLIAM KEETON, *The Canon Law and Its Influence*, 19 Loy L Rev, 1973, 1-24, 16.

[1100] CHARLES SUMNER LOBINGIER, *Lex Christiana: the Connecting Link Between Ancient and Modern Law, Part I*, 20 Geo LJ, 1931, 1-43, 25.

De facto, o corpo é um só, mas também tem muitos membros; e no entanto, apesar de serem muitos, todos os membros do corpo formam um só corpo. Assim acontece também com Cristo. Pois todos fomos batizados num só Espírito para sermos um só corpo, quer sejamos judeus ou gregos, quer escravos ou livres. E todos bebemos de um só Espírito[1101].

A visão unitária da Igreja é seguida pelos grandes Doutores nos primórdios expansionistas do Cristianismo – pense-se nos escritos de TERTULLIANUS: "*Corpus sumus de conscientia religionis et disciplinae unitate et spei foedere*"[1102] – e pelos primeiros cristãos, organizados em pequenas comunidades, nas quais o conceito de propriedade privada foi substituído por uma conceção comunitária[1103].

À luz desta interpretação, fruto da conjugação do pensamento teológico cristão e da sistematização jurídica romanística, o período medieval viu proliferar, pela mão dos canonistas, o conceito de pessoa coletiva, denominado de *universitates* ou *collegia*. Ainda hoje figura central na organização interna da Igreja Católica[1104].

III. O conceito de pessoa coletiva adaptava-se, perfeitamente, aos problemas da Igreja: por um lado, necessitava de bens, quer para garantir a sobrevivência dos seus membros, quer para responder às carências dos fiéis desamparados[1105], e, por outro lado, a mensagem oficial de Jesus Cristo era de renúncia aos bens terrenos, estando os seus membros sujeitos a estritos votos de pobreza. A ideia de *Corpus Christianorum* permitia contornar todas estas questões: os bens pertencem à Igreja e não aos seus membros.

A posição defendida por SÃO TOMÁS DE AQUINO, que apresenta o Papa como administrador dos bens da Igreja, mas não como seu proprietário[1106],

---

[1101] 1 Cor. 12, 12-13.
[1102] QUINTUS SEPTIMIUS FLORENS TERTULLIANUS, *Apologeticum*, P. Mettayer Typographi, Paris, 1613, cap. 39.
[1103] At. 2, 44-45.
[1104] Cân. 330: "Assim como, por disposição do Senhor, S. Pedro e os outros Apóstolos constituem um colégio, de forma semelhante estão entre si unidos o Romano Pontífice e os Bispos, sucessores dos Apóstolos".
[1105] RAOUL NAZ, *Traité de Droit canonique*, Tomo III: *Lieux et temps sacrés culte divin, magistère bénéfices ecclésiastiques et biens temporels de l'église*, Letouzey et Ainé, 1946, 225: a Igreja tem o direito divino a possuir os bens temporais necessários para a prossecução dos seus fins.
[1106] TOMÁS DE AQUINO, *Suma Teologica*, IIa-IIae, p. 100, r. 7.

§ 12.º AS ORIGENS DOS *USES*: INFLUÊNCIA ECLESIÁSTICA E CANÓNICA

foi adotada como doutrina oficial da Igreja[1107]. Esta conceção canónica, assente numa separação entre o título formal e a administração e o gozo dos bens, tem ainda sido apontada como uma possível fonte dos *uses* medievais anglo-saxónicos[1108]. Ora, embora não seja possível negar, em absoluto, um aproveitamento de alguns destes aspetos no desenvolvimento e expansão do mecanismo fiduciário, já o mesmo não se pode dizer quanto a uma ascendência direta. Não basta uma proximidade conceptual, exige-se uma concordância estrutural, o que não se verifica de todo.

IV. Com esta breve exposição, pretendemos apenas sublinhar que a Igreja e o Direito canónico estavam preparados para fazer frente a toda e qualquer crítica: em termos teóricos, os bens pertenciam a Deus; e, em termos práticos, a titularidade dos direitos era detida por pessoas coletivas rudimentares, o que possibilitava contornar as limitações decorrentes dos votos de pobreza. O domínio destas doutrinas, assim como o desenvolvimento de construções jurídicas concordantes, permite-nos concluir que, pelo menos no que respeita a hipotéticas reprovações teológicas, a imagem externa da Igreja estava protegida, não necessitando os seus teóricos, consequentemente, de desenvolver novos mecanismos jurídicos.

64. Os conceitos de propriedade e de pobreza no pensamento franciscano

I. A doutrina oficial da Igreja estava muito longe de se adequar aos princípios ascéticos em que a nova ordem fundada por São Francisco de Assis se alicerçava: os votos de pobreza, transversais às restantes ordens religiosas, deveriam impor-se à sua própria estrutura organizativa. Não

---

[1107] Ainda hoje reconhecida pelo Código Canónico, cfr., Cân. 1273: "O Romano Pontífice, em virtude do primado do governo, é o supremo administrador e dispensador de todos os bens eclesiásticos".

[1108] SHAEL HERMAN, *Utilitas Ecclesiae: the Canonical Conception of Trust*, 70 Tul L Rev, 1996, 2239- -2278. Vide, ainda, dois outros artigos do mesmo autor em que a solução é revisitada, cfr., *Trusts Sacred and Profane: Clerical, Secular, and Commercial Uses of the Medieval Commendatio*, 71 Tul L Rev, 1997, 869-896 e *Utilitas Ecclesiae Versus Radix Malorum: the Moral Paradox of Ecclesiastical Patrimony*, 73 Tul L Rev, 1999, 1231-1262. Esta teoria tem vindo a ganhar alguns apoiantes, veja-se, a título meramente exemplificativo, MARIO FERRANTE, *L'apporto del diritto canonico nella disciplina delle pie volontà fiduciarie testamentarie del diritto inglese*, Giuffrè, Milão, 2008, em especial 129 ss..

eram apenas os seus membros que estavam sujeitos a rígidos votos de pobreza, também as comunidades monásticas franciscanas se deviam guiar por idênticos princípios. Toda a organização franciscana, começando pelo seu mais humilde servo até às coletividades mais proeminentes, deveria ter como único sustento a caridade e a piedade dos fiéis[1109].

Os fundamentos ascéticos pregados por São Francisco, sem paralelo nas comunidades religiosas de então[1110], foram, naturalmente, incorporados pela futura Ordem e positivados na *Regula Bullata*[1111], datada de 1221:

> A Regra e vida dos Frades menores é esta, a saber: observar o santo Evangelho de nosso Senhor Jesus Cristo vivendo em obediência, sem próprio e em castidade[1112].

A renúncia aos bens próprios é de novo sublinhada no capítulo VI da Regra:

> Os frades de nada se apropriem, nem casa, nem lugar, nem coisa alguma.

II. Apesar da sua fundamentação bíblica[1113] e da influência e pressão de São Francisco[1114], o ascetismo pregado pela Ordem Franciscana foi, durante

---

[1109] JOHN MOORMAN, *A History of the Franciscan Order: from Its Origins to the Year 1517*, Clarendon Press, Oxford, 1968, 53.

[1110] M. D. LAMBERT, *Franciscan Poverty: the Doctrine of the Absolute Poverty of Christ and the Apostles in the Franciscan Order 1210-1323*, S.P.C.K., Londres, 1961, 40: as reformas introduzidas na Ordem dos Cartuxos e na Ordem de Cister, ao longo do século XII, ficaram muito aquém dos ideais professados pelos Franciscanos. Os princípios de pobreza de São Francisco foram pregados por alguns movimentos religiosos ao longo do século XII, embora com pouca aceitação.

[1111] A primeira Regra dos Franciscanos, datada de 1209 e denominada *Regula non Bullata*, teve de ser ligeiramente alterada, de modo a ser aprovada pelo Sumo Pontífice.

[1112] A versão completa de ambas as Regras pode ser consultada no sítio da Juventude Franciscana de Portugal: http://www.jufraportugal.org/portal/index.php?option=com_content&task=view&id=21&Itemid=35.

[1113] O Capítulo I da *Regula non Bullata* era acompanhado de citações bíblicas, a título de exemplo: "Jesus disse: "Falta-te ainda uma coisa para fazer: vende tudo o que possuis", (Lc. 18, 22); ou "Jesus respondeu: "Se queres ser perfeito, vai, vende tudo o que tens"", (Mt. 19, 21).

[1114] Este ideal de pobreza é sublinhado no seu testamento *"Let the Brothers take care of that churches, humble lodgings and all other things that will be built for them are never accepted unless they are*

§ 12.º AS ORIGENS DOS *USES*: INFLUÊNCIA ECLESIÁSTICA E CANÓNICA

longos séculos, alvo de acesas polémicas dentro da Igreja Católica e no seio da própria Ordem[1115].

Os maiores ataques à doutrina franciscana tiveram lugar no âmbito das célebres disputas que opuseram os teólogos seculares da Universidade de Paris às ordens mendicantes dos Franciscanos e dos Dominicanos, durante a segunda metade do século XIII[1116]. A liderança deste movimento foi assumida por GUILLAUME DE SAINT-AMOUR[1117] que, nessa época, ocupava uma posição de destaque na Universidade de Paris[1118]. Na sua afamada obra *De periculis novissimorum temporum*, o teólogo, embora nunca mencionando o alvo das suas críticas, apontava o dedo às ordens mendicantes, referindo-se aos seus membros como hipócritas e falsos irmãos e chegando mesmo a pôr em causa a existência e a continuidade de semelhantes Ordens religiosas[1119].

---

in harmony with holy poverty, which we have promised in the Rule, always living there as strangers and pilgrims", tradução inglesa consultada in ROSALIND B. BROOKE, *The Image of St Francis: Responses to Sainthood in the Thirteenth Century*, CUP, Cambridge, 2006, 68.

[1115] A. G. LITTLE, *Studies in English Franciscan History*, Manchester University Press, Manchester, 1917, 4: enquanto alguns frades Franciscanos defendiam uma pobreza absoluta, muitos consideravam que pobreza não significava, necessariamente, penúria; MOORMAN, *A History of the Franciscan Order*, cit., 53: a posição de São Francisco chegou a ser criticada por alguns dos seus companheiros, que temiam a extinção da Ordem.

[1116] MOORMAN, *A History of the Franciscan Order*, cit., 123-154; HASTINGS RASHDALL, *The Universities of Europe in the Middle Ages*, Vol. I: *Salerno – Bologna – Paris*, Clarendon Press, Oxford, 1895, 345-392: analisa a entrada dos Franciscanos na Universidade de Paris, as disputas internas e as suas consequências; VIRPI MÄKINEN, *Property Rights in the Late Medieval Discussion on Franciscan Poverty*, Peeters, Lovaina, 2001, 19-53, 19: na origem da disputa terá estado: (1) a crescente concorrência na nomeação para as cátedras; (2) a competição por maior número de estudantes; e (3) as origens diferentes das receitas que suportavam as ordens seculares e as ordens mendicantes; GORDON LEFF, *Paris and Oxford Universities in the Thirteenth and Fourteenth Centuries. An Institutional and Intellectual History*, John Wiley & Sons, Estados Unidos da América, 1968, 39-40: de forma a controlar o poder crescente das ordens mendicantes, a Universidade emitiu um decreto limitando o número de cátedras por ordem Monástica. Passou, ainda, a exigir a aprovação da Universidade como condição para ensinar.

[1117] Nascido no ano de 1202, veio a falecer no ano de 1272, depois de ter sido condenado pelo Papa Alexandre IV e expulso de França por Luís IX. Ocupou durante dois anos (1250-1252) o desejado cargo de regente da Faculdade de Teologia da Universidade de Paris.

[1118] JAMES DOYNE DAWSON, *William of Saint-Amour and the Apostolic Tradition*, 40 Mediaeval Studies, 1978, 223-238, 227: o autor apresenta o teólogo como o pai de toda a polémica.

[1119] BERYL SMALLEY, *The Gospels in the Schools c. 1100 – c. 1280*, Hambledon Press, Londres, 1985, 201; o conteúdo dos seus escritos, contrário à posição oficial da Igreja Católica, valeu-lhe ser

As mais importantes censuras teológicas foram dirigidas ao coração da doutrina franciscana, em especial às conceções pouco ortodoxas de pobreza e de propriedade:

> Isto consta no exemplo do Senhor, que tinha bolsa conforme João 12 onde se diz que Judas era um ladrão e que carregava a bolsa; a Glosa, que refere que era "guardião da bolsa do Senhor"; e Agostinho em 12 q. 1 c. 17, "O senhor tinha uma bolsa, onde conservava as ofertas dos fiéis, assistindo-os nas suas necessidades e para os outros indigentes"[1120].

E mais à frente acrescenta:

> E porque alguns dizem que não ter nada, nem individualmente, nem em comum, é de maior perfeição que não ter nada individualmente, mas ter algo em comum, uma vez que Prosper diz em 12 q. 1 c. 13, "É apropriado que os recursos da Igreja sejam posse. E mais abaixo: "Por este facto, ele mostra que tanto que os bens individuais devem ser desprezados por causa da perfeição, e que os recursos da Igreja, que são comuns, podem ser possuídos sem ser um impedimento para a perfeição"[1121].

A defesa das ordens mendicantes foi assumida por São Boaventura de Bagnoregio[1122]. O Doutor Seráfico inspirou-se nas construções desenvol-

---

banido da Universidade e, posteriormente, excomungado, cfr., J. M. M. H. Thijssen, *Censure and Heresy at the University of Paris*, University of Pennsylvania Press, Fidalélfia, 1998, 173.

[1120] Tradução do capítulo XII da obra *De Periculis Novissimorum Temporum* in Patrícia Nascimento Calvário, *Filosofia e pobreza em Boaventura de Bagnoregio*, Faculdade de Letras da Universidade do Porto, Porto, 2009, 26. Guilherme de Santo-Amor foi fortemente apoiado pelo seu contemporâneo Gérard d'Abbeville. O teólogo defendeu que, fazendo os Franciscanos parte da Igreja e sendo a bolsa de Cristo de todos os membros da Igreja, enquanto coletividade, também a ordem mendicante era dona da bolsa: "*Si enim una totius Ecclesiae est res publica, omnes loculos habent, etsi non proprios, tamen communes cum Ecclesia, sicut et tu, cum tractares de mendicitate, dixisti, "quod ubicumque accipis, a Christo accipis' qui est Dominus rei publicae omnium Christianorum. Ista res publica sunt loculi Christi. Ergo, si Christi membrum es, cum Christo loculos habe*" in *Contra adversarium perfectionis christianae*".

[1121] Tradução do capítulo XII in Patrícia Calvário, *Filosofia e pobreza*, cit., 27.

[1122] Nascido no primeiro quartel do século XIII (1217/1221), faleceu a 15 de julho de 1274. Canonizado a 14 de abril de 1482, pelo Papa Sisto IV, foi declarado, em 1588, Doutor da Igreja.

vidas pelo Papa Gregório IX[1123], na Bula *Quo elongati*, em resposta às primeiras críticas ao pensamento franciscano, ainda durante a primeira metade do século XIII:

> Afirmamos, portanto, que não devem ter propriedades nem em comum, nem individualmente, mas a ordem faça uso dos utensílios, dos livros e dos bens móveis que lhes é lícito ter. Os irmãos podem usá-los segundo o que seja determinado pelo ministro geral ou pelos ministros provinciais, permanecendo intacta a propriedade dos lugares e das casas nas mãos daqueles a quem se sabe que pertencem[1124].

São Boaventura adota a distinção entre uso e propriedade e ajusta-a às especificidades franciscanas[1125]. Na obra *Apologia pauperum*[1126], defende a existência de quatro tipos de relações patrimoniais: propriedade, posse, usufruto e simples uso[1127]. Partindo desta distinção, São Boaventura apresenta duas premissas: (1) o cumprimento dos votos de pobreza extrema a que todos os franciscanos se sujeitam, como reflexo dos ensinamentos e da vida de Cristo, está dependente da renúncia a todo o tipo de *dominium*; e (2) das quatro dimensões de propriedade, apenas a última não pode ser objeto de renúncia, visto ser indispensável para a sobrevivência humana. Em suma, numa perspetiva patrimonial, a relação das comunidades franciscanas e dos

---

[1123] Nascido por volta do ano 1170, foi eleito a 19 de março de 1227, tendo permanecido no trono papal até à data da sua morte, a 22 de agosto de 1241.

[1124] Tradução de Patrícia Calvário, *Filosofia e pobreza*, cit., 33.

[1125] Esta construção vai, de resto, ao encontro do pensamento de São Boaventura, que via a existência da propriedade privada como uma consequência direta do pecado original, cfr., Matthew M. De Benedictis, *The Social Thought of Saint Bonaventura. A Study Philosophy*, Greenwood Press, Connecticut, 1946, 208-209.

[1126] Foi consultada a versão bilíngue latim-castelhano do compêndio editado por Bernard Aperribay, Miguel Oromi e Miguel Oltra, *Obras de San Buenaventura, Edicione Bilingüe*, Vol. VI, Biblioteca de Autores Cristianos, Madrid, 1972, 49-661. A obra foi, em parte, elaborada como resposta ao textos críticos dos teólogos da Universidade de Paris.

[1127] Gérard D'Abbevile, professor da Universidade de Paris, foi um grande crítico da construção. Como grande suporte argumentativo apontou a desconformidade da tese quando confrontada com o conteúdo do *Corpus Juris Civilis*, cfr., Mäkinen, *Property Rights*, cit., 47-53.

seus membros com bens corpóreos está circunscrita a um uso limitado das coisas dos fiéis que, voluntariamente, o permitam[1128].

Na senda da Bula *Quo elongati*, o Papa Nicolau III[1129], em 1279, confirmou, na Bula *Exiit qui siminat*, a adequação do pensamento franciscano e a separação entre *dominium* e *usus* aos ensinamentos de Cristo[1130].

III. No início do século XIV, o pensamento franciscano é alvo de profundas alterações. Primeiro internamente: os ideais ascéticos, pregados pelo seu fundador, suavizaram-se e as paupérrimas habitações que caracterizavam a Ordem foram sendo, paulatinamente, substituídas por luxuosos mosteiros[1131]. E, posteriormente, por intervenção papal externa: em 1316, a cadeira de Pedro foi ocupada por João XXII[1132], um Papa muito crítico das originalidades franciscanas. Entre os anos de 1322 a 1329, o Papa João XXII emitiu um conjunto de Bulas em que condenava as posições de São Francisco de Assis. Na Bula *Ad conditorem canonum*, de 1322, o conteúdo da bula de Nicolau III, que defendia uma separação entre o direito de propriedade e o seu uso, foi revogado. No ano seguinte, através da Bula *Cum inter nonnullos*, decretou como herética toda a doutrina que negasse que Jesus Cristo tivesse sido proprietário de bens próprios e comproprietário de bens comuns[1133]. Em 1324,

---

[1128] *Obras de San Buenaventura*, cit. Cap. XI, 5, 603-604: "*Ut igitur praefatis et his similibus cavillationibus malignis et subdolis imponatur silentium, intelligendum est, quod circa res temporales quator sit considerare, scilicet proprietatem, possessionem, usumfructum et simplicem usum; et primis quidem tribos vita mortalium possit carere, ultimo vero tanquam necessario egeat: nulla prorsus potest esse professio omnio temporalium rerum abdicans usum. Verum ei professioni, quae sponte devovit Christum in extrema paupertate sectari, condecens fuit universaliter rerum abdicare dominium arctoque rerum alienarum et sibi concesarum use esse contentam. Unde et in ipsorum Regula continetur: "Fratres nihil sibi approprient, nec domum ne locum nec aliquam rem*".

[1129] Beneditino, nasceu a 1216 e faleceu a 22 de agosto de 1280. Foi eleito a 25 de novembro de 1277, tendo sucedido ao português João XXI.

[1130] LAMBERT, *Franciscan Poverty*, cit., 141-148. Um versão bilíngue latim-inglês pode ser consultado no sítio http://www.franciscan-archive.org/bullarium/exiit-e.html.

[1131] MOORMAN, *A History of the Franciscan Order*, cit., 307.

[1132] Nascido a 1249, foi eleito a 7 de setembro de 1316 e permaneceu na Cadeira Pontifícia por quase vinte anos, até à data da sua morte, a 4 de dezembro de 1334. Teve um papel central na continuidade do Papado em Avinhão.

[1133] "*Quum inter nonnullos viros scholasticos saepe contingat in dubium revocari, utrum pertinaciter affirmare, Redemptorem nostrum ac Dominum Iesum Christum eiusque Apostolos in speciali non habuisse aliqua, nec in communi etiam, haereticum sit censendum, diversa et adversa etiam sentientibus circa illud: nos, huic concertationi finem imponere cupientes, assertionem huiusmodi pertinacem, quum scripturae*

foi promulgada a Bula *Quia quorundam* que tinha dois objetivos primários: (1) evidenciar o carácter herético das Bulas papais que apoiaram o pensamento de São Francisco de Assis; e (2) impor, aos franciscanos, a propriedade de todos os bens de que usufruíam[1134]. Por fim, na Bula *Quia vir reprobus*, datada de 1329, o mais extenso dos quatro documentos, o Papado reforça a heresia subjacente ao pensamento franciscano[1135].

65. A adaptação do pensamento franciscano à realidade jurídica da Inglaterra medieval

I. Seguindo THOMAS DE ECCLESTON, os franciscanos estabeleceram as suas primeiras comunidades, em terras inglesas, no ano de 1224[1136]. Dos nove monges que desembarcaram em Inglaterra, cinco permaneceram em Canterbury e quatro fundaram uma segunda comunidade em Londres[1137]. Imbuídos dos ensinamentos de São Francisco de Assis, os primeiros franciscanos ingleses seguiram, à risca, o voto de pobreza que juraram respeitar[1138].

Um ano volvido, a Ordem Franciscana estabeleceu uma terceira comunidade em Oxford[1139], tendo todas as propriedades, de acordo com as regras

---

sacrae, quae in plerisque locis ipsos nonnulla habuisse asserit, contradicat expresse, ipsamque scripturam sacram, per quam utique fidei orthodoxae probantur articuli quoad praemissa fermentum aperte supponat continere mendacii, ac per consequens, quantum in ea est, eius in totum fidem evacuans, fidem catholicam reddat, eius probationem adimens, dubiam et incertam, deinceps erroneam fore censendam et haereticam, de fratrum nostrorum consilio hoc perpetuo declaramus edicto".

[1134] Nesta extensa Bula, João XXII começa por identificar os nomes dos seus predecessores que, na sua visão, contribuíram para propagar uma doutrina contrária à vida e à mensagem de Jesus Cristo: Honório III, Gregório IX, Inocêncio IV, Alexandre IV e Nicolau III. Na maior parte do documento, João XXII centra-se nas Bulas de Nicolau III.

[1135] Esta última Bula está longe de consubstanciar um simples resumo das três Bulas anteriores. João XXII não só aprofunda algumas temáticas, como tem o cuidado de analisar e condenar as críticas apontadas ao seu pensamento, em parte pelos líderes da Ordem Franciscana.

[1136] *Monumenta Franciscana*, editada por J. S. BREWER, Longman, Londres, 1858, 5.

[1137] STEPHEN W. DEVINE, *The Franciscan Friars, the Feoffment to Uses, and Canonical Theories of Property Enjoyment Before 1535*, 9 J Leg Hist, 1988, 1-22, 1.

[1138] LITTLE, *Studies in English Franciscan History*, cit., 5: a vida de pobreza que levavam despertou um sentimento muito forte no povo inglês, estando na origem do sucesso e do rápido crescimento da Ordem.

[1139] *Monumenta Franciscana*, cit., 9.

a que os monges estavam sujeitos, sido transmitidas para a própria comunidade local:

> *Postea conduxerunt domum quadam in area, in qua sunt modo, a Richardo le Muliner, qui infra annum contulit aream et domum communitati villæ ad opus fratrum*[1140].

Muito embora a expressão *ad opus* esteja associada aos *uses*, não era apenas utilizada nesse contexto, pelo que não podemos concluir que a sua inclusão resulte de uma subsunção do pensamento jurídico franciscano a uma construção jurídica local e não de uma simples adaptação dos conhecimentos civis e romanísticos dos seus membros à necessidade de dar cumprimento aos mandamentos de São Francisco de Assis[1141].

Oitenta anos passados sobre o estabelecimento da comunidade franciscana em Oxford, deu entrada uma ação de reivindicação da propriedade utilizada pelos franciscanos[1142]. A Ordem e os seus membros alegaram que não eram proprietários das terras reivindicadas. A sua posição é corroborada pela vontade manifestada pelo seu benfeitor, aquando da constituição da relação:

> *We Edmund Earl of Cornwall have given and granted and by this writing confirmed for us and our heirs to the Friars Minor of Oxford ... the full use and easement ... so that after our death the said Friars may freely dispose of all the said buildings by removing them or otherwise in such wise as many seem to them expedient for their use and easement*[1143].

Uma vez mais, a documentação existente não facilita a análise da natureza jurídica da relação. Os elementos característicos do *use*, à época já conhecidos, não estão presentes. Desde logo, não é evidente a separação entre o benefício ou o efetivo uso da propriedade e o direito de propriedade *per se*.

[1140] *Monumenta Franciscana*, cit., 17.

[1141] DeVine, *The Franciscan Friars*, cit., 3: apesar de reconhecer a insuficiência de provas, não estranharia que, em resultado da sua adequação aos princípios professados pela Ordem, os Franciscanos tivessem recorrido à constituição de *uses*.

[1142] DeVine, *The Franciscan Friars*, cit., 4-7.

[1143] *Oxford v Friars Minor (Guardian of)* (1308) in Frederick William Maitland, *Year Books of Edward II*, Vol. II: *2 & 3 Edward II. A. D. 1308-09 and 1309-10*, 19 Selden Society, Bernard Quaritch, Londres, 1904, 75-76.

§ 12.º AS ORIGENS DOS *USES*: INFLUÊNCIA ECLESIÁSTICA E CANÓNICA

Repare-se, ainda, que a constituição de um uso civil representaria um sério revés para as pretensões da Ordem: sendo o uso um direito real, a sua titularidade era contrária aos princípios franciscanos[1144].

II. Tradicionalmente, como afirmado a título introdutório, os franciscanos são apresentados como os grandes divulgadores dos *uses*. Foram os primeiros que recorreram maciçamente ao instituto fiduciário anglo-saxónico; mas até que ponto contribuíram, ativamente, para o surgimento e desenvolvimento do conceito? Repare-se que, a existir, essa influência será sempre anterior ao conjunto de Bulas de João XXII[1145].

Apesar de a dicotomia canónica *dominium/usus* se enquadrar perfeitamente na separação operada pela constituição dos *uses*, o propósito subjacente às duas realidades não poderia ser mais distinto. As comunidades franciscanas não estavam verdadeiramente interessadas em constituir uma relação fiduciária. A sua única e exclusiva preocupação passava pela renúncia a qualquer direito de propriedade. De resto, como demonstra a solução encontrada pela comunidade de Oxford, os franciscanos não davam sequer relevo a que a propriedade fosse formalmente detida por alguém da sua inteira confiança; pretendiam, apenas, que esta não lhe fosse imputada. Entre a transmissão do direito de propriedade para um sujeito de inteira confiança, que zele pelos seus interesses privados, e a transmissão para uma entidade sem personalidade jurídica – a comunidade – vai um grande passo.

A estas distinções dogmáticas acresce a expansão geográfica da Ordem de São Francisco. Disseminada por toda a Europa, seria de esperar que as suas construções fiduciárias tivessem também prevalecido nos restantes países europeus, o que não sucedeu. Embora não seja de negar uma possível influência, as construções franciscanas estão longe de poder ser apresentadas como o grande motor do *trust* anglo-saxónico.

66. Jurisdição eclesiástica sobre os *uses* medievais

I. Não podemos fechar o presente capítulo sem fazer uma breve referência ao papel representado pelo Direito canónico nos séculos que se seguiram ao surgimento dos *uses* medievais. A recusa dos tribunais da *Common*

[1144] DeVine, *The Franciscan Friars*, cit., 7.
[1145] Milsom, *Historical Foundations*, cit., 203.

Law em lidar com os mecanismos fiduciários provocou um grave problema social. Num período em que a esfera de atuação da *Chancery* era puramente administrativa e burocrática, os beneficiários e os fiduciantes lesados encontravam-se numa posição muito frágil. Formalmente, a sua única solução passaria por recorrer diretamente ao monarca, com todos os inconvenientes monetários daí decorrentes,

O panorama institucional levou à forte convicção, no seio da doutrina anglo-saxónica especializada, de que, até ao desenvolvimento da dimensão jurisdicional da *Chancery*, os litígios que envolvessem *uses* estavam, simplesmente, fora do sistema jurídico[1146]. As razões que levaram à generalização desta teoria são conhecidas: por um lado, o sistema formalístico de ações nunca chegou a desenvolver nenhum *writ* específico para os *uses* e, por outro, à data, o sistema era unitário, i.e., a *Chancery* era um órgão apenas governativo e não jurisdicional.

Em resultado da importância rapidamente alcançada pelos mecanismos fiduciários, é pouco credível que, durante longos séculos e até ao surgimento do *Court of Chancery*, os beneficiários estivessem impossibilitados de recorrer a um qualquer órgão jurisdicional[1147].

II. A intransigência dos tribunais da *Common Law* nos inícios do século XVI, inúmeras vezes professada pelos próprios aplicadores,

---

[1146] AMES, *The Origin Uses*, cit., 236: ao longo dos primeiros anos do século XV encontramos diversos documentos que comprovam a constituição de *uses*, todavia, em nenhum deles é feita qualquer referência a decisões jurisprudenciais; HOLDSWORTH, *A History of English Law*, Vol. IV, cit., 432: "*In early days the relation between the feoffee to uses and the feoffor or cestuique use was of a strictly personal character*"; PLUCKNETT, *A Concise History*, cit., 578: "*So far* (inícios do século XV), *the cestui que use had no legal protection*"; BARTON, *The Medieval Use*, cit., 569: "*The original nature and scope of cestuy que use's remedy is as obscure as any other question of medieval practice, but we do know that it had one very serious limitation: the subpoena did not lie against the alienee of a feoffee*"; BEAN, *The Decline of English Feudalism*, cit., 156: "*much feoffees were bound to him by ties of friendship or loyalty, there was no certain guarantee that they would not turn against him or his family if the opportunity of their own advancement arose*"; A. D. HARGREAVES, *Equity and the Latin Side of Chancery*, 68 LQ Rev, 1952, 481-499, 489: depois de analisar, minuciosamente, um conjunto importante de casos, o autor considera que, pelo menos no início do século XV, o *cestui que use* não tinha ao seu dispor qualquer mecanismo jurídico que acautelasse a sua posição.

[1147] HELMHOLZ, *The Early Enforcement of Uses*, cit., 1503.

§ 12.º AS ORIGENS DOS *USES*: INFLUÊNCIA ECLESIÁSTICA E CANÓNICA

[S]uch a will is a declaration of the trust, to wit, a showing to the feoffee of his intention how the feoffee should act, and the feoffee is obliged in conscience to perform it. And the devisee shall have not remedy by the law to compel him to perform it[1148].

tem de ser contextualizada. Relembre-se que, nas últimas décadas do século XV e nas primeiras do século XVI, os monarcas ingleses promoveram uma série de reformas, com vista à supressão dos *uses*. Contudo, esta posição não pode, sem mais, ser estendida aos séculos precedentes. Diversos documentos, que hoje temos à nossa disposição, permitem-nos concluir que os tribunais centrais manifestaram algumas preocupações com a posição jurídica dos beneficiários dos *uses*: não, evidentemente, através da criação de um *writ* específico, o que, de resto, lhes estava vedado, mas permitindo a utilização de fórmulas que poderiam, indiretamente, ser invocadas e aplicadas[1149].

Na viragem do século XIV para o século XV, era bastante usual os beneficiários recorrerem a um *writ* denominado *action of account*. Desenvolvido no segundo quartel do século XII[1150], e com um campo de aplicação originariamente circunscrito, o *writ of account* veio a assumir, primeiro com o *Statute of Marlborough*[1151] e, posteriormente, com *Statute of Westminster II*[1152], uma dimensão muito considerável. Em termos sucintos, o *writ*, na vertente aqui relevante[1153], possibilitava aos herdeiros, a partir do momento em que perfizessem 14 anos, exigir a entrega judicial dos bens que, até então, se encon-

---

[1148] *Re, Lord Dacree of the South* (1535) in JOHN HAMILTON BAKER, *The Reports of Sir John Spelman*, 93 Selden Society, Selden Society, Londres, 1977, 228-230, 229.

[1149] BIANCALANA, *Medieval Uses*, cit., 145-149.

[1150] EDMUND O. BELSHEIM, *The Old Action of Account*, 45 Harv L Rev, 1931, 466-500.

[1151] C. 23: "*It is Provided also, That if Bailiffs, which ought to make Account to their Lords, do withdraw themselves, and have no Lands nor Tenements whereby they may be distrained; then they shall be attached by their Bodies; so that the Sheriff, in whose Bailiwick they be found, shall cause them to come to make their Account*".

[1152] C. 11: "*Concerning Servants, bailiffs, Chamberlains and all Manner of Receivers, which are bound to yield Accompt, It is agreed and ordained, That when the Masters of such Servants do assign Auditors to take their Accompt, and they be found in Arrearages upon their Bodies shall be arrested*".

[1153] Uma análise das diversas situações possíveis pode ser consultada em GILES JACOB e T. E. TOMLINS, *The Law-Dictionary: Explaining the Rise, Progress, and Present State, of the English Law; Defining and Interpreting the Terms or Words of Art; and Comprising Copious Information on the Subjects of Law, Trade, and Government*, Vol. I, primeira edição estado-unidense da primeira edição inglesa, I. Riley, Nova Iorque, 1811, 24-27.

trassem na total disponibilidade do tutor[1154]. O paralelismo entre a relação de tutela e a relação fiduciária, conjugado com uma certa flexibilidade, permitia a apresentação do *writ of account* no caso de o fiduciário não transmitir os bens para o infante, como acordado. Todavia, e apesar de esta opção processual ter resultado em alguns casos de sucesso, a ação apenas poderia ser proposta para relações enquadráveis no conceito de *tenure in socage*, não podendo, consequentemente, ser invocada nos casos mais propícios de originar litígios: *tenures in fee*[1155].

Também as clássicas ações reais podiam, dependendo do preenchimento de alguns requisitos, ser utilizadas. Os passos processuais são facilmente explicáveis: o *cestuis que use* invocava a natureza condicional da transmissão do direito de propriedade o que, teoricamente, comprovava a "superioridade" da sua posição jurídica. Contudo, uma vez mais, a solução estava longe de ser perfeita. Apenas os morgados do *feoffor* poderiam alegar uma maior proximidade. De fora ficavam todos os descendentes não primogénitos e os bastardos[1156].

III. Ao contrário do verificado para a organização jurisdicional central, os tribunais eclesiásticos estavam, em pleno século XIII, perfeitamente organizados e estruturados[1157]. A Igreja representava, assim, um sério obstáculo

---

[1154] ANTHONY FITZHEBERT, *The New Natura Brevium of the Most Reverend Judge, Mr Anthony Fitz--Herbert. Whereunto are Added, the Authorities in Law, and some other Cases and Notes collected by the Translator of the Year-Books and Abridgments. With a New and Exact Table of the most Material Things Contained Therein*, 6ª edição, Eliz. Nutt, and R. Goslings, Londres, 1718f. 118, 260-261; BELSHEIM, *The Old Action of Account*, cit., 476.

[1155] Y.B. Mich. 2 Hen. IV, f.12, pl.50 (1400): a defesa do réu centrou-se, essencialmente, no facto de o *de cujus* não ser um *tenant in socage*; Y.B. Mich. 10 Hen. VI, f.7, pl.21 (1431): o tribunal coloca a pedra de toque não na natureza da tutela, mas no tipo de *tenure* a que o *de cujus* estava sujeito. Alguns *Year Books* podem ser consultados no sítio http://www.bu.edu/law/seipp/.

[1156] BARTON, *The Medieval Use*, cit., 566; BIANCALANA, *Medieval Uses*, cit., 147; BEAN, *The Decline of English Feudalism*, cit., 160.

[1157] DAVID MILLON, *Select Ecclesiastical Cases From the King's Courts 1272-1307*, 126 Selden Society, Selden Society, Londres, 2009, xiv; RICHARD H. HELMHOLZ, *Marriage Litigation in Medieval England*, CUP, Cambridge, 1974, 1: o autor inicia a sua tese de doutoramento por referir que, apesar de o sistema estar, em teoria, bem estruturado, na prática revelava-se bastante lacunoso. Este período é igualmente marcado por enormes avanços substantivos, fruto de uma crescente capacidade legislativa. A partir de então, a promulgação de decretos papais passa a ser bastante comum. A esta prática acrescente-se os inúmeros cânones introduzidos no Quarto Concílio de

§ 12.º AS ORIGENS DOS *USES*: INFLUÊNCIA ECLESIÁSTICA E CANÓNICA

às pretensões hegemónicas dos monarcas ingleses. Teoricamente, os diferentes tribunais – feudais, locais, reais e eclesiásticos, apenas para citar os mais relevantes – tinham competências próprias e delimitadas. Contudo, à época, as questões temporais e espirituais estavam estreitamente relacionadas, não sendo claro que questões estavam apenas sujeitas aos tribunais dos homens[1158].

A jurisdição da Igreja era vastíssima. Para além dos tradicionais ramos abrangidos pelo Direito canónico, como os casos paradigmáticos da sucessão testamentária[1159] e dos litígios matrimoniais[1160], os tribunais eclesiásticos eram, ainda, chamados a dirimir litígios comerciais, os denominados *laesio fidei*, nos quais o promitente se recusava a cumprir o contrato concluído[1161],

---

Latrão, 1215, e nos Primeiro e Segundo Concílios de Lyon, 1245 e 1274, respetivamente, cfr., JAMES A. BRUNDAGE, *Medieval Canon Law*, Longman, Londres, 1995, 165.

[1158] ROBERT NORMAN SWAN, *Church and Society in Late Medieval England*, Basil Blackwell, Oxford, 1989, 140; MARTIN INGRAM, *Church Courts, Sex and Marriage in England, 1570-1640*, CUP, Cambridge, 1987, 27: a que acrescia uma sobreposição de competências.

[1159] THOMAS E. ATKINSON, *Brief History of English Testamentary Jurisdiction*, 8 Mo L Rev, 1943, 107-128, 112: o autor aponta o reinado de *Henry III* como um período de forte crescimento e consolidação da jurisdição eclesiástica sobre matérias sucessórias; RICHARD H. HELMHOLZ, *Ligitim in English Legal History*, U Ill L Rev, 1984, 659-674, 672: a competência jurisdicional da Igreja não pode ser generalizada. Relembre-se que todas as questões que envolvessem bens imóveis, mesmo no âmbito sucessório, eram da exclusiva competência dos tribunais do Rei.

[1160] HELMHOLZ, *Marriage Litigation*, cit., 25: a grande maioria dos litígios respeitavam à execução judicial de contratos de casamento não voluntariamente cumpridos; FREDERIK PEDERSEN, *Marriage Disputes in Medieval England*, Hambledon Press, Londres, 2000, 177: o autor chama atenção para o facto de a resolução de litígios matrimoniais não estar exclusivamente debaixo da alçada da Igreja.

[1161] EDWARD FRY, *Specific Performance and Laesio Fidei*, 5 LQ Rev, 1889, 235-241, 241: os tribunais eclesiásticos parecem ter representado um papel primário na resolução de litígios que envolviam a quebra de juramentos; RICHARD H. HELMHOLZ, *The Oxford History of the Laws of England, Vol. I: The Canon Law and Ecclesiastical Jurisdiction from 597 to the 1460s*, OUP, Oxford, 2004, 361: os tribunais da Igreja eram alheios a questões comerciais ou mesmo obrigacionais; a ação tinha como objeto a quebra de promessas professadas; FREDERICK POLLOCK, *Contracts in Early English Law*, 6 Harv L Rev, 1893, 389-404, 398: a competência concorrencial, por parte dos tribunais seculares, não parece ter consubstanciado um obstáculo à apresentação deste tipo de ações junto dos tribunais eclesiásticos. De resto, esta modalidade representava uma percentagem muito elevada de todos os casos que aí davam entrada, cfr., RICHARD H. HELMHOLZ, *Ecclesiastical Lawyers and the English Reformation*, 3 Ecc LJ, 1995, 360-370, 361.

litígios civis, pense-se nos casos de difamação[1162], e litígios criminais, com especial vocação para violações, incestos e outros tipos de crimes sexuais[1163]. A competência dos tribunais eclesiásticos estendia-se, muitas vezes, a áreas que lhe estavam legalmente vedadas[1164].

Conquanto os tribunais centrais estivessem muito bem apetrechados, quando comparados com os tribunais locais[1165], a organização dos tribunais eclesiásticos e os conhecimentos jurídicos dos seus juízes eram insuperáveis[1166]. A profissionalização da Igreja, que, só por si, tornava os seus tribunais muito apelativos, apresentava-se como uma solução bastante válida para todos os sujeitos que, por qualquer razão, não conseguissem ver as suas pretensões atendidas pelos tribunais comuns.

IV. POLLOCK e MAITLAND foram os primeiros autores a avançar uma possível competência eclesiástica sobre os *uses* medievais[1167]. Contudo, sem documentos que comprovassem essa interferência, a tese manteve-se, durante quase todo o século XX, como uma simples suposição, cuja credibilidade decorria da extensão do Direito canónico.

Apenas no início do último quartel do século passado foram descobertas provas da competência jurisdicional da Igreja. Os registos da diocese de Canterbury comprovam que, pelo menos desde o século XIV, o tribu-

---

[1162] A ligação entre os tribunais eclesiásticos e a ofensa de difamação remonta à origem da tipificação do litígio. A *Constitution of the Council of Oxford*, 1222, que positivou o delito de difamação, estabeleceu como sanção a excomunhão do difamador, cfr., RICHARD H. HELMHOLZ, *Select Cases on Defamation to 1600*, 101 Selden Society, Selden Society, Londres, 1985, xiv ss..

[1163] HELMHOLZ, *The Oxford History*, Vol. I, cit., 599; RICHARD H. HELMHOLZ, *Crime, Compurgation and the Courts of Medieval Church*, 1 Law & Hist Rev, 1983, 1-26, 9: os tribunais eclesiásticos foram ainda, por diversas vezes, chamados a intervir em casos de roubo e de furto.

[1164] Vide, em geral, CHARLES DONAHUE JR., *Roman Canon Law in the Medieval English Church: Stubbs vs Maitland Re-examined After 75 Years in the Light of Some Records from the Church Courts*, 72 Mich L Rev, 1974, 647-716 e RICHARD H. HELMHOLZ, *Debt Claims and Probate Jurisdiction in Historical Perspective*, 23 Am J Legal Hist, 1979, 68-82.

[1165] HELMHOLZ, *The Oxford History*, Vol. I, cit., 207.

[1166] L. R. POOS, *Lower Ecclesiastical Jurisdiction in Late-Medieval England: the Courts of the Dean and Chapter of Lincoln, 1336-1349 and Deanery of Wisbech, 1458-1484*, OUP, Oxford, 2001, xii; HELMHOLZ, *The Oxford History*, Vol. I, cit., 207.

[1167] *History of English Law*, Vol. II, cit., 232.

§ 12.º AS ORIGENS DOS USES: INFLUÊNCIA ECLESIÁSTICA E CANÓNICA

nal eclesiástico local foi chamado a intervir em litígios fiduciários[1168]. Apesar de os dados disponíveis não nos permitirem concluir, categoricamente, por uma competência generalizada[1169], representam um forte indício da intervenção do Direito canónico na expansão e estruturação dos *uses* medievais.

[1168] HELMHOLZ, *The Early Enforcement of Uses*, cit.: artigo pioneiro no estudo da temática. Curiosamente, a questão não mereceu a atenção que seria expectável. Vide, ainda, do mesmo autor, *Trusts in the English Ecclesiastical Courts 1300-1400* in *Itinera Fiduciae*, cit., 153-172 e STEPHEN W. DEVINE, *Ecclesiastical Antecedents to Secular Jurisdiction Over the Feoffment to the Uses to be Declared in Testamentary Instructions*, 30 Am J Legal Hist, 1986, 295-320.
[1169] MILSOM, *Historical Foundations*, cit, 202.

§ 13.º A INFLUÊNCIA ROMANA

67. Influência transversal: breve recapitulação

I. Após um período marcado pela negação da influência romana, fruto dos ideais nacionalistas e da suposta independência que sempre caracterizou a cultura e a sociedade inglesa[1170], é hoje pacificamente aceite que o Direito romano teve uma influência muito significativa no período formativo da *Common Law*[1171]. Ao longo da nossa investigação, já por inúmeras vezes sublinhámos a relevância do Direito romano na formação da *Common Law*. Recapitule-se: (1) o Direito ensinado nas universidades inglesas era o romano e o canónico, numa tradição iniciada em meados do século XII,

---

[1170] PLUCKNETT, *The Relations*, cit., 24-50: o autor faz referência às obras clássicas defensoras de uma influência mínima e circunscrita.

[1171] CHARLES P. SHERMAN, *The Romanization of English Law*, 23 Yale LJ, 1914, 318-329, 323: as fontes romanísticas medievais eram conhecidas e dominadas pelos juristas ingleses, à imagem do que se verificava na Europa continental; FRITZ PRINGSHEIM, *The Inner Relationship Between English and Roman Law*, 5 CLJ, 1935, 347-365, 349: a introdução do Direito romano no século XII é inegável; PLUCKNETT, *The Relations*, cit., 41: os inícios do século XIV marcam o período de maior influência romana; o autor explora, de forma sucinta mas esclarecedora, a influência romanística desde a conquista de Claudius. Termina com umas pequenas linhas sobre a ascendência universal do Direito romano. Alguma doutrina considera, ainda, que as semelhanças entre os dois sistemas são fruto de uma identidade cultural e social; não resultam de uma influência direta: ALAN WATSON, *Roman Law and English Law: Two Patterns of Legal Development*, 36 Loy L Rev, 1990, 247-268; PETER G. STEIN, *Roman Law, Common Law, and Civil Law*, 66 Tul L Rev, 1992, 1591-1603; OBRAD STANOJEVIC, *Roman Law and Common Law – A Different Point of View*, 36 Loy L Rev, 1990, 269-274.

com a chegada de VACARIUS a Oxford[1172]; (2) no primeiro grande tratado inglês – *Glanvill* –, a influência romanística é visível na introdução de conceitos jurídicos até então desconhecidos[1173]; (3) no grande tratado medieval inglês – *Bracton* –, a influência romana impõe-se em todo o espectro jurídico, mesmo no âmbito do sistema formalístico de ações[1174]; e (4) as construções desenvolvidas ou absorvidas pelo *Court of Chancery* – entre as quais se destaca o *trust* – são fruto das conceções jurídicas dos *Chancellors*, canonistas e romanistas de formação[1175].

Estes elementos são, só por si, suficientes para indiciar, se não mesmo para concluir, pela ascendência do Direito romano no instituto do *trust*. Impõem-se, porém, algumas breves considerações. Sublinhe-se que, à data em que o *trust* foi desenvolvido, os textos de GAIUS ainda não tinham sido descobertos, pelo que o influxo da fidúcia é pouco provável.

II. A apelação às construções romanas, pelos juristas anglófonos clássicos, deve ser encarada como uma solução de recurso, mais focada nas hipotéticas semelhanças entre os dois institutos do que numa influência direta, reconhecida e comprovada. Durante o século XVII e o século XIX, sendo semelhante argumentação aplicável a algumas obras mais recentes, ao apresentar uma série de construções romanísticas, em especial o *fideicommissum*, como estando na origem do *trust*, a doutrina parece estar a socorrer-se de mecanismos que conhece e domina. Poucos são os juristas que, ao apontar esta ascendência, a fazem acompanhar de uma análise histórica ou comparatística. Em não poucas obras, os autores limitam-se a apresentar a influência do *fideicommissum* como um dado adquirido. Tudo se apresenta como se se pretendesse atribuir ao *trust* a dimensão dogmática e sistemática do Direito romano[1176]. Embora criticável, a solução é natural: como resultado das insuficiências da *Common Law*, os juristas ingleses viram-se obrigados a recorrer ao Direito romano.

[1172] Número 9/V.
[1173] Número 9/VI.
[1174] Número 19.
[1175] Número 23/V.
[1176] MACNAIR, *The Conceptual Basis*, cit., 214.

§ 13.º A INFLUÊNCIA ROMANA

68. Influência romana na origem do *trust*

I. A identificação de uma certa proximidade entre o *use/trust* anglo-saxónico e o *fideicommissum* romano remonta à primeira monografia dedicada ao instituto fiduciário inglês: BACON apresenta o *use* como um *dominium fiduciarium* e reconhece a identidade entre as duas figuras: inicialmente, ambas não seriam merecedoras de proteção jurídica[1177]. Porém, em nenhum momento, pelo menos de forma clara, nos diz que o *fideicommissum* teve um qualquer papel na formação substantiva do *trust*. Esta posição foi adotada por LORD NOTTINGHAM, que também põe em evidência a proximidade entre as duas construções: o *trust* é um *dominium fiduciarium*[1178]. Contudo, uma vez mais, não é feita qualquer referência a uma possível ascendência originária.

A receção do instituto apenas foi avançada, já no final do século XVIII, por BLACKSTONE. O ilustre jurista defendeu a introdução da figura, em terras inglesas, por eclesiásticos que pretendiam contornar as limitações impostas pelo *Statute of Mortmain*[1179]. Esta posição fez rapidamente escola entre os juristas britânicos[1180].

De resto, foi precisamente no século das luzes que brotaram diferentes doutrinas sobre uma possível influência romana direta. À teoria do *fideicommissum*, professada por BLACKSTONE e pelos seus seguidores, juntaram-se outras: GILBERT remete as origens dos *uses* para o *usufructus* – "*which allows of an usufructuary Possession, distinct from the Substance of the Thing it self*"[1181] – e BALLOW para o *depositum* – utiliza as expressões como sinónimo: "*Depositum or Trust*"[1182].

A primeira documentação existente, que comprova a constituição de *uses*, data do princípio do século XIII, sendo, portanto, contemporânea do ressur-

---

[1177] *The Reading*, cit., 8, 19.
[1178] "*Manual of Chancery Practice*", cit., 236 e 252.
[1179] *Blackstone's Commentaries*, Vol. II, cit., 270 [328].
[1180] CRUISE, *A Digest of the Laws of England*, Vol. I, cit., 393; MINOR e WURTS, *The Law of Real Property*, cit., 347; BURDICK, *Handbook of the Law of Real Property*, cit., 296, nota 10: o autor reconhece algumas semelhanças entre os institutos; ARMOUR, *Treatise on the Law of Real Property*, cit., 385: o conceito romanístico foi transplantado para Inglaterra; ALEXADER, *Commentaries on the Law of Wills*, Vol. I, cit., 10-11: o embrionário sistema da *Common Law* não conseguiria conceber um direito sobre um bem imóvel que não estivesse interligado com o conceito de propriedade, pelo que a influência romanística na formação dos *uses* é incontestável.
[1181] *The Law of Uses and Trusts*, cit., 3.
[1182] *A Treatise of Equity*, Vol. II, cit., 7.

gimento do estudo do Direito romano na Europa Ocidental. Em abstrato, qualquer uma das três teorias é, assim, defensável.

II. Não é nossa intenção iniciarmos uma análise aprofundada sobre cada um dos negócios romanos, tanto mais que os três, em especial o *fideicommissum*, têm sido amplamente estudados pela doutrina nacional[1183]. Limitar-nos-emos a apresentar, de forma sucinta, os pontos de contacto entre as diferentes figuras e o *trust*.

Quanto ao *fideicommissum*, a primeira grande parecença é de natureza histórica: inicialmente, não tinha força jurídica; ao testador e ao fideicomissário restava-lhes confiar na palavra do fiduciário[1184]. De modo idêntico ao verificado para os *trusts*, cuja resolução de litígios estava concentrada na mão do *Chancelor*, também as desavenças que envolvessem fideicomissos estavam sujeitas à jurisdição do pretor *fideicommissarius*[1185]. Estruturalmente, as

---

[1183] Para além das obras gerais de Direito romano e de Direito civil, que se focam na dimensão histórica dos institutos, vide: Ernesto Hintze Ribeiro, *Dos fideicomissos no Direito civil moderno: commentario aos artigos 1866 a 1874 do Código Civil portuguez*, Imprensa da Universidade, Coimbra, 1872, 11-51: apesar de centenária, é nesta obra que se encontra uma análise histórica mais completa e aprofundada. Na segunda metade da década de 40 do século passado, registou-se um *boom* de estudos sobre a temática na Faculdade de Direito de Lisboa. Contabilizámos, pelo menos, seis teses de licenciatura dedicadas aos fideicomisso, todas elas tocando, com maior ou menor cuidado, na dimensão histórica do instituto romano, cfr., Licínio Castro Caeiro, *Do regime jurídico das substituições fideicomissárias*, dissertação de licenciatura em Ciências Jurídicas, V ano, FDL, Lisboa, 1943-1944, 32-35; Emílio de Melo Coulvier, *Das substituições fideicomissárias (dissertação de licenciatura)*, Curso Complementar de Ciências Histórico-Jurídicas, FDL, Lisboa, 1945/46, 14-17; Manuel Linhares de Andrade, *Dos fideicomissos regulares no Código Civil português*, dissertação de licenciatura em Ciências Jurídicas, FDL, Lisboa, 1945-1946, 2-4; João Gouveia Ferrão, *Fideicomisso no Código Civil, Direito sucessório*, dissertação de licenciatura na Faculdade de Direito (Curso de Ciências Jurídicas), FDL, Lisboa, 1947-1948, 6-13; Maria José Lobo Brandão, *Das substituições fideicomissárias*, Curso Complementar de Ciências Jurídicas, FDL, Lisboa, 1947-1948, 17-23 e Manuel Sancho Uva, *Das substituições fideicomissárias*, dissertação de licenciatura em Ciências Jurídicas, FDL, Lisboa, 1948-1949, 6-9; usufruto: Fernando Teixeira Dias, *Do usufruto*, Imprensa da Universidade, Coimbra, 1917: embora não dedique um capítulo exclusivamente ao Direito romano, o autor faz constantes referências históricas. Quanto ao depósito, vide António Santos Justo, *O depósito no Direito romano: algumas marcas romanas no Direito português* in *O sistema contratual romano: de Roma ao Direito actual*, Faculdade de Direito da Universidade de Lisboa, Coimbra, Coimbra, 2010, 21-73.

[1184] I. 2.23.1.

[1185] I. 2.23.1.

§ 13.º A INFLUÊNCIA ROMANA

duas figuras estão bastante próximas. Ambas agregam três sujeitos distintos – apesar de no *trust* poderem, em parte, coincidir – *settlor*/testador; *trustee*/fiduciário; e beneficiário/fideicomissário. Também no que respeita aos bens constituídos em *trust* e aos bens deixados em fideicomisso, existe uma correspondência parcial: o sistema inglês não parece acompanhar o romano no que respeita à constituição de *uses/trusts* que tivessem como objeto pessoas (escravos)[1186]. A proximidade das soluções jurídicas mantém-se na proteção concedida a ambos os beneficiários. O fideicomissário poderia recorrer a uma ação *in rem* como forma de proteger os seus interesses contra terceiros e contra o fiduciário[1187].

A grande diferença entre o instituto fiduciário romano e o anglo-saxónico reside na circunscrição do *fideicommissum* ao Direito sucessório. O *fideicommissum* é uma disposição *mortis causa*. Em nenhum sistema civilístico romano a figura evoluiu para lá das suas origens testamenteiras. Ora, apesar de um número substancial de *trusts* ser atualmente constituído por testamento, os primeiros *uses* eram-no em vida. Pense-se no caso paradigmático do peregrino que partia para a Terra Santa. Acresce que estas relações primitivas estavam muito longe de alcançar o nível de complexidade do instituto romano. Embora não seja possível afirmar, em absoluto, que os *uses* não derivam de uma simplificação do *fideicommissum*, essa solução não só nos parece muito rebuscada e sofisticada, como também impossível de demonstrar. Os dados históricos de que dispomos apontam para uma origem bastante mais modesta.

A figura do usufruto está bem documentada no *Corpus Juris Civilis* – em especial no Livro VII do Digesto –, pelo que as diferenças entre os dois negócios são facilmente identificáveis. A estrutura tripartida, que aproxima o *trust* do fideicomisso, não tem paralelo no usufruto, o que fragiliza a solução. Apesar de a natureza jurídica da posição do usufrutuário partilhar algumas semelhanças – p.e.: possibilitava-lhe fazer valer os seus interesses contra terceiros –, as diferenças entre as duas realidades são substanciais. Sublinhe--se, porém, que alguns dos *uses* primitivos constituídos em vida poderiam

---

[1186] I. 2.24. O facto de não termos tido acesso a nenhum documento que comprove a utilização de *uses* com fins similares não é, porém, suficiente para afastar essa hipótese por completo. Por vezes os senhores recorriam à figura do executor testamentário para alforriar os seus servos, cfr., Paulo Merêa, *Sobre as origens do executor testamentário* in *Estudos de Direito hispânico medieval*, Tomo II, Universidade de Coimbra, Coimbra, Coimbra, 1953, 1-45, 6.
[1187] C. 6.43.1-2.

ser equacionados, pelo menos em parte, por recurso ao regime romano[1188]. Sublinhe-se que, durante a Idade Média, propagaram-se, por toda a Europa, duas figuras jurídicas paralelas que também poderiam, em casos particulares, fazer a vez dos *uses*: doação *post obitum* e *reservato usufructu*[1189].

Estes dados não são, contudo, suficientes para se considerar que o usufruto esteve na origem do *use*. A pedra de toque terá sempre de ser colocada na estrutura interna tripartida.

A solução de BALLOW – *depositum* – também não parece ter razão de ser. Este contrato caracteriza-se pela simples entrega de um bem a uma pessoa de confiança, que o manterá na sua esfera jurídica até à verificação da condição estipulada ou até que o proprietário exija a sua entrega[1190]. O direito de propriedade não sai da esfera jurídica do depositante: *"Rei depositae proprietas apud deponentem manet"*[1191]. Por fim, note-se que a estrutura tripartida característica do *use/trust* não se encontra no depósito.

III. O grande óbice à aceitação da solução romanística não reside tanto nas diferenças pontuais entre as dissemelhantes figuras romanas – *fideicomissum*, *usufructus* e *depositum* –, já por si assinaláveis, mas na sua não utilização no período formativo dos *uses/trusts*. Nenhuma das três relações é mencionada pelos tribunais ingleses. A aproximação conceptual resulta de um processo comparatístico posterior, iniciado em meados do século XVIII e apenas de forma ligeira. Uma efetiva influência, a existir de facto, teria emergido desde os primórdios do instituto fiduciário anglo-saxónico, o que, manifestamente, não se verificou.

69. O *fideicommissum* nos sistemas mistos

I. O facto de se afigurar improvável que o fideicomisso esteja na origem dos *uses* não significa, evidentemente, que o mecanismo não possa ter contribuído, ativamente, para a sua conceptualização. Todavia, essa preponderância substantiva não é identificável no desenvolvimento do instituto fiduciário

---

[1188] MACNAIR, *The Conceptual Basis*, cit., 216.
[1189] Vide nota 1673.
[1190] D. 16.3.1pr.
[1191] D. 16.3.17.1.

§ 13.º A INFLUÊNCIA ROMANA

em terras inglesas ou, pelo menos, esse dado não é exteriorizado pelos seus construtores, tanto a nível jurisprudencial, como doutrinário.

A realidade inglesa, fruto, porventura, do pragmatismo que tende a caracterizar o seu Direito, não é acompanhada por outros sistemas que reconhecem, internamente, o instituto fiduciário anglo-saxónico. Vejamos, de forma sucinta, o papel ocupado pelo *fideicommissum* no desenvolvimento do *trust* em alguns dos sistemas mistos clássicos: Escócia, África do Sul e Luisiana.

II. A proximidade geográfica entre a Escócia e a Inglaterra e a união das duas coroas, nos inícios do século XVIII, tornaram o Direito escocês muito permeável às construções inglesas[1192].

Na sua obra clássica – *The Institutions of the Law of Scotland* –, pela primeira vez publicada em 1681, JAMES DALRYMPLE, o 1.º Visconde de Stair, compara, repetidamente, o *fideicommissum* romano ao *trust*[1193]. Se por acreditar verdadeiramente numa comunhão conceptual ou por, simplesmente, pretender atribuir maior densidade dogmática à construção, não é, todavia, evidente[1194].

O facto de, pelo menos desde os primórdios do século XVIII, os tribunais escoceses terem reconhecido as diferenças conceptuais entre as duas figuras[1195] não impediu os mais altos magistrados da nação de recorrerem, em pleno século XX, ao instituto romano, como forma de resolver litígios que envolviam situações em tudo reconduzíveis ao *trust*[1196].

A influência romanística só terá sido definitivamente afastada com a entrada em vigor do *Trusts Act*, 1921. Tal não significa que o instituto fiduciário escocês não contenha, ainda hoje, elementos cujas origens remontem ao *fideicommissum*, pelo contrário.

III. Após ultrapassar as tormentas do Cabo da Boa Esperança, Bartolomeu Dias desembarcou, em maio de 1488, nas terras hoje pertencentes à Repú-

---

[1192] Quanto à influência da *Common Law* no Direito escocês, vide nota 3.
[1193] *The Institutions of the Law of Scotland, Deduced from its Originals, and Collated with the Civil, Canon and Feudal Laws, and with the Customs of Neighbouring Nations. In IV Books*, 2ª edição, printed by the Heir of Andrew Anderson, Edimburgo, 1693, 3.4.15, 434: *"Trust or Fidei commißas"*; 4.45.21, 713: *"But Trust properly, is, that which the Law calleth Fidei commissum"*.
[1194] GRETTON, *Scotland*, cit., 507-542, 517.
[1195] GRETTON, *Scotland*, cit., 517.
[1196] *M'Caig v University of Glasgow (No.2)* (1907) SC 231-249, [LORD KYLLACHY] 244: *"Or (to put the same question in a perhaps simpler form), supposing the trust-disposition here had been in favour of the pursuer (the truster's heir), but burdened (like a Roman fidei commissum) with an obligation"*.

blica Sul Africana. Mais de um século e meio passado sobre a descoberta do caminho marítimo para a Índia, Jan van Riebeck fundou, em 1652, em nome da Companhia das Índias Orientais holandesa, um interposto comercial, com o objetivo de reabastecer os navios que percorriam a enorme distância que mediava a Europa e a Ásia. Esta feitoria deu origem, posteriormente, à Cidade do Cabo, motor da nova colónia europeia e que rapidamente se expandiu para as férteis terras circundantes. Desde essa data, e até à derrota dos colonos holandeses pelas tropas imperiais inglesas nas duas Guerras dos Bóeres, vigorou, em terras sul-africanas, um Direito de base romanística[1197].

Apesar do domínio inglês e da receção da *Common Law*, o Direito sul-africano manteve muitas das construções civilísticas que passaram a coabitar com as "novas" figuras britânicas, contando-se, entre elas, o multifacetado *trust*[1198]. Confrontados com novas realidades jurídicas, e sem qualquer apoio legislativo, os tribunais sul-africanos viram-se obrigados a recorrer às figuras romanas que dominavam, como forma de dirimir os litígios que envolviam relações jurídicas até há pouco desconhecidas. As proximidades entre o *fideicommissum* e o *trust* ditaram o tratamento dado ao instituto fiduciário anglo-saxónico[1199]. Na incontornável decisão *Estate Kemp v McDonald's*, datada de 1915, a mais alta instância jurisprudencial sul-africana pôs em evidência esta relação:

> *[A] testamentary trust is the phraseology of our law a fideicommissum and a testamentary trustee may be regarded as covered by the term fiduciary*[1200].

IV. Com um sistema jurídico de influência hispânica[1201], francesa[1202] e anglo-saxónica[1203], o Direito da Luisiana é a prova viva da possível harmonização do *trust* num sistema de raiz civilística. Mas nem sempre assim foi. Ini-

---

[1197] ROGER B. BECK, *The History of South Africa*, Greenwood Press, Estados Unidos das América, 2000.

[1198] Quanto à evolução histórica do Direito sul-africano, vide nota 5.

[1199] HAHLO, *The Trusts in South African Law*, cit..

[1200] MARIUS J. DE WAAL, *The Core Elements of the Trust: Aspects of the English, Scottish and South African Trusts Compared*, 117 S African LJ, 2000, 548-571, 556.

[1201] RODOLFO BATIZA, *The Influence of Spanish Law in Louisiana*, 33 Tull L Rev, 1958, 29-34.

[1202] JOHN T. HOOD, JR., *The History and Development of the Louisiana Civil Code*, 19 La L Rev, 1958, 18-33.

[1203] SAMUEL B. GRONER, *Louisiana Law: Its Development in the First Quarter-Century of American Rule*, 8 La L Rev, 1948, 350-382.

cialmente, o ordenamento jurídico do Estado da Luisiana não reconhecia o instituto fiduciário inglês. Curiosamente, a não validade da relação decorria da sua proximidade com a figura romana *fideicommissum*[1204]. Vejamos.

O disposto no artigo 1520.° no Código Civil da Luisiana, após a revisão de 1870 (*Revised Civil Code of the State of Louisiana*), estabelecia que:

> *Substitutions and fidei commissa are and remain prohibited.*
>
> *Every disposition by which the done, the heir, or legatee is charged to preserve for or to return a thing to a third person is null, even with regard to the done, the instituted heir or the legatee.*
>
> *In consequence of this article the trebellianic portion of the civil law, that is to say, the portion of the property of the testator, which the instituted heir had a right to detain, when he was charged with a fidei commissa or fiduciary bequest, is no longer a part of our law.*

Este preceito foi interpretado, pela jurisprudência de então, como vedando, igualmente, a constituição de *trusts*[1205]. Tal conceção permaneceu durante todo o século XIX e início do século XX[1206]. Apenas em 1920, com a entrada em vigor do *Louisiana Act 107*, o instituto fiduciário foi reconhecido no território estadual[1207]. Repare-se que, mesmo após a positivação do *trust*,

---

[1204] JOHN H. TUCKER JR., *Substitutions, Fideicommissa and Trusts in Louisiana Law: a Semantical Reappraisal*, 24 La L Rev, 1964, 439-502.

[1205] *Clague's Widow v Claugue Executors*, 13 La 1-8, (La 1838) [MARTIN J] 6: à época artigo 1507.°; "*Such a disposition is indeed a fidei commissum or trust, which the law forbids*"; *Succession of Franklin*, 7 La Ann 395-440, (La 1852) [EUSTIS CJ] 418: "*to introduce the English trust estate, in opposition to the positive prohibition of the code and the established jurisprudence on that subject*".

[1206] *Re, Courtin*, 144 La 971-980, (La 1919) [DAWKINS J] 976-977: após comparar as definições de *trust* e de *fideicommissum*, o ilustre relator conclui pela ilegalidade do primeiro; *Succession of HEFT*, 163 La 467-472, (La 1927) [O'NEILL CJ] 471: "*A bequest of property in trust to one legatee to be by him transmitted to another is a fidei commissum*".

[1207] WISDOM, *A Trust Code in the Civil Law*, cit., 70-71: para além do interesse natural que desperta, em resultado das suas raízes civilísticas, o *Louisiana Trust Estate Act*, 1938, representa a primeira codificação do instituto fiduciário, tendo ido beber muito do seu conteúdo aos estudos uniformizadores que começavam a surgir no mundo jurídico estado-unidense; 75-76: sobre os desenvolvimentos legislativos.

parte dos tribunais continuava a apresentar o *trust* e o *fideicommissum* como institutos análogos[1208].

[1208] *Succession of HEFT*, 163 La 467-472, (La 1927) [O'Neill CJ] 471: "*A bequest of property in trust to one legatee to be by him transmitted to another is a fidei commissum*".

§ 14.º A INFLUÊNCIA GERMÂNICA

70. A teoria germanista dos *uses*

As origens germânicas do instituto fiduciário anglo-saxónico foram avançadas pela primeira vez, como referido a título introdutório, por HOLMES JR., no seu célebre artigo dedicado aos primeiros passos da *Equity Law*[1209]. As conclusões do jurista estado-unidense resultam, como o próprio o reconhece, da comparação entre os primeiros *uses* conhecidos e a figura do *Salmann*, nos moldes descritos por GEORG BESELER, na sua obra *Die Lehre von den Erbverträgen*, datada de 1835[1210].

Partindo da construção fiduciária de BESELER, HOLMES JR. elenca um vasto conjunto de elementos coincidentes[1211]: (1) a propriedade era transmitida para o *Salmann*, que deveria utilizá-la nos exatos termos indicados pelo proprietário original[1212]; (2) a propriedade apenas seria transmitida para o *Salmann* após o falecimento do proprietário original, mantendo-se, até lá, todos os direitos inerentes à propriedade na sua esfera jurídica[1213]; (3) como forma de contornar os possíveis litígios era bastante comum nomear-se mais

---

[1209] *Early English Equity*, cit., 163. O autor retoma a posição, de forma passageira, num outro artigo de sua autoria, *Law in Science and Science in Law*, 12 Harv L Rev, 1899, 443-463, 446.
[1210] Vol. I: *Die Vergabungen von Todes wegen nach dem älteren deutschen Rechte*, Dieterichschen Buchhandlung, Göttingen, 1835, 261 ss..
[1211] HOLMES JR., *Early English Equity*, cit., 163-170.
[1212] BESELER, cit., 277 ss..
[1213] BESELER, cit., 277 ss..

do que um *Salmann*[1214]; e (4) todo o processo assentava numa forte ligação de confiança[1215].

A teoria de HOLMES foi muito bem acolhida pela comunidade jurídica anglófona, em ambos os lados do Atlântico[1216], tendo, de resto, recebido o precioso apoio de MAITLAND[1217], considerado, unanimemente, o mais importante historiador do Direito inglês. Poucos anos volvidos sobre o estudo de HOLMES, MAITLAND, seguindo um caminho idêntico, compara os *uses* anglo--saxónicos à construção fiduciária de ALFRED SCHULTZE[1218]. Repare-se que nesta obra a expressão *Salmann* é substituída por *Treuhand* e *Treuhänder*.

Em termos gerais, a teoria germanista dos *uses* assenta em dois elementos: (1) proximidade conceptual: o papel ocupado pelos *uses* encontra paralelo em construções germânicas antigas; e (2) proximidade cultural: os povos que, sucessivamente, invadiram as Ilhas Britânicas eram germânicos, pelo que a receção de figuras fiduciárias é facilmente explicável.

71. Origens e raízes etimológicas: *Hand, Treue* e *Treuhand*

I. Com múltiplos significados[1219], a expressão *Hand* – nas obras e documentos mais antigos é comum serem utilizadas diferentes terminologias:

[1214] BESELER, cit., 283.
[1215] BESELER, cit., 267 e 286.
[1216] AMES, *Origins of Uses and Trusts*, cit., 263: concorda com a teoria germânica, embora sublinhe que em pleno século XV a construção fiduciária britânica tinha já cortado as amarras conceptuais que a uniam ao Direito germânico continental; HOLDSWORTH, *History of English Law*, Vol. IV, cit., 410 e *The English Trust – Its Origins and Influence in English Law*, 4 Tijds Rgeschied, 1923, 367-383, 368; PLUCKNETT, *A Concise History*, cit., 575-576.
[1217] *The Origins of Uses*, 8 Harv L Rev, 1894, 127-137; *Trust and Corporation* in *Maitland Selected Essays*, editado por HAROLD D. HAZELTINE, GAILLARD LAPSLEY e PERCY H. WINFIELD, CUP, Cambridge, 1936, 141-222, 141 ss.; POLLOCK e MAITLAND, *The History*, Vol. II, cit., 228-233.
[1218] *Trust and Corporation*, cit., 147 ss..
[1219] As diferentes aceções e significados da expressão, devidamente acompanhadas por citações históricas, podem ser encontradas na monumental obra *Deutsches Rechts Wörterbuch*, consultável no sítio http://drw-www.adw.uni-heidelberg.de/drw/. Vide, ainda, JOHANN LEONHARD FRISCH, *Teutsch-lateinisches Wörter-Buch*, Primeira Parte, Christoph Gottlieb Nicolai, Berlim, 1741, 408-412 e WILHELM VON GUTZEIT, *Wörterschatz der deutschen Sprache Livlands*, Tomo I, R. Rymmel, Riga, 1864, 482-483: obra de cariz mais regional – Livónia, que corresponde aos atuais territórios da Letónia e Estónia –, mas nem por isso com menos interesse.

§ 14.º A INFLUÊNCIA GERMÂNICA

hant, hande, hend, hende ou *hendt*[1220] – assumiu, no Direito germânico antigo, uma carga dogmática substancial[1221]. De entre os distintos preenchimentos, interessa-nos, tendo em conta o objeto da presente pesquisa, a sua utilização para designar "o detentor do bem". Desde, pelo menos, os finais do século XIII que a expressão é empregue com esse intuito[1222]. Assim:

– num contrato de compra e venda celebrado entre *Wernher von Gundolsheim* e um mosteiro em *Guebwiller*[1223], o vendedor diz que tanto ele como os seus herdeiros renunciam a todos os direitos seculares e religiosos que detenham sobre o bem: o bem passa a ter apenas um "proprietário", o mosteiro de *Guebwiller*: *"Das Gut soll nur in einer Hand sein (ńvt wan ein hant tragen)"* (1298)[1224];

– no Segundo *Dinghof*[1225] – assembleia feudal germânica com uma forte componente jurisdicional[1226] – de *St. Lükart*, povoação alsaciana[1227], os

---

[1220] JACOB GRIMM e WILHELM GRIMM, *Deutsches Wörterbuch*, Tomo X, Leipzig, Verlag von S. Hirzel, 1854, 324-364. A obra pode ser consultada, na íntegra, no sítio http://dwb.bbaw.de/.

[1221] CLAUSDIETER SCHOTT, *Der Träger als Treuhandform*, Böhlau-Verlag, Colónia, 1975, 47-50: sem intenções exaustivas, como de resto o próprio autor o reconhece ao remeter para os dicionários linguísticos especializados. Esta obra apresenta-se, ainda, como um ponto de partida obrigatório para a análise da *Treuhand* no Direito germânico clássico, com riquíssimas remissões para documentos da época.

[1222] SCHOTT, *Der Träger*, cit., 49.

[1223] Povoação da região da Alsácia.

[1224] *Corpus der altdeutschen Originalurkunden bis zum Jahre 1300*, Vol. IV: *1297-Ende 13. Jarhundert*, coordenação de HELMUT DE BOOR e DIETHER HAACKE, Schauenburg, Lahr, 1963, Nr. 2941.

[1225] Conjugação dos termos *ding*, com origens em *thing* – assembleia ou reunião – (JACOB GRIMM e WILHELM GRIMM, *Deutsches Wörterbuch*, Tomo II, cit., 1152-1169) e *hof* – tribunal (JACOB GRIMM e WILHELM GRIMM, *Deutsches Wörterbuch*, Tomo X, cit., 1654-1659). Repare-se que ambas as expressões assumiram significados distintos, como tantas vezes acontece com a evolução das palavras. A título meramente exemplificativo, e que de resto serve como nota explicativa a todas as referências que se seguirão à majestosa obra dos irmãos GRIMM, a expressão *ding* assume, em textos antigos, significados muito distintos, que vão de assembleia a pessoa. Já quanto à palavra *hof*, originalmente terá sido utilizada para exprimir simples conceitos como casa ou área.

[1226] Não nos parece, todavia, correto apresentar-se a instituição como um simples tribunal. HEINRICH ZOEPFL, *Alterthümer des Deutschen Reichs und Rechts. Studien, Kritiken und Urkunden zur Erläuterung der Deutschen Rechtsgeschichte und des Praktischen Rechts*, Tomo I, C. F. Winter'sche Verlagshandlung, Leipzig e Heidelberg, 1860, 7-261: o autor dedica mais de 200 páginas ao estudo da assembleia.

[1227] A instituição, denominada na língua francesa por *cour colongère* ou, simplesmente, *colonge*, deixou especiais marcas nas regiões da Alsácia e da Lorena, cfr., ANTOINE A. VERON-REVILLE,

homens mais importantes da região debruçam-se sobre o regime sucessório do "proprietário": *"Wir sprechent ouch ze recht, was güt do har sammenthafft gelegen ist, dz man do von sol einen fal geben, wenn die <u>hant</u> stirbet die es treit. Ist ouch, dz die güter geteil werden..."* (1354)[1228].

Paralelamente, a nomenclatura era ainda utilizada para designar a posição ativa do possuidor do bem:

[Das Gut] in siner <u>hant</u> nit mohte han, do trůg ez im Hainrich von Rordorf[1229].

II. O conceito de *Treue*, bem como os seus sucedâneos germânicos – *treu* e *getreu* – e romanos – *fides* ou *fidelis* –, assumem, reconhecidamente, um papel central em todo o desenvolvimento jurídico dogmático alemão. Podemos mesmo ir mais longe: a boa-fé, que se apresenta como uma marca distintiva do Direito continental, atingiu o seu apogeu na margem direita do Reno.

Pesem embora as múltiplas terminologias utilizadas – repare-se que as locuções são usadas indiscriminadamente, com significados análogos[1230] – a expressão parece ter assumido, desde os seus primórdios, um significado muito simples, que gira em torno dos conceitos de lealdade e de correção[1231]. Em face do significado das expressões, não é, assim, de estranhar a importância que alcançaram na época medieval, período em que as concepções de honra e de lealdade, exteriorizadas pelas visão romântica e cavaleiresca de *Galahad*, assumiram um papel central em toda a vida social e, em especial,

---

Le régime colonger en Alsace: d'après les derniers documents, 3 Revue de l'Este, nova série, 1866, 281-310, 421-447, 530-566: o autor analisa as origens da instituição, assim como os seus poderes jurídicos e o seu funcionamento processual.

[1228] *Dinghof zu S. Lükart* in *Weisthümer*, Quarta Parte, compilado por JACOB GRIMM, *Dieterichschen Buchhandlung*, Göttingen, 1863, 20-26, 22.

[1229] *Corpus der altdeutschen Originalurkunden bis zum Jahre 1300*, Vol. I: *1200-1282*, coordenação de FRIEDRICH WILHELM, Schauenburg, Lahr, 1932, Nr. 522.

[1230] SCHOTT, *Der Träger*, cit., 50-51.

[1231] JACOB GRIMM e WILHELM GRIMM, *Deutsches Wörterbuch*, Tomo XXII, cit., 243-276: *treu*; cit., Tomo XXII, 282-343, 282: *treu*: *"fides, fidelitas, fiducia, confidentia, dictorum, factorumque constantia, benignitas, pietas"*; cit., Tomo VI, cit., 4499-4529: *getreu*. Veja-se, ainda, o monumental estudo de CARLOS SARDINHA, (tese de doutoramento): *Alta-traição e lesa-majestade. Germanismo e romanismo na história do Direito visigótico primitivo*, Universidade Católica, Lisboa, 2011, 57-93: embora mais focado nas origens germânicas do conceito de lealdade e no seu desenvolvimento na Alta Idade Média, o autor não descura os avanços posteriores que aqui nos interessam.

no âmbito das relações feudais. Veja-se, a título meramente exemplificativo, a relevância e a abrangência do conceito no *Sachsenspiegel*[1232]:

- o vassalo deveria jurar fidelidade e servir o seu senhor por quanto tempo este o entendesse: *"Der man sal phlichtig sime herren hulde tun*[1233] *unde sweren, das he im also getruwe unde also holt si, alse durch recht ein man sime herren sulle, di wile he sin man wesin will unde sin gut haben will"*[1234];
- o prisioneiro que era solto em lealdade deveria sempre voltar para resgatar a palavra dada: *"Lest man en aber uf sine truwe riten zu tage, he sal durch recht widerkumen unde sine truwe ledigen"*[1235];
- todos os homens livres, quando notificados para aparecer na presença do Rei ou dos tribunais, deviam sempre dizer a verdade, pois juraram lealdade ao Rei: *"Vrie lute unde des riches dinstman musen wol vor deme riche gezug sin unde orteil vinden, durch das si deme riche hulde tun, er iclich noch sime rechte"*[1236];

[1232] A abrangência e relevância do conceito são logo percetíveis no prólogo do Código, sendo utilizado para descrever a lealdade que caracteriza a posição jurídica dos vassalos (*getruwin mannen*) e a ligação entre a palavra dada e a honra do seu emitente (*truwen*). O *Sachsenspiegel*, à letra, o espelho saxónico, ocupou, durante vários séculos, um lugar de destaque no Direito germânico. Em algumas partes dos territórios correspondentes à atual Alemanha, o Código esteve parcialmente em vigor até à promulgação do BGB. Mesmo após a sua "revogação", a obra manteve uma certa importância jurídica (CHRISTIAN HETZ, *Die Rolle des Sachsenspiegels in der Judikatur des deutschen Reichsgerichtes in Zivilsachen: Gesamtbetrachtung aller Entscheidungen von 1879 bis 1945*, Solivagus, Kiel, 2010). Fruto do génio de *Eike von Repgow* (ALEXANDER IGNOR, *Über das allgemeine Rechtsdenken Eikes von Repgow*, Ferdinand Schöningh, Paderbon, 1984), o *Sachsenspiegel* está dividido em duas grandes partes: (i) *Landrecht*, que congrega as mais variadas matérias, desde questões matrimoniais e sucessórias a contratuais; e (ii) *Lehnrecht*, centrada nas relações feudais que estruturavam a sociedade de então. Uma versão original, acompanhada de tradução alemã moderna, pode ser encontrada no sítio http://www.sachsenspiegel-online.de/export/ssp/ssp.html. A bibliografia sobre a temática é verdadeiramente impressionante, cfr., *Der Sachsenspiegel als Buch*, coordenação de RUTH SCHMIDT-WIEGAND e DAGMAR HÜPPER, Peter Lang, Francoforte, 1991: conjunto de artigos, que vão das origens e influências do Código à análise semântica dos textos, apresenta-se como um excelente ponto de partida para o seu estudo.
[1233] A expressão *hulde tun* pode ser traduzida como um juramento de lealdade, estando, consequentemente, associada à expressão *Treu*, cfr., GRIMM, *Deutsches Wörterbuch*, Tomo X, cit., 1887-1891.
[1234] At 4.3.
[1235] At 3.41.
[1236] At 3.19.

– o próprio Rei, ao ser eleito, jurava lealdade ao seu reino: *"Alse man den kunig kuset, so sal he deme riche <u>hulde tun</u> unde swern"*[1237].

O conceito de *Treu*, em sentido lato, no Direito germânico medieval parece, deste modo, assumir uma tripla dimensão: (1) dimensão processual: todos os sujeitos, partes e testemunhas deveriam sempre responder com verdade[1238]; (2) dimensão pessoal: dimensão que povoa o imaginário global da cavalaria medieval: aquele que dá a sua palavra de honra tem sempre de a cumprir para a resgatar; (3) dimensão jurídico-feudal: cerne e alicerce do sistema feudal, tanto no que respeita à posição passiva do vassalo[1239], como à posição ativa do senhor; pense-se no exemplo paradigmático do juramento do Rei ao ser eleito[1240].

A expressão *Treuhand* consubstancia, assim, uma simples conjugação das locuções *Hand* (portador) e *Treue* (confiança); o *Treuhänder* é um portador de confiança[1241]. A partir dos finais do século XIII encontramos imensos exemplos em que as expressões ou seus sucedâneos são utilizados com esse sentido[1242].

III. Os diferentes dialetos tribais, os desenvolvimentos linguísticos naturais e a latinização, encabeçada pela Igreja romana, resultaram numa proliferação terminológica extraordinária. Apesar do impressionante leque

---

[1237] At 3.54: ao longo desta extensa disposição, a *Treu*, tanto na aceção de lealdade, como de correção, assume uma importância central.

[1238] Na disputa de direitos sobre terras, as informações eram recolhidas por sujeitos que juravam atuar com lealdade, cfr., 4.43.

[1239] Todo aquele que violasse a paz e a lealdade jurada para com o seu senhor deveria ser prontamente julgado, cfr., 3.8.

[1240] Já no que respeita ao dever do monarca de proteger os seus vassalos, não é hoje pacífico se estamos perante uma concretização de um dever de lealdade ou uma forma de o Rei conservar o seu poder e estatuto, cfr., CARLOS SARDINHA, *Alta-traição*, cit., 65-66.

[1241] GRIMM, *Deutsches Wörterbuch*, Tomo XXII, cit., 243-276. Repare-se que, como de resto referem os irmãos GRIMM, a expressão *Treuhänder* apenas parece ter-se consolidado em pleno século XVI. Nos séculos anteriores, encontramos textos que utilizam os termos *triuwenhander*, *trewenhander* e *druenhander*, o que, sendo demonstrativo da riqueza da língua germânica, não deixa, evidentemente, de representar um sério obstáculo ao seu estudo, vide, ainda, ULRIKE KÖBLER, *Werden, Wandel und Wesen des deutschen Privatrechtswortschatzes*, Peter Lang, Francoforte, 2010, 580.

[1242] SCHOTT, *Der Träger*, cit., 54-56.

§ 14.º A INFLUÊNCIA GERMÂNICA

semântico, as diversas expressões parecem corresponder, regra geral, a um conceito único. No seu admirável estudo, SCHOTT identifica um vasto conjunto de expressões latinas e germânicas utilizadas com um sentido análogo a *Treuhand* ou a *Treuhänder*[1243].

De entre os vocábulos latinos, destaca-se o uso de *portare* para identificar a relação e *portitore* o sujeito fiduciário[1244], sendo ainda empregues, com menos frequência, as expressões: *ad manus* ou *ad usum*[1245], *vice* ou *nomine*[1246], *conservare* e *conservator*[1247], *provassalus* [1248] e *fideicommissarius*[1249], numa aceção que extravasa a dimensão sucessória do Direito romano.

[1243] Cit., 56-84.
[1244] Documento datado de 23 de abril de 1257 in *Königlichen Staatsarchiv* de Estugarda, *Wirtembergisches Urkundebuch*, Vol. V, Hofbuchhändler Karl Aue., Estugarda, 1889, 205-206, 205, Nr. 1441"*Conradus ad maiorem cautelam Ottonem advocatum cognomine Resche et filium suum Hogonem non in usus eorum sed ad portandum et servandum fideliter fratribus in Alba supradictis bonis in Terdingen*".
[1245] Documento datado de 7 de junho de 1279 in *Urkundenbuch der Abtei Sancti Gallen*, Vol. III (Jar 920-1360), editado por HERMANN WARTMANN, Zollikofer'sche Buchdruckerei, São Galo, 1882, 216, Nr. 1017: "*Anna vidua dicta Saerrina, Joahnne et Hainrico, filiis ipsius, ad manus prefati Rudolfi, qui ab ipso habebant in feodum, et postmodum sepedicto Rudolfo eandem decimam ad manus nostras resignante libere et absolute*".
[1246] Documento datado de 1247 in *Königlichen Staatsarchiv* de Estugarda, *Wirtembergisches Urkundebuch*, Vol. IV, Hofbuchhändler Karl Aue., Estugarda, 1883, 147-148, Nr. 1084: "*domino Liutfri[??]do de Helmodsheim, tenebam in feodo, quam receperunt Albertus de Rasteten et Iohannes de Durmersheim nomine monasterii de Alba, Cisterciensis ordinis, Spirensis diocesis, sub eodem iure et tytulo quo tenebam*".
[1247] Documento datado de 1258 in *Wirtembergisches*, Vol. V, cit., 228-229, Nr. 1463: "*Fridericum dictum Leise et Wernherum de Rotenvelse, qui sunt de militari familia domini mei Ottonis de Eberstein, quatinus per eos eis conserveteur, sicut nunc moris est quibuslibet bona feodalia suis emptoribus firmare, advocatia supradicta infeodari manu mea secundum consuetudinem sategerunt*".
[1248] O termo *provasallus* tem uma história muito particular. Não existe nenhum documento que comprove a sua utilização, tudo indicando para uma origem puramente doutrinária. As primeiras obras que fazem referência à expressão datam, apenas, do século XVIII, cfr., a título meramente exemplificativo: JOHANN SCHILTER, *Codex Juris Alemannici Feudalis*, 2ª edição, Johannis Beck, Estrasburgo, 1728, a expressão é utilizada em, pelo menos, três passagens: 180, 281 e 387 e GEORGE LUDWIG BÖHMER, *Principia Juris Feudalis*, 8ª edição, revista por ANTONIUS BAUER, Vandenhoeck e Ruprecht, Göttingen, 1819, o conceito é empregue em diversas ocasiões: 83, 277, 325 ou 367.
[1249] Documento datado de 1252 in *Wirtembergisches*, Vol. IV, cit., 287-288, Nr. 1219: "*Alberto de Rasteten ... sub tali forma, quod iidem a nobis infeodati veri sint fideicommissarii, ita quod conservent predictos*".

Do elevado número de expressões utilizadas como sinónimo de *Treuhand* interessa-nos, em especial, o conceito de *Salmann*, exibido por HOLMES, relembre-se, como estando na origem dos *uses* britânicos.

Apesar de, muitas vezes, as palavras *Treuhand* e *Salmann* serem apresentadas como sucedâneas, uma análise mais minuciosa mostra-nos que a última veio a assumir um espaço próprio. SCHOTT afirma mesmo que o *Salmann* ocupa um domínio especial dentro de todas as concretizações fiduciárias germânicas: representaria a sua mais complexa modalidade[1250].

72. As especificidades fiduciárias do *Salmann*

I. A expressão *Salmann* parece corresponder a uma simples conjugação das palavras *sal* – utilizada nos idiomas germânicos mais antigos para exprimir a entrega jurídica de uma coisa e, por vezes, o conceito de delegação – e *mann* – que, para os efeitos aqui pretendidos, pode, simplesmente, ser traduzida por sujeito. À letra, seria aquele a quem a entrega de um bem foi confiada[1251]. Conceptualmente, o vocábulo assumiu um conteúdo muito próximo de intermediário. Não era apenas um sujeito a quem se confiava um bem, mas alguém em quem se confiava para transmitir um bem a um terceiro[1252].

Apesar de a expressão datar apenas dos inícios do século XII[1253], o recurso a intermediários na transmissão de bens é bastante anterior, estando preservados documentos do primeiro milénio que comprovam o seu conhe-

---

[1250] Cit., 79.

[1251] *Salmann*: GRIMM, *Deutsches Wörterbuch*, Tomo XIV, cit., 1698-1699; *Sal*: GRIMM, *Deutsches Wörterbuch*, Tomo XIV, cit., 1678; *Mann*: GRIMM, *Deutsches Wörterbuch*, Tomo XII, cit., 1553-1570.

[1252] A especificidade da posição do *Salmann* tem sido posta em evidência desde a obra clássica de JOHANN HEUMANN, *Commentatio Academica de Salmannis*, Georgii Meyeri, Acad Typographi, Altorf, 1740, o primeiro autor a ter estudado de forma mais sistemática a questão, 10: "*Frequentissima ac certissima Salmannorum significatio desumitur a verbo saellen, tradere. Illi nimirum sunt proprie personae intervenientes, quarum per manus aliis aliquid datur. Ast, si vox latius accipitur, Salmanni sunt omnes quorum fidei aut fidelibus manibus nonnihil committitur*"; ANDREAS HEUSLER, *Institutionen des deutschen Privatrechts*, Vol. I, Duncker & Humblot, Leipzig, 1885, 215: apresenta-o como o sujeito que faz a ligação entre as duas partes.

[1253] BESELER, *Die Vergabungen*, cit., 263, nota 2.

§ 14.º A INFLUÊNCIA GERMÂNICA

cimento[1254]. Tradicionalmente, as origens do *Salmann* são remetidas para o instituto franco *Affatomie*. Em termos gerais, este processo de adoção, com objetivos puramente patrimoniais, era composto, nos moldes descritos no título 46 da *Lex Salica*[1255], por três sujeitos: o adotante, o adotado, e um ter-

[1254] Neste documento, datado do ano 910, *Hatto I*, influente Arcebispo de Mainz, recorre a dois intermediários para transmitir uma série de propriedades para um mosteiro: *"Ego, Hatto, dei gratia et misericordia dispensate Moguntiacae ecclesiae archiepiscopus... quicquid proprietatis in M. marca et in V. marca... hoc totum in manus Gerhardi comitis et Chunradi comitis dedi, ea ratione ut cum omni integritate ad sepulchrum pretiosissimi Christi martyris Bonifacii in monasterio Fuldensi contraderent"*. Veja-se, ainda, a declaração confirmatória dos intermediários: *"Signum Gebehardi et Chunradi comitum, qui easdem traditiones rerum fideli manu susceperunt, et hoc coram Rege juraverunt, ut eas S. Bonifacio martyri fideliter delegarent et praecepto regio confirmarent"*, cfr., VALENTIN FERDINAND VON GUDENUS, *Codex Diplomaticus exhibens Anecdota*. Ab Anno 881, ad 1300, Sumptu Regiae Officinae Librar. Academ., Göttingen, 1743, 5-7, Nr. 4.

[1255] Descrito como o mais germânico de todos os Códigos bárbaros (KATHERINE FISCHER DREW, *The Laws of the Salian Franks: Translated and with and Introduction*, University of Pennsylvania Press, Filadélfia, 1991, 28), a *Lex Salica* deve muito da sua notoriedade à utilização do seu preceito que retirava, às mulheres, qualquer capacidade sucessória no âmbito de bens imóveis, c. 62 *"De terra vero nulla in muliere hereitas no pertinebit, sed ad virilem secum qui fratres duerint tota terra perteneunt"*, cfr., JAN HENDRIK HESSELS, *Lex Salica: the Ten Texts with the Glones anda the Lex Emendata with Notes on the Frankish Words in the Lex Salica* por HENDRICK KERN, John Murray, Londres, 1880, 379-387. Durante muitos anos esquecido, o preceito voltou a ser invocado após a morte de Luís X, o Teimoso, filho de Filipe IV, o Belo, para impedir que a sua filha, Joana, subisse ao trono Capeto. Muitos foram os reinos Europeus que pretenderam aplicar esta norma. Em terras portuguesas, a questão foi amplamente discutida aquando da morte de D. José I e da subida ao trono de D. Maria I, a primeira monarca nacional. Ficou para a história o discurso de JOSÉ RICALDE PEREIRA DE CASTRO que defendeu a não vigência de semelhante norma em terras portuguesas, cfr., in *Auto do levantamento, e juramento, que os grandes, título seculares, ecclesiásticos, e mais pessoas, que se acharão presentes, fizerão à muita alta, muito poderosa Rainha fidelissima a senhora D. Maria I. Nossa senhora na coroa destes Reinos, e senhorios de Portugal, sendo exaltada, e coroada sobre o regio throno juntamente com o senhor Rei D. Pedro III. Na tarde do dia trese de Maio. Anno de 1777*, Na Regia Officina Typografica, Lisboa, 1780, 59-75. Tradicionalmente, a feitura da *Lex Salica* é remetida para o reinado de Clóvis, o primeiro Rei franco. Atualmente, porém, esta tese não parece merecer a concordância da doutrina especializada, tudo indicando que o Código seja produto do período Carolíngio. Repare-se, como sublinham diversos autores, que tal não significa que parte das disposições vertidas não tenha origens ancestrais. Sobre a elaboração e autoria da *Lex Salica*, em especial sobre a possibilidade de ter sido forjada por *Hincmar*, Arcebispo de Reims, nos inícios do século IX, vide SIMON STEIN, *Lex Salica, I* e *Lex Salica, II*, 22 Speculum, 1947, 113--134 e 395-418, respetivamente: um estudo muito minucioso da problemática; e JOHN MICHAEL WALLACE-HADRILL, *Archbishop Hincmar and the Authorship of Lex Salica*, 21 Tijds Rgeschied, 1953, 1-29, 13 ss.. HANS-ACHIM ROLL, *Zur Geschichte der Lex Salica-Forschung*, Scientia Verlag, Aalen,

ceiro, que atuava como intermediário na transmissão dos bens do primeiro para o segundo. É exatamente neste terceiro sujeito que a doutrina vê o nascimento do *Salmann*[1256].

II. O recurso a intermediários era uma prática bastante comum e com variadíssimas utilidades:

- o mecanismo era utilizado amiúde por peregrinos, mercadores e cavaleiros que partiam para a guerra. Receando não conseguir voltar, transmitiam os bens para um ou mais *Salmänner*, que deveriam, no caso de o proprietário originário não regressar com vida, transmitir os bens para os terceiros indicados; no caso de nenhum mal suceder, o *Salmann* deveria retransmitir o bem para o proprietário originário[1257];
- a Idade Média foi um período bastante conturbado, em que a lei nem sempre era clara e transparente; ora, como forma de garantir que a sua vontade não fosse, no futuro, distorcida por alguém mais influente, era costume transmitir-se primeiro os bens a um sujeito de uma classe

---

1972: o autor analisa as mais relevantes obras dedicadas à temática, escritas desde os meados do século XVI. O interesse desta obra reside, ainda, na constante contextualização histórica e metodológica. Vide, também, o pequeno ensaio de THEODOR CHRISTIANI, *Die Treuhand der fränkischen Zeit*, Schlesische Druckerei-Genossenschaft, Breslau, 1904.

[1256] BESELER, *Die Vergabungen*, cit., 101; OTTO STOBBE, *Ueber die Salmannen*, 7 ZGR, 1868, 405-438, 408; HEUSLER, *Institutionen*, Vol. I, cit., 215; ALFRED SCHULTZE, *Die langobardische Treuhand und ihre Umbildung zur Testamentsvollstreckung*, Wilhelm Koebner, Breslau, 1895, 38: defende uma origem lombarda e não franca do conceito; na prática, os institutos são idênticos; ROMRIL J. R. GOFFIN, *The Testamentary Executor in England and Elsewhere*, C. J. Clay and Sons, Londres, 1901, 25; ADRIAN SCHMIDT-RECLA, *Kalte oder warme Hand? Verfügungen von Todes wegen in mittelalterlichen Referenzrechtsquellen*, Böhlau, Colónia, 2011, 136: sem discordar, sublinha não se encontrar, na *Lex Salica*, nenhum elemento que permita identificar as origens terminológicas do conceito. KARL OTTO SCHERNER, *Salmannschaft, Servusgeschäft und Venditio Iusta: Frühformen gewillkürter Mittlerschaft im altdeutschen Privaterecht*, Franz Steiner, Wiesbaden, 1971, 21-23: expressa algumas dúvidas sobre a posição clássica.

[1257] HUGO LOERSCH e RICHARD SCHRÖDER, *Urkunden zur Geschichte des deutschen Rechtes für den gebrauch bei Vorlesungen und Übungen*, Vol. I: *Privatrecht*, Adolf Marcus, Bona, 1874, 32, nota 50: neste caso, datado de 855, A, que se preparava para fazer uma série de viagens e que receava não conseguir voltar são e salvo, transmite um conjunto de propriedades para um elevado número de sujeitos. Se A não voltasse com vida, os bens deveriam ser transmitidos para a Abadia de São Galo – atual Suíça; caso contrário, as propriedades deveriam ser-lhe retransmitidas.

§ 14.º A INFLUÊNCIA GERMÂNICA

superior que, posteriormente, os transmitia para um terceiro indicado pelo proprietário originário[1258].

A figura do *Salmann* assumiu uma importância sem paralelo no campo do Direito sucessório. O executor testamentário, como de seguida veremos, resultou da adaptação de uma figura já conhecida às conveniências das comunidades. Acresce que foi precisamente comparando o executor testamentário britânico com o germânico que HOLMES alicerçou a receção do instituto fiduciário. Impõe-se, por isso, um maior cuidado na sua análise.

73. O executor testamentário no Direito romano e a influência romana e canónica na construção germânica

I. Tradicionalmente, o executor testamentário é apresentado como um conceito estranho ao Direito romano. Esta asserção pode ser enganadora. Vejamos.

Se, por um lado, é inegável que a figura nunca foi reconhecida juridicamente, nem mereceu um tratamento autónomo e generalizado[1259], por outro lado, também não pode ser ignorado que as fontes jurídicas romanas não são totalmente omissas a seu respeito; são diversas as referências feitas a realidades similares, com especial destaque para a *familiae mancipatio*. Este mecanismo consistia numa transmissão em vida para um terceiro, denominado *familiae emptor*, por regra alguém de confiança – a relação não produzia efeitos jurídicos reconhecidos por lei –, que deveria, posteriormente, distribuir os bens transmitidos de acordo com as instruções recebidas. A construção, que esteve na origem dos posteriores desenvolvimentos sucessórios, caiu em desuso com o surgimento de formas testamentárias mais estruturadas. Não mencionando o *Corpus Juris Civilis* a figura, não parece plausível que as construções germânicas a tenham tido como fonte inspiradora[1260].

[1258] BESELER, *Die Vergabungen*, cit., 263; STOBBE, *Ueber die Salmanneni*, cit., 429-430.
[1259] MAX KASER, *Römisches Privatrecht*, edição de 1992, 2ª edição da tradução portuguesa de SAMUEL RODRIGUES e FERNINAND HÄMMERLE, com revisão de MARIA ARMANDA DE SAINT--MAURICE, sob o título *Direito privado romano*, Gulbenkian, Lisboa, 2011, 284.
[1260] REINHARD ZIMMERMANN, *Heres Fiduciaries? Rise and Fall of the Testamentary Executor* in *Itinera Fiduciae*, cit., 267-304, 278.

Repare-se, porém, que algumas passagens da grande compilação de Justiniano fazem breves alusões a posições análogas[1261]: (1) MARCELLUS fala de um *minister* por oposição ao herdeiro[1262]; (2) SCAEVOLA reconhece ao *curator*, em casos pontuais, uma função análoga ao do executor[1263]; (3) Leão I, o Trácio[1264], legislou sobre a indicação de um *specialiter designatus*, pelo testador, para resgatar prisioneiros[1265]; ou (4) diversos outros preceitos respeitantes à intervenção das autoridades, como forma de garantir o cumprimento da vontade do testador: (i) na construção de monumentos[1266]; (ii) no pagamento das despesas de um funeral[1267]; ou (iii) na alimentação de escravos[1268].

Quanto a tudo o resto, caberia ao herdeiro, enquanto sucessor universal do testador[1269], dar cumprimento à vontade manifestada; abrangendo, consequentemente, todas as questões relacionadas com os legados deixados[1270], o que o aproxima, pelo menos neste aspeto específico, da figura do executor testamentário.

Pesem embora estes elementos, usualmente ignorados pela doutrina clássica, parece ser indiscutível que o Direito romano clássico ou justinia-

---

[1261] HERMANN DEUTSCH, *Die Vörlaufer der heutigen Testamentsvollstrecker in römischen Recht*, Prager, Berlim, 1899.

[1262] D. 31.17pr.: "*Si quis titio decem legaverit et rogaverit, ut ea restituat maevio, maeviusque fuerit mortuus, titii commodo cedit, non heredis, nisi dumtaxat ut ministrum titium elegit. idem est et si ponas usum fructum legatum*".

[1263] D. 26.3.11pr: "*Avia nepotibus curatorem dedit fideicommisso ei relicto: quaesitum est, an administrare curator compelli debeat. respondit curatorem quidem non esse, sed cum aliquid ei testamento datum esset, teneri eum ex fideicommisso, si non curam susciperet, nisi id quod ei datum esset nollet petere aut reddere esset paratus*".

[1264] Nascido em 401 depois de Cristo, subiu ao trono de Constantinopla em 457, onde permaneceu até à data da sua morte, a 18 de janeiro de 474.

[1265] C. 1.2.28.1: "*Et si quidem testator significaverit, per quem desiderat redemptionem fieri captivorum, is qui specialiter designatus est legati seu fideicommissi habeat exigendi licentiam et pro sua conscientia votum adimpleat testatori*".

[1266] D. 3.501.1: "... *tamen principali vel pontificali auctoritate compelluntur ad obsequium supremae voluntatis*".

[1267] D. 17.7.12.6: "*Praetor vel magistratus municipalis ad funus sumptum decernere debet, si quidem est pecunia in hereditate, ex pecunia*".

[1268] D. 30.113.1: "*Si quis post tempus libertatem servo suo dederit et interea rogaverit heredem, donec ad libertatem perveniat, cibaria ei dare, testatoris voluntati obtemperandum esse divi severus et antoninus rescripserunt*".

[1269] D. 50.16.24.

[1270] As origens deste princípio remontam, pelo menos, ao período clássico, cfr., G. 2.260.

§ 14.º A INFLUÊNCIA GERMÂNICA

neu não continham, no seu vasto leque de construções, nenhuma figura que pudesse fazer as vezes do executor testamentário. Esta lacuna, conjugada com o amplo desenvolvimento da figura na Idade Média, tem levado a maioria dos autores a apontar as suas origens no Direito germânico antigo[1271].

II. Como veremos de forma mais detalhada, quando nos debruçarmos sobre o ressurgimento oitocentista da *Treuhand*, a análise das obras clássicas dedicadas ao estudo de construções e institutos com uma hipotética ligação ao Direito germânico antigo deve ser sempre feita com alguma cautela. A discussão que opôs, durante longas décadas, os romanistas aos germanistas levou a um extremar de posições. As pretensões hegemónicas de cada uma das escolas conduziram muitos dos seus autores a negar, em absoluto, uma influência contrária, mesmo que residual. Esta realidade é particularmente visível no âmbito do executor testamentário, em relação ao qual a escola germanista negou toda e qualquer ascendência romana e canónica[1272].

As rivalidades que marcaram o Direito alemão durante todo o século XIX e inícios do século XX fazem hoje parte dos manuais de História do Direito. Um estudo imparcial, centrado nos avanços jurídicos alcançados pelo Direito canónico e nos desenvolvimentos medievais do Direito justinianeu, permite-nos afirmar, com poucas dúvidas, que a doutrina do executor testamentário, apesar das suas fortes ligações ao Direito germânico antigo, só foi alcançada com o apoio dogmático do Direito romano e do Direito canónico: a complexidade da figura não se coaduna com o estado evolutivo do Direito germânico clássico[1273].

[1271] OTTO STOBBE, *Handbuch des deutschen Privatrechts*, Vol. V, Wilhelm Herb, Berlim, 1885, 260-261: apresenta o *Salmann* como um instituto paralelo ao testamento. Consubstanciava, aparentemente, uma forma de contornar o desconhecimento do instituto romano; HANS PLANITZ, *Grundzüge des deutschen Privatrechtes*, 3ª edição, Springer, Berlim, 1949, 152; GOFFIN, *The Testamentary Executor*, cit., 16; POLLOCK e MAITLAND, *The History*, Vol. II, cit., 336.

[1272] C. F. ROSSHIRT, *Ueber Testamentsexecutoren*, 1 ZCC, 1831, 217-133: o autor inicia o artigo por sublinhar o desconhecimento da figura tanto pelo Direito romano, como pelo Direito canónico; HENRY AUFFROY, *Évolution du testament en France des origines au xiiie siècle*, Librairie Nouvelle de Droit et de Jurisprudence, Paris, 1899, 212. As opções históricas têm um enorme impacto na evolução jurídica. Os germanistas criticaram, duramente, as opções legislativas modernas, por considerarem que não tiveram em atenção a evolução histórica da figura, cfr., KONRAD RUSCH, *Gewinnhaftung bei Verletzung von Treuepflichten*, Mohr Siebeck, Tübigen, 2003, 141.

[1273] ZIMMERMANN, *Heres Fiduciaries?*, cit., 267-304, 278-286: com ampla bibliografia.

74. A adaptação do *Salmann* aos desenvolvimentos sucessórios germânicos

I. O estudo do *Salmann* e das figuras que estiveram na sua origem não pode ser feito sem umas breves explicações prévias.

A análise da figura do executor testamentário, como de resto de todo o Direito germânico medieval, deverá ter sempre como ponto de partida a heterogeneidade das soluções que então vigoravam. O Direito germânico estava longe de consubstanciar um conjunto homogéneo de construções jurídicas[1274], pelo que as posições clássicas em que o *Salmann* ou a *Treuhand* são apresentados como estruturas rígidas, com aplicação transversal em todos os territórios ditos bárbaros, não poderiam estar mais longe da realidade[1275]. O preenchimento das diversas posições jurídicas e da própria relação refletem as fontes primárias utilizadas. Às diferenças entre os diversos Direitos costumeiros, já por si consideráveis, acrescente-se uma receção parcelar do Direito romano, muito dependente da localização geográfica da tribo, após as invasões do Império, e da proximidade cultural com ele estabelecida[1276].

Sem pretender negar esta realidade, com a qual de resto concordamos em absoluto, sublinhe-se não ser nossa intenção iniciar um estudo minucioso sobre as particularidades assumidas pela figura nos distintos Direitos germânicos, mas, simplesmente, apresentar as linhas gerais de um instituto que, alegadamente, estará na origem dos *uses* anglo-saxónicos.

II. Os povos germânicos não dispunham de uma figura análoga ao testamento romano[1277]. Recorrendo ao ensinamentos de Tacitus: "*Heredes tamen*

[1274] Zimmermann, *Heres Fiduciaries?*, cit., 276: "*complete absence of systematic integrity and conceptual lucidity*"; Hans Schlosser, *Grundzüge der Neueren Privatrechtsgeschichte: Rechtsentwicklungen im europäischen Kontext*, 10ª edição, C. F. Muller, Heidelberg, 2005, 10-14; Karl Otto Scherner, *Das "Deutsche Privatrecht" und seine Darstellbarkeit*, 118 ZRG (GA), 2001, 346-356.

[1275] Karl Otto Scherner, *Treuhand* in *Handwörterbuch zur Deutschen Rechtsgeschichte*, Vol. V: *Straftheorie-Zycha, Register*, coordenação de Adalbert Erler, Ekkehard Kaufmann e Dieter Verkmüller, Erich Schmidt, Berlim, 1998, 341-343.

[1276] Zimmermann, *Heres Fiduciaries?*, cit., 277.

[1277] Auffroy, *Évolution du testament*, cit., 136: os conceitos de testamento e de capacidade testamentária, cujos efeitos apenas se produzem após a morte do declaratário, pressupõem uma evolução jurídica considerável, que não se coaduna com o estádio evolutivo do Direito primitivo germânico.

§ 14.º A INFLUÊNCIA GERMÂNICA

sucesso resque sui cuique liberi, et nullum testamentum"[1278]. O desconhecimento desta solução, que representava uma profunda lacuna jurídica e social, foi sendo gradualmente colmatado através do desenvolvimento de construções próprias, com menor complexidade dogmática, é certo, mas cujo resultado se aproximava da transmissão de bens por morte.

O contacto estabelecido entre os povos bárbaros e Roma desencadeou um processo de receção cultural e jurídico. De entre os diversos conceitos abraçados, conta-se o importante instrumento do testamento. A figura foi mesmo positivada em alguns dos mais relevantes Códigos germânicos que se seguiram à queda do Império Romano, como o caso paradigmático do Código Visigótico[1279]:

> *Omnis vir ingenuus atque femina, sive nobilis, seu inferior, qui filios, vel nepotes aut pronepotes non reliquerit, faciendi de rebus suis quidquid voluerit indubitanter licentiam habeat*[1280].

Repare-se, como resulta do preceito citado, que há uma preocupação, de origem histórica e cultural, em proteger a posição dos descendentes.

Um dos mecanismos mais utilizados pelos povos germanos, para contornar a ausência de um mecanismo sucessório de tipo testamentário, consis-

---

[1278] *Germania*, cit., c. XX, 17.
[1279] Publicado por volta do ano 654, a mando de Recesvindo, o Código Visigótico representa o apogeu da evolução legislativa do Reino visigótico. Sobre a sua origem e aplicação em Portugal, vide RUY DE ALBUQUERQUE e MARTIM DE ALBUQUERQUE, *História do Direito português*, Vol. I (1140-1415), 1ª Parte, 10ª edição, Pedro Ferreira, Lisboa, 1999, 170 ss.. Uma indicação esquematizada do Direito positivo visigótico pode ser consultada em PAULO MÊREA, *A legislação visigótica: exposição sucinta para uso dos alunos de história do Direito português*, Gráfica Conimbricense, Coimbra, 1921.
[1280] 4.4.20, cfr., Real Academia Española, *Fuero Juzgo en latin y castellano, cotejado con lo mas antiguos y preciosos códices*, Ibarra, Madrid, 1815, 55. Veja-se, ainda, com igual conteúdo, a *Lex Burgundionum*, c. 43.1: "*Ideoque hoc ordine in populo nostro donationes factae et testamenta valebunt, ut quinque aut septem testes donationi aut testamento, prout possunt, aut signa aut subscriptiones adiciant*", cfr., *Monumenta Germaniae Historica, Legum*, Tomo III, Imprensis Bibliopolii Aulici Hahniani, Hanover, 1863, 497-630, 550 ou o *Edictum Theoderici*, c. 28: "*Faciendorum testamentorum omnibus, quos testari leges permittunt, damus late licentiam*", cfr., *Edictum Theoderici Regis* in *Monumenta Germaniae Historica, Legum*, Tomo V, Imprensis Bibliopolii Aulici Hahniani, Hanover, 1875-1889, 145-168, 154.

tia na adoção de um herdeiro por um sujeito sem descendência. Denominado *Affatomie* pelos sálicos[1281] e *Thinx* ou *Garethinx* pelos lombardos[1282-1283], o processo adotivo revestia-se de uma complexa cerimónia pública e estava dependente do consentimento da assembleia popular ou do Rei, que viam assim goradas as suas pretensões aos bens dos sujeitos que não deixassem descendência[1284].

O segundo mecanismo, denominado *Vergabung von Todes wegen*, consubstanciava, na prática, uma doação em vida, mantendo o doador o usufruto do bem até à sua morte[1285].

[1281] É no título 50 da *Lex Ribuaria* que o conceito surge melhor explicitado: "*Si quis procreatione filiorum vel filiarum non habuerit, omnem facultatem suam in presentia regis, sive vir mulieri sive mulier viro seu cuicumquelibet de proximis vel extraneis adoptare in hereditate vel adfatimi[re] per scripturaum sriem seu per traditionem et testibus adhibetis, secundum leges Ribuariam licentiam habeat*", cfr., *Monumenta Germania Historica. Legum sectio I. Legum nationum germanicarum*, Tomo III. Pars II, Impensis Bibliopolii Aulici Hahniani, Hanover, 1954, 101. O processo legal de adoção é minuciosamente explicado no tit. 46 da *Lex Salica*, cit., 289-297. Nenhuma referência à *Lex Salica* pode ficar completa sem mencionarmos a obra monumental de JOSEPH BALON, em 4 volumes: *Traité de Droit salique: étude d'exégèse et de sociologie juridique*, Les And. Ets Godenne, Namur, 1965. A matéria relacionada com a *Affatomie* é objeto de estudo no Vol. II, 541-554.

[1282] *Edictum Rothari*, C. 174: "*De thinx primus factum. Non leciat donatori opsum thinx, quod antea fecit, iterum in alium hominem transmigrare: tantum est, ut ille qui garenthinx susceperit, tales culpas non faciat donatori suo, quales solent ingrati filii parentibus suis facere, per quas exhereditantur, quae in hoc edictum scriptae sunt*" in *MGH, Legum*, Tomo IV, cit., 1-234, 40. Sobre esta disposição, as suas origens e as semelhanças com figuras de outros ordenamentos, vide ENNIO CORTESE, *Il diritto nella Storia Medievale*, Vol. I: *L'alto medioevo*, Il Cigno Galileo Galilei, Roma, 1995, 120-123 e 137--142 e *Thinx, garethinx, thingatio in gaida et gisil. Divagazioni longobardistiche in tema di legislazione, manumissione dei servi, successioni volontarie*, 61 RSDI 1988, 33-64.

[1283] O Édito de Rotário deve a sua denominação a Rotário, monarca lombardo que reinou entre os anos 636 e 652. Terá sido promulgado no ano de 643. BRUNNER, *Deutsche Rechtsgeschichte*, Vol. I, cit., 368: apresenta-o como a principal obra legislativa bárbara, visto resultar de um verdadeiro trabalho criativo e não apenas de um simples processo compilatório de Leis e costumes anteriores. Quanto às suas fontes e inspirações, vide, em geral, GIOVANNI TAMASSIA, *Le fonti dell'Editto di Rothari*, Enrico Spoerri, Pisa, 1889 e CAMILLO GIARDINA, *L'Editto di Rotari e la codificazione di Giustiniano*, Giuffrè, Milão, 1937.

[1284] RICHARD SCHMIDT, *Die Affatomie der Lex Salica*, Theodor Ackermann, Munique, 1891; GOFFIN, *The Testamentary Executor*, cit., 16-19 e CLAUSDIETER SCHOTT, *Kindesannahme – Adoption – Wahlkindschaft: Rechtsgeschichte und Rechtsgeschichten*, Metzner, Francoforte, 2009, 108.

[1285] WALTHER SCHÖNFELD, *Die Vollstreckung der Verfügungen von Todes wegen im Mittelalter nach sächsischen Quellen*, 42 ZRG (GA), 1921 240-379; GOFFIN, *The Testamentary Executor*, cit., 19 ss..

§ 14.º A INFLUÊNCIA GERMÂNICA

Segundo os ensinamentos de HEUSLER[1286], a figura abarcava três modalidades distintas: (1) o doador transmitia o direito para o donatário, que, posteriormente, transmitia para o doador o seu usufruto[1287], (2) o direito a usufruir do bem permanece, *ab initio*, na esfera jurídica do doador; já quanto ao direito de propriedade, a transmissão efetiva apenas teria lugar com a verificação da condição estabelecida, i.e., a morte do doador[1288]; e (3) a última modalidade, de origens mais tardias, representava uma simples adaptação do primeiro tipo referido, com a particularidade de a segunda transmissão, do donatário para o doador, estar dependente do pagamento de uma renda[1289].

Estas três modalidades correspondem às já mencionadas doações *post obitum* e doações *reservato usufructo*. Pese embora a estrutura interna diferenciada, as construções são tidas como produzindo efeitos jurídicos idênticos[1290].

Nos séculos que se seguiram, desenvolveu-se, por conjugação de ambas as construções, um novo instituto, que, embora assumindo a denominação *Vergabung von Todes wegen*, combinava os elementos mais característicos de ambas as figuras. Nele, o sujeito assumia a posição jurídica do sujeito ativo (*Affatomie*), mantendo este, até ao seu falecimento, os bens sob o seu direto

---

[1286] ANDREAS HEUSLER, *Institutionen des deutschen Privatrechts*, Vol. II, Duncker & Humblot, Leipzig, 1886, 118 ss..

[1287] Exemplo datado do ano de 713: "*Ergo donavi ad monasterium quod vocatur Uuizenburg... trado atque transfundo donatumque in perpetuum esse volo a die presenti, hoc est in villa .. totum et integrum . .. ad integrum ad supradictum monasterium Uuizenburg dono atque transfundo ad possidendum: ea vero ratione ut, dum advixero, usufructuario ordine debeam possidere, post obitum quoque nostrum suprascripta villa ... in vestram recipiatis potestam*", cfr., LOERSCH SCHRÖDER, *Urkunden zur Geschichte*, Vol. I, cit., 12-13, n. 21

[1288] Exemplo datado do ano de 806: "*Adalhram trado ad monasterium Sancti Galli quicquid in die exitus mei de hac luce in peccuniali causa non datum et non usatum reliquerin ... ut nullo contradicente quicquid, ut jam diximus, in die obitus mei reliquerim, ad eundem cenobium, permaneat stabilitate perpetua ad habendum*", cfr., LOERSCH e SCHRÖDER, cit., n. 34, 20-21.

[1289] Exemplo datado do ano de 862: "*Higibreth trado ad monasterium Sancti Galli ... quicquid proprietatis vel conquisitionis in pago Prisigauge habere doniscor ... sub ea convenientia ut easdem res ad me recipiam et annis singulis inde censum persolvam, id est 2 denarios vel in alio precio taxato vitae meae a parte Sancti Galli beneficium, quod inde visus sum modo habere*", cfr., LOERSCH e SCHRÖDER, cit., n. 51, 32-33.

[1290] PAULO MERÊA, *O problema da origem das doações post obitum* e *Doações post obitum e doações reservato usufructu* in *Estudos de Direito hispânico medieval*, Tomo I, Universidade de Coimbra, Coimbra, 1952, 185-192 e 193-198, respetivamente, e TERESA LUSO SOARES, *Doações "post obitum" e doações "reservato usufructu"*, 40 SJ, 1991, 121-152.

controlo (*Vergabung von Todes wegen*)[1291]. A figura do executor testamentário adequava-se perfeitamente a esta nova construção: os bens eram transmitidos para um *Salmann*, que, após o falecimento do doador, os transmitia para os beneficiários indicados, nos exatos termos estabelecidos.

Embora o *Salmann* representasse a mais complexa concretização da *Treuhand* ou, nas palavras de SCHULTZE, o seu arquétipo[1292], está muito longe de esgotar o instituto. Uma análise, mesmo que sucinta, de outras manifestações[1293], que se propagaram na Idade Média por todos os povos germânicos, permite-nos ter uma ideia mais apurada sobre a possível influência da figura em terras inglesas.

75. As diferentes manifestações da *Treuhand*

I. Ao contrário do verificado na doutrina inglesa, os autores germânicos reconhecem desde, pelo menos, os meados do século XVIII uma forte ligação entre o seu instituto fiduciário – *Treuhand* – e o complexo sistema feudal[1294].

De modo idêntico ao verificado para o feudalismo britânico, também nas zonas de influência germânica o recurso a relações fiduciárias tinha como objeto contornar as limitações decorrentes do sistema vigente. Em termos gerais, podemos agrupar as pretensões dos sujeitos consoante o tipo de obstáculos que pretendiam ultrapassar: (1) objetivos: decorrentes do sistema *per se*; e (2) subjetivos: decorrentes dos direitos e capacidades inerentes à classe social pertencente.

O feudalismo germânico da Alta Idade Média alicerçava-se num modelo hierárquico denominado de *Heerschildordnung* – à letra: sistema (*Ordnung*) dos escudos (*Schild*) do exército (*Heer*); tradução compreensiva: sistema militar ou sistema organizativo militar, que, na época, pouco ou nada se

---

[1291] HEUSLER, *Institutionen*, Vol. II, cit., 629; GOFFIN, *The Testamentary Executor*, cit., 22-24; SILKE PETTINGER, *Vermögenserhaltung und Sicherung der Unternehmensfortführung durch Verfügungen von Todes wegen: eine Studie der Frühen Augsburger Neuzeit*, Lit, Berlim, 2007, 25.

[1292] *Die langobardische Treuhand*, cit., 37: "Urtypus des germanischen Treuhänders ist der Salmann".

[1293] Uma análise aprofundada da temática pode ser encontrada na tese de habilitação de SCHOTT, *Der Träger als Treuhandform*, já por diversas vezes citada.

[1294] JOAHNN HEUMANN, *Commentatio Academica*, cit., 25: recorre ao termo *provasallus* para caracterizar a posição jurídica ocupada pelo *Treuhänder*.

§ 14.º A INFLUÊNCIA GERMÂNICA

diferenciava do sistema hierárquico nobiliárquico[1295] –, constituído por sete patamares ou escudos, em que o Rei surge na pirâmide e os homens livres que ocupam a terra na sua base[1296]. A expressão *Heerschild* assume um duplo significado: um sentido objetivo ou formal: simples designação de cada um dos sete escudos; e um sentido subjetivo ou material: focado no conteúdo da posição jurídica de cada um dos sete escudos e nas especificidades ativas e passivas inerentes a cada uma das diferentes posições[1297].

[1295] O sistema é bastante antigo; as suas raízes remontam ao direito ancestral de os senhores da guerra cobrarem taxas e impostos às populações que habitavam os territórios que controlavam, cfr., HEINRICH MITTEIS, *Lehnrecht und Staatsgewalt. Untersuchungen zur mittelalterlichen Verfassungsgeschichte*, Wissenschaftliche Buchgesellschaft, Darmstad, 1958, reimpressão da edição de 1933, 437-440.

[1296] WERNER HECHBERGER, *Adel, Ministerialität und Rittertum im Mittelalter*, Oldenbourg Wissenschaftsverlag, Munique, 2004, 24: este sistema deve ser inserido num mais vasto movimento de hierarquização e de consolidação do poder dos grandes senhores do Império. O termo *Heerschild* foi alvo de um processo de personificação, sendo utilizado para designar a nobreza e os seus membros, cfr., KARL SCHILLER e AUGUST LÜBBEN, *Mittelniederdeutsches Wörterbuch*, II Tomo: G-L, J. Kühtmann's Buchhandlung, Bremen, 1876, 252-253. Seguindo o modelo indicado no *Sachsenspiegel*, o sistema assentava em sete patamares (b. 50, f. 10v: "*Zu der selbin wis sint di herschilde usgeleit, den der kunic den ersten hat, di bischove unde di epte unde di eptischinnen den anderen, di leienvursten den dritten, sint si der bischove man wo rden sin, di vrien hern den vierden, di schephinbare lute unde der vrien herrin man den vunften, ire man vurbas den sechsten*"). No topo surge o Rei (*König*), depois os príncipes espirituais (*geistliche Fürsten*) e os príncipes seculares (*weltliche Fürsten*), seguindo-se uma complexa rede de vassalagem e subvassalagem. No Capítulo III do Livro 1, o autor do *Sachsenspiegel* apresenta esta divisão como sendo o reflexo das diversas Eras do Mundo, também elas sete, sendo cada uma composta por mil anos: a primeira começou com Adão, a segunda com Noé, a terceira com Abraão, a quarta com Moisés, a quinta com David, a sexta com Jesus Cristo, vivendo a humanidade, desde o ano 1000 até ao ano 2000, na incerta sétima Era (1.3, b. 50, f. 10v: "*Origines weissagte vorzeiten, daß es Weltalter geben werde, das Weltalter zu tausend jahren gerechnet, in dem siebten sollte die Welt zugrunde gehen. Nun ist uns aus der Heiligen Schrift bekannt, daß mit Adam das erste Weltalter begann, mit Noah das zweite, mit Abraham das dritte, mit Moses das vierte, mit David das fünfte, mit Gottes Geburt das sechste. In dem siebten befinden wir uns jetzt, ohne Gewißheit über seine Dauer*"). A indeterminação do sétimo escudo é explicada como sendo uma simples consequência das dúvidas e incógnitas em que a sétima Era se encontra (1.3, b. 50-51, f. 10v-11r: "*So wie die Christenheit im siebten Weltalter keine Gewiß hat, wie lange es (das Weltalter) bestehen wird, so weiß man auch von dem siebten Schild nicht, ob er Lehenrecht oder Heerschildrecht haben kann*").

[1297] JULIUS FICKER, *Vom Heerschilde. Ein Beitrag zur deutschen Reichs- und Rechtsgeschichte*, Wagner'schen Buchhandlung, Innsbruck, 1862, 7. Apesar de centenária, a obra ocupa, ainda hoje, uma posição inigualável no estudo desta matéria.

A cada escudo correspondia um conjunto específico de direitos e poderes, já para não falar do prestígio que acarretava pertencer às classes cimeiras, pelo que a alienação da terra, que era indissociável do patamar correspondente, tinha como consequência direta a perda de todas as regalias associadas. Acresce que vigorava dentro do Império Germânico, como já demonstrado, um conjunto de preceitos que dificultava a alienação de terras sem o consentimento do senhor. Estes dois elementos levaram ao desenvolvimento de uma prática análoga aos *uses*, em que o vassalo, embora mantendo formalmente a terra e, consequentemente, o seu título nobiliárquico, transmitia para um terceiro o seu benefício e o seu gozo efetivo[1298].

II. O modelo piramidal germânico era um sistema restrito ou parcelar, que estava longe de abranger toda a sociedade[1299]. A maior parte dos habitantes do Império Germânico estava automaticamente excluídos. Recorde-se que a *Heerschildordnung* tinha como fonte inspiradora o sistema militar e nobiliárquico, por natureza circunscrito. A primeira classe excetuada era a das mulheres, o que reduzia o número de sujeitos abrangidos para metade[1300]. Gradualmente, as limitações à capacidade patrimonial das mulheres foram sendo levantadas. No século XV, os obstáculos à aquisição de terras são já bastante diminutos[1301]. Até lá, porém, as mulheres viram-se obrigadas a recorrer a diversos artifícios, contando-se, entre eles, o recurso a *Treuhänder*[1302].

A posição dos menores era em tudo idêntica. Embora os riscos corridos não fossem tão elevados como os verificados em terras inglesas, esta categoria de sujeitos encontrava-se numa posição muito delicada. Ao recor-

---

[1298] SCHOTT, *Der Träger*, cit., 90-110.

[1299] SCHERNER, *Formen der Treuhand*, cit., 242.

[1300] MITTEIS, *Lehnrecht und Staatsgewalt*, cit., 467 ss.. Quanto às suas limitações no âmbito do Direito comum (*Landrecht*), vide, em geral, MARIELLA RUMMEL, *Die rechtliche Stellung der Frau im Sachsenspiegel-Landrecht*, Peter Lang, Francoforte, 1987.

[1301] SCHERNER, *Formen der Treuhand*, cit., 245.

[1302] *Corpus der altdeutschen Originalurkunden*, Vol. I, cit., Nr. 499: o *Komtur* da divisão administrativa da Ordem Teutónica em Altshausen (localizada a sul do atual Estado Baden-Württemberg) atesta a transmissão de um conjunto de bens localizados em Ebersbach (localidade também situada no atual Estado de Baden-Württemberg) para vários *Treuhänder*, sendo indicado como beneficiário último Elisabeths, mulher do doador.

rer a *Treuhänder* pretendia evitar-se que os interesses das crianças fossem lesados[1303].

A incapacidade inerente à condição de mulher e à dos menores atravessava toda a sociedade. Também os judeus e os estrangeiros, a quem era negada uma capacidade patrimonial plena, tinham de constituir relações fiduciárias para proteger os seus bens[1304].

III. Por vezes, o recurso a *Treuhänder* tinha propósitos muito mais pragmáticos e imediatos. A instabilidade do período e as constantes guerras e alterações no topo do poder impeliam muitos proprietários a transmitir os seus bens para terceiros que estivessem melhor munidos, não apenas de um ponto vista bélico, mas também político, como forma de proteger os seus interesses[1305].

76. As insuficiências da teoria germanista

Apesar de fortemente apoiada por alguns dos maiores especialistas da matéria, a solução germânica tem sido, recentemente, posta em causa por alguns autores. Em geral, os seus críticos centram-se na impossibilidade de demonstrar a sua receção. Não foram, até hoje, encontrados quaisquer documentos que comprovem o uso da figura pelos povos saxónicos que invadiram as Ilhas Britânicas ou pelos conquistadores normandos. Não basta demonstrar uma identidade ou proximidade conceptual: exige-se, também, provar a sua receção[1306]. As origens geográficas e culturais das diversas tribos invasoras permitem-nos apontar para uma remota ascendência germânica: todavia, este dado é, só por si, insuficiente. As especificidades do instituto fiduciário anglo-saxónico e o caminho percorrido pelo Direito inglês apon-

---

[1303] Schott, *Der Träger*, cit., 204-18.

[1304] Heusler, *Institutionen*, Vol. I, cit., 223.

[1305] Heumann, *Commentatio Academica*, cit., 14-15: o autor transcreve um documento, datado de 1244, em que uma propriedade é transmitida para um paladino. Os termos utilizados são *conservator* e *Salmann*.

[1306] Milsom, *Historical Foundations*, cit., 200-201: as tradições não sobrevivem sem apoio real; C. H. van Rhee, *Trusts, Trust-like Concepts and Ius Comune*, 8 ERPL, 2000, 453-462, 459: até agora não foram descobertos elementos que nos possibilitem afirmar com absoluta certeza as origens germânicas dos *uses*.

tam para uma solução localizada[1307], fruto das necessidades sociais, e que apenas poderá ser entendida à luz do sistema feudal desenvolvido em terras inglesas[1308].

Sem dúvida que os estudos de SCHOTT vieram demonstrar uma afinidade de objetivos. As incapacidades das mulheres e dos menores, as tentativas de contornar a rigidez dos sistemas vigentes ou a transmissão dos direitos para terceiros que pudessem defender, de forma mais efetiva, os interesses dos proprietários, apontam para uma certa identidade. Mas será mais do que isso?

Os elementos de que dispomos não nos permitem dizer que sim. De uma análise concreta de cada um dos mecanismos, é inequívoco que o seu desenvolvimento foi gradual: pretendia fazer-se frente não a um obstáculo abstrato, mas a problemas concretos. As realidades sociais da Inglaterra e do Império Germânico eram bastante diferentes; os sistemas feudais assentavam em princípios distintos. Embora os *uses* e as diferentes concretizações da *Treuhand* tivessem uma função análoga, os impedimentos que visavam ultrapassar eram únicos, fruto das especificidades locais[1309].

Já no que respeita ao executor testamentário, apresentado por HOLMES como prova dessa receção, parece-nos suficiente citar PAULO MERÊA quando nos diz que "a nomeação dum executor vai-se tornando uma prática geral, pelo menos a partir da segunda metade do século VIII, nas regiões mais diversas da Europa romano-germânica"[1310]. A existência desta prática em terras inglesas não chega, só por si, para demonstrar a influência germânica na constituição dos *uses*.

[1307] RICHARD H. HELMHOLZ e REINHARD ZIMMERMANN, *Views of Trust and Treuhand: an Introduction* in *Itinera Fiduciae*, cit., 27-44, 34.
[1308] BEAN, *The Decline of English Feudalism*, cit., 129; MILSOM, *Historical Foundations*, cit., 201.
[1309] SCHERNER, *Formen der Treuhand*, cit., 266.
[1310] *Sobre as origens do executor testamentário*, cit., 6-7.

§ 15.º O *WAQF*: A INFLUÊNCIA ISLÂMICA NA *COMMON LAW* E NOS *USES*

77. Introdução

I. A teoria de que o instituto islâmico *waqf* está na origem dos *uses* medievais e, consequentemente, da estrutura primitiva do *trust*, é relativamente recente. O primeiro escrito conhecido que avança tal ligação data, apenas, dos meados do século XX[1311].

Esta terceira via, alegam os seus defensores, justificar-se-ia, num primeiro momento, pela negativa: o fosso entre o *fideicommissum* romano e o instituto fiduciário anglo-saxónico, por um lado, e as subtilezas do *use*, quando comparado com as diversas concretizações da *Treuhand*, por outro, justificam a busca por uma influência jurídica fora dos circuitos mais usuais; mas também pela positiva: o *waqf* islâmico, com raízes ancestrais na sociedade arábica, partilha um conjunto importante de características com a construção britânica.

Quanto à receção da figura, esta poderia ser explicada como sendo um dos incontáveis efeitos decorrentes das intensas relações estabelecidas entre o Ocidente e o Mundo Árabe, a partir dos inícios do primeiro milénio e que tem nas cruzadas cristãs a sua face mais visível.

A consolidação e credibilização desta ascendência, confirmada pela sua presença nos manuais universitários de *Equity Law* e de *Trusts Law*[1312], resultaram numa crescente consciencialização do desenvolvimento da cultura

---

[1311] THOMAS, *Note on the Origin of Uses and Trusts*, cit..

[1312] HUDSON, *Equity and Trusts*, cit., 42; GRAHAM MOFFAT, *Trusts Law: Text and Materials*, 4ª edição, CUP, Cambridge, 2005, 35.

islâmica no período medieval e no seu possível impacto na própria estrutura nuclear da *Common Law*, quer ao nível externo e formal, na constituição dos *Inns of Courts*[1313] e dos *Colleges* universitários[1314], quer ao nível substantivo, em especial nas inovações introduzidas durante o reinado de *Henry II*[1315], considerado, relembre-se, o pai da *Common Law*.

II. Denominado *trust* islâmico, o *waqf*[1316] é uma realidade fiduciária constituída perpetuamente, em vida ou *mortis causa*, com objetivos sociais, caridosos ou familiares[1317]. De modo semelhante ao verificado para as restantes figuras jurídicas islâmicas, o que, de resto, se aplica por inteiro ao próprio sistema, o *waqf* está envolto numa complexa dogmática religiosa[1318], pelo que se impõe, previamente à análise do instituto, uma breve exposição das fontes islâmicas, sob pena de o ritmo necessário ser constantemente quebrado por referências paralelas.

A conceção religiosa do Direito islâmico e as fortes amarras existentes entre a evolução do sistema e a palavra de Alá, professada pela boca do Profeta, têm, para além de um direto e evidente impacto nas construções jurídicas, uma enorme relevância prática. A imutabilidade do *waqf*, que impede o Direito de acompanhar as evoluções das sociedades que regula, é um reflexo da natureza inflexível e invariável da Ciência Jurídica islâmica[1319].

[1313] GEORGE MAKDISI, *The Guilds of Law in Medieval Legal History: an Inquiry into the Origins of the Inns of Courts*, 34 Clev St L Rev, 1985, 3-18.

[1314] MONICA M. GAUDIOSI, *The Influence of the Islamic Law of Waqf on the Development of the Trust in England: the Case of Merton College*, 136 U Pa L Rev, 1988, 1231-1261.

[1315] JOHN A. MAKDISI, *The Islamic Origins of the Common Law*, 77 NC L Rev, 1999, 1635-1740.

[1316] PETER C. HENNIGAN, *The Birth of a Legal Institution: the Formation of the Waqf in Third-Century, A. H. Hanafī Legal Discourse*, Koninklijke Brill, Leiden, 2004, 50: depois de analisar, de forma minuciosa, os dois primeiros tratados dedicados ao *waqf* – *Ahkām al-Waqf* de HILĀL e *Ahkām al-Awqāf* de AL-KHASSĀF – datados do século IX, o autor defende que apenas com a sua publicação terá a expressão sido institucionalizada; até então, coexistiu um conjunto heterogéneo e variado de denominações.

[1317] TIMUR KURAN, *The Provisions of Public Goods under Islamic Law: Origins, Impact, and Limitations of the Waqf System*, 35 L & Soc'y Rev, 2001, 841-898, 842.

[1318] GAUDIOSI, *The Influence*, cit., 1232-1233.

[1319] JEFFREY A. SCHOENBLUM, *The Role of Legal Doctrine in the Decline of the Islamic Waqf: a Comparison with the Trust*, 32 Vand J Transnat'l L, 1999, 1191-1227, 1192; JAN-ERIK LANE e HAMADI REDISSI, *Religion and Politics: Islam and Muslim Civilization*, 2ª edição, Asgate Publishing, Farnham, 2009, 40 e 100: alguns estudiosos consideram que o *waqf* é um obstáculo à evolução dos Direitos reais e à modernização dos mercados financeiros. Semelhante posição é defendida

§ 15.º O *WAQF*: A INFLUÊNCIA ISLÂMICA NA *COMMON LAW* E NOS *USES*

Em resultado da transversalidade das questões em análise, optámos por dividir o estudo da possível influência do instituto fiduciário islâmico no surgimento e desenvolvimento dos *uses* medievais em dois parágrafos distintos. No primeiro, após uma breve exposição das fontes jurídicas do Direito islâmico, iremos analisar a credibilidade da tese que remete para o Islão as raízes da *Common Law*, deixando para o parágrafo subsequente a apreciação da tese que coloca o *waqf* na origem do *trust* anglo-saxónico.

78. As fontes da Ciência Jurídica islâmica

I. O Direito islâmico, de modo paralelo ao verificado para o Direito hebraico clássico[1320], é por natureza um sistema jurídico teocrático, que assenta numa Lei divina revelada diretamente por Deus a Maomé[1321]. O conceito de *Sharī'a*, usualmente traduzido pelos ocidentais por lei, extravasa imensamente as conceções de índole europeia[1322]; consubstancia muito mais do que um simples conjunto de normas e regulações, sendo também constituído por considerações morais, teológicas e ritualísticas que visam, em última análise, as aspirações espirituais da religião islâmica[1323].

Desenvolvido ao longo dos séculos VII a IX, o Direito islâmico suplantou o Direito primitivo arábico, de natureza costumeira e local, fruto do *modus vivendi* tribal e nómada dos povos árabes[1324].

---

por Mohammad Tahir Sabit e Abdul Hamid in *Obstacles of the Current Concept of Waqf to the Development of Waqf Properties and the Recommended Alternative*, 1 Mal J Real Est, 2006, 27-38: os autores apresentam a revisão dos princípios da perpetuidade e da alienabilidade como o único caminho para modernizar o instituto.

[1320] Como ponto de partida para a análise do Direito hebraico clássico, vide a obra de John M. Powis Smith, *The Origin and History of Hebrew Law*, The Lawbook Exchange, Nova Jérsei, 2005, reimpressão da edição de 1931.

[1321] Judith Romney Wegner, *Islamic and Talmudic Jurisprudence: the Four Roots of Islamic Law and Their Talmudic Counterparts* in *Islamic Law and Legal Theory* coordenação de Ian Edge, Dartmouth, Aldershot, 1996, 35-81: a autora leva a cabo uma análise comparativa dos dois sistemas.

[1322] 'Abdur Rahman I. Doi, *Sharīa'ah: the Islamic Law*, Iksan Islamic Publishers, Nigéria, 5.

[1323] S. G. Vesey-Fitzgerald, *Nature and Sources of the Sharī'a* in *Law in the Middle East*, Vol. I: *Origin and Development of Islamic Law*, coordenação de Majid Khadduri e Herbert J. Liebesny, The Middle East Institute, William Byrd Press, Richmond, Virgínia, 1955, 85-112.

[1324] Noël James Coulson, *A History of Islamic* Law, Edinburgh University Press, Edimburgo, 1964, 9-11. Sobre o Direito Arábico pré-islâmico, vide Joseph Schacht, *Pre-Islamic Background*

II. A Ciência Jurídica islâmica tem por base quatro fontes principais: *Qur'an, Sunnah, Ijmā' e Qiyās*[1325-1326].

Apresentado como o seu principal pilar[1327], o *Qur'an*, numa perspetiva jurídica, aproxima-se mais de um conglomerado de princípios gerais do que de uma compilação de disposições jurídicas específicas. Esta reali-

and Early Developments of Jurisprudence in *Law in the Middle East*, Vol. I, cit., 28-56 e *Foreign Elements in Ancient Islamic Law*, 32 J Comp Legis & Int'l L (3ª), 1950, 9-17.

[1325] Sobre o tema, vide, entre nós, ANTÓNIO VEIGA MENEZES CORDEIRO, *Princípios essenciais do Direito civil muçulmano*, inédito, 1956, 5-10; RUY ALBUQUERQUE e MARTIM DE ALBUQUERQUE, *História do Direito português*, Vol. I, 388 ss.; DÁRIO MOURA VICENTE, *Direito comparado*, Vol. I: *Introdução e sistemas jurídicos em geral*, 2ª edição, Almedina, Coimbra, 2012, 345-381 e CARLOS FERREIRA DE ALMEIDA, *Direitos islâmicos e "Direitos cristãos"* in *Estudos em homenagem ao Professor Doutor Inocêncio Galvão Telles*, Vol. V: *Direito público e vária*, coordenação de ANTÓNIO MENEZES CORDEIRO, LUÍS MENEZES LEITÃO e JANUÁRIO DA COSTA GOMES, Almedina, Coimbra, 2003, 713-748.

[1326] A estes quatro pilares acrescem fontes ditas menores como a *istihasan* – que consubstancia um tipo específico de analogia –, a equidade, o costume (*'urf*) ou considerações de interesse público (*maslahah mursalah*), entre outras. Sobre as diversas fontes menores e os seus desenvolvimentos, vide JOHN A. MAKDISI, *Legal Logic and Equity in Islamic Law* in *Islamic Law and Legal Theory*, cit., 229-258; NOËL JAMES COULSON, *Muslim Custom and Case-Law* in *Islamic Law and Legal Theory*, cit., 259-270 e SAIM KAYADIBI, *Istihsān: the Doctrine of Juristic Preference in Islamic Law*, Islamic Book Trust, Malásia, 2010.

[1327] Algumas comunidades, representando uma clara minoria, apresentam o *Qur'an* como a única fonte de Direito islâmico. Esta posição alicerça-se em diversos versos corânicos que asseguram a plenitude do seu conteúdo. Todas as passagens aqui citadas são retiradas da tradução do Livro Sagrado pelo Professor SAMIR EL HAYEK e publicado sob o título *O significado dos versículos do Alcorão Sagrado*, nova edição, revista e comentários, Marsam Editora Jornalística, São Paulo, 1994. 6:19: "Pergunta: Qual é o testemunho mais fidedigno? Assevera-lhes, então: Deus é a Testemunha entre vós e mim. Este Alcorão foi-me revelado, para com ele admoestar a vós e àqueles que ele alcançar . . ."; 6:38 *"Nada omitimos no Livro"*; 6:114: "Dize: Poderia eu anelar outro árbitro que não fosse Deus, quando foi Ele Quem vos revelou o Livro detalhado? Aqueles a quem revelamos o Livro sabem que ele é uma revelação verdadeira, que emana do teu Senhor"; 69:38-48: "Juro, pois, pelo que vedes, (39) E pelo que não vedes, (40) Que este (Alcorão) é a palavra do Mensageiro honorável. (41) E não a palavra de um poeta – Quão pouco credes – (42) Nem tampouco é a palavra de um adivinho. Quão pouco meditais! (43) (Esta) é uma revelação do Senhor do Universo (44) E se (o Mensageiro) tivesse inventado alguns ditos, em Nosso nome (45) Certamente o teríamos apanhado pela destra; (46) E então, ter-lhe--íamos cortado a aorta, (47) E nenhum de vós teria podido impedir-Nos, (48) E, certamente, este (Alcorão) é uma mensagem para os tementes". Esta posição é usualmente combatida pela asserção de que as outras fontes têm uma natureza meramente interpretativa do *Qur'an* e que, havendo divergências, o texto sagrado irá sempre prevalecer, cfr., ISRAR AHMAD KHAN,

§ 15.º O *WAQF*: A INFLUÊNCIA ISLÂMICA NA *COMMON LAW* E NOS *USES*

dade, expectável em face do objeto primário do Livro Sagrado, tem levado alguns autores a contestar a sua primordialidade entre as quatro fontes de Direito[1328]. A posição, heterodoxa, é criticada por ignorar, ou pelo menos por não sublinhar, o papel originário que os textos sagrados representam na formação do pensamento jurídico islâmico[1329].

A *Sunnah*, descrita como um complemento dos textos sagrados, agrega um vasto conjunto de tradições propagadas por Maomé e pelos seus companheiros e transmitidas geracionalmente[1330]. Composta pelos ditos, práticas e consentimentos tácitos do Profeta, as máximas e preceitos que compõem a *Sunnah* constituem um conjunto de revelações indiretas, devendo, como tal, ser seguidas por todos os muçulmanos[1331]. Pese embora estarem em consonância com o conteúdo profético do Corão, parte das tradições que a com-

---

Authentication of Hadith: Redefining the Criteria, The International Institute of Islamic Thought, Reino Unido, 2010.

[1328] JOSEPH SCHACHT, *The Origins of Muhammadan Jurisprudence*, Clarendon Press, Oxford, 1950, 224-225: o *Qur'an* apenas cobre regras e princípios elementares. O desenvolvimento de normas jurídicas específicas resulta de um processo criativo posterior; JOHN E. WANSBROUGH, *Quranic Studies: Sources and Methods of Scriptural Interpretation*, OUP, Oxford, 1977, 44: leva a posição de SCHACHT a um novo patamar, afirmando que, salvo algumas exceções, a maioria das construções jurídicas islâmicas não resulta diretamente do texto sagrado; PATRICIA CRONE, *Roman, Provincial and Islamic Law: the Origins of the Islamic Patronate*, CUP, Cambridge, 1987, 23: apresenta os *Hadīts* como o centro nevrálgico do Direito.

[1329] COULSON, *A History of Islamic* Law, cit., 64-65: o conteúdo do *Qur'an* representou, em diversas áreas, um avanço muito significativo para a época. A necessária concordância entre os preceitos legais e a palavra de Alá forçou o avanço jurídico; YASIN DUTTON, *The Origins of Islamic Law: the Qur'an, the Muwaṭṭa' and Madinan 'Amal*, Curzon, Surrey, 1999, 158: este erro, bastante comum, deve-se, em parte, ao facto de se olhar para o *Qur'an* como um mero livro religioso, ignorando a função que desempenha enquanto regulador das relações sociais. Uma dimensão que extravasa, largamente, os simples aspetos jurídicos.

[1330] DOI, *Sharīa'ah*, cit., 45.

[1331] DAVID F. FORTE, *Studies in Islamic Law: Classical and Contemporary Application*, Austin & Winfield, Estados Unidos da América, 1999, 38. Não deve ser confundida com os *Hadith*. Embora absorva grande parte do conceito de *Sunnah*, os *Hadith* englobam apenas os ditos do profeta, cfr., CHIBLI MALLAT, *Introduction to Middle Eastern Law*, OUP, Oxford, 2007, 35.

põem têm as suas raízes em costumes arábicos pré-islâmicos[1332] ou em usos de povos conquistados, devidamente adaptadas à palavra de Alá[1333].

A *Ijmā'* congrega as opiniões e as posições consensuais dos juristas e estudiosos islâmicos no que respeita ao Direito e à sua aplicação[1334]. Com conteúdo mutável, visto ser o reflexo da evolução natural da sociedade, a *Ijmā'* é o garante da correta interpretação do *Qur'an* e da aplicação e transmissão da *Sunnah*[1335]. Repare-se que o papel do consenso, na regulação social e jurídica, é anterior à religião islâmica. A sua relevância na região arábica é anterior ao processo de conversão[1336].

Nos primeiros séculos da religião islâmica, o conceito de *Ijmā'* era indistinto da *Sunnah*, visto a compilação das revelações indiretas viver ainda um processo de consolidação[1337]. Ao contrário do *Qur'an* e da *Sunnah*, a *Ijmā'* não consubstancia uma manifestação, direta ou indireta, da Lei Divina, mas uma decorrência racional do seu conteúdo[1338].

A *Qiyās*, introduzida por *Abu Hanifah*, fundador da escola de *Hanafi*[1339], era, no fundo, uma simples aplicação analógica de soluções consolidadas – originárias de qualquer um dos outros três pilares – a situações merecedoras de proteção ou de regulação que, apesar de não terem estado na sua génese, partilhavam idênticas ou comuns qualidades[1340]. Ao requisito central – proximidade factual e jurídica das situações –, alguns autores acrescentam,

---

[1332] VESEY-FITZGERALD, *Nature and Sources of the Sharī'a*, Vol. I, cit., 85-112, 91: o sistema vigente em Meca e as leis primitivas aplicadas em Medina ocuparam um papel nuclear em todo o processo.

[1333] A. J. WENSINCK, *The Importance of Tradition for the Study of Islam* in *Islamic Law and Legal Theory*, cit., 133-139, 138: o rápido crescimento territorial e o subsequente desfasamento das leis locais arábicas determinaram a adoção e a adaptação dos Direitos dos povos conquistados. Sublinhe-se a importância do Direito romano e do Direito hebraico, da moral cristã e das construções filosóficas e sociais helénicas.

[1334] COULSON, *A History of Islamic Law*, cit., 76.

[1335] KAMALI, *Principles of Islamic Jurisprudence*, cit., 231.

[1336] HOURANI, *The Basis of Authority of Consensus*, cit., 154-202, 157.

[1337] WAEL B. HALLAQ, *The Origins and Evolution of Islamic Law*, CUP, Cambridge, 2005, 110.

[1338] MOHAMMAD HASHIM KAMALI, *Principles of Islamic Jurisprudence*, 3ª edição, The Islamic Texts Society, 2003, 228.

[1339] DOI, *Sharīa'ah*, cit., 99.

[1340] FRANK E. VOGEL, *Islamic Law and Legal System: Studies of Saudi Arabia*, Brill, Leiden, 2000, 51; HALLAQ, *The Origins and Evolution of Islamic Law*, cit., 23: este raciocínio apenas pode ter por base os textos dos outros três pilares. Qualquer outro tipo de influência externa deve, em absoluto, ser repudiada.

como fatores a ter em conta, o interesse público e o elemento teleológico, como garantes do cumprimento dos ensinamentos do Profeta[1341].

79. A influência islâmica no Direito medieval inglês

I. No seu revolucionário artigo, *The Islamic Origins of the Common Law*, datado de 1999, JOHN MAKDISI defendeu que as grandes inovações jurídicas do reinado de *Henry II* não resultaram do pragmatismo do pai da *Common Law* e dos seus conselheiros, mas da adoção de institutos e construções islâmicas que se adequavam, na perfeição, às pretensões do monarca inglês. MAKDISI apresenta o *writ of debt* como um sucedâneo do *'aqd*, o inovador *assize de novel disseisin* inspirado no *istihqaq* e o sistema de júri plagiado do *lafif*[1342].

Não cabe, aqui, levar a cabo uma análise minuciosa dos diversos institutos, em ambos os ordenamentos. A proximidade ou a identidade de soluções, em distintos sistemas jurídicos, não são conclusivas no que respeita a uma ascendência comum, mas meramente indicativas de uma possível receção. Mais relevante do que identificar as semelhanças, importa apurar da oportunidade da receção, bem como da inexistência de institutos paralelos ou de princípios análogos em sistemas conhecidos ou de maior proximidade.

II. MAKDISI inicia a sua análise pelo *writ of debt*. Esta figura abarcava, ao tempo de GLANVILL, o grosso dos contratos especiais tratados no nosso Código Civil:

> *Aut enim debetur quid ex causa mutui, aux uenditionis causa, aut ex comodato, aut ex locato, aut ex deposito, aut ex alia iusta debendi causa*[1343].

Depois de elencados, cada um dos contratos é objeto de algum desenvolvimento, com exceção do contrato de depósito[1344]. A exposição é acompa-

---

[1341] MAWIL IZZI DIEN, *Islamic Law: from Historical Foundations to Contemporary Practice*, Edinburgh University Press, Edimburgo, 2004, 51-54.
[1342] *The Islamic Origins*, cit., 1635-1740.
[1343] GLANVILL, Livro X, 3, 117.
[1344] Mútuo: "*The cause of debt is loan for consumption when anyone lends another something which can be counted, weighed or measured*", cit., X, 3, 117; comodato: "*The cause of a debt is sometimes loan for use, as when I gratuitously lend you some thing of mine to make use of in your service*", cit., X, 13, 128;

nhada pelas respetivas fórmulas de ação. Makdisi centra a sua atenção no conteúdo do contrato de compra e venda:

> *The cause of a debt may also be purchase or sale, as when anyone sells some thing of his to another; for then the price is owed to the seller and the thing purchased is owed to the buyer. A purchase and sale is agreed on the price, provided that this is followed by delivery of the thing purchased and sold, or by payment of the whole or part of the price, at least by the giving and receipt of earnest*[1345].

Partindo da dimensão real do negócio – o mero acordo das partes não se limitava a fazer surgir, na esfera jurídica dos intervenientes, um direito a exigir o cumprimento do estabelecido, mas apenas um direito a reivindicar a entrega do bem –, Makdisi conclui que, no Direito inglês primitivo, a transmissão do direito de propriedade operava com o simples consenso das partes, sendo a tradição do bem uma mera condição para a interposição da ação[1346]. A leitura de Makdisi coloca, assim, a solução de Glanvill no campo oposto ao do Direito romano. A nível substantivo, o regime romanístico fazia depender a transmissão do direito de propriedade da tradição do bem e do pagamento do preço[1347]. Já no que respeita ao Direito adjetivo, o Direito romano apontava para uma *action in personam*, em face da natureza obrigacional da relação[1348].

Esta grande discrepância levou Makdisi a procurar uma ascendência fora do circuito usual: Direito romano e Direito canónico. Ora, sendo a solução anglo-saxónica idêntica à desenvolvida pelo regime contratual islâmico medieval, tudo indicava que, demonstrado um meio de receção, os juristas anglo-saxónicos pudessem ter ido buscar inspiração ao mundo árabe[1349].

---

compra e venda: *"The cause of a debt may also be purchase or sale, as when anyone sells some thing of his to another"*, cit., X, 14, 129; e locação: *"A thing is sometimes owed on a letting and on a hiring, as when anyone lets out some thing of his to another for a certain time at a certain rent"*, cit., X, 18, 132.

[1345] Glanvill, Livro X, 14, 129.
[1346] Makdisi, *The Islamic Origins*, cit., 1641-1650.
[1347] I. 2.1.41: *"Sed si quidem ex causa donationis aut dotis aut qualibet alia ex causa tradantur, sine dubio transferuntur: venditae vero et traditae non aliter emptori adquiruntur, quam si is venditori pretium solverit vel alio modo ei satisfecerit, veluti expromissore aut pignore dato. Quod cavetur quidem etiam lege duodeci tabularum: tamen recte dicitur et iure gentium, id est iure naturali, id effici. Sed si is qui vendidit fidem emptori secutus fuerit, dicendum est statim rem emptoris fieri"*.
[1348] Zimmermann, *The Law of Obligations*, cit., 6.
[1349] Makdisi, *The Islamic Origins*, cit., 1650-1658.

§ 15.º O *WAQF*: A INFLUÊNCIA ISLÂMICA NA *COMMON LAW* E NOS *USES*

O raciocínio de MAKDISI é, em abstrato, bastante lógico: se a ação tem natureza real e se o exigido pelo credor não é o cumprimento da obrigação, mas a reivindicação da propriedade, então, o mero consenso das partes tem como efeito direto e imediato a transmissão do direito de propriedade.

No que respeita à natureza real da ação, poucas dúvidas parecem existir. Apesar de, a pouco e pouco, se ter ido esbatendo, o *writ of debt* tinha, de facto, originalmente, uma natureza real[1350]. Mas as razões desta particularidade residem não numa receção do Direito islâmico ou de qualquer outro sistema, mas nas especificidades históricas e culturais do Direito medieval inglês, que MAKDISI ignora no seu trabalho. Nos seus primórdios, o *writ of debt* mais não era do que uma aplicação ou um ajustamento do *writ of right* a situações jurídicas obrigacionais. Os governantes e juristas medievais ingleses recorreram a construções jurídicas reais e adaptaram-nas, aparentemente sem preocupações teóricas, às relações obrigacionais[1351].

De resto, essa era uma solução perfeitamente adequada à luz das características formalísticas do sistema medieval inglês, com os *writs* no centro da evolução substantiva. A dimensão do direito a exigir o cumprimento da obrigação ficava, em grande medida, suplantada pelo direito a adquirir o respetivo *writ*[1352].

[1350] POLLOCK e MAITLAND, *The History*, Vol. II, cit., 206: a pouco e pouco, e de forma gradual, a ação vai perdendo todos os seus aspetos reais; STREET, *The Foundations of Legal Liability*, Vol. III, cit., 130: embora mais notória no seu período formativo, a natureza real da ação é evidente ao longo de toda a sua evolução histórica; BARBOUR, *The History of Contract*, cit., 27: esta conceção foi sendo, paulatinamente, abandonada; R. ROSS PERRY, *Common-Law Pleading: Its History and Principles. Including Dicey's Rules Concerning Parties to Actions and Stephen's Rules of Pleading*, The Lawbook Exchange, Nova Jérsei, 2001, 49: o fosso entre a *action of debt* e as ações reais vai, progressivamente, sendo alargado. O recurso às características das ações reais e à própria linguagem técnica que as compõem não se adequava à realidade prática.

[1351] POLLOCK e MAITLAND, *The History*, Vol. II, cit., 204; VAN CAENEGEM, *Royal Writs*, cit., 254: "*The writ, as we know it form Glanvill, was literally drafted after the wording of the classic praecipe for land, so literally in fact that certain expressions (e.g. unde ei deforciat) were taken over, in spite of being inappropriate in a personal action for debt, although appropriate enough in a real action for tenure*"; SIMPSON, *A History of the Common Law of Contract*, cit., 76: embora reconheça as semelhanças entre a *action of debt* e as ações de reivindicação de propriedade, considera que esta identidade está limitada à dimensão formal, não tendo qualquer impacto no conteúdo dogmático da figura.

[1352] C. REINOLD NOYES, *The Institution of Property: a Study of the Development, Substance and Arrangement of the System of Property in Modern Anglo-American Law*, The Lawbook Exchange, Nova Jérsei, 2007, 277.

III. Tradicionalmente, os historiadores e os juristas ingleses consideravam que a *novel disseisin* representava uma evolução da *actio spolii* canónica e, indiretamente, da *unde vi* romana, adequada, certamente, às especificadas locais e aos intentos da governação normanda[1353].

Esta interpretação, até há bem pouco tempo unânime, tem vindo a ser posta em causa. Os estudos históricos mais recentes vieram demonstrar que a *actio spolii* data, apenas, da segunda metade do século XII[1354]. Ora, sendo o desenvolvimento da *actio spolii* cronologicamente posterior ao surgimento da *novel disseisin* ou, na melhor das hipóteses, seu contemporâneo, a sua ascendência é facticamente impossível[1355].

Perante estes obstáculos temporais e em face de uma nem sempre evidente concordância das características específicas de cada um dos institutos, MAKDISI vira-se, uma vez mais, para uma figura do Direito islâmico, denominada *istihqaq*, com a qual a *novel disseisin* partilharia grande parte dos seus elementos[1356]. Como referimos a título introdutório, não cumpre aqui analisar as semelhanças e as diferenças entre as figuras e os seus regimes, mas verificar do cabimento desta viragem a Oriente.

Neste ponto, como de resto ao longo de todo o estudo de MAKDISI, é notória uma deliberada fragmentação do Direito medieval inglês, quer no que respeita à preponderância do Direito romano e canónico (dimensão externa), quer na sistematização, embrionária é certo, dos seus institutos e construções (dimensão interna).

As diferenças entre a *novel disseisin* e a *actio spollii* e a aparente primordialidade temporal da primeira são elementos insuficientes para negar a influência canónica e romanística. Três pontos devem ser tidos em conta: (1) a influência canónica no Direito real anglo-saxónico deve ser encarada de forma global e não de modo isolado, para cada um dos diferentes mecanis-

---

[1353] POLLOCK e MAITLAND, *The History*, Vol. I, cit., 134-135; PAUL VINOGRADOFF, *Roman Law in Medieval Europe*, Harper & Brother, Londres, 1909, 86: descreve a ação como uma versão secular da *action spolii*; HOLDSWORTH, *A History of English Law*, Vol. II, cit., 204; PLUCKNETT, *A General Survey*, cit., 33.

[1354] FRANCESCO RUFFINI, *L'actio spolii: studio storico-giuridico*, "L'Erma" di Bretschneider, Roma, 1972, reimpressão da edição de 1889.

[1355] VAN CAENEGEM, *Royal Writs in England*, cit., 387; RICHARDSON e SAYLES, *Selected Cases of Procedure*, cit., cxxix: os autores expressam sérias dúvidas sobre o surgimento da figura ainda no século XII.

[1356] MAKDISI, *The Islamic Origins*, cit., 1666-1668.

§ 15.º O *WAQF*: A INFLUÊNCIA ISLÂMICA NA *COMMON LAW* E NOS *USES*

mos[1357]; (2) o princípio subjacente à *actio spolii: spoliatus ante omnia restituendus*, era conhecido, no Direito canónico, pelo menos desde o século IX[1358]; e (3) o conhecimento dos princípios subjacentes à *novel disseisin* não resulta da redescoberta do Direito romano do período medieval: o seu domínio é demonstrável ao longo dos séculos e de forma bastante convincente[1359].

A posição é também criticável no que respeita às alegadas premissas distintivas das duas figuras. Vejamos. MAKDISI defende que os institutos canónico e romano tinham como *ratio* a manutenção da ordem pública, enquanto a *novel disseisin* visava, principalmente, a proteção do direito de propriedade. O autor acrescenta que a *novel disseisin* consagrava uma nova forma de proteger a titularidade do direito de propriedade por recurso à mera posse, solução desconhecida do Direito romano[1360]. A segunda premissa já foi anteriormente alvo de análise, não restando, por isso, muito a acrescentar: os conceitos de posse e propriedade utilizados quer por GLANVILL, quer por BRACTON não correspondem aos conceitos romanísticos. Os *writs of right* e *of novel disseisin* consubstanciam diferentes ações de proteção de direitos, ambos reconduzíveis ao conceito de direito de propriedade.

Já no que respeita à alegada *ratio* dos institutos, parece-nos que a posição defendida é excessivamente simplista. Em primeiro lugar, a ação *unde vi* tinha como objetivo primário a proteção dos direitos de propriedade, por natureza individuais[1361]; já em relação à manutenção da ordem pública, embora a sua visibilidade e referenciação sejam fruto da evolução natural

---

[1357] POLLOCK e MAITLAND, *The History*, Vol. II, cit., 135: "*Our law is following in the wake of the canon law. The canonists have been carrying their doctrine of "the possession of rights" into almost every province of jurisprudence*"; HAROLD JOSEPH BERMAN, *Law and Revolution: the Formation of the Western Legal Tradition*, Harvard University Press, Cambridge, 1983, 237: considera que a influência canónica é mais visível no âmbito dos Direitos reais do que no Direito da família.

[1358] JAVIER MARTÍNEZ-TORRÓN, *Anglo-American Law and Canon Law: Canonical Roots of the Common Law Tradition*, Duncker & Humblot, Berlim, 1998, 177.

[1359] VAN CAENEGEM, *The Birth*, cit., 44; PLUCKNETT, *A Concise History*, cit., 358-359: o seu conhecimento data do período de domínio romano. O autor leva acabo uma exposição cronológica do princípio ao longo de diversas leis.

[1360] MAKDISI, *The Islamic Origins*, cit., 1665-1666.

[1361] D. 43.16.1: "*Hoc interdictum proponitur ei, qui ui deiectus est: etenim fuit aequissimum ui deiecto subuenire: propter quod ad reciperandam possessionem interdictum hoc proponitur*"; D. 43.16.3: "*Hoc interdictum on ad omnem uim pertinent, uerum ad eos, qui de possession deiciuntur. Ad solam autem atrocem uim pertinent hoc interdictum, et ad eos tantum, qui de solo deiciuntur, ut puta de fundo siue aedificio: ad alium autem non pertinent*".

dos sistemas jurídicos, a sua importância é indissociável de qualquer ordenamento, por muito rudimentar que ele seja. Esta realidade é evidenciada pela prontidão com que os monarcas ingleses, desde *William I*, resolveram litígios de desapossamento ilegal[1362]. Van Caenegem chega mesmo a avançar que "provavelmente, em nenhuma outra questão se mostraram (os reis de Inglaterra) tão notoriamente senhores do seu Reino"[1363].

Em suma, apesar de a *novel disseisin* representar um avanço e uma especificidade do Direito medieval inglês, os seus princípios são facilmente identificáveis quer no Direito romano, quer no Direito canónico[1364].

IV. Conquanto tenham sido objeto de extensas e minuciosas análises, as origens do instituto do júri, provavelmente o elemento mais característico e conhecido da *Common Law*, permanecem envoltas em mistério. Esta dificuldade reside no facto de os princípios que lhe estão associados poderem ser seguidos até à antiguidade clássica helénica[1365].

Antes da conquista de *William*, o processo decisório anglo-saxónico assentava em dois métodos: *compurgation* e ordália. A *compurgation* consistia num complexo esquema de juramentos, onde o estatuto da testemunha determinava a relevância processual da sua palavra[1366]. Este modelo, também adotado pela Igreja[1367], apenas foi abolido em 1833[1368]. O processo de ordália – também conhecido por Julgamento de Deus –, que fazia depender a inocência do réu da superação de uma prova extremamente difícil, como por exemplo colocar as mãos num bacia de água em ebulição sem sofrer qual-

---

[1362] Número 17/II.

[1363] Van Caenegem, *Royal Writs*, cit., 267.

[1364] Sutherland, *The Assize of Novel Disseisin*, cit., 20-22.

[1365] William Forsyth, *History of Trial by Jury*, 2ª edição, editado por James Appleton Morgan, Burt Franklin, Nova Iorque, 1971, reimpressão da edição de 1878, 7-11.

[1366] Forsyth, *History of Trial by Jury*, cit., 61-70; Spence, *An Inquiry*, cit., 468: defende uma origem romanística da figura; Henry C. Lea, *Superstition and Force. Essays on the Wager of Law – The Wager of Battle – The Ordeal – Torture*, Henry C. Lea. Filadélfia, 1866, 28: considera que este modelo decisório é comum a todos os povos que moldaram a Europa, nem sempre existindo um contacto ou uma influência evidentes.

[1367] Lea, *Superstition and Force*, cit., 26-29: o primeiro passo na aceitação eclesiástica deste modelo decisório foi dado por Gregório II, datando as suas consolidações e generalizações, no seio dos tribunais eclesiásticos, dos inícios do século IX.

[1368] 3 & 4 Will IV, c. 42.

quer queimadura[1369], foi utilizada, em terras inglesas, até ao ano 1819[1370]. Assente nesta visão histórica, fortalecida pela inexistência de documentação que comprove o conhecimento do júri no período saxónico, a doutrina clássica, espoletada pelos trabalhos de Reeves, defendia uma origem normanda do instituto[1371].

Contudo, do estudo e da análise das antigas leis anglo-saxónicas, concluiu-se que a figura da testemunha ocupava, já então, um papel central, tanto no comércio jurídico[1372], como na resolução de litígios[1373]. Este novo dado veio abalar os alicerces da tradicional solução normanda[1374]. A primeira referência a doze testemunhas data ainda deste período; é exatamente esse o número mencionado nas Leis de *Edgar*[1375] e nas Leis de *Etherlred*[1376]. Ape-

---

[1369] Arthur C. Howland, *Ordeals. Compurgation. Excommunication and Interdict*, Longmans, Green, Nova Iorque, 1901, 7-18: compilação de diferentes tipos de ordálias.

[1370] 59 Geo III, c. 46. Foi abolido do seio da Igreja Católica pelo quarto Concílio de Latrão, datado de 1215.

[1371] *Reeve's History*, Vol. I, cit., 137; Palgrave, *The Rise and Progress*, cit. 82: o autor segue uma posição semelhante: afirma que o júri é uma peça central da *Common Law* desde, pelo menos, a conquista normanda.

[1372] *The Laws of King Edmund, Concilium Culintonense* in *Ancient Laws*, cit., 253, c. 5: *"Et nemo barganniet vel ignotum pecus recipiat, qui non habeat testimonium summi præpositi, vel sacerdotis, vel odalii, vel portireve"*; *The Laws of King Ethelred, I*, cit., 283, c. 3: *"And let no man either buy or exchange, unless he have "borh" and witness..."*; *The Laws of King Cnut, Secular*, cit., 391, c.24: *"And let no one buy any thing above the value of four pence, either living or lying, unless he have the true witness of four men, be it within a "burh", be it up in the country."*

[1373] *The Laws of King Æthelstan, IV*, cit., 223: *"And let there be named, in every reeve's 'manung', as many men as are known to be unlying, that they may be for witness in every suit. And be the oaths of these unlying men, according to the worth of the property, without election"*; *The Laws f King Edward*, cit., 163, c. 5: *"And if the reeve do not lawfully exact it, with the witness of those men who are assigned him to bear witness, then let him make "bōt" my "oferhyrnes", with cxx. Shillings"*.

[1374] Crabb, *A History of English Law*, cit., 29: embora reconheça que o sistema instituído por Henry III era revolucionário para a época, relembra que as decisões judiciais, no período anglo-saxónico, não estavam a cargo de um só juiz; Spence, *The Equitable Jurisdiction*, Vol. I, cit., 63: defende como prováveis as origens saxónicas; Sharon Turner, *The History of the Anglo-Saxons*, Vol. II, Longman, Hurst, Rees, & Orme, Londres, 1807, 270-275.

[1375] *The Laws of King Edgar, Supplement* in *Ancient Laws*, cit., 275: c. 3, *"This then is what I will: that every man be under "borh", both within the "burhs", and without the "burhs"; and let witness be appointed to every "burh" and to every hundred"*; c. 4, *"To every "burh", let be chosen xxxiii. As witness"*; e c. 5 *"To small "burhs", and every hundred, xii; unless ye desire more"*.

[1376] *The Laws of King Ethelred, III*, cit., 295, c.3: *"... and that a "gemōt" be held in every wapentake; and the xii. senior thanes go out, and the reeve with them, and swear on the relic that is given to them n*

sar de o conceito de jurado, após as alterações introduzidas por *Henry II*, englobar também a função da testemunha, a dimensão destacada no período anglo-saxónico e no período normando é bastante distinta, o que torna a teoria da continuidade um pouco forçada[1377].

As raízes geográficas dos saxões e a existência de figuras similares apontariam também, de acordo com parte da doutrina, para uma ascendência germânica, com origens que remontam às práticas ancestrais desenvolvidas nas antigas assembleias populares[1378]. Por fim, a existência de modelos decisórios similares e, de forma generalizada, em todos os países escandinavos[1379], voltou a atenção dos estudiosos para uma possível influência nórdica. Esta solução não foi, porém, recebida com especial entusiasmo[1380].

Atualmente, a hipótese mais corroborada coloca as inquisições francas, posteriormente utilizadas pelos governantes normandos, como estando na origem do instituto do júri. Pela primeira vez avançada por BRUNNER[1381], em

---

hand, that they will accuse no innocent man, nor conceal any guilty one"; POLLOCK e MAITLAND, *The History*, Vol. I, cit., 142: esta disposição apenas teria aplicação nas zonas dinamarquesas do reino, o que põe em causa a continuidade da prática até ao século XII. HURNARD, *The Jury of Presentment*, cit. 376-378: não vê qualquer razão ou prova que explique esta circunscrição delimitativa; contudo, não descarta, em absoluto, uma influência escandinava.

[1377] FINLASON in *Reeve's History*, Vol. I, cit., 137, nota b: discorda completamente desta posição. Considera que as testemunhas no período anglo-saxónico assumiam um papel similar ao de jurados; POLLOCK e MAITLAND, *The History*, Vol. I, cit., 142: embora reconhecendo que as disposições anglo-saxónicas poderiam, em abstrato, estar na origem do júri, não conseguem vislumbrar qualquer continuidade.

[1378] STUBBS, *The Constitutional History*, cit., 609: apesar de reconhecer a existência de diferenças consideráveis, coloca a sua origem nos tribunais germânicos: os membros do júri não tinham como missão clarificar os factos concretos do litígio, mas determinar, à luz dos costumes e leis do reino, qual a lei a aplicar.

[1379] FORSYTH, *History of Trial by Jury*, cit., 16-31.

[1380] PAUL VINOGRADOFF, *English Society in the Eleventh Century: Essay in English Mediaeval History*, Clarendon Press, Oxford, 1908, 6-7: o autor aceita esta posição, mas reconhece, ao mesmo tempo, uma possível ascendência franca; HURNARD, *The Jury of Presentment*, cit., 378: também não descarta esta possibilidade. No fundo, os autores que negam esta relação são os que não acreditam numa continuidade entre as Leis de *Ethelred* e as inovações de *Henry II*.

[1381] HEINRICH BRUNNER, *Die Entstehung der Schwurgerichte*, Scientia, Aalen, 1967, reimpressão da edição de 1872, 87.

§ 15.° O *WAQF*: A INFLUÊNCIA ISLÂMICA NA *COMMON LAW* E NOS *USES*

1872, a posição mereceu a concordância de alguns dos nomes mais sonantes da historiografia inglesa.[1382]

Sem negar as semelhanças invocadas pela doutrina tradicional, MAKDISI defende que é com o instituto islâmico *lafif*, mais precisamente na versão desenvolvida pela escola *Mālik*[1383], predominante na Sicília islâmica, que o júri da *Common Law* partilhava mais elementos: (1) doze testemunhas que juravam dizer a verdade; (2) obrigadas a chegar a um veredito; (3) a decisão teria de ser unânime; (4) deveriam ter conhecimentos específicos sobre o caso em discussão; (5) o juiz estava sujeito à sua decisão; (6) a verdade era alcançada pelo factos apresentados; (7) o modelo aplicava-se a litígios comuns; e (8) consubstanciava um direito do réu[1384].

Poderá *Henry II* ter sido influenciado pela posição islâmica? VAN CAENEGEN apresenta a solução do pai da *Common Law* como essencialmente pragmática. O arcaísmo característico dos modelos decisórios da época não se adequava aos intentos inovadores de *Henry II*. Por outro lado, o monarca pretendia estender a sua influência jurisdicional aos quatro cantos do reino, pretensão impulsionada com a instauração de um modelo mais apelativo

---

[1382] POLLOCK e MAITLAND, *The History*, cit., 119-122; HASKINS, *Norman Institutions*, cit., 196 ss.: não tem dúvidas quanto à origem franca do instituto, as semelhanças são evidentes. A solução escandinava não é merecedora de especial atenção.

[1383] Apesar da sua rigidez característica, o Direito Islâmico é uma Ciência Social, com toda a carga cultural e histórica que se lhe reconhece, não sendo assim de estranhar a coexistência de diferentes soluções interpretativas dos textos sagrados. Das diversas escolas jurídicas que surgiram desde o falecimento do Profeta, quatro delas, no ramo sunita, destacam-se pela sua expansão e continuidade: (1) *Hanafi*, a mais antiga e com maior expressão das quatro escolas clássicas, foi fundada por *Abū Hanīfa*. Com raízes geográficas no atual Iraque, a sua expansão teve como grandes impulsionadores os califas abássidas. Espalhada por todo o mundo muçulmano, a escola está essencialmente implantada na Ásia Central, no Egito, na China, no Afeganistão, no Irão, na região do Levante, nos países Balcânicos, na Turquia e no Subcontinente indiano; (2) *Shāfi'i*, fundada no Cairo pelo *Imām ash-Shāfi'i*, a escola tem especial importância no Sudoeste Asiático, em especial na Indonésia e na Malásia, tendo ainda uma forte presença no baixo Egito, na África Oriental, no Curdistão e nos Emirados Árabes Unidos; (3) *Māliki*, ramo originário da escola de Medina, deve o seu nome a *Mālik ibn Anas*, o seu grande teorizador. Essencialmente presente no Norte de África, a escola tem ainda uma notável influência em algumas regiões da Península Arábica; e (4) *Hanbali*, institucionalizada pelos pupilos do *Imām Ahmad ibn Hanbal*, é das quatro escolas a que menos representatividade e crescimento obteve. O seu campo de influência está hoje fundamentalmente circunscrito à Península Arábica.

[1384] MAKDISI, *The Islamic Origins*, cit., 1695.

para a população[1385]. O júri congregava todas estas características: diferia do modelo arcaico feudal e colocava a população no centro das decisões. Na busca pela solução que mais se adequava aos seus propósitos, é possível que, tendo conhecimento da solução islâmica, esta tenha merecido a sua atenção? A credibilidade da posição está dependente da demonstração do processo de receção.

80. A influência islâmica de origem siciliana

I. As semelhanças governativas e administrativas entre a Inglaterra de *Henry II* e a Sicília de Rogério II[1386] são, há muito, conhecidas[1387]. Para lá dos laços comuns que unem os dois povos, esta comunhão parece resultar de um intenso contacto entre os dois reinos, exteriorizado pelo casamento de *William II*[1388], da Sicília, com uma filha de *Henry II* e pela rotação, verdadeiramente espantosa para a época, de altos funcionários administrativos entre as duas governações[1389].

Ora, reconhecendo essa ligação, MAKDISI defende que os conhecimentos da Ciência Jurídica islâmica teriam desembarcado em terras inglesas, precisamente, pelo contacto administrativo que se estabeleceu entre os normandos ingleses e os normandos sicilianos[1390].

II. Os ataques islâmicos à ilha da Sicília, desde o reinado de Justiniano sob domínio bizantino, iniciaram-se logo após o falecimento do Profeta, por volta da ano 652. Nos séculos seguintes, as ofensivas e pilhagens prosseguem de forma regular e destrutiva, causando enorme pânico na população. No ano

---

[1385] VAN CAENEGEM, *The Birth*, cit., 71-72.

[1386] Filho de Rogério I, e primeiro Rei da Sicília, nasceu a 22 de dezembro de 1095 e faleceu a 26 de fevereiro de 1154. Foi proclamado Rei da Sicília por decisão Papal (Anacleto II), a 27 de setembro de 1130.

[1387] CHARLES HOMER HASKINS, *England and Sicily in the Twelfth Century*, 26 EHR, 1911, 433-447; POOL, *The Exchequer*, cit., 67: considera que a comparação entre a vertente tributária do *Dīwān* e a *Exchequer* não é possível, por não restarem documentos expressivos que nos permitam conhecer o funcionamento do órgão siciliano.

[1388] Filho de *William I*, nasceu em 1155 e faleceu a 11 de novembro de 1189. Subiu ao trono da Sicília em 1166, onde permaneceu até à data da sua morte, em 1189.

[1389] MAKDISI, *The Islamic Origins*, cit., 1729: o *Chancellor* de Rogério II, *Robert of Selby*, era inglês, *Peter of Blois* foi tutor de *William II* da Sicília e era, por sua vez, amigo íntimo de *Henry II*.

[1390] MAKDISI, *The Islamic Origins*, cit., 1717-1731.

§ 15.º O *WAQF*: A INFLUÊNCIA ISLÂMICA NA *COMMON LAW* E NOS *USES*

827, um exército mais organizado desembarca na Sicília. A invasão atinge o seu clímax com a conquista de Palermo, quatro anos volvidos. No início do século X, salvo pequenos focos de resistência cristã, toda a ilha estava sob o domínio muçulmano[1391].

No auge do seu Império, os muçulmanos prosseguem as incursões na costa ocidental italiana, chegando mesmo a saquear Roma, no ano de 846. Os constantes ataques às cidades cristãs despertaram a preocupação e o interesse da população europeia[1392]. No ano de 999, os apelos da cidade costeira de Salerno ouviram-se em terras normandas. Anos volvidos, por volta de 1017 ou de 1018, os guerreiros e mercenários normandos representaram um papel fulcral nas revoltas de Bari contra o domínio bizantino[1393]. A pouco e pouco, os normandos foram consolidando o seu poder, tendo, finalmente, com a atribuição do condado de Aversa a *Rainulfo Drengot*[1394], visto o seu poder oficializado[1395]. O controlo do Sul de Itália apenas aumentou a ambição normanda que, rapidamente, se virou para as possessões islâmicas da ilha da Sicília. Em 1061, Rogério[1396], posteriormente o primeiro conde da Sicília,

---

[1391] AZIZ AHMAD, *A History of Islamic Sicily*, Edinburgh University Press, Edimburgo, 1975, 1-24.

[1392] Os esforços de Luís II da Germânia evidenciam o enorme controlo islâmico do Mediterrâneo nos finais do primeiro milénio, cfr., BARBARA M. KREUTZ, *Before the Normans: Southern Italy in the Ninth and Tenth Century*, University of Pennsylvania Press, Filadélfia, 1996, 36-54.

[1393] ELISABETH VAN HOUTS, *The Normans in Europe*, Manchester University Press, Manchester, 2000, 223. Apesar de centenária, a obra de FERDINAND CHALANDON, em dois maciços volumes, mantém-se de leitura obrigatória, *Historie de la domination normande en Italie et en Sicile*, Librairie Alphonse Picard et Fils, Paris, 1907.

[1394] Cavaleiro e aventureiro normando, deixou a sua terra depois do seu irmão ter sido exilado por *Richard I*. *Rainulf* e os seus irmãos lideraram um grupo de guerreiros. A pouco e pouco, *Rainulf* tornou-se o líder incontestável do pequeno exército. Numa época turbulenta, o cavaleiro normando foi subindo, pela força das armas, na hierarquia nobiliárquica da Península itálica.

[1395] GORDON S. BROWN, *The Norman Conquest of Southern Italy and Sicily*, McFarland, Carolina do Norte, 2003, 3-4: o carácter aventureiro e pouco organizado dos primeiros exércitos normandos que guerrearam no Sul da Itália foi, gradualmente, esbatendo-se. Com a fixação dos normandos nasceu um novo reino, com enorme importância local e que chegou a assumir uma papel de destaque na Europa medieval; CHARLES HOMER HASKINS, *The Normans in Europe History*, Houghton Mifflin, Boston, Nova Iorque, 1915, 192: considera que o sucesso normando no Sul da Europa, sem o apoio de grandes senhores e com limitados recursos, é a prova cabal da enorme capacidade administrativa deste povo.

[1396] Nasceu por volta do ano de 1031 e faleceu a 22 de junho de 1101. Foi o primeiro Conde da Sicília.

atravessa o estreito de Messina. Em 1072, Palermo era finalmente reconquistada pelos cristãos[1397].

III. Sendo a intenção do autor demonstrar a particular ascendência islâmica, não são de estranhar as referências de MAKDISI ao carácter multicultural do Reino da Sicília e ao impacto desta variedade social e cultural na sua administração. De facto, a inexistência de raízes monárquicas locais obrigou Rogério II a recorrer a elementos característicos da governação de outros povos, mas não apenas de origem islâmica. O regime, os costumes e as leis da Magna Grécia, do Império Bizantino e mesmo da dinastia Capeta foram importados, indiscriminadamente[1398].

Tradicionalmente, a influência islâmica, bastante mais notória do que a ascendência bizantina[1399], é vista como a fonte primordial da administração central do novo reino[1400], representando a manutenção do alto conselho islâmico, *Dīwān at-tahqīq al-ma'mūr*, o exemplo mais concreto dessa ascendência[1401]. Embora a nomeação de muçulmanos tenha atingido o seu apogeu nos

---

[1397] JOHN JULIUS NORWICH, *The Normans in the South*, Longmans, Green, Wiltshire, 1967, 155-185; KENNETH BAXTER WOLF, *Making History: the Normans and Their Historians in Eleventh-Century Italy*, University of Pennsylvania Press, Filadélfia, 1995, 22: Rogério terá começado a ponderar a invasão por volta do ano de 1059.

[1398] JEREMY JOHNS, *The Norman Kings of Sicily and the Fatimid Caliphate*, 15 Anglo-Norman Studies, 1992, 133-159, 133; CHALANDON, *Historie de la domination normande*, Vol. II, cit., 721: fala de uma combinação de elementos de origens variadas, que contribuíram para uma enorme riqueza cultural; HIROSHI TAKAYAMA, *The Administration of the Norman Kingdom of Sicily*, E. J. Brill, Leiden, 1993, 2: a corte de Palermo apresentava-se como um relevante ponto de contacto entre as sociedades grega, árabe e latina; representava, à época, um grande centro cultural. Algumas obras clássicas, como os textos de Aristóteles e Platão, foram aí traduzidas e introduzidas na Europa.

[1399] AHMAD, *A History of Islamic Sicily*, cit., 63.

[1400] DENIS MACK SMITH, *A History of Sicily: Medieval Sicily, 800-1713*, Chato & Windus, Londres, 1968, 11: embora considere difícil quantificar com exatidão a influência islâmica, o seu papel nas bases administrativas cristãs é evidente.

[1401] TAKAYAMA, *The Administration of the Norman Kingdom*, cit., 81: a influência administrativa e tributária operou, essencialmente, por intermédio do *Dīwān*.

§ 15.º O *WAQF*: A INFLUÊNCIA ISLÂMICA NA *COMMON LAW* E NOS *USES*

reinados de *William I* e *II*[1402], o órgão supremo do reino contava, desde o reinado de Rogério, com uma forte presença islamita[1403].

A análise de MAKDISI encontra-se, também neste ponto, bastante incompleta. O autor demonstra, sendo esse facto inegável, uma influência islâmica no plano governativo e administrativo, essencialmente no campo tributário[1404], e descreve a forte presença da escola *Māliki*. Mas estes dados são, só por si, insuficientes. O autor não apresenta provas, nem, estranhamente, defende a aplicação do Direito islâmico na ilha da Sicília pelos habitantes cristãos, depois da expulsão muçulmana. Esta insuficiência argumentativa é ainda mais evidente em relação aos três institutos que, hipoteticamente, terão influenciado *Henry II*. O autor não refere uma única vez que qualquer um dos três mecanismos se manteve em vigor, após a reconquista cristã.

IV. A teoria desenvolvida por MAKDISI tem em *Thomas Brown*, alto funcionário dos dois reinos, o seu elo de ligação. Depois de ter sido membro do *Dīwān* de Rogério II, no "departamento tributário", *Thomas Brown* regressou à sua terra natal, passando a ocupar uma posição similar na *Exchequer* de *Henry II*. Detentor de avançados conhecimentos jurídicos, tê-los-ia transmitido ao seu novo soberano que, movido por um espírito progressista e pragmático, aplicou este novo saber[1405].

Não se nega a existência de *Thomas Brown*, nem o seu papel na organização administrativa e tributária dos dois reinos[1406], embora alguns autores suspei-

---

[1402] HIROSHI TAKAYAMA, *The Great Administrative Officials of the Norman Kingdom of Sicily*, 58 PBSR, 1990, 317-335. AHMAD, *A History of Islamic Sicily*, cit., 64: ambos os monarcas falavam fluentemente árabe.

[1403] EDMUND CURTIS, *Roger of Sicily and the Normans in Lower Italy, 1016-1154*, G.P. Putnam's Sons, Nova Iorque, 1912, 418.

[1404] GEORGINA MASSON, *Frederick II of Hohenstaufen: a Life*, Secker & Warburg, Londres, 1957, 33: esta ascendência foi notada pelos escritores contemporâneos.

[1405] MAKDISI, *The Islamic Origins*, cit., 1729-1730.

[1406] De resto, expressamente descrito nos *Dialogus de Scaccario*, cit., Livro I, 6, 35-36: "*He was a great man at the court of our great King of Sicily [Roger II], a prudent counsellor, and almost at the head of he King's confidential business. Now there arose a new king who knew not Thomas, one who kept bad company and persecuted his father in the persons of his servants. So Thomas fell from power and had to flee for his life. There were many kingdoms in which he would have been received in honour. But as he had been frequently invited by our noble King Henry of England, and since report cannot compare with the plain truth, he preferred to return to his native land and his hereditary liege lord. The King received him as befitted them both; and because Thomas had held a great position in Sicily, he is appointed here also to*

tem de um certo empolamento[1407]. Duvida-se, sim, da sua posição enquanto conselheiro jurídico de *Henry II* e dos seus conhecimentos legais, sobretudo islâmicos. Apesar de se reconhecer uma certa indistinção entre os diversos órgãos administrativos e judiciais da época, o simples facto de *Thomas Brown* ter sido um importante membro da *Exchequer* é totalmente insuficiente para se concluir que era detentor de profundos conhecimentos jurídicos. Passado este primeiro obstáculo, faltaria ainda demonstrar (1) o seu papel enquanto conselheiro de *Henry II* nestas matérias, (2) a transmissão de conhecimentos jurídicos, e, finalmente, (3) o acolhimento desses conselhos pelo monarca.

Os elos de ligação em falta são tremendos e impossibilitam-nos de apoiar a solução. A teoria da evolução gradual e local, apoiada na dogmática romana e canónica e focada nas necessidades concretas do reino, apresenta-se, à luz dos conhecimentos atuais, como a única solução defensável.

the important duties in the Exchequer. That is how he obtained his seat and his dignified post, and he is associated with the barons in all important business"; WARREN, *Henry II*, cit., 313-314: o autor defende que *Thomas Brown* teve um papel central na administração tributária.
[1407] POOL, *The Exchequer*, cit., 118-119.

§ 16.º O *WAQF*: A INFLUÊNCIA ISLÂMICA NA *COMMON LAW* E NOS *USES*
(continuação)

81. As origens do *waqf*

I. As origens muito remotas do *waqf* refletem-se na coexistência de múltiplas denominações que variam entre o *wakf*, cuja única distinção reside na substituição do q pelo k, passando pelas expressões *hubs* ou *habis*, muito comuns no Norte de África, até à menos usual *tasbil*. A expressão parece ter começado a ser utilizada pouco depois da morte do Profeta – 632 da Era cristã. Todavia, os primeiros *waqfs* ou *awqāf* (plural de *waqf*) documentados datam "apenas" da primeira metade do século VIII[1408].

Possivelmente influenciado por algumas construções similares de origem romanística, via Bizâncio, hebraica, como o caso paradigmático do *heqdēsh*, com o qual partilha notáveis semelhanças[1409], e mesmo zoroastrianas[1410], as características próprias e únicas do *wafq* são o resultado de um desenvol-

---

[1408] KURAN, *The Provisions of Public Goods*, cit., 842-843; 129: MOSHE GIL, *The Earliest Waqf Foundations*, 57 JNES, 1998, 125-140: o primeiro *waqf* foi constituído por *Thawbān*, um liberto do profeta.

[1409] O *heqdēsh* consistia, originariamente, na consagração de bens imóveis para a conservação do Templo de Jerusalém e ao auxílio dos seus sacerdotes. A grande distinção entre a figura hebraica e o conceito islâmico reside nas limitações religiosas do *heqdēsh*, estendendo-se o *waqf* a propósitos familiares, cfr., MARK R. COHEN, *Poverty and Charity in the Jewish Community of Medieval Egypt*, Princeton University Press, Princeton, 2005, 200.

[1410] JÁNOS JANY, *The Idea of a Trust in Zoroastrian Law*, 25 J Leg Hist, 2004, 269-286.

vimento muito distintivo da civilização islâmica, fortemente marcada pelo *Qur'an* e pelo papel central ocupado pelas práticas caridosas[1411].

O seu surgimento insere-se num conjunto de evoluções jurídicas contemporâneas, das quais se destacam, por óbvias ligações, a distinção entre propriedade e os seus frutos e a possibilidade de as relações de natureza real assumirem uma existência perpétua[1412].

Literalmente, a expressão significa parar ou segurar, adequando-se perfeitamente ao instituto, em resultado da sua dimensão perpétua[1413].

Descrito, por alguns juristas, como o conceito jurídico islâmico com maior carga religiosa, o *waqf* tem um papel preponderante em todos os sistemas jurídicos corânicos, desde Marrocos à Indonésia[1414]. As distinções introduzidas pelas especificidades costumeiras locais e pelas diferenças abertamente assumidas pelas diversas escolas jurídicas não impedem que o núcleo inconfundível do *waqf* seja facilmente identificável em todo o Mundo islâmico[1415].

II. O facto de, ao longo de todo o *Qur'an*, não se encontrar nenhuma referência ao instituto, o que de resto fortalece a posição dos críticos da preponderância prática do texto sagrado nas construções jurídicas islâmicas, não foi, porém, um impeditivo à sua aceitação. Os juristas e os estudiosos recorreram a passagens genéricas que compelem os fiéis a praticar a caridade:

Tudo quanto distribuirdes em caridade Ele vo-lo restituirá[1416].

Ó fiéis, quando fordes consultar privativamente o Mensageiro, fazeis antes uma caridade[1417].

[1411] HENNIGAN, *The Birth of a Legal Institution*, cit., 52 ss.; AMY SINGER, *Constructing Ottoman Beneficence: an Imperial Soup Kitchen in Jerusalem*, State University of New York, Nova Iorque, 2002, 23.
[1412] DAVID S. POWERS, *Islamic Family Endowment*, 32 Vand J Transnat'l L, 1999, 1167-1190, 1171.
[1413] SINGER, *Constructing Ottoman Beneficence*, cit., 17.
[1414] MOHD. ZAIN, *Institution of Waqf* in *Encyclopaedic Survey of Islamic Culture*, coordenação de MOHAMED TAHER, Anmol Publications, Nova Deli, 1998, 321-328.
[1415] URI M. KUPFERSCHMIDT, *The Supreme Muslim Council: Islam under the British Mandate for Palestine*, E. J. Brill, Leiden, 1987, 112.
[1416] 34:39.
[1417] 58:12.

§ 16.º O *WAQF*: A INFLUÊNCIA ISLÂMICA NA *COMMON LAW* E NOS *USES* (continuação)

Os fiéis, que praticam o bem, serão os diletos do Paraíso, onde morarão eternamente[1418].

Apesar da importância basilar do *Qur'an*, estas passagens não fornecem uma base sólida para o desenvolvimento de construções jurídicas com a complexidade que caracteriza o *waqf*[1419]. Os juristas islâmicos clássicos não tiveram outra solução que não a de apelar para a *Sunnah*, enquanto segunda fonte de Direito, mais especificamente para um conjunto variado de *Hadiths* em que eram feitas referências diretas a alguns aspetos posteriormente identificados como estando no centro nevrálgico da construção fiduciária islâmica[1420]. O mais antigo e proeminente *Hadith* respeita a uma ordem dada, pelo Profeta, a *'Umar ibn al-Khaṭṭāb*[1421]:

'Umar ibn al-Khaṭṭāb recebeu terras em *Khaibar*; resolveu, então, consultar o Profeta sobre o que deveria fazer. Ele disse, Oh Mensageiro de Alá! Eu tenho terras em *Khaibar* que superam todas as outras que já tive; que conselho me dás? Ele respondeu: "Se quiserdes, faz com que a propriedade permaneça inalienável e oferece (os seu frutos) em caridade". Então, *'Umar* dedicou o bem à caridade sob a condição de que a propriedade nunca seria vendida, nem doada, nem herdada, e dedicou-a à caridade, a favor dos necessitados, dos seus familiares, da glória de Alá, para os viajantes e para entreter convidados, não existindo nenhuma culpa por

---

[1418] 2:82.
[1419] KURAN, *The Provisions of Public Goods*, cit., 845: estas passagens permitem, em face do seu conteúdo geral, múltiplas interpretações. Usualmente, são invocadas com uma função mais prosaica, com o simples intuito de incutir, nos fiéis, um espírito caridoso, exteriorizado pelo pagamento do *zakat*.
[1420] A veracidade destes *Hadiths* tem sido posta em causa por algumas seitas puritanas modernas. Os seus seguidores apresentam o conceito de *waqf* como uma inovação herética, que apenas foi desenvolvida depois da morte do Profeta, cfr., KURAN, *The Provisions of Public Goods*, cit., 845, nota 7.
[1421] Outros *Hadits* são invocados, cfr., H. A. R. GIBB e J. H. KRAMERS, *Shorter Encyclopaedia*, E. J. Brill, Leiden, 1961, 625-626; e DAVID S. POWERS, *Islamic Family Endowment*, cit., 1171: "*Verily, 'Uma b. al-Khattab owned some land called Thamgh, which was a valuable date grove. 'Umar said [to the Prophet], "O Messenger of God, I have acquired property that is dear to me. May I give it away as alms?" The Messenger of God replied, "Dedicate its principal as alms, but it may not be sold, nor given away as a gift, nor inherited*".

parte de quem a administra se recorrer a esses benefícios para comer ou para dar de comer a outros, não acumulando, assim, riqueza[1422].

Os propósitos altruístas inerentes ao *waqf*, fruto da forte dimensão caridosa da sociedade islâmica, tantas vezes ignorada por nós ocidentais, mas também pelos próprios fiéis de Alá, são reforçados pelos *Hadiths* que estão na sua base.

82. Conceito e tipos de *waqfs*

I. Recorrendo a uma linguagem civilística, o *waqf* é um negócio jurídico unilateral e consensual, por recurso ao qual um sujeito, denominado *wāqif*, dispondo de um específico direito de propriedade, consagra perpetuamente um bem imóvel e todos os frutos e lucros associados a um propósito caridoso identificado[1423]. O *wāqif* tem de preencher um conjunto de requisitos legais, sob pena de a sua constituição ser declarada inválida. Destacam-se os requisitos objetivos da titularidade do direito de propriedade correspondente e os requisitos subjetivos, associados à própria pessoa do disponente: maioridade e capacidade psicológica. Acresce que a constituição do *waqf* não pode estar sujeita a qualquer tipo de condição: todos os direitos inerentes ao bem são transmitidos[1424].

As duas mais delicadas e complexas questões relacionadas com a figura do *waqf*, que de resto estão interligadas, respeitam à transmissão do bem.

A tese tradicional defende que, com a constituição do *waqf*, a propriedade é transmitida para Deus[1425]. Esta posição parece indicar que, na prática, a propriedade não é transmitida para nenhuma pessoa jurídica identificável[1426]. Alguns juristas, provavelmente influenciados pelas construções ocidentais, apresentam o *waqf* como uma pessoa jurídica distinta e autó-

---

[1422] MAULANA MUHAMMAD ALI, *A Manual of Hadith*, The Ahmadiyya Anjuman Ishaat Islam, Lahore, 1945, Capítulo XXVI, 14, 331-332. Tradução nossa. Uma análise minuciosa deste *Hadith* pode ser encontrada em GIL, *The Earliest Waqf*, cit., 126 ss..
[1423] HENRY CATTAN, *The Law of Waqf* in *Law in the Middle East*, Vol. I, cit., 203-222, 203.
[1424] Estes elementos podem ser encontrados em todos os estudos dedicados ao tema.
[1425] SAYED KHATAB e GARY D. BOUMA, *Democracy in Islam*, Routledge, Nova Iorque, 2007, 99.
[1426] ANN K BANG, *Sufis and Scholars of the Sea: Family Networks in East Africa, 1860-1925*, RoutledgeCurzon, Londres, 2003, 166.

noma[1427]. Encontram-se ainda posições que atribuem esse direito aos beneficiários[1428] e que garantem a manutenção de, pelo menos, parte dos direitos na esfera jurídica do *wāqif*[1429].

A complexidade da questão concentra-se nas duas principais características do instituto: inalienabilidade e perpetuidade. Alguns estudiosos têm avançado que, da conjugação destes dois elementos com a tese clássica, poder-se-á concluir pela transmissão da propriedade para a comunidade, enquanto um todo, ou, numa aceção mais moderna, para o Estado[1430].

II. A administração do *waqf* é entregue ao *mutawalli*, que deve ser um muçulmano responsável e detentor dos conhecimentos e experiência necessários para ocupar o cargo[1431]. Os deveres do *mutawalli* derivam, naturalmente, das características específicas do *waqf*, não sendo assim de estranhar que o seu núcleo consista na proteção do objeto e no uso dos frutos ou lucros para os fins determinados, dando cumprimento aos propósitos do instituto e aos intentos do seu fundador[1432].

A monitorização da atuação do *mutawall* está a cargo de um supervisor, denominado *nazir*, normalmente, mas não necessariamente, um juiz (*qadi*). O *mutawalli* assume, também, uma série de obrigações para com o *qadi*, que vai de um dever geral de prestar informações à elaboração e entrega de detalhados relatórios de atividade[1433].

O instituto do *waqf* assenta em três características essenciais, que, apesar de terem sido alvo de alguma inovação e modernidade, o acompanham desde a sua institucionalização: (1) apenas pode ser constituído para propósitos caridosos; (2) é constituído perpetuamente; e (3) os bens constitutivos

---

[1427] CATTAN, *The Law of Waqf*, cit., 208.
[1428] DAVID PEARL, *A Textbook on Muslim Personal Law*, 2ª edição, Croom Helm, Australia, 1987, 197.
[1429] ABDULLAHI AHMED AN-NA'IM, *Islam and the Secular State: Negotiating the Future of Shari'a*, Harvard University Press, Cambridge, 2008, 81.
[1430] ZVI YEHUDA HERSHLAG, *Introduction to the Modern Economic History of the Middle East*, E. J. Bril, Leiden, 1980, 41: o Código Otomano da Terra, de 1858, estabelecia que o direito de propriedade era transmitido para a comunidade dos fiéis.
[1431] MAKDISI, *The Rise of Colleges*, cit., 44.
[1432] MIRIAM HOEXTER, *Endowments, Rulers and Community: Waqf al-Haramayn in Ottoman Algiers*, Brill, Leiden, 1998, 93.
[1433] SAMI ZUBAIDA, *Law and Power in the Islamic World*, I. B. Tauris, Londres, 2003, 67.

do *waqf* devem ser imóveis. A segunda característica é normalmente subdividida em: perpetuidade, irrevocabilidade e inalienabilidade.

III. Embora com uma multiplicidade de funções, desde financiamento de mesquitas, escolas religiosas, órfãos, viúvas, família, construções públicas, como estradas, parques ou pontes, investigação científica e médica[1434], o *waqf* apenas pode ter o altruísmo e a caridade islâmica como objeto. Não deve, consequentemente, ser constituído para suportar pessoas abastadas[1435] ou a edificação de igrejas e sinagogas[1436].

Em termos gerais, existem dois tipos de *waqfs*: o privado ou familiar, denominado *waqf dhurrī* ou *ahlī*, e o *waqf khayrī*, que abarca todas as situações que extravasem o âmbito familiar. A figura mista, que visa ambos os propósitos, denomina-se *waqf musturak*[1437].

As restrições ao seu objeto decorrem, como já foi sublinhado, dos versos corânicos que estão na sua base:

> A verdadeira virtude é a . . . de quem distribui seus bens em caridade por amor a Deus, entre parentes, órfãos, necessitados, viajantes, mendigos e em resgate de cativos[1438].

> Perguntam-te que parte devem gastar (em caridade). Dize-lhes: Toda a caridade que fizerdes, deve ser para os pais, parentes, órfãos, necessitados e viajantes (desemparados)[1439].

> As esmolas são tão-somente para os pobres, para os necessitados, para os funcionários empregados em sua administração, para aqueles cujos

---

[1434] RANDI DEGUILHEM, *The Waqf in the City* in *The City in the Islamic World*, coordenação de SALMA K. JAYYUSI, RENATA HOLOD, ATTILIO PETRUCCIOLO e ANDRÉ RAYMOND, Koninklijke Brill, Leiden, 2008, 923: o *waqf* está presente em todos os sectores sócio-económicos da sociedade urbana; mantém, ainda, um papel relevante nos meios rurais, embora com menor visibilidade.

[1435] JAN-ERIK LANE e HAMADI REDISSI, *Religion and Politics: Islam and Muslim Civilization*, 2ª edição, Asgate Publishing, Farnham, 2009, 100.

[1436] JAMAL J. NASIR, *The Islamic Law of Personal Status*, 2ª edição, Graham & Trotman, Worcester, 1990, 276.

[1437] DEGUILHEM, *The Waqf in the City*, cit., 923-924.

[1438] 2:177.

[1439] 2:215.

§ 16.º O *WAQF*: A INFLUÊNCIA ISLÂMICA NA *COMMON LAW* E NOS *USES* (continuação)

corações têm de ser conquistados, para a redenção dos escravos, para os endividados, para a causa de Deus e para o viajante[1440].

IV. O *waqf* distingue-se das outras formas islâmicas de caridade pela sua natureza perpétua[1441], o que lhe atribui uma certa feição pública: um bem ao serviço da comunidade[1442]. No fundo, a perpetuidade do *waqf* impossibilita não só a alienação dos bens – o conceito de alienação deve ser interpretado em sentido bastante lato, abrangendo, inclusive, a prestação dos bens em garantia – como a própria revogação do ato constitutivo[1443].

As desvantagens da sua natureza perpétua são particularmente visíveis nos *waqfs* familiares. A multiplicação de beneficiários resulta numa dispersão dos frutos e, em última análise, num desvirtuamento do instituto, tornando-se os proveitos dos beneficiários ilusórios[1444]. Por outro lado, a possibilidade de se extinguir toda a descendência do fundador põe em causa o carácter perpétuo dos *waqfs* familiares. Este problema é ultrapassado através da consagração, no caso de descontinuação da descendência, dos bens associados ao *waqf*, a outros propósitos caridosos[1445].

[1440] 9:60.
[1441] SIRAJ SAIT e HILARY LIM, *Land, Law & Islam: Property and Human Rights in the Muslim World*, Vol. I, Zed Books, Londres, 2006, 169; TIMUR KURAN, *The Long Divergence: How Islamic Law Held Back the Middle East*, Princeton University Press, Princeton, 2011, 113: a constituição de *waqfs* está intrinsecamente ligada à construção e manutenção das mesquitas. A possibilidade de alienar, por recurso a qualquer tipo de mecanismo jurídico, poria em causa não só a estrutura física, como toda a realidade social e religiosa que lhe está associada. Inicialmente, a característica da perpetuidade não tinha natureza obrigatória. *Abū Ḥanīfa*, fundador de uma das quatro escolas jurídicas islâmicas, escreveu que, por regra, o *waqf* cessava com a morte do *wāqif*, podendo, contudo, a característica da irrevocabilidade ser atribuída por decisão do *qadi* (juiz), a pedido do próprio *wāqif*, cfr., ZAIN, *Institution of Waqf*, cit., 322.
[1442] MICHAEL O. MASTURA, *The Making of Civil Society Through Waqf Institution in Mindanao* in *Islam and Civil Society in Southeast Asia*, coordenação de NAKAMURA MITSUO, SHARON SIDDIQUE e OMAR FAROUK BAJUNID, Institute of Southeast Asian Studies, Singapura, 2001, 117-134, 117.
[1443] AHMAD DALLAL, *The Islamic Institution of Waqf: a Historical Overview* in *Islam and Social Policy*, coordenação de STEPHEN P. HEYNEMAN, Vanderbilt University Press, Estados Unidos da América, 2004, 13-43, 23.
[1444] CATTAN, *The Law of Waqf*, cit., 217.
[1445] PEARL, *A Textbook on Muslim Personal Law*, cit., 196. Esta solução era já avançada no período formativo da figura. *Al-Khassāf*, autor de um dos primeiros tratados sobre a temática, escreveu no século XII: *"This waqf is permitted and his children and his children's children may live in it in*

A característica da perpetuidade, intrínseca ao instituto, tem sido, recentemente, encarada como um entrave ao desenvolvimento da figura e à sua adaptação aos tempos modernos. Os críticos centram-se na inexistência de qualquer referência, no *Qur'an* ou nos próprios *Hadiths*, que exija ou, sequer, que aponte para este elemento[1446]. Atualmente, *waqfs* temporários são aceites pela escola *Māliki*, reconhecidos pelo Sudão e previstos na Lei egípcia[1447].

Já no que respeita à revogação do ato constitutivo e à venda dos bens, a sua superação é, em resultado da maior clareza dos textos sagrados, uma questão bastante mais delicada.

V. Tradicionalmente, o *waqf* apenas poderia ter como objeto bens imóveis. Este princípio não é, porém, absoluto, estando, em grande medida, dependente dos costumes locais. Coisas móveis permanentemente ligadas a bens imóveis, animais, como camelos ou cavalos, em especial em caso de guerra, armas ou livros são, em algumas áreas geográficas, passíveis de constituir *waqfs*[1448].

Maior polémica envolve os denominados *cash waqfs*. Desenvolvidos no período áureo do Império Otomano, os *cash waqf* são, como a sua denominação indica, constituídos não por bens imóveis, mas por dinheiro, sendo o seu financiamento alcançado por recurso a operações financeiras diversas[1449]. Regra geral, os montantes que constituem o *waqf* são emprestados por curtos períodos de tempo; os juros recebidos são utilizados para fins caridosos[1450].

---

perpetuity as long as one of them remains. And if they die out, the house is leased and its yield are for the destitute" in HENNIGAN, *The Birth of a Legal Institution*, cit., 19.

[1446] SABIT e HAMID, *Obstacles of the Current Concept of Waqf*, cit., 30-31.

[1447] SABIT e HAMID, *Obstacles*, cit., 32; JAN-ERIK LANE e HAMADI REDISSI, *Religion and Politics: Islam and Muslim Civilization*, 2ª edição, Ashgate Publishing, Surrey, 2009, 99: alguns juristas apenas reconhecem a validade de *waqfs* familiares.

[1448] CATTAN, *The Law of Waqf*, cit., 205; SINGER, *Constructing Ottoman Beneficence*, cit., 18: sublinha o carácter polémico destas "excentricidades" locais.

[1449] JOHN E. MANDAVILLE, *Usurious Piety: the Cash Waqf Controversy in the Ottoman Empire*, 10 Int J Mid E Stud, 1979, 289-308.

[1450] MURAT ÇIZAKÇA, *A Comparative Evolution of Business Partnerships: the Islamic World & Europe, with Specific Reference to Ottoman Archives*, E. J. Brill, Leiden, 1996, 131: no fundo, funciona como uma entidade bancária, mas com propósitos meramente altruístas.

§ 16.º O *WAQF*: A INFLUÊNCIA ISLÂMICA NA *COMMON LAW* E NOS *USES* (continuação)

Com uma existência relativamente pacífica no Império Otomano, o *cash waqf* foi condenado pelas grandes autoridades jurídicas islâmicas clássicas[1451]. As críticas à sua constituição assentam no desrespeito pela característica da perpetuidade, de resto comum a qualquer *waqf* que não tenha um bem imóvel como objeto, e pela ilegalidade dos juros aos olhos de Alá[1452].

83. O *waqf* na origem do *trust*

I. Ao contrário do alegado por MAKDISI quanto ao júri, para a *novel disseisin* e para o *writ of debt*, a ascendência islâmica no surgimento do *trust* decorre não dos contactos institucionais estabelecidos entre os dois únicos reinos normandos medievais, mas das fortes ligações desenvolvidas entre a cultura ocidental e o mundo islâmico do período das cruzadas[1453]. Esta ascendência é visível na arquitetura[1454], na literatura[1455], na filosofia[1456], nos estudos científi-

---

[1451] MURAT ÇIZAKÇA, *Cash Waqfs of Bursa, 1555-1823*, 38 J Econ & Soc Hist Ori, 1995, 313-354, 316: apenas a partir do século XVI começou a validade do *cash waqf* a ser posta em causa.

[1452] 2:275: "os que praticam a usura só serão ressuscitados como aquele que foi perturbado por Satanás"; 2:276; 2:278; 2:279. A problemática dos juros tem sido abordada de diferentes perspetivas, algumas muitas simples: Alá proibiu a usura e não os juros; a proibição apenas se aplica a pessoas individuais; ou a proibição tem como único propósito proteger os mais necessitados e impedir a sua exploração, cfr., ABDULLAH SAEED, *Islamic Banking and Interest: a Study of the Prohibition of Riba and its Contemporary Interpretation*, 2ª edição, Brill, Leiden, 1996, 41-50; e outras mais elaboradas: ao participar, de qualquer forma, no negócio do mutuário, o mutuante suporta parte do risco, podendo, consequentemente, receber juros, cfr., BRIAN KETTELL, *Introduction to Islamic Banking & Finance*, Printhaus, Northampton, 2008, 38-53.

[1453] ANWAR CHEJNE, *The Role of al-Andalus in the Movement of Ideas Between Islam and the West* in *Islam and the Medieval West: Aspects of Intercultural Relations*, coordenação de KHALIL I. SEMANN, State University of New York Press, Estados Unidos da América, 1980, 117: o autor compara a influência islâmica da época à supremacia da cultura ocidental nos tempos atuais.

[1454] Para além das áreas onde os muçulmanos exerceram um domínio efetivo, a influência arquitetónica é especialmente notória na paisagem urbana veneziana, cfr., DEBORAH HOWARD, *Venice and the East: the Impact of the Islamic World on Venetian Architecture, 1100-1500*, New Haven, Yale University Press, 2000.

[1455] JACK GOODY, *Islam in Europe*, Blackwell Publishing, Oxford, 2004, 68; SYLVIA L. THRUPP, *Changes in Mediaeval Society: Europe North of the Alps, 1050-1500*, University of Toronto Press, Toronto, 1988, reedição da edição de 1964, 165: resume essa influência à Península Ibérica e à poesia provençal.

cos em geral[1457], com especial incidência na medicina[1458], na astronomia e na matemática[1459], mas também, embora com menor evidência, em outras áreas por vezes desprezadas, como a música[1460] ou a pintura[1461]. O carácter transversal da influência islâmica e a aparente semelhança entre os dois institutos é, efetivamente, indicativo de uma possível receção.

II. O conceito formal de Universidade, enquanto espaço de ensino e de aprendizagem, é caracteristicamente medieval[1462]. As universidades medievais representaram uma rutura quer com o sistema educacional greco--romano[1463], quer com o modelo prático nas escolas monásticas da Alta Idade Média[1464].

[1456] JOHN MARENBON, *Medieval Philosophy: an Historical and Philosophical Introduction*, Routledge, Abingdom, 2007, 172: evidencia o papel desempenhado por *Averróis*, filósofo e polímato muçulmano andaluz, nas conceções filosóficas aristotélicas europeias.

[1457] GEORGE SALIBA, *Islamic Science and the Making of the European Renaissance*, MIT Press, 2007.

[1458] PLINIO PRIORESCHI, *A History of Medicine,* Vol. V: *Medieval Medicine,* Horatius Press, Omaha, 2003, 50: as grandes obras de autores islâmicos estavam já traduzidas na língua latina nos inícios do século XIII, sendo utilizadas nas principais faculdades de medicina da Europa cristã.

[1459] CARRA DE VAUX, *Astronomy and Mathematics* in *The Legacy of Islam*, coordenação de THOMAS ARNOLD e ALFRED GUILLAUME, OUP, Oxford, 1931, 376-397.

[1460] AMNON SHILOAH, *Music in the World of Islam: a Socio-Cultural Study*, Wayne State University Press, Detroit, 1995, 78: o autor considera que essa influência apenas existiu no âmbito das músicas bélicas.

[1461] THOMAS ARNOLD, *Islamic Art and its Influence on Painting in Europe* in *The Legacy of Islam*, cit., 151-154.

[1462] S. J. CURTIS, *History of Education in Great Britain*, University Tutorial Press, Londres, 1967, 56: apresenta a Universidade como a maior invenção da Idade Média e o seu mais importante legado.

[1463] Já no que respeita às matérias ensinadas nas rudimentares universidades, a influência foi avassaladora. Os conceitos de *Trivium* e *Quadrivium* são claramente inspirados na cultura greco--romana, cfr., ALAN B. COBBAN, *The Medieval Universities: Their Development and Organization*, Methuen, Londres, 1975, 9-12.

[1464] SIMMON SOMERVILLE LAURIE, *Lectures on the Rise and Early Constitution of Universities with a Survey of Mediaeval Education, A.D. 200-1350*, Kegan Paul, Trench, Londres, 1886, 95: as universidades são o produto do desenvolvimento das comunidades urbanas e da sua gradual autonomia em face do poder eclesiástico e feudal. Estes espaços de ensino distinguiam-se das escolas monásticas por não estarem diretamente dependentes de mosteiros ou de catedrais. Acresce que os mestres que aí ensinavam não tinham de ser, obrigatoriamente, clérigos. CURTIS, *History of Education*, cit., 56: a estes espaços de ensino faltava organização, o que se refletia na sua curta duração. Repare-se que esta posição nem sempre foi consensual. Tradicionalmente, era

§ 16.º O *WAQF*: A INFLUÊNCIA ISLÂMICA NA *COMMON LAW* E NOS *USES* (continuação)

III. Quando pensamos no ensino superior inglês lembramo-nos de imediato dos *colleges* de Oxford e Cambridge, que, ainda hoje, representam um papel central na organização interna das respetivas universidades.

Curiosamente, o primeiro colégio universitário, numa aceção mais formal do termo, foi fundado em Paris, no ano de 1180, tendo como seu fundador *Jocius de Londoniis*, um rico mercador inglês que caiu nas graças de Filipe Augusto, Rei de França[1465], e que, por coincidência, tinha acabado de regressar de uma peregrinação à Terra Santa[1466]. GEORGE MAKDISI, compara estes primeiros colégios às madraças islâmicas. O autor coloca a pedra de toque nas semelhanças entre os modelos de financiamento adotados em ambas as regiões do Globo. Ora, sendo as madraças anteriores aos colégios, a ascendência islâmica não é despropositada[1467]. GAUDIOSI testa a teoria, comparando o instituto fiduciário islâmico com os estatutos do *Merton College*, de Oxford[1468], fundado, em 1264, por *Walter de Merton*, a quem, evidentemente, deve o seu nome. Homem muito influente na sua época, *Walter Merton*, *Chancellor* em mais do que uma ocasião ao longo do reinado de *Henry III*, faleceu enquanto chefiava a diocese de *Rochester*[1469].

Seguindo o costume da época, *Walter de Merton* decidiu dedicar os lucros provenientes de algumas das suas propriedades ao auxílio e ao financiamento de oito clérigos que se encontravam, à data, a estudar em Oxford[1470]. A constituição formal do seu colégio foi acompanhada pela elaboração dos

---

apontada uma continuidade entre as escolas monásticas e as universidades, sendo provável, de resto, alguma inspiração e influência, cfr., *Medieval Universities*, 5 CW, 1867, 202-227, 209.
[1465] JOHN W. BALDWIN, *Masters at Paris from 1179 to 1215: a Social Perspective* in *Renaissance and Renewal in the Twelfth Century*, coordenação de ROBERT L. BENSON e GILES CONSTABLE com CAROL D. LANHAM, Medieval Academy of America, Canada, 1991, reimpressão da edição de 1982, 141.
[1466] RASHDALL, *The Universities*, Vol. I, cit., 483.
[1467] GEORGE MAKDISI, *The Rise of Colleges: Institutions of Learning in Islam and the West*, Edinburgh University Press, Edimburgo, 1981 e *The Guilds of Law in Medieval Legal History: an Inquiry into the Origins of the Inns of Courts*, 34 Clev St L Rev, 1985, 3-18.
[1468] GEORGE C. BRODRICK, *Memorials of Merton College with Biographical Notices of the Wardens and Fellows*, Clarendon Press, Oxford, 1885; BERNARD W. HENDERSON, *Merton College*, F. E. Robinson, Londres, 1899; GEOFFREY HAWARD MARTIN e JOHN ROGER LOXDALE HIGHFIELD, *A History of Merton College*, OUP, Oxford, 1997.
[1469] MONICA M. GAUDIOSI, *The Influence of the Islamic Law of Waqf on the Development of the Trust in England: the Case of Merton College*, 136 U Pa L Rev, 1988, 1231-1261.
[1470] HENDERSON, *Merton College*, cit., 2.

respetivos estatutos, que terão, alegadamente, servido de inspiração a muitos outros que se lhe seguiram.

O primeiro elemento do *waqf* consiste na consagração, sem qualquer restrição, de um direito de propriedade, com todos os seus frutos, a uma causa caridosa e, usualmente, de natureza religiosa:

> *I grant, assign, and concede these very manors with all that pertains to them by whatever name they might be known for the founding of a House which I desire to be called and named "House of Scholars of Merton".*[1471]

A perpetuidade, enquanto característica mais marcante do *waqf*, é também evidenciada nos estatutos:

> *I erect, found, and establish in the said manor of Maldon for the support in perpetuity of twenty scholars attending the schools of Oxford or wherever else it is appropriate for them to pursue studies and for the support of two o three ministers of the altar of Christ resident in said House.*[1472]

Na sua cuidada análise, GAUDIOSI consegue fazer um paralelismo com um conjunto de particularidades típicas dos *waqfs*. Já no que respeita a todos os elementos menos comuns, a autora responde que nenhuma dessas singularidades seria ilegal aos olhos do Direito islâmico[1473].

Quanto ao processo de receção, a historiadora elenca alguns factos que poderiam ter levado o *waqf* ao conhecimento do fundador do colégio: Merton recorreu, amiúde, aos préstimos bancários e comerciais dos templários[1474] e teve especiais contactos com embaixadores estrangeiros enquanto *Chancellor*; terá mesmo chegado a participar, ativamente, nas pretensões de *Edmund*, filho de *Henry III*, ao trono siciliano[1475]. É evidente que, em causa, jogam ligações esporádicas, não consubstanciando uma especial conexão para a época.

[1471] GAUDIOSI, *The Influence*, cit., 1257.
[1472] GAUDIOSI, cit., 1257.
[1473] GAUDIOSI, cit., 1252-1255.
[1474] HIGHFIELD, *The Early Rolls of Merton College*, cit., 12-13.
[1475] EDMUND, BISHOP OF NELSON, *Sketch of the Life of Walter de Merton, Lord High Chancellor of England, and Bishop of Rochester; Founder of Merton College,* John Henry and James Parker, Oxford, 1859, 5.

§ 16.º O WAQF: A INFLUÊNCIA ISLÂMICA NA COMMON LAW E NOS USES (continuação)

Já as referências às pretensões ao Reino da Sicília representam uma mera curiosidade, não indicando qualquer conhecimento específico.

Estas fragilidades são reconhecidas por GAUDIOSI, que avança a possibilidade de um conhecimento indireto, inspirado nos *Inns of Courts* ou nas práticas franciscanas.

A tese que vê, no financiamento e na constituição dos *Inns of Courts* e *Colleges* medievais, uma receção do *waqf* em terras inglesas não merece, porém, acolhimento. A teoria assenta em dois pressupostos errados: (1) os *colleges* são um conceito estranho ao ensino medieval ocidental europeu; e (2) a figura jurídica inglesa com a qual o *waqf* partilha mais características é o *trust*.

84. *Colleges*: um conceito medieval europeu

I. A tese de GEORGE MAKDISI, que vê na criação do primeiro colégio universitário uma ascendência islâmica, não merece acolhimento. O colégio universitário tem raízes nos hospitais medievais, nas colegiadas e capelas eclesiásticas e nas próprias escolas monásticas impulsionadas pelo Imperador Carlos Magno.

A figura dos *hospitalia* abrangia, então, quatro tipos distintos de instituições: casas para leprosos, asilos, albergues para viajantes pobres ou peregrinos e instituições de carácter mais geral que cuidavam de pessoas pobres e enfermas[1476]. A capela, muitas vezes com uma natureza temporária e limitada, visava a salvação eterna dos seus beneficiários, através de preces, rezas e missas celebradas por um conjunto de clérigos. O financiamento poderia ir de simples doações monetárias à consagração de diversas propriedades[1477]. Finalmente, as colegiadas mais não eram do que simples comunidades de clérigos estabelecidas por um patrono e cujo modelo de financiamento em tudo se assemelhava aos colégios universitários.

II. A origem do *Collegium des Dix-Huit*, nome sugerido pelo número inicial de clérigos albergados, está diretamente associada a uma prática ancestral do Hospital de Santa Maria, em Paris. A instituição tinha por hábito

---

[1476] MARTHA CARLIN, *Medieval English Hospitals* in *The Hospital in History*, coordenação de LINDAY GRANSHAW e ROY PORTER, Routledge, Londres, 1990, 21-40, 21.

[1477] SIMON ROFFEY, *The Medieval Chantry Chapel: an Archaeology*, The Boydell Press, Woodbridge, 2007.

destinar uns pequenos aposentos para hospedar eclesiásticos com menos possibilidades. Fascinado com esta prática, *Jocius de Londoniis* decidiu comprar a divisão, alterando, todavia, a classe de pessoas a que se destinava: os quartos seriam agora utilizados por estudantes eclesiásticos que frequentassem o centro universitário parisiense[1478]. Os estatutos[1479] não estabeleciam, contudo, nenhuma forma de financiamento contínuo. A prática de manter comunidades eclesiásticas, com ou sem benefícios diretos para os seus patronos, remonta, pelo menos, ao período carolíngio[1480].

[1478] PAUL MONROE, *A Cyclopedia of Education*, Vol. II, The Macmillan Company, Nova Iorque, 1915, 53.

[1479] *Fundatio Collegii scholarium decem et octo seu "des Dix-Huit"*
Ego Barbedaurus, parisiensis ecclesie decanus, et universum ejusdem ecclesie capitulum. Notum fieri vomunus omnius, tam presentibus quam futuris, quod cum dominus Jocius de Londoniis reversus fuisset Iherosolimis, inspecto summon devotionis affect beneficio, quod in hospicio Beate Marie Parisiensis paupaeribus et egris administrator, ibidem cameram quondam, in qua paupers clerici ex antiqua conseutudine hospitabantur, inspexit, et illam a procuratoribus ejusdem domus ad usum predictorum clericorum precio quinquanginta duarum librarum de consilio nostro et magistri Hilduini, Parisiensis cancellarii, ejusdem loci tuns procuratoris, inperpetuum adquisivit, tali fact conditione, quod ejusdem domus procurators decem et oct scolaribus clericis lectos sufficientes et singulis mensibus duodecim nummos de confraria que colligitur in archa, perpetuo administrabunt. Predictos vero clericos ante corpora in eadem domo defuncta crucem et aquam benedictum secundum vices suas deferre, et singulis noctibus septem psalmos penitentiales et orations debitas et ex antique institutas celebrare oportebit. Ut autem hoc firmum ae stabile maneret, prefatus Jocius hanc cartam nostre constitutionis prefatis clericis fieri impetravit et sigilli nostril caractere subternotato corroborari postulavit. Actum publice Parisius in capitulo nostro, anno ab Incarnatione Domini M.° C.° octogesimo." In HENRICUS DENIFLE, *Chartularium Universitatis Parisiensis*, Tomo I, Paris, 1889.

[1480] Versão inglesa de documento constitutivo de uma capela por Carlos, o Calvo, no ano de 877: "*Since it is remembered that the Emperor of happy memory, my grandfather Charles, on whom divine Providence designed to confer sovereignty over the whole of this Empire, constructed a chapel in the palace at Aache in honour of the Blessed Virgin Mary, Mother of God, and established clerics there to serve God, for the healing of his own soul, and the absolution of his sins, and besides to uphold the dignity of the Imperial capital, consecrated the said place with an enormous collection of relics, and adorned it with a multitude of decorations, we also, desiring to follow the example of himself and the other kings and emperors our predecessors, since it chanced that in the division of his empire part of it has not yet come to us, have constructed form new foundations a minister to which we have given the name Regium in honour of the glorious Mother of God and ever-virgin Mary, within the area already subject to our control, namely in the palace at Compiègne, we have endowed it with a significant sum, through God's aid, and established the number of one hundred clerics, to be constant in imploring the Lord's mercy for the well-being of God's Church, for our parents, and grandparents, for ourselves, our wife and children, and the stability of the entire realm*" in JEROME BERTRAM, *The European Context: Collegiate Churches on the Continent*

§ 16.º O *WAQF*: A INFLUÊNCIA ISLÂMICA NA *COMMON LAW* E NOS *USES* (continuação)

Já quanto aos modelos de financiamento contínuo, que visavam a prossecução dos objetos da instituição por um tempo indeterminado, resultam de um processo evolutivo natural que foi ao encontro das intenções dos seus fundadores[1481]. A sua prática é, no âmbito dos colégios universitários, anterior à fundação do *Merton College*, podendo ser identificada nas colegiadas desde, pelo menos, os meados do século XII. Vejamos.

Dois anos antes da fundação do *Merton College*, no ano de 1262, *Gildes of Bridport*, Bispo de Salisbury, constituiu o *College of De Vaux*[1482]. As semelhanças entre as duas instituições são inequívocas. Ambos os colégios foram constituídos em honra de Nosso Senhor Jesus Cristo, tinham uma denominação similar, ambas pretendiam albergar 20 clérigos estudantes, e, de maior relevância, o *College of De Vaux* foi constituído perpetuamente, sendo financiado pelos frutos e lucros provenientes de específicas e determinadas propriedades[1483]. O Bispo de Salisbury parece ter-se inspirado num colégio semelhante fundado, anos antes, pela Ordem dos Cónegos Regrantes de Santo Agostinho, em Paris[1484].

Na mesma localidade, encontram-se registos da colegiada de S. Pedro e S. Paulo de Heytesbury, fundada por *Jocelin*, Bispo de Salisbury, entre os anos 1150 e 1160, constituída perpetuamente para albergar quatro cónegos; a sua continuidade era alcançada através de um conjunto específico de propriedades consagradas para o efeito[1485].

in *The Late Medieval English College and its Context*, coordenação de CLIVE BURGESS e MARTIN HEALE, York Medieval Press, York, 28-43, 29.

[1481] NICHOLAS ORME, *Medieval Schools: from Roman Britain to Renaissance England*, Yale University Press, New Haven, 2006, 204.

[1482] KATHLEEN EDWARDS, *College of De Vaux, Salisbury* in *A History of Wiltshire*, Vol. III, coordenação de R. B. PUGH e ELIZABETH CRITTALL, OUP, Oxford, 1956, 369-385. A versão original do documento pode ser consultada em W. RICH JONES, *Charters and Documents Illustrating the History of the Cathedral, City, and Diocese of Salisbury, in the Twelfth and Thirteenth Centuries*, coordenação de DUNN MACRAY, Eyre and Spottiswoode, Londres, 1891, 334-336.

[1483] EDWARDS, *College of De Vaux*, cit., 369-370.

[1484] EDWARDS, *College of De Vaux*, cit., 371.

[1485] J. L. KIRBY, *Collegiate Church of St. Peter and St Paul, Heytesbury* in *A History of Wiltshire*, Vol. III, cit., 389-397. A versão original do documento pode ser consultada em *Vetus Registrum Sarisberiense Alias Dictum Registrum S. Osmundi Episcopi. The Register of S. Osmund*, Vol. I, coordenação de W. H. RICH JONES, Longman, Londres, 1883, 337-338. Outros exemplos, ainda mais antigos, podem facilmente ser encontrados: o Hospital de Santa Catarina foi fundado pela Rainha Matilde em 1148. Tinha natureza perpétua e era financiado por um conjunto de

III. Uma última palavra deve ser dada à possível receção do *waqf* via *Inns of Courts*.

Ao contrário do que se verificou em Oxford e em Cambridge, o ensino em Londres manteve-se inspirado no antigo sistema monástico. Repare-se que as três grandes escolas de Direito londrinas do final do século XII permaneceram associadas a estruturas clericais[1486]. Estas escolas, secularizadas nos finais do século XIII, estiveram, conjuntamente com outras figuras similares, na origem dos *Inns of Courts*[1487], instituições que, ainda hoje, representam um papel central no sistema jurídico inglês[1488].

O controlo do Clero sobre o ensino superior e, em especial, sobre o ensino do Direito, foi grandemente abalado por uma série de acontecimentos que marcaram o século XIII. Em 1219, a Bula *Super specula*, de Honório III, proíbe o ensino do Direito romano na Universidade de Paris e veda o seu conhecimento ao clero monástico e regular[1489]. *Henry III*, certamente ins-

---

bens determinados, cfr., J. B. NICHOLS, *Account of the Royal Hospital and Collegiate Church of Saint Katharine, near the Tower of London*, John Nichols and Son, Londres, 1824, 1.

[1486] ARTHUR ROBERT INGPEN, *Master Worsley's Book on the History and Constitution of the Honourable Society of the Middle Temple*, Chiswick Press, Londres, 1910, 11: "*The hostel connected with St. Paul's was in Paternoster Row, that with St. Sepulchre's in the adjoining St. George's Inn, and that with St. Andrew's in the adjoining Thavie's Inn*". O ensino e o estudo das escolas não se resumiam, certamente, à Ciência Jurídica, tendo, pelo contrário, uma orientação muito mais transversal e geral. Esta posição é a confirmada por uma carta de *Thomas Becket*, datado do reinado de Stephen, 1096-1154: "*There are three churches in London which have schools famous for their privileges and ancient dignity. (...) On holy days the magistrates have festive meetings at the churches. The scholars hold disputations, some in demonstrations, other in rhetoric ... Some exercise themselves by the volume and multiplicity of their words...*".

[1487] MAKDISI, *The Guilds of Law*, cit., 3-18.

[1488] O sistema inglês de patrocínio judicial e a prática da advocacia caracterizam-se pelo dualismo *barrister/solicitor*. Em termos gerais, o *barrister* está associado ao pleito em tribunal, enquanto que os *solicitors* têm um papel mais consultivo, de acompanhamento diário dos clientes. Apesar de os *barristers* estarem impedidos de constituir, entre eles, sociedades ou parcerias, o acesso à profissão fica dependente da sua inscrição num dos quatro *Inns of Courts* sediados em Londres: (1) *Lincoln's Inn*, formalmente constituído em 1422, a sua origem costuma ser datada dos primeiros anos do século XIV; (2) *Inner Temple Inn* e (3) *Middle Temple Inn*, ambos associados à sede do Templários em terras inglesas, apresentando-se, a partir de 1388, como duas entidades separadas; (4) *Gray's Inn*, constituído em data incerta, a sua existência é documentada desde, pelo menos, 1370.

[1489] JAMES A. BRUNDAGE, *The Teaching and Study of Cannon Law in the Law Schools* in *History of Medieval Canon Law in the Classical Period, 1140-1234*, coordenação de WILFRIED HARTMANN

§ 16.º O *WAQF*: A INFLUÊNCIA ISLÂMICA NA *COMMON LAW* E NOS *USES* (continuação)

pirado pela posição do Sumo Pontífice, decide, em 1234, banir o ensino do Direito romano do reino e proibir todo e qualquer tipo de ensino jurídico em Londres[1490]. Forçados a sair das muralhas romanas da cidade e da alçada da Igreja, tudo indica que os estudantes ingleses terão mantido uma organização interna em tudo semelhante, vivendo-se, no fundo, um simples processo de secularização dos *Inns*[1491]. É pouco provável que estas novas instituições não fossem similares às antigas instituições eclesiásticas. Era a realidade que conheciam[1492].

85. O *waqf* e o *charitable trust*

I. Apesar de todos os autores reconhecerem a importância da caridade, enquanto elemento característico do instituto fiduciário islâmico, a legalidade da constituição de *waqfs* com propósitos privados, mesmo que circunscritos à família do *wāqif*, tem levado ao seu desvirtuamento pelos juristas ocidentais. O *waqf ahlī* não deve ser visto como uma figura análoga ao *trust* inglês, mas como uma consequência do alargado conceito de caridade islâmico, de resto, manifestado nas passagens do *Qur'an* que sustentam a figura, já acima citadas:

> A verdadeira virtude é a ... de quem distribui seus bens em caridade por Amor a Deus, <u>entre parentes</u>, órfãos, necessitados, viajantes, mendigos em resgate e cativos[1493].

---

e KENNETH PENNINGTON, The Catholic University of American Press, Estados Unidos da América, 2008, 98-120, 101: esta decisão poderá ter assentado num crescente desinteresse pelo Direito canónico.

[1490] "*Mandatum est maiori et vicecomitibus Lond. quod clamari per totam civitatem Lond. faciant et firmiter prohiberi ne aliquis scolas regens de legibus in eadem civiatete decetero ibidem leges doceat, et si aliquis fuerit huiusmodi scolas regens, ipsum sine dilation cessare faciant*". J. E. BOYLE, *Canon Law before 1380* in *The History of the University of Oxford*, Vol. I: *The Early Oxford Schools*, coordenação de T. H. ASTON e J. I. CATTO, OUP, Oxford, 1984, 537: atribui esta inexplicável decisão a uma errónea leitura da decisão papal.

[1491] MAKDISI, *The Guilds of Law*, cit., 3-18.

[1492] INGPEN, *Master Worsley's*, cit., 13.

[1493] 2:177.

Perguntam-te que parte devem gastar (em caridade). Dize-lhes: Toda a caridade que fizerdes, deve ser para <u>os pais, parentes</u>, órfãos, necessitados e viajantes (desemparados)[1494].

Os propósitos caridosos do *waqf* remetem-nos, sim, para a figura do *charitable trust*, que, conquanto partilhe a mesma denominação, não consubstancia, efetivamente, um *trust*. As diferenças entre os dois institutos são colossais[1495]. Os *charitable trusts* correspondem, grosso modo, às fundações dos sistemas jurídicos continentais[1496].

A utilização do *trust* na construção dogmática das fundações anglo-saxónicas é apenas mais um reflexo da sua enorme influência em todo o espectro jurídico da *Common Law*. Acresce que, com a instauração do anglicanismo, a Igreja perdeu muito do seu poder jurisdicional, absorvido pelo pujante *Court of Chancery* [1497]:

It is behind the use that the bulk of charitable endowment was to shelter[1498].

II. A origem religiosa do *charitable trust*, que não encontra paralelo no *trust* ou nos *uses* medievais[1499], está originalmente associada, como o reconhecem os tribunais ingleses[1500], ao conceito de *pias causas* romano, tão desenvolvido e pregado na Idade Média pela Igreja Católica[1501].

A prática caridosa, inerente à Religião de Cristo, foi fortemente incentivada pela Igreja no período medieval. Este estímulo altruísta ficou tanto a dever-se à mensagem pregada por Cristo, como às ambições clericais. A pregação do dever de caridade assumiu proporções reconduzíveis ao con-

---

[1494] 2:215.
[1495] HUDSON, *Equiy and Trusts*, cit., 1004.
[1496] ROBERT FEENSTRA, *Foundations in Continental Law since the 12th Century: the Legal Concept and Trust-like Devices* in *Itenera Fiduciae*, cit., 305-326.
[1497] HUDSON, *Equiy and Trusts*, cit., 995.
[1498] GARETH JONES, *History of the Law of Charirty, 1532-1827*, CUP, Cambridge, 2008, 6.
[1499] SCHOENBLUM, *The Role of Legal Doctrine in the Decline of the Islamic Waqf*, cit., 1198-1201: o autor põe em evidência esta importante diferença. Todavia, não identifica a proximidade com o *charitable trust*.
[1500] *Moggridge v Thackwell* (1803) 7 Ves Jun 36-88, [LORD ELDON·LC] 69: para além da indiscutível influência religiosa, o relator faz menção a uma possível receção romanística.
[1501] CHARLES FISK BEACH, *Commentaries on the Law of Trusts and Trustees, as Administered in England an in the United States of America*, Vol. I, Central Law Journal, St. Louis, 1897, 738.

§ 16.º O *WAQF*: A INFLUÊNCIA ISLÂMICA NA *COMMON LAW* E NOS *USES* (continuação)

ceito de normas imperativas. O clero era pressionado a incentivar os crentes, aquando da administração dos últimos sacramentos, a testar a favor de uma qualquer obra de caridade[1502]. Em última instância, a não previsão de um legado para a Igreja impossibilitava que o *de cujus* fosse enterrado em solo sagrado[1503].

Por outro lado, no caso de não ser feito testamento, a administração dos bens do *de cujus* caberia, pelo menos em parte, à Igreja[1504]. A Igreja tinha todo o interesse em que os crentes não redigissem as suas últimas vontades, muitas vezes chegando a desaconselhá-lo[1505].

86. *Charitable trust*

I. De acordo com o disposto na s. 1(1) do *Charities Act 2006*, a *charity* é uma instituição com propósitos exclusivamente caridosos, sujeita ao controlo e jurisdição do *High Court*. Na secção seguinte, o legislador elenca os objetivos abrangidos pelo conceito de caridade[1506]: (1) prevenção e atenuação da pobreza; (2) promoção da educação; (3) promoção da religião; (4) promoção da saúde e da qualidade de vida; (5) promoção da cidadania ou do desenvolvimento comunitário; (6) promoção da arte, da cultura, do património cultural ou da ciência; (7) promoção do desporto amador; promoção

---

[1502] Felix Makower, *The Constitution History and Constitution of the Church of England*, Swan Sonnenschein, Londres, 1895, 426.

[1503] Henry Charles Coote, *The Practice of the Ecclesiastical Courts, with Forms and Table of Costs*, Henry Butterworth, Londres, 1847, 36: o clero estava proibido de celebrar a Eucaristia nestes casos. O falecido era, canonicamente, comparado a um suicida.

[1504] Bracton, Vol. II, cit., 60b, 179: "*If a free man dies intestate and suddenly his lord shall in no wise meddle with his gods, save only to see after what belongs to him, that is, that he have his heriot; [their] administration will belong to the church and to his friends, for a man who dies intestate merits no punishment*".

[1505] Jones, *History of the Law of Charity*, cit., 3.

[1506] Estes propósitos são em tudo similares aos já indicados no *Charitable Uses Act*, 1601 (!) (43 Eliz. I, c 4, 1601): "*Releife of aged impotent and poore people, some for Maintenance of sicke and maymed Souldiers and Marriners, Schooles of Learninge, Free Schooles and Schollers in Universities, some for Repaire of Bridges Portes Havens Causwaies Churches Seabankes and Highwaies, some for Educacion and prefermente of Orphans, some for or towardes Reliefe Stocke or Maintenance of Howses of Correccion, some for Mariages of poore Maides, some for Supportacion Ayde and Helpe of younge tradesmen Handicraftesmen and persons decayed, and others for reliefe or redemption of Prisoners or Captives, and for aide or ease of any poore Inhabitantes concerninge payment of Fifteenes, setting out of Souldiers and other Taxes*".

dos direitos humanos, resolução de conflitos e reconciliação ou promoção da harmonia, da igualdade ou da diversidade religiosa ou racial; (8) promoção da proteção ou melhoria do meio ambiente; (9) auxílio a necessitados, por razão da idade, doença, deficiência, dificuldades financeiras ou outras; (10) promoção do bem-estar animal; (11) promoção da eficiência das forças armadas reais ou da eficiência policial, dos serviços de bombeiros, de salvamento ou ambulatórios. É ainda estabelecida uma cláusula de salvaguarda que abrange todos os propósitos análogos, desde que reconduzíveis ao conceito de interesse público[1507].

II. O *charitable trust* ocupa, conjuntamente com a *charitable unincorporated association* e com a *charitable corporation*, uma posição central do regime jurídico inglês das instituições de caridade.

A *charitable unincorporated association* (CUA), que corresponde, no fundo, à figura comercial da *partnership*, devidamente aplicada a fins caridosos, representa o modelo mais simples do universo das instituições de caridade[1508]. Este tipo de instituição é adequado a projetos que dependam de uma participação ativa dos seus membros e cujo financiamento resulte de campanhas e contribuições[1509]. Cada CUA rege-se pelas suas regras internas, usualmente denominadas *Rules of Association*[1510]. Estes estatutos indicam o objeto e os propósitos da associação (r. 3), ao qual todos os lucros e propriedades devem ser aplicados (r. 4).

A *charitable corporation* reveste a forma de *company limited by guarentee*. É uma figura mista e algo complexa, que se rege, conjuntamente, pelo regime societário e pelo regime geral das instituições de caridade. A escolha por este modelo não é aconselhável para projetos de pequena dimensão[1511].

[1507] S. 2(4) remete para a s. 1 do *Recreational Charities Act*, 1958, que estabelece: "*Subject to the provisions of this Act, it shall be and deemed always to have been charitable to provide of, facilities for recreation or other leisure-time occupation, if the facilities are provided in the interests of social welfare: Provided that nothing in this section shall be taken to derogate from the principle that a trust or institution to be charitable must be for the public benefit*".
[1508] PETER LUXTON, *The Law of Charities*, OUP, Oxford, 2001, 259.
[1509] DOUGLAS CRACKNELL, PESH FRAMJEE, ADRIAN LONGLEY e FRANCESCA QUINT, *Charities: the Law and Practice*, Vol. I, Sweet & Maxwell, Londres, 2006, B/23-B/24.
[1510] Um modelo atualizado do documento pode ser consultado no sítio da *Charity Commission*: http://www.charity-commission.gov.uk/Start_up_a_charity/Guidance_on_registering/mgds.aspx
[1511] CRACKNELL, FRAMJEE, LONGLEY e QUINT, *Charities*, cit., B/21-B/22.

§ 16.º O *WAQF*: A INFLUÊNCIA ISLÂMICA NA *COMMON LAW* E NOS *USES* (continuação)

III. Apesar de o *charitable trust* não conter todos os elementos identificativos do *trust*, o conceito foi construído tendo por base o instituto fiduciário. Não é assim de estranhar que os três elementos constitutivos centrais tenham de ser respeitados, sob pena da sua constituição ser declarada inválida:

– uma real intenção de constituição deve de ser inequivocamente demonstrada pelas palavras ou fórmulas adotadas;
– o objeto constitutivo tem de ser identificável;
– os beneficiários ou os propósitos visados têm de ser identificáveis.

Os dois primeiros elementos não sofrem qualquer alteração quando aplicáveis aos *charitable trusts*, pelo que serão analisados no parágrafo correspondente[1512]. Já no que respeita ao terceiro requisito, identificação do beneficiário ou dos propósitos intentados, a lei é visivelmente menos exigente. O legislador basta-se com a declaração da prossecução de propósitos caridosos, não obrigando à sua concretização. Esta atenuação legislativa resulta das intenções altruístas associadas ao instituto e do papel protetor representado, pelo Estado, no âmbito das instituições de caridade, que lhe permite, em último caso, determinar os específicos propósitos que devem ser prosseguidos[1513].

O Estado, então exteriorizado pela coroa, desde muito cedo assumiu um papel de defesa dos mais desfavorecidos[1514]. Foi com grande naturalidade que este dever se estendeu às instituições de caridade, em face dos interesses altruístas prosseguidos e dos benefícios públicos associados[1515].

[1512] § 19.º.

[1513] *Houston v Burns* [1918] AC 337-349, [Viscount Haldane] 343; *Chichester Diocesan Fund and Board of Finance (Incorporated) v Simpson* [1944] AC 341-371, [Viscount Simon LC] 348: esta exceção justifica-se em resultado da especial relevância atribuída pela Lei inglesa às práticas caridosas; *Re, Harpur's Will Trusts* [1962] Ch 78-97, [Harman LJ] 94.

[1514] O princípio foi inicialmente desenvolvido para proteger crianças e sujeitos com problemas mentais. *Eyre v Countess of Shattsbury* (1724) 2 P Wms 103-125, [Lord Macclesfield] 118: "*The King is bound of common right, and by the laws to defend his subjects, their goods and chattels, lands and tenements, and by the law of this realm, every loyal subject is taken to be within the King's protection, for which reason it is, that idiots and lunatics, who are uncapable to take care of themselves, are provided for by the King as pater patriae, and there is the same reason to extend this care to infants*".

[1515] *A-G v Gleg* (1738) 1 Atk 356, [Lord Chancellor] 356: apesar de o tribunal não ter elaborado uma construção teórica ou sequer referido a aplicação de um qualquer princípio geral, reconhece que o papel da coroa no âmbito das instituições de caridade teria, necessariamente, de ser mais interventivo. A aplicação do princípio às instituições de caridade parece ter sido

IV. A subsunção da instituição aos propósitos elencados corresponde, apenas, ao primeiro passo com vista à válida constituição de um *charitable trust*. O seu registo efetivo está dependente da superação de diversos requisitos, desenvolvidos pelos tribunais ao longo de centenas de decisões.

Estando o conceito de instituição de caridade intrinsecamente ligado a uma ideia de comunidade, não é de estranhar que o primeiro requisito consista na adequação dos propósitos concretos, prosseguidos pela instituição, aos interesses públicos. Ora, a distinção entre interesses privados e interesses públicos nem sempre é evidente. Repare-se, a título exemplificativo, no caso *Re, Drummond, Asworth v Drummond*: o tribunal considerou que, tendo o *trust* como fim último o financiamento das férias dos trabalhadores de uma empresa, a sua natureza só poderia ser definida como privada[1516].

A constituição de *charitable trusts* está, assim, dependente do preenchimento de dois elementos: (1) a prossecução de objetos caridosos e altruístas; e (2) a adequação aos princípios públicos subjacentes a qualquer instituição da caridade.

A rigidez do elemento caridoso é esclarecedora. Não basta a prossecução de um qualquer interesse público: a instituição tem de o fazer em total exclusividade. No caso *IRC v Oldham Training and Enterprise Council*, o tribunal decidiu que a instituição em causa não preenchia os requisitos legais: embora o *trust* tivesse como objeto final uma melhoria das taxas de empregabilidade da cidade em que se encontrava sediado, contribuindo, deste modo, para melhorar as condições de vida dos seus habitantes, fazia-o promovendo os interesses particulares das entidades e sujeitos auxiliados, o que conduzia a um enriquecimento individual[1517].

No que respeita ao preenchimento do elemento "benefício público", a bitola tem sido colocada em termos quantitativos: os *charitable trusts*

---

defendida, pela primeira vez, por LORD ELDON LC in *Moggridge v Thackwell* (1803) 7 Ves Jun 36-88, 85: "*where money is given for charity generally and indefinitely, without trustees or objects selected, the King, as parens patriae, is the constitutional trustee*"; *Wellbeloved v Jones* [1814-23] All ER Rep 568-569, [JOHN LEACH VC] 569: "*The King, as parens patriae, superintends the administration of all charities andacts by the Attorney-General who his proper officer in this respect*".

[1516] [1914] 2 Ch 90-98, [EVE J] 97. Posição já anteriormente adotada em *Hall v Berby Borough Urban Sanitary Authority* (1885) 16 QBD 163-173, [MANISTY J] 171-172. Por contraste, veja-se a decisão *Shaw v Halifax Corpn* [1915] 2 KB 170-185, [PICKFORD LJ] 184: o objeto da instituição consistia na construção de um imóvel para viúvas e solteiras com mais de cinquenta anos. O tribunal considerou que a classe abrangida era suficientemente vasta para preencher os requisitos legais.

[1517] *IRC v Oldham Training and Enterprise Council* [1996] STC 1218-1236, [LIGHTMAN J] 1235.

§ 16.º O *WAQF*: A INFLUÊNCIA ISLÂMICA NA *COMMON LAW* E NOS *USES* (continuação)

devem visar o benefício da comunidade ou de uma importante parte da comunidade[1518]. Esta questão, bem como as dificuldades que lhe estão associadas, foi exposta, de forma bastante simples e compreensível, por Lord Simonds, no caso *Oppenheim v Tobacco Securities Trust Co Ltd*[1519]. Num dos extremos, temos um *trust* constituído apenas com o único propósito de financiar os estudos dos seus descendentes. Evidentemente, que, em caso algum, poderia semelhante realidade ser definida como um *charitable trust*. O extremo diametralmente oposto pode ser representado pela fundação de uma universidade ou de uma escola, o que preenche, objetivamente, os diversos requisitos legais. À medida que nos vamos aproximando do centro, deparamo-nos com instituições de natureza ambígua, quer pela originalidade dos fins intentados, quer pela limitada classe de sujeitos beneficiados. Apesar de a jurisprudência não ser unânime, em relação à sedimentação de critérios decisórios objetivos[1520], é inegável que alguns elementos podem ser, *a priori*, identificados, tais como o número de beneficiários abrangidos e a existência ou não de uma relação pessoal ou familiar com o seu fundador. Em última análise, a correta solução estará sempre dependente da conjugação dos diversos elementos, sendo a relevância de cada um determinado pelos factos concretos:

- orfanato para funcionários dos caminhos de ferro; a sua natureza pública resulta da quantidade de beneficiários abarcados[1521];
- *trust* que visava dar formação a trabalhadores empregues pela indústria da construção; o tribunal não teve dúvidas quanto à sua natureza pública[1522];

[1518] *Verge v Somerville* [1924] AC 496-508, [Lord Wrenbury] 499: *"a first inquiry must be whether it is public – whether it is for the benefit of the community or of an appreciably important class of the community. The inhabitants of a parish or town, or any particular class of such inhabitants, may, for instance, be the objects of such gift, but private individuals, or a fluctuating body of private individuals cannot"*.
[1519] [1951] AC 297-319, 305-306.
[1520] *Dingle v Turner* [1972] AC 601-625, [Lord Cross of Chelsea] 624: *"In truth the question whether or not the potential beneficiaries of a trust can fairly be said to constitute a section of the public is a question of degree and cannot be by itself decisive of the question whether the trust is a charity"*.
[1521] *Hall v Derby Borough Urban Sanitary Authority* (1885) 16 QBD 163-173.
[1522] *Construction Industry Training Board v A-G* [1971] 3 All ER 449-454.

– *trust* que tinha como objeto último auxiliar os membros de um sindicato ligado à indústria da impressão; a restrição dos beneficiários aos membros do sindicato levou o tribunal a defini-lo como *trust* privado[1523];
– instituição que tinha como objetivo final auxiliar, medicamente, os seus associados; qualquer sujeito que trabalhasse na área comercial ou industrial poderia fazer-se membro; também as mulheres/maridos e filhos com idade superior a quinze anos o poderiam fazer; o tribunal considerou que o *trust* não tinha natureza pública mas privada[1524].

As questões relacionadas com as instituições de caridade, inclusive a conformação dos objetivos prosseguidos às exigências da lei, estão sob a alçada da poderosa *Charity Commission*. Todas as dúvidas e litígios deverão ser encaminhados para o órgão jurisdicional competente[1525]. No âmbito dos objetivos praticados, a análise jurisprudencial deste tribunal especializado deverá sempre partir de uma direta subsunção dos fins concretos à lista elencada no *Charities Act*. Sublinhe-se, porém, que a análise jurisprudencial está longe de poder resumir-se a um simples preenchimento formal dos propósitos elencados no *Charities Act*[1526]: a prevalência da substância sobre a forma, enquanto princípio basilar da *Equity Law*, deve ser respeitada. Se, na maioria das vezes, a descrição estatutária dos objetos prosseguidos é suficiente, o contrário não é muito invulgar[1527]. Neste casos, o *settlor* poderá representar um papel escla-

---

[1523] *Re, Mead's Trust Deed, Briginshaw v National Society of Operative Printers and Assistants* [1961] 2 All ER 836-844.
[1524] *Waterson v Hendon Borough Council* [1959] 2 All ER 760-767.
[1525] *Re, Hummeltenberg* [1929] 1 Ch 237-243, [Russell J] 242: "*In my opinion the question whether a gift may be operative for the public benefit is a question to be answered by the Court by forming an opinion upon the evidence before it*"; *National Anti-Vivisection Society v IRC* [1947] 2 All ER 217-242, [Lord Wright] 219: "*the decision that a gift or fund is charitable is a matter for the decision of the court on all materials before it*".
[1526] *Re, Macduff, Macduff v Macduff* [1896] 2 Ch 451-475, [Rigby LJ] 474: um *charitable trust* constituído para promover a educação e o desenvolvimento de jovens carteiristas não pode, evidentemente, ser aceite; *Cocks v Manners* (1871) LR 12 Eq 574-586, [John Wickers VC]: uma doação que vise a salvação individual dos membros de uma comunidade religiosa e não a promoção da religião que lhe esteja associada não preenche os requisitos legais exigidos.
[1527] *Re, Shaw's Will Trust, National Provincial Bank Ltd v National City Bank Ltd* [1952] 1 Ch 163-172, [Vaisey J]: considera não ser relevante, salvo casos extremamente invulgares, o exato conteúdo da educação promovida. Um *charitable trust* com propósitos educacionais e aberto ao público preenche, quase automaticamente, os pressupostos legais. Esta doutrina é visível no caso *Re,*

§ 16.º O *WAQF*: A INFLUÊNCIA ISLÂMICA NA *COMMON LAW* E NOS *USES* (continuação)

recedor[1528]. O tribunal deverá solicitar, sempre que considerar benéfico para o mérito da causa, a presença do fundador da instituição[1529].

A relevância do interesse concreto de cada *charitable trust* para a comunidade tem sido objeto de alguma controvérsia. CHITTY J defendeu que essa questão extravasa a função jurisprudencial dos tribunais [1530]. Já para RUSSELL J, o funcionamento real da instituição consubstancia um dos elementos centrais de toda a questão, pelo que não deve, em caso algum, ser ignorado pelos mesmos tribunais[1531].

Finalmente, um último elemento distintivo, fundamental para a análise comparativa entre os *charitable trusts* e os *waqfs*, deve ser referido: ao contrário do verificado para os *trusts* privados, os *charitable trusts* podem ter uma duração ilimitada, no sentido mais literal do termo. Podem, se assim o seu fundador o determinar, ter natureza perpétua. O desenvolvimento desta característica excecional está associado ao interesse público subjacente ao *charitable trust*[1532].

Hummeltenberg, Beatty v London Spiritualistic Alliance Ltd [1923] 1 Ch 237-243, onde o *trust* em causa tinha como objeto a promoção e educação de jovens *mediums*. O tribunal decidiu que apenas formalmente estavam os requisitos legais preenchidos.

[1528] *Re, Hummeltenberg, Beatty v London Spiritualistic Alliance Ltd* [1923] 1 Ch 237-243, [RUSSELL J] 242: *"If a testator by stating or indicating his view that a trust is beneficial to the public can establish that fact beyond question, trusts might be established in perpetuity for the promotion of all kinds of fantastic (though not unlawful) objects, of which the training of poodles to dance might be a mild example".*

[1529] *Gilmor v Coats* [1949] AC 426-462, [LORD REID] 456.

[1530] *Re, Foveaux, Cross v London Anti-Vivisecation Society* [1895] 2 Ch 501-507, 507: *"The intention is to benefit the community; whether, if they achieved their object, the community would, in fact, be benefited is a question on which I think the Court is not required to express an opinion".*

[1531] *Re, Grove-Grady, Plowden v Lawrence* [1929] 1 Ch 557-588, 588: *"In my opinion, the Court must determine in each case whether the trusts are such that benefit to the community must necessarily result from their execution".*

[1532] *Goodmann v Saltash Corpn* (1882) 7 App Cas 633-669, [LORD SELBORNE] 642: *"no charitable trust can be void on the ground of perpetuity"*; *A-G v National Provincial Bank* [1924] AC 162-269, [VISCOUNT HALDANE] 266: *"when a gift is established as being for a charitable purpose the rule against perpetuities does not apply"*; *Re, Tyler* [1891] 3 Ch 252-260, [LINDLEY LJ] 257: *"It is common knowledge that the rule as to perpetuities does not apply to property given to charities"*; *Re, Crompton* [1945] Ch 123-140, [LORD GREEN MR] 126: *"the trust is to last for ever, and accordingly is obnoxious to the rule against perpetuities unless it is a valid charitable trust".* Em resultado da especificidade assumida pelo conceito, o uso da expressão, neste contexto, não é tecnicamente correto, cfr., JOHN CHIPMAN GRAY, *The Rule Against Perpetuities*, 4ª edição, Boston, Little, Brown, 1942 e J. H. C. MORRIS e W. BARTON LEACH, *The Rule Against Perpetuities*, 2ª edição, Stevens & Sons, Londres, 1962.

V. Feita esta curta análise, cumpre agora expor as razões pelas quais se afirmou não terem os *charitable trusts* uma natureza passível de ser reconduzida ao instituto fiduciário anglo-saxónico.

O esquema tripartido do *trust: settlor – trustees* – beneficiários não se adequa à realidade dos *charitable trusts*. Enquanto que nos *trusts* privados as ações contra os *trustees* devem ser propostas e prosseguidas pelos beneficiários, já em relação aos *charitable trusts* esse papel é representado pelo *Attorney General*, enquanto face visível do poder protetivo do Estado para com todas as instituições de caridade[1533]. A partir de 1992, esta legitimidade processual passou a ser repartida com a *Charity Commission*[1534].

No que respeita à figura do *trustee*, o seu papel, enquanto titular do direito de propriedade, não é, evidentemente, adequável ou mesmo benéfico. Na maioria dos casos, os *charitable trusts* assumem uma natureza perpétua ou, pelo menos, temporalmente indefinida. Ciente desta incompatibilidade, o legislador britânico tem vindo a estabelecer, desde 1872, diversos mecanismos jurídicos que conferem alguma estabilidade, sem ser necessário recorrer a uma constante transmissão de direitos. Atualmente, os *trustees* de qualquer *charitable trust* podem requerer a constituição de um corpo coletivo que irá assumir não só os direitos de propriedade inerentes, como também as responsabilidades emergentes da relação fiduciária assumida[1535]. É o total desvirtuamento do *trust*.

[1533] *Wallis v Solicitor General for New Zealand* [1903] AC 173-189, [LORD MACNAGHTEN], 182: *"it has always been recognized as the duty of the law officers of the Crown to intervene for the purpose of protecting charities and affording advice and assistance to the Court in the administration of charitable trusts"*. Sobre a indispensabilidade do *Attorney General*, vide, em geral, *Brooks v Richardson* [1986] 1 All ER 952-960, [WARNER J] 957.

[1534] *Charitable Act*, 2006, *Schedule* 4.

[1535] *Charities Act*, 1993, s. 50:
"On the grant of such a certificate–
    a) may sue and be sued in their corporate name; and
    b) (without prejudice to the operation of section 54 below) any relevant rights or liabilities of those trustees shall become rights or liabilities of that body".
s. 51:
"The certificate of incorporation shall vest in the body corporate all real and personal estate, of whatever nature or tenure, belonging to or held by any person or persons in trust for the charity, and thereupon any person or persons in whose name or names any stocks, funds or securities are standing in trust for the charity, shall transfer them into the name of the body corporate, except that the foregoing provisions shall not apply to property vested in the official custodian".

§ 16.º O *WAQF*: A INFLUÊNCIA ISLÂMICA NA *COMMON LAW* E NOS *USES* (continuação)

A concessão desta certificação, a cargo da *Charity Commission*, é apenas uma das importantes funções desempenhadas por esta figura, o que vem fortalecer a natureza pública dos *charitable trusts*.

A *Charity Commission* é uma instituição pública independente, não sujeita à direção ou controlo de qualquer Ministério ou departamento governativo e que atua em nome da coroa, no âmbito do regime das instituições de caridade[1536]. As suas funções e objetivos são elencados pelo legislador, devidamente acompanhados por uma sucinta explicitação: (1) confiança pública: promover a confiança das instituições de caridade aos olhos dos cidadãos; (2) benefício público: promover o correto entendimento e alcance do conceito de interesse público; (3) *compliance*: promover o acatamento e cumprimento das obrigações assumidas pelos *trustees*, no âmbito do seu desempenho como administradores da instituição de caridade; (4) recursos das instituições de caridade: promover uma correta e efetiva utilização dos recursos disponíveis; (5) prestação de contas (*accountability*): promover a prestação de contas e de resultados aos fundadores, doadores, beneficiários e público em geral[1537].

A *Commission* tem poderes alargados: (1) determinar a natureza das instituições; (2) encorajar práticas de boa administração; (3) identificar e investigar hipotéticas condutas ilegais no âmbito da administração e tomar, se necessário, as providências adequadas; (4) regular as campanhas públicas de angariação de fundos; e (5) prestar informações, conselhos ou mesmo apresentar propostas ao Governo, dentro dos poderes e funções que lhe estão legalmente atribuídos[1538].

Em relação aos *trustees*, o seu papel é ainda mais esclarecedor: a Comissão tem o poder de suspender e remover os *trustees*[1539] e pode imiscuir-se, diretamente, na direção e administração dos *charitable trusts*[1540]. Tem ainda poderes decisórios quanto à aplicação dos bens que lhe estejam associados[1541].

Os tribunais atuam, como não poderia deixar de ser, como fiéis da balança, dirimindo todos os litígios que envolvam a Comissão[1542].

[1536] *Charitable Act*, 2006, s. 6.
[1537] S. 7.
[1538] S. 7.
[1539] S. 19.
[1540] S. 20.
[1541] S. 21.
[1542] *Schedule* 4.

VI. Estruturalmente, a figura assemelha-se ao *trust* privado, que, de resto, está na sua base. O *charitable trust* é constituído pelo *settlor*, que determina os propósitos, e os beneficiários abrangidos, sendo a propriedade transmitida para os *trustees*, que assumem a gestão e a administração do *trust*. Os princípios aplicáveis aos *trustees*, nomeadamente os previstos nos TA, 1925 e 2000, aplicam-se-lhe sem reserva.

Por outro lado, algumas regras e princípios basilares de natureza privada não têm aplicação, cabendo sublinhar-se dois aspetos: os *charitable trusts* podem ser constituídos perpetuamente; e o *settlor* não tem de especificar quais os exatos beneficiários abrangidos. Estas diferenças, já por si consideráveis, são exponenciadas pela dimensão pública da figura: (1) as ações são intentadas pela coroa; (2) a *Charity Commission* pode suspender e remover os *trustees*; (3) bem como alterar os propósitos estabelecidos pelo *settlor* aquando da sua constituição.

Finalmente, a possibilidade de a propriedade ser transmitida para uma entidade coletiva, com todas as responsabilidades associadas ao *trustee*, é, aos olhos de um jurista continental, mais que suficiente para desvirtuar a natureza do *charitable trust*.

Repare-se que as próprias definições de *trustee* e *trust* presentes no *Charities Act*, 1993, ainda em vigor[1543], consagram figuras conceptualmente muito abrangentes, que extravasam, largamente, os conceitos clássicos. Não nos parece que esteja em causa uma visão mais moderna da figura ou um aligeirar dos seus requisitos; estamos perante uma figura claramente distinta:

> *"charity trustees" means the persons having the general control and management of the administration of a charity.*

> *"trusts" in relation to a charity, means the provisions establishing it as a charity and regulating its purposes and administration, whether those provisions take effect by way of trust or not, and in relation to other institutions has a corresponding meaning.*

Conquanto o afastamento dos *charitable trusts* dos *trusts* privados não seja, expressamente, reconhecido pela doutrina especializada, pelo menos diretamente, exceção feita a ALASTAIR HUDSON[1544], ela deriva dos distintos regimes

---

[1543] S. 97.
[1544] *Equity and Trusts*, cit., 1004.

§ 16.º O *WAQF*: A INFLUÊNCIA ISLÂMICA NA *COMMON LAW* E NOS *USES* (continuação)

jurídicos positivados, sendo identificável na propagação de manuais universitários específicos[1545], na autonomização da temática dos manuais de *Equity* e *Trusts*[1546] e no seu não tratamento sistemático nos grandes tratados[1547].

VII. As conclusões acima alcançadas adequam-se, perfeitamente, à comparação com o *waqf* islâmico. A figura do *mutawalli* não é equivalente à do *trustee*. O *mutawalli* apenas tem a seu cargo a administração dos bens associados ao *waqf*, não sendo, salvo raras posições, o titular dos bens que administra. Também os beneficiários não são identificáveis, o que implica uma transferência da legitimidade processual, em casos de hipotéticas violações legais ou contratuais, por parte dos *mutawallis* prevaricadores, para a entidade supervisora, o *qadi*.

Os elementos não coincidentes ou mesmo contraditórios são, por outro lado, facilmente identificáveis no *charitable trust*. Ambas as figuras têm um carácter perpétuo, apenas podem ser constituídas para propósitos caridosos e estão sujeitas a um controlo jurisdicional. Em relação à transmissão do direito de propriedade, embora não haja uma total concordância, é visível uma certa indeterminação conceptual, bastante mais palpável no Direito islâmico, que desaconselha, fruto do carácter perpétuo das instituições, a sua conexão à esfera jurídica de pessoas singulares.

Tudo indica que a influência islâmica na formação do *trust* não é verosímil. As semelhanças entre os dois institutos são frágeis e a similitude com o *charitable trust* resulta não de uma possível receção, mas da absorção das instituições de caridade pelo super poderoso *trust*.

[1545] HUBERT PICARDA, *The Law and Practice Relating Charities*, 4ª edição, Bloomsbury, Haywards Heath, 2010; PETER LUXTON, *The Law of Charities*, OUP, Oxford, 2001; KERRY O'HALLORAN, *Charity Law*, Round Hall Sweet & Maxwell, Dublin, 2001; JEAN WARBURTON, *Tudor on Charities*, Sweet & Maxwell, Londres, 2003; L. A. SHERIDAN, *Keeton & Sheridan's: the Modern Law of Charities*, 4ª edição, Barry Rose, Chichester, 1992.

[1546] HUDSON, *Equity and Trusts*, cit., 993-1061; *Snell's Equity*, cit., 683-716; *Hanbury & Martin*, cit., 415-495.

[1547] GERAINT THOMAS e ALASTAIR HUDSON, *The Law of Trusts*, OUP, 2010; DAVID HAYTON, PAUL MATTHEWS e CHARLES MITCHELL, *Underhill and Hayton Law of Trusts and Trustees*, 18ª edição, LexisNexis, Londres, 2010 e JOHN MOWBRAY, LYNTON TUCKER, NICHOLAS LE POIDEVIN, EDWIN SIMPSON e JAMES BRIGHTWELL, *Lewin on Trusts*, 18ª edição, Sweet & Maxwell, Londres, 2008.

PARTE III

Do *Trust no Direito Inglês*

Capítulo I
Da Constituição do *Trust*

§ 17.º TIPOS DE *TRUST*

87. Enquadramento

O extraordinário papel representado pelo *trust* ao longo de toda a Idade Moderna apenas é superado pela indescritível expansão do instituto durante o período contemporâneo. O *trust* impôs-se, com grande naturalidade, nas mais variadas áreas sociais. Amplamente utilizado para fins caridosos, não apenas por filantropos generosos, mas por toda a população em geral, as especificidades da figura adequaram-se, ainda, às reivindicações comerciais oitocentistas e às exigências dos mercados internacionais, surgindo, nos dias de hoje, como um mecanismo incontornável do mundo financeiro do novo milénio.

A maleabilidade do instituto – a *ratio* da sua expansão – refletiu-se na propagação de infindáveis modalidades e, não raramente, na utilização da expressão por figuras e mecanismos que, com o instituto original, apenas partilham a mesma terminologia. A apresentação de uma lista exaustiva, que abarque todos os tipos e subtipos de *trusts*, apresenta-se, assim, como uma tarefa de alguma complexidade[1548]. À dificuldade resultante do vasto

---

[1548] Os diversos tipos e modalidades de *trust* podem ser encontrados em todos os manuais e tratados que versam sobre o instituto: *Underhill and Hayton*, cit., 79-103; *Lewin on Trusts*, cit., 15-23; *Snell's Equity*, cit., 630-635; THOMAS e HUDSON, *The Law of Trusts*, cit., 19-24; HUDSON,

número de variáveis acresce uma usual sobreposição de modalidades e uma frequente discordância doutrinária e jurisprudencial quanto aos elementos característicos de cada tipo de *trust*. Mesmo em relação à sua forma mais simples – *express trust* (doravante *trust*) – não há unanimidade quanto aos elementos indispensáveis para a sua perfeição.

88. Modalidades quanto à constituição

I. A primeira grande divisão opera ao nível constitutivo ou formativo do *trust*, o que nos remete para o processo jurídico de reconhecimento do instituto. Neste âmbito, o *trust* pode resultar de uma manifestação de vontade do legítimo titular do bem ou bens constituídos em *trust*, denominado *express trust*; pode ser imposto diretamente pelo legislador, quando preenchidos os elementos positivados para a sua constituição, intitulado *statutory trust*[1549]; ou pode ser imposto pelos tribunais, nos casos em que, muito embora não sejam identificáveis todos os componentes necessários para a sua constituição, os interesses em questão impeliram o sistema a aplicar o regime fiduciário por analogia, designados *resulting trust* e *constructive trust*. Estes dois últimos tipos de *trusts* são, por vezes, denominados de *implied trusts*. A nomenclatura não está, porém, suficientemente consolidada, sendo utilizada para identificar modalidades do instituto que estão longe de se enquadrar em qualquer um dos dois tipos[1550].

Equity, cit., 44-46; A. J. OAKLEY, *Parker and Mellows: the Modern Law of Trusts*, 9ª edição, Sweet & Maxwell, Londres, 2008, 39-48; *Hanbury & Martin*, cit., 69-76; PHILIP H. PETTIT, *Equity and the Law of Trusts*, 11ª edição, OUP, Oxford, 2009, 67-76. Em todas as obras citadas, os tipos de *trusts* mais relevantes são, evidentemente, objeto de análise em capítulos posteriores. VAZ TOMÉ e LEITE DE CAMPOS, *A propriedade fiduciária*, cit., 67-94: a extensa lista apresentada pelos autores nacionais supera, largamente, o esquema seguido pelos autores anglo-saxónicos. Semelhante aprofundamento pode ainda ser encontrado em ROBERT L. MENNELL, *Wills and Trusts in a Nutshell*, West Group, St. Paul, Minnesota, 1994, 243-259.

[1549] *Law of Property Act*, 1925, s. 19, s. 34 e s. 36; *Administration of Estates Act*, 1924, s. 33; *Companies Act*, 2006, s. 218, s. 219 e s. 222 e *Land Registration Act*, 2002, s. 7.

[1550] *Underhill and Hayton*, cit., 80: do uso do termo resultam mais desvantagens do que vantagens, pelo que optam por não o utilizar de todo; *Parker and Mellows*, cit., 40: o termo *implied trust* é utilizado como sinónimo de *resulting trust*; THOMAS e HUDSON, *The Law of Trusts*, cit., 19: claro exemplo da posição mais usual, longe, porém, de merecer um apoio maioritário. Os autores utilizam o termo *implied trust* para englobar as duas categorias.

Neste ponto, iremos centrar a nossa atenção nestas duas modalidades – *resulting* e *constructive trusts*.

II. Os atuais contornos da doutrina dos *resulting trusts*[1551] foram esclarecidos e solidificados pela *House of Lords*, no acórdão *Westdeutsche Landesbank Girozentrale v Islington LBC*[1552], datado de 1996. À luz da posição aí sufragada, de resto em linha com decisões anteriores[1553], os *resulting trusts* poderão ser jurisdicionalmente impostos em duas situações distintas: (1) estando preenchidos todos os elementos necessários para a constituição de um *express trust*, com exceção da identificação do beneficiário, emerge um *equitable right* na esfera jurídica do *settlor*, que passa, consequentemente, a ocupar também a posição de beneficiário; e (2) ao contribuir monetariamente para a aquisição de um bem identificado, emerge, na esfera jurídica do sujeito contribuidor, um *equitable right*, na exata medida da sua contribuição. As duas situações têm em comum o facto de um *equitable right* emergir na esfera jurídica de um sujeito com uma ligação direta à transmissão do direito de propriedade para a esfera jurídica do ora denominado *trustee*[1554].

A constituição de um *resulting trust* não é alheia à vontade das partes, pelo contrário. No fundo, toda a problemática que envolve a figura pode perfeitamente ser reconduzida a uma questão interpretativa. Repare-se, porém, que concluindo o tribunal ser a intenção do titular originário do direito de propriedade ou do contribuidor, consoante a situação, a constituição de um *trust*, o regime aplicável deverá ser o do *express trust* e já não o do *resulting trust*. De igual modo, consubstanciando a atuação do hipotético *settlor* um ato gratuito ou enquadrando-se a relação num outro tipo contratual – p.e.: mútuo ou comodato –, o tribunal deve abster-se de declarar a constituição de um *resuling trust* e aplicar o regime correspondente.

Esta modalidade pretende responder a situações-limite em que não seja evidente qual a intenção real das partes. Em suma, não sendo clara a vontade subjacente à atuação de um sujeito e sendo toda a envolvência factual enqua-

---

[1551] Para além das obras gerais, cumpre referir: ROBERT CHAMBERS, *Resulting Trusts*, Clarendon Press, Oxford, 1997 e *Constructive and Resulting Trusts*, coordenação de CHARLES MITCHELL, Hart Publishing, Oxford, 2010: coletânea de artigos dedicados ao tema.
[1552] [1996] AC 669-741.
[1553] *Re, Vandervell's Trusts (No. 2)* [1974] Ch 269-326, [MEGARRY J] 291: um acórdão incontornável no estudo dos *resulting trusts*.
[1554] ROBERT CHAMBERS, *Resulting Trusts*, cit., 1.

drável no regime do *trust*, o tribunal irá presumir e declarar a sua constituição[1555]. A figura do *resulting trust* é demonstrativa do papel central ocupado pelo instituto fiduciário. Em caso de dúvida, a jurisprudência anglo-saxónica recorre ao mecanismo jurídico que melhor conhece e domina.

III. O *constructive trust*[1556] resulta da aplicação dos princípios basilares da *Equity Law*. No fundo, consubstancia uma solução decorrente do espírito do sistema. A constituição de um *constructive trust* será imposta quando, à luz da *Equity Law*, o mesmo sujeito não puder ser titular de todos os direitos – *equitable* e *legal rights*. O contrário representaria uma deturpação do sistema. Recorrendo a uma terminologia pouco técnica: uma solução inversa seria injusta. Em face dos propósitos da figura e tendo em consideração as limitações sistemáticas da *Common Law*, os tribunais ingleses têm optado por não fechar o leque de situações em que se reconhece a emergência de um *constructive trust*[1557]. Em defesa do Direito anglófono, refira-se que a maleabilidade do instituto e a discricionariedade conferida à jurisprudência é extremamente benéfica. Uma solução inversa levaria a que situações similares, até agora desconhecidas dos tribunais, ficassem sem resposta legal.

[1555] *Vandervell v Inland Revenue Commissioners* [1967] 2 AC 291-330, [LORD UPJOHN] 313: "*In reality the so-called presumption of a resulting trust is no more than a long stop to provide when the relevant facts and circumstances fail to yield a solution*"; *Westdeutsche Landesbank Girozentrale v Islington LBC* [1996] AC 669-741, [LORD BROWNE-WILKINSON] 706: "*The only question is whether the circumstances under which the money was paid were such as, in equity, to impose a trust*"; *Air Jamaica Ltd v Joy Charlton* [1999] 1 WLR 1399-1414, [LORD MILLETT] 1412: "*it [resulting trust] arises whether or not the transferor intended to retain a beneficial interest – it almost always does not – since it responds to the absence of any intention of his part to pass a beneficial interest to the recipient*"; *Lavelle v Lavelle* [2004] EWCA Civ 223, [LORD PHILLIPS MR] [14]: a vontade terá sempre de ser presumível. *Fowkes v Pascoe* (1875) 10 Ch App 343-354 e *Re, Young, Try v Sullivan* (1885) 28 Ch D 705-709, [PEARSON J]: em ambos os casos, o tribunal considerou que, à luz dos factos envolventes, apenas se poderia concluir ser outra a intenção do sujeito, pelo que não declararam a constituição de nenhum *trust*.

[1556] Para além das obras gerais, cumpre referir: GBOLAHAN ELIAS, *Explaining Constructive Trusts*, Clarendon Press, Oxford, 1990; MALCOLM COPE, *Constructive Trusts*, The Law Book Co., Sidney, 1992; A. J. OAKLEY, *Constructive Trusts*, 3ª edição, Sweet & Maxwell, Londres, 1997 e DAVID M. WRIGHT, *The Remedial Constructive Trust*, Butterworths, Sidney, 1998.

[1557] *Carl Zeizz Stiftung v Herbert Smith (No. 2)* [1969] 2 Ch 276-304, [EDMUND DAVIES LJ] 300: "*English law provides no clear and all-embracing definition of a constructive trust. Its boundaries have been left perhaps deliberately vague, so as not to restrict the court by technicalities in deciding what the justice of a particular case may demand*".

§ 17.º TIPOS DE *TRUST*

Em termos gerais, o instituto do *constructive trust* pode ser subdividido em quatro grandes grupos, consoante as situações que o sistema pretenda proteger[1558]: (1) como resposta a um comportamento contrário ao sistema; (2) como forma de garantir o cumprimento da vontade declarada; (3) como resposta a abusos de posições fiduciárias; e (4) como resposta a abusos cometidos por terceiros.

O primeiro grupo de situações é usualmente descrito como operando ao nível da consciência do sujeito. No fundo, pretende impedir-se que um sujeito retire benefícios pessoais de um qualquer comportamento ilegal, ao mesmo tempo que se protege os direitos dos lesados. Enquadram-se neste grupo: (1) homicídio: os bens adquiridos pelo homicida, em resultado da morte da vítima, são detidos em *trust*, em benefício dos herdeiros; (2) furto e roubo: todos os bens furtados ou roubados são considerados como estando constituídos em *trust*, em benefício do seu legítimo proprietário[1559]; ou (3) fraude: também nos casos em que forem utilizados meios fraudulentos, o sistema impõe a constituição de um *constructive trust*[1560].

O segundo grupo de situações engloba todos os casos que assentem numa relação cuja perfeição esteja apenas dependente do cumprimento de algumas formalidades legais. Pense-se num contrato de compra e venda já concluído, mas cuja propriedade ainda não tenha sido transmitida. Como princípio geral, após a conclusão de um contrato de compra e venda, o vendedor fica adstrito a um conjunto de obrigações, de entre as quais se destaca a obrigação de manutenção da coisa[1561]. Na decisão *Shaw v Foster*, datada de 1872, LORD CAIRNS foi mais longe e defendeu a emergência de uma relação fidu-

---

[1558] THOMAS e HUDSON, *The Law of Trusts*, cit., 777.
[1559] Parte da jurisprudência considerava, erradamente, que este tipo de situações seria melhor enquadrável no *resulting trust*. Atualmente, a aplicação do regime aos *constructive trusts* é pacífica, cfr., *Westdeutsche Landesbank Girozentrale v Islington LBC* [1996] AC 669-741, [LORD BROWNE--WILKINSON] 716: "*I agree that the stolen moneys are traceable in equity. But the proprietary interest which equity is enforcing in such circumstances arises under a constructive, not a resulting, trust*".
[1560] *Westdeutsche Landesbank Girozentrale v Islington LBC* [1996] AC 669-741, [LORD BROWNE--WILKINSON] 716: "*Although it is difficult to find clear authority for the proposition, when property is obtained by fraud equity imposes a constructive trust on the fraudulent recipient*". A passagem é citada em diversos acórdãos: *Twinsectra Ltd v Yardley* [1999] All ER (D) 433, [POTTER LJ] [96]; *Nino Battery Manufacturing Co v Milestone Trading Ltd* [2002] 2 All ER (Comm) 705-744, [MOORE--BICK J] 722; *Re, Holmes* [2005] 1 All ER 490-498, [STANLEY BURNTON J] 497.
[1561] *Clarke v Ramuz* [1891] 2 QB 456-462, [LORD COLERIDGE CJ] 460: o vendedor está obrigado a manter as qualidades do bem até à sua efetiva transmissão, o que abrange atos de terceiros.

ciária, em tudo idêntica ao *trust*, entre o vendedor e o comprador, passando o vendedor, após a conclusão do contrato, a estar adstrito ao mesmo conjunto de deveres que caracterizam a posição do *trustee*[1562]. Atualmente, os tribunais ingleses assumem uma posição menos drástica. Recorrendo às palavras de LORD WALKER: juridicamente, não se pode comparar um contrato imperfeito com uma declaração de *trust*. Os deveres impostos ao vendedor têm de refletir a exata situação envolvente, existindo uma correlação direta entre as obrigações assumidas e a fase em que o contrato se encontra[1563].

Lake v Bayliss[1564]. Em 27 de dezembro de 1968, A e B celebraram, por escrito, um contrato de compra e venda sobre o imóvel X. A particularidade do contrato residia na natureza da contraprestação assumida por B, comprador. Ao invés da habitual prestação pecuniária, B comprometeu-se a desistir de um conjunto de ações interpostas contra A e a assumir as obrigações de A no âmbito de um processo de licenciamento urbano. Concluído o contrato, e após B ter dado seguimento às obrigações assumidas, A alienou o imóvel em questão a C, por £ 50 000. O tribunal considerou que, até a ação principal ser resolvida, a quantia recebida por A seria constituída em *trust* – *constructive* –, a favor de B.

O terceiro grupo de casos apresenta-se como um corolário lógico da posição jurídica do *trustee*. Desvendando parte da matéria respeitante aos deveres e poderes dos *trustees*, os sujeitos que ocupem esta posição estão juridicamente impedidos de retirar qualquer benefício da posição assumida, salvo se devidamente autorizados. Todos os bens adquiridos em violação deste princípio (*no profit rule*) são constituídos em *trust* a favor dos beneficiários. A título meramente exemplificativo, refira-se o caso paradigmático da acei-

---

[1562] (1872) 5 HL 321-358, 338: "*The vendor was a trustee of the property for the purchaser; the purchaser was the real beneficial owner in the eye of a Court of Equity*".
[1563] *Jerome v Kelly (Inspector of Taxes)* [2004] 2 All ER 835-850, [LORD WALKER OF GESTINGTHORPE] 846: "*It would therefore be wrong to treat an uncompleted contract for the sale of land as equivalent to an immediate, irrevocable declaration of trust ... If the contract proceeds to completion the equitable interest can be viewed as passing to the buyer in stages*".
[1564] [1974] 2 All ER 1114-1119.

tação de subornos[1565]: todos os bens recebidos como suborno são constituídos em *constructive trust*[1566].

Finalmente, com o último grupo de casos pretende dar-se resposta a todas as situações em que terceiros, embora externos à relação fiduciária, atuem como *trustees*, com um claro objetivo de retirar proveitos próprios, em detrimento da posição jurídica dos beneficiários. A doutrina, denominada *trustees de son tort*, é bastante simples: qualquer sujeito que, não estando devidamente autorizado ou investido para o efeito, se faça passar por *trustee* está, implicitamente, a assumir todas as obrigações inerentes à função, pelo que os diversos benefícios ou vantagens alcançados deverão ser constituídos em *trust*, a favor dos beneficiários originais[1567].

89. Classificações principais

I. Os *trusts* podem ser simples ou especiais. O *simple trust*, por vezes também denominado de *bare trust* e, menos usualmente, *passive trust*, caracteriza-se pelos limitados poderes atribuídos e obrigações impostas ao *trustee*[1568]. Em termos gerais, apenas lhe é exigível a manutenção dos bens constituídos em *trust*, não sendo a sua atuação sequer necessária para o gozo efetivo da coisa[1569]. Apesar de formalmente ser o titular do direito de propriedade, a sua posição assemelha-se, em tudo, à do depositário. O *trustee* atua, muitas

---

[1565] Número 119.
[1566] *A-G for Hong Kong v Reid* [1994] 1 AC 324-339: durante longos anos, *Reid*, funcionário público, aceitou subornos. O tribunal considerou que todas as quantias monetárias e bens recebidos foram constituídos em *trust*, no exato momento em que foram transmitidos para a sua esfera jurídica. O *trustee* não está apenas obrigado a transmitir, para os beneficiários, os bens recebidos em suborno, mas também a cobrir a diferença, no caso de estes terem sofrido qualquer desvalorização.
[1567] *Mara v Browne* [1896] 1 Ch 199-214, [SMITH LJ] 209: "*if one, not being a trustee and not having authority from a trustee, takes upon himself to intermeddle with trust matters or to do acts characteristic of the office of trustee, he may therefore make himself what is called in law trustee of his own wrong – ie a trustee de son tort, or, as it is also termed, a constructive trustee*".
[1568] Exemplos de *bare trusts*: *Christie v Ovington* (1875) 1 Ch D 279-281; *Re, Cunningham and Frayling* [1891] 2 Ch 567-572 e *Re, Blandy Jenkin's Estate* [1917] 1 Ch 46-59. PAUL MATTHEWS, *All About Bare Trusts: Part I* e *All About Bare Trusts: Part 2*, PCB, 2005, 266-273 e 335-346.
[1569] THOMAS e HUDSON, *The Law of Trusts*, cit., 22.

vezes, como simples intermediário na transmissão dos bens do *settlor* para os beneficiários.

A modalidade distingue-se, ainda, pela especial preponderância assumida pelos interesses dos beneficiários, que suplantam a própria vontade do *settlor*. No célebre caso *Saunders v Vautier*[1570], o *Court of Chancery* consagrou como princípio geral, posteriormente desenvolvido e aperfeiçoado, o de que, enquadrando-se o *trust* na categoria que ora se analisa, o beneficiário, desde que maior de idade, poderia contrariar as diretrizes decretadas pelo *settlor* e, em última análise, exigir a transmissão do direito, muito embora as condições estabelecidas não tenham ainda tido lugar.

Por oposição ao *simple trust*, o *special trust* caracteriza-se pela atribuição de poderes e obrigações que extravasam o simples depósito ou guarda dos bens constituídos em *trust*. Na maioria dos *trusts*, o papel do *trustee* ultrapassa largamente a simples função de mero observador.

II. Quanto aos interesses dos beneficiários sobre os bens constituídos em *trust*, o instituto designa-se *fixed* ou *discretionary*, consoante seja ou não concedido algum grau de discricionariedade à atuação do *trustee*. Ao longo dos próximos parágrafos, seremos confrontados com diversas situações em que se discute a exata natureza dos poderes discricionários concedidos aos *trustees*, pelo que, neste ponto, apenas cabe apresentar as linhas gerais das duas modalidades.

Nos *fixed trusts*, ao *trustee* apenas é exigido que, preenchidas as condições objetivas estabelecidas no ato constitutivo, distribua os bens constituídos em *trust* pelos beneficiários indicados. Os interesses dos beneficiários são totalmente determinados pelo *settlor*. Já no que respeita aos *discretionary trusts*, o fiduciante opta por atribuir alguma discricionariedade aos fiduciários, quer no que respeita aos exatos beneficiários abrangidos, quer quanto ao modo e ao tempo em que a distribuição terá lugar.

III. Os *trusts* podem ainda ser divididos em *executed* e *executory*, conforme o seu ato constitutivo consagre ou não todos os elementos necessários à boa prossecução dos propósitos estabelecidos[1571]. Nos *executory trusts*, o ato cons-

---

[1570] (1841) Cr & Ph 240-250 e (1841) 4 Beav 115-117.

[1571] Os termos parecem ter assumido diferentes significados ao longo dos tempos, pelo que é necessário ter algum cuidado, em especial quando as fontes nos remetem para os séculos transatos. Em meados do século XIX, a distinção parecia centrar-se na clareza do instrumento e

titutivo apenas fornece elementos gerais, como, por exemplo, a intenção de constituir uma relação fiduciária. O aprofundamento ou esclarecimento dos fins subjacentes à sua constituição, os beneficiários abrangidos e o modelo e condições de distribuição dos bens são, apenas, alguns dos aspetos que podem ser aprofundados em posteriores declarações de vontade.

Como exemplo acabado de *executory trust* refiram-se os *trusts* constituídos a favor de um casal. Por regra, o documento que o constitui limita-se a indicar os beneficiários e os bens abrangidos, sendo a restante concretização objeto de posterior aprofundamento[1572].

Distinção diferente divide os *trusts* em *completely* e *incompletely*. Repare-se que tanto os *executed* como os *executory trusts* são *completely trusts*. Os *incompletely trusts*, como de resto a sua denominação o indicia, mais do que imperfeitos, são juridicamente irrelevantes. Não existem. Por regra, uma das formalidades legalmente exigidas foi ignorada, pelo que o *trust* ou não se considera validamente constituído ou será reconhecido em moldes não totalmente coincidentes com os inicialmente pretendidos pelo fiduciante[1573].

Embora imperfeitos, os *incompletely trusts* não são ilegais. A ilegalidade ou legalidade do *trust*, outra classificação usualmente encontrada nos manuais e tratados, está intrinsecamente dependente dos propósitos pretendidos. Um *trust* constituído para fins ilegais será sempre declarado nulo pelos tribunais.

IV. Os *trusts* podem ainda ser divididos em *trusts* públicos e privados, consoante a natureza dos propósitos prosseguidos. O objeto último dos *trusts* públicos ou *charitable trusts* terá sempre de corresponder a um qualquer interesse público ou caridoso. Sujeitos a um regime próprio, os *charitable trusts* ocupam, como já analisámos, uma posição equivalente às fundações do

---

não no seu aprofundamento subsequente, cfr., *Egerton v Brownlow* (1853) 4 HL 1-256, [LORD ST. LEONARDS] 210: "*A Court of Equity considers an executory trust as distinguished from a trust executing itself, and distinguishes the two in this manner: – Has the testator been what is called, and very properly called, his own conveyance? Has he left it to the Court to make out from general expressions what his intention is, or has he so defined that intention that you have nothing to do but to take the limitations he has given to you, and to convert them into legal estates?*" À luz da primeira pergunta, todos os *trusts* são *executory*, cfr., *Jervoise v Duke of Northumberland* (1820) 1 Jac & W 559-576, [LORD ELDON] 570: "*I say where there is an executor trust, where the testator has directed something to be done, and has not himself... completed the devise in question*".

[1572] *Parker and Mellows*, cit., 42-43.
[1573] *Snell's Equity*, cit., 635.

Direito continental[1574]. Por oposição, os *trusts* privados, questão central do presente trabalho, têm, pese embora a redundância, uma natureza privada. Na prática, todos os propósitos exclusivamente atribuídos aos *charitable trusts* não podem ser prosseguidos por *trusts* privados.

Para além dos *trusts* constituídos a favor de sujeitos individuais, a categoria de *trusts* privados abarca, ainda, *trusts* constituídos a favor de animais[1575] ou de outros fins intrinsecamente pessoais, como a conservação de túmulos ou outros imóveis particulares[1576].

90. Miscelânea

Como referido a título introdutório, a apresentação de uma lista fechada e definitiva que contenha todos os tipos, classificações e modalidades de *trusts* não é uma tarefa simples. Acresce que o interesse de semelhante catálogo é bastante questionável. Por outro lado, um capítulo dedicado às classificações do *trust* ficaria sempre incompleto se não se apresentassem, mesmo que telegraficamente, algumas das mais proeminentes modalidades do instituto. Como forma de simplificar a sua exposição, optámos, sem propósitos exaustivos, por agrupar as diferentes modalidades em quatro tipologias: (1) natureza e forma; (2) proteção da posição do beneficiário e limites ao gozo efetivo dos seus direitos; (3) modalidades desenvolvidas com propósitos comerciais ou financeiros; e (4) simples adaptações aos fins subjacentes à constituição do *trust*.

(1) Natureza e forma:

– *trust inter vivos* e *mortis causa*: uma das classificações mais elementares e com especiais consequências em relação à forma legal que deve revestir o ato constitutivo; o *trust mortis causa* ou *testamentary*

[1574] Número 85.
[1575] *Re, Dean* (1889) 41 Ch D 552-563: para além de um vasto número de beneficiários abrangidos, parte dos bens constituídos em *trust* tinha como propósito a sustentação de uma manada de cavalos.
[1576] *Re, Hooper, Parker v Ward* [1932] 1 Ch 38-41, 38: texto do ato constitutivo: "... *for the care and upkeep of the grave and monument in the Torquay cemetery of my dear father and mother and of the monument there in which lie the remains of my said wife...*" Com semelhante propósito, vide, ainda, *Mitford v Reynolds* (1848) 16 Sim 105-120.

trust, como decorre da sua denominação, apenas será constituído com o falecimento do *settlor*, ao contrário do *trust inter vivos*, cuja perfeição está apenas dependente da exteriorização da vontade do *settlor*[1577];
– *trusts in the lower sense* e *trusts in the higher sense*: na maioria dos casos em que a coroa inglesa ocupa a posição de *trustee*, as obrigações assumidas não podem ser exigidas judicialmente; apesar de a modalidade não consubstanciar um *trust per se*, foi-lhe atribuída a denominação *trust in the higher sense*; todos os outros tipos de *trusts* intitulam-se *trusts in the lower sense*[1578];
– *revocable* e *irrevocable trusts*: nos *revocable trusts* e ao contrário do que sucede nos segundos, o *settlor* conserva, na sua esfera jurídica, o direito a revogar o *trust* após a sua efetiva constituição, assim como o poder de alterar os termos e as disposições estabelecidas no ato constitutivo [1579].

(2) Proteção da posição do beneficiário e limites ao gozo efetivo dos seus direitos:

– *blended trust*: neste tipo de *trust*, a posição de beneficiário é ocupada não por um sujeito, mas por um grupo de sujeitos, que apenas em conjunto e não isoladamente podem exercer os seus direitos[1580]; desenvolvida em terras estado-unidenses, a validade da figura não é pacífica[1581];

[1577] Classificação analisada em maior profundidade no próximo parágrafo, dedicado à formação e constituição do trust.

[1578] PETTIT, *Equity*, cit., 76; *Alfred Kinloch v The Secretary of State for India in Council* (1882) 7 App Cas 619-632, [LORD O'HAGAN] 630 e *Tito v Waddell (No. 2)* [1977] 3 All ER 129-323, [MEGARRY VC] 221: sublinha o carácter natural das obrigações assumidas e compara a figura aos *trusts* de obrigações imperfeitas.

[1579] A distinção tem merecido muita atenção por parte da doutrina estado-unidense, em especial no que respeita às vantagens e desvantagens de ambas as modalidades, cfr., MILTON E. MEYER, JR., *Non-Tax Advantages of the Revocable Trust (with Emphasis on Use as Will Substitute)*, 37 Dicta, 1960, 333-360 e CHARLES W. UFFORD, JR., *Income Taxation of the Funded Revocable Trust after the Death of the Grantor*, 30 Tax Law, 1976, 37-50.

[1580] *Rest. 2nd* § 161: "*If a trust is created for a group of persons and the interest of one number of the group is inseparable from the interests of the others, he cannot transfer his interest and his creditors cannot reach it*".

[1581] Apesar de uma certa reticência jurisprudencial, alguns tribunais têm dado provimento à vontade do *settlor*. No caso *Talley v Ferguson*, 62 SE 456-459, (W Va 1908) [ROBINSON J], o

– *protective trust*: a posição dos beneficiários é moldada pela inclusão de uma condição resolutiva[1582]; o direito dos beneficiários de receberem, periodicamente, os rendimentos associados ao *trust* apenas se mantém enquanto as condições previstas no ato constitutivo não se verificarem; com a sua realização, emergem, na esfera jurídica do *trustee*, poderes discricionários quanto ao modo e tempo em que os bens constituídos em *trust* devem ser transmitidos[1583]; pretende-se, com este mecanismo, evitar que o beneficiário aliene a sua posição jurídica e impedir um livre acesso dos credores aos bens constituídos em *trust*[1584];

– *spendthrift trust*: tipo de *trust* que tem como *ratio* principal proteger os interesses do beneficiário contra a sua própria atuação; esta modalidade caracteriza-se pela inclusão de uma cláusula que impede o beneficiário de alienar a sua posição jurídica ou os seus direitos futuros, vedando, consequentemente, ao *trustee* a possibilidade de adiantar os rendimentos devidos ao beneficiário[1585]; repare-se que nenhuma limitação é imposta quanto aos direitos presentes dos beneficiários[1586].

---

tribunal considerou nulo o contrato de hipoteca celebrado por um dos beneficiários em que era dada como garantia parte do bens constituídos em *trust*, at 457: "*We hold that the deed conveying this property to trustee for the use and benefit, maintenance, and support of the wife and children of Beverly Tompkins, and for the purpose of making provision for his family, created a blended trust, in which the interests of the beneficiaries were so inseparable that none of them could be aliened during the existence of that trust*".

[1582] Vaz Tomé e Leite de Campos, *A propriedade fiduciária*, cit., 71.

[1583] TA 1925, s. 33, com a epígrafe *Protective trusts*.

[1584] Thomas e Hudson, *The Law of Trusts*, cit., 231-240.

[1585] Número 141.

[1586] Vaz Tomé e Leite de Campos, *A propriedade fiduciária*, cit., 70-73; George Taylor Bogert, *Trusts*, 6ª edição, West Publishing, St. Paul, Minnesota, 1987, 148-160. A biografia estado-unidense sobre a temática é virtualmente inesgotável, vide, a título meramente exemplificativo: Erwin N. Griswold, *Reaching the Interest of the Beneficiary of a Spendthrift Trust*, 43 Harv L Rev, 1929, 63-98: artigo clássico, indispensável para perceber as origens da figura; Michael Sjuggerud, *Defeating the Self-Settled Spendthrift Trust in Bankruptcy*, 28 Fla St U L Rev, 2001, 977-999: aborda a delicada questão da constituição de *spendthrift trusts* a favor do próprio *settlor*.

(3) Modalidades desenvolvidas com propósitos comerciais ou financeiros:

– *unit trust*: tipo de fundo de investimento; normalmente constituído por um *trust deed*, a sua estrutura, embora inspirada no *trust* clássico, é bastante mais complexa: (i) *fund manager*: responsável pela gestão do *trust* e pela sua promoção, neste último caso é usual recorrer-se também a promotores profissionalizados; (ii) *trustee*: para além de ocupar uma função de supervisão sobre a atuação do *fund manager*, é o depositário das unidades de participação e o responsável pela distribuição de dividendos; (iii) *unitholders*: titulares de participações do *unit trust*[1587];

– *Massachusetts Business Trust*: no que respeita à sua estrutura interna, o *Massachusetts Business Trust* (MBT), também denominado de *unincorporated business organization*[1588], consubstancia uma figura mista, com características tipicamente associadas às sociedades comerciais, mas com uma estrutura interna alicerçada na relação *trustee*/beneficiários[1589]. Ao contrário, porém, do que se verifica para as pessoas coletivas, a constituição de um MBT não está sujeita a qualquer tipo de registo ou de autorização governamental. Repare-se, porém, que em alguns Estados, os MBT são regulados pela lei aplicável às pessoas coletivas comerciais[1590]. Constituído através de um simples *trust deed*, os beneficiários de um MBT, que, salvo raras exceções, têm uma responsabilidade limitada, recebem certificados correspondentes à

[1587] VAZ TOMÉ e LEITE DE CAMPOS, *A propriedade fiduciária*, cit., 88; TIMOTHY CORNICK, NIGEL DORAN, BRIDGET HUI, GREGOR CRAIG e JEREMY ELMORE, *Collective Investment Schemes: the Law and Practice*, Sweet & Maxwell, Londres, 2006, 302-306; *Financial Services and Markets Act*, 2000, s. 237(1): "*In this Part "unit trust scheme" means a collective investment scheme under which the property is held on trust for the participants*".

[1588] Para sermos mais rigorosos, o MBT representa uma de muitas modalidades de *unincorporated business organizations*. Refira-se, a título meramente exemplificativo, o *Delaware Business Trust* que, mais recentemente, tem obtido bastante notoriedade, cfr., TAMAR FRANKEL, *The Delaware Business Trust Act Failure as the New Corporate Law*, 23 Cardozo L Rev, 2001, 325-346.

[1589] As semelhanças existentes refletem as origens da figura: era utilizada para contornar as rígidas burocracias que, durante todo o século XIX, vigoraram em ambos os lados do Atlântico, no âmbito do Direito societário, cfr., IRA P. HILDEBRAND, *The Massachusetts Trust*, 1 Tex L Rev, 1922, 127-161 e SHELDON A. JONES, LAURA M. MORET e JAMES M. STOREY, *The Massachusetts Business Trust and Registered Investment Companies*, 13 Del J Corp L, 1988, 421-458, 426-428.

[1590] A figura é considerada uma corporação para efeitos fiscais, cfr., H. ROTTSCHAEFER, *Massachusetts Trust under Federal Tax Law*, 25 Colum L Rev, 1925, 305-315.

sua participação, livremente alienáveis[1591]. A gestão está a cargo de *trustees*, em moldes idênticos aos verificados na relação fiduciária clássica.

(4) simples adaptações aos propósitos subjacentes à constituição do *trust*:

- *credit shelter trusts*: também denominado *by-pass trust*, este tipo de *trust* é usualmente utilizado por casais com grandes patrimónios. Com o falecimento de um dos cônjuges, a propriedade transmite-se automaticamente para a esfera jurídica do *trust*, evitando-se, assim, presumivelmente, a aplicação de impostos sucessórios[1592];
- *dynasty trusts*: este tipo de *trust* permite evitar o rígido princípio que impossibilita a constituição de *trusts* por um período de tempo indeterminado[1593];
- *totten trust*: periodicamente, o *settlor* deposita, numa conta bancária, quantias monetárias em seu nome, mas em benefício de um terceiro. A perfeição do *trust* apenas é alcançada com a morte do fiduciante[1594].
- *secret trust*: os verdadeiros propósitos subjacentes à constituição do *trust* foram transmitidos, em segredo, ao *trustee*, não correspondendo aos fins elencados no ato constitutivo[1595].

[1591] Vaz Tomé e Leite de Campos, *A propriedade fiduciária*, cit., 87.

[1592] Jay A. Soled, *A Proposal to Make Credit Shelter Trusts Obsolete*, 51 Tax Law, 1997, 83-107.

[1593] Brian Layman, *Perpetual Dynasty Trusts: One of the Most Powerful Tools in the Estate Planner's Arsenal*, 32 Akron L Rev, 1999, 747-789 e Charles D. Fox IV e Michael J. Huft, *Asset Protection and Dynasty Trusts*, 37 Real Prop Prob & Tr J, 2002, 287-361.

[1594] Thomas W. Christopher, *Totten Trust: the Poor Man's Will*, 42 NC L Rev, 1963, 214-219.

[1595] *James McCormick v William Grogan* (1869) LR 4 HL 82-99, [Lord Hatherley LC] 88-89: embora secretos, esses fins têm de poder ser apreendidos pelo tribunal, sob pena de não existir qualquer controlo jurisdicional sobre a atuação do *trustee*.

§ 18.º CONSTITUIÇÃO DE *EXPRESS TRUSTS*

91. Aspetos gerais e formalidades para a constituição de um *trust*

I. Um *express trust* pode ser constituído por três modos diferentes:

– por simples manifestação de vontade: o *settlor* declara a constituição de um *trust*, autonomizando, na sua esfera jurídica, os direitos de propriedade dos bens constituintes;
– por transmissão do direito de propriedade para terceiros: a transmissão é acompanhada por uma declaração onde os elementos identificativos do instituto e a natureza da relação são explicitados;
– por disposição testamentária: a constituição do *trust* opera com o falecimento do testador.

II. No Direito inglês, vigora o princípio geral de que a válida constituição de um *trust* não está dependente de nenhuma forma ou formalidade específica. Esta regra não tem, contudo, natureza absoluta.

Pela primeira vez positivada no *Statute of Frauds*[1596], datado de 1677, a exigência da forma escrita e a presença da assinatura do *settlor*, para os *trusts*

[1596] S. 7: "*all declarations or creations of trusts or confidences of any lands, tenements or hereditaments shall be manifested and proved by some writing*". Supostamente redigido, pelo menos em parte, por LORD NOTTINGHAM, nos últimos anos do reinado de *Charles II* – filho de *Charles I*, nasceu a 29 de maio de 1630 e subiu ao trono no mesmo dia, no ano de 1660. Reinou até ao dia da sua morte, a 6 de fevereiro de 1685 – (quanto às origens do documento, vide JAMES SCHOULER, *Authorship*

constituídos por bens imóveis, encontram-se, hoje, na s. 53(1)(b) do *Law of Property Act*, 1925:

> *A declaration of trust respecting any land or any interest therein must be manifested and proved by some writing signed.*

Repare-se que a exigência da forma escrita não recai sobre o ato constitutivo *per se*, mas sobre a sua demonstração e prova[1597]. Nada impede, deste modo, que a intenção do *settlor* seja manifestada, por escrito, apenas depois da sua válida constituição[1598].

Também em relação aos *trusts mortis causa*, as formalidades exigidas respeitam à validade do testamento e não à constituição do *trust*[1599]:

– o testamento deve ser celebrado por escrito e devidamente assinado pelo testador;
– a assinatura deve ser presencialmente reconhecida por duas ou mais testemunhas em simultâneo, que comprovem o testamento, assinando o documento.

92. *Settlor*, *trustee* e beneficiário

I. Tradicionalmente, o *trust* tem uma estrutura interna tripartida: (1) *settlor*; (2) *trustee*; e (3) beneficiário. Em termos gerais, o *settlor* é o titular original do direito de propriedade do bem a constituir em *trust*; o *trustee* é o atual proprietário do bem constituído em *trust*; e o beneficiário é o beneficiário último do bem e dos direitos que lhe estão associados.

---

of the Statute of Frauds, 18 Am L Rev, 1884, 442-450; GEORGE P. COSTIGAN, JR., *The Date and Authorship of the Statute of Frauds*, 26 Harv L Rev, 1913, 329-346 e CRAWFORD D. HENING, *The Original Drafts of the Statute of Frauds (29 Car. II c. 3) and Their Authors*, 61 U Pa L Rev, 1913, 283--316), a importância do *Statute of Frauds* reside na transversalidade do seu conteúdo: formação negocial, declaração de vontade e a sua prova em juízo, cfr., WILLIAM S. HOLDSWORTH, *A History of English Law*, Vol. VI, Methuen, Londres, 1924, 379-397.

[1597] *Randall v Morgan* (1805) 12 Ves Jun 67-75, [W. GRANT MR] 74: "*it is not necessary, that the trust shall be constituted by writing. It is sufficient to show by written evidence the existence of the trust*".

[1598] *Barber v Rowe* [1948] 2 All ER 1050-1052, [COHEN LJ] 1051: no caso de os documentos que comprovavam a intenção do *settlor* se terem perdido, o tribunal pode ainda, em situações muito particulares e por recursos a provas documentais incontestáveis, reconhecer a sua válida constituição.

[1599] *Wills Act*, 1837, s. 9.

§ 18.º CONSTITUIÇÃO DE *EXPRESS TRUSTS*

Apenas os legítimos titulares do direito de propriedade dos bens constituídos em *trust* que tenham atingido a idade mínima legal – atualmente dezoito anos[1600] – e que não sofram de qualquer anomalia psíquica juridicamente reconhecida[1601] podem, independentemente da modalidade seguida, constituir validamente um *trust*[1602]. Não existe qualquer obstáculo legal à constituição de *trusts* por pessoas coletivas[1603].

Com exceção da menoridade, todos os restantes vícios consubstanciam nulidades substantivas[1604]. Ao atingir a maioridade, o *settlor* pode, confirmando a sua anterior declaração, sanar a anulabilidade da constituição[1605]. Caso opte por repudiá-la, deverá fazê-lo logo após o seu décimo oitavo aniversário, sob pena de ficar vinculado à sua inicial manifestação de vontade[1606].

[1600] *Family Law Reform*, 1969, s. 1(1): *"As from the date on which this section comes into force (1 de janeiro de 1970) a person shall attain full age on attaining the age of eighteen instead of on attaining the age of twenty-one"*.

[1601] A incapacidade apenas pode ser superada por decisão jurisprudencial ou pela anuência do tutor legal, cfr., *Mental Capacity Act*, 2005, s. 16-18.

[1602] A constituição de *trusts* por mulheres casadas, sem necessidade do consentimento do seu cônjuge, apenas passou a ser legalmente permitida no último quartel do século XIX, *Married Women's Property Act*, 1882, s. 1(1): *"A married woman shall, in accordance with the provisions of this Act, be capable of acquiring, holding, and disposing by will or otherwise, of any real or personal property as her separate property, in the same manner as if she were a feme sole, without the intervention of any trustee"*. Quanto aos estrangeiros, sem nacionalidade britânica, esse direito apenas foi positivado em 1914, no *British Nationality and Status of Aliens Act*, 1914, s. 17: *"Real and personal property of every description may be taken, acquired, held and disposed of by an alien in the same manner in all respects as by a natural-born British subject"*. No que respeita a condenados por práticas criminais ilícitas, as limitações impostas pela s. 7 do *Forfeiture Act*, 1870, – *"every convict shall be incapable, during such time as aforesaid, of alienating or charging any property, or of making any contract, save as herein-after provided"* – não encontram continuidade no *Criminal Justice Act*, 1948.

[1603] O exato oposto resulta da conjugação de algumas secções do *Companies Act*, 2006: s. 31(1): *"Unless a company's articles specifically restrict the objects of the company, its objects are unrestricted"* e s. 39(1): *"The validity of an act done by a company shall not be called into question on the ground of lack of capacity by reason of anything in the company's constitution"*; apenas para citar as disposições mais imediatas.

[1604] *Duncan v Dixon* (1890) 44 Ch D 211-217, [KEKEWICH J]: o tribunal não tem dúvida em declarar a mera anulabilidade da constituição. Repare-se que é indiferente se o menor é ou não o beneficiário; o elemento a revelar respeita, simplesmente, à capacidade do sujeito constituinte.

[1605] *Greenhill v North British and Mercantile Insurance Co* [1893] 3 Ch 474-483, [STIRLING J] 481: a confirmação pode ser feita expressa ou tacitamente.

[1606] *Carter v Silber* [1892] 2 Ch 278-290, [LINDLEY LJ] 285: embora considere que o preenchimento do conceito de prazo razoável esteja dependente dos factos concretos de cada caso, o

DA CONSTITUIÇÃO DO TRUST

Os tribunais ingleses têm, porém, declarado a nulidade da constituição e não a anulabilidade em duas situações distintas: (1) sempre que a constituição do *trust* seja claramente prejudicial aos interesses do menor[1607]; e (2) quando seja demonstrado, em juízo, não ter o menor, à data da constituição, capacidade ou maturidade para perceber os efeitos do seu ato[1608].

II. Como princípio geral, qualquer sujeito – pessoas coletivas incluídas[1609] – que possa legalmente ser titular de direitos de propriedade pode, consequentemente, ocupar a posição de *trustee*[1610]. O desempenho da função está

---

ilustre juiz parece indicar que, começando o atraso a ser contabilizando em anos, dificilmente pode o tribunal aceitar o seu repúdio; *Edwards v Carter* [1893] AC 360-368: apenas quase cinco anos passados após ter atingido a maioridade, à época vinte e um anos, pretendeu o *settlor* repudiar a sua declaração. Todos os juízes foram unânimes em considerar que qualquer noção de prazo razoável tinha sido largamente excedida. LORD MACNAGHTEN, (366-367) citando a posição de LINDLEY LJ; *Chaplin v Leslie Frewin (Publishers) Ltd* [1966] Ch 71-98, [LORD DENNING MR] 89: "*The law of this country for centuries has been that if anyone under the age of 21 makes, or agrees to make, a disposition of his property... he may avoid it at any time before he comes to full age or within a reasonable time thereafter*".

[1607] *Mills v IRC* [1973] Ch 225-254, [LORD DENNING MR] 240: o tribunal recorreu a um critério antigo em que a capacidade de discernimento era reconhecida nos rapazes aos catorze anos e nas raparigas aos dezasseis. Escreve o relator: "*She was incapable of making a will or a settlement or indeed making any contract on her own account: for the simples reason that she had not sufficient understanding to know what it entailed, or at any rate not a sufficient discretion to exercise a sound judgment upon it*".

[1608] *IRC v Mills* [1975] AC 38-54, 42: "*At common law a contract on disposition of property by an infant is voidable but not void. To this there are exceptions... Another exception to the general rule is that a contract which is necessarily prejudicial to an infant is not voidable but void*".

[1609] Historicamente, as pessoas coletivas não podiam ocupar a posição de *trustee*. Não sendo pessoas naturais, não tinham alma, pelo que, consequentemente, também não tinham consciência, cfr., *Lewin on Trusts*, cit., 31. Há muito que estas limitações foram abandonadas, não restando, atualmente, qualquer obstáculo a que a posição seja ocupada por uma pessoa coletiva, cfr., *A-G v St. John's Hospital Bedford* (1865) 2 De GJ & S 621-638, [TURNER LJ]: o tribunal, *Court of Chancery*, reconhece-se competente para dirimir todos os litígios em que uma pessoa coletiva, laica ou eclesiástica, desempenha a função de *trustee*; *Re, Thompsons's Settlement Trusts* [1905] 1 Ch 229-233, [SWINFEN EADY J] 233: "*I am of the opinion that there is not any legal objection to the plaintiffs' appointing the Ocean Accident and Guarantee Corporation, Limited, to be a trustee*". Também nada obsta que a função de *trustee* seja desempenhada por uma sociedade unipessoal, cfr., *Bankes v Salisbury Diocesan Council of Education Inc* [1960] Ch 631-656, [RUSSELL J] 648.

[1610] As considerações inseridas na nota de rodapé número 1602, quanto à capacidade das mulheres casadas, estrangeiros e presidiários, aplicam-se aqui por inteiro.

legalmente vedado a menores[1611]. No caso de um menor constar como *trustee* no ato constitutivo do *trust*, um outro sujeito, maior, deverá ser nomeado para ocupar o cargo[1612].

Umas pequenas linhas devem ser dedicadas ao desempenho da função pela coroa inglesa. Legalmente, não existe qualquer impedimento, pelo que a coroa pode ser nomeada para o cargo de *trustee*[1613]. A jurisprudência e a doutrina mostram, porém, alguma relutância em aceitar o recurso aos tribunais para exigir o cumprimento das obrigações emergentes[1614].

III. Qualquer sujeito[1615] – pessoas coletivas incluídas –, independentemente da sua idade ou das suas capacidades físicas ou psicológicas, pode ser indicado como beneficiário de um *trust*.

A posição de beneficiário pode ainda ser ocupada, simultaneamente, pelo *settlor* e pelo *trustee*, salvo se o ato constitutivo apenas indicar um único sujeito fiduciário[1616]. Neste último caso, o *legal right* e o *equitable right* confundem-se, subsistindo apenas os direitos reconhecidos pela *Common Law*, em sentido estrito[1617].

[1611] *Law of Property Act*, 1925, s. 20: "*The appointment of an infant to be a trustee in relation to any settlement or trust shall be void, but without prejudice to the power to appoint a new trustee to fill the vacancy*".
[1612] TA 1925, s. 36(1).
[1613] *Civilian War Claimants' Association v The King* [1932] AC 14-27, [Lord Atkin] 27: "*There is nothing, so far as I know, to prevent the Crown acting as agent or trustee if it chooses deliberately to do so*", construção repetida por Lord Pearce no acórdão *Nissan v A-G* [1970] AC 179-243, 223.
[1614] *Tito v Waddell (No. 2)* [1977] Ch 106-347, [Megarry VC] 221-223 e *Hanbury & Martin*, cit., 532.
[1615] As limitações quanto à titularidade de direitos reais sobre bens imóveis, por sujeitos menores ou incapazes, não se estendem aos *equitable rights*, cfr., *Underhill and Hayton*, cit., 370. Também a posição pode ser ocupada pela coroa; não parece existir qualquer limitação legal ou jurisprudencial, cfr., *Lewin on Trusts*, cit., 34.
[1616] A regra estende-se, ainda, aos casos em que apenas os beneficiários ocupam a posição de *trustees*, cfr., *Re, Selous. Thomsonn v Selous* [1901] 1 Ch 921-922, [Farwell J] 922: "*I hold that two or more persons cannot be trustees for themselves for an estate coextensive with their legal estate*".
[1617] A consolidação do princípio data, pelo menos, dos finais do século XVIII: *Selby v Alston* (1797) 3 Ves Jun 339-342, [Sir R. P. Arden, MR] 341: "*wherever the legal and equitable estates uniting in the same person are co-extensive and commensurate, the later is absorbed in the former*", o relator menciona outros acórdãos, anteriores, em que a norma foi apresentada. A regra é hoje aceite unanimemente, cfr., *Re, Cook. Beck v Grant* [1948] Ch 212-216, [Harman J] 214-215: "*the legal estate swallows up the equitable... there is a merger between the two*".

§ 19.º AS TRÊS CERTEZAS: CONSTITUIÇÃO, BENS E BENEFICIÁRIOS

93. Enquadramento

I. A constituição de um *trust* é desencadeada pela exteriorização da intenção real do legítimo titular dos bens que o integrem. Por escrito ou oralmente, consoante as formalidades exigidas, o *settlor* consagra, a favor de beneficiários específicos, um conjunto de bens determinados, transmitindo os correspondentes direitos de propriedade para terceiros ou autonomizando-os na sua esfera jurídica, consoante ocupe ou não, simultaneamente, a posição de *trustee*.

Com exceção da pessoa do *trustee*, cuja designação efetiva resulta de um encontro de vontades, salvo nos casos de sobreposição acima evidenciados, todos os restantes elementos constitutivos do *trust* estão inteiramente na disponibilidade do *settlor*. Os beneficiários abrangidos, os bens que o compõem, bem como a própria constituição do *trust* são matérias sobre as quais apenas o *settlor* tem capacidade para precisar.

Apesar de ser do interesse do *settlor* manifestar, com exatidão, a sua vontade de constituir um *trust*, sem deixar dúvidas sobre os bens que o integrem ou os beneficiários abrangidos, a realidade prática mostra-nos que, não raramente, a intenção manifestada é insuficiente ou imprecisa.

II. Ao longo de centenas de anos, os tribunais ingleses foram, paulatinamente, desenvolvendo critérios gerais, com vista à identificação da real intenção do *settlor*, e modelos interpretativos da vontade exteriorizada, tendo como pano de fundo a natureza do instituto fiduciário e as especificidades do regime aplicável. Sempre com a pedra de toque colocada na percetibilidade da intenção do *settlor*, LORD LANGDALE, no memorável caso *Knight v Knight*[1618], sistematizou três grandes princípios, conjuntamente denominados de "as três certezas" (*the three certainties*)[1619]: (1) a intenção de constituir um *trust* deve ser clara; (2) o bem ou os bens que componham o *trust* devem ser identificáveis; e (3) o propósito ou os beneficiários abrangidos devem, igualmente, ser identificáveis.

Note-se, porém, que esta divisão tripartida, mesmo quando utilizada pelos tribunais, tem essencialmente uma função expositiva[1620]. Na prática, em face da natural interligação existente e da preponderância da primeira certeza[1621] – a intenção de constituir um *trust* –, o processo de preenchimento desenrola-se conjuntamente[1622].

94. Constituição *per se*

I. O desenvolvimento jurídico traduz-se numa sobreposição parcial de contratos e numa não rara similitude de alguns dos elementos característicos de distintos negócios jurídicos. Esta inegável realidade impõe uma inequívoca declaração e exteriorização de vontade por parte do *settlor*, quanto à situação jurídica que pretende constituir.

[1618] (1840) 3 Beav 148-182, 173.

[1619] Uma curta, mas clara explicitação de cada uma dos três requisitos pode ser encontrada em diversos acórdãos: *Re, Bond Worth Ltd* [1979] 3 All ER 919-960, [SLADE J] 946; *Mohammed v Khan* [2005] EWHC 599 (Ch), [ANTHONY ELLERAY QC] [130]; *OT Computers Ltd v First National Tricity Finance Ltd* [2003] EWHC 1010 Ch, [PUMFREY J] [15].

[1620] THOMAS e HUDSON, *The Law of Trusts*, cit., 43: os autores chamam a atenção para uma certa artificialidade da divisão.

[1621] *Tanna v Tanna* [2001] All R (D) 333 (May), [ANDRE MORRITT VC] [20]: "*Certainty of intention is in many ways the most important one. If the court is satisfied that the alleged declarant had the requisite intention it will strive to validate it*"; THOMAS e HUDSON, *The Law of Trusts*, cit., 70: na maioria dos casos a invalidade é declarada com base no não preenchimento da primeira certeza.

[1622] *Morice v The Bishop of Durham* (1805) 10 Ves Jun 522-543, [LORD ELDON] 536: a indefinição dos bens que compõem o *trust* e a indeterminação dos propósitos ou dos beneficiários visados indiciam uma ausência de intenção; *Mussoorie Bank Ltd v Raynor* (1882) 7 App Cas 321-332, [ARTHUR HOBHOUSE J] 331: dificilmente será possível demonstrar ser essa a intenção do *settlor* se não forem percetíveis que bens foram constituídos em *trust*.

§ 19.º AS TRÊS CERTEZAS: CONSTITUIÇÃO, BENS E BENEFICIÁRIOS

A problemática do enquadramento negocial, no âmbito da constituição de *trusts*, resulta, na maioria das vezes, da proximidade entre o instituto fiduciário e a doação. A jurisprudência britânica coloca o centro nevrálgico de toda a questão no conceito de plenitude (*absolutely*): sendo um determinado direito transmitido gratuitamente para outrem, sem qualquer encargo ou modo, o negócio encontra-se, *ab initio*, sujeito ao regime da doação, não podendo o doador, posteriormente, atribuir, à transmissão, qualquer tipo de condicionante ou escopo[1623].

A clareza da intenção passa, primeiramente, por uma análise formal do seu conteúdo. A declaração de que A pretende constituir um *trust* a favor de B deixa poucas ou nenhumas dúvidas sobre a intenção subjacente. Repare-se, porém, que, por decorrência da máxima da *Equity* de que a substância prevalece sobre a forma[1624], a inclusão da expressão *trust* ou termos técnicos similares não é indispensável[1625]. Também por decurso do mesmo princípio, a sua utilização, embora represente um forte indício, não é, só por si, conclusiva[1626].

Do domínio da substância sobre a forma resulta ainda, em última análise, a irrelevância jurídica do conhecimento da figura, das características das relações jurídicas emergentes ou da simples intenção subjetiva de constituir um *trust*. A validade da declaração não está dependente da sua correta exteriorização ou do domínio do instituto, mas da subsunção ou enquadra-

---

[1623] *Re, Stringer's Estate* (1877) 6 Ch D 1-19, [JAMES LJ] 14-15: "*It is settled by authority that if you give a man some property, real or personal, to be his absolutely, then you cannot by your will dispose of that property which becomes his*".

[1624] *Re, English & American Insurance Co Ltd* [1994] 1 BCLC 649-654, [HARMAN J] 653: "*Equity has never been bothered by the absence of words and has always looked at the substance rather than the form of any transaction... which can only be classified as a trust relationship*".

[1625] *Re, Williams, Williams v Williams* [1897] 2 Ch 12-38, [LINDLEY LJ] 18: "*There can be no doubt that... trusts... can be imposed by any language which is clear enough to show an intention*"; *Brisbane City Council v A-G (Qld)* (1978) 3 All ER 30-36, [LORD WILBERFORCE] 32-33: "*to create a trust no formal words are required once the intention is clear*"; *Kekewich v Manning* (1851) 1 De GM & G 176-203, [KNIGHT BRUCE LJ] 194.

[1626] *Tito v Waddell (No. 2)* [1977] Ch 106-347, [MEGARRY VC] 211: "*it must be recognised that the word is often used in a sense different from that of an equitable obligation enforceable as such by the courts*"; *Bath and North East Somerset Council v A-G* [2001] 5 ITELR 274-298, [HART J] 287: embora tenha considerado que a expressão deveria ser preenchida com o seu significado usual, o tribunal reconhece que as partes poderiam ter-lhe atribuido um sentido especial.

mento da intenção manifestada no conceito de *trust*, com toda a carga jurídica inerente[1627].

II. O sistema não se basta com uma qualquer manifestação de vontade. Ao exteriorizar a sua intenção quer por atos – como de seguida veremos –, quer por palavras, o *settlor* tem de fazê-lo de forma imperativa. Nem a constituição do *trust per se*, nem o cumprimento das obrigações emergentes podem ficar na disposição do *trustee*.

Muitas vezes, ao manifestar a sua intenção, o *settlor* expressa apenas um mero desejo de que o *trustee* vá usar os bens para si transmitidos em benefício dos terceiros indicados. Nestes casos, cumpre ao tribunal determinar se o uso destas expressões ambíguas consubstancia um mero preciosismo de linguagem ou simples formalismo e boa educação[1628] ou se, pelo contrário, incorpora uma ordem de natureza imperativa. Tradicionalmente, os tribunais ingleses assumiram uma posição muito liberal. Expressões como: "confiando que após o seu falecimento ela irá dividir os bens pela minha família"[1629]; "não tendo dúvidas que ela irá deixar os bens às crianças"[1630]; "sabendo que"[1631]; "rogo e peço-te que[1632]" foram interpretadas como tendo natureza imperativa e, como tal, sendo suficientes para validar a constituição de um *trust*, denominado *precatory trust*.

A visível subjetividade da doutrina foi posta em causa por JAMES LJ, na decisão *Lambe v Eames*[1633]. Confrontado com a expressão "devendo usá-la do modo que melhor satisfizer os seus interesses e os interesses da família", o tribunal não teve dúvidas em afastar o regime do *trust* por manifesta insufi-

---

[1627] Twinsectra Ltd v Yardley [2002] 2 All ER 377-413, [LORD MILLETT] 396: "*If he enters into arrangements which have the effect of creating a trust, it is not necessary that he should appreciate that they do so; it is sufficient that he intends to enter into them*"; *Paul v Constance* [1977] 1 All ER 195-200, [SCARMAN LJ] 198: conquanto tenha sido demonstrado, em juízo, que a expressão *trust* não foi utilizada, nem que a intenção do *settlor* passava pela constituição formal de um *trust*, o tribunal decidiu que, em resultado dos factos concretos, do contexto envolvente e da subsequente atuação das partes resultava uma vontade inequívoca de constituir uma relação jurídica em tudo análoga ao instituto fiduciário.

[1628] THOMAS e HUDSON, *The Law of Trusts*, cit., 51.

[1629] *Wright v Atkyns* (1810) 17 Ves Jun 255-263, [WILLIAM GRANT MR] 261.

[1630] *Massey v Sherman* (1737) Amb 520.

[1631] *Briggs v Penny* (1851) 3 Mac & G 546-558, [LORD TRURO LC] 554-555.

[1632] *Green v Marsden* (1853) 1 Drew 646-653, [R.T. KINDERSLY VC] 651.

[1633] (1871) 6 Ch App 597-602, [JAMES LJ] 600.

ciência da declaração de vontade. O ilustre juiz não se limitou a decidir de modo contrário à posição dominante: numa nota introdutória à sua decisão, confidencia, referindo-se à doutrina liberal, que a generosidade do *Court of Chancery* é bastante cruel, pois desrespeita a vontade do proprietário[1634]:

> *The officious kindness of the Court of Chancery in interposing trusts where in many cases the father of the family never meant to create trusts, must have been a very cruel kindness indeed.*

A posição foi alvo de fortes apoios, tendo rapidamente feito escola[1635]. Note-se que a viragem produzida por estas palavras não afetou propriamente o modelo decisório ou os princípios gerais aplicados. As transformações parecem ter operado ao nível da certeza exigida. No fundo, a atribuição de imperatividade a expressões conotadas com o mero desejo ou a simples expectativa passou a depender de uma inequivocidade mais forte e clara, não sendo suficiente que semelhante expressão tenha sido reconduzida anteriormente, pela jurisprudência, a uma ordem de natureza imperativa[1636].

III. Embora seja natural que a apreciação dos tribunais se inicie pela busca de expressões comummente identificadas com o instituto, a decisão final não se pode bastar com uma mera análise formal do documento constitutivo ou da declaração oral, nem, muito menos, com o simples reconhecimento de expressões ou termos reconduzíveis ao conceito de *trust*[1637].

[1634] At 599.
[1635] *Re, Hutchinson and Tenant* (1878) 8 Ch D 540-543, [Jessel MR] 543: apresenta a decisão como a mais moderna autoridade; *Re, Williams* [1897] 2 Ch 12-38, [Lindley LJ] 21: semelhante declaração; *Re, Adams and the Kensington Vestry* (1884) 27 Ch D 394-411, [Lindely LJ] 407: concorda, expressamente, com as críticas de James LJ; *Re, Hamilton* [1895] 1 Ch 373-377, [Kekewich J] 376: diz-nos que, após a decisão *Lambe v Eames*, os tribunais passaram a assumir uma posição mais objetiva; *Re, Hill* [1923] 2 Ch 259-264, [Eve J] 264: relaciona a viragem objetiva dos tribunais com a célebre crítica de James LJ.
[1636] *Re, Williams* [1897] 2 Ch 12-38, [Romer J] 18-19: "*It would, however, be an entire mistake to suppose that the old doctrine of precatory trusts is abolished. Trusts... can be imposed by a language which is clear enough to shew an intention to impose them*".
[1637] *Page v Cox* (1851) 10 Hare 163-171, [G. J. Turner VC] 169: "*The Court is to regard the substance and effect and not the mere form of the instrument; and that a trust may well be created, although there may be an absence of any expression in terms importing confidence*".

Mesmo não exteriorizando, verbalmente, uma intenção de constituir um *trust*, o comportamento do *settlor* pode consubstanciar uma manifestação de vontade, quer por apontar para uma transmissão do direito de propriedade, quer por condicionar o bem aos interesses e benefícios de terceiros[1638]:

Re, Kayford Ltd[1639]. A sociedade *Kayford* tinha como objeto social o transporte de correspondência e de pequenas mercadorias. De acordo com as condições gerais, o pagamento dos serviços era efetuado no momento da conclusão do contrato e não apenas com a entrega dos bens. Estando na iminência de entrar em insolvência, a sociedade foi aconselhada a depositar o dinheiro recebido dos seus clientes, até à entrega das respetivas encomendas, numa conta autónoma denominada *Customers' Trust Deposit Account*. Embora a conta tenha sido aberta, não foi incluída, nos registos bancários, qualquer menção ao seu propósito específico. O tribunal considerou que da atuação da *Kayford* se conclui, inequivocamente, pela intenção de constituir um *trust* a favor dos seus clientes[1640].

Re Lewis's of Leicester Ltd[1641]. A *Lewis's of Leicester* era proprietária de uma grande superfície comercial. Apesar de o espaço não estar fisicamente dividido em lojas, a *Lewis's* arrendava pequenas áreas a outros comerciantes (lojas dentro de uma loja, nas palavras do tribunal). Em alguns casos, o pagamento das rendas era feito não à ordem dos lojistas, mas da *Lewis's*, ficando o dinheiro depositado numa conta criada para o efeito. No final de cada mês, o dinheiro correspondente a cada comerciante era devidamente distribuído. Em troca, a *Lewis's* cobrava uma pequena comissão. O tribunal reconheceu a constituição de um *trust*[1642].

[1638] *Heartley v Nicholson* (1875) 19 Eq Cas 233-244, [JAMES BACON VC] 242: *"It is not necessary that the declaration of trust should be in terms explicit. But what I take the law to require is that the donor should have evinced by acts which admit of no other interpretation, that he himself had ceased to be, and that some other person had become, the beneficial owner of the subject"*; *White v Briggs* (1848) 2 Ph 583: o *settlor* recorre à expressão "em benefício da minha mulher e dos meus filhos". O tribunal considerou, partindo destas palavras, que a intenção do fiduciante era evidente; *Re, Endacott*, [1960] Ch 232-251: em causa estava a válida ou inválida constituição de um *charitable trust*. O tribunal julgou as seguintes palavras suficientes: *"for the purpose of providing some useful memorial to myself"*.
[1639] [1975] 1 WLR 279-282, [MEGARRY J].
[1640] At 282.
[1641] [1995] BCC 514-524, [ROBERT WALKER J].
[1642] At 518-522.

§ 19.º AS TRÊS CERTEZAS: CONSTITUIÇÃO, BENS E BENEFICIÁRIOS

Rowe v Prance[1643]. *Ann Rowe* e *Edward Prance* eram amantes. Durante um longo período de tempo, fizeram planos para comprar um grande iate. Conquanto a embarcação tivesse sido comprada por *Edward*, sem qualquer comparticipação monetária de *Ann*, o casal comportava-se como se de propriedade comum se tratasse. Sempre que se lhe referiam diziam: "o nosso iate". O futuro não correu como planeado e *Edward* acabou por vender o iate. O tribunal considerou que um *trust* tinha sido constituído a favor de ambos, sendo *Ann* beneficiária de metade do valor da venda[1644].

Também da atuação subsequente do *trustee* se podem retirar indícios proveitosos. Caso a atuação do hipotético *trustee* se enquadre no quadro geral das obrigações e dos poderes usualmente associados à posição, o tribunal pode, mesmo não tendo a intenção do *settlor* sido devidamente manifestada, e após uma valorização dos restantes factos concretos, reconhecer como válida a constituição do *trust*[1645].

IV. Até aqui temos estado essencialmente centrados na suficiência ou insuficiência da vontade declarada, por palavras ou atos, como condição de preenchimento da real intenção do putativo *settlor*. O interesse da primeira certeza extravasa, largamente, esta dimensão.

[1643] Transcrição oficial.

[1644] O critério, desenvolvido em outros acórdãos, parece ser o do reconhecimento, pelos diversos intervenientes, de que outros que não apenas o titular formal do direito de propriedade detêm interesses e direitos sobre esses bens, cfr., *Paul v Constance* [1977] 1 All ER 195-200, [SCARMAN LJ]: A, titular de uma conta bancária no Banco X, sempre afirmou que a conta era sua e da sua mulher. Feita a prova em juízo, o tribunal não teve dúvidas em declarar a constituição de um *trust*. Repare-se que os tribunais não se bastam com o simples uso de expressões "a nossa casa" ou "o nosso barco", cfr., *Otway v Gibbs* (2000) 58 WIR 164-170, [LORD MILLETT] 169: "*Cohabiting couples, like married couples, speak of "our home" and "our money", meaning "the home where we live" and "the money we live on", without distinguishing between what belongs to one or the other or both*". O contexto em que essas palavras são proferidas deve ser alvo de uma séria interpretação, cfr., *Lloyds Bank v Rosset* [1991] 1 AC 107-134, [LORD BRIDGE OF HARWICH] 130: atribui, igualmente, enorme importância ao contexto em que as expressões são proferidas.

[1645] *Re, Schebsman* [1943] 2 All ER 387-393, [UTHWATT J] 390: "*Trusts can only arise from the intention to create a trust expressed by, or imputed to, the person to be considered its founder, or from the acts – generally the wrongful acts – of the party to be charged as a trustee*"; *Dipple v Corles* (1853) 11 Hare 183-187, [W. PAGE WOOD VC]: o tribunal, que centra parte da sua análise na atuação do hipotético *trustee*, conclui que nenhum *trust* foi validamente constituído.

A sua outra face, se assim podemos dizer, remete-nos para o campo da fraude e da simulação: embora exteriorizando uma vontade de constituir um *trust*, o *settlor* fá-lo apenas com propósitos fraudulentos, não fazendo acompanhar essa manifestação de uma intenção real.

A declaração judicial da simulação, denominada *sham trust*[1646], está dependente do preenchimento de dois requisitos, interligados entre si: (1) a intenção de não dar seguimento à constituição do *trust*; e (2) a intenção de aparentar o contrário, com o claro propósito de enganar terceiros ou o tribunal[1647]. A constituição simulada do *trust* permite, ao *settlor*, conservar todos os direitos que caracterizam a posição jurídica do proprietário, ao mesmo tempo que obtém as vantagens jurídicas inerentes ao instituto fiduciário, quer se traduzam em simples benefícios de índole fiscal, quer nos remeta para mais complexas construções, com propósitos de dificultar o acesso de terceiros – credores ou não – aos bens constituídos em *trust*[1648]. Repare-se que a jurisprudência não exige uma atuação concertada entre o

---

[1646] Para além dos habituais capítulos presentes em todos os manuais e tratados, vide GERAINT THOMAS, *Shams, Revocable Trusts and Retention of Control* in *The International Trust*, coordenação de JOHN GLASSON e GERAINT THOMAS, Jordans, Bristol, 2006, 590-615; MATTHEW CONAGLEN, *Sham Trusts*, 67 CLJ, 2008, 176-207; DAVID HAYTON, *When is a Trust not a Trust?*, 1 JTCP, 1992, 3-9; DAVID BROWNBILL, *When is a Sham not a Sham?*, 2 JTCP, 1993, 13-22; JOHN MOWBRAY, *Offshore Trusts: Illusion and Reality*, 8 TLI, 1994, 68-73: uma análise comparativa e prática da temática; o autor conclui o seu estudo por elencar uma série de aspetos que devem ser acautelados tanto pelo *settlor*, como pelos *trustees*; ANTONY DUCKWORTH, *Hazards for the Retentive Settlor and his Trustee – Sham, Mistake and Nudity*, 7 JTCP, 1999, 183-192: com idêntico objeto de estudo, embora mais focado em situações de erro e dolo.

[1647] Repare-se na definição formulada por LORD DIPLOCK, então apenas *Judge*: "*it means acts done or documents executed... to give to third parties or to the court the appearance of creating between the parties legal rights and obligations different from the actual legal rights and obligations (if any) which the parties intend to create*" in *Snook v London and West Riding Investments Ltd* [1967] 2 QB 786-808, 802. A cumulação dos dois requisitos é sublinhada em diversos acórdãos, cfr., *Stone (Inspector of Taxes) v Hitch* [2001] EWCA Civ 63, [ARDEN LJ] [66]: "*The parties must have intended to create different rights and obligations from those appearing from (say) the relevant document, and in addition they must have intended to give a false impression of those rights and obligations to third parties*"; *National Westminster Bank v Jones* [2001] 1 BCLC 98-136, [NEUBERGER J] 111 e 115; *Re, Yates* [2004] EWHC 3448 (Ch), [CHARLES J] [219].

[1648] HAYTON, *When is a Trust not a Trust?*, cit., 9; *Minwalla v Minwalla* [2004] EWHC 2823 (fam), [SINGER J]: A constitui um *trust* na ilha de Jérsei, com claros propósitos de blindar os seus bens. Demonstrou-se, em juízo, que, na prática, A mantinha todos os direitos que caracterizam a posição jurídica de qualquer titular de um direito de propriedade. At [58] "*this was not and was*

settlor e o *trustee*. Os tribunais bastam-se com a simples demonstração de que a vontade manifestada pelo *settlor* não corresponde à sua real e comprovada intenção[1649].

95. Determinabilidade dos bens constituídos em *trust*

I. Os bens constituídos em *trust* – todos os bens, fungíveis ou não fungíveis, tangíveis ou intangíveis, podem ser constituídos em *trust*[1650] – devem ser determinados ou, pelo menos, determináveis, sob pena de nulidade[1651]. A impossibilidade de precisar com certeza qual o bem constituído em *trust* impede o cumprimento adequado das obrigações assumidas pelo *trustee* e o indispensável controlo jurisprudencial da sua atuação[1652].

---

never intended by H (settlor) to be a properly managed and independent trust; but was instead simply an extension of H himself".

[1649] *Midland Banl plc v Wyatt* [1997] 1 BCLC 242-254, [David Young QC] 245: *"I consider a sham transaction will still remain a sham transaction even if one of the parties to it merely went along with the "shammer" not either knowing or caring about what he or she was signing"*. Parece-nos pouco plausível que o *trustee*, mesmo tratando-se de um *bare trust*, não se aperceba das reais intenções do *settlor*. Repare-se que, para o *trust* ser considerado fraudulento, o *settlor* tem de se comportar como se não tivesse transmitido qualquer direito, o que implica uma limitação ou afetação efetiva dos poderes e direitos do *trustee*.

[1650] *Lord Strathcona Steamship Co, Ltd v Dominion Coal Co, Ltd* [1926] AC 108-127, [Lord Shaw] 124: *"The scope of the trusts recognized in equity is unlimited. There can be a trust of a chattel or of a chose in action, or of a right or obligation under an ordinary legal contract, just as much as a trust of land"*.

[1651] *Sprange v Barnard* (1789) 2 Bro CC 585-588, [R. P. Arden] 587-588: todos os bens de A foram constituídos em *trust* a favor de B, com a particularidade de os bens que este não desejasse serem constituídos a favor de C e D. B faleceu antes de particularizar os bens que pretendia; o *trust* foi considerado nulo por não ser possível determinar os bens constituídos a favor de cada um dos três beneficiários; *Boyce v Boyce* (1849) 16 Sim 476-480, [James Wigram VC] 480: A constituiu um *trust* a favor das suas duas filhas e dos seus restantes herdeiros. A repartição dos bens entre as duas beneficiárias cabia a uma das filhas. Ao ter falecido sem ter dividido ou indicado o processo de divisão, impossibilitou a determinação dos bens que cabiam a cada beneficiário; *Westdeutsche Landesbank Girozentrale v Islington London Borough Council* [1996] AC 669-741, [Lord Browne-Wilkinson] 705: *"In order to establish a trust there must be identifiable trust property"*; *Re, Stapylton Fletcher Ltd* [1995] 1 All ER 192-213, [Paul Baker QC] 204: *"There were no trust for there was no certainty of subject matter"*.

[1652] Hudson, *Equity and Trusts*, cit., 97.

Uma vez mais, os factos e o contexto envolvente em que a declaração se insira são determinantes. Expressões gerais, que, à partida, seriam exíguas, como o caso paradigmático de "uma parte dos meus bens", "a maior parte dos meus bens"[1653] ou "o que sobra dos meus bens"[1654] podem, consoante os dados e elementos concretos, bastar para o preenchimento da segunda certeza[1655]. De modo idêntico, indicações vagas, como "o suficiente para a prossecução dos estudos dos meus netos" ou "o necessário para assegurar a sua educação", podem ser consideradas suficientes, cabendo, neste caso, ao tribunal quantificar o montante, se necessário recorrendo a peritos[1656].

II. O preenchimento da segunda certeza não levanta qualquer tipo de problema quando o *settlor* identifique, especificamente, o bem a constituir em *trust*: o carro X, a moeda Y, o livro Z. Porém, no caso de o *settlor* ter vários carros, uma coleção de moedas ou uma vasta biblioteca, a indicação de que constitui um carro, uma moeda ou um livro em *trust*, sem fornecer elementos adicionais que possibilitem isolar um bem específico e concreto da massa geral em que ele se insira coloca graves problemas de determinabilidade. Idêntico problema é levantado quando o *settlor*, por exemplo, tendo três bens

---

[1653] A expressão foi considerada insuficientemente precisa no caso *Palmer v Simmonds* (1854) 2 Drew 221-227, [R. T. KINDERSLEY].

[1654] *Boon v Cornforth* (1751) 2 Ves Sen 277-281, [EARL OF HARDWICKE LC]: "*every thing else at my house*", a expressão foi preenchida como englobando todos os objetos que pudessem ser fisicamente retirados da casa.

[1655] O significado exato das expressões utilizadas está dependente do contexto envolvente. Repare-se no caso paradigmático do vocábulo "*all*", considerado insuficiente no acórdão *Bowman v Milbanke* (1664) 1 Lev 130-131, 131: "*all is altogether uncertain, and not sufficient to disinherit an heir*". A decisão foi abertamente criticada por MALINS VC, no acórdão *Smyth v Smyth* (1878) 8 Ch D 561-568, 567. Da análise desta última decisão resulta a enorme importância do contexto em que a expressão se insere.

[1656] *Broad v Bevan* (1823) 1 Russ 517, [THOMAS PLUMER MR] 517: "*I also order and direct my son Joseph to take care of and provide for my said daughter Ann during her life*"; *Thorp v Owen* (1843) 2 Hare 607-617, [JAMES WIGAN VC] 616: "*that she may be able to support her children*"; *Kilvington v Gray* (1839) 10 Sim 293-297, [L. SHADWELL VC] 294: "*I then leave him to the care of my trustees, to provide for him in some business or profession, and his future maintenance out of my funded property*"; *Pride v Fooks* (1840) 2 Beav 430-442, [LORD LANGDALE] 431: "*for the education and maintenance of the children of his nephews and niece during their minority, and for their future advancement in life*"; *Re, Pedrotti's Will* (1859) 27 Beav 583-584, [JOHN ROMILLY MR]: no caso de as £ 200 não serem suficientes, a beneficiária poderia sempre recorrer aos bens deixados em *trust*.

idênticos e três filhos, declare cada um dos filhos como beneficiário de um dos bens, sem, todavia, concretizar a que filho corresponde cada um deles.

Re, London Wine[1657]. A sociedade *London Wine*, inicialmente uma simples empresa comercializadora de vinho, adaptou-se ao mundo financeiro moderno. Embora não se desviando do seu *core business* – comercialização de vinho –, a sociedade apenas entregava, aos seus clientes, simples comprovativos, nos quais, resumidamente, constava o número de garrafas adquiridas e a marca do vinho. O negócio equiparava-se a qualquer esquema financeiro: os primeiros adquirentes apostavam na subida do valor de mercado das garrafas compradas e na sua posterior venda.

Estando em sérias dificuldades financeiras, a *London Wine* hipotecou todos os seus bens a favor do *National Westminster Bank*. Com o incumprimento do contrato de mútuo surgiu a necessidade de identificar os bens que pertenciam à sociedade incumpridora.

Não conseguindo demonstrar que eram os legítimos titulares do número de garrafas constantes no comprovativo de aquisição, os clientes alegaram a existência de um *trust*. O tribunal decidiu que, não tendo as garrafas de vinho sido identificadas, nenhum *trust* poderia ser juridicamente reconhecido[1658].

Re, Goldcorp[1659]. Os factos, bastantes semelhantes aos da decisão anterior, são facilmente elencáveis. A sociedade *Goldcorp* atuava no ramo da comercialização de metais preciosos, focando-se, em especial, na venda de barras de ouro. Em termos sucintos, a *Goldcorp* proporcionava duas modalidades de negócios. Na primeira, após a celebração do contrato de compra e venda, as barras de ouros eram entregues ao cliente. Na segunda modalidade, a que mais sucesso granjeou, a *Goldcorp* conservava nos seus cofres as barras de ouro sem exigir o pagamento adicional de qualquer comissão e, em contrapartida, entregava ao cliente um comprovativo onde era explicitado o número de barras de ouro adquiridas. Repare-se que os bens não eram identificados, quer por letras ou números.

Com a entrada da *Goldcorp* em insolvência, os clientes da segunda modalidade apresentaram-se, invocando os respetivos comprovativos, como os legítimos titulares das barras de ouro correspondentes. Tendo o tribunal considerado que os clientes não eram titulares de nenhum direito real, mas apenas de um direito a

---

[1657] [1986] PCC 121-166, [Oliver J].
[1658] At 136: "*to create a trust it must be possible to ascertain with certainty not only what the interest of the beneficiary is to be but to what property it is attach*".
[1659] [1995] 1 AC 74-110, [Lord Mustill].

exigir a entrega dos bens, os autores alegaram que, da atuação dos diversos envolventes, poder-se-ia concluir pela constituição de tantos *trusts* quanto os contratos celebrados.

Após considerar que nenhum *trust* foi constituído, por total ausência de vontade, o tribunal, num exercício quase académico, debruça-se sobre a determinabilidade dos bens. Atente-se que as barras dos diversos clientes eram depositadas num cofre comum e sem qualquer tipo de identificação que as relacionasse com os comprovativos distribuídos. Perante estes factos, o tribunal apenas pôde concluir pela indeterminabilidade dos bens e a consequente invalidade do *trust*[1660].

Em ambos os casos, o tribunal faz depender o preenchimento da segunda certeza de uma separação física dos bens adquiridos. A lógica adotada é facilmente percetível: apenas com uma segregação efetiva da massa de bens ou através de uma outra qualquer identificação inequívoca é possível determinar que bens foram constituídos em *trust*[1661].

Importa, neste ponto, apresentar o regime homólogo da *Common Law*, quanto à transmissão do direito de propriedade no âmbito da compra e venda. O disposto na s. 16 do *Sale of Goods Act*, 1979, de resto, invocado nas duas decisões acima analisadas, vai ao encontro da solução da *Equity Law*: "*where there is a contract for the sale of unascertained goods no property in the goods is transferred to the buyer unless and until the goods are ascertained*". De modo idêntico ao verificado para a constituição de um *trust*, apenas com a separação dos bens emerge, na esfera jurídica do comprador, o correspondente direito de propriedade[1662].

[1660] At 98-99.
[1661] A doutrina foi ainda seguida no caso *Re, Stapylton Fletcher Ltd* [1995] 1 All ER 192-214, [PAUL BAKER QC].
[1662] Para além dos supra citados acórdãos, refiram-se algumas decisões clássicas: *Boswell v Kilborn* (1858) 15 Moo PC 309-328, [LORD CHELMSFORD]: contrato de compra e venda de coisa genérica. Perante o não cumprimento do contrato, o comprador, enquanto a obrigação não se concentrar, apenas pode recorrer a mecanismos de defesa obrigacionais; *Campbell v The Mersey Docks and Harbour Board* (1863) 14 CB (NS) 412-416, [ERLE CJ] 414-415: "*the purchaser of an unascertained portion of a larger bulk acquires no property in any part until there has been a separation and an appropriation assented by both vendor and vendee*"; *Gillett v Hill* (1834) 2 C & M 530-537, 532: "*If any thing remains to be done on the part of the vendor before the goods are to be delivered, an absolute right of property does not vest in the vendee*"; *Swanwick v Sothern* (1839) 9 A & E 895-901, [LORD DENMAN CJ] 900: com idêntico conteúdo; *Re, Wait* [1927] 1 Ch 606-656, [ATKIN LJ] : neste incontornável caso, o relator elenca, de forma bastante elucidativa, as razões pelas quais

§ 19.º AS TRÊS CERTEZAS: CONSTITUIÇÃO, BENS E BENEFICIÁRIOS

Nos finais da década de oitenta do século passado, a *Law Commission* e a *Scottish Law Commission* iniciaram uma série de estudos centrados na questão da transmissão do direito de propriedade de bens incorporados em massa de bens indiferenciáveis. O projeto culminou com a elaboração, em 1993, de um parecer denominado *Sale of Goods Forming Part of a Bulk*[1663]. Embora apenas parcialmente adotado pelo legislador, o estudo teve um impacto direto nas transformações operadas pelo *Sale of Goods (Amendment) Act*, 1995. Atualmente, a nova secção 20A do *Sale of Goods Acts*, 1979, atribui, ao comprador, um direito de compropriedade mediante o preenchimento de um conjunto de três requisitos: (1) tem de existir uma massa de bens identificada; (2) a mesma massa de bens tem de ser identificada no contrato ou num acordo subsequente; e (3) a obrigação assumida pelo comprador, ou seja, o pagamento do preço, deve estar total ou parcialmente cumprida.

Repare-se que a separação pode não ser suficiente. No caso *Carlos Federspiel & Co SA v Charles Twigg & Co Ltd*, o tribunal considerou que uma simples fragmentação da massa de bens não impossibilitava uma posterior concentração, pelo que o ato deveria ser acompanhado, quanto à correspondência entre os bens constituintes do *trust* e aqueles efetivamente separados, de uma manifestação de vontade vinculativa e concludente[1664].

III. No mesmo ano da decisão *Goldcorp*, DILLON LJ, no caso *Hunter v Moss*[1665], rompeu com a doutrina ortodoxa e afirmou que, em algumas situações, a segregação dos bens é dispensável:

Numa conversa privada, cujo conteúdo foi devidamente provado em tribunal, *Moss* declarou-se *trustee* de *Hunter* sobre cinquenta ações da *Moss Electrical*, no total de mil ações. Tendo alcançado um sucesso razoável, a sociedade foi adquirida pela *Bennett & Fountain Group*. A compra foi efetuada pela conversão de ações da *Moss Electrial* em ações da *Bennett*, tendo os títulos sido entregues a *Moss*. Nos dois anos

---

nenhum direito de propriedade foi transmitido, at 629: "*no 500 tons of wheat have ever been ear-marked, identified or appropriated... The claimants have never received any bill of lading, warrant, delivery order or any other document of title representing the goods*".
[1663] (Law Com. No. 215) (Scot. Law Com. No. 145).
[1664] [1957] 1 Lloyd's Rep 240-257, [PEARSON J] 255.
[1665] [1994] 1 WLR 452-462: a decisão foi elaborada antes da conclusão do acórdão *Re, Goldcorp*, pelo que as posições aí sufragadas não puderam ser contrariadas ou apoiadas, cfr., PETER J. CLARKE, *Land Law and Trusts*, All ER Rev, 1994, 241-257, 250.

subsequentes à celebração do negócio, *Moss* entregou sempre, a *Hunter*, os dividendos distribuídos pela *Bennet*, no valor correspondente aos cinco por cento anteriormente detidos na *Moss Electrical*. Por razões não especificadas no acórdão, os dois sócios entraram em conflito, tendo *Hunter* exigido a entrega definitiva das ações. Após reiteradas recusas, *Hunter* decide recorrer aos tribunais.

Confrontado com estes factos, DILLON LJ decide que os bens constituídos em *trust* foram suficientemente especificados, pelo que o *trust* é válido. O acórdão assenta em dois pressupostos: (1) à luz do regime aplicável aos *trusts mortis causa*, estes factos seriam suficientes para uma válida constituição; e (2) o presente caso distingue-se do acórdão *Re, London Wine*, em face da diferente natureza dos bens em questão[1666].

Conquanto DILLON LJ não avance nenhuma construção dogmática, a sua decisão aponta para uma distinção entre bens tangíveis e intangíveis e, possivelmente, também entre bens fungíveis e não fungíveis. A construção foi bastante criticada, quer pela inexistência de preocupações científicas, quer pela sua incoerência substantiva à luz do regime jurídico do *trust*[1667]. Deixando as questões formais de parte, passemos de imediato à validade material da posição.

O primeiro aspeto que devemos analisar é a muito criticada aplicação analógica da solução prevista para os *trusts mortis causa*[1668]. Apesar da coincidência, no que respeita aos requisitos substantivos, os regimes diferem quanto a esta matéria[1669].

[1666] At 458.

[1667] HUDSON, *Equity and Trusts*, cit., 105: o autor critica de forma veemente a doutrina, chega mesmo a considerar que viola os mais elementares e basilares princípios do regime real anglo-saxónico. Avança, ainda, que, a haver distinções, estas deveriam assentar no facto de a sociedade estar ou não em insolvência; DAVID HAYTON, *Uncertainty of Subject-Matter of Trusts*, 110 LQR, 1994, 335-340, 338: o autor critica a analogia com o regime dos *trusts mortis causa*, bem como a pouca solidez dogmática da solução; MARK OCKELTON, *Share and Share Alike?*, 53 CLJ, 1994, 448-450: a solução não se ajusta às especificidades do regime jurídico do *trust*, em especial no que respeita as regras de *tracing*; CLARKE, *Land Law and Trusts*, cit., 250: começa por afirmar que, numa época marcada pela massificação e estandardização produtiva, uma distinção entre bens tangíveis e intangíveis não se justifica. O autor parece confundir fungibilidade com tangibilidade. Sublinha, ainda, a inadequação da solução ao regime de *tracing*.

[1668] OCKELTON, *Share and Share Alike?*, cit., 448-449; HAYTON, *Uncertainty of Subject-Matter*, cit., 338-340; HUDSON, *Equity and Trusts*, cit., 102-103.

[1669] THOMAS e HUDSON, *The Law of Trusts*, cit., 74-75.

§ 19.º AS TRÊS CERTEZAS: CONSTITUIÇÃO, BENS E BENEFICIÁRIOS

De facto, os tribunais têm considerado que a identificação ou segregação dos bens, no caso dos *trusts mortis causa*, é desnecessária[1670]. Todavia, esta distinção reside não em diferenças conceptuais ultrapassáveis, mas em duas especificidades do regime jurídico do testamento: (1) com a morte do testador todos os bens são transmitidos para o executor da última vontade do *de cujus* [1671]; e (2) o cumprimento das disposições do testador é feito com base no bolo testamentário, enquanto um todo[1672]. Ou seja, assumindo o executor a posição anteriormente ocupada pelo testador[1673], a identificação dos bens testados é concretizada pelo próprio, no âmbito do cumprimento das obrigações assumidas[1674]. A posição do *trustee* é muito menos complexa: não desempenha nenhum papel ativo na construção do *trust*, limitando-se a levar a bom termo a vontade manifestada pelo *settlor*. A determinação ou a segregação dos bens que constituem o *trust* não são enquadráveis nas suas funções ou capacidades[1675].

Centremo-nos, agora, na distinção entre bens tangíveis e intangíveis e fungíveis e não fungíveis para efeitos da determinabilidade dos bens constituídos em *trust*. A não identificação e, no limite, a não separação física dos

---

[1670] *Re, Cheadle* [1900] 2 Ch 620-624, [LORD ALVERSTONE MR] 624: o testador constituiu 140 ações em *trust* a favor de A. O tribunal não teve dúvidas em considerar que nenhum problema de incerteza se levantava, muito embora o testador fosse proprietário de 240 ações da mesma sociedade; *Re, Clifford* [1912] 1 Ch 29-35, [SWINFEN EADY J]: num caso semelhante ao anterior, o tribunal considerou perfeitamente válida a constituição de 23 ações da sociedade X, a favor de A, sendo o testador titular de um número bastante superior de títulos.

[1671] *Commissioner of Stamps Duties (Queensland) v Livingston* [1965] AC 694-719, [VISCOUNT RADCLIFFE] 708: "*The assets as a whole were in the hands of the executor*". Sobre a figura do executor testamentário, vide CHRISTOPHER SHERRIN, FRANCIS BARLOW, RICHARD WALLINGTON, SUSANNAH MEADWAY e MICHAEL WATERWORTH, *Williams on Wills*, 9ª edição, LexisNexis Butterworths, Londres, 2008, 235-248.

[1672] S. 24 *Wills Act*, 1837: "*Every will shall be construed with reference to the real state and personal state comprised in it*".

[1673] *Brownrigg v Pike* (1882) 7 PD 61-64, 64: "*To appoint an executor... is to place one in the stead of the testator, who may enter into the testator's goods and chattels, and who hath action against the testator's debtors, and who may dispose of the same goods and chattels towards the payment of the testator's debts, and the performance of the will*".

[1674] JOHN G. ROSS MARTYN, CHARLOTTE FORD, ALEXANDER LEARMONTH e MIKA OLDHAM, *Theobald on Wills*, 17ª edição, Sweet & Maxwell, Londres, 2010, 456: no fundo, o executor deverá combinar os bens a constituir em *trust* com os bens que componham o bolo testamentário e com os quais partilhem iguais características.

[1675] HUDSON, *Equity and Trusts*, cit., 102-103.

bens impedem a constituição do *trust*, por não ser possível precisar quais os bens que o integram. Não basta uma mera intenção subjetiva, impõe-se uma exteriorização efetiva da vontade[1676]. A questão que se coloca é a da necessidade de esta concretização ser levada a cabo quando os bens sejam indiferenciados, ou seja, fungíveis por natureza.

O primeiro elemento a preencher é, necessariamente, o que se entende por bem fungível. Quando DILLON LJ afasta a decisão *Re, London Wine*, diz--nos que há uma diferença entre bens móveis comuns e ações. Parece-nos que esta distinção não é correta. Tanto a aquisição de cem garrafas de vinho de um conjunto homogéneo de mil garrafas, como a aquisição de cem ações de um bolo de mil são situações análogas, exigindo, consequentemente, uma leitura jurídica idêntica[1677]. A argumentação sobre as possíveis alterações da qualidade do vinho de algumas garrafas ou a qualidade da rolha não merece especial atenção[1678].

A ideia de se ficcionar que esta identificação foi efetivamente realizada levanta sérios problemas no âmbito de ações de reivindicação iniciadas pelos beneficiários. Imagine-se que A constitui em *trust*, a favor de B, cinquenta ações, das quinhentas que detém. Posteriormente, A vende trezentas ações a C e as restantes duzentas a D; que cinquenta ações específicas reivindica B e quem deverá ocupar a posição de réu na ação?[1679]

Os defensores da posição apresentada por DILLON LJ consideram que a questão é facilmente ultrapassável por aplicação do regime do *tracing*[1680], não faltando decisões, como o caso paradigmático do acórdão *Re, Diplock*, em que o facto de o dinheiro constituído em *trust* ter sido colocado numa conta do *trustee* não impediu a determinação subsequente da quantidade correspondente[1681]. ROY GOODE, por seu lado, defende o surgimento de um direito (*equitable*) de compropriedade: no fundo uma solução em tudo idêntica ao

---

[1676] OCKELTON, *Share and Share Alike?*, cit., 450.
[1677] SARAH WORTHINGTON, *Sorting Out Ownership Interests in a Bulk: Gifts, Sales ad Trusts*, JBL, 1999, 1-21, 5-6. A autora parece estar isolada neste ponto: JILL MARTIN, *Certainty of Subject Matter: a Defence of Hunter v Moss*, 60 Conv, 1996, 223-227: defende a solução, mas apenas em casos em que os bens constituídos em *trust* sejam ações ou dinheiro.
[1678] HAYTON, *Uncertainty of Subject-Matter*, cit., 339: o autor recorre a este exemplo.
[1679] OCKELTON, *Share and Share Alike?*, cit., 450: "*My claim to ownership, whether legal or beneficial, is a nonsense unless I can say what it is that I own and, in consequence, that you don't*".
[1680] PATRICK PARKINSON, *Reconceptualising the Express Trust*, 61 CLJ, 2002, 655-683, 673; WORTHINGTON, *Sorting Out Ownership Interests*, cit., 18-20; MARTIN, *Certainty of Subject Matter*, cit., 225.
[1681] [1948] Ch 465-564, [LORD GREENE MR] 551-552.

§ 19.º AS TRÊS CERTEZAS: CONSTITUIÇÃO, BENS E BENEFICIÁRIOS

regime estabelecido pelas alterações introduzidas, em 1995, no *Sale of Goods Act*, 1979[1682].

A discussão desta problemática é bastante mais complexa do que, à partida, seria expectável, com impacto na própria natureza do *trust*. Repare-se que, em face dos avanços preconizados por DILLON LJ, alguns autores chegaram a adiantar, como forma de adaptar o instituto fiduciário aos instrumentos financeiros modernos, o reforço da sua natureza obrigacional[1683]. Parece evidente que ainda muita tinta irá correr até a problemática da determinabilidade dos bens fungíveis estar resolvida[1684].

96. Os beneficiários

I. Enquanto realidade fiduciária, a carga distintiva do *trust* reside na consagração dos seus bens constituintes a favor de um conjunto de beneficiários, pelo que uma inequívoca identificação dos sujeitos abrangidos apresenta-se indispensável para a sua válida constituição[1685]. A última certeza impõe-se por duas razões: (1) as obrigações assumidas pelo *trustee* apenas poderão ser devidamente cumpridas com o conhecimento dos sujeitos que o *settlor* pretendeu beneficiar; e (2) não sendo estas entidades determináveis, o tribunal não tem elementos suficientes para precisar se o mesmo conjunto de obrigações está, de facto, a ser cumprido[1686].

O preenchimento desta última certeza fica, porém, grandemente dependente, se não mesmo totalmente, das especificidades concretas do *trust* a constituir, existindo uma correlação direta entre o grau de determinabilidade exigido e o tipo de *trust*[1687].

[1682] *Are Intangible Assets Fungible?*, LMCLQ, 2003, 379-388 e LOUISE GULLIFER, *Goode on Legal Problems of Credit and Security*, 4ª edição, Sweet & Maxwell, Londres, 2008, 238-243.
[1683] PARKINSON, *Reconceptualising the Express Trust*, cit., 673.
[1684] HAYTON, *Uncertainty of Subject-Matter*, cit., 340.
[1685] PARKINSON, *Reconceptualising the Express Trust*, cit., 665.
[1686] HUDSON, *Equity and Trusts*, cit., 116; *Re, Park. Public Trustee v Armstrong* [1932] 1 Ch 580-585, [CLAUSON J] 583: "*It is clearly settled that if a testator creates a trust he must mark out the metes and bounds which are to fetter the trustees or, as has been said, the trust must not be too vague for the Court to enforce*"; *Inland Revenue Commissioners v Broadway Cottages Trust* [1955] Ch 20-36, [JENKINS LJ] 30: sublinha a impossibilidade de o tribunal controlar, efetivamente, a atuação do *trustee* se o objeto não for passível de ser identificado.
[1687] GERAINT THOMAS, *Thomas on Powers*, Sweet & Maxwell, Londres, 1998, 80.

II. *Fixed trusts*. O *fixed trust* caracteriza-se pela simplicidade das obrigações impostas ao *trustee*. Em termos gerais, o *settlor* transmite um conjunto de bens para o *trustee*, indicando, de forma taxativa, quais os seus beneficiários. A doutrina tradicional defendia que a validade da constituição de um *fixed trust* estava dependente da possibilidade de uma lista definitiva de beneficiários poder ser elaborada no momento da sua constituição. Recorrendo às palavras de Jenkins LJ: "*there can be no division in equal shares amongst a class of persons unless all the members of the class are known*"[1688].

O formalismo e a rigidez da posição, fortemente contestados[1689], contrastavam com a possibilidade de se indicarem, como beneficiários, sujeitos ainda não nascidos ou concebidos[1690].

A pertinência e a veracidade do argumento impuseram uma revisão da posição jurisprudencial maioritária. Embora a doutrina da lista se mantenha atual, ela foi objeto de uma evolução: os sujeitos que a compõem – os beneficiários do *trust* – não devem ser identificados no ato constitutivo do *trust*, bastando que o sejam no momento relevante, à luz do conteúdo da declaração[1691]. Por exemplo, A declara a constituição de um *trust*, a favor dos seus quatro netos, assim que atinjam a maioridade. O momento relevante para a elaboração da lista passa a ser o dia em que o mais novo dos netos celebra o seu décimo oitavo aniversário. Apesar de teoricamente defensável, o crité-

---

[1688] *Inland Revenue Commissioners v Broadway Cottages Trust* [1955] Ch 20-36, [Jenkins LJ] 29; *Re, Gulbenkian* [1970] AC 508-527, [Lord Upjohn] 524: "*So if the class is insufficiently defined the donor's intention must in such cases fail for uncertainty*".

[1689] Destacam-se as seguintes posições: *McPhail v Doulton* [1971] AC 424-457, [E. I. Goulding QC] 434-435: "*it is wrong to suggest, that the trust is invalid unless the court can make a complete list of beneficiaries*" e Paul Matthews, *A Heresy and a Half in Certainty of Objects*, 48 Conv, 1984, 22-31, 27-31. Em resposta, diz-nos Jill Martin, *Certainty of Objects – What is Heresy?* 48 Conv, 1984, 304-307, 304-305, que esta argumentação não invalida a doutrina da lista, apenas permite concluir que não se exige a sua elaboração imediata, logo após a constituição do *trust*, mas apenas quando essa seja possível.

[1690] Matthews, *A Heresy*, cit., 27; *Swain v The Law Society* [1981] 3 All ER 797-825, [Fox LJ] 822: "*An enforceable trust can be created for the benefit of persons as yet unborn*".

[1691] Hudson, *Equity and Trusts*, cit., 120; Thomas e Hudson, *The Law of Trusts*, cit., 94; *Thomas on Powers*, cit., 80-81; *Snell's Equity*, cit., 659: "*It would be unnecessary to identify all potential members of the class before the gift took effect*"; *Wishaw v Stephens* [1970] AC 508-527, [Lord Upjohn] 524: é necessário distinguir os sujeitos efetivamente abrangidos das qualidades indispensáveis para um sujeito identificado ser enquadrado na classe de beneficiários. À data em que o *trust* é constituído, todos os elementos devem ser fornecidos pelo *settlor*, tal não significando que uma lista possa, de imediato, ser elaborada.

rio não é imune a dificuldades práticas. Imagine-se que A, em vez de definir como beneficiários os seus quatro netos, refere apenas "os meus netos". A determinação do momento relevante passa a ser totalmente imprevisível, pois não é possível afastar o nascimento ou mesmo a descoberta de um "novo" neto[1692].

III. *Discretionary trusts*. Como a sua denominação deixa transparecer, os *discritionary trusts* caracterizam-se pela atribuição, ao *trustee*, de extensas liberdades de atuação, no âmbito das obrigações impostas, em especial no modo e no processo de distribuição dos bens constituintes e na divisão dos frutos ou dividendos associados[1693]. Tradicionalmente, os tribunais ingleses consideravam que não havia qualquer razão para não se aplicar, também para os casos em que alguma discricionariedade foi atribuída aos *trustees*, a doutrina da lista[1694].

Como a decisão *McPhail v Doulton*[1695], datada de 1971, acabou por demonstrar, nem sempre a elaboração de uma lista é possível, sem com isso significar que os beneficiários abrangidos não sejam identificáveis. Da declaração de constituição do *trust* constava a seguinte cláusula:

> Aos *trustees* é-lhes concedida uma total discricionariedade na aplicação e distribuição dos lucros do fundo (bem constituinte do *trust*) pelos trabalhadores ou ex-trabalhadores da sociedade ou pelos seus familiares e dependentes[1696].

Ao analisar esta disposição, LORD WILBERFORCE conclui que, da atribuição de semelhante discricionariedade, apenas se pode inferir que o *settlor* não pretendia uma divisão igualitária por todos os sujeitos abrangidos na sua vasta definição, pelo que a elaboração de uma lista taxativa é irrelevante para o efetivo cumprimento da sua vontade[1697]. Prosseguindo a sua análise, o ilustre juiz defende que a pedra de toque deverá antes ser colocada na possi-

---

[1692] *Lewin on Trusts*, cit., 100: considera estas dificuldades práticas irrelevantes para a construção da teoria.
[1693] *Thomas on Powers*, cit., 86.
[1694] THOMAS e HUDSON, *The Law of Trusts*, cit., 97.
[1695] [1971] AC 424-457.
[1696] At 428. Tradução nossa.
[1697] At 449.

bilidade de determinar, à luz da vontade manifestada, se um sujeito concreto é, ou não, abrangido pela definição de beneficiário[1698]. No fundo, a determinação dos beneficiários passa, primeiramente, pelo desenvolvimento de critérios gerais e só depois por uma subsunção casuística[1699].

IV. Independentemente, porém, das suas especificidades, a determinação dos beneficiários passa pelo preenchimento do conceito de beneficiário, para efeitos do *trust* em questão.

A validade de *trusts* constituídos por recurso a expressões genéricas, como o caso paradigmático de "constituo um *trust* a favor dos meus amigos" está, como já anteriormente salientámos, dependente dos factos concretos e do contexto envolvente. Caso o *settlor* não nos forneça dados que possibilitem o seu preenchimento, o conceito de beneficiário, para efeitos da declaração, é conceptualmente indeterminável[1700].

Quando confrontado com expressões ambíguas, o tribunal deve atuar de forma pragmática, preenchendo-as, sempre que do contexto não resulte uma intenção diferente[1701], com o sentido mais comum ou usual do vocábulo[1702]

[1698] At 456.
[1699] Re, Baden's Deed Trust (No. 2) [1973] Ch 9-30, [SACHS LJ] 20: "*Once the class of persons to be benefited is conceptually certain it then becomes a question of fact to be determined on evidence whether any postulant has on inquiry been proved to be within it: if it is not so proved, then he is not in it*".
[1700] Re, Coates [1955] Ch 495-500, [ROXBURG J]: após declarar, no seu testamento, quem seriam os seus herdeiros, o testador estabeleceu que, caso a sua mulher considerasse que ele se tinha esquecido de algum amigo, deveria entregar-lhe £ 25. O tribunal fez depender a validade do testamento da apresentação de provas que comprovassem a amizade existente entre o putativo amigo beneficiário e o *de cujus*; Re, Gibbard [1966] 1 All ER 273-281, [PLOWMAN J]: foi constituído um *trust* que abrangia uma série de beneficiários. Entre eles, contavam-se "os velhos amigos" do *settlor*. O tribunal defendeu não serem os elementos fornecidos suficientes para a sua materialização.
[1701] Sifton v Sifton [1938] AC 656-677: *trust* constituído a favor de A porquanto residisse no Canadá. Diz-nos o tribunal (675): "*In some contexts the word "reside" may clearly denote what is sometimes called "being in residence" at a particular house. In other contexts it may mean merely maintaining a house in a fit state for residence*".
[1702] Blathwayt v Baron Cawley [1976] AC 397-443, [LORD WILBERFORCE] 425: "*judges have, to judge the degree of certainty with some measure of common sense and knowledge and without excessive astuteness to discover ambiguities*".

ou, nos casos em que o conceito tenha múltiplos significados, com o que mais se adeque à declaração no seu todo[1703].

Ao contrário do verificado para outras situações já analisadas, o tribunal basta-se com uma certeza razoável, ou seja, a validade da declaração somente será posta em causa quando seja totalmente impossível preencher o conceito de beneficiário[1704]. A jurisprudência inglesa distingue as dificuldades práticas das impossibilidades conceptuais. Apenas neste último caso deverá o *trust* ser declarado inválido[1705].

[1703] *Re, Coates* [1955] Ch 495-500, [Roxburg J] 497: "*Of course, language draws a series of mental pictures in the mind of the person hearing the words spoken. Those pictures are sometimes fairly well defined, and sometimes blurred in outline, but they are never very precise*".

[1704] *Minshull v Minshull* (1737) 1 Atk 411-414, [Lord Hardwick LC] 412: "*a court never construes a device void, unless it is absolutely dark, that they cannot find out the testator's meaning*"; *Winter v Perratt* (1843) 9 Cl & F 606-715, [Lord Brougham] 689: "*the difficulty must be so great that it amounts to an impossibility, the doubt so grave that there is not even an inclination of the scales one way*".

[1705] *Lewin on Trusts*, cit., 100.

§ 20.º DO *TRUST* NO DIREITO ESTADO-UNIDENSE

97. Introdução ao Direito estado-unidense

I. Apesar de a presente pesquisa ter como ponto de partida o Direito inglês, o não tratamento do *trust* no Direito estado-unidense representaria uma grande lacuna.

Se é certo que, por um lado, com um estudo conjunto dos dois Direitos anglo-saxónicos correríamos um risco considerável de desvirtuar ambos os regimes, por outro lado, uma análise minuciosa e autónoma resultaria numa sobreposição desnecessária das matérias. Partindo destas premissas e tendo sempre como pano de fundo os objetivos a que nos propusemos, optámos por circunscrever a relevância do Direito estado-unidense a casos pontuais, sempre que se justifique, em resultado das especificidades do seu regime. Todavia, não podemos ignorar que, entre os diversos sistemas da *Common Law*, existe uma influência recíproca, especialmente visível em aspetos mais dogmáticos, como nas questões que envolvem a natureza jurídica do *trust* ou a natureza jurídica da posição do beneficiário. Ora, para estes pontos mais controvertidos, uma análise conjunta justifica-se por inteiro.

II. Em face da natureza federal dos Estados Unidos da América, impõem-se algumas considerações prévias[1706].

[1706] LARRY N. GERSTON, *American Federalism: a Concise Introduction*, M.E. Sharpe, Nova Iorque, 2007.

O conceito de Federação pressupõe uma divisão de poderes entre a União e os diversos Estados. De resto, como estabelecido na décima emenda da Constituição dos Estados Unidos, todas as matérias que não sejam expressamente atribuídas à Federação são da exclusiva competência dos órgãos estaduais:

> The powers not delegated to the United States by the Constitution, nor prohibited by it to the States, are reserved to the States respectively, or to the people.

Ora, com exceção de alguns ramos jurídicos, como o Direito da insolvência – regulado em todos os Estados pelo *Bankruptcy Code* – ou o Direito dos mercados secundários de valores mobiliários – regulado a nível federal pelo célebre *Securities Exchange Act*, 1934 – o Direito aplicado em cada um dos cinquenta Estados é distinto, significando que, no território americano, vigoram cinquenta (!) diferentes regimes jurídicos do *trust*.

III. Na prática, as diferenças são bastante subtis, mais centradas em aspetos formalísticos ou em pequenos pormenores do que nas características nucleares do instituto. Reconhecendo esta proximidade, em grande medida transversal a todo o Direito privado, o *American Law Institute* – instituição que tem como objetivo principal a clarificação e a simplificação do Direito – iniciou, desde a sua fundação em 1923, um processo de compilação de normas e princípios consensuais em todos os diferentes Direitos estaduais. Embora sem natureza imperativa, estes trabalhos, denominados *Restatements of Law*[1707], granjeiam uma notável autoridade, sendo seguidos e citados, com enorme frequência, pelas mais altas instâncias jurisprudenciais.

A primeira compilação foi publicada em 1935[1708]. Vinte e quatro anos volvidos, em 1959, foi substituída pelo *Restatement of the Law Second* e, em 2003, foram publicados os dois primeiros volumes da terceira versão. Repare-se que, pelo menos até à conclusão do *Restatement of the Law Third*[1709], o *American Law Institute* ainda reconhece a validade da segunda edição.

[1707] MITCHELL FRANKLIN, *The Historical Function of the American Law Institute: Restatement as Transitional Codification*, 47 Harv L Rev, 1934, 1367-1394.

[1708] THURMAN ARNOLD, *The Restatement of the Law of Trusts*, 31 Colum L Rev, 1931, 800-823.

[1709] Em 1992, foi publicado, também sob a chancela do ALI, o *Rest. of Trusts 3rd Prudent Investor Rule*, focado, como o seu título deixa transparecer, no investimentos de bens e fundos cons-

§ 20.º DO *TRUST* NO DIREITO ESTADO-UNIDENSE

Outros esforços de uniformização foram avançados pela *Uniform Law Commission*. Publicado no ano 2000, o *Uniform Trust Code*[1710], cujo conteúdo se limita aos *express trusts*, foi, até à data, ratificado por 27 Estados[1711]. Apesar da sua denominação, a versão original teve de ser moldada à luz das especificidades de cada regime estadual[1712].

IV. Conquanto o seu conteúdo reflita o Direito do *trust* estado-unidense, os dois documentos não têm uma natureza imperativa. Nenhuma das duas obras é fonte de Direito, pelo que o nosso estudo apenas pode tê-las como ponto de partida. O tratamento dos cinquenta regimes, mesmo que de forma sumária, para além de ser uma tarefa homérica, não se adequa aos propósitos visados.

Depois de um breve exame, decidimos focarmo-nos, essencialmente, nos regimes jurídicos da Califórnia – o mais populoso de todos os Estados –, de Nova Iorque – o centro nevrálgico financeiro mundial – e de Delaware – que, de forma idêntica ao verificado no Direito societário, é o ordenamento mais procurado, em face da flexibilidade que o caracteriza[1713]. Sempre que a análise destes três Direitos se mostre insuficiente, outros regimes estaduais serão devidamente expostos e comentados.

---

tituídos em *trust*, cfr., EDWARD C. HALBACH, JR., *Trust Investment Law in the Third Restatement*, 27 Real Prop Prob & Tr J, 1992, 407-465 ou W. BRANTLEY PHILLIPS, JR., *Chasing Down the Devil: Standards of Prudent Investment under the Restatement (Third) of Trusts*, 54 Wash & Lee L Rev, 1997, 335-387.

[1710] Para uma introdução ao *Uniform Trust Code*, vide DAVID M. ENGLISH, *The Uniform Trust Code (2000): Significant Provisions and Policy Issues*, 67 Mo L Rev, 2002, 143-212.

[1711] Alabama, Arizona, Arkansas, Connecticut, District of Columbia, Florida, Kansas, Maine, Massachusetts, Michigan, Missouri, Nebraska, New Hampshire, New Jersey, New Mexico, North Carolina, North Dakota, Ohio, Oregon, Pennsylvania, South Carolina, Tennessee, Utah, Vermont, Virginia, West Virginia, Wyoming.

[1712] Vide prefácio do Código.

[1713] Tivemos bastantes dúvidas quanto a optarmos pelo Direito de Delaware, visto os elementos jurisprudenciais disponíveis serem em quantidade bastante reduzida. Esta realidade decorre do seu reduzido número de habitantes: 907 135, de acordo com as estimativas mais recentes (http://www.census.gov/popest/data/state/totals/2011/tables/NST-EST2011-01.csv). Apesar de o regime de Delaware ser bastante apetecível para a constituição de *trusts*, enquanto veículos ou instrumentos financeiros, a maioria dos casos que chegam aos tribunais respeitam a *trusts* constituídos com propósitos mais tradicionais.

98. Constituição do *trust* no Direito estado-unidense

I. De acordo com o disposto na s. 402 do *Uniform Trust Code*, a validade de um *trust* está dependente do preenchimento de cinco elementos: (1) o *settlor* deve ter capacidade legal para constituir um *trust*; (2) o *settlor* deve manifestar uma inequívoca intenção; (3) o *trust* deve ser constituído a favor de um beneficiário determinável; (4) o *trustee* deve estar adstrito a um conjunto de obrigações; e (5) o mesmo sujeito não pode ser simultaneamente o único *trustee* e o único beneficiário.

Destes cinco pontos, a declaração de vontade e as formalidades que a acompanham representam as questões mais delicadas.

II. De modo semelhante ao verificado para o Direito inglês, o regime estado-unidense centra-se, certamente também por influência da *Equity* e das suas máximas, mais na substância do que nos aspetos formais da declaração. Deste modo, a validade da constituição de um *trust* não está dependente da utilização da expressão fiduciária ou de termos técnico-jurídicos similares; a sua inclusão é meramente indiciadora e não conclusiva; e o sentido ou alcance jurídico que o *settlor* atribua à sua própria declaração não é determinante[1714].

Os tribunais estado-unidenses não parecem ter desenvolvido uma doutrina análoga à das "três certezas", nem recebido ou incorporado, como usual-

---

[1714] *Restatement of the Law, Second, Trusts*, Vol. I, American Law Institutes Publishers, St. Paul, Minnesota, 1959, §24, 67 (*Rest. 2ⁿᵈ*); *Restatement of the Law, Third, Trusts*, Vol. I, St. Paul, Minnesota, American Law Institute, 2003, § 13, 206 (*Rest. 3ʳᵈ*); Delaware: *Fulweiler v Spruance*, 222 A 2d 555-560, (Del 1966) [WOLCOTT CJ] 560: "*No particular form of words or conduct are necessary to the creation of a trust. The question in each instance is whether the kind of relation known to the law as a trust has been created*". O comportamento do *settlor* demonstra uma intenção de constituir uma relação fiduciária: autonomizou um conjunto de ações; e obrigou-se a transferir os dividendos para a sua ex-mulher e filho; Nova Iorque: *In Re Mannara*, 785 NYS 2d 274-277, (NY Sup 2004) [EVE PREMINGER J] 276: "*No formulaic expression is required to create a trust; not even the words "trust" and "trustee" are mandatory. Conversely, mere inclusion of the phrase "in trust for" does not effectuate a trust. What matters is the testator's intent to create a trust relationship*". Muito embora o alegado *settlor* tenha usada a expressão "*in trust for*", o tribunal concluiu que a sua intenção era meramente a de constituir uma relação de tutela de menores; Califórnia: *Walton v City of Red Bluff*, 3 Cal Rptr 2d 275-289, (Cal App 3 Dist 1991) [CARR AJ] 280: após apresentar uma idêntica construção, o tribunal concluiu que, muito embora a expressão *trust* tenha sido utilizada, o todo do documento constitutivo apontava para a contratualização de uma doação modal.

§ 20.º DO *TRUST* NO DIREITO ESTADO-UNIDENSE

mente acontece com construções centenárias, o modelo original inglês[1715]. A não sistematização apenas acarreta, como acima avançado, meras dificuldades de exposição, não tendo qualquer impacto na imperatividade e rigidez do preenchimento dos três elementos. A impossibilidade de identificar os bens que compõem o *trust*[1716] ou os beneficiários abrangidos[1717] são, evidentemente, fundamento para a declaração da sua invalidade.

III. A maioria dos Estados, com raízes e inspiração no *Statute of Frauds*, legislou no sentido de exigir a forma escrita do ato constitutivo do *trust* que tenha imóveis como bens constituintes[1718]. Os restantes Estados dividem-se em quatro categorias: (1) o princípio é considerado parte integrante da *Common Law* e, como tal, não necessita de ser positivado[1719]; (2) a exigência

---

[1715] Alguns tribunais apresentam construções semelhantes, conquanto não sejam seguidas de forma generalizada. Connecticut: *Goytizolo v Moore*, 604 A 2d 362-366, (Conn App 1992) [DUPONT CJ] 364: "*A trust requires three basic elements; (1) a trust res; (2) a fiduciary relationship between a trustee and a beneficiary requiring the trustee to deal with the trust res for the benefit of the beneficiary; and (3) the manifestation of an intent to create a trust*".
[1716] *Rest. 2nd*, § 66, 74; *Rest. 3rd*, § 2; Nova Iorque: *Marx v Marx*, 159 NYS 2d 781-785, (NY Sup 1957) [GOLDMAN J] 784: "*Clearly there can be no trust created unless there is some property which the trust can hold*". O tribunal considerou a expressão "os bens que no futuro herdar" insuficiente para constituir um *trust*; Califórnia: *Probate Code* § 15202: "*A trust is created only if there is trust property*".
[1717] UTC § 402(a)(3); *Rest. 2nd*, § 66, 112; *Rest. 3rd*, § 44. Texas: *McAnally v Friends of WCC, Inc*, 113 SW 3d 875-882, (Tex App Dallas 2003) [FARRIS J] 882: "*To create a trust, the beneficiary must be identified with certainty*". Neste caso paradigmático, a declaração apenas estabelecia que o *trust* era constituído a favor de uns beneficiários, não sendo identificadas as pessoas, nem fornecidos quaisquer dados relevantes.
[1718] No UTC foi adotada uma posição de compromisso, de forma a abarcar todas as diferentes soluções, § 407: "*Except as required by a statute other than this [Code], a trust need not to be evidenced by a trust instrument, but the creation of an oral trust and its terms may be established only by clear and convincing evidence*"; Nova Iorque: *General Obligations Law* § 5-703(1): "*An estate or interest... or any trust... cannot be created, granted, assigned, surrendered or declared, unless by act or operation of law, or by a deed or conveyance in writing*"; California: *Probate Code* § 15206: "*A trust in relation to real property is not valid unless evidenced by... a writing instrument [or] [b]y operation of law*".
[1719] GEORGE GLEASON BOGERT e GEORGE TAYLOR BOGERT, *The Law of Trusts and Trustees: a Treatise Covering the Law Relating to Trusts and Allied Subjects Affecting Trust Creation and Administration with Forms*, 2ª edição revista, Sections 47-140, West Publishing, St. Paul, Minnesota, 1984, 131. Arizona: *Cashion v Bank of Arizona*, 245 P 360-365, (Ariz 1926) [MCALISTER CJ] 363.

de forma escrita resulta da aplicação analógica de normas similares[1720]; (3) a forma escrita apenas é necessária nos casos em que o *settlor* ocupe também a posição de *trustee*[1721]; e (4) a declaração oral é válida, em todas as situações, sendo, porém, a sua demonstração em juízo bastante exigente[1722].

Curiosamente, alguns Estados, ao contrário do verificado em terras inglesas, exigem a forma escrita para todos os tipos de *trusts* e não apenas para os constituídos por bens imóveis[1723].

[1720] Austin Wakeman Scott, William Franklin Fratcher e Mark L. Ascher, *Scott and Ascher on Trusts*, 5ª edição, Vol. I, Aspen Publishers, Frederick, Maryland, 2006, 280.

[1721] West Virginia: *West Virginia Code* § 36-1-4: "*If a conveyance of land, not fraudulent, is made to one in trust either for the grantor or a third person, such trust may be enforced, though it be not disclosed on the face of the conveyance, nor evidenced by a writing*".

[1722] Delaware: *Ross v Ellis*, 106 A 2d 775-776, (Del Ch 1954) [Bramhall VC] 776: "*In order for plaintiff to succeed his proof must be clear, full, and satisfactory*". Embora a decisão se tenha baseado na palavra de duas testemunhas, tal não significa que não seja clara, completa e satisfatória.

[1723] Nova Iorque: *Est. Powers & Trusts Law* § 7-1.17(a): "*Every lifetime trust shall be in writing*".

Capítulo II
Do Conceito de Fiduciário

§ 21.º O CONCEITO DE FIDUCIÁRIO

99. Enquadramento

I. Apesar de as expressões fiduciário, relação fiduciária e deveres fiduciários fazerem parte do léxico jurídico anglo-saxónico há vários séculos, nenhuma das infindáveis teorias desenvolvidas mereceu, até hoje, uma aceitação unânime ou, mesmo, maioritária. A facilidade com que os tribunais parecem aplicar o conceito apenas vem enfatizar as dificuldades sistemáticas e dogmáticas sentidas pela Ciência Jurídica[1724].

FINN, um dos juristas que mais tempo dedicou ao estudo do conceito de fiduciário, apresentou-o como *"one of the most ill-defined, if not altogether misleading terms of our law"*[1725].

[1724] *LAC Minerals Ltd v International Corona Resources Ltd* [1989] 2 SCR 574, [LA FOREST J] [24]: *"There are few legal concepts more frequently invoked but less conceptually certain than that of the fiduciary relationship. In specific circumstances and in specific relationships, courts have no difficulty in imposing fiduciary obligations, but at a more fundamental level, the principle on which that obligation is based is unclear"*.

[1725] PAUL D. FINN, *Fiduciary Obligations*, The Law Book Co., Sidney, 1977, 1; ANTHONY MASON, *Themes and Prospects* in *Essays in Equity*, coordenação de PAUL D. FINN, The Law Book Co., Sidney, 1985, 242-251, 246: *"a concept in search for a principle"*.

DO CONCEITO DE FIDUCIÁRIO

A complexidade do tema não se esgota, certamente, com o simples preenchimento e definição da relação fiduciária; representa, pelo contrário, a primeira de uma longa lista de questões a resolver: o que distingue as relações fiduciárias das relações não-fiduciárias? Quem são os beneficiários da relação? Quais os deveres a que os fiduciários estão adstritos? Qual a natureza jurídica dos deveres fiduciários? Quais as consequências do seu incumprimento ou violação[1726]?

A busca por um sentido útil tem unido a jurisprudência e a doutrina das diferentes jurisdições da *Common Law*[1727], sendo bastante comum as decisões mais inovadoras, como o acórdão inglês *Bristol & West Building Society v Mothew*[1728] ou a decisão canadiana *LAC Minerals Ltd v International Corona Resources Ltd*[1729], serem citadas nos quatro cantos do antigo império britânico[1730].

II. Tradicionalmente, a doutrina propõe uma análise unitária do conceito de fiduciário[1731]. Partindo dos elementos característicos das diferentes relações assim denominadas – *trustee*-beneficiário; administrador-sociedade; mandatário-mandante, entre outras –, os seus defensores comprometem-se

---

[1726] Ficou célebre a frase de FRANKFURTER J in *Securities and Exchange Commission v Chenery Corp*, 318 US 80-100, (US 1943) 85-86: "*But to say that a man is a fiduciary only begins analysis; it gives direction to further inquiry. To whom is he a fiduciary? What obligations does he owe as a fiduciary? In what respect has he failed to discharge these obligations? And what are the consequences of his deviation from duty?*" – citada por diversos tribunais de diferentes jurisdições: Estados Unidos da América: *Local 2322, International Brotherhood of Electrical Workers v Verizon New England, Inc*, 464 F 3d 93-101, (US App 2006) [BOUDIN CJ] 98; Inglaterra: *Re, Goldcorp Exchange Ltd* [1995] 1 AC 74-110, [LORD MUSTILL] 98; Austrália: *Pilmer v Duke Group Ltd* [2001] 207 CLR 165-234, 198-199.

[1727] DONOVAN WATERS, *Banks, Fiduciary Obligations and Unconscionable Transactions*, 65 Can Bar Rev, 1986, 37-74, 59: o autor compara a incansável procura por uma definição da relação fiduciária à demanda arturiana do Santo Graal.

[1728] [1998] Ch 1-28.

[1729] [1989] 2 SCR 574.

[1730] *Bristol & West Building Society v Mothew*: Nova Zelândia: *Premium Real Estate Ltd v Stevens* [2009] 2 NZLR 384-422, [ELIAS CJ] 409; Austrália: *Gibson Motorsport Merchandise Pty Ltd v Forbes* [2006] 149 FCR 569-600, [FINN J] 574. Nesta última decisão, FINN J alicerça a sua posição por recurso a diversos acórdãos canadianos, entre eles o *LAC Minerals Ltd v International Corona Resources Ltd*; *LAC Minerals Ltd v International Corona Resources Ltd*: Inglaterra: *General Mediterranean Holdings SA v Patel* [1993] 3 All ER 673-698, [TOULSON J] 681 e *John Youngs Insurance Services Ltd v Aviva Insurance Service UK Ltd* [2011] EWHC 1515, [RAMSEY J] [75].

[1731] § 23.º.

§ 21.º O CONCEITO DE FIDUCIÁRIO

a identificar um elo comum de ligação: um elemento que, para além de permitir distinguir as relações fiduciárias das não-fiduciárias, possibilite esclarecer a natureza de algumas relações que se encontram numa sensível posição de fronteira, como os casos paradigmáticos da relação médico-doente ou da relação que os sacerdotes estabelecem com os fiéis da sua paróquia.

O desenvolvimento de uma teoria unitária, com toda a carga sistemática que lhe está associada, teria ainda um enorme impacto no comércio jurídico. As partes conheceriam os contornos precisos da relação estabelecida, evitando, ao mesmo tempo, o recurso à analogia, normalmente por aplicação dos deveres e poderes atribuídos aos *trustees*[1732].

A abordagem unitária não merece, porém, um acolhimento unânime[1733]. À cabeça destas desconfianças surgem os tribunais, que, salvo raras exceções, não assentam a sua decisão em construções teóricas, mas numa análise casuística. Alguma jurisprudência tem mesmo considerado que o desenvolvimento e a consequente aceitação de uma doutrina unitária não são desejáveis: a identificação da natureza fiduciária deverá antes resultar de uma simples análise dos factos, desprendida de qualquer conceptualização rígida e delimitadora[1734].

No centro de toda esta problemática, encontramos, ainda, a imparável expansão do conceito. Atualmente, abrange tipos tão distintos de relações que se torna impossível, alegam os defensores desta posição, apresentar uma única definição que abarque todos os tipos distintos[1735].

[1732] TAMAR FRANKEL, *Fiduciary Law*, 71 Cal L Rev, 1983, 795-836, 797: a autora apresenta duas razões para o desenvolvimento de uma doutrina unitária: (1) crescente importância do conceito; e (2) o recurso a uma aplicação analógica conduz, não raramente, a resultados insatisfatórios e imprecisos.

[1733] ERNEST J. WEINRIB, *The Fiduciary Obligation*, UTLJ, 1975, 1-22, 5: apesar de o autor ser um dos grandes defensores da teoria discricionária, reconhece não ser percetível o porquê de algumas relações serem incluídas no restrito grupo.

[1734] *Re, Craig* [1970] 2 All ER 390-409, [UNGOED-THOMAS J] 395: o ilustre juiz receia que a aceitação de uma doutrina excessivamente rígida impossibilite a aplicação do regime a relações não tipificadas ou teoricamente não abrangidas; *Lloyds Bank Ltd v Bundy* [1974] 3 All ER 757-772, [SIR ERIC SACHS] 767: "*it is neither feasible nor desirable to attempt closely to define the relationship, or its characteristics, or the demarcation line showing the exact transition point where a relationship that does not entail that [fiduciary] duty passes into one that does*".

[1735] *Re, Coomber* [1911] 1 Ch 723-731, [FLETCHER MOULTON J] 728: "*Fiduciary relations are of many different types*"; KAREN E. BOXX, *The Durable Power of Attorney's Place in the Family Fiduciary Relationships*, 36 Ga L Rev, 2001, 1-62, 17. SEALY, *Fiduciary*, cit., 74-79: o autor, considerando

III. As diferenças entre as diversas modalidades de relações identificadas como fiduciárias, a que acrescem as intrínsecas dificuldades de sistematização, exigem uma abordagem diferente. A pedra de toque deve ser colocada nos deveres e não na relação em si, sob pena de as soluções preconizadas não se adequarem à realidade fáctica.

Ignorando, por agora, as possíveis influências dos deveres fiduciários nos deveres não-fiduciários, parece evidente que nem todos os deveres impostos aos *trustees*, advogados ou administradores comungam dessa natureza. Ou seja, a mera identificação de deveres coincidentes, só por si, não é suficiente. É a imposição de um conjunto de deveres específicos, e não comuns, que caracteriza o fiduciário enquanto tal[1736]. Recorrendo, uma vez mais, às palavras de FINN:

> *It is not because a person is a "fiduciary" or a "confident" that a rule applies to him. It is because a particular rule applies to him that he is a fiduciary or confident for its purposes*[1737].

não ser possível apresentar uma construção única, elenca quatro grandes tipos de relações fiduciárias: (1) direito de propriedade não pleno: à luz das regras e princípios da *Equity Law*, o proprietário, definido pela *Common Law* como sendo absoluto, está obrigado a utilizar os seus direitos no interesse e em benefício dos terceiros determinados – caso dos curadores e dos *trustees*, administradores e mandatários, mas apenas no que respeita às obrigações assumidas sobre os bens constituídos em *trust*; (2) interesse de terceiros em geral: sempre que qualquer sujeito se comprometa a atuar no interesse de terceiros, emergem deveres fiduciários; (3) direitos parcelares: em grande medida sobrepostos à primeira categoria, abarcam, por exemplo, os arrendatários; os direitos pessoais dos fiduciários confundem-se com os interesses dos beneficiários; e (4) abuso de poder: categoria muito abrangente, abarca todas as situações em que uma das partes utiliza a sua posição ou conhecimentos para retirar benefícios pessoais em detrimento dos interesses de terceiros – caso paradigmático da relação parental. Duas críticas bastantes simples podem ser apontadas a esta tese: (1) não é claro que critério está na base da construção dos quatro grandes grupos; e (2) é bastante controverso se as duas últimas categorias podem ser definidas como fiduciárias.

[1736] MATTHEW CONAGLEN, *Fiduciary Loyalty: Protecting the Due Performance of Non-Fiduciary Duties*, Hart Publishing, Oxford, 2010, 9; *Snell's Equity*, cit., 172; *Arklow Investments Ltd v Maclean* [2000] 1 WLR 594-602, [HENRY J] 600.

[1737] FINN, *Fiduciary Obligations*, cit., 2. No fundo, esta distinção mais não é do que um corolário lógico da máxima da *Equity* que estabelece a supremacia da substância sobre a forma. LORD MILLETT avançou, também, uma construção semelhante, claramente inspirada em FINN, cfr., *Bristol & West Building Society v Mothew* [1998] Ch 1-28, [MILLETT J] 18: "*[a person] is not subject to fiduciary obligations because he is a fiduciary; it is because he is subject to them that he is a fiduciary*". Ambas

§ 21.º O CONCEITO DE FIDUCIÁRIO

Ora, é hoje pacificamente aceite, nos diferentes ordenamentos jurídicos da *Common Law*, que o dever de lealdade representa o centro nevrálgico da relação fiduciária. É o seu elemento mais caracterizador, sendo, não raramente, utilizados como sinónimos[1738].

as composições são citadas em inúmeros acórdãos: *Arklow Investments Ltd v Maclean* [2000] 1 WLR 594-602, [Henry J] 599-600; *United Pan-Europe Communications NV v Deutsche Bank G* [2000] 2 BCLC 461-487, [Jacob J] 468; *Conway v Ratiu* [2005] EWCA Civ 1302, [Auld LJ] [57]; *Halton International Inc v SARL* [2005] EWHC 168 (Ch), [Patten J] [144]; *Sinclair Investment Holdings SA v Versailles Trade Finance Ltd* [2006] 1 BCLC 60-77, [Arden LJ] 67.

[1738] Inglaterra: *Bristol & West Building Society v Mothew* [1998] Ch 1-28, [Millett LJ] 18: "*The distinguishing obligation of a fiduciary is the obligation of loyalty*"; *Hilton v Barker Booth & Eastwood* [2005] 1 WLR 567-581, [Lord Walker of Gestingthorpe] 575: no âmbito de uma relação advogado/cliente o tribunal sublinha o carácter nuclear do dever de lealdade; *Sinclair Investment Holdings SA v Versailles Trade Finance Ltd* [2006] 1 BCLC 60-77, [Arden J] 69: o ilustre juiz desenvolve a construção tendo como referência o caso *Bristol v Mothew*; *Také Ltd v BSM Marketing Ltd* [2006] EWHC 1085, [Judge Toulmin CMG QC] [92]: o tribunal apresenta os administradores das sociedades comerciais como "*loyal agent[s]*"; *Hageman v Holmes* [2009] EWHC 50 (Ch), [Proudman J] [52]: citando alguns dos já referidos acórdãos, o tribunal refere-se ao dever de lealdade como o elemento caracterizador do conceito fiduciário. Nova Zelândia: *Bank of New Zeland v New Zeland Guardin Trust Co Ltd* [1999] 1 NZLR 664-688, [Gault J] 681: o tribunal recorre às expressões lealdade e fidelidade; *Chirnside v Fay* [2004] 3 NZLR 637-651, 647: "*Fiduciary law serves to support the integrity and utility of relationships in which the role of one party is perceived to be the service of the interests of the other. It does so by imposing a specific duty of loyalty*"; *Amantal Corporation Ltd v Maruha Corporation* [2007] 3 NZLR 192-206, [Blanchard J] 202: o dever de lealdade é fruto de uma forte relação de confiança; *Premium Real Estate Ltd v Stevens* [2009] 2 NZLR 384-422, [Elias CJ] 409: cita o caso *Bristol & West Building Society v Mothew*. Austrália: *Gibson Motorsport Merchandise Pty Ltd v Forbes* [2006] 149 FCR 569-600, [Finn J] 574: "*the duty of loyalty can be said to oblige a fiduciary to act in the interests of the other party to the relationship*"; *Australian Securities and Investments Commission v Citigroup Global Markets Australia Pty Ltd (No 4)* (2007) 160 FCR 35-114, [Jacobson J] 78: "*The distinguishing or over-riding duty of a fiduciary is the obligation of undivided loyalty*"; *P & V Industries Pty v Porto* (2006) 14 VR 1-10, [Hollingworth J] 6; Gino Evan Dal Pont e Donald R. C. Chalmers, *Equity and Trusts in Australia e New Zeland*, 2ª edição, LBC Information Services, Pyrmont, 2000, 72. Canadá: *KLB v British Columbia* [2003] 2 SCR 403-480, [La Forest J] 452: o conceito de dever de lealdade parece ter sido introduzido na jurisprudência canadiana por influência estado-unidense; 432: "*The traditional focus of breach of fiduciary duty is breach of trust, with the attendant emphasis on disloyalty and promotion of one's own or others' interests at the expense of the beneficiary's interests*"; *Margaret Ault v Sylvain Parent* [2011] 87 CCPB 210, [179]: "*The fiduciary relationship is based upon a duty of loyalty to one party, requiring the avoidance of conflict and self-interest by the other*".

IV. Contudo, a unanimidade esgota-se no reconhecimento da lealdade como o dever fiduciário por excelência. No Direito estado-unidense, a maioria da doutrina apresenta todos os deveres assumidos pelos fiduciários por recurso a esta nomenclatura. Os deveres de cuidado impostos aos fiduciários absorvem essa natureza jurídica, sendo usual utilizarem-se as expressões *fiduciary duty of care* ou *fiduciary duties of care and loyalty*[1739]. Esta solução, seguida pelos órgãos jurisprudenciais locais[1740], não é bem acolhida em terras inglesas, apenas merecendo o apoio de uma pequena minoria[1741].

[1739] LANGBEIN, *The Contractarian*, cit., 642: "*Fiduciary law imposes two broad standards, loyalty and care*"; TAMAR FRANKEL, *Fiduciary Duties as Default Rules*, 74 Or L Rev, 1995, 1209-1277, 1213: "*It imposes on fiduciaries a duty to exercise care and skill*"; HANSMANN e MATTEI, *The Functions*, cit., 447: "*the Manager's fiduciary duties: the duty of care and the duty of loyalty*"; VICTOR BRUDNEY, *Contract and Fiduciary Duty in Corporate Law*, 38 BCL Rev, 1997, 595-665, 599: "*the other essential obligation of fiduciaries – the duty of care in serving the beneficiary's interests*"; CELIA R. TAYLOR, *The Inadequacy of Fiduciary Duty Doctrine: Why Corporate Managers Have Little to Fear and What Might Be Done About It*, 85 Or L Rev, 2006, 993-1026, 1007: "*Although corporate fiduciary duties elude precise definition, it is generally accepted that corporate officers and directions are subject to duties of care and loyalty*".

[1740] A expressão *fiduciary duty of care* aparece em, virtualmente, todas as decisões relacionadas com a temática dos deveres dos fiduciários: *Food Holdings Ltd v Bank of America Corp*, 423 Fed Appx 73-77, [US App 2011] 75: "*a fiduciary duty of care, in addition to the other fiduciary duties identified by the District Court*"; Califórnia: *Tritek Telecom, Inc v The Superior Court of San Diego County*, 87 Cal Rptr 3d 455-460, (Cal App 2009) [MCINTYRE J] 459: "*Corporate directors owe a fiduciary duty of care to the corporation and its shareholders and must serve in good faith, in a manner such director believes to be in the best interests of the corporation and its shareholders*". Esta passagem é identificativa dos problemas que emergem com a indiferenciação dos deveres de cuidado e deveres fiduciários. Na nossa opinião, a construção aqui avançada, ao emaranhar conceitos tão distintos, perde qualquer utilidade dogmática; Delaware: *Todd Albert v Alex. Brown Management Services Inc*, acórdão não publicado, (Del Sup 2004) [PEGGY L. ABLEMAN J]: "*a claim that a corporate manager acted with gross negligence is the same as a claim that she breached her fiduciary duty of care*"; Nova Iorque: *American International Group, Inc v Maurice R. Greenberg*, 23 Misc 3d 278-296, [NY 2008] [CHARLES E. RAMOS J] 287: "*As directors... owed fiduciary duties of care, loyalty and good faith to [the company]*".

[1741] PETER BIRKS, *Content of Fiduciary Obligation*, 34 Isr L Rev, 2000, 3-38, 37: embora lhe seja atribuída semelhante posição, não é evidente, da leitura do artigo, qual é a exata intenção do autor; REBECCA LEE, *In Search of the Nature and Function of Fiduciary Loyalty: Some Observations on Conaglen's Analysis*, 27 OJLS, 2007, 327-338, 336: a autora vai ao encontro da posição atribuída a BIRKS; não é evidente se a sua única preocupação não passará, simplesmente, por dar um conteúdo positivo ao conceito de fiduciário. *Silven Properties Ltd v Royal Bank of Scotland plc* [2004] 4 All ER 484-496, [LIGHTMAN J] 495; *National Westminster Bank plc v Morgan* [1985] 1 All ER 821-831, [LORD SCARMAN] 826; *Alec Lobb (Garages) Ltd v Total Oil GB Ltd* [1983] 1 All

É certo que, como refere BIRKS, os *trustees* e, em geral, todos os sujeitos identificados como fiduciários, sempre estiveram, desde o desenvolvimento do *trust*, adstritos a deveres de cuidado[1742]. Esta simultaneidade não pode, porém, justificar a sua absorção, como se de apenas outra face do conceito de fiduciário se tratasse. Os deveres de cuidado têm um campo de aplicação muitíssimo amplo, estendendo-se a vários tipos de relações não enquadráveis no conceito de fiduciário[1743], bem como a diferentes áreas do Direito, com especial enfoque na *Tort Law*, ramo do Direito onde o conceito assume um papel absolutamente central.

Uma conceptualização conjunta de tão distintas realidades resulta num desvirtuamento de ambas as modalidades, dificultando, naturalmente, a tarefa de preencher o conceito de fiduciário e os deveres que lhe estão associados. Os deveres de cuidado e os deveres fiduciários ou de lealdade têm uma *ratio* distinta e uma origem e uma história próprias, devendo, consequentemente, ser analisados e tratados autonomamente[1744].

ER 944-972, [PETER MILLETT QC] 964; *Thomas Bangert v London South Bank University* [2010] EWHC 2315 (QB), [CURRAN QC] [348].

[1742] BIRKS, *Content*, cit., 37.

[1743] *Girardet v Crease & Co* (1987) 11 BCLR (2nd) 361-371, [SOUTHIN J] 362: um engenheiro que construa uma habitação está adstrito a deveres de cuidado e não ocupa uma posição fiduciária; *Velino v Chief Constable of Greater Manchester* [2002] 3 All ER 78-94: os agentes de autoridade têm um dever de cuidado para com os putativos prevaricadores, mas também não ocupam uma posição fiduciária; *Lister v Romford Ice and Cold Storage Co Ltd* [1957] AC 555-601: os trabalhadores estão adstritos a rígidos deveres de cuidado, mas já não é evidente se a relação com o empregador pode ser descrita como fiduciária.

[1744] Ver, em geral, CONAGLEN, *Fiduciary Loyalty*, cit., 35-39. Esta posição é maioritariamente defendida pelos tribunais da *Common Law*, com exceção dos já excluídos órgãos jurisdicionais estado-unidenses: *Permanent Building Society v Wheeler* (1994) 11 WAR 187-249, [IPP J] 237: "*It is essential to bear in mind that the existence of a fiduciary relationship does not mean that every duty owed by a fiduciary to the beneficiary is a fiduciary duty*"; *Ultraframe (UK) Ltd v Fielding* [2005] EWHC 1638 (Ch), [LEWISON J] [1300]: considera ser necessário distinguir os deveres fiduciários dos restantes deveres a que os fiduciários estão adstritos; *Henderson v Merrett Syndicates* [1994] 3 All ER 506-543, [LORD BROWNE-WILKINSON] 542: evidencia as origens distintas e a não circunscrição dos deveres de cuidado às relações fiduciárias; *Base Metal Trading Ltd v Shamurin* [2004] EWCA Civ 1316, [TUCKEY LJ] [19]: explora semelhante caminho; *Bristol & West Building Society v Mothew* [1998] Ch 1-28, [MILLETT LJ] 16: considera a construção totalmente desadequada; *Extrasure Travel Insurance Ltd v Scattergood* [2003] 1 BCLC 598-639, [JONATHAN CROW] 618: alegando o autor a violação, por parte de um administrador, dos seus deveres fiduciários, o tribunal responde que foram violados os deveres de cuidado e não os deveres de lealdade. Parte

100. Do arquétipo da relação fiduciária ao desenvolvimento de uma classe de fiduciários

I. A dimensão interna do *trust*, ou seja, a relação de confiança estabelecida entre o *trustee* e o beneficiário, representa o arquétipo da relação fiduciária[1745], tendo servido de modelo tanto para a construção do conceito geral, como para preencher os espaços lacunares de todas as relações jurídicas posteriormente identificadas com o instituto[1746]. O recurso ao *trust*, com bases muito sólidas desde, pelo menos, os inícios do século XIX, apresentou-se como uma solução de recurso. O processo terá assumido uma dimensão gradual. Primeiro, foi aplicado a situações jurídicas em tudo similares ao *trust* e, posteriormente, a relações caracterizadas por um forte elemento de confiança[1747]. O modelo seguido, idêntico a qualquer aplicação analógica, caracterizou-se, por um lado, pela sua simplicidade – estando a situação X vedada aos *trustees*, também o deve estar aos administradores, advogados e a todos

---

da doutrina estado-unidense apoia a distinção dos deveres: LARRY E. RIBSTEIN, *Are Partners Fiduciaries?*, U Ill L Rev, 2005, 209-253, 220: para além de assumirem uma função distinta, os deveres de lealdade e os deveres de cuidado seguem regimes diferentes que não podem ser comparáveis; DEBORAH A. DEMOTT, *Disloyal Agents*, 58 Ala L Rev, 2007, 1049-1067, 1052; WILLIAM A. GREGORY, *The Fiduciary Duty of Care: a Perversion of Words*, 38 Akron L Rev, 2005, 181-206: o autor dá especial atenção à decisão inglesa *Bristol & West Building Society v Mothew*. Este artigo foi bem acolhido por parte da doutrina, embora não se possa dizer que tenha sido unanimemente aplaudido, cfr., CARTER G. BISHOP, *A Good Faith Revival of Duty of Care Liability in Business Organization Law*, 41 Tulsa L Rev, 2006, 477-512, 480 e KELLI A. ALCES, *Debunking the Corporate Fiduciary Myth*, 35 J Corp L, 2009, 239-282, 250.

[1745] *Hospital Products Ltd v United States Surgical Corp* [1984] 156 CLR 41-151, [GIBBS CJ] 68.

[1746] *Re, West of England & South Wales District Bank, ex parte Dale & Co* (1879) 11 Ch D 772-778, [FRY J] 778: "*What is a fiduciary relationship? It is one in respect of which if a wrong arise, the same remedy exists against the wrong-doer on behalf of the principal as would exist against a trustee on behalf of the cestui que trust*". Os próprios tribunais reconhecem a progressão gradual do processo. Primeiro, através da aplicação analógica da relação fiduciária por excelência – *trust* – e, numa segunda fase, através da construção de uma figura geral, cfr., *Gwembe Valley Development Co Ltd v Koshy (No 3)* [2004] 1 BCLC 131-179, [MUMMERY LJ] 157: "*The fiduciary relationship has developed by analogy from the trust relationship*"; *Swindle v Harrison* [1997] 4 All ER 705-736, [EVANS LJ] 734: "*fiduciary duties are equitable extensions of trustees duties*"; BIRKS, *Content*, cit., 8: o autor fala de uma receção por analogia.

[1747] SEALY, *Fiduciary Relationships*, cit., 71-73: num primeiro momento, o recurso à analogia terá visado a regulação de relações jurídicas anteriormente descritas como *trusts*.

os outros sujeitos que ocupem uma posição similar[1748] – mas, por outro, pela sua imperfeição: embora se reconheça que os tribunais não empregaram o regime cegamente, nem ignoraram as especificidade de cada relação fiduciária[1749], a aplicação analógica acarreta elevados riscos, devendo sempre ser encarada como uma solução provisória.

Note-se que o recurso a esta solução é bastante lógico: quando confrontados com novas realidades ou com situações lacunares, aos tribunais resta-lhes apoiarem-se em regime similares – que, evidentemente, dominem – com os quais partilhem parte das suas características estruturais.

II. Do extenso leque, não taxativo[1750], de relações fiduciárias destacam-se:

– mandatário: o mandato (*agency*) é usualmente definido como uma relação fiduciária através da qual o mandante (*principal*) autoriza, expressa ou implicitamente, o mandatário (*agent*) a atuar em seu nome; a imposição de deveres fiduciários, i.e., deveres de lealdade, resulta dos poderes conferidos ao *agent*, que lhe permitem iniciar ou alterar relações jurídicas nas quais o *principal* é parte; os amplos poderes que lhe são conferidos, necessários para que possa levar a bom termo as funções

---

[1748] FINN, *Fiduciary Obligations*, cit., 4; ERNEST J. WEINRIB, *The Fiduciary Obligation*, 25 UTLJ, 1975, 1-22, 1.

[1749] CONAGLEN, *Fiduciary Loyalty*, cit., 15.

[1750] Nem sempre é claro se, ao elencarem listas de relações fiduciárias, os autores têm subjacentes preocupações exaustivas, visto não ser raro algumas das mais características relações não serem incorporadas. AUSTIN W. SCOTT, *The Fiduciary Principle*, 37 Cal L Rev, 1949, 539-555, 541: acrescenta à lista base: o tutor e o menor e o executor testamentário e o legatário; BOXX, *The Durable Power*, cit., 2: ao elencar, a título introdutório, um vasta lista composta pelas mais características relações fiduciárias, omite a posição dos administradores. Deve, porém, referir-se que, posteriormente, a apresenta como uma relação fiduciária clássica; ROBERT COOTER e BRADLEY J. FREEDMAN, *The Fiduciary Relationship: Its Economic Character and Legal Consequences*, 66 NYU L Rev, 1991, 1045-1075, 1046: realça o carácter não taxativo da lista; *Snell's Equity*, cit., 172-178: a exposição é repartida. Num primeiro capítulo, analisa as ditas relações clássicas, centrando-se de seguida no estudo de algumas das mais relevantes situações de fronteira; *Underhill and Hayton*, cit., 34: os autores apresentam uma extensíssima lista de fiduciários; FRANKEL, *Fiduciary Law*, cit., 795-796: a autora, grande defensora da expansão do conceito, considera ser hoje possível encontrar relações fiduciárias nos mais distintos ramos do Direito. Elenca também uma extensa lista; *New Zealand Netherlands Society "Oranje" Inc v Kuys* [1973] 2 All ER 1222-1227, [LORD WILBERFORCE] 1225.

assumidas, apenas deverão ser utilizados no interesse e em benefício do mandante[1751];

– advogado: apesar de a relação estabelecida entre o advogado e os seus clientes se caracterizar por uma enorme heterogeneidade – a profissão está associada a um sem número de funções, pelo que não é fácil identificar com precisão qual o elemento que mais a caracteriza –, não restam dúvidas quanto à sua natureza fiduciária, em tudo semelhante à do mandatário; o advogado é contratado para agir em benefício e no interesse do cliente, não podendo utilizar os poderes que lhe são conferidos para prosseguir outro fim[1752];

[1751] PETER WATTS e FRANCIS M. B. REYNOLDS, *Bowstead and Reynolds on Agency*, 19ª edição, Sweet & Maxwell, Londres, 2010, 1; ROGER BILLINS, *Agency Law*, Sweet & Maxwell, London, 2010, A1. No *Rest. 3rd* dedicado ao tema, o ALI define o mandato, no § 1.01, como uma *"fiduciary relationship that arises when one person (a "principal") manifests assent to another person (an "agent") that the agent shall act on the principal's behalf and subject to the principal control"*. No § 8.01, que tem como epígrafe *General Fiduciary Principle*, acrescenta: *"An agent has a fiduciary duty to act loyally for the principal's benefit in all matters connected with the agency relationship"*; *De Bussche v Alt* (1878) 8 Ch D 286-316, [THESIGER LJ] 316: apresenta a natureza fiduciária do mandato como uma exigência do comércio jurídico; todos os lucros obtidos pelos mandatários, no âmbito do mandato, são considerados como pertencendo ao mandante; *Re, Blundell* (1888) [1886-1890] All ER Rep 837-843, [STIRLING J] 841: o mandatário é apresentado como um *quasi trustee*; *Kelly v Cooper* [1993] AC 205-217, [LORD BROWNE-WILKINSON]: um agente imobiliário foi contratado por A para vender a propriedade X. Paralelamente, foi também contratado por B para vender a propriedade Y que partilha uma das extremas com a propriedade X. O sujeito C fez uma proposta por ambas as propriedades. Depois de uma curta negociação, A aceitou descer o preço inicialmente apresentado. O agente imobiliário não informou A de que C pretendia comprar os dois imóveis. O tribunal considerou que o agente imobiliário violou os deveres fiduciários assumidos: não só não informou o mandante como, sabendo que receberia uma comissão pela venda da propriedade Y, tinha todo o interesse em negociar ambas as propriedades: um caso típico de conflito de interesses. Uma relação fiduciária também existe nos casos em que o mandatário assume essa posição voluntariamente, i.e., sem ter sido contratado para o efeito, cfr., ANDREW NICOL, *Self-Appointed Agents: English v Dedham Vale Properties Ltd*, 41 MLR, 1978, 474-478.

[1752] O *Solicitors' Code of Conduct*, 2007, está repleto de normas e princípios que nos remetem para o conceito de fiduciário: 1.04: *"You must act in the best interest of each client"*; 3.01(1): *"You must not act if there is a conflict of interests"*. Ao advogado é vedada uma série de atuações tipicamente encontradas nas relações fiduciárias: (1) o uso pessoal de bens que lhe foram confiados pelo seu cliente; ou (2) a utilização de informações que lhe foram confidenciadas para obter benefícios ou lucros pessoais; e (3) a aceitação de subornos ou comissões. Em suma, todo o leque de situações das quais possam resultar um conflito entre os interesses do cliente e os

§ 21.º O CONCEITO DE FIDUCIÁRIO

– *partners*: de acordo com o disposto na s. 1(1) do *Partnership Act*, 1890, a *partnership* consubstancia uma relação jurídica fiduciária[1753] instituída por dois ou mais sujeitos, com um objeto comercial comum e com fins lucrativos[1754]; dois específicos elementos caracterizam este instituto: (1) não é uma pessoa jurídica autónoma, mas uma mera continuação

---

interesses pessoais do advogado ou de terceiros, cfr., MARK DAVIES, *Solicitors' Negligence and Liability*, OUP, Oxford, 2008, 66-69; ROGER BILLINS, *Solicitors' Duties and Liabilities*, Sweet & Maxwell, Londres, 1999, 41 ss.; *Denton v Donner* (1856) 23 Beav 285-291 [SIR JOHN ROMILLY MR]: um sujeito contrata um advogado para vender uma propriedade; o advogado adquire o bem para si próprio; o tribunal declarou a venda nula, visto o advogado ocupar uma posição de *quasi trustee*; *Nocton v Lord Ashburton* [1914] AC 932-978: demonstrou-se, em juízo, que os conselhos fornecidos pelo advogado visavam os seus próprios interesses e não os interesses do seu cliente; *Clark Boyce v Mouat* [1994] 1 AC 428-438: decisão com idêntico conteúdo; *Moody v Cox & Hatt* [1917] 2 Ch 71-92: um advogado que, no âmbito das suas relações profissionais, contrata com um cliente, por exemplo, a venda de uma propriedade, está obrigado a fornecer-lhe todas as informações. Repare-se, ainda, que cabe ao advogado demonstrar em juízo, caso esse problema se levante, que cumpriu as suas obrigações; *Boardman v Phipps* [1967] 2 AC 46-134: nesta célebre decisão, o tribunal considerou que o advogado violou os seus deveres fiduciários ao adquirir ações de uma sociedade, cuja informação privilegiada fora obtida enquanto atuava em nome e no interesse dos seus clientes. ANTHONY DUGGAN, *Solicitors' Conflict of Interest and the Wider Fiduciary Question*, 45 Can Bus LJ, 2007, 414-431: o autor debruça-se sobre as naturezas fiduciárias e contratuais da relação advogado-cliente. Ver, ainda, NANCY J. MOORE, *Conflicts of Interest in the Simultaneous Representation of Multiple Clients: a Proposed Solution to the Current Confusion and Controversy*, 61 Tex L Rev, 1982, 211-288, para os conflitos emergentes de patrocínios conjuntos e JANINE GRIFFITHS-BAKER, *Serving Two Masters: Conflicts of Interest in the Modern Law Firm*, Hart Publishing, Oxford, 2002, sobre os conflitos relacionados com a globalização e o crescimento das sociedades de advogados.

[1753] *Clegg v Edmonds* (1857) 8 De GM & G 787-815: enquanto a *partnerhisp* durar, nenhum dos seus membros pode sobrepor os seus interesses pessoais aos interesses comuns. Este princípio não se mantém após a dissolução da *partnerhisp*. Repare-se, porém, que alguns aspetos da relação fiduciária permanecem para lá da dissolução da *partnership*, cfr., *Thompson's Trustee v Heaton* [1974] 1 All ER 1239-1250; *Aas v Benham* [1891] 2 Ch 244261: o uso de informações obtidas no âmbito de negociações em que um sujeito atua no interesse comum da *partnership* para fins pessoais consubstancia uma violação dos deveres fiduciários, sendo, consequentemente, os lucros obtidos pertença de todos os *partners*. Quanto aos bens abrangidos pela relação e descritos como fiduciários, vide *Don King Productions Inc v Warren* [2000] Ch 291-342. LARRY E. RIBSTEIN, *Are Partners Fiduciaries?*, U Ill L Rev, 2005, 209-251: o autor defende que os *partners* não ocupam uma posição fiduciária. O seu principal argumento reside na não delegação total de poderes.

[1754] *"Partnership is the relation which subsists between persons carrying on a business in common with a view of profit"*.

das pessoas dos seus membros[1755]; e (2) os seus membros são subsidiariamente responsáveis pelas dívidas e responsabilidades assumidas pelos outros *partners*, atuando cada um em nome e no interesse dos restantes[1756];

– administrador: as semelhanças entre a figura do *trustee* e a figura do administrador, sendo a mais evidente o facto de ambos deterem o controlo efetivo sobre um bem cuja propriedade ou benefício último não lhes pertence[1757], com a diferença de que o *trustee* é o titular dos direitos inerentes à propriedade que administra[1758], e a relativa falta de sofisticação da linguagem jurídica de então determinou a aplicação, aos administradores, do regime do *trust*[1759]; cumpre ainda referir que o *Court of Chancery* tinha uma longa tradição na resolução de litígios mercantis, em especial no âmbito de litígios que envolviam *partnerships*[1760]; esta propensão natural, conjugada com a flexibilidade dos princípios fiduciários, foi decisiva para colocar a posição de administrador diretamente debaixo da alçada da *Equity Law*[1761]; coube a LORD HARDWICKE, no caso *Charitable v Sutton*, lançar os alicerces dos deveres dos administradores: foram considerados *"guilty of manifest breaches of trust"*; esta aplicação analógica, que atinge o seu apogeu em meados do século XIX[1762] – por vezes, os administradores eram apresentados como *"quasi-trustees"*[1763] –, não era de todo aceitável; para além das críticas já direcionadas à ana-

---

[1755] *Sadler v Whiteman* [1910] 1 KB 868-893, [FARWELL LJ] 889: *"It is not correct to say that a firm carries on business; the members of a firm carry on business in partnership under the name or style of the firm"*; *The King v Holden* [1912] 1 KB 483-487, [HAMILTON LJ] 487: *"In English law ... partners carry on business both as principals and agents for each other within the scope of the partnership business"*. Tem, todavia, capacidade processual.

[1756] S. 5: *"the acts of every partner who does any act carrying on in the usual way business of the kind carried on by the firm of which he is a member bind the firm and his partners"*.

[1757] LEN S. SEALY, *The Director as Trustee*, CLJ, 1967, 83-103, 86.

[1758] *Smith v Anderson* (1880) 15 Ch D 247-284, [JAMES LJ] 275; *Selangor United Rubber Ltd v Cradock (No. 3)* [1968] 1 WLR 1555-1661, [UNGOED-THOMAS J] 1575.

[1759] SEALY, *The Director as Trustee*, cit., 85.

[1760] WILLIAM HOLDSWORTH, *A History of English Law*, Vol. VIII, Methuen, Londres, 1925, 217-218.

[1761] SEALY, *The Director as Trustee*, cit., 86.

[1762] (1742) 2 Atk 400-407, 403.

[1763] *Ferguson v Wilson* (1866) 2 Ch App 77-91, [SIR H. M. CAIRNS LJ] 90; *Overend Gurney & Co*

logia[1764], a subordinação ao regime do *trust* acarretava enormes desvantagens para a própria sociedade[1765]; esta comunhão conceptual começou a ser abertamente posta em causa a partir dos finais do século XIX, cabendo a ROMER J, na decisão *Re, City Equitable Fire Insurance Co Ltd*, pôr definitivamente termo a esta discussão centenária, afirmando que as parecenças entre as duas relações se limitam ao facto de ambos ocuparem uma posição fiduciária[1766]; repare-se que apesar de os deveres fiduciários, como de resto todos os deveres assumidos pelos administradores, serem devidos à sociedade que sirvam, os tribunais reconhecem que, preenchidos os requisitos legais, os administradores podem assumir uma posição fiduciária para com acionistas a título individual[1767].

Outras posições são, por vezes, reconhecidas como tendo uma dimensão fiduciária: depositários: quando utilizem os bens que foram depositados à sua confiança para outros fins que não os estabelecidos pelo depositante[1768]; testamenteiros: ao colocarem os seus interesses próprios à frente da vontade do testador[1769]; promotores de negócios e empresas: em tudo idêntica à posi-

---

v Gurney (1869) 4 Ch App 701-721, [LORD HATHERLEY LC] 720; *Great Eastern Ry. Co v Turner* (1872) 8 Ch App 149-154, [LORD SELBORNE LC] 152.
[1764] *Re, Exchange Banking Company (Flitcroft's Case)* (1882) 21 Ch D 519-537, [JESSEL MR] 534.
[1765] *Re, Faure Electric Accumulator Co* (1889) 40 Ch D 141-158, [KAY J] 150.
[1766] [1925] Ch 407-549, 427.
[1767] *Peskin v Anderson* [2001] 1 BCLC 372-389, [MUMMERY LJ] 379: *"the fiduciary duties owed by the directors to the company do not necessarily preclude, in special circumstances, the coexistence of additional duties owed by the directors to the shareholders. In such cases individual shareholders may bring a direct action, as distinct from a derivative action, against the directors for breach of fiduciary duty"*; *Kyrris v Oldham* [2004] 1 BCLC 305-334, [DYSON LJ] 329-330: cita a passagem transcrita do caso *Peskin v Anderson*.
[1768] *Re, Hallett's Estate* (1879) 13 Ch D 696-752, [JESSEL MR] 709: compara a posição do depositário à do mandatário e à do *trustee*; *Aluminium Industrie Vaassen BV v Romalpa Aluminum Ltd* [1976] 2 All ER 552-569. Repare-se que o simples contrato de depósito não origina, só por si, o surgimento de deveres fiduciários na esfera jurídica do depositário. A natureza fiduciária do depositário está dependente do exato conteúdo dos deveres assumidos, cfr., CHARLES E. ROUNDS JR. e CHARLERS E. ROUNDS, III, *Loring: a Trustee's Handbook*, Aspen Publishers, Estados Unidos da América, 2009, 17.
[1769] *Re, Marsden* (1859) 26 Ch D 783-791, [KAY J] 789: *"An executor is personally liable in equity for all breaches of the ordinary trusts which in Court of Equity are considered to arise from his office"*; *Stamp Duties Commissioners v Livingston* [1965] AC 694-704, [VISCOUNT RADCLIFFE] 696.

ção assumida pelo mandatário[1770]; curadores: aproveitando-se da posição que ocupam e da ingenuidade das crianças que deveriam proteger, empregam os bens que lhes foram confiados para prosseguir interesses próprios[1771]; trabalhadores: em especial quando utilizem informações obtidas no âmbito do trabalho prestado para obterem os mais variados lucros e benefícios[1772]; ou bancos: posição similar à do mandatário e à do advogado, sempre que, no âmbito das múltiplas relações que estabelece, o banco assumir um dever de atuar no interesse dos seus clientes deve abster-se de sobrepor os seus interesses pessoais, sob pena de violar os deveres fiduciários que emergem nestas situações[1773].

[1770] JOSEPH GOLD, *Liability of Promoters for Secret Profits in English Law*, 5 UTLJ, 1943, 21-70. Na esmagadora maioria dos casos que chegam aos tribunais, os promotores colocaram os seus interesses pessoais à frente dos interesses das sociedades que os contrataram, cfr., *Emile Erlanger v The New Sombrero Phosphate Co* (1878) 3 App Cas 1218-1286; *Gluckstein v Barnes* [1900] AC 240-259; *Re, Jubilee Cotton Mills Ltd* [1924] AC 958-979, [VISCOUNT FINLAY] 964: "*The first question to be determined is whether Lewis was a promoter of the company. If he was he stood in a fiduciary position towards the company and would be liable to account to it for any secret profit made by him in connection with the purchase*".

[1771] *Hatch v Hatch* (1834) 9 Ves Jun 292-300, [LORD ELDON LC] 296-297: compara a posição ocupada pelo curador à função do *trustee* e do advogado; *Clay v Clay* [2001] 3 ITELR 525-547, 541-542: "*the relationship of guardian and ward... is a fiduciary relationship with particular characteristics*"; SALLY BALCH HURME e ERICA WOOD, *Guardian Accountability Then and Now: Tracing Tenets for an Active Court Role*, 31 Stetson L Rev, 2002, 867-940 e LAWRENCE A. FROLIK, *Is a Guardian the Alter Ego of the Ward?*, 37 Stetson L Rev, 2007, 53-86.

[1772] *A-G v Blake* [1998] Ch 439-465, [MILLETT LJ] 454: "*The relationship between employer and employee is of this character. The core obligation of a fiduciary of this kind is the obligation of loyalty*". A natureza jurídica da posição está intrinsecamente dependente da exata função desempenhada pelo trabalhador; *British Midland Ltd v Midland International Tooling Ltd* [2003] 2 BCLC 523-602, [HART J] 562: faz referência a um dever de fidelidade. Em última análise, a sua adstrição a deveres fiduciários está dependente do conteúdo do contrato de trabalho, cfr., ANDREW STAFFORD e STUART RITCHIE, *Fiduciary Duties: Directors and Employees*, Jordans, Bristol, 2008, 83; *Cobbetts LLP v Hodge* [2009] EWHC 786 (Ch), [FLOYD J] [89]: "*Unlike the relationship of trustee and beneficiary, the employment relationship is, of course, not a fiduciary relationship as such*".

[1773] *Foley v Hill* (1848) 2 HL Cas 28-47, [LORD COTTENHAM LC]: o banco é apresentado com um *quasi-trustee*.

§ 22.º A EXPANSÃO DO CONCEITO DE FIDUCIÁRIO

101. A caixa de Pandora: § 874 cmt. a) do *Restatement (Second) of Torts*

I. A problemática em torno da expansão do conceito de fiduciário, para lá das relações clássicas, acima aludidas, tem a sua origem no conteúdo de um comentário ao § 874 do *Rest. 2ⁿᵈ of Torts*:

> *A fiduciary relation exists between two persons when one of them is under a duty to act for or to give advice for the benefit of another upon matters within the scope of the relation*[1774].

Este preceito, seguido por incontáveis decisões[1775], cortou as centenárias amarras que uniam o conceito aos Direitos reais. Repare-se que todas as relações fiduciárias tradicionais caracterizam-se pela posição sensível em que os bens dos beneficiários, em sentido lato, se encontram. Em todas as relações ditas clássicas – *trustee*, mandatário, advogado ou administrador –, o fiduciário detém, em menor ou maior grau, um controlo direto e/ou efetivo sobre os bens que pertencem, em última análise, aos beneficiários.

[1774] Vol. IV: §§ 708-End, American Law Institute, St. Paul, Minnesota, 1979, 300, Comment a).
[1775] Numa rápida contagem, registámos mais de 300 acórdãos que citam, *ipsis verbis*, a construção, cfr., Nova Iorque: *Boccardi Capital Systems Inc v D.E. Shaw Laminar Portfolios, LLC*, 355 Fed Appx 516-520, (US App 2009) 519 e *Vera Muller-Paisner v TIAA*, 289 Fed App 461-466, (US App 2008) 465; Delaware: *Legatiski v Bethany Forest Assoc Inc v Harris*, Unpub, (Del Sup 2005) [RICHARD F. STOKES J]; Califórnia: *Z Auction v Salmon Smith Barney Inc*, Unpub, (Cal App 2002) [EPSTEIN J].

A expansão dos princípios e regras fiduciárias para o campo das relações pessoais ou não patrimoniais não é, em absoluto, uma novidade. Na decisão *Bennet v Bennet*, datada de 1879, o *Court of Chancery* impôs, a uma mãe, deveres fiduciários no âmbito da relação parental[1776]. Cumpre, porém, referir que não é correto atribuir-se, a este caso, uma natureza meramente pessoal: a progenitora assumiu o dever de investir os bens do seu descendente, pelo que a relação pode, sem dificuldade, ser reconduzida ao *trust*.

II. Nas últimas décadas, o caminho expansionista seguido pela doutrina e pela jurisprudência estado-unidenses tem levado, na nossa opinião, a um total desvirtuamento do conceito de fiduciário. O movimento pretende estender o regime desenvolvido para o *trust* a todas as relações marcadas por uma forte proximidade entre as partes envolvidas: (1) médico-paciente; (2) sacerdote-fiéis; (3) corretor-cliente; (4) banqueiro-cliente; ou (5) empregado-empregador. No que respeita aos dois últimos exemplos, não se põe em causa que, preenchidos alguns requisitos, possam assumir uma clara dimensão fiduciária[1777].

A atribuição de uma natureza fiduciária a cada uma destas relações está, porém, longe de granjear um apoio unânime, mesmo se nos centrarmos, exclusivamente, no Direito estado-unidense. Recorramos ao exemplo clássico da relação corretor-cliente. Na decisão *JDI Holdings v Jet Management Inc*, M. Casey Rodgers USDJ não teve dúvidas em afirmar que, de acordo com o regime jurídico da Florida e em face do conteúdo jurídico dos deveres a que se encontram adstritos, os corretores assumem uma posição fiduciária[1778]. Já no caso *Donald Press v Chemical Investment Service Corp*, Oakes CJ refere que a simples relação corretor-cliente não dá, só por si, no Direito nova-iorquino, origem a uma relação fiduciária[1779]. Mas, mesmo dentro do mesmo Estado,

---

[1776] (1879) 10 Ch D 474-481, [Jessel MR].

[1777] Número 102/II.

[1778] 732 F Supp 2d 1205-1235, (US Dist 2010) 1231: "*A broker owes a fiduciary duty of loyalty*". Esta posição é também seguida pelo Direito californiano, cfr., *Elmore Duffy v King Calavier*, 215 Cal App 3d 1517-1541, (Cal App 1989) [Barry-Deal J] 1526, nota 10: "*there is in all cases a fiduciary duty owed by a given stockbroker to his or her customers; the scope of this duty depends on the specific facts and circumstances presented in a given case*".

[1779] 166 F 3d 529-540, (1999 US App): "*in the context of an ordinary broker-client relationship the broker owes no fiduciary duty to the purchaser of the security*".

§ 22.º A EXPANSÃO DO CONCEITO DE FIDUCIÁRIO

facilmente encontramos posições divergentes: a tese subjetiva defendida por OAKES CJ não merece a concordância de todos os seus pares[1780].

III. Independentemente da solução preconizada, a emergência de uma nova relação fiduciária parece assentar em dois pressupostos: (1) existência de uma forte relação de confiança; e (2) uma das partes ocupa uma posição de ascendência sobre a outra, quer pelos conhecimentos detidos, pelas consequências ou efeitos resultantes dos seus atos na esfera jurídica da outra parte, quer, simplesmente, pela natural influência agregada à posição ou função desempenhada[1781] – pense-se nos casos paradigmáticos dos médicos e dos sacerdotes.

A simples existência de uma relação de confiança ou de um desequilíbrio das posições, mesmo que fortemente marcado, não pode, só por si, bastar para que emirja uma relação fiduciária. Dos factos concretos do caso terá de resultar uma especial relação de confiança, usualmente exteriorizada pela assunção de um dever de colocar os interesses do beneficiário à frente dos

---

[1780] *In the Matter of Glen B. Goldstein*, 144 AD 2d 463-464, (NY App Div 1988) [SPATT JP] 464: "*because of a broker's fiduciary duties, he has the affirmative duty not to act for a party whose interests are adverse to those of the principle, unless he has the consent of the principle given full knowledge of the facts*". A biografia sobre este tema é vastíssima, pelo que apenas se referem dois dos artigos mais recentes em que a natureza dos deveres dos corretores é discutida: ARTHUR B. LABY, *Fiduciary Obligations of Broker-Dealers and Investment Advisers*, 55 Vill L Rev, 2010, 701-742 e THOMAS LEE HAZEN, *Are Existing Stock Broker Standards Sufficient? – Principles, Rules and Fiduciary Duties*, Colum Bus L Rev, 2010, 709-762: ambos os artigos têm como pano de fundo a crise financeira iniciada em 2007 e as acesas discussões legislativas que se seguiram, em especial no que respeita à imposição de um complexo leque de deveres fiduciários aos corretores.

[1781] *Vera Muller-Paisner v TIAA*, 289 Fed App 461-466, (US App 2008) 465: o tribunal aponta como fatores determinantes: a natureza da relação *per se*; os especiais conhecimentos detidos pelo putativo fiduciário; e a importância dos mesmos conhecimentos para a parte contrária, i.e., o beneficiário; *AG Capital Funding Partners, LP v State Street Bank and Trust Co*, 11 NY 3d 146-159, (NY 2008) 158: foca-se na confiança, na ascendência e num controlo de facto sobre a pessoa do beneficiário ou sobre os seus bens; *Pasha S. Anwar v Fairfield Greenwich Ltd*, 728 F Supp 2d 372-462, (US Dist 2010) [VICTOR MARRERO USDJ] 441: neste caso, o tribunal alterna a ordem das premissas: a concessão de amplos poderes a outrem é demonstrativo da confiança depositada, pelo que a sua demonstração será suficiente para a constituição de uma relação fiduciária; *Employers Mutual Causality Co v Collins & Aikman Floorcoverings, Inc*, 422 F 3d 776-782, (US App 2005) [BYE CJ] 780: "*Such relationship exists when there is a reposing of faith, confidence and trust, and the placing of reliance by one upon the judgment and advice of the other*".

DO CONCEITO DE FIDUCIÁRIO

seus interesses pessoais[1782]. Esta posição, corroborada por parte da jurisprudência anglo-saxónica[1783], coloca a pedra de toque nas especificidades de cada relação concreta[1784], por oposição ao desenvolvimento de uma doutrina unitária, agregadora de um conjunto de relações tipificadas e cujo mero enquadramento permite a aplicação do regime fiduciário.

IV. O movimento expansionista do conceito é ainda indissociável das hipotéticas limitações do regime da responsabilidade civil extracontratual anglo-saxónica e das vantagens comparativas da natureza objetiva da responsabilidade fiduciária, bastando, neste último caso, ao beneficiário, demonstrar que o fiduciário não cumpriu as obrigações que voluntariamente assumiu.

Feitas estas considerações, a nossa análise tem, necessariamente, de começar por uma breve exposição das bases e pressupostos do regime da responsabilidade civil extracontratual da *Common Law*. Após uma rápida exposição histórica e conceptual, debruçar-nos-emos em dois institutos centrais: primeiro, no denominado *tort of battery* e, de seguida e com maior cuidado, no *tort of negligence*.

102. Responsabilidade civil aquiliana: breve introdução conceptual e histórica

I. A sistematização da responsabilidade civil extracontratual é, no âmbito da *Common Law* – como de resto se verifica, grosso modo, em todos os seus ramos jurídicos privatísticos –, uma realidade bastante recente. Durante o longo período em que o sistema formalístico de ações imperou, cada *writ*

[1782] *Matthew R. Chiste v Orbitz. Com*, 756 F Supp 2d 382-421, (US Dist 2010) [COLLEEN MCMAHON USDJ] 415: "*To be liable, the superior party must assume a duty to act in the dependent party's best interest*"; *Haynes Trane Service Agency Inc v American Standard Inc*, 51 Fed Appx 786-804, (US App 2002) 802: "*In order to be liable, the superior party must assume a duty to act in the dependent party's best interest*".

[1783] *Haynes Trane Service Agency Inc v American Standard Inc*, 51 Fed Appx 786-804, (2002 US App) 802: "*But an unequal relationship does not automatically create a fiduciary duty*".

[1784] *Ara Automotive Group v Central Garage Inc*, 124 F 3d 720-730, (US App 1977) [EDITH H. JONES CJ] 723: "*The existence of a fiduciary relationship, outside of formal relationships that automatically give rise to fiduciary duties, is usually a fact intensive inquiry*"; *AG Capital Funding Partners, LP v State Street Bank and Trust Co*, 11 NY 3d 146-159, (2008 NY) 158: "*Determining whether a fiduciary relationship exists necessarily involves a fact-specific inquiry*".

§ 22.º A EXPANSÃO DO CONCEITO DE FIDUCIÁRIO

consubstanciava um mundo fechado, constituído por um modelo processual individualizado e composto por um conjunto de princípios e normas substantivas autónomas, consistindo cada ação de responsabilidade civil extracontratual/ilício civil uma realidade independente[1785]. No fundo, o paradigma aquiliano anglo-saxónico clássico seria em tudo reconduzível ao conceito da sistemática periférica, inexistindo, consequentemente, uma coerência interna entre os diversos regimes.

Apenas com a extinção do sistema de ações iniciou a doutrina inglesa um processo muito particular de sistematização. Repare-se que, tal como verificado no período medieval, os autores ingleses foram influenciados pelo Direito romano. Desta feita, socorreram-se de diversas obras continentais seiscentistas e setecentistas, traduzidas para a sua língua materna, nas quais pontuam os nomes de GROTIUS[1786], DOMAT[1787], PUFENDORF[1788] e POTHIER, o autor que mais sucesso granjeou em terras inglesas[1789-1790].

[1785] JAMES GORDLEY, *Foundations of Private Law: Property, Tort, Contract, Unjust Enrichment*, OUP, Oxford, 2006, 164.

[1786] *De jure belli ac pacis* foi traduzido por CLEMENT BARKSDALE, em 1654, *The Illustrious Hugo Grotius of the Law of Warre and Peace: with Annotation. III. Parts. And Memorials of the Author's Life and Death*, printed by T. Warren, for William Lee, Londres.

[1787] A memorável obra do jurista francês, *Les loix civiles dans leur ordre naturel; le Droit public; et legum delectus* foi traduzida para o inglês por WILLIAM STRAHAN, em 1722, com o título *The Civil Law in Its Natural Order, Together with the Publick Law*. Apenas tivemos acesso à segunda edição, datada de 1737, em dois volumes, imprimida em Londres para D. Midwinter, A. Bettesworth and C. Hitch, G. Strahan, J. and J. Pemberton, R. Ware, C. Rivington, F. Clay, J. Batley and J. Wood, A. Ward, J. and P. Knapton, T. Longman, and R. Hett. Sobre a tradução e o seu impacto na *Common Law*, vide DANIEL R. COQUILLETTE, *The Civilian Writers of Doctors Commons, London: Three Centuries of Juristic Innovation in Comparative, Commercial and International Law*, Duncker & Humblot, Berlim, 1988, 203-209.

[1788] *De Jure naturae et gentium* foi traduzido para a língua inglesa, em 1710: *Of the Law of Nature and Nations. Eight Books. Written in Latin by the Baron Pufendorf, Counsellor of State to His Late Swedish Magesty, and to the Present King of Prussia*, 2ª edição, *Carefully Corrected, and Compared with Mr. Barbeyrac's French Translation, with the Addition of his Notes, and Two Tables; the One of the Names of the Authors, the Other of the Most Material Things, that Are Contained either in the Book or Notes*, traduzido por WILLIAM PERCIVALE, printed by L. Lichfield, for A. and J. Churchill, R. Sare, R. Sare, R. Bonwicke, W. Freeman, T. Goodwys, M. Wotton, J. Walthoe, S. Manship, J. Nicholson, R. Parker, B. Took, and R. Smith, Oxford.

[1789] A sua grande obra *Traité des obligations* foi traduzida por WILLIAM DAVID EVANS e publicada em 2 volumes, em 1806, printed by A. Strahan for Joseph Butterworth, Londres. Muitas outras das suas monografias foram traduzidas para inglês: *Du Contract de société: A Treatise on*

Se os primeiros tratados sobre a temática – nos Estados Unidos da América: *The Law of Torts or Private Wrongs*, de FRANCIS HILLIARD, datado de 1859; e em Inglaterra: *A Treatise on the Law of Torts*, de CHARLES ADDISON, datado de 1861[1791] – se mantêm muito agarrados à dimensão individual de cada *writ*, com a revolucionária[1792] obra *The Theory of Torts*, do jurista estado--unidense OLIVER WENDELL HOLMES JR, datada de 1871[1793], a *Law of Torts* dá um grande passo com vista à assunção de uma natureza unitária e sistemática[1794]. O processo foi lento e demorado. Nos inícios do século XX, não eram nem poucos, nem desprestigiados, os juristas que ainda defendiam a autonomização de cada ilícito civil[1795].

the Contract of Partnerhisp, By Pothier: with the Civil Code and Code of Commerce Relating to that Subject, in the same Order, com notas referentes a decisões jurisprudenciais inglesas, traduzido por OWEN DAVIS TUDOR, Butterworths, Londres, 1854; *Traité du contrat de vente: A Treatise on the Contract of Sale, by R. J. Pothier*, traduzido por LUTHER STEARNS CUSHING, Charles C. Little and James Brown, Boston, 1839.

[1790] Embora com maior expressão no domínio contratual, esta influência é notória em todo o Direito obrigacional, cfr., ALFRED W. B. SIMPSON, *Innovation in Nineteenth Century Contract Law*, 91 LQR, 1975, 247-278, 255.

[1791] O contacto entre os juristas americanos e ingleses ao longo de todo o processo é notável, cfr., LAWRENCE M. FRIEDMAN, *A History of American Law*, 2ª edição, Simmon and Schuster, Nova Iorque, 1985, 467.

[1792] FREDERIC WILLIAM MAITLAND, *The Materials for English Legal History* in *The Collected*, Vol. II, cit., 1-60, 8. FREDERICK POLLOCK terá expressado uma posição idêntica, cfr., EDWARD WHITE, *Justice Oliver Wendell Holmes: Law and the Inner Self*, OUP, Oxford, 1993, 189.

[1793] O papel desempenhado por HOLMES no Direito estado-unidense foi ocupado em terras inglesas por FREDERICK POLLOCK, amigo chegado do jurista americano, a quem, de resto, dedicou a sua grande obra sobre a responsabilidade civil extracontratual, *A Treatise on the Law of Torts: in Obligations Arising from Civil Wrongs in the Common Law*, versão estado-unidense da terceira edição inglesa, com notas e referências a casos estado-unidenses, elaborada por JAMES AVERY WEBB, The F. H. Thomas Law Book, St. Louis, 1894.

[1794] ALAN CALNAN, *A Revisionist History of Tort Law: from Holmesian Realism to Neoclassical Rationalism*, Carolina Academic Press, Durham, Carolina do Norte, 2005, 4-6; GORDLEY, *Foundations of Private Law*, cit., 163-180. Uma análise individual de cada modalidade de responsabilidade civil extracontratual pode ser encontrada em CECIL H. S. FIFOOT, *History and Sources of the Common Law: Tort and Contract*, Stevens & Sons, Londres, 1949, 3-217. Os tribunais assumiram um papel preponderante que não deve ser ignorado, cfr., FRANCIS M. BURDICK, *Law of Torts: a Concise Treatise on the Civil Liability at Common Law and Under Modern Statutes for Actionable Wrongs to Person and Property*, BeardBooks, Washington, 2000, reedição da edição de 1905, 2.

[1795] ROBERT F. V. HEUSTON e RICHARD A. BUCKLEY, *Salmond & Heuston on the Law of Torts*, 21ª edição, Sweet & Maxwell, Londres, 1996, 15 ss..

§ 22.º A EXPANSÃO DO CONCEITO DE FIDUCIÁRIO

II. Segundo a posição de BIRKS, um *tort* consubstancia uma violação de um dever legal não reconduzível a qualquer outra modalidade ou regime de responsabilidade civil[1796]. Embora não se ignore que diversas críticas podem ser apresentadas a semelhante definição, em especial no que respeita ao seu carácter geral ou à formulação negativa da construção, por natureza lacunar, não será este o momento mais indicado para iniciar uma minuciosa análise do conceito de *tort*. Tanto mais que, para os efeitos pretendidos – limitações do regime anglo-saxónico da responsabilidade civil extracontratual –, a definição avançada é suficiente.

103. Responsabilidade civil aquiliana: *intentional torts*, em especial *tort of battery*

I. O *tort of battery* consubstancia um ato através do qual um sujeito, direta e intencionalmente, interage fisicamente com um terceiro sem o seu consentimento. Repare-se que a lei não exige, para a aplicação do regime correspondente, nem a produção efetiva de danos, nem sequer uma intenção de os causar[1797]. A pedra de toque é colocada, inteiramente, no contacto físico não desejado.

Evidentemente que o contacto físico faz parte da vivência social, pelo que o enquadramento deste tipo legal de *tort* está dependente da natureza da interação. Apenas os contactos que não sejam socialmente aceitáveis – pretendem-se excluir os simples e usuais encontrões na via pública[1798] ou os ligeiros toques no braço para chamar a atenção[1799], entre outros – poderão dar origem à responsabilidade civil do seu autor[1800].

[1796] PERTER BIRKS, *The Concept of Civil Wrong* in *Philosophical Foundations of Tort Law*, coordenação de DAVID G. OWEN, Clarendon Press, Oxford, 1995, 29-52, 51: o próprio autor reconhece a excessiva abstração da definição. Ver também *Clerk & Lindsell on Torts*, 20ª edição, Sweet and Maxwell, Londres, 2010, 1-2.

[1797] *Wilson v Pringle* [1987] QB 237-253, [DIPLOCK LJ] 249: *"It is the act and not the injury which must be intentional. An intention to injure is not essential"*.

[1798] *F v West Berkshire Health Authority* [1990] 2 AC 1-84, [LORD GOFF OF CHIEVELEY] 73.

[1799] *Collins v Wilcock* [1984] 3 All ER 374-381, [ROBERT GOFF LJ] 378.

[1800] Tradicionalmente, os tribunais recorriam às motivações negativas do autor, como a hostilidade ou a irritação, cfr., *Cole v Turner* (1704) 6 Mod 149: *"the least touch of another in anger is a battery"*. Esta construção está hoje totalmente ultrapassada, o sentimento subjacente ao ato é juridicamente irrelevante, pelo menos no que respeita ao preenchimento do tipo legal de

II. Como princípio geral, ao prestar o seu consentimento, um sujeito não pode, posteriormente, alegar a ilicitude do contacto[1801]. A valorização jurídica de semelhante autorização está dependente do preenchimento de três requisitos: (1) declaração tácita ou expressa através da qual o sujeito passivo consente o contacto; (2) tomada voluntária e livremente; e (3) informada: os riscos e danos que possam ser produzidos devem ser conhecidos pelo lesado[1802].

O consentimento só pode ser considerado voluntário e livre se a autorização não tiver sido condicionada por qualquer facto exterior[1803], com especial enfoque nas pressões exercidas por sujeitos que ocupem uma posição de influência ou de ascendência[1804].

104. Responsabilidade civil aquiliana: *negligence*

I. O *tort of negligence*, o mais significativo de todos os delitos civis[1805], pode ser descrito como uma violação de um dever de cuidado juridicamente imposto para com um terceiro ou classe de terceiros identificada e da qual resultem danos pessoais ou patrimoniais previsíveis ou expectáveis[1806]. Da

---

ilícito. Pense-se no exemplo paradigmático em que um rapaz beija uma rapariga contra a sua vontade. O autor não é, certamente, motivado por qualquer sentimento hostil, cfr., *Regina v Chief Constable of Devon and Cornwall* [1982] QB 458-481, [LORD DENNING MR] 471.

[1801] *Smith v Baker & Sons* [1891] AC 325-370, [LORD HERSCHELL] 360: "*One who has invited or assented to an act being done towards him, cannot, when he suffers from it, complain of it as a wrong*".

[1802] *Clerk & Lindsell on Torts*, cit., 233-242.

[1803] *Bowater v Rowley Regis Corporation* [1944] KB 476-484, [SCOTT LJ] 479: "*a man cannot be said to be truly "willing" unless he is in a position to choose freely, and freedom of choice predicates, not only full knowledge of the circumstances on which the exercise of choice is conditioned, so that he may be able to choose wisely, but the absence from his mind of any feeling of constraint so that nothing shall interfere with the freedom of his will*".

[1804] Este tipo de litígio é bastante comum no seio das relações laborais: o empregador transmite uma ordem que não se enquadra nas funções contratualmente estabelecidas e cujo desempenho acarreta alguns riscos para a integridade física do trabalhador. Nestes casos, não se pode dizer que o empregado consentiu nos danos que, desse ato, pudessem resultar, cfr., *Burnett v British Waterways Board* [1973] 1 WLR 700-706, [LORD DENNING MR] 704-705.

[1805] JOHN MURPHY, *Street on Torts*, 12ª edição, OUP, Oxford, 2007, 23: estatisticamente, o número de ações baseadas neste tipo de *tort* é bastante superior às ações que têm por base *intentional torts*.

[1806] *Heaven v Pender* (1883) 11 QBD 503-517, [COTTON LJ] 507: "*Actionable negligence consists in the neglect of the use of ordinary care or skill towards a person to whom de defendant owes the duty of*

decomposição desta construção resultam cinco elementos: (1) imposição de um dever de cuidado específico; (2) violação do mesmo dever de cuidado; (3) produção de danos na esfera jurídica de terceiros; (4) nexo de causalidade entre os danos causados e a violação do dever de cuidado; e (5) adequação dos danos causados ao escopo do dever de cuidado imposto. Dos cinco requisitos, apenas o primeiro, tendo em conta o objeto deste curto ponto, merece especial atenção.

II. A responsabilidade pelos danos causados e o seu consequente ressarcimento não passam, primariamente, como verificado no Direito nacional, pela identificação de uma atuação, ou seja, violação de um direito, mas pela concretização do dever que o sujeito prevaricador terá, hipoteticamente, violado[1807]. O queixoso terá de provar, em juízo, que os danos que lhe foram causados resultam da violação de um específico dever a que o transgressor estava adstrito[1808]. Recorrendo às palavras de LORD WRIGHT[1809]:

> It is ... essential in English law that the duty should be established: the mere fact that a man is injured by another's act gives it self no cause of action: if the act is deliberate, the party injured will have no claim in law even though the injury is intentional so long as the other party is merely exercising a legal right: if the act involves a lack of due care, again no case of action negligence will arise unless the duty to be careful exists.

---

observing ordinary care and skill, by which neglect the plaintiff, without contributory negligence on his part, has suffered injury to his person or property".

[1807] Esta construção é, grosso modo, comum a todos os Direito anglo-saxónicos. Estados Unidos: DAN B. DOBBS, PAUL T. HAYDEN e ELLEN M. BUBLICK, *The Law of Torts*, Vol. I, 2ª edição, West, St. Paul, Minnesota, 2011, 373 ss.. Canadá: ALLEN M. LINDEN e BRUCE FELDTHUSEN, *Canadian Tort Law*, 8ª edição, LexisNexis, Ontário, 2006, 307: "*Unlike the position at criminal a tort duty is not owed to the world*". Nova Zelândia: STEPHEN TODD, *Negligence: the Duty of Care* in *The Law of Torts in New Zealand*, coordenação de STEPHEN TODD, 4ª edição, Thomson, Wellington, 2005, 115-211 e Austrália: ROSALIE P. BALKIN e J. L. R. DAVIS, *Law of Torts*, LexisNexis, Sydney, 2009, 187 ss..

[1808] *Le Lievre v Gould* [1893] 1 QB 491-505, [LORD ESHER MR] 497: "*negligence cannot arise at all until it is established that the man who has been negligent owed some duty to the person who seeks to make him liable for his negligence*". Idêntica construção é apresentada em inúmeras decisões: *Scholfield v Londesborough* [1895] 1 QB 536-556, [LORD ESHER MR] 541; *Bottomley v Bannister* [1932] 1 KB 458-484, [GREER LJ] 476.

[1809] *Grant v Australian Knitting Mills Ltd* [1936] AC 85-108, [LORD WRIGHT] 103.

III. Apesar de o Direito inglês não contemplar um dever geral de cuidado ou de respeito pelos direitos de terceiros, a jurisprudência inglesa tem, de modo bastante prolífico, avançado uma série de teses cujo conteúdo se aproxima, tendencialmente, de semelhante resultado.

A primeira teoria – teoria da proximidade (*neighbour principle*) – foi formulada, pela primeira vez, por LORD ATKIN, na decisão *Donoghue v Stevenson*. Diz-nos o ilustre magistrado: a prática de atos que resulte na produção de danos na esfera jurídica de terceiros, com os quais o autor partilhe uma relação de proximidade, está condicionada à observação desses efeitos, sob pena de violação dos deveres de cuidado que emergem da relação[1810]. A teoria da proximidade, aperfeiçoada durante quatro décadas, alcançou o seu apogeu pela pena de LORD WILBERFORCE, na decisão *Anns v Merton London Borough Council*[1811], datada de 1978. O célebre juiz, tendo em vista o desenvolvimento de uma construção única, acrescenta um segundo passo à teoria professada por LORD ATKIN: demonstrada a proximidade entre o lesado e o autor dos danos, o dever emergente poderá ser atenuado se os factos concretos do caso assim o determinarem[1812].

A partir dos meados da década de oitenta do século passado, um conjunto de decisões jurisprudenciais vieram, abertamente, criticar a posição de LORD WILBERFORCE e as suas pretensões unificadoras. A existência ou não de um dever de cuidado, alegam os defensores da nova posição, não deveria estar dependente da demonstração da existência de uma relação de proximidade, mas antes de uma simples análise casuística dos factos, livre de qual-

---

[1810] [1932] AC 562-623, 580 "*You must take reasonable care to avoid acts and omissions which could reasonably foresee would be likely to injure your neighbour. Who, then, in law is my neighbour? ... any persons who are so closely and directly affected by my act that I ought to have them in contemplation as being so affected when I am directing my mind to the acts or omissions which are called in question*". Sobre as origens religiosas da construção, vide RICHARD CASTLE, *Lord Atkin and the Neighbour Test: Origins of the Principles of Negligence in Donoghue v Stevenson*, 7 Ecc LJ, 2003, 210-214.

[1811] [1978] AC 728-772.

[1812] 751-752: "*Rather the question has to be approached in two stages. First one has to ask whether, as between the alleged wrongdoer and the person who has suffered damage there is a sufficient relationship of proximity or neighbourhood such that, in the reasonable contemplation of the former, carelessness on his part may be likely to cause damage to the latter – in which case a prima facie duty of care arises. Secondly, if the first question is answered affirmatively, it is necessary to consider whether there are any considerations which ought to negative, or to reduce or limit the scope of the duty or the class of person to whom it is owed or the damages to which a breach of it may give rise*".

§ 22.º A EXPANSÃO DO CONCEITO DE FIDUCIÁRIO

quer construção predeterminada. Na origem do abandono da teoria clássica, parece ter estado a sua inadequação a uma série de litígios[1813].

IV. Apoiando-se no conteúdo das decisões contrárias à teoria da proximidade, a *House of Lords*, na decisão *Caparo Industries plc v Dickman*[1814], desenvolveu uma nova construção, comummente denominada de teoria tripartida e que é atualmente seguida pela maioria da jurisprudência britânica[1815].

Todos os factos se desenrolam em torno de uma sociedade denominada *Fidelity* e do seu auditor externo. Em 22 de maio de 1984, os administradores da *Fidelity* informaram os mercados que esperavam uma quebra significativa dos lucros da sociedade, referentes ao ano transato. Esta informação teve um impacto direto no valor de mercado das ações, o que despertou o interesse da *Caparo*, que acabou por adquirir uma participação social considerável. No dia 4 de julho de 1984, os resultados, devidamente auditados, foram apresentados aos acionistas. Com base nos dados auditados, a *Caparo* apresenta uma oferta pública de aquisição, que foi

---

[1813] *Governors of the Peabody Donation Fund v Sir Lindsay Parkinson & Co* [1985] AC 210-244, [LORD KEITH OF KINKEL] 241: o juiz apoia a sua decisão em critérios de Justiça e de razoabilidade; *Candlewood Navigation Corporation Ltd v Mitsui O.S.K. Lines Ltd* [1986] AC 1-26, [LORD FRASER OF TULLYBELTON] 22: alegou que a teoria da proximidade não se adequava aos factos em juízo; *Leigh and Sillavan v Aliakmon Shipping Co Ltd* [1986] AC 785-821, [LORD BRANDON OF OAKBROOK] 815: o ilustre juiz começa por referir que não lhe parece que LORD WILBERFORCE tivesse em vista o desenvolvimento de uma doutrina unitária. Seguindo esta linha de raciocínio, alega estar a doutrina da proximidade circunscrita a situações totalmente novas, em relação às quais não é possível aplicar regimes ou soluções similares por analogia; *Yuen Kun Yeu v A-G of Hong Kong* [1988] AC 175-198, [LORD KEITH OF KINKEL] 190-194; *Rowling v Takaro Properties Ltd* [1988] AC 473-514, [LORD KEITH OF KINKEL] 501; *Hill v Chief Constable of West Yorkshire* [1989] AC 53-65, [LORD KEITH OF KINKEL] 60: "*It has been said almost too frequently to require repetition that foreseeability of likely harm is not in itself a sufficient test of liability in negligence. Some further ingredient is invariably needed to establish the requisite proximity of relationship carefully considered and analysed in order to ascertain whether such an ingredient is present*".
[1814] [1990] 2 AC 605-663.
[1815] *Spring v Guardian Assurance plc* [1995] 2 AC 296-354, [LORD SLYNN OF HADLEY] 333: acérrimo defensor da teoria da proximidade, considera-a ser, de entre todas as teorias desenvolvidas, a mais proveitosa e abrangente. Semelhantes considerações são encontradas em inúmeras decisões: *D v East Berkshire Community Health NHS Trust* [2005] 2 AC 373-422, [LORD RODGER OF EARLSFERRY] 410; *Brooks v Metropolitan Police Commissioner* [2005] 2 All ER 489-516, [LORD STYEN] 494; *Customs and Excise Commissioners v Barclays Bank plc* [2007] 1 AC 181-223, [LORD HOFFMAN] 198.

bem recebida pelos restantes acionistas. Como acionista maioritário, com cerca de noventa por cento do capital social, a *Caparo* apercebe-se de que os resultados auditados não refletiam a verdadeira situação da *Fidelity*: as suas condições financeiras eram muitíssimo precárias.

A *Caparo* alega que o auditor tem o dever de prestar aos acionistas da *Fidelity* informações corretas e verdadeiras. Ora, à data em que os resultados auditados são apresentados, a *Caparo* era acionista da *Fidelity*, tendo o auditor violado os deveres de cuidado a que estava adstrito.

A decisão do litígio assentou em três critérios, número que está na base da denominação da teoria: (1) previsibilidade dos danos causados; (2) relação de proximidade entre o autor dos danos e o lesado; e (3) Justiça e razoabilidade da imposição dos supostos deveres de cuidado violados[1816].

O primeiro critério – previsibilidade dos danos causados – remete-nos para o elemento do nexo de causalidade. Na prática, ao intérprete-aplicador caberá analisar se, no momento da prática do ato, a produção dos efeitos que efetivamente se verificaram deveria ter sido tida em conta pelo seu autor. Repare-se que o conceito de previsibilidade é bastante extenso, abrangendo situações que, embora improváveis, sejam merecedoras de proteção jurídica e, como tal, devendo ser acauteladas e evitadas.

Haley v London Electricity Board[1817]. A empresa municipal *London Electricity Board*, devidamente autorizada, levou a cabo um conjunto de escavações na via pública. As obras, corretamente sinalizadas, estavam protegidas por uma trave de madeira que envolvia todo o seu perímetro. *Haley*, um experiente invisual que normalmente percorria o caminho onde as escavações foram realizadas, não se apercebendo da existência deste novo obstáculo, caiu dentro de um dos buracos escavados, tendo sofrido uma série de graves lesões.

O tribunal considerou que, muito embora o número de invisuais na cidade de Londres representasse uma clara minoria, não era de todo imprevisível que alguém

---

[1816] LORD BRIDGE OF HARWICH at 617-618: "*What emerges is that, in addition to the foreseeability of damage, necessary ingredients in any situation giving rise to a duty of care and that there should exist between the party owing the duty and the party to whom it is owed a relationship characterized by the law as one of "proximity" or "neighbourhood" and that the situation should be one in which the court considers it fair, just and reasonable that the law should impose a duty of a given scope upon the one party for the benefit of the other*".

[1817] [1965] AC 778-810.

com essas características passasse pelo local das escavações: a *London Electricity Board* violou os deveres de cuidado a que estava adstrita.

Já não preenchem este requisito as situações em que o ato não seja causa adequada para a produção dos danos alegados.

Bourhill v Young[1818]. Uma mulher alega extensos danos psicológicos por ter presenciado um aparatoso acidente rodoviário em que um automóvel colidiu com um ciclista. O tribunal considerou que os deveres de cuidado que adstringem todo e qualquer automobilista não englobam este tipo de situações.

O preenchimento do elemento de proximidade não se basta com uma análise abstrata. O requisito está intrinsecamente ligado ao elemento acima analisado: previsibilidade. Se, no momento em que o ato é praticado, a produção dos efeitos posteriormente verificados não for expectável, nenhum dever poderá juridicamente ser imposto.

Goodwill v British Pregnancy Advisor Service[1819]. A foi alvo de uma intervenção vasectómica. Depois da realização da vasectomia, A iniciou uma relação amorosa com B. O casal, tendo em conta a operação a que A se sujeitara, optava muitas vezes por não usar qualquer método contracetivo. Contra as suas expectativas, B acabou por engravidar. Alegando que C, o médico que operou A, não teria informado o seu paciente da possível reversão natural da operação, apesar de rara, B invoca a violação dos deveres de cuidado do doutor. O tribunal considerou que a violação desses deveres apenas poderia ser colocada se a ação fosse intentada por A ou pela sua companheira à data em que a operação foi realizada e apenas se C conhecesse que a realização da vasectomia era não só do interesse do paciente, como também da sua mulher ou companheira.

A subjetividade da teoria tripartida é, em grande medida, concentrada no último elemento, estando a sua concretização dependente dos factos concretos da questão em litígio.

V. Paralelamente à teoria tripartida de *Caparo*, dois outros modelos são, subsidiariamente, seguidos pelos tribunais ingleses: o da teoria analógica

---

[1818] [1943] AC 92-121.
[1819] [1996] 2 All ER 161-170.

(*incrementalism*) e o da teoria da assunção de responsabilidade (*assumption of responsability*).

A primeira, apresentada pelo Supremo Tribunal australiano no caso *Sutherland Shire Council v Heyman*[1820] e aprovada pelo próprio coletivo de juízes no acórdão *Caparo*[1821], defende a aplicação analógica de deveres de cuidado legalmente reconhecidos a situações similares, evitando-se, assim, toda a carga subjetiva que caracteriza as teorias alicerçadas em critérios de proximidade e Justiça[1822].

Já no que respeita à teoria da assunção de responsabilidade, a sua origem remonta ao caso *Hedley Byrne & Co Ltd v Heller & Partners Ltd*[1823], datado de 1964. Em termos gerais, esta doutrina estabelece que, comprometendo-se o autor dos danos a atuar no interesse de um terceiro lesado, emergem na sua esfera jurídica um conjunto de deveres de cuidado, muito embora a relação estabelecida não possa ser descrita como contratual[1824].

Apesar das transformações operadas desde o caso *Donoghue v Stevenson*, a que acresce uma proliferação de diferentes teorias e modelos decisórios, a pedra de toque da responsabilidade civil extracontratual não intencional permanece inalterada: a identificação de um específico dever de cuidado mantém toda a sua força e indispensabilidade[1825].

[1820] (1985) 157 CLR 424-514, [GIBBS CJ] 481: "*It is preferable, in my view, that the law should develop novel categories of negligence incrementally and by analogy with established categories, rather than by a massive extension of a prima facie duty of care restrained only by indefinable considerations which ought to negative, or to reduce or limit the scope of the duty or the class of person to whom it is owed*".

[1821] At 618.

[1822] A teoria foi defendida e aplicada em terras inglesas na decisão *Perrett v Collins* [1999] PNLR 77-116, [HOBHOUSE LJ] 90. Ver LESLEY DOLDING e RICHARD MULLENDER, *Tort Law, Incrementalism, and the House of Lords*, 47 N Ir Legal Q, 1996, 12-34.

[1823] [1965] AC 465-439. Sobre a exata dimensão da teoria e as suas diferentes interpretações, vide, entre outros, RICHARD MULLENDER, *Negligent Misstatement, Threats and the Scope of the Hedley Byrne Principle*, 62 MLR, 1999, 425-434.

[1824] *White v Jones* [1995] 2 AC 207-295, [LORD BROWNE-WILKINSON] 273: "*If the responsibility for the task is assumed by the defendant he thereby creates a special relationship between himself and the plaintiff in relation to which the law (not the defendant) attaches a duty to carry out carefully the task so assumed*".

[1825] *D v East Berkshire Community Health NHS Trust* [2005] 2 AC 373-422, [LORD RODGER OF EARLSFERRY] 409: "*in the contemplation of the law, the respondents are liable to the appellants only if the doctor owed them a duty of care. The concept of the duty of care... remains an integral part of the way the courts determine whether there is liability for negligence*". *Customs and Excise Commissioners v Barclays Bank plc* [2007] 1 AC 181-223, [LORD BINGHAM OF CORNHILL] 188: no primeiro parágrafo da

§ 22.º A EXPANSÃO DO CONCEITO DE FIDUCIÁRIO

Passaremos, de seguida, a analisar duas das relações que mais tinta têm feito correr no mundo jurídico anglo-saxónico: (1) a relação médico-doente e (2) a relação sacerdote-fiéis.

105. Relação médico-doente

I. A relação médico-doente caracteriza-se por um enorme desequilíbrio. O doente encontra-se numa posição muito sensível e vulnerável. Para além do seu estado de saúde débil, com toda a dimensão psicológica associada, o paciente não possui, regra geral, qualquer conhecimento técnico. A frágil condição do doente é realçada pela posição do médico, provavelmente apenas comparada à do sacerdote ou confessor. O médico é detentor dos conhecimentos que podem melhorar a saúde do paciente ou mesmo salvar-lhe a vida. Acresce que a elaboração de um correto diagnóstico está, muitas vezes, dependente do fornecimento de informações familiares e pessoais, usualmente inseridas no conceito de esfera privada ou íntima. Em suma, o doente coloca-se, totalmente, na mão do médico[1826].

II. Pese embora a seriedade que envolve a relação doente-médico e a sua consequente relevância social e jurídica, o regime de responsabilidade civil aplicável, em terras inglesas, está longe de ter alcançado uma unidade dogmática. A responsabilidade dos médicos pode, assim, ter uma origem contratual, aquiliana ou *equitable*, consoante os factos concretos e a posição teórica defendida[1827].

À luz do Direito britânico, a relação médico-doente não se enquadra, necessariamente, no mundo contratual. Os cuidados e serviços de saúde prestados no âmbito do *National Health Service* (Serviço Nacional de Saúde) não preenchem todos os requisitos ou elementos contratuais. Tanto a juris-

---

sua análise, o ilustre juiz do Supremo Tribunal inglês apresenta a demonstração da existência de um dever de cuidado como o primeiro passo da decisão. Veja-se ainda, entre outros, *Sutradhar v Natural Environment Research Council* [2006] 4 All ER 490-505, [LORD HOFFMAN] 498 e *Jain v Trent Strategic Health Authority* [2009] 1 All ER 957-977, [LORD SCOTT OF FOSCOTE] 963.
[1826] IAN KENNEDY, *The Fiduciary Relationship and its Application to Doctors and Patients* in *Wrongs and Remedies in the Twenty-First Century*, coordenação de PETER BIRKS, Clarendon Press, Oxford, 1996, 111-140, 111.
[1827] MICHAEL A. JONES, *Medical Negligence*, 4ª edição, Sweet & Maxwell, Londres, 2008, 69.

prudência, como a doutrina consideram que, sendo o serviço prestado gratuitamente, não há lugar à imperiosa *consideration*, pelo que um dos elementos centrais não se encontra preenchido. Repare-se que a relação direta entre os fundos governamentais atribuídos a cada hospital e o volume de doentes servidos, bem como a obrigatoriedade de pagamento de impostos, posteriormente utilizados para manter o NHS em funcionamento, ou a correlação entre a remuneração dos médicos e o número de doentes que lhe são atribuídos têm sido consideradas insuficientes para preencher o conceito de *consideration*[1828]. Já no âmbito da prática privada, pelo contrário, não parece haver dúvidas quanto à aplicação do regime contratual[1829-1830].

Os deveres de cuidado impostos contratualmente são, em tudo, idênticos aos desenvolvidos para o regime da responsabilidade aquiliana[1831], que passaremos a analisar de seguida.

III. No exercício da sua atividade, os médicos estão sujeitos a rígidos deveres de cuidado. Como princípio geral, aos médicos é exigida uma atuação análoga à adotada pelo médico prudente colocado em situação idêntica[1832]. Note-se que os deveres de cuidado são aplicáveis ao tratamento, diagnós-

---

[1828] *Reynolds v The Health First Medical Group* [2000] Lloyd's Rep Med 240-245, [SIMMONS HHJ] 243-244: "*the incident of income tax is, in my judgment, an example of payment being made without any contract being formed*". Note-se que esta solução não é abordada de forma uniforme pelos diversos sistemas da *Common Law*. No caso *Pittman Estate v Bain* [1994] 112 DLR (4d) 257-504, [LANG J] 334, o tribunal de primeira instância da província do Ontário considerou o pagamento de impostos como causa suficiente para o preenchimento do conceito de *consideration*.

[1829] JONES, *Medical Negligence*, cit., 72.

[1830] Para uma análise atual do paradigma nacional da responsabilidade médica, vide, em geral, PEDRO ROMANO MARTINEZ, *Responsabilidade civil por acto ou omissão do médico: responsabilidade civil médica e seguro de responsabilidade civil profissional* in *Estudos em homenagem ao Professor Doutor Carlos Ferreira de Almeida*, Vol. II, Almedina, Coimbra, 2011, 459-486

[1831] *Roe v Minister of Health* [1954] 1 WLR 128-136, [MCNAIR J] 131: "*the same standard of care applies whether the treatment is gratuitous* (responsabilidade aquiliana) *or on payment* (responsabilidade civil)".

[1832] *Bolam v Friern Hospital Management Committee* [1957] 2 All ER 118-128, [MCNAIR J] 121: "*The test is the standard of the ordinary skilled man exercising and professing to have that special skill. A man need not possess the highest expert skill at the risk of being found negligent. It is [a] well established law that it is sufficient if he exercises the ordinary skill of an ordinary competent man exercising that particular art*". Semelhante posição pode ser encontrada em inúmeras decisões: *Whitehouse v Jordan* [1981] 1 All ER 267-288, [LORD FRASER OF TULLYBELTON] 281; *Sidway v Board of Governors of Bethlem* [1985] AC 871-905, [LORD SCARMAN] 880.

tico e fornecimento de informações aos pacientes[1833]. Apesar de lógico, este raciocínio contrasta com a frequente coexistência de posições médicas opostas ou mesmo antagónicas. Embora a abordagem X seja perfeitamente aceite ou definida como a mais adequada por um grupo de médicos, especialistas de outra área ou defensores de uma diferente escola podem considerá-la totalmente desacertada. Nestes casos, a jurisprudência tem-se mostrado reticente em condenar um médico quando a prática utilizada mereça o apoio de alguns dos seus pares[1834].

O paradigma jurídico foi alvo de profundas alterações no caso *Bolitho v City and Hackney HA*, datado de 1998. O relator, LORD BROWNE-WILKINSON, opondo-se à posição então vigente, defendeu que o simples facto de um conjunto de especialistas sustentar a atuação de um médico não obsta, só por si, à sua responsabilização. O tribunal pode considerar, tendo sempre em conta os factos concretos e o contexto envolvente, que essa decisão dita prudente e apadrinhada por um vasto número de especialistas não é defensável ou foi insuficientemente fundamentada[1835]. Embora globalmente aplaudida[1836], a doutrina deve ser aplicada cautelosamente, em face dos parcos ou nulos conhecimentos médicos dos magistrados[1837].

A tese tem ainda servido de apoio para fortalecer os deveres de cuidado a que os médicos estão adstritos. Na decisão *Marriot v West Midlands Health Autorithy*, um médico, considerando serem poucos os riscos incorridos pelo doente, optou por pôr de parte uma intervenção cirúrgica urgente. Apesar de esta decisão ter sido apoiada por peritos que testemunharam no processo, o tribunal, seguindo a posição de LORD BROWNE-WILKINSON, considerou-

---

[1833] JONES, *Medical Negligence*, cit., 651.
[1834] *Maynard v West Midlands Regional Health Authority* [1985] 1 All ER 635-642, [LORD SCARMAN] 639: "*For in the realm of diagnosis and treatment negligence is not established by preferring one respectable body of professional opinion to another*".
[1835] [1998] AC 232-244, 241-242.
[1836] *Lucy Reynolds v North Tyneside Health Authority* [2002] Lloyd's Rep Med 459-481, [GROSS J] 474-475: o tribunal afirma que, independentemente de ser ou não corroborada por vários peritos e especialistas, a solução escolhida pelo autor em caso algum poderia ser sustentada.
[1837] *Wisniewski v Central Manchester Health Authority* [1998] Lloyd's Rep Med 223-245, [BROOKE LJ] 233-234; ROBERT H. DICKSON, *Medical & Dental Negligence*, T&T Clark, Edimburgo, 1997, 19: estes litígios revestem-se da maior complexidade. As diferentes opiniões médicas são fruto de anos e anos de estudo e de investigação e as suas premissas técnicas são, salvo raras exceções, totalmente incompreensíveis para os leigos.

-a, em face da informação que o médico tinha à sua disposição, totalmente desadequada[1838].

Após demonstrar que o médico atuou em violação dos deveres de cuidado a que esteja adstrito, o doente terá ainda de provar a existência de um nexo de causalidade entre a negligência médica e os danos causados. Ora, esta demonstração é bastante complexa. Apesar dos fantásticos avanços da Medicina, as infindáveis variáveis a valorar, conjugadas com as muitas vezes imprevisíveis e não menos misteriosas respostas do corpo humano a intervenções externas, deixam sempre a porta aberta para o argumento: as consequências negativas da atuação ou omissão médica resultam das condições preexistentes e não do conteúdo da intervenção em si. Ou seja, conquanto tenha atuado negligentemente, o médico não contribuiu para a deterioração do estado de saúde do seu doente[1839]. No fundo, tal como verificado no Direito nacional, o ónus da prova, no âmbito da responsabilidade aquiliana, encontra-se na esfera jurídica do queixoso.

Outras dificuldades podem ainda ser acrescentadas: (1) ao abrigo da s. 1 do *Law Reform (Contributory Negligence) Act*, 1945, o putativo médico prevaricador pode invocar e demonstrar que o paciente não seguiu todas as suas recomendações; (2) a ação apenas poderá ser iniciada no prazo de três anos a contar da ocorrência dos danos ou do momento em que o doente conheceu ou devesse conhecer a sua existência[1840]; (3) o corporativismo médico conduz a uma natural tendência para proteger os seus pares; e (4) o forte desequilíbrio processual: os pacientes, muitas vezes oriundos de estratos sociais mais baixos, irão enfrentar a bem oleada máquina do NHS, detentora de recursos financeiros e de conhecimentos consideravelmente superiores[1841].

Todos estes obstáculos, conjugados com o já mencionado desequilíbrio de posições, traduzem-se numa reduzida probabilidade de o paciente ver

---

[1838] [2002] Lloyd's Rep Med 23-30, [BELDAM LJ] 27-28.

[1839] EMILY JACKSON, *Medical Law: Text, Cases and Materials*, 2ª edição, OUP, Oxford, 2010, 130-131; *Barnett v Chelsea and Kensington Hospital Management Committee* [1969] 1 QB 428-439, [NIELD J] 438: "*It remains to consider whether it is shown that the deceased's death was caused by this negligence or whether, as the defendants have said, the deceased must have died in any event*"; *Hoston v East Berkshire Area Health Authority* [1987] 2 All ER 909-922, [LORD BRIDGE OF HARWICH] 913: o tribunal afirmou, categoricamente, que, não conseguindo o paciente provar, com razoabilidade, que o atraso na intervenção foi causa direta do desenvolvimento da necrose vascular, o médico não poderá, evidentemente, ser responsabilizado.

[1840] *Limitation Act*, 1980, s. 11 e s. 14.

[1841] HUDSON, *Equity and Trusts*, cit., 625.

a sua ação sair vitoriosa e, consequentemente, de os danos que ilicitamente lhe foram causados serem ressarcidos[1842]. Na prática, cerca de dois terços das ações iniciadas são decididas a favor do médico[1843].

IV. A atribuição de uma dimensão fiduciária à relação é mais facilmente abordada através da exposição de dois casos clássicos[1844].

McInerney v MacDonald[1845]. *Margaret MacDonald* era uma doente crónica – a decisão jurisprudencial não especifica qual a doença de que padecia –, que, depois de ter consultado diversos médicos, recorreu aos serviços do *Dr. McInerney*. Por conselho do seu novo médico, *Margaret* deixou de tomar uns comprimidos para a tiroide. Intrigada, a doente requereu uma cópia de todos os seus ficheiros médicos. *McInerney* acedeu ao pedido, mas limitou-se a entregar a parte que continha a sua análise, afirmando que a restante informação deveria ser solicitada aos médicos que a redigiram. Descontente com esta resposta, *Margaret* dá entrada a uma ação judicial em que requeria que lhe fosse entregue toda a informação, independentemente de ser ou não da autoria de *McInerney*.

LA FOREST J, relator do acórdão, considera que *McInerney*, ao não aceder ao pedido da paciente, violou os deveres fiduciários a que estava adstrito. A construção apresentada é bastante simples: a informação sobre os pacientes pertence, em última análise, aos próprios, sendo apenas confiada aos médicos. Caso a sua revelação lhes seja negada, os médicos estão a ir contra os interesses dos seus doentes e, como tal, a violar o dever de lealdade que caracteriza todas as relações fiduciárias[1846].

Norberg v Wynrib[1847]. *Laura Norberg*, que também padecia de dores crónicas em diversas partes do corpo, foi, durante anos, tratada com potentes analgésicos. A rotineira prescrição e consumo destes medicamentos resultaram no desenvolvimento

---

[1842] MARGARET BRAZIER e EMMA CAVE, *Medicine, Patients and the Law*, 4ª edição, Penguin Books, Londres, 2007, 203: as autoras chegam mesmo a considerar que apenas nos casos de flagrante violação irão os tribunais decidir a favor do queixoso.
[1843] JACKSON, *Medical Law*, cit., 149.
[1844] A análise desta temática, pela doutrina inglesa, assenta, usualmente, no estudo dos dois casos. Veja-se, a título meramente exemplificativo: IAN KENNEDY, *The Fiduciary Relationship and Its Application to Doctors and Patients* in *Wrongs and Remedies*, cit., 111-140 e ANDREW GRUBB, *The Doctor as Fiduciary*, 47 CLP, 1994, 311-340.
[1845] [1992] 93 DLR (4d) 415-431.
[1846] At [20].
[1847] [1992] 92 DLR (4d) 449-507.

de uma forte dependência física e psicológica. *Morris Wynrib*, um dos médicos a quem *Laura* recorria habitualmente, apercebendo-se da condição da sua doente, não só não cortou o mal pela raiz, recusando-se a prescrever mais medicamentos e a encaminhá-la para um programa de desintoxicação, como resolveu aproveitar-se da situação de fragilidade em que a paciente se encontrava, para exigir favores sexuais em troca da prescrição dos analgésicos.

Foram apresentadas três soluções: (1) *tort of battery*; (2) *tort of negligence*; e (3) violação de deveres fiduciários.

Para LA FOREST J, posição que mereceu a concordância da maioria do coletivo de juízes, as relações sexuais estabelecidas entre o médico e a sua paciente não foram consensuais, pelo que consubstanciam um simples *tort of battery*. Juridicamente, alega o ilustre juiz, o consentimento deve ser dado voluntária e livremente. Ora, *Norberg* era uma toxicodependente disposta a tudo para conseguir os medicamentos[1848].

SOPINKA J alega que o *Dr. Wynrib* violou o dever de agir profissionalmente a que todos os médicos estão adstritos, aplicando-se, deste modo, o regime da *negligence*.

Finalmente, McLACHLIN J defende a existência de uma relação fiduciária entre o médico e a sua paciente. A presidente do Supremo Tribunal canadiano, a primeira mulher a ocupar o cargo, inicia a sua opinião por evidenciar a confiança que caracteriza a relação médico-paciente e as especificidades do nosso caso: o *Dr. Wynrib* conhecia a situação frágil em que a sua paciente se encontrava e era detentor de informação estritamente pessoal e da maior sensibilidade, tendo-se, em vez de proteger a sua doente, aproveitado da situação. Chegando ao momento decisivo, o da existência de um conflito, McLACHLIN J considera que *Wynrib* colocou os seus interesses pessoais, prazer físico, à frente dos interesses de *Laura*.

V. O acórdão *Norberg v Wynrib* parece, na nossa opinião e por aplicação do regime anglo-saxónico, de fácil resolução. *Laura Norberg* estava, à época, física e psicologicamente viciada em analgésicos, não se podendo considerar que estivesse na posse das capacidades mentais necessárias para consentir esse tipo de contacto físico. A lei exige, sob pena de o consentimento não ser juridicamente válido, que a decisão seja tomada livre e voluntariamente. Esta situação é, em tudo, similar a consentimentos declarados por sujeitos alcoolizados ou sobre influência de estupefacientes[1849].

[1848] At [26-28].
[1849] *Street on Torts*, cit., 297 e NICHOLAS J. MCBRIDGE e RODERICK BAGSHAW, *Tort Law*, 3ª edição, Pearson Education, Edimburgo, 2008, 257: os autores apenas mencionam a embriaguez; ALLEN M. LINDEN e BRUCE FELDTHUSEN, *Canadian Tort Law*, 8ª edição, LexisNexis, Ontário,

§ 22.º A EXPANSÃO DO CONCEITO DE FIDUCIÁRIO

Já no que respeita ao acórdão *McInerney v MacDonald*, pese embora a maior complexidade que o envolve, não nos parece que o recurso ao conceito de fiduciário e aos deveres que lhe estão associados se apresente como a solução mais adequada. A sua utilização é excessiva e injustificável.

O cerne da questão reside na existência ou não de um direito geral de informação. Se os médicos estão obrigados a fornecer todo o tipo de informações que detenham sobre os pacientes, ao não aceder ao pedido de *Margaret MacDonald*, o *Dr. McInerney* violou as suas obrigações; caso o sistema não reconheça esse direito, nenhuma obrigação foi violada. Por fim, os tribunais podem ainda considerar que, muito embora esse direito não exista ou não esteja consolidado, deve ser desenvolvido. Neste último caso, não nos parece razoável aplicar, por inteiro, o regime das relações fiduciárias.

Toda esta discussão está hoje ultrapassada, pelo menos no que ao Direito inglês respeita. A *Data Protection Act*, 1998, positivou, em especial na s. 7, os direitos dos doentes sobre as informações recolhidas pelos médicos.

106. Relação sacerdote-fiéis

I. A natureza jurídica da relação sacerdote-fiéis tem merecido especial atenção nos Estados Unidos da América, onde, a partir do início da década de 80 do século passado, vieram a público uma série de abusos perpetuados por clérigos[1850]. O impacto social destes escândalos é bastante preocupante. Alguns autores chegam a falar de uma mudança do paradigma religioso nos Estados Unidos, exteriorizada por um crescente fosso que afasta os fiéis dos

---

2006, 77: os autores reconhecem a validade da posição manifestada por LA FOREST J, embora mostrem interesse no desenvolvimento da doutrina fiduciária.

[1850] CONSTANCE FRISBY FAIN, *Clergy Malpractice: Liability for Negligent Counseling and Sexual Misconduct*, 12 Miss C L Rev, 1991, 97-142, 99: a autora considera que o crescente número de ações interpostas contra a Igreja e os seus sacerdotes reflete a escalada do fanatismo religioso. Os eclesiásticos fundamentalistas têm hoje um papel muito mais ativo na formação dos jovens. A mesma autora reforça este último aspeto em um outro artigo: *Minimizing Liability for Church-related Counselling Services: Clergy Malpractice and First Amendment Religion Clauses*, 44 Akron L Rev, 2011, 221-260, 225; JOHN H. ARNOLD, *Clergy Sexual Malpractice*, 8 U Fla J L & Pub Pol'y, 1996, 25-49, 26-27: aponta como causas diretas: a atenção dada pelos media e uma diminuição da subserviência para com os clérigos. Acresce que um abuso sexual, violento ou não, quando praticado por um religioso tem um impacto social muito maior.

497

sacerdotes e que dificulta a intervenção dos clérigos na resolução de problemas sociais e pessoais no seio da sua comunidade[1851].

Conquanto a face mais visível e chocante seja ocupada por abusos sexuais cometidos por sacerdotes contra menores desprotegidos[1852], seria bastante redutor limitar esta sensível temática a essas situações. Distintas Igrejas e congregações têm sido processadas por revelações públicas de informação confidencial[1853], invasão de privacidade[1854] e, principalmente, por violação dos deveres de cuidado no âmbito de aconselhamento espiritual.

A responsabilidade civil dos sacerdotes pode, grosso modo, ser reunida em dois grandes grupos: (1) abusos físicos; e (2) danos causados por aconselhamento espiritual. Muitas vezes, estes dois tipos sobrepõem-se, sendo os abusos físicos consumados no âmbito do aconselhamento espiritual.

As dificuldades inerentes ao regime anglo-saxónico da responsabilidade civil extracontratual contrastam com a simplicidade do seu Direito criminal. A decisão *John Doe v Rev. Albert*[1855] assemelha-se a muitas outras em que um sacerdote abusou sexualmente de uma criança. Os factos são bastante comuns: o reverendo *Albert* "contratou" uma criança de catorze anos para ocupar a função de sacristão. Depois de estabelecer uma relação de confiança, o sacerdote abusou sexualmente de *John Doe*, durante dois anos. Criminalmente, os factos não levantam qualquer tipo de dúvida: são subsumí-

---

[1851] PATRICK J. SCHILTZ, *The Impact of Clergy Sexual Misconduct Litigation on Religious Liberty*, 44 BCL Rev, 2003, 949-976.

[1852] JANICE D. VILLIERS, *Clergy Malpractice Revisited: Liability for Sexual Misconduct in the Counseling Relationships*, 74 Denv U L Rev, 1996, 1-64, 5 ss.: considera que os frequentes abusos cometidos contra as mulheres refletem a posição subalterna que, ainda hoje, o sexo feminino ocupa nas diversas religiões e na própria sociedade ocidental. Muitas vezes é passada a mensagem, pelos meios de comunicação, de que este tipo de abusos é apenas comum no seio da Igreja Católica. Esta ideia não corresponde à realidade. A Igreja de Jesus Cristo dos Santos dos Últimos Dias foi alvo de uma série de processos: *Jane Doe v The Corporation of the President of the Church of Jesus Christ of Latter-day Saints*, 90 P 3d 1147-1154, (Wash App 2004) [ANN SCHINDLER J]: abusos sexuais cometidos por um membro da comunidade religiosa; assim como a comunidade Testemunhas de Jeová: *Bryan R. v Watchtower Bible and Tract Society of New York*, 738 A 2d 839-849, (Me 1999) [SAUFLEY J]. Muitos outros exemplos poderiam ser apresentados.

[1853] *Harold and Hazel Hester v Donald R. Barnett*, 723 SW 2d 544-563, (Mo App 1987) [SHANGLER J]: um sacerdote de uma Igreja Baptista divulgou, aos seus superiores e a alguns fiéis, informações pessoais e íntimas de uma família que tinha recorrido aos seus serviços em busca de conselhos e orientações.

[1854] FAIN, *Minimizing Liability*, cit., 225.

[1855] 478 F Supp 2d 742-774, (2007 US Dist) [A. RICHARD CAPUTO USDJ].

veis ao regime previsto no § 2251 e seguintes do Título 18 do U.S. Code, dedicado ao Direito criminal.

II. Embora menos repugnante, a questão do aconselhamento por sacerdotes apresenta-se juridicamente mais complexa. No célebre caso *Nally v Grace Community Church of the Valley*[1856], discutida no Supremo Tribunal da Califórnia, os pais de um rapaz de vinte e quatro anos intentaram uma ação de responsabilidade contra um sacerdote de uma Igreja Protestante. Na base dessa ação, estava um putativo *tort of negligence*. O sacerdote, que tinha aconselhado o jovem no período anterior ao suicídio, violou, alegam os pais, os deveres de cuidado a que os eclesiásticos estão adstritos quando aconselhem os seus fiéis.

Tal como avançado no capítulo dedicado à responsabilidade civil extracontratual inglesa, também no Direito estado-unidense o primeiro passo consiste na identificação de um dever de cuidado específico. Ao contrário do verificado para outras profissões – psiquiatras ou psicólogos[1857] – o Direito estado-unidense não atribui, aos sacerdotes, qualquer dever específico de cuidado[1858]. Aliás, o Direito californiano, que exige a obtenção de uma licença para a prática de aconselhamento, isenta expressamente os clérigos desta obrigação[1859].

O tribunal considerou que, entre *Nally* e os sacerdotes, não existia uma relação suficientemente próxima, o que impede a aplicação do *tort of negligence*. Nas duas semanas que antecederam o suicídio, *Nally* foi examinado por uma série de psiquiatras, sendo assim afastada a tese que atribui, aos sacerdotes, um especial conhecimento que lhes permitisse prever os tristes acontecimentos que acabaram por ocorrer.

Apesar de o caso já ter mais de vinte anos, a posição dos tribunais estado-unidenses não sofreu especiais alterações, sendo também aplicável às situações em que o sacerdote, aproveitando-se da situação de fragilidade do fiel maior, o convence a praticar relações sexuais.

[1856] 763 P 2d 948-970, (Cal 1988) [LUCAS CJ].

[1857] Veja-se, a título meramente exemplificativo, o caso *Erika Meier v Ross General Hospital*, 69 Cal 2d 420-435, (Cal 1968) [TOBRINER J], no qual um psiquiatra foi responsabilizado por não ter atuado diligentemente. O seu paciente cometeu suicídio.

[1858] RANDALL K, HANSON, *Clergy Malpractice: Suing Ministers, Pastors, and Priests for Ungodly Counseling*, 39 Drake L Rev, 1989-1990, 597-615.

[1859] *Bus. & Prof. Code* § 2908.

III. No âmbito de abusos sexuais formalmente consentidos, três soluções – as mesmas discutidas na relação médico-doente – merecem especial destaque: (1) *tort of battery*; (2) *tort of negligence*; e (3) violação de deveres fiduciários.

A alegação da prática de um *tort of battery*, solução com fundamentos jurisdicionais[1860], é raramente invocada pelos abusados. As razões para a sua não alegação parecem estar associadas às exceções usualmente introduzidas nos seguros subscritos pelas entidades religiosas para cobrir este tipo de casos, o que torna o processo muito prolongado e dispendioso[1861].

IV. No âmbito do *tort of negligence*, como já por diversas vezes foi sublinhado, o primeiro passo reside na identificação e no preenchimento dos deveres a que o putativo prevaricador está adstrito. Mas quais são os deveres dos sacerdotes? Ao contrário do verificado para tantas outras profissões, os deveres que os eclesiásticos assumem para com a comunidade de fiéis não são evidentes. Conquanto a doutrina estado-unidense se foque no papel do sacerdote enquanto conselheiro espiritual, as suas funções extravasam, largamente, o simples aconselhamento[1862]. Os sacerdotes são conselheiros, pregadores, gestores dos bens da sua paróquia, organizam eventos públicos, de caridade e retiros espirituais, ensinam, acompanham os moribundos nas suas últimas horas, protegem os mais desfavorecidos e os mais fracos e presidem a celebrações religiosas[1863]. Acresce que este vasto leque, não taxativo, se baseia nas atividades dos sacerdotes da Igreja Católica. Ora, os deveres assumidos pelos religiosos da Igreja Romana não correspondem, necessariamente, aos de outras congregações ou religiões[1864]. A existência de infindáveis religiões, congregações e seitas dificulta, se não mesmo impossibilita, o desenvolvimento de um conjunto de deveres gerais de cuidado. Os próprios

---

[1860] *Byrd v Faber* 565 NE 2d 584-590, (Ohio 1991) [RESNICK J]; FUNSTON, *Made Out of Whole Cloth?*, cit., 512: o autor aponta o *tort of battery* como uma ação com bastantes hipóteses de sucesso.

[1861] DAN B. DODDS, *The Law of Torts*, West Group, St. Paul, Minnesota, 2000, 687.

[1862] KLEE, *Clergy Malpractice*, cit., 215; BUREK, *Clergy Malpractice: Making Clergy Accountable to a Lower Power*, 14 Pepp L Rev, 1986, 137-161, 139.

[1863] ARNOLD, *Clergy Sexual Malpractice*, cit., 37.

[1864] ZSHONETTE REED, *Clergy Malpractice: Defining the Duty and Dismissing the Claim*, 4 J Legal Advoc & Prac, 2002, 122-136, 123: comportamentos considerados blasfémicos por uma religião podem ser aceites ou incentivados por outra.

modelos, formas ou processos adotados, ao longo do aconselhamento, estão intrinsecamente dependentes da religião professada pelo sacerdote[1865].

Finalmente, os conhecimentos exigidos aos sacerdotes variam muito de religião para religião. A pedra de toque pode não ser colocada nas suas capacidades como conselheiros, mas antes no domínio da mensagem oficial da Igreja que representem ou nas suas capacidades retóricas e de pregação[1866].

V. O segundo obstáculo ao reconhecimento da natureza fiduciária da relação sacerdote-fiel desenvolveu-se em torno do princípio secular da separação da Igreja do Estado e da proibição constitucional de o poder legislativo interferir em matérias religiosas[1867]. A imposição de um conjunto de deveres ou de conhecimentos teria um impacto direto na organização e no funcionamento das congregações religiosas, sendo, consequentemente, de constitucionalidade duvidosa[1868].

A separação entre o espiritual e o terreno não pode servir de base para proteger eclesiásticos prevaricadores, em detrimento dos fiéis desprotegidos. Tal interpretação desvirtua, por completo, as razões que estão na sua base[1869]. É certo que o aconselhamento clerical extravasa o simples aconselhamento psicológico: a dimensão religiosa assume um papel preponderante[1870]; o sucesso do aconselhamento clerical advém da conjugação da dimensão espiritual com a mensagem religiosa que lhe está subjacente. A dimensão espiritual que envolve o aconselhamento religioso não pode, porém, prevalecer sobre os interesses, os direitos e a integridade física e psicológica dos fiéis.

[1865] C. ERIC FUNSTON, *Made Out of Whole Cloth? A Constitutional Analysis of the Clergy Malpractice Concept*, 19 Cal W L Rev, 1983, 507-544, 520.

[1866] SUE GANSKE GRAZIANO, *Clergy Malpractice*, 12 Whittier L Rev, 1991, 349-355, 350; KIMMERLY ANNE KLEE, *Clergy Malpractice: Bad News for the Good Samaritan or a Blessing in Disguise*, 17 U Tol L Rev, 1985, 209-253, 212.

[1867] First Amendment: "*Congress shall make no law respecting an establishment of religion*".

[1868] ARNOLD, *Clergy Sexual Malpractice*, cit., 43.

[1869] VILLIERS, *Clergy Malpractice Revisited*, cit., 32-37.

[1870] Grande parte dos psiquiatras e psicólogos defende que a cura dos doentes tem uma dimensão espiritual muito forte. Alguns terapeutas chegam mesmo a avançar que o sucesso da intervenção está ligado ao reconhecimento da prática de um pecado, em sentido lato, cfr., BUREK, *Clergy Malpractice*, cit., 137; BARTON E. BERNSTEIN, *A Potential of Pastoral Care: Malpractice*, 19 J Rel & Health, 1980, 48-58, 49: apesar dos métodos utilizados serem distintos, o autor considera que os aconselhamentos são análogos, pelo que deverão ser tratados de forma idêntica.

Ao limitar a atuação dos sacerdotes ou ao regular os seus deveres, o legislador não tem, como objetivo imediato, condicionar a prática religiosa, mas os atos que, encobertos por uma máscara de espiritualidade, consubstanciem abusos social e juridicamente condenáveis[1871]. Seria um absurdo considerar que a separação entre o Estado e a Religião impossibilita qualquer ingerência e valida todo o tipo de atos, quer praticados pelos crentes, quer pelos sacerdotes[1872].

VI. Estas dificuldades têm levado parte da doutrina a defender que a relação sacerdote-fiel tem uma natureza fiduciária. Ora, em primeiro lugar, cumpre referir que a aplicação do regime fiduciário não isenta a determinação dos deveres a que os sacerdotes estão adstritos, pelo que as dificuldades mantêm-se: quais os deveres impostos aos sacerdotes?

Os defensores da aplicação do regime fiduciário alicerçam a sua posição na relação de proximidade e de confiança que se estabelece entre os sacerdotes e os seus fiéis[1873]; no aproveitamento da posição de fragilidade em que o fiel que busca conselhos e orientações se encontra[1874]; nas consequências negativas que esse abuso produz na esfera pessoal do fiel, podendo mesmo abalar a sua fé, muitas vezes o único apoio do lesado[1875]; e na insuficiência dos mecanismos de defesa que o regime oferece, nomeadamente a demonstra-

---

[1871] KELLY BEERS ROUSE, *Clergy Malpractice Claims: a New Problem for Religious Organizations*, 16 N Ky L Rev, 1988, 383-396, 393; GRAZIANO, *Clergy Malpractice*, cit., 355; BUREK, *Clergy Malpractice*, cit., 137: historicamente, esta separação está longe de ser absoluta.

[1872] ROBERT J. BASIL, *Clergy Malpractice: Taking Spiritual Counseling Conflicts Beyond Intentional Tort Analysis*, 19 Rutgers LJ, 1988, 419-450, 423.

[1873] ARNOLD, *Clergy Sexual Malpractice*, cit., 43: considera que a relação estabelecida entre os sacerdotes é muito íntima e alicerça-se na enorme confiança depositada no religioso.

[1874] Veja-se, a título de exemplo, o caso *F. G. v MacDonell*, 150 NJ 550-573, (NJ 1997) [POLLOCK J], analisado por MELISSA A. PROVOST in 8 Seton Hall Const LJ, 1998, 625-630 e *Tenantry v Diocese of Colorado*, 863 P 2d 310-337, (Colo 1993) [ERICKSON], comentado por JENIFER L. WALLACE, *Fiduciary Theory Imposes Higher Duties and Direct Liability on Church for Clergy Sexual Misconduct*, 28 Suffolk U L Rev, 1994, 331-339. Em ambos os casos, os tribunais consideraram que o sacerdote violou deveres fiduciários. ZANITA E FENTON, *Faith in Justice: Fiduciaries, Malpractice & Sexual Abuse by Clergy*, 8 Mich J Gender & L, 2001, 45-96, 45: a autora recorda que o abuso de sujeitos vulneráveis apresenta-se, normalmente, como o padrão seguido pelos predadores sexuais.

[1875] ARNOLD, *Clergy Sexual Malpractice*, cit., 43.

ção do nexo de causalidade entre o abuso e os danos psicológicos alegadamente sofridos[1876].

Não se nega que a relação sacerdote-fiel seja marcada por uma forte confiança e por um certo desequilíbrio de posições, em especial se o sacerdote convencer o fiel de que a sua única salvação reside em seguir à risca todos os conselhos e orientações transmitidas. Também é inegável que o regime fiduciário, em face da sua natureza objetiva, protege de forma muito mais efetiva os beneficiários[1877]. Mas tal não é suficiente para definir uma relação como fiduciária: seria necessário que o sacerdote assumisse um dever de colocar os interesses dos fiéis à frente de todos os outros.

A aplicação dos princípios fiduciários, para além de dogmaticamente discutível, impõe, aos visados, um regime bastante rígido, podendo levar os sacerdotes a não intervirem nalgumas situações em que poderiam ajudar o fiel, por recearem as consequências do seu aconselhamento[1878].

107. A desadequação da teoria expansionista

I. Nos inúmeros artigos publicados ao longo das últimas décadas, dois elementos têm sido especialmente relevantes: (1) a relação de confiança; e (2) o desequilíbrio de posições[1879]. A conjugação destes requisitos não pode bastar para a conceptualização dos médicos e sacerdotes como fiduciários.

[1876] RANDALL K. HANSON, *Clergy Malpractice: Suing Ministers, Pastors and Priests for Ungodly Counseling*, 39 Drake L Rev, 1890, 597-615, 598-601 e ARNOLD, *Clergy Sexual Malpractice*, cit., 40.
[1877] ARNOLD, *Clergy Sexual Malpractice*, cit., 49; FENTON, *Faith in Justice*, cit., 58-68; LINDSEY ROSE, *In Bad Faith: Breach of Fiduciary Duty by the Clergy*, 71 Temp L Rev, 1998, 743-771, 771.
[1878] HANSON, *Clergy Malpractice*, cit., 598-601.
[1879] ELAINE LU, *The Potential Effect of Managed Competition in Health Care on Providing Liability and Patient Autonomy*, 30 Harv J on Legis, 1993, 519-552, 453: "*The key elements of the fiduciary relationship between a doctor and patient are trust and asymmetry of knowledge*"; ROGER B. DWORKIN, *Getting What We Should From Doctors: Rethinking Patient Autonomy and the Doctor-Patient Relationship*, 13 Health Matrix, 2003, 235-296, 264: "*the patient... is frightened and/or suffering*"; THOMAS H. BOYD, *Cost Containment and the Physician's Fiduciary Duty to the Patient*, 39 DePaul L Rev, 1989, 131-160, 135: o autor considera não ser possível negar a existência de uma relação fiduciária; GREGORY D. JONES, *Premium Non Nocere: the Expanding "Honest Services" Mail Fraud Statute and the Physician-Patient Fiduciary Relationship*, 51 Vand L Rev, 1998, 139-182, 156: focando-se mais nos conhecimentos detidos no que na confiança depositada; MAWELL J. MEHLMAN, *Fiduciary Contracting: Limitations on Bargaining Between Patients and Health Care Providers*, 51 U Pitt L Rev,

O conceito assenta no dever de lealdade, com toda a carga histórica e dogmática que lhe está associada.

A generalização do conceito pode conduzir, se é que ainda não conduziu no Direito estado-unidense, a um total desvirtuamento do instituto e, de maior relevância, ao seu esvaziamento. Repare-se que alguns tribunais chegam a fazer depender a aplicação do regime fiduciário do preenchimento dos mesmos elementos exigíveis para a responsabilidade civil extracontratual: existência de um dever; a sua violação; a produção de danos na esfera jurídica do lesado; e um nexo de causalidade entre a violação e os danos causados[1880], ignorando, por completo, a natureza objetiva da responsabilidade fiduciária, se assim se pode chamar. O risco de a expressão perder todo o seu conteúdo característico não é meramente teórico. Acresce que as construções artificiais, como o caso paradigmático da posição avançada por McLachlin J, apenas vêm evidenciar a desadequação da doutrina.

II. Mas ignoremos, por um momento, estas preocupações sistemáticas e centremo-nos em questões mais práticas. Apliquemos a construção ao dia-a-dia dos hospitais. Recorde-se que os médicos estão adstritos a um rígido dever de lealdade para com cada um dos doentes que os consultam. Ora, por vezes, os médicos são consultados por dezenas de doentes por dia – basta pensar-se nas caóticas situações que caracterizam as urgências nacionais e nos intermináveis bancos a que muitos médicos se sujeitam –, devendo, à luz dos princípios fiduciários, colocar os interesses pessoais de cada um dos seus pacientes à frente dos seus próprios interesses e dos interesses de todos os restantes doentes. Cada vez que um médico dê prioridade a um doente está a violar o inflexível dever de lealdade a que se sujeitou. Ao optar por transplantar um coração para o doente B em detrimento do doente A, está a violar, da forma mais gravosa imaginável, os mesmos deveres fiduciários.

O argumento de que situações conflituosas são comuns a todas as relações fiduciárias[1881] não pode ser atendido. Não se nega que os administra-

---

1989, 365-418, 390: apresenta a construção como consequência da expectativa de que o médico irá sempre atuar no melhor interesse de cada um dos seus doentes.

[1880] *JDI Holdings v Jet Management Inc*, 732 F Supp 2d 1205-1235, (US Dist 2010) [M. Casey Rodgers USDJ] 1231: *"The elements of a claim for a breach of fiduciary duty are: (1) the existence of a fiduciary duty; (2) breach of fiduciary duty; and (3) damages"*.

[1881] Marc A. Rodwin, *Strains in the Fiduciary Metaphor: Divided Physician Loyalties and Obligations in a Changing Health Care System*, 21 Am J L & Med, 1995, 241-258, 251.

§ 22.º A EXPANSÃO DO CONCEITO DE FIDUCIÁRIO

dores ou os *trustees* possam se confrontados com situações conflituosas, mas nunca diariamente. Acresce que, como princípio geral, os fiduciários devem evitar este tipo de situações. Ora, parte do trabalho médico consiste, precisamente, na gestão e graduação dos diversos interesses em disputa. Semelhante construção aplica-se, por inteiro, à relação sacerdote-fiel. Os clérigos assumem deveres não apenas para com cada um dos seus fiéis, mas para com toda a comunidade. Numa perspetiva teológica, mas perfeitamente realista aos olhos de um crente, os interesses de Deus prevalecem sobre todos os outros, sendo bastante difícil conceber que um sacerdote decida, voluntariamente, colocar os interesses pessoais de um específico fiel à frente dos interesses da comunidade ou à vontade do deus que jurou servir.

Em suma, na nossa opinião, para além de a teoria ser dogmaticamente contestável e acarretar consequências imprevisíveis, não se adequa à realidade prática.

III. Os defensores da expansão do conceito fiduciário têm por hábito centrar-se, em exclusivo, nas vantagens para o doente ou para o fiel[1882], ignorando, por completo, a complexidade e a exigência que acarreta a imposição de deveres fiduciários[1883]. A prevalência absoluta dos interesses de terceiros sobre os próprios não pode ser estabelecida de ânimo leve: antes tem de ser alicerçada numa clara e fundamentada construção jurídica, não bastando a aparente injustiça da situação ou as hipotéticas deficiências dos mecanismos jurídicos disponíveis[1884]. Longe vão os tempos em que o *Chancellor*, vigário do Rei, podia moldar a Lei e a Justiça à luz da sua *Equity Law*. A doutrina e a jurisprudência estado-unidense parecem ter substituído o conceito de *Equity Law* pelo de fiduciário. Pretendem expandir a sua aplicação a todos os casos em que a solução legal não se adeque à sua definição de Justiça.

A atribuição dos extensos deveres fiduciários a um sujeito deve estar dependente do preenchimento de estritos e claros requisitos. Não basta, ao contrário do professado pelos defensores da sua expansão, que alguém

---

[1882] JOSEPH M. HEALEY, JR. e KARA L. DOWLING, *Controlling Conflicts of Interest in the Doctor-Patient Relationships: Lessons from Moore v. Regents of the University of California*, 42 Mercer L Rev, 1991, 989-1006, 1000: sublinha ser esta a razão para a expansão do conceito.

[1883] RIBSTEIN, *Are Partners Fiduciaries?*, cit., 212: recorre a termos económicos para explicitar os riscos da expansão do conceito. É necessário manter um equilíbrio entre os custos e os benefícios.

[1884] HUDSON, *Equity and Trusts*, cit., 628.

deposite uma enorme confiança na atuação de outrem, fruto dos conhecimentos ou da função desempenhada[1885]. Também não será suficiente que esse terceiro exerça uma especial influência, ascendência ou domínio ou que o putativo beneficiário seja particularmente suscetível às suas recomendações e orientações[1886]. Por fim, a prossecução de interesses de terceiros também não basta para atribuir uma natureza fiduciária aos deveres assumidos para com terceiros. A posição do fiduciário caracteriza-se, sim, pela voluntária sobreposição dos interesses dos beneficiários aos seus interesses pessoais. O fiduciário tem de assumir, expressa ou tacitamente, um especial dever para com os beneficiários[1887]. Esta conceção vai, de resto, ao encontro do regime desenvolvido para os *resulting* e *constructive trusts*: apenas com o reconhecimento do *trust* emergem, na esfera jurídica do sujeito, agora descrito como *trustee*, deveres fiduciários[1888]. Em suma, também para estas duas modalidades de *trust*, a assunção da posição fiduciária está dependente da sobreposição dos interesses dos beneficiários aos seus interesses individuais[1889]. Apesar

---

[1885] *H-B Ltd v Edgar C. Wimmer*, 220 Va 176-181, (Va 1979) [I'Anson CJ] 173; *Schlumberger Technology Corporation v John Swanson*, 959 SW 2d 171-182, (Tex 1997) [Craig T. Enoch J] 176. Muitas decisões limitam-se a analisar a parte passiva da relação, a procurar factos ou indícios de que um sujeito depositou confiança num terceiro que detém uma especial ascendência ou conhecimentos, cfr., *Mid-America National Bank of Chicago v First Savings & Loan Association of South Holland*, 161 Ill App 3d 531-540, (Ill App 1987) [Rizzi J] 538: *"Where a fiduciary relationship does not exist as a matter of law, such relationship may nonetheless occur where one party, due to a close relationship, relies very heavily on the judgment of another"*; *Elma Penato v Stephen George*, 52 AD 2d 939-943, (NY App Div 1976) 942: *"a fiduciary relationship is one founded upon trust or confidence reposed by one person in the integrity and fidelity of another"*.
[1886] *Kevin Wilson v IBP, Inc*, 558 NW 2d 132-148, (Iowa 1996) [Snell J] 139: utiliza as expressões domínio e controlo; *Union State Bank v William Woell*, 434 NW 2d 712-721, (ND 1989) [Beryl J. Levine J] 721: recorre à ideia de desequilíbrio de posições.
[1887] Inglaterra: *Regina v Chester & North Wales Legal Aid Office (No. 2)* [1998] 1 WLR 1496-1505, [Millett J] 1500: *"The obligation on which reliance is placed is the core obligation of a fiduciary to act in the interest of his beneficiary and not his own"*. Estados Unidos: *Shapiro v Rubens*, 166 F 2d 659-667, (US App 1948) [Kerner CJ] 666: *"The relationship arises wherever the circumstances make it certain that confidence was reposed on the one side and accepted on the other"*; *Lowrance v Patton*, 710 P 2d 108-113, (Okla 1985) [Summers J] 112: *"a fiduciary relationship ... is based on some form of agreement, either expressed or implied, from which it can be said the minds have been met to create a mutual obligation"*.
[1888] *Lonrho Plc v Fayed (No. 2)* [1992] 1 WLR 1-14, [Millett J] 10-11.
[1889] *Westdeutsche Landesbank Girozentrale v Islington London Borough Council* [1996] AC 669-741, [Lord Browne-Wilkinson] 705: *"Since the equitable jurisdiction to enforce trusts depends upon the conscience of the holder of the legal interest being affected, he cannot be a trustee of the property if and so*

§ 22.º A EXPANSÃO DO CONCEITO DE FIDUCIÁRIO

de a jurisprudência inglesa recorrer, comummente, à expressão consciencialização, o seu uso é enganador. Não se exige, evidentemente, sob pena de violação dos mais elementares princípios da *Equity Law* – como o da sobreposição da substância à forma –, que o *trustee* compreenda as consequências e efeitos dos seus atos ou palavras; importa sim, que se tenha colocado nessa posição voluntariamente[1890]. Ao situarmos o elemento decisivo na justaposição dos interesses dos beneficiários, corremos um certo risco, embora consciente, de, se não excluir, pelo menos dificultar a expansão do conceito no âmbito comercial: dificilmente, quando um sujeito contrata com outro no âmbito da sua atividade profissional, irá aceitar colocar os interesses da outra parte à frente dos seus próprios interesses. Esta imposição, para além de ser, dogmaticamente, indefensável, visto cada uma das partes colocar os seus interesses em primeiro lugar, também não parece ser benéfica do ponto de vista do comércio jurídico[1891]. Repare-se que não se defende uma impossibilidade legal ou sequer fáctica; simplesmente pretende sublinhar-se a dificuldade de os factos demonstrarem uma propensão para se colocar os interesses da contraparte em primeiro lugar[1892]. Acresce que a maioria das relações fiduciárias caracteriza-se pela sua natureza comercial, num sentido lato[1893].

Não se pode, porém, negar que a flexibilização do conceito de fiduciário é hoje uma realidade inquestionável[1894]. A sociedade, bem como a própria

---

long as he is ignorant of the facts alleged to affect his conscience, i.e., until he is aware that he is intended to hold the property for the benefit of others in the case of an express or implied trust, or, in the case of a constructive trust, of the factors which are alleged to affect his conscience".

[1890] Peter J. Millett, *Restitution and Constructive Trusts*, 114 LQR, 399-418, 405.

[1891] Peter J. Millett, *Equity's Place in the Law of Commerce*, 114 LQR, 214-227, 217-218; *Re, Goldcorp Exchange Ltd* [1995] 1 AC 74-110, [Lord Mustill] 98: sublinha que a imposição de deveres fiduciários pode desvirtuar a natureza e os próprios propósitos da relação.

[1892] *Hospital Products Ltd v United States Surgical Corp* [1984] 154 CLR 41-151, [Mason J] 100: *"it is altogether too simplistic, if not superficial, to suggest that commercial transactions stand outside the fiduciary regime as though in some way commercial transactions do not lend themselves to the creation of a relationship in which one person comes under an obligation to act in the interest of another"*; [Wilson J] 118: regra geral, não emergem deveres fiduciários de uma relação comercial, não significando que tal não possa, esporadicamente, ocorrer.

[1893] *Snell's Equity*, cit., 176.

[1894] A invocação do requisito, bastante comum ao longo da primeira metade do século passado – cfr., *Koehler v Haller*, 62 Ind App 8-15, (Ind App 1916) [Moran J] 12: *"where a person has rights and duties, which he is bound to exercise for the benefit of another, it can be said generally that a fiduciary relation exists"*; *Rader v Boyd*, 252 F 2d 585-588, (US App 1957) [Murrah CJ] 587; *Appleman*

comunidade jurídica, exigem a imposição de especiais deveres a classes de profissionais que exerçam, sobre o sujeito comum, uma enorme influência ou fascínio. Reconhece-se que o desenvolvimento de regimes objetivos de responsabilidade civil extracontratual possa ser defendido, mas nunca em detrimento das sólidas raízes do conceito de fiduciário.

v Kansas-Nebraska Gas Company Inc, 217 F 2d 843-850, (US App 1954) [Murrah CJ] 848 – é hoje invulgar.

§ 23.º DOUTRINAS UNITÁRIAS

108. Nota prévia

Apesar de o recurso a doutrinas e construções unitárias não se apresentar, na nossa perspetiva, como o modelo mais adequado para preencher o conceito de fiduciário e, consequentemente, o conceito de *trustee*, o nosso estudo ficaria sempre incompleto se não explorássemos algumas das mais relevantes teorias desenvolvidas.

109. Teoria da propriedade

I. A teoria da propriedade, reflexo das origens feudais do instituto e da sua forte ligação ao elemento terra, apresenta a relação fiduciária como toda aquela em que exista uma separação entre a titularidade do direito ou o seu controlo de facto e o benefício efetivo do bem[1895]. A teoria é claramente insuficiente, não abrangendo sequer algumas das mais características relações fiduciárias, como o caso paradigmático da *partnership*[1896].

[1895] JOHN C. SHEPHERD, *The Law of Fiduciaries*, The Carswell Company, Toronto, 1981, 52. Embora seja usual afirmar-se que a teoria foi recentemente defendida por RIBSTEIN, o autor parece limitar-se a apresentá-la como a relação fiduciária por excelência e já não como um modelo base, congregador das diferentes realidades fiduciárias, cfr., LARRY E. RIBSTEIN, *The Structure of the Fiduciary Relationship*, 8. O artigo pode ser consultado em http://papers.ssrn.com/sol3/papers.cfm?abstract_id=397641.

[1896] D. GORDON SMITH, *The Critical Resource Theory of Fiduciary Duty*, 55 Vand L Rev, 2002, 1399-1497, 1403: aponta semelhante crítica.

A teoria é fortemente criticada por não poder ser aplicada a diversas concretizações do dever de lealdade, em especial à utilização de informação para fins que não os interesses dos beneficiários. Assim, a teoria deixa de fora, por exemplo, a doutrina da oportunidade de negócios[1897]. Como veremos mais à frente, esta construção pressupõe o uso de informações e de oportunidades de negócios que apenas poderiam ser utilizadas no interesse e em prol dos beneficiários.

A teoria peca, ainda, por ter uma dimensão meramente patrimonial, que, apesar de representar o núcleo da relação fiduciária, não a esgota por inteiro. A sua aceitação assentaria sempre na ficção de que todos os interesses dos beneficiários têm natureza real: legal ou *equitable*[1898].

Apesar das várias críticas a que tem sido sujeita ao longo das últimas décadas, a teoria tem merecido especial aceitação no Direito canadiano[1899].

II. Recentemente, a teoria da propriedade foi adaptada de modo a abranger todas as situações fiduciárias que não tenham um direito de propriedade como núcleo central identificativo. O seu autor, GORDON SMITH, substituiu a expressão direito de propriedade pelo termo *critical resource*[1900]. A expressão identifica o bem, direito ou interesse que é confiado ao fiduciário, quer seja um bem corpóreo ou uma simples informação. Esta subtil alteração permite colmatar as falhas mais tradicionais apontadas à teoria da propriedade.

[1897] *Boardman v Phipps* [1967] 2 AC 46-134, [LORD COHEN] 102: *"Information is, of course, not property in the strict sense of that word"*; STANLEY M. BECK, *The Quickening of Fiduciary Obligation, Canadian Aero Services V. O'Malley*, 53 Can Bar Rev, 1975, 777-793, 781: o autor critica o enquadramento da informação no seio dos Direitos reais.

[1898] FRANK H. EASTERBROOK e DANIEL R. FISCHEL, *Contract and Fiduciary Duty*, 36 J Law & Econ 1993, 425-446, 435: as relações fiduciárias não podem ser resumidas à sua dimensão patrimonial.

[1899] O sucesso da doutrina em solo canadiano foi, em grande medida, impulsionado por CLEMENT J, que, na decisão *Midcon Oil & Gas Co v New British Dominion Oil Co* (1958) 12 DLR (2d) 705, [50], afirmou: *"The fiduciary relationship is that of a trust in one who is to act in relation to the beneficial interest of another"*. DONAVAN W. M. WATERS, *Waters Law of Trusts in Canada*, 3ª edição, Thomson, Toronto, 2005, 39: *"essentially it means the duty to account to another, who is the person with the right of enjoyment over the property in question"*.

[1900] SMITH, *The Critical Resource*, cit.; ANDREW S. GOLD, *On the Elimination of Fiduciary Duties: a Theory of Good Faith for Unincorporated Firms*, 41 Wake Forest L Rev, 2006, 123-187, 130: aparenta acolher a teoria do *critical resource*.

§ 23.º DOUTRINAS UNITÁRIAS

Na segunda parte do seu artigo, GORDON SMITH decide pôr à prova a doutrina, aplicando-a autonomamente a diversas relações fiduciárias[1901]. Curiosamente, o autor apenas tem facilidade em identificar o *critical resource* no âmbito do *trust* – direito de propriedade dos bens que o compõem –, já no que respeita às restantes relações fiduciárias, SMITH ou avança inconcretizáveis soluções, como o caso da *agency* – partindo da *ratio* da figura: poder de alterar e constituir novas relações jurídicas de que o mandante faça parte, o autor considera que o conceito de *critical resource* é preenchido por essas hipotéticas relações – ou, simplesmente, não apresentando qualquer solução: veja-se o exemplo acabado da *partnership* ou dos administradores das sociedades comerciais.

Apesar de dogmaticamente apelativa, a teoria, para além de ser de difícil concretização, tem duas grandes falhas: (1) é demasiado geral, o que lhe retira muito da utilidade prática; e (2) circunscreve os deveres fiduciários ao que considera ser o núcleo da relação. Ora, os deveres que caracterizam a posição extravasam largamente o seu elemento mais indicativo, estendendo--se a toda a relação fiduciária[1902]. Pense-se no exemplo paradigmático do *trust*: apesar de os bens constituídos em *trust* representarem o elemento central da relação, à volta do qual todos os deveres e direitos dos diferentes intervenientes parecerem girar, não é correto afirmar-se que os deveres de lealdade apenas emergem quando a atuação ou omissão dos *trustees* afete esses bens. Semelhante raciocínio conduziria a uma proteção lacunar dos interesses dos beneficiários, deixando de fora, por exemplo, todas as informações obtidas pelos *trustees* no âmbito das funções desempenhadas. Repare-se que, não podendo essa informação ser reconduzida ao elemento nuclear da relação, nenhuma razão legal poderia ser invocada para impedir os *trustees* de a utilizarem para fins pessoais.

110. Teoria da atuação no interesse de terceiros

Inspirado no disposto do § 170 do *Rest. 2ⁿᵈ*, AUSTIN SCOTT, o primeiro autor a avançar uma definição unitária do conceito, apresenta o fiduciário

---
[1901] At 1452 ss..
[1902] DEBORAH A. DEMOTT, *Breach of Fiduciary Duty: on Justifiable Expectations of Loyalty and Their Consequences*, 48 Ariz L Rev, 2006, 925-956,936: aponta semelhante crítica.

como um sujeito que se compromete a atuar no interesse de terceiros[1903]. Esta tese, amplamente criticada pela mais variada doutrina, peca pela sua excessiva amplitude[1904]. A obrigação, legal ou contratual, de atuar no interesse de outrem não consubstancia uma especificidade da relação fiduciária. Em qualquer relação jurídica, por muito simples que seja, as partes, conquanto busquem fins individuais, comprometem-se, mesmo que indiretamente, a atuar de forma a que os propósitos, autónomos ou conjuntos, dos restantes intervenientes sejam prosseguidos e alcançados. A obrigação de acautelar a posição jurídica das contrapartes é um reflexo da sua natureza sinalagmática[1905]. Uma relação é integrada por tantos interesses quantas as partes que a componham. Embora distintos, cada um dos interesses individuais em jogo não é autónomo, pelo contrário: está intrinsecamente dependente dos diferentes interesses contratuais, tanto numa perspetiva puramente jurídica, como numa análise económica: o cumprimento das pretensões de cada um dos intervenientes é causa e objeto do seu oposto.

Se em relação a contratos com objeto imediato, como o caso prototípico do contrato de compra e venda, em que as obrigações principais se esgotam com a entrega do bem e o pagamento do preço, esta conceção requer um maior grau de abstração, já no que respeita a relações complexas e continuadas, a sobreposição é palpável. As partes procuram, deliberadamente, um objetivo comum[1906], em função de uma repartição do risco que está associada a qualquer atividade humana[1907].

[1903] Austin W. Scott, *The Fiduciary Principle*, 37 Cal L Rev, 1949, 539-555, 540: "*A fiduciary is a person who undertakes to act in the interest of another person*".
[1904] Conaglen, *Fiduciary Loyalty*, cit., 246-247; Arthur B. Laby, *The Fiduciary Obligation as the Adoption of Ends*, 56 Buff L Rev, 2008, 99-168, 131.
[1905] Stephen A. Smith, *Contract Theory*, OUP, Oxford, 2004, 110; *Mackay v Dick* (1881) 6 App Cas 251-272, [Lord Blackburn] 263: "*the construction of the contract is that each agrees to do all that is necessary to be done on his part for the carrying out of that thing*".
[1906] Eric A. Posner, *Economic Analysis of Contract Law after Three Decades: Success or Failure*, 112 Yale LJ, 2003, 829-880, 832.
[1907] A. Mitchell Polinsky, *Risk Sharing Through Breach of Contract Remedies*, 12 J Legal Stud, 1983, 427-444.

§ 23.º DOUTRINAS UNITÁRIAS

111. Teoria do poder ou da discricionariedade

I. WEINRIB propõe uma abordagem diferente[1908]: o elemento distintivo da relação fiduciária deve ser procurado não nos deveres *per se*, mas nas limitações legais ao exercício dos poderes conferidos. A posição dos diferentes fiduciários caracteriza-se pela atribuição de extensos poderes discricionários, cujo exercício deve sempre guiar-se pela prossecução dos fins e objetivos que estão na sua constituição[1909]. A dimensão criativa dos poderes, particularmente visível no âmbito dos *trusts* discricionários, e o seu consequente impacto na esfera jurídica dos beneficiários ou putativos fiduciários, obrigaram o sistema a desenvolver critérios regulatórios formais e substantivos[1910].

Esta tese, cujo único proveito parece ser o de excluir, do conceito de fiduciário, todas as posições que se resumam à execução formal de atos cujo conteúdo foi previamente determinado, para além de consubstanciar uma conceção muito redutora da figura e, como tal, incapaz de abarcar todas as diferentes concretizações do dever de lealdade[1911], não é suficientemente delimitadora. A atribuição de poderes discricionários não é uma prerrogativa exclusiva da relação fiduciária. Da aplicação da teoria não é, assim, possível distinguir as relações fiduciárias das relações não-fiduciárias, nem determinar em que tipos de situações estas relações emergem[1912].

II. A teoria da discricionariedade foi retomada por TAMAR FRANKEL. Adotando claramente uma conceptualização profilática, a distinta Professora apresenta a imposição de deveres fiduciários como um mecanismo jurídico de defesa contra a utilização abusiva dos poderes que são atribuídos aos fiduciários[1913]. Alguns tipos de serviços, concretiza a autora, apenas podem ser efetivamente prestados se o interessado transmitir, para o prestador, um

---

[1908] ERNEST J. WEINRIB, *The Fiduciary Obligation*, UTLJ, 1975, 1-22.
[1909] At 4.
[1910] At 7.
[1911] Curiosamente, WEINRIB, reconhecendo a insuficiência da sua tese, avança uma solução subsidiária de forma a abarcar a proibição de *self-dealing* e a doutrina das *business opportunities*, at 9-15.
[1912] SMITH, *The Critical Resource*, cit., 1426; EASTERBROOK e FISCHEL, *Contract and Fiduciary Duty*, cit., 436: os autores são bastante críticos da construção; afirmam que não responde às questões centrais do tema: "*What kind of power, under what circumstances, with ensuing duties?*".
[1913] *Fiduciary Law*, cit., 809. A autora expõe e aprofunda esta construção em diversas outras ocasiões: *Fiduciary Duties as Default Rules*, 74 Or L Rev, 1995, 1209-1278 e *Fiduciary Law in the Twenty-First Century*, 91 BU L Rev, 2011, 1289-1299.

vasto conjunto de poderes e direitos. Ao fazê-lo, o interessado está, porém, a assumir elevados riscos. Nada lhe garante que o prestador não utilize a posição que ocupa para prosseguir os seus interesses pessoais ou os interesses de terceiros, ignorando, por completo, a razão pela qual a relação foi estabelecida[1914]. Ora, a imposição de deveres fiduciários apresenta-se como uma garantia de que esses poderes apenas serão exercidos no interesse exclusivo dos beneficiários[1915]. Seguida por muitos autores[1916], a posição não fez, porém, escola na jurisprudência estado-unidense[1917].

Apesar do evidente cunho social e cultural e da dimensão social, elementos que caracterizam as construções fiduciárias de TAMAR FRANKEL, a sua teoria é, em tudo, idêntica à desenvolvida, anos antes, por WEINRIB, incorrendo, consequentemente, nas críticas acima expostas.

112. Teoria do enriquecimento sem causa

I. A tese do enriquecimento sem causa foi apresentada, pela primeira vez, por SHEPHERD[1918], num exercício puramente científico. Repare-se que a

---

[1914] FRANKEL, *Fiduciary Law in the Twenty-First Century*, cit., 1293.
[1915] At 10.
[1916] KEVIN ROGERS, *Trust and Confidence and the Fiduciary Duty of Banks in Iowa*, 35 Drake L Rev, 1986, 611-632, 620; BEVERLY M. MCLACHLIN, *A New Morality in Business Law*, 16 Can Bus LJ, 1989, 319-327, 324; JEFFREY N. GORDON, *The Mandatory Structure of Corporate Law*, 89 Colum L Rev, 1989, 1549-1598, 1596: a teoria tem merecido especial aceitação por parte da doutrina societária, que a invoca para proteger a posição dos sócios minoritários; GREAT M. FUNG, *A Common Goal from Two Different Paths: Protection of Minority Shareholders in Delaware and Canada*, 57 Alb L Rev, 1993, 41-92, 44; PATRICIA M. L. ILLINGWORTH, *Patient-Therapist Sex: Criminalization and Its Discontents*, 11 J Contemp Health L & Pol'y, 1995, 389-416, 404: parece seguir a posição de FRANKEL, embora reconheça que, tendo a construção sido desenvolvida à luz das tradicionais relações fiduciárias, a sua aplicação às ditas novas relações de confiança levanta algumas dificuldades; KATSUHITO IWAI, *Persons, Things and Corporations: the Corporate Personality Controversy and Comparative Corporate Governance*, 47 Am J Comp L, 1999, 583-632, 620; JANICE D. VILLIERS, *Clergy Malpractice Revisited: Liability for Sexual Misconduct in the Counselling Relationship*, 74 Denv U L Rev, 1996, 1-64, 42: acolhendo com especial entusiasmo a dimensão profilática da construção.
[1917] SMITH, *The Critical Resource*, cit., 1426: o autor leva a cabo uma análise exaustiva das decisões em que o artigo da FRANKEL é citado e conclui que em nenhuma delas a teoria discricionária é seguida.
[1918] J. C. SHEPHERD, *Towards a Unified Concept of Fiduciary Relationships*, 97 LQR, 1981, 51-79, 53-56.

§ 23.º DOUTRINAS UNITÁRIAS

absorção da relação fiduciária pela doutrina do enriquecimento sem causa[1919] não parece ter sido defendida, abertamente, por nenhum autor ou tribunal[1920].

Contudo, SHEPHERD considera que o facto de a teoria não ser defendida expressamente não significa que não tenha sido, implicitamente, aplicada. O autor recondu-la às decisões jurisprudenciais focadas na dimensão ressarcitória do regime do *trust*. No acórdão *Ex parte Dale & Co*[1921], o tribunal colocou a pedra de toque da relação fiduciária na possibilidade ou impossibilidade de aplicação dos remédios que tradicionalmente são colocados à disposição dos beneficiários. Seguindo esta linha de raciocínio, FRY J, após concluir pela aplicação dos "remédios fiduciários", invoca a existência, na esfera jurídica dos beneficiários, de *equitable rights*[1922].

II. As críticas à tese partem do próprio autor. SHEPHERD recorre a dois argumentos: (1) a violação do dever de lealdade pressupõe um efetivo prejuízo para o beneficiário; e (2) a aplicação da doutrina do enriquecimento sem causa está dependente da má-fé do enriquecido[1923]. Ora, ambas as asserções não são corretas. Os princípios *no conflict rule* e *no profit rule* caracterizam-se pela sua inflexibilidade, não sendo valorizados pelos tribunais se da atuação do fiduciário resultar a produção de qualquer tipo de dano na esfera jurídica do beneficiário[1924]. Também o segundo argumento não reflete o regime vigente: a aplicação da doutrina do enriquecimento sem causa não

---

[1919] A doutrina do enriquecimento sem causa apenas foi introduzida no sistema jurídico anglo-saxónico nos finais do século XIX, estando ainda, nos dias que correm, a viver um processo de consolidação e aprofundamento, cfr., PETER BIRKS, *Unjust Enrichment*, 2ª edição, OUP, Oxford, 2005. Entre nós, a doutrina do enriquecimento sem causa tem merecido atenção nas grandes obras de referência dedicadas ao tema, cfr., LUÍS MENEZES LEITÃO, *O enriquecimento sem causa no Direito civil: estudo dogmático sobre a viabilidade da configuração unitária do instituto, face à contraposição entre as diferentes categorias de enriquecimento sem causa*, Centro de Estudos Fiscais, Lisboa, 1996, 371 ss..

[1920] GARETH JONES, *Unjust Enrichment and the Fiduciary Duty of Loyalty*, 84 LQR, 1968, 472-502: embora invoque uma certa identidade entre os dois institutos, o autor acaba por reconhecer que, em situações pontuais, os fiduciários serão judicialmente responsabilizados, apesar de os benefícios obtidos não estarem, à luz da doutrina do enriquecimento sem causa, vedados.

[1921] (1878) 11 Ch D 772-778, [FRY J] 778.

[1922] At 778.

[1923] At 54-56.

[1924] § 24.º.

está dependente da intenção do enriquecido, bastando-se com o seu enriquecimento efetivo.

A grande crítica à tese do enriquecimento sem causa reporta-se à sua natureza meramente formal. De facto, como parte da doutrina tem apontado, esta posição não fornece qualquer elemento que permita, ao intérprete-aplicador, distinguir as relações fiduciárias das não fiduciárias. No limite, a teoria, mesmo em termos abstratos, não é aplicável, visto redundar num círculo fechado no qual muito dificilmente se consegue entrar: (1) a relação fiduciária caracteriza-se pelos remédios disponibilizados aos beneficiários; e (2) o reconhecimento ou surgimento de novas relações fiduciárias depende da aplicação desses mesmos remédios. O objeto último da demanda pela unificação conceptual – o que permite identificar uma relação fiduciária – fica sem resposta[1925].

113. Teoria do escopo

A teoria do escopo, recentemente sistematizada por ARTHUR LABY[1926], recentra o conceito de fiduciário na posição e nos interesses do beneficiário. Ao contratar um mandatário ou um advogado ou ao nomear um específico *trustee* ou administrador, o *settlor* tem em vista um particular propósito. Recorre aos conhecimentos e à experiência de um sujeito identificado por considerar ser o mais indicado para prosseguir os fins pretendidos. Ora, ao aceitar a posição ou o cargo, o putativo fiduciário compromete-se a prosseguir os objetivos para os quais foi contratado ou nomeado, pelo que não pode, em caso algum, afastar-se desse fim, sob pena de violar os deveres assumidos.

A teoria do escopo também não nos permite distinguir as relações fiduciárias das não-fiduciárias. Qualquer tipo de prestação de serviço tem como objeto primário a prossecução do fim indicado pelos contraentes. LABY, pretendendo, exatamente, contornar esta crítica, recorre a dois elementos centrais: (1) a relação fiduciária tem uma natureza continuada; e (2) os fiduciários apenas estão, ou tenderão a estar, sujeitos a obrigações de meios e

---

[1925] SEALY, *Fiduciary Relationships*, cit., 73-74; ERNEST J. WEINRIB, *The Fiduciary Obligation*, cit., 5; EASTERBROOK e FISCHEL, *Contract and Fiduciary Duty*, cit., 435: descrevem a teoria como sendo circular.
[1926] LABY, *The Fiduciary Obligation*, cit..

não de resultados. Enquanto um eletricista se obriga a trocar uma lâmpada, os fiduciários comprometem-se a prosseguir os fins indicados pelos beneficiários, exemplifica[1927].

Esta argumentação é claramente insuficiente. Num simples/*bare trust*, o *trustee* compromete-se a transmitir, para os beneficiários indicados pelo *settlor*, um conjunto identificado de bens. Trata-se de um claro exemplo de uma obrigação de resultados imediata e não de uma obrigação de meios continuada. Acresce que esta construção retira o dever de lealdade do centro nevrálgico da relação fiduciária. Recorrendo às palavras do próprio autor: "*The duty of care is positive – a duty to promote the ends of the principal*"[1928]. Mesmo numa perspetiva estado-unidense, a teoria não é aceitável[1929].

114. Teoria da expectativa razoável

A teoria da expectativa razoável (*reasonable expectations*), primeiro explorada por FINN, defende que uma relação fiduciária emerge em situações nas quais foi criada, na esfera jurídica do beneficiário, uma expectativa de que o fiduciário irá dar prevalência aos interesses do beneficiário em detrimento dos seus interesses pessoais ou dos interesses de terceiros[1930].

Defendida por alguns autores[1931] e seguida em algumas decisões jurisprudenciais[1932], a teoria da expectativa não pode, contudo, ser defendida. O conceito de expectativa está longe de estar preenchido no Direito anglosaxó-

---

[1927] At 133.
[1928] ARTHUR B. LABY, *Resolving Conflicts of Duty in Fiduciary Relationships*, 54 Am U L Rev, 2004, 75-149, 78.
[1929] ANDREW S. GOLD, *The New Concept of Loyalty in Corporate Law*, 43 UC Davis L Rev, 2009, 457-528, 490: o autor parece, implicitamente, apontar para esta solução, embora nos pareça que faz uma leitura errada da teoria.
[1930] *Fiduciary Obligations*, cit., 172-173.
[1931] DEMOTT, *Breach of Fiduciary Duty*, cit..
[1932] *Arklow Investments Ltd v Maclean* [2000] 1 WLR 594-602, [HENRY J] 598: "*the concept encaptures a situation where one person is in a relationship with another which gives rise to a legitimate expectation, which equity recognizes, that the fiduciary will not utilize his or her position in such a way which is adverse to the interests of the principal*"; *R v Neil* [2002] 3 SCR 631, [BINNIE J] [16]; *McInerney v MacDonald* [1992] 2 SCR 138, [LA FOREST J] [20]; *Hodgkinson v Simms* [1994] 3 SCR 377, [LA FOREST J] [28]; *Chirnside v Fay* [2007] 1 NZLR 433-484, [ELIAS CJ] 460; *Hageman v Holmes* [2009] EWHC 50 (Ch), [PROUDMAN J] [52].

nico[1933]. Muitos são os autores que o consideram juridicamente irrelevante: as expectativas, ao contrário dos deveres, não podem ser judicialmente exigidas[1934].

A teoria parece, assim, apenas vir introduzir maior complexidade na discussão[1935].

[1933] JOHN H. BAKER, *From Sanctity of Contract to Reasonable Expectations*, 32 CLP, 1979, 18-39, 33: o autor aponta a inserção do conceito de razoabilidade como a maior fragilidade da teoria; BAILEY H. KUKLIN, *The Plausibility of Legally Protecting Reasonable Expectations*, 32 Val U L Rev, 1997, 19-66.

[1934] CATHERINE MITCHELL, *Leading a Life of Its Own? The Roles of Reasonable Expectation in Contract Law*, 23 OJLS, 2003, 639-665: ao analisar o conceito numa perspetiva contratual, a autora apercebe-se da irrelevância jurídica do conceito. Um contrato caracteriza-se pela possibilidade de os deveres assumidos poderem ser judicialmente exigidos, o que, definitivamente, não acontece no âmbito da simples expectativa.

[1935] CONAGLEN, *Fiduciary Loyalty*, cit., 250-251: esta construção representa uma outra forma de expor a teoria da discricionariedade.

§ 24.º DEVER DE LEALDADE

115. Introdução

Com um conteúdo preciso ainda por determinar, o dever de lealdade é, grosso modo, constituído por dois grandes princípios interligados e comummente denominados de *no conflict rule* e de *no profit rule*[1936]. A *no conflict rule* veda, ao fiduciário, todo o tipo de atuação da qual possa originar um conflito entre os interesses do beneficiário e os seus interesses pessoais, enquanto que a *no profit rule* impede, ao mesmo fiduciário, a obtenção de lucros através da posição que ocupa, salvo se previstos ou devidamente autorizados[1937].

Embora a *no profit rule* seja, muitas vezes, apresentada como uma simples concretização da *no conflict rule*, por, de acordo com esta posição, estar dependente de uma efetiva verificação de um conflito de interesses[1938], os dois princípios são, regra geral, apresentados em separado. Para além das questões dogmáticas que estão na base desta separação, a sua individuali-

---

[1936] *O'Donnell v Shanahan* [2008] EWHC 1973 (Ch), [RIMER LJ] [37]: *"the "no conflict" and "no profit rule" to which fiduciaries such as directors are subject"*.

[1937] *Chan v Zacharia* (1984) 154 CLR 178-206, [DEANE J] 198; *Bristol & West Building Society v Mothew* [1998] Ch 1-28, [MILLETT J] 18; *Don King Productions Inc v Warren* [1999] 2 All 218-240, [MORRITT LJ] 238-239; *Sinclair Investments (UK) Ltd v Versailles Trade Finance Ltd* [2010] EWHC 1614 (Ch), [LEWISON J] [29].

[1938] *Broughton v Broughton* (1855) 5 De G M & G 160-166, [LORD CRANWORTH LC] 164: muito provavelmente, a primeira decisão em que a *no profit rule* é reconduzida, por inteiro, à *no conflict rule*. Muitas outras se seguiram: *Bray v Ford* [1896] AC 44-56, [LORD HERSCHELL] 51; *Boardman v Phipps* [1967] 2 AC 46-134, [LORD UPJOHN] 118; *New Zealand Netherlands Society "Orange" Inc V Kuys* [1973] 1 WLR 1226-1132, [LORD WILBERFORCE] 1229.

zação reflete-se na materialização autónoma dos princípios: tanto a *no profit rule*, como a *no conflict rule* terão estado, isoladamente, na origem de distintas construções e doutrinas.

116. *No conflict rule*

I. Mais do que um simples dever ou uma norma de conduta abstrata, a *no conflict rule* consubstancia o núcleo do dever de lealdade e, consequentemente, o elemento caracterizador do conceito de fiduciário. Podemos desde já avançar que a *no conflict rule* representa o elo de ligação entre todas as relações fiduciárias clássicas, bem como o elemento mais explorado pelos defensores da expansão do conceito às relações de confiança, atrás analisadas.

O princípio, de simples e fácil perceção, carateriza-se pela sua aplicação "cega":

> *It is a inflexible rule of a Court of Equity that a person in a fiduciary position... unless otherwise expressly provided... is not allowed to put himself in a position where his interest and duty conflict*[1939].

A regra tem uma natureza absoluta, sendo irrelevante se os beneficiários lucram com a atuação conflituosa[1940] ou, sequer, se agiram de boa ou má-fé[1941]. Em suma, é totalmente irrelevante se o *trustee* se coloca nessa posição propositadamente ou se, pelo contrário, considera que dessa situação não resulta qualquer tipo de conflito.

[1939] *Gray v Ford* [1896] AC 44-56, [Lord Halsbury LC] 51.
[1940] *Aberdeen Rail Co v Blaikie Brothers* [1843-1860] All ER Rep 249-256, [Lord Cranworth LC] 252: "*no one having such duties to discharge shall be allowed to enter into engagements in which he has or can have a personal interest conflicting or which possibly may conflict with the interests of those whom he is bound to protect. So strictly is this principle adhered to that no question is allowed to be raised as to the fairness or unfairness of a contract so entered into*"; *Ex Parte James* (1803) 8 Ves Jun 337-353, [Lord Eldon LC] 349: apesar de ter considerado que o preço pago pelo *trustee* foi adequado e justo, o tribunal decidiu que o fiduciário apenas poderia ter adquirido o bem constituído em *trust* se, previamente à conclusão do negócio, tivesse cortado as amarras que o ligam aos beneficiários e o sujeitam à vontade do *settlor*.
[1941] *Regal (Hastings) Ltd v Gulliver* [1967] 2 AC 134-159, [Lord MacMillan] 153; *Harrods v Lemon* [1931] 2 KB 157-172, [Avory J] 162: a boa-fé dos *trustees* é irrelevante para o mérito da causa.

§ 24.º DEVER DE LEALDADE

Ao intérprete-aplicador apenas cabe verificar se, de uma atuação concreta, pode ou não resultar um conflito entre os interesses que o *trustee* aceitou servir e os seus interesses pessoais[1942]. Os tribunais bastam-se, de resto, com uma mera possibilidade de conflito[1943]. A subjetividade inerente a este processo decisório, à qual acresce a relatividade que caracteriza todos os modelos alicerçados em critérios probabilísticos, foi teoricamente ultrapassada com a inclusão de um novo elemento: a perceção do homem razoável quando confrontado com os exatos factos do caso em litígio[1944]. O conceito de homem razoável concede uma aura de objetividade à aplicação do princípio, diminuindo, pelo menos em termos teóricos, a discricionariedade concedida ao poder jurisdicional. Por outro lado, a remissão para a perceção do homem razoável atribui uma forte dimensão de Justiça social às sentenças proferidas: o homem razoável, espelho da sociedade, condena a atuação do fiduciário.

II. A inflexibilidade e a rigidez têm acompanhado a *no conflict rule* desde os seus primeiros passos[1945]. Veja-se o exemplo perfeito da decisão *Keech v*

[1942] *Wright v Morgan* [1926] AC 788-800, [VISCOUNT DUNEDIN] 797: "*the real test to be applied to the circumstances is ... did a conflict of duty and interest would prevent [the other party] from entering into a binding contract with the trustee*".

[1943] *Aberdeen Rail Co v Blaikie Brothers* [1843-1860] All ER Rep 249-256, [LORD CRANWORTH LC] 252: "*... possibly may conflict*".

[1944] *Boardman v Phipps* [1967] 2 AC 46-134, [LORD UPJOHN] 124: "*the reasonable man looking at the relevant facts and circumstances of the particular case would think that there was a real sensible possibility of conflict*". Esta passagem é citada em incontáveis decisões: *Industrial Development Consultants Ltd v Cooley* [1972] 2 All ER 162-176, [ROSKILL J] 172; *Wilkinson v West Coast Capital* [2005] EWHC 3009 (Ch), [WARREN J] [250]; *Foster Bryant Surveying Ltd v Bryant* [2007] EWCA Civ 200, [RIX LJ] [62]; *O'Donnell v Shanahan* [2008] EWHC 1973 (Ch), [RIMER LJ] [38]; *Re, Southern Counties Fresh Foods Ltd* [2008] EWHC 2810 (Ch), [WARREN J] [57]; *Cambridge v Makin* [2011] QBD, [TUGENDHAT J] [45]. A objetividade pretendida com a inclusão da variável homem razoável não é, porém, imune a críticas. Como nota o tribunal, no caso *Pilmer v Duke Group Ltd* [2001] 2 BCLC 773-830, 801, na própria decisão *Boardman v Phipps* o coletivo de juízes não decidiu unanimemente, "*different minds may reach different conclusions as to the presence or absence of a real or substantial possibility*".

[1945] *Middleton v Spicer* (1783) 1 Bro CC 201-205, [LORD THURLOW LC] 205: "*[The] trustees, cannot by any possibility take any beneficial interest*"; *Burgess v Wheate* (1759) 1 Eden 177-261, [LORD MANSFIELD LC] 251: "*the trustee should take no beneficial interest that the cestui que trust can enjoy*".

Sandford[1946], datada dos inícios do século XVIII, e apontada como estando na origem da regra, do dever de lealdade e do próprio conceito de fiduciário.

A constituiu um direito de locação em *trust* a favor de seu filho, *Keech*, tendo, para o efeito, sido nomeado, como *trustee*, *Sandford*. De acordo com o conteúdo do ato constitutivo, o direito deveria ser transmitido para o beneficiário, assim que este atingisse a maioridade. Durante a menoridade de *Keech*, o prazo estabelecido para o contrato de arrendamento terminou. *Sandford* dirigiu-se, então, ao senhorio para renovar os direitos do infante. O senhorio recusou-se, terminantemente, a fazê-lo. Concluindo ser impossível prosseguir os interesses do beneficiário, *Sandford* indagou se o senhorio estaria interessado em renovar o contrato, já não em nome de *Keech*, mas em seu próprio nome. O senhorio concordou e o contrato foi celebrado. Ao atingir a maioridade, *Keech* iniciou uma ação contra *Sandford* por violação dos deveres assumidos.

Embora sublinhando que *Sandford* não parecia ter atuado fraudulentamente ou de má-fé, o tribunal decidiu que o *trustee* violou os deveres a que estava adstrito: em caso algum poderia *Sandford* arrendar essa mesma propriedade. LORD KING, que reconhece a dureza da solução, defendeu, todavia, que este princípio devia ser seguido de forma rígida e inflexível. Uma solução contrária, prossegue, poderia levar os fiduciários, até por uma simples questão de tentação, a prosseguirem interesses pessoais em detrimento dos interesses dos beneficiários.

[1946] (1726) Sel Cas Ch 61-62, [LORD KING LC]. Sobre a história e o impacto do caso, vide, entre outros: STEPHEN CRETNEY, *The Rationale of Keech v Sandford*, 33 Conv, 1969, 161-178: como o título deixa transparecer, o artigo centra-se nas razões que levaram ao desenvolvimento do princípio; DENNIS R. PALING, *The Pleadings in Keech v Sandford*, 36 Conv, 1972, 157-174: para além da proveitosa introdução, o interesse do artigo reside no facto de, pela primeira vez, terem sido publicadas as alegações completas de ambas as partes do litígio; JOSHUA GETZLER, *Rumford Market and the Genesis of Fiduciary Obligation* in *Mapping the Law: Essays in Memory of Peter Birks*, coordenação de ANDREW BURROWS e LORD RODGER OF EARLSFERRY, OUP, Oxford, 2006, 577-598: partindo das conceções fiduciárias defendidas por BIRKS, o autor analisa, de forma bastante minuciosa, a *ratio* e as consequências jurídicas da decisão, em especial na formação e no desenvolvimento do conceito de fiduciário e ANDREW D. HICKS, *The Remedial Principal of Keech v Sandford Reconsidered*, 69 CLJ, 2010, 287-320: o autor defende que a importância da decisão, na formação da *no conflict rule* e da *no profit rule*, é bastante mais diminuta do que tradicionalmente se lhe atribui. Ambos os princípios, prossegue, resultam de um vasto conjunto de decisões e de posições doutrinárias que se disseminaram no mundo jurídico inglês durante o século XIX.

§ 24.º DEVER DE LEALDADE

III. Inicialmente alicerçada em critérios de moralidade[1947], o que nos remete para as suas origens – *Equity Law* –, a estrita proibição de o *trustee* prosseguir os seus interesses, em detrimento dos interesses dos beneficiários, apresenta-se, ainda, como a derradeira defesa da posição jurídica dos beneficiários: os diversos deveres que caracterizam as funções fiduciárias, para além de serem balizadas pelos seus conteúdos individuais, estão sempre sujeitos ao inflexível e omnipresente princípio da proeminência dos interesses protegidos.

Confrontado com a possibilidade de retirar proveitos próprios, o *trustee* poderia ser tentado a ignorar as obrigações assumidas[1948]. O centenário caso *Re, Bloye's Trust* ilustra, na perfeição, os sentimentos contraditórios do *trustee*. Por um lado, enquanto fiduciário, está obrigado a alienar os bens constituídos em *trust* pelo valor mais alto que conseguir e, por outro, enquanto putativo comprador, vai negociar de forma a baixar o preço exigido[1949].

No fundo, e numa perspetiva mais prática, o *trustee* é um ser humano e, como tal, precisa de ser estimulado a cumprir as obrigações que lhe foram, voluntariamente, impostas. De um ponto de vista mais negativo, o Homem não é, por natureza, fiável[1950]. O dever de evitar conflitos apresenta-se, deste modo, como a garantia última do cumprimento da vontade do *settlor* e, de maior relevância, da efetiva prossecução dos interesses dos beneficiários[1951], o objeto último do instituto fiduciário.

[1947] *Parker v McKenna* (1874) LR 10 Ch App 96-125, [LORD CAIRNS LC] 118: "*It is a rule founded upon the highest and truest principles of morality*". Idêntica expressão é utilizada em decisões posteriores, cfr., *Aberdeen Town Council v Aberdeen University* (1877) 2 App Cas 544-558, [LORD CAIRNS LC] 549; *Lagunas Nitrate Co v Lagunas Syndicate* [1899] 2 Ch 392-466, [LINDLEY MR] 442; *Armstrong v Jackson* [1917] 2 KB 822-831, [McCARDIE J] 824.

[1948] *Boston Deep Sea Fishing and Ice Co v Ansell* (1888) 39 Ch D 339-371, [COTTON LJ] 357: "*he has a temptation not faithfully to perform his duty*".

[1949] (1849) 1 Mac & G 488-505, [LORD COTTENHAM LC] 495.

[1950] É bastante comum os tribunais utilizarem a expressão falível: *Costa Rica Railway Co Ltd v Forwood* [1901] 1 Ch 746-768, [VAUGHAN WILLIAMS LJ] 761: "*a rule ... against the fallibility of human nature.*" O uso da expressão parece-nos desadequado. Colocar os interesses próprios à frente dos interesses dos beneficiários não resulta de um erro de julgamento, mas de uma clara intencionalidade, cfr., *Bray v Ford* [1896] AC 44-56, [LORD HERSCHELL] 51-52: "*I regard it rather as based on the consideration that, human nature being what it is, there is danger, in such circumstances, of the person holding a fiduciary position being swayed by interest rather than by duty, and thus prejudicing those whom he was bound to protect*".

[1951] *Snell's Equity*, cit., 188.

IV. Apesar da sua natureza absoluta, a prossecução de interesses pessoais pelos *trustees* pode ser autorizada: (1) pelo *settlor*; (2) pelos tribunais; e (3) pelos beneficiários.

A autorização pelo *settlor* levanta poucas dúvidas. Basta que essa possibilidade seja reconhecida, direta ou indiretamente, no ato constitutivo[1952].

Re, Beatty[1953]. No ato constitutivo deste *trust mortis causa*, o *settlor* declarou expressamente, na cláusula 12(c), que os *trustees*, no âmbito dos amplos poderes discricionários que lhe eram conferidos, poderiam distribuir os bens constituídos em *trust* pelos sujeitos enquadráveis na classe de beneficiários elencada, mesmo que dessa materialização resultasse um conflito de interesses.

Edge v Pensions Ombudsman[1954]. Foi constituído um *trust* que tinha como beneficiários os trabalhadores e os ex-trabalhadores de uma empresa. No ato constitutivo, o *settlor* indicou que a posição de *trustee* deveria ser sempre ocupada por um trabalhador ou ex-trabalhador da empresa. Na análise do complexo litígio emergente, o tribunal sublinhou que, em face da estrutura interna do *trust*, era evidente, *ab initio*, que os *trustees* iriam ser frequentemente confrontados com situações conflituosas, visto ocuparem, simultaneamente, a posição de decisor e de beneficiário. Parece assim resultar, como princípio geral, que, sendo a posição fiduciária ocupada por um dos beneficiários do *trust*, a *no conflict rule* é, implicitamente, afastada.

Conquanto seja preferível, mesmo para o próprio fiduciário, obter a autorização judicial previamente, nada impede que o *trustee* apenas a procure *a posteriori*, i.e., depois da conclusão do negócio[1955].

[1952] Os tribunais sublinham a importância de esse consentimento ser esclarecido, cfr., *Hordern v Hordern* [1910] AC 465-476, [Lord Shaw of Dunfermline] 475: o tribunal considerou que o *settlor* estava perfeitamente consciente de que a nomeação daquele específico *trustee* iria resultar numa provável situação de conflito.
[1953] [1990] 1 WLR 1503-1510, [Hoffman J] 1506.
[1954] [2000] Ch 602-644, [Chadwick LJ] 632-633.
[1955] A posição da jurisprudência tem vindo a evoluir ao longo dos tempos, cfr., *Campbell v Walker* (1800) 5 Ves Jun 678-681, [Sir Richards Arden MR] 680: o tribunal considera que a única hipótese de o *trustee* ver a sua posição protegida é a de, previamente à conclusão dos negócios, apresentar uma petição ao tribunal competente.

§ 24.º DEVER DE LEALDADE

Farmer v Dean[1956]. O ato constitutivo do *trust* impunha a alienação de todos os bens fiduciários e a consequente distribuição dos lucros obtidos pelos beneficiários indicados. O *trustee* apenas não conseguiu encontrar qualquer comprador para um dos imóveis. Ora, o fiduciário estava disposto a comprar o bem pelo exato valor despendido pelo fiduciante. Após a conclusão do negócio e tendo estes factos sido trazidos a juízo, o tribunal considerou que a posição dos beneficiários foi devidamente acautelada.

O consentimento prévio dos beneficiários apresenta-se como a mais complexa das três modalidades. Como princípio geral, nada impede que os beneficiários autorizem o *trustee* a violar a *no conflict rule*[1957]. As consequências deste consentimento não são, todavia, claras. No início do século XIX, vigorava a doutrina de que a legalidade da autorização estava dependente de um eventual termo da relação fiduciária, expressamente declarado pelas partes ou, pelo menos, de uma descaracterização temporária, na qual as posições de beneficiário e de *trustee* fossem suplantadas pelas de simples partes contratuais[1958]. Atualmente, impera uma posição bastante menos drástica: cada negócio jurídico que acarrete uma possível violação do princípio tem de ser objeto de uma autorização autónoma[1959]. Não se justifica terminar a relação, mesmo que momentaneamente, se o impacto da violação está temporal e materialmente circunscrito.

[1956] (1863) 32 Beav 327, [Sir John Romilly MR].

[1957] *Quarter Master UK Ltd (in Liquidation) v Pyke* [2005] 1 BCLC 245-273, [Paul Morgan QC] 269: o caso reporta-se à violação do princípio por um administrador de uma sociedade comercial. O tribunal comenta que o litígio poderia ter sido evitado se o administrador tivesse procurado obter o consentimento da sociedade.

[1958] *Gibson v Jeyes* (1801) 6 Ves Jun 267-280, [Lord Eldon LC] 277: "*A trustee also may deal with his Cestui que trust; but the relation must be in some way dissolved: or, if not, the parties must be put so much at arm's length, that they agree to take the characters of purchaser and vendor*"; *Ex Parte Bennett* (1885) 10 Ves Jun 381-401, [Lord Eldon LC] 394: o tribunal considera que, previamente à celebração do contrato, o beneficiário deve desobrigar o *trustee* da função ocupada. "*Why? The reason is, that it would not be safe, with reference to the administration of justice in the general affairs of trust, that a trustee should be permitted to purchase*"; *Ex Parte Lacey* (1802) 6 Ves Jun 625-631, [Lord Eldon LC] 626: Lord Eldon é absolutamente claro. A *no conflict rule* é absoluta, pelo que a única hipótese de esta ser contornada passa pela desobrigação do *trustee*. Mas mesmo nesse caso, prossegue o último Lord Chancellor de George III, o *Court of Chancery* deverá representar um papel ativo na proteção da posição dos beneficiários.

[1959] *Movitex Ltd v Bulfield* [1988] BCLC 104-127, [Vinelott J] 108.

O tribunal não se basta, evidentemente, com um preenchimento formal da autorização. O consentimento da violação da *no conflict rule* apenas será jurisdicionalmente admitido no caso de o *trustee* ter fornecido todas as informações ao beneficiário[1960]. Caberá, posteriormente, ao *trustee* demonstrar, em juízo, que não só facultou ao beneficiário toda a informação necessária, como o aconselhou imparcialmente[1961].

Dois últimos aspetos merecem ser referidos. Em primeiro lugar, a jurisprudência inglesa tem repudiado, repetidamente, o argumento de que "a disponibilização de mais informação em nada iria afetar a decisão do beneficiário"[1962]. Em segundo lugar, a informação não tem, dependendo, evidentemente, dos factos concretos, de ser formalmente fornecida. Caso se demonstre que os beneficiários tinham, na sua posse, todos os elementos necessários para decidirem de forma esclarecida, qualquer ação intentada, que tenha como causa de pedir o insuficiente esclarecimento prestado pelo fiduciário, deixa de poder ser atendida[1963].

117. Concretização da *no conflict rule*: *self-dealing rule* e *fair-dealing rule*

I. Como princípio geral, a aquisição, pelo *trustee*, de bens constituídos em *trust* é inválida. O *trustee* não pode ocupar, ao mesmo tempo, a posição de vendedor e de comprador[1964].

[1960] *Boardman v Phipps* [1967] 2 AC 46-134, [LORD HODSON] 109: nesta incontornável decisão, o tribunal considera que nem de perto foi o beneficiário informado convenientemente; *Cobbetts LLP v Hodge* [2009] EWHC 786 (Ch), [FLOYD J] [108]: "*The burden of establishing informed consent for conduct which is said to amount to a breach of fiduciary duty lies in [the trustee]*"; *Hurstanger Ltd v Wilson* [2007] 1 WLR 2351-2366, [TUCKEY LJ] 2362; *New Zealand Netherland Society "Orange" Inc v Kuys* [1973] 1 WLR 1126-1132, [LORD WILBERFORCE] 1132: "*there must be full and frank disclosure of all material facts*".

[1961] *Re, Haslam & Hier-Evans* [1902] 1 Ch 765-773, [VAUGHAN WILLIAMS LJ] 770.

[1962] *Swindle v Harrison* [1997] 4 All ER 705-736, [MUMMERY LJ] 733.

[1963] *Kelly v Cooper* [1993] AC 205-217, [LORD KEITH OF KINKEL] 215: o tribunal considera que, tendo em conta os factos demonstrados em juízo, o beneficiário não poderia desconhecer que o *trustee* estava a violar a *no conflict rule*.

[1964] *Whelpdale v Cookson* (1747) 1 Ves Sen 9, [EARL OF HARDWICK LC]: um conjunto de propriedades constituídas em *trust* foi vendido em hasta pública, tendo o *trustee* adquirido parte delas. O tribunal declarou a nulidade da venda; *Robert Mackbeth v James Fox* (1791) 4 Bro Parl Cas 258-297, [LORD THURLOW LC]: o *trustee* convenceu o beneficiário a autorizá-lo a adquirir

§ 24.º DEVER DE LEALDADE

O *trustee* está obrigado a vender os bens constituídos em *trust* pelo melhor preço possível[1965]. Ora, enquanto comprador, o seu objetivo é exatamente o oposto: convencer o vendedor a alienar o bem por um preço inferior ao inicialmente pedido. Ao ocupar, em simultâneo, as duas posições, o *trustee* deixa de ter condições para representar, de modo eficaz, ambos os papéis[1966]. Acresce que, ao colocarmos as duas posições numa balança, o peso dos seus interesses pessoais irá, invariavelmente, superar a obrigação de prosseguir os interesses dos beneficiários[1967]. A proibição abrange, ainda, todas as vendas em que se demonstre ser o comprador um mero testa-de-ferro do *trustee*[1968].

A *self-dealing rule* caracteriza-se, tal como o princípio que tem por base formativa – *no conflict rule*[1969] –, pela sua natureza absoluta – sendo irrelevante

---

parte dos bens constituídos em *trust*, tendo, posteriormente, alienado esses mesmos bens a terceiros, por um preço bastante superior ao da compra. O tribunal definiu o comportamento como fraudulento, invalidou o contrato e responsabilizou o *trustee* pelos danos causados; *Ex parte Lacey* (1802) 6 Ves Jun 625-630, [LORD ELDON LC] 626: "*The rule I take to be this; not, that a trustee cannot buy form his Cestuy que trust, but, that he shall not buy from himself*"; *Ex parte James* (1803) 8 Ves Jun 337-353, [ELDON LC]: um advogado celebrou um negócio de compra e venda com um seu cliente que se encontrava insolvente. O tribunal invalidou o negócio invocando um claro conflito de interesses; *Randall v Errington* (1805) 10 Ves Jun 424-429, [SIR WM. GRANT MR] 426; *Denton v Donner* (1856) 23 Beav 285-291, [SIR JOHN ROMILLY MR]: factos idênticos à decisão anterior; *Silkstone v Edey* [1900] 1 Ch 167-172, [STIRLING J]: o tribunal aplica a regra a um contrato de compra e venda celebrado entre uma sociedade em liquidação e o administrador de insolvência.

[1965] *Knight v Marjoribanks* (1849) 2 Mac & G 10-15, [LORD COTTHENHAM LC]: a proibição só se aplica, evidentemente, aos bens constituídos em *trust*. Nada impede que o *trustee* e o beneficiário celebrem contratos de compra e venda cujos bens não sejam abrangidos pelo *trust*.

[1966] *Wright v Morgan* [1926] AC 788-800, [VISCOUNT DUNEDIN] 798: "*The best moment for the trust was the moment when prices generally were high. The best moment for a purchaser was when the prices generally were low*".

[1967] *Re, Boyles's Trust* (1849) 488-505, [LORD COTTENHAM LC] 495: o tribunal evidencia este choque de interesses, que considera ser dificilmente ultrapassável.

[1968] *Ingram v IRC* [1997] 4 All ER 395-438, [MILLETT LJ] 425: "*A trustee's power of sale does not authorise the trustee to sell the trust property except to someone with whom he can deal at arm's length. A sale to his nominee, being unauthorised, is incapable of overreaching the interests of the beneficiaries*".

[1969] A natureza absoluta da regra só é explicável se a entendermos como uma concretização da *no conflict rule*, cfr., CONAGLEN, *Fiduciary Loyalty*, cit., 127; *Re, Thompson's Settlement* [1986] Ch 99-119, [VINELOTT J] 115: "*It is clear that the self-dealing rule is an application of the wider principle that a man must not put himself in a position where duty and interest conflict or where his duty to one conflicts with his duty to another*". Com idêntico conteúdo: *Wright v Morgan* [1926] AC 788-800, [VISCOUNT DUNEDIN] 797; *Whichcote v Lawrence* (1798) 3 Ves Jun 740-752, [LORD LOUGH-

se o *trustee* atuou de boa ou má-fé ao longo de todo o processo negocial[1970] ou se o preço pago corresponde ao seu valor real[1971] ou mesmo a um valor superior[1972]. A irrelevância jurídica de o bem ter sido adquirido em hasta pública ou de a proposta apresentada superar todas as concorrentes reflete a rigidez da norma[1973]. Estas situações não consubstanciam, ao contrário do que poderia ser expectável, uma qualquer causa justificativa da violação do dever[1974]. A inflexibilidade da norma resulta, à luz do conteúdo das decisões jurisprudenciais, do receio de que um regime mais liberal pudesse ser facilmente contornado por *trustees* mais engenhosos ou imaginativos[1975]. De facto, a

BOROUGH LC] 750; *Campbell v Walker* (1800) 5 Ves Jun 678-683, [SIR R. P. ARDEN MR] 681; *Newgate Stud Co v Penfold* [2004] EWHC 2993 (Ch), [DAVID RICHARDS J] [230]: *"It is primarily based on the fundamental objection to a conflict of duty and interest"*.

[1970] *Fox v Mackreth* (1788) 2 Cox Eq Cas 322-339, [LORD THURLOW LC] 327: sublinha a total irrelevância da honestidade do *trustee* ao longo de todo o processo negocial; *Ex Parte Lacey* (1802) 6 Ves Jun 626-631, [LORD ELDON LC] 627: o tribunal considera que na maioria dos casos o intérprete-aplicador não tem forma de saber se o *trustee* se portou honestamente ou se, pelo contrário, se aproveitou da situação privilegiada e de confiança em que se encontrava; *Ex Parte James* (1803) 8 Ves Jun 338-353, [LORD ELDON LC] 347: este caso é bastante ilustrativo do pensamento jurisprudencial: o tribunal reconhece que o *trustee* atuou honestamente, tendo pago o preço considerado justo; porém, a regra é alheia a estes elementos.

[1971] *Wentworth v Lloyd* (1863) 32 Beav 467-475, [SIR JOHN ROMILLY MR] 473: sublinha a irrelevância do preço efetivamente pago; *Re, Bulmer* [1937] Ch 499-512, [LORD WRIGHT MR] 508: o tribunal considera que esta inflexibilidade resulta do facto de nem sempre ser claro qual o valor real de determinado bem; acresce que, continua LORD WRIGHT, ao permitir a aquisição, nestes casos, estar-se-ia a abrir a porta à tentação; *Tito v Waddell (No. 2)* [1977] Ch 106-347, [MEGARRY VC] 241: *"if a trustee sells the trust property to himself, the sale is voidable by any beneficiary ... however fair the transaction"*.

[1972] *Newgate Stud Co v Penfold* [2008] 1 BCLC 46-111, [DAVID RICHARDS J] 101-102: o tribunal defende que o *trustee* tem à sua disposição inúmeros meios para influenciar as vendas em hasta pública.

[1973] *Hamilton v Wright* (1842) 9 Cl & Fin 111-125, [LORD BROUGHAM] 123: *"The trustee cannot purchase the trust estate, though at a sale, without leave of the Court; and yet he might, probably would, if at an auction, give as good a price as any one else"*.

[1974] *Re, Thompson's Settlement* [1986] Ch 99-119, [VINELOTT J] 118: a alegação de que a transação é proveitosa para os beneficiários é juridicamente irrelevante; *Holder v Holder* [1968] Ch 353--406, [DANCKWERTZ LJ] 397: o tribunal considerou como provado que o *trustee* não interferiu, de nenhuma forma, no processo público de venda dos bens constituídos em *trust* e que o preço pago representava um valor ajustado. Mesmo assim, a transação foi declarada nula.

[1975] *Whitackre v Whitackre* (1725) Sel Cas Che 13: *"no trustee, or any person acting under a trustee, can ever be a purchaser in this Court [of Chancery], on account of the great inlet to fraud"*; *Re, Bulmer*

§ 24.º DEVER DE LEALDADE

proibição apresenta-se como um elemento fulcral para a manutenção do instituto. A posição ocupada possibilita a obtenção de informações precisas sobre os bens constituídos em *trust*[1976]. Este acesso direto a informação privilegiada, conjugado com uma total liberdade de aquisição, levaria ao desvirtuamento da figura, tudo funcionando como se o *trust* representasse um simples veículo jurídico, constituído em benefício dos fiduciários nomeados.

Já no que respeita à aquisição de bens anteriormente alienados a terceiros, a validade do negócio está dependente da demonstração, em juízo, da inexistência de qualquer intenção de adquirir o bem à data da primeira transação[1977].

Quanto ao processo de autorização, aplica-se o regime geral acima apresentado. Repare-se, porém, que, mesmo quando o fiduciário já não ocupa o cargo, os tribunais ingleses têm-se mostrado bastante cautelosos quanto à possibilidade de o ex-*trustee* comprar os bens constituídos em *trust*[1978].

II. A *fair-dealing rule* apresenta-se como a segunda mais relevante concretização da *no-conflict rule*. Enquanto que a *self-dealing rule* pressupõe a aquisição de bens constituídos em *trust* pelo *trustee*, ocupando o fiduciário, em simultâneo, a posição de comprador e vendedor, na *fair-dealing rule*, o *trustee* adquire não os direitos sobre um bem específico e determinado, mas os *equitable rights* detidos pelo beneficiário. Na prática, o *trustee* assume a posição jurídica anteriormente ocupada pelo beneficiário[1979].

[1937] Ch 499-512, [Lord Wright MR] 508: *"If a trustee were permitted to buy in an honest case, he might buy in a case having that appearance but which, from the infirmity of human testimony, might be grossly otherwise".*

[1976] *Parkes v White* (1805) 11 Ves Jun 209-238, [Lord Eldon LC] 226: *"the situation of the trustee gives him an opportunity of knowing the value of the property he is to buy better than the Cestui que trust".*

[1977] *Dover v Buck* (1865) 5 Giff 57-63, [Sir John Stuart VC]: o bem foi vendido por um valor considerado adequado por todos os credores, sendo, subsequentemente, adquirido pelo *trustee*. O tribunal considerou não haver motivos para declarar a nulidade do contrato. *Christoforides v Terry* [1924] AC 566-580: um corretor vendeu a mercadoria que lhe tinha sido confiada pelo preço de mercado, tendo, no dia seguinte, adquirido os mesmos bens por um preço idêntico. O tribunal não encontrou nenhuma invalidade na transacção.

[1978] *Downes v Grazebrok* (1817) 3 Mer 200-210, [Lord Eldon LC] 210: *"A trustee is not precluded from bargaining that he will no longer act as Trustee, the cestui que trust may by a new contract dismiss from that character; but even then the transaction must be watched with infinite and the must guarded jealously".*

[1979] Sobre a distinção entre *self-dealing* e *fair-dealing*, ver: *Tito v Waddell (No. 2)* [1977] Ch 106-347, [Megarry VC] 241; Matthew Conaglen, *Re-appraisal of the Fiduciary Self-dealing and*

Para além de terem campos de aplicação distintos, as regras assumem uma natureza diferenciada. Enquanto a aquisição de bens, diretamente pelo *trustee*, invalida, de forma direta e imediata, o respetivo negócio, a invocação, pelo próprio beneficiário, da invalidade da transmissão da posição jurídica pode ser afastada pelo *trustee*, bastando, para o efeito, que demonstre, em juízo, que o beneficiário estava devidamente informado e consciente do negócio que celebrara[1980].

Neste ponto, discute-se se basta, ao *trustee*, demonstrar os conhecimentos detidos pelo beneficiário ou se é também exigível que o preço efetivamente pago se mostre adequado. Apesar de a nomenclatura da norma – *fair-dealing* – nos remeter para a justeza da transação, a jurisprudência inglesa tem defendido que o valor da contraprestação apenas consubstancia um elemento indicativo da informação detida pelo beneficiário[1981].

De modo idêntico ao verificado para a *self-dealing rule*, também as limitações impostas no âmbito da *fair-dealing rule* se estendem às situações em que o fiduciário recorre a um terceiro[1982]. O simples facto de o *trustee* não informar o beneficiário de que o comprador atua como seu intermediário

---

Fair-dealing Rules, 65 CLJ, 2006, 366-399 e B. H. McPherson, *Self-dealing Trustees* in *Trends in Contemporary Trust Law*, coordenação de A. J. Oakley, Clarendon Press, Oxford, 1996, 135-151.

[1980] *Williams v Scott* [1900] AC 499-509, [Sir Ford North] 508: embora recorra à expressão *"righteous"*, o tribunal não teve dúvidas ao afirmar que cabe ao *trustee* demonstrar que o beneficiário está perfeitamente ciente do negócio que celebrou.

[1981] Em algumas decisões centenárias, a pedra de toque é colocada em ambos os elementos, cfr., *Clarke v Swaile* (1792) 2 Eden 134-136, [Earl of Northington LC]: demonstrada, em juízo, a adequação do preço, bem como o facto de o beneficiário ter sido devidamente esclarecido, o tribunal não teve dúvidas em afastar qualquer vício da transmissão. Esta posição está, porém, muito longe de granjear uma opinião unânime, mesmo se circunscrevermos a nossa análise a acórdãos oitocentistas, cfr., *Coles v Trecothick* (1804) 9 Ves Jun 233-253, [Lord Eldon LC]: o fiduciário e o beneficiário celebraram um contrato de compra e venda que tinha como objeto direitos de crédito associados ao *trust*. Demonstrou-se, em juízo, que o beneficiário foi devidamente informado; *Morse v Royal* (1806) 12 Ves Jun 355-378, [Lord Eldon LC]: situação idêntica aos dois casos já descritos; *Sanders v Walker* (1807) 13 Ves Jun 601-604, [Lord Eldon LC] 602: o tribunal invalidou a venda com base na menoridade dos beneficiários: não detinham as capacidades necessárias para compreender as exatas implicações do negócio. Vide, mais recentemente, *Movitex Ltd v Bulfield* [1988] BCLC 104-127, [Vinelott J] 121.

[1982] *Woodhouse v Meredith* (1820) 1 Jac & W 205-227, [Sir Thomas Plumer MR] 222: *"An agent or trustee may buy, if his principal or cestui que trust, being fully informed of it, is willing, but it cannot be suffered that he should contract secretly, setting up a nominal person, and dealing with his employers in his name".*

tem sido interpretado como causa suficiente para os tribunais invalidarem a operação: o beneficiário não está totalmente ciente de todas as implicações da transação[1983].

118. Conflito de deveres

I. O campo de aplicação da *no conflict rule* está longe de se restringir a conflitos entre os interesses dos beneficiários e os interesses pessoais dos fiduciários. Não raramente, a origem do conflito respeita à ocupação, em simultâneo, de duas ou mais funções incompatíveis entre si. Pense-se no exemplo clássico do advogado que representa ambas as partes[1984]. Esta segunda faceta da *no conflict rule*[1985], se assim a podemos denominar, obriga os fiduciários a evitarem qualquer tipo de situação da qual possa resultar um conflito entre os deveres assumidos para com distintos beneficiários[1986], salvo se devidamente autorizados para o efeito[1987].

Ocupando duas posições fiduciárias antagónicas, não basta que o *trustee* informe da possível existência de um conflito. Ele terá ainda de comunicar,

---

[1983] *McPherson v Watt* (1877) 3 App Cas 254-278, [LORD O'HAGAN] 266: "*Although all these conditions have been fulfilled, though there has been the fullest information, the most disinterested counsel and the fairest price, if the purchase be made covertly in the name of another, without communication of the vendor, the law condemns and invalidates it utterly*".

[1984] *Bristol & West Building Society v May May & Merrimans* [1996] 2 All ER 801-835, [CHADWICK J]: o mesmo sujeito era advogado da entidade mutuante e da entidade mutuária. O tribunal considerou que desta simultaneidade resultava uma evidente violação dos deveres fiduciários assumidos.

[1985] *Moody v Cox & Hatt* [1917] 2 Ch 71-92, [LORD COZENS-HARDY MR] 81; *Boulting v Association of Cinematograph, Television & Allied Technicians* [1963] 2 QB 606-649, [LORD DENNING MR] 626: sublinha a dupla dimensão do princípio.

[1986] *Anglo-African Merchants Ltd v Bayley* [1970] 1 QB 311-324, [MEGAW J]: mandatário de uma seguradora que atuava também como mandatário de um dos clientes da seguradora; *North & South Trust Co v Berkeley* [1971] 1 All ER 980-994, [DONALDSON J]: o mesmo sujeito era corretor de um banco e defendia, simultaneamente, os interesses de um cliente junto da mesma instituição financeira; *Bristol & West Building Society v Mothew* [1998] Ch 1-28, [MILLETT LJ] 18: "*A fiduciary who acts for two principals with potentially conflicting interests without the informed consent of both is in breach of the obligation of undivided loyalty*".

[1987] *Fullwood v Hurley* [1928] 1 KB 498-505, [LORD HANWORTH MR] 502: "*If such knowledge is afforded and it is made plain what position the agent occupies, then it is possible for the agent to act between the parties*".

a ambas as partes, que está impossibilitado de transmitir as informações que lhe tenham sido confiadas por cada beneficiário. Por aplicação do mesmo raciocínio, o fiduciário deverá ainda informar que, pontualmente e em resultado da dupla posição de confiança que ocupa, poderá não lhe ser possível cumprir todos os deveres de aconselhamento assumidos[1988].

II. Repare-se que o pedido de autorização tem como propósito a obtenção do consentimento dos beneficiários, em relação à subsistência ou emergência de uma hipotética situação conflituosa, ou seja, a autorização não confere, ao *trustee*, qualquer permissão para colocar os interesses de terceiros à frente dos interesses que se comprometeu a prosseguir[1989]. No âmbito da função fiduciária ocupada, o *trustee* deve abster-se de prejudicar os interesses de um dos beneficiários em detrimento dos restantes. O princípio geral da supremacia dos interesses de cada um dos beneficiários mantém-se inalterado[1990] – todavia, não é evidente como pode a obrigação conservar a sua natureza absoluta e inflexível. A jurisprudência inglesa faz depender a responsabilização do fiduciário da intencionalidade ou não intencionalidade da sua atuação. A simples incompetência não basta para fazer acionar os mecanismos de defesa disponíveis: é necessário que se demonstre a consciência da ilicitude. Excluem-se, assim, todas as situações reconduzíveis ao conceito de negligência inconsciente[1991].

[1988] *Clarke Boyce v Mouat* [1994] 1 AC 428-438, [LORD JAUNCEY OF TULLICHETTLE] 435: "*Informed consent means consent given in the knowledge that there is a conflict between the parties and that as a result the [fiduciary] may be disabled from disclosing to each party the full knowledge which he possesses as to the transaction or may be disabled from giving advice to one party which conflicts with the interests of the other*".
[1989] *Hilton v Baker Booth & Eastwood* [2005] 1 WLR 567-581, [LORD WALKER OF GESTINGTHORPE] 577-578: repudia, em absoluto, o que de resto vai ao encontro de outras decisões, o argumento fatalista invocado por muitos fiduciários: "encontro-me numa posição conflituosa, pelo que não posso aconselhá-lo nesta questão". O *trustee* deve procurar a autorização num momento prévio à constituição da nova relação que possa originar um conflito de deveres.
[1990] *Bristol & West Building Society v Mothew* [1998] Ch 1-28, [MILLETT LJ] 19: "*the principle which is in play is that the fiduciary must not be inhibited by the existence of his other employment from serving the interests of his principal as faithfully and effectively as if he were the only employer*".
[1991] *Bristol & West Building Society v Fancy & Jackson* [1997] 4 All ER 582-626, [CHADWICK J] 613: o tribunal distingue as situações de simples descuido ou incompetência dos casos em que o fiduciário optou, deliberadamente, por favorecer a posição de um dos beneficiários em detrimento das restantes; *Bristol & West Building Society v Mothew* [1998] Ch 1-28, [MILLETT LJ] 19.

Acresce que, ao contrário do verificado para a autorização concedida no âmbito de situações de conflito de interesses, a anuência manifestada pelos beneficiários tem, como já foi mencionado, uma natureza geral, i.e., apesar de permitir a conservação das duas posições, não isenta o fiduciário de qualquer um dos seus deveres: o *trustee*, porquanto ocupar a posição fiduciária, está adstrito a uma obrigação geral de cuidado, que se traduz num dever de evitar qualquer conflito entre os deveres assumidos para com os diferentes beneficiários[1992].

Em termos sucintos, a atuação dos fiduciários está limitada a dois vetores: (1) dever negativo: abster-se de, intencionalmente, colocar os interesses de um dos beneficiários à frente dos interesses dos restantes; e (2) dever positivo: dever geral de cuidado, que obriga os fiduciários a evitarem situações conflituosas[1993].

119. *No profit rule*

I. Os *trustees* não podem obter, para si próprios, qualquer tipo de benefício ou lucro que resulte da utilização dos bens constituídos em *trust* ou que decorra, direta ou indiretamente, da posição que ocupem, salvo se devidamente autorizados para o efeito[1994]. Todos os lucros obtidos pertencem ao beneficiário[1995].

[1992] *Bristol & West Building Society v Mothew* [1998] Ch 1-28, [Millett LJ] 19: "*the fiduciary must take care not to find himself in a position where there is an actual conflict of duty so that he cannot fulfill his obligations to one principal without failing in his obligations to the other*"; *Goody v Baring* [1956] 1 WLR 448-456, [Danckwerts J] 450.

[1993] Esta distinção foi desenvolvida por Lord Millett, no incontornável acórdão *Bristol v Mothew*, e explorada, consecutivamente, por Conaglen: *Snell's Equity*, cit., 206-210; *Fiduciary Regulation of Conflicts Between Duties*, 125 LQR, 2009, 111-141 e *Remedial Ramifications of Conflicts Between a Fiduciary's Duties*, 126 LQR, 2010, 72-101.

[1994] *Parker v McKenna* (1874) LR 10 Ch App 96-127, [Sir W. M. James LJ] 124: "*no [trustee] ... can be allowed to make any profit without the knowledge and consent of [the beneficiary]*"; *Bray v Ford* [1896] AC 44-56, [Lord Herschell] 51: "*It is an inflexible rule of a Court of Equity that a person in a fiduciary position, such as the respondent's, is not, unless other expressly provided, entitled to make a profit*". A construção é citada em inúmeros acórdãos: *Re, Macadam Dallow* [1945] 2 ALL ER 664-669, [Cohen J] 672; *Re, Gee Wood* [1948] 1 All ER 498-505, [Harman J] 503; *Re, French Protestant Hospital* [1951] Ch 567-572, [Danckwerts J] 571; *Re, Brooke Band & Co Ltd's Trust Deed* [1963] 1 All ER 454-459, [Cross J] 456; *Boardman v Phipps* [1966] 3 All ER 721-762, [Lord

De modo semelhante ao verificado para a *no conflict rule*, é juridicamente irrelevante se o *trustee* agiu de boa-fé[1996], se a obtenção do lucro pelo beneficiário era facticamente impossível[1997] ou se dessa atuação resultaram ou não danos na esfera jurídica do *trust* ou dos beneficiários[1998]. Aos tribunais apenas cabe verificar se os *trustees* lucraram por recurso a bens e meios associados ao *trust* ou à função desempenhada[1999].

II. Ao contrário do verificado para a *no conflict rule*, a *no profit rule* aproxima-se de uma regra autónoma, na essência da palavra, sendo composta por previsão, estatuição e sanção. Interessa-nos, neste ponto, focarmo-nos na sua dimensão sancionatória. Como princípio geral, já acima aludido, todos

Hodson] 748; *Industrial Development Consultants Ltd v Cooley* [1972] 2 All ER 162-176, [Roskill J] 171; *Wallersteiner v Moir (No. 2)* [1975] 1 All ER 849-873, [Buckley LJ] 864 ; *Swain v The Law Society* [1981] 3 All ER 797-825, [Stephenson LJ] 808; *Guinness plc v Saunders* [1990] 1 All ER 652-668, [Lord Templeman] 660; *Kleinwort Benson Ltd v South Tyneside Metropolitan Borough Council* [1994] 4 All ER 972-997, [Hobhouse J] 993.

[1995] *Docker v Somes* (1834) 2 My & K 655-674, [Lord Brougham LC] 664: o princípio subjacente é apresentado de forma bastante clara e simples: *"Where a trustee, or one standing in the relation of a trustee, violates his duty, and deals with the trust estate for his own behalf, the rule is that he shall account to the cestui que trust for all the gain which he has made"*; *Brown v Inland Revenue Commissioners* [1965] AC 244-268, [Lord Reid] 256: *"If the person in a fiduciary position does gain or receive any financial benefit arising out of the use of the property of the beneficiary he cannot keep it unless he can show such authority"*; *Regal (Hastings) Ltd v Gulliver* [1967] 2 AC 134-159, [Lord Russell of Killowen] 144 *"they may be liable to account for the profits which they made, if, while standing in a fiduciary relationship ... they have by reason and in course of that fiduciary relationships made a profit"*; *Wilkinson v West Coast Capital* [2005] EWHC 3009 (Ch), [Warren J] [254]: *"If a trustee or other fiduciary without authority makes a profit directly or indirectly from the use of property subject to the trust or other fiduciary relationship, or in the course of the fiduciary relationship and by reason of his fiduciary position, then he is not permitted to retain the profit"*.

[1996] *Regal (Hastings) Ltd v Gulliver* [1967] 2 AC 134-159, [Lord Russell of Killowen] 144-145; *John Taylors v Masons* [2001] EWCA Civ 2106, [Peter Gibson] [46]: *"The rule is not dependent on fraud or bad faith or whether the actions of the fiduciary were clandestine. The rule is dependent on the mere fact of a profit being made"*.

[1997] *Cobbetts LLP v Hodge* [2009] EWHC 786 (Ch), [Floyd J] [104].

[1998] *Foster Bryant Surveying Ltd v Bryant* [2007] EWCA Civ 200, [Rix LJ] [88]: o tribunal não só refere esta regra, como sublinha que qualquer tribunal que diga o contrário está enganado.

[1999] *Keech v Sandford* (1726) Ch 61-62, [Lord King LC], 62: *"it is very proper that rule should be strictly pursued, and not in the least relaxed; for it is very obvious what would be the consequence of letting trustees [pursue their interests]"*; *John Taylor v Masons* [2001] EWCA Civ 2106, [Peter Gibbons LJ] [46]: *"The rule is dependent on the mere fact of a profit being made"*.

os lucros obtidos pelo *trustee*, em violação da *no profit rule*, são constituídos em *trust* a favor dos beneficiários[2000].

Pense-se no caso paradigmático da decisão *Keech v Sandford*: na renovação, em nome do *trustee*, de contratos de arrendamento constituídos em *trust*, o novo contrato é constituído em *trust* (*constructive*) a favor dos beneficiários iniciais, tudo funcionando, na prática, como uma simples continuação da relação fiduciária previamente existente[2001].

120. Concretização da *no profit rule*: subornos e doutrina das oportunidades de negócio

I. A aceitação de subornos ou comissões[2002], pelo *trustee*, consubstancia uma clara violação da *no profit rule*, mas também da *no conflict rule*[2003]. Ao aceitar subornos, as decisões dos *trustees* ficam condicionadas, sendo, consequentemente, os interesses dos beneficiários suplantados pelos interesses do terceiro que corrompeu o *trustee*. O beneficiário deixa de poder contar com uma gestão desinteressada dos bens constituídos em *trust*[2004]. Repare-se

---

[2000] *Re, EVTR Ltd* (1987) 3 BCC 389-395, [DILLON JL] 393: "*It is a long established principle of equity that, if a person who is a trustee receives money or property because of, or in respect of, trust property, he will hold what he receives as a constructive trustee on the trusts of the original trust property*".

[2001] Para além do já dissecado *Keech v Sandford*; *Pickering v Vowles* (1783) 1 Bro CC 197-199, [LORD SELBORNE LC] 198: os deveres assumidos pelo *trustee* mantêm-se inalterados; a relação prolonga-se temporalmente; *Bevan v Webb* [1905] 1 Ch 620-631, [WARRINGTON J] 625: "*if a trustee or a person in the position of a trustee, holding as part of his trust property a lease, takes the renewal of that lease, that renewed lease is treated as a gift or addition to the trust property and itself forms part of the trust property*".

[2002] Embora a situação de suborno seja mais criticada, em face da carga negativa que lhe está associada, a aceitação de comissões produz resultados semelhantes, cfr., *Wilson v Hurstanger Ltd* [2007] EWCA Civ 299, [TUCKEY LJ] [34]

[2003] Os tribunais parecem dar mais ênfase à violação da *no conflict rule* do que ao desrespeito pela *no profit rule*, cfr., *Tesco Stores Ltd v Pook* [2003] EWHC 823 (Ch), [PETER SMITH J][44].

[2004] *Daraydan Holdings Ltd v Solland International Ltd* [2005] Ch 119-141, [LAWRENCE COLLINS J] 132: embora o litígio envolva uma relação de *agency*, o critério é aplicável a todas as relações fiduciárias: "*An agent should not put himself in a position where his duty and interest may conflict, and if bribes are taken by an agent, the principal is deprived of the disinterested advice of the agent*". Os casos mais comuns de subornos envolvem relações de *agency*, mais propícias a este tipo de corrupção, cfr., *Ross River Ltd v Cambridge City Football Club Ltd* [2008] 1 All ER 1004-1060, [BRIGGS J] 1048: "*The essential vice inherent in bribery is that it deprives the principal, without knowledge or*

que, como corolário da natureza rígida dos princípios que estão na sua base formativa, é juridicamente irrelevante se a quantia recebida foi ou não decisiva para a formação da decisão, se o *trustee* foi movido por um sentimento corruptivo ou, sequer, se foram causados danos[2005].

Todos os lucros e benefícios obtidos, direta e indiretamente, em violação da *no profit rule*, pertencem aos beneficiários.

A-G for Hong Kong[2006]. Durante longos anos, *Reid* prestou serviços ao Estado britânico, tendo chegado mesmo a ocupar o importante cargo de Procurador-Geral de Hong Kong. Ao longo da sua extensa carreira, *Reid* recebeu avultadas quantias em dinheiro para obstruir a prossecução de diversos processos criminais, o que o fez de forma bastante competente. Demonstrou-se, em juízo, que as quantias recebidas, a título de suborno, foram utilizadas para adquirir três grandes propriedades.

Segundo o regime geral, esses bens são considerados propriedade fiduciária e, em última análise, do beneficiário, neste caso, o Estado inglês. Ao longo do processo, levantou-se a questão da valorização dos bens recebidos ou adquiridos como suborno. O tribunal decidiu que a valorização deveria ser, também ela, considerada como pertencendo ao beneficiário, quer por apreciar que esses lucros foram obtidos em violação dos deveres fiduciários, quer por uma solução contrária representar um incentivo à sua violação[2007].

II. Com especial desenvolvimento no Direito societário – encontrando-se hoje positivada na s. 175 do *Companies Act*, 2006[2008] – a doutrina das oportu-

---

consent, of the disinterested advice which he is entitled to expect from the agent, free from the potentially corrupting influence of an interest of his own"; *Logicrose Ltd v Southend United Football Club* [1988] 1 WLR 1256-1264, [MILLETT J] 1261.

[2005] *Shipway v Broadwood* [1899] 1 QB 369-374.

[2006] [1994] 1 All ER 1-12.

[2007] LORD TEMPLEMAN at 4-5.

[2008] Depois de, no número (1), proibir situações de conflito, o legislador explicita, no número (2), que essa norma aplica-se à exploração de bens, informações e oportunidades. Da vasta bibliografia sobre a temática e excluindo os manuais e tratados de Direito societário destacamos: GERARD M. D. BEAN, *Corporate Governance and Corporate Opportunities*, 15 Comp Law, 1994, 266-272; DAVE KERSHAW, *Lost in Translation: Corporate Opportunities in Comparative Perspective*, 25 OJLS, 2005, 603-627 e *Does it Matter How the Law Thinks about Corporate Opportunities?*, 25 LS, 2005, 533-558; HANS C. HIRT, *The Law on Corporate Opportunities in the Court of Appeal: Re, Bhullar Bros Ltd*, JBL, 2005, 669-689; BRYAN CLARK, *UK Company Law Reform and Director's Exploitation of "Corporate Opportunities"*, 17 ICCLR, 2006, 231-241; e JIE LI, *The Peso Silver Case:*

nidades de negócio representa um corolário lógico do princípio que proíbe os *trustees* de utilizarem os bens constituídos em *trust* para outros fins que não o interesse dos beneficiários.

Em termos gerais, um *trustee* que tenha identificado ou recebido informações sobre um determinado negócio, por exemplo, um investimento que se adeque, na perfeição, aos interesses dos beneficiários ou à vontade manifestada pelo *settlor*, está proibido de usurpar essa oportunidade em seu benefício, sob pena de violar os deveres fiduciários a que está adstrito[2009]. O *trustee* fica obrigado a explorar qualquer oportunidade de negócio e toda a informação recebida em benefício exclusivo dos beneficiários[2010].

Apesar de a doutrina das oportunidades de negócio ter sido inicialmente apresentada como uma decorrência direta da *no profit rule*[2011], o princípio está dependente da existência de uma relação de conflito e não da obtenção de lucros indevidos. A violação dos deveres fiduciários apenas poderá ter lugar nos casos em que a prossecução de uma determinada e específica oportunidade de negócios seja, também ela, do interesse dos beneficiários[2012].

Regal (Hastings) Ltd v Gulliver[2013]. O objeto social da sociedade *Regal* cingia-se à gestão e aquisição de cinemas. Estando dois cinemas para arrendar, numa área para a qual a sociedade se queria expandir, os administradores iniciaram negociações com vista à sua locação. O contrato deveria ser celebrado entre o dono dos cinemas

---

an Opportunity to Soften the Rigid Approach of the English Courts on the Problem of Corporate Opportunity, 32 Comp Law, 2011, 68-75.

[2009] *Industrial Development Consultants Ltd v Cooley* [1972] 1 WLR 443-454, [ROSKILL J] 451: para além de estar a colocar os seus interesses pessoais à frente dos interesses dos beneficiários, a contratação com terceiros leva à emergência de deveres na esfera jurídica do fiduciário que não são compatíveis com os deveres assumidos como *trustee*.

[2010] *Crown Dilmun v Sutton* [2004] 1 BCLC 468-518, [PETER SMITH J] 511: "*As a director... he has a duty to exploit every opportunity that he became aware of for the benefit of the [company]*".

[2011] ROBERT P. AUSTIN, *Fiduciary Accountability for Business Opportunities* in *Equity and Commercial Relationships*, coordenação de PAUL D. FINN, The Law Book, Sydney, 1987, 149.

[2012] *Coleman Taymar Ltd v Oakes* [2001] 2 BCLC 749-772, [ROBERT REID QC] 769; *Bhullar v Bhullar* [2003] 2 BCLC 241-256, [JONATHAN PARKER LJ] 252-253; *John Taylors v Masons* [2001] EWCA Civ 2106, [ARDEN LJ] [34]. Esta parece também ter sido a posição do legislador no *Companies Act*, ao fazer depender a aplicação da teoria da existência de uma situação conflituosa, cfr., PAUL L. DAVIS, *Gower and Davies: Principles of Modern Company Law*, 8ª edição, Sweet & Maxwell, Londres, 2008, 559.

[2013] [1967] 2 AC 134-159.

e uma sociedade subsidiária da *Regal*, a constituir. No âmbito das negociações, o senhorio exigiu que o capital social da arrendatária ascendesse a £ 5 000. Convictos de que a *Regal* apenas conseguiria dispor de £ 2 000, os administradores decidiram cobrir as £ 3 000 que faltavam. Anos volvidos, as duas sociedades foram adquiridas por terceiros. Ao terem conhecimento dos contornos exatos da transação, os novos administradores da *Regal* iniciaram uma ação de responsabilidade civil contra os ex-administradores.

O tribunal, unanimemente, considerou ser indiferente se os administradores agiram de boa-fé ou se tudo fizeram para conseguir o financiamento necessário para cobrir o capital social investido. Os administradores, enquanto fiduciários da sociedade, não poderiam, em caso algum, aproveitar-se desta oportunidade de negócio.

Bhullar v Bhullar[2014]. A sociedade *Bhullar Bros Ltd* era detida, em partes iguais, por dois irmãos, *Mohan* e *Sohan*. Apesar de ser, essencialmente, uma empresa de venda a retalho, o objeto social da sociedade era bastante extenso, incluindo o investimento no ramo imobiliário. Entre outros bens imóveis, a *Bhullar* era dona de uma propriedade que, à época, estava arrendada a uma outra sociedade, denominada *Superbowl Ltd*.

A partir de 1998, *Mohan* e *Sohan* desentenderam-se e começaram a negociar o desmantelamento da sociedade e a consequente divisão dos seus bens e áreas de negócio. Todavia, a operação nunca saiu do papel. À data, a sociedade tinha cinco administradores. Para além de *Mohan* e *Sohan*, ocupavam o cargo três membros da nova geração da família *Bhullar*.

Um dos administradores, filho de *Sohan*, descobriu que uma propriedade anexa à arrendada pela *Superbowl* estava para venda. A sua localização era perfeita para a construção de um parque de estacionamento. Os administradores ligados a *Sohan* constituíram uma nova sociedade e adquiriram a propriedade, nunca tendo informado os restantes administradores.

O tribunal considerou que os administradores estavam obrigados a informar a sociedade sobre a venda do terreno, apenas podendo adquiri-la se a sociedade o permitisse. O facto de esta oportunidade de negócio ter chegado ao conhecimento dos administradores fora de um contexto empresarial foi decretado como juridicamente irrelevante para o mérito da causa.

[2014] [2003] 2 BCLC 241-256.

§ 24.º DEVER DE LEALDADE

Em jeito de conclusão, todas as oportunidades de negócio que se enquadrem nos investimentos da sociedade não podem ser prosseguidas individualmente pelos seus administradores, independentemente de a sociedade ter ou não capacidade financeira para os prosseguir por si mesma. Também o facto de a oportunidade ter chegado ao conhecimento dos administradores no âmbito da sua vida pessoal é totalmente irrelevante. A doutrina aplica-se, por inteiro, ao *trust*: os *trustees* estão impedidos de prosseguir, em nome individual, qualquer oportunidade de negócio ou de investimento que se enquadre no objeto do *trust* ou cuja prossecução seja do interesse dos beneficiários.

121. Autonomização da *no profit rule*

I. Historicamente, a *no profit rule* emergiu como um corolário da *no conflict rule*; como uma decorrência lógica do princípio que impede os *trustees* de sobreporem outros interesses, pessoais ou de terceiros, aos interesses dos beneficiários, razão última da constituição do *trust*. Progressivamente, a norma foi ganhando uma enorme autonomia prática, sendo, por vezes, apresentada como o princípio-chave para a resolução de litígios nos quais os fiduciários prossigam os seus interesses pessoais em detrimento dos interesses dos beneficiários[2015]. Mas terá a *no profit rule* alcançado uma autonomia dogmática? E um campo de aplicação que extravasa a *no conflict rule*? Os diversos casos apresentados no âmbito do parágrafo dedicado às concretizações da *no profit rule* parecem, na nossa opinião, poder ser resolvidos por recurso à *no conflict rule*.

A jurisprudência inglesa, tradicionalmente predisposta a subordinar a *no profit rule* à *no conflict rule*[2016], tem-se mostrado, nos dias de hoje, inclinada a defender uma posição inversa[2017].

[2015] Uma breve, mas clara análise do processo histórico de autonomização pode ser consultada em A. J. McClean, *The Theoretical Basis of the Trustee's Duty of Loyalty*, 7 Alta L Rev, 1969, 218--238, 219 ss..

[2016] *Broughton v Broughton* (1855) 5 De GM & G 160-166, [Lord Cranworth] 164: o tribunal apresenta a proibição de obtenção de lucros como uma decorrência direta da *no conflict rule*; *New Zealand Netherlands Society "Oranje" Inc v Kuys* [1973] 1 WLR 1126-1132, [Lord Wilberforce] 1129: a *no conflict* e a *no profit rule* representam duas faces do mesmo princípio; *Ratiu v Conway* [2005] EWCA Civ 1302, [Auld LJ] [59]: dá, como exemplo de uma situação de conflito, a obtenção de lucros não autorizados. A apresentação da *no profit rule* é usualmente inserida ou

II. A solução parece-nos poder ser alcançada da análise dos dois acórdãos que mais terão contribuído para a autonomização da *no profit rule*. No supra citado caso *Regal (Hastings) Ltd v Gulliver*, o coletivo de juízes, embora decidindo unanimemente, recorreu a argumentos diferentes. Para o Viscount Sankey, os administradores colocaram os seus interesses pessoais à frente dos interesses da sociedade, pelo que violaram a *no conflict rule* e, consequentemente, os deveres fiduciários a que estavam adstritos[2018]. Já para Lord Russell, a questão merece uma distinta abordagem: enquanto fiduciários, os administradores só podem obter lucros e benefícios se autorizados pelos beneficiários, pelo *settlor*, no ato constitutivo, ou pelo tribunal competente[2019].

---

conjugada com a *no conflict rule*, repare-se no exemplo paradigmático da decisão *Bray v Ford* [1896] AC 44-56, [Lord Herschell]51: *"It is an inflexible rule of a Court of Equity that a person in a fiduciary position, such as the respondent's, is not, unless other expressly provided, entitled to make a profit; he is not allowed to put himself in a position where his interest and duty conflict"*. Posição também defendida por parte da doutrina.

[2017] É bastante comum os tribunais distinguirem, na sua análise, as duas normas, debruçando-se autonomamente sobre cada uma; prática especialmente visível nos casos que envolvem situações de usurpação de oportunidades de negócios, cfr., *O'Donnell v Shanahan*, [2008] EWHC 1973 (Ch) [Richard Sheldon QC]; *Lee v Futurist Developments Ltd* [2010] EWHC 2764 (Ch), [Hodge QC]; *Murray Vernon Holdings Ltd v Hassall* [2010] EWHC 7 (Ch), [Hodge QC] [50]: *"the fundamental rule that obliges a fiduciary to account for any personal benefit or gain has two separate strands, which have conveniently labelled the "no conflict rule" and the "no profit rule"*. Embora de seguida pareça indicar uma absorção da última pela primeira. Este movimento tem também merecido um certo acolhimento em terras australianas, cfr., *Chan v Zachariah* [1984] 154 CLR 178-206, [Deane J] 198: apontada, usualmente, como a primeira decisão australiana a reconhecer a dupla dimensão do dever de lealdade; *Gibson Motorsport Merchandise Pty Ltd v Forbes* [2006] 149 FCR 569-600, [Finn J] 574: *[The] fiduciary's duty of loyalty... embodies the twin themes of precluding undisclosed conflict of duty and interest (or of duty and duty), and of prohibiting misuse of fiduciary position"*; *Australian Securities & Investments Commission v Citigroup Global Markets Australia Pty Ltd* [2007] 160 FCR 35-113, [Jacobson J] 78: recorre também ao conceito de *"the twin themes"*; Stanley M. Beck, *The Saga of Peso Silver Mines: Corporate Opportunity Reconsidered*, 49 Can Bar Rev, 1971, 80-119, 90: embora reconheça que a *no profit rule* tem as suas raízes na *no conflict rule*, defende uma autonomização gradual da segunda, que ocupa hoje uma dimensão própria e autónoma.

[2018] At 67: *"no one who has duties of a fiduciary nature to perform is allowed to enter into a engagements in which he has or can have a personal interest conflicting with the interest of those whom he is bound to protect"*.

[2019] At 143: *"while standing in a fiduciary relationship to Regal, they have by reason and in course of that fiduciary relationship made a profit"*. Esta posição é, por vezes, considerada como a grande

§ 24.º DEVER DE LEALDADE

Ao alegarem que a sociedade não tinha capacidade financeira, os administradores pretendem contrariar a ideia da existência de um conflito: se, em caso algum, a *Regal* poderia adquirir a outra sociedade, dificilmente se pode falar em conflito de interesses. Este argumento não pode ser acolhido. Relembre-se que a lei apenas exige um possível conflito e não um conflito efetivo. Ora, o simples facto de os administradores terem adquirido a sociedade, a título individual, indicia que o seu empenho, ao longo das negociações e na busca por soluções de financiamento, foi diretamente afetado pela perspetiva dos lucros subjacentes à aquisição das ações, tendo, deste modo, um conflito de interesses estado presente ao longo de todo o processo[2020].

Na decisão *Boardman v Phipps*[2021], os factos, embora bastante mais complexos, são facilmente resumíveis. De entre os bens constituídos em *trust*, a favor de três filhos, constava uma participação na sociedade *Lester & Harris*, correspondendo a cerca de trinta por cento do seu capital social. Dos três *trustees* nomeados, apenas dois geriam, efetivamente, o *trust*. O terceiro *trustee* era a viúva do *settlor* que, em face da sua idade avançada, há muito tinha deixado a tarefa nas mãos dos dois outros fiduciários. Na administração do *trust*, os *trustees* eram coadjuvados por *Boardman*, um advogado que há longos anos servia a família *Phipps*.

As dificuldades financeiras da *Lester & Harris* levaram *Boardman* e um dos beneficiários, *Thomas Phipps*, a interessarem-se mais ativamente pelas atividades e pelas contas da sociedade, tendo, conjuntamente, representado os interesses dos beneficiários numa série de assembleias gerais. Tomando por base informações recolhidas nas reuniões máximas da sociedade, *Boardman* e *Thomas* concluíram que a *Lester & Haris* estava a ser mal gerida, pelo que aconselharam os dois outros *trustees* a adquirir, em nome do *trust*, a totalidade das ações. Ambos os fiduciários foram perentórios em recusar esta solução. Perante esta resposta negativa, *Boardman* e *Thomas* decidiram comprar todas as ações que não estavam nas mãos da família *Phipps*. Com a nova administração, a empresa prosperou, tendo, posteriormente, sido vendida com avultados lucros para todos os envolvidos.

---

impulsionadora da autonomização da *no profit rule*, cfr., REBECCA LEE, *Rethinking the Content of the Fiduciary Obligation*, Conv, 2009, 236-253, 240.
[2020] Solução idêntica é apresentada por LEE, *Rethinking the Content*, cit., 243 e KERSHAW, *Does it Matter How the Law*, cit., 539.
[2021] [1967] 2 AC 46-134.

Anos volvidos, um dos beneficiários resolveu interpor uma ação de responsabilidade civil por considerar que *Boardman* e *Thomas* – o qual, no fundo, atuava como mandatário dos beneficiários –, ao utilizarem a informação recolhida no âmbito das suas funções, violaram os deveres fiduciários a que estavam adstritos.

Dos cinco membros que compunham o coletivo de juízes, dois deles, Viscount Dilhorne[2022] e Lord Upjohn[2023], consideraram que, tendo os *trustees* declarado não estarem interessados em adquirir o capital social restante, não se podia falar em conflito de interesses, pelo que os lucros obtidos pertenciam, por direito, a *Boardman* e a *Thomas*. Os dois ilustres juízes parecem, assim, defender a absorção da *no profit rule* pela *no conflict rule*.

Ao contrário do que muitas vezes é alegado pela doutrina, os restantes juízes não aplicaram a *no profit rule* de forma autónoma. Lord Hodson[2024] e Lord Cohen[2025] consideraram que os factos consubstanciavam uma situação de conflito: caso os beneficiários resolvessem recorrer aos conselhos de qualquer um dos dois, ambas as respostas estariam condicionadas, em face dos projetos e ambições pessoais partilhadas.

Já para Lord Guest, a informação sobre a gestão da sociedade foi obtida no âmbito da função fiduciária ocupada, não podendo, consequentemente, ser utilizada, salvo se autorizada pelos beneficiários[2026].

III. A solução de toda esta problemática está, na nossa opinião, na posição professada por Lord Guest: *Boardman* e *Thomas* violaram os seus deveres fiduciários não porque obtiveram lucros, mas porque utilizaram informação que pertencia aos beneficiários sem a sua autorização. Vista nesta perspetiva, a *no profit rule* não consubstancia um dever ou uma regra de conduta, mas uma simples decorrência do princípio geral que impõe o cumprimento de todas as obrigações assumidas, quer resulte de um conflito de interesses, quer resulte da utilização de direitos, informações ou oportunidades de negócio que pertençam ao *trust*, independentemente da sua efetiva prossecução. A jurisprudência inglesa, seguida de perto pela doutrina, optou por

---

[2022] At 88 e 92.
[2023] At 130-131 e 133.
[2024] At 111.
[2025] At 102-103.
[2026] At 115.

um caminho bastante mais complexo e cuja solução está longe de ser clara ou mesmo lógica.

À luz do pensamento ortodoxo anglo-saxónico, a solução mais adequada passa por uma tendencial aplicação conjunta das duas normas. Não pode, porém, ser ignorado que, em alguns casos esporádicos, os tribunais aplicaram a *no profit rule*, apesar de só dificilmente se conseguir identificar uma situação conflituosa: caso paradigmático do fiduciário que obtém lucros utilizando informações que pertenciam a um antigo *cestui que trust*. Como princípio geral, os deveres fiduciários cessam com o termo da relação que lhes deu origem, sendo a preservação da informação confidencial o único dever que se mantém[2027]. Em suma, apesar de a relação fiduciária ter cessado, os *trustees* continuam impedidos de utilizar essa informação a título individual.

Assim, embora histórica e conceptualmente ligada à no *conflict rule*, a *no profit rule* pode ser aplicada a situações em que, apesar de não existir um claro conflito, o fiduciário utilize a sua posição não no exclusivo interesse dos beneficiários, mas em seu benefício pessoal. O desenvolvimento de uma dimensão autónoma da *no profit rule* representa, no fundo, a resposta encontrada pela *Equity* para resolver específicas situações para as quais o núcleo central do conceito de fiduciário – a *no conflict rule* – se mostrou de aplicação duvidosa[2028].

122. Dever de boa-fé

I. O conceito de boa-fé subjetiva assume, no Direito inglês, um significado em tudo idêntico ao desenvolvimento pelo Direito pátrio: desconhecimento desculpável[2029]. Repare-se que, de modo análogo à solução por-

---

[2027] *A-G v Blake* [1998] Ch 439-465, [Lord Woolf MR] 453-454; *Prince Jefri Bolkiah v KPMG* [1999] 2 AC 222-240, [Lord Hope of Craighead] 235.
[2028] Beck, *The Saga of Peso Silver Mines*, cit., 90: o autor parece defender uma solução idêntica.
[2029] *The London & County Banking Co Ltd v The London & River Plate Bank Ltd* (1888) 21 QBD 535-543: não se deu como provado que os proprietários atuais conheciam as origens dos bens: tinham sido furtados. O tribunal decidiu que os compradores estavam de boa-fé; *Derry v Peek* (1889) 14 App Cas 337-380, [Lord Fitzgerald] 358: a desculpabilização do desconhecimento alicerça-se, essencialmente, em critérios de razoabilidade.

tuguesa, a boa-fé subjetiva anglo-saxónica assume um sentido ético e não puramente psicológico[2030].

Há longos séculos que os tribunais britânicos recorrem à expressão *bona fides* e seus sucedâneos para exprimir a honestidade ou desonestidade de um sujeito, sendo, de resto, esta a palavra – honestidade – mais utilizada, pela jurisprudência inglesa, para preencher o conceito[2031]. Apesar de o patamar evolutivo ser, neste aspeto, bastante similar, o conceito de boa-fé anglo-saxónico está longe de ter alcançado a conceptualização e autonomia que caracterizam o preceito continental. Esta distinção é exteriorizada pela acoplação de outros termos, com um claro objetivo de conferir à expressão "boa-fé" um sentido útil: "de boa-fé ou genuinamente"[2032]; "de boa-fé ou fundadamente"[2033] e "de boa-fé, sem conhecimento da situação fraudulenta subjacente"[2034].

II. Já no que respeita à boa-fé objectiva, enquanto conjunto de princípios, regras, ditames ou limites impostos pelo sistema[2035], esse papel, como atrás avançado, tem sido desempenhado pela própria *Equity Law*[2036]. Coloca-se, assim, a questão de saber se a boa-fé tem e/ou teve um espaço próprio de crescimento. À partida, esta questão merece uma resposta positiva por duas

---

[2030] *Cannock Chase District Council v Kelly* [1978] 1 All ER 152-160, [MEGAW LJ] 155: "*in good faith and taking into account all relevant considerations*".

[2031] *The Queen v Holl* (1881) 7 QBD 575-590: discutia-se se uma testemunha processual tinha ou não respondido in *bona fide* – honestamente – às perguntas que lhe foram endereçadas; *Re, European Central Railway Co* (1872) LR 13 Eq 255-260, [SIR JAMES BACON VC]; *The Queen v Tolson* (1889) 23 QBD 168-203: a putativa viúva tinha razões suficientes para acreditar, in *bona fide*, que o seu primeiro marido estava morto à data em que celebrou o seu segundo casamento; *Hudson v Gribble* [1903] 1 KB 517-530: em causa estava o pagamento de impostos e a honestidade do sujeito passivo na declaração das quantias; *A-G v Johnson* [1903] 1 KB 617-628: como forma de evitar o regime fiscal aplicável, as partes celebraram um contrato de compra e venda, quando, de facto, o negócio não passava de uma doação. O tribunal considerou que as partes atuaram fraudulentamente, sendo a expressão utilizada como antónimo de *bona fide*; *Baume & Co Ltd v Moore Ltd* [1958] Ch 907-922, [ROMER LJ] 921: "*bona fide normally means the honesty use by the person*".

[2032] *Dafen Tinplate Co, Ltd v Llanelly Steel Co, Ltd* [1920] 2 Ch 214-144, [PETERSON J] 142.

[2033] *Re, Welsh Brick Industries Ltd* [1946] 2 All ER 197-201, [LORD GREENE MR] 198.

[2034] *Jesse Jones v John Gordon* (1877) 2 App Cas 616-635, [LORD O'HAGAN] 622.

[2035] ANTÓNIO MENEZES CORDEIRO, *Tratado de Direito civil*, Vol. I, Almedina, Coimbra, 2012, 964.

[2036] Número 40/II.

§ 24.º DEVER DE LEALDADE

razões: (1) conquanto a boa-fé e a *Equity Law* tenham um campo de atuação similar, estão longe de representar realidades homónimas; e (2) a consolidação e a sistematização da *Equity Law*, conjugada com a sua posterior fusão com a *Common Law*, tiveram um impacto negativo no processo criativo da *Equity Law*.

A boa-fé é muitas vezes apresentada como o terceiro alicerce da relação fiduciária, em especial pela jurisprudência e pela doutrina estado-unidense[2037]. Mas, mesmo no Direito inglês, encontramos alguns acórdãos onde a boa-fé é apresentada como um dos mais identificativos deveres dos fidu-

---

[2037] A tríada deveres de lealdade, deveres de cuidado e deveres de boa-fé foi especialmente divulgada pelos tribunais do Delaware em relação à posição jurídica dos administradores: *Cede & Co v Technicolor, Inc*, 634 A 2d 345-373, (Del 1993) [HORSEY J] 361: "*any one of the triads of their fiduciary duty – good faith, loyalty or due care*". Repare-se que a imposição de deveres de boa-fé aos administradores remonta, pelo menos, ao primeiro quartel do século XX: *Lofland v Cahall*, 118 A 1-8, (Del 1922) [PENNEWILL CJ] 3; *Finch v Warriot Cement Corporation*, 141 A 54-65, (Del Ch 1928) 63. O dever de boa-fé dos administradores encontra-se, hoje, amplamente positivado na legislação societária do Delaware: *Del Code Ann*, tit 8, § 141(e): boa-fé na apreciação de documentos e pareceres; § 144: boa-fé na autorização de transações entre os administradores e a sociedade; e § 145: boa-fé na quantificação das indemnizações devidas aos administradores e funcionários sujeitos a ações de responsabilidade civil relacionadas com a função desempenhada; HILLARY A. SALET, *Delaware's Good Faith*, 89 Cornell L Rev, 2004, 456-495, 464: reconhecendo os avanços jurisdicionais nesse sentido, a autora procura dar um sentido útil ao terceiro grupo de deveres que vinculem a atuação dos fiduciários; JOHN L. REED e MATT NEIDERMAN, "*Good Faith*" *and the Ability of Directors to Assert § 102(b)(7) if the Delaware General Corporation Law as a Defense to Claims Alleging Abdication, Lack of Oversight, and Similar Breaches of Fiduciary Duty*, 29 Del J Corp L, 2004, 111-142, 119: apresenta a boa-fé como o terceiro dever geral dos fiduciários; CARTER G. BISHOP, *A Good Faith Revival of Duty of Care Liability in Business Corporation Law*, 41 Tulsa L Rev, 2006, 477-511, 482: a dimensão tripartida dos deveres fiduciários é, hoje, o ponto de partida para qualquer análise da posição jurídica dos administradores das sociedades comerciais e, consequentemente, de qualquer fiduciário; C. G. HINTMANN, *You Gotta Have Good Faith: Good Faith in the Context of Directorial Fiduciary Duties and the Future Impact on Corporate Culture*, 49 St Louis ULJ, 2005, 571-604, 572: sublinha a importância da jurisprudência do Delaware na autonomização do dever de boa-fé.

ciários[2038] e como uma garantia do cumprimento da vontade do *settlor*[2039]. Nenhuma destas decisões fornece quaisquer elementos que nos permitam construir uma doutrina geral. Impõe-se, assim, recorrer a uma sistematização jurisprudencial mais alargada. Vejamos alguns exemplos:

- de acordo com uma cláusula do contrato de seguro, o direito de iniciativa processual foi transmitido, por inteiro, para a entidade seguradora; o tribunal considerou que, ao acionar o direito, a seguradora deveria ter em conta os seus interesses e os interesses do segurado[2040];
- todo o processo decisório de um complexo esquema mutualista passava por um comité especializado; o tribunal defendeu que as decisões deveriam ser tomadas tendo por base estritos critérios de boa-fé, excluindo-se qualquer outro raciocínio dito impróprio[2041];
- estando em discussão os limites aos poderes discricionários atribuídos a uma das partes, diz-nos o tribunal: os poderes não devem ser exercidos arbitrária, caprichosa ou infundadamente; pelo contrário: o seu titular deve sempre preenchê-los de forma honesta e de boa-fé, tendo sempre em consideração as disposições contratuais e os interesses que estão na sua origem[2042].

Estes três acórdãos traduzem, de forma geral, o sentido usualmente atribuído, pela jurisprudência inglesa, ao conceito de boa-fé objetiva: viola a boa-fé todo o sujeito que atua de forma caprichosa, arbitrária ou infundada[2043] ou que recorra a critérios de preenchimento ou de decisão impró-

---

[2038] *Bristol & West Building Society v Mothew* [1998] Ch 1-28, [Millett LJ] 18: apresenta o dever de boa-fé como uma das três faces – sendo as outras duas a *no conflict rule* e a *no profit rule* – do dever de lealdade.

[2039] *Armitage v Nurse* [1998] Ch 241-264, [Millett LJ] 253-254: "*The duty of the trustees to perform the trusts honestly and in good faith for the benefit of the beneficiaries is the minimum necessary to give substance to the trusts*".

[2040] *Gromm v Crocker* [1939] 1 KB 194-231, [Sir Wilfrid Greene MR] 203: "*provided that they do so in what they bona fide consider to be the common interest of themselves and their assured*".

[2041] *Price v Bouch* [1986] 2 EGLR 179-181, [Millett J] 180: "*provided only that it is given honestly and in good faith and not for some improper purpose*".

[2042] *Abu Dhabi National Tanker Co v Product Star Shipping (The Product Star) (No. 2)* [1993] 1 Lloyd's Rep 397.

[2043] *Paragon Finance plc v Nash* [2002] 1 WLR 685-712, [Dyson LJ] 701: "*would not be set dishonestly, for an improper purpose, capriciously or arbitrarily*"; *Socimer International Bank Ltd v Standard Bank*

prios e externos[2044] e que extravasem os interesses individuais e combinados das partes.

Nos moldes aqui avançados, a boa-fé apresenta-se como uma limitação ao exercício dos amplos poderes discricionários que, não raramente, são atribuídos aos *trustees*. Como veremos no parágrafo dedicado às limitações dos poderes, os tribunais britânicos desenvolveram um conjunto de deveres com o propósito de limitar o livre arbítrio no seu exercício[2045]. Conquanto estes deveres nem sempre sejam reconduzidos, expressamente, ao conceito de boa-fé, através de uma análise jurisprudencial sistemática, tendo por base a utilização da expressão nas mais variadas áreas jurídicas privatísticas, é possível afirmar que o dever de boa-fé assume, no âmbito das relações fiduciárias, um papel limitador no exercício dos poderes conferidos pelo *settlor* ou inerentes à posição ocupada.

À luz desta construção, cumpre, por fim, indagar, se o dever de boa-fé representa um dever autónomo ou uma simples decorrência de um mais amplo dever de lealdade. O posicionamento do dever de boa-fé, em face do dever de lealdade, tem sido, sem surpresa, objeto de maior atenção em terras americanas e, em especial, no Estado do Delaware, onde a absorção do dever de boa-fé tem dividido a doutrina e os tribunais.

III. A conceptualização da boa-fé como um dever ou princípio autónomo do dever de lealdade e do próprio dever de cuidado é relativamente moderna, sendo, de resto, contemporânea da teorização tripartida dos deveres fiduciários.

London Ltd [2008] EWCA Civ 116, [Rix LJ] 1326: "*provided it does so in good faith... This therefore imports an objective requirement of reasonableness into the valuation process*"; *The Office of Fair Trading v Abbey National plc* [2008] EWHC 875 (Comm), [Andrew Smith J] [79]: preenche o conceito de má-fé por recurso às expressões arbitraria e caprichosamente.

[2044] *Gan Insurance Co Ltd v Tai Ping Insurance Co Ltd* [2001] EWCA Civ 1047, [Mance LJ] [67]: no exercício dos poderes/deveres discricionários, o sujeito apenas deverá ter em consideração interesses endógenos à situação jurídica que está na origem do poder e, consequentemente, na origem da própria relação fiduciária; *Smith v Morgan* [1971] 1 WLR 803-809, [Brightman J] 808; *Redwood Master Fund, Ltd v TD Bank Europe Ltd* [2002] EWHC 2703 (Ch), [Rimer J] [105]: "*motivated by dishonest considerations inconsistent with a proper exercise of the power for the purpose for which it was intended*".

[2045] § 27.º.

Para compreendermos o alcance de um hipotético novo dever de boa-fé é necessário termos em consideração o ordenamento e o momento em que espoletou: a autonomização da boa-fé deu os seus primeiros passos no Direito do Delaware, marcado pelos amplos poderes dos administradores, pela sua independência perante os acionistas e pela liberalização dos mecanismos de responsabilidade civil; temporalmente, o processo coincide com a discussão, em juízo, de uma série de célebres casos – entre os quais pontua o *Re, Walt Disney Co Derivative Litigation*[2046] –, nos quais os administradores foram responsabilizados por atuarem em violação do dever de boa-fé. Embora discordando da autonomização do dever de boa-fé, a esmagadora maioria da doutrina que se tem debruçado sobre a temática apresenta-o como uma decorrência direta da realidade jurídica do Direito societário do Delaware e dos desenvolvimentos modernos da função de administrador, que ocupam, hoje, um papel bastante apagado na gestão diária das sociedades[2047].

Na prática, os tribunais viram-se obrigados a recorrer a um novo princípio para colmatar as lacunas que emergiram com o contração do campo de extensão dos deveres de lealdade e de cuidado[2048]. O dever de boa-fé, ou a sua violação, apresenta-se, assim, como um mecanismo de recurso, invocado quando nem o dever de lealdade, nem o dever de cuidado tenham sido violados, muito embora, como resulta dos factos em concreto, a atuação dos administradores não possa ser tolerada pelo sistema[2049].

[2046] 907 A 2d 693-779, (Del Ch 2005) [WILLIAM B. CHANDLER C].

[2047] SALET, *Delaware's Good Faith*, cit.: a autora analisa as mais emblemáticas decisões do Estado do Delaware em que os administradores foram responsabilizados por terem violado o dever de boa-fé. Feita esta decomposição jurisprudencial, conclui que o dever de boa-fé representa um contrapeso à progressiva diminuição do papel dos administradores na gestão diária das sociedades: os administradores ocupam hoje uma função essencialmente decisória, fundada em estudos e análises elaboradas por terceiros, em especial, por diretores gerais; SEAN J. GRIFFITH, *Good Faith Business Judgment: a Theory of Rhetoric in Corporate Law Jurisprudence*, Duke LJ, 2005, 1-73: dever desenvolvido para contornar a liberalização dos regimes de responsabilidade civil; SARAH HELENE DUGGIN e STEPHEN M. GOLDMAN, *Restoring Trust in Corporate Directors: the Disney Standard and the "New" Good Faith*, 56 Am UL Rev, 2006, 211-274: os administradores que se desleixaram no cumprimento das suas funções contribuíram para o desenvolvimento do novo dever.

[2048] DUGGIN e GOLDMAN, *Restoring Trust*, cit..

[2049] CLAIRE A. HILL e BRETT H. MCDONNELL, *Disney, Good Faith, and Structural Bias*, 32 J Corp L, 2007, 833-864.

§ 24.º DEVER DE LEALDADE

Se a função prática desempenhada por este "novo" dever parece ser consensual, já a sua sistematização externa e interna levanta enormes dúvidas. A absorção do dever de boa-fé pelo dever de lealdade tem sido defendida pela maioria da jurisprudência[2050] e por parte da doutrina. Os seus autores defendem que o dever de boa-fé consubstancia uma simples decorrência do dever de lealdade ou, mesmo, do dever de cuidado, que permite a resolução de casos não abrangidos pelo núcleo de ambos os princípios[2051]. A posição inversa vê no surgimento do dever de boa-fé uma forma de integrar uma série de pequenos deveres dificilmente reconduzíveis ao dever de lealdade ou ao dever de cuidado[2052] ou que, simplesmente, extravasam o campo de aplicação do conceito tradicional de lealdade[2053].

A autonomização do dever de boa-fé, como de resto se verifica no âmbito da própria distinção dos deveres de lealdade e de cuidado, só é possível em concreto. Os níveis de abstração e generalidade alcançados pelos dois principais deveres dos fiduciários – dever de lealdade: proeminência dos interesses dos beneficiários; dever de cuidado: comportamento análogo ao expectável por parte do homem prudente – resultam em discussões improdutivas,

---

[2050] *Guttman v Huang*, 823 A 2d 492-508, (Del Ch 2003) [STRINE VC] 506: "*directors breached their duty of loyalty by failing to attend their duties in good faith*"; *Stone v Ritter*, 911 A 2d 362-373, (Del 2006) [HOLLAND J] 369-370: "*the requirement to act in good faith is a subsidiary element, i.e., a condition, of the fundamental duty of good faith... the fiduciary duty violated by that conduct [bad faith] is the duty of loyalty*"; *Re, Gaylord Container Corporation Shareholders Litigation*, 753 A 2d 462-488, (Del Ch 2000) [STRINE VC] 475, nota 41: apresenta o dever de boa-fé como uma decorrência do dever de lealdade.

[2051] O desenvolvimento do dever aparece, assim, como uma decorrência da liberalização dos regimes de responsabilidade civil, cfr., GRIFFITH, *Good Faith Business Judgment*, cit., 72-73. CLAIRE A. HILL e BRETT H. MCDONNELL, *Stone v Ritter and the Expanding Duty of Loyalty*, 76 Fordham L Rev, 2008, 1769-1796: apresenta o dever de boa-fé como uma expansão do dever de lealdade para casos em relação aos quais a aplicação do regime desenvolvido para o dever de cuidado se mostrou desadequado.

[2052] MELVIN A. EISENBERG, *The Duty of Good Faith in Corporate Law*, 31 Del J Corp L, 2006, 1-75: o dever de boa-fé congrega um série de deveres dificilmente enquadráveis no dever de lealdade ou no dever de cuidado. O autor reconhece que o dever de boa-fé tem ainda muito espaço para crescer, o que pode ser interpretado como um reconhecimento de que o dever de lealdade tem, hoje, um campo de crescimento exíguo.

[2053] HILL e MCDONNELL, *Disney*, cit..

visto a sua invocação ser defensável em, virtualmente, qualquer situação[2054]. O preciso preenchimento de qualquer um dos deveres está assim dependente da análise das construções e doutrinas que originaram e dos factos concretos em questão. Já no que respeita ao dever de boa-fé, para além destas dificuldades, será ainda necessário, para o seu desenvolvimento autónomo, que dispute áreas não totalmente abarcadas pelos deveres institucionalizados ou que congregue um conjunto de deveres reconduzíveis ao conceito, ainda por definir e preencher, de boa-fé, com a clara agravante de compartilhar com o dever de lealdade o mesmo denominador moral e jurídico[2055].

A título de conclusão, podemos avançar algumas ideias gerais: (1) o dever de boa-fé está longe de ter um preenchimento claro; (2) o seu preenchimento é fundamental para a sua autonomização[2056]; e (3) à luz dos elementos e avanços atuais do Direito anglo-saxónico, o dever de boa-fé está circunscrito a um conjunto de deveres que visam limitar a discricionariedade inerente à função fiduciária. Esta construção é, de resto, corroborada, pelo menos em parte, pelo desenvolvimento do conceito de boa-fé no Direito contratual da *Common Law*[2057].

[2054] HILL e MCDONNELL, *Stone v Ritter*, cit.: os deveres de lealdade, de cuidado e de boa-fé estão interligados, todos três são deveres fiduciários, distinguindo-se pelo seu grau de concretização. O dever de lealdade representa o maior grau de abstração do conceito e o dever de cuidado a sua mais fácil materialização.

[2055] CLAIRE MOORE DICKERSON, *From Behind the Looking Glass. Good Faith, Fiduciary Duty & Permitted Harm*, 22 Fla St U L Rev, 1995, 955-1020: têm uma natureza jurídica comum. A distinção reside, apenas, na intensidade com que o dever se aplica. No âmbito das relações fiduciárias, o dever de boa-fé assume maior importância e um campo de aplicação mais extenso, passando, então, a ser denominado de dever de lealdade; STEVEN J. BURTON, *Breach of Contract and the Common Law Duty to Perform in Good Faith*, 94 Harv L Rev, 1980, 369-404, 379, nota 42: também defende a existência de um denominador comum.

[2056] STEPHEN M. BAINBRIDGE, STAR LOPEZ e BENJAMIN OKLAN, *The Convergence of Good Faith and Oversight*, 55 UCLA L Rev, 2008, 559-605: sublinha a importância do seu preenchimento para alcançar a desejada autonomização.

[2057] EASTERBROOK e FISCHEL, *Contract and Fiduciary Duty*, cit., 438: atribuem ao dever de boa-fé fiduciário um conteúdo análogo ao do dever de boa-fé contratual.

§ 24.º DEVER DE LEALDADE

No Direito estado-unidense, o conceito de boa-fé apenas se generalizou, no âmbito do Direito contratual[2058], com o *Uniform Commercial Code* (UCC)[2059], absorvido pelos diversos Direitos estaduais ao longo da década de 60 do século passado[2060]. O legislador americano define o conceito no § 1-201(20): *"Good Faith ... means honesty in fact and the observance of reasonable commercial standards of fair dealing"*. De acordo com o § 1-304, todos os contratos – compra e venda; aluguer; depósitos bancários; pagamentos bancários; letras e diversos títulos de crédito e instrumentos negociáveis – e deveres abrangidos pelo UCC estão sujeitos à sua aplicação. Para o contrato de letra, a definição de boa-fé é ligeiramente alterada, § 5-102(7): *"Good Faith means honesty in fact in the conduct or transaction concerned"*. Se o conteúdo do UCC nos fornece algumas luzes sobre a materialização do conceito, já o § 205 do *Rest. 2ⁿᵈ of Contracts* limita-se a realçar a sujeição das partes ao instituto: *"Every contract imposes upon each party a duty of good faith and fair dealing in its performance and its enforcement"*[2061].

[2058] O conceito é aplicado pela jurisprudência há bastante tempo; veja-se, a título meramente exemplificativo, a construção apresentada por HUBBS J na decisão *Kirk La Shelle Co v Paul Armstrong Co*, 263 NY 79-90, (NY 1933) 87: *"in every contract there is an implied covenant that neither party shall do anything which will have the effect of destroying or injuring the right of the other party to receive the fruits of the contract, which means that in every contract there exists an implied covenant of good faith and fair dealing"*.
[2059] ROBERT BRAUCHER, *The Legislative History of the Uniform Commercial Code*, 58 Colum L Rev, 1958, 798-814.
[2060] Da extensa bibliografia disponível, optámos por referir os artigos mais citados: E. ALLAN FARNSWORTH, *Good Faith Performance and Commercial Reasonableness Under the Uniform Commercial Code*, 30 U Chi L Rev, 1963, 666-679; ROBERT S. SUMMERS, *"Good Faith" in General Contract Law and the Sales Provisions of the Uniform Commercial Code*, 54 Va L Rev, 1968, 195-267; RUSSELL A. EISENBERG, *Good Faith Under the Uniform Commercial Code – A New Look at an Old Problem*, 54 Marq L Rev, 1971, 1-18; GRANT GILMORE, *The Good Faith Purchase Idea and the Uniform Commercial Code: Confessions of a Repentant Draftsman*, 15 Ga L Rev, 1981, 605-629; STEVEN J. BURTON, *Good Faith Performance of a Contract within Article 2 of the Uniform Commercial Code*, 67 Iowa L Rev, 1981, 1-31, 1-3: sublinha as dificuldades dos práticos do Direito – advogados e juízes – em conferir um sentido útil aos preceitos relacionados com o princípio da boa-fé. De resto, todos os artigos elencados, de forma mais ou menos direta, salientam as dificuldades dogmáticas sentidas; DENNIS M. PATTERSON, *Good Faith, Lender, and Discretionary Accelaration: of Llewellyn, Wittgenstein, and the Uniform Commercial Code*, 68 Tex L Rev, 1989, 169-211.
[2061] ROBERT S. SUMMERS, *The General Duty of Good Faith – Its Recognition and Conceptualization*, 67 Cornell L Rev, 1982, 810-840.

A boa-fé contratual está longe de ter alcançado a autonomia e a sistematização que caracteriza o instituto nos diversos Direitos continentais[2062], não sendo, deste modo, de estranhar que os autores estado-unidenses apresentem, usualmente, a boa-fé numa perspetiva negativa: como um conjunto de situações-tipo, por natureza heterogéneas e sem uma uniformização interna, repudiadas pelo sistema e descritas como consubstanciando atuações de má-fé[2063].

Apesar das reconhecidas deficiências e tendo como ponto de partida as duas fontes – UCC e *Rest. 2ⁿᵈ*, devidamente conjugadas com uma análise jurisprudencial sistemática, é-nos possível apresentar, de forma esquematizada, as linhas gerais da boa-fé no Direito contratual estado-unidense: (1) boa-fé pré-contratual[2064]: dimensão não abrangida pelo UCC, nem pelo *Rest. 2ⁿᵈ*, o seu desenvolvimento tem sido encabeçado pela doutrina, com grande apoio comparativo, e em especial pela jurisprudência, mas sempre com poucas preocupações sistemáticas. A dimensão abarca, grosso modo, dois grandes grupos de situações: (a) divulgação de informação[2065]: (i)

[2062] SIMON WHITTAKER e REINHARD ZIMMERMANN, *Good Faith in European Contract Law: Surveying the Legal Landscape* in *Good Faith in European Contract Law*, coordenação de REINHARD ZIMMERMANN e SIMON WHITTAKER, CUP, Cambridge, 2000, 7-62.

[2063] SUMMERS, *"Good Faith"*, cit., 196-197: o autor considera que o conceito de boa-fé é dogmaticamente vazio, não correspondendo a nenhum conjunto de princípios ou sequer a uma norma de conduta abstrata. A impossibilidade de sistematização resulta, prossegue, do número infindável de situações distintas em que o conceito tem sido aplicado.

[2064] Numa perspetiva comparatística, sempre centrada na solução americana, vide FRIEDRICH KESSLER e EDITH FINE, *Culpa in Contrahendo, Bargaining in Good Faith, and Freedom of Contract: a Comparative Study*, 78 Harv L Rev, 1964, 401-449: os autores demonstram que, apesar de estar longe de ter alcançado a importância assumida no Direito continental, a *Common Law* não desconhece o conceito. A utilização de uma nomenclatura própria contribuiu muito para esta realidade; e STEVEN A. MIRMINA, *A Comparative Survey of Culpa in Contrahendo, Focusing on its Origins in Roman, German, and French Law as Well as Its Application in American Law*, 8 Conn J Int'l L, 1992, 77-107: mais analítico que o artigo anterior, o trabalho tem, todavia, bastante interesse. Numa perspetiva do Direito estado-unidense, embora sem descurar o Direito comparado, vide ARCHIBALD COX, *The Duty to Bargain in Good Faith*, 71 Harv L Rev, 1957, 1401-1442; ROBBEN W. FLEMING, *The Obligation to Bargain in Good Faith*, 47 Va L Rev, 1961, 988-1013; TERRENCE H. MURPHY, *Impasse and the Duty to Bargain in Good Faith*, 39 U Pitt L Rev, 1977, 1-61; ERIC M. HOLMES, *A Contextual Study of Commercial Good Faith: Good-Faith Disclosure in Contract Formation*, 39 U Pitt L Rev, 1978, 381-452 e NICOLA W. PALMIERI, *Good Faith Disclosures Required During Precontractual Negotiations*, 24 Seton Hall L Rev, 1993, 72-213: o mais completo de todos os artigos. A autora começa por analisar o conceito de boa-fé e termina com uma breve exposição do regime germânico e italiano.

[2065] Segue-se a esquematização apresentada por PALMIERI, *Good Faith*, cit., 125 ss..

§ 24.º DEVER DE LEALDADE

ocultação de informação: atua de má-fé a parte que encobre, deliberadamente, elementos ou características dos bens ou serviços contratados[2066]; (ii) ocultação de nova informação: atua de má-fé a parte que, tendo acesso a novas informações que contrariem anteriores declarações, não as revele à contraparte[2067]; (iii) ocultação parcial de informação: optando, voluntariamente, por revelar informação à contraparte, bem como em todas as suas respostas a pedidos de esclarecimento, deve o sujeito responder com verdade, sob pena de violar o dever de boa-fé[2068]; (iv) divulgação de toda a informação: existindo, entre as partes, uma forte relação de confiança ou de proximidade – não necessariamente uma relação fiduciária –, estão, ambas as partes, obrigadas a fornecer toda a informação de que disponham; por exemplo: advogado--cliente[2069] ou marido-mulher[2070]; (v) especiais deveres de divulgação resultantes da informação detida ou da posição de supremacia ocupada: nestes casos, a parte está obrigada a divulgar toda a informação que tenha à sua disposição, sob pena

---

[2066] *Stewart v Wyoming Cattle Ranche Co*, 128 US 383-390, (US 1888) [Gray J] 388: o tribunal sublinha a importância de distinguir o conceito de omissão do conceito de ocultação; *Woodruff v Williams*, 85 P 90 102, (Colo 1905) [Bailey J] 96: *"There must be a suppression of the facts from which knowledge may be obtained or a misrepresentation of the facts"*.

[2067] *Robert Edward McGrath v Zenith Radio Corp*, 651 F 2d 458-476, (US App 1981) [Fairchild CJ] 468: perante um caso de ocultação de nova informação, o tribunal, contrariando a posição do réu, afirma que não está apenas em causa a não divulgação de informação ou, sequer, um hipotético direito ao silêncio. Tendo tido acesso a nova informação, que torne o conteúdo de anteriores declarações falso ou erróneo, a parte está obrigada a transmiti-la à contraparte. Repare-se que estas situações têm já solução à luz do ordenamento estado-unidense, por aplicação da figura da fraude, cfr., *St. Joseph Hospital v Corbetta Construction Co*, 316 NE 2d 51-82, (Ill App 1974) [Hallett J] 71: *"It is also a well established that where one has made a statement which at that time is true but subsequently acquires new information which makes it untrue or misleading, he must disclose such information to anyone whom he knows to be acting on the basis of the original statement – or be guilty of fraud or deceit"*.

[2068] *V. S. H. Realty Inc v Texaco Inc*, 757 F 2d 411-422, (US App 1985) [Coffin CJ] 414: neste caso, uma das partes apresentou repetidos pedidos de esclarecimento, tendo apenas lhe sido fornecida informação parcial e incompleta; *John W. Pashley v Pacific Electric Railway Co*, 153 P 2d 325-330, (Cal 1944) [Shenk J] 330: *"Even though one is under no obligation to speak as to a matter, if he undertakes to do so, either voluntary or in response to inquiries, he is bound not only to state truly what he tells but also not to suppress or conceal any facts within his knowledge which will materially qualify those stated. If he speaks at all he must make a full and fair disclosure"*.

[2069] *Cinemas 5 Ltd v Cineram Inc*, 528 F 2d 1384-1387, (US App 1976) [Van Graafeiland CJ] 1386.

[2070] *Speckman v Speckman*, 15 Ohio App 283-288, (Ohio App 1921) [Houck J]: em causa estava a não divulgação de toda a informação no âmbito da celebração de um contrato antenupcial.

de atuar de má-fé[2071]; (vi) especiais deveres de divulgação resultantes da natureza do contrato: caso paradigmático do contrato de seguro[2072]; e (vii) especiais deveres de divulgação resultantes de atos legislativos: caso paradigmático das negociações laborais[2073]; e (b) alterações contratuais: (i) em abstrato, todas as situações acima elencadas têm aplicação no âmbito das negociações para a alteração da relação contratual; e (ii) aproveitamento da posição de supremacia: atua de má-fé todo o sujeito que utilize o seu poder negocial superior para exigir alterações desproporcionais[2074]; (2) boa-fé no cumprimento e execução contratual[2075]: núcleo central das disposições do UCC e do *Rest. 2ⁿᵈ*. De forma algo simplificada e não exaustiva, a boa-fé no cumprimento das obrigações pode ser subdividida em dois grandes grupos: (a) dimensão ativa: a maioria dos casos respeita ao cumprimento de direitos ou poderes discricionários. O preenchimento destes direitos e poderes deve sempre reger-se por estritos critérios de boa-fé, i.e., de forma honesta e sempre indo ao encontro da *ratio* subjacente à consagração do direito/poder[2076]; e (b) dimensão passiva: abrange

---

[2071] *Randolph L. Seal v Lois B Hart*, 755 P 2d 462-465, (Colo App 1988) [STERNBERG J] 464: o tribunal apresenta duas exceções: (1) relação de confiança; e (2) sempre que uma das partes tem ou professa ter acesso a informação e conhecimentos não acessíveis às outras partes.

[2072] *Columbia Insurance Company of Alexandria v Joseph W. Lawrence*, 27 US 25-57, (US 1829) 29: "*fair dealing requires that he should state every thing which might influence the mind of the underwriter, in forming or declining the contract*".

[2073] *National Labor Relation Act* § 158(d): "*For the purposes of this section, to bargain collectively is the performance of the mutual obligation of the employer and the representative of the employees to meet at reasonable times and confer in good faith*".

[2074] *Lingenfelder v Wainwright Brewing Co*, 103 Mo 578-595, (Mo 1890) [GRANT PJ] 593.

[2075] FARNSWORTH, *Good Faith Performance*, cit.; BURTON, *Good Faith Performance*, cit.; STEVEN J. BURTON, *More on Good Faith Performance of a Contract: a Reply to Professor Summers*, 69 Iowa L Rev, 1984, 497-512 e MARK SNYDERMAN, *What's so Good About Good Faith? The Good Faith Performance Obligation in Commercial Lending*, 55 U Chi L Rev, 1988, 1335-1370.

[2076] BURTON, *Breach of Contract*, cit.: o autor apresenta a boa-fé como uma limitação à discricionariedade das partes e como uma garantia do cumprimento das expectativas da contraparte, quanto ao exercício efetivo dessa discricionariedade; *Boone v Kerr-McGee Oil Industries Inc*, 217 F 2d 63-66, (US App 1954) [HUXMAN USCJ] 65: "*That simply means that what is done must be done honestly to effectuate the object and purpose the parties had in mind in providing for the exercise of such power*"; *Loudenback Fertilizer Co v Tennessee Phosphate Co*, 121 F 298-305, (US App 1903) [LURTON CJ] 303: apresenta a boa-fé como um limite às liberdades concedidas às partes pelo contrato. Nesta dimensão, a boa-fé apresenta-se como uma garantia última do cumprimento contratual; *Morris Milstein v Security Pacific National Bank*, 27 Cal Rptr 16-19, (Cal App 1972) [THOMPSON J] 18: "*a covenant of good faith and fair dealing, i.e., the implied promise by the parties to the contract each to do everything that the contract presupposes they will do to accomplish its purpose*".

§ 24.º DEVER DE LEALDADE

todas as situações em que uma das partes recusa o cumprimento de uma obrigação, por regra genérica, por simples capricho[2077] ou de forma não fundamentada[2078]; (3) boa-fé na extinção contratual[2079]: (a) resolução não fundamentada: a invocação de direitos resolutivos está dependente da sua adequação aos propósitos subjacentes à contratação[2080]; (b) resolução extemporânea: o reconhecimento judicial da resolução contratual está dependente da inexistência ou inaplicabilidade de outras soluções ou mecanismos jurídicos menos draconianos para as outras partes[2081]; (4) boa-fé do comprador: dimensão em tudo idêntica ao conceito de *notice*, que iremos explorar no capítulo dedicado à natureza do *trust*. Em termos gerais, a boa-fé traduz um desconhecimento desculpável ou conhecimento não exigível[2082].

O considerável e inesperado desenvolvimento alcançado pelo conceito de boa-fé, no Direito contratual estado-unidense, não foi acompanhado pela Ciência Jurí-

---

[2077] *Singerly v Thayer*, 108 Pa 291-300, (Pa 1885) [THAYER PJ] 298.
[2078] *Doll v Noble*, 116 NY 230-233, (NY 1889) [BROWN J] 223.
[2079] Dimensão menos explorada pela doutrina. Para além dos artigos gerais já amplamente referidos em diversas notas de rodapé, vide ERIC G. ANDERSEN, *Good Faith in the Enforcement of Contracts*, 73 Iowa L Rev, 1988, 299-349: artigo bastante abrangente; o autor começa por analisar o regime geral da execução contratual e só depois se centra na aplicação da boa-fé; *David K. Spindle v Travelers Insurance Co*, 66 Cal App 951-959, (Cal App 1977) [JEFFERSON J] 958: "*where a contract confers on one party a discretionary power affecting the rights of the other, a duty is imposed to exercise that discretion in good faith and in accordance with fair dealing*".
[2080] *J. R. Watkins Co v Rich*, 254 Mich 82-85, (Mich 1931) [FEAD J] 84-85: o tribunal considerou que o sujeito atuou de má-fé por ter terminado o contrato sem qualquer fundamento objetivo, por mero capricho; *Daisy Brown v Board of Education of the City of Bonner Springs*, 117 Kan 256-258, (Kan 1924) [HOPKINS J]: um contrato de trabalho continha a seguinte cláusula: "*[the contract] may be terminated by either party on thirty days' notice when there exists some reasonable ground therefore*". O tribunal considerou que uma resolução caprichosa, para além de não se adequar ao conteúdo da cláusula, consubstanciava, ainda, uma violação da boa-fé. PATTERSON, *Good Faith*, cit.: o autor analisa a doutrina numa perspetiva histórica e compreensiva.
[2081] *Northwest Lumber Sales Inc v Continental Forest Products Inc*, 495 P 2d 744-750, (Ore 1972) [MCALLISTER J]: o tribunal considerou a invocação da cláusula resolutiva extemporânea e excessiva, visto o contrato prever a possibilidade de se exigirem garantias de cumprimento em situações de mora.
[2082] FARNSWORTH, *Good Faith*, cit., 668; GILMORE, *The Good Faith*, cit., 607-608: origens históricas da dimensão. A solução vai, de resto, ao encontro do disposto no § 2-403 do UCC: "*A person with voidable title has power to transfer a good title to a good faith purchaser for value*".

dica britânica[2083]. De facto, ainda hoje, a maioria da doutrina e da jurisprudência inglesa é contrária ao desenvolvimento de princípios e deveres de boa-fé no Direito das obrigações. Vejamos, de forma sucinta, o estado atual do instituto no âmbito pré-contratual e na execução das obrigações assumidas contratualmente.

Em 1992, a *House of Lords*, na decisão *Walford v Miles*[2084], foi confrontada com um pedido invulgar: os autores invocam que os réus se comprometeram, expressamente, a negociar em exclusivo com os autores a venda de uma sociedade e de um bem imóvel. Apesar do acordado, os réus optaram por alienar ambos os bens a um terceiro, pelo que, concluem, violaram os princípios de boa-fé que devem ser seguidos em toda e qualquer negociação. O relator do acórdão, LORD ACKNER, decidiu, merecendo o apoio unânime de todo o coletivo de juízes, que, e passa a citar-se:

> [T]*he concept of a duty to carry on negotiations in good faith is inherently repugnant to the adversarial position of the parties when involved in negotiations. Each party to the negotiations is entitled to pursue his (or her) own interest, so long as he avoids making misrepresentations... A duty to negotiate in good faith is as unworkable in practice as it is inherently inconsistent with the position of a negotiating party*[2085].

Repare-se que não só é esta decisão emanada da *House of Lords*, como o coletivo de juízes era composto por alguns dos nomes mais sonantes da jurisprudência inglesa da segunda metade do século XX: LORD KEITH OF KINKEL, LORD GOFF OF CHIEVELEY e LORD BROWNE-WILKINSON; todos os três ocuparam o cargo de *President of the Supreme Court of the United Kingdom*.

[2083] O Direito inglês ocupa uma posição isolada. Nas últimas décadas, a boa-fé tem alcançado uma posição de destaque em diversos sistemas da *Common Law*, em parte por influência estado--unidense: Canadá: *Geteway Realty Ltd v Arton Holdings Ltd* [1991] 106 NSR 2d 180, [KELLY J] [39]: "*The law requires that parties to a contract exercise their rights under that agreement honestly, fairly and in good faith. This standard is breached when a party acts in a bad faith manner in the performance of its rights and obligations under the contract. "Good faith" conduct is the guide to the manner in which the parties should pursue their mutual contractual objectives. Such conduct is breached when a party acts in "bad faith" – a conduct that is contrary to community standards of honesty, reasonableness or fairness. The insistence on a good faith requirement in discretionary conduct in contractual formation, performance, and enforcement is only the fulfillment of the obligation of the courts to do justice in the resolution of disputes between contending parties*"; Austrália: *Burger King Corporation v Hungry Jack's Pty Ltd* [2001] NSWCA 187: o tribunal cita, a título introdutório e como forma de fortalecer a sua decisão, o § 205 do *Rest. 2ⁿᵈ*.

[2084] [1992] 2 AC 128-140.

[2085] At 138.

§ 24.º DEVER DE LEALDADE

A construção, seguida e citada por inúmeros acórdãos[2086], só pode ser compreendida, no seu todo, se tivermos em consideração o regime da *misrepresentation*, que extravasa largamente a figura nacional homónima do dolo. Ao abrigo da s. 2(1) do *Misrepresentation Act*, 1967, a parte que transmita informações falsas ou incorretas pode ser responsabilizada pelos danos causados na esfera jurídica da contraparte, quer se demonstre ser a falsidade do conteúdo da declaração conhecida ou desconhecida. O legislador britânico apenas excluiu a responsabilidade nos casos em que a parte demonstre, em juízo, ter, à época, razões fundadas para acreditar que as informações transmitidas correspondiam à verdade dos factos[2087]. Das diversas situações tipicamente abrangidas pelo instituto da *culpa in contrahendo*, apenas os casos de ruturas abruptas de negociações parecem, assim, não merecer proteção jurídica, à luz do sistema inglês.

No que respeita à boa-fé no cumprimento e execução contratual, o sistema inglês apresenta-se ainda mais isolado:

A person who has a right under a contract or other instrument is entitled to exercise it and can effectively exercise it for a good reason or a bad reason or no reason at all[2088].

[2086] *Re, Debtors (Nos 4449 and 4450 of 1998)* [1999] 1 All ER (Comm) 149-159, [CARNWATH J] 157; *Petromec Inc v Petroleo Brasileiro SA* [2004] EWHC 127 (Comm), [MOORE-BICK J] [88]; *Bezant v Rausing* [2007] EWHC 1118 (QB), [GRAY J] [55]; *National Westminster Bank plc v Rabobank Nederland* [2007] EWHC 1056 (Comm), [Colman J] [365]; *Chilli Developments Ltd v Commission of the New Towns* [2008] EWHC 1310 (QB), [JACK J] [7]; *United Group Rail Services Ltd v Rail Corporation New South Wales* [2009] NSWCA 177, [ALLSOP P] [48]: tribunal australiano.
[2087] O paradigma britânico – circunscrição a casos de dolo – foi alterado pela *House of Lords*, na decisão *Hedley Byrne v Heller*, datada de 1963, [1964] AC 465-540. Os deveres de boa-fé têm especial incidência no Direito dos seguros, onde a doutrina *"utmost good faith"* – do latim *uberrimae fidei* – obriga as seguradoras a revelarem toda a informação que têm à sua disposição, de resto à semelhança do que se verifica no Direito estado-unidense. O regime atualmente em vigor resultou dos estudos da *Law Commission* nos últimos anos da década passada, cfr., *The Law Commission and the Scottish Law Commission, (Law Com No 319) (Scot Law Com No 219), Consumer Insurance Law: Pre-Contract Disclosure and Misrepresentation*, dezembro de 2009, pode ser encontrado no sítio da Law Commission: http://www.justice.gov.uk/lawcommission/areas/insurance-contract-law.htm. Veja-se, ainda, a análise, bastante favorável, de BARIS SOYER após a apresentação das primeiras conclusões das Comissões, cfr., *Reforming the Assured's Pre-Contractual Duty of Utmost Good Faith in Insurance Contracts for Consumers: Are the Law Commissions on the Right Track?*, JBL, 2008, 385-414.
[2088] *Chapman v Honig* [1963] 2 All ER 513-526, [PEARSON LJ] 522.

Mais um vez, a solução britânica só pode ser compreendida se tivermos em consideração diversas figuras – na sua maioria desenvolvidas pela *Equity Law* – que, embora com um campo de aplicação circunscrito, podem fazer a vez da boa-fé. Repare-se na, *supra* citada, *misrepresentation*, nos *implied terms* – possibilitam a inclusão de termos/cláusulas contratuais não declaradas pelas partes, mas justificáveis por critérios de Justiça[2089] – ou no regime do *estoppel* – figura semelhante ao *venire contra factum proprium*[2090-2091].

A irredutibilidade britânica, posta em causa pelos desenvolvimentos sentidos nos restantes ordenamentos da *Common Law*, tem como maior "inimigo" os avanços professados pelo Direito comunitário e as exigências do Direito internacional privado[2092].

123. Natureza jurídica dos deveres fiduciários

I. No âmbito desta breve rubrica, centrar-nos-emos no movimento jurídico, com epicentro nos Estados Unidos da América, que atribui aos deveres fiduciários uma natureza contratual.

Embora uma conceção contratualista dos deveres fiduciários pareça, à primeira vista, desadequada, à luz do pensamento jurídico ortodoxo, a teoria vai ao encontro de um dos princípios mais basilares das relações fiduciárias: uma atuação contrária às obrigações assumidas não será ilegal se for devidamente autorizada pelos beneficiários[2093]. Ora, podendo as partes alterar as disposições estabelecidas *a posteriori*, é lógico que também o possam fazer *ab initio*. Com base nesta premissa, concluem os contratualistas que todos os poderes, direitos e deveres aplicáveis à relação jurídica fiduciária refletem a vontade das partes. Os termos explicitamente declarados resultam da

---

[2089] GLANVILLE WILLIAMS, *Language and the Law*, 61 LQR, 1945, 401; PAULO MOTA PINTO, *Declaração tácita e comportamento concludente no negócio jurídico*, Almedina, Coimbra, 1995, 132-139.
[2090] *Moorgate Mercantile Co Ltd v Twithchings* [1976] QB 225-254, [LORD DENNING MR] 241: "*when a man, by his words or conduct, had led another to believe in a particular state of affairs, he will not be allowed to go back on it when it would be unjust or inequitable for him to do so*".
[2091] Para uma análise comparatística entre os dois institutos, vide, entre nós, PAULO MOTA PINTO, *Sobre a proibição do comportamento contraditório (venire contra factum proprium) no Direito civil*, BFDUC – Volume Comemorativo, 2003, 269-322, 286-288
[2092] GUNTHER TEUBNER, *Legal Irritants: Good Faith in British Law or How Unifying Law Ends Up in New Divergences*, 61 Mod L Rev, 1998, 11-32.
[2093] CONAGLEN, *Fiduciary Loyalty*, cit., 214-221.

§ 24.º DEVER DE LEALDADE

vontade manifestada, ao passo que a sujeição às normas desenvolvidas pelos tribunais e pelo legislador são, ao não se indicar um conteúdo contrário, implicitamente aceites[2094].

II. A ideia, teorizada por COASE, de que os regimes jurídicos supletivos podem promover os interesses das partes ao estabelecerem as regras que escolheriam caso tivessem acesso a toda a informação disponível e as negociações não tivessem custos[2095], foi fortemente impulsionada, no âmbito dos deveres fiduciários, por EASTERBROOK e FISCHEL que, por diversas vezes, a apresentaram e aperfeiçoaram[2096]. No fundo, a doutrina assenta em dois grandes pilares: (1) as partes não têm nem capacidade, nem conhecimentos para elencar, de forma exaustiva, todas as obrigações pelas quais os fiduciários se devam reger e, mesmo que tivessem, a sua elaboração e o seu controlo não seriam economicamente sustentáveis (*high costs of specification and monitoring*); e (2) estando os fiduciários a contratar com profissionais – administradores, advogados ou mesmo *trustees* –, uma minuciosa especificação das obrigações a que estes se encontrem adstritos é escusada. As partes optam por, implicitamente, aplicar as normas e os princípios gerais desenvolvidos pelos tribunais e pelo legislador. Na prática, o conteúdo atribuído, pelo sistema, aos conceitos de fiduciário e de deveres fiduciários não têm natureza imperativa, representando apenas um entre os infindáveis conteúdos possíveis[2097].

[2094] ANTHONY J. DUGGAN, *Is Equity Efficient?*, 113 LQR, 1997, 601-636, 624; RIBSTEIN, *Are Partners Fiduciaries?*, cit., 215: "*Fiduciary duties are a type of contract term that applies, in the absence of a contrary agreement*".
[2095] RONALD COASE, *The Problem of Social Costs*, 3 J Law & Econ, 1969, 1-44, em especial a partir da página 15. Quanto a esta questão vide, entre nós, FERNANDO ARAÚJO, *Teoria económica do contrato*, Almedina, Coimbra, 2007, 197 ss..
[2096] EASTERBROOK e FISCHEL, *Contract and Fiduciary Duty*, cit., 425-446; *The Economic Structure of Corporate Law*, Harvard University Press, Cambridge, 1996, 90-93; *Corporate Control Transactions*, 91 Yale L J, 1982, 689-727, 700-715; *Antitrust Suits by Targets of Tenders Offers*, 80 Mich L Rev, 1982, 1155-1178, 1171-1178; e DANIEL R. FISCHEL, *The Economics of Lender Liability*, 99 Yale L J, 1989, 131-154, 140-147.
[2097] HENRY N. BUTLER e LARRY E. RIBSTEIN, *Opting out of Fiduciary Duties: a Response to the Anti-Contractarians*, 65 Wash L Rev, 1990, 1-72, 29. A bibliografia sobre a temática é virtualmente inesgotável, pelo que apenas se mencionam alguns artigos de referência: IAN AYRES e ROBERT GERTNER, *Filling Gaps in Incomplete Contracts: an Economic Theory of Default Rules*, 99 Yale LJ, 1989, 87-129, 87: inicia a sua exposição por apresentar dois tipos de normas: (1) as subsidiárias, que preenchem os espaços deixados vazios nos contratos; e (2) as imutáveis, que se aplicam

III. A primeira crítica a fazer à teoria contratualista assenta no falso pressuposto de que todos os deveres fiduciários podem ser afastados pelas partes[2098]. Mesmo o Estado do Delaware, reconhecido pela extensa proteção e pelas liberdades concedidas aos administradores das sociedades comerciais, impõe algumas limitações. Os estatutos das sociedades não podem afastar a responsabilidade dos administradores por danos causados em violação do dever de lealdade ou por atuações contrárias à boa-fé que envolvam quer um conhecimento, quer uma inequívoca intenção de violar a lei[2099].

---

independentemente de ser essa a vontade, expressa ou tácita, das partes; BUTLER e RIBSTEIN, *Opting out of Fiduciary Duties*, cit., 28: a problemática da concretização dos deveres fiduciários é comparável às dificuldades levantadas nos contratos de longa duração, em que nem todos os aspetos podem ser explicitados; ROBERT COOTER e BRADLEY J. FREEDMAN, *The Fiduciary Relationship: Its Economic Character and Legal Consequences*, 66 NYU L Rev, 1991, 1045-1077, 1046: sublinham os custos e a impossibilidade de prever todas as situações futuras; BRAIN R. CHEFFINS, *Law, Economics and Morality: Contracting Out of Corporate Law Fiduciary Duties*, 19 Can Bus LJ, 1991, 28-48: o primeiro artigo canadiano a explorar a teoria à luz do regime jurídico local. O autor considera que, apesar de discutível, a teoria não pode ser ignorada aquando da discussão dos deveres fiduciários; LANGBEIN, *The Contractarian Basis*, cit., 658: não é possível as partes especificarem com mais detalhe ou preverem todos os aspetos a regular; LARRY E. RIBSTEIN, *Fiduciary Duty Contracts in Unincorporated Firms*, 54 Wash & Lee L Rev, 1997, 537-594, 541: descreve os deveres fiduciários como sendo fruto de uma hipotética negociação; MICHAEL WHINCOP, *Of Fault and Default: Contractarianism as a Theory of Anglo-Australian Corporate Law*, 21 Melb U L Rev, 1997, 187-236, 206: partindo de uma análise jurisprudencial, o autor considera que todos os deveres estabelecidos por lei ou desenvolvidos pelos tribunais podem ser alterados. Mesmo se nos abstrairmos da inexatidão da premissa, uma autonomia privada ilimitada, só por si, não justifica a atribuição de uma natureza contratual aos deveres fiduciários; J. DENNIS HYNES, *Freedom of Contract, Fiduciary Duties, and Partnerships: the Bargain Principles of the Law of Agency*, 54 Wash & Lee L Rev, 1997, 439-464: a negação da teoria contratualista implica o ressurgimento das doutrinas do Direito Natural, com todas as insuficiências científicas que acarreta; HANSMANN e MATTEI, *The Functions*, cit., 448: os autores parecem partir do princípio de que as partes conhecem as regras gerais aplicáveis, pelo que a não indicação de qualquer alteração pressupõe o seu acatamento.

[2098] Alguns defensores da teoria contratualista reconhecem estas limitações, cfr., EASTERBROOK e FISCHEL, *The Corporate Contract*, cit., 1436.

[2099] 8 Del. C. § 102(b)(7). *Stone v Ritter*, 911 A 2d 362-373, (Del 2006) [HOLLAND J] 367: "*Such a provision can exculpated directors from monetary liability for a breach of the duty of care, but not for conduct that is not in good faith or a breach of the duty of loyalty*". Deve, porém, referir-se que o mesmo Direito estadual já nada tem a opor ao afastamento destes mesmos deveres no âmbito do regime do mandato: 6 Del. C § 15-103(f): "*A partnership agreement may provide for the limitation or elimination of any and all liabilities for breach of contract and breach of duties (including fiduciary duties)*

§ 24.º DEVER DE LEALDADE

Numa perspetiva dogmática, a teoria contratualista ignora, ainda, as diferentes construções e preenchimentos do conceito de *implied terms*. É hoje pacificamente aceite que o instituto abrange dois tipos de situações distintas: (1) *terms implied in fact* ou *ad hoc gap fillers*; e (2) *implied terms by law* ou *general default rules*[2100].

Na primeira aceção, o intérprete-aplicador nunca se afasta verdadeiramente da vontade das partes. A insuficiência da vontade expressamente declarada impele-o a averiguar se do conteúdo da declaração negocial ou se do contexto em que se insira é possível concluir pela existência de uma vontade implícita, embora deficientemente declarada. Sem pôr em causa as suas inegáveis especificidades, este processo corresponde a um mero exercício interpretativo[2101].

Na segunda modalidade, os deveres impostos ou os direitos atribuídos não resultam de um processo interpretativo da vontade, expressa ou implicitamente declarada, mas de considerações gerais, centradas na proteção das partes e na proteção do comércio jurídico[2102]. A sua aplicação não é determinada pelos intervenientes contratuais, é imposta pelo legislador e pelos tribunais[2103].

... *[but] may not limit or eliminate liability for any act or omission that constitutes a bad faith violation of the implied contractual covenant of good faith and fair dealing*". Semelhante disposição pode também ser encontrada em outros Direitos estaduais, cfr., Georgia: *Ga. Code Ann.* §14-9-108(b)(1).

[2100] *Luxor (Eastbourne) Ltd v Cooper* [1941] AC 108-156, [LORD WRIGHT] 137: "*The expression "implied terms" is used in different senses. Sometimes it denotes some term which does not depend on the actual intention of the parties but on a rule of law... But a case like the present is different because what it is sought to imply is based on an intention imputed to the parties from their actual circumstances*". Em geral, vide GERARD MCMEEL, *The Construction of Contracts: Interpretation, Implication and Rectification*, OUP, Oxford, 2007, 213-246 e KIM LEWISON, *The Interpretation of Contracts*, Sweet & Maxwell, Londres, 2007, 191-239.

[2101] *Luxor (Eastbourne) Ltd v Cooper* [1941] AC 108-156, [LORD WRIGHT] 137: "*The implied terms are based on an intention imputed to the parties from their actual circumstances*"; *Equitable Life Assurance Society v Hyman* [2002] 1 AC 408-462, [LORD STEYN] 459: "*If a term is to be implied, it could only be a term implied from the [article of the contract] read in its particular commercial setting*"; *Greaves & Co (Contractors) Ltd v Baynham Meikle and Partners* (1975) 1 WLR 1095-1103, [LORD DENNING MR] 1099: "*A term implied in fact rests on their actual intention*".

[2102] LINDY WILLMOTT, SHARON CHRISTENSEN e DES BUTLER, *Contract Law*, 2ª edição, OUP, Oxford, 2005, 273.

[2103] *Shell UK Ltd v Lostock Garage Ltd* [1977] 1 All ER 481-496, [LORD DENNING MR] 487: "*the obligation is a legal incident of the relationship which is attached by the law itself and not by reason of any implied term*".

IV. As construções contratualistas atribuem, ao Direito, características típicas de um mercado desregulamentado. A imposição de deveres e a atribuição de direitos resultam das denominadas forças de mercado, em especial da concorrência e do poder negocial das partes. A desadequação geral desta conceção é enfatizada, mesmo numa visão economicista, pela sua aplicação às relações fiduciárias, marcadas por um forte desequilíbrio de posições[2104].

Em última análise, a teoria contratualista faz tábua rasa de séculos de desenvolvimento jurídico. Desconsidera, em absoluto, as razões para o desenvolvimento de diferentes contratos e regimes[2105]. Em caso algum podem os deveres fiduciários ser interpretados como o produto da vontade do *settlor*. O seu conteúdo resulta das especificidades históricas do instituto, do produto de milhares de decisões jurisprudenciais e das preocupações sociais e jurídicas que envolvem este tipo de relação.

[2104] VICTOR BRUDNEY, *Corporate, Agency Costs, and the Rhetoric of Contract*, 85 Colum L Rev, 1985, 1403-1444, 1420-1427.
[2105] TAMAR FRANKEL, *Fiduciary Duties as Default Rules*, 74 Or L Rev, 1995, 1209-1277, 1211.

Capítulo III
Deveres e Poderes dos *Trustees*

§ 25.º DEVERES DOS *TRUSTEES*

124. Dever de se informar

I. O primeiro dever do *trustee* é o de se informar sobre todas as particularidades da posição que vai ocupar. Qual a propriedade constituída em *trust*, a natureza do *trust*, os seus beneficiários e a existência de outros *trustees*: são algumas das questões primárias que um sujeito fiduciário deve, logo que nomeado, procurar responder[2106].

Como todo o diligente gestor, o *trustee* deverá, assim que possível, recolher e analisar todos os registos do *trust*[2107]. O cumprimento do dever de se informar não se basta, evidentemente, com um mero preenchimento formal, exteriorizado por uma recolha da documentação disponível. O *trustee* deverá obter toda a informação pertinente e necessária junto daqueles que tenham

---

[2106] *Hallows v Lloyd* (1888) 39 Ch D 686-693, [KEKEWICH J] 691: "*I think that when persons are asked to become new trustees, they are bound to inquire of what property consists that is proposed to be handed over to them, and what are the trusts*".

[2107] *Tiger v Barclays Bank Ltd* [1952] 1 All ER 85-88, [JENKINS LJ]: não apenas os documentos constitutivos do *trust*, como toda a correspondência e memorandos que possam facilitar a concretização das suas funções.

tido uma especial ligação ao *trust*, aos bens que o constituem e à função agora por si desempenhada e, em especial, junto de antigos *trustees*, se for o caso[2108].

Na decisão *Nestlé v National Westminster Bank*, o tribunal considerou injustificável que, não sendo a atuação que lhe era exigida clara, o *trustee* não tenha recorrido a todos os meios disponíveis para esclarecer, cabalmente, o exato alcance da posição que acabara de assumir[2109].

II. Previamente a aceitar a nomeação para o cargo, o *trustee* deverá averiguar: (1) se todos os elementos necessários para uma válida constituição do *trust* estão preenchidos; e (2) se, da atuação que lhe é exigida enquanto *trustee*, poderá resultar um qualquer conflito de interesses com outras atividades, em sentido lato, por si desempenhadas.

A verificação do preenchimento dos elementos nucleares do *trust* apresenta-se, antes de mais, como uma defesa da própria pessoa do fiduciário, pelo que se recomenda uma análise dos seguintes aspetos: (1) capacidade do *settlor*; (2) titularidade dos bens constituídos em *trust*; (3) preenchimento das três certezas; (4) concordância e respeito pelas mais variadas leis, tanto numa perspetiva geral, como num ponto de vista individualizador, centrado nas especificidades do *trust*; e (5) existência de uma intenção fraudulenta subjacente à sua constituição[2110].

Já quanto ao dever de evitar conflitos de interesses – relembre-se que consubstancia o núcleo caracterizador das relações fiduciárias –, exige-se, dos *trustees*, uma diligência reforçada. O esclarecimento prévio, junto do

---

[2108] *Mond v Hyde* [1999] QB 1097-1119, [BELDAM LJ] 1104. Todavia, conhecem-se diversos acórdãos em que a omissão em obter informações junto de anteriores titulares, por parte do atual *trustee*, mesmo tendo sido demonstrado, em juízo, que o seu conhecimento teria evitado a produção dos danos verificados, não foi considerada causa bastante, cfr., *Prosser v Phipps* (1873) LR 16 Eq 80-92, [SIR W. M. JAMES LJ] 90: "*If it is a wrong thing for new trustees to accept trust funds in these circumstances without inquiring specifically whether the old trustees have received any notice of incumbrances – if that is a fault on the part of new trustees, it is a fault into which they have certainly been led by the example of this Court; for I never heard of that being asked*".
[2109] [1993] 1 WLR 1260-1285, [DILLON LJ] 1265.
[2110] *Lewin on Trusts*, cit., 436. Nas páginas 435-436, os autores elencam um conjunto de aspetos que qualquer *trustee* prudente deverá ter em consideração: (1) a complexidade do *trust*, em todas as suas vertentes; (2) potenciais animosidades geradas com a sua aceitação, em especial se o *trust* tiver uma forte conotação familiar; (3) a grandeza e a natureza dos investimentos pretendidos; (4) todos os aspetos relacionados com a remuneração da posição; e (5) o processo de renúncia do cargo.

§ 25.º DEVERES DOS *TRUSTEES*

próprio *settlor* se necessário, poderá ser decisivo para evitar litígios futuros, com todas as consequências prejudiciais que se lhes reconhecem, não apenas para o *trust* e para os beneficiários, como para o próprio *trustee*[2111].

III. De igual modo, e conquanto a responsabilidade da atuação fiduciária seja pessoal, i.e., não se transmita para os titulares subsequentes, o tribunal poderá considerar que o sujeito que, num determinado momento, ocupe a posição de *trustee* está obrigado a rever e a analisar a administração dos fiduciários que o antecederam. A jurisprudência inglesa tem, todavia, evitado avançar critérios de aplicação estanques, limitando-se a remeter para o regime dos deveres de cuidado: perante os elementos conhecidos, o que faria o homem prudente e razoável?

Os danos causados, apesar de serem materialmente imputáveis aos anteriores *trustees*, podem, dependendo da sua gravidade, notoriedade e irreversibilidade, ser atribuídos, pelo menos em parte, aos sujeitos que atualmente desempenhem a função[2112].

125. Dever de seguir as direções impostas no ato constitutivo

I. Assim que aceita a nomeação para o cargo, o *trustee* está obrigado a atuar nos exatos termos indicados pelo *settlor* e, subsidiariamente, pelo regime legal aplicável [2113]. No âmbito da administração fiduciária, a atuação

---

[2111] *Edge v Pensions Ombudsman* [2000] Ch 602-644, [CHADWICK LJ] 631-632: perante os amplos poderes discricionários atribuídos aos *trustees* e tendo em conta os interesses envolvidos, o conflito entre os seus interesses pessoais e os interesses dos beneficiários era, desde a constituição do *trust*, uma realidade evidente.

[2112] *Youde v Cloud* (1874) LR 18 Eq 634-648, [SIR JAMES BACON VC] 642-643; *Bennett v Burgis* (1846) 5 Hare 295-297, 297: os factos conhecidos impunham, ao *trustee*, uma cuidada investigação do mandato do seu antecessor. *Ex Parte Geaves* (1856) 8 De GM & G 291-310, [TURNER LJ] 309; *Re, Forest of Dean Coal Mining* (1878) 10 Ch D 450-459, [JESSEL MR] 454: após decidir que os *trustees* não tinham qualquer obrigação de rever todos os atos dos seus predecessores, o tribunal sublinhou que as obrigações judicialmente impostas aos fiduciários não podem exceder os limites do razoável, sob pena de, no futuro, se gerar um sentimento de reserva ou de reticência junto dos sujeitos nomeados.

[2113] *A-G v Lady Downing* [1767] Wilm 1-35, [WILMOT LCJ] 23: "*Trusts are always imperative, and are obligatory upon the conscience of the party intrusted*"; *Target Holdings Ltd v Redferns* [1996] AC 421-441, [LORD BROWNE-WILKINSON] 434: "*The basic right of a beneficiary is to have the trust duly*

do *trustee* deverá ter sempre como pano de fundo as obrigações e os poderes consagrados no ato constitutivo.

Ao desrespeitar as diretrizes impostas, o *trustee* poderá, dependendo da demonstração e da prova dos danos causados, ser responsabilizado e condenado a ressarcir os beneficiários prejudicados[2114].

Repare-se que, também nos casos em que o seu cumprimento se demonstre impossível ou o seu conteúdo consubstancie uma ilegalidade, o *trustee* deve opor-se à sua realização[2115] e, em último caso, dirigir-se aos tribunais para receber instruções[2116].

II. Embora a vontade do *settlor* deva sempre ser respeitada, os contextos e as necessidades evoluem. Acresce que, regra geral, os poderes e as obrigações dos *trustees* não podem ser interpretados em abstrato, mas apenas em conjugação com os factos concretos e com o contexto envolvente[2117].

Confrontado com uma nova realidade fáctica, as direções instituídas podem revelar-se insatisfatórias ou mesmo contrárias aos interesses dos

---

administered in accordance with the provisions of the trust instrument, if any, and the general law"; ROB ATKINSON, *Obedience as the Foundation of Fiduciary Duty*, 34 J Corp L, 2008, 43-97: o autor coloca o dever de obediência a par do dever de lealdade e do dever de cuidado. ALAN R. PALMITER, *Duty of Obedience: the Forgotten Duty*, 55 NYL Sch L Rev, 2010-2011, 457-478: recorre ao conteúdo do dever de obediência para preencher o conceito indeterminado de boa-fé.

[2114] *Clough v Bond* (1838) 3 My & Cr 491-499, [COTTENHAM LC] 496-497: o relator do acórdão não atribuiu qualquer relevância jurídica ao facto de a atuação do *trustee* consubstanciar uma ligeira violação das orientações recebidas. Todavia, não pode deixar de ser notado que as consequências desse comportamento desviante foram pouco gravosas. A responsabilidade dos *trustees* pode ser, dentro de certos limites, excluída no ato constitutivo, cfr., *Armitage v Nurse* [1998] Ch 241-264, [MILLETT LJ]: de acordo com o disposto na cláusula 15 do ato constitutivo, a responsabilização dos fiduciários estava circunscrita a atuações dolosas. O seu conteúdo foi validado pelo tribunal.

[2115] *Collett v Collett* (1866) 35 Beav 312-316, [LORD ROMILLY MR] 315: a atuação do *trustee* estava dependente do preenchimento de uma condição que se veio a demonstrar de impossível realização. O tribunal decidiu que, perante essa impossibilidade, o *trustee* estava obrigado a procurar uma solução se não sucedânea, pelo menos igualmente benéfica; *Re, Beard* [1908] 1 Ch 383-388, [SWINFEN EADY J] 386: sendo uma das obrigações impostas ao *trustee* contrária ao interesse público, o *trustee* deveria abster-se de lhe dar cumprimento; AUSTIN W. SCOTT, *Deviation from the Terms of a Trust*, 44 Harv L Rev, 1931, 1025-1048: o autor apresenta uma série de situações em que o cumprimento da vontade manifestada não é facticamente possível.

[2116] THOMAS e HUDSON, *The Law of Trusts*, cit., 284 e 1025.

[2117] *Underhill and Hayton*, cit., 667.

beneficiários. Conquanto os tribunais não valorizem a sincera convicção, do *trustee*, de que uma diferente abordagem poderia produzir melhores resultados, sendo, consequentemente, da conveniência dos beneficiários que se ignorasse a vontade manifestada pelo *settlor*, o fiduciário poderá sempre demonstrar, em juízo, que a sua atuação, perante a evolução concreta da situação e tendo em consideração os interesses últimos que se comprometeu a prosseguir, não representa uma violação das obrigações a que está adstrito, pelo contrário[2118]. Ficou célebre a frase de SELWYN LJ: *"the main duty of the trustee is to commit judicious breaches of trust"*[2119]. Esta posição permite-nos concluir que a simples violação das direções impostas não consubstancia, *per se*, razão suficiente para um *trustee* ser civilmente responsabilizado, mas apenas um forte indício[2120].

De modo a salvaguardar a sua posição, o *trustee* deverá obter, se a situação concreta o permitir, prévia autorização judicial[2121]. Esta construção vai, grosso modo, ao encontro da solução consagrada na s. 61 do TA 1925[2122].

III. O outro lado da moeda, como não poderia deixar de ser, exclui a responsabilidade dos *trustees* quando, seguindo as direções impostas pelo *settlor*,

---

[2118] *Harrison v Randall* (1852) 9 Hare 397-410, [SIR G. J. TURNER VC] 407: *"A trustee is not, in all cases, to be made liable upon the mere ground of his having deviated from the strict letter of his trust. The deviation may be necessary, or may be beneficially; but, when a trustee ventures to deviate from the letter of his trust, he does so under the obligation and at the peril of afterwards satisfying the Court that the deviation was necessary or beneficial"*; *Raby v Ridehalgh* (1855) 7 De GM & G 104-111, [TURNER LJ].
[2119] Citada em *Perrins v Bellamy* [1899] 1 Ch 797-803, [LINDLEY MR] 798.
[2120] *Armitage v Nurse* [1998] Ch 241-264, [MILLETT LJ] 252: os fiduciários não podem ser responsabilizados se atuaram honestamente e de boa-fé.
[2121] *Brown v Smith* (1878) 10 Ch D 377-387, [COTTON LJ] 377: *"A fresh state of circumstances then arose, which ought to have been brought to the attention of the Court"*; THOMAS e HUDSON, *The Law of Trusts*, cit., 284; *Re, New* [1901] 2 Ch 534-547, [ROMER LJ] 543: a autorização jurisdicional não altera a natureza ilícita da atuação do *trustee*, apenas desresponsabiliza o fiduciário.
[2122] *"If it appears to the court that a trustee, whether appointed by the court or otherwise, is or may be personally liable for any breach of trust, whether the transaction alleged to be a breach of trust occurred before or after the commencement of this Act, but has acted honestly and reasonably, and ought fairly to be excused for the breach of trust and for omitting to obtain the directions of the court in the matter in which he committed such breach, then the court may relieve him either wholly or partly from personal liability for the same".*

o valor dos bens constituídos em *trust* sofra uma depreciação ou um completo perecimento[2123].

126. Dever de proteção dos bens constituídos em *trust*

I. Na sua dimensão mais simples, o dever de proteção consubstancia uma obrigação de conservação dos bens constituídos em *trust* e da sua qualidade e características. A concretização do presente dever está, evidentemente, dependente da natureza e das especificidades dos bens em causa[2124]. Aparentemente de concretização simples, o dever de proteção apresenta-se bastante mais complexo e exigente do que o seu enunciado deixa transparecer.

O *trustee* deve, entre outros: certificar-se que os bens que compõem o *trust* estão em seu nome, no caso de o registo ser exigível[2125]; elaborar e manter atualizada uma lista de todos os beneficiários abrangidos[2126]; exigir o pagamento atempado dos direitos de créditos associados ao *trust*[2127]; investir

---

[2123] *Clough v Bond* (1838) 3 My & Cr 491-499, [COTTENHAM LC] 496: "*acting strictly within the line of his duty, and exercising reasonable care and diligence, will not be responsible for the failure or depreciation of the fund*".

[2124] HUDSON, *Equity and Trusts*, cit., 324.

[2125] *Lewis v Nobbs* (1878) 8 Ch D 591-596, [HALL VC] 594-595: utilizando os fundos constituídos em *trust*, os *trustees* decidiram adquirir um conjunto de obrigações. Apenas um dos *trustees* constava como titular nos correspondentes títulos de crédito. O tribunal considerou ter o outro fiduciário violado os deveres a que estava adstrito. Repare-se, porém, que o tribunal considerou não haver razão para responsabilizar civilmente o *trustee* prevaricador; *Wyman v Paterson* [1900] AC 271-292: o coletivo de juízes foi unânime em responsabilizar os *trustees* pelos danos causados. Os factos são facilmente elencados: o produto da venda de um conjunto de títulos de crédito associados ao *trust* foi alienado; a operação foi levada a cabo por um intermediário, tendo a quantia paga ficado na sua posse; com a entrada do intermediário em insolvência, os *trustees* eram apenas titulares de um direito de crédito, o que impossibilitou a recuperação da maioria do capital investido.

[2126] *Temple v Thring* (1887) 56 LT 283-284, [NORTH J] 284.

[2127] *Buxton v Buxton* (1835) 1 Mt & Cr 80-96, [CHARLES PEPYS MR] 92-96: um conjunto de obrigações foi constituído em *trust*. Quando o *trustee* se decidiu por vendê-las, o seu valor de mercado tinha descido a pique. O tribunal decidiu que, apesar de a resolução não ter sido acertada, o *trustee* atuou de boa-fé e dentro da discricionariedade que lhe tinha sido concedida; *Fenwick v Greenwell* (1847) 10 Beav 412-422, [LORD LANGDALE MR] 418-422: A devia X ao *trust* B. Os *trustees* não exigiram o pagamento atempado da quantia. Quando o fizeram, o cumprimento da obrigação deixara de ser judicialmente exigível. O tribunal responsabilizou os

o dinheiro constituído em *trust* atempada e criteriosamente[2128]; e cumprir todas as obrigações tributárias nos prazos legalmente estabelecidos[2129].

II. O dever de proteção assume especial complexidade em duas situações distintas[2130]: (1) no âmbito da alienação de bens constituídos em *trust*; e (2) nos casos em que o *trust* seja composto por um conjunto de ações que representam, na sua totalidade, uma posição maioritária ou de domínio.

Quando da declaração de vontade do *settlor* resulte a intenção de vender parte dos bens que compõem o *trust*, o *trustee* está adstrito a duas obrigações principais: (1) garantir que o valor de mercado do bens não é afetado; e (2) aceitar a melhor das propostas recebidas[2131].

As obrigações a que um diligente *trustee* de participações sociais maioritárias ou de domínio se encontra adstrito foram especificadas no caso *Re, Lucking's Will Trusts*[2132]: em caso algum pode um *trustee*, que ocupe semelhante

---

trustees pelos danos causados, na exata medida do valor do crédito; *Grove v Price* (1858) 26 Beav 103-106, [John Romilly MR]: o *trustee* não agiu diligentemente na cobrança de uma dívida, tendo o devedor entrado em insolvência. O tribunal declarou o *trustee* responsável pelos danos causados, no exato valor da dívida.

[2128] *Cann v Cann* (1885) 51 LT 770-771, [Kay J] 771: um *trust* tinha como bem constituinte uma elevada quantia monetária, depositada no banco X. De acordo com a declaração de vontade do *settlor*, os *trustees* deveriam, assim que possível, investir a totalidade do dinheiro depositado. Com a entrada em insolvência do banco X, catorze meses volvidos sobre a constituição do *trust*, os beneficiários viram-se privados da quantia depositada. O tribunal decidiu que os *trustees* violaram as obrigações a que estavam adstritos.

[2129] *Hulbert v Avens* [2003] EWHC 76 (Ch), [Richard Seymour QC]: muito embora o tribunal tenha considerado que os *trustees* não cumpriram atempadamente as obrigações de índole tributária a que estavam adstritos, os autores/beneficiários não conseguiram demonstrar, em juízo, a produção de danos.

[2130] Thomas e Hudson, *The Law of Trusts*, cit., 285-286.

[2131] *Buttle v Saunders* [1950] 2 All ER 193-196, [Wynn-Parry J] 195: *"They [trustees] have an overriding duty to obtain the best price which they can for their beneficiaries"*; *Cowan v Scargill* [1984] 2 All ER 750-769, [Robert Megarry VC]: os factos deste caso decorrem em pleno *apartheid*. Os *trustees* optaram por não investir na África do Sul por serem contrários ao clima político e social então vivido. Tendo sido demonstrado, em juízo, que esses investimentos eram do interesse dos beneficiários, o tribunal decidiu que os *trustees* violaram as obrigações assumidas; at 761: no âmbito da sua função administrativa, os *trustees* não se devem guiar pelas suas simpatias sociais ou inclinações políticas. Os *trustees* devem sempre ter como objeto único a maximização dos benefícios dos sujeitos abrangidos pelo *trust*.

[2132] [1967] 3 All ER 726-735, [Cross J].

posição, limitar os seus conhecimentos às informações disponibilizadas aos restantes acionistas; os conhecimentos do fiduciário deverão ser comparáveis aos detidos pelos próprios administradores. A situação ideal passa pela presença do *trustee* no conselho de administração ou pela sua substituição por alguém da sua total confiança[2133]. Esta posição tem sido seguida, grosso modo, pelos tribunais ingleses[2134].

127. Dever de imparcialidade

I. Salvo se expressamente determinado em contrário pelo *settlor*, o *trustee* deve sempre atuar, em relação a todos os beneficiários abrangidos pelo *trust*, de forma imparcial, abstendo-se de prejudicar ou favorecer um específico beneficiário, em detrimento dos restantes[2135]. De simples concretização na maioria dos casos, a complexidade do dever adensa-se nos *trusts* discricionários ou que congreguem diferentes classes de beneficiários.

Optando o *settlor* por atribuir, ao *trustee*, vastos poderes discricionários, em especial na distribuição efetiva dos bens pelos beneficiários abrangidos, o tribunal não pode, evidentemente, considerar que uma distribuição não proporcional acarreta consigo a imediata violação do dever de imparcialidade. No fundo, o *trustee* apenas está a dar cumprimento às direções formuladas pelo *settlor*[2136]. Na decisão *Edge v Pensions Ombudsman*, o tribunal, pela pena do seu relator, SCOTT VC, considerou que a intervenção jurisdicional está limitada aos casos em que a decisão do *trustee* se baseou em critérios irrelevantes, impróprios ou irracionais[2137].

II. No exemplo clássico de *trusts* com múltiplas classes de beneficiários, a distinção é feita entre beneficiários de rendimentos e beneficiários de capi-

---

[2133] At 733.

[2134] *Bartlett v Barclays Bank Trust Co Ltd* [1980] Ch 515-547, [BRIGHTMAN J] 533: o grau de intervenção exigido depende das especificidades concretas.

[2135] *Re, Tempest* (1866) LR 1 Ch App 485-492, [SIR G. J. TURNER LJ] 487-488: *"Every trustee is in duty bound to look to the interests of all, and not of any particular member or class of members of his cestui que trusts"*; *Re, Lepine* [1892] 1 Ch 210-219, [FRY LJ] 219: *"it is the duty of trustees to hold a perfectly even hand between all their cestuis que trust"*.

[2136] Underhill and Hayton cit., 706.

[2137] [2000] Ch 602-644, 617.

tal[2138]. A classe dos beneficiários de rendimentos abarca todos os sujeitos que, embora não tendo um direito direto sobre os bens constituídos em *trust*, sejam os efetivos beneficiários dos lucros ou rentabilidades que lhe estão associados, como o caso paradigmático dos beneficiários que tenham direito aos dividendos referentes a uma específica participação social. Já no que respeita à classe de capital, os seus membros têm apenas um direito direto sobre os bens constituídos em *trust*. São os beneficiários últimos da participação social.

A questão é particularmente sensível no âmbito dos investimentos efetuados pelos *trustees*[2139]. Como princípio geral, apenas os investimentos proveitosos para todas as classes de beneficiários poderão ser prosseguidos[2140].

Nestlé v National Westminster Bank plc[2141]. A constituiu um *trust mortis causa* composto por £ 54 000, a favor da sua mulher e dos seus dois netos. A viúva teria direito a uma pensão anual no valor de £ 1 500, devendo o remanescente ser distribuído proporcionalmente pelos dois descendentes, após o falecimento da sua mulher. Quarenta anos passados sobre o falecimento do *settlor*, o fundo associado ao *trust* totalizava cerca de £ 269 000, tendo sido devidamente dividido pelos dois beneficiários. Alegaram os autores e netos que, caso o *trustee* tivesse investido diligentemente, o valor do *trust* poderia então ascender a um milhão de libras. O tribunal considerou que, no exercício das suas funções, o *trustee* deve ter em consideração a vontade do *settlor*, os interesses dos diferentes beneficiários e as suas necessidades reais. Da subsunção destes elementos aos factos concretos, o tribunal conclui que, tendo o fiduciante como preocupação primária a proteção da sua companheira de vida e tendo

---

[2138] Vaz Tomé e Leite Campos, *A Propriedade*, cit., 123-125.
[2139] Randall H. Borkus, *A Trust Fiduciary's Duty to Implement Capital Preservation Strategies Using Financial Derivative Techniques*, 36 Real Prop Prob Tr J, 2001, 127-166, 142: o respeito pelo dever de imparcialidade está intrinsecamente dependente do sucesso dos investimentos prosseguidos; quanto maior sucesso tiverem os investimentos promovidos pelo *trustee*, mais facilmente se garante uma distribuição de rendimentos equitativa.
[2140] *Re, Pauling's Settlement Trusts (No. 2)* [1963] Ch 575-586, [Wilberforce J] 586: menciona um dever de preservar o equilíbrio das diversas posições; *Nestlé v National Westminster Bank plc* [1994] 1 All ER 118-142, [Staughton LJ] 136: "*The obligation of a trustee is to administer the trust fund impartially, or fairly, having regard to the different interests of beneficiaries*"; *Raby v Ridehalgh* (1855) 7 De GM & G 104-111, [Turner LJ]: o tribunal defendeu que o modelo de investimento escolhido pelos *trustees* apenas beneficiava parte dos beneficiários. Não teve, assim, dúvidas em decidir que os *trustees* violaram os deveres de imparcialidade assumidos.
[2141] [1994] 1 All ER 118-142.

em consideração o seu precário estado de saúde e a situação financeira desafogada dos netos, todos os beneficiários do *trust* foram equitativamente beneficiados.

Em suma, não se exige, numa visão geral ou consolidada, que os beneficiários das diferentes classes sejam proporcionalmente beneficiados. Exige-se, sim, uma ponderação imparcial em que sejam confrontadas, por um lado, as efetivas necessidades dos diversos beneficiários e, por outro, a vontade manifestada pelo *settlor*[2142]. Repare-se, porém, que, em última análise, a vontade do fiduciante deverá sempre prevalecer sobre qualquer outro elemento valorizado, sob pena de desvirtuamento do instituto.

128. Dever de conversão

Enquanto princípio geral, decorrente da autonomia privada e da proeminência da vontade do *settlor*, sempre que o ato constitutivo ordene a conversão dos bens constituídos em *trust* em dinheiro ou em qualquer outro bem tangível ou intangível, o *trustee* está obrigado a atuar em concordância[2143].

A obrigatoriedade de conversão, apresentada pela doutrina como um corolário do dever de imparcialidade[2144], não está limitada aos casos em que esta seja expressamente ordenada. Sempre que o objeto de um *trust*, constituído a favor de beneficiários sucessivos, consista numa massa heterogénea de bens móveis – regra geral, correspondem aos bens remanescentes, depois de cumpridos todos os trâmites sucessórios (*residuary personal estate*) – pouco rentáveis ou não autorizados, i.e., bens excluídos, pelo *settlor*, da massa fiduciária[2145], o *trustee* está obrigado a aliená-los e a convertê-los em bens pro-

---

[2142] HUDSON, *Equity and Trusts*, cit., 325.

[2143] *Grayburn v Clarkson* (1868) LR 3 Ch App 605-609: *trust mortis causa*, conversão de todas as ações de uma sociedade em dinheiro. Os *trustees* não cumpriram a vontade manifestada e foram responsabilizados; *Sculthorpe v Tipper* (1871) LR 13 Eq 232-242: todos os bens do *settlor* foram constituídos em *trust*, a favor de cinco beneficiários. Os bens deveriam ser vendidos em hasta pública. Os *trustees* não respeitaram o prazo estabelecido para a venda dos bens e foram responsabilizados pelas perdas sofridas; *Bate v Hooper* (1855) 5 De GM & G 338-345, [LORD CRANWORTH LC] 334: o tribunal considera não haver qualquer razão para que se aplique a *Rule in Howe v Lord Dartmouth*. A conversão foi expressamente ordenada.

[2144] *Hunderhill and Hayton*, cit., 726.

[2145] Se autorizados, os bens pouco ou nada lucrativos não podem ser convertidos, cfr., *Lewin on Trusts*, cit., 894.

veitosos e autorizados, salvo se da vontade manifestada pelo *settlor* resultar o contrário[2146]. O princípio, avançado pela primeira vez no caso *Howe v Earl of Dartmouth*[2147] e ao qual deve a sua denominação – *Rule in Howe v Earl of Dartmouth* –, visa dar cumprimento à vontade do fiduciante. Sem a conversão da massa de bens em investimentos permanentes, dificilmente conseguirão todos os visados abrangidos beneficiar, efetivamente, com a constituição do *trust*[2148].

O campo de aplicação da *Rule in Howe v Earl of Dartmouth*, já por si limitado – não se aplica a bens imóveis constituídos em *trust*[2149], nem a bens móveis, quando devidamente especificados[2150] –, foi grandemente reduzido com a entrada em vigor do TA 2000, em virtude da ampla discricionariedade atribuída aos *trustees*.

129. Deveres de cuidado

I. Desde a entrada em vigor do TA 2000 vigora, no Direito inglês, um sistema dualista quanto aos deveres de cuidado exigidos aos fiduciários: (1) um dever de cuidado desenvolvido pelos tribunais da *Equity Law*, que passaremos a denominar de dever de cuidado tradicional; e (2) um dever de cuidado codificado, com um campo de aplicação circunscrito a um conjunto de situações devidamente elencadas pelo legislador.

O dever de cuidado tradicional, aprofundado ao longo do século XIX, em especial nas suas duas últimas décadas[2151], identificou o cuidado exigido aos

---

[2146] *MacDonald v Irvine* (1878) 8 Ch D 101-125, [BAGGALLAY LJ] 112: a regra não pode, evidentemente, ser aplicada se a intenção do *settlor* passava por permitir, aos beneficiários, o gozo efetivo dos bens constituídos em *trust*. Por aplicação dos princípios gerais, essa intenção não tem de ser expressamente manifestada; *Re, Wareham* [1912] 2 Ch 312-318, [F. H. MAUGHAM MR] 315: cabe ao beneficiário do capital demonstrar, em juízo, a não aplicação da regra.

[2147] (1802) 7 Ves Jun 138-152, [LORD ELDON LC].

[2148] *Re, Van Straubenzee* [1901] 2 Ch 779-785, [COZENS-HARDY J] 782.

[2149] *Re, Woodhouse*, [1941] Ch 332-337, [SIMONDS J] 335: "*It is, I think, beyond controversy that the rule in Howe v Earl of Dartmouth is not applicable to residuary real estate*".

[2150] *Re, Van Straubenzee* [1901] 2 Ch 779-785, [COZENS-HARDY] 782: "*the rule does not apply to any bequest which is specified, as distinguished from residuary*".

[2151] THOMAS e HUDSON, cit., 293.

trustees com a cautela que caracteriza a atuação de um prudente homem de negócios na gestão dos seus próprios bens e investimentos[2152].

A doutrina tradicional é intrinsecamente objetiva: são irrelevantes todos e quaisquer elementos ou critérios que extravasem o conceito de homem prudente de negócios, como as capacidades ou competências do *trustee* ou o modo, mais ou menos exigente, como ele se guie na gestão dos seus bens e empreendimentos pessoais. No caso *Re, Lord de Clifford's Estate*[2153], em que se discutia a violação ou não violação do dever de cuidado, o réu e *trustee* alega que atuou sempre honestamente e de boa-fé, acrescentando que também ele tinha sido lesado pela sua gestão. FARWELL J considerou ser indiferente se na gestão dos seus negócios pessoais o *trustee* atuou de forma imprudente ou desleixada. O critério aplicável é o cuidado seguido pelo prudente homem de negócios[2154].

II. O dever de cuidado tradicional foi, desde a sua implementação, alvo de fortes críticas. Em termos sucintos, a Ciência Jurídica anglo-saxónica tem-se centrado em dois aspetos muito específicos: (1) uma conceção objetiva implica, aquando da análise jurisprudencial, uma desvalorização das características individuais do *trustee*, razão última da sua efetiva nomeação; a desadequação do critério tornou-se particularmente visível com a emergência de classes profissionais de *trustees*; e (2) em termos abstratos, a construção assenta num ponto de partida falacioso: exige-se uma atuação análoga à expectável por parte do homem prudente na gestão dos seus próprios

---

[2152] *Charitable v Sutton* (1742) 2 Atk 400-407, [LORD HARDWICK LC] 406: nesta memorável decisão, o tribunal apenas exigiu uma razoável diligência. Na prática, porém, o significado é idêntico; *Bacon v Bacon* (1800) 5 Ves Jun 331-335, [LORD LOUGHBOROUGH LC] 334-335; *Massey v Banner* (1820) 1 Jac & W 241-251, [LORD ELDON LC] 247: *"the Court does not expect them to take more care of the property entrusted to them than they would do of their own"*; *Speight v Gaunt* (1883) 9 App Cas 1-33, [LORD BLACKBURN] 19: *"as a general rule a trustee sufficiently discharges his duty if he takes in managing trusts affairs all those precautions which an ordinary prudent man of business"*; *Re, Whiteley, Whiteley v Learoyd* (1886) 33 Ch D 347-360, [LINDLEY LJ] 355: segue a posição de LORD BALCKBURN; *Robinson v Harkin* [1896] 2 Ch 415-426, [STIRLING J] 423-424.
[2153] [1900] 2 Ch 707-716.
[2154] At 716: *"The fact that he had acted with equal foolishness in both cases will not justify relief under this statute"*; *Rae v Meek* (1889) 14 App Cas 558-574, [LORD HERSCHELL] 570: o tribunal inferior considerou que o *trustee* não era um homem de negócios, nem era dotado de especial inteligência, pelo que os deveres de cuidado exigidos deveriam ter em conta as suas características e qualidades específicas. O tribunal superior apresentou todos os atributos individuais do *trustee* como irrelevantes. A bitola é a do prudente homem de negócios.

negócios, apesar de o *trustee* não administrar bens que, em última análise, lhe pertencem; os riscos que um sujeito esteja disposto a correr quando os prejuízos se projetam na esfera jurídica de terceiros são, regra geral, superiores aos seguidos se estiver em causa a sua própria solvabilidade[2155]. O *trustee* não pode ignorar, em especial na escolha dos investimentos prosseguidos, que os riscos são suportados pelos beneficiários do *trust*. Em suma, os fiduciários devem abster-se de prosseguir investimentos pouco seguros, mesmo que, no âmbito da sua atividade pessoal, os considerassem admissíveis[2156]. Aos *trustees* deve, assim, ser exigido um comportamento análogo ao do prudente homem de negócios na gestão de bens de terceiros. Ao abrigo desta construção, os tribunais ingleses têm exigido que os *trustees* procurem aconselhamento junto de especialistas e peritos sempre que tenham dúvidas ou conhecimentos insuficientes[2157].

Conquanto a construção seja, no seu cômputo geral, estruturalmente objetiva, se a função fiduciária for remunerada[2158] ou se for ocupada por um profissional[2159] são-lhe impostas especiais obrigações de diligência e cuidado.

[2155] *Nestlé v National Westminster Bank* [1994] 1 All ER 118-142, [DILLON LJ] 126: "*Trustees should not be reckless with trust money. But what prudent man should do at any time depends on the economic and financial conditions of that time – not on what judges of the past, however eminent, have held to be the prudent course in the conditions of 50 or 100 years before*".

[2156] LORD NICHOLLS OF BIRKENHEAD, *Trustees and their Broader Community: Where Duty, Morality and Ethics Converge*, 9 Tru LI, 1995, 71-77, 73; *Re, Whiteley* (1886) 33 Ch D 347-360, [LINDLEY LJ], 355: "*the duty rather is to take such care as an ordinary prudent man would take if he were minded to make an investment for the benefit of other people for whom he felt morally bound to provide*".

[2157] *Re, Tryon* (1884) 7 Beav 496-499, [LORD LANGDALE MR] 498-499: o *trustee* apenas pode utilizar os fundos associados ao *trust* quando seja, de facto, necessário recorrer a conhecimentos especializados; *Learoyd v Whiteley* (1887) 12 App Cas 727-728, [LORD WATSON] 734: o pedido de conselhos ou informações a peritos e especialistas, só por si, não obsta à responsabilização do *trustee*, também na utilização desses pareceres a atuação do fiduciário está sujeita à construção do homem prudente de negócios; *Re, Knight's Trusts* (1859) 27 Beav 45-50, [SIR JOHN ROMILLY MR] 49-50: "*such advice could not exonerate them from the consequence of their acts*".

[2158] *Re, Waterman's Will Trusts* [1952] 2 All ER 1054-1056, [HARMAN J] 1055: "*I do not forget that a paid trustee is expected to exercise a higher standard of diligence and knowledge than an unpaid trustee*"; *National Trustees Co of Australasia v General Finance Co of Australasia* [1905] AC 373-382, [SIR FORD NORTH] 381: o tribunal sublinha a importância, para o mérito da causa, de o *trustee* ser uma sociedade cujo objecto social consistia, precisamente, na "gestão" de *trusts*.

[2159] *Bartlett v Barclays Bank Trust Co Ltd* [1980] Ch 515-547, [BRIGHTMAN J] 534: "*I am of opinion that a higher duty of care is plainly due from someone like a trust corporation which carries on a specialized business of trust management*".

III. Com a entrada em vigor do TA 2000, passaram a coexistir, como já referido, dois tipos de deveres de cuidado. As linhas gerais do novo dever são avançadas na sua s. 1[2160]:

> *(1) Whenever the duty under this subsection applies to a trustee, he must exercise such care and skill as is reasonable in the circumstances, having regard in particular –*
> *(a) to any special knowledge or experience that he has or holds himself out as having, and*
> *(b) if he acts as trustee in the course of a business or profession, to any special knowledge or experience that it is reasonable to expect of a person acting in the course of that kind of business or profession*[2161].

De uma primeira análise do dever de cuidado positivado, duas alterações são facilmente identificadas: (1) a noção de prudência foi substituída por um critério de razoabilidade; e (2) o dever de cuidado abstrato, concretizado por recurso à figura do prudente homem de negócios, deu lugar a um conceito subjetivo, cujo preenchimento concreto fica dependente dos conhecimentos detidos pelo sujeito que ocupa a posição de fiduciário.

A utilização da expressão "razoabilidade", em detrimento do vocábulo prudência, tem sido considerada, por alguma doutrina, como uma redução dos critérios exigidos[2162]. Porém, da leitura do relatório *Trustee's Powers and Duties* da *Law Commission*, datado de 1999, parece resultar que a intenção

---

[2160] As alterações ao conteúdo do dever de cuidado, bem como as restantes reformas operadas ao nível dos deveres e poderes dos *trustees*, tiveram como grande fonte inspiradora o relatório *Trustee's Powers and Duties* elaborado pela *The Law Commission and the Scotish Law Commission (Law Com No 260) (Scot Law Com No 172)*, datado de 1999. O relatório pode ser consultado, na íntegra, no sítio da *Law Commission*: http://www.justice.gov.uk/lawcommission/areas/trustees--power-and-duties.htm.

[2161] O conteúdo da secção é idêntico ao dever de cuidado exigido aos administradores pelo *Companies Act*, 2006, s. 176, o que reflete uma certa ascendência mútua.
(1) *A director of a company must exercise reasonable care, skill and diligence.*
(2) *This means the care, skill and diligence that would be exercised by a reasonably diligent person with –*
  (a) *the general knowledge, skill and experience that may reasonable be expected of a person carrying out the functions carried out by the director in relation to the company, and*
  (b) *the general knowledge, skill and experience that director has.*

[2162] THOMAS e HUDSON, *The Law of Trusts*, cit., 296: "*Prudence seems to demand a greater degree of caution than reasonableness*".

do legislador passou pela flexibilização do regime aplicável, adequando-o às especificidades concretas de cada caso[2163]. Ora, o recurso ao conceito de homem prudente, com toda a carga dogmática que lhe é inerente, representará sempre um entrave ao desenvolvimento e aplicação de critérios subjetivos.

Repare-se, todavia, que a importância dos conhecimentos e experiência de cada fiduciário concreto apenas será relevada, para efeitos de responsabilização, na medida em que imponha, ao *trustee*, um maior grau de diligência e de cuidado. Ou seja, a atuação análoga à do homem prudente consubstancia um critério mínimo, aplicável mesmo nos casos em que, objetivamente, os conhecimentos e a experiência de um fiduciário concreto sejam inferiores às imputadas ao homem prudente.

IV. Como referido a título introdutório, o dever de cuidado moderno tem um campo circunscrito, sendo apenas aplicado nos casos expressamente positivados no *Schedule 1* do TA 2000: (1) investimento de fundos associados ao *trust*[2164]; (2) compra de bens imóveis[2165]; (3) contratação de mandatários[2166], representantes[2167], depositários[2168] ou outros prestadores de serviços; (4) direções e orientações impostas a todos os prestadores de serviços contratados[2169]; (5) decisão de segurar a propriedade constituída em *trust* contra os mais variados riscos[2170]; e (6) reavaliação monetária dos bens constituídos em *trust*[2171]. O *settlor* pode, ainda, excluir a aplicação do dever de cuidado moderno a todas ou a parte das situações elencadas.

O dever de cuidado da *Common Law* mantém, assim, a sua validade para todas as situações não identificadas pelo legislador[2172]. Situações sensíveis, como a do uso da discricionariedade atribuída, desde que não sejam abran-

---

[2163] *Trustee's Powers and Duties*, cit., 42, MOFFAT, *Trusts Law*, cit., 464-465: embora o autor pareça concordar com esta visão, expressa sérias dúvidas sobre a distinção real dos dois deveres.
[2164] S. 3-5.
[2165] S. 8.
[2166] S. 11.
[2167] S. 16.
[2168] S. 17-18.
[2169] S. 15 TA 1925.
[2170] S. 19 TA 1925.
[2171] S. 22(3) TA 1925.
[2172] *Pitt v Holt* [2011] EWCA Civ 197, [LLOYD LJ] [107]: *"which continues to apply to cases where the statutory duty does not"*.

gidas pelo conceito de investimento, em especial na efetiva distribuição dos bens constituídos em *trust* pelos diversos beneficiários, permanecem debaixo da alçada do prudente homem de negócios[2173]. De igual modo, a decisão de investir, reavaliar os bens constituídos em *trust* ou a delegação de funções em mandatários não são abrangidas pelo dever de cuidado positivado[2174]. O legislador distingue a decisão da sua concretização.

V. Um último aspeto, transversal a ambas as construções, merece, ainda, ser mencionado. No âmbito da crítica jurisprudencial ao comportamento dos *trustees*, os tribunais devem limitar-se a analisar os documentos e as informações detidos, pelos fiduciários, à data da opção ou do investimento[2175]. Os deveres de cuidado consubstanciam deveres de atuação e não deveres de resultado[2176].

130. Dever de distribuição de rendimentos

I. Nos *trusts* constituídos a favor de diferentes classes de beneficiários – beneficiários do capital e beneficiários dos rendimentos –, como o caso relatado na decisão *Nestlé v National Westminster Bank plc*, acima analisada, o cumprimento da vontade do *settlor* está intrinsecamente dependente do preenchimento das noções de capital e rendimento.

A jurisprudência inglesa tem considerado que a definição de ambos os conceitos extravasa a competência e os poderes do *settlor*. Apenas ao tribunal cabe, confrontado com situações concretas, determinar o que se deva entender por capital e rendimentos[2177]. Esta opção resulta, em grande medida, da

---

[2173] Graham Moffat, Gerry Bean e Rebecca Probert, *Trusts Law*, 5ª edição, CUP, Cambridge, 2009, 462.
[2174] Moffat, Bean e Probert, *Trusts Law*, cit., 462.
[2175] *Re, Hurst* (1892) 67 LT 96-102, [Lindley LJ] 99: "*The conduct of trustees ought to be regarded with reference to the facts and circumstances existing at the time when they had to act and which were known or ought to have been known by them at the time*".
[2176] *Re, Chapman* [1896] 2 Ch 763-787, [Lindley LJ] 778: a simples depreciação dos investimentos prosseguidos não significa que as opções do *trustee* não sejam defensáveis à luz do critério do homem prudente de negócios.
[2177] *Re, Wynn* [1952] 1 Ch 271-279, [Danckwerts J]: no ato constitutivo, o *settlor* estabeleceu que os conceitos de rendimento e de capital deveriam ser preenchidos, discricionariamente, pelo *trustee*; *Wendt v Orr* [2004] 6 ITELR 989-1062, [Commissioner Johnson QC] 1020: o

§ 25.º DEVERES DOS *TRUSTEES*

natureza empírica da distinção: as rendas pagas pelos locatários são consideradas rendimentos, enquanto que o produto da venda de terras surge enquadrável no conceito de capital[2178]. Não se pense, porém, que a distinção é sempre tão evidente. A complexidade da temática adensa-se no âmbito das participações sociais detidas em *trust*. Em termos lógicos e, de resto, indo ao encontro da divisão operada no âmbito dos direitos de propriedade, os dividendos deveriam ser distribuídos pelos beneficiários de rendimentos e as mais-valias obtidas pela venda dos títulos pelos beneficiários do capital[2179]. Embora seja esta a regra, impõem-se alguns rápidos esclarecimentos[2180].

São rendimentos:

- os dividendos resultantes da venda de bens da sociedade[2181];
- os dividendos referentes a resultados anuais anteriores à aquisição da participação social[2182];
- a distribuição de títulos de outras sociedades pelos acionistas[2183].

tribunal vai mais longe e afirma que, ao aceitar semelhante cláusula, estaria, implicitamente, a restringir os seus próprios poderes, pelo que o preceito contratual deve ser declarado nulo.
[2178] *Lewin on Trusts*, cit., 864-869.
[2179] *Re, Bouch* (1885) 29 Ch D 635-660, [FRY LJ] 653: *"what is paid by the company to the shareholder as dividend goes to the tenant in life* [i.e. beneficiário de rendimentos]*, and what is paid by the company to the shareholders as capital, or appropriated as an increase of the capital stock in the concern, endures to the benefit of all who are interested in the capital"*.
[2180] Na decisão *Hill v Permanent Trustee Co of New South Wales Ltd* [1930] AC 720-737, [LORD RUSSELL OF KILLOWEN] 730-732: o relator expõe e analisa de forma muito minuciosa a distinção prática dos dois conceitos. O acórdão é referido em inúmeras decisões: *Sinclair v Lee* [1993] Ch 497-515, [SIR DONALD NICHOLLS VC] 511; *Re, Outen's Will Trusts* [1963] Ch 291-315, [PLOWMAN J] 311: cita as passagens mais emblemáticas da sentença. A mesma explanação é utilizada em *Bicber Ltd v Commissioners of Income Tax* [1962] 3 All ER 294-297, [LORD PEARCE] 296 e em *Re, Whitehead's Will Trusts* [1959] Ch 579-592, [HARMAN J] 591.
[2181] *Sinclair v Lee* [1993] Ch 497-515, [SIR DONALD NICHOLLS VC] 511: nenhuma distinção deve ser feita entre os dividendos resultantes da normal atividade da sociedade (*trading profits*) e os dividendos que decorram da venda dos bens sociais.
[2182] *Re, Alsbury* (1890) Ch D 237-248: o tribunal considerou conceptualmente irrelevante se os dividendos distribuídos correspondiam a ganhos da sociedade em anos transatos. NORTH J at 247: *"I find that the money paid to the trustees, from whatever source it came, whether from the reserve fund or the year ... as ... dividend"*.
[2183] *Hill v Permanent Trustee Co of New South Wales Ltd* [1930] AC 720-737, [LORD RUSSELL OF KILLOWEN] 731; *Re, Doughty* [1947] Ch 263-274, [MORTON LJ]: o tribunal compara esta situação à distribuição de dividendos provenientes da venda de bens da sociedade; at 272: *"These sums*

São capital:

– a capitalização da sociedade por recurso aos seus lucros[2184];
– a divisão dos bens de sociedades em liquidação, mesmo nos casos em que a distribuição dos dividendos estivesse já agendada[2185].

II. Questão paralela e cuja inserção neste capítulo tem total cabimento respeita à utilização dos bens constituídos em *trust* para fazer face a despesas de conservação ou de melhoramento (benfeitorias).

Como princípio geral, a doutrina tradicional, partindo, precisamente, da dicotomia rendimentos/capital, remetia para os rendimentos o pagamento de despesas correntes, como taxas, impostos ou juros bancários, cabendo ao capital do *trust* suportar todos os custos relacionados com o bem *per se*[2186].

Atualmente, e partindo das alterações introduzidas pelo TA 2000, o legislador parece ter consagrado um regime menos rígido. Cabe ao *trustee*, de forma fundamentada e tendo sempre como pano de fundo a natureza da despesa, decidir qual a classe de beneficiários que a deve suportar.

A Ciência Jurídica britânica tem-se mostrado dividida. Parte da doutrina sustenta a consagração de um inequívoco poder discricionário[2187], defendendo, outros autores, que a doutrina tradicional se mantém inalterada[2188].

---

were dividends; they were distributions of profits, although, it is true, they were distributions of profits sometimes described as capital profits, that is to say, profits resulting from realization of capital assets".

[2184] *Bouch v Sproule* (1887) 13 App Cas 385-408: o coletivo de juízes decidiu de forma unânime: a solução jurisprudencial, no caso de as ações serem emitidas a um preço inferior ao seu valor de mercado, está dependente do impacto real da emissão. Se o valor de mercado das ações for afetado, os dividendos distribuídos irão, consequentemente, sofrer uma quebra, pelo que a compensação dos beneficiários dos rendimentos pode apresentar-se como a única solução que garanta o equilíbrio entre as duas classes, cfr., *Re, Malam* [1894] 3 Ch 578-589, [STIRLING J].

[2185] *Re, Armitage* [1893] 3 Ch 337-348, [LINDLEY LJ] 346: "*The moment the company got into liquidation there was an end of all power of declaring dividends and of equalizing dividends, and the only thing that the liquidator had to do was to turn the assets into money, and divide the money among the shareholders in proportion to their share*".

[2186] *Carver v Duncan* [1985] AC 1082-1126, [LORD TEMPLEMEN] 1120.

[2187] THOMAS e HUDSON, *The Law of Trusts*, cit., 303; JAMES KESSLER e LEON SARTIN, *Drafting Trusts and Will Trusts: a Modern Approach*, 9ª edição, Sweet & Maxwell, Londres, 2008, 322: os autores reconhecem a validade de ambos os argumentos, pelo que aconselham a sua clarificação na declaração constitutiva. Semelhante posição é apresentada em *Underhill and Hayton*, cit., 744-745.

[2188] *Lewin on Trusts*, cit., 892.

Esta segunda tese tem sido defendida pela jurisprudência inglesa, que aplica os critérios decisórios clássicos[2189].

131. Dever de investir

I. Conquanto o conceito de investimento não tenha um significado jurídico preciso, os tribunais ingleses, confrontados com constantes litígios envolvendo hipotéticas violações do dever de investir, viram-se forçados a atribuir-lhe um conteúdo adequado. Tradicionalmente, a jurisprudência britânica colocou a pedra de toque na conservação do capital investido[2190]. Ficou célebre a definição de P. O. LAWRENCE J, apresentada na decisão *Re, Wragg*[2191] e seguida pelos tribunais até à viragem para o século XXI[2192]:

> *To apply money in the purchase of some property from which interest or profit is expected and which property is purchased in order to be held for the sake of the income which it will yield.*

Esta definição está ultrapassada. A bitola é hoje colocada no retorno absoluto. Os investimentos iniciados pelo *trustee* tanto poderão visar a consecução de rendimentos – lucros, dividendos, juros –, como a apreciação do capital, quer numa perspetiva de posterior revenda (mais-valias), quer numa simples e linear lógica de enriquecimento[2193].

[2189] *Revenue and Customs Commissioners v Trustees of the Peter Cay Discretionary Trust* [2009] 2 All ER 683-699, [SIR JOHN CHADWICK] 695: *"this court would be bound by the authority of Carver v Duncan so to hold – that expenses which are of that nature are to be charged against capital"*.
[2190] *Re, Somerset* [1894] 1 Ch 231-276, [KEKEWICH J] 247: a decisão de investir deverá ter em conta estas duas variáveis: segurança do capital e incremento dos rendimentos; *Re, Maryon Wilson's Estate* [1912] 1 Ch 55-67, [FARWELL LJ] 66-67: o tribunal reforça sobremaneira a necessidade de proteger o capital: *"the wide range of investment now authorized by law should be construed strictly for the protection of trustees and remaindermen"*.
[2191] [1919] 2 Ch 58-67, 65.
[2192] *Cook v Medway Housing Society Ltd* [1997] STC 90-101, [LIGHTMAN J] 94; *Aerolift International Ltd v Mahoe Heli-Lift (SI) Ltd* [2002] LRC 231-266, [PALMER J] 236 ou *Moss's Trustees v King* [1952] SC 523-525, [LORD PRESIDENT COOPER] 524.
[2193] *Harries v Church Commissioners* [1993] 2 All ER 300-310, [SIR DONALD NICHOLLS VC] 304: *"there is property held by trustees for the purpose of generating money, whether from income or capital*

II. Receoso de ficar refém de conceções datadas, que não acompanhassem os avanços económicos e financeiros, o legislador, através do TA 2000, atribuiu, ao *trustee*, amplos poderes discricionários. A discricionariedade atribuída não é, todavia, absoluta. A atuação do fiduciário deverá sempre pautar-se por uma tríade delimitadora: (1) deveres de cuidado[2194]: aplicando o dever de cuidado positivado, a diligência exigida a profissionais e a especialistas é bastante elevada; (2) diversificação de investimentos[2195]: a tradicional análise autónoma, centrada no risco de cada específico investimento, foi superada por uma visão global, algumas práticas anteriormente vedadas, como o caso paradigmático de investimentos especulativos[2196], podem, numa visão integrada, ser perfeitamente admissíveis[2197]; e (3) recurso a peritos e especialistas[2198]: os fiduciários estão obrigados a recorrer a especialistas, salvo se, em concreto, o considerem desnecessário; à opção de recorrer ou não a especialistas aplica-se o dever de cuidado tradicional[2199].

132. O seu a cada qual

I. Sendo a constituição de um *trust* o produto da intenção de um determinado sujeito (*settlor*), devidamente manifestada, parece evidente que o *trustee* deve distribuir os bens constituídos em fidúcia nos exatos moldes indicados no ato constitutivo. Esta posição jurídica passiva apresenta-se como um corolário do mais vasto dever de seguir as direções determinadas pelo *settlor*[2200].

---

growth... *the purpose of the trust will be best served by the trustees seeking to obtain therefrom the maximum return, whether by way of income or capital growth, which is consistent with commercial prudence*".
[2194] S. 3.
[2195] S. 4.
[2196] Re, Rayner [1904] 1 Ch 176-191, [VAUGHAN WILLIAMS LJ] 182: exclui as práticas especulativas do próprio conceito de investimento.
[2197] BIRKENHEAD, *Trustees*, cit., 76: a análise individual de cada investimento é desadequada. Semelhante posição foi defendida pelo *High Court of Justice*, atuando como tribunal de primeira instância no caso *Neslé v National Westminster Bank* [1984] 10 TLI 1996, 112-124. Repare-se que ambas as posições são anteriores à entrada em vigor do TA 2000.
[2198] S. 5.
[2199] S. 5(3)
[2200] THOMAS e HUDSON, *The Law of Trusts*, cit., 311.

§ 25.º DEVERES DOS TRUSTEES

A distribuição dos bens de acordo com a vontade do *settlor* é, em si mesma, uma obrigação absoluta. Ou seja, é indiferente que outra divisão se apresente mais justa aos olhos do *trustee*; se o fiduciário foi induzido em erro pelos beneficiários ou por terceiros[2201]; ou se, simplesmente, o *trustee* julgava estar a cumprir as suas obrigações[2202].

Em face de uma hipotética violação do dever de distribuição, o *trustee* pode, consoante a natureza dos direitos dos beneficiários, recorrer a dois tipos distintos de instrumentos: (1) beneficiário de rendimento: o fiduciário pode compensar o beneficiário em futuras distribuições de lucros ou dividendos[2203]; e (2) beneficiário de capital: ao fiduciário resta-lhe recorrer aos mecanismos de defesa disponibilizados pelo sistema (*tracing*)[2204].

II. Todavia, em alguns casos específicos, a vontade do *settlor* pode ser legalmente ignorada. A transmissão de rendimentos ou de capital para um beneficiário menor, mesmo que expressamente estabelecida no ato constitutivo, pode ser adiada até o visado atingir a maioridade, mas apenas se o *trustee* considerar ser essa prorrogação do interesse do próprio beneficiário[2205]. Já em relação a beneficiários que padeçam de alguma anomalia psíquica, juridicamente reconhecida, a transmissão dos bens está dependente

---

[2201] *Ashby v Blackwell* (1765) 2 Eden 299-303: o *trustee* recebeu uma ordem escrita, assinada pelo beneficiário, para vender os bens constituídos em *trust*, o que o fez prontamente. Posteriormente, descobriu-se que o documento era falso. O tribunal condenou o *trustee* por não ter distribuído os bens pelos beneficiários indicados pelo *settlor*. EARL OF NORTHINGTON LC at 302: "*A trustee, whether a private person or body corporate, must see to the reality of the authority empowering him to dispose of the trust-money; for if the transfer is made without the authority of the owner the act is a nullity, and in consideration of law and equity the right remains as before*".
[2202] *Hilliard v Fulford* (1876) 4 Ch D 389-394, [JESSEL MR] 394: de acordo com a vontade manifestada, os bens constituídos em *trust* deveriam ser distribuídos por seis beneficiários. O *trustee* julgou, honestamente, que a intenção do *settlor* seria a de apenas beneficiar cinco sujeitos. O tribunal considerou que o fiduciário violou as obrigações a que estava adstrito, pelo que deveria compensar o sexto beneficiário no exato valor que lhe caberia se a vontade do *settlor* tivesse sido respeitada. Vide, ainda, com idêntico conteúdo, cfr., *Livesey v Livesey* (1830) 3 Russ 287-300 e *Dibbs v Goren* (1849) 11 Beav 483-484.
[2203] *Re, Musgrave* [1916] 2 Ch 417-425, [NEVILLE J] 425: "*the trustees in the present case are entitled to deduct from future payments the income tax which they have overpaid*".
[2204] § 30.º.
[2205] *Re, Somech* [1957] Ch 165-169, [UPJOHN J] 168-169: o *trustee* poderia, caso achasse mais conveniente, aguardar que o menor atingisse a maioridade. O tribunal considerou, ainda, que cabe ao poder jurisdicional decidir da conveniência da protelação.

de decisão judicial ou do consentimento do seu tutor legal, no caso de ter sido nomeado[2206].

De modo a acautelar a sua posição, o *trustee* deve publicitar a sua intenção em meios de comunicação impressa, elencando quer os termos em que a distribuição irá operar, quer os beneficiários abrangidos[2207].

133. Dever de não delegar

I. O instituto do *trust* caracteriza-se, como de resto a sua nomenclatura o evidencia, por uma forte relação de confiança entre o *settlor* e o *trustee*. Ao escolher um determinado *trustee*, o *settlor* fá-lo por considerar ser esse o sujeito mais indicado para ocupar o cargo e para levar a bom porto a sua vontade. Ora, ao delegar os poderes que lhe foram confiados, o *trustee* está a pôr em causa dois dos mais elementares pilares da relação fiduciária: a vontade do *settlor* é ignorada e, em consequência, a confiança é quebrada.

Os tribunais ingleses sempre se demonstraram inclinados a responsabilizar o fiduciário pelos danos provocados por terceiros em quem tivessem delegado poderes, no caso de não lhes serem reconhecidos poderes de delegação[2208]. Em meados do século XIX, a jurisprudência reconhecia já um dever de não delegação[2209].

[2206] *Mental Capacity Act*, 2005 s. 9-13.
[2207] TA 1925, s. 27.
[2208] *A-G v Gleg* (1738) 1 Atk 356 [EARL OF HARDWICK LC]: apesar de não identificar uma proibição de delegação, o tribunal declara a nulidade da decisão, tomada em conjunto pelos três *trustees*, de conceder a um dos fiduciários um poder total e absoluto, por clara violação da vontade manifestada pelo fiduciante; *Crewe v Dicken* (1798) 4 Ves Jun 97-100, [LORD LOUGHBOROUGH LC] 100: a construção continua a não ser clara; *Adams v Clifton* (1826) 1 Russ 298-301, [LORD GIFFORD MR] 300-301: um corretor contratado pelo *trustee* perdeu todo o dinheiro da venda de um conjunto de ações adquirido com quantias monetárias constituídas em *trust*; o tribunal decidiu que, não tendo a delegação sido autorizada, o fiduciário era responsável pelas perdas, devendo, consequentemente, ressarcir os danos causados; *Clough v Bond* (1838) 3 My & Cr 491-499, [LORD COTTENHAM LC] 496: o tribunal não refere nenhum dever de não delegação. Apenas nos diz que, de acordo com princípios há muito estabelecidos, no caso de um *trustee* delegar em terceiros os poderes que lhe foram confiados, será responsável pelos danos causados, por muito improváveis que estes sejam. Encontramos diversos acórdãos com um conteúdo idêntico, cfr., *Rowland v Witherden* (1851) 3 Mac & G 568-574, [LORD TRURO LC] 574 e *Cowell v Gatcombe* (1859) 27 Beav 568-570, [SIR JOHN ROMILLY MR] 570.

Robson v Flight[2210]. Um conjunto de propriedades foi dividido por uma série de *trustees*, para que o administrassem em nome do herdeiro do *settlor*. Os *trustees* decidiram, todos eles, ignorar a vontade manifestada e passar a administração das propriedades diretamente para o herdeiro. O tribunal considerou que os poderes conferidos pelo *settlor* não poderiam ser exercidos pelo seu sucessor legal. "*The reason is obvious. Such trusts and powers are supposed to have been committed by the testator to the trustees he appoints by reason of his personal confidence in their discretion, and it would be wrong to permit them to be exercised by the heir at law, who may be a person unknown to the testator, or him whom he has no confidence at all*"[2211].

II. A evolução histórica da delegação de poderes pelos *trustees* pode ser dividida em três grandes períodos: (1) antes da entrada em vigor do TA 1925; (2) após a entrada em vigor do TA 1925; e (3) após a entrada em vigor das alterações introduzidas, em 1971, ao TA 1925. Na origem desta delimitação está uma gradual liberalização da delegação de poderes.

O primeiro período é marcado por uma maior rigidez. Fora dos casos em que a delegação de poderes fosse expressamente consentida no ato constitutivo, a delegação apenas seria válida em duas situações específicas: (1) para a execução de atos formais[2212]; e (2) em situações reconduzíveis a usos ou

---

[2209] *Turner v Corney* (1841) 5 Beav 515-518, [LORD LANGDALE MR] 517: "*trustees who take on themselves the management of the property for the benefit of others have no right to shift their duty on other persons; and if they employ an agent, they remain subject to the responsibility towards their cestui que trust, for whom they have undertaken the duty*". Repare-se que, apesar de datar da primeira metade do século XIX, o tribunal diz-nos que os *trustees* "não têm direito a", o que é diferente de dizer, "estão proibidos de".

[2210] (1865) 4 De GJ & S 608-615, [LORD WESTBURY LC].

[2211] At 613.

[2212] *Re, Airey* [1897] 1 Ch 164-170, [KEKEWICH J] 170: "*a person who has a discretionary power cannot delegate the execution of that power; though he may, no doubt, when once the discretion has been exercised, delegate to an attorney the execution of a deed or of any ministerial act in order to complete the appointment*"; *Re, Hetling and Merton's Contract* [1893] 3 Ch 269-282, [LINDLEY LJ] 280: desde que munido dos poderes necessários, a celebração formal de contratos de compra e venda que tenham como objeto bens constituídos em *trust* pode ser validamente realizada por terceiros em quem os *trustees* tenham delegado poderes. Apesar de, em alguns casos, os tribunais terem dado razão a terceiros compradores que se recusaram a transmitir as contraprestações para os mandatários dos *trustees* (*Re, Bellamy and Mercantile Board of Works* (1883) 24 Ch D 378-404 e *Re, Flower and Metropolitan Board of Works* (1884) 27 Ch D 592-599), o conteúdo das decisões não se alicerçou numa hipotética proibição genérica de delegação.

práticas comerciais[2213]. Fora destes dois casos, a delegação de poderes consubstanciava uma grave violação das obrigações assumidas[2214]. Na decisão *Robson v Flight*, LORD WESTBURY LC diz-nos que a pedra de toque deve ser colocada na natureza do ato. Se este for discricionário ou se o seu preenchimento resultar de uma decisão intrinsecamente pessoal, então os *trustees* não podem, legalmente, delegar essa função em terceiros[2215].

Na sua versão original, a s. 25 do TA 1925 trouxe poucas novidades legislativas, limitando-se a estabelecer a possibilidade de delegação sempre que o *trustee* pretendesse ausentar-se do Reino Unido por um período de tempo superior a um mês[2216]. A versão atualmente em vigor, introduzida pelo *Powers of Attorney Act*, 1971, permite a delegação por períodos nunca superiores a doze meses[2217]. Finalmente, através do *Trustee Delegation Act*, 1999, foram introduzidas algumas alterações de índole puramente formal.

III. Ao longo do século passado, os tribunais, seguidos de perto pelo legislador, foram, gradualmente, liberalizando o regime de delegações de poderes. Esta tendência, que culminou num regime generoso, remonta, pelo menos, ao século XVII.

Ex Parte Belchier[2218] (1754). O *trustee* recorreu a um corretor para vender os bens constituídos em *trust*. Após a venda, o corretor entrou em insolvência. Não tendo o

---

[2213] *Speight v Gaunt* (1883) 9 App Cas 1-33 e *Re, Gasquoine* [1894] 1 Ch 470-479: contratação de um corretor para investir em títulos de crédito autorizados pelo ato constitutivo.

[2214] *Rowland v Witherden* (1851) 3 Mac & G 569-574, [LORD TRURO LC] 574: os *trustees* delegaram, no seu advogado, o poder de decidir sobre os investimentos a realizar com os fundos do *trust*. Foram condenados pelo tribunal; *Clarke v The Royal Panopticon* (1857) 4 Drew 27-32, [SIR R. T. KINDERSLEY VC] 29: "*If there is a special power to trustees, involving an exercise of personal judgment by the trustees, it is not competent to them to delegate that power to another person*".

[2215] (1865) 4 De GJ & S 608-615, 614.

[2216] S. 25(1): "*A trustee intending to remain out of the United Kingdom for a period exceeding one month may, notwithstanding any rule or law or equity to the contrary, by power of attorney, delegate to any person (including trust corporation) the execution or exercise during his absence from the United Kingdom of all or any trusts, power and discretions vested in him as such trustee, either alone or jointly with any other person or persons*".

[2217] S. 25(1) versão de 1971: "*Notwithstanding any rule of law or equity to the contrary, a trustee may, by power of attorney, delegate for a period not exceeding twelve months the execution or exercise of all or any trusts, powers and discretions vested in him as trustee either alone or jointly with any other person or persons*".

[2218] (1754) Amb 218-220 [LORD HARDWICKE LC].

trustee acordado qualquer tipo de garantia real, os beneficiários viram-se privados dos seus direitos. O tribunal considerou que o processo estava de acordo com os costumes comerciais, pelo que o *trustee* não poderia ser responsabilizado.

Field v Field[2219] (1893). Os *trustees*, por razões de conveniência, decidiram depositar os registos de propriedade dos imóveis constituídos em *trust* junto de um advogado. Esta delegação facilitaria a consulta das características dos bens por parte de putativos compradores. O beneficiário instaurou uma ação por considerar que semelhante delegação era contrária às obrigações assumidas pelos fiduciários. O caso assumiu proporções académicas. O tribunal decidiu que os *trustees* não estavam obrigados a manter em sua posse, a todo o tempo, os documentos associados ao *trust*, mas apenas quando necessário.

134. Dever de cooperação

O princípio de que a nomeação de mais do que um *trustee* impõe, a todos os sujeitos designados, um rígido dever de cooperação subdivide-se em dois grandes corolários:

– todas as decisões devem ser tomadas em conjunto e, salvo raras exceções, decididas por unanimidade[2220];

[2219] [1894] 1 Ch 425-430.

[2220] *Luke v South Kensington Hotel Co* (1879) 11 Ch D 121-129, [Jessel MR]125-126: *"There is no law that I am acquainted with which enables the majority of trustees to bind the minority"*; *Re, Roth* [1895-9] All ER Rep, 455-456: a aplicação prática do princípio está condicionada ao conteúdo da declaração. Neste caso, os *trustees* deveriam investir os fundos do *trust* em diversos valores mobiliários. Os fiduciários poderiam, discricionariamente, adiar a venda dos títulos. O tribunal decidiu que, tendo um dos *trustees* considerado ser este o momento mais indicado para alienar as participações e arrecadar as correspondentes mais-valias, a opinião dos restantes fiduciários não poderia sobrepor-se. North J at 456: *"But the discretion to postpone, which the will gives, is a discretion of all the trustees. It is not a case in which the majority have any right to bind the minority"*. Semelhante posição foi seguida em *Re, Hilton* [1909] 2 Ch 548-552, [Neville J] 551: *"in the absence of unanimity between the trustees as to the retention of investments, the trusts for sale operates and must be carried into effect"*; *Swale v Swale* (1856) 22 Beav 584-586, [Sir John Romilly MR] 586: os três *trustees* nomeados não conseguiam chegar a um consenso sobre os investimentos a realizar. Insatisfeitos com a situação, dois dos fiduciários decidiram gerir o *trust* ignorando, por completo, a opinião do terceiro. O tribunal decidiu, perante estes factos, substituí-los por um *receiver*.

– os bens constituídos em *trust* devem ser administrados e legalmente detidos em conjunto[2221].

Caso a divergência assuma proporções que ponham em causa os interesses do beneficiário e o cumprimento da vontade do *settlor*, os tribunais podem ser chamados a intervir para dirimir o litígio[2222].

135. Dever de prestar informações

I. Os fiduciários devem prestar todas as informações requeridas pelos beneficiários. Em consequência, os beneficiários são titulares de um direito que lhes permite exigir toda a informação disponível[2223].

Incluído no dever de prestar informações, e por vezes apresentado autonomamente, conta-se o dever de manter um registo exato do *trust*[2224]. Os fiduciários devem conservar um registo imaculado, desde os mais rotineiros recibos e estratos bancários até às mais complexas análises financeiras[2225].

Os beneficiários podem, sempre que o considerem pertinente, vistoriar os registos fiduciários. Podem, inclusive, delegar o direito de inspeção em terceiros, por exemplo advogados ou contabilistas[2226].

[2221] *Re, Flower and Metropolitan Board of Works* (1884) 27 Ch D 592-599, [KAY J] 596: "*The theory of every trust is that the trustees shall not allow the trust moneys to get into the hands of any one of them, but that all shall exercise control over them. They must take care that they are in the hands of all, or invested in their names, or placed in a proper bank in their joint names*".

[2222] *Cowan v Scargill* [1985] Ch 270-299, [SIR ROBERT MEGARRY VC]: o tribunal defendeu que uma intervenção direta não seria benéfica. At 297: "*It is important to get this large trust back on the rails; and it may help to do this if at this stage the court refrains from giving directions or making any coercive orders*".

[2223] *O'Rourke v Darbishire* [1920] AC 581-635, [LORD WRENBURY] 626-627: "*The beneficiary is entitled to see all trust documents because he is a beneficiary... The property right is a right to access to documents which are your own*".

[2224] THOMAS e HUDSON, *Law of Trusts*, cit., 326-329: optam por autonomizar o dever.

[2225] *Springett v Dashwood* (1869) 2 Giff 521-529, [SIR JOHN STUART VC] 527: "*the trustee... is bound to have his accounts ready*"; *Clarke v Ormond* (1821) Jac 108-125, [SIR THOMAS PLUMER LC] 120: "*[the beneficiary] have a right to ask what was the value of the estates, the amount of the monies raised by sales and from the rents, and of the debts and encumbrances paid, and of those remaining unpaid*"; *Pearse v Green* (1819) 1 Jac & W 135145, [SIR THOMAS PLUMER MR] 140.

[2226] *Re, Cowin* (1886) 22 Ch D 179-187, [NORTH J] 187: advogado; *Kemp v Burn* (1863) 4 Giff

O direito dos beneficiários não é, todavia, absoluto. Muitos *trusts* são constituídos em benefício de vários sujeitos; ora, os beneficiários apenas podem exigir informação que esteja relacionada com a sua pessoa. No emblemático caso *Re, Londonderry's Settlement*, o tribunal considerou que os fiduciários agiram bem ao não fornecer a documentação exigida. Em causa estava informação que, por cair no âmbito da discricionariedade concedida aos fiduciários, não deveria ser revelada[2227].

A não conservação de registos completos e atualizados consubstancia uma séria violação das obrigações assumidas pelo *trustee*, podendo, consoante o contexto concreto[2228], dar origem a ações de responsabilidade civil vitoriosas[2229].

II. O dever de prestar informações tem, ainda, uma forte componente ativa. Como princípio geral, os *trustees* devem, assim que são nomeados para a posição, fornecer toda a informação disponível aos beneficiários, independentemente de esta ter sido ou não exigida[2230]. Este dever não pode, porém, ser confundido com a obrigação de aconselhar os beneficiários[2231] ou mesmo com a obrigação de elucidar os beneficiários sobre todos os direitos que legalmente lhes assistem, à luz do regime vigente[2232].

348-351 [Sir John Stuart VC]: o fiduciário assentiu mostrar toda a documentação a um contabilista, mas nunca a um advogado. Esta distinção foi interpretada como arbitrária.

[2227] [1965] Ch 918-940, [Harman LJ] 933.

[2228] *Smith v Cremer* (1875) 24 WR 251, [Jessel MR]: o tribunal considerou que, embora a contabilidade organizada contivesse um ligeiro erro – £ 170 em vez de £ 200 – a sua reduzida gravidade obstava a responsabilização dos *trustees*.

[2229] *Wroe v Seed* (1863) 4 Giff 425-431, [Sir John Stuart VC]: nos cinco anos que mediaram a sua nomeação como *trustees* e a entrada da ação em tribunal, os réus não foram capazes de manter qualquer tipo de registo razoável.

[2230] Atente-se que a obrigação apenas existe quando os beneficiários são maiores, cfr., *Brittlebank v Goddwin* (1868) LR 5 Eq 545-554, [Sir G M Giffard VC] 550: "*Another duty was to have informed the persons interested, when they attained twenty-one, of the position of the fund and of their rights*".

[2231] [1977] Ch 106-347, [Megarry VC] 242: "*trustees... are under a duty to answer inquiries by the beneficiaries about the trust property... But that is a far remove from saying that trustees have a duty to proffer information and advice to their beneficiaries*".

[2232] *Hamar v Pensions Ombudsman* [1996] PLR 1, [Collins J] 10-11: "*to give information as to how particular beneficiary may obtain his portion in a particular trust fund or may exercise his statutory right*".

§ 26.º PODERES DOS *TRUSTEES*

136. Enquadramento

I. Como princípio geral, os *trustees* apenas podem exercer os poderes que lhe forem conferidos por lei, pelos tribunais ou pelo *settlor* através do ato constitutivo do *trust* ou em posteriores aprofundamentos ou esclarecimentos do seu conteúdo.

O carácter lacunar de muitas declarações de vontade, a suficiência da oralidade para os *trusts* constituídos por bens móveis e as infindáveis finalidades atribuídas ao instituto impeliram, primeiro os tribunais e, posteriormente, o legislador britânico a positivar um conjunto genérico de poderes, comuns a todas as relações jurídicas enquadráveis no instituto fiduciário.

II. Um conjunto de poderes ditos basilares foi, pela primeira vez, alvo de positivação no TA 1925: (1) poderes relacionados com a venda de bens constituídos em *trust*[2233]; (2) poder de exonerar a responsabilidade de terceiros pela entrega de recibos[2234]; (3) poder de transigir[2235]; (4) poder para contrair empréstimos[2236]; (5) poder de segurar os bens constituídos em *trust*[2237]; (6) poder de delegar funções[2238]; (7) poderes para sustentar e proteger os bene-

---

[2233] S. 12 e 13.
[2234] S. 14.
[2235] S. 15.
[2236] S. 16.
[2237] S. 19.
[2238] S. 25.

ficiários menores[2239]; e (8) poder de antecipar a transmissão de bens para os beneficiários[2240].

A lista foi ligeiramente ampliada pelo TA 2000: (9) poderes relacionados com investimentos[2241]; e (10) poderes quanto à aquisição de bens imóveis[2242]. Atente-se, contudo, que alguns dos poderes consagrados no TA 1925 foram, então, substancialmente alterados.

III. Sem dúvida que as alterações introduzidas na viragem do milénio vieram a atribuir maior profundidade aos poderes legalmente atribuídos aos *trustees*; todavia, uma leitura crítica da lista elencada não deixa de causar alguma perplexidade. Regra geral, os poderes positivados caracterizam-se por um reduzido campo de atuação. Simples declarações clássicas em que um sujeito transmita o bem para outrem a fim de que este atue no interesse de um terceiro colocam o fiduciário numa posição de enorme fragilidade: que atuação lhe é exigível e que poderes que foram confiados?

Esta realidade é um reflexo de dois elementos centrais da relação fiduciária: (1) a posição de *trustee* é intrinsecamente discricionária; e (2) as infindáveis situações em que o *trust* é empregado inviabilizam a consagração de poderes mais gerais, sob pena de poder operar um desvirtuamento da vontade do *settlor*. Ciente destas especificidades, o legislador preferiu concentrar-se em algumas modalidades mais concretas e possibilitar, aos fiduciários, o recurso aos tribunais sempre que pretendam esclarecer a existência de um poder e os seus exatos contornos e limites[2243].

[2239] S. 31.
[2240] S. 32.
[2241] S. 3.
[2242] S. 8.
[2243] TA 1925, s. 51(1): *"Where in the management or administration of any property vested in trustees, any sale, lease, mortgage, surrender, release, or other disposition, or any purchase, investment, acquisition, expenditure or other transaction, is in the opinion of the court expedient, but the same cannot be effected by reason of the absence of any power for that purpose vested in the trustees by the trust instrument, if any, or by law, the court may by order confer upon the trustees, either generally or in any particular instance, the necessary power for the purpose".*

137. Poderes relacionados com a venda de bens constituídos em *trust*

I. A questão da disposição de bens constituídos em *trust* apresenta-se bastante mais complexa do que, à partida, seria expectável. Tradicionalmente, a estrutura do *trust* assentava numa transmissão do direito de propriedade sobre um bem específico para um terceiro identificado, que ficava obrigado a conservar todas as características e qualidade da coisa intactas, não para seu próprio benefício, mas no interesse de outrem, pelo que a alienação dos bens constituídos em *trust* apenas seria válida se devidamente autorizada por lei, pelos tribunais ou pelo *settlor*. Esta visão está hoje ultrapassada. Em face da natureza comercial, dos propósitos economicistas e financeiros que estão na origem da sua constituição e dos extensos poderes de investimento atribuídos aos *trustees*, a pedra de toque é hoje colocada na preservação do capital e não tanto na conservação dos bens constituídos em *trust*[2244].

Repare-se que o princípio *per se* não foi afetado: os *trustees* continuam sujeitos a um estrito dever de conservação dos bens constituídos em *trust*. As alterações operaram a dois níveis: (1) diretamente, através de uma liberalização do conceito de "bens constituídos em *trust*", fruto dos *supra* mencionados objetivos comerciais associados ao instituto; e (2) indiretamente, como reflexo da ampliação dos poderes concedidos aos fiduciários, em especial no âmbito dos investimentos autorizados. Acresce que o poder de alienação tem sido objeto de algumas transformações colaterais, como consequência da implementação de novas doutrinas e construções. Pense-se no impacto da *Rule in Howe v Lord Dartmouth*[2245]: o equilíbrio dos interesses dos diversos beneficiários sobrepõe-se aos constrangimentos legais de alienação, ainda que este poder não tenha sido expressamente contemplado[2246]. Outro exemplo de poderes de alienação implícitos é-nos fornecido pelo próprio legislador, quando refere, na s. 16(1) do TA 1925, que, caso seja atribuído ao *trustee*

[2244] *Underhill and Hayton*, cit., 927. Repare-se, porém, que, no que respeita à conservação do capital, os tribunais têm-se centrado mais na análise do processo adotado pelos *trustees* e no preenchimento dos deveres de cuidado do que propriamente na obtenção de lucros ou, pelo menos, na não depreciação dos fundos do *trust*, cfr., *Nestlé v National Westminster Bank plc* [1994] 1 All ER 118-160, [Staighton LJ]133: "*Of course it is not a breach of trust to invest the trust fund in such a manner that its real value is not maintained. At times that will be impossible, and at others it will require extraordinary skill or luck*".

[2245] Número 128.

[2246] Pettit, *Equity*, cit., 462.

o poder de pagar dívidas ou de investir, é-lhe permitido, consequentemente, arrecadar dinheiro através da venda dos bens[2247].

II. Os poderes dos *trustees*, no que respeita a bens imóveis constituídos em *trust*, estão, hoje, muito simplificados. De acordo com o disposto na s. 6(1) do *Trusts of Land and Appointment of Trustees Act*, 1996, os *trustees* são, em relação aos bens imóveis, titulares de todos os poderes e direitos legalmente conferidos ao seu proprietário, de entre os quais se eleva, com naturalidade, o direito de dispor livremente da coisa. Todavia, o legislador, na s. 6(6), estabeleceu que o direito de propriedade ou alguns dos direitos que o compõem – uso, fruição e disposição – podem ser restringidos, tanto por vontade do *settlor*, devidamente manifestada, como por aplicação das regras e princípios desenvolvidos pela *Equity Law*.

Também no que respeita à venda efetiva de bens imóveis, a posição dos *trustees* foi fortalecida pelo *Trusts of Land and Appointment of Trustees Act*, 1996. Na sua s. 4, o legislador atribuiu-lhe o poder – de natureza imperativa – de adiar a concretização ou a consumação da venda dos bens. O desrespeito pelos prazos estabelecidos pelo *settlor* não consubstancia, só por si, uma violação da vontade do fiduciante ou dos deveres assumidos. O legislador pretendeu acautelar a posição dos beneficiários, garantindo-lhes o máximo de lucros possíveis[2248].

Também em relação à alienação de bens móveis ou intangíveis se aplica o princípio acima apresentado: os *trustees* apenas podem dispor livremente dos bens que lhe foram confiados se devidamente autorizados, expressa ou implicitamente[2249].

[2247] *"Where trustees are authorised ... to pay or apply capital money ... they shall have and shall be deemed always to have had power to raise the required money by sale ..."*.

[2248] S. 4(1) *"In the case of every trust for sale of land created by a disposition there is to be implied, despite any provision to the contrary made by the disposition, a power for the trustee to postpone sale of the land; and the trustees are not liable in any way for postponing sale of the land, in the exercise of their discretion, for an indefinite period"*.

[2249] *Snell's Equity*, cit., 801.

§ 26.º PODERES DOS *TRUSTEES*

138. Poder de exonerar a responsabilidade de terceiros pela entrega de quitações

O disposto na s. 14 do TA 1925 parece, à primeira vista, pouco relevante e até mesmo desprovido de sentido:

> *The receipt in writing of a trustee for any money, securities, investments or other personal property or effects payable, transferable, or deliverable to him under any trust or power shall be a sufficient discharge to the person paying, transferring, or delivering the same and shall effectually exonerate him from seeing to the application or being answerable for any loss or misapplication thereof.*

A explicação para a positivação deste poder é puramente histórica. Detendo os beneficiários, à luz das regras da *Equity Law*, direitos sobre os bens constituídos em *trust*, também a sua assinatura deveria constar do comprovativo do cumprimento da obrigação, sob pena de os devedores não se exonerarem das obrigações assumidas. Na prática, o direito a exigir o cumprimento das obrigações conservava-se intacto na esfera jurídica dos beneficiários.

139. Poder de transigir

I. O disposto na s. 15 do TA 1925 atribui, aos *trustees*, um poder de transigir extrajudicialmente sobre todos os direitos inerentes ao *trust*. A expressão assume um conteúdo mais vasto do que o conceito consagrado nos artigos 1248.º a 1250.º do nosso Código Civil: abrange todo o tipo de situação que tenha em vista a antecipação, adiamento ou alteração das condições anteriormente estabelecidas: (1) antecipação da entrega de bens; (2) distribuição de fundos associados ao *trust*; (3) pagar ou aceitar o pagamento de qualquer dívida; (4) aceitar e prestar garantias; (5) adiar ou antecipar o pagamento de dívidas; e (6) transação *per se*[2250].

[2250] Os tribunais têm-se considerado competentes para transigir em nome do *trustee*, cfr., *Re, Ezekiel's Settlement Trusts* [1942] Ch 230-235, [LORD GREENE MR] 234: "*All that the court has being asked do to was to exercise the discretion given to the trustees by s. 15 of the Trustee Act, 1925, and to direct them whether or not they should proceed with the compromise. The court has ample jurisdiction,*

Subordinado, evidentemente, ao dever de cuidado positivado, o *trustee* não pode ser responsabilizado se da sua atuação resultar uma perda para o *trust*[2251].

II. Curiosamente, o disposto na referida secção aplica-se ainda à relação *trustee*-beneficiário.

Re, Earl Strafford[2252]. Cada um dos cônjuges constitui os seus bens em *trust mortis causa*. O *trust* do marido tinha como beneficiários A, B, C e D e o da mulher apenas os beneficiários C e D. O *trust* constituído pela mulher era, por natureza, absoluto: após a sua morte os bens seriam transmitidos para os beneficiários, sem qualquer tipo de condição. Já o *trust* constituído pelo marido estabelecia que, com o falecimento de C e de D, os bens seriam transmitidos para A e B, respetivamente. No fundo, C e D apenas podiam gozar e fruir dos bens, mas já não podiam aliená-los livremente.

Anos volvidos, A e B vieram alegar que alguns dos bens distribuídos por C e D tinham sido constituídos em *trust* a favor dos quatro. Tendo, entretanto, parte desses bens sido alienada, C e D propuseram a transmissão de outros bens, a título compensatório, para A e B, o que, de acordo com a vontade do *settlor*, apenas deveria ocorrer com o falecimento de C e D.

Tendo dúvidas sobre a legalidade do compromisso, o *trustee* do marido recorreu aos tribunais, que deram provimento à solução apresentada.

Da posição sustentada por Sir Robert Megarry VC, dois pontos essenciais devem ser retidos: (1) o campo de aplicação da s. 15 estende-se aos conflitos e litígios que envolvam os beneficiários e os *trustees*; (2) a validade da transação não está limitada aos casos em que se comprove a existência de um benefício monetário ou equivalente: a resolução de conflitos familiares pode sobrepor-se às perdas materiais[2253].

---

and, of course, in exercising that jurisdiction, the court, as any properly acting trustee would do, pays due attention to the wishes of the beneficiary".

[2251] Vide parte final da secção.
[2252] [1980] Ch 28-52.
[2253] At 33: "*Nor is a strict mathematical and actuarial calculation of benefits the only criterion: a compromise which, on the best estimate available, confers unequal financial benefits may nevertheless be a good compromise which ought to be accepted if it is likely to resolve long-standing family disputes and promote family peace*".

§ 26.º PODERES DOS *TRUSTEES*

140. Poder de segurar

I. Atualmente, o poder de segurar os bens constituídos em *trust* está previsto na s. 19 do TA 1925, devidamente alterada pela s. 34 do TA 2000. De acordo com o disposto no referido artigo, os *trustees* podem segurar qualquer bem constituído em *trust* contra todo o tipo de riscos e danos[2254]. Foi ainda atribuído, especificamente, aos beneficiários de *bare trusts*, um papel mais ativo na concretização do poder de segurar[2255].

No âmbito do poder de segurar, duas questões levantam maiores cuidados: (1) consubstanciará o poder de segurar um efetivo dever?; e (2) existem restrições ao uso das indemnizações provenientes da ativação do seguro?

II. Antes de mais, cumpre esclarecer que o hipotético dever de segurar não se confunde com as obrigações que emergem da decisão de segurar. Como já anteriormente foi sublinhado, é necessário distinguir a decisão *per se* da atuação subjacente.

Quanto à primeira questão – existência ou não de um dever de segurar – a resposta não é facilmente descortinável. Esta dificuldade é um reflexo da reduzida atenção que o tema tem despertado na doutrina e na jurisprudência inglesas.

Na decisão *Re, Betty*, NORTH J considerou que os *trustees* estavam obrigados a segurar os bens, devendo os custos ser suportados pelo património do *trust*[2256]. Já no caso *Fry v Fry*, SIR JOHN ROMILLY MR foi perentório ao afirmar que os *trustees* não estão obrigados a segurar os bens constituídos em *trust*[2257]. No caso *Bailey v Could*, o tribunal foi ainda mais longe e afirmou que os *trustees* não estavam sequer obrigados a renovar os seguros anteriormente iniciados pelo fiduciante[2258].

[2254] 19(1).
[2255] 19(2).
[2256] [1899] 1 Ch 821-830, 829: "*I think that she, as executrix and trustee, ought to insure it at the expense and for the benefit of the estate: that is because the furniture belongs, subject to the tenancy for life, to the estate*".
[2257] (1859) 27 Beav 144-147, 147. Outro importante caso usualmente citado: *Re, McEacharn* (1911) 103 LT 900-902, [EVE J] 902: "*I cannot bring myself to hold that it is an expense necessary to be incurred by trustees... If the effecting of an insurance were a necessary expense to be incurred by a trustee, liability on his part for loss due to his neglect to insure would seem to follow as an inevitable consequence*".
[2258] (1840) 4 Y & C Ex 221-227, [ALDERSON B], 226: "*it would be a strong think to say that these*

A doutrina inglesa está também dividida: os defensores de que o poder de segurar consubstancia um efetivo dever apoiam-se em alguns princípios formadores do instituto, com especial destaque para a preponderância dos interesses dos beneficiários, e no conteúdo dogmático do dever de cuidado – homem prudente[2259]; já os seus opositores agarram-se à letra da s. 19 do TA 1925[2260]. A *Law Commission,* no seu estudo preparatório com vista à elaboração do TA 2000, mostrou grandes dúvidas quanto à imposição de um dever de segurar. Por um lado, em face da expansão do instituto, essa exigência iria representar uma corrida sem precedentes às seguradoras, sendo que muitos *trusts* são compostos por fundos de reduzido valor, podendo, nestes casos, a subscrição de seguros representar um entrave à própria prossecução da vontade do fiduciante. Feita a devida análise, a *Law Commisson* considerou que a existência de um dever de segurar estava limitada aos casos em que os factos concretos, à luz do dever de cuidado tradicional, assim o impusessem[2261].

Em suma, sempre que, por aplicação do critério do homem prudente – dever de cuidado tradicional –, se justifique segurar os bens constituídos em *trust,* o *trustee* prevaricador poderá ser responsabilizado pelo danos causados, não por aplicação de um qualquer hipotético dever de segurar, mas pela violação do dever de cuidado tradicional.

III. Quanto ao dinheiro recebido em resultado da ativação do seguro, o legislador consagrou, expressamente, que este apenas poderá ser utilizado em proveito do *trust* e dos seus beneficiários[2262].

Re, Scholfield's Will's Trusts[2263]. O interesse deste caso não reside tanto na interpretação judicial da s. 20 do TA 1925, mas no desenvolvimento, pela *Equity Law,* de

---

parties were guilty of wilful default in omitting to do what Barlow himself might have done. I think, therefore, as to this part of the case, that the executors are not chargeable as for wilful default".
[2259] Lewin on Trusts, cit., 1244.
[2260] *Snell's Equity,* cit., 805; THOMAS e HUDSON, *The Law of Trusts,* cit., 455: os autores consideram que não pode haver um dever de segurar, precisamente porque muitos *trustees* não teriam fundos para o cumprir; PETTIT, *Equity,* cit., 465: também aponta como dificuldade a usual inexistência de fundos para cumprir o dever.
[2261] Cit., 68-71.
[2262] S. 20 TA 1925.
[2263] [1949] Ch 341-347.

um princípio geral análogo. A propriedade X, constituída em *trust* a favor de duas classes de beneficiários, capital e rendimentos, sofreu sérios danos, causados pelos bombardeamentos nazis durante a Batalha da Inglaterra. Ao abrigo do *War Damage Act*, 1943, foi entregue, aos *trustees*, uma quantia a título de indemnização. Tendo dúvidas quanto ao fim a dar aos valores transferidos, os fiduciários recorreram aos tribunais. ROMER J considerou que a repartição da indemnização deveria seguir os parâmetros estabelecidos no ato constitutivo: seriam investidos para cobrir as pensões que cabiam aos beneficiários dos rendimentos e o remanescente entregue aos beneficiários do capital, na exata medida indicada pelo fiduciante.

141. Poderes para sustentar e proteger beneficiários menores

I. Apesar de a incapacidade parcial dos menores impedir o *trustee* de transmitir os bens constituídos em *trust* até os beneficiários visados atingirem a maioridade, salvo se o contrário for expressamente estabelecido no ato constitutivo, cedo os tribunais consideraram que o princípio não tinha uma natureza absoluta. Uma excessiva rigidez do regime levaria não só a um desvirtuamento da vontade implicitamente manifestada pelo *settlor*, como colocaria os beneficiários numa posição de enorme fragilidade. Em algumas decisões, os tribunais foram mesmo mais longe.

No acórdão *Re, Collins*, PEARSON J considerou que, mesmo nos casos em que o *settlor* condicione temporalmente a distribuição efetiva dos bens constituídos em *trust* ou a disposição dos rendimentos associados, o *trustee* poderá, consoante o exato contexto envolvente, antecipar o gozo dos direitos. Recorrendo às palavras do ilustre juiz, ao decidir protelar a distribuição *"it is assumed that he did not intend that these children should be left unprovided for or in a state of such moderate means that they should not be educated properly for the position and fortune which he designs them to have"*[2264]. A doutrina ora citada assenta em dois grandes alicerces: (1) a vontade tácita ou implícita do *settlor* e (2) os interesses reais dos beneficiários[2265]. O conceito de interesses

---

[2264] (1886) 32 Ch D 229-233, 232.
[2265] *Havelock v Havelock* (1881) 17 Ch D 807-818, [MALINS VC]: *trust* constituído a favor de A e do seu filho menor. O *settlor* estabeleceu, no respetivo ato constitutivo, que toda a propriedade abrangida deveria ser posta a render durante 21 anos. Apenas passado este período, poderiam os *trustees* consumar a distribuição dos bens. Não tendo o beneficiário adulto capacidade financeira para garantir a educação do seu filho, e também beneficiário do *trust*, o tribunal decidiu que

dos beneficiários menores tem sido interpretado de forma bastante lata. Na decisão *Allen v Coster*[2266], o tribunal aceitou como válida a antecipação de parte dos bens constituídos em *trust* com o propósito de sustentar os pais do beneficiário; indiretamente, diz-nos LORD LANGDALE MR, eram os interesses do menor que estavam a ser acautelados[2267].

II. A relevância da questão levou à sua positivação na s. 31 do TA 1925. De acordo com o disposto no referido preceito: sempre que o *trustee* considere ser do interesse do menor, por razões de subsistência, educação ou qualquer outro benefício, pode transmitir, para o tutor legal do beneficiário, os rendimentos que julgue adequados às suas necessidades concretas[2268].

Conquanto consubstancie um poder discricionário, o legislador elencou alguns limites e diretrizes que devem ser respeitados pelo fiduciário aquando da sua tomada de decisão: (1) circunstâncias gerais do caso; (2) idade do menor; e (3) a possibilidade de aplicar fundos de outras proveniências[2269].

---

os fiduciários poderiam adiantar as verbas necessárias, numa base anual; *Re, Lofthouse* (1885) 29 Ch D 921-933: neste caso, os *trustees* pretendiam reduzir a pensão anual entregue ao pai do beneficiário, a título de adiantamento, por considerarem ser excessiva. O tribunal decidiu que o único elemento relevante, nestas situações, era o interesse do beneficiário menor, pelo que decidiu pela conservação dos valores anteriores. COTTON LJ at 932: *"the trustees in exercising their discretion must consider what is most for the benefit of the infant"*; *Fuller v Evans* [2000] 1 All ER 636-639, [LIGHTMAN J] 639: *"If the trustees reach the conclusion that it is in the best interests of the beneficiaries to make such provision out of trust funds, they are free to do so"*.
[2266] (1839) 1 Beav 202-205.
[2267] At 205: *"I think this is a case in which the Court can increase the maintenance of the children for the support of their parents; I feel reluctant in doing it, for the conduct of the parents has been of the worst kind; but I think, that without saying anything as to the construction of the will, I may give to the infants the benefit of the income of the property, so as to assist the parents: To do so is evidently for the benefit of the infants themselves"*.
[2268] Os tribunais têm interpretado estas três palavras – *"maintenance, education or benefit"* de forma quase ilimitada: *Re, Heyworth's Contingent Reversion Interest* [1956] Ch 364-372, [UPJOHN J] 370: cobre não só despesas correntes, mas também investimentos de capital, como a aquisição de imóveis, de ações ou mesmo depósitos bancários.
[2269] B. S. KER, *Trustees' Powers of Maintenance*, 17 Conv, 1953, 273-284, 280: em abstrato, este elemento, no caso de diversos *trusts* terem sido constituídos a favor do mesmo beneficiário, obriga a uma atuação concertada, caso, evidentemente, como de resto refere o legislador, a existência de vários *trusts* for conhecida.

§ 26.º PODERES DOS *TRUSTEES*

142. Poder de antecipar a transmissão de bens para os beneficiários

Este poder, em tudo idêntico ao acima analisado, permite, ao *trustee*, antecipar a entrega dos bens ao beneficiário, na medida das suas necessidades e tendo sempre em consideração as especificidades concretas e o contexto envolvente. Consagrado na s. 32 do TA 1925, o poder de antecipação, de modo semelhante ao verificado para os restantes poderes cujo objeto esteja, direta ou indiretamente, relacionado com os interesses dos beneficiários, tem sido interpretado de forma bastante extensiva, abrangendo tanto os benefícios diretos e imediatos como projetos a longo prazo:

– a criação ou o desenvolvimento de negócios próprios[2270];
– a preparação do casamento e o sustento dos primeiros tempos de casados[2271];
– o pagamento de dívidas[2272];
– a compra de casa e da mobília necessária[2273];
– o simples sustento quotidiano do beneficiário[2274].

No memorável acórdão *Pilkington v IRC*, o VISCOUNT RADCLIFFE chama a atenção para as consequências da desconsideração das condições impostas. Por um lado, nada indica que a condição se verifique e, por outro, a antecipação de fundos pode culminar na descapitalização do *trust* e no consequente impedimento de se prosseguir a vontade do *settlor*[2275].

[2270] *Re, Kershaw's Trusts* (1868) LR 6 Eq 322-323, [SIR R MALINS VC]: o marido de uma das beneficiárias necessitava de £ 5 000 para criar um negócio de família. No caso de a quantia não ser avançada, e como o casal não conseguia encontrar financiamento junto da banca, a única saída passava pela emigração do cônjuge, que deixaria a mulher e os seus filhos desamparados. Acresce que o *trustee* considerou o plano de negócio bastante interessante e executável.
[2271] *Lloyd v Cocker* (1860) 27 Beav 645-649, [SIR JOHN ROMILLY MR] 649: a beneficiária do *trust* necessitava de £ 2 000 para pagar todas as despesas necessárias para iniciar a vida de casada: casamento e montar a casa de família.
[2272] *Lowther v Bentinck* (1874) LR 19 Eq 166-170, [SIR G JESSEL MR] 170: "*I do not think anybody can doubt that paying this money to the creditors of this gentlemen will confer a very large benefit on him*".
[2273] *Perry v Perry* (1870) 10 WR 482.
[2274] *Re, Breed's Will* (1878) 1 CH D 226-229, [JESSEL MR] 228-229: a mensalidade prevista na declaração mostrou-se insuficiente para suportar a educação dos beneficiários.
[2275] [1964] AC 612-643, 634.

§ 27.º DEVERES A CONSIDERAR NO EXERCÍCIO DE PODERES

143. Enquadramento

I. Na obra de referência *The Law of Trusts*, de THOMAS e HUDSON, é dedicado um capítulo inteiro aos deveres a que os *trustees* estão adstritos na execução dos poderes que lhes são conferidos[2276]. Os autores apresentam oito deveres distintos: (1) dever de exercer os poderes que lhes são conferidos; (2) dever de ponderar ativamente; (3) dever de não exercer os poderes a mando de outrem; (4) dever de voltar atrás na posição tomada, caso não se afigure a mais acertada; (5) dever de apenas considerar os factos relevantes e de ignorar os irrelevantes; (6) dever de imparcialidade para com todos os beneficiários; e (7) dever de não agir caprichosamente.

Os autores, antes mesmos de elencarem esta longa lista, avisam os leitores de que estes sete deveres são, em parte, coincidentes[2277]. Ora, de facto, e em especial em relação aos primeiros deveres, a exposição, mais do que coincidente, é repetitiva. Na nossa opinião, esta realidade resulta de um desnecessário aprofundamento – de resto, um aprofundamento aparente e com pouco conteúdo – de cada um dos sete deveres. Numa análise minuciosa do dever de ponderação ativa, é lógico que se aborde o dever de não exercer os poderes a mando de outrem, bem como o dever de apenas considerar os factos relevantes e de ignorar os irrelevantes.

[2276] Cit., Chapter 11: *The Duties of Trustees: Part Two*, 331-380. O mesmo conjunto de deveres foi apresentado, pela primeira vez, por THOMAS na sua monografia *Powers of Appointment*, cit., 261-343.
[2277] At 332.

Pese embora estas críticas, optámos por seguir o esquema apresentado pelos autores, de forma bastante mais analítica, captando, assim, a dimensão cultural do instituto.

Como foi sublinhado oportunamente, os deveres a considerar no exercício de poderes podem ser agrupados debaixo do nosso mais conhecido dever de boa-fé[2278].

144. Dever de ponderar ativamente

Os *trustees* não estão apenas obrigados a exercer os poderes que lhes são atribuídos: devem fazê-lo de modo ativo e ponderado. Repare-se que os fiduciários podem concluir que o momento não é o mais adequado para o efetivo exercício de um determinado poder. Essa conclusão deve, porém, ser fruto de uma ponderação real e não ser apenas motivada por ócio ou irresponsabilidade[2279].

Partridge v The Equity Trustees Executors and Agency Co Ltd[2280]. Um *trust* foi constituído por A, a favor dos seus filhos. O *settlor* era titular de uma série de créditos. No ato constitutivo do *trust*, o *settlor* ordenou ao *trustee* que não apressasse a cobrança das dívidas. Deveria possibilitar o cumprimento voluntário das obrigações. Alguns dos devedores entraram em insolvência e, não tendo o fiduciante exigido a entrega de quaisquer garantias reais, parte das dívidas tornaram-se impossíveis de cobrar. Os beneficiários alegaram que os *trustees* deveriam ter sido mais expeditos, contrapondo os fiduciários que apenas estavam a seguir as orientações estabelecidas pelo *settlor*. O tribunal considerou que não existiu, por parte dos *trustees*, qualquer ponderação. Na visão do relator do acórdão, os *trustees* limitaram-se a ignorar a questão. Não ponderaram, ativamente, o exercício dos poderes que lhe foram confiados[2281].

[2278] Número 122.

[2279] *Re, Greenwood* (1911) 105 LT 509-515, [Eve J] 514: "*They seem to involve the doing of some act, or at least the exercise of some active discretion on the part of the trustee, not the mere passive attitude of leaving matters alone*".

[2280] (1947) 75 CLR 149-168, [Williams J].

[2281] At 164: "*We are of the opinion that the words "allow time for payment of any debt" are wide enough to include an allowance of time... But [it] involves the exercise of an active discretion, not the mere passive attitude of leaving matters alone, and no relief is afford where (as here) loss has arisen from carelessness and supineness*".

145. Dever de não exercer os poderes a mando de outrem

I. O instituto do *trust* assenta numa forte relação de confiança. Ao nomear um específico *trustee*, o *settlor* fá-lo por considerar ser esse o sujeito mais indicado para levar a cabo a sua vontade: a decisão de exercer um poder deve, assim, resultar de uma ponderação própria ou autónoma.

Turner v Turner[2282]. A constituiu um *trust* discricionário, a favor dos seus quatro filhos. A distribuição efetiva dos bens foi realizada por decisão do *settlor*, limitando-se os *trustees* a formalizar e a assinar a divisão. O tribunal considerou que os *trustees* violaram o dever de ponderação a que estavam adstritos, sendo, consequentemente, as suas decisões inválidas[2283].

II. Repare-se que este princípio em nada afeta a possibilidade e, por vezes, a obrigação, ao abrigo do conteúdo do dever de cuidado, de recorrer à opinião ou conselhos de peritos ou dos próprios beneficiários[2284].

146. Dever de voltar atrás na decisão tomada

O conteúdo e o modo como um específico poder é exercido devem adequar-se às exatas circunstâncias existentes[2285]: os *trustees* não podem obrigar-se a atuar de determinada forma ou num determinado momento. O fiduciá-

---

[2282] [1984] Ch 100-111, [Mervyn Davies J].
[2283] At 111: "*If appointers fail altogether to exercise the duties of consideration . . . then there is no exercise of the power and the purported appointment is a nullity*".
[2284] Na decisão *Butt v Kelson* [1952] Ch 197-208, [Romer LJ] 207, o tribunal foi mais longe e considerou que os fiduciários estão obrigados a seguir as orientações dos beneficiários: "*they can compel the trustee directors if necessary to use their votes as the beneficiaries . . . think proper*". Esta decisão foi criticada por Upjohn J, no acórdão *Re, George Whichelow* [1954] 1 WLR 5-9, 8. Repare-se, porém, que, ao contrário do verificado na decisão *Butt v Kelson*, as diretrizes impostas aos *trustees* não mereceram a concordância de todos os beneficiários. A pedra de toque parece, assim, poder ser colocada na unanimidade ou na não unanimidade das ordens transmitidas.
[2285] *Snell's Equity*, cit., 313; *Re, Hurst* (1892) 67 LT 96-102, [Lindley LJ] 99: "*The conduct of trustees ought to be regarded with reference to the facts and circumstances existing at the time when they had to act and which were known or have to been known by them at that time*".

rio não está, por isso, adstrito a seguir as decisões anteriormente tomadas, por si ou pelos seus antecessores[2286].

Moore v Clench[2287]. Os *trustees*, no âmbito dos poderes que lhes foram conferidos, decidiram arrendar um imóvel constituído em *trust*, por um período de quarenta anos. Passado esse intervalo temporal, e no caso de se verificar uma série de condições, o contrato de arrendamento prolongar-se-ia por mais noventa anos. O tribunal considerou que a decisão de exercer um poder, neste caso arrendar um bem constituído em *trust*, apenas poderia ser tomada no momento em que o mesmo devesse ser exercido. Em todo o caso, uma antecipação da deliberação não poderia blindar futuras alterações, caso as circunstâncias assim o determinassem[2288].

147. Dever de apenas considerar os factos relevantes

I. No âmbito do processo resolutivo, o *trustee* apenas deverá ter em consideração os factos relevantes para o preenchimento efetivo dos poderes conferidos.

Klug v Klug[2289]. A beneficiária de um *trust* não tinha, fruto das dificuldades sentidas durante a Primeira Grande Guerra, capacidade financeira para pagar os impostos que lhe eram imputados. Perante estes factos, os *trustees* ponderaram adiantar a entrega de fundos. Apenas um dos fiduciários, a mãe da visada, discordou: a beneficiária tinha contraído matrimónio, contra a sua (da mãe) vontade. Tendo

---

[2286] R. E. MEGARRY, *Notes*, 71 LQR, 1955, 464-465.
[2287] (1876) 1 Ch 447-453, [JESSEL MR]. *Oceanic Steam Navigation Co v Sutherberry* (1980) 16 Ch D 236-246, [JESSEL MR] 244: no âmbito de um contrato de arrendamento, foi atribuído ao arrendatário um direito de opção a ser exercido no prazo máximo de sete anos. O tribunal considerou que, ao concordar com semelhante disposição, os *trustees* incorreram numa grave violação dos seus deveres: limitavam o seu poder de decisão para lá do que seria razoável; *Chambers v Smith* (1878) 16 Ch D 795-830, [LORD BLACKBURN] 815: "*where a truster gives discretion at powers to be exercised by his trustees, in order to protect the interests of other, the trustees are bound to exercise their discretion, and cannot in general deprive themselves by anticipation of the power to do so*".
[2288] At 453.
[2289] [1918] 2 Ch 67-71, [NEVILLE J].

apurado os fundamentos da decisão, o tribunal considerou não ter havido uma verdadeira ponderação por parte da mãe/*trustee*[2290].

Com exceção de alguns casos extremos, nos quais, evidentemente, a decisão *Klug v Klug* se enquadra, não é fácil demonstrar, em juízo, que a ponderação dos *trustees* teve por base elementos e factos irrelevantes ou que esconde propósitos exógenos ou mesmo vingativos[2291].

Nem sempre a errada ou incorreta ponderação dos *trustees* está relacionada com uma intenção mesquinha; os fiduciários podem, simplesmente, não ter conhecimentos que lhes possibilitem alcançar uma decisão óptima. No caso de a sofisticação ou de a tecnicidade da situação o exigirem, os *trustees* devem recorrer aos conselhos e às opiniões de peritos qualificados[2292].

II. A complexidade da tarefa dos *trustees*, em definir o que é relevante ou irrelevante para o mérito da decisão, está intrinsecamente relacionada com a discricionariedade dos poderes que lhes são conferidos: quanto maior for a liberdade de decisão, maior a subjetividade associada[2293].

Por outro lado, fruto dos dois objetivos que devem sempre guiar a atuação de qualquer *trustee* – dar cumprimento à vontade do *settlor* e prosseguir os interesses dos beneficiários –, os tribunais ingleses têm considerado que os *trustees* estão obrigados a relevar as vontades de ambas as partes, independentemente do contexto e situação em que estas foram manifestadas. Repare-se que os fiduciários não estão obrigados a seguir as opiniões mani-

---

[2290] 71: "*the mother, declines... not because she was considered whether ot not it would be for her daughter's welfare that the advanced should be made, but because her daughter has married without her consent... she has not exercised her discretion at all*".

[2291] THOMAS e HUDSON, *The Law of Trusts cit.*, 355: a determinação desses propósitos está, naturalmente, dependente de uma minuciosa análise dos factos demonstrados em juízo.

[2292] *Scott v National Trust Places of Historic Interest* [1998] 2 All ER 705-719, [ROBERT WALKER J] 717: "*They must inform themselves, before making a decision, of matters which are relevant to the decision. These matters may not be limited to simple matters of fact but will, on occasion (indeed, quite often) include taking advice from appropriate experts, whether the experts are*".

[2293] *Re, Boston's Will Trusts* [1956] 1 Ch 395-407, [VAISEY J] 406: "*I hesitate to attempt to define or limit those principles... I do not think that it should be a matter of mere arithmetic with no reference to the personal elements*".

festadas pelo *settlor* ou pelos beneficiários: apenas se exige que as tenham em consideração[2294].

148. Dever de não atuar caprichosamente

O princípio de que os *trustees* não podem atuar caprichosa ou irresponsavelmente[2295] tem sido preenchido de forma bastante restrita. Os tribunais apenas têm optado por rever ou modificar o conteúdo da decisão quando se demonstre que o comportamento dos *trustees* é totalmente condenável. No caso *Ex Parte Lloyd*, JESSEL MR usou as expressões "totalmente desproposi-tado" e "absurdo"[2296], já CHITTY J, na decisão *Re, Bell Brothers Ltd*, estendeu o dever a todas as decisões em que se demonstre terem os *trustees* agido de forma corrupta, fraudulenta, arbitrária ou caprichosa[2297].

Re, Chapman[2298]. *Miss Chapman* constituiu um *trust* a favor da sua criada, *Mrs. Freeman*, beneficiária dos rendimentos. Passados quinze anos sobre o falecimento da fiduciante, o *trustee* decidiu deixar de pagar a pensão a *Mrs. Freeman*, por considerar que a verdadeira beneficiária já tinha falecido e que uma impostora passara a ocupar o seu lugar. Mesmo após a apresentação de provas, o *trustee* continuou a considerar que a suposta *Mrs. Freeman* era uma intrujona. O tribunal decidiu que a documentação apresentada era mais que suficiente. A identidade da beneficiária era inquestio-

---

[2294] Settlor: *Re, Manisty's Settlement* [1974] 1 Ch 17-29, [TEMPLEMAN J] 26: *"reasonable trustees will endeavour, no doubt, to give effect to the intention of the settlor in making the settlement and will derive that intention not from the terms of the power necessarily or exclusively, but from all the terms of the settlement, the surrounding circumstances and their individual knowledge acquired or inherited"*. *Breadner v Granville-Grossman* [2001] Ch 523-554, [PARK J] 523: o *trustee* referiu, em tribunal, que o *settlor* lhe tinha dado indicações orais, razão pela qual decidiu atuar de determinada forma. O tribunal considerou que o *trustee* agiu corretamente; *Frase v Murdoch* (1881) 6 App Cas 855-880, [LORD BLACKBURN] 867: *"they may inquire as to what are the wishes and opinions of others, especially of those who are interested* [beneficiários]*"*.

[2295] *Re, Pauling's Settlement Trusts* [1964] 1 Ch 303-359, [WILLMER LJ] 333: *"it cannot be exercised capriciously or with some other benefit in view"*; *Re, Hay's Settlement Trusts* [1980] 1 WLR 202-214, [SIR ROBERT MEGARRY VC] 209: refere o dever de não atuar caprichosamente como um dos elementos a ter em consideração.

[2296] (1882) 47 LT 64-65.

[2297] (1891) 65 LT 245-250, 245.

[2298] (1895) 72 LT 66-68.

nável. LORD HERSCHELL LC, bastante contido nas palavras utilizadas, apresenta o fiduciário como alguém excessivamente cético e pouco razoável[2299].

149. Dever de ponderação própria

O instituto fiduciário assenta numa forte relação de confiança. Ao nomear um específico *trustee*, o *settlor* fá-lo por considerar ser esse o sujeito mais indicado para levar a cabo a sua vontade. A prossecução dos intentos do *settlor* e das orientações estabelecidas não são, com certeza, objetos alcançados de forma linear ou robótica. A posição de *trustee* acarreta consigo, necessariamente, um poder de decisão. Perante a decisão de exercer um poder, em especial nos *trusts* discricionários, o *trustee* está obrigado a ponderar ativamente.

O *trustee* fica, assim, obrigado a decidir de forma ponderada e informada, focando-se exclusivamente nos interesses do beneficiário[2300] e abstraindo-se de quaisquer factos irrelevantes[2301] ou pressões externas[2302], embora não possa ignorar a vontade manifestada pelo *settlor* ou pelos beneficiários. Os tribunais não podem, porém, bastar-se com um mero cumprimento formal dos deveres. Em causa está mais do que uma simples obrigação de meio: a

---

[2299] At 68: "*Sometimes a man gets an idea into his head, and nothing will shake him*".
[2300] *Charman v Charman* [2005] EWCA Civ 1606, [LLOYD LJ] [67]: "*The trustee's decisions ought to be made having regard to the best interests of the beneficiaries*".
[2301] *Abacus Trust Co v Barr* [2003] Ch 409-421, [LIGHTMAN J] 415: ao incluir o princípio da ponderação no âmbito dos deveres fiduciários, o tribunal considera que os *trustees* devem recolher a informação necessária e selecionar a relevante da irrelevante. Semelhante posição tinha já sido defendida por ROBERT WALKER J, no caso *Scott v National Trust for Places of Historic Interest or Natural Beauty* [1998] 2 All ER 705-719, 717: "*They must inform themselves, before making a decision, of matters which are relevant to the decision. These matters may not be limited to simple matters of fact but will, on occasion (indeed, quite often) include taking advice from appropriate experts*".
[2302] [1999] 4 All ER 546-582, [CHADWICK LJ] 567: "*The essential requirement is that the trustees address themselves to the question what is fair and equitable in all the circumstances. The weight to be given to one factor as against another is for them*".

própria decisão *per se* tem de ser aquela que, em face dos factos envolventes, mais se adequa[2303].

[2303] *Edge v Pensions Ombudsman* [2000] Ch 602-644, [CHADWICK LJ] 628: "*They must not arrive at a perverse decision, i.e., a decision at which no reasonable body of trustees could arrive*".

§ 28.º DEVERES E PODERES DOS *TRUSTEES* NO DIREITO ESTADO-UNIDENSE

150. Dever de lealdade

I. Seguindo a ordem do UTC, o primeiro dever a que os *trustees* estão adstritos é o de administrar o *trust*. Devem fazê-lo de boa-fé, regendo-se pelos termos e propósitos estabelecidos no ato constitutivo e no interesse dos beneficiários abrangidos[2304].

A secção seguinte – que tem como epígrafe *Duty of Loyalty* – acrescenta que o *trustee* deve administrar o *trust* somente (*solely*) nos interesses dos beneficiários[2305]. Idêntica construção é apresentada no *Rest. 2ⁿᵈ* – *"The trustee is under a duty to the beneficiary to administer the trust solely in the interest of the beneficiary"*[2306] – e no *Rest. 3ʳᵈ* – *"Except as otherwise provided in the terms of the trust, a trustee has a duty to administer the trust solely in the interest of the beneficiaries"*[2307].

Semelhante construção é seguida pelos diversos Estados, quer nos regimes positivados pelo legislador[2308], quer nas decisões jurisprudenciais dos

---

[2304] UTC s. 801. *Rest. 2ⁿᵈ*, §169: *"Upon acceptance of the trust by the trustee, he is under a duty to the beneficiary to administer the trust"*; *Rest. 3ʳᵈ*, §76 (1): *"The trustee has a duty to administer the trust, diligently and in good faith, in accordance with the terms of the trust and applicable law"*.

[2305] UTC s. 802. Sobre o dever de lealdade nos moldes em que foi positivado no UTC, ver KAREN E BOXX, *Of Punctilios and Paybacks: the Duty of Loyalty Under the Uniform Trust Code*, 67 Mo L Rev, 2002, 279-307.

[2306] § 170.

[2307] § 78.

[2308] Califórnia: *Prob. Code* § 16002(a): *"The trustee has a duty to administer the trust solely in the interest of the beneficiaries"*; Iowa: *Code* § 633A.4202(1): *"A trustee shall administer the trust solely*

tribunais[2309]. O próprio Supremo Tribunal dos Estados Unidos tem recorrido de forma sistemática a esta composição[2310].

II. A atuação exigida ao *trustee*, fruto da posição de confiança que ocupa[2311] e do objetivo último da relação fiduciária – os interesses dos beneficiários abrangidos pelo *trust* –, traduz-se num dever positivo: todos os atos e comportamentos do *trustee* devem ter sempre em vista os interesses dos beneficiários do *trust* que administra[2312], podendo mesmo ser afirmado que os fiduciários não devem apenas atuar no interesse dos beneficiários, mas sim no seu melhor interesse[2313]; e num dever negativo: em caso algum podem os seus interesses ou os interesses de terceiros sobrepor-se aos dos beneficiá-

---

in the interest of the beneficiaries, and shall act with due regard to their respective interests"; Luisiana: *Rev. Stat.* § 9:2082(A): "*A trustee shall administer the trust solely in the interest of the beneficiary*".

[2309] Nova Iorque: *Aspro Mechanical Contracting v Fleet Bank*, 1 NY 3d 324-332, (NY 2004) [GRAFFEO J] 330: "*[The trustee] owed the beneficiaries a duty of loyalty and was required to administer the trust solely in the interest of the beneficiaries*"; Delaware: *Walls v Peck*, Lexis 428, 1-21, (1979 Del Ch) [WILLIAM MARVEL C] 12: "*a trustee is under a duty to a trust beneficiary to administer trust property solely in the interest of the beneficiary*".

[2310] *United States v Jicarilla Apache Nation*, 180 L Ed 2d 187-221, (US 2011) 214; *Pegram v Herdrich*, 530 US 211-237, (US 2000) 224: "*The most fundamental duty owed by the trustee to the beneficiaries of the trust is the duty of loyalty... It is the duty of a trustee to administer the trust solely in the interest of the beneficiaries*"; *Nevada v United States*, 463 US 110-146, (US 1983) 141.

[2311] *Meinhard v Salmon*, 164 NE 545-552, (NY 1928) [CARDOZO CJ] 546: a passagem é citada em todas as monografias e tratados da especialidade. O seu conteúdo espelha a sensível posição dos beneficiários, o que também reflete as exigências impostas aos *trustees*: "*Many forms of conduct permissible in a workaday world for those acting at arm's length, are forbidden to those bound by fiduciary ties. A trustee is held to something stricter than the morals of the market place. Not honesty alone, but the punctilio of an honor the most sensitive, is then the standard of behavior. As to this there has developed a tradition that is unbending and inveterate. Uncompromising rigidity has been the attitude of courts of equity when petitioned to undermine the rule of undivided loyalty by the "disintegrating erosion" of particular exceptions. Only thus has the level of conduct for fiduciaries been kept at a level higher than that trodden by the crowd. It will not consciously be lowered by any judgment of this court*".

[2312] *Vredenburgh v Jones*, 349 A 2d 22-47, (Del Ch 1975) [BROWN VC] 33: "*It is a fundamental principle of our law that one who stands in such a fiduciary capacity shall not act for himself in any matter with respect to which he has duties to perform or interests to protect for another*".

[2313] JOHN H. LANGBEIN, *Questioning the Trust Law Duty of Loyalty: Sole Interest or Best Interest*, 114 Yale LJ, 2005, 929-990.

rios[2314]. Os interesses dos beneficiários vêm sempre em primeiro lugar[2315]. Os proveitos dos *trustees* devem limitar-se às compensações monetárias, no caso de estas serem previstas no ato constitutivo[2316].

III. Apesar de estruturalmente simples, o dever de lealdade tem um campo de aplicação virtualmente inesgotável[2317]. Vejamos.

A aquisição de bens constituídos em *trust* pelos *trustees* apresenta-se como o caso mais emblemático. Representa uma violação do dever de lealdade, salvo se devidamente autorizado ou ratificado pelos beneficiários ou pelos tribunais[2318]. De igual modo, a venda de bens a terceiros e a sua posterior aquisição pelos próprios também se enquadra nos atos vedados aos

---

[2314] *Re, Soss' Estate*, 71 NYS 2d 23-30, (NY Misc 1947) [DELEHANTY S] 27: "*He owes an undivided duty to his beneficiary, and he most not, under any circumstances, place himself in a position whereby his personal interest will come in conflict with the interest of his cestui que trust*".

[2315] *Grynberg v Watt*, 717 F 2d 1316-1320, (US App 1983) [DOYLE CJ] 1319.

[2316] *Gakins v Bonfils*, 79 F 2d 352-357, (US App 1935) [BRATTON CJ] 355 :"*a fiduciary cannot harvest any personal gain from the trust beyond lawful compensation. Any other doctrine would permit a trustee to withhold trust funds upon sheer pretext and profit by their use in his private business until compelled to surrender them*".

[2317] *Scott and Ascher on Trusts*, Vol. III, cit., 1133.

[2318] UTC s. 802(b); Califórnia: *Brown v Canadian Industrial Alcohol Co Ltd*, 289 P 613-614, (Cal 1930) [RICHARDS J] 614: cabe ao *trustee* demonstrar que da sua atuação não resulta qualquer tipo de conflito de interesses. Neste caso, o beneficiário doou um dos bens constituídos em *trust* ao *trustee*. "*In this case, on ample evidence, the trial court found that the gift was freely and voluntarily made, and specifically disproved fraud or undue influence*"; *Broder v Conklin*, 121 Cal 282-289, (Cal 1898) [GAROUTTE J] 286: a autorização é necessária mesmo nos casos em que a aquisição é feita no âmbito de uma venda ao público; Nova Iorque: *Flaum v Birnbaum*, 120 AD 2d 183-198, (NY App Div 1986) [DENMAN JP] 194: mesmo no caso de os beneficiários terem dado a devida autorização, os tribunais podem considerar que os *trustees* não forneceram todas as informações ou que pressionaram os beneficiários a concordar com a transação; Delaware: *Equitable Trust Co v Gallagher*, 102 A 2d 538-547, (Del 1954) [TUNNELL J] 544: o tribunal altera a ordem das premissas: "*A trustee is permitted to acquire from his beneficiary a conveyance or release of interests in the corpus of the trust, provided that the beneficiary is sui juris or, if not, that the appropriate court gives approval... An undertaking by a trustee to buy or otherwise deal in trust property for his own benefit is therefore not illegal per se; its legality or illegality depends on the circumstances attending the consummation of the transaction*"; *Vredenburgh v Jones*, 349 A 2d 22-47, (Del Ch 1975) [BROWN VC] 33: o tribunal chama a atenção para o facto de a transação apenas ser anulável e não nula. O tribunal pode considerar que a ratificação é do interesse do beneficiário.

trustees[2319]. Muitas outras situações poderiam ser referidas: concorrência[2320]; fruição dos bens constituídos em *trust*[2321]; autoconcessão de empréstimos[2322]; ou assunção de obrigações conflituantes[2323]. Todas estas situações representam uma clara violação do dever de lealdade.

[2319] UTC s. 802(c): a venda de bens constituídos em *trust*, bem como qualquer outro tipo de transação que envolva o cônjuge do *trustee*, os seus familiares, os familiares do seu cônjuge, um mandatário ou procurador do agente ou uma sociedade na qual o *trustee* tenha um significativo interesse presume-se conflituosa e, consequentemente, violadora das obrigações assumidas; Califórnia: *Estate of Howard*, 133 Cal App 2d 535-542, (Cal App 1955) [DRAPEAU J] 540: o *trustee* alienou um dos bens constituídos em *trust*, a um terceiro, por um preço inferior ao valor real da coisa. O bem vendido nunca chegou a sair da posse do *trustee*, tendo sido, pouco depois, recomprado pelo próprio *trustee*. O tribunal considerou que o *trustee* violou o dever de lealdade a que estava adstrito; Nova Iorque: *Chorrmann v Bachmann*, 119 AD 146-147, (NY App Div 1907) [GARRETSON J]: o *trustee* alienou um bem imóvel constituído em *trust* por um preço inferior ao seu valor de mercado, tendo, pouco depois, adquirido o mesmo bem. O tribunal considerou que o *trustee* violou o dever de lealdade; Federal: *Re, Wesley Corporation*, 18 F Supp 347-355, (US Dist 1937) [FORD DJ] 335: "*By long-established principles of equity jurisprudence, nothing is more clearly established than a trustee may not become the purchaser of the trust estate either directly or through agents or other persons acting in his behalf*".

[2320] *Re, Arnay*, 187 NYS 2d 782-790, (NY Misc 1959) [DI FALCO S] 787: "*The rule of undivided loyalty operates to prevent a fiduciary from entering into competition in business with the estate which he represents*"; *Grynberg v Watt*, 717 F 2d 1316-1320, (US App 1983) [DOYLE CJ] 1319: após apresentarem uma proposta em nome do *trust*, os *trustees* apresentaram uma outra em nome próprio. O tribunal considerou que os *trustees* estavam a fazer concorrência ao *trust*, o que consubstancia uma violação do dever de lealdade.

[2321] Nova Iorque: *Rizzuto v Grabb*, 140 Misc 2d 98-99, (NY Misc 1988) [HOWARD SHERMAN J]: o *trustee* recusou renovar um contrato de arrendamento sobre um bem imóvel constituído em *trust*, pois pretendia utilizá-lo em seu benefício; Pennsylvania: *Anderton v Patterson*, 363 Pa 121--127, (Pa 1949) [STEARNE J]: o *trustee* foi condenado a pagar, retroativamente, $ 300 por cada mês em que ocupou um imóvel constituído em *trust*.

[2322] Washington: *Smith v Fitch*, 25 Wn 2d 619-635, (Wash 1946) [JEFFERS CJ] 634: "*a trustee cannot properly lend trust funds to himself*".

[2323] Dakota do Sul: *S. D. Codif.* L 55-2-5: "*No trustee so long as he remains in the trust may undertake another trust adverse in its nature to the interest of his beneficiary in the subject of the trust without the consent of the latter*" e 55-2-6: "*If a trustee acquires any interest or becomes charged with any duty adverse to the interest of his beneficiary in the subject of the trust, he must immediately inform the latter thereof and may be at once removed*".

§ 28.º DEVERES E PODERES DOS TRUSTEES NO DIREITO ESTADO-UNIDENSE

151. Poderes e deveres em geral

I. Regra geral, os deveres a que os *trustees* estão adstritos no Direito estado--unidense são coincidentes com os desenvolvidos no Direito inglês: (1) dever de imparcialidade: tendo o *trust* sido constituído a favor de vários sujeitos, deve o *trustee*, no âmbito dos poderes que lhe foram conferidos, abster-se de prejudicar ou favorecer um beneficiário específico[2324]; (2) dever de manter um registo exato do *trust*: os *trustees* devem não só manter um registo perfeito de todas as questões relacionadas com o *trust* como, mediante pedido expresso, permitir que os beneficiários consultem toda a documentação disponível[2325]; (3) dever geral de informação: os *trustees* devem fornecer, aos beneficiários, toda a informação pedida, salvo se manifestamente inadmissível[2326]. Em algumas situações específicas, os *trustees* devem tomar a iniciativa

---

[2324] UTC s. 803; *Rest. 2nd*, § 183 ; *Rest. 3rd*, § 79; Califórnia: *Re, Estate of Nicholas*, 223 Cal Rptr 410-422, (Cal App 1986) [SIMS J] 419: o tribunal considerou que o *trustee* não conseguiu demonstrar que uma específica venda era do interesse de todos os beneficiários abrangidos; "*A trustee... owes a duty of impartiality to all who have an interest in the trust and must deal impartially among the several beneficiaries*"; Nova Iorque: *Redfield v Critchley*, 252 AD 568-575, (NY App Div 1937) [MARTIN PJ] 573: citando os §§ 183 e 232 do *Rest. 2nd*, o tribunal relembra que o *trustee* está obrigado a agir imparcialmente quer em relação a beneficiários cumulativos, quer em relação a beneficiários sucessivos; Delaware: *Cannon v Denver Tramwat Corp*, 373 A 2d 580-584, (Del Ch 1977) [MARVEL] 583: estando uma sociedade perto de entrar em insolvência, os sócios optaram pela sua dissolução. Foi constituído um *trust*, composto por todas as ações, a favor dos acionistas. O tribunal decidiu que a divisão do montante remanescente deveria ser feita de modo proporcional à participação social anteriormente detida por cada um dos beneficiários; "*A trustee must deal impartially with the several beneficiaries of a trust*".

[2325] UTC s. 810; *Rest. 2nd* § 172 ; *Rest. 3rd* § 83; Califórnia: *Estate of McCabe*, 98 Cal App 2d 503-509, (Cal App 1950) [BARNARD PJ] 508: o *trustee* foi responsabilizado e condenado a ressarcir os danos causados ao beneficiário por nunca ter organizado um registo fiável do *trust*; Nova Iorque: *Re, Malasky* 290 AD 2d 631-633, (NY App Div 2002) [MUGGLIN J] 632: o tribunal considerou que, muito embora aos beneficiários caiba verificar os registos do *trust*, apenas o podem fazer na medida dos seus interesses; Delaware: a norma 114 do *Rules of the Court of Chancery of the State of Delware* obriga os *trustees* a apresentarem, periodicamente, os registos ao tribunal competente.

[2326] UTC s. 813; *Rest. 2nd* § 173: a informação deve ser fornecida num prazo razoável; *Rest. 3rd* § 82(2); California: *J. S. Strauss v The Superior Court of the County of Los Angeles*, 224 P 2d 726-733, 730 (Cal 1950) [SPENCE J]: "*A trustee has the duty to the beneficiaries to give them upon their request at reasonable times complete and accurate information relative to the administration of the trust*"; Nova Iorque: *Re, Estate of Schlegel*, 16 AD 2d 745-746, (NY App Div 1962): o beneficiário de 40 por cento de uma sociedade suspeitava que o valor real dos dividendos era superior aos que lhe

de informar os beneficiários, como no caso paradigmático de a posição jurídica sofrer alguma alteração inesperada[2327]; (4) dever de cuidado: de modo semelhante ao verificado no Direito inglês, o dever de cuidado assenta numa dimensão objetiva – *trustee* prudente – e numa dimensão subjetiva, no caso de as capacidades e os conhecimentos do fiduciário serem superiores às expectáveis por parte do homem prudente[2328]; (5) dever de controlo: logo

tinham sido transmitido pelo *trustee*. Assim, pediu para ter acesso a toda a informação disponível. O *trustee* negou-lhe o pedido. O tribunal considerou que o *trustee* violou os deveres a que estava adstrito e condenou-o a apresentar a informação; Delaware: *Law v Law*, 792 A 2d 190-223, (Del Ch 2001) [STRINE VC] 212: os *trustees* apenas forneciam a informação completa e detalhada a um dos beneficiários. O tribunal considerou que violaram tanto o dever de informação, como o dever de imparcialidade.

[2327] *Rest. 3rd* § 82(1)(a): "*a trustee has a duty to inform beneficiaries of significant changes in their beneficiary status*". O dever de informar foi especialmente desenvolvido pelo legislador californiano (*Probate Code*). A título de exemplo, o *trustee* deverá informar os beneficiários, espontaneamente, de todos os investimentos e questões mais sensíveis ou significativas, cfr. § 16061.7; Washington: *Allard v Pac. Nat'l Bank*, 663 P 2d 104-112, (Wash 1983) [DOLLIVER J] 110: o tribunal considerou que os *trustees*, por não terem comunicado, aos beneficiários, que tinham colocado para venda o único bem constituído em *trust*, violaram os deveres de informação assumidos; "*The trustee's fiduciary duty include the responsibility to inform the beneficiaries fully of all facts which would aid them in protecting their interests*".

[2328] UTC s. 804: "*A trustee shall administer the trust as a prudent person would, by considering the purposes, terms, distributional requirements, and other circumstances of the trust. In satisfying this standard, the trustee shall exercise reasonable care, skill, and caution*"; s. 806: "*A trustee who has special skills or expertise, or is named trustee in reliance upon the trustee's representation that the trustee has special skills or expertise, shall use those special skills or expertise*"; *Rest. 2nd* § 174; *Rest. 3rd* § 77; California: *Prob. Code* §16040 (dimensão objetiva) e §16014(a) (dimensão subjetiva): "*The trustee has a duty to apply the full extent of the trustee's skills*"; *Re, Conservatorship of Weingart*, 182 Cal Rptr 369-378, (Cal App 1982) [GOLDIN J] 376: o conteúdo da decisão reflete o princípio de que é a conduta e não o resultado *per se* que deve ser valorada pelos tribunais. O *trustee* vendeu a participação social que detinha numa determinada sociedade, mas apenas alienou metade da participação detida em *trust*. O tribunal considerou que esta atuação não era concludente: a venda de apenas metade da participação social pode ser, à luz dos critérios objetivos e subjetivos aplicados, uma decisão prudente; Nova Iorque: *Est. Powers & Trusts Law* § 11-2.3; *Bankers Trust Co v Philip Y. Hahn Foundation*, 93 AD 2d 583-588, (NY App Div 1983) 586: curiosamente, neste caso, o tribunal recorre ao conceito de homem prudente na administração dos seus próprios bens e não na posição de *trustee*. "*The trustee's duty is to exercise that degree of care which prudent men of discretion and intelligence in such matters, employ in their own life affairs*"; Delaware: § 3302(a): "*When investing, reinvesting, purchasing, acquiring, exchanging, retaining, selling and managing property for the benefit of another, a fiduciary shall act with care, skill, prudence and diligence under the circumstances then*

§ 28.º DEVERES E PODERES DOS TRUSTEES NO DIREITO ESTADO-UNIDENSE

após a sua nomeação para o cargo, o *trustee* deve tomar todas as providências de modo a exercer um controlo efetivo sobre os bens constituídos em *trust*[2329]; (6) dever de preservação: os *trustees*, sujeitos ao dever de cuidado do homem prudente, devem conservar e preservar os bens constituídos em *trust*[2330]. Embora não tenha sido desenvolvido um dever de segurar, os tribunais mostram-se bastante exigentes no que respeita à subscrição de seguros contra incêndios[2331]; (7) dever de iniciativa processual: caso sejam causados danos aos bens constituídos em trust, os *trustees* devem tomar todas as provi-

---

prevailing that a prudent person acting in a like capacity and familiar with such matters would use to attain the purposes of accounts"; *Re, Application of Delmarva Power & Light Co*, 486 A 2d 19, (Del Super 1984) [Walsh VC]: os sujeitos que ocupam uma posição de confiança têm, necessariamente, de estar adstritos a deveres de cuidado substancialmente mais exigentes; *Du Pont v Delaware Trust Company*, 320 A 2d 694-700, (Del 1974) [Walsh J] 697: homem prudente ao administrar bens de terceiros, *"since he is dealing with the property of another for whom he is morally bound to provide, he must avoid even those risks which he might take with his own property"*.
[2329] UTC s. 809: *"A trustee shall take reasonable steps to take control of and protect the trust property"* e s. 812: *"A trustee shall take reasonable steps to compel former trustee or other person to deliver trust property to the trustee"*; *Rest. 2nd* § 75; *Rest. 3rd* § 76(2); Califórnia: *Prob. Code* § 16006: *"The trustee has a duty to take reasonable steps under the circumstances to take and keep control of and to preserve the trust property"*; Nova Iorque: *Re, Brunner*, 49 Misc 2d 139-141, (NY Misc 1966) [Silver S] 141: não tendo o *trustee* atuado diligentemente, de modo a controlar efetivamente os fundos constituídos em *trust*, o tribunal condenou-o a ressarcir os beneficiários pelos danos causados; Illinois: *Re, Will of Hartzell*, 192 NE 2d 697-711, (Ill 1963) [Crow PJ] 706: *"It is the exclusive right and duty of the trustees to collect or reduce to possession the property and assets which belong to the estate within a reasonable time, and he is liable for losses resulting from unnecessary or unreasonable delay in obtaining possession of trust property"*.
[2330] UTC s. 809; *Rest. 2nd* § 176: *"The trustee is under a duty to the beneficiary to use reasonable care and skill to preserve the trust property"*; *Rest. 3rd* § 76: a existência deste dever era mais clara no *Rest. 2nd*; Califórnia: *Prob. Code* § 16006; Federal: *Morrissey v Curran*, 650 F 2d 1267-1287, (2d Cir 1981) [Newman CJ] 1282: caso não tenha atuado diligentemente, o *trustee* pode ser responsabilizado pelos danos causados em virtude da perda, destruição ou simples diminuição de valor dos bens constituídos em *trust*.
[2331] Nova Iorque: *Garvey v Owens*, 12 NYS 349-350 (NY 1890), [Van Brunt PJ]: o tribunal apresenta a subscrição de seguros contra incêndios como um dever dos *trustees*; Federal: *Prudential Ins Co v Land Estates, Inc* 31 F Supp 845-846, (US Dist 1939) [Patterson CJ]; *Re, Leocadie Farrell Estate*, 152 Misc 118-122, (NY Misc 1933) [Foley S] 121: o tribunal não tem dúvidas em considerar que a subscrição de seguros contra incêndios é um ato que vai ao encontro do conceito de homem prudente, mesmo nos casos em que os fundos associados ao *trust* estejam bastante desguarnecidos.

dências processuais necessárias, com vista ao seu ressarcimento[2332]; (8) dever de defesa processual: o *trustee* deve, caso considere necessário e adequado, fazer uso de todos os mecanismos processuais que tenha à sua disposição.

II. Conquanto os poderes dos *trustees* estejam, grosso modo, dependentes do conteúdo e da vontade manifestada pelo *settlor* no ato constitutivo, os legisladores estaduais foram, paulatinamente, positivando, de modo bastante minucioso, um grupo de poderes que, salvo se expressamente afastados pelos *settlors*, estarão à disposição dos *trustees*.

A título meramente exemplificativo, destacamos dois dos mais elementares poderes: (1) poder de disposição: de modo idêntico ao verificado no Direito inglês, pelo menos no que aos bens imóveis respeita, também no Direito estado-unidense, o legislador tem vindo, gradualmente, a conferir, aos *trustees*, poderes idênticos aos tipicamente atribuídos aos legítimos proprietários dos bens, nos quais se destaca, evidentemente, o direito a dispor livremente, salvo se o contrário for estabelecido no ato constitutivo[2333]; e (2) poder de conservação: estando o *trustee* adstrito a um rígido dever de preservação e conservação dos bens constituídos em *trust*, não é de estranhar que lhe sejam atribuídos todos os poderes necessários para levar a bom termo a obrigação assumida. Os poderes são bastante variados, abrangendo o mais

---

[2332] UTC s. 811; *Rest. 2nd* § 177; Califórnia: *Prob. Code* § 16010: *"The trustee has a duty to take reasonable steps to enforce claims that are part of the trust property"*; Nova Iorque: *Re, Estate of Herrmann*, 141 Misc 2d 214-217, (NY Misc 1988) [MATTINA S] o *trustee* não tomou todas as medidas possíveis para rever os montantes cobrados em excesso pelas autoridades tributárias. O tribunal considerou que atuou em violação dos deveres a que estava adstrito.
[2333] UTC s. 815; *Rest. 3rd* § 85(1); Califórnia: *Prob. Code* § 16226: *"The trustee has the power to acquire or dispose of property, for cash or on credit, at public or private sale, or by exchange"*; Nova Iorque: *Est. Powers & Trusts Law* § 11-1.1(b)(5)(B): *"To respect to any property of the estate therein owned by an estate or trust .. to sell the same at public or private state"*; Texas: § 113.010: *"A trustee may contract to sell ... real or personal property"*; Illinois: *Trusts and Trustees Act*, s. 4.04: *"To sell, contract and grant options to purchase any part or all of the trust estate"*.

§ 28.º DEVERES E PODERES DOS TRUSTEES NO DIREITO ESTADO-UNIDENSE

singelo poder de reparar os bens[2334] até ao mais complexo poder de contratação de empregados[2335].

Finalmente, em relação ao controlo do exercício dos poderes conferidos aos *trustees*, os tribunais estado-unidenses são, em regra, bastante liberais. Apenas intervêm diretamente, alterando as decisões tomadas pelos fiduciários, se estas forem manifestamente abusivas[2336].

[2334] *Rest. 2ⁿᵈ* § 188: "*The trustee can properly incur expenses which are necessary or appropriate to carry out the purposes of the trust*"; *Rest. 3ʳᵈ* § 88: "*A trustee can properly incur and pay expenses that are reasonable in amount and appropriate to the purposes and circumstances of the trust and to the experience, skills, responsibilities, and other circumstances of the trustee*"; Califórnia: *Prob. Code* § 16229; Nova Iorque: *Est. Powers & Trusts Law* § 11-1(b)(6).

[2335] UTC s. 816(15); Califórnia: *Prob. Code* § 16247; Nova Iorque: *Est. Powers & Trusts Law* § 11-1(b)(22); advogados: *Surr. Ct. Proc. Act* § 2110(1): "*the court is authorized to fix and determined the compensation of an attorney for services rendered to a fiduciary*"; corretores: *Newby v Kingman*, 309 Ill App 36-42, (Ill App 1941) [FULTON PJ] 41-42: o tribunal decidiu que, muito embora o ato constitutivo não previsse a contratação de contabilistas, o poder geral de conservar e preservar todos os fundos associados ao *trust* acolhe, implicitamente, essa possibilidade; contabilistas: *Re, Sellers*, 31 Del Ch 158-188, (Del Ch 1949) [SEITZ VC] 181: "*In the case of large estates, however, it has been held not improper to employ an accountant or other agent to perform services which in the case of a smaller estate the trustee would be expected personally to perform*".

[2336] UTC s. 814: "*the trustee shall exercise a discretionary power in good faith and in accordance with the terms and purposes of the trust and the interests of the beneficiaries*"; *Rest. 2ⁿᵈ* § 187; *Rest. 3ʳᵈ* § 87: "*When a trustee has discretion with respect to the exercise of a power, its exercise is subject to supervision by a court only to prevent abuse of discretion*"; Califórnia: *Prob. Code* § 16080: "*a discretionary power conferred upon a trustee . . . shall be exercised reasonably*"; Nova Iorque: *Re, Gallet*, 196 Misc 2d 303-310, (NY Misc 2003) [PREMINGER S] 305: o tribunal considerou que o *trustee*, no uso dos poderes que lhe foram atribuídos, prejudicou a posição do beneficiário, pelo que, evidentemente, a situação enquadra-se no conceito de uso abusivo da discricionariedade; Delaware: *Re, Nancy*, 723 A 2d 376-385, (Del Ch 1998) [STEPHEN P. LAMB VC] 383-384: de acordo com os termos do ato constitutivo, o *trustee* era titular de extensos poderes discricionários. O beneficiário interpôs uma ação por considerar que os critérios de investimento adotados eram-lhe prejudiciais. O tribunal considerou que apenas se o *trustee* agir abusivamente, de má-fé, arbitrariamente ou de modo irrazoável poderá alterar a sua decisão.

Capítulo IV
Natureza Jurídica do *Trust*

§ 29.º *BREACH OF TRUST*

152. Introdução

I. O instituto da responsabilidade civil por violação do *trust* reveste-se de enorme complexidade. Todavia, as dificuldades da sua análise não residem tanto nos princípios substantivos que lhe estão subjacentes, de resto, não muito diferentes dos desenvolvidos para os regimes da responsabilidade civil contratual ou extracontratual, mas nas suas lacunas sistemáticas, que, como já anteriormente sublinhado, acompanham todo o Direito privado anglo-saxónico.

No âmbito específico do *breach of trust*, estas fragilidades são especialmente postas em evidência pelo modo como a questão é apresentada nos tratados, nas monografias e mesmo nos manuais universitários. Em nenhum outro componente do instituto fiduciário os modelos expositivos doutrinários adotados são mais distintos. A aparente inexistência de um tronco comum extravasa o simples campo formal e didático. Numa primeira leitura, ficamos com a clara sensação de estar a ler sobre regimes dissemelhantes, com princípios e requisitos de aplicação diferenciados. Esta realidade apresenta-se como um grande obstáculo à exposição clara e sucinta do regime da responsabilidade civil por violação do *trust*.

A complexidade do regime não fica apenas a dever-se à concomitância de díspares modelos de exposição. Acrescente-se por um lado, o amplíssimo leque de deveres impostos aos *trustees*, com todas as suas subtilezas e variáveis – relembre-se a inclinação histórica da *Common Law* para compartimentar os seus institutos e figuras – e, por outro, num hipotético confronto entre dois regimes: o regime tradicional, de natureza contabilística, e o regime moderno, fruto da unificação das duas jurisdições (*Equity Law* e *Common Law*).

II. Muito embora o desenvolvimento jurisprudencial dos deveres dos *trustees*, com especial enfoque nos deveres fiduciários e nos deveres de cuidado e diligência, e a posterior positivação legislativa, nomeadamente no que respeita aos investimentos prosseguidos pelos fiduciários, facilite, pelo menos em termos teóricos, a construção de um regime unitário de responsabilidade civil por violação do *trust*, as diferenças das obrigações assumidas obstam à sua concretização. Em termos gerais, podemos apontar três grandes grupos de obrigações: (1) deveres de administração; (2) deveres fiduciários; e (3) deveres objetivos de aplicação dos bens constituídos em *trust*[2337].

Os deveres de administração, harmonizados por um comum dever de cuidado, têm uma natureza essencialmente objetiva, personificada no conceito de homem prudente. Ampliados, é certo, por uma vertente subjetiva: revelam os conhecimentos e a experiência de cada *trustee*. Os deveres fiduciários caracterizam-se pela rigidez e pela inflexibilidade da sua aplicação, sendo ainda totalmente alheios às reais intenções do *trustee*. E, finalmente, os deveres objetivos de aplicação dos bens constituídos em *trust*, que abrangem, grosso modo, a distribuição dos bens e o investimento de fundos associados ao *trust*. Na prática, são simples obrigações de resultado: os bens devem ser distribuídos pelos sujeitos indicados pelo *settlor* e aplicados em investimentos autorizados pelo ato constitutivo ou por documento análogo.

[2337] *Armitage v Nurse* [1998] Ch 241-264, [MILLETT LJ] 251: *"A breach of trust may be deliberate or inadvertent; it may consist of an actual misappropriation or misapplication of the trust property or merely an investment or other dealing which is outside the trustees' powers; it may consist of a failure to carry out positive obligation of the trustees or merely of a want of skill and care on their part in the management of the trust property; it may be injurious to the interests of the beneficiaries or to be actually to their benefit"*. Longe de ser exaustiva, esta citação dá-nos uma ideia dos diversos e diferentes aspetos que devem ser tidos em consideração.

Relembre-se, ainda, que o preenchimento dos deveres, bem como a sua própria aplicação, estão dependentes das exatas características e natureza de cada *trust*[2338].

III. Mas como explicar uma tão grande dissonância na explanação da matéria? Em especial, quando a criatividade jurídica é deixada, quase na sua totalidade, nas mãos dos tribunais? A razão parece estar na *supra* referida hipotética coexistência de dois regimes distintos: um regime tradicional, seguido durante séculos pelos tribunais da *Equity Law*, e um regime moderno, supostamente desenvolvido pela *House of Lords*, na decisão *Target Holdings v Redferns*[2339], datada de 1995. O uso das expressões "hipotética" e "supostamente" não é inocente. De facto, não é evidente a que se refere parte da doutrina quando remete para esta dualidade de modelos. Toda a incerteza que envolve a temática impede-nos, assim, de iniciar este parágrafo com uma apresentação simples e direta do regime da responsabilidade civil por violação do *trust*.

Em face deste pano de fundo geral, optámos por eleger um caminho menos ortodoxo. De todas as monografias e manuais fiduciários, quatro obras destacam-se pela sua extensão, relevância e, com exceção da primeira, longevidade. A exposição dos conteúdos dos quatro tratados do Direito dos *trusts* permite-nos transmitir, com maior exatidão, a (des)ordem doutrinária do regime da responsabilidade civil por violação do *trust*:

– GERAINT THOMAS e ALASTAIR HUDSON, *The Law of Trusts*: a decisão *Target Holdings v Redferns* introduziu um novo sistema de responsabilidade civil por violação de *trust*, que substituiu, por inteiro, o regime anteriormente vigente; os autores não analisam, nem expõem o dito regime tradicional[2340];

[2338] Impõe-se, assim, que, previamente ao reconhecimento da violação, o tribunal identifique os deveres dos *trustees* ou os comportamentos juridicamente exigíveis à luz dos poderes, deveres e funções atribuídas pelo *settlor* ou pelo sistema, cfr., *Pye v Gorges* (1710) Prec Ch 308: o tribunal inicia a sua análise por destacar os propósitos subjacentes à constituição do *trust*. Após a sua identificação, o tribunal conclui que a sua prossecução foi posta em causa pela próprio fiduciário, consubstanciando, a atuação do *trustee*, uma violação dos deveres assumidos.
[2339] [1996] 1 AC 421-441.
[2340] THOMAS e HUDSON, *The Law of Trusts*, cit., 945 ss.: os autores centram-se, exclusivamente, no novo regime, dissecando, de forma exaustiva, o acórdão *Target Holdings v Redferns*. Da leitura do tratado não é sequer percetível que existem ou coexistem dois regimes distintos; HUDSON,

– *Lewin on Trusts*: depois de apresentar, de forma muito sucinta e pouco percetível, o regime tradicional, consideram que a sua aplicação é hoje pouco comum; atualmente, a maioria dos tribunais segue um novo regime que tem como expoente máximo a decisão *Target Holdings v Redferns*[2341]; os autores parecem defender que as diferenças entre os dois regimes são, essencialmente, de natureza processual ou metodológica e não substantiva[2342].
– *Snell's Equity*: os dois regimes são apresentados autonomamente num capítulo de carácter geral e aplicável a todas as relações fiduciárias sobre as quais, historicamente, o *Court of Chancery* detém jurisdição[2343]; no capítulo exclusivamente dedicado ao *breach of trust*, a exposição não parece seguir nenhum dos dois regimes; o autor centra-se na responsabilidade concreta do *trustee* em diversas situações individualizadas, na esteira da mais pura tradição da *Common Law*[2344]; embora o acórdão *Target Holdings v Redferns* seja abundantemente citado, os autores nunca mencionam a existência de dois regimes[2345];
– *Underhill and Hayton, Law of Trusts and Trustees*: o carácter processual dos dois regimes é posto em evidência[2346]; os autores analisam os dois regimes e apenas depois se centram nas alterações substantivas, supostamente introduzidas pela decisão *Target Holdings v Redferns*[2347].

IV. Conquanto à primeira vista inconciliáveis, da análise dos quatro grandes tratados é possível retirar as linhas gerais evolutivas do instituto da res-

---

Equity and Trusts, cit., 777: sobre a epígrafe: *The modern law on breach of trust: Target Holdings v Redferns*, o autor escreve para os seus alunos de licenciatura: "*The leading decision in this area is that of the House of Lords in Target Holdings v Redferns, and it is from this case that the core test is drawn*". Também nesta obra o regime tradicional não é sequer mencionado.

[2341] *Lewin on Trusts*, cit., 1558-1560.
[2342] *Lewin on Trusts*, cit., 1561: ao contrário do defendido por THOMAS e HUDSON, os autores apresentam o conteúdo da decisão como estando em linha com decisões anteriormente proferidas: "*It was confirmed by the House of Lords in Targert Holdings Ltd v Redferns, that the basic rule on the personal liability of a trustee is that*".
[2343] *Snell's Equity*, cit., Capítulo 20, 591-619.
[2344] *Snell's Equity*, cit., 860: "*Personal remedies are traditionally enforced by requiring the trustee to account for his stewardship of the trust fund*".
[2345] *Snell's Equity*, cit., 863-871: a decisão é citada em todos os elementos analisados.
[2346] *Snell's Equity*, cit., 1115-1118: regime tradicional; 1118-1124: regime moderno.
[2347] *Underhill and Hayton*, cit., 1124-1126.

ponsabilidade civil por violação do *trust*. Como nota introdutória, cumpre referir que o denominado regime tradicional e as inovações ou alterações desencadeadas pela decisão *Target Holdings v Redferns* não consubstanciam dois regimes antagónicos: respeitam a diferentes dimensões do instituto.

Numa perspetiva processual, o *Court of Chancery* reconhece dois modelos de propositura de ações: o regime tradicional, de natureza contabilística, e o regime moderno, de cariz compensatório. O uso da expressão "moderno" é, porém, enganador. O modelo não foi introduzido recentemente, nem, muito menos, desenvolvido pela *House of Lords*, na decisão *Target Holding v Redferns*. Esta denominação resulta simplesmente de ter sido instituído num momento posterior ao da consolidação do regime tradicional.

Apesar da sua natureza essencialmente processual, seria bastante redutor restringir o impacto de ambos os regimes ao Direito adjetivo. Uma das maiores lições que podemos retirar do estudo da história do Direito inglês – pense-se no nosso bem conhecido sistema formalístico de ações – é a enorme relevância que o regime processual e as formalidades legais podem ter no conteúdo do Direito aplicado.

Embora, no acórdão *Target Holdings v Redferns*, o tribunal tenha seguido o dito esquema processual moderno, o regime compensatório era já então conhecido e dominado pela jurisprudência inglesa. O interesse da decisão reside, assim, no seu conteúdo substantivo. É certo, porém, que as alterações impostas parecem também estender-se ao próprio Direito adjetivo. Ao colocar a pedra de toque da responsabilidade civil por violação de *trust* nos danos causados e não na reconstituição da situação que existiria se não tivesse verificado o evento que obriga à reparação, a *House of Lords*, pela pena de Lord Browne-Wilkinson, não se limita a revolucionar os alicerces substantivos da regime. A preponderância da jurisprudência, em especial se emanada do Supremo Tribunal, colocou o regime processual debaixo dos holofotes da Ciência Jurídica. Na prática, a *Target Holding v Redferns* passou a representar a decisão mais moderna, levando os tribunais ingleses a seguirem não apenas o seu conteúdo substantivo, como o processo lógico e decisório adotado.

V. Como se comprova da leitura dos manuais universitários e dos tratados ingleses, o instituto da responsabilidade civil por violação de *trust* pode ser exposto e analisado de infindáveis maneiras, cada uma com as suas vantagens e desvantagens. Analisadas as diferentes possibilidades de exposição, optámos por dividir o presente parágrafo em três partes: (1) apreciação dos dois regimes processuais; (2) decomposição da decisão *Target Holdings v Redferns*;

e (3) breve explanação dos elementos substantivos do regime vigente. Reconhece-se que a opção não é imune a críticas: (1) não é possível apresentar de forma coerente os dois regimes processuais sem mencionar alguns dos mais relevantes elementos substantivos do regime; e (2) é inevitável acompanhar a decomposição do acórdão *Target Holdings v Redferns* com a análise dos restantes elementos substantivos. Uma simples apresentação das alterações introduzidas tornaria a exposição desadequada e parcelar. Cientes destas críticas, parece-nos, porém, ser esta a solução que permite uma perceção mais clara do instituto e da sua evolução.

VI. Feita a análise do regime substantivo e processual da responsabilidade civil por violação do *trust*, iremos ainda apresentar, de forma sucinta, duas outras questões: (1) a solidariedade entre *trustees*: nos *trusts* modernos, a função de *trustee* é, regra geral, repartida por mais de um sujeito, pelo que se impõe averiguar da existência ou não de um regime de solidariedade quanto aos danos causados por cada um dos fiduciários individualmente; e (2) providências cautelares: muitas vezes, este mecanismo preventivo apresenta-se como a única forma de, efetivamente, acautelar os direitos e os interesses dos beneficiários.

153. Regime tradicional: prestação de contas

I. O regime tradicional foi desenvolvido pelo *Court of Chancery*[2348] como forma de averiguar da responsabilidade civil incorrida pelos fiduciários no âmbito da administração dos bens e negócios dos beneficiários[2349]. O modelo, independentemente da relação fiduciária que esteja em causa, tem como ponto de partida dois deveres que adstringem todos os fiduciá-

---

[2348] SAMUEL J. STOLJAR, *The Transformations of Account*, 80 LQR, 1964, 203-224: a responsabilização por recurso a modelos contabilísticos foi, curiosamente, iniciada antes do surgimento da *Equity Law*. Por razões variadas, os tribunais centrais da *Common Law* abandonaram os mesmos, tendo a sua utilização ficado circunscrita ao *Court of Chancery*.
[2349] *Snell's Equity*, cit., 592-593: lista não exaustiva das situações em que o regime tradicional é seguido; *A-G v Cocke* [1988] Ch 414-421, [HARMAN J] 420: "*The basis of the duty to account is the fiduciary relationship*".

rios: (1) o de manter uma contabilidade organizada; e (2) o de prestar contas da sua atividade, periodicamente e sempre que os beneficiários o exijam[2350].

Durante o período de desenvolvimento e de consolidação do regime tradicional, o processo contabilístico mais utilizado consistia no "método das partidas dobradas". Desenvolvido por mercadores italianos a partir dos finais do século XIII e inícios do século XIV, terá sido sistematizado, pela primeira vez, pelo veneziano LUCA PACIOLI, na obra *Summa de arithmetica, geometria, proportioni et proportionalità*, impressa no ano de 1494[2351]. Em termos gerais, o processo consiste na divisão vertical de uma folha em duas colunas. Na coluna da esquerda são inscritos todos os débitos, sob a epígrafe "Deve", e na coluna da direita os créditos, sob a epígrafe "Haver". Aplicando esta estrutura ao *trust*:

Na coluna da esquerda são inscritos todos os bens constituídos em *trust*, bem como os rendimentos, frutos, lucros ou dividendos provenientes do capital ou das aplicações financeiras prosseguidas[2352]. Os bens adquiridos e os investimentos iniciados são inseridos em substituição dos bens alienados ou fundos – i.e., quantias monetárias – utilizados para o efeito[2353].

Na coluna da direita, o *trustee* vai apontando os bens que "saem" da esfera jurídica do *trust*. A coluna é composta por uma série de rubricas: (1) bens e rendimentos distribuídos pelos beneficiários[2354]; (2) despesas administrativas[2355]; (3) bens perdidos e furtados[2356]; e (4) despesas variadas, em regra necessárias para o desempenho das suas funções[2359].

[2350] Número 135.
[2351] Sobre a origem histórica do sistema, ver, entre outros: JOHN RICHARD EDWARDS, *A History of Financial Accounting*, Routledge, Londres, 1989, 45-54.
[2352] *Partington v Reynolds* (1858) 4 Drew 253-268, [SIR R. T. KINDERSLEY VC] 256-257: "*the executor or administrator is required to account ... for what he has received*".
[2353] *Re, Salmon* (1889) 42 Ch D 351-371, [COTTON LJ] 368.
[2354] *Nightingale v Lawson* (1784) 1 Cox Eq Cas 23.
[2355] *Forshaw v Higginson* (1857) 8 De GM & G 827-834, [TURNER LJ] 834: caso paradigmático do pagamento de rendas.
[2356] *Morley v Morley* (1678) 2 Chan Cas 2, [EARL OF NOTTINGHAM LC] 2: um criado do *trustee* furtou £ 40 em ouro que tinham sido constituídos em *trust* a favor de A. O tribunal considerou que o *trustee* era responsável pela perda: "*He [trustee] was to keep it [the £ 40 of gold] but as his own, and allowed it on Account*"; *Re, Gasquoine* [1894] 1 Ch 470-479, [LINDLEY LJ] 476: no caso de o *trustee* ser obrigado a alienar um bem num período identificado e não o faça, será responsabilizado pela sua perda e extravio, mesmo que se demonstre que em nada contribuiu para esse resultado.

O método permite aos beneficiários, mesmo que não detenham qualquer conhecimento contabilístico, averiguar facilmente o estado financeiro do *trust* e a aplicação ou distribuição dos bens feitas pelo *trustee*.

II. O processo de responsabilização, desde a propositura da ação até à aplicação da sentença, desenrola-se, na sua totalidade, em torno do "método das partidas dobradas". Desconfiado da má gestão do *trustee*, o beneficiário exige que as contas do *trust* sejam apresentadas e discutidas em tribunal. Ao beneficiário cabe demonstrar, consoante os seus intentos, que as quantias ou bens introduzidos nas colunas refletem uma atuação ilícita ou uma má aplicação dos bens e fundos que compõem o *trust*[2358]. Cabendo, por seu turno, ao *trustee* demonstrar o oposto, de preferência também por recurso a documentação contabilística[2359]. Neste ponto, o processo assume uma natureza bipartida, consoante as violações invocadas respeitem a uma má aplicação dos bens constituídos em *trust* ou a uma violação dos deveres assumidos.

III. Da análise das contas do *trust*, o beneficiário alega que um dos investimentos inscritos na coluna da esquerda não é autorizado, à luz do ato constitutivo ou por simples aplicação do regime geral. Demonstrada a sua ilegalidade, o tribunal ficciona que esse específico investimento nunca teve lugar, sendo todas as referências existentes supridas. As contas do *trust* são, assim, falsificadas (*falsify*), presumindo-se, consequentemente, que os fundos utili-

---

[2357] *Worrall v Harford* (1802) 8 Ves Jun 4-9, [LORD ELDON LC] 8: é uma característica inerente ao instituto, não sendo, consequentemente, necessária ser explicitada no ato constitutivo.

[2358] *Jevon v Bush* (1685) 1 Vern 342-344, [LORD CHANCELLOR]: *"The proof lies on the defendant's side; he ought to discharge himself, and it is not sufficient for him to say he never received any of this money"*; *Bacon v Clark* (1836) 3 My & Cr 294-301, [LORD COTENHAM LC] 297: neste caso, de contornos muito simples, os beneficiários alegam que nunca receberam as quantias devidas; *Ahmed Angullia bin Hadjee Mohamed Salleh Angullia v Estate and Trust Agencies (1927) Ltd* [1938] AC 624-641, [LORD ROMER] 637: se os beneficiários contestarem a decisão tomada, os *trustee* estão obrigados a demonstrar a legalidade de determinado pagamento ou da distribuição de fundos e rendimentos associados ao *trust*, sob pena de serem pessoalmente responsabilizados pelas quantias em falta.

[2359] *Pearse v Green* (1819) 1 Jac & W 135-145, [SIR THOMAS PLUMER MR] 140: *"to keep accounts... is the first duty of an accounting party, whether an agent, a trustee, a receiver or am executor"*; *Fellows v Mitchell* (1705) 1 P Wms 81-84: todavia, nem sempre a documentação contabilística é suficiente para resolver o litígio.

zados se mantêm na esfera jurídica do *trust*[2360]. Na realidade, todavia, os fundos foram utilizados, cabendo então ao *trustee* repor as exatas quantias em causa[2361]. O fiduciário será responsabilizado na exata medida do valor total empregue em investimentos não permitidos ou distribuídos por sujeitos não contemplados pelo *settlor*[2362].

Para além da sua aplicação a investimentos não autorizados[2363], este processo é aplicado a todas as situações em que se demonstre uma má aplicação dos bens constituídos em *trust*: distribuição de bens por sujeitos não abrangidos pelo *trust* ou não enquadráveis na classe de beneficiários[2364]; utilização dos bens para fins não previstos pelo fiduciante[2365]; ou utilização dos bens para fins pessoais[2366].

O sucesso da ação, denominada *common account*, não está dependente da boa ou má-fé do *trustee*. É totalmente irrelevante se o homem prudente, colocado nessa exata situação e com as mesmas informações disponíveis, atuaria de modo idêntico. O *trustee* é responsabilizado pelo simples facto de ter aplicado os bens constituídos em *trust* de modo não autorizado ou proibido[2367].

[2360] *Knott v Cottee* (1852) 16 Beav 77-81, [Sir John Romilly MR] 79-80: "*The case must either be treated as if these investments had not be made, or had been made for his own [trustee] benefit out of his own monies, and that he had at the same time retained monies of the testator in his hands*"; *Magnus v Queensland National Bank* (1888) 37 Ch D 466-480, [Cotton LJ] 477: "*it must be held answerable to the trustees just as if the money was still in their hands*"; *Re, Duckwari (No 2)* [1999] Ch 268-274, [Nourse LJ] 272: citando o acórdão *Knott v Cottee*.
[2361] *Bostock v Blakeney* (1789) 2 Bro C C 654-657, [Lord Thurlow LC] 656.
[2362] *Re, Salmon* (1889) 42 Ch D 351-371, [Kekewich J] 357: "*That is his liability. He is treated as not having made an investment at all, and as therefore having in his hands money belonging to the trust estate which he is liable to pay, and he is ordered to pay*".
[2363] *Re, Salmon* (1889) 42 Ch D 351-371: o *trustee* apenas tinha poderes para investir em bens imóveis. Todos os investimentos não enquadráveis nesta categoria foram considerados como nunca tendo sido feitos. O *trustee* teve de repor os montantes utilizados nesses investimentos.
[2364] *Re, Hulkes* (1886) 33 Ch D 552-561, [Chitty J]: os *trustees* foram responsabilizados por distribuírem os bens por um beneficiário sucessivo quando o beneficiário originário ainda ocupava uma posição preferencial.
[2365] *Hayin v Citibank NA* [1987] AC 730-749: os *trustees* atuaram sempre em benefício de terceiros externos ao *trust*.
[2366] *Re, Stuart* (1896) 74 LT 546-548, [Stirling J].
[2367] *Re, Wells* [1962] 1 WLR 874-879: ao beneficiário bastará alegar que os investimentos iniciados pelo *trustee* não são autorizados.

IV. Os tribunais ingleses desenvolveram uma ação distinta, com regras processuais e princípios substantivos próprios, para as violações dos deveres administrativos: *account on the basis of wilful default*[2368]. A expressão, alvo de diferentes e errados preenchimentos[2369], significa, simplesmente, violação dos deveres a que os *trustees* estão adstritos[2370]. Ao contrário do verificado para a *common account*, a *account on the basis of wilful default* pressupõe, evidentemente, uma atuação ilícita: negligente ou dolosa[2371]. Não é, porém, necessário, para o sucesso da ação, que o *trustee* conhecesse, à data da prática ou omissão do ato, a ilegalidade do seu comportamento[2372].

O processo é, em tudo, idêntico ao verificado para a *common account*: o beneficiário alega que, caso o *trustee* tivesse atuado diligentemente, como

---

[2368] Também denominada *account on the footing of willful default*. *Job v Job* (1877) 6 Ch D 562-565, [JESSEL MR] 564: "*though a trustee is liable in equity in case of willful default, he cannot be charged with it unless an account is ordered against him on that footing*".

[2369] Os tribunais ingleses têm mostrado uma enorme falta de cuidado no preenchimento deste conceito. Facilmente se encontram significados distintos e muitas vezes inconciliáveis ou limitadores: (1) negligência grosseira, *Wragg v Denham* 2 Y & C Ex 117-122, [BARON ALDERSON] 122: "*It is not necessary to go the length of shewig fraud . . . gross negligence is sufficient*"; (2) violação passiva dos deveres assumidos, *Re, Wrightson* [1908] 1 Ch 789-803, [WARRINGTON J] 799: "*It is well known, that in a case of wilful default, which is quite distinct from active breach of trust*"; (3) atuação contrária à do homem prudente, *Re, Chapman* [1896] 2 Ch 763-787, [LINDLEY LJ] 776: "*wilful default, which included want of ordinary prudence on the part of the trustee*"; (4) atuação consciente, *Elliott v Turner* (1843) 13 Sim 477-488, [SIR L. SHADWELL VC] 485: "*In my opinion the word "wilful" can have no other meaning than "spontaneous": and, if the neglect or default in this case arose from the voluntary act of the parties, either awake or asleep, with reference to their rights and interests, and did not at all arise from the pressure of external circumstances over which they could have no control. I apprehend that the neglect or default was wilful*".

[2370] *Re, Owens* (1882) 47 LT 61-64, [BRETT LJ] 63: "*I think that those who first enunciated the doctrine of wilful neglect or default intended, by using the word "wilful", to show that they did not mean to say mere omission to do a think . . . What they meant to say was, that it must be wrongful neglect or wrongful default . . . in order to decide whether a person has been negligent you must first of all consider what is the duty with regard to which he was not to be negligent*"; JOHN E. STANNARD, *Wilful Default*, 43 Conv, 1979, 345-359.

[2371] *Partington v Reynolds* (1858) 4 Drew 253-268, [SIR R. T. KINDERSLEY VC] 255-256: "*The one [common account] supposes no misconduct; the other [account on the basis of willful default] is entirely grounded on misconduct*".

[2372] *Walker v Symonds* (1818) 3 Swan 1-90, [LORD ELDON LC] 69: "*It is, I admit, very unfortunate that trustees acting without a supposition of liability, are afterwards made liable; but it would be impossible to maintain this proposition, that, because trustees are not aware that they have committed a breach of trust, they are not responsible*".

lhe é exigido, os lucros e os rendimentos associados ao *trust* seriam superiores[2373]. Demonstrada uma atuação contrária à expectável por parte do homem prudente, colocado na mesma posição e com as mesmas condições, com o consequente subaproveitamento dos fundos ou desvalorização dos bens – o que se reflete nas contas do *trust* – o tribunal, mesmo assim, ficciona que os resultados esperados foram efetivamente alcançados, adicionando, aos rendimentos reais, os lucros expectáveis. Em suma, após quantificar as perdas resultantes da atuação não diligente, o tribunal altera as contas do *trust*, por adição (*surcharge*), representando esse valor os danos causados pelo *trustee*: a quantia a "indemnizar"[2374].

V. Embora se reconheça que este processo ocupa hoje uma posição secundária[2375], não é verdade que tenha sido abolido ou, sequer, que tenha sido abandonado pelos tribunais. Mesmo após a decisão *Target Holdings v Redferns*, o modelo contabilísitco foi apresentado e seguido em algumas decisões[2376].

[2373] *Re, Chapman* [1896] 2 Ch 763-787: os beneficiários alegam que o *trustee* não foi prudente nos investimentos prosseguidos; *Re, Brier* (1884) 256 Ch D 238-244: os beneficiários alegam que o *trustee* violou os seus deveres de cuidado ao não fiscalizar a atuação de terceiros contratados para atuarem em nome do *trust*.

[2374] *Bartlett v Barclays Bank Trust Co Ltd* [1980] Ch 515-547, [BRIGHTMAN LJ] 542-543: o valor dos danos causados é alcançado através de um simples exercício matemático em que se comparam os resultados reais com os resultados expectáveis, caso a gestão estivesse a cargo de um homem prudente.

[2375] *Lewin on Trusts*, cit., 1559.

[2376] Caso paradigmático da decisão *Ultraframe (UK) Ltd v Fielding* [2005] EWHC 1638 (Ch) [1513], no qual LEWISON J apresenta uma das mais claras e sucintas análises do regime tradicional: "*The taking of an account is the means by which a beneficiary requires a trustee to justify his stewardship of trust property. The trustee must show what he has done with that property. If the beneficiary is dissatisfied with the way that a trustee has dealt with trust assets, he may surcharge or falsify the account. He surcharges the account when he alleges that the trustee has not obtained for the benefit of the trust all that he might have done, if he had exercised due care and diligence. If the allegation is proved, then the account is taken as if the trustee had received, for the benefit of the trust, what he would have received if he had exercised due care and diligence. The beneficiary falsifies the account when he alleges that the trustee has applied trust property in a way that he should not have done (e.g. by making an unauthorized investment). If the allegation is proved, then the account will be taken as if the expenditure had not been made; and as if the unauthorised investment had not formed part of the assets of the trust. Of course, if the unauthorised investment has appreciated in value, the beneficiary may choose not to falsify the account: in which case the asset will remain a trust asset and the expenditure on it will be allowed in taking the account*".

Vários autores consideram mesmo que o regime contabilístico ainda representa o mecanismo de defesa primário de responsabilização dos *trustees*[2377].

154. Regime moderno: *equitable compensation*

I. Muito embora tenhamos recorrido a expressões clássicas utilizadas no âmbito da responsabilidade civil extracontratual – indemnização e danos[2378]–, o regime tradicional não visa o ressarcimento dos danos causados ao *trust* ou aos beneficiários, mas apenas obrigar o *trustee* a cumprir, escrupulosamente, todos os deveres assumidos[2379]. Não tem uma natureza compensatória[2380]. De resto, a *Equity Law* sempre se demonstrou contrária a modelos de responsabilidade assentes numa quantificação de danos e no seu consequente ressarcimento[2381]. O tribunal ficciona que o *trustee* atuou sempre diligentemente na gestão dos bens constituídos em *trust* e que toda a

---

[2377] ROBERT CHAMBERS, *Liability* in *Breach of Trust*, coordenação de PETER BIRKS e ARIANNA PRETTO, Hart Publishing, Oxford, 2002, 1-40, 16: o autor considera que a grande atenção dada pela doutrina aos novos regimes tem criado a ilusão de que o regime tradicional foi abandonado.

[2378] LINDA CLARKE, *Remedial Responses to Breach of Confidence: the Question of Damages*, 24 CJQ, 2005, 316-336, 317-318: parte das dificuldades de compreensão e exposição dos dois modelos é fruto da inexistência de uma terminologia padrão, aceite pela generalidade da doutrina e da jurisprudência.

[2379] CHAMBERS, *Liability* in *Breach of Trust*, cit., 6.

[2380] MILLETT, *Equity's Place*, cit., 226.

[2381] Tradicionalmente, o *Court of Chancery* sempre repudiou a ideia de ressarcimento de danos por violação do *trust*, cfr., *Ex Parte Adamson* (1878) 8 Ch D 807-825, [BRAMWELL LJ] 819: *"The Court of Chancery never entertained a suit for damages occasioned ... for breach of trust. The suit was always for an equitable debt or liability in the nature of debt. It was a suit for the restitution of the actual money or thing, or value of the thing, of which the cheated party has been cheated"*; *Slack v Leeds Industrial Cooperative Society Ltd (No. 1)* [1924] AC 851-876, [LORD SUMNER] 868: no âmbito de uma ação de responsabilidade civil, diz-nos o tribunal quanto à petição inicial: *"It may have been right to confer on the Court of Chancery this novel power, but no word so unsuitable as "damages" could have been selected for the purpose"*. JILL MARTIN, *Fusion, Fallacy and Confusion: a Comparative Study*, Conv, 1994, 13-30, 17 ss.: o autor considera, contrariando a opinião expressa pelos próprios tribunais, que o modelo de responsabilização, atualmente denominado de *equitable compensation*, assentou, desde os seus primórdios, no ressarcimento dos danos causados. KELVIN F. K. LOW, *Nonfeasance in Equity*, 128 LQR, 2012, 63-87, 76: o autor apresenta a *equitable compensation* como um regime até há bem pouco tempo obscuro; CHARLES E. F. RICKETT, *Equitable Compensation: towards a Blueprint*, 25 Sydney L Rev, 2003, 31-61, 31: embora reconheça que o modelo se espalhou por

aplicação dos bens, quer respeite à sua distribuição pelos beneficiários, quer ao investimento em aplicações financeiras, é concretizada sempre dentro das limitações legais impostas pelos tribunais, pelo legislador ou pelo *settlor*. Tudo se passa como se de um simples erro contabilístico se tratasse[2382].

II. Para além do vasto leque de críticas dogmáticas que pode ser apresentado, o regime clássico, para além de processualmente ultrapassado, gera enormes e despropositadas dificuldades. Repare-se que todo o processo foi desenvolvido em torno de um simples método contabilístico, totalmente desadequado às realidades financeiras modernas. Acresce, ainda, que nem todas as atuações ilícitas dos *trustees* podem ser resolvidas pela simples falsificação das contas do *trust* ou pela adição de novos dados[2383].

Reconhecendo estas fragilidades, o *Court of Chancery* desenvolveu um regime paralelo, assente já não nos deveres dos *trustees*, mas antes na compensação dos danos causados pelos seus atos e omissões. A ação proposta pelo beneficiário tem como causa de pedir não a desconformidade das contas, mas os danos produzidos na esfera jurídica do *trust* e, consequentemente, na sua própria esfera jurídica. Denominada *equitable compensation*, o regime assenta, uma vez mais, na dicotomia violação de deveres e má aplicação dos bens constituídos em *trust*. Na primeira, a responsabilidade do *trustee* é quantificada tendo por base os danos causados (*reparative compensation*) e, na segunda, pelo valor do objeto perdido, distribuído por sujeitos não abrangidos pelo *trust* ou pelo valor dos investimentos não autorizados (*substitutive compensation*)[2384].

---

todos os países da *Common Law*, o autor não tem dúvidas em afirmar que o conceito de *equitable compensation* está longe de ter alcançado um conteúdo padronizado.

[2382] MOFFAT, *Trusts Law*, cit., 571.

[2383] *Parker and Mellows*, cit., 868.

[2384] Os termos, atualmente generalizados, parecem ter sido introduzidos por STEVEN ELLIOT, que se inspirou, como o próprio o reconhece, num artigo conjunto com CHARLES MITCHELL, (*Remedies for Dishonest Assistance*, 67 MLR, 2004, 16-47, 24), na linguagem utilizada pelo Supremo Tribunal dos Estados Unidos, no caso *Monoghela Navigation Co v United States*, 148 US 312-345, (US 1893) 326. O exato alcance dos diversos termos usados, no âmbito da *equitable compensation*, pode ser encontrado em JAMES EDELMAN e STEVEN ELLIOT, *Money Remedies Against Trustees*, 18 Trust LI, 2004, 116-131. Vide, ainda, do mesmo autor, *Remoteness Criteria in Equity*, 65 MLR, 2002, 588-597.

155. Target Holdings v Redferns

I. Começaremos pela exposição dos factos, seguida da análise da decisão proferida pelo *Court of Appeal* (segunda instância) e, finalmente, pela decomposição da decisão pronunciada pela *House of Lords*.

II. A *Mirage Properties Lda* (*Mirage*) celebrou com a *Crowngate Developmenys Ltd* (*Crowngate*) um contrato de compra e venda do imóvel X, no valor de £ 750 000. De modo a financiar-se, a *Crowngate* entrou em contacto com a *Target Holding Ltd* (*Target*), que lhe concedeu um empréstimo de £ 1 700 000, garantido pelo imóvel adquirido.

Esta diferença de valores representa o efeito mais visível do complexo esquema elaborado pelos administradores da *Crowngate*: a *Mirage* vendia o imóvel X, por £ 750 000, à sociedade A, sediada na ilha de Jersey, que, por sua vez, vendia o mesmo à sociedade B, sediada no Reino Unido, por £ 1 250 000, a qual, finalmente, o vendia à *Crowngate* por £ 2 000 000. Acresce que o imóvel X tinha sido avaliado em £ 2 000 000 pela sociedade *Alexander Stevens and Co.*

Tendo a *Crowngate* entrado em incumprimento e, posteriormente, em insolvência, a *Target* executou a hipoteca. Quando colocou o imóvel X para venda, a *Target* apercebe-se de que fora enganada. O valor de mercado do imóvel X era substancialmente inferior. Apenas o conseguiu vender por £ 500 000.

Com perdas avultadas, a *Target* decide recorrer aos tribunais. À data em que inicia a ação, apercebe-se de que todas as sociedades envolvidas na maquinação estavam dissolvidas, encontrando-se os seus administradores em parte incerta. Com poucas alternativas, a *Target* decide processar a *Redferns*, sociedade do advogado que atuou como intermediária em todo o processo, tendo assumido um papel de destaque na resolução das questões burocráticas e formais. No âmbito das funções desempenhadas, a *Target* transferiu, para uma conta da *Redferns*, a quantia a emprestar à *Crowngate*, sob a condição de a mesma apenas ser transmitida para o mutuário aquando da entrega da garantia real e da conclusão de todas as formalidades subjacentes. Ignorando as ordens da *Target*, a *Redferns* transmitiu a quantia para a *Crowngate* antes de o negócio estar concluído. Entre a entrega do dinheiro e a aquisição do direito real de garantia medeia um mês.

Alegando este incumprimento, a *Target* considera que, de acordo com os princípios gerais aplicáveis, a *Redferns* é responsável por reconstituir a situação nos moldes existentes no exato momento anterior à violação do dever.

II. O coletivo de juízes do *Court of Appeal*[2385] (segunda instância), pela pena de PETER GIBSON LJ, decidiu a favor da *Target*, por dois votos contra um.

O ilustre juiz começa por sublinhar que os remédios desenvolvidos pela *Equity Law* têm como propósito o restabelecimento da situação anterior à violação do direito e não o ressarcimento dos danos causados. Feita esta análise introdutória, PETER GIBSON LJ reconhece ser necessário distinguir as simples violações de deveres da má aplicação de bens e fundos associados ao *trust*. Na primeira situação, prossegue, citando o caso *Nestlé v National Westminster Bank Plc*[2386], o tribunal deve averiguar quais os danos efetivamente causados pela violação do dever, apenas podendo o *trustee* ser responsabilizado na medida em que haja um nexo de causalidade. No que respeita à má aplicação dos bens constituídos em *trust*, este raciocínio não pode ser seguido: os danos sofridos foram causados pela aplicação dos bens em moldes não previstos ou proibidos. Aplicando a doutrina ao caso concreto, PETER GIBSON LJ conclui, não sem antes relembrar que a *Redferns* transferiu o dinheiro que lhe tinha sido confiado em *trust* sem a necessária autorização do beneficiário: "*Where the breach consists in the wrongful paying away of trust moneys so that there is an immediate loss, no inquiry is necessary: the causal connection is obvious*".

III. Descontente com o resultado do acórdão, a *Redferns* decide recorrer para a *House of Lords*. A decisão, proferida por LORD BROWNE-WILKINSON, mereceu a concordância de todo o coletivo de juízes (cinco no total).

Depois de elencar os factos do nosso caso, LORD BROWNE-WILKINSON inicia a sua decisão por desaprovar a doutrina ortodoxa seguida por PETER GIBBSON LJ. O ilustre juiz recorre a um simples exemplo para demonstrar as injustiças que, na sua perspetiva, podem resultar da sua aplicação: os dados são em tudo idênticos aos factos reais do caso; porém, em vez de o advogado ter voluntariamente transferido o dinheiro antes da constituição da hipoteca, a transferência, efetuada no dia anterior ao previsto, resulta de um erro informático e, como tal, totalmente alheio à vontade do *trustee*. Acresce que, no dia seguinte, o mercado imobiliário sofre uma queda abrupta, tendo o valor do bem sofrido uma quebra de cinquenta por cento; LORD BROWNE--WILKINSON considera ser totalmente desadequado exigir, ao *trustee*, que

---

[2385] *Target Holdings Ltd v Redferns (CA)* [1994] 1 WLR 1089-1106.
[2386] [1993] 1 WLR 1260-1285.

compense o beneficiário pelo valor correspondente à quebra do valor do imóvel.

Tendo como ponto de partida estes casos, nos quais a *Equity Law* parece ir contra as suas próprias máximas, o ilustre juiz, rompendo com a tradição centenária, afirma que os diversos institutos de responsabilidade civil, desenvolvidos pela *Equity Law* e pela *Common Law*, têm princípios comuns: (1) os danos invocados pelo lesado devem ser causados pela atuação ilícita do prevaricador; e (2) o autor apenas deverá reparar os danos que resultem da sua atuação[2387]. A diferença entre as duas jurisdições, conclui, reside simplesmente no grau de causalidade exigido. A *Common Law* desenvolveu mecanismos mais rígidos, ao passo que a *Equity Law* se basta com uma ligação ténue e menos evidente. LORD BROWNE-WILKINSON não concretiza esta distinção, não sendo possível retirar das suas palavras qualquer elemento que nos permita perceber o que distingue o nexo de causalidade da *Common Law* e o nexo de causalidade da *Equity Law*.

Dentro da *Equity Law*, prossegue, será ainda necessário distinguir diversas situações: (1) vários beneficiários com diferentes interesses e apenas beneficiários de capital: num típico *trust* tradicional sucessivo – A é beneficiário dos rendimentos e B beneficiário do capital após o falecimento de A – o ilustre juiz não tem dúvidas em considerar que, como princípio geral, o *trustee* deverá restaurar a situação que existia. A razão, avança LORD BROWNE-WILKINSON, é simples: de outra forma não seria possível acautelar os interesses de todos os beneficiários[2388]. Considera, porém, que caso A tenha já falecido, B apenas terá, à partida, um direito a ser ressarcido pelos danos causados e já não a exigir a restauração completa do fundo. Infelizmente, LORD BROWNE-WILKINSON não explicita em que situações poderia ainda o beneficiário exigir a restauração do *trust*; (2) *trusts* tradicionais e *trusts* comerciais: as rígidas regras da compensação, nomeadamente no que respeita à irrelevância, ou quase irrelevância, do nexo de causalidade, foram desenvolvidas, segundo o magistrado, tendo sempre como pano de fundo os ditos *trusts* tradicionais

---

[2387] At 432: "*Under both systems liability is fault-based: the defendant is only liable for the consequences of the legal wrong he has done to the plaintiff and to make good the damages caused by such wrong. He is not responsible for damage not caused by his wrong or to pay by way of compensation more than the loss suffered from such wrong*".

[2388] At 434: "*The equitable rules of compensation for breach of trust have been largely developed in relation to such traditional trusts, where the only way in which all the beneficiaries' rights can be protected is to restore to the trust fund what ought to be there*".

sucessivos. Neste caso, afirma Lord Browne-Wilkinson, a restauração do *trust* apresenta-se como o único meio para proteger os interesses de todos os beneficiários. A *Equity Law* não está, assim, preocupada em ver os danos causados ressarcidos, mas, antes, com a reconstituição do *trust*[2389]. Esta solução não se adequa aos *trusts* com objetos exclusiva ou primordialmente comerciais. Os tribunais têm de exigir um qualquer nexo de causalidade; caso contrário corre-se o risco de o instituto deixar de ser utilizado no mundo moderno[2390].

Lord Browne-Wilkinson volta então a sua atenção para os factos concretos do caso. Em termos sucintos, o magistrado considera que a *Target* apenas terá o direito a exigir a completa restauração dos bens antes de a transação, subjacente à constituição do *trust*, ter sido concluída. Após a sua conclusão, o *trustee* será responsável pelos danos decorrentes da sua atuação ilícita. Uma solução inversa – restauração do *trust* – resultaria numa compensação desadequada, excessiva e, consequentemente, contrária aos princípios formadores da *Equity Law*[2391].

Por fim, Lord Browne-Wilkinson debruça-se sobre o momento em que os danos devem ser quantificados. O ilustre magistrado considera que os mesmos apenas poderão ser estimados no momento em que a ação seja proposta. Esta posição vai, de resto, ao encontro da distinção de duas situações, consoante o contrato seja ou não concluído.

Repare-se que o objeto do recurso restringia-se à análise de uma questão paralela, pelo que a *House of Lords* não tomou uma posição definitiva sobre o mérito da causa. Lord Browne-Wilkinson deixa, porém, escapar que, muito provavelmente, a atuação da *Redferns* – transferência dos valores mutuados antes da constituição da garantia – terá contribuído, de forma decisiva, para os danos produzidos na esfera jurídica da *Target*[2392]. Interpre-

---

[2389] At 434: "*Courts of Equity did not award damages but, acting in personam, ordered the defaulting trustee to restore the trust estate*".

[2390] At 435: "*The fundamental principles of equity apply as much to such trusts as they do to the traditional trusts in relation to which those principles were originally formulated. But in my judgment it is important, if the trust is not to be rendered commercially useless, to distinguish between the basic principles of trust law and those specialist rules developed in relation to traditional trusts which are applicable only to such trusts and the rationale of which has no application to trusts of quite different kind*".

[2391] At 436: "*That rationale has no application to a case such as the present*".

[2392] At 440: "*There must be a high probability that, at trial, it will emerge that the use of Target's money to pay for the purchase from Mirage and the other intermediate transactions was a vital feature of the transaction*".

tação consentânea como a transação concluída entre as partes processuais, cifrada em £ 1 000 000[2393].

156. Regime geral

I. Feita a análise de Direito adjetivo e decomposto o acórdão *Target Holdings v Redferns* detemos, finalmente, todos os elementos necessários para apresentar o regime substantivo da responsabilidade civil por violação do *trust*, tendo sempre como pano de fundo a decisão da *House of Lords*.

Em ambos os regimes processuais, a violação de deveres distingue-se da má aplicação dos bens constituídos em *trust*, quer consubstancie um investimento não autorizado, uma distribuição de bens por sujeitos não abrangidos pelo *trust* ou, simplesmente, uma perda ou dissipação de bens. Faz esta separação sentido? Aparentemente, a razão desta distinção é meramente formal ou expositiva e não substantiva. Independentemente de a causa de pedir consubstanciar uma violação dos deveres de cuidado ou uma distribuição de bens por terceiros beneficiários não abrangidos pelo ato constitutivo, o fiduciário será responsabilizado pelos danos efetivamente causados. No caso da má aplicação dos bens, o raciocínio é bastante linear, bastando verificar quais os montantes distribuídos infundadamente ou investidos sem a devida autorização. Ora, este seguimento lógico já não pode ser abraçado para as violações de deveres *per se*, pela simples razão de que o valor da compensação apenas poderá ser calculado se os danos forem primeiro quantificados.

Repare-se que o acórdão *Target Holdings v Redferns* não veio introduzir nenhuma novidade neste campo. A conceção era já anteriormente seguida, conquanto encoberta pela ideia de que a *equitable compensation* não visa o ressarcimento dos danos causados, mas a reconstituição da situação existente[2394].

[2393] *Parker and Mellows*, cit., 871.

[2394] *Nocton v Lord Ashburton* [1914] AC 932-978, [Viscount Haldane LC] 952: "*Operating in personam as a court of conscience it could order the defendant, not, indeed, in those days, to pay damages as such, but to make restitution, or to compensate the plaintiff by putting him in as good a position pecuniarily as that in which he was before the injury*"; *Bartlett v Barclays Bank Trust Co Ltd* [1980] Ch 515-547, [Brightman LJ] 543; *Target Holdings Ltd v Redferns (CA)* [1994] 1 WLR 1089-1106, [Peter Gibson LJ] 1101: "*The remedy afforded to the beneficiary by equity is compensation in the form of restitution of that which has been lost to the trust estate, not damages*".

É neste âmbito que a asserção mais enigmática do acórdão – antes da conclusão do contrato, o *trustee* é responsável pela restauração do fundo; após a sua conclusão, apenas poderá sê-lo pelos danos efetivamente causados – se insere. Imagine-se que a *Target* se apercebia do esquema fraudulento desenvolvido pela *Crowngate* num momento prévio à constituição da hipoteca. Os danos causados pela *Redferns* seriam facilmente quantificados, corresponderiam ao valor transferido para a conta bancária do mutuário. Os factos reais introduzem, porém, um elemento decisivo: a *Target* recebeu, como contrapartida, uma garantia real que, depois de executada, lhe rendeu £ 500 000. Ora, quer se siga o pensamento típico da *Common Law* – ressarcimento dos danos causados –, quer o objeto da *Equity Law* – reconstituição da situação existente – o valor a indemnizar deverá sempre ter em consideração este montante, sob pena de se ressarcirem danos não causados ou de se reconstituir o que não necessita de o ser.

II. A quantificação dos danos causados ou dos valores monetários necessários para restaurar a situação existente só pode ser compreendida se tivermos em consideração o momento temporal relevante para a sua contabilização. Ora, quer esteja em causa uma má aplicação dos bens constituídos em *trust*, quer o *trustee* tenha violado os deveres de administração assumidos, o valor a compensar apenas deve ser quantificado no momento em que o tribunal decrete a sua decisão.

A posição defendida por PETER GIBSON LJ, de que a distribuição de bens constituídos em *trust*, por terceiros não abrangidos no ato constitutivo, produz danos imediatos, ou seja, de que a quantificação da compensação exigida ao *trustee* cristaliza-se no exato momento em que o ato seja praticado, não pode ser atendida[2395]. A realidade física ou fáctica é, por natureza, mutável e não estática. Imagine-se que os administradores da *Crowngate*, arrependidos da fraude cometida ou receosos das consequências penais, decidem revelar todo o plano à *Target*, entregando-lhe a diferença entre a quantia avançada e o valor real da hipoteca. Neste caso, não faz sentido exigir que a *Redferns*

[2395] At 1103: "*What is the position where the trustee in breach of trust pays away trust money to a stranger? That there is an immediate loss placing the trustee under an immediate duty to restore the moneys to the trust fund seems to me obvious*".

restaure uma situação que é, já em si, uma realidade. Neste ponto, se não inovadora[2396], a decisão da *House of Lords* foi, sem dúvida, esclarecedora[2397].

Uma interpretação alternativa é avançada em *Underhill and Hayton*: a conclusão do contrato consubstancia uma ratificação da atuação ilícita do *trustee*, no fundo, uma situação análoga à verificada com a anuência de investimentos não autorizados. Esta solução, bastante pragmática, levanta, porém, novos problemas. Jurisdicionalmente, não é claro se os beneficiários, ao aprovarem um investimento não autorizado, podem ainda exigir o pagamento da diferença[2398].

III. O ponto mais sensível da decisão *Target Holdings v Redferns* respeita à exigência de um nexo de causalidade, mesmo que muito ténue. Não raramente descrito como revolucionário[2399], este requisito, virtualmente apoiado por toda a doutrina[2400], não parece ter sido introduzido por LORD BROWNE-WILKINSON, mas apenas evidenciado ou esclarecido[2401]. A necessidade de se demonstrar um qualquer nexo causal é evidente. Um *trustee* não pode ser responsabilizado por danos produzidos na esfera jurídica do *trust* ou dos beneficiários quando não haja qualquer ligação à sua atuação ou omissão. Os acórdãos antigos, usualmente citados para comprovar a inexistência de qualquer exigência quanto a um qualquer nexo de causalidade, limitam-se a excluir a aplicação das causas justificativas desenvolvidas pela *Common Law*[2402]. Atente-se no conteúdo de dois dos mais emblemáticos acórdãos que versam sobre a questão, de resto citados por LORD BROWNE-WILKINSON:

[2396] MILLETT, *Equity's Place*, cit., 226: o autor considera que uma solução idêntica é alcançada com a aplicação do regime processual contabilístico: a decisão do tribunal tem como ponto de partida o exato estado em que as contas se encontram à data da sua apresentação em tribunal.
[2397] At 437.
[2398] *Parker and Mellows*, cit., 872: o autor concorda com a posição. *Re, Lake* [1903] 1 KB 439-443, [WRIGHT J] 442-443: o tribunal defendeu a tese oposta.
[2399] THOMAS e HUDSON, *The Law of Trusts*, cit., 945: "*This marked an important development in the law relating to breach of trust because it required the demonstration of a connected loss and not merely the demonstration that there had been a breach of trust*".
[2400] DAVID CAPPER, *Compensation for Breach of Trust*, 61 Con, 1997, 14-23, 18.
[2401] *Lewin on Trusts*, cit., 1562: "*The House of Lords reaffirmed that the test is one of "but for" causation*". A exigência de um nexo de causalidade tinha já sido avançada em outros acórdãos: *Bartlett v Barclays Bank Trust Co Ltd* [1980] Ch 515-547, [BRIGHTMAN LJ] 542.
[2402] Na nossa opinião, é esta a interpretação mais correta, à luz do raciocínio seguido por LORD BROWNE-WILKINSON e tendo em conta os acórdãos por si citados.

Clough v Bond:

[Y]et, if that line of duty be not strictly pursued, and any part of the property be invested by such personal representative in funds or upon securities not authorised, or to be put within the control of persons who ought not to be intrusted with it, and a loss be thereby eventually sustained, such personal representative will be liable to make it good, however unexpected the result, however little likely to arise from the course adopted and however such conduct may have been from any improper motive[2403].

Caffrey v Darby:

[T]hey must be responsible for any loss in any way to that property: for whatever may be the immediate cause, the property would not have been in a situation to sustain that loss, if it had not been for their negligence[2404].

Em nenhuma das decisões é negada a necessidade de se demonstrar um nexo causal entre a violação e os danos causados, pelo contrário. O conteúdo dos acórdãos só pode ser compreendido se tivermos como ponto de partida a exigência desse nexo de causalidade. As decisões apenas excluem, como acima já afirmámos, as exceções justificativas da *Common Law*, quer no âmbito da responsabilidade contratual, quer no âmbito da responsabilidade aquiliana.

IV. A responsabilização civil extracontratual resulta, em termos gerais, de um simples exercício de razoabilidade[2405]: o ressarcimento dos danos causados apenas poderá ser exigido se o homem comum[2406], confrontado com os

---

[2403] (1837) 3 My & Cr 491-499, [Lord Cottenham LC] 496.
[2404] (1801) 6 Ves Jun 488-497, [Eldon MR] 496.
[2405] *Bailey v Ministry of Defence* [2008] EWCA Civ 883, [Waller LJ] [22]: "*What ultimately the judge had to deal with however was what, on the balance of probabilities, would have occurred if there is been proper care*".
[2406] Os tribunais ingleses sublinham, recorrentemente, a necessidade de o caso ser interpretado pelos olhos do homem comum, cfr., *Yorkshire Dale Steamship Co Ltd v Minister of War Transport* [1942] AC 691-720, [Lord Wright] 706: "*Causation is to be understood as the man in the street, and not as either the scientist or the metaphysician, would understand it... without too microscopic analysis but on a broad view*". Esta ideia foi bastante aprofundada por Herbert L. A. Hart e Tony Honoré, *Causation in the Law*, 2ª edição, Clarendon Press, Oxford, 1985, em especial 26-62. Ver, ainda, Jane Stapleton, *Law, Causation and Common Sense*, 8 OJLS, 1988, 111-131: que tem sempre como

factos reais do caso concreto, considerar que os danos efetivamente causados poderiam ser previstos com alguma razoabilidade. Repare-se, porém, que o critério desenvolvido não tem uma natureza exclusivamente probabilística. O homem razoável pode perfeitamente concluir que, por muito pouco provável que determinado dano seja produzido, a sua ocorrência mereça ser juridicamente valorada, devendo, consequentemente, o sujeito abster-se de o praticar, sob pena de ser responsabilizado pela sua, ainda que improvável, verificação[2407]. O critério jurisprudencial aplicável resulta, assim, da correlação de dois elementos: (1) probabilidade de determinado ato dar origem a um específico dano; e (2) gravidade do dano. Em suma, a responsabilização do autor dos danos resulta não de uma análise académica abstrata, mas dos hipotéticos danos produzidos em cada caso concreto[2408].

O regime jurídico da responsabilidade civil contratual tem bases bem mais sólidas e antigas do que o da responsabilidade aquiliana. As bases gerais, ainda hoje mantidas, foram apresentadas, pela primeira vez, no caso *Hadley v Baxendale*, datado de meados do século XIX[2409]. BARON ALDERSON, sublinhando a necessidade de se desenvolver princípios gerais, considera que uma parte contratual apenas deve ser responsabilizada pelos danos causados na esfera jurídica da outra parte se a sua produção for expectável ou razoável ou se a sua consumação tiver sido, expressa ou implicitamente, prevista pelas partes[2410].

Os critérios de responsabilização da parte incumpridora são, assim, menos exigentes do que os verificados no âmbito da responsabilidade extracontratual[2411].

---

pano de fundo as posições avançadas por HART e HONORÉ; e DAVID W. ROBERTSON, *Common Sense of Cause in Fact*, 75 Tex L Rev, 1997, 1765-1800: numa perspetiva jurídica estado-unidense.

[2407] *Kaufos v Czarnikow Ltd* [1969] 1 AC 350-429, [LORD UPJOHN] 422: "*The test in tort, as now developed in the authorities, is that the tortfeasor is liable for any damage which he can be reasonably foresee may happen as a result of the breach however unlikely it may be*".

[2408] *The Wagon Mound (No 2) Overseas Tankship (UK) Ltd v The Miller Steamship Co Pty Ltd* [1966] 2 All ER 709-720, [LORD REID] 718.

[2409] (1854) 9 Exch 341-356, 354.

[2410] At 354: "*Where two parties have made a contract which one of them has broken, the damages which the other party ought to receive in respect of such breach of contract should be such as may fairly and reasonably be considered either arising naturally, i.e., according to the usual course of things, from such breach of contract itself, or such as may reasonably be supposed to have been in the contemplation of both parties, at the time they made the contract, as the probable result of the breach of it*".

[2411] MINDY CHEN-WISHART, *Contract Law*, 2ª edição, OUP, Oxford, 2008, 563.

O modelo misto adotado pelo Direito inglês, no âmbito da responsabilidade extracontratual, aproxima as soluções da *Common Law* e da *Equity Law*. Repare-se que apenas os danos muito remotos ou de menor gravidade não serão, à partida, merecedores de proteção jurídica por parte da *Common Law*. Por oposição, estes danos deverão ser ressarcidos pelo *trustee* prevaricador. No fundo, os fiduciários serão responsabilizados por todos os danos produzidos na esfera jurídica do *trust* e dos beneficiários que possam ser, de qualquer forma, associados aos seus atos ou omissões, sendo totalmente indiferente a probabilidade da sua ocorrência[2412].

Passemos de seguida a analisar, de forma sucinta, os três grandes grupos de deveres, para efeitos do regime de responsabilização civil: (1) má aplicação de bens e fundos constituídos em *trust*; (2) prossecução de investimentos não autorizados; e (3) violação dos deveres de cuidado.

157. Má aplicação de bens e de fundos constituídos em *trust*

A expressão má aplicação de bens constituídos em *trust* abrange, como já mencionado, situações distintas, que vão da simples perda dos bens à sua distribuição por sujeitos não abrangidos pelo *trust*, passando ainda pelo uso dos bens para fins pessoais ou inadequados, à luz dos propósitos subjacentes à sua constituição. Qualquer uma destas situações consubstancia uma violação dos mais elementares deveres a que os *trustees* estão adstritos: proteção dos bens constituídos em *trust* e aplicação limitada aos propósitos que estão na base da sua constituição[2413].

Da má aplicação dos bens constituídos em *trust* emerge, na esfera jurídica dos *trustees*, a obrigação de desencadear todos os mecanismos jurídicos que tenham à sua disposição para reconstituir a situação existente no exato

---

[2412] MILLETT, *Equity's Place*, cit., 226: o autor não vislumbra qualquer razão para distinguir o regime da responsabilidade civil por danos causados em violação dos deveres de cuidado e de diligência consoante a legislação a aplicar. Em termos gerais, MILLETT considera que, sendo o seu conteúdo idêntico, também os regimes de responsabilidade subjacentes o devem ser.
[2413] *Re, Brogden* (1888) 38 Ch D 546-575, [FRY LJ] 571: *"it is always limited by the duty – the dominant duty, the guiding duty – of recovering, securing, and duly applying the trust fund"*; *Low v Bouverie* [1891] 3 Ch 82-115, [LINDLEY LJ] 99: *"The duty of a trustee is properly to preserve the trust fund, to pay the income and the corpus to those who are entitled to them respectively"*.

momento anterior à prática do ato ou da omissão[2414]. Caso a obrigação primária não seja possível – recorrendo à linguagem utilizada pelo legislador nacional: reconstituição natural –, o *trustee* será condenado a ressarcir o *trust*. O cálculo da indemnização é bastante simples, correspondendo ao valor de mercado do bem mal aplicado à data em que a ação de *equitable compensation*[2415] seja iniciada ou as contas do *trust* sejam postas em causa[2416], consoante o modelo processual seguido pelos beneficiários.

158. Prossecução de investimentos não autorizados

O regime da responsabilidade civil por investimentos não autorizados foi já aprofundado quando analisámos o regime processual contabilístico, pelo que nos limitaremos a apresentar as linhas gerais do instituto.

O princípio geral estabelece que todos os investimentos prosseguidos que não sejam autorizados no ato constitutivo ou por lei devem ser considerados como nunca tendo tido existido ou como nunca tendo sido financiados diretamente pelo *trust*[2417]. Na prática, os *trustees* são considerados, para todos os efeitos legais, os legítimos titulares dos bens adquiridos[2418]. Na perspetiva dos beneficiários, o sistema reconhece duas soluções: (1) exigir a reconstituição da situação existente; ou (2) "conservar" os investimentos não autorizados na esfera jurídica do *trust*[2419]. Neste último caso, não é claro se lhes é ainda permitido exigir a diferença entre o valor inicial do fundo fiduciário e o valor dos investimentos. A questão não tem sido debatida em juízo. À par-

---

[2414] *Re, Forest of Dean Coal Mining Co* (1879) 10 Ch D 450-459, [Jessel MR] 453-454: a obrigação emerge quer a atuação tenha sido cometida pelo próprio, quer por outro *co-trustee*.
[2415] *Target Holdings Ltd v Redferns* [1996] AC 421-441, [Lord Browne-Wilkinson] 434: "*In such a case the basic rule is that a trustee in breach of trust must restore or pay the trust estate either the assets which have been lost to the estate by reason of the breach or compensation for such loss*".
[2416] *Head v Gould* [1898] 2 Ch 250-275, [Kekewich J] 266: "*the right of a cestui que trust is to have those accounts set straight-that is, to compel the trustee to pay such a sum as will make them balance*".
[2417] *Knott v Cottee* (1852) 16 Beav 77-81, [Sir John Romily MR] 79: "*The case must either be treated if these investments had not been made, or had been made for his own benefit out of his own monies, and that he had at the same time retained monies of the testator in his hands*".
[2418] *Head v Gould* [1898] 2 Ch 250-275, [Kekewich J] 266.
[2419] *Wright v Morgan* [1926] AC 788-800, [Viscount Dunedin] 799: "*The cestuis que trustent as a whole have a right, if they chose, to adopt the investment and to hold it as trust property. But if there is not unanimity then it is not trust property, but the trustee who has made it must keep the investment himself*".

tida, os beneficiários só irão concordar com a manutenção de investimentos não autorizados se forem preferíveis aos investimentos permitidos.

159. Violação de deveres de administração

Regra geral, a reconstituição da situação existente não é possível se o *breach of trust* consubstanciar uma violação de deveres de cuidado ou de diligência. Numa situação típica, a atuação do *trustee* teve como efeito direto a diminuição dos valores dos bens constituídos em *trust*[2420]. O *trustee* será então responsabilizado por compensar, monetariamente, o *trust*, pelos danos causados.

Ao contrário do verificado para os dois grupos anteriores, a responsabilização dos fiduciários por violação de deveres de administração pressupõe, evidentemente, uma atuação negligente ou dolosa[2421]. Aos beneficiários cumpre ainda demonstrar a existência de um nexo de causalidade entre os danos causados e a violação de deveres invocada, nos exatos moldes esclarecidos por LORD BROWNE-WILKINSON na decisão *Target Holdings v Redferns*.

160. *Interim injunctions*: providências cautelares

I. A *injunction* consubstancia uma ordem emanada de um órgão jurisprudencial e dirigida a uma parte processual na qual o tribunal impõe ou proíbe a prática de um determinado ato[2422]. Em princípio, apenas será declarada quando os mecanismos jurídicos indemnizatórios e ressarcitórios da *Common Law* não se adequem aos danos causados[2423].

[2420] *Snell's Equity*, cit., 866.
[2421] *Partington v Reynolds* (1858) 4 Drew 253-268, [SIR R. T. KINDERSLEY VC] 255-256: o tribunal sublinha a diferença dos requisitos exigidos no âmbito das duas distintas modalidades do regime processual tradicional: *common account* e *account on the basis of wilful defualt*. Esta diferença é usualmente apresentada como um dos elementos distintivos das duas *accounts*, cfr., *Dowse v Gorton* [1891] AC 190-209, [LORD MACNAGHTEN] 202; *Re, Stevens* [1898] 1 Ch 162-178, [LINDLEY MR] 170.
[2422] *Hanbury & Martin*, cit., 794.
[2423] *Snell's Equity*, cit., 513.

As *injunctions* podem ser finais (*final* ou *perpetual*) ou interlocutórias (*interlocutory* ou *interim*). Como indiciam as suas denominações, a *injunction* final tem natureza definitiva, é uma sentença *per se* e faz caso julgado. Por oposição, as *injuntions* interlocutórias têm natureza provisória. Assemelham-se, em tudo, às nossas providências cautelares.

Quanto ao seu conteúdo, as *injunctions* podem ser proibitivas ou restritivas (*prohibitory*) e compulsórias (*mandatory*), consoante o tribunal proíba uma determinada conduta ou imponha uma atuação. Neste capítulo centrar-nos-emos apenas nas *injunctions* interlocutórias.

As providências cautelares, com uma reconhecida natureza preventiva, visam evitar uma atuação contrária aos deveres a que os *trustees* estão adstritos[2424]. A intervenção jurisprudencial, num momento anterior à consumação da violação, representa, muitas vezes, o único meio viável para proteger os direitos dos beneficiários e para garantir a conservação dos bens constituídos em *trust* ou, visto de uma perspetiva diferente, a única forma de o poder jurisdicional intervir a tempo de aplicar a devida e necessária Justiça[2425].

II. Como princípio geral, apenas os titulares de um direito de propriedade sobre os bens constituídos em *trust* podem apresentar providências cautelares[2426]. De fora ficam todos os sujeitos que, apesar de serem abrangidos pela classe de beneficiários, nos moldes estabelecidos pelo *settlor* no ato consti-

---

[2424] *Balls v Strutt* (1841) 1 Hare 146-150, [SIR JAMES WIGRAM VC] 149: apresenta as providências cautelares que tenham como objeto a prevenção de violações de deveres pelos *trustees* como um princípio basilar dos tribunais de *Equity Law*; *Noad v Backhouse* (1843) 2 Y & C Ch 529, [SIR JAMES WIGRAM VC] 529: sublinha a origem jurisprudencial (*Equity Law*) da figura.

[2425] O carácter necessário ou imprescindível das providências cautelares é evidenciado nas ações que tenham como objeto o congelamento dos bens constituídos em *trust*, sob pena de a sua dissipação impossibilitar a sua posterior proteção ou mesmo identificação, cfr., *Bankers Trust Co v Shapira* [1980] 1 WLR 1274-1283, [LORD DENNING MR] 1280: "*if the trust fund disappears by the time the action comes to trial, equity will have been invoked in vain*"; *Waller v Waller* [1967] 1 WLR 451-454, [STAMP J] 452: o tribunal inicia a sua decisão por explicitar que, caso não tivesse aceitado a providência cautelar, o *trustee* teria alienado os bens constituídos em *trust*, sendo a sua recuperação bastante difícil, se não mesmo impossível.

[2426] *Dance v Goldingham* (1873) LR 8 Ch App 902-914, [SIR G. MELLISH LJ] 913: realça ser totalmente indiferente se os direitos detidos pelo autor da ação consubstanciam uma pequeníssima parcela do *trust*.

tutivo, veem o seu efetivo benefício ficar dependente da decisão do *trustee*, no âmbito dos amplos poderes discricionários que lhe foram conferidos[2427].

As providências cautelares são de especial utilidade para combater a dissipação dos bens constituídos em *trust*. Receando a sua alienação, os beneficiários[2428] requerem, em juízo, o congelamento dos bens, impedindo, consequentemente, a prossecução das intenções ilícitas dos *trustees* e a consumação dos seus receios[2429].

Este mecanismo processual pode ainda ser utilizado para requerer a deslocação dos bens para jurisdições que reconheçam a natureza real dos direitos detidos pelos beneficiários. A dimensão meramente obrigacional atribuída na maioria dos sistemas civilísticos coloca os beneficiários numa posição muito sensível. As defesas que os beneficiários têm ao seu dispor numa jurisdição que não reconheça o *trust* são, teoricamente, menos eficazes, quando comparadas com a proteção concedida pelos sistemas de *Common Law*[2430].

III. Muito embora as providências cautelares tenham como objeto primário a obstrução de violações de deveres que produzam efeitos irreversíveis[2431], preenchido um conjunto de requisitos, os tribunais podem, caso o considerem fundamentado, aceder ao pedido dos beneficiários, apesar de

---

[2427] *Re, Brooks' Settlement Trust* [1939] Ch 993-999, [FARWELL J]. Também os beneficiários sucessivos são excluídos, cfr., *Re, Parsons* (1890) 45 Ch D 51-65, [KAY J] 59: os beneficiários sucessivos, i.e., que apenas assumem essa posição após o falecimento dos beneficiários atuais, não podem intentar providências cautelares por não serem titulares de qualquer direito real sobre os bens. Com idêntico conteúdo: *Clowes v Hilliard* (1876) 4 Ch D 413-418, [JESSEL MR].

[2428] As providências cautelares também podem ser interpostas pelos *trustees* como forma de proteger os interesses dos beneficiários, cfr., THOMAS e HUDSON, *The Law of Trusts*, cit., 933.

[2429] *A v C* [1980] 2 All ER 347-352, [ROBERT GOFF J]: o *trust* era composto por um conjunto de contas bancárias, nem todas elas identificadas. A interposição da providência cautelar visava, por um lado, o levantamento preciso dos bens constituídos em *trust* e, por outro, impedir a dissipação dos montantes depositados nas diversas contas bancárias.

[2430] *Derby & Co Ltd v Weldon* [1990] 3 All ER 263-277: o tribunal considera que, em relação a este ponto, a sua jurisdição recai sobre os sujeitos e não sobre os bens, pelo que tem poderes para exigir a transladação dos bens.

[2431] *A-G v Foundling Hospital Governors* (1793) 2 Ves Jun 42-51: confrontado com a entrada de uma providência cautelar, o tribunal pergunta, retoricamente, as razões para dar andamento a um processo urgente. A razão, responde o próprio, é simples: as consequências produzidas pela consumação da violação serem irreversíveis; *Reev v Parkins* (1820) 2 Jac & W 390, [LORD ELDON LC]: um dos beneficiários considerou que o esquema de distribuição dos bens consti-

o ressarcimento dos danos poder ser alcançado com a entrada de uma ação dita regular. Repare-se, ainda, que, em face da natureza provisória do mecanismo, os tribunais têm tendência para serem menos exigentes no que respeita à solidez dos meios probatórios apresentados pelos beneficiários[2432].

O regime vigente quanto à declaração judicial das providências cautelares foi estabelecido pela *House of Lords* no caso *American Cynamid v Ethicon*, datado de 1975[2433]. O Supremo Tribunal inglês fez depender a sua decisão do preenchimento de dois requisitos: (1) a questão levantada pelo autor deve ser séria, i.e., juridicamente relevante (*serious question*); e (2) caso a declaração da providência cautelar não seja evidente, o tribunal deve pesar as vantagens e desvantagens do seu provimento (*balance convenience*[2434]).

Ao recorrer à expressão *serious question*, com pouco ou nenhum significado jurídico, o tribunal pretendeu apenas diminuir os critérios anteriormente adotados, alicerçados exclusivamente na probabilidade de a ação principal sair vencedora[2435]. Atente-se, todavia, que não tendo a providência apresentada qualquer probabilidade de sair vencedora, o tribunal não lhe dará provimento. Uma ação pouco fundamentada ou sem efetivas perspetivas de vitória dificilmente será aceite[2436]. Os beneficiários terão de demonstrar que

---

tuídos em *trust*, adotado pelos *trustees*, levaria à insolvabilidade do *trust*. O tribunal concordou e deu provimento à providência cautelar.

[2432] *Smith Kline Beecham plc v Apotex Europe Ltd* [2007] Ch 71-108, [Jacob LJ] 83: "*The decision whether or not to grant it is made on the basis of a necessarily incomplete picture*".

[2433] [1975] AC 396-410 [Lord Diplock].

[2434] A expressão tem sido criticada pela jurisprudência, cfr., *Francome v Mirror Group Newspapers Ltd* [1984] 1 WLR 892-902, [Sir John Donaldson MR] [898]: "*an unfortunate expression. Our business is justice, not convenience*".

[2435] At 407: "*The use of such expressions as "a probability", "a prima facie case", or "a strong prima facie case" in the context of the exercise of a discretionary power to grant an interlocutory injunction leads to confusions as to the object sought to be achieved by this form of temporary relief. The court must be satisfied that the claim is not frivolous or vexatious; in other words, that the claim is a serious question to be tried*". O uso destas expressões é encontrado em diversos acórdãos: *Preston v Luck* (1884) 27 Ch D 497-508, [Cotton LJ] 506: "*a probability that the plaintiffs are entitled to relief*"; *Smith v Grigg Ltd* [1924] 1 KB 655-660, [Atkin LJ] 659: "*a strong prima facie case that the right which he seeks to protect in fact exists*".

[2436] *Re, Lord Cable* [1977] 1 WLR 7-26 [Slade J] 19: embora reconheça que a decisão *American Cyanamid v Ethicon* reduziu as exigências, os beneficiários terão sempre de mostrar que a ação principal tem sérias probabilidades de vir a confirmar a pretensão apresentada na providência cautelar.

a atuação futura, ou já iniciada, do *trustee*, irá prejudicar gravemente os bens constituídos em *trust* e, consequentemente, os seus direitos e interesses[2437].

No caso de as possibilidades da ação principal sair vitoriosa serem remotas, o tribunal deve pesar as vantagens e desvantagens em dar provimento ao pedido cautelar[2438]. Dos diversos elementos a analisar, sublinha-se a impossibilidade de reconstituir a situação existente[2439], por um lado, e os danos a suportar pelo réu, por outro lado[2440]. LORD DIPLOCK sublinha, ainda, a importância de o tribunal valorar todos os factos do caso que possam ajudar a tomar uma boa decisão[2441].

Relembre-se que a declaração ou não declaração de uma providência cautelar consubstancia um poder discricionário, pelo que nada impede o tribunal de considerar outros elementos, em especial·se o processo estabelecido na decisão *American Cynamid v Ethicon* não se adequar à realidade fáctica[2442]. Outras decisões têm relevado outros pontos, como, a título meramente exemplificativo: os fins subjacentes à sua propositura têm de ser jus-

---

[2437] *Paton v British Pregnancy Advisory Service Trustees* [1979] QB 276-283, [SIR GEORGE BAKER P] 278: "*the first and basic principle is that there must be a legal right enforceable in law or in equity before the applicant can obtain an injunction from the court to restrain an infringement of that right*". Este primeiro requisito é amplamente reconhecido no Direito inglês há mais de um século, cfr., *The North London Railway Co v The Great Northern Railway Co* (1883) 11 QBD 30-42, [COTTON LJ] 40.

[2438] *American Cynamid Co v Ethicon Ltd* [1975] AC 396-410, [LORD DIPLOCK] 408: "*So unless the material available to the court at the hearing of the application for an interlocutory injunction fails to disclose that the plaintiff has any real prospect of succeeding in his claim for a permanent injunction at the trial, the court should go on to consider whether the balance of convenience lies in favour of granting or refusing the interlocutory relief that is sought*".

[2439] *Snells Equity*, cit., 546; *Hilton v Earl of Granville* (1841) Cr & Ph 283-299, [LORD CHANCELLOR]: muito embora o tribunal reconheça que da atuação de réu possam resultar danos irreparáveis, recusa declarar a providência cautelar; *Jennings v Jennings* [1898] 1 Ch 378-391, [STIRLING J]: o tribunal tem dúvidas de que a situação possa ser reconstituída, pelo que decide dar provimento à providência apresentada.

[2440] *Garden Cottage Foods Ltd v Milk Marketing Board* [1984] AC 130-155, [LORD DIPLOCK] 137: referindo-se a um caso em que a reconstituição da situação existente não é de todo impossível, diz-nos o ilustre juiz: "*where this was the case and the defendant would be in a financial position to pay the damages, no interlocutory injunction should, normally, be granted*".

[2441] At 408: "*Where other factors appear to be evenly balanced it is a counsel of prudence to take such measures as are calculated to preserve the status quo*".

[2442] *Cayne v Global Natural Resources plc* [1984] 1 All ER 225-238, [KERR LJ] 234: o relator sublinha o carácter meramente indicativo da solução seguida. Reconhece que nem sempre o esquema decisório pode alicerçar-se na construção de LORD DIPLOCK.

tos aos olhos da *Equity Law* e das suas máximas[2443] e a providência cautelar deve ser interposta assim que o beneficiário tenha conhecimento da intenção do *trustee*[2444].

161. Responsabilidade por violações cometidas por outros *trustees*

No Direito inglês, vigora o princípio de que os *trustees* não respondem solidariamente pelas atuações ilícitas e pelos danos causados pelos outros *co-trustees*[2445]. Os tribunais reconhecem quatro exceções:

– tendo conhecimento de que um outro *trustee* está a atuar em violação dos seus deveres, o visado nada faz para impedir a sua consumação ou prosseguimento[2446];

[2443] Elemento alicerçado na máxima *"One who comes into equity must come with clean hands"*, cfr., [1994] 1 AC 340-377, [LORD GOFF OF CHIEVELEY] 354.

[2444] *Jaggard v Sawyer* [1995] 2 All ER 189-213, [MILLETT LJ] 212: *"If the plaintiffs delays proceedings until is no longer possible for him to obtain an injunction, he destroys his own bargaining position and devaluates his right"*.

[2445] O princípio parece ser reconhecido, pelo menos, desde os inícios do século XVII, cfr., *Townley v Sherborne* (1633) 2 W & TLC 627-630, 629: *"his co-trustees shall not be charged, or be compelled in this Court to answer for the receipts of him so dying or decayed, unless some purchase, fraud, or evil dealing appear to have been in them to prejudice their trust"*. Contrariando a maioria da doutrina (*Parker and Mellows*, cit., 866; *Lewin on Trusts*, cit., 1593; *Underhill and Hayton*, cit., 1148; *Snell's Equity*, cit., 860), THOMAS e HUDSON consideram que o princípio geral é o da responsabilidade solidária. O caso *Townley v Sherborne* é apresentado como apenas mais uma exceção à regra, cfr., THOMAS e HUDSON, *The Law of Trusts*, cit., 965 e HUDSON, *Equity and Trusts*, cit., 781. Esta posição, com pouco apoio jurisprudencial – ver *Bahin v Hughes* (1886) 31 Ch D 390-398, [COTTON LJ] 396 –, assenta em dois argumentos: (1) os *trustees* devem atuar conjuntamente; e (2) uma solução contrária incentivaria os *trustees* a entregar os poderes apenas a um dos fiduciários.

[2446] *Styles v Guy* (1849) 1 Mac & G 422-436, [LORD COTTENHAM LC] 433: menciona um dever de controlo mútuo e, caso seja necessário, um dever de correção; *Booth v Booth* (1838) 1 Beav 125-131, [LORD LANGDALE MR] 130: *"a trustee who stands by and sees a breach of trust committed by his co-trustee, becomes responsible for that breach of trust"*; *Boardman v Mosman* (1779) 1 Bro CC 68, [LORD THURLOW LC]: um *trustee* alienou parte dos bens constituídos em *trust* para seu próprio benefício. O outro *co-trustee*, que tinha conhecimento deste comportamento, foi também responsabilizado pelo tribunal. Caso o *trustee* ameace atuar ilicitamente, os restantes fiduciários devem, prontamente, utilizar todos os meios que tenham à sua disposição para evitar a consumação da violação, sob pena de também serem responsabilizados pelos danos cometidos. Se

– quando um *trustee* se abstenha de cumprir as suas funções ou as atribua a outro *co-trustee*, que, por sua vez, atue em violação dos seus deveres[2447];
– ao permitir que os bens e fundos constituídos em *trust* sejam controlados por apenas um *trustee*, os restantes *co-trustees* são solidariamente responsáveis pelos danos cometidos pelo primeiro[2448];
– quando, tendo conhecimento das atuações ilícitas cometidas pelos outros *trustees*, o responsável não recorra aos mecanismos legais que tenha à sua disposição[2449].

A responsabilização de um *trustee* pelas violações cometidas por outro sujeito com quem partilhe a função parece estar dependente não de qual-

---

necessário, devem interpor uma providência cautelar, cfr., *Re, Chertsey Market* (1818) 6 Price 261-286, [Sir Alexander Thomson LCB] 279.

[2447] *Chambers v Michin* (1801) 7 Ves Jun 186-200, [Lord Eldon LC]: o tribunal considerou que o *trustee* passivo também é responsável pelos danos causados; *Shipbrook v Hinchinbrook* (1810) 478-481, [Lord Eldon LC] 479: deixando algumas dúvidas sobre o princípio base, o tribunal condena os *trustees* por permitirem a concentração dos bens constituídos em *trust* na mão de apenas um dos fiduciários; *Hanbury v Kirklan* (1829) 3 Sim 265-274, [Sir L. Shadwell VC]: um dos *trustees* requereu, aos restantes fiduciários, que lhe permitissem alienar parte dos bens constituídos em *trust*. Após alienar as participações sociais, o *trustee* fugiu para parte incerta com o produto da venda. Todos os *trustees* foram responsabilizados pelo tribunal.

[2448] *Wiglesworth v Wiglesworth* (1852) 16 Beav 269-272, [Sir John Romilly MR] 272: o produto da alienação de parte dos bens constituídos em *trust* foi depositado numa conta, à qual apenas um dos *trustees* tinha acesso, com o consentimento do outro fiduciário. O tribunal considera que o *trustee* passivo é responsável pelos danos causados; *Trutch v Lamprell* (1855) 20 Beav 116-118, [Sir John Romilly MR] 118: "*It is constantly argued by counsel, but the conclusion is as constantly rejected by the Court, that a person who acts is not an active trustee, and is not liable, because he has only acted for conformity's sake*"; *Cowell v Gatcombe* (1859) 27 Beav 568-570, [Sir John Romilly MR]: o tribunal condenou o *trustee* passivo; *Lewis v Nobbs* (1878) 8 Ch D 591-595, [Hally VC], 594--595: o tribunal parece colocar a pedra de toque na não fiscalização da atuação do *trustee* que controla os bens constituídos em *trust* e não no controlo em si.

[2449] A última exceção é, em grande medida, uma outra face da primeira. Não raramente, os tribunais utilizam-na como um reforço da inação dos fiduciários. *Brice v Stokes* (1805) 11 Ves Jun 319-328, [Lord Eldon LC] 327; *Oliver v Court* (1820) 8 Price 127-172, [Sir Richard Richards LCB] 166: a sobreposição das exceções é evidente neste caso. O tribunal elenca, de forma cronológica, as diversas omissões do *trustee*. Inicia a exposição por referir que o *trustee* nada fez para evitar a atuação ilícita de outro fiduciário e conclui sublinhando que o *trustee* passivo se absteve de utilizar todos os mecanismos que tinham ao seu dispor; *Re, Gasquoine* [1894] 1 Ch 470-479, [Kay LJ] 478: "*the co-executors ought to be held liable because they allowed James [another executor] to retain the money for a long time without calling him to account*".

quer tipo de responsabilidade solidária, mas de uma violação autónoma. Ao permitir que um *trustee* controle os investimentos ou os bens constituídos em *trust*, o *co-trustee* está a violar os deveres que lhe foram impostos e voluntariamente assumidos. Pelo contrário, sendo demonstrado que o *trustee* atuou diligentemente no âmbito da fiscalização e do controlo das atuações dos outros fiduciários, os tribunais não o poderão responsabilizar pelos danos causados[2450].

[2450] *Snell's Equity*, cit., 860.

§ 30.º REMÉDIOS REAIS: DIMENSÃO ADJETIVA

162. Introdução e enquadramento conceptual: *following, tracing* e *claiming*

I. No parágrafo anterior, centrámo-nos no estudo do regime dos remédios pessoais, cujo objeto passa, de forma simplista, pela reconstituição da situação existente ou, no caso de esta não ser possível, pelo ressarcimento de todos os danos causados pela atuação, dolosa ou negligente, dos *trustees* prevaricadores. Interessam-nos, agora, os remédios reais que a *Equity Law* desenvolveu com o propósito de proteger os direitos dos beneficiários.

O parágrafo assume uma importância capital na presente pesquisa. A natureza jurídica do *trust* será, em grande medida, uma decorrência direta do alcance dos remédios disponibilizados pelo sistema.

O regime, vulgarmente denominado de *tracing*, corresponde, grosso modo, à nossa ação de reivindicação de propriedade, previsto no artigo 1311.º do Código Civil. Na prática, identificado o bem e demonstrada a titularidade do sujeito, o tribunal ordena a restituição do bem em causa ao seu legítimo proprietário.

Antes de nos debruçarmos sobre os aspetos substantivos do regime, impõe-se uma breve e sucinta exposição – também com propósitos introdutórios – sobre a sua dimensão adjetiva. Como temos defendido, não é possível compreender o Direito anglo-saxónico sem conhecer a sua história e o funcionamento processual dos seus mecanismos jurídicos.

II. O regime – no conjunto da sua dimensão adjetiva e substantiva – assenta em três grandes pilares: *following, tracing* e *claiming*[2451]. Tanto o *fol-*

[2451] A nomenclatura utilizada e os conceitos que lhe estão subjacentes foram alvo de profundas alterações com a decisão *Foskett v McKwoen* [2001] 1 AC 102-145, [LORD MILLETT] 129-130.

lowing, como o *tracing* consubstanciam simples processos de localização de bens tangíveis, correspondendo à dimensão adjetiva do instituto, que agora nos interessa. Através do mecanismo do *following* pretende determinar-se, com exatidão, a localização de um bem específico, não apenas a sua localização física, como a identidade do seu atual possuidor. Por sua vez, com o *tracing*, que pode ser apresentado como uma solução de recurso, busca-se já não a identificação da coisa original, mas a do bem que o haja substituído. Na prática, tudo funciona como se o espaço jurídico anteriormente ocupado pelo bem X passasse a ser preenchido pelo bem Y.

Ambos os mecanismos têm uma natureza meramente formal ou adjetiva. A sua aplicação e o seu interesse esgotam-se com a localização física do bem original ou com a identificação da coisa que o substitua[2452]. O direito a exigir a entrega do bem, cuja propriedade se reivindica, denominado de *claiming*, corresponde, por sua vez, à dimensão substantiva do regime[2453].

A *House of Lords* adotou a terminologia sugerida por LIONEL SMITH na sua monografia sobre o tema, *The Law of Tracing*, Clarendon Press, Oxford, 1997. A temática pode ser encontrada em todos os manuais e tratados dedicados ao *trust*. Sublinhamos o interesse e importância da obra de SMITH, quer pela fluidez da sua escrita, quer pelas preocupações conceptuais permanentes. Cumpre ainda referir a interessante compilação de artigos coordenada por PETER BIRKS, *Laundering and Tracing*, Clarendon Press, Oxford, 1995.

[2452] *Foskett v McKwoen* [2001] 1 AC 102-145, [LORD MILLETT] 129-130: *"Tracing is neither a claim nor a remedy. It is merely the process by which a claimant demonstrates what has happened to his property, identifies its proceeds and the persons who have handled or received them, and justifies his claim that the proceeds can properly be regarded as representing his property"*.

[2453] Embora bastante extensa, nenhuma análise dedicada aos remédios reais pode fugir à construção apresentada por LORD MILLETT na decisão in *Foskett v McKwoen* [2001] 1 AC 102-145, [LORD MILLETT] 129-130: *"The process of ascertaining what happened to the plaintiffs' money involves both tracing and following. These are both exercises in locating assets which are or may be taken to represent an asset belonging to the plaintiffs and to which they assert ownership. The process of following and tracing are, however, distinct. Following is the process of following the same asset as it moves from hand to hand. Tracing is the process of identifying a new asset as the substitute for the old. Where one asset is exchanged for another, a claimant can elect whether to follow the original asset into hands of the new owner or to trace its value into the new asset in the hands of the same owner... Tracing is also distinct from claiming. It identifies the traceable proceeds of the claimant's property. It enables the claimant to substitute the traceable proceeds for the original asset as the subject matter of his claim. But it does not affect or establish his claim. That will depend on a number of factors including the nature of his interest in the original asset"*. *Glencore International AG v Metro Trading Inc* [2001] 1 Lloyd's Rep 284-339, [MOORE-BICK J] 328-329: sublinha a importância teórica e prática da distinção apresentada por LORD MILLETT; *Boscawen v Bajwa* [1996] 1 WLR 328-343, [MILLETT LJ] 334-335: embora de forma algo embrionária,

163. *Following* e *tracing*

I. Como foi referido, o *following* consubstancia um simples processo de identificação de um bem que, por qualquer razão, saiu da esfera jurídica do *trust*. Imagine-se que A, *trustee*, aliena o bem X, constituído em *trust* a favor de B, a C, que, por sua vez, o deixa em testamento a D. O tribunal, seguindo o bem ao longo de todas estas transmissões, conclui que o bem se encontra, atualmente, na posse de D. Neste ponto, a figura do *following* esgota toda a sua utilidade: a localização do bem foi identificada. O mecanismo jurídico é, assim, totalmente alheio às intenções, motivações e conhecimentos do atual possuidor[2454]. Sublinhe-se, ainda, que o simples facto de o bem ser localizado não significa, só por si, que o tribunal vá reconhecer um direito.

Enquanto modelo de identificação formal, nos casos em que o bem seja distinguível, o mecanismo reveste-se de pouca complexidade. O mesmo já não se pode dizer de todas as situações em que, sendo o bem fungível, seja guardado, conjuntamente, com bens idênticos. Nestes casos, deixa de ser possível afirmar sobre que bens podem os beneficiários invocar uma especial relação. Ora, o processo de *following*, nos moldes desenvolvidos pela *Equity Law*, não tem como objeto correlacionar o bem original com o direito de propriedade correspondente, mas, simplesmente, a sua localização[2455]. O conceito é alheio aos efetivos direitos dos diversos sujeitos e à sua relação com cada um dos bens dessa massa indiferenciada. O sistema reconhece os direitos dos beneficiários a uma percentagem dos bens[2456].

LORD MILLETT – então apenas *Lord Justice* (LJ) – sublinha a importância de se distinguir a dimensão formal do instituto, i.e., a mera identificação do bem, da sua componente substantiva, exteriorizada pelo reconhecimento jurisprudencial dos direitos dos beneficiários.
[2454] SMITH, *The Law of Tracing*, cit., 68.
[2455] SMITH, *The Law of Tracing*, cit., 71.
[2456] *Jackson v Anderson* (1811) 4 Taunt 24-30, [MANSFIELD CJ] 30: o *trustee* guardou $ 1 969 pertencentes ao beneficiário conjuntamente com as suas poupanças. Diz-nos o tribunal: "*Here, one has a right to a certain number, and the other to the rest*"; *Aldridge v Johnson* (1857) 7 E & B 885-902: A e B celebraram um contrato de compra e venda de cem quilos de cevada. A quantidade foi armazenada dentro de um barracão em diversos sacos. Pouco tempo depois, A e B desentenderam-se, tendo B misturado os cem quilos vendidos com o que restava da sua produção. O tribunal considerou ser possível localizar os cem quilos de cevada; *Indian Oil Corporation Ltd v Greestone Shipping SA (Panama)* [1988] QB 345-372, [STAUGHTON J]: caso que envolveu uma mistura de crude. O tribunal considerou ser possível localizar os bens correspondentes; *Glencore International AG v Metro Trading Inc* [2001] 1 All ER (Comm) 103-181, [MOORE-BICK J]: caso em

A localização e a identificação dos bens complicam-se, substancialmente, se, após a sua união ou mistura, os bens voltarem a ser separados. Imagine-se que todos os anos os beneficiários do *trust* tinham direito a duzentos quilos de cevada. A, *trustee*, aliena os últimos duzentos quilos a B, que, por sua vez, os mistura com a sua própria produção, totalizando quatrocentos quilos de cevada. Pouco tempo volvido, essa mesma quantidade é furtada dos armazéns de B, por C. Sobre que duzentos quilos de cevada detêm os beneficiários direitos? Sobre os bens furtados ou sobre os bens que permaneceram no armazém de B? A forma mais simples de resolver toda a problemática passaria por declarar ser impossível seguir os bens, não tendo, consequentemente, o mecanismo aplicação. A jurisprudência inglesa não tem, porém, seguido uma posição tão radical.

A solução encontrada não é única, estando dependente da boa ou má-fé dos intervenientes. Voltemos ao caso da cevada, partindo do pressuposto de que os duzentos quilos furtados não foram encontrados. Caso se demonstre que B desconhecia a existência do *trust*, o tribunal decidirá de forma equitativa, i.e., cem dos duzentos quilos restantes serão identificados como pertencentes aos beneficiários[2457]. Se, pelo contrário, B estava ciente de que os duzentos quilos estavam constituídos em *trust*, é atribuída prioridade às pretensões dos beneficiários[2458]. A solução, apresentada como uma decorrência lógica da Justiça[2459], é reconduzível a algumas das mais relevantes máximas da *Equity Law*.

II. Paralelamente ao regime do *following*, os tribunais anglo-saxónicos desenvolveram um mecanismo distinto, embora análogo, denominado de *tracing*. Como referido a título introdutório, através deste processo pretende

---

tudo idêntico ao anterior, 168: "*In my view justice also should requires in a case of this kind that the proportions in which the contributors own the new blend should reflect both the quantity and the value of the oil which each has contributed*".

[2457] *Spence v Union Maritime Insurance Co* (1868) LR 3 CP 427-440.

[2458] *Indian Oil Corporation Ltd v Greestone Shipping SA (Panama)* [1988] QB 345-372, [STAUGHTON J] 370-371: "*where B wrongfully mixes the goods of A with goods of his own, which are substantially of the same nature and quality, and they cannot in practice be separated, the mixture is held in common and A is entitled to receive out of it a quantity equal to that of his goods which went into the mixture, any doubt as to that quantity being resolved in favour of A*".

[2459] *Glencore International AG v Metro Trading Inc* [2001] 1 All ER (Comm) 103-181, [MOORE-BICK J] 157: "*This solution to the problem of wrongful mixing of goods of the same kind seems to me, with respect, to be correct both as a matter of justice and principle*".

identificar-se as coisas que foram adquiridas em substituição dos bens constituídos em *trust*. Repare-se que o mecanismo não tem, necessariamente, uma natureza subsidiária. X, bem constituído em *trust*, foi ilegalmente alienado por A, *trustee*, a B, que, por sua vez, o permutou com C, pelo bem Y. Os beneficiários podem optar por seguir o bem X (*following*) ou o bem Y (*tracing*).

A simples substituição assenta em três pressupostos base: (1) aquisição de um bem novo, não associado ao *trust*; (2) a sua aquisição só foi possível porque se recorreu a bens constituídos em *trust*; e (3) apenas os bens constituídos em *trust* foram utilizados nessa operação[2460]. Repare-se que é juridicamente irrelevante se o autor tinha a intenção de utilizar diretamente os bens fungíveis constituídos em *trust* como meio para adquirir o novo bem. Exemplifique-se: o facto de A, *trustee*, ter utilizado € 1 000 constituídos em *trust* para pagar as suas contas pessoais e ter adquirido um computador, pelo mesmo valor, recorrendo aos seus fundos próprios, não impede o funcionamento do *tracing*[2461].

III. Ambas as situações acima analisadas assentam no pressuposto de que o beneficiário pretende recuperar o bem original – *following* – ou o bem que o substituiu – *tracing*. Nada impede, pelo contrário, que o beneficiário invoque, simplesmente, o seu *equitable right* sobre as quantias monetárias recebidas pelo *trustee* a título de contraprestação pelos bens alienados. Como terceira solução, que poderá ter uma função cumulativa ou não, consoante a extensão da causa de pedir, o beneficiário pode dar entrada a uma simples ação de responsabilidade civil por violação do *trust*[2462].

[2460] SMITH, *The Law of Tracing*, cit., 68.
[2461] *Re, Tilley's Will Trust* [1967] Ch 1179-1194, [UNGOED-THOMAS J] 1193: "*It seems to me that if, having regard to all the circumstances of the case objectively considered, it appears that the trustee has in fact, whatever his intention, laid out trust moneys in or towards a purchase, then the beneficiaries are entitled to the property purchased and any profits which it produces to the extent to which it has been paid for out the trust moneys*".
[2462] Recorrendo uma última vez à decisão *Foskett v McKwoen* [2001] 1 AC 102-145, [LORD MILLETT] 122: "*In such a case the beneficiary is entitled at his option either to assert his beneficial ownership of the proceeds or to bring a personal claim against the trustee for breach of trust and enforce an equitable lien or charge on the proceeds to secure restoration of the trust fund*".

No caso de a estratégia do beneficiário passar pela invocação de um *equitable right* sobre as quantias recebidas, o processo seguido será o do *tracing*, visto o objeto a localizar ser a contraprestação monetária e não o bem originariamente constituído em *trust*[2463].

[2463] CHRISTINE J. DAVIS, *Floating Rights*, 61 CLJ, 2002, 461, 447-448.

§ 31.º NATUREZA JURÍDICA DO *TRUST*

164. Evolução jurisprudencial: exposição analítica

I. Caracterizando-se a *Common Law* pela enorme preponderância da sua jurisprudência, não apenas numa perspetiva objetiva do Direito, i.e., o Direito efetivamente vigente, mas também no que respeita à própria Ciência Jurídica anglófona, faz todo o sentido que iniciemos o nosso percurso por apresentar, de forma analítica, o caminho percorrido pelos tribunais britânicos desde que, pela primeira vez, um beneficiário recorreu à Justiça para proteger a sua posição perante alienações ilegais ou não autorizadas dos bens constituídos em *trust*. Note-se que a nossa exposição centrar-se-á, neste ponto, na proteção *per se* e não no seu significado jurídico, leia-se natureza jurídica.

Um último elemento deve, ainda, ser sublinhado: apesar da ascendência dogmática da jurisprudência, os magistrados ingleses sempre se distanciaram dos problemas teóricos subjacentes.

II. Inicialmente, os tribunais limitavam-se a atribuir aos *equitable rights* dos beneficiários – optámos por utilizar a expressão *equitable right* para facilitar a exposição; não se ignora que o termo tem uma origem bastante posterior – um mero efeito entre as partes. Na prática, caso os *trustees* alienassem os bens constituídos em *trust* a terceiros, em clara violação do acordado com o *settlor*, aos beneficiários restava-lhes interpor uma ação de responsabilidade civil contra o *trustee* prevaricador, exigindo o ressarcimento pelos danos causados. O ordenamento jurídico não dispunha de quaisquer mecanismos jurídicos que pudessem ser invocados contra os novos e legítimos titulares do direito de propriedade. Veja-se a decisão *Cardinal Beaufort's Case*, datada de 1453:

> *If I enfeoff a man in order to perform my last will, and he enfeoffs someone else, I may not have a subpoena[2464] against the second feoffee because he is a stranger ... I shall have a subpoena against my feoffee and recover damages for the value of the land*[2465].

Durante os primeiros séculos da sua existência, e recorrendo a uma linguagem mais técnica e atual, muito embora nenhuma das expressões seja utilizada nesse período, a posição jurídica do beneficiário parece corresponder, grosso modo, a um direito de crédito. Com a generalização do instituto fiduciário, em especial com a implosão da Guerra das Rosas, o poder jurisprudencial foi confrontado com uma forte contrariedade: sendo o *trustee* o legítimo titular do direito de propriedade, nada o impedia de alienar os bens constituídos em *trust*, suprimindo, por completo, a proteção concedida aos beneficiários. Ciente destas fragilidades, o *Chancellor* optou por ampliar o campo de aplicação da construção: demonstrando-se ter o terceiro adquirente conhecimento da existência da relação fiduciária, passaria a estar obrigado a dar continuidade à vontade manifestada pelo *settlor* e, consequentemente, a acautelar a posição do *cestui que use*. A mais antiga prova desta expansão data do ano de 1465. Num comentário ao *year book* do quinto ano do reinado de *Edward* IV[2466], lê-se:

> *If J. enfeoffs A. to [J's] use and A. enfeoffs R., even though [A.] sells to [R.], if A. gives notice to R. of the intent of the first feoffment, [R.] is bound by writ of subpoena to carry out [J.'s] will*[2467].

Um último e importante passo foi dado ainda durante o século XV: com o falecimento do *trustee*, as obrigações assumidas transmitiam-se para os herdeiros do fiduciário. Não é claro a partir de que momento o *Court of Chancery* passou a aplicar semelhante regra, sendo certo, porém, que, numa decisão datada de 1482, LORD ROTHERAM LC a apresenta como uma construção pacífica e consolidada:

[2464] Tipo de *writ* necessário para aceder ao *Court of Chancery*.
[2465] BAKER e MILSOM, *Sources of English Legal History*, cit., 95.
[2466] Nascido a 28 de abril de 1442, veio a falecer no dia 9 de abril de 1483. Reinou de 4 de março de 1461 até 3 de outubro de 1470 e de 11 de abril de 1471 até à data da sua morte. Nos seis meses que separam as duas partes do seu reinado o trono foi ocupado por *Henry VI*.
[2467] BAKER e MILSOM, *Sources of English Legal History*, cit., 97.

§ 31.º NATUREZA JURÍDICA DO *TRUST*

[I]t is the common course in the Chancery to grant (Subpoena, Fifoot: relief) against an obligation, and also on a feoffment of trust, where the heirs (MS: of the feoffee) is in (eins) by descent or otherwise, because we find a record in the Chancery of such (Subpoenas, Fifoot: cases)[2468].

III. Os inícios do século XVI são marcados por importantes desenvolvimentos e esclarecimentos práticos, não acompanhados ou aproveitados pela doutrina. No importantíssimo caso *Gervys v Cooke*, datado de 1522 (!), decidido treze anos antes da entrada em vigor do *Statute of Uses*, o tribunal das *Commom Pleas* apresenta, de forma sucinta, o alcance da proteção concedida pela *Equity Law* aos beneficiários dos *trusts*[2469]:

(a) estendia-se a terceiros adquirentes que conhecessem a existência da relação fiduciária: *"if the feofees (trustee) make a feoffment to someone who has notice of the use, now by operation of law there is a use in the person who had the first use"*[2470];

(b) não sendo a transmissão do direito acompanhada por qualquer forma de contraprestação, presumia-se a conservação do *use/trust*, independentemente de o terceiro ter ou não conhecimento da sua existência: *"For the law will presume that, since he parted with the land of which he was seised to the use, without consideration, he parted with it in the most due form he could, namely just as he had it before"*[2471];

(c) com o falecimento do *trustee* original, os seus herdeiros passavam a ocupar a função fiduciária, nos exatos termos estabelecidos pelo *settlor*: *"The heir is just as chargeable as the feoffee himself to perform the feoffor's will"*[2472].

[2468] Y.B. 22 Edw. IV, Pasch., f. 4, pl. 18. A decisão pode ser consultada na íntegra em http://www.bu.edu/phpbin/lawyearbooks/display.php?id=20936. Repare-se, porém, nas palavras de HUSE CJKB – *"when I first came to the Court, which is not yet 30 years ago (c. 1450), it was agreed by all the Court in a case that if one had enfeoffed another in trust (de trust), if he (feoffee) died seised, so that his (feoffee's) heir was in (eins) by descent, that then no Subpoena would lie"* – que parecem indiciar que a solução não era pacífica.

[2469] JOHN H. BAKER, *Year Books of Henry VIII: 12-14 Henry VIII, 1520-1523*, 119 Selden Society, Selden Society, Londres, 2002, 108-122, 110.

[2470] At 110.

[2471] At 115.

[2472] At 116.

Embora com conteúdo diverso, todas as decisões acima citadas têm em comum a inexistência de qualquer referência aos direitos ou interesses dos beneficiários. Mesmo numa fase mais tardia, o tribunal limita-se a referir que, tendo o terceiro adquirente conhecimento da relação fiduciária, esta mantém-se, passando, aparentemente, o terceiro a ocupar a posição de *trustee*.

IV. Nos séculos que se seguiram, a solução – com pequenas flutuações terminológicas que em nada parecem afetar o seu conteúdo substantivo – permanece inalterada: o terceiro adquirente assume a posição do *trustee* em toda a sua plenitude[2473]. Veja-se o exemplo perfeito da decisão *Mansell v Mansell*, datada de 1732[2474]:

> [H]ad the premises been conveyed to one without notice and for a valuable consideration, such purchaser must have held the lands discharged of the trust... But

---

[2473] *Bovey v Smith* (1682) 1 Vern 146-150, [LORD FRANCIS NORTH LC] 149: "*they must have notice of the trust; for they purchase under the will, and all their title is by the will, by which the trust is created: and a man that has notice of the will must at his peril take notice of the operation and construction of the law upon it*"; *Wigg v Wigg* (1739) 1 Atk 382-384, [EARL OF HARDWICKE LC]: embora o caso não tenha como objeto uma relação fiduciária, permite-nos reforçar a posição da jurisprudência inglesa da época. A deixou em testamento, a B e seus filhos, a propriedade X, com a condição de transmitir £ 90 para um conjunto de terceiros. A doação *mortis causa* continha, ainda, uma cláusula de *distress*, que corresponde, no fundo, ao nosso direito de retenção. Tendo B morrido antes de A, coube aos seus filhos sucederem no direito de propriedade, o qual prontamente alienaram a C. Os terceiros beneficiários interpuseram uma ação, discutindo-se, então, em juízo, se a condição abrangia também C, que tinha conhecimento de todos estes factos. O tribunal considerou que a natureza jurídica da condição não era obrigacional, mas real, sujeitando todos os subsequentes proprietários que adquirissem o bem e que estivessem cientes da sua existência; *Mead v Lord Orrery* (1745) 3 Atk 235-244, [EARL OF HARDWICKE LC] 238; 771: "*If such a trustee join on a conveyance to a purchaser for a valuable consideration, and the purchaser has notice of that trust, the latter is affected with the trust, and shall be decreed to reconvey the estate to the old uses*". Repare-se que o tribunal não opta pela constituição de um novo *trust* ou pela entrega do bem ao *trustee* ou ao beneficiário, decreta, simplesmente, a sua utilização nos moldes anteriormente estabelecidos, i.e., o terceiro adquirente assume, por inteiro, a posição de *trustee*, nos exatos termos determinados no ato constitutivo. Esta posição parece ter-se mantido durante os primeiros anos do século XIX, cfr., *Mackreth v Symmons* (1808) 15 Ves Jun 329-356, [LORD ELDON LC] 350: diz-nos apenas que o terceiro é também *trustee*, o que parece indicar uma continuidade da solução.

[2474] (1732) 2 P Wms 678-685, 681.

§ 31.º NATUREZA JURÍDICA DO *TRUST*

... *if the purchaser had notice of the trust which the trustee were subject to, as annexed to their estate, such notice would have made him liable to the same trust.*

Apesar de a expressão "direitos dos beneficiários sobre a propriedade"[2475] ser utilizada em alguns, poucos, acórdãos, a decisão continua a alicerçar-se numa simples transmissão da posição jurídica do *trustee* para o adquirente. O raciocínio do tribunal é bastante lógico: se o terceiro, quando adquire o bem, não ignorava a existência da relação fiduciária subjacente, só se pode concluir que pretendeu, voluntariamente, assumir a posição de fiduciário.

O conteúdo jurídico dogmático da construção não sofreu qualquer alteração ao longo de todo o século XVIII. A solução é sempre apresentada, pela jurisprudência, como uma imposição da *conscience* em sentido objetivo, que rege a aplicação da *Equity Law*, e da *conscience* em sentido subjetivo, enquanto ordem moral que rege os comportamentos de cada um dos sujeitos jurídicos, neste caso, a *conscience* dos terceiros adquirentes[2476].

V. No início do século XIX, o paradigma jurisprudencial britânico começa a ser alvo de uma transformação gradual. A pedra de toque é colocada com cada vez mais frequência nos *equitable rights* dos beneficiários.

O reconhecimento inequívoco de um direito detido pelo beneficiário do *trust* foi finalmente admitido em 1842, no célebre caso *Saunders v Vautier*[2477]. A relevância do acórdão, no que respeita à natureza jurídica da posição do beneficiário, não reside na solução *per se* – posteriormente conhecida como *rule in Saunders v Vautier* –, cujo conteúdo remonta, pelo menos, a meados do século XVII[2478], mas nos termos em que a construção é apresentada. Os factos são facilmente elencados: A constituiu um *trust*, composto por um

---

[2475] *Mead v Lord Orrery* (1745) 3 Atk 235-244, [EARL OF HARDWICKE LC] 238: *"if a person will purchase with the notice of another's right, his giving a consideration will not avail him, for he throws away his money voluntarily, and of his own free will".*

[2476] *Jerrard v Saunders* (1794) 2 Ves Jun 453-458, [LORD LOUGHBOROUGH LC] 457: *"The doctrine as to the jurisdiction of this Court is this: you cannot attach upon the conscience of that party any demand whatever, where he stands as a purchaser having paid his money, and denies all notice of the circumstances set up by the bill".*

[2477] (1841) 4 Beav 115-117 e (1841) Cr & PH 240-250.

[2478] PAUL MATTHEW faz questão de sublinhar, no artigo *The Comparative Importance of the Rule in Saunders v. Vautier*, 122 LQR, 2006, 232-265, 267, que esta resposta tinha já sido anteriormente avançada pelos tribunais, cfr., *The Lord Pawele's Case* (1685) 2 Vent 366-367, [BARON JEFFREYS LC]; *Barnes v Rowley* (1797) 3 Ves Jun 305-306, [LORD LOUGHBOROUGH LC]; *Dawson*

conjunto de ações, a favor de B; de acordo com a vontade exteriorizada pelo *settlor* no ato constitutivo, logo que B perfizesse vinte e cinco anos, as ações deveriam ser-lhe transmitidas de imediato; até lá, os rendimentos e dividendos associados seriam acumulados, também em benefício último de B; ao atingir a maioridade, à época vinte e um anos, B exige a entrega das ações; perante a recusa dos fiduciários, B recorre aos tribunais. Confrontado com estes factos, escreve LORD LANGDALE MR:

> [W]here a legacy is directed to accumulate for a certain period, or where the payment is postponed, the legatee, if he has an absolute indefeasible interest in the legacy, is not bound to wait until the expiration of that period, but may require payment the moment he is competent to give a valid discharge[2479].

O ilustre magistrado reconhece, de forma inequívoca, a existência de um direito autónomo e próprio na esfera jurídica dos beneficiários, que lhes possibilita exigir a entrega antecipada dos bens que lhes foram vaticinados.

VI. O segundo importante passo pode ser apresentado como uma decorrência lógica das transformações operadas ao nível dos objetivos prosseguidos com a constituição de *trusts*. Nos seus moldes mais tradicionais, o *trust* correspondia, grosso modo, a um simples mecanismo de intermediação: o *trustee* conservava a titularidade do direito real na sua esfera jurídica porquanto fosse vantajoso para o beneficiário; assim que os obstáculos ou os problemas jurídicos fossem ultrapassados, o direito deveria ser transmitido, de imediato, para o beneficiário. Pense-se na situação típica do período feudal. Em suma, tradicionalmente, a posição do *trustee* caracterizava-se por uma simples obrigação de *non facere*, que consubstanciava, em termos gerais, uma obrigação de não levantar obstáculos ou impedimentos ao gozo efetivo do bem por parte dos beneficiários. Com as transformações já referidas, o fiduciário moderno passou a estar adstrito a um vasto conjunto de deveres precisos, com especial enfoque nos deveres de investimento e nas obrigações de valorizar os fundos associados ao *trust*[2480].

---

v Hearn (1831) 1 Russ & M 606-614, [LORD BROUGHAM LC] 613-614; [SIR THOMAS PLUMER MR] 605-606.

[2479] (1841) 4 Beav 115-117, 116.

[2480] STUART ANDERSON, *Property* in *The Oxford History of the Laws of England*, Vol. XII: *1820-1914, Private Law*, OUP, Oxford, 2010, 268-294 e GREGORY S. ALEXANDER, *The Transformation of Trusts as a Legal Category, 1800-1914*, 5 Law & Hist Rev, 1987, 303-350.

§ 31.º NATUREZA JURÍDICA DO *TRUST*

O preenchimento dos deveres do *trustee* passou, assim, a refletir os propósitos subjacentes à constituição do *trust*, bem como os conhecimentos dos sujeitos nomeados. A assunção, por inteiro, da posição jurídica de fiduciário assentava na linearidade da função, largamente ultrapassada com a adaptação do instituto fiduciário ao mundo comercial. Em suma, apenas os direitos gerais dos beneficiários, comuns a qualquer tipo de *trust*, se conservam:

> [T]he parties entitled beneficially have the same rights and remedies against him as they would be entitled against an express trustee who had fraudulently committed a breach of trust[2481].

As transformações operadas na dimensão interna do *trust* refletiram-se na sua dimensão externa.

VII. Antes de fecharmos este ponto mais analítico da nossa exposição, dois últimos elementos devem, ainda, ser discutidos: (1) a *ratio* da assunção da posição fiduciária/conservação dos direitos dos beneficiários, consoante o período em questão; e (2) o remédio primordialmente utilizado com a subjetivação da solução, ou seja, o reconhecimento dos *equitable rights*.

Por diversas vezes temos sublinhado que a assunção da posição jurídica pelo terceiro adquirente resulta da aplicação dos princípios formadores da *Equity Law*, reconduzidos, em última análise, ao conceito indeterminado de consciência. Impõe-se, porém, uma delimitação mais precisa. Embora utilizando a expressão consciência em termos análogos, a decisão *per se* é apresentada como uma sanção à atuação desonesta ou fraudulenta do terceiro adquirente: tendo o terceiro conhecimento da existência da relação fiduciária, ao adquirir o direito de propriedade correspondente, estava a colaborar com a violação cometida pelo *trustee*, atuando, como cúmplice do fiduciário, pelo que deveria assumir a posição em toda a sua plenitude[2482]:

[2481] *Rolfe v Gregory* (1865) 4 De GJ & S 576-580, [LORD WESTBURY LC] 579.
[2482] A construção remonta ao século XVI, cfr., *Gervys v Cooke* (1522), cit., 117: "*For if he had no notice there would be no use. If he had notice, on the other hand, he is particeps criminis. It is like the common situation where the feoffee enfeoffs someone who has notice of the use, upon consideration, and yet the use is not changed because he has no notice of the fraud. The second feoffee shall be just as bound to perform the will of the original feoffor as his own feoffor (i.e. the first feoffee) was. In this case the notice makes the use, and otherwise not*".

That responsibility may no doubt be extended in equity to others who are not properly trustees, if they are found either themselves trustees de son tort, or actually participating in any fraudulent conduct of the trustee to the injury of the cestui que trust[2483].

Todavia, quando a pedra de toque passa a ser colocada nos direitos dos beneficiários e já não na transmissão da posição jurídica, os tribunais veem--se obrigados a alterar a doutrina centenária, acrescentando um novo elemento, que, no fundo, consubstancia o mecanismo de defesa por excelência dos direitos dos beneficiários. Apesar de, ainda hoje, a construção ser, não raramente, associada a uma atuação fraudulenta[2484], a conservação dos direitos resulta da constituição, por declaração jurisdicional, de um *constructive trust*. Em termos gerais, que mais à frente serão devidamente aprofundados, o conhecimento da relação fiduciária possibilita aos tribunais constituírem um novo *trust*, em que a posição fiduciária é ocupada pelo terceiro adquirente e se caracteriza já não pelos deveres assumidos pelo *trustee* originário, mas por um conjunto mais geral de obrigações.

165. O conceito de *equitable right*: fusão das duas jurisdições e MAITLAND v SCOTT

I. Apesar da fusão operada, nos finais do século XIX, entre a *Equity Law* e a *Common Law*, o Direito anglo-saxónico manteve a distinção entre *equitable rights* e *legal rights*[2485-2488]. Porém, e como resultado direto da junção

---

[2483] *Barnes v Addy* (1874) 9 Ch App 244-256, [LORD SELBORNE LC] 251.

[2484] *Rolfe v Gregory* (1865) 4 De GJ & S 576-580, [LORD WESTBURY LC] 579: "*The relief is found on fraud and not on constructive trust. When it is said that the person who fraudulently receives or possesses himself of trust property is converted by this Court into a trustee, the expression is used for the purpose of describing the nature and extent of the remedy against him, and it denotes that the parties entitled beneficially have the same rights and remedies against him as they would be entitled against an express trustee who had fraudulently committed a breach of trust*".

[2485] *Ind, Coope & Co v Emmerson* (1887) 12 App Cas 300-312, [LORD WATSON] 309: "*It [the fusion] was not intended to affect, and does not affect, the quality of the rights and claims which they bring into Court*"; *Bank of Boston Connecticut v European Grain and Shipping Ltd* [1989] AC 1056-1111, [LORD BRANDON OF OAKBROOK] 1109: "*the Judicature Acts, while making important changes in procedure, did not alter and were not intended to alter the rights of parties*". Semelhantes considerações podem ser encontradas em inúmeras decisões: *Stumore v Campbell* [1892] 1 QB 314-319, [LORD ESHER

§ 31.º NATUREZA JURÍDICA DO *TRUST*

das duas jurisdições, a natureza jurídica do *equitable right* foi alvo de uma profunda revolução: até então apenas aplicados pelo *Court of Chancery*, os direitos desenvolvidos, durante séculos, pela *Equity Law*, com especial relevância para todos os que envolvem a posição jurídica dos beneficiários dos *trusts*, passaram a merecer um reconhecimento generalizado[2487]. Repare-se que uma posição contrária, i.e., a absorção dos *equitable rights* pelos *legal rights* teria como efeito direto o fim do instituto fiduciário, por se tornar juridicamente impossível distinguir a posição dos beneficiários da posição dos *trustees*[2488].

Com o fim da separação dos dois mundos, que durante séculos permitiu que os juristas anglófonos se refugiassem em conceções formalísticas e vazias, como a definição clássica: "*equitable rights* são direitos apenas reconhecidos pela *Equity Law*", remetendo-se de seguida para o regime correspondente, nunca a necessidade de se conceptualizar os *equitable rights* se impôs com tamanha determinação.

Tendo o conceito sido desenvolvido por oposição aos *legal rights* ou, pelo menos, apresentado como uma realidade distinta, o primeiro passo para o seu preenchimento passa, imperiosamente, por analisar o que se entende, neste contexto, por *legal right*.

MR] 316 e [LOPES LJ] 318; *MCC Proceeds Inc v Lehman Bros International (Europe)* [1998] 4 All ER 675-704, [MUMMERY LJ] 691.

[2486] A preservação desta distinção, a que acrescem muitas outras, tem levado parte da doutrina e da jurisprudência a declarar a fusão operada pelo *Judicature Act* como sendo falaciosa: *Meagher, Gummow and Lehane's Equity Doctrines and Remedies*, cit., 52 ss.; *Salt v Cooper* (1880) 16 Ch D 544-558, [JESSEL MR] 549: "*but it was not any fusion, or anything of the kind, it was the vesting in one tribunal the administration of Law and Equity in every cause, action, or dispute which should come before that tribunal*". Esta posição parte, no nosso ponto de vista, de uma errónea interpretação da palavra fusão. Veja-se o caso paradigmático do acórdão *Salt v Cooper*. Depois de considerar ser a fusão uma falácia, prossegue o ilustre relator, at 549: "*Then, as to that very small number of cases in which there is an actual conflict, it was decided that in all cases where the rules of Equity and Law were in conflict the rules of Equity should prevail. That was to be the mode of administering the combined jurisdiction, and that was the meaning of the Act*". Que outra conclusão se pode retirar destas palavras que não a fusão das duas jurisdições?

[2487] *Underhill and Hayton*, cit., 74.

[2488] *Joseph v Lyons* (1884) 15 QBD 280-287, [LINDLEY LJ] 287: "*Certainly that is not the effect of those statutes: otherwise they would abolish the distinction between trustee and cestui que trust*".

II. Numa aceção mais lata, o conceito de *legal right* corresponde à nossa ideia de direito subjetivo, pelo que os *equitable rights* são, também eles, *legal rights*. Todavia, não nos interessa, neste parágrafo, explorar o conceito de (*legal*) *right* à luz do pensamento anglo-saxónico, nem o conceito de direito (subjetivo) continental, mas delimitar o seu conteúdo quando confrontado com os *equitable rights*.

Como vimos no capítulo dedicado à *Equity Law*, a jurisdição do *Chancellor* dedicou-se, desde a sua formação, à resolução de litígios que envolviam interesses patrimoniais – direitos sobre coisas ou direitos a prestações –, cabendo, por sua vez, nas competências dos tribunais centrais todas as matérias que envolvessem os direitos ditos não patrimoniais ou pessoais[2489]. Relembre-se que os tribunais da *Common Law* tinham ainda competência para dirimir os litígios que envolvessem interesses patrimoniais, sendo, de resto, a instância primária no âmbito dos Direitos reais e obrigacionais. O confronto entre as duas jurisdições circunscrevia-se, assim, a estas duas áreas do Direito.

De modo generalizador, mas nem por isso incorreto, os súbditos de sua majestade recorriam ao *Court of Chancery* quando, confrontados com um incumprimento contratual cometido por um fiduciário, os beneficiários da relação não vissem a sua posição acautelada pela *Common Law*. Este obstáculo ao gozo efetivo, ao qual os tribunais centrais não atribuíam qualquer tipo de efeito jurídico, foi encarado pela *Equity Law* como violador da consciência.

Com o aperfeiçoamento jurídico da *Equity Law*, fruto da sistematização vivida a partir do século XIX, o conceito abstrato de consciência – primeiro, consciência do decisor, a que se seguiu uma suposta consciência social[2490] – foi suplantado pela emergência de direitos próprios na esfera jurídica dos beneficiários, i.e., o gozo efetivo do bem resulta não da aplicação de critérios e princípios abstratos, que podemos reconduzir ao espírito da *Equity Law*, mas do reconhecimento jurídico desse direito. Ao impedir o gozo efetivo do beneficiário, o *trustee* estava não só a violar os deveres assumidos com a aceitação da nomeação da função, mas também o direito próprio e autónomo do beneficiário, cuja posição jurídica ativa podia ser enquadrada no conceito de direito de crédito (*personal right/ right in personam*).

[2489] Número 40/II.
[2490] Número 23.

§ 31.º NATUREZA JURÍDICA DO *TRUST*

Atualmente, porém, e como acima avançado, este direito confere, ao seu titular, uma proteção contra todos os sujeitos que conheçam ou não pudessem desconhecer a sua existência ou cuja transmissão não seja acompanhada por um qualquer tipo de contraprestação. Em suma, em face do seu crescente campo de aplicação, o *equitable right* do beneficiário extravasou o simples campo obrigacional, passando a assumir uma natureza análoga aos direitos reais (*property rights/rights in rem*).

III. O início do século passado foi marcado, no que respeita à natureza jurídica do *trust*, pelo confronto entre duas posições, devidamente enquadradas no pano de fundo geral acima exposto. De um lado, MAITLAND, que apresenta a posição jurídica do beneficiário como um direito *in personam*[2491], e, do outro, SCOTT, que não tem dúvidas em definir essa posição jurídica como um direito *in rem*[2492]. Passemos a analisar a posição de ambos, em especial a de MAITLAND, tanto mais que, num parágrafo anterior, apresentámos o ilustre jurista como sendo defensor de uma conceção mista[2493].

MAITLAND diz-nos, de facto, que, numa perspetiva histórica, os direitos dos beneficiários são *in personam* e não *in rem*[2494]. Repare-se, sublinha, que o *Chancellor* foi chamado a intervir porque os *trustees*, que tinham prometido usar o bem em exclusivo interesse dos beneficiários, se recusavam a cumprir o acordado com o *settlor*[2495]. Gradualmente, prossegue, a posição jurídica do beneficiário começou a aproximar-se do conceito de direito real, embora sem compartilhar todas as suas características[2496]:

> [B]*ut that is it so treated that it is very like jus in rem. A right primarily good against certa persona, viz., the trustee, but so treated as to be almost equivalent to a right good against all – a dominium, ownership, which however exists only in equity*[2497].

[2491] *Equity*, cit., 23.
[2492] AUSTIN W. SCOTT, *The Nature of the Rights of the Cestui Que Trust*, 17 Colum L Rev, 1917, 269-290.
[2493] Número 45.
[2494] *Equity*, cit., 23.
[2495] *Equity*, cit., 29.
[2496] *Equity*, cit., 30.
[2497] *Equity*, cit., 23-24.

> *Gradually it begins to look somewhat like a right in rem. But it never has become this; no, not even in the present day*[2498].

Neste ponto, o pai da historiografia jurídica moderna da *Common Law* faz uma importante pergunta: mas qual a natureza do direito invocado pelo *Chancellor* para proteger a posição do beneficiário? Como resposta, diz--nos: provavelmente nenhum, tanto mais que não lhe poderia atribuir uma dimensão real, pois essa posição contrariaria o princípio de que a *Equity Law* deveria seguir a *Common Law*. Por outro lado, acrescentamos, a decisão assentava na violação da consciência/espírito da *Equity Law* e não num direito *per se*. As preocupações com a sua definição apenas são sentidas após as transformações operadas no instituto fiduciário, de resto contemporâneas da sistematização da *Equity Law*. Com a subjetivação dos seus princípios, ou seja, com a materialização de direitos individuais. Em termos cronológicos, primeiro surgiu a solução e só depois foi concretizado o respetivo direito.

A posição de MAITLAND vai sendo clarificada ao longo da obra: apesar de não poder ser classificado como um direito real, o direito do beneficiário aproxima-se bastante dessa categoria quanto ao seu conteúdo[2499]; o teor das posições jurídicas é análogo, mas distinto[2500]; e os *equitable rights* são direitos *in personam* que se assemelham aos direitos *in rem*[2501], o que pode ser enganador. O argumento derradeiro utilizado por MAITLAND, a que acresce, de forma decisiva, o desenvolvimento histórico do instituto, é o das limitações dos *equitable rights* quando comparados com os *jura in rem*: "*[they] are not rights against the world at large, but rights against certain persons*".

A resposta à posição obrigacional de MAITLAND partiu da pena de AUSTIN SCOTT. No seu célebre artigo, *The Nature of the Rights of the Cestui que Trust*[2502], SCOTT apresenta e rebate os quatro argumentos que o autor reconhece como representando sérios obstáculos à conceptualização dos *equitable rights* como direitos reais: (1) o *trustee* é o legítimo titular do direito de propriedade e o sistema não consente na existência de direitos reais conflituantes; (2) a *Equity Law* apenas tem jurisdição sobre pessoas e não sobre coisas; (3) o dever assumido pelos *trustees* de não utilizarem os bens para fins

---

[2498] *Equity*, cit., 30.
[2499] *Equity*, cit., 112.
[2500] *Equity*, cit., 115.
[2501] *Equity*, cit., 122.
[2502] 17 Colum L Rev, 1917, 269-290.

§ 31.º NATUREZA JURÍDICA DO *TRUST*

contrários aos estabelecidos no ato constitutivo do *trust* é contratual; (4) os direitos adquiridos por terceiros de boa-fé, acompanhados pela devida contraprestação, sobrepõem-se aos direitos dos beneficiários[2503]. O interesse e a veracidade do primeiro e segundo argumentos são apenas históricos: (1) a conservação dos *equitable rights*, após a fusão da *Equity Law* e da *Common Law*, traduziu-se no seu reconhecimento por parte do sistema, independentemente da natureza assumida; e (2) a sua dimensão histórica foi devidamente analisada no parágrafo dedicado às máximas da *Equity Law*, para onde se remete por inteiro, a fim de evitar desnecessárias repetições[2504].

A análise do terceiro e quarto argumentos, que, no fundo, correspondem, respetivamente, à dimensão interna e externa do *trust*, dicotomia reconhecida e divulgada por MAITLAND[2505], não pode ser feita sem mais. A perceção dos exatos contornos da discussão está dependente do domínio prévio de um vasto conjunto de conceitos e mecanismos: (1) remédios disponibilizados pelo sistema para proteger os *equitable rights*, em especial os *constructive trusts*; (2) mecanismos de extinção dos *equitable rights*, em especial a doutrina "*bona fide purchaser for value with notice*"; (3) "*bona fide purchaser for value with notice*" no Direito estado-unidense; (4) o conceito de *personal right* e o seu impacto na esfera jurídica de terceiros; e (5) o regime da venda de bens alheios na *Common Law*, em sentido estrito.

166. Aspetos substantivos dos remédios reais: *constructive trust*

I. No parágrafo anterior, apresentámos as diversas hipóteses de que o beneficiário tem à sua disposição, numa perspetiva adjetiva, para recuperar os bens constituídos em *trust* que saíram ilegalmente da esfera jurídica do *trustee*: (1) reivindicação da quantia monetária recebida pelo *trustee*, a título de contraprestação pela alienação dos bens constituídos em *trust*; (2) localização do bem constituído em *trust*: *following*; e (3) localização do bem ou bens que substituíram o bem constituído em *trust*: *tracing* –, cumpre agora analisar os diversos remédios reais existentes.

Para além do mecanismo de defesa por excelência: *constructive trust*, que ocupará a parte mais substancial deste ponto, outro mecanismo merece ser

---
[2503] SCOTT, *The Nature of the Rights*, cit., 275.
[2504] § 7.º.
[2505] *Equity*, cit., 117.

analisado: a *equitable charge*. Outros remédios poderiam, ainda, ser mencionados, pense-se nos exemplos paradigmáticos da *equitable lien* ou da *subrogation*. Todavia, nenhum deles é especialmente útil para proteger a posição jurídica dos beneficiários. Acresce que ambos os remédios representam uma adaptação, se não mesmo um desvirtuamento, dos mecanismos originários. No fundo, foram desenvolvidos com o propósito de preencher lacunas pontuais, em situações em que tanto o recurso ao regime do *constructive trust*, como ao regime da *equitable charge* se mostrem de aplicação duvidosa.

Repare-se que a escolha de entre cada um dos institutos disponibilizados deve ser feita em concreto, tudo dependendo das pretensões do autor/beneficiário e das diferentes hipóteses de sucesso[2506].

II. A *equitable charge* é um tipo de garantia real constituída jurisdicionalmente. Distingue-se da *mortgage* (hipoteca) por não estar dependente da vontade das partes. A sua declaração judicial tem como objetivo o cumprimento efetivo das obrigações assumidas ou, na perspetiva do credor, a realização dos seus direitos[2507].

A particularidade da *charge* reside na inexistência de uma relação reconhecida entre a garantia e qualquer bem identificado, i.e., os direitos do credor são garantidos por um conjunto de bens – designado de *fund*[2508]. A *charge* é denominada de *fixed charge*, sempre que o seu conteúdo não possa ser aumentado ou diminuído, ou *floating charge*, quando os bens que lhe estão associados não estejam sujeitos a qualquer constrangimento de preservação ou de conservação[2509].

O mecanismo tem especial interesse para os casos em que os bens constituídos em *trust* foram alienados e as quantias monetárias recebidas a título de contraprestação foram agregadas em conjunto com bens de idêntica natureza. Após a localização das quantias e feita a demonstração dos respe-

---

[2506] THOMAS e HUDSON, *The Law of Trusts*, cit., 1005.
[2507] *Snell's Equity*, cit., 1000 e *Fisher and Lighywood's Law of Mortgage*, 12ª edição, coordenação de WAYNE CLARK, LexisNexis Butterworths, Londres, 2006, 5-6 e 63-74.
[2508] *Re, Cosslett (Contractors) Ltd* [1998] Ch 495-511, [MILLETT LJ] 508: "*Neither a mortgage nor a charge depends on the delivery of possession. The difference between them is that a mortgage involves a transfer of legal or equitable ownership to the creditor, whereas an equitable charge does not*".
[2509] Quanto à diferença entre as duas modalidades, vide GULLIFER, *Goode on Legal Problems*, cit., 131-144. Entre nós, vide Luís MENEZES LEITÃO, *Garantias das obrigações*, 3ª edição, Almedina, Coimbra, 2012, 312-317.

§ 31.º NATUREZA JURÍDICA DO *TRUST*

tivos direitos, o tribunal declara a constituição da *charge*, que será acionada no caso de o atual possuidor se recusar a transmitir, para a esfera jurídica do beneficiário, as quantias correspondentes à alienação dos bens constituídos em *trust*[2510].

III. O ponto dedicado ao estudo analítico da evolução jurisprudencial terminou com a identificação do *constructive trust* como o remédio jurídico, por excelência, para proteger a posição jurídica dos beneficiários. Apesar de esta solução ser empregue há longos séculos, os seus contornos substantivos não são facilmente percetíveis.

Parte da jurisprudência critica a solução por considerar que a relação emergente não é reconduzível ao conceito de *trust*. Apesar de se aplicar o regime da responsabilidade civil por violação de *trust*, nomeadamente no que respeita à conservação e reivindicação dos *equitable rights* detidos, o terceiro adquirente não é verdadeiramente um *trustee*[2511]. Esta posição é seguida de perto por parte da doutrina, que ora considera que a recondução do problema à figura do *constructive trust* não facilita ou altera o regime aplicado[2512] ora entende, na senda da jurisprudência, que essa remissão é, em si mesma, errada: o terceiro adquirente não é um *trustee*[2513].

[2510] THOMAS e HUDSON, *The Law of Trusts*, cit., 1006.
[2511] *Paragon Finance plc v D B Thakerar & Co (a firm)* [1999] 1 All ER 400-420, [MILLETT LJ] 409: "*the expressions "constructive trust" and "constructive trustee" are misleading, for there is no trust and usually no possibility of a proprietary remedy*"; *NABB Brothers Ltd v Lloyds Bank International (Guernsey) Ltd* [2005] EWHC 405 (Ch), [LAWRENCE COLLINS J] [70]: embora seja utilizada a expressão *trustee*, o terceiro adquirente não é verdadeiramente um fiduciário. Todavia, aplica-se o regime desenvolvido para as relações fiduciárias; *Pakistan v Zardari* [2006] EWHC 2411 (Comm), [LAWRENCE COLLINS J] [88]: idêntica construção.
[2512] PETER BIRKS sempre se mostrou desfavorável à recondução da problemática à figura do *constructive trust* por considerar que não introduzia nenhuma novidade substantiva ou maior clareza dogmática: *An Introduction to the Law of Restitution*, edição revista, Clarendon Press, Oxford, 1989, 81: independentemente do termo utilizado, aplica-se o regime clássico da *Equity Law*: *accountability*; *Unjust Enrichment*, 2ª edição, OUP, Oxford, 2005, 295: focando-se mais no facto de nenhuma novidade ou alteração ser introduzida; e *Persistent Problems in Misdirected Money: a Quintet* [1993] LMCLQ, 218-237: "*A personal liability to make restitution is not made easier to understand by calling it accountability as a constructive trustee*".
[2513] CHARLES E. F. RICKETT, *The Classification of Trusts*, 18 NZULR, 1999, 305-333, 323: a simples aquisição de bens fiduciários não constitui o terceiro adquirente em *trustee*.

Um último dado deve ainda ser introduzido: nem sempre é claro, da leitura das decisões e das opiniões doutrinárias, a que tipo de situações se pode aplicar a constituição de um *constructive trust*. Para GLOVER, o recurso a essa construção está circunscrito aos casos em que, por dissipação dos bens constituídos em *trust*, o recurso a remédios reais deixe de ser possível[2514]. Ora, o uso da expressão *personal liability to account as a constructive trustee*, embora possa causar alguma confusão ou perplexidade, não deixa de ser adequado[2515]: para além de ser o termo utilizado pela jurisprudência inglesa desde, pelo menos, os finais do terceiro quartel do século passado, para englobar todas as situações em que um terceiro participou ativamente na violação do *trust*[2516]; a expressão *personal* alude à posição do terceiro adquirente e não à natureza, obrigacional ou real, dos *equitable rights* do beneficiário.

IV. Como por diversas vezes temos sublinhado, o regime jurídico do *breach of trust* caracteriza-se pela sua complexidade substantiva e terminológica. Repare-se que, como muitos autores e magistrados o têm referido, o facto de o *constructive trust* consubstanciar o remédio por excelência é um dado pouco esclarecedor: a indefinição conceptual do regime fiduciário atinge o seu apogeu nesta específica modalidade de *trust*[2517].

A primeira ideia que cumpre afastar de imediato é a de que a responsabilidade, em sentido lato, do terceiro adquirente resulta de um comportamento desonesto ou de qualquer atuação mancomunada ou fraudulenta.

[2514] JOHN GLOVER, *Commercial Equity: Fiduciary Relationships*, Butterworths, Adelaide, 1995, 287: "*Personal constructive trusts serve as an alternative to tracing claims where the subject property cannot be identified*".

[2515] MALCOLM COPE, *Equitable Obligations: Duties, Defences and Remedies*, Lawbook, Pyrmont, 2007, 224: o autor considera que o uso da expressão é mais prejudicial do que benéfico. Acrescenta, ainda, que o simples facto de o conceito de *constructive trust* assumir diferentes significados também ajuda a complexificar, desnecessariamente, toda a questão

[2516] Segue-se a terminologia utilizada por CHARLES MITCHELL e STEPHEN WATTERSON no seu artigo *Remedies for Knowing Receipt* in *Constructive and Resulting Trusts*, coordenação de CHARLES MITCHELL, Hart Publishing, Oxford, 2010, 115-158; *Barnes v Addy* (1874) 9 Ch App 244-256, [LORD SELBORNE LC] 251-252.

[2517] *Carl Zeiss Stiftung v Herbert Smith* [1969] 2 Ch 277-304, [EDMUND DAVIES LJ] 300: "*English law provides no clear and all-embracing definition of a constructive trust. Its boundaries have been left perhaps deliberately vague, so as not to restrict the court by technicalities in deciding what the justice of a particular case may demand*".

§ 31.º NATUREZA JURÍDICA DO *TRUST*

Esta conceção clássica está hoje totalmente ultrapassada[2518]. Recorrendo às palavras de NOURSE LJ: *"While a knowing recipient will often be found to have acted dishonestly, it has never been a prerequisite of the liability that he should"*[2519]. Reconhece-se, porém, que o uso das expressões fraude ou desonestidade tinha alguma razão de ser: o terceiro adquirente conhecia a existência da relação fiduciária, pelo que, de certa forma, a sua intenção não era honesta.

Apesar de apelativa, a ideia partia de um falso pressuposto: apenas será concedida proteção aos *equitable rights* quando estes tenham sido intencionalmente lesados. Não é assim: o ponto de partida é a posição jurídica dos beneficiários e não a atuação do prevaricador. Ora, os direitos dos beneficiários, independentemente da natureza que se lhes pretenda atribuir, emergem com a válida constituição do *trust* e apenas cessam com a verificação de uma causa de extinção legal, quer seja uma venda autorizada, quer seja a aquisição do bem por um terceiro de boa-fé.

V. Assim, quando os tribunais decretem a constituição de um *constructive trust*, é exatamente isso o que pretendem fazer. Não se enquadrando os factos em nenhuma das causas de extinção, os *equitable rights* dos beneficiários conservam toda a sua juridicidade. Como já avançado, e à luz da solução jurisprudencial maioritária, o terceiro adquirente não assume a posição jurídica do *trustee*, mas a posição jurídica de um *trustee*. É-lhe imposto um conjunto de deveres gerais – cujo alcance e delimitação, do conjunto e individualmente, são ainda algo incertos – e não o mesmo leque que caracterizava a posição do *trustee* original. Os deveres em causa terão de ser, necessariamente, bastante

---

[2518] *Belmont Finance Corp v Williams Furniture Ltd* [1980] 1 All ER 393-419, [BUCKLEY LJ] 405: referindo-se à doutrina clássica, nos moldes avançados por LORD SELBORNE LC: *"As I understand Lord Selborne LC's second head, a stranger to a trust notwithstanding that he may not have received any of the trust fund which has been misapplied will be treated as accountable as a constructive trustee if he has knowingly participated in a dishonest design on the part of the trustees to misapply the fund; he must himself have been in some way a party to the dishonesty of the trustees"*.

[2519] *Bank of Credit and Commerce International (Overses) Ltd v Akindele* [2001] Ch 437-458, 448. Esta ideia é retomada em inúmeros acórdãos: *Frank Houghton v Clive Fayers* [1999] 2 ITELR 512-524, [NOURSE LJ] 518: não se exige qualquer tipo de intenção desonesta ou fraudulenta, mas apenas o conhecimento ou desconhecimento não desculpável da existência da relação fiduciária; *Niru Battery Manufacturing Co v Milestone Trading Ltd* [2004] QB 985-1013, [CLARKE LJ] 1001: *"dishonesty is not a necessary ingredient of liability in knowing receipt"*; *Uzinterimpex JSC v Standard Bank plc* [2008] EWCA Civ 819, [MOORE-BICK LJ] [43]: idênticas considerações.

limitados, parecendo difícil que extravasem o dever de restituição do bem e o dever de conservação das coisas até à sua efetiva restituição[2520].

167. Extinção dos *equitable rights*: terceiros adquirentes de boa-fé

I. Antes de analisarmos a doutrina do terceiro adquirente de boa-fé, duas outras causas de extinção dos direitos dos beneficiários devem ser telegraficamente mencionadas: (1) *change of position*; e (2) *estoppel by representation*.

O mecanismo de *change of position*, remédio embrionário e com contornos ainda por definir, é demonstrativo do ressurgimento da criatividade da *Equity Law*[2521]. Em termos gerais, os tribunais não irão dar provimento ao pedido do autor/beneficiário caso as perdas sentidas na esfera jurídica do terceiro adquirente sejam superiores às perdas do beneficiário por não ver os seus direitos restaurados[2522]. Corresponderá, grosso modo, a uma concretização da boa-fé nacional, na sua vertente da primazia da materialidade subjacente.

O segundo remédio, *estoppel by representation*, corresponde à figura do *venire contra factum proprium*. Tendo sido criado na esfera jurídica do terceiro adquirente, por parte do beneficiário, a confiança de que o direito de pro-

---

[2520] MITCHELL e WATTERSON, *Remedies for Knowing Receipt*, cit., 132-138: os autores apresentam uma construção bastante apelativa e lógica, mas que não encontra suficiente fundamento jurisdicional: (1) o dever exige que o adquirente tenha conhecimento da relação fiduciária (contrariado por COLMAN J no caso *Allied Carpets Group plc v Nethercott* [2001] BCC 81-92, 89-90, como de resto os próprios autores o reconhecem); (2) o bem deve ser restituído ao *trustee* ou diretamente ao beneficiário (*Re, Holmes* [2005] 1 All ER 490-498, [STANLEY BURNTON J] 497: "*The applicant was under a legal duty to return the funds into the account of [the beneficiary], to whom they belonged in equity*").

[2521] THOMAS e HUDSON, *The Law of Trusts*, cit., 1014-1022 e ELISE BANT, *The Change of Position Defence*, Hart Publishing, Oxford, 2009.

[2522] *Lipkin Gorman v Karpnale* [1991] 2 AC 548-588, [LORD GOFF OF CHIEVELEY] 579: "*where an innocent defendant's position is so changed that he will suffer an injustice if called upon to repay or to repay in full, the injustice of requiring him so to repay outweighs the injustice of denying the plaintiff restitution*". A passagem é citada em inúmeros acórdãos, cfr., *Barros Matos Jnr v MacDaniels Ltd* [2004] 3 All ER 299-309, [LADDIE J] 304; *Vaught v Tel Sell UK Ltd* [2005] EWHC 2404 (QB), [RICHARD SEYMOUR QC] [173]; *Haugesund Kommune v Depfa ACS Bank* [2011] 1 All ER (Comm) 985-1036 , [AIKENS LJ] 1021.

§ 31.º NATUREZA JURÍDICA DO *TRUST*

priedade que adquirira não estava sujeito a qualquer *equitable right*, o beneficiário não pode vir requerer a sua restituição[2523].

II. Como princípio geral, os *equitable rights* dos beneficiários não são afetados com a transmissão do direito de propriedade para um terceiro externo à relação fiduciária, salvo se preenchidos quatro requisitos: (1) onerosidade; (2) aquisição de *legal right*; (3) boa-fé; e (4) *notice*.
Cabe ao adquirente demonstrar, em juízo, a verificação de todos os quatro elementos[2524].

III. O sistema apenas protege os terceiros adquirentes se a transmissão do bem for acompanhada por uma qualquer contraprestação. Estão assim excluídas todas as transmissões gratuitas[2525].
Os tribunais ingleses não exigem o pagamento do valor real: "*Question is not, whether the Consideration be adequate, but whether 'tis valuable*"[2526]. A aquisição da coisa por um valor inferior ao valor de mercado, só por si, não obsta à aplicação do regime da reivindicação de propriedade[2527]. Por outro lado, a jurisprudência britânica tem considerado, e com razão, que as contrapresta-

---

[2523] Figura com origens ancestrais que remonta ao século XIV. Da vasta bibliografia disponível refira-se: *Snell's Equity*, cit., 361-404; SPENCE BOWER, PIERS FELTHAM, DANIEL HOCHBERG e TOM LEECH, *The Law Relating to Estoppel by Representation*, 4ª edição, LexisNexis, Londres, 2004; MARK PAWLOWSKI, *The Doctrine of Proprietary Estoppel*, Sweet & Maxwell, Londres, 1996 e ELIZABETH COOK, *The Modern Law of Estoppel*, OUP, Oxford, 2000.

[2524] *A-G v Biphosphated Guano Co* (1879) 11 Ch D 327-341, [THESIGER LJ] 337: "*The defence of a purchase without notice is one which ought to be specifically alleged as well as proved by those who rely upon it*"; *Re, Nisbet and Pott's Contract* [1905] 1 Ch 391-403, [FARWELL J] 402: "*the plea of purchaser for value without notice... to be proved by the person pleading it*"; *Wilkes v Spooner* [1911] 2 KB 473-488, [SCRUTTON J] 486.

[2525] A limitação a transmissões onerosas é um corolário centenário do mecanismo, cfr., *Mansell v Mansell* (1732) 2 P Wms 677-685, 681: sublinhando a imperiosidade de uma contraprestação; *Saunders v Dehew* (1682) 2 Vern 271-272, 271: não sendo a transmissão acompanhada de uma qualquer contraprestação, é irrelevante se o adquirente tinha ou não conhecimento da existência da relação fiduciária.

[2526] *Bassett v Nosworthy* (1673) Fin 102-104, [LORD NOTTINGHAM LC] 104.

[2527] *Midland Bank Trust Co Ltd v Green* [1981] AC 513-532, [LORD WILBERFORCE]: os factos deste caso transportaram LORD WILBERFORCE para a discussão que envolve o conceito de *valuable consideration*. O ilustre magistrado rejeita o seu preenchimento por recurso à expressão *adequate consideration*. Defende, pelo contrário, que apenas se exige um qualquer tipo de contraprestação, não tendo, necessariamente, de corresponder ao valor real ou dito de mercado.

ções simbólicas – caso clássico da aquisição de bens por £ 1 – não preenchem o conceito de *consideration*, pelo que o terceiro adquirente não é merecedor de proteção jurídica[2528].

Dois últimos pontos devem ser destacados: (1) o conteúdo da contraprestação não tem, necessariamente, de corresponder a uma quantia pecuniária[2529]; e (2) as contraprestações fictícias, que não saiam do papel ou que consubstanciem simples promessas não cumpridas, são insuficientes para acautelar a posição jurídica do terceiro adquirente[2530].

IV. O segundo requisito consubstancia uma decorrência lógica das máximas *where there is equal equity, the law shall prevail* e *where the equities are equal, the first in time shall prevail*[2531]. Ambos os princípios resultam da hierarquia jurídica entre *legal rights* e *equitable rights*. Tradicionalmente, os *equitable rights* apenas eram reconhecidos pela *Equity*, pelo que, mesmo à luz do Direito aplicado no *Court of Chancery*, sempre que existisse um conflito entre os dois direitos, era dada prevalência ao titular do *legal right*. Pese embora a fusão das duas jurisdições, o princípio manteve-se inalterado[2532].

Se, pelo contrário, o direito adquirido for, por natureza, *equitable*, ou seja, em tudo idêntico aos direitos detidos pelos beneficiários do *trust*, então aplica-se a primeira das *supra* citadas máximas. O único critério relevante é o da antiguidade da aquisição do direito: "*He* (beneficiário) *has a better and superior – because a prior – equity*"[2533].

[2528] *Nurdin & Peacock plc v DB Ramsden & Co Ltd* [1999] 1 EGLR 1999, 119-130, [NEUBERGER J] 123: "*One of the reasons for rejecting the contention of £ 1 constituted sufficient consideration ... appears to me to be that one should look at the substance rather than the form*".

[2529] *Taylor v Blakelock* (1886) 32 Ch D 560-570: o tribunal aceitou como *valuable consideration* a transmissão de um conjunto de ações.

[2530] *Story v Lord Windsor* (1743) 2 Atk 630-632.

[2531] Número 34.

[2532] *Swiss Bank Co v Lloyds Bank Ltd* [1979] Ch 548-583, [BROWNE-WILKINSON J] 566: "*Once an equitable interest in property is established, thereafter any third party taking that property from the original contracting party or the original trustee only takes it, in the eyes of equity shorn of, or subject to, the equitable interest. But as the right and the remedy is equitable only, the courts of equity would not enforce the equitable interest against the third party unless it was inequitable for him not to give effect to the prior equitable interest. It is on this ground that a subsequent purchaser for value of a legal interest without notice takes free of prior equitable interests*".

[2533] *Phillips v Phillips* (1861) 4 De GF & J 208-220, [LORD WESTBURY LC] 215. Construção citada em inúmeros acórdãos, cfr., *Cave v Cave* (1880) 15 Ch D 639-649, [FRY J] 647; *Westminster Bank v Lee* [1956] Ch 7-23, [UPJOHN J] 19.

§ 31.º NATUREZA JURÍDICA DO *TRUST*

V. Muito embora o requisito seja, por vezes, apresentado como um elemento autónomo[2534], a boa-fé do adquirente está intrinsecamente ligada ao conhecimento ou desconhecimento da relação fiduciária por parte do adquirente[2535], não se conhecendo, inclusive, qualquer caso em que apenas um dos elementos foi considerado provado em tribunal[2536], pelo que tem bastante cabimento tratar os dois últimos requisitos de modo agregado.

Como princípio geral, os terceiros adquirentes apenas poderão beneficiar deste regime caso não conhecessem ou não devessem desconhecer a existência da relação fiduciária e, consequentemente, a existência dos *equitable rights* dos beneficiários, no momento em que todas as formalidades do contrato foram realizadas. Recorre-se à expressão "todas as formalidades do contrato foram realizadas" e não "conclusão do contrato" deliberadamente e por duas razões: (1) caso obtenha essa informação antes de o preço ter sido pago na sua totalidade[2537]; ou (2) antes de cumpridas todas as exigências formais associadas[2538], os *equitable rights* dos beneficiários não são, de modo algum, afetados.

O regime aplicável vem hoje positivado na s. 199(1)(ii) do *Law of Property Act*, 1925:

> *A purchaser shall not be prejudicially affected by notice of any other instrument or matter or any fact or thing unless it is within his own knowledge, or would have come to his knowledge if such inquiries and inspections had been made as ought reasonably to have been made by him*[2539].

[2534] *Pilcher v Rawlins* (1872) 7 Ch App 259-274, [W. M. JAMES LJ] 269: "*Such a purchaser... may be interrogated and tested to any extent as to the valuable consideration which he has given in order to show the bona fides or mala fides of his purchase, and also the presence or the absence of notice*".

[2535] *Midland Bank Trust Co Ltd v Green* [1981] AC 513-532, [LORD WILBERFORCE] 528: "*I think that it would generally be true to say that the words "in good faith" related to the existence of notice. Equity, in other words, required not only absence of notice, but genuine and honest absence of notice*".

[2536] *Lewin on Trusts*, cit., 1723.

[2537] *Story v Lord Windsor* (1743) 2 Atk 630-632, [EARL OF HARDWICK LC] 631: "*notice must necessarily be denied... before the payment of the money*".

[2538] *Wigg v Wigg* (1739) 1 Atk 382-384, [EARL OF HARDWICK LC] 383: "*it appears he had notice, for though he had no notice before he paid his money, yet he had notice before the execution of the conveyance, and it is all but one transaction*".

[2539] O preceito teve como inspiração direta a s. 3 (1) do *Conveyancing Act*, 1882.

Sendo que a alínea b) estende o regime aos mandatários que atuem em nome ou no interesse do terceiro adquirente, i.e., caso atuem por intermédio de terceiros, os mesmos critérios devem ser seguidos e preenchidos.

Com base nestes dois preceitos, a doutrina e os tribunais apresentam três categorias de *notice*: (1) *actual notice*; (2) *constructive notice*; e (3) *imputed notice*.

O termo *actual notice* traduz um conhecimento efetivo e direto. No acórdão *Barnhart v Greenshields*, datado de 1853, o ilustre relator defendeu que, tendo o adquirente obtido informações provenientes de terceiros externos ao contrato, a sua obrigação era a de esclarecer a sua origem, o que nos remetia para o campo de aplicação da *constructive notice*[2540]. Ao contrário do então defendido, a pedra de toque é hoje inteiramente colocada não na origem da informação, mas na sua fiabilidade, à luz do critério objetivo do homem médio[2541].

O desenvolvimento do conceito de *constructive notice* consubstancia uma decorrência lógica do espírito da *Equity Law*. De modo análogo ao verificado para a boa-fé no Direito continental, também a jurisdição do *Chancellor* não pactua com comportamentos levianos, nem protege sujeitos que atuem de forma displicente ou pouco diligente. Demonstrando-se que, à luz dos factos concretos envolventes, o adquirente não poderia ignorar a natureza fiduciária do bem (*constructive notice*), os *equitable rights* dos beneficiários mantêm-se em toda a sua plenitude.

Da leitura da segunda parte do preceito acima transcrito resulta a centralidade dos esforços desenvolvidos pelo terceiro adquirente com vista à aquisição de informação correta e precisa. Exige-se-lhe uma atuação prudente, análoga à expectável por parte de um homem de negócios colocado perante idêntica situação[2542]. Partindo desta construção, apenas em concreto se poderá concluir se a atuação do terceiro adquirente se enquadra no conceito de homem prudente[2543]. Na maioria dos casos em que o tribunal reconheceu um *construc-*

[2540] 9 Moo PC 18-39, 33.

[2541] *Snell's Equity*, cit., 80 e *Underhill and Hayton*, cit., 1293.

[2542] *Bailey v Barnes* [1894] 1 Ch 25-37, [LINDLEY LJ] 35: "*The expression "ought reasonably" must mean ought as a matter of prudence, having regard to what is usually done by men of business under similar circumstances*". A passagem é citada em inúmero acórdãos: *Taylor v London and County Banking Co* [1901] 2 Ch 231-264, [STIRLING LJ] 258; *Eagle Trust plc v S.B.C. Securities Ltd* [1993] 1 WLR 484-508, [VINELOTT J] 494.

[2543] A importância do contexto envolvente é posta em destaque na maioria das decisões. Depois de apresentada a construção, os tribunais partem, então, para a análise dos factos concretos.

§ 31.º NATUREZA JURÍDICA DO *TRUST*

tive notice, demonstrou-se que o adquirente tinha, sem dificuldades, acesso a informação precisa. Pense-se no caso paradigmático em que um sujeito se abstem de analisar os documentos que tinha à sua disponibilidade[2544].

Na alínea b) da s. 199(1)(ii) o legislador, em consonância com o conteúdo de dezenas de decisões jurisprudenciais anteriores[2545], estendeu o regime aos conhecimentos e omissões dos mandatários utilizados, pelo adquirente, ao longo do processo contratual. Uma solução inversa resultaria no desvirtuamento do instituto: a utilização de mandatários permitiria aos adquirentes contornar o regime, os direitos dos beneficiários e o próprio espírito da *Equity Law*. Por outro lado, a posição jurídica do adquirente não pode ser afetada se se demonstrar ter o seu mandatário, deliberadamente, ocultado essa informação do mandante[2546].

168. Doutrina do terceiro adquirente no Direito estado-unidense

De modo idêntico ao verificado para o Direito inglês, também no Direito estado-unidense vigora o princípio de que os *equitable rights* dos beneficiários apenas serão afetados se o adquirente dos bens constituídos em *trust* não conhecesse ou não devesse conhecer da sua existência[2547].

Carl Zeiss Stiftung v Herbet Smith & Co (No 2) [1969] 2 Ch 276-304, [Sachs LJ] 297: "*The nature and extent of the duty to inquire ... must, of course, vary according to the facts*".
[2544] *Patman v Harland* (1881) 353-360, [Jessel MR]; *Re, Montagu's Settlement Trusts* [1987] Ch 264-286, [Sir Robert VC]; *Eagle Trust plc v S.B.C. Securities Ltd* [1993] 1 WLR 484-508, [Vinelott J] 494: "*A man may have actual notice of a fact and yet not know it. He may have been supplied in the course of a conveyancing transaction with a document and so have actual notice of its content, but he may not in fact have read it*".
[2545] *Cave v Cave* (1880) 15 Ch D 639-649, [Fry J] 644: o adquirente atuou por intermédio de um advogado que tinha conhecimento da relação fiduciária; *Berwick & Co v Price* [1905] 1 Ch 632-645, [Joyce J] 639: "*A person who ought, according to the rule of Courts of Equity, either personally or by his agent to have known a fact is treated in equity as if he actually knew it*".
[2546] *Boursot v Savage* (1866) LR 2 Eq 134-143, [Sir R. T. Kindersly VC] 142: "*the doctrine cannot apply to this case, because [the agent] was committing a fraud, and the client is not to be affected with constructive notice of a fraud committed by his solicitor*"; Peter Watts, *Imputed Knowledge in Agency Law – Excising the Fraud Exception*, 117 LQR, 2001, 300-333.
[2547] *Rest 2nd* § 284(1): "*If the trustee in breach of trust transfers trust property to, or creates a legal interest in the subject matter of the trust in, a person who takes for value and without notice of the breach of trust, and who is not knowingly taking part in an illegal transaction, the latter holds the interest so transferred or created free of the trust, and is under no liability to the beneficiary*"; Nova Iorque: *Air Traffic Conference*

O regime estado-unidense assenta nos mesmos requisitos previstos pelo Direito inglês: (1) onerosidade; (2) aquisição de *legal right*; (3) boa-fé do adquirente; e (4) *notice*.

Da aplicação do primeiro requisito resulta que, não sendo a transmissão dos direitos acompanhada de uma qualquer forma de contraprestação, os *equitable rights* dos beneficiários não são afetados; mantêm-se em toda a sua plenitude[2548].

O segundo requisito tem pouca aplicação prática, visto a maioria das situações relatadas, se não mesmo a sua totalidade, respeitar à transmissão do *legal right* e não do *equitable right*[2549].

Também no que respeita ao direito norte-americano, os dois últimos elementos são, apesar de apresentados autonomamente, preenchidos conjuntamente[2550].

169. *Personal rights*

I. Na célebre construção avançada por LORD WILBERFORCE, na decisão *National Provincial Bank Ltd v Ainsworth*[2551] –

> *Before a right or an interest can be admitted into the category of property, or of a right affecting property, it must be definable, identifiable by third parties, capable*

---

v Downtown Travel Center, Inc, 87 Misc 2d 151-155, (NY Sup 1976) [EDWARD J. GREENFIELD J] 154, a matéria foi alvo de positivação no *Est. Powers & Trusts Law* § 7-3.2; Califórnia: Prob Code §§ 18103 e 18104.

[2548] *Rest 2ⁿᵈ* § 289; Califórnia: *Allen v Meyers*, 54 P 2d 450-452, (CA 1936) [CURTIS J] 451; Nova Iorque: *Smith v Driscoll*, 415 NYS 2d 455-457, (NY App Div 1979) 456-457; Massachusetts: *Otis v Otis*, 45 NE 737, (Mass 1897) [HOLMES J] 737: "*A person to whose hands a trust fund comes by conveyance from the original trustee is chargeable as a trustee in his turn if he takes it without consideration, whether he has notice of the trust or not. This has been settled for 300 years, since the time of uses*".

[2549] *Rest 2ⁿᵈ* § 285.

[2550] Califórnia: *People of the State of California v Larkin*, 413 F Supp 978-883, (DC Cal 1976) [PECKHAM CJ] 983: "*[the] term "good faith" does not mean absence of evil motive, or, as here, absence of profit; rather, the critical factor is absence of knowledge*"; Nova Iorque: *Majer v Schmidt*, 169 AD 2d 501-506, (NY App Div 1991) 503: "*if a constructive trust is otherwise appropriate, it will be imposed unless the party who received the property is a bona fide purchaser, i.e., one who took without notice that it had been wrongfully obtained*".

[2551] [1965] AC 1175-1262, 1247-1248.

in its nature of assumption by third parties, and have some degree of permanence or stability[2552].

– a pedra de toque é colocada, em absoluto, na extensão do direito. A distinção entre direitos reais e direitos obrigacionais residirá, assim, na produção de efeitos externos, na afetação de esferas jurídicas de terceiros alheios ao processo constitutivo do direito. Ora, como verificado nos dois pontos anteriores e salvo se preenchidos os requisitos da doutrina do terceiro adquirente de boa-fé ou uma das outras causas de extinção, os *equitable rights* que emergem da constituição do *trust* não só permanecem com a aquisição do direito de propriedade, como emergem da esfera jurídica do terceiro adquirente, assumindo o sujeito passivo um conjunto novo e autónomo de deveres.

II. Como princípio geral, o conteúdo de um contrato tem o seu campo limitado às esferas jurídicas das partes contraentes. A doutrina, denominada *doctrine of privity* ou *privity rule*, traduz-se numa impossibilidade de conferir direitos ou impor obrigações[2553] a terceiros estranhos à relação contratual voluntariamente constituída.

Introduzida em terras inglesas, durante o século XX, por uma suposta (e incorreta) receção da solução continental[2554-2555], a teoria foi sempre alvo de

---

[2552] A passagem é citada em inúmeros acórdãos, cfr., *Re, Mineral Resources Ltd.* [1999] 1 All ER 746-768, [NEUBERGER J] 753; *Re, Celtic Extraction Ltd* [1999] 4 All ER 684-697, [MORRITT LJ] 693; *St Vicent de Paul Society v Oxcare Ltd* [2009] 12 ITELR 649-678, [MUIR JA] 664; *Janvey v Wastell* [2010] EWCA Civ 137, [ARDEN LJ] [12].

[2553] *William v Everett* (1811) 14 East 582-598, [LORD ELLENBOROUGH CJ]; *Tweddel v Atkinson* (1861) [1861-73] All ER Rep 369-371, [WIGHTMAN J] 370: "*it is now well established that at law no stranger to the consideration can take advantage of the contract though made for his benefit*"; *Dunlop Pneumatic Co v Selfridge & Co, Ltd* [1915] 847-865, [VISCOUNT HALDANE LC] 853: "*in the law of England certain principles are fundamental. One is that only a person who is a party to a contract can sue on it ... Such a right may be conferred by way of property ... but it cannot be conferred on a stranger to a contract as a right to enforce the contract in personam*".

[2554] JOHN ADAMS, GREG J. TOLHURST e MICHAEL FURMSTON, *Third Parties* in *The Law of Contract*, 3ª edição, coordenação de MICHAEL FURMSTON, LexisNexis Butterworths, Londres, 2007, 1197-1475, 1198. A obra remete ainda para um artigo de ALFRED W. B. SIMPSON, *Innovation in Nineteenth Century Contract Law*, 91 LQR, 1975, 247-278, que é, porém, omisso quanto a esta matéria.

[2555] Durante os séculos XVII e XVIII, encontramos uma série de casos em que os tribunais reconhecem a eficácia externa dos contratos no que respeita à emergência de direitos, cfr., MICHAEL P. FURMSTON, *Return to Dunlop v Selfridge*, 23 MLR, 1960, 373-398, 373, nota 2.

fortes críticas – tanto por parte da doutrina[2556], como por parte da jurisprudência[2557] –, por impossibilitar a emergência de direitos na esfera jurídica de terceiros. A mesma Ciência Jurídica aprova, unanimemente, a ilegalidade da imposição de obrigações a terceiros externos à relação contratual[2558].

[2556] FURMSTON, *Return to Dunlop v Selfridge*, cit., 373: sublinha a maior liberdade da *Equity Law* e a inexistência de qualquer razão que sustente diferentes conceções; BASIL S. MARKESINIS, *An Expanding Tort Law – The Price of a Rigid Contract Law*, 103 LQR, 1987, 354-397, 396: a relutância do Direito contratual inglês em flexibilizar esta doutrina foi compensada com o desenvolvimento de soluções pouco sustentáveis ao nível da responsabilidade civil extracontratual; ROBERT FLANNIGAN, *Privity – The End of an Era (Error)*, 103 LQR, 1987, 564-593, 592: "*The doctrine is an historical and theoretical error that cannot be justified*"; PETER KINCAID, *Third Parties: Rationalising a Right to Sue*, 48 CLJ, 1989, 242-270, 244: apresenta a doutrina como sendo injusta e antiquada; FRANCIS M. B. REYNOLDS, *Privity of Contract, the Boundaries of Categories and the Limits of the Judicial Function*, 105 LQR, 1989, 1-4, 3: a inadequação da doutrina impeliu a jurisprudência inglesa a desenvolver uma série de exceções com vista à sua superação; JOHN N. ADAMS e ROGER BROWNSWORD, *Privity and the Concept of a Network Contract*, 10 LS, 1990, 12-37, 20: o desenvolvimento de exceções é apresentado como um indício da sua fragilidade; DERYCK BEYLEVELD e ROGER BROWNSWORD, *Privity, Transivity and Rationality*, 54 MLR, 1991, 48-71, 48: a rigidez da doutrina traduzia-se em situações injustas.

[2557] *Swain v The Law Society* [1983] 1 AC 598-623, [LORD DIPLOCK] 611: os tribunais viram-se obrigados a expandir o campo de aplicação de algumas construções bem sedimentadas como forma de mitigar a rigidez incompreensível da lei; *White v Jones* [1995] 2 AC 207-295 [LORD GOFF] 263: sublinha as dificuldades sistemáticas inerentes à construção e as desvantagens da solução inglesa quando comparada com os regimes civis continentais.

[2558] Esta unanimidade abrange (1) a jurisprudência: as acórdãos clássicos, alguns dos quais acima citados, concentram-se sempre e apenas no afastamento de direitos, veja-se, ainda, o não menos célebre caso *Scruttons Ltd v Midland Silicones Ltd* [1962] AC 446-496, [LORD REID] 473: "*I find it impossible to deny the existence of the general rule that a stranger to a contract cannot in a question with either of the contracting parties take advantage of provisions of the contract, even where it is clear from the contract that some provision in it was intended to benefit him*"; (2) a doutrina: os textos críticos, elencados na nota de rodapé anterior, focam-se sempre nessa dimensão; e (3) o legislador: (a) Comissões de revisão: *The Law Commission (Consultation Paper no. 121), Privity of Contract: Contracts for the Benefit of Third Parties*, 1991, 2: "*while it is self-evidently desirable that a complete stranger to a contract should not have contractual obligations forced upon him...*" e The Law Commission, *(Law Commission No 242) Privity of Contract: Contracts for the Benefit of Third Parties. Item 1 of the Sixth Programme of Law Reform: The Law of Contract*, 1996, 6: "*This report is concerned with the conferral of rights to third parties*"; (b) legislador *per se*: *Contracts (Rights of Third Parties) Act*, 1999, foca-se apenas nos direitos e não nas obrigações; s. 1(1) "*Subject to the provisions of this Act, a person who is not a party to a contract (a "third party") may in his own right enforce a term of the contract if...*"

§ 31.º NATUREZA JURÍDICA DO *TRUST*

Desde, pelo menos, o terceiro quartel do século passado que a jurisprudência inglesa mostrava o seu desagrado quanto à rigidez da solução legal, abstendo-se, porém, de a abrogar, aparentemente por considerar que essa tarefa estava, desde que foram constituídas Comissões[2559] com vista à sua reformulação, concentrada nas mãos do legislador[2560]. A situação, pontualmente resolvida com o desenvolvimento de diversas exceções jurisprudenciais, foi finalmente ultrapassada com a entrada em vigor do *Contracts (Rights of Third Parties) Act*, 1999, que vem, expressamente, reconhecer a produção de efeitos jurídicos ativos na esfera jurídica de terceiros.

Já quanto à emergência de obrigações – repare-se que esta questão não deve ser confundida com a doutrina da eficácia externa das obrigações –, salvo raríssimas e pontuais exceções e, em todo o caso, apenas abrangendo sujeitos identificados – A compra o bem X conhecendo que B era titular de um direito de opção, o tribunal decidiu pela permanência do direito e, consequentemente, da correspondente obrigação[2561], – o regime inglês mantém-se inalterado.

170. Venda de bens alheios

I. Ao contrário do verificado para o Direito nacional, o regime jurídico anglo-saxónico da venda de bens alheios não é unitário. Os tribunais, pri-

---

[2559] Quanto às diversas comissões constituídas para esse efeito, vide The Law Commission, *(Law Commission No 242) Privity of Contract: Contracts for the Benefit of Third Parties*, cit. 2-3.
[2560] *Drive Yourself Hire Co (London) Ltd v Strutt* [1954] 1 QB 250-279, [DENNING LJ] 272: sublinha o facto de, historicamente, o Direito inglês prever a emergência de direitos na esfera jurídica de terceiros; *Scruttons Ltd v Midland Silicones Ltd* [1962] AC 446-496, [VISCOUNT SIMONDS] 468: "*If the principle of jus quaesitum tertio is to be introduced into our law, it must be done by Parliament after a due consideration of its merits and demerits*"; *Beswick v Beswick* [1968] AC 58-107, [LORD REID] 72: "*if one had to contemplate a further long period of Parliamentary procrastination, this House might find it necessary to deal with this matter*"; *Woodar Investment Development Ltd v Wimpey Construction U.K. Ltd* [1980] 1 WLR 277-301, [LORD SALMON] 291: "*I can only hope that your Lordships' House will soon have an opportunity of reconsidering it unless in the meantime it is altered by statute*"; esta posição mereceu a concordância, no mesmo acordão, de LORD KEITH OF KINKEL at 297-298 e de LORD SCARMAN at 300; *The Pioneer Container* [1994] 2 AC 324-349, [LORD GOFF] 355: embora reconhecendo ser essa a lei, considera que a sua revogação estava perto de ser conseguida.
[2561] *Erskine Macdonald Ltd v Eyles* [1921] 1 Ch 631-641, [PETERSON J] 641.

meiro, e, posteriormente, os diferentes legisladores, instituíram regras distintas consoante a natureza jurídica das coisas.

II. Quanto à aquisição de direitos reais sobre bens móveis[2562] – englobando aqui todas as coisas que não possam ser reconduzidas ao conceito de bem imóvel, com exceção de dinheiro e títulos de crédito, por não serem abrangidos pelo conteúdo do *Sale of Goods Act*, 1979[2563], e cujos direitos correspondentes, salvo casos pontuais, e apenas para o segundo grupo, são sempre transmitidos para terceiros adquirentes de boa-fé – vigora, em terras inglesas,[2564] o princípio geral, denominado *nemo dat quod non habet*, segundo o qual na alienação de um bem por um sujeito que não seja o seu legítimo proprietário, i.e., que não seja o titular do correspondente direito real, apenas se transmitem para o adquirente os direitos do alienante[2565]. Em termos mais diretos: a transmissão do direito de propriedade é uma prerrogativa exclusiva do seu legítimo titular.

O princípio, inicialmente absoluto, tem vindo gradualmente a perder a sua histórica rigidez, em defesa do comércio jurídico[2566]. Atualmente, as exceções introduzidas tendem a cobrir todas as situações em que um terceiro de boa-fé adquire o bem a outrem que não o seu legítimo proprietário:

– venda subsequente: mantendo o vendedor na sua posse a coisa alienada ou os documentos que comprovem a sua titularidade, o direito de propriedade transmite-se, em toda a sua plenitude, para um sujeito que, desconhecendo, de boa-fé, a primeira alienação, contrata com o vendedor a compra do bem[2567];

[2562] Vide, em geral, MICHAEL G. BRIDGE, *Personal Property Law*, OUP, Oxford, 2002, 115-141 e *The Sale of Goods*, 2ª edição, OUP, Oxford, 2009, 201-307 e SIMON GLEESON, *Personal Property Law*, Sweet & Maxwell, Londres, 1997, 105-137.

[2563] 61(1): *"goods" include all personal chattels other than things in action and money*".

[2564] E, de resto, também no Direito estado-unidense.

[2565] *Sale of Goods Act*, 1979, s. 21 (*Sale by person not the owner*) (1) "*where goods are sold by a person who is not their owner... the buyer acquires no better title to the goods than the seller had*".

[2566] *Bishopsgate Motor Finance Co Ltd v Transport Brakers Ltd* [1949] 1 KB 322-338, [DENNING LJ] 336-337: "*In the development of our law, two principles have striven for mastery. The first is for the protection of property: no one can give a better title than he himself possesses. The second is for the protection of commercial transactions: the person who takes in good faith and for value without notice should get a good title. The first principle is held away for a long time, but it has been modified by the common law itself and by statute so as to meet the needs of our own times*".

[2567] *Sale of Goods Act*, 1979, s. 24.

§ 31.º NATUREZA JURÍDICA DO *TRUST*

– anulabilidade do contrato anterior: adquire o direito de propriedade pleno todo o sujeito que, estando de boa-fé, celebra com outrem um contrato de compra e venda de um determinado bem, desconhecendo que a aquisição originária padecia de invalidade[2568];
– titularidade aparente ou representação: adquire o direito de propriedade pleno todo o sujeito que, estando de boa-fé, celebra com outrem, que aparente ser o legítimo titular do direito de propriedade correspondente ou um representante do proprietário[2569], um contrato de compra e venda de um determinado bem.

O conceito de boa-fé, para efeitos de aplicação de todas as três exceções, foi preenchido pelo próprio legislador[2570].

III. Quanto à venda de bens imóveis alheios, o regime jurídico inglês acompanha o nosso regime pátrio: todas as transmissões que envolvam bens imóveis devem ser registadas, pelo que apenas o titular que consta como proprietário do bem pode legalmente aliená-lo[2571].

171. Terceiro e quarto argumentos de Scott: a dimensão interna e a dimensão externa do *trust*

I. No que respeita à dimensão interna do *trust*, i.e., a relação que se estabelece entre o *trustee* e os beneficiários, Scott reconhece que a maioria dos direitos emergentes na esfera jurídica dos beneficiários são, por natureza, direitos de crédito. De facto, é inegável que os deveres assumidos pelos *trustees* são exclusivos da posição desempenhada. Não é concebível imaginar uma ação de responsabilidade civil por violação dos deveres de cuidado ou dos deveres de lealdade em que a cadeira do réu não seja ocupada por um *trustee* ou *trustee* de facto. O ilustre jurista considera, porém, que nem todos os deveres do *trustee* têm correspondência num simples direito de crédito: o dever de não utilizar os bens constituídos em *trust* para propósitos estranhos

---

[2568] *Sale of Goods Act*, 1979, s. 23.
[2569] *Sale of Goods Act*, 1979, s. 21(1).
[2570] *Sale of Goods Act*, 1979, s. 60(3).
[2571] *Land Registration Act*, 2002.

à sua constituição corresponde a um direito real dos beneficiários, que pode ser, grosso modo, exigido ao mundo em geral[2572].

II. O último argumento que Scott se propõe rebater tem sólidas raízes nos Direitos da *Common Law*. Num artigo publicado no primeiro volume da Harvard Law Review, CHRISTOPHER LANGDELL, eminente jurista e diretor da faculdade de Direito de Harvard durante vinte e cinco anos, defendeu que a extinção dos direitos dos beneficiários com a aquisição por terceiros de boa-fé era revelador da sua natureza obrigacional. O raciocínio é simples: a *Equity* impõe um conjunto de deveres não só ao *trustee* original, como a todos os titulares subsequentes, desde que tenham conhecimento da relação fiduciária. A pedra de toque é colocada na pessoa do titular do direito de propriedade e não nos direitos dos beneficiários[2573]. A posição foi seguida de perto num artigo da autoria de WALTER HART, jurista com ampla bibliografia fiduciária, datado de 1912. HART afirma que a posição jurídica do beneficiário não pode ser reconduzida ao conceito de direito real porque os *equitable rights* não existem em abstrato mas, somente, em concreto, ou seja, apenas podem ser exercidos contra um conjunto identificado de sujeitos[2574].

A resposta mais direta à posição de SCOTT partiu da pena de HARLAN STONE, 12.º presidente do Supremo Tribunal dos Estados Unidos. Num artigo editado apenas seis meses volvidos sobre a publicação do célebre escrito, STONE defende a natureza obrigacional da posição jurídica dos beneficiários. O argumento utilizado, embora melhor estruturado, vai ao encontro das posições já apresentadas: o beneficiário não é titular de nenhum direito real; a conservação do *equitable right* com a transmissão do direito de propriedade para a esfera jurídica de terceiros adquirentes de má-fé resulta da aplicação dos princípios gerais da *Equity Law*: a *Equity Law* "constitui, na esfera jurídica dos terceiros adquirentes, um dever de respeito pela posição jurídica dos beneficiários" e não "a posição jurídica dos beneficiários prevalece sobre os interesses dos terceiros adquirentes." Em suma, para o presidente do Supremo Tribunal de Justiça dos Estados Unidos, a proteção da posição jurídica do beneficiário advém da imposição de um dever geral de cuidado,

---

[2572] SCOTT, *The Nature of the Rights*, cit., 277-278.
[2573] *A Brief Survey of Equity Jurisdiction*, 1 Harv L Rev, 1887, 55-72, 58.
[2574] WALTER G. HART, *The Place of Trust in Jurisprudence*, 12 LQR, 1912, 290-297.

que tem como objeto último a proteção da confiança suscitada e não de um direito *erga omnes*[2575].

III. Percorrido este longo caminho, parece-nos que temos à nossa disposição um vasto conjunto de elementos que nos permite apresentar uma construção consistente. Impõe-se, porém, uma breve exposição sobre algumas particularidades que nos permitam juntar as pontas ainda soltas: (1) particularidades quanto ao *trustee*; (2) particularidades quanto ao objeto ou propósito do *trust*; (3) particularidades quanto à posição jurídica dos beneficiários; e (4) particularidades tributárias.

172. Particularidades quanto ao *trustee*

I. Nas próximas linhas analisaremos sucintamente dois aspetos: (1) os efeitos do falecimento do *trustee*; e (2) os efeitos da entrada do *trustee* em insolvência.

II. A assunção da posição fiduciária pelos herdeiros do *trustee* tem hoje um interesse meramente histórico. Atualmente, ao abrigo do disposto na s. 18(2) do TA 1925, até à nomeação de um novo *trustee*, o direito de propriedade é transmitido para o executor testamentário (*personal representative*)[2576].

III. De acordo com disposto na s. 283(3) do *Insolvency Act*, 1986, os bens constituídos em *trust* estão excluídos da massa insolvente, pelo que os seus credores não podem invocar qualquer tipo de direito. O preceito abrange, ainda, por aplicação do regime geral, as quantias monetárias obtidas por alienação não autorizada de bens constituídos em *trust*[2577].

[2575] *The Nature of the Right of the Cestui que Trust*, 17 Colum L Rev, 1917, 467-501, 500-501.
[2576] "*Until the appointment of new trustees, the personal representatives or representative for the time being of a sole trustee, or, where there were two or more trustees of the last surviving or continuing trustee, shall be capable of exercising or performing any power or trust which was given to, or capable of being exercised by, the sole or last surviving or continuing trustee, or other the trustees or trustee for the time being of the trust*".
[2577] A título meramente exemplificativo, refira-se o já analisado *Re, Hallett's Estate* (1879) 13 Ch D 696-753, [JESSEL MR] 719: "*But so long as the trust property can be traced and followed into other property into which it has been converted that remains subject to the trust*".

IV. Em termos conclusivos, a posição jurídica do *trustee*, sem ignorar as especificidades decorrentes dos regimes sucessórios e insolvencial, tem, pelo menos no que respeita às obrigações assumidas perante terceiros, uma natureza real.

173. Particularidade quanto ao objeto

I. Interessa-nos, neste ponto, recentrarmos a nossa atenção na segunda certeza – determinabilidade dos bens constituídos em *trust* – e no impacto da decisão *Hunter v Moss*[2578] na natureza jurídica da posição dos beneficiários. No controverso acórdão – que já foi analisado nos parágrafos introdutórios desta III Parte[2579] –, o tribunal declarou como válida a constituição de um *trust* sem que tivesse havido identificação e segregação dos bens que o constituem: A constituiu 50 ações em *trust*, de um universo de 1000, a favor de B.

Repare-se que não se discute se o regime jurídico do *tracing* dispõe ou não de mecanismos jurídicos, como parte da doutrina o reconhece – de resto, o remédio da *equitable charge* encaixa perfeitamente nas especificidades do caso –, importa, sim, esclarecer o conteúdo da segunda certeza, o que se deve entender por determinabilidade dos objetos constituídos em *trust*. Também não releva para esta discussão a conservação dos *equitable rights* com o amalgamento dos bens constituídos em *trust* com bens idênticos pertencentes a terceiros, pense-se no caso paradigmático de quantias monetárias que são depositadas numa conta bancária do *trustee*. Também neste caso, os remédios desenvolvidos pela *Equity Law*, por muito criticáveis que possam ser do ponto de vista dogmático, permitem a sua recuperação.

II. O critério subjacente à decisão parece ser bastante simples: sendo um *trust* constituído por bens intangíveis – dinheiro, ações, obrigações ou quaisquer outros títulos de crédito – que, por sua vez, façam parte de uma massa indiferenciada de bens iguais, a validade da sua constituição está dependente não de uma identificação individualizadora e de uma subsequente segregação, mas da simples possibilidade de a vontade declarada poder ser exigida judicialmente. A atuação do tribunal está, evidentemente, dependente da certeza quanto à localização do bem, caso contrário não será possível acionar

---

[2578] [1994] 1 WLR 452-462.
[2579] Número 95/III.

qualquer remédio jurídico. Exemplifique-se: (1) A constitui um *trust*, a favor de B, composto por € 5 000. Sem mais, esta disposição é insuficiente; e (2) A constitui um *trust*, a favor de B, composto por € 5 000 depositados na conta X; mesmo que o valor total do depósito bancário ascenda a vários milhares de euros, o tribunal pode, caso lhe seja solicitado pelo beneficiário, declarar a constituição de uma *equitable charge*. Esta posição vai, de resto, ao encontro da posição defendida por grande parte da doutrina que se tem debruçado sobre este específico aspeto. São dois os argumentos mais utilizados: (1) sendo a vontade de constituição do *trust* clara, não há razão para o tribunal não ser flexível; e (2) se é possível localizar o bem, o regime do *tracing* pode ser aplicado. Note-se que os mesmos autores reconhecem a fragilidade da posição dos beneficiários no caso de os bens sairem da esfera jurídica do *trustee*, mas esse não é um problema de validade, mas um obstáculo que decorre das limitações dos remédios desenvolvidos[2580].

A decisão *Hunter v Moss* é, na nossa opinião, uma decorrência direta da expansão do instituto fiduciário no mundo financeiro moderno. Na sua esmagadora maioria, os *trusts* financeiros são constituídos por bens intangíveis, em especial ações e obrigações, que, salvo raras exceções, não têm qualquer tipo de elemento que os identifique, que permita correlacionar os direitos dos *trustees* com os correspondentes títulos de crédito.

174. Particularidades quanto à posição jurídica dos beneficiários

I. Seguindo a construção apresentada por LORD BROWNE-WILKINSON, no célebre caso *Westdeutsch Landesbank Girozentrale v Islington London Borough Council*: "*Once a trust is established, as from the date of its establishment the benefi-*

[2580] ALISON JONES, *Creating a Trust over an Unascertained Part of a Homogenous Whole*, Conv, 1993, 466-472, 469-470: coloca o elemento chave na localização do bem; a efetiva proteção dos direitos dos beneficiários é uma questão distinta da válida constituição do *trust*; WILLIAM NORRIS, *Uncertainty and Informality*, PCB, 1995, 43-46: não vê qualquer tipo de problema, desde que a conta associada aos títulos de crédito ou às quantias monetárias seja localizável; MARTIN, *Certainty of Subject-matter*, cit., 223: não vê razões para se levantarem problemas quando é essa a vontade do *settlor*; SARAH WORTHINGTON, *Sorting out Ownership Interests in a Bulk: Gifts, Sales and Trusts*, JBL, 1999, 1-21: focando-se na necessidade de dar cumprimento à vontade dos intervenientes; PAUL WONG CHI YEUN, *Proprietary Interests in Fungible Shares: the Hong Kong Experience*, 17 JIBL, 2002, 24-27, 27: aponta para uma solução que nos remete em tudo para a figura das obrigações genéricas.

ciary has, in equity, a property interest in the trust property"[2581]. O preenchimento da terceira certeza parece estar, assim, dependente da emergência, na esfera jurídica de um sujeito determinável, de um direito sobre os bens constituídos em *trust*. Este princípio, como veremos, não é de todo absoluto.

O mais evidente exemplo que contraria a norma são os *charitable trusts*, que têm como objeto propósitos caridosos e não o benefício concreto de sujeitos identificáveis. Recorde-se, porém, que defendemos que o *charitable trust* não é um verdadeiro *trust*[2582].

O segundo exemplo, já com maior relevância, respeita a *trusts* que, muito embora não sejam *charitable*, não visam o benefício de sujeitos jurídicos, caso paradigmático de *trusts* constituídos a favor de animais ou para conservação de bens inanimados[2583]; *trusts* constituídos para promoção da caça à raposa[2584]; *trusts* constituídos para a conservação de monumentos, campas e túmulos[2585]; *trusts* constituídos para a celebração de cerimónias religiosas privadas[2586].

Finalmente, o princípio, nos moldes apresentados por LORD BROWNE--WILKINSON, é contrariado pela válida constituição de *discretionary trusts*, nos quais não é possível determinar com precisão quais os sujeitos que são efetivamente abrangidos:

- *Re, Denley's Trust Deed*[2587]: foi constituído um *trust* que tinha como objeto um campo de jogos. De acordo com o disposto no ato constitutivo, duas categorias de pessoas podiam usufruir do campo: trabalhadores de uma sociedade identificada; e todos os sujeitos que os *trustees* assim o entendessem. O tribunal validou a constituição do *trust* por considerar que eram indicados, direta e indiretamente, os beneficiários abrangidos[2588];
- *McPhail v Doulton*: acórdão já analisado no capítulo dedicado às três certezas. Relembrem-se as palavras de LORD WILBERFORCE: "*the trust*

[2581] [1996] 2 All ER 961-1021, 987.
[2582] Número 85.
[2583] *Mitford v Reynolds* (1848) 16 Sim 105-120: constituído, em parte, a favor dos cavalos do *settlor*; *Re, Dean* (1889) 41 Ch D 552-563: também constituído, em parte, a favor dos seus cavalos.
[2584] *Re, Thompson* [1934] 342-344.
[2585] *Mitford v Reynolds* (1848) 16 Sim 105-120: construção de um monumento; *Re, Hooper* [1932] 1 Ch 38-41: conservação das campas e túmulos da família;
[2586] *Bourne v Keane* [1919] AC 815-926: celebração de missas pela alma do *settlor*.
[2587] [1969] 1 Ch 373-393 [GOFF J].
[2588] At 382-384.

is valid if it can be said with certainty that any given individuals is or is not a member of the class"[2589].

Se em relação ao primeiro caso fica a dúvida se, no momento em que o *trust* é constituído, emergem na esfera jurídica dos trabalhadores da sociedade direitos protegidos, já no que respeita ao acórdão *McPhail v Doulton*, parece não haver dúvidas: o grau de discricionariedade concedido aos *trustees* é de tal forma abrangente que impede que se diga, com clareza, em que esfera jurídica emergiu o correspondente *equitable right*.

175. Particularidades tributárias

Não pretendemos, com este último e curto ponto, iniciar um aprofundado estudo sobre o regime fiscal do *trust*, mas apenas apresentar alguns aspetos que nos possam ser de alguma utilidade na busca pela identificação da natureza jurídica do instituto fiduciário. Sublinhe-se, porém, que o modo como o legislador tributário trata a problemática representa apenas um indício, para não dizer uma mera curiosidade. Em nenhum momento poderia a Ciência Jurídica ficar prisioneira das construções tributárias, por muito corretas ou adequadas que se apresentem.

Feita esta introdução, cumpre apenas referir dois aspetos: (1) ao abrigo no disposto na s. 474(1) do *Income Tax Act*, 2007, para efeitos de impostos sobre os rendimentos associados ao *trust*, os *trustees* são os sujeitos passivos. Outra solução não seria possível, visto o *trust* não ter personalidade jurídica. O legislador tem o cuidado de distinguir o *trustee*, taxado pelos rendimentos do *trust*, do sujeito que ocupa temporariamente a função, taxado como qualquer pessoa singular, pelos seus rendimentos próprios[2590]; e (2) como já mencionado, sendo o *trustee* o legítimo titular do direito de propriedade dos bens constituídos em *trust*, cabe-lhe cumprir todas as obrigações tributárias associadas, pense-se no pagamento de taxas sobre imóveis[2591].

[2589] [1971] AC 424-457.
[2590] *"For the purposes of the Income Tax Acts (except where the context otherwise requires), the trustees of a settlement are together treated as if they were a single person (distinct from the persons who are the trustees of the settlement from time to time)"*.
[2591] Underhill and Hayton, cit., 605.

176. Solução preconizada

I. No termo deste prolongado percurso, cumpre avançar a nossa posição quanto à natureza jurídica do *trust*. Para esse efeito, importa voltar à natureza jurídica do *use*.

Quando nos debruçámos no antecedente do *trust*, afirmámos, categoricamente, que as dificuldades conceptuais sentidas pelos autores clássicos, como BACON e COKE, resultavam e refletiam as insuficiências da Ciência Jurídica da *Common Law*. De facto, reconhecendo os autores não estarmos perante um direito de crédito, nem em face de um direito real, é forçoso questionar o porquê de não ter sido desenvolvido um conceito autónomo que se adaptasse às exigências jurídicas anglo-saxónicas. A apresentação do *use* como um *trust* ou *confidence* é claramente insuficiente, tanto mais que a ampla difusão do instituto fornecia, por um lado, bastante matéria prima e, por outro, um inegável interesse.

II. As últimas páginas fornecem-nos importantes elementos: os elos de ligação que nos faltavam para compreender a natureza jurídica do *use* e do *trust*. Acresce que a solução preconizada possibilita-nos explicar, pelo menos em parte, o porquê das dificuldades sentidas pela doutrina britânica.

A evolução jurídica do instituto fiduciário anglo-saxónico – abrangendo o *use* e o *trust* – pode ser dividida em dois momentos distintos, que têm como fator de separação o processo de sistematização da *Equity Law*. Como veremos de seguida, o primeiro período pode, ainda, ser fragmentado em duas partes diferenciadas.

Da análise dos primeiros acórdãos sobre o *trust*, é percetível que os tribunais não assentam a sua decisão na violação de um direito. O raciocínio do decisor não é reconduzível a um simples processo lógico, iniciado com a identificação de um direito e que culmina com a demonstração da sua violação, seguido da imposição da respetiva sanção. Os tribunais limitam-se a afirmar que essa é a única solução possível à luz da consciência ou que uma solução inversa seria contrária à consciência. Relembre-se que, numa fase inicial, o conteúdo da decisão era fruto da consciência do *Chancellor*, enquanto mandatário ou aplicador do poder absoluto do monarca e, numa segunda fase, o conteúdo era imputado ao conceito indeterminado de consciência social. Paralelamente, a solução também tem as suas origens e produz os seus efeitos na consciência do fiduciário.

§ 31.º NATUREZA JURÍDICA DO *TRUST*

O decisor não visava, assim, proteger um direito *per se*, mas antes aplicar a solução exigida pelo sistema. À luz dos seus princípios formadores, a *Equity Law* não poderia admitir uma solução contrária.

A não identificação do direito protegido dificulta, se não mesmo impossibilita, a subjetivação da posição jurídica do beneficiário, pelo que BACON e COKE limitavam-se a afirmar que o *use* era um *trust* ou *confidence*, constituído não sobre o bem *per se*, mas a si anexado. Em pleno século XIX, esta construção continuava a ser apresentada como ponto de partida para a análise e estudo da temática[2592].

III. Todo este processo está longe de ser estranho ao Direito continental. Pode mesmo ser reconduzível ao seu mais importante instituto: a boa-fé. Pense-se no exemplo paradigmático do *venire contra factum proprium*. Exemplifique-se: B confia que A irá atuar de determinada forma; atuando A de forma inversa, B recorre aos tribunais; preenchidos os quatro elementos clássicos da confiança[2593], o tribunal decide que A não pode atuar da forma pretendida, visto consubstanciar um abuso de direito por violação da confiança suscitada. O tribunal não está a proteger nenhum direito, mas apenas a confiança suscitada. O sistema, que tem na boa-fé o seu braço armado, impõe a proteção da posição jurídica de B, apesar de não identificar nenhum direito na sua esfera jurídica.

A ideia de sistema está hoje suficientemente enraizada no pensamento jurídico continental, pelo que a solução tem uma lógica percetível e uma estrutura identificada. Contrariamente, a conceptualização da solução por recurso à noção de sistema não poderia estar mais distante dos horizontes dos juristas anglófonos oitocentistas, formados num ordenamento parcelar e com reduzida lógica interna.

IV. Na segunda parte da primeira fase, o sistema vê-se obrigado a estender a sua solução, sob pena de total desvirtuamento. Sendo o *trustee* o legítimo titular do direito de propriedade, nada o impedia, pelo contrário, de alienar os bens constituídos em *trust*. Perante este simples método jurídico, a jurisprudência decidiu que, tendo o terceiro conhecimento da relação fidu-

---

[2592] THOMAS LEWIN, *A Practical Treatise on the Law of Trusts and Trustees*, 2ª edição, A. Maxwell & Son, Londres, 1842, 17. É certo que o autor, quando analisa o regime dos remédios reais, já recorre ao conceito de *right*.
[2593] MENEZES CORDEIRO, *Da boa fé*, cit., 742 ss. e *Tratado*, I/IV, cit., 275 ss..

ciária, deveria assumir a posição jurídica do *trustee* por inteiro. Recorrendo, uma vez mais, ao conceito de consciência, o decisor defende que outra solução não seria possível. Neste processo de aperfeiçoamento, já não se está apenas a proteger a confiança suscitada na esfera jurídica do beneficiário, está a proteger-se a confiança suscitada pelo próprio sistema. Como poderia outra solução ser possível, sem esvaziar a ideia de consciência, de boa-fé ou de sistema?

O momento decisivo, que transmutou a natureza da posição do beneficiário, consistiu na extensão da proteção contra os herdeiros do fiduciário. Como sublinha Lionel Smith, a ampliação da proteção contra terceiros adquirentes de má-fé poderia sempre ser enquadrada numa teoria análoga à da eficácia externa das obrigações. Já a adstrição dos herdeiros indicia, de forma quase conclusiva, que os *equitable rights* são uma realidade bastante próxima dos direitos reais[2594]. Relembre-se, porém, que não é esta, atualmente, a posição dos ordenamentos anglo-saxónicos.

V. Na segunda fase, marcada por constantes avanços e recuos, a solução é subjetivada, i.e., conquanto não seja objeto de qualquer alteração, a construção é apresentada como um direito. Esta materialização é feita por comparação, tendo como pano de fundo os conceitos de direito de crédito e de direito real. Maitland, que se foca bastante na evolução histórica da figura, diz-nos que o *equitable right* é um direito de crédito que veio a assumir características típicas de direitos reais, mas não na sua totalidade. Já para Scott, o fator determinante não deve ser colocado na comunhão de todos os elementos e, em especial, numa identidade de regimes: a proteção concedida aos beneficiários é análoga à atribuída aos titulares de direitos reais sobre bens móveis.

Esta inegável parecença substantiva, aspeto central em toda a construção do jurista estado-unidense, não pode ser analisada em abstrato. É indispensável observar a evolução do regime. Se a extensão da proteção concedida aos direitos dos beneficiários tem a sua origem em critérios gerais e abstratos, reconduzíveis ao espírito do sistema, já o regime atual dos direitos de propriedade sobre bens móveis é fruto de uma redução da proteção inicialmente concedida.

[2594] *Transfers* in *Breach of Trust*, cit., 111-138, 120. Simpson, *A History of the Land Law*, cit., 180: o autor sublinha as dúvidas sentidas pelo *Chancellor* quanto à extensão da proteção.

§ 31.º NATUREZA JURÍDICA DO *TRUST*

O raciocínio do Professor AMES é elucidativo quanto a esta problemática (subjetivação da solução): a extensão, aos terceiros adquirentes de boa-fé, resulta da simples aplicação de critérios de Justiça. Ao proteger a posição jurídica dos beneficiários contra os terceiros de má-fé, o *Chancellor* não estava a reconduzir o *equitable right* ao conceito de direito real; apenas o fez por considerar que outra solução não seria possível à luz dos princípios formadores da *Equity Law*. De modo semelhante, também a proteção da posição jurídica dos terceiros de boa-fé deve ser entendida como uma simples decorrência desses princípios[2595].

Na prática, e apesar da identidade das soluções, as origens não poderiam ser mais distintas: originariamente, aos titulares dos direitos de propriedade de bens móveis era-lhes concedida uma proteção total, enquanto que a proteção dos direitos dos beneficiários teve sempre uma campo de limitação subjetivo, i.e., contra sujeitos que preencham um conjunto de requisitos e não sobre a *res*. Em suma, no primeiro caso, partiu-se de um direito real absoluto e, no segundo, de um direito de crédito. O facto de os regimes se aproximarem em nada altera as suas naturezas jurídicas.

VI. A apresentação da posição jurídica do beneficiário como um direito de crédito tem, hoje, um apoio minoritário. A esmagadora maioria dos autores apresenta-a como um direito real. Esta conceptualização está, porém, longe de merecer a nossa concordância. Repare-se que não é só a evolução da figura que corrobora a nossa posição: os próprios tribunais, sem todavia se aperceberem, fornecem-nos os elementos decisivos.

A clássica definição do *trust* como uma *confidence* é, ainda hoje, em pleno século XXI, utilizada como ponto de partida por parte dos órgãos jurisprudenciais em ambas as costas do Atlântico. Nos Estados Unidos da América –

> *A trust is a confidence reposed by one person called the trustee, for the benefit of the other called a cestui que trust, with respect to property held by the former for the benefit of the latter*[2596].

[2595] JAMES BARR AMES, *Lectures on Legal History and Miscellaneous Legal Essays with a Memoire*, Harvard University Press, Cambridge, 1913, 76: "*A decree against a mala fide purchaser or a volunteer is obviously just; but a decree against an innocent purchaser, who has acquired the legal title to the res, would be as obviously unjust*".

[2596] *Moore v Shifflett*, 216 SW 614-617, (Ky App 1920) [SAMPSON J] 616; *George E. Willey v W. J. Hoggson Corp*, 106 So 408-412, (Fla 1925) [ELLIS J] 412: menciona que a construção foi avançada

a pedra de toque continua a ser colocada na posição jurídica do fiduciário e não nos direitos dos beneficiários.

O argumento decisivo contra às pretensões reais do *trust* é-nos facultado pelo insuspeito LORD BROWNE-WILKINSON – presidente do Supremo Tribunal de Justiça do Reino Unido no final do século passado –, defensor da natureza real do instituto. No célebre caso *Westdeutsche Landesbank Girozentrale v Islington London Borough Council*[2597], o ilustre jurista apresenta quatro grandes princípios basilares da *Trust Law*. Apenas nos interessam, por ora, os dois primeiros, que passamos a citar – transcrevemos toda a construção para não restarem dúvidas sobre as intenções do seu autor[2598]:

(i) Equity operates on the conscience of the owner of the legal interest. In the case of a trust, the conscience of the legal owner requires him to carry out the purposes for which the property was vested in him (express or implied trust) or which the law imposes on him by reason of his unconscionable conduct (constructive trust).

(ii) Since the equitable jurisdiction to enforce trusts depends upon the conscience of the holder of the legal interest being affected, he cannot be a trustee of the property if and so long as he is ignorant of the facts alleged to affect his conscience, i.e. until he is aware that he is intended to hold the property for the benefit of others in the case of an express or implied trust, or, in the case of a constructive trust, of the factors which are alleged to affect his conscience.

por COKE; *F. A. Kelly v Lizzie R. Norton*, 249 P 608-610, (Kan 1926) [HOPKINS J] 609; *Kilgore v State bank of Colusa*, 21 NE 2d 9-11, (Ill App 1939) [HAYES J] 11; *S. Gordon v Central Park Little Boys League*, 119 So 2d 23-31, (Ala 1960) [COLEMAN J] 27; *Iva Rippstein v Elizabeth C. Unthank*, 380 SW 2d 155-158, (Tex App 1964) [DENTON CJ] 157; *P. Corretti v The First National Bank of Birmingham*, 276 So 2d 141-149, (Ala 1973) 147; *Re Thomas Perkins Jr*, não publicado, (US Dist 1988) [JOHN F. GRADY CUSDJ]; apresenta o direito do beneficiário como um direito real, mas também como uma *confidence*; *Re Jessie C. Balay*, 113 BR 429-445, (Bankr 1990) [SCHWARTZ USBJ] 437; *Edward H. Thompson v Vinson & Elkins*, 859 SW 2d 617-627, (Tex App 1993) [SAM H. BASS J] 623; *Re, Vickie Houston Capps*, 193 BR 955-967, (Bankr 1995) [BENJAMIN COHEN USBJ] 961; *Walter E. Steele v Gerald F. Kelley*, 10 Mass L Rep 622, (Mass 1999) [ALLAN VAN GESTEL J]; *The Rainbow Trust v Western American National Bank*, não publicado, (Tex App 2003) [LEE ANN DAUPHINOT J]; *Pantazis v Fidrych*, não publicado, (Mass 2008) [DENNIS J. CURRAN AJ].
[2597] [1996] AC 669-741.
[2598] At 705.

Referido e citado em inúmeros acórdãos[2599], o segundo princípio da construção mereceu toda a concordância de LORD MILLETT, no não menos afamado caso, e já por diversas vezes aludido, *Bristol & West Building Society v Mothew*[2600].

Em suma, é a assunção, voluntária ou não, da posição fiduciária que faz emergir, na esfera jurídica do beneficiário, o *equitable right*. Não é, assim, de estranhar que muitos autores apresentem o *trust* não como um *equitable right*, mas como uma *equitable obligation*[2601].

A apresentação do *trust* como uma situação jurídica pessoal reflete-se nos mecanismos de defesa desenvolvidos. Sendo a posição jurídica do beneficiário um direito real, perante a alienação ilegal dos bens constituídos em *trust*, bastar-lhe-ia recorrer aos tribunais e reivindicar esses bens. Ora, a solução não poderia ser mais distinta: pense-se no exemplo acabado do *constructive trust*: o tribunal (1) reconhece o direito; (2) verifica a existência de causas extintivas; (3) declara a constituição de um *trust*; (4) que faz surgir na esfera jurídica do novo *trustee* um conjunto de deveres; (5) entre eles, o dever de transmitir para o beneficiário o bem; e (6) apenas se essa entrega, depois de exigida, não for cumprida voluntariamente, poderá o sujeito recorrer aos tribunais. Se até à entrega do bem o mesmo for transmitido para um terceiro, o processo volta ao ponto de partida.

VII. Parte da doutrina tem defendido que o *trust* não deveria ser reconduzido nem ao conceito de direito real, nem ao conceito de direito de crédito. Deveria, pelo contrário, manter a sua autonomia histórica[2602]. Alguns autores vão mesmo mais longe e afirmam que, ao aprisionar-se o *trust* num dos dois conceitos, corre-se o risco de desvirtuar o instituto. Em suma, não

---

[2599] *Compagnie Commerciale Andre SA v Artibell Shipping Co Ltd* [2001] SC 653, [LORD MACFADYEN] [34]; *Allan v Nolan* [2001] All ER (D) 124 (Mar), [BEHRENS J] [5]; *Papamichael v National Westminster Bank plc* [2003] EWHC 164 (Comm), [JUDGE CHAMBERS QC] [216]; *Filby v Mortgage Express (No 2) Ltd* [2004] EWCA Civ 759, [MAY LJ] [22].
[2600] [1998] Ch 1-28, 23.
[2601] JOSEPH R. LONG, *The Definition of a Trust*, 8 Va L Rev, 1922, 426-433, 429: referindo alguns dos mais eminentes autores que colocam a posição passiva do *trustee* no núcleo do instituto fiduciário.
[2602] Numa pequena anotação ao artigo de HART, *The Place of Trust*, cit., 297, diz-nos POLLOCK: "*Why is Trust not entitled to rank as a head sui generis?*"

vislumbram nenhuma vantagem em encaixar, artificialmente, o *trust* na dicotomia civilística[2603].

Não nos parece, porém, que a independência dogmática do *trust* possa ser mantida após a fusão das duas jurisdições. Apesar da supremacia das soluções da *Equity Law*, a linguagem jurídica adotada foi, inegavelmente, a da *Common Law*, que sempre assentou as suas construções, com as suas especificidades próprias, é certo, na mesma dicotomia que rege os Direitos continentais. Em suma, ao contrário do que se poderia pensar, os juristas anglo-saxónicos partilham as mesmas dificuldades sentidas pelos juristas continentais quando confrontados com a necessidade de catalogar o *trust*.

Em abstrato, o *trust* poderia ser reconduzido a uma categoria autónoma. Porém, fruto da sua evolução histórica e das limitações da *Common Law*, em sentido lato, o instituto fiduciário deverá ser apresentado como uma situação jurídica pessoal, que confere, ao sujeito ativo, uma proteção contra todos os sujeitos que conheçam ou devessem conhecer a sua existência.

[2603] PIERRE LEPAULLE, *An Outsider's View Point of the Nature of Trusts*, 14 Cornell LQ, 1928, 52-61, 61.

PARTE IV

Do *Trust* no Direito Civil Português

Capítulo I
Evolução Histórica

§ 32.º A *FIDUCIA* NO DIREITO ROMANO

177. Introdução à IV Parte

Explorada a dimensão histórica e dogmática do *trust* e as especificidades do sistema jurídico que o imaginou, importa, nesta quarta e última parte, averiguar a possibilidade de receber o instituto na nossa ordem jurídica interna.

Relembre-se, como sublinhámos na introdução à presente investigação, não ser nossa intenção transpor a figura diretamente, mas verificar a possibilidade de se conceber, no Direito português, uma figura atípica que congregue os elementos nucleares do *trust*: (1) relação de confiança constituída entre as partes intervenientes, em especial entre o *trustee* e os beneficiários da relação; (2) segregação ou autonomização dos bens constituídos em *trust* na esfera jurídica do *trustee*; e (3) proteção da posição jurídica dos beneficiários tanto contra terceiros adquirentes de má-fé, como no caso de o fiduciário entrar em insolvência.

O caminho que nos propomos percorrer inicia-se, com grande naturalidade, com evolução histórica da fidúcia, desde os primórdios do Direito romano até aos dias do seu ressurgimento. Com este estudo pretende-se afastar quaisquer dúvidas, que ainda hoje possam restar, quanto à relevância assumida pelas relações fiduciárias nos Direitos continentais de base romanística.

178. A transversalidade da *fiducia* no Direito romano e o seu interesse para o Direito vigente

I. A *fiducia* romana, em particular a *fiducia cum creditore*, tem sido especialmente estudada pela doutrina nacional. Podemos mesmo afirmar, sem exageros, que a *fiducia* tem ocupado um lugar de destaque no seio da Ciência Jurídica portuguesa[2606]. O interesse, recentemente impulsionado com a

---

[2606] SEBASTIÃO CRUZ, *Direito romano (ius romanum); I: Introdução. Fontes*, 4ª edição, revista e atualizada, DisLivro, Coimbra, 1984, 243; ANTÓNIO ALBERTO VIEIRA CURA, *Fiducia cum creditore: aspectos gerais*, Coimbra, 1988: embora o seu título aponte para um estudo circunscrito, o autor leva acabo uma minuciosa análise do instituto fiduciário em geral; a magna obra nacional sobre a *fiducia*; e *A "fiducia" Romana e a alienação fiduciária em garantia no Direito actual* in *O sistema contratual romano: de Roma ao Direito actual*, FDL, Coimbra, Coimbra, 2010, 173-213; EDUARDO VERA-CRUZ PINTO, *O Direito das obrigações em Roma*, Vol. I, AAFDL, Lisboa, 1997, 169-173 e 296-299; ANTÓNIO SANTOS JUSTO, *Direito privado romano – II (Direito das obrigações)*, 4ª edição, Coimbra, Coimbra, 2011, 38-40: fidúcia em geral; 167-170: *fiducia cum creditore* e *Breviário de Direito privado romano*, Coimbra, Coimbra, 2010, 168-170: fidúcia em geral e 231-233: *fiducia cum creditore*; PEDRO PAIS DE VASCONCELOS, *Em tema de negócio fiduciário*, FDL, Lisboa, 1985, 30-34 e *Contratos Atípicos*, 2ª edição, Almedina, Coimbra, 2009, 267-270; PEDRO DE ALBUQUERQUE, *A representação voluntária em Direito civil (ensaio de reconstrução dogmática)*, Almedina, Coimbra, 2004, 46-47 e 90-91; LUÍS PESTANA DE VASCONCELOS, *A cessão de créditos em garantia e a insolvência: em particular da posição do cessionário na insolvência do cedente*, Coimbra, Coimbra, 2007, 27-34; JOÃO RICARDO BRANCO, *Negócios fiduciários*, Relatório de Mestrado, FDL, Lisboa, 2008-2009, 8-10; MARGARIDA COSTA ANDRADE, *A propriedade fiduciária* in *II Seminário luso-brasileiro de Direito registral*, Coimbra, Coimbra, 2009, 55-84, 56-57; CATARINA MONTEIRO PIRES, *Alienação em garantia*, Almedina, Coimbra, 2010, 25-31; HUGO RAMOS ALVES, *Do penhor*, Almedina, Coimbra, 2010, 307-308. A importância atribuída à *fiducia* romana está longe de representar uma curiosidade portuguesa. Muitos autores que se debruçam sobre as relações fiduciárias, com especial visibilidade na tão divulgada alienação fiduciária em garantia, iniciam a sua exposição pela análise do Direito romano pré-justinianeu. Este modelo é seguido pelas diversas Ciências Jurídicas: (1) Brasil: GUILHERME GUIMARÃES FELICIANO, *Tratado de alienação fiduciária em garantia: das bases romanas à Lei n. 9.514/97*, Ltr, São Paulo, 1999, 17-58 e CHRISTOPH FABIAN, *Fidúcia: negócios fiduciários e relações externas*, Sergio Antonio Fabris, Porto Alegre, 2007, 20-23; (2) Alemanha: embora bastante comum nas obras mais antigas dedicadas à temática (OSKAR FISCHBACH, *Treuhänder und Treuhandgeschäfte nebst Beiträgen zur Lehre vom Eigentum von der Stellvertretung und vom Auftrag*, J. Bensheimer, Leipzig, 1912, 4-16), deve reconhecer-se que, nas obras mais modernas, o tema ocupa uma posição residual, sendo, quando muito, mencionada de passagem. Os desenvolvimentos doutrinais e o inesgotável material que os juristas contemporâneos têm à sua disposição resultaram num deslocamento da *fiducia* para o campo da História do Direito; (3) Itália: LUIGI CARIOTA-FERRARA, *I negozi fiduciari: trasferimento*

§ 32.º A *FIDUCIA* NO DIREITO ROMANO

transposição, para a ordem jurídica interna, da Directriz n.º 2002/47/CE, através do Decreto-Lei n.º 105/2004, de 8 de maio, que veio "introduzir", no Direito nacional, o contrato de alienação fiduciária, é demonstrativo da importância central que a *fiducia* e, porque não, o Direito romano, ainda hoje, assumem no Direito português vigente[2607].

II. Com origens etimológicas na expressão *fides*[2608], o que, só por si, nos fornece valiosas pistas quanto à sua natureza jurídica, a *fiducia* desenvolveu-se em plena época arcaica (753 a. C.- 130 a. C.)[2609], caracterizada pela circunscrição das soluções jurídicas disponíveis e por uma reduzida interferência do Direito nas relações pessoais[2610].

---

cessione e girata a scopo di mandato e di garanzia. Processo fiduciario, CEDAM, Pádua, 1933, 9-17; (4) Espanha: CRISTINA FUENTESECA, *El negocio fiduciario en la jurisprudencia del Tribunal Supremo*, Bosch, Barcelona, 1997, 21-61.

[2607] SEBASTIÃO CRUZ, *Actualidade e utilidade dos estudos romanísticos*, 2ª edição, Coimbra, 1982, 18: "O Direito Romano é, pois, mais dogma do que história, e até mais prática do que teoria". Esta realidade é especialmente visível no âmbito das garantias das obrigações, cfr., MONTEIRO PIRES, *Alienação em garantia*, cit., 25. Para uma análise mais atual no panorama moderno do estudo do Direito romano, vide EDUARDO VERA-CRUZ PINTO, *Crise da "crise dos estudos de Direito romano"? As causas da crise do estudo do Direito romano segundo Inocêncio Galvão Telles e a sua crítica actual* in *Estudos em homenagem ao Professor Doutor Inocêncio Galvão Telles*, Vol. I: *Direito privado e vária*, coordenação de ANTÓNIO MENEZES CORDEIRO, LUÍS MENEZES LEITÃO e JANUÁRIO DA COSTA GOMES, Almedina, Coimbra, 2002, 991-1044.

[2608] FRANCIS E. J. VALPY, *A Manual of Latin Etymology, as Ultimately Derived, with but few Exceptions, from the Greek Language: in Alphabetical Order. Together with the Formation of the Latin Cases, Tenses, Moods, Persons, and other Terminations from the Greek*, Longman, Londres, 1852, 52; MENEZES CORDEIRO, *Da boa fé*, cit., 53-59: com ampla bibliografia citada.

[2609] SEBASTIÃO CRUZ, *Direito romano*, cit., 43-51: acompanham-se, por inteiro, os ensinamentos de SEBASTIÃO CRUZ. À época arcaica seguem-se a época clássica (130 a. C.-230 d. C.), a época pós-clássica (230-530) e, finalmente, a época justinianeia (530-565).

[2610] SEBASTIÃO CRUZ, *Direito romano*, cit., 44: aponta duas características principais: construções jurídicas rudimentares e pouca clarificação no que respeita à separação entre o Direito, a Moral e a Religião. LEO PEPPE, *Alcune considerazioni circa la fiducia romana nei documenti della prassi* in *Fides, fiducia, fidelitas: studi di storia del diritto e di semantica storica*, coordenação de LEO PEPPE, CEDAM, Pádua, 2008, 173-200, 200: sublinha o papel central que a *fiducia*, nas suas mais distintas concretizações, terá representado na sociedade romana arcaica.

Durante todo este período, a *fiducia* assumiu uma relevância transversal[2611]. Mesmo se nos limitarmos a elencar as suas mais relevantes concretizações, a sua multiplicação é considerável: (1) Direito da família: o instituto assume enorme relevância no sub-ramo do Direito matrimonial e no sub-ramo do Direito tutelar; (2) Direito sucessório: para além do já sumariamente tratado *fideicommissum*[2612], os mecanismos fiduciários testamenteiros estão na base dos mais relevantes desenvolvimentos sucessórios posteriores; e (3) Direito das obrigações: as duas mais conhecidas modalidades do instituto fiduciário – *fiducia cum amico* e *fiducia cum creditore* – representaram um papel inigualável no sistema jurídico romano arcaico.

Curiosamente, a *fiducia* parece ter sido esquecida pelos compiladores aquando da feitura do *Corpus Juris Civilis*. Em linhas gerais, adiante exploradas, com o fim dos obstáculos jurídicos que estiveram na sua origem – designadamente o sistema interno lacunar, marcado por ritos e formalidades ancestrais e "burocráticas" – e com o desenvolvimento de figuras complementadoras mais ágeis, o instituto fiduciário tornou-se cada vez menos apelativo para o comércio jurídico, tendo, finalmente, caído no esquecimento.

O aparente reduzido interesse do instituto terá impelido os compiladores do *Corpus* a alterar os textos dos mestres recolhidos. Graças à crítica interpolacionista, é hoje reconhecido que algumas passagens, originariamente construídas em torno da *fiducia*, foram adaptadas a outros mecanismos jurídicos. Em muitos casos, esta acomodação resumiu-se a uma simples substituição da palavra *fiducia* pelas expressões *pignus*, *hypotheca* ou *depositum vel commodatum*, consoante o contexto, evidentemente[2613].

[2611] Raymond Monier, *Manuel élémentaire de Droit romain*, Tome II: *Les obligations*, 5ª edição, Scientia Verlag Aalen, Paris, 1970, reimpressão da edição de 1954, 600; Vera-Cruz Pinto, *O Direito das obrigações*, cit., 297-298; Fernando Betancourt, *Derecho romano clásico*, Universidad de Sevilla, Sevilha, 1995, 630: apresenta a *fiducia* como o núcleo à volta do qual muitos outros contratos e relações jurídicas se desenvolveram; Federica Bertoldi, *La fiducia cum amico* in *Fides, fiducia, fidelitas*, cit., 47-91, 48-49.

[2612] Número 68.

[2613] Monier, *Manuel élémentaire de Droit romain*, Tome II, cit., 121: sublinha a relevância da crítica interpolacionista na percepção da abrangência do instituto ao longo de todo o período clássico; Vieira Cura, *Fiducia cum creditore*, cit., 239; 63-71: o ilustre romanista analisa, ainda, uma série de disposições justinianeias onde os compiladores substituíram o termo *fiducia* por conceitos aparentemente mais conhecidos pelos juristas da época. Veja-se, ainda, com idêntico propósito, Sebastião Cruz, *Da "solutio". Terminologia, conceito e características, e análise de vários*

§ 32.º A *FIDUCIA* NO DIREITO ROMANO

A não inclusão da *fiducia* no *Corpus Juris Civilis* teve como efeito direto a reduzida divulgação da figura nos séculos que se seguiram e um consequente confinamento dos materiais que temos hoje à nossa disposição[2614]. Este inegável revés veio a ser contrabalançado com a redescoberta das Instituições[2615] de GAIUS[2616], cujo conteúdo tem sido complementado com uma série de documentos secundários.

III. O nosso interesse no instituto fiduciário romano extravasa a simples curiosidade histórica. A versatilidade da *fiducia*, apenas comparável à transversalidade atualmente assumida pelo *trust* anglo-saxónico, representa uma fonte importantíssima de elementos jurídicos e sociais. Numa perspetiva jurídica, interessa-nos demonstrar que as relações fiduciárias têm ocupado um papel sem paralelo no Direito civil ocidental ao longo de vários séculos, enquanto que, numa perspetiva jurídico-social, motiva-nos descortinar as causas que levaram à sua espantosa expansão. Centrados nestes objetivos, as próximas linhas consagram dois propósitos: (1) o funcionamento geral das diferentes concretizações da *fiducia*; e (2) a *ratio* subjacente às diferentes construções.

---

institutos afins, Vol. I: *Épocas arcaica e clássica*, Coimbra, 1962, 72. Vide, ainda, MAGDOLNA SIČ, *Fiducia and Pignus in Sources of Post-classical Roman Law – Synonyms or Terms Utilized for Different Kinds of Pledges?*, 42 Zb Radova, 2008, 475-497, que explora a substituição do termo *fiducia* pelo conceito de *pignus* na época pós-clássica, com especial destaque para o Breviário de Alarico e para o *Codex Theodosianus*.

[2614] PAUL OERTMANN, *Die Fiducia in römischen Privatrecht. Eine rechtsgeschichtliche Untersuchung*, J. Guttentag, Berlim, 1890, 5; VIEIRA CURA, *Fiducia cum creditore*, cit., 99: esta limitação é especialmente prejudicial no que respeita à identificação da natureza jurídica da *fiducia*.

[2615] Escritas por volta do ano 161 depois de Cristo, apenas foram descobertas por BARTHOLD GEORG NIEBUHR, no ano de 1816, num palimpsesto, em Verona.

[2616] Jurista romano que viveu durante o segundo século depois de Cristo. A importância do jurisconsulto na formação do pensamento jurídico ocidental contrasta com a pouquíssima informação de que dispomos sobre a sua vida e obra, cfr., J. C. LEDLIE, *Gaius*, 13 J Soc Comp Leg (NS), 1913, 232-244; DONALD R. KELLEY, *Gaius Noster: Substructures of Western Social Thought*, 84 Am Hist Rev, 1979, 619-648: mais focado no pensamento do jurista e nas obras e doutrinas que poderão ter influenciado o seu pensamento.

179. A *fiducia* no Direito da família e no Direito sucessório

I. Gaius apresenta três formas distintas pelas quais os maridos poderiam adquirir a *manus* sobre as suas mulheres[2617]: (1) *usus*: figura análoga à usucapião[2618]; (2) *confarreatio*: cerimónia religiosa complexa na qual se incluía a célebre frase: "*Ubi tu Gaius, ego Gaia*"[2619]; e (3) *coemptio*: seguindo a forma da *mancipatio*, o marido comprava a mulher por um valor simbólico[2620]. A *coemptio* assumia, por sua vez, duas modalidades[2621]: (a) a *coemptio matrimoni causa* e; (b) a *coemptio fiduciae causa*. Enquanto que a *coemptio matrimoni causa* tinha como objeto primário a aquisição do estatuto de filha, no seio da família do marido – o contrato era sempre celebrado pelo respetivo *paterfamilias*[2622] –, a *coemptio fiduciae causa* abarcava um conjunto indeterminado de situações, sendo utilizada, como o próprio Gaius o destaca, ou para contornar as relações de tutela a que todas as mulheres estavam sujeitas (*tutelae evitandae causa*) ou para suprir as suas incapacidades testamentárias (*testamenti faciendi causa*) ou, ainda, para as libertar do culto dos *sacra* (*interimendorum sacrorum causa*)[2623].

O processo era bastante simples: a mulher vendia-se em *coemptio* a um sujeito, que, por sua vez, a revendia em *mancipatio* a um terceiro (*remancipatio*), o qual se comprometia a libertar a mulher da sua *manus* (*manumis-*

[2617] G. 1.100: "*Olim itaque tribos modis in manum conueniebant, usu farreo coemptione*"; Santos Justo, *Direito privado romano – IV (Direito da família)*, Coimbra, Coimbra, 2008, 31-32 e *Breviário*, cit., 377.

[2618] G. 1.111: "*Usu in manum conveniebat quae anno continuo nupta perseverabat; nam veluti annua possessione usucapiebatur*".

[2619] G. 1.112: "*Farreo in manum conueniunt per quoddam genus sacrificii, quod Ioui Farreo*".

[2620] G. 1.113-1.115.

[2621] Carla Fayer, *La familia romana. 2ª Parte: Aspetti giuridici ed antiquari. Sponsali. Matrimonio. Dote*, L'Erma di Bretschneider, Roma, 2005, 245-270.

[2622] Vieira Cura, *Fiducia cum creditore*, cit., 73.

[2623] G. 1.115a: "*Olim etiam testamenti faciendi gratia fiduciaria fiebat coemptio; tunc enim non aliter feminae testamenti, exceptis quibusdam personis, quam si coemptionem fecissent remancipataeque et manumissae fuissent*"; Santos Justo, *Direito da Família*, cit., 203-209 e *Breviário*, cit., 465-468; Vieira Cura, *Fiducia cum creditore*, cit., 72-83: analisa a sua estrutura e os seus diferentes propósitos; Gilbert Hanard, *Droit romain*, Tomo I: *Notions base: concepts de droit; sujets de droit*, Facultés Universitaires Saint-Louis, Bruxelas, 1997, 136: inicialmente, o mecanismo terá sido utilizado pela mulher para proteger a sua pessoa e os seus bens, colocando-se sob tutela de um sujeito em quem confiava.

§ 32.º A *FIDUCIA* NO DIREITO ROMANO

sio), tornando-se o seu tutor fiduciário.[2624] CICERO, numa breve referência à figura na obra *Pro Murena*, diz-nos que a *coemptio fiducia causa* veio alterar a ordem natural da relação tutelar, visto colocar o tutor na mão da mulher, quando a ideia inicial seria exatamente a oposta[2625]. No fundo, recorrendo a alguém da sua confiança, a mulher pretendia contornar as limitações legais que lhe eram impostas em virtude do seu género.

O funcionamento, a *ratio* e a terminologia da figura parecem indicar que o papel da *fiducia* estaria guardado para o fim de todo o processo, aquando da *remancipatio*, pelo que, como GAIUS o indica[2626], a *comptio fiduciae causa* deve ser vista como uma modalidade da *tutela fiduciae*[2627].

II. No que respeita ao regime tutelar, o sistema romano conhecia quatro modalidades distintas de tutela[2628]: (1) a tutela testamentária: o *paterfamilias* nomeava, no seu testamento, o tutor legal dos seus filhos impúberes e das suas filhas, independentemente das suas idades[2629]; (2) a tutela legítima: não tendo sido indicado nenhum tutor testamentário, a tutela era assumida pelo familiar masculino do *de cujus* mais próximo (agnado; *proximus agnatus*) e, caso nenhum sujeito se enquadrasse nas referidas classes, pelos *gentiles*[2630]; (3) a tutela dativa: não tendo sido indicado nenhum tutor testamentário e

---

[2624] JOLOWICZ e NICHOLAS, *Historical Introduction*, cit., 240.
[2625] MARCUS TULLIUS CICERO, *Pro Murena*, 12.27 in *Ciceros rede für L. Murena*, editado por HERMANN ADOLF KOCK, B. G. Teubner, Leipzig, 1866, 19: "*mulieres omnis propter infirmitatem consili maiores in tutorum potestate esse voluerunt; hi invenerunt genera tutorum quae potestate mulierum continerentur*".
[2626] G. 1.115a, 118a e 166a.
[2627] WILLIAM W. BUCKLAND, *Elementary Principles of the Roman Private Law*, CUP, Cambridge, 1913, 35; JANE F. GARDNER, *Women in Roman Law and Society*, Croom Helm, Londres, 1986, 17: um simples mecanismo de mudança de tutor. Regra geral, os autores enquadram a matéria nos capítulos dedicados à tutela jurídica, cfr., JOLOWICZ e NICHOLAS, *Historical Introduction*, cit., 239-240; VIEIRA CURA, *Fiducia cum creditore*, cit., 75-79 e 83-89.
[2628] SANTOS JUSTO, *Direito da família*, cit., 176-184 e *Breviário*, cit., 452-457.
[2629] G. 1.144: "*Permissum est itaque parentibus liberis quos in potestate sua habent testamento tutores dare*".
[2630] G. 1.155: "*Quibus testamento quidem tutor datus non sit, iis ex lege XII agnati sunt tutores, quei vocantur legitimi*". A parte final, relativa aos *gentiles*, é apenas mencionada na Lei das XII Tábuas, 5.5: "*si adgnatus nec escit, gentiles familiam habento*". O facto de não ser mencionada nas Instituições tem sido interpretado como indiciando ter o mecanismo caído em desuso no período clássico, cfr., WILLIAM W. BUCKLAND, *A Text-Book of Roman*, cit., 369. Acresce que GAIUS demonstra, em diversas ocasiões, um certo cuidado em contextualizar, historicamente, os temas; pense-se no caso paradigmático das disposições testamentárias.

não estando preenchidos os requisitos da tutela legítima, o magistrado competente deveria indicar a quem cabia a tutela do impúbere ou da mulher; e (4) a tutela fiduciária: tutela adquirida por quem emancipasse outrem, sobre o qual detivesse *manus* ou *potestas*[2631].

O processo seria idêntico ao descrito para a *coemptio fiduciae causa*.

A natureza fiduciária da *coemptio fiduciae causa* e da *tutela fiduciae*, que absorve a primeira figura, parece recair na obrigação, assumida pelo último adquirente da *manus* ou *potestas*, de emancipar (*manumissio*) a mulher ou o *filius* e não nos poderes legais do *tutor fiduciarius*, cuja posição jurídica era, em tudo, idêntica à do tutor originário. Apesar de os poderes legais do *tutor fiduciarius* em nada se distinguirem dos do tutor em geral, a sua relação com o instituto da *fiducia* extravasa a simples obrigação de emancipação. A mulher, que legalmente estaria sempre subordinada a uma figura masculina, colocava-se debaixo da alçada de alguém em quem confiava o suficiente para, em total liberdade, iniciar o processo.

No âmbito do Direito familiar/sucessório, o instituto fiduciário era ainda utilizado para libertar os descendentes legítimos da *potestas* do respetivo *paterfamilias*[2632] e para transferir a *patria potestas* de um *paterfamilias* para outro[2633].

180. A *fiducia cum amico* e a *fiducia cum creditore*

I. É na parte dedicada à complexa figura da *usucapio* que Gaius, numa breve passagem, faz referência à *fiducia cum amico* e à *fiducia cum creditore*:

[2631] G. 1.166: "*Exemplo patronorum receptae sunt et aliae tutelae quae vocantur, id est, quae ideo nobis competunt, quia liberum caput mancipatum nobis vel a parente vel a coemptionatore manumuserimus*". Pedro de Albuquerque, *A representação*, cit., 47-48.

[2632] G. 1.132. Vieira Cura, *Fiducia cum creditore*, cit., 83-89. Juridicamente, após três vendas consecutivas, o *filius* libertava-se da *potestas* do *paterfamilias*. Para conseguir esse efeito, o filho era vendido (*mancipatio*) a alguém de confiança que o revendia (*remancipatio*) até perfazer o número legalmente exigido. Após as três vendas, o filho adquiria uma autonomia total em face do seu antigo *paterfamilias*.

[2633] G. 1.134; Vieira Cura, *Fiducia cum creditore*, cit., 89-92. Situação em tudo idêntica à analisada na nota de rodapé anterior, com a particularidade de, em vez do *filius* ser libertado do poder paternal, este ser adquirido por um terceiro sujeito que o adotava.

§ 32.º A *FIDUCIA* NO DIREITO ROMANO

O adquirente fiduciário ou é um credor que detém a propriedade em garantia (*fiducia cum creditore*) ou é um amigo a quem a propriedade foi transmitida em salvaguarda. No caso de ter sido contratado em confiança com um amigo aplica-se por inteiro o regime da *ususreceptio*. No caso de ter sido contratado com um credor, o proprietário pode sempre readquirir o bem após o pagamento da dívida[2634].

A *ususreceptio* consubstanciava um tipo específico de usucapião em que o possuidor usucapia o direito de propriedade no prazo de um ano, mesmo estando de má-fé[2635].

II. O desenvolvimento e o funcionamento de uma construção jurídica raramente são passíveis de compreensão autónoma. A *fiducia cum amico* e a *fiducia cum creditore* não fogem, evidentemente, a essa regra, pelo que se impõe um pequeno desvio contextualizador. No que respeita à *fiducia cum amico*, interessa-nos a figura nuclear da *mancipatio*.

A *mancipatio* foi, durante longos séculos, o negócio jurídico mais utilizado para a transmissão do direito de propriedade[2636]. Celebrada numa cerimónia pública revestida de enormes formalidades, o seu regime impunha, originariamente, a entrega imediata da contraprestação acordada com o adquirente[2637]. Com a evolução da sociedade romana e, em especial, como resultado da introdução de moeda nas trocas comerciais, esta exigência tornou-se obsoleta. O sistema passou a bastar-se com um simples ritual, que consistia em tocar com uma barra de cobre na balança anteriormente utilizada para determinar a contraprestação devida pelo adquirente. A validade do negócio deixou, assim, de estar dependente da entrega imediata da contraprestação. Esta variante, denominada de *imaginaria venditio*, abriu inúmeras portas ao

---

[2634] G. 2.60. Tradução nossa.
[2635] G. 2.60.
[2636] A *mancipatio* era muito mais do que um simples contrato de compra e venda: a sua publicidade garantia o cumprimento do acordado e a proteção da posição jurídica do adquirente contra terceiros, cfr., RAYMOND MONIER, *Manuel élémentaire de Droit romain*, Tome I: *Introduction historique, les sources, la procédure, les personnes, les droits réels, les successions*, 6ª edição, Scientia Verlag Aalen, Paris, 1970, reimpressão da edição de 1947, 409.
[2637] ANTÓNIO SANTOS JUSTO, *Direito privado romano – III (Direitos reais)*, Coimbra, Coimbra, 1997, 94-97 e *Breviário*, cit., 301-302.

comércio jurídico[2638]. De facto, foi a liberalização da forma arcaica da *mancipatio* que permitiu o desenvolvimento de tão diversas materializações da *fiducia*[2639]. Todas as diferentes concretizações já analisadas assentam, com mais ou menos evidência, na figura da *mancipatio*[2640].

II. No que respeita à *fiducia cum amico*, GAIUS diz-nos, apenas, que esta consiste na transmissão de um bem para alguém de confiança com o objetivo de o salvaguardar. A semelhança com o contrato de depósito é evidente. Pense-se no disposto no nosso artigo 1185.º: "Depósito é o contrato pelo qual uma das partes entrega à outra uma coisa... para que a guarde".

A utilização da *fiducia cum amico* com uma função análoga ao *depositum* vai ao encontro da letra do conteúdo do preceito e é confirmada por uma passagem da obra *Boethius* de CICERO[2641], sendo ainda conhecida, como já referido, a sua substituição pelo termo *depositum vel commodatum* em diversas passagens do Digesto, pelos compiladores do *Corpus*[2642].

[2638] G. 1.119; CARLOS AMUNÁTEGUI PERELLÓ, *Origen y función de la "mancipatio"*, 33 REHJ 2011, 37-63: o autor, apoiando-se em vasta bibliografia, debruça-se sobre alguns dos pontos que mais têm apaixonado os romanistas.

[2639] GIOVANNI PUGLIESE, *Istituzioni di diritto romano*, colaboração de FRANCESO SITZIA e LETIZIA VACCA, Piccin, Pádua, 1986, 146: apresenta a desformalização da *mancipatio* e a implementação da moeda no mundo comercial como elementos decisivos para o desenvolvimento da *fiducia*. Semelhante ideia é defendida por outros autores, cfr., VICENZO ARANGIO-RUIZ, *Istituzioni di diritto romano*, reimpressão da 14ª edição, Jovene, Nápoles, 1977, 89.

[2640] MONIER, *Manuel élémentaire de Droit romain*, Tome I, cit., 407: sublinha a importância do mecanismo nos mais variados ramos do Direito; ARANGIO-RUIZ, *Istituzioni di diritto romano*, cit., 201: a *mancipatio* era suscetível de infinitas aplicações.

[2641] CICERO, *Topica*, cit., 10,41: "*fiduciam accepit cuicumque res aliqua mancipatur ut eam mancipanti remancipet: velut si quis tempus dubium timens amico potentiori fundum mancipet, ut ei, cum tempus quod suspectum est praeterierit, reddat*".

[2642] D. 13.7.31: "*Si servus [pignori] <fiduciae> datus creditori furtum faciat, liberum est debitori servum pro noxae deditione relinquere: qod si sciens furem [pignori] <fiduciae> apud me relinquere, nihilo minus habiturum me [pigneraticiam actionem] < fiduciae iudicium>, ut indemnem me praestet. Eadem servanda esse Iulianus ait [etiam cum depositus vel commodatus servus furtum faciat]*" e D. 44.7.16: "*Qui servo hereditario mutuam pecuniam accepit et fundum vel hominem [pignoris causa ei tradiderat] <fiduciae causa ei mancipaverat> et precario rogavit, precario possidet: nam servus hereditarius sicuti [per traditionem] <mancipio> accipiendo proprietatem hereditati adquirit, ita precario dando efficit, ne [res usucapio possit] < fiducia usurecipi>*". Ambos os preceitos respeitariam, originariamente, à *fiducia cum creditori*, cfr., VIEIRA CURA, *Fiducia cum creditore*, cit., 42; 75-76 e CARLO LONGO, *Corso di diritto romano. La fiducia*, Giuffrè, Milão, 1946, 75-76. Muitos outros exemplos poderiam ser

§ 32.º A *FIDUCIA* NO DIREITO ROMANO

Estes elementos documentais históricos, conjugados com a inexistência de qualquer proteção jurídica para situações posteriormente identificadas com o depósito, têm levado a doutrina a afirmar que a *fiducia cum amico* terá assumido, em tempos, o papel posteriormente atribuído ao *depositum*[2643]. Esta posição merece-nos alguns reparos: por um lado, os textos de PAULUS apontam para uma tutela penal do depósito bastante antiga, pelo menos contemporânea da Lei das XII Tábuas[2644], e, por outro lado, as Instituições foram escritas em pleno século II, i.e., muitos séculos volvidos sobre o reconhecimento jurídico do *depositum*. Aceitando este dado, porque haveria GAIUS de referir a *fiducia cum amico*, nas suas Instituições, se a figura estivesse desatualizada? Partindo destas duas premissas e não se negando a possibilidade de a *fiducia cum amico* ter sido, ocasionalmente, usada com um simples propósito de *depositum*, parece-nos que, com a sua utilização, se pretendia aproveitar uma das vantagens intrínsecas da figura: transmissão do direito de propriedade[2645].

A utilização da *fiducia cum amico* com propósitos de *commodatum* tem levantado inúmeras dúvidas. Esta hesitação não é certamente alheia ao facto de os documentos históricos de que dispomos serem significativamente inferiores, em número e interesse, quando comparados com os elementos

referidos: D. 13.6.18.1: "*Sive autem [pignus sive commodata res sive deposita] <fiducia> deterior ab eo qui acceperit facta sit...*"; D. 15.1.27 pr.: "*Et ancillarum nomine et filiarum familias in peculio actio datur: maxime si qua sarcinatrix aut tetrix erit aut aliquod artificium vulgare exerceat, datur propter eam actio. [deposito quoque et commodati] <fiduciae quoque> actionem dandam earum nomine Iulianus ait...*"; D. 27.3.5: "*Si tutor rem sibi [depositam] <fiduciae datam> a patre pupilli [vel commodatam] non reddat, non tantum [commodati vel depositi] <fiduciae>, verum tutelae quoque tenetur. Et si acceperit pecuniam, ut reddat, plerisque placuit eam pecuniam vel [depositi vem commodati] <fiduciae> actione repeti vel condici posse...*"; D. 45.3.6: "*Ofilius recte dicebat et [per traditionem] <fiduciae causa mancipio> accipiendo vel [deponendo commodandoque] <cum creditore vel cum amico mancipio dando> posse soli ei adquiri qui iussit...*", cfr., BERTOLDI, *La fiducia cum amico*, cit., 62, 89: fazendo sempre referência às origens doutrinárias da interpolação.

[2643] VIEIRA CURA, *Fiducia cum creditore*, cit., 48-49.

[2644] PAULUS, 2.12.11 (coll. 10.7.11): "*Ex causa depositi lege duodecim tabularum in duplum actio datur, edicto praetoris in simplum*", cfr., *Pauli Sententiae: testo e interpretation*, editado por MARIA BIANCHI FOSSATI VANZETTI, CEDAM, Pádua, 1995, 34.

[2645] VIEIRA CURA, *Fiducia cum creditore*, cit., 50; GASTON MAY, *Éléments de Droit romain a l'usage des étudiants des facultés de Droit*, 11ª edição, revista e aumentada, Recueil Sirey, Paris, 1913, 316; BERTOLDI, *La fiducia cum amico*, cit., 50: ao contrário do verificado para a *fiducia cum creditore*, na *fiducia cum amico* o interesse, numa perspetiva puramente económica, em constituir a relação fiduciária encontra-se na esfera jurídica do fiduciante.

preservados respeitantes ao uso da *fiducia* com fins análogos ao depósito[2646]. A afirmação, de GAIUS, de que, na origem da *fiducia cum amico*, esteve a segurança dos bens não deve, na nossa opinião, ser interpretada como apontando para uma natureza ou para um escopo limitados ou circunscritos. A distinção entre a dimensão depositária e a comodatária da *fiducia* tem uma natureza tendencialmente subjetiva: no comodato, o interesse é do fiduciário e no depósito, do fiduciante.

Destas curtas linhas cumpre retirar que, muito embora a *fiducia cum amico* pudesse ser utilizada com propósitos partilhados por outros mecanismos jurídicos, *maxime* o depósito ou o comodato, a figura tinha uma função autónoma, cujo interesse residia, precisamente, no facto de os bens serem transmitidos para um sujeito de confiança, que se encarregaria de o proteger contra ameaças externas de terceiros[2647]. A utilização da figura terá atingido o seu apogeu no último século da República, marcado por constantes guerras civis, proscrições e expropriações[2648]. Este dado permite-nos fazer um paralelismo com a generalização dos *uses* durante a devastadora Guerra das Rosas[2649].

III. De modo análogo ao verificado para a *fiducia cum amico*, também em relação à *fiducia cum creditore*, apontada unanimemente pela doutrina como a sua modalidade mais utilizada[2650], impõem-se algumas considerações gerais.

Inspirando-se diretamente no sistema primitivo da responsabilidade civil extracontratual, o regime arcaico da responsabilidade civil contratual era, por natureza, pessoal, no sentido mais estrito da palavra: era a própria pessoa do devedor que respondia pelas suas dívidas. Não é, assim, de estra-

---

[2646] VIEIRA CURA, *Fiducia cum creditore*, cit., 52-57: embora não negue em absoluto essa possibilidade, parece defender ser essa utilização pouco comum; F. B. J. WUBBE, *Gaius et les contrats réels*, 35 Tijds Rgeschied, 1967, 500-525, 507: tendo em conta as formalidades da *mancipatio*, a sua utilização com estes propósitos estaria, provavelmente, limitada a negócios que envolvessem objetos de maior valor ou importância.

[2647] BERTOLDI, *La fiducia cum amico*, cit., 51.

[2648] ARANGIO-RUIZ, *Istituzioni di diritto romano*, cit., 308; PEDRO DE ALBUQUERQUE, *A representação*, cit., 90: aponta o final de República como palco, por excelência, da transmissão fiduciária de bens.

[2649] Número 56.

[2650] JUAN ARIAS RAMOS e JUAN A. ARIAS BONET, *Derecho romano*, Vol. I: *Parte general. Derechos reales*, 18ª edição, Editoriales de Derecho Reunidas, Madrid, 1986, 50: a *fiducia cum amico* teria uma utilização marginal, quando comparada com a *fiducia cum creditore*.

§ 32.º A *FIDUCIA* NO DIREITO ROMANO

nhar que as primeiras garantias obrigacionais partilhassem esta vocação[2651]: pense-se no exemplo paradigmático do *nexum*[2652]. Esta prática bárbara, que, no limite, podia levar à escravidão do devedor, apenas foi abolida no ano 326 a. C., por via da *Lex Poetelia Papiria de Nexis*[2653]. Com a supressão da mais relevante garantia até então usada, os cidadãos romanos, de modo a contornarem o progresso jurídico e social, viram-se obrigados a recorrer ao mecanismo que melhor conheciam: a *mancipatio*[2654]. Repare-se que o *pignus* e a *hypotheca*, as mais comuns garantias reais do período clássico, ainda não eram conhecidos[2655]. Ambas as figuras parecem, elas próprias, terem sido influenciadas pela *fiducia*[2656].

Como forma de garantir o cumprimento das obrigações assumidas, o devedor transmitia, para o seu credor, os direitos de propriedade sobre uma

---

[2651] REINHARD ZIMMERMANN, *The Law of Obligations: Roman Foundations of the Civilian Tradition*, OUP, Oxford, 1996, 2-6.

[2652] FRANCIS DE ZULUETA, *The Recent Controversy about Nexum*, 29 LQR, 1913, 137-153: o autor analisa as fontes históricas da figura e as posições doutrinárias clássicas.

[2653] "*Victum eo die ob impotentem iniuriam unius ingens vinculum fidei iussique consules ferre ad populum ne quis, nisi qui noxam meruisset, donec poenam lueret in compedibus aut in neruo teneretur; pecuniae creditae bona debitoris, non corpus obnoxium esset. Ita nexi soluti, cautumque in posterum ne necterentur*", cfr., TITUS LIVIUS, *Ab urbe condita libri*, edição de JEAN B. L. CREVIER, Joseph Mawman, Londres, 1813, VIII, 28.

[2654] Este raciocínio vai ao encontro da posição que alega que a *fiducia cum creditori* foi desenvolvida durante o século IV a. C., cfr., VIEIRA CURA, *Fiducia cum creditore*, cit., 232. Alguns autores, recorrendo aos textos de PLAUTUS, afirmam só terem elementos que possibilitam recuar ao século III a. C., cfr MAX KASER, *Das altrömische „Ius": Studien zur Rechtsvorstellung und Rechtsgeschichte der Römer*, Vandenhoeck & Ruprecht, Göttingen, 1949, 292; WATSON, *The Origins of "Fiducia"*, 79 ZRG (RA), 1962, 329-334; PAOLO FREZZA, *Le garanzie delle obbligazioni: corso di diritto romano*, Vol. II: *Le garanzie reali*, CEDAM, Pádua, 1963, 3-5. A figura parece ter sido utilizada, pelo menos, até ao século II d. C., cfr., *Mancipatio Pompeiana*, FIRA III, 91, 291-294: documento datado do ano 61 e *Formula Baetica*, FIRA III, 92, 295-297: documento datado do I ou II século depois de Cristo.

[2655] MAY, *Éléments de Droit romain*, cit., 499; PUGLIESE, *Istituzioni di diritto romano*, cit., 546: o *pignus*, garantia muito antiga, seria utilizado para bens de menor relevância, enquanto que a *fiducia cum amico* aludia às *res mancipi*.

[2656] MAX KASER, *Das römische Privatrecht*, Vol. I, 2ª edição, Beck, Munique, 1971, 144-145.

determinada *res mancipi*[2657], ficando este último obrigado a restituir-lhe o bem com o cumprimento da obrigação[2658].

IV. Apesar de ser discutível se a *fiducia cum amico* esteve ou não na origem do *commodatum* e do *depositum*[2659], parece pacificamente consensual que o seu desaparecimento está associado à tutela jurídica – *actiones* –, posteriormente conferida a ambas as relações. O mesmo poderá ser dito quanto à *fiducia cum creditore*: o surgimento de garantias mais ágeis e que não colocavam uma das partes numa situação tão frágil – *pignus* e *hypotheca* – ditou o seu gradual desaparecimento[2660].

[2657] Quanto à exclusão da *res nec mancipi* da *fiducia*, vide, em geral, VIEIRA CURA, *Fiducia cum creditore*, cit., 241-260.

[2658] Quanto à definição da figura, vide, em geral, os autores portugueses citados na primeira nota de rodapé do presente parágrafo.

[2659] SEBASTIÃO CRUZ, *Direito romano*, cit., 43, nota 291-bis; JOLOWICZ e NICHOLAS, *Historical Introduction*, cit., 287: o raciocínio dos autores é bastante simples: apenas as *res mancipi* podiam ser transmitidas em *fiducia*, logo, o mecanismo não poderia ser utilizado como plataforma jurídica para emprestar ou depositar bens não enquadráveis no conceito; ora, não parece que os elementos de que dispomos sejam suficientes para concluir que no período clássico apenas as *res mancipi* poderiam ser emprestadas ou depositadas; MAY, *Éléments de Droit romain*, cit., 315-316: a *fiducia* representou um papel fulcral no surgimento e no desenvolvimento tanto do depósito, como do comodato; VIEIRA CURA, *Fiducia cum creditore*, cit., 51 e 57: defende que, esporadicamente, a *fiducia cum amico* poderá ter sido utilizada com fins análogos ao depósito e ao comodato. Porém, tal não significa que tenha estado na origem dos mecanismos.

[2660] VIEIRA CURA, *Fiducia cum creditore*, cit., 237; ARIAS RAMOS e ARIAS BONET, *Derecho romano*, Vol. I, cit., 326; BERTOLDI, *La fiducia cum amico*, cit., 327: defendem o desenvolvimento do *pignus* como forma de contornar os enormes riscos corridos com a *fiducia*. Tendo o *pignus*, reconhecidamente, origens muito remotas, tudo indica que ambas as construções coexistiram temporalmente. Esta premissa permite-nos reforçar a posição, já indicada, de que a *fiducia* teria, *ab initio*, uma função autónoma, longe de se esgotar no papel de sucedâneo arcaico das garantias romanas modernas, cfr., ARNALDO BISCARDI, *Appunti sulle garanzie reali in diritto romano*, Cisalpinico-Goliardica, Milão, 1976, 137; ALEJANDRO GUZMAN BRITO, *Derecho Privado romano*, Tomo II: *El Derecho de las obligaciones (capítulos IV a IX), el Derecho de la sucesión por causa de muerte, el Derecho de las liberlaidades*, Editorial Jurídica de Chile, Santiago do Chile, 1996, 110: com o desenvolvimento de novos tipos de contratos e relações, a *fiducia* perdeu a sua enorme relevância.

§ 32.º A *FIDUCIA* NO DIREITO ROMANO

O instituto fiduciário terá ainda sido utilizado com outros propósitos patrimoniais, tais como a doação *mortis causa*[2661], a doação por interposta pessoa[2662] ou a *fiducia manumissionis causa*[2663].

181. Os mecanismos de defesa e as posições jurídicas do fiduciante e do fiduciário

I. As linhas gerais do regime são bem conhecidas: o bem transmitido em fidúcia não retornava à esfera jurídica do proprietário original automaticamente, com a verificação da condição estabelecida ou com o termo do prazo. Essa transmissão estaria sempre dependente da celebração de uma nova *mancipatio*[2664].

No período das *legis actiones*, é bastante discutível qual a proteção concedida ao fiduciante. Coexistem três teses[2665]: (1) mera tutela moral[2666]; (2) tutela penal; e (3) tutela civil[2667].

[2661] D. 39.6.42pr.; VIEIRA CURA, *Fiducia cum creditore*, cit., 58-60; ARANGIO-RUIZ, *Istituzioni di diritto romano*, cit. 482-483.

[2662] D. 24.1.49; VIEIRA CURA, *Fiducia cum creditore*, cit., 60-63.

[2663] Este tipo de *fiducia* tinha como objeto a libertação de escravos. D. 17.1.27.1; VIEIRA CURA, *Fiducia cum creditore*, cit., 63-71; WILLIAM W. BUCKLAND, *The Roman Law of Slavery*, CUP, Cambridge, 1970, reimpressão da edição de 1908, 632-633: reconhecem ser esta uma forma bastante comum; os adquirentes comprometiam-se a libertar o escravo vendido, mediante o preenchimento das condições acordadas.

[2664] VIEIRA CURA, *Fiducia cum creditore*, cit., 291.

[2665] VIEIRA CURA, *Fiducia cum creditore*, cit., 350.

[2666] Grande parte dos autores apresenta a *actio fiduciae* como o primeiro mecanismo de defesa da posição do fiduciante, pelo que se poderá concluir, com reservas, que não reconhecem remédios anteriores, cfr., MONIER, *Manuel élémentaire de Droit romain*, Tome II, cit., 122; PUGLIESE, *Istituzioni di diritto romano*, cit., 545; ANTONIO GUARINO, *Diritto privato romano*, 12ª edição, Jovene, Nápoles, 2001, 861; MAY, *Éléments de Droit romain*, cit., 316: mais direto, diz-nos que a violação do pacto fiduciário manteve-se durante longos anos sem qualquer tipo de remédio; EDUARDO VOLTERRA, *Instituciones de Derecho privado romano*, cit., 488: aponta para uma tutela jurisdicional bastante tardia.

[2667] A doutrina diverge quanto à denominação e à especificidade da *legis actio*. VERA-CRUZ PINTO, *O Direito das obrigações*, cit., 1997, 298: *legis actio per iudicis arbitrive actio fiduciae*; ALEJANDRO GUZMAN BRITO, *Derecho privado romano*, Tomo II, cit., 111: avança, com algumas dúvidas, a denominação de *actio legis per iudicis arbitrive postulationem*; ÁLVARO D'ORS e XAVIER D'ORS, *Derecho privado romano*, cit., 555: *legis actio per arbitri postulationem*.

EVOLUÇÃO HISTÓRICA

A maioria dos romanistas considera, porém, que o Direito romano apenas desenvolveu mecanismos de defesa após a entrada em vigor do novo sistema formular. A *actio fiduciae*, cujas origens parecem remontar aos finais do século II a. C., é descrita como pessoal, de boa-fé, infamante e passível de ser transmitida tanto pela parte ativa, como pela parte passiva[2668]. Passemos a analisar cada uma das características[2669]:

- pessoal: a dimensão meramente pessoal da *actio fiduciae* representava um enorme revés para as pretensões do fiduciante; com a alienação do bem a terceiros, ao fiduciante restava exigir o ressarcimento pelos danos causados[2670];
- de boa-fé: a inclusão da *actio fiduciae* nas ações de boa-fé foi bastante benéfica para o fiduciante; este tipo de ações caracterizava-se por uma especial liberdade concedida ao decisor, fruto do peso assumido pela boa-fé e pela equidade[2671];
- infamante: ao incumprir o acordado, os riscos corridos pelo fiduciário extravasavam o simples ressarcimento dos danos causados; a *fiducia*, conjuntamente com outros contratos que se alicerçavam numa forte relação de confiança, consubstanciava uma das modalidades da infâmia, um instituto romano com fortes raízes ancestrais[2672]; para além das consequências jurídicas que acarretava – incapacidade[2673] –, a declaração de um sujeito como *infamis* consubstanciava um forte estigma social;

[2668] A maior parte dos elementos que temos ao nosso dispor foram-nos deixados por MARCUS TULLIUS CICERO, *De Officiis* in *Cicero de officiis with an English Translation by Walter Miller*, William Heinemann, Londres, 1927, 3.17.70 e 3.15.61; e *Topica*, cit., 17.66.

[2669] VIEIRA CURA, *Fiducia cum creditore*, cit., 359-380. Quanto aos aspetos processuais e formais, vide, ainda, a interessante monografia de NICOLA BELLOCCI, *La tutela della fiducia nell'epoca repubblicana*, Giuffrè, Milão, 1974.

[2670] G. 4.33.

[2671] RAÚL VENTURA, *História do Direito romano: processo civil. Apontamento das lições de História do Direito romano do Exmo. Senhor Prof. Raúl Ventura ao 1.º Ano Jurídico de 1964-65*, AAFDL, Lisboa, 1965, 154-156; VERA-CRUZ PINTO, *O Direito das obrigações*, cit., 169-170; BETANCOURT, *Derecho romano clásico*, cit., 630: chama a atenção para o facto de na *actio fiduciae* não se encontrar qualquer referência direta à boa-fé. O autor avança a hipótese de a ascendência da boa-fé poder ser retirada da expressão *fraudatio*.

[2672] G. 4.182. O regime aplicava-se, também, à violação de mandatos, depósitos e tutelas, cfr., SANTOS JUSTO, *Parte geral*, cit., 145-147; ABEL H. J. GREENIDGE, *Infamia: Its Place in the Roman Public and Private Law*, Clarendon Press, Oxford, 1894.

[2673] D. 3.1.1.5.

§ 32.º A *FIDUCIA* NO DIREITO ROMANO

– transmissível: a transmissibilidade da *actio fiduciae*, tanto ativa[2674], como passiva[2675], respeita aos herdeiros das partes; no que concerne à posição jurídica do fiduciante, sublinhe-se a possibilidade legal, que lhe era conferida, de exigir a entrega do bem aos herdeiros do fiduciário.

II. A obrigação primária do fiduciário consistia na restituição do bem, com a verificação da condição acordada. Este dado fornece-nos bastantes mais pistas do que à primeira vista seria expectável. A obrigação de restituição implica a assunção de deveres de diligência e de cuidado: o fiduciário deveria entregar o bem no estado em que este se encontrasse, à data em que lhe foi transmitido[2676]. Acresce que a ligação da *fiducia* à boa-fé, recorrendo a uma terminologia mais moderna, permite-nos ainda aventar uma adstrição a um mais do que provável dever de lealdade.

Pesem embora os estudos interpolacionistas impulsionados por OTTO LENEL, a identificação dos contornos dos deveres do fiduciário permanece obscura e de difícil reconstituição[2677]. Em termos gerais, são duas as posições em disputa. A tese tradicional, que defende que o fiduciário apenas responde pelos danos causados dolosamente[2678]; e a tese contrária, atualmente mais em voga, que defende que o fiduciário também poderá ser responsabilizado pelos danos causados negligentemente[2679]. A escola moderna apoia-se

---

[2674] G. 2. 220: "*Aliquo temen casu etiam alienam rem per praeceptionem legari posse fatentur; veluti si quis eam rem legaverit, quam creditori fiduciae causa mancipio dederit; nam officio iudicis coheredes cogi posse existimant soluta pecunia Iuere rem, ut possit praecipere is cui ita legatum sit*".

[2675] *Pauli Sententiae*, 2.13.6 (PV. 2.13.1): "*Si creditor rem fiduciae datam uni ex heredibus vel extraneo legaverit, adversus omnes heredes actio fiduciae competit*", cfr., *Pauli Sententiae*, cit., 35.

[2676] Esta posição é, de resto, análoga à exigida para o comodato (D. 13.6.3.1) e para o depósito (D. 16.3.1.16).

[2677] GIANNI SANTUCCI, *La diligentia quam in suis come criterio di responsabilità del fiduciario* in *Fides, Fiducia, Fidelitas*, cit., 243-289, 276; GIJSBERT NOORDRAVEN, *Die Fiduzia im römischen Recht*, Gieben, Amesterdão, 1999, 216-231.

[2678] GIOVANNI ROTONDI, *La misura della responsabilità nell' "actio fiduciae"* in *Scritti Giuridici*, Vol. II, editado por EMILIO ALBERTARIO, Hoepli, Milão, 1922, 137-158; VICENZO ARANGIO-RUIZ, *Responsabilità contrattuale in diritto romano*, 2ª edição, Jovene, Nápoles, 1958, reedição da edição de 1935, 55.

[2679] FREZZA, *Le garanzie delle obbligazioni*, Vol. II, cit., 22; BISCARDI, *Appunti sulle garanzie reali in diritto romano*, cit., 95; SANTUCCI, *La diligentia quam in suis*, cit., 276 ss..

nas duvidosas[2680] *Differentiae* de MODESTINUS. Na parte dedicada ao depósito, diz-nos o célebre jurista:

> *Sed in ceteris quoque partibus iuris ista regula custoditur: sic enim et in fiduciae iudicium et in actionem rei uxoriae dolus et culpa deducitur, quia utriusque contrahendo utilitas intervenit*[2681].

182. Elementos a reter

I. As proposições que ora se apresentam não têm objetivos puramente históricos. Pretendemos, acima de tudo, identificar alguns elementos centrais com vista ao desenvolvimento de uma doutrina fiduciária adequada ao Direito civil nacional vigente.

II. Apesar das limitações decorrentes da natureza pessoal da *actio fiduciae*, os interesses do beneficiário eram acautelados pelo sistema. A aplicação do instituto da infâmia conferia uma proteção acrescida, enquanto que os ganhos obtidos, através da alienação do bem confiado a terceiros, seriam, certamente, superados pela conjugação dos danos a ressarcir com as consequências jurídicas, sociais e políticas associadas ao instituto. Acresce que, ao contrário do que tradicionalmente se entendia, não é evidente que a *fiducia* romana operasse uma transmissão pura do direito de propriedade. MAX KASER, o mais reputado romanista da segunda metade do século XX, parece sugerir uma possível divisão do direito de propriedade[2682].

Já no que respeita à posição jurídica do fiduciante, afigura-se bastante limitativo apresentá-la como sendo puramente pessoal. A transmissibilidade ativa da *actio fiduciae* representa um dado fulcral que deve ser interpretado como atribuindo, à posição do fiduciante, uma dimensão que extravasa a simples natureza pessoal. Relembre-se que o *Court of Chancery* estendeu, primeiro, a proteção da *Equity Law* às aquisições de terceiros de má-fé e,

---

[2680] A escolha pela expressão "duvidosa" deve-se à desconfiança quanto à credibilidade e autenticidade da passagem, cfr., ARANGIO-RUIZ, *Responsabilità contrattuale*, cit., 55.
[2681] 10.2.2, cfr., *Mosaicarum et romanarum legum collation*, FIRA II, 567.
[2682] *Die Anfänge der manumissio und das fiduziarisch gebundene Eigentum*, 71 ZRG (RA), 1941, 153--186, 184-185. Veja-se, ainda, HUSCHKE, que sublinha ser a transmissão temporária, cfr., PHILIPP HUSCHKE, *Ueber die usucapio pro herede, fiduciae und ex praediatura*, 14 ZgR, 1848, 145-273, 229 ss..

apenas posteriormente e não sem grandes cautelas, aos herdeiros do fiduciário[2683]. Acresce que a transmissibilidade ativa da *actio fiduciae* consagra, mesmo que indiretamente, uma segregação ou autonomia dos bens dados em confiança ou em garantia.

A todos estes elementos acrescente-se o regime específico da *ususreceptio*, através da qual o sistema conferia, ao fiduciante, uma posição privilegiada, manifestada por uma forte ligação com o bem transmitido em confiança[2684]. A irrelevância do conhecimento fortalece a posição que vê, na relação fiduciária romana, uma simples transmissão provisória do direito de propriedade[2685].

III. A *fiducia* romana está embebida no espírito romanístico da boa-fé. A sua denominação, toda a sua estrutura interna e o seu funcionamento, passando pela natureza jurídica da *actio fiduciae*, são demonstrativos dessa relação. Repare-se que as inúmeras construções fiduciárias dos diferentes ordenamentos jurídicos até agora estudados têm a sua origem em princípios reconduzíveis ao conceito continental de boa-fé.

Curiosamente, a força da *fiducia* advém do apoio que lhe foi fornecido pelo próprio sistema. Através do legislador e dos tribunais, o sistema desenvolveu diversas concretizações fiduciárias, como forma de ultrapassar as suas próprias limitações[2686]. Pense-se no caso paradigmático da utilização da *fiducia* para emancipar o *fillius* dos *paterfamilias*.

IV. É bastante comum a *fiducia* ser apresentada como uma figura cuja importância se esgotou no período embrionário do Direito romano[2687]. Esta posição deve ser contrariada. Repare-se que o suposto desaparecimento

---

[2683] Número 165/II.
[2684] VIEIRA CURA, *Fiducia cum creditore*, cit., 359; MONIER, *Manuel élémentaire de Droit romain*, Tome II, cit., 122: proteger o alienante fiduciário; BERTOLDI, *La fiducia cum amico*, cit., 56-57: a autora considera que este mecanismo terá sido de enorme importância num período anterior ao desenvolvimento de institutos mais concretos que acautelassem a posição jurídica do fiduciante.
[2685] GUARINO, *Diritto privato romano*, cit., 860: apresenta a *usureceptio* como a chave para a compreensão do carácter provisório da *fiducia*.
[2686] VIEIRA CURA, *Fiducia cum creditore*, cit., 89 e 94: o autor sublinha a utilização da fidúcia como forma de contornar as limitações de um sistema embrionário e de responder às preocupações reais e sociais, sem ser necessário recorrer ao poder legislativo.
[2687] RENÉ JACQUELIN, *De la fiducie*, A. Giard, Paris, 1891, 431-432: o autor considera que a problemática em torno do desaparecimento da *fiducia* deve ser analisada caso a caso, sob pena de se

da *fiducia* é apresentado como uma decorrência direta do desenvolvimento de figuras análogas menos burocráticas. Ora, sendo esse o caso, dever-se-á questionar o porquê de Gaius, vários séculos passados sobre o aparecimento dessas construções, referir tantas concretizações do instituto? Seria expectável, à luz deste pensamento, que a figura fosse omitida. A sua conservação nas Instituições, séculos volvidos sobre o surgimento do *pignus*, da *hipotheca*, do *depositum* e do *commodatum*, indicam-nos que a *fiducia* tinha uma função autónoma e diferenciada[2688].

Poder-se-á contra-argumentar que o seu desaparecimento foi gradual e que, no período de compilação do *Corpus*, já tinha desaparecido por completo? Também nos parece discutível. Um dos dados mais importantes que a crítica interpolacionista nos fornece é o de que as construções fiduciárias abundavam nas obras dos mestres copiadas pelos compiladores. Não podemos, simplesmente, excluir um corte repentino com o instituto, porventura por ter caído em desuso no Império do Oriente.

V. Por fim, cumpre sublinhar o papel absolutamente inigualável ocupado pela *fiducia*. Durante o período embrionário do Direito romano, a construção apresentou-se como uma solução aliciante, fruto da forte dimensão moral que lhe estava subjacente. A sua relevância social traduziu-se numa posterior absorção por parte do sistema, como forma de colmatar as lacunas do seu não reconhecimento.

A *fiducia* foi ainda determinante para a formação de algumas das construções jurídicas romanas mais características. Apesar da concorrência, espoletada pelo próprio instituto, a *fiducia* assegurou a sua autonomia e o seu espaço próprio até ser, independentemente da razão subjacente, apagada dos textos jurídicos pelos compiladores do *Corpus*.

---

cair em incorretas interpretações. Pense-se no caso paradigmático do *fideicommissum*, exemplo claro da continuidade do instituto fiduciário romano.
[2688] May, *Éléments de Droit romain*, cit., 499: a *fiducia cum creditori* manteve o seu interesse mesmo após o desenvolvimento do *pignus* e da *hypotheca*.

§ 33.º A FIDÚCIA NO DIREITO INTERMÉDIO

183. Propósito do parágrafo

I. Na maioria das obras dedicadas ao estudo dos negócios fiduciários, a parte relativa à investigação histórica circunscreve-se à análise da *fiducia* romana, com especial enfoque nas suas duas mais características materializações – *fiducia cum amico* e *fiducia cum creditore* –, e a uma sucinta decomposição do renascimento do instituto nos finais do século XIX, fruto da querela doutrinária que opôs a escola germanista à escola romanista. Ora, independentemente de ser essa a intenção dos seus autores, da leitura deste encadeamento cronológico, o leitor apenas poderá concluir senão pelo desaparecimento de qualquer manifestação fiduciária, pelo menos por uma divulgação circunscrita, tanto de um ponto de vista geográfico – a teoria da escola germanista pressupõe uma certa continuidade da sua utilização para lá do Reno –, como numa perspetiva jurídica.

O primeiro propósito deste parágrafo é, assim, de natureza histórico--dogmática. Pretende-se sublinhar a constância da fidúcia nos Direitos civis continentais. Não basta, contudo, sublinhar essa continuidade. É necessário demonstrá-la.

II. Ao longo de toda a parte histórica dedicada às influências exógenas nos *uses* medievais anglo-saxónicos, tivemos a oportunidade, em diversas ocasiões, de sublinhar a utilização recorrente de mecanismos jurídicos fiduciários durante toda a Idade Média, pelos mais variados povos. Pense-se nas construções franciscanas, seguramente presentes em todas as províncias onde a Ordem dos Frades Menores se estabeleceu, nos hospitais, nas universidades e nos asilos medievais, indissociáveis do conceito canónico de causa pia, bem como na disseminação de complexos mecanismos fiduciários, em sistemas feudais mais rígidos, no preponderante executor testamentário ou no incontornável fideicomisso.

Se, por um lado, é inegável que estes elementos nos permitem ter uma ideia muito clara sobre o papel representado pelas relações fiduciárias ao longo de todo o período medieval e moderno, por outro lado, quando pensamos no Período Intermédio, vêm-nos de imediato ao pensamento os estudos analíticos e compreensivos do *Corpus Juris Civilis*, i.e., dos glosadores e dos comentadores. Ao ignorarmos este movimento, estaríamos a contribuir para a crença, aparentemente generalizada, da descontinuidade dogmática da fidúcia. Impõe-se, em nome do rigor, uma referência sobre a figura do *heres fiduciarius* (fidúcia sucessória secreta[2689]), enquanto exemplo mais marcante da doutrina fiduciária medieval.

184. *Heres fiduciarius*

I. Como já foi anteriormente sublinhado[2690], a figura do executor testamentário espalhou-se pelos quatro cantos da Europa. Esta disseminação social chocava com o não tratamento da temática no *Corpus Juris Civilis*. Relembre-se que o conceito, pelo menos nos termos estruturados pela doutrina medieval, era desconhecido do Direito romano. De certo modo, o mecanismo jurídico do *heres fiduciarius*, idêntico ao do executor testamentário, consubstancia uma resposta dos juristas da época. Um claro exemplo em que a dogmática jurídica, recorrendo às suas fontes aparentemente lacunares, realizou esforços com vista ao desenvolvimento de construções que se adequassem aos anseios sociais[2691].

II. Pese embora o aparente desconhecimento da figura pelos juristas romanos, a expressão *heres fiduciarius* é utilizada por IAVOLENUS no D. 36.1.48.

[2689] Sobre a figura, vide, em geral, a tese de doutoramento de SERGIO CÁMARA LAPUENTE, *La fiducia sucesoria secreta*, Universidad de Navarra, Dykinson, Madrid, 1996, obra composta por mais de 1500 páginas.

[2690] Número 73.

[2691] MICHELE GRAZIADEI, *The Development of Fiducia in Italian and French Law from the 14th Century to the End of the Ancién Régime* in *Itinera Fiduciae*, cit., 326-359, 334.

§ 33.º A FIDÚCIA NO DIREITO INTERMÉDIO

Nesta passagem do *Corpus*, IAVOLENUS analisa uma complexa situação sucessória: Seius Saturninus instituiu Valerius Maximus como seu herdeiro; contudo, Saturninus estabeleceu que, alcançando o seu filho 16 anos, todos os bens deveriam ser-lhe transmitidos; tendo a criança falecido antes de atingir a idade indicada, discute-se quais os direitos do herdeiro fiduciário sobre a herança. IAVOLENUS considera que Valerius Maximus não detém qualquer direito sobre os bens recebidos: essa titularidade caberia, por inteiro, aos herdeiros da criança falecida. Nada nos é dito, porém, quanto à existência de uma diferenciação entre a figura do fideicomissário e do herdeiro fiduciário, tudo apontando, de resto, para uma consonância semântica.

A concordância entre os dois termos é seguida por ACCURSIUS, que descreve o herdeiro fiduciário como alguém de confiança do testador[2692] e a fidúcia sucessória como um fideicomisso[2693]. A diferenciação tem como ponto de viragem o comentário de BARTOLUS ao C. 6.42.32. Para o ilustre comentador, o fiduciário estaria também obrigado, natural e civilmente, a dar cumprimento à vontade manifestada pelo *de cujus*, quando o beneficiário apenas lhe fosse indicado oral e secretamente[2694]. A opinião de BARTOLUS mereceu a concordância de posteriores comentadores: veja-se o caso paradigmático de CONTI, que faz expressa referência à posição no seu comentário[2695]. Diferenciava-se, assim, a figura do herdeiro fiduciário. Esta prática, seguida pela Igreja Romana[2696], manteve-se bastante comum no seio das ins-

---

[2692] D. 12.1.9pr. in *Digestum Vetus, sev Pandectarum Iuris Civilis. Ex pandectis* FLORENTINIS *nuper in lucem emissis, quoad eius fieri potuit, reprasentatus: commentariis* ACCURSII, *et schollis* CONTII, *& parentitlis Cuiacii, necnon multorum aliorum doctorum virorum observationibus illustratus*, Tomo I, Veneza, 1584, 1243.

[2693] D. 36.1.48 (46), cit. Tomo II, 1650.

[2694] BARTOLUS DE SASSOFERRATE, *Comentário ao C. 6.42.32* in *Omnium Iuris Interpretum Antesignani Commentaria: Nunc recens, praeter alias Additiones ad hanc diem editas, Aureis Adnotationibus Iacobi Anelli de Bottis e Petri Mangrellae*, Tomo VII: *In Primam Codicis Patem*, Veneza, 1590, 43-44.

[2695] ANTONIO CONTI, *Comentário ao C.6.42.32, Digestum Vetus, sev Pandectarum Iuris Civilis. Ex pandectis* FLORENTINIS *nuper in lucem emissis, quoad eius fieri potuit, reprasentatus: commentariis* ACCURSII, *et schollis* CONTII, *& parentitlis Cuiacii, necnon multorum aliorum doctorum virorum observationibus illustratus*, Tomo V, Veneza, 1584, 1489. Quanto à posição de BALDUS, mais cautelosa, vide MICHELE GRAZIADEI, *The Development of Fiducia*, cit., 338-341.

[2696] CÁMARA LAPUENTE, *La fiducia sucesoria secreta*, cit., 186.

tituições eclesiásticas. Ao longo dos séculos XVII[2697], XVII[2698] e XIX[2699] são inúmeros os litígios que chegaram à Rota Romana envolvendo disposições testamentárias secretas.

[2697] Decisão que respeita a disposições fiduciárias secretas: Decisão DCXCII de 20 de abril de 1676 in *Sacræ Rotæ Romanæ decisionum recentiorum A. Joanne Baptista Compagno*, Tomo II, Paulum Balleonium, Veneza, 1716, 308-310, 309: "*Nec pro causa fiduciae potest asserri, quod Evangelista sic testatus suerit, ne ejus voluntas patesieret, id colligendo ex binis Epistolis, quas post testamentum exaravit, quia cum fiducia nõ sit nisi occultatio voluntatis alicujus fidei remissae idem est fiduciaDiter testari, quam secrete testari*".

[2698] O tribunal reconhece que os credores pessoais do fiduciário não podem recorrer aos bens abrangidos pela disposição fiduciária: Decisão XXIX de 19 de janeiro de 1719 in Joannis, Pauli Melii, *Additiones et observationes, ad Castillum de Alimentis, cum S. Rotaæ Romanæ Decisionibus ad Materiam sacientibus, hactenus non impressis*, Perachon & Cramer, Lyon, 1727, 67: "*Fiducia causa justa reputatur exclusio creditorum*".

[2699] Decisão CDXCII de 3 de julho de 1826 in *Decisiones Sacrae Rotae Romanae coram Reverendissimo Patre Domino Joachim Joanne Xaverio Isoard*, Tomo III, Dominicum Ecole, Roma, 1829, 387-389, 387: "*Haeres fiduciarius non impeditur, quominus aes sibi debitum a testatore declaret*"; Decisão XXV de 29 de janeiro de 1851 in *Decisones Sacrae Rotae Romanae coram R. P. D. theodulpho Mertel*, Typographia Fratrum Pallotta, Roma, 1853, 55-58, 56: "*Ex hac explicatione fiduciae illico de absoluta voluntate testatrices constabat*".

§ 34.º O RESSURGIMENTO DA FIDÚCIA NO SÉCULO XIX

185. A metodologia da Ciência Jurídica oitocentista

I. O ressurgimento do interesse doutrinário pela fidúcia nos finais do século XIX é um claro reflexo das especificidades jurídicas da época: a História é colocada ao serviço da Ciência Jurídica moderna. As fontes jurídicas antigas, em especial o Direito romano, deixam de ser avaliadas em abstrato e de modo fragmentário[2700], mas de forma sistemática e apenas na medida em que pudessem ser utilizadas em benefício dos avanços dogmáticos contemporâneos[2701]. Na prática, os conceitos jurídicos históricos submetem-se

---

[2700] Esta prática caracterizou o processo jurídico criativo do Direito intermédio. Reconhece-se, evidentemente, que a interpretação do *Corpus* pelos glosadores e pelos comentadores não pode ser desligada do pensamento filosófico e religioso da época, pelo que o resultado final representa sempre uma modernização, mesmo que ligeira. A fragilidade do sistema medieval parece, assim, residir na insuficiente sistematização professada, o que impossibilitava uma aplicação atualizada do Código de Justiniano. Sobre o método medieval, vide FRANZ WIEACKER, *História do Direito privado moderno*, tradução da 2ª edição alemã por ANTÓNIO MANUEL HESPANHA, 3ª edição, Gulbenkian, Lisboa, 2004, 38 ss..

[2701] HELMUT COING, *Die Treuhandtheorie als Beispiel der Geschichtlichen Dogmatik des 19. Jahrhunderts*, 37 RabelsZ, 1973, 202-209, 202. Sobre a metodologia jurídica oitocentista, vide WALTER WILHELM, *Zur juristischen Methodenlehre im 19. Jahrhundert: die Herkunft der Methode Paul Labands aus der Privatrechtswissenschaft*, Vottorio Klostermann, Francoforte, 1958: apesar de a obra estar especialmente focada na análise individual dos métodos adotados pelos autores mais relevantes do século XIX, o autor consegue transmitir as linhas gerais do processo criativo jurídico-científico deste período.

às necessidades reais e concretas do Direito vigente e da sociedade que regulam. GERBER fala mesmo de uma recriação das fontes históricas[2702].

Apesar da viragem metodológica, os juristas oitocentistas não negam a dimensão contínua do Direito e da sua Ciência, pelo contrário. Recorrendo às palavras de JHERING – no primeiro artigo do primeiro número da revista *Jahrbücher für die Dogmatik des heutigen römischen und deutschen Privatrechts*, que fundou, e cuja denominação foi posteriormente alterada para o homenagear –, o Direito vigente é o produto de uma Ciência Jurídica há muitos milénios em atividade contínua[2703].

II. A imensidão das fontes históricas disponíveis, conjugada com a sua indesmentível maleabilidade, colocava um grande problema de triagem. Repare-se que não estava apenas em causa um simples processo seletivo interno – por exemplo, perante disposições contraditórias do *Corpus Juris Civilis*, que preceito deveria prevalecer –; impunha-se, antes de mais, determinar que fontes primárias deveriam ser consideradas: os Direitos locais, positivados ou costumeiros, ou o Direito romano justinianeu.

É neste contexto que se insere a querela que opôs, a partir dos meados do século XIX, os romanistas aos germanistas. Defendiam os primeiros a supremacia do Direito romano e advogavam os segundos que o Direito alemão estava longe de consubstanciar uma simples adaptação local do *Corpus Juris Civilis*. Apesar da conceção *jus commune* ser muito apelativa, de um ponto de vista teórico, a realidade mostrou-se bastante distinta. A homogeneidade abstrata do Direito, exteriorizada pelo ensino comum a todas as universidades europeias, contrastava com o conteúdo do Direito prático, muito apegado aos costumes locais das comunidades. Uma conceção histórica do Direito, alegavam os germanistas, não poderia fazer tábua rasa desta evolução, sob pena de o seu conteúdo não refletir a evolução histórica e cultural do povo que pretende reger[2704].

III. Como demonstra COING, o renascimento da *fiducia/Treuhand* é um exemplo perfeito do processo criativo na escola histórica: o interesse reno-

---

[2702] CARL VON GERBER, *Gesammelte juristische Abhandlungen*, Jena, Fischer, 1878, 11.
[2703] RUDOLF VON JHERING, *Unsere Aufgabe*, 1 JhJb, 1857, 1-52, 16.
[2704] Sobre o movimento germanista, vide a monumental obra, com mais de 800 páginas, de FRANK L. SCHÄFER, *Juristische Germanistik: eine Geschichte der Wissenschaft vom einheimischen Privatrecht*, Klostermann, Francoforte, 2008.

§ 34.º O RESSURGIMENTO DA FIDÚCIA NO SÉCULO XIX

vado pelas construções fiduciárias romanísticas e germânicas resulta não de um qualquer despertar dogmático pelo instituto, mas da necessidade de fazer face a um conjunto de problemas reais que o Direito vigente não lograva enquadrar ou resolver[2705]. No último quartel do século XIX, os tribunais alemães foram confrontados com uma série de litígios que envolviam transmissões de direitos de propriedade com finalidades heterodoxas, i.e., não reconduzíveis à típica e simples transmissão do direito *per se*. Regra geral, o propósito das partes passava por fortalecer a posição jurídica do mutuário/credor. Estas relações, facilmente reconduzíveis, pelos juristas atuais, à figura da alienação em garantia, não se enquadravam no quadro jurídico mental do intérprete aplicador de então, o que levou a uma remissão, em caso de dúvida, para a figura da simulação[2706].

A acesa disputa que opôs os romanistas aos germanistas, no que respeita às raízes históricas da *Treuhand*[2707], não deve ser encarada como uma simples querela doutrinária e histórica. A opção por uma ou outra corrente tem um impacto considerável na natureza jurídica da relação e, consequentemente, na natureza jurídica das posições das partes contraentes[2708]. Por outro lado,

---

[2705] COING, *Die Treuhandtheorie*, cit., 203 ss.; MARTIN LÖHNIG, *Treuhand: Interessenwahrnehmung und Interessenkonflikte*, Mohr Siebeck, Tübingen, 2006, 13-17: elenca um conjunto de situações jurídicas associadas ao desenvolvimento do conceito de negócio fiduciário.

[2706] COING, *Die Treuhandtheorie*, cit., 203-205 e *Die Treuhand kraft privaten Rechtsgeschäft*, Beck, Munique, 1973, 29-37. As relações hoje ditas fiduciárias tinham atingido um elevado grau de generalização na época, sendo frequentemente utilizadas no âmbito comercial, cfr., HEINRICH VON LANG, *Die Wirkungen der fiduziarischen Geschäfte*, 83 AcP, 1894, 336-351, 336: o autor elenca um conjunto considerável de relações jurídicas que são reconduzíveis ao conceito de negócio fiduciário.

[2707] Da doutrina alemã destacamos, para além do já referido estudo de COING, o conciso artigo de SIBYLLE HOFER, *Treuhand in der deutschen Rechtswissenschaft des 19. Jahrhunderts* in *Itinera Fiduciae*, cit., 389-415, e duas volumosas monografias datadas da década de 70 do século passado: WOLFGANG ASMUS, *Dogmengeschichtliche Grundlagen der Treuhand: eine Untersuchung zur romanistischen und germanistischen Treuhandlehre*, Peter Lang, Francoforte, 1977 e GISELTRAUD OTTEN, *Die Entwicklung der Treuhand im 19. Jahrhundert: Die Ausbildung des Treuhandbegriffs des modernen Rechts*, Musterschmidt, Göttigen, 1975. Na doutrina portuguesa, vide ORLANDO DE CARVALHO, *Negócio jurídico indirecto (teoria geral)* in *Escritos, páginas de Direito*, Vol. I, Almedina, Coimbra, 1998, 45-159, 118-119; PESTANA DE VASCONCELOS, *A cessão de créditos*, cit., 32-38 e MONTEIRO PIRES, *Alienação em garantia*, cit., 29-31.

[2708] HOFER, *Treuhand*, cit., 389: coloca a questão central da discussão na natureza jurídica da posição do fiduciário (*Treuhänder*); ASMUS, *Dogmengeschichtliche*, cit., 2: a natureza jurídica

e como já foi sublinhado, a discussão insere-se numa mais vasta disputa. É fruto da sua época[2709].

O estudo do moderno negócio fiduciário pressupõe o conhecimento, mesmo que superficial, deste debate. O conteúdo do conceito começou precisamente a ser gizado no âmbito do confronto entre os *fiduziarische Geschäfte* e a *Treuhand*[2710].

186. Romanistas: *fiduziarische Geschäfte*

I. Com a Ciência Jurídica centrada no *Corpus Juris Civilis*, a *fiducia* esteve, durante longos séculos, afastada do pensamento jurídico. Com a "descoberta" das Instituições de GAIUS, seria expectável que o paradigma dogmático sofresse profundas alterações: as amplas referências à figura, em especial as menções à *fiducia cum amico* e à *fiducia cum creditore*, permitiriam ter uma visão muito mais precisa quanto à verdadeira amplitude e à transversalidade do instituto fiduciário romano. Contudo, e apesar dos novos elementos disponibilizados, durante grande parte do século XIX, a doutrina de ponta dedicou pouquíssima atenção à *fiducia*. SAVIGNY, na sua monumental obra, limita-se a fazer brevíssimas considerações gerais, sempre numa perspetiva histórica e passageira, não demonstrando especial interesse na sua revitalização[2711].

Embora dedicando maior atenção à *fiducia*, JHERING fá-lo sempre com um intuito histórico e contextualizador, com o simples propósito de enqua-

---

do negócio fiduciário está diretamente dependente da construção que seja apontada como estando na sua origem.

[2709] ASMUS, *Dogmengeschichtliche*, cit., 1.

[2710] SCHERNER, *Salmannschaft*, cit., 3; SIEGBERT LAMMEL, *Die Haftung des Treuhänders aus Verwaltungsgeschäften zur Dogmatik des "Verwaltungshandelns" im Privatrecht*, Athenäum, Francoforte, 1972, 5-6; COING, *Die Treuhandtheorie*, cit., 28; ASMUS, *Dogmengeschichtliche*, cit., 5.

[2711] FRIEDRICH CARL VON SAVIGNY, *System des heutigen Römischen Rechts*, Veit, Berlim, 1841, Vol. IV, 244-245: utilização da *fiducia* e da *mancipatio* como forma de contornar a doação *mortis causa*; Vol. V, Veit, Berlim, 1841, 486 e 517: no âmbito do capítulo dedicado aos diversos tipos das ações processuais, cfr., PHILLIP HECK, *Die fiducia cum amico contracta, ein Pfandgeschäft mit Salmann*, 10 ZRG (RA), 1889, 82-138, 83, nota 1 e COING, *Die Treuhandtheorie*, cit., 29, nota 1.

§ 34.º O RESSURGIMENTO DA FIDÚCIA NO SÉCULO XIX

drar as diversas garantias reais, tradicionalmente reconduzidas à *fiducia*[2712].
O mesmo se pode dizer das *Institutionen* de PUCHTA[2713].

Partindo do limitado papel desempenhado pela *fiducia* nas obras de SAVIGNY, PUCHTA e JHERING e do renovado interesse manifestado pelo conceito no último quartel do século XIX, COING afirma que o ressurgimento da *fiducia* é um produto da pandectística tardia[2714]. Esta posição não pode ser apoiada sem mais, impõem-se alguns esclarecimentos.

O movimento pandectista tem como face mais visível as grandes obras generalistas denominadas de *Pandekten* e datadas da segunda metade do século XIX[2715]. Ora, na maior parte dos textos do movimento oitocentista, o papel da *fiducia* mantém-se inalterado: pura dimensão histórica. Desvendando um pouco o véu, refira-se que o termo *fiduziarische Geschäfte* foi avançado, pela primeira vez, por REGELSBERGER, num artigo datado de 1880, pelo que, à luz da posição de COING, seria de esperar que o tema fosse objeto de maior atenção nas edições que se seguiram. Tal não corresponde, no entanto, por inteiro, à realidade. Vejamos.

WINDSCHEID (6ª edição, 1887): apenas parece fazer duas breves referências à *fiducia*, em nota de rodapé (!) e numa perspetiva histórica: a *fiducia* é apresentada como estando na origem das garantias reais[2716].

ARNDTS (11ª edição póstuma, editada por PFAFF e HOFFMANN, 1883): a importância atribuída é, também ela, puramente histórica[2717]. Sublinhe-se,

---

[2712] RUDOLF VON JHERING, *Geist des römischen Rechts auf den verschiedenen Stufen seiner Entwicklung*, Vol. II, Breitkopf & Härtel, Leipzig, 1923, 530 e 546: perspetiva puramente histórica; JHERING explica todo o desenvolvimento prático da figura, focando-se nas suas origens associadas à *mancipatio* e nas consequências do seu incumprimento: infâmia e boa-fé.

[2713] GEORG FRIEDRICH PUTCHA, *Cursus der Institutionen*, Vol. III, 3ª edição, Breitkopf & Härtel, Leipzig, 1894, 91 ss..

[2714] COING, *Die Treuhandtheorie*, cit., 29 e *Europäisches Privatrecht*, Vol. II: *19. Jahrhundert. Überblick über die Entwicklung des Privatrechts in den ehemals gemeinrechtlichen Ländern*, Beck, Munique, 1989, 424: reforça a sua posição ao referir que tanto SAVIGNY, como WINDSHEID apenas atentam na dimensão histórica da figura; LÖHNIG, *Treuhand*, cit., 37: com idêntica posição.

[2715] WIEACKER, *História do Direito privado*, cit., 508 ss..

[2716] BERNARD WINDSCHEID, *Lehrbuch des Pandektenrechts*, Vol. I, 6ª edição, Rütten & Loening, Francoforte, 1887, 769, nota 2: como estando na origem das garantias reais; uma outra referência, com idêntico conteúdo, é feita na página 805, final da nota 1.

[2717] KARL L. ARNDTS VON ARNESBERG, *Lehrbuch der Pandekten*, 11ª edição, Cotta, Estugarda, 1883, 682 e 1014.

porém, que esta obra caracteriza-se pela preponderância do Direito romano, mesmo tendo em conta o movimento jurídico em que se insere.

BARON (9ª edição, 1896): limita-se a fazer uma breve referência à *fiducia cum creditore*, sem nunca mencionar a crescente importância da figura no comércio jurídico moderno[2718].

As primeiras *Pandekten* a fazerem referência à moderna conceção fiduciária foram as de DERNBURG (1ª edição, 1884). O ilustre jurista trata a temática fiduciária em dois capítulos distintos: (1) num curto capítulo dedicado às origens da hipoteca: a *fiducia* foi gradualmente desaparecendo, tendo dado lugar a garantias reais mais ágeis[2719]; e (2) num capítulo consagrado ao regime da simulação: tem o cuidado de distinguir o negócio fiduciário da simulação – repare-se que não dedica mais de 11 linhas ao tema[2720]. Esta separação entre a *fiducia* romana e o negócio fiduciário moderno é seguida por diversos pandectistas:

WENDT (1888): de forma bastante sumariada, é certo, faz um apanhado do papel desempenhado pelos negócios fiduciários no comércio jurídico moderno[2721].

BRINZ (2ª edição póstuma, editada por LOTMAR, 1892): seguindo os passos de DERNBURG, insere a figura num capítulo dedicado à simulação, mas apenas em nota de rodapé[2722].

KUHLENBECK (1898): o autor que mais texto dedica aos *fiduziarische Geschäfte*, analisa o conceito num grande capítulo dedicado a diversas situações jurídicas caracterizadas por uma contradição entre a vontade real e a vontade manifestada[2723].

Salvo o caso de KUHLENBECK, a dita pandectística tardia dedica pouco ou nenhum do seu tempo ao novo conceito fiduciário. Poder-se-á, assim, deduzir que o interesse pela descoberta de REGELSBERGER tem sido excessivamente valorizado? Julgamos que não, por duas razões. Em primeiro lugar, a teoria de REGELSBERGER, como veremos de seguida, mereceu o apoio de

---

[2718] JULIUS BARON, *Pandekten*, 9ª edição, Duncker & Humblot, Leipzig, 1896, 324-325.
[2719] HEINRICH DERNBURG, *Pandekten*, Vol. I, 1ª edição, H. W. Müller, Berlim, 1884, 637-640.
[2720] Cit., 228-229.
[2721] OTTO WENDT, *Lehrbuch der Pandekten*, Fischer, Jena, 1888, 599-600.
[2722] ALOIS BRINZ, *Lehrbuch der Pandekten*, Vol. IV, 2ª edição, atualizada por PHILIPP LOTMAR, Andreas Deichert, Erlangen, 1892, 26, nota 7.
[2723] LUDWIG KUHLENBECK, *Von den Pandekten zum Bürgerlichen Gesetzbuch*, Vol. I, Carl Heymanns, Berlim, 1898, 393-402, em especial 398 ss..

§ 34.º O RESSURGIMENTO DA FIDÚCIA NO SÉCULO XIX

parte considerável da doutrina da época, expresso em inúmeros artigos e pequenas monografias. Em segundo lugar, o próprio pai da fidúcia moderna dedica pouco mais de uma página à figura nas suas *Pandekten*[2724]. Em resultado destes dois elementos, parece-nos mais correto concluir que a temática, embora tivesse despertado o interesse da pandectística tardia, extravasava os propósitos das obras jurídicas generalistas. O seu ressurgimento não deixa, porém, de traduzir uma vitória dessa escola jurídica.

II. Como já foi avançado, coube a FERDINAND REGELSBERGER – pandectista com grande atividade produtiva no último quartel do século XIX – apresentar as linhas gerais da fidúcia moderna, que irão acompanhar toda a discussão doutrinária até aos dias de hoje[2725].

Num artigo focado no recurso à cessão da posição contratual para encobrir objetivos distintos ou mitigados, o autor chama a atenção para a necessidade de distinguir os contratos simulados de uma diferente modalidade de contrato, que denomina de contratos fiduciários. Os primeiros caracterizavam-se pela desconformidade entre a vontade real e a vontade exteriorizada, sendo negócios vazios; já os negócios fiduciários assentavam numa verdadeira intenção. Embora recorrendo a um tipo de contrato cujo objeto legal não coincide, por inteiro, com os propósitos prosseguidos pelas partes, a vontade exteriorizada corresponde, efetivamente, à sua vontade real[2726].

REGELSBERGER coloca a pedra de toque na desproporcionalidade, sem qualquer conotação pejorativa, entre o conteúdo abstrato da posição jurídica do sujeito ativo, i.e., o adquirente do bem, e a delimitação e a circunscrição dos direitos que, em concreto, poderá exercer[2727]. Em termos práticos, embora titular do direito de propriedade, o fiduciário obrigava-se, para com o fiduciante, a apenas fazer uso da posição jurídica ocupada nos exatos termos acordados. REGELSBERGER não chega a aprofundar a natureza da relação interna. As parcas palavras dedicadas a este aspeto central da relação fiduciária são ampliadas nas suas *Pandekten*, onde é sublinhada a importância da boa-fé[2728].

[2724] FERDINAND REGELSBERGER, *Pandekten*, Vol. I, Duncker & Humblot, Leipzig, 1893, 518-519.
[2725] *Zwei Beiträge zu Lehre von der Cession*, 63 AcP, 1880, 157-207.
[2726] *Zwei Beiträge*, cit., 173.
[2727] *Zwei Beiträge*, cit., 173.
[2728] *Pandekten*, Vol. I, cit., 518-519. HOFER, *Treuhand*, cit., 399: considera que a relevância atribuída à boa-fé está em linha de conta com os avanços da época. Inserido no movimento da

Como forma de afastar qualquer dúvida sobre a validade de semelhante negócio, o ilustre pandectista elenca uma série de exemplos, de entre os quais se destaca a *fiducia* romana de GAIUS e que se caracterizam, precisamente, pela desproporcionalidade entre o propósito primário do negócio jurídico utilizado e os fins prosseguidos com a contratualização efetiva[2729].

A construção de REGELSBERGER rapidamente fez escola, sendo seguida por uma parte substancial da doutrina e citada pelos tribunais[2730]. O sucesso da solução ficou a dever-se tanto às sólidas bases que a sustentam, como à sua utilidade prática: permitia resolver muitos dos litígios tradicionalmente descritos como sendo um claro exemplo de negócio simulado[2731].

III. Apesar de REGELSBERGER ser apresentado como o fundador da fidúcia moderna, os estudos do pandectista germânico pecam por um insuficiente aprofundamento do seu enquadramento histórico [2732]. No seu grande estudo sobre a *fiducia* romana, OERTMANN chama a atenção para as diferenças entre a construção romana e a construção de REGELSBERGER: a *fiducia* era um negócio jurídico completo, caracterizado por uma conformidade jurídica e económica a todo o nível; já na *fiducia* moderna, nos moldes apresentados por REGELSBERGER, as partes, conquanto se conformassem com os efeitos jurídicos produzidos, não os pretendiam na sua totalidade[2733]. Desta comparação, OERTMANN conclui que a *fiducia* moderna de REGELSBERGER não pode ser apresentada como uma continuadora da *fiducia* romana[2734]. A tese de OERTMANN tem sido criticada por alguns autores que consideram

---

jurisprudência dos conceitos, o instituto romano da *fides* começa a ser analisado numa perspetiva mais prática.

[2729] *Zwei Beiträge*, cit., 172-173.

[2730] KONRAD HELLWIG, *Ueber die Zulässigkeit der Eigentumsübertragung zur Sicherung einer Forderung*, 64 AcP, 1881, 369-394, 391; LANG, *Die Wirkungen*, cit., 336-351; DERNBURG, *Pandekten*, Vol. I, cit., 230-233; ALEXANDER LEIST, *Die Sicherung von Forderungen durch Übereignung von Mobilien*, Gustav Fischer, Lena, 1889, 78 ss.. Vide, ainda, DREYER, *Das fiduziarische Rechtsgeschäft*, 40 Gruchot, 1896, 233-242 e 449-467: apesar de REGELSBERGER não ser muito referido pelo autor, a influência é notória.

[2731] COING, *Die Treuhandtheorie*, cit., 37; o autor, na ob. cit., 29-34, elenca uma série de litígios de solução duvidosa, que a construção de REGESLBERGER veio esclarecer.

[2732] HOFER, *Treuhand*, cit., 403-406.

[2733] *Die fiducia*, cit., 257: sublinha as origens antiquíssimas deste tipo de mecanismo, alicerçado em critérios de confiança.

[2734] *Die fiducia*, cit., 257-258.

que tanto a *fiducia* romana, como a fidúcia moderna se caracterizam, precisamente, por uma desproporcionalidade entre os meios jurídicos utilizados e os fins económicos prosseguidos. Esta representação do instituto reflete-se na sua estrutura: tanto a *fiducia – mancipatio* e *pactum fiduciae* –, como a fidúcia – negócio real translativo e negócio obrigacional fiduciário – agregam dois negócios formalmente distintos, embora indispensáveis para a prossecução dos fins visados pelas partes do negócio fiduciário[2735].

187. Germanistas: *Treuhand*

I. Por oposição à solução romanística, surgiu, na passagem do século XIX para o século XX, uma nova teoria: as origens dos negócios fiduciários remontariam não à *fiducia* romana, mas à *Treuhand* germânica. De modo idêntico ao verificado para a doutrina romanística, também a nova teoria é um reflexo do pensamento jurídico de então, caracterizado pelo equilíbrio entre as necessidades práticas e o percurso histórico das construções[2736]. De resto, o processo criativo de ALFRED SCHULTZE, a quem a teoria germanista deve a sua estruturação, é disso conclusivo. Numa primeira monografia, datada de 1895, o autor começa por estudar a figura da *Treuhand* no Direito sucessório lombardo-germânico entre os séculos VIII e XIII[2737], adaptando, anos volvidos, as suas descobertas ao mundo jurídico do início do século XX[2738].

Os estudos de SCHULTZE representam o culminar de um século dedicado à *Treuhand*. Impulsionados, em 1828, por ALBRECHT, com um capítulo denominado de *Gewere zu treuer Hand*, na sua revolucionária obra sobre o complexo conceito medieval de *Gewere* – porventura o sucedâneo germânico do *seisin*

[2735] WILHELM SCHARPWINKEL, *Die fiduciarische Sicherungsübereignung von Mobilien*, Joseph Hansen, Telgte, 1931, 22-23; WILHELM GEIGER, *Fiducia und Aussonderung*, Estugarda, 1931, 12.
[2736] HOFER, *Treuhand*, cit., 410.
[2737] *Die langobardische Treuhand und ihre Umbildung zur Testamentsvollstreckung*, Wilhelm Koebner, Breslau, 1895. Apesar dos propósitos puramente histórico-jurídicos da monografia, o autor vai sugerindo, em algumas passagens, a continuidade da construção e, consequentemente, a importância da evolução histórica para o Direito vigente: de modo bastante direto na introdução, cfr., 2-3: "*Daher kommt es, dass für die Dogmatik des heutigen Institutes die in der Lehre von Salmann oder Treuhänder enthaltenen germanischen Rechtsgedanken bisher noch ganz unerwartet geblieben sind*"; e de forma já conclusiva em relação à evolução (contínua ou ininterrupta) da figura, cfr., 173: "*Da wir der Meinung sind, dass das Institut in seinem [Keim] dasselbe geblieben ist*".
[2738] *Treuhänder im geltenden bürgerlichen Recht*, 43 JhJb, 1901, 1-104.

anglo-saxónico[2739] –, a que se seguiu o tratado de BESELER, iniciado em 1835, dedicado aos pactos sucessórios[2740]. De resto, foi precisamente em torno do executor testamentário (*Salmann*) que a doutrina alemã abriu as suas portas ao fascinante mundo das relações fiduciárias: MERKEL[2741], STOBBE[2742], LAMMER[2743] ou HEUSLER[2744], entre muitos outros[2745].

De um ponto de vista puramente abstrato, a ascendência germanista é perfeitamente possível: se há áreas do Direito em que as influências locais têm maior impacto é precisamente na do Direito da família e na do Direito sucessório – pense-se nas alterações sofridas pelo Código Civil de 1966 nas antigas colónias portuguesas após o processo de descolonização –, os dois ramos em que, durante o período intermédio, surgiram novas ou renovadas concretizações da *fiducia*[2746].

II. No capítulo dedicado à *Treuhand* e à sua possível influência nos *uses* anglo-saxónicos, limitámos a nossa exposição a uma simples apresentação das linhas gerais do instituto, pelo que se impõe, agora, aprofundar a construção fiduciária de SCHULTZE. A estrutura interna da construção germanista é, em tudo, idêntica à desenvolvida pela pandectística tardia: a *Treuhand* consubstancia uma relação fiduciária em que o fiduciante – a construção seria especialmente utilizada no campo sucessório, o que nos remete para a já

[2739] WILHELM EDUARD ALBRECHT, *Die Gewere als Grundlage des ältern deutschen Sachenrechts*, Gebrüder Bornträger, Königsberg, 1828, 231-277.
[2740] *Die Lehre*, Vol. I, cit., 277-288: o último capítulo versa sobre o *Salmann*.
[2741] JOHANNES MERKEL, *Das Firmare des bairischen Volksrechts*, 2 ZRG, 1863, 101-174, 148 ss..
[2742] *Ueber die Salmannen*, cit..
[2743] HANS LAMMER, *Das Recht der treuen Hand nach deutschem Rechte*, A. Stuber's Buch- und Kunsthandlung, Wärzburg, 1875.
[2744] *Institutionen*, Vol. I, cit., 215-223.
[2745] OTTEN, *Die Entwicklung*, cit., 54-75.
[2746] A particularidade dos dois ramos, em especial o Direito da família, é reconhecida tanto pelos germanistas, como pelos romanistas, cfr., GEORG BESELER, *System des gemeinen deutschen Privatrechts*, 2ª edição, Weidmannsche Buchhandlung, Berlim, 1886, 29-30: sublinha a sua autonomia e as origens que remontam ao Direito germânico antigo; FRIEDRICH CARL VON SAVIGNY, *System des heutigen Römischen Rechts*, Vol. I, Veit, Berlim, 1840, 366-367: reconhece que, durante a Idade Média, foram muitos os institutos de Direito da família que se desenvolveram no seio do Direito costumeiro germânico. LUÍS CABRAL DE MONCADA, *A reserva hereditária no Direito peninsular e português*, Vol. I: *Introdução*, França & Arménio, Coimbra, 1916, vii: "Em poucas instituições jurídicas se reflecte mais fielmente a íntima constituição social dos povos do que no direito sucessório".

estudada figura do *Salmann* – transmite um conjunto de direitos para um terceiro, denominado de *Treuhänder*, o qual se compromete a utilizar os bens apenas nos exatos termos acordados[2747].

A particularidade da posição de SCHULTZE reside no preenchimento dos direitos do *Treuhänder* e na catalogação da natureza da posição jurídica ocupada. O autor alemão começa por sublinhar que, da análise de alguns documentos históricos, resulta, inequivocamente, que o proprietário originário transmite os bens, para o *Treuhänder*, livres de quaisquer ónus ou limitações. O *Treuhänder* seria, assim, titular de um direito de propriedade pleno, podendo, consequentemente, aliená-lo livremente, sem incorrer em qualquer tipo de incumprimento[2748]. Esta não seria, porém, a regra. Como princípio geral, o testador indicava, expressamente, o fim que deveria ser dado aos bens[2749]. SCHULTZE coloca, deste modo, a pedra de toque na vontade do fiduciante.

Feito este enquadramento geral, o jurista germânico debruça-se sobre a natureza jurídica da posição do *Treuhänder*, que, livremente, aceita as condições impostas pelo fiduciante. Assumindo, automaticamente, que o fiduciário está sujeito, pelo menos, a limitações de índole obrigacional, SCHULTZE foca-se, de imediato, na natureza real da relação. É neste ponto que a teoria assume toda a sua originalidade. SCHULTZE considera que o contrato estabelecido incorpora uma condição suspensiva[2750]. Sendo essa condição acionada sempre que o fiduciário transmita os bens para terceiros que não tenham sido indicados pelo testador ou, por qualquer razão, sempre que o objeto que esteja na origem da relação deixe de ser possível[2751]. Nestes casos, o direito de propriedade regressa à esfera jurídica do testador, se for vivo, ou passa para a esfera dos seus herdeiros, no caso contrário. Os visados podem fazer uso de todas as defesas reais disponíveis, *maxime* de uma ação de reivindicação de propriedade contra o sujeito possuidor do bem[2752].

A produção dos efeitos descritos estava dependente do conhecimento, por parte do terceiro adquirente, das especificidades do direito que adquiria. No que respeita a bens imóveis, SCHULTZE sublinha que os povos germa-

---

[2747] *Die langobardische Treuhand*, cit., 55.
[2748] Cit., 64.
[2749] Cit., 67.
[2750] Cit., 76 ss..
[2751] Cit., 87.
[2752] Cit., 87.

nos já então reconheciam a publicidade como um fator central para a vitalidade do comércio jurídico, pelo que o comprador sabia, ao adquirir o bem, da existência dessa condição resolutiva[2753].

A teoria da condição resolutiva estava, porém, limitada aos bens imóveis. SCHULTZE é claríssimo neste ponto: a lei apenas conferia, ao testador ou aos seus herdeiros, mecanismos de defesa reais em relação às alienações de bens imóveis. Esta proteção não se estendia à venda de bens móveis que contrariassem as disposições do testador, mesmo nos casos em que o terceiro adquirente tivesse conhecimento da relação fiduciária[2754].

Apesar de apoiada por parte da doutrina[2755], a tese de SCHULTZE foi alvo de algumas críticas. Especial atenção deverá ser dada à posição de MESSINA, que vem pôr em causa a interpretação de SCHULTZE quanto aos documentos históricos que, alegadamente, atestam a sua tese[2756]. Para o autor italiano, essa documentação indicava um outro tipo de natureza: o *Treuhänder* era titular de um direito de propriedade limitado, tendo o testador ou os seus herdeiros, consoante o caso, um direito de revogar o contrato celebrado com o terceiro adquirente[2757].

III. Após sublinhar a continuidade histórica do instituto, SCHULTZE inicia o seu estudo moderno sobre a *Treuhand* por elencar o que considera serem as três características basilares da posição do fiduciário: (1) é titular de direitos próprios; (2) a posição jurídica ocupada, fruto dos direitos associados, foi constituída com vista à prossecução de interesses que não os seus; e (3) a posição foi assumida com consciência das suas limitações[2758].

No que respeita à natureza da posição jurídica do fiduciário, o autor germânico começa por explicar o que distingue a *fiducia* romana da *fiducia* germânica. Uma vez mais, as razões são de ordem histórica: a primeira desenvolveu-se em torno do conceito de *mancipatio* e a segunda surgiu apoiada na figura do executor testamentário[2759]. Ora, defendendo SCHULTZE a continui-

---

[2753] Cit. 88 ss..
[2754] Cit., 93-95.
[2755] CHRISTIANI, *Die Treuhand der fränkischen Zeit*, cit., 35.
[2756] GIUSEPPE MESSINA, *Scritti Giuridici*, Vol. I: *Negozi fiduciari, introduzione e parte I*, Giuffrè, Milão, 1948, 157.
[2757] Cit., 157.
[2758] *Treuhänder*, cit., 1-3.
[2759] Cit., 6-19.

dade da *Treuhand* medieval e tendo em conta as conclusões do seu estudo sobre o instituto no período intermédio, a tese apresentada é bastante previsível: toda a relação fiduciária está subordinada a uma condição resolutiva que, ao ser acionada, permite, ao testador ou aos herdeiros, fazerem uso de todos os mecanismos de defesa desenvolvidos, pelo sistema, a favor dos proprietários[2760].

188. Continuidade e descontinuidade da fidúcia moderna

I. A problemática da continuidade ou descontinuidade da fidúcia moderna é, acima de tudo, uma questão semântica: que tipo de ligação se pretende atribuir quando se utiliza a expressão continuidade?

Numa perspetiva de continuidade temporal, parece claro que a não inclusão direta da *fiducia*, no *Corpus Juris Civilis*, refletiu-se num certo encobrimento durante todo o período intermédio. Explique-se: se, por um lado, o recurso a mecanismos fiduciários de índoles variadas, ao longo de toda a Idade Média e da Idade Moderna, é inegável, por outro, deve ser reconhecido que, apenas pontualmente, terá a temática merecido a atenção da doutrina de ponta. A circunscrição dogmática do instituto a ramos específicos do Direito, característica da *fiducia* no período intermédio, representa uma descontinuidade temporal, em face da transversalidade da *fiducia* romana.

II. Numa perspetiva de continuidade substantiva, a resposta não pode ficar dependente dos modelos doutrinários propostos para a *fiducia* moderna, por natureza mutáveis. A posição de OERTMANN, que recusa a mínima continuidade, em face das hipotéticas diferenças estruturais entre os dois mecanismos, fragiliza qualquer solução. Como veremos nos parágrafos subsequentes, a lógica de OERTMANN é contrariada pelas teses modernas, defensoras da unidade material do negócio fiduciário, o que tende a aproximar a *fiducia* moderna da *fiducia* romana.

A determinação da ligação entre as construções fiduciárias modernas e as construções fiduciárias antigas encontra a sua resposta no modo como a *fiducia* e a *Treuhand* foram empregues pelos pais fundadores da conceção moderna.

[2760] Cit., 32-33.

EVOLUÇÃO HISTÓRICA

A doutrina e a jurisprudência alemãs dos finais do século XIX foram confrontadas com novos tipos de relações jurídicas, impulsionadas pelos desenvolvimentos comerciais e financeiros. Ora, do vasto leque de mecanismos que o Direito tinha à sua disposição, nenhum se adequava às especificidades concretas destas novas realidades. Na busca por uma solução jurídica consentânea, a doutrina virou-se para o instituto fiduciário romano e, posteriormente, para o instituto fiduciário germânico medieval, como forma de conferir maior densidade dogmática e sistemática à construção[2761]. O processo criativo foi provocado pelas necessidades reais. Como veremos no parágrafo seguinte, o ressurgimento da *fiducia* pode mesmo ser encarado como uma exigência dos avanços da sociedade contemporânea[2762].

Assim, mais do que continuadores da *fiducia* romana ou mesmo das diferentes formas fiduciárias que disseminaram por toda a Europa Medieval e Moderna, os negócios fiduciários contemporâneos devem ser encarados como os herdeiros de um instituto jurídico atemporal, assente numa intensa relação de confiança e com propósitos eminentemente práticos. O seu ressurgimento oitocentista apenas vem comprovar a tendência que o instituto tem para reaparecer nos momentos em que o Direito positivado se mostra pouco adequado para acompanhar as novas necessidades sociais: foi no rudimentar Direito romano (*fiducia*), nas rígidas sociedades feudais (*uses/Treuhand*), no *boom* comercial da Idade Contemporânea (negócios fiduciários) e, atualmente, na globalização do sistema financeiro (*trust*). Em cada uma das diferentes fases, a doutrina vê-se obrigada a recorrer às construções precedentes, na procura de alicerces dogmáticos, sem com isso significar que a continuidade extravase o núcleo identificativo das diferentes concretizações fiduciárias: transmissão de um bem para alguém de confiança.

[2761] LÖHNIG, *Treuhand*, cit., 13. Os autores alemães são especialmente críticos em relação à construção ininterrupta proposta por SCHULTZE, cfr., OTTEN, *Die Entwicklung*, cit., 48 e JOACHIM RÜCKERT, *Kontinuität und Diskontinuität in der Treuhandforschung* in *Itinera Fiduciae*, cit., 417-426, 420: consideram que esta visão foi contrariada pelos estudos históricos e dogmáticos que se seguiram a esta obra.

[2762] HELLWIG, *Ueber die Zulässigkeit*, cit., 369: fala de um ressurgimento prático da figura relacionado com os avanços económicos e financeiros do período pós-industrialização; MESSINA, *Negozi fiduciari*, cit., 1: a figura encaixava nos complexos negócios da vida moderna.

§ 35.º A CONSTRUÇÃO FIDUCIÁRIA DE REGELSBERGER E A DIFUSÃO DO NEGÓCIO FIDUCIÁRIO MODERNO NO COMÉRCIO JURÍDICO

189. A vontade das partes como elemento central

I. As dificuldades de análise da conceção moderna do negócio fiduciário assentam, por um lado, na atipicidade legal do instituto e, por outro, nas suas múltiplas funções e consequentes variantes. Os dois obstáculos são dificilmente compreendidos se encarados autonomamente, pelo menos numa primeira fase.

Do ponto de vista da Ciência Jurídica e do debate doutrinário, a tipificação de um negócio jurídico tem como grande vantagem a consagração das linhas mestras da discussão. Por muito divergentes que sejam, as posições debatidas terão sempre em comum o mesmo ponto de partida: a *lex scripta*. Ora, as dificuldades advindas da não positivação do negócio fiduciário só podem ser ultrapassadas através de uma decomposição jurídica da realidade prática. Partindo do acordo celebrado entre as partes, não será difícil, a um ordenamento consolidado e munido de mecanismos com um campo de aplicação virtualmente infinito, como o nosso, subsumir as pretensões concretas dos intervenientes ao seu sistema interno.

Este processo criativo assume, no âmbito do negócio fiduciário, um elevado grau de complexidade. De modo idêntico ao verificado no Direito anglo-saxónico, em que não deve falar-se de *trust*, mas de *trusts*, também nos Direitos continentais será mais adequado falar-se de negócios fiduciários e não de negócio fiduciário[2763]. A multiplicação de diferentes concretizações

---

[2763] LEIST, *Die Sicherung*, cit., 78: diz-nos que, sob o termo *fiduziarische Geschäfte*, REGELSBERGER juntou um conjunto variado de relações jurídicas.

é um elemento que tem acompanhado o negócio fiduciário desde o seu surgimento no Direito romano clássico: *fiducia cum amico* e *fiducia cum creditore*. Porém, e mantendo o paralelismo com a *Common Law*, é-nos possível afirmar, *a priori*, que, independentemente das especificidades assumidas pelas diferentes concretizações, parte substancial dos elementos identificativos será partilhada. Podemos mesmo ir mais longe: como pressuposto inicial, teremos de assumir que a natureza jurídica de cada uma das materializações do instituto fiduciário é análoga. Apenas feita a identificação dos elementos base poderemos debruçar-nos sobre as suas diferentes modalidades.

II. Não estando a figura do negócio fiduciário tipificada, os seus contornos e o seu conteúdo terão, necessariamente, de ser preenchidos pela Ciência Jurídica, com recurso ao sistema[2764]. Na prática, este processo científico e criativo resulta de uma aplicação analógica de princípios e de regimes com os quais a realidade fiduciária se identifique. O ponto de partida terá, assim, de ser a realidade concreta, i.e., a vontade das partes, nos exatos termos acordados e exteriorizados. A importância deste elemento, embora sublinhada desde os estudos de REGELSBERGER, nem sempre terá sido inteiramente compreendida: não é a vontade das partes que se submete às construções preestabelecidas da doutrina, mas o contrário. A circunscrição dos negócios fiduciários a estruturas gerais e aprioristicas não só tende a desvirtuar os intentos dos sujeitos contratuais, como a limitar a versatilidade de um mecanismo que tem atuado, desde os seus primórdios, como uma válvula de escape do próprio sistema.

Evidentemente que não se pretende, com esta argumentação, negar qualquer tipo de regulação jurídico-legal, mas apenas sublinhar a forte dimensão prática da figura. Relembre-se que o ressurgimento do instituto, nos finais do século XIX, ficou a dever-se às necessidades do comércio. Ao Direito cabe "apenas" a sua conceptualização jurídica. Este processo de criação jurídico-científico tem como objeto último a transplantação da realidade concreta e não a sua adaptação. Mais do que um simples jogo de palavras, esta distinção pretende colocar a pedra de toque na maleabilidade do sistema. Quando o Direito é confrontado com novas práticas privadas, o seu ponto de partida deverá ser a aparente infinitude do sistema. Em suma, o primeiro passo deve consistir numa direta transladação da vontade manifestada.

[2764] FEDERICO DE CASTRO Y BRAVO, *El negocio jurídico* in *Derecho civil de España*, Vol. III, reedição da edição de 1971, Cizur Menor, Thomson Cibitas, 2008, 383.

§ 35.º A CONSTRUÇÃO FIDUCIÁRIA DE REGELSBERGER

Esta metodologia cronológica assume, em face das pretensões manifestadas, uma importância vital. A posição tradicional aponta para a impossibilidade de os sistemas jurídicos reconhecerem os *trusts* anglo-saxónicos. Respeitamos os escritos que nos precedem; porém, da mesma forma que o intérprete-aplicador, ao interpretar um preceito legal, o deve fazer de forma isenta, desprendido de qualquer preconceito, também o cientista do Direito, quando confrontado com uma realidade desconhecida, não deve partir da sua negação, por muito evidente que esta possa parecer.

190. Os cinco pilares da construção de REGELSBERGER

O termo negócio fiduciário foi introduzido no léxico jurídico por REGELSBERGER: *"Ich möchte für diese Rechtserscheinung die Bezeichnung fiduziarisches Geschäft vorschlagen (...)"*[2765]. A construção do ilustre pandectista assenta em cinco pilares[2766]: (1) a vontade exteriorizada pelas partes corresponde à sua vontade real[2767]; (2) as partes recorrem a um contrato tipo cuja *ratio* extravasa os propósitos pretendidos pelas partes, i.e., o sujeito passivo transmite mais poderes/direitos para o sujeito ativo do que os que seriam necessários à luz dos propósitos pretendidos[2768]; (3) em compensação, o sujeito ativo só pode utilizar os poderes/direitos que lhe foram atribuídos para os fins determinados[2769]; (4) o recurso a esse contrato tipo "excessivo" impõe-se como forma de alcançar, indiretamente, os propósitos manifestados e pretendidos[2770]; e (5) a adaptação do contrato tipo escolhido, aos fins pretendidos pelas partes, não é proibida por lei[2771].

Todas as questões doutrinárias sensíveis que envolvem o conceito de negócio fiduciário são reconduzíveis a, pelo menos, um destes cinco pilares: a correspondência entre a vontade das partes e a vontade manifestada abarca a centenária questão da simulação; a transmissão, para o fiduciário, de poderes excessivos enquadra-se na temática da desproporcionalidade, enquanto

---

[2765] *Zwei Beiträge*, cit., 173.
[2766] Cit., 172-173 e *Pandekten*, cit., 518.
[2767] Cit., 172-173.
[2768] Cit., 173.
[2769] Cit., 172.
[2770] Cit., 173.
[2771] Cit., 173.

elemento característico dos negócios fiduciários; a circunscrição dos poderes do fiduciário, pilar intimamente relacionado com o anterior, permite-nos introduzir a discussão que opõe uma visão unitária do negócio fiduciário à teoria dualista; já a legalidade do negócio engloba todas as questões debatidas pela doutrina nacional e reconduzíveis à grande contenda da admissibilidade ou inadmissibilidade dos negócios fiduciários no ordenamento jurídico português.

191. A expansão do negócio fiduciário no comércio jurídico

I. A ideia de que a expansão da fidúcia moderna decorreu das necessidades sentidas por um comércio jurídico em forte crescimento é comprovada pela análise de diversos ordenamentos[2772].

II. Na Alemanha oitocentista industrializada, os empreendedores e empresários da nova ordem económica depararam-se com uma série de obstáculos, reais e jurídicos, que dificultavam o acesso ao financiamento. A pequena burguesia e a embrionária classe média não dispunham, regra geral, de bens imóveis que pudessem garantir os empréstimos necessários[2773]. Paralelamente, o legislador de então via com grande desconfiança a prestação de garantias que envolvessem bens móveis[2774]. A conjugação des-

---

[2772] Karl Kunisch, *Die rechtliche Stellung des Fiducianten im Konkurse des Fiduciars*, Hallischen Nachrichten, Halle, 1931, 6: o negócio fiduciário é um produto da prática, do comércio jurídico.
[2773] Löhnig, *Treuhand*, cit., 15: com a transformação da sociedade agrária numa sociedade industrializada emergiu uma pequena burguesia – artesãos e pequenos comerciantes –, bem como uma embrionária classe média, que não tinha forma de obter crédito, visto não serem, na maioria das vezes, proprietários de qualquer bem imóvel.
[2774] Estas limitações, que se fizeram sentir especialmente no Direito da insolvência, foram, pelo menos em parte, influenciadas pelo disposto nos artigos 2072.º-2084.º do CC Nap, dedicados à figura do *gage*, e pelo disposto nos artigos 447.º-471.º do ABGB, cfr., Löhnig, *Treuhand*, cit., 14-15 e Jürgen Oechsler, *Anhang nach §§ 929-936: Sicherungseigentum – Sicherungsübereignung* in *Münchener Kommentar BGB*, Vol. VI, 5ª edição, Beck, Munique, 2009, 1000-1134, 1104. Esta tendência foi contrabalançada com os estudos de Rudolf Leonhard (*Ob und unter welchen Voraussetzungen das constitutum possessorium mit der Wirkung der Besitzübertragung für bewegliche Sachen auszustatten ist?*, 15 DJT I, 1880, 91-110), que tiveram um forte impacto no conteúdo do BGB, cfr., Oechsler, cit., 1104 e Wolfgang Hromadka, *Die Entwicklung des Faustpfandprinzips im 18. und 19. Jahrhundert*, Böhlau, Colónia, 1971, 167 ss.

§ 35.º A CONSTRUÇÃO FIDUCIÁRIA DE REGELSBERGER

tes dois factores motivou o comércio jurídico a descobrir novos mecanismos que salvaguardassem a posição jurídica dos financiadores, tendo-se destacado a figura da alienação em garantia (*Sicherungsübereignung*)[2775], que permitia fazer face, por um lado, às limitações jurídicas da época e, por outro, responder às exigências dos mutuários[2776].

A solução encontrada assentava na conjugação de três contratos: compra e venda com cláusula de venda a retro, mútuo e aluguer. O credor comprava um conjunto de bens, por exemplo a mobília de um escritório, e alugava-a ao devedor, o qual tinha, por sua vez, um direito a readquirir os bens. Toda esta relação encobria, sem qualquer sentido pejorativo, um mútuo: a contraprestação monetária do contrato de compra e venda correspondia ao montante mutuado e o valor da renda aos juros devidos[2777].

No mesmo período, encontramos ainda exemplos de mecanismos reconduzíveis tanto ao conceito romanístico da *fiducia cum amico*, como às concepções modernas de negócio fiduciário para administração, em sentido amplo. Também como resultado dos avanços económicos e comerciais da época, verificou-se uma generalização do uso de títulos de crédito, com especial enfoque nas letras e livranças[2778]. Curiosamente, e apesar de já então ser dominado o conceito de endosso por procuração[2779], era bastante usual endossar-se, a favor de um terceiro, com o simples intuito de cobrança,

---

[2775] Este mecanismo veio a granjear um sucesso muito considerável, cfr., HELLWIG, *Ueber die Zulässigkeit*, cit., 386.

[2776] LEIST, *Die Sicherung*, cit., 7; KARL LINCKELMANN, *Die Sicherheitsübereignungen*, 7 AbürgR, 1893, 209-235: o autor faz um apanhado geral da situação que envolve a transmissão de bens como garantia, com especial enfoque nas necessidades práticas e em alguns dos problemas jurídicos mais complexos, como o caso paradigmático da proibição dos pactos comissórios. Vide, ainda, FRANK THEISEN, *Die Sicherungsübereignung und ihre römischrechtlichen Grundlagen in der Klassik – Betrachtungen des deutschen gemeinen Rechts des 19. Jahrhunderts*, 69 Tijds Rgeschied, 2001, 119-138.

[2777] JOSEF KOHLER, *Studien über Mentalreservation und Simulation*, 16 JhJb, 1878, 91-158, 151. Este esquema veio, muito mais tarde, a ser retomado, por influência anglo-saxónica, através do *leasing*.

[2778] Sobre as origens históricas das letras, vide ABBOTT PAYSON USHER, *The Origin of the Bill of Exchange*, 22 JPE, 1914, 566-576, com referências bibliográficas inglesas, francesas e alemãs.

[2779] Esta modalidade de endosso vinha prevista no artigo 17.º da *Allgemeine Deutsche Wechselordnung*, datado de 1869. No Direito português, a figura está hoje prevista no artigo 18.º da LULL. Sobre a temática, vide, entre nós: PEDRO PAIS DE VASCONCELOS, *Direito comercial: títulos de crédito. Lições professadas ao 4.º ano jurídico-Dia no ano lectivo de 1988/89*, reimpressão, AAFDL, Lisboa, 1989.

estando o endossado obrigado a transmitir as quantias cobradas para o endossante[2780].

III. Também em terras italianas, o recurso a construções fiduciárias modernas remonta aos finais do século XIX. O primeiro acórdão documentado data do ano de 1893. Em dezembro desse ano, o tribunal de Bari foi confrontado com um caso que envolvia uma venda com fins de garantia[2781]. Na sentença, celebrizada pelo comentário de FADDA, são abordadas duas das principais questões que acompanham a temática fiduciária até aos dias de hoje: a legalidade do negócio e a sua distinção ou absorção pelo regime da simulação[2782].

Mas foi também no seio dos títulos de crédito que as relações fiduciárias se generalizaram. O recurso, em termos idênticos ao verificado em terras alemãs, a endossos plenos com objetivos de simples cobrança disseminou-se por toda a Itália. A quantidade de litígios que envolveram este tipo de relação despertou a doutrina especializada: RAMELLA[2783] e VIVANTE[2784] fazem parte da primeira grande vaga de estudiosos do tema, circunscrita ao mundo dos títulos de crédito e surpreendentemente versada na doutrina de ponta alemã[2785].

[2780] COING, *Die Treuhand*, cit., 33-34; FRANZ BEROLZHEIMER, *Die fiduziarische Zession*, Buchdrukkerei Robert Noske, Leipzig, 1908, 24-25: este tipo de relação fiduciária não estava circunscrita, certamente, aos títulos de crédito; era comum recorrer-se à figura do fiduciário para a cobrança dos mais variados créditos. Os autores, contemporâneos e modernos, são unânimes em sublinhar a divulgação desta prática: KOHLER, *Studien*, cit., 149; WERTHAUER, *Der fiduciarische Indossatar und die Einrede des Dolus*, 13 GrünhutZ, 1886, 586-669, 587; LÖHNIG, *Treuhand*, cit., 16-17.
[2781] TBr 4-Dez.-1893 in 6 Ann Cri Giu Pra, 1894, 110-116.
[2782] CARLO FADDA, Anotação a *TBr 4-Dez.-1893* in 6 Ann Cri Giu Pra, 1894, 117-131.
[2783] AGOSTINO RAMELLA, *Trattato dei titoli all'ordine*, Vol. I: *Parte generale*, Fratelli Cammelli, Florença, 1899, 177-180: sublinhando que a transmissão de propriedade de títulos de crédito, com fins apenas de cobrança, consubstanciava uma relação fiduciária, estando os poderes e os direitos do atual proprietário circunscritos aos propósitos subjacentes a essa transmissão.
[2784] CESARE VIVANTE, *Trattato di diritto commerciale*, Vol. III: *Le cose*, 5ª edição, Dottor Francesco Vallardi, Milão, 1924, 273-275.
[2785] Da simples leitura das notas de rodapé, não é fácil determinar se a obra é produto da escola jurídica alemã ou da italiana. Esta identidade dogmática não encontra paralelo nos dias de hoje; a Ciência Jurídica italiana moderna está, porventura fruto da imensidão doutrinária que os autores de hoje têm à sua disposição, cada vez mais fechada sobre si mesma. Curiosamente, e apesar da comunitarização dos Direitos dos Estados Membros, os Direitos civis vivem, hoje, muito isolados.

§ 35.º A CONSTRUÇÃO FIDUCIÁRIA DE REGELSBERGER

Apenas com o ensaio de FERRARA, publicado, primeiro, nos estudos em homenagem a VITTORIO SCIALOJA e, posteriormente, incorporado na sua grande obra sobre a simulação – a partir da 2ª edição –, terá a doutrina italiana sido confrontada com toda a versatilidade e transversalidade da fidúcia.

IV. Da presença da figura do endosso fiduciário na Alemanha e em Itália, não será, com certeza, excessivo afirmar que, também em terras espanholas, essa prática seria conhecida. Tradicionalmente, porém, as origens do negócio fiduciário em Espanha[2786] remetem-nos para uma resolução da *Dirección General de los Registros y del Notariado*, datada de 1922 e analisada por JERÓNIMO GONZÁLEZ, num artigo publicado na *Revista Crítica de Derecho Inmobiliario*, no ano de 1928[2787]. Atente-se nas primeiras linhas escritas sobre o tema:

> *La palabra y el concepto parecen acusar un retroceso jurídico y llevarnos a la cuna del Derecho romano, pero en realidad estamos en presencia de un nuevo acoplamiento de los elementos jurídicos primordiales, de una nueva combinación de las letras de nuestro alfabeto técnico para responder a las necesidades del comercio moderno*[2788].

As duas dimensões mais características do instituto fiduciário são postas em evidência: origens romanas e necessidades sócio-jurídicas.

Na década seguinte, PÉREZ GONZÁLEZ e ALGUER, na sua tradução da obra de ENNECCERUS/NIPPERDEY, sublinham que o reconhecimento interno dos negócios fiduciários deve ser antecedido de estudos doutrinários profundos que excedem, largamente, o propósito da sua obra[2789]. A década de 30 do século passado ficou ainda marcada pela primeira sentença do Supremo Tri-

---

[2786] A evolução da temática em terras espanholas é analisada de forma bastante minuciosa por FEDERICO DE CASTRO, *El negocio jurídico*, cit. 403 ss..
[2787] *El titular*, 4 RCDI, 1928, 272-291 e 365-372, 285-291 e 365-372: o autor parece ter como fonte primária do seu estudo a monografia de FISCHBACH, *Treuhänder und Treuhändergeschäft*.
[2788] Cit., 285.
[2789] LUDWIG ENNECCERUS e HANS CARL NIPPERDEY, *Derecho civil (parte general)*, Vol. II, tradução de BLAS PÉREZ GONZÁLEZ e JOSÉ ALGUER, Bosch, Barcelona, 1935, 89.

bunal de España[2790]. Num acórdão datado de 1935, os juízes do mais alto tribunal espanhol são confrontados com uma figura jurídica que, embora se reconheça não poder ser, em absoluto, reconduzida à construção moderna do negócio fiduciário, partilha muitas das suas características. Os factos são bastante simples: no seu testamento, A deixa, a parte dos seus herdeiros, um conjunto de bens que deveria ser utilizado para pagar as dívidas contraídas pelo *de cujus* em vida. B, credor dos herdeiros, dá entrada com um ação de penhora sobre os bens fiduciários. O Supremo Tribunal de Espanha não concede provimento ao pedido do credor, por considerar que esses bens constituem um património especial, que foi instituído com uma finalidade fiduciária. O tribunal considera, ainda, que os herdeiros não são titulares de um direito absoluto: o preenchimento da sua posição jurídica deve sempre ser feito em função da vontade manifestada pelo testador/fiduciante[2791].

V. Doutrinariamente, coube a BELEZA DOS SANTOS introduzir a conceção fiduciária moderna no Direito português. Num pequeno capítulo da sua tese de doutoramento, publicada em 1921, dedicada à simulação, o ilustre Professor analisa o conceito de negócio fiduciário, a sua distinção em face da figura da simulação e a sua admissibilidade no Direito nacional[2792]. O interesse doutrinário relativamente tardio, quando comparado com o caminho percorrido em Itália e na Alemanha, não deve, porém, ser entendido como um reflexo do desconhecimento da figura pelo nosso comércio jurídico. Ao longo do último quartel do século XIX, encontramos diversos elementos que indiciam, tal como verificado para os restantes ordenamentos, um conhecimento generalizado do endosso fiduciário.

Numa consulta à Revista de Legislação e Jurisprudência, no ano de 1888, um assinante questiona:

> Antonio, negociante da cidade de ..., saccou uma letra de cambio, de importancia superior a 50$000 réis, contra Bento da villa de ... O saccador descontou e endossou a referida letra a uma casa bancaria da mesma

---

[2790] FUENTESECA, *El negocio fiduciario*, cit., 96-181: uma análise minuciosa das mais relevantes decisões do Supremo Tribunal espanhol desde a primeira decisão, de 1935.
[2791] STS 23-Mai.-1935, 219 Jur Civ, 1935, 161-170, 169: *"constituye un patrimonio especial, dotado de órganos de disposición y caracterizada por su finalidad fiduciaria"*.
[2792] José BELEZA DOS SANTOS, *A simulação em Direito civil*, Vol. I, Coimbra, Coimbra, 1921, 113 ss..

cidade, a qual em seguida a endossou, como valor em conta, a Carlos, seu agente na mencionada villa.

Pergunta-se: O agente Carlos deverá ser considerado como mero procurador ou representante da alludida casa bancaria, ou como credor da mesma letra?

Perante estes factos, a resposta é peremptória: como o Banco não declarou, por escrito, ter o endosso meros efeitos de procuração, a propriedade da letra transmitiu-se para o agente, permanecendo na sua esfera até ser retransmitida para o Banco[2793].

Cerca de 10 anos antes, o nosso Supremo Tribunal debruçou-se, de passagem, sobre uma situação idêntica. Da conjugação do conteúdo da sentença com o seu sumário ("doutrina que dimana deste acórdão"), resultam algumas contrariedades que cumpre explicitar[2794]. Apesar de da leitura do sumário parece resultar que, não obstante o endosso ao agente ter apenas como objetivo mandatá-lo a receber em nome e por conta do Banco, esse elemento não foi especificado na letra, visto ter sido "endossada por este mesmo agente ao endossante anterior"; já da leitura do acórdão em si, não parece resultar, em nenhum momento, uma solução inversa à do endosso por procuração: "conservando o banco sempre a propriedade que lhe proviera do endosso".

Conquanto não seja claro se a relação jurídica retratada no acórdão deve ser reconduzida ao endosso fiduciário ou ao endosso por procuração, estes dois documentos permitem-nos afirmar, com um elevado grau de certeza, que seria bastante comum em Portugal desde, pelo menos, o último quartel do século XIX recorrer-se à figura do endosso fiduciário. Repare-se que, também em terras lusas, a figura do endosso por procuração era não só conhecida[2795], como se encontrava positivada no artigo 357.º do Código Comercial Ferreira Borges[2796].

[2793] 21 RLJ, 1888, 149-150.

[2794] STJ 30-Abr.-1879 (Ferreira Lima), 19 RLJ, 1886, 91-92.

[2795] Também neste período, encontramos diversos acórdãos que respeitam ao endosso por procuração, vide, entre outros: STJ 28-Abr.-1876 (Menezes), 12 RLJ, 587-588 ou RLx 1-Mar.-1879, 17 RLJ, 1884, 9-10.

[2796] "Não sendo feito o indosso nos termos dos dous artigos precedentes, valerá somente como procuração com o único efeito d'habilitar o portador a pedir o pagamento, ou a fazer protestar a letra".

EVOLUÇÃO HISTÓRICA

A utilização do endosso fiduciário, muito comum na prática bancária, como nos diz GONSALVES DIAS[2797] – autor de um monumental tratado sobre a letra e a livrança, composto por 10 volumes e mais de 4000 páginas –, teria como *ratio* fortalecer a posição jurídica do agente cobrador[2798].

[2797] JOSÉ GONSALVES DIAS, *Da letra e da livrança segundo a Lei Uniforme e o Código Comercial*, Vol. VI, 2ª Parte, Livraria Gonçalves, Coimbra, 1943, 523-545: infelizmente, o autor não faz qualquer referência à jurisprudência portuguesa.
[2798] LUIZ CUNHA GONÇALVES, *Comentário ao Código Comercial português*, Vol. II, José Bastos, Lisboa, 1916, 198. Veja-se, ainda, a breve referência de CAROLINA CUNHA na sua tese de doutoramento, *Letras e livranças: paradigmas actuais e recompreensão de um regime*, Almedina, Coimbra, 2012, 95.

Capítulo II
A Admissibilidade dos Negócios Fiduciários no Direito Português

§ 36.º A SIMULAÇÃO E O NEGÓCIO FIDUCIÁRIO

192. Enquadramento histórico e dogmático

I. Salvo raras exceções[2799], nas obras mais recentes que se têm debruçado sobre o tema dos negócios fiduciários, o papel central desempenhado pela figura da simulação no desenvolvimento conceptual da moderna teoria fiduciária não é posto em evidência[2800]. Sem dúvida que o estudo da fidúcia nas

---

[2799] MARTIN LÖHNIG, *Treuhand*, cit., 13-38: as pretensões do autor extravasam a simples contextualização histórico-jurídica.

[2800] Durante as últimas décadas do século XIX e as primeiras do século XX, parte substancial das monografias e artigos sobre os negócios fiduciários era dedicada à distinção entre a simulação e o negócio fiduciário, cfr., LANG, *Die Wirkungen*, cit., 336-337: o autor inicia a sua exposição por sublinhar as recentes evoluções jurídicas: distinção entre simulação e um novo tipo de negócio; DREYER, *Das fiduziarische*, cit.; FRITZ GOLTZ, *Das fiduziarische Rechtsgeschäft mit besonderer Berücksichtigung des Wechsel- und Konkurs-Rechtes*, N. G. Elwert'sche, Marburg, 1901: a parte mais significativa desta curta monografia, com cerca de 90 páginas, é dedicada à figura da simulação; FISCHBACH, *Treuhänder*, cit., 141-155: o autor dedica 15 páginas à distinção das duas figuras. Com a consolidação da conceção fiduciária moderna, a simulação é relegada para um segundo plano. A partir da década de trinta do século passado, a distinção entre as duas figuras assume uma conotação mais histórica e contextualizadora, cfr., ROBERT SCHLESS, *Mittelbare Stellvertretung und Treuhand*, Theodor Weicher, Leipzig, 1931, 26-28: diz-nos que distinção

monografias dedicadas ao instituto simulatório[2801], bem como a inserção da matéria nos capítulos consagrados à simulação nos manuais e tratados civilísticos[2802], numa prática que remonta à própria pandectística[2803], indica uma especial ligação entre os dois temas. Contudo, essa opção expositiva sistemática não é, e porventura nem o seria exigido, explicada ou aprofundada. Regra geral, os autores limitam-se a invocar uma proximidade lógica[2804] ou mesmo analógica[2805] entre a simulação e o negócio fiduciário. Ora, a ligação entre as duas figuras extravasa o simples campo estrutural ou lógico. A con-

---

entre as duas figuras é, desde os estudos de REGELSBERGER, pacífica tanto no seio da doutrina, como no da jurisprudência. Contudo, não é difícil encontrar autores posteriores que atribuem relevância ao clássico confronto jurídico, cfr., ROBERT HÖNSCH, *Mittelbare Stellvertretung und Treuhand unter besonderer Berücksichtigung des ausländischen Rechts*, Nolte, Marburg, 1933, 10: inicia o capítulo devotado ao conceito de negócio fiduciário por distinguir essa figura da simulação.
[2801] BELEZA DOS SANTOS, *A simulação*, Vol. I, cit., 113-145: apesar de não poder ser apresentada como uma obra moderna, a inclusão de um capítulo dedicado aos negócios fiduciários é explicada pelo facto de as duas figuras serem, por vezes, confundidas.
[2802] MANUEL DE ANDRADE, *Teoria geral da relação jurídica*, Vol. II: *Facto jurídico, em especial negócio jurídico*, Almedina, Coimbra, 1960; 175-177; GALVÃO TELLES, *Manual dos contratos em geral*, 4ª edição, Coimbra, Coimbra, 2002, 188 ss.; JOÃO DE CASTRO MENDES, *Direito civil: teoria geral*, Vol. II, de harmonia com as lições dadas no ano jurídico de 1978-1979, edição revista em 1985, AAFDL, Lisboa, 1995, 237 ss.; CARVALHO FERNANDES, *Teoria geral do Direito civil*, Vol. II: *Fontes, conteúdo e garantia da relação jurídica*, 5ª edição, UCP, Lisboa, 2010, 347 ss.. Nem toda a doutrina nacional segue este método expositivo: MENEZES CORDEIRO, *Tratado*, II/II, cit., 255-271: insere a temática no segundo tomo do Tratado consagrado ao Direito das obrigações, num capítulo denominado Tipologias (dos contratos), depois de analisado o regime dos contratos atípicos e a figura dos contratos indiretos; PAIS DE VASCONCELOS, *Teoria geral*, cit., 548-558: insere a temática num capítulo intitulado de "O conteúdo dos negócios jurídicos", depois de uma rubrica dedicada aos negócios indiretos. A meio caminho, refira-se OLIVEIRA ASCENSÃO, que, apesar de apresentar o negócio fiduciário como uma figura afim à simulação (*Direito civil. Teoria geral*, Vol. II: *Acções e factos jurídicos*, 2ª edição, Coimbra, Coimbra, 2003, 222-223), aprofunda a temática no capítulo dedicado à causa (cit., 308) e no capítulo dedicado à fraude à lei (cit., 326).
[2803] REGELSBERGER, *Pandekten*, cit., 518 ss.; DERNBURG, *Pandekten*, Vol. 1, cit., 227-229: a temática é inserida num capítulo denominado: "*Simulirte, dissimulirte, fiduciarische Geschäfte*"; BRINZ, *Lehrbuch der Pandekten*, Vol. IV, cit., 22-26; KUHLENBECK, *Pandekten*, Vol. I, cit., 398.
[2804] LUÍS CARVALHO FERNANDES, *A admissibilidade do negócio fiduciário no Direito português* in *Ars Iudicandi: Estudos em homenagem ao Prof. Doutor António Castanheira Neves*, Vol. II: *Direito Privado*, coordenação de JORGE DE FIGUEIREDO DIAS, JOSÉ JOAQUIM GOMES CANOTILHO e JOSÉ DE FARIA COSTA, Coimbra, Coimbra, 2008, 225-253, 225: considera que esta posição resulta da "alguma proximidade que entre os dois institutos se verifica".
[2805] BELEZA DOS SANTOS, *A simulação*, Vol. I, cit., 113.

§ 36.º A SIMULAÇÃO E O NEGÓCIO FIDUCIÁRIO

ceção fiduciária moderna e a simulação partilham fortes amarras histórico--dogmáticas e práticas que merecem ser sublinhadas[2806].

II. A construção do conceito de negócio fiduciário, bem como a identificação e consolidação dos seus elementos distintivos, resultou, na sua fase embrionária, de uma confrontação substantiva e dogmática entre a simulação e um "novo tipo de negócio"[2807]. Este processo, que, como veremos de seguida, está na génese do pensamento fiduciário de REGESLBERGER, apenas consubstancia o resultado de um longo caminho percorrido pela doutrina e, em especial, pela jurisprudência germânica durante todo o século XIX[2808].

Julgamos, porém, que podemos ir um pouco mais longe: a construção de um novo tipo negocial fiduciário não parece ter sido alcançada por oposição a uma doutrina simulatória consolidada; o processo terá sido, pelo menos em parte, conjunto[2809]. Apesar de ser já conhecida no Direito romano[2810], a autonomização da simulação é uma realidade bastante recente[2811]: é contemporânea da doutrina fiduciária oitocentista.

Em suma, da mesma forma que o conteúdo do negócio fiduciário foi alcançado por oposição ao conceito de negócio simulado, também o preenchimento e a delimitação da simulação resultaram da sua confrontação com

---

[2806] ARNALDO VALENTE, *Nuovi profili della simulazione e della fiducia: contributo ad un superamento della crisi della simulazione*, Giuffrè, Milão, 1961, 184 ss.: o autor defende que a expansão da doutrina fiduciária teve um impacto direto tanto no conceito de simulação, como na redução do seu campo de aplicação.

[2807] COING, *Die Treuhandtheorie*, cit., 206 e LÖHNIG, *Treuhand*, cit., 13-38: a partir da segunda metade do século XIX, o paradigma jurisprudencial alemão foi profundamente alterado. Um conjunto significativo de litígios, tradicionalmente resolvidos por recurso ao regime da simulação, passou a merecer uma abordagem alternativa: a utilização heterodoxa de tipos contratuais era o reflexo da vontade real das partes e não de uma hipotética intenção de prejudicar ou enganar terceiros.

[2808] Toda a temática é profundamente analisada por LÖHNIG, cit., 17-38, limitamo-nos a expor as linhas gerais da discussão.

[2809] COING, *Die Treuhandtheorie*, cit., 204: a clarificação dos pressupostos da simulação e o desenvolvimento da relação fiduciária foram contemporâneas.

[2810] Quanto à simulação no Direito romano, vide a obra clássica de GIOVANNI PUGLIESE, *La simulazione nei negozi giuridici*, CEDAM, Pádua, 1938 e a monografia de NADIA DUMONT-KISLIAKOFF, *La simulation en Droit romain*, Cujas, Paris, 1970.

[2811] ANTÓNIO MENEZES CORDEIRO, *Tratado de Direito civil*, I: *Parte geral*, Vol. I, 3ª edição, Almedina, Coimbra, 2007, 839.

um conjunto de relações jurídicas que dificilmente poderiam ser enquadradas numa conceção embrionária da simulação. Sublinhe-se que, em meados do século XIX, a doutrina da simulação estava ainda longe, pelo menos no Direito germânico, de ter alcançado uma precisão dogmática satisfatória[2812].

193. A simulação na génese do negócio fiduciário

I. A ligação dogmática entre a simulação e o negócio fiduciário é particularmente visível na incontornável pesquisa de REGELSBERGER. O pai da moderna conceção fiduciária recorre amiúde à figura da simulação, como forma de preencher, por confronto, o instituto fiduciário. Não será excessivo afirmar que grande parte dos elementos centrais do *fiduziarisches Geschäft* é contraposta aos princípios caracterizadores da simulação: a legalidade do negócio fiduciário decorre da não subsunção da situação jurídica concreta à simulação; ou, na simulação, os propósitos prosseguidos pelas partes não correspondem aos previstos pela construção jurídica recorrida[2813]. De resto, o próprio negócio simulado não é, sequer, pretendido pelas partes, mas apenas a sua aparência[2814]; as verdadeiras intenções dos intervenientes são deliberadamente escondidas de terceiros[2815]. Por oposição, o negócio fiduciário é efetivamente pretendido: a vontade manifestada corresponde, por inteiro, à vontade real. Recorrendo à analogia utilizada pelo autor, as partes colocam todas as cartas na mesa, é um jogo aberto (*ein Spiel mit offenen Karten*), em que nenhum dos participantes esconde a sua vontade real de terceiros[2816].

II. Sem pretender diminuir o papel central de REGELSBERGER na clarificação da natureza dos negócios fiduciários, quando contrapostos aos negócios simulados, cumpre sublinhar que a construção, embora concludente, não é totalmente original. A distinção, como referido a título introdutório, insere-se num mais vasto movimento de circunscrição da simulação e na sua diferenciação relativamente a casos ditos de fronteira.

[2812] MENEZES CORDEIRO, *Tratado*, I/I, cit., 840-841: a estabilização do instituto apenas terá sido alcançada com a pandectística tardia, sendo depois vertido no BGB.
[2813] *Zwei Beiträge*, cit., 168.
[2814] Cit., 171.
[2815] Cit., 172.
[2816] Cit., 173.

§ 36.º A SIMULAÇÃO E O NEGÓCIO FIDUCIÁRIO

Nas linhas que dedica à simulação, JHERING chama a atenção para a necessidade de se distinguirem os negócios simulados (*simulierte Geschäfte*) dos negócios aparentes (*Scheingeschäfte*)[2817]. O autor desenvolveu conceitos muito próprios, pelo que a análise dos seus textos deve ser objeto de especial atenção. Para JHERING, ambos os tipos de negócio caracterizavam-se por uma desconformidade entre o ato formal exterior e a intenção secreta das partes. A bitola distintiva é colocada não na discordância ou nas especificidades substantivas de cada uma das modalidades, mas na aceitação jurídica dos propósitos subjacentes. O Direito, apesar da sua desconformidade formal, reconhece os interesses que as partes visam acautelar com a conclusão de um negócio aparente. Este sistema de aceitação é apresentado como sendo o resultado de um longo processo de habituação social (costume) e jurídica, que culmina com o reconhecimento inequívoco do seu interesse, tudo funcionando como se esse negócio passasse a fazer parte do leque jurídico que o Direito coloca à disposição dos sujeitos. A dimensão puramente adjetiva ou formal da tese é posta em total evidência quando JHERING recorre ao exemplo da *coemptio fiduciae causa*: originariamente, esta modalidade consubstanciaria um negócio simulado; com a sua aceitação social, primeiro, e jurídica, depois, o negócio veio a assumir uma dimensão aparente, passando, consequentemente, a merecer proteção jurídica[2818].

Com influência mais direta e com impacto na própria terminologia utilizada, refira-se um artigo de JOSEF KOHLER, intitulado *Studien über Mentalreservation und Simulation*, publicado em 1878[2819]. Inspirando-se numa decisão do *Reichsoberhandelsgericht* (tribunal superior de Direito comercial), datada de 1872, em que o seu relator defende que a simples desconformidade entre os propósitos pretendidos pelas partes e o fim típico do negócio utilizado não resulta na aplicação imediata do regime da simulação: seria necessário distinguir as verdadeiras (*echten*) das falsas (*unechten*) simulações[2820], KOHLER propõe uma diferenciação entre negócios simulados e negócios ocultos (*verdeckte Geschäfte*)[2821]. A diferença entre estes dois tipos de negócios é

[2817] JHERING, *Geist des römischen Rechts*, Vol. II, cit., 529.
[2818] JHERING, *Geist des römischen Rechts*, Vol. II, cit., 529 e *Geist des römischen Rechts auf den verschiedenen Stufen seiner Entwicklung*, Vol. III, Breitkopf & Härtel, Leipzig, 1924, 281-283.
[2819] 16 JhJb, 1878, 91-158.
[2820] HOFER, *Treuhandtheorien*, cit., 395-396: curto resumo da decisão, focado no seu impacto e no pensamento de REGELSBERGER e KOHLER.
[2821] *Studien*, cit., 140. REGELSBERGER utiliza a mesma terminologia, cfr., *Zwei Beiträge*, cit., 172.

explicada por recurso a uma distinção entre efeitos jurídicos e efeitos económicos. Na simulação, as partes não pretendem a produção dos efeitos jurídicos inerentes ao negócio celebrado. Por oposição, nos negócios ocultos, as partes apenas não pretendem a produção de todos os efeitos económicos próprios do tipo negocial empregue, embora reconheçam, em absoluto, a produção dos efeitos jurídicos implicados[2822]. Da leitura do trabalho de KOHLER, vêm-nos de imediato à memória as conceções objetivistas da causa, caracterizando-se o negócio fiduciário, alegam os seus defensores, por uma violação do fim económico do negócio utilizado[2823].

IV. As décadas de 80 e de 90 do século XIX foram, seguramente, dos períodos mais inovadores da Histórica jurídica moderna. Foi no seio deste movimento criativo, focado nas necessidades práticas e económicas de uma sociedade em rápido desenvolvimento, que a simulação alcançou a tão almejada autonomização[2824]. Contemporaneamente e, porque não dizê-lo, conjuntamente, foram lançadas as bases distintivas do negócio fiduciário[2825].

Um último elemento, reconhecido por parte da doutrina da época, deve ainda ser sublinhado: a linguagem ocupa um papel decisivo no Direito e no avanço da Ciência Jurídica. Esta função é especialmente evidente na análise histórica da emancipação da simulação e do negócio fiduciário, pelo que todas as expressões técnico-jurídicas, ou não, que nos remetam, mesmo que indiretamente, para o conceito de simulação, aquando do preenchimento do conceito de negócio fiduciário, devem ser, a todo o custo, evitadas[2826].

V. Seria, porém, bastante redutor resumir a conexão entre a simulação e os negócios fiduciários a uma perspetiva meramente histórica. Ainda hoje,

---

[2822] *Studien*, cit., 140-141.
[2823] Número 211.
[2824] COING, *Die Treuhand*, cit., 35. Para além das obras já mencionadas, sublinhe-se, ainda, a importância dos estudos de OTTO BÄHR, *Urteile des Reichsgerichts mit Besprechungen*, Oldenbourg, Munique, 1883, 52 ss..
[2825] Sobre a importância da linguagem na evolução jurídica, vide os novos estudos de MIGUEL TEIXEIRA DE SOUSA, *Linguagem e Direito* in *Estudos em honra do Professor Doutor José de Oliveira Ascensão*, Vol. I, Coimbra, Coimbra, 2008, 267-290 e *Introdução ao Direito*, Almedina, Coimbra, 2012, 301-314.
[2826] Sem negar o papel de REGELSBERGER na distinção dos dois conceitos, não podemos deixar de criticar, como de resto o próprio autor o reconhece, o uso da expressão *verdecktes Geschäft* para descrever, mesmo que introdutoriamente, o conceito de negócio fiduciário, cfr., *Zwei*, cit., 172.

como facilmente resulta da leitura de qualquer manual da cadeira de Teoria Geral de Direito Civil ou das monografias especializadas, a análise da fidúcia ocupa um papel central na dogmática da simulação. Alguns autores chegam mesmo a avançar que o critério primário de averiguação das diferentes teorias da simulação respeita, precisamente, à sua idoneidade para distinguir as duas figuras[2827].

194. Aspetos gerais da simulação

A simulação faz parte de um conjunto de institutos fortemente marcados pelas especificidades jurídicas internas[2828]. De acordo com o disposto no artigo 240.º, a aplicação do regime da simulação está dependente da verificação de três requisitos cumulativos: (1) um acordo entre o declarante e o declaratário; (2) caracterizado pela divergência entre a vontade declarada e a real vontade das partes; e (3) com o intuito de enganar terceiros[2829]. Apesar de se perder alguma riqueza dogmática, a fragmentação dos elementos da simulação traz algumas vantagens expositivas. A cada um dos três requisitos correspondem, de forma sobreposta, não se nega, características centrais da simulação.

A relação, enquanto um todo, englobando tanto a vontade real das partes, como a vontade exteriorizada, assenta num encontro de vontades. O primeiro elemento permite-nos, assim, diferenciar a simulação dos restantes vícios de vontade: na reserva mental, uma das partes escamoteia a sua von-

---

[2827] VALENTE, *Nuovi profili*, cit., 184.
[2828] MENEZES CORDEIRO, *Tratado*, I/I, cit., 839-843: breves considerações históricas e comparatísticas. A forte dimensão nacional da simulação é posta em evidência no anteprojeto do regime vigente, onde as referências à doutrina nacional suplantam, largamente, as menções à doutrina estrangeira, cfr, RUI DE ALARCÃO, *Simulação: anteprojecto para o novo Código Civil*, 84 BMJ, 1959, 305-328.
[2829] A letra da lei deixa poucas margens para dúvidas quanto à necessidade de preenchimento dos três requisitos citados. De resto, o seu preenchimento é apresentado como ponto de partida de qualquer análise jurisprudencial, cfr., STJ 21-Mar.-2012 (GRANJA DA FONSECA), proc. n.º 476/10.8TBPNF.P1.S1; STJ 22-Fev.-2011 (FONSECA RAMOS), proc. n.º 1819/06.4TBMGR.C1.S1 ou STJ 4-Mai.-2010 (JOÃO CAMILO), proc. n.º 1/2001.C6.S1. Acórdãos anteriores a 2005: vide MENEZES CORDEIRO, *Tratado*, I/I, cit., 843 nota 2344.

tade real dos restantes intervenientes[2830]; no regime do erro, a divergência entre a vontade exteriorizada e a vontade real não assenta num acordo de vontade, pelo contrário; e um acordo alcançado por coação não foi, por definição, voluntariamente pretendido[2831].

A divergência entre a vontade declarada e a vontade real representa o elemento mais distintivo da simulação. É no seio do segundo requisito que surgem as diferentes modalidades do instituto: (a) a simulação pode ser absoluta ou relativa; na simulação absoluta, as partes têm como simples intuito enganar terceiros; no fundo, a vontade (negocial) real corresponde a uma negação da vontade (negocial) exteriorizada; em rigor, não existe, sequer, uma vontade real de contratar. Já a simulação relativa, de acordo com o disposto no 241.º, pressupõe a existência de uma efetiva vontade de contratar: sob o negócio simulado, exteriorizado pelas partes, existe um outro, o negócio dissimulado – negócio verdadeiramente pretendido pelas partes; (b) a simulação relativa pode, ainda, ser total ou parcial. Na primeira, o negócio simulado e o negócio dissimulado pertencem a diferentes tipos negociais – as partes declaram uma doação, quando, na realidade, celebram um contrato de compra e venda. Na segunda, o tipo negocial declarado corresponde ao negócio real, sendo as diferenças apenas pontuais, como no caso paradigmático da divergência quanto ao valor declarado[2832]; (c) a simulação relativa pode, ainda, ser distinguida consoante respeite ao objeto negocial, o que nos remete para a diferenciação total/parcial, ou aos sujeitos do negócio[2833].

[2830] STJ 22-Fev.-2011 (FONSECA RAMOS), proc. n.º 1819/06.4TBMGR.C1.S1: a apresentação da simulação, da reserva mental e da declaração não séria, como exemplos de divergência intencional entre a vontade real e a manifestada, é enganadora. Nos dois últimos vícios de vontade, a intencionalidade respeita, apenas, a uma das declarações de vontade e não ao acordo final. Esta diferença central é posta em evidência pelo Conselheiro ARAÚJO RIBEIRO, quando nos diz: "por contraste com a simulação, na reserva mental só há divergência entre a vontade e a declaração num dos contraentes e não no outro. Isto é: celebra-se um negócio em que uma das partes não quer aquilo que declarou, mas, ao contrário, a outra quer"; cfr., STJ 15-Jun.-1994, proc. n.º 085334. Em suma, não há acordo das partes. RCb 2-Out.-1985 (BALTAZAR COELHO), 10/4 CJ, 1985, 73-76, 73: "A simulação pressupõe o conluio".

[2831] MENEZES CORDEIRO, Tratado, I/I, cit., 843.

[2832] CARLOS ALBERTO DA MOTA PINTO, Teoria geral do Direito civil, 4ª edição por ANTÓNIO PINTO MONTEIRO e PAULO MOTA PINTO, Coimbra, Coimbra, 2005, 470-471; PAIS DE VASCONCELOS, Teoria geral, cit., 586; STJ 12-Jul.-2011 (MOREIRA ALVES), proc. n.º 2378/06.3TBBCL.G1.S1.

[2833] MOTA PINTO, Teoria geral, cit., 469-470.

Finalmente, a aplicação do regime da simulação pressupõe, ainda, uma intenção de enganar terceiros. Também este último elemento facilita a distinção da simulação de outros vícios de vontade, *maxime*, de declarações não sérias. Na simulação, há uma intenção de enganar terceiros estranhos à mancomunação, enquanto que, nas declarações não sérias, a manifestação de vontade tem um simples propósito jocoso ou jactante[2834]. Repare-se que, ao contrário do verificado no Código de Seabra[2835], o legislador não faz depender a aplicação do regime de uma qualquer intenção de prejudicar terceiros, mas apenas de os enganar[2836].

O conceito de terceiro abarca qualquer sujeito, estranho ou não ao negócio, que não tinha conhecimento do conluio entre as partes simuladoras[2837]. Também o Estado é considerado terceiro para efeitos de aplicação do regime da simulação: pense-se no exemplo perfeito da celebração de um contrato simulado com o intuito de ver diminuídos os impostos ou as taxas inerentes ao negócio efetivamente pretendido. Sublinhe-se, porém, que a celebração de um contrato simulado com a intenção de contornar a lei, i.e., de enganar o Estado, enquanto entidade legislativa, não preenche os requisitos necessários[2838]. Verificados os requisitos legais, poderemos, quando muito, estar perante uma situação de fraude à lei, mas não de simulação.

195. A simulação e o negócio fiduciário: aspetos distintivos

I. A não absorção dos negócios fiduciários pelo regime da simulação é uma questão relativamente pacífica desde os estudos inovadores de Koh-

---

[2834] STJ 15-Abr.-1993 (Miranda Gusmão), 1/2 CJ(STJ), 1993, 61-62, 62.
[2835] Artigo 1031.º: "Os actos ou contratos, simuladamente celebrados pelos contraentes, com o fim de defraudar os direitos de terceiro...".
[2836] STJ 21-Mar.-2012 (Granja da Fonseca), proc. n.º 476/10.8TBPNF.P1.S1: sublinha a diferença entre a intenção de enganar e a intenção de prejudicar. A segunda não é legalmente exigida. A diferença entre prejudicar e enganar permite, ainda, diferenciar as simulações inocentes das simulações fraudulentas, cfr., Galvão Telles, *Manual dos contratos*, cit., 166-168.
[2837] STJ 3-Fev.-2009 (Mário Cruz), proc. n.º 08A3732: um procurador fez uso dos poderes que lhe foram conferidos para enganar, através de uma simulação, o representado; STJ 29-Mai.--2007 (Azevedo Ramos), 15/2 CJ(STJ), 2007, 98-100, 100: "*Terceiro* para efeito do art. 240.º e 394.º, n.º 3, do CC, não é necessariamente alguém que seja alheio ao negócio. Apenas tem que ser estranho ou alheio ao conluio".
[2838] RLx 26-Nov.-1987 (Ricardo Velha), 12/5 CJ, 1987, 128-134, 130.

LER e de REGELSBERGER, como acima evidenciado[2839]. Na sua esmagadora maioria, tanto a doutrina clássica, como a doutrina moderna inclinam-se para uma diferenciação absoluta entre as duas realidades jurídicas – doutrina portuguesa[2840], doutrina brasileira[2841], doutrina alemã[2842], doutrina ita-

---

[2839] Seria, porém, incorreto passar a mensagem que esta diferenciação foi assumida unanimemente. Nos inícios do século XX, diversos autores alemães defenderam a aplicação do regime da simulação aos negócios fiduciários: PAUL WILUTZKY, *Die Innen- und die Aufsenseite des fiduziarischen Rechtsgeschäftes*, 6 DJZ, 1901, 20-21 e *Ueber fiduziarische Rechtsgeschäfte*, JW, 1901, 710-713: apresenta os negócios fiduciários como um tipo, porventura especial, de negócio simulado. A resistência a distinguir as duas figuras foi especialmente sentida no âmbito do endosso fiduciário, cfr., SCHÖNINGER, *Forderungsabtretung zum Zweck des Einzugs (Cession zum Inkasso)*, 96 AcP, 1905 163-199, 196: apresenta o endosso fiduciário como um negócio encoberto; GUSTAV MÜLLER, *Hat die Inkassozession die Wirkungen eine Forderungsübertragung?*, 72 SeuffB, 1907, 967--978: considera que a transmissão do direito é fictícia. As partes não pretendem uma transmissão efetiva ou definitiva do direito transmitido.

[2840] BELEZA DOS SANTOS, *A simulação*, Vol. I, cit., 144-145; CUNHA GONÇALVES, *Tratado de Direito civil*, Vol. V, cit., 715-716: limita-se a expor as duas possibilidades sem, contudo, tomar posição; GONSALVES DIAS, *Da letra e da livrança*, Vol. V, cit., 48-49; JOAQUIM MARTINS VAZ BARACHO, *Da simulação nos contratos (alguns aspectos do problema)*, dissertação de licenciatura em Ciências Jurídicas no ano lectivo de 1945-46, FDL, Lisboa, 139-141; JOSÉ MIGUENS SIMÕES VIEIRA, *Simulação nos contratos (algumas considerações)*, dissertação de licenciatura em Ciências Jurídicas no ano lectivo de 1946-47, Lisboa, 133-135; ANTÓNIO FERRER CORREIA, *Sociedades fictícias e unipessoais*, Livraria Atlantida, Coimbra, 1943, 170: "o único elemento que os opõe agudamente um ao outro, é o diferente conteúdo da vontade das partes"; GALVÃO TELLES, *Manual dos contratos*, cit., 193; MANUEL DE ANDRADE, *Teoria geral*, Vol. II, cit., 176; FERNANDO PESSOA JORGE, *O mandato sem representação*, Almedina, Coimbra, 2001, reimpressão da edição de 1961, 324-325; CASTRO MENDES, *Teoria geral*, Vol. II, cit., 239-240; OLIVEIRA ASCENSÃO, *Direito civil. Teoria geral*, Vol. II, cit., 223; MENEZES CORDEIRO, *Tratado*, II/II, cit., 259; CARVALHO FERNANDES, *Teoria geral*, Vol. II, cit., 347; PAIS DE VASCONCELOS, *Contratos atípicos*, cit, 303-305; PEDRO ROMANO MARTINEZ e PEDRO FUZETA DA PONTE, *Garantias de Cumprimento*, 5ª edição, Almedina, Coimbra, 2006, 64, nota 148; PESTANA DE VASCONCELOS, *A cessão de créditos*, cit., 83-86; J. P. REMÉDIO MARQUES, *Locação financeira restitutiva (sale and lease-back) e a proibição dos pactos comissórios – negócio fiduciário, mútuo e acção executiva*, 76 BFDUC, 2001, 575-632, 609-610. A maioria dos autores portugueses que tratam da temática fiduciária faz questão de distinguir as duas realidades.

[2841] ELZA MARIA ALVES CANUTO, *Alienação fiduciária de bem imóvel: responsabilidade do avalista*, Del Rey, Belo Horizonte, 2003, 83: cita FERRARA.

[2842] Vejam-se as duas primeiras notas do presente parágrafo.

§ 36.º A SIMULAÇÃO E O NEGÓCIO FIDUCIÁRIO

liana[2843] e doutrina francesa[2844]. É também esta a posição unânime da jurisprudência nacional[2845].

No essencial, as divergências existentes são fundamentalmente de natureza expositiva, decorrentes do estilo próprio de cada um dos autores. As diferenças que extravasam o simples campo formal são fruto da própria definição apresentada ou dos movimentos jurídicos em que o seu autor se insere. Pense-se no caso da doutrina italiana clássica que, embutida nas conceções objetivistas da causa, enquanto função económica ou social de cada tipo contratual, se foca na conformidade ou desconformidade entre os propósitos realmente prosseguidos e a função económica inerente ao tipo de contrato utilizado.

II. Desde a pandectística tardia que a pedra de toque distintiva entre simulação e fidúcia tem sido colocada na vontade das partes. Relembre-se o primeiro pilar da construção de REGELSBERGER: "a vontade exteriorizada pelas partes corresponde à sua vontade real". Esta tese foi especialmente divulgada nos países da Europa do Sul por CARIOTA-FERRARA[2846]:

[2843] CARIOTA-FERRARA, *I negozi fiduciari*, cit., 43; MASSIMO FRANZONI, *Il contratto fiduciario e il contratto indiretto* in *diritto civile*, diretto da NICOLÒ LIPARI e PIETRO RESCIGNO, coordenação de ANDREA ZOPPINI, Vol. III: *Obbligazioni*, Tomo II: *il contratto in generale*, Giuffrè, Milão, 2009, 832-846, 838-840.

[2844] MICHEL DAGOT, *La simulation en Droit privé*, LGDJ, Paris, 1967, 33-35; BARRIÈRE, *La réception du trust*, cit., 164 e 333.

[2845] STJ 17-Dez.-2002 (PINTO MONTEIRO), proc. n.º 02A3267: "É evidente que se a "fiducia" ...envolver fraude à lei ou não se demarcar suficientemente da simulação relativa, existirá essa invalidade, mas por esse motivo e não pela causa "fiduciária"". Passagem citada em STJ 16-Mar.--2011 (LOPES DO REGO), proc. n.º 279/2002.E1.S1. Vide, ainda, STJ 11-Mai.-2006 (SALVADOR DA COSTA), proc. n.º 06B1501: embora não considere que a relação litigiosa consubstancie uma situação fiduciária, parece claro que distingue a figura da simulação; RPt 10-Mai.-2011 (VIEIRA E CUNHA), proc. n.º 1942/06.5TBMAI.P1: a licitude ou ilicitude dos negócios fiduciários deve ser vista em concreto e não por simples remissão para as figuras da simulação ou fraude à lei; REv 15-Dez.-2009 (FERNANDO DA CONCEIÇÃO BENTO), 34/5 CJ, 2009, 237-239, 239: "o contrato fiduciário distingue-se do contrato simulado, porque naquele as partes querem real e seriamente o contrato adoptado enquanto que na simulação as partes, na realidade, não querem o contrato aparente, mas um outro (dissimulado) ou mesmo nenhum".

[2846] A importância da posição de CARIOTA-FERRARA reside mais nos termos em que o autor expõe a sua construção do que no seu conteúdo. A colocação do elemento distintivo da vontade é facilmente identificada na doutrina originária alemã – é, de resto, o elemento central da construção de KOHLER –, embora de forma não tão contundente.

L'elemento distintivo fra l'una e l'altra specie di negozi è uno solo: la volontà. Essa manca nel negozio simulato, esiste nel negozio fiduciario[2847].

A tese da vontade fez escola em Portugal[2848] desde que, pela primeira vez, o tema foi abordado por BELEZA DOS SANTOS. O notável penalista e, então, civilista, afirma, categoricamente, não haver qualquer divergência entre a vontade manifestada e a vontade real[2849]. Na prática, ao colocar-se a pedra de toque na vontade das partes, a problemática assume uma dimensão puramente interpretativa: ao intérprete-aplicador caberá, recorrendo a todos os elementos que tenha à sua disposição, determinar a real vontade das partes e, de seguida, a sua correspondência com a vontade exteriorizada.

III. Outros aspetos podem, sem dúvida, ser referidos. Contudo, ou representam um papel secundário ou têm um interesse pontual e circunscrito, mais associado à construção fiduciária defendida ou à modalidade simulatória comparada do que à essência da contraposição.

É bastante usual afirmar-se que a problemática da simulação assume maior complexidade no âmbito da sua modalidade relativa[2850]. As dificuldades aumentam exponencialmente se a análise comparativa partir de uma construção dualista, assente na conjugação de dois contratos, um de natureza real e outro de natureza obrigacional. Neste caso, as duas figuras – simulação relativa e negócio fiduciário – partilham um elemento central: estruturalmente, são compostas por dois contratos distintos. Porém, o elemento diferenciador mantém-se inalterado: no negócio fiduciário, ambos os negócios são pretendidos; já na simulação relativa, apenas o negócio dissimulado é desejado. Em suma, na simulação, embora as partes exteriorizem a transmissão do direito de propriedade, este nunca sai verdadeiramente da esfera jurídica do proprietário original; já no negócio fiduciário, não só as

---

[2847] *I negozi fiduciari*, cit., 44.
[2848] Todos os autores nacionais referidos na nota 2840 colocam o elemento chave na vontade das partes.
[2849] *A simulação*, Vol. I, cit., 144.
[2850] CARVALHO FERNANDES, *A admissibilidade*, cit., 252 ou JUAN B. JORDANO BAREA, *El negocio fiduciario*, Bosch, Barcelona, 1959, 161. Evidentemente que, para os autores que negam, em absoluto, a admissibilidade dos negócios fiduciários, não tem sentido distinguir-se a simulação absoluta da relativa.

partes exteriorizam essa intenção, como a concretizam, com efeitos visíveis na realidade fáctica.

CARVALHO FERNANDES chama ainda a atenção para o facto de o conteúdo do *pactum fiduciae* ser parte integrante do negócio jurídico, enquanto que o *pactum simulationis* tem uma natureza autónoma: a sua função esgota-se na sua dimensão simulatória; não tem um papel real na relação fiduciária, enquanto um todo[2851]. Apesar da clarificação que possa advir deste raciocínio, o elemento que permite distinguir o *pactum fiduciae* do *pactum simulationis* e, consequentemente, determinar se o *pactum* é ou não parte integrante do negócio fiduciário, mantém-se inalterado: a vontade das partes.

IV. PAIS DE VASCONCELOS, seguindo a posição de PELLICANÒ[2852], considera que a distinção clássica, centrada no elemento volitivo, embora dogmaticamente correta, é, numa perspetiva concreta ou real, pouco eficiente[2853]. Tanto a simulação relativa, como o negócio fiduciário, prossegue, caracterizam-se por uma certa desconformidade entre o tipo contratual exteriorizado e o fim efetivamente pretendido pelas partes. Logo, conclui, a atenção do intérprete deve deslocar-se da vontade para a realidade, ou seja, para as modificações produzidas na ordem jurídica: no negócio simulado, circunscrito ao negócio dissimulado; no negócio fiduciário, em ambas as suas dimensões, externa e interna.

Não obstante, afigura-se-nos que esta clarificação corresponde não a um modelo distintivo diverso, ainda que aperfeiçoado, mas a uma simples concretização do processo jurídico – provavelmente o único – que possibilita, ao intérprete-aplicador, verificar se a intenção manifestada corresponde à vontade real ou a uma vontade simulada, ou seja, é a constatação ou não dos efeitos jurídicos, com a consequente modificação da ordem jurídica, que nos permite afirmar se determinado negócio é real ou simulado.

Acresce que a construção parte de uma particular conclusão: o negócio fiduciário caracteriza-se por uma diferenciação entre o tipo contratual escolhido e os propósitos prosseguidos. Ora, discordando PAIS DE VASCONCELOS da teoria clássica de que os negócios fiduciários se caracterizam por uma desconformidade entre os meios jurídicos utilizados e os fins económicos

---

[2851] *A admissibilidade*, cit., 252.
[2852] ALDO PELLICANÒ, *Il problema della simulazione nei contratti*, CEDAM, Pádua, 1988, 69-76.
[2853] *Contratos atípicos*, cit., 304-305.

pretendidos[2854], só podemos concluir que estamos no campo da forma ou, de modo mais preciso, no âmbito da exteriorização dos elementos da relação jurídica. Assim sendo, a posição tende para uma generalização, que pode esbater os contornos do negócio fiduciário, pela negativa e pela positiva. Pela negativa, por transmitir a ideia de que a dimensão interna do negócio fiduciário é, se não ocultada, pelo menos exteriorizada de forma imperfeita; pela positiva, por partir do princípio de que todos os aspetos das relações jurídicas partilham um grau homogéneo de exteriorização. Ora, pense-se no exemplo paradigmático da doação modal: a transmissão do direito é mais facilmente apreendida pelo comércio jurídico do que a obrigação modal que lhe esteja associada. Contudo, não será correto afirmar-se que entre o tipo contratual escolhido e as pretensões concretas existe qualquer diferença. Este raciocínio aplica-se, por inteiro, ao nosso negócio fiduciário: o facto de a dimensão externa do negócio fiduciário – transmissão do direito – ser mais facilmente percetível do que os propósitos que a motivam ou os contornos que a enformam não resulta numa qualquer diferenciação entre o tipo contratual e os fins pretendidos. É um simples reflexo da natureza heterogénea dos elementos que compõem qualquer relação jurídica.

196. Doutrina discordante: a tese de FUCHS e a construção de CASTRO Y BRAVO (remissão)

I. Como referido a título introdutório, desde os escritos de KOHLER e de REGELSBERGER que a distinção entre negócio fiduciário e negócio simulado é uma questão pacífica para a maioria da doutrina. Contudo, este parágrafo ficaria incompleto se não fossem feitas quaisquer referências aos escritos de FUCHS e à construção desenvolvida por CASTRO Y BRAVO, apoiada por parte importante da doutrina espanhola. Quanto a este último: apesar de CASTRO Y BRAVO defender a absorção do negócio fiduciário pelo regime da simulação, a sua construção é bastante mais profunda, extravasando a simples dicotomia vontade real/vontade manifesta. Merece, por isso, um tratamento autónomo e diferenciado, devidamente inserido no capítulo dedicado à transmissibilidade do direito de propriedade, enquanto elemento central da estrutura fiduciária.

[2854] § 44.º.

Foquemo-nos, assim, em FUCHS.

II. Numa monografia dedicada à temática fiduciária[2855], datada de 1934, o autor alemão começa por afirmar que os negócios fiduciários, os quais intitula de pseudo-negócios jurídicos (*pseudonyme Rechtsgeschäfte*), consubstanciam uma verdadeira simulação. À posição maioritária aponta duras críticas: há 50 anos que a doutrina, em especial a germânica, perpetua o grave erro de autonomizar os negócios fiduciários da figura da simulação[2856].

FUCHS, que parte de uma conceção dualista do negócio fiduciário, alega que as limitações à posição jurídica do fiduciário, por decorrência do *pactum fiduciae*, não são compatíveis com a transmissão do direito de propriedade[2857]. Esta ideia, que se encontra no centro do seu pensamento, é retomada com maior profundidade no parágrafo 9 da obra, denominado "Legitimação e legitimação formal"[2858]. FUCHS defende que a circunscrição dos direitos do fiduciário resulta num total desvirtuamento da sua posição jurídica, enquanto legítimo proprietário do bem. A alienação pressupõe a produção de uma série de efeitos jurídicos, em especial a transmissão plena e definitiva do direito de propriedade. Porém, prossegue, o fiduciário apenas pode exercer os seus direitos depois de autorizado pelo fiduciante ou seguindo as suas diretrizes. Na prática, o fiduciário só formalmente é titular do direito de propriedade, o que é o mesmo que dizer que a transmissão do direito não é efetivamente pretendida: logo, estamos perante um negócio simulado[2859].

No fundo, FUCHS parte do pressuposto de que a dimensão interna da relação, i.e., as obrigações assumidas pelo fiduciário, tem um efeito tão incisivo e delimitador da posição jurídica do legítimo titular do direito que desvirtua, por completo, a sua natureza real. Repare-se que FUCHS não defende uma transmissão condicional do direito ou, sequer, a assunção de uma titularidade limitada por um qualquer tipo de ónus ou encargo. O autor vai mais

---

[2855] WILHELM FUCHS, *Treuhand und Schiebung: Vorschläge zu einem Gesetz über fiduziarische Rechtsgeschäfte nebst Begründung*, Robert Noske, Leipzig, 1934. Muitas das ideias do autor tinham já anteriormente sido avançadas num artigo escrito anos antes: *Pseudonyme Rechtsgeschäfte*, 115 AcP, 84-124.
[2856] Cit., 26.
[2857] Cit., 29.
[2858] Cit., 74-78.
[2859] Cit., 78.

longe: à luz do conteúdo da relação, o fiduciário não pode ser considerado o legítimo titular do direito.

A solução preconizada por FUCHS peca pelo seu desfasamento com a realidade prática. Não se nega, evidentemente, que a dimensão interna da relação fiduciária limite, pelo menos obrigacionalmente, a posição jurídica do fiduciário; contudo, as restrições voluntariamente assumidas não põem em causa a natureza jurídica da posição: legalmente, o fiduciário é o legítimo titular do direito.

III. Apesar de a posição de FUCHS não poder ser acompanhada, é inegável que o autor alemão chama a atenção para um aspecto a não descurar: a constituição simulatória de negócios fiduciários. Pense-se no caso paradigmático do *sham trust* anglo-saxónico[2860]: apesar de as partes manifestarem uma transmissão do direito de propriedade, não é essa a sua pretensão, pelo contrário: pretende-se, apenas, criar uma falsa aparência.

O erro ou excesso de FUCHS não está na identificação do problema, de resto reconhecido unanimemente, mas na sua generalização.

[2860] Número 95/IV.

§ 37.º A FRAUDE À LEI

197. Desenvolvimentos históricos e comparatísticos

I. O conceito de fraude à lei faz parte de um leque de conceitos jurídicos muito particulares, entre os quais pontua, por exemplo, a causa do contrato, que se caracterizam pelas enormes incertezas formais e sistemáticas que os rodeiam. O tratamento jurídico da fraude à lei desdobra-se, por um lado, na análise substantiva do seu conteúdo e, por outro, na identificação do papel que ocupa internamente no sistema.

As incertezas adjetivas da fraude à lei remontam ao antigo Direito romano[2861], onde a figura não parece ter ultrapassado uma fase embrionária de aplicação pontual e fragmentária. Os dados de que atualmente dispomos permitem-nos afirmar, com um elevado grau de probabilidade, que os juristas romanos clássicos não concebiam a fraude à lei de forma consolidada, enquanto conceito unitário e estruturado[2862].

O não desenvolvimento de um conceito unitário de fraude à lei parece esgotar o consenso doutrinário. O debate moderno, que tem dividido os romanistas contemporâneos, deslocou-se para as origens da figura. Em termos gerais, são duas as posições defendidas: (1) as raízes do conceito são muito antigas, remontando muito provavelmente ao período dito arcaico[2863]; ou (2) o conceito foi desenvolvido na

---

[2861] Quanto às origens etimológicas da expressão fraude, vide HUGO KRÜGER e MAX KASER, *Fraus*, 63 ZRG (RA), 1943, 117-174, em especial 117-120.
[2862] MENEZES CORDEIRO, *Tratado*, I/I, cit., 691.
[2863] KASER, *Direito privado romano*, cit., 82: afirma que o conceito remonta aos inícios da República.

viragem da República para o Império, período marcado por uma rutura com o espírito positivista-legalista até então dominante no mundo jurídico[2864], o que impossibilitava a elaboração de mecanismos estruturalmente dependentes do espírito da lei e não apenas da sua letra[2865].

II. Os avanços jurídicos do final do período clássico foram adotados pelos compiladores de Justiniano. O *Corpus Juris Civilis* incorporou inúmeras passagens que, ainda hoje, são utilizadas como ponto de partida para a discussão do conceito de fraude à lei no moderno Direito civil. Entre as mais relevantes contam-se as famosas construções de PAULUS:

> Age contra a lei (*contra legem*) aquele que faz o que a lei proíbe; age em fraude à lei (*fraus legi*) aquele que respeitando a letra da lei contorna o seu propósito[2866].

[2864] Um sistema formalista assente, primordialmente, na letra da lei teria sérias dificuldades em integrar, no seu seio, um conceito como o de fraude à lei, cfr., S. S. DE SAMPAIO GARRIDO, *Alguns aspectos da fraude à lei em Direito internacional privado*, dissertação de licenciatura, FDL, Lisboa, 1941-1942, 2; JOAQUIM A. R. FIGUEIREDO, *A fraude à lei em Direito internacional privado*, dissertação de licenciatura em Ciências jurídicas na Faculdade de Direito de Lisboa, FDL, Lisboa, 1941-1942, 6: com o enfraquecimento gradual do formalismo clássico, a aceitação de interpretações que extravasavam a letra da Lei (extensivas) ganhou força, o que possibilitou o posterior desenvolvimento do conceito de fraude à lei.

[2865] ZIMMERMANN, *The Law of Obligations*, cit., 703-705: o autor apresenta uma série de exemplos, envolvendo algumas das personagens mais célebres do final da República, que, contornando a letra da Lei, ficaram legalmente a salvo de qualquer condenação ou responsabilidade. Apenas com o aproximar do fim da República, por aparente influência helénica, passou o Direito romano a viver um clima de menor rigidez, o que possibilitou o desenvolvimento de semelhante conceito. BEHRENDS discorda desta interpretação. O autor alemão considera que o legalismo é uma característica típica do final da República. Porém, se recuarmos um século, encontramos um mundo jurídico muito mais recetivo ao conceito de violação do espírito da lei. O autor alicerça a sua posição na análise de diversos casos reais que marcaram os tribunais romanos, cfr., OKKO BEHRENDS, *Die fraus legis: zum Gegensatz von Wortlaut- und Sinngeltung in der römischen Gesetzesinterpretation*, Otto Schwartz, Göttingen, 1982. HEINRICH HONSELL, *Recensão a OKKO BEHRENDS, Die fraus legis e a LORENZO FASCIONE, Fraus legi*, 102 ZRG (RA), 1985, 573-583: o autor, que analisa os pontos mais relevantes da obra de BEHRENDS, assume uma posição próxima da de ZIMMERMANN.

[2866] D.1.3.29. Tradução nossa. Compare-se com a tradução proposta por CASTRO MENDES: "Age contra a lei aquele que fez aquilo que a lei proíbe; age em fraude à lei aquele que evita

§ 37.º A FRAUDE À LEI

e de ULPIANUS:

Comete-se fraude à lei sempre que, e apesar de não estar expressamente proibido, se atue em sua violação[2867].

A conceção da fraude à lei, enquanto violação indireta da Lei ou do seu espírito, veio a ser retomada pelo Imperador *Theodosius*[2868], na *Lex non dubium*, datada de 439, também ela integrada no *Corpus Juris Civilis*:

Não restam dúvidas de que viola a lei quem, respeitando a sua letra viola, voluntariamente, o seu espírito[2869].

III. É durante o período intermédio, como resultado da carga moral inerente à religião cristã, que o conceito de fraude à lei assume toda a sua dimensão pejorativa, incomparavelmente superior à de uma simples violação da lei; a primeira, ao contrário desta última, é associada a atuações ardilosas ou trapaceiras[2870].

Salvo melhor opinião, os desenvolvimentos sentidos em pouco ou nada contribuíram para um tratamento mais claro da temática. Pelo contrário, ao invés de conseguir alcançar uma autonomia substantiva, a fraude à lei foi, em parte, se não mesmo na sua totalidade, absorvida pelo também pouco claro conceito de simulação. A proximidade dos dois conceitos, propagada

---

o comando dela respeitando as palavras da lei", cfr., *Teoria geral*, Vol. II, cit., 501, adotada por MENEZES CORDEIRO, *Tratado*, I/I, cit., 691.
[2867] D.1.3.30. Tradução nossa.
[2868] *Theodosius* II, denominado de o Calígrafo, governou o Império Bizantino por mais de 40 anos (!), durante os anos 408 e 450. Nascido a 10 de abril de 401, faleceu a 28 de julho de 450. Entre os seus mais relevantes feitos conta-se a fundação da Universidade de Constantinopla, em 425, e a elaboração de um grande Código que ficou para a história como *Codex Theodosianus*.
[2869] C.1.14.5. Tradução nossa.
[2870] GIOVANNI ROTONDI, *Gli atti in frode alla legge nella dottrina romana e nella sua evoluzione posteriore*, UTET, Turim, 1911, 175; ALEXANDRE LIGEROPOULO, *Le problème de la fraude à la loi: étude de Droit privé, interne et international, de Droit fiscal, pénal et comparé*, Recueil Sirey, Paris, 1928, 20: o Direito canónico, empregando considerações morais, não poderia, evidentemente, ficar alheio a uma construção deste tipo. Glosadores/Comentadores: HELMUT COING, *Simulation und fraus in der Lehre des Bartolus und Baldus* in *Festschrift für Paul Koschaker*, Vol. III, Hermann Böhlaus Nachf, Weimar, 1939, 402-419.

durante séculos[2871], era ainda uma realidade em pleno século XIX, com SAVIGNY a associar a fraude à lei à simulação[2872].

IV. Os finais do século XIX e inícios do século XX foram um período de intenso labor científico. O conhecimento aprofundado da língua latina, aliado aos novos métodos criativos de forte cariz histórico, foram determinantes para os avanços da Ciência Jurídica. O conceito de fraude à lei não ficou alheio a este processo. Nos três grandes centros jurídicos continentais, o interesse pela figura brotou com enorme força.

Para lá do Reno, a consolidação do conceito refletiu-se num aprofundamento da temática nas obras generalistas – como representantes de diferentes movimentos e épocas, veja-se: THÖL[2873], REGELSBERGER[2874] e ENNECCERUS/NIPPERDEY[2875] – e na publicação de ambiciosas monografias – BARTHELMES[2876], PFAFF[2877] ou WETTE[2878]. Também em terras italianas, a fraude à lei foi objeto de um tratamento transversal, com uma ampla divulgação dos avanços da Ciência Jurídica em diversas monografias e artigos especializados: MESSINA[2879], OTTOLENGHI[2880] ou PACCHIONI[2881]. Em França, o estudo consolidado do conceito de fraude à lei, numa perspetiva do Direito interno, foi mais tardio[2882]. Contudo, no segundo quartel do século XX, foram publicadas as duas obras clássicas, ainda hoje incontornáveis: de DESBOIS[2883], apo-

---

[2871] ZIMMERMANN, *The Law of Obligations*, cit., 648.

[2872] *System*, Vol. I, cit., 325.

[2873] HEINRICH THÖL, *Einleitung in das deutsche Privatrecht*, Dieterischschen Buchhandlung, Göttingen, 1851, 159-161: autonomizando a questão num capítulo próprio.

[2874] *Pandkten*, Vol. I, 519: integrada no capítulo dedicado à simulação e aos negócios fiduciários.

[2875] Vol. II, cit., 1160-1161.

[2876] ADOLF BARTHELMES, *Das Handeln in fraudem legis*, Berliner Buchdruckerei Actien Gesellschaft, Berlim, 1889.

[2877] IVO PFAFF, *Zur Lehre von sogenannten in frau legis agere*, Manz, Viena, 1892.

[2878] WALTER WETTE, *Mentalreservation, Simulation und agere in fraudem legis*, J. Abel, Greifswald, 1900.

[2879] GIUSEPPE MESSINA, *Sulla frode alla legge nel negozio giuridico di diritto privato*, 38 Cir Giu, 1907, 93-102 e 201-247.

[2880] GIUSEPPE OTTOLENGHI, *La frode alla legge e la questione del divorzi fra italiani naturalizzati all'estero*, UTET, Turim, 1909.

[2881] GIOVANNI PACCHIONI, *Sull' "in fraudem legis agere"*, 9 RDComm, 1911(2), 332-340.

[2882] De modo idêntico ao verificado na maioria dos sistemas, o interesse pelo conceito de fraude à lei foi primeiro despertado no seio da doutrina internacional privatista.

[2883] *La notion de fraude à la loi et la jurisprudence française*, Dalloz, Paris, 1927.

§ 37.º A FRAUDE À LEI

logista de uma conceptualização subjetivista, e de LIGEROPOULO[2884], grande defensor francês da escola objetivista.

Conquanto esta exposição analítica aponte para uma conceptualização sistemática muito recente[2885], o conteúdo jurídico de fraude à lei tem-se mantido relativamente inalterado: "violação indireta da lei" ou "ato que, contornando a letra da lei, viola o seu espírito"; são as linhas gerais encontradas em todas as construções doutrinárias.

198. O conceito de fraude à lei no Direito português: desenvolvimentos históricos

I. Não fugindo à regra da sua época, o conceito de fraude à lei também surgiu, em terras lusas, associado à figura da simulação. O título LXXI do Livro IV das Ordenações Filipinas, precisamente com a epígrafe *Dos actos simulados*, faz referência a atos (simulados) que têm como intuito "defraudar nossas Leis e Ordenações"[2886]. O legislador tem ainda o cuidado de distinguir as duas figuras: a simulação pressupõe um ato que visa enganar terceiros e a fraude à lei apenas a Lei: "E se não for feita em prejuizo de pessoa alguma sómente em fraude de alguma Lei..."[2887].

A associação da fraude à lei à simulação transmite, de imediato, a perceção de que o conceito seria empregue, na senda da tradição romanística, com um sentido de "violação indireta da lei": o sujeito simulava estar a cumprir a lei. Conquanto esta interpretação tenha cabimento à luz do conteúdo das Ordenações Filipinas, diversos diplomas legais do mesmo período fornecem-nos pistas contraditórias, indiciando uma coincidência substantiva entre o conceito de fraude à lei e o mais singelo conceito de violação da lei. Veja-se o exemplo perfeito de uma resolução datada de 25 de março de 1665, que condena o envio de moedas não cunhadas para a Índia, como a lei o exigia.

[2884] *Le problème de la fraude à la loi*, cit..
[2885] MENEZES CORDEIRO, *Tratado*, I/I, cit., 691; ROTONDI, *Gli atti in frode alla legge*, cit., 1 ss..
[2886] Utilizou-se a edição da Fundação Calouste Gulbenkian, *Ordenações Filipinas*, Vol. III: *Livros IV e V*, Lisboa, 1985, 883.
[2887] Cit., 883-884. Semelhante preceito pode ser encontrado no título XV do Livro IV das Ordenações Manuelinas; utilizou-se a edição da Fundação Calouste Gulbenkian, *Ordenações Manuelinas*, Livro IV, Lisboa, 1984, 45-47.

O termo utilizado é o de fraude à lei[2888] e não em violação da lei ou construção análoga.

Pese embora a incerteza conceptual deste período, não será excessivo concluir, à luz das mais importantes Leis da Nação, que o termo fraude à lei traduziria uma atuação que tinha como propósito contornar a lei por recurso a simulações ou a logros. À já referida passagem das Ordenações Filipinas acrescente-se o título XXI do *Regimento das Alfandegas dos Portos Seccos, Molhados e Vedados*, datado de 17 de setembro de 1668, em que os escrivães das guias são avisados para o facto de muitos dos sujeitos que tentam obter guias de mercadorias recorrerem a nomes falsos, como forma de fraudar a lei, pelo que, não os conhecendo, deverão "lhes tomar fiança"[2889].

II. A pouca clareza do tema é ainda mais notória no seio da doutrina. Ao conceito de fraude à lei, em sentido objetivo, enquanto violação direta ou indireta da lei, sobrepõe-se um conceito de fraude à lei em sentido subjetivo, em grande medida, fruto da relação de proximidade desenvolvida junto da simulação. Veja-se o caso paradigmático de COELHO DA ROCHA, que utiliza o termo fraude como sinónimo de dolo[2890].

As parcas menções doutrinárias à figura, numa aceção objetiva, limitam-se a reproduzir ou a sumariar o título LXXI do Livro IV das Ordenações Filipinas. Veja-se CORRÊA TELLES, que distingue a simulação para fraudar credores, que associa ao conceito de dano – utiliza a expressão "pessoa damnificada" –, da simulação em fraude à lei[2891].

No Direito português anterior ao Código Civil de Seabra, a expressão fraude à lei terá, assim, assumido três sentidos distintos: (1) defraudar a outra parte contratual: denominada dolo; (2) defraudar terceiros externos à relação contratual primária, regra geral, credores: denominada simulação

---

[2888] *Collecção chronologica da legislação portugueza compilada e anotada por* JOSÉ JUSTINO DE ANDRADE E SILVA, segunda serie, 1657-1674, Imprensa de F. X. De Sousa, Lisboa, 1856, 99: "*mas remetteram-se patacos por marcar... em fraude da Lei*".

[2889] *Collecção chronologica da legislação portugueza*, cit., 157: "*Os Escrivães das Guias as não deverão senão a pessoas conhecidas; e não as conhecendo, lhe tomarão fiança, por evitar a fraude que costumam fazer algumas pessoas, mudando os nomes quando as tomam*".

[2890] MANUEL A. COELHO DA ROCHA, *Instituições de Direito civil portuguez*, 6ª edição, Tomo I, Coimbra, Imprensa da Universidade, 1886, 67.

[2891] JOSÉ H. CORRÊA TELLES, *Digesto portuguez ou tratado dos direitos e obrigações civis accommodado às leis e costume da nação portuguesa para servir de subsidio ao novo Codigo Civil*, Tomo I, 2ª edição, Coimbra, Imprensa da Universidade, 1840, 37.

(sentido subjetivo); e (3) defraudar a lei, porventura simples violação da lei, mas com malícia ou intenção de a contornar: denominada simulação (sentido objetivo).

III. Num estudo analítico do Código de Seabra, o primeiro elemento que se destaca é a não utilização, em qualquer um dos seus 2538 artigos, da expressão fraude à lei. Contudo, por diversas vezes, a palavra "fraude" é usada. A título meramente exemplificativo: (1) 401.º § único: animais atraídos "por fraude ou artifício" pelo seu antigo dono; (2) 632.º: nulidade do título atribuído a um invento que abranja "fraudulentamente objecto diferente"; (3) 1031.º: negócios simulados "com fim de defraudar os direitos de terceiros"; (4) 1470.º § 1.º: doação fraudulenta ("fraude") em prejuízo dos credores; (5) 1542.º 1.º: as dívidas de jogo podem ser pedidas judicialmente em "caso de dolo ou fraude"; e (6) 1782.º: aquele que fraudulentamente (fraude) impede o testador de revogar o seu testamento não poderá aproveitar-se das disposições feitas em seu favor. O legislador parece ter absorvido a conceção subjetivista de fraude, sendo a sua menção, no âmbito do regime da simulação, bastante esclarecedora. O conceito de fraude à lei é, de modo idêntico ao verificado para a simulação, enquadrado na temática dos "actos e contratos celebrados em prejuízo de terceiro"[2892].

Curiosamente, com a viragem germanista do Direito português, o paradigma doutrinário da fraude à lei é fortemente abalado. Em GUILHERME MOREIRA, a figura da simulação passa a ser encarada como um vício de vontade. O objeto de estudo, até então centrado na intenção de prejudicar terceiros, é desviado para a não correspondência entre a vontade real e a vontade manifestada[2893]. Esta viragem resultou num afastamento da doutrina da figura da fraude à lei.

199. O conceito de fraude à lei no Direito português: conceção moderna

I. Foi apenas com a tese de doutoramento de BELEZA DOS SANTOS que o tema da fraude à lei voltou a ser aprofundada numa perspetiva clássica[2894].

[2892] MENEZES CORDEIRO, *Tratado*, I/I, cit., 842.
[2893] *Instituições do Direito civil português*, Vol. I: *Parte geral*, Imprensa da Universidade, Coimbra, 1907, 404.
[2894] *A simulação*, Vol. I, cit., 101-112. Reconheça-se, porém, justamente, que, antes de BELEZA DOS SANTOS, já ÁLVARO MACHADO VILELA tinha abordado a questão. Primeiro, em 1915, numa

A elaboração de *A simulação* coincidiu com um estádio evolutivo bastante avançado, pelo que BELEZA DOS SANTOS, como o demonstram as suas notas de rodapé, teve acesso à doutrina de ponta da sua época, em especial italiana e germânica, se bem que, neste último caso, apenas indiretamente. Depois de criticar as teses autonómicas subjetiva e objetiva, BELEZA DOS SANTOS assume-se contrário à emancipação do conceito de fraude à lei[2895]. A violação da lei, direta ou indiretamente, afirma o jurista coimbrão, é um exercício puramente interpretativo, embora, no segundo caso, seja necessário recorrer, porventura, a uma interpretação extensiva da norma[2896]. A ilicitude deste tipo de atos resulta não do seu hipotético conteúdo fraudulento, mas da simples violação de um preceito legal. Ambos os atos – *contra legem* e *fraus legi* – "violam a lei, porque a letra e o espírito são elementos essenciais e inseparáveis da norma legal"[2897]. A distinção é meramente qualitativa – "num caso a violação é mais clara, no outro mais oculta, num mais grosseira e franca, no outro mais artificiosa e disfarçada"[2898]. BELEZA DOS SANTOS termina a sua intervenção reiterando a inutilidade da autonomização do conceito, em favor da simples interpretação das normas[2899].

O pensamento de BELEZA DOS SANTOS foi particularmente influenciado por COVIELLO e por FERRARA[2900]. COVIELLO remete toda a problemática para a inter-

---

consulta efetuada na Revista de Legislação e Jurisprudência – 47 RLJ, 1915, 309-315. Como era hábito então, não é mencionado o autor da resposta. Porém, em face do curtíssimo número de redatores da Revista à época (GUILHERME MOREIRA, MARNOCO E SOUZA, MACHADO VILELA, ALBERTO DOS REIS e CHAVES E CASTRO) poucas dúvidas podem restar sobre a sua autoria – e, posteriormente, no seu *Tratado elementar (teórico e prático) de Direito internacional privado*, Livro I: *Princípios gerais*, Coimbra, Coimbra, 1921, 549-555. É no seio do Direito internacional privado que o conceito de fraude à lei tem assumido maior importância. A título de curiosidade, veja-se que, na década de 1940, o tema foi adotado como tese de licenciatura por muitos alunos da Faculdade de Direito de Lisboa: JOAQUIM ROSEIRA FIGUEIREDO, *A fraude à lei em Direito internacional privado*, cit.; SAMPAIO GARRIDO, *Alguns aspectos da fraude à lei*, cit.; ALEXANDRE CASTRO FREIRE, *A fraude à lei no Direito internacional privado*, FDL, Lisboa, 1945; ADELINO DA ROCHA PESSOA, *Alguns aspectos da fraude à lei em Direito internacional privado*, FDL, Lisboa, 1948 e REGINA FERNANDA GARCIA BORGES, *A fraude à lei no Direito internacional privado*, FDL, Lisboa, 1948.
[2895] Cit., 104-106.
[2896] Cit., 106.
[2897] Cit., 107.
[2898] Cit., 107.
[2899] Cit., 108.
[2900] Cit., 106, nota 1.

§ 37.º A FRAUDE À LEI

pretação da norma hipoteticamente violada: a fraude à lei consubstancia uma violação legal determinada por uma interpretação extensiva da lei, que, no fundo, sublinha, corresponde à vontade do legislador[2901]. A posição de COVIELLO tem na sua base, como o próprio o reconhece na sua obra *La Chiesa cattolica e le disposizione testamentarie a sua favore*, o pensamento de FERRARA[2902]. FERRARA era um profundo conhecedor da doutrina germânica[2903], onde a absorção da fraude à lei pela ideia mais geral de violação da lei era assumida pela generalidade dos autores[2904].

II. O tema da fraude à lei veio a ser retomado, com fortes repercussões nos desenvolvimentos jurídicos nacionais subsequentes, por MANUEL DE ANDRADE[2905]. ANDRADE começa por afirmar que, entre a doutrina subjetiva, que se basta com a simples intenção de contornar ilicitamente a lei, e a doutrina objetiva, para a qual apenas o resultado lícito ou ilícito releva, opta pela segunda[2906]. De seguida, o autor propõe-se averiguar a autonomia da fraude à lei. A título introdutório, diz-nos ANDRADE que uma construção que negue a autonomização da fraude à lei implica o acolhimento da teoria objetiva[2907]. Embora correta, esta asserção cria uma certa confusão quanto à relação entre a dicotomia teoria objetiva/teoria subjetiva e a autonomia da fraude à lei. Salvo melhor opinião, parece-nos que em causa estão dois momentos distintos. Primeiro, cumpre responder à questão da autonomia da fraude à lei e só merecendo resposta afirmativa se poderá entrar na discussão da subjetividade ou objetividade da sua aplicação. Uma clarificação conceptual, que, neste caso, se traduz numa inequívoca distinção entre as duas dimensões, traz inúmeras vantagens dogmáticas e expositivas. Feito este curto desvio, voltemos à construção de MANUEL DE ANDRADE.

[2901] NICOLA COVIELLO, *Manuale di diritto civile italiano. Parte generale*, 3ª edição revista por LEONARDO COVIELLO, Società Editrice Libraria, Milão, 1924, 417-418.

[2902] 19-20: *"Tutti gli atti fraudolenti, gli ha osservato il Ferrara che... sono contrari alla legge"*.

[2903] Esta posição é, ainda hoje, acolhida pela doutrina germânica, cfr., KARL LARENZ e MANFRED WOLF, *Allgemeiner Teil des Bürgerlichen Rechts*, 9ª edição, Beck, Munique, 2004, 731; MANFRED WOLF e JÖRG NEUNER, *Allgemeiner Teil des Bürgerlichen Rechts*, 10ª edição, Beck, Munique, 2012, 453; WERNER FLUME, *Allgemeiner Teil des Bürgerlichen Rechts*, Vol. II: *Das Rechtsgeschäft*, Springer, Berlim, 1992, 350; DIETER MEDICUS, *Allgemeiner Teil des BGB*, 10ª edição, C. F. Müller, Heidelberg, 2010, 268.

[2904] *Della simulazione*, cit., 67-77.

[2905] *Teoria geral*, Vol. II, cit., 337-340.

[2906] Cit., 338.

[2907] Cit., 339.

O ilustre Professor leva toda a problemática para o campo da interpretação jurídica: haverá fraude à lei "caso se mostre que o intuito da lei foi proibir não apenas os negócios que especificamente visou, mas quaisquer outros tendentes a produzir o mesmo resultado"[2908]. No fundo, tudo depende da extensão conferida, pelo intérprete-aplicador, ao preceito analisado. Esta posição, defendida pelos juristas que analisaram a questão aquando da elaboração do Código de 66 – VAZ SERRA[2909] e RUI DE ALARCÃO[2910] – foi assumida pela esmagadora maioria da doutrina[2911] e jurisprudência nacionais[2912].

Perante este panorama geral, cumpre perguntar pelo interesse em manter a expressão fraude à lei no nosso vocabulário jurídico. Ora, parece-nos que a sua conservação é benéfica para o Direito e para a Ciência Jurídica. A fraude à lei tem uma vida própria, fruto da sua forte carga histórica, mas não só. O Direito, enquanto Ciência histórico-cultural que é, está dependente da linguagem que o constitui. De resto, todos os desenvolvimentos e avanços do Direito giram em torno da linguagem: a distinção de conceitos próximos, a concretização de princípios ou a receção de novos mecanismos. Ao contrário do que se poderia julgar, é na variedade linguística e, porque não dizê-lo, na complexidade da linguagem que reside a vitalidade do Direito.

O facto de a solução jurídica ser a mesma para um ato contrário à lei e um ato em fraude à lei não basta para inutilizar a expressão. É importante distinguir a coincidência de regimes, dos conceitos e termos jurídicos *per se*: pense-se nas diversas concretizações da boa-fé. Porquê usar o termo *venire contra*

[2908] Cit., 339.
[2909] *A prestação – suas espécies, conteúdo e requisitos*, 74 BMJ, 1958, 15-283, 171-174 Vide, ainda, a *Anotação a STJ de 6-Jan.-1976* (OLIVEIRA CARVALHO), 110 RLJ, 1977, 26-29, 28.
[2910] *Breve motivação do anteprojecto sobre o negócio jurídico na parte relativa ao erro, dolo, coacção, representação, condição e objecto negocial*, 138 BMJ, 1964, 121: tem como maior influência os estudos de VAZ SERRA referidos na nota anterior.
[2911] CASTRO MENDES, *Teoria geral*, Vol. II, cit., 501-505; MOTA PINTO, *Teoria geral*, cit., 557; OLIVEIRA ASCENSÃO, *Direito civil, teoria geral*, Vol. II, cit., 329-333; MENEZES CORDEIRO, *Tratado*, I/I, cit., 694-697 ou CARVALHO FERNANDES, *Teoria geral*, Vol. II, cit., 161; PAIS DE VASCONCELOS, *Teoria geral*, cit., 505-508: embora remeta a fraude à lei para o conceito de ordem pública, o seu preenchimento é apresentado como uma decorrência da interpretação legal; HEINRICH EWALD HÖRSTER, *A parte geral do Código Civil português: teoria geral do Direito civil*, Almedina, Coimbra, 1992, 521; FERNANDO FIDALGO DA CUNHA, *Fraude à lei (in stricto sensu)*, Relatório ao seminário de Direito civil, FDL, Lisboa, 1991/92, 14.
[2912] STJ 9-Mai.-1985 (GÓIS PINHEIRO), 147 BMJ, 1985, 404-408, 407: "em suma e na realidade, o negócio em fraude à lei é sempre um negócio contrário a ela".

factum proprium quando podemos simplesmente dizer abuso do direito? A resposta é simples: embora uma atuação em *venire* consubstancie um abuso do direito, o uso do termo congrega uma série de informações jurídicas que se encontram dispersas no conceito base, i.e., no abuso do direito. Numa perspetiva mais prática, a utilização do termo *venire* permite, ao nosso interlocutor, ter uma ideia muito mais precisa dos contornos que envolvem uma determinada situação jurídica.

Mas mesmo no que respeita ao regime jurídico envolvente, parece-nos que a fraude à lei assume algumas especificidades que podem não ser encontradas numa simples atuação contra a lei. Conquanto a doutrina moderna afaste a intencionalidade do agente do núcleo identificativo da fraude à lei, a maioria das situações abarcadas pelo conceito comungam dessa natureza, o que poderá representar um papel relevante no mundo real: pense-se no exemplo elucidativo dos *punitive damages*.

III. Apesar dos múltiplos significados que foi assumindo, o conceito clássico de fraude à lei tem-se mantido relativamente inalterado ao longo dos séculos. Quer a pedra de toque seja colocada no ato *per se* – violação indireta da lei – ou no campo de aplicação e extensão da lei – interpretação da norma –, a ideia que lhe está subjacente corresponderá, sempre, a uma violação da lei, o que pressupõe uma averiguação da *ratio legis* do preceito. É, de resto, com este sentido que o conceito costuma ser utilizado pelo legislador nacional.

Atente-se, a título meramente exemplificativo, no disposto no artigo 27.º do Decreto-Lei n.º 133/2009, de 2 de junho, respeitante a contratos de crédito aos consumidores. O legislador afirma, no número 1, que "[s]ão nulas as situações criadas com o intuito fraudulento de evitar a aplicação do disposto no presente decreto-lei". Exemplificando, no número seguinte, algumas situações de fraude à lei, considere-se o primeiro dos exemplos: "O fraccionamento do montante do crédito por contratos distintos". Ora, o artigo 2.º/1 c) do referido Decreto-Lei estabelece que o diploma não se aplica a contratos de crédito cujo valor seja inferior a 200 euros. Em suma, embora o fraccionamento do crédito concedido em parcelas inferiores a 200 euros permita contornar a letra da lei, esbarra na sua *ratio*.

200. A fraude à lei e os negócios fiduciários

I. Historicamente, as diferentes concretizações fiduciárias tiveram como propósito contornar a rigidez do sistema ou colmatar as suas lacunas. Basta pensar-se nos *uses* anglo-saxónicos ou nas transmissões em confiança dos povos germânicos. Esta dimensão está, contudo, longe de se esgotar na dimensão histórica da figura. Ainda hoje os negócios fiduciários podem ser reconduzidos a uma tripla função: contornar, encobrir ou simplificar[2913]. Pretende-se contornar a rigidez do sistema, encobrir, total ou parcialmente, relações jurídicas que se pretendem secretas e simplificar o comércio jurídico.

Os termos utilizados, em especial as expressões contornar e encobrir, não devem ser interpretados como consubstanciando fraudes à lei. Um sujeito pode contornar a lei sem a violar indirectamente ou escamotear uma determinada relação jurídica sem, com isso, prejudicar qualquer terceiro. Esta conceção fraudulenta dos negócios fiduciários é, ainda, bastante sentida no que respeita ao *trust* inglês. De resto, os próprios tribunais ingleses consideraram, em tempos, ser essa a natureza originária do mecanismo:

> *There were two inventors of uses: fear and fraud ... fraud, to defeat due debts, lawful actions, wards, escheats, mortmain, &c.*[2914].

Ora, é hoje pacificamente aceite que o simples facto de uma situação jurídica poder ser descrita como fiduciária não implica, automaticamente, uma qualquer violação da lei, direta ou indireta[2915]. Recorrendo aos ensinamentos do Juiz Conselheiro PINTO MONTEIRO:

[2913] HANS SCHLOSSER, *Außenwirkungen verfügungshindernder Abreden bei der rechtsgeschäftlichen Treuhand*, 23 NJW, 1970, 681-687. VOLKER BEUTHIEN, *Treuhand an Gesellschaftsanteilen*, 3 ZGR, 1974, 26-85, 31; CHRISTIAN ARMBRÜSTER, *Die treuhänderische Beteiligung an Gesellschaften*, Colónia, Heymann, 2001, 49: muitas vezes, porém, a constituição da relação tem propósitos mais práticos: visa facilitar a gestão da participação social, quer por o seu beneficiário último não deter os conhecimentos suficientes, quer por não ter tempo ou, simplesmente, por não pretender ter uma gestão direta; JOACHIM TEBBEN, *Unterbeteiligung und Treuhand an Gesellschaftsanteilen*, Nomos, Baden-Baden, 2000, 33-35: a constituição de negócios fiduciários no âmbito societário tem, não raramente, como propósito ocultar a identidade do beneficiário último da participação social; BITTER, *Rechtsträgerschaft*, cit., 3: inicia a sua tese de habilitação por sublinhar ser este o papel tradicional dos negócios fiduciários.

[2914] Nota 880.

[2915] À luz da doutrina dominante, a fraude à lei não se distingue de uma violação direta da lei, pelo que muitos autores limitam-se a afirmar a legalidade do negócio quando não viole a lei, abrangendo-se, implicitamente, as situações em que a lei é violada indiretamente, em fraude à lei, cfr., MENEZES CORDEIRO, *Tratado*, II/II, cit., 270: sem se referir expressamente à fraude à lei, diz-nos "Naturalmente: se o escopo pretendido for proibido, o negócio é nulo". Contudo, alguns

É evidente que se a "fiducia"... envolver fraude à lei... existirá uma invalidade, mas por esse motivo e não pela causa "fiduciária"[2916].

II. Se a *fiducia cum amico* não levanta especiais dúvidas, já o mesmo não se pode dizer da *fiducia cum creditore*. Nesta modalidade, o direito é transmitido em confiança para o fiduciário, que deverá retransmiti-lo assim que as obrigações assumidas pelo fiduciante, regra geral de natureza pecuniária, sejam cumpridas. Ora, *a contrario*, no caso de as obrigações não serem cumpridas, o direito mantém-se, definitivamente, na esfera jurídica do fiduciário. Tendo estes dados como pano de fundo, a nossa Ciência Jurídica tem debatido se semelhante negócio não viola indirectamente, i.e., em fraude à lei, o disposto no artigo 694.º[2917]:

É nula, mesmo que seja anterior ou posterior à constituição da hipoteca, a convenção pela qual o credor fará sua a coisa onerada no caso de o devedor não cumprir.

GALVÃO TELLES, de forma perentória, defendeu que, numa relação fiduciária de tipo de garantia, contorna-se a proteção jurídica concedida, pelo sistema, ao dono do objeto da garantia e a terceiros, pelo que consubstancia uma fraude à lei[2918]. VAZ SERRA, embora seguindo idêntica posição, não

autores portugueses têm, por razões históricas, o cuidado de afastar os negócios fiduciários da esfera da fraude à lei. Regra geral, são dois os pontos sublinhados: (1) apenas a *fiducia cum amico* pode levantar problemas abstratos; e (2) a ilegalidade da relação deverá ser sempre averiguada em concreto, cfr., PAIS DE VASCONCELOS, *Teoria geral*, cit., 558; CARVALHO FERNANDES, *A admissibilidade*, cit., 248-249 e *Teoria geral*, Vol. II, cit., 354-355; PESTANA DE VASCONCELOS, *A cessão*, cit., 86-88: considerações gerais; e 859-914: centrado na fraude à lei insolvencial.

[2916] STJ 17-Dez.-2002, Proc. n.º 02A3267. Esta passagem mereceu, de resto, a aprovação dos seus Pares, cfr., STJ 16-Mar.-2011 (LOPES DO REGO), proc. n.º 279/2002.E1.S1.

[2917] PAIS DE VASCONCELOS, *Teoria geral*, cit., 555: o autor considera que o preceito apenas respeita à hipoteca, diretamente, e ao penhor, indiretamente, pelo que a proibição não poderá estender-se, analogicamente, a nenhuma outra situação.

[2918] *Manual dos contratos*, cit., 194; JOÃO CALVÃO DA SILVA, *Anotação ao acórdão do STJ de 16-Mai.-2000 (VICTOR DEVESA)*, 133 RLJ, 1977, 66-91,91: defende a aplicação analógica do disposto no 694.º para vendas em garantia com promessa de revenda. O autor volta a debruçar-se sobre a questão em *Banca, bolsa e seguros*, Tomo I: *Direito europeu e português*, 3ª edição, Almedina, Coimbra, 2012, 221-223. Não é, contudo, claro se o autor aceita a extensão do pacto marciano para lá das situações abrangidas pelo Decreto-Lei n.º 105/2004.

excluía, em absoluto, a hipótese de as partes construírem a relação de forma a contornar, legalmente, a proibição legal[2919]. Também MOTA PINTO considerava excessiva a posição que descrevia todos os negócios fiduciários em garantia como fraudes à lei[2920].

A rigidez do regime foi teoricamente atenuada com a transposição, para a ordem jurídica interna, da Directriz n.º 2002/47/CE, através do Decreto-Lei n.º 105/2004, que consagra, no seu artigo 11.º, a legalidade dos pactos comissórios para os penhores financeiros, ficando o beneficiário da garantia "obrigado a restituir ao prestador o montante correspondente à diferença entre o valor do objeto da garantia e o montante das obrigações financeiras garantidas". Na prática, o legislador positivou, no ordenamento jurídico nacional, a figura do pacto marciano, afastando, expressamente, o regime contido no artigo 694.º para todos os casos enquadráveis no Decreto-Lei n.º 105/2004.

A legalidade da *fiducia cum creditore*, desde que o fiduciário se obrigue a transmitir, para o fiduciante, a diferença entre o valor do bem transmitido e o montante mutuado em falta (pacto marciano), tinha já anteriormente sido defendida, entre nós, por JANUÁRIO COSTA GOMES na sua tese de doutoramento, fortemente influenciado pela doutrina italiana[2921]. Repare-se que a existência de um qualquer controlo sobre a determinação desse valor, na esfera jurídica do devedor/fiduciante, é indispensável para a aplicação da construção, sob pena de total esvaziamento da solução[2922].

A doutrina moderna portuguesa, embora mantenha algumas cautelas, admite a validade de relações fiduciárias em garantia, desde que respeitadas as limitações e proibições legais[2923]. Em suma, a ilicitude de um negócio fiduciário deverá sempre ser averiguada em concreto.

[2919] *Cessão de créditos*, cit., 191.
[2920] *Cessão da posição contratual*, cit., nota iniciada na página 227.
[2921] MANUEL JANUÁRIO DA COSTA GOMES, *Assunção fidejussória de dívida: sobre o sentido e o âmbito da vinculação como fiador*, Almedina, Coimbra, 2000, 86 ss..
[2922] Cit., 96.
[2923] CASTRO MENDES, *Teoria geral*, Vol. II, cit., 242: "Não estamos, porém, certos de que toda a *fiducia cum creditore* seja necessariamente fraudulenta"; MENEZES CORDEIRO, *Tratado*, II/II, cit., 268: embora sem referir a exceção do pacto marciano, o ilustre Professor defende uma posição análoga; CARVALHO FERNANDES, *Teoria geral*, Vol. II, cit., 355 e *A admissibilidade*, cit., 250-251: sem a inclusão de um pacto marciano, o negócio é nulo por violação da proibição do pacto comissório; ROMANO MARTINEZ e FUZETA DA PONTE, *Garantias*, cit., 64-65: afastam a fraude à lei; PESTANA DE VASCONCELOS, *Direito das garantias*, Almedina, Coimbra, 2010, 450: a violação da proibição do pacto comissório apenas ocorrerá nos casos em que o devedor não seja

§ 37.º A FRAUDE À LEI

compensado proporcionalmente; REMÉDIO MARQUES, *Locação financeira*, cit., 595-608; MARGARIDA COSTA ANDRADE, *A propriedade fiduciária*, cit., 69-73: com algumas cautelas; ANDRADE DE MATOS, *O pacto comissório: contributo para o estudo do âmbito da sua proibição*, Almedina, Coimbra, 2006,193: segue a posição de COSTA GOMES por inteiro; MONTEIRO PIRES, *Alienação*, cit., 249 ss., em especial 271 ss.: a autora analisa a questão de forma bastante aprofundada, é, seguramente, a obra portuguesa em que a temática é estudada com maior minúcia; RAMOS ALVES, *Do penhor*, cit., 322: coloca a pedra de toque no controlo que o fiduciante poderá exercer no caso de entrar em incumprimento; CARLOS FERREIRA DE ALMEIDA, *Alienação da propriedade em garantia – uma perspectiva prudente* in *Estudos dedicados ao Professor Doutor Luís Alberto Carvalho Fernandes*, Vol. I, UCP, RDJ, Lisboa, 2011, 311-328, 313: a inclusão de uma cláusula expressa pode não ser necessária. O autor aventa a hipótese de o próprio sistema construir uma solução em tudo análoga; MENEZES LEITÃO, *Garantias*, cit., 273-275; ANA MORAIS ANTUNES, *O contrato de locação financeira restitutiva*, UCP, Lisboa, 2006, 73-74: expressa sérias reservas no que respeita à extensão da figura para lá da *ratio* do Decreto-Lei n.º 105/2004. Esta também parece ser a posição dominante na jurisprudência portuguesa de hoje, cfr., STJ 16-Mar.-2011 (LOPES REGO), proc. n.º 279/2002.E1.S1: transcreve longas passagens da tese de doutoramento de JANUÁRIO COSTA GOMES.

§ 38.º A ADMISSIBILIDADE DOS NEGÓCIOS FIDUCIÁRIOS NO DIREITO PORTUGUÊS: DESENVOLVIMENTOS DOUTRINÁRIOS E JURISPRUDENCIAIS

201. Enquadramento introdutório

O negócio fiduciário moderno tem tido uma existência muito atribulada e incerta no mundo jurídico nacional. Apenas com a passagem para o século XXI começou a temática fiduciária a merecer uma atenção e um interesse comparáveis aos que, há longas décadas, lhe são dispensados nos mais diversos sistemas jurídicos continentais.

As causas para esse desinteresse são múltiplas e de ordem variada. Do ponto de vista da Ciência Jurídica, pode apontar-se um despertar tardio e inconstante, por parte da doutrina, com a agravante de alguns dos maiores vultos jurídicos nacionais, durante a vigência de Seabra, se terem mostrado contrários à sua validade. Contudo, a causa principal parece ser de ordem prática. Ao contrário do que se verificou na Alemanha ou em Itália, onde, desde os finais do século XIX, encontramos diversas sentenças em que a fidúcia é abordada, direta ou indiretamente, ou em Espanha, ordenamento em que, apesar de um despertar também tardio, o *Tribunal Supremo* tem sido confrontado, desde a década de 40 do século passado, com dezenas de casos, em terras nacionais, apenas com a viragem para o século XXI os litígios fiduciários atingiram um número significativo[2924].

[2924] PAIS DE VASCONCELOS, *Contratos atípicos*, cit., 282: o autor considera que a propagação da doutrina contrária à admissibilidade dos negócios fiduciários na jurisprudência nacional refletiu-se numa quebra significativa no número de negócios fiduciários concluídos. O autor defende, porém, que tal clima não impediu que este tipo de relações continuasse a ser desenvolvido em segredo.

II. Também no que respeita ao recente despertar doutrinário e jurisprudencial, as causas são variadas. Comecemos pelas razões de ordem prática.

O instituto fiduciário, nas suas diferentes concretizações, é hoje um tema bem implementado no mundo económico e financeiro nacional. A abertura do País ao investimento externo e a adoção das práticas comerciais internacionais abriram as portas ao *trust* anglo-saxónico. A receção do instituto na Zona Franca da Madeira, através do Decreto-Lei n.º 352-A/88, de 3 de outubro, representa apenas a ponta do icebergue[2925]. Atualmente, os Bancos portugueses exercem parte das suas atividades através de *trusts* constituídos em Zonas Francas (*offshore*). Este facto, desconhecido da maioria do público, tornou-se notório com a crise regulatória e financeira que o nosso sector bancário tem vivido nos últimos anos[2926]. Contudo, o impacto mais visível e transversal tem as suas origens na transposição, para a ordem jurídica interna, da Diretriz n.º 2002/47/CE, através do Decreto-Lei n.º 105/2004, de 8 de maio, dedicado ao contrato de alienação fiduciária. Pese embora o seu campo limitado, o diploma consagrou, de forma expressa, um concreto mecanismo fiduciário. O mundo académico não poderia ter ficado indiferente a estes avanços.

Ao interesse crescente na matéria deve juntar-se uma outra razão, de cariz mais geral: o despertar doutrinário é, acima de tudo, um reflexo do crescimento da Ciência Jurídica nacional. O número de cursos de Direito, de revistas especializadas, de relatórios e dissertações de mestrado e de teses de doutoramento resultou num *boom* criativo sem precedentes. O Direito português vive hoje um pico doutrinário transversal a todos os seus ramos.

[2925] Notas 40 e 41.

[2926] Processo de Contra-Ordenação n.º 42/2008: nos pontos 36 e 37 da página 38 do Anexo 3 pode ler-se: 36: "A Servitrust é uma sociedade constituída a 20/08/1996, perante o cartório Notarial Privativo da Zona Franca da Madeira, que sempre foi detida pelo BCP"; 37: "Servitrust tem por objecto social a prestação de serviços de trust e de gestão fiduciária não financeira, com natureza auxiliar e acessória da actividade das instituições de crédito e sociedades financeiras que com ela estejam em relação de domínio ou de grupo, sendo os serviços prestados em exclusivo às referidas entidades e aos respectivos clientes". Informação retirada do site da CMVM.

202. Desenvolvimentos doutrinários nacionais: linhas gerais e momentos-chave

I. Beleza dos Santos representou um papel decisivo em todo o desenvolvimento fiduciário português. Não só coube ao ilustre Professor introduzir o tema no espaço jurídico nacional, como lançar as bases da discussão futura. Infelizmente, Beleza dos Santos (1921) mostrou-se contrário a qualquer mecanismo fiduciário[2927]. Esta posição foi posteriormente seguida por Cunha Gonçalves (1932)[2928], Manuel de Andrade (1953)[2929], Pessoa

---

[2927] *A simulação*, Vol. I, cit., 120-145.

[2928] Luís Cunha Gonçalves, *Tratado de Direito civil em comentário ao Código civil português*, Volume V, Coimbra, Coimbra, 1932, 715.

[2929] O autor defende a inadmissibilidade dos negócios fiduciários, pelo menos, desde 1953, cfr., *Teoria geral da relação jurídica*, publicação devidamente autorizada das lições do 2.º ano jurídico por Ricardo Velha, Coimbra, 1953, 134-139. O conteúdo destas páginas é, em tudo, idêntico ao que, posteriormente, se encontra na obra *Teoria geral*, Vol. II, cit., 175-179. A formulação da construção de Manuel de Andrade não deverá datar de um período anterior, de resto, o tema não é abordado nas suas lições publicadas em 1939; cfr., Araújo Barros e Orbílio Barbas, *Direito civil português. Visto através das lições do Prof. Ex. mo Sr. Doutor Manuel Augusto Andrade, ao II ano da Faculdade de Direito, no ano lectivo de 1938-1939*, Casa do Castelo, Coimbra, 1939, 252: Manuel de Andrade aborda o tema da simulação diretamente, sem discursar sobre a sua distinção em face de figuras supostamente similares. Orlando de Carvalho, na sua monografia sobre o negócio indireto, elaborada em 1947-1948 (todos os dados mais pessoais narrados nas próximas linhas são retirados do prefácio de Orlando de Carvalho, *Escritos: páginas de Direito*, Vol. I, Almedina, Coimbra, 1998, de autoria do próprio), explora, no âmbito da conceptualização do negócio fiduciário, a problemática da legalidade dos denominados negócios reais *quoad effectum*, elemento nuclear da construção de Manuel de Andrade, sem, contudo, referir, por uma única vez, a esse propósito, o seu mestre. Ora, como resulta da bibliografia da monografia, Orlando de Carvalho recorre a umas lições de Andrade datadas de 1945, pelo que seria muito estranho que, tratando Manuel de Andrade desta matéria, e ademais em termos tão idênticos, se abstivesse de fazer qualquer alusão. Acresce que, como nos diz Orlando de Carvalho, a monografia foi apresentada como tese final de licenciatura, tendo-lhe, ainda, aberto as portas para lecionar na Universidade de Coimbra. O ilustre Professor acrescenta, mais à frente, que Manuel de Andrade, que gostou do livro, apoiou a sua candidatura ao Prémio Nacional Doutor Guilherme Alves Moreira, galardão que lhe foi atribuído. Em suma, seria bastante estranho, para não ir mais longe, tanto de um ponto de vista formal e académico, como de um ponto de vista dogmático e substantivo, que Orlando de Carvalho ignorasse, pura e simplesmente, a opinião de Manuel de Andrade. Assim, julgamos poder apontar, com algum grau de segurança, que coube a Orlando de Carvalho introduzir, em terras portuguesas, o tema dos negócios reais *quoad effectum* atípicos. Já quanto à ausência de qualquer referência a

JORGE (1961)[2930], PEREIRA COELHO (1964)[2931] e, porventura, PIRES DE LIMA (1957)[2932]. O indiscutível peso jurídico de qualquer um destes autores, ao qual se acrescenta o apoio expresso do nosso tribunal superior nas décadas de 50 e 60[2933], representou um entrave a avanços contrários. Apenas pontualmente, e sempre de forma mais ou menos circunscrita, foram surgindo teses discordantes que admitiam algumas concretizações, sem, contudo, ser avançada qualquer construção fiduciária de aplicação geral.

As críticas à válida constituição de negócios fiduciários, no Direito português, podem ser reunidas em três grandes grupos; (1) incongruência da causa do negócio concreto, em face da causa do negócio-tipo utilizado, elemento central de toda a construção de BELEZA DOS SANTOS; (2) vigência de um princípio de *numerus clausus*, no que respeita aos negócios reais *quoad effectum*, elemento central de toda a construção de MANUEL DE ANDRADE; e (3) críticas dirigidas individualmente a diferentes tipos de negócios fiduciários, perspetiva com uma função complementar. No presente capítulo, limitaremos a nossa exposição aos dois últimos grupos. Perante a complexidade

---

ORLANDO DE CARVALHO no manual de MANUEL DE ANDRADE, esta poderá ser explicada pela escassa bibliografia utilizada na elaboração do capítulo – apenas é feita uma remissão geral para CARIOTA-FERRARA – e, porventura, pela natureza formal dos estudos de ORLANDO DE CARVALHO: tese de licenciatura.

[2930] *O mandato sem representação*, cit, 329: "Em conclusão . . . não são de admitir os negócios fiduciários".

[2931] ABÍLIO NETO e MIGUEL PUPO CORREIA, *Obrigações. Aditamentos à teoria geral das obrigações de Manuel de Andrade*, 3ª edição, segundo as preleções do Doutor PEREIRA COELHO, Almedina, Coimbra, 1964, 90-91.

[2932] Em *Anotação a STJ 4-Mai.-1956* (LENCASTRE DA VEIGA), 89 RLJ, 1957, 276-282, o autor aborda, em curtas linhas, a temática fiduciária. A análise à questão fiduciária é feita de forma algo ambígua e tendo sempre por referência uma suposta doutrina maioritária. Todavia, PIRES DE LIMA não chega a aderir, expressamente, a nenhum dos movimentos. Veja-se a mais significativa passagem da anotação: "Que tal acordo (negócio fiduciário) não tem valor jurídico no nosso direito, designadamente depois da proibição de venda a *retro*, é doutrina geralmente admitida pelos autores". Da sua leitura ficam duas dúvidas: (1) refere-se, PIRES DE LIMA, apenas a negócios fiduciários com cláusula de retrovenda? Tanto mais que cita, em rodapé, VAZ SERRA, defensor da admissibilidade do negócio fiduciário, desde que não violando a proibição da venda a retro; (2) adere PIRES DE LIMA a esta "doutrina geralmente admitida"? Embora não seja possível afirmar perentoriamente ser PIRES DE LIMA contrário à admissibilidade dos negócios fiduciários, é também indesmentível que, em nenhum momento, se mostra o autor favorável à sua legalidade.

[2933] Como veremos no ponto dedicado aos desenvolvimentos jurisprudenciais, o apoio dos tribunais à tese da inadmissibilidade não deixa de ser controverso.

da temática da causa, enquanto quarto elemento do contrato, optámos por dedicar-lhe uma análise autónoma.

Pais de Vasconcelos considera que a construção de Beleza dos Santos é, em tudo, idêntica à defendida por Manuel de Andrade várias décadas volvidas. Diz-nos o ilustre Professor que a inadmissibilidade professada por Beleza dos Santos reside na "dificuldade em admitir a atipicidade de contratos com efeitos reais e bem assim a atipicidade das respectivas causas entendidas como funções económicas e sociais"[2934]. Ora, afigura-se-nos que os problemas levantados por Beleza dos Santos e por Manuel de Andrade não coincidem inteiramente. A primeira razão é de ordem literal: Beleza dos Santos não apoia a inadmissibilidade dos negócios fiduciários no facto de o sistema nacional não conceber negócios atípicos com efeitos reais, mas, apenas, no desrespeito pela causa; o segundo é de ordem sistemática: a profundidade que a temática fiduciária alcançou, no tempo de Manuel de Andrade, não é comparável à vivida aquando da elaboração da obra *A simulação*; o ponto de partida das duas análises não tem paralelo, pelo que a perspetiva dogmática assumida é, logicamente, distinta; e o terceiro, é de ordem conceptual: Beleza dos Santos adotou a construção dualista de Goltz e Ferrara, ou seja, a relação fiduciária é fruto da conjugação de dois contratos que mantêm a sua independência formal e material, correspondendo, necessariamente, a cada um dos negócios jurídicos uma causa distinta. Ora, a ideia de *causa fiduciae* é fruto de um pensamento unitário que Beleza dos Santos não defendia[2935].

Um último argumento, que fortalece a autonomização das duas construções, é-nos fornecido por Pessoa Jorge. O autor, embora defenda a atipicidade dos negócios reais *quoad effectum*, contrariando assim a tese de Manuel de Andrade, nega a legalidade dos negócios fiduciários precisamente porque "esta transmissão não está de harmonia com o objectivo económico realmente querido pelas partes"[2936]. Embora se admita que o reconhecimento do negócio fiduciário como negócio atípico nos permite contornar os obs-

---

[2934] *Contratos atípicos*, cit., 285.

[2935] Como veremos no § 45.º, parte da doutrina dualista mais tardia passou a apresentar a relação fiduciária como sendo composta por dois negócios distintos, mas com uma causa comum.

[2936] *O mandato sem representação*, cit, 328. Pessoa Jorge parece tentar afastar-se de Beleza dos Santos quando afirma que, para o penalista, a inadmissibilidade do negócio fiduciário decorre da impossibilidade, à luz do Direito nacional, da celebração de negócios translativos abstratos. Ora, esta leitura não nos parece correta. A principal razão apontada por Beleza dos Santos

táculos levantados por BELEZA DOS SANTOS, a posição de PESSOA JORGE vem relembrar-nos que lidamos como problemas autónomos, pelo que importa afastar qualquer dúvida sobre a validade da doutrina da inadmissibilidade por violação da causa.

II. Os anos 60 do século passado representaram um ponto de viragem nos desenvolvimentos fiduciários nacionais. PEREIRA COELHO terá sido o último autor a defender, pelo menos por escrito, a inadmissibilidade dos negócios fiduciários no Direito português. E se limitarmos o leque a estudos mais aprofundados, a nossa lista fecha-se com a tese de doutoramento de PESSOA JORGE. Acresce que, anos volvidos, PESSOA JORGE veio mostrar-se mais cauteloso quanto à inadmissibilidade dos negócios fiduciários[2937].

Ao refrear da doutrina da inadmissibilidade, contrapôs-se uma renovada vaga de autores que romperam as linhas traçadas pelos seus antecessores. A admissibilidade dos negócios fiduciários deixa de ser defendida caso a caso, passando a figura a ser aceite em toda a sua extensão. Esta posição, impulsionada pela posição defendida por GALVÃO TELLES, na 2ª edição da obra *Dos contratos em geral* (1962)[2938], rapidamente se estende a toda a doutrina. Em pouco tempo, a legalidade dos negócios fiduciários passa a ser defendida nos manuais universitários e nas obras de carácter generalista.

Paralelamente, as bases dogmáticas que sustentavam as duas teses – causa e princípio do *numerus clausus* dos negócios reais *quoad effectum* – são ultrapassadas pelos avanços da Ciência Jurídica. A tese de BELEZA DOS SANTOS e de PESSOA JORGE é posta em xeque pelo movimento crescente contrário ao conceito de causa, enquanto elemento contratual. De resto, a posição apresen-

---

consiste na violação da causa-contrato. A menção aos negócios translativos abstratos é avançada como uma solução teoricamente possível, mas desajustada à realidade jurídica portuguesa.
[2937] *Lições de Direito das obrigações*, FDL, Lisboa, 1975-1976, 450-451: alguns autores falam mesmo de uma mudança radical de posição. Esta visão parece-nos excessiva, atente-se nas palavras de PESSOA JORGE: "a doutrina, nomeadamente a doutrina portuguesa, tem levantado sérias reservas à admissibilidade dos negócios fiduciários: há autores que a admitem, outros entendem que eles não são possíveis à face da nossa lei".
[2938] INOCÊNCIO GALVÃO TELLES, *Dos contratos em geral*, 2ª edição, revista, atualizada e aumentada, Coimbra, Coimbra, 1962, 171-180. O capítulo dedicado à temática fiduciária – *Simulação e negócio jurídico fiduciário* – apenas foi introduzido nesta 2ª edição. A 1ª edição, datada de 1947, não continha qualquer referência aos negócios fiduciários (*Dos contratos em geral: lições proferida no ano lectivo de 1945-1946*, Coimbra, Coimbra, 1947). O tratamento do negócio fiduciário mantém-se nas edições seguintes, em que a obra surge com o seu título final *Manual dos contratos em geral*.

tada na obra *O mandato sem representação* surge, como veremos no parágrafo dedicado à causa, contra a corrente doutrinária da sua época. Curiosamente, o movimento anticausalista foi liderado por Manuel de Andrade. No que respeita ao princípio do *numerus clausus* de Andrade, a crítica partiu, essencialmente, da escola de Lisboa, contando-se, entre as suas fileiras, o próprio Pessoa Jorge[2939]. A questão parece ter sido definitivamente afastada, já com o Código de 66 em vigor, com o estudo de Oliveira Ascensão intitulado *A tipicidade dos direitos reais* (1968)[2940].

Com a aceitação generalizada da figura, as portas estavam abertas para uma análise mais profunda. Contudo, seria necessário esperar quase duas décadas pelos tão aguardados estudos. A tarefa foi assumida por Pais de Vasconcelos, primeiro na sua tese de mestrado: *Em tema do negócio fiduciário* (1985)[2941], e, dez anos volvidos, na sua tese de doutoramento: *Contratos atípicos* (1995)[2942].

Afastada a querela da admissibilidade ou inadmissibilidade e consolidadas as linhas gerais da questão, a doutrina nacional pôde iniciar a exploração do negócio fiduciário em toda a sua extensão. Esta nova fase, que ainda hoje vivemos e que tem a sua face mais visível na transposição, para a ordem jurídica interna, da Directriz n.º 2002/47/CE, através do Decreto-Lei n.º 105/2004, de 8 de maio, caracteriza-se pela publicação de uma vasto número de monografias e artigos em que o negócio fiduciário é discutido tanto numa perspetiva geral, como com referência a específicas concretizações da figura.

III. Apresentadas as linhas gerais do movimento fiduciário nacional, passemos para uma análise mais compreensiva e aprofundada. Ponderadas diversas hipóteses, optámos por organizar as próximas linhas em quatro pontos: (1) críticas circunscritas a diferentes modalidades fiduciárias, tendo como pano de fundo a exposição de Beleza dos Santos; (2) problemática do princípio do *numerus clausus*, no âmbito dos negócios translativos; (3) doutrina favorável à admissibilidade dos negócios fiduciários no Direito português; e (4) desenvolvimento jurisprudencial.

[2939] *O mandato sem representação*, cit, 317-320.
[2940] José de Oliveira Ascensão, *A tipicidade dos direitos reais*, Livraria Petrony, Lisboa, 1968, 161-184.
[2941] Pedro Pais de Vasconcelos, *Em tema de negócio fiduciário*, FDL, Lisboa, 1985.
[2942] Pedro Pais de Vasconcelos, *Contratos atípicos*, Almedina, Coimbra, 1995, 248-316. Ao longo da nossa pesquisa recorremos sempre à segunda edição, datada de 2009.

203. Obstáculos pontuais à admissibilidade dos negócios fiduciários

I. BELEZA DOS SANTOS dedica mais de 20 páginas da sua tese de doutoramento ao estudo do negócio fiduciário[2943]. A análise desenvolvida é bastante minuciosa. O autor não se limita a explorar a temática de um ponto de vista abstrato, confrontando uma construção fiduciária hipotética com um conjunto de alegados princípios formativos do sistema. Partindo, é certo, de um ponto de vista mais geral e global – violação da causa do contrato –, BELEZA DOS SANTOS debruça-se, de seguida, sobre diferentes concretizações do instituto fiduciário.

II. O primeiro obstáculo avançado respeita à proibição legal da denominada venda a retro, consagrada no artigo 1587.º do Código Civil de Seabra. BELEZA DOS SANTOS considera que, sendo a venda a retro nula, também o será o negócio fiduciário realizado por esse meio[2944]. Repare-se que o autor não escreve: sendo a venda a retro nula, também o é o negócio fiduciário; mas: sendo a venda a retro nula também o será o negócio fiduciário realizado por esse meio. Atente-se na definição de venda a retro, prevista no artigo 1586.º:

> Diz-se a retro a venda que é feita com cláusula ou condição, de que o vendedor poderá desfazer o contrato, e recobrar a coisa vendida, restituindo o preço recebido.

A aparente preocupação de BELEZA DOS SANTOS em ressalvar a hipótese de o negócio fiduciário não assentar numa venda a retro não é, contudo, antecipada por CUNHA GONÇALVES. O ilustre tratadista, que apresenta o negócio fiduciário como "uma transmissão de bens provisória, a título de garantia, de mandato, de depósito, etc., revertendo os bens, seja ao próprio transmitente seja a favor de terceiros", estende a proibição da venda a retro a todos os negócios fiduciários[2945]. Curiosamente, CUNHA GONÇALVES defende, nas linhas seguintes, que a validade do endosso fiduciário não é posta em causa pelo referido preceito. Esta posição representa, porém, uma falsa exceção.

[2943] *A simulação*, Vol. I, cit., 120-145.
[2944] Cit., 126.
[2945] *Tratado de Direito civil*, Vol. V, cit., 715.

§ 38.º A ADMISSIBILIDADE DOS NEGÓCIOS FIDUCIÁRIOS

Para CUNHA GONÇALVES, o endosso fiduciário, apesar da sua denominação, não se enquadra no conceito de negócio fiduciário[2946].

Da argumentação desenvolvida por CUNHA GONÇALVES parece, assim, resultar que, num sistema que não proíba a figura da venda a retro, nada parece impedir a validade dos negócios fiduciários. De resto, é nesse sentido que o autor aponta quando nos diz que a venda a retro era permitida pelo título IV do Livro IV das Ordenações Filipinas[2947], acrescentando ser "um acto fiduciário característico"[2948].

A generalização proposta por CUNHA GONÇALVES, insuficientemente afastada por BELEZA DOS SANTOS, foi diretamente criticada por GONSALVES DIAS. Depois de apresentada a *ratio legis* da disposição – a proteção do proprietário original que, confiando na possibilidade de reaver o bem, o aliena por um valor simbólico; e a proteção do comércio jurídico: cria-se um clima de incerteza quanto aos direitos de cada um dos intervenientes – o jurista não tem dúvidas em afirmar que, não contemplando o negócio fiduciário uma cláusula de venda a retro, nada justifica a aplicação do respetivo regime. Para além da não concordância literal, também a política jurídica subjacente à positivação do preceito não tem aplicação, alega o autor[2949].

Questão paralela, também debatida durante a vigência do Código de Seabra, respeitava aos efeitos produzidos pela inserção de uma cláusula de revenda num negócio translativo. Ora, apesar da inclinação da jurisprudência para circunscrever os efeitos da declaração da sua nulidade à cláusula[2950], a doutrina de Seabra responde de forma contrária e unânime: todo o negócio fica inquinado desde a transmissão *per se*, incluindo o conteúdo das cláusulas acessórias[2951], pelo que a vontade das partes não poderá produzir os efeitos pretendidos.

[2946] Cit., 716-717.
[2947] "se o comprador e vendedor na compra e venda se acordassem, que tornando o vendedor ao comprador o preço, que houvesse pela cousa vendida, até tempo certo, ou quando quizesse, a venda fosse desfeita, e a cousa vendida tornada ao vendedor". Esta disposição é decalcada do título XXVII do Livro IV das Ordenações Manuelinas.
[2948] Cit., 716.
[2949] *Da letra e da livrança segundo a Lei Uniforme e o Código Comercial*, Vol. V, Livraria Gonçalves, Coimbra, 1943, 58 ss..
[2950] RCb 29-Jan.-1926 (J. SERENO), 60 RLJ, 1927, 171-174.
[2951] A doutrina é, também ela, unânime quanto à razão jurídica dessa "contaminação": de acordo com o disposto no artigo 683.º do Código de Seabra "*A nulidade da condição, por impossibilidade física ou legal, produz a nulidade da obrigação, que dessa condição dependa*". Ora, numa venda a retro,

III. Beleza dos Santos volta-se, de seguida, para um segundo obstáculo: o professor de Coimbra afirma que o negócio fiduciário viola o princípio geral, consagrado numa série de preceitos do Código Civil, de que o direito de alienação é inerente à propriedade[2952]. Ora, a inclusão de uma cláusula limitativa do direito de alienação violaria diretamente o referido princípio, bem como todos os preceitos que o precedem. Repare-se que Beleza dos Santos, embora reconhecendo que, legalmente, o fiduciário não pode ser impedido de alienar os bens transmitidos em confiança, considera que o simples facto de poder ser condenado a ressarcir os danos causados, ao beneficiário, representa, indiretamente, um obstáculo à livre alienação, equiparável à própria proibição[2953]. Salvo melhor interpretação, o ilustre jurista parece estender a proibição de limitar o direito de alienação a todos os casos em que, conquanto não tenha a cláusula sido contratualizada expressamente, os efeitos práticos sejam os análogos. As questões aqui levantadas serão melhor analisadas aquando do estudo do denominado negócio fiduciário germânico, estruturado em torno de uma condição resolutiva, parágrafo para o qual remetemos[2954]. Contudo, algumas considerações gerais podem, desde já, ser avançadas. A posição de Beleza dos Santos é excessivamente rígida. Para além de não ter correspondência legal, a sua aplicação, nos moldes avançados, poria em causa muitos mecanismos com enorme relevância para o comércio jurídico e expressamente reconhecidos pelo nosso legislador: basta pensar-se no caso paradigmático do contrato-promessa.

---

a cláusula de retrovenda é determinante para a conclusão do contrato de compra e venda, pelo que este não poderá manter-se, cfr., José Dias Ferreira, *Código Civil portuguez annotado*, 2ª edição, Vol III, Imprensa da Universidade, Coimbra, 1898, 186: em anotação ao regime da venda a retro; Beleza dos Santos, *A simulação*, Vol. I, cit., 125; Luís Cunha Gonçalves, *Tratado de Direito civil em comentário ao Código Civil português*, Vol. IV, Coimbra, Coimbra, 1931, 367; *Tratado de Direito civil*, Vol. V, cit., 716 e *Da compra e venda no Direito comercial português*, 2ª edição, Coimbra, Coimbra, 1924, 351: distingue, contudo, os efeitos da venda a retro da promessa de revenda e de recompra, que em nada afeta a validade do negócio; Gonsalves Dias, *Da letra e da livrança*, Vol. V, cit., 54-55.
[2952] 2169.º/5: "O direito de propriedade abrange o direito de alienação"; 2176.º: "O proprietário singular exerce exclusivamente os seus direitos"; e, o mais direto, 2359.º: "O direito de alienação é inerente à propriedade, e ninguém pode ser obrigado a alhear ou não alhear, senão nos casos e pela forma declarados na lei".
[2953] Cit., 126-127.
[2954] Número 281.

IV. Beleza dos Santos analisa, ainda, dois outros negócios fiduciários: cessão em garantia[2955] e pactos fiduciários sucessórios[2956]. O primeiro, seria inadmissível por desrespeito da causa do contrato, pelo que remetemos para o respetivo parágrafo[2957], e o segundo, por aplicação de um vasto conjunto de preceitos legais que invalidariam qualquer disposição fiduciária, com especial destaque para a proibição da figura do fideicomisso, prática muito comum nos Códigos napoleónicos. Ora, como o próprio e ilustre jurista o reconhece, os negócios fiduciários do Direito sucessório representam um grupo muito próprio, pelo que as conclusões apresentadas têm um campo circunscrito, não extensível a todos os negócios fiduciários[2958].

204. A tipicidade dos negócios reais *quoad effectum*: a construção de Manuel de Andrade e a sua superação

I. Manuel de Andrade segue um caminho diferente do trilhado por Beleza dos Santos. O ilustre civilista defende a inadmissibilidade dos negócios fiduciários no Direito português não pelo eventual desrespeito da causa do contrato, conceito que, de resto, sempre criticou abertamente, como veremos mais à frente, mas pela alegada vigência, no nosso sistema, de um princípio de *numerus clausus*, no que respeita à transmissão de direitos, i.e., o nosso ordenamento apenas reconheceria um conjunto fixo e estático de negócios translativos, estando, assim, excluídos todos os negócios translativos atípicos, mormente os que assentem numa *causa fiduciae*[2959]. A posição ganha maior clareza se a expressão negócio translativo for substituída por transmissão: para Manuel de Andrade, a transmissão de qualquer direito só seria válida se as partes adotassem um dos negócios jurídicos tipificados na lei. Em suma, a negação da legalidade de transmissões *fiduciae causa* consubstancia, na prática, uma negação do próprio negócio fiduciário.

[2955] Cit., 128-130.
[2956] Cit., 130-139.
[2957] § 40.º.
[2958] Cit., 130.
[2959] *Teoria geral*, Vol. II, cit., 177-178. Esta posição, embora de forma menos clara, surge ainda noutra passagem da mesma obra: "Mas é sobretudo para os negócios reais que a liberdade negocial aparece mais gravemente cerceada, em virtude do princípio do *numerus clausus* dos direitos reais" (52-53).

Quanto às razões para esta tomada de posição, MANUEL DE ANDRADE limita-se a afirmar ser essa a posição seguida pela doutrina tradicional. Para essa doutrina (não identificada no texto ou em rodapé), seguida por ANDRADE, aplica-se à transmissão de direitos o mesmo princípio que rege a constituição de direitos reais: a legalidade da transmissão está dependente da existência de norma expressa que a contemple.

Apesar de a solução preconizada por MANUEL DE ANDRADE ser bastante simples, o caminho que percorre é, com o devido respeito, algo impreciso. De resto, é essa a "imagem de marca" das exposições em que a expressão causa assume um qualquer papel, mesmo que secundário.

Como veremos no capítulo dedicado à causa do contrato, a complexidade que envolve o conceito é, em grande parte, fruto dos seus múltiplos sentidos e preenchimentos e, não raramente, do desenvolvimento de construções linguísticas próprias e distintas, o que tende a dificultar a exposição sistemática da matéria. Nestas curtas linhas pretende-se esclarecer o que se entende, neste contexto, por negócios causais e abstratos e qual o seu impacto real na doutrina fiduciária nacional.

MANUEL DE ANDRADE começa por afirmar que a admissibilidade dos negócios fiduciários não levanta qualquer dificuldade no âmbito de sistemas como o germânico, "onde a transmissão vale como negócio abstracto"[2960]. Esta afirmação, avançada anteriormente por BELEZA DOS SANTOS[2961], é retomada por VAZ SERRA. Diz-nos o ilustre Professor: "Se o acto for abstracto, já pode ser fiduciário, porquanto, nesse caso, o acto é eficaz independentemente de uma causa ou fundamento jurídico"[2962]. Todos os três autores, ao fazerem referência aos negócios abstratos, têm em mente o sistema germânico, pelo que se impõe o seu estudo. Contudo, não nos interessa propriamente examinar o Direito alemão; interessa-nos, sim, estudar os autores alemães que poderão ter influenciado o pensamento jurídico nacional neste campo. Ora, como resulta do estudo de VAZ SERRA, a doutrina nacional parece ter ido beber estes conhecimentos a VON TUHR[2963]. A chave

---

[2960] Cit., 177.
[2961] *A simulação*, Vol. I, cit., 122.
[2962] *Cessão de créditos*, cit., 163-164.
[2963] *Cessão de créditos*, cit., 162, nota 342. Num outro estudo, intitulado *Negócios abstractos: considerações gerais – promessa ou reconhecimento de dívida e outros actos*, 83 BMJ, 1959, 5-67, VAZ SERRA recorre já não a VON TUHR, mas a ENNECCERUS/NIPPERDEY (em especial nota 6, a partir da página 10), ganhando a exposição maior clareza.

para a compreensão desta afirmação parece estar, precisamente, nos capítulos em que o autor dedica ao tema[2964].

Na rubrica denominada *Zuwendungen* (alocações), VON TUHR diz-nos que uma alocação é um ato através do qual um sujeito proporciona, a outro, um benefício ou uma vantagem patrimonial. Esse benefício tem na sua base um negócio jurídico que pode consistir tanto num ato de disposição, através do qual um bem é transmitido para a esfera jurídica de um terceiro, como numa assunção de uma obrigação para com esse mesmo sujeito. Ora, prossegue, essa alocação tem sempre um fim ou fundamento jurídico, a também denominada causa. Contudo, os atos de disposição têm um carácter abstrato, ou seja, estão desligados do seu fim/fundamento/causa. Feitas estas explicações, VON TUHR dá o salto para os contratos fiduciários: não estando a transmissão de direitos dependente da causa que os fundamenta, nada obriga a existência de uma perfeita harmonia entre os dois. O fundamento pode ser garantir uma dívida, conquanto se transmita o bem a título definitivo (*fiducia cum creditore*). O salto dos negócios abstratos para os negócios fiduciários não é, contudo, fácil de ser seguido. Porventura, toda a teoria seria mais clara se VON TUHR se tivesse abstido de fazer qualquer referência à causa do primeiro negócio[2965].

Ao transportar a construção para o Direito nacional, a complexidade aumenta exponencialmente. A ideia de causa, nos termos apresentados, que, no fundo, corresponde aos contornos jurídicos que envolvem a transmissão, confunde-se com a ideia de causa enquanto elemento de validade do negócio. Só assim se podem explicar as considerações de BELEZA DOS SANTOS[2966], criticadas por PAIS DE VASCONCELOS[2967], e as de VAZ SERRA: "Suponha-se que não podem ser fiduciários os actos cau-

---

[2964] Outros autores alemães apresentam semelhante construção, veja-se o caso de CARL CROME, *System des deutschen bürgerlichen Rechts*, Vol. I: *Einleitung und allgemeiner Theil*, Mohr Siebeck, Tübingen, 1900, 379, referido por FERRARA, *Simulazione*, cit., 58. Parece-nos, todavia, mais provável que a doutrina nacional, em especial VAZ SERRA, tenha ido buscar inspiração a VON TUHR. Existe uma tradução espanhola da obra, da autoria de WENCESLAO ROCES, datada de 1934, com o título *Tratado de las obligaciones*, Reus, Madrid.

[2965] ANDREAS VON TUHR, *Der Allgemeine Teil des schweizerischen Obligationenrechts*, Vol. I: *Wesen und Inhalt der Obligation, Entstehung aus Vertrag, unerlaubter Handlung und ungerechtfertigter Bereicherung*, 2ª edição completada e editada por ALFRED SIEGWART, Polygraphischer, Zurique, 1942, 189 ss..

[2966] *A simulação*, Vol. I, cit., 123: "Afigura-se-me, por isso, que, tratando-se de actos causais, a estrutura do acto fiduciário não é compatível com o sistema do nosso direito. O pacto fiduciário é uma cláusula legalmente impossível, dada a sua incompatibilidade com a estrutura jurídica da convenção positiva pelo qual se transmitiu o direito real ou de crédito".

[2967] *Os contratos atípicos*, cit., 283: BELEZA DOS SANTOS confunde a causa enquanto função económico-social do contrato com a causa enquanto "fundamento de juridicidade".

sais, visto que a eficácia do negócio está dependente de determinada causa, diversa da revelada no pacto fiduciário, havendo, assim, no carácter causal do acto, um obstáculo à admissibilidade do negócio fiduciário"[2968].

Toda a confusão reside na dificuldade em identificar e preencher o conceito de causa no âmbito dos negócios causais. Mesmo no seio da doutrina alemã, a ideia de negócio causal assume um elevado grau de abstração, o que dificulta a sua identificação precisa. Integrando a causa o conteúdo do próprio negócio, a sua autonomização torna-se imprecisa[2969]. Poder-se-ia ganhar alguma clareza se se abandonasse a conceção dicotómica negócios abstratos/negócios causais a favor do conceito, mais limpo e claro, de transmissão abstrata.

Já no que respeita às referências de Manuel de Andrade aos negócios abstratos, parece-nos que consubstanciam um simples dado comparatístico, sem relevância real para a construção apresentada. Manuel de Andrade limita-se a constatar um facto: no Direito alemão, o problema não se coloca porque a transmissão não fica dependente do negócio jurídico que esteja na sua base, sem com isso extrapolar nenhuma conclusão substantiva para o Direito português, ao contrário do que se verifica com Beleza dos Santos e Vaz Serra. Não é a causalidade dos negócios translativos portugueses que impede a receção da figura, mas o princípio do *numerus clausus*.

Toda a problemática fiduciária só tem a ganhar com o abandono de qualquer referência aos negócios abstratos, mesmo que, como faz Manuel de Andrade, numa pura dimensão comparatística. O mesmo se pode dizer das alusões à causa do contrato[2970].

Voltemos à construção de Manuel de Andrade.

II. Curiosamente, nenhum dos autores nacionais anteriores a Manuel de Andrade, que poderiam merecer o epíteto de tradicionais, parece debruçar-se, diretamente, sobre a questão[2971].

[2968] *Cessão de créditos*, cit., 162. A temática dos negócios abstratos/causais ganha maior clareza nos seus estudos posteriores intitulados *Negócios abstractos: considerações gerais*, cit.. Estamos, de resto, convencidos que se este último estudo tivesse antecedido a *Cessão de créditos*, Vaz Serra teria sido mais cuidadoso na transposição para o Direito português.

[2969] Ludwig Enneccerus e Hans Karl Nipperdey, *Allgemeiner Teil des Bürgerlichen Rechts*, Vol. II, 15ª edição, Mohr Siebeck, Tübingen, 1960, 916: (obra que também poderá ter influenciado a doutrina nacional) apresenta a causa, precisamente, como parte integrante do negócio jurídico.

[2970] Castro Mendes, *Teoria geral*, Vol. II, cit., 240: considera dispensável qualquer referência à causa: "uma complicação não essencial".

[2971] Pessoa Jorge admite poder ser essa a posição de Guilherme Moreira (*O mandato sem representação*, cit., 318, nota 69). Temos sérias dúvidas que se possa colocar Guilherme Moreira

§ 38.º A ADMISSIBILIDADE DOS NEGÓCIOS FIDUCIÁRIOS

A discussão, nos termos em que ainda hoje nos acompanha, terá sido introduzida, no seio da doutrina nacional, por ORLANDO DE CARVALHO, na sua incontornável monografia sobre o negócio indireto[2972]. ORLANDO DE CARVALHO inicia a sua exposição por indicar ser "a opinião geral" de que vigora, no âmbito dos negócios translativos, um princípio de *numerus clausus*. Contudo, não é feita qualquer referência à doutrina nacional, nem sequer a MANUEL DE ANDRADE[2973]. Todas as considerações doutrinárias respeitam a autores italianos. Seria esta a doutrina tradicional de MANUEL DE ANDRADE?

Sem tomar posição, ORLANDO DE CARVALHO mostra-se tentado a apoiar a escola do *numerus apertus*[2974]. Vinte anos volvidos, o Professor vem mesmo a aderir à teoria da atipicidade dos negócios translativos, nas suas lições universitárias[2975]. Ainda na década de 50, a questão é retomada por VAZ SERRA. Porém, também este autor evita tomar uma posição definitiva, embora seja igualmente notória uma certa inclinação para defender a admissibilidade de negócios translativos atípicos[2976].

GALVÃO TELLES é usualmente apresentado como o primeiro autor português a defender, abertamente, a atipicidade dos negócios translativos. Todavia, não deixa de ser curioso que a solução seja defendida num contexto dogmático totalmente diferente do até agora abordado. Nos seus estudos preparatórios para o novo regime dos contratos civis[2977], GALVÃO TELLES defende a aplicação do regime do contrato de compra e venda, com as devidas e necessárias adaptações, a "outros contratos onerosos de alienação ou

---

à cabeça da denominada doutrina tradicional. O fundador do Direito civil moderno português teve muitas oportunidades para defender essa tese, nunca, porém, o tendo feito: *Aquisição originária e derivada, alienação e sucessão* (Instituições, Vol. I, cit., 377 ss.); *Do registo predial* (Instituições, Vol. I, cit., 527 ss.), em especial *Factos jurídicos que estão sujeitos a registo* (Instituições, Vol. I, cit., 535) ou; *Da aquisição do direito de propriedade* (Instituições do Direito civil português, Vol. III: *Dos direitos reaes. Algumas noções sobre o Direito da família*, Coimbra, sem data, 79 ss.).

[2972] Cit., 83-86.
[2973] Veja-se a nota 2929.
[2974] cit., 84.
[2975] *Direito das coisas (do Direito das coisas em geral)*, Fora do Texto, Coimbra, reimpressão da edição de 1977, cuja primeira edição remonta ao ano letivo de 1968-69, 252-253: "Se houver um controle sólido da taxatividade dos direitos, a atipicidade dos contratos pode admitir-se sem temor".
[2976] *Cessão de créditos*, 171-172: uma vez mais, a doutrina favorável a tese do *numerus clausus* é italiana.
[2977] INOCÊNCIO GALVÃO TELLES, *Contratos civis: exposição de motivos*, 9 RFDUL, 1953, 144-221.

oneração de bens"[2978]. Ora, se se aplica a esses outros contratos de alienação de bens o regime da compra e venda, é porque se reconhece a transmissão de bens através de contratos atípicos. Julgamos que outra conclusão, de ordem formal, pode ser retirada: o modo como a temática é abordada indicia a inexistência de qualquer querela doutrinária; salvo melhor interpretação, o leitor fica com a ideia de que a aplicação analógica não levanta nenhum problema dogmático, nem implica uma violação de um princípio tão basilar como o do *numerus clausus* dos negócios translativos.

Embora a posição de GALVÃO TELLES não levante dúvidas, apenas nos finais da década de 50 e inícios da década de 60 foi a tese de MANUEL DE ANDRADE diretamente criticada. Primeiro, por DIAS MARQUES[2979] e, de seguida e com maior profundidade, por PESSOA JORGE[2980]. MANUEL DE ANDRADE parece, assim, ocupar uma posição isolada na doutrina nacional.

Sem pretensões exaustivas, a extensão do *numerus clausus* aos negócios translativos peca, igualmente, pela sua não concordância com a letra da lei[2981]. O Código de Seabra aponta para um sistema mais aberto; veja-se o disposto no artigo 949.º/4: "Estão sujeitos a registo as transmissões de propriedade imóvel, por título gratuito ou oneroso".

III. O Código de 66 trouxe consigo alguns esclarecimentos. Em primeiro lugar, o nosso legislador consagrou expressamente o princípio do *numerus clausus* em relação aos direitos reais, no 1306.º/1:

> Não é permitida a constituição, com carácter real, de restrições ao direito de propriedade ou de figuras parcelares deste direito senão nos casos previstos na lei.

[2978] Cit., 172.

[2979] José DIAS MARQUES, *Direito reais (parte geral)*, *Lições feitas aos cursos de 1958-59 e 1959-60 da Faculdade de Direito de Lisboa*, Vol. I, Lisboa, 1960, 22-23: não menciona qualquer doutrina nacional, nem sequer MANUEL DE ANDRADE.

[2980] *Mandato sem representação*, cit., 317-318: apresenta MANUEL DE ANDRADE como único defensor do princípio do *numerus clausus* e GALVÃO TELLES e DIAS MARQUES como apologistas da tese contrária.

[2981] Relembre-se que mesmo no que respeita à vigência do princípio de *numerus clausus* era omisso, veja-se PAULO CUNHA, *Curso de Direito civil – Direitos reais*, Ano letivo 1949/50, AAFDL, Lisboa, 1950, 292-295 e OLIVEIRA ASCENSÃO, *A tipicidade*, cit., 89-91.

O preceito foi criticado por OLIVEIRA ASCENSÃO por considerar não ser o seu conteúdo suficientemente claro: a expressão "casos previstos na lei" tanto pode respeitar às formas de constituição, como à constituição de direito *per se*, alega[2982]. Infelizmente, PIRES DE LIMA, autor material do anteprojeto do regime do direito de propriedade, deixou-nos pouca informação sobre o exato sentido do preceito[2983]. Esta lacuna foi parcialmente remendada, embora sem o mesmo peso, nas anotações conjuntas com ANTUNES VARELA ao Código Civil: "É claríssimo . . . que a lei se refere aos próprios direitos e não às formas ou modos por que eles podem ser constituídos"[2984].

As alegadas fragilidades linguísticas da lei vigente não tiveram qualquer impacto real. A teoria da atipicidade dos negócios translativos, em clara maioria na doutrina de Seabra, foi acolhida, em toda a linha, pela doutrina pós-Código de 66. A base argumentativa aclarou-se com OLIVEIRA ASCENSÃO: (1) os artigos 405.º/1 e 408.º/1: o primeiro consagra o princípio da liberdade contratual e o segundo o princípio da consensualidade; e (2) o sistema de registo predial: as dúvidas quanto aos dados que deveriam constar de registo são dissipadas após 1959, é a transmissão em si que deve ser registada e não o direito; são "os factos jurídicos que determinam a constituição, o reconhecimento, a aquisição ou a modificação dos direitos" reais que deverão ser registados e não os direitos *per se*, nos termos do disposto no artigo 2.º/1 CRPre[2985]. Atualmente, esta matéria não suscita qualquer tipo de dúvidas, sendo ensinada, nestes termos, nos bancos das nossas universidades[2986].

[2982] *A tipicidade*, cit., 167.

[2983] *Direito de propriedade (anteprojecto para o futuro Código Civil)*, 123 BMJ, 1963, 225-284, 226: o autor limita-se a apresentar a proposta do preceito que foi transposto para a versão final, com meras alterações formais de pontuação. Compare-se: "Não se podem constituir, com carácter real, restrições ao direito de propriedade ou figuras parcelares deste direito, senão nos casos previstos na lei. Toda a restrição, resultante de negócio jurídico, que não esteja nestas condições, tem natureza obrigacional".

[2984] *Código Civil anotado*, Vol. III: *Artigos 1251.º a 1575.º*, 2ª edição, com colaboração de M. HENRIQUE MESQUITA, Coimbra, Coimbra, 1987, 96.

[2985] *A tipicidade*, cit., 161-172.

[2986] OLIVEIRA ASCENSÃO, *Direito Civil – Reais*, reimpressão da 5ª edição, Coimbra, Coimbra, 2000, 153-154 e 342-344; CARLOS ALBERTO MOTA PINTO, *Direitos reais*, segundo as prelecções do Prof. Doutor C. A. da Mota Pinto ao 4.º Ano Jurídico de 1970-71, por ÁLVARO MOREIRA e CARLOS FRAGA, Almedina, Coimbra, 1972, 117-118; MENEZES CORDEIRO, *Direitos reais*, Lex, Lisboa, 1993, reimpressão da edição de 1979, 329-338; LUÍS CARVALHO FERNANDES, *Lições de Direitos reais*, 6ª edição, Quid Juris, Lisboa, 2009, 78-88 e 120-121; EDUARDO DOS SANTOS, *Curso*

205. Admissibilidade dos negócios fiduciários

I. A primeira crítica à doutrina da inadmissibilidade dos negócios fiduciários partiu da pena de GONSALVES DIAS. Porém, e apesar da extensão do estudo elaborado, o autor não aprofunda nem a problemática da causa, nos termos avançados por BELEZA DOS SANTOS, nem a questão dos negócios atípicos[2987]. GONSALVES DIAS foca a sua atenção na legalidade dos endossos fiduciários, o que se justifica em face do objeto do seu tratado[2988]. Este método de análise mantém-se bastante comum ao longo de toda a década de 50.

FERNANDO OLAVO, que aborda a questão do endosso fiduciário no âmbito do contrato de desconto bancário, considera que, entre a entrega dos títulos de crédito e a celebração do contrato de desconto bancário, o banco é um mero titular fiduciário, não podendo, consequentemente, dispor livremente dos títulos. Essas limitações, fruto da natureza fiduciária da transmissão, extinguem-se com a conclusão do contrato de desconto bancário. *A contrario*, se a negociação não chegar a bom porto, o banco está obrigado a retransmitir os títulos de crédito ao seu proprietário original[2989].

VAZ SERRA, que aborda a temática da cessão de créditos fiduciária, defende que tanto numa conceção abstrata da cessão de créditos, como numa conceção causal nada parece impedir, *a priori*, a constituição deste tipo de relação jurídica. A cessão fiduciária de créditos não viola, em si mesma, nenhuma disposição legal. A ilicitude do mecanismo deve ser aferida em concreto, como, de resto, se verifica para qualquer outro tipo de negócio jurídico[2990]. Conquanto VAZ SERRA afirme, por diversas vezes, que apenas lhe interessa estudar a cessão fiduciária e não os negócios fiduciários, o ilustre Professor inclina-se para uma admissibilidade generalizada. No âmbito de negócios fiduciários constituídos por direitos de crédito, essa extensão é ine-

---

de Direitos reais, Vol. I: *Introdução. Direitos reais de gozo*, Ano letivo de 1982-1983, 2.º ano, Turno da Noite, AAFDL, Lisboa, 1983, 113; ANTÓNIO SANTOS JUSTO, *Direito reais*, 3ª edição, Coimbra, Coimbra, 2011, 39; JOSÉ ALBERTO VIEIRA, *Direito reais*, Coimbra, Coimbra, 2008, 397-398; LUÍS MENEZES LEITÃO, *Direitos reais*, 3ª edição, Almedina, Coimbra, 2012, 23-24.

[2987] Tenha-se em atenção que GONSALVES DIAS era, também, defensor da teoria dualista.

[2988] *Da letra e da livrança*, Vol. V, cit., 43.

[2989] *Desconto bancário: introdução, descrição, estrutura e natureza jurídica*, Lisboa, 1955, 168 ss., em especial 170.

[2990] *Cessão de crédito*, cit., 172-173.

gável, aplicando-se os princípios da autonomia privada e da liberdade contratual[2991]. Já no que respeita a negócios fiduciários constituídos por direitos reais, a posição de VAZ SERRA, apesar de mais cautelosa, indicia solução análoga: "Compreende-se, assim, que a lei, do mesmo modo que consente os contratos inominados obrigacionais, quando merecedores de tutela, também admita contratos inominados reais que se julguem dignos de proteção, como seja um negócio fiduciário de transmissão"[2992].

II. Tradicionalmente, INOCÊNCIO GALVÃO TELLES é apresentado como o primeiro autor nacional a admitir a validade dos negócios fiduciários, no Direito português, de forma generalizada. Na 2ª edição da sua obra *Dos contratos em geral*, datada de 1962, GALVÃO TELLES, depois de explicar sucintamente a natureza do negócio e as suas modalidades, defende a inadmissibilidade da *fiducia cum creditore*, por violação da proibição do pacto comissório, e a admissibilidade da *fiducia cum amico* em toda a linha[2993]. Para GALVÃO TELLES, o elemento decisivo respeita à natureza do mandato sem representação, que consubstancia um tipo de relação fiduciária. Ora, admitindo a lei o mandato sem representação, também admite a alienação fiduciária "como pressuposto indispensável à possibilidade de execução fiduciária"[2994].

Todavia, onze anos antes de GALVÃO TELLES, JOÃO-BAPTISTA JORDANO, num artigo denominado *Mandato para alienar*, publicado na Revista de Direito e de Estudos Sociais (1951), defendeu a validade dos negócios translativos atípicos e a admissibilidade dos negócios fiduciários (*fiduciae causa*)[2995]. A profundidade dos estudos desenvolvidos por JORDANO, em

---

[2991] Cit., 172-173.
[2992] Cit., 171-172. O autor sempre se mostrou muito cauteloso em relação aos negócios fiduciários. Numa outra ocasião em que teve oportunidade de abordar o assunto, VAZ SERRA volta a escudar-se: *Anotação a STJ 7-Mar.-1967* (ALBUQUERQUE ROCHA), 100 RLJ, 1968, 330-336, 335: "Abstemo-nos de versar aqui a questão de saber se o nosso direito admite ou não os negócios fiduciários e, no caso afirmativo, qual o seu regime".
[2993] *Dos contratos em geral*, 2ª edição, 171-180. Nas edições seguintes, a base argumentativa mantém-se inalterada. GALVÃO TELLES tem, porém, o cuidado de "limpar" a sua exposição de algumas passagens respeitantes à causa, também elas demonstrativas de uma certa confusão entre a dicotomia negócios abstratos/negócios causais com o conceito de causa do contrato. Ganhou-se em clareza, vide, 4ª edição, cit., 188-195.
[2994] Cit., 178.
[2995] 6 RDES, 1951, 195-254, 229-240: o autor é especialmente influenciado por GALVÃO TELLES e por GRASSETTI.

especial no que respeita à proteção do beneficiário no caso de o fiduciário entrar em insolvência, é surpreendente. O autor propõe soluções que apenas foram retomadas mais de cinco décadas volvidas. Tivesse o artigo obtido a atenção devida e merecida e o panorama fiduciário nacional poderia ser hoje bastante diferente.

Nas décadas que se seguiram, a admissibilidade dos negócios fiduciários passou a ser aceite por toda a doutrina nacional. A argumentação utilizada conjuga o princípio da atipicidade dos negócios translativos (OLIVEIRA ASCENSÃO) e a positivação do mandato sem representação (GALVÃO TELLES)[2996]. As dúvidas existentes respeitam apenas, nos termos acima mencionados, à modalidade da *fiducia cum creditore*.

III. Como referido a título introdutório, a fase que atualmente vivemos tem, essencialmente, uma natureza formal. A argumentação substantiva doutrinária não parece ter sofrido qualquer alteração. Os pilares dogmáticos mantiveram-se inalterados: autonomia privada e legalidade dos negócios translativos atípicos. A admissibilidade ou não admissibilidade dos negócios fiduciários deve ser averiguada em concreto, i.e., se a relação constituída viola ou não algum princípio ou norma jurídica.

Afastada a necessidade de se demonstrar a legalidade dos negócios fiduciários, a doutrina pôde centrar-se no estudo de diferentes materializações do instituto fiduciário: (1) propriedade fiduciária: o conceito, introduzido

---

[2996] CARLOS ALBERTO MOTA PINTO, *Cessão da posição contratual*, Almedina, Coimbra, 1970, 229, nota iniciada na página 227; CASTRO MENDES, *Teoria geral*, Vol. II, cit., 240-242; OLIVEIRA ASCENSÃO, *Direito civil. Teoria geral*, Vol. III: *Relações e situações jurídicas*, Coimbra, Coimbra, 2002, 309; PAIS DE VASCONCELOS, *Em tema de negócio fiduciário*, cit., em especial 86, *Contratos atípicos*, cit., 281-288; e *Teoria geral*, cit., 557-558; LUÍS CARVALHO FERNANDES, *A conversão dos negócios jurídicos civis*, Quid Juris, Lisboa, 1993, 752-753, nota 1, *A admissibilidade*, cit., 247-248 e *Teoria geral*, Vol. II, cit., 352-353; JANUÁRIO DA COSTA GOMES, *Assunção fidejussória*, cit., 87-88; RUI PINTO DUARTE, *Curso de Direitos reais*, Principia, Lisboa, 2001, 154; MANUEL CARNEIRO DA FRADA, *Teoria da confiança e responsabilidade civil*, Almedina, Coimbra, 2004, 544: aborda a temática do âmbito dos denominados negócios de confiança; assume a sua legalidade sem qualquer dificuldade; ROMANO MARTINEZ e FUZETA DA PONTE, *Garantias de Cumprimento*, cit., 64-66 e 246-247; LUÍS MENEZES LEITÃO, *Cessão de créditos*, Almedina, Coimbra, 2005, 443-447 e *Garantias das obrigações*, cit., 271; PESTANA DE VASCONCELOS, *A cessão de créditos*, cit., 83-100; MENEZES CORDEIRO, *Tratado*, II/II, cit., 267; RAMOS ALVES, *Do penhor*, cit., 307-326.

em 1999 com os estudos comparatísticos de LEITE CAMPOS e VAZ TOMÉ[2997] e retomado por MARGARIDA COSTA ANDRADE[2998], exprime uma construção fiduciária que tem na sua base uma transmissão de um direito real; (2) locação financeira restitutiva (*sale and lease-back*): a doutrina tem explorado a recondução deste mecanismo ao mais alargado conceito de negócio fiduciário[2999]; ou (3) o depósito *escrow*: a maioria dos autores apresenta este tipo de contrato como tendo natureza fiduciária[3000]. É, contudo, no âmbito da alienação (fiduciária) em garantia que mais artigos e monografias têm sido escritos[3001].

206. Evolução jurisprudencial

I. Como sublinhámos a título introdutório, o percurso jurisdicional do negócio fiduciário em terras portuguesas é particularmente pobre, quando comparado com a sua evolução homónima nos restantes sistemas jurídi-

---

[2997] *A propriedade fiduciária*, cit., 243: referindo-se ao *trust*, afirmam: "Com base no princípio geral da liberdade contratual, as partes podem celebrar negócios com eficácia real atípicos".
[2998] *A propriedade fiduciária*, cit., 81: "temos pois como admissível no direito português a propriedade fiduciária".
[2999] A favor dessa recondução, vide, em geral: PESTANA DE VASCONCELOS, *A cessão de créditos*, cit., 291. Contra, vide, em geral: REMÉDIO MARQUES, *Locação financeira*, cit., 589 ss.: primeiro, recorrendo à figura da alienação em garantia e, de seguida, à construção base dos negócios fiduciários e ANA MORAIS ANTUNES, *O contrato de locação financeira*, cit., 62.
[3000] PAIS DE VASCONCELOS, *Contratos atípicos*, cit., 299; ROMANO MARTINEZ e FUZETA DA PONTE, *Garantias de cumprimento*, cit., 65-66; EDUARDO SANTOS JÚNIOR, *Acordos intermédios: entre o início e o termo das negociações para a celebração de um contrato*, 57 ROA, 1997, 565-604, 576, nota 28: diz-nos que o depósito *escrow* assenta numa relação fiduciária; JOÃO MORAIS ANTUNES, *Do contrato de depósito escrow*, Almedina, Coimbra, 2007, 282-288: embora reconheça que, em algumas situações, dependendo do conteúdo do negócio, o contrato de depósito *escrow* pode ser remetido para o regime fiduciário, essa não será a regra.
[3001] MÁRIO JÚLIO DE ALMEIDA COSTA, *Alienação fiduciária em garantia e aquisição de casa própria (notas de Direito comparado)*, 1 RDJ, 1980, 41-57; ANDRADE DE MATOS, *O pacto comissório*, cit., 177-194; TIAGO ATHAYDE MATTA, *Da garantia fiduciária no âmbito do sistema financeiro* in *Garantias das obrigações: publicação dos trabalhos de mestrado*, coordenação de JORGE SINDE MONTEIRO, Almedina, Coimbra, 2007, 525-564; CATARINA MONTEIRO PIRES, *Alienação em garantia*, cit.; FERREIRA DE ALMEIDA, *Alienação da propriedade em garantia*, cit.; JOÃO LABAREDA, *Contrato de garantia financeira e insolvência das partes contraentes* in *Estudos dedicados ao Professor Doutor Luís Carvalho Fernandes*, Vol. II, UCP, RDJ, Lisboa, 2011, 101-132.

cos continentais. Ao longo de toda a primeira metade do século XX, não encontrámos qualquer litígio fiduciário, salvo, evidentemente, no âmbito de relações de índole sucessória, reconduzíveis à figura do fideicomisso. O panorama alterou-se ligeiramente nos primeiros anos da segunda metade do século XX, tendo chegado ao Supremo Tribunal de Justiça e num curto espaço de pouco mais de dez anos, quatro casos envolvendo relações fiduciárias. As décadas que se seguiram (70 e 80) são marcadas por uma inexplicável ausência de litígios, tanto no Supremo Tribunal de Justiça como nos tribunais de segunda instância. Apenas já perto da viragem do milénio voltamos a encontrar conflitos fiduciários.

No período que medeia os primeiros quatro acórdãos e os anos noventa do século XX, a posição jurisprudencial clarificou-se: o negócio fiduciário é hoje aceite, pacificamente, pelos tribunais portugueses. Contudo, não nos parece correto afirmar que, num primeiro momento, os nossos tribunais rejeitaram liminarmente a figura. Vejamos com maior atenção.

II: Acórdãos da década de 1950 e 1960:

– STJ 4-Mai.-1956: negócio fiduciário em garantia. Como forma de contornar as proibições de venda a *retro*, as partes celebraram um contrato de arrendamento por um prazo de 99 anos. Caso as obrigações pecuniárias assumidas fossem integralmente pagas num prazo de 10 anos, o fiduciário obrigava-se a retransmitir o bem. O tribunal, que resolve o litígio a jusante do negócio fiduciário, sobre a temática diz-nos apenas: "a lei não admit[e] actos fiduciários, bastando-se dizer com Cunha Gonçalves que é de medíocre interesse a discussão por nenhum texto legal o autorizar"[3002];

– STJ 2-Dez.-1958: negócio fiduciário em garantia. Foi celebrado um contrato de compra e venda de um bem imóvel, devidamente escriturado. Contudo, o propósito da venda consubstanciava uma alienação em garantia, tendo as partes acordado estar o novo proprietário (fiduciário) impedido de alienar o bem. Quando a parte vendedora, mediante a entrega da quantia mutuada, exigiu a retransmissão do bem, o fiduciário negou-se a fazê-lo, tendo, posteriormente, alienado o bem a um terceiro. Infelizmente, para o desenvolvimento dos negócios fiduciários no Direito português, a parte fiduciante vem assentar toda a sua argumentação jurídica na simulação do contrato de compra e venda que celebrou.

[3002] (LENCASTRE DA VEIGA) 56 BMJ, 1956, 342-345.

1ª instância. Afastado, em juízo, o regime da simulação, por ser essa efetivamente a vontade das partes, bem como o regime da venda a retro, visto não constar nada da escritura que indicasse a constituição de semelhante direito na esfera do vendedor, o tribunal debruçou-se sobre a validade do negócio. Apesar de o tribunal não referir, expressamente, que o negócio celebrado viola a causa do tipo contratual utilizado, tudo parece indicar ter o juiz de primeira instância seguido a tese de Beleza dos Santos: "O fim do comprador não foi adquirir o direito de propriedade, mas tão sómente garantir o dinheiro mutuado. Fez-se um contrato proibido por lei, e, consequentemente, nulo".

2ª instância. A Relação concorda com o afastamento dos regimes da simulação e da venda a retro. Porém, chegados ao momento-chave da decisão de 1ª instância, decidiram os juízes desembargadores: "No negócio jurídico fiduciário há falta de coincidência entre o fim económico e a sua configuração jurídica, mas a transferência do direito opera-se, ficando o adquirente na situação de seu legítimo titular". Assim, a Relação concluiu pela validade do negócio de compra e venda.

Supremo. A argumentação da Relação foi apoiada, em toda a linha, pelo Supremo Tribunal de Justiça: o contrato de compra e venda é válido. Contudo, dois dos juízes conselheiros (Lencastre da Veiga – relator do acórdão de 1956 – e Agostinho Fontes) votaram vencido, aderindo, aparentemente, ao conteúdo da sentença da 1ª instância: "os factos . . . levam à existência do negócio jurídico fiduciário; portanto nulidade da venda e nulidade da escritura"[3003].

Salvo melhor interpretação, consideramos que o nosso Supremo Tribunal de Justiça defendeu a validade da constituição de negócios fiduciários no Direito português: afasta-se da teoria de Beleza dos Santos e nada nos é dito sobre o hipotético princípio de *numerus clausus* dos negócios translativos. Infelizmente, a parte fiduciante foi pouco ambiciosa na ação que interpôs: não requereu o ressarcimento dos danos causados pela violação do negócio fiduciário, nem a nulidade da segunda venda. Perdeu-se uma grande oportunidade.

– STJ 5-Nov.-1963: negócio fiduciário em garantia. Numa alienação para garantia, as partes acordaram que, assim que o empréstimo fosse pago na sua totalidade o contrato ficava sem efeito. O tribunal considerou que esta dis-

---

[3003] (Campos de Carvalho), 82 BMJ, 1959, 141-143.

posição contratual violava o disposto no artigo 1586.º do Código de Seabra, que proibia a figura da venda a retro[3004]. Apesar de, em nenhum momento, o tribunal referir que as partes contrataram um negócio fiduciário, a relação constituída merece, claramente, essa qualificação.

– STJ 7-Mar.-1967: negócio fiduciário em garantia, numa relação ainda regulada pelo Código de Seabra. O tribunal decide que um contrato de compra e venda de um imóvel, devidamente registado, consubstancia um acordo simulatório "no sentido de por esta (escritura pública) se titular uma compra e venda que nunca foi ajustada, nem efectuada, ocultando-se um contrato de empréstimo, para o qual se convencionou uma garantia real, que a lei não prevê, e por isso não consente".

A particularidade do caso, que, de resto, está na base destas considerações, reside no facto de as partes se terem comportado como se nenhuma venda tivesse ocorrido. Provou-se, em juízo, que o sujeito que constava como titular do direito de propriedade reconhecera, em diversas ocasiões e por escrito, não ser o seu verdadeiro proprietário. Enquanto que o alegado vendedor comentara que o direito de propriedade nunca tinha saído da sua esfera jurídica. Não é assim de estranhar a decisão do tribunal[3005].

Que conclusões se podem tirar da leitura dos quatro acórdãos? A primeira e mais evidente é, sem dúvida, a total distinção entre os negócios fiduciários e os negócios simulados. Já no que respeita à admissibilidade do negócio *per se*, o número de sentenças disponíveis é insuficiente. Mesmo que quiséssemos ver, no acórdão de 1958, uma viragem jurisprudencial – repare-se que tanto a Relação, como o Supremo defenderam a validade do negócio –, o leque de sentenças de que dispomos é muito reduzido: um acórdão contra a admissibilidade e dois acórdãos a favor.

III. Mais relevantes acórdãos da segunda vaga jurisdicional[3006]:

– STJ 17-Dez.-2002: A vem alegar, em juízo, que B, entretanto falecido, se comprometeu a transmitir-lhe um determinado bem que lhe tinha sido

---

[3004] (ARLINDO MARTINS), 131 BMJ, 1963, 361-368.
[3005] (ALBUQUERQUE ROCHA), 165 BMJ, 1967, 311-317.
[3006] Outros acórdãos poderiam ainda ser referidos: RCb 4-Jun.-1991 (VIRGÍLIO DE OLIVEIRA), 16/3 CJ, 1991, 80-84: confrontado com uma doação que tinha como propósito a posterior alienação dos bens doados para pagar dívidas assumidas pelo fiduciante, o tribunal aplica o regime da simulação. Não nega, contudo, a admissibilidade dos negócios fiduciários no Direito português; RLx 22-Abr.-1999 (JORGE SANTOS), proc. n.º 0000382; STJ 22-Abr.-

doado em confiança. Embora considerando este tipo de relação, que intitula de *fiducia cum amico*, totalmente legal, o tribunal decidiu não existirem provas suficientes que comprovem a sua concretização[3007];

– STJ 11-Mai.-2006: foi alegadamente celebrado um negócio fiduciário em garantia, que tinha por objeto um bem imóvel. Contudo, nada constava na escritura que indicasse a constituição de uma relação fiduciária. Perante estes factos, e após sublinhar a legalidade da relação, o tribunal decidiu pela aplicação do regime geral da compra e venda[3008];

– REv 15-Dez.-2009: o litígio que chegou à Relação de Évora envolvia um negócio fiduciário para administração, em sentido amplo. O interesse do acórdão não reside tanto nos argumentos invocados, em tudo idênticos aos evocados pela doutrina e jurisprudência nacionais, mas no facto de fazer referência a decisões anteriores, indiciando uma clara consolidação da teoria da admissibilidade[3009].

– STJ 23-Fev.-2012: perante a celebração de um negócio fiduciário em garantia, o nosso Tribunal Supremo afirma que a sua validade está dependente da licitude ou ilicitude do objeto prosseguido e não da forma contratual empregada[3010].

Se, nas primeiras décadas da segunda metade do século XX, é duvidosa qual a posição adotada pelos nossos tribunais, já nos inícios do presente século, o número considerável de sentenças não deixa qualquer dúvida: os

---

-2004 (Neves Ribeiro), proc. n.º 04B507; RLx 12-Jan.-2006 (Ana Paula Boularot), proc. n.º 11251/06-2; RPt 15-Jan.-2007 (Cura Mariano), proc. n.º 0651966: sem tomar partido, assume ser essa a posição da doutrina atual; RPt 19-Nov.-2009 (Joana Salinas), proc. n.º 0832268: apresenta a admissibilidade dos negócios fiduciários como sendo a posição defendida pela doutrina nacional. Não toma, contudo, posição; RPt 28-Abr.-2011 (Filipe Caroço), proc. n.º 28-Abr.-2011; STJ 10-Nov.-2011 (Gregório Silva Jesus), proc. n.º 6152/03.0TVLSB.S1. Contudo, é nas sentenças referidas no texto principal que a problemática da admissibilidade foi discutida de forma mais direta.

[3007] (Pinto Monteiro), proc. n.º 02A3267. Veja-se a decisão da Relação do Porto sobre o mesmo litígio com igual conteúdo: RPt 11-Abr.-2002 (João Vaz), proc. n.º 0230148.

[3008] (Salvador da Costa), proc. n.º 06B1501.

[3009] (Fernando Bento), proc. n.º 283/2002.E1.

[3010] (Távora Vítor), proc. n.º 1942/06.5TBMAI.P1.S1. Veja-se a decisão da Relação do Porto sobre o mesmo litígio com igual conteúdo: RPt 10-Mai.-2011 (Vieira e Cunha), proc. n.º 1942/06.5TBMAI.P1.S1: são utilizados dois argumentos principais: princípio da liberdade contratual (405.º) e possibilidade de restringir obrigacionalmente o direito de propriedade (1306.º/1).

negócios fiduciários não são ilícitos *per se*, a sua ilicitude deve ser averiguada em concreto. É o conteúdo do negócio fiduciário que pode ser ilícito e não a sua forma e natureza jurídica.

§ 39.º O CONCEITO DE CAUSA NAPOLEÓNICA E AS SUAS ORIGENS HISTÓRICAS

207. Enquadramento

I. A causa tem fascinado e intrigado os juristas de diferentes quadrantes e sistemas há longos séculos. Curiosamente, o interesse da figura não reside tanto na mutabilidade do seu conteúdo, já por si admirável[3011], mas nas dúvidas que rodeiam a sua utilidade real [3012]. O debate doutrinário congrega duas grandes questões: (1) o conceito de causa; e (2) a utilidade desse mesmo conceito. As duas estão, evidentemente, interligadas. Por um lado, a pergunta "qual a utilidade da causa" apenas poderá ser abordada se o conceito for dominado e, por outro lado, a busca pelo preenchimento abstrato do conceito não é separável da sua utilidade concreta.

Este ponto deve ser sublinhado, tanto mais que raramente merece a nossa atenção: a Ciência Jurídica existe para servir o Direito, que, por sua

---

[3011] As incertezas dogmáticas contribuíram para uma utilização desregrada da construção, cfr., JOSEPH HAMEL, *La notion de cause dans les libéralités: étude de la jurisprudence français et recherche d'une définition*, Recueil Sirey, Paris, 1920: o autor, que leva a cabo uma minuciosa análise da aplicação jurisprudencial do conceito, conclui que a causa está muito longe de consubstanciar uma realidade consolidada; em muitos casos, é utilizada como uma válvula de escape do sistema, não raramente de modo a permitir que se contorne a própria lei.

[3012] As dificuldades do tema são, regra geral, evidenciadas por todos os autores nas primeiras linhas das suas análises: GALVÃO TELLES diz que a causa tem um "seu quê de indecifrável" (*Manual dos contratos*, cit., 287); MENEZES CORDEIRO diz-nos que a própria doutrina napoleónica, fundadora da construção, sente enormes dificuldades em atribuir, ao conceito, um sentido preciso (*Tratado*, II/II, cit., 603).

vez, apenas se completa com a sua aplicação concreta. Não basta atribuir ao conceito de causa um qualquer tipo de conteúdo. A ambiguidade da figura, a sua forte dimensão filosófica e metafísica e a infindável biografia existente tornam defensáveis as mais díspares teorias. Ora, uma construção jurídica apenas deverá prevalecer se a sua aplicação for real e necessária.

II. Como princípio geral, o primeiro passo em qualquer análise teórica consiste na circunscrição do objeto a estudar. Em poucas construções jurídicas este processo preliminar se impõe com tamanha naturalidade. Os múltiplos significados do conceito, mesmo quando empregue sem preocupações técnico-jurídicas, inviabilizam uma abordagem mais direta.

Seguindo os ensinamentos do Professor MENEZES CORDEIRO, o sistema – englobando, neste ponto, a atividade criativa do legislador e da Ciência Jurídica – reconhece cinco sentidos úteis de causa[3013]:

- a causa-justificação: realidade indispensável para a efetivação de determinados atos; o seu sentido é facilmente apreendido quando nos focamos no ramo jurídico em que assume maior relevância: Direito do trabalho – justa causa;
- a causa-título: justificação jurídica de determinadas situações; pense-se no exemplo acabado da posse causal: a *causa* apresenta-se como fundamento da posição jurídica ocupada pelo possuidor;
- a causa atribuição patrimonial: aceção menos técnica e que assume o significado mais usual da expressão; pretende-se, com a sua utilização, indicar qual a proveniência de determinada situação patrimonial;
- a causa-obrigação: em parte também explicável por recurso à ideia de proveniência ou origem; é no âmbito desta dimensão que se inclui a distinção obrigações causais/obrigações abstratas: obrigações causais: a existência e a continuidade das obrigações enquadráveis nesta modalidade estão dependentes da verificação e da demonstração da sua fonte, i.e., do negócio jurídico que as origina; e obrigações abstratas: modali-

---

[3013] MENEZES CORDEIRO, *Tratado*, II/II, cit., 613-615. As raízes desta divisão remontam, como o próprio autor o reconhece, ao modelo expositivo de CASTRO MENDES, *Direito civil: teoria geral*, Vol. III, AAFDL, Lisboa, 1968, 256. Este confinamento conceptual foi ainda avançado por GALVÃO TELLES, embora, nos pareça, sem preocupações exaustivas, *Manual dos contratos*, cit., 288-289. O modelo expositivo tem merecido algum acolhimento, cfr., DIOGO PEREIRA DUARTE, *Causa: motivo, fim, função e fundamento no negócio jurídico* in *Estudos em Honra do Professor Doutor José de Oliveira Ascensão*, Vol. I, Almedina, Coimbra, 431-461, 432-444.

§ 39.º O CONCEITO DE CAUSA NAPOLEÓNICA

dade de obrigação que se caracteriza pela sua autonomia em relação ao negócio jurídico que está na sua base; pense-se no exemplo clássico dos títulos de crédito, cuja apresentação consubstancia "causa" suficiente para exigir o cumprimento da obrigação subjacente;
– a causa-contrato: aceção que nos interessa; em termos gerais, podemos apresentar a causa-contrato como o elemento cuja verificação e adequação jurídico-legal o sistema poderá ou não exigir para a existência e validade de cada relação negocial; a construção está longe de ser inocente; coloca-nos na pista certa.

Alguma doutrina tende a confundir as duas últimas modalidades – causa-obrigação e causa-contrato. As dificuldades em distingui-las cabalmente residem na evidente comunhão terminológica e na partilha das mesmas origens. Como veremos nas linhas dedicadas à causa no Direito romano e no Direito intermédio, a causa-contrato parece ter as suas raízes na causa-obrigação.

208. A causa nos Códigos Napoleónicos: disposições legais e origem

I. A causa faz parte de um conjunto de construções jurídicas cuja compreensão só é possível se dominados os desenvolvimentos históricos e dogmáticos que estão na sua formação[3014]. Mas até a sua simples exposição histórica levanta dificuldades. O modelo expositivo ortodoxo – em linhas gerais: Direito romano, Direito intermédio e Direito moderno – não é de todo adequado. A aparente importância ocupada pelo conceito no Direito atual não encontra paralelo no Direito romano. A causa, numa aceção jurí-

---

[3014] PAIS DE VASCONCELOS, *Teoria geral*, cit., 263; CARLOS FERREIRA DE ALMEIDA, *Texto e enunciado na teoria do negócio jurídico*, Vol. I, Almedina, Coimbra, 1992, 500. Das obras mais recentes dedicadas ao tema destaca-se a monografia de TILL BREMKAMP, *Causa: der Zweck als Grundpfeiler des Privatrechts*, Duncker & Humblot, Berlim, 2008. O autor percorre toda a evolução histórica do conceito, desde o Direito romano ao Direito atual, sempre com grande profundidade e munido de amplas referências bibliográficas. Uma análise histórica mais sucinta pode ser encontrada em YORICK M. RULAND, *Die Causa der Obligation*, Carl Heymanns, Colónia, 2004, 13 ss.. Vejam-se, ainda, as intervenções do *II Congresso Internazionale ARISTEC*, Palermo, 7-8 giugno 1995 e compiladas em livro com a coordenação de LETIZIA VACCA, *Causa e contratto nella prospettiva storico-comparatistica*, G. Giappichelli, Turim, 1997, composto por três grupos de artigos: Direito romano; Direito intermédio; e Direito moderno comparado.

dica moderna, tem origens napoleónicas[3015], pelo que terá todo o interesse iniciarmos a nossa análise pelo Código Civil francês.

II. O disposto no artigo 1108.º do CC Nap elenca quatro elementos cuja verificação e preenchimento são indispensáveis para a validade de qualquer negócio jurídico (*convention*): (1) consentimento; (2) capacidade; (3) objeto; e (4) causa[3016]. Estes requisitos foram seguidos pelos Códigos de influência francesa: o Código Civil belga, que adotou o Código Napoleónico por inteiro[3017]; o Código Civil italiano de 1865[3018] ou o Código Civil espanhol de 1889[3019]. Inesperadamente, a importância da causa no sistema jurídico italiano não foi abalada com a germanização do Direito transalpino: a sua importância manteve-se no Código de 1942[3020].

No Código Beviláqua (1916), o legislador brasileiro não faz qualquer menção à causa, enquanto quarto elemento do negócio jurídico. Curiosamente, o disposto no artigo 421.º do Código Civil de 2002, por provável ascendência italiana, estabelece

---

[3015] MENEZES CORDEIRO, *Tratado*, II/II, cit., 603.
[3016] "*Quatre conditions sont essentielles pour la validité d'une convention: Le consentement de la partie qui s'oblige; Sa capacité de contracter; Un objet certain que forme la matière de l'engagement; Une cause licite dans l'obligation*".
[3017] Artigo 1108.º mantém o seu conteúdo inicial.
[3018] Artigo 1104.º: "*I requisiti essenziali per la validità di un contratto sono: La capacità di contrattare; Il consenso valido dei contraenti; Un oggetto determinato che possa essere materia di convenzione; Una causa lecita per obbligarsi*". De modo análogo ao verificado para o Código Napoleónico, também o Código Civil italiano de 1865, na secção dedicada à causa, evita qualquer definição. Sobre o conceito de causa no Direito civil italiano, durante a vigência do Código de 1865, vide ANTONIO MOTTA, *La causa delle obbligazioni nel diritto civile italiano*, Fratelli Bocca, Turim, 1929.
[3019] Artigo 1261.º: "*No hay contrato sino cuando concurren los requisitos siguientes: 1. Consentimiento de los contratantes. 2 Objeto cierto que sea materia del contrato. 3. Causa de la obligación que se establezca*". O elemento da capacidade é inserido na parte dedicada ao consentimento, 1263.º: "*No pueden prestar consentimiento: 1. Los menores no emancipados. 2. Los incapacitados*".
[3020] Artigo 1325.º: "*I requisiti del contratto sono: 1) l'accordo delle parti; 2) la causa; l'oggetto; la forma, quando risulta che è prescritta dalla legge sotto pena di nullità*". A causa é objeto de aprofundamento nos artigos 1343.º-1345.º, cujo conteúdo corresponde aos artigos 1131.º-1133.º do Código Napoleónico. Uma análise comparativa dos diferentes papéis ocupados pelo conceito de causa no Direito napoleónico e no Direito germânico pode ser encontrada na célebre monografia de HARM PETER WESTERMANN, *Die causa im französischen und deutschen Zivilrecht*, Walter de Gruyter, Berlim, 1967.

§ 39.º O CONCEITO DE CAUSA NAPOLEÓNICA

que "a liberdade de contratar será exercida em razão e nos limites da função social do contrato", o que indicia uma viragem causalista do sistema brasileiro[3021].

Na secção dedicada ao tema, o legislador francês diz-nos que a causa não tem de ser declarada (1132.º); que uma obrigação sem causa, com causa falsa ou com causa ilícita não produz qualquer tipo de efeito jurídico (1131.º); e que se entende por ilícita, a causa contrária à lei, aos bons costumes ou à ordem pública (1133.º). Estas disposições, comuns aos restantes Códigos de inspiração francesa[3022], são, do ponto de vista científico, claramente insuficientes. Não nos fornecem elementos úteis na nossa busca por um conteúdo técnico-jurídico do conceito de causa-contrato[3023].

Dos *supra* citados "Códigos Napoleónicos" apenas o espanhol avança, no seu artigo 1274.º, uma definição[3024]:

> *En los contratos onerosos se entiende por causa, para cada parte contratante, la prestación o promesa de una cosa o servicio por la otra parte; en los remuneratorios, el servicio o beneficio que se remunera, y en los de pura beneficencia, la mera liberalidad del bienhechor.*

III. Se alguma dúvida existisse, a definição apresentada pelo Código Civil espanhol vem dissipá-la por completo. O conceito de causa napoleónica remonta, de forma mais direta e imediata, ao pensamento dos dois autores que mais influenciaram o conteúdo do Código Civil francês: Domat e Pothier[3025].

[3021] Eduardo Sens dos Santos, *A função social do contrato*, Florianópolis, 2002, em especial, a partir da página 102. Vide, ainda, Rodolpho Barreto Sampaio Júnior, *Da liberdade ao controle: os riscos do novo Direito civil brasileiro*, PUC Minas, Belo Horizonte, 2009, 87-92: apresenta, de forma sucinta, o paradigma moderno doutrinário brasileiro.
[3022] Código Civil belga: 1131.º-1133.º; Código Civil italiano de 1865: 1119.º-1122.º; Código Civil espanhol: 1275.º-1277.º.
[3023] Menezes Cordeiro, *Tratado*, II/II, cit., 603-604.
[3024] Castro y Bravo, *El negocio*, cit., 163 ss.; e José Almagro Nosete, *Comentário aos artigos 1274.º-1277.º* in *Comentario del Código Civil*, Vol. VI, coordenação de Ignacio Sierra Gil de la Cuesta, Bosch, Barcelona, 2000, 595-618.
[3025] Emiliano Battistoni, *La cause nel negozi giuridici (dal diritto intermedio al Codice Civile italiano)*, CEDAM, Pádua, 1932, 9-15: o autor analisa, de forma sucinta, algumas obras que terão estado na génese do pensamento de Pothier e Domat; é dado especial destaque ao tratado de Andrea Tiraquello, publicado no ano de 1567 e que tem como título *Cessante causa, cessat effectus*.

Domat introduz a problemática da causa no capítulo dedicado às *conventions en général*, conceito que abarca, como o próprio o aponta, todos os contratos, os tratados e os pactos da mais diversa natureza[3026]. A distinção entre negócios onerosos e negócios gratuitos é posta em evidência. Ao tratar dos negócios onerosos, Domat escreve: *"dans ces sortes de conventions au profit de l'un des contacts, a toujours sa cause de la part de l'autre; et l'obligation serait nulle, si, dans la vérité, elle était sans cause"*[3027]. Já em relação aos negócios gratuitos, o ilustre jurisconsulto diz-nos apenas que o fundamento do doador pode ser *"quelque motif raisonnable et juste, comme un service rendu, ou quelque autre mérite du donataire"*[3028].

Pothier apresenta a causa como um dos elementos centrais do contrato, ao lado do consentimento e do objeto do negócio[3029]. Também para este autor, o preenchimento do conceito varia consoante os negócios sejam onerosos ou gratuitos. Nos negócios onerosos, a causa corresponde ao conteúdo da parte contrária e nos negócios gratuitos, a liberalidade é apresentada como causa suficiente. Pothier prossegue afirmando que, não tendo o contrato qualquer causa ou sendo essa causa falsa, o negócio é nulo[3030].

Parece-nos que nenhum dos autores, ao formular a respetiva definição, teve em vista uma conceção subjetivista ou objetivista[3031]. De resto, os defensores de ambas as correntes apresentam as obras dos dois juristas franceses como estando na base da doutrina professada. A imensidão dos textos por si deixados permite as duas leituras.

209. A causa no Direito romano

I. Apresentadas as fontes positivas e dogmáticas do conceito de causa importa, agora, procurar as razões que motivaram o seu desenvolvimento. A exposição cronológica ortodoxa volta a ter todo o interesse e fundamento.

[3026] Jean Domat, *Traité des lois* in *Oeuvres complètes de J. Domat*, editado por Joseph Remy, Tomo I, Firmin Didot Père et Fils e Charles Réchet, Libraire de Jurisprudence, Paris, 1828, part. 1: *Des engagemens*, liv. I, tit. I, secc. I, 122.
[3027] Cit., 123.
[3028] Cit., 124.
[3029] Robert Pothier, *Traité des obligations* in *Oeuvres complètes de Pothier*, P.-J Langlois e A. Durand, Paris, 1844, part. 1, cap. 1, 79.
[3030] Pothier, *Traité des obligations*, cit., part. 1, cap. I, secc. 1, art. III, 107.
[3031] Vasco Taborda Ferreira, *Do conceito de causa dos actos jurídicos*, Lisboa, 1946, 86.

§ 39.º O CONCEITO DE CAUSA NAPOLEÓNICA

A busca por um conteúdo útil para o conceito de causa deve ter como ponto de partida não a expressão em si, mas a sua aparente função. Sendo a causa um dos requisitos centrais dos negócios jurídicos, a sua relevância respeita à formação dos contratos, pelo que é neste âmbito que a devemos analisar.

O conceito de causa, enquanto elemento da formação negocial, apenas poderá ser entendido se conhecermos o processo formativo negocial romanístico e as evoluções do período intermédio[3032].

II. A *stipulatio* era o contrato romano por excelência[3033]. Caracterizava-se, por um lado, pela sua simplicidade e, por outro, pelo formalismo que a rodeava. O processo formativo desenrolava-se, todo, em torno de um célebre conjunto de perguntas e respostas: *"DARI SPONDES? SPONDEO: DABIS? DABO: PROMITTIS? PROMITTO: FIDEPROMITTIS? FIDEPROMITTO: FIDEIUBES? FIDEIUBEO: FACIES? FACIAM"*[3034].

Os três elementos contratuais nucleares são facilmente identificáveis nas Instituições de Gaius: (1) consentimento: a construção frásica acima transcrita é conclusiva; (2) capacidade: o jurista romano faz referência a sujeitos que não dispunham de capacidade jurídica para celebrar uma *stipulatio* – mudos e surdos[3035]; ou doentes mentais[3036]; para os menores[3037] e para as mulheres[3038] poderia ser exigida a presença e a concordância do respetivo tutor; e (3) objeto: os dois requisitos clássicos eram já exigidos – o objeto da *stipulatio* tinha de ser legal[3039] e possível[3040]. Gaius não refere, em nenhum momento, a existência de um quarto elemento, pelo que apenas se poderá concluir pela irrelevância de uma qualquer causa contratual, independente-

---

[3032] Tradicionalmente, a causa no Direito romano é objeto de análise nas monografias clássicas de referência, veja-se, a título meramente exemplificativo, Henri Capitant, *De la cause des obligations: contrats, engagements unilatéraux, legs*, 2ª edição, Dalloz, Paris, 1924, 92-125.
[3033] G. 3.88-3.138; Santos Justo, *Direito das obrigações*, cit., 84-90 e *Breviário*, cit., 190-192; Zimmermann, *The Law of Obligations*, cit., 68-94.
[3034] G. 3.92.
[3035] G. 3.105.
[3036] G. 3.106.
[3037] G. 3.107.
[3038] G. 3.108.
[3039] G. 3.97: pessoa livre, i.e., não escrava.
[3040] G. 3.97a: centauro; e G. 3.98: tocar no céu.

mente do conteúdo que lhe seja atribuído. Desvendando um pouco o véu: a conclusão do contrato era alheia aos motivos pessoais das partes e, de maior relevância, à função social e económica do contrato utilizado.

III. Pode assim concluir-se que o Direito romano desconhecia o conceito de causa, em moldes idênticos ao desenvolvido pelo Direito napoleónico? Julgamos que uma resposta a esta questão não pode ser dada sem mais; algumas considerações prévias são necessárias.

Em primeiro lugar, cumpre sublinhar que a expressão causa assumia, no Direito romano, um vastíssimo número de significados que estão longe de poder ser reconduzidos ao conceito napoleónico de causa: (1) justa causa (*iusta causa manumissionis*)[3041]; (2) prova/elemento probatório (*causa probata/causa probare*)[3042]; (3) tipo de obrigações (*quattuor causa obligationum*)[3043]; (4) coisas (*tutor personae non rei vel causae datur*)[3044]; ou (5) bens acessórios (*restituere cum omni causa*)[3045].

Paralelamente, encontramos uma série de disposições que nos aproximam do conceito napoleónico de causa: (1) fonte de obrigações (*Obligationes aut ex contractu nascuntur aut ex maleficio aut proprium quodam iure ex variis causarum figuris*)[3046]; (2) propósito contratual (*sed haec causa fuit vendendi, ut tu utereris, tibi eam perisse, et maxime si sine usuris credidi*)[3047]; ou (3) motivo subjacente (*falsa causa non nocet*)[3048].

Numa perspetiva mais objetiva, e tendo já em consideração os desenvolvimentos vividos no período intermédio, dois preenchimentos merecem especial atenção[3049]: (1) contratos inominados: a emergência de obrigações contratuais no âmbito de negócios não enquadráveis no leque de negócios tipificados (*emptio venditio, locatio conductio, societas, commodatum, depositum et*

[3041] G. 1.18.
[3042] G. 1.29-1.32.
[3043] D. 44.7.44.
[3044] D. 26.2.14.
[3045] C. 7.32.6. Estes dois significados, aparentemente deslocados, podem ser explicados pelo facto de a expressão 'coisa' ter a sua origem no termo *causa* e não no termo *res*, cfr., ANTÓNIO MENEZES CORDEIRO, *Tratado de Direito civil*, I: *Parte geral*, Tomo II, Almedina, Coimbra, 2000, 9-10.
[3046] D. 44.7.1.
[3047] D. 12.1.11.
[3048] I. 2.20.31.
[3049] ZIMMERMANN, *The Law of Obligations*, cit., 549-550.

ceteri similes contractus[3050]) estava dependente da existência de uma causa[3051], ou seja, sem a respetiva causa, a obrigação não poderia validamente subsistir[3052]; e (2) *stipulatio*, (D. 44.4.2.3): como acima referido, sendo a *stipulatio* um negócio abstrato, o tipo contratual que estava na sua base era, juridicamente, irrelevante. Todavia, por vezes acontecia as partes terem dúvidas quanto à "causa" que motivou a transmissão (*stipulatio*). Nestes casos, a parte lesada apenas poderia fazer uso da figura da *exceptio doli*, invocando um comportamento contrário à boa-fé[3053].

Em termos bastante sucintos, podemos concluir que, apesar de a causa surgir como um elemento relevante e com um conteúdo por vezes próximo do atribuído à causa napoleónica, estava longe de consubstanciar um requisito de validade negocial[3054]. Pese embora os múltiplos significados assumidos, o conceito de causa parece ser utilizado com um sentido de fonte de obrigação. Assim o emprega GAIUS[3055], ULPIANUS[3056] ou CICERO[3057]. Evidentemente que, em resultado da imensidão do *Corpus Juris Civilis*, é possível identificar diversas passagens em que a expressão é utilizada num sentido subjetivo, i.e., enquanto motivo interno e pessoal, que motiva, individualmente, cada um dos contraentes[3058].

[3050] D. 2.14.7.1.

[3051] D. 2.14.7.4: "*Sed et si in alium contractum res non transeat, subsit tamen causa, eleganter Aristo Celso respondit esse obligationem*".

[3052] D. 2.14.7.2: "*Sed cum nulla subset causa, propter conventionem hic constat non posse constitui oblgationem*".

[3053] D. 44.4.2.3: "*Si quis sine causa ab aliquo fuerit stipulatus, deinde ex ea stipulatione experiatur, exceptio utique doli mali ei nocebit*".

[3054] SIMONE MALVAGNA, *Il problema della causa dei contratti*, 26 RDCiv, 1934, 118-147 e 213-243, 132-133: chega a idêntica conclusão.

[3055] D. 44.7.1: "*Obligationes aut ex contractu nascuntur aut ex maleficio aut proprium quodam iure ex variis causarum figuris*".

[3056] D.12.1.9: "*Certi condictio competit ex omni causa, ex omni obligatione*".

[3057] *De Fato* in *M Tullii Ciceronis de Divinatione et de Fato Libri*, com anotações de JOHN DAVIES, H. L. Broenneri, Francoforte, 1837, 556-726 15.34: "*Causa autem ea est, quae id efficit, cuius est causa, ut vulnus mortis, cruditas morbi, ignis ardoris*".

[3058] A título de exemplo: D. 12.6.52: "*Damus aut ob causam aut ob rem: ob causam praeteritam*".

210. A causa no Direito intermédio: canonistas e glosadores

I. O conceito de causa-contrato, no período intermédio, é fruto das especificidades jurídicas e filosóficas da época[3059].

Juridicamente, tanto os glosadores, como os comentadores analisaram o *Corpus Juris Civilis* numa perspetiva direta e imediata; o seu estudo era alheio às origens históricas das construções e, de maior relevância, ao seu desenvolvimento; na prática, a obra de Justiniano era encarada como um produto acabado e imutável. Este elemento, característico do período intermédio, é particularmente percetível no estudo da causa. Vejamos.

Os glosadores e comentadores desconheciam, por completo, o sistema formalístico de ações clássico, pelo que, ao analisarem o disposto no D. 44.4.2.3, não tinham elementos que lhes permitissem distinguir as exceções de cariz formalístico processual das invalidades substantivas *per se*. À luz dos seus conhecimentos e dos elementos que tinham à sua disposição, a *exceptio doli* consubstanciava uma invalidade que resultava da inexistência de causa. Não sendo a natureza da *exceptio doli* evidente, os glosadores e os comentadores generalizaram a construção, passando a exigir, para todos os contratos, uma causa, sob pena de invalidade[3060]. Chegou a discutir-se a validade de uma promessa contratual em que a causa não fosse expressamente indicada[3061].

A definição de BALDUS, com raízes no pensamento de BARTOLUS e ACCURSIUS – "*causa enim finalis est objectum intellectus, sicut signum est objectum visus et portus est objectum navigantium et quidquid agimus propter finem agimus*" – foi adotada por todos os juristas de então[3062].

[3059] NORBERTO GOROSTIAGA, *La causa en las obligaciones*, Editorial Ideas, Buenos Aires, 1944, 328-412.

[3060] E. M. MEYERS, *Les théories médiévale concernant la cause de la stipulation et la cause de la donation*, 14 Tijds Rgeschied, 1936, 365-397, 369 ss.; ZIMMERMANN, *The Law of Obbligations*, cit., 550-551. Vide, ainda, J. L. BARTON, *Causa promissionis Again*, 34 Tijds Rgeschied, 1966, 41-73.

[3061] GIOMMARIA DEIANA, *Alcuni chiarimenti sulla cause del negozio e dell'obligazione*, 30 RDCiv, 1938, 1-55 e 105-150, 6.

[3062] MEYERS, *Les théories médiévales concernant la cause*, cit., 386-387: o autor apresenta toda a evolução do pensamento jurídico medieval, bem como o impacto das construções aristotélico-escolásticas; MOTTA, *La causa delle obbligazioni*, cit., 63; JACQUES GHESTIN, *Cause de l'engagement et validité du contrat*, LGDJ, Paris, 2006, 18: BALDUS terá sido o primeiro autor a conjugar a filosofia aristotélico-escolástica com as construções romanísticas.

II. O surgimento e o desenvolvimento da causa não devem apenas ser encarados como um reflexo dos avanços jurídicos da época. O conceito assume, no período medieval, uma relevância sem paralelo. A divisão tetrapartida de Aristóteles – (1) causa material: matéria que compõe ou constitui uma coisa, no exemplo de Aristóteles, a causa de uma estátua (de bronze) é o bronze; (2) causa formal: modo como a matéria que compõe uma coisa é adaptada ou moldada; (3) causa eficiente: objeto que está na origem de uma coisa; recorrendo, uma vez mais, a um exemplo aristotélico: o pai é a causa eficiente dos seus filhos; e (4) causa final: propósito, razão ou objeto de cada coisa[3063] – é retomada por São Tomás de Aquino e seguida por todo o movimento escolástico[3064].

[3063] *Metafísica in Aristotle – Metaphysics*, tradução de Richard Hope, Ann Arbor Paperbacks, Nova Iorque, 1960, 5.2. e *Física* in *Aristotle Physics, Books I and II*, traduzido e comentado por William Charlton, Clarendon Press, Oxford, 1992, 2.3.
[3064] Joaquín Dualde, *Concepto de la causa de los contratos (la causa es la causa)*, Bosch, Barcelona, 1949, 21-31.

§ 40.º A CAUSA ENQUANTO OBSTÁCULO AO RECONHECIMENTO DOS NEGÓCIOS FIDUCIÁRIOS NO DIREITO PORTUGUÊS

211. Enquadramento da problemática e a função económica e social dos contratos

I. Como referimos no § 38.º[3065], BELEZA DOS SANTOS defende a inadmissibilidade dos negócios fiduciários no Direito português, por considerar que a função económico-jurídica subjacente à contratação concreta não corresponde à função económico-jurídica do contrato utilizado pelas partes. Em suma, a proteção jurídica dispensada pelo Direito apenas deverá ser atendida na exata medida em que os fins prosseguidos pelas partes coincidam com os fins do tipo contratual. Ora, exemplifica o autor, numa alienação em garantia, as partes empregam um contrato de compra e venda quando o seu objetivo primário consiste em fortalecer a posição jurídica do credor/adquirente. A divergência entre os fins efetivamente prosseguidos e a função económico-jurídica do contrato de compra e venda tem como consequência jurídica a nulidade do contrato celebrado[3066]. Esta posição vai, assim, ao encontro da conceção napoleónica da causa, enquanto elemento central dos negócios jurídicos e cujo desrespeito acarreta a nulidade do contrato[3067].

[3065] Número 202/I.
[3066] *A simulação*, Vol. I, cit., 120-124.
[3067] Esta solução, exposta em termos gerais e não especificamente em relação aos negócios fiduciários, é ainda encontrada em outros autores clássicos portugueses: JOSÉ TAVARES, *Os princípios fundamentais do Direito civil*, Vol. II: *Pessoas, cousas, factos jurídicos*, Coimbra, Coimbra, 1928, 470: "A falta, a falsidade, ou a ilicitude da causa constituem, portanto, motivo de nulidade do acto".

II. A doutrina professada por BELEZA DOS SANTOS insere-se num mais vasto movimento, com epicentro em Itália, que pretendia cortar as amarras com as doutrinas subjetivistas da causa.

Tradicionalmente, o espaço jurídico das doutrinas objetivistas é ocupado pela denominada escola da função económico-social do contrato[3068]. Da vastíssima doutrina disponível, interessam-nos os autores clássicos que influenciaram o pensamento jurídico nacional: tanto a doutrina objetivista pura, como a doutrina mista, também dita eclética, que professa a relevância de ambas as dimensões.

VENEZIAN, apontado como o primeiro grande propagador da causa objetiva, estabelece as linhas gerais da doutrina ao defender que a função abstrata dos atos jurídicos limita a autonomia privada: o reconhecimento jurídico de cada situação está dependente da sua concordância com o fim objetivo do tipo contratual empregue.[3069] A influência de VENEZIAN é notória em GALVÃO TELLES, conquanto o autor português não negue a relevância dos motivos pessoais dos sujeitos (doutrina mista)[3070].

COVIELLO – a quem é atribuída a originalidade da denominação da escola: "*la ragione economico-giuridica del negozio*"[3071] – é o autor que mais terá influenciado a tese de BELEZA DOS SANTOS. Mas não só, vejam-se, por exemplo, os

---

[3068] Sobre a função económica e social do negócio jurídico e a doutrina da causa, vide, entre nós, FERREIRA DE ALMEIDA, *Texto e enunciado*, Vol. I, cit., 500-514.

[3069] GIACOMO VENEZIAN, *La causa dei contratti* in *Opere Giuridiche di Giacomo Venezian*, Vol. I: *Studi sulle obbligazioni*, Athenaeum, Roma, 1919, 345-411, 350, trabalho pela primeira vez publicado em 1889.

[3070] GALVÃO TELLES, *Manual dos contratos*, cit., 290: " a lei só a confere [proteção] quando, em atenção à causa, reputa a vontade merecedora da tutela jurídica". De resto, é feita uma referência direta a VENEZIAN. Embora sem referir COVIELLO ou BETTI, o ilustre Professor faz menção à função económica dos contratos (294 ss.), pelo que, sem dúvida, dominava a doutrina italiana de ponta.

[3071] COVIELLO, *Manuale di diritto civile*, cit., 410. BELEZA DOS SANTOS terá recorrido, muito provavelmente, à 2ª edição, datada de 1915. Nas restantes obras citadas pelo autor, a matéria é tratada de forma bastante discreta, não sendo, de resto, utilizada a expressão função económica, cfr., FRANCESO FERRARA, *La causa illecita* in *Scritti Giuridici dedicati ed offerti a Giampietro Chironi nel XXXIII anno del suo insegnamento*, Fratelli Bocca, Milão, 1915, 119-128, 125: o autor não apresenta uma doutrina consolidada, limitando-se a definir a causa como a razão objetiva dos negócios e o seu fundamento jurídico.

§ 40.º A CAUSA ENQUANTO OBSTÁCULO

escritos de José Tavares, que apresenta a causa como o fim social e jurídico dos atos[3072].

Betti, ainda hoje considerado o porta-estandarte da doutrina da função económico-social, que, de forma mais estruturada que os seus antecessores, defende a subordinação da autonomia privada individual a um mais importante interesse social geral: os negócios jurídicos apenas serão merecedores de proteção se a função social e económica que os sustenta for acautelada[3073]. De forma mais ou menos direta, a obra de Betti influenciou toda a doutrina objetivista e mista nacional: Dias Marques, defensor de uma conceção mista, apresenta os negócios jurídicos como instrumentos de realização de funções sociais e não puramente individuais[3074]. Castro Mendes, com preocupações mais pedagógicas do que doutrinárias, fruto da natureza da obra – lições universitárias –, diz-nos que os atos jurídicos apenas são objeto

---

[3072] José Tavares, *Os princípios fundamentais*, Vol. II cit., 466. Como resulta da leitura da sua obra, em especial do Vol. I: *Primeira parte, teoria geral do Direito civil*, 2ª edição, Coimbra, Coimbra, 1929, 508 ss., Tavares é também influenciado por, entre outros, Roberto de Ruggiero, que apresenta a causa como a *"funzione economica e sociale in vista ed a protezione della quale il diritto accorda il suo riconoscimento alla volontà"* in *Istituzioni di diritto civil*, Vol. I: *Introduzione e parte generale, diritto delle persone, diritti reali e possesso*, 4ª edição, Giuseppe Principato, Messina-Roma, 1926, 270. Tradução portuguesa da 6ª edição italiana por Ary dos Santos, em três volumes, sob o título *Instituições de Direito civil*, Livraria Clássica, Lisboa, 1934, 1935 e 1937, respetivamente, e por Vittorio Scialoja, *Negozio giuridico: corso di diritto romano nella R. Università di Roma nell'anno accademico 1892-1893 raccolto dai dottori Mapei e Nannini*, 3ª reedição com prefácio de Salvatore Riccobono, Società Editrice del "Foro Italiano", Roma, 1933, 89: utiliza a expressão escopo social para definir a causa objetiva.

[3073] Emilio Betti, *Teoria generale del negozio giuridico*, reimpressão da 2ª edição, com introdução de Giovanni B. Ferri, Edizioni Scientifiche Italiane, Nápoles, 1994, 169 ss.; na nota de rodapé *, que começa na página 169 e termina na página 171, o autor elenca uma extensa bibliografia sobre a temática que abarca autores italianos, franceses e alemães; vide a tradução portuguesa, em três volumes, por Fernando de Miranda, sob o título *Teoria geral do negócio jurídico*, Coimbra, Coimbra, I e II Volumes de 1969 e III Volume de 1970. É atribuída a Betti a consolidação da doutrina objetiva da função económico-social, cfr., Ferreira de Almeida, *Texto e enunciado*, Vol. I, cit., 505.

[3074] José Dias Marques, *Teoria geral do Direito civil, Lições ao curso de 1957-58 da Faculdade de Direito de Lisboa*, Vol. II, Coimbra, Coimbra, 1959, 191-201. O autor recorre às obras de Betti e de Galvão Telles, já referidas.

de proteção/reconhecimento jurídico se o interesse prosseguido for atendível[3075]. Refira-se, ainda, CARVALHO FERNANDES[3076], entre outros.

212. O conceito de causa no Código de Seabra e a doutrina subjetivista

I. Antes da entrada em vigor do Código de Seabra, parece ter prevalecido, em terras portuguesas, uma conceção subjetivista da causa, assumindo o conceito um conteúdo em tudo reconduzível à ideia de motivos pessoais e interiores que motivaram o acordo[3077].

A análise e a exposição da escola subjetivista não podem ser feitas sem dois breves esclarecimentos prévios: (1) atualmente, nenhum autor parece defender um preenchimento subjetivista puro[3078], alheio a qualquer conceito objetivo de causa; e (2) mesmo no que respeita aos autores clássicos, supostamente discípulos de DOMAT, não é evidente que a pedra de toque seja colocada, na sua totalidade, na dimensão subjetivista da causa. À época, a discussão doutrinária estava muito longe de ter alcançado a profundidade dogmática que, décadas volvidas, veio a assumir. Esta última consideração deverá ser atendida aquando do estudo da posição de CORRÊA TELLES e de COELHO DA ROCHA. A dimensão subjetivista da causa deverá, assim ser analisada no âmbito das doutrinas mistas que, embora não neguem a relevância da função económica e social do negócio tipo, salientam o papel da causa subjetiva, sempre, sublinhe-se, numa perspetiva conjunta, mais ou menos pronunciada.

Coube a HENRI CAPITANT revolucionar a denominada escola subjetivista da causa, muito abalada ao longo do século XIX. A tese do autor francês assenta em três premissas: (1) a causa assume um preenchimento distinto, consoante o tipo de

---

[3075] *Teoria geral*, Vol. II, cit., 272.
[3076] *Teoria geral*, Vol. II, cit., 380-381.
[3077] CORRÊA TELLES, *Digesto portuguez*, cit., 28: a expressão é utilizada como sinónimo de motivo; COELHO DA ROCHA, *Instituições*, Tomo I, cit., 71: "Entende-se por causa a expressão do motivo, que induziu uma pessoa a dar, ou prometer uma cousa a outro".
[3078] Esta consideração merece uma pequena explicação. Embora se reconheça que alguns autores, como o caso paradigmático de RIPERT e BOULANGER (GEORGES RIPERT e JEAN BOULANGER, *Traité de Droit civil d'après le traité de Planiol*, Tomo II: *Obligations: contrat – responsabilité; Droits réels: biens – propriété*, LGDJ, Paris, 1957, 118-119), sublinhem a dimensão subjetivista da causa, a sua tese não é alheia à dimensão objetiva, independentemente do sentido que lhe seja atribuído.

§ 40.º A CAUSA ENQUANTO OBSTÁCULO

negócio: (a) contratos onerosos/sinalagmáticos; (b) negócios gratuitos; e (c) negócios em que uma das partes não se mova por nenhum interesse específico, como, por exemplo, o caso do depósito ou do mandato não remunerado[3079]; (2) a expressão causa (*but*) assume, na linguagem jurídica, o conteúdo de causa da obrigação, não tendo o conceito de causa-contrato nenhum significado jurídico: "*La cause d'un contrat, cela ne signifie rien*"[3080]; e (3) a causa distingue-se do motivo: o motivo é o fator psicológico que determina a contratação, não consubstanciando um elemento constitutivo; enquanto que a causa é parte integrante da vontade e, como tal, um elemento constitutivo do contrato. A causa é um elemento imediato e direto; o motivo é um elemento secundário[3081].

Nos contratos sinalagmáticos, em relação aos quais CAPITANT afirma que o conceito assume maior relevância, a causa que impele cada uma das partes a contratar é a vontade de obter o cumprimento da prestação assumida pela outra parte[3082]. Ou seja, não é a prestação em si, mas a expectativa de que a contraparte irá atuar em conformidade com o acordado.

A tese de CAPITANT não merece o nosso acolhimento por quatro razões: (1) o autor desloca a discussão da causa-obrigação para a causa-contrato, hoje uma questão ultrapassada; (2) pese embora os avanços iniciais de CAPITANT, que parecem indiciar uma distinção completa entre causa e motivo, o autor acaba por afirmar que a causa congrega fatores externos, mas também internos[3083], como, de resto, se conclui da definição apresentada, o que nos remete, inevitavelmente, para a ideia de motivo; (3) as diferenças entre a sua definição e a construção clássica de DOMAT assentam num puro jogo de palavras; e (4) a distinção entre causa e vontade, em que a última é apresentada como uma simples realidade abstrata, está longe de ser convincente[3084].

A solução proposta por CAPITANT foi seguida por vários juristas franceses, evidentemente com as suas próprias particularidades. MAURY, com um forte pendor subjetivista, diz-nos que a causa dos contratos sinalagmáticos é o que nos permite

---

[3079] *De la cause des obligations*, cit., 18.
[3080] Cit., 21 e 26.
[3081] Cit., 24-25.
[3082] Cit., 43.
[3083] Cit., 26-27.
[3084] Uma análise mais profunda do conceito de causa de CAPITANT pode ser encontrada em JACQUES GHESTIN, *En relisant «de la cause des obligations» de Henri Capitant* in *Propos sur les obligations et quelques autres thèmes fondamentaux du Droit, mélanges offerts à Jean-Luc Aubert*, Dalloz, Paris, 2005, 117-134.

descortinar o porquê da assunção de obrigações contratuais, que corresponderá à vontade ou à intenção da contraparte (*l'équivalent voulu*)[3085]. Ripert e Boulanger, apesar de considerarem que o erro dos anticausalistas decorre da desconsideração da dimensão subjetiva da causa, acabam por defender que, em resultado dos variados e incontroláveis motivos pessoais subjacentes à contratação, o objeto da causa deverá ser procurado nos elementos materiais do tipo de contrato utilizado, na sua razão de ser[3086]. Quanto à distinção entre consentimento e causa, os autores recorrem ao pensamento aristotélico e escolástico: o consentimento é a causa eficiente e a vontade a causa final[3087].

Como veremos de seguida, o conceito de causa apenas assume um papel central, no Código de Seabra, no âmbito do regime dos vícios de vontade, pelo que não é de estranhar que a discussão tenha sido para aí deslocada: a posição da maioria dos autores deixa de ser exposta de forma abstrata, no contexto dos elementos centrais dos negócios jurídicos, e passa a ser analisada tendo em conta a relevância e o papel que, aparentemente, lhes são atribuídos pelo legislador nacional. Pese embora estas especificidades nacionais, parece-nos que, numa primeira fase, a escola subjetivista terá granjeado um apoio considerável, sendo, aparentemente, adotada por Dias Ferreira e Guilherme Moreira, autores com um peso indiscutível[3088]. Gradualmente, a doutrina inclinou-se para uma posição conciliadora entre as duas orientações, defendendo que tanto os motivos pessoais das partes, como a causa objetiva dos negócios jurídicos são merecedores de proteção jurídica.

[3085] O autor dedicou muitos anos ao estudo da causa. Destacamos, inevitavelmente, a sua tese de doutoramento, Jacques Maury, *Essai sur le rôle de la notion d'équivalence en Droit civil français*, Jouve, Paris, 1920. Quanto às restantes obras do autor sobre o tema, veja-se Jacques Ghestin, *Cause*, cit., 62-66.

[3086] Ripert e Boulanger, *Traité de Droit civil*, Tomo II, cit., 118.

[3087] Cit., 116.

[3088] *Instituições*, Vol. I, cit., 414 e 388. Quando analisa a causa no âmbito do erro, o autor chama a atenção para o seu duplo preenchimento – objetivo e subjetivo –, sem, porém, esclarecer se o primeiro representa algum papel no Direito português. Sublinhe-se que, ao elencar os requisitos dos atos jurídicos, não menciona a causa. Idêntica posição parece ser assumida por José Dias Ferreira, *Codigo Civil portuguez annotado*, 2ª edição, Vol. II, Coimbra, Imprensa da Universidade, 1896, 12.

§ 40.º A CAUSA ENQUANTO OBSTÁCULO

Para além dos autores acima mencionados, refira-se, ainda, a posição de CUNHA GONÇALVES[3089] e a de JAIME GOUVEIA[3090].

II. Apesar das influências francesas no Código de Seabra, o conceito de causa assume, no primeiro Código Civil lusófono, um papel bastante circunscrito. Contrariando os restantes códigos civis napoleónicos, e não só – pense-se também no Código italiano de 1942 e no Código brasileiro de 2002 –, o legislador nacional não incluiu a causa no leque de elementos centrais dos negócios jurídicos. De acordo com o disposto no artigo 643.º, eram três os requisitos de validade: (1) capacidade dos contraentes; (2) mútuo consenso; e (3) objeto possível.

A comparação entre a solução portuguesa e as demais não pode ser ignorada[3091]. O legislador nacional optou, deliberadamente, por não apresentar, de modo expresso, a causa como um elemento cuja não verificação implicaria a nulidade do negócio jurídico. Acresce que a não inclusão da causa neste restrito leque de elementos acompanhou toda a preparação do Código: no projeto de 1858, no artigo 744.º, que elencava as condições de validade dos contratos, não era feita qualquer menção à causa[3092], o mesmo se passando com a versão posterior, plasmada no artigo 721.º, datada de 1863[3093].

[3089] *Tratado de Direito civil*, Vol. IV, cit., 300: "Causa do contrato é o motivo ou fim que levou o contraente a dar o seu consentimento; é o facto ou circunstância sine qua non, isto é, sem o qual o contraente não teria celebrado o contrato". Sublinhe-se, porém, que CUNHA GONÇALVES releva, ainda, os ditos motivos imediatos ou abstratos comuns a todos os contratos do mesmo tipo. A causa deveria, assim, ser entendida como uma conjugação dos fins inerentes a cada contrato, devidamente conjugados com os motivos pessoais dos contraentes.

[3090] JAIME GOUVEIA in ANTÓNIO GONÇALVES DE CARVALHO, *Direito civil (obrigações), de harmonia com as doutas prelecções do Ex.ᵐᵒ Snr. Prof. Dr. Jaime de Gouveia*, Lisboa, 1935-36, 121: inclui a causa no elemento objetivo do negócio jurídico: "pois temos de considerar que na compreensão do elemento objecto entra também a causa, o fim que aquele que manifestou a vontade teve em vista quando praticou o negócio jurídico".

[3091] JOSÉ TAVARES, *Os princípios fundamentais*, Vol. II, cit., 469: o autor não atribui qualquer relevância à não inclusão da causa nos elementos centrais dos negócios jurídicos, a importância do conceito é retirada dos diversos artigos em que a expressão é utilizada.

[3092] *Codigo civil portuguez: projecto* redigido por ANTONIO LUIZ DE SEABRA, Coimbra, Imprensa da Universidade, 1858, 189-190.

[3093] *Codigo civil portuguez: projecto redigido por* ANTONIO LUIZ DE SEABRA *e examinado pela respectiva comissão revisora*, Imprensa Nacional, Lisboa, 1863, 176.

Se, por um lado, o facto de a causa não aparecer como elemento central dos negócios jurídicos, deve ser valorizado, por outro lado, também não deverá ser ignorado que a causa, em sentido técnico-jurídico, é empregue em, pelo menos, sete preceitos do Código de Seabra: 657.º; 658.º; 659.º; 660.º; 692.º; 1745.º; e 1746.º. Parece-nos, de modo idêntico ao defendido por TABORDA FERREIRA, que o preenchimento do conceito apenas poderá ser feito se partirmos do conteúdo destes preceitos[3094].

III. Os trabalhos preparatórios fornecem-nos importantíssimos elementos. Nos quatro primeiros artigos acima elencados, a expressão causa apenas foi introduzida, em substituição do vocábulo "motivo", pela Comissão Revisora, na sessão de 4 de fevereiro de 1865[3095]. Tanto no projeto de 1858[3096], como no projeto de 1863[3097], que foi sujeito a uma primeira revisão pela comissão responsável, o termo utilizado é sempre "motivo". No que respeita aos artigos 692.º, 1745.º e 1746.º, a terminologia manteve-se inalterada. A expressão causa foi usada, desde o início, pelo VISCONDE DE SEABRA[3098].

Curiosamente, é em relação aos últimos três artigos – 692.º, 1745.º e 1746.º – que o sentido da causa levanta menos dúvidas, sendo em tudo reconduzível à conceção subjetivista, i.e., ao motivo pessoal. A causa objetiva é uma realidade imutável, ou, pelo menos, imune aos propósitos individuais das partes; o seu conteúdo é inerente a cada tipo de negócio jurídico, independentemente das pretensões individuais e pessoais, pelo que não é possível conceber um contrato que tenha como causa um facto criminoso. Assim, no que respeita ao disposto no 692.º, dever-se-á ler: "Se o contrato tiver por [motivo] algum facto criminoso...". O mesmo raciocínio é em tudo aplicável aos artigos 1745.º e 1476.º: sendo a causa inerente ao contrato, não é possível,

---

[3094] *Do conceito de causa*, cit., 163. O autor, que apresentou este trabalho como tese de doutoramento, tinha já dedicado alguma atenção ao tema, na sua dissertação de licenciatura, cfr., *Da causa no acto jurídico e na atribuição patrimonial*, inédito, Lisboa, 1945.

[3095] *Actas das sessões da Comissão Revisora do projecto de código civil portuguez*, Imprensa Nacional, Lisboa, 1869, 586: no então artigo 669.º/1 (657.º/1) lia-se: "O erro do consentimento póde recair: Sobre o motivo do contracto". O mesmo se verificando para os restantes artigos, cfr., cit., 586--587: 670.º (658.º); 671.º (659.º); 704.º (692.º) e 704.º § único (692.º § único).

[3096] 758.º, cfr., cit., 192.

[3097] 735.º; 736.º; 737,.º e 738.º, cfr., cit., 179.

[3098] Projeto de 1858: 785.º; 1877.º e 1878.º, cfr., cit., 198 e 442; projeto de 1863: 770.º, 1784.º e 1785.º, cit., cfr., 185 e 402.

no contexto em que os preceitos se inserem, falar-se de uma causa (objetiva) falsa: a causa é[3099].

Resta-nos, assim, analisar o sentido assumido pelo conceito no âmbito do regime dos vícios de vontade.

IV. Embora seja possível retirar importantes elementos da leitura dos artigos 657.º a 660.º, a simples análise exegética está muito longe de ser conclusiva. O mesmo se diga em relação aos trabalhos preparatórios: tanto se poderá argumentar que a introdução do termo causa é conclusivo da adoção de uma conceção objetiva, como argumentar que a simples substituição de uma palavra, em parte, sinónima não é suficiente para alterar, por completo, as pretensões do legislador. A solução parece estar na própria aplicação prática do regime do vício de vontade.

De forma a encurtar esta exposição, centremo-nos, de imediato, nas duas questões nucleares: (1) que tipo de casos concretos são abrangidos pela construção "erro acerca da causa"; três soluções são, em abstrato, defensáveis: (a) erro sobre a causa subjetiva: motivos pessoais; (b) erro sobre a causa objetiva: função económico-social do contrato ou outro preenchimento análogo; e (c) construção que abarca tanto os motivos pessoais, como a causa inerente ao tipo de negócio; e (2) caso a construção apenas abranja os ditos erros sobre a causa objetiva, reconhece o sistema a sua relevância jurídica por aplicação de outro preceito?

GUILHERME MOREIRA defendeu que o conceito de causa, para efeitos da aplicação do regime do erro, abrangia apenas os erros sobre os motivos pessoais. Já quanto aos erros sobre a causa objetiva, i.e., sobre a natureza do contrato, dever-se-ia aplicar o artigo 661.º, que consagra a figura do erro sobre o objeto[3100]. Esta posição é a mais adequada às doutrinas subjetivistas e anticausalistas, não sendo de estranhar que seja defendida por FERRER CORREIA[3101] e por MANUEL DE ANDRADE[3102]. Já suscita alguma estranheza

---

[3099] TABORDA FERREIRA, Do conceito de causa, cit., 178 e LUÍS CUNHA GONÇALVES, Tratado de Direito civil em comentário ao Código Civil português, Vol. IX, Coimbra, Coimbra, 1935, 569.
[3100] Instituições, Vol. I, cit., 413-414 e 420-421.
[3101] ANTÓNIO FERRER CORREIA, Erro e interpretação na teoria do negócio jurídico, 2ª edição, Almedina, Coimbra, 1939, 3ª tiragem da 2ª edição de 1967, Almedina, Coimbra, 1985, 118.
[3102] Teoria geral, Vol. II, cit., 253.

que José Tavares diga, expressamente, seguir a solução de Guilherme Moreira[3103].

Dias Ferreira[3104] e Cunha Gonçalves[3105] defendem que os erros sobre a causa englobam tanto os erros sobre os motivos pessoais, como os erros sobre a causa objetiva do contrato. O ilustre tratadista, à semelhança de diversos outros autores, exemplifica os tipos de situações reconduzíveis ao erro sobre a causa objetiva: "se um dos contraentes fez um empréstimo e outro recebeu o dinheiro na convicção de que lhe fôra feita uma doação; houve êrro sôbre a natureza do contrato"[3106]. Repare-se que, ao contrário do referido para a posição de José Tavares, não estranhamos que um autor subjetivista defenda esta posição. É necessário, neste aspeto específico, distinguir as doutrinas objetivistas da causa do regime do erro sobre a natureza do negócio.

A última hipótese – erro sobre a causa objetiva/natureza do negócio – apenas parece ser defendida por Cabral de Moncada. O ilustre jurista considera que o conceito de causa, para efeitos do disposto no artigo 659.º e, por arrasto, nos 657.º e 658.º, é a única solução possível, se tivermos em conta o todo da construção frásica (e jurídica) do artigo 659.º: "*O erro de direito àcerca da causa*"[3107].

V. Durante a vigência do Código de Seabra, a problemática da causa assume uma dimensão muito própria. A decisão legislativa de não incluir a causa no leque de elementos nucleares dos negócios jurídicos deslocou a discussão para o regime dos vícios da vontade. Enquanto nos outros sistemas napoleónicos, em especial França e Itália, se discutia, abundantemente – pense-se nas inúmeras obras dedicadas ao tema –, o significado desse quarto elemento, a que o legislador atribuía uma função e importância análogas à capacidade das partes ou à legalidade do objeto negocial, a doutrina por-

---

[3103] *Os princípios fundamentais*, Vol. II, cit., 491-492: a sua posição contém, ainda, uma outra contradição. Por um lado, considera que a expressão causa assume um sentido subjetivo e, por outro, afirma que o erro sobre a causa abrange o *error in negotio*, que o próprio define (489) como "o êrro sôbre a natureza ou espécie do acto".

[3104] *Codigo Civil portuguez annotado*, Vol. II, cit., 12.

[3105] *Tratado de Direito civil*, Vol. IV, cit., 301.

[3106] Cit., 301.

[3107] Luís Cabral de Moncada, *Lições de Direito civil*, reimpressão da 4ª edição, Almedina, Coimbra, 1995, 620 ss..

tuguesa debatia se o erro sobre a causa objetiva, que assume um preenchimento reconduzível ao conceito de natureza jurídica do contrato, deveria ser tratado como uma questão de erro sobre a causa ou como um erro sobre o objeto.

Não se nega que a doutrina nacional se tenha debruçado sobre o conceito de causa, enquanto elemento negocial. Parece-nos, porém, que a atenção dispensada é puramente teórica, num reflexo natural do caminho já então seguido pela Academia Jurídica portuguesa, marcadamente comparatística.

Deixando, por ora, quaisquer preocupações dogmáticas, julgamos que, feita esta exposição, a causa objetiva de Seabra é reconduzível ao conceito de natureza jurídica do contrato, enquanto a causa subjetiva, como de resto não poderia deixar de ser, é apresentada como os motivos pessoais e individuais das partes contraentes.

213. O Código de 66 e a doutrina anticausalista

I. O conceito de causa – enquanto elemento central dos negócios jurídicos –, com uma relevância já bastante reduzida no Código de Seabra, em especial quando comparado com os restantes Códigos napoleónicos, assume, no Código Civil atual, um papel ainda mais diminuto. A secundarização do conceito é usualmente atribuída a MANUEL DE ANDRADE, que apresenta a causa como um conceito dispensável[3108], posição que influenciou, diretamente, o conteúdo do Código Civil de 66, como o pensamento de toda a geração que contribuiu, mais ativamente, para a sua conclusão[3109]. Relembre-se que a preparação e o estudo com vista à elaboração da Parte Geral do Código Civil foram confiados a MANUEL DE ANDRADE[3110].

A escola anticausalista está longe de consubstanciar um conjunto homogéneo de posições. No fundo, em torno de cada construção surgiu uma doutrina oposicionista, que, por não vislumbrar qualquer interesse jurídico e utilidade prática na construção, professava a sua supressão.

O primeiro grande movimento anticausalista, e provavelmente o que mais adeptos granjeou, surgiu como resposta à construção clássica de DOMAT/POTHIER, ver-

---

[3108] *Teoria geral*, Vol. II, cit., 348-349.
[3109] PAIS DE VASCONCELOS, *Teoria geral*, cit., 268.
[3110] MENEZES CORDEIRO, *Tratado*, I, cit., 240.

tida no artigo 1274.º do Código Civil espanhol. As críticas da escola anticausalista, impulsionada pelos escritos de ERNST[3111] e apoiada por alguns dos mais importantes tratadistas franceses da época: HUC[3112], BAUDRY-LACANTINERIE[3113] ou PLANIOL[3114], entre outros, centraram-se na inutilidade da noção, nas imprecisões dogmáticas que a mesma acarretava e, em especial, numa sobreposição desnecessária de conceitos; o conteúdo atribuído à causa seria análogo ao de outras formulações há muito consolidadas e dominadas: (1) contratos onerosos: (a) o conceito de causa não é distinguível do conceito de conteúdo do negócio; (b) as obrigações das partes contratuais nascem cumulativamente, pelo que uma obrigação não pode ser a causa das restantes; e (c) a ausência de causa não é diferenciada da pura inexistência de contrato; (2) contratos gratuitos: (a) o conceito de causa não é distinguível do conceito de *animus donandi*; e (b) a ausência de causa consubstancia uma ausência de vontade[3115].

II. A expressão causa é utilizada em dezenas de artigos do Código de 66. Na maioria das vezes, a locução é empregue desligada de qualquer significado técnico-jurídico, sendo facilmente reconduzível à definição avançada pelo Dicionário da Academia de Ciências de Lisboa: "Aquilo que determinou ou pode determinar a existência de algo ou um acontecimento"[3116]. É neste sentido que a causa nos aparece, por exemplo, no artigo 151.º: "Cessando a causa que determinou a interdição" ou no artigo 323.º/2: "Se a citação ou notificação se não fizer... por causa não imputável ao requerente"[3117].

[3111] A. N. J. ERNST, *La cause est-elle une condition essentielle pour la validité des conventions?* in Bibliothèque du jurisconsulte et du publiciste, Tomo I, Fr. Lemarié, Liége, 1826, 250-264, 253-254.

[3112] THÉOPHILE HUC, *Commentaire théorique & pratique du Code Civil*, Tomo VII : Art. 1101 à 1233, F. Pichon, Paris, 1894, 121-122: afirma não ser possível distinguir a causa do objeto.

[3113] GABRIEL BAUDRY-LACANTINERIE e LOUIS JOSEPH BARDE, *Traité théorique et pratique de Droit civil*, Tomo I: *Des obligations*, 3ª edição, Libraire de la Société du Recueil J.-B Sirey et du journal du Palais, paris, 1906, 374: "*L'idée de cause est absolument superflue; elle est même dangereuse*".

[3114] MARCEL PLANIOL e GEORGES RIPERT, *Traité pratique de Droit civil français*, Tomo VI: *Obligations*, 1ª Parte, LGDJ, Paris, 1930, 358-360: sumário conciso das críticas anticausalistas.

[3115] GHESTIN, *Cause*, cit., 22-23.

[3116] Academia de Ciência de Lisboa, *Dicionário da língua portuguesa contemporânea*, Vol. I, Lisboa, Verbo, 2001, 741.

[3117] Muitos outros exemplos poderiam ser dados: 143.º/1 a): "ou se for por outra causa legalmente incapaz"; 155.º: "Quando a inabilitação tiver por causa a prodigalidade"; 212.º: "substituição das cabeças que por qualquer causa vierem a faltar"; 252.º/1; 442.º/1: "causa que lhe seja imputável"; 466.º/1: "tanto pelo danos a que der causa... como por aqueles que causar"; 446.º/2; 488.º/1; 505.º: "causa de força maior"; 509.º/2: "causa de força maior"; 545.º: "causas não imputáveis às

Ainda numa perspetiva informal, a "causa" é também utilizada no sentido de "em questão"[3118].

Mesmo quando a expressão assume uma conotação mais jurídica, o conteúdo não é abalado com a sua substituição pelos mais diretos sinónimos: razão ou motivo. Pense-se no caso paradigmático da causa extintiva. A nossa perceção em nada se alteraria se o legislador tivesse utilizado as construções frásicas "motivo extintivo" ou "razão extintiva"[3119].

Deve, contudo, ser reconhecido que a expressão apresenta, em diversos preceitos, um forte sentido jurídico, sendo, consequentemente, a sua substituição por algum dos sinónimos acima elencados bastante prejudicial para o Direito. Porém, e salvo melhor opinião, em nenhum desses casos comporta o vocábulo um significado de causa-contrato. Partindo do quadro geral apresentado no parágrafo anterior, a locução é empregue como causa-justificação – sempre que aparece conjugada com o vocábulo justa[3120] –, como causa-atribuição patrimonial – no âmbito do regime do enriquecimento sem causa[3121] – e como causa-obrigação – enquanto fonte da posição jurídica[3122].

III. Antes de prosseguirmos a nossa a análise, dever-se-á relembrar que o nosso estudo tem como objeto final o preenchimento do conceito de causa-contrato. Ora, não sendo a causa apresentada como um dos elementos centrais dos negócios jurídicos, resta-nos seguir a pista da doutrina de Seabra: regime dos vícios da vontade. Repare-se que, ao contrário do que se verificava no Código de Seabra, o erro sobre a causa não mereceu consagração legal.

Tendo como ponto de partida o sentido de causa para a doutrina anterior à vigência do Código de 66, a pergunta que se impõe responder tem, agora, uma diferente formulação: não prevendo o Código, expressamente, um erro sobre a causa, no âmbito de que tipo de erro deverão os erros sobre

partes"; 592.º/1 e 2; 604.º/ 1 e 2; 626.º; 632.º/2; 701.º/1; 752.º; 754.º; 1613.º: "Findo o processo preliminar e os processos judiciais a que este der causa". A lista é interminável.

[3118] 445.º: "para defender os interesses em causa"; 1005.º/1: "não incluindo no número destes o sócio em causa".

[3119] 192.º ss.. O mesmo se diga para as causas impeditivas, 331.º, resolutivas, 434.º/2 ou prescritivas, 521.º.

[3120] 170.º/3; 265.º/3; 461.º/1.

[3121] 473.º-482.º.

[3122] 458.º e 733.º.

a natureza jurídica dos negócios ser invocados? Este problema está longe de merecer a atenção que lhe foi dispensada pela doutrina de Seabra, muito provavelmente em resultado de o termo causa não ter sido legalmente consagrado. Atente-se, ainda, que nenhum dos autores modernos fala de um erro sobre a causa e apenas MOTA PINTO parece referir a figura do erro sobre a natureza do negócio[3123].

Pese embora estes obstáculos, parece evidente, tanto por parte da doutrina, como por parte da jurisprudência[3124], que as situações jurídicas em que um dos sujeitos está em erro quanto aos efeitos jurídicos do contrato celebrado – natureza jurídica do contrato ou causa objetiva, para a doutrina de Seabra – são reconduzíveis à figura do erro sobre o negócio jurídico, que abrange tanto os erros sobre a identidade ou sobre as qualidades do objeto, como o seu conteúdo[3125], natureza[3126] ou regime jurídico[3127].

214. Estado atual da questão e conclusões

I. O conceito de causa-contrato é uma construção jurídica cujos contornos estão muitíssimo longe de ter alcançado um preenchimento evidente e unânime. Curiosamente, e apesar das origens comuns do conceito, a temática tem merecido um tratamento muito próprio dentro de cada um dos sistemas jurídicos que reconhecem a causa como um elemento central dos negócios jurídicos. Esta autonomização nacional é posta em evidência quando comparada com os regimes francês e italiano: não são apenas as soluções que são distintas, também a linguagem e os termos utilizados o são.

[3123] *Teoria geral*, cit., 506.

[3124] Têm sido poucos os litígios relacionados com erros sobre a natureza do negócio. Este facto não deixa de ser compreensível, atendendo a que as situações clássicas são marcadamente académicas: A celebra um contrato de compra e venda com B, julgando o último que os seus efeitos são análogos à doação. Refira-se, contudo, um caso análogo, discutido na Relação do Porto, em que um sujeito adquiriu um estabelecimento comercial na convicção de que poderia habitar o prédio, cfr., RPt 26-Nov.-1992 (SAMPAIO DA NÓVOA), CJ XVII (1992) 5, 234-236, 235-236. RCb 29-Mar.-2000 (ANTÓNIO GERALDES), 495 BMJ, 2000, 371-372.

[3125] MENEZES CORDEIRO, *Tratado*, I/I, cit., 825.

[3126] MOTA PINTO, *Teoria geral*, cit., 506.

[3127] PAIS DE VASCONCELOS, *Teoria geral*, cit., 564-565.

§ 40.º A CAUSA ENQUANTO OBSTÁCULO

A doutrina francesa dominante, com raízes na construção de Ripert e Boulanger, defende uma distinção entre causa eficiente, que corresponde ao encontro de vontades, no fundo, ao elemento consentimento, e a causa final, que representa a razão ou motivo subjacente à contratação. No que respeita à dicotomia motivos pessoais e características inerentes ao contrato utilizado, tudo dependerá do tipo de negócio em causa. Por exemplo, a causa subjetiva terá um peso bastante considerável no âmbito dos negócios gratuitos[3128].

A partir dos anos 50 do século passado, a doutrina da função económico-social da causa começou a ser criticada por diversos autores italianos. Este movimento teve como grande impulsionador Pugliatti, que define a causa como a função que resulta da síntese dos efeitos jurídicos essenciais do negócio utilizado[3129].

II. Qual é, então, o significado da causa no atual panorama jurídico nacional? Na busca pelo seu preenchimento, duas soluções são, em abstrato, possíveis: (1) uma perspetiva integrada, em que a causa é analisada no seu todo; e (2) uma perspetiva fragmentária, em que as diferentes dimensões jurídicas do conceito são analisadas autonomamente. Cada uma das duas posições tem as suas vantagens e interesse.

A primeira solução é defendida por Pais de Vasconcelos[3130]. Sem nunca negar os diferentes sentidos que o conceito pode assumir, o ilustre Professor decide valorizar o papel transversal que a causa assume no âmbito do Direito nacional. Da cuidada análise levada a cabo cumpre destacar três aspetos: (1) a causa, num sentido técnico jurídico, é empregue pelo legislador em variadíssimos preceitos, pelo que é evidente que o conceito assume uma importância vital no espaço jurídico civilístico[3131]; (2) a causa faz parte de um conjunto restrito de componentes formativos do Direito ocidental, pelo que o seu papel não deve ser minorado[3132]; e (3) a exploração integrada do conceito pode assumir um papel determinante na evolução da Ciência Jurídica, como no caso paradigmático da distinção da natureza do Direito comercial perante o Direito civil.

[3128] Ghestin, *Cause*, cit., 89 ss.: com vasta bibliografia.
[3129] Salvatore Pugliatti, *Nuovi aspetti del problema della causa dei negozi giuridici* in *Diritto civile: metodo – teoria – pratica*, Giuffrè, Milão, 1951, 75-104.
[3130] *Teoria geral*, cit., 263-276.
[3131] Cit., 268.
[3132] Cit., 273.

Tendo em conta os propósitos do presente estudo, optámos pela segunda solução, hoje representada por MENEZES CORDEIRO[3133]. A nossa escolha deve ser enquadrada à luz dos objetivos do presente parágrafo: são os negócios fiduciários inadmissíveis no Direito português por violação da causa? Tendo em conta a precisão do problema, as vantagens pontuais da abordagem parecem-nos evidentes. Sublinhe-se, porém, que uma análise alheia à transversalidade do conceito seria sempre defeituosa. Julgamos não ter incorrido nesse erro.

Sublinhadas, novamente, as nossas pretensões, apresente-se, por fim, qual consideramos ser o sentido de causa-contrato à luz do Direito português.

III. A causa-contrato corresponde à causa napoleónica, que consubstancia o quarto elemento central dos negócios jurídicos. Esta conceção nunca foi positivada no Direito português. Acresce que os autores materiais dos nossos dois códigos civis sempre se mostraram avessos a esta construção: nos trabalhos preparatórios do VISCONDE DE SEABRA, a expressão causa assume sempre um significado em tudo reconduzível a um motivo pessoal; MANUEL DE ANDRADE, autor decisivo para a Parte Geral do Código Civil, considerava o conceito dispensável. Esta clara opção legislativa, fruto das conceções doutrinárias professadas, deslocou a problemática para o âmbito do regime dos vícios de vontade, onde ainda hoje permanece.

O Código de Seabra deixou, porém, uma porta aberta à discussão: o erro sobre a causa impossibilitava que se afastasse, por completo, a construção. A letra da lei impedia-o. A doutrina defendeu, então, que o erro sobre a causa englobava os erros sobre os motivos pessoais e os erros sobre a natureza jurídica do contrato tipo utilizado. Curiosamente, uma parte substancial da doutrina especializada considerou, apesar da letra da lei, que os erros sobre a natureza jurídica do contrato eram erros sobre o objeto e não sobre a causa.

As dúvidas suscitadas pela inclusão da figura do erro sobre a causa foram ultrapassadas, definitivamente, com o Código de 66. Embora seja empregue em incontáveis preceitos, em nenhum assume a expressão um sentido de causa-contrato. A tradição de Seabra foi mantida: a causa, desta vez sem consagração expressa, foi relegada para os vícios de vontade, mais especificamente para o regime do erro sobre o objeto, entendendo-se como objeto não

---

[3133] *Tratado*, II/II, cit., 603-627.

apenas a sua identidade e qualidades como o próprio conteúdo do negócio, os seus efeitos jurídicos ou a sua natureza. Ora, o conteúdo do negócio é alcançado pela conjugação da vontade das partes com os elementos jurídicos indissociáveis dos propósitos objetivos. Por muito variados que sejam os motivos pessoais das partes, num contrato de compra e venda, a intenção de comprar e a intenção de vender têm de estar sempre presentes, sob pena de aquele não existir juridicamente. A causa objetiva parece, assim, resumir-se a este conjunto de elementos característicos do tipo negocial, que, apesar da sua importância, não são autónomos, estando antes englobados no conceito de objeto.

Julgamos ser este o sentido que mais se adequa à realidade nacional. A apresentação da causa como um elemento cuja verificação se impõe, sob pena de invalidade do negócio, não tem correspondência com a realidade jurídica nacional, pelo que a teoria da admissibilidade de BELEZA DOS SANTOS não encontra fundamento jurídico-legal.

Tanto numa perspetiva subjetivista como numa perspetiva objetivista, o papel da causa está confinado ao regime dos vícios de vontade. A relevância jurídica da primeira é bastante circunscrita, apenas relevando se for enquadrável no campo de aplicação restrito do artigo 252.º. No que respeita à segunda, a que maiores dúvidas levanta, o seu papel, embora mais vasto, é também ele, como já se referiu, bastante diminuto e inconcebível autonomamente. Corresponde, apenas, a um dos aspetos do elemento negocial: o objeto. E, de resto, com reduzida aplicação prática.

IV. Antes de fecharmos o presente parágrafo, cumpre ainda deixar algumas breves linhas sobre o interesse prático e real da causa napoleónica.

Como sublinhámos a título introdutório, as complexidades conceptuais que envolvem o conceito de causa radicam na incerteza quanto à sua utilidade. Tanto numa perspetiva leiga, como numa perspetiva jurídica pragmática e, dirão porventura os defensores da causa, superficial, o conceito apresenta-se como um elemento estranho. A nossa atenção irá sempre centrar-se nos sujeitos, no objeto do contrato e nos exatos termos acordados pelas partes. Sendo que todos os três requisitos estão sujeitos a estritas regras: nem todas as pessoas podem livremente contratar; os objetos do contrato têm de ser possíveis e legais; e a forma e o processo por que as partes chegam a um entendimento último seguem um conjunto de parâmetros reguladores e protetivos. Mas, então, para que serve a causa? Que tipo de situações pretenderá a causa acautelar que não sejam cobertas pelos regimes aplicáveis aos outros três elementos? Provavelmente, uma resposta cabal apenas poderá ser dada em concreto, à luz de um específico ordenamento jurídico. Um estudo desse tipo extravasa por completo o propósito da presente pesquisa, pelo que propomos uma solução de recurso: qual o papel atribuído à causa pelos movimentos de codificação internacionais e europeus no âmbito do Direito privado?

Tanto a causa, como a *consideration* anglo-saxónica foram excluídas do conteúdo dos Princípios da UNIDROIT, versão de 2010. De acordo com o disposto no artigo 3.1.1, *"O simples acordo das partes conclui, modifica ou extingue o contrato sem necessidade de outros requisitos"*[3134]. A razão subjacente a esta não inclusão parece ter estado na simplificação e clareza do processo formativo[3135]. Quanto às lacunas que esta decisão poderia originar, os conceitos de ilicitude, bons costumes, boa-fé ou ordem pública foram considerados como perfeitamente aptos a ocupar o impreciso papel ocupado pela causa e pela *consideration* nos países em que têm aplicação[3136].

Também os movimentos de unificação dos Direitos privados europeus têm seguido o mesmo caminho[3137]: *The Principles of European Contract Law*, 1998: artigo 2.101(1): *"A contract is concluded if: (a) the parties intend to be legally bound, and (b) they reach a sufficient agreement"*.

[3134] Tradução, não oficial, de LAURO GAMA, JR., versão consultada no sítio UNIDROIT; cfr., http://www.unidroit.org/english/principles/contracts/principles2010/translations/blackletter2010-main.htm.

[3135] MICHAEL JOACHIM BONELL, *International Restatement of Contract Law: the UNIDROIT Principles of International Commercial Contracts*, 3ª edição, Ardsley, Transnational Publishers, 2004, 113-114: o facto de os conceitos não terem um conteúdo preciso terá contribuído para esta tomada de posição.

[3136] MARCEL FONTAINE, *The Draft OHADA Uniform Act on Contracts and the UNIDROIT Principles of International Commercial Contracts*, 9 Rev Dr Unif, 2004, 573-584, 583.

[3137] Sobre esta matéria, vide MENEZES CORDEIRO, *Tratado*, VI, cit., 241-260.

Capítulo III
A Estrutura dos Negócios Fiduciários

§ 41.º ELEMENTO PRIMÁRIO DOS NEGÓCIOS FIDUCIÁRIOS: ASSUNÇÃO DA POSIÇÃO DE FIDUCIÁRIO

215. Enquadramento e doutrina clássica da transmissão

I. Afastadas as dúvidas quanto à absorção dos negócios fiduciários pelo regime da simulação, a conceção romanística de Regelsberger impôs-se com enorme naturalidade. De facto, não restando elementos, fácticos ou jurídicos, que impeçam a transmissão de um direito para um terceiro, o qual se compromete, por seu turno, a apenas exercer a posição ocupada nos exatos termos acordados, não se vislumbram sérias e fundadas razões para não assumir essa conceção como ponto de partida.

Ao apresentar a transmissão do direito como elemento primário da relação fiduciária, interessa-nos sublinhar que, independentemente dos contornos específicos que as posições jurídicas dos diversos intervenientes assumam, o Direito não pode ser indiferente à intenção manifestada pelas partes: a efetiva transmissão do direito.

Não se depreenda, destas considerações, um apoio ou acolhimento das teorias negativistas, que condenam qualquer proteção jurídica que extravase o simples campo obrigacional.

II. A maioria dos autores clássicos – ignorando, por ora, as especificidades das diferentes construções e teorias – faz assentar o negócio fiduciário na transmissão plena de um direito. É esta a linha de raciocínio assumida pela doutrina alemã dos inícios do século XX, que representou um papel decisivo na expansão da moderna teoria fiduciária nas Ciências Jurídicas latinas. Vejamos.

DERNBURG atribui à transmissão dos bens esse mesmo propósito, i.e., o fiduciário assume a titularidade dos direitos transmitidos[3138]. Para ENNECCERUS/NIPPERDEY, a posição jurídica do fiduciário reflete-se numa capacidade de alienação plena[3139].O papel central da transmissão é particularmente visível em VON TUHR. O jurista, natural de São Petersburgo, recorre, logo no início da sua extensa exposição, a um exemplo fiduciário clássico: A transmite um determinado bem para B, o qual se compromete a usá-lo nos exatos termos acordados e a retransmiti-lo, para A, com a verificação dos pressupostos ou das condições estabelecidas contratualmente[3140]. O paradigma fiduciário da transmissão de direitos é defendido nas mais relevantes monografias da época[3141]. SIEBERT, conquanto sublinhe que o fiduciário apenas pode fazer uso da posição ocupada para prosseguir os fins acordados com o fiduciante, destaca que todas as relações fiduciárias pressupõem a transmissão de um direito[3142]. BEROLZHEIMER, que professa idêntica posição, assume um modelo expositivo particular: dedica parte substancial dos seus estudos a criticar todas as construções que negam a transmissão efetiva e plena, por

---

[3138] *Pandekten*, Vol. I, cit., 228-229.

[3139] *Allgemeiner Teil*, Vol. II, cit., 922-923.

[3140] ANDRES VON TUHR, *Der allgemeine Teil des Deutschen bürgerlichen Rechts*, Vol. II, Parte 2, Duncker & Humblot, Munique e Leipzig, 1918, 185-186.

[3141] KURT CZAYA, *Das Indossament zum Inkasso*, Robert Noske, Leipzig, 1908, 13: conquanto sublinhe a complexidade da dimensão interna do negócio fiduciário e a consequente proteção concedida ao fiduciante, não tem dúvidas em afirmar ser o fiduciário o legítimo titular do direito constituído em fidúcia; LOTHAR KAUL, *Das fiduziarische Rechtsgeschäft*, Anton Kämpfe, Jena, 1910, 17 ss.; JULIUS GRÜNDSCHILD, *Die Treuhänderschaft zum Zwecke der Gläubiger*, Otto Liebmann, Berlim, 1914, 5: o negócio fiduciário tem na sua base a transmissão de um direito para um terceiro, com um propósito identificado; GEIGER, *Fiducia und Aussonderung*, cit., 12: caracteriza a fidúcia moderna como uma transmissão de um direito para um terceiro de confiança; KUNISCH, *Die rechtliche Stellung*, cit., 6: todos os tipos de negócio fiduciário têm em comum a transmissão de um direito para um terceiro de confiança; ROLF KELLER, *Das fiduziarische Rechtsgeschäfte im schweizerischen Zivilrecht*, Stämpfli, Berna, 1941, 7-8: após apresentar o negócio fiduciário como uma transmissão em confiança, o autor elenca uma série de situações-tipo que assentam, sem exceção, nesse mesmo pressuposto.

[3142] WOLFGANG SIEBERT, *Das rechtsgeschäftliche Treuhandverhältnis: ein dogmatischer und rechtsvergleichender Beitrag zum allgemeinen Treuhandproblem*, N. G. Elwert'sche, Marburgo, 1933, 146.

clara inconsistência com a vontade manifestada pelas partes, alega[3143]. Contudo, é na análise de GOLTZ que a imperatividade da transmissão surge com maior evidência[3144]. A conceptualização do negócio fiduciário por recurso à conjugação de dois negócios distintos, circunscrevendo-se o primeiro à simples transmissão do direito e o segundo à delimitação obrigacional da posição jurídica do fiduciário, não pode suscitar qualquer tipo de dúvida: a fidúcia pressupõe a transmissão de um direito para um terceiro: o fiduciário.

A transmissão é igualmente posta em evidência pelo Supremo Tribunal Imperial alemão (*Reichsgericht*)[3145].

III. A apresentação da transmissão como elemento nuclear da temática fiduciária reflete o paradigma doutrinário vivido nos finais do século XIX e nos inícios do século XX. O desinteresse pela dimensão interna da fidúcia, em especial no que respeita à natureza jurídica da relação que se estabelece entre o fiduciário e os beneficiários, é evidenciado pela pouca atenção dispensada, ao tema, pela doutrina de ponta. Durante longas décadas, a Ciência Jurídica alemã mostrou-se particularmente focada em blindar a posição jurídica do beneficiário, em especial no caso de o fiduciário entrar em insolvência[3146].

O afastamento da dimensão interna das preocupações da doutrina terá ficado a dever-se, por um lado, à convicção generalizada de que este aspeto da relação fiduciária se revestia de menores dificuldades dogmáticas[3147] e,

---

[3143] *Die fiduziarische Zession*, cit., 9-10: o autor é especialmente crítico das teorias da condição resolutiva e da teoria da representação.

[3144] Número 233.

[3145] RG 15-Nov.-1909, 54 Gruchot, 1910, 623-628, 626: a estrutura basilar do negócio fiduciário pode ser descrita como uma transmissão de um direito para um terceiro sujeito que se compromete a atuar nos exatos termos acordados e sempre em prossecução do propósito estabelecido. Esta construção é repetida em inúmeras decisões: RG 10-Out.-1917, 94 RGZ, 1918, 12-16, 16; RG 5-Nov.-1918, 94 RGZ, 1919, 305-308, 308: fazendo referência, entre outros, aos dois acórdãos aqui citados; RG 23-Abr.-1920, 99 RGZ, 1920, 23-31, 29; ou 15-Jun.-1920, 99 RGZ, 1920, 158-160.

[3146] LÖHNIG, *Treuhand*, cit., 115.

[3147] SIEBERT, *Treuhandverhältnis*, cit., 2: nas primeiras linhas do seu estudo, o autor dá voz a este sentimento, bastante generalizado, de que a dimensão interna das relações fiduciárias representa um problema menor, quando comparado com a complexidade que envolve a proteção dos interesses do fiduciante e do beneficiário. GRÜNDSCHILD, *Die Treuhänderschaft*, cit., 10 ss.: apresenta a dimensão externa da relação como o grande problema da doutrina fiduciária.

por outro, ao indiscutível fascínio que a complexa questão da dimensão externa dos negócios fiduciários tende a despertar.

Este sentimento é particularmente visível em algumas monografias alemãs do primeiro quartel do século passado. Nos capítulos dedicados à conceptualização do negócio fiduciário, era bastante comum introduzir-se, de imediato, a problemática da proteção dos interesses dos beneficiários[3148].

IV. O modelo foi, como seria expectável, adotado pela doutrina latina. Tanto a construção de Ferrara[3149], que segue a estrutura de Goltz, como a de Cariota-Ferrara[3150] – os dois nomes mais importantes da temática fiduciária italiana da primeira metade do século XX – têm na sua base a transmissão de um direito.

Em terras espanholas, o elemento translativo foi devidamente relevado pelos três autores clássicos da década de 50: Navarro Martorell[3151], Garrigues[3152] e Jordano Barea[3153].

V. O paradigma doutrinário e jurisprudencial nacional manteve-se em consonância com os avanços dos restantes ordenamentos. Da doutrina de Seabra, apenas Cunha Gonçalves, que não parece conceber o negócio fiduciário sem a inclusão de uma cláusula de venda a retro, poderia, eventualmente, ser apresentado como defendendo uma posição própria[3154]. Note-se, contudo, que a particularidade da orientação de Cunha Gonçalves reside nas limitações que acompanham o direito transmitido e não na transmissão *per se*.

[3148] Berolzheimer, *Die fiduziarische Zession*, cit., 8-10. Wolfgang Hollensteiner, *Treuhandeigentum an Grundstücken*, Tageblatt-Haus, Coburg, 1929: um exemplo perfeito do modelo expositivo então maioritário: o autor inicia a sua exposição por uma análise histórica do Direito romano e do Direito germânico medieval; de seguida, dedica meia dúzia de parágrafos ao estudo da dimensão interna e sistemática do negócio fiduciário, passando, de imediato, para a dimensão externa do instituto fiduciário, ponto que o vai ocupar nas restantes páginas do seu estudo.

[3149] *Della simulazione*, cit., 56.

[3150] *I negozi fiduciari*, cit., 1 e 23-25.

[3151] Mariano Navarro Martorell, *La propiedad fiduciaria: la fiducia historica, los modernos negocios fiduciarios, la propiedad fiduciaria*, Bosch, Barcelona, 1950, 85.

[3152] Joaquín Garrigues, *Negocios fiduciarios en Derecho mercantil*, Real Academia de Jurisprudencia y Legislación, Madrid, 1955, 13.

[3153] *El negocio fiduciario*, cit., 12.

[3154] *Tratado de Direito civil*, Vol. V, cit., 715.

§ 41.º ELEMENTO PRIMÁRIO DOS NEGÓCIOS FIDUCIÁRIOS

BELEZA DOS SANTOS descreve o fiduciário como o legítimo titular do direito[3155]; MANUEL DE ANDRADE reconduz os negócios fiduciários a uma transmissão de direitos em que a parte adquirente se compromete a exercê--los tendo sempre em consideração a finalidade da própria transmissão[3156]. Também VAZ SERRA, que transcreve a construção de ENNECCERUS[3157], ORLANDO DE CARVALHO[3158], que apresenta a transmissão definitiva do direito como um dos pilares centrais de toda a construção fiduciária, e PESSOA JORGE, para quem o "fiduciário é efectivamente investido na situação real"[3159], não fogem à regra do seu tempo[3160].

Mesmo após a consolidação da doutrina da admissibilidade dos negócios fiduciários, muitos foram os autores que conservaram a transmissão do direito como elemento central de toda a construção. GALVÃO TELLES, o primeiro autor a defender abertamente e de forma generalizada a legalidade das relações fiduciárias, define o negócio fiduciário como um "contrato pelo qual uma pessoa aliena a outra um direito, mas com obrigação, por esta, de só o exercer em vista de determinado fim"[3161]. Também CASTRO MENDES, que dedicou um espaço considerável à problemática nas suas lições universitárias, optou por descrever a fidúcia como um negócio translativo[3162].

De resto, ainda hoje não é inusual a doutrina mais moderna apresentar o negócio fiduciário como uma relação complexa, que tem na sua origem a transmissão de um direito para um terceiro[3163].

[3155] *A simulação*, Vol. I, cit., 114.
[3156] *Teoria geral*, Vol. II, cit., 175.
[3157] *Cessão de créditos*, cit., 148.
[3158] *Negócio jurídico indirecto*, cit., 124-125.
[3159] *O mandato sem representação*, cit., 324.
[3160] Idêntica posição pode ser encontrada na restante doutrina da época, cfr., GONSALVES DIAS, *Da letra*, Vol. V, cit., 43: "Existe um negócio fiduciário quando alguém adquire poderes sôbre uma coisa ou um direito, com a cláusula de remissão a favor do alienante ou cedente" ou PEREIRA COELHO, *Obrigações*, cit., 91.
[3161] *Manual dos contratos*, cit., 188-189.
[3162] *Direito civil*, cit., 238: "o negócio fiduciário é necessariamente real, atributivo de um direito real".
[3163] REMÉDIO MARQUES, *Locação financeira*, cit., 593: "se confere ao fiduciário a plena titularidade de um direito"; ANDRADE DE MATOS, *O pacto comissório*, cit., 179: cita a definição de MANUEL DE ANDRADE; MARGARIDA COSTA ANDRADE, *A propriedade fiduciária*, cit., 56: "o fiduciário receber o direito de propriedade"; RAMOS ALVES, *Do penhor*, cit., 308: "traduz-se na alienação de um

O mesmo tipo de definição é seguido pela nossa jurisprudência[3164].

216. Superação da doutrina clássica da transmissão

I. No capítulo dedicado à constituição dos *express trusts*, afirmámos que a fidúcia anglo-saxónica pode ser constituída por três métodos distintos: (1) por simples manifestação de vontade: o *settlor* declara a constituição de um *trust*, autonomizando, na sua esfera jurídica, os direitos de propriedade dos bens constituintes; (2) por transmissão do direito de propriedade para terceiros: a transmissão é acompanhada por uma declaração onde os elementos identificativos do instituto e a natureza da relação são explicitados; ou (3) por disposição testamentária: a constituição do *trust* opera com o falecimento do testador[3165]. Haverá algum impedimento para que o negócio fiduciário, no Direito português, resulte não de uma transmissão em vida ou em morte, mas da simples assunção dessa obrigação, por parte do titular do direito? Não cremos. De resto, estamos plenamente convencidos de que nenhum dos autores acima mencionados, confrontado com esta questão, responderia de forma diferente.

Atualmente, a doutrina europeia parece aceitar, pacificamente, a constituição de negócios fiduciários não translativos. Este ponto foi posto em evidência pelo grupo de trabalho (*Business and Law Research Centre*) que, em 1999 e em seguimento da Convenção de Haia, elaborou os *Principles of European Trust Law*[3166]. De acordo com o disposto no artigo 2.º, "*it may also be possible for a settlor to create a trust by making it clear he is to be trustee of particular assets of his*"[3167].

---

direito"; MONTEIRO PIRES, *Alienação em garantia*, cit., 71 ss.: a autora, que também cita a definição de MANUEL DE ANDRADE, não coloca em causa, em nenhum momento, esta construção.
[3164] RLx 22-Abr.-1999 (JORGE SANTO), proc. n.º 0000382: "O negócio fiduciário (fidúcia) é aquele pelo qual uma pessoa atribui a outra um direito ou poder jurídico"; STJ 17-Dez.-2002, (PINTO MONTEIRO), proc. n.º 02A3267: "O dono do negócio, que é quem confere os poderes e o fiduciário a quem são conferidos"; RLx 12-Jan.-2006 (ANA PAULA BOULAROT), proc. n.º 11251/06-2: segue a definição de GALVÃO TELLES.
[3165] Número 91.
[3166] Coordenação de D. J. HAYTON, S. C. J. J. KORTMANN e H. L. E. VERHAGEN, Kluwer Law International – W. E. J. Tjeenk Willink, Haia, 1999.
[3167] Cit., 14.

Curiosamente, o caminho percorrido pelas várias Ciências Jurídicas foi distinto. Interessam-nos, em especial, as evoluções alemã e italiana, em face da ascendência que sempre exerceram junto da doutrina nacional.

II. Como acima referido, o interesse e a atenção da doutrina alemã estiveram centrados, nas primeiras décadas após a conceptualização de REGELSBERGER, nos efeitos externos da relação fiduciária. A década de 30 do século passado marca uma viragem histórica. EMMERICH[3168] (1930) e BEYERLE[3169] (1932) vieram criticar, abertamente, o paradigma fiduciário alemão. Para EMMERICH, é a dimensão interna da relação fiduciária que caracteriza o instituto. Ao avançar uma primeira definição de negócio fiduciário, o autor recorre não à transmissão do direito, mas à posição jurídica do fiduciário, apresentado como um garante dos interesses de terceiros (beneficiários da relação), fruto da posição ocupada[3170]. Repare-se que, ao longo do seu estudo, EMMERICH trabalha sempre na base de negócios fiduciários translativos[3171], pelo que a posição do jurista alemão é inequívoca. EMMERICH considera que é na dimensão interna do negócio que reside a originalidade da fidúcia. É a relação obrigacional que molda todo o negócio. A circunscrição da posição do fiduciário, os direitos do beneficiário sobre os bens transmitidos, tanto em caso de incumprimento, como de insolvência do fiduciário, são questões cujas respostas são encontradas no seio da dimensão interna[3172].

BEYERLE foi mais duro e direto na exposição das suas objeções. O autor também inicia os seus estudos por criticar a visão doutrinária maioritária: a concentração de toda a atenção nos efeitos externos do negócio fiduciário, alega o autor, afasta a Ciência Jurídica do elemento mais característico do negócio: a relação interna constituída entre o fiduciário e o beneficiário[3173]. BEYERLE vai mesmo mais longe e afirma que a compreensão da dimensão

---

[3168] FRANZ BEYERLE, *Die Treuhand im Grundriss des deutschen Privatrechts*, Hermann Böhlaus Nachfolger, Weimar, 1932.
[3169] HUGO EMMERICH, *Die Sanierung*, Vol. I: *Der Begriff der Sanierung. Der außergerichtliche Vergleich. Die Sanierungstreuhand*, J. Bensheimer, Mannheim, 1930.
[3170] *Die Sanierung*, cit., 144.
[3171] Cit., 152.
[3172] Cit., 153-154.
[3173] *Die Treuhand*, cit., 8.

interna da relação fiduciária é indispensável para a construção de qualquer doutrina externa[3174].

Apesar da desaprovação com que ambas foram recebidas – serão objeto de análise no parágrafo dedicado à dimensão interna do negócio fiduciário –, as construções de EMMERICH e BEYERLE alteraram, por completo, a forma como a doutrina alemã passou a encarar a temática fiduciária. O elemento nuclear foi deslocado para a dimensão interna da relação, ou seja, para a natureza das obrigações assumidas pelo fiduciário. Na sua célebre monografia, COING define o fiduciário como um sujeito que se compromete a apenas exercer determinados direitos no interesse de terceiros ou nos exatos termos acordados[3175]. Este ponto é assumido, com algumas variantes, nas mais importantes monografias fiduciárias dos últimos anos.

STEFAN GRUNDMANN, para quem toda a temática fiduciária é reconduzível à dimensão interna, estende o conceito de *Treuhand* a todas as situações jurídicas patrimoniais em que um sujeito assume a obrigação de atuar no interesse de terceiros[3176].

MARTIN LÖHNIG, que leva a tese de GRUNDMANN a um novo patamar, descreve o negócio fiduciário como uma relação jurídica em que um sujeito, o fiduciário, se substitui a um terceiro, o beneficiário, na prossecução dos seus próprios interesses[3177].

Mesmo GEORG BITTER, bastante crítico do paradigma doutrinário moderno, que tem em GRUNDMANN e em LÖHNIG os seus porta-estandartes[3178] – o autor considera que é na dimensão externa que se deve procurar a essência do negócio fiduciário, o que o leva a retomar, em parte, a metodologia analítica e expositiva clássica, mais focada na proteção da posição jurídica do beneficiário –, coloca a pedra de toque do negócio fiduciário na possibilidade de o fiduciário poder ser responsabilizado pelo não cumprimento das obrigações assumidas[3179].

[3174] Cit., 15.
[3175] *Die Treuhand*, cit., 85.
[3176] *Der Treuhandvertrag, insbesondere die werbende Treuhand*, Beck, Munique, 1997, 541. A sua posição será clarificada no parágrafo dedicado aos direitos constituíveis em fidúcia.
[3177] *Treuhand*, cit., 116.
[3178] *Rechtsträgerschaft für fremde Rechnung: Außenrecht der Verwaltungstreuhand*, Mohr Siebeck, Tübingen, 2006, 36.
[3179] Cit., 518-519.

§ 41.º ELEMENTO PRIMÁRIO DOS NEGÓCIOS FIDUCIÁRIOS

III. Em terras italianas, a perceção de que o negócio fiduciário não pressupõe uma prévia transmissão reflete a curiosidade doutrinária comparatística pelo *trust* anglo-saxónico, bem enraizada para lá dos Alpes. Não é, assim, de estranhar que a primeira referência a negócios fiduciários não translativos seja encontrada nos pioneiros estudos de FRANCESCHELLI, dedicados ao instituto fiduciário inglês[3180]. Depois de uma breve explicação sobre a constituição de *trusts* por simples declaração de vontade no Direito inglês, FRANCESCHELLI afirma que não vê nenhum impedimento em que a modalidade seja recebida pelo sistema italiano. O jurista, que, em diversas ocasiões, sublinha a dupla dimensão do negócio fiduciário – dimensão interna e dimensão externa –, considera que o conceito de dimensão externa não respeita à transmissão do bem, mas a todos os aspetos do negócio fiduciário que estejam relacionados com a titularidade do direito. Ora, não é possível conceber a modalidade fiduciária por simples assunção da posição, sem a identificação de um direito na esfera jurídica do sujeito que se haja comprometido a atuar em benefício de um terceiro, pelo que todos os elementos necessários se verificam[3181].

O interesse por esta modalidade foi originado com a publicação da monografia fiduciária de LIPARI. O autor italiano distingue dois tipos de negócios fiduciários: a fidúcia dinâmica, modalidade que pressupõe a transmissão prévia de um direito[3182], e a fidúcia estática, caracterizada pela simples assunção da obrigação, por parte do titular de um direito, de que irá exercer a posição ocupada sempre em função dos propósitos acordados[3183]. Apesar de ter sido bem acolhida pela Ciência Jurídica italiana, a expressão – fidúcia estática – assume mais do que um significado[3184]. Enquanto a maioria da doutrina

---

[3180] *Il "trust"*, cit., 13-15. A obra mereceu, de imediato, a atenção da doutrina especializada. O autor voltou, posteriormente, a abordar a temática, cfr., *"Trust" e "trustee"*, 12 NDI, 569-575. Um ano volvido, CESARE GRASSETTI publicou um curto artigo dedicado ao instituto fiduciário anglo-saxónico: *Trust anglosassone, proprietà fiduciaria e negozio fiduciario*, 34 RDComm, 1936, 548-553, 553: atente-se na curiosa conclusão do autor italiano: *"il trust è divenuto fiducia legale: e non è più negozio fiduciario"*.

[3181] Cit., 15.

[3182] NICOLÒ LIPARI, *Il negozio fiduciario*, Giuffrè, Milão, 1971, reimpressão da edição de 1964, 153. Quase três décadas volvidas, o autor voltou a dissertar sobre o tema, cfr., *Fiducia statica e trusts* in *I trusts in Italia oggi*, coordenação de ILARIA BENVENUTI, Giuffrè, Milão, 1996, 67-80.

[3183] Cit., 153-154.

[3184] Os termos fidúcia estática e fidúcia dinâmica são ainda utilizados no âmbito das denominadas sociedades fiduciárias, para distinguir as situações em que a instituição assume uma função

tende a seguir a distinção professada por Lipari[3185], parte da jurisprudência, apoiada por uma doutrina minoritária[3186], utiliza o termo para identificar situações em que um sujeito adquire um bem, em nome próprio, com o intuito de o retransmitir de imediato para um terceiro que financiou, em parte ou na sua totalidade, a primeira aquisição[3187].

Estranhamente, alguns autores defendem que a distinção não tem especial relevância operativa[3188]. Esta posição pode ajudar a explicar o porquê de a maioria da doutrina italiana, conquanto reconhecendo a legalidade da fidúcia estática, continuar a definir o negócio fiduciário como uma união de negócios (*negozi collegati*)[3189].

---

de simples depositário (fidúcia estática) ou um papel mais ativo, em que lhe são conferidos poderes discricionários de administração e de disposição (fidúcia dinâmica), cfr., Giuseppe Di Chio, *Gestione fiduciaria di patrimoni mobiliari e servizi di investimento* in *La riforma dei mercati finanziari, dal decreto Eurosim al Testo Unico della Finanza*, coordenação de Guido Ferrarini e Piergaetano Marchetti, Edibank, Roma, 1998, 159-176.

[3185] Federico Maria Giuliani, *Interposizione, fiducia e dichiarazioni dell'altrui appartenenza, sulle orme di un caso giurisprudenziale: comentário a Cass Civ 29-Mai.-1993, n. 6024*, 21.1 GComm, II, 1994, 8-39, 26: "*nella fiducia statica... il bene è già di proprietà del fiduciario, che si obbliga semplicemente verso il fiduciante a farne determinati usi*". Santoro, *Il trust*, cit., 219-222; e Vettori Giuseppe, *Atti di destinazione e trust (Art. 2645 ter del codice civile)*, CEDAM, Pádua, 2008, 315-316; Franzoni, *Il contratto fiduciario*, cit., 835; Francesco Galgano, *Trattato di diritto civile*, Vol. II, Wolters Kluwer, Itália, 2010, 470; Stefini Umberto, *Destinazione patrimoniale ed autonomia negoziale: l'art. 2645-ter C.C.*, 2ª edição, CEDAM, Pádua, 2010, 89; Maurizio Lupoi, *Istituzioni del diritto dei trust e degli affidamenti fiduciari*, 2ª edição, Wolters Kluwer, Itália, 2011, 237: embora reconheça o sucesso da terminologia adotada por Lipari, mostra preferência pelo termo "*dichiarazioni di fiducia*". A distinção pode ser encontrada tanto nas monografias especializadas, como na esmagadora maioria das obras generalistas que fazem referência ao negócio fiduciário.

[3186] Maria Cristina Diener, *Il contratto in generale: manuale e applicazioni pratiche dalle lezioni di Guido Capozzi*, 2ª edição, 2011, Giuffrè, Milão, 102-103: afirma, em rodapé (nota 156), ser também essa a posição de Lipari, o que, como referido, não corresponde à realidade.

[3187] Cass Civ 29-Mai.-1993, n. 6024, Foro It, 1994, I, 2495; Michele Graziadei, *Acquisto per conto di un comitato non riconosciuto, e dissociazione della proprietà*, 34 RDCiv, 1988, II, 119-165: comentário a Cass Civ 12-Jun.-1986, n. 3898; TCg 10-Dez.-1999, RGS, 2001, 661-667: "*sia l'accordo con cui il fiduciari acquista in nome proprio da un terzo un ben con danaro fornito, anche in parte, dal fiduciante e con l'intesa di riconoscerlo successivamente come titolare, anche pro quota, del bene acquistato (c.d. fiducia statica)*".

[3188] Morello, *Fiducia e trust*, cit., 250-251.

[3189] Número 226/II.

IV. A validade da fidúcia estática, no Direito alemão, exige algumas explicações. Como veremos em parágrafos subsequentes, o instituto fiduciário germânico gira em torno do denominado princípio da imediação (*Unmittelbarkeitsprinzip*). Em termos gerais, a teoria, desenvolvida pela jurisprudência alemã, traduz-se na circunscrição do conceito de negócio fiduciário pleno às relações assentes numa transmissão imediata e direta de um direito da esfera jurídica do fiduciante para a do fiduciário. Na prática, a não verificação destes elementos impossibilita a aplicação do regime fiduciário jurisprudencial. Ora, precisamente porque a fidúcia estática não assenta numa transmissão, o regime não lhe é aplicável. Atente-se, todavia, que a consequência da não inclusão da fidúcia estática no conceito jurisprudencial de negócio fiduciário puro não resulta na sua ilegalidade, mas na circunscrição dos mecanismos que os beneficiários têm à sua disposição[3190].

Cumpre, porém, sublinhar que a jurisprudência alemã tem vindo, paulatinamente, a suavizar a rigidez que sempre caraterizou o regime. Os tribunais alemães estão a caminhar, a passos largos, para a inclusão da fidúcia estática no leque de situações fiduciárias descritas como puras. A posição favorável da doutrina não é, certamente, alheia a estes desenvolvimentos recentes[3191].

V. O conceito de fidúcia estática foi assimilado sem grandes dificuldades. Contudo, não podemos falar de uma aceitação unânime. No seio da doutrina espanhola, a legalidade da modalidade foi negada por NAVARRO MARTORELL[3192]. O autor considera que a válida constituição de um negócio fiduciário está dependente da efetiva transmissão do direito, não bastando que a sua titularidade seja assegurada pelo fiduciário. Na base desta posição, está a convicção de que a desproporcionalidade é um elemento intrínseco ao negócio fiduciário. Ora, sem transmissão não se pode, verdadeiramente, falar de desproporcionalidade, visto a origem da relação remontar à simples assunção da obrigação.

[3190] RUSCH, *Gewinnhaftung*, cit., 155.

[3191] GRUNDMANN, *Der Treuhandvertrag*, cit., 81 e HEIN KÖTZ, *National Report for Germany* in *Principles of European Trust Law*, cit., 85-103, 100. Curiosamente, uma sentença do Supremo Tribunal Imperial alemão, datada dos inícios do século passado, recorre ao termo proprietário e não ao termo adquirente. A propriedade fiduciária, nas palavras do tribunal, resulta da assunção da obrigação, por parte do titular de um direito, de atuar de uma forma determinada, cfr., RG 6-Feb.-1905, 62 RGZ, 1906, 386-391, 391.

[3192] *La propiedad fiduciaria*, cit., 86-89.

Esta construção não pode ser aceite. Mesmo admitindo que a desproporcionalidade, entre os meios jurídicos empregues e os propósitos económicos prosseguidos, consubstancia um elemento caracterizador do negócio fiduciário, o que se nega em absoluto, a desproporcionalidade nunca poderia ser apresentada como um elemento constitutivo da fidúcia, mas como uma decorrência da sua estrutura dualista. Confrontado com uma modalidade que não pressuponha a transmissão prévia do direito, a conclusão a retirar deveria ser a ausência da hipotética desproporcionalidade e não a da sua invalidade pela não verificação da característica. Em suma, a desproporcionalidade terá sempre de ser uma consequência e não uma causa.

VI. O reconhecimento de que os negócios fiduciários não têm, imperativamente, na sua origem a transmissão de um direito foi avançado entre nós, pela primeira vez, por FERRER CORREIA[3193]. A questão apenas foi retomada, com maior profundidade e clareza, por PAIS DE VASCONCELOS. Na sua tese de mestrado, o ilustre Professor avança a possibilidade de uma relação fiduciária poder ser constituída através de uma "atribuição por omissão". PAIS DE VASCONCELOS tem em mente, como o próprio o reconhece, todas as situações em que as partes acordam na conservação do direito na esfera jurídica do devedor, conquanto este passe a assumir a posição de fiduciário[3194]. Esta ideia é retomada por alguns dos nomes mais sonantes do Direito civil português: MENEZES CORDEIRO, que transcreve a definição de COING[3195]; CARVALHO FERNANDES, que, ao acrescentar à sua definição a expressão "em regra de transmissão", abre as portas a todos os casos que não assentem num negócio translativo[3196]; ou JANUÁRIO DA COSTA GOMES, que tem o cuidado de, em nota de rodapé, reconhecer a validade da denominada fidúcia estática, i.e., negócios fiduciários constituídos por simples manifestação de vontade do proprietário[3197].

[3193] *Sociedades fictícias*, cit., 171.
[3194] *Em tema de negócio fiduciário*, cit., 129. O autor retoma esta ideia em *Contratos atípicos*, cit., 262-263 e *Teoria geral*, cit., 548.
[3195] *Tratado*, II/II, cit., 259.
[3196] *Teoria geral*, Vol. II, cit., 347 e *A admissibilidade*, cit., 227. A definição, em termos não tão precisos, pode, ainda, ser encontrada em *A conversão*, cit., 747.
[3197] *Assunção fidejussória*, cit. 87, nota 339. Também OLIVEIRA ASCENSÃO parece deixar margem para essa possibilidade, cfr., *Teoria geral*, Vol. II, cit., 308.

§ 41.º ELEMENTO PRIMÁRIO DOS NEGÓCIOS FIDUCIÁRIOS

Todavia, a doutrina que constata a validade dos negócios fiduciários não translativos não parece retirar, deste facto, todas as consequências jurídicas. Veja-se o caso paradigmático de PESTANA DE VASCONCELOS[3198], que, apesar de reconhecer a admissibilidade dos negócios fiduciários estáticos e dos negócios fiduciários indiretos, modalidade em que insere o mandato para adquirir[3199], parece ignorar este dado quando explora o conceito base da fidúcia: "a *fiducia* implica sempre uma transmissão de um direito"[3200] ou "o que caracteriza esta categoria negocial é a existência de uma estrutura fiduciária, que, de forma resumida, consiste na transmissão de um direito . . ."[3201]. Sublinhe-se que PESTANA DE VASCONCELOS é, provavelmente, o autor português que mais linhas dedica aos negócios fiduciários não translativos.

VII. Em face de uma aparente desconsideração doutrinária, cumpre perguntar pela real relevância da fidúcia estática e do seu papel na conceptualização do negócio fiduciário. Estamos plenamente convencidos de que a possibilidade concreta de o negócio fiduciário não estar dependente de uma transmissão, e de não se vislumbrar qualquer razão jurídica que obste a sua válida constituição, permite pôr em causa, pelo menos de forma parcial, algumas das críticas e construções que têm acompanhado a temática desde o seus primórdios. Ao mesmo tempo, fornece-nos importantes pistas quanto à natureza jurídica do instituto fiduciário.

Pense-se numa situação típica de fidúcia estática, em que um proprietário de um terreno assume, voluntariamente, a posição de fiduciário para com um terceiro. Não havendo nenhuma transmissão, como poderiam os tribunais alemães oitocentistas discutir a aplicação do regime simulatório? Também BELEZA DOS SANTOS não iria invocar o desrespeito da causa no negócio translativo utilizado ou MANUEL DE ANDRADE a violação de um hipotético princípio de *numerus clausus*. Acresce que, como já foi referido, a visão clássica de REGELSBERGER da desproporcionalidade entre os meios jurídicos utilizados, em face dos fins económicos prosseguidos, deixa de poder ser apresentada como um elemento comum a todas as modalidades fiduciárias. O mesmo se passa com a teoria dualista de GOLTZ. Não estando a constituição de relações fiduciárias dependente da transmissão prévia de

---

[3198] Idênticas críticas poderiam ser feitas aos restantes autores.
[3199] *A cessão de créditos*, cit., 53-54.
[3200] Cit., 59.
[3201] Cit., 67.

um direito, deixa de ser possível invocar que, estruturalmente, o negócio fiduciário assenta na conjugação de dois negócios jurídicos distintos: transmissão do direito (negócio real) e assunção da posição fiduciária (negócio obrigacional).

No que respeita à natureza jurídica do negócio, este dado obriga-nos a deslocar o seu núcleo identificativo para a posição jurídica do fiduciário.

217. A assunção da posição fiduciária como elemento primário do negócio fiduciário e a natureza autónoma do *pactum fiduciae*

I. Como ponto de partida, assumiremos, assim, que o primeiro elemento característico do negócio fiduciário consiste na localização do direito assumido em fidúcia na esfera jurídica do fiduciário. A origem da relação remonta à assunção da posição de fiduciário e não à transmissão do direito. O facto de a transmissão coincidir, regra geral, com essa assunção consubstancia um mero dado estatístico. Não é a transmissão que faz nascer a relação, mas a declaração de que determinada posição jurídica apenas irá ser exercida nos exatos termos acordados.

II. A aceitação de que o negócio fiduciário não exige qualquer transmissão permite superar a visão, muito comum entre a nossa doutrina[3202], mesmo para os autores que aceitam, como válida, a modalidade da fidúcia estática, de que o *pactum fiduciae* consubstancia uma cláusula inserida num contrato típico. Vejamos. PAIS DE VASCONCELOS descreve o negócio fiduciário como "um contrato atípico, construído geralmente por referência a um tipo contratual conhecido, susceptível de ser adaptado a uma finalidade diferente da sua própria, através de uma convenção obrigacional de adaptação"[3203] – embora se reconheça a natureza algo ambígua da expressão convenção,

---

[3202] MANUEL DE ANDRADE, *Teoria geral*, Vol. II, cit., 175: utiliza a expressão cláusula fiduciária como sinónimo de *pactum fiduciae*; GALVÃO TELLES, *Manual*, cit., 189: "Mas a esse efeito *real* ou *translativo* acresce outro, de índole obrigacional ou pessoal, decorrente da chamada *cláusula fiduciária* ou *pactum fiduciae*"; 91: PEREIRA COELHO, *Obrigações*, cit., 91; ANDRADE DE MATOS, *Pacto comissório*, cit., 179 ss..

[3203] *Contratos atípicos*, cit., 262 e *Teoria geral*, cit., 548-549.

parece-nos que, neste contexto, assume a dimensão de simples cláusula[3204]; MENEZES CORDEIRO afirma que "[n]a fidúcia, as partes inserem, numa estrutura contratual típica... uma cláusula fiduciária"[3205]; CARVALHO FERNANDES define o negócio fiduciário como "um negócio atípico pelo qual as partes adequam, mediante uma cláusula obrigacional, o conteúdo de um negócio típico"[3206]; e JANUÁRIO DA COSTA GOMES, que, apesar de esclarecer, em nota de rodapé, que a definição avançada respeita à modalidade de fidúcia dinâmica e não à modalidade estática, também apresenta o *pactum fiduciae* como uma cláusula que se adjunta a um negócio de alienação[3207].

Como aceitar a modalidade fiduciária estática ao mesmo tempo que se descreve o *pactum fiduciae* como uma mera cláusula? Da conjugação das duas premissas resulta, imperativamente, que a fidúcia estática é uma cláusula sem contrato, o que, tanto numa perspetiva jurídica, como numa perspetiva lógica, não pode ser aceite. Seria o mesmo que conceber uma condição ou um termo desinserido de qualquer negócio. A autonomia estrutural da fidúcia estática emancipou, indiretamente, o negócio fiduciário.

Seguindo este raciocínio, será ainda de excluir qualquer construção que apresente o negócio fiduciário como uma modalidade de negócio indireto: essa figura pressupõe, sempre, a utilização de um outro negócio, o que não se verifica necessariamente.

Em jeito de recapitulação, mas ao mesmo tempo com um intuito introdutório, podemos apresentar o negócio fiduciário como um negócio autónomo, completo e atípico, que se caracteriza pela assunção, por parte do titular de um direito, da obrigação de atuar, no âmbito de uma determinada posição jurídica, nos exatos termos acordados.

III. Nas próximas páginas iremos aprofundar alguns dos pontos mais críticos desta definição introdutória.

[3204] Esta interpretação é confirmada pela leitura do capítulo dedicado aos contratos mistos. PAIS DE VASCONCELOS diz-nos que, numa perspetiva tipológica, há dois tipos de contratos mistos: (1) de tipo múltiplo; e (2) de tipo modificado. A primeira modalidade agrega todos os contratos mistos que resultem da conjugação de diferentes tipos de contratos e a segunda modalidade resulta da modificação de um contrato tipo por recurso a um "*pacto de adaptação*".
[3205] *Tratado*, II/II, cit., 268.
[3206] *A admissibilidade*, cit., 229; *Teoria geral*, Vol. II, cit., 347-348 e *A conversão*, cit., 751.
[3207] *Assunção Fideijussória*, cit., 86-87.

Quanto à localização do direito na esfera jurídica do fiduciário, interessa-nos analisar duas das mais importantes teorias que a condenam: (1) a teoria negativista espanhola: desenvolvida por CASTRO Y BRAVO e que coloca a titularidade do direito na esfera jurídica do fiduciante; (2) a teoria patrimonialista: pela primeira vez avançada por PIERRE LEPAULLE e que apresenta os bens constituídos em fidúcia como um património autónomo, relativamente ao qual nenhum dos três sujeitos clássicos – fiduciante, fiduciário e beneficiário – detêm direitos reais.

Afastadas as dúvidas quanto à titularidade do fiduciário, passaremos a analisar que situações jurídicas ativas (bens) podem ser constituídas em fidúcia.

Finalmente, não podemos ignorar que, na maioria dos casos, a relação fiduciária tem origem num negócio translativo: A, titular do direito X, transmite-o a B, que se compromete a atuar, no âmbito da posição jurídica ocupada, nos exatos termos acordados. Uma construção unitária do negócio fiduciário estaria sempre incompleta se não tivesse em consideração este tipo de situações. Partindo da modalidade dinâmica do negócio fiduciário, iremos, ainda, analisar a pretensa desproporcionalidade que, hipoteticamente, caracteriza o instituto fiduciário e a querela clássica que opõe a teoria unitária à teoria dualista.

§ 42.º TEORIA NEGATIVISTA ESPANHOLA

218. Enquadramento doutrinário

Até meados da década de 60 do século passado, o panorama fiduciário espanhol acompanhava, grosso modo, os avanços jurídicos de outros sistemas europeus, com uma especial proximidade com as soluções italianas.

A Ciência Jurídica defendia a desproporcionalidade dos meios jurídicos utilizados em face dos fins económicos prosseguidos; distinguia, inequivocamente, o negócio fiduciário da simulação; e considerava que todo o negócio fiduciário assentava numa forte relação de confiança e que se encontrava, por isso, sujeito a abusos. No que respeita à estrutura do negócio, embora a jurisprudência, apoiada numa doutrina mais antiga, continuasse a defender a teoria dualista, um grupo de autores, que, na sua maioria, se iniciava, então, no mundo académico, condenava a construção clássica de GOLTZ e FERRARA. Pouco parecia distinguir o Direito espanhol dos seus congéneres civilísticos.

Contudo, uma palestra proferida por CASTRO Y BRAVO, em 14 de novembro de 1966, na *Academia Matritense del Notariado*[3208], posteriormente incorporada e aprofundada na sua célebre obra *El negocio jurídico*[3209], veio agitar, energicamente, as pacatas águas doutrinárias espanholas, alterando, por completo, o paradigma fiduciário e, com isso, algumas das ideias centrais acima elencadas.

[3208] *El negocio fiduciario: estudio critico de la teoría del doble efecto*, 15 RDN, 1966, 7-40.
[3209] Cit., 379-442.

219. A construção de Castro y Bravo

I. A teoria desenvolvida por Castro y Bravo é, acima de tudo, uma solução de recurso: analisadas as diversas construções existentes, o autor adota a única que, alegadamente, se adequa às especificidades do sistema espanhol.

A análise de Castro y Bravo tem como ponto de partida a natureza causal do sistema espanhol dos contratos. Como já foi analisado[3210], o Direito civil espanhol exige, para além dos três elementos típicos – consentimento, capacidade e objeto –, um quarto: a denominada causa do contrato. Ora, a lógica do maior civilista espanhol da segunda metade do século passado assenta, precisamente, nesse pressuposto: todo o contrato deve ter uma causa própria e adequada.

Debruçando-se, primeiro, sobre a teoria dualista, Castro y Bravo conclui que, sendo o negócio fiduciário composto por dois negócios independentes, cada um deles deve ter uma causa própria e adequada. A causa do negócio obrigacional é facilmente identificada: assunção da titularidade do direito em função dos fins acordados pelos intervenientes. Todavia, se olharmos para a relação fiduciária, enquanto um todo, o que resta para o negócio translativo? Aparentemente, nada: o negócio obrigacional esgota por inteiro a denominada *causa fiduciae*, pelo que a transmissão do direito, *per se*, não teria causa adequada.

II. Afastada a tese dualista, Castro y Bravo centra-se na construção unitária clássica, defendida pela doutrina vanguardista espanhola da década de 50 e reconduzida ao conceito de *causa fiduciae*. Dentro deste movimento, dois autores se destacam.

Jordano, que considera ser a transmissão do direito de propriedade para a esfera jurídica do fiduciário totalmente ajustada e adequada em face do fim (*causa*) do negócio fiduciário – a utilização dos bens transmitidos em confiança nos exatos termos acordados –, a que se junta a sua posterior retransmissão para o proprietário original. Ao analisar a causa do negócio fiduciário, o autor chega a duas importantes conclusões: (1) não corresponde a nenhuma das causas clássicas – Jordano tem o cuidado de afastar a *causa* do mandato, a do depósito e a da compra e venda; logo, (2) a causa do negócio fiduciário é atípica[3211].

[3210] Número 208.
[3211] *El negocio fiduciario*, cit., 118.

§ 42.º TEORIA NEGATIVISTA ESPANHOLA

ALBALADEJO, de forma mais prática, considera que a *causa fiduciae* representa as vantagens obtidas com a transmissão do bem: (1) no negócio fiduciário para garantia: a garantia da dívida *per se*; (2) no negócio fiduciário para administração: a administração do bem; e (3) no negócio fiduciário para cobrança de dívida: a cobrança efetiva da dívida[3212].

A estas construções, CASTRO Y BRAVO contrapõe o disposto no artigo 1274.º CC Esp: os contratos onerosos têm como causa a contraprestação e os gratuitos a mera liberalidade do doador[3213]. Ora, o ilustre jurista, tendo como pano de fundo a figura do negócio fiduciário para garantia, prossegue: a *causa fiduciae* não pode ser descrita como onerosa, porque o bem é transmitido sem qualquer contraprestação, mas também não pode ser apresentada como gratuita, visto a transmissão do direito, que tem como propósito garantir o cumprimento das obrigações assumidas pelo fiduciante, ser concluída, também, no interesse do fiduciante doador[3214].

III. Desmontadas as duas teorias mais em voga, CASTRO Y BRAVO prossegue o seu estudo.

O jurista espanhol assume que o negócio fiduciário tem como matriz negocial o contrato de compra e venda. Ora, este tipo contratual está em total dissonância com a denominada *causa fiduciae*, pelo que o contrato de compra e venda só pode ser encarado como simulado[3215]. Mas que contrato dissimulado encobre o contrato de compra e venda? Como primeira solução, CASTRO Y BRAVO avança a figura, também atípica, da venda em garantia, que teria como causa o proporcionar maior proteção ao mutuário[3216]. Esta solução é, contudo, rapidamente descartada. A causa identificada não se adequa aos efeitos últimos do negócio: transmissão plena e definitiva do direito de propriedade[3217]. CASTRO Y BRAVO conclui, então, que o negócio dissimulado tem uma natureza muito mais simples e típica, consubstanciando, para os negócios fiduciários em garantia, uma simples garantia e, para os negócios fiduciário para administração, em sentido amplo, um contrato de man-

---

[3212] *El negocio jurídico*, cit., 225.
[3213] Número 208/II.
[3214] *El negocio jurídico*, cit. 407-408.
[3215] Cit., 408.
[3216] Cit., 408.
[3217] Cit., 409.

dato[3218]. Nas linhas seguintes, o autor limita-se a conferir maior solidez e sistematização à solução proposta.

IV. Curiosamente, CASTRO Y BRAVO, embora negando a validade jurídica da separação do direito de propriedade em propriedade formal e material, sublinha o interesse prático e teórico da solução[3219]. O autor considera que as fragilidades da doutrina da separação da propriedade residem no modelo teórico adotado e não nos resultados práticos alcançados[3220].

Relembre-se que o Santo Graal da doutrina fiduciária reside na possibilidade de transmitir um direito de forma plena, mas temporária, ao mesmo tempo que se acautela a posição dos beneficiários, quer contra hipotéticos abusos cometidos pelo fiduciário, quer no caso de o fiduciário entrar em insolvência[3221]. Ora, a solução proposta por CASTRO Y BRAVO, assente num contrato de compra e venda simulado e num contrato de garantia ou de mandato, permite responder a estes anseios: (1) o contrato simulado não produz efeitos entre as partes, podendo, consequentemente, o fiduciante reivindicar, a todo o tempo, o direito de propriedade; (2) no caso de o bem ser alienado a terceiros que conheçam a natureza simulatória da transmissão, o fiduciário também pode dar início a uma ação de reivindicação vitoriosa; e (3) apenas os terceiros de boa-fé, que desconheçam a natureza simulatória do contrato de compra e venda e que tenham adquirido o bem a título oneroso, podem, também por aplicação do regime da simulação, manter inalterados os seus direitos sobre os bens[3222].

220. Generalização e consolidação da teoria simulatória

I. A construção preconizada por CASTRO Y BRAVO foi objeto de uma aceitação sem precedentes. A própria doutrina da década de 50, acima descrita como vanguardista, veio a aderir e a aplaudir a construção. ALBALADEJO afirma que os estudos de CASTRO Y BRAVO o convenceram por completo: "*el*

[3218] Cit., 409.
[3219] Cit., 420 ss.. Repare-se que o ilustre jurista chega mesmo a adotar a terminologia "titularidade fiduciária" para denominar a posição jurídica do fiduciário (424).
[3220] Cit., 422.
[3221] Cit., 421-422.
[3222] Cit., 424.

negocio fiduciario era una farsa"[3223]. JORDANO BAREA diz-nos que a sua posição originária – a da teoria unitária –, defendida na sua tese de doutoramento, fora fruto da sua juventude e inexperiência[3224]. A expansão da teoria fez-se a um grande ritmo. Em poucos anos, alcançou um apoio considerável, sendo defendida por alguns dos nomes mais sonantes da civilística espanhola[3225]. Tanto a doutrina dualista[3226], como a doutrina unitária, estruturada em torno do conceito de *causa fiduciae*[3227], passaram a ocupar um papel diminuto e secundário.

O efeito mais direto da aceitação da teoria simulatória corresponde à pura negação do negócio fiduciário. A figura, nos seus moldes clássicos – A transmite um determinado direito a B, o qual se compromete a atuar no interesse de A ou de um terceiro indicado e a restituir o bem com a verificação dos pressupostos estabelecidos – é, para a doutrina defensora da construção, inadmissível. Em suma, o Direito espanhol não comporta, nem aceita semelhante construção.

[3223] MANUEL ALBALADEJO, *El llamado negocio fiduciario es simplemente un negocio simulado relativamente*, 36 AC, 1993, 663-675, 664. Esta posição foi, de resto, transposta para a sua grande obra generalista, *Derecho civil*, Tomo I: *Introducción y parte general*, 18ª edição atualizada por SILVIA DÍAZ ALABART, Edisofer, Madrid, 2009, 644-649.

[3224] *Mandato para adquirir y titularidad fiduciaria*, 36 ADC, 1983, 1435-1454. O autor reforça a sua adesão à teoria num outro artigo, *Las obligaciones solidarias*, 45 ADC, 1992, 847-873, 860-861.

[3225] ANTONIO GULLÓN BALLESTEROS, *Curso de Derecho civil: el negocio jurídico*, Editorial Tecnos, Madrid, 1969, 132-135: faz uma ligeira modificação à teoria originária de CASTRO Y BRAVO: ao invés de apresentar o negócio fiduciário como um negócio simulado relativo, invoca, apenas, uma aplicação do seu regime, *"Pero en virtud de la asimilación del negocio fiduciario al negocio simulado relativamente (en cuanto a sus efectos)"*; RICARDO DE ANGEL YÁGÜEZ, *Problemas que suscita la "venta en garantía" en relación con los procedimientos de ejecución del deudor*, 46 RCDI, 1973, 47-67, 53; LUIS ROJO AJURIA, *Las garantías mobiliarias (fundamentos del Derecho de garantías mobiliarias a la luz de la experiencia de los Estados Unidos de América)*, 42 ADC, 1989, 717-811, 764; JOSÉ ANTONIO SERRANO GARCIA, *Comentario a la sentencia del Tribunal Supremo de 5 de Abril de 1993*, 31 CCJC, 1993, 343-359, 352; MANUEL FELIU REY, *La prohibición del pacto comisorio y la opción en garantía*, Civitas, Madrid, 1995, 120: considera ser esta a única construção possível *"pues no creo que exista lugar para la propiedad fiduciaria en nuestro Derecho común"*.

[3226] JOSÉ ANTONIO DORAL e MIGUEL ANGEL DER ARCO, *El negocio jurídico*, Trivium, Madrid, 1982, 268-269: mantêm-se fiéis à teoria dualista.

[3227] FRANCISCO SOTO NIETO, *La titularidad del fiduciario en la fiducia "cum creditore"*, 69 RJC, 1970, 529-548, 541: defende a transmissão plena do direito de propriedade para o fiduciário; é notória a influência italiana.

De modo idêntico ao verificado para a maioria das doutrinas fiduciárias, a teoria simulatória assenta numa distinção real, e não meramente expositiva, entre a sua dimensão interna e a sua dimensão externa. A originalidade da teoria, o que a torna tão sedutora, reside na adequação da sua dupla dimensão a um mecanismo reconhecido pelo sistema: a simulação. A apresentação do contrato de compra e venda (dimensão externa) como sendo um negócio simulado permite a aplicação direta do regime simulatório, que se adequa, na perfeição, às pretensões doutrinárias[3228]. Embora o negócio fiduciário, *per se*, seja inadmissível, os efeitos que lhe estão associados mantêm-se na sua totalidade. CASTRO Y BRAVO conseguiu a proeza de, negando a legalidade do negócio fiduciário, desenvolver uma teoria com incontestáveis bases jurídicas e que produz os mesmos resultados.

Vejamos, agora, alguns aspetos mais concretos da teoria aplicável aos negócios fiduciários para administração.

II. No âmbito da relação interna, o negócio dissimulado corresponde a um simples negócio de mandato, aplicando-se, consequentemente, o regime correspondente, pelo que não só o fiduciário está obrigado a atuar de acordo com os termos acordados, como está, também, sempre adstrito a agir no interesse do mandante, ou seja, no do beneficiário último da suposta relação fiduciária.

Passemos à dimensão externa. Nada impede que o fiduciário atue de forma contrária ao contratualizado. No pior cenário possível, o fiduciário poderá alienar os bens que lhe foram transmitidos em confiança. Nessa conjuntura, a solução dependerá dos conhecimentos do terceiro adquirente: no caso de o bem ter sido transmitido a título gratuito ou a um terceiro de má-fé, o fiduciante poderia, invocando a simulação da primeira transmissão, reivindicar o direito de propriedade. Contudo, no caso de o bem ter sido transmitido a um terceiro de boa-fé e a título oneroso, ao fiduciante restaria a solução, de recurso, do ressarcimento dos danos causados[3229].

Finalmente, na situação mais complexa e delicada, a da insolvência do fiduciário, a posição jurídica do fiduciante está acautelada, visto o bem nunca ter, na realidade, saído da sua esfera jurídica[3230].

[3228] ALBALADEJO, *Derecho civil*, Tomo I, cit., 649.
[3229] BALLESTEROS, *Curso de Derecho civil*, cit., 134-135.
[3230] ANGEL YÁGÜEZ, *Problemas*, cit., 56 ss.: o mesmo se aplica ao caso em que o fiduciante entra em insolvência.

221. Críticas jurisprudenciais e doutrinárias

I. Conquanto a construção simulatória tenha sido recebida de braços abertos por boa parte da doutrina espanhola, o mesmo não se pode dizer da sua jurisprudência. Nas décadas que se seguiram à formulação da teoria simulatória, encontramos decisões do *Tribunal Supremo* para todos os gostos. A conclusão mais clara que podemos retirar da leitura de dezenas de acórdãos que se debruçaram sobre a questão é, precisamente, a da inexistência de uma orientação única[3231].

Em termos gerais, são duas as questões centrais abordadas pelo *Tribunal Supremo*: (1) se o contrato fiduciário é real ou simulado; e (2) qual a estrutura do negócio fiduciário.

Sobre a natureza simulatória ou não simulatória do negócio fiduciário, o *Tribunal Supremo* adotou, inicialmente, a doutrina clássica com origem na pandectística germânica: o negócio fiduciário não é simulado; as partes pretendem a produção de todos os efeitos associados à sua declaração de vontade[3232]. Mesmo depois da propagação da teoria simulatória de CASTRO Y BRAVO, a tese foi defendida em inúmeros acórdãos.

[3231] FUENTESECA, *El negocio fiduciario*, cit., 177 e 207: defende que se pode apresentar a construção de CASTRO Y BRAVO como doutrina oficial do *Tribunal Supremo*. Esta conclusão não nos parece defensável. O número elevadíssimo de sentenças contraditórias não permite afirmar a existência de uma posição jurisprudencial única. De resto, como sublinha ALBALADEJO, de uma análise isenta da jurisprudência do *Tribunal Supremo*, parece resultar, precisamente, o oposto: o negócio fiduciário não se confunde com o negócio simulado, cfr., *El llamado negocio fiduciario*, cit., 672.

[3232] STS 25-Mai.-1944, 6 Jur Civ (NS), 788-806, 804: o negócio fiduciário não é, *per se*, um negócio simulado, nem um negócio em fraude à lei; STS 28-Jan.-1946, 13 Jur Civ (NS), 1946, 212-241, 223-224: expressa referência a FERRARA; STS 23-Fev.-1951, 33 Jur Civ (NS), 1951, 718--729, 727: não há divergência entre a vontade manifestada e a vontade real; STS 3-Mai.-1955, 51 Jur Civ (NS), 1955, 10-22, 21: embora reconhecendo a proximidade existente entre o negócio fiduciário e a simulação, não tem dúvidas em distingui-los por recurso ao elemento vontade; STS 10-Nov.-1958, 73 Jur Civ (EO), 1958, 220-249, 246: todos os efeitos subjacentes ao negócio fiduciário são efetivamente pretendidos pelas partes; STS 8-Mar.-1963, 117 Jur Civ (NS), 1963, 140-153, 151; STS 15-Out.-1964, Jur Civ (EO), 1964 (Sep-Oct), 710-716, 715: pese embora a coexistência de dois negócios distintos (teoria dualista), ambos são realmente pretendidos, pelo que o regime da simulação não tem aplicação; STS 4-Jan-1956, 55 Jur Civ (NS), 1956, 25-37, 36: afirma não haver qualquer elemento que nos permita apresentar a transmissão do direito de propriedade como um negócio fictício e, consequentemente, simulado; STS 8-Mar.-1963, Jur Civ (EO), 1963 (Mar), 140-153, 151: o negócio fiduciário não é fictício, aparente ou simulado, é o contrato realmente pretendido pelas partes.

Já no que respeita à estrutura do negócio fiduciário, as sentenças do *Tribunal Supremo* podem ser reunidas em quatro grandes grupos:

- incerteza conceptual: regra geral, sempre que o tribunal se debruça sobre o tema, indiretamente ou de passagem, tende a confundir e a misturar as diversas construções[3233];
- teoria dualista: solução mais defendida na primeira metade do século XX; com as críticas formuladas pela doutrina vanguardista da década de 50, primeiro, e de Castro y Bravo, na década seguinte, a teoria perdeu muito da sua força inicial, tendo sido abandonada, quase por completo, nas décadas seguintes[3234];
- teoria simulatória: correspondendo, grosso modo, à construção formulada por Castro y Bravo[3235];
- teoria da dupla propriedade: teoria que se caracteriza por uma enorme incerteza conceptual, o que tem permitido o florescimento de diferentes construções e interpretações[3236].

II. Apesar do forte apoio doutrinário que recebeu, a doutrina simulatória de Castro y Bravo está longe de granjear uma aceitação unânime no seio da Ciência Jurídica espanhola. As críticas formuladas podem ser resumidas em dois grandes grupos: (1) falta de apoio jurisprudencial; e (2) desadequação às realidades fáctica e jurídica.

[3233] STS 20- Nov.-1965, Jur Civ (EO), 1965 (Nov), 639-656, 654: embora defendendo a teoria dualista, apresenta o fiduciário como mandatário do fiduciante.

[3234] STS 10-Jul.-1957, 61 Jur Civ (NS), 1957, 389-408, 407: apresenta a teoria dualista como a doutrina oficial do *Tribunal Supremo*; STS 15-Out.-1964, Jur Civ (EO), 1964 (Sep-Oct) 710-716; STS 3-Mai-1976, Jur Civ (EO), 1976 (May), 5-13, 11: as funções de cada um dos contratos são apresentadas em separado.

[3235] Fuenteseca, *El negocio fiduciario*, cit., 201-207.

[3236] STS 6-Abr.-1987, proc. n.º STS 2452/1987: faz referência a uma propriedade formal, também dita titularidade fiduciária; STS 8-Mar.-1988, proc. n.º STS 1622/1988: utiliza a expressão propriedade formal; STS 30-Jan.-1991, proc. n.º STS 512/1991: menciona uma propriedade fiduciária. Esta parece, de resto, a teoria que tem granjeado, nos dias de hoje, maior apoio junto do *Supremo Tribunal* espanhol: STS 13-Jun.-2009, proc. n.º STS 4681/2009: "*se trataba de una titularidad meramente formal porquen nunca dejó de pertenecer* (ao fiduciante) *la titularidad real*"; STS 28-Mar.-2012, proc. n.º 1926/2012: "*el fiduciario no ostenta la titularidad real... pues no es un auténtico dueño, teniendo solo una titularidad formal*"; STS 2-Abr.-2012, proc. n.º STS 2149/2012: "*la titularidad fiduciaria... es una titularidad aparente, puramente externa y formal, provisional y transitoria, para el cumplimiento de un fin previsto y determinado*".

Por muito cativante que a teoria simulatória seja, a que acresce a admiração e o respeito que Castro y Bravo merece, a doutrina mais moderna tem sublinhado o pouco ou nenhum interesse suscitado junto dos tribunais[3237]. Repare-se que, para além de ter sido formulada há mais de quatro décadas, ela foi apoiada, expressamente, por alguns dos nomes mais sonantes do Direito civil moderno. Ou seja, os juízes que hoje se sentam no *Tribunal Supremo* contactaram com a teoria, defendida pelos seus mais respeitados mestres, nos bancos das universidade. A jurisprudência espanhola já teve tempo suficiente para assimilar a construção, não o tendo feito.

Contudo, o aspeto mais destacado é, notoriamente, o da desadequação da teoria, quando confrontada com a vontade manifestada pelas partes. Mesmo reconhecendo o interesse teórico da construção, parte substancial dos autores mantém-se fiel à distinção clássica de Regelsberger: a transmissão do direito é efetivamente pretendida pelas partes[3238].

222. Análise da teoria à luz do Direito português

I. As críticas formuladas pela doutrina espanhola, no que respeita à desadequação da teoria quando confrontada com a realidade fáctica, i.e., a vontade manifestada pelas partes, merecem a nossa total concordância. O raciocínio seguido por Castro y Bravo é puramente jurídico. O civilista espanhol, de forma bastante hábil, adapta o negócio fiduciário ao mecanismo jurídico que mais se adequa aos efeitos jurídicos pretendidos. Como foi sublinhado, o regime da simulação ajusta-se às pretensões doutrinárias: por um lado, acautela-se a posição jurídica do beneficiário e, por outro, defendem-se os direitos adquiridos por terceiros de boa-fé. Contudo, Castro y Bravo

---

[3237] Camino Sanciñena Asurmendi, *La opción de compra*, 2ª edição, Dykinson, Madrid, 2007, 150 ss.; ou Juan Ignacio Peinado Gracia, *Especialidades más relevantes de la contratación mercantil* in *Derecho mercantil II*, 13ª edição, coordenação de Guillermo J. Jiménez Sánchez, Ariel, Barcelona, 2009, 252-266, 252-254.

[3238] Nieto, *La titularidad del fiduciario*, cit., 543-544: distingue o negócio fiduciário do negócio simulado. Embora reconheça o interesse teórico da construção e as vantagens que lhe estão associadas, não considera ser essa a vontade das partes; Doral e Angel der Arco, *El negocio jurídico*, cit., 273: o negócio fiduciário não é simulado, mas realmente querido; Bruno Rodríguez-Rosado, *Fiducia y pacto de reto en garantía*, Marcial Pons, Madrid, 1998, 125: Castro y Bravo não consegue demonstrar que as partes apenas pretendem simular a transmissão do direito.

não consegue demonstrar a primeira premissa da construção: as partes apenas pretendem simular a transmissão do direito. Ora, se há um dado que podemos retirar de toda a evolução histórica e dogmática da fidúcia é, precisamente, o de ser essa a vontade das partes.

II. Para além das dificuldades reais, dificilmente ultrapassáveis, a transposição da teoria simulatória para o Direito português está, ainda, dependente do preenchimento de todos os requisitos legais relativos ao regime da simulação. Ora, ao contrário do que se verifica no Direito espanhol, onde o sistema se basta com uma ocultação da causa do contrato[3239], o legislador nacional faz depender a aplicação do regime simulatório de três requisitos cumulativos. Relembre-se: (1) um acordo entre o declarante e o declaratário; (2) caracterizado pela divergência entre a vontade declarada e a real vontade das partes; e (3) com o intuito de enganar terceiros.

Concluindo, e conquanto se reconheçam as vantagens da teoria simulatória de Castro y Bravo, a solução proposta não pode ser acolhida por duas razões: (1) a transmissão do direito é efetivamente pretendida pelas partes; e (2) não estão preenchidos os requisitos do instituto da simulação. Acresce que, como foi concluído no parágrafo anterior, nem todas as manifestações fiduciárias têm na sua génese uma transmissão, pelo que, mesmo no Direito espanhol, a construção nunca iria abranger os denominados negócios fiduciários estáticos.

[3239] Castro y Bravo, *El negocio jurídico*, cit., 333.

§ 43.º PATRIMÓNIO AUTÓNOMO

223. O *trust* como património autónomo: a construção de LEPAULLE

I. Na sua célebre monografia dedicada ao instituto fiduciário anglo-saxónico, PIERRE LEPAULLE[3240] apresenta o *trust* como:

> *une institution juridique qui consiste en un patrimoine indépendant de tout sujet de droit et dont l'unité est constituée par une affectation qui est libre dans les limites des lois en vigueur et de l'ordre public*[3241].

A definição adotada é fruto de um estudo analítico do *trust*, surgindo, aos olhos do seu autor, como um resultado lógico do seu aprofundamento. Vejamos.

Na busca por uma conceção precisa e unitária, LEPAULLE propõe-se identificar os elementos nucleares do *trust*. Ora, para o jurista francês, estes terão, necessariamente, de corresponder às características partilhadas por

---

[3240] O jurista francês contactou de perto com o *trust* aquando da sua passagem por Harvard, onde se doutorou e onde lecionou.

[3241] *Traité théorique*, cit., 31. O autor dedicou ainda uma série de artigos ao instituto: *Civil Law Substitutes for Trusts*, 36 Yale LJ, 1927, 1126-1147: após confrontar o *trust* com algumas figuras típicas do Direito continental – fideicomisso, mandato, fundações, etc. –, conclui ser a *fiducia* o mecanismo que mais se aproxima do instituto anglo-saxónico. Considera, porém, que a doutrina civilística ainda não se apercebeu do seu potencial; *An Outsider's View Point of the Nature of Trusts*, 14 Cornell L Rev (há data Cornell Law Quarterly), 1928, 52-61 e *Trusts and the Civil Law*, 15 J Comp Legis & Int'l L, 1933, 18-34: o autor explora a mesma ideia, com menor profundidade.

todas as diferentes modalidades fiduciárias, ou seja, o conteúdo comum a todos os tipos de *trusts*. LEPAULLE recorre a um modelo seletivo, através do qual vai excluindo todos os requisitos e elementos cuja presença não seja indispensável[3242].

Da desconstrução do *constructive trust*, LEPAULLE conclui que, reconhecendo o sistema a constituição de *trusts* quando o titular do direito não se manifeste nesse sentido, não é correto afirmar-se que a validade do *trust* depende da concordância do titular dos bens fiduciários. Deste modo, o autor afasta a denominada primeira certeza do núcleo identificativo do instituto[3243].

Do estudo dos *charitable trusts* e dos *trusts* constituídos a favor de objetos inanimados ou de animais, conclui pela dispensabilidade de beneficiários. Assim, também a segunda certeza é removida[3244].

Finalmente, do princípio que estabelece a não invalidade do *trust* por não ser indicada qualquer pessoa para a função de *trustee*, deduz a não imprescindibilidade da posição.

Apenas dois elementos parecem estar sempre presentes em qualquer construção fiduciária anglo-saxónica: (1) um propósito identificado (*affectation*); e (2) a autonomização dos bens que o constituem[3245].

II. Reunidos os elementos nucleares do instituto, LEPAULLE confronta as duas construções clássicas: a natureza jurídica da figura esgota-se numa dimensão puramente obrigacional e o *trust* consubstancia um verdadeiro direito real. LEPAULLE defende que nenhuma das duas soluções pode ser aceite. A natureza obrigacional da figura é posta em causa perante a válida constituição de *trusts* sem sujeitos beneficiários, por um lado, e pela não imperatividade da nomeação de um *trustee*, por outro[3246]. Quanto à inclusão do *trust* no campo dos direitos reais, são dois os obstáculos intransponíveis: tendo-se demonstrado ser possível conceber, em termos teóricos, um *trust* sem *settlor*, sem *trustee* ou sem beneficiários, os putativos direitos reais não teriam titular, o que seria juridicamente indefensável. Acresce que também direitos de créditos podem ser constituídos em *trust*, com maior clareza no

---

[3242] *Traité théorique*, cit., 25 ss..
[3243] Número 94.
[3244] Número 95.
[3245] Cit., 26.
[3246] Cit., 24.

Direito estado-unidense. Neste caso, ao reconduzir-se a relação fiduciária ao mundo dos Direitos reais, surgiria um direito real sobre um direito de crédito, o que, uma vez mais, não é juridicamente defensável[3247].

Determinados os elementos centrais do *trust* e afastadas as duas construções clássicas, LEPAULLE apresenta a sua definição, acima transcrita: o *trust* é um instituto jurídico que consiste num património independente de qualquer sujeito (*patrimoine*), constituído com um propósito identificado (*affectation*). Em suma, o *trust* é um património autónomo. Uma natureza jurídica partilhada, afirma o autor, com as fundações, as heranças jacentes ou o património de sujeitos declarados ausentes[3248]. Não só não pressupõe sujeitos, como a própria realidade não é subjetivável, i.e., o *trust* também não é, em si mesmo, uma pessoa jurídica[3249].

Nas linhas seguintes, LEPAULLE aprofunda alguns dos aspetos mais críticos da sua construção. O *trustee* é apresentado como simples gestor e não como um proprietário, a quem é exigida a prossecução dos propósitos determinados pelo fiduciante[3250]. O *trustee* não é titular de qualquer direito sobre os bens constituídos em *trust*. Os bens não respondem pelas suas dívidas, nem entram na sua herança[3251]. Essa massa de bens é autónoma e constitui uma universalidade: o produto da alienação de um bem constituído em *trust* mantém essa qualidade[3252]. O *trustee* pode, ainda, ser descrito como o guardião dos direitos e das obrigações do *trust*. Conquanto seja o *trustee* a demandar, não exerce direitos próprios, mas alheios. De igual modo, apesar de surgir como entidade demandada, os direitos são exercidos contra o *trust*, sendo o *trustee* apenas o representante desse património[3253].

III. Vários autores têm afirmado que LEPAULLE abandonou a sua teoria em textos posteriores[3254]. Esta interpretação não é correta. LEPAULLE nunca rejeitou a teoria do património autónomo; diz-nos, sim, que, no caso de um

---

[3247] Cit., 25.
[3248] Cit., 32.
[3249] Cit., 50.
[3250] Cit., 42-42.
[3251] Cit., 26.
[3252] Cit., 27.
[3253] Cit., 44-45.
[3254] PASQUEL, *The Mexican Fideicomiso*, cit., 67; DE WAAL, *The Core Elements*, cit., 563; MING W. LAU, *The Economic Structure of Trusts*, OUP, Oxford, 2011, 77.

hipotético sistema continental receber a figura fiduciária anglo-saxónica, será mais fácil que atribua, ao mecanismo, personalidade jurídica:

> *Quand il s'agit de légiférer, la solution la plus efficace et la plus simple est de doter le trust de la personne morale*[3255].

224. Críticas à construção de LEPAULLE

I. Aparentemente bem justificada, a teoria patrimonial de LEPAULLE assenta num conjunto de pressupostos que desvirtuam, por completo, o instituto fiduciário anglo-saxónico. Não é, assim, de estranhar que tenha sido muito criticada pela doutrina da *Common Law*. Alguns autores avançam mesmo a hipótese de LEPAULLE não ter compreendido a natureza jurídica dos diferentes intervenientes fiduciários e, consequentemente, a natureza do próprio instituto.

O primeiro erro científico que, de imediato, salta à vista consiste no facto de LEPAULLE recorrer a características muito próprias de algumas modalidades e retirar, desses dados, conclusões extensíveis a todos os tipos de *trusts*[3256]. Ora, este tipo de raciocínio, para além de ser muito frágil, é pouco científico. Todas as modalidades fiduciárias a que LEPAULLE recorre, como forma de conferir sistematização à sua teoria, ou representam tipos excecionais – os *constructive trusts* ou os *trusts* constituídos a favor de animais – ou consubstanciam casos de fronteira, que dificilmente podem ser considerados verdadeiros *trusts* – os *charitable trusts*. A adoção destas características anómalas, como sustentáculo da conclusão preconizada, não só tende a descredibilizá-la, como a desvirtuar o instituto fiduciário anglo-saxónico.

II. As censuras mais fortes têm-se centrado na afirmação de que o sistema não exige, para a validade do *trust*, a presença de um *trustee*[3257]. Ora,

---

[3255] Recensão a Roberto Molina Pasquel, *La propriété dans le trust. Essai de Droit comparé*, 4 RIDC, 1952, 377-378, 378 e *Reflections on the Expansion of Trust: Remarks Concerning M. Claude Reymond's Book on "The Trust and Swiss Law"*, 6 Am U L Rev, 1957, 40-46, 44-45.

[3256] ZECHARIAH CHAFEE, JR., Recensão a *Traité Théorique et Pratique des Trusts de Pierre Lepaulle*, 46 Harv L Rev, 1933, 535-540, 538.

[3257] RYAN, *The Reception*, cit., 271; LIONEL D. SMITH, *Trust and Patrimony*, 38 RGD, 2008, 379--403, 384-385.

como princípio geral, a estrutura de qualquer *trust* pressupõe a nomeação de um *trustee*. Contudo, o regime caracteriza-se por uma certa flexibilidade, permitindo que o fiduciário seja indicado em momento posterior à constituição do *trust*. Acresce que, no caso de nenhum *trustee* ser nomeado, a sua indicação pode ser levada a cabo pelos próprios tribunais. De modo idêntico, também no caso de a posição ficar sem titular em virtude do falecimento do *trustee* original, o cargo ficará momentaneamente livre, até ser nomeado um novo sujeito. Em suma, apenas temporariamente poderá a posição de *trustee* não ser efetivamente ocupada. A afirmação de que o instituto fiduciário anglo-saxónico pode subsistir sem a nomeação de um fiduciário não é, assim, verdadeira. Toda a estrutura interna e externa da relação fiduciária foi construída em torno da figura do *trustee*. Também os mecanismos de defesa disponibilizados pressupõem a titularidade do direito na esfera jurídica do fiduciário[3258].

Em termos conclusivos, a conceção do *trust* como um património autónomo, nos moldes desenvolvidos por LEPAULLE, não encontra correspondência com o regime vigente ou com os desenvolvimentos históricos do instituto[3259].

Todavia, não pode deixar de se notar que alguns pontos identificados por LEPAULLE foram acolhidos, com bastante entusiasmo, por parte da doutrina anglófona, em especial no que respeita à relação que se estabelece entre o *trustee* e os bens constituídos em *trust* e à autonomia desses mesmos bens. Mas nenhum autor vai ao ponto de negar o princípio de que o fiduciário é o legítimo titular dos bens[3260].

III. A construção patrimonial de LEPAULLE também não agradou à doutrina continental. Numa perspetiva pragmática ou legislativa, o modelo é visto como desnecessário. De facto, a receção do *trust* pelos sistemas de Direito civil tem sido acompanhada pela conservação da titularidade na esfera jurídica do fiduciário[3261].

[3258] MARIUS J. DE WAAL, *In Search of a Model for the Introduction of the Trust into a Civilian Context*, 12 Stellenbosch L Rev, 2001, 63-85, 68-69.
[3259] MITCHELL FRANKLIN, *Recensão a Pierre Lepaulle, Traité Théorique et Pratique des Trusts*, 8 Tul L Rev, 1938, 473-476, 474.
[3260] PETER HEFTI, *Trusts and Their Treatment in the Civil Law*, 5 Am J Comp L, 1956, 553-576, 564; DAVID C. BAYNE, *Corporate Control as a Strict Trustee*, 53 Geo LJ, 1965, 543-584, 568.
[3261] GRETTON, *Trusts without Equity*, cit., 616.

De um ponto de vista dogmático, LEPAULLE é criticado por ter confundido dois conceitos distintos: património de afetação (*Zweckvermögen*) e património autónomo (*Sondervermögen*). Enquanto o primeiro consubstancia um património sem sujeito, o segundo consiste numa simples autonomização de um conjunto de bens, dentro da esfera do mesmo sujeito. Ora, os bens constituídos em *trust*, à luz do Direito inglês, podem ser interpretados como um património de afetação, mas já não como um património autónomo[3262].

Para tentar fugir à dicotomia *equitable rights/legal rights*, totalmente estranha aos Direitos civis, LEPAULLE recorre ao complexo e circunscrito conceito de *Zweckvermögen*, que, apesar de ser conhecido pela doutrina continental, não deixa de levantar, igualmente, inúmeras dificuldades.

IV. Definido o *trust* como um património autónomo, faltava a LEPAULLE um pequeno passo: fundamentar a construção à luz do Direito continental. Para o efeito, recorre aos desenvolvimentos professados por parte da doutrina alemã do segundo quartel do século XIX. De resto, as linhas com maior densidade dogmática correspondem a transcrições do pensamento de BEKKER, um dos pais fundadores do conceito de *Zweckvermögen*[3263].

O termo parece ter sido utilizado, pela primeira vez, por BRINZ, no primeiro volume das suas *Pandekten*, datado de 1857[3264]. Na segunda edição, Brinz dedica um inteiro volume ao tema[3265].

Quatro anos volvidos sobre a introdução do termo no vocabulário jurídico, BEKKER publica um artigo intitulado *Zweckvermögen, insbesondere Peculium, Handelsvermö-*

[3262] RYAN, *The Reception of the Trust*, cit., 271.
[3263] *Traité théorique*, cit., 39-40.
[3264] Apud., BECKER, *Die fiducie*, 172. Só tivemos acesso à segunda edição da obra. Para um apanhado geral da evolução histórica e dogmática do conceito, vide, em geral, GEROLD SCHMIDT, *Zum Begriff des "Zweckvermögens" in Rechts- und Finanzwissenschaft*, 60 VA, 1969, 295-331 e 61 VA, 1970, 60-81.
[3265] *Lehrbuch der Pandekten*, Tomo II, Vol. III, Parte I: *Das Zweckvermögen*, 2ª edição, Andreas Deichert, Erlangen, 1888.

gen und Actiengesellschaften[3266]. O autor retoma o tema no início da década de 70[3267] e, posteriormente, no primeiro volume das suas *Pandekten*[3268].

BRINZ, contrariando a doutrina dominante da sua época, critica a apresentação das pessoas coletivas por recurso à sua subjetivação – o conceito foi especialmente estudado no âmbito da discussão doutrinária em torno da natureza jurídica das pessoas coletivas[3269]. Para o ilustre jurista, a distinção deveria ser feita não no âmbito dos sujeitos jurídicos, através do desenvolvimento de um novo tipo de pessoa, que descreve como fictícia, mas no campo dos bens: BRINZ concebe, assim, dois tipos de situações quanto à disposição ou vocação de bens: (1) bens sobre os quais um sujeito jurídico detém direitos; e (2) bens congregados com um propósito específico, mas sem qualquer titular; os sujeitos representam, neste caso, um simples papel de gestão ou de representação[3270].

225. O acolhimento da construção de LEPAULLE pelo legislador mexicano

Apesar das fortes críticas de que foi alvo, a tese de LEPAULLE tem merecido, ao longo dos anos, alguma atenção por parte de vários legisladores.

Depois de, numa primeira positivação fiduciária, ter acolhido a visão de RICARDO ALFARO, a construção do jurista francês chamou à atenção do legis-

---

[3266] 4 ZHR, 1861, 499-567.

[3267] ERNST IMMANUEL BEKKER, *Zur Lehre von Rechtssubjekt: Genuß und Verfügung; Zwecksatzungen, Zweckvermögen und juristische Personen*, 12 JhJb, 1873, 1-135. Uma análise do pensamento de BEKKER, sobre o tema, pode ser encontrada em MAXIMILIANE KRIECHBAUM, *Dogmatik und Rechtsgeschichte bei Ernst Immanuel Bekker*, Rolf Gremer, Ebelsbach, 1984, 184-202.

[3268] *System des Heutigen Pandektenrechts*, Vol. I, Hermann Böhlau, Weimar, 1886, 141-146.

[3269] Sobre a temática, vide, em geral e entre nós MENEZES CORDEIRO, *Da responsabilidade dos administradores das sociedades comerciais*, Lex, Lisboa, 1997, 282-309; *O levantamento da personalidade colectiva no Direito civil e comercial*, Almedina, Coimbra, 2000, 38-66 e *Tratado de Direito civil*, IV, 3ª edição, Almedina, Coimbra, 2011, 563-590. Da vasta bibliografia alemã disponível sublinhamos uma monografia de WOLFGANG HENKEL, *Zur Theorie der juristischen Person im 19. Jahrhundert: Geschichte und Kritik der Fiktionstheorien*, Göttingen, 1973; e um artigo de FRANZ WIEACKER, *Zur Theorie der juristischen Person des Privatrechts* in *Festschrift für Ernst Rudolf Huber zum 70. Geburtstag am 8. Juni 1973*, coordenação de ERNST FORSTHOFF, WERNER WEBER e FRANZ WIEACKER, Otto Schwartz, Göttingen, 1973, 339-383.

[3270] *Das Zweckvermögen*, cit., em especial 456 ss..

lador mexicano[3271]. A *Ley general de títulos y operaciones de crédito*, datada de 26 de agosto de 1932, claramente inspirada na visão de Lepaulle, estabelecia no seu artigo 346.º:

> *En virtud del fideicomiso, el fideicomitente destina ciertos bienes a un fin lícito determinado, encomendando la realización de ese fin a una institución fiduciaria.*

Acrescentando o artigo seguinte, 347.º:

> *El fideicomiso será válido aunque se constituya sin señalar fideicomisario.*

Inicialmente, a doutrina e a jurisprudência mexicanas mostraram-se muito divididas, quanto ao exato conteúdo do instituto. Coube ao Supremo Tribunal resolver a querela dogmática, atribuindo a titularidade do direito à pessoa do fiduciário. Os juízes conselheiros afirmam que uma solução contrária impediria o fiduciário de administrar convenientemente os bens que lhe foram confiados[3272]. Esta posição veio a ser positivada numa posterior modificação ao regime legal do *fideicomiso*.

> *En virtud del fideicomiso, el fideicomitente transmite a una institución fiduciaria la propiedad o la titularidad de uno o más bienes o derechos*[3273].

[3271] O tratado de Lepaulle foi traduzido para a língua espanhola e publicado por uma editora mexicana, *Tratado teórico y práctico de los trusts en Derecho interno, en Derecho fiscal y en Derecho internacional*, tradução de Paulo Macedo, Editorial Porrúa, México, 1975. A tradução é acompanhada por um artigo introdutório no qual o seu autor, o tradutor da obra, analisa a evolução histórica e dogmática do instituto fiduciário no Direito mexicano, cfr., *El fideicomiso mexicano* in *Tratado*, cit., vii-li. Pasquel, *The Mexican Fideicomiso*, cit., 64: considera que os autores materiais da nova legislação não dispuseram de tempo suficiente para analisar todas as implicações relacionadas com a adoção da construção revolucionária de Lepaulle; Smith, *Trust and Patrimony*, cit., 382.

[3272] Ryan, *The Reception of the Trust*, cit., 271-273 e Batiza, *The Evolution of the Fideicomiso*, cit., 481. O facto de o modelo adotado pelo legislador mexicano não assentar numa transmissão de direitos chegou a ser sublinhado por alguns autores estrangeiros, cfr., Joaquín Garrigues, *Law of Trusts*, 2 Am J Comp J, 1953, 25-35, 31.

[3273] Artigo 381.º da LGTOC. Repare-se que, de modo idêntico ao que se verifica para os Direitos anglo-saxónicos, também o legislador mexicano permitiu a designação do fiduciário num momento posterior à constituição do *fideicomiso*. Quanto ao Direito vigente, vide, em geral, Nicolas Malumian, *Trusts in Latin America*, OUP, Oxford, 2009, 241-266.

§ 43.º PATRIMÓNIO AUTÓNOMO

226. O acolhimento da construção de LEPAULLE pelo legislador do Quebeque

I. O instituto fiduciário anglo-saxónico foi introduzido no Direito do Quebeque em 1879, com a sua incorporação no *Code Civil du Bas-Canada*, de 1866[3274]. Com a adoção de um novo Código Civil – *Code Civil du Québec*, aprovado no dia 18 de dezembro de 1991, tendo entrado em vigor no dia 1 de janeiro de 1994[3275] – o regime jurídico do *trust* sofreu profundas alterações, com importantes repercussões na natureza jurídica da *fiducie*. Na perspetiva do legislador, as modificações introduzidas tiveram como objetivos clarificar o regime, ampliar o campo de aplicação do mecanismo[3276] e adaptar a figura anglo-saxónica às especificidades do Direito civil do Quebeque[3277].

[3274] Vide notas 11 e 12.

[3275] Em 1955, foi constituída, a mando do Governo do Quebeque, uma comissão revisora do CCBC (em relação à comissão, métodos adotados e problemas centrais com que se debateu, vide, em geral, JOHN E. C. BRIERLEY, *Quebec's Civil Law Codification Viewed and Reviewed*, 14 McGill LJ, 1968, 521-589; PAUL A. CREPEAU, *Civil Code Revision in Quebec*, 34 La L Rev, 1974, 921-952; JEAN-LOUIS BAUDOUIN, *The Reform of the Civil Code of Quebec: Objectives, Methodology and Implementation*, 52 Rev Jur UPR, 1983, 149-167 e *Reflections on the Process of Recodification of the Quebec Civil Code*, 6/7 Tul Civ LF, 1991-1992, 283-291; para uma análise mais abstrata e filosófica do diploma, vide JOHN E. C. BRIERLEY, *The Renewal of Quebec's Distinct Legal Culture: the New Civil Code of Québec*, 42 UTLJ, 1992, 484-503). O CCQ foi fortemente criticado pela sua alegada excessiva proximidade com a cultura e com o Direito francês, descrito por alguns como uma discriminação da comunidade anglo-saxónica (PIERRE LEGRAND, *Civil Law Codification in Quebec: a Case of Decivilianization*, 1 ZEuP, 1993, 574-591; MICHAEL MCAULEY, *Proposal for a Theory and a Method of Recodification*, 49 Loy L Rev, 2003, 261-286, 272: a própria versão inglesa do diploma tem sido objeto de severas condenações).

[3276] MADELEINE CANTIN CUMYN, *Les innovations du Code Civil du Québec, un premier bilan*, 46 C de D, 2005, 463-479, 475: numa perspetiva funcional, as alterações introduzidas aproximam a *fiducie* do *trust* anglo-saxónico.

[3277] ALBERT BOHÉMIER, *Application of the Bankruptcy and Insolvency Act to the Trust of the Civil Code of Québec*, 37 RJT, 2003, 113-143, 123; WILLIAM E. STAVERT, *The Quebec Law of Trust*, 21 Est Tr & Pensions J, 2001, 130-143, 140: o autor apresenta esta solução legislativa como uma consequência da impossibilidade de os Direitos civis incorporarem a distinção entre *equitable rights* e *legal rights*. Essa pretensão é especialmente visível no âmbito do artigo 591.º, que estabelece um tipo de *fiducie* que se assemelha, em parte, ao *constructive trust*: "*Le tribunal peut, s'il l'estime nécessaire, ordonner au débiteur de fournir, au-delà de l'hypothèque légale, une sûreté suffisante pour le paiement des aliments ou ordonner la constitution d'une fiducie destinée à garantir ce paiement*". Sobre esta questão, vide, em geral, JACQUES BEAULNE, *La nouvelle fiducie judiciaire au service du droit de la famille*, 27 RGD, 1996, 55-68.

O regime da *fiducie* (versão francesa) ou do *trust* (versão inglesa) está previsto nos artigos 1260.º a 1298.º. O seu conteúdo deve ser complementado com o regime consagrado nos artigos 1299.º a 1370.º, respeitante à administração de bens de terceiros e aplicável à pessoa do fiduciário.

Os dois primeiros artigos do regime – 1260.º e 1261.º – são de extrema importância dogmática. No primeiro preceito, o legislador define a *fiducie*, deixando para o segundo alguns esclarecimentos gerais quanto à natureza das posições jurídicas dos diversos intervenientes.

1260.º

La fiducie résulte d'un acte par lequel une personne, le constituant, transfère de son patrimoine à un autre patrimoine qu'il constitue, des biens qu'il affecte à une fin particulière et qu'un fiduciaire s'oblige, par le fait de son acceptation, à détenir et à administrer.

A trust results from an act whereby a person, the settlor, transfers property from his patrimony to another patrimony constituted by him which he appropriates to a particular purpose and which a trustee undertakes, by his acceptance, to hold and administer.

1261.º

Le patrimoine fiduciaire, formé des biens transférés en fiducie, constitue un patrimoine d'affectation autonome et distinct de celui du constituant, du fiduciaire ou du bénéficiaire, sur lequel aucun d'entre eux n'a de droit réel.

The trust patrimony, consisting of the property transferred in trust, constitutes a patrimony by appropriation, autonomous and distinct from that of the settlor, trustee or beneficiary and in which none of them has any real right.

No artigo 1260.º, o legislador elenca os três elementos constitutivos da *fiducie*: (1) declaração de vontade por parte do *constituant* em constituir um património consagrado à prossecução de um propósito específico e identificado; (2) transmissão dos bens para esse novo património; e (3) anuência do fiduciário em ocupar a função de administrador do património[3278].

[3278] Estes elementos remontam, grosso modo, à lista apresentada no célebre acórdão *Curran v Davis* [1933] SCR 283, [Rinfret J] [74]: "*(a) une personne capable de disposer librement de ses biens, (b) un transport de biens, (c) des fiduciaires, (d) un document fait in la forme d'une donation ou d'un testament, (e) une stipulation de bénéfice au profit de personnes en faveur de qui on peut faire valablement*

§ 43.º PATRIMÓNIO AUTÓNOMO

Já no que respeita ao artigo 1261.º, o seu conteúdo deixa poucas margens para dúvidas. O património que constitui a *fiducie* é distinto dos patrimónios de todos os restantes intervenientes[3279]. Finalmente, quanto à titularidade dos bens constituídos em *fiducie*, diz-nos o legislador que nenhuma das três partes é titular de qualquer direito real.

Duas décadas volvidas sobre a entrada em vigor do CCQ, a titularidade ou não titularidade do património da *fiducie* apresenta-se como um dos temas que mais dúvidas e interesse tem levantado no seio da doutrina quebequiana e comparatística. Na origem desta viragem dogmática parecem ter estado os estudos de PIERRE CHARBONNEAU – *Les patrimoines d'affectation: vers un nouveau paradigme en Droit québécois du patrimoine*[3280].

A incerteza quanto à natureza jurídica da *fiducie*, em especial em relação à titularidade de direitos reais, tem sido uma imagem distintiva do instituto fiduciário do Quebeque desde a sua positivação no CCBC. Durante a vigência do Código de 1866, eram também dois os artigos que inquietavam a Ciência Jurídica quebequiana.

981.ºa

Toute personne capable de disposer librement de ses biens, peut transporter des propriétés mobilières ou immobilières à des fiduciaires par donation ou par testament, pour le bénéfice des personnes en faveur de qui elle peut faire valablement des donations ou des legs.

All persons capable of disposing freely of their property may convey property, moveable or immoveable, to trustees by gift or by will, for the benefit of any persons in whose favour they can validly make gifts or legacies.

---

des donations ou de legs". Curiosamente, esta passagem, apesar de desatualizada, é, ainda hoje, citada em algumas decisões, cfr., *Peter W. Darling v Québec (Sous-ministre du Revenu)* [1996] RDFQ 28, [BIRON JCA] [41].

[3279] O património assume, no novo Código Civil do Quebeque, uma maleabilidade pouco comum aos restantes Direito civis. De acordo com o disposto no artigo 2.º: "*Toute personne est titulaire d'un patrimoine. Celui-ci peut faire l'objet d'une division ou d'une affectation, mais dans la seule mesure prévue par la loi*".

[3280] 85 R du N, 1983, 491-530.

981.ºb

Les fiduciaires, pour les fins de la fiducie, sont saisis, comme dépositaires et administrateurs, pour le bénéfice des donataires ou légataires, des propriétés mobilières ou immobilière à eux transportées en fiducie.	Trustees, for the purposes of their trust, are seized as depositaries and administrators for the benefit of the donees or legatees of the property, moveable or immoveable, conveyed to them in trust, and may claim possession of it, even against the donees or legatees for whose benefit the trust was created.

À luz destes preceitos, foram desenvolvidas quatro grandes teorias[3281]: (1) o beneficiário é o titular do direito de propriedade[3282]; (2) o fiduciário é o titular do direito de propriedade[3283]; (3) a *fiducie* constitui uma pessoa jurídica autónoma; e (4) a *fiducie* constitui um património autónomo de afetação. Apesar das dúvidas expressadas, podemos afirmar, com grande segurança, que a jurisprudência quebequiana sempre se inclinou em apoiar a segunda teoria: o fiduciário é titular do direito de propriedade[3284-3285]. O sucesso desta teoria é atribuído à decisão *Curran v Davis*[3286] e ao apoio manifestado pelo grande civilista MIGNAULT[3287].

[3281] Para um apanhado geral das diferentes doutrinas, vide YVES CARON, *The Trust in Quebec*, cit., 426 ss.; e SYLVIO NORMAND e JACQUES GOSSELIN, *La fiducie du Code Civil: un sujet d'affrontement dans la communauté juridique québécoise*, 31 C de D, 1990, 681-729.

[3282] PIERRE BASILE MIGNAULT, *Le Droit civil canadien basé sur les "répétitions écrites sur le Code Civil" de Frederic Mourlon avec revue de la jurisprudence de nos tribunaux*, Tomo V, C. Théoret, Montreal, 1901, 155: apresenta a *fiducie* como estando muito próxima do mandato. O titular do direito é o sujeito indicado como beneficiário. Vide, ainda, com idêntica construção, J. ÉMILE BILLETTE, *A propos de fiducie*, 11 R du D, 1932, 38-49; *Au sujet des origines historiques de la fiducie*, 11 R du D, 1933, 365-372 e *La fiducie*, 12 R du D, 1933, 159-165.

[3283] ARMAND LAVALLÉE, *Donation fiduciaire*, 11 R du D, 1932, 227-235, 234; PETER E. GRAHAM, *Some Peculiarities of Trusts in Quebec*, 22 R du B, 1962, 137-150; e FRANÇOIS FRENETTE, *La propriété fiduciaire*, 26 C de D, 1985, 727-737.

[3284] *Greenshields v The Queen* [1958] SCR 216-236, [LOCKE J] 224: "*As declared by the article (981.ºa), the property is held by the trustee for the benefit of the cestui-que-trust. The legal title is vested in the trustees*".

[3285] *Tucker v Royal Trust* [1982] 1 SCR 250, [BEETZ J] [56]: "*The only one of all these theories which can be said to have received judicial support is Miganult's second theory, namely that while the trust lasts the trustee is owner of the property conveyed to him in trust. It must also be said that this support has only be given with hesitation and reservations*".

[3286] [1933] SCR 283, [RINFRET J].

[3287] CARON, *The Trust in Quebec*, cit., 426.

II. Voltando ao Direito vigente: ao longo de todo o regime da *fiducie*, o legislador, em diversas ocasiões, afasta a titularidade das esferas jurídicas dos três intervenientes clássicos[3288]. O disposto no artigo 1265.º distancia, perentoriamente, a titularidade do *constituant* (fiduciante): "*L'acceptation de la fiducie dessaisit le constituant des biens/Acceptance of the trust divests the settlor of the property*".

No que respeita aos beneficiários, o regime atribui-lhes o direito a exigir os benefícios, os frutos e os dividendos associados aos bens constituídos em fidúcia. Sem, todavia, lhe atribuir uma dimensão real, os tribunais têm reconhecido a titularidade de um direito *sui generis*, que, conquanto não tenha uma eficácia *erga omnes*, se aproxima de um efetivo direito de propriedade[3289].

A posição do fiduciário levanta maiores problemas. Apesar de o legislador, no artigo 1261.º, afastar, da sua esfera jurídica, qualquer direito real, o disposto no artigo 1278.º parece atribuir-lhe uma capacidade, em parte, análoga:

[I]l [fiduciaire] *exerce tous les droits afférents au patrimoine et peut prendre toute mesure propre à en assurer l'affectation.*	[H]e [fiduciary] *has the exercise of all the rights pertaining to the patrimony and may take any proper measure to secure its appropriation.*

Os próprios comentários oficiais, publicados sob a chancela do Ministério da Justiça da Província do Quebeque, mencionam um direito de reivindicação, usualmente atribuído ao proprietário[3290]. Como suporte da teoria do fiduciário é, ainda, referida a parte final da versão inglesa do artigo 1260.º: "*which a trustee undertakes, by his acceptance, to hold and administer*". Ora, a expressão *hold*, embora ambígua, está associada à titularidade de direitos reais[3291]. Cumpre, porém, sublinhar que, à luz dos princípios estabelecidos

---

[3288] Rainer Becker, *Die fiducie von Québec und der trust*, Mohr Siebeck, Tübingen, 2007, 157-160.
[3289] *Caisse populaire Desjardins de l'Est de Drummond v Canada* [2009] 2 SCR 94, [Rothstein J] [95].
[3290] *Ministre de la Justice, Projet de loi 125: Code civil du Québec: Commentaires détaillés sur les dispositions du projet. Livre IV. Des Biens*, Québec, 1991, 761 (158). Infelizmente, não conseguimos ter acesso ao documento. Confiamos, porém, nas citações e traduções de Rainer Becker. Todas as referências ao Comentário serão acompanhadas da página do Comentário e da página da obra de Becker: *Die fiducie von Québec und der trust*, entre parêntesis.
[3291] *Black's Law Dictionary*, 7ª edição, coordenação de Bryan A. Garner, West Group, St Paul, Minnesota, 1999, 736.

pelo Supremo Tribunal do Canadá e tendo em conta a força jurídica de ambas as versões, a interpretação de qualquer norma deve ter em consideração o texto francês e o texto inglês[3292].

Estes dois dados estão longe de ser decisivos. O primeiro é fruto da posição de gestão ocupada pelo fiduciário (1278.º), enquanto que o segundo representa uma simples particularidade: um exemplo das dificuldades diárias de um Direito bilingue.

Ao longo de todo o regime da *fiducie*, o fiduciário é apresentado como um simples administrador, aplicando-se, consequentemente, o regime jurídico referente à administração de bens de terceiros (1299.º-1370.º)[3293].

Conquanto a letra da lei não deixe margem para dúvidas, não pode ser ignorada a reticência dos tribunais em abandonar, por completo, esta possibilidade. É bastante usual as decisões afastarem, categoricamente, a titularidade das esferas jurídicas do fiduciante e do beneficiário e serem mais cautelosas no que respeita ao fiduciário:

> *Il ajoute que, en vertu de l'article 1261 C.c.Q., ce patrimoine fiduciaire devient un patrimoine d'affectation autonome et distinct de celui du constituant, du fiduciaire ou du bénéficiaire et qu'il n'est donc plus la propriété ni du constituant et pas encore celle du bénéficiaire*[3294].

A atribuição da titularidade do direito ao fiduciário seria a solução mais lógica, não apenas do ponto de vista histórico-comparatístico, como de um ponto de vista histórico-interno. Representaria uma continuidade, em face da interpretação maioritária da Ciência Jurídica do CCBC. A não consagra-

---

[3292] Quanto à interpretação, vide, em geral, PIERRE-ANDRÉ CÔTE, *Bilingual Interpretation of Enactments in Canada: Principles v. Practive*, 29 Brook J Intl L, 2004, 1067-1084 e RUTH SULLIVAN, *Some Problems with the Shared Meaning Rule as Formulated in R v Daoust and the Law of Bilingual Interpretation*, 42 Ottawa L Rev, 2000-2001, 71-93.
[3293] 1299.º: "*Toute personne qui est chargée d'administrer un bien ou un patrimoine qui n'est pas le sien assume la charge d'administrateur du bien d'autrui*"; "*Any person who is charged with the administration of property or a patrimony that is not his own assumes the office of administrator of the property of others*".
[3294] *Fonds Norburg Placements équilibrés (Liquidation de)* [2007] RJQ 1890, [ANDRÉ BOSSARD JCA] [49].

ção desta solução foi, de resto, muito criticada tanto pela doutrina[3295], como pela jurisprudência[3296].

III. Antes de analisarmos, com maior profundidade, a natureza jurídica do património autónomo, importa averiguar a validade de uma outra teoria que atribui personalidade jurídica à *fiducie*. Defendida por FARIBAULT, durante a vigência do CCBC, fora já sufragada por CARON, que a descreve como a solução que mais se adequa às raízes civis do Direito do Quebeque[3297]. A solução é hoje defendida por WATERS, um dos autores que mais atenção tem dedicado ao instituto fiduciário em terras canadianas. O autor considera que, em última análise, o regime irá ser interpretado como consagrando uma pessoa coletiva[3298].

A teoria da subjetivação da *fiducie* não tem, contudo, correspondência na letra da lei, não tem apoio nos desenvolvimentos históricos e dogmáticos do Direito do Quebeque e não é apresentada como uma interpretação possível nos comentários oficiais ao CCQ[3299]. Se poucas dúvidas restassem, elas são dissipadas através de uma análise sistemática[3300]. Formalmente, o regime da *fiducie* encontra-se no Título sexto intitulado "*De certains patrimoines d'affectation*", por sua vez inserido no Livro quatro do CCQ denominado "*Des biens*". Este título agrega dois tipos de patrimónios: a *fiducie* e a *foundation*. Ora, é precisamente o regime da fundação que nos fornece o elo de ligação entre a *fiducie* e o sistema quebequiano. Atentemos ao conteúdo dos artigos 1256.º e 1257.º:

[3295] MADELEINE CANTIN-CUMYN, *L'administration du bien d'autri*, Yvon Blais, Cowansville, 2000, 120. A autora defendeu, em tempos, a subjetivação do *trust*, cfr., BECKER, *Die fiducie*, cit., 157, nota 4.

[3296] *Scotia McLeod Inc v Banque de Nouvelle-Écosse* [2001] RJQ 2099, [MELVIN L. ROTHMAN JCA] [40], citando CANTIN-CUMYN.

[3297] *The Trust in Quebec*, cit., 434. A solução foi apoiada por autores estrangeiros, cfr., DE WAAL, *In Search of Model*, cit., 80: "Although the Code does not formally classify the trust as a juristic person, that is in effect what it now is" e SORIKA PLUSKAT, *Der trust im Recht von Québec und die Treuhand. Probleme der Rezeption einer englischen Rechtsfigur in einer Civil-Law-Rechtsordnung*, Logos, Berlim, 2001, 186 ss..

[3298] DONOVAN W. M. WATERS, *The Institution of the Trust in Civil and Common Law*, 252 RdC, 1995, 113-454.

[3299] BECKER, *Die fiducie*, cit., 162.

[3300] BECKER, *Die fiducie*, cit., 162 ss..

1256.º

La fondation résulte d'un acte par lequel une personne affecte, d'une façon irrévocable, tout ou partie de ses biens à une fin d'utilité sociale ayant un caractère durable.	*A foundation results from an act whereby a person irrevocably appropriates the whole or part of his property to the durable fulfilment of a socially beneficial purpose.*

1257.º

Les biens de la fondation constituent soit un patrimoine autonome et distinct de celui du disposant et de toute autre personne, soit le patrimoine d'une personne morale.	*The property of the foundation constitutes either an autonomous patrimony distinct from that of the settlor or any other person, or the patrimony of a legal person.*
Dans le premier cas, la fondation est régie par les dispositions du présent titre relatives à la fiducie d'utilité sociale, sous réserve des dispositions de la loi; dans le second cas, elle est régie par les lois applicables aux personnes morales de son espèce.	*In the first case, the foundation is governed by the provisions of this Title relating to a social trust, subject to the provisions of law; in the second case, the foundation is governed by the laws applicable to legal persons of the same kind.*

A lei é bastante clara. Ao contrário do que se verifica no Direito português, o regime quebequiano não é unitário. As fundações podem ser constituídas através da transmissão de um conjunto de bens para uma pessoa coletiva, aplicando-se o regime correspondente, ou com a simples afetação dos bens a um propósito de interesse público. O legislador distingue, inequivocamente, a *fiducie* das pessoas coletivas.

A recondução do instituto fiduciário ao universo das pessoas coletivas tem merecido, recentemente, alguma atenção por parte da doutrina alemã[3301]. Conquanto se reconheça que a subjetivação dos patrimónios fiduciários traz consigo algumas vantagens, a construção representa um corte drástico quer com a realidade prática – as partes acordam a transmissão ou afetação do bem – e com os próprios desenvolvimentos histórico-jurídicos e dogmáticos. A teoria aproxima-se mais de uma solução *de iure condendo* do que uma interpretação possível do panorama fiduciário atual. De resto, relembre-se que o próprio LEPAULLE aponta a subjetivação do património fiduciário como uma solução de recurso a explorar.

[3301] STEFAN J. GEIBEL, *Treuhandrecht als Gesellschaftsrecht*, Mohr Siebeck, Tübingen, 2008, 85 ss..

IV. Afastadas todas as quatro hipóteses subjetivistas, resta-nos a invulgar construção do património sem sujeito. A solução respeita a letra da lei, está em sintonia com uma interpretação autónoma e sistemática do regime da *fiducie* e foi consagrada nos comentários publicados pelo Ministério da Justiça[3302]. Não é, assim, de estranhar que seja essa a posição defendida pela maioria da doutrina moderna[3303]. Já a jurisprudência quebequiana tem-se mostrado, como sublinhado, um pouco mais cautelosa. Não raramente, os tribunais apresentam a transmissão de bens do património do *constituant* para outro património[3304] como o primeiro elemento da *fiducie*, manifestando, porventura, a ideia de que o bem é transmitido para um património previamente existente, pertença de um outro sujeito, e não para um património autónomo e independente, constituído com esse propósito. Ora, recorrendo às palavras de ROTHSTEIN J, juiz do Supremo Tribunal do Canadá: *"Le droit transféré porte sur le bien"*[3305].

O elemento distintivo da solução consagrada no Direito do Quebeque reside na total autonomia dos bens constituídos em *fiducie*, sobre os quais nenhum sujeito jurídico detém qualquer tipo de direito real. De resto, no célebre caso *Bank of Nova Scotia v Thibault*, o Supremo Tribunal do Canadá declarou inválida a constituição de uma *fiducie*, precisamente por o beneficiário manter um controlo direto sobre os bens alegadamente constituídos como um património autónomo sem titular[3306].

A partir de 1963, *Guy Thibault* começou a pôr de parte algum dinheiro, já a pensar na sua reforma. Durante mais de três décadas, recorreu a diferentes tipos de instituições financeiras para o efeito. Em 1998, estabeleceu um plano de reforma gerido por si próprio. Uma instituição financeira fiduciária (*Bank of Nova Scotia Trust Company*) foi nomeada *fiduciarie* e a sua mulher beneficiária última. Um ano volvido,

---

[3302] *Commentaires du ministre*, cit., 742 (162): *"existence de patrimoines sans propriétaire"*; 749 (162): *"admettre l'existence d'un patrimoine sans titulaire"*.

[3303] JOHN E. C. BRIERLEY, *Regards sur le Droit des biens dans le nouveau Code Civil du Québec*, 47 RIDC, 1995, 33-49, 46: a figura caracteriza-se pela inexistência de qualquer direito real; GUY FORTIN, *How the Province of Quebec Absorbs the Concept of the Trust*, 18 Est Tr & Pensions J, 1999, 285-316, 291-292; STAVERT, *The Quebec Law of Trust*, cit., 140; BOHÉMIER, *Application of the Bankruptcy*, cit., 124.

[3304] *Pierre Roy & Associés Inc v Bagnoud* [2005] RJQ 1378, [PIERRE J. DALPHOND JCA] [30]: *"Un transfert de bien du patrimoine du constituant à une autre patrimoine"*.

[3305] *Caisse populaire Desjardins de l'Est de Drummond v Canada* [2009] 2 SCR 94, [95].

[3306] [2004] 1 SCR 758.

os credores de *Thibault*, contando-se entre eles o próprio *Bank of Nova Scotia*, tentaram recorrer às quantias constituídas em fidúcia. O litígio chegou aos tribunais canadianos, onde se discutiu se foi validamente conformada uma relação fiduciária.

O Supremo Tribunal do Canadá considerou que os três requisitos não estavam preenchidos. De acordo com o disposto no ato constitutivo, *Thibault* teria acesso sem restrições às quantias teoricamente transmitidas para a *fiducie*, conservando, deste modo, na sua esfera jurídica, direitos sobre os bens constituídos em fidúcia.

A solução encontrada pelo legislador não está em sintonia com os desenvolvimentos históricos e dogmáticos do Direito civil. Como veremos no ponto seguinte, a *fiducie* do Quebeque representa um exemplo isolado. Segundo um princípio geral, todo o património deve ter um sujeito. Todavia, por muito criticável que seja a construção adotada, uma interpretação contrária teria como efeito direto não apenas o desvirtuamento da *fiducie* – nos termos em que foi positivada no CCQ –, mas também do próprio regime patrimonial positivado, um dos alicerces de qualquer sistema jurídico. Atentemos ao disposto no artigo 915.º do CCQ:

> *Les biens appartiennent aux personnes ou à l'État, ou font, en certains cas, l'objet d'une affectation.*
>
> Property belongs to persons or to the State or, in certain cases, is appropriated to a purpose.

Salvo melhor opinião, temos algumas dúvidas de que o legislador quebequiano estivesse ciente dos efeitos que iriam ser desencadeados com a positivação de semelhante conceito. Todo o sistema do Quebeque foi desenvolvido tendo sempre, na sua base, os sujeitos jurídicos: desde o Direito civil, passando pelo Direito fiscal ou pelo Direito insolvencial. Neste último caso, a doutrina tem sérias dúvidas sobre a aplicação do *Bankruptcy and Insolvency Act* (*Loi sur la faillite et l'insolvabilité*)[3307], diploma relativo à insolvência de pessoas singulares e coletivas[3308].

[3307] BOHÉMIER, *Application of the Bankruptcy*, cit., 143; SYLVIE BERTHOLD, *La fiducie: outil efficace de protection contre les créanciers dans un contexte d'insolvabilité*, 35 RGD, 2005, 553-573.
[3308] O legislador define o falido como "*a person who has made an assignment or against a bankruptcy order has been made or the legal status of that person*".

227. Análise da teoria à luz do Direito português

I. O aproveitamento da solução do Quebeque tanto para a construção de uma doutrina fiduciária geral, como para a receção interna do *trust* choca com dois elementos, inultrapassáveis. Um de ordem prática ou real – tanto no negócio fiduciário, como no *trust*, o fiduciante transmite os bens para o fiduciário – e outro de ordem jurídica – o Direito nacional não comporta a figura dos patrimónios sem sujeitos. O primeiro elemento é, por si só, suficiente para inviabilizar esta visão. O nosso objetivo último passa pela consagração interna de uma relação jurídica legalmente atípica, que congregue as características nucleares do *trust* anglo-saxónico. Ora, o instituto fiduciário britânico assenta no princípio basilar de que o *trustee* é titular dos direitos constituídos em fidúcia.

Clarificado o primeiro elemento, debrucemo-nos, sucintamente, no segundo, de ordem jurídica.

II. Ao avançar a sua teoria, LEPAULLE tenta atribuir-lhe uma aura de normalidade. A constituição de patrimónios autónomos é algo bastante comum, alega: pense-se nas fundações, nas heranças jacentes ou nos patrimónios dos sujeitos declarados ausentes. Ora, esta conclusão não está em sintonia com o sistema nacional: as fundações têm personalidade jurídica (158.º/2); as heranças jacentes têm personalidade judiciária (6.º, a) CPC), podendo, assim, ser descritas como pessoas coletivas rudimentares[3309]; já quanto aos patrimónios dos sujeitos ausentes, aplica-se, logo que a ausência seja declarada, o regime sucessório (109.º), pelo que, também neste caso e até a herança ser aceite, o património consubstancia uma pessoa coletiva rudimentar. A figura concebida por LEPAULLE e positivada pelo legislador do Quebeque conformaria, assim, uma realidade nova, não reconduzível a qualquer mecanismo ou instituto conhecido internamente.

III. O primeiro problema que uma figura deste tipo coloca respeita à sua constituição – relembre-se que não é reconduzível ao conceito de pessoa jurídica. De acordo com o disposto no artigo 1316.º: "O direito de propriedade adquire-se por contrato, sucessão por morte, usucapião, ocupação, acessão e outros demais modos previstos na lei". Salvo no que respeita à ocupação e

---

[3309] MENEZES CORDEIRO, *Tratado*, IV, cit., 604: o ilustre Professor considera que a personalidade judiciária traduz-se numa inegável margem de personalização substantiva.

apenas quanto aos "animais e outras coisas móveis que nunca tiveram dono", todos os modos de aquisição de propriedade pressupõem a transição de um direito de uma esfera jurídica para outra esfera jurídica[3310]. Ora, não tendo os patrimónios de afetação personalidade jurídica, como podem os direitos sair da esfera jurídica do fiduciante? Atente-se que o abandono ou perda de coisas não resulta na extinção do direito de propriedade, mas apenas na perda da posse (1267.º). Em suma, os hipotéticos direitos a constituir em fidúcia apenas sairão da esfera jurídica do fiduciante se forem transmitidos ou ocupados por um terceiro sujeito.

Em última análise, a conceção do negócio fiduciário e do *trust* como patrimónios autónomos puros, i.e., sem qualquer tipo de personalidade, será sempre impossível, à luz do Direito pátrio. Mesmo admitindo que o legislador nacional pudesse adotar a solução quebequiana, a figura seria incluída, direta ou analogicamente, no leque previsto no artigo 6.º do CPC, o que levaria à sua recondução ao conceito de pessoa coletiva rudimentar[3311].

[3310] A admissibilidade, circunscrita, da renúncia dos direitos reais não afeta as presentes conclusões. Sobre a problemática, vide, em geral, Luís CARVALHO FERNANDES, *Da renúncia dos direitos reais*, 138 Dir, 2006, 477-497.

[3311] MENEZES CORDEIRO, *Tratado*, IV, cit., 609; STJ 20-Out.-2005 (ARAÚJO BARROS), proc. n.º 05B1890.

§ 44.º DESPROPORCIONALIDADE DE MEIOS JURÍDICOS EM FACE DOS FINS ECONÓMICOS PROSSEGUIDOS

228. A doutrina da desproporcionalidade

I. A caracterização dos negócios fiduciários por recurso a uma hipotética desproporcionalidade entre os meios jurídicos utilizados e os fins económicos prosseguidos remonta ao segundo pilar da construção fiduciária de REGELSBERGER: as partes recorrem a um contrato típico, cuja *ratio* extravasa os propósitos pretendidos pelas partes, i.e., o sujeito ativo (fiduciante) concede mais poderes/direitos ao sujeito passivo (fiduciário) do que aqueles que seriam necessários, à luz dos propósitos visados com a contratualização[3312]. Este desequilíbrio entre meios e fins é, para REGELSBERGER, recorde-se, voluntariamente desejado pelo fiduciante: o recurso a um tipo de contrato cujos fins abstratos excedam os fins concretos apresenta-se como a única forma de alcançar, efetivamente, os intentos do fiduciante[3313].

II. A apresentação da desproporcionalidade como elemento central da caracterização dos negócios fiduciários rapidamente fez escola.

Em terras alemãs, onde os estudos de REGELSBERGER foram bem acolhidos, a relevância da desconformidade meios/fins assume um lugar de desta-

---

[3312] *Zwei Beiträge*, cit., 173. Não nos parece que haja qualquer diferença entre a posição que sublinha uma desconformidade e a que prefere dar maior relevância à atribuição de poderes ou direitos excessivos. Tudo depende da perspetiva ou da dimensão que se pretenda pôr mais em evidência: se o negócio em si, se a posição jurídica do fiduciário.
[3313] Cit., 172-173.

que tanto nas monografias e artigos dedicados à nova conceção fiduciária[3314] – o próprio SIEBERT, autor da mais relevante monografia da primeira metade do século XX, inicia o capítulo dedicado à conceptualização da *Treuhand* por evidenciar essa discrepância[3315] –, como nas grandes obras de referência tratadista e universitárias: tanto ENNECCERUS/NIPPERDEY[3316], como VON THUR afirmam que os fins económicos prosseguidos não exigem a transmissão do direito de propriedade[3317].

Atualmente, apenas parte da doutrina alemã parece manter a característica da desproporcionalidade, nos termos originários, no centro da conceção fiduciária[3318]. Contudo, e salvo raras exceções, a menção é feita de

---

[3314] LANG, *Die Wirkungen*, cit., 336; GOLTZ, *Das fiduziarische Rechtsgeschäft*, cit., 15-16: meios jurídicos utilizados excessivos em face dos interesses económicos prosseguidos; ARTHUR OPPENHEIMER, *Die fiduziarische Eigentumsübertragung insbesondere das Aussonderungsrecht an den zu fiduziarischen Eigentum übertragenen Gegenständen*, Carl Ritter, Wiesbaden, 1903, 7: parece defender, ao contrário de OERTMANN, que a desproporcionalidade entre os meios jurídicos e os fins económicos, elemento central da construção fiduciária moderna, eram, já no Direito romano, um elemento característico da *fiducia*; BEROLZHEIMER, *Die fiduziarische Zession*, cit., 5: os fins económicos prosseguidos podem ser alcançados por recurso a tipos negociais mais simples e que não envolvam a transmissão do direito de propriedade; AUGUST NATHAN, *Die Übertragung des Eigentums an beweglichen Sachen mittels "constitutum possessorium" zum Zwecke der Sicherung von Forderungen*, J. B. Metzler, Estugarda, 1909, 8: incongruência entre os meios jurídicos e os fins económicos; KAUL, *Das fiduziarische Rechtsgeschäft*, cit., 8-9; GRÜNDSCHILD, *Die Treuhänderschaft*, cit., 5: sublinha que os propósitos visados poderiam ser conseguidos por outros meios, sem a necessidade de transmitir os bens para terceiros; KUNISCH, *Die rechtliche Stellung*, cit., 6: o fiduciante tem noção de que poderia alcançar os mesmos objetivos económicos recorrendo a outro tipo de negócio jurídico; WALTER BING, *Die fiduziarischen Rechtsgeschäfte im Konkurse des Treuhänders*, M. DuMont Schauberg, Estrasburgo, 1916, 13: apresenta a incongruência como um *Leitmotiv* da temática fiduciária; EWALD KATZMANN, *Die Aussonderung von Treugut im Konkurs*, E. G. Seeger, Marburgo, 1928, 12: perante os diversos interesses em jogo, considera que a desproporcionalidade é indispensável; OTTO EULERICH, *Die fiduciarischen Rechtsgeschäfte im Konkurs*, Pöppinghaus, Kerpen, 1935, 2.
[3315] *Das rechtsgeschäftliche*, cit., 146. Vide nota 4, da mesma página, com ampla bibliografia.
[3316] *Allgemeiner Teil*, Vol. II, cit., 921.
[3317] *Der Allgemeine Teil*, Vol. II, cit., 186.
[3318] GERHARD WALTER, *Das Unmittelbarkeitsprinzip bei der fiduziarischen Treuhand*, Mohr Siebeck, Tübingen, 1974, 13-14: apesar de a menção à desproporcionalidade surgir numa parte introdutória e histórica, o autor coloca bastante ênfase neste elemento; OLE BÖGER, *System der vorteilsorientierten Haftung im Vertrag*, Mohr Siebeck, Tübingen, 2009, 393: o autor diz-nos que a desproporcionalidade é, geralmente, apresentada como uma marca distintiva do negócio fiduciário.

passagem, ocupando poucas linhas e com uma função contextualizadora e histórica[3319]. Mesmo a doutrina que assume essa característica não lhe atribui qualquer relevância nos capítulos dedicados ao aprofundamento do instituto fiduciário.

A maioria da doutrina alemã moderna abandonou a visão clássica de REGELSBERGER. O que caracteriza o negócio fiduciário não é uma desproporcionalidade dos meios jurídicos em face dos fins económicos, mas uma circunscrição dos direitos do fiduciário ou, quando muito, uma certa desconformidade entre a imagem que passa para terceiros, externos à relação, e os direitos de que o fiduciário pode, efetivamente, fazer uso[3320].

Em Itália, CARIOTA-FERRARA, seguindo a posição já manifestada por FERRARA[3321], GIOVENE[3322], COVIELLO[3323] ou DUSI[3324], abre o seu memorável estudo afirmando que "*I negozi giuridici fiduciari sono caratterizzati da un'eccedenza del mezzo adoperato di fronte alla scopo che vi vuol conseguire*"[3325]. Apesar das dúvidas formuladas por MESSINA, em 1910[3326], e das críticas de GRASSETTI, em

---

[3319] Relembre-se que esta ideia de desproporcionalidade representou um papel muito importante na delimitação inicial do conceito, em especial por oposição à simulação: enquanto que os negócios simulados se caracterizam por uma discrepância entre a vontade real e a vontade declarada, nos negócios fiduciários a incongruência respeita, apenas, aos fins económicos prosseguidos, alegam os partidários da construção de REGELSBERGER.

[3320] DIETRICH LIEBICH e KURT MATHEWS, *Treuhand und Treuhänder in Recht und Wirtschaft*, 2ª edição, NBW, Berlim, 1983, 21: internamente, contudo, as partes acordam que os amplos poderes que lhes foram transmitidos apenas podem ser utilizados tendo em vista o fim que está na base da relação; JOACHIM GERNHUBER, *Die fiduziarische Treuhand*, 28 JuS, 1988, 355-363, 357; MARTIN HENSSLER, *Treuhandgeschäft – Dogmatik und Wirklichkeit*, 196 AcP, 1996, 27-87, 41: circunscrição ou limitação de direitos; RUSCH, *Gewinnhaftung*, cit., 154: apesar de começar por aderir à conceção clássica de REGELSBERGER, acaba por se aproximar de uma posição mais moderna; KARL-HEINZ SCHRAMM, *Introdução ao § 164* in *Münchener Kommentar BGB*, Vol. I: *Allgemeiner Teil*, 6ª edição, Beck, Munique, 2012, Rn. 28.

[3321] *I negozi fiduciari*, cit., 747: o desfasamento é apresentado como um elemento essencial do negócio fiduciário. Refere, em rodapé, as obras de REGELSBERGER, GOLTZ e LANG.

[3322] ACHILLE GIOVENE, *Il negozio giuridico rispetto ai terzi*, 2ª edição, UTET, Turim, 1917, 34: "*lo scopo economico non coincida con quello giuridico*".

[3323] *Manuale di diritto*, cit., 371.

[3324] BARTOLOMEO DUSI, *Istituzioni di diritto civile*, Vol. I, Libreria Scientifica Giappichelli, Turim, 1929, 135, nota 8.

[3325] *I negozi fiduciari*, cit., 1933, 1.

[3326] *Negozi fiduciari*, cit., 46 ss..

1936[3327], a tese da desproporcionalidade foi adotada por nomes sonantes da civilística italiana da segunda metade do século passado, como Betti[3328] ou Pugliatti[3329]. O paradigma doutrinário moderno mantém-se inalterado: a desproporcionalidade entre os meios jurídicos utilizados e os fins económicos prosseguidos continua a ser apresentada como uma característica nuclear do negócio fiduciário[3330]. De resto, é essa a posição encontrada na maioria dos manuais universitários e nas obras de carácter generalista[3331].

Na doutrina espanhola, que também segue idêntica construção[3332], destaca-se, pela sua acutilância, a posição de Garrigues. Para o jurista, é pre-

---

[3327] Cesare Grassetti, *Del negozio fiduciario e della sua ammissibilità nel nostro ordinamento giuridico*, 34 RDComm, 1936, 345-378.

[3328] *Teoria generale*, cit., 315: embora se centre na pessoa jurídica do fiduciário: discrepância entre os poderes e os deveres do fiduciário.

[3329] Salvatore Pugliatti, *Fiducia e rappresentanza indiretta* in *Diritto civile: metodo – teoria – pratica*, Giuffrè, Milão, 1951, 201-333, 250-254.

[3330] Roberto Giovagnoli e Marco Fratini, *Garanzie reali e personali: percorsi giurisprudenziali*, Giuffrè, Milão, 2010, 10: apresentam a desproporcionalidade como um dos elementos nucleares da conceção fiduciária moderna; Maria Astone, *Destinazione di beni allo scopo: fattispecie ed effetti*, Giuffrè, Milão, 2010, 176; Santoro, *Il trust*, cit., 204: a autora apresenta a incongruência entre os meios jurídicos e os fins económicos como uma decorrência da estrutura dualista do negócio fiduciário.

[3331] Diener, *Il contratto in generale*, cit., 95: o negócio fiduciário caracteriza-se por um excesso de meios em face do fim que se pretende alcançar; Chiara Nobili, *Le obbligazioni: manuale e applicazioni pratiche dalle lezioni di Guido Capozzi*, 2ª edição, Giuffè, Milão, 2008, 243.

[3332] Francisco Bonet, *Algunas figuras afines al contrato de mandato*, 184 RGLJ, 1948, 633-673, 652: vai beber diretamente a Regelsberger; Lino Rodríguez-Arias, *En torno al negocio indirecto y figuras jurídicas afines (notas para un estudio)*, 185 RGLJ, 1949, 276-304, 289; Martorell, *La propiedad fiduciaria*, 59-68: embora reconheça ser a transmissão necessária para alcançar os fins pretendidos, tal não significa que a relação não se caracterize por uma desproporcionalidade: *"Pero esta necesidad no anula, a nuestro entender, la desproporción, sin duda existente"*; Jordano Barea, *El negocio fiduciario*, cit., 11-22; Albaladejo, *El negocio jurídico*, cit., 221-222: tanto numa perspetiva subjetiva: *"una atribución patrimonial que sobrepasa el fin perseguido"*, como numa perspetiva objetiva: *"desarmonía o disonancia entre el fin propuesto y el medio utilizado"*; Gullón Ballesteros, *Curso de Derecho*, cit., 129: faz expressa referência a Regelsberger; José Castán Tobeñas, *Derecho civil español, común e foral*, Tomo I: *Introducción y parte general*, Vol. II: *Teoría de la relación jurídica. La persona y los derechos de la personalidad. Las cosas. Los hechos jurídicos*, 14ª edição com aditamento de José Luiz de los Mozos, Reus, Madrid, 1984, 725: cita a posição de Ennecerus/Nipperdey; José Puig Brutau, *Fundamentos de Derecho civil*, Tomo III, Vol. III, 3ª edição, Bosch, Barcelona, 1983, 375; Fernando Pantaleón Prieto, *Negocio fiduciario* in *Enciclopedia jurídica básica*, Vol. II: *IND-PRO*, Editorial Civitas, Madrid, 1995, 4407-4409, 4407. Repare-se

cisamente essa desproporcionalidade que permite distinguir os negócios fiduciários: o seu afastamento poria em risco a própria existência deste tipo de negócio[3333].

III. A doutrina clássica portuguesa abraçou, por inteiro, esta conceção: BELEZA DOS SANTOS, influenciado tanto pela doutrina alemã, como pela doutrina italiana[3334]; MANUEL DE ANDRADE, embora evitando cair em generalizações[3335]; VAZ SERRA[3336] ou GALVÃO TELLES[3337], entre outros[3338], todos eles, sublinham a desconformidade jurídica em face dos propósitos prosseguidos e os excessivos poderes/direitos atribuídos ao fiduciário. De modo idêntico ao verificado no seio da doutrina italiana, também em terras portuguesas as críticas justas formuladas por PAIS DE VASCONCELOS não foram totalmente acompanhadas. Parte substancial da doutrina mantém, ainda nos dias de hoje, esta desconformidade no centro da temática fiduciária[3339].

IV. O elemento chave da construção, encontrado em todos os autores que defendem a tese, é facilmente percetível se exemplificada por recurso às duas modalidades romanísticas: *fiducia cum creditore* e *fiducia cum amico*.

que, ainda hoje, é essa posição encontrada nas grandes obras generalistas: ALBALADEJO, *Derecho civil*, Tomo I, cit., 644: "*atribución patrimonial que sobrepasa (que es más amplia) el fin perseguido*". Idêntica posição é seguida pelos tribunais: STS 10-Nov.-1958, 73 JC/MC, 1958, 220-249, 246: "*discrepancia consciente entre lo pactado y la intención práctica perseguida en concreto*".
[3333] *Negocios fiduciarios*, cit., 14-16.
[3334] *A simulação*, Vol. I, cit., 115: fala de uma falta de coincidência entre o fim económico e a configuração jurídica adotada.
[3335] *Teoria geral*, Vol. II, cit., 175-176: sublinha a dimensão subjetiva, i.e., a atribuição "ao fiduciário de uma posição jurídica cuja amplitude ultrapassa o necessário para normalmente atingir o fim em vista".
[3336] *Cessão de créditos*, cit., 157-158: após analisar as críticas de GRASSETTI, VAZ SERRA conclui pela sua insuficiência, aderindo, consequentemente, à teoria da desproporcionalidade.
[3337] *Manual dos contratos*, cit., 190: os direitos atribuídos ao fiduciário extravasam largamente o papel que lhe foi confiado.
[3338] GONSALVES DIAS, *Da letra e da livrança*, Vol VI, 2ª parte, cit., 524: "O que essencialmente caracteriza êste endosso (fiduciário) é ter-se empregado um meio que excedeu o fim pretendido"; PESSOA JORGE, *O mandato sem representação*, cit, 325: "uma *desproporção* (por excesso)"; CASTRO MENDES, *Teoria geral*, Vol. II, cit., 237: cita CARIOTA-FERRARA.
[3339] OLIVEIRA ASCENSÃO, *Teoria geral*, Vol. II, cit., 223; CARVALHO FERNANDES, *Teoria geral*, Vol. II, cit., 347; *A conversão*, cit., 751-752 e *A admissibilidade*, cit., 227: o autor recorre, em todas as três obras, a uma ideia de excesso; os meios excedem os fins; CALVÃO DA SILVA, *Anotação*, cit., 87.

A *fiducia cum creditore* tem como objetivo último garantir o cumprimento das obrigações assumidas pelo devedor/fiduciante. Ora, com a transmissão do direito de propriedade para a esfera jurídica do credor/fiduciário, as partes estão a recorrer a um tipo de contrato que excede o fim do negócio. Da simples comparação entre os meios (jurídicos) utilizados: transmissão do direito de propriedade, e os fins (económicos) visados: garantir o cumprimento das obrigações assumidas, resultaria, afirmam os seus defensores, uma desproporcionalidade ou incongruência.

O mesmo raciocínio é aplicável, por inteiro, à *fiducia cum amico*, embora seja necessário abrir algumas sub-hipóteses: (1) no negócio fiduciário para administração, o fiduciário, para quem o direito foi transmitido, compromete-se a administrar o bem seguindo as orientações do fiduciante; e (2) no negócio fiduciário para alienação, o fiduciário, para quem o direito foi transmitido, compromete-se a alienar o bem nos exatos termos indicados pelo fiduciante. Em ambos os casos, alega a doutrina da desproporcionalidade, a transmissão do direito não se justifica, bastando, para os efeitos pretendidos, constituir-se uma relação de mandato.

No fundo, a transmissão do direito de propriedade é apresentada como algo supérfluo ou até mesmo dispensável, à luz das pretensões das partes. Apesar de apenas se pretender reforçar a posição jurídica do mutuário ou assegurar uma boa administração do bem, o direito é, efetivamente, transmitido[3340].

V. O amplo apoio que a teoria tem merecido contrasta com o seu insuficiente aprofundamento teórico. A maioria dos autores limita-se a apresentar a desproporcionalidade ou a incongruência entre os meios jurídicos e os fins económicos prosseguidos de passagem ou a título introdutório, sem se deter no exato significado das palavras utilizadas. Como tantas vezes acontece, o estudo mais minucioso de toda a problemática é assumido pelos críticos da construção.

[3340] Atente-se, a título meramente exemplificativo, na definição de JORDANO BAREA: "*El negocio fiduciario consiste en la transmisión definitiva de una cosa o de un derecho para un fin de administración o garantía que no exige esa transmisión definitiva*", cfr., El negocio fiduciario, cit., 12.

§ 44.º DESPROPORCIONALIDADE DE MEIOS

229. Algumas fragilidades da doutrina da desproporcionalidade

I. Parte da doutrina italiana, em especial a que critica a teoria da desproporcionalidade, tende a desvalorizar este elemento. Tanto MESSINA, como GRASSETTI, como o próprio PUGLIATTI, cuja peculiar posição será, de seguida, analisada, sublinham que, em todo o caso, a desproporcionalidade nunca poderá consubstanciar um elemento definidor do negócio fiduciário, mas uma simples avaliação doutrinária[3341].

Com o devido respeito, parece-nos que a desvalorização da teoria da desproporcionalidade não procede. Essa característica assume uma posição nuclear na conceptualização do negócio fiduciário. A ligação entre a desproporcionalidade e a natureza jurídica do negócio fiduciário é especialmente visível no âmbito da doutrina dualista, onde a alegada particularidade assume uma relevância central na sua construção ora como decorrência direta, ora mesmo como elemento constitutivo[3342].

A desconstrução da teoria permite-nos, assim, resolver uma série de equívocos perpetuados por parte da doutrina. As próximas páginas serão dedicadas a três aspetos distintos: (1) pouca solidez da doutrina quando aprofundada; (2) fragilidades formais; e (3) fragilidades sistemáticas internas.

II. Nas duas vezes que fizemos menção à posição de PUGLIATTI, tivemos o cuidado de sublinhar a sua peculiaridade. Da leitura das linhas dedicadas ao tema não é evidente em que campo deva o autor ser colocado: se ao lado dos defensores da desproporcionalidade ou se, pelo contrário, ao lado dos seus críticos. Tudo pesado, julgamos que, embora reconheça as fragilidades da teoria, PUGLIATTI tende a apoiá-la. Porém, na sua busca por um sentido mais preciso da característica da desproporcionalidade, acaba por adotar a construção de GRASSETTI[3343]. Ora, é precisamente este aspeto que agora

---

[3341] MESSINA, *Negozi fiduciari*, cit., 35; GRASSETTI, *Del negozio fiduciario*, cit., 248; PUGLIATTI, *Fiducia*, cit., 250.
[3342] A desproporcionalidade e a teoria dualista são usualmente apresentadas como causa e efeito uma da outra. Porém, nem sempre é evidente se a desproporcionalidade é uma decorrência da estrutura dualista do negócio fiduciário ou o contrário. Veja-se esta decisão do Supremo Tribunal de Espanha que parece acolher a tese de que a desproporcionalidade é uma consequência da dupla dimensão formal do negócio: STS 23-Fev.-1951, 33 Jur Civ, 1951, 718-729, 727.
[3343] *Fiducia*, cit., 254.

interessa explorar: mesmo os seus defensores têm dificuldade em sustentar a construção. Vejamos os passos de Pugliatti.

Um negócio de disposição tem como elemento fundamental a transmissão de um direito. Contudo, a conclusão de um negócio fiduciário, independentemente da sua modalidade, não tem como objetivo a transmissão definitiva do direito para o fiduciário; essa transmissão visa um fim económico distinto, por exemplo, a gestão do bem ou a garantia de uma prestação. Da confrontação entre o meio jurídico utilizado (transmissão do direito) e o fim pretendido (gestão ou garantia) resulta uma circunscrição dos efeitos jurídicos do meio empregue, a dois níveis: a transmissão não é definitiva mas temporária; e a titularidade, embora formalmente plena, é condicionada pelo conteúdo da dimensão obrigacional do negócio fiduciário. Em suma, conclui o autor, a propagada desproporcionalidade corresponde não a um exagero de meios utilizados, mas a uma adaptação do meio utilizado aos fins prosseguidos.

III. A primeira grande fragilidade da doutrina da desproporcionalidade reside na sua inconsistência formal, exteriorizada por uma desordem linguística. Uma vez mais se sublinha a importância da linguagem para a Ciência Jurídica. A superficialidade com que parte substancial da doutrina trata esta matéria é, disso, elucidativa. Alguns autores chegam mesmo a utilizar, no preenchimento do conceito, termos antagónicos. Veja-se este exemplo perfeito:

> *La caratteristica fondamentale del negozio fiduciario è generalmente ricondotta alla "eccedenza" o disomogeneità del negozio adottato dalle parti rispetto allo scopo voluto*[3344].

Conquanto a expressão "excesso" nos remeta para uma efetiva desproporcionalidade, já a expressão "heterogeneidade" aponta para uma adaptação do tipo negocial utilizado, o que não acarreta, consigo, nenhum tipo de incongruência. Ora, nenhuma teoria pode sobreviver sem o seu sentido e conteúdo estarem suficientemente identificados.

[3344] Adriano Benazzi, *L'imposta di successione* in *Trattato di diritto delle successioni e donazioni*, coordenação de Giovanni Bolini, Vol. V: *La successione mortis causa nel diritto processuale civile, fallimentare, del lavoro, internazionale privato, penale, processuale penale, tributario*, Giuffrè, Milão, 2009, 325-378, 360.

IV. Uma outra importante crítica que deve ser apontada à doutrina da desproporcionalidade, de ordem formal-sistemática, respeita à incoerência interna da conservação dessa característica, quando confrontada com os restantes elementos da construção clássica de REGELSBERGER – assumida pela esmagadora maioria da doutrina. Como sublinhámos a título introdutório, o modelo desenvolvido por REGELSBERGER assenta na inevitabilidade da transmissão do direito, por se apresentar como a única forma de se alcançarem, efetivamente, os intentos do fiduciante. Ora, se o sucesso das pretensões das partes está dependente da transmissão do direito de propriedade, como se pode falar em desproporcionalidade?

230. Críticas subjetivas e críticas objetivas

I. A doutrina da desproporcionalidade foi, numa primeira fase, posta em causa por MESSINA. O jurista italiano, fortemente germanizado, remete toda a questão para a problemática geral da dicotomia vontade das partes/tipo de negócio utilizado, mais especificamente para a complexa pergunta: está a subsunção da vontade das partes a um específico tipo negocial tipificado dependente de uma coincidência total dos elementos positivados ou da verificação dos seus elementos principais ou mais característicos[3345]?

Mais de 20 anos volvidos sobre as dúvidas formuladas por MESSINA, GRASSETTI recentra a discussão na natureza dos negócios fiduciários e nas suas vantagens concretas e comparativas[3346]. O jurista italiano apresenta uma série de exemplos em que, alega, apenas com a transmissão efetiva do direito de propriedade se poderia responder às pretensões económicas das partes, pelo que não se pode falar, verdadeiramente, de um excesso de meios jurídicos[3347]. Dos quatro exemplos apresentados, o primeiro tem merecido maior

---

[3345] *Negozi fiduciari*, cit., 46 ss..
[3346] *Del negozio fiduciario*, cit., 348-353.
[3347] Cit., 348-353. Embora sem granjear um apoio esmagador, o pensamento de GRASSETTI tem merecido a concordância de alguma doutrina, cfr., ANTONIO GAMBARO e UMBERTO MORELLO, *Trattato dei diritti reali*, Vol. I: *Proprietà e possesso, edizione ad uso degli studenti*, Giuffrè, Milão, 2010, 97, nota 85: após uma breve referência à doutrina da desproporcionalidade diz: *"cfr. le lucide e tuttora attuali considerazioni di C. Grassetti".*

atenção[3348]: A, proprietário do bem X, sito num Estado com o qual o seu país poderia entrar em guerra, temendo vê-lo confiscado, decide transmiti-lo para B, acordando as partes que, serenados os ânimos, B retransmitiria o bem para A[3349].

Ao exemplo clássico de GRASSETTI, GARRIGUES responde que o autor italiano confunde os fins imediatos (*finalidad próxima*) do negócio com os seus fins últimos (*finalidad ultima*). Sem dúvida que, prossegue, à luz dos primeiros referidos fins, não existe desconformidade; porém, apenas relevam os fins últimos. Ou seja, correspondendo esses fins últimos à simples conservação dos bens, a sua transmissão é, inequivocamente, excessiva, conclui. Os meios jurídicos excedem os fins económicos[3350].

II. A crítica à desproporcionalidade, enquanto elemento caracterizador dos negócios jurídicos, tem sido abordada, entre nós, de duas perspetivas distintas: a primeira, claramente influenciada por GRASSETTI, defende que a desproporcionalidade apenas pode ser averiguada em concreto (críticas subjetivas); enquanto que, para a segunda, em caso algum se poderá falar de desproporcionalidade: a escolha das partes recaiu sobre um tipo de negócio específico, embora atípico, pelo que os meios e os fins coincidem em absoluto (críticas objetivas).

Embora não seja evidente que MANUEL DE ANDRADE tenha pretendido apoiar, pelo menos parcialmente, a construção de GRASSETTI, é possível interpretar o uso da expressão "normalmente" como indiciando uma possibilidade inversa, ou seja, em casos pontuais, o recurso a um tipo de negócio fiduciário pode ser totalmente justificável, perante os propósitos económicos prosseguidos. Esta teoria é defendida, abertamente, por PESTANA DE VASCONCELOS, na sua tese de doutoramento. O autor reconhece que, sendo a *ratio* da *fiducia cum creditore* a proteção acrescida do credor, quando comparada com a proteção conferida por intermédio de garantias reais, a transmissão do direito de propriedade é necessária, pelo que não se pode falar de uma desconformidade entre meios e fins. Todavia, em relação à *fiducia cum amico*, já defende que, na maioria dos casos, o contrato de mandato seria suficiente para alcançar os intentos prosseguidos, caracterizando-se a relação,

---

[3348] PAIS DE VASCONCELOS, *Contratos atípicos*, cit., 263-267; PESTANA DE VASCONCELOS, *A cessão de créditos*, cit., 56.
[3349] Cit., 349.
[3350] *Negócios fiduciarios*, cit., 15-16.

em concreto, por uma desproporcionalidade entre os meios utilizados e os fins pretendidos[3351]. Curiosamente, alguns autores defendem, precisamente, o oposto, expressando sérias dúvidas sobre a validade do raciocínio para os negócios fiduciários para administração, por considerarem ser a transmissão do direito real indispensável, tendo em conta os propósitos prosseguidos[3352].

III. O segundo tipo de abordagem apenas parece ser abraçado por PAIS DE VASCONCELOS[3353]. A solução, pela primeira vez defendida na sua tese de mestrado, assenta no carácter unitário do negócio fiduciário: as partes recorrem a um tipo de relação que se distingue pela atribuição, ao fiduciário, de um conjunto de direitos e deveres específicos. Não se pode falar de desproporcionalidade positiva ou negativa; a relação constituída, pretendida pelas partes, corresponde, por inteiro, às suas pretensões; a posição jurídica de cada um dos intervenientes assume a dimensão pretendida. Parece-nos ser esta a solução que mais se adequa ao instituto fiduciário.

231. Superação da doutrina da desproporcionalidade: a autonomização funcional dos negócios fiduciários

I. Antes de mais, cumpre referir que, como sublinha o Professor PAIS DE VASCONCELOS[3354], a apresentação ou não da desproporcionalidade como característica do negócio fiduciário decorre, em parte, da posição adotada quanto à natureza jurídica e estrutural da relação. Para os defensores da teoria dualista, de seguida devidamente rebatida, esta desconformidade, reconheça-se, tem um certo cabimento.

Em termos gerais, a tese assenta numa separação efetiva entre a dimensão real do negócio fiduciário – transmissão do direito de propriedade para o fiduciário – e a sua dimensão obrigacional – limitação ou circunscrição dos direitos do proprietário fiduciário. Como resultado dessa delimitação,

---

[3351] *A cessão de créditos*, cit. 57-58.
[3352] STEFANO CAVANNA, *I contratti fiduciari e il rimedi all'inadempimento* in *Trattato della responsabilità contrattuale*, coordenação de GIOVANNA VISITINI Vol. II: *I singoli contratti – applicazioni pratiche e disciplina specifica*, CEDAM, Pádua, 2009, 1223-1288, 1225-1226: todavia, no âmbito da *fiducia cum creditore* os meios jurídicos não só não excedem os fins como são indispensáveis.
[3353] *Em tema de negócio fiduciário*, 11-16 e *Contratos atípicos*, cit., 642.
[3354] *Em tema de negócio fiduciário*, cit., 11.

alegam os defensores da teoria dualista, a posição do fiduciário, por exemplo, no âmbito de um negócio fiduciário para administração, aproxima-se da do simples mandatário. Contudo, o negócio assenta numa transmissão do direito de propriedade, o que excede, largamente, a função real atribuída ao fiduciário: a de mero mandatário. É nesta perspetiva que, por exemplo, a asserção de GARRIGUES deve ser entendida: sem esta desproporcionalidade, i.e., a circunscrição operada pela dimensão obrigacional, o negócio deixa de ser fiduciário, passando a consubstanciar uma simples transmissão do direito de propriedade.

Os argumentos ora apresentados tornam-se bastante mais difíceis de defender à luz da conceção unitária do negócio fiduciário: o elemento chave – circunscrição obrigacional – não é imposto ulteriormente. Ele está presente *ab initio*, é parte intrínseca do negócio, pelo que deixa de ter cabimento alegar-se uma eventual desproporcionalidade, incongruência ou mesmo heterogeneidade de meios. Mas, mesmo numa perspetiva dualista, temos sérias dúvidas sobre a validade do raciocínio.

II. De um ponto de vista prático, parece claro que a desproporcionalidade ou não dos meios jurídicos utilizados apenas pode ser averiguada em concreto. Recorramos, agora, ao negócio fiduciário para alienação: A transmite o bem X para B, o qual, por sua vez, o transmite para C, seguindo as exatas indicações de A. Ora, podendo A constituir B como seu mandatário, a transmissão do direito de propriedade para B é dispensável, logo, os meios são desproporcionados. Imagine-se, porém, que C, o único interessado em adquirir o bem X, jamais o iria fazer por estar de relações cortadas com A. Neste caso, a primeira transmissão não só é adequada, como é a única que permite a A alcançar os seus objetivos. Os meios jurídicos utilizados são os únicos que se adequam aos fins económicos. Não há desproporcionalidade. Inúmeras vezes, as partes recorrem a tipos contratuais que, conquanto a sua evocação pareça, em abstrato, descabida, consubstanciam o único meio possível de alcançar os fins desejados: perfilha-se para garantir a posição de arrendatário; fazem-se doações com os mais variados objetivos secretos, alienam-se bens por simples despeito ou até como condição necessária para contrair matrimónio.

Teria, assim, aparentemente, todo o cabimento distinguir os fins abstratos do tipo contratual empregue dos fins concretos prosseguidos pelas partes[3355].

[3355] JANUÁRIO DA COSTA GOMES, *Assunção fidejussória*, cit., 88, nota 347.

§ 44.º DESPROPORCIONALIDADE DE MEIOS

A dicotomia fins concretos/fins abstratos levanta duas questões: (1) o que se deve entender por fim económico abstrato; e (2) qual o papel da vontade das partes no preenchimento desse hipotético fim.

Da linguagem e do contexto em que se insere, parece-nos que o sentido atribuído, pela doutrina, a "fim económico" (abstrato) é puramente prático: pretende-se contratar alguém para administrar um conjunto de bens, mas atribuem-se-lhe poderes de proprietário; ou pretende-se garantir o cumprimento de uma obrigação e transmite-se de imediato o direito de propriedade. No fundo, visa-se sublinhar que o sistema contém mecanismos jurídicos mais adequados ou menos gravosos. Repare-se que estamos a anos-luz da densa questão teórica da causa-contrato. Embora próximas, os dois temas nunca se tocam. Aqui apenas interessa determinar se os meios jurídicos são excessivos ou não; já na causa do contrato, o busílis desloca-se para a legalidade da prossecução de um fim económico por recurso a um tipo contratual específico[3356].

Ora, assumindo o conceito de fim económico uma dimensão puramente prática – simples comparação entre os mecanismos utilizados e os mecanismos necessários – tem todo o cabimento colocar a vontade das partes no centro do conceito. De facto, tendo os intervenientes contratuais acordado num conjunto específico de efeitos jurídicos, o Direito deverá concluir, depois de excluída a aplicação dos diversos vícios de vontade, que a intenção manifestada corresponde, salvo demonstração em contrário, à vontade real, pelo que os mecanismos utilizados acomodam-se, por inteiro, aos que as partes consideraram necessários para levar a bom termo a sua vontade[3357].

Em suma, à luz da tese fiduciária dualista, o proprietário original optou por transmitir o bem para a esfera jurídica de um terceiro, por considerar ser essa a forma mais indicada para alcançar os fins económicos pretendidos. Poder-se-á, então, discutir se os instrumentos jurídicos utilizados são os mais indicados? Certamente, mas essa questão deverá ser analisada *a posteriori*, numa dimensão económica do Direito. Da mesma forma que se discutem as vantagens ou desvantagens de utilizar um *trust* como SPV, numa operação de titularização de crédito, também se podem debater as vantagens e as desvantagens de recorrer a um fiduciário, para administrar um conjunto de bens. Conquanto interessante, a questão não tem qualquer relevância para a clarificação jurídica do negócio fiduciário.

[3356] §§ 39.º e 40.º.
[3357] VAZ TOMÉ e LEITE CAMPOS, *A propriedade fiduciária*, cit., 200.

III. A pedra de toque de toda a problemática da desproporcionalidade, independentemente da perspetiva estrutural defendida – doutrina dualista ou unitária –, deve ser colocada no papel reservado ao negócio fiduciário pelo próprio sistema, ou seja, se lhe atribui um papel próprio e autónomo ou se, pelo contrário, o define como um simples mecanismo sucedâneo de outros tipos contratuais.

Quando OERTMANN compara a *fiducia* romana à construção fiduciária de REGELSBERGER, conclui que a última não pode ser vista como uma continuadora da figura romanística. A razão apresentada é bastante lógica: a *fiducia* era um negócio jurídico completo, com uma função própria; por oposição, os *fiduziarische Geschäfte* caracterizam-se por uma desconformidade entre os efeitos jurídicos produzidos e os efeitos efetivamente pretendidos[3358].

Esta conceção não pode ser aceite. Se há uma conclusão que podemos retirar da evolução histórica apresentada é, precisamente, a da autonomia sistemática dos negócios fiduciários. Os negócios fiduciários sempre ocuparam uma função própria, que extravasava, no Direito romano, o *commodatum*, o *depositum* ou o *pignus* e, no Direito atual, o mandato ou a longa lista de garantias reais disponíveis. Assim que a autonomia do negócio fiduciário seja reconhecida, deixa de ter cabimento averiguar quer a sua desproporcionalidade concreta, quer uma hipotética desproporcionalidade abstrata, mesmo se se demonstrar, *a posteriori*, ser o recurso à figura totalmente desnecessário. Salvo, como já foi ressalvado, numa perspetiva económica ou jurídico-económica.

IV. O nosso sistema jurídico está repleto de mecanismos jurídicos em parte coincidentes, sem daí resultar que, através de um processo comparativo, um tipo de negócio seja caracterizado como desproporcional, pela negativa ou pela positiva. Pense-se no exemplo concludente das diferentes formas de organização comercial disponíveis[3359]:

[3358] *Die fiducia*, cit., 257.
[3359] Este tipo de análise é particularmente utilizada pelos autores anglo-saxónicos nos manuais universitários de Direito societário. Numa perspetiva teórica, um negócio pode ser gerido por um comerciante a título individual (*sole trader*), em parceria (*partnership*) ou através da constituição de uma sociedade comercial (*company*). A escolha de cada uma das soluções irá depender da dimensão do negócio, das suas necessidades e das ambições envolvidas, cfr., PAUL DAVIES, *Introduction to Company Law*, 2002, OUP, Oxford, 2002, 30-31.

§ 44.º DESPROPORCIONALIDADE DE MEIOS

A é dono de uma pequena mercearia de bairro. Sempre foi comerciante de profissão. Devidamente registado, (1.º/1 CRCom), e com firma adotada e registada (38.º RNPC), A regeu-se, durante toda a sua vida, pelo regime aplicável aos comerciantes a título individual (13.º/1 CCom). Anos volvidos, resolve modernizar a estrutura organizativa do seu negócio. Deslocando-se a um escritório de advogados, em busca de aconselhamento jurídico, A é introduzido no complexo mundo societário. São-lhe apresentadas diversas soluções: (1) sociedade unipessoal por quotas, para o caso de pretender manter todo o negócio nas suas mãos; (2) sociedade por quotas, se pretender iniciar a nova geração nos negócios da família; e (3) sociedade anónima, o que lhe permitiria conseguir financiamento sem recorrer à banca. A esta lista, o seu advogado acrescenta ainda as menos usuais sociedades em nome coletivo e as quase extintas sociedades em comandita. Perplexo com tamanha variedade, A pergunta a si mesmo se valerá realmente a pena alterar a estrutura do seu negócio, que toda a sua vida funcionou sem problemas. A tem à sua disposição um vasto conjunto de soluções jurídicas, nenhuma delas sendo, à partida, desproporcional, tudo depende dos seus propósitos, necessidades e ambições. Poder-se-á sempre debater qual a estrutura mais indicada, tanto de um ponto de vista económico, como de um ponto de vista puramente jurídico, mas nenhum jurista iria caracterizar, juridicamente, a constituição de uma sociedade anónima como desproporcional, em face dos objetivos económicos visados.

Ora, são exatamente estes os termos em que a questão da desproporcionalidade dos negócios fiduciários deve ser abordada: o negócio fiduciário faz parte de um vasto leque de mecanismos jurídicos disponibilizados pelo sistema. A opção por este específico instituto resulta da simples vontade das partes, que, perante diversas soluções, irão escolher a que mais se adequa à sua vontade, própria e conjugada[3360].

[3360] ANGELO JANNUZZI, *Le società fiduciarie*, Giuffrè, Milão, 1988, 18: o conteúdo das conclusões apresentadas vai ao encontro da ideia professada no texto principal: "o negócio fiduciário cumpre uma função própria e realiza-se autonomamente sem ser necessário recorrer-se a outros instrumentos jurídicos".

§ 45.º A ESTRUTURA DOS NEGÓCIOS FIDUCIÁRIOS DINÂMICOS

232. Enquadramento

Como concluímos no § 41.º, o elemento identificativo do negócio fiduciário consiste na assunção da posição jurídica de fiduciário e não na transmissão do direito. Contudo, como também aí foi sublinhado, na maioria dos casos, a assunção da obrigação é contemporânea da aquisição da titularidade do direito. Ora, o peso deste elemento estatístico levou à incorporação da transmissão na estrutura típica do negócio fiduciário. Mesmo hoje, em que a validade da fidúcia estática é relativamente pacífica, a doutrina tende a construir o negócio fiduciário em torno da agregação da transmissão e da assunção.

Conquanto a apresentação do negócio fiduciário como simples assunção da posição de fiduciário resolva algumas das mais problemáticas questões fiduciárias, não podemos ignorar que, na generalidade dos casos, a transmissão está na origem da relação, pelo que a fidúcia dinâmica desempenha, histórica e dogmaticamente, um papel decisivo em toda a temática fiduciária. Acresce que uma melhor compreensão da estrutura da fidúcia dinâmica fornece elementos importantes com vista à conceptualização da relação fiduciária e à delimitação da natureza do pacto fiduciário (assunção da posição).

233. A conceptualização da teoria dualista

I. A teoria dualista clássica[3361], denominada por CASTRO Y BRAVO de teoria do duplo efeito[3362], assenta numa separação efetiva e formal do negócio fiduciário em dois contratos distintos: (1) um contrato real, através do qual o titular originário transmite o direito para o fiduciário, e (2) um contrato obrigacional, que tem como objetivo circunscrever a posição jurídica do novo proprietário, restringindo, quantitativa e qualitativamente, os direitos que o fiduciário pode efetivamente exercer.

Apesar de, tradicionalmente, parte da doutrina do Sul da Europa atribuir a construção dualista à pena de REGELSBERGER[3363], em nenhum momento este pandectista avança semelhante teoria, pelo menos de modo direto[3364]. Os dados de que dispomos indicam que a tese foi formulada, pela primeira vez, por GOLTZ:

> Es ist zusammengesetzt aus einem positiv dinglichen Vertrag, verbunden mit einem negatorisch-obligatorischen Vertrage[3365].

A originalidade da posição reside, precisamente, na identificação de dois contratos distintos – o uso da expressão *Vertrag* é inequívoco. Com o

---

[3361] Alguns autores utilizam a expressão "tese romanística" como sinónimo de tese dualista. Esta interpretação é especialmente seguida pela doutrina italiana: MESSINA, *Negozi fiduciari*, cit., 18; LAURA SANTORO, *Il trust*, cit., 204 ou MARCO MONTEFAMEGLIO, *La protezione dei patrimoni: dagli strumenti tradizionali ai nuovi modelli di segregazione patrimoniale*, Santarcangelo di Romagna, Maggioli, 2010, 17. A posição não pode ser acolhida. Parte do errado pressuposto de que a construção romanística da fidúcia assenta numa divisão formal do negócio. Acresce que o uso de semelhante nomenclatura transmite, ainda, a falsa ideia de que todos os autores que defendem uma influência do Direito romano na conceção moderna do negócio fiduciário aceitam esta estrutura.

[3362] *El negocio jurídico*, cit., 380.

[3363] Esta interpretação é particularmente seguida em Espanha. GARRIGUES, *Negocios fiduciarios*, cit., 13: diz que FERRARA seguiu REGELSBERGER.

[3364] Não nos parece possível concluir de forma diferente. Tanto no seu artigo como nas suas *Pandekten*, REGELSBERGER limita-se a afirmar que o fiduciário assume a obrigação de não utilizar a posição jurídica ocupada, i.e., os direitos e os poderes que lhe foram transmitidos, para outro fim que não o acordado com o fiduciante. Acresce que GOLTZ, quando formula a tese, não cita, nem indica seguir a posição de REGELSBERGER.

[3365] *Das fiduziarische Rechtsgeschäft*, cit., 12.

primeiro contrato apenas se transmite o direito, livre de qualquer ónus ou encargo; o novo proprietário não assume nenhuma obrigação para com o vendedor. A natureza fiduciária da relação é fruto de um contrato distinto que não só se diferencia, em absoluto, do primeiro, como pode ser concluído em momento posterior[3366].

Não se pretende negar a influência de REGELSBERGER e da doutrina da desproporcionalidade na expansão da teoria dualista entre as Ciências Jurídica latinas, mas apenas sublinhar a coexistência, nem sempre clara, de duas visões. A primeira, expressamente defendida pelo pai da fidúcia moderna, apresenta o negócio fiduciário como sendo intrinsecamente desproporcional: a transmissão do direito não é, à luz dos propósitos económicos prosseguidos, necessária, pelo que se exige uma limitação dos direitos e poderes concentrados nas mãos do fiduciário. E a segunda, que, partindo do mesmo pressuposto – desproporcionalidade entre fins económicos e meios jurídicos –, professa uma distinção inequívoca entre a relação desproporcional (primeiro contrato) e as obrigações assumidas (segundo contrato), com vista ao seu equilíbrio[3367].

234. Os fundamentos da teoria dualista no Direito alemão e a sua desadequação aos sistemas latinos

I. A construção de GOLTZ foi seguida, internamente, por um número considerável de autores[3368]: SCHÖNY – reconhecendo, contudo, uma interde-

---

[3366] Cit., 12-13.
[3367] É bastante comum apresentarem-se estas duas posições como coincidentes. Veja-se o caso paradigmático de MESSINA, profundo conhecedor da doutrina germânica, que inicia a sua lista de defensores da tese dualista com o nome de REGELSBERGER e que inclui, ainda, diversos outros autores anteriores à publicação dos estudos de GOLTZ, bem como outros que, embora posteriores, nunca aderiram, pelo menos diretamente, a semelhante visão, cfr., MESSINA, *Negozi fiduciari*, cit., 19. Esta ideia é ainda seguida por alguns tribunais: STS 23-Fev.-1951, 33 Jur Civ, 1951, 718-729, 727: parece apresentar a desproporcionalidade inerente ao negócio fiduciário, nas suas palavras, como uma consequência da sua estrutura dualista.
[3368] BEROLZHEIMER, *Die fiduziarische Zession*, cit., 4: apresenta o negócio obrigacional como um negócio lateral, que tem como objetivo restringir a posição jurídica transmitida através do primeiro negócio; BING, *Die fiduziarischen Rechtsgeschäfte*, cit., 32-35: o autor também parece admitir a construção proposta por GOLTZ; GEIGER, *Fiducia und Aussonderung*, cit., 13: tem igualmente o cuidado de sublinhar a intrínseca relação existente entre os dois negócios. De

pendência entre os dois contratos[3369] –, SCHARPWINKEL – que faz a correspondência entre o contrato real e a *mancipatio* e entre o contrato obrigacional e o *pactum fiduciae* romano[3370] – e GRÜNDSCHILD – embora sublinhe nada impedir uma celebração conjunta dos dois contratos[3371]. Curiosamente, não se encontra, em nenhuma obra generalista ou monográfica especializada, qualquer crítica à formulação. De resto, a teoria dualista de GOLTZ parece ter desaparecido da temática fiduciária. Esta lacuna é especialmente relevante quando contrastada com a querela que, há longas décadas, opõe, nos países do Sul da Europa, em especial em Itália e em Espanha, a doutrina unitária à doutrina dualista.

O fosso que separa a Ciência Jurídica alemã indicia que a transposição da teoria dualista para os ordenamentos jurídicos latinos não teve em conside-

---

resto, nem sempre é claro se os autores defendem uma efetiva separação formal entre os dois contratos ou se apenas pretendem sublinhar a dupla dimensão que caracteriza os negócios fiduciários. Veja-se o caso paradigmático de KUNISCH, que, apesar de defender uma distinção entre a dimensão obrigacional e a dimensão real do instituto, em nenhum momento avança uma separação formal, cfr., *Die rechtliche Stellung*, cit., 8-12. KUNISCH faz referência, em rodapé, a três outros autores que apoiam a teoria dualista de GOLTZ. Infelizmente, não conseguimos ter acesso direto a nenhuma das inéditas dissertações. Contudo, as transcrições efetuadas por KUNISCH permitem-nos ter uma ideia mais precisa quanto ao acolhimento da tese dualista: MÜSCHENBORN, *Rechtsverhältnis zwischen Gläubiger und Schuldner bei der Sicherungsübereignung*, Erlangen, 1920, sem indicação de página: o negócio fiduciário está dividido num contrato principal e num contrato acessório (*Haupt- und Nebenvertrag*); MARTIN SOBCZYK, *Die fiduciarischen Rechtsgeschäfte mit besonderer Berücksichtigung der fiduciarischen Abtretung von Forderungen*, Breslau, 1924, 32: não é claro se o autor pode ser incluído neste leque. SOBCZYK utiliza o termo *Abrede* quando se refere ao pacto fiduciário e *Vertrag* para o contrato translativo. Ora, o termo *Abrede*, que pode ser traduzido por convenção, tanto pode ser interpretado como respeitando a um contrato distinto, como a uma cláusula contratual acessória; MEIER, *Das problem der fiduciarischen Rechtsmacht*, Erlangen, 1922, 20: KUNISCH diz-nos apenas que segue uma posição similar, não transcrevendo qualquer passagem da obra.

[3369] ARTUR SCHÖNY, *Treuhandgeschäfte*, Buchdruckerei des "General-Anzeiger", Dülken, 1908, 39-40: o autor transcreve grandes passagens da obra de GOLTZ. Os estudos foram depois publicados numa revista jurídica, com o mesmo título: 35 AbürgR, 1910, 291-355.

[3370] *Die fiduciarische Sicherungsübereignung*, cit., 22-23. Esta conceção pode ser encontrada em outros autores, cfr., GEIGER, *Fiducia und Aussonderung*, cit., 13 ou WALTER LUETGEBRUNE, *Die Sicherungsübereignung*, Friedrich Kronbauer, Göttingen, 1906, 49-55. Ao negócio real corresponde a *mancipatio* e ao negócio obrigacional o *pactum fiduciae*. Vide § 32.º.

[3371] *Die Treuhänderschaft*, cit., 7: será sempre necessário distinguir os dois negócios: primeiro é transmitido o direito e só depois são acordadas as obrigações a assumir por cada uma das partes.

ração as especificidades dogmáticas do Direito alemão. Impõe-se, assim, um estudo compreensivo e não meramente analítico da construção de GOLTZ e das eventuais particularidades sistemáticas que estão na sua construção.

II. A tese de GOLTZ deve ser analisada e interpretada no contexto histórico-dogmático em que se insere. À época, na viragem do século XIX para o século XX, a Ciência Jurídica alemã estava empenhada em distinguir esta "nova" figura da simulação. Os desenvolvimentos doutrinários de GOLTZ têm como propósito primário afastar o regime simulatório dos negócios fiduciários, o que vem comprovar a ideia, já anteriormente exposta, de que a consolidação da doutrina simulatória moderna é contemporânea da construção do conceito de negócio fiduciário (moderno).

O pai da tese dualista começa por identificar as semelhanças entre as duas realidades: tal como se verifica na simulação, também os negócios fiduciários são formados por dois contratos (*zwei Verträge*), o que torna, de certa forma, o negócio, enquanto um todo, um pouco contraditório[3372]. Contudo, ao contrário do que se verifica nos negócios simulados, tanto a transmissão (primeiro contrato), como a circunscrição da posição jurídica do novo proprietário/fiduciário (segundo contrato) são efetivamente pretendidas. Na prática, GOLTZ contrapõe dois tipos de situações. Na primeira, as partes simulam a transmissão de um determinado bem, conquanto apenas pretendam a constituição de uma garantia a favor do suposto proprietário, negócio que verdadeiramente celebram. Na segunda, o bem é realmente alienado, acordando, porém, as partes que, assim que a quantia mutuada for devolvida, o proprietário do bem se compromete a retransmiti-lo para o seu titular originário. Aos olhos de GOLTZ, a estrutura negocial, enquanto um todo, é idêntica em ambas as situações. A diferença reside apenas na intencionalidade da transmissão.

Seguindo o raciocínio de GOLTZ, é percetível o porquê de a doutrina de então aproximar a simulação do negócio fiduciário. Todavia, o jurista alemão não nos fornece nenhum elemento conclusivo, no que respeita à adoção da primeira premissa, i.e., "que, de modo análogo aos negócios simulados, também os negócios fiduciários são constituídos por dois contratos distintos". Mas uma pequena pista pode ser encontrada na parte em que GOLTZ explora os efeitos do primeiro contrato. O autor diz-nos que o contrato real

---

[3372] *Das fiduziarische Rechtsgeschäft*, cit., 11.

não é propriamente uma particularidade do negócio fiduciário: *"An ihm ist eigentlich gar keine Besonderheit"*[3373]. Esta passagem sugere que o fundamento da proposta dualista não reside na natureza do negócio fiduciário *per se*.

De todos os autores que adotaram a construção dualista, apenas SCHÖNY aprofunda a temática. Após explorar, de forma geral, a estrutura dualista do negócio fiduciário, o jurista alemão afirma que a essência da relação assenta no segundo contrato. O primeiro contrato, ou seja, a transmissão do bem, tem uma natureza abstrata, sendo alheio aos propósitos que estão na base da própria transmissão[3374]. No parágrafo dedicado à admissibilidade dos negócios fiduciários no Direito português, avançámos que, no Direito alemão, os negócios translativos têm uma natureza abstrata[3375]. Na altura, estávamos apenas interessados no que os autores que maior ascendência exerceram sobre a doutrina de Seabra escreveram sobre a questão. Agora interessa-nos o regime positivo. Vejamos.

III. A abstração, enquanto elemento identificativo dos negócios translativos no Direito alemão, respeita à irrelevância do negócio que esteja na base da transmissão. Ao contrário do que se verifica no Direito português, em que o direito de propriedade é transmitido com a conclusão do contrato (1316.º), quer se trate de um contrato de compra e venda (874.º) ou de uma doação (940.º), no Direito alemão, a transmissão do direito de propriedade sobre bens imóveis ocorre apenas com o seu registo (§ 873 BGB) e sobre os bens móveis com a sua tradição (§ 929 BGB). Esta separação entre a causa e a transmissão traduz-se, embora algo artificialmente[3376], na coexistência de dois negócios distintos: (1) a transmissão; e (2) o negócio que esteja na sua origem. Imagine-se um contrato de compra e venda de um relógio. Primeiro, as partes celebram o contrato *per se*, acordando nos seus exatos termos. Todavia, o direito de propriedade mantém-se na esfera jurídica do vendedor. A transmissão apenas ocorre com a tradição da coisa, num segundo momento, eventualmente um diferente negócio.

A construção dualista de GOLTZ deve, assim, ser interpretada tendo sempre como pano de fundo as especificidades do sistema alemão. O primeiro contrato respeita não a um qualquer negócio de transmissão de propriedade,

---

[3373] Cit., 12.
[3374] *Treuhandgeschäfte*, cit., 39.
[3375] Número 204.
[3376] ENNECCERUS e NIPPERDEY, *Allgemeiner Teil*, Vol. II, cit., 916-917.

§ 45.º NEGÓCIOS FIDUCIÁRIOS DINÂMICOS

como a compra e venda ou a doação, mas à transmissão *per se*. Toda a matéria relacionada com os termos substantivos que estão na base da transmissão é agregada pelo segundo contrato.

Esta análise permite-nos perceber a ausência de críticas à construção: a estrutura é comum aos diversos negócios translativos. O que, de resto, também explica o porquê de esse elemento não ser sublinhado em todos os estudos. A asserção de GOLTZ de que o contrato positivo não é uma particularidade do negócio fiduciário tem, também, toda a razão de ser. Falta-nos apenas um elo de ligação: a razão que terá motivado GOLTZ a dar tanto enfâse a este aspeto. Esta parece ser de ordem histórica. A entrada em vigor do BGB veio pôr termo à discussão sobre a natureza dos efeitos produzidos com a conclusão de negócios translativos: têm uma natureza meramente obrigacional. A "novidade" do regime terá, possivelmente, impelido o autor a mencionar esse pormenor[3377].

IV. De modo idêntico ao verificado para o Direito nacional, também no Direito italiano a transmissão do direito de propriedade ocorre de imediato, com a conclusão do contrato[3378]. Já o legislador espanhol consagrou um sistema misto: a transmissão do direito de propriedade varia consoante o tipo de negócio utilizado[3379]. No contrato de compra e venda, o direito apenas se

---

[3377] Esta originalidade do Direito alemão, que, de certa forma, encontra as suas fundações no Direito romano (ZIMMERMANN, *The Law of Obligations*, cit., 239 e 867 e, entre nós, ANTÓNIO ALBERTO VIEIRA CURA, *Compra e venda e transferência da propriedade no Direito romano clássico e justinianeu (a raiz do "sistema do título e do modo")*, BFDUC – Volume Comemorativo, 2003, 69-112), tem as suas origens dogmáticas nos estudos de SAVIGNY, defensor desta teoria, cfr., *Das Obligationenrecht als Theil des heutigen Römischen Rechts*, Vol. II, Veit, Berlim, 1853, 254 ss. (quanto à tese de SAVIGNY, vide o estudo clássico de WILHELM FELGENTRAEGER, *Friedrich Carl v. Savignys Einfluss auf die Übereignungslehre*, Deichert, Leipzig, 1927). Para uma análise sucinta de toda a envolvência e discussão que rodeou a assunção da teoria da abstração pelo legislador alemão, vide, em geral, JENS THOMAS FÜLLER, *Eigenständiges Sachenrecht?*, Mohr Siebeck, Tübingen, 2006, 120-129 e ASTRID STRACK, *Hintergründe des Abstraktionsprinzips*, 33 Jura, 2011, 5-9.
[3378] 922.º CC It: "*La proprietà si acquista ... per effetto di contratti*"; 1470.º CC It: "*La vendita è il contratto che ha per oggetto il trasferimento della proprietà*".
[3379] 609.º CC Esp: "*La propiedad y los demás derechos sobre los bienes se adquieren y transmiten por la ley, por donación, por sucesión testada e intestada, y por consecuencia de ciertos contratos mediante la tradición*".

transmite com a entrega do bem[3380]. Por sua vez, na doação, o direito transmite-se com a conclusão do negócio[3381].

Ora, a natureza unitária ou causal dos negócios translativos obsta – totalmente em Itália e em parte em Espanha – à transposição da doutrina dualista de GOLTZ, por manifesta incoerência com o modelo positivado. Esta impossibilidade jurídica levou a que alguns autores italianos clássicos, para quem o negócio fiduciário só seria possível se inserido na estrutura dualista abstrata germânica, a negar a validade interna da figura, precisamente porque o sistema não comportava transmissões abstratas de direitos[3382], salvo no que respeita às exceções clássicas dos títulos de crédito. Atente-se à conclusão de CARIOTA-FERRARA, porta-estandarte da posição:

> *Ora, se l'astrattezza è il presupposto della fiducia vera e propria, non vi possono essere negozi fiduciari negli ordinamenti giuridici che non conoscono negozi astratti*[3383].

Contudo, para a maioria da doutrina latina, a impossibilidade de transpor o esquema clássico de GOLTZ, só por si, não obsta à receção do negócio fiduciário. Bastaria, para o efeito, moldar o mecanismo jurídico às limitações e exigências do sistema interno. As diversas teorias desenvolvidas podem ser ordenadas em dois grandes grupos: (1) teoria dualista: o negócio fiduciário consiste na união de dois negócios distintos; e (2) teorias unitárias: o negócio fiduciário é constituído por um único contrato que congrega a dimensão real ou externa e a dimensão obrigacional ou interna da relação fiduciária.

235. Teoria dualista

I. A teoria dualista de GOLTZ tem raízes muito profundas, na doutrina italiana. A construção acompanhou a introdução da temática fiduciária

---

[3380] 1445.º CC Esp: *"Por el contrato de compra y venta uno de los contratantes se obliga a entregar una cosa determinada y el otro a pagar por ella un precio cierto, en dinero o signo que lo represente"*.
[3381] Nota 3379. SALVADOR CARRIÓN OLMOS, *Algunas consideraciones sobre la naturaleza de la donación (con especial referencia a la mecánica traslativa de aquélla)* in Estudios en homenaje a la Profesora Teresa Puente, Vol. I, coordenação de LORENZO PRATS, Universitat de València, València, 1996, 199-220.
[3382] LUIGI CARRARO, *Il mandato ad alienare*, CEDAM, Pádua, 1947, 79.
[3383] *I negozi fiduciari*, cit., 128.

moderna. FERRARA, diretamente influenciado pelo jurista alemão, escreveu, em 1905, que o negócio fiduciário é uma forma complexa, que resulta da união de dois contratos com natureza e efeitos distintos: (1) um contrato real positivo, através do qual se transmite, de modo pleno e irrevogável, um direito real ou de crédito; e (2) um contrato obrigacional negativo, através do qual o fiduciário se compromete a (i) apenas utilizar o direito transmitido, pelo primeiro contrato, nos exatos termos acordados; e (ii) a retransmitir o direito ao titular originário com a verificação das condições estipuladas[3384].

A construção mereceu a aceitação, pouco firme, de CARIOTA-FERRARA – advogava a subordinação do negócio obrigacional, acessório, ao negócio real, principal[3385] –, de GIORGIANNI[3386] – através do segundo negócio, as partes circunscrevem os direitos transmitidos para o fiduciário por intermédio do primeiro negócio –, ou BETTI[3387] – é no segundo negócio, com efeitos apenas *inter partes*, que se estabelece a finalidade de toda a relação – entre outros[3388]. Esta posição é, ainda hoje, seguida por parte substancial da doutrina generalista[3389]. Também a jurisprudência italiana tem aplaudido, maioritariamente, a tese de GOLTZ e de FERRARA[3390].

[3384] *I negozi fiduciari*, cit., 746-747 e *Della simulazione*, cit., 57.

[3385] *I negozi fiduciari*, cit., 28: refere os nomes de GOLTZ, FERRARA e SCHÖNY; o autor expressa sérias dúvidas sobre se será esta a solução mais adequada.

[3386] MICHELE GIORGIANNI, *Negozi giuridici collegati*, RISG, 1937, 275-352, 325-326.

[3387] *Teoria generale*, cit., 299-300.

[3388] ALESSANDRO BERTINI, *I negozio fiduciari di preparazione dell'adempimento*, Giuffrè, Milão, 1940, 4 ss.; VALENTE, *Nuovi profili*, cit., 187 ss.: o autor inicia a sua exposição da matéria por afirmar que o negócio fiduciário assenta, inequivocamente, em dois negócios distintos (187), nas páginas seguintes explora e critica a doutrina unitária.

[3389] GALGANO, *Trattato di diritto civile*, Vol. II, cit., 472; FRANCESCO CARINGELLA e GIUSEPPE DE MARZO, *Manuale di diritto civile*, Vol. III: *Il contratto*, 2ª edição, Giuffrè, Milão, 2008, 919; DIENER, *Il contratto in generale*, cit., 98 ou PAOLO GALLO, *Trattato del contratto*, Vol. III: *Il rimedi. La fiducia. L'apparenza*, UTET, Turim, 2010, 2414-2415.

[3390] Cass Civ 7-Ago.-1982, n. 4438: "*il negozio fiduciario si realizza mediante il collegamento di due negozi, l'uno di carattere esterno, realmente voluto ed avente efficacia verso il terzi, e l'altro di carattere interno ed obbligatorio, diretto a modificare il risultato finale del negozio esterno*", cfr., GALGANO, *Trattato*, Vol. II, 472, nota 17; Cass Civ 29-Mai.-1993, n. 6024, GComm, 1994/II, 5-8, 8: "*negozio fiduciario ... si realizza sia mediante il collegamento di due negozi*", vide exposição dos factos e de Direito em ANGELO LUMINOSO, *Appunti sui negozi traslativi atipici: corso di diritto civile*, Giuffrè, Milão, 2007, 179-186; Cass Civ 1-Abr.-2003, n. 4886, Corr Giur, 2003, 1041-1042, 1042: "*Il negozio fiduciario di natura traslativa si articola in due distinti ma collegati negozi*", vide exposição dos factos e de Direito em LUMINOSO, *Appunti sui negozi traslativi atipici*, cit., 173-179.

A adoção maciça da teoria dualista, pela Ciência Jurídica italiana, deve ser interpretada como uma solução de recurso: a única solução possível à luz dos princípios do sistema italiano. A maioria dos defensores da tese dualista assenta a sua posição na ilegalidade da denominada *causa fiduciae*. Ao contrário do que se verifica em terras portuguesas, a doutrina dominante defende a vigência de um *numerus clausus*, no que respeita aos negócios translativos, o que inviabiliza, *ab initio*, uma construção unitária atípica. Repare-se que uma conceção unitária do negócio fiduciário implicaria uma contaminação automática da causa subjacente à transmissão do direito, ou seja, a causa deixaria de ser típica, afetando, consequentemente, a licitude do próprio negócio.

II. No seio da Ciência Jurídica espanhola dos finais da primeira metade do século XX, a conceção fiduciária moderna é recebida com especial entusiasmo e, com ela, o modelo dualista de GOLTZ. A teoria parece ter sido introduzida por CASTÁN TOBEÑAS, num apêndice à 3ª edição do volume I da sua grande obra *Derecho civil español comun y foral*, datada de 1943[3391]. A posição manteve-se inalterada na 14ª edição (póstuma), de 1984[3392]. O autor segue, expressamente, a teoria desenvolvida por GOLTZ e divulgada por FERRARA. De resto, CASTÁN transcreve a passagem mais conhecida do autor italiano[3393]. A esmagadora maioria da doutrina espanhola aderiu, de imediato, à construção dualista de CASTÁN[3394].

A tese dualista mereceu um apoio acentuado por parte da jurisprudência espanhola – o facto de CASTÁN ter sido Presidente do Tribunal Supremo de Espanha entre 1945 e 1967 terá contribuído, certamente, para a propagação das suas ideias. Neste ponto, cumpre distinguir duas fases distintas da teoria. Num primeiro momento, o negócio fiduciário é apresentado como resultando da conjugação de dois contratos distintos que mantinham toda a

---

[3391] Infelizmente, não tivemos acesso a esta edição. Contudo, confia-se em absoluto nas indicações de CASTRO Y BRAVO, cfr., *El negocio jurídio*, cit., 404, nota 101.
[3392] *Derecho civil español*, I/II, cit., 726 ss..
[3393] Cit., 726-727.
[3394] JOSÉ GONZÁLEZ PALOMINO, *La adjudicación para pago de deudas*, 1 AAMN, 1945, 213-327, 252-257: influenciado por FERRARA; P. LACAL FUENTE, *El tema del negocio fiduciario*, 35 RDP, 1950, 777-787, 778-779: transcreve a obra de CASTÁN; BONET, *Algunas figuras afines*, cit., 653; RODRÍGUEZ-ARIAS, *En torno al negocio indirecto*, cit., 289-290; EVELIO VERDERA, *Algunos aspectos de la simulación*, 3 ADC, 1950, 22-54, 34-35: faz referência ao artigo de BONET.

§ 45.º NEGÓCIOS FIDUCIÁRIOS DINÂMICOS

sua independência formal e material[3395]. Muito por culpa das críticas formuladas pela doutrina unitária da *causa fiduciae*[3396], a teoria dualista foi obrigada a aperfeiçoar o seu conteúdo: embora mantendo uma estrutura formal dualista, os dois contratos são encarados como contribuindo, conjuntamente, para um objetivo comum: têm uma causa única e unitária, não raramente reconduzida ao conceito de *causa fiduciae*[3397].

A teoria dualista foi, porém, abandonada pela jurisprudência na década de 80[3398]. A própria teoria dualista unitária é vista como uma fase intermédia, na qual os tribunais já não acolhem a separação do negócio fiduciário em efeitos reais e obrigacionais[3399].

[3395] STS 28-Jan.-1946, 13 Jur Civ, 1946, 212-241: negócio fiduciário para garantia; a construção avançada pelos juízes assenta numa transmissão irrevogável do direito de propriedade e na conclusão de dois negócios distintos; STS 23-Fev.-1951, 33 Jur Civ, 1951, 718-729: negócio fiduciário para garantia; "*está integrado por dos (negocios) diversos, un de transmisión y otro de garantía*"; STS 3-Mai.-1955, 51 Jur Civ, 1955, 10-22, 21: a distinção da *ratio* (causa) dos dois negócios é clara, o primeiro contrato, de natureza real, tem como objetivo a simples transmissão do direito de propriedade; já o segundo, de natureza obrigacional, visa restringir os direitos e a atuação do fiduciário; STS 31-Out.-1955, 53 Jur Civ, 1955, 1641-1653, 1652: cita acórdão de 23 de fevereiro de 1951; STS 4-Jan.-1956, 55 Jur Civ, 1956, 25-37, 36: o segundo contrato visa restringir os efeitos do primeiro; STS 10-Jul.-1957, 61 Jur Civ, 1957, 389-408, 407: apresenta a teoria dualista como sendo a doutrina oficial do *Supremo Tribunal*; STS 11-Jun.-1964, Jur Civ (EO), 1964 (Jun), 377-383, 382: limita-se a remeter para acórdãos anteriores em que a teoria dualista é defendida; STS 14-Out.-1964, Jur Civ (EO), 1964 (Sep-Out), 707-716, 715: dois contratos de índole diversa, um real e outro obrigacional; STS 3-Mai.-1976, Jur Civ (EO), 1976 (Mai), 5-13, 11: as funções de cada um dos contratos são apresentadas em separado.

[3396] Número 219/II.

[3397] STS 8-Mar.-1963, Jur Civ (EO), 1963 (Mar), 140-153, 151: os dois contratos que compõem o negócio fiduciário têm um objetivo único, identificado com o conceito de *causa fiduciae*; STS 19-Mai.-1982, proc. n.º 82/1982: "*acto formal mixto integrado por dos interdependientes... uno de naturaleza real por el que se transmite el dominio, y otro de carácter obligacional*".

[3398] STS 2-Jun.-1982, proc. N.º 74/1982: "*la doctrina científica más reciente se aparte de la teoría del "doble efecto"*. Com semelhantes considerações: STS 6-Abr.-1987, proc. n.º 8947/1987; STS 25-Fev.-1988, proc. n.º 1267/1988. Esta interpretação é seguida e citada por inúmeros acórdãos: 7-Mar.-1990: defende que o negócio fiduciário é um contrato uno; STS 4-Jul.-1998, proc. n.º 4474/1998; STS 15-Jun.-2003, proc. n.º 5025/2003; STS 9-Nov.-2008, proc. n.º 6406/2008; STS 16-Jul.-2010, proc. n.º 4369/2010; STS 15-Nov.-2010, proc. n.º 6101/2010.

[3399] Em algumas sentenças, esta continuidade é posta em evidência: STS 16-Jul.-2010, proc. n.º 4369/2010; STS 15-Nov.-2010, proc. n.º 6101/2010: apresentam a sentença de 19 de maio de 1982, em que é defendida a teoria dualista com causa unitária, como uma precursora da teoria unitária.

De entre a doutrina espanhola, é Navarro Martorell que mais linhas dedica a aprofundar a estrutura (dualista) do negócio fiduciário: (1) o contrato real respeita, necessariamente, à transmissão do direito para um terceiro sujeito[3400] – relembre-se que o autor espanhol nega a validade da fidúcia estática, por considerar que apenas com a transmissão do bem estão reunidas as características elementares do negócio fiduciário[3401] –; e (2) o contrato obrigacional congrega as obrigações assumidas pelo fiduciário. Introduzidas as duas metades do negócio fiduciário, Navarro Marotell debruça-se sobre a estrutura *per se*, i.e., sobre a relação autónoma dos contratos. O raciocínio do autor não deixa de ser curioso, visto fornecer inúmeros argumentos a favor da tese oposta. O autor admite que o negócio fiduciário deve ser visto como uma realidade una (*negocio unitario*)[3402] e que os efeitos jurídicos de cada um dos contratos são tidos em consideração aquando da celebração do outro[3403]. Contudo, elas mantêm a sua autonomia: "*ni autónomos, ni unidos esencialmente*"[3404]. Acresce que Navarro Marotell defende que os contratos encontram-se numa relação de subordinação mútua[3405]. Curiosamente, a clareza dos argumentos a favor da dualidade formal fica bastante aquém da explanada para a tese inversa. Salvo melhor opinião, parece-nos que a defesa da estrutura dualista tem em vista impedir uma subordinação do negócio obrigacional ao real, em moldes que o aproximassem de uma simples cláusula contratual. Não é, porém, claro que hipotéticos problemas pretende o autor acautelar.

226. Teorias unitárias

I. A conceção unitária do negócio fiduciário assumiu duas grandes composições: (1) o negócio fiduciário é um tipo de negócio indireto; e (2) o negócio fiduciário é um negócio atípico, com uma causa própria, denominada de *causa fiduciae*.

II. A recondução do negócio fiduciário ao universo dos negócios indiretos foi avançada, pela primeira vez, por Ascarelli, no seu célebre artigo

---

[3400] *La propiedad fiduciaria*, cit., 85-89.
[3401] Número 216/V.
[3402] Cit., 95.
[3403] Cit., 94-95.
[3404] Cit., 95.
[3405] Cit., 94.

§ 45.º NEGÓCIOS FIDUCIÁRIOS DINÂMICOS

dedicado ao negócio indireto[3406]. O Professor italiano apresenta o negócio fiduciário como um exemplo de negócio indireto: "o escopo realmente prosseguido pelas partes não corresponde ao escopo típico no tipo utilizado"[3407]. A tese foi acolhida, com algumas variantes, por SANTORO-PASSARELLI[3408] e por GRECO[3409], entre outros[3410]. Atualmente, esta doutrina parece ocupar um papel meramente histórico. A hegemonia fiduciária é disputada pela tese unitária da *fiduciae causa* e pela tese dualista da coligação de contratos[3411].

Também em Espanha, parte da doutrina[3412] e da jurisprudência[3413] optou por apresentar o negócio fiduciário como uma modalidade de negócio indi-

---

[3406] TULLIO ASCARELLI, *Il negozio indiretto e la società commerciali* in *Studi di diritto commerciale in onore di C. Vivante*, Vol. I, Il Foro Italiano, Roma, 1931, 23-98.

[3407] Cit., 31.

[3408] FRANCESCO SANTORO-PASSARELLI, *Dottrine generali del diritto civile*, reedição da 9ª edição, Jovene, Nápoles, 1989, 179-183.

[3409] PAOLO GRECO, *Le società di "comodo" e il negozio indiretto*, 30 RDComm, 1932 (I), 757-808, 776 ss..

[3410] FRANCESCO M. DOMINEDÒ, *La costituzione fittizia delle anonime* in *Studi di diritto commerciale in onore di C. Vivante*, Vol. II, Foro Italiano, Roma, 1931, 659-712, 692-693; GINO DE GENNARO, *I contrati misti: delimitazione, classificazione e disciplina negotia mixta cum donatione*, CEDAM, Pádua, 1934, 75. Atualmente, apenas parte da doutrina italiana moderna apresenta o negócio fiduciário como um negócio indireto: CLAUDIO TURCO, *Lezioni di diritto privato*, Giuffrè, Milão, 2011, 610.

[3411] Na literatura italiana moderna, o confronto agrega apenas as duas teorias aludidas, cfr., DIENER, *Il contrato in generale*, cit., 96 ss.; LUMINOSO, *Appunti sui negozi traslativi atipici*, cit., 53-54.

[3412] HERNÁNDEZ-GIL, *Jurisprudencia civil*, cit. 701: "*Todo negocio fiduciario pertenece a la categoría más general del negocio indirecto, en cuanto se persigue una finalidad mediante rodeos ... o ... con la utilización de una vía oblicua*"; CASTÁN TOBEÑAS, *Derecho civil*, I/II, cit., 724: partindo do pressuposto de que o negócio indireto se caracteriza por uma utilização de um contrato tipo cujo fim concreto não corresponde, por inteiro, ao seu fim objetivo (causa), o autor conclui que muitos negócios fiduciários, mas aparentemente não todos, podem ser incluídos nesta categoria; LUIS DÍEZ-PICAZO e ANTONIO GULLÓN, *Sistema de Derecho civil*, Vol. I: *Introducción. Derecho de la persona. Autonomía privada. Persona jurídica*, 9ª edição, Tecnos, Madrid, 1997, 535: afirmam ser os negócios fiduciários um tipo de negócio indireto; NAVARRO MARTORELL, *La propiedad fiduciaria*, cit., 132-139: depois de analisadas as duas soluções, opta por identificar os negócios fiduciários com a categoria de negócios indiretos; NIETO, *La titularidad del fiduciario*, cit., 532: assenta a sua posição num conjunto de sentenças do *Supremo Tribunal*; JAVIER GÓMEZ GALLIGO, *Titularidades fiduciarias*, 33 AC, 1992, 533-557, 534: integra os negócios fiduciários na categoria de negócios indiretos; JUAN VALLET DE GOYTISOLO, *Negocios en fraude de ley, simulados, fiduciarios e indirectos*, 14 RJNot, 1995, 199-232, 231-232: embora expressando algumas dúvidas sobre uma coincidência total, o autor tende a aceitar a qualificação dos negócios fiduciários como negócios indiretos.

[3413] STS 10-Nov.-1958, 73 Jur Civ, 1958, 190-214, 211: "*el negocio jurídico fiduciario, como indirecto*

reto. As críticas à construção foram assumidas por ALBALADEJO, que centrou a sua atenção na extensão atribuída ao conceito jurídico. Para o jurista murciano, é um erro apresentar-se a união de contratos (doutrina dualista) ou o negócio atípico (*causa fiduciae*) como exemplos de negócios indiretos. No primeiro caso, o fim prosseguido é alcançado diretamente através da conjugação de dois ou mais contratos e, no segundo, o objetivo visado é prosseguido não por recurso a um contrato tipificado modificado, mas por intermédio de um negócio atípico[3414]. Conquanto as críticas de ALBALADEJO mereçam ser aplaudidas, o autor espanhol não contradita frontalmente a teoria indireta. À luz desta conceção, o negócio fiduciário consubstancia um negócio típico modificado. Ora, esta visão não pode ser aceite, pois reconduz a fidúcia moderna à categoria de simples cláusula contratual[3415].

III. Em terras italianas, a defesa da tese unitária da *causa fiduciae* foi assumida por GRASSETTI, no seu célebre artigo dedicado à admissibilidade do negócio fiduciário no Direito italiano[3416]. O autor define o negócio fiduciário, numa perspetiva estrutural, como um negócio unitário com uma causa atípica, denominada de *causa fiduciae*, que, apesar de não ter sido expressamente prevista pelo legislador, tem fortes raízes históricas e culturais[3417]. Nas décadas que se seguiram, GRASSETTI, mantendo-se fiel à sua construção, aprofundou, em diversas ocasiões, a visão unitária do negócio fiduciário[3418]. A construção mereceu um apoio considerável no seio da doutrina italiana[3419].

---

que es, se concluye utilizando las partes un tipo de contrato regulado por el ordenamiento positivo que adoptan externamente con fin distintivo al expresado"; STS 4-Jan.-1956, 55 Jur Civ, 1956, 25-37, 36: define o negócio fiduciário como indireto; STS 3-Mai.-1976, Jur Civ (EO), 1976(Mai), 5-13, 12: idêntica definição.

[3414] *El negocio jurídico*, cit., 215 e 637-641: o autor expressa sérias dúvidas sobre a validade de um negócio indireto no sistema causal como o espanhol, por desrespeito da causa. Na prática, substitui o conceito de negócio indireto por contratos mistos ou uniões de contratos.

[3415] Número 217/II.

[3416] *Del negozio fiduciario*, cit..

[3417] Cit., 378.

[3418] *Deposito a scopo di garanzia e negozio fiduciario*, 33 RDCiv, 1941, 97-110; *Donazione modale e fiduciaria*, Giuffrè, Milão, 1941, 87: apresenta a posição assumida pelo fiduciário como causa justificativa da transmissão, i.e., a *causa fiduciae*; *Il negozio fiduciario nel diritto privato* in *Fiducia, trust, mandato ed agency*, Giuffrè, Milão, 1991, 1-16 (artigo inicialmente publicado em 1984), 9: quase meio século volvido sobre a publicação do seu primeiro artigo dedicado à temática fiduciária, GRASSETTI afirma que as críticas que lhe foram dirigidas não têm fundamento.

O problema com a conceção unitária do negócio fiduciário não é, como sublinhámos, de ordem lógica, mas de ordem jurídica. Para a maioria da doutrina transalpina, alguns dos mais basilares princípios do sistema privado italiano estariam a ser violados com a sua consagração. Esta visão, apoiada, evidentemente, pela doutrina dualista, tem merecido a concordância de alguns dos nomes mais sonantes da civilística italiana, como os casos paradigmáticos de RUBINO[3420] e de PUGLIATTI[3421], para os quais um contrato translativo com causa atípica implica a constituição de um novo direito real[3422].

Alguma doutrina tem considerado, contudo, que, mesmo numa conceção dualista do negócio fiduciário, por recurso à figura da união de contratos, a causa do negócio translativo será contaminada. A separação proposta tem uma natureza puramente formal, sem correspondência material. Não é possível ignorar o *pactum fiduciae*, aquando da determinação da causa do negócio translativo[3423], pelo que a causa do negócio translativo seria sempre atípica e, à luz da argumentação dualista, ilegal.

Parte da jurisprudência acolhe a construção unitária de GRASSETTI[3424].

IV. Como referido no § 42.º, a teoria unitária foi assumida pelos autores espanhóis JORDANO e ALBALADEJO[3425]. Para JORDANO, que não vislumbra qualquer ilegalidade na assunção de uma causa atípica[3426], a teoria dualista, para além de artificial e arbitrária, priva o negócio fiduciário de uma autono-

---

[3419] TOMMASO MANCINI, *In tema di negozio fiduciario*, 83 Foro It, 1960, 1838-1841: o autor mostra-se muito crítico da solução tradicional italiana, que apresenta o negócio fiduciário como uma modalidade do negócio indireto; JANNUZZI, *Le società fiduciarie*, cit., 16; GIUSI FORTUNATO, *Il trust: comparazione tra la "proprietà civile" e la "proprietà" del trustee*, Le Fonti, Milão, 2008, 57: as duas partes do negócio fiduciário e, consequentemente, do *trust*, não são separáveis. O negócio, enquanto um todo, tem uma única causa.

[3420] DOMENICO RUBINO, *Il negozio giuridico indiretto*, Giuffrè, Milão, 1937, 26: apresenta o negócio fiduciário como uma forma atípica de propriedade que denomina de *proprietà di scopo*.

[3421] *Fiducia*, cit., 270 ss.; ITALO BOLOGNA, *Considerazioni sui negozi fiduciari*, RDCiv, 1955 (1), 618-635, 623: segue as críticas de PUGLIATTI.

[3422] Veja-se, ainda, a aprofundada análise crítica de LIPARI, cfr., *Il negozio fiduciário*, cit., 272 ss..

[3423] LUMINOSO, *Appunti sui negozi traslativi atipici*, cit., 54.

[3424] TVe 21-Mar.1959, 83 Foro It, 1960, 1838-1844: defende a admissibilidade de uma *causa fiduciae* ao abrigo do princípio da autonomia privada vigente do Direito italiano.

[3425] Número 219/II.

[3426] *El negocio fiduciario*, cit., 118.

mia dogmática[3427]. Já para ALBALADEJO, a *causa fiduciae* corresponde à vantagem inerente à contraprestação, quer seja a quantia mutuada, quer se trate da administração dos bens[3428].

A teoria unitária não mereceu, no seio da doutrina espanhola, especial acolhimento. As críticas de CASTRO Y BRAVO e o facto de os dois porta-estandartes da teoria – JORDANO e ALBALADEJO – a terem abandonado acabaram por ditar a morte da construção[3429].

237. A estrutura da fidúcia dinâmica no Direito português

I. Apesar da influência de FERRARA e de CARIOTA-FERRARA na doutrina de Seabra, nenhum dos autores clássicos que se debruçou sobre o instituto fiduciário parece ter defendido a construção dualista de GOLTZ. Contudo, e porventura como resultado da ascendência doutrinária referida, algumas construções podem causar certas dúvidas quanto ao seu posicionamento no seio da querela fiduciária.

BELEZA DOS SANTOS defende que, no negócio fiduciário, "há duas convenções distintas: uma positiva pela qual se transfere para outrem um direito real ou de crédito . . . outra que é o pacto fiduciário, convenção negativa, como lhe chama Goltz, pelo qual o adquirente (fiduciário) se obriga para com o transmitente (fiduciante) a fazer apenas certo e determinado uso do direito transmitido"[3430]. Da leitura destas primeiras linhas, fica-se com a convicção de que BELEZA DOS SANTOS acolhe a construção de GOLTZ, tanto mais que faz expressa referência ao autor. Contudo, da análise das páginas seguintes resulta, de forma inequívoca, que BELEZA DOS SANTOS concebe o negócio fiduciário como um contrato ao qual se associa uma cláusula acessória, tradicionalmente denominada de pacto fiduciário[3431]. Semelhante equívoco é ainda perpetrado por GONSALVES DIAS que, na senda de BELEZA DOS SANTOS, apresenta o negócio fiduciário como o produto de duas convenções, uma positiva e outra negativa. O recurso à dicotomia goltziana é também

---

[3427] Cit., 137-138.
[3428] *El negocio jurídico*, cit., 225-226.
[3429] Número 220/I.
[3430] *A simulação*, Vol. I, cit., 114-115.
[3431] Cit., 123.

aqui enganador. O autor apresenta o pacto fiduciário como uma cláusula acessória do negócio translativo principal[3432].

É esta a posição que parece merecer o apoio esmagador, se não mesmo unânime, da doutrina nacional. Aos nomes já avançados no § 41.º – Pais de Vasconcelos, Menezes Cordeiro, Carvalho Fernandes e Januário da Costa Gomes[3433] – junta-se a nossa doutrina clássica[3434], bem como a jurisprudência nacional[3435]. A doutrina moderna, embora seja menos direta na classificação da figura – emprega a expressão cláusula fiduciária, prática já seguida por parte da doutrina anterior, veja-se o caso do Professor Pais de Vasconcelos –, parece conceber o mecanismo fiduciário como uma cláusula de um negócio mais vasto.

II. Das diversas teorias propostas, a que merece mais fortes críticas é a teoria dualista. Ao assentar o negócio fiduciário numa divisão formal e efetiva entre os efeitos reais e obrigacionais do negócio fiduciário, gera-se um enorme fosso entre a transmissão do direito e a assunção da obrigação. Cria-se uma falsa imagem de que a constituição da relação fiduciária não está na origem da própria transmissão. Esta mensagem é particularmente posta em evidência pela doutrina, que sublinha a possibilidade de a transmissão e de o pacto fiduciário serem celebrados em momentos distintos.

A teoria dualista do negócio fiduciário é, recorrendo às palavras de Jordano Barea, artificial. Uma união de contratos pressupõe dois contratos, o que, manifestamente, não se verifica no negócio fiduciário. A transmissão do direito não pode ser interpretada como um facto distinto das obrigações assumidas pelo novo proprietário. Ambas as faces do negócio contribuem

---

[3432] *Da letra e da livrança*, Vol. V, cit., 46 ss..
[3433] Número 217/II.
[3434] Manuel de Andrade, *Teoria geral*, Vol. II, cit., 175: também denomina a dimensão interna do negócio fiduciário de cláusula fiduciária; Galvão Telles, *Manual dos contratos*, cit., 189: "Mas a esse efeito *real ou translativo* acresce outro, de índole *obrigacional ou pessoal*, decorrente da chamada *cláusula fiduciária* ou *pactum fiduciae*"; ou Castro Mendes, *Teoria geral*, Vol. II, cit., 237: "A assunção desta obrigação pessoal chama-se *Pactum fiduciae* ou *cláusula fiduciária*".
[3435] STJ 17-Dez.-2002 (Pinto Monteiro), proc. n.º 02A3267: adequação de um negócio típico com a inserção de um *pactum fiduciae*; STJ 11-Mai.-2006 (Salvador da Costa), proc. n.º 06B1501: "negócio fiduciário, atípico, pelo qual as partes, mediante a inserção de uma cláusula obrigacional – pactum fiduciae – adequam o conteúdo de um negócio típico"; STJ 16-Mar.-2011 (Lopes do Rego), proc. n.º 279/2002.E1.S1: cita a definição clássica de Pais de Vasconcelos; sublinha que se trata de um único negócio.

para um todo final. Recorrendo a uma linguagem causal: a causa do negócio fiduciário é só uma[3436]. Não há apenas, como a doutrina italiana dualista defende, uma simples subordinação do negócio obrigacional ao negócio real, há uma conjugação efetiva para um fim único.

Como sublinhámos na análise dedicada à doutrina dualista italiana, a defesa acérrima da construção de GOLTZ resulta da alegada existência de um princípio de *numerus clausus* no âmbito dos negócios translativos. Ora, não vigorando em terras lusas uma norma análoga, não vislumbramos qualquer razão, lógica, jurídica ou de recurso, para conceber o negócio fiduciário dinâmico nesses termos. De resto, essa posição não terá sido defendida, entre nós, por nenhum autor.

O impacto de uma conceção dualista extravasa o simples campo estrutural do negócio fiduciário. O fosso criado entre as duas "metades" do negócio levou à propagação, no seio da doutrina dualista, da convicção de que a posição jurídica do beneficiário da relação tem uma natureza puramente obrigacional. Esta visão, como veremos em parágrafos subsequentes, traduziu-se, por um lado, na negação de qualquer privilégio em face dos bens constituídos em fidúcia, no caso de insolvência do fiduciário, e, por outro, na circunscrição dos mecanismos de defesa, em situações de incumprimento das obrigações assumidas, a ações indemnizatórias.

III. Afastada a doutrina dualista, tudo aponta para uma construção unitária do negócio fiduciário dinâmico.

Entre nós, a solução que mais apoio tem granjeado aponta para a construção do negócio fiduciário por recurso a um negócio típico (compra e venda ou doação), ao qual é acoplado uma cláusula fiduciária. Ora, como defendemos no § 38.º, esta interpretação cede perante o acolhimento da modalidade da fidúcia estática[3437]. A legalidade da simples declaração fiduciária é, só por si, suficiente para pôr em causa a visão tradicional. Acresce que a visão clássica parece conceber o *pactum fiduciae* como um acordo com contornos muito simples, que se esgota na assunção de uma obrigação imediata[3438]. Tal

---

[3436] A posição transitória da jurisprudência espanhola, que defendia uma causa única, mas dois negócios distintos, não é, de todo, defensável.

[3437] Número 217/II.

[3438] De certa forma, MENEZES CORDEIRO aponta para este facto quando sublinha que é na duração da relação, o que implica a emergência de um maior número de obrigações, que reside a distinção entre os negócios fiduciários e os negócios indiretos, cfr., *Tratado*, II/II, cit., 250.

não poderia corresponder menos à realidade. Atente-se à complexa relação interna subjacente ao instituto fiduciário anglo-saxónico, i.e., ao vasto conjunto de direitos, poderes e obrigações que compõem a esfera jurídica do *trustee* e dos beneficiários. Numa perspetiva prática, um negócio fiduciário dinâmico para administração consiste numa cláusula inicial, através do qual o bem (direito) é transmitido, seguindo-se um número elevadíssimo de cláusulas e alíneas em que são especificadas as obrigações assumidas pelo fiduciário, desde os mais gerais deveres de cuidado e de lealdade, passando por concretos e pormenorizados deveres de prestação de contas ou pelos complexos processos de distribuição de frutos ou dividendos. Apresentar toda esta panóplia de situações jurídicas analíticas como uma simples cláusula é uma visão, no mínimo, redutora.

No fundo, a distinção entre a fidúcia estática e a fidúcia dinâmica circunscreve-se à localização do direito no exato momento anterior à conclusão do contrato. Na fidúcia estática, encontra-se na esfera jurídica do futuro fiduciário e, na fidúcia dinâmica, na esfera jurídica do fiduciante. Em termos gerais, com a conclusão do contrato fiduciário dinâmico, o fiduciante transmite o direito e o fiduciário assume a obrigação de atuar no interesse do sujeito indicado como beneficiário. Ora, não existindo nenhum princípio de *numerus clausus* no que respeita aos negócios translativos, a transmissão do direito não tem de ser feita por recurso a um negócio tipificado. A fidúcia dinâmica é, também ela, atípica. Pode, assim, ser descrita como um negócio atípico de tipo misto, que resulta da conjugação de dois contratos autónomos e não da modificação de um contrato típico.

Partindo da definição apresentada para a fidúcia estática, o negócio fiduciário dinâmico pode ser apresentado como um negócio atípico, que se caracteriza pela assunção, por parte do transmissário de um direito, da obrigação de atuar, no âmbito da posição jurídica que lhe foi transmitida, nos exatos termos acordados.

§ 46.º DIREITOS CONSTITUÍVEIS EM FIDÚCIA

238. Direito anglo-saxónico: limitações britânicas e expansão do conceito de *property right*

I. No parágrafo denominado *As três certezas*, afirmámos que, no Direito inglês, qualquer bem – fungível ou não fungível, tangível ou intangível –, desde que identificável, pode ser constituído em *trust*[3439]. Esta conceção objetivista, centrada nos bens *per se* e não em direitos, não faz *jus* aos avanços sentidos no Direito inglês e na sociedade que este regula. Em 1926 (!), escrevia LORD SHAW:

> *The scope of the trusts recognized in equity is unlimited. There can be a trust of a chattel or of a chose in action, or of a right or obligation under an ordinary contract, just as much as a trust of land*[3440].

Ora, não estando a massa que constitui o *trust* circunscrita a coisas, numa aceção lata, não é correto afirmar-se que o fiduciário é titular de um direito real ou, sequer, que essa massa compõe uma propriedade fiduciária.

Estranhamente, a passagem transcrita parece ser ignorada pela maioria da Ciência Jurídica inglesa[3441], que continua a recorrer à expressão *assets* e

---

[3439] Número 95.
[3440] *Lord Strathcona Steamship Co v Dominion Coal Co* [1926] AC 108-126, 124.
[3441] Apenas encontrámos um caso em que a passagem é transcrita: *Don King Production Inc v Warren* [2000] Ch 291-342, [LIGHTMAN J] 317.

não à expressão *rights*[3442]. Esta abordagem representa, por um lado, um obstáculo à perfeita adequação do instituto fiduciário aos tempos modernos e, por outro, uma fonte de complexas dúvidas dogmáticas. Toda a problemática que rodeia os célebres casos *Re, London Wine*[3443] e *Re, Goldcorp*[3444] poderia, porventura, ser ultrapassada se se apresentassem como "bens" constituídos em fidúcia não as garrafas de vinho ou as barras de ouro, mas os direitos de crédito subjacentes. Julgamos, como já anteriormente declarámos, que o Direito inglês vive, hoje, um momento de transição. Para além de se encontrar desfasado dos avanços jurídicos e sociais, o paradigma fiduciário britânico tem, neste específico ponto, um dos seus alicerces mais frágeis. Ao colocar o conceito de bens identificáveis no centro do processo constitutivo, o sistema torna-se permeável a jogos de linguagem. Na célebre obra *Snell's Equity*, é afirmado que uma obrigação pecuniária só pode dar origem a um *trust* se forem identificados, na esfera jurídica do devedor, os bens que, em concreto, irão responder pela dívida[3445]. Porém, em rodapé, é referido que nada impede que o benefício de um direito de crédito seja constituído em fidúcia, sem, aparentemente, ser exigida a identificação de bens. O sistema basta-se com a identificação do crédito[3446]. A incerteza que rodeia toda esta problemática não é aceitável.

A solução deverá passar não pelo abandono da identificabilidade dos direitos constituídos em *trust*, solução indefensável, mas pelo reconhecimento de que qualquer direito pode, em princípio, ser constituído em fidúcia.

II. O ponto de partida do Direito estado-unidense não parece, à primeira vista, distinto. De acordo com o disposto no § 40 do *Rest. 3rd of Trusts*, "*a trustee may hold in trust any interest in any type of property*". De resto, todo o conceito de *trust* gira em torno da noção de propriedade: "*A trust ... is a fiduciary relationship with respect to property*" (§ 2); "*The property held in trust is the trust*

[3442] Os quatro grandes tratados utilizam uma nomenclatura objetivista: *Underhill and Hayton*, cit., 252; *Snell's Equity*, cit., 656; THOMAS e HUDSON, *The Law of Trusts*, cit., 69 e *Lewin on Trusts*, cit., 36.
[3443] Número 95/II.
[3444] Número 95/II.
[3445] Cit., 656.
[3446] Cit., 656, nota 93.

property" (§ 3.2); *"The person who holds property in trust is the trustee"* (§ 3.3); ou *"A person for whose benefit property is held on trust is a beneficiary"* (§ 3.4)[3447].

Partindo de uma conceção continental, poder-se-ia afirmar que, no Direito estado-unidense, apenas os direitos reais podem ser constituídos em *trust*. Todavia, qualquer análise comparatística deve ter como base científica as conceções jurídicas do sistema que se pretenda analisar. Ora, conquanto, originariamente, o termo *property right* correspondesse ao nosso direito de propriedade, a partir de meados do século XIX, e com raízes que remontam aos séculos anteriores, o conceito de *property right* iniciou um processo expansionista sem paralelo no Direito civil[3448].

Com os avanços sociais, económicos e comerciais das Idades Moderna e Contemporânea, a visão clássica de BLACKSTONE, que apresentava o *property right* como um poder absoluto ou um domínio exclusivo sobre uma coisa, tornou-se obsoleta[3449]. Em 1879, o Supremo Tribunal reconheceu que, com o registo de uma marca (*trade marks*), emerge, na esfera jurídica do sujeito que regista, um *property right*[3450]. Este direito, aprofundam os *Justices do Supreme Court*, é, em tudo, idêntico ao direito de propriedade clássico, i.e., o sujeito é titular de um direito pleno e exclusivo, oponível a todos os terceiros. Todavia, o objeto desse *property right* não é uma coisa física. A primeira das características da construção de BLACKSTONE caíra.

Até aqui, a evolução americana não parece distinguir-se das demais. Também no Direito português, o conteúdo da posição jurídica dos titulares de direitos de autor – "o autor tem o direito exclusivo de dispor da sua obra e de fruí-la e utilizá-la"[3451] – e de direitos de propriedade industrial – "o direito exclusivo de explorar a invenção"[3452] – é comparável ao conteúdo da posição

---

[3447] O mesmo princípio estava já consagrado no *Rest. 2ⁿᵈ*, cfr., § 2: *"A trust is a fiduciary relationship with respect to property"*; § 74: *"A trust cannot be created unless there is trust property"*.

[3448] O conceito de *property right* foi estudado, entre nós, por MIGUEL NOGUEIRA DE BRITO, *A justificação da propriedade privada numa democracia constitucional*, Almedina, Coimbra, 2007, 702 ss.. De resto, ao longo da sua dissertação de doutoramento, o autor apresenta a evolução histórica, muito aprofundada, do conceito de propriedade.

[3449] ROBERT P. BURNS, *Blackstone's Theory of the "Absolute" Rights of Property*, 54 U Cin L Rev, 1985, 67-86: analisa o impacto do pensamento de BLACKSTONE nos avanços da Ciência Jurídica americana; CAROL M. ROSE, *Canons of Property Talk, or, Blackstone's Anxiety*, 108 Yale LJ, 1998, 601-632: a autora explora o conceito de exclusividade.

[3450] *Re, Trade-Mark Case*, 100 US 82-99, (US 1897).

[3451] 9.º/2 CDADC.

[3452] 101.º/1 CPI.

jurídica do titular de um direito real. Contudo, nas décadas que se seguiram, a segunda característica da conceção clássica – absolutividade ou exclusividade – veio também a cair.

Paralelamente ao termo *trade mark*, desenvolveu-se o conceito de *trade name*. O vocábulo abarca todos os nomes utilizados num contexto comercial, não registados ou registáveis, que possam ser associados a um determinado sujeito. Inicialmente, o sistema parece ter tido como propósito principal a defesa dos consumidores. Atente-se ao célebre caso *American Waltham Watch Co v U.S. Watch Co*[3453].

Um fabricante de relógios que vivia numa pequena cidade chamada Waltham, no Estado de Massachusetts, tinha por hábito gravar nos relógios que fabricava o nome da cidade. Fruto do prestígio do artífice, a expressão Waltham galgou as barreiras geográficas e passou a ser reconhecida como sinónimo de qualidade. Ciente das vantagens que a gravação do nome Waltham trazia, um outro fabricante de relógios decidiu gravar o mesmo nome nas peças que manufaturava. O fabricante dos relógios Waltham originais recorreu aos tribunais para impedir que outros, que não ele próprio, pudessem gravar a expressão. O Supremo Tribunal do Estado de Massachusetts reconheceu que, conquanto o autor da ação não tivesse registado o nome, de resto, neste preciso caso nem o poderia fazer, os seus concorrentes não o poderiam gravar nos relógios por si fabricados: os compradores estariam a ser induzidos em erro.

O reconhecimento judicial de um *trade name* permitia, ao seu titular, defender-se, juridicamente, de todos os terceiros que pretendessem, de forma fraudulenta, lucrar com a sua utilização. A distinção prática entre os dois conceitos é, *ab initio*, bastante clara: a *trade mark* é um *property righ*, oponível *erga omnes*, enquanto que o *trade name* apenas pode ser invocado contra terceiros, normalmente concorrentes, que, com a sua utilização, intentaram lucrar indevida e fraudulentamente. Acresce que a proteção concedida aos *trade names* tem, ao contrário da proteção concedida às marcas registadas, uma natureza circunscrita, tanto geográfica, como sectorialmente. A distinção entre as duas realidades foi acolhida, de forma generalizada, pela jurisprudência estado-unidense[3454].

[3453] 53 NE 141-142, (Mass 1899) [HOLMES J].
[3454] GRAFTON DULANY CUSHING, *On Certain Cases Analogous to Trade-Marks*, 4 Harv L Rev, 1891, 321-332 e WALLACE R. LANE, *Development of Secondary Rights in Trade Mark Cases*, 18 Yale

§ 46.º DIREITOS CONSTITUÍVEIS EM FIDÚCIA

Curiosamente, a consolidação do conceito de *trade name* desencadeou um processo de teorização jurisprudencial que culminou com a apresentação do nome comercial como uma forma limitada de propriedade[3455]. Todas as características atrás elencadas mantêm-se inalteradas, sendo, todavia, alvo de uma subjetivação: o sujeito que veja reconhecido um determinado *trade name* passa a ser apresentado como titular de um direito limitado e circunscrito, que apenas pode ser invocado contra um conjunto de terceiros identificado. A assunção desta nova forma de *property right* levou ao afastamento definitivo da construção de BLACKSTONE: o direito de propriedade não pressupõe uma coisa e não tem de ser oponível a todos.

Na viragem do século XIX para o século XX, os tribunais haviam já descrito como propriedade: segredos comerciais (*trade secrets*)[3456]; reputação empresarial (*goodwill*)[3457]; variados direitos de autor e de propriedade intelectual e industrial[3458]; *franchises*[3459], entre outros[3460].

LJ, 1909, 571-582. A conceptualização dos dois conceitos como direitos de propriedade não foi aceite unanimemente pela doutrina estado-unidense. Diversos autores opuseram-se a esta visão, quer por a considerarem de pouca utilidade prática, quer pelas suas alegadas fragilidades dogmáticas. GROVER C. GRISMORE, *The Assignment of Trade Marks and Trade Names*, 30 Mich L Rev, 1932, 489-503: questiona-se sobre que direitos são transmitidos com a alienação dessas posições jurídicas; FRANK I. SCHECHTER, *Fog and Fiction in Trade-mark Protection*, 36 Colum L Rev, 1936, 60-87, 65: considera que a conceptualização da *trade mark* como um direito de propriedade não traz consigo qualquer vantagem prática.

[3455] *Sartor v Schaden*, 101 NW 511-515, (Iowa 1904) [DEEMER CJ] 513: "*there may be a property right*"; *Cohen v Nagle*, 190 Mass 4-18, (Mass 1906) [KNOWLTON CJ]: apresenta a *trade mark* e o *name mark* como duas formas distintas de propriedade.

[3456] Este ponto será analisado a título principal nas linhas seguintes.

[3457] ROBERT G. BONE, *Hunting Goodwill: a History of the Concept of Goodwill in Trademark Law*, 86 BU L Rev, 2006, 547-622: excelente ponto de partida para uma análise desta complexa questão. As dificuldades residem, desde logo, no preenchimento do conceito. Repare-se que o conceito de *goodwill* não deve ser confundido com o direito a usar um determinado nome, cfr., *Masquelette's Estate v C.I.R.* 239 F 2d 322-327, (US App 1956) [TUTTLE CJ] 325-326. DARIN M. IBRAHIM, *The Unique Benefits of Treating Personal Goodwill as Property in Corporate Acquisitons*, 30 Del J Corp L, 2005, 1-44: o autor aborda a possibilidade de a reputação pessoal ser também definida como um *property right*.

[3458] A bibliografia disponível é absolutamente avassaladora. A propriedade intelectual constitui, há muitos anos, um ramo autónomo do Direito. Deixamos apenas dois artigos históricos e um artigo com propósitos mais sistemáticos: FRANK D. PRAGER, *A History of Intellectual Property from 1545 to 1787*, 26 J Pat Off Soc'y, 1944, 711-760; ROBERT P. MERGES, *One Hundred Years of*

III. Ao estender o conceito de propriedade a situações em que os mecanismos de defesa disponibilizados têm uma natureza limitada e circunscrita, os tribunais americanos abriram uma autêntica caixa de Pandora[3461]: se "todos" os direitos são direitos de propriedade, o que caracteriza um *property right*?

O conceito moderno de propriedade é fruto da influência de HOHFELD e de HONORÉ[3462]. Para HOHFELD, todo o Direito é reconduzível a relações. O direito de propriedade não é, assim, um direito sobre uma coisa, mas um conjunto de direitos, cujo exato conteúdo apenas pode ser determinado pela análise das relações que origina. Voltemos ao nosso exemplo das marcas registadas e dos nomes comerciais. A esfera de alcance de um direito sobre um nome comercial esgota-se na relação entre o seu titular e um conjunto limitado de sujeitos. Já o alcance do direito sobre marcas registadas é ilimitado, sendo o direito oponível a uma classe indeterminada de sujeitos. Na prática, no âmbito de direitos de propriedade pessoais, entre os quais se conta o *trade name*, o titular deixa de o ser, fora do círculo de relações que constituem o conteúdo da própria posição jurídica[3463].

Solicitude: Intellectual Property Law, 1900-2000, 88 Cal L Rev, 2000, 2187-2240; e JUSTIN HUGHES, *The Philosophy of Intellectual Property*, 77 Geo LJ, 1988, 287-366.

[3459] O conceito foi absorvido pelo novo ramo da propriedade intelectual.

[3460] FRANCIS J. SWAYZE, *The Growing Law*, 25 Yale LJ, 1915, 1-19: descreve estes avanços como revolucionários.

[3461] DEAN G. ACHESON, *Recensão a Malcolm H. Lauchheimer, The Labor Law of Maryland*, 33 Harv L Rev, 1919, 329-332, 330: durante este período, é notória uma tendência para recorrer ao conceito de *property right* como forma de conferir maior sistematização e profundidade às novas realidades jurídicas; tudo era reconduzível a propriedade.

[3462] J. E. PENNER, *The "Bundle of Rights" Picture of Property*, 43 UCLA L Rev, 1996, 711-820, 712: "*is a combination of Wesley Hohfeld's analysis of rights and A. M. Honoré's description of the incidents of ownership*".

[3463] WESLEY NEWCOME HOHFELD, *Some Fundamental Legal Conceptions as Applied in Judicial Reasoning*, 23 Yale LJ, 1913, 16-59: primeiro artigo em que o autor avança a sua conceção jurídica. Para HOHFELD, as relações jurídicas podem ser resumidas em dois quadros dicotómicos: (1) *Jural Opposites: rights/no rights; privile/duty; power/disability* e *immunity/liability*; e (2) *Jural Correlatives: right/duty; privilege/no right; power/liability* e *immunity/disability*. Esta ideia é retomada e aperfeiçoada num artigo posterior, com o mesmo título, *Fundamental Legal Conceptions as Applied in Judicial Reasoning*, 26 Yale LJ, 1917, 710-770: inicia o estudo expondo os dois quadros acima transcritos. Para uma análise da teoria, vide, entre muitos outros, ALBERT KOCOUREK, *Hohfeld System of Fundamental Legal Concepts*, 15 Ill L R, 1920, 24-39; ROY L. STONE, *An Analysis of Hohfeld*, 48 Minn L Rev, 313-337, 1963; e MARK ANDREWS, *Hohfeld's Cube*, 16 Akron L Rev,

§ 46.º DIREITOS CONSTITUÍVEIS EM FIDÚCIA

Os estudos de HOHFELD estão na base da teoria defendida pela maioria da Ciência Jurídica estado-unidense, que apresenta o direito de propriedade como uma amálgama de direitos (*bundle of rights*)[3464]. Ora, embora defensável, de um ponto de vista puramente filosófico e abstrato, a construção de HOHFELD não fornece nenhum critério ou método que nos permita distinguir os *property rights* de outros direitos. Em última análise, qualquer situação jurídica ativa congrega um conjunto variado de direitos. É neste ponto que a análise de HONORÉ se conjuga com a de HOHFELD. O jurista britânico assume uma abordagem mais pragmática. Opta por elencar os direitos associados à propriedade: direito a possuir, direito a usar, direito a administrar, direito a lucrar, direitos de salvaguarda e proteção, apenas para citar os mais relevantes[3465].

Da conjugação das duas construções – amálgama de direitos e conteúdo desses direitos – emergiu o conceito moderno de *property right*. Recorrendo a uma linguagem que nos é mais conhecida, podemos definir o conceito de *property right* como toda a situação jurídica ativa concreta, merecedora de proteção jurídica, cujo conteúdo agrega a tríade direito de uso, direito de fruição e direito de disposição. De resto, é precisamente no direito a dispor, ou seja, na transferibilidade da titularidade, que os tribunais estado-unidenses se têm focado[3466].

> *Property is a term of broad significance, embracing everything that has exchangeable value, and every interest or estate which the law regards of sufficient value for judicial recognition*[3467].

1983, 471-485. Entre nós, vide MANUEL NOGUEIRA SERENS, *A monopolização da concorrência e a (re-)emergência da tutela da marca*, Almedina, Coimbra, 2007, 909 ss..

[3464] A bibliografia sobre a temática é incalculável. Veja-se, como ponto de partida: PENNER, *The "Bundle of Rights"*, cit.; e DENISE R. JOHNSON, *Reflections on the Bundle of Rights*, 32 Vt L Rev, 2007, 247-272. O termo é utilizado pela generalidade dos tribunais, inclusive pelo Supremo Tribunal, cfr., *Timothy P. Kornwolf v United States of America*, WL 32135172, (US 2002) ou *James Patrick Nollan v California Coastal Commission*, WL 720592, (US 1986).

[3465] ANTHONY M. HONORÉ, *Ownership* in *Oxford Essays in Jurisprudence*, coordenação de A. G. GUEST, OUP, Oxford, 1961, 107-147.

[3466] *Bias v Ohio Farmers Indem. Co*, 81 P 2d 1057-1059, (Cal App 1 Dist 1938) [KNIGHT J] 1059: "*and it is a fundamental principle of law that one of the chief incidents of ownership in property is the right to transfer it*".

[3467] Esta definição é citada em diversos acórdãos: *Martin & Earl v Maxwell*, 67 Se 962-965, (SC 1910) [WOODS J] 964; *York v Stone*, 178 Wash 280-286, (Wash 1934) [MAIN J] 285; *Re, Marriage*

It extends to every species of valuable right and interest, and includes real and personal property, easements, franchise, and incorporeal hereditaments, and includes every invasion of one's property rights by actionable wrongs[3468].

Em termos sucintos, mas nem por isso incorretos, um *property right* é um direito passível de ser transmitido[3469].

IV. É com base nesta definição de *property rights* que o conceito de "bens passíveis de serem constituídos em *trust*" deve ser analisado. Numa perspetiva materialista, todos os bens que possam ser apoderados individualmente por sujeitos jurídicos são transmissíveis em confiança[3470]. Contudo, não são apenas os *property rights* reais que podem ser constituídos em *trust*; todos os *property rights*, pessoais e reais, presentes e futuros, indivisíveis e condicionais o podem[3471]. Em suma, todos os direitos que juridicamente possam ser alienados podem também ser constituídos em *trust*[3472]. Ou, *a contrario*, apenas os direitos juridicamente inalienáveis não podem ser constituídos em *trust*[3473].

---

of Langham and Kolde, 153 Wash 2d 553, (Wash 2005) [SANDERS J] 564; *Mari Carroll v Thomas Elzey*, WL 6864299, (Wash 2006) [MICHAEL HAYDEN J]. A valorização patrimonial assume uma relevância central: *April Sound Management Corp v Concerned Property Owners for April Sound Inc*, 153 SW 3d 519-526, (Tex App – Amarillo 2004) [DON H. REAVIS J] 524: ""*Property*" *is a word of comprehensive meaning and extends to every species of valuable right and interest in real and personal property*".

[3468] *City of Excelsior Spring v Elms Redevelopment Corp*, 18 SW 3d 53-61, (Mo App 2000) [PAUL M. SPINDEN J] 59.

[3469] *In re Marriage of McTiernan and Dubrow*, 35 Cal Rptr 3d 287-309, (Cal App 2 Dist 2005) [FLIER J] 295: "*Personal property may be incorporeal, i.e., without tangible substance, and it may be intangible in the sense that it is a right rather than a physical object. But, even if incorporeal or intangible, property must be capable of being transferred*"; *Navistar International v State Board of Equalization*, 8 Cal 4th 868- 884, (Cal 1994) [KENNARD J] 875: "*such property (intangible) is generally defined as property that is a "right" rather than a physical object*". VAZ TOMÉ e LEITE CAMPOS, *A propriedade fiduciária*, cit., 39.

[3470] *Bridges v Autozone Properties, Inc*, 900 So 2d 784-814, (La 2005) [JOHNSON J] "*Property susceptible of private ownership, and any interest in such property may be transferred in trust*".

[3471] *Hoyle v Dickinson*, 155 Ariz 277-280, (Ariz App 1987) [FERNANDEZ J] 280: "*A trust res can consist of any type of transferable property, including realty, personalty and future, undivided or contingent interests*".

[3472] *Kelly v Lansford*, 572 SW 2d 369-373, (Tex Civ App 1978) [MASSEY CJ] 373; *Strauss v Summerhays*, 157 Cal App 3d 806-817; (Cal App 4 Dist 1984) [WALLIN AJ] 816: "*As a general rule, a property interest must be transferable to be the subject of an express trust*"; *Eychaner v Gross*, 321 Ill App

§ 46.º DIREITOS CONSTITUÍVEIS EM FIDÚCIA

239. Princípio geral e a tese patrimonial de GRUNDMANN

I. Salvo raras exceções – veja-se CASTRO MENDES, que considera que apenas os direitos reais podem ser constituídos em fidúcia[3474] –, a doutrina portuguesa não tem dúvidas em afirmar que o objeto de um negócio fiduciário pode consistir tanto num direito de crédito, como num direito real[3475]. Mas será defensável circunscrever os negócios fiduciários a direitos de crédito e a direitos reais? Não poderão também os direitos de autor ou outros direitos sobre bens imateriais serem constituídos em fidúcia? *A priori*, não vemos nenhuma justificação para não aplicar o critério anglo-saxónico: qualquer situação jurídica que possa ser transmitida, poderá igualmente, por maioria de razão, ser objeto de um negócio fiduciário.

II. Tradicionalmente, também a doutrina e a jurisprudência alemãs defendem que tanto os direitos de crédito, como os direitos reais podem ser constituídos em fidúcia. GRUNDMANN, que reconhece ser essa a posição maioritária da Ciência Jurídica germânica, considera não existirem razões para limitar o objeto das relações fiduciárias a direitos. Para o jurista alemão, o conceito de bens fiduciários deve abarcar todas as realidades que constituam, em si mesmas, vantagens patrimoniais[3476]. Em termos gerais, são dois os grandes grupos de "novos bens": informação e posições de domínio ou de controlo. Para além da argumentação economicista, de seguida aludida, GRUNDMANN apoia-se no regime estado-unidense onde, alegadamente, esta solução vigora.

A construção de GRUNDMANN assenta em dois pressupostos base: (1) a informação, quer seja de cariz pessoal, profissional ou comercial, é prote-

---

3d 759-788, (Ill App 1 Dist 2001) [FROSSARD J] 778: "*Interests in intangible things, if transferable, can be held in trust*"; *Haines v Goldfield Property Owners Ass'n*, WL 1160648, (Ariz App Div 2006) [LANKFORD J]: "*any type of transferable property*".

[3473] *Jewish Community Ass'n of Casper v Community First Nat. Bank*, 6 P 3d 1264-1267, (Wyo 2000) [LEHMAN CJ] 1266: "*Property which the settlor cannot transfer cannot be held in trust*".

[3474] *Teoria geral*, Vol. II, cit., 238: "O negócio fiduciário é necessariamente *real*, atributivo de um direito real".

[3475] Esta posição está bem consolidada, remonta aos escritos de BELEZA DOS SANTOS, *A simulação*, Vol. I, cit., 114.

[3476] *Der Treuhandvertrag*, cit., 101-122. A posição de GRUNDMANN foi já analisada, entre nós, por PESTANA DE VASCONCELOS, *A cessão de créditos*, cit., 101.

gida pelo Direito[3477]; na prática, a ordem jurídica reconhece que a informação, em sentido amplo, apenas pode ser utilizada com a concordância dos sujeitos com ela relacionados; e (2) os bens imateriais, em última instância reconduzíveis ao conceito de informação, assumem um papel preponderante no mundo comercial e económico[3478]: não apenas numa perspetiva de possíveis negócios, onde se insere a doutrina das oportunidades de negócio, como numa perspetiva patrimonial, pense-se no *know-how* ou na *goodwill*, que assumem um papel cada vez mais destacado na análise financeira das sociedades.

III. Mais do que uma tese expansionista dos bens constituíveis em fidúcia, a teoria proposta por GRUNDMANN consubstancia uma tese expansionista do próprio conceito de negócio fiduciário, pelo que remetemos para um parágrafo posterior[3479]. De resto, é precisamente nestes termos que a doutrina especializada a tem interpretado e tratado[3480].

Contudo, há um aspeto central da teoria de GRUNDMANN que cumpre aqui rebater: o apoio no Direito americano não tem razão de ser. Como vimos no ponto anterior, apenas os *property rights* podem ser constituídos em *trust*, pelo que a expansão dos objetos passíveis de congregarem o património de um negócio fiduciário surge como uma consequência do alargamento do conceito de *property right*. O erro de GRUNDMANN é ainda mais criticável quando afirma que as oportunidades de negócio (*corporate opportunities doctrine*) consubstanciam *property rights*. Ora, o facto de os administradores não poderem prosseguir, para seu benefício individual, oportunidades que tenham chegado ao seu conhecimento enquanto administradores não resulta de um qualquer direito de propriedade da sociedade, mas da aplicação do mais vasto dever de lealdade[3481]. A apresentação das oportunidades

---

[3477] Cit., 103 ss..

[3478] Cit., 111 ss..

[3479] Número 250/IV.

[3480] RUSCH, *Gewinnhaftung bei Verletzung*, cit., 158-159; CHRISTOPHER BENICKE, *Wertpapiervermögensverwaltung*, Mohr Siebeck, Tübingen, 2006, 434-437; LÖHNIG, *Treuhand*, cit., 160-161; PESTANA DE VASCONCELOS, *A cessão de créditos*, cit., 103.

[3481] ROBERT CHARLES CLARK, *Corporate Law*, Aspens, Estados Unidos, 1986, 223 ss.. *Dooley v O'Brien*, 226 Ariz 149-155, (Ariz App Div 1 2010) [SWANN J] 154: "*Misappropriation of a corporate opportunity occurs when a director has a specific duty to act in regard to the particular matter as a representative of the company as breaches that duty*".

de negócio como um *corporate asset*, prática bastante comum na jurisprudência nova-iorquina[3482], tem um propósito puramente expositivo e não dogmático ou conceptualizador[3483].

240. Direitos sobre bens imateriais

I. Como veremos, com maior profundidade, no capítulo dedicado à dimensão interna do negócio fiduciário, a solução proposta por GRUNDMANN não pode ser aceite, sob pena de operar um total desvirtuamento do conceito de negócio fiduciário. Contudo, o autor chama a atenção para a exiguidade da solução tradicional: apesar do papel fundamental hoje representado pelos bens imateriais, *maxime*, da informação, estes estão excluídos do leque de bens passíveis de serem constituídos em fidúcia.

Em abstrato, a solução passaria pelo reconhecimento de direitos sobre bens imateriais, mesmo que não registados, em moldes análogos ao que se verifica em terras americanas. Ora, é nossa convicção que o sistema português concebe, expressamente, a existência de alguns direitos sobre bens imateriais, de forma circunscrita e limitada, em tudo idênticos aos *property personal rights* estado-unidenses.

Iniciaremos a nossa análise por um exemplo muito concreto – segredos de negócios – que poderá, porventura, por aplicação analógica, servir de base a uma teoria mais abrangente e geral.

II. Um segredo de negócio consiste numa informação que pode constar de uma fórmula, padrão, compilação, dispositivo, método, técnica ou processo utilizado por um sujeito na sua atividade profissional e que representa uma vantagem sobre os seus concorrentes, que não a conheçam ou não a usem[3484]. Os requisitos para o reconhecimento de uma informação como secreta e, consequentemente, como merecedora de proteção jurídica estão

---

[3482] *Yu Han Young v Chiu*, 49 AD 3d 575-577, (NY App Div 2 Dept 2008) 576: faz referência a um conjunto de acórdãos onde a construção é empregue.

[3483] VICTOR BRUDNEY e ROBERT CHARLES CLARK, *A New Look at Corporate Opportunities*, 94 Harv L Rev, 1981, 997-1062, 998-999.

[3484] *Uniform Trade Secrets Act* § 1(4). A definição, inspirada no *Rest. Torts 1st* § 757 comment b), é usualmente citada pela jurisprudência: *T-N-T Motorsports, Inc v Hennessey Motorsports, Inc*, 965 SW 2d 18-26, (Tex App – Houston 1998) [TAFT J] 22; *Re, Bass*, 113 SW 3d 735-746, (Tex 2003)

uniformizados. Tanto no Direito estado-unidense[3485] – § 1(4) do *Uniform Trade Secrets Act* –, como no Direito internacional privado – artigo 39.º/2 do ADPIC/TRIPS – e no Direito nacional – artigo 318.º do CPI –, a aplicação do respetivo regime está dependente da verificação de três pressupostos: (1) a informação deve realmente ser secreta, i.e., não pode ser facilmente acessível ou conhecida; (2) o valor comercial da informação advém da sua sigilosidade; e (3) o sujeito que detém o controlo da informação deve ter desenvolvido esforços com vista à conservação da sua sigilosidade.

III. Nos importantes desenvolvimentos doutrinários explicativos ao § 82 do *Rest. 2ⁿᵈ of Trusts* – "*Interests in intangible things, if transferable, can be held in trust*" – é referido que os segredos de negócio (*trade secrets*) podem ser constituídos em *trust*. A afirmação é acompanhada de um exemplo elucidativo: A inventa uma fórmula para fabricar uma nova pomada; porém, em vez de ser o próprio a conduzir o processo de fabrico, transmite a informação a B, o qual se compromete a fabricar a pomada em benefício de C. A partir daqui, basta aplicar o regime jurídico do *trust*: B será sempre responsabilizado no caso de atuar em violação das obrigações que assumiu; o beneficiário poderá invocar o seu direito contra terceiros que não pudessem desconhecer a relação de confiança; e terceiros de boa-fé não podem ser responsabilizados. Quase trinta anos volvidos sobre a publicação do *Rest. 2ⁿᵈ*, o Supremo Tribunal dos Estados Unidos confirmou o pressuposto: "*a trade secret can form the res of a trust*"[3486].

Ora, se apenas os *property rights* podem ser constituídos em *trust*, só podemos concluir que o Direito estado-unidense reconhece, ao detentor do controlo da informação, a titularidade de um direito. De facto, assim o é. O hipotético direito encaixa, na perfeição, na definição acima avançada:

[Schneider J] 739; *Reliant Hosp. Partners, LCC v Cornerstone Healthcare Group Holdings, Inc*, 2012 WL 2086986, (Tex App – Dallas 2012) [O'Neill J].

[3485] Para uma breve evolução histórica da proteção concedida, vide o artigo histórico de William B. Barton, *A Study in the Law of Trade Secrets*, 13 U Cin L Rev, 1939, 507-558.

[3486] *Ruckelshaus v Monsanto Co*, 467 US 986-1024, (US 1984) 1002. A passagem é citada em inúmeros artigos, cfr., Gregory Gelfand, *"Taking" Informational Property Through Discovery*, 66 Wash ULQ, 1988, 703-744, 722, nota 76; Suellen Lowry, *Inevitable Disclosure Trade Secret Disputes: Dissolutions of Concurrent Property Interests*, 40 Stan L Rev, 1988, 519-544, 536; Michael P. Simpson, *Trade Secrets, Property Rights, and Protectionism – an Age-old Tale*, 70 Brook L Rev, 2005, 1121-1163, 1130; Mark A. Lemley, *The Surprising Virtues of Treating Trade Secrets as IP Rights*, 61 Stan L Rev, 2008, 311-353, 324.

situação jurídica ativa concreta, merecedora de proteção jurídica, cujo conteúdo agrega a tríade direito de uso, direito de fruição e direito de disposição.

Os tribunais estado-unidenses reconhecem, ao sujeito que domina a informação secreta, um *property right*. O sistema confere ao titular do direito, por aplicação do regime consagrado no *Uniform Trade Secrets Act*, a faculdade de recorrer aos tribunais para salvaguardar eventuais apropriações indevidas[3487]. Repare-se que a proteção concedida não está restringida ao campo contratual – caso paradigmático do trabalhador que transmite a informação a concorrentes –; o titular pode, também, invocar os seus direitos contra terceiros que tenham acedido à informação de modo fraudulento[3488]. De resto, é precisamente este tipo de situações que os diversos legisladores têm pretendido regular.

O direito sobre segredos de negócio tem uma natureza limitada e circunscrita, análoga à reconhecida para os *trade names*. O sujeito está apenas protegido contra apropriações indevidas do segredo. Não o pode invocar contra terceiros que tenham tido acesso a essa informação de modo idóneo ou de boa-fé[3489], nem, muito menos, contra sujeitos que tenham, pelos seus próprios meios, "descoberto" a mesma informação: pense-se numa pomada com compostos e efeitos idênticos[3490].

Na prática, embora o sujeito possa usar, fruir e dispor dessa informação, nenhum destes direitos é exercido de forma plena e exclusiva. Todavia, como anteriormente sublinhado, o reconhecimento de um *property right* não está dependente da absolutidade da posição jurídica.

IV. O disposto no artigo 39.º/2 do ADPIC/TRIPS estabelece que "as pessoas singulares e coletivas terão a possibilidade de impedir que informações legalmente sob o seu controlo sejam divulgadas, adquiridas ou utilizadas

---

[3487] § 2.

[3488] *Mabrey v SandStream Inc*, 124 SW 3d 302-321, (Tex App – Fort Worth 2003) [ANNE GARDNER J] 310.

[3489] *Evans v General Motors Corp*, 51 Conn Supp 44-68, (Conn Super 2007) [STEVENS J] 55-56.

[3490] *DVD Copy Control Ass'n Inc v Bunner*, 75 P 3d 1-29, (Cal 2003) [BROWN J] 13. DAVID D. FRIEDMAN, WILLIAM M. LANDERS e RICHARD A. POSNER, *Some Economics of Trade Secret Law*, J Econ Persp, 1991, 61-72, 62. EDWARD C. HETTINGER, *Justifying Intellectual Property*, 18 Phil & Publ Aff, 1989 31-52, 33: é um risco que o titular resolve correr. Nada impede que, tendo acesso ao produto final, os concorrentes consigam descobrir a "fórmula secreta". Por outro lado, ao não patentear a fórmula, o seu titular está a fazer uma aposta a longo prazo, visto não estar sujeito aos prazos de validade legais.

por terceiros sem o seu consentimento de uma forma contrária às práticas comerciais leais", desde que essas informações possam ser descritas como secretas, i.e., se preenchidos os requisitos acima elencados. Repare-se que, só por si, esta disposição não é criadora de direitos. Não tendo os Estados signatários chegado a um entendimento em relação à natureza jurídica a atribuir à proteção[3491], optou-se por conceder liberdade quanto ao modo como a mesma seria implementada internamente[3492].

Apesar de o texto positivado não impor, expressamente, aos Estados signatários a consagração interna de um direito, não pode deixar de ser notado que a *ratio* do preceito não é punir o sujeito prevaricador, mas acautelar a posição jurídica do sujeito que controle a informação. Ou seja, o segredo é visto como uma vantagem económica, como um bem (*asset*) do sujeito que o controle[3493]. Mas como pode o sujeito impedir e consentir na utilização do bem se não se lhe reconhece um qualquer tipo de posição jurídica ativa? Parece-nos que, apesar de o Acordo Internacional não obrigar os Estados signatários a reconhecerem, internamente, um direito absoluto e exclusivo, ou seja, um direito de propriedade, ele impôs a consagração de um direito[3494], com características necessariamente circunscritas e que congregue, pelo

---

[3491] NUNO PIRES DE CARVALHO, *The TRIPS Regime of Patent Rights*, Wolters Kluwer, Alphen aan den Rijn, 2010, 536 ss.: o autor expõe, de forma bastante minuciosa, todo o processo criativo e as diferentes construções sugeridas e debatidas. De resto, PIRES DE CARVALHO considera que a não inclusão da expressão *property* foi uma medida sensata. Do mesmo autor, em especial a partir da página 207, *The TRIPS Regime of Antitrust and Undisclosed Information*, Wolters Kluwer, Alphen aan de Rijn, 2008. Vide, ainda, DANIEL GERVAIS, *The TRIPS Agreement: Drafting History and Analysis*, 2ª edição, Sweet & Maxwell, Londres, 2003 e ALBERTO RIBEIRO DE ALMEIDA, *Os princípios estruturantes do acordo TRIPS's: um contributo para a liberalização do comércio mundial*, 47 BCE, 2004, 1-106.

[3492] JAY DRATLER JR., *Intellectual Property Law: Commercial, Creative and Industrial Law*, Law Journal, Nova Iorque, 2006, 1A-51: o autor considera que, de uma leitura integrada, os segredos de negócios terão de ser considerados direitos, visto o objeto do Acordo ser, precisamente, direitos intelectuais. Não nos parece que uma argumentação tão linear possa ser acolhida.

[3493] FRANÇOIS DESSEMONTET, *Protection of Trade Secrets and Confidential Information* in *Intellectual Property and International Trade: TRIPS Agreement*, 2ª edição, coordenação de ABDULQAWI A. YUSUF e CARLOS M. CORREA, Wolters Kluwer, Alphen aan den Rijn, 2008, 271-290, 278.

[3494] Tendo em conta o conceito lato de *property*, não nos parece de acolher a posição, por vezes manifestada pelos autores estado-unidenses, de que o Acordo não impõe que os *trade rights* tenham de ser tratados pelos Estados signatários como tal, cfr., ADRIAN OTTEN e HANNU WAGER, *Compliance with TRIPS: the Emerging World View*, 29 Vand J Transnat'l L, 1996, 391--413, 402.

§ 46.º DIREITOS CONSTITUÍVEIS EM FIDÚCIA

menos, um direito a opor-se à divulgação e à utilização da informação por parte dos concorrentes[3495].

V. O disposto no artigo 39.º/2 do ADPIC/TRIPS foi transposto para a nossa Ordem Jurídica com a entrada em vigor do novo CPI. Da conjugação dos conteúdos dos artigos 317.º e 318.º do CPI resulta a seguinte norma jurídica: a divulgação, a aquisição ou a utilização de segredos de negócios de um concorrente, sem o consentimento do mesmo, constitui um ato de concorrência desleal.

Antes da entrada em vigor do CPI, a matéria dos segredos de negócio vinha tratada no artigo 260.º, i) do CPI 1995, que punia com pena de prisão até três anos ou com pena de multa até 360 dias os sujeitos que, movidos por uma intenção de prejudicar terceiros ou de alcançar para si ou para terceiro um benefício ilegítimo, se apropriassem ilicitamente dos segredos de outrem[3496]. Perante o conteúdo do preceito, a doutrina considerava, de forma unânime, que a intenção do legislador não era a de proteger um qualquer direito, de resto inexistente, mas de punir um ato de concorrência desleal[3497].

O conteúdo do 318.º representa uma mudança radical do panorama jurídico nacional. Segundo DÁRIO MOURA VICENTE, que considera ser também essa a interpretação mais correta do 39.º/2 do ADPIC/TRIPS, o legislador consagrou um efetivo direito[3498]. Os críticos desta interpretação consideram

---

[3495] PIRES DE CARVALHO, *The TRIPS Regime*, cit., 571.
[3496] O disposto remonta ao artigo 212.º/9 do CPI de 1940, que, por sua vez, substituiu o artigo 201.º/8 do Decreto de 15 de dezembro de 1894, DÁRIO MOURA VICENTE, *Segredo comercial e acesso à informação administrativa* in *Estudos em homenagem ao Prof. Doutor Sérvulo Correia*, FDL, Coimbra, Coimbra, 2010, 289-297, 294.
[3497] MOURA VICENTE, *Segredo comercial*, cit., 294; JOSÉ DE OLIVEIRA ASCENSÃO, *Direito comercial*, Vol. II: *Direito industrial*, Lisboa, reimpressão da edição de 1988, 1994, 296 ss.; e *Concorrência desleal*, Almedina, Coimbra, 2002, 469 ss.: afirma que a violação de segredos de negócio surge no âmbito da concorrência desleal, não apontando para a existência de qualquer particularidade, em especial em relação à existência de um direito; JORGE PATRÍCIO PAÚL, *Concorrência desleal e segredos de negócios* in *Direito industrial*, Vol. II, FDL, APDI, Almedina, Coimbra, 2002, 139-162, 152: a ilicitude do ato resulta da sua contrariedade às normas e usos honestos e não, acrescentamos nós, de uma violação de um direito.
[3498] *Segredo comercial*, cit., 293-295. Esta posição parece ser acompanhada por AMÉRICO DA SILVA CARVALHO, apesar de o raciocínio apresentado ser algo complexo, cfr., *Ilícito concorrencial e dano*, Coimbra, Coimbra, 2011, 179-180. Com posição contrária, vide CARLOS M. CORREA,

não haver razões para se invocar a consagração de um novo tipo de direito. A *ratio* subjacente à norma é a mesma, alegam, que atravessa todo o Direito da concorrência: pretende-se punir a concorrência desleal e a violação de regras de lealdade que regulam a atividade concorrencial e não consagrar um qualquer direito subjetivo individual[3499].

Antes de tomar posição, importa averiguar o cabimento de, em abstrato, se reconhecer um direito sobre os segredos de negócio.

De um ponto de vista individual, i.e., do sujeito que elaborou ou descobriu a informação, a subjetivação da proteção é bastante lógica. O Direito reconhece, ao sujeito que investiu tempo e dinheiro numa determinada atividade, uma proteção direta[3500]. Já numa perspetiva social ou comunitária, uma proteção individual tem o condão de encorajar a inovação e o desenvolvimento científico e artístico[3501], permitindo, ainda, ao inventor, procurar investidores que patrocinem a aplicação prática da sua informação ou empresas que estejam dispostas a adquiri-la[3502]. A ideia possessória associada aos direitos individuais não pode ser ignorada.

Para além destas vantagens mais práticas, a subjetivação em si mesma confere maior proteção e certeza jurídica do que as conferidas pelas deno-

---

Trade Related Aspects of Intellectual Property Rights: a Commentary on the TRIPS Agreement, OUP, Oxford, 2007, 367-368: defende que do preceito não emerge qualquer direito.

[3499] CARLOS OLAVO, *Propriedade Industrial*, Vol. I: *Sinais distintivos do comércio; concorrência desleal*, 2ª edição, Almedina, Coimbra, 2005, 245 ss.: o autor não parece atribuir ao conteúdo do artigo 318.º, uma especial relevância. Insere-o no regime geral da concorrência desleal cujo fundamento jurídico, nas palavras do próprio, não pode "ser encontrado em qualquer direito subjetivo". Reconhece-se, porém, que o autor não aprofunda a questão. PEDRO SOUSA E SILVA, *Direito industrial: noções fundamentais*, Almedina, Coimbra, 2011, 340-341: segue idêntica posição. Não há nenhum direito violado. A maioria da doutrina não aborda sequer a questão, o que nos permite afirmar, com algum grau de certeza, não considerar ter o legislador pretendido instituir um novo direito, cfr., LUÍS COUTO GONÇALVES, *Manual de Direito industrial: propriedade industrial e concorrência desleal*, Almedina, Coimbra, 2012, 376-379; contudo, na nota 951 da página 376, transcreve uma passagem de STEFANO SANDRI em que, este autor, afirma ter sido intenção do legislador afastar o conceito de *property right* anglo-saxónico do regime dos segredos de negócios.

[3500] *Coventry First LLC v State of Florida Office of Insurance Regulation*, 30 So 3d 552-561, (Fla App 1 Dist 2010) [KAHN J] 558.

[3501] *MicroStrategy Inc v Li*, 268 Va 249-267, (Va 2004) [BARBARA KEENAN J] 262.

[3502] *DVD Copy Control Ass'n Inc v Bunner*, 75 P 3d 1-29, (Cal 2003) [BROWN J] 12.

minadas normas de proteção[3503]. Com a vantagem acrescida de o reconhecimento de um direito individual clarificar a posição dos diversos intervenientes: permite uma maior delimitação das várias posições jurídicas em disputa.

Feito este curto desvio, parece-nos de acolher a posição de MOURA VICENTE. Seguindo os ensinamentos do ilustre Professor, o artigo 318.º do CPI consagra um verdadeiro direito. Um direito circunscrito, que apenas poderá ser invocado contra concorrentes prevaricadores e não contra todos os terceiros. Como aludido para o Direito estado-unidense, também no Direito português o titular do direito não o pode invocar contra sujeitos que tenham tido acesso à informação por meios idóneos e lícitos.

Julgamos, contudo, poder ir mais longe. Este modelo expositivo, adotado pela doutrina especializada, restringe a análise do direito à sua dimensão profilática. Ora, os dados que temos à nossa disposição permitem-nos completar o quadro geral[3504]: (1) direito de uso e direito de fruição: ao proteger a posição jurídica do titular contra hipotéticos prevaricadores, o legislador reconhece que o sujeito pode usar e fruir dessa informação; (2) direito de disposição: uma vez que a utilização de segredos de negócios, sem o consentimento do seu titular, consubstancia um ato ilícito, só podemos concluir que o sujeito pode dar o seu consentimento; ora, o que significa dar o seu consentimento senão uma decorrência lógica de um mais vasto direito a dispor?; e (3) direito limitado ou circunscrito: ao contrário do que se verifica para o direito de propriedade, este novo direito não é pleno nem exclusivo e apenas é invocável contra um grupo identificado de sujeitos, que podem ser apresentados como terceiros de má-fé.

Quanto às hipotéticas críticas, em especial no que respeita à constituição de um novo direito, com um campo sobreposto aos direitos de propriedade industrial, responda-se invocando, para além, evidentemente, do artigo 318.º do CPI, o disposto no artigo 104.º do mesmo diploma, através do qual o legislador nacional volta a reconhecer um direito parcelar e circunscrito[3505].

[3503] F. S. New Products Inc v Strong Industries Inc, 129 SW 3d 606-632, (Tex App – Houston 1 Dist 2004) [LAURA C. HIGLEY J] 616.

[3504] MARIA JOÃO VAZ TOMÉ, O direito à pensão de reforma enquanto bem comum do casal, Coimbra, Coimbra, 1997, 147-148: a autora reconhece uma "nova propriedade" que compreende, essencialmente, bens de natureza intangível.

[3505] Vide anotação ao artigo 104.º do CPI no Código de Propriedade Industrial anotado, coordenação geral de ANTÓNIO CAMPINOS e coordenação científica de LUÍS COUTO GONÇALVES, Almedina, Coimbra, 2010, 294-295.

VI. Da conjugação do disposto nos artigos 318.º e 104.º do CPI, parece claro que o legislador tem vindo a mostrar uma preocupação crescente com a regulação da posição jurídica dos sujeitos que, licitamente e de boa-fé, adquiriram ou conceberam informações, em sentido lato, que tenham por si mesmas um valor patrimonial ou de mercado. Ora, reconhecendo o legislador a existência de um direito sobre essas mesmas informações, embora parcelar, não vislumbramos qualquer razão para que, quando tal não seja impedido por lei, essa posição jurídica não possa ser transmitida[3506].

Em termos conclusivos, podemos afirmar que qualquer direito que legalmente possa ser transmitido pode, também, ser constituído em fidúcia. O termo "direito" engloba todos os direitos reais, de crédito, de autor e direitos conexos, de propriedade industrial ou outros direitos legalmente reconhecidos sobre bens imateriais, bem como qualquer outro tipo de direito disponível. É na transmissibilidade que o elemento chave deve ser colocado.

[3506] Esta solução está, de resto, em sintonia com o disposto no artigo 62.º/1 da CRP. Atente-se que o conceito de propriedade positivado no preceito constitucional é mais vasto do que o conceito previsto no Código Civil, cfr., RUI MEDEIROS, *Anotação ao artigo 62.º da CRP* in *Constituição portuguesa anotada*, Tomo I, 2ª edição, coordenação de JORGE MIRANDA e RUI MEDEIROS, Coimbra, Coimbra, 2010, 1246 e J. J. GOMES CANOTILHO e VITAL MOREIRA, *Anotação ao artigo 62.º da CRP* in *Constituição da República portuguesa anotada*, Vol. I, 4ª edição, Coimbra, Coimbra, 2007, 800.

Capítulo IV
Negócio Fiduciário *Stricto Sensu*

§ 47.º O NEGÓCIO FIDUCIÁRIO *STRICTO SENSU*

241. Enquadramento

I. Os diferentes institutos fiduciários, veja-se o caso do *trust* anglo-saxónico, caracterizam-se por uma grande maleabilidade, o que lhes possibilita atravessar os mais variados ramos do Direito com um espantoso impacto e vitalidade. Todavia, a transversalidade do instituto fiduciário britânico, já por si assombrosa, não é comparável à assumida pela fidúcia no Direito civil continental. Relembre-se que, como analisado no parágrafo dedicado ao Direito romano, a *fiducia*, para além de ter representado um papel inigualável num período em que o Direito romano vivia uma fase embrionária, esteve, ainda, na origem de alguns dos tipos contratuais mais utilizados no comércio jurídico moderno: pense-se nos exemplos paradigmáticos do comodato ou do depósito[3507].

Curiosamente, num processo inverso ao que se verificou no seio da *Common Law*, o instituto fiduciário continental veio, com o passar dos séculos, a perder o seu fulgor inicial. A *fiducia* foi "vítima" do movimento criativo da Ciência Jurídica. O avanço do Direito faz-se através de uma circunscrição conceptual e, consequentemente, linguística. Admitindo que, em tempos, tanto o comodato, como o depósito seriam reconduzíveis ao conceito de

---

[3507] § 32.º.

fiducia cum amico, com a autonomização dos mecanismos, o que se traduziu na elaboração de regimes próprios e na adoção de denominações distintas, o campo de extensão da *fiducia* foi, necessariamente, afetado. Relações até então descritas como fiduciárias romperam as raízes que as ligavam ao conceito. Este tipo de desenvolvimento está especialmente associado à boa-fé, no Direito continental, e à *Equity Law*, na *Common Law*.

Mesmo tendo em consideração o renascimento oitocentista e os avanços modernos mais recentes, com especial destaque para a sua incorporação em ordenamentos jurídicos como o francês, diretamente, ou o italiano, indiretamente, nos quais os negócios fiduciários não tinham a força social e jurídica sentida para lá do Reno, o instituto continental está ainda muito longe de ter alcançado o sucesso e a preponderância do *trust* anglo-saxónico[3508].

Sublinhe-se, contudo, que, se de um ponto de vista concreto, a expansão do *trust* supera largamente a difusão do negócio fiduciário continental, já na perspetiva da potencialidade dos mecanismos, o instituto fiduciário romano suplanta, indiscutivelmente, o seu homónimo britânico. Em termos gerais, o *trust* apenas cobre metade da área abarcada pela *fiducia* romana. As relações fiduciárias reconduzíveis à modalidade *fiducia cum creditore* não encontram, em princípio e salvo raras exceções[3509], paralelo na fidúcia anglo-saxónica[3510].

[3508] Atente-se as incontáveis modalidades e tipos de *trusts*: § 17.º.

[3509] ANDREW TETTENBORN, *The Trust in Business: Property and Obligation in England* in *La fiducie face au trust dans le rapports d'affaires*, cit., 35-64, 57-62: o autor elenca uma lista de casos nos quais o *trust* assume propósitos de garantia. Todavia, na maioria das situações, os bens não são transmitidos para o credor, mas para um terceiro sujeito que funciona como intermediário de todo o processo.

[3510] O confronto comparatístico é feito entre a modalidade fiduciária para administração e o *trust*, cfr., FRANCESCO CARINGELLA, *Studi di diritto civile*, Vol. II: *Proprietà e diritto reali*, com colaboração de MIRIAM GIORGIO, Giuffrè, Milão, 2007, 330-332. Já a *fiducia cum creditore* é remetida para o campo das garantias reais, cfr., HAROLD DEXTER HAZELTINE, *The Roman Fiducia cum Creditore and the English Mortgage: a Comparison, with Special Reference to the Right of Redemption* in RICHARD WALTER TURNER, *The Equity of Redemption: Its Nature, History and Connection with Equitable Estates Generally*, CUP, Cambridge, 1931, vii-lxiii: o autor avança um paralelismo com a *chattel mortgage* da *Common Law*. No âmbito do Direito estado-unidense, foi desenvolvida uma figura, inspirada no instituto fiduciário anglo-saxónico, que partilha parte das funções dos negócios fiduciários para garantia: *trust receipt*, cfr., MARK W. ROMNEY, *The Brazilian Alienação Fiduciaria em Garantia and the American Trust Receipt*, 1 Ariz J Int'l & Comp L, 1982, 157-188.

§ 47.º O NEGÓCIO FIDUCIÁRIO *STRICTO SENSU*

II. Ao longo dos três capítulos anteriores, assumimos uma abordagem geral, pouco focada nas especificidades das diferentes concretizações que o instituto pode assumir. Antes, todavia, de iniciarmos um estudo mais aprofundado da temática fiduciária – relembre-se que o nosso objetivo último passa pela consagração, no sistema jurídico nacional, de um mecanismo atípico que faça as vezes do *trust* anglo-saxónico –, cumpre averiguar da possibilidade e do interesse em prosseguir o modelo expositivo e analítico até agora seguido. Em suma, importa indagar se um tratamento unitário do negócio fiduciário, que englobe as suas duas grandes modalidades – negócios fiduciários para administração e negócios fiduciários para garantia –, é aceitável à luz dos desenvolvimentos modernos.

Do caminho até agora percorrido, com especial destaque para os parágrafos que integram esta IV Parte, parece resultar um certo afastamento entre a *fiducia cum amico* e a *fiducia cum creditore*.

A análise histórica discorrida aponta para um tratamento unitário pontual, circunscrito ao período romano arcaico e ao ressurgimento oitocentista, com evidente impacto na visão moderna tradicional. Porém, em todo o ciclo que intermeia estes dois momentos, o negócio fiduciário parece esgotar-se na fidúcia para administração.

Nas páginas dedicadas à admissibilidade e à legalidade do negócio fiduciário, a apreciação conjunta é circunstancial, fruto do contexto em que o ressurgimento do instituto se desenvolveu e do modelo expositivo adotado pela doutrina. As questões de maior complexidade – veja-se a violação da proibição do pacto comissório na *fiducia cum creditore* – vêm evidenciar um certo afastamento.

É, contudo, no capítulo dedicado à estrutura do negócio fiduciário que as diferenças entre as duas modalidades fiduciárias se tornam mais palpáveis. A validade da fidúcia estática, cerne de toda a conceção moderna, vem agravar esse fosso. A naturalidade inerente ao negócio fiduciário estático para administração não tem correspondência no negócio fiduciário estático para garantia. A situação em que o mutuário mantém a titularidade do direito quando o deveria transmitir para o mutuante, acordando as partes que esse mesmo direito se torna objeto da garantia fiduciária, não pode ser descrito como uma fidúcia estática pura. O acordo quanto à conservação do direito na esfera do mutuário faz as vezes da transmissão.

Em suma, a colocação da pedra de toque na assunção da posição de fiduciário, mesmo numa perspetiva estrutural, não é, em relação à *fiducia cum creditore*, convincente.

III. Nas próximas páginas vamos pôr à prova a visão unitária tradicional, agregadora das diversas concretizações fiduciárias. Sublinhe-se, porém, que a validade de uma conceptualização harmonizada está dependente da sua adequação jurídico-científica, mas também do seu interesse prático. O valimento de qualquer teoria, mesmo no campo das Ciências Sociais, está sempre sujeita ao seu interesse real.

O primeiro passo, com vista à preconização de qualquer solução, consiste na identificação, sem pretensões exaustivas, das mais relevantes situações usualmente descritas como fiduciárias. Como já aludido, a nossa análise terá como matéria prima as duas situações clássicas do Direito romano: *fiducia cum amico* e *fiducia cum creditore*. A *fiducia cum amico* engloba todas as situações em que um sujeito transmite um direito para um terceiro, o qual se compromete a exercê-lo nos precisos termos acordados. Em termos gerais, a *fiducia cum amico* agrega dois tipos de situações: (1) a transmissão do direito tem como fim a cobrança de uma dívida, pense-se no caso paradigmático do endosso fiduciário; e (2) o atual proprietário do direito compromete-se a geri-lo no interesse do beneficiário, categoria onde se insere o *trust* anglo-saxónico. Já a *fiducia cum creditore* abarca todas as situações em que um direito é transmitido com o propósito de garantir as obrigações assumidas pelo titular original.

242. União histórica: superação

I. No Direito romano, para além da *fiducia cum amico* e da *fiducia cum creditore*, o sistema desenvolveu outros mecanismos fiduciários, com especial destaque para a *tutela fiduciae*[3511]. Mas qual o elo de ligação entre as diversas manifestações fiduciárias? Como analisado no parágrafo correspondente, todas estas relações comungam de uma estrutura análoga. Nas suas bases encontramos a *mancipatio*, o mecanismo arcaico de transmissão por excelência. Todavia, ao recorrer à *mancipatio*, as partes não tinham como propósito a transmissão de direitos *per se*, mas um qualquer outro objetivo, como a salvaguarda de um bem, a garantia de um empréstimo ou a emancipação de uma mulher. O sujeito adquirente comprometia-se a retransmitir o bem assim que o clima social e político serenasse (*fiducia cum amico*), assim que as quantias mutuadas fossem pagas na sua totalidade (*fiducia cum creditore*)

[3511] Número 179.

ou a emancipar a mulher de imediato (*tutela fiduciae*). O cumprimento desta obrigação – o célebre *pactum fiduciae* – não poderia, todavia, ser exigido judicialmente, i.e., consubstanciava uma obrigação natural. O alienante confiava que o fiduciário fosse cumprir o acordado.

Em suma, são duas as características comuns a todas as concretizações fiduciárias romanas: (1) a utilização da *mancipatio* com um propósito último que não a transmissão *per se*; e (2) as obrigações assumidas pelo fiduciário não podiam ser exigidas judicialmente.

Seguindo este quadro, a unidade fiduciária é posta em causa ainda durante a passagem do período arcaico para o período clássico, tendo, para o efeito, contribuído dois fatores: (1) o desenvolvimento de outros mecanismos translativos menos burocráticos e ritualistas do que a *mancipatio*; e (2) o reconhecimento de que as relações fiduciárias eram merecedoras de proteção jurídica.

II. Os mecanismos fiduciários que emergiram ao longo da Idade Média são reconduzíveis, na sua totalidade, e com maior ou menor dificuldade, ao conceito de negócio fiduciário para administração. Os *uses* anglo-saxónicos e a *Treuhand* germânica são apenas os exemplos mais evidentes. Também a figura do executor testamentário, presente nos quatro cantos da Europa medieval[3512], como o ancestral fideicomisso podem ser apresentados como variantes do instituto fiduciário para administração. O executor testamentário compromete-se a distribuir os bens do *de cujus* nos termos por este estabelecido, confiando o testador que a sua vontade será respeitada. Já o fiduciário da relação fideicomissária compromete-se a conservar os bens que lhe foram deixados em herança de modo a que revertam, por sua morte, para o beneficiário indicado. Exige-se-lhe uma administração que permita a preservação desses bens até a nova geração assumir a sua titularidade.

III. Na passagem do século XIX para o século XX, a *fiducia cum creditore* renasce no mundo prático, trazendo consigo a unidade fiduciária. O pai fundador da fidúcia moderna[3513], bem como os inúmeros autores que se seguiram, passa a apresentar os negócios fiduciários para administração e os negócios fiduciários para garantia como duas modalidades de um conceito unitário mais vasto – o negócio fiduciário –, sendo ainda bastante usual

---

[3512] Número 73.
[3513] REGELSBERGER, *Zwei Beiträge*, cit., 173 ss..

os autores clássicos elencarem variados tipos de relações fiduciárias sem preocupações sistemáticas e distintivas, contando-se, entre eles, diferentes formas de ambas as modalidades[3514]. Este modelo expositivo, centrado nos dois modelos fiduciários clássicos é, ainda hoje, seguido pela esmagadora maioria das Ciências Jurídicas latinas – portuguesa[3515], brasileira[3516], espanhola[3517] e italiana[3518]. Esta posição é também sufragada pela doutrina alemã maioritária[3519].

[3514] LEIST, *Die Sicherung*, cit., 79 ss.: após uma análise geral ao conceito de transmissão fiduciária, o autor aborda a modalidade mais específica da transmissão fiduciária para garantia; GOLTZ, *Das fiduziarische Rechtsgeschäft*, cit., 1: elenca o seguinte conjunto de relações fiduciárias: cessão fiduciária; endosso fiduciário; e transmissão fiduciária em garantia; BEROLZHEIMER, *Die fiduziarische Zession*, cit., 10: faz referência a três tipos de negócios fiduciários: (1) alienação fiduciária; (2) cessão fiduciária; e (3) endosso fiduciário; KAUL, *Das fiduziarische Rechtsgeschäft*, cit., 31-45: recorre à distinção clássica da época: negócios fiduciários no interesse do fiduciário (garantia) e negócios fiduciários no interesse do beneficiário (administração); esta posição, como veremos mais à frente no texto principal, é seguida por inúmeros autores; GEIGER, *Fiducia und Aussonderung*, cit., 12-18; HÖNSCH, *Mittelbare Stellvertretung und Treuhand*, cit., 22-24.

[3515] Sem preocupações exaustivas, refira-se: doutrina clássica, BELEZA DOS SANTOS, *A simulação*, Vol. I, cit., 124 ss.: leva a cabo uma análise aprofundada das diferentes concretizações fiduciárias; MANUEL DE ANDRADE, *Teoria geral*, Vol. II, cit., 175 ou GALVÃO TELLES, *Manual*, cit., 190; doutrina generalista moderna, MENEZES CORDEIRO, *Tratado*, II/II, cit., 255; CARVALHO FERNANDES, *Teoria geral*, Vol. II, cit., 347; ou PAIS DE VASCONCELOS, *Teoria geral*, cit., 554-556; doutrina especialista moderna, PESTANA DE VASCONCELOS, *A cessão de créditos*, cit., 46-52 e com maiores desenvolvimento posteriores para cada uma das modalidades: *fiducia cum amico* (133--151) e *fiducia cum creditore* (151-164); ANDRADE DE MATOS, *O pacto comissório*, cit., 179-180; ou RAMOS ALVES, *Do penhor*, cit., 307.

[3516] FABIAN, *Fidúcia*, cit., 22 ss. e 156 ss.; VILSON RODRIGUES ALVES, *Alienação fiduciária: as ações de busca e apreensão e depósito no regime jurídico da Lei n.º 10.931/04*, 3ª edição (capa), 2ª edição (primeira página), BH, 2012, 36 ss..

[3517] CASTRO Y BRAVO, *El negocio jurídico*, cit., 414 e 429; ou CRISTINA FUENTESECA, *El negocio fiduciario*, cit., 209 ss..

[3518] ROBERTA MONTINARO, *Trust e negozio di destinazione allo scopo*, Giuffrè, Milão, 2004, 150 ou LAURA SANTORO, *Il trust*, cit., 203.

[3519] Quanto aos autores clássicos, veja-se a nota 3514. RUDOLF REINHARDT, P. ERLINGHAGEN e HANS SCHULER, *Die rechtsgeschäftliche Treuhand – ein Problem der Rechtsfortbildung*, 2 JuS, 1962, 41-52, 41: falam em dois grupos de negócios fiduciários; a fidúcia para administração é apresentada como uma modalidade mais maleável; ROLF SERICK, *Eigentumsvorbehalt und Sicherungsübertragung*, Vol. II: *Die einfache Sicherungsübertragung*, Parte 1, Recht und Wirtschaft, Heidelberg, 1965: o autor sublinha a natureza fiduciária da figura inúmeras vezes: "*Die Sicherungsübertragung ist ein fiduziarisches Rechtsgeschäft*" (71), "*Der Treugeber (Sicherungsgeber) erlangt an dem Treugut*

§ 47.º O NEGÓCIO FIDUCIÁRIO *STRICTO SENSU*

O tratamento unitário defendido pela pandectística deve ser interpretado no contexto jurídico em que o movimento se insere. As preocupações primárias da Ciência Jurídica consistiam não tanto na conceptualização sistemática do instituto, mas na clarificação jurídica de um vasto conjunto de novas relações jurídicas a que a jurisprudência tendia a aplicar o regime simulatório. Ora, como elemento diferenciador da simulação, a doutrina identificou a intencionalidade da transmissão: as partes recorriam a um negócio translativo porque, efetivamente, pretendiam a transmissão do direito. Todavia, como resultava da realidade prática, as partes não tinham como objetivo último a transmissão definitiva do direito, mas um outro fim, fosse ele a administração de um bem, a cobrança de uma dívida ou a garantia de uma obrigação.

Confrontada com estes factos, a Ciência Jurídica empenhou-se em sistematizar estas novas relações. Na busca por um preenchimento adequado, a doutrina virou-se para o inevitável Direito romano. As semelhanças com a *fiducia* chamaram a atenção de REGELSBERGER: em ambos os casos, as partes recorrem à transmissão efetiva de um direito, comprometendo-se o seu novo titular a retransmitir o bem com a verificação da condição estipulada. O manifesto paralelismo com as modalidades citadas por GAIUS permitiu apresentar o negócio fiduciário como um instituto uno, composto por diferentes modalidades, mas com um núcleo comum.

Ora, mesmo à luz dos avanços doutrinários da época, esta continuidade não era defensável. Recorrendo a uma linguagem mais atual, a *fiducia* assentava em dois alicerces: (1) utilização de um negócio translativo com um pro-

---

(Sicherungsgut)" (95); ou *"Die Sicherungsabtretung der Forderung ist ein fiduziarisches Rechtsgeschäft"* (264) e *Deutsche Mobiliarsicherheiten Aufriß und Grundgedanken*, Recht und Wirtschaft, Heidelberg, 1988, 98 ss.; WALTER, *Das Unmittelbarkeitsprinzip*, cit., 44-49: embora reconheça a validade das objeções apresentadas pela doutrina moderna, considera que os negócios fiduciários consubstanciam um instituto unitário com, é certo, distintas modalidades; LIEBICH e MATHEWS, *Treuhand*, cit., 280 ss.; MEDICUS, *Allgemeiner Teil*, cit., 244: o autor dá especial ênfase às modalidades fiduciárias para garantia; HEINZ HÜBNER, *Allgemeiner Teil des Bürgerlichen Gesetzbuches*, 2ª edição, Walter de Gruyter, Berlim, 1996, 496 ss.; HANSJÖRG WEBER, *Kreditsicherungsrecht*, 8ª edição, Beck, Munique, 2006, 171; FLORIAN BECKER, *Der Missbrauch treuhänderischer Legitimation: Vorschlag einer gesetzlichen Regelung*, Dr Kovač, Hamburgo, 2010, 39-40; Também a jurisprudência segue esta linha: RG 5-Nov.-1918, 94 RGZ, 1919, 305-308; BGH 21-Dez.-1960, 14 NJW, 1961, 777-780, 778: a alienação em garantia é um negócio fiduciário; BGH 8-Dez.-2005, Akt. IX ZR 310/01, 2 e BGH 21-Set.-2006, Akt. ZB 287/05, 7: em ambos os acórdãos o tribunal utiliza o termo *Sicherungstreuhand*.

pósito que não o seu fim típico; e (2) impossibilidade de o proprietário original recorrer aos tribunais em caso de violação das obrigações assumidas pelo fiduciário. Nenhuma destas características se mantinha na viragem para o século XX, nem se mantém atualmente. O negócio fiduciário é um negócio legalmente atípico e o Direito protege a posição jurídica do beneficiário.

Em termos conclusivos, e numa perspetiva histórica, o tratamento unitário perdeu razão de ser com o reconhecimento de que a posição jurídica do beneficiário é merecedora de proteção jurídica. Essa evolução pode ser datada, com algum grau de certeza, dos finais do século II a. C.[3520].

243. União formal: superação

I. A união formal das duas modalidades pode, em grande medida, ser interpretada como uma decorrência da analogia pandectística histórica entre a *fiducia* e o negócio fiduciário moderno.

Como verificado para a união histórica, também a união formal remonta aos estudos de REGELSBERGER, mais precisamente a dois dos cinco pilares da sua construção fiduciária: (1) as partes recorrem a um contrato tipo cuja *ratio* extravasa os propósitos pretendidos pelas partes, i.e., o sujeito passivo transmite mais poderes/direitos, para o sujeito ativo, do que os que seriam necessários, à luz dos propósitos pretendidos[3521]; e (2) em compensação, o sujeito ativo só pode utilizar os poderes/direitos que lhe foram atribuídos para os fins determinados[3522]. Os negócios fiduciários partilhariam, assim, uma mesma estrutura: as partes adaptam um contrato translativo típico às suas pretensões concretas.

Esta conceção, como vimos nos §§ 41.º[3523] e 45.º[3524], merece o apoio esmagador da doutrina nacional.

A união formal das diferentes concretizações fiduciárias torna-se mais nítida numa visão dualista do negócio fiduciário dinâmico.

[3520] Número 181/II.
[3521] *Zwei Beiträge*, cit., 173.
[3522] Cit., 172.
[3523] Número 217/II.
[3524] Número 237.

II. A alegada união formal ou estrutural da *fiducia cum amico* e da *fiducia cum creditore* não pode merecer o nosso apoio, por duas razões. Em primeiro lugar, e como anteriormente defendido[3525], estruturalmente, o negócio fiduciário dinâmico consubstancia um contrato atípico de tipo misto, i.e., resulta da conjugação de dois contratos autónomos e não da modificação de um contrato típico. Já o negócio fiduciário estático representa um raro exemplo de um negócio atípico puro.

Em segundo lugar, mesmo admitindo que tanto os negócios fiduciários para administração, como os negócios fiduciários para garantia partilham uma mesma estrutura formal, esse dado é claramente insuficiente para defender uma conceção unitária. Caso contrário, o que nos impediria de apresentar todos os negócios atípicos mistos de adaptação como negócios fiduciários?

Reformulando a construção clássica, ficaríamos com a seguinte definição: "o negócio fiduciário é um negócio atípico em que o titular de um direito se compromete a atuar nos exatos termos acordados"[3526].

Qualquer definição unificadora das duas modalidades fiduciárias deverá ter sempre, na sua base, um conteúdo substantivo comum.

244. A suposta união substantiva e o conceito de fidúcia

I. Desde os seus primórdios mais arcaicos, a fidúcia teve sempre uma aura muito própria. *Fiducia* significa confiança: a confiança que une as diversas partes intervenientes. Este aspeto é especialmente visível na fidúcia para administração, sendo a denominação latina disso uma evidência: *fiducia cum amico*.

Ainda hoje, a esmagadora maioria da doutrina tende a colocar a confiança na base substantiva dos negócios fiduciários. É a confiança que o fiduciário suscita no fiduciante que origina a transmissão do direito. O fiduciante con-

---

[3525] Número 237/III.
[3526] LAURA SANTORO, *Il negozio fiduciario*, G. Giappichelli, Turim, 2002: mantém uma definição puramente formal (253). Repare-se, contudo, que a autora expressa sérias dúvidas sobre a recondução do negócio fiduciário estático ao conceito de negócio fiduciário e não ao mandato (210). Reconhece-se que a negação da validade autónoma da fidúcia estática tende a aproximar a *fiducia cum creditore* e a *fiducia cum amico*, não sendo, porém, suficiente para uma conceptualização satisfatória.

fia que o fiduciário irá cumprir todas as obrigações assumidas e que apenas irá exercer a posição jurídica que lhe foi confiada nos termos ou para os fins acordados[3527]. Alguns autores chegam mesmo a afirmar que, se o fiduciante não confiasse plenamente no fiduciário, o negócio nunca seria concluído[3528].

Esta visão quase romântica dos negócios fiduciários tem na sua origem as duas características clássicas que usualmente lhe são atribuídas: a desproporcionalidade dos meios jurídicos empregues em resultado dos propósitos prosseguidos e o risco que o fiduciante corre de o fiduciário, contradizendo as obrigações assumidas, abusar da posição ocupada[3529]. O possível abuso por parte do fiduciário é, de resto, visto como uma decorrência lógica da desproporcionalidade inerente ao negócio ou como a sua outra face.

Na prática, é o facto de o fiduciante confiar no fiduciário que o impele, apesar da desproporcionalidade dos poderes transmitidos e dos riscos em que incorre, a concluir o negócio[3530]. Para alguma doutrina, sem o elemento risco não se pode falar em negócios fiduciários[3531].

[3527] MANUEL DE ANDRADE, *Teoria geral*, Vol. II, cit., 176; PEREIRA COELHO, *Obrigações*, cit., 91: confia que o fiduciário apenas irá fazer uso da posição ocupada para os fins acordados; CARVALHO FERNANDES, *Teoria geral*, Vol. II, cit., 347 e *A admissibilidade*, cit., 227: a celebração do negócio envolve uma certa confiança; ROMANO MARTINEZ e FUZETA DA PONTE, *Garantias*, cit., 65: colocam a confiança na base das obrigações assumidas; REMÉDIO MARQUES, *Locação financeira*, cit., 593-594; PESTANA DE VASCONCELOS, *A cessão de créditos*, cit., 133: faz referência a um vínculo de confiança que une ambas as partes.

[3528] ORLANDO DE CARVALHO, *Negócio jurídico indirecto*, cit., 118-119: "O elemento "fides", ou a confiança que A deposita na palavra de B, é que justifica este negócio fiduciário"; PAIS DE VASCONCELOS, cfr., *Teoria geral*, cit., 550: "A confiança que lhe merece o fiduciário é total. Se assim não fosse, o negócio fiduciário não teria sequer sido celebrado". O autor tinha já expressado idêntica posição em *Contratos atípicos*, cit., 289 e *Em tema de negócio fiduciário*, cit., 9; MENEZES CORDEIRO, *Tratado*, II/II, cit., 270: "foi na base da crença legítima de que a cláusula fiduciária iria ser observada que o fiduciante aceitou concluir o contrato".

[3529] PESSOA JORGE, *Lições de Direito das obrigações*, cit., 450; JANUÁRIO COSTA GOMES, *Assunção fidejussória*, cit., 88; MONTEIRO PIRES, *Alienação em garantia*, cit., 71-72: citando ORLANDO DE CARVALHO.

[3530] GALVÃO TELLES, *Manual*, cit., 190; CARNEIRO DA FRADA, *Teoria da confiança*, cit., 545: apresenta a confiança como o meio para superar a desproporcionalidade dos poderes transmitidos para o fiduciário.

[3531] RAMOS ALVES, *Do penhor*, cit., 308: o autor afirma ser discutível se os negócios fiduciários de tipo germânico podem ser definidos como fiduciários, precisamente porque esta modalidade prevê uma proteção do beneficiário por intermédio de uma condição resolutiva. JOÃO MORAIS ANTUNES, *Do contrato de depósito escrow*, cit., 284-285: apenas reconduz a figura do depósito *escrow*

II. A unanimidade quanto à relevância da confiança depositada pelo fiduciante no fiduciário esbate-se num conceito muito pouco claro de confiança. Apesar de a doutrina clássica apresentar o incumprimento das obrigações assumidas pelo fiduciário como uma violação da confiança que lhe foi depositada[3532], o reconhecimento da admissibilidade e da legalidade do negócio fiduciário remete toda a relação para o campo do Direito, deixando, consequentemente, de ter cabimento falar-se de uma violação da confiança[3533]. Acresce que os negócios fiduciários, em especial na sua vertente para garantia, são especialmente utilizados no comércio jurídico por entidades bancárias e financeiras. Mais do que uma confiança no fiduciário, confia-se em que o sistema funciona e que o Direito pode, a todo o tempo, ser chamado a intervir.

Já no que respeita à identificação do risco em que, supostamente, o fiduciante e o beneficiário incorrem, e numa perspetiva mais prática, a doutrina parece ter em vista a natureza obrigacional da posição jurídica do beneficiário: no caso de o direito ser alienado a um terceiro ou mesmo no caso de o fiduciário entrar em insolvência, e, não sendo o beneficiário titular de qualquer direito real, resta-lhe fazer uso de mecanismos ressarcitórios[3534].

Quanto a esta posição mais concreta, são dois os contra-argumentos possíveis: (1) a posição jurídica do beneficiário não se encontra circunscrita ao campo obrigacional, como veremos adiante; e (2) mesmo aceitando tal limitação, não basta, só por si, para concluir que a transmissão do direito foi motivada por um qualquer sentimento de confiança depositado na pessoa do fiduciário. Pense-se nos contratos-promessas ou nos pactos de preferência que, na sua modalidade obrigacional, também apenas fornecem, ao promitente e ao titular do direito de preferência, soluções indemnizatórias. O risco do incumprimento é um elemento intrínseco do comércio jurídico, com especial destaque no ordenamento nacional onde predomina a ideia da não eficácia externa das obrigações.

---

aos negócios fiduciários no caso de existir uma desproporcionalidade entre os meios jurídicos utilizados e os fins prosseguidos e, consequentemente, um risco de abuso.
[3532] BELEZA DOS SANTOS, *A simulação*, Vol. I, cit., 115.
[3533] CARNEIRO DA FRADA, *Teoria da confiança*, cit., 552.
[3534] ANDRADE DE MATOS, *O pacto comissório*, cit., 181; PAIS DE VASCONCELOS, *Teoria geral*, cit., 550 ss.: elenca uma série de mecanismos indemnizatórios.

III. Estando a posição jurídica do beneficiário protegida contra hipotéticas violações das obrigações assumidas, cumpre perguntar pelo cabimento de manter o conceito de confiança no centro de toda a temática fiduciária. Ora, a confiança remete-nos para a boa-fé; e sendo a fidúcia um negócio atípico, a boa-fé representa um papel central em toda a sua construção[3535]. Não nos parece, contudo, que a positivação legal do instituto fiduciário resulte no afastamento da confiança ou da boa-fé, com a consequente desadequação da denominação "negócio fiduciário"[3536]. O peso da boa-fé não se esgota com a tipificação de um negócio – pense-se no reconhecimento expresso do dever de lealdade dos administradores, ainda hoje reconduzível ao instituto da boa-fé –, nem ocorre com a mesma intensidade em todos os contratos atípicos: a atuação exigida a um sujeito fiduciário não é, certamente, idêntica à expectável por parte de um lojista em centro comercial[3537].

A associação do conceito de confiança aos negócios fiduciários só pode respeitar à posição jurídica do fiduciário, mais especificamente à natureza das obrigações que este assume e à atuação que lhe é exigida: não numa perspetiva do risco em que o fiduciante corre perante as hipotéticas violações da obrigação, mas do seu conteúdo preciso. A clareza deste ponto é especialmente visível se fizermos um paralelismo com o dever de lealdade que molda a posição do *trustee* na *Common Law*.

249. Propósitos distintos

I. O negócio fiduciário para administração e o negócio fiduciário para garantia têm propósitos distintos. Na fidúcia para administração, a transmis-

---

[3535] Pais de Vasconcelos, *Contratos atípicos*, cit., 401 ss..
[3536] Oliveira Ascensão, *Teoria*, Vol. III cit., 309; Grassetti, *Trust anglosassone*, cit., 553: atente-se a curiosa conclusão do autor italiano: "*il trust è divenuto fiducia legale: e non è più negozio fiduciario*".
[3537] Quanto à evolução histórica e dogmática que envolve este negócio, vide Menezes Cordeiro, *Tratado*, II/II, cit., 223-228: com amplas referências doutrinárias e jurisprudenciais. Jurisprudência posterior à publicação do *Tratado*, 2010: RPt 31-Jan.-2011 (Ana Paula Amorim), proc. n.º 3927/07.5TBBRG.P1; STJ 20-Mar.-2012 (Gregório Silva Jesus), proc. n.º 1903/06.4TVLSB.L1.S1, nota 16: "não tem natureza de contrato de arrendamento, nem de cessão de exploração de estabelecimento comercial (ou locação de estabelecimento), constituindo um contrato atípico que se rege essencialmente pelas normas estipuladas pelas partes"; RLx 24-Abr.-2012 (Rui Vouga) 2357/07.3TVLSB.L1-1: sublinha a unanimidade da jurisprudência quanto a esta matéria.

são do direito tem como fim a simples administração de um dado bem ou de uma certa posição jurídica. O titular originário, porque considera não ter capacidades, por não ter tempo ou simplesmente porque assim o pretende, transmite o direito para outrem que julgue mais capaz para o fazer. Já na fidúcia para garantia, a transmissão tem como fim acautelar a posição jurídica do mutuante contra eventuais incumprimentos por parte do mutuário. E para garantir o cumprimento das obrigações assumidas, o mutuário transmite o direito para o mutuante, o qual se compromete a retransmiti-lo, assim que todas as quantias mutuadas forem devolvidas.

É com base nesta diferença que a doutrina italiana tem recorrido aos termos fidúcia altruísta e fidúcia egoísta, para designar os negócios fiduciários para administração e os negócios fiduciários para garantia, respetivamente[3538]. Em terras alemãs, para além dos termos egoísta e altruísta[3539] – a tradução mais correta será, porventura, fidúcia desinteressada –, é ainda bastante comum empregar-se as expressões negócios fiduciários puros e impuros ou mistos[3540]. Também em terras espanholas, a modalidade para administração tem sido apresentada como um negócio fiduciário puro[3541]. Sublinhe-se, contudo, que os conceitos não são totalmente coincidentes. O termo negócio fiduciário impuro é mais abrangente, englobando outras situações que não apenas os negócios fiduciários para garantia.

As expressões egoísta e altruísta, embora com uma conotação mais rude, transmitem de forma mais precisa o aspeto distintivo que se pretende subli-

---

[3538] MESSINA, *negozi fiduciari*, cit., 14; GRASSETTI, *Del negozio fiduciario*, cit., 349; PUGLIATTI, *Fiducia*, cit., 282 ou SANTORO, *Il trust*, cit., 203.

[3539] A terminologia foi adotada por alguns autores clássicos: RUDOLF LÖBL, *Geltendmachung fremder Forderungsrechte im eigenen Namen: ein Beitrag zur Lehre von der Innen- und Außenwirkung der Obligation*, 129 AcP, 1928, 257-339, 262; EMMERICH, *Sanierung*, Vol. I, cit., 154. É ainda hoje seguida por parte da doutrina: HÜBNER, *Allgemeiner Teil*, cit., 498; MARTIN H. PICHERER, *Sicherungsinstrumente bei Konsortialfinanzierungen von Hypothekenbanken*, Fritz Knapp, Francoforte, 2002, 64; WOLFGANG BREHM e CHRISTIAN BERGER, *Sachenrecht*, 2ª edição, Mohr Siebeck, Tübingen, 2006, 196; STEPHAN MEDER e ANDREA CZELK, *Grundwissen Sachenrecht*, 2ª edição, Mohr Siebeck, Tübingen, 2008, 48.

[3540] SCHULTZE, *Treuhänder*, cit., 2; SCHLESS, *Mittelbare Stellvertretung*, cit., 56; KUNISCH, *Die rechtliche Stellung*, cit., 28; SIEBERT, *Das rechtsgeschäftliche Treuhandverhältnis*, cit, 100-101: faz referência a ambas.

[3541] STS 29-Set.-2011, proc. n.º STS 6090/2011: "*caracterizándose precisamente la figura de que se trata por predominar el interés del fiduciante, lo que acentúa la nota de la confianza, y de ahí que doctrinalmente se considere la fiducia cum amico la forma pura o genuina del negocio fiduciario*".

nhar: os negócios fiduciários para administração têm como objetivo a entrega da administração de um bem a um sujeito que irá exercer todos os direitos que compõem a posição jurídica transmitida, em benefício do beneficiário indicado, sendo prosseguidos os interesses deste último; já os negócios fiduciários para garantia têm como fim último a proteção da posição jurídica do fiduciário contra eventuais incumprimentos, ou seja, é o interesse do fiduciário que está na base da conclusão do contrato.

II. Ao contrário do que se verifica nas Ciências Jurídicas latinas, parte da doutrina alemã tem, desde os inícios do século passado, levantado sérias objeções ao tratamento unitário dos negócios fiduciários. No centro de toda a discussão surge, precisamente, o conceito de interesse prosseguido.

Parece ter sido SCHULTZE o primeiro a pôr em causa a visão unitária tradicional. O autor apresenta o negócio fiduciário puro, de onde exclui a *fiducia cum creditore*, como um negócio em que um sujeito se obriga a atuar, no âmbito de uma determinada posição jurídica, no interesse de um terceiro[3542].

O critério da prossecução do interesse é retomado por SIEBERT. Este autor exprime sérias dúvidas sobre a inclusão dos negócios de alienação em garantia na categoria de negócios fiduciários. Na base desta hesitação está o facto de a transmissão do direito ter como propósito a proteção da posição do fiduciário e não o interesse do fiduciante ou de um outro terceiro beneficiário. Por outro lado, considera excessivo excluir, por completo, este tipo de relação do campo da fidúcia. Ao assumir a titularidade do direito e a obrigação de retransmitir o bem, o fiduciário compromete-se, mesmo que implicitamente, a guardar o bem, o que, de certo modo, é também do interesse do fiduciante[3543]. Esta aproximação, que induz SIEBERT a apresentar o negócio fiduciário como um negócio em que o titular de um direito se compromete a prosseguir interesses que não exclusivamente os seus[3544] não é, contudo, aos olhos do próprio, satisfatória. SIEBERT propõe um tratamento maioritariamente diferenciado, em que cada uma das modalidades seja conceptualmente autonomizada[3545].

[3542] SCHULTZE, *Treuhänder*, cit., 2.
[3543] *Das rechtsgeschäftliche*, cit., 403-404.
[3544] Cit., 1.
[3545] Cit., 169-170.

§ 47.º O NEGÓCIO FIDUCIÁRIO *STRICTO SENSU*

Adotada por alguns autores nas décadas que se seguiram[3546], a posição ganhou força no seio da doutrina especializada. Nas grandes monografias modernas dedicadas à temática fiduciária, a tendência é, claramente, a de sustentar uma distinção inequívoca entre as duas modalidades.

III. GRUNDMANN inaugura a sua exposição recorrendo à distinção clássica: os negócios fiduciários para administração têm como propósito a administração de um bem ou direito no interesse e em benefício de um sujeito determinado, enquanto os negócios fiduciários para garantia têm como objetivo reforçar a posição jurídica do mutuante, o qual considera serem os mecanismos clássicos de garantia, à luz dos dados concretos, insuficientes perante os riscos que corre[3547].

É no âmbito da natureza jurídica das obrigações assumidas pelo fiduciário que GRUNDMANN coloca maior enfâse. Nos negócios fiduciários para administração, toda a atuação do fiduciário é moldada por um rígido dever de lealdade, que o impele a atuar sempre no interesse do beneficiário da relação. Já nos negócios fiduciários para garantia, este dever assume uma dimensão periférica ou acessória[3548]. Esta diferença torna-se facilmente explicável se tivermos em consideração as diferentes *rationes* das modalidades. Na *fiducia cum creditore*, a transmissão da posição jurídica tem como propósito garantir o

---

[3546] FRIEDMANN, *Empfiehlt sich*, cit., 1062: descreve a alienação em garantia como a *bête noire* das relações fiduciárias; GÜNTHER STIER, *Das sogenannte wirtschaftliche und formaljuristische Eigentum: zugleich ein Beitrag zur Treuhand als Gesetzgebungsproblem*, Noske, Leipzig, 1933, 96: considera ser um erro apresentar-se a alienação em garantia como um negócio fiduciário. A relação tem como fim garantir a posição jurídica do mutuante. Deve ser analisada à luz do Direito das garantias; HANS FRIEDHELM GAUL, *Lex commissoria und Sicherungsübereignung – Zugleich ein Beitrag zum sogenannten Innenverhältnis bei der Sicherungsübereignung*, 168 AcP, 1968, 351-382, 367: expressa sérias dúvidas; NOBERT REICH, *Funktionsanalyse und Dogmatik bei der Sicherungsübereignung*, 169 AcP, 1969, 247-270, 254-255: evidencia as diferenças entre as duas modalidades; SCHLOSSER, *Außenwirkungen verfügungshindernder Abreden*, cit., 681-682 ou HANS-ACHIM ROLL, *Vermögensverwaltung durch Kreditinstitute zur rechtssystematischen Erfassung anhand von standardisierten Vertragsmustern*, Duncker & Humblot, Berlim, 1983, 60, nota 81: o autor sublinha que a conceptualização do negócio fiduciário, através da ideia da prossecução de interesses, apenas se pode aplicar às modalidades para administração; GERNHUBER, *Die fiduziarische*, cit., 356: o autor critica a visão tradicional que engloba as duas modalidades ditas clássicas. A alienação em garantia tem como propósito a proteção da posição jurídica do mutuário, o que a afasta do conceito de negócio fiduciário.

[3547] *Der Treuhandvertrag*, cit., 19.

[3548] Cit., 19-20.

cumprimento das obrigações assumidas. O fiduciante não conclui o contrato por considerar a contraparte como o melhor sujeito para gerir os direitos transmitidos e para proteger, nesse plano, os seus interesses[3549].

Também para Löhnig, a transmissão de direitos em garantia não pode ser apresentada como um negócio fiduciário. O autor, que coloca o elemento chave da fidúcia na prossecução dos interesses de terceiros, considera que o único interesse prosseguido pelo mutuante/fiduciário é o seu próprio. A constituição da relação tem como objetivo a proteção da posição jurídica do fiduciário, garantindo-lhe que, no caso de o mutuário falhar no cumprimento das suas obrigações, a sua posição não será afetada quer por terceiros com créditos superiores, quer por, simplesmente, o fiduciante não ter património suficiente. Nas relações fiduciárias para garantia, remata, cada um dos intervenientes prossegue interesses próprios e distintos[3550].

Geibel inicia a sua análise, bastante crítica da posição tradicional, por sublinhar que a recondução das alienações em garantia à categoria dos negócios fiduciários tem uma origem histórica: pretendia-se afastar o regime simulatório deste tipo de transmissões, descritas como efetivamente pretendidas[3551]. Curiosamente, o autor retoma as críticas jurisprudenciais clássicas e afirma que não há, nestes casos, uma vontade real de transmitir o direito, consubstanciando a transmissão uma autêntica simulação. As partes têm como propósito único proteger a posição jurídica do fiduciário e não a transmissão do direito. Os negócios fiduciários para garantia devem ser tratados como um tipo de garantia real e não como um negócio translativo. Em suma, as duas modalidades apenas têm em comum a mesma denominação[3552].

A remissão da *fiducia cum creditore* para o campo das garantias das obrigações, aspeto igualmente relevado por Löhnig[3553], tem como grande sustentáculo as transformações operadas, a este nível, pelo legislador alemão, com a positivação de um novo Código da Insolvência (*Insolvenzordnung*), em vigor no dia 1 de janeiro de 1999. O diploma ocupou-se das transmissões fiduciárias que tenham como objeto bens móveis ou direitos de crédito. O disposto no § 51/1 da InsO manda aplicar, a estes casos, o regime das garan-

---

[3549] Cit., 21.
[3550] *Treuhand*, cit., 121-123.
[3551] *Treuhandrecht*, cit., 165.
[3552] Cit., 166.
[3553] Cit, 123.

tias reais. Repare-se que o legislador não remete a título subsidiário: diz, expressamente, que, a estes casos, se aplica o regime das garantias reais[3554].

Na perspetiva das *rationes* subjacentes a cada uma das modalidades ditas fiduciárias, não parecem restar dúvidas quanto à clara divergência. Este afastamento, visível nos ordenamentos jurídicos em que a temática surge tradicionalmente tratada de modo unitário, é reforçado se tivermos em consideração o panorama anglo-saxónico onde as alienações em garantia nunca foram absorvidas pelo omnipresente *trust*[3555].

246. As obrigações caracterizadoras da posição do fiduciário nos negócios fiduciários para administração e nos negócios fiduciários para garantia

I. Sendo os propósitos subjacentes às duas modalidades distintos, tem toda a lógica que o conteúdo das posições jurídicas seja, também ele, diferenciado. Ora, é precisamente na natureza jurídica das obrigações assumidas pelo fiduciário que reside a chave de toda a problemática.

Tem em parte razão CUNHA GONÇALVES quando apresenta os negócios fiduciários como uma "transmissão de bens provisória, a título de garantia, de mandato, de depósito, etc., revertendo os bens, seja ao transmitente, seja a favor de terceiros"[3556]. Uma das obrigações principais dos fiduciários, quer seja na *fiducia cum amico*, quer seja na *fiducia cum creditore*, consiste, precisamente, na retransmissão do bem para o sujeito indicado com a verificação da condição relevante. A lacuna da construção do ilustre tratadista não está, assim, na identificação da dimensão provisória da fidúcia, mas na relevância, exclusiva, que lhe atribui[3557].

[3554] Para uma análise geral ao preceito, vide: HANS GERHARD GUNTER, *Anotação ao § 51 da InsO* in *Münchener Kommentar zur Insolvenzordnung*, Vol. I: §§ 1-102, 2ª edição, coordenação de HANS-PETER KIRCHHOF, HANS-JÜRGEN LWOWSKI e ROLF STÜRNER, Beck, Munique, 2007, 1436-1498, 1441-1442; ou MORITZ BRINKMANN *Anotação ao § 51 da InsO* in *Insolvenzordnung Kommentar*, 13ª edição, coordenação de WILHELM UHLENBRUCK, HERIBERT HIRTE e HEINZ VALLENDER, Franz Vahlen, Munique, 2010 887-913, 888 ss..
[3555] Este ponto é especialmente focado pela doutrina alemã, cfr., LÖHNIG, *Treuhand*, cit., 121; RUSCH, *Gewinnhaftung*, cit. 168.
[3556] *Tratado de Direito civil*, Vol. V, cit., 715.
[3557] A aparente circunscrição à obrigação de retransmitir é fruto da conceptualização do negócio fiduciário por recurso à figura da venda a retro.

No âmbito dos negócios fiduciários para administração, e tendo o *trust* anglo-saxónico como ponto comparativo, são dois os grandes deveres que adstringem a atuação do fiduciário: (1) dever de lealdade; e (2) deveres de cuidado. Estes dois grandes grupos de deveres moldam toda a relação – o que torna qualquer doutrina que não os tenha em consideração bastante lacunosa e imperfeita. Mas poderá o mesmo ser dito em relação aos negócios fiduciários para garantia? Extravasará o núcleo identificativo deste tipo de relações a mera obrigação de retransmissão?

II. Quando analisamos o conteúdo da *fiducia cum creditore*, devemos ter em consideração que falamos de um tipo de contrato atípico, dotado de uma função muito específica e prática. Numa perspetiva simplificadora, mas nem por isso menos correta, o mutuário apenas aceitou emprestar uma determinada quantia com a condição de o mutuante transmitir, para a sua esfera jurídica, um direito ou um conjunto de direitos. Esta exigência não se deve a um especial interesse sobre esses bens, a especiais capacidades de administração ou a uma peculiar vontade em ajudar o fiduciante. A exigência tem apenas um propósito: proteger, de forma mais eficaz, a sua posição jurídica. O paralelismo com a prática bancária é disso elucidativo. Quando um banco exige a prestação de uma garantia não o faz por ter interesse nesse bem, mas porque, desse modo, minora o risco que corre; além disso, o cliente tem um "incentivo" extra para não incumprir o acordado.

Não estando o fiduciário interessado no bem *per se*, mas na garantia que este representa, regra geral, o bem não chegará, sequer, a sair materialmente da esfera do fiduciante. A transmissão do título legal é suficiente para os fins visados pelas partes[3558]. Todavia, ao contrário do que se verifica no mundo das garantias, o fiduciário é titular do direito, pelo que cabe perguntar se lhe é exigido um qualquer tipo de atuação.

A prática mostra-nos que o fiduciário não só não quer administrar o bem, como quer eximir-se de qualquer responsabilidade que lhe possa ser exigida a esse nível. PESTANA DE VASCONCELOS chama a atenção para este facto. Para lá do Reno, onde o recurso à *fiducia cum creditore* é bastante comum, as instituições financeiras a quem sejam transmitido um crédito em garantia têm por prática comum autorizarem o fiduciante a cobrar o crédito transmitido, comprometendo-se o cedente a entregar a quantia ao banco. Também no

---

[3558] MENEZES LEITÃO, *Garantias*, cit., 278.

§ 47.º O NEGÓCIO FIDUCIÁRIO *STRICTO SENSU*

âmbito da transmissão de bens móveis em garantia, é habitual celebrar-se um contrato de locação ou mesmo de comodato em que o uso do bem é cedido ao fiduciante[3559].

III. Como devidamente sublinhado no § 35.º, toda a construção teórica professada deve ter como ponto de partida a vontade manifestada pelas partes[3560]. Sendo o propósito das partes a simples garantia da posição jurídica do mutuante, porque atribuir-lhe complexos deveres de cuidado e de lealdade? O interesse do fiduciário reside, exclusivamente, na redução do risco que emerge com a conclusão do contrato. Contudo, não podemos ir tão longe e afirmar que a sua posição se resume à retransmissão do bem. Ao fiduciário é exigida uma atuação que tenha sempre como pano de fundo a natureza provisória que caracteriza a sua titularidade; impõe-se-lhe um comportamento consentâneo com o princípio da boa-fé. Esta imposição não é, porém, uma particularidade do negócio fiduciário para garantia. Ela aplica-se, como resulta do disposto no artigo 762.º/2, a todas as relações: "No cumprimento da obrigação, assim como no exercício do direito correspondente, devem as partes proceder de boa-fé". Assume este dever especial relevância no âmbito da *fiducia cum creditore*? Julgamos que não. O seu impacto terá sempre uma natureza circunscrita e acessória, ao contrário do que se verifica para a *fiducia cum amico*, onde a relação surge fundada no pressuposto de que o fiduciário irá sempre atuar no interesse e em benefício de outrem.

Em última análise, e mesmo admitindo que, dependendo dos factos concretos, as obrigações assumidas pelo mutuante se aproximam das do fiduciário numa *fiducia cum amico*, quais as vantagens dogmáticas e práticas de tratar as duas modalidades de forma integrada e unitária[3561]? São dois mecanismos jurídicos que visam propósitos distintos, que são utilizados em contextos totalmente díspares, que, em abstrato e como resulta do Direito inglês, não assentam nos mesmos fundamentos e, de maior relevância, nos quais a atuação expectável e exigida a cada um dos sujeitos ativos da relação não

---

[3559] *A cessão de créditos*, cit., 158.
[3560] Número 189.
[3561] Martin Wolff e Ludwig Raiser, *Sachenrecht: ein Lehrbuch*, 10ª edição, Mohr Siebeck, Tübingen, 1957, 735-736: consideram que a recondução das transmissões de direitos em garantia à categoria de negócios fiduciários não é, de um ponto de vista prático, benéfica ou sequer relevante.

é a mesma. O que une as duas supostas modalidades é incomparavelmente inferior ao que as separa.

Numa perspetiva dogmática, o tratamento unitário tem, ainda, a desvantagem de assumir uma dimensão de bloqueio ao aprofundamento e esclarecimento do tema. No âmbito do processo criativo, o intérprete é confrontado como uma dificuldade acrescida: as soluções preconizadas deverão sempre ter em consideração as realidades jurídicas e fácticas das duas modalidades. O tratamento unitário é, assim, um obstáculo ao desenvolvimento de ambos os mecanismos.

Concluímos este parágrafo confirmando a ideia com que o iniciámos: o desenvolvimento do Direito tem-se sempre feito por recurso a uma circunscrição conceptual e linguística. Em poucas áreas faz este pensamento tanto sentido como no âmbito dos negócios fiduciários para administração e para garantia. Embora nos pareça excessivo defender o abandono do termo fidúcia para as alienações em garantia, o seu conteúdo parece esgotar-se numa dimensão histórica. O negócio fiduciário em sentido estrito ou moderno será o negócio fiduciário para administração.

IV. A expressão negócio fiduciário em sentido estrito é utilizada pela Ciência Jurídica alemã com um sentido diverso. Perante o peso que esta assume no Direito nacional, julgamos ter todo o interesse explorar o conceito germânico e distingui-lo da construção preconizada.

O conceito de negócio fiduciário em sentido estrito[3562], também dito negócio fiduciário verdadeiro (*echte Treuhand*)[3563] e, mais comum atualmente, negócio fiduciário pleno (*Vollrechtstreuhand*)[3564] exclui, do seu seio, a modalidade da fidúcia estática. É, porém, bastante redutor apresentar-se o conceito de negócio fiduciário em sentido estrito como sendo sinónimo de fidúcia dinâmica. Em termos gerais, o conceito abrange apenas relações fiduciárias que tenham na sua origem uma transmissão plena e direta de um direito do fiduciante para o fiduciário. São assim excluídas

---

[3562] RG 15-Jun.-1928, 121 RGZ, 1928, 294-299, 296 ou BGH 11-Dez.-1963, WM, 1964, 179-182.
[3563] BGH 7-Abr.-1959, 12 NJW, 1959, 1223-1226, 1224. Apesar de ter caído em desuso, o termo é ainda empregue por alguma jurisprudência moderna, cfr., BGH 23-Mar-2000, Atk. III ZR 217/99, 1 c); BGH 21-Set.-2006, Atk. IX ZR 23/05, 8; BGH 24-Jun.-2003, IX ZR 120/02, 2 b).
[3564] BGH 12-Dez.-2008, Atk. V ZR 49/08, 7; BGH 12-Mai.-2011, Atk. IX ZR 133/10, 9; BGH 15-Dez.-2011, Atk. IX ZR 118/11, 17; BGH 12-Jul.-2012, Atk. IX ZR 213/11, 10.

§ 47.º O NEGÓCIO FIDUCIÁRIO *STRICTO SENSU*

relações fiduciárias que resultem da simples assunção da posição, bem como transmissões de bens em confiança que se processem por recurso a intermediários[3565].

A jurisprudência alemã tem vindo, nos últimos anos, a suavizar a sua posição, aceitando aplicar o regime desenvolvido para aos negócios fiduciários *stricto sensu* a situações inicialmente excluídas. Pense-se no exemplo paradigmático do contrato de depósito fiduciário (*Anderkonto*) em que, apesar de os bens não terem, necessariamente, de passar pelo fiduciante, os tribunais têm vindo a apresentá-lo como uma forma de negócio fiduciário puro ou, pelo menos, a aplicar o respetivo regime[3566].

A diferença entre as duas categorias não está na natureza da relação, mas nos mecanismos de defesa que são disponibilizados ao fiduciante e ao beneficiário. O conceito de negócio fiduciário em sentido estrito foi desenvolvido pela jurisprudência alemã tendo sempre como pano de fundo a discussão em torno da hipotética dimensão externa do negócio fiduciário. Quando, nos finais do século XIX, o Supremo Tribunal Imperial[3567] reconheceu a necessidade de proteger essa posição, fê-lo no âmbito da situação clássica em que A transmite um bem para B para que o administre no interesse de A ou de outro sujeito por este indicado. Todas as situações que não pudessem ser encaixadas neste modelo foram liminarmente excluídas. Na prática, os tribunais fazem depender o reconhecimento da autonomização ou separação dos bens constituídos em fidúcia – ponto indispensável para a aplicação do disposto do § 771 da ZPO, que protege o beneficiário no caso de alienações indevidas, e do § 47 da InsO (antigo § 43 da KO), que permite a invocação de um direito no caso de o fiduciário entrar em insolvência – da verificação e preenchimento de todos os requisitos.

[3565] Grundmann, *Der Treuhandvertrag*, cit., 79-81; Rusch, *Gewinnhaftung*, cit., 154-156.
[3566] BGH 18-Dez.-2008, Atk. IX ZR 192/07, 7; BGH 12-Mai.-2011, Atk. IX ZR 133/10, 9; BGH 15-Dez.-2011, Atk. IX ZR 118/11, 17.
[3567] RG 23-Dez.-1899, 45 RGZ, 1900, 80-87.

§ 48.º DIMENSÃO INTERNA DO NEGÓCIO FIDUCIÁRIO *STRICTO SENSU*: NÚCLEO CARACTERIZADOR DA RELAÇÃO FIDUCIÁRIA

247. Enquadramento

I. A viragem histórica propagada por EMMERICH e, com maior preponderância, por BEYERLE veio alterar, por completo, o panorama fiduciário moderno. Desde os estudos de REGELSBERGER que a doutrina centrou todos os seus esforços na possibilidade de, à luz do sistema vigente, a posição jurídica do beneficiário ser acautelada tanto contra putativas alienações ilícitas dos bens constituídos em fidúcia, como no caso de o fiduciário entrar em insolvência.

Como a dimensão externa do negócio fiduciário consubstancia uma pequena parte de toda a problemática, o papel que lhe deve ser atribuído, no âmbito da conceptualização da fidúcia, terá, necessariamente, de ser correspondente[3568]. A excessiva valorização da dimensão externa tende a afastar-nos do núcleo caracterizador do negócio fiduciário, com a agravante de a sua análise se circunscrever, normalmente, às decorrências práticas e ao regime aplicável, alheando-se do impacto dos efeitos na construção do conceito de negócio fiduciário.

[3568] UWE BLAUROCK, *Unterbeteiligung und Treuhand an Gesellschaftsanteilen: Formen mittelbarer Teilhabe an Gesellschaftsverhältnissen*, Nomos, Baden-Baden, 1981, 243: a dimensão externa ocupa uma fração muito reduzida de toda a temática, pelo que a colocação do elemento nuclear da fidúcia nos hipotéticos efeitos produzidos para o exterior tende a desvirtuar a natureza jurídica da relação; LÖHNIG, *Treuhand*, cit., 115.

II. Apesar do enorme fascínio que acompanha a dimensão externa do negócio fiduciário, a proteção da posição do beneficiário é, antes de mais, um problema legislativo ou interpretativo e não dogmático, no sentido criativo ou numa aceção teórica e científica.

Assumida a orientação de que a posição jurídica do beneficiário é merecedora de proteção, só muito dificilmente não conseguirá o intérprete aplicador desenvolver uma solução consentânea, quer através de uma aplicação analógica, quer recorrendo aos mais basilares princípios formativos do sistema, *maxime* a boa-fé. Em última análise, sendo o sistema uma realidade aberta e mutável, o intérprete aplicador tem à sua disposição mecanismos concretos com vista à criação de "novo Direito", desde que, evidentemente, em consonância com o próprio sistema[3569]. Em termos práticos e não negando o sistema de forma direta essa possibilidade, não se vislumbra uma especial razão para não se admitir a proteção da posição do beneficiário.

Não nos parece, assim, que SIEBERT tenha razão quando afirma que a dimensão interna da relação fiduciária é um problema de menor complexidade[3570], pelo contrário.

Reconhece-se, porém, que a defesa de uma proteção que extravasa o campo obrigacional terá influência na natureza jurídica da posição do beneficiário. Contudo, o impacto não se estende à relação fiduciário/beneficiário. A dimensão interna é alheia à dimensão externa. Ou seja, os deveres assumidos pelo fiduciário e o tipo de atuação que lhe é exigido não estão dependentes dos contornos atribuídos à posição jurídica do beneficiário em face de terceiros externos à relação.

III. Quando utilizamos a expressão dimensão interna do negócio fiduciário, referimo-nos à relação que se estabelece entre as partes, em especial entre o fiduciário e o beneficiário. Sendo o fiduciário o sujeito ativo e o beneficiário o sujeito passivo, não é de estranhar que a pedra de toque da relação tenha vindo a ser colocada na posição assumida pelo primeiro. No fundo, as pretensões da Ciência Jurídica passam pela identificação do elemento caracterizador ou nuclear da posição jurídica do fiduciário: a obrigação que molda toda a sua atuação.

[3569] CLAUS-WILHELM CANARIS, *Pensamento sistemático e conceito de sistema na Ciência do Direito*, 2ª edição, de 1982, introdução e tradução de ANTÓNIO MENEZES CORDEIRO, Fundação Calouste Gulbenkian, Lisboa, 1996, 194-195.
[3570] *Treuhandverhältnis*, cit., 2.

IV. A atribuição de um papel secundário à dimensão interna traduziu-se num preenchimento lato do seu conteúdo. Sublinhe-se, como concluído no parágrafo anterior, que é precisamente no âmbito das obrigações assumidas pelo fiduciário que a *fiducia cum creditore* e a *fiducia cum amico* mais se afastam, o que tende a dificultar, se não mesmo a impossibilitar, um tratamento unitário da temática, focado no seu conteúdo substantivo obrigacional.

Ao retomar os cinco pilares de REGELSBEGER, verificámos que, numa aceção clássica, a dimensão interna está sujeita a uma diretriz basilar: o fiduciário apenas pode exercer os direitos que lhe foram transmitidos nos exatos termos acordados[3571]. É esta a conceção que, ainda hoje, merece o apoio maioritário, se não mesmo unânime, da doutrina nacional. PAIS DE VASCONCELOS afirma que a titularidade do fiduciário é uma titularidade funcional: o fiduciário não pode exercer essa titularidade "fora dos fins da fidúcia"[3572].

Não se nega a veracidade desta asserção. Mas cabe ponderar a sua relevância dogmática e o seu valor real.

V. O conteúdo da posição jurídica do fiduciário ganha clareza se circunscrevermos o conceito de negócio fiduciário *stricto sensu* à *fiducia cum amico*.

Nos Direitos anglo-saxónicos, o componente nuclear tem sido colocado no dever de lealdade, que se traduz numa obrigação de atuar no interesse, no melhor interesse ou em benefício do beneficiário[3573]. Este ponto surge em todas as receções do instituto fiduciário britânico – p. ex.: artigo 2.º da Convenção de Haia[3574] –, bem como em estudos uniformizadores – p. ex.: *Principles of European Trust Law*[3575].

A colocação do elemento chave da relação na prossecução do interesse do beneficiário está longe de representar uma excentricidade anglo-saxónica. Também no seio da Ciência Jurídica alemã, ordenamento jurídico continental em que o conceito de negócio fiduciário tem raízes mais fortes e consolidadas, o recurso ao conceito de interesse é bastante comum, não apenas na doutrina, como de seguida veremos, como na própria jurisprudência. Em 1912, o Tribunal Imperial (*Reichsgericht*) apresenta o negócio fiduciário como

---

[3571] Número 190.
[3572] *Teoria geral*, cit., 549.
[3573] Número 99/III.
[3574] *"[T]he term "trust" refers to the legal relationship created... for the benefit of a beneficiary"*.
[3575] I (1) *"In a trust, a person called the "trustee" owns assets... for the benefit of another person"*; V (2): *"The fundamental duty of a trustee is to... act in the best interests of the beneficiaries"*, cit., 13 e 17.

uma transmissão de um bem ou direito não para ser utilizado ou usufruído pelo atual proprietário, mas no interesse do transmitente[3576].

O conceito de interesse assume hoje, nos diversos sistemas continentais, um papel central no âmbito da temática fiduciária. A sua notável expansão é, todavia, contrariada por um conteúdo algo mutável e impreciso, fruto da ambiguidade do termo, por um lado, e por divergências no que respeita às relações abarcadas pelo conceito de negócio fiduciário, por outro.

A complexidade da questão impeliu-nos a dividir a problemática do interesse, também já abordada no parágrafo anterior – enquanto elemento central no afastamento das duas modalidades fiduciárias clássicas –, em três partes distintas: (1) a expansão do termo *per se*, i.e., qual o papel exato que o conceito de interesse assume, atualmente, no seio da doutrina fiduciária moderna; (2) o cabimento da sua utilização numa perspetiva sistemática interna, ou seja, se o conceito de interesse permite distinguir o negócio fiduciário *stricto sensu* de outros contratos e relações jurídicas; e (3) o conceito de "prossecução do interesse do beneficiário".

248. A difusão da conceptualização do negócio fiduciário por recurso à ideia da prossecução do interesse do beneficiário

I. A utilização da expressão interesse, no âmbito do negócio fiduciário, remonta, pelo menos, ao início do século passado. SCHULTZE inicia o seu célebre artigo por apresentar o fiduciário como um sujeito que, apesar de ser titular de um determinado direito, não o pode exercer com vista à prossecução dos seus interesses individuais. O jurista alemão acrescenta que, dos fiduciários, é esperada uma atuação altruísta e leal[3577].

O termo ganhou especial relevância com os estudos de SIEBERT. No primeiro parágrafo da sua obra, o autor escreve ser ponto assente, aceite tanto pela doutrina, como pela jurisprudência, que o fiduciário é titular de uma posição jurídica que não pode ser exercida no seu exclusivo interesse[3578].

[3576] RG 20-Mar.-1912, 79 RGZ, 1912, 121-123.

[3577] *Treuhänder*, cit., 1.

[3578] *Das rechtsgeschäftliche*, cit., 1: ao recorrer à expressão exclusividade, o autor está a ter em consideração as relações fiduciárias para garantia, onde não é apenas o interesse do beneficiário que é protegido ou prosseguido.

§ 48.º DIMENSÃO INTERNA DO NEGÓCIO FIDUCIÁRIO *STRICTO SENSU*

O conceito de interesse passa, então, definitivamente, a fazer parte do léxico jurídico fiduciário. Dentro da doutrina especializada, contam-se os nomes mais vanguardistas: COING – que caracteriza o fiduciário como um sujeito que se obriga a apenas exercer determinados direitos no interesse de terceiros[3579] –, GRUNDMANN – para quem toda a relação fiduciária gira em torno da assunção da obrigação de atuar sempre no interesse do beneficiário[3580] – ou LÖHNIG – que descreve o negócio fiduciário como uma relação jurídica em que um sujeito se substitui a outrem na prossecução dos seus interesses[3581] – entre muitos outros[3582]. Também a doutrina generalista[3583] e os grandes comentários ao BGB[3584] adotam construções assentes na prossecução do interesse de terceiros.

[3579] *Die Treuhand*, cit., 85.

[3580] *Der Treuhandvertrag*, cit., 539.

[3581] *Treuhand*, cit., 116.

[3582] KAUL, *Das fiduziarische*, cit., 38: o fiduciário exerce os direitos em seu nome, mas no interesse do beneficiário; HOLLENSTEINER, *Treuhandeigentum*, cit., 30; WALTER KIRSTEN e KURT MATHEJA, *Treuhand und Treuhänder im Steuerrecht: Steuerliche Treuhand, Treuhänderschaft und Organschaft*, 2ª edição, NWB, Herne/Berlim, 1978, 25: descrevem o negócio fiduciário como um mecanismo jurídico de proteção dos interesses de terceiros. O sujeito cujos interesses são protegidos é o beneficiário e o sujeito que os protege é o fiduciário; LIEBICH e MATHEWS, *Treuhand*, cit., 17: o termo é utilizado por duas vezes no primeiro parágrafo (com cinco linhas) na monografia. Os autores descrevem o fiduciário como alguém que prossegue não os seus interesses, mas os interesses de outrem ou um outro propósito; WOLFF, *Trust*, cit., 283: transcreve a passagem mais conhecida de SCHULTZE; WOLFGANG WIEGAND, *Treuhand und Vertrauen* in *Festschrift für Wolfgang Fikentscher*, coordenação de BERNHARD GROSSFELD, ROLF SACK, THOMAS M. J. MÖLLERS, JOSEF DREXL e ANDREAS HEINEMANN, Mohr Siebeck, Tübingen, 1998, 329-346, 330: transcreve a construção de COING.

[3583] LARENZ e WOLF, *Allgemeiner Teil*, cit., 845; WOLF e NEUNER, *Allgemeiner Teil*, cit., 452; FLUME, *Allgemeiner Teil*, Vol. II, cit., 406: os direitos são exercidos no interesse do beneficiário; REINHARD BORK, *Allgemeiner Teil des Bürgerlichen Gesetzbuchs*, 3ª edição, Mohr Siebeck, Tübingen, 2011, 517: o fiduciário serve, primariamente, os interesses do beneficiário.

[3584] GEORGE MAIER-REIMER, *Introdução ao § 164 do BGB* in *Erman Bürgerliches Gesetzbuch*, Vol. I: §§ 1-758, 13ª edição, coordenação de HARM PETER WESTERMANN, BARBARA GRUNEWALD e GEORGE MAIER-REIMER, Dr. Otto Schmidt, Colónia, 2011, 491-494, 492-493; BRIGITTE FRENSCH, *Anotação ao § 164 do BGB* in *BGB Kommentar*, coordenação de HANNS PRÜTTING, GERHARD WEGEN e GERD WEINREICH, 7ª edição, Luchterhand, Colónia, 2012, 220-235, 221--222; HEINRICH DÖRNER, *Introdução aos §§ 164-181* in *BGB Handkommentar (Reiner Schulze)*, 7ª edição, Nomos, Baden-Baden, 2012, 165-167, 166-167.

Já no que respeita à jurisprudência alemã e conquanto se possa falar de uma certa abertura ao conceito nas primeiras décadas do século passado[3585], o termo não parece ter vingado, não se tendo, inclusive, encontrado nenhuma decisão do BGH deste século que faça menção ao conceito, mesmo que de modo passageiro.

II. Em terras italianas, a subordinação do instituto fiduciário ao conceito de interesse chegou por influência germânica. A teoria de RUMPF, de seguida devidamente analisada, foi adotada por CARIOTA-FERRARA. Para o jurista italiano, a recondução do negócio fiduciário à ideia de prossecução de interesses de terceiros adapta-se, por inteiro, à *ratio* dos negócios fiduciários para administração[3586]. Contudo, terá sido GRASSETTI o primeiro autor a incorporar a ideia da prossecução do interesse no conceito de negócio fiduciário: "por negócio fiduciário entendemos uma manifestação de vontade através da qual se atribui a um sujeito a titularidade de um direito em nome próprio mas no interesse ou também no interesse do transmitente ou de um terceiro"[3587]. A doutrina moderna italiana mantém-se fiel a esta construção: o negócio fiduciário caracteriza-se por uma separação entre a titularidade do direito e os interesses prosseguidos. Embora o fiduciário seja o legítimo titular do direito, apenas o pode exercer no interesse de outrem[3588].

III. A Ciência Jurídica espanhola foi fortemente influenciada pelos estudos de CARIOTA-FERRARA e de GRASSETTI, não sendo, assim, de estranhar que a ideia de interesse seja empregue com enorme frequência. Veja-se o caso de MARTORELL que define o negócio fiduciário (dinâmico) como

---

[3585] BITTER, *Rechtsträgerschaft*, cit., 25-26.
[3586] *I negozi fiduciari*, cit., 7-8.
[3587] *Del negozio fiduciario*, cit., 363.
[3588] JANNUZZI, *Le società fiduciarie*, cit., 17-18: apesar de defender que o beneficiário tem ao seu dispôr mecanismos insuficientes para combater uma possível violação dessa obrigação, o autor atribui ao fiduciário a obrigação de atuar no interesse do beneficiário; MONTINARO, *Trust e negozio di destinazione*, cit., 163-164: o autor, que faz expressa referência a GRASSETTI, começa por sublinhar a dimensão negativa da posição, i.e., o fiduciário não pode prosseguir o seu próprio interesse; BALDINI, *Il mandato: profili operativi, inadempienze e risarcimento danni*, Halley, Matelica, 2006, 109-111: o exercício do direito está circunscrito à prossecução do interesse do beneficiário; CARINGELLA, *Studi di diritto civile*, Vol. II, cit., 326: a transmissão do direito teve como propósito a prossecução do interesse do sujeito indicado pelo fiduciante; MONTEFAMEGLIO, *La protezione dei patrimoni*, cit., 435: satisfação dos interesses de terceiros.

§ 48.º DIMENSÃO INTERNA DO NEGÓCIO FIDUCIÁRIO *STRICTO SENSU*

"aquele em que uma pessoa (fiduciário) recebe de outra (fiduciante), que nela confia, uma titularidade plena de um direito em nome próprio, comprometendo-se a apenas a utilizar para os precisos fins acordados, e no seu interesse, mas também no interesse do transmitente ou de um terceiro"[3589].

O interesse assumiu especial relevância junto da restante doutrina fiduciária clássica: Jordano Barea – também influenciado pela construção de Rumpf – recorre à dicotomia clássica da fidúcia egoísta e fidúcia altruísta[3590].

É partindo precisamente do pressuposto de que a posição jurídica ocupada deve ser sempre exercida no interesse do fiduciante ou de um terceiro sujeito por este indicado, que a jurisprudência espanhola moderna tem defendido que as partes não pretendem a transmissão de qualquer direito, pelo que reconduzem as relações ditas fiduciárias à figura do mandato[3591].

IV. A utilização do conceito de prossecução do interesse de terceiros, como forma de atribuir um conteúdo substantivo à posição jurídica do fiduciário, está longe de granjear um apoio significativo no seio da Ciência Jurídica nacional. Mesmo se tivermos em consideração a tendência para tratar a fidúcia de forma unitária, não pode deixar de ser notado um certo desacompanhamento relativamente aos avanços exteriores. De entre os autores clássicos, apenas Manuel de Andrade, que define o negócio fiduciário para administração como um negócio em que um sujeito se compromete a administrar ou a alienar os bens que lhe foram transmitidos em confiança no interesse do fiduciante, parece fazer uso do conceito[3592]. A restante doutrina pode ser dividida em dois grandes grupos: (1) autores que remetem toda a problemática para a figura do mandato, onde pontuam os nomes de Beleza

---

[3589] *La propiedad fiduciaria*, cit., 67-68.
[3590] *El negocio fiduciário*, cit., 18 ss..
[3591] Atente-se que os tribunais não consideram que as partes simulam a transmissão, ao contrário do que professa Castro y Bravo, como vimos no § 42.º. STS 7-Mai.-2007, proc. n.º STS 3240/2007: *"el fiduciario se compromete a tener la cosa en beneficio del fiduciante o de un tercero (beneficiario), de tal modo que no ostenta una titularidad real, pues no es auténtico dueño, sino que solo tiene una titularidad formal (en el sentido de aparente), caracterizándose precisamente la figura de que se trata por predominar el interés del fiduciante, lo que acentúa la nota de confianza"*; STS 29-Set.-2011, proc. n.º STS 6090/2011: predominância do interesse do fiduciante; STS 06-Out.-2012, proc. n.º STS 6198/2012: *"El dominio sigue perteneciendo al fiduciante en cuyo interés se configura el mecanismo jurídico"*.
[3592] *Teoria geral*, Vol. II, cit., 176. Pereira Coelho, *Obrigações*, cit., 91: segue de perto o seu Mestre.

DOS SANTOS[3593] ou de GALVÃO TELLES[3594], entre outros[3595]; e (2) autores que apresentam o fiduciário como um sujeito que se compromete a administrar os bens que lhe foram transmitidos, sem ser dado especial ênfase ao modo como essa gestão deva ser desempenhada, posição assumida por PESSOA JORGE[3596] ou por OLIVEIRA ASCENSÃO[3597]. Repare-se que, neste ponto, estamos apenas interessados em analisar, por um lado, a propagação da expressão interesse junto da Ciência Jurídica nacional e, por outro, que termos têm sido empregues em sua substituição.

O panorama fiduciário moderno não sofreu particulares alterações neste ponto. As três opções expositivo-dogmáticas mantêm a nossa doutrina dividida. Entre a doutrina do interesse, destacam-se MENEZES CORDEIRO, PAIS DE VASCONCELOS, PESTANA DE VASCONCELOS e, mais recentemente, ANDRÉ FIGUEIREDO.

MENEZES CORDEIRO, que segue uma construção muito própria, por recurso ao conceito de modo *fiduciae*, caracteriza o negócio fiduciário como um contrato tipo ao qual foi adjunta uma cláusula que, para além de circunscrever os poderes que o atual titular do direito pode, efetivamente, fazer uso, o obriga a atuar no interesse da contraparte ou de um terceiro por este indicado[3598]. Relembre-se, ainda, que MENEZES CORDEIRO transcreve a construção de COING[3599].

PAIS DE VASCONCELOS afirma que "[n]a *fiducia cum amico*, o fiduciante investe o fiduciário na titularidade de um ou mais bens ou direitos, para que os mantenha, administre ou frutifique no interesse do beneficiário"[3600].

PESTANA DE VASCONCELOS leva a cabo uma análise mais profunda, com forte apoio comparatístico, tanto alemão, como anglo-saxónico, atribuindo

---

[3593] *A simulação*, Vol. I, cit., 114: por referência ao endosso para cobrança.

[3594] *Manual*, cit., 190-192.

[3595] GONSALVES DIAS, *Da letra e da livrança*, Vol. V, cit., 43: também no âmbito do endosso para cobrança; ou CASTRO MENDES, *Teoria geral*, Vol. II, cit., 238.

[3596] *Mandato*, cit., 324, apesar de afirmar que o propósito da *fiducia cum amico* pode ser alcançado por recurso ao mandato sem representação, não reconduz, em nenhum momento, a fidúcia ao mandato ou vice versa; e *Lições*, cit., 450.

[3597] *Teoria geral*, Vol. III, 309.

[3598] *Tratado*, II/II, cit., 259.

[3599] *Tratado*, II/II, cit., 269.

[3600] *Teoria geral*, cit., 550. Com idêntica formulação, vide *Contratos atípicos*, cit., 260: o direito é transmitido "para que o fiduciário o guarde e administre, no interesse do fiduciante ou de terceiro".

ao dever de lealdade um papel nuclear na conceptualização fiduciária[3601]. O jurista identifica as duas grandes manifestações desta obrigação de "atuar no interesse do beneficiário": (1) o fiduciário deve abster-se de retirar qualquer proveito individual; e (2) a sua administração deve ter sempre como fim último a proteção e salvaguarda dos bens que lhe foram confiados[3602].

Finalmente, ANDRÉ FIGUEIREDO defende que a posição jurídica do fiduciário encontra-se "funcionalmente limitada à prossecução de um *interesse do fiduciante*"[3603].

Curiosamente, são poucos os autores que acompanham esta interpretação do negócio fiduciário[3604]; a maioria da doutrina continua a recorrer ao mandato ou à administração para explicitar o conteúdo da posição do fiduciário no âmbito da *fiducia cum amico*[3605].

O termo interesse tem vindo a ganhar apoiantes na nossa jurisprudência, muito por influência de MANUEL DE ANDRADE e de PAIS DE VASCONCELOS[3606].

249. A sistematização da teoria do interesse

I. Tradicionalmente, os conceitos de interesse e de prossecução de interesse são analisados numa perspetiva autónoma, ou seja, o que se entende por interesse do beneficiário e que tipo de obrigações é imposto ao fiduciário, como forma de assegurar a sua efetiva prossecução. Em 1921, RUMPF propõe uma abordagem diferente. Partindo da dicotomia "interesses em

---

[3601] *A cessão de créditos*, cit., 142 ss..
[3602] Cit., 146.
[3603] *O negócio fiduciário*, cit., 85.
[3604] REMÉDIO MARQUES, *Locação Financeira Restitutiva*, cit., 593; MARIA JOÃO VAZ TOMÉ, *Sobre o contrato de mandato sem representação e o trust*, 67 ROA, 2007, 1091-1161, 1135.
[3605] CARVALHO FERNANDES, *Teoria geral*, Vol. II, cit., 348; ANDRADE DE MATOS, *O pacto comissório*, cit., 179; MORAIS ANTUNES, *Do contrato de depósito escrow*, cit., 283; RAMOS ALVES, *Do penhor*, cit., 307.
[3606] RPt 21-Set.-2002 (JOÃO VAZ), proc. n.º 0230148: transcrevendo parte da tese de doutoramento de PAIS DE VASCONCELOS; REv 15-Dez.-2009 (FERNANDO BENTO), proc. n.º 283/2002. El: faz expressa referência a MANUEL DE ANDRADE e a PAIS DE VASCONCELOS; STJ 16-Mar.-2011 (LOPES DO REGO), proc. n.º 279/2002.E1.S1: atente-se que a expressão é empregue no âmbito de um litígio que envolva uma suposta alienação fiduciária em garantia, o que não deixa de causar algumas dúvidas; "venda ou alienação fiduciária de imóveis – estabelecida com o fito essencial de protecção dos interesses do devedor/vendedor".

jogo" e "sujeito que os prossegue", RUMPF considera que as relações jurídicas podem ser agrupadas em quatro grandes categorias[3607]: (1) contraposição de interesses: cada uma das partes intervenientes prossegue os seus interesses individuais (contrato de compra e venda, permuta e maioria dos contratos de crédito e de garantia); (2) fusão de interesses: as partes prosseguem interesses conjuntos (contrato de sociedade); (3) coordenação de interesses: categoria algo imprecisa, funcionalmente situada entre a contraposição de interesses e a fusão de interesses; e (4) representação de interesses: a prossecução do interesse é assumida por um sujeito que não o próprio beneficiário (depósito, mandato, negócios fiduciários).

RUMPF considera que nem todos os negócios fiduciários podem ser incluídos no último grupo. Como exemplo paradigmático de uma modalidade de negócio fiduciário não compreendida na categoria da representação de interesses, o autor aponta a dos negócios fiduciários para garantia: ao assumir a posição de fiduciário, o mutuante tem também como objetivo acautelar os seus interesses individuais[3608]. O direito transmitido tem como propósito último reforçar a sua posição jurídica contra eventuais incumprimentos. Esta ideia vem reforçar a necessidade de um tratamento autónomo e diferenciado para cada uma das modalidades fiduciárias clássicas.

Os estudos de RUMPF foram particularmente bem acolhidos pela Ciência Jurídica latina. Tanto em Itália[3609], como em Espanha[3610], alguns dos autores mais influentes iniciaram a sua aventura fiduciária partindo dos pressupostos apresentados pelo jurista alemão.

II. A recondução ao conceito de interesses prosseguidos, como forma de sistematizar as relações jurídicas, foi desenvolvida por WÜRDINGER, que reduz as quatro categorias de RUMPF a três tipos distintos de contratos[3611]: (1) contraposição de interesses (*Interessengegensatz*); (2) comunhão de interesses (*Interessengemeinschaft*); e (3) proteção de interesses (*Interessenwahrung*). Esta

---

[3607] MAX RUMPF, *Wirtschaftsrechtliche Vertrauensgeschäfte*, 119 AcP, 1921, 1-156, 53 ss..
[3608] RUMPF, *Wirtschaftsrechtliche Vertrauengeschäfte*, cit., 134.
[3609] CARIOTA-FERRARA, *I negozi fiduciari*, cit., 1-9.
[3610] JORDANO BAREA, *El negocio fiduciario*, cit., 13-18.
[3611] HANS WÜRDINGER, *Gesellschaften*, Vol. I: *Recht der Personalgesellschaften*, Hanseatische, Hamburgo, 1937, 9-12.

separação, embora por vezes recorrendo a terminologia própria, foi seguida pela esmagadora maioria da doutrina que acolheu tal tipo de abordagem[3612].

Na primeira categoria, da qual fazem parte os contratos de compra e venda ou de locação, cada uma das partes prossegue interesses individuais. O equilíbrio dos interesses em jogo é determinado pelo poder negocial dos diversos intervenientes e pelo próprio sistema. A prossecução dos interesses individuais está sujeita a limites e a princípios. Pense-se nos deveres pré-contratuais e na incontornável *culpa in contrahendo*.

A modalidade da comunhão de interesses tem como relação paradigmática o contrato de sociedade. A conjugação de esforços e de dinheiro permite uma prossecução mais efetiva dos interesses partilhados. Muitas vezes, os sujeitos recorrem a terceiros – administradores ou gestores – que se obrigam a prosseguir os interesses acordados.

A última modalidade, denominada por Rumpf de representação de interesses, engloba todas as relações em que os interesses de um sujeito são prosseguidos não pelo próprio, mas por um terceiro. A representação e a fidúcia são os seus exemplos mais perfeitos.

Conquanto as teorias sistematizadoras do interesse nos forneçam importantes elementos substantivos e fortaleçam a tese diferenciadora das várias modalidades fiduciárias, só por si, são insuficientes. Dentro da última categoria – representação de interesses –, cabem negócios tão distintos como o mandato, o depósito ou a fidúcia.

250. As teorias expansionistas de Beyerle, de Grundmann e de Löhing

I. Beyerle assume uma posição muito próxima da de Rumpf. Não é, porém, claro que tenha havido qualquer forma de influência. Beyerle agrupa as relações jurídicas em três grandes categorias: 1) relações sinalagmáticas: caracterizadas por um equilíbrio dos diferentes interesses em questão; (2) relações de compropriedade: já não é o interesse individual que é

[3612] Fritz Rittner, *Die Ausschließlichkeitsbindung in dogmatischer und rechtspolitischer Betrachtung*, Handelsblatt, Düsseldorf, 1957, 112; Günther Köpcke, *Typen der positiven Vertragsverletzung*, W. Kohlhammer, Estugarda, 1965, 67-68; Harmut Oetker, *Das Dauerschuldverhältnis und seine Beendigung: Bestandsaufnahme und kritische Würdigung einer tradierten Figur der Schuldrechtdogmatik*, Mohr Siebeck, Tübingen, 1994, 233-241; Marc-Philippe Weller, *Die Vertragstreue: Vertragsbindung – Naturalerfüllungsgrundsatz – Leistungstreue*, Mohr Siebeck, Tübingen, 2009, 197-201.

prosseguido, mas o interesse de um grupo de sujeitos ou de uma comunidade; e (3) relações fiduciárias: distinguem-se das restantes pelo facto de o interesse de um determinado sujeito não ser prosseguido ou acautelado por si próprio, individual ou conjuntamente, mas por um terceiro[3613]. Para BEYERLE, a posição jurídica do fiduciário caracteriza-se, assim, pela assunção da obrigação de atuar no interesse de um terceiro sujeito, o que remete o núcleo do negócio fiduciário para o quadro jurídico do Direito das obrigações. O jurista alemão recorre ao termo gestor para melhor caracterizar a posição do fiduciário[3614].

Não foram apenas os aspetos substantivos que fizeram a tese de BEYERLE evidenciar-se no meio do panorama fiduciário de então. Também no que respeita ao método expositivo adotado, a sua explanação afastava-se das demais. Ao contrário do que se verifica para os restantes autores da sua época, BEYERLE vai buscar o seu suporte histórico e, consequentemente, dogmático ao Direito medieval germânico e não ao Direito romano[3615]. Também a sua análise do Direito vigente não segue as linhas tradicionais. Ao contrário do verificado na maioria das obras, a distinção dos negócios fiduciários dos negócios simulados não ocupa um lugar de destaque.

II. A construção de BEYERLE foi criticada por parte da doutrina especializada, não tanto pela heterodoxia do método ou do fundamento histórico, embora esse facto também tenha, com certeza, contribuído, mas pelo conteúdo *per se*. HÖNSCH, na sua monografia dedicada ao mandato sem representação e ao negócio fiduciário, considera que não é possível, partindo da construção de BEYERLE, distinguir as duas figuras[3616]. SIEBERT segue uma linha de raciocínio idêntica: a assunção da obrigação de atuar no interesse de outrem é uma característica comum a uma série de relações jurídicas, reconduzíveis, em última análise, à figura do mandatário, como o caso do representante, comissário, corretor, entre muitos outros[3617]. Ora, conclui, a colocação do elemento chave na relação interna não permite diferenciar o negócio fiduciário da mais comum prestação de serviço. Embora atribua à

[3613] Cit., 16 ss..
[3614] Cit., 22-23.
[3615] Quanto à inserção de BEYERLE no movimento fiduciário germânico, vide OTTEN, *Die Entwicklung der Treuhand im 19. Jahrhundert*, cit., 74-75.
[3616] *Mittelbare Stellvertretung*, cit., 12-13.
[3617] *Treuhandverhältnis*, cit., 24-25.

dimensão interna da relação fiduciária um importante papel regulatório, a distinção do instituto fiduciário terá sempre de ser feita por recurso à sua dimensão externa, i.e., aos direitos dos beneficiários nos bens constituídos em fidúcia[3618].

III. Ao longo de quase todo o século XX, BEYERLE manteve-se isolado. A sua tese expansionista, focada exclusivamente na prossecução do interesse, não mereceu a aceitação da Ciência Jurídica.

O panorama mudou radicalmente na viragem para o século XXI. Nas duas mais relevantes monografias fiduciárias das últimas duas décadas, os seus autores – GRUNDMANN (1997) e LÖHNIG (2006) – aprofundaram a tese de BEYERLE, atribuindo-lhe uma sistematização, concretização e mesmo expansão que não se encontram no texto do germanista.

IV. GRUNDMANN inicia a sua exposição em termos idênticos aos seguidos pelos críticos que o antecederam[3619]: a construção do conceito de negócio fiduciário deve ter como sustentáculo dogmático as obrigações assumidas pelo fiduciário e não as consequências externas dessa assunção[3620]. O autor considera que o apego excessivo, bastante característico da jurisprudência alemã, à dimensão externa do negócio fiduciário tende a desvirtuar a relação. GRUNDMANN alega que a colocação do elemento chave na dimensão externa, em desfavor da obrigação assumida pelo fiduciário de atuar no interesse de outrem, traduz-se num esvaziamento do instituto fiduciário, que passa a assumir proporções que o aproximam de um simples mecanismo de proteção, desenvolvido com o exclusivo intuito de acautelar a posição jurídica do beneficiário no caso de o fiduciário entrar em insolvência ou de alienar, ilicitamente, os bens que lhe foram confiados[3621].

Às desvantagens conceptuais, GRUNDMANN acrescenta um grande inconveniente institucional. Como sumariamente analisado no parágrafo anterior, a jurisprudência alemã tende a circunscrever o conceito de negócio fiduciário, em sentido estrito, às transmissões diretas e imediatas de direitos. Ora, esta solução, que GRUNDMANN apresenta como uma decorrência direta da preponderância da dimensão externa, resulta num afastamento formal e

---

[3618] Cit., 25.
[3619] *Der Treuhandvertrag*, cit., 79 ss..
[3620] Cit., 79.
[3621] Cit., 80-81.

desnecessário de situações em tudo idênticas, que têm como elemento distintivo o grau de proteção que é concedido ao beneficiário e não a natureza da relação (interna) *per se*[3622].

Nas breves linhas dedicadas às razões que levaram ao panorama fiduciário atual, GRUNDMANN considera que a solução tradicional resulta de um excessivo apegamento às raízes históricas pandectísticas do negócio fiduciário, que hoje não tem razão de ser[3623].

Chegado a este ponto, GRUNDMANN lança-se na busca pela essência do instituto fiduciário. Como ponto de partida, o jurista assume que o negócio fiduciário é um contrato e, sendo um contrato, é natural que o seu elemento caracterizador se localize no seio da relação e não nos hipotéticos efeitos externos que lhe são reconhecidos[3624]. Seguindo um raciocínio bastante lógico, GRUNDMANN avança que, dentro da relação interna, é na obrigação ou obrigações características que deve procurar-se o núcleo. Pense-se na compra e venda, exemplo avançado pelo próprio: o que caracteriza este tipo de contrato é a entrega de um bem e a entrega da contraprestação correspondente[3625]. Claramente influenciado pela doutrina anglo-saxónica, GRUNDMANN defende que a obrigação característica da relação fiduciária é a assunção, por parte do fiduciário, de que irá proteger o interesse do beneficiário no âmbito de uma específica posição ou função ocupada[3626]. Como analisámos no parágrafo dedicado ao estudo dos bens passíveis de serem constituídos em fidúcia[3627], GRUNDMANN não vislumbra qualquer razão para circunscrever o conceito de negócio fiduciário a relações que tenham na sua origem a titularidade de um direito, sendo suficiente que a obrigação assumida tenha como objeto os interesses patrimoniais de um terceiro[3628].

V. LÖHNIG apresenta as linhas mestras da sua construção fiduciária no § 7 da sua tese de habilitação[3629].

[3622] Cit., 82-83.
[3623] Cit., 88.
[3624] Cit., 88.
[3625] Cit., 92.
[3626] Cit., 92-93.
[3627] § 46.º.
[3628] Cit., 99.
[3629] *Treuhand*, cit., 115-134.

§ 48.º DIMENSÃO INTERNA DO NEGÓCIO FIDUCIÁRIO *STRICTO SENSU*

Seguindo a linha de raciocínio de EMMERICH, de BEYERLE e de GRUNDMANN, LÖHNIG inicia a sua exposição por esclarecer que é na dimensão interna do negócio fiduciário – em relação à qual tantos os seus efeitos externos, como a vontade e a atuação de terceiros são irrelevantes – que se deve procurar o elemento caracterizador do instituto[3630]. Embora partindo do mesmo critério – prossecução do interesse de terceiros –, LÖHNIG leva a teoria a um novo patamar. Discorda de BEYERLE por considerar que o germanista circunscreve a fidúcia ao campo dos negócios, deixando de fora quer relações que não pressuponham uma manifestação de vontade, no fundo, relações fiduciárias determinadas por lei, quer relações que não possam ser reconduzíveis ao conceito de negócio, como o caso paradigmático das relações pais/filhos[3631]. Também discorda de GRUNDMANN por não vislumbrar qualquer razão para se restringirem os interesses prosseguidos ao campo patrimonial[3632].

Para LÖHNIG, o conceito de negócio fiduciário abarca todas as relações jurídicas em que a prossecução de um determinado interesse seja assumida não pelo sujeito diretamente interessado, mas por um terceiro. O fiduciário substitui-se ao beneficiário na prossecução dos seus interesses individuais[3633].

Acompanhando as pegadas de GRUNDMANN, LÖHNIG defende que o conceito de negócio fiduciário não pressupõe a titularidade de um direito, mas, meramente, um poder de interferir na esfera de interesses do beneficiário[3634]. O jurista alemão reduz a sua construção a dois elementos: (1) um poder-dever que permite, ao seu titular, intervir ou interferir na esfera de interesses de um sujeito; e (2) uma fonte atributiva dessa titularidade[3635]. Esta conceção leva LÖHNIG a incluir, no leque de relações fiduciárias, um conjunto vastíssimo de posições: relação parental; tutela; curatela; administrador de insolvência; testamenteiro; comissário; agente; concessionário; franqueado; bancos para com os titulares de contas; corretores; ou empresas de investimento para com os investidores[3636]. Em suma, todos os sujeitos

---

[3630] Cit., 115.
[3631] Cit., 116.
[3632] Cit., 119.
[3633] Cit., 116.
[3634] Cit., 118.
[3635] Cit., 118-119.
[3636] Cit., 119.

a quem sejam atribuídos, contratual ou legalmente, poderes para atuar no interesse de outros sujeitos.

A tese de Löhnig pode ser resumida à ideia da substituição: todas as relações jurídicas em que um sujeito se substitui a outrem, na prossecução dos seus interesses individuais, devem ser definidas como fiduciárias.

251. O desvirtuamento operado pelas teses expansionistas e os conceitos de negócio fiduciário e de negócio de confiança

I. Quando, em 1930, Emmerich avançou a sua conceção fiduciária focada na dimensão interna da relação, parte importante da doutrina alemã reagiu vivamente. Friedmann chegou mesmo a escrever que Emmerich tinha declarado guerra à fidúcia[3637]. Ao apresentar a prossecução de interesses de terceiros como o elemento caracterizador do negócio fiduciário, Emmerich quebrou as barreiras clássicas da fidúcia: a classificação de uma relação como fiduciária não está dependente da transmissão de um direito: basta que um determinado sujeito se comprometa a prosseguir os interesses de outrem.

A tese de Emmerich veio a ser ampliada, sucessivamente, por Beyerle, por Grundmann e por Löhnig. Todos os quatro autores tendem a valorizar o critério da prossecução do interesse, em desfavor do da titularidade do direito. No limite, como assume Löhnig, apenas a obrigação de prosseguir os interesses de terceiros deve ser relevada para efeitos de conceptualização. Esta solução é, no mínimo, revolucionária: choca com a tradição romanística arcaica, que está na origem do instituto; está em dissonância com a realidade comparatística – atente-se no *trust* anglo-saxónico; e é posta em causa pelo apoio esmagador que a construção clássica, assente na titularidade de um direito, merece nos quatro cantos da Europa continental.

Uma mudança tão radical apenas poderia ser apoiada se fossem apresentadas razões muito fortes. Afastadas justificações de índole histórica e comparatística, restam-nos justificações práticas. Ora, parece ser precisamente esse o ponto relevado por Löhnig, quando afirma que uma visão lata do conceito permite reunir um número maior de elementos com vista à resolução de problemas mais complexos[3638]. No fundo, partindo de um núcleo comum,

---

[3637] Alfred Friedmann, *Empfiehlt sich eine gesetzliche Regelung des Treuhandverhältnisses?*, 36 DJT, 1930, 805-1140, 880: "*Emmerich hat der Fiducia den Krieg erklärt*".
[3638] Cit., 119.

para o qual contribuiriam todas as diferentes relações, seria mais fácil, ao intérprete, aplicar a necessária e devida Justiça.

II. Ao contrário do que invoca Löhnig, não nos parece que um conceito que abarque relações tão díspares como o poder paternal e a franquia tenha qualquer relevância prática na resolução de litígios reais. Acresce que o poder paternal, sendo funcional, pressupõe que o seu exercício seja desenvolvido tanto no interesse dos filhos, como no dos pais[3639]. Mas mesmo se circunscrevermos a nossa análise a relações ditas patrimoniais, as vantagens de uma conceptualização unitária não são facilmente percetíveis.

Repare-se que uma visão autónoma não é, do ponto de vista concreto, limitadora. O intérprete aplicador tem ao seu dispor mecanismos jurídicos bastante sofisticados e adaptáveis às suas necessidades. Pensamos, em especial, na analogia. O regime do mandato pode sempre ser aplicado subsidiariamente para resolver situações lacunares que envolvam prestações de serviço, assim como o regime do contrato de agência poderá ser invocado para os mais específicos contratos de distribuição[3640].

Não se vislumbrando qualquer vantagem prática, resta-nos o hipotético, e sempre discutível, benefício dogmático e teórico.

III. Como já anteriormente defendemos, os avanços da Ciência Jurídica têm sempre sido feitos através de um movimento de circunscrição conceptual. Ora, os autores expansionistas propõem uma solução totalmente contrária. Sob o conceito de negócio fiduciário, pretendem incluir um conjunto de relações que, para além de não terem, necessariamente, uma origem comum, foram percorrendo um caminho autónomo ao longo da História. Tendo o contrato de agência um regime próprio, porquê apresentá-lo como um negócio fiduciário? O mesmo se aplica a todas as restantes relações. A adoção de semelhante construção representa um retrocesso científico e não um avanço, devendo, por isso, ser combatida.

Em todas as relações apontadas por Löhnig, existe, de facto, uma certa proximidade: o sujeito passivo obriga-se a atuar, no âmbito da posição jurídica ocupada, no interesse ou também no interesse de terceiros. Todavia, o negócio fiduciário afasta-se de todas as restantes, visto assentar numa separação entre a titularidade do direito e os benefícios que lhe são associadas.

[3639] Menezes Cordeiro, *Tratado*, I/I, cit., 350.
[3640] Menezes Cordeiro, *Direito comercial*, cit., 747.

Ou seja, apesar de o beneficiário não deter, sobre os bens constituídos em fidúcia, um direito direto, toda a atuação do seu legítimo titular tem como objetivo último o seu interesse individual. Em todas as restantes relações, o sujeito ativo, embora atue no interesse do sujeito passivo, fá-lo, também, em seu nome e não em nome próprio.

Assim, parece-nos de manter a definição apresentada no § 41.º, com uma ligeira alteração: o negócio fiduciário é um negócio autónomo, completo e atípico que se caracteriza pela assunção da obrigação, por parte do titular de um direito, de atuar, no âmbito dessa posição jurídica, nos exatos termos acordados e no interesse de um sujeito identificado.

IV. Uma última palavra deve ser dita no que respeita ao conceito de negócio de confiança[3641]. A influência anglo-saxónica é, neste campo, indesmentível. O conceito de negócios de confiança corresponde à categoria *fiduciary relationship*. Conquanto seja defensável, em termos puramente abstratos, a adoção do conceito da *Common Law*, temos sérias dúvidas sobre a sua utilidade dogmática e prática. O que não significa que não possa ser utilizado com propósitos expositivos ou pedagógicos.

Todas as relações incluídas no conceito de *fiduciary relationships* têm em comum uma forte ligação ao *trust*, quer diretamente, como o caso do administrador, inicialmente definido como *trustee*, quer indiretamente. A dimensão interna do *trust* foi absorvida e adaptada por todas as relações ditas fiduciárias[3642]. Ora, esta ligação histórica e dogmática não encontra correspondência no Mundo jurídico civil. Quando muito, poder-se-ia atribuir esse papel ao mandatário, mas nunca ao fiduciário.

Já no que respeita ao interesse prático da definição, parece-nos, como acima defendido, de duvidosa utilidade. A aplicação subsidiária e analógica permite responder a qualquer lacuna sem, com isso, desvirtuar conceitos perfeitamente dominados e preenchidos.

252. O conceito da "prossecução dos interesses do beneficiário"

I. O conceito de interesse assume múltiplos significados. Uma leitura da respetiva entrada no Dicionário da Academia de Ciências permite-nos ter

---

[3641] CARNEIRO DA FRADA, *Teoria da confiança*, cit., 544-559.
[3642] § 21.º.

uma ideia dos infindáveis contextos em que pode ser utilizado[3643]. A transversalidade do conceito é, também ela, característica do Mundo jurídico e da sua linguagem. Um levantamento exaustivo – histórico: evolução do conceito desde o Direito romano; analítico: preceitos do Código Civil em que surge; e dogmático: conceito jurídico *per se* – foi já feito pelo Professor PAULO MOTA PINTO, na sua monumental tese de doutoramento[3644], pelo que não nos parece nem útil nem exigível repeti-lo.

Os diferentes contextos jurídicos em que o conceito de interesse pode ser utilizado traduzem-se na necessidade de compartimentar as suas diversas aceções, sob pena de as soluções preconizadas não terem qualquer relevância científica e prática. Aquando do seu preenchimento, o intérprete deverá ter em consideração as exatas circunstâncias em que a expressão é empregue[3645].

II. A obrigação de atuar no interesse do beneficiário leva-nos para a discussão clássica que opõe as aceções de interesse subjetivo e de interesse objetivo. O primeiro "traduz uma relação de apetência entre o sujeito considerado e as realidades que ele considera aptas para satisfazer as suas necessi-

---

[3643] Vol. II, cit., 2135.
[3644] *Interesse contratual negativo e interesse contratual positivo*, em dois volumes, Coimbra, Coimbra, 2008. Vejam-se, em especial, as páginas 81 ss. e 481 ss., com amplíssima bibliografia. Vide, ainda, os estudos de PEDRO DE ALBUQUERQUE, *Direito de preferência dos sócios em aumento de capital nas sociedades anónimas e por quotas*, Almedina, Coimbra, 1993, 313 ss.. Com um simples intuito atualizador, refiram-se algumas das mais relevantes obras que foram publicadas após Janeiro de 2007, data em que PAULO MOTA PINTO terminou a sua tese de doutoramento (vide indicações prévias no Vol. I). Direito romano: CHRISTIAN SCHIEDER, *Interesse und Sachwert zur Konkurrenz zweier Grundbegriffe des römischen Rechts*, Wallstein, Göttingen, 2011. Direito atual: DOMENICO RUBINO, *Interesse e rapporti giuridici*, Edizioni scientifiche italiane, Nápoles e Roma, 2009: com mais de 1000 páginas; e, entre nós, o interessante artigo de PEDRO MÚRIAS, *O que é o interesse no sentido que geralmente interessa aos juristas?* in *Estudos em memória do Prof. J. L. Saldanha Sanches*, Vol. II: *Direito privado, processual e criminal*, Coimbra, Coimbra, 2011, 829-857. No âmbito do recentemente impulsionado estudo do Direito dos seguros, o tema foi abordado por MARGARIDA LIMA REGO, *Contrato de seguro e terceiros: estudos de Direito civil*, Coimbra, Coimbra, 2010, 172 ss.; JOSÉ VASQUES, *Anotação ao artigo 43.º*, in PEDRO ROMANO MARTINEZ e outros, *Lei do contrato de seguro anotada*, 2ª edição, Almedina, Coimbra, 2011, 241-245 e ANTÓNIO MENEZES CORDEIRO, *Direito dos seguros*, Almedina, Coimbra, 2013, 492 ss..
[3645] MOTA PINTO, *Interesse*, Vol. I, 500.

dades ou os seus desejos" e o segundo "traduz a relação entre o sujeito com necessidades e os bens aptos a satisfazê-las"[3646].

Esta discussão é, na nossa opinião, infrutífera. O debate abstrato em torno da atuação do fiduciário, i.e., se este deve ter em consideração os desejos individuais do beneficiário ou apenas as suas necessidades objetivas, chega, invariavelmente, a um impasse. Apenas em concreto será possível averiguar se o fiduciário violou, efetivamente, a obrigação de prosseguir o interesse do terceiro. Esta realidade, que não nos parece contornável, leva-nos a colocar uma dúvida nuclear: qual a validade de atribuir ao conceito "prossecução do interesse do beneficiário" um conteúdo substantivo[3647]?

A atribuição de um conteúdo formal – por oposição às conceções subjetivistas e objetivistas – ao conceito de interesse é hoje assumida pela nossa doutrina de ponta. Mota Pinto afirma que o conceito de interesse, no âmbito da responsabilidade civil, pode ser definido como "a situação em que estaria o lesado se não fosse o evento lesivo"[3648]. Já para Menezes Cordeiro, será "a realidade apta a satisfazer desejos ou necessidades e que, sendo protegida pelo Direito, dá lugar, quando desrespeitada, a um dano"[3649].

III. O conceito de "prossecução dos interesses do beneficiário" deve, assim, ser preenchido à luz destes três critérios: (1) contexto jurídico em que se insere; (2) focado nas obrigações assumidas pelo fiduciário; e (3) despojado de qualquer elemento subjetivo apriorístico.

O primeiro critério é, quase na sua totalidade, absorvido pelo segundo. O contexto é um reflexo das obrigações assumidas pelo fiduciário: este compromete-se a apenas prosseguir o interesse do beneficiário da relação, ou

---

[3646] Menezes Cordeiro, *A responsabilidade civil*, cit., 516-517. Estas construções são apresentadas como ponto de partida para todos os estudos destas matéria, cfr.; Castro Mendes, *Teoria geral*, Vol. I, cit., 324; Orlando de Carvalho, *Critério e estrutura do estabelecimento comercial*, Vol. I: *O problema da empresa como objecto de negócios*, Coimbra, 1967, 11, nota 4; António Santos Justo, *Introdução ao estudo do Direito*, 5ª edição, Coimbra, Coimbra, 2011, 61; Mota Pinto, *Interesse*, Vol. I, 496-498; Lima Rego, *Contrato de Seguro*, cit., 185-191; Pedro Múrias, *O que é um Interesse*, cit., 836.

[3647] Ana Perestrelo de Oliveira, *Grupos de sociedades e deveres de lealdade: por um critério unitário da solução do "conflito do grupo"*, Almedina, Coimbra, 2012, 223: a autora mostra-se muito crítica quanto à operatividade efetiva do conceito.

[3648] *Interesse*, Vol. I, cit., 846.

[3649] *Tratado*, VI, cit., 311-312: elenca três tipos de preenchimentos distintos: (1) interesse subjetivo; (2) interesse objetivo; e (3) interesse em sentido técnico, cuja definição foi acima transcrita.

seja, o exercício dos direitos constituídos em fidúcia está sempre sujeito à obrigação assumida de atuar no interesse do beneficiário. O paralelismo com a figura do administrador é evidente. Na sua anotação ao complexo artigo 64.º CSC, MENEZES CORDEIRO apresenta o conceito de interesse "como exprimindo um círculo de valores protegidos por determinada norma ou conjunto de normas"[3650].

Ora, a avaliação jurisdicional do cumprimento da prossecução ou não prossecução dos interesses do beneficiário deve ser feita numa perspetiva concretizadora, focada nas obrigações que moldam o conteúdo da posição jurídica, *maxime*, o dever de lealdade. Em termos simplificadores, mas nem por isso imprecisos, o fiduciário prossegue o interesse do beneficiário ("círculo de valores") se da sua atuação não resultar qualquer violação do dever de lealdade e dos deveres de cuidado ("conjunto de normas").

Levando este raciocínio até ao fim, podemos apresentar o conceito de interesse, neste contexto – prossecução de interesse –, como exprimindo o conjunto de obrigações que, em concreto, adstringem o fiduciário. A ideia de círculo de valores, que corresponde à posição do beneficiário, é absorvida pela expressão "em concreto".

[3650] *Anotação ao artigo 64.º do CSC* in *Código das Sociedades Comerciais anotado*, coordenação de ANTÓNIO MENEZES CORDEIRO, 2ª edição, Coimbra, Almedina, 2011, 250-255, 253.

§ 49.º TIPOS DE NEGÓCIOS FIDUCIÁRIOS *STRICTO SENSU*

253. Versatilidade do negócio fiduciário e modalidades quanto à constituição

I. "Dentro dos limites da lei, as partes têm a faculdade de fixar livremente o conteúdo dos contratos" (405.º). O princípio da liberdade contratual, que molda todo o Direito civil português, aplica-se aos negócios fiduciários por inteiro[3651].

Partindo da definição preconizada – negócio autónomo, completo e atípico, que se caracteriza pela assunção da obrigação, por parte do titular de um direito, de atuar, no âmbito dessa posição jurídica, nos exatos termos acordados e no interesse de um terceiro identificado –, é possível conceber vários tipos de modalidades e de classificações, consoante, por exemplo, o direito constituído em fidúcia – o que nos permite distinguir os negócios fiduciários reais dos negócios fiduciários de crédito – ou os objetivos prosseguidos pelo fiduciante – por exemplo: negócios fiduciários para alienação, que têm como propósito a alienação de bens, ou negócios fiduciários para aquisição, que visam a aquisição de direitos.

A lei e a imaginação das partes são os dois únicos obstáculos.

Ao longo do presente trabalho, temos, em diversas ocasiões, feito referência a diferentes modalidades de negócios fiduciários. Neste parágrafo, propomo-nos apresentá-las de forma esquematizada e mais aprofundada.

[3651] STJ 17-Dez.-2002 (Pinto Monteiro), proc. n.º 02A3267; STJ 16-Mar.-2011 (Lopes do Rego), proc. n.º 279/2002.E1.S1; STJ 23-Fev.-2012 (Távora Vítor), proc. n.º 1942/06.5TBMAI. P1.S1; RPt 11-Abr.-2002 (João Vaz), proc. n.º 0230148; REv 15-Dez.-2009 (Fernando Bento), proc. n.º 283/2002.E1; RPt 10-Mai.-2011(Vieira e Cunha), proc. n.º 1942/065TBMAI.P1.S1.

Relembre-se que limitámos o conceito de negócio fiduciário *stricto sensu* à *fiducia cum amico*, pelo que as próximas linhas serão dedicadas às modalidades de negócios fiduciários para administração. Isso não significa que algumas das classificações a elencar não possam, também elas, ser utilizadas no âmbito de uma sistematização da *fiducia cum creditore*.

II. No que respeita à constituição de relações fiduciárias, repete-se a ideia, já anteriormente defendida[3652]: os negócios fiduciários podem ser constituídos por três métodos distintos: (1) por simples manifestação de vontade: o fiduciante declara a constituição de um negócio fiduciário, autonomizando, na sua esfera jurídica, os direitos a constituir em fidúcia, categoria denominada de fidúcia estática; (2) por transmissão dos direitos para um terceiro: que se compromete a atuar, no âmbito da posição jurídica assumida, de acordo com o estipulado e no interesse do beneficiário indicado, categoria denominada de fidúcia dinâmica; e (3) por disposição testamentária: a constituição do negócio fiduciário opera com o falecimento do testador/fiduciante, categoria que pode ser denominada de fidúcia sucessória[3653]. A esta tríade clássica pode juntar-se uma quarta modalidade em que o direito é adquirido pelo fiduciário a mando do fiduciante, assumindo o adquirente a obrigação de atuar, no âmbito dessa posição jurídica, no interesse do terceiro indicado, categoria que podemos denominar de negócio fiduciário indireto[3654].

Ao fazermos referência à autonomização dos bens constituídos em fidúcia, não temos em mente uma segregação ou autonomização efetiva desses direitos. Por ora, esta expressão deve ser interpretada como uma simples declaração de vontade, manifestada pelo fiduciante, que tem como conteúdo a mera indicação dos bens abrangidos pela relação fiduciária[3655]. O alcance da autonomização, ou seja, os efeitos decorrentes dessa manifestação de vontade, é um problema a abordar no âmbito da dimensão externa do negócio fiduciário, não tendo influência na classificação de uma relação enquanto tal.

III. Das três modalidades acima elencadas, apenas a última não foi ainda objeto de qualquer apontamento. Não vemos nenhum obstáculo, lógico ou

---

[3652] Número 216.
[3653] PAIS DE VASCONCELOS, *Teoria geral*, cit., 554.
[3654] PESTANA DE VASCONCELOS, *A cessão*, cit., 53-54.
[3655] A natureza jurídica desta modalidade será explorada no número 266.

legal, que impeça o testador de indicar que os bens ou parte dos bens deixados em herança são fiduciários[3656]. De resto, como já tivemos oportunidade de afirmar, o fideicomisso consubstancia uma forma de *fiducia cum amico*: o fiduciário, no âmbito da posição ocupada, deve administrar os bens de forma a que estes "mantenham a mesma consistência económica, em ordem à sua eventual reversão a favor do fideicomissário"[3657].

Todavia, ao confrontar o regime do fideicomisso com a definição preconizada de negócio fiduciário *strictu senso*, não pode deixar de ser notada uma certa inconsistência. Atente-se ao conteúdo do artigo 2290.º/1: "O fiduciário tem o gozo... dos bens sujeitos ao fideicomisso". Ora, se o fiduciário tem o gozo do bem, significa que a relação é constituída não apenas no interesse do fideicomissário, mas também no seu próprio interesse. Perante estes dados, são concebíveis duas soluções teóricas: (1) o fideicomisso é um negócio fiduciário *stricto sensu* impuro; ou (2) o fiduciário é, também ele, um beneficiário da relação.

Uma outra hipótese passaria pela simples supressão da referência ao gozo dos bens: o fiduciário está apenas adstrito a uma obrigação de os administrar. Conquanto esta solução não nos pareça ilegal, temos sérias dúvidas de que a figura que daí resulte possa ser descrita como um fideicomisso. A posição jurídica do fiduciário é construída, precisamente, com base no pressuposto de que o sujeito pode gozar do bem. A remissão para o regime do usufruto (2290.º/2) é disso uma evidência[3658].

Antes de darmos por finda esta parte do nosso estudo, cumpre fazer uma breve referência à possibilidade de, recorrendo ao mecanismo do fideicomisso e à figura do testamenteiro, conceber um negócio misto que faça as vezes da fidúcia sucessória. Esta prática, comum em terras alemãs, tem sido

---

[3656] PAIS DE VASCONCELOS, *Teoria*, cit., 554: apresenta a fidúcia sucessória como uma modalidade da *fiducia cum amico*.
[3657] STJ 15-Mar.-2012 (GABRIEL CATARINO), proc. n.º 485/07.7TBTND.C1.S1: o critério aplicável será o do bom pai de família; RGm 12-Jan.-2010, (COSTA FERNANDES), proc. n.º 564/07.8TBVLN. G1. Ver CARLOS OLAVO, *Substituição fideicomissária* in *Estudos em homenagem ao Professor Doutor Inocêncio Galvão Telles*, Vol. I, cit., 391-521, 451 ss..
[3658] RLx 10-Mai.-2007 (GRANJA DA FONSECA), proc. n.º 3403/2007-6: a posição do fiduciário é moldada à luz da posição do usufrutuário.

descrita como uma sucedânea do *trust* anglo-saxónico, dentro do Direito sucessório[3659].

A construção é facilmente explicada. Segundo a estrutura base do fideicomisso, "o testador impõe ao herdeiro instituído o encargo de conservar a herança, para que ela reverta, por sua morte, a favor de outrem" (2286.º). Todavia, tendo pouca confiança nas capacidades de gestão do fiduciário, nomeia um testamenteiro que irá administrar os bens sujeitos ao fideicomisso, cabendo-lhe, no limite, o poder de determinar em que medida irá o fiduciário gozar dos bens. Uma vez mais, não vemos qualquer obstáculo jurídico que impeça semelhante construção. Contudo, e embora se reconheça que representa, de certo modo, um sucedâneo do *trust*, não pode ser apresentada como um negócio fiduciário: a titularidade do direito não se encontra na esfera jurídica do suposto fiduciário, neste caso, o testamenteiro.

254. Modalidades e classificações de negócios fiduciários

I. Sem preocupações exaustivas, é possível distinguir diferentes modalidades de negócios fiduciários, consoante: (1) o propósito objetivo subjacente à relação; (2) o propósito subjetivo subjacente à relação; (3) os poderes atribuídos e as obrigações assumidas pelo fiduciário; e (4) a estrutura da relação. Nas próximas linhas, iremos aprofundar as três primeiras categorias. As diferentes estruturas fiduciárias possíveis serão objeto de análise num parágrafo subsequente[3660].

II. Como propósito objetivo deve entender-se o fim abstrato da relação, alheio às pretensões subjetivas e aos conteúdos das posições jurídicas dos intervenientes fiduciários. Neste âmbito, os negócios fiduciários podem ser: (1) para aquisição; (2) para alienação; (3) para cobrança; (4) para representação; ou (5) para administração.

[3659] No Direito alemão, passa pela conjugação do regime do executor testamentário (§§ 2197--2288) e do fideicomisso (§§ 2100-2146), vide: Kötz, *Trust*, cit., 104-106 e *National Report for Germany*, cit., 86-87; Rusch, *Gewinnhaftung*, cit., 160-164. Para uma análise mais profunda sobre o tratamento interno dado ao *trust* pelo Direito sucessório germânico, onde a conjugação do fideicomisso e do testamenteiro também é explorada, vide Manfred Klein, *Ausländische Zivilrechtsformen im deutschen Erbschaftsteuerrecht*, O. Schmidt, Colónia, 2000, 136 ss..
[3660] Número 263.

§ 49.º TIPOS DE NEGÓCIOS FIDUCIÁRIOS *STRICTO SENSU*

Na modalidade do negócio fiduciário para aquisição, um sujeito compromete-se, para com outro, a adquirir um determinado direito e a transmiti-lo para o beneficiário indicado. No caso de as quantias utilizadas serem fornecidas pelo próprio adquirente, será, porventura, mais correto apresentar-se o negócio como uma fidúcia estática.

No negócio fiduciário para alienação, o fiduciário compromete-se a transferir, para o beneficiário, o produto da venda de um bem que lhe foi transmitido em fidúcia.

Como exemplo perfeito de negócio fiduciário para cobrança conta-se o endosso fiduciário, que tem acompanhado a fidúcia moderna desde os seus primórdios oitocentistas. Ao endossar o título de crédito ao fiduciário, o endossante não tem como propósito último a transmissão do direito, mas apenas o permitir uma cobrança mais efetiva do crédito. O endossado obriga-se a transmitir as quantias cobradas para o endossante[3661].

No âmbito dos negócios fiduciários para representação, conta-se a transmissão de ações para um sujeito que se compromete a votar de acordo com as ordens indicadas pelo titular originário[3662].

Finalmente, nos negócios fiduciários para administração, um sujeito transmite um ou mais direitos para outrem, que se compromete a administrá-los no interesse do beneficiário indicado. É nesta modalidade que iremos encontrar, com maior nitidez, o núcleo substantivo do negócio fiduciário *stricto sensu*, ou seja, as obrigações características da posição jurídica do fiduciário.

Com base no propósito subjacente ao negócio, é ainda possível distinguir diferentes modalidades tendo como pressuposto a durabilidade da relação. À partida, os negócios fiduciários para administração e para representação serão negócios contínuos, cabendo na categoria de execução imediata as restantes três modalidades. Contudo, mesmo na modalidade para administração, o fiduciário pode atuar como simples intermediário: os direitos são-lhe

---

[3661] GONSALVES DIAS, *Da letra*, Vol VI, 2ª Parte, cit., 523-545 e CAROLINA CUNHA, *Letras*, cit., 95. Sobre a matéria do Direito alemão, vide ALFRED HUECK e CLAUS-WILHELM CANARIS, *Recht der Wertpapiere*, 12ª edição, Franz Vahlen, Munique, 1986, 98-101. Sobre a matéria do Direito italiano, vide o incontornável artigo de GIUSEPPE GUIZZI, *Girata simulata e girata fiduciaria: spunti per una ricerca*, 94 RDComm (I), 1996, 509-562.

[3662] NUNO TRIGO DOS REIS, *As obrigações de votar segundo instruções de terceiros no Direito das sociedades*, 3 RDS, 2011, 403-572, 409.

transmitidos para que, verificados as condições ou factos determinados, os transmita para os beneficiários indicados.

III. Até agora, temos sempre partido do pressuposto de que o fim subjetivo do negócio fiduciário é a prossecução do interesse de um sujeito jurídico. Salvo raras exceções, esta é uma limitação ou característica do *trust* anglo-saxónico[3663]. A constituição de *trusts* que tenham como fim não o benefício de um sujeito, mas objetivos caridosos e altruístas fica reservada para os *charitable trusts*[3664]. Ora, não vemos qualquer razão para circunscrever o objeto dos negócios fiduciários desta forma. De resto, tanto a Convenção de Haia[3665], como os *Principles of European Trust Law*[3666] ou as mais recentes positivações internas de regimes fiduciárias[3667] preveem, expressamente, essa possibilidade. Parece-nos perfeitamente válido e legal que os bens constituídos em fidúcia sejam administrados não em benefício de um sujeito, mas com um propósito não subjetivável, desde que respeite o conteúdo do disposto no artigo 280.º. Alguns exemplos: conservação da Serra do Caldeirão ou ajuda a sem-abrigo de uma área específica. Já não nos parece válido um negócio fiduciário que tenha como propósito a proteção da Democracia ou a glória de Portugal, a menos que se preveja uma fórmula de determinação do seu conteúdo.

Este dado impõe uma ligeira modificação da definição preconizada: o negócio fiduciário é um negócio autónomo, completo e atípico, que se caracteriza pela assunção da obrigação, por parte do titular de um direito, de atuar, no âmbito dessa posição jurídica, nos exatos termos acordados e no interesse de um terceiro ou de um propósito identificado.

IV. O conteúdo da posição jurídica do fiduciário, ou seja, os deveres e poderes que devam ser cumpridos e exercidos, varia consoante o propósito do negócio e a sua duração, o grau de discricionariedade atribuído ao fiduciário e o nível de intervenção que o fiduciante guarda para si próprio ou para o beneficiário.

[3663] Número 174/I
[3664] Número 85.
[3665] Artigo 2.º: "... *or for a specified purpose*".
[3666] Artigo 1.º/1: "... *or for the furtherance of a purpose*".
[3667] França: 2011.º CC Nap: "... *dans un but déterminé au profit d'un ou plusieurs bénéficiaires*".

§ 49.º TIPOS DE NEGÓCIOS FIDUCIÁRIOS *STRICTO SENSU*

Numa perspetiva da atuação do fiduciário *per se*, é possível conceber duas modalidades distintas: (1) simples ou formal: a posição do fiduciário assemelha-se à do depositário, os deveres assumidos circunscrevem-se, pela positiva, à simples conservação dos bens e ao cumprimento das formalidades legais associadas à titularidade do direito; na prática, a sua atuação não será sequer necessária para que o beneficiário goze dos bens que lhe foram destinados; e (2) complexo ou material: as obrigações e poderes atribuídos ao fiduciário extravasam o simples depósito dos bens e o cumprimento de obrigações formais ou burocráticas, o cumprimento da vontade do fiduciante e o gozo efetivo dos beneficiários ficam dependentes de uma atuação material por parte do fiduciário[3668].

Do ponto de vista dos interesses do beneficiário, mas ainda focado na posição do fiduciário, os negócios fiduciários podem ser (1) fixos ou (2) discricionários. Nos negócios fiduciários fixos, a atuação do fiduciário é expressamente determinada pelo fiduciante, aquando da conclusão do negócio. Já nos negócios discricionários, o fiduciante concede, ao fiduciário, uma margem de discricionariedade variável, quer no que respeita à administração *per se*, quer quanto aos beneficiários da relação. Esta distinção não se circunscreve aos negócios fiduciários para administração. Tem, também, todo o cabimento no âmbito dos negócios fiduciários para aquisição e alienação, podendo ser atribuída maior ou menor margem de manobra ao fiduciário quanto aos bens a adquirir ou ao sujeito a alienar[3669].

Por fim, a posição jurídica do fiduciário pode ser analisada na perspetiva do papel que o fiduciante reserve para si. O negócio fiduciário pode ser denominado (1) aberto ou (2) reservado, consoante o fiduciário esteja sujeito à direção ou a instruções do fiduciante. Nos negócios fiduciários abertos, o fiduciante exclui-se, por completo, da administração dos direitos constituídos em fidúcia. Por oposição, nos negócios fiduciários reservados, o fiduciante reserva, para si, o direito a dirigir a atuação do fiduciário. Atente-se, todavia, que a administração tem de caber efetivamente ao fiduciário, sob pena de se desvirtuar a natureza jurídica da relação.

[3668] Podemos fazer um paralelismo com o *simple trust* e o *special trust*. Número 89/I.
[3669] Podemos fazer um paralelismo com o *fixed trust* e o *discretionary trust*. Número 89/II.

255. O *trust* enquanto negócio fiduciário

I. Tradicionalmente, a Ciência Jurídica latina apresenta o *trust* como um negócio fiduciário, muitas vezes ao lado da *fiducia* romana e da *Treuhand* germânica, que representam diferentes concretizações do mesmo instituto ou do mesmo conceito jurídico[3670]. Esta interpretação não é, porém, acompanhada pela doutrina alemã, que tende a apresentar a *Treuhand* e o *trust* como dois mecanismos sucedâneos, mas sem uma raiz dogmática comum[3671].

A recondução do *trust* ao negócio fiduciário tem sido recentemente objeto de uma acesa discussão nos ordenamentos jurídicos em que o instituto anglo-saxónico foi recebido.

Em Itália, a autonomia do *trust* perante o negócio fiduciário foi assumida por MAURIZIO LUPOI, o jurista continental que mais tempo tem dedicado ao estudo do *trust*. O maior obstáculo levantado por LUPOI respeita às naturezas jurídicas das duas realidades: o negócio fiduciário é um contrato, ao contrário do *trust*. Em consequência, o fiduciante, figura central do instituto fiduciário romano, vê, no âmbito do instituto fiduciário anglo-saxónico, o seu papel circunscrito ao momento da constituição da relação[3672]. Esta posição é seguida por parte da doutrina[3673].

[3670] Em Itália, esta prática remonta, pelo menos, aos estudos de GRASSETTI, *Trust*, cit., 548-553. Atualmente, parte da doutrina, em especial a generalista, mantém esta visão: CARINGELLA, *Studi*, Vol. II, cit., 331: embora reconheça e explore as diferenças entre os dois institutos, considera que o *trust* foi absorvido pelo negócio fiduciário; MARIANO ROBLES, *Finanza di progetto e situazioni fiduciarie* in *Studi in onore di Nicolò Lipari*, Tomo II, Giuffrè, Milão, 2008, 2493-2540, 2495: sublinhando ser esse o tratamento tradicional dado ao *trust* anglo-saxónico; CLAUDIO VANTAGGIATO, *L'opponibilità del contratto* in *Il contratto: validità, inadempimento, risarcimento*, coordenação de VIOLA LUIGI, CEDAM, Pádua, 2009, 659-694, 682: o *trust* é um tipo particular de negócio fiduciário de origem anglo-saxónica. Esta interpretação é também seguida por parte da doutrina nacional: PAIS DE VASCONCELOS, *Contratos atípicos*, cit., 267-277 e *Teoria*, cit., 556--557; MENEZES CORDEIRO, *Tratado*, II/II, cit., 256-257.

[3671] STEFAN GRUDMANN, *The Evolution of Trust and Treuhand in the 20th Century* in *Itinera Fiduciae*, cit., 469-493: o autor compara os dois regimes sem nunca indicar que considera poderem ser reconduzidos à mesma figura; RUSCH, *Gewinnhaftung*, cit., 269-276: esta comparação é especialmente visível no âmbito das conclusões dos seus estudos; WOLFF, *Trust*, cit., 9-12: o autor põe este elemento em destaque na introdução à sua monografia comparatística.

[3672] *Trusts*, cit., 5.

[3673] MONTEFAMEGLIO, *La protezione*, cit., 194, nota 204: considera as diferenças profundas. Transcreve a posição de LUPOI.

Alguns autores vão mesmo mais longe e consideram que um tratamento unitário das diferentes formas fiduciárias não será benéfico para a conceptualização do *trust* no seio dos sistemas civis[3674].

II. De um ponto de vista analítico, é evidente que as divergênciass entre os dois institutos fiduciários são consideráveis: há diferenças quanto ao modo de constituição, quanto ao conteúdo das diversas partes intervenientes, quanto à extinção dos dois mecanismos e quanto à própria natureza. Este afastamento será ainda mais vincado se o regime do negócio fiduciário for reconduzido ao mandato[3675].

Todavia, não nos parece de aceitar a posição que considera intransponível o fosso entre o *trust* e o negócio fiduciário e, muito menos, como afirmam alguns autores, que o *trust* e o negócio fiduciário tenham funções totalmente distintas[3676].

As dissemelhanças substantivas entre os dois mecanismos são fruto, antes de mais, da dupla dimensão do negócio fiduciário romano[3677] – *fiducia cum amico* e *fiducia cum creditore*. Ora, ao circunscrevermos o conceito de negócio fiduciário *stricto sensu* ao universo da *fiducia cum amico*, as diferenças materiais tendem a desvanecer-se.

III. A recondução ou não recondução do *trust* ao negócio fiduciário depende do preenchimento atribuído ao conceito romanístico. É evidente que, sendo o preenchimento do conceito alcançado por recurso ao regime desenvolvido internamente, as duas figuras nunca irão coincidir. Pense-se na *Treuhand* alemã. Se a recondução do *trust* à *Treuhand* estiver dependente da verificação de todos os elementos e particularidades que a caracterizam, a nossa resposta só poderá ser negativa. Esta interpretação não pode, porém,

---

[3674] FLAVIO ROTA e GINO BIASINI, *Il trust e gli istituti affini in Italia. Manuale e applicazioni pratiche con la revisione di* GUIDO CAPOZZI, Giuffrè, Milão, 2007, 5.

[3675] RAFFAELLA SARRO, *Le risposte del trust: il trust spiegato in parole semplici e tramite esperienze di vita*, Giuffrè, Milão, 2010, 41 ss.: o autor, ao comparar o *trust* com mecanismos jurídicos internos, recorre ao mandato para preencher o regime do negócio fiduciário.

[3676] MARIO PETRULLI e FRANCESCO RUBINO, *Il trust: nozione giuridica ed operatività nel sistema italiano*, Halley, Matelica, 2006, 22: numa perspetiva formal, os mecanismos aproximam-se bastante; todavia, tendem a afastar-se se nos focarmos nas suas estruturas formais, com impacto no próprio conteúdo.

[3677] LUMINOSO, *Appunti*, cit., 68.

ser acompanhada. A análise comparatística de situações jurídicas análogas não pode ter como pressuposto último a coincidência absoluta. Partindo desta visão, poder-se-ia pôr em causa se a figura prevista na Convenção de Haia, por não partilhar todas as características do *trust* anglo-saxónico, não consubstanciará um mecanismo autónomo[3678-3679].

Sem dúvida que a evolução histórica das duas figuras é distinta[3680], bem como a sua natureza ou o seu regime. Todavia, a pedra de toque deve ser colocada nos princípios gerais que moldam os mecanismos e não nas particularidades que assume em cada específico ordenamento[3681]. No parágrafo introdutório ao presente trabalho, elencamos três elementos distintivos do *trust*: (1) relação de confiança constituída entre o *trustee* e os beneficiários; (2) segregação dos bens constituídos em *trust*, na esfera jurídica do *trustee*; e (3) proteção da posição jurídica dos beneficiários contra terceiros adquirentes de má-fé.

Contudo, como já sublinhámos por diversas vezes, julgamos que o elemento mais distintivo do negócio fiduciário não se encontra na dimensão externa do instituto, mas na sua dimensão interna. Os efeitos produzidos externamente em nada afetam o princípio basilar da fidúcia: o titular de um direito compromete-se, no âmbito dessa posição jurídica, a atuar no interesse de um terceiro. Ora, o *trust* enquadra-se perfeitamente nesta conceção: o *trustee* compromete-se a apenas fazer uso dos bens constituídos em *trust* no interesse e em benefício exclusivo do terceiro indicado.

Os mecanismos de defesa desenvolvidos, tanto para o *trust*, como para a *Treuhand*, em nada afetam a sua conceptualização base. Quando muito, podemos falar de diferentes graus de negócios fiduciários, consoante a pro-

---

[3678] À luz do disposto no artigo 3.º da Convenção – "*The Convention applies only to trusts created voluntarily and evidenced in writing*" –, nem todos os tipos de *trusts* anglo-saxónicos são enquadráveis no conceito apresentado.

[3679] SANTORO, *Il trust*, cit., 226: a autora considera que, se tivermos como ponto de partida a Convenção de Haia e não o *trust* inglês, a aproximação ao negócio fiduciário civil torna-se mais nítida.

[3680] PESTANA DE VASCONCELOS, *A cessão*, cit., 78: o autor, que defende o afastamento dos dois mecanismos, dá ênfase a este facto.

[3681] LIPARI, *Fiducia statica*, cit., 71: a validade da fidúcia estática vem evidenciar essa proximidade; UMBERO MORELLO, *Fiducia e negozio fiduciario: dalla "riservatezza" alla "trasparenza"* in *I trusts in Italia oggi*, cit., 81-97, 95: as diferenças entre o *trust* e um negócio fiduciário oponível a terceiros são muito reduzidas; FRANCESCO SANTAMARIA, *Il negozio di destinazione*, Giuffrè, Milão, 2009, 96: são institutos similares.

teção dispensada pelo sistema. Em suma, o *trust* anglo-saxónico deverá ser tratado, entre nós, como uma manifestação ou um tipo de negócio fiduciário, com características muito próprias.

Tendo por base as classificações elencadas, o *trust* é um negócio fiduciário *stricto sensu* para administração e aberto, que pode ser constituído por simples manifestação de vontade, por transmissão da posição jurídica para um terceiro que assume a posição de fiduciário ou por disposição testamentária.

§ 50.º O MANDATO SEM REPRESENTAÇÃO, O NEGÓCIO FIDUCIÁRIO E O *TRUST*

256. Aproximação interna e estrutural

I. Internamente, a relação que se estabelece entre o fiduciário e o beneficiário parece consubstanciar uma prestação de serviço (1154.º): o fiduciário obriga-se a administrar um determinado bem no interesse do beneficiário indicado pelo *settlor*. Dentro dos três contratos de prestação de serviço tipificados no Código Civil – mandato, depósito e empreitada (1155.º) – é do mandato que a dimensão interna do negócio fiduciário e, consequentemente, do *trust* mais se relaciona.

Esta proximidade é especialmente visível na *Common Law*, onde tanto o *agent*, como o *trustee* são descritos como *fiduciaries*[3682]. Como princípio geral, quer o mandatário, quer o fiduciário assumem a obrigação de atuar de forma diligente e cuidadosa. A este dever de cuidado acresce um estrito dever de lealdade, que se traduz, pela positiva, numa obrigação de atuar sempre no interesse do beneficiário/mandante e, pela negativa, numa obrigação de não utilizar a posição ocupada para prosseguir interesses individuais[3683].

Também no Direito português, é notória uma aproximação substantiva entre o mandato e o negócio fiduciário, em virtude de uma sobreposição parcial dos seus objetos. O mandatário irá atuar não apenas por conta do

---

[3682] Número 100.

[3683] Esta proximidade é posta em evidência pela doutrina inglesa: *Lewin on Trusts*, cit., 13; *Snell's Equity*, cit., 636; THOMAS e HUDSON, *The Law of Trusts*, cit., 36; PARKER e MELLOWS, *The Modern Law*, cit., 34.

mandante – ou seja, os efeitos da atuação irão produzir-se na esfera jurídica do mandante, quer a sua produção esteja dependente (sem representação) ou não (com representação) de uma outra manifestação de vontade[3684] –, mas também, por regra, no seu exclusivo interesse[3685].

[3684] Pessoa Jorge, *O mandato*, 192-194: a expressão assume dois significados: (1) à custa de: os custos são suportados pelo mandante; e (2) por conta de outrem: os efeitos do ato projetam-se na esfera jurídica de um sujeito que não interveio nele. Esta ideia é repetida pela nossa doutrina: Manuel Januário da Costa Gomes, *Em tema de revogação do mandato civil*, Almedina, Coimbra, 1989, 92-95 e *Contrato de mandato* in *Direitos das obrigações*, Vol. III: *Contratos em especial*, 2ª edição, coordenação de António Menezes Cordeiro, AAFDL, Lisboa, 1991, 267-408-C, 277-279 ou Luís Menezes Leitão, *Direitos das obrigações*, Vol. III, 8ª edição, Almedina, Coimbra, 2012, 390-391.

[3685] Galvão Telles, *Contratos civis: exposição de motivos*, cit., 211. STJ 11-Jan.-2000 (Ribeiro Coelho), proc. n.º 99A792: por conta e no interesse; STJ 21-Jan.-2002 (Azevedo Ramos), proc. n.º 02A2970: o mandatário intervém por conta e no interesse do mandante. O Juiz Conselheiro repete esta ideia em STJ 20-Jan.-2004 (Azevedo Ramos), proc. n.º 04A1937 e STJ 22-Jan.-2008 (Azevedo Ramos), proc. n.º 07A4417; RPt 11-Mai.-2010 (Anabela Dias da Silva), proc. n.º 386/07.6TVPRT.P1: o mandatário obriga-se a realizar, no interesse do mandante, um ou mais atos jurídicos. Não é pacífico, contudo, se a expressão "por conta" abarca a obrigação de atuar no interesse de outrem ou se esta é autónoma. São três as soluções possíveis: (1) são conceitos sinónimos; (2) a ideia de interesse é absorvida pelo conceito por conta; e (3) são conceitos distintos. A primeira é defendida pela Conselheira Maria dos Prazeres Pizarro Beleza: "Porque o mandatário se obriga a praticar actos jurídicos *por conta* de outrem, ou seja, no interesse do mandante", cfr., STJ 16-Abr.-2009, proc. n.º 77/07.8TBCTBCTB.C1.S1. A segunda é professada por Januário Gomes, que considera a autonomização dispensável; defende que a atuação no interesse do mandante seria uma simples decorrência da posição ocupada pelo mandatário, cfr., *Contrato de mandato*, cit., 279-280 e *Em tema de revogação*, cit., 95. E a terceira, por Pessoa Jorge: "Actuar no interesse de outrem não é a mesma coisa que actuar por conta de outrem", cfr., *O mandato*, cit., 184 e por Menezes Cordeiro, *Tratado*, V, cit., 63-64: o autor, de forma bastante pragmática, diz-nos que, conquanto o mandato seja exercido de forma calamitosa e, como tal, contra os interesses do mandante, os seus efeitos não deixam de se produzir na sua esfera jurídica, ou seja, o ato é praticado, na mesma, por conta do mandante. RCb 25-Nov.-2011 (Henrique Antunes), proc. n.º 1006/10.7TBCVL.C1: "*por conta* não significa no *interesse de*: o mandato pode ser exercido contra os interesses do mandante, mas nem por isso deixará de haver mandato". Embora nos pareça que Januário Gomes tem razão, quando evidencia a ligação entre o interesse do mandatário ou de terceiro com a própria atuação por conta do mandante, não se nos afigura que o conceito de interesse possa ser absorvido: o interesse do mandante manifesta-se através do objeto da relação devidamente conjugado com as ordens e instruções por si indicadas. Ora, caso o mandato tenha sido constituído também no interesse do mandatário ou de um terceiro, a vontade do mandante é condicionada por

II. No Direito continental, a aproximação entre o negócio fiduciário e o mandato tem-se centrado na modalidade sem representação. Ao mandato sem representação opõe-se o mandato com representação, que, como a sua denominação o indicia, consiste na conjugação de duas figuras distintas[3686]: mandato e procuração[3687].

Em ambas as modalidades, o mandatário age por conta do mandante. A diferença reside na esfera jurídica em que os efeitos decorrentes da atuação do mandatário se irão fazer sentir.

No mandato com representação, os efeitos jurídicos produzem-se na esfera jurídica do mandante de forma imediata – ou seja, no preciso momento em que o negócio ocorra – e automática – i.e., não se exige a prática de mais nenhum ato. "O mandatário pratica os actos, em nome, no interesse e por conta do mandante"[3688].

Como exemplos tipificados de mandatários com representação refiram-se o gerente comercial – 250.º CCom: "Os gerentes tratam e negoceiam em nome dos seus proponentes" –, o auxiliar e o caixeiro – 256.º CCom: "Os comerciantes podem encarregar outras pessoas . . . do desempenho constante, em seu nome e por sua conta".

No mandato sem representação, conquanto o mandante seja o destinatário último dos atos[3689], os efeitos jurídicos produzem-se na esfera do mandatário: é o "mandatário que adquire os direitos e assume as obrigações decor-

---

esses interesses. Aquando da análise das diferentes posições, não pode deixar de se atender ao conteúdo atribuído por cada autor ao conceito de interesse.

[3686] Quanto ao longo processo histórico e dogmático percorrido que culminou com a distinção entre os dois mecanismos, vide o monumental estudo de PEDRO DE ALBUQUERQUE, *A representação*, cit., 43 ss.. Uma análise mais sucinta pode, ainda, ser encontrada em PEDRO LEITÃO PAIS DE VASCONCELOS, *A procuração irrevogável*, Almedina, Coimbra, 2002, 20 ss..

[3687] MENEZES LEITÃO, *Direito das obrigações*, Vol. III, cit., 48-409: não consubstancia um somatório dos dois mecanismos, mas antes uma conjugação; STJ 5-Jul.-2007 (JOÃO CAMILO), proc. n.º 07A1465: "a procuração encontra-se sempre integrada num negócio global, não operando de modo independente"; STJ 16-Abr.-2009 (MARIA DOS PRAZERES PIZARRO BELEZA), proc. n.º 77/07.8TBCTBCTB.C1.S1: por decorrência do contrato de mandato, o mandatário está obrigado a agir no interesse do mandante; por decorrência da procuração, os efeitos jurídicos subjacentes à sua atuação produzem-se na esfera jurídica do mandante. Vide, ainda, RUI MASCARENHAS ATAÍDE, *Mandato com representação*, relatório de mestrado em Direito civil, Ano lectivo 1993/94, Lisboa, FDL.

[3688] STJ 20-Mar.-2012 (HÉLDER ROQUE), proc. n.º 315/06.4TBBGC.P1.S1.

[3689] RPt 3-Nov.-1992 (CARDOSO LOPES), proc. n.º 9240855.

rentes dos actos que celebra"[3690]. Todavia, atuando o mandatário por conta e no interesse do mandante, a lei atribui-lhe a obrigação de transferir, para o mandante, todos os direitos adquiridos em execução do mandato (1181.º/1). São quatro os elementos da modalidade sem representação: (1) um sujeito (mandante) tem interesse em que um determinado ato jurídico seja realizado – regra geral, corresponde à conclusão de um negócio –, contudo, não quer intervir direta e pessoalmente; (2) para o efeito, recorre a um terceiro (mandatário), o qual irá atuar em nome próprio, mas nos exatos termos indicados pelo mandante e seguindo sempre as suas instruções; (3) embora o destinatário último do ato possa ser conhecido de todos os intervenientes, nenhum dos efeitos jurídicos subsequentes se irá produzir, diretamente, na sua esfera; (4) o mandatário fica obrigado a transmitir todos os direitos para o mandante[3691]. Mesmo numa perspetiva estrutural, o mandato sem representação aproxima-se do negócio fiduciário: o mandatário atua em nome próprio, mas no interesse do mandante.

Como exemplo de mandatário sem representação tipificado conta-se o comissário – 266.º CCom: o comissário "executa o mandato mercantil, sem menção ou alusão alguma ao mandante, contratando por si e em seu nome, como principal e único contraente".

III. A aproximação do mandato, em especial na sua modalidade sem representação, ao negócio fiduciário levanta dúvidas quanto à necessidade de conceber o *trust* como um negócio atípico. Neste âmbito, não nos interessa levar a cabo uma análise comparativa minuciosa entre o mandato sem representação e o *trust,* nos seus moldes originários anglo-saxónicos. O nosso ponto de partida terá de ser a definição avançada no último parágrafo: o *trust* é um negócio fiduciário *stricto sensu* para administração e aberto, que pode ser constituído por simples manifestação de vontade, por transmissão da posição jurídica para um terceiro que assume a posição de fiduciário ou por disposição *mortis causa*.

[3690] RLx 23-Mai.-1991 (Silva Paixão), proc. n.º 0028916; STJ 1-Jun.-1993 (Olímpio da Fonseca), proc. n.º 083242; STJ 11-Mai.-2000 (Abílio Vasconcelos), 497 BMJ, 2000, 357-363; STJ 16-Abr.-2009 (Maria dos Prazeres Pizarro Beleza), proc. n.º 77/07.8TBCTBCTB.C1.S1.
[3691] RLx 16-Abr.-2009 (Carla Mendes), proc. n.º 5642/08-8.

§ 50.º O MANDATO SEM REPRESENTAÇÃO

257. A recondução do *trust* ao mandato

I. A coincidência substantiva parcial entre os dois mecanismos levou alguns ordenamentos jurídicos a recorrer ao mandato, aquando da receção do instituto fiduciário anglo-saxónico. Tendo em consideração o período histórico destas experiências, a solução poderá ser explicada por um desconhecimento da *fiducia romana*, pela consolidação interna do mandato ou por uma certa rigidez dogmática.

II. A Ciência Jurídica escocesa assume, tradicionalmente, uma posição algo ambígua: apesar da ascendência incessantemente presente da *Common Law*, o Direito escocês lutou sempre por manter a sua independência; manifestada, usualmente, pela utilização de termos e conceitos latinos na conceptualização de figuras jurídicas produzidas pelos seus vizinhos britânicos. Como devidamente referenciado no § 13.º, o fideicomisso assumiu especial importância aquando da receção do *trust* pelo Direito escocês[3692]. Curiosamente, a autoridade do mecanismo sucessório foi partilhada com o mandato. LORD STAIR (JAMES DALRYMPLE), que, relembre-se, apresenta o *trust* como um *fideicommissum*[3693], recorre, igualmente, ao *mandatum* e ao *depositum*, numa tentativa de subsumir o instituto anglo-saxónico à realidade jurídica interna[3694].

A aproximação do *trust* ao mandato mereceu um especial apoio da jurisprudência[3695]. Esta interpretação, seguida durante todo o século XIX[3696], apenas foi posta em causa pelo Supremo Tribunal escocês para matérias de Direito civil (*Court of Session*) nos inícios do século passado. No célebre caso *Allen v M'Combie's Trustees*[3697], datado de 1909, LORD ANDREW MURRAY LP escreveu:

[3692] Número 69.
[3693] Número 69/2.
[3694] *The Institutions*, cit., 1.13.7, 119: "*Trust is also a kind of Depositation*" e 4.6.3, 569: "*a tacit Mandat or Depositum*".
[3695] DE WAAL, *The Core Elements*, cit., 554: esta solução representou um importante passo no desenvolvimento de uma construção consentânea com o sistema escocês.
[3696] *Mrs Mary Gilmour v John Hendrie Junior* (1890) 17 R 697-702, [LORD GLENCORSE LP] 700: "*A trust is a contract made up of the two nominate contracts of deposit and mandate. The trust funds are deposited for safety custody, and the trustees receive a mandate for their administration*"; *Dunn v Pratt* (1898) 25 R 461-476, [LORD ROBERTSON LP] 466: "*In a sense, every case of trust is a case of mandate*".
[3697] (1909) SC 710-721.

I do not think that trust can be treated as deposit and mandate and the rules of these two contracts applied[3698].

III. Fora da esfera natural de influência britânica, a recondução do *trust* à figura do mandato foi defendida por Ricardo Alfaro. Após estudar o instituto fiduciário anglo-saxónico, Alfaro conclui que, dentro de todos os mecanismos conhecidos do Direito civil, é com o mandato que o *trust* partilha mais características. O pai do *trust* latino-americano afirma que "não é possível conceber o *trust* de outro modo que não como um ato irrevogável, um mandato irrevogável, através do qual o *settlor*, segregando o seu património ou parte dele, constitui um património independente, sendo os direitos associados a esses bens transmitidos para o *trustee*, que se obriga a cumprir as condições estabelecidas"[3699].

A visão de Alfaro foi adotada pelo legislador do Panamá – primeiro ordenamento jurídico da América Latina a positivar o *trust*. O disposto no artigo 1.º da Lei 9 de 1925, de 25 de janeiro, apresentava a seguinte definição:

El fideicomiso es un mandato irrevocable en virtud del cual se trasmiten determinados bienes a una persona llamada fiduciaria, para que disponga de ellos conforme lo ordena el que lo trasmite, llamado fideicomitente, a beneficio de un tercero llamado fideicomisario.

Ao Panamá seguiram-se o México – *Ley de bancos de fideicomisso*, de 20 de junho de 1926[3700] – e o Porto Rico – *Ley de compañias de fideicomisos*, de 23 de abril de 1928, transposta para o Código Civil de 1930; atualmente, o preceito encontra-se no artigo 2541.º, inserido no Livro IV (Direitos das sucessões)[3701] –, ordenamentos onde o *trust* foi igualmente concebido como um mandato irrevogável.

[3698] 716.
[3699] Apud. Patton, *Trust Systems*, cit., 417.
[3700] Artigo 6.º "*El fideicomiso es un mandato irrevocable en virtud del cual se entregan al banco, con carácter de fiduciaria determinados bienes para que disponga de ellos o de sus productos según la voluntad del que los entrega, llamado fideicomitente, a beneficio de un tercero llamado fideicomisario*".
[3701] "*El fideicomiso es un mandato irrevocable a virtud del cual se trasmiten determinados bienes a una persona, llamada fiduciario, para que disponga de ellos conforme lo ordene la que los trasmite, llamada fideicomitente, a beneficio de este mismo o de un tercero llamado fideicomisario*".

§ 50.º O MANDATO SEM REPRESENTAÇÃO

O recurso à expressão mandato foi criticado por operar um desvirtuamento do mecanismo com sólidas bases históricas e dogmáticas[3702]. Em resposta aos seus críticos, ALFARO retorquiu que a pedra de toque não deveria ser colocada na expressão por ele sugerida – o próprio autor reconhece que, só por si, o mandato não explica o *trust* –, mas na descrição dos efeitos produzidos com a constituição da relação[3703].

Com exceção do Porto Rico, onde a figura continua a ser apresentada como um mandato irrevogável, os restantes ordenamentos jurídicos abandonaram, há muito tempo, esta visão.

258. O *agent* como *trustee* e a recondução do mandato sem representação ao *constructive trust*

I. A influência do *trust* na *Common Law* é esmagadora. No mundo das *fiduciary relationships*, entre as quais se conta o contrato de *agency*, figura equivalente ao nosso mandato, a sua ascendência tem a face mais visível, como foi analisado anteriormente, no conteúdo das obrigações do sujeito ativo – advogados, mandatários ou administradores[3704]. Ora, decorrendo a natureza jurídica de um instituto jurídico do seu regime, podemos afirmar, sem exageros, que o *trust* representou e representa um papel central no preenchimento e desenvolvimento da figura do *agent*.

A autoridade do *trust* extravasa, largamente, o campo das obrigações dos *fiduciaries*, refletindo-se, ainda, no leque de mecanismos de defesa colocado à disposição do *principal* (mandante), no caso de o *agent* (mandatário) incumprir as obrigações assumidas. Curiosamente, e apesar de todos os autores sublinharem que o que afasta a *agency* do *trust* é a natureza contratual do primeiro, o *agent* é apresentado como *trustee* em inúmeras situações: (1) a

---

[3702] LEPAULLE, *Civil Law*, cit., 1139: "*We may therefore say that as a general rule the mandate should not be considered as a proper civil law substitute for trusts*"; WISDOM, *A Trust Code*, cit, 81: tanto a expressão fideicomisso, como a expressão mandato são utilizadas com um significado diferente do que tradicionalmente se lhes reconhece; VILELLA, *The Problems of Trust*, cit., 383: para tentar fugir aos conceitos de *trust* e de *equity*, ALFARO recorre ao termo mandato irrevogável, também ele desconhecido do Direito civil; ALFRED DRUCKER, *Trusts on the Continent of Europe*, 4 Int'l & Comp LQ, 1950, 550-552, 552: adjetiva a solução de ingénua.
[3703] *The Trust and the Civil Law*, cit., 28.
[3704] Número 107/III.

transmissão de bens, para a esfera jurídica do *agent*, que tenha como propósito a sua guarda ou a posterior alienação a terceiros[3705]; (2) o *agent* é instruído pelo *principal* para comprar um determinado bem em seu nome, mas fá-lo em nome próprio[3706]; (3) o *agent* é subornado por terceiros[3707]; (4) o *agent*, fazendo uso da posição ocupada, obtém, para si próprio, lucros ou outras vantagens patrimoniais não previstos ou autorizados; ou (5) sempre que perfilhe a obrigação de conservar os bens do *principal* separados do seu património individual[3708]. Em suma, o sistema reconhece a constituição de um *constructive trust*, assumindo o mandatário a posição de fiduciário, em duas situações distintas: (1) sempre que, por qualquer razão, o *agent* acolha a titularidade de direitos pertencentes ao *principal*[3709]; e (2) sempre que a aquisição de novos direitos resulte da violação das obrigações assumidas pelo *agent*.

II. A figura do *constructive trust* reveste-se, como vimos no § 17.º, de enorme mobilidade e vitalidade[3710]. Nas últimas décadas, a modalidade tem sido utilizada para responder tanto a lacunas do sistema, como para aperfeiçoar os mecanismos de defesa tradicionais da *Equity Law*. Das quatro situações em que os tribunais costumam reconhecer a emergência de um *constructive trust*,

---

[3705] *Burdick v Garrick* (1870) 5 Ch App 233-244, [LORD HATHERLEY LC] 240: considera que não existe qualquer diferença entre um *trustee* e um *agent* a quem lhe foi transmitido bens em confiança, quer para guarda, quer para aquisição de outros bens; "*in the present case we have an agent who is intrusted with those funds, not for the purpose of being remitted when received to the principal, but for the purpose of being employed in a particular manner*"; *Re, Hallett's Estate* (1879) 13 Ch D 696-753: mesma natureza e mesmos mecanismos de defesa.

[3706] UNDERHILL e HAYTON, *Law of Trusts*, cit., 14.

[3707] Número 119.

[3708] *Lyell v Kennedy* (1889) 14 App Cas 437-464: o *agent* é descrito como *trustee* quanto às rendas cobradas em nome do *principal*; *Aluminium Industrie Vaassen BV v Romalpa Aluminium Ltd* [1976] 2 All ER 552-568: o *agent* é descrito como *trustee* quanto às quantias recebidas em virtude da alienação de bens do *principal*. Vide, com igual conclusão, *Clough v Mill Ltd v Martin* [1984] 3 All ER 982-994.

[3709] *North American Land and Timber Co Ltd v Watkins* [1904] 1 Ch 242-251, [KEKEWICH J]250: "*His possession of such property is never in virtue of any right of his own, but is coloured from the first by the trust and confidence in virtue of which he received it*"; *Reid-Newfoundland Co v Anglo-American Telegraph Co Ltd* [1912] AC 555-560, [LORD ROBSON] 560: cita as mais importantes passagens dos acórdãos clássicos *Burdick v Garrick* e *Lyell v Kennedy*.

[3710] Número 88.

interessam-nos duas em especial[3711]: (1) como resposta a um comportamento contrário ao sistema; e (2) como forma de garantir o cumprimento da vontade declarada.

A *Common Law* não parece conhecer a figura do mandato sem representação, mas, atendendo às suas características – um sujeito age em nome próprio, mas por conta de um terceiro, comprometendo-se o primeiro a transmitir, para o segundo, os resultados da sua atuação –, parece-nos bastante plausível que, confrontados com semelhante situação, os tribunais anglo-saxónicos reconhecessem a constituição de um *constructive trust* sobre os bens adquiridos ou administrados. Os dados de que dispomos apontam para essa solução. Para além da situação acima descrita, em que o *agent* adquire os bens em nome próprio, refira-se o princípio consagrado no acórdão *Shaw v Foster*[3712]: o tribunal considerou que, não tendo, após a conclusão de um contrato de compra e venda, o bem sido transmitido de imediato para o comprador, o vendedor assumia a posição de *trustee*[3713].

Esta interpretação tem sido apoiada pelos poucos autores que se debruçaram sobre o assunto[3714].

259. O mandato sem representação como negócio fiduciário: aspetos gerais e introdutórios

I. A recondução do mandato sem representação ao negócio fiduciário foi especialmente impulsionada por INOCÊNCIO GALVÃO TELLES. Ao aprofundar a natureza jurídica da *fiducia cum amico*, diz-nos o ilustre Professor: o negócio fiduciário para administração "prende-se com o chamado *mandato sem representação*... Alguém – *mandatário* – obriga-se para com outrem – *mandante* – a celebrar certo acto jurídico *no interesse desse outrem*, sem todavia receber poderes representativos"[3715]. GALVÃO TELLES distingue os mandatos sem

---

[3711] Número 88/III.
[3712] Número 88/III.
[3713] (1872) 5 HL 321-358, 338: "*The vendor was a trustee of the property for the purchaser; the purchaser was the real beneficial owner in the eye of a Court of Equity*".
[3714] BERARDINE LIBONATI, *Holding e Investment Trust*, Giuffrè, Milão, 1959, 354-355; ou RICCARDO GORI-MONTANELLI e DAVID A. BOTWINIK, *Mutual Funds in Italy*, 4 Int'l L, 1970, 352-359, 355.
[3715] *Manual*, cit., 190-192.

representação para aquisição e cobrança dos mandatos sem representação para administração e alienação. Nas duas últimas modalidades, a transmissão do direito não tem como propósito a transmissão *per se*: o mandatário compromete-se apenas a fazer uso do bem nos exatos termos acordados, quer consistam na sua administração, quer na sua alienação. Ora, não podendo, em nenhuma dessas modalidades, o mandatário atuar em nome próprio, não fosse a transmissão prévia dos direitos, GALVÃO TELLES descreve-as como fiduciárias: "Eis como se configura a *fiducia cum amico*[3716].

A importância desta interpretação, fruto, antes de tudo o mais, da *auctoritas* do seu autor, reside em dois elementos muito particulares: (1) GALVÃO TELLES foi o primeiro grande impulsionador da doutrina da admissibilidade fiduciária; e (2) GALVÃO TELLES foi o autor dos estudos prévios sobre o mandato, com vista à elaboração do novo (atual) Código Civil[3717].

A recondução do negócio fiduciário ao universo do mandato sem representação tem sido especialmente desenvolvida pela Ciência Jurídica italiana[3718]. Curiosamente, e salvo raras exceções, a absorção do negócio fiduciário pelo mandato sem representação não tem sido uma solução especialmente aprofundada entre nós.

II. De entre a doutrina de Seabra, a temática foi sempre analisada de forma passageira e superficial. MANUEL DE ANDRADE apresenta o negócio fiduciário como um exemplo de representação indireta, que, todavia, não esgota a figura. FERRER CORREIA expressa posição idêntica[3719].

CASTRO MENDES, que critica a interpretação de GALVÃO TELLES, considera que a coincidência entre as duas figuras não é total. A modalidade *fiducia cum amico* abrange, ainda, os negócios fiduciários a escopo de depósito ou de prestação de serviço[3720].

[3716] Cit., 192. A construção de GALVÃO TELLES tem sido objeto de interpretações pouco cuidadosas. RPt 10-Mai.-2011 (VIEIRA E CUNHA), proc. n.º 1942/06.5TBMAI.P1: considera que, para GALVÃO TELLES, a validade do negócio fiduciário está dependente da sua recondução ao mandato sem representação. Não nos parece que esta interpretação seja possível. Quando muito, poder-se-ia alegar que, para GALVÃO TELLES, as modalidades para alienação e para administração apenas são possíveis se conjugadas com uma transmissão fiduciária.
[3717] *Contratos civis*, cit., 210.
[3718] Vide, em geral, BALDINI, *Il mandato*, cit., 121-160: com referências doutrinárias e jurisprudenciais.
[3719] *Sociedades fictícias*, cit., 149 e 170-173.
[3720] *Teoria geral*, Vol. II, cit., 238.

Pessoa Jorge, que começa por assumir uma posição mais pragmática – os efeitos pretendidos pelas partes com a celebração de um negócio fiduciário para administração ou para alienação podem ser alcançados por recurso ao mandato sem representação[3721] – afirma, em rodapé, que "[a] "transmissão fiduciária, com escopo de administração ou alienação" implica, fora de qualquer dúvida, um mandato sem representação"[3722].

III. O panorama geral moderno sofreu poucas alterações. Na maioria dos casos, a aproximação não é feita de todo ou é abordada em poucas linhas[3723]. O escasso interesse demonstrado não pode, certamente, ser alheio ao facto de a atenção da nossa doutrina se ter centrado, quase na sua totalidade, na modalidade *fiducia cum creditore*, concretização fiduciária, reconheça-se, mais divulgada no mundo real.

Todavia, os autores nacionais que têm, mais recentemente, tomado posição sobre a temática fornecem-nos importantes pistas.

Carvalho Fernandes, que segue Galvão Telles de perto, considera que o mandato sem representação para alienação constitui um negócio fiduciário: o mandante transmite um determinado direito para o mandatário, que se compromete a atuar nos exatos moldes acordados e a transmitir o produto da venda para o mandante[3724].

Pais de Vasconcelos, embora reconhecendo uma coincidência parcial, sublinha que a *ratio* dos dois mecanismos é distinta: o mandato sem representação tem o seu campo tendencialmente circunscrito a atos jurídicos, abrangendo também o negócio fiduciário, por oposição, atos materiais. Acresce que, avança o ilustre Professor, a situação típica do mandato sem representação consiste na prática de atos de execução imediata, enquanto as relações fiduciárias clássicas pressupõem uma maior continuidade[3725].

Pestana Vasconcelos é, de todos os autores nacionais, o que mais tempo dedica à análise comparativa dos dois mecanismos. Pestana de Vasconcelos opta por dissecar cada uma das modalidades de mandato sem representação, solução que nos parece a mais acertada: (1) mandato para adquirir: o

---

[3721] *O mandato*, cit., 328.
[3722] Cit., 323, nota 80.
[3723] Menezes Cordeiro, *Tratado*, II/II, cit., 267: faz referência às posições de Castro Mendes e de Carvalho Fernandes, não sendo claro se a assume como sua.
[3724] *Teoria geral*, Vol. II, cit., 349-350 e *A admissibilidade*, cit., 238-239.
[3725] *Contratos*, cit., 260, nota 507.

facto de o direito constituído em fidúcia não se encontrar na esfera jurídica do fiduciante, aquando da conclusão do negócio, não obsta à sua recondução ao universo fiduciário. O mandatário obriga-se a exercer a posição jurídica a adquirir no interesse do mandante[3726]; (2) mandato para alienar: modalidade reconduzível ao instituto fiduciário; o mandatário apenas pode atuar nos exatos termos acordados e sempre no interesse do mandante[3727]; (3) mandato para administrar: assumindo a prática de atos materiais uma dimensão meramente acessória, nada parece obstar à sua identificação com o negócio fiduciário[3728]; e (4) mandato para cobrança: de modo idêntico ao que se verifica com o mandato para administrar, também no mandato para cobrança o atual titular do direito compromete-se a atuar nos exatos termos acordados, pelo que também esta modalidade pode ser apresentada como fiduciária.

Também VAZ TOMÉ, para quem o mandato se reveste de natureza fiduciária, segue a mesma solução[3729].

Estes avanços doutrinários têm sido acolhidos, algo timidamente, não se nega, por parte da nossa jurisprudência, que avança uma certa coincidência substantiva entre o mandato sem representação e o negócio fiduciário[3730].

IV. Como ponto de partida, podemos assumir, como ensina PAIS DE VASCONCELOS, que as figuras têm uma *ratio* distinta: o núcleo caracterizador do mandato sem representação consiste na prática de atos jurídicos, o que não se verifica necessariamente nos negócios fiduciários; além disso, a relação fiduciária clássica assenta numa continuidade que não é acompanhada no

---

[3726] *A cessão*, cit., 253-255.
[3727] Cit., 255-262.
[3728] Cit., 262-269.
[3729] *Sobre o contrato de mandato*, cit., 1107.
[3730] RPt 19-Nov.-2009 (JOANA SALINAS), proc. n.º 0832268: critica a aproximação da *fiducia cum creditore* ao mandato sem representação, por considerar que, nesta modalidade fiduciária, o interesse prosseguido é o do fiduciário, o que a incompatibiliza com o regime do mandato. *A contrario*, a sentença pode ser interpretada como indiciando uma aproximação entre a *fiducia cum amico* e o mandato; REv 15-Dez.-2009 (FERNANDO BENTO), proc. n.º 283/2002.E1: afirma que o negócio fiduciário está muito próximo do mandato sem representação. RPt 10-Mai.-2011 (VIEIRA E CUNHA), proc. n.º 1942/06.5TBMAI.P1: faz referência às posições de GALVÃO TELLES e de PESSOA JORGE.

mandato sem representação típico[3731]. Estes dois pontos são, de resto, postos em evidência pela Ciência Jurídica alemã[3732].

Todavia, nenhum destes dados basta, só por si ou em conjunto, para afastar, categoricamente, o negócio fiduciário do mandato sem representação e vice-versa. O conteúdo da posição tradicional aponta para uma área comum, em que parece concebível recorrer-se a qualquer um dos dois mecanismos.

Apenas em concreto, recorrendo às diferentes modalidades de negócios fiduciários exploradas no parágrafo anterior, nos parece possível averiguar se uma determinada relação fiduciária é também concebível como um mandato sem representação.

260. O mandato sem representação e o negócio fiduciário: diferentes modalidades, diferentes conclusões

I. Algumas modalidades de negócio fiduciário podem ser afastadas, *ab initio*, do campo do mandato.

No âmbito das três modalidades para constituição – simples manifestação, transmissão e testamento –, a última pode ser excluída por completo[3733]. Não nos parece possível reconduzir um negócio fiduciário *mortis causa* ao mandato sem representação: (1) o mandato é um contrato e não um ato unilateral; (2) o mandato é um contrato *intuitu personae* e, como tal, extingue-se, por regra, com a morte de uma das partes (1174.º, a) e 2025.º/1); e (3) não

---

[3731] A dimensão pouca duradoura ou mesmo imediata do mandato é posta em evidência pelos autores quando, a título introdutório, elencam situações reais típicas, cfr., MENEZES LEITÃO, *Direito das Obrigações*, Vol. III, cit., 389-390.

[3732] LAMMEL, *Die Haftung*, cit., 24: o mandatário sem representação ocupa uma função de simples intermediação; LARENZ e WOLF, *Allgemeiner Teil*, cit., 845: as funções do fiduciário extravasam largamente a simples prática de atos jurídicos; HERMANN LANGE e GOTTFRIED SCHIEMANN, *Schadensersatz*, 3ª edição, Mohr Siebeck, Tübingen, 2003, 469: embora próximos, o núcleo caracterizador do negócio fiduciário extravasa a simples prática de atos. Esta ideia é repetida por todos os autores, cfr., MICHAEL MARTINEK, *Anotação ao § 383 do HGB* in *Kommentar zum Handelsgesetzbuch*, coordenação de HARTMUT OETKER, 2ª edição, 2011, Rn. 10-12; WOLF e NEUNER, *Allgemeiner Teil*, cit., 593-594: sublinham, ainda, que o fiduciário pratica outros atos que não meramente jurídicos, i.e., atos materiais. Alguns autores focam-se nas diferenças dos regimes, prática que, à luz dos desenvolvimentos atuais, não é particularmente relevante no Direito português, cfr., LIEBICH e MATHEWS, *Treuhand*, cit., 37-41.

[3733] GEIBEL, *Treuhandrecht*, cit., 66-68: o autor expressa idêntica posição.

é possível afirmar que os atos praticados pelo mandatário o sejam por conta do mandante.

Também no que respeita ao fim subjetivo do negócio fiduciário, i.e., sujeitos ou propósitos abrangidos, a recondução ao mandato apenas é possível, em abstrato, às modalidades em que o fiduciante ocupe, simultaneamente, a posição de beneficiário, ficando de fora todas as relações fiduciárias clássicas em que as três posições – fiduciante, fiduciário e beneficiário – sejam ocupadas por sujeitos distintos, assim como os negócios fiduciários que tenham como propósito causas altruístas e caridosas. No primeiro caso – relações fiduciárias tripartidas –, e apenas recorrendo a contratos tipificados, seria necessário conjugar o mandato com a figura do contrato a favor de terceiros[3734], constituindo a situação em concreto já não um mandato sem representação, mas um negócio misto.

Finalmente, serão ainda de excluir todos os negócios fiduciários abertos, em que as instruções e ordens do fiduciante não sejam vinculativas.

II. Também no que respeita às modalidades quanto aos propósitos objetivos, a recondução não é homogénea.

A natureza jurídica do mandato sem representação para alienação tem sido especialmente discutida entre nós. Em termos gerais, são duas as teses em disputa: (1) o mandante transmite o direito para o mandatário, o qual, por sua vez, o transmite ao comprador, sendo a primeira transmissão fiduciária; ou (2) o direito é transmitido diretamente do mandante para o adquirente, sem ser necessária uma primeira transmissão para o mandatário.

Como porta-estandarte da tese da dupla transferência, surge GALVÃO TELLES, autor dos trabalhos preparatórios correspondentes. O ilustre Professor é perentório na sua análise: o mandante terá de transmitir o bem para o mandatário, sob pena de este último não ter legitimidade para executar o mandato[3735]. Esta posição é seguida por CARVALHO FERNANDES[3736] – sublinha que o mandatário atua em nome próprio –, MENEZES LEITÃO[3737] – considera que, sem dupla transferência, qualquer diferença entre o mandato sem

---

[3734] Quanto à distinção entre mandato e contrato a favor de terceiros, vide DIOGO LEITE DE CAMPOS, *Contrato a favor de terceiros*, 2ª edição, Almedina, Coimbra, 1991, 51 ss. e MENEZES CORDEIRO, *Tratado*, II/II, cit., 569.

[3735] *Manual*, cit., 194-195.

[3736] *Teoria geral*, Vol. II, cit., 349-350 e *A conversão*, cit., 753, nota 1.

[3737] *Direito das obrigações*, Vol. III, cit., 416.

e com representação dissipa-se por completo – e VAZ TOMÉ[3738] – apresenta a transmissão do direito para o mandatário como uma decorrência do disposto no artigo 1167.º, a)[3739].

A tese da transmissão direta foi defendida, entre nós, ainda durante a vigência do Código de Seabra, por PESSOA JORGE, na sua tese de doutoramento. O ilustre Professor considerava que a tese da dupla transferência apenas seria defensável em conjugação com a fidúcia, figura que, à época, considerava ilegal[3740].

Já com o Código de 66 em vigor, a tese se não foi acolhida, foi, pelo menos, aceite como válida por PIRES DE LIMA e ANTUNES VARELA[3741] e, para algumas modalidades, por JANUÁRIO GOMES[3742].

PESTANA DE VASCONCELOS opta por uma posição intermédia, defendendo que tudo dependerá da vontade manifestada pelas partes. No fundo, remete para o regime da interpretação do negócio[3743].

III. Embora acolhendo a tese da dupla transferência[3744], precisamente porque o mandatário atua em nome próprio e não em nome do mandante, não podemos apoiar a remissão da relação, nos exatos termos em que é tradicionalmente concebida, para o mundo da fidúcia. A suposta dimensão fiduciária do mandato para alienação reside na obrigação, assumida pelo mandatário, de apenas usar o direito que lhe foi transmitido nos exatos termos acordados, ou seja, de aliená-lo a um terceiro. Este ponto é adotado por toda a doutrina que defende a tese da dupla transferência. Mas não está o conteúdo dessa obrigação coberta pelo disposto na alínea a) do artigo 1161.º: "O mandatário é obrigado a praticar os atos compreendidos no mandato, segundo as instruções do mandante". E não admitindo esta interpretação, não deverá o mandato para alienação ser concebido como um negócio misto,

---

[3738] *Sobre o contrato*, cit., 1105.
[3739] Vide, ainda, ANTÓNIO SEQUEIRA RIBEIRO, *Acerca da forma no contrato de mandato*, 38 RFDUL, 1997, 393-406, 393.
[3740] *O mandato*, cit., 329.
[3741] *Anotação ao artigo 1181.º*, Vol. III, cit., 829-828: os autores abrem as portas a ambas as teorias. Vide, ainda, ADRIANO VAZ SERRA, *Anotação a STJ 19-Mar.-1976*, 110 RLJ, 1977, 88-96, 94.
[3742] *Em tema de revogação*, cit., 118 ss..
[3743] *A cessão*, cit., 261.
[3744] Esta solução resulta, ainda, da análise dos factos dos litígios que têm chegado aos nossos tribunais, cfr., RPt 17-03-2011 (TELES DE MENEZES), proc. n.º 8928/09.6TBVNG.P1.

que conjuga dois negócios: um negócio translativo e um mandatado sem representação?

A recondução, desta relação, ao negócio fiduciário apenas pode ser explicada como um reflexo da interpretação formal clássica, que concebe o negócio fiduciário como um negócio translativo cujo objeto último reside num outro propósito que não a transmissão do direito, tese que já tivemos a oportunidade de criticar[3745].

Tendo como pano de fundo o respetivo regime tipificado, é possível conceber, em teoria, o mandato sem representação para alienação de duas formas distintas: (1) como negócio misto, em que as obrigações e direitos do mandatário e do mandante resultam de uma aplicação direta dos artigos do Código Civil; ou (2) a transmissão do direito do mandante para o mandatário é remetida para o disposto na alínea 1167.º, a). Temos, porém, sérias dúvidas de que a transmissão do direito a alienar a terceiros caiba na previsão da norma "meios necessários". Mais do que um simples meio, o bem constitui o objeto do mandato. Mas, mesmo admitindo a validade desta interpretação, nenhum destes casos consubstancia um negócio fiduciário, à luz da definição preconizada.

Atente-se que a não recondução desta estrutura negocial ao negócio fiduciário não significa que os mesmos efeitos não possam ser alcançados por recurso à fidúcia. Imagine-se uma situação em que um sujeito (fiduciante) transmite um determinado bem para outro (fiduciário), que se compromete a alienar o bem nos exatos termos acordados e procurando o preço e as condições que melhor satisfaçam o interesse do filho do proprietário original (beneficiário). Nestes precisos moldes, a relação já não é passível de ser reconduzida ao regime tipificado.

A inegável semelhança entre as duas situações concretas não deve ser escamoteada. É apenas um exemplo, entre muitos outros, de que um sistema jurídico desenvolvido, como o nosso, fornece várias soluções, por vezes sobrepostas, para as matérias que regula.

O mesmo raciocínio pode ser aplicado, por inteiro, ao denominado mandato sem representação para cobrança e ao negócio fiduciário para cobrança. A subsunção a um ou a outro "regime" resulta da vontade manifestada pelas partes.

[3745] Número 243.

IV. No parágrafo anterior, apresentámos o negócio em que um sujeito se compromete a adquirir um determinado bem, a mando de outrem, assumindo o adquirente a obrigação de atuar, no âmbito dessa posição, nos exatos termos acordados e no interesse do beneficiário indicado, como uma quarta modalidade fiduciária quanto à constituição[3746]. Todavia, nestes precisos termos, a situação é reconduzível ao mandato sem representação[3747]. Impõe-se, assim, perguntar do interesse em desenvolver um negócio atípico que tenha exatamente a mesma estrutura e produza os mesmos efeitos que um negócio típico. A própria atipicidade do negócio seria posta em causa. Ora, o mandato sem representação para aquisição está longe de cobrir todas as modalidades de negócios fiduciários para aquisição, ficando de fora, por exemplo, os negócios fiduciários *mortis causa* ou os negócios fiduciários abertos. A fidúcia ocupa, para além de um papel concorrencial, também uma função complementadora.

V. Imagine-se uma situação clássica de negócio fiduciário para representação, em que o titular de um conjunto de ações se compromete a atuar, enquanto sócio de uma determinada sociedade, no interesse de um terceiro identificado. Como elemento caracterizador da posição do fiduciário, podemos apontar a obrigação de votar sempre do modo que lhe pareça mais vantajoso para os beneficiários últimos da relação[3748]. Não nos parece de todo possível reconduzir esta obrigação ao mandato sem representação: este caracteriza-se pela prática de atos em nome próprio, cujos efeitos subsequentes deverão ser transmitidos para o mandante. Ora, a votação, em si mesma, esgota o interesse do beneficiário. Mesmo no caso em que os votos do fiduciante hajam sido preponderantes, os seus efeitos produzem-se automaticamente, sem necessidade de qualquer transmissão.

O negócio fiduciário para representação surge, muitas vezes, conjugado com a modalidade de negócio fiduciário para administração, podendo mesmo ser alegado que o primeiro representa apenas uma sub-modalidade

---

[3746] Número 249/II.
[3747] STJ 29-Jun.-2010 (Sebastião Póvoas), proc. n. 476/99 P1.S1: contrato de compra e venda de imóvel. O comprador compromete-se a desanexar parte do imóvel adquirido e a transmitir o direito sobre essa nova parte para outro sujeito. O vendedor conhecia que o comprador atuava, também, no interesse de um terceiro.
[3748] Trigo dos Reis, *As obrigações*, cit., 409.

do segundo. Pense-se no último exemplo avançado, em que o titular de um conjunto de ações assume a posição de fiduciário.

261. O mandato sem representação para administração e o negócio fiduciário para administração

I. Teoricamente, é no âmbito da sua modalidade para administração que o negócio fiduciário mais se deveria afastar do mandato. De acordo com a posição tradicional, o mandato é, tendencialmente, de execução imediata e o negócio fiduciário de execução continuada. Esta asserção merece um especial aprofundamento, tanto mais que a assumimos como ponto de partida.

Da leitura do regime consagrado no Código Civil, algumas passagens indiciam que o legislador, aquando da sua positivação, terá também tido em consideração a possível utilização do mandato enquanto suporte jurídico de relações continuadas: o mandato apenas compreende atos de administração ordinária (1159.º/1) ou; o mandatário deve prestar informações sobre o estado da gestão (1161.º, b)). Embora de preenchimento difuso, o conceito de administração ordinária não abrange, por regra, atos de disposição, pelo que, ao mandatário geral, resta a prática de atos mais comuns e quotidianos, típicos da prática de gerir[3749-3750]. O conteúdo do 1161.º, b) é autoexplicativo. O elemento distintivo não pode ser colocado, apenas, na durabilidade da relação.

O segundo aspeto diferenciador leva-nos para a configuração do contrato de mandato. De acordo com o princípio geral consagrado no 1157.º, o mandato é um contrato que se caracteriza pela prática de atos jurídicos, o que,

---

[3749] A alienação de cereais consubstancia um ato de administração ordinária se o mandatário administra uma propriedade agrícola.

[3750] MANUEL DE ANDRADE, *Teoria geral*, Vol. II, cit., 62: como princípio geral, são atos de administração ordinária os atos destinados a promover a conservação dos bens administrados ou a sua frutificação normal, o autor elenca, de seguida, algumas exceções. Vide, ainda, a posição complementadora de CARLOS MOTA PINTO, que considera que, apenas em concreto, se pode determinar se um certo ato é de administração ordinária ou não, cfr., *Teoria geral*, cit., 408-410; MENEZES CORDEIRO, *Tratado*, I/I, cit., 475: os atos de administração implicam modificações acessórias e periféricas e os atos de disposição produzem efeitos muito mais profundos, que podem pôr em causa a própria subsistência da situação; pense-se em qualquer negócio translativo. STJ 21-Mai.-2009 (MARIA DOS PRAZERES PIZARRO BELEZA), proc. n.º 08B2707: o conceito de administração exclui, igualmente, atos que possam onerar a situação jurídica.

consequentemente, parece excluir a prática de atos materiais. Todavia, sob pena do total esvaziamento da figura, aceita-se que o mandatário possa também praticar atos materiais, desde que representem, no todo da sua atuação, uma dimensão acessória[3751]. Ora, sendo a prática de atos materiais remetida para um papel secundário, só muito dificilmente se poderá conceber uma prestação de serviço que exija uma administração diária: pense-se na gestão de uma herdade como um contrato de mandato.

Estamos num campo muito sensível do Direito: com exceção de alguns casos em que, manifestamente, a prática de atos materiais ocupa uma posição central, a maioria das situações concretas encontra-se numa área cinzenta, podendo, sem grandes dificuldades, ser remetida para ambos os tipos – prestação de serviço ou mandato. A ténue diferença pode ser explicada por três razões: (1) o legislador manda aplicar o regime do mandato às prestações de serviço que a lei não regula especialmente, o que retira muita da utilidade prática da sua distinção, se não mesmo a sua totalidade; (2) à luz do Código de Seabra, o mandato absorve a prestação de serviço: "Dá-se o contrato de mandato ou procuradoria, quando alguma pessoa se encarrega de prestar, ou fazer alguma coisa" (1318.º); e (3) o mandato comercial pode abranger a prática de atos materiais, a título principal, mediante autorização expressa (231.º § único)[3752], o que origina uma certa sobreposição entre os conceitos de prestação de serviço comercial e mandato comercial.

A aparente coincidência substantiva reflete-se, erroneamente, na prática jurisprudencial e na prática legislativa.

II. Recentemente, a Relação do Porto apresentou um contrato concluído entre um técnico oficial de contas e uma sociedade como sendo "um contrato de prestação de serviços, na modalidade de mandato com representação". Atente-se no rol de obrigações assumidas pelo suposto mandatário: "o réu assumiu a responsabilidade pela regularidade fiscal da atividade da autora, prestando-lhe ainda a necessária consultadoria técnica e fiscal, além de elaborar toda a contabilidade da

---

[3751] A prática de atos materiais não lhe está vedada, simplesmente assume uma dimensão acessória, cfr., JANUÁRIO GOMES, *Contrato de mandato*, cit., 277; MENEZES CORDEIRO, *Tratado*, V, cit., 66: fala de atos instrumentais necessários. STJ 25-Out.-2012 (FONSECA RAMOS), proc. n.º 204/07.5TBSAT.C1.S1.

[3752] STJ 5-Mai.-2011 (SÉRGIO POÇAS), proc. n.º 4382/06.2TBMTS.P1.S1.

empresa"[3753]. Ainda com data mais próxima, a Relação de Lisboa apresentou como possível mandato – solução apenas afastada porque não se conseguiu provar a celebração de qualquer contrato – uma relação jurídica em que o prestador de serviço assumiu a administração de um prédio, consistindo as suas obrigações em "verificar e assegurar a conservação do imóvel, administrar o prédio, receber rendas etc."[3754]. Em ambos os casos, a prática de atos materiais extravasa, largamente, uma simples dimensão acessória.

III. No âmbito do Decreto-Lei n.º 163/94, de 4 de junho, o legislador nacional definiu como contrato de mandato a relação que se estabelece entre as sociedades gestoras de património (1.º/3, 4.º/2). Esta definição, acolhida por parte da nossa Ciência Jurídica[3755], não é, porém, pacífica: FERREIRA DE ALMEIDA não exclui a possibilidade de estarmos perante um contrato misto[3756]. PINTO DUARTE considera que, em alguns casos, "o gestor assume obrigações que ultrapassam claramente a prática de atos jurídicos", pelo que a sua qualificação como mandato nem sempre será a mais adequada[3757]. Também PAULO CÂMARA, que sublinha a discricionariedade inerente à posição, põe em causa uma recondução pura e simples ao mandato, seria antes um

---

[3753] RPt 11-Mai.-2010 (ANABELA DIAS DA SILVA), proc. n.º 386/07.6TVPRT.P1. RLx 3-Mar.-2011 (HENRIQUE ANTUNES), proc. n.º 535/08.7TCLRS.L1-2: a mesma relação é apresentada como prestação de serviço.

[3754] RLx 19-Jan.-2012 (ANA LUÍSA GERALDES), proc. n.º 950/08.6YXLSB.L1-8.

[3755] LUÍS MENEZES LEITÃO, *Actividades de intermediação e responsabilidade dos intermediários financeiros*, 2 DVM, 2000, 129-156, 133-135; PEDRO PAIS DE VASCONCELOS, *Mandato bancário* in Estudos em homenagem ao Professor Doutor Inocêncio Galvão Telles, Vol. II: Direito bancário, coordenação de ANTÓNIO MENEZES CORDEIRO, LUÍS MENEZES LEITÃO e JANUÁRIO DA COSTA GOMES, Almedina, Coimbra, 2002, 131-155, 149: subtipo de mandato; MANUEL CARNEIO DA FRADA, *A crise financeira mundial e alteração das circunstâncias: contrato de depósito vs. contrato de gestão de carteiras* in Estudos em Homenagem ao Prof. Doutor Sérvulo Correia, Vol. III, FDL, Coimbra, Coimbra, 2010, 453-503, 468-471: apresenta-o como um mandato bancário, embora, mais à frente, o defina como um contrato típico e nominado; MARIA REBELO PEREIRA, *Do contrato de gestão de carteiras de valores mobiliários (natureza jurídica e alguns problemas de regime)*, Dissertação de Mestrado, FDL, Lisboa, 2003, 109 ss.: a autora sublinha, em inúmeras ocasiões, ser o contrato de gestão de carteiras um subtipo de mandato; MARIA VAZ DE MASCARENHAS, *O contrato de gestão de carteiras: natureza conteúdo e deveres*, 13 Cad MVM, 2002, 109-128, 122-123. Jurisprudência: STJ 11-Jan.-2000 (RIBEIRO COELHO), proc. n.º 99A792.

[3756] CARLOS FERREIRA DE ALMEIDA, *As transacções de conta alheia no âmbito da intermediação no mercado de valores mobiliários*, 1 DVM, 1997, 295-309, 297.

[3757] RUI PINTO DUARTE, *Contratos de intermediação no Código dos Valores Mobiliários*, 7 Cad MVM, 2000, 353-372, 366.

mandato "com feições próprias"[3758]. Não nos parece que a definição do contrato de gestão de carteiras por recurso direto ao mandato se justifique.

Como sublinha o Juiz Desembargador ANTÓNIO SANTOS, o contrato de gestão de carteira é um contrato típico e nominado, que dispõe de regulamentação específica no CVM, sendo-lhe aplicáveis, antes de mais, o regime positivado. Em caso de insuficiência, o intérprete-aplicador poderá ainda recorrer, por analogia, ao regime dos demais contratos de intermediação tipificados, sempre que se mostre adequado e tendo sempre como pano de fundo a vontade manifestada pelas partes. Apenas depois terá cabimento invocar o regime do mandato[3759], não por aplicação direta, acrescentamos nós, mas por corresponder ao regime supletivo do contrato de prestação de serviço, extensível "com as necessárias adaptações, às modalidades do contrato de prestação de serviço que a lei não regule especialmente" (1156.º).

Mas mesmo admitindo que o negócio de gestão de carteiras possa ser concebido como um simples mandato, poderá sê-lo na modalidade sem representação? PAULO CÂMARA afirma que, em princípio, será sem representação[3760]. Esta interpretação é seguida por outros autores[3761]. Ora, como conceber um contrato de intermediação que "não envolve qualquer efeito translativo, dado que o cliente mantém a titularidade dos instrumentos sob gestão", nas palavras do próprio PAULO CÂMARA[3762], como um negócio sem representação? Não sendo o intermediário financeiro titular de qualquer direito, apenas poderá transacionar em nome do cliente, ou seja, em representação. Aplica-se, por inteiro, o princípio de que a movimentação de contas bancárias no nome e no interesse do seu titular consubstancia um ato representativo[3763]. Nem outra solução seria concebível.

Esta aparente incongruência é um reflexo do mundo prático. Muitas vezes, o intermediário adquire valores mobiliários em nome próprio transmitindo-os, de seguida, para as contas dos clientes[3764]. Todavia, o facto de o intermediário financeiro adquirir os valores mobiliários em nome próprio não é suficiente para descrever a relação, enquanto um todo, como um mandato sem representação. Mais do

---

[3758] *Manual de Direito dos valores mobiliários*, 2ª edição, Almedina, Coimbra, 2011, 430.
[3759] RLx 21-Jun.-2011 (ANTÓNIO SANTOS), proc. n.º 3345/08.8TVLSB.L1-1.
[3760] *Manual*, cit., 430.
[3761] VAZ DE MASCARENHAS, *O contrato*, cit., 123.
[3762] *Manual*, cit., 430. Este dado é sublinhado por todos os autores que definem o mandato como sendo sem representação: MARIA VAZ DE MASCARENHAS, *O contrato*, cit., 118.
[3763] RLx 21-Nov.-2002 (GRAÇA AMARAL), proc. n.º 0026452.
[3764] PINTO DUARTE, *Contratos de intermediação*, cit., 366, nota 25.

que uma visão muito redutora, é uma visão que apenas tem em consideração parte da relação.

Em suma, não nos parece que o contrato de gestão de carteiras possa ser conceptualizado como um mandato sem representação, nem como um negócio fiduciário[3765]. Tal não significa, evidentemente, que ambas as realidades não possam ser utilizadas subsidiária ou analogicamente.

É notória uma tendência legislativa, jurisprudencial e doutrinária, que deve ser combatida, para apresentar todos os negócios de prestação de serviço atípicos como mandatos.

IV. Estes três exemplos – dois jurisprudenciais e um legislativo e doutrinário – chamam a nossa atenção para um ponto usualmente descurado: a utilização do mandato sem representação com fins de administração é de reduzida praticabilidade. Relembre-se que todos os efeitos decorrentes da atuação do mandatário, embora se produzam na sua esfera jurídica, têm como destinatário último o mandante. De acordo com o disposto no artigo 1181.º/1, "o mandatário é obrigado a transferir para o mandante os direitos adquiridos em execução do mandato", permitindo, o número 2 do mesmo preceito, ao mandante "substituir-se ao mandatário no exercício dos respetivos direitos". Ora, subsumindo este regime à administração de uma herdade, de um prédio ou mesmo de uma carteira de títulos, detidos a título próprio, a sua desadequação é palpável. Mesmo passando o crivo da dimensão acessória dos atos materiais, o que, em princípio, não se julga possível, a constante necessidade de transmitir direitos para o mandante, muitos dos quais não poderão ser separados da própria situação jurídica, impossibilita um funcionamento adequado da relação[3766].

Por fim, reitere-se o que afirmámos para o mandato para alienação: a não ser que se interprete a transmissão dos bens a administrar para o mandatário como um meio necessário para a execução do mandato, o que nos parece de difícil defesa, o mandato, só por si, não cobre a transmissão, pelo que o deno-

---

[3765] CARNEIRO DA FRADA, *Crise financeira*, cit., 471: embora o apresente como um contrato fiduciário, da leitura do texto parece resultar que o autor pretende apenas sublinhar a relação de confiança que se estabelece.

[3766] LAMMEL, *Die Haftung*, cit., 24: o autor aponta para uma solução idêntica. Partindo da ideia clássica de que o mandatário atua como intermediário, afirma que a sua posição base não corresponderá à titularidade de um direito que, anteriormente, pertencia ao suposto mandante. Ora, é precisamente este aspeto que caracteriza o negócio fiduciário.

minado mandato sem representação para administração teria sempre de ser concebido como um negócio misto.

V. Conquanto o mandato sem representação e o negócio fiduciário sejam, tradicionalmente, apresentados como estando bastante próximos um do outro, o número de situações que, em abstrato, podem ser reconduzidas à fidúcia é imensuravelmente superior. Logo à partida, ficam de fora da esfera do mandato todas as relações fiduciárias *mortis causa*, as relações fiduciárias que tenham como fim subjetivo propósitos culturais e caridosos ou o interesse de terceiros estanhos à relação mandante/mandatário, bem como os denominados negócios fiduciários abertos.

O fosso entre as duas figuras aumenta exponencialmente se tivermos em consideração não apenas as suas conceptualizações teóricas, mas as suas diferentes concretizações. O mandato para alienação consubstancia um negócio misto, assim como o mandato para cobrança. Já em relação ao mandato sem representação para administração, não nos parece concebível enquanto tal: (1) a prática de atos materiais extravasa a simples dimensão acessória; e (2) o regime tipificado parece ter sido concebido para mandatos para aquisição, sendo de pouca praticabilidade para relações que tenham na sua base a administração de direitos.

Apenas o mandato para aquisição parece poder ser interpretado no sentido de negócio fiduciário, nos moldes sustentados. Repare-se que o negócio fiduciário para aquisição é, por natureza, uma modalidade especial ou imprópria, levantando a sua subsunção à definição preconizada algumas dúvidas. Todavia, é inegável que temos um titular de um direito que se compromete a atuar nos exatos termos acordados e no interesse de outrem.

Ora, perante esta coincidência substantiva, cumpre perguntar se devemos apresentar o mandato sem representação como um negócio fiduciário típico[3767]? Antes de respondermos, sublinhe-se que nem todos os negócios fiduciários para aquisição podem ser apresentados como mandatos sem representação, pelo que o regime tipificado em caso algum esgota esta modalidade fiduciária. Nos casos em que haja uma coincidência total, não nos parece que a utilização da nomenclatura fiduciária traga vantagens dogmáticas ou práticas. Como já anteriormente sublinhado, os avanços do Direito são sempre feitos com base numa circunscrição linguística. A recon-

---

[3767] BECKER, *Der Missbrauch*, cit., 42: admite que algumas modalidades do mandato sem representação podem ser apresentadas como modalidade fiduciárias.

dução do mandato sem representação para aquisição ao universo fiduciário poderia resultar numa confusão conceptual e linguística, dispensável tanto do ponto de vista do mandato, enquanto negócio tipificado, como do ponto de vista do negócio fiduciário, que busca a sua autonomização dentro de um sistema competitivo.

Não podemos fechar esta matéria sem sublinhar que as diferenças até aqui apontadas são essencialmente de índole estrutural, i.e., ao partirmos de uma definição unitária do negócio fiduciário exclui-se, necessariamente, qualquer construção contratual assente numa conjugação de diferentes tipos negociais – exemplos paradigmáticos do mandato para alienação e do mandato para cobrança. Todavia, também não pode deixar de ser esclarecido que, numa perspetiva substantiva, os dois institutos tendem a aproximar-se: em ambos os casos um sujeito atua no interesse de outrem. Em suma, conquanto o mandato, salvo na sua modalidade para aquisição, não possa ser reconduzido ao conceito de negócio fiduciário *stricto sensu*, nada parece obstar a sua recondução ao universo fiduciário.

262. O *trust* como mandato sem representação

I. Tradicionalmente, a grande diferença entre o *trust* e o mandato é de ordem estrutural: o mandato é um contrato e o *trust* não o é[3768-3769]. Todas as restantes características que afastam os dois mecanismos acabam por poder ser reconduzidas às suas naturezas distintas. Não existindo um vínculo obrigacional entre o *settlor* e o *trustee*: (1) o *settlor* não pode dar instruções ou ordens ao fiduciário, ficando este apenas obrigado a seguir as diretrizes explanadas no ato constitutivo; (2) o *settlor* não pode revogar o ato constitutivo do *trust*; e (3) o seu falecimento é irrelevante para efeitos da sua conservação ou extinção. Em suma, o papel do *settlor* circunscreve-se ao momento da constituição do *trust*. Acresce que não existe nenhum vínculo obrigacional entre o *trustee* e o beneficiário, pelo que também este sujeito

---

[3768] Vaz Tomé e Leite Campos, *A propriedade*, cit., 262-263: os autores elencam algumas das diferenças entre os dois mecanismos.

[3769] A recondução da *agency* ao mundo dos contratos é também identificada, pela doutrina inglesa, como estando na base do afastamento dos dois mecanismos: *Lewin on Trusts*, cit., 13; *Snell's Equity*, cit., 636; Thomas e Hudson, *The Law of Trusts*, cit., 35; Parker e Mellows, *The Modern Law*, cit., 34.

não pode dar ordens ou instruções ao fiduciário, com exceção da imposição da transmissão dos bens para a sua esfera jurídica e apenas nos casos em que semelhante direito lhe seja reconhecido[3770]. Repare-se, contudo, que esta exigência decorre não de um suposto vínculo contratual, mas do conteúdo da posição jurídica do beneficiário.

II. Todavia, como avançámos na introdução ao presente parágrafo, a comparação deve ser feita tendo como base o conceito de *trust* nos moldes preconizados: negócio fiduciário *stricto sensu* para administração e aberto, que pode ser constituído por simples manifestação de vontade, por transmissão da posição jurídica para um terceiro que assume a posição de fiduciário ou por disposição *mortis causa*.

Ora, perante este conteúdo, o fosso entre o *trust* e o mandato sem representação torna-se intransponível. Às críticas acima formuladas, no âmbito da comparação entre o negócio fiduciário *stricto sensu* e o regime positivado do mandato sem representação, acrescente-se a possibilidade de o mandante dar instruções vinculativas ao mandatário, aspeto que não se verifica no *trust*. Será sempre um negócio fiduciário aberto.

[3770] Números 89/I e 164/V.

§ 51.º A CONSTITUIÇÃO E O REGIME DOS *TRUSTS* INTERNOS

263. A heterogeneidade estrutural do *trust* e a construção de um regime interno

I. Como sublinhámos na introdução ao estudo do Direito anglo-saxónico, é mais correto falar-se em *trusts*, no plural, do que em *trust*, no singular. As infindáveis construções possíveis exigem alguma prudência. A mobilidade dos três sujeitos clássicos – fiduciante, fiduciário e beneficiário – permite múltiplas composições morfológicas. Teremos ainda de ter em consideração a mutabilidade do conteúdo das posições jurídicas de cada um dos intervenientes, com especial destaque para o sujeito ativo – o fiduciário.

Tendo como ponto de partida a definição sustentada – o *trust* é um negócio fiduciário *stricto sensu* aberto para administração, que pode ser constituído por simples manifestação de vontade, por transmissão da posição jurídica para um terceiro que assume a posição de fiduciário ou por disposição testamentária –, é possível conceber, numa perspetiva estrutural, pelo menos, sete modalidades distintas[3771]: (1) *trust* estático: as posições de fiduciante e de fiduciário encontram-se reunidas na esfera jurídica do mesmo sujeito; (2) *trust* dinâmico clássico: o direito é transmitido para o fiduciário, que se compromete a atuar sempre no interesse de um terceiro, sendo as três posições ocupadas por sujeitos distintos; (3) *trust* dinâmico passivo: o direito é transmitido para o fiduciário, que se compromete a atuar no interesse do fiduciante: as posições de fiduciante e de beneficiário concentram-se na mesma

---

[3771] Esta lista é aplicável aos negócios fiduciários em geral.

esfera jurídica; (4) *trust* dinâmico múltiplo passivo: o direito é transmitido para o fiduciário, que se compromete a atuar no interesse de um grupo de beneficiários, de entre os quais se conta o fiduciante; (5) *trust* dinâmico múltiplo ativo: a posição de fiduciário é ocupada pelo fiduciante e por um ou mais sujeitos que se comprometem, em conjunto, a atuar no interesse dos beneficiários indicados; (6) *trust* dinâmico múltiplo misto passivo: relação fiduciária com múltiplos sujeitos a ocuparem tanto a posição de fiduciário, como a de beneficiário; caracteriza-se pela coincidência, na mesma esfera jurídica, de ambas as qualidades, ou seja, um dos fiduciários é, também, um dos beneficiários da relação; e (7) *trust* dinâmico múltiplo misto ativo: situação em tudo idêntica à anterior, com a particularidade de um dos fiduciários, que também é beneficiário, ser igualmente o fiduciante.

II. À versatilidade estrutural do *trust* devem ainda acrescentar-se algumas das classificações elencadas no § 49.º: (1) modalidades quanto à constituição: como resulta da sua definição, o *trust* pode ser constituído através da simples assunção da posição de fiduciário; através da transmissão para um terceiro que assume a posição de fiduciário; ou por disposição testamentária, assumindo o herdeiro a posição de fiduciário; (2) modalidades quanto à atuação do fiduciário: o *trust* pode ser simples ou formal e complexo ou material, consoante se exija do fiduciário uma atuação passiva ou ativa; ou (3) modalidades quanto aos interesses do beneficiário: o *trust* pode ser fixo ou discricionário, dependendo da discricionariedade que for atribuída ao *trustee*.

Torna-se patente, da leitura destas duas listas, que o regime jurídico irá variar consoante a estrutura e o conteúdo atribuídos à relação.

III. Antes de iniciarmos o estudo de alguns dos pontos mais sensíveis do regime do *trust* interno, importa sublinhar que o seu preenchimento assume características muito próprias. Tradicionalmente, na construção de regimes atípicos, são tidos em consideração a vontade das partes, os regimes jurídicos análogos e as regras gerais das obrigações, apenas para citar as fontes mais comuns[3772]. Ora, o regime do *trust* está já construído. Como ponto de

---

[3772] PAIS DE VASCONCELOS, *Contratos atípicos*, cit., 117 ss.; RUI PINTO DUARTE, *Tipicidade e atipicidade dos contratos*, Almedina, Coimbra, 2000, 131 ss.; ou ANTÓNIO PINTO MONTEIRO, *Negócio jurídico e contrato de sociedade comercial*, 136 RLJ, 2006, 90-103, 90, nota 1: um apanhado geral da doutrina nacional.

partida, assumimos o regime anglo-saxónico como sendo o nosso. A tarefa da Ciência Jurídica consistirá não na elaboração de um regime novo, mas na adaptação de um regime já existente ao nosso ordenamento. De resto, o sistema apresenta-se como o único limite a ter em consideração.

O sistema não é uma realidade abstrata, sem conteúdo preciso. Os seus limites expressam-se nos princípios que o regem e nas normas concretas que dele emanam. Ora, a nossa construção atípica deverá ter sempre como pano de fundo estes dois elementos. Para o primeiro caso, i.e., princípios formativos do sistema considerem-se as diferentes receções desencadeadas nos sistemas civis, com especial destaque para a Convenção de Haia relativa à lei aplicável ao *trust* e ao seu reconhecimento[3773] – que serve de ponto de partida a muitos dos regimes desenvolvidos: o regime francês – consagrado nos artigos 2011.º a 2030.º do Código Civil –, o regime luxemburguês – consagrado na Lei 27 de julho de 2003, que aprova, no seu artigo 1.º, a Convenção de Haia –, o regime do Listenstaine – consagrado nos artigos 897.º-927 do PGR – ou o regime italiano – que tem como fonte primária a própria Convenção de Haia. Poderão ainda mostrar-se de extrema utilidade alguns trabalhos doutrinários de harmonização legal; sublinhe-se o prestígio dos já mencionados *Principles, Definitions and Model Rules of European Private Law*.

Em relação ao segundo elemento – normas positivadas – e conquanto se defenda a atipicidade do *trust*, não pode ser ignorado que o sistema, nos moldes atuais, abarca muitas áreas coincidentes. No preenchimento do *trust* dinâmico clássico, é plausível que o regime do contrato a favor de terceiros represente um papel importante. A sua invocação já é, todavia, dispensável no âmbito do *trust* estático. O mesmo se diga quanto ao regime da compropriedade, que apenas será tido em consideração nas modalidades que preveem mais do que um fiduciário.

Apesar das diferenças morfológicas e substantivas, todas as modalidades fiduciárias partilham o mesmo elemento caracterizador: o *trustee* obriga-se a atuar no interesse do beneficiário, o que nos remete, parcialmente, para o campo da prestação de serviço. Em suma, por decorrência do disposto no artigo 1154.º, e conquanto a sua aplicação direta tenha sido afastada no parágrafo anterior, o regime do mandato irá ocupar uma posição de destaque.

[3773] Sobre o reconhecimento de *trusts* em Portugal, vide, o recente artigo de AFONSO PATRÃO, *Reflexões sobre o reconhecimento de trusts voluntários sobre bens imóveis em Portugal*, 87 BFDUC, 2011, 357-427.

IV. Nas próximas linhas, como já foi brevemente aludido, iremos focar a nossa atenção em alguns pontos mais discutíveis. Relembre-se que o regime em jogo é o anglo-saxónico, devidamente aprofundado na Parte III deste trabalho. Sendo o nosso propósito último a consagração do instituto fiduciário anglo-saxónico, a apresentação minuciosa do regime interno redundaria numa repetição desnecessária. Assim, apenas nos interessam alguns pontos que podem levantar especiais dúvidas.

No âmbito dos regimes civilísticos, são dois os aspetos que maiores dificuldades levantam: (1) a natureza jurídica do *trust*; e (2) a natureza jurídica da posição do beneficiário. Este último ponto apenas pode ser explorado, na sua totalidade, depois de analisados os efeitos externos da relação fiduciária, pelo que remetemos para o capítulo subsequente. Já no que respeita à natureza jurídica do *trust*, esta resulta da conjugação de dois elementos: (1) natureza do ato constitutivo; e (2) natureza jurídica dos diferentes intervenientes fiduciários.

Ora, são precisamente estes os aspetos que nos irão ocupar no presente parágrafo. Mas, relembre-se, apenas na medida em que a sua transposição para a ordem jurídica portuguesa se revista de especial dificuldade.

264. O *trust* interno de base contratual

I. O primeiro grande obstáculo à criação de um negócio atípico com um conteúdo e regime análogos ao do *trust* consiste na natureza imprecisa do instituto fiduciário inglês. A figura é apresentada como sendo o produto acabado da *Equity Law*, que não encontra, alegadamente, paralelo nos Direitos continentais. As supostas dificuldades não residem na inexistência de uma jurisdição equivalente à do *Chancellor*[3774], mas na natureza misteriosa do *trust*.

A esmagadora maioria dos autores anglófonos afasta o *trust*, por completo, do mundo dos contratos. Ora, em 1995, JOHN LANGBEIN, Professor da

---

[3774] A própria doutrina anglófona há muito que não recorre a este argumento, cfr., WISDOM, *A Trust Code*, cit., 78: considera que coube a LEPAULLE quebrar essa barreira dogmática; HEFTI, *Trusts and Their Treatment*, cit., 567: embora sublinhe a vitalidade da *Equity Law*, parece concluir que o facto de esta não encontrar paralelo nos Direitos continentais levanta apenas problemas de índole formal. O ponto de partida deverá ser a função do *trust* e não a sua natureza; GRETTON, *Trusts without Equity*, cit., 618: "*the trust is not a "unique institution" and had no necessary connection with equity*".

Universidade de *Yale*, publicou um revolucionário artigo – *The Contractarian Basis of the Law of Trusts*[3775] – em que alega que *"Trusts are contracts"*[3776].

LANGBEIN assume uma linha de raciocínio bastante próxima da doutrina alemã que coloca a pedra de toque da *Treuhand* na sua dimensão interna. O Professor estado-unidense defende que o elemento caracterizador do *trust* não é o evento que dá origem à relação, por regra a transmissão do direito, mas os poderes atribuídos e as obrigações assumidas pelo *trustee* no âmbito da administração dos bens constituídos em *trust*[3777].

II. A argumentação de LANGBEIN assenta em três grandes pilares: (1) análise histórica; (2) análise lógico-dogmática; e (3) análise comparativa.

Originariamente, o *trust* terá sido concebido como uma forma rudimentar de contrato[3778]. Esta visão, ainda presente nas obras clássicas dos séculos XVII e XVIII, mantém-se na viragem para o século XX. O próprio MAITLAND reconhece a dimensão obrigacional do *trust*[3779]. Contudo, na querela que opôs, nos inícios do século passado, as duas correntes – tese real e tese obrigacional –, a posição de SCOTT saiu vencedora[3780]: o porta-estandarte da teoria que reconduz o *trust* ao direito de propriedade assumiu um papel de destaque na elaboração do primeiro *Restatement of Trusts*, datado de 1935[3781],

---

[3775] 105 Yale L J, 1995, 625-675. O autor retoma esta temática, com menor profundidade, em *The Secret Life of the Trust: the Trust as an Instrument of Commerce*, 107 Yale LJ, 1997, 165-189, 189: "*contract-like regime*".
[3776] Cit., 627.
[3777] Cit., 627.
[3778] Cit., 632-643.
[3779] Cit., 644.
[3780] Cit., 655. Sobre esta querela, vide número 165.
[3781] AUSTIN W. SCOTT, *The Restatement of the Law of Trusts*, 16 ABAJ, 1930, 496-497: curto resumo sobre a história por detrás do primeiro *Restatement of Trusts*; ARNOLD, *The Restatement of the Law of Trusts*, cit.: após apresentar algumas críticas ao documento, dá os parabéns a SCOTT por ter conseguido tratar de forma concisa e lógica uma matéria tão complexa como o Direito dos *trusts*; AUSTIN W. SCOTT, *The Restatement of the Law of Trusts*, 31 Colum L Rev, 1931, 1266-1285: o autor defende-se das críticas que lhe foram apontadas por THURMAN ARNOLD. O artigo tem ainda como propósito sublinhar o enorme interesse do *Restatement*. O autor volta a sublinhar a sua importância em outras ocasiões: *Fifty Years of Trusts*, 50 Harv L Rev, 1936, 60-76, 61 e *Reception by the Courts of the Restatement of Trusts*, 23 ABAJ, 1937, 443-447, 475. HENRY W. VANNEMAN, *Trusts – Restated and Rewritten*, 34 Mich L Rev, 1936, 1109-1134: interessante análise comparativa entre o *Restatement* e o Tratado de BOGERT, publicado na mesma altura. Vide, ainda, com idêntico propósito, EDMOND B. BUTLER, *Some Reflections on the Restatement of the Law of Trusts*,

o que lhe permitiu fazer vingar as suas posições[3782]. No célebre comentário c) ao § 198 do *Rest. 1ˢᵗ* podemos ler:

> *The creation of a trust is conceived of as a conveyance of the beneficial interest in the trust property rather than as a contract.*

O papel atribuído por Langbein a Scott parece-nos excessivo. A posição do jurista americano está muito longe de poder ser apresentada como única ou vanguardista. Acresce que também do lado de cá do Atlântico, onde a ascendência do *Restatement of Trusts* é reduzida ou mesmo nula, vigora a mesma conceção.

A não recondução do *trust* ao mundo dos contratos deve ser interpretada como um reflexo do sistema jurídico anglo-saxónico e da sua história. Por um lado, a separação entre a *Equity Law* e a *Common Law* favoreceu esta visão quase mística da jurisdição do *Chancellor*, livre de qualquer influência externa. Os mecanismos, figuras e doutrinas da *Equity* são *equitable* e nada mais. Por outro lado, o Direito dos contratos ficou refém da inflexibilidade e da rigidez da *Common Law*, pouco propícia a avanços. Caso o Direito dos contratos tivesse alcançado uma maior profundidade dogmática e sistemática, muito provavelmente o *trust* teria sido absorvido. Repare-se que alguns mecanismos característicos do instituto fiduciário anglo-saxónico, como o caso da execução específica, apenas foram reconhecidos pelos tribunais centrais muito depois de a sua invocação ser uma prática comum nos tribunais da *Equity Law*[3783].

---

6 Fordham L Rev, 1937, 228-240; Alfred Evens, *Restatement of the Law of Trusts*, 11 Ind LJ, 1936, 397-398: critica o facto de os *constructive trusts* terem sido deixados de fora do âmbito do documento; George G. Bogert, *A Project for Improvement of Trust Law*, 7 U Chi L Rev, 1939, 112-123: o autor considera que, passados menos de 5 anos sobre a publicação do *Restatement*, já se impõem algumas alterações; John Minor Wisdom, *Progress in the Codification of Trusts*, 14 Tul L Rev, 1940, 165-189, 172 ss.: a influência do *Restatement* levou a uma uniformização do Direito dos *trusts*. Atente-se, porém, que o sucesso do *Restatement* não foi imediato. Em 1939, um advogado californiano menciona a sua pouca influência nos tribunais locais, cfr., Elmo H. Conley, *Trends in the Development of Trusts*, 25 ABAJ, 1939, 862-887, 866. Vide, ainda, a análise do Professor inglês Harold G, Hanbury, *The American Law Institute's Restatement of Trusts*, 2 UTLJ, 1937, 50-66.

[3782] Langbein, *Contractarian*, cit., 648.
[3783] Hansmann e Mattei, *The Functions*, cit., 441.

§ 51.º A CONSTITUIÇÃO E O REGIME DOS *TRUSTS* INTERNOS

Numa perspetiva dogmática, LANGBEIN considera que o *trust* consubstancia um contrato: a constituição de um *trust* dinâmico resulta da conjugação das vontades do *settlor* e do fiduciário – "*No one can be made to accept a trusteeship*"[3784]. Esta realidade reflete-se na possibilidade de as partes estabelecerem, dentro dos limites da lei, as obrigações assumidas pelo fiduciário[3785]. Acresce que, após a fusão da *Equity Law* e da *Common Law*, os mecanismos de defesa que os beneficiários passaram a ter ao seu dispor em nada diferem dos facultados às partes em diversos contratos, o que vem aproximar os dois ramos do Direito[3786]. O regime do contrato de *agency*, analisado no parágrafo anterior, é um exemplo perfeito do modo como a *Equity Law* e a *Common Law* têm vindo, desde o início do processo unificador, a conjugar-se mutuamente.

Finalmente, através de uma breve análise comparatística, LANGBEIN conclui que, quando confrontados com litígios que envolvam *trusts*, os tribunais dos sistemas jurídicos continentais tendem a resolvê-lo, com bastante sucesso, por recurso aos respetivos regimes contratuais[3787].

A análise contratualista do *trust* tem na função residual do *settlor* – circunscrita à constituição da relação – e na natureza unilateral do *trust* estático as suas maiores fragilidades. O primeiro problema é facilmente resolvido por LANGBEIN: em face da natureza contratual do *trust*, nada impede que as partes acordem num papel mais ativo do *settlor*, que extravase a sua função clássica. Em relação ao *trust* estático, o jurista estado-unidense começa por sublinhar, no início do artigo, não ser abrangido pelo seu estudo. LANGBEIN reconhece, porém, que não é possível explicar a relação que advém da simples assunção da posição de fiduciário recorrendo à ideia de contrato[3788]. Este afastamento é, todavia, relativizado. Em primeiro lugar, o *trust* estático tem hoje uma utilização residual e, em segundo lugar, na maioria das situa-

---

[3784] *Contractarian*, cit., 650.
[3785] Cit., 650 ss..
[3786] Cit., 653 ss.. O Direito dos contratos, em especial os mecanismos de defesa disponibilizados, deve muito do seu conteúdo atual à ascendência da *Equity Law*, cit., EMILY L. SHERWIN, *Law and Equity in Contract Enforcement*, 50 Md L Rev, 1991, 253-315; PETER BIRKS, *Equity in the Modern Law: an Exercise in Taxonomy*, 26 U W Austl L Rev, 1996, 1-99, 52 ss.; LARRY A. DIMATTEO, *Equity's Modification of Contract: an Analysis of the Twentieth Century's Equitable Reformation of Contract Law*, 33 New Eng L Rev, 1999, 265-364.
[3787] Cit., 669-671.
[3788] Cit., 627-628.

ções, o *settlor* mantém por pouco tempo a posição de fiduciário: regra geral, depois da sua constituição, esta é ocupada por outro sujeito, o que permite, de certo modo, alega LANGBEIN, remeter toda a relação, uma vez mais, para o mundo dos contratos[3789].

III. Salvo raras exceções, a teoria contratualista de LANGBEIN não mereceu especial acolhimento, mesmo por parte da escola económica do Direito, que tende a remeter para a vontade das partes o conteúdo obrigacional das relações[3790] e da qual seria expectável maior entusiasmo. Curiosamente, os próprios apoiantes da construção circunscrevem a sua concordância à dimensão interna da relação fiduciária, ficando de fora a dimensão externa da relação, i.e., a posição jurídica do beneficiário perante terceiros externos à relação. Logo, apenas parcialmente poderia ser o *trust* reconduzido ao Direito dos contratos[3791].

Neste ponto, é notória uma certa confusão dogmática que cumpre afastar[3792]. O facto de nem todos os efeitos jurídicos poderem ser remetidos para o campo contratual não significa que o *trust* não consubstancie um contrato. Também os direitos do comprador, num contrato de compra e venda, não se circunscrevem ao Livro II do Código Civil. Com a conclusão do contrato, o direito transmite-se do vendedor para o comprador, que passa a ser titular de um direito real, dimensão regulada pelo regime previsto no Livro III do

---

[3789] Cit., 672 ss..

[3790] Número 123.

[3791] HANSMANN e MATTEI, *The Functions*, cit., 470: afirmam que apenas podem acompanhar LANGBEIN na parte das relações que se estabelecem entre o *settlor*, o beneficiário e o fiduciário. Todavia, já não consideram possível explicar a dimensão externa do *trust* por recurso ao Direito contratual; THOMAS W. MERRILL e HENRY E. SMITH, *The Property/Contract Interface*, 101 Colum L Rev, 2001, 773-852, 844-845: dimensão interna, 845-849: dimensão externa; GRETTON, *Trusts without Equity*, cit., 601: reconhece que o *trust* pode ser explicado, quase na sua totalidade, recorrendo a uma linguagem contratual; ANTHONY DUGGAN, *Contracts, Fiduciaries and the Primacy of the Deal* in *Exploring Private Law*, coordenação de ELISE BANT e MATTHEW HARDING, CUP, Cambridge, 2010, 275-297, 280: "*The trust is in substance a third party contract*"; GREGORY S. ALEXANDER, *The Dilution of the Trust*, http://papers.ssrn.com/sol3/papers.cfm?abstract_id=1975378, 2: a interpretação de LANGBEIN é bastante promissora.

[3792] Este erro é perpetrado pelos redatores/comentadores ao DCFR. No comentário ao 1:201 do Livro X podemos ler "*It is not a contractual obligation, though clearly there are substantial parallels ... Instead, because of the significant third party effects which a trust is capable of generating, the trust is seen as buttressing (if not part of) property law*", cfr., *Principles, Definitions*, cit., 5680.

§ 51.º A CONSTITUIÇÃO E O REGIME DOS *TRUSTS* INTERNOS

Código Civil. Em suma, ao contrário do que a doutrina anglófona alega, a caracterização do *trust* como um contrato não está dependente da recondução de todos os direitos emergentes ao Direito das obrigações.

Ora, se atendermos apenas à relação que se estabelece entre as partes fiduciárias, a conceptualização do *trust* como um contrato não é uma solução particularmente heterodoxa, mesmo no seio dos Direitos da *Common Law*. Atente-se na definição de *trust* consagrada no § 2 do *Rest. 3rd*:

> *A trust . . . is a fiduciary relationship with respect to property, arising from a manifestation of intention to create that relationship and subjecting the person who holds title to the duties to deal with it for the benefit of charity or for one or more persons.*

O *trust* é originado por uma declaração de vontade em que o titular do direito se compromete a atuar no interesse de outrem.

IV. A contratualização *trust* foi a solução encontrada pelos ordenamentos de Direito civil[3793]. Em França, de acordo com o disposto no artigo 2012.º CC Nap, "*La fiducie est établie par la loi ou par contrat*". No Luxemburgo, o artigo 4.º da Lei 27 de julho de 2003 incorpora o termo contrato na própria definição da relação: "*Un contrat fiduciaire au sens du présent titre est un contrat par lequel une personne, le fiduciant, convient avec une autre personne, le fiduciaire, que celui-ci, sous les obligations déterminées par les parties, devient propriétaire de biens formant un patrimoine fiduciaire*". Em Itália, é este o sentido que os tribunais lhe têm atribuído[3794]. Veja-se, ainda, o regime chinês[3795] ou o regime argentino[3796], apenas para citar as legislações em que o termo contrato é expressamente utilizado.

[3793] Este caminho tem sido apresentado pela doutrina anglófona como uma solução possível para ultrapassar as dificuldades de transposição direta, cfr., SHEEDY, *Civil Law Jurisdictions*, cit., 178.

[3794] MAURIZIO LUPOI, *Atti istitutivi di trust e contratti di affidamento fiduciario, con formulario*, Giuffrè, Milão, 2010, 21.

[3795] Lei de 28 de abril de 2001. A versão oficial inglesa pode ser consultada in http://english.gov.cn/laws/2005-09/12/content_31194.htm. Artigo 8.º: "*The creation of a trust shall take the form of writing. The form of writing consists of trusts contracts, testament, or other documents specified by laws and administrative regulations*".

[3796] Ley n.º 24.441, de 9 de janeiro de 1995. Artigo 2.º: "*El contrato deberá individualizar al beneficiario*".

Idêntica solução foi adotada pelos sistemas ditos mistos, nos quais a *Common Law* ocupa, tradicionalmente, uma posição influente. À luz do Direito do Quebeque, "*La fiducie est établie par contrat, à titre onéreux ou gratuit, par testament ou, dans certains cas, par la loi. Elle peut aussi, lorsque la loi l'autorise, être établie par jugement*". Na África do Sul, o *trust* é concebido como um contrato concluído entre o fiduciante e o fiduciário, em benefício do beneficiário[3797]. Também no Direito israelita, o legislador teve o cuidado de estabelecer este modo de criação[3798]. Já no Direito escocês, embora a coincidência entre contrato e *trust* não seja tão evidente, é notória a influência do primeiro. Atente-se às palavras da *Scottish Law Commission*[3799]:

> *Like a contract or a will, a trust is a legal device, an institutional fact, which is constitutive of rights and duties between persons*[3800].
>
> *[A] trust is similar to a contract which creates rights and duties between the parties to the agreement. Like a contract, a standard trust is a manifestation of consent on the part of the truster and trustee which generates rights in the beneficiaries and obligations on the trustee ... Once constituted, like a contract or promise, a trust becomes the source of legal rights and obligations between particular person*"[3801].

V. Assim, nada parece impedir, pelo contrário, que o *trust* seja concebido, no Direito português, como um contrato, aplicando-se, consequentemente, todos os preceitos referentes, tanto da Parte Geral, como do Livro II.

Sublinhe-se, uma vez mais, que esta posição não significa que todos os aspetos que rodeiam a relação, em especial a posição jurídica do beneficiário, possam ser explicados por recurso ao Direito dos contratos. Todavia, fica a dúvida se, mesmo no que respeita à dimensão interna, esta recondução é absoluta. Dois pontos, acima mencionados, revestem-se de maior importân-

---

[3797] DE WAAL, *The Core Elements*, cit., 556 e *Law of Succession* in *Introduction to the Law of South Africa*, coordenação de C. G. VAN DER MERWE e JACQUES E. DU PLESSIS, Kluwer, Haia, 2004, 169--200, 188: um *trust* pode ser constituído por testamento, por contrato ou por ordem do tribunal.
[3798] Artigo 2.º do *Trust Law*: "*A trust is created by Law, by a contract with a trustee or by an instrument of endowment*".
[3799] *Nature and Constitution of Trusts*, DP 133, 2006. O texto pode ser consultado, na íntegra, no sítio http://www.scotlawcom.gov.uk/law-reform-projects/trusts/.
[3800] Cit., 5.
[3801] Cit., 7.

cia: (1) pode o papel do *settlor* ficar circunscrito à constituição da relação, tendo em conta os princípios formativos do Direito obrigacional pátrio?; e (2) sendo a fidúcia estática concebida como uma simples assunção da posição de fiduciário, como concebê-la, à luz do Direito português, sem desvirtuar o seu conteúdo originário?

265. A circunscrição do papel do *settlor* no *trust* dinâmico

I. Conquanto LANGBEIN afirme que nada impossibilita que as partes acordem num papel mais ativo do *settlor*, não podemos ignorar que, tradicionalmente, a intervenção do fiduciante está circunscrita à constituição do *trust*. O *settlor* não é titular de nenhum direito – legal ou *equitable* – sobre o bem e, nem sequer, de nenhum direito contratual que lhe possibilite dar ordens ao *trustee*. Todas as indicações e diretrizes do fiduciante devem constar do ato constitutivo, i.e., do contrato ou do testamento. Acresce que, no caso de o fiduciário incumprir as obrigações assumidas ou alienar os bens ilicitamente, o fiduciante, não sendo titular de qualquer direito, não pode recorrer aos tribunais. Se o fiduciante pretende ter uma presença mais ativa na administração dos bens constituídos em fidúcia, resta-lhe nomear-se *trustee*[3802].

II. A constituição do nosso *trust* interno resultará de um encontro de vontades entre o fiduciário e o fiduciante, comprometendo-se o primeiro a atuar, no âmbito da posição que lhe foi transmitida, no interesse do beneficiário. Tendo esta relação uma natureza contratual, o *settlor* deveria poder recorrer, no caso de o fiduciário incumprir as obrigações assumidas, a todos os mecanismos disponibilizados pelo sistema. Todavia, o regime anglo-saxónico, como acabámos de relembrar, circunscreve o papel do fiduciante à constituição da relação. Na prática, o fiduciante acorda que, em nenhum momento, poderá exigir, do fiduciário, o cumprimento das obrigações com ele contratadas.

À luz do Direito nacional, é concebível que se interprete esta circunscrição como uma renúncia antecipada de direitos. Ora, recentemente, o Professor MENEZES CORDEIRO veio defender que vigora, em terras portuguesas, um princípio de irrenunciabilidade antecipada de direitos[3803], o que vedaria

---

[3802] THOMAS e HUDSON, *The Law of Trusts*, cit., 25.
[3803] *Tratado*, VI, cit., 69-70.

a consagração da relação atípica nos termos pretendidos. Embora nos pareça que esta construção seja de acolher – o princípio estende-se a outros ramos do Direito, como o caso paradigmático do Direito do trabalho –, o princípio não é absoluto. Como sublinha MENEZES CORDEIRO, o princípio da irrenunciabilidade cede perante princípios mais fortes, perante normas positivadas e terá sempre de passar "pelo crivo do caso concreto"[3804]. Ora, no âmbito do nosso *trust* interno, a aplicabilidade do princípio não se justifica por duas razões interligadas. A primeira, que poderemos de denominar de jurídico--legal, deriva da proximidade estrutural do *trust* com o contrato a favor de terceiros. A segunda, de ordem lógico-jurídica, resulta da morfologia do negócio fiduciário dinâmico e também encontra, de certo modo, o seu sustentáculo no regime do contrato a favor de terceiros.

III. De acordo com o disposto no artigo 444.º/2, "O promissário tem igualmente o direito de exigir, do promitente, o cumprimento da promessa, a não ser que outra tenha sido a vontade das partes". *A contrario sensu*, o preceito permite que as partem acordem no sentido de que apenas o terceiro pode exigir o cumprimento da promessa. Nesse caso, o papel do promissário circunscreve-se à negociação e à conclusão do contrato. O promissário não renuncia apenas ao direito a exigir o cumprimento da prestação. Renuncia, também, a todos os direitos que lhe estão associados. Para além do mais óbvio direito a exigir o cumprimento judicial da obrigação assumida, o promissário renuncia, ainda, a qualquer possibilidade de vir exigir o ressarcimento dos danos causados pelo incumprimento do contrato. Ao renunciar ao seu direito de exigir o cumprimento da obrigação, o promissário está a retirar-se da equação jurídica, ficando na total disponibilidade do terceiro o recurso aos tribunais, tanto para requerer o cumprimento compulsivo da obrigação, como para exigir o ressarcimento de qualquer dano causado.

O conteúdo deste preceito fornece-nos importantes elementos quanto aos exatos contornos do princípio da irrenunciabilidade antecipada de direitos. O princípio é formado por dois vértices basilares. A proibição de renúncia antecipada visa, por um lado, proteger a posição do credor, vedando-lhe que abdique, mesmo que voluntariamente, do direito a exigir o cumprimento da obrigação que foi assumida para consigo e, por outro lado, impossibilitar que o cumprimento da obrigação assumida pelo devedor fique na

---

[3804] Cit., 70.

sua total disponibilidade, o que equivaleria à assunção de uma simples obrigação natural. Ora, de acordo com o disposto no artigo 444.º/2, o legislador, embora permita ao promissário renunciar antecipadamente ao direito a exigir o cumprimento da prestação, não estende esse direito de renúncia ao terceiro. De resto, como resulta do conteúdo do número 1 do mesmo artigo, o terceiro "adquire o direito à prestação, independentemente de aceitação".

IV. Partindo do conteúdo do princípio da irrenunciabilidade antecipada de direitos, devidamente conjugado com o regime específico do artigo 444.º/2, não vislumbramos qualquer razão para não se reconhecer, internamente, um negócio atípico com a estrutura do *trust* dinâmico, porventura, por aplicação analógica. A circunscrição do papel do fiduciante à conclusão do negócio não viola, em si mesma, qualquer princípio formador ou preceito positivado. Dois pontos merecem ser sublinhados: (1) o cumprimento da prestação, ou seja, a atuação do interesse do sujeito indicado, pode sempre ser exigida pelo próprio beneficiário; e (2) como usualmente destacado pela doutrina anglófona, o *settlor* tem sempre a possibilidade de, no momento da constituição da relação, reservar, para si, o papel de fiduciário. O risco de não cumprimento ou de cumprimento defeituoso poderá sempre ser acautelado deste modo.

Em jeito de conclusão, podemos afirmar que nada parece impedir a constituição interna de uma relação atípica que congregue todas as características internas do *trust*, tanto numa perspetiva interna – um sujeito compromete--se, para com o titular originário do direito constituído em fidúcia, a prosseguir, no âmbito da posição jurídica que lhe foi transmitida, os interesses de um terceiro sujeito –, como numa perspetiva estrutural – a exclusão voluntária do fiduciante não viola o princípio da irrenunciabilidade antecipada de direitos: o cumprimento judicial e extrajudicial das obrigações assumidas poderá sempre ser exigido pelo beneficiário da relação, de modo idêntico ao que se verifica nos contratos a favor de terceiros.

266. O papel do beneficiário na constituição dos *trusts* dinâmicos e na constituição dos *trusts* estáticos

I. No Direito anglo-saxónico, o beneficiário assume uma posição muitíssimo acessória na constituição de *trusts*. O que não deixa de causar alguma surpresa, tendo em conta ser ele o beneficiário último da relação. A problemática que envolve a pessoa do beneficiário, na constituição do *trust*, é desconsiderada na maioria dos manuais e dos tratados da especialidade, tudo se passando, na prática, como se a vontade do beneficiário fosse totalmente irrelevante[3805].

É evidente que nenhum sujeito pode ser obrigado a suportar o recebimento, na sua esfera jurídica, de direitos que não deseje, por muito benignos que, em abstrato, possam parecer para o declaratário normal. Nas palavras de LORD LINDELY:

> *No one can be made the beneficial owner... against his will*[3806].

Os tribunais ingleses têm, todavia, considerado que, sendo a constituição do *trust* do interesse do beneficiário, até este rejeitar o direito transmitido presume-se ser o seu legítimo titular[3807], mesmo que essa transmissão implique a assunção de encargos jurídicos ou financeiros[3808].

No caso de o beneficiário pretender declinar a transmissão do direito, deve fazê-lo de imediato, assim que tenha conhecimento da sua constituição. Ao atuar, expressa ou tacitamente, como beneficiário da relação, o sujeito perde a oportunidade de recusar a transmissão do direito[3809]. Paralelamente, a rejeição tem carácter definitivo: ao declarar a não aceitação da posição, o beneficiário não pode, posteriormente, vir invocar qualquer direito sobre os

---

[3805] O mesmo resulta da análise do panorama jurisprudencial. Salvo raríssimas exceções, a maioria dos casos de referência localizam-se no século XIX.

[3806] *Hardoon v Belilos* [1901] AC 118-128, 123. O princípio remonta, pelo menos, ao século XVI: *Butler and Baker's Case* (1591) 3 Co Rep 25a-36b e *Thompson v Leach* (1690) 2 Vent 198-208; *Standing v Bowring* (1885) 31 Ch D 282-290, [LORD HALSBURY LC]: faz expressa referência a estes dois acórdãos; 286: "*You certainly cannot make a man accept as a gift that which he does not desire to possess*".

[3807] *Townson v Tickell* (1819) 3 B & Ald 31-41, [HOLROYD J] 38:"*I think that an estate cannot be forced on a man. A devise, however, being prima facie for the devisee's benefit, he is supposed to assent to it, until he does some act to show his dissent. The law presumes that he will assent until the contrary be proved*".

[3808] *Standing v Bowring* (1885) 31 Ch D 282-290, [COTTON LJ] 288: "*where there is a transfer of property to a person, even although it carries with it some obligations which may be onerous, it vests in him at once before he knows of the transfer*".

[3809] *Bence v Gilpin* (1868) LR 3 Ex 76-84, [KELLY CB] 81: "*A disclaimer, to be worth anything, must be an act whereby one entitled to an estate immediately and before dealing with it renounces it*".

bens constituídos em fidúcia, quer contra o fiduciário, quer contra terceiros externos à relação[3810].

O pressuposto de que o beneficiário adquire os direitos automaticamente, sem que o seu consentimento seja necessário, contraria, de forma direta[3811], o princípio geral da *Common Law*, em sentido amplo, da não eficácia externa dos contratos (*privity of contract*)[3812]. Também em relação à possibilidade de o fiduciante revogar a constituição do *trust* até que o beneficiário aceite a transmissão, o instituto fiduciário consubstancia uma realidade à parte. O *trust* é, inegavelmente, uma ilha dentro da *Common Law*. As regras e princípios que se lhe aplicam, apresentadas pelos juristas anglófonos como perfeitamente lógicas e racionais, são, nos mesmos exatos termos, rejeitadas, em situações análogas, por manifesta desadequação. Estamos convencidos de que se o *trust* fosse desconhecido nos sistemas anglófonos, a sua receção não assumiria muitas das características que atualmente o definem.

II. Salvo algumas particularidades muito específicas do Direito inglês, não nos parece que este regime não se adeque ao sistema nacional.

Uma vez mais, remeta-se para o regime do contrato a favor de terceiros, que pode aqui ser aplicado analogicamente, em resultado da proximidade estrutural entre as duas figuras. O disposto no artigo 444.º/1 estabelece que "o terceiro... adquire o direito à prestação, independentemente de aceitação". Também é de aplicar o disposto no artigo 448.º, quanto à possibilidade de o fiduciante revogar o contrato fiduciário, caso seja possível. Esta solução foi expressamente positivada pelo legislador francês: "*Le contrat de fiducie peut être révoqué par le constituant tant qu'il n'a pas été accepté par le bénéficiaire*", 2028.º CC Nap.

[3810] *Re, Paradise Moto Co Ltd* [1968] 1 WLR 1125-1143, [DANCKWETS LJ] 1143: "*[a] disclaimer of an attempt inter vivos to make a gift cannot be withdrawn*".
[3811] ARTHUR L. CORBIN, *Contracts for the Benefit of Third Persons*, 27 Yale LJ, 1918, 1008-1029, 1008-1010: não descortina qualquer razão para o regime aplicável ao *trust* não se ter estendido a todo o Direito. O autor volta a expressar idênticas dúvidas num outro artigo, escrito doze anos volvidos, com o mesmo título, *Contracts for the Benefit of Third Persons*, 46 LQ Rev, 1930, 12-45. Como razão para esse diferença de tratamento, os juristas anglófonos alegavam que, enquanto que num contrato a favor de terceiros o direito transmitido é de crédito, no *trust* é um direito real, cfr., J. DENSON SMITH, *Third Party Beneficiaries in Louisiana: the Stipulation pour autrui*, 11 Tul L Rev, 1936, 18-58, 31.
[3812] O princípio foi aprofundado no número 169/II.

III. O beneficiário terá de assumir um papel mais importante na modalidade fiduciária estática. Embora tenhamos sempre vindo a apresentar a fidúcia estática como uma simples assunção da posição jurídica de fiduciário, a categoria tem de ser bilateralizada, sob pena de violar o disposto no artigo 457.º: "A promessa unilateral de uma prestação só obriga nos casos previstos na lei".

A bilateralização da fidúcia estática tem sido especialmente debatida pela Ciência Jurídica italiana – onde o artigo 1987.º do CC It faz as vezes do nosso 457.º – centrada no recentemente introduzido artigo 2645.º-ter do CC It (*atto* ou *negozio di distinazione*). Em termos gerais, o preceito, que representa uma forma de contornar a não positivação de mecanismos fiduciários no Direito transalpino, permite que o proprietário de bens imóveis e de bens móveis sujeitos a registo inscreva a natureza fiduciária do bem. Em termos gerais, são duas as soluções defendidas: o negócio de destinação tem uma natureza intrinsecamente unilateral, sendo, consequentemente, o acordo do beneficiário desnecessário, ou, não sendo a sua unilateralidade expressamente referida, é bilateral e, como tal, pressupõe um encontro de vontades[3813].

A bilateralização do *trust* interno, tal como a suposta bilateralização do *negozio di distinazione*, é, do ponto de vista da funcionalidade da relação fiduciária, irrelevante. Independentemente de o beneficiário ser parte ativa na conclusão do contrato, o fiduciário está sujeito às mesmas obrigações. Uma vez mais, remete-se para o contrato a favor de terceiros: não vemos qualquer razão para que os deveres assumidos pelo promissário e os direitos do terceiros tenham uma intensidade distinta.

Em suma, a bilateralização do *trust* estático, imposta internamente pelo legislador, em nada afeta ou altera o conteúdo da relação originária.

267. A posição jurídica do fiduciário

I. Apesar de, na introdução ao presente parágrafo, termos afirmado que apenas nos iríamos ocupar de questões que levantassem especial complexidade internamente, estas linhas seriam sempre lacunosas se não dedicásse-

---

[3813] A bibliografia dedicada à problemática é vastissima. Vide, entre outros: ENNIO RUSSO, *Il negozio di distinazione di beni immobili o di mobili registrati* in *Studi in onore di Nicolò Lipari*, Vol. II, Giuffrè, Milão, 2008, 2607-2637, 2610-2613 e SANTAMARIA, *Il negozio di distinazione*, cit., 22.

mos alguma atenção à pessoa do fiduciário e aos deveres que caracterizam a sua posição jurídica.

A conceptualização interna do *trust* não parece, em nada, ser dificultada pelo conteúdo das obrigações assumidas pelo fiduciário. A sujeição a deveres de cuidado e a deveres de lealdade é sobejamente reconhecida pelo nosso sistema, *maxime* no Direito das sociedades e na pessoa dos administradores, onde, curiosamente, a influência anglo-saxónica se tem feito sentir com especial intensidade. O conteúdo dos deveres dos administradores consubstancia, de resto, um elemento central no preenchimento de qualquer situação mais delicada.

Em última análise, poderemos recorrer ao regime do mandato, em resultado da sua subsidiariedade no seio das prestações de serviço. Esta solução foi, de resto, adotada, expressamente, pelo legislador luxemburguês, ao transpor a Convenção de Haia para a sua ordem interna. Diz-nos o artigo 7.º/1 do diploma aplicável: *"Les règles du mandat... sont applicable aux relations entre le fiduciant et le fiduciaire dans la mesure où il n'y est pas dérogé par le présent titre ou par la volonté des parties"*.

II. Como princípio geral, a atuação do fiduciário está sujeita ao conteúdo do ato constitutivo do *trust*

O fiduciário deve prestar todas as informações e contas que lhe sejam pedidas pelos beneficiários, desde que não colidam com a posição de outros interessados. Havendo vários beneficiários, o fiduciário só pode prestar informações ao respetivo titular[3814].

No âmbito da atuação do fiduciário *per se*, são dois os deveres principais: dever de lealdade e deveres de cuidado. Em termos gerais, o dever de lealdade tem como função primária limitar a atuação do fiduciário, enquanto os deveres de cuidado respeitam ao modo como a sua posição deve ser exercida.

Como analisámos no âmbito do Direito inglês, o dever de lealdade assenta em dois grandes princípios, interligados: *no conflict rule* e *no profit rule*. A primeira regra veda, ao fiduciário, todo o tipo de atuação da qual possa originar um conflito entre os interesses do beneficiário e os seus interesses pessoais, enquanto que a *no profit rule* impede, ao fiduciário, a obtenção de lucros através da posição que ocupa, salvo se devidamente previstos ou autorizados[3815].

[3814] Direito inglês: número 135; Direito português: 1161.º, b).
[3815] Direito inglês: § 24.º; Direito português: 64.º CSC.

NEGÓCIO FIDUCIÁRIO STRICTO SENSU

Finalmente, quanto ao dever de cuidado, ao fiduciário é exigida uma gestão que tenha em conta a função desempenhada (critério objetivo) e os próprios conhecimentos do sujeito em concreto (critério subjetivo).

Capítulo V
Dimensão Externa do Negócio Fiduciário
Stricto Sensu

§ 52.º INTRODUÇÃO À DIMENSÃO EXTERNA DOS NEGÓCIOS FIDUCIÁRIOS

268. Doutrina fiduciária unitária e estádios evolutivos

I. Na introdução ao presente estudo, afirmámos que o *trust* anglo-saxónico assenta em três alicerces muito concretos: (1) relação de confiança; (2) segregação ou autonomização dos bens constituídos em *trust*; e (3) proteção da posição jurídica do beneficiário contra terceiros adquirentes de má-fé. Demonstrada a legalidade interna da primeira premissa, cumpre analisar os dois pontos que nos faltam.

Sem dúvida que cada um desses aspetos levanta problemas próprios. Todavia, têm um tronco comum. Tanto numa perspetiva científica ou criativa, como numa perspetiva prática, a conceptualização de uma teoria unitária, agregadora de toda a problemática, é preferível a uma abordagem fragmentada.

Esta ligação é especialmente visível no âmbito do panorama fiduciário alemão. Em termos sucintos, já ligeiramente aludidos, a identificação da relação fiduciária permite, ao beneficiário, invocar a sua posição aquando da apreensão dos bens constituídos em fidúcia (§ 771 da ZPO), assim como requerer, no caso de o fiduciário entrar em insolvência, a separação desses mesmos bens, por não poderem ser apresentados como parte integrante do património do insolvente (§ 47 da InsO)[3816]. A aplicação dos dois preceitos está, contudo, dependente da constituição de uma teoria base, sustentada num regime positivado similar (aplicação analógica) ou numa doutrina fiduciária autónoma.

Em suma, a análise externa dos negócios fiduciários não pode ser alheia à definição preconizada que reconduz todas as manifestações da fidúcia à assunção da posição jurídica de fiduciário, i.e., um determinado sujeito compromete-se a apenas exercer determinados direitos no exclusivo interesse de outrem. Partindo deste pressuposto, cumpre averiguar que proteção está o sistema disposto a conceder ao beneficiário.

II. Quando, no início do século passado, a temática fiduciária se encontrava no centro de toda a discussão doutrinária germânica, GOLTZ veio defender que qualquer solução que extravasasse o campo obrigacional tenderia a desvirtuar a natureza da relação[3817]. Conquanto esta posição esteja hoje ultrapassada, pelo menos para lá do Reno, não nos parece que possa ser apresentada, em termos abstratos, como certa ou errada. Tudo depende do modelo fiduciário defendido. Para GOLTZ, assim como para muitos outros juristas, o fiduciante, ao transmitir o bem para o fiduciário, abdica de qualquer direito real, apenas podendo fazer uso de mecanismos indemnizatórios. Para estes autores, é esta a solução mais justa e equilibrada.

A circunscrição da proteção concedida ao campo puramente obrigacional é propugnada, ainda hoje, pela maioria da doutrina nacional e pela totalidade da nossa jurisprudência. Não sendo esta posição, à luz do Direito vigente, incorreta, cumpre perguntar o porquê de se pretender alterar o panorama fiduciário. A força do Direito advém da transparência e da previsibilidade dos seus regimes. Estando todos os intervenientes cientes de que o fiduciante e os beneficiários apenas podem, no caso de o fiduciário incumprir o acordado ou entrar em insolvência, invocar um direito obrigacional, porquê reformar a solução? Repare-se que o suposto risco em que o fiduciante incorre irá refletir-se, pelo menos em teoria, no conteúdo do contrato.

III. Ora, partindo de uma análise histórica e comparatística, facilmente se conclui que um regime fiduciário que apenas conceda, ao beneficiário, uma proteção obrigacional é, em si mesmo, incompleto e imperfeito. A ten-

---

[3816] Número 282.
[3817] *Das fiduziarische Rechtgeschäft*, cit., 90-91.

dência, em todos os ordenamentos, vai no sentido de aproximar a proteção facultada, aos beneficiários, da conferida aos titulares de direitos reais. Na prática, e tendo em consideração as diferentes concretizações existentes, é possível conceber quatro graus evolutivos de cariz substantivo: (1) o Direito não reconhece qualquer tipo de proteção ao beneficiário; o negócio é constituído com base na confiança existente entre as partes, sendo que, no caso de o fiduciário incumprir o acordado, o beneficiário não tem ao seu dispor nenhum tipo de proteção, real ou obrigacional; (2) o Direito reconhece que a posição jurídica do beneficiário é merecedora de proteção jurídica; todavia, somente lhe atribui uma proteção obrigacional, pelo que o sujeito apenas pode fazer uso de mecanismos indemnizatórios; (3) reconhecida a insuficiência da solução puramente obrigacional, o sistema atribui, ao beneficiário, uma proteção profilática, que lhe permite impedir a saída dos bens constituídos em fidúcia da esfera jurídica do fiduciário; e (4) à proteção preventiva conferida pelo terceiro estádio evolutivo acrescenta-se uma proteção externa que permite, ao beneficiário, fazer valer o seu direito, mesmo depois de os bens terem saído da esfera jurídica do fiduciário.

Numa perspetiva estrutural ou sistemática e, uma vez mais, tendo em conta as diversas realidades conhecidas, é possível conceber três tipos de estádios evolutivos formais: (1) aplicação de princípios e regimes gerais, quer seja para decretar a legalidade dos negócios fiduciários, quer seja para reconhecer uma proteção obrigacional – situação típica dos dois primeiros estádios substantivos; (2) aplicação de regimes positivos já existentes, quer com intuitos profiláticos – mandato sem representação –, quer com propósitos reconstitutivos – abuso da representação; e (3) conceptualização de uma doutrina autónoma, que acautele o beneficiário de forma direta; a emergência de uma doutrina própria resulta da impossibilidade ou insuficiência da aplicação, às relações fiduciárias, de regimes já existentes.

O desenvolvimento de uma construção fiduciária independente, de base legislativa ou jurisprudencial, é um passo natural na evolução do instituto. Consubstancia o seu último estádio evolutivo. Repare-se que as diferentes concretizações fiduciárias não têm, obrigatoriamente, de passar por todos estes estádios, substantivos ou formais.

IV. O *trust* anglo-saxónico é um exemplo perfeito de um instituto fiduciário no seu último estádio evolutivo, tanto numa perspetiva formal, como numa perspetiva substantiva. O *trust* é uma realidade autónoma, com um regime próprio, que concede, ao beneficiário da relação, uma proteção análoga à conferida aos titulares de direitos reais. Mas nem sempre assim o foi: numa primeira fase, os tribunais ingleses não atribuíam, à relação fiduciária, qualquer relevância jurídica, pelo que, consequentemente, o beneficiário não podia, no caso de o fiduciário não atuar nos exatos termos acordados, recorrer aos tribunais. Depois da institucionalização do *Court of Chancery*, o sistema, através da *Equity Law*, veio, após reconhecer a validade da relação fiduciária, permitir, num primeiro momento, que o beneficiário, invocando a violação do contrato em conjugação com os danos causados, fizesse uso de mecanismos indemnizatórios e, num segundo momento, invocasse a sua posição jurídica (*equitable right*) contra terceiros externos à relação[3818].

Curiosamente, ao contrário do que os juristas anglófonos poderiam pensar, o *trust* está longe de representar uma exceção no seio das diferentes concretizações fiduciárias. Muitos séculos antes de o *Chancellor* ter aceitado proteger os beneficiários contra terceiros de má-fé, já o Direito romano o praticava, no âmbito do nosso bem conhecido fideicomisso. A figura sucessória é, de resto, um exemplo paradigmático de um negócio fiduciário no seu último estádio evolutivo (substantivo e formal).

V. O processo evolutivo, com vista à proteção real ou quase real, é uma constante. Para além do *fideicommissum*, pense-se na *fiducia* romana: como devidamente analisado no parágrafo correspondente, os tribunais romanos, que inicialmente não reconheciam a figura, acabaram por atribuir, ao beneficiário, uma proteção considerável: o fiduciário declarado infame perdia uma série de regalias sociais. Contudo, poder-se-á argumentar que, apesar destas especificidades, a proteção concedida ao beneficiário nunca extravasou o campo obrigacional. Ora, não pode deixar de ser notado, como então sublinhámos, que alguns romanistas, entre os quais KASER, avançaram, algo timidamente, reconhece-se, que os bens fiduciários poderiam consubstanciar um património autónomo[3819].

Mais recentemente, refira-se o caso da *Treuhand* germânica, que também se encaixa, na perfeição, no modelo unitário que agora se propõe. Numa primeira fase, a Ciência Jurídica discutiu a validade dos negócios fiduciários e, consequentemente, o afastamento ou a recondução da fidúcia ao regime simulatório. Reconhecidos os efeitos jurídicos pretendidos pelas partes, o beneficiário passou a poder, incorrendo o fiduciário em violação das obri-

---

[3818] Número 164.
[3819] Número 182/II.

gações assumidas, interpor ações indemnizatórias. A insuficiência da proteção obrigacional, em especial caso o fiduciário entrasse em insolvência, levou ao desenvolvimento de uma construção jurisprudencial, de forma a acautelar a posição do beneficiário. Atualmente, a doutrina discute se essa proteção resulta da aplicação de um regime jurídico positivado (segundo estádio formal) ou de um regime autónomo de base costumeira ou jurisprudencial (terceiro estádio formal). Neste ponto, cumpre sublinhar que o nível de proteção concedido pelo Direito alemão ao beneficiário, no âmbito de alienações a terceiros de má-fé, ainda não alcançou o patamar evolutivo do Direito anglo-saxónico[3820]. Numa perspetiva substantiva, a solução alemã encontra-se no terceiro estádio evolutivo, i.e.: a proteção concedida ao beneficiário é profilática. A proteção externa resulta não do desenvolvimento de uma doutrina própria ou da aplicação analógica de um regime existente, mas da simples invocação de princípios gerais.

VI. Esta visão integrada dos negócios fiduciários assenta no princípio de que as linhas mestras das diferentes concretizações fiduciárias são, pelo menos dentro de cada estádio evolutivo, relativamente homogéneas. Ora, como já tivemos oportunidade de afirmar, não vislumbramos qualquer razão para não conceber o *trust* como um exemplo de um negócio fiduciário, ao lado da *Treuhand* germânica ou do fideicomisso romano. O elemento central do instituto fiduciário, independentemente do sistema base, reside na assunção da posição de fiduciário por parte do titular de um direito. O nível de proteção concedido, em concreto, ao beneficiário reflete o estádio evolutivo em que cada específica concretização se encontra.

Uma visão fiduciária unitária tem, ainda, à luz dos propósitos do presente escrito, duas grandes vantagens: (1) permite que o intérprete-aplicador se foque nos elementos realmente distintivos dos negócios fiduciários; e (2) leva a uma desmistificação do *trust*: o instituto fiduciário anglo-saxónico não é uma realidade estranha aos sistemas continentais, mas apenas mais uma concretização fiduciária. Em suma, as dificuldades da sua receção residem não no núcleo caracterizador do próprio conceito, mas nas características desenvolvidas, em concreto, por um determinado sistema jurídico – a *Common Law*.

[3820] GRUNDMANN, *The Trust und Treuhand*, cit., 470-477.

269. A unidade da temática fiduciária: a segregação patrimonial e a natureza jurídica da posição do beneficiário

I. Conquanto nos pareça que toda a problemática da dimensão externa tivesse muito a ganhar se se adotasse uma abordagem unitária, de modo a que o esclarecimento da posição jurídica de cada um dos intervenientes, em especial a posição do beneficiário, consistisse no nosso propósito primário e, apenas depois, nos debruçássemos nos efeitos decorrentes desse preenchimento concreto, i.e., a insolvência do fiduciário e a alienação a terceiros, o panorama dogmático remete-nos para um sentido inverso. A dimensão externa tem sido tradicionalmente tratada de forma fragmentada[3821]: separando-se, por completo, a questão da insolvência do fiduciário da alienação dos bens a terceiros. É hoje pacificamente aceite, tanto em Itália, como na Alemanha, que o fiduciante pode requerer a segregação dos bens fiduciários em caso de insolvência ou de penhora. Todavia, a mesma Ciência Jurídica, e de forma maioritária, nega qualquer tipo de proteção específica contra terceiros adquirentes de má-fé.

A inconstância da solução é especialmente visível se tivermos em consideração que, à luz da posição em vigor nesses sistemas, é permitido, ao beneficiário, embargar a penhora dos bens fiduciários, mesmo contra terceiros que ignorem a especial qualidade dos bens ou que contratarem com o fiduciante, confiando que esses bens responderiam pelas obrigações assumidas. Todavia, não se lhe reconhece uma posição idêntica se um terceiro, embora conhecendo ou não podendo desconhecer a existência da relação fiduciária, contratar a aquisição dos bens confiados, atuando, consequentemente, em violação do princípio basilar da boa-fé, garante do equilíbrio do sistema.

II. A fragilidade de toda a situação é fruto de um claro receio, com propensão para se agravar, de subjetivar a posição jurídica do beneficiário. O reconhecimento de que os bens constituídos em fidúcia consubstanciam um património autónomo, não respondendo, consequentemente, pelas dívidas pessoais do fiduciário, traduz-se, de modo necessário, numa mutação do direito do beneficiário. A tendência para circunscrever os efeitos decorrentes da segregação patrimonial à esfera dos bens, ignorando o impacto causado na natureza jurídica das diversas posições em questão, enfraquece

---

[3821] Movimento que, tendo nascido em terras alemãs, se estendeu a todas as Ciências Jurídicas continentais, com exceção da espanhola.

as soluções professadas. O nosso sistema é um Direito de direitos. Não se depreenda destas linhas que o reconhecimento de patrimónios de afetação implica, necessariamente, a emergência de uma proteção contra terceiros adquirentes. Contudo, a Ciência Jurídica não pode ignorar as alterações substantivas que estes "novos" patrimónios provocam. Perante os efeitos reconhecidos, não é possível reconduzir a posição do beneficiário ao campo puramente obrigacional. Também a recondução desses efeitos ao universo dos direitos processuais é indefensável, sob pena de desvirtuamento da unidade do sistema. Os direitos processualmente concedidos refletem-se, como maior ou menor grau, na realidade substantiva. Pense-se no exemplo paradigmático da capacidade processual das denominadas pessoas coletivas rudimentares[3822].

III. Muito embora tenhamos sempre defendido uma visão conjunta das diferentes concretizações fiduciárias, não nos podemos esquecer de que a terceira pergunta que nos propusemos analisar – será possível conceber, no Direito português, uma relação jurídica atípica que congregue os elementos característicos do *trust* – está por responder. Assim, o nosso propósito primário não passa pela subjetivação das diferentes soluções fiduciárias propostas pelas Ciências Jurídicas continentais, mas pelo reconhecimento interno do negócio fiduciário de tipo anglo-saxónico. Todavia, e precisamente porque defendemos uma conceção unitária da fidúcia, o panorama civilístico fornece-nos importantes pistas que não podemos ignorar.

Feita esta curta introdução, optámos por dividir as próximas páginas em três partes: (1) análise das diferentes soluções propostas pelas Ciências Jurídicas continentais, devidamente inseridas nos quatro estádios fiduciários substantivos; (2) demonstração da existência de um princípio milenar favorável à constituição de patrimónios de afetação nos Direitos de base romanística; (3) apresentação da solução preconizada quanto às alienações de bens fiduciários a terceiros.

[3822] Número 227/II e III.

§ 53.º SEGUNDO ESTÁDIO: PROTEÇÃO OBRIGACIONAL

270. A Ciência Jurídica alemã na viragem para o século XX: um tubo de ensaio

I. A Ciência Jurídica alemã dos finais do século XIX e dos inícios do século XX dedicou muito do seu tempo e do seu esforço ao estudo dos negócios fiduciários. O número de artigos, monografias e teses de doutoramento publicados ao longo das primeiras décadas do século passado não encontra paralelo em mais nenhum momento da História. Não será exagero afirmar que a maioria das doutrinas defendidas tem as suas raízes, de modo mais ou menos evidente, em algum dos escritos então produzidos. O período pode ser descrito como um autêntico tubo de ensaio para as construções hoje invocadas nos diversos sistemas jurídicos do Continente.

Em termos gerais, as diversas teorias podem ser agrupadas em duas grandes escolas: (1) a escola obrigacionista, que atribui, ao beneficiário, um simples direito de crédito contra o fiduciário; e (2) a escola expansionista, que considera que a atribuição, ao beneficiário, de um simples direito de crédito é insuficiente à luz da relação estabelecida e do próprio sistema.

Atente-se, como sublinhado no parágrafo anterior, que a discussão foi sempre feita tendo como pano de fundo a insolvência do fiduciário, o que, de certa forma, explica o desfasamento da proteção concedida ao beneficiário nessa eventualidade e a proteção concedida num quadro em que os bens tenham sido alienados a terceiros de má-fé, ou seja, que conheciam ou não podiam desconhecer a existência da relação fiduciária.

II. No início do século passado, parte substancial da doutrina alemã mostrava-se contrária a qualquer solução que implicasse uma segregação dos bens constituídos em fidúcia. Tal implicaria, necessariamente, atribuir ao beneficiário uma proteção que iria extravasar o simples campo obrigacional[3823], mesmo que circunscrita a uma dimensão profilática.

O grande obstáculo invocado pela doutrina obrigacionista residia na inexistência de qualquer disposição legal que possibilitasse, ao beneficiário, alegar uma especial ligação aos bens constituídos em fidúcia[3824]. Confrontados com esta evidência, alguns dos mais importantes impulsionadores da doutrina fiduciária moderna viram-se impelidos a declarar a sua impossibilidade. O próprio REGELSBERGER diz-nos que, no caso de o endossatário fiduciário entrar em insolvência antes de retransmitir o direito para o endossante, o bem deve ser englobado na respetiva massa insolvente[3825]. Ou, como concretiza LANG, fazendo o bem parte da massa insolvente e detendo o beneficiário um mero direito obrigacional, apenas lhe resta concorrer com os restantes credores comuns[3826].

Repare-se que estes mesmos argumentos podem ser e são invocados no âmbito da alienação a terceiros.

[3823] DREYER, *Das fiduziarische*, cit., 458-459: o fiduciário é o único titular do direito de propriedade. Os bens fiduciários fazem parte da massa insolvente; HERBERT FISCHER, *Die Sicherungsübereignung mit Berücksichtigung der Zwangsvollstreckung und des Konkurses*, Hartmann & Wolf, Leipzig, 1908, 80: o beneficiário não tem qualquer direito que possa ser invocado; as partes acordaram na transmissão plena do direito, não podendo, posteriormente, vir invocar a posição que, voluntariamente, transmitiu. Vide, ainda, BEROLZHEIMER, *Die fiduziarische*, cit., 47; CZAYA, *Indossament*, cit., 6-7 ou PAUL HERZ, *Die Sicherungsübereignungen*, Gebrüder Fey, Francoforte, 1906, 58. Uma lista muito completa de autores contrários a uma expansão da proteção da posição do beneficiário pode ser encontrada em SCHLESS, *Mittelbare Stellvertretung*, cit., 67-68, nota 1.

[3824] LILIENTHAL, *Die Uebereignung zum Zweck der Sicherung*, 7 DJZ, 1902, 542-545, 545: as interpretações a favor da segregação patrimonial, em especial a professada por DERNBURG, não encontram qualquer correspondência na lei; KAUL, *Das fiduziarische*, cit., 47: essas construções são puramente teóricas, não dispondo de nenhum fundamento legal. As partes acordaram na transmissão do direito e é partindo desse pressuposto que a posição do beneficiário, em caso de insolvência do fiduciário, deve ser analisada; SCHARPWINKEL, *Die fiduziarische*, cit., 27-28: depois de analisar as diferentes soluções propostas, o autor conclui que a separação dos bens constituídos em fidúcia, embora possa parecer razoável numa perspetiva económica, visto os interesses dos credores do fiduciário superarem os interesses do beneficiário, não encontra apoio na lei.

[3825] *Zwei Beiträge*, cit., 187. Todavia, nas suas *Pandekten*, REGELSBERGER já reconhece que o beneficiário terá direito à separação dos bens constituídos em fidúcia no caso de o fiduciário entrar em insolvência, sem, contudo, explicar de que modo é essa separação alcançada: cit., 519.

[3826] *Die Wirkungen*, cit., 341-342.

III. À falta de disposição legal expressa, a doutrina obrigacionista acrescenta um alegado desrespeito pela vontade manifestada pelas partes. GOLTZ considera que a autonomização patrimonial põe em causa o equilíbrio em que as relações fiduciárias assentam: as partes acordaram numa transmissão plena de direitos, pelo que são esses os efeitos económicos e jurídicos pretendidos[3827]. Para o jurista germânico, o interesse do credor reside, precisamente, na segurança que o domínio absoluto sobre os bens lhe confere. Na prática, a concessão de maior proteção ao beneficiário consubstancia, do ponto de vista do fiduciário – pense-se no exemplo paradigmático da *fiducia cum creditore* –, um claro desincentivo à conclusão do negócio[3828]. A alteração de uma das premissas base do negócio fiduciário – o risco, tradicionalmente localizado na esfera jurídica do beneficiário, é transposto para o lado do fiduciário e, indiretamente, para os seus credores – traduz-se num desvirtuamento do próprio negócio[3829].

Os restantes defensores da doutrina obrigacionista seguem uma linha de argumentação análoga. ENGEL defende que o fiduciante estava ciente dos riscos que corria quando transmitiu o direito – possível entrada do fiduciário em insolvência. Ora, esse risco foi certamente tido em consideração pelas partes aquando da conclusão do contrato. No fundo, o beneficiário pretende, o que não é lógica ou legalmente sustentável, o melhor de dois mundos: (1) transmissão plena do direito, indispensável quer para a conclusão do contrato, quer para o prosseguimento efetivo dos propósitos que lhe estão subjacentes; e (2) proteção análoga à concedida aos titulares de direitos reais, tudo funcionando como se o direito nunca tivesse saído da sua esfera jurídica[3830].

HENGSTBERGER prefere sublinhar a enorme fragilidade da posição dos terceiros externos à relação, que podem desconhecer, sem culpa, a especial qualidade dos bens antes de contratarem com o fiduciante. Os terceiros confiam que os bens presentes na esfera jurídica do fiduciário possam, na sua totalidade, responder pelas obrigações assumidas. Em suma, a possibilidade de o beneficiário invocar qualquer direito sobre o bem transmitido,

---

[3827] *Das fiduziarische Rechtgeschäft*, cit., 90.
[3828] cit., 91.
[3829] Este ponto tinha já anteriormente sido posto em evidência por outros autores, cfr., LANG, *Die Wirkungen*, cit., 341-342.
[3830] WILHELM ENGEL, *Sicherungsübereignung und Sicherungscession nach gemeinem Recht und bürgerlichem Gesetzbuch*, Albert Lehmann's, Berlim, 1902, 47.

para além de embater na vontade expressamente manifestada pelas partes, defrauda os terceiros que contrataram com o fiduciário[3831].

Finalmente, KANTER dá especial enfâse ao enfraquecimento da posição do fiduciário. Quando os tribunais reconhecem que os bens constituídos em fidúcia não respondem pelas dívidas do fiduciário estão a descurar os interesses deste, assim como os dos terceiros que com ele tenham contratado. Pense-se no exemplo paradigmático em que tanto o fiduciário como o beneficiário se encontrem numa situação de insolvência. No âmbito da insolvência do fiduciário, o tribunal decreta que esses bens não fazem parte da massa insolvente e que, como tal, não respondem pelas dívidas cometidas. Já no âmbito da insolvência do beneficiário, o fiduciário, embora titular formal, não pode, aparentemente, invocar qualquer direito. Tivesse o fiduciário exigido uma mais modesta garantia real e a sua posição estaria mais segura[3832]. Em última análise, e dependendo da solução defendida, é possível conceber um caso em que bens fiduciários não respondem pelas dívidas de nenhum dos intervenientes da relação.

IV. A expansão da posição jurídica do beneficiário remonta ao célebre artigo de KOHLER, anterior à publicação dos estudos de REGELSBERGER. O autor alemão considera que a não segregação patrimonial, a favor do beneficiário, resultaria num desvirtuamento do equilíbrio patrimonial manifestado pelas partes, pelo que o próprio sistema deveria reconhecer, ao beneficiário, um direito a exigir o bem como se fosse o seu legítimo titular. Esse direito, apresentado como um postulado da Justiça (*Postulat der Gerechtigkeit*), assumiria a forma de uma *rei vindicatio utilis*[3833]: na prática, uma ação de reivindicação de propriedade imprópria, i.e., que não preencha todos os requisitos legais[3834].

[3831] GEORG HENGSTBERGER, *Stellvertretung und Treuhand im bürgerlichen Gesetzbuch: Vorzüglich mit Rücksicht auf den § 1189 BGB*, W. Kohlhammer, Estugarda, 1912, 32.

[3832] MARTIN KANTER, *Die Sicherungsübereignung ohne Besitzverlust nach geltendem Recht*, Robert Noske, Leipzig, 1911, 42.

[3833] KOHLER terá ido buscar inspiração aos estudos de RUDOLF VON JHERING, *Uebertragung der Reivindicatio auf Richteingenthürmer (Cession derselben, reiv. Utilis, Connossement)*, 1 JhJb, 1857, 158--176. O recurso a uma ação de reivindicação imprópria foi ainda defendida por outros autores, cfr., LORENZ BRÜTT, *Die abstrakte Forderung nach deutschem Reichsrecht*, J. Guttentag, Berlim, 1908, 9: o autor apenas faz referência a JHERING.

[3834] *Noch einmal*, cit., 347-348.

§ 53.º SEGUNDO ESTÁDIO: PROTEÇÃO OBRIGACIONAL

KOHLER foi buscar inspiração ao Direito romano. Com raízes que remontam ao poder exercido pelo *paterfamilias* sobre todos os sujeitos e coisas que se encontravam subordinadas à sua *potestas*, a *vindicatio*, fruto dos avanços naturais do Direito, veio a assumir uma posição em tudo idêntica à das *actiones in rem*. Assim, uma *rei vindicatio*, como de resto a sua denominação o indicia, consubstanciava uma simples ação de reivindicação de propriedade[3835]. A *rei vindicatio utilis*, por sua vez, representava uma ação de reivindicação de propriedade reconhecida em casos excecionais e que não preenchia todos os requisitos legalmente exigidos[3836].

As primeiras construções expansionistas, se assim se podem denominar, caracterizavam-se por uma enorme simplicidade. Os seus autores limitaram-se a afirmar que uma posição contrária seria injusta[3837], que a segregação dos bens era indispensável ao equilíbrio dos diversos interesses em questão[3838], que o comércio jurídico assim o exigia[3839] ou por ser essa a única solução defensável à luz do princípio geral da equidade[3840], sendo aqui notória uma clara influência anglo-saxónica.

Uma outra linha de orientação levou os autores expansionistas a invocarem uma prática costumeira de atribuir, ao beneficiário, uma proteção

---

[3835] SANTOS JUSTO, *Parte geral*, cit., 242-243.

[3836] Sobre a *actio utilis* em geral, vide, entre nós, ANTÓNIO SANTOS JUSTO, *A actio ficticia e a actio utilis* in *Estudos em homenagem ao Prof. Doutor Rogério Soares*, Coimbra, Coimbra, 2001, 1133-1153. Quanto à mais específica *rei vindicatio utilis*, vide a obra clássica de CAMILLO BREZZO, *L'utilis actio del diritto romano: rei vindicatio utilis. Estensione utile dell'azione di rivendica di fronte al Co. civ. it.*, Fratelli Bocca, Turim, 1889: depois de apresentar as linhas gerais da figura, o autor analisa algumas das mais relevantes situações em que este tipo de ação poderia ser invocada. Vide, ainda, ROBERT VON MAYR, *Vindicatio utilis*, 39 ZRG (RA), 1905, 83-124 e GIOVANNI BORTOLUCCI, *Nota a Gaio, Inst. II. 78*, 33 BIDR, 1923, 151-161.

[3837] LEIST, *Die Sicherung*, cit., 82: referindo-se, em particular, ao endosso fiduciário: apresenta a segregação como uma decorrência da Justiça. Faz referência, em rodapé, a KOHLER; ADOLF SCHUMACHER, *Treuhand und Reichsgericht*, M. Scharmitzel, Colónia, 1931, 25.

[3838] KUNISCH, *Die rechtliche*, cit., 25: a doutrina contrária à segregação sustenta a sua posição numa conceção puramente formal do negócio fiduciário, ignorando, por completo, a dimensão económica da relação fiduciária. A segregação dos bens constituídos em fidúcia apresenta-se, assim, como uma forma de equilibrar os diversos interesses em questão.

[3839] GRÜNDSCHILD, *Die Treuhänderschaft*, cit., 13: o comércio jurídico reconhece que, nestes casos, o direito não é transmitido em toda a sua plenitude; KATZMANN, *Die Aussonderung von Treugut*, cit., 45: manifesta uma posição idêntica.

[3840] FRIEDMANN, *Empfiehlt*, cit., 902-906: o autor faz expressa referência à *Equity Law* e a alguns dos mais relevantes autores britânicos, como MAITLAND ou SNELL.

acrescida. Esta construção, fortemente impulsionada por JAEGER[3841], foi objeto de um apoio considerável: HEDEMANN, para quem a posição jurídica do beneficiário assenta numa transmissão temporária do bem e no reconhecimento de um proteção costumeira[3842]; ou PODKOMORSKI, com uma visão mais conjugadora das diferentes teorias, defende que uma interpretação formal, contrária à segregação, não tem em devida consideração nem a existência de uma prática consuetudinária, nem os elementos interpretativos que devem sempre ser ponderados, com especial destaque para a aplicação analógica[3843]. Esta posição foi, de resto, suportada pela própria jurisprudência germânica[3844].

A construção de base costumeira foi criticada por alguma doutrina. Assim, SCHLESS, sem negar a força do costume, mesmo quando não seja apoiado pelos mais altos tribunais da nação, afirma que não existem fontes que nos permitam falar de uma prática reconhecida e reiterada[3845]. Também HÖNSCH expressou sérias dúvidas sobre a validade de se conceber esta proteção como uma prática comum. Já quanto às diversas decisões jurisprudenciais que apontam nesse sentido, HÖNSCH alega que a recondução de uma prática ao conceito de costume não está, em absoluto, nas mãos dos tribunais, é preciso algo mais[3846].

271. Doutrina latina clássica

I. Na Ciência Jurídica latina, a separação da problemática da dimensão externa nas duas vertentes clássicas – insolvência do fiduciário e alienação a terceiros de má-fé – é relativamente recente.

[3841] FRIEDRICH LENT e FRIEDRICH WEBER, *Jaeger Konkursordnung mit Einführungsgesetzen*, Vol. I: §§ 1-79 KO, 8ª edição, Walter de Gruyter, Berlim, 1958, 631-632.
[3842] JUSTUS WILHELM HEDEMANN, *Sachenrecht des Bürgerlichen Gesetzbuches*, 3ª edição, Walter de Gruyter, Berlim, 1960, 198-199.
[3843] JOHANN NEPOMUK PODKOMORSKI, *Die Rechtsnatur des Inkassotreuhandgeschäfts*, Köster & Schell, Marburgo, 1915, 50.
[3844] Acórdão alemão OLG Oldenburg 21-Out.-1893, 49 SeuffA, 1901, Nr. 113, 1246: discute a aplicação do § 35 KO (posteriormente § 43) a um endosso fiduciário.
[3845] *Mittelbare Stellvertretung*, cit., 76.
[3846] *Mittelbare Stellvertretung und Treuhand unter besonderer Berücksichtigung des ausländischen Rechts*, G. H. Nolte, Marburgo, 1933, 50-51.

§ 53.º SEGUNDO ESTÁDIO: PROTEÇÃO OBRIGACIONAL

Este desfasamento é um reflexo do próprio ritmo interno. Pense-se no caso português: a doutrina clássica de Seabra negava a validade da fidúcia, assim o fazendo, também, uma parte substancial da doutrina constitutiva do Código Civil de 66. Apenas com a entrada em vigor do Código Civil atual, iniciou o negócio fiduciário um processo de absorção que culminou com a sua aceitação generalizada. Ultrapassado o primeiro estádio substantivo, é natural que os efeitos atribuídos ao negócio fiduciário se circunscrevam ao campo obrigacional. Conquanto se possa considerar que os problemas são distintos, a afirmação de que os efeitos produzidos são puramente obrigacionais, numa argumentação empregue pela maioria da doutrina clássica, abarca as duas vertentes, tornando desnecessário um desdobramento expositivo.

A consciencialização de que estamos perante dois problemas distintos resulta, em teoria, do reconhecimento da insuficiência do modelo obrigacional, por um lado, e da consequente busca por uma solução de índole profilática, por outro. Todavia, muito por culpa da ascendência jurídica alemã, alguma doutrina obrigacionista tem tido o cuidado de afastar, autonomamente, tanto uma proteção preventiva, como uma proteção reconstitutiva.

II. A teoria obrigacionista, no âmbito da insolvência do fiduciário, foi assumida pela doutrina latina clássica. FERRARA, que começa por criticar o recurso a conceitos pouco precisos, como o da equidade ou o da Justiça, considera que, assentando o negócio fiduciário numa transmissão plena de direitos, não se justifica, tanto numa perspetiva lógica, como numa perspetiva jurídica, permitir que o beneficiário venha, posteriormente, invocar qualquer tipo de relação especial com os bens[3847]. A posição é seguida pela maioria da doutrina ao longo da primeira metade do século XX, veja-se o caso de CARIOTA-FERRARA, para quem a separação patrimonial dos bens constituídos em fidúcia não se adequa ao modelo fiduciário adotado pela esmagadora maioria da Ciência Jurídica: o da transmissão plena de direitos[3848].

III. Em terras espanholas, a discussão da problemática da insolvência fez-se, num primeiro momento, em torno dos artigos 908.º e 909.º do CCom Es. De acordo com o disposto no primeiro dos dois preceitos:

[3847] *I negozi fiduciari*, cit., 756-758 e *Della simulazione*, cit., 64-65.
[3848] *I negozi fiduciari*, cit., 93.

> *Las mercaderías, efectos e cualquiera otra especie de bienes que existan en la masa de la quiebra, cuya propiedad no se hubiere transferido al quebrado por un título legal e irrevocable, se considerará de domino ajeno y se pondrá a disposición de sus legítimos dueños.*

No artigo 909.º do CCom Es, o legislador elenca um conjunto, não taxativo, de situações enquadráveis na previsão do 908.º do CCom Es.

Perante estes dados, a doutrina dualista clássica sentia muitas dificuldades em conceder, ao beneficiário, um qualquer direito sobre os bens constituídos em fidúcia. GARRIGUES avança a hipótese de se aplicar esse regime aos endossos fiduciários, por aplicação do disposto no artigo 909.º/4 do CCom Es – "*Las mercaderías que el quebrado tuviere en su poder por comisión de compra e venta tránsito o entrega*". Todavia, não vislumbra, para as restantes relações fiduciárias, qualquer solução favorável, por evidente desconformidade com a letra da lei[3849]. Já MARTORELL descarta, em absoluto, essa possibilidade. O jurista espanhol considera que a relação fiduciária não se enquadra no preceito geral (908.º do CCom Es), nem nas suas diversas alíneas concretizadoras[3850].

IV. Tradicionalmente, a doutrina nacional é avessa a atribuir, ao beneficiário, qualquer tipo de proteção que extravase o simples campo obrigacional. Mais recentemente, alguns autores, no âmbito da *fiducia cum creditore*, têm avançado diferentes construções profiláticas – de entre as quais se destaca a aplicação analógica do regime do mandato sem representação, que iremos abordar no parágrafo seguinte –, de modo a permitir que os bens fiduciários sejam retirados da massa insolvente[3851]. Contudo, tanto a nossa doutrina generalista, como a nossa jurisprudência têm-se mostrado reticentes em dar este passo. Dos poucos autores que distinguem as duas vertentes externas, destacam-se as posições de PAIS DE VASCONCELOS e de MENEZES CORDEIRO.

PAIS DE VASCONCELOS, que sublinha ser o fiduciário titular do bem a título próprio, confina a proteção do beneficiário aos negócios fiduciários que tenham sido constituídos ao abrigo do regime do mandato sem repre-

---

[3849] *Negocios fiduciarios*, cit., 65-70.
[3850] *La propiedad fiduciaria*, cit., 281-283.
[3851] MONTEIRO PIRES, *Alienação em garantia*, cit., 207 ss.. Foi, de resto, no âmbito da *fiducia cum creditore* que a aplicação analógica do regime do mandato ganhou, como veremos no parágrafo seguinte, contornos mais precisos.

sentação[3852], parecendo, assim, opor-se a uma possível aplicação analógica do disposto no artigo 1184.º.

Também para MENEZES CORDEIRO, o beneficiário será, por regra, um simples credor comum. O ilustre Professor chama, contudo, a atenção para o regime especial dos intermediários financeiros: ao abrigo do disposto no artigo 306.º do CVM, os bens pertencentes aos clientes não respondem pelas dívidas dos intermediários em caso de insolvência[3853].

[3852] *Teoria*, cit., 554. Atente-se que PAIS DE VASCONCELOS não menciona esta exceção na sua tese de doutoramento, o que reflete uma certa evolução do seu pensamento, cfr., *Contratos Atípicos*, cit., 293-294.
[3853] *Tratado*, II/II, cit., 268.

§ 54.º TERCEIRO ESTÁDIO: PROTEÇÃO PROFILÁTICA – APLICAÇÃO ANALÓGICA

272. *Kommissionsgeschäft*: § 392 do HGB

I. De acordo com o disposto no § 392/1 do HGB, o comitente apenas poderá exigir o pagamento dos créditos emergentes dos negócios celebrados pelo comissário, por conta do comitente, depois de estes lhe terem sido transmitidos. Todavia, o número 2 do mesmo preceito estabelece que, previamente a essa transmissão e no que respeita à relação entre o comissário e o comitente e entre os credores do comissário e o comitente, os créditos são havidos como pertencentes a este último[3854]. Na prática, o § 392/2 do HGB permite, ao comitente, invocar a sua posição contra os credores do comissário em situações de insolvência (§ 47 da InsO) e de penhora (§ 771 da ZPO)[3855].

[3854] KLAUS J. HOPT, *Anotação ao § 392 do HGB* in *Baumbach/Hopt: Handelsgesetzbuch*, 35ª edição, Beck, Munique, 2012, Rn. 3: esta exceção apenas se aplica, evidentemente, aos direitos que emergem da execução da comissão. Vide, ainda, sobre este ponto WULF-HENNING ROTH, *Anotação ao § 392 do HGB* in *Koller/Roth/Morck: Handelsgesetzbuch*, 7ª edição, Beck, Munique, 2011, Rn. 2.

[3855] FRANZ HÄUSER, *Anotação ao § 392 do HGB* in *Münchener Kommentar zum Handelsgesetzbuch*, Vol. V: §§ 343-372, 2ª edição, coordenação de KARSTEN SCHMIDT, Beck, Munique, 2009, Rn. 2: surge como uma forma de equilibrar os riscos corridos pelo comitente; WOLFGANG KRÜGER, *Anotação ao § 392 do HGB* in *Handelsgesetzbuch: HGB*, coordenação de KARLHEINZ BOUJONG, DETLEV JOOST e LUTZ STROHN, Vol. II: §§ 343-474, 2ª edição, Beck, Munique, 2009, Rn. 2: apresenta esta exceção como uma decorrência na estrutura jurídica e económica da relação; ANDREAS BERGMANN, *Anotação ao § 392 do HGB* in *Kommentar zum Handelsgesetzbuch*, 2ª edi-

Fruto da proximidade entre a comissão e o negócio fiduciário – alguns autores, contando-se entre eles CANARIS[3856], SCHMIDT[3857] e HOPT[3858], aproximam a comissão do mundo dos negócios fiduciários[3859] –, parte da doutrina germânica tem defendido uma aplicação analógica do § 393/2 do HGB a todas as relações fiduciárias[3860].

II. A discussão em torno da aplicação analógica do preceito a situações não reconduzíveis à figura da comissão, com especial destaque para os negócios fiduciários e para o mandato sem representação, remonta aos inícios do século passado[3861].

Como em qualquer discussão focada na aplicação analógica de um regime positivado, a atenção da Ciência Jurídica centrou-se em duas ques-

ção, coordenação de HARTMUT OETKER, Beck, Munique, 2011, Rn. 2: apresenta o direito do comitente como uma realidade estranha à relação que se estabelece entre o comitente e os seus credores.

[3856] CLAUS-WILHELM CANARIS, *Die Verdinglichung obligatorischer Rechte* in *Festschrift für Werner Flume zum 70. Geburtstag*, Vol. I, Dr. Otto Schmidt, Colónia, 1978, 371-427, 407 e *Handelsrecht*, 24ª edição, Beck, Munique, 2006, 453: apesar de não usar a expressão "negócio fiduciário", parece clara ser essa a intenção de CANARIS: o comissário é alguém que atua no interesse de terceiros.

[3857] KARSTEN SCHMIDT, *Handelsrecht*, 5ª edição, Carl Heymanns, Colónia, 1999, 898: o autor chega mesmo a defender que a comissão é um mecanismo fiduciário. Retoma a ideia num outro artigo da sua autoria, *Die Kommission: Treuhand am Rechtsverhältnis – Ein Versuch über die Rechtsdogmatik der "mittelbaren Stellvertretung"* in *Perspektiven des Privatrechts am Anfang des 21. Jahrhunderts: Festschrift für Dieter Medicus zum 80. Geburtstag am 9. Mai 2009*, coordenação de VOLKER BEUTHIEN, MAXIMILIAN FUCHS, HEBERT ROTH, GOTTFRIED SCHIEMANN, e ANDREAS WACKE, Carl Heymanns, Colónia, 2009, 467-486, 471: o comissário é um exemplo positivado de negócio fiduciário para administração.

[3858] *Anotação ao § 392 do HGB*, cit., Rn. 1.

[3859] HÄUSER, *Anotação ao § 392 do HGB*, cit., Rn. 2; KRÜGER, *Anotação ao § 392 do HGB*, cit., Rn 1: fazendo referência à posição de CANARIS em rodapé (nota 1); BERGMANN, *Anotação ao § 392 do HGB*, cit., Rn. 2: o autor considera que o conteúdo do número 2 do § 392 do HGB é um reflexo da dimensão fiduciária da comissão.

[3860] BITTER, *Rechtsträgerschaft*, cit., 189-263: a mais completa análise a toda a problemática; LÖHNIG, *Treuhand*, cit., 73-74: análise focada no primeiro quartel do século passado, período em que a teoria deu os seus primeiros passos. Entre nós, vide ANDRÉ FIGUEIREDO, *O negócio fiduciário*, cit., 114-118: com amplas referências bibliográficas.

[3861] As linhas gerais da teoria tinham já sido avançadas nos finais do século XIX, sem, todavia, se alcançar o grau de concretização e sistematização que veio a assumir nas décadas que se seguiram, cfr., DUNGS, *Ueber die Rechtsstellung des Gläubigers für fremde Rechnung*, 32 Gruchot, 1888, 8-40, 20-21.

§ 54.º TERCEIRO ESTÁDIO: PROTEÇÃO PROFILÁTICA - APLICAÇÃO ANALÓGICA

tões nucleares: (1) é o regime passível de ser aplicado analogicamente?; e (2) pode o regime ser aplicado analogicamente aos negócios fiduciários?

Dentro da doutrina clássica, a aplicação analógica do regime foi rejeitada por ENNECCERUS/NIPPERDEY[3862] e VON TUHR[3863], entre outros[3864], em face da suposta natureza excecional do § 392/2 do HGB. Em termos sucintos, a posição era fundamentada em três argumentos muito precisos: (1) a comissão e o negócio fiduciário são realidades distintas: mesmo no caso de a aplicação analógica ser possível, não estão preenchidos os requisitos legais (2) o regime não encontra paralelo no BGB, pelo que a sua aplicação está circunscrita às relações jurídicas comerciais; e (3) a segunda Comissão responsável pela elaboração do BGB (1890-1896) rejeitou, expressamente, o alargamento do regime a outras formas de prestação de serviço[3865].

Em resposta, a doutrina favorável à aplicação analógica dedicou os seus esforços a afastar a suposta circunscrição do preceito. BRÜTT[3866], RUMPF[3867] ou KRÜCKMANN[3868] concebem o contrato de comissão como um regime de aplicação transversal, extensível a todas as relações em que um sujeito, embora atuando em nome próprio, aja no interesse de outrem. OPPENHEIMER, recorrendo a um argumento de carácter mais geral, acrescenta que, para além da proximidade funcional, com a aplicação analógica do § 392/2 do HGB está a dar-se resposta a um dos princípios basilares do sistema: os contratos devem ser cumpridos nos exatos termos acordados pelas partes[3869].

III. Ao longo das décadas que se seguiram, os argumentos ensaiados por cada uma das escolas ganharam maior profundidade. Atualmente, são dois

---

[3862] *Allgemeiner Teil*, Vol. II, cit., 1099: os autores analisam a questão no âmbito do mandato sem representação.
[3863] ANDREAS VON TUHR, *Eigenes und fremdes Interesse bei Schadenersatz*, 25 GrünhutZ, 1898, 529--584, 575: o legislador optou por circunscrever o preceito às relações de natureza comercial.
[3864] GOLTZ, *Das fiduziarische Rechtsgeschäft*, cit., 87: a natureza excecional do preceito impossibilita a sua aplicação analógica; ou SCHUMACHER, *Treuhand*, cit., 26.
[3865] *Protokolle der Kommission für die zweite Lesung des Entwurfs des Bürgerlichen Gesetzbuchs*, Vol. II: *Recht der Schuldverhältnisse Abschn. II, Tit. 2-20, Abschn. III, IV*, Guttentag, Berlim, 1898, 361-363.
[3866] *Die abstrakte Forderung*, cit., 9 ss..
[3867] *Wirtschaftsrechtliche*, cit., 116 ss..
[3868] *Schadensliquidation aus fremdem Interesse*, 56 JhJb, 1910, 245-328, 310-312: não mostra quaisquer dúvidas quanto a uma aplicação do preceito a todas as relações de índole fiduciária.
[3869] *Die fiduziarische*, cit., 44-50.

os pontos mais discutidos: (1) suposta circunscrição do preceito a direitos de crédito; e (2) extensão do preceito a relações não comerciais.

Partindo da letra do § 392/2 do HGB, alguma doutrina, minoritária, tem defendido que os interesses do comitente apenas suplantam as regras gerais da responsabilidade patrimonial quando em causa estiverem direitos de crédito, ficando de fora tanto os direitos reais sobre bens imóveis, como os direitos reais sobre bens móveis sujeitos a registo[3870]. A este argumento, de base literal, a doutrina da analogia responde que a *ratio* subjacente à norma sustenta-se, por um lado, na própria estrutura da comissão – um sujeito que recebe direitos por conta e no interesse de outrem – e, por outro lado, na cognoscibilidade das especificidades da posição do comissário pelo comércio jurídico[3871].

O segundo ponto tem levantado maiores dificuldades, que não são, certamente, indiferentes à argumentação – cognoscibilidade ou publicidade da relação – invocada pela doutrina da analogia como forma de estender o regime da comissão a direitos reais. Parte substancial da doutrina[3872], mesmo a que defende a aplicação analógica do preceito ao negócio fiduciário, tem-se mostrado contrária à extensão do regime a relações puramente civis[3873]. Esta circunscrição não é, todavia, unânime. Alguns autores têm-se mostrado favoráveis a uma generalização do preceito a todas as relações em que um

---

[3870] WOLFGANG HEFERMEHL, *Anotação ao § 392 do HGB* in *Schlegelberger Handelsgesetzbuch*, Vol. VI: §§ 383-460, Franz Vahlen, Munique, 115-128, Rn. 2.

[3871] GRUNDMANN, *Der Treuhandvertrag*, cit., 416-417: o que dificulta, se não mesmo impossibilita, os credores do comissário invocarem um desconhecimento dessa mesma especificidade. Este ponto é defendido pela esmagadora maioria da doutrina defensora da aplicação analógica, pelo que se remete as notas anteriores.

[3872] HÄUSER, *Anotação ao § 392*, cit., Rn. 50: diz-nos que os efeitos de um acordo entre as partes, com conteúdo análogo ao § 392/2, circunscrevem-se à relação interna; HANS GERHARD GANTER, *Anotação ao § 47 do InsO* in *Münchener Kommentar InsO*, coordenação de HANS-PETER KIRCHHOF, HANS JÜRGEN LWOWSKI e ROLF STÜRNER, 2ª edição, Beck, Munique, 2007, Rn. 286: sendo o preceito de natureza excecional, não é passível de ser aplicado analogicamente.

[3873] GEIBEL, *Treuhandrecht*, cit., 37: a publicidade, enquanto critério sustentador no preceito, não encontra paralelo no domínio do Direito civil. Os credores do fiduciário não têm conhecimento da existência da relação. Esta ideia é repetida por outros autores, cfr., SCHRAMM, *Introdução ao § 164 do BGB*, cit., Rn. 16: sublinha a importância de se saber com quem se contrata.

§ 54.º TERCEIRO ESTÁDIO: PROTEÇÃO PROFILÁTICA – APLICAÇÃO ANALÓGICA

sujeito se comprometa a atuar em seu nome, conquanto no interesse de outrem[3874].

De entre os autores favoráveis a uma aplicação transversal do preceito, destaca-se, pela sua ousadia, a posição de BITTER. O jurista, na sua tese de habilitação, vem defender que, não se podendo reconduzir o não tratamento das relações fiduciárias não comerciais ao conceito de lacuna subsequente[3875], resta-nos admitir que o legislador cometeu um erro ao optar por não positivar um regime idêntico para as relações fiduciárias civis. Ora, ao constatar o erro do legislador, nada impede que o intérprete-aplicador o corrija, pelo contrário[3876].

[3874] GÜNTER HAGER, *Die Prinzipien der Mittelbaren Stellvertretung*, 180 AcP, 1980, 239-262, 249--250: afirma que a visão defendida pela segunda Comissão necessita de ser revista: o regime é extensível a relações fiduciárias civis. KLAUS RUDOLF BÖHM, *Auslegung und systematische Einordnung des § 392 Abs. 2 HGB zum Verhältnis von Analogie und Fiktion bei mittelbarer Stellvertretung*, Duncker & Humblot, Berlim, 1971, 68-88: o autor considera que a *ratio* subjacente à positivação do § 392/2 do HGB encontra paralelo na fidúcia; MICHAEL MARTINEK, *Das allgemeine Geschäftsbesorgungsrecht und die analoge Anwendung des § 392.2HGB: Anregungen aus und zu Musielaks Gutachten zur Schuldrechtsreform* in *Festschrift für Hans-Joachim Musielak zum 70. Geburtstag*, coordenação de CHRISTIAN HEINRICH, Beck, Munique, 2004, 355-382, 376-382: o autor, que analisa a argumentação invocada pela segunda Comissão, considera que as reservas então levantadas não encontram fundamento nos dias que correm, como se pode concluir pela própria evolução jurídica, que confere proteção aos fiduciantes civis. Defende, assim, a aplicação analógica do § 392/2 do HGB a todas as relações fiduciárias, mesmo que civis; *Introdução ao § 662* in *Staudinger §§ 657-704*, Walter de Gruyter, Berlim, 2006, 123-216, 156: o conteúdo do § 392/2 do HGB exprime um princípio geral, pelo que pode ser aplicado por analogia, mesmo a situações não comerciais; e *Anotação ao § 383 do HGB*, cit., Rn. 13: apresenta o § 392.º/2 como sendo passível de aplicação geral; DOMINIK MOSER, *Die Offenkundigkeit der Stellvertretung*, Mohr Siebeck, Tübingen, 2010, 151: a proximidade funcional e estrutural entre o mandato sem representação e o negócio fiduciário impõe a aplicação do regime previsto no § 392/2 HGB; MICHAEL BÄUERLE, *Anotação ao § 47 da InsO* in *Insolvenzordnung (InsO): Kommentar*, coordenação de EBERHARD BRAUN, 4ª edição, Beck, Munique, 2010, Rn. 85: em face da proximidade entre o negócio fiduciário e a comissão, é possível aplicar o preceito por analogia. Vide, com idêntico conteúdo: EBERHARD SCHWARK, *Rechtsprobleme bei der mittelbaren Stellvertretung*, 20 JuS, 1980, 777-782, 778-781.

[3875] *Rechtsträgerschaft*, cit., 253-255: as lacunas subsequentes pressupõem a emergência de novos problemas, desconhecidos do legislador aquando da elaboração legislativa.

[3876] Cit., 255-262.

273. *Mandato senza rappresentanza*: 1707.º do CC It

I. A aplicação analógica do regime do mandato sem representação tem raízes muito profundas em terras italianas. Antes mesmo da entrada em vigor do Código Civil de 1942, já a doutrina debatia sobre a possível extensão do disposto no artigo 803.º[3877] do CCom It (1882)[3878]. O referido preceito atribuía, ao comitente, o direito a reivindicar as mercadorias *"che gli furono consegnate* (comissário) *a titolo di deposito per essere vendute per conto del proprietario* (comitente)"*.* Todavia, como resulta, de forma inequívoca, da letra do preceito, o direito mantém-se na esfera jurídica do comitente, que é apresentado como legítimo proprietário do bem. Na prática, estamos perante uma reivindicação perfeitamente comum: o titular do direito faz valer a sua posição[3879]. Ora, nos negócios fiduciários, o direito foi transmitido para o fiduciário, pelo que a aplicação analógica do preceito não tinha razão de ser[3880].

II. A entrada em vigor do Código Civil de 1942, que revogou o CCom It, trouxe grandes novidades no campo dos negócios fiduciários. Conquanto a relação não tenha sido objeto de positivação legal, a consagração do regime jurídico do mandato sem representação veio permitir que a solução ensaiada no âmbito do artigo 803.º do CCom It ganhasse maior fundamentação.

De acordo com o disposto no artigo 1707.º do CC It, fonte direta do artigo 1184.º do nosso Código Civil, os bens móveis e os direitos de crédito adquiridos pelos mandatários no exercício das suas funções, desde que o mandato

---

[3877] A doutrina italiana dividiu-se, ainda, quanto à aplicação do artigo 802.º do CCom It aos endossos fiduciários. Vide, em geral, Cariota-Ferrara, *I negozi fiduciari*, cit., 96-98.

[3878] Inspirado no artigo 688.º do *Codice di Commercio* de 1865.

[3879] Rodolfo Calamandrei, Anotação ao artigo 803.º *do CCom It* in *Del fallimento: commento al Libro III e al Capo III Titolo I Libro IV del nuovo Codice di Commercio italiano*, Vol. II, UTET, Turim, 1883, 38-43, 39; Emanuele Cuzzeri e Antonio Cicu, Anotação ao 803.º *do CCom It* in *Del fallimento*, UTET, Turim, 1927, 501-506, 501 ou Umberto Pipia, Anotação ao artigo 803.º *do CCom It* in *Nuovo commento al Codice di Commerci. Libro terzo: del fallimento*, UTET, Turim, 1932, 593-596, 594. Gustavo Bonelli, Anotação ao artigo 803.º *do CCom It* in *Del fallimento (commento al Codice di Commercio)*, Vol. II, Vallardi, Milão, 1923, 558-564, 559: chama a atenção para o facto de o comissário atuar por conta do comitente, mas já não em seu nome, ou seja, para o exterior o comissário age como proprietário. Não estamos, afirma o autor, perante uma simples ação de revindicação.

[3880] Cariota-Ferrara, *I negozi fiduciari*, cit., 94-95.

§ 54.º TERCEIRO ESTÁDIO: PROTEÇÃO PROFILÁTICA – APLICAÇÃO ANALÓGICA

conste de documento anterior à data da penhora, e os bens imóveis e os bens móveis sujeitos a registo, desde que registados também em data anterior à penhora, não respondem pelas obrigações do mandatário[3881].

Partindo da alegada proximidade entre o mandato sem representação e a fidúcia, JAEGER, nos finais da década de 60 do século passado, veio defender a aplicação analógica do disposto no artigo 1707.º do CC It aos negócios fiduciários. Contudo, como resulta do mesmo preceito, JAEGER chama a atenção para o facto de a proteção concedida ao fiduciante ficar circunscrita, salvo nos casos previstos na lei, ao campo dos bens móveis não sujeitos a registo e aos direitos de crédito[3882].

Nas décadas que se seguiram, a Ciência Jurídica italiana centrou os seus esforços em dois pontos fulcrais: (1) a proximidade entre a fidúcia e o mandato sem representação, indispensável para a aplicação analógica do regime; e (2) a eventualidade de o regime do mandato sem representação poder ser aplicado a situações análogas.

III. A esmagadora maioria da doutrina moderna defende, hoje, uma aproximação do mandato sem representação ao mundo fiduciário[3883], sendo, consequentemente, favorável à aplicação analógica do disposto no artigo 1707.º do CC It. Permite, assim, ao beneficiário, invocar a segregação dos

---

[3881] Sobre a insolvência do mandatário sem representação e a proteção concedida ao mandante no âmbito do artigo 1707.º, vide, em geral, FRANCESCO SANTI, *Anotação ao artigo 1707.º do CC It* in *Commentario al Codice Civile*, coordenação de PAOLO CENDON, *Artt. 1703.º-1765.º*, Giuffrè, Milão, 2009, 239-248, em especial 244-246; BRUNO MEOLI e SALVATORE SICA, *Effetti sui rapporti giuridici preesistenti* in *Trattato di diritto fallimentare*, coordenação de BASSI AMEDEO e BUONOCORE VINCENZO, Vol. II: *Gli organi. Gli effetti. La disciplina penalistica*, CEDAM, Pádua, 2010, 388-602, 529-532; e GIOVANNI DI ROSA, *Il mandato*, Tomo I: *Artt. 1703.º-1709.º* in *Il Codice Civile: commentario*, coordenação de PIERO SCHLESINGER e FRANCESCO D. BUSNELLI, Giuffrè, Milão, 2012, 138-140.

[3882] Cit., 384-385.

[3883] GRASSETTI, *Il negozio fiduciario nel diritto privato*, cit., 14; M. FRATERNALI VITALETTI, *La proprietà fiduciaria* in *Proprietà e diritti reali*, coordenção de BALESTRA LORENZO, Vol. I: *Proprietà – Beni – Multiproprietà – Superficie – Enfiteusi*, UTET, Turim, 2011, 355-374, 364: utiliza a expressão enquadrável; MICHELE GRAZIADEI, *Trusts in Italian Law* in *La fiducie face au trust*, cit., 265-289, 273-274: aproxima o mandato sem representação do *trust*; e *Proprietà fiduciaria e proprietà del mandatario*, Quadr, 1990, 1-13, 3; UMBERTO MORELLO, *Fiducia e trust: due esperienze a confronto*, Quadr, 1990, 239-272-248. Vide, entre nós, ANDRÉ FIGUEIREDO, *O negócio fiduciário*, cit., 136-149: análise conjunta do Direito italiano e do Direito suíço, com extensas referências bibliográficas.

bens constituídos em fidúcia da massa insolvente do fiduciário[3884]. Alguns autores chegam mesmo a apresentar o mandato sem representação como uma concretização positivada da fidúcia[3885]. A relação de confiança, teoricamente existente entre o mandante e o mandatário, surge como um elemento comprovativo dessa proximidade[3886].

Porém, a aplicação analógica do preceito não se basta com a simples invocação de uma especial proximidade estrutural ou conceptual entre as duas situações, exigindo-se, ainda, que se demonstre a não excecionalidade do regime base. Ora, parte da doutrina italiana tem apresentado o conteúdo do 1707.º do CC It como uma norma de carácter geral, com aplicação a todas as situações em que um sujeito, embora atuando em nome próprio, age no interesse de outrem[3887].

274. Mandato sem representação: 1184.º

I. A aplicação analógica do mandato sem representação ou da comissão, consoante o instituto que esteja positivado internamente, tem merecido uma atenção especial por parte das Ciências Jurídicas continentais, contando-se, ainda, entre as suas fileiras parte da doutrina austríaca (comissão)[3888]. Idêntica solução tem sido recentemente invocada entre nós.

[3884] ANTONIO GAMBARO, *Il diritto di proprietà*, Giuffrè, Milão, 1995 612-617: não existem razões para não se aplicar o preceito por analogia; PIERO PAJARDI e ALIDA PALUCHOWSKI, *Manuale di diritto fallimentare*, 7ª edição, Giuffrè, Milão, 2008, 321, nota 18 ou GALLO, *Trattato del contratto*, Vol. III, cit., 2426.

[3885] BALDINI, *Il mandato*, cit., 121: a posição jurídica do sujeito que, agindo em nome próprio, fá-lo por conta de outrem é qualificada, internamente, como mandatário sem representação. O autor analisa, de modo bastante aprofundado, a relação entre o mandato sem representação e o negócio fiduciário, cit., 121-160.

[3886] GIUSEPPE BUFFONE, *Mandato, agenzia, mediazione: percorsi giurisprudenziali*, Giuffrè, Milão, 2009, 4; MEOLI e SICA, *Effetti sui rapporti giuridici preesistenti*, cit., 530: apresentam o mandato como um tipo contratual de base fiduciária.

[3887] ANGELO LUMINOSO, *Il mandato e la commissione*, Giuffrè, Milão, 1986, 106-107 ou ADOLFO TENCATI, *Le garanzie dei crediti*, UTET, Turim, 2012, 337: invoca a aplicação do regime no âmbito de sociedades de investimento.

[3888] FRANZ BYDLINSKI, *System und Prinzipien des Privatrechts*, Springer, Viena, 1996, 350.

§ 54.º TERCEIRO ESTÁDIO: PROTEÇÃO PROFILÁTICA – APLICAÇÃO ANALÓGICA

De acordo com o disposto no artigo 1184.º, inspirado no 1707.º do CC It[3889], "os bens que o mandatário haja adquirido em execução do mandato e devam ser transferidos para o mandante nos termos do n.º 1 do artigo 1181.º não respondem pelas obrigações daquele, desde que o mandato conste de documento anterior à data da penhora desses bens e não tenha sido feito o registo da aquisição, quando esta esteja sujeita a registo". Assim, e como princípio geral, os bens adquiridos pelo mandatário não respondem pelas suas dívidas[3890]. Ora, se não respondem pelas suas dívidas, é lógico que esses mesmos bens não sejam incluídos na massa insolvente que se destine à satisfação dos credores (46.º/1 do CIRE). Estão assim salvaguardadas as duas vertentes clássicas da proteção profilática – penhora e insolvência.

II. Apesar de a proximidade entre o mandato sem representação e a fidúcia ser reconhecida há longas décadas e da ascendência clássica do Direito alemão e do Direito italiano, a defesa da teoria da analogia data apenas dos inícios do presente século. Em 2005, PESTANA DE VASCONCELOS, na Universidade do Porto, e PEREIRA DAS NEVES, na Universidade Nova de Lisboa, discutiram, em provas públicas, as suas dissertações de doutoramento dedicadas ao tema da cessão de créditos em garantia. Ambos os autores defenderam a extensão do regime previsto no artigo 1184.º a diferentes modalidades fiduciárias.

PESTANA DE VASCONCELOS, defensor de uma forte aproximação da fidúcia ao universo do mandato sem representação, professa uma aplicação direta do regime, nos casos em que um específico negócio fiduciário possa ser reconduzido ao mandato; uma aplicação subsidiária, a todas as relações fiduciárias para administração não reconduzíveis aos mandato sem representação, por remissão do disposto no artigo 1155.º; e uma aplicação analógica, para as relações fiduciárias com fins de garantia[3891].

PEREIRA DAS NEVES, seguindo uma linha de raciocínio idêntica, conquanto mais cauteloso na aproximação da fidúcia ao mandato, defende, igualmente, uma aplicação analógica do regime previsto no artigo 1184.º[3892].

[3889] PIRES DE LIMA e ANTUNES VARELA, *Código Civil anotado*, Vol. II, cit., 831.
[3890] RPt 2-Out.-2008 (DEOLINDA VARÃO), proc. n.º 0832919: defende o oposto. Como princípio geral, os bens adquiridos pelo mandatário respondem pelas suas dívidas, o que é lógico, tendo em conta que o mandatário é o titular do direito.
[3891] *A cessão*, cit., 219 ss..
[3892] *A cessão*, cit., 523 ss..

III. Mais recentemente, a problemática da aplicação analógica do 1184.º aos negócios fiduciários, na sua modalidade para administração, foi avançada por Maria João Vaz Tomé, num extenso artigo publicado na Revista da Ordem dos Advogados, e por André Figueiredo, na sua tese de doutoramento.

O grande interesse do texto de Vaz Tomé reside na teoria avançada para contornar as hipotéticas limitações do 1184.º no âmbito de valores mobiliários registados. A autora afirma que a *ratio* subjacente ao registo de bens imóveis não encontra paralelo nos valores mobiliários sujeitos a registo, pelo que, mesmo no caso em que estes estejam registados a favor do intermediário financeiro (fiduciário), nunca poderão responder pelas suas obrigações pessoais[3893].

Finalmente, para André Figueiredo, o disposto no artigo 1184.º é de âmbito geral e não circunscrito, sendo aplicável a todas as relações fiduciárias. A proximidade com o mandato sem representação impõe esta solução, sob pena de o sistema conceber situações díspares para relações idênticas[3894]. Em último caso, e tendo em conta a recondução da *fiducia cum amico* ao universo da prestação de serviço, o regime previsto no artigo 1184.º seria sempre passível de aplicação, ao abrigo do disposto no artigo 1156.º[3895].

[3893] *Sobre o contrato de mandato*, cit., 1124 ss..
[3894] *O negócio fiduciário*, cit., 288-291.
[3895] Cit., 293.

§ 55.º TERCEIRO ESTÁDIO: PROTEÇÃO PROFILÁTICA – CONSTRUÇÃO AUTÓNOMA

275. A teoria da dupla propriedade: propriedade formal e propriedade material

I. A teoria da dupla propriedade remonta aos textos de Dernburg. Desde a primeira edição das suas *Pandekten*, datadas de 1884, o ilustre jurista defendeu a necessidade de distinguir a dimensão interna da dimensão externa da relação fiduciária. Externamente, o fiduciário é o titular do direito de propriedade, podendo, consequentemente, exercer todos os direitos e poderes inerentes à posição jurídica ocupada. Internamente, contudo, a titularidade é assumida pelo fiduciante, tudo funcionando como se o fiduciário não passasse de um simples mandatário. A particularidade da teoria reside, precisamente, na dimensão interna da relação, que permite ao fiduciante/mandante responsabilizar o fiduciário/mandatário no caso de as suas diretrizes não serem cumpridas. Acresce que, entrando o fiduciário em insolvência, o fiduciante poderia, invocando as especificidades da relação interna, reivindicar, para si e contra todos os credores, os bens transmitidos em fidúcia. Repare-se, porém, que Dernburg em nenhum momento se debruça sobre a complexa temática da natureza da posição jurídica do fiduciário. Limita-se, salvo melhor interpretação, a descrever os efeitos jurídicos da relação fiduciária, sem, contudo, teorizar os seus contornos[3896].

A teoria foi aprofundada por Enneccerus/Nipperdey. Partindo dos mesmos pressupostos de Dernburg – transmissão efetiva do direito de pro-

---

[3896] Cit., 228-229.

priedade e distinção entre a dimensão interna e externa da relação fiduciária –, os ilustres juristas esclarecem alguns contornos pouco claros dos textos do pandectista: (1) sendo o fiduciário o legítimo titular do bem, a alienação do direito correspondente a terceiros não é afetada pelos supostos interesses do fiduciante; (2) a dimensão interna da relação fiduciária está circunscrita ao campo obrigacional; e (3) o fiduciante poderá fazer valer os seus interesses, em caso de insolvência, através dos mecanismos previstos no § 771 da ZPO[3897].

A conceção de DERNBURG mereceu especial atenção no seio da doutrina germânica da época[3898], em particular pela doutrina especializada em Direito da insolvência[3899].

As décadas que se seguiram trouxeram, essencialmente, mudanças terminológicas, passando a ser bastante comum recorrer-se às expressões propriedade formal e propriedade material para especificar a titularidade do fiduciário e do fiduciante. Não nos parece, porém, que estejamos perante teorias distintas.

II. O reconhecimento jurisdicional de um direito à separação dos bens constituídos em fidúcia data dos finais do século XIX. Na célebre decisão de 23 de dezembro de 1899, o *Reichsgericht* deu razão aos autores que pretendiam a segregação dos bens transmitidos a título fiduciário[3900]. O Tribunal Imperial, com forte apoio doutrinário, atribuiu, ao fiduciante, uma propriedade material, por oposição à propriedade formal detida pelo fiduciário. Na base desta "separação", está, precisamente, o facto de a transmissão do bem ter como propósito os interesses dos beneficiários e não o enriquecimento

---

[3897] *Allgemeiner Teil*, cit., 919 ss..
[3898] FRIEDRICH ENDEMANN, *Lehrbuch des bürgerlichen Rechts*, Vol. I, 8ª edição, Carl Heymanns, Berlim, 1903, 286: conquanto para o exterior o fiduciário surja como titular pleno do direito de propriedade, a sua posição está circunscrita aos propósitos da transmissão ou ALBERT HERTZ, *Die fiduziarischen Rechtsgeschäfte*, R. Noske, Leipzig, 1905, 12-13.
[3899] DUNGS, *Ueber die Rechtstellung*, cit., 8-40: esclareça-se, todavia, que DUNGS não faz referência à posição de DERNBURG. O autor sublinha a necessidade de se distinguir a dimensão interna da dimensão externa de alguns "novos direitos". Ora, sendo o titular do bem, numa perspetiva interna, um mero mandatário, no caso de este entrar em insolvência, a posição jurídica do suposto "mandante" ficará sempre protegida.
[3900] 45 RGZ, 1900, 80-87.

do fiduciário. Este raciocínio permite, assim, a invocação do § 43 da KO (à época § 35)[3901]. A construção foi seguida em múltiplos acórdãos[3902].

A separação entre propriedade material e propriedade formal foi fortemente criticada por assentar numa divisão do direito de propriedade, prática vedada por lei e contrária à vontade manifestada pelas partes[3903].

276. Princípio da imediação (*Unmittelbarkeitsprinzip*): construção, críticas e alternativas

I. O princípio da imediação, desenvolvido pela jurisprudência alemã nos inícios do século XX, assenta no pressuposto de que os mecanismos de defesa previstos no § 771 da ZPO (penhora) e no § 47 da InsO (insolvência) apenas são disponibilizados ao fiduciante e somente em relação aos bens que tenham transitado diretamente da sua esfera para a esfera do fiduciário: os denominados negócios fiduciários puros[3904]. São excluídas, deste regime, as relações fiduciárias clássicas constituídas por três sujeitos distintos – fiduciante, fiduciário e beneficiário –, bem como os bens adquiridos, pelo fidu-

---

[3901] Cit., 84-86.
[3902] RG 20-Mar.-1912, 79 RGZ, 1912, 121-123: fazendo expressa referência à decisão revolucionária de 1899; RG 15-Jan.-1912, 127 RGZ, 1930, 8-12: o tribunal aplica o § 771 da ZPO; RG 6-Mar.-1930, RGZ 1930, 341-350.
[3903] SCHULTZE, *Treuhänder*, cit., 30: reconhecendo, todavia, uma certa utilidade à distinção entre a dimensão interna e a dimensão externa do negócio fiduciário; JOHANNES BIERMANN, *Bürgerliches Recht*, Vol. I: *Allgemeine Lehren und Personenrecht*, H. W. Müller, Berlin, 1908, 236--237, nota 11: apenas a propriedade legal é reconhecida pelo sistema; GOLTZ, *Das fiduziarische Rechtsgeschäft*, cit., 28: essa distinção viola alguns dos princípios basilares do sistema; HOLLENSTEINER, *Treuhandeigentum*, cit., 40-42: o facto de a separação entre propriedade material e propriedade formal ser aplicada na prática (tribunais), não esconde a realidade jurídica: à luz dos princípios jurídicos vigentes, em especial os positivados no BGB, a propriedade é só uma e está localizada na esfera jurídica do fiduciário; KAUL, *Rechtsgeschäft*, cit., 18: depois de expor, sucintamente, a construção, considera que não pode ser acolhida; HERMANN HAEMMERLE, *Empfiehlt sich eine gesetzliche Regelung des Treuhandervehältnisses?* 36 DJT, 1930, 632-715, 641: esta ideia de propriedade dividida, que, de certo modo, encontra fundamento no Direito inglês, não se adequa ao sistema jurídico alemão.
[3904] Número 246.

ciário, no âmbito da relação ou em substituição dos bens originários – o fiduciante não tem qualquer interesse protegido nos bens sub-rogados[3905].

II. O princípio da imediação foi defendido, pela primeira vez, pelo *Reichsgericht*, numa decisão datada de 19 de fevereiro de 1914[3906]. Confrontado com uma oposição à penhora com base numa suposta relação fiduciária, o Tribunal Imperial alemão decidiu que, tendo o presumível fiduciário adquirido os bens fiduciários de terceiros e não diretamente do fiduciante, não estão preenchidos os requisitos necessários para conceptualizar a relação como fiduciária[3907]. Esta decisão, que ainda hoje mantém a sua vitalidade[3908], operou, na prática, como uma circunscrição da teoria fundada, pelo mesmo tribunal, na viragem do século XIX para o século XX[3909].

III. A circunscrição professada pelo Tribunal Imperial mereceu o apoio de alguns dos nomes mais sonantes da Ciência Jurídica alemã da primeira metade do século XX: OERTMANN[3910], LEHMANN[3911] e ENNECCERUS/NIPPER-

---

[3905] BITTER, *Rechtsträgerschaft*, cit., 51-117; LÖHNIG, *Treuhand*, cit., 84-91: apanhado geral da discussão que envolveu a teoria nas primeiras décadas que se seguiram ao seu desenvolvimento; WALTER, *Das Unmittelbarkeitsprinzip*, cit.: uma profunda análise jurisprudencial e doutrinária da temática até aos finais do terceiro quartel do século passado. Entre nós, vide MENEZES CORDEIRO, *Tratado*, II/II, cit., 260-265 e ANDRÉ FIGUEIREDO, *O negócio*, cit., 98 ss..
[3906] RG 19-Fev.-1914, 84 RGZ, 194, 214-219. Para uma análise mais detalhada dos factos, vide MENEZES CORDEIRO, *Tratado*, II/II, cit., 263.
[3907] Cit., 217-218.
[3908] O princípio da imediação tem sido seguido pelos tribunais alemães desde então: RG 5-Nov.-1918, 94 RGZ, 1919, 305-308; BGH 11-Dez.-1963, WM, 1964, 179-180: o tribunal circunscreve os mecanismos de defesa aos denominados negócios fiduciários *stricto sensu*; BGH 25-Nov.-1965, WM, 1965, 173-175; BGH 14-Jan.-1969, WM, 1969, 475-476: solução de base jurisdicional e consuetudinária; BGH 1-Jul.-1993, 46 NJW, 1993, 2622: com amplas referências jurisprudenciais. Atente-se que o acórdão menciona a decisão inaugural de 1914; OLG Köln 13-Nov.-1964, 19 MDR, 1965, 1001-1002.
[3909] LÖHNIG, *Treuhand*, cit., 86.
[3910] PAUL OERTMANN, *Bürgerliches Gesetzbuch: Allgemeiner Teil*, 3ª edição, Carl Heymanns, Berlim, 1927, 603: o autor parece recear uma expansão descontrolada do conceito, com o seu consequente desvirtuamento.
[3911] HEINRICH LEHMANN, *Allgemeiner Teil des Bürgerlichen Gesetzbuches*, 5ª edição, Walter de Gruyter, Berlim, 1947, 230: cita a decisão clássica.

DEY[3912] – posição que veio a ser abandonada na última edição da sua obra – apoiaram a solução encontrada pelo mais alto tribunal da nação. Curiosamente, a maioria dos seus defensores apresenta a publicidade, que, supostamente, deriva da transmissão direta dos bens – elemento que, alegadamente, não se encontra nas restantes concretizações fiduciárias –, como aspeto central da construção[3913]. Sublinhe-se, todavia, que os tribunais não fazem depender a aplicação do regime desenvolvido da publicidade ou cognoscibilidade da transmissão.

JAEGER considera que a delimitação decretada pelos tribunais é justificável em face da excecionalidade da solução, por um lado, e da necessidade de conciliar o regime dos negócios fiduciários com o regime positivado da comissão (§ 392/2 do HGB), por outro[3914]. SIEBERT sublinha que uma extensão do regime a todos os casos de representação indireta levaria ao esvaziamento do conceito de negócio fiduciário e iria contribuir para criar uma enorme incerteza no tráfico jurídico. Apenas nos casos em que o direito tenha sido transmitido diretamente do fiduciante para o fiduciário, justifica quebrarem-se as regras gerais do sistema[3915]. A exclusão das relações reconduzíveis ao mandato sem representação parece, de resto, ter contribuído bastante para o sucesso da construção[3916].

Outra linha de raciocínio foi seguida por HAEMMERLE. Para o jurista alemão, a construção jurisprudencial é, à luz dos desenvolvimentos fiduciá-

---

[3912] LUDWIG ENNECCERUS e HANS CARL NIPPERDEY, *Allgemeiner Teil des Bürgerlichen Rechts*, Vol. II, 14ª edição, Mohr Siebeck, Tübingen, 1955, 627.

[3913] Para além dos autores referidos no texto principal: FRIEDMANN, *Empfiehlt sich*, cit., 892: de modo análogo ao que se verifica para a comissão, também nestes casos o comércio jurídico está protegido; *Planck's Kommentar zum Bürgerlichen Gesetzbuch nebst Einführungsgesetz*, Vol I: *Allgemeiner Teil (§§ 1-240)*, coordenação de EMIL STROHAL, J. Guttentag, Berlim, 1913, 428: invoca uma aparência externa de prosseguir interesses de outrem; REINHARDT e ERLINGHAGEN, *Die rechtsgeschäftliche*, cit., 52: solução encontrada pelos tribunais para proteger o comércio jurídico; WERNER RADKE, *Das Unmittelbarkeitsproblem bei der fiduziarischen Treuhand: inwieweit ist Treugut im Konkurs des Treuhänders aussonderungsfähig?*, Luyken, Gummersbach, 1933, 25: deve-se ao autor uma primeira análise mais aprofundada da temática.

[3914] *Jaeger Konkursordnung*, Vol. I, cit., 631 ss..

[3915] *Treuhandverhältnis*, cit., 189-195.

[3916] ERNST COHN, *Das rechtsgeschäftliche Handeln für denjenigen, den es angeht, in dogmatischer und rechtsvergleichender Darstellung*, N. G. Elwert'sche, Marburgo, 1931, 32: o caminho percorrido pela Ciência Jurídica alemã levou ao afastamento do mandato sem representação do mundo da fidúcia.

rios históricos e dogmáticos, a única possível. HAEMMERLE considerava que apenas os casos em que o direito seja transmitido diretamente do fiduciante para o fiduciário são enquadráveis no conceito de negócio fiduciário[3917].

IV. Pese embora o forte apoio que recebeu, a construção foi fortemente criticada, em particular pela doutrina especializada, que a condenou, quase na sua totalidade. A reprovação mais invocada, que aponta ao centro nevrálgico da teoria, consistiu na inexistência de qualquer razão lógica ou jurídica que justifique a circunscrição do conceito de negócio fiduciário puro ou verdadeiro a transmissões diretas[3918]. Nas décadas que se seguiram, o apoio doutrinário ao princípio da imediação não foi renovado, sendo hoje condenado pela esmagadora maioria da doutrina alemã[3919].

[3917] *Empfiehlt sich*, cit., 668-669.

[3918] ROTH, *Der Trust*, cit., 294-295; A. NUSSBAUM, *Anotação a OLG Hamburg 13-Dez.-1927*, 1928, 55 JW, 1928, 625-627; WALTHER NORD, *Anotação a OLG Jena 15-Jun.-1928*, 58 JW, 1929, 645; KATZMANN, *Die Aussonderung*, cit., 36: não existem diferenças substantivas entre os dois tipos de relações que justifiquem esta diferenciação; KUNISCH, *Die rechtliche*, cit., 20-21: sendo a transmissão um negócio abstrato, é indiferente qual a origem do bem, se do próprio beneficiário se de um terceiro; SCHLESS, *Mittelbare*, cit., 47-51: não vê qualquer fundamentação sólida, de origem lógica ou jurídica, para circunscrever, a solução, a relações fiduciárias diretas; EMMERICH, *Die Sanierung*, cit., 160 ss.: expressa iguais dúvidas, não vê razões práticas ou jurídicas que sustentem esta delimitação; FUCHS, *Treuhand*, cit., 19-20: em face da proximidade existente entre a fidúcia e o mandato sem representação, não se justifica um tratamento diferenciado.

[3919] ENNECCERUS e NIPPERDEY, *Allgemeiner Teil*, Vol. II, cit., 920: os autores acabaram por, na última edição da sua célebre obra, defender que, independentemente da origem do bem, a relação será sempre fiduciária, devendo, consequentemente, aplicar-se o regime jurisprudencial; ASSFALG, *Die Behandlung*, cit., 167: o autor, que mostra uma sincera preocupação em analisar e criticar as posições doutrinárias favoráveis ao princípio da imediação, não vislumbra qualquer razão substantiva para a circunscrição professada pelos tribunais. Retoma as suas críticas num outro artigo: *Wirtschaftliches Eigentum als Rechtsbegriff*, 15 NJW, 1963, 1582-1586, 1585: parece considerar que, caso não vigorasse o princípio da imediação, a *Treuhand* alemã já teria alcançado o nível de proteção previsto na *Common Law*; KÖTZ, *Trust*, cit., 131-134; JÜRGEN THOMAS, *Die rechtsgeschäftliche Begründung von Treuhandverhältnissen*, 21 NJW, 1968, 1705-1709, 1708; COING, *Die Treuhand*, cit., 179: o princípio da imediação deve ser abandonado e substituído por um critério mais claro e juridicamente defensável; MARWEDE, *Rechtsnatur*, cit., 175 ss.; WALTER, *Das Unmittelbarkeitsprinzip*, cit., 115: o autor inicia a sua exposição por sublinhar que o princípio da imediação é juridicamente insustentável; LAMMEL, *Die Haftung*, cit., 8-10; CANARIS, *Die Verdinglichung*, cit., 411: o princípio da imediação é, em si mesmo, estranho ao sistema; vide, ainda, *Bankvertragsrecht*, Vol. I, 3ª edição, Walter de Gruyter, Berlim, 1988, 175 e *Inhaberschaft und Verfügungsbefugnis bei Bankkonten*, 26 NJW, 1973, 825-833, 832; GERNHUBER,

§ 55.º TERCEIRO ESTÁDIO: PROTEÇÃO PROFILÁTICA – CONSTRUÇÃO AUTÓNOMA

Conquanto os propósitos dos tribunais sejam claros – impedir a expansão do regime a outras relações, em especial às passíveis de serem reconduzidas ao mandato sem representação –, a fundamentação jurisdicional encontrada é muito frágil. Ora, nenhuma construção consegue sobreviver quando toda a doutrina se mostra desfavorável, mais não seja porque os juízes do futuro terão convivido, desde os bancos das universidades, com as críticas formuladas pelos seus mestres. Temos poucas dúvidas de que, num futuro próximo, o princípio da imediação irá cair – pense-se, de resto, na já mencionada brecha aberta pela exceção das contas bancárias fiduciárias, cujos bens são depositados (transmitidos) por terceiros e não pelo próprio fiduciante[3920] –, sendo substituído por um critério mais claro e sólido, que responda às dúvidas e críticas há longas décadas proferidas pela doutrina alemã.

Curiosamente, e apesar das inúmeras críticas formuladas pela doutrina germânica, a que acresce uma certa abertura jurisdicional, não pode deixar de ser notado que, até ao momento, ainda não foi avançada nenhuma doutrina alternativa que tenha merecido o apoio maioritária da doutrina e da jurisprudência alemãs. Todavia, a nossa análise ao princípio da imediação ficaria sempre incompleta se não fizéssemos alusão à doutrina da publicidade, desenvolvida e professada por CANARIS, e à doutrina da determinabilidade, que recebeu o importante apoio de COING.

V. CANARIS advoga a substituição do princípio da imediação pelo mais conhecido e dominado princípio da publicidade. Na prática, o beneficiário apenas poderia recorrer aos mecanismos profiláticos disponibilizados pelos tribunais no caso de os credores do fiduciário conhecerem ou deverem conhecer a especial natureza (fiduciária) desses mesmos bens[3921]. Já no que respeita a bens sujeitos a registo, essa publicidade, por decorrência dos

---

Die fiduziarische, cit., 361; WOLFGANG WIEGAND, *Die Entwicklung des Sachenrechts im Verhältnis zum Schuldrecht*, 190 AcP, 1990, 112-138, 126; ou HENSSLER, *Treuhandgeschäft*, cit., 54-55. De resto, o princípio da imediação foi criticado nas três mais recentes teses de habilitação dedicadas ao tema, cfr., BITTER, *Rechtsträgerschaft*, cit., 51 ss. e 298: correndo o risco do perecimento dos bens fiduciários por conta de outrem que não o fiduciante, não há razões que justifiquem a sua não proteção; LÖHNIG, *Treuhand*, cit., 725 ss. e GEIBEL, *Treuhandrecht*, cit., 30 ss..
[3920] Número 246.
[3921] *Die Verdinglichung*, cit., em especial 410 ss..

princípios e do espírito dos Direitos reais, estará dependente do respetivo registo[3922].

Esta substituição é apresentada como uma solução lógica, uma decorrência natural, se tivermos em consideração os supostos propósitos subjacentes à construção jurisdicional[3923]. Relembre-se que todos os defensores da teoria da imediação dão especial destaque à suposta publicidade que esta acarreta.

A teoria de CANARIS, alicerçada em critérios de publicidade ou de cognoscibilidade, tem merecido um apoio bastante reduzido[3924]. A substituição do princípio da imediação pelo princípio da publicidade foi recusada pela esmagadora maioria da doutrina germânica[3925] e pela pouca jurisprudência que se debruçou sobre a alternativa[3926]. São duas as principais objeções apontadas: (1) à luz dos avanços sistemáticos mais recentes, a publicidade não consubstancia um princípio nuclear dos Direitos reais, sendo, consequentemente, um critério insuficiente para sustentar qualquer teoria de reificação de direitos obrigacionais[3927]; e (2) a cognoscibilidade dos bens que, efetivamente, façam parte do património do devedor é um elemento irrelevante para efeitos de penhora ou insolvência: os bens respondem pelas

---

[3922] Cit., 415.
[3923] Cit., 412.
[3924] O recurso a princípios clássicos dos Direitos reais, em especial o princípio da determinabilidade e o princípio da publicidade, já tinha sido apresentado como critério alternativo do princípio da imediação por THOMAS, *Die rechtsgeschäftliche*, cit., 1708: o autor considera que, apenas neste caso, será possível acautelar a posição jurídica dos beneficiários e a posição jurídica dos credores do fiduciário.
[3925] Curiosamente, antes mesmo de CANARIS ter formulado a sua construção, já parte da doutrina se tinha mostrado desfavorável à relevância da publicidade: KÖTZ, *Trust*, cit., 134-135: a aplicação de critérios de publicidade colide com a realidade prática: a natureza fiduciária nem sempre é reconhecida por terceiros externos à relação ou BEUTHIEN, *Treuhand an Gesellschaftsanteilen*, cit., 69: o autor critica a publicidade no âmbito do princípio da imediação.
[3926] BGH 25-Jun.-1973, 26 NJW, 1973, 1754-1755: o tribunal desvaloriza a publicidade da natureza fiduciária de uma conta bancária; BGH 19-Nov.-1992, 14 ZIP, 1993, 213-214: em idêntico sentido. Numa decisão datada de 1993, o BGH pareceu inclinar-se para o critério da publicidade, não tendo, todavia, dado continuidade a esta mudança, cfr., BGH 1-Jul.-1993, 46 NJW, 1993, 2622: o tribunal faz, de resto, expressa referência à construção de CANARIS.
[3927] WOLFGANG WIEGAND, *Trau, schau wem: Bemerkung zur Entwicklung des Treuhandrechts in der Schweiz und in Deutschland* in *Europäisches Rechtsdenken in Geschichte und Gegenwart: Festschrift für Helmut Coing zum 70. Geburstag*, coordenação de NORBERT HORN, Vol. II, Beck, Munique, 1983, 565-591, 588; LÖHNIG, *Treuhand*, cit., 733: faz expressa referência às críticas formuladas por WIEGAND.

obrigações cometidas independentemente de serem ou não conhecidos dos credores[3928].

VI. A substituição do princípio da imediação por critérios de determinabilidade dos bens constituídos em fidúcia foi avançada, pela primeira vez, por Assfalg, na sua monografia dedicada à insolvência dos fiduciários, datada de 1960[3929]. Claramente influenciada pela doutrina anglo-saxónica – relembre-se que a validade da constituição de um *trust* está dependente da determinabilidade dos bens fiduciários, a denominada segunda certeza[3930] –, a doutrina da determinabilidade faz assentar toda a problemática da proteção da posição jurídica do beneficiário na possibilidade de se identificar, de forma categórica, que bens foram transmitidos em fidúcia. A solução permite, ainda, resolver uma série de situações pouco claras, como o caso paradigmático das contas bancárias fiduciárias, exigindo-se que as quantias monetárias estejam efetivamente segregadas. A construção, para além de ter merecido o importante apoio de Coing[3931], foi recebida com menor desconfiança por parte da jurisprudência alemã[3932] e adotada por um número significativo de autores[3933].

[3928] Henssler, *Treuhandgeschäft*, cit., 57: este dado decorre, diretamente, do espírito do Direito da insolvência e dos artigos concretos aplicáveis.

[3929] Dieter Assfalg, *Die Behandlung von Treugut im Konkurse des Treuhänders. Rechtsvergleichende Studie zur Grenzbereinigung zwischen Schuld- und Treuhandverhältnis*, De Gruyter, Berlim, 1960, 160 ss.. O autor retoma o tema num outro artigo: *Wirtschaftliches Eigentum*, cit..

[3930] Número 95.

[3931] *Treuhand*, cit., 178: sublinha a ascendência anglo-saxónica. Coing, que já tinha expressado esta posição num artigo anterior (*Rechtsformen der privaten Vermögensverwaltung, insbesondere durch Banken, in USA und Deutschland*, 167 AcP, 1967, 99-131, 109 e 113), retoma a temática, com iguais conclusões, em dois outros artigos, cfr., *Bemerkung zum Treuhandkonto im Deutschland Recht* in *Liber Amicorum Ernst J. Cohn: Festschrift für Ernst J. Cohn zum 70 Geburtstag*, coordenação de Aleck G. Chloros e Karl H. Neumayer, Recht und Wirtschaft, Heidelberg, 1975, 23-29; e *Publizität und Außenwirkung bei der Treuhand. Zu BGHZ 61, s. 72* in *Recht und Wirtschaft in Geschichte und Gegenwart – Festschrift für Johannes Bärmann zum 70. Geburtstag*, coordenação de Marcus Lutter, Helmut Kollhosser e Winfried Trusen, Beck, Munique, 1975, 203-214.

[3932] BGH 8-Mar.-1972, 58 BGHZ, 1972, 257-262, 258: o tribunal considera que o espírito subjacente à segregação de bens assenta não num direito abstrato, mas num direito sobre bens concretos e identificáveis.

[3933] Walter, *Das Unmittelbarkeitsprinzip*, cit., 150: embora afirme que uma construção assente simplesmente em critérios de determinabilidade possa não ser suficiente; Blaurock, *Unterbeteiligung*, cit., 248: a chave reside na possibilidade de determinar, para lá de qualquer dúvida,

VII. O apoio da doutrina da determinabilidade e o pouco sucesso da doutrina da publicidade de Canaris – o interesse da solução, ainda por explorar, reside, porventura, na possibilidade de ser apresentada como ponto de partida para o desenvolvimento de uma doutrina que dê resposta à problemática da alienação de bens fiduciários a terceiros de má-fé – levam-nos a acreditar que, a médio prazo, o princípio da imediação irá ser substituído pela construção professada por Assfalg e divulgada por Coing.

Paralelamente ao desenvolvimento de teorias alternativas ao princípio da imediação, a doutrina, partindo da construção jurisdicional vigente, tem procurado conceptualizar o negócio fiduciário de forma a enquadrar o instituto no panorama jurídico-legal vigente, o que permitirá a sua melhor compreensão e delimitação, bem como a recondução, no futuro, de possíveis novas figuras ao regime criado. Para além da aplicação analógica do regime da comissão (§ 392/2 do HGB), destacam-se três teorias[3934]: (1) recondução das relações fiduciárias ao mundo do Direito das obrigações, com a consequente remissão da proteção profilática, concedida ao beneficiário, para o instituto da eficácia externa das obrigações; (2) atribuição ao beneficiário de um direito quase-real; e (3) circunscrição do direito de propriedade do fiduciário, correspondendo, em última análise, a um novo tipo de direito real.

---

que um determinado bem foi transmitido em fidúcia; Liebich e Mathews, *Treuhand*, cit., 474: sublinham a importância de os bens fiduciários poderem ser identificados no momento da constituição da relação; Dorothee Einsele, *Inhalt, Schranken und Bedeutung des Offenkundigkeitsprinzips – unter besonderer Berücksichtigung des Geschäfts für den, den es angeht, der fiduziarischen Treuhand sowie der dinglichen Surrogation*, 45 JZ, 1990, 1005-1014, 1010: a autora sublinha que, ao exigir-se a determinabilidade do bem, está, consequentemente, a exigir-se uma certa publicidade da relação. Einsele volta a sublinhar a necessidade de se substituir o princípio da imediação por critérios de determinabilidade, cfr., *Wertpapierrecht als Schuldrecht*, Mohr Siebeck, Tübingen, 1995, 428; Siegfried Eden, *Treuhandschaft an Unternehmen und Unternehmensanteilen: Recht, Steuer, Betriebswirtschaft*, Erich Schmidt, Bielefeld, 1989, 95: considera ser suficiente que os bens constituídos em fidúcia sejam determináveis, à luz do ato constitutivo. Henssler, *Treuhandgeschäft*, cit., 58-60: o autor dá especial enfâse à questão das contas bancárias fiduciárias, onde, acrescentamos nós, a influência anglo-saxónica e o funcionamento da teoria se tornam mais claros.

[3934] Löhnig, *Treuhand*, cit., 725 ss.; André Figueiredo, *O negócio*, cit., 101-114.

277. A proteção concedida ao beneficiário tem natureza obrigacional

I. Apesar de a proteção concedida ao beneficiário pelos tribunais ser análoga à prevista para titulares de direitos reais, parte importante da doutrina fiduciária moderna continua a reconduzir todos os efeitos jurídicos da fidúcia ao universo do Direito das obrigações. Embora não se possa falar de uma doutrina única, porquanto cada um dos autores segue uma linha de raciocínio muito própria e autónoma, é possível apontar alguns elementos comuns: (1) a negação da recondução das relações fiduciárias ao mundo dos Direitos reais, quer através da reificação da posição do beneficiário, quer através da relativização da posição do fiduciário; (2) os tribunais nunca admitiram qualquer impacto na natureza jurídica das diversas posições conflituantes, o critério seguido foi sempre o do reconhecimento de interesses económicos na esfera do beneficiário; e (3) os preceitos invocados para proteger a posição jurídica do beneficiário não têm um campo de aplicação circunscrito aos Direitos reais; veja-se o caso paradigmático do § 47 da InsO, que fala em segregação de bens e não na reivindicação de direitos[3935].

WALTER conclui, após explorar a evolução histórica do § 43 da KO (§ 47 da InsO), que o critério para a segregação dos bens, em caso de insolvência, não é o da existência de uma titularidade formal, mas o reconhecimento de um interesse económico ou, recorrendo ao termos clássicos, uma propriedade económica[3936]. SCHARRENBERG, adotando uma exposição análoga, embora mais focada na *ratio* do preceito, chega a idêntica posição[3937].

BITTER, que aplaude os estudos históricos e teleológicos de WALTER e de SCHARRENBERG, considera que o regime tem como fim último acautelar a posição do sujeito sobre o qual corre o risco do perecimento dos bens, independentemente da sua origem[3938].

[3935] Para além dos autores referidos no texto principal, vide, ainda, HANS FRIEDHELM GAUL, *Neuere "Verdinglichungs"-Tendenzen zur Rechtsstellung des Sicherungsgebers bei der Sicherungsübereignung* in *Festschrift für Rolf Serick zum 70. Geburtstag*, coordenação de ULRICH HUBER e ERIK JAYME, Recht und Wirtschaft, Heilderberg, 1992, 105-152: 118-120 e PICHERER, *Sicherungsinstrumente*, cit., 93-96.

[3936] *Das Unmittelbarkeitsprinzip*, cit., 56 ss..

[3937] CLAUDIA SCHARRENBERG, *Die Rechte des Treugebers in der Zwangsvollstreckung*, Universität Mainz, 1989, 140 ss..

[3938] *Rechtsträgerschaft*, cit., 290-298.

II. De entre os autores obrigacionistas, destaca-se, pelo caminho original seguido, a posição de GRUNDMANN[3939]. Partindo do pressuposto de que é na dimensão interna dos negócios fiduciários, i.e., na relação que se estabelece entre as partes intervenientes, que se encontra o núcleo identificativo do instituto, GRUNDMANN procura conceptualizar os efeitos externos por recurso, precisamente, à sua dimensão interna. Numa perspetiva sistemática interna, GRUNDMANN chama a atenção para a necessidade de se distinguirem, no âmbito dos efeitos externos produzidos, dois tipos de contratos: (1) contratos em detrimento de terceiros (*Vertrag zu Lasten Dritter*); e (2) contratos onerosos para terceiros (*Vertrag mit Lastwirkung gegenüber Dritten*)[3940].

A primeira categoria de contratos, que tem como objeto imediato prejudicar terceiros, quer impondo obrigações a sujeitos externos à relação[3941], quer interferindo em bens cuja titularidade pertence a terceiros externos ao contrato, é totalmente vedada por lei (§ 138 do BGB), sendo apresentada, pela doutrina[3942] e pelos tribunais[3943], como um claro limite à autonomia das partes. Repare-se que o simples facto de um contrato concluído entre duas partes ser economicamente prejudicial para um terceiro não basta para que

---

[3939] *Der Treuhandvertrag*, cit., 296-342.

[3940] Cit., 296. Esta distinção, bem como as respetivas terminologias, parecem ter sido avançadas por HERBERT WIEDMANN, *Differenzierungsklauseln – Koalitionsfreiheit*, SAE, 1969, 246-268, 268.

[3941] Deixa de poder ser interpretado como tal se o terceiro puder ser considerado como parte ativa na conclusão do contrato, por exemplo, autorizando a produção desses efeitos na sua esfera jurídica, cfr., BGH 29-Jun.-2004, Akt. VI ZR 211/03, 2.

[3942] GÜNTER RÄCKE, *Haftungsbeschränkungen zugunsten und zu Lasten Dritter*, VVW, Karlsruhe, 1995, 150 ss.; KLAUS-PETER MARTENS, *Rechtsgeschäft und Drittinteressen*, 177 AcP, 1977, 113-188, 139-163; HELMUT SCHIRMER, *Zur Vereinbarung von Obliegenheiten zu Lasten Dritter, insbesondere in Verträgen zu ihren Gunsten* in *Festschrift für Reimer Schmidt*, coordenação de FRITZ REICHERT--FACILIDES, FRITZ RITTNER e JÜRGEN SASSE, Versicherungswirtschaft, Karlsruhe, 1976, 821--843 832-834.

[3943] BGH 9-Abr.-1970, BGHZ 54, 1971, 145-157, 147: afirma, expressamente, que os contratos onerosos para terceiros não são permitidos por lei; BGH 12-Nov.-1980, 78 BGHZ, 1981, 369--375, 374; BGH 21-Set.-2001, Akt. V ZR 14/01, 2 b): os contratos em detrimento de terceiros não são reconhecidos pelo sistema; BGH 1-Out.-2002, Akt. IX ZR 443/00, 4; BGH 14-Nov.-2002, Akt. IX ZR 40/02: sendo os propósitos do contrato prejudicar terceiros, só podemos concluir pela sua nulidade; BGH 6-Set.-2006, Akt., 5 StR 64/06, 24: os contratos em detrimento de terceiros são nulos; BGH 10-Jan.-2007, Akt. XII ZR 72/04, 8 e 13; BGH 24-Mai.-2007, Akt. IX ZR 105/05, 13.

este seja interpretado como tendo sido concluído em detrimento deste: o contrato deve ser concluído com esse propósito imediato[3944].

III. Todavia, nem todos os contratos que produzem efeitos na esfera jurídica de sujeitos externos à relação-base são vedados por lei[3945]: à luz da doutrina hoje dominante, o sistema apenas pretende evitar efeitos abusivos, que derivem de atuações que excedam os limites impostos pela autonomia contratual[3946]. GRUNDMANN, que reconhece que nem sempre é claro se um conjunto de determinados efeitos é ou não abusivo, considera que apenas em concreto e recorrendo ao peso ou à relevância atribuída, pelo legislador, à posição dos intervenientes em face de terceiros externos é possível determinar a sua legalidade ou ilegalidade[3947]. Não sendo os efeitos produzidos abusivos, a relação já não é enquadrável no conceito de contrato em detrimento de terceiros, mas no conceito de contrato oneroso para terceiros[3948]. GRUNDMANN considera que é nesta categoria de contratos que a fidúcia deve ser enquadrada: pese embora a sua natureza e origem contratual, os efeitos subjacentes à transmissão fiduciária extravasam a simples relação interna e impõem-se no comércio jurídico, i.e., na esfera jurídica de terceiros não partes[3949]. A *ratio* para a legalidade destes efeitos externos, reconhecidos pelo legislador nos §§ 43 da KO, 771 da ZPO e 392/2 do HGB, pode ser encontrada num confronto entre os interesses em disputa[3950]. Ora, do confronto entre os interesses dos credores do fiduciário e os interesses do beneficiário, prevalecem os deste último[3951]. GRUNDMANN parte do pressuposto de que, sendo, na maioria dos casos, as posições de beneficiário e de fiduciante ocupadas pelo mesmo sujeito, a proteção concedida pelo sistema é motivada pelos investimentos realizados[3952], i.e., o beneficiário, proprietário originário

---

[3944] BGH 6-Feb.-2009, Akt. V ZR 130/8, 8.
[3945] GRUNDMANN, *Der Treuhandvertrag*, cit., 298: a catalogação de um contrato concreto dentro de uma das modalidades nem sempre é fácil, existem algumas zonas cinzentas.
[3946] Cit., 302; e MATHIAS HABERSACK, *Vertragsfreiheit und Drittinteressen: eine Untersuchung zu den Schranken der Privatautonomie unter besonderer Berücksichtigung der Fälle typischerweise gestört Vertragsparität*, Duncker & Humblot, Berlim, 1992, 20-22.
[3947] Cit., 306.
[3948] MARTENS, *Rechtsgeschäft*, cit., 164-188.
[3949] Cit., 318.
[3950] Cit., 319-320.
[3951] Cit., 320.
[3952] Cit., 321.

do bem, transmitiu-o, gratuitamente, para um terceiro. Atente-se, todavia, que GRUNDMANN não exclui a hipótese de, em abstrato, os interesses dos credores – o facto de poderem recorrer ao património do fiduciário em caso de incumprimento das obrigações por este assumidas – suplantarem os interesses do beneficiário/fiduciante[3953].

278. Reificação da posição jurídica do beneficiário

I. A primeira tentativa mais estruturada de reificação[3954] da posição jurídica do beneficiário deve-se à pena de ASSFALG, na sua monografia dedicada à insolvência do fiduciário[3955]. O autor parte do interessante pressuposto de que, em abstrato, a solução anglo-saxónica é a mais proveitosa[3956]. Todavia, ASSFALG reconhece que a transposição do *trust* para a ordem jurídica interna não é possível. A divisão do direito de propriedade em que o instituto fiduciário inglês assenta não é aceite pelo sistema[3957]. A suposta desadequação da divisão do direito de propriedade é, de certo modo, posta em causa pelos efeitos subjacentes à solução jurisprudencial. O sistema atribui, ao beneficiário, uma capacidade que, usualmente, só se encontra na esfera jurídica de sujeitos titulares de direitos reais. Perante esta inegável realidade, ASSFALG procura uma posição conciliadora: não estamos perante um direito real, pois o sistema não reconhece, ao beneficiário, a possibilidade de invocar a sua

---

[3953] Cit., 321.

[3954] Optou-se pela expressão "reificação" em desfavor das expressões "coisificação", "realificação" ou "realização" por razões etimológicas – aproximação à expressão latina *rei* (*res*) – e linguístico-filosóficas – a expressão reificação tem sólidas raízes filosóficas, sendo empregue no sentido de transformar realidades abstratas em coisas. O primeiro estudo centrado na análise do processo de reificação data de metade do século passado: GERHARD DULCKEIT, *Die Verdinglichung obligatorischer Recht*, Mohr Siebeck, Tübingen, 1951.

[3955] *Die Behandlung*, cit., 160-166.

[3956] Cit., 160. Partindo, igualmente, da proximidade com o instituto fiduciário anglo-saxónico, MARWEDE propõe uma solução idêntica. Como elemento caracterizador de ambas as concretizações fiduciárias, o autor identifica a continuidade das relações, o que justifica a atribuição de proteção acrescida, cfr., JAN MARWEDE, *Rechtsnatur und Außenschutz des Trust und Treuhand: zugleich ein Beitrag zur Dinglichkeit und zum System subjektiver Privatrechte*, 1971, Bona, 165 ss..

[3957] Cit., 164. O autor volta a fazer referência às dificuldades em construir a *Treuhand* partindo da divisão em *legal right* e *equitable right*, num outro artigo: *Wirtschaftliches Eigentum als Rechtsbegriff*, 16 NJW, 1963, 1582-1586, 1583.

§ 55.º TERCEIRO ESTÁDIO: PROTEÇÃO PROFILÁTICA - CONSTRUÇÃO AUTÓNOMA

posição *erga omnes*, mas também não é correto circunscrever a posição jurídica do beneficiário ao campo dos direitos obrigacionais. Ora, a posição do beneficiário corresponde, assim, a um estádio intermédio evolutivo de reificação, que tenderá a culminar com o reconhecimento da totalidade dos efeitos associados à titularidade de direitos reais[3958].

II. Uma nova tentativa de conceptualizar a posição jurídica do beneficiário, por recurso a um processo dogmático de reificação, foi ensaiada por Canaris, uma década volvida sobre os esforços de Assfalg[3959]. O célebre jurista divide o artigo em duas partes distintas: (1) apresentação geral dos elementos dos direitos reificados; e (2) análise de alguns dos mais característicos direitos reificados, contando-se, entre eles, o negócio fiduciário e a comissão.

Na introdução ao seu afamado estudo, Canaris apresenta estes direitos como uma realidade mista, sistematicamente localizada entre os direitos reais e os direitos de crédito[3960]. A dimensão real destes direitos, exteriorizada pela produção de efeitos jurídicos gerais, não circunscritos às esferas contratuais, determina a sua sujeição aos princípios basilares do Direito das coisas, com especial destaque para o princípio basilar do *numerus clausus*. Como ponto de partida, a criação destes novos direitos não está dependente da vontade das partes. Todavia, a sua emergência, enquanto produto de criação jurídica, pode ter origem jurisprudencial[3961]. Canaris reserva, ainda, um lugar de destaque, como acima analisado, para o princípio da publicidade, que, de certo modo, funciona como critério delimitador da produção dos efeitos jurídicos reificados[3962]. O autor retoma a questão em diversos outros textos, atribuindo particular atenção à aplicação da sua construção às denominadas contas bancárias fiduciárias[3963].

[3958] Cit., 162.
[3959] Canaris, *Die Verdinglichung*, cit..
[3960] Cit., 373.
[3961] Cit., 376-377.
[3962] Cit., 378.
[3963] *Bankvertragsrecht*, cit., 167 ss., e *Inhaberschaft*, cit..

III. A tese da reificação parcial da posição jurídica do beneficiário foi acolhida por parte da doutrina[3964]. Na prática, esta classe de direitos, como foi defendido por CANARIS, consubstancia uma categoria mista que partilha características típicas de direitos reais – invocação da posição jurídica em casos de insolvência do fiduciário e de penhora dos bens fiduciários – e de direitos obrigacionais – o direito não é oponível *erga omnes*: o beneficiário não pode reivindicar o seu direito contra terceiros adquirentes, mesmo que conhecessem ou devessem conhecer da especial qualidade desses bens.

Os seus críticos têm considerado que CANARIS não apresenta nenhum critério autónomo, para os negócios fiduciários, nem sistemático, para a nova categoria de negócios reificados, que explique a *ratio* subjacente ao reconhecimento, pelo sistema, de uma proteção especial. CANARIS limitar-se-ia a explicar o panorama atual sem, todavia, avançar qualquer construção que permita conceptualizar as diversas posições jurídicas ou prever a emergência de novas situações reificadas[3965].

Nem todas as críticas a CANARIS têm razão de ser. Conquanto o princípio da publicidade não pareça o mais adequado, como já tivemos oportunidade de referir, a subjetivação da posição jurídica do beneficiário por recurso ao conceito de direitos reificados é uma solução elegante, que está em linha de conta com o espírito do sistema: um Direito de direitos. Mesmo não fornecendo elementos que nos facultem prever que novos direitos reificados poderão emergir, a sistematização de CANARIS permite-nos enquadrar estas situações no leque de direitos reconhecidos pelo sistema, o que teria sempre de corresponder ao primeiro passo da Ciência Jurídica.

[3964] GERNHUBER, *Die fiduziarische Treuhand*, cit., 358-360: os efeitos decorrentes das obrigações assumidas pelo fiduciário extravasam o campo obrigacional impondo-se, em algumas situações específicas, a terceiros externos à relação; ROLF SERICK, *Eigentumsvorbehalt und Sicherungsübertragung: Neue Rechtsentwicklungen*, 2ª edição, Recht und Wirtschaft, Francoforte, 1993, 49: fala em efeitos quase-reais.

[3965] LÖHNIG, *Treuhand*, cit., 732: descreve a construção de CANARIS como sendo circular, no sentido de não explicativa; GEIBEL, *Treuhandrecht*, cit., 32: não é tanto uma crítica à posição de CANARIS, visto que não a refere, mas a todas as construções assentes numa reificação da posição jurídica do beneficiário; WOLFRAM HENCKEL, *Haftungsfragen bei der Verwaltungstreuhand* in *Europäisches Rechtsdenken*, Vol. II, cit., 137-147, 138: critica o uso da expressão reificação, por considerar que transmite a falsa ideia de que o beneficiário tem um direito paralelo ou concorrencial ao do fiduciário.

279. Relativização da posição jurídica do fiduciário: um novo direito real

I. A tese de que, por decorrência dos efeitos atribuídos pela jurisprudência à constituição de relações fiduciárias, a posição jurídica do fiduciário seria transmutada num novo direito real foi pela avançada, pela primeira vez, por WOLFF e RAISER no seu célebre tratado dedicado aos Direitos reais[3966].

A recondução do negócio fiduciário ao mundo dos direitos reais foi criticada por SIEBERT[3967]. O autor coloca duas especiais objeções: (1) o negócio fiduciário não é um instituto homogéneo; e (2) a emergência de um direito real nunca foi reconhecida pela jurisprudência.

SIEBERT foca-se nas diferenças patentes entre os denominados negócios fiduciários egoístas (*fiducia cum creditore*) e os negócios fiduciários altruístas (*fiducia cum amico*), que impediriam o reconhecimento de apenas um direito real.

Este problema poderia ser ultrapassado com o reconhecimento, pelos tribunais, da dimensão real dos negócios fiduciários. Tal salto, que ainda não foi dado, é indispensável para a transparência e clareza do comércio jurídico.

Todavia, SIEBERT apresenta o reconhecimento de um direito real pelos tribunais alemães como uma verdadeira possibilidade[3968]. De resto, o autor considera que o caminho está percorrido, faltando, apenas, um último passo[3969].

II. Apesar das críticas que têm sido apontadas a este tipo de construção – p.e.: a da violação dos mais basilares princípios dos Direitos reais[3970] –, a tese da relativização tem merecido o apoio de alguns autores. Assim, ASMUS, que, tendo por base a discussão fiduciária oitocentista, nega a plenitude do direito transmitido, apresenta a posição jurídica do beneficiário como um direito de propriedade relativo, circunscrito pela relação (causal) estabelecida entre as partes fiduciárias[3971]. BLAUROCK considera que a proteção pro-

---

[3966] *Sachenrecht*, cit., 355
[3967] *Das rechtsgeschäftliche*, 196-200.
[3968] Cit., 198.
[3969] Cit., 200.
[3970] LÖHNIG, *Treuhand*, cit., 734 ss.: o autor tem o cuidado de analisar algumas das mais importantes teorias individualmente, com especial destaque para a construção de WIEGAND, que critica frontalmente.
[3971] *Dogmengeschichtliche*, cit., 327-330.

filática, atribuída pelos tribunais, refletiu-se numa transmutação do direito detido pelo fiduciário.[3972] Finalmente, WIEGAND, para quem o paradigma do direito de propriedade moderno há muito cortou as amarras com os princípios da abstração e da absolutividade, considera que o Direito atual, como evidencia o reconhecimento jurisprudencial da fidúcia, caracteriza-se por uma muito maior abertura à vontade manifestada pelas partes[3973].

III. Conquanto concordemos com WIEGAND, quando este afirma que vivemos um período de mudança no que toca ao paradigma do direito de propriedade, temos sérias dúvidas quanto ao caminho sugerido pela doutrina da relativização. Sem dúvida que, na prática, o fiduciário vê a sua posição jurídica alterada. Contudo, não se trata de uma mutação do seu direito, mas do reconhecimento de que outro – o beneficiário – é titular de um direito reificado. Da mesma forma, o reconhecimento de um usufruto, servidão de passagem ou qualquer outro direito real dito menor não altera a natureza do direito de propriedade, mas apenas impõe certos limites e condicionalismos ao seu titular.

[3972] BLAUROCK, *Unterbeteiligung*, cit., 125-127.
[3973] *Die Entwicklung*, cit.; e *Comentário aos §§ 929-931* in *Staudinger §§ 925-984; Anhang zu §§ 929ff (Eigentum 2)*, Beck, Munique, 2011, 252-383, 374-383.

§ 56.º QUARTO ESTÁDIO:
PROTEÇÃO EM CASO DE ALIENAÇÃO ILEGAL A TERCEIROS

280. Teoria da dupla propriedade na Ciência Jurídica espanhola

I. Curiosamente, foi em terras espanholas que a teoria da desagregação do direito de propriedade em propriedade formal e propriedade material ganhou maiores desenvolvimentos, mantendo-se, ainda hoje, no centro de toda a discussão fiduciária. Todavia, como reflexo dos contornos pouco claros da teoria, proliferaram, no seio da Ciência Jurídica espanhola, diferentes construções, que, em termos gerais, podem ser condensadas em dois grandes grupos: (1) doutrinas que professam uma efetiva separação do direito de propriedade; e (2) doutrinas assentes numa separação meramente aparente[3974]. Contudo, nem sempre é fácil apreender se o autor em causa ou a sentença analisada defendem uma separação material do direito de propriedade, ou seja, que tanto o fiduciário, como o fiduciante são titulares de uma qualquer forma mitigada de direito de propriedade ou se, pelo contrário, a distinção é fruto dos efeitos e mecanismos de defesa atribuídos à posição jurídica do beneficiário[3975]. De certo modo, também a teoria simulatória de

---

[3974] Há uma certa tendência, em especial no seio das doutrinas latinas, para apresentar DERNBURG como sendo defensor da teoria da propriedade dividida – *Theorie des geteilte Eigentums*, cfr., BELEZA DOS SANTOS, *A simulação*, Vol. I, cit., 115-117: ao descrever a teoria, apenas faz referência ao pandectísta; JORDANO BAREA, *El negocio fiduciario*, cit., 107. Esta interpretação não nos parece possível.

[3975] É o caso, por exemplo, de ANTONIO HERNÁNDEZ-GIL, *Jurisprudencia civil (Sala 1.º del Tribunal Supremo): Derecho de obligaciones y contratos*, 177 RGLJ, 1945, 684-704, 695-696: por um lado, apresenta o fiduciário como simples mandatário a quem lhe foi transmitido um mero poder de

Castro y Bravo pode ser apresentada como assentando numa separação aparente entre a propriedade formal e a propriedade material[3976].

II. A defesa da separação efetiva remonta aos primeiros escritos fiduciários. Jerónimo González, o primeiro autor espanhol a debruçar-se sobre a temática, apregoou uma distinção entre a propriedade formal, também dita jurídica, e a propriedade material, respeitante à utilização económica do bem. Quanto à suposta violação do princípio do *numerus clausus*, o autor limita-se a remeter para a flexibilidade do sistema[3977]. A construção foi explorada por inúmeros autores que se seguiram[3978]: Puig Brutau, que considera que o fiduciante apenas transmite um domínio impróprio (*dominium improprie dictum*), tudo funcionando como se operasse uma divisão entre a dimensão formal e a dimensão material do direito de propriedade[3979], ou Lacruz Berdejo, para quem o fiduciante apenas transmite a propriedade formal para o fiduciário, permanecendo o domínio sobre a coisa na sua esfera jurídica, o que lhe permite invocar o seu direito quer no caso de insolvência do fiduciário, quer contra terceiros adquirentes[3980].

A conceção fiduciária por recurso a uma separação efetiva do direito de propriedade está longe de granjear unanimidade no seio da doutrina espanhola. As críticas têm-se centrado, inevitavelmente, na suposta violação do princípio do *numerus clausus*[3981]. Para Garrigues, esta solução, com uma clara conotação feudalística, não se adequa aos sistemas jurídicos modernos,

---

administração, por outro, reconhece ser o fiduciário o efetivo titular do direito de propriedade, acrescentando que, em caso de insolvência, o fiduciante é um simples credor.

[3976] § 42.º.

[3977] *El titular*, cit., 369-370: "*la idea de que si bien el sujeto de derecho es uno para todo el mundo, pueden existir casos excepcionales en que para A., B. y C. sea uno el titular, y para X. y Z. lo sea otro, y se concluye por separar la propiedad formal (disposición jurídica) da la propiedad material (utilización económica)*".

[3978] Joaquín Sapena Tomas, *Actualidad de la "fiducia cum creditore" (problemas de la carta de gracia)*, 5 RDCI, XVII-XVIII, 1957, 127-212, 186 ss.; Luis Díez-Picazo, *Operaciones fiduciarias y servicios fiduciarios* in *Dictámenes jurídicos*, Civitas, Madrid, 1981, 25-65, 35.

[3979] José Puig Brutau, *Fundamentos de Derecho civil*, Tomo II, Vol. I, 3ª edição, Bosch, Barcelona, 1988, 468.

[3980] *Elementos de Derecho civil*, II/I, cit., 474-477.

[3981] Angel Yágüez, *Problemas que suscita la "venta en garantía"*, cit., 52-53: conquanto reconheça a justeza da solução, não tem dúvidas quanto à sua ilegalidade; Ignacio Arroyo, *Trust y ley civil*, 82 RJC, 1983, 95-108, 105-106: a divisão do direito de propriedade não é admissível nos Direitos de base romanística.

com exceção da *Common Law*[3982]. Também CASTRO Y BRAVO põe em causa a validade legal do desdobramento inerente à teoria[3983].

III. À teoria da dupla propriedade clássica, em que o direito de propriedade é transmitido para o fiduciário, e à teoria da dupla propriedade efetiva junta-se a teoria da dupla propriedade externa, desenvolvida pela jurisprudência espanhola e hoje aceite, unanimemente, pelo *Tribunal Supremo*. A teoria da dupla propriedade externa caracteriza-se pela permanência do direito de propriedade na esfera jurídica do fiduciante. Conquanto o fiduciário atue como titular do direito, vertendo essa imagem para o exterior, o direito nunca saiu da esfera jurídica do fiduciante. De modo análogo ao verificado para a teoria simulatória de CASTRO Y BRAVO, também a doutrina da dupla propriedade ativa permite, ao fiduciante, invocar a sua posição em caso de insolvência do fiduciário e contra terceiros adquirentes de má-fé. Todavia, fruto da defesa do comércio jurídico, o fiduciante não pode fazer valer a sua posição contra os adquirentes que estejam de boa-fé, i.e., que desconheçam e não tivessem obrigação de conhecer a natureza fiduciária dos bens adquiridos[3984].

281. Teoria da condição resolutiva de SCHULTZE

I. A construção proposta por SCHULTZE – transmissão do direito sob condição resolutiva –, usualmente denominada de negócio fiduciário germânico, é, à primeira vista, uma solução bastante apelativa, tanto de um ponto de vista dogmático, como de um ponto de vista real e prático. Na perspetiva da Ciência Jurídica, a teoria da condição resolutiva, aplicada de forma pura, permite-nos contornar a complexa problemática da dimensão externa da relação fiduciária: com a entrada do fiduciário em insolvência ou com a alie-

---

[3982] *Negocios fiduciarios*, cit., 16.
[3983] *El negocio jurídico*, cit., 422.
[3984] Apenas para citar os acórdãos mais recentes onde a teoria foi defendida e aplicada: STS 23-Jun.-2006, proc. n.º STS 4504/2006; STS 27-Jul.-2006, proc. n.º STS 5085/2006; STS 27-Fev.-2007, proc. n.º STS 1195/2007; STS 7-Mai.-2007, proc. n.º STS 3240/2007; STS 13-Jul.-2009, proc. n.º STS 4681/2009; STS 25-Mar.-2011, proc. n.º STS 1817/2011; STS 2-Abr.-2012, proc. n.º STS 2149/2012; STS 8-Out.-2012, proc. n.º STS 6198/2012; STS 23-Out.-2012, proc. n.º STS 6870/2012.

nação dos bens a terceiros, em violação do acordado, o direito de propriedade torna, automaticamente, à esfera jurídica do fiduciante e proprietário original do bem. Numa perspetiva prática, a teoria tem como grande vantagem a proteção concedida à posição jurídica do beneficiário, desígnio último da transmissão dos bens para um terceiro de confiança.

Apesar das aparentes vantagens que lhe estão associadas e da hipotética ligação ao Direito ancestral germânico, a solução foi objeto de um apoio claramente insuficiente. Em termos gerais, são duas as principais críticas apontadas, pela doutrina germânica, à construção: (1) viola o disposto no § 137 do BGB; e (2) não se adequa à realidade fáctica[3985].

II. Nas primeiras décadas do século XX, a doutrina alemã dedicou muito da sua atenção a explorar a desconformidade da solução quando confrontada com a vontade manifestada pelas partes. Para os críticos de SCHULTZE não restavam dúvidas: o negócio fiduciário assenta numa transmissão do direito de propriedade[3986]. As partes não só pretendem, como acordam a transmissão plena do direito de propriedade, livre de qualquer ónus ou encargo[3987]. Acresce que não se pode presumir a transmissão resolutiva da propriedade quando não exista correspondência com a vontade manifestada: as partes têm de acordar esses efeitos[3988]. Repare-se que alguns dos autores que criticavam a solução reconheciam as suas vantagens; todavia, não a podiam apoiar, por manifesta desconformidade com a realidade[3989].

Alguns dos mais acérrimos defensores da teoria de SCHULTZE chegaram a prever que, com a generalização do negócio fiduciário de tipo germânico, o comércio jurídico iria interiorizar as características deste tipo social, o que

---

[3985] Sobre a construção, apoiantes e críticas, vide, em geral, LÖHNIG, *Treuhand*, cit., 70-71 e 716-719 e BITTER, *Rechtsträgerschaft*, cit., 2006, 272-278.
[3986] FRITZ CASPARI, *Sicherungsübereignung und Sicherungscession nach gemeinem Recht und BGB*, Stuhr, Berlim, 1903, 4-5: a conceção fiduciária moderna pressupõe a transmissão do direito de propriedade para o fiduciário.
[3987] GOLTZ, *Das fiduziarische Rechtgeschäft*, cit., 11: o facto, de posteriormente, o bem voltar à esfera jurídica do beneficiário em nada afeta a natureza plena da transmissão.
[3988] GRÜNDSCHILD, *Die Treuhänderschaft*, cit., 11; SCHLESS, *Mittelbare Stellvertretung*, cit., 73; KATZMAN, *Die Aussonderung*, cit., 25; KUNISCH, *Die rechtliche*, cit., 24-25; HENGSTBERGER, *Stellvertretung und Treuhand*, cit., 44-45.
[3989] SCHUMACHER, *Treuhand*, cit., 48-49; ROTH, *Der Trust*, cit., 291-294: apesar das suas vantagens – o autor também explora os inconvenientes da construção –, a teoria da condição resolutiva não corresponde ao modelo fiduciário usualmente pretendido pelas partes.

tornaria o próprio negócio inconcebível sem a inclusão (automática) de uma condição resolutiva[3990]. A verificação desta premonição estava, contudo, dependente da generalização do negócio fiduciário de tipo germânico, o que nunca se verificou[3991].

Conquanto a inclusão automática de uma condição resolutiva seja de difícil sustentação, não pode simplesmente ser excluída a possibilidade de as partes concluírem um negócio fiduciário de tipo germânico, indicando, de forma expressa, todas as situações cuja verificação acione a condição[3992]. Assim, paralelamente, discutia-se a validade de semelhante disposição contratual, à luz do disposto no § 137 do BGB:

> O poder de dispor livremente de direitos alienáveis não pode ser excluído ou restringido contratualmente[3993].

Nas primeiras décadas do século XX, a doutrina germânica mostrou-se dividida. Enquanto nas obras de cariz mais generalista era comum defender--se a não produção dos efeitos pretendidos pelas partes[3994], já em muitas monografias especializadas não era incomum apoiar-se o seu oposto[3995].

III. Atualmente, a doutrina alemã tem concentrado a sua atenção no elemento teleológico do § 137 do BGB. Mais relevante do que averiguar a dimensão gramatical ou semântica do preceito, importa determinar qual a *ratio* subjacente à sua positivação[3996].

A primeira parte do preceito congrega um duplo objetivo: numa perspetiva puramente jurídica, pretende-se salvaguardar o princípio basilar do

---

[3990] FISCHBACH, *Treuhänder*, cit., 226.
[3991] SCHUMACHER, *Treuhand*, cit., 48.
[3992] KATZMAN, *Die Aussonderung*, cit., 25: nada impede que as partes acordem na transmissão automática do bem com a entrada do fiduciário em insolvência.
[3993] A proibição estende-se a disposições *mortis causa* e a atos unilaterais, cfr., RÜDIGER LIEBS, *Die unbeschränkbare Verfügungsbefugnis*, 175 AcP, 1975, 1-76, 9.
[3994] CROME, *System*, Vol. I, cit., 379: o interesse público que está na base do preceito sobrepõe-se ao interesse privado do beneficiário; OERTMANN, *Bürgerliches Gesetzbuch: Allgemeiner Teil*, cit., 482: focando-se, também, na dimensão pública do preceito.
[3995] SCHUMACHER, *Treuhand*, cit., 48-49; KATZMAN, *Die Aussonderung*, cit., 25.
[3996] JÜRGEN KOHLER, *Anotação ao § 137 do BGB* in Staudingers, *Allgemeiner Teil*, §§ 134-138, De Gruyter, Berlim, 2011, 232-272; CHRISTIAN ARMBRÜSTER, *Anotação ao § 137 do BGB* in *Münchener Kommentar BGB*, Vol. I, cit., Rn. 2.

numerus clasus; já numa perspetiva mais prática, aspira-se evitar a estagnação do comércio jurídico através da generalização de cláusulas que impeçam a alienação de direitos[3997]. A regra não é, todavia, absoluta. Na segunda parte da norma, o legislador veio permitir que, com efeitos meramente internos, as partes limitem a capacidade dispositiva do adquirente. Na prática, a inclusão de uma condição resolutiva no âmbito de um negócio fiduciário, embora não impeça a alienação efetiva do bem, permite, ao fiduciante, responsabilizar o fiduciário por todos os danos causados[3998]. Esta é também a posição da jurisprudência alemã[3999].

Alguns autores têm chamado à colação alguns problemas mais práticos, que dificultariam a aplicação efetiva da teoria[4000].

282. Aplicação analógica do regime da representação

I. Uma última solução, pela primeira vez ensaiada por Költz[4001], pretende aplicar o regime do abuso de representação ao nosso negócio fiduciário[4002].

[3997] MARTIN AHRENS, *Anotação ao § 137* in *BGB Kommentar*, 6ª edição, cordenação de HANNS PRÜTTING, GERHARD WEGEN e GERD WEINRICH, Luchterhand, Colónia, 2011, 155. Quanto à evolução histórica do preceito, desde o período romano até à discussão oitocentista que antecedeu a positivação do preceito, vide FRANZ DORN, *Anotação aos §§ 134-137* in *Historisch-kritischer Kommentar zum BGB*, Tomo I: *Allgemeiner Teil §§ 1-240*, coordenação de MATHIAS SCHMOECKEL, JOACHIN RÜCKERT e REINHARD ZIMMERMANN, Mohr Siebeck, Tübingen, 2003, 694-698.
[3998] LARENS e WOLF, *Allgemeiner Teil*, cit., 415; PETER BÜLLOW, *Grundfragen der Verfügungsverbote*, 34 JuS, 1994, 1-8, 4; HENSSLER, *Treuhandgeschäft*, cit., 69-71 e *Der praktische Fall – Bürgerliches Recht: der allzu großzügige Lieferant*, 40 JuS, 2000, 156-160, 158; ARMBRÜSTER, *Anotação ao § 137 do BGB*, cit., Rn. 18.
[3999] RG 19-Fev.-1937, 153 RGZ, 1937, 366-371, 369; BGH 5-Nov.-1953, 11 RGHZ, 1954, 37-43, 43; ou BGH 4-Abr.-1968, 21 NWJ, 1968, 1471.
[4000] BITTER, *Rechtsträgerschaft*, cit., 275; TEBBEN, *Unterbeteiligung und Treuhand*, cit., 197-204: ambos os autores fazem referência aos problemas que poderão emergir com o falecimento do fiduciante, antes do termo da relação fiduciária.
[4001] *Trust*, cit., 141. Antes de KÖTZ, também SIEBERT explorou a possibilidade de se aplicar, por analogia, o regime desenvolvido para o abuso da representação. Todavia, o jurista alemão conclui pela simples aplicação do § 826 do BGB, cujo conteúdo se circunscreve a situações em que o terceiro tenha uma intenção de prejudicar o beneficiário, cfr., *Das rechtsgeschäftliche*, cit., 157-159.
[4002] Sobre a figura do abuso de representação na Ciência Jurídica alemã, vide, entre nós, PEDRO DE ALBUQUERQUE, *A representação*, cit., 604 ss.. Quanto à aplicação analógica da figura aos negó-

A tese foi acolhida por parte importante da doutrina fiduciária germânica, com especial destaque para o apoio de COING[4003].
Entre nós, a solução foi expressamente adotada por PESTANA DE VASCONCELOS. A tese do Professor assenta em dois pressupostos: (1) a aplicação, por analogia, do regime previsto no artigo 269.º vai ao encontro da vontade manifestada pelas partes contratuais; e (2) numa perspetiva externa, o negócio fiduciário aproxima-se da representação, o que fundamenta a sua aplicação analógica.

II. PESTANA DE VASCONCELOS considera que, assentando toda a lógica dos negócios fiduciários numa limitação efetiva dos direitos transmitidos, o sistema, ao atribuir aos beneficiários uma proteção contra alienações indevidas, iria ao encontro da vontade manifestada pelas partes. Assim, a única dúvida reside na possibilidade ou impossibilidade de se aplicar o regime do abuso de representação analogicamente[4004]. Repare-se que o autor também defende a aplicação do regime previsto no artigo 269.º às relações fiduciárias reconduzíveis, em absoluto, ao mandato sem representação, i.e., aos ditos negócios fiduciários típicos. Para PESTANA DE VASCONCELOS, a inexistência de qualquer disposição legal idêntica, no regime do mandato, obrigaria o intérprete-aplicador a procurar, dentro do sistema, um preceito passível de ser aplicado analogicamente[4005].

Esta posição, nos exatos moldes em que é apresentada, não pode ser acolhida. A aplicação ou não aplicação do regime da representação, em conjugação com o regime do contrato de mandato, resulta da atribuição, ao mandatário, de poderes de representação, 1178.º. Ora, não sendo esses poderes atribuídos, como se pode falar de uma situação lacunosa passível de ser preenchida, precisamente, pelo regime não escolhido pelas partes? PESTANA DE VASCONCELOS parece colocar o regime da representação ao mesmo nível do regime do mandato. Contudo, a representação, enquanto realidade jurídica, não compete com nenhum contrato específico; consubstancia, sim, uma forma distinta de atuar no comércio jurídico, por intermédio de terceiros que atuam, todavia, em nome do representado. Como sublinha o

---

cios fiduciários no Direito alemão, vide LÖHNIG, *Treuhand*, cit., 699 ss.; GEIBEL, *Treuhandrecht*, cit., 49 ss. e, entre nós, ANDRÉ FIGUEIREDO, *O negócio*, cit., 128 ss..
[4003] *Die Treuhand*, cit., 164-169.
[4004] Cit., 199.
[4005] Cit., 199.

Professor PEDRO DE ALBUQUERQUE nas conclusões da sua tese de doutoramento: "a procuração surge, na sua génese, como necessariamente determinada por uma relação jurídica base e não pode subsistir sem ela. Não é, pois, admissível a procuração isolada, suspensa ou pura"[4006]. Em suma, o regime da procuração foi concebido para reger todas as situações jurídicas – comprar, vender, gerir, mutuar, comodar, depositar – em que um sujeito atua em nome de outrem.

É, assim, necessário distinguir as pretensões subjetivas das partes da vontade efetivamente manifestada. Porquanto se reconheça que um mandante, no âmbito de um mandato sem representação, pretendesse ver a sua posição acautelada em moldes análogos à proteção concedida a um representado, as partes aderiram a um contrato que não atribui a proteção supostamente desejada.

A extensão do regime da representação a situações de mandato sem representação, sustentada numa suposta vontade das partes, assemelha-se a uma aplicação analógica do regime do contrato promessa real ou do pacto de preferência real a promessas e pactos de preferência não reais. Na prática, o mandante pretende um grau de proteção que lhe poderia ter sido concedido se tivesse manifestado outra vontade. Em suma, não nos parece sustentável defender a aplicação analógica do regime da representação quando, tendo as partes possibilidade de o escolher, se manifestaram de modo contrário.

Ora, tendo as partes a possibilidade de recorrer, sempre que assim o entendam, ao regime da procuração, cumpre perguntar se a sua não inclusão em outros contratos de prestação de serviço não é causa suficiente para afastar a aplicação analógica do disposto no artigo 269.º, fundada, precisamente, numa suposta vontade das partes.

III. A aplicação analógica do regime do abuso de representação é, à primeira vista, uma solução particularmente apetecível. Para além das vantagens decorrentes da sua simples positivação, o regime encaixa-se, na perfeição, nas nossas pretensões: permite acautelar a posição jurídica do beneficiário e salvaguardar os direitos adquiridos por terceiros de boa-fé. Todavia, a aplicação analógica de qualquer regime pressupõe a identificação de dois elementos: (1) existência de uma lacuna; e (2) similitude entre a situação lacunosa e a situação a aplicar analogicamente. Mesmo admitindo que estamos perante

---

[4006] Cit., 1207.

§ 56.º QUARTO ESTÁDIO: PROTEÇÃO EM CASO DE ALIENAÇÃO ILEGAL A TERCEIROS

uma lacuna, o que não se tem por demonstrado, os dois institutos jurídicos têm uma estrutura e uma *ratio* distinta: o representante atua no nome de outrem, i.e., os feitos decorrentes da sua atuação irão sempre produzir-se na esfera jurídica do representado. Já no âmbito do mandato sem representação, os efeitos produzem-se na esfera jurídica do próprio.

É precisamente com base na natureza distinta dos dois institutos que parte da doutrina alemã[4007] tem negado a aplicação do regime. Acresce que a sua invocação consubstanciaria uma forma de contornar as limitações decorrentes do § 137 do BGB, acima analisadas e para onde se remete.

PESTANA DE VASCONCELOS defende que a proximidade respeita apenas à pessoa do terceiro adquirente[4008]: a posição de um terceiro que adquira bens fiduciários conhecendo a especial natureza dos bens é em tudo idêntica à posição do terceiro que contrata com um representante sabendo que este atua de forma abusiva, ou seja, extravasando os poderes que lhe foram conferidos.

Não nos parece que, para os efeitos pretendidos – aplicação analógica–, se possa desconsiderar a *ratio* do disposto no artigo 269.º e do próprio regime em que se insere. A particularidade do regime da representação reside no facto de os efeitos decorrentes da atuação de um sujeito se produzirem, diretamente, na esfera jurídica de outrem. Logo, ao atuar de forma abusiva, o representante está a impor ao representado um conjunto de efeitos que o próprio não pretendia. No mandato, todos os efeitos produzidos projetam-se na esfera jurídica do próprio sujeito que atua. O paralelismo entre as duas realidades é muito ténue, impedindo, consequentemente, a sua aplicação analógica.

[4007] CANARIS, *Die Verdinglichung*, cit., 421: o autor considera que a solução colide com o conteúdo do § 137 do BGB; HENSSLER, *Treuhandgeschäft*, cit., 67: foca também a sua atenção na provável violação do § 137.
[4008] Cit., 200.

§ 57.º SEGREGAÇÃO PATRIMONIAL: PATRIMÓNIOS DE AFETAÇÃO

283. Enquadramento e conceitos de património

I. Como princípio geral, o não cumprimento voluntário das obrigações permite aos credores executarem o património do devedor (817.º). Todo o património do devedor? Não. Não respondem pelas dívidas do devedor os bens insuscetíveis de penhora (601.º e 821.º-831.º do CPC), nem os bens abrangidos pelos regimes de separação de patrimónios (601.º). Estas duas exceções refletem-se, evidentemente, nos bens abrangidos pela massa insolvente (46.º do CIRE). Sem negar a diversidade significativa do conceito de património[4009], na perspetiva de pessoas jurídicas – singulares ou coletivas –, não nos parece possível fugir à ideia clássica que define o património de um sujeito como o conjunto de posições ativas patrimoniais de que o sujeito é titular.

Da conjugação da definição clássica com o regime jurídico nacional é possível retirar dois princípios base: (1) o conceito de património de um sujeito não engloba apenas direitos, mas também poderes e faculdades, proteções reflexas e indiretas, expectativas, poderes funcionais, exceções e todas as restantes realidades jurídicas que possam ser descritas como posições jurídicas ativas[4010]; e (2) o conceito de património do devedor, enquanto sujeito jurídico, é distinto do conceito de património que, efetivamente, responde

---

[4009] MENEZES CORDEIRO, *Tratado*, I/II, cit., 183-185. Das obras mais recentes que se têm debruçado sobre a temática do património, sublinhe-se o interesse dos estudos de ANDRÉ FIGUEIREDO, *O negócio fiduciário*, cit., 172-213.

[4010] MENEZES CORDEIRO, *Tratado*, I, cit., 903-913.

pelas suas dívidas[4011]. O preenchimento do primeiro conceito é reconduzido, na sua globalidade, à ideia de titularidade de posições ativas; já o preenchimento do segundo conceito deve ter em consideração as limitações determinadas por lei, que podem ser de índole: (i) objetiva, relacionadas com a natureza do bem objeto da posição jurídica: direitos inalienáveis, bens de domínio público ou objetos especialmente destinados ao exercício de culto público (822.º do CPC) não respondem pelas dívidas do devedor; (ii) subjetiva, relacionadas com a natureza jurídica da própria posição: bens comuns do casal (825.º do CPC) ou bens em compropriedade (826.º do CPC), que, no caso de dívidas próprias, não respondem pelas dívidas do devedor; e (iii) funcional, relacionadas com a função que origina ou molda a própria posição jurídica ativa: bens sujeitos a fideicomissos (2292.º) ou bens afetados a estabelecimentos individuais de responsabilidade limitada (1.º e 11.º do Decreto-Lei n.º 248/86, de 25 de agosto) não respondem pelas dívidas do devedor.

Repare-se que, apesar de estas posições jurídica ativas não responderem pelas dívidas, continuam a fazer parte do património do devedor. O património do devedor não deixa de ser uno. Todavia, poderão, numa perspetiva concreta, focada na responsabilidade do devedor, conceber-se patrimónios de afetação que, conquanto se lhes aplique um regime especial, não deixam de poder ser reconduzíveis ao mais vasto conceito de património de cada sujeito jurídico.

II. Há uma certa tendência, entre os autores anglófonos, para apresentarem a separação patrimonial dos bens constituídos em *trust*, indispensável para o funcionamento do mecanismo, como uma realidade estranha ao Direito civil continental. Esta tese, nos exatos termos em que é apresentada, deve ser liminarmente rejeitada. Como veremos nas linhas seguintes, os sistemas civis reconhecem, desde tempos imemoriáveis, diferentes formas de separação, segregação ou autonomização patrimonial. Os Direitos de base

---

[4011] Não se pode acompanhar a análise expositiva desenvolvida por ANDRÉ FIGUEIREDO (*O negócio fiduciário*, cit., 172-213): o autor parece confundir três realidades distintas: (1) conceito de património: que não pode, realmente, ser explicado por recurso a uma visão puramente subjetiva, em face dos múltiplos contextos em que é utilizado; (2) conceito de património do devedor, enquanto sujeito, reconduzível à visão clássica subjetivista; e (3) conceito de património do devedor que responde pelas suas dívidas: dimensão que não se basta como uma visão subjetivista do conceito de património. Uma exposição sobre o tema requer um tratamento diferenciado, que tenha em conta estas realidades.

romanística rejeitam, sim, uma separação voluntária, ou seja, a possibilidade de um determinado sujeito autonomizar, na sua esfera jurídica, um conjunto de bens, de forma a que, por exemplo, não responda por nenhuma das dívidas por si assumidas. De resto, este tipo de segregação também é vedado pela *Common Law*[4012].

284. Os patrimónios de afetação enquanto princípio milenar dos sistemas civis: o *peculium* romano

I. Com origem na palavra *pecus* (gado ou rebanho)[4013], o que só por si é demonstrativo da importância que os animais domésticos assumiram nas sociedades com fortes raízes agrícolas, como a romana[4014], o termo *peculium*, como tantas vezes acontece com expressões latinas, foi objeto de uma evolução linguística delimitadora[4015]. Em resultado das suas raízes etimológicas – a palavra gado está, em inúmeras línguas, na origem etimológica da palavra "bens móveis"; pense-se no exemplo paradigmático da língua inglesa: *cattle* e *chattel* –, o vocábulo foi empregue, por alguns dos autores clássicos, como sinónimo de propriedade: PLAUTUS diz-nos que "até os pastores que pastoreiam as ovelhas de outro, tem algo que é seu (*peculiarem*)"[4016], enquanto CICERO, de forma retórica, pergunta "se há alguma dúvida que a escravatura tem na sua origem o desejo pela propriedade (*peculli*)", no sentido de domínio sobre uma coisa[4017]. Já PROCULUS, segundo nos conta CELSUS, utiliza a

---

[4012] MAURIZIO LUPOI, *The Development of Protected Trust Structures in Italy* in *Extending the Boundaries of Trusts and Similar Ring-Fenced Funds*, coordenação de DAVID J HAYTON, Kluwer Law International, Haia, 2002, 85-93, 88.

[4013] KARL LACHMANN, *Zu Varro de lingua Latina über pecus und über spondere*, 6 RMP, 1839, 106-125; FRANCO GNOLI, *Di una recente ipotesi sui rapporti tra "pecus", "pecunia", "peculium"*, 44 SDHI, 1979, 204-218 e KASER, *Das Römisches Privatrecht*, Vol. I, cit., 64, nota 38.

[4014] NOYES, *The Institution of Property*, cit., 86-88: faz uma interessante análise etimológica da palavra, focada nas transformações sofridas, em diversas línguas europeias.

[4015] BOAZ COHEN, *Peculium in Jewish and Roman Law*, 20 PAAJR, 1951, 135-234, 137-138.

[4016] TITUS MACCIUS PLAUTUS, *Asinaria* in *Asinaria: the One abouth the Asses*, tradução e comentários de JOHN HENDERSON, University of Wisconsin Press, Wisconsin, 2006, 3.1: "*Etiam opilio qui pascit, mater, alienas ovis, aliquam habet peculiarem, qui spem soletur suam*". Tradução nossa.

[4017] MARCUS TULLIUS CICERO, *Paradoxa stoicorum* in *M. Tullii Ciceronis: Opera philosopha et politica*, editado por JOHANN GEORG BAITER, Vol. III, Bernhardi Tauchnitz, Leipzig, 1865, 5.39:

expressão para transmitir a ideia de pôr de parte, no sentido de guardar, proteger ou conservar[4018].

Juridicamente, o termo acabou por assumir um conteúdo bastante preciso, para o qual muito contribuíram os preenchimentos de PLAUTUS, CICERO e PROCULUS. A expressão *peculium* designava um conjunto de bens (património) – o seu conteúdo não parece ter estado sujeito a nenhuma limitação objetiva, podendo, deste modo, incluir bens móveis, bens imóveis, escravos e o seu *peculium* e notas de crédito[4019] – administrado e usufruído por um sujeito que se encontrava adstrito à *potestas* de um *paterfamilias*[4020]. Embora podendo gozar e gerir os bens, a propriedade não saía da esfera jurídica do *paterfamilias*. O mecanismo foi desenvolvido para contornar o princípio geral de que todos os sujeitos que estivessem subordinados à *potestas* do *paterfamilias* não podiam ser titulares de qualquer direito de propriedade. Relembrem-se os ensinamentos de GAIUS: "*qui in potestate alterius est, nihil suum habere potest*"[4021].

O conceito de *peculium* ganha especial precisão se tivermos em consideração as duas situações clássicas em que foi utilizado: bens dos filhos e bens dos escravos. Nenhum dos dois podia, legalmente, adquirir direitos de propriedade[4022].

"*an eorum servitus dubia est, qui cupiditate peculli nullam condicionem recusant durissimae servitutis?*". Tradução nossa.

[4018] D. 32.79.1: "*peculium appellantes, quod praesidii causa seponeretur*".

[4019] D. 15.1.7.4. Quanto à definição de *peculium*: D. 15.1.5.3 e D. 15.1.5.4.

[4020] A matéria é especialmente tratada in D. 15.1. Entre nós, veja-se SANTOS JUSTO, *Direito da família*, cit., 157-162. Para além dos manuais de Direito romano, vide, a título meramente exemplificativo: GUSTAV MANDRY, *Über Begriff und Wesen des peculium*, Heinrich Laupp, Tübingen, 1869: monografia clássica. O autor começa o seu estudo por fazer uma apanhado geral das obras jurídicas e não jurídicas em que a expressão é utilizada; GABRIEL MICOLIER, *Pécule et capacité patrimoniale : étude sur le pécule, dit profective, depuis l'édit de "peculio" jusqu'à la fin de l'époque classique*, Bosc Frères, M. et L. Riou, Leão, 1932 ; ANDREAS M. FLECKNER, *Antike Kapitalvereinigungen: ein Beitrag zu den konzeptionellen und historischen Grundlagen der Aktiengesellschaft*, Böhlau, Colónia, 2010, 217-238, 292, 335 ss., 420 ss. e 495: com amplas referências; ROBERTO PESARESI, *Ricerche sul peculium imprenditoriale*, Cacucci, Bari, 2008: a segregação patrimonial era muitas vezes empregue com propósitos comerciais. Sobre este aspeto, vide, ainda, LOUIS JUGLAR, *Du rôle des esclaves et des affranchis dans le commerce*, "L'Erma" di Bretschneider, Roma, reimpressão da edição de 1894, 1972, 40 ss..

[4021] G. 2.87.

[4022] D. 15.1.1.5: "*Potestatis verbum communiter accipiendum est tam in filio quam in servo*".

§ 57.º SEGREGAÇÃO PATRIMONIAL: PATRIMÓNIOS DE AFETAÇÃO

II. A incapacidade de aquisição era especialmente prejudicial para os filhos ainda sujeitos à *potestas* de seus pais. Atente-se que a emancipação não era automática. Salvo raras exceções, um filho permanecia submetido ao *paterfamilias* por quanto tempo este entendesse[4023].

O desenvolvimento da figura do *peculium* permitia contornar estes dois obstáculos – posição hegemónica do *paterfamilias* e incapacidade de aquisição do *filius*. Na sua forma clássica, denominada, posteriormente, de *peculium profecticium*, o mecanismo assentava numa clara separação entre o gozo e a administração dos bens, localizados na esfera do *filius*, o que lhe permitia desenvolver uma atividade social e económica independente, e o direito *per se*, que permanecia na esfera jurídica do *pater*[4024].

Partindo desta exceção geral, a Ciência Jurídica romana desenvolveu outras modalidades. Vejamos. (1) *Peculium castrense*[4025]: conjunto de bens adquiridos pelo *filius* enquanto soldado do exército romano[4026]. Esta modalidade consubstanciava uma verdadeira exceção ao princípio geral e não meramente uma forma de contornar os princípios jurídicos acima referidos: o *filius* era proprietário desses bens[4027], o que se refletia na capacidade de testar livre-

---

[4023] Sobre o regime clássico, as suas exceções e superação, veja-se SANTOS JUSTO, *Direito da família*, cit., 151 ss. e SARA LONGO, *Filius familias se obligat? Il problema della capacità patrimoniale dei filii familias*, Giuffrè, Milão, 2003.

[4024] C. 6.61.6 e I. 2.9.1.

[4025] A matéria é especialmente tratada in D. 49.17.1. Esta modalidade de *peculium* tem sido objeto de particular atenção, cfr., HERMANN FITTING, *Das Castrense Peculium in seiner Geschichtlichen Entwickelung und heutigen gemeinrechtlichen Geltung*, Waisenhauses, Halle, 1871: apesar de centenária, a obra mantém uma importância central no estudo do tema; FRANCA LA ROSA, *I peculli speciali in Diritto romano*, Giuffrè, Milão, 1953: de forma sistemática, aborda o objeto do *peculium castrense* e a sua natureza jurídica, tanto do ponto de vista do *filius*, como do ponto de vista do *paterfamilias*. Um último capítulo é dedicado ao estudo do *peculium castrense* no Direito sucessório. Vide, ainda, ANTONIO GUARINO, *L'oggetto del castrense peculium*, 48 BIRD, 1941, 41-73

[4026] I. 2.2.12pr.. Para além dos bens adquiridos por virtude da posição ocupada, o sistema veio a aceitar outras origens: bens doados pelo *pater* no momento da entrada do filho na vida militar, D. 40.5.23.2; bens doados pela mulher, D 49.17.6; ou bens herdados de um companheiro de armas, D. 49.17.19.pr..

[4027] D. 14.6.2 "*Usque ad quantitatem castrensis peculii, cum filii familias in castrensi peculio vice patrum familiarum fungantur*"; e D. 49.17.15.3: "*filius duplex ius sustinet patris et filii familias*". Parte da doutrina considera que, no período clássico, não era claro se os bens pertenciam ao *pater*, se ao *filius*, cfr., SANTOS JUSTO, *Direito da família*, cit., 159, nota 1037. Esta tese é minoritária. Para além dos nomes referidos por SANTOS JUSTO, veja-se, ainda, a título exemplificativo: KASER,

mente, bem como na aplicação das regras sucessórias gerais[4028], ou na capacidade judiciária de reivindicar os seus direitos, mesmo contra a vontade do *pater*[4029]. O *paterfamilias* era, apenas, titular de um direito de usufruto[4030]. (2) *Peculium quasi castrense*[4031]: tendo por base, como a sua denominação o evidencia, as exceções promovidas pela modalidade *castrense*, o *peculium quasi castrense* respeitava aos bens adquiridos por um sujeito, submetido à *potestas* do *paterfamilias*, enquanto funcionário da corte imperial[4032]. Posteriormente, o regime foi estendido a todos os cidadãos que ocupassem cargos públicos[4033]. De modo análogo ao verificado para a modalidade anterior, também no *peculium quasi castrense* o *paterfamilias* apenas era titular de um direito de usufruto[4034]. E (3) *peculium adventicium*[4035]: património constituído por bens adquiridos por via materna. Inicialmente circunscritos aos bens sucessórios da mãe, ele viu o seu campo aumentado para englobar bens de ascendentes maternos[4036] e doações esponsalícias[4037]. Também nesta modalidade, o direito de propriedade pertencia ao *filius* e o direito de usufruto ao *pater*[4038].

De entre os quatro tipos de *peculium* elencados, interessa-nos especialmente o *peculium profecticium*. Ao contrário dos restantes modelos desenvolvidos na época pós-clássica[4039], o *peculium profecticium* assentava numa efetiva autonomização patrimonial: embora pertencessem ao *paterfamilias*, a administração e o gozo dos bens era uma prerrogativa do *filius*.

Direito privado romano, cit., 343; BUCKLAND, *A Text-Book of Roman Law*, cit., 280 ou GEORGE MOUSOURAKIS, *Fundamentals of Roman Private Law*, Springer, Berlim, 2012, 90.

[4028] I. 2.12pr.: "*sed scilicet proprium eius esse id quod in castri adquisierit*".

[4029] D. 49.17.4.1.

[4030] I. 2.9.1.

[4031] A modalidade é usualmente analisada nas obras dedicadas ao *peculium castrense*. Mais centrados no *peculium quasi castrense*, vide, a título exemplificativo: CHARLES ANTOINE, *Du pécule castrense et du pécule quasi-castrense en Droit romain*, E. Réau, Nancy, 1876, 48 ss., Mais recentemente, o tema foi especialmente estudado por LUIGI MASTRANGELO, *Il peculium quasi castrense: privilegio dei palatini in età tardo antica*, 52 RIDA, 2005, 261-308: com amplas referências bibliográficas italianas, francesas e germânicas.

[4032] C. 12.30.1pr.. Disposição decretada por Constantino.

[4033] C. 3.28.37. Disposição decretada por Justiniano.

[4034] C. 6.61.6.

[4035] C. 6.60.1. Disposição decretada por Constantino.

[4036] C. 6.60.2. Disposição decretada por Arcadius e Honorius.

[4037] C. 6.60.1.

[4038] C. 6.61.6.

[4039] SEBASTIÃO CRUZ, *Direito romano*, cit., 48-51.

A figura do *peculium profecticium* encontra paralelo na relação escravo/ senhor. A capacidade patrimonial dos escravos era idêntica à dos *filius*[4040]: não podendo ser titulares de qualquer direito de propriedade, tudo o que os escravos adquirissem era pertença dos seus senhores[4041].

As ações eram intentadas contra o *pater*, que respondia pelas obrigações cometidas até ao valor desse património[4042]. Todavia, ao contrário do que se verifica para o *filius*, a responsabilidade pelas dívidas e pelas garantias prestadas pelos escravos não era absoluta[4043]: o *dominus* apenas seria responsável pelas dívidas cometidas no âmbito do próprio *peculium*[4044].

III. Em teoria, na esfera jurídica de cada *paterfamilias* encontramos tantos patrimónios de afetação quantos os seus dependentes, quer sejam filhos, quer sejam escravos. Pelo que não será excessivo afirmar que o conceito de *peculium* assume um papel basilar na delimitação da responsabilidade e na fixação e consolidação do regime de bens. A centralidade do conceito foi-se esbatendo com o reconhecimento, na esfera jurídica dos filhos, de mais direitos. Todavia, o conceito nunca deixou de assumir uma enorme relevância teórica, em especial na formação do pensamento civilístico.

285. Patrimónios de afetação no Direito vigente

I. Como tivemos oportunidade de sublinhar na introdução ao presente parágrafo, o nosso sistema reconhece múltiplas exceções ao princípio geral

---

[4040] Sobre a situação jurídica dos escravos no Direito romano, vide SANTOS JUSTO, *Parte geral*, cit., 115-128; *A situação jurídica dos escravos em Roma*, 59 BFDUC, 1983, 133-175 e *A escravatura em Roma*, 73 BFDUC, 1987, 19-33; ISABEL GRAES, *Estatuto jurídico dos escravos em Roma* in *Estudos em honra de Ruy de Albuquerque*, Vol. I, FDL, Coimbra, Coimbra, 2006, 533-620.
[4041] G. 1.52: "*quodcumque per servum adquiritur, id domino adquiritur*". Sobre o regime jurídico do *peculium* em relação aos escravos, vide, a título exemplificativo, IGNAZIO BUTI, *Studie sulla capacità patrimoniale dei "servi"*, Jovene, Nápoles, 1976, 13-70: amplas referências biliográficas italianas e germânicas; IRENEUSZ ZEBER, *A Study of the Peculium of a Slave in Pre-classical and Classical Roman Law*, Wydawnictwo Uniwersytete Wroclawskiego, Breslávia, 1981 e STEFAN KNOCH, *Sklavenfürsorge im Römischen Reich: Formen und Motive*, Georg Olms, Hildesheim, 2005, 176-183.
[4042] G. 4.72a; D. 15.1.5.1.
[4043] D. 15.1.3.9: "*semper obligari patrem de peculio et distare in hoc a servo*".
[4044] D. 15.1.3.5: "*Si igitur quasi intercessor servus intervenerit, non rem peculiarem agens, no obligabitur dominus de peculio*". D. 15.1.3.6: "*quod si intercessoris officio functus sit, non obligari dominum de peculio*".

de que o património de um sujeito responde pelas suas dívidas e obrigações. Neste ponto, interessam-nos as exceções de índole funcional. Em termos sucintos, o sistema reconhece que, preenchidos específicos elementos, a funcionalização de um determinado direito implica a sua autonomização ou segregação no património de um sujeito. Nestes termos, a conceptualização ora avançada apresenta-se excessivamente formal. Este grau de abstração é um reflexo da dupla dimensão que os patrimónios de afetação podem assumir. São concebíveis dois tipos de patrimónios de afetação: (1) objetivos; e (2) subjetivos. Na primeira modalidade, incluem-se os *supra* citados estabelecimentos individuais de responsabilidade limitada, enquanto que, na segunda, encontramos o fideicomisso e o mandato sem representação. Esta distinção não é de somenos importância, tem em devida consideração as diferentes *rationes* e, consequentemente, os distintos efeitos jurídicos associados às duas tipologias. Vejamos.

II. No âmbito do regime previsto no Decreto-Lei n.º 248/86, de 25 de agosto, um sujeito, seguindo todas as formalidades exigidas, afeta uma parte do seu património a um EIRL, constituído para o efeito[4045]. Com a publicação do ato constitutivo, todos os efeitos associados a este regime produzem-se sem limitações, 6.º. Destacam-se os efeitos mencionados nos artigos 10.º, 11.º e 22.º. Ora, da conjugação dos três preceitos, podemos retirar algumas conclusões gerais: (1) os bens afetados ao EIRL respondem tão-só pelas obrigações assumidas, pelo titular, no âmbito da atividade exercida naquele estabelecimento; e (2) os credores do EIRL apenas se podem valer, salvo algumas exceções, dos bens efetivamente afetados.

Conquanto os bens afetados ao EIRL não possam ser desafetados livremente, 14.º, a sua autonomia, em face dos interesses do titular, não é total. De acordo com o disposto no artigo 22.º, os credores pessoais do titular (só) "poderão penhorar o estabelecimento provando a insuficiência dos restantes bens do devedor", acrescentando o legislador, no artigo 24.º, b), que o EIRL entra imediatamente em liquidação, caso o titular seja declarado insolvente.

[4045] OLIVEIRA ASCENSÃO, *Direito comercial*, Vol. I, cit., 409 ss.; MENEZES CORDEIRO, *Direito comercial*, cit., 355: expressa sérias dúvidas quanto à catalogação do EIRL no mundo dos patrimónios autónomos; CATARINA SERRA, *As novas sociedades unipessoais por quotas*, 46 SI, 1997, 115-142, 122-123 e *Direito comercial: noções elementares*, Coimbra, Coimbra, 2009, 27 ou JOSÉ ENGRÁCIA ANTUNES, *O Estabelecimento Individual de Responsabilidade Limitada: crónica de uma morte anunciada*, 3 RFDUP, 2006, 401-442, 415-420.

§ 57.º SEGREGAÇÃO PATRIMONIAL: PATRIMÓNIOS DE AFETAÇÃO

O EIRL é, na prática, uma continuação da pessoa do titular. É por si administrado, responde subsidiariamente pelas suas dívidas e extingue-se por simples declaração de vontade. A dificuldade em distinguir, em absoluto, os bens afetados ao EIRL dos bens pertencentes ao titular, a título individual, fazem desta figura uma realidade jurídica imprecisa, que, apesar de ser demonstrativa do caminho que tem vindo a ser percorrido pelo Direito, no que respeita à funcionalização de direitos de propriedade, a afastam do conceito de património de afetação subjetivo, conceito que ora nos interessa[4046]. Atente-se que, mesmo no seio dos patrimónios de afetação objetivos, o regime do EIRL consubstancia uma realidade muito particular, visto os bens afetados responderem, subsidiariamente, pelas obrigações do titular.

III. Paralelamente ao conceito de património de afetação objetivo, é concebível uma outra modalidade, que denominámos de subjetiva e que engloba o fideicomisso e o mandato sem representação. Nestes dois institutos, os bens afetados – sem ignorar as limitações, as exigências e as exceções inerentes a cada um dos regimes – não respondem pelas obrigações assumidas pelo mandante (1184.º) e pelo fiduciário (2292.º). A este elemento, comum aos patrimónios de afetação objetivos, acresce um outro, emergente da relação que se estabelece entre o titular do direito e o beneficiário último do bem: o titular do bem não o pode administrar livremente, deverá sempre ter em consideração os interesses de um terceiro determinado.

No âmbito do mandato sem representação, os bens adquiridos pelo mandatário deverão sempre ser administrados no interesse do mandante. Sublinhe-se que a expressão "bens adquiridos pelo mandatário" é interpretada, corretamente, pela nossa doutrina, como englobando todos os bens que tenham sido transmitidos para a esfera jurídica do mandatário, atuando no âmbito da relação de prestação de serviço[4047].

Já nos bens constituídos em fideicomisso, o fiduciário está obrigado a conservá-los para que revertam, por sua morte, para o fideicomissário, 2286.º. Na prática, a administração dos bens deverá ter em consideração os interesses do seu futuro proprietário.

[4046] ANDRÉ FIGUEIREDO, *O negócio fiduciário*, cit., 241: reconhecendo, igualmente, que as conclusões a retirar deste regime, têm um carácter mais geral do que particular.
[4047] PESTANA DE VASCONCELOS, *A cessão de créditos*, cit., 211 ss.; VAZ TOMÉ, *Sobre o contrato de mandato*, cit., 1104 ss.; ou ANDRÉ FIGUEIREDO, *O negócio fiduciário*, cit., 225-235.

É a afetação dos bens ao interesse de outrem que está na origem da segregação dos bens afetados. São os bens que o mandatário está obrigado a transferir para o mandante que não respondem pelas dívidas do primeiro, 1181.º/1 e 1184.º, e os bens que devam reverter, por morte do fiduciário, para o fideicomissário, 2286.º e 2292.º.

IV. Como tivemos oportunidade de analisar no § 51.º, o regime previsto no artigo 1184.º tem sido apresentado, entre nós e lá fora, como sendo extensível a todas as relações de índole fiduciária. Não temos dúvidas de que a aplicação analógica do preceito não levanta especiais problemas. Todas as críticas suscitadas, pela Ciência Jurídica alemã, à extensão do § 392/2 do HGB, fundam-se na letra e na sistematização (Direito comercial) do preceito, que não encontram paralelo no ordenamento jurídico nacional.

A *ratio* dos institutos é idêntica. O mandato sem representação é uma concretização fiduciária (em sentido amplo) positivada. Em ambas as situações – mandato sem representação e fidúcia –, o titular do direito compromete-se a atuar no interesse de outrem. Ora, o nosso legislador reconhece que, nestes casos, esses direitos não podem responder pelas dívidas pessoais do titular. Curiosamente, a proteção concedida pelo sistema funda-se, numa primeira linha, em critérios probatórios e não em critérios de publicidade. É totalmente indiferente que os credores conheçam ou desconheçam a especial natureza dos bens; importa, sim, que "o mandato conste de documento anterior à data da penhora". A publicidade apenas assume relevância no âmbito dos bens sujeitos a registo, fruto da própria essência do nosso sistema.

§ 58.º SOLUÇÃO PRECONIZADA

286. Soluções abstratas e obstáculos

I. Como vimos no parágrafo anterior, a problemática da segregação ou não segregação dos bens constituídos em fidúcia está hoje relativamente pacificada na Alemanha, em Itália e em Espanha. Também em França, por intervenção legislativa, não restam dúvidas quanto à autonomização dos bens constituídos em fidúcia, na esfera jurídica do fiduciário. No seio da Ciência Jurídica nacional, o acolhimento desta solução será em breve uma realidade: não nos parece possível que o movimento iniciado pela nova doutrina fiduciária venha a ser interrompido. Todos os estudos atuais são categóricos em afirmar a segregação dos bens fiduciários, quer por aplicação analógica do disposto no artigo 1184.º, quer invocando a existência de um princípio segregatório fiduciário geral, fundado, precisamente, no regime do mandato sem representação.

A relativa incontestabilidade desta questão contrasta com as acentuadas dificuldades em construir uma doutrina que defenda a posição do beneficiário contra alienações a terceiros de má-fé[4048]. As três soluções analisadas no § 56.º padecem, todas elas, de alguma falha dogmática. A doutrina condicional de SCHULTZ esbarra na letra do artigo 1306.º; a doutrina representativa, seguida por PESTANA DE VASCONCELOS, assenta na indefensável premissa de que a posição do fiduciário é análoga à do representante; e a doutrina jurisprudencial negativista espanhola cede quando confrontada com a realidade fáctica: a transmissão do direito é, realmente, pretendida pelas partes.

[4048] BLAUROCK, *Unterbeteiligung*, cit., 127: o autor aponta a convergência das diferentes concretizações fiduciárias como um obstáculo ao reconhecimento de uma proteção plena. A atribuição de uma proteção plena é mais facilmente defendida no âmbito da *fiducia cum amico*.

II. Se alargarmos o nosso horizonte jurídico, e já numa perspetiva abstrata, são concebíveis quatro caminhos: (1) o centrado na pessoa do fiduciário: a relativização do direito de propriedade, com a consequente emergência de um novo direito real; (2) o centrado na pessoa jurídica do beneficiário: reificação da posição jurídica do mesmo beneficiário; (3) o centrado na pessoa do terceiro adquirente: emergência, na esfera jurídica do terceiro de má-fé, de um conjunto de deveres idênticos aos assumidos pelos fiduciários; e (4) o centrado no poder dos tribunais: a alienação dos bens fiduciários está dependente de autorização judicial prévia.

III. Os problemas levantados pela relativização da posição do fiduciário ou pela reificação da posição do beneficiário são idênticos. O acolhimento de qualquer uma das soluções está dependente do não-desrespeito do disposto nos artigos 1305.º e 1306.º. De acordo com o conteúdo do artigo 1305.º: "O proprietário goza de modo pleno e exclusivo dos direitos de uso, fruição e disposição das coisas que lhe pertencem, dentro dos limites da lei", acrescentando o legislador, no artigo 1306.º/1, que a constituição de figuras parcelares do direito de propriedade apenas é permitida nos casos previstos na lei.

Não existindo qualquer preceito que limite o direito de propriedade, quando detido por um sujeito fiduciário, a demonstração da ilicitude da alienação fica dependente da aplicação de princípios gerais ou de regimes análogos, o que permitiria a invocação do diagnóstico previsto no artigo 280.º, com a consequente declaração da nulidade da alienação pelos tribunais.

A reificação da posição jurídica do beneficiário tem como grande obstáculo o princípio geral do *numerus clausus*, 1306.º/1. Também neste ponto, o intérprete-aplicador terá de demonstrar a não violação do princípio, quer por a posição jurídica do beneficiário não preencher todos os predicados necessários para a sua conceptualização como direito real, quer por essa proteção se fundar num caso previsto na lei.

IV. A terceira solução – emergência de deveres fiduciários na esfera jurídica do terceiro adquirente – encontra o seu espaço natural no Direito britânico, onde, como referido oportunamente[4049], se constitui, a favor do beneficiário original, um *constructive trust*, ocupando o terceiro adquirente a posição de fiduciário.

[4049] Número 166.

§ 58.º SOLUÇÃO PRECONIZADA

Curiosamente, esta terceira via foi expressamente adotada no DCFR. De acordo com o X. 10.401: *"When a trustee transfers a trust asset to another and the transfer is not in accordance with the terms of the trust, the transferee takes the asset subject to the trust if: (a) the transfer is gratuitous; or (b) the transferee knows or could reasonably be expected to know that the transfer is by a trustee and is not in accordance with the terms of the trust".*

A receção desta solução reveste-se de particulares dificuldades. Como impor deveres contratuais a um sujeito que não tenha acordado voluntariamente na sua sujeição?[4050] Mesmo admitindo, na senda de GRUNDMANN[4051], que o sistema reconhece alguns efeitos contratuais externos, a emergência de deveres intrinsecamente pessoais, como o paradigmático dever de lealdade, é dificilmente defensável. Sem negar os reconhecidos obstáculos, as soluções da relativização e da reificação apresentam-se como construções bastante mais limpas e plausíveis à luz do nosso sistema jurídico.

V. Finalmente, a última solução justifica-se em face da inclusão do fideicomisso no universo dos negócios fiduciários para administração. De acordo com o disposto no artigo 2291.º/1, o tribunal pode autorizar, com as devidas cautelas, a alienação dos bens constituídos em fideicomisso em "caso de evidente necessidade ou utilidade para os bens da substituição"[4052]. Conquanto

---

[4050] Estaremos, neste caso, perante um ónus real ou uma obrigação *propter rem*, consoante a doutrina adotada. Podendo o beneficiário exigir o cumprimento das obrigações independentemente da esfera jurídica em que se encontre o direito de propriedade. Pese embora as diferentes teorias sustentadas pela nossa doutrina – (1) os ónus reais são direitos reais, teoria sustentada por MENEZES CORDEIRO (*Direitos reais*, cit., 370) e RUI PINTO (*Direitos reais de Moçambique*, 2ª edição, Almedina, Coimbra, 2012, 104); (2) os ónus reais são obrigações *propter rem*, teoria defendida por OLIVEIRA ASCENSÃO (*Direitos reais*, cit., 592 ss) e COELHO VIEIRA (*Direitos reais*, cit., 116-118); (3) os ónus reais são obrigações *propter rem* devidamente conjugadas com garantias reais, teoria professada por MANUEL HENRIQUE MESQUITA (*Obrigações reais e ónus reais*, Almedina, Coimbra, 1990, 439 ss.) e MENEZES LEITÃO (*Direitos reais*, cit., 90-92); ou (4) os ónus reais são figuras mistas que congregam elementos obrigacionais e reais, teoria apoiada por CARVALHO FERNANDES (*Direitos reais*, cit., 192-194) e SANTOS JUSTO (*Direitos reais*, cit., 99-100) – os ónus reais estão sujeitos ao princípio basilar da tipicidade.

[4051] Número 277/II.

[4052] Poder-se-ia, ainda, sugerir a hipótese de aplicar, também por analogia, o regime previsto no artigo 2295.º/3, que possibilita a alienação de bens fiduciários, sem ser necessária a autorização prévia dos tribunais, conquanto o fideicomissário assim o consentisse. Contudo, nos negócios fiduciários clássicos, o beneficiário não participa ativamente na administração dos bens fiduciários, pelo que a aplicação, generalizada, desta exceção consubstancia uma solução

a aplicação analógica deste regime não costume ser sequer debatida é, de entre as quatro vias apresentadas, a que menos obstáculos levanta. De facto, sendo o fideicomisso apresentado como um exemplo positivado de negócio fiduciário para administração e prevendo o seu regime mecanismos de proteção do beneficiário, porque não aplicá-lo por analogia?

Em abstrato, são duas as principais críticas possíveis: (1) excecionalidade do artigo 2291.º/1; e (2) pouca praticabilidade da solução.

O regime previsto no artigo 2291.º/1 está longe de poder ser considerado excecional, pelo contrário. A necessidade de se obter autorização judicial prévia apresenta-se como a solução comum a todas as relações em que, embora um determinado sujeito seja titular de uma capacidade dispositiva de bens próprios ou alheios, a posição jurídica deva ser exercida em benefício ou também em benefício de terceiros. Para além do fideicomisso, refira-se a alienação de bens pelos curadores provisórios, 94.º/3[4053], pelos pais, 1889.º/1, ou pelos tutores, 1938.º/1[4054]. Acresce que não se pretende estender o regime a todos os negócios fiduciários, mas apenas aos negócios fiduciários para administração, modalidade que partilha inegáveis semelhanças com o instituto sucessório.

Em relação ao argumento da pouca praticabilidade da solução, esta é apenas aparente. Em primeiro lugar, a norma contida no artigo 2291.º não tem natureza imperativa, havendo mesmo decisões que a consideram circunscrita aos casos em que o *de cujus* tenha imposto, ao fiduciário, a obrigação de não alienação[4055]. Mas mesmo assim não sendo[4056], não vemos qualquer problema em que se especifique o contrário, ou seja, em que o *de cujus* atribua, ao fiduciário, poderes dispositivos. Já quanto aos casos em que o fiduciário não possa alienar livremente os bens, a alegação de que a solução seria

---

contrária à vontade manifestada pelas partes. Sublinhe-se, porém, que esta situação poderá ser apresentada como um exemplo positivado de um negócio fiduciário para administração, aberto e a favor do beneficiário.

[4053] Vide a análise de Pedro Leitão Pais de Vasconcelos, *A autorização*, Coimbra, Coimbra, 2012, 396-398, extensível, em grande medida, aos restantes preceitos.

[4054] Devendo, nestes casos, o pedido ser dirigido ao Ministério Público, de acordo com o regime previsto no artigo 2.º do Decreto-Lei n.º 272/2001, de 13 de outubro.

[4055] RPt 7-Jul.-1971, 209 BMJ, 1970, 204. Também Vaz Serra expressou posição idêntica: José de Oliveira Ascensão, *Observações ao projecto de Código Civil*, 13 RDES, 1966, 242-258, 243.

[4056] Oliveira Ascensão, *Observações*, cit., 243: a alienação estará sempre dependente de autorização judicial. Com idêntica posição, Maria Raquel Antunes Rei, *Da expectativa jurídica*, 54 ROA, 1994, 149-180, 163.

pouco prática ou, porventura, contrária às pretensões do comércio jurídico, sublinha-se ser essa precisamente a intenção das partes: fora dos casos previstos no ato constitutivo, não abrangidos pela necessidade de autorização prévia, a alienação dos bens fiduciários não é pretendida pelo proprietário original dos bens, i.e., pelo fiduciante. Essas alienações serão nulas, solução que atribui ao beneficiário uma proteção máxima. Acresce que também nos sistemas de *Common Law*, o *trustee*, sempre que queira atuar de forma diversa à estabelecida pelo *settlor*, no ato constitutivo, deve obter prévia autorização dos tribunais. A solução proposta é, assim, análoga à vivida nos sistemas anglo-saxónicos.

VI. A aplicação, por analogia, do regime jurídico do fideicomisso a todas as relações fiduciárias para administração apresenta-se, assim, como uma solução dogmaticamente sustentada e que permite dar resposta à problemática dos terceiros adquirentes.

Todavia, a terceira questão a que nos propusemos responder, no âmbito do presente estudo, consiste na verificação da possibilidade de conceber, no Direito português, uma relação jurídica legalmente atípica que congregue os elementos característicos do *trust*. Com a aplicação do regime do fideicomisso, a proteção concedida ao beneficiário extravasa a prevista na *Common Law*. Tradicionalmente, o *beneficiary* apenas está protegido contra terceiros adquirentes de má-fé. Ora, à luz do disposto no 2291.º/1, as alienações estão dependentes de autorização judicial, implicando, a sua não verificação a nulidade do contrato de compra e venda por aplicação do regime geral, previsto no artigo 286.º[4057]. Conquanto nos pareça que este acréscimo de proteção não representa, em si mesmo, uma falha, longe disso, julgamos ser possível ir mais longe e encontrar uma solução precisa e que, ao mesmo tempo, esteja em maior sintonia com o espírito subjacente ao *trust* anglo-saxónico.

A proposta que ora se inicia assenta em três pressupostos: (1) a funcionalização do direito de propriedade; (2) os terceiros adquirentes que conhecem ou devessem conhecer a relação fiduciária violam o princípio da boa-fé; e (3) o sistema reconhece formas de limitação da capacidade dispositiva dos sujeitos fiduciários.

[4057] ANTUNES REI, *Da expectativa*, cit., 163.

287. A funcionalização do direito de propriedade: o novo paradigma social e jurídico

I. O conteúdo e os exatos contornos do direito de propriedade estão longe de serem imutáveis. Ao longo dos séculos, o direito de propriedade tem sofrido importantes transformações. É notória uma constante preocupação da Ciência Jurídica em adaptar o direito de propriedade às necessidades sociais da sua época. Atente-se no exemplo perfeito do *duplex dominium*.

No período medieval, o conceito de direito de propriedade foi alvo de profundas transformações. Como se repete ciclicamente ao longo da História da Humanidade, o Direito segue, modela e potencia transformações sociais. Ora, a sociedade medieval tinha no feudalismo o seu elemento nuclear, sendo, consequentemente, lógico que este sistema tenha contribuído, ativamente, para a evolução do Direito[4058].

Perante o reconhecimento social de que ambos os sujeitos – vassalo e senhor – eram titulares de um direito sobre a terra, os Glosadores e os Comentadores iniciaram um processo interpretativo e criativo que culminou com o reconhecimento de um domínio repartido (*duplex dominium*): o senhor era titular de um *dominium directum* e o vassalo de um *dominium utile*[4059].

O conceito de *duplex dominium* não era inteiramente desconhecido no Direito romano. GAIUS aborda o tema com especial desenvolvimento[4060]. Em termos sucintos, o célebre jurisprudente diz-nos que, antigamente, o Direito apenas reconhecia uma forma de propriedade (*dominium*). Todavia, fruto dos desenvolvimentos pos-

---

[4058] A. J. VAN DER WALT, *Unity and Pluralism in the Property Theory – A Review of Property Theories and Debates in Recent Literature: Part I*, 1995 JS Afr L, 1995, 15-42, 19: a Ciência Jurídica viu-se impelida a sistematizar as alterações decorrentes do sistema feudal. PETER STEIN, *Roman Law in European History*, CUP, Cambridge, 1999, 62: os Glosadores e Canonistas tiveram a árdua tarefa de acomodar as especificidades feudais e os costumes locais ao conteúdo do *Corpus*.

[4059] ROBERT FEENSTRA, *Les origines du dominium utile chez les glossateurs (avec un appendice concernat l'opinion des ultramontani)* in *Flores Legum: H. J. Scheltema antecessori groningano oblati*, coordenação de ROBERT FEENSTRA, J. H. A. LOKIN e N. VAN DER WAL, Wolters-Noordhoff, Groningen, 49-93: uma análise muito completa do tema, com amplas referências bibliográficas; DAVID L. CAREY MILLER, *Transfer of Ownership* in *A History of Private Law in Scotland*, cit., 269-304, 273: descreve os avanços jurídicos dos Glosadores como ingénuos.

[4060] Sobre o conceito de *duplex dominium* em Gaius, vide, em especial, SALVATORE DI MARZO, *Il "duplex dominium" di Gaio*, 43 BIRD, 1935, 292-296.

§ 58.º SOLUÇÃO PRECONIZADA

teriores, este *dominium* unitário foi objeto de divisão (*divisionem accepit dominium*), dando origem a um *dominium* quiritário e a um *dominium* bonitário, 2.40⁴⁰⁶¹.

A propriedade bonitária ou pretória foi desenvolvida pelo *ius honorarium* como forma de contornar a desadequação social da propriedade quiritária do *ius civile*⁴⁰⁶². Todavia, não há unanimidade no que respeita à natureza jurídica do *dominium* bonitário. Parte da doutrina considera que os escritos de Gaius são inequívocos: ao contrário do que tradicionalmente se defende, o direito de propriedade romano não era indivisível. O *ius civile* reconhecia um direito formal (*dominium* quiritário) e o *ius honorarium* um direito material (*dominium* bonitário)⁴⁰⁶³. A maioria da doutrina defende, porém, que não se pode falar de uma efetiva divisão do direito de propriedade. O sujeito bonitário não era proprietário do bem. O Direito reconhecia, apenas, a necessidade de acautelar a sua posição jurídica de modo idêntico à proteção concedida ao efetivo titular sem, contudo, se constituir um novo direito⁴⁰⁶⁴.

II. A ideia de uma propriedade dividida ou de diferentes graus de propriedade ficou ultrapassada quando o sistema que estava na sua origem – o feudalismo – se tornou socialmente inaceitável. A falta de concordância com o sistema romanístico ditou o fim da solução⁴⁰⁶⁵.

---

⁴⁰⁶¹ Atente-se, ainda, ao conteúdo de G. 1.54.
⁴⁰⁶² Charles L. Appleton, *Histoire de la propriété prétorienne et de l'action publicienne*, Vol. I, Ernest Thorin, Paris, 1889, 2: o conceito era muito pouco elástico; Santos Justo, *Direitos reais*, cit., 25: o *ius civile* não conseguiu acompanhar os rápidos avanços da sociedade que regulava.
⁴⁰⁶³ Margarita Fuenteseca Degenefee, *La formación romana del concepto de propiedad (dominium, proprietas y causa possessionis)*, Dykinson, Madrid, 2004, 159: nenhum dos sujeitos era titular de um direito de propriedade pleno.
⁴⁰⁶⁴ Siro Solazzi, *In tema di "duplex dominium"*, 16 SHDI, 1950, 286-288: neste curto artigo, o autor critica a posição que interpreta o texto de Gaius como indicando a existência de uma divisão do direito de propriedade; Santos Justo, *Direitos reais*, cit., 23-29; Kaser, *Direito*, cit., 139-140 e *In bonis esse*, 78 ZRG (RA), 1961, 173-220; Heinrich Honsell, *Römisches Recht*, 7ª edição, Springer, Heidelberg, 2010, 57: chama a atenção para o carácter provisório da propriedade bonitária; Hans Ankum e Eric Pool, *Rem in bonis meis esse and rem in bonis meam esse: Traces of the Development of Roman Double Ownership* in *New Perspectives in the Roman Law Property: Essays for Barry Nicholas*, coordenação de Peter Birks, Clarendon Press, Oxford, 1989, 5-41.
⁴⁰⁶⁵ Dieter Strauch, *Das geteilte Eigentum in Geschichte und Gegenwart* in *Festschrift für Heinz Hübner zum 70. Geburtstag am 7. November 1984*, coordenação de Gottfried Baumgärtel, Hans-Jürgen Becker, Ernst Klingmüller e Andreas Wacke, Walter de Gruyter, Berlim, 1984, 273-293: um apanhado geral do conceito desde o Direito romano ao Direito atual.

As primeiras grandes críticas partiram dos humanistas: CUJAS apresenta o vassalo como um usufrutuário[4066], enquanto que GROTIUS restringe o termo *dominium* à posição do senhor: a situação de todos os sujeitos que detêm um *dominium utile* feudal não é reconduzível ao conceito de direito de propriedade, antes consubstanciando direitos reais menores[4067].

As reprovações dogmáticas e sociais do conceito de propriedade dividida prosseguiram nos séculos subsequentes. POTHIER, o autor que mais influenciou o conteúdo do Código Napoleónico, defende que apenas o *dominium utile* pode ser descrito como direito de propriedade[4068]. Prosseguindo na sua análise, POTHIER diz-nos que esse direito de propriedade (*dominium utile*) pode ser definido como *"le droit de disposer à son gré d'une chose, sans donner néanmoins atteinte au droit d'autrui, ni aux lois"*[4069]. Esta visão foi diretamente positivada no artigo 544.º do CC Nap.

Para lá do Reno, a conceção unitária do direito de propriedade recebeu um forte impulso pela pena de THIBAULT, que inicia os seus célebres estudos – *Ueber dominium directum und utile* – por afirmar que a doutrina fragmentária do direito de propriedade é rejeitada pelos práticos, pela maioria dos juristas teóricos, não encontrando, além disso, fundamento no Direito romano[4070]. Apoiada por toda a pandectística[4071], a conceção foi vertida no § 903 do BGB: *"Der Eigentümer einer Sache kann, soweit nicht das Gesetz oder Rechte Dritter entgegenstehen, mit der Sache nach Belieben verfahren und andere von jeder Einwirkung ausschließen"*. Atente-se que, para além da lei, o direito "absoluto" do proprietário é delimitado pelos direitos de terceiros.

O conceito de propriedade enquanto direito exclusivo e indivisível, que pode ser exercido dentro dos limites da lei, foi adotado pelo legislador nacional aquando da elaboração do Código Civil, nos supra citados artigos 1305.º e 1306.º.

[4066] JOHN W. CAIRNS, *Craig, Cujas and the Definition of feudum* in *New Perspectives*, cit., 75-84, 81.
[4067] VAN DER WALT, *Unity and Pluralism*, cit., 20-22 e *Der Eigentumsbegriff* in *Das römischen-holländische Recht: Forstschritte des Zivilrechts im 17. Und 18. Jahrhundert*, coordenação de ROBERT FEENSTRA e REINHARD ZIMMERMANN, Duncker & Humblot, Berlim, 1992, 485-520.
[4068] ROBERT JOSEPH POTHIER, *Traité du Droit du domaine de propriété*, M. Hutteau fils, Paris, 1807, 1.3, 5.
[4069] Cit., 1.4, 5.
[4070] ANTON FRIEDRICH JUSTUS THIBAUT, *Versuche über einzelne Theile der Theorie des Rechts*, Vol. II, J. M. Mauke und Sohn, Jena, 1817, 67-68.
[4071] WINDSCHEID, *Lehrbuch des Pandektenrechts*, Vol. I, cit., 559 ss.; DERNBURG, *Pandekten*, Vol. I, cit., 434 ss; ou BARON, *Pandekten*, cit., 239 ss..

III. As razões que estiveram na origem da aparente imutabilidade imposta pelos legisladores estão ultrapassadas. Os receios de que a terra seja controlada por uma classe privilegiada, impondo a sua vontade às restantes, não têm fundamento no Mundo moderno. As limitações vigentes, fruto dos pavores feudalísticos antigos, representam hoje um claro entrave aos avanços económicos e sociais. O paradigma do direito de propriedade deslocou-se da absolutividade para a funcionalização. A sociedade moderna rege-se por complexas relações fiduciárias, no sentido mais amplo do termo, em que os bens são detidos e geridos por pessoas – singulares e coletivas – que não os seus beneficiários últimos, como os exemplos paradigmáticos das sociedades, civis e comerciais, dos intermediários e gestores financeiros, dos promotores, das mais variadas formas de relações comerciais de distribuição, organização ou mediação.

Esse movimento global tem no *trust* a sua face mais visível. O instituto fiduciário anglo-saxónico está presente nos quatro cantos do globo, podendo ser descrito como o primeiro tipo social planetário[4072]. O facto de o Direito legislado português não reconhecer a figura não impede a sua inclusão na maioria dos grandes negócios. A funcionalização do direito de propriedade é indesmentível. Ora, um ordenamento jurídico, enquanto sistema completo, não pode ignorar este dado. Os notáveis avanços conseguidos recentemente, no seio da doutrina nacional, com a identificação de um princípio geral de segregação patrimonial consubstanciam o primeiro passo. Falta cumprir-se a proteção dos beneficiários últimos.

IV. Ao contrário do comummente invocado, o *trust* não viola nenhum princípio estruturante do Direito civil. A recente positivação da *fiducie*, em terras francesas, é disso um exemplo acabado. O Direito francês – historicamente o mais receoso do regresso do *Ancien Regime* – não foi objeto de qualquer transformação.

Julgamos, contudo, poder ir mais longe: a proteção da posição do beneficiário, contra terceiros de má-fé, não só não viola nenhum princípio estruturante do nosso sistema, como consubstancia uma exigência do próprio. Os juízes da *Equity Law*, formados em Direito romano e em Direito canónico,

---

[4072] Esta dupla dimensão do *trust* – social e global – pode ser encontrada em outros tipos contratuais modernos, que, fruto da globalização, tendem igualmente a difundir-se pelos quatro cantos do globo, cfr., ANTÓNIO PINTO MONTEIRO e CAROLINA CUNHA, *Sobre o contrato de cessão financeira ou de "factoring"*, BFDUC – Volume Comemorativo, 2003, 509-554, 521-523.

conseguiram, há mais de cinco séculos (!), reconhecer que a não proteção do beneficiário seria uma solução contrária ao espírito do sistema.

Parece-nos, de resto, hoje evidente que os sistemas jurídicos de base romanística e as suas Ciências Jurídicas ambicionam incorporar o instituto fiduciário inglês. Veja-se o exemplo paradigmático do Direito italiano, onde, ao abrigo do recentemente introduzido artigo 2645.º do CC It, a doutrina tem professado uma abertura, sem limites, ao *trust* e à proteção contra terceiros adquirentes.

V. A inflexibilidade da Ciência Jurídica continental, quanto à imutabilidade do direito de propriedade, representa uma clara desvantagem comparativa em face da *Common Law*. Ao incontornável *trust* acrescente-se o conceito de *personal property right*, explorado no § 46.º, que permite responder às situações em que, conquanto não se justifique uma proteção *erga omnes*, no sentido mais preciso do termo, tem todo o cabimento proteger o seu titular contra terceiros que tentem retirar benefícios em violação do princípio estruturante da boa-fé.

Ao contrário do que seria expectável, os futuros avanços jurídicos serão feitos no âmbito do direito de propriedade[4073].

288. Proteção do beneficiário: abuso do direito por parte de terceiros adquirentes

I. Sendo a proteção do *beneficiary* fundada na *Equity Law* e tendo em conta o paralelismo evidente entre a *Equity* anglo-saxónica e a boa-fé romana, a busca de uma solução interna passará, tendencialmente, pela aplicação do instituto do abuso do direito[4074]. Subsumindo a situação hipotética ao conteúdo do 334.º, o nosso objetivo último implica a demonstração de que um sujeito que conheça, ou que devesse conhecer, a funcionalização do direito

---

[4073] Sobre a evolução, no sentido da mutabilidade dos direitos reais, vide ANTÓNIO MENEZES CORDEIRO, *Evolução juscientífica e Direitos reais*, 45 ROA, 1985, 71-112.

[4074] ANTÓNIO MENEZES CORDEIRO, *A boa fé nos finais do século XX*, 56 ROA, 1996, 887-912: embora reconhecendo uma certa diminuição do papel criativo da boa-fé, fruto da própria evolução do Direito, o Professor sublinha a sua importância no desenvolvimento jurídico, enquanto instrumento de renovação do sistema.

§ 58.º SOLUÇÃO PRECONIZADA

adquirido age de forma ilegítima, i.e., ilícita, padecendo o contrato de compra e venda de inegável nulidade, 286.º[4075].

Todavia, nos termos em que o instituto é hoje reconhecido, o sistema apenas irá proteger o beneficiário contra aquisições danosas ou excessivamente prejudiciais. Em suma, ficam de fora todas as situações em que o terceiro adquirente, embora conhecendo ou devendo conhecer a especial natureza dos bens, não tenha qualquer intenção de prejudicar ou nas quais a contraprestação não seja, aos olhos do comércio jurídico, excessivamente reduzida[4076]. Justifica-se esta circunscrição?

Como princípio geral, a circunscrição do princípio da materialidade subjacente a situações clamorosamente ofensivas do princípio da boa-fé tem como propósito a proteção do comércio jurídico. Se todos os exercícios de direitos que colidam com a posição jurídica de terceiros fossem inadmissíveis, o comércio jurídico ficaria paralisado. Ora, tendo em conta que a funcionalização do direito de propriedade é uma exigência do próprio comércio jurídico, toda a argumentação aludida torna-se ultrapassada. As evoluções recentes do paradigma da propriedade inverteram as premissas clássicas: é o Direito que, ao não proteger a posição do beneficiário, não limitando o direito de aquisição de terceiros, acaba por obstruir o comércio jurídico. Acresce que a realidade económica da anglofonia desmente, em absoluto, quaisquer receios.

II. Deve, contudo, reconhecer-se que nem todas as relações ditas fiduciárias são merecedoras de igual proteção. Os negócios fiduciários para administração ocupam, como, de resto, o regime positivado do fideicomisso o demonstra, uma posição diferenciada.

Desvendando de imediato o véu, a nulidade da alienação está dependente da demonstração dos seguintes elementos: (1) inclusão de cláusula de não-alienação no ato constitutivo do negócio fiduciário; (2) conhecimento, por parte do terceiro adquirente, da existência dessa mesma cláusula; (3) gratuitidade da transmissão do fiduciante para o fiduciário; e (4) funcionalização do direito transmitido a propósitos de administração.

[4075] Vide, em geral, MENEZES CORDEIRO, *Da boa fé*, cit., 661 ss. e *Tratado*, V, cit., 239 ss..
[4076] MENEZES CORDEIRO, *Tratado*, I, cit., 975-977.

III. A inclusão de uma cláusula de não-alienação é indispensável[4077]. Excluem-se, assim, todas as situações em que o direito tenha sido transmitido com o propósito de posterior alienação, bem como os casos em que o fiduciante pretenda atribuir, ao fiduciário, uma maior discricionariedade e liberdade de atuação. Não impondo o fiduciante qualquer limitação à capacidade dispositiva do fiduciário, não se justifica que se venha, posteriormente, invocar qualquer tipo de ilegalidade.

Este primeiro elemento é, além do mais, uma decorrência lógica do que acima se afirmou para o fideicomisso.

IV. O segundo elemento apresenta-se como um corolário do princípio da boa-fé. À luz da doutrina dominante, apenas os sujeitos que não desconheçam, sem culpa, uma determinada situação, estarão de boa-fé – a denominada boa-fé ética. *A contrario sensu*, e subsumindo a construção à nossa situação concreta, todos os sujeitos que conheçam ou devessem conhecer a funcionalização dos bens estão de má-fé, pelo que a sua posição não é merecedora de proteção jurídica[4078].

V. A gratuitidade da transmissão decorre do próprio espírito do regime da doação, aplicável a todos os contratos gratuitos. No âmbito da dicotomia contratos onerosos/contratos gratuitos, a fidúcia estática pode ser apresentada como uma doação e a fidúcia dinâmica como uma doação modal. Repare-se

---

[4077] Esta solução foi, de resto, adotada, expressamente, pelo legislador do Estado da Luisiana, cfr., *Louisiana Trust Code* § 1737: "*A settlor may dispose of property in trust to the same extent that he may dispose of that property free of trust and to any other extent authorized by this Code. A trust containing a substitution authorized by this Code is valid*" e § 2119: "*A trustee may sell trust property unless the sale is forbidden in specific words by the trust instrument or unless it appears from the provisions of the trust instrument that the property is to be retained in kind. A settlor by the provisions of the trust instrument cannot forbid a sale of immovable property for a period beyond fifteen years from his death*".

[4078] MENEZES CORDEIRO, *Boa fé*, cit., 407 e *Tratado*, I, cit., 966. Esta tem sido também a posição tomada pela nossa jurisprudência, cfr., STJ 26-Abr.-1995 (MIRANDA GUSMÃO), 446 BMJ, 1995, 262-280, 271-272; STJ 25-Mai.-1999 (FRANCISCO LOURENÇO), 7/2 CJ(STJ), 1999 STJ, 110-112, 111/II; STJ 8-Nov.-2007 (JOÃO BERNARDO), proc. n.º 07B3071; STJ 28-Mai.-2009 (ÁLVARO RODRIGUES), proc. n.º 09B0681; RPt 20-Out.-2009 (RAMOS LOPES), proc. n.º 30010-A/1995. P1 e RPt 13-Mar.-2012 (MARIA CECÍLIA AGANTE), proc. n.º 359/09.4TYVNG.P1. Veja-se, com posição diferente, RLx 24-Jun.-2003 (MARIA DO ROSÁRIO MORGADO), proc. n.º 9157/2003-7 e RLx 29-Mar.-2011 (MARIA DO ROSÁRIO MORGADO), proc. n.º 45/1999.L1-7: defende, em ambos os casos, a prevalência de uma boa-fé psicológica.

§ 58.º SOLUÇÃO PRECONIZADA

que é no âmbito do regime da doação que o legislador prevê maiores limitações ao direito de propriedade: reserva de usufruto, 958.º; reserva do direito de dispor, 959.º; e cláusulas de reversão, 960.º. Estas limitações extravasam largamente a relação obrigacional estabelecida entre o doador e o donatário, impondo-se ao próprio comércio jurídico.

No nosso caso concreto, estaremos perante uma situação reconduzível ao conteúdo do artigo 959.º, preceito que iremos explorar com maior profundidade no número seguinte.

VI. O último elemento – a funcionalização do direito de propriedade com objetivos de administração – apresenta-se como uma decorrência lógica do processo evolutivo acima apresentado. As transformações sentidas no seio do direito de propriedade respeitam não à utilização de intermediários para fins imediatos, com simples propósitos de alienação ou aquisição de bens, mas transmissões duradouras de direitos, com um claro objetivo de administração contínua. De resto, tendo a transmissão de posições jurídicas ativas propósitos que se esgotam em simples atos, não se pode, verdadeiramente, falar de uma funcionalização de direitos.

Numa perspetiva sistemática interna, a circunscrição da proteção jurídica a relações fiduciárias para administração encontra a sua fundamentação no regime do fideicomisso, permitindo, ainda, reconhece-se, impedir a expansão da construção ao mandato sem representação.

289. Limitação do direito de dispor

I. Conquanto nos pareça que a solução apresentada está solidamente sustentada – para além de consubstanciar uma decorrência lógica do princípio da boa-fé e um reflexo dos recentes desenvolvimentos do conceito de propriedade, ainda em evolução, a solução encontra muita da sua fundamentação jurídica no regime do fideicomisso, verdadeiro exemplo positivado da fidúcia para administração – a sua dimensão inovadora impele-nos a aprofundar a sua defesa.

No ponto anterior, focámos a nossa atenção na pessoa do terceiro adquirente. Todavia, não podemos ignorar que a proteção concedida ao beneficiário tem origem no acordo concluído entre o fiduciante e o fiduciário, acordo esse que tem como decorrência direta a limitação da sua capacidade (legal) dispositiva. A admissibilidade dessa limitação permite-nos reforçar a tese defendida.

II. Numa perspetiva sistemática interna, e no âmbito da relação constitutiva, os negócios fiduciários consubstanciam, como acima avançado, autênticos contratos gratuitos. Na fidúcia estática, o titular de um determinado direito compromete-se, no âmbito dessa posição jurídica, a atuar sempre no interesse de outrem. Já na fidúcia dinâmica, o fiduciante transmite um bem, de forma gratuita, para outrem, que se compromete a atuar, no âmbito dessa posição jurídica, no interesse de um terceiro sujeito. Os contornos da fidúcia estática subsumem-se, na perfeição, à previsão do disposto no artigo 940.º, enquanto a fidúcia dinâmica é facilmente reconduzível à figura da doação modal, 963.º[4079].

Regra geral, sendo o beneficiário o interessado último da relação fiduciária e tendo em conta a natureza não perpétua do *trust*, a titularidade plena do direito ser-lhe-á transmitida, verificados os pressupostos estabelecidos no ato constitutivo ou mediante interpelação direta, nos casos em que este seja possível. Deste raciocínio decorre que, numa relação fiduciária clássica, a capacidade dispositiva do fiduciário fica circunscrita à pessoa do beneficiário. Como também aludido no número anterior, esta situação parece ser enquadrável no artigo 959.º, preceito que nos propomos agora analisar.

III. O disposto no artigo 959.º/1 diz-nos que "o doador pode reservar para si o direito de dispor, por morte ou por ato entre vivos, de alguma ou algumas das coisas compreendidas na doação", acrescentando o legislador, no número seguinte, que "o direito reservado não se transmite aos herdeiros do doador, e, quando respeite a imóveis, ou móveis sujeitos a registo, carece de ser registado".

A norma, que encontra as suas raízes num costume francês[4080], foi transposta para o artigo 946.º do CC Nap[4081], para o artigo 1069.º do Código Civil

---

[4079] Quanto à doação modal, vide, em geral, MARIA DO ROSÁRIO PALMA RAMALHO, *Sobre a doação modal*, 122 Dir, 1990, 673-744
[4080] BIONDO BIONDI, *Le donazione*, UTET, Turim, 1961, 854.
[4081] "*En cas que le donateur se soit réservé la liberté de disposer d'un effet compris dans la donation ou d'une somme fixe sur les biens donnés, s'il meurt sans en avoir disposé, ledit effet ou ladite somme appartiendra aux héritiers du donateur, nonobstant toutes clauses et stipulations à ce contraires*".

§ 58.º SOLUÇÃO PRECONIZADA

italiano de 1865[4082] e para o artigo 639.º do CC Es[4083]. Repare-se que, ao contrário do que se verifica no Direito português e no Direito espanhol, em caso de morte do doador, o direito transmite-se para os seus herdeiros. Já no âmbito da terceira codificação, a norma, que não encontra paralelo no BGB, transitou para o artigo 790.º do CC It[4084] e para o *supra* citado artigo 959.º do Código Civil português. Em ambos os ordenamentos, o direito, independentemente dos seus contornos, não se transmite para os herdeiros do doador.

O preceito, em todos os quatro sistemas, consubstancia uma exceção ao princípio da irrevogabilidade dos atos dispositivos[4085], o que impossibilita, à partida, a sua aplicação analógica[4086]. Todavia, a doutrina tem admitido a extensão da norma aos direitos reais menores, como o caso paradigmático do usufruto, bem como a possibilidade de a reserva ser estabelecida a favor de terceiros e não do próprio doador[4087].

A figura da reserva do direito de dispor tem sido abertamente criticada em terras francesas e italianas[4088].

[4082] *"Quando il donate si è riservata la facoltà di disporre di qualche oggetto compreso nella donazione o di una determinata somma sui beni donati, e muore senza averne disposto, un tale oggetto od una tale somma appartiene agli eredi del donante, non ostante qualunque clausola o stipulazione in contrario".* Uma análise comparativa entre o preceito atual (790.º CC It) e o artigo 1069.º do Código de 65 pode ser encontrada em Lycia Gardini Contursi-Lisi, *Anotação ao artigo 790.º do CC It* in *Delle donazioni, Art. 769-809* in *Commentario del Codice Civile*, coordenação de Antonio Scialoja e Giuseppe Branca, Nicola Zanichelli, Bolonha, 1976, 332-335.

[4083] *"Podrá reservarse el donante la facultad de disponer de algunos de los bienes donados, o de alguna cantidad con cargo a ellos; pero, si muriere sin haber hecho uso de este derecho, pertenecerán al donatario los bienes o la cantidad que se hubiese reservado".*

[4084] *"Quando il donante si è riservata la facoltà di disporre di qualche oggetto compreso nella donazione o di una determinata somma sui beni donati, e muore senza averne disposto, tale facoltà non può essere esercitata dagli eredi".*

[4085] Arianna Barbarisi, *Anotação ao artigo 790.º do CC It* in *Codice delle successioni e donazioni*, coordenação de Michele Sesta, Vol. I: *Costituzione e quattro codici*, Giuffrè, Milão, 2011, 2002-2005.

[4086] Carlo Giannattasio, *Delle Successioni: Divisione – Donazione, Artt. 713-809*, 2ª edição, UTET, Turim, 1980, 281-283, 282.

[4087] Andrea Natale, *La riserva di disporre di cose determinate* in *Trattato di diritto delle successioni e donazioni*, coordenação de Giovanni Bonilini, Vol. VI: *Le donazioni*, Giuffrè, Milão, 2009, 929-949, 933.

[4088] Biondi, *Le donazione*, cit., 859: *"figura alquanto bizarra"*; Giovanni Varchetta, Fabio Mazzali e Marco Fiandri, *La successione dell'imprenditore: patto di famiglia tra conferme ed alternative*, 2ª edição, Maggioli, Santarcangelo di Romagna, 84: *"infelice formulazione tecnica".*

DIMENSÃO EXTERNA

O artigo 959.º tem passado quase despercebido em terras portuguesas. Todavia, recorrendo a doutrina estrangeira, é possível identificar dois problemas muito concretos: (1) pode o doador reservar para si o direito de dispor sobre todos os bens doados ou só sobre alguns dos bens doados; e (2) qual a natureza jurídica desta reserva.

IV. No seio da Ciência Jurídica italiana, a maioria dos autores considera que, fruto da natureza excecional do preceito, a reserva de dispor apenas pode abranger parte dos bens doados e não a sua totalidade[4089]. Em terras portuguesas, a solução foi expressamente seguida por PIRES DE LIMA/ANTUNES VARELA[4090] e por MENEZES LEITÃO[4091].

Esta posição foi abertamente criticada por TORRENTE. O ilustre Professor e Presidente da *Cassazione* defende que a reserva do direito de dispor ou é proibida de todo, facto desmentido pela sua positivação, ou é permitida sem restrições. Uma solução inversa levaria a uma enorme incerteza: que percentagem dos bens pode ser reservada? Acresce que, sendo o objeto da doação apenas um direito, o disposto no artigo 790.º do CC It nunca poderia ser aplicado; mas, sendo a doação composto por dez bens, já nada obstaria a que, sobre cinco deles, fosse constituída uma reserva do direito de dispor, o que revela a fragilidade da solução[4092].

Parece-nos que a razão está com TORRENTE. A interpretação defendida por PIRES DE LIMA/ANTUNES VARELA, que encontra a sua força numa análise literal do preceito, não tem em consideração as fragilidades sistemáticas internas da solução. Mas, mesmo à luz de uma interpretação textual, a interpretação não é imune a críticas. De acordo com a entrada do Dicionário da Academia de Ciências de Lisboa, a palavra "algum" "indica quantidade

---

[4089] BIONDI, *Le donazione*, cit., 855: considera que a estipulação de reserva sobre a totalidade dos bens doados consubstancia uma situação de fraude à lei. Acresce, por maioria de razão, que o doador também não pode reservar, para si, o direito de dispor sobre 99 por cento dos bens doados. Vide, ainda, a título exemplificativo, GUIDO CAPOZZI, ANNAMARIA FERRUCCI e CARMINE FERRENTINO, *Successioni e donazioni*, Tomo I, 3ª edição, Giuffrè, Milão, 2009, 1579 ou NATALE, *La riserva di disporre*, cit., 939.

[4090] *Anotação ao artigo 959.º do CC* in *Código Civil anotado*, Vol. II: *Artigos 762.º a 1250.º*, 4ª edição, Coimbra, Coimbra, 1997, 263-264: os autores seguem BIONDI em todos os aspetos controvertidos.

[4091] *Direito das obrigações*, Vol. III, cit., 182.

[4092] ANDREA TORRENTE, UGO CARNEVALI e ANDREA MORA, *La donazione*, 2ª edição in *Trattato di Diritto civile e commerciale*, Giuffrè, Milão, 2006, 565-566.

§ 58.º SOLUÇÃO PRECONIZADA

indeterminada ou parcial"[4093] e não quantidade indeterminada e parcial. A recondução da palavra "alguma" à simples indeterminabilidade quantitativa permite-nos preencher o vocábulo, dependendo, evidentemente, do contexto, por recurso à expressão "todos".

O critério para a constituição de reservas de direito de dispor tem de ser claro. Ora, apenas admitindo que todos os bens doados possam ser sujeitos a reserva, o Direito alcança um grau de transparência e clareza que se coaduna com a sua missão regulatória. Um critério oposto, como sublinha TORRENTE, reveste-se de enorme incerteza.

V. A natureza jurídica da reserva do direito de dispor dá azo, igualmente, a acesas discussões. Em termos sucintos, são duas as teses defendidas: (1) a da condição resolutiva potestativa; e (2) a de que o direito de dispor do donatário apenas pode ser exercido nos exatos termos estabelecidos.

A primeira solução é abraçada pela maioria da doutrina italiana[4094] e, entre nós, por MENEZES LEITÃO[4095]. Para os defensores desta teoria, a capacidade dispositiva do donatário não é afetada pela inclusão e pelo registo da cláusula de reserva do direito de dispor. A reserva do direito de dispor traduz-se na emergência, na esfera jurídica do doador, de um direito concorrencial de dispor livremente do bem. Na prática, ambos os sujeitos podem dispor do bem doado. Todavia, o direito do doador sobrepõe-se ao direito do donatário. Atente-se que, mesmo nos casos em que o bem tenha sido alienado a terceiros, o doador continua a poder exercer livremente o seu direito.

A solução da limitação do efetivo direito de dispor é defendida por uma doutrina minoritária[4096]. Na prática, e sendo essa reserva absoluta, apenas os direitos de uso e de fruição são transmitidos para o donatário. O direito de dispor somente se transmite com o falecimento do doador.

Uma vez mais, inclinamo-nos para a solução que menos apoio tem granjeado. À luz de uma interpretação sistemática do preceito, é essa a solução

---

[4093] Vol. I, cit., 168.
[4094] BIONDI, *Le donazione*, cit., 862; CAPOZZI, *Successioni*, cit., 1579; ALBERTO GIANOLA, *Anotação ao artigo 790.º do CC It* in *Commentario al Codice Civile, Artt. 713.º-809.º*, coordenação de PAOLO CENDON, Giuffrè, Milão, 2009, 685-686, 685 ou ANTONIO PALAZZO, *Problemi generali* in *I contratti di donazione*, coordenação de ANTONIO PALAZZO, UTET, Turim, 2009, 193-221, 197-198.
[4095] *Direito das obrigações*, Vol. III, cit., 182.
[4096] TORRENTE, CARNEVALI e MORA, *La donazione*, cit., 566; ou NATALE, *La riserva di dispore*, cit., 936-937.

mais defensável: pense-se nos exemplos paradigmáticos da reserva do direito de propriedade[4097] (409.º) e da reserva do direito de usufruto (958.º)[4098]. No âmbito do artigo 409.º, o direito de propriedade apenas se transmite para o adquirente com a verificação da condição suspensiva, ou seja, a reserva do direito de propriedade traduz-se na conservação do direito na esfera jurídica do alienante. Também no âmbito do artigo 958.º, a reserva do direito de usufruto implica, na prática, uma cisão entre o direito de dispor e o direito de usufruir da coisa. Conquanto titular do direito de propriedade, o doador não pode usufruir do bem.

Também numa perspetiva mais literal, o conteúdo usualmente atribuído, pelo legislador, ao termo "reserva" aponta para esta interpretação: 111.º/2: reserva de um terço dos rendimentos líquidos a favor do ausente; 452.º: reserva de pessoa a nomear; ou 923.º: compra e venda sob reserva. Em todos estes casos, o termo "reserva" é empregue no sentido de direito próprio e exclusivo.

Acresce, como veremos de seguida, que a interpretação da reserva do direito de dispor como sendo uma condição resolutiva apenas tem em consideração a aplicação mais direta da norma.

VI. O alcance e a mutabilidade do preceito são notórios e reconhecidos. Ao permitir a constituição de uma reserva do direito de dispor, o legislador faculta, por maioria de razão, que as reservas tenham um conteúdo mais preciso, tanto quanto aos sujeitos, ou seja, o doador pode reservar o direito de dispor apenas em relação a sujeitos identificados, o que é o mesmo que dizer que circunscreve o direito de dispor do donatário a um círculo identificado de terceiros, como quanto ao modo da transmissão, i.e., determina, previa-

---

[4097] Luís de Lima Pinheiro, *A cláusula de reserva de propriedade* in *Estudos de Direito civil, Direito comercial e Direito comercial internacional*, Coimbra, Almedina, 2006, 9-80, 14; Pedro Romano Martinez, *Direito das obrigações: programa 2010/2011. Apontamentos*, 3ª edição, AAFDL, Lisboa, 2011, 204 e *Da cessação do contrato*, 2ª edição, Almedina, Coimbra, 2006, 258; Pedro de Albuquerque, *Direito das obrigações: contratos em especial*, Vol. I, Tomo I, Almedina, Coimbra, 2008, 95-96 ou Luís Carvalho Fernandes, *Notas breves sobre a cláusula de reserva da propriedade* in *Estudos em homenagem ao Professor Doutor Carlos Ferreira de Almeida*, Vol. II, cit., 321-351, 335.
[4098] *Direito das obrigações*, Vol. III, cit., 181-182.

mente, o modo como a disposição dos bens pode ser feita; por exemplo: apenas por doação ou compra e venda[4099].

Transpondo estas conclusões para o nosso *trust*: a inclusão de uma cláusula que limite a capacidade dispositiva do fiduciário, impondo-lhe a obrigação de apenas transmitir o bem fiduciário para um terceiro identificado (beneficiário), de forma gratuita e mediante a verificação de determinados pressupostos, é, tendo como pano de fundo a norma prevista no artigo 959.º, perfeitamente lícita e admissível.

A aplicação do disposto no artigo 959.º ao nosso *trust* interno permite, ainda, o registo dos negócios fiduciários constituídos por bens imóveis e por bens móveis sujeitos a registo, 959.º/2. Já quanto a bens móveis não sujeitos a registo, seguimos a posição do Professor MENEZES LEITÃO, que afirma que, nestes casos, o "exercício da reserva pode ser livremente oponível a terceiros, dado que, no caso contrário, a reserva perderia qualquer efeito prático"[4100]. Todavia, sendo o fiduciário o titular do direito de propriedade, mesmo que mitigado, não nos parece de aplicar o regime previsto para a venda de bens alheios, sendo, consequentemente, a reserva do direito de dispor, por aplicação da construção acima avançada, oponível apenas a terceiros que conheçam ou devessem conhecer da sua existência.

290. Natureza jurídica da posição do beneficiário

I. As dificuldades, sentidas pela Ciência Jurídica anglófona, em preencher ou catalogar a posição jurídica do *beneficiary* encontram-se, com igual profundidade, no seio do Direito civil romanístico. De certo modo, estas dúvidas envolvem todas as realidades fiduciárias, quer seja a comissão, o mandato sem representação ou o fideicomisso. Em todos estes tipos legais, o sistema reconhece uma proteção que se aproxima, com maior ou menor grau, da atribuída aos titulares de direitos reais.

Ora, ao longo destes últimos parágrafos, temos mostrado uma certa inclinação para defender a reificação da posição dos beneficiários, posição que se deve estender ao mandato sem representação e ao fideicomisso. Reconhecendo o legislador uma especial proteção e consubstanciando o nosso

---

[4099] BIONDI, *Le donazioni*, 835; CAPOZZI, *Successioni*, cit., 1579 ou GIANOLA, *Anotação ao artigo 790.º*, cit., 685.
[4100] *Direito das obrigações*, Vol. III, cit., 183.

sistema um Direito de direitos, não nos parece possível deixar de subjetivar os efeitos legalmente reconhecidos. Estes direitos reificados representam, como nos ensina CANARIS, um tipo intermédio de direitos, localizados entre os direitos de crédito e os direitos reais.

II. Estes direitos reificados caracterizam-se pela sua especial maleabilidade, o que lhes possibilita, mesmo dentro do mesmo tipo negocial (social ou legal), aproximarem-se do campo obrigacional – negócios fiduciários constituídos por bens fungíveis – ou do mundo exclusivo dos direitos reais – negócios fiduciários constituídos por bens imóveis e devidamente registados, ao abrigo do disposto no artigo 959.º. Neste último caso, estaremos, porventura, perante um efetivo direito real, de modo análogo ao verificado na *Common Law* para os *trusts* constituídos por bens sujeitos a registo.

Já quanto às críticas apontadas às doutrinas germânicas da reificação e da relativização, no que respeita à sua suposta natureza descritiva, responda-se que todos estes direitos reificados se caracterizam pela assunção da obrigação de atuar, no âmbito de um determinada posição jurídica, no interesse de terceiros identificados. A remissão da problemática para a dimensão interna da relação permite sustentar um novo quadro contratual fiduciário aberto, sem, todavia, fechar as portas a novos tipos de direitos reificados.

§ 59.º SÍNTESE CONCLUSIVA

291. Fundamentos histórico-dogmáticos do Direito inglês

1. A *Common Law*, em sentido amplo, é o produto acabado da centralização jurisdicional normanda. *William*, o Conquistador, e os seus sucessores trouxeram consigo a conceção feudal do monarca absoluto, dono de todas as terras e fonte de toda a Justiça.

Beneficiando da organização local anglo-saxónica, alicerçada nos incontornáveis *hundred* e *shire courts*, os novos senhores das Ilhas Britânicas estenderam a sua Justiça aos quatro cantos do reino, relegando para um segundo plano as demais jurisdições.

A máquina judicial britânica não encontra paralelo na Europa continental do seu tempo. Os tribunais locais, os tribunais itinerantes e os tribunais centrais cobriam todo o reino e todas as necessidades dos seus súbditos.

Cientes das fragilidades das restantes jurisdições, os monarcas ingleses desenvolveram um sistema mais justo, concedendo ao homem comum um papel central na aplicação da Justiça.

Na busca por um controlo indiscutível, o qual não foi certamente alheio às vantagens económicas associadas, o poder central passou a fazer depender a entrada de ações nos tribunais centrais da aquisição de *writs*.

Os *writs* eram mais do que simples comprovativos: cada *writ* tinha associado um esquema processual próprio e um conjunto de normas e princípios substantivos, desenvolvidos especificamente para os litígios e situações jurídicas que visava abarcar. Na prática, cada *writ* consubstanciava um pequeno sistema jurídico.

O sistema formalístico de ações reflete o espírito inicial da *Common Law*. A originalidade do sistema jurídico medieval inglês não reside no conteúdo do Direito aplicado pelos seus tribunais, na hipotética reduzida influência do Direito romano ou no carácter inovador dos seus institutos substantivos. A *Common Law* consubstanciava, sim, um sistema centralizador de Justiça.

Um ordenamento jurídico assente num modelo formal deste tipo torna-se refém da capacidade criadora dos seus dirigentes. Ora, ao contrário do que seria lógico, mesmo à luz das pretensões hegemónicas dos monarcas ingleses, o sistema estagnou. Em meados do século XIV, a produção de novas fórmulas cessou.

Com a estagnação do processo produtivo, o modelo deixou de conseguir responder às necessidades de um reino em forte expansão social e comercial.

2. Impossibilitados de recorrer aos tribunais centrais do Rei, os súbditos injustiçados voltaram-se para a prática antiga, com raízes no período saxónico, de recorrer diretamente ao Rei e ao Conselho Real.

Os monarcas ingleses, acostumados a aplicar Justiça em questões pontuais, viram-se confrontados com um número de pedidos crescente que extravasava, largamente, a sua capacidade e os seus conhecimentos técnicos.

Perante o caos jurisdicional que se adivinhava, o Rei virou-se para o seu mais próximo e sábio conselheiro: o *Chancellor*, em que delegou os seus poderes absolutos.

Coadjuvado por um bem apetrechado *scriptorium*, constituído por monges bastante instruídos, o *Chancellor* ocupava um papel central em toda a administração da Justiça do reino. O prestígio e poder do cargo acompanhou a autoridade e o domínio da coroa.

Ao novo tribunal – *Chancery Court* –, caberia dirimir todos os litígios cuja entrada fosse recusada pelos tribunais centrais, em regra, por inexistência de qualquer *writ* aplicável.

O *Chancery Court* não estava sujeito às regras e princípios dos outros tribunais; o *Chancellor*, munido do poder absoluto delegado pelo monarca, decidia como a sua consciência lhe ordenava.

O *Chancery Court* é o mais direto herdeiro da *Witenagemot* saxónica, da *Lesser Curia Regis* normanda e do *King's Court* angevino, cujas decisões sempre se distinguiram pela resolução tópica e casuística, alicerçada em critérios morais de Justiça e equidade.

O *Court of Chancery* era, assim, o tribunal da consciência. Sendo que a consciência para os escolásticos, movimento em que os *Chancellors*

§ 59.º SÍNTESE CONCLUSIVA

medievais se inserem, consistia na simples aplicação de conhecimentos a uma situação concreta.

Durante mais de quinhentos anos, o cargo de *Chancellor* foi ocupado por altas figuras clericais, formadas em Direito romano e em Direito canónico. Nessa medida, era perfeitamente lógico que recorressem aos seus conhecimentos, aquando da tomada de decisões.

Com a institucionalização da Igreja Anglicana, a prática de nomear clérigos para o cargo foi interrompida. Todavia, esta revolução em pouco veio alterar o panorama jurídico-científico da nova jurisdição: os *Chancellors* foram todos eles estudantes em Oxford e Cambridge, onde o ensino se limitava ao estudo do Direito romano e do Direito canónico.

A influência romanística é, de resto, bastante transversal, ao contrário do tradicionalmente defendido pelos juristas anglófonos.

Desde a formação da *Common Law* que o Direito romano tem inspirado o Direito local, com ascendência em alguns dos seus mecanismos mais característicos. Não fosse o conhecimento romanístico dos seus autores, os grandes tratados medievais da *Common Law* não teriam, seguramente, visto a luz do dia.

Paulatinamente, o conceito de consciência foi sendo substituído pelo termo equidade. A *Equity Law* era a lei aplicada no *Court of Chancery*.

De ascendência romanística e canónica, a *Equity Law* é, também, o produto das necessidades locais, não sendo o seu processo de sistematização, iniciado no século XVIII, alheio a este facto.

Consubstanciando uma realidade jurídica autónoma desde a sua constituição, foi apenas com a sua sistematização que a *Equity Law* pôde ser apresentada como uma jurisdição paralela, complementadora da *Common Law*, em sentido estrito.

No último quartel do século XIX, as duas jurisdições voltaram a unir-se numa só. Hoje, a *Equity Law* ocupa uma função análoga à da boa-fé nos Direitos continentais.

A *Equity Law* assenta em quatro institutos: (1) o *trust* (2); a autonomia privada; (3) a confiança; (4) e a reconstituição natural.

Foi a defesa da autonomia privada que impeliu os *Chancellors* a reconhecerem, juridicamente, o *trust*; foi a apologia da confiança que incitou a *Equity Law* a proteger a posição jurídica dos beneficiários; e foi o pensamento jurídico reconstitutivo que moldou todo o regime do instituto fiduciário anglo-saxónico.

292. Desenvolvimentos históricos do *trust*

1. O *trust* anglo-saxónico tem no *use* medieval o seu antecedente histórico.

Em sentido lato, a expressão *use* pode ser traduzida por "no interesse de" ou "em benefício de".

Enquanto concretização fiduciária, o *use* assenta numa forte relação de confiança que se estabelece entre os diversos intervenientes: um elemento bem visível nos primeiros *uses* documentados.

A indefinição conceptual é uma marca distintiva do *use*. Todavia, é possível identificar cinco elementos nucleares: (1) tem uma natureza tripartida: *feoffer*, alienante do direito de propriedade; *feoffee*, adquirente e atual titular do direito de propriedade; e *cestui que use*, beneficiário último dos lucros e frutos associados ao bem constituído em *use*; (2) assenta numa separação entre o direito de propriedade e o direito aos lucros ou benefícios dele emergentes; (3) o *cestui que use* exerce um poder de direção sobre o *feoffer*; (4) as relações e os efeitos associados ao instituto jurídico não são reconhecidos pelos tribunais da *Common Law*; e (5) a resolução de litígios está sob a alçada jurisdicional do novo *Court of Chancery*.

A constituição de *uses* tinha, essencialmente, propósitos profiláticos: permitia colocar o bem fora do alcance dos credores e de inimigos poderosos, acautelar o futuro das filhas, tão desprotegidas pelo Direito da época, ou conceder aos filhos bastardos um sustento continuado, sem chocar a conservadora mentalidade medieval.

Todavia, a maioria dos *uses* constituídos tinha como objetivo último contornar as rígidas e extensas obrigações feudais.

Nenhum país europeu ficou tão profundamente marcado pelo feudalismo como a Inglaterra. A sociedade medieval britânica estava totalmente submergida nos ideais feudalísticos. Todas as relações, mesmo as intrinsecamente pessoais, eram reconduzíveis à conceção feudal.

A relação feudal por excelência, denominada *knight tenure*, caracterizava-se por uma enorme ascendência do senhor sobre os vassalos menores.

O senhor, enquanto tutor ou guardião legal dos menores, podia dispor, a seu belo prazer, tanto das terras, como da própria pessoa do vassalo, cedendo a sua mão a troco de vantagens pecuniárias ou políticas.

A concentração de tamanhos poderes na esfera jurídica do senhor, que não encontra paralelo na Europa continental, impeliu os vassalos a acautelarem a frágil posição dos seus filhos, através da constituição de *uses*: transmitiam os bens a alguém da sua confiança, que se comprometia a administrar as terras em benefício dos infantes.

A constituição de *uses* só é concebível se se admitir a existência, na esfera jurídica dos vassalos, de um direito a alienar livremente a posição ocupada.

Ora, o sistema feudal inglês tinha como marca distintiva a enorme capacidade dispositiva dos vassalos, com exceção dos vassalos diretos do Rei.

Ao contrário do que se verificava na Europa continental, o sistema inglês não fazia depender a alienação da terra do prévio consentimento do senhor, nem atribuía, aos seus familiares, um qualquer direito de preferência.

A capacidade de alienação, aliada à necessidade de proteger os filhos menores, levou à generalização da constituição de relações fiduciárias.

Os *uses* eram muito prejudiciais para os nobres ingleses. Não sendo os vassalos menores titulares de qualquer terra, todas as vantagens económicas e políticas associadas ao poder de edução do senhor esfumavam-se.

A partir dos finais do século XIV, os monarcas ingleses, muito afetados pela generalização dos *uses*, começaram a legislar no sentido de estancar a sua disseminação.

O processo, já com o apoio das duas Câmaras legislativas, culminou com a entrada em vigor do *Statute of Uses*, 1536, que tinha como propósito último proibir a constituição de novos relações fiduciárias.

Com a entrada em vigor do diploma, viveu-se um período de renascimento do sistema feudal, com os senhores a exercerem, de forma mais efetiva, os seus direitos sobre os vassalos.

Todavia, nas décadas que se seguiram à promulgação do *Statute of Uses*, foi desenvolvido, pelos tribunais ingleses, uma série de exceções que contornavam a sua letra e o seu espírito.

Pouco tempo volvido, e em resultado da enorme aceitação social da figura, mesmo junto dos governantes britânicos, as relações fiduciárias voltaram a ocupar o seu antigo lugar de destaque.

Os ataques do Rei e dos grandes senhores feudais ao instituto fiduciário tiveram como único efeito concreto a substituição da expressão *use* pelo termo *trust*.

2. O desenvolvimento localizado do *use* não tem impedido que a doutrina especializada aponte diversas influências externas.

Atualmente conhecem-se cinco teorias, a que acrescem conceções mistas: canónica, romanística, germânica, islâmica e local.

Em todas elas, a Igreja católica ocupa um papel de destaque, quer atuando como simples intermediário ou difusor, quer introduzindo novos conceitos, alicerçados no pensamento e na doutrina cristãos.

O crescimento da Igreja trouxe, consigo, complexos problemas dogmáticos: como conjugar a riqueza da Igreja com a mensagem de Cristo?

Os teólogos e os juristas canónicos ultrapassaram o problema desenvolvendo e aperfeiçoando institutos de base romanística, com relevo para o conceito de pessoa coletiva.

Estas construções não eram, todavia, compatíveis com os ideais pregados por São Francisco de Assis, para quem os votos de pobreza se estendiam às próprias comunidades e conventos.

A propriedade de bens terrenos não estava vedada, apenas, aos monges: a proibição alargava-se à própria Ordem.

Assim, o conceito de *use*, assente na separação do direito de propriedade dos benefícios e utilização dos bens, ajustava-se, na perfeição, à doutrina oficial da São Francisco.

Todavia, para os franciscanos, a titularidade efetiva do direito de propriedade era indiferente; apenas lhes interessava que esta não lhes fosse imputada.

Em suma, enquanto a doutrina fiduciária anglo-saxónica lhes fosse bastante útil, a estrutura em que assenta é, à luz das suas mais singelas pretensões, excessivamente complexa e desnecessária.

O papel da Igreja católica, na epopeia do *trust*, parece estar reservado para um momento subsequente: aperfeiçoamento e sistematização do conceito, nos tribunais eclesiásticos, primeiro, e, posteriormente, na própria formação dos juízes da *Equity Law*.

A influência do Direito romano no período formativo da *Commom Law*, que corresponde à emergência do *use*, é hoje um dado indesmentível e incontroverso: o Direito ensinado nas universidades inglesas era o romano e o canónico; a sua ascendência é visível nos célebres tratados medievais; e os juízes da *Equity Law* eram formados em Direito romano.

Numa perspetiva mais concreta, são três os institutos românicos apontados como podendo ter influenciado o *use* britânico: *fideicommissum*, *usufructus* e *depositum*.

§ 59.º SÍNTESE CONCLUSIVA

As diferenças são, contudo, assinaláveis: os primeiros *uses* eram constituídos em vida, a estrutura tripartida clássica não encontra paralelo no *usufructus* e o *depositum* não assenta numa transmissão da propriedade.

A este afastamento dogmático e estrutural, acrescente-se o facto de nenhum dos mecanismos ser invocado no período formativo do instituto, pelos romanizados juízes ingleses.

O Direito romano terá sido empregue pelos juristas anglo-saxónicos com o intuito de atribuir maior profundidade a um mecanismo já existente, conclusão que pode ser comprovada no processo de receção do instituto fiduciário anglo-saxónico pelos sistemas mistos.

O recurso a mecanismos fiduciários era uma prática bastante comum na sociedade germânica medieval.

No centro de todo o movimento fiduciário encontrava-se o conceito de *Treuhand*, com origens na palavra confiança (*Treu*).

O *Treuhänder* era, assim, alguém a quem um bem foi transmitido em confiança.

O recurso a portadores de confiança ou a intermediários fiéis era uma prática bastante comum, empregada para ultrapassar a rigidez do sistema feudal germânico, bem como as incapacidades subjetivas de diversas classes de sujeitos: menores, mulheres ou judeus.

A proximidade conceptual entre o *use* inglês e a *Treuhand* germânica é evidente, tendo como semelhança mais notória o facto de ambos os mecanismos serem utilizados para contornar as limitações feudalísticas locais.

A esta comunhão jurídica acrescente-se a origem germânica dos povos que invadiram as Ilhas Britânicas.

Todavia, os elementos de que hoje dispomos não nos permitem falar de uma ascendência direta: não se conhecem documentos que comprovem a utilização de mecanismos fiduciários pelos povos invasores.

Os institutos foram desenvolvidos localmente, com o claro objetivo de contornar problemas específicos, não comuns a todos os reinos europeus medievais.

Não basta demonstrar uma identidade ou proximidade conceptual, exigem-se provas da sua receção.

A possível ascendência do *waqf* nos *uses* medievais ingleses insere-se num movimento mais vasto, que atribui ao Direito islâmico uma enorme influência nas inovações introduzidas por *Henry II*, considerado o pai da *Common Law*.

Uma vez mais, não basta identificar semelhanças entre institutos e mecanismos, importa apurar a oportunidade da receção.

No caso específico da possível ascendência islâmica, as provas são inexistentes.

A proximidade entre o reino normando de Inglaterra e o reino normando da Sicília é claramente insuficiente.

Não existem elementos que demonstrem quer a aplicação do Direito islâmico na Sicília cristã, quer a sua importação para terras britânicas.

As alterações introduzidas por *Henry II*, embora inovadoras, encontram fundamentos sociais e jurídicos no espectro de influência clássico: Direito romano, Direito canónico e Direito germânico.

Denominado de *trust* islâmico, o *waqf* é uma realidade fiduciária constituída perpetuamente, em vida ou *mortis causa*, com objetivos sociais, caridosos ou familiares.

O *waqf* é um negócio jurídico unilateral e consensual, por recurso ao qual um sujeito, denominado *wāqif*, dispondo de um específico direito de propriedade, consagra perpetuamente um bem imóvel e todos os frutos e lucros associados a um propósito caridoso identificado.

Em termos gerais, existem dois tipos de *waqfs*: o privado ou familiar, denominado *waqf dhurrī* ou *ahlī*, e o *waqf khayrī*, que abarca todas as situações que extravasem o âmbito familiar.

De modo semelhante ao verificado para as restantes figuras jurídicas islâmicas, o que, de resto, se aplica por inteiro ao próprio sistema, o *waqf* está envolto numa complexa dogmática religiosa, que molda e limita o instituto.

Tradicionalmente, o *waqf* assenta em três características nucleares, que decorrem das fontes religiosas que o fundamentam: (1) apenas pode ser instituído para propósitos caridosos; (2) é constituído perpetuamente; e (3) os bens constitutivos do *waqf* têm de ser bens imóveis.

Atualmente, alguns ordenamentos islâmicos reconhecem *waqfs* temporários e *waqfs* constituídos por bens móveis.

A ascendência islâmica nos *uses* medievais tem como causa mediata as fortes ligações que se estabeleceram entre a cultura ocidental e o mundo islâmico no período das cruzadas.

Numa perspetiva mais concreta, aponta-se uma possível influência nos modelos de financiamento das universidade medievais europeias.

Ora, ao contrário do alegado pelos defensores da teoria islâmica, a prática de consagrar bens imóveis para sustentar estruturas análogas aos colégios universitários remonta ao período carolíngio.

Finalmente, *waqf ahlī* não deve ser visto como uma figura análoga ao *trust* inglês, mas como uma consequência do alargado conceito de caridade islâmico.

Os propósitos caridosos do *waqf* remetem-nos para a figura do *charitable trust* que, embora partilhe a mesma denominação, não consubstancia, efetivamente, um *trust*.

Os *charitable trusts* correspondem às fundações continentais.

A utilização do *trust* na construção dogmática das fundações anglo-saxónicas é apenas mais um reflexo da sua enorme influência em todo o espectro jurídico da *Common Law*.

Conquanto se reconheça uma possível influência romanística, canónica e germânica, o *use* apresenta-se como um produto do feudalismo inglês, um passo natural numa sociedade totalmente imbuída nos conceitos e princípios do sistema.

Os primeiros *uses* analisados, nos quais o *feoffor* ocupava também a posição de beneficiário, reforçam a teoria. Na prática, decorriam de uma simples distorção da relação feudal: (i) relação feudal: A (senhor) mantém o direito de propriedade, mas transmite o direito sobre os seus lucros a B (vassalo); (ii) relação fiduciária: A (*feoffor/cestui que use*) transmite o direito de propriedade para B (*feoffee*), mas mantém os benefícios associados à terra na sua esfera jurídica.

293. Do *trust* no Direito inglês

1. O extraordinário papel representado pelo *trust* ao longo de toda a Idade Moderna apenas é superado pela indescritível expansão do instituto durante o período contemporâneo. O *trust* impôs-se, com grande naturalidade, nas mais variadas áreas sociais.

O *trust* apresenta-se como um mecanismo central do mundo financeiro moderno.

A maleabilidade do instituto fiduciário britânico reflete-se no extraordinário leque de modalidades e tipos desenvolvidos.

No âmbito constitutivo ou formativo, o *trust* pode resultar de uma manifestação de vontade do titular do bem (*express trust*), pode ser imposto pelo legislador (*statutory trust*) ou reconhecido pelos tribunais (*resulting trust* e *constructive trust*).

Um *express trust* pode ser constituído de três modos diferentes: (1) por simples declaração de vontade, o titular do direito assume a posição de fiduciário; (2) por transmissão do direito de propriedade para terceiros, assumindo o novo titular a posição de fiduciário; ou (3) por disposição testamentária.

A válida constituição de um *trust* está dependente do preenchimento de três elementos, conjuntamente denominados de "as três certezas": (1) a intenção de constituir um *trust* tem de ser clara; (2) os bens que compõem o *trust* devem ser identificáveis; e (3) o propósito ou os beneficiários do *trust* devem ser identificáveis.

2. A busca pelo preenchimento dos conceitos de relação fiduciária e deveres fiduciários tem unido todas as Ciências Jurídicas anglo-saxónicas.

Todavia, até hoje nenhuma teoria ou doutrina conseguiu alcançar um apoio unânime ou, sequer, maioritário.

O *trust*, enquanto arquétipo de relação fiduciária, tem servido de suporte jurídico para o preenchimento de outras relações jurídicas.

Do extenso leque, não taxativo, de posições jurídicas fiduciárias destacam-se: o mandatário; o advogado; o *partner*; e o administrador de sociedades comerciais.

Nas últimas décadas, tem vindo a ser ensaiada uma doutrina expansionista, com epicentro em terras estado-unidenses, que tem como propósito estender o conceito de fiduciário a todas as relações que se caracterizam por uma forte relação de confiança ou por um desequilíbrio de posições.

No centro da teoria expansionista encontramos duas relações: médico--pacientes e sacerdote-fiéis.

A generalização do conceito pode conduzir, se é que ainda não conduziu no Direito estado-unidense, a um total desvirtuamento do instituto e, de maior relevância, ao seu esvaziamento.

A relação fiduciária está longe de poder ser descrita como sendo apenas uma relação de confiança.

A posição fiduciária caracteriza-se pela assunção da obrigação de colocar os interesses dos beneficiários à frente dos interesses pessoais e dos interesses de terceiros.

Ora, quer na relação médico-paciente, quer na relação sacerdote-fiel, este elemento não se encontra preenchido: a função social e jurídica desempenhada pelo médico ou pelo sacerdote não se coaduna com a ideia de os interesses pessoais de um específico doente/fiel se sobreporem aos interesses dos restantes sujeitos ou da própria sociedade.

Apesar da discórdia dogmática, é hoje pacificamente aceite que o dever de lealdade representa o centro nevrálgico da relação fiduciária.

O dever de lealdade é constituído por dois grandes princípios: *no conflict rule* e *no profit rule*.

A *no conflict rule* veda, ao fiduciário, todo o tipo de atuação da qual possa originar um conflito entre os interesses do beneficiário e os seus interesses pessoais.

Enquanto que a *no profit rule* impede, ao fiduciário, a obtenção de lucros através da posição que ocupa, salvo se previstos no ato constitutivo ou devidamente autorizados.

A *no conflict rule* representa o centro nevrálgico do dever de lealdade e, consequentemente, da posição fiduciária.

A regra tem uma natureza absoluta, sendo irrelevante se os beneficiários lucram com a atuação conflituosa ou, sequer, se agiram de boa ou má-fé.

Historicamente, a *no profit rule* emergiu como um corolário da *no conflict rule*.

Todavia, progressivamente, o princípio foi ganhando uma enorme autonomia prática, sendo, por vezes apresentado isoladamente, sem estar apoiada na *no conflict rule*.

Assim, embora histórica e conceptualmente ligada à *no conflict rule*, a *no profit rule* pode ser aplicada a situações em que, apesar de não existir um claro conflito, o fiduciário utilize a sua posição não no exclusivo interesse dos beneficiários, mas em seu benefício pessoal.

No últimos anos, o conceito de boa-fé tem vindo a assumir uma importância crescente na *Common Law*, em especial no Direito dos contratos e no Direito estado-unidense.

No âmbito das relações fiduciárias, a boa-fé emergiu como um terceiro alicerce, ao lado do dever de lealdade e do dever de cuidado.

Com um exato conteúdo ainda por definir, o dever de boa-fé assume um papel delimitador da discricionariedade que molda a função fiduciária.

3. O primeiro dever do *trustee* é o de se informar sobre todas as particularidades da posição que vai ocupar: que bens constituem o *trust*, qual a natureza do *trust*, quem são os beneficiários ou quais os seus deveres e poderes.

O *trustee* deve respeitar escrupulosamente todas as diretrizes e orientações estabelecidas no ato constitutivo da relação fiduciária.

O fiduciário dever desenvolver todos os esforços necessários para conservar os bens constituídos em *trust*.

Tendo o *trust* mais do que um beneficiário, o *trustee* deve abster-se de beneficiar um dos sujeitos em detrimento dos restantes.

O dever de imparcialidade assume especial relevância em *trusts* compostos por mais do que uma classe de beneficiários.

No âmbito da sua atuação, é exigido ao *trustee* um comportamento análogo ao do prudente homem de negócios na gestão de bens de terceiros.

No caso de terem sido nomeados vários fiduciários, todos eles estão obrigados a cooperar.

O *trustee* está obrigado a prestar todas as informações aos beneficiários do *trust*, na medida do seu exato interesse.

Como princípio geral, os *trustees* apenas podem exercer os poderes que lhe forem conferidos por lei, pelos tribunais ou pelo *settlor* através do ato constitutivo do *trust* ou em posteriores aprofundamentos ou esclarecimentos do seu conteúdo.

Dos amplos poderes consagrados na lei destacam-se os poderes de transigir, o poder de alienar os bens constituídos em *trust* e o poder de antecipar a transmissão de bens para os beneficiários, quando se demonstre necessário para a prossecução dos seus interesses.

No âmbito dos poderes que lhe são atribuídos, os *trustees* estão obrigados a exercê-los de forma ponderada, não caprichosa e, no caso de existirem vários beneficiários, imparcialmente.

4. O instituto da responsabilidade civil por violação de *trust* reveste-se de enorme complexidade, contribuindo, para tal, a coexistência de vários regimes substantivos e processuais, por um lado, e a propagação de distintos métodos expositivos no seio da doutrina especializada, por outro.

Tradicionalmente, a *Equity Law* teve sempre como objeto último a reconstituição da situação existente antes da prática do ato ilícito.

Partindo deste pressuposto, o *Court of Chancery* desenvolveu um tipo processual assente numa ficção: as atuações ilícitas cometidas pelo *trustee* consubstanciam simples erros contabilísticos que devem ser prontamente corrigidos pelo fiduciário prevaricador.

Mais recentemente, fruto dos avanços comerciais do mundo jurídico moderno e do reconhecimento da insuficiência do modelo tradicional, os tribunais anglo-saxónicos alteraram o paradigma da responsabilidade civil fiduciária.

Conquanto a reconstituição da situação existente mantenha o seu lugar cimeiro, sempre que esta não seja possível, a *Equity Law* irá procurar, abertamente, o ressarcimento dos danos causados.

§ 59.º SÍNTESE CONCLUSIVA

Embora não vigore, em terras inglesas, um regime de solidariedade pelos danos causados por outros fiduciários, os *trustees* passivos poderão ser responsabilizados se se demonstrar que nada fizeram para evitar a sua produção.

As providências cautelares apresentam-se como o primeiro mecanismo de defesa que os beneficiários têm à sua disposição de forma a impedir a alienação indevida de bens constituídos em *trust*.

Saindo o bem, ilicitamente, da esfera jurídica do fiduciário, o ordenamento jurídico inglês distingue dois momentos precisos: (1) localização do bem fiduciário; e (2) recuperação do bem fiduciário.

No âmbito da localização dos bens fiduciários, o sistema não circunscreve os hipotéticos direitos dos beneficiários aos bens que efetivamente foram constituídos em *trust* (*following*), também em relação aos bens que substituíram o objeto inicial do *trust* (*tracing*) pode ser reconhecido um especial interesse, juridicamente protegido.

A exata natureza jurídica do *trust* tem permanecido um grande mistério tanto para a Ciência Jurídica civilística, como para a própria Ciência Jurídica da *Common Law*.

Nos inícios do século passado a doutrina anglo-saxónica encontrava-se claramente dividida.

Alguns dos nomes mais sonantes da *Common Law* atribuíam, à posição jurídica do beneficiário, uma natureza obrigacional, sem, contudo, negarem a especial proteção reconhecida pelo sistema.

Atualmente, todavia, vigora, de forma praticamente unânime, a visão de que o beneficiário é titular de um direito real.

Esta tese assenta no inegável pressuposto de que o beneficiário pode fazer valer a sua posição contra terceiros adquirentes de má-fé e sempre que o contrato translativo seja gratuito.

A natureza de qualquer realidade jurídica é um eco do seu regime, em especial, no que respeita aos mecanismos de proteção disponibilizados.

Ora, a natureza pessoal reflete-se nos remédios desenvolvidos pelos tribunais para acautelar a posição dos beneficiários em casos de alienações indevidas: *constructive trust*.

Ao reconhecer a ilegalidade da transmissão, os tribunais não declaram a sua nulidade: reconhecem, sim, a emergência de um novo *trust*, composto pelos bens fiduciários originais, ocupando o terceiro adquirente a posição de fiduciário.

Em suma, os interesses jurídicos dos beneficiários não são invocados *erga omnes*, mas sempre contra sujeitos identificados que, fruto do contexto envolvente, estão obrigados a atuar no seu interesse e benefício.

294. Do *trust* no Direito português

1. Os negócios fiduciários têm raízes muitas sólidas nos Direitos civis de base romanística.

Com origens que remontam à época arcaica, a *fiducia* romana assumiu um papel decisivo num período embrionário do Direito romano, impondo-se, com grande naturalidade, nos mais variados ramos jurídicos.

De entre as diversas manifestações da *fiducia*, destacam-se a *fiducia cum creditore* e a *fiducia cum amico*.

A *fiducia cum amico* consistia numa transmissão de um bem para uma pessoa de confiança, que se comprometia a atuar nos exatos termos acordados.

Conquanto fosse utilizada com propósitos análogos aos contratos de depósito ou de comodato, a *fiducia cum amico* ocupava um papel autónomo no leque de mecanismos disponibilizados pelo sistema.

A sua particularidade residia na transmissão efetiva do direito.

Com a sua não inclusão no *Corpus Juris Civilis*, a *fiducia* viveu um período de alguma obscuridade.

Todavia, não é exato que o Direito intermédio desconhecesse o conceito de negócio fiduciário.

Para além das múltiplas manifestações fiduciárias analisadas no âmbito dos *uses* medievais, refira-se, ainda, a figura do *heres fiduciarius*.

A partir da segunda metade do século XIX, a fidúcia começa, paulatinamente, a reassumir a sua importância clássica.

Os avanços económicos e sociais, não acompanhados pelo Direito, impeliram o comércio jurídico a procurar novos tipos negociais de base fiduciária.

Estes novos contratos assentavam numa estrutura bastante simples: um sujeito transmitia um direito para outrem, que se comprometia, com a verificação dos pressupostos acordados, a retransmitir o bem para o proprietário original.

A expansão real desta nova realidade jurídica aliciou a atenção da Ciência Jurídica oitocentista, em especial para lá do Reno.

Ora, à época, a doutrina alemã encontrava-se embrenhada numa discussão histórica, cuja *ratio* extravasava o simples campo jurídico e que opunha a escola germanista à escola romanista.

§ 59.º SÍNTESE CONCLUSIVA

Este clima científico sentiu-se, como seria expectável, na estruturação e conceptualização do negócio fiduciário moderno, tendo a escola fiduciária romanista (*fiduziarisches Geschäft*) acabado por triunfar sobre a escola fiduciária germanista (*Treuhand*).

Os negócios fiduciários contemporâneos são os herdeiros de um instituto jurídico atemporal, assente numa intensa relação de confiança e com propósitos eminentemente práticos.

A evolução histórica da fidúcia ensina-nos que o instituto tem tendência para reaparecer nos momentos em que o Direito positivado se mostra pouco adequado para acompanhar as novas necessidades sociais e económicas.

Foi assim no Direito romano arcaico (*fiducia*), nas rígidas sociedades feudais medievais (*uses/Treuhand*), no *boom* comercial da Idade Contemporânea (negócios fiduciários) e, atualmente, na globalização do sistema financeiro (*trust*).

2. A fidúcia moderna nasce associada à simulação.

Num período de forte desenvolvimento jurídico, as transmissões fiduciárias foram, numa primeira fase, remetidas para o ainda pouco consolidado regime simulatório.

A coincidência dogmática entre os negócios fiduciários e a simulação está, hoje, definitivamente afastada.

Nos negócios fiduciários, a transmissão do direito para o fiduciário é realmente pretendida pelas partes, elemento que não se verifica nos negócios simulados.

A remissão, *ab initio*, dos negócios fiduciários para o campo impreciso da fraude à lei também não tem razão de ser.

A fraude à lei consubstancia uma prática ilícita, usualmente associada a uma violação indireta da lei e do seu espírito.

Ora, apesar de, tradicionalmente, se atribuir, aos negócios fiduciários, uma função de contornar a rigidez do sistema, a fidúcia não representa, em si mesma, uma violação direta ou indireta da lei.

O afastamento dos negócios fiduciários do campo da simulação e da fraude à lei, não impediu a doutrina clássica de Seabra de alegar a inadmissibilidade dos negócios fiduciários no Direito português.

Foram dois os principais obstáculos levantados: (1) a vigência de um princípio de *numerus clausus*, no que respeita aos negócios reais *quoad effectum*; e (2) a incongruência da causa do negócio concreto, em face da causa do negócio-tipo utilizado.

É hoje pacificamente aceite que o princípio do *numerus clausus* está circunscrito aos direitos *per se* e não aos negócios translativos de direitos reais, área coberta pelos princípios estruturantes da liberdade contratual e da consensualidade.

A expressão causa assume variados e díspares preenchimentos, o que contribui para a sua presença transversal no sistema.

Para efeitos da admissibilidade dos negócios fiduciários importa o conceito de causa-contrato.

O conceito de causa-contrato, com fortes raízes aristotélico-escolásticas, é característico dos sistemas de influência napoleónica.

A causa do contrato apresenta-se, nesses ordenamentos, como um quarto elemento de validade dos negócios jurídicos, ao lado da capacidade dos contraentes, da existência de um consenso e da legalidade do objeto negocial.

Ora, no Código de 66, o legislador não faz depender, em nenhum momento, a validade dos negócios jurídicos, típicos ou atípicos, da verificação da respetiva causa-contrato, independentemente do preenchimento objetivista ou subjetivista que se queira atribuir.

A licitude ou ilicitude dos negócios fiduciários deverá sempre ser averiguada em concreto, à luz do exato contexto envolvente.

3. Tradicionalmente, o negócio fiduciário é apresentado como uma transmissão de um direito para alguém de confiança, que se compromete a atuar nos exatos termos acordados e a retransmitir o bem com a verificação dos pressupostos acordados.

Esta interpretação está hoje ultrapassada.

Nada impede que o titular de um direito assuma essa mesma obrigação no âmbito de uma posição já ocupada.

Assim, o elemento primário do negócio fiduciário não é a transmissão de um direito, mas a assunção da posição de fiduciário.

Tanto a teoria negativista espanhola de Castro y Bravo, como a teoria patrimonialista de Lepaulle devem, assim, ser recusadas.

A primeira assenta no falso pressuposto de que a transmissão do direito não é pretendida pelas partes e a segunda no conceito de património autónomo, independente de qualquer sujeito jurídico, modalidade desconhecida do nosso ordenamento.

Todavia, na maior parte das situações, a assunção da posição é contemporânea da transmissão.

§ 59.º SÍNTESE CONCLUSIVA

Estes casos, denominados de negócios fiduciários dinâmicos, são classicamente descritos como desproporcionais.

Esta caracterização não pode ser aceite; os negócios fiduciários fazem parte do leque de mecanismos jurídicos disponibilizados pelo sistema.

A opção por este específico instituto resulta da simples vontade das partes, que, perante diversas soluções, irão escolher a que mais se adequa à sua vontade, própria e conjugada.

Estruturalmente, os negócios fiduciários dinâmicos não resultam da conjugação de dois negócios ou da acoplação de uma cláusula fiduciária a um negócio legalmente típico.

Os negócios fiduciários dinâmicos, assim como os negócios fiduciários estáticos, consubstanciam negócios autónomos, completos e atípicos, que se caracterizam pela assunção da obrigação de atuar, no âmbito de uma determinada posição jurídica, nos exatos termos acordados.

A única diferença reside na localização do direito a constituir em fidúcia no momento anterior à constituição da relação.

Já quanto aos bens constituíveis em fidúcia, esta é possível perante qualquer direito que, legalmente, possa ser transmitido: sejam eles direitos reais, de crédito, de autor e direitos conexos, de propriedade industrial ou outros direitos, juridicamente reconhecidos, sobre bens imateriais.

4. Tradicionalmente, o conceito de negócio fiduciário é subdividido em duas modalidades clássicas: negócios fiduciários para garantia e negócios fiduciários para administração.

Este tratamento unitário é, de um ponto de vista científico, bastante prejudicial.

Na busca pelo preenchimento do conceito de fidúcia moderna, o intérprete é confrontado com realidades distintas, o que opera como um obstáculo ao desenvolvimento dogmático de ambos os mecanismos.

Nos negócios fiduciários para administração, um determinado sujeito compromete-se a atuar, no âmbito de determinada posição jurídica, no interesse e em benefício de outrem.

Já nos negócios fiduciários para garantia, a conclusão do contrato tem como objetivo primordial a proteção acrescida do mutuante.

Conquanto não se pretenda retirar toda a carga fiduciária das alienações em garantia, parece certo que esta ocupa um papel secundário e acessório.

Assim, o negócio fiduciário em sentido estrito ou moderno será o negócio fiduciário para administração.

O negócio fiduciário *stricto sensu* é um negócio autónomo, completo e atípico, que se caracteriza pela assunção da obrigação, por parte do titular de um direito, de atuar, no âmbito dessa posição jurídica, nos exatos termos acordados e no interesse de um sujeito identificado.

No contexto jurídico envolvente – prossecução de interesse –, o conceito de interesse exprime o conjunto de obrigações que, em concreto, adstringem o fiduciário.

Partindo do conceito de negócio fiduciário *stricto sensu*, é possível conceber variadas modalidades, consoante: (1) o ato constitutivo que o origina; (2) o propósito objetivo da relação; (3) o propósito subjetivo da relação; (4) os poderes atribuídos e as obrigações assumidas pelo fiduciário; ou (5) a estrutura da relação.

À luz das diferentes concretizações preconizadas, o *trust* consubstancia um negócio fiduciário *stricto sensu* para administração e aberto, que pode ser constituído por simples manifestação de vontade, por transmissão da posição jurídica para um terceiro que assume a posição de fiduciário ou por disposição testamentária.

Ora, assim sendo, é perfeitamente possível conceber uma relação jurídica atípica, que congregue as suas características.

Estrutural e internamente, o mandato sem representação aproxima-se do conceito de negócio fiduciário: em ambos os mecanismos, um sujeito atua em nome próprio, mas no interesse de outrem.

A coincidência entre os seus conteúdos permite-nos reconduzir o mandato sem representação ao universo da fidúcia.

Todavia, temos sérias dúvidas que o mandato sem representação possa ser apresentado como um sucedâneo do negócio fiduciário *stricto sensu* para administração.

O regime do mandato é de difícil aplicação a relações de administração quotidiana e continuada.

A exigência legal de transmitir todos os direitos para o mandante e a secundarização dos atos materiais apresentam-se como dois obstáculos dificilmente transponíveis.

Também a recondução do *trust* ao mandato sem representação não nos parece possível: o mandatário está sujeito às ordens do mandante, elemento que colide com a natureza do instituto fiduciário anglo-saxónico.

5. Ao longo do presente estudo, fomos confrontados com inúmeras concretizações fiduciárias.

§ 59.º SÍNTESE CONCLUSIVA

Todas estas manifestações partilham o mesmo elemento base: um sujeito compromete-se a atuar, no âmbito de uma posição jurídica identificada, no interesse de outrem.

A proteção externa concedida pelo sistema, quer no caso de o fiduciário entrar em insolvência, quer contra terceiros adquirentes, deve ser interpretada como uma especificidade de cada ordenamento jurídico e não como um elemento intrínseco ao conceito de negócio fiduciário.

Partindo de uma análise histórica e comparatística da fidúcia, é possível distinguir dois tipos de dimensões evolutivas: dimensão material e dimensão formal.

Dentro da dimensão material podemos conceber quatro graus evolutivos: (1) o Direito não reconhece a posição jurídica do fiduciário e, consequentemente, não lhe atribui qualquer tipo de proteção; (2) proteção obrigacional; (3) proteção profilática; e (4) proteção real ou quase-real.

No seio da dimensão formal, a proteção pode ser fruto: (1) da aplicação de princípios gerais; (2) da aplicação, por analogia, de regimes jurídicos coincidentes; (3) da aplicação de regimes próprios autónomos, de base legal, jurisprudencial ou costumeira.

O *trust* anglo-saxónico é um exemplo perfeito de um instituto fiduciário no seu último estádio evolutivo, tanto numa perspetiva formal, como numa perspetiva substantiva.

O instituto fiduciário anglo-saxónico é uma realidade autónoma, com um regime próprio, que concede ao beneficiário da relação uma proteção análoga à conferida aos titulares de direitos reais.

A última pergunta que nos propusemos responder, no âmbito do presente estudo, consiste na possibilidade de constituir, no seio do Direito português, uma relação atípica que congregue os elementos nucleares do *trust*.

Demonstrada a validade das relações ditas fiduciárias, resta-nos explorar a dimensão externa do instituto, que congrega dois grandes aspetos: (1) segregação dos bens fiduciários; e (2) proteção concedida em caso de alienações ilícitas.

O primeiro ponto levanta hoje poucas dificuldades: o nosso ordenamento, como resulta dos regimes previstos para o mandato sem representação e para o fideicomisso, reconhece a segregação dos bens detidos em confiança.

Finalmente, quanto à alienação ilícita, são dois os caminhos possíveis: (1) aplicação do regime previsto para o fideicomisso; ou (2) reconhecimento de uma doutrina própria, sustentada no princípio basilar da boa-fé.

Conquanto a aplicação analógica do regime do fideicomisso não seja, sequer, explorada, não vemos qualquer razão prática ou legal para que assim o seja.

O fideicomisso é um negócio fiduciário para administração positivado, cujo regime se enquadra no espírito do *trust* britânico.

Todavia, parece-nos possível conceber um regime autónomo que congregue as exatas características do instituto fiduciário anglo-saxónico.

A nulidade da alienação contrária à fidúcia está dependente da demonstração dos seguintes elementos: (1) inclusão de cláusula de não-alienação no ato constitutivo do negócio fiduciário; (2) conhecimento, por parte do terceiro adquirente, da existência dessa mesma cláusula; (3) gratuitidade da transmissão do fiduciante para o fiduciário; e (4) funcionalização do direito transmitido a propósitos de administração.

Esta construção encontra o seu suporte último no conteúdo do artigo 959.º.

À luz deste preceito, a inclusão de uma cláusula que limite a capacidade dispositiva do fiduciário, impondo-lhe a obrigação de apenas transmitir o bem fiduciário para um terceiro identificado (beneficiário), de forma gratuita e mediante a verificação de determinados pressupostos, é perfeitamente lícita e admissível.

Nestas condições, é possível, à luz do Direito positivo português, constituir *trusts*: tira-se, assim, partido de um instituto experimentado, muito maleável, capaz de responder às exigências da economia e da finança globalizadas.

BIBLIOGRAFIA

1. Fontes jurídicas[4101]

1.1. Compilações legais

Ancient Laws and Institutes of England; Comprising Laws Enacted under the Anglo-Saxon Kings from Æthelbirht to Cnut, with an English Translation of the Saxon; The Laws Called Edward the Confessor's; The Laws of William the Conqueror, and Those Ascribed to Henry the First: also, Monumenta Ecclesiastica Anglicana, from the Seventh to the Tenth Century; and the Ancient Latin Version of the Anglo-Saxon Laws. With a Compendious Glossary, &c., editado e traduzido por BENJAMIN THORPE, Vol. I, The Commissioners on the Public Records of the Kingdom, Londres, 1840.

Collecção chronologica da legislação portugueza compilada e anotada por JOSÉ JUSTINO DE ANDRADE E SILVA, segunda serie, 1657-1674, Imprensa de F. X. De Sousa, Lisboa, 1856.

English Historical Documents, Vol. II: *1042-1189*, editado por DAVID C. DOUGLAS e GEORGE W. GREENWAY, Eyre & Spottiswoode, Londres, 1953.

English Historical Documents, Vol. III: 1189-1327, editado por HARRY ROTHWELL Eyre & Spottiswoode, Londres, 1975.

Recueil général des anciennes lois françaises, depuis l'an 420 jusqu'à la révolution de 1789, Vol. II: 1270-1308, editado por ATHANASE J. L. JOURDAN, FRANÇOIS A. I. DECRUSY e ALPHONSE H. T. ISAMBERT, Berlin-Le-Preieur, Paris, sem data.

Monumenta Germaniae Historica, Legum, Tomo III, editado por GEORGIUS HEINRICUS PERTZ, Impensis Bibliopolii Aulici Hahniani, Hanover, 1863.

[4101] Todas as obras publicadas sob a chancela da *Selden Society* foram incorporadas na bibliografia jurídica.

Monumenta Germaniae Historica, Legum, Tomo IV, editado por Georgius Heinricus Pertz, Impensis Bibliopolii Aulici Hahniani, Hanover, 1868.
Monumenta Germaniae Historica, Legum, Tomo V, Impensis Bibliopolii Aulici Hahniani, Hanover, 1889.
Monumenta Germania Historica. Legum sectio I. Legum nationum germanicarum, Tomo III. Pars II, Impensis Bibliopolii Aulici Hahniani, Hanover, 1954.
Reich, Emil – *Select Documents Illustrating Mediaeval and Modern History*, P. S. King, Londres, 1915.
Table générale du corps du Droit français ou recueil complet des lois, décrets, arrêtés, ordonnances, sénatus-consultes, réglemens, avis du Conseil d'État, instructions ministérielles, de 1789 a 1824, editado por C.-M. Galisset, Bureau du Corps du Droit Français, Paris, 1833.

1.2. Diplomas legais

Alfred and Guthrum's Peace in *Ancient Laws*, 153-157.
The Assize of Clarendon (1166) in *English Historical Documents*, Vol. II, cit., 407-410.
The Assize of Northampton (1176) in *English Historical Documents*, Vol. II, cit., 412.
The Constitution of Clarendon (January 1164) in *English Historical Documents*, Vol. II, cit., 718.
Drew, Katherine Fischer – *The Laws of the Salian Franks: Translated and with an Introduction*, University of Pennsylvania Press, Filadélfia, 1991.
Edictum Mediolanense in *Select Documents Illustrating Mediaeval and Modern History*, cit., 127-129.
Edictum Theoderici Regis in *MGH, Legum*, Tomo V, 1889, cit., 145-168.
Edictum Rothari in *MGH, Legum*, Tomo IV, 1858, 1-234.
Fuero Juzgo in Real Academia Española, *Fuero Juzgo en latin y castellano, cotejado con lo mas antiguos y preciosos códices*, Ibarra, Madrid, 1815.
Judicia Civitatis Lundoniæ in *Ancient Laws*, cit., 228-243.
The Laws of King Æthelbert in *Ancient Laws*, cit., 2-25.
The Laws of King Æthelstan, I in *Ancient Laws*, cit., 194-215.
The Laws of King Æthelstan, IV in *Ancient Laws*, cit., 220-223.
The Laws of King Alfred in *Ancient Laws*, cit., 44-101.
The Laws of King Alfred of Oaths and of "Weds" in *Ancient Laws*, cit., 178-185.
The Laws of King Cnut, Ecclesiastical in *Ancient Laws*, cit., 358-375.
The Laws of King Cnut, Secular in *Ancient Laws*, cit., 376-425.
The Laws of King Edgar, I in *Ancient Laws*, cit., 262-265.
The Laws of King Edgar, II in *Ancient Laws*, cit., 266-269.
The Laws of King Edgar, Supplement in *Ancient Laws*, cit., 270-279.
The Laws of King Edgar, This is the Ordinance How the Hundred Shall Be Held in *Ancient Laws*, cit., 258-261.

The Laws of King Edmund, Concilium Culintonense in *Ancient Laws*, cit., 252-253.
The Laws of King Edmund, Ecclesiastical in *Ancient Laws*, cit., 244-245.
The Laws of King Edward in *Ancient Laws*, cit., 158-166.
The Laws of King Edmund, Secular in *Ancient Laws*, cit., 246-251.
The Laws of King Ethelred, I in *Ancient Laws*, cit., 280-251.
The Laws of King Ethelred, II in *Ancient Laws*, cit., 284-291.
The Laws of King Ethelred, III in *Ancient Laws*, cit., 292-299.
The Laws of King Ine in *Ancient Laws*, cit., 102-151.
The Laws of King Hlothhære and Eadric in *Ancient Laws*, cit., 26-35.
The Laws of King Wihtræd in *Ancient Laws*, cit., 36-59.
The Laws of King William the Conqueror, I in *Ancient Laws*, cit., 466-487.
Leges Henrici Primi, tradução e comentário de L. J. DOWNER, Clarendon Press, Oxford, 1972.
Lex Burgundionum, MGH, Legum, Tomo III, 1863, 497-630.
Lex Ribuaria, MGH, Legum sectio I, Tomo III, Pars II, 1954.
Lex Salica in JAN HENDRIK HESSELS, *The Ten Texts with the Glosses and the Lex Emendata with Notes on the Frankish Words in the Lex Salica* por HENDRICK KERN, John Murray, Londres, 1880.
Liber legis Langobardorum Papiensi, MGH, Legum, Tomo IV, 1858, 289-585.
Liber Feudorum in THOMAS CRAIG, *The Jus Feudale*, Vol. I, tradução de JAMES AVON CLYDE, William Hodge, Edimburgo, 1934.
Mosaicarum et romanarum legum collatio, FIRA II, 567.
Ordenações Afonsinas, Gulbenkian, Lisboa, 1984.
Ordenações *Filipinas*, Gulbenkian, Lisboa, 1985.
Ordenações Manuelinas, Gulbenkian, Lisboa, 1984.
The Provisions of Westminster, October 1259 in *English Historical Documents*, Vol. II, cit., 370-376.
The so-called Provisions of Oxford, 1258 in *English Historical Documents*, Vol. III, cit., 361-367.
Statute of Mortmain, November 1279 in *English Historical Documents*, Vol. II, cit., 419-420.
Statute of "Quia emptores" (18 Edw. I) (Stat. Westm. III), 8 July 1290 in *English Historical Documents*, Vol. II, cit., 466.
Statute of Westminster II (13 Edw. I), Easter 1285 in *English Historical Documents*, Vol. III, cit., 428-457.

1.3. Books of authority

BLACKSTONE, WILLIAM – *Commentaries on the Laws of England,* Vol. I, 12ª edição, editado por WAYNE MORRISON, Cavendish Publishing, Londres, 2001;

- *Commentaries on the Laws of England*, Vol. II, 12ª edição, editado por WAYNE MORRISON, Cavendish Publishing, Londres, 2001;
- *Commentaries on the Laws of England*, Vol. III, 12ª edição, editado por WAYNE MORRISON, Cavendish Publishing, Londres, 2001;
- *Commentaries on the Laws of England*, Vol. IV, 12ª edição, editado por WAYNE MORRISON, Cavendish Publishing, Londres, 2001.

BRACTON, HENRY DE – *Bracton on the Laws and Customs of England*, Vol. I, tradução de SAMUEL E. THORNE, editado por GEORGE E. WOODBINE, Belknap Press of Harvard University Press, Cambridge, 1968;
- *Bracton on the Laws and Customs of England*, Vol. II, tradução de SAMUEL E. THORNE, editado por GEORGE E. WOODBINE, Belknap Press of Harvard University Press, Cambridge, 1968;
- *Bracton on the Laws and Customs of England*, Vol. III, tradução de SAMUEL E. THORNE, editado por GEORGE E. WOODBINE, Belknap Press of Harvard University Press, Cambridge, 1977;
- *Bracton on the Laws and Customs of England*, Vol. IV, tradução de SAMUEL E. THORNE, editado por GEORGE E. WOODBINE, Belknap Press of Harvard University Press, Cambridge, 1977.

Britton: The French Text Carefully Revised with an English Translation, Introduction and Notes, editado e traduzido por FRANCIS M. NICHOLS, Vol. I, Clarendon Press, Oxford, 1865;
- *The French Text Carefully Revised with an English Translation, Introduction and Notes*, editado e traduzido por FRANCIS M. NICHOLS, Vol. II, Clarendon Press, Oxford, 1865.

COKE, EDWARD – *The First Part of the Institutes of the Laws of England; or a Commentary upon Littleton: Not the Name of the Author only, but of the Law Itself*, 16ª edição, revista e corrigida, com notas adicionais, referências e tabelas adicionais por FRANCIS HARGRAVE e CHARLES BUTLER, inclui notas do LORD CHIEF JUSTICE HALE e do LORD CHANCELLOR NOTTINGHAM e uma análise ao *Littleton*, escrita por um anónimo em 1658-9, Luke Hansard & Sons, Londres, 1809;
- *The Second Part of the Institutes of the Laws of England*, printed for E. and R. Brooke, Londres, 1797;
- *The Fourth Part of the Institutes of the Laws of England*, printed for E. and R. Brooke, Londres, 1797.

FITZHEBERT, ANTHONY – *The New Natura Brevium of the Most Reverend Judge, Mr Anthony Fitz-Herbert. Whereunto are Added, the Authorities in Law, and some other Cases and Notes collected by the Translator of the Year-Books and Abridgments. With a New and Exact Table of the most Material Things Contained Therein*, 6ª edição, Eliz. Nutt, and R. Goslings, Londres, 1718.

Fleta in RICHARDSON, HENRY G./SAYLES, GEORGE O. – *Fleta*, Vol. II: *Prologue, Book I, Book II*, 72 Selden Society, Bernard Quaritch, Londres, 1955;

- RICHARDSON, HENRY G./SAYLES, GEORGE O. – *Fleta*, Vol. III: *Books III and IV*, 89 Selden Society, Bernard Quaritch, Londres, 1972;
- SAYLES, GEORGE O. – *Fleta* Vol. IV: *Books V and VI*, 99 Selden Society, Bernard Quaritch, Londres, 1983.

GERMAN, CHRISTOPHER ST. – *The Doctor and Student or Dialogues Between a Doctor of Divinity and a Student in the Laws of England Containing the Grounds of Those Laws Together with Questions and Cases Concerning the Equity Thereof, Revised and Corrected* por WILLIAM MUCHALL, *to which are Added Two Pieces Concerning Suits in Chancery by Subpoena: I. A Replication of a Serjeant at the Laws of England, to Certain Points Alleged by a Student of the Said Laws of England, in a Dialogue in English Between a Doctor and the Said Student; II. A little Treatise Concerning Writs of Subpoena*, Cincinnati, Robert Clarke, 1874.

GLANVILL, RANULF DE – *The Treatise on the Laws and Customs of the Realm of England Commonly Called Glanvill*, tradução de GEORGE DEREK GORDON HALL e introdução de MICHAEL THOMAS CLANCHY, Clarendon Press, Oxford, 1993.

LITTLETON, THOMAS – *Littleton's Tenures in English. A New Edition, Corrected*, V. & R. Stevens and G. S. Norton, Londres, 1845.

2. Documentos histórico-jurídicos

2.1. Compilações

BIRCH, WALTER DE GRAY – *Cartularium Saxonicum: Collection of Charters Relating to Anglo-Saxon History*, Vol. III, Charles J. Clark, Londres, 1983.

Calendar of Patent Rolls Preserved in the Public Record Office, Henry III, Vol. III: *1232-1247*, printed for His Majesty's Stationery Office, Londres, 1906.

Calendar of Patent Rolls Preserved in the Public Record Office, Henry III, Vol. IV: *1247-1256*, printed for His Majesty's Stationery Office, Londres, 1908.

Calendar of the Close Rolls Preserved in the Public Record Office, Edward I, Vol. III: *A.D. 1288-1296*, Mackie, Londres, 1904.

Calendar of the Close Rolls of the Reign of Henry III Preserved in the Public Record. A.D. 1242-1247, printed for His Majesty's Stationery Office, Londres, 1916.

Calendar of the Close Rolls of the Reign of Henry III Preserved in the Public Record. A.D. 1264-1268, printed for His Majesty's Stationery Office, Londres, 1937.

Calendar of the Fine Rolls Preserved in the Public Record Office, Vol. VI: *Edward III. A.D. 1347-1356*, printed for His Majesty Stationery Office, Londres, 1921.

Calendar of Inquisitions Post Mortem and Other Analogous Documents Preserved in the Public Record Office, Vol. III: *Edward I*, printed for His Majesty's Stationery Office, Londres, 1912.

Corpus der altdeutschen Originalurkunden bis zum Jahre 1300, Vol. I: *1200-1282*, coordenação de FRIEDRICH WILHELM, Schauenburg, Lahr, 1932.

Corpus der altdeutschen Originalurkunden bis zum Jahre 1300, Vol. IV: *1297-Ende 13. Jahrhundert*, coordenação de HELMUT DE BOOR e DIETHER HAACKE, Schauenburg, Lahr, 1932.

Court Leet Records of the Manor of Manchester in the Sixteenth Century, Vol. I, compilado e editado por JOHN HARLAND, 1864.

DENIFLE, HENRICUS – *Chartularium Universitatis Parisiensis*, Tomo I, Paris, 1889.

Domesday Book – Domesday Book: a Complete Translation, traduzido e editado por ANN WILLIAMS e GEOFFREY H. MARTIN, Penguin Books, Londres, 2003.

Fontes Iuris Romani Antejustiniani, II: *Auctores*, editado por VICENZO ARANGIO-RUIZ, S. a. G. Barbèra, Florença, 1940.

Fontes Iuris Romani Antejustiniani, III: *Negotia*, editado por JOHANNES BAVIERA, S. a. G. Barbèra, Florença, 1943.

Formulae Merowingici et Karolini Aevi, in *Monumenta Germaniae Historica, Legum sectio V: Formulae*, editado por KAROLUS ZEUMER, Impensis Bibliopolii Aulici Hahniani, Hannover, 1886.

FRASER, GILES – *King Alfred's Charters, Translated from the Latin and Anglo-Saxon Originals in Kemble's Codex Anglo-Saxonicus* in *The Whole Works of King Alfred the Great: with Preliminary Essays Illustrative of the History, Arts, and Manners, of the Ninth Century*, Alfred Committee, J. F. Smith, Londres, 1852.

GUDENUS, VALENTIN FERDINAND VON – *Codex Diplomaticus exhibens Anecdota. Ab Anno 881, ad 1300*, Sumptu Regiae Officinae Librar. Academ., Göttingen, 1743.

HADDAN, ARTHUR WEST/STUBBS, WILLIAM – *Councils and Ecclesiastical Documents Relating to Great Britain and Ireland*, Vol. I, Clarendon Press, Oxford, 1869.

JONES, W. RICH – *Charters and Documents Illustrating the History of the Cathedral, City, and Diocese of Salisbury, in the Twelfth and Thirteenth Centuries*, coordenação de DUNN MACRAY, Eyre and Spottiswoode, Londres, 1891.

KEMBLE, JOHN MITCHELL – *Codex Diplomaticus Aevi Saxonici*, Tomo V, Sumptibus Societatis, Londres, 1847.

Königlichen Staatsarchiv de Estugarda, *Wirtembergisches Urkundebuch*, Vol. IV, Hofbuchhändler Karl Aue., Estugarda, 1883.

Königlichen Staatsarchiv de Estugarda, *Wirtembergisches Urkundenbuch*, Vol. V, Hofbuchhändler Karl Aue., Estugarda, 1889.

LEGG, LEOPOLD G. W. – *English Coronation Records*, Archibald Constable, Londres, 1901.

Letters and Papers, Foreign and Domestic, of the Reign of Henry VIII. Preserved in the Public Record Office, the British Museum, and Elsewhere in England, Vol. IV, Parte 3, coordenação e catalogação de J. S. BREWER, His Majesty Stationery Office, Londres, 1875.

BIBLIOGRAFIA

The Great Roll of the Pipe for the Twelfth Year of the Reign of King Henry the Second, A. D. 1165-1166, 9 Pipe Roll Society, 12 Henry II, Wyman & Sons, Londres, 1888.
The Great Roll of the Pipe for the Thirty-Four Year of the Reign of King Henry the Second, A.D. 1187-1188, 38 Pipe Roll Society, Hereford Times, Londres, 1925.
The Parliament Rolls of Medieval England 1275-1504, coordenação geral de CHRIS GIVEN-WILSON, Vol. III: *Edward II, 1307-1327*, coordenação de SEYMOUR PHILLIPS, Boydell Press, Londres, 2005.
The Parliament Rolls of Medieval England, 1275-1504, coordenação geral de CHRIS GIVEN-WILSON, Vol. IV: *Edward III, 1327-1348*, coordenação de CHRIS GIVEN-WILSON, SEYMOUR PHILLIPS e MARK ORMOD, Boydell Press, Londres, 2005.
The Parliament Rolls of Medieval England, 1275-1504, coordenação geral de CHRIS GIVEN-WILSON, Vol. VIII: *Henry IV, 1399-1413*, coordenação de CHRIS GIVEN-WILSON, Boydell Press, Londres, 2005.
MAITLAND, FREDERIC WILLIAM – *Bracton's Note Book. A Collection of Cases Decided in the King's Courts During the Reign of Henry the Third, Annotated by a Lawyer of that Time, Seemingly by Henry Bratton*, Vol. I., C. J. Clay & Sons, Londres, 1887;
– *Bracton's Note Book. A Collection of Cases Decided in the King's Courts During the Reign of Henry the Third, Annotated by a Lawyer of that Time, Seemingly by Henry Bratton*, Vol. III, C. J. Clay and Sons, Londres, 1887;
– *Records of the Parliament Holden at Westminster on the Twenty-Eight Day of February, in the Thirty-Third Year of the Reign of King Edward the First. (A.D. 1305), Printed for Her Majesty's Stationery Office*, Eyre and Spottiswoode, Londres, 1893.
Munimenta Gildhallæ Londoniensis: Liber Albus, Liber Custumarum, et Liber Horn, Vol. II, Parte II: *Containing Liber Custumarum with Extracts from the Cottoniam MS. Claudius, D. II.*, editado por HENRY THOMAS RILEY, Longman, Green, Longman, and Roberts, Londres, 1860.
STUBBS, WILLIAM – *Select Charters and Other Illustrations of English Constitutional History from the Earliest Times to the Reign of Edward the First*, 9ª edição revista por HENRY WILLIAM CARLESS DAVIS, Clarendon Press, Oxford, 1921.
THORPE, BENJAMIN – *Diplomatarium Anglicum Ævi Saxonici. A Collection of English Charters, from the Reign of King Ætelberth of Kent, A.D. DC.V. to that of William the Conqueror. Containing I. Miscellaneous Charters. II. Wills. III. Guilds. IV. Manumissions and Acquittances with a Translation of the Anglo-Saxon*, Macmillan, Londres, 1865.
Weisthümer, Quarta Parte, compilado por JACOB GRIMM, Dieterichschen Buchhandlung, Göttingen, 1863.
Vetus Registrum Sarisberiense Alias Dictum Registrum S. Osmundi Episcopi. The Register of S. Osmund, Vol. I, coordenação de W. H. RICH JONES, Longman, Londres, 1883.
Year Books of the Reign of King Edward the First. Years XX and XXI, editado e traduzido por ALFRED J. HORWOOD, Longmans Greens, Reader and Dyer, Londres, 1866.

2.2. Documentos[4102]

Account given by Ralph "de Diceto" and in the "Deeds of King Henry II" in the Changes Made by the King II in judicial organization between 1176 and 1179 in English Historical Documents, Vol. II, cit., 479-480.

Charter of Henry I concerning the holding of the courts of shire and hundred (26 July 1108-August 1111) in English Historical Documents, Vol. II, cit., 433.

Charter of Henry II addressed generally (19 December 1154), in English Historical Documents, Vol. II, cit., 407.

Charter of Henry II in favour of Gloucester (1155-1166) in English Historical Documents, Vol. II, cit., 968.

Charter of William I to the City of London, datado entre 1066 e 1075, in WILLIAM STUBBS, Select Charters, cit., 97.

Formula Baetica, FIRA III, 92, 295-297.

Mancipatio Pompeiana, FIRA, III, 291-294.

Pauli Sententiae: testo e interpretation, editado por MARIA BIANCHI FOSSATI VANZETTI, CEDAM, Pádua, 1995.

The Coronation Charter of King Henry I in English Historical Documents, Vol. II, 400.

Writ of William I concerning spiritual and temporal courts (1072-1076, and probably April 1072) in English Historical Documents, Vol. II, 604.

3. Fontes não jurídicas

AGOSTINHO, SANTO – *De Quantitate Animae La grandezza dell'anima: De quantiate animae*, introdução, tradução e notas de RICCARDO FERRI, Officina di Studi Medievali, Palermo, 2004.

ARISTÓTELES – *Ética a Nicómaco* in Ética a Nicómaco, tradução do Grego e com notas de ANTÓNIO CAEIRO, 2ª edição, revista e melhorada, Quetzal Editores, Lisboa, 2006;
  – *Metafísica* in Aristotle – Metaphysics, tradução de RICHARD HOPE, Ann Arbor Paperbacks, Nova Iorque, 1960;
  – *Física* in Aristotle Physics, Books I and II, traduzido e comentado por WILLIAM CHARLTON, Clarendon Press, Oxford, 1992.

BEDA, SÃO – *Bede's Ecclesiastical History of the English Nation*, tradução de LEWIS GIDLEY, James Parker, Londres, 1870.

CAESAR, CAIUS JULIUS – *Commentariorum de Bello Gallico*, John W. Parker and So, Londres, 1856.

[4102] Não se incluem decisões judicias, *writs* judiciais e *writs* governativos.

BIBLIOGRAFIA

CANTERBURY, GERVASE – *Gervasi Gesta Regum* in *The Historical Works of Gervase of Canterbury*, Vol. II, editado por WILLIAM STUBBS, Longman, Londres, 1880.

CICERO, MARCUS TULLIUS – *De Fato* in *M Tullii Ciceronis de Divinatione et de Fato Libri*, com anotações de JOHN DAVIES, H. L. Broenneri, Francoforte, 1837;
- *Paradoxa stoicorum* in *M. Tullii Ciceronis: Opera philosopha et politica*, editado por JOHANN GEORG BAITER, Vol. III, Bernhardi Tauchnitz, Leipzig, 1865;
- *Pro Murena* in *Ciceros rede für L. Murena*, editado por HERMANN ADOLF KOCK, B. G. Teubner, Leipzig, 1866;
- *De Officiis* in *Cicero de officiis with an English Translation by Walter Miller*, William Heinemann, Londres, 1927;
- *Topica* in *Cicero's Topica*, editado, com introdução, tradução e comentário de TOBIAS REINHARDT, OUP, Oxford, 2003.

HAYEK, SAMIR EL – *O significado dos versículos do Alcorão Sagrado*, nova edição, revista e comentários, Marsam Editora Jornalística, São Paulo, 1994.

HERÓDOTO – *As histórias* in MACAULAY, GEORGE CAMPBELL – *The History of Herodotus*, Vol. I, MacMillan, Londres, 1890.

HOVEDEN, ROGER – *Gesta Regis Henrici Secundi Benedicti Abbatis. The Chronicle of the Reigns of Henry II. and Richard I. A.D. 1169-1192; Known Commonly under the Name of Benedict of Peterborough*, editada por WILLIAM STUBBS, Vol. I, Longmans, Green, Reader, and Dyer, Londres, 1867.

LIVIUS, TITUS – *Ab urbe condita libri*, edição de JEAN B. L. CREVIER, Joseph Mawman, Londres, 1813.

MALMESBURY, WILLIAM – *Gesta Regum Anglorum* in *Chronicle of the Kings of England from the Earliest Period to the Reign of King Stephen*, com notas e comentários de JOHN ALLEN GILES, Henry G. Bohn, Londres, 1847.

MAP, WALTER – *De Nugis Curialium: Courtiers' Trifles*, editado e traduzido por MONTAGUE RHODES JAMES, revisto por CHRISTOPHER N. L. BROOKE e ROGER AUBREY BASKERVILLE MYNORS, OUP, Oxford, 1983.

NEAL, RICHARD FITZ – *De Necessariis Observantiis Scaccarii, Commonly Called Dialogus de Scaccarioby Richard, Son of Nigel Treasurer of England and Bishop of London*, editado por ARTHUR HUGHES e CHARLES GEORGE CRUMP, Clarendon Press, Oxford, 1902.

The Paston Letters 1422-1509 A.D., Vol. II, editado por JAMES GAIRDNER, Archibald Constable, Londres, 1900.

PLAUTUS, TITUS MACCIUS – *Asinaria* in *Asinaria: the One abouth the Asses*, tradução e comentários de JOHN HENDERSON, University of Wisconsin Press, Wisconsin, 2006.

Regesta Regum Anglo-Normannorum, Vol. II: *Regesta Henrici Primi 1100-1135*, editado por CHARLES JOHNSON e H. A. CRONNE, Clarendon Press, Oxford, 1956.

SALISBURY, JOHN OF – *Policraticus of the Frivolities of Courtiers and the Footprints of Philosophers*, Livro VIII, tradução de CARY J. NEDERMAN, CUP, Cambridge, 1990.

Seneca, Lucius Annaeus – *Epistulae morales ad Lucilium*, versão bilingue, latim-
-inglês da autoria de Richard M. Gummere, William Heinemann, Londres,
1917.
Stephen, William fitz – *Materials for the History of Thomas Becket, Archbishop of
Canterbury (Canonized by Pope Alexandre II, A.D. 1173)*, Vol III, editado por James
Craigie Robertson, Longman, Londres, 1887.
Tacitus, Publius Cornelius – *De Situ, Moribus et Populis Germaniae Libellus*, editado
por Johann B. Durach, Sumtibus Et typis Friderici Pustet, Ratisbonae, 1829.
The Anglo-Saxon Chronicle, versão editada por John Allen Giles, George Bell &
Sons, Londres, 1914.
Urkundenbuch der Abtei Sancti Gallen, Vol. III (Jar 920-1360), editado por Hermann
Wartmann, Zollikofer'sche Buchdruckerei, São Galo, 1882.
Westminster, Matthew of – *The Flowers of History, Especially such as Relate to the
Affairs of Britain. From the Beginning of the World to the Year 1307*, Vol. I, tradução
de Charles Duke Yonge, Henry G. Bohn, Londres, 1853.

4. Obras de consulta

Academia de Ciência de Lisboa, *Dicionário da língua portuguesa contemporânea*, Lisboa,
Verbo, 2001.
Black's Law Dictionary, 7ª edição, coordenação de Bryan A. Garner, West Group, St
Paul, Minnesota, 1999.
Bosworth, Joseph – *A Dictionary of the Anglo-Saxon Language, Containing the Accen-
tuation – the Grammatical Inflections – the Irregular Words Referred to Their Themes
– the Parallel Terms from the Other Gothic Language – the Meaning of the Anglo-Saxon
in English and Latin – and Copious English and Latin Indexes, Serving as a Dictionary
of English and Anglo-Saxon, as Well as of Latin and Anglo-Saxon*, Longman, Rees,
Horme, Brown, Green, and Longman, Londres, 1838.
Cange, Charles du – *Glossarium Mediæ et Infimæ Latinitatis Conditum a Carolo du
Fresne Domino du Cange, auctum a monachis ordinis S. Benedicti cum Supplementis
integris D. P. Carpernterii Adelungii, Aliorum, Suisque Digesstt G. A. L. Hens-
chel Sequuntur Glossarium Gallicum, Tabulæ, Indices Auctorum et Rerum, Disserta-
tiones*, Niort, L. Favre, 1886.
Dunbar, Agnes Baillie Cunninghame – *A Dictionary of Saintly Women*, Vol. I,
George Bell & Sons, Londres, 1904.
Encyclopedia of the Middle Ages, Vol. II, coordenação de André Vauchez, Barrie
Dobson e Michael Lapidge, James Clarke, Cambridge, 2000.
Evergates, Theodore – *Feudal Society in Medieval France: Documents from the County
of Champagne*, University of Pennsylvania Press, Filadélfia, 1993.

FRISCH, JOHANN LEONHARD – *Teutsch-lateinisches Wörter-Buch*, Primeira Parte, Christoph Gottlieb Nicolai, Berlim, 1741.
GIBB, H. A. R./KRAMERS, J. H. – *Shorter Encyclopaedia*, E. J. Brill, Leiden, 1961.
GODEFROY, FRÉDÉRIC – *Dictionnaire de l'ancienne langue française et de tous ses dialectes du IX ou XV siècle*, Tomo VIII, Librairie Émile Bouillon, Paris, 1895.
GRIMM, JACOB – *Deutsche Rechtsaltertümer*, 2ª edição, Dieterischschen Buchhandlung, Göttingen, 1854.
GRIMM, JACOB/GRIMM, WILHELM – *Deutsches Wörterbuch*: http://dwb.bbaw.de/.
GUTZEIT, WILHELM VON – *Wörterschatz der deutschen Sprache Livlands*, Tomo I, R. Rymmel, Riga, 1864.
JACOB, GILES/TOMLINS, T. E. – *The Law-Dictionary: Explaining the Rise, Progress, and Present State, of the English Law; Defining and Interpreting the Terms or Words of Art; and Comprising Copious Information on the Subjects of Law, Trade, and Government*, Vol. I, primeira edição estado-unidense da primeira edição inglesa I. Riley, Nova Iorque, 1811;
— *The Law-Dictionary Explaining the Rise, Progress, and Present State, of the English Law; Defining and Interpreting the Terms or Words of Art; and Comprising Copious Information on the Subjects of Law, Trade, and Government*, Vol. III, primeira edição estado-unidense da primeira edição inglesa, I. Riley, Nova Iorque, 1811.
KLIPSTEIN, LOUIS F. – *Analecta Anglo-Saxonica. Selections, in Prose and Verse, from the Anglo-Saxon Literature with an Introduction Ethnological Essay, and Notes, Critical and Explanatory*, Vol. I, George P. Putnam, Nova Iorque, 1849.
MCILWAIN, CHARLES H. – *A Law Dictionary: or the Interpreter of Words and Terms, Used either in the Common or Statute Laws of Great Britain and in Tenures and Jocular Customs. First Published by the Learned Dr. Cowel, and in this Edition Very Much Augmented and Improved, by the Addition of Many Thousand Words, Found in Our Histories, Antiquities, Cartularies, Rolls, Registers, and other Manuscript Records. With an Appendix, Containing Two Tables; One of the Ancient Names of Places in Great Britain, and the other of the Antient Surnames; Both of Them Very Necessary for the Use of all such, as Converse with Antient Deeds, Charters, Etc.*, printed by E. And R. Nurr, and R. Gosling, Londres, 1727, reimpessão da edição de 1607.
MONROE, PAUL – *A Cyclopedia of Education*, Vol. II, The Macmillan Company, Nova Iorque, 1915.
SCHILLER, KARL/LÜBBEN, AUGUST – *Mittelniederdeutsches Wörterbuch*, II Tomo: G-L, J. Kühtmann's, Bremen, 1876.
SMITH, WILLIAM – *Dictionary of Greek and Roman Antiquities*, 2ª edição, Little, Brown, Boston, 1870.
SPELMAN, HENRY – *Glossarium Archaiologicum: Continens Latino-Barbara, Peregrina, Obsoleta, & Novatæ Significations Vocabula; Quæ post labefactatas a Gothis, Vandalisque res Europæas, in Ecclesiasticis, profanisque Scriptoribus; variarum item Gentium Legibus antiquis Municipalibus, Chartis, & Formulis occurrunt, Schollis & Commenta-*

riis Illustrata: In quibus prisci Ritus quam-plurimi, Magistratus, Dignitates, Munera, Officia, Mores, Leges ipsæ, & Consuetudines errantur, Georg, Pawlett, & Gul. Freeman, Londres, 1687.

TOLLER, THOMAS NORTHCOTE – An Anglo-Saxon Dictionary Based on the Manuscript Collections of the Late Joseph Bosworth. Supplement, Clarendon Press, Oxford, 1921.

VALPY, FRANCIS E. J. – A Manual of Latin Etymology, as Ultimately Derived, with but few Exceptions, from the Greek Language: in Alphabetical Order. Together with the Formation of the Latin Cases, Tenses, Moods, Persons, and other Terminations from the Greek, Longman, Londres, 1852.

WHARTON, JOHN JANE SMITH – The Law Lexicon, or Dictionary of Jurisprudence: Explaining all the Technical Words and Phrases Employed in the Several Departments of English Law; Including also the Various Legal Terms Used in Commercial Transactions; Together with an Explanatory as well as Literal Translation of the Latin Maxims Contained in the Writings of the Ancient and Modern Commentators, Spettigue and Farrance, Londres, 1848.

5. Bibliografia jurídica

A Gentleman of Middle Temple, The Grounds and Rudiments of Law and Equity, Alphabetically Digested: Containing a Collection of Rules or Maxims, with the Doctrine upon Them, Illustrated by Various Cases Extracted from the Books and Records, to Evince that these Principles Have Been the Foundation upon which the Judges and Sages of the Law Have Built Their Solemn Resolutions and Determinations. The Whole Designed to Reduce the Knowledge of the Laws of England to a More Regular Science, and to form Them into a Proper Digest for the Service of the Nobility, Clergy, Gentlemen in the Commission of the Peace, and Private Gentlemen, as well as the Professors and Students of the Law. With Three Tables. First, of the Rudimentary Grounds. Second, of the New Cases. Third, of Principal Matters, 2ª edição, The Lawbook Exchange, Clark, Nova Jersey, 2009, reimpressão da edição de 1751, publicada em Londres pela T. Osborne.

ACCURSIUS – Glosa a D. 12.1.9pr in Digestum Vetus, sev Pandectarum Iuris Civilis. Ex pandectis FLORENTINIS nuper in lucem emissis, quoad eius fieri potuit, reprasentatus: commentariis ACCURSII, et schollis CONTII, & parentitlis Cuiacii, necnon multorum aliorum doctorum virorum observationibus illustratus, Tomo I, Veneza, 1584.

ACHESON, DEAN G. – Recensão a Malcolm H. Lauchheimer, The Labor Law of Maryland, 33 Harv L Rev, 1919, 329-332.

Actas das sessões da Comissão Revisora do projecto de código civil portuguez, Imprensa Nacional, Lisboa, 1869.

ADAMS, GEORGE BURTON – The History of England from the Norman Conquest to the Death of John (1066-1216), Longmans, Green, and Co., Londres, 1905;

- *The Origin of the English Constitution*, Yale University Press, Londres, 1912, 136-143;
- *Procedure in the Feudal Curia Regis*, 13 Colum L Rev, 1913, 277-293;
- *The Origin of English Equity*, 16 Colum L Rev, 1916, 87-98;
- *The Continuity of English Equity*, 26 Yale LJ, 1917, 550-563;
- *Constitutional History of England*, Henry Holt, Nova Iorque, 1921;
- *The Origin of the English Courts of Common Law*, 30 Yale LJ, 1921, 798-813;
- *Council and Courts in Anglo-Norman England*, Russell & Russell, Nova Iorque, 1965.

ADAMS, HENRY – *The Anglo-Saxon Courts of Law* in *Essays in Anglo-Saxon Law*, The Lawbook Exchange, Nova Jérsia, 2004, reimpressão da edição de 1905.

ADAMS, JOHN N./BROWNSWORD, ROGER – *Privity and the Concept of a Network Contract*, 10 LS, 1990, 12-37.

ADAMS, JOHN/TOLHURST, GREG J./FURMSTON, MICHAEL – *Third Parties* in *The Law of Contract*, 3ª edição, coordenação de MICHAEL FURMSTON, LexisNexis Butterworths, Londres, 2007, 1197-1475.

AGOSTINO, FRANCESCO D' – *Epieikeia: il tema dell'equità nell'antichità greca*, Giuffrè, Milão, 1973.

AHMAD, AZIZ – *A History of Islamic Sicily*, Edinburgh University Press, Edimburgo, 1975.

AHRENS, MARTIN – *Anotação ao § 137* in *BGB Kommentar*, 6ª edição, cordenação de HANNS PRÜTTING, GERHARD WEGEN e GERD WEINRICH, Luchterhand, Colónia, 2011.

AJURIA, LUIS ROJO – *Las garantías mobiliarias (fundamentos del Derecho de garantías mobiliarias a la luz de la experiencia de los Estados Unidos de América)*, 42 ADC, 1989, 717-811.

ALARCÃO, RUI DE – *Simulação: anteprojecto para o novo Código Civil*, 84 BMJ, 1959, 305-328;
- *Breve motivação do anteprojecto sobre o negócio jurídico na parte relativa ao erro, dolo, coacção, representação, condição e objecto negocial*, 138 BMJ, 1964.

ALBALADEJO, MANUEL – *El negocio jurídico*, Bosch, Barcelona, 1958;
- *El llamado negocio fiduciario es simplemente un negocio simulado relativamente*, 36 AC, 1993, 663-675;
- *Derecho civil*, Tomo I: *Introducción y parte general*, 18ª edição atualizada por SILVIA DÍAZ ALABART, Edisofer, Madrid, 2009.

ALBRECHT, WILHELM EDUARD – *Die Gewere als Grundlage des ältern deutschen Sachenrechts*, Gebrüder Bornträger, Königsberg, 1828.

ALBUQUERQUE, MARTIM DE – vide ALBUQUERQUE, RUY DE.

ALBUQUERQUE, PEDRO DE – *Direito de preferência dos sócios em aumento de capital nas sociedades anónimas e por quotas*, Almedina, Coimbra, 1993;

- *A representação voluntária em Direito civil (ensaio de reconstrução dogmática)*, Almedina, Coimbra, 2004;
- *Direito das obrigações: contratos em especial*, Vol. I, Tomo I, Almedina, Coimbra, 2008.

ALBUQUERQUE, RUY DE – *As represálias: estudo de história do Direito português (sécs. XV e XVI)*, Vol. I, Lisboa, 1972.

ALBUQUERQUE, RUY DE/ALBUQUERQUE, MARTIM DE – *História do Direito português*, Vol. I (1140-1415), 1ª Parte, 10ª edição, Pedro Ferreira, Lisboa, 1999.

ALCES, KELLI A. – *Debunking the Corporate Fiduciary Myth*, 35 J Corp L, 2009, 239-282.

ALEXANDER, GREGORY S. – *The Dilution of the Trust*, http://papers.ssrn.com/sol3/papers.cfm?abstract_id=1975378, 2;
- *The Transformation of Trusts as a Legal Category, 1800-1914*, 5 Law & Hist Rev, 1987, 303-350.

ALEXANDER, JOHN E. – *Commentaries on the Law of Wills*, Vol. I, Bender-Moss, São Francisco, 1917.

ALFARO, RICARDO – *El fideicomiso: estudio sobre la necesidad y conveniencia de introducir en la legislación de los pueblos latinos una institución civil nueva, semejante al trust del Derecho inglés*, Imprenta Nacional, Panamá, 1920;
- *The Trust and the Civil Law with Special Reference to Panama*, 33 J Comp Legis & Int'l L, 3ª, 1951, 11-31.

ALFARO, RICARDO/PATTON, RUFORD G. – *El Fideicomiso Moderno*, 28 Rev Jur UPR, 1958, 149-184, 263-299 e 341-365.

ALFORD, JOHN A. – *Literature and Law in Medieval England*, 92 PMLA, 1977, 941-951.

ALI, MAULANA MUHAMMAD – *A Manual of Hadith*, The Ahmadiyya Anjuman Ishaat Islam, Lahore, 1945.

ALLEN D. BOYER, – *Sir Edward Coke and the Elizabeth Age*, Stanford University Press, Stanford, 2003.

ALLEN, GRANT – *Early Britain: Anglo-Saxon Britain*, Society for Promoting Christian Knowledge, Londres, 1901.

ALMEIDA, ALBERTO RIBEIRO DE – *Os princípios estruturantes do acordo TRIPS's: um contributo para a liberalização do comércio mundial*, 47 BCE, 2004, 1-106.

ALMEIDA, CARLOS FERREIRA DE – *Texto e enunciado na teoria do negócio jurídico*, Vol. I, Almedina, Coimbra, 1992;
- *As transacções de conta alheia no âmbito da intermediação no mercado de valores mobiliários*, 1 DVM, 1997, 295-309;
- *Direitos islâmicos e "Direitos cristãos"* in *Estudos em homenagem ao Professor Doutor Inocêncio Galvão Telles*, Vol. V: *Direito público e vária*, coordenação de ANTÓNIO MENEZES CORDEIRO, LUÍS MENEZES LEITÃO e JANUÁRIO DA COSTA GOMES, Almedina, Coimbra, 2003, 713-748;

– *Alienação da propriedade em garantia – uma perspectiva prudente* in *Estudos dedicados ao Professor Doutor Luís Alberto Carvalho Fernandes*, Vol. I, UCP, RDJ, Lisboa, 2011, 311-328.

ALVES, HUGO RAMOS – *Do penhor*, Almedina, Coimbra, 2010.

ALVES, VILSON RODRIGUES – *Alienação fiduciária: as ações de busca e apreensão e depósito no regime jurídico da Lei n.º 10.931/04*, 3ª edição (capa), 2ª edição (primeira página), BH, 2012.

AMES, JAMES BARR – *The Origin of Uses and Trusts*, 21 Harv L Rev, 1907, 261-274;
– *Lectures on Legal History and Miscellaneous Legal Essays with a Memoire*, Harvard University Press, Cambridge, 1913.

ANASTOS, MILTON V. – *The Edict of Milan (313): a Defense of Its Traditional Authorship and Designation*, 25 REB, 1967, 13-41.

ANDERSON, STUART – *Property* in *The Oxford History of the Laws of England*, Vol. XII: *1820-1914, Private Law*, OUP, Oxford, 2010, 268-294.

ANDRADE, MANUEL DE – *Direito civil português. Visto através das lições do Prof. Ex.mo Sr. Doutor Manuel Augusto Andrade, ao II ano da Faculdade de Direito, no ano lectivo de 1938-1939*, coligidas por ARAÚJO BARROS e ORBÍLIO BARBAS, Casa do Castelo, Coimbra, 1939;
– *Teoria geral da relação jurídica*, publicação devidamente autorizada das lições do 2.º ano jurídico por RICARDO VELHA, Coimbra, 1953;
– *Teoria geral da relação jurídica*, Vol. II: *Facto jurídico, em especial negócio jurídico*, Almedina, Coimbra, 1960.

ANDRADE, MANUEL LINHARES DE – *Dos fideicomissos regulares no Código Civil português*, dissertação de licenciatura em Ciências Jurídicas, FDL, Lisboa, 1945-1946.

ANDRADE, MARGARIDA COSTA – *A propriedade fiduciária* in *II Seminário luso-brasileiro de Direito registral*, Coimbra, Coimbra, 2009, 55-84.

ANDREWS, MARK – *Hohfeld's Cube*, 16 Akron L Rev, 1983, 471-485.

ANKUM, HANS/POOL, ERIC – *Rem in bonis meis esse and rem in bonis meam esse: Traces of the Development of Roman Double Ownership* in *New Perspectives in the Roman Law Property: Essays for Barry Nicholas*, coordenação de PETER BIRKS, Clarendon Press, Oxford, 1989, 5-41.

AN-NA'IM, ABDULLAHI AHMED – *Islam and the Secular State: Negotiating the Future of Shari'a*, Harvard University Press, Cambridge, 2008.

ANÓNIMO – *Medieval Universities*, 5 CW, 1867, 202-227.

ANÓNIMO – *The Replication of a Serjeant at the Laws of England* in JOHN A. GUY, *Christopher St. German on Chancery and Statute*, Selden Society, Londres, 1895.

ANSON, WILLIAM R. – *The Law and Custom of the Constitution*, Vol. II, Parte I, 3ª edição, Clarendon Press, Oxford, 1907.

ANSTEY, THOMAS CHISHOLME – *Guide to the History of the Laws and Constitutions of England, Consisting of Six Lectures, Delivered at the College of SS. Peter and Paul, Prior*

Park, Bath, in the Presence of the Bishop and His Clergy, V. and R. Steves and G. S. Norton, Dublin, 1845.

ANTOINE, CHARLES – *Du pécule castrense et du pécule quasi-castrense en Droit romain*, E. Réau, Nancy, 1876.

ANTOINE, ROSE-MARIE – *Trusts and Related Tax Issues in Offshore Financial Law*, OUP, Oxford, 2005.

ANTUNES, ANA MORAIS – *O contrato de locação financeira restitutiva*, UCP, Lisboa, 2006.

ANTUNES, JOÃO MORAIS – *Do contrato de depósito escrow*, Almedina, Coimbra, 2007.

ANTUNES, JOSÉ ENGRÁCIA – *O Estabelecimento Individual de Responsabilidade Limitada: crónica de uma morte anunciada*, 3 RFDUP, 2006, 401-442.

APERRIBAY, BERNARD/OROMI, MIGUEL/OLTRA, MIGUEL – *Obras de San Buenaventura, Edicione Bilingüe*, Vol. VI, Biblioteca de Autores Cristianos, Madrid, 1972.

APPLETON, CHARLES L. – *Histoire de la propriété prétorienne et de l'action publicienne*, Ernest Thorin, Paris, 1889, Vol. I.

AQUINO, S. TOMÁS DE – *Summa Theologiae Summa Theologica deligenter emendata* por NICOLAI, SYLVII, BILLUART e C.-J. DRIOUX, *notis ornata*, Tomus Tertius, Prima Secundæ: XL-CXIV: *De Passionibus, Habitudinibus et Virtutibus – De Vitiis et Peccatis – De Legibus – De Gratia*, 12ª edição, Bloud et Barral, Paris, 1880.

ARANGIO-RUIZ, VICENZO – *Responsabilità contrattuale in diritto romano*, 2ª edição, Jovene, Nápoles, 1958, reedição da edição de 1935;
– *Istituzioni di diritto romano*, reimpressão da 14ª edição, Jovene, Nápoles, 1977.

ARAÚJO, FERNANDO – *Os sentidos de Aequitas em Marco Túlio Cícero* in *Estudos em homenagem ao Professor Doutor Inocêncio Galvão Telles*, Vol. I: *Direito privado e vária*, coordenação de ANTÓNIO MENEZES CORDEIRO, LUÍS MENEZES LEITÃO e JANUÁRIO DA COSTA GOMES, Almedina, Coimbra, 2002, 875-990;
– *Teoria económica do contrato*, Almedina, Coimbra, 2007.

ARCO, MIGUEL ANGEL DER – vide DORAL, JOSÉ ANTONIO.

ARISTOTELOUS, PHILIPPOS – vide NEOCLEOUS, ELIAS.

ARMBRÜSTER, CHRISTIAN – *Die treuhänderische Beteiligung an Gesellschaften*, Colónia, Heymann, 2001;
– *Anotação ao § 137 do BGB* in *Münchener Kommentar BGB*, Vol. I: *Allgemeiner Teil*, 6ª edição, Beck, Munique, 2012.

ARNESBERG, KARL L. ARNDTS VON – *Lehrbuch der Pandekten*, 11ª edição, Cotta, Estugarda, 1883.

ARNOLD, JOHN H. – *Clergy Sexual Malpractice*, 8 U Fla J L & Pub Pol'y, 1996, 25-49.

ARNOLD, THOMAS – *Islamic Art and its Influence on Painting in Europe* in *The Legacy of Islam*, coordenação de THOMAS ARNOLD e ALFRED GUILLAUME, OUP, Oxford, 1931, 151-154.

ARNOLD, THURMAN – *The Restatement of the Law of Trusts*, 31 Colum L Rev, 1931, 800-823.

ARROYO, IGNACIO – *Trust y ley civil*, 82 RJC, 1983, 95-108.

ASCARELLI, TULLIO – *Il negozio indiretto e la società commerciali* in *Studi di diritto commerciale in onore di C. Vivante*, Vol. I, Il Foro Italiano, Roma, 1931, 23-98.

ASCENSÃO, JOSÉ DE OLIVEIRA – *Observações ao projecto de Código Civil*, 13 RDES, 1966, 242-258;
- *A tipicidade dos direitos reais*, Livraria Petrony, Lisboa, 1968;
- *Direito comercial*, Vol. II: *Direito industrial*, Lisboa, reimpressão da edição de 1988, 1994;
- *Direito Civil – Reais*, reimpressão da 5ª edição, Coimbra, Coimbra, 2000;
- *Concorrência desleal*, Almedina, Coimbra, 2002;
- *Direito civil. Teoria geral*, Vol. III: *Relações e situações jurídicas*, Coimbra, Coimbra, 2002;
- *Direito civil. Teoria geral*, Vol. II: *Acções e factos jurídicos*, 2ª edição, Coimbra, Coimbra, 2003.

ASCHER, MARK L. – vide SCOTT, AUSTIN WAKEMAN.

ASHLEY, WILLIAM J. – *The Character of Villein Tenure*, 1 Ann Amer Acad Polit Soc Sci, 1891, 412-425.

ASMUS, WOLFGANG – *Dogmengeschichtliche Grundlagen der Treuhand: eine Untersuchung zur romanistischen und germanistischen Treuhandlehre*, Peter Lang, Francoforte, 1977.

ASSFALG, DIETER – *Die Behandlung von Treugut im Konkurse des Treuhänders. Rechtsvergleichende Studie zur Grenzbereinigung zwischen Schuld- und Treuhandverhältnis*, De Gruyter, Berlim, 1960;
- *Wirtschaftliches Eigentum als Rechtsbegriff*, 15 NJW, 1963, 1582-1586.

ASTONE, MARIA – *Destinazione di beni allo scopo: fattispecie ed effetti*, Giuffrè, Milão, 2010.

ASURMENDI, CAMINO SANCIÑENA – *La opción de compra*, 2ª edição, Dykinson, Madrid, 2007.

ATIYAH, PATRICK S. – *From Principles to Pragmatism: Changes in the Function of the Judicial Process and the Law*, 65 Iowa L Rev, 1980, 1249-1272;
- *Pragmatism and Theory in English Law*, Stevens and Sons, Londres, 1987.

ATKINSON, ROB – *Obedience as the Foundation of Fiduciary Duty*, 34 J Corp L, 2008, 43-97.

ATKINSON, THOMAS E. – *Brief History of English Testamentary Jurisdiction*, 8 Mo L Rev, 1943, 107-128.

ATTENBOROUGH, FREDERICK LEVI – *The Laws of the Earliest English Kings*, CUP, Cambridge, 1922.

ATTLMAYR, MARTIN – vide LORENZ, BERNHARD.

AUFFROY, HENRY – *Évolution du testament en France des origines au xiiie siècle*, Librairie Nouvelle de Droit et de Jurisprudence, Paris, 1899.

Austin, Robert P. – *Fiduciary Accountability for Business Opportunities* in *Equity and Commercial Relationships*, coordenação de Paul D. Finn, The Law Book, Sydney, 1987.

Ayres, Ian/Gertner, Robert – *Filling Gaps in Incomplete Contracts: an Economic Theory of Default Rules*, 99 Yale LJ, 1989, 87-129.

Bacon, Francis – *The Elements of the Common Lawes of England, Branched into a Double Tract: the One Containing a Collection of some Principall Rules and Maximes of the Common Law, with Their Latitude and Extent. Explicated for the More Facile Introduction of such as Are Studiously Addicted to that Noble Profession. The Other the Use of the Common Law, for Preservation of our Persons, Goods, and Good Names. According to the Lawes and Customs of this Land*, Printed by the Assignes of J. More Esq. and are to be sold by Anne More, and Henry Hood, in Saint Dunstans, Londres, 1641.

Bagshaw, Roderick – vide McBridge, Nicholas J..

Baildon, William Paley – *Select Cases in Chancery, A.D. 1364 to 1471*, 10 Selden Society, Bernard Quaritch, Londres, 1896.

Bainbridge, Stephen M./Lopez, Star/Oklan, Benjamin – *The Convergence of Good Faith and Oversight*, 55 UCLA L Rev, 2008, 559-605.

Baker, John Hamilton – *Coke's Note-Books and the Sources of his Reports*, 30 CLJ, 1972, 59-86;
– *The Newe Littleton*, 33 CLJ, 1974, 145-155;
– *The Reports of Sir John Spelman*, 93 Selden Society, Selden Society, Londres, 1977, 228-230;
– *From Sanctity of Contract to Reasonable Expectations*, 32 CLP, 1979, 18-39;
– *English Law and the Renaissance*, 44 CLJ, 1985, 46-61;
– *An Introduction to English Legal History*, 4ª edição, Butterworth, Londres, 2002;
– *Year Books of Henry VIII: 12-14 Henry VIII, 1520-1523*, 119 Selden Society, Selden Society, Londres, 2002, 108-122;
– *The Oxford History of the Laws of England*, Vol. VI: 1483-1558, OUP, Oxford, 2003.

Baldini, Gianni – *Il mandato: profili operativi, inadempienze e risarcimento danni*, Halley, Matelica, 2006.

Baldwin, James Fosdick – *The King's Council in England during the Middle Ages*, Clarendon Press, Oxford, 1913.

Baldwin, John W. – *Masters at Paris from 1179 to 1215: a Social Perspective* in *Renaissance and Renewal in the Twelfth Century*, coordenação de Robert L. Benson e Giles Constable com Carol D. Lanham, Medieval Academy of America, Canada, 1991, reimpressão da edição de 1982;
– vide Hollister, Charles W..

Balkin, Rosalie P./Davis, J. L. R. – *Law of Torts*, LexisNexis, Sydney, 2009.

Ball, R. M. – *Exchequer of Pleas, Bills and Writs*, 9 J L Hist, 1988, 308-323.

BALLESTEROS, ANTONIO GULLÓN – *Curso de Derecho civil: el negocio jurídico*, Editorial Tecnos, Madrid, 1969.
BALLOW, HENRY – *A Treatise of Equity*, Vol. II, *With the Addition of Marginal References and Notes by* JOHN FONBLANQUE, 5ª edição, printed for J. & W. T., Londres, 1820.
BALON, JOSEPH – *Traité de Droit salique: étude d'exégèse et de sociologie juridique*, Les And. Ets Godenne, Namur, 1965.
BANG, ANN K. – *Sufis and Scholars of the Sea: Family Networks in East Africa, 1860-1925*, RoutledgeCurzon, Londres, 2003.
BANT, ELISE – *The Change of Position Defence*, Hart Publishing, Oxford, 2009.
BARACHO, JOAQUIM MARTINS VAZ – *Da simulação nos contratos (alguns aspectos do problema)*, dissertação de licenciatura em Ciências Jurídicas no ano lectivo de 1945-46, FDL, Lisboa.
BARBARISI, ARIANNA – *Anotação ao artigo 790.º do CC It* in *Codice delle successioni e donazioni*, coordenação de MICHELE SESTA, Vol. I: *Costituzione e quattro codici*, Giuffrè, Milão, 2011.
BARBOUR, WILLIARD T. – *The History of Contract in Early English Equity* in *Oxford Studies in Social and Legal History*, Vol. IV, coordenação de PAUL VINOGRADOFF, Clarendon Press, Oxford, 1914, 4-237;
– *Some Aspects of Fifteenth-Century Chancery*, 31 Harv L Rev, 1918, 834-859.
BARDE, LOUIS JOSEPH – vide BAUDRY-LACANTINERIE, GABRIEL.
BAREA, JUAN B. JORDANO – *El negocio fiduciario*, Bosch, Barcelona, 1959;
– *Mandato para adquirir y titularidad fiduciaria*, 36 ADC, 1983, 1435-1454;
– *Las obligaciones solidarias*, 45 ADC, 1992, 847-873.
BARKSDALE, CLEMENT – *The Illustrious Hugo Grotius of the Law of Warre and Peace: with Annotation. III. Parts. And Memorials of the Author's Life and Death*, printed by T. Warren, for William Lee, Londres, 1654.
BARLOW, FRANCIS – vide SHERRIN, CHRISTOPHER.
BARLOW, FRANK – *Edward the Confessor*, University of California Press, Berkeley e Los Angels, 1970;
– *William Rufus*, Methuen, Londres, 1983;
– *The Feudal Kingdom of England, 1042-1216*, 4ª edição, Longman, Nova Iorque, 1994, reimpressão da edição de 1988.
BARNES, THOMAS GARDEN – *Glanvill* in *Shapping the Common Law: from Glanvill to Hale, 1188-1688*, editado e com introdução de ALLEN D. BOYER, Stanford University Press, Stanford, 2008, 11-23.
BARON, JULIUS – *Pandekten*, 9ª edição, Duncker & Humblot, Leipzig, 1896.
BARRACLOUGH, GEOFFREY – *The Anglo-Saxon Writ*, 39 History, 1954, 193-215.
BARRIÈRE, FRANÇOIS – *La réception du trust au travers de la fiducie*, Litec, Montpellier, 2004.
BARRY, JAMES T. – *The Council of Revision and the Limits of Judicial Power*, 56 U Chi L Rev, 1989, 235-261.

BARTHELMES, ADOLF – *Das Handeln in fraudem legis*, Berliner Buchdruckerei Actien Gesellschaft, Berlim, 1889.

BARTOLI, SAVERIO – *Trust e atto di destinazione nel diritto di famiglia e delle persone*, Giuffrè, Milão, 2011.

BARTON, JOHN L. – *Causa promissionis Again*, 34 Tijds Rgeschied, 1966, 41-73;
– *Bracton as a Civilian*, 42 Tul L Rev, 1968, 555-602;
– *Equity in the Medieval Common Law* in *Equity in the World's Legal Systems: a Comparative Study Dedicated to René Cassin*, coordenação de RALPH A. NEWMAN, Bruylant, Bruxelas, 1973, 139-155;
– vide PLUCKNETT, THEODORE F. T..

BARTON, WILLIAM B. – *A Study in the Law of Trade Secrets*, 13 U Cin L Rev, 1939, 507-558.

BASIL, ROBERT J. – *Clergy Malpractice: Taking Spiritual Counseling Conflicts Beyond Intentional Tort Analysis*, 19 Rutgers LJ, 1988, 419-450.

BATES, DAVID – *The Earliest Norman Writs*, 100 EHR, 1985, 265-284;
– *Regesta Regum Anglo-Normannorum. The Acta of William I*, Clarendon Press, Oxford, 1998.

BATESON, MARY – *Borough Customs*, 18 Selden Society, Quaritch, Londres, 1904.

BATIZA, RODOLFO – *The Evolution of the Fideicomiso (Trust) Concept under Mexican Law*, 11 Miami LQ, 1957, 478-486;
– *The Influence of Spanish Law in Louisiana*, 33 Tull L Rev, 1958, 29-34;
– *The Louisiana Civil Code of 1898: Its Actual Sources and Present Relevance*, 46 Tul L Rev, 1971, 4-165.

BATTES, LINDELL T. – *Common Law Express Trusts in French Law*, 40 Yale LJ, 1930, 34-52.

BATTISTONI, EMILIANO – *La cause nel negozi giuridici (dal diritto intermedio al Codice Civile italiano)*, CEDAM, Pádua, 1932.

BAUDOUIN, JEAN-LOUIS – *The Reform of the Civil Code of Quebec: Objectives, Methodology and Implementation*, 52 Rev Jur UPR, 1983, 149-167;
– *Reflections on the Process of Recodification of the Quebec Civil Code*, 6/7 Tul Civ LF, 1991-1992, 283-291

BAUDRY-LACANTINERIE, GABRIEL/BARDE, LOUIS JOSEPH – *Traité théorique et pratique de Droit civil*, Tomo I: *Des obligations*, 3ª edição, Libraire de la Société du Recueil J.-B Sirey et du Journal du Palais, Paris, 1906.

BÄUERLE, MICHAEL – *Anotação ao § 47 do InsO* in *Insolvenzordnung (InsO): Kommentar*, coordenação de EBERHARD BRAUN, 4ª edição, Beck, Munique, 2010.

BAYNE, DAVID C. – *Corporate Control as a Strict Trustee*, 53 Geo LJ, 1965, 543-584.

BEACH, CHARLES FISK – *Commentaries on the Law of Trusts and Trustees, as Administered in England an in the United States of America*, Vol. I, Central Law Journal, St. Louis, 1897.

BEAN, GERARD M. D. – *Corporate Governance and Corporate Opportunities*, 15 Comp Law, 1994, 266-272.
BEAN, GERRY – vide MOFFAT, GRAHAM.
BEAN, JOHN M. W. – *The Decline of English Feudalism, 1215-1540*, Manchester University Press, Manchester, 1968.
BEAULNE, JACQUES – *La nouvelle fiducie judiciaire au service du Droit de la famille*, 27 RGD, 1996, 55-68.
BECK, ROGER B. – *The History of South Africa*, Greenwood Press, Estados Unidos das América, 2000.
BECK, STANLEY M. – *The Saga of Peso Silver Mines: Corporate Opportunity Reconsidered*, 49 Can Bar Rev, 1971, 80-119;
– *The Quickening of Fiduciary Obligation, Canadian Aero Services V. O'Malley*, 53 Can Bar Rev, 1975, 777-793.
BECKER, FLORIAN – *Der Missbrauch treuhänderischer Legitimation: Vorschlag einer gesetzlichen Regelung*, Dr Kovač, Hamburgo, 2010.
BEHNES, RAIMUND – *Der Trust im chinesichen Recht*, De Gruyter Recht, Berlim, 2009.
BEHRENDS, OKKO – *Die fraus legis: zum Gegensatz von Wortlaut- und Sinngeltung in der römischen Gesetzesinterpretation*, Otto Schwartz, Göttingen, 1982.
BEINART, BEN – *The English Legal Contribution in South Africa: the Interaction of Civil and Common Law*, 7 Acta Jur, 1981, 7-63.
BEKKER, ERNST IMMANUEL – *Zweckvermögen, insbesondere Peculium, Handelsvermögen und Actiengesellschaften*, 4 ZHR, 1861, 499-567;
– *Zur Lehre von Rechtssubjekt: Genuß und Verfügung; Zwecksatzungen, Zweckvermögen und juristische Personen*, 12 JhJb, 1873, 1-135;
– *System des Heutigen Pandektenrechts*, Vol. I, Hermann Böhlau, Weimar, 1886.
BELLOCCI, NICOLA – *La tutela della fiducia nell'epoca repubblicana*, Giuffrè, Milão, 1974.
BELSHEIM, EDMUND O. – *The Old Action of Account*, 45 Harv L Rev, 1931, 466-500.
BENAZZI, ADRIANO – *L'imposta di Successione* in *Trattato di diritto delle successioni e donazioni*, coordenação de GIOVANNI BOLINI, Vol. V: *La successione mortis causa nel diritto processuale civile, fallimentare, del lavoro, internazionale privato, penale, processuale penale, tributario*, Giuffrè, Milão, 2009, 325-378.
BENEDICTIS, MATTHEW M. DE – *The Social Thought of Saint Bonaventura. A Study Philosophy*, Greenwood Press, Publishers, Connecticut, 1946.
BENICKE, CHRISTOPHER – *Wertpapiervermögensverwaltung*, Mohr Siebeck, Tübingen, 2006.
BENJAMIN, JOANNA – *Financial Law*, OUP, Oxford, 2007, 550-551.
BENTHAM, JEREMY – *Rationale of Judicial Evidence, Specially Applied to English Practice. From the Manuscript of Jeremy Bentham*, editado por JOHN STUART MILL, Vol. IV, Hunt and Clarke, Londres, 1827.
BERGER, CHRISTIAN – vide BREHM, WOLFGANG.

BERGMANN, ANDREAS – *Anotação ao § 392 do HGB* in *Kommentar zum Handelsgesetzbuch*, 2ª edição, coordenação de HARTMUT OETKER, Beck, Munique, 2011.
BERMAN, HAROLD JOSEPH – *Law and Revolution: the Formation of the Western Legal Tradition*, Harvard University Press, Cambridge, 1983.
BERNSTEIN, BARTON E. – *A Potential of Pastoral Care: Malpractice*, 19 J Rel & Health, 1980, 48-58.
BEROLZHEIMER, FRANZ – *Die fiduziarische Zession*, Robert Noske, Leipzig, 1908.
BERTHOLD, SYLVIE – *La fiducie: outil efficace de protection contre les créanciers dans un contexte d'insolvabilité*, 35 RGD, 2005, 553-573.
BERTIE WILKINSON, *The Chancery under Edward III*, Manchester University Press, Manchester, 1929;
– *Studies in the Constitutional History of the Thirteenth and Fourthteenth Centuries*, Manchester University Press, Manchester, 1937.
BERTINI, ALESSANDRO – *I negozio fiduciari di preparazione dell'adempimento*, Giuffrè, Milão, 1940.
BERTRAM, JEROME – *The European Context: Collegiate Churches on the Continent* in *The Late Medieval English College and its Context*, coordenação de CLIVE BURGESS e MARTIN HEALE, York Medieval Press, York, 28-43.
BERTRAM, STANLEY – *An Introduction to the Administrative History of Mediaeval England*, 3ª edição, Basil Blackwell, Oxford, 1966.
BESELER, GEORG – *Die Lehre von den Erbverträgen*, Vol. I: *Die Vergabungen von Todes wegen nach dem älteren deutschen Rechte*, Dieterichschen Buchhandlung, Göttingen, 1835;
– *System des gemeinen deutschen Privatrechts*, 2ª edição, Weidmannsche Buchhandlung, Berlim, 1886.
BETANCOURT, FERNANDO – *Derecho romano clásico*, Universidad de Sevilla, Sevilha, 1995.
BETTI, EMILIO – *Teoria generale del negozio giuridico*, reimpressão da 2ª edição, com introdução de GIOVANNI B. FERRI, Edizioni Scientifiche Italiane, Nápoles, 1994.
BEUTHIEN, VOLKER – *Treuhand an Gesellschaftsanteilen*, 3 ZGR, 1974, 26-85.
BEYERLE, FRANZ – *Die Treuhand im Grundriss des deutschen Privatrechts*, Hermann Böhlaus Nachfolger, Weimar, 1932.
BEYLEVELD, DERYCK/BROWNSWORD, ROGER – *Privity, Transivity and Rationality*, 54 MLR, 1991, 48-71.
BIANCALANA, JOSEPH – *For Want of Justice: Legal Reforms of Henry II*, 88 Colum L Rev, 1988, 433-536;
– *The Origin and Early History of the Writs of Entry*, 25 Law & Hist Rev, 2007, 513-556.
BIASINI, GINO – vide ROTA, FLAVIO.
BIERMANN, JOHANNES – *Bürgerliches Recht*, Vol. I: *Allgemeine Lehren und Personenrecht*, H. W. Müller, Berlim, 1908.

BIGELOW, MELVILLE MADISON – *History of Procedure in England from the Norman Conquest: the Norman Period (1066-1204)*, Macmillan, Londres, 1880.

BILLETTE, J. ÉMILE – *A propos de fiducie*, 11 R du D, 1932, 38-49;
– *Au sujet des origines historiques de la fiducie*, 11 R du D, 1933, 365-372;
– *La fiducie*, 12 R du D, 1933, 159-165.

BILLINS, ROGER – *Solicitors' Duties and Liabilities*, Sweet & Maxwell, Londres, 1999;
– *Agency Law*, Sweet & Maxwell, London, 2010.

BING, WALTER – *Die fiduziarischen Rechtsgeschäfte im Konkurse des Treuhänders*, M. DuMont Schauberg, Estrasburgo, 1916.

BIONDI, BIONDO – *Le donazione*, UTET, Turim, 1961.

BIRKENHEAD, LORD NICHOLLS OF – *Trustees and their Broader Community: Where Duty, Morality and Ethics Converge*, 9 Tru LI, 1995, 71-77.

BIRKS, PETER – *An Introduction to the Law of Restitution*, edição revista, Clarendon Press, Oxford, 1989;
– *Persistent Problems in Misdirected Money: a Quintet* [1993] LMCLQ, 218-237;
– *Laundering and Tracing*, Clarendon Press, Oxford, 1995, 29-52;
– *The Concept of Civil Wrong* in *Philosophical Foundations of Tort Law*, coordenação de DAVID G. OWEN, Clarendon Press, Oxford, 1995, 29-52;
– *Equity in the Modern Law: an Exercise in Taxonomy*, 26 U W Austl L Rev, 1996, 1-99;
– *Annual Miegunyah Lecture: Equity, Conscience, and Unjust Enrichment*, 23 MULR, 1999, 1-29;
– *Content of Fiduciary Obligation*, 34 Isr L Rev, 2000, 3-38;
– *Unjust Enrichment*, 2ª edição, OUP, Oxford, 2005.

BISCARDI, ARNALDO – *Appunti sulle garanzie reali in diritto romano*, Cisalpinico-Goliardica, Milão, 1976.

BISHOP, CARTER G. – *A Good Faith Revival of Duty of Care Liability in Business Organization Law*, 41 Tulsa L Rev, 2006, 477-512.

BITTER, GEORG – *Rechtsträgerschaft für fremde Rechnung: Außenrecht der Verwaltungstreuhand*, Mohr Siebeck, Tübingen, 2006.

BLAUROCK, UWE – *Unterbeteiligung und Treuhand an Gesellschaftsanteilen: Formen mittelbarer Teilhabe an Gesellschaftsverhältnissen*, Nomos, Baden-Baden, 1981.

BLUNT, JOHN HENRY – *The Reformation of the Church of England: Its History, Principles, and Results [A.D. 1514-1547]*, Rivingtons, Londres, 1868.

BÖGER, OLE – *System der vorteilsorientierten Haftung im Vertrag*, Mohr Siebeck, Tübingen, 2009.

BOGERT, GEORGE GLEASON – *A Project for Improvement of Trust Law*, 7 U Chi L Rev, 1939, 112-123.

BOGERT, GEORGE GLEASON/BOGERT, GEORGE TAYLOR – *The Law of Trusts and Trustees: a Treatise Covering the Law Relating to Trusts and Allied Subjects Affecting Trust*

Creation and Administration with Forms, 2ª edição revista, West Publishing, St. Paul, Minnesota, 1984.

BOGERT, GEORGE TAYLOR – *Trusts*, 6ª edição, West Publishing, St. Paul, Minnesota, 1987;
– vide BOGERT, GEORGE GLEASON.

BOHÉMIER, ALBERT – *Application of the Bankruptcy and Insolvency Act to the Trust of the Civil Code of Québec*, 37 RJT, 2003, 113-143.

BÖHM, KLAUS RUDOLF – *Auslegung und systematische Einordnung des § 392 Abs. 2 HGB zum Verhältnis von Analogie und Fiktion bei mittelbarer Stellvertretung*, Duncker & Humblot, Berlim, 1971.

BÖHMER, GEORGE LUDWIG – *Principia Juris Feudalis*, 8ª edição, revista por ANTONIUS BAUER, Vandenhoeck e Ruprecht, Göttingen, 1819.

BOIS, FRANÇOIS DU/VISSER, DANIEL – *The Influence of Foreign Law in South Africa*, 13 Transnat'l L & Contemp Probs, 2003, 593-658.

BOLLAND, WILLIAM CRADDOCK – *Select Bills in Eyre, A.D. 1292-1333*, 30 Selden Society, Bernard Quaritch, Londres, 1914;
– *The General Eyre. Lectures Delivered in the University of London at the Request of the Faculty of Law, with an Introduction by* HAROLD DEXTER HAZELTINE, CUP, Cambridge, 1922.

BOLLAND, WILLIAM CRADDOCK/MAITLAND, FREDERIC/HARCOURT, LEVESON WILLIAM VERNON – *Year Books of Edward II. Vol. V. The Eyre of Kent, 6 & 7 Edward II. A.D. 1313-1314*, Vol. I, 24 Selden Society, Bernard Quaritch, Londres, 1910;
– *Year Books of Edward II. Vol. VIII. The Eyre of Kent, 6 & 7 Edward II. A.D. 1313-1314*, Vol. II, 27 Selden Society, Bernard Quaritch, Londres, 1912.

BOLOGNA, ITALO – *Considerazioni sui negozi fiduciari*, RDCiv, 1955(1), 618-635.

BONE, ROBERT G. – *Hunting Goodwill: a History of the Concept of Goodwill in Trademark Law*, 86 BU L Rev, 2006, 547-622.

BONELL, MICHAEL JOACHIM – *International Restatement of Contract Law: the UNIDROIT Principles of International Commercial Contracts*, 3ª edição, Ardsley, Transnational Publishers, 2004.

BONELLI, GUSTAVO – *Anotação ao artigo 803.º do CCom It* in *Del fallimento (commento al Codice di Commercio)*, Vol. II, Vallardi, Milão, 1923, 558-564.

BONET, FRANCISCO – *Algunas figuras afines al contrato de mandato*, 184 RGLJ, 1948, 633-673.

BONET, JUAN A. ARIAS – vide RAMOS, JUAN ARIAS.

BONNER, GEORGE A. – *The History of the Court of King's Bench*, 11 J L Soc'y Sch L, 1933, 3-8.

BOOTH, JENNIFER – *South Africa* in *The World Trust Survey*, coordenação de CHARLES FOTHARD e SANJVEE SHAH, OUP, Oxford, 2010, 517-532.

BORDWELL, PERCY – *The Common Law Scheme of Estates*, 1933;
– *The Conversion of the Use into a Legal Interest*, 21 Iowa L Rev, 1935, 1-49;

- *The Common-Law Scheme of Estates and the "English Justinian"*, 33 Iowa L Rev, 1948, 449-471.
BORGES, REGINA FERNANDA GARCIA – *A fraude à lei no Direito internacional privado*, FDL, Lisboa, 1948.
BORK, REINHARD – *Allgemeiner Teil des Bürgerlichen Gesetzbuchs*, 3ª edição, Mohr Siebeck, Tübingen, 2011.
BORKUS, RANDALL H. – *A Trust Fiduciary's Duty to Implement Capital Preservation Strategies Using Financial Derivative Techniques*, 36 Real Prop Prob Tr J, 2001, 127-166.
BORTOLUCCI, GIOVANNI – *Nota a Gaio, Inst. II. 78*, 33 BIDR, 1923, 151-161.
BOTWINIK, DAVID A. – vide GORI-MONTANELLI, RICCARDO.
BOULANGER, JEAN – vide RIPERT, GEORGES.
BOUMA, GARY D. – vide KHATAB, SAYED.
BOURJON, FRANÇOIS – *Code des terriers, ou principes sur les matières féodales, avec le recueil des règlements sur cette matière. Ouvrage utile à tous seigneurs de fiefs, notaires, commissaires à terriers, & commis de domaines*, Prault pere, & Vallat-Lachapelle, Paris, 1756;
– *Le Droit commun de la France, et la Coutume de Paris réduits en principes, tirés des loix, des ordonnances, des arrêtes, des jurisconsultes & des auteurs, & mis dans l'ordre d'un commentaire complet & méthodique sur cette Coutume: contenant, dans cet ordre, les usages du châtelet sur les liquidations, les comptes, les partages, les substitutions, les dîmes, & toutes autres matières*, nova edição, consideravelmente aumentada, Tomo I, Gangé, Paris, 1770.
BOURNAZEL, ERIC – vide POLY, JEAN-PIERRE.
BOURNE, IMMANUEL – *The Anatomie of Conscience. Or a Threefold Revelation of Those Three Most Secret Bookes: 1. The Booke of Gods Prescience. 2. The Booke of Mans Conscience. 3. The Booke of Life. In a Sermon Preached at the General Assises Holden at Derby*, printed by G. E. and M. F. for Nathaniel Butter, Londres, 1623.
BOWEN, CATHERINE DRINKER – *The Lion and the Throne: the Life and Times of Sir Edward Coke 1552-1634*, Hamish Hamilton, Londres, 1957.
BOWER, PIERS – vide FELTHAM, SPENCE.
BOYD, THOMAS H. – *Cost Containment and the Physician's Fiduciary Duty to the Patient*, 39 DePaul L Rev, 1989, 131-160.
BOYLE, J. E. – *Canon Law before 1380* in *The History of the University of Oxford, Vol. I: The Early Oxford Schools*, coordenação de T. H. ASTON e J. I. CATTO, OUP, Oxford, 1984.
BRADBURY, JIM – *Stephen and Matilda: the Civil War of 1139-53*, Allan Sutton Publishing, Gloucestershire, 1996.
BRANCO, JOÃO RICARDO – *Negócios fiduciários*, Relatório de Mestrado, FDL, Lisboa 2008-2009.
BRAND, PAUL – *"Multi Vigiliss Excogitatam et Inventam": Henry II and the Creation of the English Common Law* in *The Making of the Common Law*, The Hambledon Press, Londres, 1992, 77-102;

- *Kings, Barons and Justices: the Making and Enforcement of Legislation in Thirteenth-Century England*, CUP, Cambridge, 2003, 336-339.
BRANDÃO, MARIA JOSÉ LOBO – *Das substituições fideicomissárias*, Curso Complementar de Ciências Jurídicas, FDL, Lisboa, 1947-1948.
BRAUCHER, ROBERT – *The Legislative History of the Uniform Commercial Code*, 58 Colum L Rev, 1958, 798-814.
BRAUCHET, L. – *De la propriété familiale dans l'ancien Droit suédois*, 25 NRHDFE, 1901, 5-44.
BRAUN, ALEXANDRA – *Trusts in the Draft Common Frame of Reference: the "Best Solution" for Europe?*, 70 CLJ, 2011, 327-352.
BRAVO, FEDERICO DE CASTRO Y – *El negocio fiduciario: estudio critico de la teoría del doble efecto*, 15 RDN, 1966, 7-40;
– *El negocio jurídico* in Derecho civil de España, Vol. III, reedição da edição de 1971, Cizur Menor, Thomson Cibitas, 2008.
BRAZIER, MARGARET/CAVE, EMMA – *Medicine, Patients and the Law*, 4ª edição, Penguin Books, Londres, 2007.
BREHM, WOLFGANG/BERGER, CHRISTIAN – *Sachenrecht*, 2ª edição, Mohr Siebeck, Tübingen, 2006.
BREMKAMP, TILL – *Causa: der Zweck als Grundpfeiler des Privatrechts*, Duncker & Humblot, Berlim, 2008.
BREZZO, CAMILLO – *L'utilis actio del diritto romano: rei vindicatio utilis. Estensione utile dell'azione di rivendica di fronte al Co. civ. it.*, Fratelli Bocca, Turim, 1889.
BRIDGE, MICHAEL G. – *Personal Property Law*, OUP, Oxford, 2002, 115-141;
– *The Sale of Goods*, 2ª edição, OUP, Oxford, 2009.
BRIDGE, STUART – vide HARPUM, CHARLES.
BRIERLEY, JOHN E. C. – *Quebec's Civil Law Codification Viewed and Reviewed*, 14 McGill LJ, 1968, 521-589;
– *The Renewal of Quebec's Distinct Legal Culture: the New Civil Code of Québec*, 42 UTLJ, 1992, 484-503;
– *Regards sur le Droit des biens dans le nouveau Code Civil du Québec*, 47 RIDC, 1995, 33-49.
BRIGHTWELL, JAMES – vide MOWBRAY, JOHN.
BRINKMANN, MORITZ – *Anotação ao § 51 da InsO* in Insolvenzordnung Kommentar, 13ª edição, coordenação de WILHELM UHLENBRUCK, HERIBERT HIRTE e HEINZ VALLENDER, Franz Vahlen, Munique, 2010 887-913.
BRINZ, ALOIS – *Lehrbuch der Pandekten*, Tomo II, Vol. III, Parte I: *Das Zweckvermögen*, 2ª edição, Andreas Deichert, Erlangen, 1888;
– *Lehrbuch der Pandekten*, Vol. IV, 2ª edição, atualizada por PHILIPP LOTMAR, Andreas Deichert, Erlangen, 1892.

BRITO, ALEJANDRO GUZMAN – *Derecho privado romano*, Tomo II: *El Derecho de las obligaciones (capítulos IV a IX), el Derecho de la sucesión por causa de muerte, el Derecho de las liberlaidades*, Editorial Jurídica de Chile, Santiago do Chile, 1996.
BRITO, MIGUEL NOGUEIRA DE – *A justificação da propriedade privada numa democracia constitucional*, Almedina, Coimbra, 2007.
BRODRICK, GEORGE C. – *Memorials of Merton College with Biographical Notices of the Wardens and Fellows*, Clarendon Press, Oxford, 1885.
BROOKE, ROSALIND B. – *The Image of St Francis: Responses to Sainthood in the Thirteenth Century*, CUP, Cambridge, 2006.
BROWN, BRENDAN F. – *The Ecclesiastical Origin of the Use*, 10 Notre Dame L Rev (à época Notre Dame Lawyer), 1934, 353-366.
BROWN, GORDON S. – *The Norman Conquest of Southern Italy and Sicily*, McFarland, Carolina do Norte, 2003.
BROWNBILL, DAVID – *When is a Sham not a Sham?*, 2 JITCP, 1993, 13-22.
BROWNSWORD, ROGER – vide ADAMS, JOHN N..
BROWNSWORD, ROGER – vide BEYLEVELD, DERYCK.
BRUDNEY, VICTOR – *Corporate, Agency Costs, and the Rhetoric of Contract*, 85 Colum L Rev, 1985, 1403-1444;
– *Contract and Fiduciary Duty in Corporate Law*, 38 BCL Rev, 1997, 595-665.
BRUDNEY, VICTOR/CLARK, ROBERT CHARLES – *A New Look at Corporate Opportunities*, 94 Harv L Rev, 1981, 997-1062.
BRUNDAGE, JAMES A. – *Medieval Canon Law*, Longman, Londres, 1995;
– *The Teaching and Study of Cannon Law in the Law Schools* in *History of Medieval Canon Law in the Classical Period, 1140-1234*, coordenção de WILFRIED HARTMANN e KENNETH PENNINGTON, The Catholic University of American Press, Estados Unidos da América, 2008, 98-120.
BRUNNER, HEINRICH – *Die Entstehung der Schwurgerichte*, Scientia, Aalen, 1967, reimpressão da edição de 1872;
– *Deutsches Rechtsgeschichte*, Vol. I, Duncker & Humblot, Leipzig, 1887.
BRUTAU, JOSÉ PUIG – *Fundamentos de Derecho civil*, Tomo III, Vol. III, 3ª edição, Bosch, Barcelona, 1983;
– *Fundamentos de Derecho civil*, Tomo II, Vol. I, 3ª edição, Bosch, Barcelona, 1988.
BRÜTT, LORENZ – *Die abstrakte Forderung nach deutschem Reichsrecht*, J. Guttentag, Berlim, 1908.
BRYSON, WILLIAM H. – *Papal Releases From Royal Oaths*, 22 J Eccl Hist, 1971, 19-33;
– *Cases Concerning Equity and the Courts of Equity 1550-1660*, Vol. I, 117 Selden Society, Selden Society, Londres, 2000.
BUBLICK, ELLEN M. – vide DOBBS, DAN B..
BUCKLAND, WILLIAM W. – *The Roman Law of Slavery*, CUP, Cambridge, 1970, reimpressão da edição de 1908;
– *Elementary Principles of the Roman Private Law*, CUP, Cambridge, 1913;

- *A Text-Book of Roman Law From Augustus to Justinian*, 3ª edição, revista por PETER STEIN, CUP, Cambridge, 1963.
BUCKLEY, RICHARD A. – vide HEUSTON, ROBERT F. V..
BUFFONE, GIUSEPPE – *Mandato, agenzia, mediazione: percorsi giurisprudenziali*, Giuffrè, Milão, 2009.
BÜLLOW, PETER – *Grundfragen der Verfügungsverbote*, 34 JuS, 1994, 1-8.
BURDICK, FRANCIS M. – *Law of Torts: a Concise Treatise on the Civil Liability at Common Law and Under Modern Statutes for Actionable Wrongs to Person and Property*, Beard-Books, Washington, 2000, reedição da edição de 1905.
BURDICK, WILLIAM LIVESEY – *Handbook of the Law of Real Property*, West Publishing, St. Paul, Minnesota, 1914.
BUREK, LAWRENCE M. – *Clergy Malpractice: Making Clergy Accountable To a Lower Power*, 14 Pepp L Rev, 1986, 137-161.
BURN, EDWARD H./CARTWRIGHT, JOHN – *Cheshire and Burn's Modern Law of Real Property*, OUP, Oxford, 2006.
BURNS, ROBERT P. – *Blackstone's Theory of the "Absolute" Rights of Property*, 54 U Cin L Rev, 1985, 67-86.
BURTON, STEVEN J. – *Breach of Contract and the Common Law Duty to Perform in Good Faith*, 94 Harv L Rev, 1980, 369-404;
– *Good Faith Performance of a Contract within Article 2 of the Uniform Commercial Code*, 67 Iowa L Rev, 1981, 1-31;
– *More on Good Faith Performance of a Contract: a Reply to Professor Summers*, 69 Iowa L Rev, 1984, 497-512.
BUSH, MICHAEL L. – *The Pilgrimage of Grace: a Study of the Rebel Armies of October 1536*, Manchester University Press, Manchester, 1996.
BUTI, IGNAZIO – *Studie sulla capacità patrimoniale dei "servi"*, Jovene, Nápoles, 1976.
BUTLER, DES – vide WILLMOTT, LINDY.
BUTLER, EDMOND B. – *Some Reflections on the Restatement of the Law of Trusts*, 6 Fordham L Rev, 1937, 228-240.
BUTLER, HENRY N./RIBSTEIN, LARRY E. – *Opting out of Fiduciary Duties: a Response to the Anti-Contractarians*, 65 Wash L Rev, 1990, 1-72.
BYDLINSKI, FRANZ – *System und Prinzipien des Privatrechts*, Springer, Viena, 1996.

CAEIRO, LICÍNIO CASTRO – *Do regime jurídico das substituições fideicomissárias*, dissertação de licenciatura em Ciências Jurídicas, V ano, FDL, Lisboa, 1943-1944.
CAENEGEM, RAOUL C. VAN – *Royal Writs in England from the Conquest to Glanvill: Studies in the Early History of the Common Law*, 77 Selden Society, Bernard Quaritch, Londres, 1959;
– *Public Prosecution of Crime in Twelfth-Century England* in *Church and Government in the Middle Ages*, coordenação de CHRISTOPHER BROOKE, DAVID LUSCOMBE, GEOFFREY MARTIN e DOROTHY OWEN, CUP, Cambridge, 1976, 41-76;

– *The Birth of the English Common Law*, 2ª edição, CUP, Cambridge, 1988;
– *English Lawsuits From William I to Richard I*, Vol. II: *Henry II and Richard I (Nos 347-665)*, 107 Selden Society, Londres, 1991.

CAESAR, JULIUS – *The Ancient State Authoritie, and Proceedings of the Court of Requests*, editado e com introdução de LAMAR M. HILL, CUP, Cambridge, 1975.

CAILLEMER, ROBERT – *Le retrait lignager dans le Droit provençal*, L. Pierro e Fils, Nápoles, 1906.

CAIRNS, JOHN W. – *Craig, Cujas and the Definition of feudum* in *New Perspectives in the Roman Law Property: Essays for Barry Nicholas*, coordenação de PETER BIRKS, Clarendon Press, Oxford, 1989, 75-84.

CALAMANDREI, RODOLFO – *Anotação ao artigo 803.º do CCom It* in *Del fallimento: commento al Libro III e al Capo III Titolo I Libro IV del nuovo Codice di Commercio italiano*, Vol. II, UTET, Turim, 1883, 38-43.

CALNAN, ALAN – *A Revisionist History of Tort Law: from Holmesian Realism to Neoclassical Rationalism*, Carolina Academic Press, Durham, Carolina do Norte, 2005.

CALVÁRIO, PATRÍCIA NASCIMENTO – *Filosofia e pobreza em Boaventura de Bagnoregio*, Faculdade de Letras da Universidade do Porto, Porto, 2009.

CÂMARA, PAULO – *Manual de Direito dos valores mobiliários*, 2ª edição, Almedina, Coimbra, 2011.

CAMPBELL, COLLIN P. – *The Court of Equity – A Theory of Its Jurisdiction*, 15 Green Bad, 1903, 108-112.

CAMPBELL, JAMES – *The Anglo-Saxon State*, Hambledon and London, Londres, 2000.

CAMPBELL, JOHN LORD – *The Lives of the Lord Chancellorsand Keepers of the Great Seal of England, from the Earliest Times till the Reign of King George IV*, Vol. I, 2ª edição, John Murray, Londres, 1846;
– *The Lives of the Lord Chancellors and Keepers of the Great Seal of England, from the Earliest Times till the Reign of Queen Victoria*, Vol. II, 7ª edição, Cockcroft, Nova Iorque, 1878.

CAMPOS, DIOGO LEITE DE – *Contrato a favor de terceiros*, 2ª edição, Almedina, Coimbra, 1991;
– vide TOMÉ, MARIA JOÃO VAZ.

CANARIS, CLAUS-WILHELM – *Inhaberschaft und Verfügungsbefugnis bei Bankkonten*, 26 NJW, 1973, 825-833;
– *Die Verdinglichung obligatorischer Rechte* in *Festschrift für Werner Flume zum 70. Geburtstag*, Vol. I, Dr. Otto Schmidt, Colónia, 1978, 371-427;
– *Bankvertragsrecht*, Vol. I, 3ª edição, Walter de Gruyter, Berlim, 1988;
– *Pensamento sistemático e conceito de sistema na Ciência do Direito*, 2ª edição, de 1982, introdução e tradução de ANTÓNIO MENEZES CORDEIRO, Fundação Calouste Gulbenkian, Lisboa, 1996;
– *Handelsrecht*, 24ª edição, Beck, Munique, 2006;
– vide HUECK, ALFRED.

Canotilho, J. J. Gomes/Moreira, Vital – *Constituição da República portuguesa anotada*, Vol. I, 4ª edição, Coimbra, Coimbra, 2007.
Cantin-Cumyn, Madeleine – *L'administration du bien d'autri*, Yvon Blais, Cowansville, 2000.
Canuto, Elza Maria Alves – *Alienação fiduciária de bem imóvel: responsabilidade do avalista*, Del Rey, Belo Horizonte, 2003.
Capitant, Henri – *De la cause des obligations: contrats, engagements unilatéraux, legs*, 2ª edição, Dalloz, Paris, 1924.
Capozzi, Guido/Ferrucci, Annamaria/Ferrentino, Carmine – *Successioni e donazioni*, Tomo I, 3ª edição, Giuffrè, Milão, 2009.
Capper, David – *Compensation for Breach of Trust*, 61 Con, 1997, 14-23.
Caringella, Francesco – *Studi di diritto civile*, Vol. II: *Proprietà e diritti reali*, com colaboração de Miriam Giorgio, Giuffrè, Milão, 2007.
Caringella, Francesco/Marzo, Giuseppe de – *Manuale di diritto civile*, Vol. III: *Il contratto*, 2ª edição, Giuffrè, Milão, 2008.
Carins, John W. – *Historical Introduction* in *A History of Private Law in Scotland*, Vol. I: *Introduction and Property*, coordenação de Kenneth Reid e Reinhard Zimmermann, OUP, Oxford, 2000, 14-184.
Cariota-Ferrara, Luigi – *I negozi fiduciari: trasferimento cessione e girata a scopo di mandato e di garanzia. Processo fiduciario*, CEDAM, Pádua, 1933.
Carlin, Martha – *Medieval English Hospitals* in *The Hospital in History*, coordenação de Linday Granshaw e Roy Porter, Routledge, Londres, 1990, 21-40.
Carnahan, Wendell – *An Introduction to the Statute of Uses*, 24 Ky LJ, 1936, 172-189.
Carneiro, Manuel Borges – *Direito civil de Portugal: contendo tres livros: I Das pessoas: II Das cousas: III Das obrigações e acções*, Tomo II: *continuação do Livro I*, Impressão Regia, Lisboa, 1828.
Carnevali, Ugo – vide Torrente, Andrea.
Caron, Yves – *The Trust in Quebec*, 25 Mcgill LJ, 1980, 421-444.
Carpenter, Christine – *Law, Justice and Landowners in Late Medieval England*, 1 Law & Hist Rev, 1983, 205-237.
Carpenter, David – *The Struggle for Mastery: Britain, 1066-1284*, Penguin Books, Londres, 2003.
Carpenter, Richard – *The Conscionable Christian: or, the Indevour of Saint Paul, to Have and Discharge a Good Conscience Alwayes Towards God, and Men Laid Open and Apllyed in Three Sermons*, printed by F. K. for John Bartlet, Londres, 1623.
Carraro, Luigi – *Il mandato ad alienare*, CEDAM, Pádua, 1947, 79.
Carson, Hampton L. – *A Plea for the Study of Britton*, 23 Yale LJ, 1914, 664-671.
Carter, Albert Thomas – *A History of English Legal Institutions*, Butterworth, Londres, 1902.
Cartwright, John – vide Burn, Edward H..
Carvalho, Américo da Silva – *Ilícito concorrencial e dano*, Coimbra, Coimbra, 2011.

CARVALHO, NUNO PIRES DE – *The TRIPS Regime of Antitrust and Undisclosed Information*, Wolters Kluwer, Alphen aan de Rijn, 2008.
— *The TRIPS Regime of Patent Rights*, Wolters Kluwer, Alphen aan den Rijn, 2010.
CARVALHO, ORLANDO DE – *Critério e estrutura do estabelecimento comercial*, Vol. I: *O problema da empresa como objecto de negócios*, Coimbra, 1967;
— *Direito das coisas (do Direito das coisas em geral)*, Fora do Texto, Coimbra, reimpressão da edição de 1977, cuja primeira edição remonta ao ano letivo de 1968-69;
— *Negócio jurídico indirecto (teoria geral)* in *Escritos, páginas de Direito*, Vol. I, Almedina, Coimbra, 1998, 45-159.
CASPARI, FRITZ – *Sicherungsübereignung und Sicherungscession nach gemeinem Recht und BGB*, Stuhr, Berlim, 1903.
CASTRO, JOSÉ RICALDE PEREIRA DE – *Auto do levantamento, e juramento, que os grandes, título seculares, ecclesiásticos, e mais pessoas, que se acharão presentes, fizerão à muita alta, muito poderosa Rainha fidelissima a senhora D. Maria I. Nossa senhora na coroa destes Reinos, e senhorios de Portugal, sendo exaltada, e coroada sobre o regio throno juntamente com o senhor Rei D. Pedro III. Na tarde do dia trese de Maio. Anno de 1777*, Na Regia Officina Typografica, Lisboa, 1780, 59-75.
CATTAN, HENRY – *The Law of Waqf* in *Law in the Middle East*, Vol. I: *Origin and Development of Islamic Law*, coordenação de MAJID KHADDURI e HERBERT J. LIEBESNY, The Middle East Institute, Washington, D. C., 1955, 203-222.
CAVANNA, STEFANO – *I contratti fiduciari e i rimedi all'inadempimento* in *Trattato della responsabilità contrattuale*, coordenação de GIOVANNA VISITINI Vol. II: *I singoli contratti – applicazioni pratiche e disciplina specifica*, CEDAM, Pádua, 2009, 1223-1288.
CAVE, EMMA – vide BRAZIER, MARGARET.
CAVENDISH, GEORGE – *The Life and Death of Thomas Wolsey: Cardinal, once Archbishop of York and Lord Chancellor of England. Containing: 1. The Origin of His Promotion, and the Way He Took to Obtain It; 2. The Continuance in His Magnificence; 3. His Negotiations Concerning the Peace with France and the Netherlands; 4. His Fall, Death, and Burial. Wherein Are Things Remarkable for these Times*, editado por GRACE H. M. SIMPSON, R. & T. Washbourne, Londres, 1901.
CHADWICK, HECTOR MUNRO – *Studies on Anglo-Saxon Institutions*, CUP, Cambridge, 1905.
CHAFEE, JR., ZECHARIAH – *The Progress of the Law, 1919-1920: Equitable Relief Against Torts*, 34 Harv L Rev, 1921, 388-415;
— *Recensão a Traité Théorique et Pratique des Trusts de Pierre Lepaulle*, 46 Harv L Rev, 1933, 535-540.
CHALANDON, FERDINAND – *Historie de la domination normande en Italie et en Sicile*, Librairie Alphonse Picard et Fils, Paris, 1907.
CHALMERS, DONALD R. C. – vide PONT, GINO EVAN DAL.
CHAMBERS, ROBERT – *Resulting Trusts*, Clarendon Press, Oxford, 1997;

- *Liability* in *Breach of Trust*, coordenação de PETER BIRKS e ARIANNA PRETTO, Hart Publishing, Oxford, 2002, 1-40.
CHANEY, WILLIAM A. - *The Cult of Kingship in Anglo-Saxon England: the Transition from Paganism to Christianity*, University of California Press, Berkeley e Los Angeles, 1970.
CHAPLAIS, PIERRE - *The Royal Anglo-Saxon "Chancery" of the Tenth Century Revisited* in *Studies in Medieval History Presented to R. H. C. Davis*, coordenação de HENRY MAYR-HARTING e R. I. MOORE, Hambledon Press, Londres, 1985, 41-51.
CHARBONNEAU, PIERRE - *Les patrimoines d'affectation: vers un nouveau paradigme en Droit québécois du patrimoine*, 85 R du N, 1983, 491-530.
CHARLES-EDWARDS, THOMAS M. - *Early Christian Ireland*, CUP, Cambridge, 2000;
- *Law in the Western Kingdoms Between the Fifth and the Seventh Century* in *The Cambridge Ancient History*, Vol. XIV, coordenação de AVERIL CAMERON, BRYAN WARD-PERKINS e MICHAEL WHITBY, CUP, Cambridge, 2000, 260-287.
CHEFFINS, BRAIN R. - *Law, Economics and Morality: Contracting Out of Corporate Law Fiduciary Duties*, 19 Can Bus LJ, 1991, 28-48.
CHEJNE, ANWAR - *The Role of al-Andalus in the Movement of Ideas Between Islam and the West* in *Islam and the Medieval West: Aspects of Intercultural Relations*, coordenação de KHALIL I. SEMANN, State University of New York Press, Estados Unidos da América, 1980.
CHEN-WISHART, MINDY - *Contract Law*, 2ª edição, OUP, Oxford, 2008.
CHEW, HELENA M. - *Mortmain in Medieval London*, 60 EHR, 1945, 1-15.
CHIO, GIUSEPPE DI - *Gestione fiduciaria di patrimoni mobiliari e servizi di investimento* in *La riforma dei mercati finanziari, dal decreto Eurosim al Testo Unico della Finanza*, coordenação de GUIDO FERRARINI e PIERGAETANO MARCHETTI, Edibank, Roma, 1998, 159-176.
CHLOROS, A. G. - *The Projected Reform of the Civil Law of the Seychelles: an Experiment in Franco/British Codification*, 46 Tul L Rev, 1974, 815-845.
CHRISTENSEN, SHARON - vide WILLMOTT, LINDY.
CHRISTIANI, THEODOR - *Die Treuhand der fränkischen Zeit*, Schlesische Druckerei--Genossenschaft, Breslau, 1904.
CHRISTOPHER, THOMAS W. - *Totten Trust: the Poor Man's Will*, 42 NC L Rev, 1963, 214-219.
CICU, ANTONIO - vide CUZZERI, EMANUELE.
ÇIZAKÇA, MURAT - *Cash Waqfs of Bursa, 1555-1823*, 38 J Econ & Soc Hist Ori, 1995, 313-354;
- *A Comparative Evolution of Business Partnerships: the Islamic World & Europe, with Specific Reference to Ottoman Archives*, E. J. Brill, Leiden, 1996.
CLARK, BRYAN - *UK Company Law Reform and Director's Exploitation of "Corporate Opportunities"*, 17 ICCLR, 2006, 231-241.
CLARK, ROBERT CHARLES - *Corporate Law*, Aspens, Estados Unidos, 1986;

– vide BRUDNEY, VICTOR.

CLARKE, LINDA – *Remedial Responses to Breach of Confidence: the Question of Damages*, 24 CJQ, 2005, 316-336.

CLARKE, PETER A. – *The English Nobility Under Edward the Confessor*, Clarendon Press, Oxford, 1994.

CLARKE, PETER J. – *Land Law and Trusts*, All ER Rev, 1994, 241-257.

Clerk & Lindsell on Torts, 20ª edição, Sweet & Maxwell, Londres, 2010.

COASE, RONALD – *The Problem of Social Costs*, 3 J Law & Econ, 1969, 1-44.

COBB, F. M. – *Early English Courts*, 5 W Res LJ, 1899, 12-25.

COBBAN, ALAN B. – *The Medieval Universities: Their Development and Organization*, Methuen, Londres, 1975.

Codigo civil portuguez: projecto redigido por ANTONIO LUIZ DE SEABRA, Coimbra, Imprensa da Universidade, 1858.

Codigo civil portuguez: projecto redigido por ANTONIO LUIZ DE SEABRA *e examinado pela respectiva comissão revisora*, Imprensa Nacional, Lisboa, 1863.

Código de Propriedade Industrial anotado, coordenação geral de ANTÓNIO CAMPINOS e coordenação científica de LUÍS COUTO GONÇALVES, Almedina, Coimbra, 2010.

COHEN, BOAZ – *Peculium in Jewish and Roman Law*, 20 PAAJR, 1951, 135-234.

COHEN, MARK R. – *Poverty and Charity in the Jewish Community of Medieval Egypt*, Princeton University Press, Princeton, 2005.

COHN, ERNST – *Das rechtsgeschäftliche Handeln für denjenigen, den es angeht, in dogmatischer und rechtsvergleichender Darstellung*, N. G. Elwert'sche, Marburgo, 1931.

COING, HELMUT – *Simulation und fraus in der Lehre des Bartolus und Baldus* in *Festschrift für Paul Koschaker*, Vol. III, Hermann Böhlaus Nachf, Weimar, 1939, 402-419;

– *English Equity and the Denunciatio Evangelica of the Cannon Law*, 71 LQR, 1955, 223-241;

– *Rechtsformen der privaten Vermögensverwaltung, insbesondere durch Banken, in USA und Deutschland*, 167 AcP, 1967, 99-131;

– *Die Treuhandtheorie als Beispiel der Geschichtlichen Dogmatik des 19. Jahrhunderts*, 37 RabelsZ, 1973, 202-209;

– *Die Treuhand kraft Rechtsgeschäft*, Beck, Munique, 1973;

– *Bemerkung zum Treuhandkonto im Deutschland Recht* in *Liber Amicorum Ernst J. Cohn: Festschrift für Ernst J. Cohn zum 70 Geburtstag*, coordenação de ALECK G. CHLOROS e KARL H. NEUMAYER, Recht und Wirtschaft, Heidelberg, 1975, 23-29;

– *Publizität und Außenwirkung bei der Treuhand. Zu BGHZ 61, s. 72* in *Recht und Wirtschaft in Geschichte und Gegenwart – Festschrift für Johannes Bärmann zum 70. Geburtstag*, coordenação de MARCUS LUTTER, HELMUT KOLLHOSSER e WINFRIED TRUSEN, Beck, Munique, 1975, 203-214;

– *Europäisches Privatrecht, Vol. II: 19. Jahrhundert. Überblick über die Entwicklung des Privatrechts in den ehemals gemeinrechtlichen Ländern*, Beck, Munique, 1989.

COKE, EDWARD – *The Reports of Sir Edward Coke, Knt. In Thirteen Parts. A New Edition, with Additional Notes and References, and with Abstracts of the Principal Points: the First Three Parts and the Fourth to Fol. 38 a*, por JOHN HENRY THOMAS. *The Rest of the Fourth Part and the Remaining Nine Parts* por JOHN FARQUHAR FRASE, Vol. I, Joseph Butterworth and Son, Londres, 1826;
– *The Reports of Sir Edward Coke, Knt. In Thirteen Parts. A New Edition, with Additional Notes and References, and with Abstracts of the Principal Points: the First Three Parts and the Fourth to Fol. 38 a*, por JOHN HENRY THOMAS. *The Rest of the Fourth Part and the Remaining Nine Parts* por JOHN FARQUHAR FRASE, Vol. V, Joseph Butterworth and Son, Londres, 1826.

COLLINS, LAWRENCE – *The Territorial Reach of Mareva Injunctions*, 105 LQR, 1989, 262-299.

COLLINS, ROGER – vide MCCLURE, JUDITH.

COMYNS, JOHN/KYD, STEWART – *A Digest of the Laws of England*, 4ª edição, Vol. II, Luke White, Dublin, 1793.

CONAGLEN, MATTHEW – *Sham Trusts*, 67 CLJ, 2008, 176-207;
– *Fiduciary Regulation of Conflicts Between Duties*, 125 LQR, 2009, 111-141;
– *Fiduciary Loyalty: Protecting the Due Performance of Non-Fiduciary Duties*, Hart Publishing, Oxford, 2010;
– *Remedial Ramifications of Conflicts Between a Fiduciary's Duties*, 126 LQR, 2010, 72-101.

CONLEY, ELMO H. – *Trends in the Development of Trusts*, 25 ABAJ, 1939, 862-887.

Constructive and Resulting Trusts, coordenação de CHARLES MITCHELL, Hart Publishing, Oxford, 2010.

CONTI, ANTONIO – *Comentário ao C.6.42.32* in *Digestum Vetus, sev Pandectarum Iuris Civilis. Ex pandectis Florentinis nuper in lucem emissis, quoad eius fieri potuit, reprasentatus: commentariis Accursii, et schollis Contii, & parentitlis Cuiacii, necnon multorum aliorum doctorum virorum observationibus illustratus*, Tomo V, Veneza, 1584.

CONTURSI-LISI, LYCIA GARDINI – *Anotação ao artigo 790.º do CC It* in *Delle donazioni, Art. 769.º-809.º* in *Commentario del Codice Civile*, coordenação de ANTONIO SCIALOJA e GIUSEPPE BRANCA, Nicola Zanichelli, Bolonha, 1976, 332-335.

COOK, ELIZABETH – *The Modern Law of Estoppel*, OUP, Oxford, 2000.

COOPER, GEORGE – *A Treatise of Pleading on the Equity Side of the High Court of Chancery*, A. Strahan, Londres, 1809.

COOTE, HENRY CHARLES – *The Practice of the Ecclesiastical Courts, with Forms and Table of Costs*, Henry Butterworth, Londres, 1847.

COOTER, ROBERT/FREEDMAN, BRADLEY J. – *The Fiduciary Relationship: Its Economic Character and Legal Consequences*, 66 NYU L Rev, 1991, 1045-1075.

COPE, MALCOLM – *Constructive Trusts*, The Law Book Co., Sidney, 1992;
– *Equitable Obligations: Duties, Defences and Remedies*, The Law Book Co., Pyrmont, 2007.

COQUILLETTE, DANIEL R. – *The Civilian Writers of Doctor's Commons, London. Three Centuries of Juristic Innovation in Comparative, Commercial and International Law*, Duncker & Humblot, Berlim, 1988;
– *Francis Bacon*, Edimburg University Press, Edimburgo, 1992.
CORBIN, ARTHUR L. – *Contracts for the Benefit of Third Persons*, 27 Yale LJ, 1918, 1008-1029;
– *Contracts for the Benefit of Third Persons*, 46 LQ Rev, 1930, 12-45.
CORDEIRO, A. BARRETO MENEZES – *A interpretação contratual anglo-saxónica*, 141 Dir, 2009, 665-678;
– *Negative pledge: um estudo comparatístico*, 142 Dir, 2010, 497-538.
CORDEIRO, ANTÓNIO MENEZES – *Evolução juscientífica e Direitos reais*, 45 ROA, 1985, 71-112;
– *A decisão segundo a equidade*, 122 Dir, 1990, 261-280;
– *A boa fé nos finais do século XX*, 56 ROA, 1996, 887-912;
– *Da responsabilidade dos administradores das sociedades comerciais*, Lex, Lisboa, 1997;
– *Da boa fé no Direito civil*, Almedina, Coimbra, 2007 reimpressão da edição de 1984;
– *Direitos reais*, Lex, Lisboa, 1993, reimpressão da edição de 1979;
– *O levantamento da personalidade colectiva no Direito civil e comercial*, Almedina, Coimbra, 2000;
– *Tratado de Direito civil*, I: *Parte geral*, Tomo II, Almedina, Coimbra, 2000;
– *Tratado de Direito civil*, Vol. V, 2011, reimpressão de 2005;
– *Tratado de Direito civil*, I: *Parte geral*, Tomo I, 3ª edição, Almedina, Coimbra, 2007;
– *Tratado de Direito civil*, II: *Direito das obrigações*, Tomo II, Almedina, Coimbra, 2010;
– *Tratado de Direito civil*, II: *Direito das obrigações*, Tomo III, Almedina, Coimbra, 2010;
– *Anotação ao artigo 64.º do CSC* in *Código das Sociedades Comerciais anotado*, coordenação de ANTÓNIO MENEZES CORDEIRO, 2ª edição, Coimbra, Almedina, 2011, 250-255;
– *Tratado de Direito civil*, Vol. IV, 3ª edição, Almedina, Coimbra, 2011;
– *Tratado de Direito civil*, Vol. VI, Almedina, Coimbra, 2012;
– *A equidade como fonte de Direito*, 144 Dir, 2012, 9-28;
– *Tratado de Direito civil*, Vol. I, 4ª edição, Almedina, Coimbra, 2012;
– *Direito dos seguros*, Almedina, Coimbra, 2013.
CORDEIRO, ANTÓNIO VEIGA MENEZES – *Princípios essenciais do Direito civil muçulmano*, inédito, 1956.
CORNICK, TIMOTHY/DORAN, NIGEL/HUI, BRIDGET/CRAIG, GREGOR/ELMORE, JEREMY – *Collective Investment Schemes: the Law and Practice*, Sweet & Maxwell, Londres, 2006.

CORNISH, WILLIAM FLOYER – *An Essay on Uses*, J. S. Littell, Filadélfia, 1834.
CORREA, CARLOS M. – *Trade Related Aspects of Intellectual Property Rights: a Commentary on the TRIPS Agreement*, OUP, Oxford, 2007.
CORREIA, ANTÓNIO FERRER – *Sociedades fictícias e unipessoais*, Livraria Atlantida, Coimbra, 1943;
– *Erro e interpretação na teoria do negócio jurídico*, 2ª edição, Almedina, Coimbra, 1939, 3ª tiragem da 2ª edição de 1967, Almedina, Coimbra, 1985.
CORREIA, MIGUEL PUPO – vide NETO, ABÍLIO.
CORTESE, ENNIO – *Thinx, garethinx, thingatio in gaida et gisil. Divagazioni longobardistiche in tema di legislazione, manumissione dei servi, successioni volontarie*, 61 RSDI 1988, 33-64;
– *Il diritto nella Storia Medievale*, Vol. I: *L'alto medioevo*, Il Cigno Galileo Galilei, Roma, 1995, 120-123 e 137-142.
COSTA, FRANCISCO – *O percurso do Centro Internacional de Negócios da Madeira* in *Estudos em homenagem ao Professor Doutor Paulo de Pitta e Cunha*, coordenação de JORGE MIRANDA, ANTÓNIO MENEZES CORDEIRO, EDUARDO PAZ FERREIRA e JOSÉ DUARTE NOGUEIRA, Vol. III: *Direito privado, Direito público e vária*, Almedina, Coimbra, 2010, 801-810.
COSTA, MÁRIO JÚLIO DE ALMEIDA – *Alienação fiduciária em garantia e aquisição de casa própria (notas de Direito comparado)*, 1 RDJ, 1980, 41-57.
COSTIGAN, JR., GEORGE P. – *The Date and Authorship of the Statute of Frauds*, 26 Harv L Rev, 1913, 329-346.
CÔTE, PIERRE-ANDRÉ – *Bilingual Interpretation of Enactments in Canada: Principles v. Practive*, 29 Brook J Intl L, 2004, 1067-1084.
COTTLE, JOSEPH – *Alfred*, Vol. I, 3ª edição, Button and Son, Bristol, 1816.
COULSON, NOËL JAMES – *A History of Islamic Law*, Edinburgh University Press, Edimburgo, 1964;
– *Muslim Custom and Case-Law* in *Islamic Law and Legal Theory*, coordenação de IAN EDGE, Dartmouth, Aldershot, 1996, 259-270.
COULVIER, EMÍLIO DE MELO – *Das substituições fideicomissárias (Dissertação de Licenciatura)*, Curso Complementar de Ciências Histórico-Jurídicas, FDL, Lisboa 1945/46.
COVIELLO, NICOLA – *Manuale di diritto civile italiano. Parte generale*, 3ª edição revista por LEONARDO COVIELLO, Società Editrice Libraria, Milão, 1924.
COWELL, JOHN – *Institutiones Juris Anglican: ad methodum et seriem institutionum imperialium compositæ & digestæ. Opus non solum juris Anglicani Romanique in hoc Regno studiosis, sed omnibus qui politeian& consuetudines inclyti nostri Imperii penitius scire cupiunt, utile & accommodatum*, Excudebat H. H. Academiæ typographus impresis F. Oxlad, fen. & Ed. Forrest, Oxoniæ, 1676.
COX, ARCHIBALD – *The Duty to Bargain in Good Faith*, 71 Harv L Rev, 1957, 1401-1442.

CRABB, GEORGE – *A History of English Law; or an Attempt to Trace the Rise, Progress, and Successive Changes of the Common Law; from the Earliest Period to the Present Time*, Baldwin and Cradock, Londres, 1829.

CRACKNELL, DOUGLAS/FRAMJEE, PESH/LONGLEY, ADRIAN/QUINT, FRANCESCA – *Charities: the Law and Practice*, Vol. I, Sweet & Maxwell, Londres, 2006.

CRAIG, GREGOR – vide CORNICK, TIMOTHY.

CREPEAU, PAUL A. – *Civil Code Revision in Quebec*, 34 La L Rev, 1974, 921-952.

CRETNEY, STEPHEN – *The Rationale of Keech v Sandford*, 33 Conv, 1969, 161-178.

CROME, CARL – *System des deutschen bürgerlichen Rechts*, Vol. I: *Einleitung und allgemeiner Theil*, Mohr Siebeck, Tübingen, 1900.

CRONE, PATRICIA – *Roman, Provincial and Islamic Law: the Origins of the Islamic Patronate*, CUP, Cambridge, 1987.

CROOK, DAVID – vide MEEKINGS, CECIL A. F..

CROUCH, DAVID – *The Normans: the History of a Dynasty*, Hambledon and London, Londres, 2002.

CRUISE, WILLIAM – *A Digest of the Laws of England Respecting Real Property*, Vol. I, J. Butterworth, Londres, 1804.

CRUISE, WILLIAM/WHITE, HENRY HOPLEY/GREENLEAF, SIMON – *A Digest of the Law of Real Property*, Vol. I, 2ª edição, Little, Brown, Boston, 1856.

CRUZ, SEBASTIÃO – *Da "solutio". Terminologia, conceito e características, e análise de vários institutos afins*, Vol. I: *Épocas arcaica e clássica*, Coimbra, 1962;
– *Actualidade e utilidade dos estudos romanísticos*, 2ª edição, Coimbra, 1982;
– *Direito romano (ius romanum); I: Introdução. Fontes*, 4ª edição, revista e atualizada, DisLivro, Coimbra, 1984.

CUMYN, MADELEINE CANTIN – *Les innovations du Code Civil du Québec, un premier bilan*, 46 C de D, 2005, 463-479.

CUNHA, CAROLINA – *Letras e livranças: paradigmas actuais e recompreensão de um regime*, Almedina, Coimbra, 2012;
– vide MONTEIRO, ANTÓNIO PINTO.

CUNHA, FERNANDO FIDALGO DA – *Fraude à lei (in stricto sensu)*, Relatório ao seminário de Direito civil, FDL, Lisboa, 1991/92.

CUNHA, PAULO – *Curso de Direito civil – Direitos reais*, Ano letivo 1949/50, AAFDL, Lisboa, 1950.

CURA, ANTÓNIO ALBERTO VIEIRA – *Fiducia cum creditore: aspectos gerais*, Coimbra, 1988;
– *Compra e venda e transferência da propriedade no Direito romano clássico e justianeu (a raiz do "sistema do título e do modo")*, BFDUC – Volume Comemorativo, 2003, 69-112;
– *A "fiducia" Romana e a alienação fiduciária em garantia no Direito actual* in *O sistema contratual romano: de Roma ao Direito actual*, FDL, Coimbra, Coimbra, 2010, 173-213.

CURTIS, EDMUND – *Roger of Sicily and the Normans in Lower Italy, 1016-1154*, G.P. Putnam's Sons, Nova Iorque, 1912.
CURTIS, S. J. – *History of Education in Great Britain*, University Tutorial Press, Londres, 1967.
CUSHING, GRAFTON DULANY – *On Certain Cases Analogous to Trade-Marks*, 4 Harv L Rev, 1891, 321-332.
CUZZERI, EMANUELE/CICU, ANTONIO – *Anotação ao 803.º do CCom It* in *Del fallimento*, UTET, Turim, 1927, 501-506.
CZAYA, KURT – *Das Indossament zum Inkasso*, Robert Noske, Borna, Leipzig, 1908.
CZELK, ANDREA – vide MEDER, STEPHAN.

D'AGOSTINO, FRANCESCO – *Epieikeia: il tema dell'equità nell'antichità greca*, Giuffrè, Milão, 1973.
DAGOT, MICHEL – *La simulation en Droit privé*, LGDJ, Paris, 1967, 33-35.
DALLAL, AHMAD – *The Islamic Institution of Waqf: a Historical Overview* in *Islam and Social Policy*, coordenação de STEPHEN P. HEYNEMAN, Vanderbilt University Press, Estados Unidos da América, 2004, 13-43.
DALRYMPLE, JAMES – *The Institutions of the Law of Scotland, Deduced from its Originals, and Collated with the Civil, Canon and Feudal Laws, and with the Customs of Neighbouring Nations. In IV Books*, 2ª edição, printed by the Heir of Andrew Anderson, Edimburgo, 1693.
DAVIES, MARK – *Solicitors' Negligence and Liability*, OUP, Oxford, 2008, 66-69.
DAVIES, PAUL L. – *Introduction to Company Law*, 2002, OUP, Oxford, 2002;
– *Gower and Davies: Principles of Modern Company Law*, 8ª edição, Sweet & Maxwell, Londres, 2008.
DAVIS, CHRISTINE J. – *Floating Rights*, 61 CLJ, 2002, 461, 447-448.
DAVIS, HENRY W. C. – *England Under the Normans and Angevins*, 4ª edição, Methuen, Londres, 1915.
DAVIS, HENRY W. C. – *Regesta Regum Anglo-Normannorum 1066-1154*, Vol. I: *Regesta Willelmi Conquestoris et Willelmi Rufi 1066-1100*, Clarendon Press, Oxford, 1913.
DAVIS, J. L. R. – vide BALKIN, ROSALIE P..
DAWSON, JAMES DOYNE – *William of Saint-Amour and the Apostolic Tradition*, 40 Mediaeval Studies, 1978, 223-238.
DEGENEFEE, MARGARITA FUENTESECA – *La formación romana del concepto de propiedad (dominium, proprietas y causa possessionis)*, Dykinson, Madrid, 2004.
DEGUILHEM, RANDI – *The Waqf in the City* in *The City in the Islamic World*, coordenação de SALMA K. JAYYUSI, RENATA HOLOD, ATTILIO PETRUCCIOLO e ANDRÉ RAYMOND, Koninklijke Brill, Leiden, 2008.
DEIANA, GIOMMARIA – *Alcuni chiarimenti sulla cause del negozio e dell'obbligazione*, 30 RDCiv, 1938, 1-55 e 105-150.

DeMott, Deborah A. – *Breach of Fiduciary Duty: on Justifiable Expectations of Loyalty and Their Consequences*, 48 Ariz L Rev, 2006, 925-956;
– *Disloyal Agents*, 58 Ala L Rev, 2007, 1049-1067.
Denholm-Young, Noël – *Who Wrote "Fleta"?*, 58 EHR, 1943, 1-12.
Der Sachsenspiegel als Buch, coordenação de Ruth Schmidt-Wiegand e Dagmar Hüpper, Peter Lang, Francoforte, 1991.
Dernburg, Heinrich – *Pandekten*, Vol. I, 1ª edição, H. W. Müller, Berlim, 1884.
Desbois, Henri – *La notion de fraude à la loi et la jurisprudence française*, Dalloz, Paris, 1927.
Dessemontet, François – *Protection of Trade Secrets and Confidential Information* in *Intellectual Property and International Trade: TRIPS Agreement*, 2ª edição, coordenação de Abdulqawi A. Yusuf e Carlos M. Correa, Wolters Kluwer, Alphen aan den Rijn, 2008, 271-290.
Deutsch, Hermann – *Die Vörlaufer der heutigen Testamentsvollstrecker in römischen Recht*, Prager, Berlim, 1899.
DeVine, Stephen W. – *Ecclesiastical Antecedents to Secular Jurisdiction Over the Feoffment to the Uses to be Declared in Testamentary Instruction*, 30 Am J Legal Hist, 1986, 295-320;
– *The Franciscan Friars, the Feoffment to Uses, and Canonical Theories of Property Enjoyment Before 1535*, 9 J Leg Hist, 1988, 1-22.
Dias, Fernando Teixeira – *Do usufruto*, Imprensa da Universidade, Coimbra, 1917.
Dias, José Gonsalves – *Da letra e da livrança segundo a Lei Uniforme e o Código Comercial*, Vol. V, Livraria Gonçalves, Coimbra, 1943;
– *Da letra e da livrança segundo a Lei Uniforme e o Código Comercial*, Vol. VI, 2ª Parte, Livraria Gonçalves, Coimbra, 1943.
Dibben, L. B. – *Chancellor and Keeper of the Seal under Henry III*, 27 EHR, 1912, 39-51.
Dickerson, Claire Moore – *From Behind the Looking Glass. Good Faith, Fiduciary Duty & Permitted Harm*, 22 Fla St U L Rev, 1995, 955-1020.
Dien, Mawil Izzi – *Islamic Law: from Historical Foundations to Contemporary Practice*, Edinburgh University Press, Edimburgo, 2004.
Diener, Maria Cristina – *Il contratto in generale: manuale e applicazione pratiche dalle lezioni di Guido Capozzi*, 2ª edição, Giuffrè, Milão, 2010.
Díez-Picazo, Luis – *Operaciones fiduciarias y servicios fiduciarios* in *Dictámenes jurídicos*, Civitas, Madrid, 1981, 25-65.
Díez-Picazo, Luis/Gullón, Antonio – *Sistema de Derecho civil*, Vol. I: *Introducción. Derecho de la persona. Autonomía privada. Persona jurídica*, 9ª edição, Tecnos, Madrid, 1997.
Digby, Kenelm Edward – *An Introduction to the History of the Law of Real Property with Original Authorities*, Clarendon Press, Oxford, 1876.

DiMatteo, Larry A. – *Equity's Modification of Contract: an Analysis of the Twentieth Century's Equitable Reformation of Contract Law*, 33 New Eng L Rev, 1999, 265-364.

Dixon, Martin – vide Harpum, Charles.

Dobbins, Sharon K. – *Equity: the Court of Conscience or the King's Command, the Dialogues of St. German and Hobbes Compared*, 9 J L & Relig, 1991, 113-149.

Dobbs, Dan B./Hayden Paul T./Bublick, Ellen M. – *The Law of Torts*, Vol. I, 2ª edição, West, St. Paul, Minnesota, 2011.

Dobris, Joel C. – *Changes in the Role and the Form of the Trust at the New Millennium, or, We Don't Have to Think of England Anymore*, 62 Alb L Rev, 1998, 543-578.

Dodds, Dan B. – *The Law of Torts*, West Group, St. Paul, Minnesota, 2000.

Dodds, Madeleine Hope/Dodds, Ruth – *The Pilgrimage of Grace 1536-1537 and the Exeter Conspiracy 1538*, CUP, Cambridge 1915.

Dodds, Ruth – vide Dodds, Madeleine Hope.

Dogauchi, Hiroto – *Trusts in the Law of Japan* in *La fiducie face au trust dans le rapports d'affaires*, coordenação de Madeleine Cantin Cumyn, Bruylant, Bruxelas, 1999, 105-113.

Doi, 'Abdur Rahman I. – *Sharīa'ah: the Islamic Law*, Iksan Islamic Publishers, Nigéria.

Dolding, Lesley/Mullender, Richard – *Tort Law, Incrementalism, and the House of Lords*, 47 N Ir Legal Q, 1996, 12-34.

Domat, Jean – *Traité des lois* in *Oeuvres complètes de J. Domat*, editado por Joseph Remy, Tomo I, Firmin Didot Père et Fils e Charles Réchet, Libraire de Jurisprudence, Paris, 1828.

Dominedò, Francesco M. – *La costituzione fittizia delle anonime* in *Studi di diritto commerciale in onore di C. Vivante*, Vol. II, Foro Italiano, Roma, 1931, 659-712.

Donahue Jr., Charles – *Roman Canon Law in the Medieval English Church: Stubbs vs Maitland Re-examined After 75 Years in the Light of Some Records from the Church Courts*, 72 Mich L Rev, 1974, 647-716;
– *Ius Commune, Canon Law, and Common Law in England*, 66 Tul L Rev, 1992, 1745-1780.

Doral, José Antonio/Arco, Miguel Angel der – *El negocio jurídico*, Trivium, Madrid, 1982.

Doran, Nigel – vide Cornick, Timothy.

Dorn, Franz – *Anotação aos §§ 134-137* in *Historisch-kritischer Kommentar zum BGB*, Tomo I: *Allgemeiner Teil §§ 1-240*, coordenação de Mathias Schmoeckel, Joachin Rückert e Reinhard Zimmermann, Mohr Siebeck, Tübingen, 2003, 694-698.

Dörner, Heinrich – *Introdução aos §§ 164-181* in *BGB Handkommentar (Reiner Schulze)*, 7ª edição, Nomos, Baden-Baden, 2012, 165-167.

DOUGAN, CHARLES – *The Reception of Canon Law in England in the Later Twelfth Century* in *Proceedings of the Second International Congress of Medieval Canon Law, Boston College, 12-16 August 1963*, coordenação de STEPHAN KUTTNER e J. JOSEPH RYAN, S. Congregation de Seminariis et Studiorum Universitatibus, Vaticano, 1965, 359-390.

DOUGLAS, DAVID C. – *William the Conqueror: the Norman Impact upon England*, Eyre & Spottiswoode, Londres, 1964.

DOWLING, KARA L. – vide HEALEY, JR., JOSEPH M..

DRATLER JR., JAY – *Intellectual Property Law: Commercial, Creative and Industrial Law*, Law Journal, Nova Iorque, 2006.

DREYER – *Das fiduziarische Rechtsgeschäft*, 40 Gruchot, 1896, 233-242 e 449-467.

DROUET, CLOVIS – *Essai sur les retraits de Droits litigieux, successoral, lignager et féodal*, Imprimerie Lacour, Paris, 1854.

DRUCKER, ALFRED – *Trusts on the Continent of Europe*, 4 Int'l & Comp LQ, 1950, 550-552.

DRUNEN, DAVID VAN – *Natural Law and the Two Kingdoms: a Study in the Development of Reformed Social Thought*, Wm. B. Eerdmans Publishing, Grand Rapids, Michigan, 2010.

DUALDE, JOAQUÍN – *Concepto de la causa de los contratos (la causa es la causa)*, Bosch, Barcelona, 1949.

DUARTE, DIOGO PEREIRA – *Causa: motivo, fim, função e fundamento no negócio jurídico* in *Estudos em Honra do Professor Doutor José de Oliveira Ascensão*, Vol. I, Almedina, Coimbra, 431-461.

DUARTE, RUI PINTO – *Contratos de intermediação no Código dos Valores Mobiliários*, 7 Cad MVM, 2000, 353-372;
– *Tipicidade e atipicidade dos contratos*, Almedina, Coimbra, 2000;
– *Curso de Direitos reais*, Principia, Lisboa, 2001.

DUBLED, HENRI – *Noblesse et féodalité en Alsace du XIe au XIIIe siècle*, 28 Tijds Rgeschied, 1960, 129-180.

DUCKWORTH, ANTONY – *Hazards for the Retentive Settlor and his Trustee – Sham, Mistake and Nudity*, 7 JTCP, 1999, 183-192.

DUFF, P. W. – *Personality in Roman Private Law*, CUP, Cambridge, 1938.

DUGGAN, ANTHONY – *Is Equity Efficient?*, 113 LQR, 1997, 601-636;
– *Solicitors' Conflict of Interest and the Wider Fiduciary Question*, 45 Can Bus LJ, 2007, 414-431;
– *Contracts, Fiduciaries and the Primacy of the Deal* in *Exploring Private Law*, coordenação de ELISE BANT e MATTHEW HARDING, CUP, Cambridge, 2010, 275-297.

DUGGIN, SARAH HELENE/GOLDMAN, STEPHEN M. – *Restoring Trust in Corporate Directors: the Disney Standard and the "New" Good Faith*, 56 Am UL Rev, 2006, 211-274.

DULCKEIT, GERHARD – *Die Verdinglichung obligatorischer Recht*, Siebeck Mohr, Tübingen, 1951.

DUMONT-KISLIAKOFF, NADIA – *La simulation en Droit romain*, Cujas, Paris, 1970.
DUNGS – *Ueber die Rechtsstellung des Gläubigers für fremde Rechnung*, 32 Gruchot, 1888, 8-40.
DUNLAP, M. E. – *Abridgment of Elementary Law: Embodying the General Principles, Rules and Definitions of Law, Together with the Common Maxims of Equity Jurisprudence, as Stated in the Standard Commentaries of the Leading English and American Authors; Embracing the Subjects Contained in a Regular Law Course. Collected and Arranged so as to Be More Easily Acquired by Students, Comprehended by Justices, and Readily Reviewed by Young Practitioners*, Soule, Thomas & Wentworth, St. Louis, 1876.
DURFEE, E. N. – *The Statute of Uses and Active Trusts*, 17 Mich L Rev, 1918, 87-90.
DUSI, BARTOLOMEO – *Istituzioni di diritto civile*, Vol. I, Libreria Scientifica Giappichelli, Turim, 1929.
DUTTON, YASIN – *The Origins of Islamic Law: the Qur'an, the Muwaṭṭa' and Madinan 'Amal*, Curzon, Surrey, 1999.
DWORKIN, ROGER B. – *Getting What We Should From Doctors: Rethinking Patient Autonomy and the Doctor-Patient Relationship*, 13 Health Matrix, 2003, 235-296.
DWORKIN, RONALD – *Taking Rights Seriously, New Impression with a Reply to Critics*, Duckworth, Londres, 1977.
DYER, ADAIR – *International Recognition and Adaption of Trusts: the Influence of the Hague Convention*, 32 Vand J Transnat'l L, 1999, 989-1022.

EASTERBROOK, FRANK H./FISCHEL, DANIEL R. – *Antitrust Suits by Targets of Tenders Offers*, 80 Mich L Rev, 1982, 1155-1178;
– *Corporate Control Transactions*, 91 Yale L J, 1982, 689-727;
– *Contract and Fiduciary Duty*, 36 J Law & Econ, 1993, 425-446;
– *The Economic Structure of Corporate Law*, Harvard University Press, Cambridge, 1996.
EDELMAN, JAMES/ELLIOT, STEVEN – *Money Remedies Against Trustees*, 18 Trust LI, 2004, 116-131.
EDEN, SIEGFRIED – *Treuhandschaft an Unternehmen und Unternehmensanteilen: Recht, Steuer, Betriebswirtschaft*, Erich Schmidt, Bielefeld, 1989.
EDMUND, BISHOP OF NELSON – *Sketch of the Life of Walter de Merton, Lord High Chancellor of England, and Bishop of Rochester; Founder of Merton College*, John Henry and James Parker, Oxford, 1859.
EDWARDS, JOHN RICHARD – *A History of Financial Accounting*, Routledge, Londres, 1989.
EDWARDS, KATHLEEN – *College of De Vaux, Salisbury* in *A History of Wiltshire*, Vol. III, coordenação de R. B. PUGH e ELIZABETH CRITTALL, OUP, Oxford, 1956, 369-385.
EINSELE, DOROTHEE – *Inhalt, Schranken und Bedeutung des Offenkundigkeitsprinzips – unter besonderer Berücksichtigung des Geschäfts für den, den es angeht, der fiduziarischen Treuhand sowie der dinglichen Surrogation*, 45 JZ, 1990, 1005-1014;

– *Wertpapierrecht als Schuldrecht*, Mohr Siebeck, Tübingen, 1995.
EISENBERG, MELVIN A. – *The Duty of Good Faith in Corporate Law*, 31 Del J Corp L, 2006, 1-75.
EISENBERG, RUSSELL A. – *Good Faith Under the Uniform Commercial Code – A New Look at an Old Problem*, 54 Marq L Rev, 1971, 1-18.
ELIACHEVITCH, BASILE – *La personnalité juridique en Droit privé romain*, Recueil Sirey, Paris, 1942.
ELIAS, GBOLAHAN – *Explaining Constructive Trusts*, Clarendon Press, Oxford, 1990.
ELLIOT, STEVEN – *Remoteness Criteria in Equity*, 65 MLR, 2002, 588-597;
– vide EDELMAN, JAMES;
– vide O'SULLIVAN, DOMINIC.
ELLIOT, STEVEN/MITCHELL, CHARLES – *Remedies for Dishonest Assistance*, 67 MLR, 2004, 16-47.
ELLIS, HENRY – *A General Introduction to Domesday Book, Accompanied by Indexes of the Tenants in Chief, and Under Tenants, at the Time of the Survey: as well as of the Holders of Lands Mentioned in Domesday Anterior to the Formation of that Record: with an Abstract of the Population of England at the Close of the Reign of William the Conqueror, so Far as the Same Is Actually Entered. Illustrated by Numerous Notes and Comments*, Vol. I, The Commissioners of the Public Records of the Kingdom, Londres, 1833.
ELLIS, ROBERT DEAN – *Securitization Vehicles, Fiduciary Duties, and Bondholders' Rights*, 24 J Corp L, 1999, 295-331.
ELMORE, JEREMY – vide CORNICK, TIMOTHY.
EMERICH, YAËLL – *Les fondements conceptuels de la fiducie française face au trust de la common law: entre Droit des contrats et Droit des biens*, RIDC, 2009, 49-71.
EMMERICH, HUGO – *Die Sanierung*, Vol. I: *Der Begriff der Sanierung. Der außergerichtliche Vergleich. Die Sanierungstreuhand*, J. Bensheimer, Mannheim, 1930.
ENDEMANN, FRIEDRICH – *Lehrbuch des bürgerlichen Rechts*, Vol. I, 8ª edição, Carl Heymanns, Berlim, 1903.
ENDICOTT, TIMOTHY A. O. – *The Conscience of the King: Christopher St. German and Thomas More and the Development of English Equity*, 47 U Toronto Fac L Rev, 1989, 549-570.
ENGEL, WILHELM – *Sicherungsübereignung und Sicherungscession nach gemeinem Recht und bürgerlichem Gesetzbuch*, Albert Lehmann's, Berlim, 1902.
ENGLISH, DAVID M. – *The Uniform Trust Code (2000): Significant Provisions and Policy Issues*, 67 Mo L Rev, 2002, 143-212.
ENNECCERUS, LUDWIG/NIPPERDEY, HANS CARL – *Derecho civil (parte general)*, Vol. II, tradução de BLAS PÉREZ GONZÁLEZ e JOSÉ ALGUER, Bosch, Barcelona, 1935;
– *Allgemeiner Teil des Bürgerlichen Rechts*, Vol. II, 14ª edição, Mohr Siebeck, Tübingen, 1955;
– *Allgemeiner Teil des Bürgerlichen Rechts*, Vol. II, 15ª edição, Mohr Siebeck, Tübingen, 1960.

ERLINGHAGEN, P. – vide REINHARDT, RUDOLF.
ERNST, A. N. J. – *La cause est-elle une condition essentielle pour la validité des conventions?* in *Bibliothèque du jurisconsulte et du publiciste*, Tomo I, Fr. Lemarié, Liége, 1826, 250-264.
ESMEIN, ADHÉMAR – *Cours élémentaire d'histoire du Droit français a l'usage des étudiants de première année*, 11ª edição, Librairie de la Société du Recueil Sirey, Paris, 1912.
EULERICH, OTTO – *Die fiduciarischen Rechtsgeschäfte im Konkurs*, Pöppinghaus, Kerpen, 1935.
EVENS, ALFRED – *Restatement of the Law of Trusts*, 11 Ind LJ, 1936, 397-398.

FABIAN, CHRISTOPH – *Fidúcia: negócios fiduciários e relações externas*, Sergio Antonio Fabris, Porto Alegre, 2007.
FADDA, CARLO – *Anotação a TBr 4-Dez.-1893* in 6 Ann Cri Giu Pra, 1894, 117-131.
FAIN, CONSTANCE FRISBY – *Clergy Malpractice: Liability for Negligent Counseling and Sexual Misconduct*, 12 Miss C L Rev, 1991, 97-142.
FAIN, CONSTANCE FRISBY – *Minimizing Liability for Church-related Counselling Services: Clergy Malpractice and First Amendment Religion Clauses*, 44 Akron L Rev, 2011, 221-260.
FARNSWORTH, E. ALLAN – *Good Faith Performance and Commercial Reasonableness Under the Uniform Commercial Code*, 30 U Chi L Rev, 1963, 666-679.
FAYER, CARLA – *La familia romana. 2ª Parte: Aspetti giuridici ed antiquari. Sponsali. Matrimonio. Dote*, L'Erma di Bretschneider, Roma, 2005.
FEENSTRA, ROBERT – *Foundations in Continental Law since the 12th Century: the Legal Concept and Trust-like Devices* in *Itenera Fiduciae: Trust and Treuhand in Historical Perspective*, coordenação de RICHARD H. HELMHOLZ e REINHARD ZIMMERMANN, Duncker & Humblot, Berlim, 1998, 305-326;
– *Les origines du dominium utile chez les glossateurs (avec un appendice concernat l'opinion des ultramontani)* in *Flores Legum: H. J. Scheltema antecessori groningano oblati*, coordenação de ROBERT FEENSTRA, J. H. A. LOKIN e N. VAN DER WAL, Wolters-Noordhoff, Groningen, 1971, 49-93.
FELDTHUSEN, BRUCE – vide LINDEN, ALLEN M..
FELGENTRAEGER, WILHELM – *Friedrich Carl v. Savignys Einfluss auf die Übereignungslehre*, Deichert, Leipzig, 1927.
FELICIANO, GUILHERME GUIMARÃES – *Tratado de alienação fiduciária em garantia: das bases romanas à Lei n. 9.514/97*, Ltr, São Paulo, 1999.
FELTHAM, SPENCE BOWER, PIERS/HOCHBERG, DANIEL/LEECH, TOM – *The Law Relating to Estoppel by Representation*, 4ª edição, LexisNexis, Londres, 2004.
FENTON, ZANITA E – *Faith in Justice: Fiduciaries, Malpractice & Sexual Abuse by Clergy*, 8 Mich J Gender & L, 2001, 45-96.
FERNANDES, LUÍS CARVALHO – *A conversão dos negócios jurídicos civis*, Quid Juris, Lisboa, 1993;

- *Da renúncia dos direitos reais*, 138 Dir, 2006, 477-497;
- *A admissibilidade do negócio fiduciário no Direito português* in *Ars Iudicandi: Estudos em homenagem ao Prof. Doutor António Castanheira Neves*, Vol. II: *Direito Privado*, coordenação de JORGE DE FIGUEIREDO DIAS, JOSÉ JOAQUIM GOMES CANOTILHO e JOSÉ DE FARIA COSTA, Coimbra, Coimbra, 2008, 225-253;
- *Lições de Direitos reais*, 6ª edição, Quid Juris, Lisboa, 2009;
- *Notas breves sobre a cláusula de reserva da propriedade* in *Estudos em homenagem ao Professor Doutor Carlos Ferreira de Almeida*, Vol. II, Almedina, Coimbra, 2011, 321-351;
- *Teoria geral do Direito civil*, Vol. II: *Fontes, conteúdo e garantia da relação jurídica*, 5ª edição, UCP, Lisboa, 2010.

FERRANTE, MARIO – *L'apporto del diritto canonico nella disciplina delle pie volontà fiduciarie testamentarie del diritto inglese*, Giuffrè, Milão, 2008.

FERRÃO, JOÃO GOUVEIA – *Fideicomisso no Código Civil, Direito sucessório*, dissertação de licenciatura na Faculdade de Direito (Curso de Ciências Jurídicas), FDL, Lisboa, 1947-1948.

FERRARA, FRANCESO – *La causa illecita* in *Scritti Giuridici dedicati ed offerti a Giampietro Chironi nel XXXIII anno del suo insegnamento*, Fratelli Bocca, Milão, 1915, 119-128.

FERREIRA, JOSÉ DIAS – *Codigo Civil portuguez annotado*, 2ª edição, Vol. II, Imprensa da Universidade, Coimbra, 1896;
- *Código Civil portuguez annotado*, 2ª edição, Vol III, Imprensa da Universidade, Coimbra, 1898.

FERREIRA, VASCO TABORDA – *Da causa no acto jurídico e na atribuição patrimonial*, Lisboa, 1945;
- *Do conceito de causa dos actos jurídicos*, Lisboa, 1946.

FERRENTINO, CARMINE – vide CAPOZZI, GUIDO.

FERRIÈRE, CLAUDE-JOSEPH DE – *Traité des fiefs suivant les coutumes de France, et l'usage des provinces de Droit écrit*, Jean Cochart, Paris, 1653;
- *Dictionnaire de Droit et de pratique, contenant l'explication des termes de Droit, d'ordonnances, de coutume & de pratique. Avec les jurisdictions de France*, Tomo II, 13ª edição, Brunet, Paris, 1749.

FERRUCCI, ANNAMARIA – vide CAPOZZI, GUIDO.

FIANDRI, MARCO – vide VARCHETTA, GIOVANNI.

FICKER, JULIUS – *Vom Heerschilde. Ein Beitrag zur deutschen Reichs- und Rechtsgeschichte*, Wagner'schen Buchhandlung, Innsbruck, 1862.

FIELDEN, HENRY ST. CLAIR – *A Short History of England*, B.H. Blackwell, Oxford, 1882.

FIFOOT, CECIL H. S. – *History and Sources of the Common Law: Tort and Contract*, Stevens & Sons, Londres, 1949.

FIGUEIREDO, ANDRÉ – *O negócio fiduciário perante terceiros: com aplicação especial na gestão de valores mobiliários*, Almedina, Coimbra, 2012;

- vide Santos, Pedro Cassiano dos.
Figueiredo, Joaquim A. R. - *A fraude à lei em Direito internacional privado*, dissertação de licenciatura em Ciências jurídicas na Faculdade de Direito de Lisboa, FDL, Lisboa, 1941-1942.
Fine, Edith - vide Kessler, Friedrich.
Finn, Paul D. - *Fiduciary Obligations*, The Law Book Co., Sidney, 1977.
Fischbach, Oskar - *Treuhänder und Treuhandgeschäfte nebst Beiträgen zur Lehre vom Eigentum von der Stellvertretung und vom Auftrag*, J. Bensheimer, Leipzig, 1912.
Fischel, Daniel R. - *The Economics of Lender Liability*, 99 Yale L J, 1989, 131-154; - vide Easterbrook, Frank H..
Fischer, Herbert - *Die Sicherungsübereignung mit Berücksichtigung der Zwangsvollstreckung und des Konkurses*, Hartmann & Wolf, Leipzig, 1908.
Fisher and Lighywood's Law of Mortgage, 12ª edição, coordenação de Wayne Clark, LexisNexis Butterworths, Londres, 2006.
Fisher, John H. - *Chancery and the Emergence of the Standard Written English in the Fifteenth Century*, 52 Speculum, 1977, 870-899.
Fitting, Hermann - *Das Castrense Peculium in seiner Geschichtlichen Entwickelung und heutigen gemeinrechtlichen Geltung*, Waisenhauses, Halle, 1871.
Flahiff, G. B. - *The Writ of Prohibition to Court Christian in the Thirteenth Century*, 6 Medieval Studies, 1944, 261-313.
Flannigan, Robert - *Privity - The End of an Era (Error)*, 103 LQR, 1987, 564-593.
Fleckner, Andreas M. - *Antike Kapitalvereinigungen: ein Beitrag zu den konzeptionellen und historischen Grundlagen der Aktiengesellschaft*, Böhlau, Colónia, 2010.
Fleming, Robben W. - *The Obligation to Bargain in Good Faith*, 47 Va L Rev, 1961, 988-1013.
Flower, Cyril T. - *Introduction to the Curia Regis Rolls, 1199-1230 A.D.*, 62 Selden Society, Bernard Quaritch, Londres, 1944.
Flume, Werner - *Allgemeiner Teil des Bürgerlichen Rechts*, Vol. II: *Das Rechtsgeschäft*, Springer, Berlim, 1992.
Fonblanque John - Henry Ballow, *A Treatise of Equity. With the Addition of Marginal References and Notes by* John Fonblanque, 3ª edição estado-unidense, *with References to American Chancery Decisions, and Additional Notes, by* Antony Laussat, Vol. I, John Grigg, Filadélfia, 1831.
Fontaine, Marcel - *The Draft OHADA Uniform Act on Contracts and the UNIDROIT Principles of International Commercial Contracts*, 9 Rev Dr Unif, 2004, 573-584.
Ford, Charlotte - vide Martyn, John G. Ross.
Fordham, Montague - *A Short History of English Rural Life from the Anglo-Saxon Invasion to the Present Time*, George Allen & Unwin, Londres, 1916.
Formoy, Bereyl E. R. - vide Jenkinson, Hilary.
Forsyth, William - *History of Trial by Jury*, 2ª edição, editado por James Appleton Morgan, Burt Franklin, Nova Iorque, 1971, reimpressão da edição de 1878.

FORTE, DAVID F. – *Studies in Islamic Law: Classical and Contemporary Application*, Austin & Winfield, Estados Unidos da América, 1999.
FORTIER, MARK – *The Culture of Equity in Early Modern England*, Aldershot, Ashgate, 2005.
FORTIN, GUY – *How the Province of Quebec Absorbs the Concept of the Trust*, 18 Est Tr & Pensions J, 1999, 285-316.
FORTUNATO, GIUSI – *Il trust: comparazione tra la "proprietà civile" e la "proprietà" del trustee*, Le Fonti, Milão, 2008.
FOX IV, CHARLES D./HUFT, MICHAEL J. – *Asset Protection and Dynasty Trusts*, 37 Real Prop Prob & Tr J, 2002, 287-361.
FRADA, MANUEL CARNEIRO DA – *Teoria da confiança e responsabilidade civil*, Almedina, Coimbra, 2004;
– *A crise financeira mundial e alteração das circunstâncias: contrato de depósito vs. contrato de gestão de carteiras* in *Estudos em homenagem ao Prof. Doutor Sérvulo Correia*, Vol. III, FDL, Coimbra, Coimbra, 2010, 453-503;
– *A equidade (ou a "Justiça com coração"): a propósito da decisão arbitral segundo a equidade*, 72 ROA, 2012, 109-145.
FRAMJEE, PESH – vide CRACKNELL, DOUGLAS.
FRANCESCHELLI, REMO – *Il "trust" nel diritto inglese*, CEDAM, Pádua, 1935.
FRANK, JEROME – *Civil Law Influence on Common Law – Some Reflections on "Comparative" and "Contrastive" Law*, 104 U Pal L Rev, 1956, 887-926.
FRANKEL, TAMAR – *Fiduciary Law*, 71 Cal L Rev, 1983, 795-836;
– *Fiduciary Duties as Default Rules*, 74 Or L Rev, 1995, 1209-1277;
– *The Delaware Business Trust Act Failure as the New Corporate Law*, 23 Cardozo L Rev, 2001, 325-346.
FRANKLIN, MITCHELL – *The Historical Function of the American Law Institute: Restatement as Transitional Codification*, 47 Harv L Rev, 1934, 1367-1394;
– *Recensão a Pierre Lepaulle, Traité Théorique et Pratique des Trusts*, 8 Tul L Rev, 1938, 473-476;
– *Bracton, Para-Bracton(s) and the Vicarage of the Roman Law*, 42 Tul L Rev, 1968, 455-518.
FRANZONI, MASSIMO – *Il contratto fiduciario e il contratto indiretto* in *diritto Civile*, diretto da NICOLÒ LIPARI e PIETRO RESCIGNO, coordenação de ANDREA ZOPPINI, Vol. III: *Obbligazioni*, Tomo II: *il contratto in generale*, Giuffrè, Milão, 2009, 832-846.
FRATCHER, WILLIAM F. – *Uses of Uses*, 34 Mo L Rev, 1969, 39-66.
FRATCHER, WILLIAM FRANKLIN – vide SCOTT, AUSTIN WAKEMAN.
FRATINI, MARCO – vide GIOVAGNOLI, ROBERTO.
FREEDMAN, BRADLEY J. – vide COOTER, ROBERT.
FREEMAN, EDWARD A. – *The History of the Norman Conquest of England, Its Causes and Its Results*, Vol. I: *The Preliminary History to the Election of Edward the Confessor*, Clarendon Press, Oxford, 1867;

- *The History of the Norman Conquest of England, Its Causes and Its Results*, Vol. IV: *The Reign of William the Conqueror*, Clarendon Press, Oxford, 1876.
FREIRE, ALEXANDRE CASTRO – *A fraude à lei no Direito internacional privado*, FDL, Lisboa, 1945.
FREIRE, PASCOAL JOSÉ DE MELO – *História do Direito civil português*, 2ª Parte, tradução de MIGUEL PINTO DE MENESES, in 174 BMJ, 1968, 5-60.
FRENETTE, FRANÇOIS – *La propriété fiduciaire*, 26 C de D, 1985, 727-737.
FRENSCH, BRIGITTE – *Anotação ao § 164 do BGB* in *BGB Kommentar*, coordenação de HANNS PRÜTTING, GERHARD WEGEN e GERD WEINREICH, 7ª edição, Luchterhand, Colónia, 2012, 220-235.
FREZZA, PAOLO – *Le garanzie delle obbligazioni: corso di diritto romano*, Vol. II: *Le garanzie reali*, CEDAM, Pádua, 1963.
FRIEDMAN, DAVID D./LANDERS, WILLIAM M./POSNER, RICHARD A. – *Some Economics of Trade Secret Law*, J Econ Persp, 1991, 61-72.
FRIEDMAN, LAWRENCE M. – *A History of American Law*, 2ª edição, Simmon and Schuster, Nova Iorque, 1985.
FRIEDMANN, ALFRED – *Empfiehlt sich eine gesetzliche Regelung des Treuhandverhältnisses?*, 36 DJT, 1930, 805-1140.
FRIEDMANN, DANIEL – *Independent Development of Israeli Law*, 10 Isr L Rev, 1975, 515-568;
– *Infusion of the Common Law into the Legal System of Israel*, 10 Isr L Rev, 1975, 324-377;
– *The Effect of Foreign Law on the Law of Israel: Remnants of the Ottoman Period*, 10 Isr L Rev, 1975, 192-206.
FROLIK, LAWRENCE A. – *Is a Guardian the Alter Ego of the Ward?*, 37 Stetson L Rev, 2007, 53-86.
FROUDE, JAMES ANTHONY – *History of England from the Fall of Wolsey to the Death of Elizabeth*, Vol. II, 2ª edição, John W. Parker and Son, Londres, 1858.
FRY, EDWARD – *Specific Performance and Laesio Fidei*, 5 LQ Rev, 1889, 235-241;
– *A Treatise on the Specific Performance of Contracts*, Stevens, Londres, 1921.
FUCHS, WILHELM – *Treuhand und Schiebung: Vorschläge zu einem Gesetz über fiduziarische Rechtsgeschäfte nebst Begründung*, Robert Noske, Leipzig, 1934.
FUENTE, P. LACAL – *El tema del negocio fiduciario*, 35 RDP, 1950, 777-787.
FUENTESECA, CRISTINA – *El negocio fiduciario en la jurisprudencia del Tribunal Supremo*, Bosch, Barcelona, 1997.
FÜLLER, JENS THOMAS – *Eigenständiges Sachenrecht?*, Mohr Siebeck, Tübingen, 2006.
FULLER, THOMAS – *The History of the Worthies of England*, edição revista por AUSTIN NUTTALL, Vol. I, Thomas Tegg, Londres, 1840.
FUNG, GREAT M. – *A Common Goal from Two Different Paths: Protection of Minority Shareholders in Delaware and Canada*, 57 Alb L Rev, 1993, 41-92.

FUNSTON, C. ERIC – *Made Out of Whole Cloth? A Constitutional Analysis of the Clergy Malpractice Concept*, 19 Cal W L Rev, 1983, 507-544.
FURMSTON, MICHAEL P. – *Return to Dunlop v Selfridge*, 23 MLR, 1960, 373-398;
– vide ADAMS, JOHN.

GAILLARD, EMMANUEL/TRAUTMAN, DONALD T. – *Trusts in Non-Trust Countries: Conflict of Laws and the Hague Convention on Trusts*, 35 Am J Comp L, 1987, 307-340.
GALBRAITH, VIVIANT HUNTER – *Girard the Chancellor*, 46 EHR, 1931, 77-79;
– *The Literacy of the Medieval English Kings*, Humphrey Milford Amen House, Londres, 1935;
– *Studies in the Public Records*, Thomas Nelson and Sons, Londres, 1948.
GALGANO, FRANCESCO – *Trattato di diritto civile*, Vol. II, Wolters Kluwer, Itália, 2010.
GALLIGO, JAVIER GÓMEZ – *Titularidades fiduciarias*, 33 AC, 1992, 533-557.
GALLO, PAOLO – *Trattato del contratto*, Vol. III: *Il rimedi. La fiducia. L'apparenza*, UTET, Turim, 2010.
GAMBARO, ANTONIO – *Il diritto di proprietà*, Giuffrè, Milão, 1995.
GAMBARO, ANTONIO/MORELLO, UMBERTO – *Trattato dei diritti reali*, Vol. I: *Proprietà e possesso, edizione ad uso degli studenti*, Giuffrè, Milão, 2010.
GAMBOA, MELQUIADES J. – *The Meeting of the Roman Law and the Common Law in the Philippines*, 4 Seminar (Jurist), 1946, 84-98.
GANSHOF, FRANÇOIS LOUIS – *Feudalism*, tradução de PHILIP GRIERSON, Medieval Academy of America, Canada, 1996.
GANTER, HANS GERHARD – *Anotação ao § 47 da InsO* in *Münchener Kommentar InsO*, coordenação de HANS-PETER KIRCHHOF, HANS JÜRGEN LWOWSKI e ROLF STÜRNER, 2ª edição, Beck, Munique, 2007.
GARCIA, JOSÉ ANTONIO SERRANO – *Comentario a la sentencia del Tribunal Supremo de 5 de Abril de 1993*, 31 CCJC, 1993, 343-359.
GARDNER, JANE F. – *Women in Roman Law and Society*, Croom Helm, Londres, 1986.
GARDNER, SIMON – *Two Maxims of Equity*, 54 CLJ, 1995, 60-68.
GARRIDO, S. S. DE SAMPAIO – *Alguns aspectos da fraude à lei em Direito internacional privado*, dissertação de licenciatura, FDL, Lisboa, 1941-1942.
GARRIGUES, JOAQUÍN – *Law of Trusts*, 2 Am J Comp J, 1953, 25-35;
– *Negocios fiduciarios en Derecho mercantil*, Real Academia de Jurisprudencia y Legislación, Madrid, 1955.
GAUDEMET, JEAN – *Il diritto canonico nella storia della cultura giuridica europea* in *La doctrine canonique médiévale*, Variorum, Aldershot, 1994, 3-29.
GAUDIOSI, MONICA M. – *The Influence of the Islamic Law of Waqf on the Development of the Trust in England: the Case of Merton College*, 136 U Pa L Rev, 1988, 1231-1261.
GAUL, HANS FRIEDHELM – *Lex commissoria und Sicherungsübereignung – Zugleich ein Beitrag zum sogenannten Innenverhältnis bei der Sicherungsübereignung*, 168 AcP, 1968, 351-382;

- *Neuere "Verdinglichungs"-Tendenzen zur Rechtsstellung des Sicherungsgebers bei der Sicherungsübereignung* in *Festschrift für Rolf Serick zum 70. Geburtstag*, coordenação de Ulrich Huber e Erik Jayme, Recht und Wirtschaft, Heilderberg, 1992, 105-152.

Gearey, Adam/Morrison, Wayne/Jago, Robert – *The Politics of the Common Law: Perspectives, Rights, Processes, Institutions*, Routledge-Cavendish, Abingdon, 2009.

Geibel, Stefan J. – *Treuhandrecht als Gesellschaftsrecht*, Mohr Siebeck, Tübingen, 2008.

Geiger, Wilhelm – *Fiducia und Aussonderung*, Estugarda, 1931.

Gelfand, Gregory – *"Taking" Informational Property Through Discovery*, 66 Wash ULQ, 1988, 703-744.

Gennaro, Gino de – *I contrati misti: delimitazione, classificazione e disciplina negotia mixta cum donatione*, CEDAM, Pádua, 1934.

Gerber, Carl von – *Gesammelte juristische Abhandlungen*, Jena, Fischer, 1878.

Gernhuber, Joachim – *Die fiduziarische Treuhand*, 28 JuS, 1988, 355-363.

Gerstle, Leo – *Das reine Treuhandgeschäft im schweizerischen Privatrecht. (Mit Ausschluss des Wertpapierrechts.)*, Stämpfli, Berna, 1917.

Gerston, Larry N. – *American Federalism: a Concise Introduction*, M.E. Sharpe, Nova Iorque, 2007.

Gertner, Robert – vide Ayres, Ian.

Gervais, Daniel – *The TRIPS Agreement: Drafting History and Analysis*, 2ª edição, Sweet & Maxwell, Londres, 2003.

Getzler, Joshua – *Rumford Market and the Genesis of Fiduciary Obligation* in *Mapping the Law: Essays in Memory of Peter Birks*, coordenação de Andrew Burrows e Lord Rodger of Earlsferry, OUP, Oxford, 2006, 577-598.

Ghestin, Jacques – *En relisant «de la cause des obligations» de Henri Capitant* in *Propos sur les obligations et quelques autres thèmes fondamentaux du Droit, mélanges offerts à Jean-Luc Aubert*, Dalloz, Paris, 2005, 117-134;
– *Cause de l'engagement et validité du contrat*, LGDJ, Paris, 2006.

Giannattasio, Carlo – *Delle Successioni: Divisione – Donazione, Artt. 713.º-809.º*, 2ª edição, UTET, Turim, 1980, 281-283.

Gianola, Alberto – *Anotação ao artigo 790.º do CC It* in *Commentario al Codice Civile, Artt. 713-809*, coordenação de Paolo Cendon, Giuffrè, Milão, 2009.

Giardina, Camillo – *L'Editto di Rotari e la codificazione di Giustiniano*, Giuffrè, Milão, 1937.

Gibbon, Edward – *The History of the Decline and Fall of the Roman Empire*, Vol. IV, William Y. Birch & Abraham Small, Filadélfia, 1804;
– *The History of the Decline and Fall of the Roman Empire*, Vol. V, William Y Birch & Abraham Small, Filadélfia, 1805.

Gil, Moshe – *The Earliest Waqf Foundations*, 57 JNES, 1998, 125-140.

GILBERT, JEFFREY – *A Treatise of Tenures, in Two Parts; Containing, I. The Original, Nature, Use and Effect of Feudal or Common Law Tenures. II. Of Customary and Copyhold Tenures, Explaining the Nature and Use of Copyholds, and Their Particular Customs, with Respect to the Duties of the Lords, Stewards, Tenants, Suitors, &c*, 3ª edição, printed by Henry Lintot for D. Browne, Londres, 1757;
– *Treatise on the Court of Exchequer: in which the Revenues of the Crown; the Manner of Receiving and Accounting for the Several Branches of them; the Duty of the Several Officers Employed in the Collection and Receipt; the Nature of the Processes for the Recovery of Debts due to the Crown; are Clearly Explained, as also Occasionally, the Nature of the Feudal and Other Antient Tenures; the Origin of Parliaments, Convocations, the Several Courts of Justice; and Many Other Curious and Useful Particulars are Shewn*, Henry Lintot, Londres, 1758.

GILES, JOHN ALLEN – *The Life and Times of Alfred the Great*, George Bell, Londres, 1848.

GILLINGHAM, JOHN – *1066 and the Introduction of Chivalry into England in Law and Government* in *Law and Government in Medieval England and Normandy*, coordenação de GEORGE GARNETT e JOHN HUDSON, CUP, Cambridge, 1994, 31-55.

GILMORE, GRANT – *The Good Faith Purchase Idea and the Uniform Commercial Code: Confessions of a Repentant Draftsman*, 15 Ga L Rev, 1981, 605-629.

GIORGIANNI, MICHELE – *Negozi giuridici collegati*, RISG, 1937, 275-352.

GIOVAGNOLI, ROBERTO/FRATINI, MARCO – *Garanzie reali e personali: percorsi giurisprudenziali*, Giuffrè, Milão, 2010.

GIOVENE, ACHILLE – *Il negozio giuridico rispetto ai terzi*, 2ª edição, UTET, Turim, 1917.

GIRY, ARTHUR – *Manuel de diplomatique*, Librairie Hachette, Paris, 1894.

GIULIANI, FEDERICO MARIA – *Interposizione, fiducia e dichiarazioni dell'altrui appartenenza, sulle orme di un caso giurisprudenziale: Comentário a Cass Civ 29-Mai.-1993, n. 6024*, 21 GComm, II, 1994, 8-39.

GIUSEPPE, VETTORI – *Atti di destinazione e trust (Art. 2645 ter del codice civile)*, CEDAM, Pádua, 2008.

GIVEN-WILSON, CHRIS – *The English Nobility in the Late Middle Ages: the Fourteenth-Century Political Community*, Routledge & Kegan Paul, Londres, 1987.

GLEESON, SIMON – *Personal Property Law*, Sweet & Maxwell, Londres, 1997.

GLOVER, JOHN – *Commercial Equity: Fiduciary Relationships*, Butterworths, Adelaide, 1995.

GNEIST, RUDOLPH – *The History of the English Constitution*, Vol. I, traduzido por PHILIP A. ASHWORTH, G. P. Putnam's Sons, Nova Iorque, 1886.

GNOLI, FRANCO – *Di una recente ipotesi sui rapporti tra "pecus", "pecunia", "peculium"*, 44 SDHI, 1979, 204-218.

GOEBEL, JR., JULIUS – *Felony and Misdemeanor: a Study in the History of Criminal Law*, University of Pennsylvania Press, Estados Unidos da América, 1976, reimpressão da edição de 1937.

GOFFIN, ROMRIL J. R. – *The Testamentary Executor in England and Elsewhere*, C. J. Clay and Sons, Londres, 1901.

GOLD, ANDREW S. – *On the Elimination of Fiduciary Duties: a Theory of Good Faith for Unincorporated Firms*, 41 Wake Forest L Rev, 2006, 123-187;
– *The New Concept of Loyalty in Corporate Law*, 43 UC Davis L Rev, 2009, 457-528.

GOLD, JOSEPH – *Liability of Promoters for Secret Profits in English Law*, 5 UTLJ, 1943, 21-70.

GOLDMAN, STEPHEN M. – vide DUGGIN, SARAH HELENE.

GOLTZ, FRITZ – *Das fiduziarische Rechtsgeschäft mit besonderer Berücksichtigung des Wechsel- und Konkurs-Rechtes*, N. G. Elwert'sche, Marburg, 1901.

GOMES, MANUEL JANUÁRIO DA COSTA – *Em tema de revogação do mandato civil*, Almedina, Coimbra, 1989;
– *Contrato de mandato* in Direitos das obrigações, Vol. III: Contratos em especial, 2ª edição, coordenação de ANTÓNIO MENEZES CORDEIRO, AAFDL, Lisboa, 1991, 267-408-C;
– *Assunção fidejussória de dívida: sobre o sentido e o âmbito da vinculação como fiador*, Almedina, Coimbra, 2000.

GONÇALVES, LUÍS COUTO – *Manual de Direito industrial: propriedade industrial e concorrência desleal*, Almedina, Coimbra, 2012.

GONÇALVES, LUIZ CUNHA – *Comentário ao Código Comercial português*, Vol. II, José Bastos, Lisboa, 1916;
– *Da compra e venda no Direito comercial português*, 2ª edição, Coimbra, Coimbra, 1924;
– *Tratado de Direito civil em comentário ao Código Civil português*, Vol. IV, Coimbra, Coimbra, 1931;
– *Tratado de Direito civil em comentário ao Código Civil português*, Vol. V, Coimbra, Coimbra, 1932;
– *Tratado de Direito civil em comentário ao Código Civil português*, Vol. IX, Coimbra, Coimbra, 1935.

GONZÁLEZ, JERÓNIMO – *El titular*, 4 RCDI, 1928, 272-291 e 365-372.

GOODE, ROY – *Are Intangible Assets Fungible?*, LMCLQ, 2003, 379-388.

GOODHART, WILLIAM – vide JONES, GARETH.

GOODWIN, ELLIOT H. – *The Equity of the King's Court Before the Reign of Edward the First*, Grübel und Sommerlatte, Leipzig, 1899.

GOODY, JACK – *The Development of the Family and Marriage in Europe*, CUP, Cambridge, 1983;
– *Islam in Europe*, Blackwell Publishing, Oxford, 2004.

GORDLEY, JAMES – *Foundations of Private Law: Property, Tort, Contract, Unjust Enrichment*, OUP, Oxford, 2006.

GORDON, JEFFREY N. – *The Mandatory Structure of Corporate Law*, 89 Colum L Rev, 1989, 1549-1598.

GORI-MONTANELLI, RICCARDO/BOTWINIK, DAVID A. – *Mutual Funds in Italy*, 4 Int'l L, 1970, 352-359.
GOROSTIAGA, NORBERTO – *La causa en las obligaciones*, Editorial Ideas, Buenos Aires, 1944.
GOSSELIN, JACQUES – vide NORMAND, SYLVIO.
GOUDY, HENRY – *Two Ancient Brocards* in *Essays in Legal History Read Before the International Congress of Historical Studies Held in London in 1913*, coordenação de PAUL VINOGRADOFF, OUP, Oxford, 1913, 215-232.
GOUVEIA, JAIME – in ANTÓNIO GONÇALVES DE CARVALHO, *Direito civil (obrigações), de harmonia com as doutas prelecções do Exmo Snr. Prof. Dr. Jaime de Gouveia*, Lisboa, 1935-36.
GOYTISOLO, JUAN VALLET DE – *Negocios en fraude de ley, simulados, fiduciarios e indirectos*, 14 RJNot, 1995, 199-232.
GRACIA, JUAN IGNACIO PEINADO – *Especialidades más relevantes de la contratación mercantil* in *Derecho mercantil II*, 13ª edição, coordenação de GUILLERMO J. JIMÉNEZ SÁNCHEZ, Ariel, Barcelona, 2009, 252-266.
GRAES, ISABEL – *Estatuto jurídico dos escravos em Roma* in *Estudos em honra de Ruy de Albuquerque*, Vol. I, FDL, Coimbra, Coimbra, 2006, 533-620.
GRAHAM, PETER E. – *Some Peculiarities of Trusts in Quebec*, 22 R du B, 1962, 137-150.
GRASSETTI, CESARE – *Del negozio fiduciario e della sua ammissibilità nel nostro ordinamento giuridico*, 34 RDComm, 1936, 345-378;
– *Trust anglosassone, proprietà fiduciaria e negozio fiduciario*, 34 RDComm, 1936, 548-553;
– *Deposito a scopo di garanzia e negozio fiduciario*, 33 RDCiv, 1941, 97-110;
– *Donazione modale e fiduciaria*, Giuffrè, Milão, 1941;
– *Il negozio fiduciario nel diritto privato* in *Fiducia, trust, mandato ed agency*, Giuffrè, Milão, 1991, 1-16.
GRAY, JOHN CHIPMAN – *The Rule Against Perpetuities*, 4ª edição, Boston, Little, Brown, 1942.
GRAY, JOHN W. – *The Ius Praesentandi in England from the Constitutions of Clarendon to Bracton*, 67 EHR, 1952, 481-509.
GRAY, KEVIN/GRAY, SUSAN FRANCIS – *Elements of Land Law*, 5ª edição, OUP, Oxford, 2009.
GRAY, SUSAN FRANCIS – vide GRAY, KEVIN.
GRAZIADEI, MICHELE – *Acquisto per conto di un comitato non riconosciuto, e dissociazione della proprietà*, 34 RDCiv, 1988, II, 119-165;
– *The Development of Fiducia in Italian and French Law from the 14th Century to the End of the Ancién Régime* in *Itinera Fiduciae: Trust and Treuhand in Historical Perspective*, coordenação de RICHARD HELMHOLZ e REINHARD ZIMMERMANN, Duncker & Humblot, Berlim, 1998, 326-359.
GRAZIANO, SUE GANSKE – *Clergy Malpractice*, 12 Whittier L Rev, 1991, 349-355.

GRECO, PAOLO – *Le società di "comodo" e il negozio indiretto*, 30 RDComm, 1932 (I), 757-808.
GREEN, ALICE STOPFORD – *The Centralization of Norman Justice Under Henry II* in *Selected Essays in Anglo-Norman Legal History*, Vol. I, coordenação da Association of American Law Schools, CUP, Cambridge, 1907, 111-138.
GREEN, JUDITH A. – *The Government of England Under Henry I*, CUP, Cambridge, 1986.
GREENBERG, JANELLE – *The Confessor's Laws and the Radical Face of the Ancient Constitution*, 104 EHR, 1989, 611-637.
GREENE, ROBERT A. – *Synderesis, the Spark of Conscience, in the English Renaissance*, 52 J Hist Ideas, 1991, 195-219.
GREENE, SHELDON L. – *Cause of Action and the Statutes of Limitation – "The Chains That Bind"*, 9 W Res L Rev, 1957, 86-97.
GREENIDGE, ABEL H. J. – *Infamia: Its Place in the Roman Public and Private Law*, Clarendon Press, Oxford, 1894.
GREENLEAF, SIMON – vide CRUISE, WILLIAM.
GREGORY, WILLIAM A. – *The Fiduciary Duty of Care: a Perversion of Words*, 38 Akron L Rev, 2005, 181-206.
GRETTON, GEORGE L. – *Scotland: the Evolution of the Trust in a Semi-Civilian System* in *Itinera Fiduciae: Trust and Treuhand in Historical Perspective*, coordenação de RICHARD HELMHOLZ e REINHARD ZIMMERMANN, Duncker & Humblot, Berlim, 1998, 507-542.
 – *Trusts without Equity*, 49 Int'l & Comp LQ, 2000, 599-620.
GRIFFITH, JOHN – vide HARRISON, JOSEPH.
GRIFFITH, SEAN J. – *Good Faith Business Judgment: a Theory of Rhetoric in Corporate Law Jurisprudence*, 55 Duke LJ, 2005, 1-73.
GRIFFITHS-BAKER, JANINE – *Serving Two Masters: Conflicts of Interest in the Modern Law Firm*, Hart Publishing, Oxford, 2002.
GRISMORE, GROVER C. – *The Assignment of Trade Marks and Trade Names*, 30 Mich L Rev, 1932, 489-503.
GRISWOLD, ERWIN N. – *Reaching the Interest of the Beneficiary of a Spendthrift Trust*, 43 Harv L Rev, 1929, 63-98.
GRONER, SAMUEL B. – *Louisiana Law: Its Development in the First Quarter-Century of American Rule*, 8 La L Rev, 1948, 350-382.
GROSS, CHARLES – *Mortmain in Medieval Boroughs*, 12 Am Hist Rev, 1907, 733-742;
 – *The Jurisdiction of the Court of Exchequer Under Edward I*, 25 LQ Rev, 1909, 138-144.
GRUBB, ANDREW – *The Doctor as Fiduciary*, 47 CLP, 1994, 311-340.
GRUBER, ERWIN – *The Study of Roman Law on the Continent an England*, artigo introdutório da 4ª edição da obra de RUDOLPH SOHM, traduzida por JAMES CRAWFORD LEDLIE, *The Institutes of Roman Law*, Clarendon Press, Oxford, 1892.

Grundmann, Stefan – *Der Treuhandvertrag, insbesondere die werbende Treuhand*, Beck, Munique, 1997;
- *The Evolution of Trust and Treuhand in the 20th Century* in *Itinera Fiduciae: Trust and Treuhand in Historical Perspective*, coordenação de Richard Helmholz e Reinhard Zimmermann, Duncker & Humblot, Berlim, 1998, 469-493.
Gründschild, Julius – *Die Treuhänderschaft zum Zwecke der Gläubiger*, Otto Liebmann, Berlim, 1914.
Guarino, Antonio – *L'oggeto del castrense peculium*, 48 BIRD, 1941, 41-73;
- *Diritto privato romano*, 12ª edição, Jovene, Nápoles, 2001.
Guizzi, Giuseppe – *Girata simulata e girata fiduciaria: spunti per una ricerca*, 94 RDComm, 1996 (I), 509-562.
Gullifer, Louise – *Goode on Legal Problems of Credit and Security*, 4ª edição, Sweet & Maxwell, Londres, 2008.
Gullón, Antonio – vide Díez-Picazo, Luis.
Gunter, Hans Gerhard – *Anotação ao § 51 da InsO* in *Münchener Kommentar zur Insolvenzordnung*, Vol. I: *§§ 1-102*, 2ª edição, coordenação de Hans-Peter Kirchhof, Hans-Jürgen Lwowski e Rolf Stürner, Beck, Munique, 2007, 1436-1498.
Güterbock, Carl – *Henricus de Bracton und seine Verhältniss zum Römischen Recht. Ein Beitrag zur Geschichte des Römischen Rechts im Mittelalter*, Julius Springer, Berlim, 1862.
Guy, John A. – *The Development of Equitable Jurisdictions 1450-1550* in *Law, Litigants, and the Legal Profession: Papers Presented to the Fourth British Legal History Conference at the University of Birmingham, 10-13 July 1979*, coordenação de E. W. Ives e A. H. Manchester, Royal Historical Society, Londres, 1983, 80-86;
- *Christopher St. German on Chancery and Statute*, Selden Society, Londres, 1985.

Haas, Elsa de – *An Early Thirteenth-Century Register of Writs*, 7 UTLJ, 1947, 196-226.
Haas, Elsa de/Hall, George D. G. – *Early Registers of Writs*, 87 Selden Society, Bernard Quaritch, Londres, 1970.
Haas, Guenther H. – *The Concept of Equity in Calvin's Ethics*, Carlisle, Paternoster Press para a Canadian Corporations for Studies in Religion, Cumbria, 1997.
Habersack, Mathias – *Vertragsfreiheit und Drittinteressen: eine Untersuchung zu den Schranken der Privatautonomie unter besonderer Berücksichtigung der Fälle typischerweise gestört Vertragsparität*, Duncker & Humblot, Berlim, 1992.
Haemmerle, Hermann – *Empfiehlt sich eine gesetzliche Regelung des Treuhandervehältnisses?* 36 DJT, 1930, 632-715.
Hager, Günter – *Die Prinzipien der Mittelbaren Stellvertretung*, 180 AcP, 1980, 239-262.
Hahlo, H. R. – *The Trusts in South African Law*, 78 S African LJ, 1961, 195-208.

HAKE, EDWARD – *Epieikeia: a Dialogue on Equity in Three Parts*, editado e com introdução de DAVID E. C. YALE e prefácio de SAMUEL E. THRONE, Yale University Press, New Haven, 1953.

HALBACH, JR., EDWARD C. – *Trust Investment Law in the Third Restatement*, 27 Real Prop Prob & Tr J, 1992, 407-465;
– *Uniform Acts, Restatements, and Trends in American Trust Law at Century's End*, 88 Cal L Rev, 2000, 1877-1921.

HALE, MATTHEW – *The History of the Common Law of England and an Analysis of the Civil Part of the Law*, 6ª edição, with Additional Notes & References; and Some Account of the Life of the Author by CHARLES RUNNINGTON, Henry Butterworth, Londres, 1820.

HALL, GEORGE D. G. – *The Early History of Entry sur Disseisin*, 42 Tul L Rev., 1968, 583-602;
– vide HAAS, ELSA DE.

HALL, HUBERT – *Studies in English Official Historical Documents*, CUP, Cambrigde, 1908.

HALLAM, HENRY – *View of the State of Europe During the Middle Ages*, Vol. II, William Brown, Filadélfia, 1824.

HALLAQ, WAEL B. – *The Origins and Evolution of Islamic Law*, CUP, Cambridge, 2005.

HAMBURGER, MAX – *Morals and Law: the Growth of Aristotle's Legal Theory*, Yale University Press, New Haven, 1951.

HAMEL, JOSEPH – *La notion de cause dans les libéralités: étude de la jurisprudence français et recherche d'une définition*, Recueil Sirey, Paris, 1920.

HAMID, ABDUL – vide SABIT, MOHAMMAD TAHIR.

HAMOWY, RONALD – *F. A. Hayek and the Common Law*, 23 Cato J, 2003, 241-264.

HANARD, GILBERT – *Droit romain*, Tomo I: *Notions base: concepts de Droit; sujets de droit*, Facultés Universitaires Saint-Louis, Bruxelas, 1997.

HANBURY, HAROLD G. – *The American Law Institute's Restatement of Trusts*, 2 UTLJ, 1937, 50-66.
– *The Field of Modern Equity*, 45 LQR, 1929, 196-220.

HAND, GEOFFREY J. – *Procedure without a Writ in the Court of the Justiciar of Ireland*, 62 Proceedings of Royal Irish Academy, Section C: Archaeology, Celtic Studies, History, Linguistics, Literature, Hodges, Figgis, Dublin, 1962, 9-20.

HANDEL, GERALD – *Social Welfare in Western Society*, Transaction Publishers, New Brunswick, Nova Jérsei, 2009.

HANSMANN, HENRY/MATTEI, UGO – *The Functions of Trust Law: a Comparative Legal and Economic Analysis*, 73 NYU L Rev, 1998, 434-479.

HANSON, RANDALL K. – *Clergy Malpractice: Suing Ministers, Pastors and Priests for Ungodly Counseling*, 39 Drake L Rev, 1890, 597-615.

HANWORTH, LORD – *Some Notes on the Office of Master of the Rolls*, 5 CLJ, 1935, 313-331.

HARCHER, JEAN-BAPTISTE LOUIS – *Traité des fiefs sur la coutume de Poitou*, Tomo I, J. Felix Faulcon, Poitiers, 1762.
HARCOURT, LEVESON WILLIAM VERNON – vide BOLLAND, WILLIAM CRADDOCK.
HARDING, ALAN – *The Law Courts of Medieval England*, George Allen & Unwin, Londres, 1973.
HARDINGE, LESLIE – *The Celtic Church in Britain*, Teach Services, Nova Iorque, 1995, reimpressão da edição de 1973.
HARGREAVES, A. D. – *Equity and the Latin Side of Chancery*, 68 LQ Rev, 1952, 481-499.
HARGROVE, HENRY LEE – *King Alfred's Old English Version of St. Augustine's Soliloquies*, Henry Holt, Nova Iorque, 1902.
HARMER, FLORENCE ELIZABETH – *Anglo-Saxon Writs*, Manchester University Press, Manchester, 1952.
HARPUM, CHARLES/BRIDGE, STUART/DIXON, MARTIN – *Megarry and Wade: the Law of Real Property*, 7ª edição, Sweet & Maxwell, Londres, 2008.
HARRISON, JOSEPH/GRIFFITH, JOHN – *The Practice of the Court of Chancery*, Vol. I, edição estado-unidense aumentada por WILLIAM PARKER, William P. Farrand, Filadélfia, 1807.
HART, HERBERT L. A./HONORÉ, TONY – *Causation in the Law*, 2ª edição, Clarendon Press, Oxford, 1985.
HART, WALTER G. – *The Place of Trust in Jurisprudence*, 12 LQR, 1912, 290-297.
HARVEY, SALLY – *The Knight and the Knight's Fee in England*, 49 P & P, 1970, 3-43.
HASKETT, TIMOTHY S. – *The Medieval English Court of Chancery*, 14 Law & Hist Rev, 1996, 245-313.
HASKINS, CHARLES HOMER – *England and Sicily in the Twelfth Century*, 26 EHR, 1911, 433-447;
– *Norman Institutions*, Harvard University Press, Cambridge, 1918;
– *The Normans in European History*, Frederick Ungar Publishing, Nova Iorque, 1959, reedição da edição de 1915.
HASKINS, GEORGE L. – *The Matrix of the Common Law*, 39 Clev St L Rev, 1991, 141-160.
HASS JR., LEON S. – *Does Equity as It Prevails in Common Law Jurisdictions Obtain in the Civil Law State of Louisiana?*, 62 Am L Rev, 1928, 430-435.
HÄUSER, FRANZ – *Anotação ao § 392 do HGB* in *Münchener Kommentar zum Handelsgesetzbuch*, Vol. V: §§ 343-372, 2ª edição, coordenação de KARSTEN SCHMIDT, Beck, Munique, 2009.
HAWLEY, JOHN G./MCGREGOR, MALCOLM – *The Law of Real Property*, 5ª edição, Callagham, Chicago, 1915.
HAYDEN PAUL T. – vide DOBBS, DAN B..
HAYTON, DAVID – *The Hague Convention on the Law Applicable to Trusts and on Their Recognition*, 36 Int'l & Comp LQ, 1987, 260-282;
– *When is a Trust not a Trust?*, 1 JTCP, 1992, 3-9;
– *Uncertainty of Subject-Matter of Trusts*, 110 LQR, 1994, 335-340;

- *The Nature and the Constitution of Trusts: the Scottish Law Commission's Proposals*, 11 Edin L R, 2007, 270-273.
HAYTON, DAVID/MATTHEWS, PAUL/MITCHELL, CHARLES – *Underhill and Hayton Law of Trusts and Trustees*, 18ª edição, LexisNexis, Londres, 2010.
HAZELTINE, HAROLD DEXTER – *The Early History of English Equity* in *Essays in Legal History Read Before the International Congress of Historical Studies Held in London in 1913*, coordenação de PAUL VINOGRADOFF, OUP, Oxford, 1913, 261-285;
- *Vacarius as Glossator and Teacher*, 44 LQR, 1928, 344-352;
- *The Roman Fiducia cum Creditore and the English Mortgage: a Comparison, with Special Reference to the Right of Redemption* in RICHARD WALTER TURNER, *The Equity of Redemption: Its Nature, History and Connection with Equitable Estates Generally*, CUP, Cambridge, 1931, vii-lxiii.
HAZEN, THOMAS LEE – *Are Existing Stock Broker Standards Sufficient? – Principles, Rules and Fiduciary Duties*, Colum Bus L Rev, 2010, 709-762.
HEADLEY, JOHN M. – *The Emperor and his Chancellor: a Study of the Imperial Chancellery under Gattinara*, CUP, Cambridge, 1983.
HEALEY, JR., JOSEPH M./DOWLING, KARA L. – *Controlling Conflicts of Interest in the Doctor-Patient Relationships: Lessons from Moore v. Regents of the University of California*, 42 Mercer L Rev, 1991, 989-1006.
HECHBERGER, WERNER – *Adel, Ministerialität und Rittertum im Mittelalter*, Oldenbourg Wissenschaftsverlag, Oldenbourg Wissenschaftsverlag, Munique, 2004.
HECK, PHILLIP – *Die fiducia cum amico contracta, ein Pfandgeschäft mit Salmann*, 10 ZRG (RA), 1889, 82-138.
HEDEMANN, JUSTUS WILHELM – *Sachenrecht des Bürgerlichen Gesetzbuches*, 3ª edição, Walter de Gruyter, Berlim, 1960.
HEFERMEHL, WOLFGANG – *Anotação ao § 392 do HGB* in *Schlegelberger Handelsgesetzbuch*, Vol. VI: §§ 383-460, Franz Vahlen, Munique, 115-128.
HEFTI, PETER – *Trusts and Their Treatment in the Civil Law*, 5 Am J Comp L, 1956, 553-576.
HEINKE, JOSEF P. VON – *Grundlinien des in den österreichischen Staaten bestehenden Lehenverhältnisses* traduzido por CASIMIRO BOSIO, com o título *Manuale di Gius feudale comune ed austriaco di Heinke: un estratto del Codice Feudale Veneto, ed una raccolta dei decreti italici ed austriaci in materia di feudi*, Vedova Gattei, Veneza, 1843.
HELLWIG, KONRAD – *Ueber die Zulässigkeit der Eigentumsübertragung zur Sicherung einer Forderung*, 64 AcP, 1881, 369-394.
HELMHOLZ, RICHARD H. – *Marriage Litigation in Medieval England*, CUP, Cambridge, 1974;
- *Debt Claims and Probate Jurisdiction in Historical Perspective*, 23 Am J Legal Hist, 1979, 68-82;
- *The Early Enforcement of Uses*, 79 Colum L Rev, 1979, 1503-1513;

- *Crime, Compurgation and the Courts of Medieval Church*, 1 Law & Hist Rev, 1983, 1-26;
- *Ligitim in English Legal History*, U Ill L Rev, 1984, 659-674;
- *Select Cases on Defamation to 1600*, 101 Selden Society, Selden Society, Londres, 1985;
- *Ecclesiastical Lawyers and the English Reformation*, 3 Ecc LJ, 1995, 360-370;
- *Trusts in the English Ecclesiastical Courts 1300-1400* in *Itinera Fiduciae: Trust and Treuhand in Historical Perspective*, coordenação de RICHARD HELMHOLZ e REINHARD ZIMMERMANN, Duncker & Humblot, Berlim, 1998, 153-172;
- *The Oxford History of the Laws of England*, Vol. I: *The Canon Law and Ecclesiastical Jurisdiction from 597 to the 1460s*, OUP, Oxford, 2004.

HELMHOLZ, RICHARD H./ZIMMERMANN, REINHARD – *Views of Trust and Treuhand: an Introduction* in *Itinera Fiduciae: Trust and Treuhand in Historical Perspective*, coordenação de RICHARD HELMHOLZ e REINHARD ZIMMERMANN, Duncker & Humblot, Berlim, 1998, 27-44.

HEMMANT, MARY – *Select Cases in the Exchequer Chamber Before all the Justices of England, 1377-1461*, 51 Selden Society, Bernard Quaritch, Londres, 1933.

HEMMEON, MORLEY DE WOLF – *Burgage Tenure in Mediaeval England*, Harvard University Press, Cambridge, 1914.

HENCKEL, WOLFRAM – *Haftungsfragen bei der Verwaltungstreuhand* in *Europäisches Rechtsdenken in Geschichte und Gegenwart: Festschrift für Helmut Coing zum 70. Geburstag*, coordenação de NORBERT HORN, Vol. II, Beck, Munique, 1983, 137-147.

HENDERSON, BERNARD W. – *Merton College*, F. E. Robinson, Londres, 1899.

HENDRICKSON, ROBERT A. – *The Puerto Rico Trust Code*, 13 Int'l L, 1979, 344-356.

HENGSTBERGER, GEORG – *Stellvertretung und Treuhand im bürgerlichen Gesetzbuch, vorzüglich mit Rücksicht auf den § 1189 BGB*, W. Kohlhammer, Estugarda, 1912.

HENING, CRAWFORD D. – *The Original Drafts of the Statute of Frauds (29 Car. II c. 3) and Their Authors*, 61 U Pa L Rev, 1913, 283-316.

HENKEL, WOLFGANG – *Zur Theorie der juristischen Person im 19. Jahrhundert: Geschichte und Kritik der Fiktionstheorien*, Göttingen, 1973.

HENNIGAN, PETER C. – *The Birth of a Legal Institution: the Formation of the Waqf in Third-Century, A. H. Hanafī Legal Discourse*, Koninklijke Brill, Leiden, 2004.

HENSSLER, MARTIN – *Treuhandgeschäft – Dogmatik und Wirklichkeit*, 196 AcP, 1996, 27-87;
- *Der praktische Fall – Bürgerliches Recht: der allzu großzügige Lieferant*, 40 JuS, 2000, 156-160.

HERIOT, GAIL L. – *A Study in the Choice of Form: Statutes of Limitation and the Doctrine of Laches*, BYU L Rev, 1992, 917-968.

HERMAN, SHAEL – *Utilitas Ecclesiae: the Canonical Conception of Trust*, 70 Tul L Rev, 1996, 2239-2278;

– *Trusts Sacred and Profane: Clerical, Secular, and Commercial Uses of the Medieval Commendatio*, 71 Tul L Rev, 1997, 869-896.
– *The Canonical Conception of Trust* in *Itinera Fiduciae: Trust and Treuhand in Historical Perspective*, coordenação de RICHARD H. HELMHOLZ e REINHARD ZIMMERMANN, Duncker & Humblot, Berlim, 1998, 85-109.
– *Utilitas Ecclesiae Versus Radix Malorum: the Moral Paradox of Ecclesiastical Patrimony*, 73 Tul L Rev, 1999, 1231-1262.

HERNÁNDEZ-GIL, ANTONIO – *Jurisprudencia civil (Sala 1.º del Tribunal Supremo): Derecho de obligaciones y contratos*, 177 RGLJ, 1945, 694-704.

HERSHENOV, EILLEN B. – vide WEINSTEIN, JACK B..

HERSHEY, ANDREW H. – *Justice and Bureaucracy: the English Royal Writ and '1258*, 113 EHR, 1998, 829-851.

HERSHLAG, ZVI YEHUDA – *Introduction to the Modern Economic History of the Middle East*, E. J. Bril, Leiden, 1980.

HERTZ, ALBERT – *Die fiduziarischen Rechtsgeschäfte*, R. Noske, Borna-Leipzig, 1905.

HERZ, PAUL – *Die Sicherungsübereignungen*, Gebrüder Fey, Francoforte, 1906.

HETTINGER, EDWARD C. – *Justifying Intellectual Property*, 18 Phil & Publ Aff, 1989 31-52.

HETZ, CHRISTIAN – *Die Rolle des Sachsenspiegels in der Judikatur des deutschen Reichsgerichtes in Zivilsachen: Gesamtbetrachtung aller Entscheidungen von 1879 bis 1945*, Solivagus, Kiel, 2010.

HEUMANN, JOHANN – *Commentatio Academica de Salmannis*, Georgii Meyeri, Acd Typographi, Altorf, 1740.

HEUSLER, ANDREAS – *Institutionen des deutschen Privatrechts*, Vol. I, Duncker & Humblot, Leipzig, 1885;
– *Institutionen des deutschen Privatrechts*, Vol. II, Duncker & Humblot, Leipzig, 1886.

HEUSTON, ROBERT F. V. – *Lives of the Lord Chancellors, 1885-1940*, Clarendon Press, Oxford, 1964.

HEUSTON, ROBERT F. V./BUCKLEY, RICHARD A. – *Salmond & Heuston on the Law of Torts*, 21ª edição, Sweet & Maxwell, Londres, 1996.

HEYDON, JOHN D. – vide MEAGHER, RODERICK P..

HICKS, ANDREW D. – *The Remedial Principal of Keech v Sandford Reconsidered*, 69 CLJ, 2010, 287-320.

HIGHFIELD, JOHN ROGER LOXDALE – vide MARTIN, GEOFFREY HAWARD.

HILDEBRAND, IRA P. – *The Massachusetts Trust*, 1 Tex L Rev, 1922, 127-161.

HILL, CLAIRE A./MCDONNELL, BRETT H. – *Disney, Good Faith, and Structural Bias*, 32 J Corp L, 2007, 833-864;
– *Stone v Ritter and the Expanding Duty of Loyalty*, 76 Fordham L Rev, 2008, 1769-1796.

HINTMANN, C. G. – *You Gotta Have Good Faith: Good Faith in the Context of Directorial Fiduciary Duties and the Future Impact on Corporate Culture*, 49 St Louis ULJ, 2005, 571-604.
HIRT, HANS C. – *The Law on Corporate Opportunities in the Court of Appeal: Re, Bhullar Bros Ltd*, JBL, 2005, 669-689.
HOCHBERG, DANIEL – vide FELTHAM, SPENCE.
HOECKE, MARK VAN/WARRINGTON, MARK – *Legal Cultures, Legal Paradigms and Legal Doctrine: towards a New Model for Comparative Law*, 47 Int'l & Comp LQ, 1998, 495-536.
HOEXTER, MIRIAM – *Endowments, Rulers and Community: Waqf al-Haramayn in Ottoman Algiers*, Brill, Leiden, 1998.
HOFFER, PETER CHARLES – *The Law's Conscience: Equitable Constitutionalism in America*, University of North Carolina Press, Chape Hill, Carolina do Norte, 1990.
HOFFMAN, MURRAY – *The Office and Duties of Master in Chancery and Practice in the Master's Office*, Gould and Banks, Nova Iorque, 1824.
HOGREFE, PEARL – *The Life of Christopher Saint German*, 13 RES, 1937, 398-404.
HOHFELD, WESLEY NEWCOME – *Some Fundamental Legal Conceptions as Applied in Judicial Reasoning*, 23 Yale LJ, 1913, 16-59;
– *Fundamental Legal Conceptions as Applied in Judicial Reasoning*, 26 Yale LJ, 1917, 710-770.
HOLDSWORTH, WILLIAM SEARLE – *The Political Cause which Shaped the Statute of Uses*, 26 Harv L Rev, 1912, 108-127;
– *The Early History of Equity*, 13 Mich L Rev, 1915, 293-301;
– *The Relation of the Equity Administered by the Common Law Judges to the Equity Administered by the Chancellor*, 26 Yale LJ, 1916, 1-23;
– *A History of English Law*, Vol. II, 3ª edição, Methuen, Londres, 1923;
– *The English Trust – Its Origins and Influence in English Law*, 4 Tijds Rgeschied, 1923, 367-383;
– *A History of English Law*, Vol. V, Methuen, Londres, 1924;
– *A History of English Law*, Vol. VI, Methuen, Londres, 1924;
– *A History of English Law*, Vol. VIII, Methuen, Londres, 1925;
– *An Historical Introduction to the Land Law*, OUP, Oxford, 1927;
– *A History of English Law*, Vol. IV, 3ª edição, Methuen, Londres, 1945;
– *A History of English Law*, Vol. I, 7ª edição revista por ARTHUR LEHMAN GOODHART e HARROLD GREVILLE HANBURY, Methuen, Londres, 1956;
– *Some Makers of English Law: the Tagore Lectures 1937-38*, CUP, Cambridge, 1966.
HOLLENSTEINER, WOLFGANG – *Treuhandeigentum an Grundstücken*, Tageblatt-Haus, Coburg, 1929.
HOLLISTER, CHARLES WARREN – *Henry I*, Yale University Press, New Haven, 2001.
HOLLISTER, CHARLES WARREN/BALDWIN, JOHN W. – *The Rise of Administrative Kingship: Henry I and Philip Augustus*, 83 Am Hist Rev, 1978, 867-905.

Holland, Henry A. – *New Lights on Writs and Bills, and on the Influence of Roman Law in England in the Twelfth and Thirteenth Centuries*, 8 CLJ, 1942-1944, 252-264;
– *Writs and Bills*, 8 CLJ, 1942-1944, 15-35;
– *Some Early Chancellors*, 9 CLJ, 1947, 17-30.

Holmes Jr., Oliver Wendell – *Early English Equity*, 1 LQR, 1885, 162-174;
– *Law in Science and Science in Law*, 12 Harv L Rev, 1899, 443-463.

Holmes, Eric M. – *A Contextual Study of Commercial Good Faith: Good-Faith Disclosure in Contract Formation*, 39 U Pitt L Rev, 1978, 381-452.

Honoré, Anthony M. – *Ownership* in *Oxford Essays in Jurisprudence*, coordenação de A. G. Guest, OUP, Oxford, 1961, 107-147.
– vide Hart, Herbert L. A..

Hönsch, Robert – *Mittelbare Stellvertretung und Treuhand unter besonderer Berücksichtigung des ausländischen Rechts*, Nolte, Marburg, 1933.

Honsell, Heinrich – Recensão a Okko Behrends, *Die fraus legis* e a Lorenzo Fascione, *Fraus legi*, 102 ZRG (RA), 1985, 573-583;
– *Römisches Recht*, 7ª edição, Springer, Heidelberg, 2010.

Hood Jr., John T. – *The History and Development of the Louisiana Civil Code*, 19 La L Rev, 1958, 18-33.

Hopt, Klaus J. – *Anotação ao § 392 do HGB* in *Baumbach/Hopt: Handelsgesetzbuch*, 35ª edição, Beck, Munique, 2012.

Hörster, Heinrich Ewald – *A parte geral do Código Civil português: teoria geral do Direito civil*, Almedina, Coimbra, 1992.

Houts, Elisabeth van – *The Normans in Europe*, Manchester University Press, Manchester, 2000.

Howard, A. E. Dick – *Magna Carta: Text & Commentary*, edição revista, 1998, University Press of Virginia, Estados Unidos da América.

Howard, Carly – *Trust Funds in Common Law and Civil Law Systems: a Comparative Analysis*, 13 U Miami Int'l & Comp L Rev, 2006, 343-365.

Howard, Deborah – *Venice and the East: the Impact of the Islamic World on Venetian Architecture, 1100-1500*, Yale University Press, New Haven, 2000.

Howland, Arthur C. – *Ordeals. Compurgation. Excommunication and Interdict*, Longmans, Green, Nova Iorque, 1901.

Hoyle, R. W. – *The Pilgrimage of Grace and the Politics of the 1530s*, OUP, Oxford, 2001.

Hoyt, Homer – *The Cycle of Law*, 9 ABAJ, 1935, 729-731.

Hromadka, Wolfgang – *Die Entwicklung des Faustpfandprinzips im 18. und 19. Jahrhundert*, Böhlau, Colónia, 1971.

Hübner, Heinz – *Allgemeiner Teil des Bürgerlichen Gesetzbuches*, 2ª edição, Walter de Gruyter, Berlim, 1996.

Huc, Théophile – *Commentaire théorique & pratique du Code Civil*, Tomo VII : Art. 1101 à 1233, F. Pichon, Paris, 1894.

HUDSON, ALASTAIR – *Equity and Trusts*, 6ª edição, Routledge-Cavendish, Abingdon, 2010;
– vide THOMAS, GERAINT.
HUDSON, JOHN – *Land, Law, and Lordship in Anglo-Normand England*, Clarendon Press, Oxford, 1994.
HUDSON, RICHARD – *The Judicial Reforms of the Reign of Henry II*, 9 Mich L Rev, 1911, 385-395.
HUECK, ALFRED/CANARIS, CLAUS-WILHELM – *Recht der Wertpapiere*, 12ª edição, Franz Vahlen, Munique, 1986.
HUFT, MICHAEL J. – vide FOX IV, CHARLES D..
HUGHES, JUSTIN – *The Philosophy of Intellectual Property*, 77 Geo LJ, 1988, 287-366.
HUI, BRIDGET – vide CORNICK, TIMOTHY.
HUNTER, PETER – *An Introduction to Anglo-Saxon England*, CUP, Cambridge, 1996.
HURD, RICHARD – *Dialogue V. On the Constitution of the English Government* in *The Works of Richard Hurd, D.D. Lord Bishop of Worcester in Eight Volumes*, Vol. III, T. Cadell and W. Davies. Londres, 1811, 283-393.
HURME, SALLY BALCH/WOOD, ERICA – *Guardian Accountability Then and Now: Tracing Tenets for an Active Court Role*, 31 Stetson L Rev, 2002, 867-940.
HURNARD, NAOMI DAY – *Magna Carta, Clause 34* in *Studies in Medieval History Presented to Frederick Maurice Powicke*, coordenação de RICHARD W. HUNT, WILLIAM A. PANTIN e RICHARD W. SOUTHERN, Clarendon Press, Oxford, 1948, 157-179.
HUSCHKE, PHILIPP – *Ueber die usucapio pro herede, fiduciae und ex praediatura*, 14 ZgR, 1848, 145-273.
HYAMS, PAUL R. – *Warranty and Good Lordship in Twelfth Century England*, 5 Law & Hist Rev, 1987, 437-503.
HYNES, J. DENNIS – *Freedom of Contract, Fiduciary Duties, and Partnerships: the Bargain Principles of the Law of Agency*, 54 Wash & Lee L Rev, 1997, 439-464.

IBRAHIM, DARIN M. – *The Unique Benefits of Treating Personal Goodwill as Property in Corporate Acquisitons*, 30 Del J Corp L, 2005, 1-44.
IGNOR, ALEXANDER – *Über das allgemeine Rechtsdenken Eikes von Repgow*, Ferdinand Schöningh, Paderbon, 1984.
ILLINGWORTH, PATRICIA M. L. – *Patient-Therapist Sex: Criminalization and Its Discontents*, 11 J Contemp Health L & Pol'y, 1995, 389-416.
INGPEN, ARTHUR ROBERT – *Master Worsley's Book on the History and Constitution of the Honourable Society of the Middle Temple*, Chiswick Press, Londres, 1910.
INGRAM, MARTIN – *Church Courts, Sex and Marriage in England, 1570-1640*, CUP, Cambridge, 1987.
IVES, ERIC W. – *The Genesis of the Statute of Uses*, 82 EHR, 1967, 673-697.
IWAI, KATSUHITO – *Persons, Things and Corporations: the Corporate Personality Controversy and Comparative Corporate Governance*, 47 Am J Comp L, 1999, 583-632.

Jackson, Emily – *Medical Law: Text, Cases and Materials*, 2ª edição, OUP, Oxford, 2010.

Jackson, John – *The Booke of Conscience Opened and Read in a Sermon Preached at the Spittle on Easter-Tuesday, Being April 12, 1642*, printed by F.K. for R.M. and are to be sold by Daniel Milbourne, Londres, 1642.

Jacquelin, René – *De la fiducie*, A. Giard, Paris, 1891.

Jaeger, Pier Giusto – *La separazione del patrimonio fiduciário nel fallimento*, Giufffré, Milão, 1968.

Jago, Robert – vide Gearey, Adam.

Jakobs, Horst Heinrich – *De similibus ad similia bei Bracton und Azo*, Vittorio Klostermann, Francoforte, 1996.

Jannuzzi, Angelo – *Le società fiduciarie*, Giuffrè, Milão, 1988.

Jany, János – *The Idea of a Trust in Zoroastrian Law*, 25 J Leg Hist, 2004, 269-286.

Jenkinson, Hilary/Formoy, Bereyl E. R. – *Select Cases in the Exchequer of Pleas*, 48 Selden Society, Bernard Quaritch, Londres, 1932.

Jenks, Edward – *The Prerogative Writs in English Law*, 32 Yale LJ, 1923, 523-534.

Jhering, Rudolf von – *Unsere Aufgabe*, 1 JhJb, 1857, 1-52;
– *Uebertragung der Reivindicatio auf Richteingenthürmer (Cession derselben, reiv. Utilis, Connossement)*, 1 JhJb, 1857, 158-176;
– *Geist des römischen Rechts auf den verschiedenen Stufen seiner Entwicklung*, Vol. II, Breitkopf & Härtel, Leipzig, 1923;
– *Geist des römischen Rechts auf den verschiedenen Stufen seiner Entwicklung*, Vol. III, Breitkopf & Härtel, Leipzig, 1924.

John Wisdom, Minor – *A Trust Code in the Civil Law, Based on the Restatement and Uniform Acts: the Louisiana Trust Estates Act*, 13 Tul L Rev, 1938, 70-98.

John, Eric – *Reassessing Anglo-Saxon England*, Manchester University Press, Manchester, 1996.

Johns, Jeremy – *The Norman Kings of Sicily and the Fatimid Caliphate*, 15 Anglo-Norman Studies, 1992, 133-159.

Johnson, Charles – *The Last Chancellor of Henry I*, 76 EHR, 1952, 392.

Johnson, Denise R. – *Reflections on the Bundle of Rights*, 32 Vt L Rev, 2007, 247-272.

Jolliffe, John Edwards Austin – *The Constitutional History of Medieval England from the English Settlement to 1485*, 3ª edição, Adam and Charles Black, Londres, 1954.

Jolowicz, Herbert F./Nicholas, Barry – *Historical Introduction to the Study of Roman Law*, 3ª edição, CUP, Cambridge, 1972.

Jones, Alison – *Creating a Trust over an Unascertained Part of a Homogenous Whole*, Conv, 1993, 466-472.

Jones, Gareth – *Unjust Enrichment and the Fiduciary Duty of Loyalty*, 84 LQR, 1968, 472-502;
– *History of the Law of Charirty, 1532-1827*, CUP, Cambridge, 2008.

JONES, GARETH/GOODHART, WILLIAM – *Specific Performance*, Butterworths, Londres, 1996.
JONES, GREGORY D. – *Premium Non Nocere: the Expanding "Honest Services" Mail Fraud Statute and the Physician-Patient Fiduciary Relationship*, 51 Vand L Rev, 1998, 139-182
JONES, MICHAEL A. – *Medical Negligence*, 4ª edição, Sweet & Maxwell, Londres, 2008.
JONES, NEIL G. – *Tyrrel's Case (1557) and the Use upon a Use*, 14 J Leg Hist, 1993, 75-93;
 – *Uses, Trusts, and a Path to Privity*, 56 CLJ, 1997, 175-200, 176-177;
 – *Trusts in England after the Statute of Uses: a View from the 16th Century* in *Itinera Fiduciae: Trust and Treuhand in Historical Perspective*, coordenação de RICHARD H. HELMHOLZ e REINHARD ZIMMERMANN, Duncker & Humblot, Berlim, 1998, 172-205.
JONES, SHELDON A./MORET, LAURA M./STOREY, JAMES M. – *The Massachusetts Business Trust and Registered Investment Companies*, 13 Del J Corp L, 1988, 421-458.
JONES, WILLIAM R. – *The Court of the Verge: the Jurisdiction of the Steward and Marshall of the Household in Later Medieval England*, 10 JBS, 1970, 1-29.
JORGE, FERNANDO PESSOA – *Lições de Direito das obrigações*, FDL, Lisboa, 1975-1976;
 – *O mandato sem representação*, Almedina, Coimbra, 2001, reimpressão da edição de 1961.
JOYCE, JAMES WAYLAND – *England's Sacred Synods: a Constitutional History of the Convocations of Clergy, from the Earliest Records of Christianity in Britain to the Date of the Promulgation of the Present Book of Common Prayer: Including a List of all Councils as well as Civil, Held in England, in which the Clergy Have Been Concerned*, Gilbert and Revington, Londres, 1855.
JUGLAR, LOUIS – *Du rôle des esclaves et des affranchis dans le commerce*, "L'Erma" di Bretschneider, Roma, reimpressão da edição de 1894, 1972.
JUSTO, ANTÓNIO SANTOS – *A situação jurídica dos escravos em Roma*, 59 BFDUC, 1983, 133-175;
 – *A escravatura em Roma*, 73 BFDUC, 1987, 19-33;
 – *Direito privado romano – III (Direitos reais)*, Coimbra, Coimbra, 1997;
 – *A actio ficticia e a actio utilis* in *Estudos em homenagem ao Prof. Doutor Rogério Soares*, Coimbra, Coimbra, 2001, 1133-1153;
 – *Direito privado romano – IV (Direito da família)*, Coimbra, Coimbra, 2008;
 – *Breviário de Direito privado romano*, Coimbra, Coimbra, 2010;
 – *O depósito no Direito romano: algumas marcas romanas no Direito português* in *O sistema contratual romano: de Roma ao Direito actual*, FDL, Coimbra, Coimbra, 2010, 21-73;
 – *Direito privado romano – I (Parte geral)*, 5ª edição, Coimbra, Coimbra, 2011;
 – *Direito privado romano – II (Direito das obrigações)*, 4ª edição, Coimbra, Coimbra, 2011;
 – *Direito reais*, 3ª edição, Coimbra, Coimbra, 2011;

– *Introdução ao estudo do Direito*, 5ª edição, Coimbra, Coimbra, 2011.

KAMALI, MOHAMMAD HASHIM – *Principls of Islamic Jurisprudence*, 3ª edição, The Islamic Texts Society, 2003.

KANTER, MARTIN – *Die Sicherungsübereignung ohne Besitzverlust nach geltendem Recht*, Robert Noske, Leipzig, 1911.

KANTOROWICZ, ERNST H. – *The Prologue to Fleta and the School of Petrus de Vinea*, 32 Speculum, 1957, 231-249.

KANTOROWICZ, HERMAN – *Bractonian Problems: Being the Ninth Lecture on the David Murray Foundation in the University of Glasgow. With a Short Memoir of the Author* by DORIS MARRY STENTON, Jackson, Son, Glasgow, 1941.

KASER, MAX – *Die Anfänge der manumissio und das fiduziarisch gebundene Eigentum*, 71 ZRG (RA), 1941, 153-186;

– *Das altrömische „Ius": Studien zur Rechtsvorstellung und Rechtsgeschichte der Römer*, Vandenhoeck & Ruprecht, Göttingen, 1949;

– *In bonis esse*, 78 ZRG (RA), 1961, 173-220;

– *Das römische Privatrecht*, Vol. I, 2ª edição, Beck, Munique, 1971;

– *Römisches Privatrecht*, edição de 1992, 2ª edição da tradução portuguesa de SAMUEL RODRIGUES e FERNINAND HÄMMERLE, com revisão de MARIA ARMANDA DE SAINT-MAURICE, sob o título *Direito privado romano*, Gulbenkian, Lisboa, 2011;

– vide KRÜGER, HUGO.

KATZMANN, EWALD – *Die Aussonderung von Treugut im Konkurs*, E. G. Seeger, Marburgo, 1928.

KAYADIBI, SAIM – *Istihsān: the Doctrine of Juristic Preference in Islamic Law*, Islamic Book Trust, Malásia, 2010.

KEETON, GEORGE WILLIAMS – *An Introduction to Equity*, 5ª edição, Sir Isaac Pitman & Sons, Londres, 1961;

– *The Norman Conquest and the Common Law*, Ernest Benn, Londres, 1966;

– *The Canon Law and Its Influence*, 19 Loy L Rev, 1973, 1-24.

KELLER, ROLF – *Das fiduziarische Rechtsgeschäfte im schweizerischen Zivilrecht*, Stämpfli, Berna, 1941.

KELLEY, DONALD R. – *Gaius Noster: Substructures of Western Social Thought*, 84 Am Hist Rev, 1979, 619-648.

KEMBLE, JOHN MITCHELL – *The Saxons in England. A History of the English Commonwealth till the Period of the Norman Conquest*, Vol. I, edição revista por WALTER DE GRAY BIRCH, Bernard Quaritch, Londres, 1875;

– *The Saxons in England. A History of the English Commonwealth till the Period of the Norman Conquest*, Vol. II, edição revista por WALTER DE GRAY BIRCH, Bernard Quaritch, Londres, 1876.

KEMP, BRIAN – *Exchequer and Bench in the Late Twelfth Century – Separate or Identical Tribunals?*, 88 EHR, 1973, 559-573.

KENNEDY, IAN – *The Fiduciary Relationship and its Application to Doctors and Patients* in *Wrongs and Remedies in the Twenty-First Century*, coordenação de PETER BIRKS, Clarendon Press, Oxford, 1996, 111-140.

KENNETT, WHITE – *Parochial Antiquities Attempted in the History of Ambrosden, Burcester, and other Adjacent Parts in the Counties of Oxford and Bucks*, Vol. II, Clarendon Press, Oxford, 1818.

KENNY, COURTNEY STANHOPE – *The History of the Law of Primogeniture in England and its Effect upon Landed Property* in *Two Essays on the Law of Primogeniture*, J. Hall & Son, Cambridge, 1878.

KERSHAW, DAVE – *Does it Matter How the Law Thinks about Corporate Opportunities?*, 25 LS, 2005, 533-558;
– *Lost in Translation: Corporate Opportunities in Comparative Perspective*, 25 OJLS, 2005, 603-627.

KESSLER, FRIEDRICH/FINE, EDITH – *Culpa in Contrahendo, Bargaining in Good Faith, and Freedom of Contract: a Comparative Study*, 78 Harv L Rev, 1964, 401-449.

KESSLER, JAMES/SARTIN, LEON – *Drafting Trusts and Will Trusts: a Modern Approach*, 9ª edição, Sweet & Maxwell, Londres, 2008.

KETTELL, BRIAN – *Introduction to Islamic Banking & Finance*, Printhaus, Northampton, 2008.

KEYNES, SIMON – *The Diplomas of King Æthelred "The Unready" 978-1016: a Study in Their Use as Historical Evidence*, CUP, Cambridge, 1980;
– *Charters and Writs* in *The Blackwell Encyclopaedia on Anglo-Saxon England*, coordenação de MICHAEL LAPIDGE, JOHN BLAIR, SIMON KEYNES e DONALD SCRAGG, Blackwell, Oxford, 2001, 99-100.

KHAN, ISRAR AHMAD – *Authentication of Hadith: Redefining the Criteria*, The International Institute of Islamic Thought, Reino Unido, 2010.

KHATAB, SAYED/BOUMA, GARY D. – *Democracy in Islam*, Routledge, Nova Iorque, 2007.

KIMBALL, ELISABETH G. – *Serjeanty Tenure in Medieval England*, OUP, Oxford, 1936.

KINCAID, PETER – *Third Parties: Rationalising a Right to Sue*, 48 CLJ, 1989, 242-270.

KIRBY, DAVID P. – *The Earliest English Kings*, edição revista, Routledge, Londres, 2000.

KIRBY, J. L. – *Collegiate Church of St. Peter and St Paul, Heytesbury* in *A History of Wiltshire*, Vol. III, coordenação de R. B. PUGH e ELIZABETH CRITTALL, OUP, Oxford, 1956, 389-397.

KIRSTEN, WALTER/MATHEJA, KURT – *Treuhand und Treuhänder im Steuerrecht: Steuerliche Treuhand, Treuhänderschaft und Organschaft*, 2ª edição, NWB, Herne/Berlim, 1978.

KITTLE, WARREN B. – *Courts of Law and Equity – Why They Exist and Why They Differ*, 26 W Va L Q, 1911, 21-34.

KLEE, KIMMERLY ANNE – *Clergy Malpractice: Bad News for the Good Samaritan or a Blessing in Disguise*, 17 U Tol L Rev, 1985, 209-253.
KLEIN, MANFRED – *Ausländische Zivilrechtsformen im deutschen Erbschaftsteuerrecht*, O. Schmidt, Colónia, 2000.
KLINCK, DENNIS R. – *The Lord Nottingham and the Conscience of Equity*, 67 J Hist Ideas, 2006, 123-147;
– *Conscience, Equity and the Court of Chancery in Early Modern England*, Ashgate, Farnham, 2010.
KNAPPEN, MARSHALL MASON – *Constitutional and Legal History of England*, Harcourt, Brace, Nova Iorque, 1942.
KNOCH, STEFAN – *Sklavenfürsorge im Römischen Reich: Formen und Motive*, Georg Olms, Hildesheim, 2005.
KÖBLER, ULRIKE – *Werden, Wandel und Wesen des deutschen Privatrechtswortschatzes*, Peter Lang, Francoforte, 2010.
KOCHER, PAUL H. – *Francis Bacon on the Science of Jurisprudence*, 18 J Hist Ideas, 1957, 3-26.
KOCOUREK, ALBERT – *Hohfeld System of Fundamental Legal Concepts*, 15 Ill L R, 1920, 24-39;
– *An Introduction to the Science of Law*, Little, Brown, Boston, 1930.
KOHLER, JOSEF – *Studien über Mentalreservation und Simulation*, 16 JhJb, 1878, 91-158.
– *Nach einmal über Mentalreservation und Simulation: ein Beitrag zur Lehre vom Rechtsgeschäft*, 16 JhJb, 1878, 325-356.
KOHLER, JÜRGEN – *Anotação ao § 137 do BGB* in *Staudingers Allgemeiner Teil, §§ 134--138*, De Gruyter, Berlim, 2011, 232-272.
KÖPCKE, GÜNTHER – *Typen der positiven Vertragsverletzung*, W. Kohlhammer, Estugarda, 1965.
KÖTZ, HEIN – *Trust und Treuhand: eine rechtsvergleichende Darstellung des anglo-amerikanischen trust und funktionsverwandter Institute des deutschen Recht*, Vandenboeck & Rupreht, Göttingen, 1963.
KREUTZ, BARBARA M. – *Before the Normans: Southern Italy in the Ninth and Tenth Century*, University of Pennsylvania Press, Filadélfia, 1996.
KRIECHBAUM, MAXIMILIANE – *Dogmatik und Rechtsgeschichte bei Ernst Immanuel Bekker*, Rolf Gremer, Ebelsbach, 1984.
KRÜCKMANN – *Schadensliquidation aus fremdem Interesse*, 56 JhJb, 1910, 245-328.
KRÜGER, HUGO/KASER, MAX – *Fraus*, 63 ZRG (RA), 1943, 117-174.
KRÜGER, WOLFGANG – *Anotação ao § 392 do HGB* in *Handelsgesetzbuch: HGB*, coordenação de KARLHEINZ BOUJONG, DETLEV JOOST e LUTZ STROHN, Vol. II: §§ 343-474, 2ª edição, Beck, Munique, 2009.
KUHLENBECK, LUDWIG – *Von den Pandekten zum Bürgerlichen Gesetzbuch*, Vol. I, Carl Heymanns, Berlim, 1898.

KUKLIN, BAILEY H. – *The Plausibility of Legally Protecting Reasonable Expectations*, 32 Val U L Rev, 1997, 19-66.
KUNISCH, KARL – *Die rechtliche Stellung des Fiducianten im Konkurse des Fiduciars*, Hallischen Nachrichten, Halle, 1931.
KUPFERSCHMIDT, URI M. – *The Supreme Muslim Council: Islam under the British Mandate for Palestine*, E. J. Brill, Leiden, 1987.
KURAN, TIMUR – *The Provisions of Public Goods under Islamic Law: Origins, Impact, and Limitations of the Waqf System*, 35 L & Soc'y Rev, 2001, 841-898;
 – *The Long Divergence: How Islamic Law Held Back the Middle East*, Princeton University Press, Princeton, 2011.
KURLAND, PHILIP B. – *Curia Regis: some Comments on the Devine Right of Kings and Courts to Say What the Law Is*, 23 Ariz L Rev, 1981, 581-597.
KYD, STEWART – vide COMYNS, JOHN.

LA ROSA, FRANCA – *I peculli speciali in diritto romano*, Giuffrè, Milão, 1953.
LABAREDA, JOÃO – *Contrato de garantia financeira e insolvência das partes contraentes* in *Estudos dedicados ao Professor Doutor Luís Carvalho Fernandes*, Vol. II, UCP, RDJ, Lisboa, 2011, 101-132.
LABY, ARTHUR B. – *Resolving Conflicts of Duty in Fiduciary Relationships*, 54 Am U L Rev, 2004, 75-149;
 – *The Fiduciary Obligation as the Adoption of Ends*, 56 Buff L Rev, 2008, 99-168;
 – *Fiduciary Obligations of Broker-Dealers and Investment Advisers*, 55 Vill L Rev, 2010, 701-742.
LACHMANN, KARL – *Zu Varro de lingua Latina über pecus und über spondere*, 6 RMP, 1839, 106-125.
LAFERRIÈRE, LOUIS F. J. – *Histoire du Droit français*, Tomo I, Joubert, Paris, 1837;
 – *Histoire du Droit français précédée d'une introduction sur le Droit civil de Rome*, Tomo VI: *Coutumes de France dans les diverses provinces*, Cotillon, Paris, 1858.
LAFONTAINE, ALBERT – *Jean Gerson (1363-1429)*, Librairie Vve Ch. Poussielgue, Paris, 1906.
LAMBERT, M. D. – *Franciscan Poverty: the Doctrine of the Absolute Poverty of Christ and the Apostles in the Franciscan Order 1210-1323*, S.P.C.K., Londres, 1961.
LAMMEL, SIEGBERT – *Die Haftung des Treuhänders aus Verwaltungsgeschäften zur Dogmatik des "Verwaltungshandelns" im Privatrecht*, Athenäum, Francoforte, 1972.
LAMMER, HANS – *Das Recht der treuen Hand nach deutschem Rechte*, A. Stuber's Buchund Kunsthandlung, Wärzburg, 1875.
LANDAU, PETER – *The Development of the Law* in *The New Cambridge Medieval History*, Vol. IV: c. 1023 – c. 1198, Parte I, coordenação de DAVID LUSCOMBE e JONATHAN RILEY-SMITH, CUP, Cambridge, 2004, 113-147.
LANDERS, WILLIAM M. – vide FRIEDMAN, DAVID D..

LANE, JAN-ERIK/REDISSI, HAMADI – *Religion and Politics: Islam and Muslim Civilization*, 2ª edição, Asgate Publishing, Farnham, 2009.

LANE, WALLACE R. – *Development of Secondary Rights in Trade Mark Cases*, 18 Yale LJ, 1909, 571-582.

LANG, HEINRICH VON – *Die Wirkungen der fiduziarischen Geschäfte*, 83 AcP, 1894, 336-351.

LANGBEIN, JOHN H. – *The Contractarian Basis of the Law of Trusts* 105 Yale L J, 1995, 625-675;
– *The Secret Life of the Trust: the Trust as an Instrument of Commerce*, 107 Yale LJ, 1997, 165-189;
– *Questioning the Trust Law Duty of Loyalty: Sole Interest or Best Interest*, 114 Yale LJ, 2005, 929-990.

LANGBEIN, JOHN H./POSNER, RICHARD A. – *The Revolution in Trust Investment Law*, 62 ABAJ, 1976, 887-891.

LANGDELL, CHRISTOPHER – *A Brief Survey of Equity Jurisdiction*, 1 Harv L Rev, 1887, 55-72.

LANGE, HERMANN/SCHIEMANN, GOTTFRIED – *Schadensersatz*, 3ª edição, Mohr Siebeck, Tübingen, 2003.

LANGMUIR, GAVIN I. – *Community and Legal Change in Capetian France*, 6 French Hist Stud, 1970, 275-286.

LAPIDGE, MICHAEL – *The Cult of St. Swithun*, OUP, Oxford, 2003.

LAPUENTE, SERGIO CÁMARA – *La fiducia sucesoria secreta*, Universidad de Navarra, Dykinson, Madrid, 1996.

LARENZ, KARL/WOLF, MANFRED – *Allgemeiner Teil des Bürgerlichen Rechts*, 9ª edição, Beck, Munique, 2004.

LARSON, LAURENCE MARCELLUS – *The King's Household in England before the Norman Conquest*, Bulletin of the University of Wisconsin, Wisconsin, 1902.

LAU, MING W. – *The Economic Structure of Trusts*, OUP, Oxford, 2011.

LAURENCE, PERCEVAL M. – *The Law and Custom of Primogeniture*, J. Hall and Son, Cambridge, 1878.

LAURIE, SIMMON SOMERVILLE – *Lectures on the Rise and Early Constitution of Universities with a Survey of Mediaeval Education, A.D. 200-1350*, Kegan Paul, Trench, Londres, 1886.

LAVALLÉE, ARMAND – *Donation fiduciaire*, 11 R du D, 1932, 227-235.

LAWSON, FREDERICK H. – *The Approach to French Law*, 34 Ind LJ, 1959, 531-545.

LAYMAN, BRIAN – *Perpetual Dynasty Trusts: One of the Most Powerful Tools in the Estate Planner's Arsenal*, 32 Akron L Rev, 1999, 747-789.

LEA, HENRY C. – *Superstition and Force. Essays on the Wager of Law – The Wager of Battle – The Ordeal – Torture*, Henry C. Lea, Filadélfia, 1866.

LEACH, W. BARTON – vide MORRIS, J. H. C..

LEAKE, STEPHEN MARTIN/RANDALL, A. E. – *An Elementary Digest of the Law of Property in Land*, Stevens and Sons, Londres, 1909.
LEARMONTH, ALEXANDER – vide MARTYN, JOHN G. ROSS.
LEDLIE, J. C. – *Gaius*, 13 J Soc Comp Leg (NS), 1913, 232-244.
LEE, FRANCIS NIGEL – *King Alfred the Great and our Common Law*, 2000.
LEE, REBECCA – *In Search of the Nature and Function of Fiduciary Loyalty: Some Observations on Conaglen's Analysis*, 27 OJLS, 2007, 327-338;
– *Rethinking the Content of the Fiduciary Obligation*, Conv, 2009, 236-253.
LEE, ROBERT WARDEN – *The Interaction of Roman an Anglo-Saxon Law*, 61 S African L J, 1944, 155-173.
LEECH, TOM – vide FELTHAM, SPENCE.
LEEMING, MARK J. – vide MEAGHER, RODERICK P..
LEFF, GORDON – *Paris and Oxford Universities in the Thirteenth and Fourteenth Centuries. An Institutional and Intellectual History*, John Wiley & Sons, Estados Unidos da América, 1968.
LEGRAND, PIERRE – *Civil Law Codification in Quebec: a Case of Decivilianization*, 1 ZEuP, 1993, 574-591.
LEHMANN, HEINRICH – *Allgemeiner Teil des Bürgerlichen Gesetzbuches*, 5ª edição, Walter de Gruyter, Berlim, 1947.
LEIBELL, JANE FRANCIS – *Anglo-Saxon Education of Women: from Hilda to Hildegarde*, Lenox Hill, Nova Iorque, 1922.
LEIST, ALEXANDER – *Die Sicherung von Forderungen durch Übereignung von Mobilien*, Gustav Fischer, Lena, 1889.
LEITÃO, LUÍS MENEZES – *O enriquecimento sem causa no Direito civil: estudo dogmático sobre a viabilidade da configuração unitária do instituto, face à contraposição entre as diferentes categorias de enriquecimento sem causa*, Centro de Estudos Fiscais, Lisboa, 1996;
– *Actividades de intermediação e responsabilidade dos intermediários financeiros*, 2 DVM, 2000, 129-156;
– *Cessão de créditos*, Almedina, Coimbra, 2005;
– *Direito das obrigações*, Vol. III, Almedina, Coimbra, 2012;
– *Direitos Reais*, 3ª edição, Almedina, Coimbra, 2012;
– *Garantias das obrigações*, 3ª edição, Almedina, Coimbra, 2012.
LEMLEY, MARK A. – *The Surprising Virtues of Treating Trade Secrets as IP Rights*, 61 Stan L Rev, 2008, 311-353.
LENT, FRIEDRICH/WEBER, FRIEDRICH – *Jaeger Konkursordnung mit Einführungsgesetzen*, Vol. I: §§ 1-79 KO, 8ª edição, Walter de Gruyter, Berlim, 1958, 631-632.
LEONHARD, RUDOLF – *Ob und unter welchen Voraussetzungen das constitutum possessorium mit der Wirkung der Besitzübertragung für bewegliche Sachen auszustatten ist?*, 15 DJT I, 1880, 91-110.
LEPAULLE, PIERRE – *Civil Law Substitutes for Trusts*, 36 Yale LJ, 1927, 1126-1147;

- *An Outsider's View Point of the Nature of Trusts*, 14 Cornell LQ, 1928, 52-61;
- *Traité théorique et pratique des trusts en Droit interne, en Droit fiscal et en Droit international*, Rousseau, Paris, 1932;
- *Trusts and the Civil Law*, 15 J Comp Legis & Int'l L, 1933, 18-34;
- *Recensão a Roberto Molina Pasquel, La propriété dans le trust. Essai de Droit comparé*, 4 RIDC, 1952, 377-378;
- *Reflections on the Expansion of Trust: Remarks Concerning M. Claude Reymond's Book on "The Trust and Swiss Law"*, 6 Am U L Rev, 1957, 40-46;
- *Tratado teórico y práctico de los trusts en Derecho interno, en Derecho fiscal y en Derecho internacional*, tradução de PAULO MACEDO, Editorial Porrúa, México, 1975.

LEWIN, THOMAS – *A Practical Treatise on the Law of Trusts and Trustees*, 2ª edição, A. Maxwell & Son, Londres, 1842.

LEWIS, HUBERT – *The Ancient Laws of Wales Viewed Especially in Regard to the Light They Throw upon the Origin of Some English Institutions*, E. Stock, Londres, 1889.

LEWISON, KIM – *The Interpretation of Contracts*, Sweet & Maxwell, Londres, 2007, 191-239.

LI, JIE – *The Peso Silver Case: an Opportunity to Soften the Rigid Approach of the English Courts on the Problem of Corporate Opportunity*, 32 Comp Law, 2011, 68-75.

LIBONATI, BERARDINE – *Holding e Investment Trust*, Giuffrè, Milão, 1959.

LIEBERMANN, FELIX – *Quadripartitus, ein englisches Rechtsbuch von 1144*, Max Niemeyer, Halle, 1892;
- *Magister Vacarius*, 11 EHR, 1896, 305-314;
- *Über das Englische Rechtsbuch Leges Henrici*, Max Niemeyer, Halle, 1901;
- *The National Assembly in the Anglo-Saxon Period*, Max Niemeyer, Halle, 1913.

LIEBICH, DIETRICH/MATHEWS, KURT – *Treuhand und Treuhänder in Recht und Wirtschaft*, 2ª edição, NWB, Berlim, 1983.

LIEBS, RÜDIGER – *Die unbeschränkbare Verfügungsbefugnis*, 175 AcP, 1975, 1-76.

LIGEROPOULO, ALEXANDRE – *Le problème de la fraude à la loi: étude de Droit privé, interne et international, de Droit fiscal, pénal et comparé*, Recueil Sirey, Paris, 1928.

LILIENTHAL – *Die Uebereignung zum Zweck der Sicherung*, 7 DJZ, 1902, 542-545.

LIM, HILARY – vide SAIT, SIRAJ.

LIMA, FERNANDO PIRES DE – *Anotação a STJ 4-Mai.-1956* (LENCASTRE DA VEIGA), 89 RLJ, 1957, 276-282;
- *Direito de propriedade (anteprojecto para o futuro Código Civil)*, 123 BMJ, 1963, 225-284.

LIMA, FERNANDO PIRES DE/VARELA, JOÃO DE MATOS ANTUNES – *Código Civil anotado*, Vol. I: Artigos 1.º a 761.º, 4ª edição, com colaboração de M. HENRIQUE MESQUITA, Coimbra, Coimbra, 1987;
- *Código Civil anotado*, Vol. II: Artigos 762.º a 1250.º, 4ª edição, Coimbra, Coimbra, 1997;

- *Código Civil anotado*, Vol. III: *Artigos 1251.º a 1575.º*, 2ª edição, com colaboração de M. HENRIQUE MESQUITA, Coimbra, Coimbra, 1987;
- *Código Civil anotado*, Vol. IV, *Artigos 1576.º a 1795.º*, 2ª edição revista e atualizada, Coimbra, Coimbra, 1992.

LINCKELMANN, KARL – *Die Sicherheitsübereignungen*, 7 AbürgR, 1893, 209-235.

LINDEN, ALLEN M./FELDTHUSEN, BRUCE – *Canadian Tort Law*, 8ª edição, LexisNexis, Ontário, 2006.

LINGARD, JOHN – *A History of England from the First Invasion by the Romans*, Vol. I, 2ª edição, J. Mawman, Londres, 1823, 485.
- *The Antiquities of the Anglo-Saxon Church*, 2ª edição estado-unidense da edição londrina, J. Murphy, Baltimore, 1851.

LIPARI, NICOLÒ – *Il negozio fiduciario*, Giuffrè, Milão, 1971, reimpressão da edição de 1964;
- *Fiducia statica e trusts* in *I trusts in Italia oggi*, coordenação de ILARIA BENVENUTI, Giuffrè, Milão, 1996, 67-80.

LITTLE, A. G. – *Studies in English Franciscan History*, Manchester University Press, Manchester, 1917.

LIVONNIÈRE, CLAUDE POCQUET DE – *Traité des fiefs*, Jean-Baptiste Coignard, Paris, 1729.

LLOYD, DAVID – *State Worthies: or, the Statesmen and Favourites of England from the Reformation to the Revolution. Their Prudence and Politics, Successes and Miscarriages, Advancements and Falls*, Vol I, editado por CHARLES WHITWORTH, J. Robson, Londres, 1766.

LOBBAN, MICHAEL – *Contract* in *The Oxford History of the Laws of England*, Vol. XII, 1820-1914, Private Law, OUP, Oxford, 2010, 431-472.

LOBINGIER, CHARLES SUMNER – *Lex Christiana: the Connecting Link Between Ancient and Modern Law, Part I*, 20 Geo LJ, 1931, 1-43.

LÖBL, RUDOLF – *Geltendmachung fremder Forderungsrechte im eigenen Namen: ein Beitrag zur Lehre von der Innen- und Außenwirkung der Obligation*, 129 AcP, 1928, 257-339.

LOERSCH, HUGO/SCHRÖDER, RICHARD – *Urkunden zur Geschichte des deutschen Rechtes für den gebrauch bei Vorlesungen und Übungen*, Vol. I: *Privatrecht*, Adolf Marcus, Bona, 1874.

LÖHNIG, MARTIN – *Treuhand: Interessenwahrnehmung und Interessenkonflikte*, Mohr Siebeck, Tübingen, 2006.

LONG, JOSEPH R. – *The Definition of a Trust*, 8 Va L Rev, 1922, 426-433;
- *Equitable Jurisdiction to Protect Personal Rights*, 33 Yale LJ, 1923, 115-132.

LONGLEY, ADRIAN – vide CRACKNELL, DOUGLAS.

LONGO, CARLO – *Corso di diritto romano. La fiducia*, Giuffrè, Milão, 1946.

LONGO, SARA – *Filius familias se obligat? Il problema della capacità patrimoniale dei filii familias*, Giuffrè, Milão, 2003.

LOPES, ANABELA GOMES – *O trust off-shore (análise do Decreto-Lei n.º 352-A/88)*, relatório de mestrado, FDL, Lisboa, 1996.
LOPEZ, STAR – vide BAINBRIDGE, STEPHEN M..
LORENZ, BERNHARD/ATTLMAYR, MARTIN – *Liechtenstein* in *The World Trust Survey*, coordenação de CHARLES FOTHARD e SANJVEE SHAH, OUP, Oxford, 2010, 386-400.
LORIO, KATHRYN VENTURATOS – *Louisiana Trusts: the Experience of a Civil Law Jurisdiction with the Trust*, 42 La L Rev, 1982, 1721-1739.
– *The Louisiana Civil Law Tradition: Archaic or Prophetic in the Twenty-First-Century*, 63 La L Rev, 2002, 1-23.
LOUGHLAN, PATRICIA – *The Historical Role of the Equitable Jurisdiction* in *The Principles of Equity*, 2ª edição, coordenação de PATRICK PARKINSON, Lawbook, Sydney, 2003, 3-27.
LOWER, MARK ANTONY – *The Chronicle of Battle Abbey from 1066 to 1176*, John Russell Smith, Londres, 1851.
LOWRY, SUELLEN – *Inevitable Disclosure Trade Secret Disputes: Dissolutions of Concurrent Property Interests*, 40 Stan L Rev, 1988, 519-544.
LOYN, HENRY R. – *The Governance of Anglo-Saxon England, 500-1087*, Stanford University Press, Stanford, 1984.
LU, ELAINE – *The Potential Effect of Managed Competition in Health Care on Providing Liability and Patient Autonomy*, 30 Harv J on Legis, 1993, 519-552.
LUCA, LUIGI DE – *Aequitas Canonica ed Equity Inglese alla luce del pensiero di C. Saint-Germain*, 3 Eph Iuris Can, 1947, 46-66.
LUETGEBRUNE, WALTER – *Die Sicherungsübereignung*, Friedrich Kronbauer, Göttingen, 1906.
LUMINOSO, ANGELO – *Il mandato e la commissione*, Giuffrè, Milão, 1986;
– *Appunti sui negozi traslativi atipici: corso di diritto civile*, Giuffrè, Milão, 2007.
LUPOI, MAURIZIO – *Introduzione al trusts: diritto inglese, Convenzione dell'Aja, diritto italiano*, Giuffrè, Milão, 1994;
– *Trusts*, Giuffrè, Milão, 1997;
– *The Civil Law Trust*, 32 Vand J Transnat'l L, 1999, 967-988;
– *The Development of Protected Trust Structures in Italy* in *Extending the Boundaries of Trusts and Similar Ring-Fenced Funds*, coordenação de DAVID J HAYTON, Kluwer Law International, Haia, 2002, 85-93;
– *Atti intitutivi di trust e contratti di affidamento fiduciario con formulario*, Giuffrè, Milão, 2010;
– *Istituzioni del diritto dei trust e degli affidamenti fiduciari*, 2ª edição, Wolters Kluwer, Itália, 2011.
LUXTON, PETER – *The Law of Charities*, OUP, Oxford, 2001.
LYNCH, JOSEPH H. – *Simoniacal Entry into Religious Life from 1000 to 1260: a Social, Economic and Legal Study*, Ohio State University Press, Ohio, 1976.

Lyon, Bryce Dale – *A Constitutional and Legal History of Medieval England*, 2ª edição, W. W. Norton, Nova Iorque, 1980.

MacCabe, William Bernard – *A Catholic History of England*, Vol. II, T. C. Newby, Londres, 1849.

Mackay, Lord – *The Lord Chancellor in the 1990's*, 44 CLP, 1991, 241-259.

Mackeldey, Ferdinand – *Compendium of Modern Civil Law*, Vol. I, 12ª edição, editado por Philip Ignatius Kaufmann, Nova Iorque, 1845.

Mackintosh, James – *The History of England*, Vol. I, Carey & Lea, Filadélfia, 1830.

Macnair, Michael R. T. – *The Conceptual Basis of Trusts in the Later 17th and Early 18th Centuries* in *Itinera Fiduciae: Trust and Treuhand in Historical Perspective*, coordenação de Richard H. Helmholz e Reinhard Zimmermann, Duncker & Humblot, Berlim, 1998, 207-236;
– *The Law of Proof in Early Modern Equity*, Duncker & Humblot, Berlim, 1999.

MacQueen, Hector L. – *Mixed Jurisdictions and Convergence: Scotland*, 29 Int'l J Legal Info, 2001, 309-322.

Maddicott, John Robert – *The Origins of the English Parliament, 924-1327*, OUP, Oxford, 2010.

Maddox, Thomas – *The History and Antiquities of the Exchequer of the Kings of England in Two Periods: to wit, from the Norman Conquest, to the End of Reign of K. John; and from the End of the Reign of K. John, to the End of the Reign of K. Edward II. Taken from Records*, Vol. I, 2ª edição, Londres, 1769.

Maier-Reimer, George – *Introdução ao § 164 do BGB* in *Erman Bürgerliches Gesetzbuch*, Vol. I: §§ 1-758, 13ª edição, coordenação de Harm Peter Westermann, Barbara Grunewald e George Maier-Reimer, Dr. Otto Schmidt, Colónia, 2011, 491-494.

Maine, Henry Sumner – *Ancient Law: Its Connection with the Early History of Society, and Its Relation to Modern Ideas*, 4ª edição, John Murray, Londres, 1870.
– *Dissertations on Early Law and Custom*, John Murray, Londres, 1883.

Maitland, Frederic William – *Select Pleas of the Crown*, Vol. I: A.D. 1200-1225, 1 Selden Society, Bernard Quaritch, Londres, 1888;
– *The Origins of Uses*, 8 Harv L Rev, 1894, 127-137;
– *Select Passages from the Works of Bracton and Azo*, 8 Selden Society, Bernard Quaritch, Londres, 1895;
– *Year Books of Edward II*, Vol. II: *2 & 3 Edward II. A. D. 1308-09 and 1309-10*, Bernard Quaritch, Londres, 1904;
– *Equity, also the Forms of Action at Common Law: Two Course of Lectures*, editado por Alfred H. Chaytor e William J. Whittaker, CUP, Cambridge, 1910;
– *Frankalmoign in the Twelfth and Thirteenth Centuries* in *Collected Papers, Collected Papers of Frederic William Maitland*, Vol. II, editado por Herbert A. L. Fisher, CUP, Cambridge, 1911, 205-222;

- *The History of the Register of Original Writs* in *Collected Papers of Frederic William Maitland*, Vol. II, editado por HERBERT A. L. FISHER, CUP, Cambridge, 1911, 110-173;
- *The Materials for English Legal History* in *Collected Papers of Frederic William Maitland*, Vol. II, editado por HERBERT A. L. FISHER, CUP, Cambridge, 1911, 1-60;
- *The Unincorporated Body* in *The Collected Papers of Frederic William Maitland*, Vol. III, editado por HERBERT A. L. FISCHER, CUP, Cambridge, 1911, 271-284;
- *The Constitutional History of England*, CUP, Cambridge, 1919;
- *Trust and Corporation* in *Maitland Selected Essays*, editado por HAROLD D. HAZELTINE, GAILLARD LAPSLEY e PERCY H. WINFIELD, CUP, Cambridge, 1936, 141-222;
- *Domesday Book and Beyond: Three Essays in the Early History of England*, CUP, Cambridge, 1987;
- vide BOLLAND, WILLIAM CRADDOCK;
- vide POLLOCK, FREDERICK.

MAJOR, JAMES RUSSELL – *From Renaissance Monarchy to Absolute Monarchy: French Kings, Nobles & Estates*, John Hopkins University Press, Estados Unidos da América, 1994.

MAKDISI, GEORGE – *The Guilds of Law in Medieval Legal History: an Inquiry into the Origins of the Inns of Courts*, 34 Clev St L Rev, 1985, 3-18.
- *The Rise of Colleges: Institutions of Learning in Islam and the West*, Edinburgh University Press, Edimburgo, 1981.

MAKDISI, JOHN A. – *Legal Logic and Equity in Islamic Law* in *Islamic Law and Legal Theory*, coordenação de IAN EDGE, Dartmouth, Aldershot, 1996, 229-258.
- *The Islamic Origins of the Common Law*, 77 NC L Rev, 1999, 1635-1740.

MÄKINEN, VIRPI – *Property Rights in the Late Medieval Discussion on Franciscan Poverty*, Peeters, Lovaina, 2001, 19-53.

MAKOWER, FELIX – *The Constitution History and Constitution of the Church of England*, Swan Sonnenschein, Londres, 1895.

MALLAT, CHIBLI – *Introduction to Middle Eastern Law*, OUP, Oxford, 2007.

MALUMIAN, NICOLAS – *Trusts in Latin America*, OUP, Oxford, 2009, 241-266.

MALVAGNA, SIMONE – *Il problema della causa dei contratti*, 26 RDCiv, 1934, 118-147 e 213-243.

MANASSE, DONALD – *Monaco* in *The World Trust Survey*, coordenação de CHARLES FOTHARD e SANJVEE SHAH, OUP, Oxford, 2010, 438-448.

MANCINI, TOMMASO – *In tema di negozio fiduciario*, 83 Foro It, 1960, 1838-1841.

MANDAVILLE, JOHN E. – *Usurious Piety: the Cash Waqf Controversy in the Ottoman Empire*, 10 Int J Mid E Stud, 1979, 289-308.

MANDRY, GUSTAV – *Über Begriff und Wesen des peculium*, Heinrich Laupp, Tübingen, 1869.

MARENBON, JOHN – *Medieval Philosophy: an Historical and Philosophical Introduction*, Routledge, Abingdom, 2007.
MARIETTA JR., DON E. – *Conscience in Greek Stoicism*, 17 Numen, 1970, 176-187.
MARKESINIS, BASIL S. – *An Expanding Tort Law – The Price of a Rigid Contract Law*, 103 LQR, 1987, 354-397.
MARQUES, J. P. REMÉDIO – *Locação financeira restitutiva (sale and lease-back) e a proibição dos pactos comissórios – negócio fiduciário, mútuo e acção executiva*, 76 BFDUC, 2001, 575-632.
MARQUES, JOSÉ DIAS – *Teoria geral do Direito civil, Lições ao curso de 1957-58 da Faculdade de Direito de Lisboa*, Vol. II, Coimbra, Coimbra, 1959;
– *Direito reais (parte geral), Lições feitas aos cursos de 1958-59 e 1959-60 da Faculdade de Direito de Lisboa*, Vol. I, Lisboa, 1960.
MARSHALL, HEDLEY H. – *Natural Justice*, Sweet & Maxwell, Londres, 1959.
MARTENS, KLAUS-PETER – *Rechtsgeschäft und Drittinteressen*, 177 AcP, 1977, 113-188.
MARTIN, EDWARD F. – *Louisiana's Law of Trust 25 Years After Adoption of the Trust Code*, 50 La L Rev, 1990, 501-530.
MARTIN, GEOFFREY HAWARD/HIGHFIELD, JOHN ROGER LOXDALE – *A History of Merton College*, OUP, Oxford, 1997.
MARTIN, JILL E. – *Certainty of Subject Matter: a Defense of Hunter v Moss*, 60 Conv, 1996, 223-227;
– *Hanbury & Martin: Modern Equity*, 18ª edição, Sweet & Maxwell, Londres, 2009.
MARTINEK, MICHAEL – *Das allgemeine Geschäftsbesorgungsrecht und die analoge Anwendung des § 392.2HGB: Anregungen aus und zu Musielaks Gutachten zur Schuldrechtsreform* in *Festschrift für Hans-Joachim Musielak zum 70. Geburtstag*, coordenação de CHRISTIAN HEINRICH, Beck, Munique, 2004, 355-382;
– *Introdução ao § 662* in *Staudinger §§ 657-704*, Walter de Gruyter, Berlim, 2006, 123-216;
– *Anotação ao § 383 do HGB* in *Kommentar zum Handelsgesetzbuch*, coordenação de HARTMUT OETKER, 2ª edição, 2011.
MARTINEZ, PEDRO ROMANO – *Da cessação do contrato*, 2ª edição, Almedina, Coimbra, 2006;
– *Direito das obrigações: programa 2010/2011. Apontamentos*, 3ª edição, AAFDL, Lisboa, 2011;
– *Responsabilidade civil por acto ou omissão do médico: responsabilidade civil médica e seguro de responsabilidade civil profissional* in *Estudos em homenagem ao Professor Doutor Carlos Ferreira de Almeida*, Vol. II, Almedina, Coimbra, 2011, 459-486;
– vide, VASQUES, JOSÉ.
MARTINEZ, PEDRO ROMANO/PONTE, PEDRO FUZETA DA – *Garantias de Cumprimento*, 5ª edição, Almedina, Coimbra, 2006.
MARTÍNEZ-TORRÓN, JAVIER – *Anglo-American Law and Canon Law: Canonical Roots of the Common Law*, Duncker & Humblot, 1998.

Martorell, Mariano Navarro – *La propiedad fiduciaria: la fiducia historica, los modernos negocios fiduciarios, la propiedad fiduciaria*, Bosch, Barcelona, 1950.
Martyn, John G. Ross/Ford, Charlotte/Learmonth, Alexander/Oldham, Mika – *Theobald on Wills*, 17ª edição, Sweet & Maxwell, Londres, 2010.
Marwede, Jan – *Rechtsnatur und Außenschutz des Trust und Treuhand: zugleich ein Beitrag zur Dinglichkeit und zum System subjektiver Privatrechte*, Bona, 1971.
Marzo, Giuseppe de – vide Caringella, Francesco.
Marzo, Salvatore di – *Il "duplex dominium" di Gaio*, 43 BIRD, 1935, 292-296.
Mascarenhas, Maria Vaz de – *O contrato de gestão de carteiras: natureza conteúdo e deveres*, 13 Cad MVM, 2002, 109-128.
Mason, Anthony – *Themes and Prospects* in *Essays in Equity*, coordenação de Paul D. Finn, The Law Book Co., Sidney, 1985, 242-251.
Masson, Georgina – *Frederick II of Hohenstaufen: a Life*, Secker & Warburg, Londres, 1957.
Mastrangelo, Luigi – *Il peculium quasi castrense: privilegio dei palatini in età tardo antica*, 52 RIDA, 2005, 261-308.
Mastura, Michael O. – *The Making of Civil Society Through Waqf Institution in Mindanao* in *Islam and Civil Society in Southeast Asia*, coordenação de Nakamura Mitsuo, Sharon Siddique e Omar Farouk Bajunid, Institute of Southeast Asian Studies, Singapura, 2001, 117-134.
Matheja, Kurt – vide Kirsten, Walter.
Mathew, Donald – *King Stephen*, Hambledon and London, Londres, 2002.
Mathews, Kurt – vide Liebich, Dietrich.
Matos, Andrade de – *O pacto comissório: contributo para o estudo do âmbito da sua proibição*, Almedina, Coimbra, 2006.
Matta, Tiago Athayde – *Da garantia fiduciária no âmbito do sistema financeiro* in *Garantias das obrigações: publicação dos trabalhos de mestrado*, coordenação de Jorge Sinde Monteiro, Almedina, Coimbra, 2007, 525-564.
Mattei, Ugo – vide Hansmann, Henry.
Matthews, Paul – *The Comparative Importance of the Rule in Saunders v. Vautier*, 122 LQR, 2006, 232-265;
Matthews, Paul – vide Hayton, David.
Maude, Joseph Hooper – *The Foundations of the English Church*, Methuen, Londres, 1909.
Maury, Jacques – *Essai sur le rôle de la notion d'équivalence en Droit civil français*, Jouve, Paris, 1920.
May, Gaston – *Éléments de Droit romain a l'usage des étudiants des facultés de Droit*, 11ª edição, revista e aumentada, Recueil Sirey, Paris, 1913.
Mayda, Jaro – *"Trusts" and "Living Law" in Europe*, 103 U Pa L Rev, 1955, 1041-1055.
Mayr, Robert von – *Vindicatio utilis*, 39 ZRG (RA), 1905, 83-124.
Mazzali Fabio – vide Varchetta, Giovanni.

McAuley, Michael – *Proposal for a Theory and a Method of Recodification*, 49 Loy L Rev, 2003, 261-286.
McBridge, Nicholas J./Bagshaw, Roderick – *Tort Law*, 3ª edição Pearson Education, Edimburgo, 2008.
McCabe, Bernard – *Francis Bacon and the Natural Law Tradition*, 9 Nat LF, 1964, 111-121.
McCarthy, Conor – *Marriage in Medieval England: Law, Literature and Practice*, Boydell Press, Woodbrige, 2004.
McCauliff, Catherine M. A. – *The Medieval English Marriage Portion from Cases of Mort d'Ancestor and Formedon*, 38 Vill L Rev, 1993, 933-1002.
McClean, A. J. – *The Theoretical Basis of the Trustee's Duty of Loyalty*, 7 Alta L Rev, 1969, 218-238.
McClure, Judith/Collins, Roger – *Introdução* in *The Ecclesiastical History of the English People*, OUP, Oxford, 1994.
McDonnell, Brett H. – vide Hill, Claire A..
McGovern Jr., William M. – *Enforcement of Oral Covenants Prior to Assumpsit*, 65 Nw U L Rev, 1970, 576-614.
McGregor, Malcolm – vide Hawley, John G..
McGuire, Brian Patrick – *Jean Gerson and the Last Medieval Reformation*, The Pennsylvania State University, Pensilvânia, 2005.
McIlwain, Charles H. – *Our Heritage from the Laws of Rome*, 19 Foreign Aff, 1941, 597-608.
McIntosh, Marjorie K. – *Immediate Royal Justice: the Marshalsea Court in Havering, 1358*, 54 Speculum, 1979, 727-733.
McKechnie, William S. – *Magna Carta: a Commentary on the Great Charter of King John, with an Historical Introduction*, 2ª edição, J. Maclehose and Sons, Glasgow, 1914.
McKnight, Andrew – *The Law of International Finance*, OUP, Oxford, 2008.
McLachlin, Beverly M. – *A New Morality in Business Law*, 16 Can Bus LJ, 1989, 319-327.
McMeel, Gerard – *The Construction of Contracts: Interpretation, Implication and Rectification*, OUP, Oxford, 2007.
Meadway, Susannah – vide Sherrin, Christopher.
Meagher, Roderick P./Heydon, John D./Leeming, Mark J. – *Meagher, Gummow and Lehane's: Equity Doctrines and Remedies*, 3ª edição, Butterworths LexisNexis, Chatswood, New South Wales, 2003.
Medeiros, Rui – *Anotação ao artigo 62.º da CRP* in *Constituição portuguesa anotada*, Tomo I, 2ª edição, coordenação de Jorge Miranda e Rui Medeiros, Coimbra, Coimbra, 2010.
Meder, Stephan/Czelk, Andrea – *Grundwissen Sachenrecht*, 2ª edição, Mohr Siebeck, Tübingen, 2008.

MEDICUS, DIETER – *Allgemeiner Teil des BGB*, 10ª edição, C. F. Müller, Heidelberg, 2010.

MEEKINGS, CECIL A. F. – *A Roll of Judicial Writs* in *Studies in 13th-Century: Justice and Administration*, Hambledon Press, Londres, 1981, 209-221.

MEEKINGS, CECIL A. F./CROOK, DAVID – *King's Bench and Common Bench in the Reign of Henry III*, Selden Society, Londres, 2010.

MEENS, ROB – *A Background to Augustine's Mission to Anglo-Saxon England*, 23 ASE, 1994, 5-17.

MEGARRY, ROBERT E. – *The Statute of Uses and the Power to Devise*, 7 CLJ, 1941, 354-360;
– *Notes*, 71 LQR, 1955, 464-465.

MEHLMAN, MAWELL J. – *Fiduciary Contracting: Limitations on Bargaining Between Patients and Health Care Providers*, 51 U Pitt L Rev, 1989, 365-418.

MENDES, JOÃO DE CASTRO – *Direito civil: teoria geral*, Vol. III, AAFDL, Lisboa, 1968;
– *Direito civil: teoria geral*, Vol. II, de harmonia com as lições dadas no ano jurídico de 1978-1979, edição revista em 1985, AAFDL, Lisboa, 1995.

MENNELL, ROBERT L. – *Wills and Trusts in a Nutshell*, West Group, St. Paul, Minnesota, 1994.

MENUGE, NOËL JAMES – *Medieval English Wardship in Romance and Law*, D.S. Breqer, Cambridge, 2001.

MEOLI, BRUNO/SICA, SALVATORE – *Effetti sui rapporti giuridici preesistenti* in *Trattati di diritto fallimentare*, coordenação de BASSI AMEDEO e BUONOCORE VINCENZO, Vol. II: *Gli organi. Gli effetti. La disciplina penalistica*, CEDAM, Pádua, 2010, 388-602.

MÊREA, PAULO – *A legislação visigótica: exposição sucinta para uso dos alunos de história do Direito português*, Gráfica Conimbricense, Coimbra, 1921;
– *Doações post obitum e doações reservato usufructu* in *Estudos de Direito hispânico medieval*, Tomo I, Universidade de Coimbra, Coimbra, 1952, 193-198;
– *O problema da origem das doações post obitum* in *Estudos de Direito hispânico medieval*, Tomo I, Universidade de Coimbra, Coimbra, 1952, 185-192;
– *Sobre as origens do executor testamentário* in *Estudos de Direito hispânico medieval*, Tomo II, Universidade de Coimbra, Coimbra, 1953, 1-45.

MERGES, ROBERT P. – *One Hundred Years of Solicitude: Intellectual Property Law, 1900-2000*, 88 Cal L Rev, 2000, 2187-2240.

MERKEL, JOHANNES – *Das Firmare des bairischen Volksrechts*, 2 ZRG, 1863, 101-174.

MERRILL, THOMAS W./SMITH, HENRY E. – *The Property/Contract Interface*, 101 Colum L Rev, 2001, 773-852.

MESQUITA, MANUEL HENRIQUE – *Obrigações reais e ónus reais*, Almedina, Coimbra, 1990.

MESSINA, GIUSEPPE – *Sulla frode alla legge nel negozio giuridico di diritto privato*, 38 Cir Giu, 1907, 93-102 e 201-247;
– *Scritti Giuridici*, Vol. I: *Negozi fiduciari, introduzione e parte I*, Giuffrè, Milão, 1948.

METTARLIN, DANIEL N. – *The Quebec Trust and the Civil Law*, 21 Mcgill LJ, 1975, 175-241.

METZGER, FRANZ – *The Last Phase of the Medieval Chancery* in *Law-Making and Law--Makers in British History: Papers Presented to the Edinburgh Legal History Conference, 1977*, coordenação de ALAN HARDING, Royal Historical Society, Londres, 1980, 79-89.

MEYER, JR., MILTON E. – *Non-Tax Advantages of the Revocable Trust (with Emphasis on Use as Will Substitute)*, 37 Dicta, 1960, 333-360.

MEYERS, E. M. – *Les théories médiévale concernant la cause de la stipulation et la cause de la donation*, 14 Tijds Rgeschied, 1936, 365-397.

MEYJES, GUILLAUME HENRI M. P. – *Jean Gerson – Apostle of Unity: His Church Politics and Ecclesiology*, tradução de J. C. GRAYSON, Brill, Leiden, 1999.

MICHON, F. FOSTER – *Substitutions and Fidei Commissa*, 2 Loy LJ, 1920, 31-40.

MICOLIER, GABRIEL – *Pécule et capacité patrimoniale: étude sur le pécule, dit profective, depuis l'édit de "peculio" jusqu'à la fin de l'époque classique*, Bosc Frères, M. et L. Riou, Leão, 1932.

MIGNAULT, PIERRE BASILE – *Le Droit civil canadien basé sur les "répétitions écrites sur le Code Civil" de Frederic Mourlon avec revue de la jurisprudence de nos tribunaux*, Tomo V, C. Théoret, Montreal, 1901.

MILLAR, JOHN – *An Historical View of the English Government, from the Settlement of the Saxons in Britain to the Revolution in 1688*, Vol. II, J. Mawman, Londres, 1812.

MILLER, DAVID L. CAREY – *Transfer of Ownership* in *A History of Private Law in Scotland*, Vol. I: *Introduction and Property*, coordenação de KENNETH REID e REINHARD ZIMMERMANN, OUP, Oxford, 2000, 269-304.

MILLER, EDWARD – *The State and Landed Interests in Thirteenth Century France and England*, 2 TRHS (5ª), 1952, 109-129.

MILLETT, PETER J. – *Equity's Place in the Law of Commerce*, 114 LQR, 214-227;
– *Restitution and Constructive Trusts*, 114 LQR, 399-418.

MILLON, DAVID – *Select Ecclesiastical Cases From the King's Courts 1272-1307*, 126 Selden Society, Selden Society, Londres, 2009.

MILSOM, STROUD FRANCIS CHARLES – *What Was a Right of Entry?*, 61 CLJ, 2002, 561-574;
– *Historical Foundations of the Common Law*, 2ª edição, OUP, Oxford, 2009, reimpressão da edição de 1981.

MIRMINA, STEVEN A. – *A Comparative Survey of Culpa in Contrahendo, Focusing on its Origins in Roman, German, and French Law as Well as Its Application in American Law*, 8 Conn J Int'l L, 1992, 77-107.

MITCHELL, CATHERINE – *Leading a Life of Its Own? The Roles of Reasonable Expectation in Contract Law*, 23 OJLS, 2003, 639-665.

MITCHELL, CHARLES – vide ELLIOT, STEVEN;
– vide HAYTON, DAVID.

MITCHELL, CHARLES/WATTERSON, STEPHEN – *Remedies for Knowing Receipt* in *Constructive and Resulting Trusts*, coordenação de CHARLES MITCHELL, Hart Publishing, Oxford, 2010, 115-158.
MITCHELL, SIMON – *Seychelles* in *The World Trust Survey*, coordenação de CHARLES FOTHARD e SANJVEE SHAH, OUP, Oxford, 2010, 482-496.
MITTEIS, HEINRICH – *Lehnrecht und Staatsgewalt. Untersuchungen zur mittelalterlichen Verfassungsgeschichte*, Wissenschaftliche Buchgesellschaft, Darmstad, 1958, reimpressão da edição de 1933.
MOFFAT, GRAHAM – *Trusts Law: Text and Materials*, 4ª edição, CUP, Cambridge, 2005.
MOFFAT, GRAHAM/BEAN, GERRY/PROBERT, REBECCA – *Trusts Law*, 5ª edição, CUP, Cambridge, 2009.
MONCADA, LUÍS CABRAL DE – *A reserva hereditária no Direito peninsular e português*, Vol. I: *Introdução*, França & Arménio, Coimbra, 1916;
– *A reserva hereditária no Direito peninsular e português*, Vol. II: *Dos séculos VIII a XV*, Coimbra, Coimbra, 1921;
– *Lições de Direito civil*, reimpressão da 4ª edição, Almedina, Coimbra, 1995.
MONIER, RAYMOND – *Manuel élémentaire de Droit romain*, Tome I: *Introduction historique, les sources, la procédure, les personnes, les Droits réels, les successions*, 6ª edição, Scientia Verlag Aalen, Paris, 1970, reimpressão da edição de 1947;
– *Manuel élémentaire de Droit romain*, Tome II: *Les obligations*, 5ª edição, Scientia Verlag Aalen, Paris, 1970, reimpressão da edição de 1954.
MONTAGUE, FRANCIS CHARLES – *The Elements of English Constitutional History from the Earliest Times to the Present Day (1901)*, Longmans, Green, and Co, Londres, 1903.
MONTEFAMEGLIO, MARCO – *La protezione dei patrimoni: dagli strumenti tradizionali ai nuovi modelli di segregazione patrimoniale*, Santarcangelo di Romagna, Maggioli, 2010.
MONTEIRO, ANTÓNIO PINTO – *Negócio jurídico e contrato de sociedade comercial*, 136 RLJ, 2006, 90-103;
– vide PINTO, CARLOS ALBERTO MOTA.
MONTEIRO, ANTÓNIO PINTO/CUNHA, CAROLINA – *Sobre o contrato de cessão financeira ou de "factoring"*, BFDUC – Volume Comemorativo, 2003, 509-554.
MONTINARO, ROBERTA – *Trust e negozio di destinazione allo scopo*, Giuffrè, Milão, 2004.
Monumenta Franciscana, editada por J. S. BREWER, Longman, Londres, 1858.
MOORE, NANCY J. – *Conflicts of Interest in the Simultaneous Representation of Multiple Clients: a Proposed Solution to the Current Confusion and Controversy*, 61 Tex L Rev, 1982, 211-288.
MOORMAN, JOHN – *A History of the Franciscan Order: from Its Origins to the Year 1517*, Clarendon Press, Oxford, 1968.
MOOSMANN, KURT JÜRG – *Der angelsächsische Trust und die liechtensteinische Treuhänderschaft unter besonderer Berücksichtigt des wirtschaftliche Begünstigten: eine rechts-*

vergleichende Studie mit Erkenntnissen für das Schweizer Treuhandrecht, Schulthess, Zurique, 1999.

MORA, ANDREA – vide TORRENTE, ANDREA.

MOREIRA, GUILHERME – *Instituições do Direito civil português*, Vol. I: *Parte geral*, Imprensa da Universidade, Coimbra, 1907;
- *Instituições do Direito civil português*, Vol. III: *Dos direitos reaes. Algumas noções sobre o Direito da família*, Coimbra, sem data.

MOREIRA, VITAL – vide CANOTILHO, J. J. GOMES.

MORELLO, UMBERTO – *Fiducia e trust: due esperienze a confronto*, Quadr, 1990, 239-272;
- *Fiducia e negozio fiduciario: dalla "riservatezza" alla "trasparenza"* in *I trusts in Italia oggi*, coordenação de ILARIA BENVENUTI, Giuffrè, Milão, 1996, 81-97;
- vide GAMBARO, ANTONIO.

MORET, LAURA M. – vide JONES, SHELDON A..

MORGAN, JAMES F. – *England under the Norman Occupation*, Williams and Norgate, Londres, 1858.

MORRIS, J. H. C./LEACH, W. BARTON – *The Rule Against Perpetuities*, 2ª edição, Stevens & Sons, Londres, 1962.

MORRIS, ROSEMARY – *The Powerful and the Poor in Tenth-century Byzantium: Law and Reality*, 73 P & P, 1976, 3-27.

MORRISON, WAYNE – vide GEAREY, ADAM.

MOSER, DOMINIK – *Die Offenkundigkeit der Stellvertretung*, Mohr Siebeck, Tübingen, 2010.

MOSER, JACK – *The Secularization of Equity: Ancient Religious Origins, Feudal Christian Influences, and Medieval Authoritarian Impact on the Evolution of Legal Equitable Remedies*, 26 Cap UL Rev, 1997, 483-539.

MOTTA, ANTONIO – *La causa delle obbligazioni nel diritto civile italiano*, Fratelli Bocca, Turim, 1929.

MOUSNIER, ROLAND E. – *Les institutions de France sous la monarchie absolue, 1598-1789*, Vol. I: *Société et Etat*, 1974, traduzido por BRIAN PEARCE, sob o título *The Institutions of France under the Absolute Monarchy: Society and the State*, University of Chicago Press, Chicago, 1979.

MOUSOURAKIS, GEORGE – *Fundamentals of Roman Private Law*, Springer, Berlim, 2012.

MOWBRAY, JOHN – *Offshore Trusts: Illusion and Reality*, 8 TLI, 1994, 68-73.

MOWBRAY, JOHN/TUCKER, LYNTON/POIDEVIN, NICHOLAS LE/SIMPSON, EDWIN/BRIGHTWELL, JAMES – *Lewin on Trusts*, 18ª edição, Sweet & Maxwell, Londres, 2008.

MUGASHA, AGASHA – *The Law of Multi-Bank Financing: Syndicated Loans and the Secondary Loan Market*, OUP, Oxford, 2007, 289-290.

MULLENDER, RICHARD – *Negligent Misstatement, Threats and the Scope of the Hedley Byrne Principle*, 62 MLR, 1999, 425-434;

– vide DOLDING, LESLEY.
MÜLLER, GUSTAV – *Hat die Inkassozession die Wirkungen eine Forderungsübertragung?*, 72 SeuffB, 1907, 967-978.
MURCHISON, KENNETH M. – *The Judicial Revival of Louisiana's Civilian Tradition: a Surprising Triumph for the American Influence*, 49 La L Rev, 1988, 1-37.
MÚRIAS, PEDRO – *O que é o interesse no sentido que geralmente interessa aos juristas?* in *Estudos em memória do Prof. J. L. Saldanha Sanches*, Vol. II: *Direito privado, processual e criminal*, Coimbra, Coimbra, 2011, 829-857.
MURPHY, JOHN – *Street on Torts*, 12ª edição, OUP, Oxford, 2007.
MURPHY, TERRENCE H. – *Impasse and the Duty to Bargain in Good Faith*, 39 U Pitt L Rev, 1977, 1-61.
MYRES, NOWELL LINTON – *The English Settlements*, OUP, Oxford, 1986.

NABORS, EUGENE A. – *Proposals for Amendment of the Louisiana Trust Act and the Louisiana Life Insurance Exemption Statute*, 8 Tul L Rev, 1934, 522-541;
– *The Shortcomings of the Louisiana Trust Estates Act and Some Problems of Drafting Trust Instruments Thereunder*, 13 Tul L Rev, 1939, 178-213.
NASIR, JAMAL J. – *The Islamic Law of Personal Status*, 2ª edição, Graham & Trotman, Worcester, 1990.
NATALE, ANDREA – *La riserva di disporre di cose determinate* in *Trattato di diritto delle successioni e donazioni*, coordenação de GIOVANNI BONILINI, Vol. VI: *Le donazioni*, Giuffrè, Milão, 2009, 929-949.
NATHAN, AUGUST – *Die Übertragung des Eigentums an beweglichen Sachen mittels "constitutum possessorium" zum Zwecke der Sicherung von Forderungen*, J. B. Metzler, Estugarda, 1909.
NAZ, RAOUL – *Traité de Droit canonique*, Tomo III: *Lieux et temps sacrés culte divin, magistère bénéfices ecclésiastiques et biens temporels de l'église*, Letouzey et Ainé, 1946.
NEIDERMAN, MATT – vide REED, JOHN L..
NEILSON, GEORGE – *Trial by Combat*, The Lawbook Exchange, Nova Jérsia, 2000, reedição da edição de 1890.
NEOCLEOUS, ELIAS/ARISTOTELOUS, PHILIPPOS – *Cyprus* in *The World Trust Survey*, coordenação de CHARLES FOTHARD e SANJVEE SHAH, OUP, Oxford, 2010, 189-202.
NETO, ABÍLIO/CORREIA, MIGUEL PUPO – *Obrigações. Aditamentos à teoria geral das obrigações de Manuel de Andrade*, 3ª edição, segundo as preleções do Doutor PEREIRA COELHO, Almedina, Coimbra, 1964.
NEUNER, JÖRG – vide WOLF, MANFRED.
NEVES, VÍTOR PEREIRA DAS – *A cessão de crédito em garantia: entre a realização das situações obrigacionais e a relativização das situações reais*, Lisboa, 2005.
NEWMAN, RALPH A. – *Equity and Law: a Comparative Study*, Oceana Publications, Nova Iorque, 1961;

- *The Place and Function of Pure Equity in the Structure of Law*, 16 Hastings LJ, 1965, 401-429.
NICHOLAS, BARRY – vide JOLOWICZ, HERBERT F..
NICHOLS, J. B. – *Account of the Royal Hospital and Collegiate Church of Saint Katharine, near the Tower of London*, John Nichols and Son, Londres, 1824.
NICOL, ANDREW – *Self-Appointed Agents: English v Dedham Vale Properties Ltd*, 41 MLR, 1978, 474-478.
NIETO, FRANCISCO SOTO – *La titularidad del fiduciario en la fiducia "cum creditore"*, 69 RJC, 1970, 529-548.
NIPPERDEY, HANS CARL – vide ENNECCERUS, LUDWIG.
NOBILI, CHIARA – *Le obbligazioni: manuale e applicazioni pratiche dalle lezioni di Guido Capozzi*, 2ª edição, Giuffè, Milão, 2008.
NOORDRAVEN, GIJSBERT – *Die Fiduzia im römischen Recht*, Gieben, Amesterdão, 1999.
NORD, WALTHER – *Anotação a OLG Jena 15-Jun.-1928*, 58 JW, 1929, 645.
NORMAND, SYLVIO/GOSSELIN, JACQUES – *La fiducie du Code Civil: un sujet d'affrontement dans la communauté juridique québécoise*, 31 C de D, 1990, 681-729.
NORRIS, WILLIAM – *Uncertainty and Informality*, PCB, 1995, 43-46.
NORTHRUP, ELLIOT JUDD – *An Elementary Treatise on the Law of Real Property*, Little, Brown, and Company, Boston, 1919.
NORWICH, JOHN JULIUS – *The Normans in the South*, Longmans, Green, Wiltshire, 1967, 155-185.
NOSETE, JOSÉ ALMAGRO – *Comentário aos artigos 1274.º-1277.º* in *Comentario del Código Civil*, Vol. VI, coordenação de IGNACIO SIERRA GIL DE LA CUESTA, Bosch, Barcelona, 2000, 595-618.
NOTTINGHAM, LORD – *"Manual of Chancery Practice" and "Prolegomena of Chancery and Equity"*, editado por e com introdução de DAVID E. C. YALE, CUP, Cambridge, 1965.
NOY, WILLIAM – *A Treatise of the Principall Grounds and Maximes of the Lawes of this Kingdom. Very Usefull and Commodious for all Studients, and such others as Desire the Knowledge, and Understanding of the Lawes*, Printed by R. H. by permission of the Assignes of John Moore, Esquire: and are to be sold by William Cooke, Londres, 1641.
NOYES, C. REINOLD – *The Institution of Property: a Study of the Development, Substance and Arrangement of the System of Property in Modern Anglo-American Law*, The Lawbook Exchange, Nova Jérsei, 2007.
NUSSBAUM, A. – *Anotação a OLG Hamburg 13-Dez.-1927*, 1928, 55 JW, 1928, 625-627.
NUSSBAUM, ARTHUR – *Sociological and Comparative Aspects of the Trust*, 38 Colum L Rev, 1938, 408-430.

O'BRIEN, BRUCE R. – *God's Peace and Kings Peace: the Laws of Edward the Confessor*, University of Pennsylvania Press, Filadélfia, 1999;

– *The Instituta Cnuti and the Translation of English Law* in *Anglo-Norman Studies 21: Proceedings of the Battle Conference 2002*, coordenação de JOHN GILLINGHAM, The Boydell Press, Woodbridge, 2003, 177-197.
O'HALLORAN, KERRY – *Charity Law*, Round Hall Sweet & Maxwell, Dublin, 2001.
O'SULLIVAN, DOMINIC/ELLIOT, STEVEN/ZAKRZEWSKI, RAFAL – *The Law of Rescission*, OUP, Oxford, 2008.
OAKLEY, A. J. – *Constructive Trusts*, 3.º edição, Sweet & Maxwell, Londres, 1997;
– *Parker and Mellows: the Modern Law of Trusts*, 9ª edição, Sweet & Maxwell, Londres, 2008.
OCKELTON, MARK – *Share and Share Alike?*, 53 CLJ, 1994, 448-450.
OECHSLER, JÜRGEN – *Anhang nach §§ 929-936: Sicherungseigentum – Sicherungsübereignung* in *Münchener Kommentar BGB*, Vol. VI, 5ª edição, Beck, Munique, 2009.
OERTMANN, PAUL – *Die Fiducia in römischen Privatrecht. Eine rechtsgeschichtliche Untersuchung*, J. Guttentag, Berlim, 1890;
– *Bürgerliches Gesetzbuch: Allgemeiner Teil*, 3ª edição, Carl Heymanns, Berlim, 1927.
OETKER, HARMUT – *Das Dauerschuldverhältnis und seine Beendigung: Bestandsaufnahme und kritische Würdigung einer tradierten Figur der Schuldrechtdogmatik*, Mohr Siebeck, Tübingen, 1994.
Offshore Trusts, coordenação de SUSAN COTTER, Kluwer Law International, Londres, 1996.
OKLAN, BENJAMIN – vide BAINBRIDGE, STEPHEN M..
OLAVO, CARLOS – *Substituição fideicomissária* in *Estudos em homenagem ao Professor Doutor Inocêncio Galvão Telles*, Vol. I: *Direito privado e vária*, coordenação de ANTÓNIO MENEZES CORDEIRO, LUÍS MENEZES LEITÃO e JANUÁRIO DA COSTA GOMES, Almedina, Coimbra, 2002, 391-521;
– *Propriedade Industrial*, Vol. I: *Sinais distintivos do comércio; concorrência desleal*, 2ª edição, Almedina, Coimbra, 2005.
OLAVO, FERNANDO – *Desconto bancário: introdução, descrição, estrutura e natureza jurídica*, Lisboa, 1955.
OLDHAM, MIKA – vide MARTYN, JOHN G. ROSS.
OLECK, HOWARD L. – *Maxims of Equity Reappraised*, 6 Rutgers L Rev, 1952, 528-549.
OLESON, TRYGGVI JULIUS – *The Witenagemot in the Reign of Edward the Confessor: a Study in the Constitutional History of Eleventh-Century England*, OUP, Oxford, 1955.
OLIVEIRA, ANA PERESTRELO DE – *Grupos de sociedades e deveres de lealdade: por um critério unitário da solução do "conflito do grupo"*, Almedina, Coimbra, 2012.
OLIVER, LISI – *The Beginnings of English Law*, Toronto University Press, Toronto, 2002.
OLMOS, SALVADOR CARRIÓN – *Algunas consideraciones sobre la naturaleza de la donación (con especial referencia a la mecánica traslativa de aquélla)* in *Estudios en homenaje a la*

Profesora Teresa Puente, Vol. I, coordenação de LORENZO PRATS, Universitat de València, València, 1996, 199-220.
OLTRA, MIGUEL – vide APERRIBAY, BERNARD.
OPPENHEIM, LEONARD – *A New Trust Code for Louisiana – Act 338 of 1964*, 39 Tul L Rev, 1965, 187-226.
OPPENHEIMER, ARTHUR – *Die fiduziarische Eigentumsübertragung insbesondere das Aussonderungsrecht an den zu fiduziarischen Eigentum übertragenen Gegenständen*, Carl Ritter, Wiesbaden, 1903.
ORESTANO, RICCARDO – *Il "problema delle persone giuridiche in diritto romano*, G. Giappichelli, Turim, 1968.
ORME, NICHOLAS – *Medieval Schools: from Roman Britain to Renaissance England*, Yale University Press, New Haven, 2006.
OROMI, MIGUEL – vide APERRIBAY, BERNARD.
OTTEN, ADRIAN/WAGER, HANNU – *Compliance with TRIPS: the Emerging World View*, 29 Vand J Transnat'l L, 1996, 391-413, 402.
OTTEN, GISELTRAUD – *Die Entwicklung der Treuhand im 19. Jahrhundert: Die Ausbildung des Treuhandbegriffs des modernen Rechts*, Musterschmidt, Göttigen, 1975.
OTTOLENGHI, GIUSEPPE – *La frode alla legge e la questione del divorzi fra italiani naturalizzati all'estero*, UTET, Turim, 1909.

PACCHIONI, GIOVANNI – *Sull' "in fraudem legis agere"*, 9 RDComm, 1911 (2), 332-340.
PAINTER, SIDNEY – *The Family and the Feudal System in Twelfth Century England*, 35 Speculum, 1960, 1-16.
PAJARDI, PIERO/PALUCHOWSKI, ALIDA – *Manuale di diritto fallimentare*, 7ª edição, Giuffrè, Milão, 2008.
PALAZZO, ANTONIO – *Problemi generali* in *I contratti di donazione*, coordenação de ANTONIO PALAZZO, UTET, Turim, 2009, 193-221.
PALGRAVE, FRANCIS – *The Rise and Progress of the English Commonwealth. Anglo-Saxon Period. Containing the Anglo-Saxon Policy, and the Institutions Arising out of Laws and Usages which Prevailed Before the Conquest*, Vol. I, John Murray, Londres, 1832;
– *The Rise and Progress of the English Commonwealth. Anglo-Saxon Period. Containing the Anglo-Saxon Policy, and the Institutions Arising out of Laws and Usages which Prevailed Before the Conquest. Part II: Proofs and Illustrations*, John Murray, Londres, 1832;
– *An Essay upon the Original Authority of the King's Council, Grounder upon a Reported Presented to the Honourable the Commissioners on the Public Records, November 1822, in Order to Explain the Nature and Importance of the Antient Parliamentary Petitions, as Materials for the Constitutional History of England*, Londres, 1834;
– *The Lord and the Vassal: a Familiar Exposition of the Feudal System in the Middle Ages with Its Causes and Consequences*, John W. Parker, Londres, 1844.
PALING, DENNIS R. – *The Pleadings in Keech v Sandford*, 36 Conv, 1972, 157-174.

Palma, Clotilde Celorico – *Algumas reflexões sobre o novo regime do Centro Internacional de Negócios da Madeira*, 1 RFPDF, 2008, 129-154.

Palmer, Robert C. – *The Origins of Property in England*, 3 Law & Hist Rev, 1985, 1-50; – *English Law in the Age of the Black Death, 1348-1381: a Transformation of Governance and Law*, University of North Carolina Press, Chapel Hill, 1993.

Palmer, Vernon Valentine – *Quebec and Her Sisters in the Third Family*, 54 McGill LJ, 2009, 321-351.

Palmieri, Nicola W. – *Good Faith Disclosures Required During Precontractual Negotiations*, 24 Seton Hall L Rev, 1993, 72-213.

Palmiter, Alan R. – *Duty of Obedience: the Forgotten Duty*, 55 NYL Sch L Rev, 2010-2011, 457-478.

Palomino, José González – *La adjudicación para pago de deudas*, 1 AAMN, 1945, 213-327.

Paltzer, Edgar H./Smutz, Patrick – *Switzerland* in *The World Trust Survey*, coordenação de Charles Fothard e Sanjvee Shah, OUP, Oxford, 2010, 549-568.

Paluchowski, Alida – vide Pajardi, Piero.

Parkes, Joseph – *A History of the Court of Chancery with Practical Remarks on the Recent Commission, Report, and Evidence, and on the Means of Improving the Administration of Justice in the English Courts of Equity*, Logman, Rees, Orme, Brown, and Green, Londres, 1828.

Parkinson, Patrick – *Reconceptualising the Express Trust*, 61 CLJ, 2002, 655-683.

Parsons, John Carmin – *Mothers, Daughters, Marriage, Power: Some Plantagenet Evidence, 1150-1500* in *Medieval Queenship*, coordenação de John Carmin Parsons, St. Martin's Press, Nova Iorque, 1993, 63-78.

Pasquel, Roberto Molina – *The Mexican Fideicomiso; The Reception, Evolution and Present Status of the Common Law Trust in a Civil Law Country*, 8 Colum J Transnat'l L, 1969, 54-78.

Patrão, Afonso – *Reflexões sobre o reconhecimento de trusts voluntários sobre bens imóveis em Portugal*, 87 BFDUC, 2011, 357-427.

Patrourel, John Le – *The Norman Empire*, Clarendon Press, Oxford, 1976.

Patterson, Dennis M. – *Good Faith, Lender, and Discretionary Accelaration: of Llewellyn, Wittgenstein, and the Uniform Commercial Code*, 68 Tex L Rev, 1989, 169-211.

Patton, Ruford G. – *Trust Systems in the Western Hemisphere*, 19 Tul L Rev, 1945, 398-435.

Patton, Ruford G. – vide Alfaro, Ricardo.

Paúl, Jorge Patrício – *Concorrência desleal e segredos de negócios* in *Direito industrial*, Vol. II, FDL, APDI, Almedina, Coimbra, 2002, 139-162.

Pawlowski, Mark – *The Doctrine of Proprietary Estoppel*, Sweet & Maxwell, Londres, 1996.

Pearce, Robert/Stevens, John – *The Law of Trusts and Equitable Obligations*, 4ª edição, OUP, Oxford, 2006.

PEARL, DAVID – *A Textbook on Muslim Personal Law*, 2ª edição, Croom Helm, Austrália, 1987.
PEDERSEN, FREDERIK – *Marriage Disputes in Medieval England*, Hambledon Press, Londres, 2000.
PELLICANÒ, ALDO – *Il problema della simulazione nei contratti*, CEDAM, Pádua, 1988, 69-76.
PELOUBET, SEYMOUR S. – *A Collection of Legal Maxims in Law and Equity, with English Translation*, George S. Diossy, Nova Iorque, 1880.
PENNER, J. E. – *The "Bundle of Rights" Picture of Property*, 43 UCLA L Rev, 1996, 711-820.
PEPPE, LEO – *Alcune considerazioni circa la fiducia romana nei documenti della prassi* in *Fides, fiducia, fidelitas: studi di storia del diritto e di semantica storica*, coordenação de LEO PEPPE, CEDAM, Pádua, 2008, 173-200.
PERCIVALE, WILLIAM – *Of the Law of Nature and Nations. Eight Books. Written in Latin by the Baron Pufendorf, Counsellor of State to His Late Swedish Magesty, and to the Present King of Prussia*, 2ª edição, *Carefully Corrected, and Compared with Mr. Barbeyrac's French Translation, with the Addition of his Notes, and Two Tables; the One of the Names of the Authors, the Other of the Most Material Things, that Are Contained either in the Book or Notes*, traduzido para a língua inglesa, em 1710, printed by L. Lichfield, for A. and J. Churchill, R. Sare, R. Sare, R. Bonwicke, W. Freeman, T. Goodwys, M. Wotton, J. Walthoe, S. Manship, J. Nicholson, R. Parker, B. Took, and R. Smith, Oxford.
PEREIRA, MARIA REBELO – *Do contrato de gestão de carteiras de valores mobiliários (natureza jurídica e alguns problemas de regime)*, Dissertação de Mestrado, FDL, Lisboa, 2003.
PERELLÓ, CARLOS AMUNÁTEGUI – *Origen y función de la "mancipatio"*, 33 REHJ 2011, 37-63.
PERRY, R. ROSS – *Common-Law Pleading: Its History and Principles. Including Dicey's Rules Concerning Parties to Actions and Stephen's Rules of Pleading*, The Lawbook Exchange, Nova Jérsei, 2001.
PERRY, WALTER C. – *The Franks, from Their First Appearance in History to the Death of King Pepin*, Longman, Brown, Green, Longmans, and Roberts, Londres, 1857.
PERTILE, ANTONIO – *Storia del diritto italiano dalla caduta dell'Imperio Romano alla codificazione*, 2ª edição, Vol. IV: *Storia del diritto privato*, Unione Tipografico, Turim, 1893, 386-395.
PESSOA, ADELINO DA ROCHA – *Alguns aspectos da fraude à lei em Direito internacional privado*, FDL, Lisboa, 1948.
PETRULLI, MARIO/RUBINO, FRANCESCO – *Il trust: nozione giuridica ed operatività nel sistema italiano*, Halley, Matelica, 2006.

Pettinger, Silke – *Vermögenserhaltung und Sicherung der Unternehmensfortführung durch Verfügungen von Todes wegen: eine Studie der Frühen Augsburger Neuzeit*, Lit, Berlim, 2007.

Pettit, Philip H. – *Equity and the Law of Trusts*, 11ª edição, OUP, Oxford, 2009.

Pfaff, Ivo – *Zur Lehre von sogenannten in frau legis agere*, Manz, Viena, 1892.

Phillips, Jr., W. Brantley – *Chasing Down the Devil: Standards of Prudent Investment under the Restatement (Third) of Trusts*, 54 Wash & Lee L Rev, 1997, 335-387.

Picarda, Hubert – *The Law and Practice Relating Charities*, 4ª edição, Haywards Heath, Bloomsbury, 2010.

Picherer, Martin H. – *Sicherungsinstrumente bei Konsortialfinanzierungen von Hypothekenbanken*, Fritz Knapp, Francoforte, 2002.

Pike, Luke Owen – *A Constitutional History of the House of Lords from Original Sources*, MacMillan, Londres, 1894.

Pinheiro, Luís de Lima – *A cláusula de reserva de propriedade* in *Estudos de Direito civil, Direito comercial e Direito comercial internacional*, Coimbra, Almedina, 2006, 9-80.

Pinto, Carlos Alberto Mota – *Cessão da posição contratual*, Almedina, Coimbra, 1970;

– *Direitos reais, segundo as prelecções do Prof. Doutor C. A. da Mota Pinto ao 4.º Ano Jurídico de 1970-71*, por Álvaro Moreira e Carlos Fraga, Almedina, Coimbra, 1972;

– *Teoria geral do Direito civil*, 4ª edição por António Pinto Monteiro e Paulo Mota Pinto, Coimbra, Coimbra, 2005.

Pinto, Eduardo Vera-Cruz – *O Direito das obrigações em Roma*, Vol. I, AAFDL, Lisboa, 1997;

– *Crise da "crise dos estudos de Direito romano"? As causas da crise do estudo do Direito romano segundo Inocêncio Galvão Telles e a sua crítica actual* in *Estudos em homenagem ao Professor Doutor Inocêncio Galvão Telles*, Vol. I: *Direito privado e vária*, coordenação de António Menezes Cordeiro, Luís Menezes Leitão e Januário da Costa Gomes, Almedina, Coimbra, 2002, 991-1044.

Pinto, Paulo Mota – *Declaração tácita e comportamento concludente no negócio jurídico*, Almedina, Coimbra, 1995;

– *Sobre a proibição do comportamento contraditório (venire contra factum proprium) no Direito civil*, BFDUC – Volume Comemorativo, 2003, 269-322;

– *Interesse contratual negativo e interesse contratual positivo*, Vol. I, Coimbra, Coimbra, 2008;

– vide Pinto, Carlos Alberto Mota.

Pinto, Rui – *Direitos reais de Moçambique*, 2ª edição, Almedina, Coimbra, 2012.

Pipia, Umberto – *Anotação ao artigo 803.º do CCom It* in *Nuovo commento al Codice di Commerci. Libro terzo: del fallimento*, UTET, Turim, 1932, 593-596.

Pires, Catarina Monteiro – *Alienação em garantia*, Almedina, Coimbra, 2010.

PIRES, FLORBELA DE ALMEIDA – *Direitos e obrigações dos obrigacionistas em obrigações internacionais (obrigações caravela e eurobonds)*, Lex, Lisboa, 2001.

Planck's Kommentar zum Bürgerlichen Gesetzbuch nebst Einführungsgesetz, Vol I: *Allgemeiner Teil (§§ 1-240)*, coordenação de EMIL STROHAL, J. Guttentag, Berlim, 1913.

PLANIOL, MARCEL/RIPERT, GEORGES – *Traité pratique de Droit civil français*, Tomo VI: *Obligations*, 1ª Parte, LGDJ, Paris, 1930.

PLANITZ, HANS – *Grundzüge des deutschen Privatrechtes*, 3ª edição, Springer, Berlim, 1949.

PLUCKNETT, THEODORE F. T. – *Case and Statute of Westminster II*, 32 Colum L Rev, 1931, 778-799;
 – *The Relations Between Roman Law and English Common Law Down to the Sixteenth Century: a General Survey*, 3 UTLJ, 1939, 24-50;
 – *Legislation of Edward I: the Ford Lectures Delivered in the University of Oxford in Hilary Term 1947*, Clarendon Press, Oxford, 1949;
 – *A Concise History of the Common Law*, 5ª edição, Butterworth, Londres, 1956;
 – vide TURNER, GEORGE J..

PLUCKNETT, THEODORE F. T./BARTON, JOHN L. – *St German's Doctor and Student*, 91 Selden Society, Bernard Quaritch, Londres, 1974.

PLUSKAT, SORIKA – *Der trust im Recht von Québec und die Treuhand. Probleme der Rezeption einer englischen Rechtsfigur in einer Civil-Law-Rechtsordnung*, Logos, Berlim, 2001.

PODKOMORSKI, JOHANN NEPOMUK – *Die Rechtsnatur des Inkassotreuhandgeschäfts*, Köster & Schell, Marburgo, 1915.

POIDEVIN, NICHOLAS LE – vide MOWBRAY, JOHN.

POLINSKY, A. MITCHELL – *Risk Sharing Through Breach of Contract Remedies*, 12 J Legal Stud, 1983, 427-444.

POLLOCK, FREDERICK – *Contracts in Early English Law*, 6 Harv L Rev, 1893, 389-404;
 – *A Treatise on the Law of Torts: in Obligations Arising from Civil Wrongs in the Common Law*, versão estado-unidense da terceira edição inglesa, com notas e referências a casos estado-unidenses, elaborada por JAMES AVERY WEBB, The F. H. Thomas Law Book, St. Louis, 1894;
 – *The Transformation of Equity* in *Essays in Legal History Read Before the International Congress of Historical Studies Held in London in 1913*, coordenação de PAUL VINOGRADOFF, OUP, Oxford, 1913, 286-296.

POLLOCK, FREDERICK/MAITLAND, FREDERIC WILLIAM – *The History of English Law Before the Time of Edward I*, Vol. I, 2ª edição, com introdução de STROUD FRANCIS CHARLES MILSOM, CUP, Cambridge, 1968;
 – *The History of English Law Before the Time of Edward I*, Vol. II, 2ª edição, com introdução de STROUD FRANCIS CHARLES MILSOM, CUP, Cambridge, 1968.

POLY, JEAN-PIERRE/BOURNAZEL, ERIC – *The Feudal Transformation, 900-1200*, traduzido por CAROLINE HIGGITT, Holmer & Meier, Nova Iorque, 1991.

Pont, Gino Evan Dal/Chalmers, Donald R. C. – *Equity and Trusts in Australia e New Zeland*, 2ª edição, LBC Information Services, Pyrmont, 2000.
Ponte, Pedro Fuzeta da – vide Martinez, Pedro Romano.
Pool, Eric – vide Ankum, Hans.
Poole, Austin Lane – *From Domesday Book to Magna Carta*, Clarendon Press, Oxford, 1951.
Poole, Reginald Lane – *The Ford Lectures Delivered in the University of Oxford in Michaelmas Term, 1911*, Clarendon Press, Oxford, 1912.
Poos, L. R. – *Lower Ecclesiastical Jurisdiction in Late-Medieval England: the Courts of the Dean and Chapter of Lincoln, 1336-1349 and Deanery of Wisbech, 1458-1484*, OUP, Oxford, 2001.
Posner, Eric A. – *Economic Analysis of Contract Law after Three Decades: Success or Failure*, 112 Yale LJ, 2003, 829-880.
Posner, Richard A. – vide Friedman, David D.;
 – vide Langbein, John H..
Postles, David – *Gifts in Frankalmoign, Warranty of Land, and Feudal Society*, 50 CLJ, 1991, 330-340.
Pothier, Robert J. – *Le traité de retraits* in *Traités sur différentes matières de Droit civil, appliquées a l'usage du barreau; et de jurisprudence françoise*, Tomo I, Jean Debure, Paris, 1773, 707-905;
 – *Coutumes des duché, bailliage et prévôté d'Orléans, et ressort d'iceux. Avec une introduction générale auxdites coutumes, & des introductions particulières à la tête de chaque titre, corrigées & augmentées, dans lesquelles les principes des matières contenues dans le titre, sont exposés & développés*, Tomo I, Freres Debure, Paris, 1776;
 – *Traité des obligations*, tradução de William David Evans, printed by A. Strahan for Joseph Butterworth, Londres, 1806;
 – *Traité du Droit du domaine de propriété*, M. Hutteau fils, Paris, 1807;
 – *Traité du contrat de vente: A Treatise on the Contract of Sale, by R. J. Pothier*, traduzido por Luther Stearns Cushing, Charles C. Little and James Brown, Boston, 1839;
 – *Traité des obligations* in *Oeuvres complètes de Pothier*, P.-J Langlois e A. Durand, Paris, 1844;
 – *Du Contract de société: A Treatise on the Contract of Partnerhisp, By Pothier: with the Civil Code and Code of Commerce Relating to that Subject, in the same Order*, com notas referentes a decisões jurisprudenciais inglesas, traduzido por Owen Davis Tudor, Butterworths, Londres, 1854.
Potter, Harold – *An Introduction to the History of Equity and Its Courts*, Sweet & Maxwell, Londres, 1931.
Potts, Timothy C. – *Conscience in Medieval Philosophy*, CUP, Cambridge, 1980.
Pound, Roscoe – *The Maxims of Equity. I of Maxims Generally*, 34 Harv L Rev, 1921, 809-836;

- *The Spirit of the Common Law*, Marshal Jone, New Hampshire, 1921;
- *Jurisprudence*, Vol. I, *Part 1. Jurisprudence; Part 2. The End of Law*, West Publishing, St. Paul, Minnesota, 1959;
- *Discretion, Dispensation and Mitigation: the Problem of Individual Special Case*, 35 NYU L Rev, 1960, 925-937.

POWERS, DAVID S. – *Islamic Family Endowment*, 32 Vand J Transnat'l L, 1999, 1167-1190.

POWICKE, FREDERICK MAURICE – *Resenha a Select Bills in Eyre*, 30 EHR, 330-336.

PRAGER, FRANK D. – *A History of Intellectual Property from 1545 to 1787*, 26 J Pat Off Soc'y, 1944, 711-760.

PRALL, STUART E. – *The Development of Equity in Tudor England*, 8 Am J Leg Hist, 1964, 1-19.

PRATT, DAVID – *The Political Thought of King Alfred the Great*, CUP, Cambridge, 2007.

PRIETO, FERNANDO PANTALEÓN – *Negocio fiduciario* in *Enciclopedia jurídica básica*, Vol. II: *IND-PRO*, Editorial Civitas, Madrid, 1995, 4407-4409.

Principles of European Trust Law, Coordenação de D. J. HAYTON, S. C. J. J. KORTMANN e H. L. E. VERHAGEN, Kluwer Law International – W. E. J. Tjeenk Willink, Haia, 1999.

Principles, Definitions and Model Rules of European Private Law – Draft Common Frame of Reference, Livro X – *Trusts*, Prepared by the *Study Group on European Civil Code* e *Research Group on EC Private Law (Acquis Group), Based in Part on a Revised Version of the Principles of European Contract Law*, cordenação de CHRISTIAN VON BAR e ERIC CLIVE, Sellier, Munique, 2009.

PRINGSHEIM, FRITZ – *The Inner Relationship Between English and Roman Law*, 5 CLJ, 1935, 347-365.

PRIORESCHI, PLINIO – *A History of Medicine*, Vol. V: *Medieval Medicine*, Horatius Press, Omaha, 2003.

PROBERT, REBECCA – vide MOFFAT, GRAHAM.

PRONAY, NICHOLAS – *The Chancellor, the Chancery, and the Council at the End of the Fifteenth Century* in *British Government and Administration*, coordenação de HENRY HEARDER e HENRY R. LOYN, University of Wales Press, Cardiff, 1974, 87-103.

Protokolle der Kommission für die zweite Lesung des Entwurfs des Bürgerlichen Gesetzbuchs, Vol. II: *Recht der Schuldverhältnisse Abschn. II, Tit. 2-20, Abschn. III, IV*, Guttentag, Berlim, 1898.

PROVOST, MELISSA A. – *Anotação a F. G. v MacDonell, 150 NJ 550-573, (NJ 1997)*, 8 Seton Hall Const LJ, 1998, 625-630.

PRÜM, ANDRÉ/WITZ, CLAUDE – *La nouvelle fiducie luxembourgeoise* in *Trust & fiducie: la Convention de la Haye et la nouvelle législation luxembourgeoise, Actes du Colloque tenu au Luxembourg de 11 décembre 2003*, coordenação de ANDRÉ PRÜM e CLAUDE WITZ, Montchrestien, Paris, 2005, 65-96.

Public Record Office, *Lists and Indexes, Supplementary Series, No. 1, List of Various Common-Law Records*, Kraus Reprint, Nova Iorque, 1970.

PUFENDORF, SAMUEL – *De Jure Naturae et Gentium, Libri Octo. Cum integris Commentariis Virorum Clarissimorum* JOANNIS NICOLAI HERTII, *atque* JOANNIS BARBEYRACI. *Recensuit & Animadversionieus illustravit* GOTTFRIDUS MASCOVIUS, Tomo I, Frankfurt e Leipzig, Ex Officina Knochiana, 1744.

PUGLIATTI, SALVATORE – *Fiducia e rappresentanza indiretta* in *diritto civile: metodo – teoria – pratica*, Giuffrè, Milão, 1951, 201-333;
– *Nuovi aspetti del problema della causa dei negozi giuridici* in *diritto civile: metodo – teoria – pratica*, Giuffrè, Milão, 1951, 75-104.

PUGLIESE, GIOVANNI – *La simulazione nei negozi giuridici*, CEDAM, Pádua, 1938;
– *Istituzioni di diritto romano*, colaboração de FRANCESO SITZIA e LETIZIA VACCA, Piccin, Pádua, 1986.

PULSIANO, PHILLIP/TREHARNE, ELAINE – *A Companion to Anglo-Saxon Literature*, Blackwell, Oxford, 2001.

PUTCHA, GEORG FRIEDRICH – *Cursus der Institutionen*, Vol. III, 3ª edição, Breitkopf & Härtel, Leipzig, 1894.

QU, CHARLES ZHEN – *The Doctrinal Basis of the Trust Principles in China's Trust Law*, 38 Real Prop Prob & Tr J, 2003, 345-376.

QUINT, FRANCESCA – vide CRACKNELL, DOUGLAS.

RABAN, SANDRA – *Mortmain in Medieval England*, 62 P & P, 1974, 3-26;
– *Mortmain Legislation and the English Church, 1279-1500*, CUP, Cambridge, 1982.

RÄCKE, GÜNTER – *Haftungsbeschränkungen zugunsten und zu Lasten Dritter*, VVW, Karlsruhe, 1995.

RADKE, WERNER – *Das Unmittelbarkeitsproblem bei der fiduziarischen Treuhand: inwieweit ist Treugut im Konkurs des Treuhänders aussonderungsfähig?*, Luyken, Gummersbach, 1933.

RAMELLA, AGOSTINO – *Trattato dei titoli all'ordine*, Vol. I: *Parte generale*, "Fratelli Cammelli", Florença, 1899.

RAMOS, JUAN ARIAS/BONET, JUAN A. ARIAS – *Derecho romano*, Vol. I: *Parte general. Derechos reales*, 18ª edição, Editoriales de Derecho Reunidas, Madrid, 1986.

RANDALL, A. E. – vide LEAKE, STEPHEN MARTIN.

RANSOME, CYRIL – *Rise of Constitutional Government in England*, Longmans, Green, Nova Iorque, 1904.

RASHDALL, HASTINGS – *The Universities of Europe in the Middle Ages*, Vol. I: *Salerno – Bologna – Paris*, Clarendon Press, Oxford, 1895.

RAZI, G. M. – *Reflections on Equity in the Civil Law System*, 13 Am U L Rev, 1963, 24-44

REDISSI, HAMADI – vide LANE, JAN-ERIK.

REDIVIVUS, PROCULUS – *South African Law at the Crossroads or What Is Our Common Law?*, 82 S African LJ, 1965, 17-25.

REED, JOHN L./NEIDERMAN, MATT – *"Good Faith" and the Ability of Directors to Assert § 102(b)(7) if the Delaware General Corporation Law as a Defense to Claims Alleging Abdication, Lack of Oversight, and Similar Breaches of Fiduciary Duty*, 29 Del J Corp L, 2004, 111-142.

REED, ZSHONETTE – *Clergy Malpractice: Defining the Duty and Dismissing the Claim*, 4 J Legal Advoc & Prac, 2002, 122-136.

REEDY, JR., WILLIAM T. – *The Origins f the General Eyre in the Reign of Henry I*, 41 Speculum, 1966, 688-724.

REEVES, JOHN – *Reeve's History of the English Law, from the Time of the Romans to the End of the Reign of Elizabeth*, comentado e anotado por WILLIAM F. FINLASON, Vol. I: *From the Time of the Romans to the End of the Reign of Henry III*, Reeves & Turner, Londres, 1869;
 – *Reeve's History of the English Law, from the Time of the Romans to the End of the Reign of Elizabeth*, comentado e anotado por WILLIAM F. FINLASON Vol. II: *From the Reign of Edward I to the Reign of Edward IV*, Reeves & Turner, Londres, 1869.

REGELSBERGER, FERDINAND – *Zwei Beiträge zu Lehre von der Cession*, 63 AcP, 1880, 157-207;
 – *Pandekten*, Vol. I, Duncker & Humblot, Leipzig, 1893.

REGO, MARGARIDA LIMA – *Contrato de seguro e terceiros: estudos de Direito civil*, Coimbra, Coimbra, 2010.

REI, MARIA RAQUEL ANTUNES – *Da expectativa jurídica*, 54 ROA, 1994, 149-180.

REICH, NOBERT – *Funktionsanalyse und Dogmatik bei der Sicherungsübereignung*, 169 AcP, 1969, 247-270.

REID, KENNETH G. C. – *Patrimony not Equity: the Trust in Scotland*, ERPL, 2000, 427-437.

REILLY, JOHN – *The People's History of Manchester*, Simpkin, Londres, 1859.

REINHARDT, RUDOLF/ERLINGHAGEN, P./SCHULER, HANS – *Die rechtsgeschäftliche Treuhand – ein Problem der Rechtsfortbildung*, 2 JuS, 1962, 41-52.

REIS, NUNO TRIGO DOS – *As obrigações de votar segundo instruções de terceiros no Direito das sociedades*, 3 RDS, 2011, 403-572.

Report from the Lords Committees Appointed to Search the Journal of the House, Rolls of Parliament and Other Records and Documents, for all Matters Touching the Dignity of a Peer of the Realm, reimpressão de 1823.

REPPY, ALISON – *The Development of the Common-Law Forms of Action, Part 1*, 22 Brook L Rev, 1956, 179-206.

REY, MANUEL FELIU – *La prohibición del pacto comisorio y la opción en garantía*, Civitas, Madrid, 1995.

REYNOLDS, FRANCIS M. B. – *Privity of Contract, the Boundaries of Categories and the Limits of the Judicial Function*, 105 LQR, 1989, 1-4;
 – vide WATTS, PETER.

REYNOLDS, SUSAN – *Kingdoms and Communities in Western Europe 900-1300*, 2ª edição, OUP, Oxford, 2002, reimpressão da edição de 1997.

RHEE, C. H. VAN – *Trusts, Trust-like Concepts and Ius Comune*, 8 ERPL, 2000, 453-462.

RIBEIRO, ANTÓNIO SEQUEIRA – *Acerca da forma no contrato de mandato*, 38 RFDUL, 1997, 393-406.

RIBEIRO, ERNESTO HINTZE – *Dos fideicomissos no Direito civil moderno: commentario aos artigos 1866 a 1874 do Código Civil portuguez*, Imprensa da Universidade, Coimbra, 1872.

RIBSTEIN, LARRY E. – *Fiduciary Duty Contracts in Unincorporated Firms*, 54 Wash & Lee L Rev, 1997, 537-594;
– *Are Partners Fiduciaries?*, U Ill L Rev, 2005, 209-253;
– *The Structure of the Fiduciary Relationship*: http://papers.ssrn.com/sol3/papers.cfm?abstract_id=397641;
– vide BUTLER, HENRY N..

RICHARD, FRANCIS – *Maxims of Equity, Collected from, and Proved by Cases, out of the Books of the Best Authority, in the High Court of Chancery. To which is Added the Case of the Earl of Coventry Concerning the Defective Execution of Powers Lately Adjudged in the High Court of Chancery*, E. and R. Nurr, and R. Gosling, Londres, 1728.

RICHARDS, MARY P. – *Anglo-Saxonism in the Old English Laws* in *Anglo-Saxonism & the Construction of Social Identity*, coordenação de ALLEN J. FRANTZEN E JOHN D. NILES, University Press of Florida, Gainesville, Florida, 1997, 40-59.

RICHARDSON, HENRY G. – *Richard Fitz Neal and the Dialogus de Scaccario*, 43 EHR, 1928, 161-171 e 321-340;
– *Azo, Drogheda, and Bracton*, 59 EHR, 1944, 22-48;
– *Tancred, Raymond, and Bracton*, 59 EHR, 1944, 376-384;
– *Bracton: the Problem of His Text*, Selden Society, Supplementary Series, Vol. II, Bernard Quaritch, Londres, 1965.

RICHARDSON, HENRY G./SAYLES, GEORGE O. – *Select Cases of Procedure without a Writ Under Henry III*, 60 Selden Society, Bernard Quaritch, Londres, 1941;
– *The Governance of Mediaeval England from the Conquest to the Magna Carta*, Edinburgh University Press, Edimburgo, 1963;
– *Law and Legislation from Aethelberht to Magna Carta*, Edinburgh University Press, Edimburgo, 1966.

RICKETT, CHARLES E. F. – *The Classification of Trusts*, 18 NZULR, 1999, 305-333;
– *Equitable Compensation: towards a Blueprint*, 25 Sydney L Rev, 2003, 31-61.

RIPERT, GEORGES – vide PLANIOL, MARCEL.

RIPERT, GEORGES/BOULANGER, JEAN – *Traité de Droit civil d'après le traité de Planiol*, Tomo II: *Obligations: contrat – responsabilité; Droits réels: biens – propriété*, LGDJ, Paris, 1957.

RITCHIE, STUART – vide STAFFORD, ANDREW.

RITTNER, FRITZ – *Die Ausschließlichkeitsbindung in dogmatischer und rechtspolitischer Betrachtung*, Handelsblatt, Düsseldorf, 1957.
ROBBÉ, JAN JOB DE VRIES – *Securitization Law and Practice: in the Face of the Credit Crunch*, Wolters Kluwer, Alphen aan den Rijn, 2008.
ROBERTSON, AGNES J. – *Anglo-Saxon Charters*, CUP, Cambridge, 1965, 141-142.
ROBERTSON, DAVID W. – *Common Sense of Cause in Fact*, 75 Tex L Rev, 1997, 1765-1800.
ROBERTSON, WILLIAM – *The History of the Reign of the Emperor Charles V. With a View of the Progress of Society in Europe, from the Subversion of the Roman Empire, to the Beginning of the Sixteenth Century*, Vol. I, Dublin, 1777.
ROBLES, MARIANO – *Finanza di progetto e situazioni fiduciarie* in Studi in onore di Nicolò Lipari, Tomo II, Giuffrè, Milão, 2008, 2493-2540.
ROCHA, MANUEL A. COELHO DA – *Instituições de Direito civil portuguez*, 6ª edição, Tomo I, Coimbra, Imprensa da Universidade, 1886.
RODRÍGUEZ-ARIAS, LINO – *En torno al negocio indirecto y figuras jurídicas afines (notas para un estudio)*, 185 RGLJ, 1949, 276-304.
RODRÍGUEZ-ROSADO, BRUNO – *Fiducia y pacto de reto en garantía*, Marcial Pons, Madrid, 1998.
RODWIN, MARC A. – *Strains in the Fiduciary Metaphor: Divided Physician Loyalties and Obligations in a Changing Health Care System*, 21 Am J L & Med, 1995, 241-258.
ROFFEY, SIMON – *The Medieval Chantry Chapel: an Archaeology*, The Boydell Press, Woodbridge, 2007.
ROGERS, KEVIN – *Trust and Confidence and the Fiduciary Duty of Banks in Iowa*, 35 Drake L Rev, 1986, 611-632.
ROLL, HANS-ACHIM – *Zur Geschichte der Lex Salica-Forschung*, 1972, Scientia Verlag, Aalen, 1972;
– *Vermögensverwaltung durch Kreditinstitute zur rechtssystematischen Erfassung anhand von standardisierten Vertragsmustern*, Duncker & Humblot, Berlim, 1983.
ROMNEY, MARK W. – *The Brazilian Alienação Fiduciaria em Garantia and the American Trust Receipt*, 1 Ariz J Int'l & Comp L, 1982, 157-188.
ROSA, GIOVANNI DI – *Il mandato*, Tomo I: Artt. 1703.º-1709.º in Il Codice Civile: commentario, coordenação de PIERO SCHLESINGER e FRANCESCO D. BUSNELLI, Giuffrè, Milão, 2012.
ROSE, CAROL M. – *Canons of Property Talk, or, Blackstone's Anxiety*, 108 Yale LJ, 1998, 601-632.
ROSE, LINDSEY – *In Bad Faith: Breach of Fiduciary Duty by the Clergy*, 71 Temp L Rev, 1998, 743-771.
ROSENTHAL, JOEL T. – *Old Age in Late Medieval England*, University Pennsylvania Press, Filadélfia, 1996.
ROSSHIRT, C. F. – *Ueber Testamentsexecutoren*, 1 ZCC, 1831, 217-133.
ROSSINI, CHRISTINE – *English as a Legal Language*, Kluwer Law International, Londres, 1998.

Rota, Flavio/Biasini, Gino – *Il trust e gli istituti affini in Italia. Manuale e applicazioni pratiche con la revisione di* Guido Capozzi, Giuffrè, Milão, 2007.

Roth, Hermann M. – *Der Trust in seinem Entwicklungsgang vom Feoffee to Uses zur amerikanischen Trust Company: ein Beitrag zur Entwicklungsgeschichte des Treuhand-Instituts im englisch-amerikanischen Recht mit vergleichenden Hinweisen auf deutsches und römisches Recht*, Elwert, Marbugo, 1928.

Roth, Wulf-Henning – *Anotação ao § 392 do HGB* in *Koller/Roth/Morck: Handelsgesetzbuch*, 7ª edição, Beck, Munique, 2011.

Rotondi, Giovanni – *Gli atti in frode alla legge nella dottrina romana e nella sua evoluzione posteriore*, UTET, Turim, 1911;
– *La misura della responsabilità nell' "actio fiduciae"* in *Scritti Giuridici*, Vol. II, editado por Emilio Albertario, Hoepli, Milão, 1922.

Rottschaefer, H. – *Massachusetts Trust under Federal Tax Law*, 25 Colum L Rev, 1925, 305-315.

Round, John H. – *The Introduction of Knight Service into England*, 6 EHR, 1891, 417-443, 625-645 e 7 EHR, 1892, 11-24.

Rounds Jr., Charles E./Rounds, III, Charlers E. – *Loring: a Trustee's Handbook*, Aspen Publishers, Estados Unidos da América, 2009.

Rounds, III, Charlers E. – vide Rounds Jr., Charles E..

Rouse, Kelly Beers – *Clergy Malpractice Claims: a New Problem for Religious Organizations*, 16 N Ky L Rev, 1988, 383-396.

Rowe, William Henry – *Prefácio a The Reading upon the Statute of Uses of Francis Bacon, Afterwards Baron of Verulam, and Viscount St. Alban; Lord High Chancellor of Great Britain. A New Edition with Very Full Notes and Explanations and a Copious Table of Contents*, Londres, 1806.

Rubino, Domenico – *Il negozio giuridico indiretto*, Giuffrè, Milão, 1937;
– *Interesse e rapporti giuridici*, Edizioni scientifiche italiane, Nápoles e Roma, 2009.

Rubino, Francesco – vide Petrulli, Mario.

Rudden, Bernard – *Things as Thing and Things as Wealth*, 14 OJLS, 1994, 81-97.

Ruffini, Francesco – *L'actio spolii: studio storico-giuridico*, "L'Erma" di Bretschneider, Roma, 1972, reimpressão da edição de 1889.

Ruggiero, Roberto de – *Istituzioni di diritto civil*, Vol. I: *Introduzione e parte generale, diritto delle persone, diretti reali e possesso*, 4ª edição, Giuseppe Principato, Messina--Roma, 1926.

Ruland, Yorick M. – *Die Causa der Obligation*, Carl Heymanns, Colónia, 2004.

Rummel, Mariella – *Die rechtliche Stellung der Frau im Sachsenspiegel-Landrecht*, Peter Lang, Francoforte, 1987.

Rumpf, Max – *Wirtschaftsrechtliche Vertrauensgeschäfte*, 119 AcP, 1921, 1-156.

Rusch, Konrad – *Gewinnhaftung bei Verletzung von Treuepflichten*, Mohr Siebeck, Tübigen, 2003.

Russell, Josiah Cox – *Ranulf de Glanville*, 45 Speculum, 1970, 69-70.

Russell, M. J. – *I Trial by Battle and the Writ of Right*, 1 J Leg Hist, 1980, 111-134.
Russo, Ennio – *Il negozio di distinazione di beni immobili o di mobili registrati* in *Studi in onore di Nicolò Lipari*, Vol. II, Giuffrè, Milão, 2008, 2607-2637.
Ryan, K. W. – *The Reception of the Trust*, 10 Int'l & Comp LQ, 1961, 265-283.

Sabit, Mohammad Tahir/Hamid, Abdul – *Obstacles of the Current Concept of Waqf to the Development of Waqf Properties and the Recommended Alternative*, 1 Mal J Real Sta, 2006, 27-38.
Saeed, Abdullah – *Islamic Banking and Interest: a Study of the Prohibition of Riba and its Contemporary Interpretation*, 2ª edição, Brill, Leiden, 1996.
Sait, Siraj/Lim, Hilary – *Land, Law & Islam: Property and Human Rights in the Muslim World*, Vol. I, Zed Books, Londres, 2006.
Salet, Hillary A. – *Delaware's Good Faith*, 89 Cornell L Rev, 2004, 456-495.
Saliba, George – *Islamic Science and the Making of the European Renaissance*, MIT Press, 2007.
Salzman, Louis Francis – *Henry II*, Constable, Londres, 1917.
Sampaio Júnior, Rodolpho Barreto – *Da liberdade ao controle: os riscos do novo Direito civil brasileiro*, PUC Minas, Belo Horizonte, 2009.
Sanders, Francis Williams – *An Essay on Uses and Trusts and on the Nature and Operation of Conveyances at Common Law, and of those which Derive Their Effect from the Statute of Uses*, Vol. I, Robert H. Small, Filadélfia, 1855.
Santamaria, Francesco – *Il negozio di destinazione*, Giuffrè, Mição, 2009.
Santi, Francesco – *Anotação ao artigo 1707.° do CC It* in *Commentario al Codice Civile*, coordenação de Paolo Cendon, Artt. 1703.°-1765.°, Giuffrè, Milão, 2009, 239-248.
Santoro, Laura – *Il negozio fiduciario*, G. Giappichelli, Turim, 2002;
– *Il trust in Italia*, 2ª edição, Giuffrè, Milão, 2009.
Santoro-Passarelli, Francesco – *Dottrine generali del diritto civile*, reedição da 9ª edição, Jovene, Nápoles, 1989.
Santos Júnior, Eduardo dos – *Curso de Direitos reais*, Vol. I: *Introdução. Direitos reais de gozo*, Ano letivo de 1982-1983, 2.° ano, Turno da Noite, AAFDL, Lisboa, 1983;
– *Acordos intermédios: entre o início e o termo das negociações para a celebração de um contrato*, 57 ROA, 1997, 565-604.
Santos, Eduardo Sens dos – *A função social do contrato*, Florianópolis, 2002.
Santos, José Beleza dos – *A simulação em Direito civil*, Vol. I, Coimbra, Coimbra, 1921.
Santos, Pedro Cassiano dos/Figueiredo, André – *O mercado português da titularização de créditos: diversificação e maturidade*, 6 DVM, 2006, 367-397.
Santos, Vicente Abad – *Trusts: a Fertile Field for Philippine Jurisprudence*, 25 Phil LJ, 1950, 519-526.

Santucci, Gianni – *La diligentia quam in suis come criterio di responsabilità del fiduciario* in *Fides, fiducia, fidelitas: studi di storia del diritto e di semantica storica*, coordenação de Leo Peppe, CEDAM, Pádua, 2008, 243-289.

São Boaventura – *Doctoris Seraphici S. Bonaventurae S. R. E. Episc. Card. Commentaria in Quatuor Libros Setentiarium Magistri Petri Lombardi*, Tomo II: *In Secundum Librum Sententiarum*, Ad claras Aquas (Quaracchi), Ex typographia Member Libraries, 1882.

Sardinha, Carlos – *Alta-traição e lesa-majestade. Germanismo e romanismo na história do Direito visigótico primitivo*, UCP, Lisboa, 2011.

Sarro, Raffaella – *Le risposte del trust: il trust spiegato in parole semplici e tramite esperienze di vita*, Giuffrè, Milão, 2010.

Sartin, Leon – vide Kessler, James.

Sassoferrate, Bartolus de – *Comentário ao C. 6.42.32* in *Omnium Iuris Interpretum Antesignani Commentaria: Nunc recens, praeter alias Additiones ad hanc diem editas, Aureis Adnotationibus Iacobi Anelli de Bottis e Petri Mangrellae*, Tomo VII: *In Primam Codicis Patem*, Veneza, 1590.

Savigny, Friedrich Carl von – *System des heutigen Römischen Rechts*, Vol. I, Veit, Berlim, 1840;
– *System des heutigen Römischen Rechts*, Vol. IV, Veit, Berlim, 1841;
– *System des heutigen Römischen Rechts*, Vol. V, Veit, Berlim, 1841;
– *Das Obligationenrecht als Theil des heutigen Römischen Rechts*, Vol. II, Veit, Berlim, 1853.

Sayles, George O. – *Select Cases in the Court of King's Bench*, Vol. I: *Edward I*, 55 Selden Society, Bernard Quaritch, Londres, 1936;
– *Select Cases in the Court of King's Bench under Edward I*, Vol. II, 57 Selden Society, Bernard Quaritch, Londres, 1938;
– *Select Cases in the Court of King's Bench*, Vol. IV: *Edward II*, 74 Selden Society, Bernard Quaritch, Londres, 1955;
– *The Court of King's Bench in Law and History, Selden Society Lecture Delivered in the Hall of the Inner Temple March 1959*, Bernard Quaritch, Londres, 1959;
– *Select Cases in the Court of King's Bench under Richard II, Henry IV e Henry V*, Vol. VII, 88 Selden Society, Bernard Quaritch, Londres, 1971;
– vide Richardson, Henry G..

Schacht, Joseph – *The Origins of Muhammadan Jurisprudence*, Clarendon Press, Oxford, 1950;
– *Foreign Elements in Ancient Islamic Law*, 32 J Comp Legis & Int'l L (3ª), 1950, 9-17;
– *Pre-Islamic Background and Early Developments of Jurisprudence* in *Law in the Middle East*, Vol. I: *Origin and Development of Islamic Law*, coordenação de Majid Khadduri e Herbert J. Liebesny, The Middle East Institute, Washington, D. C., 1955, 28-56.

SCHÄFER, FRANK L. – *Juristische Germanistik: eine Geschichte der Wissenschaft vom einheimischen Privatrecht*, Klostermann, Francoforte, 2008.
SCHARPWINKEL, WILHELM – *Die fiduciarische Sicherungsübereignung von Mobilien*, Joseph Hansen, Telgte, 1931.
SCHARRENBERG, CLAUDIA – *Die Rechte des Treugebers in der Zwangsvollstreckung*, Universität Mainz, 1989.
SCHECHTER, FRANK I. – *Fog and Fiction in Trade-mark Protection*, 36 Colum L Rev, 1936, 60-87.
SCHERNER, KARL OTTO – *Salmannschaft, Servusgeschäft und Venditio Iusta: Frühformen gewillkürte Mittlerschaft im altdeutschen Privatrecht*, Steiner, Wiesbaden, 1971;
– *Treuhand* in *Handwörterbuch zur Deutschen Rechtsgeschichte*, Vol. V: *Straftheorie-Zycha, Register*, coordenação de ADALBERT ERLER, EKKEHARD KAUFMANN e DIETER VERKMÜLLER, Erich Schmidt, Berlim, 1998, 341-343;
– *Das "Deutsche Privatrecht" und seine Darstellbarkeit*, 118 ZRG (GA), 2001, 346-356.
SCHIEDER, CHRISTIAN – *Interesse und Sachwert zur Konkurrenz zweier Grundbegriffe des römischen Recht*, Wallstein, Göttingen, 2011.
SCHIEMANN, GOTTFRIED – vide LANGE, HERMANN.
SCHILTZ, PATRICK J. – *The Impact of Clergy Sexual Misconduct Litigation on Religious Liberty*, 44 BCL Rev, 2003, 949-976.
SCHIRMER, HELMUT – *Zur Vereinbarung von Obliegenheiten zu Lasten Dritter, insbesondere in Verträgen zu ihren Gunsten* in *Festschrift für Reimer Schmidt*, coordenação de FRITZ REICHERT-FACILIDES, FRITZ RITTNER e JÜRGEN SASSE, Versicherungswirtschaft, Karlsruhe, 1976, 821-843.
SCHLESS, ROBERT – *Mittelbare Stellvertretung und Treuhand*, Theodor Weicher, Leipzig, 1931.
SCHLOSSER, HANS – *Außenwirkungen verfügungshindernder Abreden bei der rechtsgeschäftlichen Treuhand*, 23 NJW, 1970, 681-687.
– *Grundzüge der Neueren Privatrechtsgeschichte: Rechtsentwicklungen im europäischen Kontext*, 10ª edição, C. F. Muller, Heidelberg, 2005.
SCHMIDT, CHARLES – *Essai sur Jean Gerson, Chancelier de l'Université et de l'Église de Paris*, Schmidt et Grucker, Estrasburgo, 1839.
SCHMIDT, GEROLD – *Zum Begriff des "Zweckvermögens" in Rechts- und Finanzwissenschaft*, 60 VA, 1969, 295-331 e 61 VA, 1970, 60-81.
SCHMIDT, KARSTEN – *Handelsrecht*, 5ª edição, Carl Heymanns, Colónia, 1999;
– *Die Kommission: Treuhand am Rechtsverhältnis – Ein Versuch über die Rechtsdogmatik der "mittelbaren Stellvertretung"* in *Perspektiven des Privatrechts am Anfang des 21. Jahrhunderts: Festschrift für Dieter Medicus zum 80. Geburtstag am 9. Mai 2009*, coordenação de VOLKER BEUTHIEN, MAXIMILIAN FUCHS, HEBERT ROTH, GOTTFRIED SCHIEMANN, e ANDREAS WACKE, Carl Heymanns, Colónia, 2009, 467-486.

SCHMIDT, RICHARD – *Die Affatomie der Lex Salica*, Theodor Ackermann, Munique, 1891.
SCHMIDT-RECLA, ADRIAN – *Kalte oder warme Hand? Verfügungen von Todes wegen in mittelalterlichen Referenzrechtsquellen*, Böhlau, Colónia, 2011.
SCHOENBLUM, JEFFREY A. – *The Role of Legal Doctrine in the Decline of the Islamic Waqf: a Comparison with the Trust*, 32 Vand J Transnat'l L, 1999, 1191-1227.
SCHÖNFELD, WALTHER – *Die Vollstreckung der Verfüngen von Todes wegen im Mittelalter nach sächsischen Quellen*, 42 ZRG (GA), 1921, 240-379.
SCHÖNINGER – *Forderungsabtretung zum Zweck des Einzugs (Cession zum Inkasso)*, 96 AcP, 1905 163-199.
SCHÖNY, ARTUR – *Treuhandgeschäfte*, Buchdruckerei des "General-Anzeiger", Dülken, 1908.
SCHOTT, CLAUSDIETER – *Der Träger als Treuhandform*, Böhlau-Verlag, Colónia, 1975;
– *Kindesannahme – Adoption – Wahlkindschaft: Rechtsgeschichte und Rechtsgeschichten*, Metzner, Francoforte, 2009.
SCHOULER, JAMES – *Authorship of the Statute of Frauds*, 18 Am L Rev, 1884, 442-450.
SCHRAMM, KARL-HEINZ – *Introdução ao § 164* in *Münchener Kommentar BGB: Allgemeiner Teil*, 6ª edição, Beck, Munique, 2012.
SCHRÖDER, RICHARD – vide LOERSCH, HUGO.
SCHULER, HANS – vide REINHARDT, RUDOLF.
SCHULTZE, ALFRED – *Die langobardische Treuhand und ihre Umbildung zur Testamentsvollstreckung*, Wilhelm Koebner, Breslau, 1895;
– *Treuhänder im geltenden bürgerlichen Recht*, 43 JhJb, 1901, 1-104.
SCHULZ, FRITZ – *Bracton and Raymond de Peñafort*, 61 LQR, 1945, 286-292.
SCHUMACHER, ADOLF – *Treuhand und Reichsgericht*, M. Scharmitzel, Colónia, 1931.
SCHWARCZ, STEVEN L. – *Commercial Trusts as Business Organizations: an Invitation to Comparatists*, 13 Duke J Comp & Int'l L, 2003, 321-336;
– *Commercial Trusts as Business Organizations: Unravelling the Mystery*, 58 Bus Law, 2003, 559-585.
SCHWARK, EBERHARD – *Rechtsprobleme bei der mittelbaren Stellvertretung*, 20 JuS, 1980, 777-782.
SCIALOJA, VITTORIO – *Negozio giuridico: corso di diritto romano nella R. Università di Roma nell'anno accademico 1892-1893 raccolto dai dottori Mapei e Nannini*, 3ª reedição com prefácio de SALVATORE RICCOBONO, Società Editrice del "Foro Italiano", Roma, 1933.
SCOTT, AUSTIN W. – *The Nature of the Rights of the Cestui Que Trust*, 17 Colum L Rev, 1917, 269-290;
– *The Restatement of the Law of Trusts*, 16 ABAJ, 1930, 496-497;
– *The Restatement of the Law of Trusts*, 31 Colum L Rev, 1931, 1266-1285;
– *Fifty Years of Trusts*, 50 Harv L Rev, 1936, 60-76;
– *Reception by the Courts of the Restatement of Trusts*, 23 ABAJ, 1937, 443-447;

- *The Fiduciary Principle*, 37 Cal L Rev, 1949, 539-555;
- *The Importance of the Trusts*, 39 U Colo L Rev, 1966, 177-179.

SCOTT, AUSTIN WAKEMAN/FRATCHER, WILLIAM FRANKLIN/ASCHER, MARK L. – *Scott and Ascher on Trusts*, 5ª edição, Aspen Publishers, Frederick, Maryland, 2006.

SCRUTTON, THOMAS EDWARD – *The Influence of the Roman Law on the Law of England*, CUP, Cambridge, 1885;
- *Land in Fetters or The History and Policy of the Laws Restraining the Alienation and Settlement of Land in England*, CUP, Cambridge, 1886;
- *Roman Law Influence in Chancery, Church Courts, Admiralty, and Law Merchant* in *Selected Essays in Anglo-American Legal History*, Vol. I, coordenação da Association of American Law Schools, CUP, Cambrigde, 1907.

SEALY, LEN S. – *The Director as Trustee*, CLJ, 1967, 83-103.

SECRETAN, ÉDOUARD – *Essai sur la féodalité: introduction au Droit féodal du Pays de Vaud*, George Bridel, Lausana, 1858.

SELDEN, JOHN – *Table Talk of John Selden Newly Edited for the Selden Society* por FREDERICK POLLOCK *from a Ms. Hitherto Uncollated Belonging to the Hon. Society of Lincoln's Inn* com introdução de EDWARD FRY, Quaritch, Londres, 1927.

SELLERS, NICHOLAS – *Tenurial Serjeants*, 14 Am J Legal Hist, 1970, 319-332.

SERENS, MANUEL NOGUEIRA – *A monopolização da concorrência e a (re-)emergência da tutela da marca*, Almedina, Coimbra, 2007.

SERICK, ROLF – *Eigentumsvorbehalt und Sicherungsübertragung*, Vol. II: *Die einfache Sicherungsübertragung*, Parte 1, Recht und Wirtschaft, Heidelberg, 1965;
- *Deutsche Mobiliarsicherheiten Aufriß und Grundgedanken*, Rect und Wirtschaft, Heidelberg, 1988;
- *Eigentumsvorbehalt und Sicherungsübertragung: Neue Rechtsentwicklungen*, 2ª edição, Recht und Wirtschaft, Francoforte, 1993.

SERRA, ADRIANO VAZ – *Negócios abstractos: considerações gerais – promessa ou reconhecimento de dívida e outros actos*, 83 BMJ, 1959, 5-67;
- *A prestação – suas espécies, conteúdo e requisitos*, 74 BMJ, 1958, 15-283;
- *Cessão de créditos ou de outros direitos*, BMJ, 1955;
- *Anotação a STJ 7-Mar.-1967* (ALBUQUERQUE ROCHA), 100 RLJ, 1968, 330-336;
- *Anotação a STJ 19-Mar.-1976*, 110 RLJ, 1977, 88-96;
- *Anotação a STJ de 6-Jan.-1976* (OLIVEIRA CARVALHO), 110 RLJ, 1977, 26-29.

SERRA, CATARINA – *As novas sociedades unipessoais por quotas*, 46 SI, 1997, 115-142, 122-123;
- *Direito comercial: noções elementares*, Coimbra, Coimbra, 2009.

SHAHAR, SHULAMITH – *Growing Old in the Middle Ages*, Routledge, Londres, 2004.

SHAPIRO, BARBARA – *Sir Francis Bacon and the Mid-Seventeenth Century Movement for Law Reform*, Am J Legal Hist, 1980, 331-362.

SHAPIRO, MARTIN – *Courts: a Comparative and Political Analysis*, University of Chicago Press, Chicago, 1986.

Sharp, John – *A Discourse Concerning Conscience, The First Part. Wherein an Account Is Given of the Nature, and Rule, and Obligation, of it. And the Case of Those who Separate from the Communion of the Church of England*, printed for Thomas Basset by B. Tooke and Walter Kettilby, Londres, 1687.

Sharpe, Reginald R. – *London and the Kingdom*, Vol. I, Longmans, Green, Londres, 1894.

Sharpe, Richard – *The Use of Writs in the Eleventh Century*, 32 ASE, 2003, 247-291.

Shearwood, Joseph Alexander – *An Introduction to the Principles of Equity*, Stevens and Sons, Londres, 1885.

Sheedy, James – *Civil Law Jurisdictions and the English Trust Idea: Lost in Translation*, 20 Denning LJ, 2008, 173-183.

Sheehan, Michael M. – *The Will in Medieval England: from the Conversion of the Anglo-Saxons to the End of the Thirteenth Century*, Pontifical Institute of Mediaeval Studies, Toronto, 1963.

Shepherd, John C. – *The Law of Fiduciaries*, The Carswell Company, Toronto, 1981; – *Towards a Unified Concept of Fiduciary Relationships*, 97 LQR, 1981, 51-79.

Sheridan, L. A. – *Keeton & Sheridan's: the Modern Law of Charities*, 4ª edição, Barry Rose, Chichester, 1992.

Sherman, Charles P. – *The Romanization of English Law*, 23 Yale LJ, 1914, 318-329.

Sherrin, Christopher/Barlow, Francis/Wallington, Richard/Meadway, Susannah/Waterworth, Michael – *Williams on Wills*, 9ª edição, LexisNexis Butterworths, Londres, 2008.

Sherwin, Emily L. – *Law and Equity in Contract Enforcement*, 50 Md L Rev, 1991, 253-315.

Shiloah, Amnon – *Music in the World of Islam: a Socio-Cultural Study*, Wayne State University Press, Detroit, 1995.

Shirley, Kevin L. – *The Secular Jurisdiction of Monasteries in Anglo-Norman and Angevin England*, 21 Studies in the History of Medieval Religion, The Boydell Press, Woodbridge, 2004.

Sič, Magdolna – *Fiducia and Pignus in Sources of Post-classical Roman Law – Synonyms or Terms Utilized for Different Kinds of Pledges?*, 42 Zb Radova, 2008, 475-497.

Sica, Salvatore – vide Meoli, Bruno.

Siebert, Wolfgang – *Das rechtsgeschäftliche Treuhandverhältnis: ein dogmatischer und rechtsvergleichender Beitrag zum allgemeinen Treuhandproblem*, N. G. Elwert'sche, Marburgo, 1933.

Siegel, Stephen A. – *The Aristotelian Basis of English Law*, 56 NYU L Rev, 1981, 18-59.

Silva, João Calvão da – *Anotação ao acórdão do STJ de 16-Mai.-2000 (Victor Devesa)*, 133 RLJ, 2000, 66-91;
– *Banca, bolsa e seguros*, Tomo I: *Direito europeu e português*, 3ª edição, Almedina, Coimbra, 2012.

SILVA, PEDRO SOUSA E – *Direito industrial: noções fundamentais*, Almedina, Coimbra, 2011.
SIMPSON, ALFRED W. B. – *Innovation in Nineteenth Century Contract Law*, 91 LQR, 1975, 247-278;
– *A History of the Common Law of Contracts: the Rise of the Action of Assumpsit*, Clarendon Press, Oxford, 1975;
– *A History of the Land Law*, Clarendon Press, Oxford, 1986.
SIMPSON, EDWIN – vide MOWBRAY, JOHN.
SIMPSON, MICHAEL P. – *Trade Secrets, Property Rights, and Protectionism – an Age-old Tale*, 70 Brook L Rev, 2005, 1121-1163.
SINGER, AMY – *Constructing Ottoman Beneficence: an Imperial Soup Kitchen in Jerusalem*, State University of New York, Nova Iorque, 2002.
SITKOFF, ROBERT H. – *An Agency Cost Theory of Trust Law*, 89 Cornell L Rev, 2004, 621-684.
SJUGGERUD, MICHAEL – *Defeating the Self-Settled Spendthrift Trust in Bankruptcy*, 28 Fla St U L Rev, 2001, 977-999.
SMALLEY, BERYL – *The Gospels in the Schools c. 1100 – c. 1280*, Hambledon Press, Londres, 1985.
SMITH, D. GORDON – *The Critical Resource Theory of Fiduciary Duty*, 55 Vand L Rev, 2002, 1399-1497.
SMITH, DAVID T. – *The Statute of Uses: a Look at Its Historical Evolution and Demise*, 18 W Res LJ, 1966, 40-63.
SMITH, DENIS MACK – *A History of Sicily: Medieval Sicily, 800-1713*, Chato & Windus, Londres, 1968.
SMITH, HENRY E. – vide MERRILL, THOMAS W..
SMITH, J. DENSON – *Third Party Beneficiaries in Louisiana: the Stipulation pour autrui*, 11 Tul L Rev, 1936, 18-58.
SMITH, JOHN M. POWIS – *The Origin and History of Hebrew Law*, The Lawbook Exchange, Clark, Nova Jérsei, 2005, reimpressão da edição de 1931.
SMITH, LIONEL D. – *Trust and Patrimony*, 38 RGD, 2008, 379-403.
SMITH, MUNROE – *Roman Law in the English Universities*, 9 CW, 1916, 218-220.
SMITH, RICHARD M. – *Some Thoughts on "Hereditary" and "Proprietary" Rights in Land Under Customary Law in the Thirteenth and Early Fourteenth Century England*, 1 Law & Hist Rev, 1983, 95-128.
SMITH, STEPHEN A. – *Contract Theory*, OUP, Oxford, 2004.
SMITH, THOMAS – *De Republica Anglorum: the Maner of Government or Policie of the Realme of Englande*, Henrie Midleton e Gregorie Seton, Londres, 1583.
SMITH, THOMAS B. – *English Influence on the Law of Scotland*, 3 Am J Comp L, 1954, 522-542.
SMUTZ, PATRICK – vide PALTZER, EDGAR H..

Snell's Equity, 32ª edição, coordenação de JOHN MCHGHEE, Sweet & Maxwell, Londres, 2010.

SNYDERMAN, MARK – *What's so Good About Good Faith? The Good Faith Performance Obligation in Commercial Lending*, 55 U Chi L Rev, 1988, 1335-1370.

SOAMES, HENRY – *The Anglo-Saxon Church: Its History, Revenues, and General Character*, John W. Parker, Londres, 1835.

SOARES, TERESA LUSO – *Doações "post obitum" e doações "reservato usufructu"*, 40 SJ, 1991, 121-152.

SOLAZZI, SIRO – *In tema di "duplex dominium"*, 16 SHDI, 1950, 286-288.

SOLED, JAY A. – *A Proposal to Make Credit Shelter Trusts Obsolete*, 51 Tax Law, 1997, 83-107.

SOUSA, MIGUEL TEIXEIRA DE – *Linguagem e Direito* in *Estudos em honra do Professor Doutor José de Oliveira Ascensão*, Vol. I, Coimbra, Coimbra, 2008, 267-290;
– *Introdução ao Direito*, Almedina, Coimbra, 2012.

SOYER, BARIS – *Reforming the Assured's Pre-Contractual Duty of Utmost Good Faith in Insurance Contracts for Consumers: Are the Law Commissions on the Right Track?*, JBL, 2008, 385-414.

SPELMAN, HENRY – *Reliquiae Spelmannianae: the Posthumous Works of Sir Henry Spelman Kt. Relating to the Laws and Antiquities of England. Published from the Original Manuscripts; with the Life of the Author*, printed at the Theatre for Awnsham and John Churchill, Londres, 1698.

SPENCE, GEORGE – *An Inquiry into the Origin of the Law and Political Institutions of Modern Europe, Particularly of those of England*, John Murray, Londres, 1826;
– *The Equitable Jurisdiction of the Court of Chancery; Comprising Its Rise, Progress, and Final Establishment; to which Is Prefixed, with a View to the Elucidation of the Main Subject, a Concise Account of the Leading Doctrines of the Common Law and of the Course of Procedure in the Courts of Common Law in Regard to Civil Rights; with an Attempt to Trace Them to Their Sources, and in which Various Alterations Made by the Legislature Down to the Present Day Are Noticed*, Vol. I, Lea and Blanchard, Filadélfia, 1846.

SPITZ, STEPHEN – vide YOUNG, ROGER.

SPRY, I. C. F. – *The Principles of Equitable Remedies: Specific Performance, Injunctions, Rectification and Equitable Damages*, 6ª edição, Sweet & Maxwell, Londres, 2001.

SQUIBB, GEORGE D. – *The High Court of Chivalry: a Study of the Civil Law in England*, Clarendon Press, Oxford, 1959.

STAFFORD, ANDREW/RITCHIE, STUART – *Fiduciary Duties: Directors and Employees*, Jordans, Bristol, 2008.

STAFFORD, PAULINE – *The Law of Cnut and the History of Anglo-Saxon Royal Promises*, 10 ASE, 1982, 173-90.

STANNARD, JOHN E. – *Wilful Default*, 43 Conv, 1979, 345-359.

STANOJOVIC, OBRAD – *Roman Law and Common Law – A Different Point of View*, 36 Loy L Rev, 1990, 269-274, 269-270.
STAPLETON, JANE – *Law, Causation and Common Sense*, 8 OJLS, 1988, 111-131.
STAVERT, WILLIAM E. – *The Quebec Law of Trust*, 21 Est Tr & Pensions J, 2001, 130-143.
STEARNS, JOHN M. – *The Germs and Developments of the Laws of England Embracing the Anglo-Saxon Laws Extant from the Sixth Century to A.D., 1066, as Translated into the English Under the Royal Record Commission of William IV, with the Introduction of the Common Law by Norman Judges after the Conquest, and Its Earliest Proferts in Magna Charta*, Banks & Brothers, Nova Iorque, 1889.
STEBBINGS, CHANTAL – *The Private Trustee in Victorian England*, CUP, Cambridge, 2002.
STEIN, PETER – *Roman Law, Common Law, and Civil Law*, 66 Tul L Rev, 1992, 1591-1603;
– *Roman Law in European History*, CUP, Cambridge, 1999;
– vide ZULUETA, FRANCIS DE.
STEIN, SIMON – *Lex Salica, I* e *Lex Salica, II*, 22 Speculum, 1947, 113-134 e 395-418.
STENTON, DORIS MARY – *Pleas Before the King or his Justices 1198-1202*, Vol. II: *Rolls or Fragments of Rolls From the Years 1198, 1201 and 1202*, 68 Selden Society, Bernard Quaritch, Londres, 1952;
– *Henry II* in *The Cambridge Medieval History*, Vol. V: *Contest of Empire and Papacy*, CUP, Cambridge, 1957, reimpressão da edição de 1926;
– *English Justice Between the Norman Conquest and the Great Charter 1066-1215*, The American Philosophical Society, Filadélfia, 1964;
– *Pleas Before the King or His Justices, 1198-1212*, 83 Selden Society, Bernad Quaritch, Londres, 1966.
STENTON, FRANK MERRY – *William the Conqueror and the Rule of the Normans*, G. P. Putnam's Sons, Nova Iorque, 1908;
– *The Latin Charters of the Anglo-Saxon Period*, Clarendon Press, Oxford, 1955;
– *Anglo-Saxon England*, 3ª edição, OUP, Oxford, 1971.
STEPHEN, HENRY JOHN – *Stephen's Commentaries on the Laws of England*, 17ª edição, Vol. II: *Law of Property*, totalmente revista e modernizada por EDWARD JENKS, Butterworth, Londres, 1922.
STEPHEN, WILLIAM FITZ – *Materials for the History of Thomas Becket, Archbishop of Canterbury (Canonized by Pope Alexandre II, A.D. 1173)*, Vol III, editado por JAMES CRAIGIE ROBERTSON, Longman, Londres, 1887.
STEVENS, JOHN – vide PEARCE, ROBERT.
STEVENSON, WILLIAM H. – *The Anglo-Saxon Chancery, The Sandars Lectures in Bibliography*, University of Cambridge, Cambrigde, 1898;
– *Yorkshire Surveys and Other Eleventh-Century Documents in the York Gospels*, 27 EHR, 1912, 1-25.

STEWART, WILLIAM – *Digest of the Practice of the Exchequer of Pleas in Ireland. To which is Added, a Comparative View of the Acts of Parliament, Rules of Court, and Judicial Decisions Relating to Personal Actions in the Superior Courts at Westminster, According to the Latest Authorities*, Vol. I, Part I, Henry Butterworth, Londres, 1823.

STIER, GÜNTHER – *Das sogenannte wirtschaftliche und formaljuristische Eigentum: zugleich ein Beitrag zur Treuhand als Gesetzgebungsproblem*, Noske, Leipzig, 1933.

STOBBE, OTTO – *Ueber die Salmannen*, 7 ZGR, 1868, 405-438;
– *Handbuch des Deutschen Privatrechts*, Vol. V, Wilhelm Herb, Berlim, 1885.

STOLJAR, SAMUEL J. – *The Transformations of Account*, 80 LQR, 1964, 203-224;
– *Of Socage and Socmen*, 6 J Legal Hist, 1985, 33-48.

STONE, HARLAN – *The Nature of the Right of the Cestui que Trust*, 17 Colum L Rev, 1917, 467-501.

STONE, JULIUS – *Human Law and Human Justice*, Stanford University Press, Stanford, 1965.

STONE, ROY L. – *An Analysis of Hohfeld*, 48 Minn L Rev, 1963, 313-337.

STOREY, JAMES M. – vide JONES, SHELDON A..

STORY, JOSEPH – *Commentaries on Equity Jurisprudence as Administered in England and America*, Vol. I, 2ª edição, A. Maxwell, Londres, 1839.

STRACK, ASTRID – *Hintergründe des Abstraktionsprinzips*, 33 Jura, 2011, 5-9.

STRAHAN, WILLIAM – *The Civil Law in Its Natural Order, Together with the Publick Law*, D. Midwinter, A. Bettesworth and C. Hitch, G. Strahan, J. and J. Pemberton, R. Ware, C. Rivington, F. Clay, J. Batley and J. Wood, A. Ward, J. and P. Knapton, T. Longman, and R. Hett, Londres, 1737.

STRAUCH, DIETER – *Das geteilte Eigentum in Geschichte und Gegenwart* in *Festschrift für Heinz Hübner zum 70. Geburtstag am 7. November 1984*, coordenação de GOTTFRIED BAUMGÄRTEL, HANS-JÜRGEN BECKER, ERNST KLINGMÜLLER e ANDREAS WACKE, Walter de Gruyter, Berlim, 1984, 273-293.

STREET, THOMAS ATKINS – *The Foundations of Legal Liability: a Presentation of the Theory and Development of the Common Law*, Vol. III: *Common Law Actions*, Edward Thompson, Long Island, Nova Iorque, 1906.

STROUX, JOHANNES – *Summum ius, Summa iniuria: ein Kapitel aus der Geschichte der interpretation iuris*, Teubner, Leipzig, 1926.

STUBBS, WILLIAM – *The Early Plantagenets*, Longman, Green, Londres, 1876;
– *Seventeen Lectures on the Study of Medieval and Modern History*, Clarendon Press, Oxford, 1887;
– *The Constitutional History of England in Its Origin and Development*, Vol. I, 5ª edição, Claredon Press, Oxford, 1891.

SUBRIN, STEPHEN N. – *How Equity Conquered Common Law. The Federal Urles of Civil Procedure in Historical Perspective*, 135 U Pa L Rev, 1987, 909-1002.

SULLIVAN, RUTH – *Some Problems with the Shared Meaning Rule as Formulated in R v Daoust and the Law of Bilingual Interpretation*, 42 Ottawa L Rev, 2000-2001, 71-93.

SUMMERS, ROBERT S. - *"Good Faith" in General Contract Law and the Sales Provisions of the Uniform Commercial Code*, 54 Va L Rev, 1968, 195-267;
- *The General Duty of Good Faith - Its Recognition and Conceptualization*, 67 Cornell L Rev, 1982, 810-840.
SUTHERLAND, DONALD W. - *The Assize of Novel Disseisin*, Clarendon Press, Oxford, 1973.
SWADLING, WILLIAM - *Rescission, Property, and the Common Law*, 121 LQR, 2005, 123-153.
SWAN, ROBERT NORMAN - *Church and Society in Late Medieval England*, Basil Blackwell, Oxford, 1989.
SWAYZE, FRANCIS J. - *The Growing Law*, 25 Yale LJ, 1915, 1-19.
SWEET, CHARLES - *Challis's Law of Real Property: Chiefly in Relation to Conveyancing*, 3ª edição, Butterworth, Londres, 1911.
SYMEONIDES, SYMEON C. - *The Mixed Legal System of the Republic of Cyprus*, 78 Tul L Rev, 2003, 441-445.

TAISAND, PIERRE - *Coutume générale des Pays et Duché de Bourgogne*, Jean Ressayre, Dijon, 1698.
TAKAYAMA, HIROSHI - *The Great Administrative Officials of the Norman Kingdom of Sicily*, 58 PBSR, 1990, 317-335;
- *The Administration of the Norman Kingdom of Sicily*, E. J. Brill, Leiden, 1993.
TAMASSIA, GIOVANNI - *Le fonti dell'Editto di Rothari*, Enrico Spoerri, Pisa, 1889.
TAPP, SIDNEY CALHOUN - *The Story of Anglo-Saxon Institutions; or, The Development of Constitutional Government*, G. P. Putnam's Sons, Nova Iorque, 1904.
TASWELL-LANGMEAD, THOMAS PITT - *English Constitutional History from the Teutonic Conquest to the Present Day*, 6 ª edição, revista por PHILIP A. ASWORTH, Stevens and Haynes, Londres, 1905.
TAVARES, JOSÉ - *Os princípios fundamentais do Direito civil*, Vol. II: *Pessoas, cousas, factos jurídicos*, Coimbra, Coimbra, 1928;
- *Os princípios fundamentais*, Vol. I: *Primeira parte, teoria geral do Direito civil*, 2ª edição, Coimbra, Coimbra, 1929.
TAYLOR, CELIA R. - *The Inadequacy of Fiduciary Duty Doctrine: Why Corporate Managers Have Little to Fear and What Might Be Done About It*, 85 Or L Rev, 2006, 993-1026.
TEBBEN, JOACHIM - *Unterbeteiligung und Treuhand an Gesellschaftsanteilen*, Nomos, Baden-Baden, 2000.
TEEVEN, KEVIN M. - *A History of the Anglo-American Common Law of Contract*, Greenwood Press, Estados Unidos da América, 1990.
TELLES, INOCÊNCIO GALVÃO - *Dos contratos em geral: lições proferida no ano lectivo de 1945-1946*, Coimbra, Coimbra, 1947;
- *Contratos civis: exposição de motivos*, 9 RFDUL, 1953, 144-221;

- *Dos contratos em geral*, 2ª edição, revista, atualizada e aumentada, Coimbra, Coimbra, 1962;
- *Manual dos contratos em geral*, 4ª edição, Coimbra, Coimbra, 2002.

TELLES, JOSÉ H. CORRÊA – *Digesto portuguez ou tratado dos direitos e obrigações civis accommodado às leis e costume da nação portuguesa para servir de subsidio ao novo Codigo Civil*, Tomo I, 2ª edição, Coimbra, Imprensa da Universidade, 1840.

TENCATI, ADOLFO – *Le garanzie dei crediti*, UTET, Turim, 2012.

TERTULLIANUS, QUINTUS SEPTIMIUS FLORENS – *Apologeticum*, P. Mettayer Typographi, Paris, 1613.

TETLEY, WILLIAM – *Mixed Jurisdictions: Common Law v. Civil Law (Codified and Uncodified)*, 60 La L Rev, 2000, 677-738.

TETTENBORN, ANDREW – *The Trust in Business: Property and Obligation in England* in *La fiducie face au trust dans le rapports d'affaires*, coordenação de MADELEINE CANTIN CUMYN, Bruylant, Bruxelas, 1999, 35-64.

TEUBNER, GUNTHER – *Legal Irritants: Good Faith in British Law or How Unifying Law Ends Up in New Divergences*, 61 Mod L Rev, 1998, 11-32.

The Law Commission (Consultation Paper no. 121), Privity of Contract: Contracts for the Benefit of Third Parties, 1991.

The Law Commission and the Scotish Law Commission (Law Com No 260) (Scot Law Com No 172), Trustee's Powers and Duties, 1999.

The Law Commission and the Scottish Law Commission, (Law Com No 319) (Scot Law Com No 219), Consumer Insurance Law: Pre-Contract Disclosure and Misrepresentation, Dezembro de 2009.

The Law Commission, (Law Commission No 242) Privity of Contract: Contracts for the Benefit of Third Parties. Item 1 of the Sixth Programme of Law Reform: The Law of Contract, 1996.

The Victoria History of Wiltshire, Vol. VII, coordenação de RALPH BERNARD PUGH, assistido por ELIZABETH CRITTALL, OUP, Oxford, 1953.

THEISEN, FRANK – *Die Sicherungsübereignung und ihre römischrechtlichen Grundlagen in der Klassik – Betrachtungen des deutschen gemeinen Rechts des 19. Jahrhunderts*, 69 Tijds Rgeschied, 2001, 119-138.

THIBAULT, ANTON FRIEDRICH JUSTUS – *Versuche über einzelne Theile der Theorie des Rechts*, Vol. II, J. M. Mauke und Sohn, Jena, 1817.

THIJSSEN, J. M. M. H. – *Censure and Heresy at the University of Paris*, University of Pennsylvania Press, Fidalélfia, 1998.

THÖL, HEINRICH – *Einleitung in das deutsche Privatrecht*, Dieterischschen Buchhandlung, Göttingen, 1851.

THOMAS, ANN VAN WYNEN – *Note on the Origin of Uses and Trusts – Waqfs*, 3 Sw LJ, 1949, 162-166.

THOMAS, CHARLES – *Christianity in Roman Britain to AD 500*, University of California Press, Berkeley e Los Angeles, 1981.

THOMAS, FRANCIS SHEPPARD – *The Ancient Exchequer of England; The Treasury; And Origin of the Present Management of the Exchequer and Treasury of Ireland*, John Petheram, Londres, 1848.
THOMAS, GERAINT – *Thomas on Powers*, Sweet & Maxwell, Londres, 1998;
 – *Shams, Revocable Trusts and Retention of Control* in *The International Trust*, coordenação de JOHN GLASSON e GERAINT THOMAS, Jordans, Bristol, 2006, 590-615.
THOMAS, GERAINT/HUDSON, ALASTAIR – *The Law of Trusts*, OUP, 2010.
THOMAS, JOHN PHILIP – *Private Religious Foundations in the Byzantine Empire*, Harvard University Press, Cambridge, 1987.
THOMAS, JÜRGEN – *Die rechtsgeschäftliche Begründung von Treuhandverhältnissen*, 21 NJW, 1968, 1705-1709.
THOMAS, KEITH – *Cases of Conscience in Seventeenth-Century England* in *Public Duty and Private Conscience*, coordenação de de J. MORRILL, P. SALCK e D. WOOLD, Clarendon Press, Oxford, 1993, 29-59.
THOMASSY, RAYMOND – *Jean Gerson: Chancelier de Notre-Dame et de l'Université de Paris*, Librairie de Debécourt, Paris, 1843.
THORNE, SAMUEL E. – *The Assize "Utrum" and Canon Law in England*, 33 Colum L Rev, 1933, 428-436;
 – *English Feudalism and Estates in Land*, CLJ, 1959, 193-209.
THRUPP, SYLVIA L. – *Changes in Mediaeval Society: Europe North of the Alps, 1050-1500*, University of Toronto Press, Toronto, 1988, reedição da edição de 1964.
TOBEÑAS, JOSÉ CASTÁN – *Derecho civil español, común e foral*, Tomo I: *Introducción y parte general*, Vol. II: *Teoría de la relación jurídica. La persona y los derechos de la personalidad. Las cosas. Los hechos jurídicos*, 14ª edição com aditamento de JOSÉ LUIZ DE LOS MOZOS, Reus, Madrid, 1984.
TODD, STEPHEN – *Negligence: the Duty of Care* in *The Law of Torts in New Zealand*, coordenação de STEPHEN TODD, 4ª edição, Thomson, Wellington, 2005, 115-211.
TOLHURST, GREG J. – vide ADAMS, JOHN.
TOMAS, JOAQUÍN SAPENA – *Actualidad de la "fiducia cum creditore" (problemas de la carta de gracia)*, 5 RDCI, XVII-XVIII, 1957, 127-212.
TOMÉ, MARIA JOÃO VAZ – *O direito à pensão de reforma enquanto bem comum do casal*, Coimbra, Coimbra, 1997.
 – *Sobre o contrato de mandato sem representação e o trust*, 67 ROA, 2007, 1091-1161.
TOMÉ, MARIA JOÃO VAZ/CAMPOS, DIOGO LEITE DE – *A propriedade fiduciária (trust): estudo para a sua consagração do Direito português*, Almedina, Coimbra, 1999.
TOPHAM, ALFRED F. *Real Property: an Introductory Explanation of the Law Relating to Land*, Butterworth, Londres, 1908.
TORRENTE, ANDREA/CARNEVALI, UGO/MORA, ANDREA – *La donazione*, 2ª edição in *Trattato di diritto civile e commerciale*, Giuffrè, Milão, 2006.

TOUT, THOMAS FREDERICK – *The Place of the Reign of Edward II in English History: Based upon the Ford Lectures Delivered in the University of Oxford in 1913*, Manchester University Press, Manchester, 1914;
– *Chapters in the Administrative History of Mediaeval England: the Wardrobe, the Chamber, and the Small Seals*, University Press, Manchester, 1920.
TRAUTMAN, DONALD T. – vide GAILLARD, EMMANUEL.
TREHARNE, ELAINE – vide PULSIANO, PHILLIP.
TRIANTIS, GEORGE G. – *Organizations as Internal Capital Markets: the Legal Boundaries of Firms, Collateral, and Trusts in Commercial and Charitable Enterprises*, 117 Harv L Rev, 2004, 1102-1162.
TUCKER, LYNTON – vide MOWBRAY, JOHN.
TUHR, ANDREAS VON – *Eigenes und fremdes Interesse bei Schadenersatz*, 25 GrünhutZ, 1898, 529-584;
– *Der allgemeine Teil des Deutschen bürgerlichen Rechts*, Vol. II, Parte 2, Duncker & Humblot, Munique e Leipzig, 1918;
– *Der Allgemeiner Teil des schweizerischen Obligationenrechts*, Vol. I: *Wesen und Inhalt der Obligation, Entstehung aus Vertrag, unerlaubter Handlung und ungerechtfertigter Bereicherung*, 2ª edição completada e editada por ALFRED SIEGWART, Polygraphischer, Zurique, 1942.
TURCO, CLAUDIO – *Lezioni di diritto privato*, Giuffrè, Milão, 2011.
TURK, MILTON HAIGHT – *The Legal Code of Ælfred the Great*, Max Niemeyer, Halle, 1893.
TURNER, CHAS. W. – *Uses Before the Statute of Uses*, 3 Va L Rev, 1916, 439-444.
TURNER, GEORGE J./PLUCKNETT, THEODORE F. T. – *Brevia Placitata*, 66 Selden Society, Quaritch, Londres, 1951.
TURNER, RALPH V. – *The King and His Court: the Role of John and Henry III in the Administration of Justice, 1199-1240*, Cornell University Press, Ithaca, Nova Iorque, 1968, 10-28;
– *Roman Law in England before the Time of Bracton*, 15 J British Stud, 1974, 1-25;
– *The Origins of Common Pleas and King's Bench*, 21 Am J LegHist, 1977, 238-254;
– *Who Was the Author of Glanvill? Reflections on the Education of Henry II's Common Lawyers*, 8 Law & Hist Rev, 1990, 97-127.
TURNER, SHARON – *The History of the Anglo-Saxons*, Vol. II, Longman, Hurst, Rees, & Orme, Londres, 1807.

UFFORD, JR., CHARLES W. – *Income Taxation of the Funded Revocable Trust after the Death of the Grantor*, 30 Tax Law, 1976, 37-50.
UMBERTO, STEFINI – *Destinazione patrimoniale ed autonomia negoziale: l'art. 2645-ter C.C.*, 2ª edição, CEDAM, Pádua, 2010.
UNDERHILL, NICHOLAS – *The Lord Chancellor*, The Lavenham Press, Suffolk, 1978.
USHER, ABBOTT PAYSON – *The Origin of the Bill of Exchange*, 22 JPE, 1914, 566-576.

USHER, ROLAND GREENE – *The Significance and Early Interpretation of the Statute of Uses*, 3 St Louis L Rev, 1918, 205-214.

UVA, MANUEL SANCHO – *Das substituições fideicomissárias*, dissertação de licenciatura em Ciências Jurídicas, FDL, Lisboa, 1948-1949.

VACCA, LETIZIA – *Causa e contratto nella prospettiva storico-comparatistica*, G. Giappichelli, Turim, 1997.

VALENTE, ARNALDO – *Nuovi profili della simulazione e della fiducia: contributo ad un superamento della crisi della simulazione*, Giuffrè, Milão, 1961.

VANNEMAN, HENRY W. – *Trusts – Restated and Rewritten*, 34 Mich L Rev, 1936, 1109-1134.

VANTAGGIATO, CLAUDIO – *L'opponibilità del contratto* in *Il contratto: validità, inadempimento, risarcimento*, coordenação de VIOLA LUIGI, CEDAM, Pádua, 2009, 659-694.

VARCHETTA, GIOVANNI/MAZZALI FABIO/FIANDRI, MARCO – *La successione dell'imprenditore: patto di famiglia tra conferme ed alternative*, 2ª edição, Maggioli, Santarcangelo di Romagna.

VARELA, JOÃO DE MATOS ANTUNES – *Anotação a STJ 25-Mai.-1985*, 123 RLJ, 1990, 251-256;
– *Das obrigações em geral*, Vol. I, 10ª edição, Almedina, Coimbra, 2000;
– vide LIMA, FERNANDO PIRES DE.

VASCONCELOS, LUÍS PESTANA DE – *A cessão de créditos em garantia e a insolvência: em particular da posição do cessionário na insolvência do cedente*, Coimbra, Coimbra, 2007;
– *Direito das garantias*, Almedina, Coimbra, 2010.

VASCONCELOS, PEDRO LEITÃO PAIS DE – *A procuração irrevogável*, Almedina, Coimbra, 2002;
– *A autorização*, Coimbra, Coimbra, 2012.

VASCONCELOS, PEDRO PAIS DE – *Em tema de negócio fiduciário*, FDL, Lisboa, 1985;
– *Direito comercial: títulos de crédito. Lições professadas ao 4.º ano jurídico-Dia no ano lectivo de 1988/89*, reimpressão, AAFDL, Lisboa, 1989;
– *Contratos atípicos*, Almedina, Coimbra, 1995;
– *Mandato bancário* in *Estudos em Homenagem ao Professor Doutor Inocêncio Galvão Telles*, Vol. II: *Direito bancário*, coordenação de ANTÓNIO MENEZES CORDEIRO, LUÍS MENEZES LEITÃO e JANUÁRIO DA COSTA GOMES, Almedina, Coimbra, 2002, 131-155;
– *Contratos Atípicos*, 2ª edição, Almedina, Coimbra, 2009;
– *Teoria geral do Direito civil*, 7ª edição, Almedina, Coimbra, 2012.

VASQUES, JOSÉ, *Anotação ao artigo 43.º* in PEDRO ROMANO MARTINEZ e outros, *Lei do contrato de seguro anotada*, Almedina, Coimbra, 2011, 241-245.

VAUGHAN, ROBERT – *Revolutions in English History*, Vol. I, 2ª edição, Longmans, Green, Londres, 1867.

Vaux, Carra de – *Astronomy and Mathematics* in *The Legacy of Islam*, coordenação de Thomas Arnold e Alfred Guillaume, OUP, Oxford, 1931, 376-397.

Venezian, Giacomo – *La causa dei contratti* in *Opere Giuridiche di Giacomo Venezian*, Vol. I: *Studi sulle obbligazioni*, Athenaeum, Roma 1919, 345-411.

Ventura, Raúl – *História do Direito romano: processo civil. Apontamento das lições de História do Direito romano do Exmo. Senhor Prof. Raúl Ventura ao 1.º Ano Jurídico de 1964-65*, AAFDL, Lisboa, 1965.

Verdera, Evelio – *Algunos aspectos de la simulación*, 3 ADC, 1950, 22-54.

Veron-Reville, Antoine A. – *Le régime colonger en Alsace: d'après les derniers documents*, 3 Revue de l'Este, nova série, 1866, 281-310, 421-447, 530-566.

Vesey-Fitzgerald, S. G. – *Nature and Sources of the Sharī'a* in *Law in the Middle East*, Vol. I: *Origin and Development of Islamic Law*, coordenação de Majid Khadduri e Herbert J. Liebesny, The Middle East Institute, William Byrd Press, Richmond, Virgínia, 1955, 85-112.

Vicente, Dário Moura – *Um Código Civil para a Europa? Algumas reflexões* in *Estudos em homenagem ao Professor Doutor Inocêncio Galvão Telles*, Vol. I: *Direito privado e vária*, coordenação de António Menezes Cordeiro, Luís Menezes Leitão e Januário da Costa Gomes, Almedina, Coimbra, 2002, 47-73;
– *Segredo comercial e acesso à informação administrativa* in *Estudos em homenagem ao Prof. Doutor Sérvulo Correia*, FDL, Coimbra, Coimbra, 2010, 289-297;
– *Direito comparado*, Vol. I: *Introdução e sistemas jurídicos em geral*, 2ª edição, Almedina, Coimbra, 2012.

Vieira, José Alberto – *Direito reais*, Coimbra, Coimbra, 2008.

Vieira, José Miguens Simões – *Simulação nos contratos (algumas considerações)*, dissertação de licenciatura em Ciências Jurídicas no ano lectivo de 1946-47, Lisboa.

Vilela, Álvaro Machado – *Tratado elementar (teórico e prático) de Direito internacional privado*, Livro I: *Princípios gerais*, Coimbra, Coimbra, 1921.

Vilella, Luis F. Sánchez – *The Problems of Trust Legislation in Civil Law Jurisdictions: the Law of Trusts in Puerto Rico*, 19 Tul L Rev, 1945, 374-397.

Villiers, Janice D. – *Clergy Malpractice Revisited: Liability for Sexual Misconduct in the Counseling Relationships*, 74 Denv U L Rev, 1996, 1-64.

Vinogradoff, Paul – *English Society in the Eleventh Century: Essay in English Mediaeval History*, Clarendon Press, Oxford, 1908;
– *Reason and Conscience in Sixteenth-Century Jurisprudence*, 24 LQR, 1908, 373-384;
– *Roman Law in Medieval Europe*, Harper & Brother, Londres, 1909.

Visser, Daniel – vide Bois, François du.

Vitaletti, M. Fraternali – *La proprietà fiduciaria* in *Proprietà e diritti reali*, coordenção de Balestra Lorenzo, Vol. I: *Proprietà – Beni – Multiproprietà – Superficie – Enfiteusi*, UTET, Turim, 2011, 355-374.

Vivante, Cesare – *Trattato di diritto commerciale*, Vol. III: *Le cose*, 5ª edição, Dottor Francesco Vallardi, Milão, 1924.

VOGEL, FRANK E. – *Islamic Law and Legal System: Studies of Saudi Arabia*, Brill, Leiden, 2000.

WAAL, MARIUS J. DE – *The Core Elements of the Trust: Aspects of the English, Scottish and South African Trusts Compared*, 117 S African LJ, 2000, 548-571;
- *In Search of a Model for the Introduction of the Trust into a Civilian Context*, 12 Stellenbosch L Rev, 2001, 63-85;
- *Law of Succession* in *Introduction to the Law of South Africa*, coordenação de C. G. VAN DER MERWE e JACQUES E. DU PLESSIS, Kluwer, Haia, 2004, 169-200.

WAGER, HANNU – vide OTTEN, ADRIAN.

WALKER, IAN W. – *Harold: the Last Anglo-Saxon King*, Sutton Publishing, Gloucestershire, 1997.

WALKER, SUE SHERIDAN – *Widow and Ward: the Feudal Law of Child Custody in Medieval England*, 3 Feminist Studies, 1976, 104-116;
- *Free Consent and the Marriage of Feudal Wards in Medieval England*, 8 J Med Hist, 1982, 123-134;
- *The Feudal Family and the Common Law Courts: the Pleas Protecting Rights of Wardship and Marriage, c. 1225-1375*, 14 J Med Hist, 1988, 1-31.

WALLACE, JENIFER L. – *Fiduciary Theory Imposes Higher Duties and Direct Liability on Church for Clergy Sexual Misconduct*, 28 Suffolk U L Rev, 1994, 331-339.

WALLACE-HADRILL, JOHN MICHAEL – *Archbishop Hincmar and the Authorship of Lex Salica*, 21 Tijds Rgeschied, 1953, 1-29;
- *Bede's Ecclesiastical History of the English People: a Historical Commentary*, OUP, Oxford, 2002.

WALLINGTON, RICHARD – vide SHERRIN, CHRISTOPHER.

WALT, A. J. VAN DER – *Der Eigentumsbegriff* in *Das römischen-holländische Recht: Fortschritte des Zivilrechts im 17. Und 18. Jahrhundert*, coordenação de ROBERT FEENSTRA e REINHARD ZIMMERMANN, Duncker & Humblot, Berlim, 1992, 485-520;
- *Unity and Pluralism in the Property Theory – A Review of Property Theories and Debates in Recent Literature: Part I, 1995* JS Afr L, 1995, 15-42.

WALTER, GERHARD – *Das Unmittelbarkeitsprinzip bei der fiduziarischen Treuhand*, Mohr Siebeck, Tübingen, 1974.

WALTON, FREDERICK P. – *The Legal System of Quebec*, 13 Colum L Rev, 1913, 213-231.

WANSBROUGH, JOHN E. – *Quranic Studies: Sources and Methods of Scriptural Interpretation*, OUP, Oxford, 1977.

WARBURTON, JEAN – *Tudor on Charities*, Sweet & Maxwell, Londres, 2003.

WARREN, WILFRED LEWIS – *The Governance of Norman and Angevin England, 1086-1272*, Edward Arnold, Londres, 1987;
- *Henry II*, Methuen, Londres, 1991.

WARRINGTON, MARK – vide HOECKE, MARK VAN.

WATERS, DONOVAN W. M. – *Banks, Fiduciary Obligations and Unconscionable Transactions*, 65 Can Bar Rev, 1986, 37-74;
– *The Institution of the Trust in Civil and Common Law*, 252 RdC, 1995, 113-454;
– *Water's Law of Trusts in Canada*, 3ª edição, Thomson, Toronto, 2005.
WATERWORTH, MICHAEL – vide SHERRIN, CHRISTOPHER.
WATKIN, THOMAS GLYN – *Feudal Theory, Social Needs and the Rise of the Heritable Fee*, 10 Cambrian L Rev, 1979, 39-62.
WATKINS, CHARLES – *Principles of Conveyancing Designed for the Use of Students: with an Introduction on the Study of that Branch of Law*, 8ª edição, revista e aumentada por HENRY HOPLEY WHITE, Saunders and Benning, Londres, 1838.
WATSON, ALAN – *The Origins of "Fiducia"*, 79 ZRG (RA), 1962, 329-334;
– *Roman Law and English Law: Two Patterns of Legal Development*, 36 Loy L Rev, 1990, 247-268;
– *Society and Legal Change*, 2ª edição, Temple University Press, Filadélfia, 2001.
WATTERSON, STEPHEN – vide MITCHELL, CHARLES.
WATTS, PETER/REYNOLDS, FRANCIS M. B. – *Bowstead and Reynolds on Agency*, 19ª edição, Sweet & Maxwell, Londres, 2010.
WAUGH, SCOTT L. – *Non-Alienation Clauses in Thirteenth-Century English Charters*, 17 Albion, 1985, 1-14.
WEBER, FRIEDRICH – vide LENT, FRIEDRICH.
WEBER, HANSJÖRG – *Kreditsicherungsrecht*, 8ª edição, Beck, Munique, 2006.
WEGNER, JUDITH ROMNEY – *Islamic and Talmudic Jurisprudence: the Four Roots of Islamic Law and Their Talmudic Counterparts* in *Islamic Law and Legal Theory*, coordenação de IAN EDGE, Dartmouth, Aldershot, 1996, 35-81.
WEINRIB, ERNEST J. – *The Fiduciary Obligation*, 25 UTLJ, 1975, 1-22.
WEINSTEIN, JACK B./HERSHENOV, EILLEN B. – *The Effect of Equity on Mass Tort Law*, U Ill L Rev, 1991, 269-327.
WELLER, MARC-PHILIPPE – *Die Vertragstreue: Vertragsbindung – Naturalerfüllungsgrundsatz – Leistungstreue*, Mohr Siebeck, Tübingen, 2009.
WENCK, KARL F. CHRISTIAN – *Magister Vacarius, primus iuris Romani in Anglia professor*, Leipzig, 1820.
WENDT, OTTO – *Lehrbuch der Pandekten*, Fischer, Jena, 1888.
WENSINCK, A. J. – *The Importance of Tradition for the Study of Islam* in *Islamic Law and Legal Theory*, coordenação de IAN EDGE, Dartmouth, Aldershot, 1996, 133-139.
WERNER, MARTIN – *The Liudhard Medalet*, 20 ASE, 1991, 27-41.
WERTHAUER – *Der fiduciarische Indossatar und die Einrede des Dolus*, 13 GrünhutZ, 1886, 586-669.
WEST, FRANCIS – *The Curia Regis in the Late Twelfth and Early Thirteenth Centuries*, 6 Hist Stud Aust & NZ, 1954, 173-185;
– *The Justiciarship in England 1066-1232*, UCP, Cambridge, 1966.

WESTERMANN, HARM PETER – *Die causa im französischen und deutschen Zivilrecht*, Walter de Gruyter, Berlim, 1967.
WETTE, WALTER – *Mentalreservation, Simulation und agere in fraudem legis*, J. Abel, Greifswald, 1900.
WHINCOP, MICHAEL – *Of Fault and Default: Contractarianism as a Theory of Anglo-Australian Corporate Law*, 21 Melb U L Rev, 1997, 187-236.
WHITE, EDWARD – *Justice Oliver Wendell Holmes: Law and the Inner Self*, OUP, Oxford, 1993.
WHITE, HENRY HOPLEY – vide CRUISE, WILLIAM.
WHITELOCK, DOROTHY – *Wulfstan and the Laws of Cnut*, 63 EHR, 1948, 433-452.
WHITTAKER, SIMON/ZIMMERMANN, REINHARD – *Good Faith in European Contract Law: Surveying the Legal Landscape* in *Good Faith in European Contract Law*, coordenação de REINHARD ZIMMERMANN e SIMON WHITTAKER, CUP, Cambridge, 2000, 7-62.
WIEACKER, FRANZ – *The Importance of Roman Law for Western Civilization and Western Legal Thought*, BC Int'l & Comp L Rev, 1981, 257-281;
  – *Zur Theorie der juristischen Person des Privatrechts* in *Festschrift für Ernst Rudolf Huber zum 70. Geburtstag am 8. Juni 1973*, coordenação de ERNST FORSTHOFF, WERNER WEBER e FRANZ WIEACKER, Otto Schwartz, Göttingen, 1973, 339-383;
  – *História do Direito privado moderno*, tradução da 2ª edição alemã por ANTÓNIO MANUEL HESPANHA, 3ª edição, Gulbenkian, Lisboa, 2004.
WIEDMANN, HERBERT – *Differenzierungsklauseln – Koalitionsfreiheit*, SAE, 1969, 246--268
WIEGAND, WOLFGANG – *Trau, schau wem: Bemerkung zur Entwicklung des Treuhandrechts in der Schweiz und in Deutschland* in *Europäisches Rechtsdenken in Geschichte und Gegenwart: Festschrift für Helmut Coing zum 70. Geburtstag*, coordenação de NORBERT HORN, Vol. II, Beck, Munique, 1983, 565-591;
  – *Die Entwicklung des Sachenrechts im Verhältnis zum Schuldrecht*, 190 AcP, 1990, 112-138;
  – *Treuhand und Vertrauen* in *Festschrift für Wolfgang Fikentscher*, coordenação de BERNHARD GROSSFELD, ROLF SACK, THOMAS M. J. MÖLLERS, JOSEF DREXL e ANDREAS HEINEMANN, Mohr Siebeck, Tübingen, 1998, 329-346;
  – *Comentário aos §§ 929-931* in *Staudingers §§ 925-984; Anhang zu §§ 929 ff (Eigentum 2)*, Beck, Munique, 2011, 252-383.
WILHELM, WALTER – *Zur juristischen Methodenlehre im 19. Jahrhundert: die Herkunft der Methode Paul Labands aus der Privatrechtswissenschaft*, Vottorio Klostermann, Francoforte, 1958.
WILKINSON, BERTIE – *Studies in the Constitutional History of the Thirteenth and Fourthteenth Centuries*, Manchester University Press, Manchester, 1937.

WILKINSON, BERTIE – *The Chancery under Edward III*, Manchester University Press, Manchester, 1929.
WILKS, MICHAEL – *Thesaurus Ecclesiae* in *The Church and Wealth: Papers Read at the 1986 Summer Meeting and the 1987 Winter Meeting of the Ecclesiastical History Society*, 24 Studies in Church History, Basil Blackwell, Oxford, 1987.
WILLIAMS, GLANVILLE – *Language and the Law*, 61 LQR, 1945, 401.
WILLMOTT, LINDY/CHRISTENSEN, SHARON/BUTLER, DES – *Contract Law*, 2ª edição, OUP, Oxford, 2005.
WILMOT-BUXTON, ETHEL MARY – *A Social History of England from Anglo-Saxon Times, for Upper and Middle Forms*, Methuen, Londres, 1920.
WILUTZKY, PAUL – *Die Innen- und die Aufsenseite des fiduziarischen Rechtsgeschäftes*, 6 DJZ, 1901, 20-21;
– *Ueber fiduziarische Rechtsgeschäfte*, JW, 1901, 710-713.
WINDSCHEID, BERNARD – *Lehrbuch des Pandektenrechts*, Vol. I, 6ª edição, Rütten & Loening, Francoforte, 1887.
WISDOM, JOHN MINOR – *A Trust Code in the Civil Law, Based on the Restatement and Uniform Acts: the Louisiana Trust Estates Act*, 13 Tul L Rev, 1938, 70-98.
– *Progress in the Codification of Trusts*, 14 Tul L Rev, 1940, 165-189.
WITZ, CLAUDE – vide PRÜM, ANDRÉ.
WOHLHAUPTER, EUGEN – *Der Einfluss naturrechtlicher und kantonesischer Gedanken auf die Entwicklung der englischen Equity* in *Acta Congressus Iuridici Internationalis: VII Saeculo a Decretalibus Gregorii IX et XIV a Codice Iustiniano Promulgatis, Romae 12-17 Novembris 1934*, Vol. II, Apud Custodiam Librariam Pont. Instituti Utriusque Iures, Roma, 1935, 437-467.
WOLF, KENNETH BAXTER – *Making History: the Normans and Their Historians in Eleventh-Century Italy*, University of Pennsylvania Press, Filadélfia, 1995.
WOLF, MANFRED – vide LARENZ, KARL.
WOLF, MANFRED/NEUNER, JÖRG – *Allgemeiner Teil des Bürgerlichen Rechts*, 10ª edição, Beck, Munique, 2012.
WOLFF, MARTIN/RAISER, LUDWIG – *Sachenrecht: ein Lehrbuch*, 10 edição, Mohr Siebeck, Tübingen, 1957.
WOOD, ERICA – vide HURME, SALLY BALCH.
WOODBINE, GEORGE E. – *The Roman Element in Bracton's, De Adquirendo Rerum Dominio*, 31 Yale LJ, 1922, 827-847.
WOODHOUSE, DIANA – *The Office of Lord Chancellor*, Hart Publishing, Portland, 2001.
WOODS, WILLIAM H. – *Historical Development of Suretyship from Prehistoric Custom to a Century's Experience with the Compensated Corporate Surety* in *The Law of Suretyship*, 2ª edição, coordenação de EDWARD G. GALLAGHER, American Bar Association, Estados Unidos da América, 2000, 3-39.
WOOLRYCH, HUMPHRY W. – *The Life of the Right Honourable Sir Edward Coke, Knt. Lord Chief Justice of the King's Bench*, J. & W. T. Clarke, Londres, 1826.

WORBY, SAM – *Law and Kinship in Thirteenth-Century England*, Boydell Press, Woodbridge, 2010.
WORHSIP, WILLIAM – *The Christians Iewell. Or, The Treasure of a Good Conscience*, printed by William Stansby for John Parker, Londres, 1617.
WORMALD, PATRICK – *The Making of English Law: King Alfred to the Twelfth Century*, Vol. I: *Legislation and Its Limits*, Blackwell, Oxford, 2001, reimpressão da edição de 1999.
WORTHINGTON, SARAH – *Sorting Out Ownership Interests in a Bulk: Gifts, Sales ad Trusts*, JBL, 1999, 1-21.
WRIGHT, DAVID M. – *The Remedial Constructive Trust*, Butterworths, Sidney, 1998.
WRIGHT, MARTIN – *An Introduction to the Law of Tenures*, 3ª edição, Mary Owen, Dublin, 1750.
WRITES, JILL MARTIN – *Certainty of Objects – What is Heresy?* 48 Conv, 1984, 304-307.
WUBBE, F. B. J. – *Gaius et les contrats réels*, 35 Tijds Rgeschied, 1967, 500-525.
WURZEL, HAROLD – *The Origin and Development of Quo Minus*, 49 Yale LJ, 1939, 39-64.

YÁGÜEZ, RICARDO DE ANGEL – *Problemas que suscita la "venta en garantía" en relación con los procedimientos de ejecución del deudor*, 46 RCDI, 1973, 47-67.
YEUN, PAUL WONG CHI – *Proprietary Interests in Fungible Shares: the Hong Kong Experience*, 17 JIBL, 2002, 24-27.
YOUNG, ROGER/SPITZ, STEPHEN – *SUEM – Spitz's Ultimate Equitable Maxim: in Equity, Good Guys Should Win and Bad Guys Should Lose*, 55 SCL Rev 2003, 175-189.

ZAIN, MOHD. – *Institution of Waqf* in *Encyclopaedic Survey of Islamic Culture*, coordenação de MOHAMED TAHER, Anmol Publications, Nova Deli, 1998, 321-328.
ZAKRZEWSKI, RAFAL – vide O'SULLIVAN, DOMINIC.
ZEBER, IRENEUSZ – *A Study of the Peculium of a Slave in Pre-classical and Classical Roman Law*, Wydawnictwo Uniwersytete Wroclawskiego, Breslávia, 1981.
ZIMMERMANN, REINHARD – *The Law of Obligations: Roman Foundations of the Civilian Tradition*, OUP, Oxford, 1996;
– *Heres Fiduciaries? Rise and Fall of the Testamentary Executor Itinera Fiduciae: Trust and Treuhand in Historical Perspective*, coordenação de RICHARD H. HELMHOLZ e REINHARD ZIMMERMANN, Duncker & Humblot, Berlim, 1998, 267-304;
– vide HELMHOLZ, RICHARD H.;
– vide WHITTAKER, SIMON.
ZINKEISEN, FRANK – *The Anglo-Saxon Courts of Law*, 10 Pol Sci Q, 1895, 132-144.
ZOEPFL, HEINRICH – *Alterthümer des Deutschen Reichs und Rechts. Studien, Kritiken und Urkunden zur Erläuterung der Deutschen Rechtsgeschichte und des Praktischen Rechts*, Tomo I, C. F. Winter'sche Verlagshandlung, Leipzig e Heidelberg, 1860.
ZUBAIDA, SAMI – *Law and Power in the Islamic World*, I. B. Tauris, Londres, 2003.

ZULUETA, FRANCIS DE – *The Recent Controversy about Nexum*, 29 LQR, 1913, 137-153;
– *The Liber Pauperum of Vacarius*, 44 Selden Society, Quaritch, Londres, 1927.
ZULUETA, FRANCIS DE/STEIN, PETER – *The Teaching of Roman Law in England Around 1200*, Selden Society, Londres, 1990.

JURISPRUDÊNCIA

Portugal

Supremo Tribunal de Justiça
STJ 28-Abr.-1876 (Menezes)
STJ 30-Abr.-1879 (Ferreira Lima)
STJ 4-Mai.-1956 (Lencastre da Veiga)
STJ 2-Dez.-1958 (Campos de Carvalho)
STJ 5-Nov.-1963 (Arlindo Martins)
STJ 7-Mar.-1967 (Albuquerque Rocha)
STJ 9-Mai.-1985 (Góis Pinheiro)
STJ 15-Abr.-1993 (Miranda Gusmão)
STJ 1-Jun.-1993 (Olímpio da Fonseca)
STJ 15-Jun.-1994 (Araújo Ribeiro)
STJ 26-Abr.-1995 (Miranda Gusmão)
STJ 25-Mai.-1999 (Francisco Lourenço)
STJ 11-Jan.-2000 (Ribeiro Coelho)
STJ 11-Mai.-2000 (Abílio Vasconcelos)
STJ 21-Jan.-2002 (Azevedo Ramos)
STJ 17-Dez.-2002 (Pinto Monteiro)
STJ 20-Jan.-2004 (Azevedo Ramos)
STJ 22-Abr.-2004 (Neves Ribeiro)
STJ 20-Out.-2005 (Araújo Barros)
STJ 11-Mai.-2006 (Salvador da Costa)
STJ 29-Mai.-2007 (Azevedo Ramos)
STJ 5-Jul.-2007 (João Camilo)
STJ 8-Nov.-2007 (João Bernardo)
STJ 22-Jan.-2008 (Azevedo Ramos)
STJ 3-Fev.-2009 (Mário Cruz)

STJ 16-Abr.-2009 (Maria dos Prazeres Pizarro Beleza)
STJ 21-Mai.-2009 (Maria dos Prazeres Pizarro Beleza)
STJ 28-Mai.-2009 (Álvaro Rodrigues)
STJ 4-Mai.-2010 (João Camilo)
STJ 29-Jun.-2010 (Sebastião Póvoas)
STJ 22-Fev.-2011 (Fonseca Ramos)
STJ 16-Mar.-2011 (Lopes do Rego)
STJ 5-Mai.-2011 (Sérgio Poças)
STJ 12-Jul.-2011 (Moreira Alves)
STJ 10-Nov.-2011 (Gregório Silva Jesus)
STJ 23-Fev.-2012 (Távora Vítor)
STJ 15-Mar.-2012 (Gabriel Catarino)
STJ 20-Mar.-2012 (Gregório Silva Jesus)
STJ 20-Mar.-2012 (Hélder Roque)
STJ 21-Mar.-2012 (Granja da Fonseca)
STJ 25-Out.-2012 (Fonseca Ramos)

Relação de Coimbra
RCb 29-Jan.-1926 (J. Sereno)
RCb 2-Out.-1985 (Baltazar Coelho)
RCb 4-Jun.-1991 (Virgílio de Oliveira)
RCb 29-Mar.-2000 (António Geraldes)
RCb 25-Nov.-2011 (Henrique Antunes)

Relação de Évora
REv 15-Dez.-2009 (Fernando da Conceição Bento)

Relação de Guimarães
RGm 12-Jan.-2010 (Costa Fernandes)

Relação de Lisboa
RLx 26-Nov.-1987 (Ricardo Velha)
RLx 23-Mai.-1991 (Silva Paixão)
RLx 22-Abr.-1999 (Jorge Santos)
RLx 21-Nov.-2002 (Graça Amaral)
RLx 24-Jun.-2003 (Maria do Rosário Morgado)
RLx 12-Jan.-2006 (Ana Paula Boularot)
RLx 10-Mai.-2007 (Granja da Fonseca)
RLx 16-Abr.-2009 (Carla Mendes)
RLx 3-Mar.-2011 (Henrique Antunes)
RLx 29-Mar.-2011 (Maria do Rosário Morgado)
RLx 21-Jun.-2011 (António Santos)

RLx 19-Jan.-2012 (Ana Luísa Geraldes)
RLx 24-Abr.-2012 (Rui Vouga)

Relação do Porto
RPt 7-Jul.-1971
RPt 3-Nov.-1992 (Cardoso Lopes)
RPt 26-Nov.-1992 (Sampaio da Nóvoa)
RPt 11-Abr.-2002 (João Vaz)
RPt 21-Set.-2002 (João Vaz)
RPt 15-Jan.-2007 (Cura Mariano)
RPt 2-Out.-2008 (Deolinda Varão)
RPt 20-Out.-2009 (Ramos Lopes)
RPt 19-Nov.-2009 (Joana Salinas)
RPt 11-Mai.-2010 (Anabela Dias da Silva)
RPt 31-Jan.-2011 (Ana Paula Amorim)
RPt 17-Mar.-2011 (Teles de Menezes)
RPt 28-Abr.-2011 (Filipe Caroço)
RPt 10-Mai.-2011 (Vieira e Cunha)
RPt 13-Mar.-2012 (Maria Cecília Agante)

Alemanha

Reichsgericht
RG 23-Dez.-1899
RG 6-Feb.-1905
RG 15-Nov.-1909
RG 15-Jan.-1912
RG 20-Mar.-1912
RG 19-Fev.-1914
RG 10-Out.-1917
RG 5-Nov.-1918
RG 23-Abr.-1920
RG 15-Jun.-1920
RG 15-Jun.-1928
RG 6-Mar.-1930
RG 19-Fev.-1937

Bundesgerichtshof
BGH 5-Nov.-1953
BGH 7-Abr.-1959
BGH 21-Dez.-1960

BGH 11-Dez.-1963
BGH 25-Nov.-1965
BGH 4-Abr.-1968
BGH 14-Jan.-1969
BGH 9-Abr.-1970
BGH 8-Mar.-1972
BGH 25-Jun.-1973
BGH 12-Nov.-1980
BGH 19-Nov.-1992
BGH 1-Jul.-1993
BGH 23-Mar-2000
BGH 21-Set.-2001
BGH 1-Out.-2002
BGH 14-Nov.-2002
BGH 24-Jun.-2003
BGH 29-Jun.-2004
BGH 8-Dez.-2005
BGH 6-Set.-2006
BGH 21-Set.-2006
BGH 10-Jan.-2007
BGH 24-Mai.-2007
BGH 12-Dez.-2008
BGH 18-Dez.-2008
BGH 6-Feb.-2009
BGH 12-Mai.-2011
BGH 15-Dez.-2011
BGH 12-Jul.-2012

Tribunais de apelação
OLG Oldenburg 21-Out.-1893
OLG Köln 13-Nov.-1964

Austrália

Australian Securities and Investments Commission v Citigroup Global Markets Australia Pty Ltd (No 4) (2007) 160 FCR 35-114
Burger King Corporation v Hungry Jack's Pty Ltd [2001] NSWCA 187
Chan v Zacharia (1984) 154 CLR 178-206
Gibson Motorsport Merchandise Pty Ltd v Forbes [2006] 149 FCR 569-600
Hospital Products Ltd v United States Surgical Corp [1984] 154 CLR 41-151
P & V Industries Pty v Porto (2006) 14 VR 1-10

Partridge v The Equity Trustees Executors and Agency Co Ltd (1947) 75 CLR 149-168
Pilmer v Duke Group Ltd [2001] 207 CLR 165-234
Sutherland Shire Council v Heyman (1985) 157 CLR 424-514
United Group Rail Services Ltd v Rail Corporation New South Wales [2009] NSWCA 177

Canadá

Bank of Nova Scotia v Thibault [2004] 1 SCR 758
Caisse populaire Desjardins de l'Est de Drummond v Canada [2009] 2 SCR 94
Curran v Davis [1933] SCR 283
Fonds Norburg Placements équilibrés (Liquidation de) [2007] RJQ 1890
Geteway Realty Ltd v Arton Holdings Ltd [1991] 106 NSR 180
Girardet v Crease & Co (1987) 11 BCLR (2nd) 361-371
Greenshields v The Queen [1958] SCR 216-236
Hodgkinson v Simms [1994] 3 SCR 377
KLB v British Columbia [2003] 2 SCR 403-480
LAC Minerals Ltd v International Corona Resources Ltd [1989] 2 SCR 574
Margaret Ault v Sylvain Parent [2011] 87 CCPB 210
McInerney v MacDonald [1992] 93 DLR (4d) 415-431
Midcon Oil & Gas Co v New British Dominion Oil Co (1958) 12 DLR (2d) 705
Norberg v Wynrib [1992] 92 DLR (4d) 449-507
Peter W. Darling v Québec (Sous-ministre du Revenu) [1996] RDFQ 28
Pierre Roy & Associés Inc v Bagnoud [2005] RJQ 1378
Pittman Estate v Bain [1994] 112 DLR (4d) 257-504
R v Neil [2002] 3 SCR 631
Scotia McLeod Inc v Banque de Nouvelle-Écosse [2001] RJQ 2099
Tucker v Royal Trust [1982] 1 SCR 250

Escócia

Allen v M'Combie's Trustees (1909) SC 710-721
Compagnie Commerciale Andre SA v Artibell Shipping Co Ltd [2001] SC 653
Dunn v Pratt (1898) 25 R 461-476
M'Caig v University of Glasgow (No.2) (1907) SC 231-249
Mary Gilmour, Mrs v John Hendrie Junior (1890) 17 R 697-702
Moss's Trustees v King [1952] SC 523-525

Espanha

STS 23-Mai.-1935

STS 25-Mai.-1944
STS 28-Jan.-1946
STS 23-Fev.-1951
STS 3-Mai.-1955
STS 31-Out.-1955
STS 4-Jan.-1956
STS 10-Jul.-1957
STS 10-Nov.-1958
STS 8-Mar.-1963
STS 11-Jun.-1964
STS 14-Out.-1964
STS 15-Out.-1964
STS 20- Nov.-1965
STS 3-Mai.-1976
STS 19-Mai.-1982
STS 2-Jun.-1982
STS 6-Abr.-1987
STS 25-Fev.-1988
STS 8-Mar.-1988
STS 7-Mar.-1990
STS 30-Jan.-1991
STS 4-Jul.-1998
STS 15-Jun.-2003
STS 23-Jun.-2006
STS 27-Jul.-2006
STS 27-Fev.-2007
STS 7-Mai.-2007
STS 9-Nov.-2008
STS 13-Jun.-2009
STS 13-Jul.-2009
STS 16-Jul.-2010
STS 15-Nov.-2010
STS 25-Mar.-2011
STS 29-Set.-2011
STS 28-Mar.-2012
STS 2-Abr.-2012
STS 6-Out.-2012
STS 8-Out.-2012
STS 23-Out.-2012

Estados Unidos

AG Capital Funding Partners, LP v State Street Bank and Trust Co, 11 NY 3d 146-159, (NY 2008)
Air Traffic Conference v Downtown Travel Center, Inc, 87 Misc 2d 151-155, (NY Sup 1976)
Allard v Pac. Nat'l Bank, 663 P 2d 104-112, (Wash 1983)
Allen v Meyers, 54 P 2d 450-452, (CA 1936)
American International Group, Inc v Maurice R. Greenberg, 23 Misc 3d 278-296, (NY 2008)
American Waltham Watch Co v U.S. Watch Co 53, NE 141-142, (Mass 1899)
Anderton v Patterson, 363 Pa 121-127, (Pa 1949)
Appleman v Kansas-Nebraska Gas Company Inc, 217 F 2d 843-850, (US App 1954)
Application of Delmarva Power & Light Co, Re, 486 A 2d 19, (Del Super 1984)
April Sound Management Corp v Concerned Property Owners for April Sound Inc, 153 SW 3d 519-526, (Tex App – Amarillo 2004)
Ara Automotive Group v Central Garage Inc, 124 F 3d 720-730, (US App 1977)
Arnay, Re, 187 NYS 2d 782-790, (NY Misc 1959)
Aspro Mechanical Contracting v Fleet Bank, 1 NY 3d 324-332, (NY 2004)
Bankers Trust Co v Philip Y. Hahn Foundation, 93 AD 2d 583-588, (NY App Div 1983)
Bass, Re, 113 SW 3d 735-746, (Tex 2003)
Bias v Ohio Farmers Indem. Co, 81 P 3d 1057-1059, (Cal App 1 Dist 1938)
Boccardi Capital Systems Inc v D.E. Shaw Laminar Portfolios, LLC, 355 Fed Appx 516-520, (US App 2009)
Boone v Kerr-McGee Oil Industries Inc, 217 F 2d 63-66, (US App 1954)
Bridges v Autozone Properties, Inc, 900 So 2d 784-814, (La 2005)
Broder v Conklin, 121 Cal 282-289, (Cal 1898)
Brown v Canadian Industrial Alcohol Co Ltd, 289 P 613-614, (Cal 1930)
Brunner, Re, 49 Misc 2d 139-141, (NY Misc 1966)
Bryan R. v Watchtower Bible and Tract Society of New York, 738 A 2d 839-849, (Me 1999)
Byrd v Faber, 565 NE 2d 584-590, (Ohio 1991)
Cannon v Denver Tramwat Corp, 373 A 2d 580-584, (Del Ch 1977)
Carroll v Thomas Elzey, WL 6864299, (Wash 2006)
Cashion v Bank of Arizona, 245 P 360-365, (Ariz 1926)
Cede & Co v Technicolor, Inc, 634 A 2d 345-373, (Del 1993)
Chorrmann v Bachmann, 119 AD 146-147, (NY App Div 1907)
Cinemas 5 Ltd v Cineram Inc, 528 F 2d 1384-1387, (US App 1976)
City of Excelsior Spring v Elms Redevelopment Corp, 18 SW 3d 53-61, (Mo App 2000)
Clague's Widow v Claugue Executors, 13 La 1-8, (La 1838)
Cohen v Nagle, 190 Mass 4-18, (Mass 1906)
Columbia Insurance Company of Alexandria v Joseph W. Lawrence, 27 US 25-57, (US 1829)

Conservatorship of Weingart, Re, 182 Cal Rptr 369-378, (Cal App 1982)
Courtin, Re, 144 La 971-980, (La 1919)
Coventry First LLC v State of Florida Office of Insurance Regulation, 30 So 3d 552-561, (Fla App 1 Dist 2010)
Daisy Brown v Board of Education of the City of Bonner Springs, 117 Kan 256-258, (Kan 1924)
David K. Spindle v Travelers Insurance Co, 66 Cal App 951-959, (Cal App 1977)
Doll v Noble, 116 NY 230-233, (NY 1889)
Donald Press v Chemical Investment Service Corp, 166 F 3d 529-540, (US App 1999)
Dooley v O'Brien, 226 Ariz 149-155, (Ariz App Div 1 2010)
Du Pont v Delaware Trust Company, 320 A 2d 694-700, (Del 1974)
DVD Copy Control Ass'n Inc v Bunner, 75 P 3d 1-29, (Cal 2003)
Edward H. Thompson v Vinson & Elkins, 859 SW 2d 617-627, (Tex App 1993)
Elma Penato v Stephen George, 52 AD 2d 939-943, (NY App Div 1976)
Elmore Duffy v King Calavier, 215 Cal App 3d 1517-1541, (Cal App 1989)
Employers Mutual Causality Co v Collins & Aikman Floorcoverings, Inc, 422 F 3d 776-782, (US App 2005)
Equitable Trust Co v Gallagher, 102 A 2d 538-547, (Del 1954)
Erika Meier v Ross General Hospital, 69 Cal 2d 420-435, (Cal 1968)
Estate of Herrmann, Re, 141 Misc 2d 214-217, (NY Misc 1988)
Estate of Howard, 133 Cal App 2d 535-542, (Cal 1955)
Estate of McCabe, 98 Cal App 2d 503-509, (Cal App 1950)
Estate of Nicholas, Re, 223 Cal Rptr 410-422, (Cal App 1986)
Estate of Schlegel, Re, 16 AD 2d 745-746, (NY App Div 1962)
Evans v General Motors Corp, 51 Conn Supp 44-68, (Conn Super 2007)
Eychaner v Gross, 321 Ill App 3d 759-788, (Ill App 1 Dist 2001)
F. A. Kelly v Lizzie R. Norton, 249 P 608-610, (Kan 1926)
F. G. v MacDonell, 150 NJ 550-573, (NJ 1997)
F. S. New Products Inc v Strong Industries Inc, 129 SW 3d 606-632, (Tex App – Houston 1 Dist 2004)
Finch v Warriot Cement Corporation, 141 A 54-65, (Del Ch 1928)
Flaum v Birnbaum, 120 AD 2d 183-198, (NY App Div 1986)
Food Holdings Ltd v Bank of America Corp, 423 Fed Appx 73-77, (US App 2011)
Fulweiler v Spruance, 222 A 2d 555-560, (Del 1966)
Gakins v Bonfils, 79 F 2d 352-357, (US App 1935)
Gallet, Re, 196 Misc 2d 303-310, (NY Misc 2003)
Garvey v Owens, 12 NYS 349-350, (NY 1890)
Gaylord Container Corporation Shareholders Litigation, Re, 753 A 2d 462-488, (Del Ch 2000)
George E. Willey v W. J. Hoggson Corp, 106 So 408-412, (Fla 1925)
Goytizolo v Moore, 604 A 2d 362-366, (Conn App 1992)

Graf v Hope Building Corp, 254 NY 1-15, (NY 1930)
Grynberg v Watt, 717 F 2d 1316-1320, (US App 1983)
Guttman v Huang, 823 A 2d 492-508, (Del Ch 2003)
Haines v Goldfield Property Owners Ass'n, WL 1160648, (Ariz App Div 2006)
Harold and Hazel Hester v Donald R. Barnett, 723 SW 2d 544-563, (Mo App 1987)
Haynes Trane Service Agency Inc v American Standard Inc, 51 Fed Appx 786-804, (US App 2002)
H-B Ltd v Edgar C. Wimmer, 220 Va 176-181, (Va 1979)
Hoyle v Dickinson, 155 Ariz 277-280, (Ariz App 1987)
In re Marriage of McTiernan and Dubrow, 35 Cal Rptr 3d 287-309, (Cal App 2 Dist 2005)
In the Matter of Glen B. Goldstein, 144 AD 2d 463-464, (NY App Div 1988)
Iva Rippstein v Elizabeth C. Unthank, 380 SW 2d 155-158, (Tex App 1964)
J. R. Watkins Co v Rich, 254 Mich 82-85, (Mich 1931)
J. S. Strauss v The Superior Court of the County of Los Angeles, 224 P 2d 726-733, (Cal 1950)
James Patrick Nollan v California Coastal Commission, WL 720592, (US 1986).
Jane Doe v The Corporation of the President of the Church of Jesus Christ of Latter-day Saints, 90 P 3d 1147-1154, (Wash App 2004)
JDI Holdings v Jet Management Inc, 732 F Supp 2d 1205-1235, (US Dist 2010)
Jessie C. Balay, Re, 113 BR 429-445, (Bankr 1990)
Jewish Community Ass'n of Casper v Community First Nat. Bank, 6 P 3d 1264-1267, (Wyo 2000)
John Doe v Rev. Albert, 478 F Supp 2d 742-774, (US Dist 2007)
John W. Pashley v Pacific Electric Railway Co, 153 P 2d 325-330, (Cal 1944)
Kelly v Lansford, 572 SW 2d 369-373, (Tex Civ App 1978)
Kevin Wilson v IBP, Inc, 558 NW 2d 132-148, (Iowa 1996)
Kilgore v State bank of Colusa, 21 NE 2d 9-11, (Ill App 1939)
Kirk La Shelle Co v Paul Armstrong Co, 263 NY 79-90, (NY 1933)
Koehler v Haller, 62 Ind App 8-15, (Ind App 1916)
Law v Law, 792 A 2d 190-223, (Del Ch 2001)
Legatiski v BethanyForest Assoc Inc v Harris, Unpub, (Del Sup 2005)
Leocadie Farrell Estate, Re, 152 Misc 118-122, (NY Misc 1933)
Lingenfelder v Wainwright Brewing Co, 103 Mo 578-595, (Mo 1890)
Local 2322, International Brotherhood of Electrical Workers v Verizon New England, Inc, 464 F 3d 93-101, (US App 2006)
Lofland v Cahall, 118 A 1-8, (Del 1922)
Loudenback Fertilizer Co v Tennessee Phosphate Co, 121 F 298-305, (US App 1903)
Loughran v Loughran, 292 US 216-229, (US 1934)
Lowrance v Patton, 710 P 2d 108-113, (Okla 1985)
Mabrey v SandStream Inc, 124 SW 3d 302-321, (Tex App – Fort Worth 2003)

Majer v Schmidt, 169 AD 2d 501-506, (NY App Div 1991)
Malasky, Re, 290 AD 2d 631-633, (NY App Div 2002)
Mannara, Re, 785 NYS 2d 274-277, (NY Sup 2004)
Marriage of Langham and Kolde, Re, 153 Wash 2d 553, (Wash 2005)
Martin & Earl v Maxwell, 67 Se 962-965, (SC 1910)
Marx v Marx, 159 NYS 2d 781-785, (NY Sup 1957)
Masquelette's Estate v C.I.R., 239 F 2d 322-327, (US App 1956)
Matthew R. Chiste v Orbitz. Com, 756 F Supp 2d 382-421, (US Dist 2010)
McAnally v Friends of WCC, Inc, 113 SW 3d 875-882, (Tex App Dallas 2003)
Meinhard v Salmon, 164 NE 545-552, (NY 1928)
MicroStrategy Inc v Li, 268 Va 249-267, (Va 2004)
Mid-America National Bank of Chicago v First Savings & Loan Association of South Holland, 161 Ill App 3d 531-540, (Ill App 1987)
Monoghela Navigation Co v United States, 148 US 312-345, (US 1893)
Moore v Shifflett, 216 SW 614-617, (Ky App 1920)
Morris Milstein v Security Pacific National Bank, 27 Cal Rptr 16-19, (Cal App 1972)
Morrissey v Curran, 650 F 2d 1267-1287, (2d Cir 1981)
Nally v Grace Community Church of the Valley, 763 P 2d 948-970, (Cal 1988)
Nancy, Re, 723 A 2d 376-385, (Del Ch 1998)
Navistar International v State Board of Equalization, 8 Cal 4th 868- 884, (Cal 1994)
Nevada v United States, 463 US 110-146, (US 1983)
Newby v Kingman, 309 Ill App 36-42, (Ill App 1941)
Northwest Lumber Sales Inc v Continental Forest Products Inc, 495 P 2d 744-750, (Ore 1972)
Otis v Otis, 45 NE 737, (Mass 1897)
P. Corretti v The First National Bank of Birmingham, 276 So 2d 141-149, (Ala 1973)
Pantazis v Fidrych, Unpub., (Mass 2008)
Pasha S. Anwar v Fairfield Greenwich Ltd, 728 F Supp 2d 372-462, (US Dist 2010)
Pegram v Herdrich, 530 US 211-237, (US 2000)
People of the State of California v Larkin, 413 F Supp 978-883, (DC Cal 1976)
Prudential Ins Co v Land Estates, Inc 31 F Supp 845-846, (US Dist 1939)
Rader v Boyd, 252 F 2d 585-588, (US App 1957)
Randolph L. Seal v Lois B Hart, 755 P 2d 462-465, (Colo App 1988)
Redfield v Critchley, 252 AD 568-575, (NY App Div 1937)
Reliant Hosp. Partners, LCC v Cornerstone Healthcare Group Holdings, Inc, 2012 WL 2086986, (Tex App – Dallas 2012)
Rizzuto v Grabb, 140 Misc 2d 98-99, (NY Misc 1988)
Robert Edward McGrath v Zenith Radio Corp, 651 F 2d 458-476, (US App 1981)
Ross v Ellis, 106 A 2d 775-776, (Del Ch 1954)
Ruckelshaus v Monsanto Co, 467 US 986-1024, (US 1984)
S. Gordon v Central Park Little Boys League, 119 So 2d 23-31, (Ala 1960)

Sartor v Schaden, 101 NW 511-515, (Iowa 1904)
Schlumberger Technology Corporation v John Swanson, 959 SW 2d 171-182, (Tex 1997)
Securities and Exchange Commission v Chenery Corp, 318 US 80-100, (US 1943)
Sellers, Re, 31 Del Ch 158-188, (Del Ch 1949)
Shapiro v Rubens, 166 F 2d 659-667, (US App 1948)
Singerly v Thayer, 108 Pa 291-300, (Pa 1885)
Smith v Driscoll, 415 NYS 2d 455-457, (NY App Div 1979)
Smith v Fitch, 25 Wn 2d 619-635, (Wash 1946)
Soss' Estate, Re, 71 NYS 2d 23-30, (NY Misc 1947)
Speckman v Speckman, 15 Ohio App 283-288, (Ohio App 1921)
St. Joseph Hospital v Corbetta Construction Co, 316 NE 2d 51-82, (Ill App 1974)
Stewart v Wyoming Cattle Ranche Co, 128 US 383-390, (US 1888)
Stone v Ritter, 911 A 2d 362-373, (Del 2006)
Strauss v Summerhays, 157 Cal App 3d 806-817, (Cal App 4 Dist 1984)
Succession of Franklin, 7 La Ann 395-440, (La 1852)
Succession of HEFT, 163 La 467-472, (La 1927)
Talley v Ferguson, 62 SE 456-459, (W Va 1908)
Tenantry v Diocese of Colorado, 863 P 2d 310-337, (Colo 1993)
The Rainbow Trust v Western American National Bank, Unpub., (Tex App 2003)
Thomas Perkins Jr, Re, Unpub., (US Dist 1988)
Timothy P. Kornwolf v United States of America, WL 32135172, (US 2002)
T-N-T Motorsports, Inc v Hennessey Motorsports, Inc, 965 SW 2d 18-26, (Tex App – Houston 1998)
Todd Albert v Alex. Brown Management Services Inc, Unpub., (Del Sup 2004)
Trade-Mark Case, Re, 100 US 82-99, (US 1897)
Tritek Telecom, Inc v The Superior Court of San Diego County, 87 Cal Rptr 3d 455-460, (Cal App 2009)
Union State Bank v William Woell, 434 NW 2d 712-721, (ND 1989)
United States v Jicarilla Apache Nation, 180 L Ed 2d 187-221, (US 2011)
V.S.H. Realty Inc v Texaco Inc, 757 F 2d 411-422, (US App 1985)
Vera Muller-Paisner v TIAA, 289 Fed App 461-466, (US App 2008)
Vickie Houston Capps, Re, 193 BR 955-967, (Bankr 1995)
Vredenburgh v Jones, 349 A 2d 22-47, (Del Ch 1975)
Walls v Peck, Lexis 428, (Del Ch 1979)
Walt Disney Co Derivative Litigation, Re, 907 A 2d 693-779, (Del Ch 2005)
Walter E. Steele v Gerald F. Kelley, 10 Mass L Rep 622, (Mass 1999)
Walton v City of Red Bluff, 3 Cal Rptr 2d 275-289, (Cal App 3 Dist 1991)
Wesley Corporation, Re, 18 F Supp 347-355, (US Dist 1937)
Will of Hartzell, Re, 192 NE 2d 697-711, (Ill 1963)
Woodruff v Williams, 85 P 90-102, (Colo 1905)
York v Stone, 178 Wash 280-286, (Wash 1934)

Yu Han Young v Chiu, 49 AD 3d 575-577, (NY App Div 2 Dept 2008)
Z Auction v Salmon Smith Barney Inc, Unpub., (Cal App 2002)

INGLATERRA

A v C [1980] 2 All ER 347-352
Aas v Benham [1891] 2 Ch 244-261
Abacus Trust Co v Barr [2003] Ch 409-421
Aberdeen Rail Co v Blaikie Brothers [1843-1860] All ER Rep 249-256
Aberdeen Town Council v Aberdeen University (1877) 2 App Cas 544-558
Abu Dhabi National Tanker Co v Product Star Shipping (The Product Star) (No. 2) [1993] 1 Lloyd's Rep 397
Adams and the Kensington Vestry, Re (1884) 27 Ch D 394-411
Adams v Clifton (1826) 1 Russ 298-301
Aerolift International Ltd v Mahoe Heli-Lift (SI) Ltd [2002] LRC 231-266
A-G for Hong Kong v Reid [1994] 1 AC 324-339
A-G v Biphosphated Guano Co (1879) 11 Ch D 327-341
A-G v Blake [1998] Ch 439-465
A-G v Cocke [1988] Ch 414-421
A-G v Foundling Hospital Governors (1793) 2 Ves Jun 42-51
A-G v Gleg (1738) 1 Atk 356
A-G v Johnson [1903] 1 KB 617-628
A-G v Lady Downing [1767] Wilm 1-35
A-G v National Provincial Bank [1924] AC 162-269
A-G v St. John's Hospital Bedford (1865) 2 De GJ & S 621-638
Ahmed Angullia bin Hadjee Mohamed Salleh Angullia v Estate and Trust Agencies (1927) Ltd [1938] AC 624-641
Air Jamaica Ltd v Joy Charlton [1999] 1 WLR 1399-1414
Airey, Re [1897] 1 Ch 164-170
Aldridge v Johnson (1857) 7 E & B 885-902
Alec Lobb (Garages) Ltd v Total Oil GB Ltd [1983] 1 All ER 944-972
Alfred Kinloch v The Secretary of State for India in Council (1882) 7 App Cas 619-632
Allan v Nolan [2001] All ER (D) 124 (Mar)
Allen v Coster (1839) 1 Beav 202-205
Allied Carpets Group plc v Nethercott [2001] BCC 81-92
Alsbury, Re (1890) Ch D 237-248
Aluminium Industrie Vaassen BV v Romalpa Aluminium Ltd [1976] 2 All ER 552-569
American Cyanamid Co v Ethicon Ltd [1975] AC 396-410
American Cynamid v Ethicon [1975] AC 396-410
Anglo-African Merchants Ltd v Bayley [1970] 1 QB 311-324

JURISPRUDÊNCIA

Annors v Alford (1422-1429) 10 Selden Society, 1896, 129
Anns v Merton London Borough Council [1978] AC 728-772
Arklow Investments Ltd v Maclean [2000] 1 WLR 594-602
Armitage v Nurse [1998] Ch 241-264
Armitage, Re [1893] 3 Ch 337-348
Armstrong v East-West Airlines (Operations) Ltd [1995] OPLR 239-251
Armstrong v Jackson [1917] 2 KB 822-831
Armstrong v Sheppard & Short Ltd [1959] 2 QB 384-403
Ashby v Blackwell (1765) 2 Eden 299-303
Attorney General v Blake [1998] Ch 439-465
Australian Hardwoods Pty Ltd v Commissioner for Railways [1961] 1 All ER 737-744
Bacon v Bacon (1800) 5 Ves Jun 331-335
Bacon v Clark (1836) 3 My & Cr 294-301
Baden's Deed Trust (No. 2), Re [1973] Ch 9-30
Bagshaw v Spencer (1748) 1 Ves Sen 142-154
Bahin v Hughes (1886) 31 Ch D 390-398
Bailey v Barnes [1894] 1 Ch 25-37
Bailey v Could (1840) 4 Y & C Ex 221-227
Bailey v Ministry of Defence [2008] EWCA Civ 883
Bale v Marchall (1456) 10 Selden Society, 1896, 143-146
Balls v Strutt (1841) 1 Hare 146-150
Bank of Boston Connecticut v European Grain and Shipping Ltd [1989] AC 1056-1111
Bank of Credit and Commerce International (Overses) Ltd v Akindele [2001] Ch 437-458
Bankers Trust Co v Shapira [1980] 1 WLR 1274-1283
Bankes v Salisbury Diocesan Council of Education Inc [1960] Ch 631-656
Barber v Rowe [1948] 2 All ER 1050-1052
Barclays Banc DCO v A-G and Hamilton (1970) 15 WIR 461-481
Barnes v Addy (1874) 9 Ch App 244-256
Barnes v Rowley (1797) 3 Ves Jun 305-306
Barnett v Chelsea and Kensington Hospital Management Committee [1969] 1 QB 428-439
Barnhart v Greenshields (1853) 9 Moo PC 18-39
Barros Matos Jnr v MacDaniels Ltd [2004] 3 All ER 299-309
Bartlett v Barclays Bank Trust Co Ltd [1980] Ch 515-547
Base Metal Trading Ltd v Shamurin [2004] EWCA Civ 1316
Bassett v Nosworthy (1673) Fin 102-104
Bate v Hooper (1855) 5 De GM & G 338-345
Bath and North East Somerset Council v A-G [2001] 5 ITELR 274-298
Baume & Co Ltd v Moore Ltd [1958] Ch 907-922
Beard, Re [1908] 1 Ch 383-388
Beatty, Re [1990] 1 WLR 1503-1510
Bell Brothers Ltd, Re (1891) 65 LT 245-250

Bellamy and Mercantile Board of Works, Re (1883) 24 Ch D 378-404
Belmont Finance Corp v Williams Furniture Ltd [1980] 1 All ER 393-419
Bence v Gilpin (1868) LR 3 Ex 76-84
Bennet v Bennet (1879) 10 Ch D 474-481
Bennett v Burgis (1846) 5 Hare 295-297
Berwick & Co v Price [1905] 1 Ch 632-645
Beswick v Beswick [1968] AC 58-107
Betty, Re [1899] 1 Ch 821-830
Bevan v Webb [1905] 1 Ch 620-631
Bezant v Rausing [2007] EWHC 1118 (QB)
Bhullar v Bhullar [2003] 2 BCLC 241-256
Bicber Ltd v Commissioners of Income Tax [1962] 3 All ER 294-297
Billson v Residential Apartments Ltd [1991] 3 All ER 265-293
Billson v Residential Apartments Ltd [1992] 1 AC 494-544 (House of Lords)
Bishopsgate Motor Finance Co Ltd v Transport Brakers Ltd [1949] 1 KB 322-338
Blandy Jenkin's Estate, Re [1917] 1 Ch 46-59
Blathwayt v Baron Cawley [1976] AC 397-443
Bloye's Trust, Re (1849) 1 Mac & G 488-505
Blundell, Re (1888) [1886-1890] All ER Rep 837-843
Boardman v Mosman (1779) 1 Bro CC 68
Boardman v Phipps [1966] 3 All ER 721-762 e [1967] 2 AC 46-134
Bolam v Friern Hospital Management Committee [1957] 2 All ER 118-128
Bolitho v City and Hackney HA [1998] AC 232-244
Bond Worth Ltd, Re [1979] 3 All ER 919-960
Boon v Cornforth (1751) 2 Ves Sen 277-281
Booth v Booth (1838) 1 Beav 125-131
Boscawen v Bajwa [1996] 1 WLR 328-343
Bostock v Blakeney (1789) 2 Bro CC 654-657
Boston Deep Sea Fishing and Ice Co v Ansell (1888) 39 Ch D 339-371
Boston's Will Trusts, Re [1956] 1 Ch 395-407
Boswell v Kilborn (1858) 15 Moo PC 309-328
Bottomley v Bannister [1932] 1 KB 458-484
Bouch v Sproule (1887) 13 App Cas 385-408
Bouch, Re (1885) 29 Ch D 635-660
Boulting v Association of Cinematograph, Television & Allied Technicians [1963] 2 QB 606-649
Bourhill v Young [1943] AC 92-121
Bourne v Keane [1919] AC 815-926
Boursot v Savage (1866) LR 2 Eq 134-143
Bovey v Smith (1682) 1 Vern 146-150
Bowater v Rowley Regis Corporation [1944] KB 476-484

Bowman v Milbanke (1664) 1 Lev 130-131
Boyce v Boyce (1849) 16 Sim 476-480
Boyles's Trust, Re (1849) 488-505
Brace v Duchess of Marlborough (1728) 2 P Wms 491-496
Bray v Ford [1896] AC 44-56
Breadner v Granville-Grossman [2001] Ch 523-554
Breed's Will, Re (1878) 1 Ch D 226-229
Brice v Stokes (1805) 11 Ves Jun 319-328
Briggs v Penny (1851) 3 Mac & G 546-558
Brisbane City Council v A-G (Qld) (1978) 3 All ER 30-36
Bristol & West Building Society v Fancy & Jackson [1997] 4 All ER 582-626
Bristol & West Building Society v May May & Merrimans [1996] 2 All ER 801-835
Bristol & West Building Society v Mothew [1998] Ch 1-28
British Midland Ltd v Midland International Tooling Ltd [2003] 2 BCLC 523-602
Brittlebank v Goddwin (1868) LR 5 Eq 545-554
Broad v Bevan (1823) 1 Russ 517
Brogden, Re (1888) 38 Ch D 546-575
Brooke Band & Co Ltd's Trust Deed, Re [1963] 1 All ER 454-459
Brooks v Metropolitan Police Commissioner [2005] 2 All ER 489-516
Brooks v Richardson [1986] 1 All ER 952-960
Brooks' Settlement Trust, Re [1939] Ch 993-999
Broughton v Broughton (1855) 5 De GM & G 160-166
Broughton v Langley (1702) 2 Salk 679
Brown v Inland Revenue Commissioners [1965] AC 244-268
Brown v Smith (1878) 10 Ch D 377-387
Brownrigg v Pike (1882) 7 PD 61-64
Bulmer, Re [1937] Ch 499-512
Burdick v Garrick (1870) 5 Ch App 233-244
Burgess v Wheate (1759) 1 Eden 177-260
Burnett v British Waterways Board [1973] 1 WLR 700-706
Bush v Allen (1656) 5 Mod 63-64
Butler and Baker's Case (1591) 3 Co Rep 25a-36b
Butt v Kelson [1952] Ch 197-208
Buttle v Saunders [1950] 2 All ER 193-196
Buxton v Buxton (1835) 1 Mt & Cr 80-96
Caffrey v Darby (1801) 6 Ves Jun 488-497
Cambridge v Makin [2011] QBD
Campbell v The Mersey Docks and Harbour Board (1863) 14 CB (NS) 412-416
Campbell v Walker (1800) 5 Ves Jun 678-681
Candlewood Navigation Corporation Ltd v Mitsui O.S.K. Lines Ltd [1986] AC 1-26
Cann v Cann (1885) 51 LT 770-771

Cannock Chase District Council v Kelly [1978] 1 All ER 152-160
Caparo Industries plc v Dickman [1990] 2 AC 605-663
Carl Zeiss Stiftung v Herbet Smith & Co (No 2) [1969] 2 Ch 276-304
Carlos Federspiel & Co SA v Charles Twigg & Co Ltd [1957] 1 Lloyd's Rep 240-257
Carter v Silber [1892] 2 Ch 278-290
Carver v Duncan [1985] AC 1082-1126
Cary-Elwes' Contract [1906] 2 Ch 143-150
Cave v Cave (1880) 15 Ch D 639-649
Cayne v Global Natural Resources plc [1984] 1 All ER 225-238
Celtic Extraction Ltd, Re [1999] 4 All ER 684-697
Chambers v Michin (1801) 7 Ves Jun 186-200
Chambers v Smith (1878) 16 Ch D 795-830
Chaplin v Leslie Frewin (Publishers) Ltd [1966] Ch 71-98
Chapman v Honig [1963] 2 All ER 513-526
Chapman, Re (1895) 72 LT 66-68 e [1896] 2 Ch 763-787
Chappell v The Times Newspapers Ltd [1975] 2 All ER 233-244
Charitable v Sutton (1742) 2 Atk 400-407
Charman v Charman [2005] EWCA Civ 1606
Cheadle, Re [1900] 2 Ch 620-624
Chellaram v Chellaram [1985] Ch 409-437
Chelmewyke v Hay (1396-1402) 10 Selden Society, 1896, 69-70
Chertsey Market, Re (1818) 6 Price 261-286
Chichester Diocesan Fund and Board of Finance (Incorporated) v Simpson [1944] AC 341-371
Chilli Developments Ltd v Commission of the New Towns [2008] EWHC 1310 (QB)
Christie v Ovington (1875) 1 Ch D 279-281
Christoforides v Terry [1924] AC 566-580
City Equitable Fire Insurance Co Ltd, Re [1925] Ch 407-549
Civilian War Claimants' Association v The King [1932] AC 14-27
Clarke Boyce v Mouat [1994] 1 AC 428-438
Clarke v Ormond (1821) Jac 108-125
Clarke v Ramuz [1891] 2 QB 456-462
Clarke v Swaile (1792) 2 Eden 134-136
Clarke v The Royal Panopticon (1857) 4 Drew 27-32
Clay v Clay [2001] 3 ITELR 525-547
Clegg v Edmonds (1857) 8 De GM & G 787-815
Clifford, Re [1912] 1 Ch 29-35
Clough v Bond (1838) 3 My & Cr 491-499
Clough v Mill Ltd v Martin [1984] 3 All ER 982-994.
Clowes v Hilliard (1876) 4 Ch D 413-418
Coastworth v Johnson [1886-1900] All ER Rep 547-552

Coates, Re [1955] Ch 495-500
Cobbetts LLP v Hodge [2009] EWHC 786 (Ch)
Cocks v Manners (1871) LR 12 Eq 574-586
Cole v Turner (1704) 6 Mod 149
Coleman Taymar Ltd v Oakes [2001] 2 BCLC 749-772
Coles v Trecothick (1804) 9 Ves Jun 233-253
Collett v Collett (1866) 35 Beav 312-316
Collins v Wilcock [1984] 3 All ER 374-381
Collins, Re (1886) 32 Ch D 229-233
Colvin v Hartwell (1837) 5 Cl & Fin 484-525
Commissioner of Stamps Duties (Queensland) v Livingston [1965] AC 694-719
Construction Industry Training Board v A-G [1971] 3 All ER 449-454
Conway v Ratiu [2005] EWCA Civ 1302
Cook v Medway Housing Society Ltd [1997] STC 90-101
Cook. Beck v Grant, Re [1948] Ch 212-216
Coomber, Re [1911] 1 Ch 723-731
Cooper v MacDonald (1877) 7 Ch D 288-301
Co-operative Insurance v Argyll [1997] 3 All 297-308
Copestake v Hoper [1908] 2 Ch 10-20
Cosslett (Contractors) Ltd, Re [1998] Ch 495-511
Costa Rica Railway Co Ltd v Forwood [1901] 1 Ch 746-768
Cowan v Scargill [1984] 2 All ER 750-769 e [1985] Ch 270-299
Cowell v Gatcombe (1859) 27 Beav 568-570
Cowin, Re (1886) 22 Ch D 179-187
Cowper v Cowper (1734) 2 P Wms 720-755
Craig, Re [1970] 2 All ER 390-409
Crewe v Dicken (1798) 4 Ves Jun 97-100
Crompton, Re [1945] Ch 123-140
Crown Dilmun v Sutton [2004] 1 BCLC 468-518
Cunningham and Frayling, Re [1891] 2 Ch 567-572
Customs and Excise Commissioners v Barclays Bank plc [2007] 1 AC 181-223
D v East Berkshire Community Health NHS Trust [2005] 2 AC 373-422
Dafen Tinplate Co, Ltd v Llanelly Steel Co, Ltd [1920] 2 Ch 214-144
Dance v Goldingham (1873) LR 8 Ch App 902-914
Daraydan Holdings Ltd v Solland International Ltd [2005] Ch 119-141
Davis v The Duke of Marlborough (1819) 2 Swan 108-172
Dawson v Hearn (1831) 1 Russ & M 606-614
De Bussche v Alt (1878) 8 Ch D 286-316
Dean, Re (1889) 41 Ch D 552-563
Debtors (Nos 4449 and 4450 of 1998), Re [1999] 1 All ER (Comm) 149-159
Denley's Trust Deed, Re [1969] 1 Ch 373-393

Denton v Donner (1856) 23 Beav 285-291
Derby & Co Ltd v Weldon [1990] 3 All ER 263-277
Dering v Earl of Winchelsea (1787) 1 Cox Eq 318-323
Derry v Peek (1889) 14 App Cas 337-380
Dibbs v Goren (1849) 11 Beav 483-484
Dingle v Turner [1972] AC 601-625
Diplock, Re [1948] Ch 465-564
Dipple v Corles (1853) 11 Hare 183-187
Docker v Somes (1834) 2 My & K 655-674
Don King Productions Inc v Warren [1999] 2 All 218-240 e [2000] Ch 291-342
Donoghue v Stevenson [1932] AC 562-623
Doughty, Re [1947] Ch 263-274
Dover v Buck (1865) 5 Giff 57-63
Downes v Grazebrok (1817) 3 Mer 200-210
Dowse v Gorton [1891] AC 190-209
Drive Yourself Hire Co (London) Ltd v Strutt [1954] 1 QB 250-279
Drummond, Asworth v Drummond, Re [1914] 2 Ch 90-98
Duchess of Argyll v Duke of Argyll [1967] Ch 302-348
Duckwari (No 2), Re [1999] Ch 268-274
Duncan v Dixon (1890) 44 Ch D 211-217
Dunlop Pneumatic Co v Selfridge & Co, Ltd [1915] 847-865
Eagle Trust plc v S.B.C. Securities Ltd [1993] 1 WLR 484-508
Earl of Bath v Sherwin (1710) 10 Mod 1-4
Earl of Deloraine v Browne, The (1792) 3 Bro CC 633-646
Earl of Oxford's Case, The (1615) Rep Ch, 1-16
Earl Strafford, Re [1980] Ch 28-52.
Edge v Pensions Ombudsman [2000] Ch 602-644
Edwards v Carter [1893] AC 360-368
Egerton v Brownlow (1853) 4 HL 1-256
Elliott v Turner (1843) 13 Sim 477-488
Emile Erlanger v The New Sombrero Phosphate Co (1878) 3 App Cas 1218-1286
Endacott, Re [1960] Ch 232-251
English & American Insurance Co Ltd, Re [1994] 1 BCLC 649-654
Equitable Life Assurance Society v Hyman [2002] 1 AC 408-462
Erskine Macdonald Ltd v Eyles [1921] 1 Ch 631-641
European Central Railway Co, Re (1872) LR 13 Eq 255-260
EVTR Ltd, Re (1987) 3 BCC 389-395
Ewing v Orr Ewing (1883) 9 App Cas 34-48
Exchange Banking Company (Flitcroft's Case), Re (1882) 21 Ch D 519-537
Extrasure Travel Insurance Ltd v Scattergood [2003] 1 BCLC 598-639
Eyre v Countess of Shattsbury (1724) 2 P Wms 103-125

Ezekiel's Settlement Trusts, Re [1942] Ch 230-235
F v West Berkshire Health Authority [1990] 2 AC 1-84
Farmer v Dean (1863) 32 Beav 327
Faure Electric Accumulator Co, Re (1889) 40 Ch D 141-158
Fellows v Mitchell (1705) 1 P Wms 81-84
Fenwick v Greenwell (1847) 10 Beav 412-422
Ferguson v Wilson (1866) 2 Ch App 77-91
Field v Field [1894] 1 Ch 425-430
Filby v Mortgage Express (No 2) Ltd [2004] EWCA Civ 759
Flower and Metropolitan Board of Works, Re (1884) 27 Ch D 592-599
Foley v Hill (1848) 2 HL Cas 28-47
Forest of Dean Coal Mining Co, Re (1879) 10 Ch D 450-459
Forshaw v Higginson (1857) 8 De GM & G 827-834
Foskett v McKeown [2001] 1 AC 102-145
Foster Bryant Surveying Ltd v Bryant [2007] EWCA Civ 200
Foveaux, Cross v London Anti-Vivisecation Society, Re [1895] 2 Ch 501-507
Fowkes v Pascoe (1875) 10 Ch App 343-354
Fox v Mackreth (1788) 2 Cox Eq Cas 322-339
Francome v Mirror Group Newspapers Ltd [1984] 1 WLR 892-902
Frank Houghton v Clive Fayers [1999] 2 ITELR 512-524
Frase v Murdoch (1881) 6 App Cas 855-880
Frederick E. Rose (London) Ltd v William H. Jr. & Co Ltd [1953] 2 QB 450-464
French Protestant Hospital, Re [1951] Ch 567-572
Fry v Fry (1859) 27 Beav 144-147
Fuller v Evans [2000] 1 All ER 636-639
Fullwood v Hurley [1928] 1 KB 498-505
Gan Insurance Co Ltd v Tai Ping Insurance Co Ltd [2001] EWCA Civ 1047
Garden Cottage Foods Ltd v Milk Marketing Board [1984] AC 130-155
Gasquoine, Re [1894] 1 Ch 470-479
Gee v Pritchard (1818) 2 Swan 414-427
Gee Wood, Re [1948] 1 All ER 498-505
General Mediterranean Holdings SA v Patel [1993] 3 All ER 673-698
George Whichelow, Re [1954] 1 WLR 5-9
Gibbard, Re [1966] 1 All ER 273-281
Gibson v Goldsmith (1854) 5 De GM & G 757-769
Gibson v Jeyes (1801) 6 Ves Jun 267-280
Gillett v Hill (1834) 2 C & M 530-537
Gilmor v Coats [1949] AC 426-462
Glencore International AG v Metro Trading Inc [2001] 1 All ER (Comm) 103-181 e [2001] 1 Lloyd's Rep 284-339
Gluckstein v Barnes [1900] AC 240-259

Godwyne v Profyt (1393-1396) 10 Selden Society, 1896, 48-49
Goldcorp Exchange Ltd, Re [1995] 1 AC 74-110
Goodmann v Saltash Corpn (1882) 7 App Cas 633-669
Goodwill v British Pregnancy Advisor Service [1996] 2 All ER 161-170
Goody v Baring [1956] 1 WLR 448-456
Governors of the Peabody Donation Fund v Sir Lindsay Parkinson & Co [1985] AC 210-244
Grant v Australian Knitting Mills Ltd [1936] AC 85-108
Grant v Dawkins [1973] 3 All ER 897-902
Gray v Ford [1896] AC 44-56
Grayburn v Clarkson (1868) LR 3 Ch App 605-609
Great Eastern Ry. Co v Turner (1872) 8 Ch App 149-154
Greaves & Co (Contractors) Ltd v Baynham Meikle and Partners (1975) 1 WLR 1095-1103
Green v Marsden (1853) 1 Drew 646-653
Greenhill v North British and Mercantile Insurance Co [1893] 3 Ch 474-483
Greenwood, Re (1911) 105 LT 509-515
Grobbelaar v News Group Newspapers Ltd [2002] 4 All ER 732-763
Gromm v Crocker [1939] 1 KB 194-231
Grove v Price (1858) 26 Beav 103-106
Grove-Grady, Plowden v Lawrence, Re [1929] 1 Ch 557-588
Guinness plc v Saunders [1990] 1 All ER 652-668
Gulbenkian, Re [1970] AC 508-527
Gwembe Valley Development Co Ltd v Koshy (No 3) [2004] 1 BCLC 131-179
Hadley v Baxendale (1854) 9 Exch 341-356
Hageman v Holmes [2009] EWHC 50 (Ch)
Haley v London Electricity Board [1965] AC 778-810
Hall v Berby Borough Urban Sanitary Authority (1885) 16 QBD 163-173
Hallett's Estate, Re (1879) 13 Ch D 696-753
Hallows v Lloyd (1888) 39 Ch D 686-693
Halton International Inc v SARL [2005] EWHC 168 (Ch)
Hamar v Pensions Ombudsman [1996] PLR 1
Hamilton v Wright (1842) 9 Cl & Fin 111-125
Hamilton, Re [1895] 1 Ch 373-377
Hanbury v Kirklan (1829) 3 Sim 265-274
Hanson v Keating (1844) 4 Hare 1-9
Hardoon v Belilos [1901] AC 118-128
Harpur's Will Trusts, Re [1962] Ch 78-97
Harries v Church Commissioners [1993] 2 All ER 300-310
Harrison v Randall (1852) 9 Hare 397-410
Harrods v Lemon [1931] 2 KB 157-172
Haslam & Hier-Evans, Re [1902] 1 Ch 765-773
Hatch v Hatch (1834) 9 Ves Jun 292-300

JURISPRUDÊNCIA

Haugesund Kommune v Depfa ACS Bank [2011] 1 All ER (Comm) 985-1036
Havelock v Havelock (1881) 17 Ch D 807-818
Hay's Settlement Trusts, Re [1980] 1 WLR 202-214
Hayin v Citibank NA [1987] AC 730-749
Head v Gould [1898] 2 Ch 250-275
Heartley v Nicholson (1875) 19 Eq Cas 233-244
Heaven v Pender (1883) 11 QBD 503-517
Hedley Byrne & Co Ltd v Heller & Partners Ltd [1964] AC 465-439
Henderson v Merrett Syndicates [1994] 3 All ER 506-543
Hetling and Merton's Contract, Re [1893] 3 Ch 269-282
Heyworth's Contingent Reversion Interest, Re [1956] Ch 364-372
Hill v Chief Constable of West Yorkshire [1989] AC 53-65
Hill v Permanent Trustee Co of New South Wales Ltd [1930] AC 720-737
Hill, Re [1923] 2 Ch 259-264
Hilliard v Fulford (1876) 4 Ch D 389-394
Hilton v Baker Booth & Eastwood [2005] 1 WLR 567-581
Hilton v Earl of Granville (1841) Cr & Ph 283-299
Hilton, Re [1909] 2 Ch 548-552
Holmes, Re [2005] 1 All ER 490-498
Holt v Debebham (1396-1403) 10 Selden Society, 1896, 69
Hooper, Parker v Ward, Re [1932] 1 Ch 38-41
Hopkins v Hopkins (1738) 1 Atk 580-597
Hordern v Hordern [1910] AC 465-476
Hoston v East Berkshire Area Health Authority [1987] 2 All ER 909-922
Houston v Burns [1918] AC 337-349
Howe v Earl of Dartmouth (1802) 7 Ves Jun 138-152
Hudson v Gribble [1903] 1 KB 517-530
Hulbert v Avens [2003] EWHC 76 (Ch)
Hulkes, Re (1886) 33 Ch D 552-561
Hummeltenberg, Beatty v London Spiritualistic Alliance Ltd, Re [1923] 1 Ch 237-243
Hummeltenberg, Re [1929] 1 Ch 237-243
Hunter v Moss [1994] 1 WLR 452-462
Hurst, Re (1892) 67 LT 96-102
Hurstanger Ltd v Wilson [2007] 1 WLR 2351-2366
Hutchinson and Tenant, Re (1878) 8 Ch D 540-543
Ind, Coope & Co v Emmerson (1887) 12 App Cas 300-312
Indian Oil Corporation Ltd v Greestone Shipping SA (Panama) [1988] QB 345-372
Industrial Development Consultants Ltd v Cooley [1972] 1 WLR 443-454 e [1972] 2 All ER 162-176
Ingram v IRC [1997] 4 All ER 395-438
Inland Revenue Commissioners v Broadway Cottages Trust [1955] Ch 20-36

IRC v Mills [1975] AC 38-54
IRC v Oldham Training and Enterprise Council [1996] STC 1218-1236
Jackson v Anderson (1811) 4 Taunt 24-30
Jaggard v Sawyer [1995] 2 All ER 189-213
Jain v Trent Strategic Health Authority [2009] 1 All ER 957-977
James McCormick v William Grogan (1869) LR 4 HL 82-99
James v Blunck (1656) Hardres 88
Janvey v Wastell [2010] EWCA Civ 137
Jennings v Jennings [1898] 1 Ch 378-391
Jerome v Kelly (Inspector of Taxes) [2004] 2 All ER 835-850
Jerrard v Saunders (1794) 2 Ves Jun 453-458
Jervoise v Duke of Northumberland (1820) 1 Jac & W 559-576
Jesse Jones v John Gordon (1877) 2 App Cas 616-635
Jevon v Bush (1685) 1 Vern 342-344
Job v Job (1877) 6 Ch D 562-565
John Taylor v Masons [2001] EWCA Civ 2106
John Youngs Insurance Services Ltd v Aviva Insurance Service UK Ltd [2011] EWHC 1515
Jones v Lenthal (1669) 1 Chan Cas 154
Jones v Maynard [1951] Ch 572-576
Joseph v Lyons (1884) 15 QBD 280-287
Jubilee Cotton Mills Ltd, Re [1924] AC 958-979
Kaufos v Czarnikow Ltd [1969] 1 AC 350-429
Kayford Ltd, Re [1975] 1 WLR 279-282
Keech v Sandford (1726) Sel Cas Ch 61-62
Kekewich v Manning (1851) 1 De GM & G 176-203
Kelly v Cooper [1993] AC 205-217
Kemp v Burn (1863) 4 Giff 348-351
Kernott v Jones [2010] 13 ITELR 275-311
Kershaw's Trusts, Re (1868) LR 6 Eq 322-323
Kilvington v Gray (1839) 10 Sim 293-297
Kleinwort Benson Ltd v South Tyneside Metropolitan Borough Council [1994] 4 All ER 972-997
Klug v Klug [1918] 2 Ch 67-71
Knight v Knight (1840) 3 Beav 148-182
Knight v Marjoribanks (1849) 2 Mac & G 10-15
Knight's Trusts, Re (1859) 27 Beav 45-50
Knott v Cottee (1852) 16 Beav 77-81
Kyrris v Oldham [2004] 1 BCLC 305-334
Lagunas Nitrate Co v Lagunas Syndicate [1899] 2 Ch 392-466
Lake v Bayliss [1974] 2 All ER 1114-1119
Lambe v Eames (1871) 6 Ch App 597-602

Latec Investments Ltd v Hotel Terrigal Pty Ltd (in liquidation) (1965) 113 CLR 265
Lavelle v Lavelle [2004] EWCA Civ 223
Le Lievre v Gould [1893] 1 QB 491-505
Learoyd v Whiteley (1887) 12 App Cas 727-728
Lee v Futurist Developments Ltd [2010] EWHC 2764 (Ch)
Leigh and Sillavan v Aliakmon Shipping Co Ltd [1986] AC 785-821
Leo Air Services Ltd v Rolloswin Investments Ltd [1973] AC 331-359
Lepine, Re [1892] 1 Ch 210-219
Lewis v Nobbs (1878) 8 Ch D 591-595
Lewis's of Leicester Ltd, Re [1995] BCC 514-524
Lipkin Gorman v Karpnale [1991] 2 AC 548-588
Lister v Romford Ice and Cold Storage Co Ltd [1957] AC 555-601
Livesey v Livesey (1830) 3 Russ 287-300
Lloyd v Cocker (1860) 27 Beav 645-649
Lloyds Bank Ltd v Bundy [1974] 3 All ER 757-772
Lloyds Bank v Rosset [1991] 1 AC 107-134
Lodge v National Union Investment Co Ltd [1907] 1 Ch 300-312
Lofthouse, Re (1885) 29 Ch D 921-933
Logicrose Ltd v Southend United Football Club [1988] 1 WLR 1256-1264
London Wine, Re [1986] PCC 121-166 e [1995] 1 AC 74-110
Londonderry's Settlement, Re [1965] Ch 918-940
Lonrho Plc v Fayed (No. 2) [1992] 1 WLR 1-14
Lord Altham v Lord Anglesea (1709) 88 ER 994-997
Lord Cable, Re [1977] 1 WLR 7-26
Lord Dacree of the South, Re (1535) 93 Selden Society, 1977, 228-230
Lord de Clifford's Estate, Re [1900] 2 Ch 707-716
Lord Dudley v Lady Dudley (1705) Prec Ch 241-251
Lord Strathcona Steamship Co, Ltd v Dominion Coal Co, Ltd [1926] AC 108-127
Low v Bouverie [1891] 3 Ch 82-115
Lowther v Bentinck (1874) LR 19 Eq 166-170
Lucking's Will Trusts, Re [1967] 3 All ER 726-735
Lucy Reynolds v North Tyneside Health Authority [2002] Lloyd's Rep Med 459-481
Luke v South Kensington Hotel Co (1879) 11 Ch D 121-129
Luxor (Eastbourne) Ltd v Cooper [1941] AC 108-156
Lyell v Kennedy (1889) 14 App Cas 437-464
Macadam Dallow, Re [1945] 2 ALL ER 664-669
MacDonald v Irvine (1878) 8 Ch D 101-125
Macduff, Macduff v Macduff, Re [1896] 2 Ch 451-475
Mackay v Dick (1881) 6 App Cas 251-272
Mackreth v Symmons (1808) 15 Ves Jun 329-356
MacMillan Inc v Bishop Investment Trust Plc (No. 3) [1995] 1 WLR 978-1016

Magnus v Queensland National Bank (1888) 37 Ch D 466-480
Malam, Re [1894] 3 Ch 578-589
Manisty's Settlement, Re [1974] 1 Ch 17-29
Mansell v Mansell (1732) 2 P Wms 677-685
Mara v Browne [1896] 1 Ch 199-214
Marsden, Re (1859) 26 Ch D 783-791
Maryon Wilson's Estate, Re [1912] 1 Ch 55-67
Massey v Banner (1820) 1 Jac & W 241-251
Massey v Sherman (1737) Amb 520
Maynard v West Midlands Regional Health Authority [1985] 1 All ER 635-642
MCC Proceeds Inc v Lehman Bros International (Europe) [1998] 4 All ER 675-704
McEacharn, Re (1911) 103 LT 900-902
McPhail v Doulton [1971] AC 424-457
McPherson v Watt (1877) 3 App Cas 254-278
Mead v Lord Orrery (1745) 3 Atk 235-244
Mead's Trust Deed, Briginshaw v National Society of Operative Printers and Assistants, Re [1961] 2 All ER 836-844
Messynden v Pierson (1417-1424) 10 Selden Society, 1896, 114-115
Middleton v Spicer (1783) 1 Bro CC 201-205
Midland Bank Trust Co Ltd v Green [1981] AC 513-532
Midland Banl plc v Wyatt [1997] 1 BCLC 242-254
Mills v IRC [1973] Ch 225-254
Mineral Resources Ltd, Re [1999] 1 All ER 746-768
Minshull v Minshull (1737) 1 Atk 411-414
Minwalla v Minwalla [2004] EWHC 2823 (fam)
Mitford v Reynolds (1848) 16 Sim 105-120
Moggridge v Thackwell (1803) 7 Ves Jun 36-88
Mohammed v Khan [2005] EWHC 599 (Ch)
Mond v Hyde [1999] QB 1097-1119
Montagu's Settlement Trusts, Re [1987] Ch 264-286
Moody v Cox & Hatt [1917] 2 Ch 71-92
Moore v Clench (1876) 1 Ch 447-453
Moorgate Mercantile Co Ltd v Twithchings [1976] QB 225-254
Morice v The Bishop of Durham (1805) 10 Ves Jun 522-543
Morley v Morley (1678) 2 Chan Cas 2
Morse v Royal (1806) 12 Ves Jun 355-378
Movitex Ltd v Bulfield [1988] BCLC 104-127
Murray Vernon Holdings Ltd v Hassall [2010] EWHC 7 (Ch)
Musgrave, Re [1916] 2 Ch 417-425
Mussoorie Bank Ltd v Raynor (1882) 7 App Cas 321-332
NABB Brothers Ltd v Lloyds Bank International (Guernsey) Ltd [2005] EWHC 405 (Ch)

National Anti-Vivisection Society v IRC [1947] 2 All ER 217-242
National Provincial Bank Ltd v Ainsworth [1965] AC 1175-1262
National Trustees Co of Australasia v General Finance Co of Australasia [1905] AC 373-382
National Westminster Bank plc v Morgan [1985] 1 All ER 821-831
National Westminster Bank plc v Rabobank Nederland [2007] EWHC 1056 (Comm)
National Westminster Bank v Jones [2001] 1 BCLC 98-136
Neesom v Clarkson (1845) 4 Hare 97-106
Nestlé v National Westminster Bank [1994] 1 All ER 118-142 e [1993] 1 WLR 1260-1285
Nevil v Saunders (1686) 1 Vern 415
New Zealand Netherlands Society "Oranje" Inc. v Kuys [1973] 1 WLR 1126-1132 e [1973] 2 All ER 1222-1227
New, Re [1901] 2 Ch 534-547
Newgate Stud Co v Penfold [2004] EWHC 2993 (Ch) e 1 BCLC 46-111
Nightingale v Lawson (1784) 1 Cox Eq Cas 23.
Niru Battery Manufacturing Co v Milestone Trading Ltd [2002] 2 All ER (Comm) e [2004] QB 985-1013
Nisbet and Pott's Contract, Re [1905] 1 Ch 391-403
Nissan v A-G [1970] AC 179-243
Noad v Backhouse (1843) 2 Y & C Ch 529
Nocton v Lord Ashburton [1914] AC 932-978
North & South Trust Co v Berkeley [1971] 1 All ER 980-994
North American Land and Timber Co Ltd v Watkins [1904] 1 Ch 242-251
Nurdin & Peacock plc v DB Ramsden & Co Ltd [1999] 1 EGLR, 119-130
O'Donnell v Shanahan [2008] EWHC 1973 (Ch)
O'Rourke v Darbishire [1920] AC 581-635
Oceanic Steam Navigation Co v Sutherberry (1980) 16 Ch D 236-246
Oliver v Court (1820) 8 Price 127-172
Oppenheim v Tobacco Securities Trust Co Ltd [1951] AC 297-319
OT Computers Ltd v First National Tricity Finance Ltd [2003] EWHC 1010 Ch
Otway v Gibbs (2000) 58 WIR 164-170
Outen's Will Trusts, Re [1963] Ch 291-315
Overend Gurney & Co v Gurney (1869) 4 Ch App 701-721
Overton v Banister (1884) 3 Hare 503-507
Owens, Re (1882) 47 LT 61-64
Oxford v Friars Minor (Guardian of) (1308) 19 Selden Society, 1904, 75-76
Page v Cox (1851) 10 Hare 163-171
Paget v Gee (1753) Amb 807-812
Pakistan v Zardari [2006] EWHC 2411 (Comm)
Palmer v Simmonds (1854) 2 Drew 221-227
Papamichael v National Westminster Bank plc [2003] EWHC 164 (Comm)
Paradise Moto Co Ltd, Re [1968] 1 WLR 1125-1143

Paragon Finance plc v D B Thakerar & Co (a firm) [1999] 1 All ER 400-420
Paragon Finance plc v Nash [2002] 1 WLR 685-712
Park. Public Trustee v Armstrong, Re [1932] 1 Ch 580-585
Parker v McKenna (1874) LR 10 Ch App 96-127
Parkes v White (1805) 11 Ves Jun 209-238
Parkin v Thorold (1852) 16 Beav 59-76
Parsons, Re (1890) 45 Ch D 51-65
Parte Adamson, Ex (1878) 8 Ch D 807-825
Parte Belchier, Ex (1754) Amb 218-220
Parte Bennett, Ex (1885) 10 Ves Jun 381-401
Parte Geaves, Ex (1856) 8 De GM & G 291-310
Parte James, Ex (1803) 8 Ves Jun 337-353
Parte Lacey, Ex (1802) 6 Ves Jun 625-631
Parte Lloyd, Ex (1882) 47 LT 64-65
Partington v Reynolds (1858) 4 Drew 253-268
Patman v Harland (1881) 353-360
Paton v British Pregnancy Advisory Service Trustees [1979] QB 276-283
Paul v Constance [1977] 1 All ER 195-200
Pauling's Settlement Trusts (No. 2), Re [1963] Ch 575-586
Pauling's Settlement Trusts, Re [1964] 1 Ch 303-359
Pearse v Green (1819) 1 Jac & W 135-145
Pedrotti's Will, Re (1859) 27 Beav 583-584
Penn v Lord Baltimore (1750) 1 Ves Sen 444-456
Permanent Building Society v Wheeler (1994) 11 WAR 187-249
Perrett v Collins [1999] PNLR 77-116
Perrins v Bellamy [1899] 1 Ch 797-803
Perry v Perry (1870) 10 WR 482
Peskin v Anderson [2001] 1 BCLC 372-389
Petromec Inc v Petroleo Brasileiro SA [2004] EWHC 127 (Comm)
Phillips v Phillips (1861) 4 De GF & J 208-220
Photo Production Ltd v Securicor Transport Ltd [1980] AC 827-853
Pickering v Vowles (1783) 1 Bro CC 197-199
Pilcher v Rawlins (1872) 7 Ch App 259-274
Pilkington v IRC [1964] AC 612-643
Pilmer v Duke Group Ltd [2001] 2 BCLC 773-830
Pitt v Holt [2011] EWCA Civ 197
Portsea Island Building Society v Barclay [1895] 2 Ch 298-308
Preston v Luck (1884) 27 Ch D 497-508
Price v Bouch [1986] 2 EGLR 179-181
Pride v Fooks (1840) 2 Beav 430-442
Prince Jefri Bolkiah v KPMG [1999] 2 AC 222-240

Prosser v Phipps (1873) LR 16 Eq 80-92
Pye v Gorges (1710) Prec Ch 308
Quarter Master UK Ltd (in Liquidation) v Pyke [2005] 1 BCLC 245-273
Raby v Ridehalgh (1855) 7 De GM & G 104-111
Rae v Meek (1889) 14 App Cas 558-574
Randall v Errington (1805) 10 Ves Jun 424-429
Randall v Morgan (1805) 12 Ves Jun 67-75
Ratiu v Conway [2005] EWCA Civ 1302
Rayner, Re [1904] 1 Ch 176-191
Redwood Master Fund, Ltd v TD Bank Europe Ltd [2002] EWHC 2703 (Ch)
Reev v Parkins (1820) 2 Jac & W 390
Regal (Hastings) Ltd v Gulliver [1967] 2 AC 134-159
Regina v Chester & North Wales Legal Aid Office (No. 2) [1998] 1 WLR 1496-1505
Regina v Chief Constable of Devon and Cornwall [1982] QB 458-481
Reid-Newfoundland Co v Anglo-American Telegraph Co Ltd [1912] AC 555-560
Revelle v Gower (1471) 10 Selden Society, 1896, 155-156
Revenue and Customs Commissioners v Trustees of the Peter Cay Discretionary Trust [2009] 2 All ER 683-699
Reynolds v The Health First Medical Group [2000] Lloyd's Rep Med 240-245
Rice v Rice (1853) 2 Drew 73-85
Robert Mackbeth v James Fox (1791) 4 Bro Parl Cas 258-297
Robinson v Harkin [1896] 2 Ch 415-426
Robson v Flight (1865) 4 De GJ & S 608-615
Roe v Minister of Health [1954] 1 WLR 128-136
Rolfe v Gregory (1865) 4 De GJ & S 576-580
Ross River Ltd v Cambridge City Football Club Ltd [2008] 1 All ER 1004-1060
Roth, Re [1895-9] All ER Rep 455-456
Rous v FitzGeffrey (1441) 10 Selden Society, 1896, 132-134
Rowland v Witherden (1851) 3 Mac & G 568-574
Rowling v Takaro Properties Ltd [1988] AC 473-514
Ryves v the Duke of Wellington (1846) 9 Beav 579-602
Sadler v Whiteman [1910] 1 KB 868-893
Salmon, Re (1889) 42 Ch D 351-371
Salt v Cooper (1880) 16 Ch D 544-558
Sanders v Walker (1807) 13 Ves Jun 601-604
Saunders v Dehew (1682) 2 Vern 271-272
Saunders v Vautier (1841) 4 Beav 115-117 e (1841) Cr & PH 240-250
Schebsman, Re [1943] 2 All ER 387-393
Scholfield v Londesborough [1895] 1 QB 536-556
Scholfield's Will's Trusts, Re [1949] Ch 341-347

Scott v National Trust for Places of Historic Interest or Natural Beauty [1998] 2 All ER 705-719
Scruttons Ltd v Midland Silicones Ltd [1962] AC 446-496
Sculthorpe v Tipper (1871) LR 13 Eq 232-242
Selangor United Rubber Ltd v Cradock (No. 3) [1968] 1 WLR 1555-1661
Selby v Alston (1797) 3 Ves Jun 339-342
Selous. Thomsonn v Selous, Re [1901] 1 Ch 921-922
Shaw v Foster (1872) 5 HL 321-358
Shaw v Halifax Corpn [1915] 2 KB 170-185
Shaw's Will Trust, National Provincial Bank Ltd v National City Bank Ltd, Re [1952] 1 Ch 163-172
Shell UK Ltd v Lostock Garage Ltd [1977] 1 All ER 481-496
Shipbrook v Hinchinbrook (1810) 478-481
Shipway v Broadwood [1899] 1 QB 369-374
Sidway v Board of Governors of Bethlem [1985] AC 871-905
Sifton v Sifton [1938] AC 656-677
Silkstone v Edey [1900] 1 Ch 167-172
Silven Properties Ltd v Royal Bank of Scotland plc [2004] 4 All ER 484-496
Silvester v Wilson (1788) 2 TR 444-451
Sinclair Investment Holdings SA v Versailles Trade Finance Ltd [2006] 1 BCLC 60-77
Sinclair Investments (UK) Ltd v Versailles Trade Finance Ltd [2010] EWHC 1614 (Ch)
Sinclair v Lee [1993] Ch 497-515
Slack v Leeds Industrial Cooperative Society Ltd (No. 1) [1924] AC 851-876
Smith Kline Beecham plc v Apotex Europe Ltd [2007] Ch 71-108
Smith v Anderson (1880) 15 Ch D 247-284
Smith v Baker & Sons [1891] AC 325-370
Smith v Clay (1767) 3 Bro CC 646
Smith v Cremer (1875) 24 WR 251
Smith v Grigg Ltd [1924] 1 KB 655-660
Smith v Morgan [1971] 1 WLR 803-809
Smyth v Smyth (1878) 8 Ch D 561-568
Snook v London and West Riding Investments Ltd [1967] 2 QB 786-808
Socimer International Bank Ltd v Standard Bank London Ltd [2008] EWCA Civ 116
Somech, Re [1957] Ch 165-169
Somerset, Re [1894] 1 Ch 231-276
Southern Counties Fresh Foods Ltd, Re [2008] EWHC 2810 (Ch)
Sowden v Sowden (1785) 1 Cox Eq Cas 165-166
Speight v Gaunt (1883) 9 App Cas 1-33
Spence v Union Maritime Insurance Co (1868) LR 3 CP 427-440
Sprange v Barnard (1789) 2 Bro CC 585-588
Spring v Guardian Assurance plc [1995] 2 AC 296-354

Springett v Dashwood (1869) 2 Giff 521-529
St Vicent de Paul Society v Oxcare Ltd [2009] 12 ITELR 649-678
Stack v Dowden [2007] 2 AC 432-480
Stamp Duties Commissioners v Livingston [1965] AC 694-704
Standing v Bowring (1885) 31 Ch D 282-290
Stapylton Fletcher Ltd, Re [1995] 1 All ER 192-214
Steel v Dixon (1881) 17 Ch D825-833
Steel, Public Trustee v Christian Aid Society, Re [1979] Ch 218-227
Stevens, Re [1898] 1 Ch 162-178
Stone & Rolls Ltd (in liquidation) v Moore Stephens [2009] 3 WLR 455-550
Stone (Inspector of Taxes) v Hitch [2001] EWCA Civ 63
Story v Lord Windsor (1743) 2 Atk 630-632
Stringer's Estate, Re (1877) 6 Ch D 1-19
Stuart, Re (1896) 74 LT 546-548
Stumore v Campbell [1892] 1 QB 314-319
Styles v Guy (1849) 1 Mac & G 422-436
Sutradhar v Natural Environment Research Council [2006] 4 All ER 490-505
Swain v The Law Society [1981] 3 All ER 797-825 e [1983] 1 AC 598-623
Swale v Swale (1856) 22 Beav 584-586
Swanwick v Sothern (1839) 9 A & E 895-901
Swindle v Harrison [1997] 4 All ER 705-736
Swiss Bank Co v Lloyds Bank Ltd [1979] Ch 548-583
Také Ltd v BSM Marketing Ltd [2006] EWHC 1085
Tanna v Tanna [2001] All R (D) 333 (May)
Target Holdings Ltd v Redferns (CA) [1994] 1 WLR 1089-1106
Target Holdings Ltd v Redferns [1996] AC 421-441
Taylor v Blakelock (1886) 32 Ch D 560-570
Taylor v London and County Banking Co [1901] 2 Ch 231-264
Tempest, Re (1866) LR 1 Ch App 485-492
Temple v Thring (1887) 56 LT 283-284
Tensator Group Ltd v Falzon [2004] EWHC 3440 (Ch)
Tesco Stores Ltd v Pook [2003] EWHC 823 (Ch)
The King v Holden [1912] 1 KB 483-487
The London & County Banking Co Ltd v The London & River Plate Bank Ltd (1888) 21 QBD 535-543
The Lord Pawele's Case (1685) 2 Vent 366-367
The North London Railway Co v The Great Northern Railway Co (1883) 11 QBD 30-42
The Office of Fair Trading v Abbey National plc [2008] EWHC 875 (Comm)
The Pioneer Container [1994] 2 AC 324-349
The Queen v Holl (1881) 7 QBD 575-590
The Queen v Tolson (1889) 23 QBD 168-203

The Wagon Mound (No 2) Overseas Tankship (UK) Ltd v The Miller Steamship Co Pty Ltd [1966] 2 All ER 709-720
Thomas Bangert v London South Bank University [2010] EWHC 2315 (QB)
Thompson v Leach (1690) 2 Vent 198-208
Thompson, Re [1934] 342-344
Thompson's Settlement, Re [1986] Ch 99-119
Thompson's Trustee v Heaton [1974] 1 All ER 1239-1250
Thompsons's Settlement Trusts, Re [1905] 1 Ch 229-233
Thorp v Owen (1843) 2 Hare 607-617
Three Rivers District Council v Governor and Company of the Bank of England [1996] QB 292-316
Tiger v Barclays Bank Ltd [1952] 1 All ER 85-88
Tilley's Will Trust, Re [1967] Ch 1179-1194
Tito v Waddell (No. 2) [1977] Ch 106-347 e [1977] 3 All ER 129-323
Townley v Sherborne (1633) 2 W & TLC (1910) 627-630
Townson v Tickell (1819) 3 B & Ald 31-41
Trutch v Lamprell (1855) 20 Beav 116-118
Tryon, Re (1884) 7 Beav 496-499
Tubbs v Broadwood (1831) 2 Russ & M 487-494
Turner v Corney (1841) 5 Beav 515-518
Turner v Turner [1984] Ch 100-111
Tweddel v Atkinson (1861) [1861-73] All ER Rep 369-371
Twinsectra v Yardley [2002] 2 All ER 377-413
Tyler, Re [1891] 3 Ch 252-260
Tyrrel's Case (1557) 14 J Leg Hist, 1993, 75-93
Ultraframe (UK) Ltd v Fielding [2005] EWHC 1638 (Ch) [1513]
Unit 2 Windows Ltd, Re [1985] 3 All ER 647-653
United Pan-Europe Communications NV v Deutsche Bank G [2000] 2 BCLC 461-487
Uzinterimpex JSC v Standard Bank plc [2008] EWCA Civ 819
Van Straubenzee, Re [1901] 2 Ch 779-785
Vandervell v Inland Revenue Commissioners [1967] 2 AC 291-330
Vandervell's Trusts (No. 2), Re [1974] Ch 269-326
Vaught v Tel Sell UK Ltd [2005] EWHC 2404 (QB)
Velino v Chief Constable of Greater Manchester [2002] 3 All ER 78-94
Verge v Somerville [1924] AC 496-508
Verrall v Great Yarmouth Borough Council [1981] QB 202-223
Waikato Regional Airport Ltd v A-G of New Zealand [2003] UKPC 50
Wait, Re [1927] 1 Ch 606-656
Walford v Miles [1992] 2 AC 128-140.
Walker v Symonds (1818) 3 Swan 1-90
Waller v Waller [1967] 1 WLR 451-454

Wallersteiner v Moir (No 2) [1975] 1 All ER 849-873
Wallis v Solicitor General for New Zealand [1903] AC 173-189
Wareham, Re [1912] 2 Ch 312-318
Waterman's Will Trusts, Re [1952] 2 All ER 1054-1056
Waterson v Hendon Borough Council [1959] 2 All ER 760-767
Wellbeloved v Jones [1814-23] All ER Rep 568-569
Wells, Re [1962] 1 WLR 874-879
Welsh Brick Industries Ltd, Re [1946] 2 All ER 197-201
Wendt v Orr [2004] 6 ITELR 989-1062
Wentworth v Lloyd (1863) 32 Beav 467-475
West of England & South Wales District Bank, ex parte Dale & Co, Re (1879) 11 Ch D 772-778
Westdeutsch Landesbank Girozentrale v Islington London Borough Council [1996] 2 All ER 961-1021 e[1996] AC 669-741
Westminster Bank v Lee [1956] Ch 7-23
Whelpdale v Cookson (1747) 1 Ves Sen 9
Whichcote v Lawrence (1798) 3 Ves Jun 740-752
Whitackre v Whitackre (1725) Sel Cas Che 13
White v Briggs (1848) 2 Ph 583
White v Jones [1995] 2 AC 207-295
Whitehead's Will Trusts, Re [1959] Ch 579-592
Whitehouse v Jordan [1981] 1 All ER 267-288
Whiteley, Re (1886) 33 Ch D 347-360
Whiteley, Whiteley v Learoyd, Re (1886) 33 Ch D 347-360
Wigg v Wigg (1739) 1 Atk 382-384
Wiglesworth v Wiglesworth (1852) 16 Beav 269-272
Wilkes v Spooner [1911] 2 KB 473-488
Wilkinson v West Coast Capital [2005] EWHC 3009 (Ch)
William v Everett (1811) 14 East 582-598
Williams v Scott [1900] AC 499-509
Williams, Re [1897] 2 Ch 12-38
Williamson v Cook (1417-1424) 10 Selden Society, 1896, 115-116
Willoughby v Willoughby (1756) 1 Term Rep 763-775
Wilmot v Pike (1845) 5 Hare 14-23
Wilson v Hurstanger Ltd [2007] EWCA Civ 299
Wilson v Pringle [1987] QB 237-253
Winter v Perratt (1843) 9 Cl & F 606-715
Wishaw v Stephens [1970] AC 508-527
Wisniewski v Central Manchester Health Authority [1998] Lloyd's Rep Med 223-245
Wolverhampton and Walsay Ry Co v London and North-Western Rly Co (1873) LR 16 Eq 433-441

Woodar Investment Development Ltd v Wimpey Construction U.K. Ltd [1980] 1 WLR 277-301
Woodhouse v Meredith (1820) 1 Jac & W 205-227
Woodhouse, Re [1941] Ch 332-337
Worrall v Harford (1802) 8 Ves Jun 4-9
Wragg, Re [1919] 2 Ch 58-67
Wright v Atkyns (1810) 17 Ves Jun 255-263
Wright v Morgan [1926] AC 788-800
Wrightson, Re [1908] 1 Ch 789-803
Wroe v Seed (1863) 4 Giff 425-431
Wroth v Tyler [1973] 1 All ER 897-925
Wyman v Paterson [1900] AC 271-292
Wynn, Re [1952] 1 Ch 271-279
Yates, Re [2004] EWHC 3448 (Ch)
Yorkshire Dale Steamship Co Ltd v Minister of War Transport [1942] AC 691-720
Youde v Cloud (1874) LR 18 Eq 634-648
Young, Try v Sullivan, Re (1885) 28 Ch D 705-709
Yuen Kun Yeu v A-G of Hong Kong [1988] AC 175-198

Itália

Corte Suprema di Cassazione
Cass Civ 7-Ago.-1982
Cass Civ 12-Jun.-1986
Cass Civ 29-Mai.-1993
Cass Civ 1-Abr.-2003

Tribunais de apelação
TBr 4-Dez.-1893
TVe 21-Mar.-1959
TCg 10-Dez.-1999

Nova Zelândia

Amantal Corporation Ltd v Maruha Corporation [2007] 3 NZLR 192-206
Bank of New Zeland v New Zeland Guardin Trust Co Ltd [1999] 1 NZLR 664-688
Chirnside v Fay [2004] 3 NZLR 637-651
Chirnside v Fay [2007] 1 NZLR 433-484
Premium Real Estate Ltd v Stevens [2009] 2 NZLR 384-422

Rota Romana

Decisão DCXCII de 20 de abril de 1676 in *Sacræ Rotæ Romanæ decisionum recentiorum A. Joanne Baptista Compagno*, Tomo II, Paulum Balleonium, Veneza, 1716, 308-310

Decisão XXIX de 19 de janeiro de 1719 in Joannis, Pauli Melii, *Additiones et observationes, ad Castillum de Alimentis, cum S. Rotaæ Romanæ Decisionibus ad Materiam sacientibus, hactenus non impressis*, Perachon & Cramer, Lyon, 1727, 67

Decisão CDXCII de 3 de julho de 1826 in *Decisiones Sacrae Rotae Romanae coram Reverendissimo Patre Domino Joachim Joanne Xaverio Isoard*, Tomo III, Dominicum Ecole, Roma, 1829, 387-389

Decisão XXV de 29 de janeiro de 1851 in *Decisones Sacrae Rotae Romanae coram R. P. D. theodulpho Mertel*, Typographia Fratrum Pallotta, Roma, 1853, 55-58

ÍNDICE IDEOGRÁFICO

Angles – 66
Assizes
   – *Grand Assize* – 150
   – *of Northampton* – 108, 146
   – *of novel disseisin* – 151, 166

bens constituíveis em fidúcia – 921, 938
   – Direitos anglo-saxónicos – 921
     – – conceito de *property right* – 927
   – direitos sobre bens imateriais – 931
     – – segredos de negócio no Direito português – 935
   – tese patrimonial de Grundmann – 929
     – – superação – 930
books of authority – 239
Bracton – 152
   – influência romanística – 156

causa – 809, 821
   – conceção moderna – 834
   – doutrina anticausalista – 831
   – doutrina subjetivista – 824
   – função social e económica – 821
   – no Código de 66 – 831
   – no Código de Seabra – 824
   – no Direito romano – 814
   – no Período Intermédio – 818
   – nos Códigos Napoleónicos – 811
Chancellor – 225

– funções governativas – 231
– origens – 226
– raízes etimológicas – 228
Chancery – 230
– *Court of Chancery* – 233
Código Civil Europeu – 54
charitable trust – 399
– *charitable corporation* – 402
– *charitable unincorporated association* – 402
– *Charity Commission* – 403
– conceito geral de caridade – 401
– constituição – 404
– elementos constitutivos – 403
– origens – 400
– *trust* – 408
– *waqf* – 399, 407, 411
Common Law
– ensino – 246
– estagnação – 173
– fragilidades da Ciência Jurídica – 245
– influência islâmica – 363, 369, 391
– – júri – 374
– *novel disseisin* – 372
– – origem siciliana
– – – *Dīwān* – 380
– – – *Thomas Brown* – 381
– – *writ of debt* – 369
– limitações – 174
– lógica interna – 175
– sentido estrito – 59, 169, 173
– sentido lato – 59, 169, 198
– unificação com a *Equity Law*
Convenção de Haia – 52
Constitutions of Clarendon – 146
Common Law e *Equity Law* – 214, 218

Dimensão externa do negócio fiduciário – 1039, 1105
– estádios evolutivos – 1041
– – quarto estádio – 1085
– – – aplicação analógica do regime da representação – 1090
– – – teoria da condição resolutiva – 1087

ÍNDICE IDEOGRÁFICO

    – – – teoria da dupla propriedade – 1085
  – – segundo estádio – 1047
    – – – doutrina latina clássica – 1052
    – – – superação – 1050
  – – terceiro estádio – 1057
    – – – aplicação analógica – 1057
        – – – – Direito alemão – 1057
        – – – – Direito italiano – 1062
        – – – – Direito português – 1064
    – – – construção autónoma – 1067
        – – – – princípio da imediação – 1069
          – – – – – críticas – 1072
            – – – – – – doutrina da publicidade – 1073
            – – – – – – doutrina da determinabilidade – 1075
        – – – – teoria da dupla propriedade – 1067
– solução preconizada – 1105
  – – abuso do direito – 1114
    – – – elementos – 1115
  – – funcionalização do direito de propriedade – 1110
  – – reserva do direito de dispor – 1118
  – – soluções abstratas – 1105

Direito islâmico – 364
  – fontes – 366
    – – *Ijmā'* – 368
    – – *Qiyās* – 368
    – – *Qur'an* – 366
    – – *Sunnah* – 367, 385
    – – – *Hadith* – 385
  – *Sharī'a* – 365
Duelo – 149

Equidade – 169
  – conceito de Aristóteles – 191
  – conceito de Cícero – 170, nota 556
  – conceito de St. German – 190
  – na *Common Law*, sentido estrito – 173
  – na *Equity Law* – 175
equitable charge – 672
equitable right – 417, 659, 666, 678
Equity Law – 169

- conceito – 183
- consciência – 176
- – no pensamento filosófico ocidental – 178
- dimensões – 204
- *Doctor and Student* – 188, 239
- influência do Direito canónico – 185
- influência do Direito romano – 184
- máximas – 201
- sistematização – 182, 192, 198, 211
    - – Lord Eldon – 195
    - – Lord Nottingham – 194

express trust
- constituição – 429, 435
    - – forma e formalidades – 430
- estrutura interna – 430
    - – beneficiário (ver beneficiário)
        - – capacidade – 436
    - – *settlor* – 431
    - – *trustee* (ver *trustee*)
        - – capacidade – 433
    - – as três certezas – 436
        - – determinabilidade dos bens – 443
        - – identificação dos beneficiários – 451
        - – intenção – 436
            - – declaração – 437
                - – tácita – 440
            - – simulação – 442

Feudalismo – 94
- Europa Continental – 266
    - – alienação de terras – 266
    - – *retrait féodal* – 269
    - – *retrait lignager* – 276

Fleta – 238, 240

Fideicomisso – 333
- África do Sul – 337
- Escócia – 337
- Luisiana – 338
- nos sistemas mistos – 336

fiducia romana – 704
- *actio fiduciae* – 718

- crítica interpolacionista – 706
  - *cum amico* – 712
  - *cum creditore* – 714
  - Direito da família – 708
  - Direito das sucessões – 709
  - época arcaica – 705
  - *mancipatio* – 711
  - natureza jurídica – 720
fidúcia no Direito intermédio – 723
  - *heres fiduciarius* – 724
fidúcia, ressurgimento oitocentista – 727
  - continuidade – 739
  - germanistas – 735
  - metodologia jurídica – 727
  - romanistas – 730
fiduciário
  - conceito unitário – 464
  - doutrinas unitárias – 509
    - – teoria da atuação no interesse de terceiros – 511
    - – teoria do enriquecimento sem causa – 514
    - – teoria do escopo – 516
    - – teoria da expectativa – 517
    - – teoria do poder – 513
    - – teoria da propriedade – 509
  - expansão do conceito – 477
    - – críticas – 503
    - – médico-doente – 491
      - – – relação fiduciária – 495
      - – – responsabilidade aquiliana – 492
      - – – responsabilidade contratual – 491
    - – sacerdote-fiéis – 497
      - – – relação fiduciária – 501
      - – – responsabilidade aquiliana – 500
  - dever de lealdade – 467 (ver dever de lealdade)
  - origem no *trust* – 470
  - relações fiduciárias – 471
    - – administrador – 474
    - – advogado – 472
    - – bancos – 476
    - – curador – 476
    - – depositário – 475

– – mandatário – 471
– – *partner* – 473
– – promotor – 475
– – testamenteiro – 475
– – trabalhador – 476

Glanvill
 – influência romanística – 112
 – *writ system* – 132, 144
Guerra das Rosas – 285

Hundred, raízes etimológicas – 79

institutos jurídicos –200
 – *Equiry Law* – 220

júri – 374
 – *compurgation* – 374
 – ordália – 374
 – origens – 375

legal right – 668
Leis anglo-saxónicas – 70
 – Æthelbert – 70
 – Æthelstan – 74
 – *Alfred* – 73
 – *Cnut* – 77, 88
 – *Edgar* – 76, 88, 375
 – *Edward*, o Velho – 74, 92
 – *Etherlred* – 375
 – *Hlothhære* e *Eadric* – 71
 – *Ine* – 72
 – *Wihtræd* – 72
Leges Henrici Primi – 97
LITTLETON – 238, 240

Influência romanística na *Common Law*
 – *Bracton* – 156
 – *Glanvill* – 112
 – *Vacarius* – 110

Magna Carta – 151, 166

ÍNDICE IDEOGRÁFICO

mandato sem representação – 995
  – aproximação ao negócio fiduciário – 995
    – – aspetos gerais – 1003
    – – concretização – 1007
    – – para administração – 1012
  – *constructive trust* – 1001
  – *trust* – 999, 1018

Marc – 69
Master of the Rolls – 232

negócio fiduciário
  – admissibilidade – 751, 783, 800
    – – causa – 809
      – – – conceito – ver causa
    – – doutrina desfavorável – 785
    – – doutrina favorável – 788, 800
    – – evolução jurisprudencial – 803
    – – fraude à lei – 767
      – – – *Corpus Juris Civilis* – 767
      – – – Direito português – 771
        – – – – Código de Seabra – 773
        – – – – conceção moderna – 773
        – – – – Ordenações – 771
      – – – Direito romano – 767
      – – – período intermédio – 769
      – – – período moderno – 770
      – – – negócio fiduciário – 777
        – – – – *fiducia cum creditore* – 779
    – – obstáculos pontuais – 790
      – – – *numerus clausus* – 793
        – – – – superação – 798
      – – – venda a retro – 890
    – – simulação – 751
      – – – distinção – 759
      – – – na génese do negócio fiduciário – 754
      – – – regime geral – 757
  – construção unitária – 1039
  – desproporcionalidade entre meios e fins – 885
    – – críticas – 891
    – – superação da doutrina – 895

- - - autonomização do negócio fiduciário – 898
- estrutura – 839
- - construção de LEPAULLE – 865 (ver património autónomo)
- - - críticas – 868
- - - no Direito português – 883
- - doutrina clássica da transmissão – 839
- - - receção México – 871
- - - receção Quebeque – 873
- - - superação – 844
- - fidúcia dinâmica – 901
- - - teoria dualista – 903
- - - - no Direito alemão – 903
- - - - nos Direitos latinos – 907
- - - teorias unitárias – 912
- modalidades
- - fidúcia estática – 847
- - para garantia – 939
- - *stricto sensu* – 939
- - - afastamento do negócio fiduciário para garantia – 942
- - - beneficiário
- - - - natureza jurídica – 1123
- - - - proteção obrigacional – 1077
- - - - reificação – 1080
- - - - relativização – 1083
- - - elemento caracterizador – 955, 961
- - - - a prossecução do interesse do beneficiário – 964
- - - - - conceito de interesse – 979
- - - - - teorias expansionistas – 971
- - - - - - superação – 976
- - - mandato sem representação – 995 (ver mandato sem representação)
- - - modalidades – 983
- - - - beneficiário – 989
- - - - constituição – 983
- - - - fiduciante – 989
- - - - fiduciário – 988
- - - - propósitos objetivos – 986
- - - - propósitos subjetivos – 987
- - - o *trust* enquanto negócio fiduciário *stricto sensu* – 990
- elemento central (assunção da posição) – 952
- teoria negativista espanhola – 855
- - no Direito português – 863

ÍNDICE IDEOGRÁFICO

Offshore trusts – 56
– Zona Franca da Madeira – 56

Papa Gregório, o Grande – 66
património autónomo – 865
– construção de Lepaulle – 865
– e património de afetação – 870
– no Direito do Quebeque – 873
património de afetação – 1095
– conceito de património – 1095
– Direito vigente – 1101
– *peculium* romano – 1097
Provisions of Oxford – 167

receção do *trust*:
– África do Sul – 49, 37
– China – 53
– Escócia – 337
– Israel – 49
– Itália – 52
– Japão – 53
– Listenstaine – 53
– Luisiana – 49, 338
– México – 51
– Mónaco – 53
– Quebeque – 49
– Panamá – 51
– Puerto Rico – 51
rectification – 220
rescission – 219
responsabilidade civil aquiliana na *Common Law* – 480
– *negligence* – 484
– – teoria analógica – 489
– – teoria da assunção da responsabilidade – 490
– – teoria da proximidade – 486
– – teoria tripartida – 487
– *tort of battery* – 483

Santo Agostinho, Arcebispo da Cantuária – 66
specific performance – 219
Statutes of Marlborough – 325

Statutes of Mortmain – 263, 333
Statutes of Quia Emptores – 265
Statute of Uses – 285
   – antecedentes – 286
   – exceções – 292
   – *ratio* – 289, 291
   – sucesso – 291, 293
Statutes of Westminster II – 167, 325

tenure – 256
   – autorização para alienação de terras – 260
   – cessão da posição feudal – 259, 265
   – constituição da relação – 258
   – *escheated* – 259
   – *Frankalmoign* – 257
   – *Knight service* – 257
   – modalidades constitutivas – 258
   – *reatrait féodal* – 269
   – *Serjeanty* – 258
   – *Socage* – 258
   – subvassalagem – 259, 265
   – *tenants in chief* – 259, 265
   – *wardship* – 278
tribunais ingleses
   – *Common Pleas* – 121
   – *King's Bench* – 124
   – *Curia Regis* – 99
   – eclesiásticos – 326
     – – jurisdição – 327
   – *Exchequer* – 106, 117
   – *High Court of Chilvalry* – 117
   – *King's Court*
     – – anglo-saxões – 88
     – – normandos – 99
   – *Marshal's Court* – 117
   – tribunais itinerantes – 102
   – *Witenagemot* – 83, 99

trust
   – beneficiários
     – – animais – 424

ÍNDICE IDEOGRÁFICO

- – bens imóveis – 424
- figuras distintas
  - – doação – 437
  - – *charitable trust* – 408
- enquanto negócio fiduciário *stricto sensu* – 991
- modalidades – 415
  - – *blended* – 425
  - – *credit shelter* – 428
  - – *dinasty* – 428
  - – discricionários – 422, 453, 588
  - – especial – 422
  - – *executed* e *executory* – 422
  - – fixos – 422, 452
  - – *inter vivos* – 424
  - – *in the higher sense* – 425
  - – *in the lower sense* – 425
  - – *irrevocable* – 425
  - – legais e ilegais – 423
  - – *Massachusetts Business Trust* – 427
  - – *mortis causa* – 425, 448
  - – privados – 424
  - – *precatory* – 439
  - – *protective* – 426
  - – públicos – 423 (ver *charitable trust*)
  - – quanto à constituição – 416
    - – – *constructive trust* – 418, 676
    - – – *express trust* – 416 (ver *express trusts*)
    - – – *implied trust* – 416
    - – – *resulting trust* – 417
    - – – *statutory trust* – 416
  - – *revocable* – 425
  - – *sham* – 442
  - – *simples* – 421
  - – *spendthrif* – 426
  - – *totten* – 428
  - – *unit trust* – 426
- no Direito português – 1021
  - – base contratual – 1024
  - – beneficiário – 1033
  - – fiduciário – 1036
  - – *settlor* – 1031

– violação (ver violação do *trust*)
trustee
- deveres – 563
  - – de conversão – 572
  - – de cooperação – 587
  - – de cuidado – 573
    - – – codificado – 576
    - – – tradicional – 573, 577
  - – de distribuição de rendimentos – 578
  - – de imparcialidade – 570
  - – de investir – 581
  - – de não delegar – 584
  - – de prestar informações – 588
  - – de proteção dos bens constituídos em *trust* – 568
  - – de seguir as direções impostas no ato constitutivo – 565
  - – de se informar – 563
  - – no Direito estado-unidense – 615
  - – o seu a cada qual – 582
- dever de lealdade – 519
  - – dever de atuar de boa-fé – 543
    - – – autonomização – 547
  - – natureza jurídica – 558
  - – *no conflict rule* – 520
    - – – autorização de violação – 524
    - – – conflito de deveres – 531
    - – – *fair-dealing rule* – 529
    - – – *self-dealing rule* – 526
  - – no Direito estado-unidense – 611
  - – *no profit rule* – 533
    - – – autonomização – 539
    - – – doutrina das oportunidades societárias – 536
    - – – subornos – 535
- deveres a considerar no exercício de poderes – 603
  - – de apenas considerar os factos relevantes – 606
  - – de não atuar caprichosamente – 608
  - – de não exercer os poderes a mando de outrem – 605
  - – de ponderação própria – 609
  - – de ponderar ativamente – 604
  - – de voltar atrás na decisão tomada – 605
- poderes – 591
  - – de antecipação da transmissão dos bens – 601

ÍNDICE IDEOGRÁFICO

- – de exonerar terceiros – 595
- – de segurar – 597
- – de transigir – 595
- – de vender os bens – 593
- – no Direito estado-unidense – 618
- – para sustentar os beneficiários menores – 599

use – 237
- características – 245
- definição – 240
- influência canónica – 307
    - – conceito de pessoa coletiva – 312
    - – jurisdição eclesiástica – 323
    - – pensamento jurídico-teológico franciscano – 315
        - – – divulgação dos *uses* – 323
        - – – em Inglaterra – 321
        - – – relações patrimoniais – 319
- influência germânica
    - – *Salman* – 348
- influências externas – 305
- influência islâmica (ver *waqf*)
- influência romana – 331
    - – *fideicommissum* – 333
    - – *usufructus* – 333, 335
    - – *depositum* – 333, 336
- modalidades – 294
    - – com apenas um sujeito – 298, 301
    - – constituído por bens móveis – 298
    - – por tempo indeterminado – 298
    - – *uses* passivos e ativos – 294
    - – *use upon use* – 295
- natureza jurídica – 659
- primeiros *uses* – 250
- produto do feudalismo inglês – 299, 305
- proibição – 282, 286
- propósitos – 254
- origens etimológicas – 249

ver *Statute of Uses*

violação do *trust* – 621
- deveres de administração – 645

- dificuldades sistemáticas – 621
- por má aplicação de bens ou fundos – 643
- providências cautelares – 645
- regime processual moderno – 632
- regime processual tradicional – 626
- regime substantivo – 638
- remédios reais – 653
    - – Direito adjetivo – 653
        - – – *following* – 655
        - – – *tracing* – 656

waqf
- bens – 390
- características – 364, 387, 394
    - – perpetuidade – 388, 394
- carga religiosa – 384
- *charitable trust* – 399, 407, 411
- conceito – 364, 386
- constituição – 386
- influência no *trust*
    - – colégios – 393, 395
    - – estatutos do *Merton College* – 393
    - – *Inns of Courts* – 398
    - – Universidade medieval – 392
- *mutawalli* – 387
- origens – 383
- *qadi* – 387
- *wāqif* – 386

Writ System
- ações/*writs*
    - – *of action of account* – 325
    - – *of debt* – 369
    - – *of darrein presentemente* – 147
    - – *of entry* – 151
        - – – *in custodia and dum fruit infra aetatem* – 155
        - – – *of non compos mentis* – 155
        - – – *of terminium qui praeteriit* – 154
        - – – *of unauthorized conveyances* – 155
        - – – *sur disseisin* – 154

– – *of mort d'ancestor* – 146, 152, 154
– – *of novel disseisin* – 147, 152
– – *of peace* – 150
– – *of praecipe* – 139, 143, 166
– – *of right* – 139, 142, 148-149
   – – – *nemo tenetur respondere* – 144, 147, 166
– – *of utrum* – 146
– – *qui minus* – 120
– *charter* – 135
– influência romana – 130
– *old writs* normandos – 141
– registo – 132
  – – coletâneas – 133
  – – *cursitor* – 133
  – – *Registrum Brevium* – 134